Tratado de Radiologia

VOLUME 1

Neurorradiologia
Cabeça e pescoço

Tratado de Radiologia

EDITORES

Giovanni Guido Cerri
Claudia da Costa Leite
Manoel de Souza Rocha

EDITORES ASSOCIADOS

Carlos Shimizu
Cesar Higa Nomura
Eloisa Santiago Gebrim
Flávio Spinola Castro
Leandro Tavares Lucato
Lisa Suzuki
Marcelo Bordalo Rodrigues
Maria Cristina Chammas
Nestor de Barros
Públio Cesar Cavalcante Viana
Regina Lúcia Elia Gomes
Ricardo Guerrini
Sergio Kobayashi

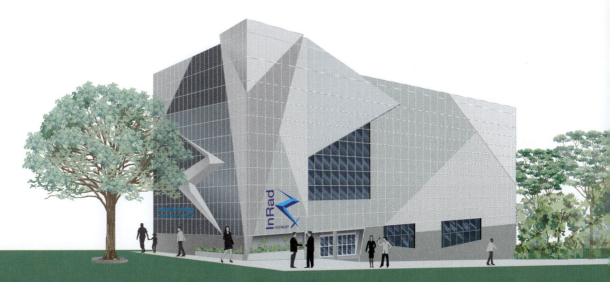

© Editora Manole Ltda., 2017, por meio de contrato com os Editores.

"A edição desta obra foi financiada com recursos da Editora Manole Ltda., um projeto de iniciativa da Fundação Faculdade de Medicina em conjunto e com a anuência da Faculdade de Medicina da Universidade de São Paulo – FMUSP."

Logotipos © Hospital das Clínicas – FMUSP
© Faculdade de Medicina da Universidade de São Paulo
© Instituto de Radiologia – HCFMUSP

Editor gestor: Walter Luiz Coutinho
Editoras: Eliane Usui e Juliana Waku
Produção editorial: Juliana Waku e Patrícia Alves Santana
Produção gráfica: Anna Yue

Capa: Daniel Justi
Imagem da capa: Sirio José Braz Cançado
Projeto gráfico: Anna Yue
Ilustrações: Sirio José Braz Cançado, HiDesign Estúdio e Alexandre Bueno
Editoração eletrônica: Luargraf Serviços Gráficos e HiDesign Estúdio

---

Dados Internacionais de Catalogação na Publicação (CIP)
(Câmara Brasileira do Livro, SP, Brasil)

Tratado de radiologia : InRad HCFMUSP, volume 1 : neurorradiologia : cabeça e pescoço / editores Giovanni Guido Cerri, Claudia da Costa Leite, Manoel de Souza Rocha. -- Barueri, SP : Manole, 2017.

Vários autores.
Vários coordenadores.
Bibliografia.
ISBN: 978-85-204-5144-1 (obra completa)
ISBN: 978-85-204-5383-4

1. Neurorradiologia 2. Radiografia médica 3. Radiologia I. Cerri, Giovanni Guido. II. Leite, Claudia da Costa. III. Rocha, Manoel de Souza.

17-02318
CDD-616.07572
NLM-WN 100

Índice para catálogo sistemático:
1. Radiografia médica : Radiologia : Medicina   616.07572

Todos os direitos reservados.
Nenhuma parte deste livro poderá ser reproduzida, por qualquer processo, sem a permissão expressa dos editores.
É proibida a reprodução por xerox.

A Editora Manole é filiada à ABDR – Associação Brasileira de Direitos Reprográficos.

Edição brasileira – 2017

Editora Manole Ltda.
Av. Ceci, 672 – Tamboré
06460-120 – Barueri – SP – Brasil
Tel.: (11) 4196-6000
www.manole.com.br | info@manole.com.br

Impresso no Brasil | *Printed in Brazil*

Editores

Giovanni Guido Cerri
Médico Radiologista. Professor Titular da Disciplina de Radiologia da Faculdade de Medicina da Universidade de São Paulo (FMUSP).

Claudia da Costa Leite
Livre-docente pelo Departamento de Radiologia e Oncologia da Faculdade de Medicina da Universidade de São Paulo (FMUSP). Professora Associada do Departamento de Radiologia e Oncologia da FMUSP. Coordenadora do Ensino e Pesquisa do Instituto de Radiologia (InRad) do Hospital das Clínicas da FMUSP.

Manoel de Souza Rocha
Professor Associado do Departamento de Radiologia e Oncologia da Faculdade de Medicina da Universidade de São Paulo (FMUSP).

A Medicina é uma área do conhecimento em constante evolução. Os protocolos de segurança devem ser seguidos, porém novas pesquisas e testes clínicos podem merecer análises e revisões. Alterações em tratamentos medicamentosos ou decorrentes de procedimentos tornam-se necessárias e adequadas. Os leitores são aconselhados a conferir as informações sobre produtos fornecidas pelo fabricante de cada medicamento a ser administrado, verificando a dose recomendada, o modo e a duração da administração, bem como as contraindicações e os efeitos adversos. É responsabilidade do médico, com base na sua experiência e no conhecimento do paciente, determinar as dosagens e o melhor tratamento aplicável a cada situação. Os autores e os editores eximem-se da responsabilidade por quaisquer erros ou omissões ou por quaisquer consequências decorrentes da aplicação das informações presentes nesta obra.

Foram feitos todos os esforços para se conseguir a cessão dos direitos autorais das imagens aqui reproduzidas e a citação de suas fontes. Caso algum autor sinta-se prejudicado, favor entrar em contato com a editora.

Os dados sobre os colaboradores do livro foram fornecidos por eles, mas a adequação das informações às normas institucionais da Faculdade de Medicina da Universidade de São Paulo e do Hospital das Clínicas da Faculdade de Medicina da Universidade de São Paulo foi feita pela Editora Manole e pelos Editores da obra.

Editores Associados

Carlos Shimizu
Médico Radiologista do Instituto de Radiologia (InRad) do Hospital das Clínicas da Faculdade de Medicina da Universidade de São Paulo (HCFMUSP), do Instituto do Câncer do Estado de São Paulo (ICESP) e do Grupo Fleury.

Cesar Higa Nomura
Coordenador Médico de Imagem Cardiovascular do Hospital das Clínicas da Faculdade de Medicina da Universidade de São Paulo (HCFMUSP). Radiologista do Hospital Israelita Albert Einstein. Diretor do Departamento de Radiologia do Instituto do Coração (InCor) do HCFMUSP.

Eloisa Santiago Gebrim
Médica Doutora em Radiologia pela Faculdade de Medicina da Universidade de São Paulo (FMUSP). Coordenadora do Grupo de Diagnóstico por Imagem em Cabeça e Pescoço e Diretora do Serviço de Tomografia Computadorizada do Instituto de Radiologia (InRad) do Hospital das Clínicas da FMUSP. Coordenadora do Grupo de Diagnóstico por Imagem em Cabeça e Pescoço do Hospital Sírio-Libanês.

Flávio Spinola Castro
Doutor em Ciências pela Faculdade de Medicina da Universidade de São Paulo (FMUSP). Médico Assistente do Centro Especializado em Diagnóstico por Imagem (CEDIM) do Instituto de Radiologia (InRad) do Hospital das Clínicas da FMUSP. Médico do Laboratório Alta Excelência Diagnóstica de São Paulo. Médico do Hospital Pérola Byington de São Paulo e dos Hospitais Santa Cruz e Cruz Azul de São Paulo. Membro Titular do Colégio Brasileiro de Radiologia e Diagnóstico por Imagem (CBR).

Leandro Tavares Lucato
Livre-docente pelo Departamento de Radiologia e Oncologia da Faculdade de Medicina da Universidade de São Paulo (FMUSP). Coordenador do Grupo de Neurorradiologia Diagnóstica e Chefe do Setor de Ressonância Magnética do Instituto de Radiologia (InRad) do Hospital das Clínicas da FMUSP (HCFMUSP). Coordenador da Neurorradiologia do Centro de Diagnósticos Brasil (CDB).

Lisa Suzuki
Doutora em Radiologia pela Faculdade de Medicina da Universidade de São Paulo (FMUSP). Coordenadora da Radiologia do Instituto da Criança (ICr) do Hospital das Clínicas da FMUSP (HCFMUSP).

Marcelo Bordalo Rodrigues
Médico Coordenador do Serviço de Radiologia do Instituto de Ortopedia e Traumatologia (IOT) do Hospital das Clínicas da Faculdade de Medicina da Universidade de São Paulo (HCFMUSP). Médico Responsável pela Radiologia Musculoesquelética do Instituto de Radiologia (InRad) do HCFMUSP.

Maria Cristina Chammas
Médica pela Faculdade de Medicina da Santa Casa de São Paulo. Radiologista pela Faculdade de Medicina da Universidade de São Paulo (FMUSP). Titular em Radiologia e Doppler pelo Colégio Brasileiro de Radiologia e Diagnóstico por Imagem (CBR). Diretora do Setor de Ultrassonografia do Instituto de Radiologia (InRad) do Hospital das Clínicas da FMUSP. Coordenadora da Ultrassonografia do DASA.

Nestor de Barros
Professor Associado do Departamento de Radiologia e Oncologia da Faculdade de Medicina da Universidade de São Paulo (FMUSP).

Públio Cesar Cavalcante Viana
Coordenador Médico da Divisão de Radiologia Geniturinária do Instituto de Radiologia (InRad) da Faculdade de Medicina da Universidade de São Paulo (FMUSP).

Regina Lúcia Elia Gomes

Doutora em Radiologia pela Faculdade de Medicina da Universidade de São Paulo (FMUSP). Médica Supervisora da Residência Médica do Departamento de Radiologia e Diagnóstico por Imagem da FMUSP. Médica Vice-coordenadora da Residência Médica do Departamento de Imagem do Hospital Israelita Albert Einstein (HIAE). Médica Radiologista do Grupo de Cabeça e Pescoço do Instituto de Radiologia (InRad) do Hospital das Clínicas da FMUSP (HCFMUSP) e do Departamento de Imagem do HIAE. Professora da Graduação em Medicina da Faculdade Israelita de Ciências da Saúde Albert Einstein.

Ricardo Guerrini

Graduado pela Pontifícia Universidade Católica de Campinas. Especialista em Radiografia e Tomografia Computadorizada. Research *Fellow* pela Harvard University. Médico Assistente do Instituto de Radiologia (InRad) do Hospital das Clínicas da Faculdade de Medicina da Universidade de São Paulo (HCFMUSP).

Sergio Kobayashi

Especialista em Medicina Fetal pela FEBRASGO. Mestre em Obstetrícia pela Universidade Federal de São Paulo (Unifesp). Doutor em Radiologia pela Faculdade de Medicina da Universidade de São Paulo (FMUSP). Médico Assistente do Instituto de Radiologia (InRad) do Hospital das Clínicas da FMUSP (HCFMUSP). Médico Chefe de Equipe do Pronto-Socorro de Ginecologia e Obstetrícia do Hospital São Paulo da Escola Paulista de Medicina da Unifesp. Coordenador do Setor de Medicina Fetal do Hospital Sírio-Libanês. Coordenador do Grupo de Estudos de Ultrassonografia (GEUS) da Sociedade Paulista de Radiologia (SPR). Membro da Comissão de Ultrassonografia em Ginecologia e Obstetrícia da FEBRASGO. Membro da Comissão de Ultrassonografia do Colégio Brasileiro de Radiologia e Diagnóstico por Imagem (CBR). Membro da Comissão Científica do CBR. Professor Visitante da Facultad de Ciencias Médicas da Universidad Nacional de Caaguazú, Sede Coronel Oviedo, Paraguay.

Autores

Aline Sgnolf Ayres
Radiologista Especialista em Neurorradiologia pelo Instituto do Câncer do Estado de São Paulo (ICESP) do Hospital das Clínicas da Faculdade de Medicina da Universidade de São Paulo (HCFMUSP).

Amanda Ribeiro Coutinho
Médica Radiologista. Título de Especialista pelo Colégio Brasileiro de Radiologia e Diagnóstico por Imagem e Associação Médica Brasileira (CBR/AMB). Complementação Especializada em Neurorradiologia pelo Instituto de Radiologia (InRad) do Hospital das Clínicas da Faculdade de Medicina da Universidade de São Paulo (HCFMUSP).

Antonio de Pádua Mesquita Maia Filho
Graduado pela Universidade Federal da Bahia (UFBA). Residência Médica pelo Instituto de Radiodiagnóstico Rio Preto – Ultra-X. Especialista em Radiologia da Cabeça e do Pescoço pelo Instituto de Radiologia (InRad) do Hospital das Clínicas da Faculdade de Medicina da Universidade de São Paulo (HCFMUSP). Especialista em Radiologia e Diagnóstico por Imagem pelo Colégio Brasileiro de Radiologia e Diagnóstico por Imagem (CBR). Médico Assistente de Radiologia da UFBA.

Bruno Casola Olivetti
Médico Radiologista Assistente do Instituto de Radiologia (InRad) do Hospital das Clínicas da Faculdade de Medicina da Universidade de São Paulo (HCFMUSP).

Carla Rachel Ono
Doutora em Ciências da Saúde pela Faculdade de Medicina da Universidade de São Paulo (FMUSP). Médica Assistente dos Serviços de Medicina Nuclear do Centro de Medicina Nuclear do Instituto de Radiologia (InRad) do Hospital das Clínicas da FMUSP (HCFMUSP) e do Instituto do Câncer do Estado de São Paulo (ICESP) do HCFMUSP. Professora Colaboradora da FMUSP.

Carlos Jorge da Silva
Doutor em Ciências da Saúde pela Faculdade de Ciências Médicas da Santa Casa de São Paulo. Médico Assistente de Neurorradiologia e de Radiologia da Cabeça e do Pescoço do Instituto do Câncer do Estado de São Paulo (ICESP) do Hospital das Clínicas da Faculdade de Medicina da Universidade de São Paulo (HCFMUSP). Médico Sênior de Neurorradiologia e de Radiologia da Cabeça e Pescoço do Grupo Fleury.

Carlos Toyama
Médico Assistente do Instituto de Radiologia (InRad) do Hospital das Clínicas da Faculdade de Medicina da Universidade de São Paulo (HCFMUSP) e Médico do Grupo Fleury.

Carolina de Medeiros Rimkus
Médica Neurorradiologista Assistente do Departamento de Radiologia e Oncologia da Faculdade de Medicina da Universidade de São Paulo (FMUSP). Pesquisadora do Laboratório de Investigação Médica (LIM-44), Laboratório de Neuroimagem Funcional. *Research Fellow*, Vrije Universiteit Medical Center, Amsterdã, Holanda.

Celi Santos Andrade
Neurorradiologista, Doutora e Pós-doutora e Jovem Pesquisadora pelo Departamento de Radiologia e Oncologia da Faculdade de Medicina da Universidade de São Paulo (FMUSP). Médica do Centro de Diagnósticos Brasil (CDB).

Claudia da Costa Leite
Livre-docente pelo Departamento de Radiologia e Oncologia da Faculdade de Medicina da Universidade de São Paulo (FMUSP). Professora Associada do Departamento de Radiologia e Oncologia da FMUSP. Coordenadora de Ensino e Pesquisa do Instituto de Radiologia (InRad) do Hospital das Clínicas da FMUSP (HCFMUSP).

Cristina Hiromi Kuniyoshi
Especialista em Cabeça e Pescoço pelo Instituto de Radiologia (InRad) do Hospital das Clínicas da Faculdade de Medicina da Universidade de São Paulo (HCFMUSP). Especialista em Tomografia Computadorizada e Ressonância Magnética pelo Hospital e Maternidade São Luiz/Fleury. Membro Titular da Sociedade Brasileira de Radiologia e Diagnóstico por Imagem.

Dalton Libanio Ferreira
Médico Assistente de Radiologia do Instituto de Radiologia (InRad) do Hospital das Clínicas da Faculdade de Medicina da Universidade de São Paulo (HCFMUSP).

Daniel Vaccaro Sumi
Título de Especialista em Radiologia pelo Colégio Brasileiro de Radiologia e Diagnóstico por Imagem (CBR). Médico Colaborador do Instituto do Câncer do Estado de São Paulo (ICESP) do Hospital das Clínicas da Faculdade de Medicina da Universidade de São Paulo (HCFMUSP). Radiologista do Grupo de Cabeça e Pescoço do Departamento de Imagem do Hospital Israelita Albert Einstein (HIAE).

Diogo Cunha de Medeiros
Especialista em Cabeça e Pescoço pelo Instituto de Radiologia (InRad) do Hospital das Clínicas da Faculdade de Medicina da Universidade de São Paulo (HCFMUSP). Especialista em Radiologia Oncológica pelo Instituto do Câncer do Estado de São Paulo (ICESP) do HCFMUSP. Membro Titular da Sociedade Brasileira de Radiologia e Diagnóstico por Imagem.

Douglas Mendes Nunes
Mestre em Medicina pela Faculdade de Ciências Médicas da Santa Casa de Misericórdia de São Paulo (FCMSCSP). Médico Radiologista do Grupo Fleury e do Instituto de Radiologia (InRad) do Hospital das Clínicas da Faculdade de Medicina da Universidade de São Paulo (HCFMUSP). Título de Especialista pelo Colégio Brasileiro de Radiologia e Diagnóstico por Imagem (CBR). Neurorradiologista com Certificado de área de atuação pela Sociedade Brasileira de Neurorradiologia (SBNR).

Ellison Fernando Cardoso
Médico Assistente Doutor do Laboratório de Investigação Médica em Ressonância Magnética (LIM-44) do Instituto de Radiologia (InRad) do Hospital das Clínicas da Faculdade de Medicina da Universidade de São Paulo (HCFMUSP). Médico Radiologista do Departamento de Imagem do Hospital Israelita Albert Einstein (HIAE).

Eloisa Santiago Gebrim
Médica Doutora em Radiologia pela Faculdade de Medicina da Universidade de São Paulo (FMUSP). Coordenadora do Grupo de Diagnóstico por Imagem em Cabeça e Pescoço e Diretora do Serviço de Tomografia Computadorizada do Instituto de Radiologia (InRad) do Hospital das Clínicas da FMUSP (HCFMUSP).

Fabiana de Campos Cordeiro Hirata
Médica Assistente Neurorradiologista do Instituto do Câncer do Estado de São Paulo (ICESP) do Hospital das Clínicas da Faculdade de Medicina da Universidade de São Paulo (HCFMUSP) e do Hospital Israelita Albert Einstein (HIAE).

Fábio Augusto Ribeiro Dalprá
Médico Radiologista de Neurorradiologia e de Radiologia da Cabeça e Pescoço do Instituto do Câncer do Estado de São Paulo (ICESP) do Hospital das Clínicas da Faculdade de Medicina da Universidade de São Paulo (HCFMUSP). Médico Colaborador da área de Neurorradiologia do Instituto de Radiologia (InRad) do HCFMUSP. Pesquisador da Plataforma de Imagem na Sala de Autópsia (PISA-FMUSP).

Fábio Eduardo Fernandes da Silva
Médico Neurorradiologista do Instituto de Radiologia (InRad) do Hospital das Clínicas da Faculdade de Medicina da Universidade de São Paulo (HCFMUSP) e do Centro de Diagnósticos Brasil (CDB).

Fabíola Bezerra de Carvalho Macruz
Research Fellow em Neurorradiologia pelo Departamento de Radiologia da Universidade de Stanford. Médica Assistente e Doutoranda do Instituto de Radiologia (InRad) do Hospital das Clínicas da Faculdade de Medicina da Universidade de São Paulo (HCFMUSP).

Felipe Barjud Pereira do Nascimento
Médico Neurorradiologista do Instituto de Radiologia (InRad) do Hospital das Clínicas da Faculdade de Medicina da Universidade de São Paulo (HCFMUSP). Membro Titular do Colégio Brasileiro de Radiologia e Diagnóstico por Imagem (CBR).

Felipe Carneiro
Médico Radiologista. Membro Titular do Colégio Brasileiro de Radiologia e Diagnóstico por Imagem (CBR). Médico Radiologista Assistente do Serviço de Radiologia do Hospital das Clínicas da Faculdade de Medicina da Universidade de São Paulo (HCFMUSP).

Flavia Issa Cevasco
Especialista em Neurorradiologia e Radiologia da Cabeça e Pescoço do Centro de Diagnósticos Brasil (CDB), do grupo Alliar e do Hospital das Clínicas da Faculdade de Medicina da Universidade de São Paulo (HCFMUSP).

Gabriel Scarabôtolo Gattás
Médico Assistente e atual Médico Pesquisador do Instituto de Radiologia (InRad) do Hospital das Clínicas da Faculdade de Medicina da Universidade de São Paulo (HCFMUSP). Médico Radiologista do Centro de Diagnósticos Brasil (CDB).

Germana Titoneli dos Santos
Médica Neurorradiologista Assistente do Instituto de Radiologia (InRad) do Hospital das Clínicas da Faculdade de Medicina da Universidade de São Paulo (HCFMUSP).

Hae Won Lee
Doutora. Médica Assistente do Instituto de Radiologia (InRad) do Hospital das Clínicas da Faculdade de Medicina da Universidade de São Paulo (HCFMUSP). Médica Assistente do Hospital Sírio-Libanês.

Henrique Bortot Zuppani
Médico Radiologista pela Santa Casa de São Paulo. Especialista em Radiologia de Cabeça e Pescoço pelo Instituto de Radiologia (InRad) do Hospital das Clínicas da Faculdade de Medicina da Universidade de São Paulo (HCFMUSP). Especialista em Neurorradiologia pela Santa Casa de São Paulo. Chefe do Serviço de Radiologia em Cabeça e Pescoço da Santa Casa de São Paulo. Médico Segundo Assistente do Instituto do Câncer do Estado de São Paulo (ICESP) do HCFMUSP. Médico Radiologista no Setor de Neurorradiologia do Hospital do Coração (HCor).

João Rafael Terneira Vicentini
Médico Radiologista Colaborador do Instituto de Ortopedia e Traumatologia (IOT) do Hospital das Clínicas da Faculdade de Medicina da Universidade de São Paulo (HCFMUSP).

Jorge Tomio Takahashi
Médico Radiologista. Título de Especialista pelo Colégio Brasileiro de Radiologia e Diagnóstico por Imagem e Associação Médica Brasileira (CBR/AMB). Complementação Especializada em Neurorradiologia pelo Instituto de Radiologia (InRad) do Hospital das Clínicas da Faculdade de Medicina da Universidade de São Paulo (HCFMUSP).

Laís Fajardo
Médica Radiologista. Título de Especialista pelo Colégio Brasileiro de Radiologia e Diagnóstico por Imagem e Associação Médica Brasileira (CBR/AMB). Complementação Especializada em Neurorradiologia pelo Instituto de Radiologia (InRad) do Hospital das Clínicas da Faculdade de Medicina da Universidade de São Paulo (HCFMUSP).

Leandro Tavares Lucato
Livre-docente pelo Departamento de Radiologia e Oncologia da Faculdade de Medicina da Universidade de São Paulo (FMUSP). Coordenador do Grupo de Neurorradiologia Diagnóstica e Chefe do Setor de Ressonância Magnética do Instituto de Radiologia (InRad) do Hospital das Clínicas da FMUSP (HCFMUSP). Coordenador da Neurorradiologia do Centro de Diagnósticos Brasil (CDB).

Lívia Martins Tavares Scianni Morais
Médica Neurorradiologista do Instituto de Radiologia (InRad) do Hospital das Clínicas da Faculdade de Medicina da Universidade de São Paulo (HCFMUSP).

Luis Filipe de Souza Godoy
Neurorradiologista do Instituto de Radiologia (InRad) do Hospital das Clínicas da Faculdade de Medicina da Universidade de São Paulo (HCFMUSP), do Instituto de Psiquiatria (IPq) do HCFMUSP e do Hospital Sírio-Libanês. Coordenador da Residência Médica em Radiologia e Diagnóstico por Imagem no Hospital Sírio-Libanês.

Maíra de Oliveira Sarpi
Médica Assistente do Grupo de Cabeça e Pescoço do Instituto de Radiologia (InRad) do Hospital das Clínicas da Faculdade de Medicina da Universidade de São Paulo (HCFMUSP). Médica Assistente do Grupo de Cabeça e Pescoço e Neurorradiologia de Hospital Sírio-Libanês.

Marcelo Delboni Lemos
Médico Radiologista. Título de Especialista pelo Colégio Brasileiro de Radiologia e Diagnóstico por Imagem e Associação Médica Brasileira (CBR/AMB). Mestre em Neuroimagem pelo Institute of Psychiatry, Psychology and Neuroscience, King's College, University of London. Complementação Especializada em Cabeça e Pescoço e em Neurorradiologia pelo Instituto de Radiologia (InRad) do Hospital das Clínicas da Faculdade de Medicina da Universidade de São Paulo (HCFMUSP).

Marcio Ricardo Taveira Garcia
Médico Radiologista, com Residência Médica e Especialização em Neurorradiologia e Cabeça e Pescoço pelo Instituto de Radiologia (InRad) do Hospital das Clínicas da Faculdade de Medicina da Universidade de São Paulo (HCFMUSP). Coordenador Médico do Serviço de Diagnóstico por Imagem do Instituto do Câncer do Estado de São Paulo (ICESP) do HCFMUSP.

Maria Cristina Chammas
Doutora em Radiologia pela Faculdade de Medicina da Universidade de São Paulo (FMUSP). Chefe do Departamento de Ultrassonografia do Instituto de Radiologia (InRad) do Hospital das Clínicas da Faculdade de Medicina da Universidade de São Paulo (HCFMUSP). Membro Titular do Colégio Brasileiro de Radiologia e Diagnóstico por Imagem (CBR).

Maria da Graça Morais Martin
Doutora em Ciências pela Faculdade de Medicina da Universidade de São Paulo (FMUSP). Médica Assistente do Hospital das Clínicas da FMUSP (HCFMUSP) e do Hospital Sírio-Libanês.

Mateus Rozalem Aranha
Médico Preceptor do Programa de Residência Médica em Radiologia pelo Instituto de Radiologia (InRad) do Hospital das Clínicas da Faculdade de Medicina da Universidade de São Paulo (HCFMUSP).

Paula da Cunha Pinho Kraichete
Médica Neurorradiologista do Hospital Samaritano de São Paulo. Médica Assistente do Instituto de Radiologia (InRad) do Hospital das Clínicas da Faculdade de Medicina de Universidade de São Paulo (HCFMUSP).

Paula Ricci Arantes
Título de Especialista em Radiologia e Diagnóstico por Imagem. Doutora pelo Departamento de Radiologia e Oncologia da Faculdade de Medicina da Universidade de São Paulo (FMUSP).

Pós-doutora pelo Instituto Israelita de Ensino e Pesquisa do Hospital Israelita Albert Einstein (HIAE). Neurorradiologista da Ressonância Magnética do Instituto de Radiologia (InRad) do Hospital das Clínicas da FMUSP (HCFMUSP). Pesquisadora do Laboratório de Investigação Médica (LIM-44), na área de Neurorradiologia, da FMUSP.

Regina Lúcia Elia Gomes
Doutora em Radiologia pela Faculdade de Medicina da Universidade de São Paulo (FMUSP). Médica Supervisora da Residência Médica do Departamento de Radiologia e Diagnóstico por Imagem da FMUSP. Vice-coordenadora da Residência Médica do Departamento de Imagem do Hospital Israelita Albert Einstein (HIAE). Médica Radiologista do Grupo de Cabeça e Pescoço do Instituto de Radiologia (InRad) do Hospital das Clínicas da FMUSP (HCFMUSP) e do Departamento de Imagem do HIAE. Professora de Medicina da Faculdade Israelita de Ciências da Saúde Albert Einstein.

Renata Bertanha
Médica Radiologista Especialista em Diagnóstico por Imagem. R4 de Neurorradiologia, R4 de Oncorradiologia. Médica Assistente voluntária da Neurorradiologia do Instituto de Radiologia (InRad) do Hospital das Clínicas da Faculdade de Medicina da Universidade de São Paulo (HCFMUSP). Médica Neurorradiologista do Hospital Israelita Albert Einstein (HIAE), do Hospital Alemão Oswaldo Cruz/Fleury e do Centro de Diagnósticos Brasil (CDB).

Ricardo Guerrini
Graduado pela Pontifícia Universidade Católica de Campinas. Especialista em Radiografia e Tomografia Computadorizada. *Research Fellow* pela Harvard University. Médico Assistente do Instituto de Radiologia (InRad) do Hospital das Clínicas da Faculdade de Medicina da Universidade de São Paulo (HCFMUSP).

Rodrigo Murakoshi
Médico Radiologista do Grupo de Cabeça e Pescoço do Departamento de Radiologia e Oncologia da Faculdade de Medicina da Universidade de São Paulo (FMUSP) e do Departamento de Imagem do Hospital Israelita Albert Einstein (HIAE).

Rubens Schwartz
Radiologista do Instituto de Radiologia (InRad) do Hospital das Clínicas da Faculdade de Medicina da Universidade de São Paulo (HCFMUSP).

Sandra M. Tochetto
Especialista em Radiologia e Diagnóstico por Imagem pelo Colégio Brasileiro de Radiologia e Diagnóstico por Imagem (CBR). *Research Fellowship* em Tomografia Computadorizada na Northwestern University – Feinberg School of Medicine, Chicago, IL, Estados Unidos. Médica Assistente do Instituto de Radiologia (InRad) do Hospital das Clínicas da Faculdade de Medicina da Universidade de São Paulo (HCFMUSP).

Sergio Keidi Kodaira
Doutor em Medicina, área de Radiologia, pela Faculdade de Medicina da Universidade de São Paulo (FMUSP). Membro Titular do Colégio Brasileiro de Radiologia e Diagnóstico por Imagem (CBR). Médico do Centro de Diagnósticos Brasil (CDB).

Simone Shibao
Médica Especialista em Radiodiagnóstico pelo Colégio Brasileiro de Radiologia e Diagnóstico por Imagem (CBR). Doutora em Ciências pela Faculdade de Medicina da Universidade de São Paulo (FMUSP).

Tatiana Cortez Romero
Graduada pela Universidade Federal do Amazonas (UFAM). Especialista em Ultrassonografia e Pesquisadora do Departamento de Radiologia e Oncologia do Instituto de Radiologia (InRad) do Hospital das Clínicas da Faculdade de Medicina da Universidade de São Paulo (HCFMUSP). Membro Titular do Colégio Brasileiro de Radiologia e Diagnóstico por Imagem (CBR).

Ula Lindoso Passos
Doutora em Radiologia de Cabeça e Pescoço pelo Hospital das Clínicas da Faculdade de Medicina da Universidade de São Paulo (HCFMUSP). Título de Especialista pelo Colégio Brasileiro de Radiologia e Diagnóstico por Imagem (CBR).

Wilson Rodrigues Fernandes Júnior
Médico Radiologista. Título de Especialista pelo Colégio Brasileiro de Radiologia e Diagnóstico por Imagem e Associação Médica Brasileira (CBR/AMB). Complementação Especializada em Neurorradiologia pelo Instituto de Radiologia (InRad) do Hospital das Clínicas da Faculdade de Medicina da Universidade de São Paulo (HCFMUSP).

Seções do
Tratado de Radiologia

■ Cabeça e pescoço

Editoras Associadas:
Eloisa Santiago Gebrim
Regina Lúcia Elia Gomes

■ Gastrointestinal

Editor Associado:
Manoel de Souza Rocha

■ Mama

Editores Associados:
Carlos Shimizu
Flávio Spinola Castro
Nestor de Barros

■ Musculoesquelético

Editor Associado:
Marcelo Bordalo Rodrigues

■ Neurorradiologia

Editores Associados:
Claudia da Costa Leite
Leandro Tavares Lucato

■ Obstetrícia

Editor Associado:
Sergio Kobayashi

■ Pediatria

Editora Associada:
Lisa Suzuki

■ Pulmões, coração e vasos

Editores Associados:
Cesar Higa Nomura
Ricardo Guerrini

■ Ultrassonografia

Editora Associada:
Maria Cristina Chammas

■ Uroginecologia

Editor Associado:
Públio Cesar Cavalcante Viana

Sumário

Prefácio XVII
Apresentação XIX

■ Neurorradiologia

1 Malformações congênitas do sistema nervoso central 2
Claudia da Costa Leite, Celi Santos Andrade, Simone Shibao, Mateus Rozalem Aranha

2 Alterações vasculares 39
Maria da Graça Morais Martin, Lívia Martins Tavares Scianni Morais, Laís Fajardo, Jorge Tomio Takahashi

3 Trauma no sistema nervoso central 108
Ellison Fernando Cardoso, Fabíola Bezerra de Carvalho Macruz, Gabriel Scarabôtolo Gattás

4 Doenças infecciosas e inflamatórias do sistema nervoso central 146
Germana Titoneli dos Santos, Amanda Ribeiro Coutinho, Leandro Tavares Lucato

5 Tumores intra e extra-axiais do sistema nervoso central 221
Marcio Ricardo Taveira Garcia, Fabiana de Campos Cordeiro Hirata, Fábio Augusto Ribeiro Dalprá, Renata Bertanha, Aline Sgnolf Ayres, Claudia da Costa Leite, Leandro Tavares Lucato

6 Doenças da substância branca e erros inatos do metabolismo 283
Carolina de Medeiros Rimkus, Claudia da Costa Leite

7 Hidrocefalia 334
Carlos Toyama, Wilson Rodrigues Fernandes Júnior

8 Epilepsia 358
Paula Ricci Arantes

9 Demências e envelhecimento 394
Luis Filipe de Souza Godoy, Douglas Mendes Nunes, Hae Won Lee, Leandro Tavares Lucato, Carla Rachel Ono, Wilson Rodrigues Fernandes Júnior

10 Doenças degenerativas e metabólicas adquiridas 430
Paula da Cunha Pinho Kraichete, Leandro Tavares Lucato

11 Doenças da região selar e dos tecidos adjacentes 451
Felipe Barjud Pereira do Nascimento, Sergio Keidi Kodaira, Fábio Eduardo Fernandes da Silva

■ Cabeça e pescoço

1 Base do crânio 484
Regina Lúcia Elia Gomes, Henrique Bortot Zuppani, Marcelo Delboni Lemos

2 Ossos temporais 527
Eloisa Santiago Gebrim, Maíra de Oliveira Sarpi

3 Órbitas: tomografia computadorizada e ressonância magnética 611
Flavia Issa Cevasco, Bruno Casola Olivetti

4 Órbitas: dacriocistografia digital 679
Dalton Libanio Ferreira, Daniel Vaccaro Sumi, Regina Lúcia Elia Gomes

5 Seios paranasais 687
Eloisa Santiago Gebrim, Carlos Toyama

6 Cavidade oral e orofaringe.............. 746
Regina Lúcia Elia Gomes, Antonio de Pádua Mesquita Maia Filho, Cristina Hiromi Kuniyoshi

7 Glândulas salivares..................... 789
Regina Lúcia Elia Gomes, Marcio Ricardo Taveira Garcia

8 Glândulas salivares: sialografia........... 825
Ricardo Guerrini, Rubens Schwartz, Daniel Vaccaro Sumi

9 Glândulas salivares: ultrassonografia...... 833
Tatiana Cortez Romero

10 Espaços cervicais 841
Rodrigo Murakoshi, Bruno Casola Olivetti, Eloisa Santiago Gebrim

11 Massas cervicais extratireoidianas 874
Sandra M. Tochetto

12 Glândula tireoide 905
Fábio Augusto Ribeiro Dalprá, Carlos Jorge da Silva, Regina Lúcia Elia Gomes

13 Glândulas paratireoides.................. 922
Regina Lúcia Elia Gomes, João Rafael Terneira Vicentini

14 Tireoide e paratireoide................... 933
Felipe Carneiro, Maria Cristina Chammas

15 Laringe e hipofaringe 963
Eloisa Santiago Gebrim, Ula Lindoso Passos, Diogo Cunha de Medeiros

16 Linfonodos cervicais.................... 1009
Regina Lúcia Elia Gomes, Maíra de Oliveira Sarpi

17 Miscelânea............................ 1038
Marcio Ricardo Taveira Garcia, Henrique Bortot Zuppani

Índice remissivo 1057

Prefácio

A Radiologia brasileira ocupa cada vez mais espaço no auxílio do diagnóstico das várias especialidades da Medicina. O estudo das radiografias, tomografias computadorizadas, ultrassonografias e ressonâncias magnéticas permite a análise mais precisa do corpo humano de várias formas e em diferentes situações.

Ao longo do tempo, houve importante aprimoramento da técnica radiológica e melhora significativa e progressiva na qualidade das imagens. Por meio do processo de inovação, os renomados autores desta obra prestam sua contribuição ao ensino da Radiologia, expondo suas vivências e conhecimentos teóricos aos médicos e aos alunos que se dedicam à área.

O *Tratado de Radiologia* é uma obra de grande perfil científico sobre os mais diversos temas da especialidade. Este magnífico tratado está baseado na experiência clínica do Departamento de Radiologia e do Instituto de Radiologia do Hospital das Clínicas da Faculdade de Medicina da Universidade de São Paulo.

A coleção, composta por três volumes, oito seções e 156 capítulos, é um valioso material para o aperfeiçoamento das técnicas de médicos e profissionais de Radiologia e Diagnóstico por Imagem e para a formação de estudantes de Medicina e residentes.

O *Tratado de Radiologia* abrange malformações congênitas, demências e envelhecimento, base do crânio, seios paranasais, doenças das vias aéreas, trauma torácico, vias biliares, transplante hepático, vias urinárias e bexiga, puberdade precoce e tardia. É preciso destacar ainda o rastreamento do câncer de mama por métodos de imagem, lesões benignas da mama, restrição do crescimento fetal, avaliação da placenta, afecções musculares, traumas dos membros superiores e inferiores.

Além desses tópicos, a obra aborda outros temas importantes relacionados à área de forma explicativa, ilustrativa e didática, constituindo, com as mais recentes diretrizes, uma referência fundamental para melhores práticas na área da Medicina.

Cumprimento o Prof. Dr. Giovanni Guido Cerri e todos os Editores, Editores Associados e Autores pela excelência do acervo científico.

Prof. Dr. José Otavio Costa Auler Junior
Diretor da Faculdade de Medicina da
Universidade de São Paulo

Apresentação

O Instituto de Radiologia (InRad) do Hospital das Clínicas da Faculdade de Medicina da Universidade de São Paulo (HCFMUSP), em parceria com a Editora Manole, tem a enorme satisfação de editar um livro de Radiologia que cobre suas diversas subespecialidades e que pode servir tanto para o especialista, como também para o médico que ingressa na especialidade.

Foi um grande desafio reunir este grupo de colaboradores, grandes nomes da Radiologia brasileira, para poder oferecer uma obra de qualidade, a mais completa possível e que representa a experiência do InRad e do HCFMUSP.

Agradeço o empenho de todos os autores, que, ao se dedicarem muito para reunir as belas imagens que ilustram este livro, ajudaram a concretizar este lançamento no Imagine'2017 – XV Congresso de Radiologia e Diagnóstico por Imagem do HCFMUSP.

Destaco o empenho da Editora Manole, que com sua qualidade editorial e extraordinária equipe aceitou o desafio de produzir obra tão complexa.

Espero que os radiologistas apreciem este trabalho e possam atualizar seus conhecimentos, contribuindo para o desenvolvimento da especialidade.

Prof. Dr. Giovanni Guido Cerri

Neurorradiologia

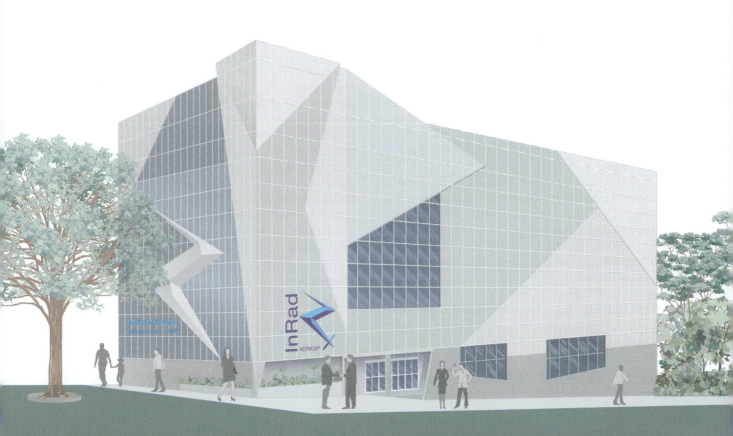

1

Malformações congênitas do sistema nervoso central

Claudia da Costa Leite
Celi Santos Andrade
Simone Shibao
Mateus Rozalem Aranha

Introdução

As malformações do sistema nervoso central (SNC) acometem cerca de 1,3% da população geral. Atualmente, os métodos de imagem permitem a identificação de malformações *in vivo*. Além disso, a biologia molecular permitiu a identificação de muitos genes, cujas mutações estão relacionadas a estas malformações cerebrais, modificando a compreensão e a classificação delas.

As malformações decorrem de uma interrupção na sequência normal do desenvolvimento craniocerebral. São um grupo heterogêneo do ponto de vista do tempo de desencadeamento e etiologia, resultando em diferentes síndromes clinicopatológicas. As causas destas malformações podem ser muitas: alterações genéticas, infecções intrauterinas, traumas, insultos tóxicos ou metabólicos, hipertensão materna, hemorragia anteparto e insuficiência vascular/isquemia durante a gestação. É importante lembrar que muitas estruturas cerebrais são formadas concomitantemente; portanto, um evento pode resultar em anomalia de mais de uma estrutura. Este fato resulta em presença, muitas vezes, de malformações múltiplas.

As classificações das malformações cerebrais variam muito na literatura, estando baseadas na fase do desenvolvimento em que o insulto ocorreu, em achados de imagem, etiologia e em biologia molecular, tornando difícil a padronização destas classificações para o uso clínico. Somente para as malformações do desenvolvimento cortical há maior consenso na literatura quanto à sua classificação. É importante lembrar da ocorrência simultânea de diferentes tipos de malformações, o que torna a pesquisa de outras lesões obrigatória quando se detecta uma malformação.

As manifestações clínicas das malformações craniocerebrais são variadas. Os pacientes podem ser assintomáticos (p. ex., em casos de heterotopia da substância cinzenta) ou apresentar grave comprometimento das funções cerebrais (p. ex., em casos de lissencefalia). Em geral, as manifestações clínicas mais comuns são atraso de desenvolvimento neuropsicomotor e crises convulsivas. Estas podem acometer os pacientes em graus variáveis de gravidade, e não raramente a mesma entidade patológica tem várias e distintas representações clínicas.

As malformações cerebrais podem ser diagnosticadas ainda no útero por meio da ultrassonografia e mais bem estudadas em alguns casos com a ressonância magnética (RM) fetal. Após o nascimento, o método de escolha é a RM, porém para a avaliação de detalhes ósseos em alguns casos utiliza-se a tomografia computadorizada (TC).

Malformação de Chiari

As alterações que originam os diferentes tipos de malformação de Chiari são distintas. A malformação de Chiari I representa um grupo heterogêneo de doenças ou etiologias que têm em comum os mesmos achados de neuroimagem. Há também outras formas, classificadas apenas por alguns autores, mas ainda controversas, que seriam apenas alterações do fluxo liquórico, sem herniações tonsilares, como a alteração classificada de Chiari 0, em que não há anormalidades anatômicas que preencham os critérios para Chiari I; e o Chiari IV, que seria uma agenesia cerebelar não associada à mielomeningocele.

Chiari tipo I

A malformação de Chiari tipo I é simplesmente a ectopia caudal das tonsilas cerebelares. Isto significa que as tonsilas cerebelares estão deslocadas inferiormente em relação ao forame magno e, quando traçada uma linha do bordo anterior do forame magno (*basion*) ao seu bordo posterior (*opistion*), elas estão localizadas até cerca de 3 a 6 mm abaixo dessa linha, de acordo com a faixa etária (Tabela 1). Em alguns casos, pode ocorrer ectopia de uma só das tonsilas cerebelares.

A ectopia tonsilar pode ser também um fenômeno adquirido associado à hipertensão intracraniana (hidrocefalia, grandes massas cerebrais) ou hipotensão liquórica (p. ex., após *shunt* peritoneal ou múltiplas punções lombares).

Na RM, os achados de Chiari I incluem (Figura 1):

- Alterações na transição craniocervical e na calota craniana.
  - Invaginação basilar.
  - Platibasia.
  - Assimilação atlantoaxial.
  - Clivo encurtado.
  - Craniossinostose.
- Alterações cerebelares.
  - Ectopia das tonsilas cerebelares que assumem uma morfologia pontiaguda.
  - Hidrocefalia (10% casos).
- Alterações espinhais.
  - Siringo-hidromielia em até 70% dos casos.
  - Mielomeningocele.
  - Anomalia de Klippel-Feil.
  - Escoliose.

Chiari tipo II

A malformação de Chiari tipo II, também chamada de malformação de Arnold-Chiari, inclui malformações do encéfalo, da medula espinhal, da coluna, da calota e da base do crânio. A anormalidade primária parece estar relacionada a uma fossa posterior pequena, na qual o seu conteúdo neural é progressivamente comprimido cranial e caudalmente durante o crescimento.

Principais achados de imagem (Figura 2):

- Alterações da calota craniana.
  - Fossa posterior pequena.
  - Craniolacunia.
  - Irregularidade do aspecto posterior do osso petroso.
  - Clivo encurtado.
- Alterações cerebrais, cerebelares, do tronco cerebral e junção bulbomedular.
  - Deslocamento inferior das tonsilas e verme cerebelares, tronco cerebral e IV ventrículo.
  - Redução dos espaços liquóricos da fossa posterior.
  - Herniação superior do cerebelo (cerebelo com aspecto "em torre").
  - Inserção baixa da tórcula.

Tabela 1 Variação de posição das tonsilas cerebelares de acordo com a faixa etária

Idade	Posição inferior das tonsilas cerebelares em relação à linha traçada entre o *basion* e o *opistion*
1ª década	6 mm
2-3ª décadas	5 mm
4-8ª décadas	4 mm
9ª década	3 mm

Modificada de Nash et al., 2002.

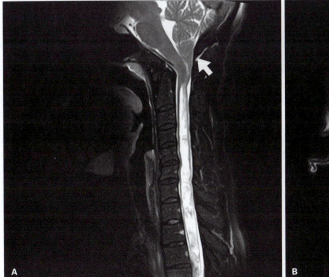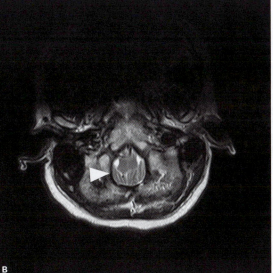

Figura 1 Imagens de ressonância magnética nos planos sagital (A) e axial (B), pesadas em T2, num paciente com malformação de Chiari tipo I. As amígdalas cerebelares (seta em A e cabeça de seta em B) estão deslocadas inferiormente em relação ao forame magno, insinuando-se para o interior do canal cervical superior, e apresentando formato em cunha no corte sagital. Notar ainda siringo-hidromielia.

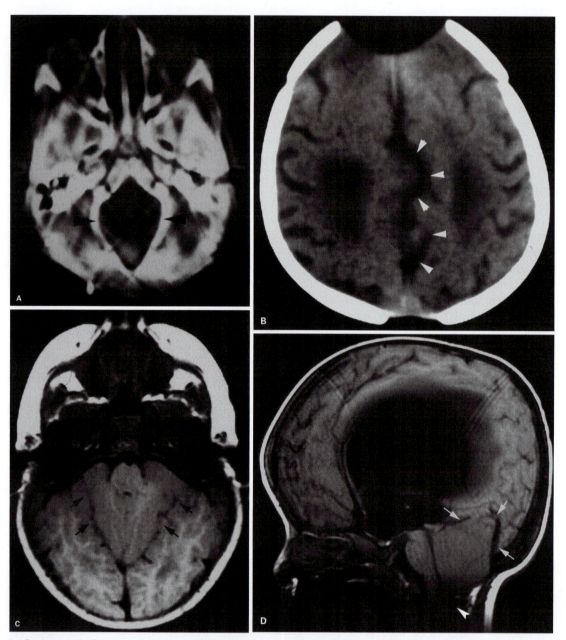

Figura 2   Paciente com 2 anos de idade, portador de malformação de Chiari tipo II. Imagem de tomografia computadorizada (TC) no plano axial (A): alargamento do forame magno (setas pretas). Imagem de TC no plano axial (B), no nível do corpo dos ventrículos laterais, mostra a foice cerebral hipoplásica com interdigitação dos sulcos corticais na linha mediana (cabeças de setas brancas). Imagem de ressonância magnética (RM) pesada em T1 no plano axial (C): observar a incisura tentorial alargada e totalmente ocupada pelo cerebelo herniado superiormente (setas pretas). Imagem de RM no plano sagital pesada em T1 (D) mostra a fossa posterior de dimensões reduzidas com herniação do cerebelo superiormente pela incisura tentorial (setas brancas) e inferiormente pelo forame magno (cabeça de seta branca). Associa-se acentuada dilatação ventricular supratentorial.

- Acotovelamento da junção bulbocervical (70% dos casos).
- Mesencéfalo "em bico".
- Hemisférios cerebelares envolvem lateralmente o tronco cerebral.
- Massa intermédia e/ou adesão intertalâmica hipertrofiadas.
- Comissura anterior tem posição inferiorizada.
- Disgenesia do corpo caloso.
- Hipoplasia e anomalias de rotação dos hipocampos.
- Interdigitação das porções mediais dos giros cerebrais (10% dos casos).
- Hidrocefalia supratentorial.
- Estenose de aqueduto.
- Anomalias da migração neuronal.

- Estenogiria (70% dos casos), que é caracterizada por numerosos giros pequenos com sulcos rasos, porém, diferentemente da polimicrogiria, na estenogiria a arquitetura do córtex está preservada.
- Alguns autores incluem na malformação de Chiari II o cerebelo evanescente, em que há ausência de um dos hemisférios cerebelares com relativa preservação do verme e do outro hemisfério.
- Alterações da dura.
    - Hipoplasia ou fenestração da foice cerebral.
    - Hipoplasia da tenda do cerebelo. A inserção da foice do cerebelo pode ser quase vertical com orientação do seio reto semelhante.
- Alterações espinhais.
    - Siringo-hidromielia.
    - Mielomeningocele ou lipomielomeningocele (Figura 3). Nos casos de pacientes com disrafismo espinal sem cobertura de pele, a imensa maioria tem os outros achados de Chiari II.

Chiari tipo III (encefalocele cérvico-occipital)

A malformação de Chiari tipo III resulta da herniação de parte do conteúdo da fossa posterior, com ou sem porções dos lobos occipitais, por meio de um defeito ósseo nas porções posteriores da base do crânio e arcos posteriores de C1 e C2. Esta herniação constitui uma meningoencefalocele cérvico-occipital (Figura 4). Nestes casos, é importante a realização de estudo da circulação venosa, pois a localização das veias junto à meningoencefalocele é essencial para o tratamento cirúrgico, já que nestes casos são comuns as veias profundas aberrantes e os seios venosos ectópicos.

Os achados de Chiari III incluem:

- Alterações primárias cranioespinhais.
    - Meningoencefalocele cérvico-occipital.
    - Fusão incompleta dos arcos posteriores de C1 (70%).
    - Ausência dos elementos posteriores de C2 a C5.
    - Agenesia do corpo caloso.
    - Agenesia do septo pelúcido.
    - Hidrocefalia em até 80% dos casos.
    - Outros achados presentes no Chiari II.

Encefalocele

As encefaloceles parecem ser resultado do fechamento incompleto da porção mais rostral do tubo neural durante a embriogênese do encéfalo. Como há um fechamento anormal, tanto o tecido neural intracraniano como as meninges podem herniar através de uma falha óssea. Se a herniação contém somente liquor, ela é chamada de meningocele; se ela contém somente tecido neural, é chama-

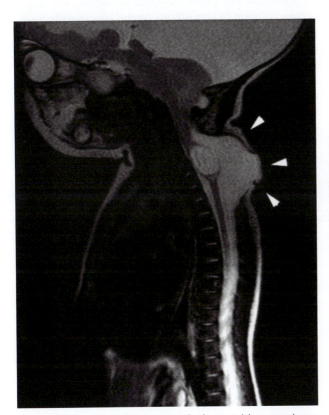

Figura 3 Imagem sagital de ressonância magnética, pesada em T2, de recém-nascido com 8 dias de vida e malformação de Chiari tipo II, associada à meningocele que se estende de C3 a D3 (cabeças de setas), com amplo disrafismo. Notar a dilatação cística da medula vertebral nos níveis de C4 a C7 e a invaginação inferior das tonsilas cerebelares através do forame magno.

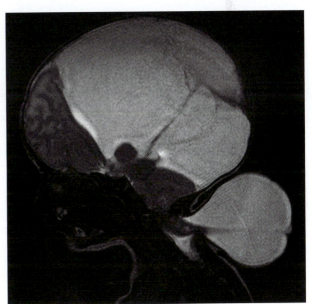

Figura 4 Imagem sagital de ressonância magnética pesada em T2 de recém-nascido com malformação de Chiari tipo III. Notar a meningoencefalocele através dos arcos posteriores de vertebrais cervicais altas, contendo medula espinhal, tronco cerebral e parte do cerebelo herniado pelo forame magno. Notar ainda o preenchimento de grande parte do conteúdo craniano por liquor.

da de encefalocele; se contém tanto tecido neural como meninges, é chamada de meningoencefalocele; se contém tecido neural, meninges, e parte do sistema ventricular, é chamada de encéfalo-cisto-meningocele. A caracterização do conteúdo destas protrusões e da localização do defeito ósseo é essencial para o planejamento cirúrgico destas malformações.

Encefaloceles são estatisticamente quatro vezes mais comuns que as meningoceles. A maioria destas lesões está localizada na linha média, porém em alguns casos a lesão é parassagital. As meningoceles podem ser subdivididas em vários tipos, de acordo com sua localização (Quadro 1). Na junção cérvico-occipital, as encefaloceles classicamente são classificadas como malformações de Chiari tipo III, conforme descrito anteriormente.

Nestes casos, a TC e a RM permitem a visualização da herniação e a caracterização do tipo de tecido herniado (encefalocele ou meningocele) (Figura 5).

Malformações da fossa posterior

Complexo de Dandy-Walker (malformação de Dandy-Walker)

Esta malformação é chamada de complexo de Dandy-Walker, pois inclui a malformação de Dandy-Walker, a variante de Dandy-Walker, a megacisterna magna e o cisto de Blake. Muitas vezes, é difícil a separação destas entidades tanto do ponto de vista clínico como do ponto de vista de imagem.

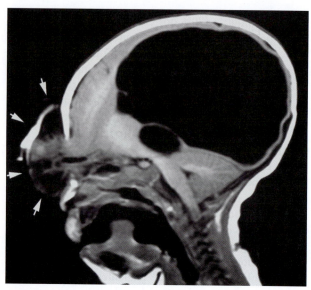

Figura 5 Imagem sagital de ressonância magnética pesada em T1 em paciente com grande meningoencefalocele frontal (setas). Notar o tecido cerebral desorganizado no interior da meningoencefalocele e a acentuada dilatação do sistema ventricular supratentorial com paquigiria associada.

A malformação de Dandy-Walker apresenta ausência ou acentuada hipoplasia do verme cerebelar, com ampla separação entre os hemisférios cerebelares, que são hipoplásicos, e direta comunicação do IV ventrículo com um amplo espaço liquórico/cisto da fossa posterior, que corresponde a uma expansão diverticular de um IV ventrículo de dimensões aumentadas. Não se observa presença de plexo coroide neste espaço liquórico/cisto da fossa posterior. A tenda do cerebelo e a confluência dos seios têm localização superior ao normalmente observado, e a fossa posterior tem volume aumentado (Figura 6).

Outros achados: hidrocefalia em até 80% dos casos, mais bem evidenciada após os 3 meses de vida; ausência da foice cerebelar; compressão do tronco cerebral direção ao clivo; migração anormal das olivas inferiores; disgenesia do corpo caloso; cisto inter-hemisférico supratentorial; heterotopia de substância cinzenta; meningocele occipital ou lombar; malformações faciais e cardíacas.

Na variante de Dandy-Walker, parte do verme cerebelar está presente e a fossa posterior não está aumentada. Alguns autores não utilizam essa terminologia, em decorrência da dificuldade de diferenciação entre a malformação de Dandy-Walker e sua variante.

A cisterna magna refere-se a uma porção alargada do espaço subaracnoide abaixo da superfície inferior do cerebelo, posteriormente ao bulbo. Há considerável variação nas dimensões dessa cisterna. Na megacisterna magna, os hemisférios e o verme cerebelares estão normais (diferentemente do complexo de Dandy-Walker), não há hidrocefalia (que ocorre no cisto de Blake) e não há efeito de massa sobre o cerebelo ou foice cerebelar (como ocorre com o cisto aracnoide) (Figura 7).

Quadro 1	Classificação das encefaloceles
Encefaloceles esfenoidais	
Nasoesfenoidal	
Esfeno-orbital	
Esfenoetmoidal	
Esfenomaxilar	
Transesfenoidal	
Encefalocele parietal	
Encefaloceles frontais	
Nasofrontal	
Nasoesfenoidal	
Frontoetmoidal	
Naso-orbital	
Interfrontal	
Encefalocele temporal	
Encefaloceles occipitais	
Occipitocervical	
Occipital isolada	

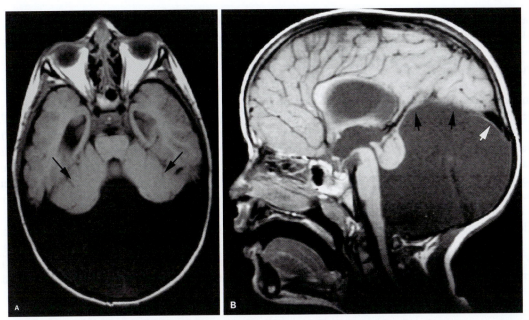

Figura 6 Paciente com malformação de Dandy-Walker. Imagens de ressonância magnética pesadas em T1 nos planos axial (A) e sagital (B) demonstram a ausência do verme cerebelar e a ampla separação entre os hemisférios cerebelares (setas em A), que são hipoplásicos. Há direta comunicação do IV ventrículo com um amplo espaço liquórico/cisto da fossa posterior. Existe aumento da fossa posterior, com deslocamento superior da tenda do cerebelo (setas pretas em B) e da confluência dos seios (seta branca em B). O tronco cerebral está deslocado anteriormente e comprimido em direção ao clivus.

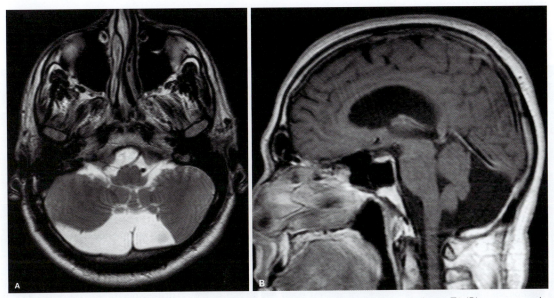

Figura 7 Imagens de ressonância magnética no plano axial pesada em T2 (A) e sagital pesada em T1 (B), em um paciente com megacisterna magna.

O cisto de Blake corresponde a uma evaginação do teto do IV ventrículo revestida por epêndima de localização retro ou infracerebelar, podendo ou não ter efeito de massa sobre o cerebelo. Este cisto não causa obstrução do IV ventrículo. O verme cerebelar tem aspecto normal. Do ponto de vista de imagem, o cisto de Blake tem atenuação ou sinal de liquor, algumas vezes com identificação do plexo coroide no seu interior (em sua porção mediana e superior), sendo este um ponto-chave para diferenciá-lo das outras malformações císticas da fossa posterior.

Dessa maneira, o diagnóstico diferencial dos cistos da fossa posterior deve incluir malformação de Dandy--Walker e sua variante, cisto de Blake, megacisterna magna e cisto aracnoide de fossa posterior. Do ponto de vista de imagem, as paredes dessas malformações císticas são muito finas para serem identificadas e a diferenciação entre elas será baseada nos outros achados relacionados à formação do cerebelo e ao tamanho da fossa posterior (Quadro 2).

Rombencefalossinapse

A rombencefalossinapse é uma malformação rara do rombencéfalo, que consiste na ausência ou hipogenesia do verme cerebelar associada a fusão (continuidade) da substância branca profunda dos hemisférios cerebelares através da linha mediana e anomalias dos núcleos denteados. Podem ainda ser encontrados: fusão colicular ou peduncular, ausência dos núcleos olivares, estenose de aqueduto e malformações supratentoriais.

Achados de TC e RM (Figura 8):

- Fusão dos hemisférios cerebelares e ausência do verme cerebelar.
- IV ventrículo com aspecto de "diamante".
- A base do cerebelo é achatada, e as folias cerebelares estão orientadas transversalmente.

Malformação do "dente molar"

Algumas síndromes clínicas esporádicas ou autossômicas recessivas estão associadas a uma malformação do tronco cerebral e cerebelo, que assumem uma morfologia conhecida como "dente molar" (nos cortes axiais, o mesencéfalo se encontra afilado e os pedúnculos cerebelares superiores são espessos e estão orientados perpendicularmente à ponte.

A síndrome de Joubert, que é uma desordem rara autossômica recessiva, caracterizada por hiperpneia episódica, movimentos oculares anormais, hipotonia neonatal, ataxia, retardo mental e alterações faciais, é a mais conhe-

Quadro 2 Pontos de diferenciação entre complexo de Dandy-Walker, cisto de Blake e megacisterna magna

	Verme cerebelar	Hemisférios cerebelares	Localização	Achados que os diferenciam dos demais
Megacisterna magna	Normal	Normais	Retro ou infracerebelar	Presença da foice cerebelar
Complexo de Dandy-Walker	Ausente ou hipoplásico	Hipoplásicos	Comunicando com o IV ventrículo	Fossa posterior aumentada
Cisto de Blake	Normal	Normais	Retro ou infracerebelar	Presença de plexo coroide na sua porção superior-mediana

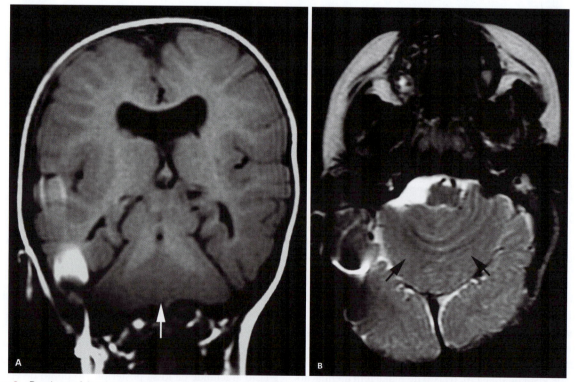

Figura 8 Rombencefalossinapse. Imagens de ressonância magnética, no plano coronal pesada em T1 (A) e axial pesada em T2 (B). As imagens mostram a fusão dos hemisférios cerebelares através da linha mediana (setas) e a ausência do verme cerebelar. Há artefatos causados por material metálico na superfície do crânio à direita em ambas as imagens.

cida doença associada a essa malformação. Na síndrome de Joubert, o verme cerebelar tem pequenas dimensões e é displásico, com uma fenda na linha mediana. São observadas ainda displasia e heterotopia dos núcleos cerebelares, ausência da decussação das pirâmides, anomalias dos núcleos olivares inferiores e trato trigeminal descendente, hipoplasia do fascículo solitário e núcleos da coluna dorsal.

Os achados de imagem da malformação do "dente molar", independentemente da síndrome clínica associada, incluem:

- Os pedúnculos cerebelares superiores não decussam e estão aumentados. No plano axial, são quase horizontais, sendo identificados na sua extensão do mesencéfalo ao cerebelo.
- O mesencéfalo é pequeno e como os pedúnculos cerebelares são grandes e perpendiculares ao tronco, estas estruturas assumem o aspecto de "dente molar" (Figura 9).
- No plano axial, o IV ventrículo apresenta na sua porção superior aspecto em "asa de morcego".
- No plano sagital, o verme apresenta localização alta, e a junção pontomesencefálica é estreita.
- O padrão das folias cerebelares é anormal.
- No plano coronal, observa-se uma fenda mediana no verme cerebelar.

Disgenesia cerebelar

A disgenesia do cerebelo pode ser total (agenesia) ou subtotal (hipogenesia), podendo manifestar-se como agenesia lateral (agenesia hemisférica) (Figura 10) ou mediana (agenesia vermiana).

A agenesia cerebelar é extremamente rara, mas pode ocorrer em associação com outras anomalias graves do SNC, tais como anencefalia e hidranencefalia. Remanescentes do cerebelo são tipicamente encontrados. Em alguns casos, mutação no gene PTF1A do cromossomo 10 é encontrada. O tamanho da fossa posterior é normal ou aumentado. Podem ainda ser identificadas hipoplasia da ponte e ausência da protuberância das olivas inferiores.

Na hipoplasia do cerebelo, observa-se redução de seu volume globalmente (hemisférios e verme), mas com morfologia normal. Esta hipoplasia pode ocorrer como uma doença autossômica recessiva, como um achado isolado, pós-infecções congênitas (especialmente citomegalovírus, CMV) ou como parte de várias síndromes. Alguns autores acreditam que quando unilateral seja decorrente de hemorragia prévia. Anomalias de migração (heterotopia) e sulcação (em anormalidades do padrão das folhas e fissuras cerebelares) do cerebelo podem estar associadas à hipoplasia cerebelar. Podem ocorrer com graus variáveis de hipoplasia do tronco cerebral, pedúnculos cerebelares ou núcleos olivares, podendo ser assimétrica. Em alguns casos, a disgenesia do cerebelo pode ser um achado incidental de autópsia ou de imagem.

Fenda cerebelar

A fenda cerebelar é geralmente preenchida por liquor e se estende da superfície de um hemisfério cerebelar até sua substância branca ou até o quarto ven-

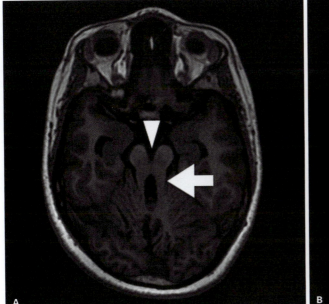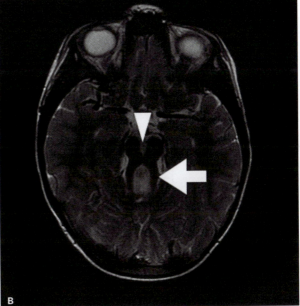

Figura 9 Imagens axiais de ressonância magnética pesadas em T1 (A) e T2 (B), em paciente com síndrome de Joubert, a mais comumente associada à malformação do "dente molar". Nos cortes axiais ao nível do mesencéfalo, este se apresenta afilado, os pedúnculos cerebelares superiores são hipertrofiados e perpendiculares à ponte (setas) e a cisterna interpenduncular é profunda (cabeças de setas), assumindo dessa forma uma morfologia que se assemelha a um dente molar.

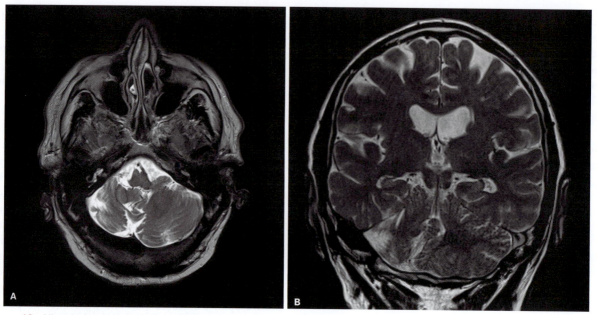

Figura 10 Hipoplasia cerebelar unilateral. Imagens de ressonância magnética pesadas em T2 em cortes axial (A) e coronal (B) mostram redução volumétrica e distorção arquitetural do hemisfério cerebelar direito.

trículo. Pode ser uni ou bilateral. O hemisfério que contém a fenda pode ter volume reduzido e alterações de suas folhas e da transição entre as substâncias branca e cinzenta.

Hipertrofia cerebelar

A hipertrofia cerebelar é bastante rara e pode ocorrer em associação com hemimegalencefalia. Já a doença de Lhermitte-Duclos ou gangliocitoma displásico do cerebelo corresponde a um crescimento hamartomatoso anormal focal do cerebelo.

Displasia septo-óptica

A tríade clínica clássica da displasia septo-óptica (DSO) ou síndrome de Morsier consiste em disgenesia do septo pelúcido, hipoplasia dos nervos ópticos e disfunção do eixo hipotálamo-hipofisário. Nem todos os pacientes apresentam esta tríade clássica.

Na DSO, o septo pelúcido pode estar total ou parcialmente ausente, adquirindo formato quadrado dos cornos anteriores dos ventrículos laterais. O corpo caloso também pode ser disgenético. Os nervos, o quiasma e os tratos ópticos podem ser hipoplásicos uni ou bilateralmente (Figura 11).

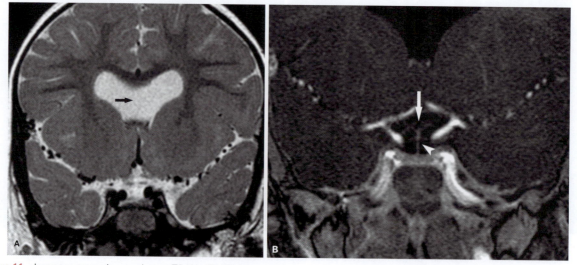

Figura 11 Imagens coronais pesadas em T2 (A) e T1 (B) demonstram a ausência do septo pelúcido (seta em A), bem como o afilamento importante do quiasma óptico (seta em B). Notar ainda a redução de volume da hipófise, incluindo sua haste (cabeça de seta em B).

A acuidade visual desses pacientes varia de normal a cegueira total, e cerca de 55% deles têm disfunção do eixo hipotálamo-hipofisário.

Outros achados que podem ocorrer na DSO estão listados a seguir:

- Esquizencefalia.
- Holoprosencefalia.
- Disgenesia do corpo caloso.
- Hidranencefalia.
- Encefalocele na base do crânio.
- Hidrocefalia.
- Malformação de Chiari tipo II.
- Estenose de aqueduto.

Holoprosencefalia

A holoprosencefalia corresponde a um grupo complexo de malformações que decorre da falha da clivagem e da diferenciação da porção rostral do tubo neural. Logo após o fechamento do neuroporo anterior, aproximadamente no 25º dia de vida, formam-se as vesículas cerebrais. A vesícula mais rostral, o prosencéfalo, dará origem ao telencéfalo e ao diencéfalo. O telencéfalo dará origem aos hemisférios cerebrais e ao *estriatum*, que por sua vez formará os núcleos caudados e putames. O diencéfalo dará origem aos globos pálidos e hipotálamos. Na holoprosencefalia, várias alterações relacionadas à falha nessa clivagem do prosencéfalo são encontradas. Outras estruturas medianas podem ser afetadas, como a *lamina terminalis*, que dá origem ao corpo caloso.

Em ordem decrescente de gravidade, há quatro formas de holoprosencefalia: alobar (Figura 12), semilobar (Figura 13), lobar (Figura 14) e variante inter-hemisférica média da holoprosencefalia (esta última chamada também de sintelencefalia) (Figura 15) (Quadro 3). A holoprosencefalia alobar muitas vezes é incompatível com a vida.

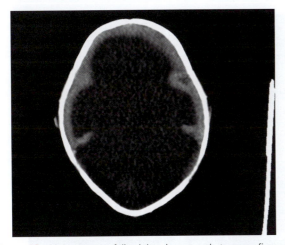

Figura 12 Holoprosencefalia alobar. Imagem de tomografia computadorizada mostra fusão completa dos hemisférios cerebrais no lobo frontal, com presença de ventrículo único.

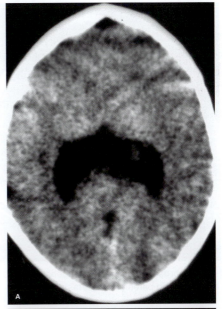
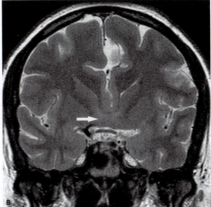
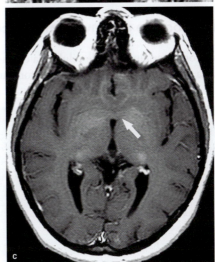

Figura 13 Imagem de tomografia computadorizada no plano axial (A) em paciente com holoprosencefalia semilobar mostra ventrículo único com fusão dos lobos frontais. Em outro paciente, as imagens de ressonância magnética pesada em T2 no plano coronal (B) e pesada em T1 no plano axial pós-contraste (C) evidenciam a fusão da porção mais basal dos lobos frontais (setas). Notar ainda a disgenesia do corpo caloso, observada em B, e a separação completa do restante dos hemisférios cerebrais.

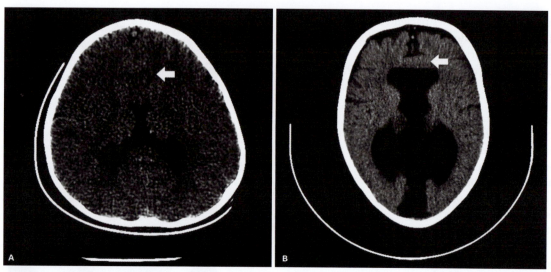

Figura 14 Holoprosencefalia lobar. Imagens de tomografia computadorizada mostrando fusão parcial dos lobos frontais, inferior a 50% da espessura do parênquima (setas em A e B).

A formação da face é um fenômeno paralelo à formação do prosencéfalo e em parte depende de uma formação normal dele. O prosencéfalo induz a ectoderme adjacente à formação dos placoides nasal e óptico. Por isso, as anomalias das estruturas faciais como hipoplasia e fusão podem ocorrer associadas às anormalidades cerebrais. As anormalidades faciais estão associadas às formas alobar e semilobar (Quadro 4).

Manifestações endócrinas, incluindo diabetes insípido, podem acompanhar essa malformação complexa, e há correlação entre a gravidade da holoprosencefalia e a disfunção endócrina.

Malformações do desenvolvimento cortical

Os neurônios originam-se de células da camada subependimária da parede dos ventrículos, que formam a chamada matriz germinal. Quando maduras, as células da matriz germinal com diferenciação neuronal (neuroblastos) iniciam um processo de migração. A migração dos neurônios da região periventricular para os núcleos profundos e para a superfície do córtex cerebral é orientada pelas fibras radiais a partir da 8ª semana de gestação (Figura 16). Os núcleos e o córtex cerebelar também são formados nesse período. A migração ocorre de maneira ordenada, de modo que, inicialmente, migram as células que irão formar a camada 1 do córtex e depois migram as células que irão formar as camadas 6, 5, 4, 3 e 2. Após estarem organizados nas diversas camadas, os neurônios separam-se das fibras radiais e iniciam a formação e o crescimento dos dendritos e das sinapses. As fibras radiais separam-se dos neurônios após a migração e darão origem às células da glia. A maior parte do processo de migração neuronal ocorre ao redor da 16ª semana de gestação, porém acredita-se que este pro-

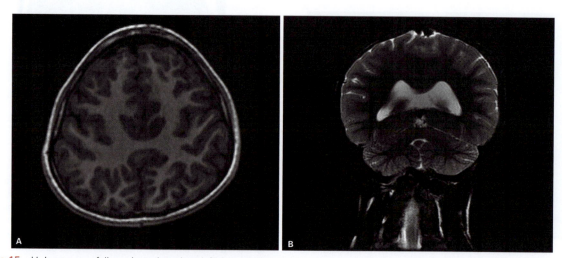

Figura 15 Holoprosencefalia variante inter-hemisférica média (sintelencefalia). Imagens de ressonância magnética pesadas em T1 (A, axial) e em T2 (B, coronal), mostrando fusão dos hemisférios cerebrais na porção posterior dos lobos frontais e dos lobos parietais.

Quadro 3 Achados de TC e RM na holoprosencefalia

Holoprosencefalia alobar (Figura 12)
▪ Microcefalia
▪ Ausência de divisão entre os dois hemisférios cerebrais
▪ Ausência da foice cerebral
▪ Ausência da fissura inter-hemisférica
▪ Fusão das substâncias branca e cinzenta dos hemisférios cerebrais
▪ Monoventrículo supratentorial
▪ Cisto inter-hemisférico dorsal
▪ Fusão de tálamos, hipotálamos e núcleos caudados
▪ Ausência dos bulbos olfatórios (arrinencefalia)
▪ Ausência do septo pelúcido
▪ Agenesia do corpo caloso
▪ Distúrbios do desenvolvimento cortical (heterotopia de substância cinzenta, paquigiria e polimicrogiria)
▪ Artéria cerebral anterior única (ázigos)
▪ Ausência completa ou parcial das veias medianas superficiais e profundas (ausência do seio sagital superior, veias cerebrais internas e seio reto)
▪ Veias superficiais corticais ingurgitadas
Holoprosencefalia semilobar (Figura 13)
▪ Existe certa divisão entre os hemisférios cerebrais, e as porções normais são as posteriores
▪ Grau moderado de microcefalia
▪ Ausência parcial da foice cerebral e fissura inter-hemisférica anteriormente
▪ Ausência do septo pelúcido
▪ Fusão dos ventrículos laterais com cornos occipitais e temporais rudimentares e ausência dos cornos frontais
▪ Fusão parcial dos tálamos
▪ III ventrículo pequeno
▪ Formações hipocampais incompletas
▪ Ausência parcial das porções anteriores do corpo caloso
▪ Hipertrofia da comissura posterior
▪ Arrinencefalia
Holoprosencefalia lobar (Figura 14)
▪ Tamanho normal do cérebro
▪ Os lobos frontais são parcialmente formados, havendo fusão nas suas porções ventrais e rostrais
▪ Corpo caloso normal ou disgenético (esplênio e corpo são formados)
▪ As conexões entre os hemisférios são anormais
▪ Fusão do giro do cíngulo e fórnix
▪ Ausência do septo pelúcido, os cornos anteriores podem ser rudimentares. III ventrículo presente
▪ Fissura inter-hemisférica e foice cerebral bem formadas
▪ Variante inter-hemisférica média da holoprosencefalia (Figura 15)
▪ Fusão das porções posteriores dos lobos frontais e lobos parietais
▪ Polos frontais e lobos occipitais bem formados
▪ Ausência do tronco do corpo caloso com esplênio e joelho presentes
▪ Hipotálamos e núcleos lentiformes são normalmente separados
▪ Pode haver fusão parcial dos tálamos e núcleos caudados
▪ Fissuras sylvianas são orientadas verticalmente e se comunicam através da linha média no vértex
▪ Pode ser encontrada displasia cortical ou heterotopia de substância cinzenta
▪ Pode ter cisto dorsal

(continua)

Quadro 3 Achados de TC e RM na holoprosencefalia *(continuação)*

Variante inter-hemisférica média da holoprosencefalia (Figura 15)
▪ Fusão das porções posteriores dos lobos frontais e lobos parietais
▪ Polos frontais e lobos occipitais bem formados
▪ Ausência do tronco do corpo caloso com esplênio e joelho presentes
▪ Hipotálamos e núcleos lentiformes são normalmente separados
▪ Pode haver fusão parcial dos tálamos e núcleos caudados
▪ Fissuras sylvianas orientadas verticalmente e se comunicam através da linha média no vértex
▪ Pode ser encontrada displasia cortical ou heterotopia de substância cinzenta
▪ Pode ter cisto dorsal

Quadro 4 Anomalias faciais associadas à holoprosencefalia

▪ Ciclopia: órbita e globo ocular únicos na linha mediana com ou sem probóscide (estrutura tubular de partes moles na linha mediana da face)
▪ Etmocefalia: duas órbitas com hipotelorismo grave e probóscide
▪ Cebocefalia: duas órbitas, que podem estar fundidas, e nariz rudimentar com uma única narina
▪ Fenda palatina e hipotelorismo
▪ Hipotelorismo isolado
▪ Colobomas de íris
▪ Incisivos centrais únicos

12 a 20 semanas de gestação

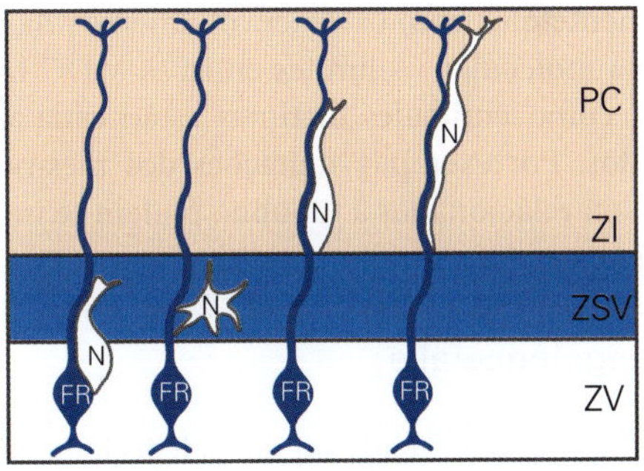

FR: fibras radiais; N: neuroblasto; PC: placa cortical; ZI: zona intermediária; ZSV: zona subventricular; ZV: zona ventricular

Figura 16 Desenho esquemático mostrando a migração neuronal da matriz germinal para a cortical orientada pelas fibras radiais. Modificada de Liu, 2011.

cesso só termine por volta do 5º mês de vida. A sulcação e a giração estão diretamente relacionadas com a migração neuronal, sendo responsáveis pelo aumento da superfície cortical, sem aumento de seu volume.

As malformações do desenvolvimento cortical (MDC) podem ocorrer: durante a proliferação neuronal e glial na matriz germinal, durante a migração celular ou na organização cortical e sulcação. Estas três fases do desenvolvimento cortical não são temporalmente separadas, ou seja, a proliferação continua após o início da migração e a migração ainda está ocorrendo quando a organização se inicia. A etiologia pode ser diversa, e a classificação dessas malformações varia muito na literatura, tendo sido nos últimos anos acrescentadas informações genéticas nessas classificações. Como o desenvolvimento das comissuras inter-hemisféricas está relacionado à migração neuronal, as malformações do corpo caloso frequentemente estão associadas aos distúrbios do desenvolvimento cortical.

As MDC devem ser estudadas pela RM com diferentes protocolos, dependendo da idade do paciente. Nos recém-nascidos, os autores sugerem o uso de uma sequência T1 com técnica de inversão-recuperação ou T1 volumétrica, com cortes de espessura de 1-1,5 mm; imagens T2 *fast spin-echo* com espessuras que podem variar de 1,5 a 4 mm. A sequência FLAIR não é útil nos recém-nascidos. Quando se inicia a mielinização, utilizam-se as sequências T1 dos 3 aos 15 meses e T2 dos 8 aos 24 meses de vida; entretanto, nessa fase, a diferenciação entre substância branca e cinzenta não é boa. Portanto, nesse período, recomenda-se que qualquer alteração seja considerada possivelmente um artefato, sendo necessária a repetição da RM 6 a 12 meses após para confirmação do diagnóstico.

Uma classificação associando os estágios do desenvolvimento cortical aos achados patológicos, genéticos e de imagem foi proposta por Barkovich et al. em 2012 e é apresentada no Quadro 5. Mais de cem genes associados a MDC já foram identificados. Entretanto, é importante ter em mente que, com os desenvolvimentos da genética e biologia molecular, os limites entre as MDC hoje classificadas como entidades distintas estão cada vez mais indefinidos. Por exemplo, mutações dos mesmos genes tubulina ou relacionados à tubulina podem se manifestar como lissencefalia ou polimicrogiria.

Hemimegalencefalia

A hemimegalencefalia ou megalencefalia unilateral ou megalencefalia displástica é uma condição decorrente do crescimento hamartomatoso de parte ou de todo um hemisfério cerebral, o qual apresenta morfologia anormal. No hemisfério anormal, frequentemente observam-se anomalias da migração neuronal (polimicrogiria, heterotopia e paquigiria). A substância branca geralmente tem alteração de sinal, e o ventrículo ipsilateral está dilatado.

Tanto na TC como na RM:

- Um hemisfério cerebral está aumentado de volume (parcial ou totalmente).
- Sua cortical geralmente está espessada, com configuração sem giros ou paquigírica ou polimicrogírica.
- A substância branca do lado acometido pode apresentar gliose, tendo hipoatenuação na TC, hipossinal nas

Quadro 5 Classificação das malformações do desenvolvimento cortical

Grupo I – malformações secundárias à proliferação anormal glial e neuronal ou apoptose
- IA e IIID: microcefalia
- IB: megalencefalia
- IC: disgenesia cortical com proliferação celular sem neoplasia (esclerose tuberosa, displasia cortical focal com neurônios dismórficos, hemimegalencefalia)
- ID: displasia cortical com proliferação anormal de células e neoplasia (DNET, ganglioglioma e gangliocitoma)

Grupo II – malformações decorrentes de migração neuronal anormal
- IIA: heterotopia (nodular periventricular, periventricular linear)
- IIB: lissencefalia (lissencefalia, paquigiria e heterotopia em banda)
- IIC: heterotopia subcortical e displasia sublobar
- IID: malformações em paralelepípedo (síndrome de Walker-Walburg, síndrome músculo-cérebro-olhos, Fukuyama, distrofia muscular congênita 1C 1D)

Grupo III – malformações secundárias a desenvolvimento pós-migracional anormal
- IIIA: polimicrogiria e esquizencefalia
- IIIB: disgenesia cortical associada a erros congênitos do metabolismo
- IIIC: displasia cortical focal sem neurônios dismórficos
- IIID: microcefalia pós-migracional (que evolui pós-nascimento)

sequências pesadas em T1 e hipersinal nas sequências pesadas em T2 e FLAIR.
- A delimitação entre substância branca e cinzenta é imprecisa.
- O ventrículo do lado acometido caracteristicamente está aumentado na proporção do aumento do hemisfério atingido, geralmente com formato irregular (Figura 17).

Pode ocorrer como uma malformação isolada ou estar associada à hemi-hipertrofia de parte ou de todo o hemicorpo ipsilateral, estar associada a hipomelanose de Ito, síndrome de Klippel-Trenaunay-Weber, síndrome do nevo epidérmico, alopecia focal, tumor neuroepitelial disembrioplásico (DNET), síndrome de Proteus, esclerose tuberosa e neurofibromatose tipo I.

Microlissencefalia/microcefalia com padrão giral simplificado

A microlissencefalia/microcefalia com padrão giral simplificado compõe um grupo de malformações em que a circunferência cefálica ao nascimento é menor que o normal em três desvios-padrões. O padrão giral dos pacientes parece o do cérebro normal, mas com muito menos sulcos, e é chamado de padrão giral simplificado ou oligogiria. Se o padrão giral é tão simplificado e a superfície cerebral parece ser lisa, usa-se a terminologia microlissencefalia.

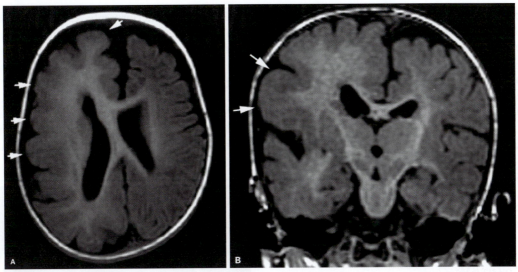

Figura 17 Hemimegalencefalia direita. Imagens de ressonância magnética pesadas em T1 nos planos axial (A) e coronal (B), pesadas em T1. O hemisfério cerebral direito está aumentado de volume, com paquigiria e cortical espessada (setas). Há borramento da transição entre substância branca e cinzenta. O ventrículo lateral do lado acometido, neste caso o direito, está caracteristicamente aumentado, em proporção ao aumento do hemisfério atingido.

A identificação desta malformação nas imagens depende de redução da sulcação ao nascimento associada à microcefalia, e o córtex tem espessura normal na microcefalia com padrão giral simplificado e espesso nas microlissencefalias.

Lissencefalia completa

A lissencefalia completa ou agiria é a mais grave anomalia de migração. A lissencefalia consiste em um cérebro liso, com córtex espesso, sem giros ou sulcos secundários (Figura 18). Observa-se microcefalia, e o córtex cerebral apresenta geralmente quatro camadas. A ausência de opercularização é característica. Podem ser encontrados ainda graus variáveis de disgenesia do corpo caloso e cerebelar.

A lissencefalia pode ocorrer isoladamente ou ser parte de uma síndrome como: Miller-Dieker, HARD ± E (hidrocefalia, agiria, displasia retiniana, com ou sem encefalocele), Norman-Roberts, Neu-Laxova, síndrome de Walker-Warburg (Figura 19), distrofia muscular congênita de Fukuyama e distrofia muscular cérebro-ocular. Existem duas formas: clássica e em "paralelepípedo". Na forma clássica, caracterizada por córtex liso e espessado, foram identificadas alterações em alguns genes como LIS1, YWHAE, *doublecortin* (DCX) TUBA1A, ARX, RELN, VLDLR. Na lissencefalia em paralelepípedo, a transição entre a substância branca e cinzenta assume um aspecto em paralelepípedo (irregular) e alterações genéticas foram identificadas nos genes FCDM, FKRP, POMT1, POMT2, LARGE e POMGNTI.

Na TC ou na RM:

- O córtex está espessado, a superfície cerebral é lisa, a substância branca está diminuída.
- Não se observa nenhuma interdigitação entre a substância branca e cinzenta.
- Nos cortes axiais, o cérebro assume aspecto de "oito" ou "boneco de neve" em razão da verticalização e da suavização das fissuras sylvianas (opercularização incompleta) (Figura 18).

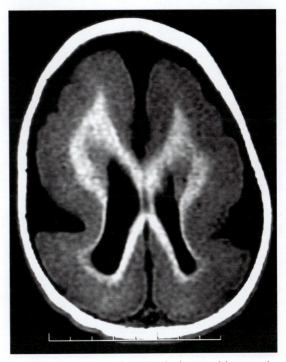

Figura 18 Imagem axial de ressonância magnética pesada em T1 em paciente com lissencefalia. As fissuras sylvianas são rasas, dando ao cérebro aparência de "oito". A agiria, ou ausência de sulcos corticais, é característica da lissencefalia.

- Os hipocampos apresentam inversão completa.
- Dilatação dos trígonos, cornos occipitais e temporais dos ventrículos laterais (colpocefalia).

Na síndrome de Walker-Warburg, a aparência da lissencefalia é típica, com a imagem característica de córtex em paralelepípedo (*cobblestone*) (Figura 19).

Agiria-paquigiria (lissencefalia incompleta)

A agiria-paquigiria ou lissencefalia incompleta corresponde a um cérebro com áreas apresentando padrão giral simplificado e áreas apresentando ausência de sulcação. Agiria indica a ausência total de giros e sulcos, enquanto paquigiria refere-se a giros espessos, largos, com sulcos rasos.

Na TC ou na RM:

- O córtex está espessado com giros largos e sulcos rasos. Em algumas áreas, o cérebro não apresenta giros e em outras apresenta paquigiria (Figura 20).
- Opercularização incompleta com fissuras sylvianas rasas e verticalizadas dando aspecto de cérebro em oito ou boneco de neve ou ampulheta no plano axial.
- Pode ter colpocefalia.

Como dito anteriormente, estas malformações podem ser de diferentes origens, como infecciosa, entre elas citomegalovírus e zika vírus (Figura 21).

Displasia cortical focal

A displasia cortical focal caracteriza-se pela presença de neurônios e células da glia organizados anormalmente em áreas focais do córtex. Histopatologicamente, as

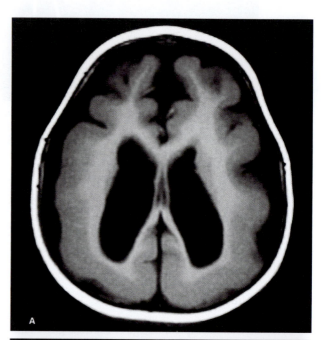

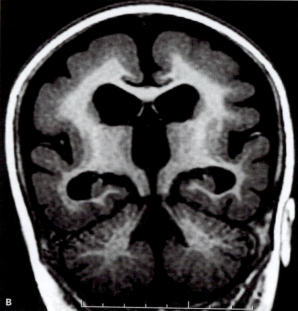

Figura 20 Paciente de 14 anos de idade com agiria-paquigiria. Imagens de ressonância magnética, pesadas em T1, nos planos axial (A) e coronal (B), demonstram pobreza de giros nas regiões anteriores e agiria nas regiões posteriores. Notar que os giros nas porções anteriores são largos e espessados, com sulcos rasos.

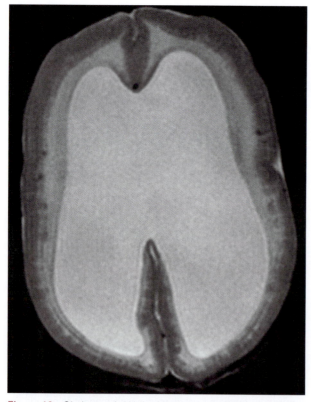

Figura 19 Síndrome de Walker-Warburg. Imagens de ressonância magnética mostrando dilatação ventricular, ausência do septo pelúcido e córtex espessado com padrão em paralelepípedo (*cobblestone*).

1 MALFORMAÇÕES CONGÊNITAS DO SISTEMA NERVOSO CENTRAL 17

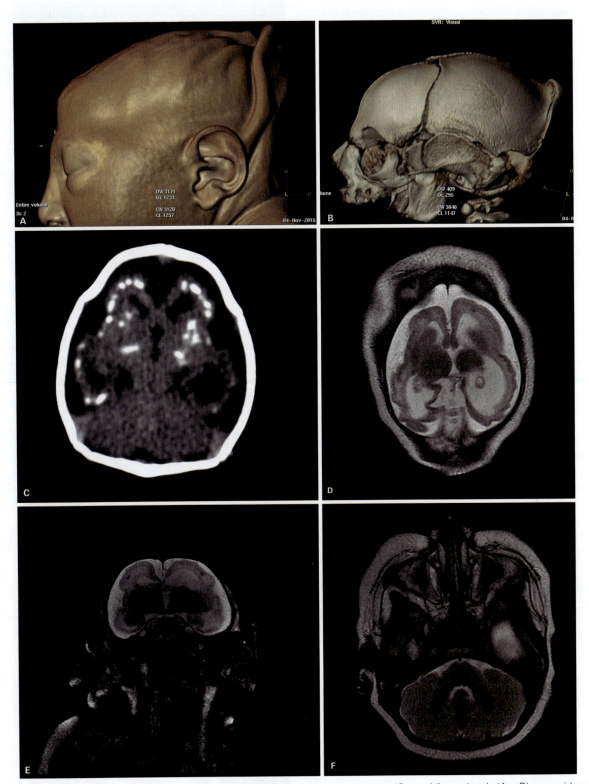

Figura 21 Malformação induzida por infecção por zika vírus. Reconstruções tomográficas tridimensionais (A e B) que evidenciam desproporção craniofacial, com microcefalia e sobreposição dos ossos da calota craniana. Imagem de tomografia computadorizada (C) mostrando múltiplas calcificações corticais e nucleocapsulares e córtex com superfície lisa. Imagens de ressonância magnética (RM) pesadas em T2 nos planos axial (D) e coronal (E) evidenciando importante redução volumétrica difusa do parênquima cerebral, áreas com cortical espessa e superfície lisa anteriores (agiria) e áreas posteriores com pobreza de giros (paquigiria). Imagem de RM pesada em T2 mostrando preservação das estruturas da fossa posterior (F).

displasias corticais focais constituem um grupo bastante heterogêneo. Macroscopicamente, essas lesões caracterizam-se por córtex espesso, giros largos ou profundos, irregularidade e perda da distinção entre a substância branca e a cinzenta. A localização mais comum da displasia cortical focal é o lobo temporal.

Pode ser classificada em três categorias: tipos I, II e III, conforme mostrado no Quadro 6.

A RM demonstra:

- Giros espessados com perda da distinção entre a substância branca e a cinzenta (Figura 22).
- Pode ainda ser identificado hipersinal na substância branca adjacente nas sequências pesadas em T2 com morfologia de um cone e que apresentam afilamento no sentido da cortical para o ventrículo lateral, especialmente nas displasias do tipo IIB (Figura 22). Em alguns casos, detecta-se hipersinal ou hipossinal nas sequências pesadas em T1. Não há efeito de massa.
- Um ou mais giros corticais estão espessados, e podem ser encontrados um ou mais sulcos com orientação anormal, algumas vezes profundos.
- A presença de realce, após a administração venosa de contraste iodado ou paramagnético, é rara.

Heterotopia de substância cinzenta

A heterotopia de substância cinzenta é caracterizada por massas de neurônios em localizações anormais, provenientes da parada da migração neuronal que normalmente ocorre durante a embriogênese. A migração dá-se da matriz germinal primitiva em direção ao córtex. A parada pode ocorrer em qualquer localização, ser unilateral ou bilateral, focal ou generalizada. A prevalência da disgenesia do corpo caloso nesses pacientes é alta.

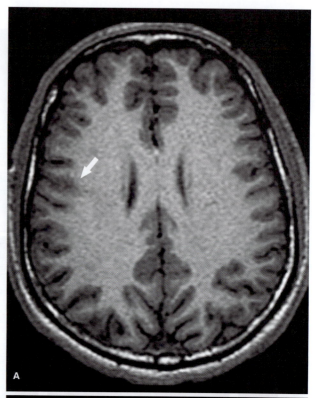

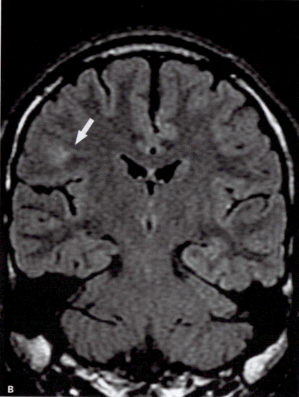

Figura 22 Displasia cortical focal com células "em balão". Imagem de ressonância magnética pesada em T1, técnica SPGR (A) demonstra uma perda focal da interface entre a substância branca e a cinzenta no lobo frontal direito (seta). Nas imagens pesadas em FLAIR no plano coronal (B), há algum hipersinal nesta região, que se continua com tênue faixa de hipersinal na substância branca subjacente, a qual se dirige para a superfície ventricular (seta).

Quadro 6 Classificação das displasias corticais segundo a ILAE (International League Against Epilepsy)
Tipo I (isolada – laminação aberrante do neocórtex (radial ou tangencial)
■ IA: laminação radial cortical anormal
■ IB: laminação tangencial cortical anormal
■ IC: laminação radial e tangencial cortical anormal
Tipo II (isolada) – anormalidades citológicas
■ IIA: neurônios dismórficos
■ IIB: células "em balão"
Tipo III (laminação cortical anormal associada à lesão principal)
■ IIIA: associada à esclerose hipocampal
■ IIIB: associada a tumor glial ou glioneural
■ IIIC: associada à malformação vascular
■ IIID: associada à lesão adquirida no começo da vida (trauma, isquemia, infecção)

Fonte: Blümcke et al., 2011.

Com base na RM, a heterotopia pode ser dividida em três grupos:

- Heterotopia nodular periventricular (nódulos de substância cinzenta nas paredes dos ventrículos laterais). Esses nódulos de substância cinzenta projetam-se para o ventrículo, causando irregularidade de seu contorno. O local mais comum é a região periatrial (Figura 23). Varia de modo unilateral a formas bilaterais extensas com retardo mental e outras malformações. Várias mutações já foram identificadas associadas à heterotopia nodular periventricular: gene filamina a (FLNA1) no cromossomo Xq28, que é letal no sexo masculino; fator de ribolisação-ADP, fator de mudança da guanina fator 2 (ARFGEF2) no cromossomo 20q13 (esta de herança autossômica recessiva), deleção 7q11, duplicação 5p15, entre outros.
- Heterotopia focal subcortical (nódulos de substância cinzenta heterotópica em região subcortical causando distorção do ventrículo e diminuição da substância branca, sendo a cortical adjacente afilada). Esta heterotopia assume em geral morfologia nodular ou curvilínea (Figura 24).
- Heterotopia em banda, laminar ou duplo córtex (camadas distintas de substância cinzenta, que são paralelas ao sistema ventricular) (Figura 25). A heterotopia em banda parece ser causada por uma anomalia generalizada da migração neuronal, formando bandas de substância cinzenta aprisionadas profundamente ao córtex cerebral e separadas deste por substância branca, dando ao cérebro um aspecto de córtex duplo. Na heterotopia em banda, foi identificada anormalidade no gene *doublecortin* (DCX) ligado ao X (Xq22.3-q23) vista em 100% dos casos familiares e em 50-80% dos casos esporádicos. A heterotopia em banda é quase exclusiva do sexo feminino, e os filhos destas pacientes apresentarão lissencefalia.

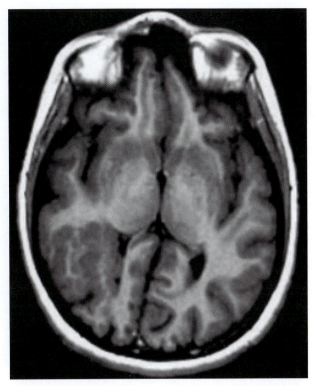

Figura 24   Imagem axial de ressonância magnética pesada em T1 (técnica inversão-recuperação) demonstrando a presença de heterotopia focal subcortical de substância cinzenta que se estende da região subependimária à cortical, na região peritrigonal direita.

Na TC e na RM, a heterotopia, por ser composta de tecido neuronal, tem atenuação e sinal semelhantes aos do córtex cerebral.

Polimicrogiria

A polimicrogiria (PMG) é um termo que se refere à aparência macroscópica e microscópica do córtex cere-

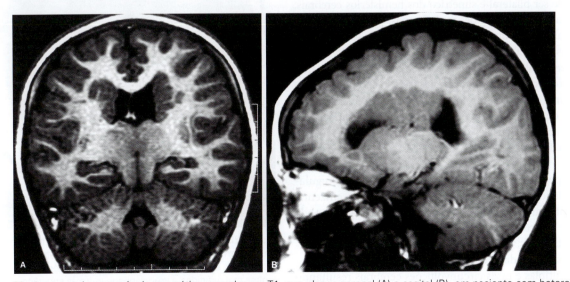

Figura 23   Imagens de ressonância magnética, pesadas em T1, nos planos coronal (A) e sagital (B), em paciente com heterotopia nodular periventricular.

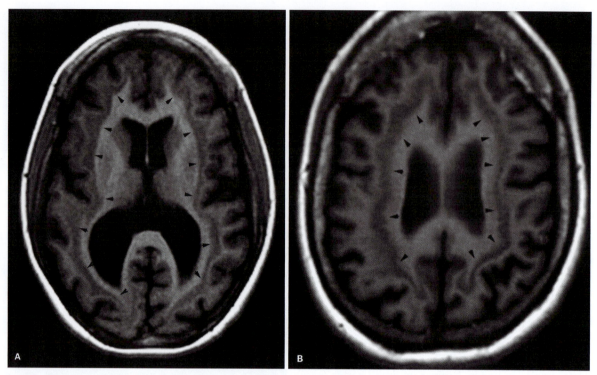

Figura 25 Paciente com heterotopia em banda ou duplo córtex. Imagens de ressonância magnética pesadas em T1 (técnica inversão-recuperação) no plano axial (A e B): notar a presença de camada distinta composta por substância cinzenta (setas pretas), profundamente ao córtex, e separada deste por camada de substância branca.

bral, o qual apresenta pequenos giros em número excessivo e um córtex espessado com laminação anormal. Os pequenos giros são separados por sulcos rasos ou, em alguns casos, nem existem sulcos. No arranjo histológico da cortical, são identificadas uma ou quatro camadas ao invés das seis camadas normalmente presentes.

A PMG pode ser restrita a pequenas áreas cerebrais ou envolver grandes áreas em um único ou em ambos os hemisférios cerebrais. Neste último caso, o acometimento pode ser bilateral e simétrico dos hemisférios cerebrais, especialmente nas regiões perisylvianas, parieto-occipitais, parietais laterais ou frontais (Figura 26). Pode ser uma entidade isolada ou estar associada a síndrome perysilviana ou esquizencefalia. Pode estar associada a insultos vasculares, infecções congênitas, como a causada pelo citomegalovírus, zika vírus e outras síndromes como distrofia muscular congênita de Fukuyama, hipomelanose de Ito, síndrome de Aicardi, síndrome de Delleman, e a síndrome de Neu-Laxova.

Na TC e na RM:

- Espessamento da cortical, giração anormal e irregularidade da junção entre substância branca e cinzenta. Entretanto, em alguns casos na TC este aspecto pode ser pouco evidente.
- Estruturas vasculares anômalas podem ser encontradas associadas a estes giros anormais.
- Múltiplas e rasas circunvoluções cerebrais resultando em aspecto paradoxal de cortical lisa, podendo ser

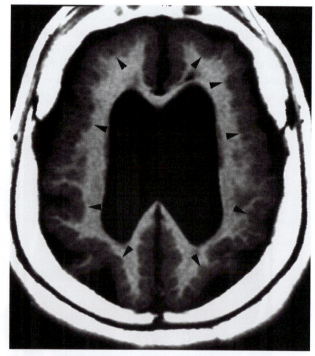

Figura 26 Imagem de ressonância magnética no plano axial, pesada em T1 (técnica inversão-recuperação), demonstrando polimicrogiria extensa e bilateral (setas), com córtex espessado, limites mal definidos e irregularidade entre as substâncias branca e cinzenta, com escassez da substância branca subjacente.

confundida com paquigiria. Imagens de alta resolução pesadas em T1 facilitam a diferenciação entre polimicrogiria e paquigiria.

A síndrome perisylviana é caracterizada por polimicrogiria bilateral nas regiões perisylvianas, sendo o opérculo displásico e incompleto e a fissura sylviana larga e orientada verticalmente estendendo-se até o lobo parietal, o que é bem identificado nos cortes sagitais da RM. Do ponto de vista clínico, é caracterizada por paralisia pseudobulbar (disfunção orofaríngea e disartria), epilepsia, algum grau de atraso no desenvolvimento neuropsicomotor e, algumas vezes, artrogripose.

Esquizencefalia

A esquizencefalia é caracterizada pela presença de uma fenda que se estende por toda a espessura de um hemisfério cerebral desde a superfície pial até a superfície ventricular, sendo a fenda revestida por substância cinzenta. Dependendo do tamanho da fenda, a esquizencefalia pode ser classificada em: lábios fechados (tipo I) e lábios abertos (tipo II). Na esquizencefalia de lábios abertos, geralmente há um amplo espaço que se estende da calota craniana até o ventrículo ipsilateral, sendo preenchido por liquor (Figura 27). Na esquizencefalia de lábios fechados, uma irregularidade está presente ao longo da parede do ventrículo lateral (mamilo) no nível da fenda, que corresponde ao ponto em que a substância cinzenta está em contato com o epêndima (Figura 28).

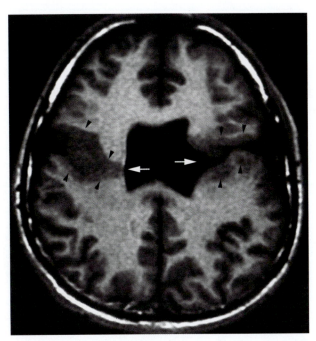

Figura 28   Imagem axial de ressonância magnética pesada em T1 em paciente com esquizencefalia de lábios fechados bilateral. Notar as incisuras nas paredes laterais dos ventrículos laterais (setas brancas) e a substância cinzenta recobrindo as superfícies das fendas (cabeças de setas pretas).

A substância cinzenta que reveste a fenda é displásica e pode demonstrar áreas de polimicrogiria. A localização mais comum da fenda é nas regiões parietal e temporal ou perisylviana. O processo é geralmente bilateral, mas pode ser unilateral ou assimétrico no grau de acometimento.

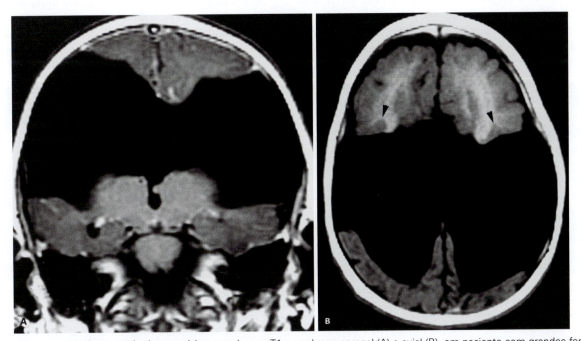

Figura 27   Imagens de ressonância magnética pesadas em T1 nos planos coronal (A) e axial (B), em paciente com grandes fendas bilaterais de esquizencefalia de lábios abertos. Há substância cinzenta revestindo a superfície da fenda (cabeças de setas em B).

Se a fenda for unilateral, no outro hemisfério pode ser encontrada a polimicrogiria sem fenda.

Na TC e na RM:

- Fenda unilateral ou bilateral, revestida por substância cinzenta. A substância cinzenta nas paredes da fenda pode ser irregular.
- O septo pelúcido está ausente em cerca de 70-90% dos casos.

A esquizencefalia de lábios abertos pode ser confundida em alguns casos com hidranencefalia, mas é diferenciada por apresentar porções dos ventrículos laterais que podem ser identificadas, enquanto na hidranencefalia não se identificam os ventrículos laterais.

As outras anomalias que podem estar associadas à esquizencefalia incluem hipoplasia do nervo óptico e ausência do septo pelúcido, e quando estas anomalias são encontradas associadas podem constituir a DSO.

Disgenesia do corpo caloso

Disgenesia do corpo caloso é uma terminologia que inclui a agenesia e a hipoplasia desta estrutura. A agenesia pode ser completa (quando existe ausência do corpo caloso) ou parcial (persistem certas regiões do corpo caloso). Hipoplasia denota um corpo caloso afilado, com morfologia anteroposterior preservada.

Em pacientes com agenesia do corpo caloso, em geral, as comissuras anterior e hipocampal são pequenas ou ausentes, mas em uma pequena parcela dos casos podem estar hipertrofiadas. A origem tanto da agenesia como da hipogenesia do corpo caloso é desconhecida; entretanto, agentes infecciosos, radiação, agentes químicos, hormônios maternos, deficiências nutricionais, hipóxia, fatores genéticos e cromossômicos podem ser fatores causais.

A agenesia do corpo caloso pode ocorrer de forma isolada ou associada a outras síndromes. Entre as síndromes estão: Aicardi, complexo de Dandy-Walker, DSO holoprosencefalia, malformação de Chiari, lissencefalia, hidrocefalia, cisto inter-hemisférico, cisto aracnoide, entre muitas outras.

Nas imagens de RM (Figura 29):

- Nos cortes sagitais, há ausência de todo ou de porções do corpo caloso.
- Os sulcos nas regiões parietais e occipitais são orientados na linha mediana perpendicularmente ao que seria a posição do corpo caloso (aspecto em raios de sol).
- Os ventrículos laterais têm seus corpos paralelos e afastados entre si.
- Cerca de 40% dos casos têm colpocefalia.
- Bandas de substância branca são identificadas medialmente aos ventrículos laterais (feixes de Probst).
- Os forames de Monro são alongados e junto ao III ventrículo assumem no plano coronal um aspecto em "tridente".
- Pode ser identificada uma artéria cerebral anterior única (ázigos).
- Frequentemente, são encontrados cistos inter-hemisféricos ou lipomas.

A hipoplasia sugere que a estrutura tem seus componentes básicos, porém não atinge o tamanho normal (Figura 30).

Lipoma

A localização mais comum do lipoma intracraniano é pericalosa. O lipoma pericaloso está localizado na linha mediana profundamente e poderá colidir com o corpo caloso que está se desenvolvendo. Essa colisão ocorre no período

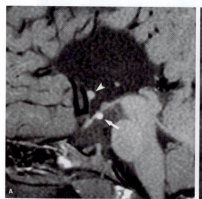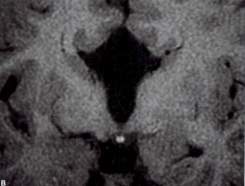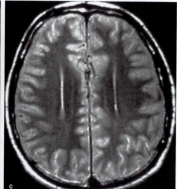

Figura 29 Agenesia de corpo caloso. Imagem de ressonância magnética (RM) pesada em T1 no plano sagital, mediana (A), mostra a ausência completa do corpo caloso e confluência dos sulcos corticais na região do III ventrículo. Há ainda imagem de neuro-hipófise ectópica (seta) e uma comissura anterior proeminente (cabeça de seta), possivelmente compensatória à agenesia do corpo caloso. Imagem de RM pesada em T1 no plano coronal (B) mostra a morfologia em crescente dos ventrículos laterais, em razão da compressão pelas bandas de Probst; observar também a continuidade entre o III ventrículo e a fissura inter-hemisférica, assumindo aspecto em tridente. Imagem de RM pesada em T2 no plano axial (C) demonstra paralelismo entre os corpos dos ventrículos laterais.

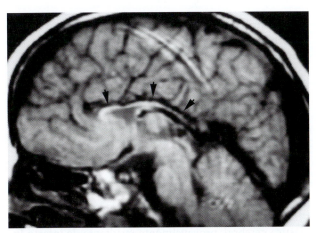

Figura 30 Imagem de ressonância magnética pesada em T1 no plano sagital demonstra corpo caloso extremamente afilado (setas), porém com todos os seus segmentos presentes, caracterizando hipoplasia.

embrionário e dá origem a um lipoma com morfologia em "cauda de cometa" (Figura 31). O grau de hipogenesia do corpo caloso associado com estas inclusões é variável, dependendo do tamanho e da localização da massa lipomatosa.

Na TC, o lipoma pericaloso tem caracteristicamente atenuação de gordura, menos que −30 UH, e perifericamente podem ser identificadas áreas hiperatenuantes de calcificação ou ossificação.

Na RM, o lipoma apresenta hipersinal nas sequências pesadas em T1 (Figura 31) e tem seu sinal reduzido nas sequências com supressão de gordura.

O lipoma pode ter outras localizações, como: lâmina quadrigeminal/cisterna supracerebelar, cisterna suprasselar/interpeduncular, cisterna do ângulo pontocerebelar e cisterna sylviana.

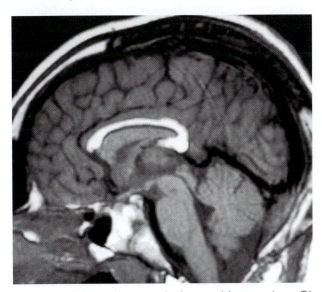

Figura 31 Imagem de ressonância magnética pesada em T1 no plano sagital demonstra lipoma pericaloso, com o hipersinal característico em T1 e morfologia em cometa. Neste caso, há disgenesia associada do corpo caloso, sendo mal caracterizados o rostro e o esplênio.

Colpocefalia

Colpocefalia é uma anomalia inespecífica na qual se observa dilatação dos átrios, cornos occipitais e cornos temporais dos ventrículos laterais, de maneira desproporcional aos cornos frontais destes ventrículos (Figura 32), correspondendo ao padrão fetal do sistema ventricular.

As condições que podem acompanhar a colpocefalia são muitas, entre elas polimicrogiria, disgenesia do corpo caloso, esquizencefalia, lissencefalia, malformação de Chiari e lesões perinatais (isquêmicas ou hipóxicas), entre outras.

Hemiatrofia (síndrome de Dyke-Davidoff-Masson)

A hemiatrofia ou síndrome de Dyke-Davidoff-Mason pode ter diversas causas, tanto congênitas como adquiridas, sendo resultante a hipoplasia do desenvolvimento ou uma atrofia adquirida de um dos hemisférios cerebrais.

O quadro clínico consiste em graus variáveis de assimetria facial, elevação da asa do esfenoide e porção petrosa do osso temporal, hemiparesia/hemiplegia, convulsões e retardo mental.

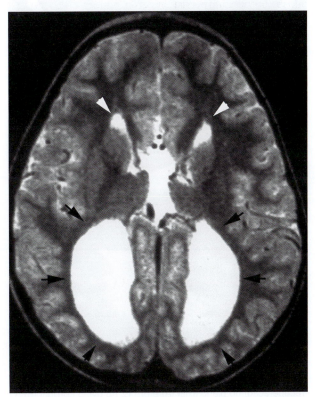

Figura 32 Colpocefalia. Imagem de ressonância magnética pesada em T2 no plano axial. Observar a dilatação dos átrios e cornos posteriores dos ventrículos laterais (setas pretas), desproporcional aos cornos anteriores destes ventrículos (cabeças de setas brancas). A colpocefalia, neste caso, está associada à disgenesia do corpo caloso.

Achados de TC e RM na hemiatrofia consistem em redução de um dos hemisférios cerebrais (Figura 33) com as seguintes alterações ipsilaterais:

- Espessamento da díploe e da tábua interna da calota craniana.
- Elevação do ápice petroso, asa do esfenoide e teto da órbita.
- Aumento dos seios paranasais e células mastoides.
- Diminuição do tamanho da fossa média e anterior.
- Alterações do parênquima cerebral: redução das substâncias branca e cinzenta, hipoplasia do tálamo, da cápsula interna e do pedúnculo cerebral, porencefalia.
- Dilatação do ventrículo lateral.
- Deslocamento das estruturas da linha mediana.

Hidranencefalia

Hidranencefalia é uma alteração congênita encefaloclástica cerebral, provavelmente resultante de infarto intrauterino do tecido irrigado por ambas as artérias carótidas internas em suas porções supraclinoides. Este evento pode ocorrer num cérebro que estava se desenvolvendo normalmente. O evento desencadeante deste processo não é conhecido, mas acredita-se que possa ser decorrente de infecção intrauterina em alguns casos.

Na TC e na RM:

- Os lobos frontais, parietais e temporais em suas porções anteriores são substituídos por uma estrutura saculiforme com atenuação/sinal de liquor.
- O cerebelo, o tronco cerebral e os tálamos, geralmente poupados, bem como algumas porções dos lobos occipitais (Figura 34).
- Na angiografia, observa-se ausência ou hipoplasia das artérias cerebrais anteriores e médias bilateralmente.

Cisto aracnoide

Os cistos aracnoides são anomalias do desenvolvimento que estão localizadas inteiramente dentro das membranas aracnoides; estes cistos são revestidos por células da aracnoide e contêm liquor. Quando há sintomatologia, esta geralmente está associada às dimensões do cisto. Entretanto, alguns estudos demonstram que a maioria dos pacientes é assintomática em relação à presença do cisto aracnoide.

Estes cistos podem ser divididos basicamente em dois grupos: aqueles que se comunicam livremente com o espaço subaracnoide e aqueles que não se comunicam. Os cistos aracnoides representam cerca de 1% das lesões intracranianas expansivas e são encontrados em cerca de 0,5% das autópsias. Raramente, os cistos são bilaterais.

Cerca de 50-75% dos cistos aracnoides intracranianos estão localizados na fossa média. Outras localizações são: convexidade cerebral, cisterna suprasselar, cisterna quadrigeminal, fossa posterior, cisterna pericalosa e intraventricular. Dependendo da localização e do tamanho, o cisto aracnoide pode causar erosão da calota craniana. Os cistos aracnoides de fossa média podem estar associados a higromas ou hematomas subdurais. Podem ainda ser encontradas anomalias venosas, como ausência do seio esfenopa-

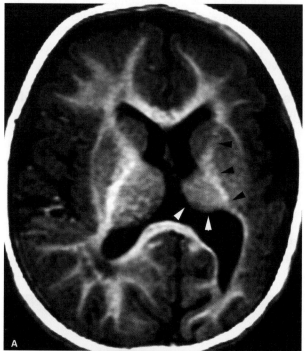
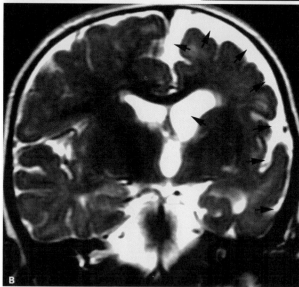

Figura 33 Paciente de um ano de idade com hemiatrofia. Imagens de ressonância magnética pesadas em T1 (técnica inversão-recuperação) no plano axial (A) e em T2 no plano coronal (B). O diagnóstico pela imagem é baseado na detecção de redução do volume de um dos hemisférios cerebrais, dilatação do ventrículo lateral, cisternas e dos sulcos corticais ipsilaterais (setas pretas em B). Além da redução volumétrica de um dos hemisférios cerebrais, há redução do volume da cápsula interna (cabeças de setas pretas em A) e do tálamo (cabeças de setas brancas em A) deste lado.

1 MALFORMAÇÕES CONGÊNITAS DO SISTEMA NERVOSO CENTRAL   25

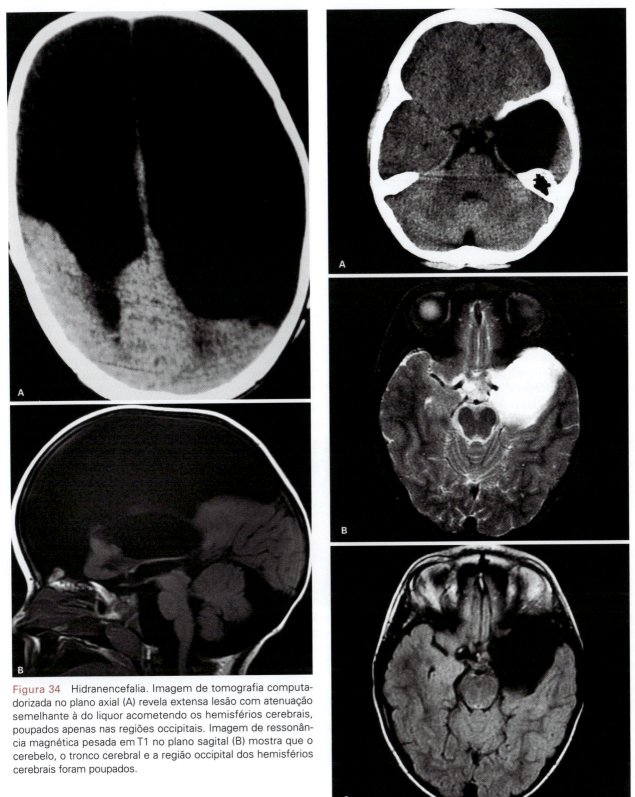

Figura 34 Hidranencefalia. Imagem de tomografia computadorizada no plano axial (A) revela extensa lesão com atenuação semelhante à do liquor acometendo os hemisférios cerebrais, poupados apenas nas regiões occipitais. Imagem de ressonância magnética pesada em T1 no plano sagital (B) mostra que o cerebelo, o tronco cerebral e a região occipital dos hemisférios cerebrais foram poupados.

rietal ou das veias cerebrais médias. Um ponto polêmico é a existência ou não de certo grau de hipoplasia do lobo temporal adjacente ao cisto aracnoide da fossa média.

Na TC e na RM, os cistos aracnoides têm comportamento de sinal semelhante ao do liquor em todas as sequências (Figura 35). Pode ser detectada uma erosão óssea adjacente.

Figura 35 Paciente com cisto aracnoide temporal esquerdo. As imagens de tomografia computadorizada no plano axial (A); de ressonância magnética pesada em T2 no plano axial (B), axial FLAIR (C) demonstram cisto aracnoide temporal esquerdo com comportamento de sinal semelhante ao do liquor em todas as sequências, sem realce.

Anormalidades da formação, segmentação e da fusão do crânio

Anomalias do tamanho e do formato da calota craniana são resultado de defeitos na sua formação e segmentação ou de defeitos de fusão das suturas do crânio.

Craniolacunia (*Lückenschädel*)

Craniolacunia ou *Lückenschädel* é uma desordem temporária ou transitória que acomete o crânio de recém-nascidos. Ela envolve a porção membranosa dos ossos do crânio e não acomete os ossos da base que são formados a partir de osso endocondral. A sua causa é desconhecida, podendo estar associada a malformação de Chiari, mielocele, meningomielocele ou encefalocele.

A craniolacunia não está necessariamente associada a aumento da pressão intracraniana, mas hidrocefalia pode acompanhar essa anomalia.

Na radiografia convencional ou na TC, a craniolacunia manifesta-se como áreas radiotransparentes de afilamento ou franca ausência de ossificação (fenestração) na calota craniana (Figura 36). Estes defeitos são confluentes entre si. Com o tempo, as radiotransparências ossificam-se, da periferia para o centro.

Craniossinostose prematura

O tamanho e o formato da calota craniana dependem do crescimento do cérebro. Craniossinostose prematura indica fechamento precoce de uma ou mais suturas cranianas, podendo ocorrer isoladamente, ou associada a certas síndromes ou doenças sistêmicas, ou ainda ser um fenômeno adquirido. No crânio normal, as suturas fecham-se quando há desaceleração do crescimento do cérebro.

Craniossinostose primária ou idiopática resulta da fusão prematura das suturas cranianas sem causa aparente. Uma forma adquirida de craniossinostose, chamada então de secundária, resulta da parada do crescimento do crânio em casos como microcefalia ou após um *shunt* de uma hidrocefalia que teve sucesso. A fusão impede o crescimento regional da calota craniana.

O crescimento posterior do cérebro na craniossinostose resulta em aumento das impressões dos giros na calota, graus variáveis de deformidade craniana e compressão do sistema ventricular. O aumento da pressão intracraniana e o papiledema podem acompanhar o quadro.

Dependendo de qual a sutura que fechou precocemente, o formato que o crânio assume varia, sendo a nomenclatura correspondente apresentada no Quadro 7. Cerca de 85% das craniossinostoses envolvem somente uma sutura.

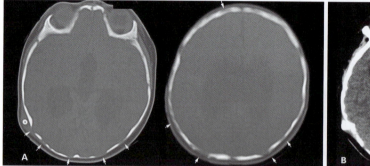
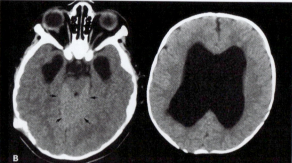

Figura 36 Imagens de tomografia computadorizada no plano axial em paciente com craniolacunia associada à malformação de Chiari tipo II. Imagens com janela óssea (A) demonstram a craniolacunia, que se manifesta como áreas radiotransparentes de afilamento ou franca ausência de ossificação (fenestração) na calota craniana (setas brancas). Estes defeitos são confluentes entre si. As imagens com janela para análise do parênquima encefálico (B) mostram as alterações relacionadas à malformação de Chiari tipo II, com fossa posterior de dimensões reduzidas e insinuação cerebelar superiormente através da incisura tentorial (setas pretas); além de dilatação ventricular supratentorial.

Quadro 7 Formatos da calota craniana associados à craniossinostose prematura

Forma	Causa	Resultado
Escafocefalia ou dolicocefalia (Figura 37)	Sinostose sagital	Crânio afilado e alongado no sentido anteroposterior (mais comum das sinostoses)
Braquicefalia (Figura 38)	Sinostose coronal bilateral com envolvimento da base do crânio	Crânio alto, largo e estreito. As órbitas são de arlequim, há proptose e uma fossa posterior pequena
Turricefalia	Sinostose da sutura coronal e sagital	O crânio assume uma morfologia em torre
Oxicefalia	Sinostose bilateral da sutura coronal	Crânio encurtado no plano sagital e alargado no sentido laterolateral. Pode ser "pontudo"
Plagiocefalia (Figura 40)	Sinostose unilateral da sutura coronal ou lambdoide	Crânio assimétrico e órbitas em "arlequim"

O estudo das cranioestenoses ou craniossinostoses deve ser complementado com o uso de imagens tomográficas (*multislice* ou multidetectores) com reformatação tridimensional que permitem a avaliação da patência das suturas, bem como da extensão da sinostose, se parcial ou total, bem como a avaliação da patência dos forames da base.

A craniossinostose não sindrômica mais comum é a da sutura sagital superior, que causa a dolicocefalia, também chamada de escafocefalia (Figura 37).

Facomatoses

As síndromes neurocutâneas, ou facomatoses, são doenças congênitas caracterizadas por lesões, comprometendo preferencialmente as estruturas de origem ectodérmica, ou seja, pele e SNC. Em alguns casos, as vísceras também podem estar envolvidas. A natureza genética está estabelecida para algumas dessas doenças. Já foram caracterizados mais de cinquenta tipos de facomatoses, porém são abordadas neste capítulo algumas destas síndromes mais frequentemente observadas na prática clínica.

Neurofibromatose tipo 1

A neurofibromatose tipo 1 (NF1), também conhecida como doença de von Recklinghausen ou neurofibromatose periférica, constitui a facomatose mais frequente. É uma das doenças hereditárias autossômicas dominantes que mais comumente comprometem o encéfalo, sendo decorrente de novas mutações em cerca de metade dos casos. O gene da NF1 (17q11.2), denominado de gene NF1, está localizado no braço longo do cromossomo 17 e codifica a neurofibromina. Esta proteína está relacionada à supressão tumoral e à mielinização das células de Schwann, e sua inativação determina o desenvolvimento de tumores. Sua ocorrência é de 1:2.500-5.000 nascidos vivos e compromete ambos os sexos e todos os grupos étnicos.

São necessários pelo menos dois dos seguintes critérios para o diagnóstico de NF1:

- Seis ou mais manchas café com leite maiores que 1,5 mm em pacientes após a puberdade ou maiores que 5 mm em pacientes pré-púberes (Figura 41).
- Sardas axilares ou inguinais.

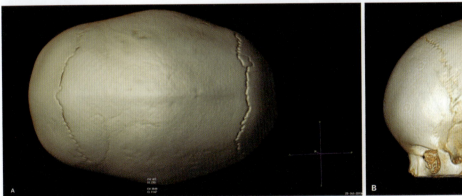
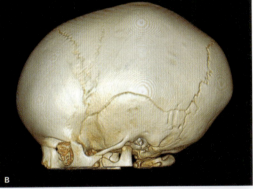

Figura 37 Craniossinostose da sutura sagital superior (escafocefalia ou dolicocefalia). Imagem tridimensional reconstruída a partir de imagens de tomografia computadorizada, em visões lateral (A) e superior do crânio (B), demonstra a fusão precoce da sutura sagital superior.

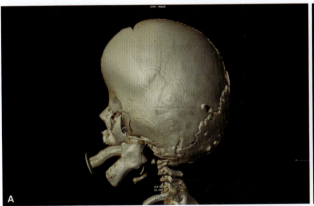
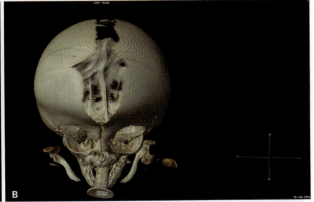

Figura 38 Craniossinostose das suturas coronais (braquicefalia). Imagem tridimensional reconstruída a partir de imagens de tomografia computadorizada, em visões lateral (A) e frontal do crânio (B).

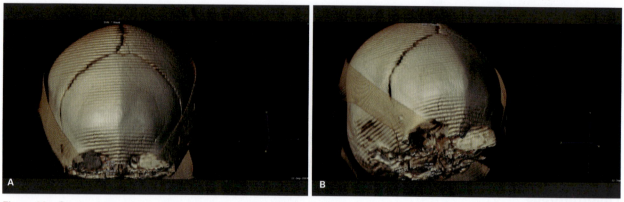

Figura 39   Craniossinostose da sutura metópica (trigonocefalia). Imagem tridimensional reconstruída a partir de imagens de tomografia computadorizada, em visões frontal (A) e oblíqua do crânio (B).

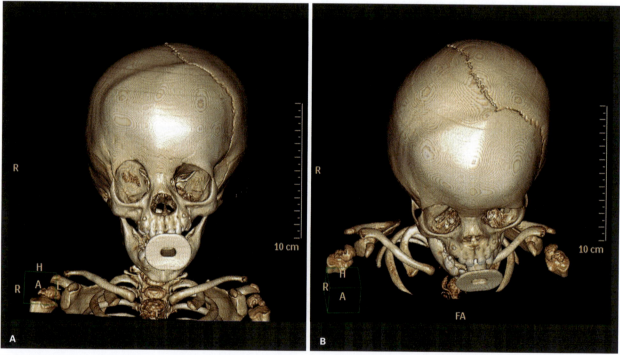

Figura 40   Craniossinostose unilateral da sutura coronal (plagiocefalia). Imagem tridimensional reconstruída a partir de imagens de tomografia computadorizada, numa visão frontal (A e B).

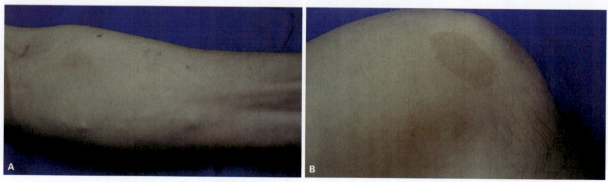

Figura 41   Paciente com neurofibromatose tipo 1. Manchas café com leite são observadas no antebraço (A) e no joelho (B).

- Dois ou mais neurofibromas (Figura 42) de qualquer tipo ou um ou mais neurofibromas plexiformes.
- Glioma óptico.
- Dois ou mais hamartomas benignos de íris (nódulos de Lisch).
- Lesão óssea típica (displasia da asa do esfenoide ou displasia ou afilamento cortical de um osso longo).
- Um parente de primeiro grau com diagnóstico de NF1.

As manchas café com leite muitas vezes estão presentes ao nascimento e tendem a aumentar de tamanho e número durante os dois primeiros anos de vida. Outras lesões cutâneas frequentemente observadas são as sardas em pregas cutâneas, como a axila e a virilha, que, ao contrário das manchas café com leite, geralmente não estão presentes ao nascimento e tendem a surgir com o aumento da idade.

Os neurofibromas dermais são tumores benignos da bainha de nervos periféricos e que tendem a surgir durante a adolescência. Clinicamente, são diagnosticados pela caracterização de tumorações do subcutâneo que abaúlam a pele e tendem a crescer e aumentar em número com o aumento da idade. Esses tumores não sofrem desdiferenciação para lesões malignas.

Há um tipo de neurofibroma que é denominado plexiforme ou difuso, o qual apresenta um envolvimento mais difuso do nervo, planos musculares, estruturas vasculares e tecido subcutâneo adjacentes (Figura 43). Sua incidência é estimada em cerca de 20-50% dos pacientes com NF1 e pode ocorrer no tronco, nos membros, na cabeça e no pescoço. Quando a órbita é comprometida, está associada à displasia da asa do osso esfenoide. Esses tumores podem sofrer transformação maligna, cuja incidência na literatura é de 2-12%. A degeneração sarcomatosa geralmente tem como quadro clínico dor local ou aparecimento de déficit neurológico relacionado à área de extensão tumoral.

Entre as lesões não neoplásicas do SNC, existem as lesões não tumorais da substância branca e núcleos da base que se apresentam como focos de hipersinal em T2 e FLAIR, salientando-se que essas não apresentam realce ou efeito de massa associados. Essas lesões têm frequência relatada de 60-70% e ocorrem principalmente na substância branca periventricular e nos núcleos da base, vias ópticas, tronco cerebral e cerebelo (Figura 44), não estando associadas a gravidade da doença ou a déficit neurológico focal. Usualmente, essas lesões não são caracterizadas nas sequências de RM ponderadas em T1, porém os globos pálidos podem apresentar hipersinal (Figura 45) associado a discreto efeito de massa. O substrato anatomopatológico dessas lesões não está completamente estabelecido. Elas habitualmente involuem, não sendo mais caracterizadas na vida adulta, provavelmente estando relacionadas a uma mielinização alterada e/ou a alterações hamartomatosas.

Entre as lesões neoplásicas do SNC, estão o glioma do nervo óptico ou das vias ópticas e o astrocitoma, bem como outros tumores malignos. O glioma das vias ópticas (GNO) é uma neoplasia rara que ocorre em pacientes jovens, correspondendo a cerca de 2-5% dos tumores da infância. Quando se analisa apenas o grupo de pacientes com essa neoplasia, observa-se que mais de 70% deles apresentam NF1. O tipo histológico mais frequente é o astrocitoma pilocítico, e sua incidência na população com NF1 varia de 1,55-15%, segundo dados da literatura. Essa neoplasia pode comprometer um nervo óptico, ambos os nervos, o quiasma e os tratos ópticos. Pode apresentar extensão ao corpo geniculado lateral, bem como às radiações ópticas. O glioma das vias ópticas ocorre predominantemente em pacientes com NF1 na faixa pediátrica jovem. Cerca de um terço a metade deles apresentam manifestação clínica, e as anormalidades visuais constituem a queixa mais comum. Proptose é uma manifestação rara. Puberdade precoce é observada quando o hipotálamo está envolvido pelo tumor. Os achados de RM são o aumento fusiforme do nervo óptico, do quiasma e/ou dos tratos ópticos que podem ou não apresentar realce em graus variados após a administração do contraste pa-

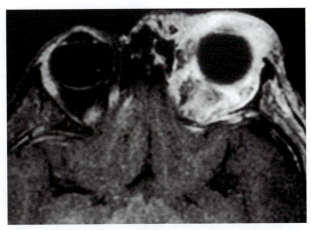

Figura 43 Neurofibroma plexiforme da órbita. Imagem de ressonância magnética no plano axial pesada em T1 pós-contraste evidencia lesão infiltrativa em partes moles na órbita esquerda e buftalmo.

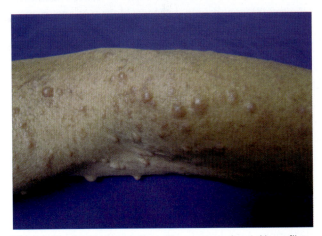

Figura 42 Paciente com neurofibromatose tipo 1. Neurofibromas cutâneos no braço e no antebraço.

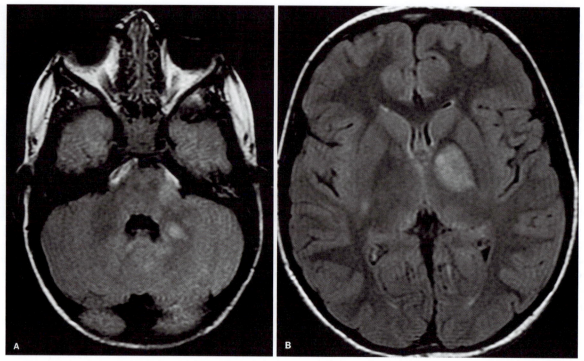

Figura 44 Imagens de ressonância magnética no plano axial utilizando-se a sequência FLAIR (A e B), em dois pacientes distintos, evidenciam focos com hipersinal na ponte e no cerebelo à esquerda (A) e nos núcleos da base bilateralmente (B) na neurofibromatose tipo 1.

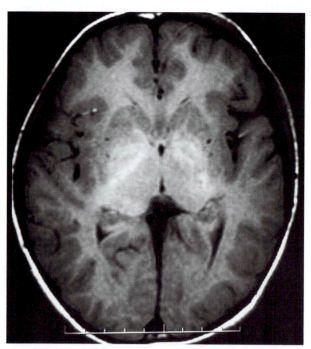

Figura 45 Imagem de ressonância magnética no plano axial pesada em T1 em paciente com neurofibromatose tipo 1 demonstra as lesões com hipersinal nos globos pálidos.

ramagnético (Figura 46). Há também outra apresentação que é predominantemente representada pela infiltração subaracnoide, observando-se na sequência pós-contraste o realce periférico ao nervo óptico. O acompanhamento seriado desses pacientes é recomendado, tendo sido descritos casos de involução espontânea dessas lesões.

Além do astrocitoma pilocítico (Figura 47), que geralmente compromete as vias ópticas, os pacientes com NF1 têm maior incidência de outros gliomas, como os astrocitomas infiltrativos do tronco cerebral. Diferentemente dos pacientes sem NF1, os locais mais comprometidos em frequência são o bulbo, a região periaquedutal e a ponte.

Um aspecto a ser destacado nesses pacientes é a arteriopatia intracraniana, condição talvez subdiagnosticada e que apresenta incidência estimada em 2,5-6%. As alterações vasculares arteriais incluem as lesões estenóticas (Figura 48), a síndrome de Moya-Moya e os aneurismas. O sinal da hera, representando anastomoses leptomeníngeas, também pode estar presente e consiste no hipersinal em FLAIR ou no realce pós-contraste na sequência ponderada em T1 nos sulcos corticais. Numa série, os achados mais comuns foram as alterações características da síndrome de Moya-Moya unilateralmente, sendo mais frequentemente afetados os pacientes do sexo masculino, até 6 anos de idade e que apresentavam gliomas.

Outras alterações observadas nesses pacientes são macrocefalia, hidrocefalia, baixa estatura, escoliose, cefaleia, convulsões, isquemia cerebral e alterações cognitivas com dificuldade de aprendizado.

Os pacientes com NF1 também têm maior incidência de tumores fora do SNC, tais como leucemia e feocromocitoma.

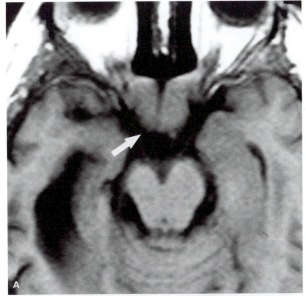

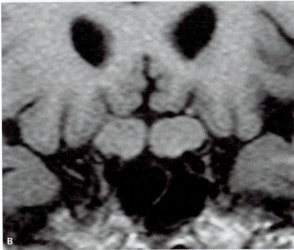

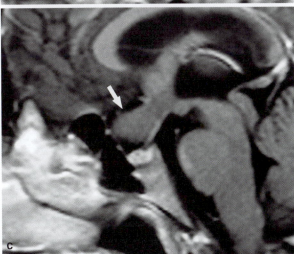

Figura 46 Glioma das vias ópticas em paciente com neurofibromatose tipo 1. Imagens de ressonância magnética pesadas em T1 sem contraste nos planos axial (A) e coronal (B) revelam espessamento difuso dos nervos ópticos e do quiasma (seta em A). A imagem sagital pós-contraste (C) não demonstra realce pelo gadolínio (seta).

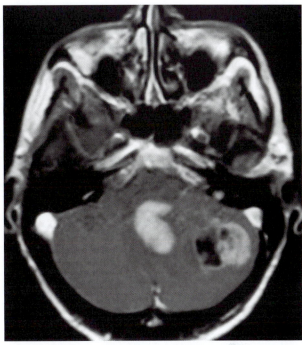

Figura 47 Astrocitoma pilocítico. Imagem de ressonância magnética no plano axial pesada em T1 pós-contraste revela lesão expansiva cerebelar com sinal heterogêneo, áreas císticas e sólidas e focos de realce, causando compressão do IV ventrículo.

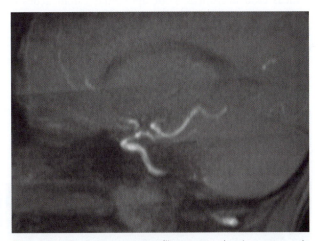

Figura 48 Paciente com neurofibromatose tipo 1: estenose da artéria carótida interna esquerda no segmento supraclinóideo.

Neurofibromatose tipo 2

A neurofibromatose tipo 2 (NF2) é uma doença autossômica dominante determinada por uma alteração de um gene localizado no cromossomo 22q, o qual codifica uma proteína denominada de schwannomina ou merlina, a qual exerce função reguladora no crescimento e na remodelação celular. Sua ocorrência é de 1:33.000-40.000 indivíduos e compromete ambos os sexos e todos os grupos étnicos, sendo caracterizada por múltiplos schwannomas dos nervos cranianos.

O diagnóstico definitivo de NF2 é feito diante do paciente que apresenta schwannomas bilaterais dos feixes vestibuloacústicos, também denominados neurinomas. O diagnóstico presuntivo é dado quando o paciente apresenta uma história familiar de NF2, ou seja, um parente de primeiro grau com a doença, associada a um schwannoma do acústico unilateral ou dois dos seguintes critérios:

- Neurofibroma.
- Meningioma.
- Glioma.
- Catarata cortical juvenil.
- Opacidade lenticular subcapsular posterior juvenil.

Classicamente, o quadro clínico de NF2 inicia-se na vida adulta, entre a segunda e a terceira décadas, porém cerca de 18% dos pacientes apresentam sinais e sintomas até os 10 anos de vida. Como pode ser esporádica ou hereditária, os testes genéticos podem ser utilizados com o intuito de auxiliar o aconselhamento genético.

O schwannoma do VIII nervo ocorre no conduto auditivo interno (Figura 49) ou no poro acústico e estende-se à cisterna do ângulo pontocerebelar (Figura 50). Apresenta hipossinal em T1 e hipersinal em T2 e se atinge grandes dimensões frequentemente cursa com áreas císticas e/ou necróticas. Pode apresentar calcificações e também hemorragia. O realce após o contraste está presente, porém tende a ser homogêneo nas lesões pequenas e heterogêneo nas lesões maiores.

Além dos schwannomas do VIII nervo, os pacientes podem desenvolver múltiplos meningiomas intracranianos (Figura 50), bem como neoplasias na medula espinhal, como ependimomas (Figura 50) e schwannomas intraespinhais e também meningiomas, sendo recomendado o estudo da medula espinhal.

Esclerose tuberosa

A esclerose tuberosa (ET), epiloia ou doença de Bourneville é uma síndrome neurocutânea que pode ser esporádica ou hereditária, de transmissão autossômica dominante. Os genes relacionados à doença são o TSC1 e o TSC2, que estão localizados nos cromossomos 9q34 e 16p13.3 e codificam, respectivamente, as proteínas hamartina e tuberina, que aparentemente regulam as fases do ciclo celular. A incidência relatada varia de 1:6.000 a 1:30.000 nascidos vivos. É caracterizada pelo desenvolvimento de hamartomas em múltiplos órgãos, como encéfalo, pele e rins. Também podem ocorrer lesões cardíacas, como os rabdomiomas (geralmente diagnosticados ao nascimento e que involuem até os 6 anos de idade) e lesões pulmonares (muito raras e geralmente representadas por linfangiomatose).

A apresentação clássica dessa doença é conhecida como tríade de Vogt, constituída por:

- Angiofibromatose facial (denominada de adenoma sebáceo – nome inapropriado, pois não se trata de adenomas tampouco de constituição sebácea).
- Retardo mental.
- Epilepsia.

A prevalência de epilepsia nesses doentes é de cerca de 78%, e geralmente as convulsões iniciam-se aos 12 meses de vida. Déficits cognitivos ocorrem em menos da metade dos pacientes, porém a dificuldade de aprendizado é um aspecto muito importante e limitante para os pacientes. O comprometimento do SNC é caracterizado pela ocorrência dos túberes corticais, dos nódulos subependimários, das lesões da substância branca e do astrocitoma subependimário de células gigantes.

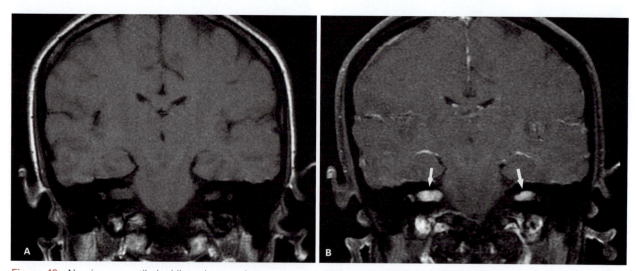

Figura 49 Neurinoma vestibular bilateral em paciente com neurofibromatose tipo 2. Imagens de ressonância magnética no plano coronal pré (A) e pós-contraste (B) demonstram lesões expansivas nos condutos auditivos internos que apresentam realce homogêneo pelo gadolínio (setas em B).

1 MALFORMAÇÕES CONGÊNITAS DO SISTEMA NERVOSO CENTRAL   33

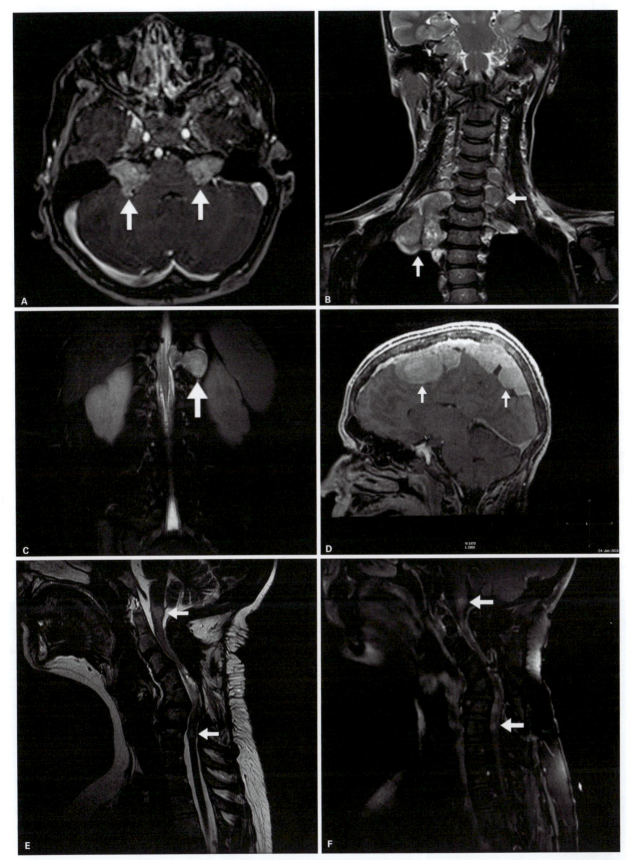

Figura 50   Neurofibromatose tipo 2. Imagens de ressonância magnética. Schwannomas do VIII nervo craniano bilaterais (setas em A) e múltiplos schwannomas de raízes neurais (setas em B e C). Múltiplos meningiomas intracranianos (setas em D). Múltiplos ependimomas na medula espinhal de um outro paciente (setas em E e F).

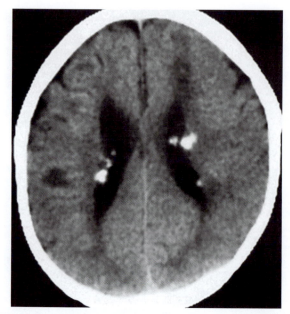

Figura 51 Esclerose tuberosa. Tomografia computadorizada de crânio sem contraste mostra os túberes corticais como lesões corticossubcorticais hipoatenuantes e os nódulos subependimários como lesões calcificadas periventriculares.

Os túberes corticais são malformações do desenvolvimento cortical e são considerados patognomônicos da ET. Os túberes podem ser observados tanto no córtex cerebral quanto no cerebelar. Apresentam-se na TC como lesões hipoatenuantes quando não são calcificados (Figura 51) e na RM como lesões com hipersinal em T2 e FLAIR, com ou sem realce pelo contraste (Figura 52). Podem espessar os giros cerebrais e estar associados à redução focal do volume no cerebelo. Frequentemente, a alteração de sinal da lesão estende-se à substância branca subcortical, que pode apresentar áreas de gliose ou áreas não mielinizadas. Alguns túberes corticais apresentam-se parcialmente com aspecto cístico. Alguns autores utilizam a sequência de transferência de magnetização para melhor delimitação dos túberes. Consideração especial deve ser feita em relação a pacientes neonatos e lactentes em processo de mielinização. Nesse grupo, tanto os túberes corticais quanto as lesões de substância branca apresentam-se com hipersinal em T1, e menos da metade é caracterizada nas sequências pesadas em T2, apresentando hipossinal.

Os nódulos subependimários estão presentes em mais de 90% dos pacientes com ET e assim constituem as lesões mais frequentes dessa doença no SNC. Os hamartomas subependimários são observados ao longo do contorno dos ventrículos, ocorrendo principalmente junto aos ventrículos laterais. O aspecto na TC é variável com o tempo, sendo mais facilmente visibilizados após tornarem-se calcificados (Figura 51). O aspecto na RM é variável com a idade, em função da mielinização, e com as suas dimensões. Em pacientes neonatos e nos lactentes nos primeiros meses de vida, apresentam-se com hipersinal em T1 e hipossinal em T2. Em pacientes mais velhos, apresentam iso/hipossinal em T1, sendo mais facilmente identificados nas sequências T2*/SWI (T2 estrela ou *susceptibility weighted imaging*) quando calcificados (Figura 53). O comportamento dessas lesões após a administração do contraste paramagnético é bastante variável, podendo não ocorrer ou haver realce em graus variados. Quando os hamartomas subependimários se apresentam mais volumosos, o sinal em T2 tende a ser heterogêneo e as áreas de hipossinal relacionadas à extensão das calcificações.

Cerca de 2-13% desses pacientes desenvolvem o astrocitoma subependimário de células gigantes (ASCG). O ASCG é um tumor benigno e apresenta crescimento lento, entretanto é a maior causa de morte desses pacientes, seja por hipertensão intracraniana, complicações cirúrgicas ou hemorragia intraventricular. O ASCG geralmente

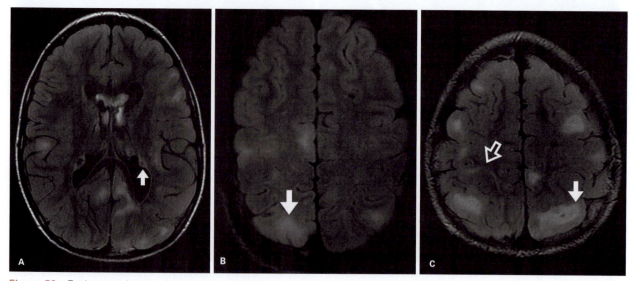

Figura 52 Esclerose tuberosa. Imagens de ressonância magnética ponderadas em FLAIR mostrando nódulos subependimários (seta preenchida em A), túberes corticais (setas preenchidas em B e C) e bandas radiadas de substância branca (seta vazada em C).

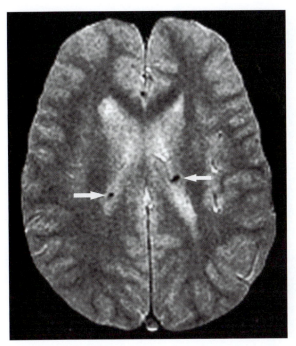

Figura 53 Paciente com esclerose tuberosa apresentando túberes subependimários calcificados que apresentam marcado hipossinal em T2* (setas).

tar focos de hemorragia. Na RM, apresenta-se como lesão heterogênea, predominantemente sinal intermediário em T1 e hiperintensa em T2. Tanto na TC quanto na RM, exibe intenso realce pelo meio de contraste (Figura 54).

Os pacientes com ET apresentam também, com frequência variada, máculas hipopigmentadas, fibromas ungueais e periungueais (tumor de Koenen), hamartomas nodulares de retina e angiomiolipomas renais.

Síndrome de Sturge-Weber

A síndrome de Sturge-Weber (SSW), também conhecida como angiomatose encefalotrigeminal ou angiomatose meningofacial, é uma síndrome neurocutânea caracterizada por:

- Angioma cutaneofacial.
- Angioma leptomeníngeo.
- Convulsões.
- Retardo mental.

O angioma cutaneofacial tem como características a distribuição no território de inervação sensitiva do nervo trigêmeo e a coloração semelhante à do vinho do Porto. Apesar de essa lesão ser considerada um marcador da SSW, apenas 8% dos pacientes nascidos com angioma cutaneofacial apresentarão, por um lado, alterações encefálicas compatíveis com a doença. Por outro lado, também já foram apresentados relatos de vários pacientes sem essa alteração ou névus cutâneo e retardo mental e angiomatose leptomeníngea.

O angioma pial é caracterizado após a administração do contraste endovenoso quando se observa realce no espaço subaracnoide, preenchendo os sulcos corticais (Figura 55). Essa lesão, entretanto, pode não ser caracterizada nos pri-

é diagnosticado em pacientes depois dos 10 anos de vida, com idade média de 13 anos. Clinicamente, os pacientes apresentam-se com sinais de hipertensão intracraniana decorrente da hidrocefalia por obstrução de um ou dois dos forames de Monro. Esses pacientes, quando operados de urgência, apresentam taxa de mortalidade de 10%.

O ASCG apresenta-se na TC como uma lesão intraventricular, adjacente ao forame de Monro, iso ou hipoatenuante, frequentemente calcificada e que pode apresen-

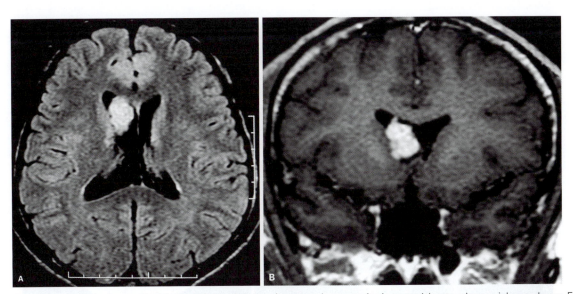

Figura 54 Astrocitoma subependimário de células gigantes. Imagem de ressonância magnética no plano axial pesada em FLAIR (A) demonstra lesão expansiva com hipersinal no forame de Monro à direita. Após a administração de contraste, observa-se realce intenso na imagem coronal pesada em T1 (B).

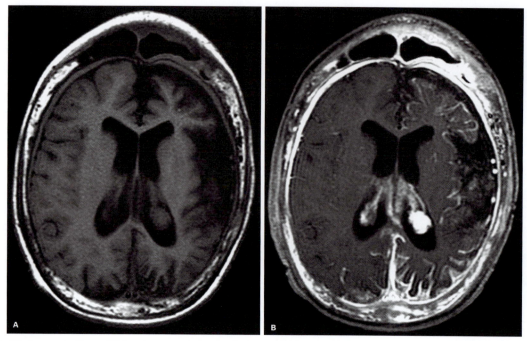

Figura 55 Síndrome de Sturge-Weber. Imagens de ressonância magnética no plano axial pesadas em T1 pré (A) e pós-contraste (B) demonstram alargamento dos sulcos corticais e fissura sylviana à esquerda com realce pial difuso no hemisfério cerebral ipsilateral. Notar ainda aumento volumétrico do plexo coroide do átrio do ventrículo desse lado.

meiros 6 meses de vida, sendo indicada a reavaliação em 6 a 12 meses nos pacientes com suspeita clínica de SSW. Geralmente, compromete as regiões occipital e parietal, podendo também envolver as regiões frontal e temporal, sendo bilateral em 15% dos pacientes. O envolvimento da fossa posterior é raro e pode ser isolado. Há também, provavelmente como via alternativa de drenagem, angiomas venosos transmedulares. O aumento do fluxo para o sistema venoso profundo também está relacionado ao aumento do plexo coroide ipsilateral ao angioma pial (Figura 55). Alguns autores sugerem a utilização da sequência FLAIR pós-contraste para melhor caracterização do angioma pial.

O hemisfério ipsilateral à lesão meníngea pode apresentar nos primeiros meses de vida uma aceleração do processo de mielinização. Posteriormente, surgem calcificações corticais cujo aspecto na TC é descrito como de "trilho de trem" (Figura 56) e que provavelmente estão relacionadas à anóxia decorrente da estase venosa. A

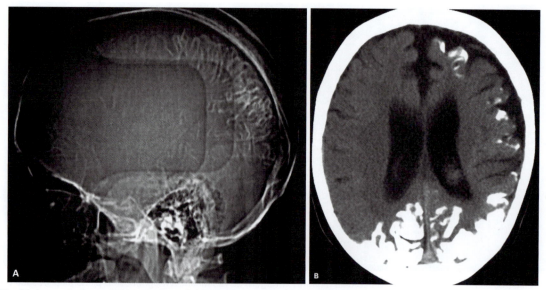

Figura 56 Síndrome de Sturge-Weber. Radiografia digital (A) e imagem de tomografia computadorizada no plano axial (B) revelam calcificações cerebrais corticais extensas com aspecto de "trilho de trem", predominando à esquerda, com nítida redução volumétrica associada.

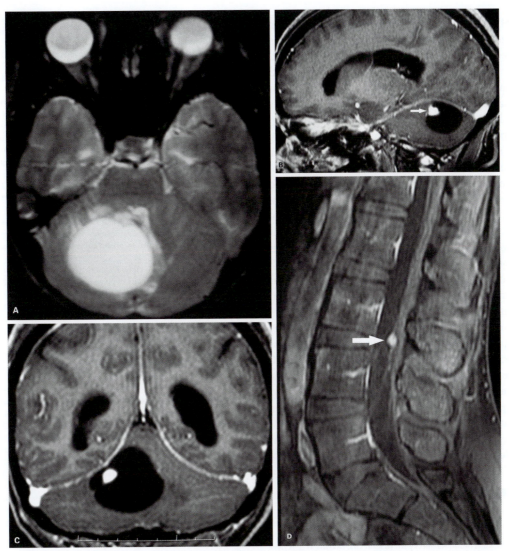

Figura 57 Doença de von Hippel-Lindau. Aspecto clássico do hemangioblastoma: lesão cística com nódulo mural que apresenta intenso realce pelo contraste paramagnético (seta em B), localizada no hemisfério cerebelar direito, identificada nas imagens de ressonância magnética (RM) no plano axial pesada em T2 (A), sagital (B) e coronal (C) T1 pós-contraste.O mesmo paciente apresentava hemangioblastoma na cauda equina, identificado nesta imagem de RM sagital T1 pós-contraste (seta em D).

substância branca subjacente apresenta hipersinal em T2 e FLAIR caracterizando gliose. Evolutivamente, observa-se atrofia cortical. Na evolução da doença, os pacientes também apresentam, frequentemente, hemiparesia. A macrocefalia progressiva, associada ou não à dilatação ventricular, sem a caracterização radiológica do angioma pial, é uma manifestação rara dessa doença.

Além das lesões encefálicas, os pacientes podem apresentar buftalmo, decorrente de glaucoma congênito, angioma da coroide, espessamento diploico e aumento das cavidades paranasais ipsilaterais à lesão meníngea.

Doença de von Hippel-Lindau

A doença de von Hippel-Lindau (DVHL), também conhecida como hemangiomatose cerebelorretinal, é uma doença autossômica dominante com penetrância variável e que envolve múltiplos sistemas. Sua prevalência é estimada em 2-3:100.000 indivíduos. A maioria dos pacientes apresenta a doença por hereditariedade e cerca de 20% por mutação espontânea; apesar de ser classificada como facomatose, não ocorrem lesões cutâneas. Os pacientes apresentam mutação no gene VHL, que é um gene supressor tumoral localizado no cromossomo 3p25-26. Assim, há predisposição ao desenvolvimento de múltiplos tumores hipervasculares. As seguintes lesões podem ocorrer:

- Hemangioblastoma na retina e no SNC.
- Carcinoma de células renais.
- Feocromocitoma.
- Cistoadenoma pancreático.
- Cistos nos rins, no pâncreas e no epidídimo.

A DVHL é classificada em tipo 1, quando o paciente não apresenta feocromocitoma, e tipo 2, quando essa neoplasia está presente. O tipo 2 é subdividido em 2A (feocromocitoma e hemangioblastoma sem carcinoma de células renais), 2B (feocromocitoma, hemangioblastoma e carcinoma de células renais) e 2C (feocromocitoma sem hemangioblastoma ou carcinoma de células renais).

Aproximadamente 36% dos hemangioblastomas diagnosticados na fossa posterior estão relacionados à DVHL e 64% quando essa lesão está localizada na medula espinhal. O hemangioblastoma ocorre em cerca de 70% dos pacientes com DVHL, desde a infância até a vida adulta, sendo, muitas vezes, múltiplos. Os locais preferenciais dessa lesão no SNC são o cerebelo, o bulbo e a medula espinhal, podendo ocorrer também na ponte e nos hemisférios cerebrais.

O aspecto clássico do hemangioblastoma é de uma lesão cística com nódulo mural hipervascularizado, entretanto, quando diagnosticado inicialmente, tende a se apresentar como pequeno nódulo sólido, localizado na superfície pial, que progride posteriormente, com a formação do cisto assumindo o aspecto mais típico. Na TC, o componente cístico é discretamente mais hiperdenso que o liquor e o nódulo levemente hiperatenuante. Vasos calibrosos podem estar associados à lesão, que também pode apresentar hemorragia. Tanto na TC quanto na RM, o nódulo tende a apresentar intenso realce após a administração do contraste endovenoso.

Bibliografia sugerida

1. Aronica E, Becker AJ, Spreafico R. Malformations of cortical development. Brain Pathol. 2012;22(3):380-401.
2. Barkovich AJ, Guerrini R, Kuzniecky RI, Jackson GD, Dobyns WB. A developmental and genetic classification for malformations of cortical development: update. Brain. 2012;135:1348-69.
3. Baser ME, Gutmann DH. Neurofibromatosis 2. Curr Opin Neurol. 2003;16(1):27-33.
4. Blümcke I, Thom M, Aronica E, Armstrong DD, Vinters HV, Palmini A, et al. The clinicopathologic spectrum of focal cortical dysplasias: a consensus classification proposed by an ad hoc Task Force of the ILAE Diagnostic Methods Commission. Epilepsia. 2011;52(1):158-74.
5. Bosemani T, Poretti A. Cerebellar disruptions and neurodevelopmental disabilities. Semin Fetal Neonatal Med. 2016;21(5):339-48.
6. Cakirer S, Yagmurlu B, Savas MR. Sturge-Weber syndrome: diffusion magnetic resonance imaging and proton magnetic resonance spectroscopy findings. Acta Radiol. 2005;46(4):407-10.
7. Cemeroglu AP, Coulas T, Kleis L. Spectrum of clinical presentations and endocrinological findings of patients with septo-optic dysplais: a retrospective study. J Pediatr Endocrinol Metab. 2015;28:1057-63.
8. Comi AM. Pathophysiology of Sturge-Weber syndrome. J Child Neurol. 2003;18(8):509-16.
9. Correa GG, Amaral LF, Vedolin LM. Neuroimaging of Dandy-Walker malformation: new concepts. Top Magn Reson Imaging. 2011;22(6):303-12.
10. Cotes C, Bonfante E, Lazar J, Jadhav S, Caldas M, Swischuk L, et al. Congenital basis of posterior fossa anomalies. Neuroradiol J. 2015;28(3):238-53.
11. Crino PB. Molecular pathogenesis of tuber formation in tuberous sclerosis complex. J Child Neurol. 2004;19(9):716-25.
12. Cross JH. Neurocutaneous syndromes and epilepsy-issues in diagnosis and management. Epilepsia. 2005;46(10):17-23.
13. Edwards TJ, Sherr EH, Barkovich AJ, Richards LJ. Clinical, genetic and imaging findings identify new causes for corpus callosum development syndromes. Brain. 2014;137:1579-613.
14. Evans DG, Sainio M, Baser ME. Neurofibromatosis type 2. J Med Genet. 2000;37(12):897-904.
15. Goh S, Butler W, Thiele EA. Subependymal giant cell tumors in tuberous sclerosis complex. Neurology. 2004;63(8):1457-61.
16. Gomez-Lado C, Eiris-Punal J, Blanco-Barca O, del Rio-Latorre E, Fernandez-Redondo V, Castro-Gago M. Hypomelanosis of Ito. A possibly under-diagnosed heterogeneous neurocutaneous syndrome. Rev Neurol. 2004;38(3):223-8.
17. Guerrini R, Dobyns WB. Malformations of cortical development: clinical features and genetic causes. The Lancet Neurol. 2014;13:710-26.
18. Hamilton SJ, Friedman JM. Insights into the pathogenesis of neurofibromatosis 1 vasculopathy. Clin Genet. 2000;58(5):341-4.
19. Ivashchuk G, Loukas M, Blount JP, Tubbs RS, Oakes WJ. Chiari III malformation: a Comprehensive review of this enigmatic anomaly. Child Nerv Syst. 2015;31:2035-40.
20. Johnson AM, Sugo E, Barreto D, Cunningham AM, Hiew CC, Lawson JA, et al. Clinicopathological associations in temporal lobe epilepsy patients utilising the current ILAE focal cortical dysplasia classification. Epilepsy Res. 2014;108(8):1345-51.
21. Leventer RJ, Jansen A, Pilz DT, Stoodley N, Marini C, Dubeau F, et al. Clinical and imaging heterogeneity of polymicrogyria: a study of 328 patients. Brain. 2010;133(Pt 5):1415-27.
22. Lin DD, Barker PB. Neuroimaging of phakomatoses. Semin Pediatr Neurol. 2006;13(1):48-62.
23. Liu JS. Molecular genetics of neuronal migration disorders. Curr Neurol Neurosci Rep. 2011;11(2):171-8.
24. Lonser RR, Glenn GM, Walther M, Chew EY, Libutti SK, Linehan WM, et al. Von Hippel-Lindau disease. Lancet. 2003;361:2059-67.
25. Lynch TM, Gutmann DH. Neurofibromatosis 1. Neurol Clin. 2002;20(3):841-65.
26. Moritani T, Smoker WRK, Lee HK, Sato Y. Differential diagnosis of cerebral hemispheric pathology. Multimodal approach. Clin Neuroradiol. 2011; 21:53-63.
27. Mühlebner A, Coras R, Kobow K, Feucht M, Czech T, Stefan H, et al. Neuropathologic measurements in focal cortical dysplasias: validation of the ILAE 2011 classification system and diagnostic implications for MRI. Acta Neuropathol. 2012;123(2):259-72.
28. Nagaraja S, Anslow P, Winter B. Craniosynostosis. Clinical Radiol. 2013;68:284-92.
29. Nash J, Cheng JS, Meyer GA, Remler BF. Chiari type I malformations: overview of diagnosis and treatment. WMJ. 2002;101:35-40.
30. Nelson MD, Maher K, Gilles FH. A different approach to cysts of the posterior fossa. Pediatr Radiol. 2004;34:720-32.
31. Perlman S, Becker-Catania S, Gatti RA. Ataxia-telangiectasia: diagnosis and treatment. Semin Pediatr Neurol. 2003;10(3):173-82.
32. Poretti A, Boltshauser E, Huisman TAGM. Chiari malformations and syringohydromyelia in children. Sem Ultrasound, CT, MRI. 2016;37:129-42.
33. Rea D, Brandsema J, Armstrong D, Parkin P, deVeber G, MacGregor D, et al. Cerebral arteriopathy in children with neurofibromatosis type 1. Pediatrics. 2009;124(3):e476-83.
34. Rosner M, Freilinger A, Lubec G, Hengstschläger M. The tuberous sclerosis genes, TSC1 and TSC2, trigger different gene expression responses. Int J Oncol. 2005;27(5):1411-24.
35. Rosser T, Vezina G, Packer R. Cerebrovascular abnormalities in a population of children with neurofibromatosis type 1. Neurology. 2005;64(3):553-5.
36. Ruggieri M, Iannetti P, Polizzi A, La Mantia I, Spalice A, Giliberto O, et al. Earliest clinical manifestations and natural history of neurofibromatosis type 2 (NF2) in childhood: a study of 24 patients. Neuropediatrics. 2005;36(1):21-34.
37. Shuin T, Yamasaki I, Tamura K, Okuda H, Furihata M, Ashida S. Von Hippel-Lindau disease: molecular pathological basis, clinical criteria, genetic testing, clinical features of tumors and treatment. Jpn J Clin Oncol. 2006;36(6):337-43.
38. ten Donkelaar HJ, Lammens M. Development of the human cerebellum and its disorders. Clin Perinatol. 2009;36:513-5.
39. Thomas-Sohl KA, Vaslow DF, Maria BL. Sturge-Weber syndrome: a review. Pediatr Neurol. 2004;30(5):303-10.
40. Winter TC, Kennedy AM, Woodward PJ. Holoprosencephaly: a survey of the entity, with embryology and fetal imaging. Radiographics. 2015;35:275-90.
41. Zikou AI, Tzoufi M, Astrakas L, Argyropoulou MI. Magnetization transfer ratio measurements of the brain in children with tuberous sclerosis complex. Pediatr Radiol. 2005;35(11):1071-4.

2

Alterações vasculares

Maria da Graça Morais Martin
Lívia Martins Tavares Scianni Morais
Laís Fajardo
Jorge Tomio Takahashi

Acidente vascular cerebral isquêmico

Introdução

As doenças cerebrovasculares, em especial o acidente vascular cerebral (AVC), apresentam uma alta incidência e são uma importante causa de morbidade e mortalidade em todo o mundo. De todos os acidentes vasculares cerebrais, aproximadamente 87% são isquêmicos (AVCi), causados por uma redução aguda do suprimento sanguíneo cerebral.

O AVCi é causado por um trombo ou êmbolo que bloqueia uma artéria intracraniana, e, em cerca de 25-35% dos casos, tal bloqueio ocorre em um grande vaso. Os mecanismos fisiopatológicos da lesão isquêmica são complexos e dependem do equilíbrio de múltiplos fatores, incluindo a intensidade de redução do fluxo sanguíneo, o tempo dessa redução, a vulnerabilidade específica de cada tipo celular comprometido, a presença de circulação colateral e as reações pós-isquêmicas.

Nas últimas décadas, grandes avanços ocorreram no diagnóstico e tratamento dos pacientes com AVCi, particularmente após a publicação de grandes *trials* que comprovaram a eficácia das terapias intervencionistas intra-arteriais.

Permanece, no entanto, o conceito de "tempo é cérebro" ou "*time is brain*", enfatizando a importância da rapidez no manejo desses pacientes, pois cada minuto de atraso representa uma perda neuronal significativa (da ordem de 2 milhões).

A janela terapêutica dos tratamentos atualmente utilizados na prática clínica é de 4 horas e 30 minutos do início do ictus para trombólise venosa com r-tPA e de até 6 horas, preferencialmente para trombólise química ou mecânica intra-arterial. O tratamento intra-arterial consiste em cateterização vascular até o nível da oclusão e uso de um agente fibrinolítico local, trombectomia mecânica ou ambos. O objetivo da injeção intravenosa de r-tPA e da terapia intra-arterial é recanalizar o vaso ocluído tão logo quanto possível.

Os métodos de imagem exercem um papel fundamental na avaliação e seleção dos pacientes com suspeita de AVC para as terapias de reperfusão, devendo ser realizados de uma maneira rápida e eficiente.

Avaliação por imagem do AVCi agudo

A seleção apropriada dos pacientes para as terapias de reperfusão, baseada em achados clínicos e de imagem, é crucial. Os exames de imagem do encéfalo são recomendados antes de se iniciar qualquer tratamento específico para o AVCi agudo (classe I, nível de evidência A).

A seguir, propomos um algoritmo com quatro passos-chave para a avaliação por imagem e seleção dos pacientes com suspeita clínica de AVCi para as terapias supracitadas (Figura 1).

Passo 1: exclusão de hemorragia

O principal objetivo da imagem inicial do encéfalo no paciente com suspeita de AVC é excluir a presença de

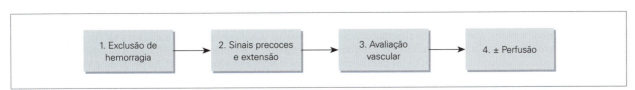

Figura 1   Algoritmo com quatro passos práticos para avaliação de pacientes com acidente vascular cerebral isquêmico (AVCi) agudo.

hemorragia (Figura 2). A tomografia computadorizada (TC) sem contraste é considerada o exame padrão para esse fim (Figura 2A), sendo o único estudo requerido para a realização de tratamento trombolítico endovenoso. Exibe alta sensibilidade, ampla disponibilidade, rápido tempo de aquisição (1-2 minutos) e segurança para pacientes estáveis e instáveis.

A TC inicial permite ainda excluir outras condições que se apresentem clinicamente com déficits neurológicos focais, os chamados *stroke mimics*, como tumores ou infecção, por exemplo.

A ressonância magnética (RM), com as sequências T2*-gradiente-*echo* e de suscetibilidade magnética, é extremamente sensível, sendo equivalente à TC para a detecção de hemorragia aguda (Figura 2B). No entanto, apresenta várias desvantagens que limitam sua utilização no contexto de emergência, incluindo indisponibilidade em grande parte dos serviços, dificuldade de monitorização de pacientes instáveis, maior suscetibilidade à movimentação do paciente, necessidade de *screening* para objetos metálicos e, sobretudo, maior tempo de aquisição.

Passo 2: avaliação de sinais precoces e da extensão do infarto

Tomografia computadorizada

Embora frequentemente normal nas primeiras horas, a TC sem contraste pode demonstrar sinais precoces do insulto isquêmico. A identificação de artéria hiperdensa se dá quando há trombo (ou êmbolo) intra-arterial, o que é mais frequente na artéria cerebral média e seus ramos (Figura 3). No parênquima encefálico, as primeiras alterações são: perda da diferenciação entre as substâncias branca e cinzenta, sobretudo nas interfaces do núcleo lentiforme

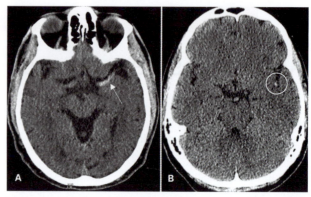

Figura 3 Sinal da artéria hiperdensa. Imagens axiais de tomografia computadorizada sem contraste evidenciam hiperatenuação linear na topografia do segmento M1 da artéria cerebral média esquerda (seta em A) e hiperatenuação em ramo distal da mesma artéria, configurando o sinal do ponto ou *dot sign* (círculo em B).

(apagamento do lentiforme) e da ínsula (*loss of insular ribbon sign*), hipoatenuação do parênquima cerebral e edema, determinando assimetria dos sulcos corticais (Figura 4).

Tais achados precoces à TC têm uma sensibilidade de apenas 40-60% dentro das primeiras 3 horas após o início dos sintomas. É importante ressaltar que a detecção de hipodensidade parenquimatosa precoce pode ser aumentada com a otimização dos parâmetros de janela (largura e centro), acentuando o contraste entre as áreas normais e o tecido edematoso (Figura 5).

A presença das alterações à TC na fase inicial foi associada a maior risco de sangramento em alguns estudos, especialmente se acometendo área extensa. Entretanto, outros estudos não mostraram relação evidente entre risco de sangramento e área de sinais precoces observada na TC.

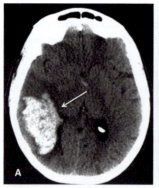
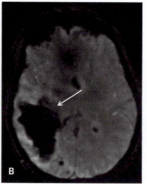

Figura 2 Exemplo de hemorragia intracraniana em paciente com suspeita clínica de acidente vascular cerebral isquêmico (AVCi), contraindicando a trombólise endovenosa. Tomografia computadorizada sem contraste (A) evidencia área espontaneamente hiperatenuante parietal à direita, com edema da substância branca adjacente e efeito de massa sobre os espaços liquóricos regionais (seta). Imagem axial de ressonância magnética (B) demonstra a mesma área hemorrágica com acentuado baixo sinal na sequência de suscetibilidade magnética (seta).

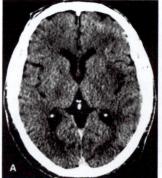
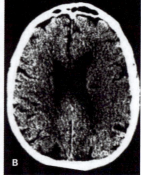

Figura 4 Sinais precoces de acidente vascular cerebral isquêmico (AVCi) na tomografia computadorizada (TC). Imagens axiais de TC sem contraste evidenciam alterações isquêmicas precoces em dois pacientes distintos. Em A, nota-se perda da diferenciação entre as substâncias branca e cinzenta na interface do núcleo lentiforme (apagamento do lentiforme) e da ínsula (*loss of insular ribbon sign*) à esquerda. Em B, há perda da diferenciação entre o córtex e a substância branca, com hipoatenuação corticossubcortical e assimetria dos sulcos corticais no território superficial da artéria cerebral média esquerda.

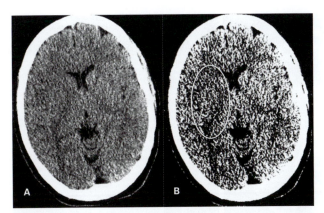

Figura 5 Efeito da janela para detecção de alterações isquêmicas precoces à tomografia computadorizada (TC). Imagens de TC sem contraste com janela habitual (A) e otimizada para avaliação de isquemia (B). A utilização de larguras de janela menores possibilita melhor avaliação da zona de hipodensidade no território profundo da artéria cerebral média direita, com apagamento do núcleo lentiforme e do córtex insular desse lado.

isquêmica precoce em cada uma das regiões definidas (Figura 6). Uma TC normal recebe, dessa forma, um ASPECTS de 10 pontos, enquanto um ASPECTS de 0 indica um envolvimento difuso de todo o território da ACM.

Evidências de vários estudos sugerem que pontuações mais baixas, de 7 ou menos, indicam acometimento mais extenso no território da ACM e correlacionam-se com pior prognóstico funcional e maior risco de hemorragia. Para pacientes que serão submetidos à terapia endovascular, o critério de recomendação atual é de uma pontuação ASPECTS ≥ 6.

Ressonância magnética

Ao estudo de RM, a difusão é a sequência utilizada para a detecção de lesão isquêmica aguda, sendo muito mais sensível que a TC (sensibilidade entre 90-100%). A restrição da movimentação das moléculas de água no AVCi agudo é decorrente do edema citotóxico/redução do volume intersticial no tecido isquêmico, sendo caracterizada por hipersinal na sequência pesada em difusão (b1000) e hipossinal no mapa de coeficiente de difusão aparente (CDA). Tal alteração inicia-se após apenas alguns minutos da instalação da isquemia e, de modo geral, indica a presença de lesão irreversível (Figura 7A, B). A sensibilidade para predizer que o infarto ocorreu há menos de 10 dias baseada em valor de CDA abaixo do valor do parênquima normal foi relatada em 88% e a especificidade, em 90%.

A identificação de marcado hipossinal em T2* ou nas sequências de suscetibilidade magnética (SWI, do inglês *susceptibility-weighted imaging*) na artéria cerebral média representa trombo, tendo a mesma tradução da artéria cerebral hiperdensa (Figura 7C).

As imagens pesadas em T2 e FLAIR têm baixa sensibilidade no intervalo de 3 horas após o ictus, mas boa sensibilidade a partir de 6 horas. Elas traduzem o aumento hídrico (edema), atingindo o seu pico nos primeiros dias. Área de *mismatch* entre hipersinal na difusão e sinal nor-

A TC sem contraste pode também ser utilizada para avaliar a extensão de parênquima lesado pela isquemia, de extrema importância para a definição das demais opções terapêuticas. O chamado ASPECTS (*Alberta Stroke Program Early CT Score*) é um método simples e sistemático, utilizado para acessar a extensão de alterações isquêmicas precoces à TC, no território da artéria cerebral média (ACM). Tal método foi desenvolvido para padronizar a detecção e a descrição das áreas de hipodensidade isquêmica, visto que a estimativa do volume do infarto era até então difícil e pouco reprodutível na prática clínica.

O ASPECTS consiste, portanto, em uma pontuação topográfica quantitativa de 10 pontos. São avaliadas duas regiões padronizadas do território da ACM: o nível dos núcleos da base e o nível acima, que inclui a coroa radiada e o centro semioval. Para computar o ASPECTS, 1 ponto é subtraído de 10 para qualquer evidência de alteração

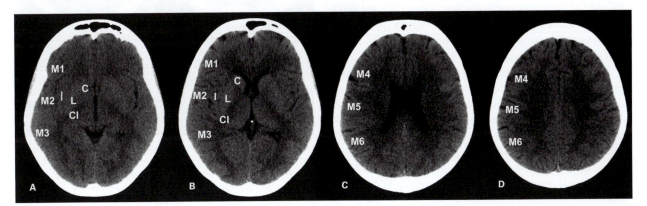

Figura 6 Representação esquemática das regiões avaliadas no ASPECTS (*Alberta Stroke Program Early CT Score*). Nível dos núcleos da base (A e B) e nível acima (C e D). C: núcleo caudado; CI: cápsula interna; I: ínsula; L: núcleo lentiforme; M1: córtex anterior da artéria cerebral média (ACM); M2: córtex lateral à ínsula; M3: córtex posterior da ACM; M4, M5 e M6: territórios anterior, lateral e posterior da ACM, imediatamente superior a M1, M2 e M3.

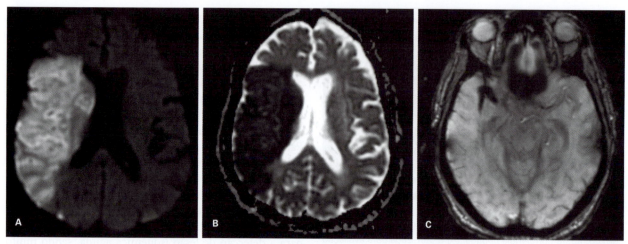

Figura 7 Avaliação do acidente vascular cerebral isquêmico (AVCi) agudo pela ressonância magnética. Imagens axiais evidenciam extensa área de isquemia recente no território da artéria cerebral média direita, caracterizada por hipersinal na sequência de difusão (A), com correspondente hipossinal no mapa de coeficiente de difusão aparente (CDA) (B). A sequência de suscetibilidade magnética (SWI) (C) demonstra hipossinal associado a *blooming effect* nos segmentos M1 e M2 da artéria cerebral média direita, compatível com trombo.

mal no FLAIR sugere que o exame foi realizado dentro de 6 horas do ictus, com uma especificidade de 93% e valor preditivo positivo de 94%. Dessa forma, o *mismatch* difusão positiva-FLAIR negativo é útil em identificar pacientes com horário desconhecido do início dos sintomas que possam se beneficiar das terapias de reperfusão (Figura 10C).

Passo 3: avaliação vascular
Avaliação do trombo alvo e da anatomia vascular intra e extracraniana

Se a opção do tratamento intra-arterial for disponível, recomenda-se fortemente a realização de um estudo vascular intracraniano não invasivo durante a avaliação inicial do paciente, para detecção do sítio de oclusão arterial. Tal conduta não deve, no entanto, atrasar a administração do trombolítico endovenoso, se indicado.

A presença de uma oclusão arterial proximal (p. ex., artéria carótida interna ou segmento M1 da artéria cerebral média) identifica pacientes que podem se beneficiar da terapia intra-arterial, visto que o sucesso de recanalização vascular somente com a trombólise endovenosa nesses casos é de apenas cerca de 30%.

Avanços na tecnologia da TC multidetectores, proporcionando maior rapidez e menor invasividade, tornaram-na a principal ferramenta para avaliação vascular no AVCi agudo, em detrimento dos estudos por RM e angiografia convencional por cateter. Os estudos de ângio-TC atuais são capazes de fornecer uma avaliação detalhada da vasculatura extra e intracraniana em menos de 5 segundos, desde o arco aórtico até o polígono de Willis, com uma única aquisição e excelente resolução isotrópica.

Além de detectar o sítio da oclusão arterial, com avaliação de possível trombo alvo para terapia intervencionista, acessando sua localização e tamanho (Figuras 8A e B), a ângio-TC é também utilizada para avaliação da anatomia do arco aórtico e vasos extracranianos, importante para o planejamento de um eventual procedimento endovascular, pois auxilia o neurointervencionista na escolha

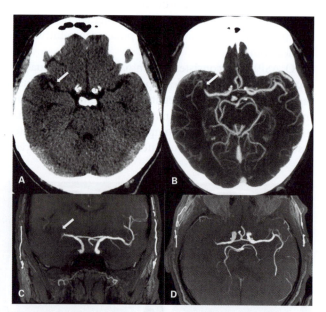

Figura 8 Avaliação do sítio de oclusão arterial. Tomografia computadorizada (TC) sem contraste demonstra imagem linear hiperatenuante na topografia do segmento M1 distal da artéria cerebral média direita (A). Ângio-TC demonstra falha de enchimento nesse segmento, compatível com trombo intraluminal (B). A angiorressonância magnética sem contraste (sequência 3D-TOF) demonstra o achado de maneira semelhante (C e D), porém há ausência do sinal de fluxo nos ramos distais à oclusão, traduzindo apenas fluxo lento, visto que tais ramos apresentam-se pérvios à ângio-TC.

de cateteres e técnicas mais apropriados, que proporcionarão uma recanalização arterial mais rápida e segura.

Avaliação de colaterais

Sabe-se que o tecido cerebral isquêmico depende do sangue proveniente dos vasos colaterais para sobreviver até que o fluxo pela artéria ocluída seja reestabelecido. Essa circulação colateral é altamente variável e influencia de forma significativa a taxa de crescimento do *core* isquêmico. Pacientes que apresentam boa circulação colateral geralmente têm um risco menor de infartos extensos já estabelecidos à avaliação inicial, enquanto pacientes com uma rede pobre de colaterais frequentemente apresentam mínimo ou nenhum tecido salvável à apresentação.

A identificação da rede de colaterais pode, portanto, auxiliar na decisão de quais pacientes podem se beneficiar de uma recanalização precoce. A ângio-TC pode ser utilizada para essa avaliação. Para tal, deve-se comparar o enchimento de artérias piais distais ao local de oclusão (Figura 9). Vários métodos têm sido propostos para essa aferição e a maioria deles é capaz de predizer prognósticos desfavoráveis (Tabela 1).

Múltiplos estudos demonstraram que pacientes com boa rede de colaterais à ângio-TC tendem a apresentar respostas melhores com a terapia endovascular, quando comparada com a terapia endovenosa isolada; enquanto pacientes com colaterais ruins tendem a não apresentar diferenças significativas entre as duas terapias, ou até mesmo serem prejudicados pela intervenção intra-arterial.

Uma grande desvantagem da avaliação de colaterais pela ângio-TC convencional é que se trata de uma técnica "estática", que nos fornece uma única "fotografia" no tempo de algo que progride de forma dinâmica. Dessa forma, existe um risco de classificação de um paciente como tendo colaterais ruins, caso a ângio-TC seja adquirida precocemente na fase arterial. O desenvolvimento de técnicas de ângio-TC multifásica aumentou a sensibilidade do método para tal avaliação, sendo atualmente a forma ideal de se acessar a rede de colaterais em pacientes com AVCi agudo.

A ângio-RM também permite a avaliação dos vasos do polígono de Willis, por meio da técnica 3D-TOF, porém demanda maior tempo de aquisição, além de apresentar todas as demais limitações já descritas para a RM. É importante, ainda, enfatizar que a sequência 3DTOF, realizada sem a administração do meio de contraste endovenoso, é sensível não somente à presença de fluxo, mas também à sua velocidade. Portanto, ausência de sinal de fluxo na ângio-RM arterial intracraniana pode traduzir fluxo lento (Figura 8C e D) e não necessariamente uma oclusão arterial.

Tabela 1 Tabela de comparação de alguns dos principais métodos para avaliação e graduação de colaterais à ângio-TC, em pacientes com AVCi da circulação anterior

Sistema de classificação	Pontuações
Miteff (Avaliação de vasos colaterais em relação à fissura sylviana do lado da oclusão arterial)	3: Contrastação de vasos distais à oclusão 2: Contrastação de vasos na fissura sylviana 1: Apenas tênues vasos superficiais distais contrastam
Maas (Comparação de colaterais com o lado contralateral, não afetado)	5: Colaterais exuberantes 4: Colaterais mais evidentes que o lado contralateral 3: Colaterais iguais ao lado contralateral 2: Colaterais menos evidentes que o lado contralateral 1: Colaterais não opacificados
Escala Tan modificada (Sistema mais simples, comparação com o mesmo lado da oclusão)	Bons: colaterais vistos em ≥ 50% do território da ACM Ruins: colaterais vistos em < 50% do território da ACM

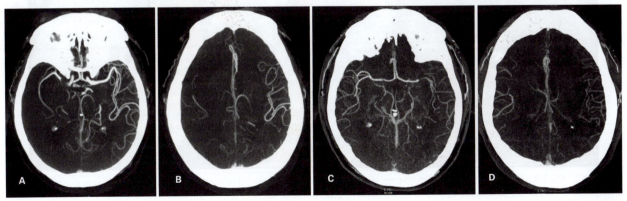

Figura 9 Avaliação da circulação colateral em dois pacientes distintos. Imagens axiais de ângio-TC evidenciam, no primeiro paciente (A e B), oclusão no segmento M1 da artéria cerebral média direita e rede pobre de colaterais, com opacificação de ramos distais ao sítio de oclusão menor do que no lado não afetado. Já no segundo paciente, com trombo em segmento M1 distal da artéria cerebral média esquerda (C e D) nota-se uma rede satisfatória de colaterais, com opacificação distal semelhante ou até mesmo um pouco maior que a contralateral.

Passo 4: perfusão

Os benefícios de imagens adicionais, como a perfusão por TC ou RM com o intuito de selecionar pacientes para a terapia intra-arterial, ainda são desconhecidos.

Existem evidências de que a perfusão por tomografia computadorizada (PTC) é mais sensível que a TC sem contraste na identificação do *core* isquêmico. Além disso, a PTC também fornece informações sobre a chamada área de penumbra, definida como tecido cerebral isquêmico em risco, ainda não definitivamente infartado e, portanto, potencialmente salvável.

As variáveis mais importantes obtidas no estudo de perfusão, tanto por PTC como por perfusão por ressonância magnética (PRM) são o volume sanguíneo cerebral (CBV), fluxo sanguíneo cerebral (CBF), tempo médio de trânsito (MTT) e Tmáx (*time-to-maximum*). A interpretação desses dados é complexa, reflexo da fisiopatologia da isquemia cerebral. No primeiro momento há redução do CBF e prolongamento do MTT e Tmáx, com vasodilatação compensatória para manter o CBV normal ou até aumentado. A seguir, pode ocorrer redução mais acentuada do fluxo sanguíneo, que não mais é passível de compensação pela vasodilatação distal, acarretando redução do CBV.

Até o momento, os estudos sugerem como variáveis mais específicas para identificação do infarto a redução do CBF ou CBV e como fatores mais sensíveis de isquemia o MTT ou Tmáx. A área de penumbra tipicamente tem aumento do MTT/Tmáx sem redução do CBV. No entanto, valores de corte específicos para cada situação ainda não foram estabelecidos como consenso na literatura.

Áreas com Tmáx ou MTT prolongados estão hemodinamicamente comprometidas. A diferença entre essas áreas e o volume de tecido já infartado (com restrição à difusão na RM ou redução acentuada do CBF/CBV à PTC) tem sido o critério mais utilizado para identificar a área de penumbra (Figura 10).

Embora a penumbra possa ser estimada pelo local da oclusão vascular, a considerável variabilidade anatômica existente torna difícil acessar sua extensão em pacientes com um *core* isquêmico maior, a menos que a imagem de perfusão seja realizada.

Críticas à PTC e à PRM até o momento incluem grande variação na metodologia de processamento e interpre-

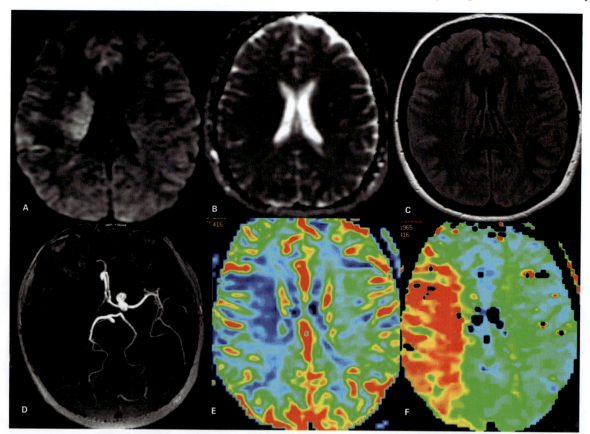

Figura 10 Contribuição do estudo de perfusão no acidente vascular cerebral isquêmico (AVCi) agudo. Sequência de difusão (A) e o mapa de coeficientes de difusão aparente (CDA) (B) demonstram área de restrição das moléculas de água na região nucleocapsular direita, compatível com infarto agudo em território profundo da artéria cerebral média direita, ainda não nitidamente visível na sequência FLAIR (C), inferindo duração de isquemia inferior a 6h. Sequência 3D-TOF demonstra ausência de sinal de fluxo proximal na artéria cerebral média direita (D). O estudo perfusional evidencia extensa área de retardo do tempo de trânsito do contraste no território da artéria cerebral média direita (F), bem maior que a área de restrição difusional e de redução do volume sanguíneo cerebral (E), indicando área de penumbra.

tação, além do tempo gasto na aquisição e processamento das imagens. Estudos adicionais ainda são necessários para estabelecer a real acurácia e reprodutibilidade dos métodos de perfusão em identificar o tecido infartado e a área de penumbra, bem como o impacto na terapia e evolução clínica dos pacientes.

Avaliação da evolução do AVCi

O AVCi pode ser classificado, de acordo com seu tempo de evolução, nas seguintes fases:

- Hiperagudo: até 24 horas (sendo hiperagudo precoce nas primeiras 6 horas)
- Agudo: até 7 dias.
- Subagudo: de 1 a 3 semanas.
- Crônica: mais de 3 semanas.

Os métodos de imagem, particularmente as diferentes sequências de RM, são capazes de nos fornecer informações que auxiliam na datação dos infartos.

Tomografia computadorizada

A partir de 24 horas do ictus, a maior parte dos infartos em território de grandes artérias são vistos na TC sem contraste como hipoatenuação franca, corticossubcortical, obedecendo ao território vascular acometido e com redução dos sulcos corticais adjacentes. O efeito de massa tende a aumentar nos dias subsequentes, geralmente com pico em torno do terceiro ao quarto dia, podendo ser tão importante que necessite de craniectomia descompressiva em alguns casos (Figura 11).

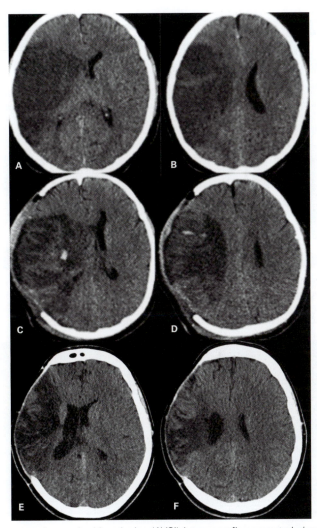

Figura 11 Evolução do acidente vascular cerebral isquêmico (AVCi) à tomografia computadorizada (TC). Cortes axiais de TC sem contraste demonstram extensa hipoatenuação corticossubcortical no território da artéria cerebral média direita, com apagamento dos espaços liquóricos regionais, compatível com infarto extenso em fase recente de evolução (A, B). Alguns dias após a TC inicial nota-se aumento do efeito expansivo, com desvio das estruturas da linha mediana e focos de transformação hemorrágica, tendo sido necessária craniectomia descompressiva (C, D). A evolução para a fase crônica evidencia efeito atrófico, caracterizado pelo alargamento dos espaços liquóricos regionais, incluindo os sulcos corticais e o ventrículo lateral direito (E e F).

A partir da primeira semana, o efeito de massa começa a se reduzir e evolui, em meses, para redução volumétrica (Figura 11E e F), muitas vezes com dilatação compensatória dos espaços liquóricos adjacentes (ventrículos, cisternas e sulcos corticais).

Em alguns casos, na fase subaguda, o acúmulo inicial de água no local isquêmico deixa de preponderar, havendo pseudonormalização da atenuação na TC, conhecida como *fogging effect* (Figura 12). Acredita-se que tal fenômeno ocorra como um resultado da migração de macrófagos gordurosos para o tecido infartado, associada a proliferação de capilares e redução do edema. Se houver dúvida, a administração de contraste endovenoso pode demarcar a região de infarto nessa fase. Mais tardiamente, a lesão isquêmica volta a apresentar marcada hipodensidade em razão da perda tecidual.

Ressonância magnética

Na difusão, as imagens progridem de baixos valores de CDA na primeira semana para pseudonormalização na segunda semana (em tempo semelhante à pseudonormalização da TC) (Figura 13).

Inicialmente, as lesões isquêmicas não são identificadas nas sequências pesadas em T1. A partir de 24 horas, as alterações passam a ser perceptíveis e são caracterizadas por hipossinal. Necrose cortical pode ser vista como hipersinal cortical espontâneo, de morfologia giral, que aparece a partir de aproximadamente 2 semanas (Figura 14).

Realce giriforme pelo meio de contraste geralmente aparece no final da primeira semana e persiste até, no máximo, 12 semanas (Figuras 13 e 14).

A transformação hemorrágica é mais frequente após 48 horas (Figura 15), mas, especialmente em casos de trom-

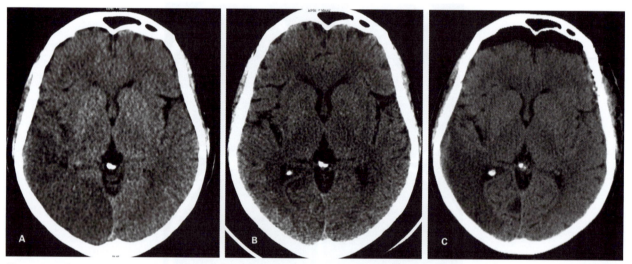

Figura 12 *Fogging effect*. Imagem de tomografia computadorizada (TC) sem contraste demonstra área hipoatenuante corticossubcortical occiptotemporal direita, compatível com insulto isquêmico agudo (A). Exame de controle, 15 dias após a TC inicial, demonstra aumento da atenuação local, mais próxima do parênquima adjacente, e redução do efeito de massa (B), o que pode gerar confusão diagnóstica. TC mais tardia (C), realizada cerca de 1 mês após o segundo exame, volta a demonstrar a zona isquêmica com hipoatenuação.

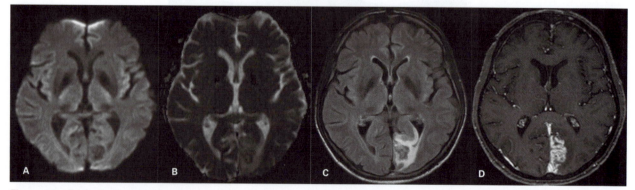

Figura 13 Evolução do acidente vascular cerebral isquêmico (AVCi) à ressonância magnética. Imagens axiais de RM evidenciam insulto isquêmico em fase subaguda de evolução no território da artéria cerebral posterior esquerda. Não mais se caracteriza hipersinal significativo à sequência de difusão (A), notando-se pseudonormalização do mapa de coeficientes de difusão aparente (CDA) (B). Há hipersinal corticossubcortical em T2/FLAIR (C), com pequena área hemorrágica de permeio, essa vista em detalhes na sequência T2*, não demonstrada. Após a administração do meio de contraste paramagnético (D), nota-se intenso realce giriforme na área de isquemia, característico dessa fase evolutiva.

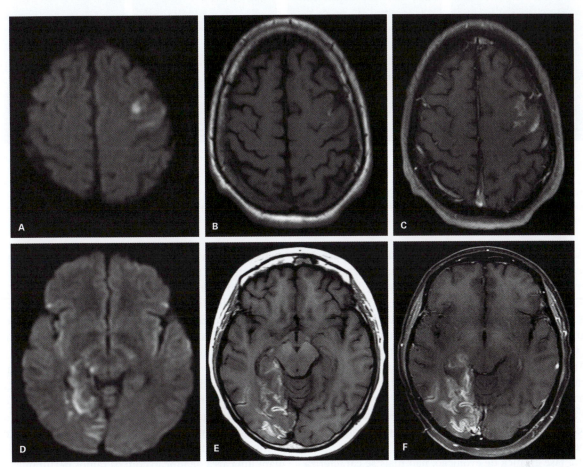

Figura 14 Insultos isquêmicos em fase subaguda de evolução em dois pacientes distintos. Sequências axiais de difusão evidenciam tênue hipersinal nos territórios das artérias cerebral média esquerda (A) e cerebral posterior direita (D), já com pseudonormalização dos mapas de CDA (não mostrados). Imagens axiais ponderadas em T1 sem contraste (B e E) demonstram hipersinal cortical espontâneo, compatível com necrose cortical. Após a administração do meio de contraste (C e F), há realce de padrão giriforme, característico da fase subaguda.

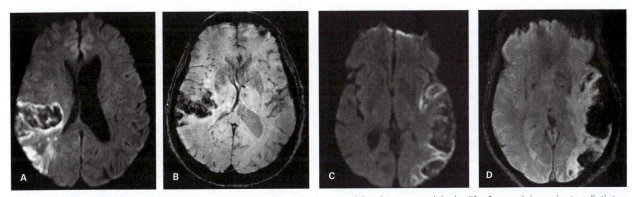

Figura 15 Exemplos de transformação hemorrágica à ressonância magnética. Imagens axiais de difusão em dois pacientes distintos (A e C) evidenciam insultos isquêmicos nos territórios das artérias cerebrais médias. Sequências de suscetibilidade magnética (SWI) evidenciam focos de marcado hipossinal de permeio às lesões, compatíveis com produtos hemáticos.

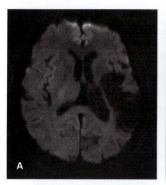 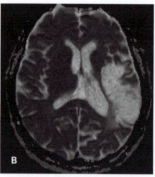 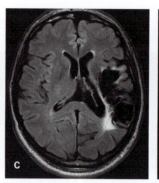 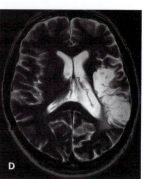

Figura 16 Evolução do acidente vascular cerebral isquêmico (AVCi) à ressonância magnética (RM). Imagens axiais de RM evidenciam insulto isquêmico em fase crônica de evolução/sequelar no território da artéria cerebral média esquerda. Não mais se caracteriza restrição à difusão das moléculas de água (A), e o mapa de coeficientes de difusão aparente (CDA) apresenta sinal superior ao parênquima normal (B). Nas sequências FLAIR e T2 (C e D), nota-se cavidade com intensidade de sinal semelhante ao liquor, margeada por halo de gliose, condicionando efeito retrátil, com ampliação dos espaços liquóricos regionais.

bólise, pode aparecer na fase aguda. Os núcleos da base são o local mais comum de acometimento, mas infartos muito extensos muitas vezes têm focos hemorrágicos de permeio.

Existem tentativas de classificação das transformações hemorrágicas, e a mais conhecida divide-as em: infarto hemorrágico tipo 1 (pequenas petéquias ao longo das margens do infarto), 2 (petéquias mais confluentes dentro da área infartada, mas sem efeito de massa), hematoma parenquimatoso tipo 1 (até 30% da área infartada, com algum efeito de massa) e hematoma parenquimatoso tipo 2 (hematoma denso maior que 30% da área infartada, com efeito de massa significativo, ou qualquer lesão hemorrágica além da área infartada).

Na fase crônica de evolução, não mais se caracteriza restrição à difusão das moléculas de água, com valores de CDA acima do parênquima normal. A lesão evolui para cavidade com intensidade de sinal semelhante ao liquor (hipossinal em FLAIR e hipersinal em T2), margeada por zona de gliose (Figura 16).

Territórios vasculares

O conhecimento dos territórios arteriais é fundamental para a identificação da natureza isquêmica de uma lesão. Necessariamente as lesões vasculares vão acompanhar o território irrigado pela respectiva artéria. É importante lembrar que variações anatômicas são frequentes, especialmente no polígono de Willis, determinando territórios muitas vezes inconstantes.

Propomos a divisão do acometimento arterial cerebral em dois sistemas: leptomeníngeo (também conhecido como superficial ou pial) e perfurante (ou profundo) (Figura 17). Exemplos dos principais padrões de acometimento arterial serão dados nas Figuras 18 a 23.

Sistema arterial leptomeníngeo

O sistema arterial leptomeníngeo compreende os ramos terminais das artérias cerebrais e cerebelares, os quais penetram o córtex e a substância branca subjacente. Infartos nos territórios irrigados por essas artérias são frequentemente descritos como infartos territoriais, podendo ser divididos em anteriores (artérias cerebrais médias e anteriores) e posteriores (artérias cerebrais posteriores e artérias cerebelares superiores, posteroinferiores e anteroinferiores) (Figuras 18 a 20).

Os centros semiovais compreendem a substância branca central dos hemisférios cerebrais, incluindo grande parte da coroa radiada, sendo supridos por artérias medulares longas que penetram o córtex e cursam até a porção superior dos ventrículos laterais. Na porção mais profunda da coroa radiada, esses ramos medulares formam uma área de junção com os ramos perfurantes profundos das artérias cerebral média e coróidea anterior. Os infartos dos centros semiovais são, portanto, aqueles limitados ao território dos ramos medulares, sem envolvimento do córtex ou território perfurante profundo. Tais infartos podem ser classificados em pequenos (< 1,5 cm) ou grandes (> 1,5 cm), quando afetam o território de mais de um ramo medular (Figura 21).

Os infartos de fronteira são lesões isquêmicas que ocorrem na junção entre dois ou três territórios arteriais, correspondendo a cerca de 10% dos acidentes vasculares cerebrais isquêmicos. Trabalhos recentes demonstram que os infartos de fronteira podem frequentemente ser explicados pela combinação de dois processos inter-relacionados: hipoperfusão e embolização.

Existem dois tipos de fronteira vascular nos hemisférios cerebrais: a fronteira externa ou cortical e a fronteira interna. As zonas de fronteira externas ou corticais estão localizadas entre o suprimento cortical das artérias cerebral anterior e média (fronteira cortical anterior) e entre as artérias cerebral média e posterior (fronteira cortical posterior). Infartos isolados de fronteira cortical podem ser de natureza embólica e são menos frequentemente relacionados à comprometimento hemodinâmico. Já as zonas de fronteira interna são áreas localizadas entre as artérias ce-

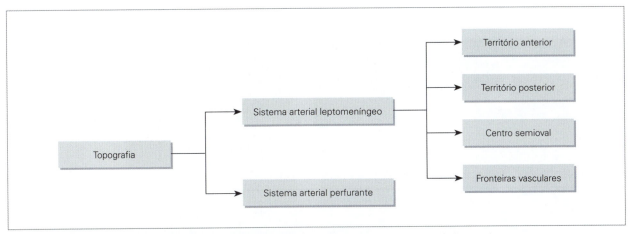

Figura 17 Classificação topográfica dos insultos isquêmicos arteriais.

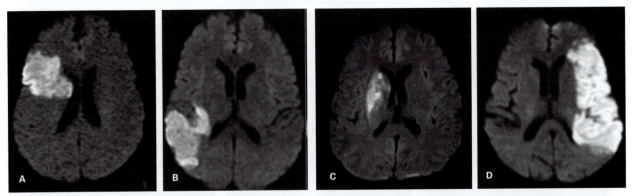

Figura 18 Território leptomeníngeo anterior. Imagens axiais de ressonância magnética, sequência de difusão, evidenciam insultos isquêmicos recentes no território das artérias cerebrais médias. Infartos relacionados a essa artéria podem ser classificados em limitados, quando acometem apenas um de seus três territórios: superficial anterior (A), superficial posterior (B) e profundo (C) ou grandes, quando acometem pelo menos dois desses territórios (D). A artéria cerebral média e seus ramos são responsáveis pela irrigação dos segmentos laterais dos hemisférios cerebrais, geralmente estendendo-se até o sulco frontal superior, sulco intraparietal e giro temporal inferior, incluindo os giros frontal inferior e médio, giro orbital lateral, giros pré e pós-centrais, lóbulo parietal inferior, giros temporais superior e médio e ínsula. Além disso, irriga ainda a porção superior da cabeça e corpo do núcleo caudado, o segmento lateral do globo pálido, o putâmen, o segmento dorsal da cápsula interna e a metade lateral da comissura anterior.

rebral anterior, média e posterior e as áreas supridas pelas artérias de Heubner, lenticuloestriadas e coróideas (Figura 22). Em contraste à fronteira cortical, os infartos de fronteira interna são causados sobretudo por estenoses arteriais ou oclusões com comprometimento hemodinâmico.

Sistema arterial perfurante

As artérias perfurantes têm origem no polígono de Willis, artéria coróidea anterior e artéria basilar, perfurando o parênquima encefálico para suprir o diencéfalo (tálamo, hipotálamo, subtálamo e epitálamo), os núcleos da base, a cápsula interna e o tronco encefálico.

A definição patológica de lacuna inclui uma pequena cavidade (< 1,5 cm) com intensidade de sinal semelhante ao liquor e representa o estágio final de um pequeno infarto profundo, ocasionado pela oclusão de uma única artéria perfurante, sendo as mais frequentemente afetadas as artérias lenticuloestriadas, tálamo-perfurantes e as perfurantes originárias da artéria coróidea anterior (Figura 23).

Causas

O prognóstico, risco de recorrência, acompanhamento clínico e as decisões terapêuticas do paciente são bastante influenciadas pelo subtipo do AVCi. Dessa forma, uma classificação precoce do subtipo de infarto isquêmico tem uma grande importância na prática clínica. Um dos métodos mais utilizados para classificação do AVCi é o chamado método TOAST (*Trial of ORG 10172 in Acute Stroke Treatment*).

Os mecanismos prováveis são divididos, de acordo com tal método, em cinco grandes grupos: aterosclerose de grandes artérias (Figura 24), oclusão de pequenas artérias (Figura 23), embolia de origem cardíaca (Figura 25), outras etiologias (Figura 26) e etiologia indeterminada (Tabela 2).

Para essa investigação, estudos arteriais (ultrassonografia com Doppler dos vasos cervicais, angiografia digital, ângio-TC ou ângio-RM) e cardíacos (ecocardiografia) são fundamentais na detecção das fontes de lesão vascular.

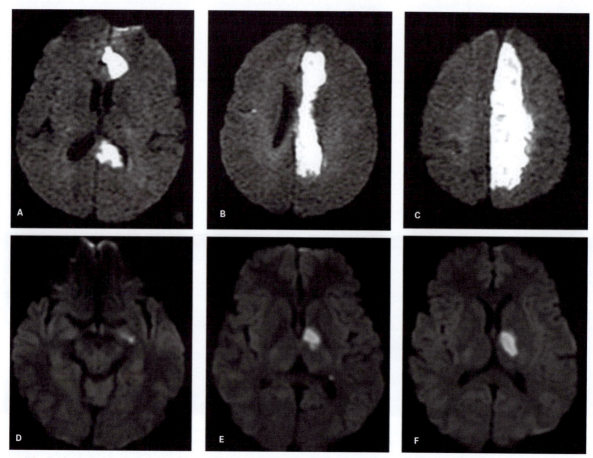

Figura 19 Território leptomeníngeo anterior. Imagens axiais de ressonância magnética, sequência de difusão, evidenciam zonas de insulto isquêmico recente no território das artérias cerebral anterior (A, B e C) e coróidea anterior (D, E e F). A artéria cerebral anterior e comunicante anterior e seus ramos irrigam a face medial anterior e superior dos hemisférios cerebrais, medialmente ao sulco frontal superior e ao sulco parieto-occipital, giro reto, giro orbitofrontal medial, giro do cíngulo, corpo caloso, septo pelúcido, lâmina *terminalis*, parte da comissura anterior e dos fórnices, cabeça do núcleo caudado, parte da cápsula interna e dos núcleos lentiformes. A artéria coróidea anterior irriga a amígdala e a cabeça do hipocampo, parte do corpo geniculado lateral, parte da cápsula interna, radiações ópticas e auditivas, o globo pálido medial e a cauda do núcleo caudado.

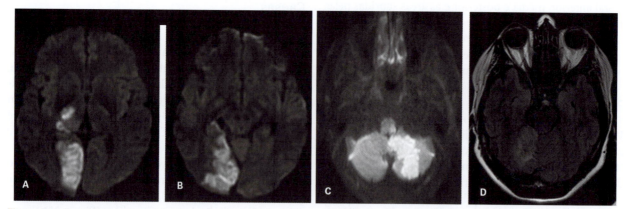

Figura 20 Território leptomeníngeo posterior. Imagens axiais de ressonância magnética, sequência de difusão, evidenciam insulto isquêmico recente no território da artéria cerebral posterior (A e B). Abaixo, notam-se insultos isquêmicos cerebelares, no território da artéria cerebelar posteroinferior (sequência de difusão em C) e artéria cerebelar superior (sequência FLAIR em D). A artéria cerebral posterior inclui no seu território o esplênio do corpo caloso e as superfícies inferomediais dos lobos temporal e occipital, estendendo-se até a fissura parieto-occipital. Os ramos perfurantes originados dessa artéria (tálamo-perfurantes, tálamo-geniculados e artéria coróidea posterior) contribuem para a irrigação do tálamo, incluindo o corpo geniculado medial e lateral e o pulvinar. As artérias vertebrais dão origem à artéria basilar e juntamente a seus ramos são responsáveis pela irrigação do tronco e cerebelo.

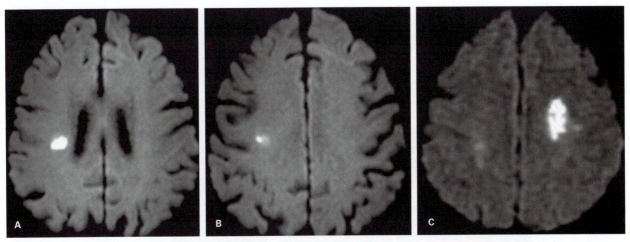

Figura 21 Infartos do centro semioval. Imagens axiais de ressonância magnética, sequência de difusão, evidenciam infartos pequenos (A, B) e infarto grande do centro semioval (C), compatível com território de acometimento de ramos arteriais medulares.

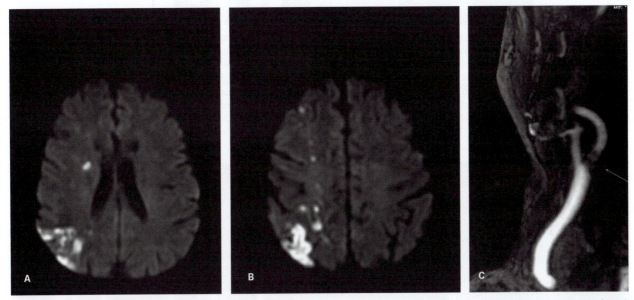

Figura 22 Infartos de fronteira. Imagens axiais de ressonância magnética, sequência de difusão, evidenciam focos de restrição à difusão em topografia de fronteira cortical posterior e fronteira interna (A e B) em paciente que apresentava estenose significativa do bulbo e emergência da artéria carótida interna direita (C).

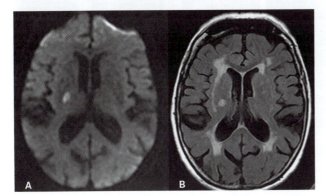

Figura 23 Território profundo. Imagens axiais de ressonância magnética, sequência de difusão (A) e sequência FLAIR (B) evidenciam pequeno infarto em território de ramo profundo da artéria coróidea anterior.

Tabela 2 Classificação dos subtipos de insulto isquêmico pelo método TOAST (Trial of ORG 10172 in Acute Stroke Treatment)

Classificação TOAST dos subtipos de AVCi
1. Aterosclerose de grandes artérias
2. Infartos cardioembólicos
3. Oclusão de pequenos vasos (lacunar)
4. AVCi de outra etiologia determinada
5. AVCi de etiologia indeterminada: ■ Duas ou mais causas ■ Avaliação causal negativa ■ Avaliação incompleta

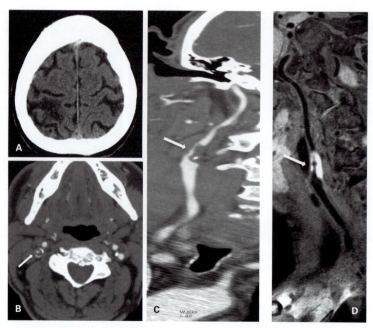

Figura 24 Doença aterosclerótica de grandes artérias. Corte axial de tomografia computadorizada (TC) sem contraste (A) evidencia lesão hipoatenuante corticossubcortical frontoparietal à direita, compatível com insulto isquêmico em fase crônica de evolução no território da artéria cerebral média. Imagens de ângio-TC cervical no plano axial (B) e em reformatação oblíqua (C) evidenciam placa predominantemente hipoatenuante na emergência da artéria carótida interna direita, com calcificações periféricas, condicionando estenose crítica/suboclusiva focal. Reformatação oblíqua de sequência T1 vista com supressão de gordura evidencia a mesma placa, predominantemente fibroadiposa, apresentando hipersinal em T1 em toda a sua extensão, compatível com componente hemorrágico intraplaca, indicativo de instabilidade.

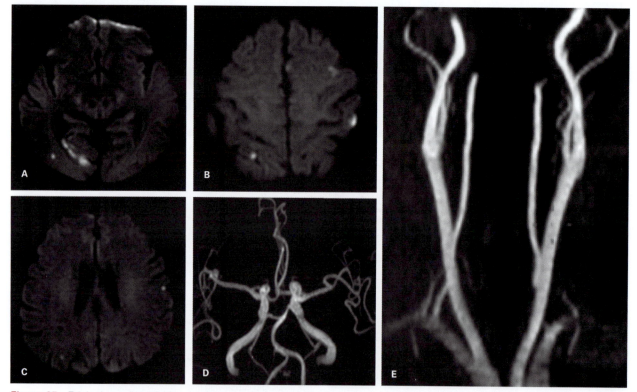

Figura 25 Etiologia cardioembólica. Imagens axiais de ressonância magnética (RM), sequência de difusão, evidenciam múltiplos focos de restrição à difusão, predominantemente corticossubcorticais, não restritos ao território de uma única artéria (A-C). Imagens de ângio-RM, em reformatação com projeção de máxima intensidade (MIP), não demonstram anormalidades relevantes nas artérias intra ou extracranianas (D, E), em paciente com comprovada fonte emboligênica cardíaca.

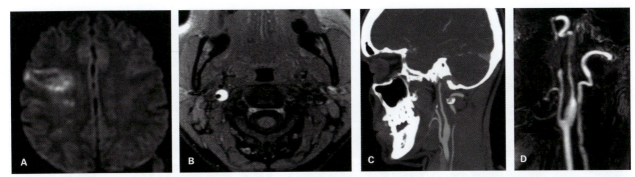

Figura 26 Dissecção arterial. Sequência de difusão evidencia zona de insulto isquêmico recente frontoparietal à direita (A). Sequência T1 *spin-echo* com supressão de gordura no segmento cervical demonstra hematoma mural na artéria carótida interna direita, caracterizado por imagem crescente de hipersinal em T1, que desloca a luz arterial excentricamente (B). Reformatações com projeção de intensidade máxima (MIP) no plano sagital tanto da ângio-TC (C), quanto da angiorressonância magnética (B) demonstram o importante afilamento longo com irregularidades parietais na artéria carótida interna direita após a sua emergência.

Insulto hipóxico-isquêmico

A anóxia ou hipóxia determinam lesão primariamente das células mais suscetíveis, que são os neurônios. Assim, o mais característico é o acometimento do córtex e núcleos da base no primeiro momento, que pode evoluir com acometimento da substância branca. Entre neurônios, algumas subpopulações são particularmente suscetíveis: os neurônios piramidais hipocampais do segmento CA1, os neurônios na camada cortical 3, os neurônios do estriado dorsolateral e as células de Purkinje no cerebelo. Pode haver um quadro predominando em território de fronteira vascular, especialmente relacionado a redução de fluxo sanguíneo não tão grave.

A TC é pouco sensível, podendo identificar: perda da diferenciação entre substância branca e cinzenta, hipoatenuação dos tálamos e núcleos da base. Na fase subaguda há realce cortical nas áreas acometidas.

A RM também pode ter baixa sensibilidade no quadro inicial (Figura 27). Os achados incluem restrição difusional com hipersinal nas imagens pesadas em difusão e hipossinal no mapa de coeficiente aparente de difusão, hipersinal em FLAIR e T2 de distribuição predominantemente cortical, talâmica, núcleos da base, hipocampos e cerebelo (Figura 28). Embora o acometimento possa ser difuso, muitas vezes ele é parcial (Figura 29). Pode haver discreto efeito de massa, com mínima redução dos ventrículos laterais e dos sulcos corticais. Na fase subaguda é comum o aparecimento da necrose cortical com hipersinal em T1 (Figura 30). Outro achado que pode ser evidenciado na evolução pós-isquêmica é a leucopatia pós-anóxica, evidenciando-se restrição à difusão na substância branca (Figuras 31 e 32). Posteriormente essas alterações evoluem com leucomalácia, gliose, perda tecidual, evidenciando-se nas imagens redução volumétrica difusa com aumento das cisternas, sulcos corticais e sistema ventricular (Figuras 33 e 34). Os mapas de anisotropia fracionada também demonstram sinais de alteração axonal, com perda da anisotropia fracionada (Figura 33B, D, F).

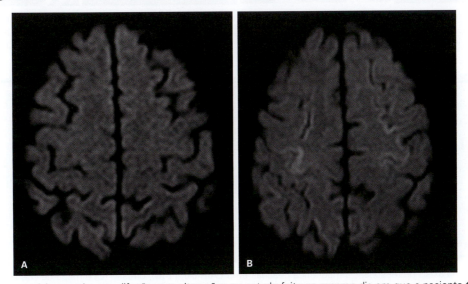

Figura 27 Imagens axiais pesadas em difusão sem alterações no estudo feito no mesmo dia em que o paciente teve uma parada cardiorrespiratória (A) e mostrando hipersinal cortical em estudo realizado 5 dias depois (B).

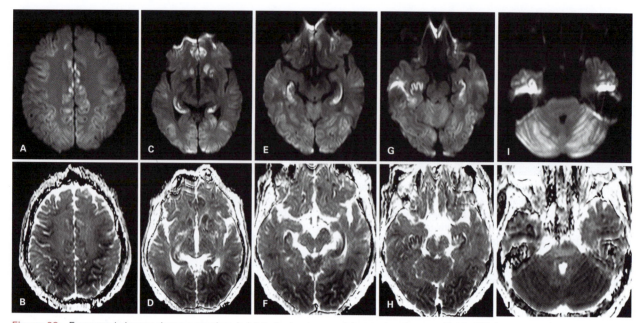

Figura 28 Encontrada inconsciente e reanimada há 1 dia. Imagens axiais ponderadas em difusão (fileira superior) e os respectivos mapas de coeficiente aparente de difusão (ADC) (fileira inferior) demonstram áreas com hipersinal na difusão e baixo sinal nos mapas de ADC (restrição verdadeira a difusão) comprometendo o córtex da região parassagital frontoparietal (A e B), região nucleocapsular (C e D), hipocampo e córtex do lobo occipital (C-H), cerebelo e polo temporal (I e J), todos de forma bilateral e simétrica.)

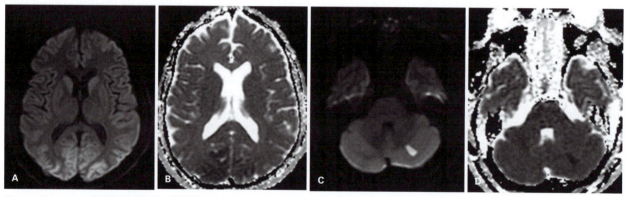

Figura 29 Insulto hipóxico. Imagens axiais de ressonância magnética pesadas em difusão (A e C) e respectivos mapas de coeficiente aparente de difusão (ADC) (B e D) mostram restrição à difusão cortical nos lobos occipitais e nos caudados (A e B) bilateralmente. As imagens C e D evidenciam acometimento assimétrico, com foco de restrição à difusão no hemisfério cerebelar esquerdo.

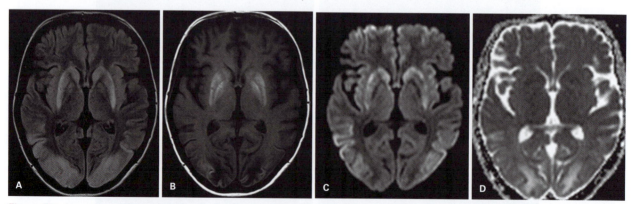

Figura 30 Imagens axiais de ressonância magnética pesadas em FLAIR (A), T1 (B), difusão (C) e mapa de coeficiente aparente de difusão (ADC) (D) demonstram hipersinal em FLAIR nos núcleos da base e nos lobos occipitais, com hipersinal em T1, compatível com necrose cortical. As sequências de difusão (C) e o mapa de ADC (D) não demonstram restrição verdadeira.

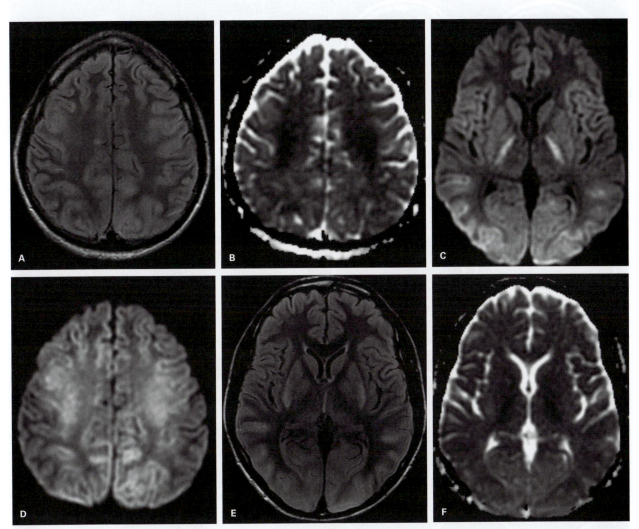

Figura 31 Paciente presidiário encontrado enforcado com relato de parada cardiorrespiratória por cerca de 10 minutos. Imagens axiais de ressonância magnética pesadas em FLAIR (A e D), difusão (B e E) e mapa de ADC (C e F) demonstram áreas simétricas de restrição à difusão das moléculas de água na substância branca dos centros semiovais, estendendo-se inferiormente no trajeto do trato corticoespinhal (leucopatia pós-anóxica). Há hipersinal em FLAIR envolvendo difusamente o córtex nos hemisférios cerebrais, notadamente nos lobos occipitais e na região perirrolândica, assim como o núcleo lentiforme bilateral. Determina discreto efeito tumefativo com apagamento dos sulcos corticais.

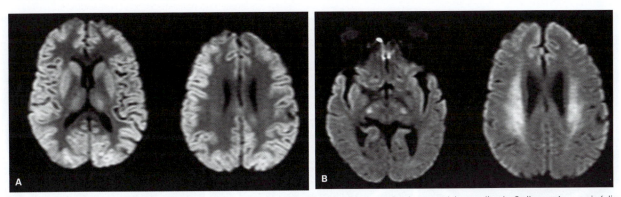

Figura 32 Paciente após parada cardiorrespiratória prolongada. Estudo de ressonância magnética realizado 2 dias após o episódio mostra extensa alteração de sinal no córtex cerebral, com restrição à difusão (A). Controle 10 dias depois mostra hipersinal na difusão predominando na substância branca (B).

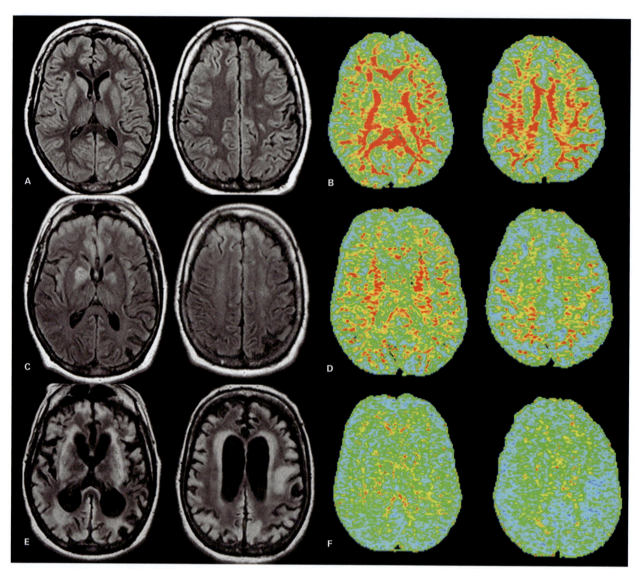

Figura 33 Paciente após parada cardiorrespiratória prolongada (mesmo paciente da Figura 32). Estudo de ressonância magnética realizado 2 dias após o episódio mostra discreta alteração de sinal no córtex cerebral com hipersinal em FLAIR (A). Mapa de anisotropia fracionada (B) inicial. Controle 10 dias depois mostra tênue hipersinal discreto na substância branca e mais acentuado nos núcleos da base no FLAIR (C). Já há redução da anisotropia fracionada, sobretudo na substância branca (D). Controle 3 meses depois mostra importante redução volumétrica com extensa alteração de sinal em FLAIR (E), e houve maior redução na anisotropia fracionada (F).

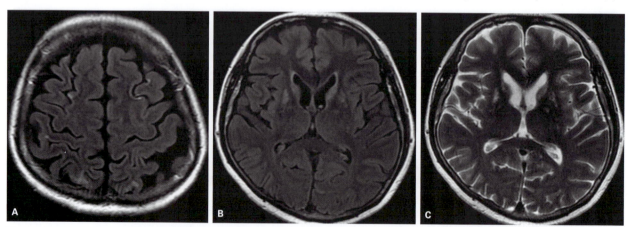

Figura 34 Paciente com atetose nos membros superiores 1 ano após parada cardiorrespiratória secundária a tromboembolismo pulmonar (TEP). Imagens axiais pesadas em FLAIR (A e B) e T2 (C) mostram hipersinal cortical em território de fronteira externa e redução volumétrica com hipersinal nos núcleos da base.

Particularidades da isquemia em crianças

As lesões isquêmicas nos neonatos são mais frequentemente relacionadas a eventos hipóxico-isquêmicos globais. As lesões isquêmicas territoriais são raras e, quando acontecem, deve-se suspeitar de lesões vasculíticas primárias ou secundárias especialmente associadas a meningite, alterações vasculares como arteriopatia idiopática progressiva da infância (Moya-Moya), estenose e agenesia associadas a neurofibromatose tipo I e esclerose tuberosa, doenças cardíacas e alterações hematológias e pró-trombóticas, como a anemia falciforme. Desidratação pode ser um fator contribuinte. O quadro clínico é de difícil caracterização e as manifestações são mais vagas do que no adulto.

O padrão de lesão depende da gravidade do insulto isquêmico, da maturidade do cérebro neonatal, e do tempo decorrente entre a injúria e a imagem. Também a mielinização, um processo dependente de energia, aumenta a suscetibilidade de regiões específicas, como as regiões perirrolândicas.

Neonatos a termo

Na anóxia grave, o padrão mais comum é o acometimento dos núcleos da base, em particular nos núcleos lentiformes posteriormente, no núcleo ventrolateral do tálamo (Figuras 35 e 37), no córtex perirrolândico (Figuras 36 e 37) e pode haver comprometimento do tronco encefálico (sobretudo nas regiões posteriores), cerebelo superior e hipocampos. Em alguns casos pode haver acometimento difuso de todo córtex.

- Ultrassonografia (USG): é de fácil realização para avaliação em neonatos, mas sua sensibilidade para detecção de lesão isquêmica é baixa, em especial nos primeiros dias. Quando identificada, a lesão isquêmica é caracterizada por área de hiperecogenicidade tecidual.
- TC: pode ser inicialmente normal. O edema generalizado surge em 24 a 48 horas e é visto como cérebro com hipodensidade difusa, geralmente com "um sinal reverso", com o cerebelo hiperdenso em comparação ao restante do cérebro. A diferenciação entre substância branca e cinzenta é perdida.
- RM: é o método de imagem mais sensível para detecção de isquemia também em crianças. A sequência de difusão é mais sensível, e pode apresentar alteração dentro das primeiras 24 h, atingindo pico em geral em torno do 3º ao 5º dias. As alterações em T2, T1 e FLAIR costumam aparecer depois de 24 h, com pico entre 3 e 7 dias. A perda do hipersinal em T1 do ramo posterior da cápsula interna é um dos achados encontrados em neonatos (Figura 35).

Tardiamente, há involução com acentuada perda tecidual e gliose, podendo evoluir para encefalopatia multicística em casos mais graves (Figura 38) e calcificações, em particular em núcleos da base e talâmicas (Figura 39).

Em isquemias moderadas, a autorregulação cerebral preserva os núcleos da base e tronco encefálico, com comprometimento sobretudo em zonas de fronteira vascular, centro semioval e substância branca periférica nos pacientes a termo.

Neonatos pré-termo

Na anóxia grave também pode haver acometimento dos núcleos da base, em particular nos núcleos lentiformes posteriormente, nos núcleos ventrolaterais dos tálamos, córtex e pode haver comprometimento do tronco encefálico e cerebelo, porém o ramo posterior da cápsula interna, córtex perirrolândico e vermis cerebelar superior não são preferencialmente acometidos como visto nos pacientes a termo, pois ainda não estão em processo de mielinização.

Em isquemias moderadas notam-se dois padrões principais:

- Leucomalácia periventricular
  - Pode ser identificada na USG como hiperecogenicidade na fase aguda, evoluindo para áreas císticas. A RM é mais sensível, e mostra áreas císticas em estágios subagudos (3 a 6 semanas) evoluindo para perda tecidual com alargamento dos ventrículos laterais associado a hipersinal em T2 e FLAIR e aspecto irregular (Figura 40).
- Hemorragia de matriz germinativa
  - A matriz germinativa é uma zona ao longo da parede ventricular com células precursoras neuronais, extremamente hipervascular, sendo sítio frequente de hemorragias (Figura 41), sobretudo nos recém-nascidos prematuros, por se tratar de zona de elevada proliferação neuronal que exige altos índices de perfusão sanguínea. Remanescentes de matriz germinativa em idades gestacionais tardias são encontrados no sulco caudotalâmico e teto do IV ventrículo. Pode ser classificada em quatro estágios:
- Grau I: na matriz germinativa ou no plano subependimário, sem componente hemorrágico intraventricular.
- Grau II: ocorre na matriz germinativa e se estende ao compartimento intraventricular mas sem causar hidrocefalia.
- Grau III: ocorre na matriz germinativa e se estende ao compartimento intraventricular, acompanhada de hidrocefalia.
- Grau IV: ocorre da matriz germinativa ao parênquima dos hemisférios cerebrais. Acredita-se que está associada a trombose de veias de drenagem medular.

Hidrocefalia, cistos intraventriculares e sinéquias são sequelas comuns.

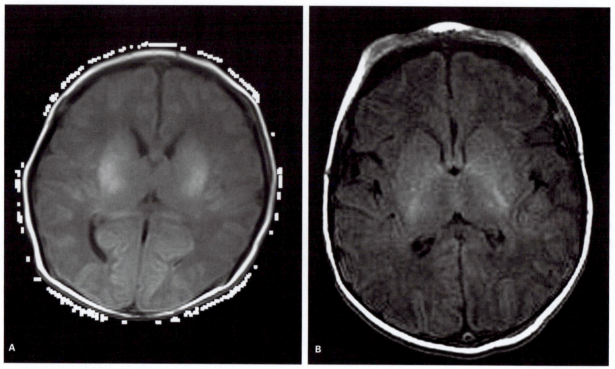

Figura 35 Imagens axiais de ressonância magnética pesadas em T1 mostrando aspecto de encefalopatia hipóxico-isquêmica em recém-nascido a termo (A), com hipersinal nos tálamos e núcleos lentiformes. Imagem habitual para comparação mostrando o hipersinal esperado no braço posterior da cápsula interna relacionado a mielinização (B).

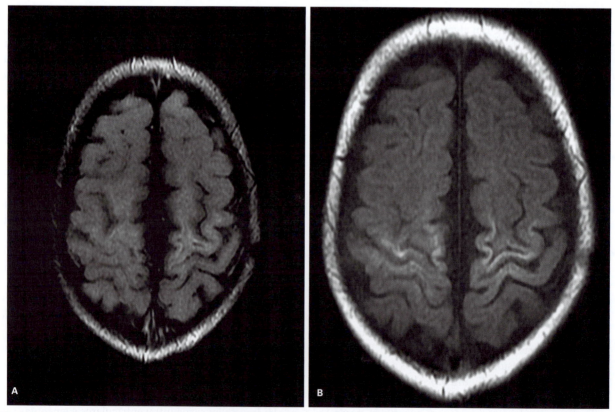

Figura 36 Imagem de ressonância magnética axial pesada em FLAIR (A) e T1 (B) mostra acometimento do parênquima perirrolândico em paciente com 1 mês de idade e história de anóxia perinatal.

2 ALTERAÇÕES VASCULARES 59

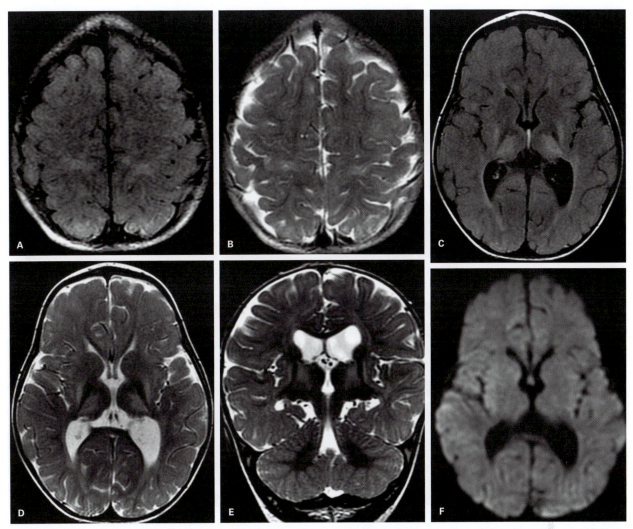

Figura 37 Criança com 1 ano de idade e história de parto cesáreo por iteratividade uterina com asfixia perinatal e necessidade de ventilação mecânica. Imagens de ressonância magnética pesadas em FLAIR (A e D) e T2 (B, C e E) demonstram hipersinal na projeção perirrolândica dos tratos corticoespinhal (A e B), nos tálamos e aspecto posterior dos putâmens (C, D e E), com redução volumétrica das formações hipocampais (C), sem restrição à difusão (F).

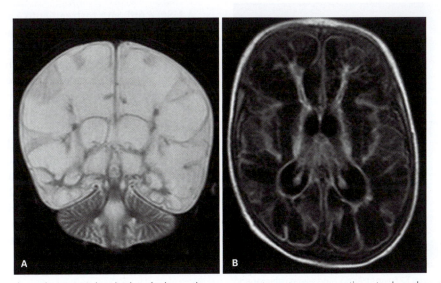

Figura 38 Imagem de paciente com insulto isquêmico antigo grave mostra extenso acometimento de ambos os hemisférios cerebrais, com substituição cística do parênquima, que apresenta hipersinal em T2 (A) e hipossinal em FLAIR (B).

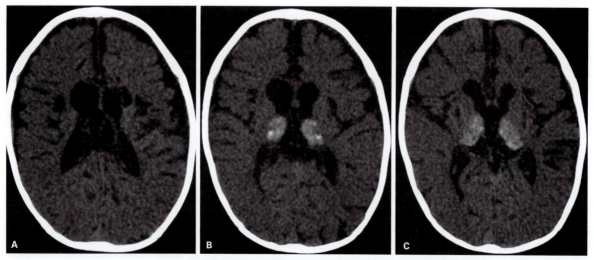

Figura 39 Imagens axiais de tomografia computadorizada com focos lacunares nucleocapsulares, subinsulares e na substância branca (A), com calcificações nos tálamos (B e C) associadas a redução volumétrica das formações hipocampais (não mostradas aqui).

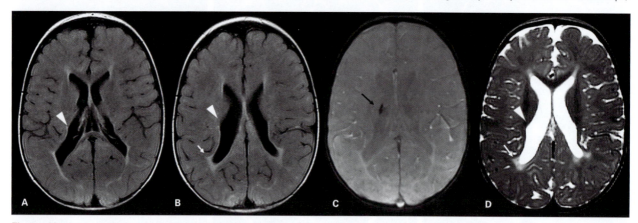

Figura 40 Leucomalácia periventricular. Imagens de ressonância magnética no plano axial pesadas em FLAIR (A, B), T2 * (C) e T2 (D) mostram perda tecidual com gliose identificada por hipersinal em T2 e FLAIR (seta branca em B, D) e alargamento dos ventrículos laterais de aspecto irregular (cabeça de seta em A, B, D). Há também imagem de marcado hipossinal em T2* compatível com hemorragia de matriz germinativa antiga (seta preta em C).

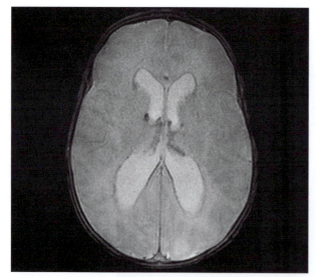

Figura 41 Imagem axial T2* mostrando hipossinal relacionado a hemorragia pregressa em toda região subependimária e junto à parede do ventrículo lateral direito.

A USG é útil para rastreamento e acompanhamento, enquanto a RM tem maior sensibilidade, avalia melhor a extensão do acometimento, assim como outras lesões concomitantes, particularmente na substância branca. A hemorragia é caracterizada como área hiperecogênica à USG, tornando-se um hematoma mais bem definido nos controles evolutivos, progressivamente hipoecogênico e retraído. Nos controles tardios, pode ser caracterizada área de encefalomalácia preenchida por liquor. A hemorragia intraventricular mostra-se à USG como um coágulo ecogênico intraventricular banhado por liquor anecoico ou hipoecogênico (Figura 42). É vantajosa por ser de fácil execução e à beira do leito, mas limitada, particularmente para detecção de hemorragia subaracnóidea, hematomas extra-axiais e áreas não acessíveis às janelas acústicas cranianas.

Estudos comparativos mostram que a TC e a RM apresentam melhor concordância interobservador na detecção de hemorragia de matriz germinativa e intra-

2 ALTERAÇÕES VASCULARES   61

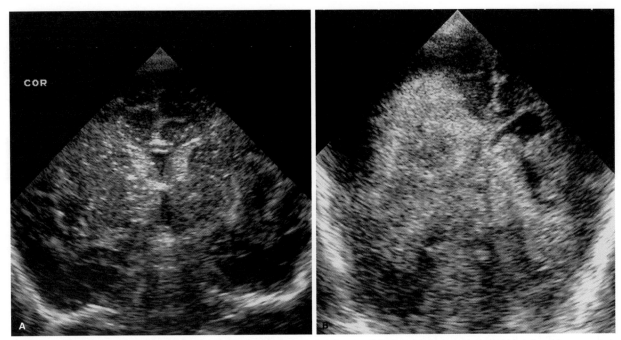

Figura 42   Ultrassonografia craniana transfontanela. A: Plano coronal, hemorragia grau I bilateral, maior à direita: área hiperecogênica de limites imprecisos na topografia da matriz germinativa, em regiões periventriculares, junto ao III ventrículo e ao corno anterior dos ventrículos laterais. B: Plano coronal, hemorragia grau IV – volumoso hematoma intraparenquimatoso hiperecogênico ocupando grande parte do hemisfério cerebral direito.

ventricular, além de serem mais sensíveis na detecção de hemorragia intraparenquimatosa, quando comparadas à USG, sendo a RM melhor para avaliação global de danos e trombose venosa concomitante.

Diagnósticos diferenciais de lesão anóxica com restrição à difusão nos neonatos incluem doença de xarope de bordo, hipoglicemia neonatal, hiperglicinemia não cetótica e encefalite herpética.

Acidente vascular hemorrágico

Introdução

As hemorragias intracranianas não traumáticas ou acidentes vasculares cerebrais hemorrágicos (AVCh) representam cerca de 12-15% dos infartos cerebrais. Apesar de sua menor incidência, exibem uma taxa de mortalidade superior à do AVCi na fase aguda (até 30-50%), e metade dessas mortes ocorrem nas primeiras 48 h, geralmente por expansão de hematomas.

O diagnóstico por imagem precoce da hemorragia intracraniana orienta a conduta terapêutica e permite preciso acompanhamento evolutivo, sendo a TC e a RM métodos já bem estabelecidos nesse quesito.

A apresentação da hemorragia intracraniana nos diferentes métodos pode ser muito variada, pois suas características de imagem dependem de múltiplos fatores, tais como tamanho e localização da hemorragia, hematócrito e concentração de hemoglobina sanguíneos, pO_2 e pH teciduais. Além disso, na metabolização fisiológica do hematoma ocorrem modificações da estrutura molecular da hemoglobina com formação de diversos derivados de sua degradação, os quais determinam diferentes características de imagem ao longo do tempo.

Características de imagem das hemorragias intracranianas

Tomografia computadorizada

A TC é o exame mais frequentemente utilizado na avaliação inicial das hemorragias intracranianas agudas, tendo a facilidade de ser método amplamente disponível e muitas vezes inserido no ambiente de pronto-atendimento. Além disso, os tomógrafos modernos de múltiplas fileiras de detectores realizam exames com muita rapidez e permitem, no mesmo exame, estudo angiográfico com uso de meio de contraste endovenoso iodado (angiotomografia – ângio-TC), auxiliando na investigação da causa da hemorragia, tal como rotura de aneurismas cerebrais, malformações arteriovenosas e trombose venosa cerebral.

O grau de retração do coágulo, o hematócrito e a concentração de hemoglobina sanguínea determinam a densidade da hemorragia à TC. O aspecto das hemorragias na TC altera-se de modo progressivo e proporcional à sua evolução temporal (Figura 43).

Assim, a hemorragia hiperaguda apresenta-se com densidade semelhante à do parênquima encefálico normal e, portanto, nessa fase pode ser de difícil detecção. Na

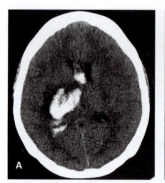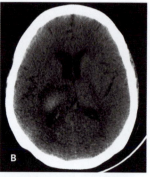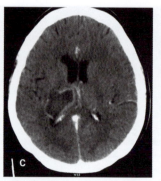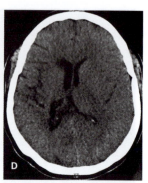

Figura 43 Evolução temporal da hemorragia intraparenquimatosa à tomografia computadorizada (TC). Imagens axiais de TC sem contraste evidenciam hematoma intraparenquimatoso talamocapsular à direita, inicialmente hiperatenuante, com extensão intraventricular, halo de edema no parênquima adjacente e significativo efeito de massa (A). Em B, observa-se o mesmo hematoma em fase subaguda tardia, com redução de sua atenuação no sentido centrípeto. Em C, nota-se realce pelo meio de contraste das paredes do hematoma, que geralmente ocorre na fase de reabsorção do material hemático. Em D, nota-se a zona de sequela no parênquima, após a reabsorção completa da hemorragia, condicionando efeito retrátil sobre as estruturas adjacentes.

fase aguda e subaguda precoce, apresenta-se hiperdensa. Simultaneamente, desenvolve-se edema vasogênico do tecido encefálico adjacente, notando-se o aparecimento de halo hipoatenuante ao redor do hematoma (Figura 43A). Na fase subaguda tardia, a lise das hemácias e a degradação da hemoglobina, que ocorrem no sentido centrípeto, respondem pela progressiva e centrípeta redução da densidade do hematoma (Figura 43B), que, em um determinado momento evolutivo, apresenta-se isoatenuante em relação ao parênquima encefálico normal, sendo mais facilmente identificado na TC com contraste endovenoso, em que há realce de sua periferia em razão da quebra da barreira hematoencefálica (Figura 43C). Durante a fase crônica, o hematoma apresenta-se hipoatenuante até, finalmente, sua completa reabsorção, em geral, restando na sua topografia área focal hipoatenuante sequelar de gliose ou encefalomalácia (Figura 43D).

As hemorragias subaracnóideas (HSA), que também são hiperdensas na sua fase aguda (Figura 44A), tornam-se mais rapidamente hipoatenuantes por causa de sua diluição no liquor.

A TC também pode fornecer informações prognósticas, ao evidenciar expansão rápida do hematoma e presença de hemorragia ventricular, por exemplo. Diversos estudos recentes relatam que extravasamento de contraste identificado na ângio-TC ou TC pós-contraste (*spot sign*) pode também ser preditor de aumento do hematoma e pior prognóstico.

Ressonância magnética

A RM intracraniana é muito útil no estadiamento temporal evolutivo da hemorragia, bem como na avaliação de suas complicações e sequelas.

As características de sinal das hemorragias na RM são determinadas pelo efeito paramagnético produzido pelos diversos produtos da degradação da hemoglobina, pela intensidade do campo magnético do equipamento de RM, pelo tipo de sequência de pulso realizada e por diversos outros fatores técnicos.

A oxi-hemoglobina (oxi-Hb) intracelular, a desoxi-hemoglobina (desoxi-Hb) intracelular, a meta-hemoglobina (meta-Hb) intracelular, a meta-Hb extracelular e a hemossiderina apresentam diferentes propriedades magnéticas por conta dos diferentes estados de oxidação do ferro enquanto incorporado ou liberado da macromolécula de hemoglobina. Dependendo do número de elétrons não emparelhados da última camada eletrônica dos átomos de ferro, esses produtos da degradação da hemoglobina poderão ser diamagnéticos (oxi-Hb intracelular, nenhum elétron desemparelhado), paramagnéticos (desoxi-Hb e meta-Hb, poucos elétrons desemparelhados) ou superparamagnéticos (hemossiderina/ferritina, muitos elétrons desemparelhados).

As clássicas sequências *spin-echo* pesadas em T1 e T2 são bastante utilizadas na avaliação da extensão e fase evolutiva da hemorragia (Figura 45). Estimar a fase evolutiva

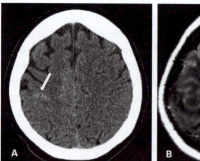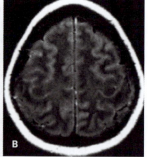

Figura 44 Aspecto da hemorragia subaracnóidea (HSA) à tomografia computadorizada (TC) e à ressonância magnética. Imagem axial de TC sem contraste evidencia hiperatenuação na profundidade de sulco cortical da alta convexidade à direita (seta). Sequência FLAIR axial evidencia material com hipersinal preenchendo difusamente os sulcos corticais da alta convexidade, compatível com hemorragia subaracnoide.

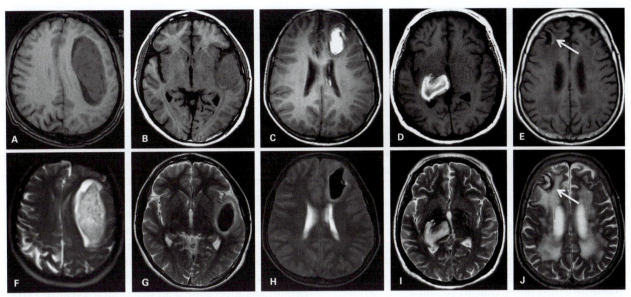

Figura 45 Aspecto da hemorragia intraparenquimatosa nas sequências T1 (linha superior) e T2 (linha inferior) em suas diferentes fases evolutivas. Notam-se, portanto, hematomas parenquimatosos nas fases hiperaguda (A, F); aguda (B, G); subaguda precoce (C, H); subaguda tardia (D, I) e crônica (E, J).

da hemorragia é de grande importância para o entendimento de sua causa e para o planejamento terapêutico.

Outras sequências de pulso também contribuíram para o aumento da acurácia diagnóstica da RM nas hemorragias intracranianas. A elevada sensibilidade das sequências T2* e de suscetibilidade magnética (SWI) para os efeitos produzidos por substâncias paramagnéticas e superparamagnéticas permite a detecção de maior número de lesões hemorrágicas (Figuras 47 e 48). A sequência FLAIR, por sua vez, tem importante papel na detecção de hemorragia subaracnóidea aguda, pois, sendo sequência fortemente pesada em T2, tem o poder de suprimir o sinal do liquor e exibir em forte contraste o hipersinal mesmo de pequenas quantidades laminares de hemorragia acumulada em sulcos corticais (Figura 44B).

Ressalta-se que a hemorragia subaracnóidea não é a única causa de hipersinal no liquor nas sequências pesadas em FLAIR, sendo as meningites e o efeito paramagnético do oxigênio relacionado a exames com anestesia os principais diferenciais, além da dificuldade de detecção de hemorragia nas cisternas basais e anteriores da fossa posterior, por conta do sinal habitualmente heterogêneo nessa sequência, decorrente da pulsatilidade liquórica.

A RM é superior à TC para a detecção de causas subjacentes (como tumores e malformações vasculares) e quantificação do edema perilesional. Tanto a RM quanto a TC são adequadas para a avaliação de complicações, como herniações (em razão do efeito expansivo) e dilatação ventricular, que podem necessitar de intervenção cirúrgica com craniectomia e derivação ventricular.

A avaliação vascular pode ser feita em ambas modalidades (ângio-TC e ângio-RM). A aquisição de imagens pós-contraste também é indicada para avaliação sobretudo de tumores subjacentes. Quando não é identificada uma causa, angiografia por cateter é geralmente indicada.

Classificação

As hemorragias intracranianas não traumáticas podem ser classificadas de acordo com sua compartimentalização anatômica como: hemorragias intraparenquimatosas (que correspondem a aproximadamente 65% dos casos) e hemorragias subaracnóideas (aproximadamente 35% dos casos).

Hemorragia intraparenquimatosa

A hemorragia intraparenquimatosa ou intracerebral (HIC) é uma coleção hemática dentro do parênquima encefálico. A HIC espontânea é responsável por aproximadamente 10% das enfermidades vasculares cerebrais. Ela usualmente resulta em um déficit neurológico focal e é facilmente diagnosticada pela TC ou RM.

Quanto à etiologia, existem diversas causas de HIC. Uma forma didática de abordar as HIC supratentoriais é estratificá-las conforme sua localização em HIC profundas e HIC lobares (Figura 46). A HIC profunda é caracterizada como uma hemorragia na porção central do encéfalo, situada principalmente no putâmen, cabeça do núcleo caudado ou tálamo (Figura 46A). Já a HIC lobar é definida como uma hemorragia na porção superficial do encéfalo, ficando o sangramento centrado na fronteira entre o córtex e a substância branca (Figura 46B). Nos

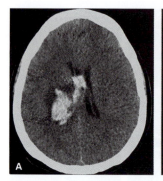
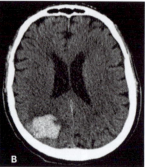

Figura 46 Classificação topográfica dos hematomas intraparenquimatosos. Imagens axiais de tomografia computadorizada sem contraste evidenciam hematomas intraparenquimatosos de localização profunda (A) e lobar (B).

casos em que estruturas profundas e subcorticais são envolvidas de modo simultâneo, o local de origem do sangramento é mais provavelmente central.

A maioria dos casos de HIC profundas em pacientes idosos é causada por vasculopatia hipertensiva, enquanto a maioria das HIC lobares no mesmo grupo etário é causada por angiopatia amiloide. As hemorragias ligadas a hipertensão arterial (HAS) ou angiopatia amiloide cerebral (AAC) são frequentemente referidas como HIC primárias, para distingui-las das HIC secundárias com outras causas definidas, como malformações vasculares, tumores, trauma e infartos isquêmicos, detalhadas em outras seções deste e de outros capítulos do livro.

Em pacientes jovens e normotensos, particularmente abaixo dos 45 anos de idade, a prevalência tanto de vasculopatia hipertensiva como de angiopatia amiloide é bastante baixa. Dessa forma, causas secundárias de HIC devem ser sempre pesquisadas nesses pacientes.

Hemorragia hipertensiva

A maior parte das hemorragias intracerebrais espontâneas nos adultos está associada a hipertensão arterial (Figura 47). A hipertensão crônica causa uma microangiopatia degenerativa cerebral, caracterizada por hialinização das paredes de pequenas artérias e arteríolas, seguida de necrose fibrinoide, o que pode levar a formação de microaneurismas (aneurismas de Charcot-Bouchard).

As HIC causadas por HAS mais comumente resultam da ruptura de artérias lenticuloestriadas provenientes da artéria cerebral média, com cerca de 50-200 mm de diâmetro, levando a hemorragias putaminais ou no núcleo caudado (Figura 47A). Podem também resultar da ruptura de pequenos ramos perfurantes da artéria basilar, gerando hemorragias pontinas ou talâmicas (Figura 47B, D). Grandes hematomas profundos frequentemente dissecam ao interior dos ventrículos. A presença de micro-hemorragias, que acompanham a distribuição central, também tem correlação com novos eventos vasculares (Figura 47C, D).

A ângio-TC tem papel importante na fase aguda da hemorragia hipertensiva ao demonstrar eventual extravasamento ativo de contraste, o que é capaz de predizer maior chance de crescimento do hematoma e pior prognóstico. A herniação, quando ocorre, constitui-se em uma importante causa de morte.

Angiopatia amiloide

A angiopatia amiloide cerebral (AAC) é causada pela deposição de β-amiloide na adventícia/média de pequenas artérias e arteríolas localizadas nas meninges, córtex e cerebelo. Os vasos afetados apresentam paredes eosinofílicas que se coram homogeneamente pelo vermelho do Congo e, após essa coloração, brilham com cor verde esmeralda quando examinadas em luz polarizada.

A hemorragia relacionada a AAC é rara em indivíduos com menos de 55 anos, embora a incidência aumente exponencialmente nas décadas subsequentes. Nos pacientes idosos e sem nenhuma outra causa definida para hemorragia intracerebral, tais como trauma, AVCi, hipertensão, tumor ou coagulopatias, a presença de hemorragias de localização lobar, incluindo as micro-hemorragias, detecta-

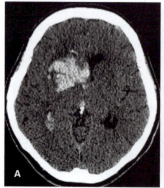
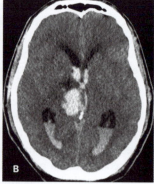
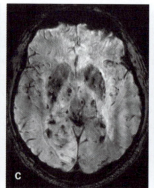
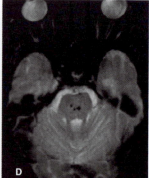

Figura 47 Hemorragia hipertensiva. Imagens axiais de tomografia computadorizada sem contraste evidenciam hematomas intraparenquimatosos de localização profunda em pacientes distintos, centrados no núcleo caudado (A) e no tálamo (B), com sinais de inundação ventricular. Imagens axiais de ressonância magnética, sequências de suscetibilidade magnética, evidenciam micro-hemorragias de localização profunda, nos núcleos da base e tálamos (A), bem como na ponte (B).

das pelas sequências de suscetibilidade magnética da RM, tem-se mostrado altamente específica para o diagnóstico de AAC (Figura 48).

Os maiores fatores de risco para as hemorragias relacionadas a AAC são a idade e a presença dos alelos da apolipoproteína E 34 e E 32. A alta frequência de micro-hemorragias está relacionada à progressão da doença, recorrência de hemorragia intracerebral e perda cognitiva e/ou funcional.

Hemorragia subaracnóidea

A hemorragia subaracnóidea (HSA) é responsável por cerca de 3% do total das enfermidades vasculares cerebrais, e 85% está relacionada a ruptura de aneurismas intracranianos. Os casos com evolução fatal situam-se entre 32-67% do total de casos de HSA e, dos pacientes que sobrevivem à hemorragia, cerca de um terço permanecem com sequelas graves.

Os fatores de risco na HSA são os mesmos das outras enfermidades vasculares cerebrais, sendo os mais importantes o tabagismo, a hipertensão e o uso de bebidas alcoólicas. O achado clínico chave, mas não específico para HSA, é a história de cefaleia não usual e que ocorre de maneira súbita, explosiva. Classicamente, a cefaleia resultante da rotura de aneurismas desenvolve-se em segundos.

De acordo com a distribuição do sangue no espaço subaracnóideo, propomos a classificação da HSA em três padrões principais: difusa, perimesencefálica e isolada da convexidade (Figura 49).

HSA difusa

Nesse primeiro padrão, a HSA está centrada na cisterna suprasselar ou cisternas basais e estende-se perifericamente de uma maneira difusa, podendo atingir também os sulcos cerebrais. Trata-se do padrão de HSA característico da rotura de aneurismas saculares (Figura 50), que serão abordados em detalhes mais adiante neste capítulo.

Quadro 1 Resumo esquemático do aspecto da hemorragia intraparenquimatosa à RM (sequências T1 e T2) em suas diferentes fases evolutivas

Estágio	Tempo	Hb	Sinal T1	Sinal T2
Hiperagudo	< 24 horas	Oxi-hemoglobina	Iso	Hiper
Agudo	1-3 dias	Desoxi-hemoglobina	Iso	Hipo
Subagudo precoce	3-7 dias	Meta-hemoglobina intra	Hiper	Hipo
Subagudo tardio	7-14 dias	Meta-hemoglobina extra	Hiper	Hiper
Crônico	> 14 dias	Hemossiderina	Iso, hipo	Centro hiper, halo hipo

Caracteristicamente, os aneurismas saculares têm origem em pontos de bifurcação do polígono de Willis e produzem hemorragias de grande volume quando se rompem. Hemorragia intraventricular associada também pode ocorrer, como em casos de aneurismas da artéria comunicante anterior que se rompem no interior do III ventrículo através da *lamina terminalis*.

O epicentro da HSA pode ocasionalmente sugerir a localização do aneurisma roto. Por exemplo, HSA na fissura inter-hemisférica sugere aneurisma da artéria comunicante anterior, enquanto HSA na fissura sylviana sugere aneurisma na artéria cerebral média.

Embora a rotura de um aneurisma sacular seja, de longe, a causa não traumática mais comum de HSA difusa, o diagnóstico diferencial desse padrão de hemorragia também inclui rotura de aneurismas não saculares, malformações arteriovenosas ou fístulas arteriovenosas durais, assuntos que serão abordados em mais detalhes em outras seções deste capítulo.

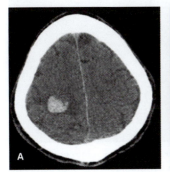
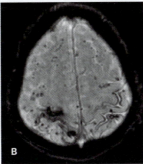
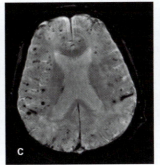
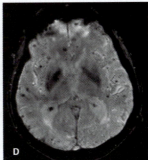

Figura 48 Hemorragia secundária à angiopatia amiloide. Imagem axial de tomografia computadorizada sem contraste evidencia hematoma intraparenquimatoso de localização lobar, parietal à direita (A). Realizada posteriormente ressonância magnética para investigação causal, que evidenciou múltiplos focos de hipossinal na sequência de suscetibilidade magnética (B, C e D), compatíveis com micro-hemorragias, estas também assumindo distribuição lobar. Destaca-se ainda hipossinal margeando a superfície cortical de alguns giros na alta convexidade bilateral, compatível com focos de hemorragia subaracnóidea em fase crônica de evolução (siderose superficial).

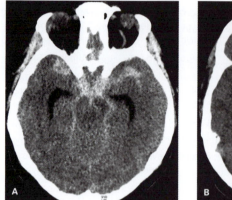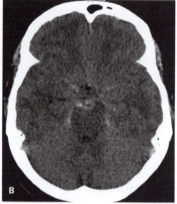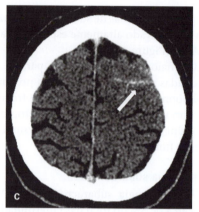

Figura 49 Classificação topográfica das hemorragias subaracnóideas. Imagens axiais de tomografia computadorizada sem contraste evidenciam hemorragias subaracnóideas de padrão difuso (A), perimesencefálico (B) e isolado da alta convexidade (C).

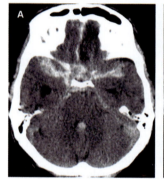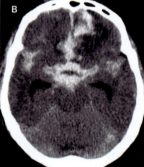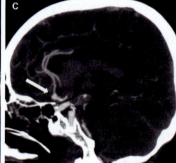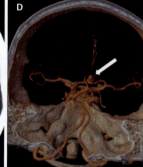

Figura 50 Hemorragia subaracnóidea de padrão difuso. Imagens axiais de tomografia computadorizada (TC) sem contraste evidenciam extensa hemorragia subaracnóidea ocupando as cisternas, basais, IV ventrículo, suprasselar, as fissuras sylvianas e a fissura inter-hemisférica, com extensão intraparenquimatosa frontal à esquerda. Reformatações de ângio-TC evidenciam aneurisma do complexo comunicante anterior.

HSA perimesencefálica

Nesse padrão, a HSA está centrada na cisterna perimesencefálica ou cisternas basais inferiores e não se estende perifericamente. Trata-se do padrão característico da chamada hemorragia perimesencefálica idiopática (Figura 51).

A hemorragia perimesencefálica não aneurismática constitui 10% do total de episódios de HSA. Tal entidade é definida pela característica distribuição do sangue extravasado no cérebro na TC, que deve obedecer a três critérios:

- Sangue centrado imediatamente anterior ao mesencéfalo ou ponte, podendo envolver as cisternas interpeduncular, ambiente e quadrigeminal.
- Pode apresentar pequena extensão para a cisterna suprasselar e porções basais das fissuras sylviana e inter-hemisférica, sem, contudo, estender-se às porções distais dessas fissuras.
- Mínima quantidade de sangue depositado nos cornos occipitais dos ventrículos laterais pode ocorrer, porém não deve haver franca hemorragia intraventricular.

Os critérios acima descritos aplicam-se somente a estudos de TC obtidos dentro de 3 dias do início dos sintomas,

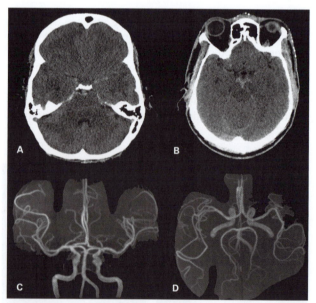

Figura 51 Hemorragia subaracnóidea padrão perimesencefálico. Imagens axiais de tomografia computadorizada sem contraste evidenciam hiperatenuação nas cisternas interpeduncular e perimesencefálica, com pequena extensão à cisterna pré-pontina e à porção proximal da fissura sylviana esquerda. Imagens de ângio-RM arterial intracraniana, sequência 3D-TOF, não evidenciam aneurismas ou outras anormalidades relevantes.

pois redistribuição da HSA pode alterar consideravelmente o padrão inicial. Em cerca de 95% dos casos que se enquadram nesses critérios, nenhum aneurisma é encontrado e o curso clínico é favorável, com pouco risco de ressangramento, vasoespasmo ou hidrocefalia sintomática.

A causa presumida é rotura de estruturas venosas, todavia esse padrão de hemorragia pode ser ocasionalmente (2,5-5% dos casos) causado pela ruptura de aneurisma na fossa posterior.

HSA da convexidade

Nesse padrão a hemorragia está localizada apenas na profundidade de sulcos das convexidades cerebrais. Na ausência de trauma, tal padrão é bastante infrequente, podendo ser causado por um grupo heterogêneo de doenças, incluindo síndrome da vasoconstrição reversível e encefalopatia posterior reversível (espectro síndrome da vasoconstrição cerebral reversível/síndrome da encefalopatia posterior reversível – SVCR/PRES), angiopatia amiloide, trombose venosa cerebral, vasculites, muitos deles detalhados em outras partes deste capítulo, além de outras causas menos comuns.

Existem duas apresentações clínicas principais da HSA da convexidade, grosseiramente estratificadas pela idade do paciente. Pacientes mais jovens (≤ 60 anos) são mais frequentemente acometidos pela síndrome de vasoconstrição reversível e apresentam-se com cefaleia súbita e intensa, muitas vezes indistinguível da causada por HSA aneurismática, podendo ou não ser acompanhada de déficits neurológicos focais (Figura 52). Outra causa a ser investigada nesses pacientes é trombose venosa central. Já indivíduos mais velhos (> 60 anos) tendem a apresentar mais frequentemente angiopatia amiloide (Figura 48) e apresentam-se clinicamente com déficits sensoriais ou motores transitórios, rebaixamento do nível de consciência, letargia, confusão ou convulsões. Cefaleia também é um sintoma clínico comum nesse grupo de pacientes, porém a instalação é geralmente mais gradual e a intensidade menos grave, quando comparada com a cefaleia causada por rotura de aneurisma.

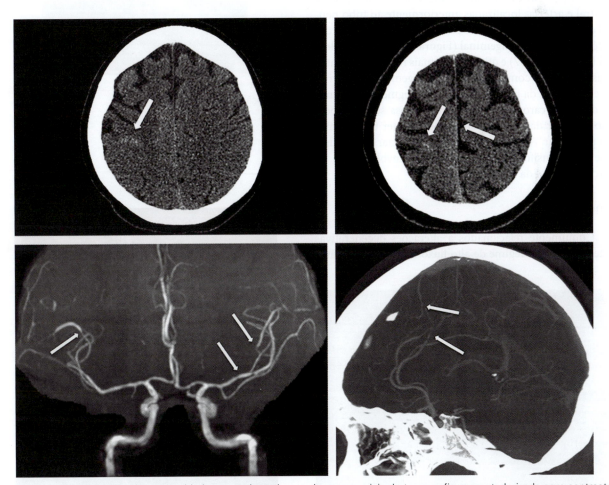

Figura 52 Hemorragia da alta convexidade em paciente jovem. Imagens axiais de tomografia computadorizada sem contraste evidenciam tênues focos de hemorragia subaracnóidea na alta convexidade, caracterizados por hiperatenuação na profundidade de sulcos corticais e junto da foice inter-hemisférica (imagens superiores). Reformatações com projeção de intensidade máxima (MIP) da angiorressonância magnética (imagem inferior esquerda) e angiotomografia computadorizada (imagem inferior direita) evidenciam estreitamentos vasculares multifocais intercalados com segmentos de calibre normal.

Malformações vasculares/aneurismas

Variantes da normalidade

Hipoplasias e assimetrias vasculares são comuns, variantes da normalidade, e em geral não sintomáticas. As mais comuns são hipoplasia das artérias cerebrais anteriores (segmento A1) (Figura 53), seguida de hipoplasia das artérias comunicantes posteriores.

Fenestrações (Figura 54) também devem ser consideradas variantes da normalidade, sendo encontradas mais frequentemente em território vértebro-basilar por conta do seu desenvolvimento embrionário.

Variações de persistência de padrões vasculares fetais também podem ocorrer. A artéria comunicante posterior calibrosa associada a hipoplasia ou ausência do segmento P1 da artéria cerebral posterior correspondente, configurando o padrão de origem fetal (as artérias cerebrais posteriores são, ontogeneticamente, os ramos distais das artérias carótidas) é a mais comum. Diversas artérias segmentares fazem anastomose entre dois sistemas, aorta ventral e artérias localizadas anteriormente ao tubo neural durante o período fetal. Destacamos a persistência das artérias primitivas trigeminal (Figuras 55 e 57), hipoglossal (Figuras 56 e 57) e ótica, sendo mais rara a proatlantal. Destas, a mais comum é a artéria trigeminal primitiva, que se origina da porção proximal do segmento cavernoso da artéria carótida interna e anastomosa-se com a porção superior da artéria basilar, podendo ter trajeto intra ou parasselar. A artéria trigeminal pode estar associada a aneurisma fusiforme e ausência de desenvolvimento do terço proximal da artéria basilar.

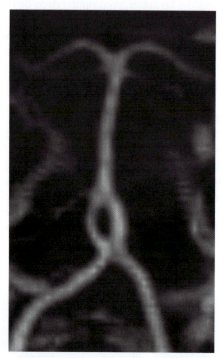

Figura 54   Imagem de angiorressonância magnética demonstra fenestração da artéria basilar.

Aneurismas

Comumente relacionados a alterações degenerativas (aterosclerose) e regime de alto fluxo/estresse biomecâni-

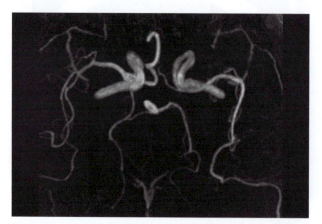

Figura 53   Imagem de angiorressonância magnética pela técnica 3D TOF com reconstrução de projeção de intensidade máxima (MIP) mostra hipoplasia do segmento A1 da artéria cerebral anterior esquerda.

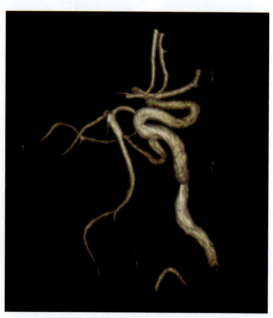

Figura 55   Imagem de angiografia intracraniana por ressonância magnética com *volume rendering* mostra a persistência da artéria trigeminal primitiva à esquerda.

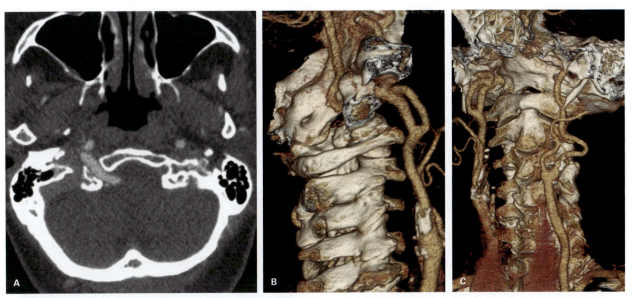

Figura 56 Tomografia computadorizada de crânio pós-contraste (A) e reconstrução 3D *volume rendering* (B e C) mostrando persistência da artéria hipoglossal à direita.

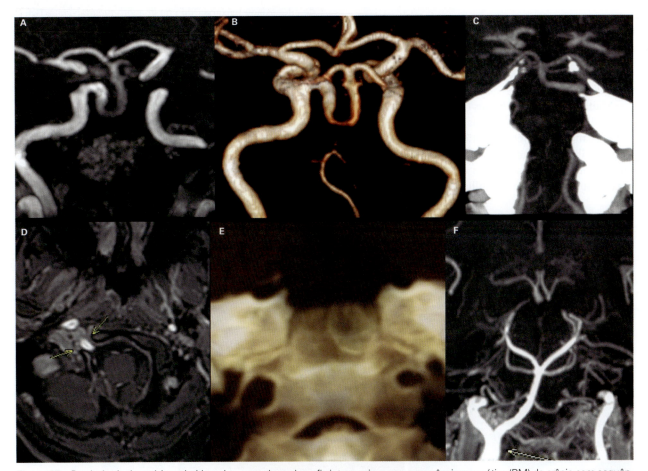

Figura 57 Persistência de artérias primitivas. Imagens de angiografia intracraniana por ressonância magnética (RM) de crânio com sequências 3D TOF com reconstrução com projeção de intensidade máxima (MIP) (A) e *volume rendering* (B) e angiografia intracraniana por tomografia computadorizada (C) mostram persistência da artéria trigeminal primitiva à direita (A e B) e à esquerda (C). Imagens de RM de crânio axial pós-contraste FSPGR T1 (D) e TC de crânio com reconstrução 3D (E) e MIP (F) mostrando persistência da artéria hipoglossal (seta em F). Observe em E assimetria dos canais do hipoglosso, mais amplo à direita, por onde a artéria persistente adentra o espaço intracraniano.

co. Há outras causas, inclusive genéticas, incluindo associações com doenças do tecido conectivo e outras alterações vasculares sistêmicas, doença policística renal, displasia fibromuscular, síndromes de Marfan e Ehlers-Danlos, vasculites, dissecções, processos inflamatórios, neoplasia e malformações arteriovenosas. Também algumas variações anatômicas podem predispor a aneurismas, como artéria trigeminal persistente, A1 ázigo (Figura 58) ou intraóptica.

Aneurisma sacular

Dilatação focal arredondada "para fora" do vaso. Há fraqueza de todas as camadas, mas sobretudo da camada média e lâmina elástica interna. É o tipo mais comum.

A maior parte ocorre na circulação anterior:

- Artéria comunicante anterior (Figura 63).
- Origem da artéria comunicante posterior (Figura 59).
- Bifurcação das artérias cerebrais médias (Figura 60).
- Carótida terminal (Figura 61).

Os aneurismas da circulação posterior correspondem a cerca de 10%:

- Topo da artéria basilar (Figura 62).
- Origem das artérias cerebelares posteroinferiores.
- Junção das artérias vertebrais com a artéria basilar.

Multiplicidade

Muitas vezes são múltiplos (até 30%), principalmente em mulheres e nas topografias de bifurcação da artéria cerebral média e artéria carótida interna. Pode ocorrer "em espelho", chamados de aneurismas "gêmeos", particularmente na bifurcação das cerebrais médias, muitas vezes associado à doença familiar.

Avaliação

Além da identificação do aneurisma, é importante avaliar:

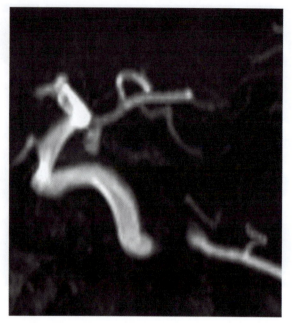

Figura 59 Dilatação sacular no segmento comunicante posterior da artéria carótida interna, adjacente à origem da artéria comunicante posterior, identificada em reconstrução com projeção de intensidade máxima (MIP) de imagem tridimensional TOF. A paciente tinha história de ptose há 3 dias.

- Origem.
- Orientação e forma.
- Dimensões da dilatação e do colo.
- Ramos que podem partir da parede do aneurisma (Figura 62).
- Relação com estruturas adjacentes.

Métodos diagnósticos

Angiografia por RM:

- Sensibilidade acima de 90% para aneurismas acima de 3 mm. Sensibilidade reduzida se tiver fluxo lento (Figura 63).

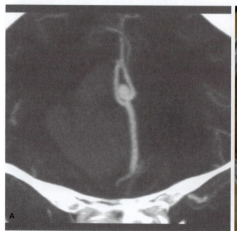
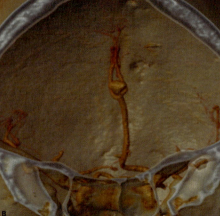
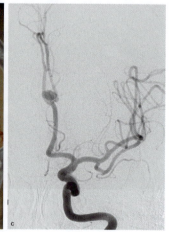

Figura 58 Imagens de angiotomografia computadorizada de crânio e reconstrução com projeção de intensidade máxima (MIP) (A), 3D *volume rendering* (B) e angiografia digital (C) mostram artéria cerebral anterior ázigos com aneurisma sacular. Há também HSA (A).

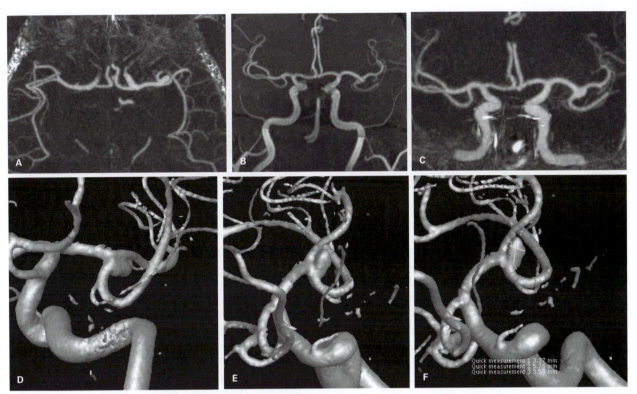

Figura 60 Imagens de angiografia intracraniana por ressonância magnética com sequência 3D TOF e reconstrução com projeção de intensidade máxima (MIP) (A, B e C) e angiografia digital com reconstrução 3D *volume rendering* (D, E e F) mostram imagem de adição ovalada na bifurcação da artéria cerebral média esquerda, compatível com aneurisma.

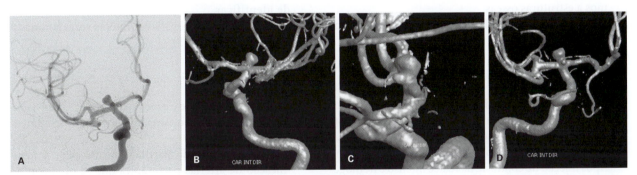

Figura 61 Imagens de angiografia intracraniana por angiografia digital (A) e com reconstrução 3D *volume rendering* (B, C e D) demonstram aneurisma de contornos lobulados na bifurcação da artéria carótida interna direita.

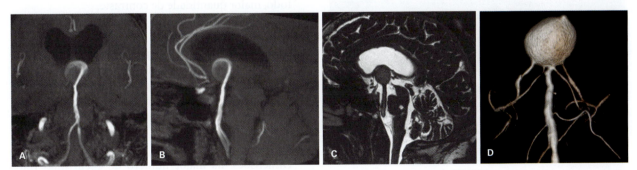

Figura 62 Imagens de angiografia intracraniana por ressonância magnética com sequência 3D TOF e reconstrução com projeção de intensidade máxima (MIP) no plano coronal (A), sagital (B), FIESTA (C) e reconstrução *volume rendering* (D) demonstram dilatação aneurismática no topo da artéria basilar, que determina elevação do assoalho do III ventrículo. A emergência das artérias cerebrais posteriores ocorre a partir do aneurisma.

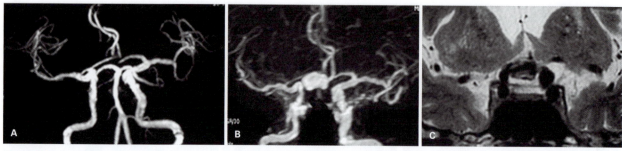

Figura 63 Aneurisma de comunicante anterior com fluxo lento não identificado na reconstrução 3D TOF (A), mas evidente na aquisição de angiorressonância magnética com contraste (B) e na imagem pesada em T2 (C).

- Aparelhos de 3T são ainda melhor.
- Imagens com espontâneo alto sinal em T1 podem gerar falso-positivo – importante olhar as imagens fonte.
- Diagnóstico diferencial: dilatação infundibular (comum na artéria comunicante posterior), que é definida pela morfologia (triangular em projeção bidimensional, ou cônica) com o vaso originando-se da ponta e dimensão (diâmetro menor que 2 mm) (Figura 64).

Angiografia por TC:

- Sensibilidade acima de 90% para aneurismas maiores que 3 mm.
- Apresenta dificuldades em casos de aneurismas próximos a estruturas ósseas.
- Diagnóstico diferencial: dilatação infundibular (vide seção anterior).

TC:

- Dificilmente identificado em TC sem contraste. Se for identificado, é imagem arredondada discretamente hiperatenuante junto ao vaso, podendo ter calcificação parietal.
- Após injeção de contraste há realce intenso e homogêneo do componente patente.

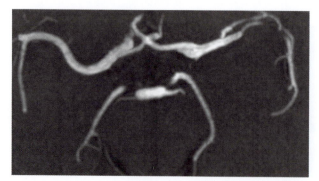

Figura 64 Imagem de angiografia intracraniana por ressonância magnética com sequência 3D TOF e reconstrução com projeção de intensidade máxima (MIP) no plano axial mostrando dilatação infundibular na origem da artéria comunicante posterior esquerda.

- Reconstruções de aquisições volumétricas são mais sensíveis do que aquisições não volumétricas.

RM:

- O sinal depende se o aneurisma tem fluxo rápido, lento, turbilhonado ou trombosado.
- Se for pequeno, baixa sensibilidade.
- Se fluxo rápido: *flow-void* em T1 e T2 e pode determinar artefato de pulsatilidade na direção de codificação de fase. Diagnóstico diferencial com clinoide aerada.
- Se fluxo lento ou turbilhonado: sinal variável, pode haver realce, mais facilmente identificado nas aquisições volumétricas, mas eventualmente difícil de identificar.
- Se trombosado: sinal variável, muitas vezes laminado, sem realce (Figura 65).

Arteriografia digital:

- Melhor sensibilidade e especificidade.
- Identificação do aneurisma, morfologia, colo, dimensões.
- Melhor sensibilidade particularmente para a identificação de artérias perfurantes que se originem do aneurisma.
- Arteriografia 3D é o método diagnóstico com maior acurácia, porém com maiores riscos inerentes ao método, maior quantidade de contraste.

Para rastreamento

Ambas as técnicas são adequadas.
A ângio-RM intracraniana não necessita de contraste na maior parte dos casos, nem utiliza radiação, sendo em geral a técnica de escolha, particularmente em aparelho de 3T.
Em relação à chance de ruptura vários fatores influenciam a chance de rotura:

- Dimensões: há maior número de aneurismas rotos com dimensões maiores que 5 mm, sendo maior a chance quanto maior o tamanho, particularmente alta para aneurismas acima de 2,5 cm.

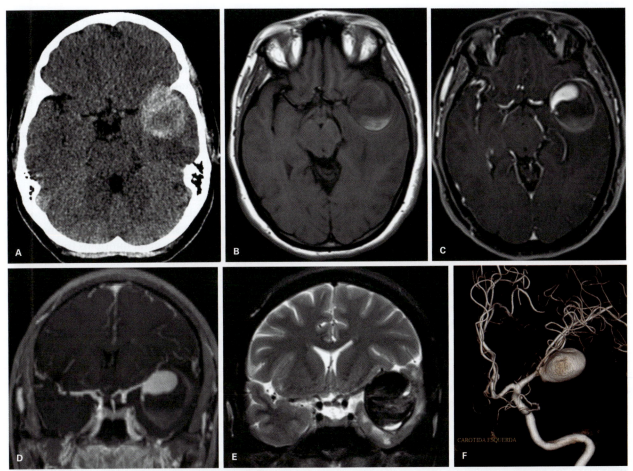

Figura 65 Imagens de tomografia computadorizada de crânio sem contraste (A), ressonância magnética pesadas em T1 (B), T1 pós-contraste (C e D), T2 (E) e reconstrução 3D *volume rendering* (F) demonstram imagem em adição na topografia da bifurcação da artéria cerebral média esquerda, com realce parcial pelo meio de contraste, compatível com aneurisma parcialmente trombosado.

- Localização: chance mais baixa para aneurismas intracavernosos do que os demais, e maior para o de circulação posterior em relação a circulação anterior.
- Forma: abaulamento da dilatação sacular ("mamilo") está relacionada à área de maior fragilidade parietal, portanto, com mais propensão à ruptura. Aneurismas com paredes irregulares e boceladas tendem a apresentar maior chance de ruptura. Aneurismas com relação comprimento/colo acima de 1,6 também são mais propensos a sangrar.
- O ângulo do fluxo sanguíneo para o aneurisma também influencia o risco de ruptura, e o fluxo direto para o interior do aneurisma foi associado com maior risco de ruptura do que o fluxo curvo.
- Deve-se ressaltar que aneurismas podem apresentar rupturas independentemente das suas dimensões, forma ou localização. Pode haver influência genética, ambiental, fatores associados como fumo e hipertensão.

Aneurisma fusiforme
Aneurismas fusiformes relacionados a vasculopatia ateromatosa

São mais comuns em território vértebro-basilar, e caracteristicamente têm ramos vasculares originando em sua parede.

São comuns em degeneração por ateromatose, geralmente em indivíduos mais idosos e frequentemente associados a trombose.

No caso da artéria basilar, a sua dilatação global é chamada de ectasia, ou dolicoectasia, sendo aneurisma fusiforme utilizado para aumento do diâmetro em algum ponto maior em relação ao restante do vaso.

O fluxo é muitas vezes lentificado e frequentemente há trombose parcial associada, e, portanto, a avaliação é feita de maneira melhor com o uso do contraste e não apenas por técnicas sensíveis a fluxo.

Aneurismas fusiformes não relacionados a vasculopatia ateromatosa

A dilatação vascular fusiforme por vasculopatia adquirida ou congênita está associada a outras doenças como doenças do colágeno, infecções virais (varicela, VIH) (Figura 66), síndrome de Marfan, síndrome de Ehlers-Danlos e neurofibromatose tipo 1.

As características de imagem podem ser semelhantes ao relacionado a aterosclerose.

Microscopicamente as alterações são variáveis e têm prognósticos diversos.

Pseudoaneurisma

Pode estar associado a trauma, fraturas ósseas, no curso de artérias próximas à foice cerebral ou tenda cerebelar, sem parede real delimitando suas bordas.

Os aneurismas associados à dissecção surgem quando há extensão do sangue que se insinua entre as camadas da parede vascular para a adventícia, formando dilatação sacular. A maioria é extracraniana, nas artérias carótida interna e vertebral.

Os aneurismas *blister-like* caracterizam-se por defeito da parede arterial focal coberto apenas por tecido fibroso/adventícia sem outro elemento da parede vascular. O local mais comum é o segmento supraclinoide da artéria carótida interna. É caracterizado como pequena protuberância de base larga na parede arterial (geralmente inferior a 10 mm). O risco de hemorragia subaracnóidea é superior aos aneurismas saculares e fusiformes. A arteriografia digital é o método de escolha para esse diagnóstico e pode ser inicialmente interpretada como "normal". Irregularidade focal ou pequena protuberância pode ser o único achado arteriográfico (Figura 67). O aneurisma *blister-like* pode progredir para uma aparência sacular.

Raramente, podem ser encontrados aneurismas infecciosos ou neoplásicos.

Os aneurismas associados a infecções (micóticos) (Figura 68) são associados a lesões de *vasa vasorum* (o agente infeccioso pode ser ocasionalmente demonstrado na parede vascular), em geral múltiplos (mas podem ocorrer em pequeno número ou isolados), com localização distal ao círculo arterial cerebral e muito frequentemente causam hemorragias.

Os aneurismas associados à doença neoplásica (oncóticos) são causados por invasão vascular direta, ou mesmo por êmbolos metastáticos – e nesse caso principalmente por mixomas cardíacos e coriocarcinomas – e muitas vezes estão relacionados a isquemias em distribuição distal à lesão, indistintas de outras manifestações embólicas centrais.

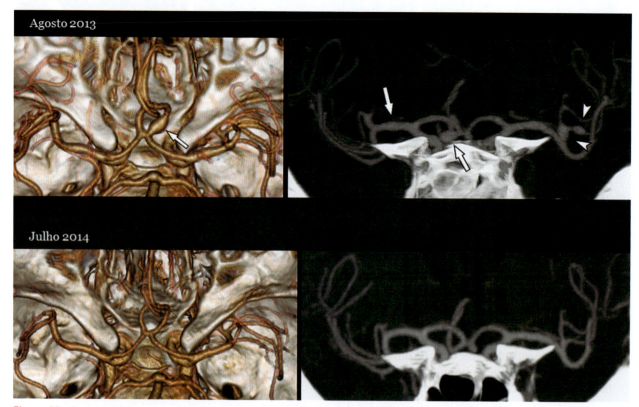

Figura 66 Paciente VIH positivo. Angiorressonância magnética com imagens com reconstrução 3D *volume rendering* e *maximal intensity projection*. Dilatações fusiformes de múltiplos segmentos das artérias da base do crânio (A2 direito-seta em A, M1 direito-seta em B e duas em M2 esquerdo-cabeças de seta em B), que regrediram após quase 1 ano de tratamento.

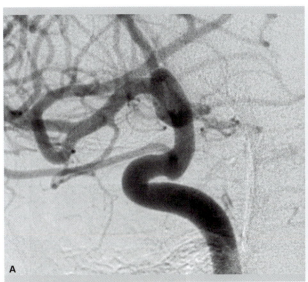 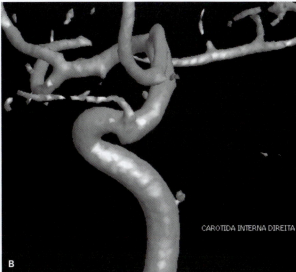

Figura 67 Imagens de angiografia digital intracraniana (A) e reconstrução 3D (B) demonstram pequena protuberância de base larga na parede inferior do segmento cavernoso da artéria carótida interna direita, sugestivo de aneurisma *blister-like*.

Malformações vasculares

As malformações vasculares são divididas em malformações com ou sem *shunt* arteriovenoso.

Malformações com *shunt* arteriovenoso incluem as malformações arteriovenosas e as fístulas arteriovenosas.

Malformações arteriovenosas

As MAV são alterações congênitas (ou adquiridas precocemente no desenvolvimento) formadas por artérias tortuosas, dilatadas, entremeadas por veias, também enoveladas, e sem capilares interpostos, resultando em um regime de alta pressão no leito venoso e com veias de drenagem com enchimento precoce, dilatadas e serpiginosas (Figuras 69 e 72). O centro é o nidus, que pode ser focal ou difuso (proliferativo), único ou múltiplo, e de diferentes dimensões. Para sua identificação adequada é necessário que sejam produzidas imagens de alta resolução espacial e temporal (uma vez que o local por onde ocorre o enchimento venoso precoce é um dos principais indicativos da localização do nidus).

O nidus tipo difuso ou proliferativo é mais raramente encontrado. É caracterizado por parênquima cerebral normal intercalado ao emaranhado de vasos. Se esse achado é presente, angiopatia proliferativa (Figura 70) ou síndrome metamérica craniofacial (CAMS) devem ser incluídas no diagnóstico diferencial e pode ser diferenciado da MAV verdadeira pela ausência de enchimento venoso precoce na angiopatia proliferativa e a localização clássica com associação de MAV facial na CAMS.

A incidência de MAV varia de 1 a 1,5 casos por 100.000 pessoas por ano, apresentando risco de hemorragia de 2,2% para as MAV que nunca romperam. Em 47% dos pacientes com sangramento por MAV há sequelas neurológicas.

A localização e a extensão da lesão são fatores determinantes do prognóstico cirúrgico e decisão terapêutica, sendo parte da classificação de Spetzler-Martin, que engloba ainda o tipo de drenagem venosa.

- Localização: se há (1 ponto) ou não (0 pontos) envolvimento de áreas eloquentes (córtex sensitivo-motor, visual, de linguagem, hipotálamo e tálamo, cápsula interna, pedúnculo cerebelar e núcleos cerebelares profundos).
- Drenagem venosa: superficial – para os seios sagital, seios cavernosos, transversos, sigmoides, e esfenoparietais, (0 pontos); ou profunda – veias cerebrais internas, basais de Rosenthal, grande veia cerebral – Galeno, e seio reto (1 ponto).
- Tamanho do nidus: de até 3 cm (1ponto), entre 3 e 6 cm (2 pontos), e maior que 6 cm (3 pontos).

Somam-se os pontos, sendo as MAV classificadas de I a VI (esta última seria aplicada a casos de grande volume e difusas). Há algumas modificações na classificação de Spetzler-Martin, sobretudo para o grupo III, que é muito heterogêneo.

Malformações arteriovenosas com hemorragia prévia (Figura 71), localização profunda e drenagem venosa exclusiva profunda apresentam taxas maiores de hemorragia anual.

Também há associação de MAV com aneurismas, divididos em intra ou extranidal, o que pode conferir um aumento do risco de hemorragia ou ressangramento, estando ainda associados a uma história natural desfavorável.

Pode haver atrofia do parênquima adjacente por déficit de nutrição secundário ao fenômeno de "roubo" do sangue arterial, diretamente captado pelo sistema venoso.

A localização mais comum é supratentorial (85%), sendo em geral únicas.

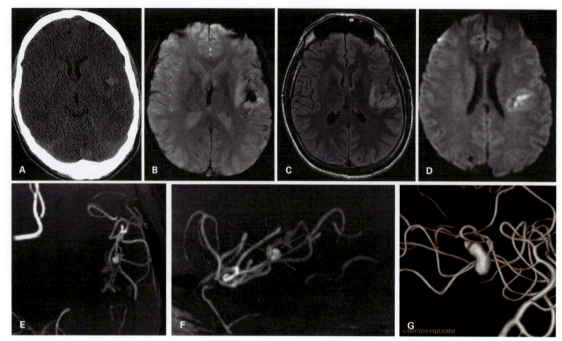

Figura 68 Aneurisma micótico. Imagens axiais de TC de crânio sem contraste (A), RM pesadas em T2* (B). FLAIR (C) e difusão (D) demonstram conteúdo hiperatenuante (A), com marcado hipossinal na sequência T2* na fissura sylviana esquerda (B) sugestivo de material hemático, associado a alteração de sinal corticossubcortical do parênquima adjacente (C e D). As imagens de ângio-RM pela técnica 3D com reconstrução com projeção de intensidade máxima (MIP) (E e F) e 3D *volume rendering* (G) mostram imagem de adição, complexa, na artéria cerebral média esquerda (setas em F).

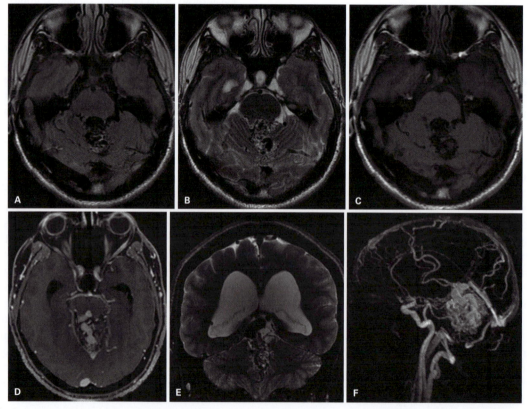

Figura 69 Imagens axiais pesadas em FLAIR (A), T2 (B), T1 (C), T1 pós-contraste (D), coronal T2 (E) e sagital na sequência TRICKS (F) demonstram vasos serpiginosos e enovelados com ausência de sinal em T1 e T2 com impregnação pelo gadolínio, localizadas no verme cerebelar, sugestivo de malformação arteriovenosa (MAV). Nota-se que há dilatação do sistema ventricular supratentorial, determinada pelo nidus.

2 ALTERAÇÕES VASCULARES 77

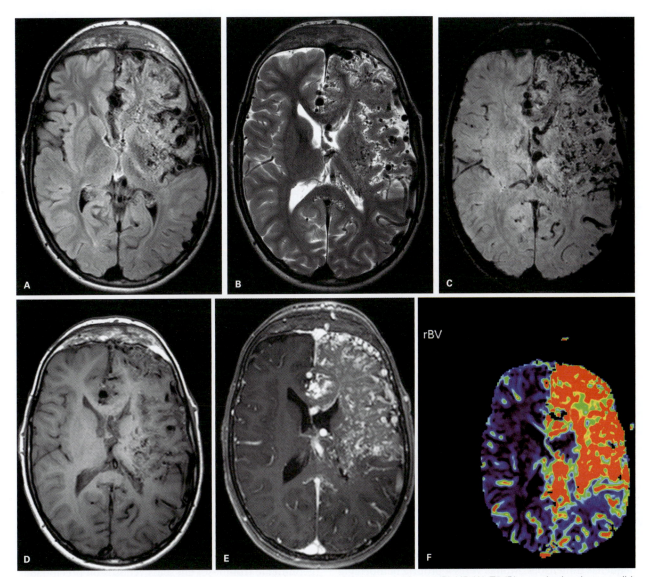

Figura 70 Angiopatia proliferativa. Imagens axiais de ressonância magnética pesadas em FLAIR (A), T2 (B), sequências de suscetibilidade magnética (SWI) (C), T1 (D) e T1 pós-contraste. (E) demonstram estruturas serpiginosas entremeadas por parênquima cerebral no lobo frontal e região nucleocapsular à esquerda. A ausência de enchimento venoso precoce caracterizada na angiografia digital (não demonstrada) caracteriza a angiopatia proliferativa. Estudo por perfusão com mapa de rCBV (F) evidencia aumento do volume sanguíneo cerebral na área de acometida, quando em comparação com o lado contralateral.

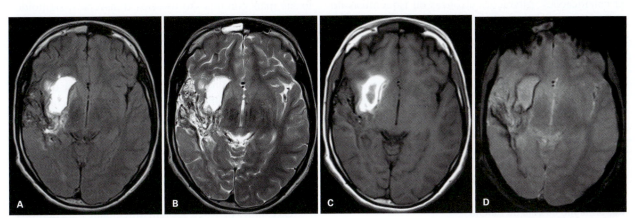

Figura 71 Imagens axiais de ressonância magnética pesadas em FLAIR (A), T2 (B), T1 (C) e T2* (D) demonstram múltiplas imagens serpiginosas, enoveladas, com ausência de sinal "*flow void*" em T2 e T1 no lobo temporal direito, com presença de hematoma em fase subaguda adjacente ao nidus, localizado na região nucleocapsular.

Imagem

A angiografia digital é o exame de escolha para avaliação das MAV, delineando o componente temporal com alta resolução e, portanto, melhor delimitação do componente arterial nutridor, nidus, e estruturas venosas. É importante avaliar circulação anterior, posterior e ramos da artéria carótida externa, pois muitas vezes há nutrição dupla com suprimento dural via anastomose leptomeníngea ou transdural. A angiografia digital também é melhor para demonstrar obliteração do nidus após embolização.

Nas imagens estruturais da RM são evidenciadas imagens serpiginosas com *flow void* representando as estruturas vasculares dilatadas com fluxo rápido. A injeção do meio de contraste mostra intenso realce dos vasos com fluxo mais lento e caracteristicamente as grandes veias de drenagem são observadas (Figuras 69 e 72). Ainda podem ser observadas as complicações hemorrágicas, gliose e atrofia.

A angiografia por RM pode demonstrar a MAV, suas artérias nutrientes importantes para o planejamento terapêutico, e que devem ser diferenciadas de artérias espacialmente próximas (vasos "*en passage*") e veias de drenagem. A sua avaliação é limitada em relação à arteriografia digital, tanto em resolução espacial, mas principalmente na resolução temporal. As imagens com técnica de contraste de fase devem ser realizadas com diferentes velocidades de codificação de fluxo (20, 40 e 60 cm/s), de maneira a demonstrar as artérias e veias que compõem a lesão. Técnicas mais recentes, como 3D TOF com uso de gadolínio e aquisições rápidas, adicionam informação temporal ao exame.

Durante a fase aguda de episódio hemorrágico a lesão pode não ser identificada, sobretudo se existirem veias de pequenas dimensões. Muitas vezes a própria hemorragia é suficiente para obliterar o nidus ou artéria nutriente, tornando o diagnóstico impossível, mas a doença tratada.

As imagens de TC mostram as MAV como áreas de atenuação aumentada (Figura 72), que podem apresentar calcificações. Alterações atróficas ou isquêmicas do parênquima também podem ser identificadas se presentes. Já alterações hemorrágicas só são identificadas na fase aguda.

Fístula arteriovenosa

Fístula arteriovenosa pial

Se não houver o nidus e a transição entre a artéria e veia for direta, o termo fístula arteriovenosa pial é utilizado.

As fístulas arteriovenosas piais são muito raras, com incidência mais alta na infância em relação à idade adulta.

Malformação da veia de Galeno

Malformação da veia de Galeno é a fístula arteriovenosa envolvendo a veia prosencefálica mediana. É caracterizada por artérias dilatadas drenando em estrutura venosa muito dilatada na linha mediana em neonato/criança (Figura 73).

É uma entidade de rara ocorrência, sendo diagnosticada em período pré e pós-natal por imagens de USG ou de RM. As crianças frequentemente têm cardiomegalia e insuficiência cardíaca de alto débito pela presença da fístula intracraniana.

Os estudos de TC e RM evidenciam estrutura venosa mediana dilatada e artérias nutridoras, podendo também haver hidrocefalia, atrofia e isquemia parenquimatosas. Anomalias dos seios venosos são frequentes, como persistência do seio falcino embrionário, ausência do seio sagital, estenoses ou outras variações. A USG também pode contribuir no diagnóstico, particularmente com uso do *color* Doppler. A arteriografia geralmente é reservada para o momento de início do tratamento (embolização), idealmente depois de 6 meses de idade.

Principal classificação:

- Tipo mural: melhor prognóstico, fístulas posteriores, geralmente coliculares ou coroidais posteriores, na veia prosencefálica mediana, de baixo fluxo.
- Tipo coroidal: pior prognóstico, fístulas anteriores e múltiplas, geralmente pericalosas, coroidais e tálamo-perfurantes, com a veia prosencefálica mediana, de alto fluxo.

Fístula arteriovenosa dural

A fístula arteriovenosa (FAV) dural compõe um grupo heterogêneo de *shunts* arteriovenosos durais, consistindo em múltiplas diminutas conexões entre ramos durais e veias ou seios venosos. Costuma ser adquirida, por vezes sem etiologia, às vezes secundária a anormalidades (geralmente trombose) em seios venosos ou precipitadas por trauma, estados de hipercoagulabilidade, neoplasias, cirurgia ou infecção. É mais comum em pacientes de meia idade e idosos. Pode cursar com cefaleia, tinido (tinitus), otalgia, exoftalmia, neuropatia craniana entre outros. Os locais mais comuns são os seios transversos, sigmoides e cavernosos. Eventualmente pode cursar com sintomas encefalopáticos, dilatação ventricular e demência, em particular nos regimes de hipertensão venosa.

O tipo infantil é raro e muitas vezes associado a múltiplos *shunts* de alto fluxo envolvendo trombose de vários seios venosos, de etiologia incerta, comumente congênito.

A angiografia digital por cateter permanece como o método mais efetivo na identificação e classificação das fístulas arteriovenosas durais. Em geral, são identificadas múltiplas artérias nutridoras de ramos durais ou transósseos da artéria carótida externa, eventualmente ramos tentoriais/durais das artérias carótidas internas ou vertebrais.

Os exames de RM e TC têm dificuldade para demonstrar a comunicação fistulosa (em razão de suas pequenas dimensões, presença de tecido ósseo adjacente, e fluxo

2 ALTERAÇÕES VASCULARES

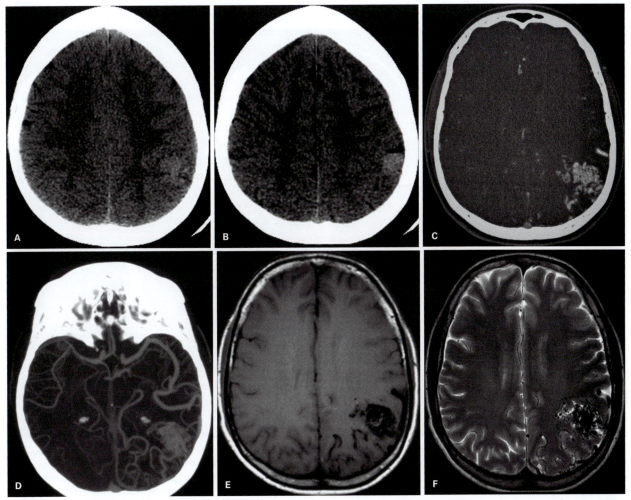

Figura 72   Imagens axiais de tomografia computadorizada (TC) mostram imagens hiperatenuantes parietais à esquerda nas imagens sem contraste (A, B). Após a injeção do contraste iodado (C, D) notam-se os vasos tortuosos e dilatados da malformação arteriovenosa. Nota-se que na imagem de ângio-TC (D) há aumento do calibre das artéria cerebrais média e posterior à esquerda, que são nutridoras dessa MAV. Nas imagens estruturais de ressonância magnética é possível identificar o *flow-void* vascular tanto nas imagens pesadas em T1 (E) quanto em T2 (f).

rápido), mas pode identificar sinais de trombose de seios venosos, dilatações venosas, particularmente nos regimes de hipertensão venosa, hemorragias (Figura 74) ou infartos parenquimatosos causados pela hipertensão venosa.

Na ângio-RM também é difícil demonstrar a comunicação fistulosa, mas muitas vezes é possível caracterizar artérias proeminentes na parede do seio venoso (Figura 75), assimetria de ramos da artéria carótida externa, sinais de trombose venosa e enchimento precoce de seio venoso (Figura 76), dependendo do tipo de protocolo realizado e do tipo de fístula.

Os dois esquemas de classificação mais utilizados para classificação das FAV durais são:

- Sistema de Borden-Shucart, que se baseia no sítio de drenagem venosa e presença de drenagem venosa cortical:

  – Tipo I: drenagem anterógrada.
  – Tipo II: drenagem para o seio venoso ou veias meníngeas, com fluxo retrógrado para veias corticais (hipertensão venosa).
  – Tipo III: drenagem direta para veias corticais, ou segmento isolado de seio com fluxo retrógrado de veias subaracnóideas.

- Escala de Cognard: direção da drenagem no seio dural (anterógrada ou retrógrada), ausência ou presença de drenagem venosa cortical, assim como a arquitetura dessa drenagem (calibre normal ou ectasiada e veia espinhal perimedular):

  – Tipo I: localizada na parede do seio, drenagem venosa anterógrada, curso clínico benigno.
  – Tipo IIA: localizada em seio venoso principal, com refluxo para o seio mas não para veia cortical.

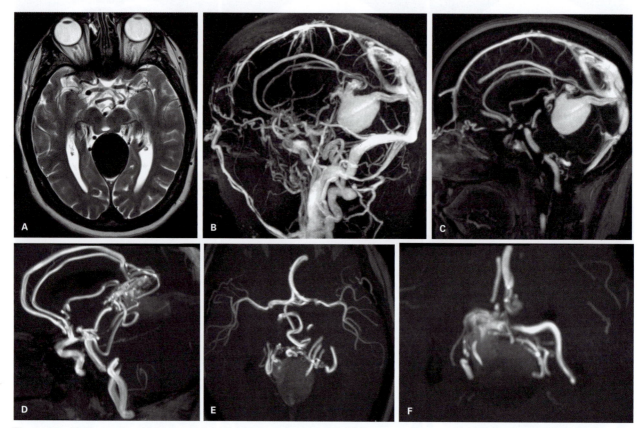

Figura 73 Malformação arteriovenosa da veia de Galeno. Ressonância magnética (RM) mostra estrutura mediana arredondada sem sinal em T2 decorrente de fluxo acelerado (*flow-void*) (A), situada posteriormente ao mesencéfalo e determinando compressão dele. A ângio-RM mostra a natureza vascular e provavelmente venosa dessa estrutura, além da presença de artérias tortuosas e ectasiadas próximas. Na fase venosa (C), observa-se que a estrutura corresponde à ampola da veia prosencefálica mediana acentuadamente ectasiada e em comunicação com o seio reto. Note também a persistência do seio falcino associada. O estudo arterial com projeção de intensidade máxima (MIP) da sequência 3D-TOF (D) caracteriza a presença de fístula arteriovenosa proveniente de ramos distais das artérias cerebrais anteriores e posteriores (D) em comunicação com a veia prosencefálica mediana. A fístula arteriovenosa pode ser mais bem apreciada nas imagens aumentadas do 3D-TOF (E e F).

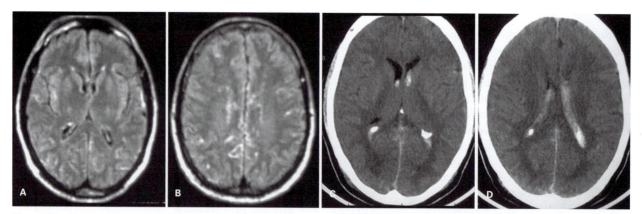

Figura 74 Hemorragia intraventricular secundária à fístula arteriovenosa. A ressonância magnética no plano axial, sequência FLAIR (A e B) mostra diversas estruturas serpiginosas com elevado sinal no espaço subaracnóideo, suspeitas para vasos colaterais secundários à fístula arteriovenosa. A tomografia computadorizada sem contraste (C e D) adquirida no contexto de emergência após episódio de cefaleia intensa não demonstra os vasos colaterais, mas identifica a hemorragia intraventricular aguda secundária à presença da fístula arteriovenosa. Note também lacuna sequelar no aspecto lateral do tálamo direito.

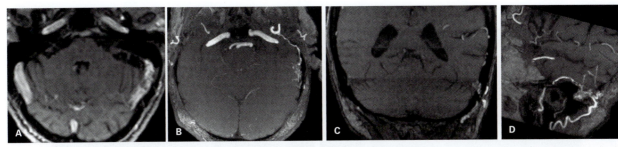

Figura 75 Fístula arteriovenosa dural. Na sequência T1 pós-contraste (A), observam-se falhas de enchimento e irregularidade dos contornos do seio transverso esquerdo, sinalizando a possibilidade de trombose crônica recanalizada. A projeção de intensidade máxima (MIP) da sequência 3D-TOF (B) demonstra artéria meníngea média esquerda ectasiada e com ramo que supre a área da falha de enchimento no seio transverso. A fístula arteriovenosa junto à dura-máter do seio transverso e os ramos mencionados da artéria carótida externa podem ser também apreciados nos planos coronal (C) e sagital (D).

- Tipo IIB: refluxo para veias corticais (drenagem retrógrada), risco de hemorragia estimado em 10-20%.
- Tipo III: drenagem para veia cortical direta, sem ectasia venosa, risco de hemorragia 40%.
- Tipo IV: drenagem para veia cortical direta com ectasia venosa, risco de hemorragia 66%.
- Tipo V: drenagem venosa perimedular espinhal associada a mielopatia progressiva.

Destaca-se, nos dois sistemas de classificação, a drenagem venosa retrógrada como fator de pior prognóstico.

Especificamente para as fístulas carótido-cavernosas há a classificação de Barrow, baseada no padrão de suprimento arterial e drenagem venosa:

- Tipo A: *shunt* de alto fluxo direto da artéria carótida interna com seio cavernoso.
- Tipo B: *shunt* de ramo dural da artéria carótida interna com seio cavernoso.
- Tipo C: *shunt* de ramo dural da artéria carótida externa com seio cavernoso.
- Tipo D: *shunt* de ramos durais das artérias carótidas interna e externa com seio cavernoso.

Malformações vasculares sem *shunt* arteriovenoso

Angioma cavernoso

Os angiomas cavernosos, malformações cavernosas ou cavernomas, são alterações congênitas caracterizadas por múltiplos vasos sinusoidais entremeando o parênquima normal, que por vezes levam à formação de lagos sanguíneos de baixo fluxo.

Fazem parte, de acordo com alguns autores, de uma mesma entidade juntamente com as telangiectasias capilares e as anomalias do desenvolvimento venoso, resultantes de malformações da rede de vênulas durante o desenvolvimento do sistema nervoso, e possivelmente relacionadas a dificuldades da drenagem venosa posterior que culminam com vênulas malformadas.

Há também a formação de cavernomas após tratamento de radioterapia, fenômeno relativamente raro. Pacientes nos quais esses cavernomas se desenvolvem precisam ser seguidos de perto, porque há uma propensão das lesões à hemorragia.

As malformações cavernosas correspondem a 8-16% de todas as malformações vasculares. Os sintomas são relacionados a hemorragias prévias ou alterações do parênquima adjacente que culminam com convulsões, cefaleias ou déficits neurológicos localizados.

RM:

- Aspecto "em favo de mel" ou em "pipoca": espaços sinusoidais e lagos venosos identificados como áreas globulares de hipersinal em T1 circundadas por halo de hipossinal em T2* (Figuras 77 a 79).
- Mais raramente pode ser identificada apenas como hipossinal em T2*.
- Pode haver zona de hipossinal em T2* adjacente representando hemossiderina depositada perifericamente como resultado de hemorragias prévias.
- A injeção de contraste pode demonstrar áreas internas de impregnação, embora, em geral, não realce.
- A aquisição mais importante para o diagnóstico é aquela pesada em T2* ou de alta sensibilidade à suscetibilidade magnética (SWI), pois virtualmente todas as lesões apresentam hemossiderina depositada.
- No subtipo familiar que tem múltiplos cavernomas (Figura 78), muitas vezes são identificados apenas como pequeno foco de hemossiderina com hipossinal em T2*/ SWI.
- Hemorragia intralesional recente pode dificultar a identificação da malformação cavernosa, além de associar edema e efeito de massa.

TC:

- Pode ser normal.
- Imagem hiperatenuante (Figura 79).
- Comumente contém calcificação.
- Raramente pode se impregnar pelo contraste.

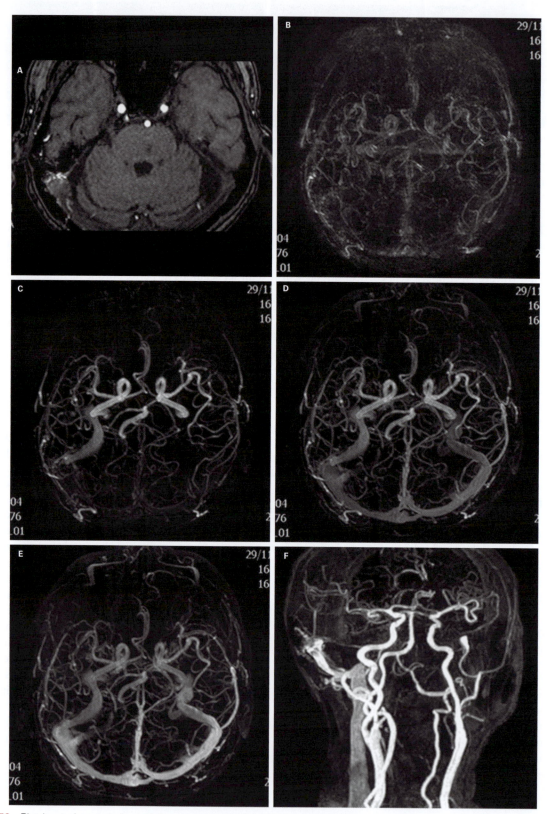

Figura 76 Fístula arteriovenosa dural. Na imagem axial do 3D-TOF (A), sensível a fluxo rápido, observam-se finos ramos arteriais junto à dura-máter do seio transverso direito e próximo à escama temporal. A análise temporal das imagens com a sequência TRICKS (de B a E) detecta a presença de fluxo venoso precoce no seio transverso direito já na fase arterial (B), com enchimento das demais veias nas fases subsequentes. O plano coronal (F) durante a fase arterial melhor caracteriza a extensão do enchimento venoso precoce nos seios transverso e sigmoide e na veia jugular interna à direita.

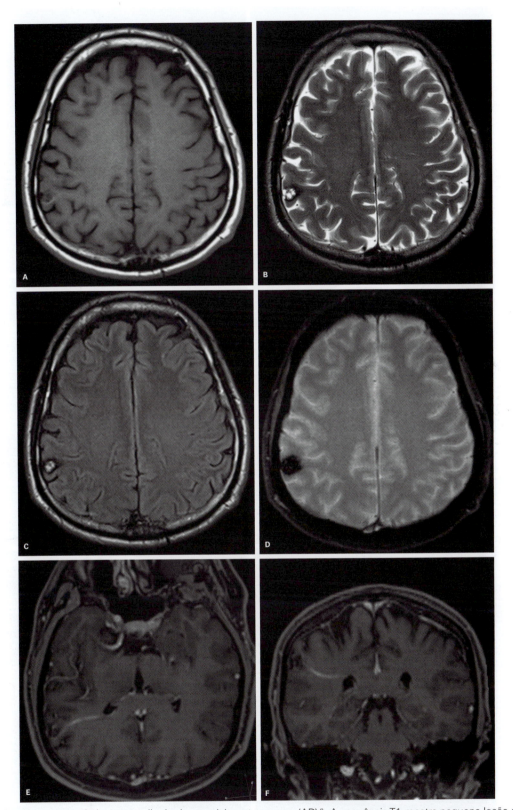

Figura 77 Cavernoma associado a anomalia do desenvolvimento venoso (ADV). A sequência T1 mostra pequena lesão nodular na periferia do giro pós-central direito com fino halo posterior de hipersinal, inferindo depósito de metemoglobina. As sequências T2 (B) e FLAIR (C) demonstram melhor o aspecto central multiloculado da lesão, representando lagos venosos, e o halo periférico de baixo sinal decorrente do depósito de hemossiderina secundário a hemorragias prévias, que ocorre também no interior da lesão, como visto na sequência T2* (D). A coexistência de diferentes etapas de degradação da hemoglobina é clássica nos cavernomas. Também pode-se comumente demonstrar associação com uma ADV, mais bem caracterizada na sequência T1 pós-contraste (E, axial e F, coronal) como estrutura tubular adjacente, nesse caso com drenagem para o sistema venoso profundo periventricular.

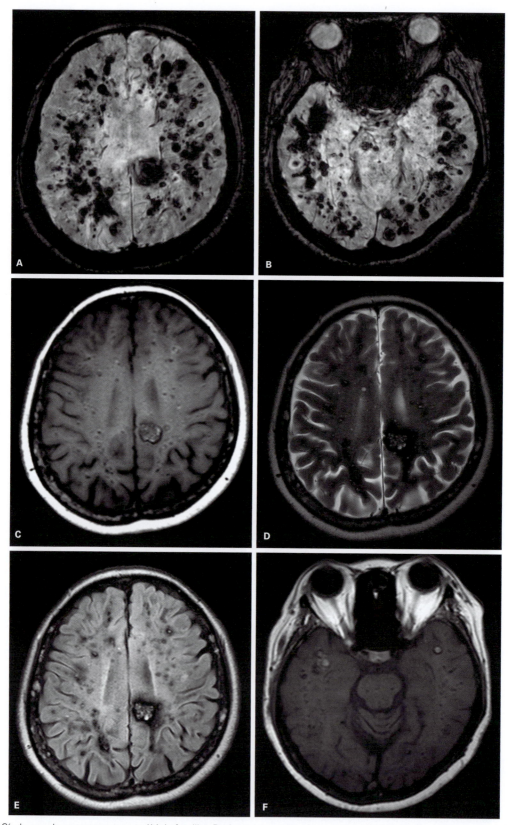

Figura 78 Síndrome da cavernomatose múltipla familiar. Paciente com crise convulsiva e história familiar de hemorragia intracraniana com inúmeros focos nodulares de acentuado baixo sinal na sequência de suscetibilidade magnética (A), de distribuição predominante na substância branca subcortical supratentorial, mas também com envolvimento do tronco cerebral (B). Destaca-se o aspecto "em pipoca" particularmente evidente na maior lesão na coroa radiada esquerda, cujo centro é multilobulado contendo focos de hipersinal em T1, T2 e FLAIR (C, D e E), representando lagos venosos, e periferia com halo de hemossiderina.

(continua)

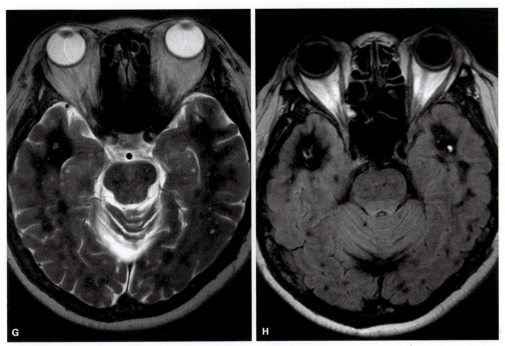

Figura 78 *(continuação)* Note também o sinal heterogêneo das diferentes lesões em T1, T2 e FLAIR (F, G e H), sinalizando pequenas hemorragias em diferentes etapas de degradação da hemoglobina.

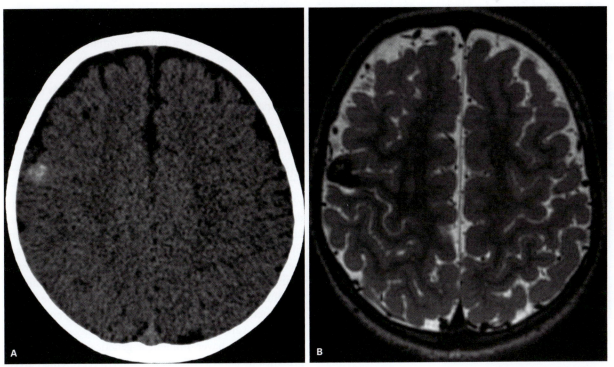

Figura 79 Angioma cavernoso ou malformação cavernosa. Imagem axial de tomografia computadorizada (A) mostra imagem hiperatenuante à direita, com diminutas calcificações de permeio. À ressonância magnética pesada em T2 (B) é possível identificar imagem com aspecto em pipoca central com hipersinal, e hipossinal no parênquima adjacente por hemorragias pregressas.

Essas lesões são referidas como malformações vasculares angiograficamente ocultas, possivelmente relacionadas ao fato de que são lesões com sistema de baixa pressão sem *shunt* vascular. São frequentemente associadas a anomalias do desenvolvimento venoso, e podem surgir em locais onde essas lesões eram previamente identificadas.

A localização é variada, mais comum no encéfalo do que na medula, e existem descrições raras de lesões extra-axiais ou intraventriculares. A maioria é solitária (70%), existindo a forma familiar, com malformações cavernosas múltiplas (30%), que têm herança autossômica dominante de penetrância variável.

A evolução é variável, podendo aumentar e regredir de volume. O risco de hemorragia é maior nas formas familiares. Podem levar a hemorragias graves, e as dimensões, sintomas e histórico do paciente são fundamentais para a decisão terapêutica.

Anomalia do desenvolvimento venoso

Anomalia do desenvolvimento venoso (ADV) é a alteração mais comum desse grupo de entidade e drena uma área de tecido cerebral normal, podendo ser considerada uma variação da normalidade. Não apresenta componentes arteriais, sendo caracteristicamente formada por múltiplas pequenas vênulas que confluem para uma veia maior, de curso transparenquimatoso, e que pode apresentar drenagem periférica ou central. É comumente assintomática.

Pode ser identificada como veias medulares dilatadas drenando em veia coletora ("cabeça de medusa") que drena para um seio dural ou veia ependimária nas imagens de TC e RM pós-contraste (Figura 80), especialmente aquisições tridimensionais volumétricas, ou imagens SWI/T2*GRE, as quais podem mostrar presença concomitante de hemorragia prévia ou de angioma cavernoso.

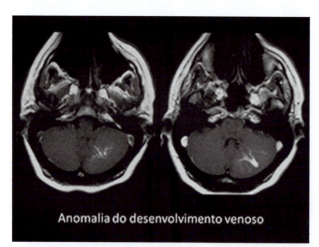

Figura 80 Imagens axiais de ressonância magnética pesadas em T1 após a administração endovenosa de contraste paramagnético (A e B) revelam imagens serpiginosas com impregnação pós-contraste, confluentes, em direção ao vaso central, localizadas no hemisfério cerebelar esquerdo, compatível com anomalia do desenvolvimento venoso.

O parênquima adjacente é normal na maioria dos casos, mas pode ocorrer aumento da intensidade de sinal em T2/FLAIR nas áreas drenadas pela ADV, provavelmente secundário a edema vasogênico com congestão e atraso na perfusão, ou eventualmente até com atrofia e gliose. Raramente há hemorragia, ainda que lesões infratentoriais, com drenagem central e em mulheres jovens sejam mais propensas a essa ocorrência.

Pode ser encontrada forma atípica (< 5%) que representa na verdade uma forma transicional de malformação arteriovenosa, com *shunt* arteriovenoso.

Eventualmente tem associações com angiomas cavernosos em cerca de 20% das vezes (Figura 77), síndrome do nevo azul, anomalias do desenvolvimento cortical e CAMS-3 (malformação venosa ou linfática cervicofacial).

Telangiectasia capilar

São caracterizadas por capilares dilatados, formando uma rede delicada de vasos em meio ao parênquima normal, frequentemente assintomáticas e em geral sem outras implicações. A localização mais frequente é na ponte.

Diagnóstico à RM:

- Hipossinal em aquisições T2* ou SWI (desoxi-hemoglobina).
- Impregnação pelo contraste, sem compressão ou alterações nas estruturas adjacentes (Figura 81). Alguns autores mencionam o termo "racemoso" para as lesões maiores que em geral acometem os lobos cerebrais, de limites imprecisos e tênue impregnação pelo contraste.

Essa lesão tem excelente prognóstico, pode ser múltipla e estar associada a outras anomalias de desenvolvimento venoso, como angiomas venosos ou angiomas cavernosos (Figura 82).

Pode se desenvolver como complicação após radioterapia, particularmente em crianças.

Outras alterações vasculares

Aterosclerose

Alteração vascular mais frequente, e virtualmente todas as artérias sofrem processo de envelhecimento parietal, com acúmulo de material adiposo, espessamento e enrijecimento de sua estrutura. Quando essas alterações são localizadas, formam as placas ateromatosas, compostas, centrifugamente a partir da luz, por uma camada fibrosa de células da musculatura, seguida de acúmulo de lípides e afilamento da camada média levando a diferentes graus de estenose arterial.

Apesar de haver influência genética determinada, a presença de fatores ambientais também representa parcela significativa da etiologia de alterações ateromatosas, sobretudo tabagismo, hipercolesterolemia e diabete melito.

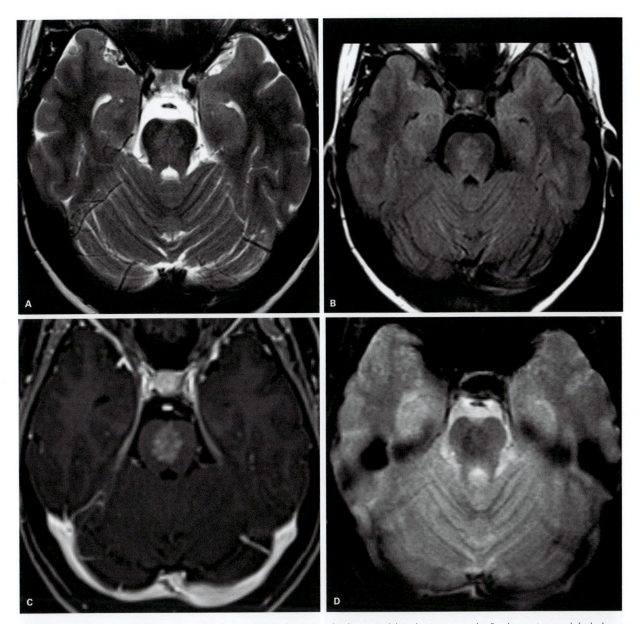

Figura 81 Telangiectasia capilar pontina. Cortes axiais de ressonância magnética demonstram lesão de contornos lobulados no tegmento pontino com hipersinal em T2 (A) e FLAIR (B), sem efeito expansivo, com realce pós-contraste (C) e focos de acentuado baixo sinal na sequência T2* (D), inferindo depósito de hemossiderina e/ou desoxi-hemoglobina.

Em relação às técnicas de imagem, os principais achados são calcificações parietais e estenoses focais, irregularidades parietais e oclusão. Os resultados dependem do vaso analisado e da técnica utilizada. Por exemplo, a ângio-RM tem sensibilidade de 86% para estenose maior que 50% na artéria cerebral média; e essa sensibilidade aumenta se a oclusão for total. Ainda, com a mesma técnica, a sensibilidade para estenoses da artéria carótida interna por RM varia entre 70-95%, com especificidade de 95-100% (Figura 83). As técnicas de RM sem contraste podem superestimar a estenose quando o fluxo for lento ou perpendicular ao plano de aquisição. Já para avaliação intracraniana, nenhuma dessas duas técnicas é capaz de demonstrar alterações em ramos distais com desempenho comparável ao da angiografia digital, mas funcionam bem como método de rastreamento, particularmente para os principais ramos intracranianos.

A quantificação da estenose é importante, particularmente carotídea, já que existem *trials* demonstrando o benefício do tratamento dependendo da porcentagem de estenose. O principal método adotado é o descrito no NASCET (*North American Symptomatic Carotid Endarterectomy Trial*) que considera a porcentagem de estenose igual a 1 − (menor diâmetro na artéria carótida interna dividido pelo diâmetro da artéria carótida interna normal distal à estenose) × 100. Já o ECST (*European Carotid Sur-*

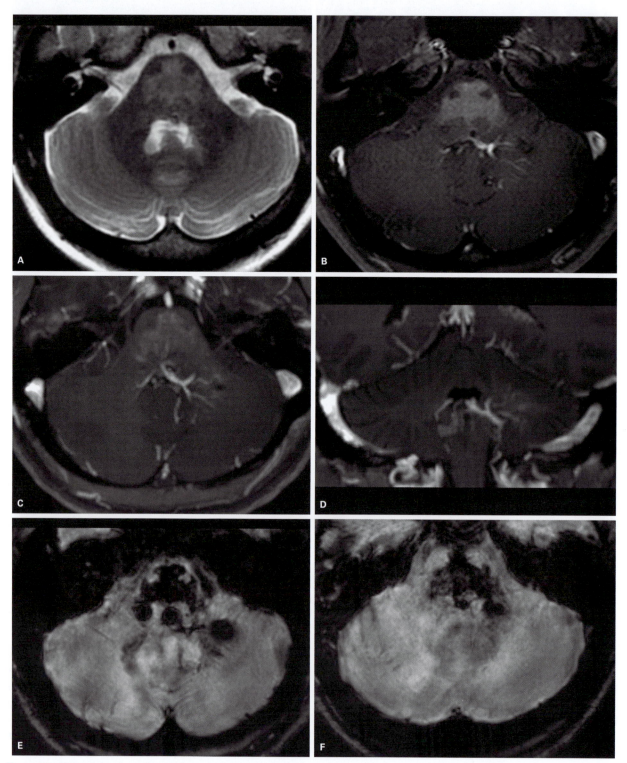

Figura 82 Telangiectasia capilar pontina associada a anomalia do desenvolvimento venoso (ADV) e a cavernomas de tronco cerebral. A sequência pesada em T2 (A) demonstra lesão de contornos imprecisos sem efeito expansivo no tegmento pontino, que apresenta realce pós-contraste (B), achados típicos de telangiectasia capilar. Note também em B a presença da ADV com "cabeça de medusa" junto ao IV ventrículo, mais bem apreciada nas imagens pós-contraste com projeção de intensidade máxima (MIP) axial (C) e coronal (D). Os cavernomas de tronco não apresentam expressão nas demais sequências, sendo caracterizados como múltiplos focos confluentes de baixo sinal na sequência de suscetibilidade magnética (SWI) (E e F). Cavernomas de tronco cerebral estão comumente associados a ADV, como ocorre nesse caso.

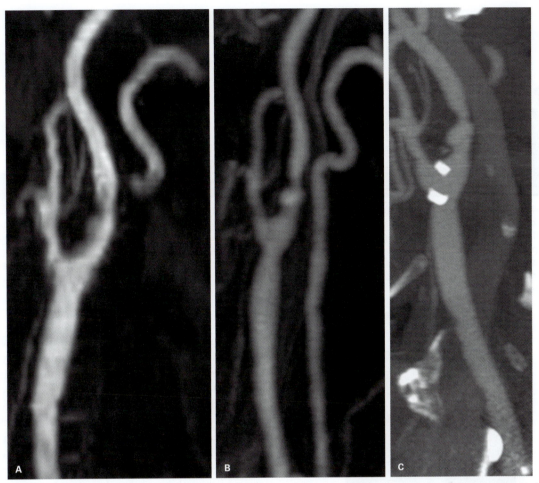

Figura 83 Estenose carotídea irregular. Imagem de angiorressonância magnética (ângio-RM) sem contraste 2DTOF (A), ângio-RM com contraste (B) e ângio-TC (C) caracterizando placa ateromatosa no segmento proximal da artéria carótida interna determinando estenose e com ulceração central.

gery Trial) considerou a porcentagem de estenose carotídea como igual a 1 − (diâmetro da parte mais estenótica dividido pelo diâmetro original estimado no local da estenose) × 100. Além deles, que foram descritos com arteriografia, existem outros, inclusive considerando área e não somente diâmetro da luz, porém são menos utilizados. É importante também avaliar se existem lesões consecutivas. Aquisições tardias são importantes em estenoses muito graves *versus* oclusão, para afastar a possibilidade de pseudoclusão.

A placa ateromatosa, em geral, se inicia como espessamento excêntrico parietal, de contornos regulares, progredindo para espessamento excêntrico focal mais proeminente e podendo evoluir com hemorragia subintimal, ulcerações e rotura da capa fibrosa, que aumentam o risco de infarto independentemente do grau de estenose.

A caracterização do conteúdo da placa ateromatosa é, também, importante para a conduta. Pequenas placas com alto conteúdo lipídico ou hemático (Figura 84) e com processo inflamatório ativo intraplaca podem ser de alto risco, ao passo que placas com capa fibrótica são mais estáveis.

Dissecção

Pode ser espontânea, associada a traumas menores ou decorrente de trauma maior, perfurante ou fechado. Algumas entidades favorecem o surgimento da dissecção, geralmente são doenças da parede vascular com áreas de fragilidade local. Entre elas, a displasia fibromuscular é caracterizada por proliferação da camada íntima ou média, tipicamente poupa a bifurcação carotídea, acomete vasos distais e tem o padrão de "rosário" em artérias cervicais ou intracranianas (Figura 85).

A maior prevalência de dissecção arterial ocorre em indivíduos entre a terceira e a quinta décadas mas pode acometer qualquer faixa etária. Clinicamente pode ser assintomática, apresentar dor de instalação abrupta (cefaleia, muitas vezes orbitária ou periorbitária, e/ou dor cervical), seguida por período de estabilidade ou de piora progressiva, sinais de compressão de nervos cranianos, síndrome de Horner ou, ainda, sintomas neurológicos decorrentes de isquemia encefálica.

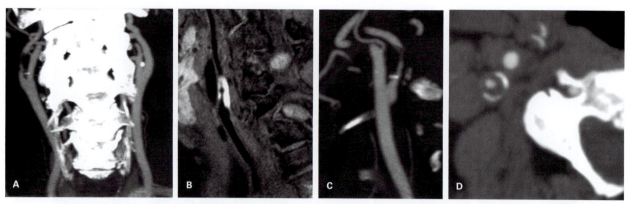

Figura 84 Paciente com episódio prévio de acidente isquêmico transitório (AIT), submetido a exame de angiotomografia (A, C e D) e ressonância magnética (B) para investigação diagnóstica. Nas reconstruções da angiotomografia em projeção de intensidade máxima (MIP) (A e C) observa-se uma acentuada redução luminal da artéria carótida interna direita com irregularidades parietais em razão da placa ateromatosa mista, predominantemente hipoatenuante, mais bem caracterizada no corte axial da angiotomografia (D). A composição da placa foi mais bem avaliada na reconstrução das imagens da sequência *vessel wall* (B), que demonstra extensa placa com conteúdo apresentando predominante hipersinal nessa sequência ponderada em T1 e indicando tratar-se de uma placa com conteúdo hemorrágico.

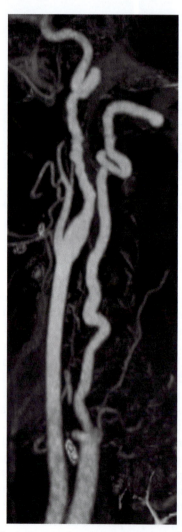

Figura 85 Paciente com diagnóstico de displasia fibromuscular. Reconstrução volumétrica em projeção de intensidade máxima, evidenciando irregularidades por quase todo o segmento cervical da artéria carótida interna com aspecto de "conta de rosário", compatível com displasia fibromuscular.

É causa comum de acidente isquêmico encefálico em pacientes abaixo de 40 anos. O mecanismo envolve formação de hematoma mural/lesão da camada íntima com delaminação parietal pelo jato de fluxo sanguíneo de alta velocidade, criando uma "luz falsa". Eventualmente esse processo pode resultar em oclusão da luz verdadeira. Embora a redução da luz possa determinar hipoperfusão, a maioria dos infartos relacionados à dissecção são de natureza tromboembólica. Ainda, as dissecções intracranianas podem evoluir com hemorragia subaracnóidea.

Localização

A dissecção extracraniana é mais frequente em relação à intracraniana. Em cerca de 15-20% dos casos há acometimento de mais de uma artéria. Acontece mais frequentemente em locais de impacto da onda pressórica em regime de alto fluxo contra a parede vascular ou locais de mudança abrupta da direção do eixo longitudinal do vaso. A dissecção intracraniana é um diagnóstico mais desafiador, particularmente nas aquisições de ângio-TC e ângio-RM, muitas vezes identificada apenas nas aquisições angiográficas.

Características de imagem

RM:

- Hematoma mural: trombo mural com a luz patente excêntrica (sinal da "meia lua" ou "crescente"). O sinal depende da fase do hematoma, podendo ter sinal intermediário em T1 no início, evoluindo nos dias subsequentes, com hipersinal (Figura 86) e hipossinal em T2 no início evoluindo com hipersinal (Figura 87). É recomendada a aquisição com subtração do sinal dos tecidos adiposos para facilitar a identificação do hematoma, e o uso de saturação inferior e superior do

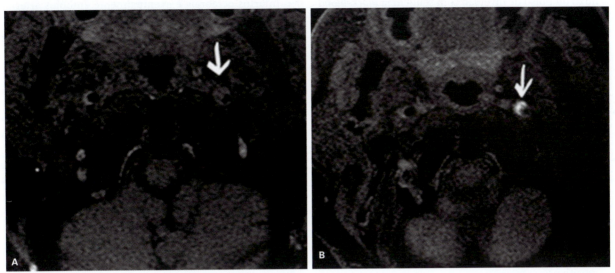

Figura 86 Imagens axiais de ressonância magnética pesadas em T1 com saturação de gordura e *black-blood* demonstram a evolução do sinal do hematoma mural. O trombo intramural apresenta sinal intermediário em T1 (A) no início e hipersinal (B) nos dias subsequentes.

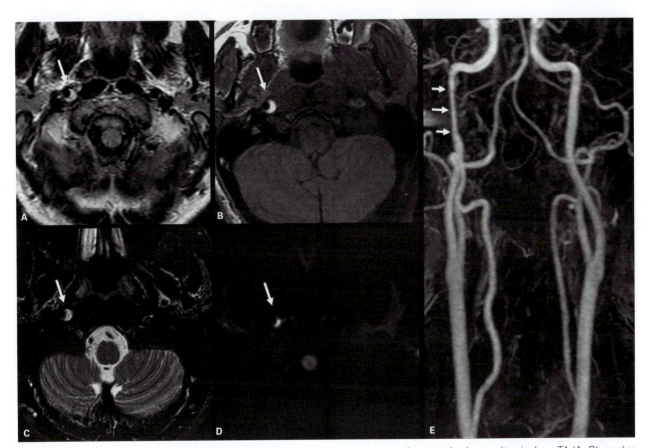

Figura 87 Dissecção da artéria carótida interna direita. Nota-se hematoma mural caracterizado por alto sinal em T1 (A, B), porém mais facilmente identificável em B pela saturação do sinal da gordura. Também pode ser identificado como hipersinal em T2 em C e na difusão em D. Há estenose longa da artéria carótida interna direita (setas em E).

fluxo ou pulso de inversão com sequência *black-blood* para anular o sinal do fluxo. Artefatos relacionados a fluxo lento (na periferia da luz do vaso pode haver sinal mais intenso por conta do "perfil" de velocidades, mais lentas perifericamente) e em razão do fluxo lento dos plexos venosos adjacentes podem ocorrer. Irregularidade luminal, muitas vezes sutil.

- Estenose com ou sem oclusão – geralmente estenoses longas e regulares (Figura 87), podendo ter aspecto em ponta de lápis ou chama de vela.
- Pseudoaneurisma: dilatação da luz arterial, podendo ter aspecto sacular ou fusiforme. Pode ocorrer distal ao local de estenose, mas também no meio ou proximal ao segmento estenótico.
- *Flap* intimal: identificação de *flap* com dupla luz. Mais bem identificado nas imagens seccionais. Deve-se tomar cuidado com artefatos de fluxo gerando falsos-positivos.
- Infartos cerebrais e eventualmente êmbolos arteriais (Figura 88).
- Hemorragia subaracnóidea: pode ocorrer também nas dissecções intracranianas.

TC:
- Hematoma mural: espessamento excêntrico da parede, podendo ser hiperatenuante nas fases iniciais. Pode ou não haver redução luminal e irregularidade de contornos.
- "*Flap*" intimal: identificação de "*flap*" com dupla luz. Mais bem identificado nas imagens seccionais (Figura 89).
- Pseudoaneurisma: dilatação da luz arterial, distal ao local de estenose (em 25-35% dos casos), podendo ter aspecto sacular ou fusiforme (Figura 90).
- Podem também ser identificados: hemorragia subaracnóidea, êmbolos distais e infartos parenquimatosos.

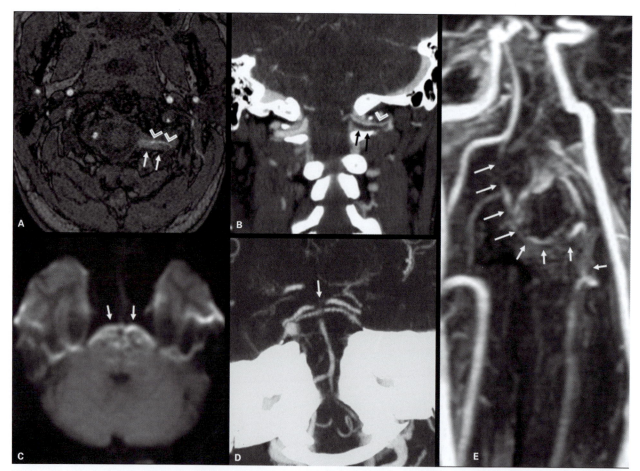

Figura 88 Dissecção da artéria vertebral esquerda. Nota-se hematoma mural caracterizado por discreto hipersinal em T1 (setas em A) e hipoatenuante na angiotomografia computadorizada (ângio-TC) em (setas pretas em B) e luz filiforme remanescente (cabeça de seta em A e B) na artéria vertebral esquerda. Além disso observa-se infarto subagudo na ponte (setas em C) e falha de enchimento intraluminal no topo da artéria basilar (seta em D) caracterizada na ângio-TC. Na angioressonância magnética (E) observa-se estenose irregular da artéria vertebral esquerda.

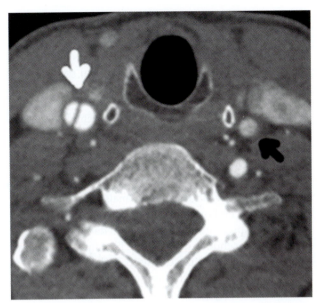

Figura 89 Imagem axial de angiotomografia computadorizada mostrando extensão de dissecção aórtica para ramos supraórticos, sendo caracterizado *flap* com dupla luz na artéria carótida interna direita (seta branca). A artéria carótida interna esquerda tem realce menos intenso, pois há oclusão da luz verdadeira inferiormente, sendo o fluxo identificado superiormente da luz falsa lentificada. A artéria vertebral esquerda está normal e a direita foi ocluída pela extensão da dissecção.

USG: pode identificar "*flap*" intimal ou hematoma mural (trombo ecogênico), mas em geral não consegue ser específico quanto à natureza do espessamento mural. Pode também avaliar estenose e/ou oclusão. Porém é limitado às janelas acústicas e não consegue confirmar a natureza do espessamento parietal.

Angiografia digital: em geral, é reservada quando a suspeita é alta e a RM é negativa.

- Alterações de contorno:
  - Estenoses longas.
  - Estenose em "chama de vela".
  - Dilatações segmentares (pseudoaneurismas) – podem ser fusiformes ou ter componente sacular, com localização comum após estenose ou no meio da estenose (Figura 91).
- *Flap*/dupla luz.
- Oclusão.
- Oclusões ditais por êmbolos.

A dissecção intracraniana é rara. É um importante mecanismo a ser considerado nos infartos isolados de território de artéria cerebral anterior (que também são raros). Pode se apresentar de três formas distintas: insulto isquêmico isolado no território da ACA (maioria), HSA isolada (minoria) ou combinação de isquemia aguda e HSA (minoria). É um desafio diagnóstico, particular-

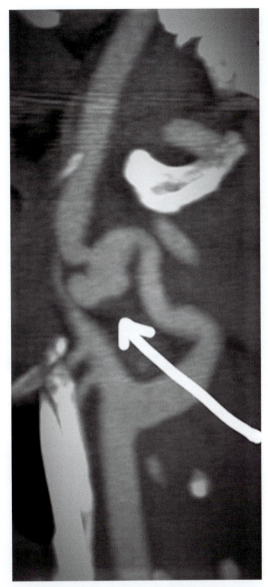

Figura 90 Evolução de dissecção de artéria carótida interna esquerda com pseudoaneurisma irregular identificado na reconstrução da angiotomografia.

mente pelo pequeno calibre e tortuosidade dos vasos. A apresentação por imagem pode ser estenose ou estenose-dilatação segmentar (89%), oclusão afunilada (chama de vela), duplo lúmen ou *flap* intimal identificado por angiografia digital, ângio-TC ou ângio-RM em apenas 30% (Figura 92), hematoma intramural (20%). Outro fator de auxílio diagnóstico é o controle evolutivo; a progressão para aneurisma ou a reversibilidade da estenose, indicativa de reabsorção do hematoma intramural, sugerem etiologia dissecante.

Nem sempre é possível identificar o hematoma mural ou dupla luz para dar diagnóstico de certeza. Nas apresentações com oclusão, levantar a possibilidade sobretudo quando a localização e o quadro clínico forem favoráveis.

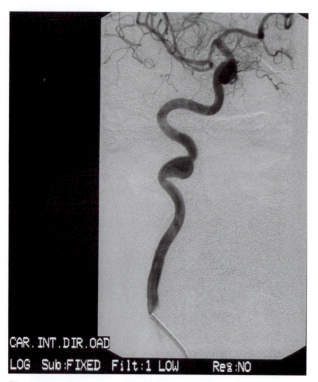

Figura 91 Angiografia digital de dissecção da artéria carótida interna cervical justa-craniana com pseudoaneurisma associado.

A taxa de recanalização nas dissecções é alta, bastante superior às oclusões de outras naturezas.

Síndrome da vasoconstrição cerebral reversível (SVCR)/encefalopatia posterior reversível (PRES)

A síndrome da vasoconstrição cerebral reversível (SVCR) compreende um grupo de doenças caracterizadas por constrição reversível das artérias cerebrais, classicamente associadas a episódios agudos de intensa cefaleia, com padrão "em trovoada".

A SVCR tem sido cada vez mais reconhecida nos últimos anos, embora ainda seja uma entidade subdiagnosticada. Apresenta uma ampla variedade de epônimos e sinônimos, sendo o mais conhecido síndrome de Call-Flemming. Para evitar confusão, Calabrese et al., em 2007, propuseram o termo unificado SVCR e definiram seus critérios diagnósticos.

A SVCR comumente afeta pacientes entre 20 e 50 anos de idade, embora as crianças e adolescentes também possam ser acometidos. Há predomínio no sexo feminino, com uma média de cerca de 2,4:1.

A SVCR pode ocorrer espontaneamente, sem uma causa óbvia, ou pode ser secundária a um gatilho identificável,

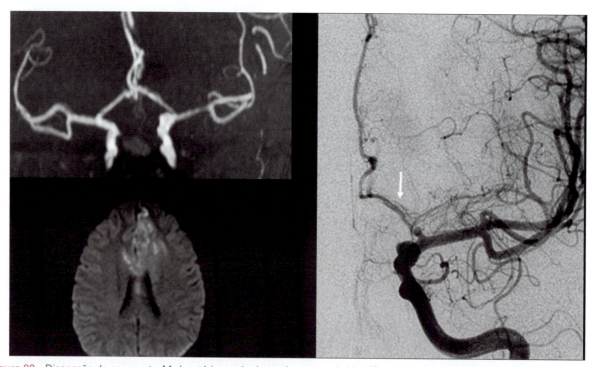

Figura 92 Dissecção do segmento A1 da artéria cerebral anterior esquerda identificado por *flap* apenas na arteriografia digital (seta em B). A angiorressonância magnética (imagem superior esquerda) identificou apenas irregularidade da luz arterial e na imagem de difusão (imagem inferior em A) há infarto no território de cerebral anterior.

Tabela 3 Critérios diagnósticos da síndrome da vasoconstrição cerebral reversível (Calabrese et al., em 2007)

1. Angiografia transfemoral, angiotomografia (ângio-TC) ou angiorressonância magnética (ângio-RM) documentando vasoconstrição segmentar multifocal de artérias cerebrais

2. Exclusão de hemorragia subaracnoide (HSA) de etiologia aneurismática

3. Análise do liquor normal ou próxima da normalidade (proteína < 80 mg/dL, leucócitos < 10/mm³, nível normal de glicose)

4. Dores de cabeça agudas e severas, com ou sem sinais/sintomas neurológicos adicionais

5. Reversibilidade das anormalidades angiográficas no prazo de 12 semanas do início do quadro. Se ocorrer óbito antes da conclusão dos estudos de acompanhamento, a autópsia deve excluir condições que também se manifestam com cefaleia e podem cursar com acidente vascular cerebral, tais como vasculite, aterosclerose intracraniana e hemorragia subaracnoide aneurismática

como ocorre em mais de 60% dos casos. Os gatilhos mais comumente relatados incluem drogas vasoativas, gestação e o estado puerperal. Outras potenciais etiologias são tumores secretores de catecolaminas, dissecção de artérias extra ou intracranianas ou exposição a produtos derivados do sangue, como nos casos de transfusões sanguíneas.

A fisiopatologia exata da SVCR permanece desconhecida. Provavelmente a hiper-reatividade simpática, como resposta aos gatilhos, desempenha um papel importante na sua patogênese. Por outro lado, a significativa sobreposição de SVCR e a síndrome da encefalopatia posterior reversível (PRES) sustentam a importância da associação com disfunção endotelial.

A SVCR pode ocorrer isolada ou associar-se à PRES. PRES está presente em 9-38% dos pacientes com RCVS, enquanto a maioria dos pacientes com PRES (> 85%) demonstra alguma evidência de RCVS em estudos angiográficos.

A PRES consiste em um estado neurotóxico, manifesto por um padrão típico de imagem e associado a uma ampla variedade de condições clínicas complexas, incluindo pré-eclâmpsia/eclâmpsia, transplante alogênico de medula óssea, transplante de órgãos sólidos, doenças autoimunes e quimioterapia. Cefaleia, crises epilépticas, distúrbios visuais, rebaixamento do nível de consciência e, ocasionalmente, déficits neurológicos focais são sinais e sintomas comumente encontrados no contexto da PRES.

O mecanismo exato por trás do desenvolvimento do edema vasogênico típico dessa condição não é totalmente conhecido. Tem sido proposto que na PRES há perda da regulação do tônus endotelial, que progride para um ciclo vicioso de aumento progressivo da resistência vascular e disfunção endotelial. O aumento da permeabilidade vascular pode contribuir parcialmente para o edema vasogênico. Por outro lado, o aumento progressivo da resistência vascular com vasoconstrição difusa pode conduzir a um dano isquêmico irreversível, especialmente ao longo das zonas de fronteira vascular, com predomínio posterior.

A denominação PRES é consagrada pelo uso, embora seja imprecisa, haja vista que não se trata de uma alteração exclusiva das regiões posteriores do encéfalo, tampouco cursa com reversão completa em todos os casos.

A ocorrência de vasoconstrição no segmento P2 da artéria cerebral posterior e no segmento M2 da artéria cerebral média contribui para um maior risco de PRES nos pacientes com SVCR.

Achados de imagem

A vasoconstrição cerebral pode não ser visualizada em até um terço dos pacientes com SVCR durante a primeira semana após o início dos sintomas. Isso porque, no início do quadro, há vasoconstrição segmentar de pequenas arteríolas periféricas antes de progredir para o acometimento centrípeto das artérias cerebrais de maior calibre, que são mais facilmente visualizadas nos exames de imagem.

Na avaliação por imagem, também deve-se excluir diagnósticos alternativos, tais como hemorragia subaracnóidea aneurismática e vasculites do SNC. Técnicas de imagem mais recentes, como as sequências de RM de alta resolução para o estudo da parede dos vasos prometem auxiliar na discriminação entre a SVCR e a angeíte primária do SNC, um importante diagnóstico diferencial.

O diagnóstico requer a demonstração de várias áreas de estreitamento luminal intercaladas com segmentos de calibre normal (aspecto em "contas") e sua reversibilidade no prazo de até 12 semanas (Figura 93).

Os exames de imagem permitem ainda a identificação de possíveis complicações relacionadas, como hemorragia subaracnóidea, acidentes vasculares hemorrágicos e isquêmicos (Figura 94), bem como a ocorrência de PRES (Figura 95).

Na avaliação da PRES, a RM tem papel de destaque, pois assegura o diagnóstico diante do contexto clínico apropriado e permite estimar o prognóstico pela avaliação da reversibilidade das lesões. A RM tipicamente demonstra regiões hemisféricas focais de edema vasogê-

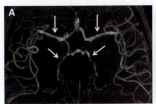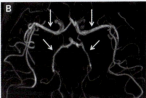

Figura 93 Síndrome da vasoconstrição cerebral reversível (SVCR). angiorressonância magnética (sequência 3D-TOF), reconstruída com algoritmo de intensidade máxima de sinal (MIP), evidencia estreitamentos vasculares multifocais intercalados com segmentos de calibre normal (setas em A). Exame de controle realizado 2 semanas após o estudo inicial demonstra significativa melhora das alterações vasculares (setas em B).

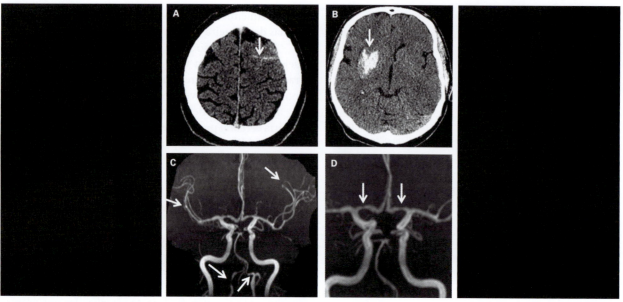

Figura 94 Síndrome da vasoconstrição cerebral reversível (SVCR) em paciente do sexo masculino de 54 anos. Tomografia computadorizada sem contraste evidencia hemorragia subaracnóidea isolada na alta convexidade (seta em A) e hematoma intraparenquimatoso nucleocapsular à direita (seta em B). Imagens 3D-TOF da angiorressonância magnética evidenciam múltiplos focos de estreitamento nas artérias intracranianas, particularmente nas artérias cerebrais anteriores, ramos distais das artérias cerebrais médias e nas artérias vertebrais (setas em C e D).

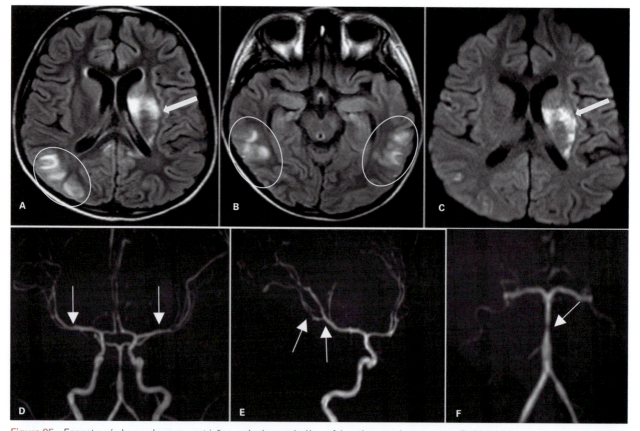

Figura 95 Espectro síndrome da vasoconstrição cerebral reversível/encefalopatia posterior reversível (SVCR/PRES). Imagens de ressonância magnética axiais FLAIR (A, B) demonstram áreas de edema vasogênico parietais à direita (A) e no aspecto posterior dos lobos temporais (B). Além disso, há sinais de insulto isquêmico agudo envolvendo os núcleos da base à esquerda, demonstrado tanto na sequência FLAIR (seta em A), como na sequência de difusão (C). Imagens de angiorressonância magnética com reconstrução com projeção de intensidade máxima (MIP) (D, E e F) evidenciam áreas multifocais de constrição vascular na circulação intracraniana (setas), intercaladas com segmentos de calibre normal.

nico, predominantemente corticossubcortical, mais comumente nos lobos parietais e occipitais, seguidos pelos lobos frontais, junção têmporo-occipital e cerebelo. Áreas focais de restrição à difusão (representando infarto ou injúria tissular com edema citotóxico) são pouco comuns (11-16%) e podem estar associadas a pior prognóstico. Hemorragia (hematomas focais ou HSA) pode ser vista em até 15% dos casos.

Doença de Moya-Moya

O termo doença de Moya-Moya é reservado para etiologia idiopática, sendo denominada arteriopatia idiopática progressiva da infância, descrita mais comumente no Japão. Entretanto, etiologias determinadas podem levar a um quadro angiográfico semelhante, senão indistinto. Nesse caso é utilizado o termo síndrome de Moya-Moya. Entre as condições que levam à síndrome estão a radioterapia no tratamento de lesões selares ou parasselares, neurofibromatose, síndrome de Down, síndrome de Marfan e anemia falciforme, entre outras. No Brasil, por causa da migração japonesa e da prevalência de outras etiologias (entre as quais anemia falciforme), tanto a doença quanto a síndrome de Moya-Moya não são tão raras.

O acometimento é geralmente bimodal, com a maioria dos casos em crianças, e alguns mais tardiamente em adultos (quarta década).

É caracterizada por oclusão progressiva dos segmentos terminais das artérias carótidas internas intracranianas com desenvolvimento de rede colateral tortuosa compensatória.

Nas imagens estruturais é possível observar ingurgitamento das artérias lentículo-estriadas e tálamo-perfurantes, formando pontilhados de hiper e hipossinal nas imagens axiais pesadas em T1 e T2. Também podem ser caracterizados infartos e hemorragias (parenquimatosa e/ou intraventricular), podendo acometer mais frequentemente os adultos nas fases mais tardias da doença (Figura 96). Nas imagens FLAIR os vasos leptomeníngeos colaterais difusos podem ser vistos como hiperintensidade nos sulcos corticais, que também podem apresentar realce pós-contraste, além do realce em aspecto Moya-Moya. Perfusão por TC ou RM podem demonstrar redução da reserva cerebrovascular, e o volume sanguíneo cerebral regional (rCBV) e o tempo até o pico (TTP) correlacionam-se com o estágio da doença.

Na angiografia digital, ou por RM/TC, é possível caracterizar a estenose ou oclusão da artéria carótida interna distal e os vasos colaterais que são descritos como "fumaça de cigarro". São imagens vasculares múltiplas, paralelas e sinuosas, na região da base do crânio, que lembram as finas "nuvens compactas" (uma das possíveis traduções do significado do ideograma que origina o nome Moya-Moya, que tem uma dimensão de movimento – portanto de difícil tradução) (Figura 97). Nas fases mais tardias caracterizam-se também colaterais de ramos distais provenientes da artéria carótida externa.

Em alguns casos existe a possibilidade de tratamento cirúrgico, entre os quais podemos citar formas diretas, como a anastomose com ramos da artéria carótida externa (entre a artéria temporal superficial e a artéria cerebral média); e formas indiretas, como a encefalomiosinangiose (com transposição de retalho do músculo temporal) e a encefaloduroarteriosinangiose (contato entre a artéria temporal superficial e a dura-máter, sem anastomose vascular direta). Nesse grupo de pacientes as técnicas de angiografia e perfusão por RM são importantes para a avaliação de candidatos ao tratamento cirúrgico, e no acompanhamento pós-operatório.

O estadiamento proposto (Suzuki) é o seguinte:

- Estágio I: estenose da bifurcação da artéria carótida interna.
- Estágio II: artéria cerebral anterior (ACA), artéria cerebral média (MCA), artéria cerebral posterior (PCA) dilatadas.
- Estágio III: padrão máximo de colaterais basais Moya-Moya; ACA/MCA pequenas.
- Estágio IV: menos colaterais; PCA pequena.
- Estágio V: ainda menos colaterais; ACA, MCA, PCA ausentes.
- Estágio VI: colaterais piais de ramos da artéria carótida externa difuso.

Vasculites

As vasculites do SNC são doenças raras. Em geral, há envolvimento da parede vascular por processo inflamatório, que pode acometer vasos de diferentes calibres.

Podem ser de causas infecciosas (bacterianas, tuberculosa, fúngicas, virais, sifilítica), não infecciosas com complexos autoimunes (poliarterite nodosa, angeíte alérgica, doença do soro, alterações do colágeno), não infecciosas mediadas por células (arterite de Takayasu, arterite temporal de células gigantes, arterite granulomatosa, granulomatose de Wegener, granulomatose linfomatóidea), vasculites químicas (drogas), associadas a doenças sistêmica (lúpus eritematoso sistêmico, síndrome de Sjögren, artrite reumatoide, esclerodermia) e miscelâneas (doença de Kawasaki, doença de Buerger ou tromboangeíte obliterante, doença de Behçet, angeíte neoplásica, sarcoidose, vasculite pós-radioterapia e vasculite associada ao uso de anticoncepcionais orais).

Em relação ao vaso acometido podem ser divididas em acometimento de grandes vasos (arterite de células gigantes e arterite de Takayasu), vasos de médio calibre (doença de Kawasaki, poliarterite nodosa), vasos de pequeno calibre (vasculite relacionada a imunoglobulina A, poliangeíte microscópica, granulomatose com poliangeíte) ou vasos de calibre variado (doença de Behçet, síndrome de Cogan).

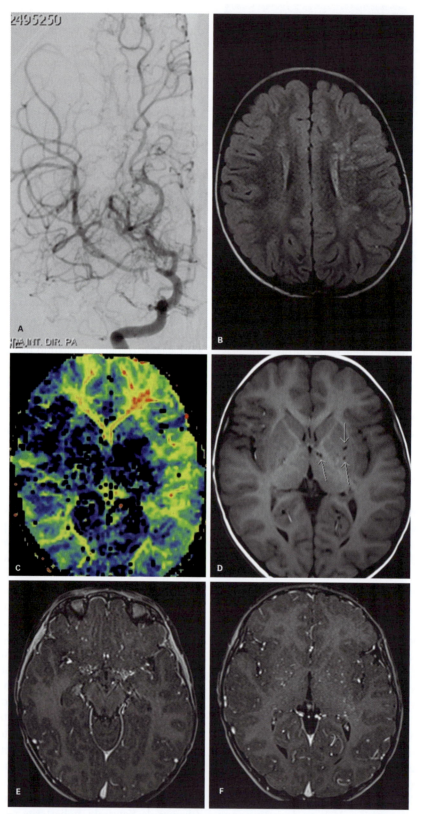

Figura 96 Arteriografia digital mostra padrão Moya-Moya com estenose crítica na bifurcação da artéria carótida interna direita (A) e suboclusão à esquerda (não mostrado aqui), com múltiplas lesões isquêmicas em território de fronteira com hipersinal em FLAIR (B), principalmente à esquerda, em que há maior lentificação do fluxo (C) ilustrado por prolongamento do tempo médio de trânsito do contraste. Nas imagens axiais T1 (D) observando-se as imagens de *flow-void* das colaterais proeminentes, mais bem caracterizadas nas imagens volumétricas pós-contraste (E, F).

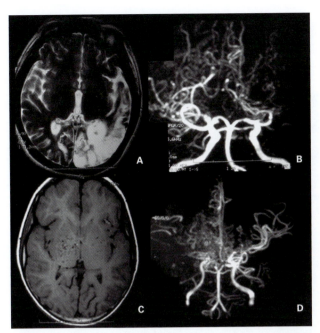

Figura 97 Imagens de ressonância magnética (RM) pesadas em T2 (A), T1 (B), angiografia por RM 3DTOF sem (C) e com contraste (D). Doença de Moya-Moya, com oclusão das artérias carótidas internas bilaterais, e múltiplas pequenas imagens vasculares em núcleos da base representando o padrão clássico da doença.

Na maioria das vezes o diagnóstico é resultante de uma combinação de achados de imagem, clínicos e laboratoriais. Nem sempre os achados de biópsia são determinantes ou necessários para a conduta, e muitas vezes não são conclusivos.

Os achados de imagem estrutural variam desde pequenas lesões isquêmicas até infartos extensos, hemorragia, alteração de sinal na substância branca e até mesmo realce pós-contraste. Eventualmente algumas lesões podem ser semelhantes à esclerose múltipla e muito raramente simular neoplasias; podem cursar com atrofia e áreas isquêmicas e hemorrágicas de diferentes datas.

Os achados de imagem vascular incluem espessamento e realce parietal e graus variáveis de estenose, com estenoses e dilatações podendo apresentar aparência em colar de contas.

As angeítes primárias do sistema nervoso central (SNC) não têm evidência sistêmica de processo inflamatório. Essa doença só pode ser confirmada por biópsia, porém o diagnóstico presuntivo pode às vezes ser feito excluindo-se outras causas e apoiado em estudo de neuroimagem. Os achados incluem áreas multifocais de hiperintensidade em T2 e FLAIR em núcleos cinzentos centrais e substância branca, podendo ter restrição à difusão nas lesões agudas, realces multifocais ou micro-hemorragias. Podem ter aspecto pseudotumoral. A ângio--RM pode ser normal ou evidenciar os achados clássicos de vasculite se houver acometimento de vasos de maior calibre, com irregularidades, estenoses e oclusões em padrão atípico para doença ateromatosa, em geral alternando dilatação/estenose. A aparência pode ser semelhante à vasoconstrição reversível.

O uso de drogas, como cocaína injetável, pode cursar com vasculites envolvendo sobretudo as artérias penetrantes, e o paciente pode apresentar múltiplas áreas hemorrágicas ao lado de isquêmicas. Outras drogas, como metanfetamina, heroína e efedrina, causam angeíte necrotizante, que é observada como áreas de ectasias focais em circulação distal ou proximal, aneurismas e dilatações saculares em localizações atípicas ou usuais.

Vasculites pós-radioterapia podem ocorrer em vasos de grande calibre, como as carótidas, com espessamento parietal que pode realçar progredindo lentamente para estenose e até mesmo oclusão, podendo evoluir com infartos, em geral anos ou décadas após a radioterapia. Também pode acometer vasos de médio e pequeno calibre intracranianos, com manifestação isquêmica ao lado de alterações mielinopáticas (hipersinal mal delimitado e difuso na substância branca nas sequências pesadas em T2).

Infecções também podem envolver as artérias. Etiologias que cursam com vasculite comumente incluem: tuberculose, sífilis, meningites ou encefalites bacterianas, fúngicas (*Aspergillus*, *Candida*, *Coccidioides* e mucormicose) e virais (principalmente *Varicela zoster* – que é uma causa importante de infartos em crianças – e vírus da imunodeficiência humana – VIH) e neurocisticercose (subaracnóidea). Quando é associado a meningite de base do crânio (p. ex., na tuberculose) é comum o envolvimento das artérias lenticuloestriadas, muitas vezes evoluindo com infartos. A arteriopatia relacionada ao VIH costuma cursar com dilatação fusiforme.

Doenças neoplásicas também podem causar alterações na parede vascular, indistintas de processos inflamatórios de outras etiologias. Tipicamente os linfomas intravasculares são indistinguíveis por imagem de vasculites (Figura 98), lembrando que existe a possibilidade do diagnóstico da variante linfocítica da angeíte primária do SNC.

Os quadros mais frequentes de vasculites estão associados às doenças sistêmicas, sobretudo as autoimunes. Destas, pela frequência na população, o lúpus eritematoso sistêmico (LES) merece destaque, ainda que a vasculite no SNC seja uma manifestação rara da doença (Figura 99). Alterações neuropsiquiátricas são comuns e incluem: psicose, infarto, epilepsia, cefaleia e déficits cognitivos. As alterações focais de sinal na substância branca (hipersinal em T2 e FLAIR) são o achado mais comum nessas manifestações. As manifestações isquêmicas cerebrais relacionadas ao LES são comumente relacionadas às valvopatias cardíacas, coagulopatias e/ou síndrome do anticorpo antifosfolípide. Em cerca de 10% de pacientes com alterações no SNC e LES há sinais de hemorragia. Achados de atrofia cerebral, calcificações em núcleos da base e

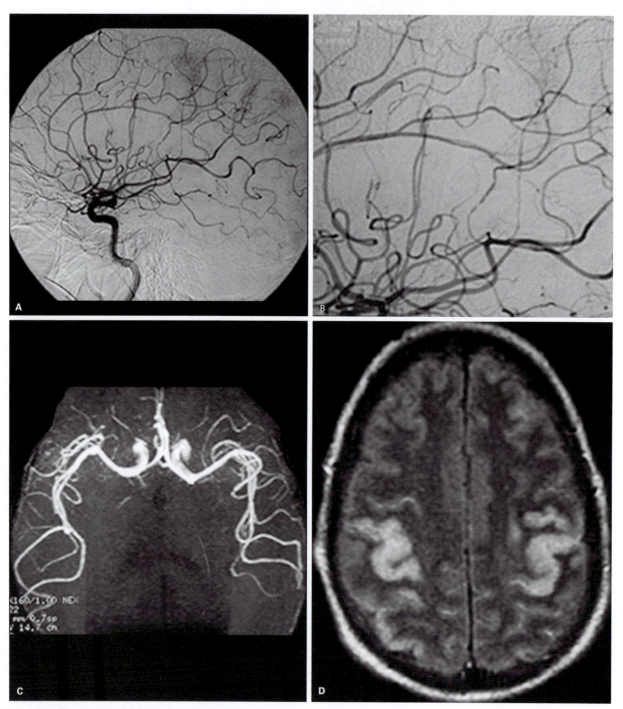

Figura 98 Arteriografia digital (A, B) mostra múltiplas estenoses focais arteriais, sobretudo em território da artéria cerebral média, simulando um quadro de vasculite. Na ângio-RM não foi possível identificar as alterações. A imagem FLAIR (D) mostra infartos corticais nos giros pré e pós-centrais bilateralmente.

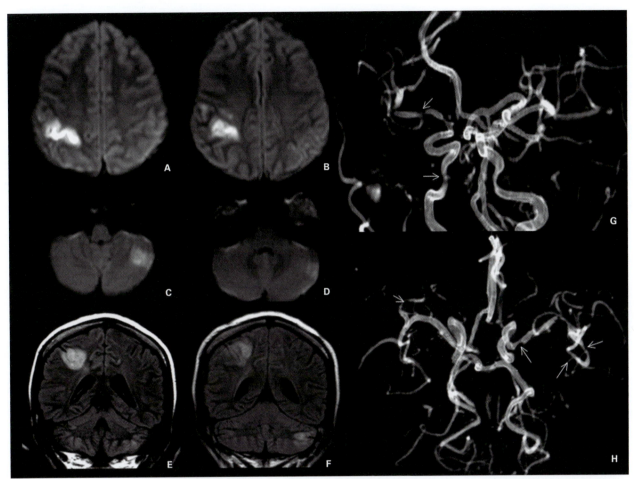

Figura 99   Imagens de ressonância magnética (RM) pesadas em T2 (A-D) e FLAIR (E, F) demonstram múltiplas lesões isquêmicas. Angiografia por RM (G, H): vasculite lúpica com afilamentos e dilatações intercaladas em trajetos de ramos das artérias cerebrais médias.

denteados, além de isquemias em indivíduos jovens, são descritos. Também são descritos raros casos de alteração de sinal na medula espinhal, com hipersinal na sequência ponderada em T2, longitudinalmente extenso, e com realce variável.

Os casos de poliarterite nodosa (PAN) envolvem, em geral, artérias pequenas e médias em diâmetro, com acometimento pan-mural necrotizante. Os microaneurismas são frequentes (cerca de 60-70%) e consequentemente a presença de hemorragias não é infrequente, ainda que o envolvimento do SNC aconteça mais tardiamente no curso da doença. O acometimento renal é muito frequente.

As vasculites com acometimento venoso principal apresentam alterações distintas. Destas, a doença de Behçet tem apresentação clássica pelo acometimento do diencéfalo, mesencéfalo (sobretudo superior) e outras porções do tronco cerebral e medula espinal, podendo acometer áreas cerebrais periféricas mais raramente. Essa distribuição é explicada por tratar-se de uma perivenulite, com infiltrado neutrofílico. Os pacientes são acometidos por úlceras genitais, uveíte, lesões de pele e artrites, cuja presença em conjunto com os achados de imagem é fortemente indicativa desse diagnóstico. As lesões costumam ter alto sinal em T2, efeito tumefativo (Figura 100) e realce pós-contraste, e na maioria das vezes o quadro é reversível, ainda que possa haver sequelas e recidivas. Pode também apresentar trombose venosa intracraniana.

A arterite de Takayasu acomete preferencialmente vasos de grande calibre, incluindo aorta, artérias carótidas e vertebrais, ocorre predominantemente na segunda e terceira décadas e é caracterizada por processo inflamatório e fibrose da parede luminal. As manifestações podem ser divididas em precoces e tardias. Na fase precoce há espessamento e realce parietais, podendo haver também alteração de sinal ao redor do vaso (Figura 101). O espessamento pode determinar estenose nesses segmentos. Na fase tardia podem ser encontrados segmentos de dilatação e estenose, podendo evoluir com oclusão completa e colaterais.

A arterite temporal de células gigantes é na verdade uma arterite sistêmica, e por isso é chamada apenas de ar-

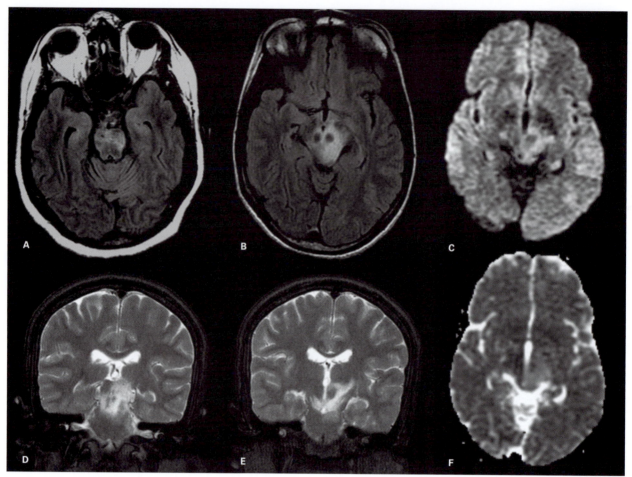

Figura 100 Imagens de ressonância magnética (RM) pesadas em FLAIR (A, B), difusão (C), T2 (D, E) e mapa de difusão (F0: doença de Behçet, com acometimento do tronco, mesencéfalo e diencéfalo sem restrição à difusão.

terite de células gigantes (histologicamente é semelhante à arterite de Takayasu, com linfócitos T associados). Acomete idosos e muitas vezes envolve as artérias da circulação carotídea externa (a artéria temporal classicamente), mas também os vasos intracranianos, e pode ser caracterizada por processo inflamatório com espessamento de parede do vaso e impregnação pelo contraste descrita em imagens de RM, mais evidentes em equipamentos com campo magnético de 3T e com sequências *black-blood*. As manifestações mais frequentes são cefaleia unilateral, claudicação, dor facial, perda visual. O espessamento parietal pode ser avaliado por USG ou RM.

Outras entidades mais raras que se manifestam com vasculites têm sido descritas na literatura. A granulomatose de Wegener pode envolver o SNC por via direta, meníngea e intraparenquimatosa, com ou sem vasculite. A arterite granulomatosa é incomum, trata-se do substrato histológico encontrado em vasculites mais comumente associadas a tumores e infecção, e a biópsia é positiva só em 50% dos casos. A vasculite por IgA (púrpura de Henoch-Schonlein) é caracterizada pelo envolvimento de múltiplos órgãos geralmente em crianças, sendo rara a alteração no SNC, que pode ser urêmica ou hipertensiva, sobretudo pelo comprometimento renal, além de componente de vasculite. A síndrome de Cogan é uma doença multissistêmica rara caracterizada por ceratite intersticial não sifilítica e disfunção audiovestibular.

A doença de Kawasaki é identificada em geral em crianças menores que 5 anos de idade e é caracterizada por necrose endovascular e infiltração por células mononucleares, cursando com febre, inflamação das mucosas e conjuntiva, edema endurativo de pés e mãos, exantema e linfonodomegalias cervicais. O envolvimento do SNC pode ocorrer na forma de infartos, com alguns casos apresentando hipoperfusão em estudo de SPECT (tomografia computadorizada por emissão de fóton único), coleções, alterações subcorticais, atrofia e PRES. A vasculite coronariana é muito frequente.

Doença venoclusiva

A imagem é fundamental para o diagnóstico de trombose venosa.

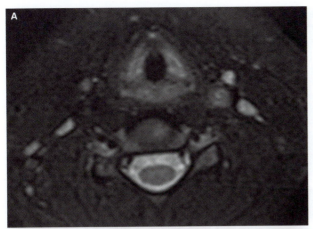
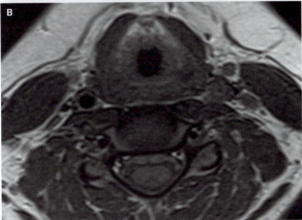
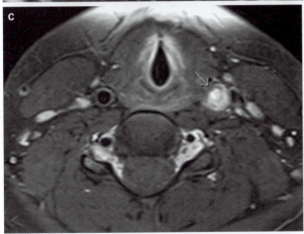

Figura 101 Paciente com espessamento parietal na artéria carótida comum esquerda, associado e alteração de sinal ao redor da parede do vaso e realce pós-contraste (seta em C), resultando em oclusão. Biópsia foi compatível com arterite de Takayasu.

As doenças venoclusivas podem ter inúmeros fatores predisponentes associados, incluindo síndrome antifosfolípide primária, trombofilias hereditárias (deficiência de proteínas C e S, de antitrombina III, fator V de Leiden e mutações genéticas do gene da protrombina), infecções meníngeas ou parameníngeas, tumores, uso de anticoncepcionais orais, período pós-parto, hiper-homocisteinemia, outros fatores que alteram o sistema de coagulação.

O quadro clínico mais comum é o de cefaleia difusa ou localizada. Os casos de suboclusão ou de oclusão de pequenas veias podem passar despercebidos. O quadro clínico nas tromboses agudas é geralmente grave: após a oclusão venosa, desenvolve-se regime de aumento de pressão parenquimatosa, com edema inicialmente extracelular, que pode evoluir com hemorragia e morte celular, caso não seja estabelecida alguma via de drenagem (colateral ou recanalização). Já as oclusões progressivas (como decorrentes de infiltração tumoral) ou tromboses parcialmente recanalizadas são pouco sintomáticas, geralmente evoluindo com desenvolvimento de vias colaterais de drenagem que compensam a circulação cerebral.

Achados de imagem

TC:

- Sem uso de contraste: geralmente pobre em achados. Pode ser identificado o sinal da corda (veia cortical trombosada), e o sinal do triângulo denso ou delta (trombo no interior do seio). Tem baixa sensibilidade e é importante não confundir com a hiperatenuação habitual dos seios.
- Após a injeção de contraste: sinal do delta vazio (realce pelo contraste das paredes do seio, com a luz relativamente hipoatenuante) (Figura 102B).
- Infartos venosos podem ser identificados como zonas hipoatenuantes com efeito de massa e focos hemáticos de permeio.

RM:

- Falha de enchimento luminal nas aquisições volumétricas com supressão do sinal do tecido adiposo após a injeção de contraste, em sequência angiográfica, ou em volume pós-contraste do estudo de crânio (Figura 103).
- Não identificação do *flow void* habitual, mas, às vezes, em quadros agudos, o sinal do trombo é dominado por desoxi-hemoglobina (em parte por meta-hemoglobina intracelular), com baixo sinal em T2, portanto de fácil confusão com a ausência de sinal por conta do fluxo (Figura 103).
- Pode haver hipersinal em T2 (Figuras 101 e 103) por trombo subagudo, com meta-hemoglobina extracelular. No entanto, muitas vezes na RM é difícil diferenciar entre fluxo de baixa velocidade (que também tem hipersinal em T2) e trombo. O achado confirmatório pode ser obtido com a injeção do meio de contraste.
- Infarto venoso parenquimatoso – alteração de sinal no parênquima drenado no território ocluído, com edema, efeito de massa e muitas vezes também com componente hemorrágico (Figura 102 e 104). Também pode ser identificada estase venosa nas imagens SWI (Figura 103B). Na difusão é comum que apresente um aspecto heterogêneo, com áreas de edema

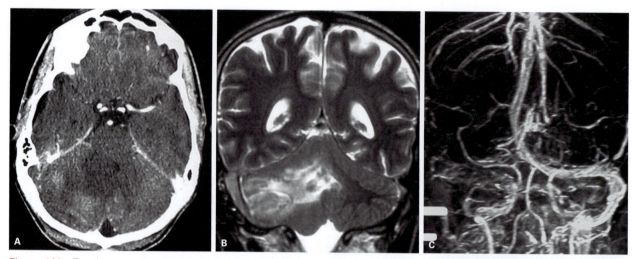

Figura 102 Trombose venosa do seio transverso com infarto cerebelar. Ausência de contrastação do seio transverso e sigmoide direitos na tomografia computadorizada, caracterizando o sinal do delta vazio (A) com extenso infarto cerebelar e trombo com hipersinal em T2 (B) e ausência de enchimento dos seios transverso e sigmoide direitos na angiorressonância magnética venosa de crânio (C).

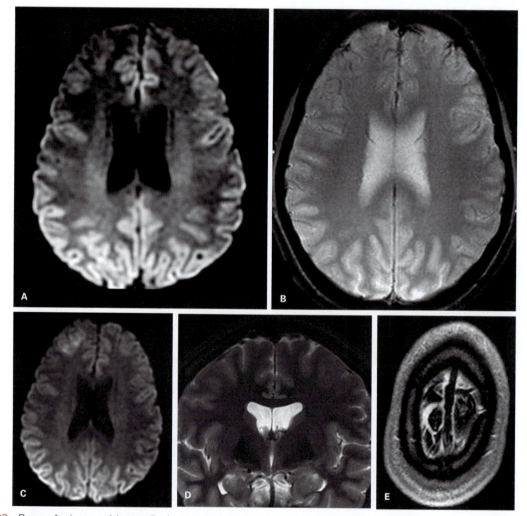

Figura 103 Ressonância magnética no dia de entrada da paciente sem alteração na difusão (A), mas com marcado hipossinal em T2* (B) nos sulcos relacionados a estase venosa. A avaliação no dia seguinte mostra área de alteração de sinal frontal na difusão (C), e o seio sagital apresenta hipossinal em T2 (D). O seio sagital não se realça após a injeção do contraste (E), compatível com trombose venosa aguda (desoxi-hemoglobina).

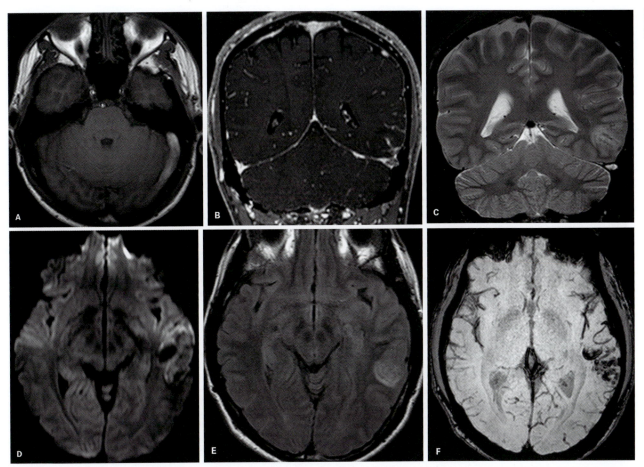

Figura 104 Trombose venosa do seio transverso e sigmoide esquerdos com infarto venoso. Hipersinal em T1 no seio transverso e sigmoide esquerdos (A) com falha de enchimento pós-contraste (B) e trombo com hipersinal em T2 no seio associado a alteração parenquimatosa com hipersinal em T2 (C) e FLAIR (E) e aspecto heterogêneo na difusão (D) com focos hemáticos em sequências de suscetibilidade magnética (SWI) (F).

vasogênico e citotóxico. Algumas alterações podem ser reversíveis. Na difusão, geralmente os CAD elevados estão relacionados a reversibilidade de lesão. A avaliação por perfusão pode mostrar aumento no volume sanguíneo cerebral sem outras anormalidades no parênquima.

- As veias emissárias podem se tornar mais evidentes nas proximidades, e não raro é possível demonstrar trombo em sua luz. A lesão é, em geral, periférica ou relacionada ao vaso ocluído.
- Como na distribuição arterial, é preciso conhecimento da distribuição vascular venosa para reconhecer os infartos venosos. Oclusão do seio sagital superior determina alteração parenquimatosa frontoparietal bilateral, geralmente simétrica. A oclusão dos seios transversos e sigmoides determina alterações frequentemente nas regiões temporais posteriores, mas podem também ser identificadas alterações cerebelares. A oclusão das veias cerebrais internas leva à lesão dos tálamos e mesencéfalo.
- Na trombose de veias centrais, o diagnóstico diferencial pode ser amplo, incluindo neoplasias, isquemias arteriais ou encefalites. Nesses casos, é fundamental a demonstração de oclusão venosa associada (Figura 105).
- Ângio-RM venosa: pode ser realizada com escolha de aquisições 2D TOF (de modo que a aquisição não fique paralela aos seios), 3D SPGR com gadolínio; e técnicas de contraste de fase (determinação de direção de fluxo). As aquisições 2D TOF tendem a superestimar áreas de ausência de fluxo, particularmente quando o seio for paralelo ao plano de aquisição ou o fluxo for lento e podem contribuir para exames falsos-positivos; dessa forma, as aquisições tridimensionais e com contraste são mais indicadas.
- Trombose parcialmente recanalizada: mais difícil de identificar. Nas imagens de ressonância podem ser identificados *flow-voids* no interior do trombo, e as imagens do crânio pós-contraste podem identificar falhas de enchimento filiformes e alongadas. Em ge-

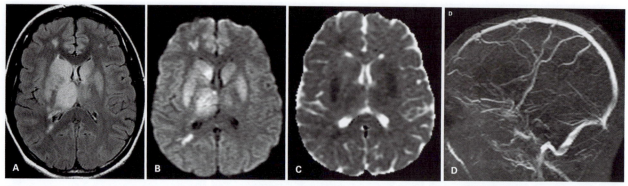

Figura 105 Trombose do seio reto. Imagens axiais pesadas em FLAIR (A), DWI (B), ADC (C) mostram alteração de sinal no tálamo e núcleos da base bilateralmente, mais extenso à direita. A angiorressonância magnética (D) não mostra a habitual contrastação do seio reto e veias cerebrais internas.

ral, a ângio-RM venosa com contraste tem maior sensibilidade para identificação do trombo residual.
- Diagnóstico diferencial:
  - As granulações aracnoides frequentemente ocupam a luz do seio, e o fazem em até 30% dos casos. Seus limites bem marcados – arredondada ou ovalada –, o sinal semelhante ao liquor em T2 e T1 (embora em geral sinal discretamente mais alto que o do liquor em FLAIR), a presença de fluxo distal e a ausência de sintomas devem ser considerados no diagnóstico diferencial.
  - Artefatos ou variantes da normalidade que podem causar dificuldades. Sobretudo em crianças é comum a descontinuidade do sinal em seios venosos, no local da sutura lambdoide, e mesmo em seios transversos.

Bibliografia sugerida

1. Abdel Razek AA, Alvarez H, Bagg S, Refaat S, Castillo M. Imaging spectrum of CNS vasculitis. Radiographics. 2014;34(4):873-94.
2. Abecassis IJ, Xu DS, Batjer HH, Bendok BR. Natural history of brain arteriovenous malformations: a systematic review. Neurosurg Focus. 2014;37(3).
3. Bonneville F. Imaging of cerebral venous thrombosis. Diagnostic and Interventional Imaging. 2004;95(12):1145-50.
4. Brinjikji W, Rabinstein A, Cloft HJ, Lanzino G, Kallmes DF. Recently published stroke trials: what the radiologist needs to know. Radiology. 2015;276:8-11.
5. Chaichana KL, Coon AL, Tamargo RJ, Huang J. Dural arteriovenous fistulas: epidemiology and clinical presentation. Neurosurg Clin N Am. 2012;23(1):7-13.
6. Badve CA, Khanna PC, Ishak GE. Neonatal ischemic brain injury: what every radiologist needs to know. Pediatr Radiol. 2012;42:606-19.
7. Chao CP, Kotsenas AL, Broderick DF. Cerebral amyloid angiopathy: CT and MR imaging findings. Radiographics. 2006;26:1517-31.
8. Cognard C, Gobin YP, Pierot L, Bailly AL, Houdart E, Casasco A, et al. Cerebral dural arteriovenous fistulas: clinical and angiographic correlation with a revised classification of venous drainage. Radiology. 1995;194(3):671-80.
9. Davies JM, Kim H, Young WL, Lawton MT. Classification schemes for arteriovenous malformations. Neurosurg Clin N Am. 2012;23(1):43-53.
10. Fugate JE, Rabinstein AA. Posterior reversible encephalopathy syndrome: clinical and radiological manifestations, pathophysiology, and outstanding questions. Lancet Neurol. 2015;14:914-25.
11. Gross BA, Du R. Natural history of cerebral arteriovenous malformations: a meta-analysis. J Neurosurg. 2013;118(2):437-43.
12. Hemphill JC, Greenberg SM, Anderson CS, Becker K, Bendok BR, Cushman M, et al. Guidelines for the management of spontaneous intracerebral hemorrhage. Stroke. 2015; 46(7):2032-60.
13. Jung HN, Kim ST, Cha J, Kim HJ, Byun HS, Jeon P, et al. Diffusion and perfusion MRI findings of the signal-intensity abnormalities of brain associated with developmental venous anomaly. AJNR Am J Neuroradiol. 2014;35(8):1539-42.
14. Kakar P, Charidimou A, Werring DJ. Cerebral microbleeds: a new dilemma in stroke medicine. JRSM Cardiovascular Disease. 2012;1(8)22.
15. Kidwell CS, Chalela JA, Saver JL, Starkman S, Hill MD, Demchuk AM, et al. Comparison of MRI and CT for Detection of Acute Intracerebral Hemorrhage. JAMA. 2004;292(15):1823-30.
16. Kivisaari RP, Salonen O, Servo A, Autti T, Hernesniemi J, Öhman J. MR Imaging after aneurysmal subarachnoid hemorrhage and surgery: a long-term follow-up study. AJNR Am J Neuroradiol. 2001;22:11438.
17. Kontzialis M, Wasserman BA. Intracranial vessel wall imaging: current applications and clinical implications. Neurovascular Imaging. 2016;2:4.
18. Lee M, Kim MS. Image findings in brain developmental venous anomalies. J Cerebrovasc Endovasc Neurosurg. 2012;14(1):37-43.
19. Lin MP, Liebeskind DS. Imaging of ischemic stroke. Continuum (Minneap Minn). 2016;22(5):1399-4233.
20. Linfante I, Llinas RH, Caplan LR, Warach S. MRI Features of intracerebral hemorrhage within 2 hours from symptom onset. Stroke. 1999;30:2263-7.
21. Lo EH, Dalkara T, Moskowitz MA. Mechanisms, challenges and opportunities in stroke. Nat Rev Neurosci. 2003;4(5):399-415.
22. Lövblada KO, Altrichter S, Pereira VM, Vargas M, Marcos Gonzalez A, Haller S, et al. Imaging of acute stroke: CT and/or MRI. J Neuroradiol. 2015;42:55-64.
23. Marder CP, Donohue MM, Weinstein JR, Fink KR. Multimodal imaging of reversible cerebral vasoconstriction syndrome: a serie of 6 cases. Am J Neuroradiol. 2012;33(7):1403-10.
24. Marder CP, Narla V, Fink JR, Tozer Fink KR. Subarachnoid hemorrhage: beyond aneurysms. Am J Roentgenol. 2014;202(1):25-37.
25. Marder CP, Narla V, Fink JR, Fink KRT. Subarachnoid hemorrhage: beyond aneurysms. Am J Roentgenol. 2014;202:25-37.
26. Marquardt G, Niebauer T, Schick U, Lorenz R. Long term follow up after perimesencephalic subarachnoid haemorrhage. J Neurol Neurosurg Psychiatry. 2000;69:1 127-30.
27. Meckel S, Maier M, Ruiz DS, Yilmaz H, Scheffler K, Radue EW, et al. MR angiography of dural arteriovenous fistulas: diagnosis and follow-up after treatment using a time-resolved 3D contrast-enhanced technique. AJNR Am J Neuroradiol. 2007;28(5):877-84.
28. Menon BK, Campbell BCV, Levi C, Goyal M. Role of imaging in current acute Ischemic stroke workflow for endovascular therapy. Stroke. 2015;1453-61.
29. Mercuri E, Cowan F, Rutherford M, Acolet D, Pennock J, Dubowitz L. Ischaemic and haemorrhagic brain lesions in newborns with seizures and normal Apgar scores. Arch Dis Child Fetal Neonatal Ed. 1995;73(2):F67-74.
30. Miller TR, Shivashankar R, Mossa-Basha M, Gandhi D. Reversible cerebral vasoconstriction syndrome, part 1: epidemiology, pathogenesis, and clinical course. Am J Neuroradiol. 2015;36(8):1392-9.
31. Miller TR, Shivashankar R, Mossa-Basha M, Gandhi D. Reversible cerebral vasoconstriction syndrome, part 2: diagnostic work-up, imaging evaluation, and differential diagnosis. Am J Neuroradiol. 2015;36(9):1580-8.
32. Mitchell P, Wilkinson ID, Hoggard N, Paley MN, Jellinek DA, Powell T, et al. Detection of subarachnoid haemorrhage with magnetic resonance imaging. J Neurol Neurosurg Psychiatry. 2001;70:205-11.

33. Morais LT, Leslie-Mazwi TM, Lev MH, Albers GW, Yoo AJ. Imaging-based selection for intra-arterial stroke therapies. J NeuroIntervent Surg. 2013;5:i13-i20.
34. Nentwich LM, Veloz W. Neuroimaging in acute stroke. Emerg Med Clin North Am. 2012;30(3):659-80.
35. Nimjee SM, Powers CJ, Bulsara KR. Review of the literature on de novo formation of cavernous malformations of the central nervous system after radiation therapy. Neurosurg Focus. 2006;21(1):e4.
36. Obusez EC, Hui F, Hajj-Ali RA, Cerejo R, Calabrese LH, Hammad T, et al. High-resolution MRI vessel wall imaging: spatial and temporal patterns of reversible cerebral vasoconstriction syndrome and central nervous system vasculitis. Am J Neuroradiol. 2014;35(8):1527-32.
37. Parizel PM, Van Miert E, Makkat S, De Schepper AM. Intracranial hemorrhage: Principles of CT and MRI interpretation. European Radiology. 2001;11(9):1770-83.
38. Rammos SK, Gardenghi B, Bortolotti C, Cloft HJ, Lanzino G. Aneurysms associated with brain arteriovenous malformations. AJNR. 2016;37:1966-71.
39. Rinkel GJ, Wijdicks EF, Vermeulen M, Ramos LM, Tanghe HL, Hasan D, et al. Nonaneurysmal perimesencephalic subarachnoid hemorrhage: CT and MR patterns that differ from aneurysmal rupture. AJNR Am J Neuroradiol. 1991;12:829-34.
40. Sadek AR, Waters RJ, Sparrow OC. Posterior reversible encephalopathy syndrome: a case following reversible cerebral vasoconstriction syndrome masquerading as subarachnoid haemorrhage. Acta Neurochir. 2012;154:413.
41. Sanelli PC, Sykes JB, Ford AL, Lee JM, Vo KD, Hallam DK. Imaging and treatment of patients with acute stroke: an evidence-based review. AJNR Am J Neuroradiol. 2014;35(6):1045-51.
42. Geibprasert S, Pongpech S, Jiarakongmun P, Shroff MM, Armstrong DC, Krings T. Radiologic assessment of brain arteriovenous malformations: what clinicians need to know. Radiographics. 2010;30(2):483-501.
43. Takahashi S, Higano S, Ishii K, Matsumoto K, Sakamoto K, Iwasaki Y, et al. Hypoxic brain damage: cortical laminar necrosis and delayed changes in white matter at sequential MR imaging. Radiology. 1993;189(2):449-56.
44. Verma RK, Kottke R, Andereggen L, Weisstanner C, Zubler C, Gralla J, et al. Detecting subarachnoid hemorrhage: comparison of combined FLAIR/SWI versus CT. Eur J Radiol. 2013;82(9):1539-45.
45. Weon YC, Yoshida Y, Sachet M, Mahadevan J, Alvarez H, Rodesch G, et al. Supratentorial cerebral arteriovenous fistulas (AVFs) in children: review of 41 cases with 63 non choroidal single-hole AVFs. Acta Neurochir (Wien). 2005;147(1):17-31; discussion 31.
46. Wiebers DO, Whisnant JP, Huston J 3rd, Meissner I, Brown RD Jr, Piepgras DG, et al. International Study of Unruptured Intracranial Aneurysms Investigators. Unruptured intracranial aneurysms: natural history, clinical outcome, and risks of surgical and endovascular treatment. Lancet. 2003;362(9378):103-10.
47. Wintermark M, Sanelli PC, Albers GW, Bello J, Derdeyn C, Hetts SW, et al. Imaging recommendations for acute Stroke and transient ischemic attack patients: a joint statement by the American Society of Neuroradiology, the American College of Radiology and the Society of NeuroInterventional Surgery. AJNR Am J Neuroradiol. 2013;34(11):E117-27.
48. Yeo LLL, Paliwal P, Teoh HL, Seet RC, Chan BP, Ting E, et al. Assessment of intracranial collaterals on CT angiography in anterior circulation acute ischemic stroke. AJNR Am J Neuroradiol. 2015;36(2):289-94.

3

Trauma no sistema nervoso central

Ellison Fernando Cardoso
Fabíola Bezerra de Carvalho Macruz
Gabriel Scarabôtolo Gattás

Introdução

O trauma cranioencefálico (TCE) é um importante problema de saúde pública no Brasil e no mundo, responsável por altas taxas de morbidade incapacitante e mortalidade decorrentes predominantemente de ferimentos por arma de fogo (FAF), quedas e acidentes de trânsito. Por incidir principalmente na população jovem e na faixa etária economicamente ativa do sexo masculino, acentua os problemas socioeconômicos populacionais, especialmente nos países pobres ou em desenvolvimento, onde estes índices são mais elevados. A incidência de TCE em São Paulo foi estimada em cerca de 360 por 100 mil habitantes, muito mais elevada que a incidência média de 200 por 100 mil habitantes nos países desenvolvidos. Estudo utilizando dados estatísticos do município de São Paulo em 1997 estimou a mortalidade populacional por TCE naquele período variando entre 26 e 39 por 100.000 habitantes.

Como mostram as estatísticas, pelo menos no momento atual, as medidas preventivas não têm sido suficientes para resolver esse problema, portanto, para esse fim, torna-se muito importante também concentrar esforços no atendimento individual desses pacientes.

Na avaliação inicial de um paciente vítima de TCE, é imprescindível esclarecer se há lesão traumática intracraniana e qual é a natureza da lesão porventura existente para definir se o tratamento será clínico ou cirúrgico.

A Escala de Coma de Glasgow (ECG) é o indicador clínico mais utilizado para se mensurar a gravidade do TCE; entretanto, é um método inespecífico, uma vez que pacientes igualmente apresentando baixos escores nessa escala podem ter diferentes tipos de lesão traumática intracraniana e, portanto, prognósticos e tratamentos diferentes.

A avaliação por imagem do TCE tem importante papel na determinação do pronto diagnóstico de lesão intracraniana, definindo conduta terapêutica clínica ou cirúrgica de emergência, posteriormente auxiliando na monitorização de seu tratamento e permitindo, juntamente com a ECG, melhor estimativa do prognóstico do paciente.

Radiografia simples do crânio, tomografia computadorizada (TC), ressonância magnética (RM) e angiografia digital são os principais métodos por imagem utilizados nesses pacientes.

Radiografia simples

Não é capaz de excluir lesão intracraniana, tendo índices falso-negativos de até 80%, e também, inversamente, a presença de fratura craniana na radiografia simples não necessariamente indica lesão intracraniana. Portanto, não é um método que deva ser utilizado com a finalidade de selecionar pacientes para a TC. Tem seu valor não como método decisivo, mas como coadjuvante à TC, sendo muito útil na caracterização de fraturas cranianas lineares que correm paralelamente ao plano dos cortes da TC, na identificação e localização de corpo estranho (tal como projétil de arma de fogo) e na investigação de suspeita de espancamento em crianças.

Tomografia computadorizada

É o método por imagem mais adequado no atendimento inicial ao paciente vítima de TCE, pois, quando comparada à RM, é mais disponível, tem menor custo, é mais sensível à caracterização de fraturas cranianas e detecta hemorragias agudas com alta sensibilidade, permitindo rapidamente a identificação de lesões potencialmente fatais que necessitem de tratamento cirúrgico imediato.

Além disso, no final da década de 1990, os tomógrafos com multidetectores (TC *multislice*) foram responsáveis por uma grande revolução diagnóstica ainda no ambiente do pronto-atendimento. Sua rápida execução facilita o estudo de pacientes agitados, em confusão mental, com intoxicação exógena e de crianças – situações frequentes no TCE. A TC *multislice* é uma ferramenta diagnóstica poderosa, que realiza exames extremamente rápidos e com aquisições volumétricas que permitem estudar simultaneamente o crânio, a base do crânio, a face e a coluna cervical. Há até mesmo estudos do corpo inteiro nos pacientes politraumatizados, com acesso a reconstruções multiplanares e tridimensionais. Além disso, a TC *multislice* permite estudo das estruturas vasculares por angiotomografia (ângio-TC) por meio de aquisições volumétricas durante a infusão rápida do meio de contraste iodado, com subsequentes reconstruções angiográficas em estações de trabalho, trazendo grande avanço no diagnóstico das lesões dos vasos cervicais e intracranianos, seja nos traumas fechados ou perfurantes. Assim, em poucos segundos pode-se ter o diagnóstico de clássicas lesões traumáticas intracranianas, mas também de lesões traumáticas da base do crânio, incluindo-se as mastoides, a face e a coluna cervical, bem como dos vasos cervicais e intracranianos.

Ressonância magnética

Permite excelente definição das estruturas encefálicas, muito superior em relação à TC, gerando imagens multiplanares, sendo um método mais sensível do que a TC para a detecção de lesões intracranianas, especialmente aquelas não hemorrágicas, hemorrágicas de pequeno volume ou de localização profunda ou infratentorial. Porém, a RM tem algumas restrições que impossibilitam sua larga utilização no atendimento inicial à vítima de TCE; entre elas: alto custo, menor disponibilidade, maior tempo de execução do exame e elevado campo magnético. Tudo isso dificulta o manejo desses pacientes, que, frequentemente, trazem consigo dispositivos metálicos de monitorização e suporte vital ou corpo estranho metálico perfurante, como, por exemplo, projétil de arma de fogo, contraindicando ou tornando muito pouco prático o seu uso.

TC e RM: indicações e metodologias

Tomografia computadorizada

Indicações

É o método por imagem mais adequado no atendimento inicial ao paciente vítima de TCE. Critérios para a indicação da realização de TC em pacientes vítimas de TCE têm sido adotados em algumas instituições, mas nenhum critério universal foi estabelecido, pois estudos mostram que mesmo nos TCE considerados leves (pacientes em ECG de 15, com perda de consciência ou amnésia momentâneas, e exame neurológico normal) há uma pequena parcela com achados na TC potencialmente fatais, necessitando de intervenção cirúrgica urgente.

No entanto, algumas indicações já estão bem estabelecidas, sendo consenso na literatura: perda da consciência ou amnésia, ECG menor que 15, déficit neurológico focal, suspeita de intoxicação, trauma craniano visível, extremos de faixa etária e história de coagulopatias. Inversamente, vários estudos demonstram que pacientes vítimas de TCE leve, apresentando TC de crânio inicial e exame neurológico normais, podem seguramente receber alta hospitalar, sendo desnecessários nestes casos controles tomográficos. O Projeto Diretrizes (Associação Médica Brasileira e Conselho Federal de Medicina) orienta que estão dispensados de realizar TC de crânio somente os pacientes que se classificam como TCE leve de baixo risco para potencial lesão neurocirúrgica: ECG de 15, mecanismo de trauma de pequena intensidade, totalmente assintomáticos, exame físico geral normal, sem alteração neurológica, ainda podendo haver cefaleia discreta e não progressiva, tontura ou vertigem temporárias e hematoma subgaleal ou laceração cutânea pequenos. Todas as demais situações clínicas no TCE com ECG igual a 15 que não se enquadrem no TCE leve de baixo risco serão consideradas de médio ou de alto risco, e todos estes demais grupos, assim como os TCE moderados (ECG de 9 a 13) e graves (ECG abaixo de 9), deverão realizar TC de crânio no pronto-atendimento.

Metodologia

A metodologia habitual da TC de crânio inclui cortes finos (2 a 3 mm) axiais na fossa posterior, para reduzir os artefatos provenientes da alta concentração de estruturas ósseas da base do crânio, e subsequentes cortes axiais de 7 a 10 mm de espessura no restante do crânio até o vértex, paralelo ao plano entre a órbita e o meato acústico externo (plano órbito-meatal). As imagens obtidas podem ser analisadas em diferentes ajustes de nível e abertura, devendo ser estudadas pelo menos num ajuste dirigido para o parênquima encefálico e outro para as estruturas ósseas – a chamada janela óssea.

Para o estudo simultâneo da face e da coluna cervical é necessária aquisição volumétrica helicoidal com cortes finos, preferencialmente menores que 1,25 mm de espessura e reconstruídos com interpolação, em intervalos de cerca de 50 a 60% da espessura de corte. Para estudo dos vasos cervicais e intracranianos por meio da ângio-TC, esta aquisição é obtida em fase de predomínio de contrastação arterial, iniciando-se em tempo precoce entre 15 e 20 s após o início da infusão de meio de contraste endovenoso em rápida velocidade de fluxo, entre 4,0 e 5,0 mL/s. Os tomógrafos *multislice*, em geral, têm dispositivos de monitorização da passagem do meio de contraste pelas principais artérias mediastinais ou cervicais, orientando o início da aquisição em tempo arterial ideal.

Ressonância magnética

Indicações

Após a estabilização clínica desses pacientes e já se tendo informações adicionais obtidas pela TC (e eventualmente pela ângio-TC) inicial, a RM contribui para o aumento da detecção e a melhor caracterização das lesões traumáticas encefálicas, das hemorragias intracranianas e de suas possíveis complicações, tais como herniações cerebrais e lesões isquêmicas. Tendo maior sensibilidade diagnóstica, a RM assume importante papel nesta segunda avaliação por imagem do TCE, trazendo maior precisão no estadiamento e informações mais detalhadas que contribuirão para a conduta terapêutica e a definição do prognóstico desses pacientes.

Metodologia

A metodologia de RM preconizada para a adequada avaliação do TCE inclui as sequências T1 e T2 *spin-echo*, T2* (gradiente-eco), FLAIR (*fluid-attenuated inversion-recovery*), difusão e, mais recentemente, sequência ponderada em suscetibilidade magnética (SWI), que quando analisadas conjuntamente permitem caracterizar um maior número de lesões traumáticas encefálicas, mesmo que de pequenas dimensões ou não hemorrágicas ou em fossa posterior, além de infartos agudos, herniações cerebrais, hemorragia subaracnoide e hematomas extradurais e subdurais, mesmo que pequenos e de fina espessura, inclusive aqueles em fossa posterior.

Classificação e mecanismos de trauma

Classificação do trauma

As lesões causadas por TCE podem ser classificadas de duas formas principais: lesões focais e difusas ou lesões primárias e secundárias. Será utilizada aqui esta última classificação, por obedecer a uma ordem cronológica, sendo mais didática.

As lesões traumáticas primárias são originadas diretamente do evento traumático inicial: neste grupo se incluem as lesões do couro cabeludo, as fraturas cranianas e vários tipos de lesões intracranianas, tais como as hemorragias extra-axiais (extradural, subdural, subaracnoide, intraventricular) e as diversas lesões intra-axiais, como ferimentos perfurantes (principalmente FAF), contusões, lesão axonal traumática, lesão de substância cinzenta e de tronco cerebral.

As lesões traumáticas secundárias são danos que ocorrem em consequência das reações fisiológicas regionais ou sistêmicas em resposta ao trauma inicial. Neste grupo se incluem edema, herniação e infarto cerebral, hemorragia secundária, infecção e hidrocefalia.

Mecanismos de trauma

O mecanismo de trauma determina o tipo de lesão primária num paciente vítima de TCE e basicamente divide-se em dois grandes grupos: os mecanismos traumáticos diretos e os indiretos (Figura 1).

Os mecanismos traumáticos diretos (Figura 1A) são aqueles nos quais as forças traumáticas incidem com impacto direto sobre o crânio, provenientes de traumas como quedas, agressões físicas e FAF, causando lesões como fraturas cranianas, hematomas extradurais e contusões cerebrais.

Os mecanismos traumáticos indiretos (Figura 1B) são aqueles nos quais, independentemente de haver força de impacto direto sobre o crânio, há necessariamente forças de distensão-cisalhamento originadas por abrupta aceleração e desaceleração linear e rotacional, fazendo com que estruturas encefálicas de diferentes densidades tenham movimentos inerciais diferentes, causando estiramento e rotura das fibras axonais e dos pequenos vasos sanguíneos perfurantes existentes na interface dessas estruturas. São o principal mecanismo de trauma dos acidentes de transporte, sendo responsáveis pelos mais diversos tipos de lesões intracranianas encontradas nos TCE, entre elas hematoma subdural, hemorragia subaracnoide, contusões, lesão axonal traumática, lesões cerebrais profundas e de tronco cerebral.

É importante observar que esta divisão é didática, uma vez que muitos TCE, principalmente os por motivos mais violentos, tendem a apresentar uma combinação desses mecanismos, eventualmente um predominando sobre o outro, dependendo do tipo de trauma.

As lesões intra-axiais causadas pelos mecanismos traumáticos indiretos (p. ex., acidente de trânsito em alta velocidade) podem ser extensas, profundas, frequentemente múltiplas e bilaterais, muitas vezes sem a ocorrência de um impacto direto sobre o crânio, e isso explica a existência de traumas graves, de prognóstico sombrio, levando o paciente ao coma, sem que haja sinais de lesão direta no crânio.

O inverso dessa situação também pode ser observado, quando o TCE é provocado principalmente por um mecanismo de trauma direto (p. ex., violenta agressão física), eventualmente com múltiplas fraturas craniofaciais, sem que haja um componente significativo de forças de distensão-cisalhamento produtoras de lesões intra-axiais importantes, acometendo um paciente visivelmente traumatizado, mas sem lesões encefálicas importantes e com prognóstico favorável.

Lesões traumáticas primárias

Fraturas cranianas e lesões superficiais extracranianas

Lesões dos planos superficiais extracranianos estão presentes na grande maioria dos traumatismos crania-

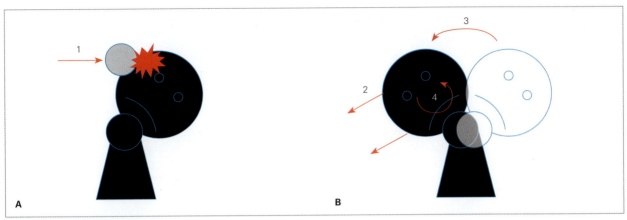

Figura 1   A: Mecanismo traumático direto ilustrando impacto de objeto com força traumática, incidindo diretamente no crânio (seta 1). B: Mecanismo traumático indireto, evidenciando forças de aceleração/desaceleração linear (seta 2), angular (seta 3) e rotacional (seta 4) incidindo sobre o crânio, sem impacto direto.

nos. Na TC, observa-se aumento volumétrico e densificação da gordura do subcutâneo, indicando sinais de contusão dos tecidos superficiais. Esses achados podem ser superponíveis aos de infecções dos tecidos superficiais e a correlação com a história clínica é fundamental. Muitas vezes pequenas bolhas de gás são identificadas em meio ao subcutâneo e refletem a descontinuidade da pele, sinalizando um ferimento corto-contuso. Em FAF, podemos identificar os orifícios de entrada e saída de projéteis e hematomas. Embora de pouco significado clínico, esses achados facilitam a compreensão do mecanismo de trauma e podem guiar o radiologista na procura de lesões de maior relevância clínica como fraturas subjacentes aos sinais de contusão e lesões por contragolpe em direção diametralmente oposta. Em alguns casos, podem ocorrer complicações como infecções. Outra complicação mais rara é o surgimento de pseudoaneurismas ou fístulas arteriovenosas em casos de ferimentos perfurantes, em geral de ramos das artérias temporal superficial ou occipital.

As fraturas cranianas também são causadas por impacto direto e estão presentes em 50 a 60% dos pacientes com TCE grave (com ECG abaixo de 9), dividindo-se em três tipos principais: linear, com afundamento e da base do crânio.

A fratura craniana mais frequente é a linear e sem desalinhamento. Em geral, tais fraturas não têm significado clínico maior. Entretanto, em decorrência da maior energia envolvida nesses casos, alguns serviços preconizam a internação e monitorização neurológica desses pacientes. Muitas vezes, pequenas coleções extra-axiais em decorrência de laceração de pequenas estruturas vasculares podem estar associadas e um controle evolutivo tomográfico ou por RM é indicado para verificar a possibilidade de aumento do seu volume ainda que o paciente permaneça neurologicamente estável. Em outros casos, quando existe laceração de vasos de maior calibre, podem estar associados a hematomas extradurais de maior volume com indicação cirúrgica imediata (Figura 2).

Fraturas com afundamento podem perpetuar uma agressão ao córtex cerebral, podendo ser necessária exploração cirúrgica, principalmente se o afundamento for maior que 5,0 mm ou se a depressão for maior que a espessura da calota craniana (Figura 3).

A TC tem alta sensibilidade na detecção das fraturas cranianas, assim como as reconstruções multiplanares e tridimensionais, principalmente utilizando as técnicas de MIP (*maximal intensity projection* – projeção de máxima intensidade) e VR (*volume rendering* – renderização de volume). Recomenda-se a aquisição volumétrica com cortes finos e a reconstrução com filtros ósseos e de partes moles para verificar as fraturas e possíveis coleções associadas.

Essas reconstruções trazem ótimo panorama das fraturas do trauma craniofacial grave, evidenciando com muita realidade seus múltiplos traços, desalinhamentos e afundamentos. Têm importância ainda no planejamento da exploração cirúrgica, que se destina a verificar a existência ou não de laceração da dura-máter, remover fragmentos ósseos ou hematomas contusionais, reduzir riscos de infecção e corrigir esteticamente as deformidades do afundamento craniano (Figura 4).

As fraturas dos ossos da base do crânio, em geral, indicam trauma grave, comumente associado a outras lesões intracranianas, otorragia, fístula liquórica ou pneumocéfalo. Deve-se, no entanto, atentar aos sinais indiretos de sua presença, tais como pneumocéfalo em trauma fechado, níveis hidroaéreos nos seios da face ou conteúdo líquido obliterando as células mastoides. Como essas fraturas muitas vezes seguem o plano de aquisição das imagens, é fundamental a reconstrução multiplanar, preferencialmente coronal para melhor identificar essas

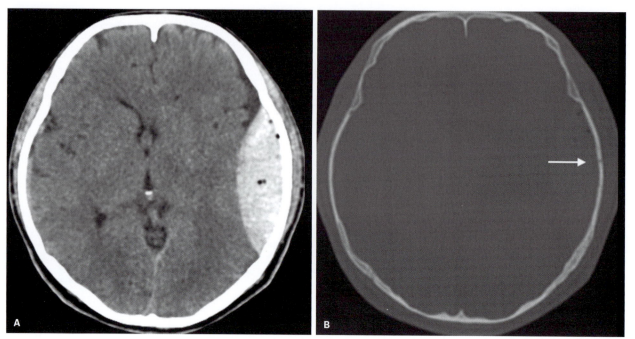

Figura 2 Fratura craniana sem desalinhamento. Janela para avaliação do parênquima encefálico (A) e janela óssea (B) demonstrando hematoma extradural adjacente à fratura (seta em B). Notam-se bolhas gasosas no interior do hematoma extradural.

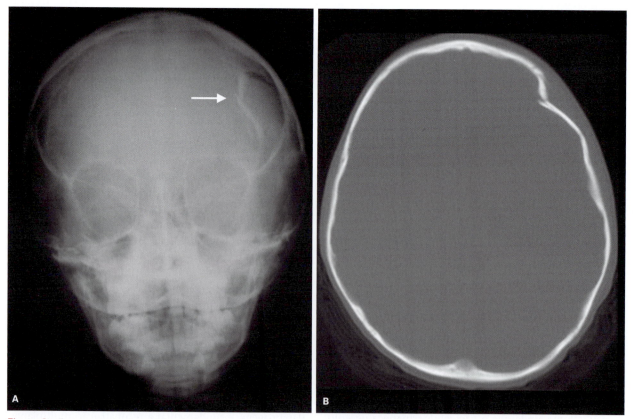

Figura 3 Fratura craniana com afundamento. Radiografia de crânio em incidência anteroposterior (AP) (A) e tomografia computadorizada (B) com janela óssea, evidenciando fratura-afundamento da calota craniana na região frontal esquerda (seta em A).

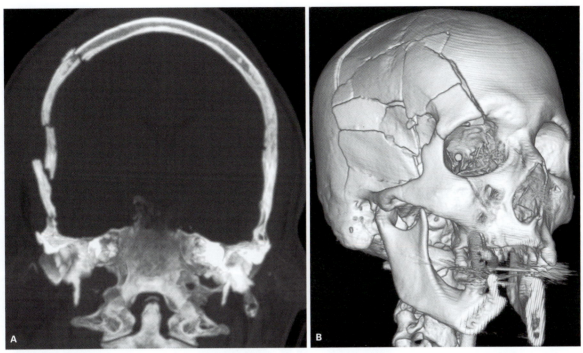

Figura 4 Múltiplas fraturas craniofaciais desalinhadas e com afundamentos. Tomografia computadorizada *multislice* com reconstrução coronal (A) e tridimensional (B).

fraturas, suas extensões e possíveis envolvimentos de estruturas importantes, como os canais carotídeos, os forames transversos das artérias vertebrais, os forames jugulares (podendo sinalizar a possibilidade de lesões vasculares), as estruturas da orelha média e interna, os canais dos nervos faciais, entre outras (Figura 5).

As fraturas do seio frontal, esfenoidal e das mastoides podem estar associadas a fístula liquórica por laceração da dura-máter. A comunicação entre o espaço intracraniano e o meio externo pode levar a infecções por contiguidade como meningite, empiema e abscesso cerebral. A presença de pneumocrânio é um sinal importante para radiologistas observarem atentamente as mastoides e os seios paranasais para pesquisa de fraturas (Figura 5).

Muitas vezes os TCE têm ainda lesões superficiais associadas, o hematoma subgaleal (Figura 6).

Trauma cranioencefálico penetrante

Entre os ferimentos cranioencefálicos penetrantes, o mais prevalente é o FAF, sendo uma das mais importantes causas de óbito ou de sequelas permanentes nos pacientes vítimas de TCE. A gravidade desse ferimento depende do tipo de projétil (tamanho, morfologia, constituição), do tipo de arma de fogo (conferindo velocidade linear e rotacional ao projétil) e do trajeto do projétil durante sua passagem pelo crânio. Assim, um FAF será mais grave quando provocado por uma arma potente e por um projétil de maiores dimensões que, ao atravessar o crânio, precocemente se fragmente ou desvie seu curso, ricocheteando pela tábua interna craniana e causando lesão do parênquima encefálico ao longo de seu trajeto. FAF de trajeto unilobar, em geral, tem melhor prognóstico do que aqueles de trajeto bi-hemisférico, transventricular ou cursando pela fossa posterior (Figura 7).

A TC tem importante papel na avaliação inicial desses pacientes, caracterizando a localização e o trajeto do projétil, demonstrando a localização e a extensão do ferimento encefálico, o grau de hemorragia intracraniana e de fragmentação do projétil, presença de fraturas associadas e, principalmente, mostrando se há lesões cirurgicamente tratáveis, como hematomas intra ou extra-axiais, ou sinais de herniação. Uma limitação da TC nesses casos é decorrente da alta densidade metálica do projétil, gerando intensos artefatos que prejudicam a avaliação do parênquima encefálico adjacente (Figura 7). Analogamente, a TC também deve ser indicada na avaliação de ferimentos penetrantes que não sejam por arma de fogo, como arma branca e outros objetos perfurantes (Figura 8).

Qualquer ferimento penetrante, seja por arma de fogo, arma branca, por outros objetos penetrantes, ou ainda por mordida de animais, pode apresentar lesão vascular associada (laceração, dissecção, pseudoaneurisma, fístula arteriovenosa, trombose venosa), devendo-se considerar a eventual necessidade de avaliação mais detalhada da vasculatura. Apesar da angiografia digital ser padrão-ouro para esta análise, vários estudos retrospectivos e metanálises demonstram que a ângio-TC é uma

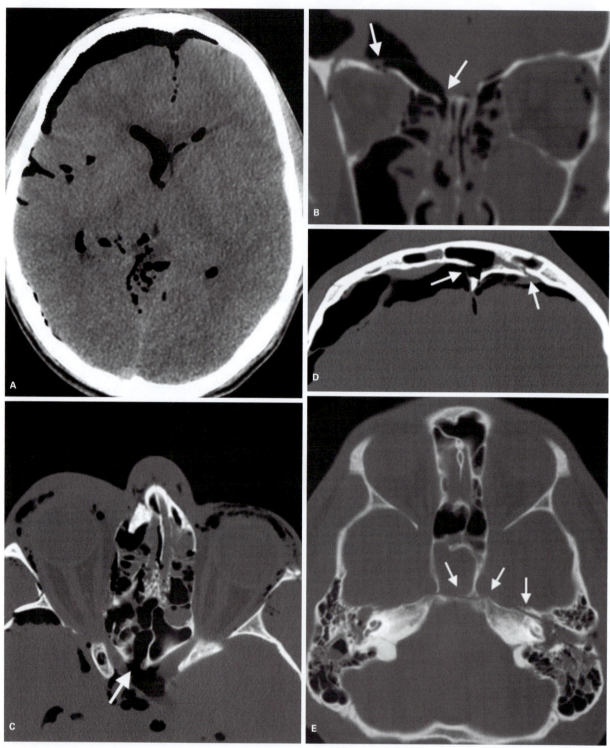

Figura 5 Imagem de tomografia computadorizada (TC) axial sem contraste (A) mostrando volumoso pneumocéfalo com componente subaracnoide e intraventricular. Reformatação coronal demonstrando múltiplas fraturas do teto etmoidal e da órbita direita (setas em B). Imagens axiais de TC demonstrando fraturas da lâmina papirácea etmoidal bilateralmente, da parede posterior do seio esfenoidal (seta) (C) e do seio frontal (setas) (D). Extensa fratura longitudinal da mastoide cursando pelo clivo e atingindo a parede do canal carotídeo (setas), em outra imagem axial de TC (E).

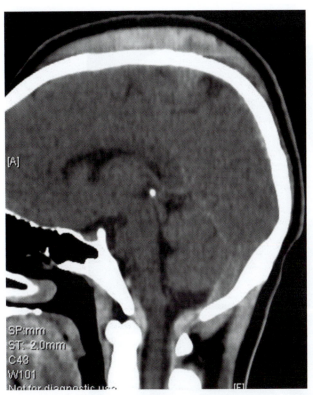

Figura 6 Reconstrução sagital de tomografia computadorizada (TC) *multislice*: hematoma subgaleal no vértex.

alternativa diagnóstica rápida, não invasiva e de elevada acurácia na detecção de lesão vascular traumática, além de permitir avaliação multiplanar e tridimensional do crânio, com precisa demonstração do trajeto do ferimento e sua relação com estruturas ósseas, encefálicas e vasculares, portanto, contribuindo para o planejamento cirúrgico dos traumas penetrantes (Figura 9).

A ângio-RM, em geral, é contraindicada quando há corpo estranho metálico, mas em sua ausência, pode ser alternativa diagnóstica importante em pacientes que tenham contraindicações ao uso do contraste iodado endovenoso que impossibilitem a realização de ângio-TC ou arteriografia digital.

Hemorragias extra-axiais traumáticas

Há quatro tipos básicos de hemorragia extra-axial traumática: hematoma extradural, hematoma subdural, hemorragia subaracnoide e hemorragia intraventricular. Na admissão do paciente, durante a fase aguda, a TC tem alta sensibilidade para a detecção de sangue, que em geral apresenta-se hiperatenuante em relação às demais estruturas encefálicas. Vale lembrar que ajustar corretamente as janelas de visualização é fundamental para a maior sensibilidade do método, pois pequenos hematomas extra-axiais hiperdensos se confundem com a hiperatenuação da calota craniana (Figura 10). Essas coleções também devem ser avaliadas nas reformatações multiplanares, pois quando dispostas paralelas ao plano de aquisição mais facilmente podem ser confundidas com uma continuidade das estruturas ósseas. Os estudos de RM permitem também a detecção de hemorragias de pequeno volume, principalmente numa fase evolutiva subaguda ou em pacientes anêmicos, quando sua atenuação assemelha-se à do parênquima cerebral na TC, ou localizadas na fossa posterior. A aquisição de sequências FLAIR volumétricas é recomendada para maior sensibilidade.

Hematoma extradural

Hematoma extradural (HED) é uma coleção hemorrágica localizada entre a tábua interna da calota craniana e a dura-máter, no espaço extradural. Está presente em 2-12% dos TCE, num pico de faixa etária entre 10 e 30 anos, sendo menos comum em crianças e idosos. A apresentação clássica caracterizada pelo intervalo lúcido com perda tardia de consciência somente é observada numa minoria desses pacientes, não havendo perda de consciência em mais de 50% dos casos. A maioria dos HED (85 a 95%) tem sua origem a partir de uma fratura craniana lacerando ramos arteriais meníngeos ou seios venosos durais. A grande maioria das lacerações é arterial (85%), em ramos da artéria meníngea média em decorrência da fratura temporal ou temporoparietal, originando um hematoma com alta pressão de sangramento, que pode ter início e desenvolver-se perigosamente em curto intervalo de tempo. Geralmente são unilaterais (95%), supratentoriais (90-95%) e nas regiões temporoparietais (66%).

Os HED de origem venosa são menos frequentes que os arteriais na população geral (15%), porém são mais frequentes nas crianças e ocorrem por fraturas occipitais, esfenoidais ou parietais que lesam um seio venoso dural. Sua localização mais comum é na fossa posterior, por lesão do seio transverso ou do seio sigmoide, e na fossa cerebral média, por lesão do seio esfenoparietal. Ocorre mais raramente no vértice craniano por lesão do seio sagital superior (Figura 11).

Os HED apresentam mortalidade geral de 5%, mais elevada quando bilaterais (15-20%) ou na fossa posterior (26%). Classicamente, o HED apresenta-se à TC como uma coleção extra-axial que afasta o córtex da tábua interna da calota craniana, tendo formato de uma lente biconvexa homogeneamente hiperatenuante (Figuras 12 a 14) que, quando de maiores dimensões, afasta e abaúla a convexidade cortical, causando compressões ventriculares, herniações cerebrais e frequentemente associando-se a contusões corticais adjacentes ou por contragolpe. Em decorrência da grande aderência da dura-máter na tábua interna craniana no plano das suturas, os HED em geral não ultrapassam as linhas de sutura (diferentemente dos hematomas subdurais que atravessam livremente as linhas de sutura), a menos que a dura-máter esteja lacerada nesses planos (Figura 12A).

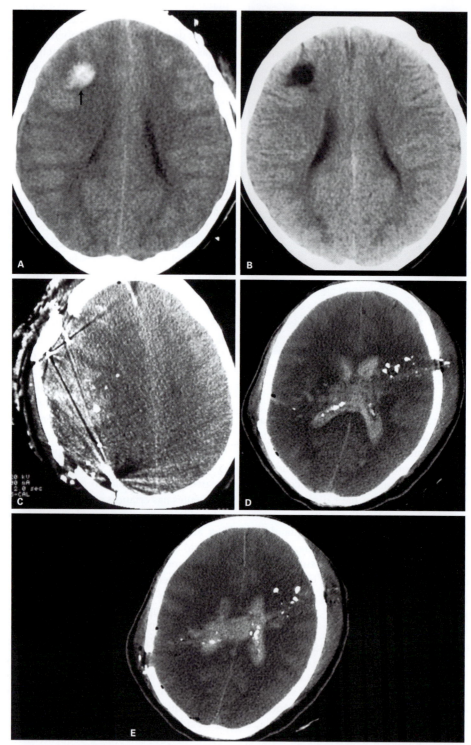

Figura 7 Imagem axial de tomografia computadorizada (TC) em ferimento por arma de fogo (FAF) unilobar frontal na admissão do pronto-atendimento (A), com hematoma agudo no trajeto do projétil (seta), sem outras lesões ou rastilhos adjacentes, e na alta do paciente (B), que evoluiu bem e sem déficits neurológicos relevantes. Imagem axial de TC em FAF de outro paciente (C) com múltiplos rastilhos, hemorragia difusa no trajeto do projétil e edema cerebral difuso. O paciente evoluiu com graves sequelas neurológicas. Notam-se artefatos provenientes dos rastilhos metálicos. Em D e E, outro paciente com FAF transfixante bi-hemisférico transventricular com orifícios de entrada/saída parietal direita e frontal esquerda. Notam-se fragmentos ósseos e hemorragia aguda no trajeto parenquimatoso do projétil e hemoventrículo. O paciente evoluiu a óbito.

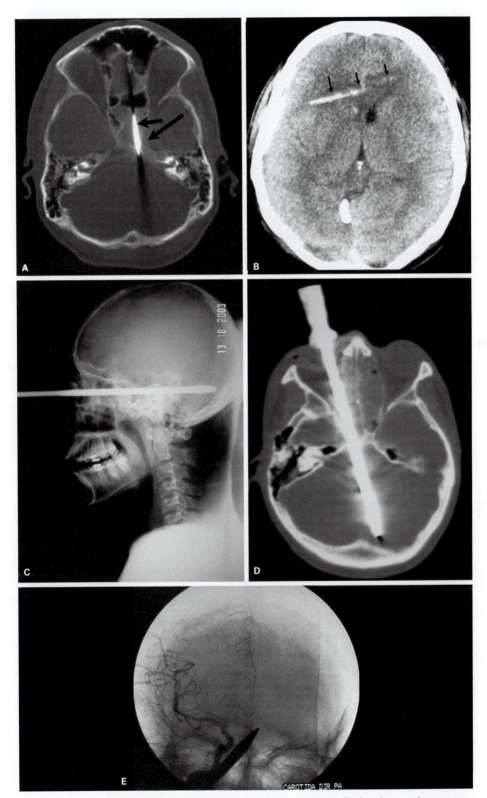

Figura 8 Imagem de tomografia computadorizada (TC) no plano axial demonstrando lâmina de arma branca encravada no etmoide e clivo (setas), em estreita proximidade com o canal carotídeo esquerdo (A). Em outro paciente, imagem axial de TC com trajeto hemorrágico agudo frontal bi-hemisférico (setas) em ferimento por objeto laminar perfurante no plano das artérias cerebrais anteriores (B), sendo afastada lesão vascular por angiografia digital (não mostrada). Radiografia de crânio em perfil (C) e imagem axial de TC (D) de ferimento por chave de fenda penetrando o crânio em trajeto transorbitário. A arteriografia digital (E) afasta lesão vascular.

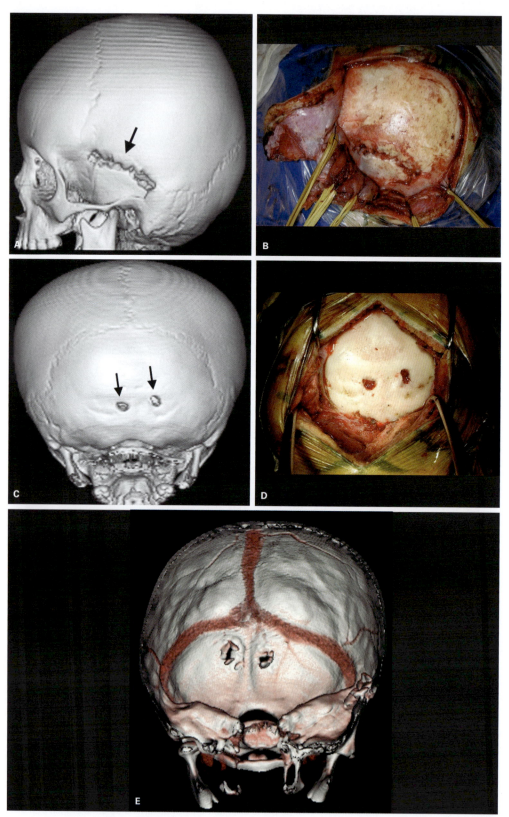

Figura 9 Mordida de cão de raça agressiva. Tomografia computadorizada (TC) *multislice* com reconstrução tridimensional (A e C) evidenciando os ferimentos perfurantes na calota craniana (setas em A e C) e facilitando o planejamento cirúrgico (B e D). Ângio-TC afastando lesão de seios venosos transversos (E), com elegante demonstração do distanciamento entre os seios venosos e os orifícios da mordida. Nota-se ótima correlação com os achados cirúrgicos.

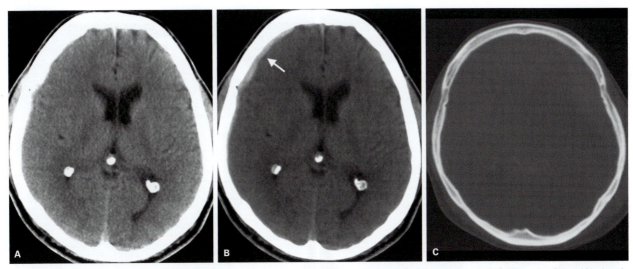

Figura 10 Imagens axiais de tomografia computadorizada (TC) de crânio. Janela para avaliação de parênquima encefálico (A). Janela mais aberta, para detecção de hemorragias agudas hiperdensas (B). Nota-se hematoma laminar subdural hiperdenso frontal direito (seta) que não é caracterizado em A, na janela para parênquima encefálico. Janela para avaliação óssea (C), assegurando pesquisa eficaz de fraturas cranianas.

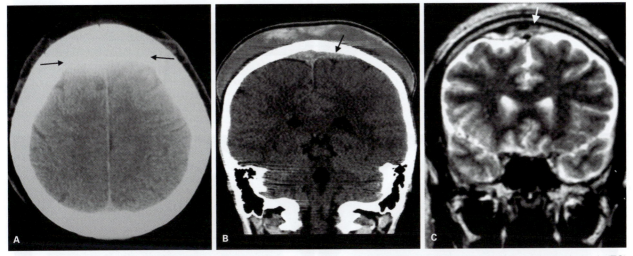

Figura 11 Hematoma extradural de vértice craniano. O hematoma (setas) é mal caracterizado na tomografia computadorizada (TC) de crânio convencional (A), sendo mais bem caracterizado na reconstrução coronal da TC *multislice* (B) ou na imagem de ressonância magnética (RM) coronal T2 (C), afastando o seio sagital superior da tábua interna da calota craniana (setas em B e C). Em B, nota-se o exuberante hematoma subgaleal do vértex, já não mais presente na RM, que foi realizada dias após a TC.

Em pacientes anêmicos, os HED podem ser isoatenuantes ou hipoatenuantes à TC, e quando isoatenuantes podem ser de difícil detecção em decorrência de sua atenuação ser semelhante à do parênquima encefálico (Figura 13).

Hematomas de atenuação heterogênea, com áreas de maior e menor atenuação mescladas à semelhança de um redemoinho, podem indicar sangramento ativo. O aparecimento tardio ou o aumento das dimensões de um HED preexistente ocorre em 10 a 30% dos pacientes, geralmente nas primeiras 36 horas após o trauma. Mesmo sem a presença de fraturas (9%), pode haver formação de HED a partir de um estiramento e consequente lesão dos ramos da artéria meníngea média, achado relativamente frequente em crianças, nas quais ocorre uma deformidade e depressão momentânea e reversível da calota craniana no momento do trauma direito.

Nem sempre é possível diferenciar por TC a localização extra ou subdural de um pequeno hematoma extra-axial, principalmente se ele não apresentar uma morfologia clássica nitidamente extradural ou subdural, também havendo dificuldade na diferenciação da origem arterial ou venosa de um HED. Esses aspectos podem ser importantes na conduta terapêutica e no prognóstico do paciente. Nessas situações, a RM pode trazer maiores subsídios diagnósticos, facilmente identifican-

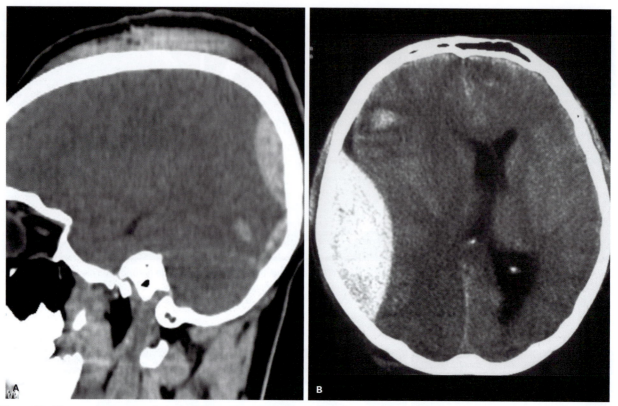

Figura 12 Tomografia computadorizada (TC) *multislice* – reconstrução coronal. A: Duplo hematoma extradural, não ultrapassando os limites da sutura lambdoide. B: Imagem axial de TC de outro paciente – hematoma extradural volumoso causando herniação subfalcina com desvio de linha mediana para o lado oposto.

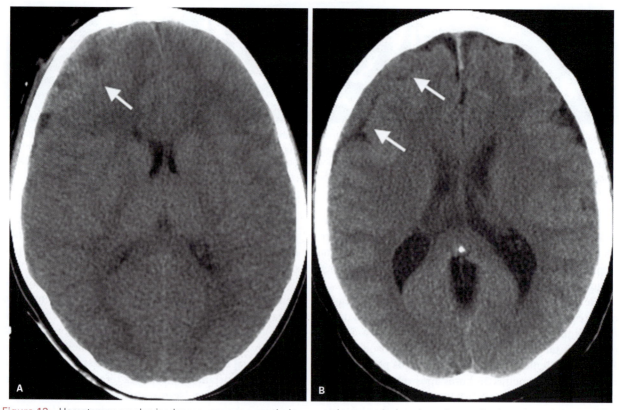

Figura 13 Hematomas agudos isodensos, pouco perceptíveis, em pacientes anêmicos (setas), extradural em A e subdural em B.

do a localização do hematoma em relação à dura-máter, que é visível à RM, e assim esclarecendo sua localização extradural ou subdural. A RM pode também sugerir sua natureza venosa quando o hematoma localiza-se preferencialmente ao longo dos planos de algum seio venoso, não raro afastando-o da calvária, situação que também pode ser demonstrada por meio de reconstruções multiplanares.

Hematoma subdural

O hematoma subdural (HSD) localiza-se no espaço subdural, comumente no compartimento supratentorial (95%), em geral ao longo das convexidades corticais, da foice cerebral ou da tenda cerebelar, frequentemente causando acentuados desvios das estruturas encefálicas da linha mediana e herniações cerebrais. Hematomas bilaterais, ao longo da foice cerebral ou da tenda cerebelar, são comuns na síndrome da criança espancada. Está presente em mais de 30% dos TCE graves, sendo que em idosos está em geral associado a quedas e traumas leves, e em adultos jovens está associado a acidentes automobilísticos e traumas mais violentos.

O HSD pode ocorrer sem haver impacto direto, mas sempre na existência dos mecanismos traumáticos indiretos (forças de aceleração-desaceleração) que causam laceração de veias corticais enquanto cursam pelo espaço subdural, antes de drenarem no seio venoso dural adjacente. Essas veias são particularmente suscetíveis a esse mecanismo de trauma, uma vez que de um lado elas estão aderidas ao seio venoso dural, fixo, e de outro, ao encéfalo, que se movimenta na vigência dessas forças traumáticas, ocasionando estiramento e laceração ou ruptura das veias. Nos idosos, esse mecanismo de trauma explica a maior facilidade de lesão das veias corticais mesmo em traumas mínimos, pois, por eles terem algum grau de atrofia cortical, apresentam maior distanciamento entre o córtex e a dura-máter, potencializando os movimentos inerciais do encéfalo. Além dos idosos, sua origem espontânea ou após trauma leve também é comum em pacientes trombocitopênicos, em hemodiálise de longa data ou na vigência de terapia anticoagulante; em todos estes casos, o HSD tem crescimento lento por causa de sucessivos pequenos sangramentos, inicialmente manifestando-se com sintomas neurológicos mínimos, podendo evoluir a volumosos hematomas crônicos que comprimem o encéfalo adjacente e produzem sintomas mais evidentes que explicam seu diagnóstico tardio, na fase subaguda ou crônica.

O HSD agudo classicamente apresenta-se à TC como uma coleção hiperatenuante de morfologia semelhante a uma lente côncavo-convexa, com sua face côncava amoldando-se geralmente à convexidade cortical, foice cerebral ou tenda cerebelar, podendo atravessar as linhas de suturas, mas não as inserções durais ou a foice cerebral (Figura 14). HSD na fossa posterior pode ser mais bem caracterizado por meio de reformatações multiplanares, principalmente nas imagens coronais.

Cerca de 40% dos HSD apresentam valores de atenuação heterogêneos, com áreas hiperatenuantes e hipoatenuantes mescladas, representando sangue não coagulado, diferentes fases do desenvolvimento do coágulo ou liquor proveniente de uma laceração aracnoide. Os HSD isoatenuantes, por terem a mesma atenuação que o parênquima encefálico, podem ser de difícil diagnóstico (Figura 15). Manifestam-se como HSD agudo na vigência de coagulopatias ou anemias com concentração de hemoglobina menor que 10 g/dL ou hematomas em fase subaguda com alguns dias de evolução. Assim, sinais que sugiram sua presença, como apagamento regional dos sulcos corticais, sulcos corticais que não atingem a tábua interna do crânio, desvio da interface entre a substância branca e a cinzenta, compressão do ventrículo lateral e desvio das estruturas da linha mediana, devem ser valorizados e indicar prosseguimento na investigação por imagem, seja por TC com contraste endovenoso, permitindo uma nítida diferenciação entre o parênquima encefálico contrastado e o HSD isodenso (que não apresenta

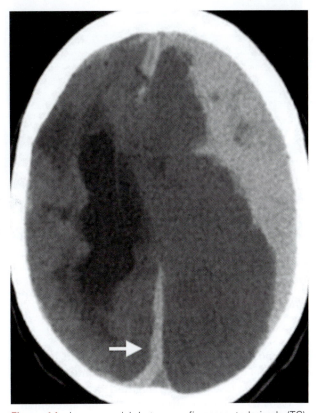

Figura 14 Imagem axial de tomografia computadorizada (TC). Hematoma subdural agudo ao longo da convexidade cortical esquerda e junto à foice cerebral à direita (seta), sem ultrapassá-la. Nota-se acentuado desvio da linha mediana para a direita com herniação subfalcina.

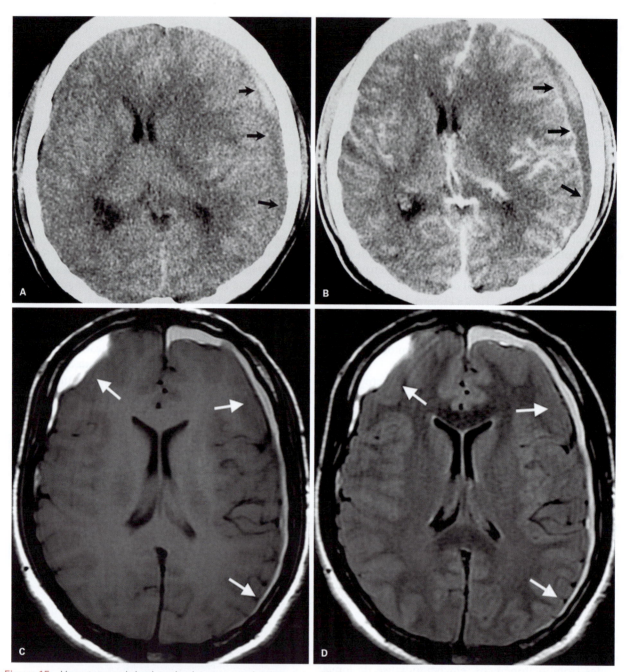

Figura 15 Hematoma subdural predominantemente isoatenuante, dificilmente identificado na tomografia computadorizada (TC) sem contraste (setas em A). Em B, a TC com contraste endovenoso permite nítida diferenciação entre o parênquima cerebral contrastado e o hematoma, que não apresenta realce pós-contraste (setas). Em outro paciente, hematomas subdurais bilaterais (setas) identificados com hipersinal em T1 (C) e FLAIR (D) demonstrando a sensibilidade da ressonância magnética (RM) na detecção de finíssimos hematomas laminares.

realce pós-contraste), seja por RM, método bastante sensível na detecção desses hematomas independentemente de sua fase evolutiva (Figura 15).

Os HSD crônicos estáveis classicamente apresentam-se como uma coleção hipoatenuante homogênea à TC. Entretanto, quando ocorrem novos sangramentos no interior de um HSD crônico, forma-se nível líquido-líquido constituído por componente hipoatenuante (hemorrágico antigo) e pelo novo componente hemorrágico hiperdenso que tende a assumir uma posição decúbito-dependente. Além disso, HSD crônicos podem desenvolver membranas em seu interior, conferindo aspecto multiloculado ou trabeculado cujos compartimentos têm diferentes características de atenuação à TC ou de sinal à RM, em decorrência de diferentes estágios evolutivos da metabolização da hemoglobina (Figura 16).

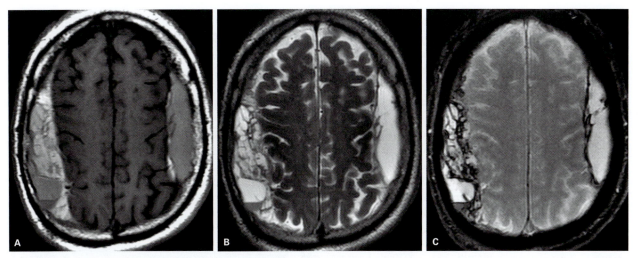

Figura 16 Hematoma subdural crônico frontoparietal bilateral. Ressonância magnética: níveis líquido-líquido, múltiplas septações internas e sinal heterogêneo em T1 (A), T2 (B) e T2*-gradiente eco (C) indicando diversas fases da catabolização da hemoglobina, neste caso predominando a meta-hemoglobina.

Hemorragia subaracnoide traumática

Hemorragia subaracnoide traumática consiste em extravasamento de sangue ao espaço subaracnoide em decorrência de laceração de artérias ou veias corticais que cursam por este espaço, ou por extensão de hemorragia proveniente de contusões corticais. Está presente na maioria dos casos de TCE moderados ou graves e classicamente localiza-se na cisterna interpeduncular ou silviana, podendo ocorrer em qualquer região do espaço subaracnoide. Na TC é identificada como conteúdo hiperatenuante preenchendo as cisternas e os sulcos corticais (Figura 17). A quantidade da hemorragia subaracnoide deve ser correlacionada com a gravidade do TCE e, havendo alguma desproporção, deve-se suspeitar de lesão vascular maior associada. A hemorragia subaracnoide traumática ocorre mais frequentemente nos idosos e geralmente associa-se a outras lesões intracranianas graves, tendo um prog-

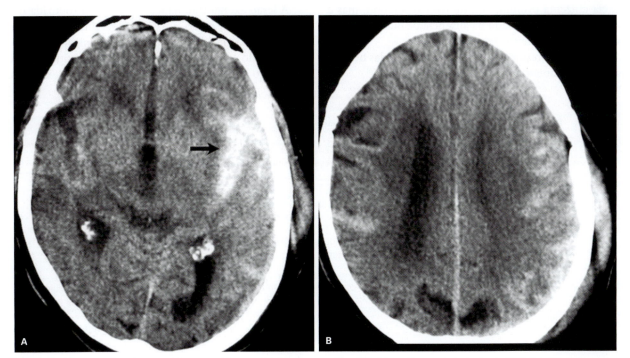

Figura 17 Hemorragia subaracnoide traumática aguda. Imagens axiais de tomografia computadorizada (TC) (A e B) demonstram conteúdo hiperatenuante ocupando os sulcos corticais e a cisterna silviana esquerda (seta em A). Notam-se à esquerda hematomas subgaleais traumáticos.

nóstico desfavorável em mais de 60% dos casos. Assim como nas hemorragias subaracnoides relacionadas a aneurismas, a hemorragia subaracnoide traumática pode causar vasoespasmo com consequente isquemia ou infarto cerebral, tendo como complicação tardia o desenvolvimento de hidrocefalia comunicante. No edema cerebral difuso, o parênquima encefálico tem seus valores de atenuação reduzidos em contraste aos planos meníngeos vascularizados, que mantêm seus valores de atenuação relativamente altos, simulando uma hemorragia meníngea à TC, situação esta não infrequente, de difícil interpretação, denominada pseudo-hemorragia subaracnoide, e que não deve ser confundida com hemorragia subaracnoide verdadeira (Figura 18). A RM, principalmente pela sequência FLAIR, também é um método bastante sensível para a detecção de hemorragia subaracnoide traumática.

Hemorragia intraventricular traumática primária

A hemorragia intraventricular traumática primária pode ser causada por laceração de veias ependimárias ou resultar da extensão de um hematoma intraparenquimatoso ou de uma hemorragia subaracnoide através do IV ventrículo. Mínima quantidade de líquido hiperatenuante depositado nas extremidades dos cornos posteriores dos ventrículos laterais pode ser o único sinal de hemorragia intraventricular, que, de modo geral, parece não ter importante significado no prognóstico do paciente. Comumente associa-se a lesão axonal traumática e a hemorragia intraparenquimatosa cerebral, da substância cinzenta profunda ou do tronco cerebral, mas é rara como achado isolado na ausência de outras hemorragias intracranianas.

O Quadro 1 resume os principais achados das hemorragias intracranianas traumáticas.

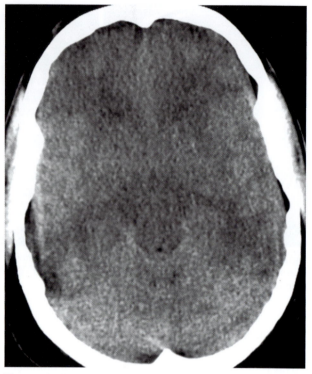

Figura 18 Pseudo-hemorragia subaracnoide. Imagem axial de tomografia computadorizada (TC) mostra edema cerebral difuso simulando hemorragia subaracnoide traumática.

Lesões traumáticas intra-axiais

Lesão axonal traumática

A lesão axonal traumática (LAT) foi introduzida nos últimos 20 anos como uma entidade clinicopatológica, geralmente associada a trauma grave. Clinicamente, esse tipo de lesão é definido pelo coma pós-traumático que se inicia logo após o trauma e perdura por mais de 6 horas,

Quadro 1	Principais achados das hemorragias intracranianas traumáticas			
	Hematoma extradural	**Hematoma subdural**	**Hemorragia meníngea**	**Hemorragia intraventricular**
Mecanismo de trauma	Direto	Aceleração/desaceleração ou direto	Aceleração/desaceleração	Aceleração/desaceleração
Origem do sangramento	Artérias meníngeas, seios durais	Veias corticais	Veias corticais	Veias ependimárias
Localização	Espaço extradural Ao longo da convexidade hemisférica ou na fossa posterior	Espaço subdural Ao longo da convexidade hemisférica e na fissura inter-hemisférica	Espaço subaracnoide em meio a sulcos corticais e fissuras encefálicas	No interior dos ventrículos laterais
Morfologia	Lente biconvexa	Lente côncavo-convexa	Assume a forma do sulco/fissura	No interior dos ventrículos, por vezes decantada nos cornos posteriores dos ventrículos laterais
Suturas	Seus limites respeitam as suturas	Seus limites não respeitam as suturas	–	–
Atenuação	Homogênea	Heterogênea	–	–

sem alterações parenquimatosas evidentes demonstráveis pelos métodos de imagem.

Anteriormente conhecida como lesão axonal difusa (LAD), a LAT representa cerca de 50% de todas as lesões traumáticas intra-axiais, com uma prevalência estimada em até três quartos das vítimas de trauma moderado e grave que sobreviveram à fase aguda do trauma.

A atualização da sua denominação ocorreu em parte como uma tentativa de espelhar com maior fidedignidade os achados mais comumente encontrados nos métodos disponíveis de imagem na prática clínica (TC e RM), que muitas vezes não mostram um padrão difuso de envolvimento do parênquima cerebral, mas sim apenas alterações sutis e focais na substância branca.

Deve-se considerar, entretanto, que os estudos histopatológicos e a utilização de métodos avançados de RM, como a sequência de transferência de magnetização e as imagens de tensores de difusão (DTI), confirmam a extensão difusa do dano, subestimado mesmo pelas sequências estruturais.

Estudos recentes com o uso da sequência de transferência de magnetização mostram redução da razão de transferência de magnetização média nas áreas aparentemente inalteradas do parênquima cerebral, achados corroborados por meio da demonstração da redução da anisotropia fracionada nas imagens de DTI, abrindo-se um novo leque de possibilidades diagnósticas capazes de estimar o real dano cerebral de forma muito mais fidedigna do que as sequências convencionais.

Enquanto a transmissão direta da energia cinética ou o trauma penetrante resultam em contusões locais, que são áreas focais de injúria na superfície cerebral, a deformação rotacional por aceleração/desaceleração (Figura 1B) resulta em um dano difuso, que envolve tanto estruturas superficiais quanto profundas, perto ou distante do local de impacto. Esse tipo de lesão é chamado de lesão axonal difusa ou, mais acuradamente, de lesão axonal traumática.

Logo, diferentemente das demais lesões intra-axiais, o mecanismo de trauma é do tipo indireto, com o fenômeno de aceleração e desaceleração ocorrendo em diferentes eixos, sobre estruturas encefálicas de diferentes densidades, fazendo com que haja estiramento, cisalhamento e rotura das fibras axonais e dos pequenos vasos sanguíneos perfurantes existentes na interface dessas diferentes estruturas encefálicas. Assim, além da lesão axonal, há lesão vascular, responsável pelo aparecimento de múltiplos pequenos focos de hemorragia associados.

Classicamente, a LAT foi sempre considerada um tipo de injúria primária, com o dano ocorrendo no momento do trauma. No entanto, estudos mais recentes demonstram que o dano parenquimatoso não se limita apenas à lesão primária, mas apresenta um caráter progressivo, com um dano secundário que se perpetua até anos após o evento, provavelmente relacionado a fatores pró-inflamatórios disparados pelos debris de mielina decorrentes do dano axonal inicial.

Embora a TC seja o método de escolha para o diagnóstico da maior parte das lesões traumáticas, no cenário da LAT, a RM apresenta uma sensibilidade muito maior para a detecção das discretas lesões parenquimatosas. As características típicas da LAT são (Figuras 19 a 24):

- São pequenas lesões, ovais ou elípticas.
- Medem entre 5 e 15 mm.
- Geralmente são hipoatenuantes na TC e/ou com hipersinal em T2 / FLAIR (se não tiverem hemorragia associada).
- Podem estar associadas a hemorragia puntiforme, nesses casos variando sua atenuação/seu sinal de acordo com a fase de degradação da hemoglobina e apresentando hipossinal nas sequências de suscetibilidade magnética.
- Podem apresentar restrição difusional (se tiverem edema citotóxico associado) localizada mais frequentemente na transição corticossubcortical lobar, no corpo caloso (principalmente no esplênio) e na região dorsolateral do mesencéfalo.
- Geralmente são menores nas regiões mais periféricas e maiores nas regiões mais profundas.

Há correlação entre o padrão de distribuição das lesões e a intensidade do trauma, com evolução centrípeta das lesões pelo parênquima, conforme houver aumento da gravidade da injúria. Assim, quanto maior o impacto do trauma, maior o envolvimento de áreas centrais, como o corpo caloso e por último o tronco encefálico (Figura 19). Vale lembrar que as lesões no corpo caloso, por sua vez, podem associar-se a lesões de fórnice, septo pelúcido e comissura anterior.

Além das localizações clássicas anteriormente descritas, a LAT ainda pode envolver os núcleos lentiformes, tálamos, trato tegmentar central, lemnisco medial, ramo posterior da cápsula interna, cápsula externa, lemnisco medial e fascículo longitudinal medial.

Como no contexto clínico do trauma cranioencefálico, o exame de escolha é a TC. Não apenas por sua rapidez e facilidade, mas pela sensibilidade satisfatória às lesões potencialmente cirúrgicas, a RM fica reservada para os casos em que há considerável discrepância entre um quadro clínico e os achados na TC (Figura 21).

As lesões pequenas, profundas e não hemorrágicas, ou aquelas hemorrágicas já fora da fase aguda talvez sejam as mais beneficiadas pelo uso da RM. Essa teoria tornou-se ainda mais expressiva com o surgimento das novas sequências de suscetibilidade magnética (SWI, PRESTO, SWAN), cuja sensibilidade para a detecção de focos hemorrágicos, caracteristicamente expressa como marcado hipossinal, é muito maior que a da sequência T2* (gradiente-eco) (Figura 23C).

Vale ainda destacar o papel da sequência de difusão na detecção de lesões que apresentam componente he-

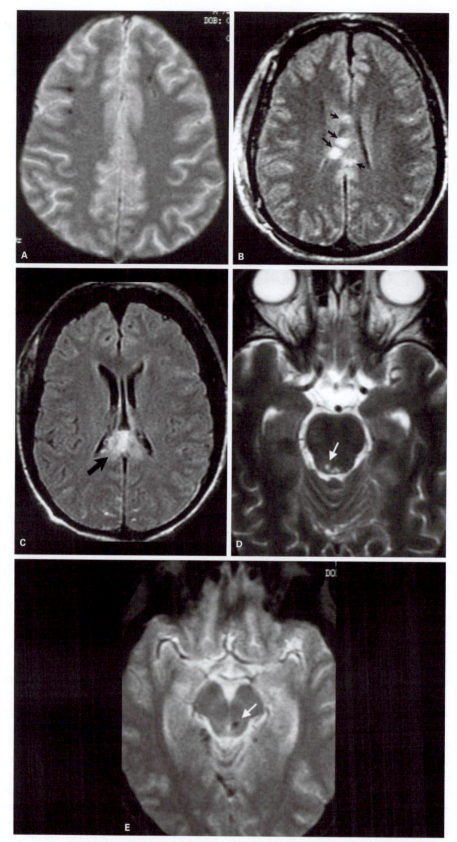

Figura 19 Lesão axonal traumática: múltiplas lesões subcorticais com hipossinal sugestivas de micro-hemorragias observadas em imagem axial de ressonância magnética ponderada em T2* (A). Imagens axiais FLAIR (setas em B e C) mostram lesões com hipersinal no corpo caloso. Há lesões na porção dorsal do segmento superior da ponte (com hipersinal na imagem axial T2, seta em D) e do mesencéfalo (com hipossinal na imagem axial T2*, seta em E).

3 TRAUMA NO SISTEMA NERVOSO CENTRAL 127

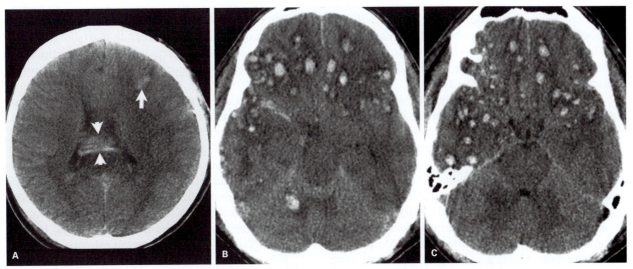

Figura 20 Lesão axonal traumática: imagem axial de tomografia computadorizada (TC) (A) evidenciando lesões hemorrágicas na região subcortical frontal esquerda e no corpo caloso (setas). Outro paciente, com traumatismo cranioencefálico (TCE) grave e evolução a óbito em poucas horas: imagens axiais de TC (B e C) mostrando lesão axonal traumática (LAT) maciça, com múltiplas lesões hemorrágicas predominando na substância branca subcortical e profunda frontal e temporal bilateral.

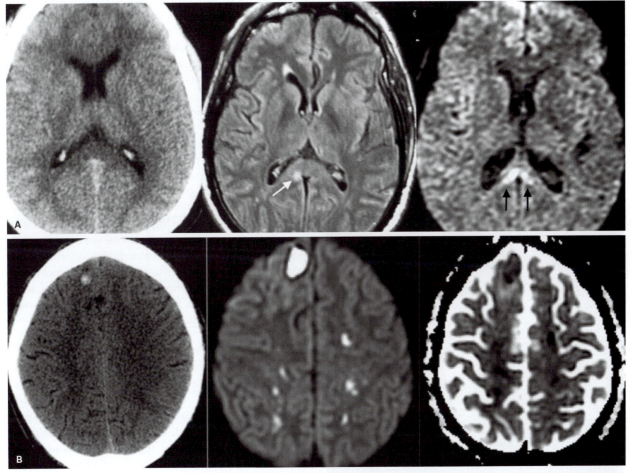

Figura 21 Lesão axonal traumática. Exames no mesmo nível de corte. Paciente A: imagem axial de tomografia computadorizada (TC) sem sinais de lesão axonal (esquerda); imagem de ressonância magnética (RM) axial FLAIR evidenciando lesão no esplênio do corpo caloso (seta, imagem central), que é mais bem vista na imagem axial de difusão (setas, imagem à direita). Paciente B: imagem axial de TC evidenciando apenas única lesão axonal hemorrágica no giro frontal superior direito (esquerda); imagem de RM de difusão (centro) e respectivo mapa de coeficiente de difusão aparente (direita) evidenciando outras múltiplas lesões na substância branca subcortical paramediana bilateral que não foram caracterizadas à TC.

morrágico (pela suscetibilidade magnética da desoxi-hemoglobina e meta-hemoglobina), isquêmico (edema citotóxico), ou simplesmente pela característica intrínseca da lesão axonal de ocasionar redução da difusão das moléculas de água (Figuras 21 e 22).

Além disso, estudos mostram que há correlação entre detecção de lesões na sequência de difusão e SWI e o prognóstico de recuperação do paciente. Assim, o T2, FLAIR, as sequências de suscetibilidade magnética e a difusão sempre devem fazer parte do protocolo de estudo por RM no paciente com TCE, para se potencializar o diagnóstico de LAT, orientar a conduta e estimar um prognóstico mais acurado desses pacientes (Figuras 22 e 23).

Embora na prática clínica, diante da história de trauma grave, o diagnóstico não seja considerado por si só desafiador, num cenário genérico cabe considerar os seguintes diagnósticos diferenciais:

- Embolia gordurosa.
- Contusões corticais pequenas.
- Angiopatia amiloide.
- Cavernomatose múltipla.
- Coagulação intravascular difusa.
- Hemorragia de Duret.
- Encefalopatia relacionada a sepse/síndrome da resposta inflamatória sistêmica (SIRS).
- Malária cerebral.

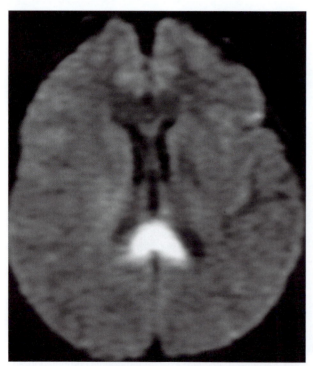

Figura 22 Lesão axonal traumática: imagem axial de ressonância magnética (RM) ponderada em difusão evidenciando extensa lesão com hipersinal no esplênio do corpo caloso, que no mapa de coeficiente de difusão aparente (não mostrado) apresentava hipossinal, confirmando a restrição à difusão das moléculas de água.

Lesões traumáticas primárias do tronco cerebral

Estão associadas a altas taxas de mortalidade e morbidade, representando cerca de 3% das lesões primárias intra-axiais e exibindo quatro apresentações principais:

- Contusão direta: rara, resultante do impacto da porção dorsal do mesencéfalo contra a incisura da tenda cerebelar, durante as forças de aceleração/desaceleração lineares (Figura 25).
- Lesão mais grave da LAT: é a apresentação mais comum de lesão primária do tronco cerebral, ressaltando-se a necessidade de associação com outras lesões supratentoriais, uma vez que LAT exclusivamente do tronco cerebral é extremamente rara (Figuras 19 e 23).
- Múltiplas hemorragias petequiais primárias: causadas por estiramento e lesão de pequenos vasos perfurantes do tronco cerebral. São de péssimo prognóstico, mas diferem da LAT, pois não se acompanham de suas clássicas lesões encontradas na substância branca lobar e no corpo caloso. Fazem parte do espectro de lesões de mesmo mecanismo traumático indireto em que se incluem as lesões da substância cinzenta subcortical, descritas mais adiante.
- Dilaceração/separação bulbo-pontina: geralmente é uma lesão fatal, causada pela hiperextensão do tronco cerebral que resulta numa dilaceração na face anterior da transição bulbo-pontina, podendo ser parcial ou completa (separação).

As três primeiras apresentações supracitadas geralmente acometem as porções dorsolaterais do tronco cerebral, tendo como principal diagnóstico diferencial a hemorragia secundária (ver adiante), que em geral acomete sua porção central.

A TC é método muito limitado na avaliação das estruturas da fossa posterior, principalmente em decorrência da presença de artefatos provenientes da alta concentração de estruturas ósseas nesses níveis. Portanto, para melhor caracterização das lesões primárias do tronco cerebral, a RM é o método de escolha, por sua capacidade multiplanar e sensibilidade diagnóstica (Figuras 19, 23 e 25).

Lesão da substância cinzenta profunda

Faz parte do espectro das lesões causadas por mecanismos traumáticos indiretos. Há estiramento e laceração de vasos perfurantes e é caracterizada por múltiplas hemorragias petequiais primárias na substância cinzenta (que é ricamente vascularizada), distribuídas preferencialmente nos núcleos da base, tálamos, regiões adjacentes ao III ventrículo e tronco cerebral (terceiro tipo das lesões primárias do tronco cerebral). A TC em geral é normal em decorrência de sua baixa sensibilidade na detecção desse tipo de lesão, mas eventualmente pode demonstrar alguns desses focos hemorrágicos (Figura 26), sendo a RM o método mais sensível, principalmente na detecção das lesões do tronco cerebral (Figuras 19, 23 e 25). Corresponde a 5% das lesões traumáticas intra-axiais, é menos comum que a LAT e as contusões corticais e geralmente é associada a TCE graves, em pacientes com baixa pontuação na ECG.

Contusões corticais

São o segundo tipo mais frequente de lesão traumática intra-axial, ocorrendo em até 43% dos traumas cranianos fechados.

Não confundir contusão cerebral com concussão cerebral. A concussão é uma síndrome clínica, caracterizada por alteração imediata e temporária da função cerebral normal, resultante de uma força mecânica ou trauma. A concussão pode afetar a memória, o julgamento, os reflexos, a fala, o equilíbrio e até o nível de consciência, embora este último não seja tão comumente afetado quanto se imaginava. Geralmente, a concussão cerebral não é acompanhada de achados sugestivos na TC ou na RM.

Já a contusão cerebral é uma alteração estrutural caracterizada por ruptura do parênquima e lesões necro-hemorrágicas que acometem a substância cinzenta cortical, podendo ou não se estender à substância branca subjacente, dependendo da intensidade do trauma. É causada predominantemente por forças de aceleração/

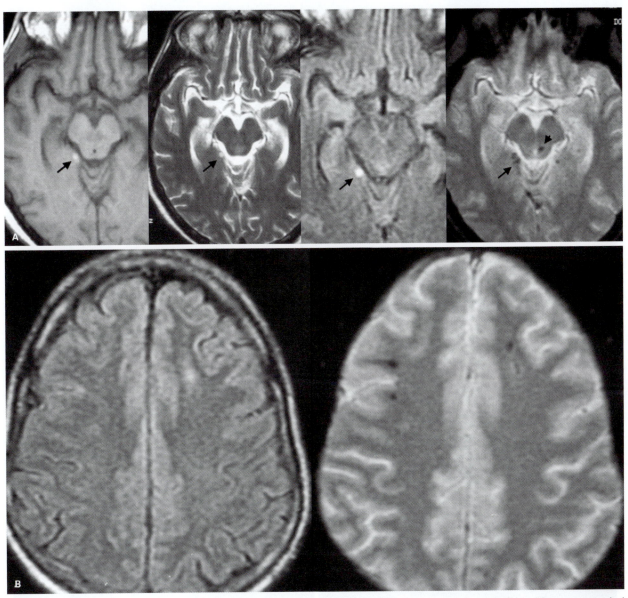

Figura 23 Lesão axonal traumática. Imagens axiais de ressonância magnética (RM) do mesmo paciente da Figura 22, no mesmo nível de corte (A). Da esquerda para a direita, imagens ponderadas respectivamente em T1, T2, FLAIR e T2*. Lesão no giro para-hipocampal direito presente em todas as sequências, de aspecto hemorrágico (seta). Lesão no dorso do mesencéfalo somente detectável na sequência T2*, indicando componente hemorrágico (cabeça de seta). B: Imagens axiais de RM de outro paciente, mostrando maior número de lesões hemorrágicas subcorticais em T2* (direita) do que em FLAIR (esquerda), no mesmo nível de aquisição.

(continua)

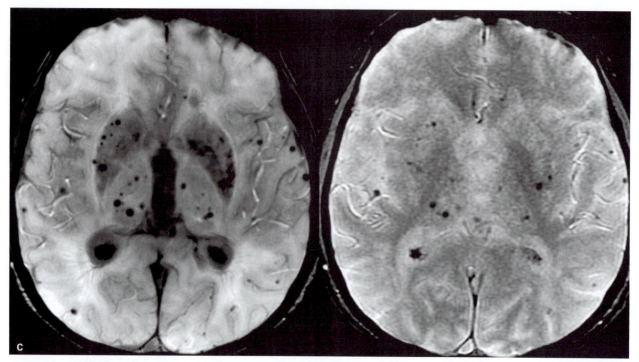

Figura 23 *(continuação)* C: Imagens axiais de outro paciente, mostrando maior número e melhor definição de lesões hemorrágicas subcorticais e profundas em sequência ponderada em suscetibilidade magnética (SWI) (esquerda) do que em T2* (direita), no mesmo nível de aquisição.

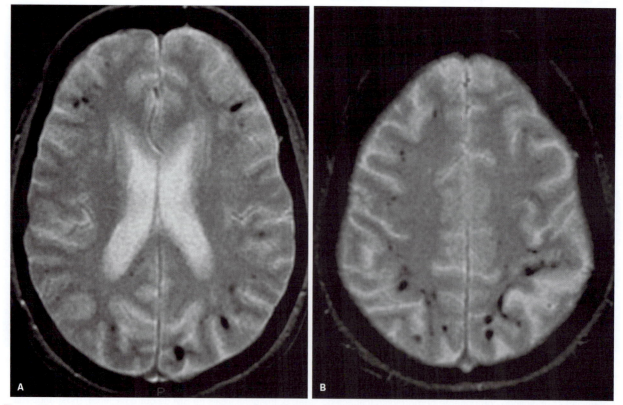

Figura 24 Lesão axonal traumática. Clássica distribuição subcortical das lesões hemorrágicas nas imagens de ressonância magnética (RM) ponderadas em T2* (A e B).

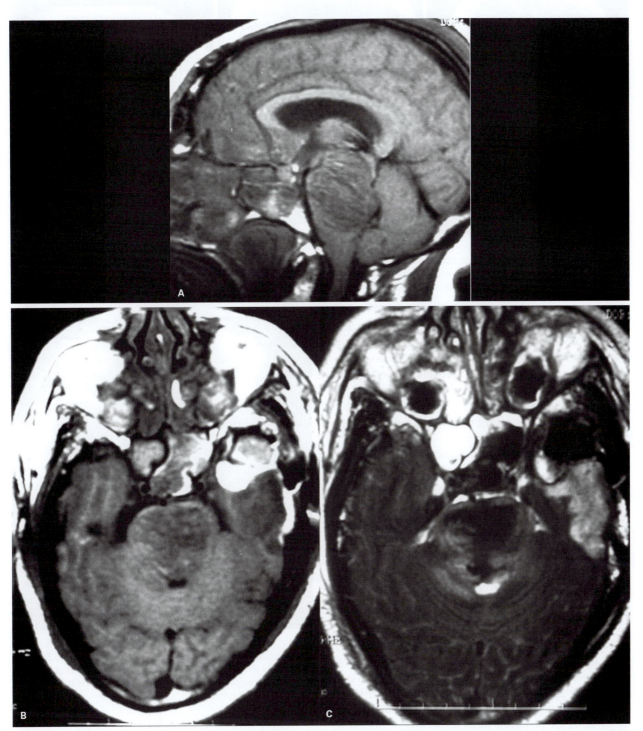

Figura 25 Extensa lesão traumática primária da ponte com volumoso hematoma agudo. Imagens de ressonância magnética (RM) no plano sagital ponderadas em T1 (A) e axiais ponderadas em T1 e T2 (B e C, respectivamente) demonstram aumento volumétrico da ponte e área de isossinal em T1 e acentuado hipossinal em T2, caracterizando hematoma em fase aguda, onde predomina desoxi-hemoglobina. Paciente evoluiu a óbito em poucas horas.

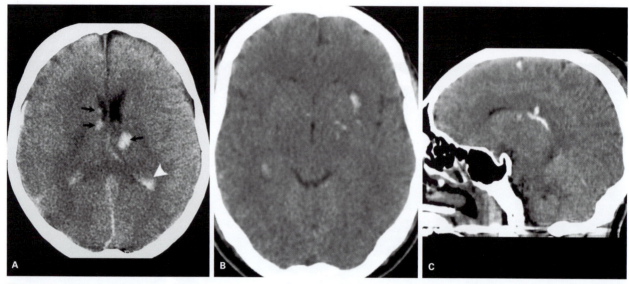

Figura 26 Lesão das substâncias cinzenta e branca. A: Múltiplas lesões hemorrágicas hiperatenuantes em imagem axial de tomografia computadorizada (TC), localizadas no núcleo caudado direito e no tálamo esquerdo (setas pretas). Há hemorragia intraventricular (seta branca) e hemorragia meníngea difusa associadas. TC *multislice*, imagem axial (B) e reconstrução parassagital (C) evidenciando lesões hemorrágicas na transição córtico-subcortical frontal, nos núcleos da base, no tronco do corpo caloso e no ventrículo lateral.

desaceleração, levando ao movimento inercial do encéfalo, relativamente móvel, contra a tábua interna da calota craniana, fixa. Assim, por esse motivo, são mais comumente encontradas nas regiões corticais adjacentes a estruturas ósseas irregulares da base do crânio, como:

- Giros frontais inferiores e região frontal polar.
- Polos temporais.
- Regiões parassagitais dos hemisférios cerebrais.

Pode haver ainda, de forma mais rara, acometimento das regiões occipitais e do cerebelo, principalmente nos casos de lesões em áreas de contragolpe (Figura 27).

As contusões corticais podem ser classificadas, de acordo com a sua localização/patogênese, em:

- Secundárias às fraturas (principalmente as fraturas com afundamento).
- Na área do golpe, mas não associadas a fraturas.
- Na região do contragolpe (p. ex., na região occipital no caso de um golpe frontal).

O aspecto de imagem da contusão varia de acordo com a existência apenas de lesão necrótica, ou a coexistência de lesão necrótica com hemorrágica, esta última podendo variar desde pequenos focos hemorrágicos petequiais até extensas áreas hemorrágicas confluentes (Figuras 28 e 29). Nesses hematomas contusionais maiores, pode inclusive haver níveis líquidos intraparenquimatosos, sendo um achado que sinaliza pior prognóstico (Figura 30). O fato da substância cinzenta ser mais vascularizada do que a substância branca explica as contusões corticais serem mais frequentemente hemorrágicas (52%) do que a LAT (20%).

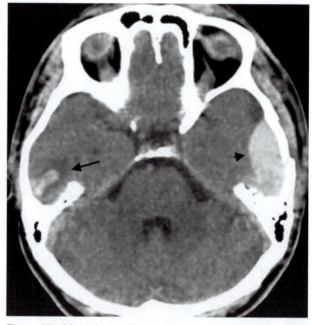

Figura 27 Mecanismo golpe-contragolpe. Imagem de tomografia computadorizada (TC) no plano axial demonstrando fratura e hematoma extradural temporal esquerdo, do lado do golpe (seta curta), e hematoma contusional cortical temporal contralateral, por contragolpe (seta longa).

Assim, geralmente, os focos contusionais:

- Mostram-se como áreas corticais de limites imprecisos, hipoatenuantes na TC e com hipersinal em T2/FLAIR, se não estiverem associados a componente não hemorrágico.
- Na fase aguda, determinam efeito tumefativo, com apagamento dos sulcos regionais.

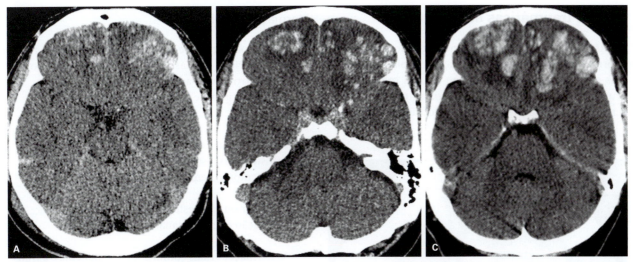

Figura 28 Extensa contusão frontal bilateral. Tomografia computadorizada (TC) admissional (A), após 24 horas (B) e após 48 horas da admissão (C). Nota-se a evolução temporal das contusões, com aumento progressivo em número e dimensões das lesões hemorrágicas, tornando-se progressivamente coalescentes. Nota-se também aumento progressivo do edema perilesional e do efeito tumefativo.

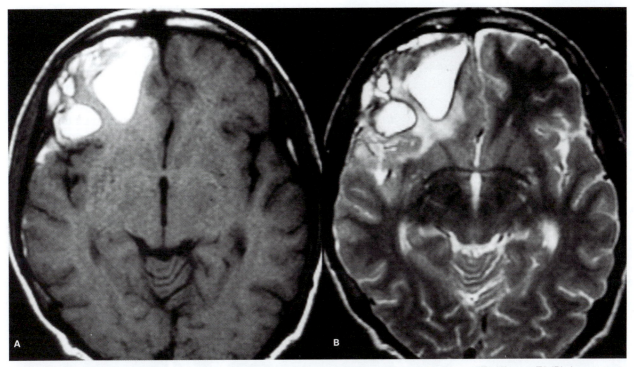

Figura 29 Extensa contusão hemorrágica confluente frontal direita. Imagens axiais ponderadas em T1 (A) e em T2 (B) demonstram focos com hipersinal em ambas as sequências, indicando meta-hemoglobina extracelular. Há áreas de edema ou contusão não hemorrágica adjacente aos hematomas, com hipossinal em T1 e hipersinal em T2.

- Na fase crônica, vão se tornando mais bem delimitados, com efeito atrófico caracterizado por alargamento dos sulcos corticais.
- No caso de componente hemorrágico agudo associado, observam-se focos hiperatenuantes na TC de permeio, que podem não se apresentar imediatamente, mas surgir no controle evolutivo.

A TC tem menor sensibilidade em detectar contusões não hemorrágicas, muito superficiais (Figura 31) ou localizadas junto à base do crânio, onde artefatos da calota degradam a qualidade das imagens. Na suspeita dessas contusões, está indicada a RM, método mais sensível, que facilmente identifica essas contusões nas imagens coronais e sagitais.

Lesões traumáticas secundárias

As lesões traumáticas secundárias são danos que ocorrem em consequência de reações fisiológicas regionais ou sistêmicas em resposta ao trauma inicial. Nesse grupo se incluem edema, herniação, isquemia e infarto cerebrais, hemorragia secundária, infecção e hidrocefalia.

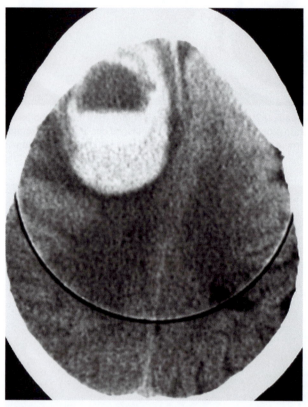

Figura 30 Imagem de tomografia computadorizada (TC) no plano axial demonstrando volumoso hematoma contusional frontal direito com nível líquido-hemorrágico em seu interior.

Herniação cerebral

É o deslocamento de uma estrutura encefálica, resultante de um efeito de massa, do seu compartimento original para outro espaço adjacente.

Há vários tipos de herniações, a saber:

- Subfalcina.
- Transtentorial descendente ou uncal.
- Transtentorial ascendente.
- Transtentorial central ou diencefálica.
- Tonsilar.
- Transalar ou transesfenoidal.
- Herniação extracraniana.

As herniações mais comuns são a subfalcina e a transtentorial descendente.

A herniação subfalcina pode ser anterior ou posterior, sendo caracterizada pelo deslocamento do giro do cíngulo (anterior ou posterior) por baixo da margem livre da foice cerebral. É identificada tanto pela TC quanto pela RM como desvio das estruturas de linha mediana. A herniação subfalcina anterior, quando muito acentuada, associa-se a compressão do ventrículo lateral do mesmo lado e eventual dilatação do contralateral, alargado em razão da compressão do forame de Monro (Figura 32A). Pode ainda ocasionar deslocamento e compressão dos ramos da artéria cerebral anterior contra a foice e consequentes isquemia e infarto. Na herniação subfalcina posterior, há deslocamento do giro para-hipocampal, das veias cerebrais internas e da porção anterior da veia de Galeno.

A herniação transtentorial descendente, também denominada herniação uncal, é caracterizada pelo deslocamento medial do *uncus* e do giro para-hipocampal sobre a incisura da tenda cerebelar. Os sinais que podem ser observados na TC e RM são:

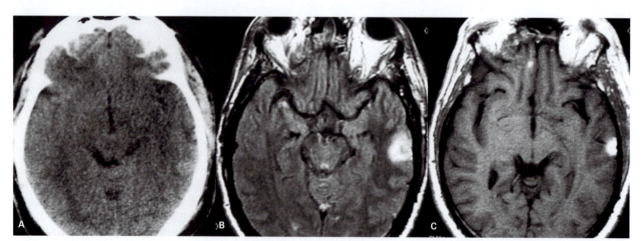

Figura 31 Contusão cortical hemorrágica temporal esquerda mal caracterizada na imagem axial de tomografia computadorizada (A) e bem evidente na ressonância magnética, imagem axial FLAIR (B) e T1 (C).

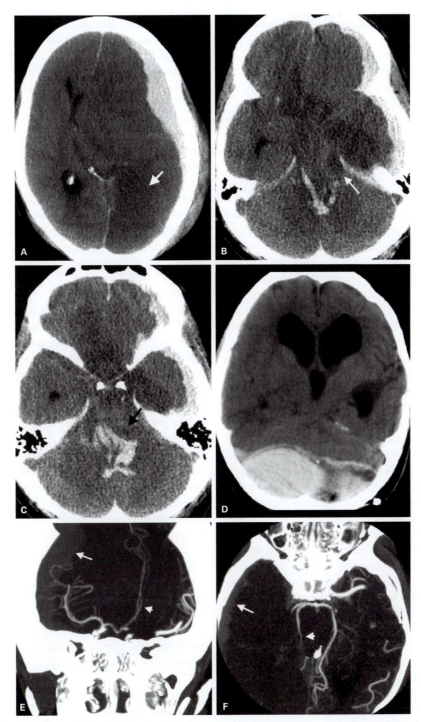

Figura 32 Traumatismo cranioencefálico (TCE) grave, hematoma subdural, herniação uncal e subfalcina, infarto occipital e hemorragia de Duret. Imagens axiais de tomografia computadorizada (TC) (A a D) demonstrando volumoso hematoma subdural esquerdo com acentuado desvio das estruturas da linha mediana, caracterizando herniação subfalcina (A). Nota-se obliteração da cisterna perimesencefálica, do trajeto da artéria cerebral posterior e zona hipoatenuante córtico-subcortical occipital esquerda indicativa de infarto por provável compressão vascular (seta em A). Lobo temporal esquerdo em sofrimento, edemaciado e hipoatenuante, com herniação uncal obliterando a cisterna suprasselar, ultrapassando a incisura tentorial e comprimindo o tronco cerebral (seta em B). Hemorragia secundária na região central da ponte (hemorragia de Duret), estendendo-se à região posterior e ao IV ventrículo (seta em C). Volumoso hematoma extradural em fossa posterior causando herniação transtentorial ascendente. Nota-se deslocamento anterior do mesencéfalo com retificação de sua borda posterior, obliteração do aqueduto cerebral e hidrocefalia obstrutiva (D). Ângio-TC com reconstrução em projeção de intensidade máxima (MIP) coronal (E): hematoma subdural direito (seta) causando herniação subfalcina e consequente desvio das artérias cerebrais anteriores, que se apresentam pérvias (seta curta). Ângio-TC com reconstrução em MIP axial (F): hematoma subdural direito (seta longa) causando herniação uncal com consequente desvio medial, compressão e oclusão do segmento P2 da artéria cerebral posterior direita (seta curta).

- Desvio medial do corno temporal do ventrículo lateral.
- Obliteração da cisterna suprasselar.
- Alargamento da cisterna perimesencefálica.
- Compressão do pedúnculo cerebral contralateral contra a borda livre do tentório (Figura 32B).
- Compressão e deslocamento contralateral dos corpos mamilares.

Como complicação, esse tipo de herniação pode determinar compressão do nervo oculomotor (com consequente dilatação pupilar fixa e perda do reflexo a luz ipsilateral) e das artérias cerebral posterior e corióidea anterior (com eventual infarto nos seus respectivos territórios vasculares) (Figura 32A e F).

Pacientes com herniação uncal, em geral, encontram-se comatosos e monitorados, necessitando de uma avaliação por imagem rápida e prática, a fim de se evidenciar o grau da herniação e suas possíveis causas cirurgicamente tratáveis. Por isso, a TC é método de escolha, pois apesar de não demonstrar a herniação uncal com a mesma precisão e detalhamento da RM, permite identificá-la pelo apagamento difuso das cisternas da base e má delimitação do tronco cerebral, também podendo mostrar seu fator causal (hematoma extra-axial, intraparenquimatoso, edema cerebral etc.) (Figura 32).

A herniação transtentorial central ou diencefálica é consequente a lesões expansivas parassagitais ou ao edema cerebral difuso, que determinam deslocamento inferior do diencéfalo e mesencéfalo através da tenda cerebelar, mais facilmente visualizado nas imagens sagitais.

Finalmente, na herniação transalar ou transesfenoidal, há herniação do parênquima ao redor da fossa média, através da asa maior do esfenoide. Esse tipo de herniação é muito menos comum que os outros tipos, podendo por sua vez também ser ascendente ou descendente. A descendente é resultante de um efeito de massa frontal, com deslocamento posteroinferior do aspecto posterior dos giros orbitais e retos através da asa esfenoidal, que pode determinar, em casos mais extremos, compressão da artéria cerebral média. Na ascendente, por sua vez, o efeito expansivo está na fossa craniana média ou no lobo temporal, com deslocamento superior e anterior dessas estruturas através do cume esfenoidal. Nesses casos de herniação, pode haver compressão do segmento supraclinoide da artéria carótida interna, com subsequente infarto nos territórios das artérias cerebrais anterior e média.

Infarto cerebral traumático secundário (ICTS)

Está presente em 90% dos TCE fatais e é causado pela compressão das estruturas vasculares, principalmente na vigência de uma herniação cerebral. Como geralmente ocorre após a avaliação inicial e prevalece nos TCE graves, ou seja, em pacientes que já se encontram com ECG abaixo de 9, seu diagnóstico pode ser um desafio, já que o paciente não exibirá sinais clínicos específicos.

O ICTS mais comum é o infarto occipital causado pela compressão da artéria cerebral posterior numa herniação transtentorial descendente (uncal) (Figura 32A e F). O segundo mais frequente é o infarto em território da artéria cerebral anterior, geralmente causado por compressão do seu ramo calosomarginal em decorrência de uma herniação subfalcina (Figura 32E). Ambos os mecanismos respondem por cerca de 80 a 90% dos ICTS. Infartos em território da artéria cerebral média podem ocorrer em decorrência de herniação transesfenoidal ou de edema cerebral graves. Menos comumente, podem ocorrer infartos nos núcleos da base por causa de compressão de artérias lenticuloestriadas, talamoperfurantes e corióideas contra a base do crânio.

Hemorragia secundária

É decorrente principalmente de herniação transtentorial descendente. O deslocamento caudal do mesencéfalo pode comprimir os vasos perfurantes na cisterna interpeduncular causando hemorragia no mesencéfalo (denominada hemorragia de Duret) ou, eventualmente, isquemia.

A hemorragia de Duret, de natureza secundária, ocorre predominantemente nas porções centrais do tronco cerebral, diferentemente da lesão primária do tronco cerebral, também frequentemente hemorrágica, mas que geralmente ocorre nas porções dorsolaterais. Essas complicações pós-traumáticas hemorrágicas podem ser detectadas pela TC (Figura 32), mas por sua localização predominantemente infratentorial são mais bem estudadas por meio da RM.

Edema cerebral difuso

Ocorre pelo aumento do volume sanguíneo intravascular, por aumento do conteúdo hídrico cerebral (edema propriamente dito), ou por ambos.

O aumento do volume sanguíneo intravascular ocorre por hiperemia, por vasodilatação decorrente da perda da autorregulação vascular cerebral ou por congestão venosa.

O aumento do conteúdo hídrico cerebral (edema propriamente dito) ocorre por diversos mecanismos e pode ser dividido em:

- Edema citotóxico: é o acúmulo intracelular de água (em neurônios, axônios, células da glia e da bainha de mielina) decorrente de falência dos controladores de transporte da membrana celular (bomba de sódio-potássio), consequentemente ao déficit de substratos. Afeta primeiramente as regiões de maior demanda metabólica, ou seja, a substância cinzenta cerebral, envolvendo posteriormente a substância branca, com perda da diferenciação entre ambas. Geralmente é

causado por isquemia ou excitotoxicidade (secundária a estimulação excessiva de neurotransmissores).
- Edema vasogênico: caracteriza-se por acúmulo de água, íons e proteínas no espaço extracelular por aumento da permeabilidade vascular. Esse tipo de edema é focal na sua origem, situando-se principalmente na periferia das lesões traumáticas focais e tumorais e envolvendo predominantemente a substância branca.
- Edema osmótico (ou hiposmótico): ocorre por baixa osmolaridade sanguínea, em geral decorrente de hiponatremia, secreção inapropriada de hormônio antidiurético e hemodiluição iatrogênica, havendo acúmulo de água no espaço extracelular.
- Edema hidrostático: caracteriza-se por alteração do gradiente de pressão transmural vascular decorrente de elevação súbita da pressão intravascular. Esse tipo de edema pode ser observado no corpo caloso, após a derivação ventricular por hidrocefalia e no parênquima herniado através da falha óssea de uma craniectomia descompressiva.
- Edema intersticial ou hidrocefálico: é decorrente da alteração do movimento da água nas regiões periventriculares por causa da hidrocefalia hipertensiva. Ocorre, portanto, na substância branca periventricular.

Seja qual for sua fisiopatologia, qualquer tipo de edema cerebral caracteriza-se por acúmulo de fluidos, principalmente água, seja no espaço intravascular, intracelular ou intersticial, produzindo aumento volumétrico encefálico em detrimento do espaço das vias de circulação liquórica. Ocorre em 10 a 20% dos TCE graves, sendo duas vezes mais frequente em crianças do que em adultos. Quando unilateral, associa-se ao HSD em 85% dos casos, ao HED em 9%, e ocorre isoladamente em 4 a 5% dos casos. O edema cerebral atinge um pico máximo de desenvolvimento entre 24 e 48 horas. Sinais de herniações geralmente estão presentes, também podendo ocorrer compressões com estenoses ou oclusões vasculares que podem levar secundariamente a infartos.

A TC evidencia:

- Apagamento difuso dos sulcos corticais (Figura 33).
- Redução das demais vias de circulação liquórica.
- Hipoatenuação difusa do parênquima cerebral, com perda da diferenciação entre a substância branca e a cinzenta e consequente hiperatenuação aparente do cerebelo (sinal do "cerebelo branco"), quando este é poupado (Figura 34).

A RM tem importância por poder diferenciar o edema citotóxico dos demais mecanismos de edema, tais como o vasogênico. Qualquer edema irá se apresentar com hipossinal em T1 e hipersinal em T2 e FLAIR, mas somente o edema citotóxico apresenta restrição à difusão das moléculas de água e, portanto, exibe hipersinal na imagem de difusão e hipossinal nos mapas de coeficientes de difusão aparentes (ADC) (Figura 33B). Assim, a RM, demonstrando o mecanismo de edema predominante no paciente com TCE, auxilia no seu manejo terapêutico e no seu prognóstico.

Lesões traumáticas vasculares

Lesões traumáticas vasculares arteriais cervicais e intracranianas são de elevada morbidade e mortalidade, principalmente quando não diagnosticadas ou diagnosticadas tardiamente. Apresentam incidência de aproximadamente 0,1 a 2% dos pacientes com trauma grave. Ocorrem por ferimento penetrante ou por trauma craniocervical fechado que induza laceração, estiramento ou compressão dos vasos cervicais, particularmente as artérias carótidas internas e vertebrais no segmento cervical superior, no nível vertebral C1-C2, frequentemente com fraturas vertebrais cervicais associadas.

Esses mecanismos traumáticos causam ruptura da camada íntima ou hemorragia dos *vasa vasorum* com consequente desenvolvimento de hematoma subintimal que pode progredir com a formação de falsa luz subintimal, caracterizando dissecção vascular e levando a compressão e estenose da luz verdadeira em graus variáveis ou mesmo à sua oclusão. Também pode haver lesão e hemorragia da camada média e adventícia com consequente formação de pseudoaneurisma.

Essas lesões vasculares cervicais, em especial nos traumas fechados, podem ser graduadas de I a V, segundo a Escala de Graduação de Denver, proposta por Biffl et al., assim detalhada:

- Grau I: irregularidades parietais ou dissecção/hematoma subintimal com estenose menor que 25% do vaso (Figura 35).
- Grau II: visualização de trombo ou de *flap* intimal, ou de pequena fístula arteriovenosa hemodinamicamente não significativa, ou dissecção/hematoma subintimal com estenose igual ou maior que 25% (Figura 36).
- Grau III: formação de pseudoaneurisma (Figuras 37 e 38).
- Grau IV: oclusão vascular (Figuras 39 e 40).
- Grau V: ocorre transecção da artéria ou fístula arteriovenosa hemodinamicamente significativa (Figura 40).

A ultrassonografia com Doppler colorido e pulsado pode evidenciar vários achados, entre os quais: *flap* intimal (sinal mais específico), falsa luz (ao Doppler colorido), trombo ecogênico na luz vascular, afilamento regular da luz, aumento da velocidade de fluxo da artéria vertebral contralateral (no caso de dissecção vertebral), diminuição ou aumento da velocidade de fluxo do vaso comprometido e aumento de seus índices de resistência

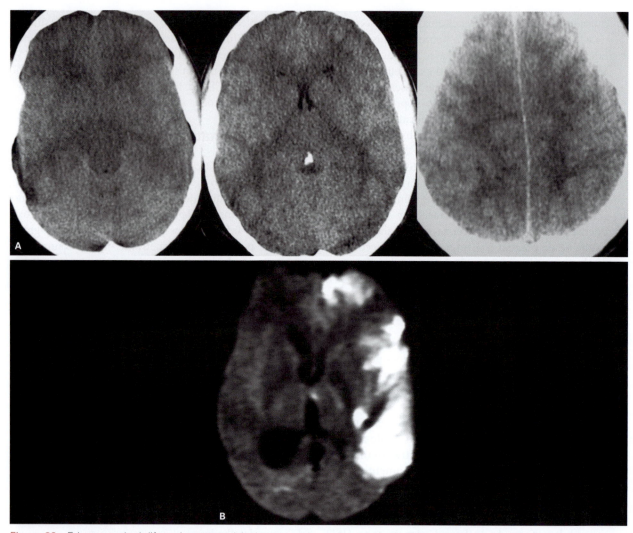

Figura 33 Edema cerebral difuso. Imagens axiais de tomografia computadorizada (TC). A: Nota-se redução difusa das vias de circulação liquórica (cisternas, sulcos corticais e sistema ventricular). Imagem axial de ressonância magnética (RM) pesada em difusão (B) demonstra edema citotóxico cerebral hemisférico esquerdo evidenciado por extenso hipersinal, sugerindo restrição da difusão das moléculas de água.

(ao Doppler pulsado). É, entretanto, método de pouca acessibilidade às artérias vertebrais e aos segmentos vasculares cervicais distais, próximos à base do crânio, onde a lesão vascular é frequente.

A RM pode evidenciar o hematoma subintimal e seu efeito expansivo caracterizado pelo aumento do calibre externo do vaso e eventual afilamento do *flow void* habitual da luz do vaso. O hematoma subintimal é mais bem visualizado na sequência T1 com supressão do sinal da gordura, exibindo isossinal ou leve hipersinal na fase aguda e evidente hipersinal na fase subaguda, tendo morfologia circunferencial, em crescente, em faixa ou em pequeno foco adjacente à luz vascular (Figuras 35 e 39C). A ângio-RM pode evidenciar afilamento progressivo da luz do vaso com ou sem perda total do sinal de fluxo distalmente, pseudoaneurisma e, raramente, a dupla luz (luz verdadeira e falsa separadas pelo *flap* intimal).

A RM, entretanto, é método de pouca disponibilidade, praticidade e rapidez no atendimento emergencial, tendo como limitação a presença de dispositivos metálicos muitas vezes existentes nos politraumatizados. Nesse contexto, a angiotomografia (ângio-TC) com reconstruções em projeção de máxima intensidade de sinal (MIP) e tridimensionais (3D) tem sido de grande impacto, possibilitando o diagnóstico precoce dessas lesões ainda no pronto-atendimento desses pacientes (Figuras 36 a 40). Estudos comprovam a eficácia desse método no rastreamento de lesões vasculares cervicais e intracranianas nos pacientes vítimas de trauma, com níveis de sensibilidade e especificidade semelhantes à arteriografia digital, além da praticidade, rapidez e disponibilidade de seu uso, e também da frequente necessidade desse mesmo método na avaliação dos demais segmentos do corpo, evitando-se o indesejável trânsito de pacientes e a perda de tempo pelos corredores dos hospitais.

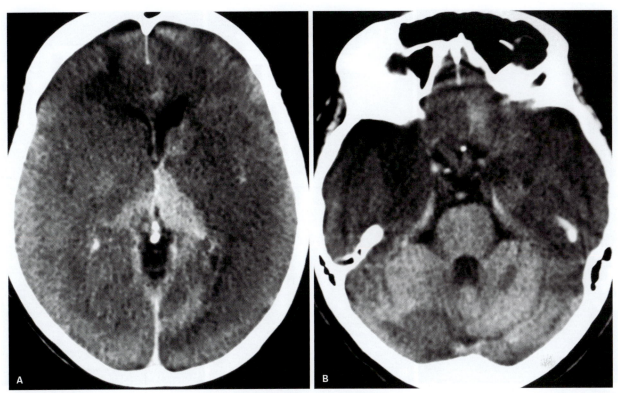

Figura 34 Edema cerebral difuso. Imagens axiais de tomografia computadorizada (TC). Nota-se hipoatenuação difusa cerebral com perda da diferenciação entre substância branca e cinzenta (A). Há relativa hiperatenuação do tronco cerebral e cerebelo (B) e também dos tálamos, em especial à esquerda (A).

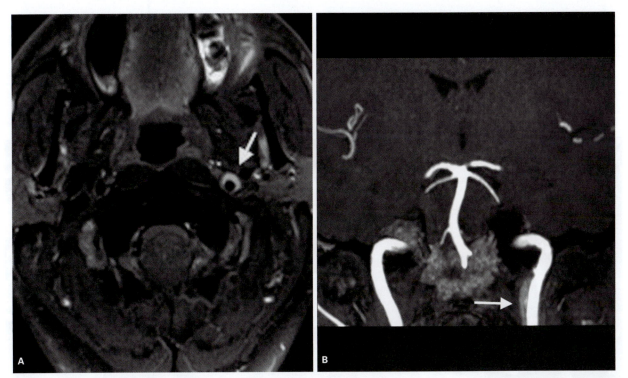

Figura 35 Dissecção traumática de artéria carótida interna cervical distal esquerda – lesão grau I. A: Imagem axial de ressonância magnética (RM) ponderada em T1 com saturação de gordura. B: Ângio-RM arterial intracraniana (3D-TOF – *time of flight*) em reconstrução com projeção de intensidade máxima (MIP) coronal evidenciando hematoma subintimal concêntrico com hipersinal (meta-hemoglobina), sem estenose significativa do vaso (setas), sem trombo luminal ou *flap* intimal.

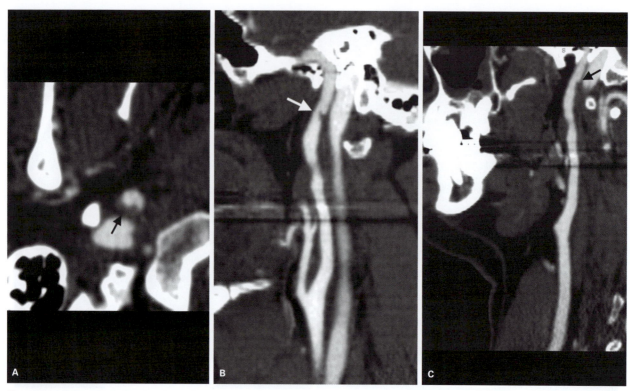

Figura 36 Politraumatismo. Angiotomografia computadorizada de vasos cervicais: imagem de fonte axial (A) e reconstruções sagitais em projeção de intensidade máxima (MIP) (B e C) evidenciando irregularidades parietais ao longo da metade distal da carótida interna direita, que não causam estenose maior que 25%, mas com evidência de pequeno trombo ou *flap* no seu segmento superior (setas), caracterizando lesão vascular traumática grau II.

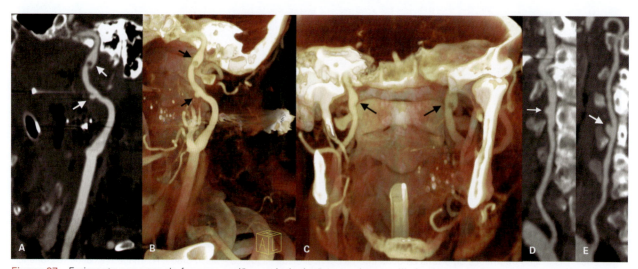

Figura 37 Ferimento por arma de fogo em região cervical – lesão vascular grau III. Angiotomografia computadorizada: múltiplos pseudoaneurismas (setas) identificados em ambas as artérias carótidas internas, em reconstruções com projeção de intensidade máxima (MIP) (A) e 3D (B e C). Existem lesões semelhantes nas artérias vertebrais bilateralmente (setas), em reconstruções MIP (D e E).

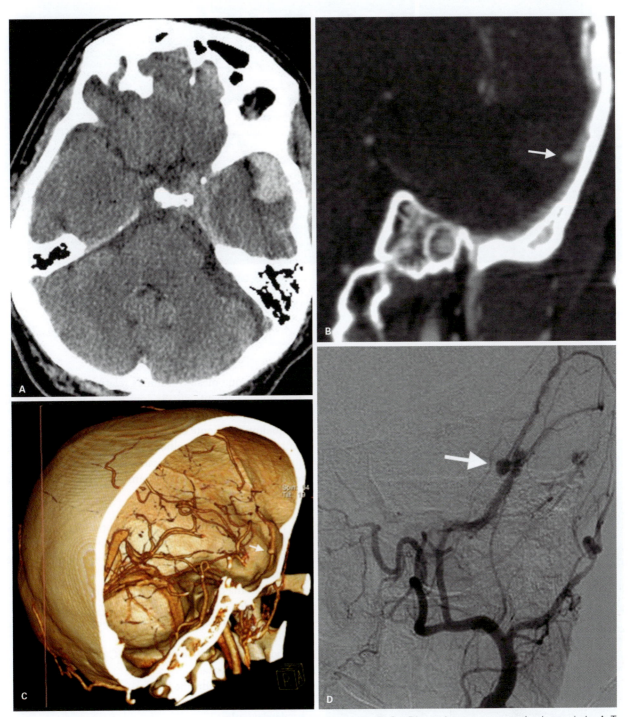

Figura 38 Pseudoaneurisma da artéria meníngea média esquerda (setas em B, C e D) com hematoma extradural associado. A: Tomografia computadorizada (TC) de crânio evidenciando hematoma extradural temporal esquerdo. Ângio-TC de crânio: reconstruções com projeção de intensidade máxima (MIP) no plano coronal no nível do forame espinhoso (B) e em 3D num plano coronal oblíquo (C). Confirmação diagnóstica em arteriografia digital (D).

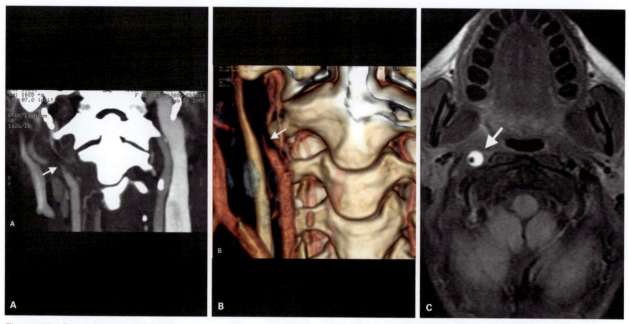

Figura 39 Dissecção traumática de artéria carótida interna – lesão grau IV. Angiotomografia computadorizada. Reconstrução com projeção de intensidade máxima (MIP) (A) e 3D (B) evidenciando afilamento progressivo da luz vascular até sua oclusão total (setas). Imagem axial de ressonância magnética ponderada em T1 com saturação de gordura (C), evidenciando hematoma subintimal concêntrico com hipersinal reduzindo a luz vascular (seta).

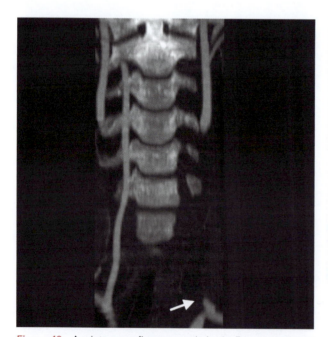

Figura 40 Angiotomografia computadorizada. Reconstrução coronal com projeção de intensidade máxima (MIP) evidenciando interrupção abrupta da contrastação do segmento proximal da artéria vertebral esquerda (seta), em vítima de trauma fechado, indicando oclusão por dissecção ou transecção da artéria (lesão vascular grau IV ou V).

Sabe-se que mesmo traumas relativamente leves podem potencialmente cursar com lesão vascular cervical associada e, no intuito de evitar a realização de ângio-TC em qualquer paciente com trauma leve, faz-se necessário definir critérios para melhor selecionar aqueles pacientes que devem ser alvo de rastreamento para lesões vasculares. Assim, alguns critérios foram propostos na literatura e incluem:

- Pacientes com fratura de base de crânio.
- Fratura de coluna cervical.
- Fraturas faciais tipo Le Fort II ou III; ou fratura de mandíbula.
- Hematoma cervical com efeito de massa.
- Escala de Coma de Glasgow igual ou menor que 8.
- Déficit neurológico focal não explicado por TC de crânio.
- Evidência de infarto agudo na TC de crânio.
- Epistaxe intensa.
- Anisocoria/síndrome de Horner.
- Marca cutânea do cinto de segurança acima do nível da clavícula.
- Frêmito ou palpação pulsátil cervical.

Vítimas de trauma que apresentem algum desses critérios podem ter a incidência de trauma neurovascular elevada para até 30%.

Apesar da angiografia digital ser padrão-ouro para avaliação vascular, vários estudos retrospectivos e metanálises demonstram que a ângio-TC é uma alternativa diagnóstica rápida, não invasiva e de elevada acurácia na detecção de lesão vascular traumática.

A ângio-TC pode demonstrar irregularidades parietais, afilamento progressivo da luz vascular de grau variável ou até mesmo sua oclusão, pseudoaneurisma e, mais raramente, dupla luz, luz falsa ou *flap* intimal, mas é limitada quanto à detecção do hematoma subintimal propriamente dito, que é bem caracterizado pela RM (Figuras 35 e 39). Além da excelente acurácia na detecção das lesões vasculares cervicais, a ângio-TC tem sido útil na avaliação das artérias e do sistema venoso intracranianos, como na demonstração de pseudoaneurismas (Figura 37) ou mesmo excluindo lesão vascular em traumas perfurantes (Figura 9E).

Fístula carótido-cavernosa

Nos TCE que cursam com fraturas de base de crânio, pode ocorrer fístula carótido-cavernosa traumática, havendo direcionamento do fluxo sanguíneo carotídeo ao seio cavernoso e consequente inversão da direção de fluxo na veia oftálmica superior e no seio petroso, com ingurgitamento de ambos. Quando esses leitos venosos são incapazes de absorver o elevado volume sanguíneo dessa fístula, pode haver refluxo sanguíneo às veias cerebrais corticais, com risco de hemorragia subaracnoide. Classificam-se em tipo A, com direta comunicação entre a artéria carótida interna e o seio cavernoso, e em tipo B, com comunicação indireta, através de ramos meníngeos da artéria carótida interna. A ruptura de aneurisma de artéria carótida interna intracavernosa pode ser uma causa de fístula.

O quadro clínico clássico é geralmente unilateral, mas também pode ser bilateral, com o aparecimento em alguns dias ou semanas pós-trauma ou espontaneamente (no caso de ruptura de aneurisma) de proptose pulsátil, edema e eritema orbitário e periorbitário, redução da acuidade visual, glaucoma, cefaleia e déficit do III ao VI nervos cranianos. A ultrassonografia de órbita com Doppler evidencia ectasia e inversão de fluxo na veia oftálmica superior.

A TC e a RM com contraste endovenoso evidenciam assimetria ou alargamento do seio cavernoso, ectasia da veia oftálmica superior, proptose, edema orbitário e periorbitário, espessamento da musculatura ocular extrínseca e realce meníngeo regional ou difuso, este último mais bem evidenciado à RM (Figura 41). A ângio-RM evidencia ectasia e aumento do sinal de fluxo no seio cavernoso e na veia oftálmica superior, e a ângio-TC evidencia ectasia e contrastação precoce (em fase arterial) do seio cavernoso, seio petroso e veia oftálmica superior, todos esses achados geralmente unilaterais, mas que também podem ser bilaterais. A trombose espontânea da fístula carótido-cavernosa é rara, sendo a embolização endovascular seu tratamento de escolha.

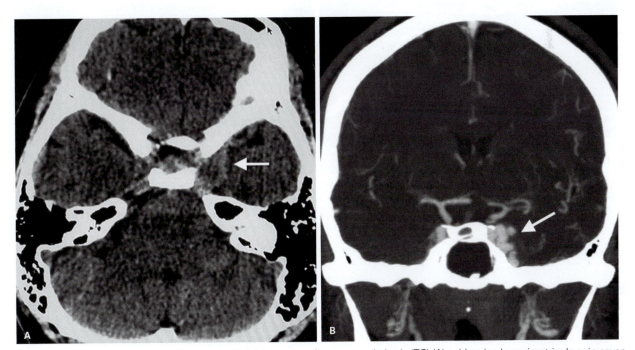

Figura 41 Fístula carótido-cavernosa. Imagem axial de tomografia computadorizada (TC) (A) evidenciando assimetria do seio cavernoso, maior à esquerda (seta). Ângio-TC (B a E): reconstrução com projeção de intensidade máxima (MIP) coronal (B) evidenciando contrastação assimétrica e precoce do seio cavernoso à esquerda (seta).

(continua)

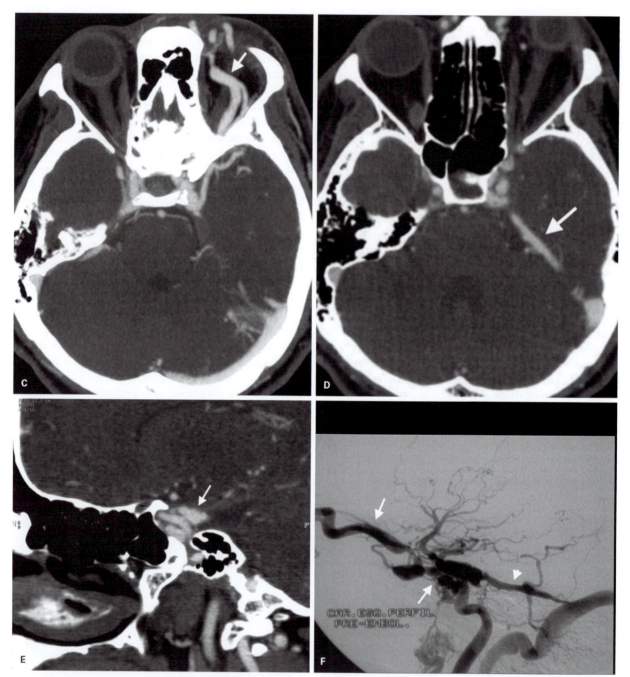

Figura 41 *(continuação)* A reconstrução MIP axial evidencia ectasia e contrastação precoce da veia oftálmica superior (C) e do seio petroso superior (D). Há proptose à esquerda (D). Confirmação por meio da arteriografia digital (F), que traz os mesmos achados: contrastação precoce e assimétrica do seio cavernoso, veia oftálmica superior (seta) e seio petroso superior (seta curta). Nota-se a existência de ótima correlação entre os métodos, especialmente na comparação com as reformatações parassagital (E) e axial (D) da ângio-TC.

Bibliografia sugerida

1. Berne JD, Norwood SH, McAuley CE, Villareal DH. Helical computed tomographic angiography: an excellent screening test for blunt cerebrovascular injury. J Trauma. 2004;57:11-7; discussion 7-9.
2. Biffl WL, Egglin T, Benedetto B, Gibbs F, Cioffi WG. Sixteen-slice computed tomographic angiography is a reliable noninvasive screening test for clinically significant blunt cerebrovascular injuries. J Trauma. 2006;60:745-51; discussion 51-2.
3. Chelly H, Chaaris A, Daoud A, Dammak H, Medhioub F, Mnif J, et al. Diffuse axonal injury in patients with head injuries: an epidemiologic and prognosis study of 124 cases. J Trauma. 2011;71:838-46.
4. Colbert CA, Holshouser BA, Aaen GS, Sheridan C, Oyoyo U, Kido D, et al. Value of cerebral microhemorrhages detected with susceptibility-weighted MR imaging for prediction of long-term outcome in children with nonaccidental trauma. Radiology. 2010.256(3):898-905.
5. de Andrade AF, Marino R, Ciquini O, Figueiredo EG, Machado AG. Guidelines for neurosurgical trauma in Brazil. World J Surg. 2001;25:1186-201.

6. Andrade AF, Marino Jr R, Miura FK, Carvalhaes CC, Tarico MA, Lázaro RS, et al.; Sociedade Brasileira de Neurocirurgia. Diagnóstico e conduta no paciente com traumatismo craniencefálico leve; 2001. Disponível em: http://diretrizes.amb.org.br/_BibliotecaAntiga/traumatismo-craniencefalico-leve.pdf.
7. Eastman AL, Chason DP, Perez CL, McAnulty AL, Minei JP. Computed tomographic angiography for the diagnosis of blunt cervical vascular injury: is it ready for primetime? J Trauma. 2006;60:925-9; discussion 9.
8. Ezaki Y, Tsutsumi K, Morikawa M, Nagata I. Role of diffusion-weighted magnetic resonance imaging in diffuse axonal injury. Acta Radiol. 2006;47:733-40.
9. Hammoud DA, Wasserman BA. Diffuse axonal injuries: pathophysiology and imaging. Neuroimag Clin N Am. 2002;205-16.
10. Ho ML, Rojas R, Eisenberg RL. Cerebral edema. Am J Neuroradiol. 2012;199:W258-W273.
11. Huisman TA. Diffusion-weighted imaging: basic concepts and application in cerebral stroke and head trauma. Eur Radiol. 2003;13:2283-97.
12. Huisman TA. Intracranial hemorrhage: ultrasound, CT and MRI findings. Eur Radiol. 2005;15:434-40.
13. Lee B, Newberg A. Neuroimaging in traumatic brain injury. Neurotherapeutics. 2005;2:372-83.
14. Wintermark M, Sanelli PC, Anzai Y, Tsiouris AJ, Whitlow CT. Imaging evidence and recommendations for traumatic brain injury: advanced neuro- and neurovascular imaging techniques. AJNR Am J Neuroradiol. 2015;36:E1-E11.
15. Martins RS, Siqueira MG, Santos MT, Zanon-Collange N, Moraes OJ. Prognostic factors and treatment of penetrating gunshot wounds to the head. Surg Neurol. 2003;60:98-104.
16. Ommaya AK, Goldsmith W, Thibault L. Biomechanics and neuropathology of adult and paediatric head injury. Br J Neurosurg. 2002;16:220-42.
17. Osborn AG. Diagnostic imaging. Brain. Salt Lake City: Amirsys; 2004. p.4-63.
18. Provenzale J. CT and MR imaging of acute cranial trauma. Emerg Radiol. 2007;14:1-12.
19. Schaefer PW, Huisman TA, Sorensen AG, Gonzalez RG, Schwamm LH. Diffusion-weighted MR imaging in closed head injury: high correlation with initial Glasgow coma scale score and score on modified Rankin scale at discharge. Radiology. 2004;233:58-66.
20. Server A, Tollesson G, Solgaard T, Haakonsen M, Johnsen UL. Vertex epidural hematoma: neuroradiological findings and management. Acta Radiol. 2002;43:483-5.
21. Skandsen T, Kvistad KA, Solheim O, Strand IH, Folvik M, Vik A. Prevalence and impact of diffuse axonal injury in patients with moderate and severe head injury: a cohort study of early magnetic resonance imaging findings and 1-year outcome. J Neurosurg. 2010;113:556-63.
22. Taheri PA, Karamanoukian H, Gibbons K, Waldman N, Doerr RJ, Hoover EL. Can patients with minor head injuries be safely discharged home? Arch Surg. 1993;128:289-92.
23. Gaudêncio TG, Leão GM. A epidemiologia do traumatismo crânio-encefálico: um levantamento bibliográfico no Brasil. Rev Neurocienc. 2013;21(3):427-34.
24. Tong KA, Ashwal S, Holshouser BA, Shutter LA, Herigault G, Haacke EM, et al. Hemorrhagic shearing lesions in children and adolescents with posttraumatic diffuse axonal injury: improved detection and initial results. Radiology. 2003;227(2):332-9.
25. Andrade AF, Marino Jr R, Mirua FK, Rodrigues Jr JC. Traumatismo craniencefálico grave; 2002. Disponível em: http://diretrizes.amb.org.br/_BibliotecaAntiga/traumatismo-craniencefalico-grave.pdf.
26. Andrade AF, Marino Jr R, Miura FK, Rodrigues Jr JC; Sociedade Brasileira de Neurocirurgia. Traumatismo craniencefálico moderado; 2002. http://www.projetodiretrizes.org.br/projeto_diretrizes/105.pdf.
27. Yang XF, Wang H, Wen L. From myelin debris to inflammatory responses: a vicious circle in diffuse axonal injury. Medical Hypotheses. 2011;77:60-2.

4

Doenças infecciosas e inflamatórias do sistema nervoso central

Germana Titoneli dos Santos
Amanda Ribeiro Coutinho
Leandro Tavares Lucato

Introdução

As infecções do sistema nervoso central (SNC) manifestam-se com diferentes padrões de imagem a depender sobretudo de qual estrutura encefálica foi predominantemente acometida e do agente infeccioso responsável. Os padrões mais encontrados são o empiema, a meningite, a encefalite e as lesões focais como o abscesso e o granuloma.

No empiema há acometimento do espaço extra-axial, que se caracteriza por formação de uma coleção nesse espaço associada ao espessamento da dura-máter, sendo a bactéria o agente frequentemente isolado. No caso da meningite o padrão de imagem encontrado é o de espessamento e realce leptomeníngeo e mudança do sinal do liquor e os principais agentes etiológicos são os vírus e as bactérias. Quando há acometimento difuso do parênquima encefálico ou da medula a manifestação será encefalite ou mielite e nesse caso os vírus são os principais agentes etiológicos. O acometimento também pode ser focal do parênquima encefálico, causando abscessos, mais comumente de origem bacteriana, ou granulomas nos casos de infecção por parasitas, fungos e micobactérias.

Para formular a hipótese diagnóstica de processo infeccioso do SNC é imprescindível considerar, além dos padrões de imagem, outros fatores, como história clínica compatível, faixa etária e imunidade do paciente, bem como a distribuição geográfica de alguns dos agentes.

Doenças priônicas

Príons são partículas infecciosas proteicas que induzem a modificação da configuração normal das demais proteínas.

A doença mais relacionada aos príons é a doença Creutzfeldt-Jakob (DCJ). Ela pode ser esporádica (85%), hereditária (15%) ou adquirida por meio da contaminação da carne (doença da "vaca louca") ou iatrogênica, e a forma adquirida é chamada de variante.

O pico de incidência ocorre entre os 60 e 65 anos de idade. Clinicamente, a DCJ caracteriza-se por demência rapidamente progressiva, em geral acompanhada de mioclonias, ataxia cerebelar, evoluindo de modo invariável para o óbito.

A histopatologia da DCJ é caracterizada por perda citoarquitetural e neuronal e degeneração espongiforme do córtex.

De acordo com a Organização Mundial da Saúde (OMS), o diagnóstico definitivo da forma esporádica é feito por meio da análise histopatológica; além disso, os complexos de ondas trifásicas periódicas características identificados no eletroencefalograma (EEG) e a proteína 14-3-3 positiva no liquor contribuem para um diagnóstico provável. A forma variante tende a não exibir as alterações típicas no EEG ou no liquor e seus critérios diagnósticos são diferentes dos critérios aplicados nas demais formas. Na forma variante, a alteração característica na ressonância magnética (RM) é considerada um critério diagnóstico pela OMS, diferentemente das formas esporádica e hereditária, nas quais a imagem ainda não faz parte dos critérios diagnósticos da OMS.

Alguns tipos de doenças priônicas são denominados por epônimos por causa de uma ou mais características clínicas proeminentes. Na forma Heidenhain, por exemplo, predominam os sintomas visuais e a difusão pode estar alterada somente no córtex occipital e parietal.

As sequências FLAIR (*fluid-attenuated inversion recovery*), T2 e em especial a difusão (DWI – *diffusion weighted imaging*) demonstram hipersinal nos gânglios da base, tálamos e córtex (Figura 1). A hiperintensidade na difusão do córtex e gânglios da base foi observada em cerca de dois terços dos casos (58%) e a hiperintensidade cortical isolada em um terço deles (33%). Os lobos mais frequentemente acometidos são o frontal e parietal (89%),

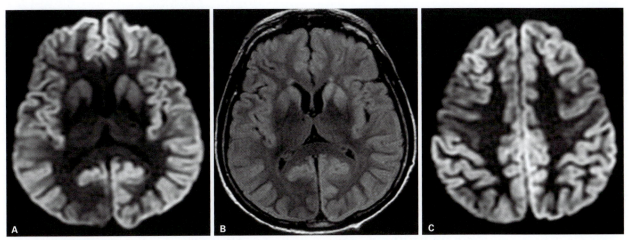

Figura 1 Paciente com 72 anos de idade, com diagnóstico de Creutzfeldt-Jakob. Imagem axial FLAIR (A) demonstrando hipersinal nos núcleos da base e córtex, difusamente. Imagens ponderadas em difusão (B e C) mostram hipersinal nos núcleos da base e córtex, de forma difusa e mais nítida do que a imagem FLAIR.

seguidos pelos lobos temporal (72%) e occipital (61%). Achados menos característicos, mas que podem ocorrer, são o envolvimento assimétrico dos núcleos estriados e a alteração do sinal da substância cinzenta periaquedutal.

O sinal do taco de hóquei ou do pulvinar do tálamo, que é formado pela confluência do hipersinal do tálamo dorsomedial e do tálamo posterior, é indicativo da forma variante, sendo usado pela OMS como um dos critérios diagnósticos para essa forma. Esse achado, entretanto, não é exclusivo, podendo ser encontrado também nas formas esporádica e hereditária (Figura 2).

As alterações na RM, principalmente o hipersinal na sequência de DWI, chegam a 90% de sensibilidade e especificidade, superando os outros métodos clínicos não invasivos, como a pesquisa de proteína 14-3-3 no liquor e as descargas periódicas no eletroencefalograma. Por esse motivo os especialistas defendem que a RM seja incluída nos critérios diagnósticos da forma esporádica também.

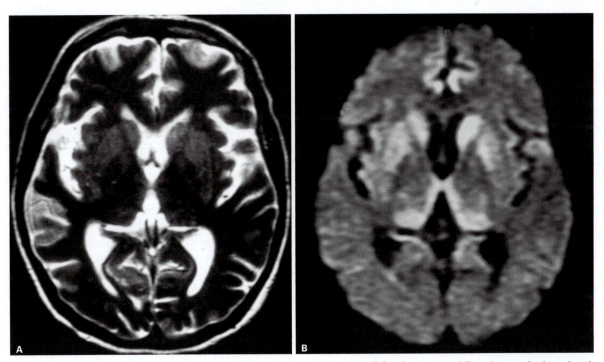

Figura 2 Paciente do sexo feminino, 61 anos com doença de Creutzfeldt-Jakob (DCJ), forma esporádica; alguns achados mimetizam as alterações observadas na variante da DCJ. Imagem axial T2 mostra discreto hipersinal estriatal bilateral e simétrico (A). A imagem de difusão (B) demonstra hipersinal nos núcleos da base, pulvinar e regiões mesiais dos tálamos. As alterações talâmicas são semelhantes às observadas na DCJ.

Infecções virais

As doenças virais do SNC englobam uma série de processos distintos, sobretudo inflamação afetando o encéfalo, as meninges ou ambos (meningoencefalite). O acometimento da medula (mielite), isolado ou não, também é uma possibilidade de apresentação.

Herpesvírus

A família Herpesvírus consiste em um grupo grande de vírus de DNA que incluem o herpes simplex tipo 1 (HSV-1) e 2 (HSV-2), o citomegalovírus (CMV), o vírus Epstein-Barr (EBV), o vírus varicela-zoster (VZV) e os herpesvírus humanos tipos 6, 7 e 8 (HHV-6, 7 e 8). A infecção pode ocorrer já no contato inicial com o vírus ou na sua reativação.

HSV-1 (transmissão oral), em geral causa encefalite aguda no adulto, enquanto o HSV-2 (transmissão genital) causa meningite e mielite. HSV-1 é a causa de quase a totalidade das encefalites herpéticas (95%).

Vírus herpes simplex tipo 1 (HSV-1)

O HSV-1 causa encefalite necrotizante fulminante, cuja incidência é de 1 em cada 250 a 500.000 habitantes/ano. Diagnóstico rápido e tratamento precoce são importantíssimos a fim de reduzir a alta mortalidade relacionada à encefalite que se não tratada pode ser maior que 70%. Acredita-se que o vírus fique latente no gânglio trigeminal, e que algum tipo de estímulo leve à reativação.

A proteína C-reativa (PCR) no liquor é utilizada para o diagnóstico precoce, sendo o padrão-ouro, com alta sensibilidade (até 95%) e especificidade (até 95%). Falsos-negativos, entretanto, podem ocorrer nas primeiras 24 a 48 horas, ou mais tardiamente, após 10 a 14 dias de doença. O padrão liquórico típico é pleocitose linfocítica e aumento do conteúdo proteico.

Encefalite focal aguda com inflamação e edema do tecido cerebral são achados patológicos relacionados à encefalite herpética, incluindo-se ainda necrose tecidual focal com eventuais áreas hemorrágicas, vasculite e infiltrados meníngeos linfocitários.

A encefalite envolve assimetricamente o lobo temporal, a superfície orbitária do lobo frontal, e algumas vezes o córtex insular e o giro do cíngulo. O envolvimento pode ser uni ou bilateral. A preferência pelos lobos temporal e frontobasal é sugestiva de disseminação neural do vírus a partir do gânglio trigeminal.

A tomografia computadorizada (TC) e a RM refletem as alterações anátomo-patológicas. Na TC, lesões hipoatenuantes são mais observadas nos lobos temporais. Realce pós-contraste e hemorragia são pouco comuns, mas quando presentes aumentam a especificidade do método. A RM é claramente mais sensível do que a TC.

Na RM, lesões nos lobos frontais e temporais são demonstradas em 70-80% dos casos, sendo as sequências FLAIR e de difusão as mais sensíveis. As lesões apresentam hipersinal nessas sequências, decorrente do edema citotóxico do parênquima (Figura 3). Focos de hemorragia (Figura 4) e quebra da barreira hematoencefálica cortical ou meníngea podem ser encontrados (Figura 3).

A restrição na sequência de difusão é mais precoce e mais extensa do que o hipersinal observado em T2 e FLAIR e a anormalidade parece se resolver em cerca de 14 dias. Pacientes que apresentam restrição à difusão habitualmente exibem um quadro clínico mais grave.

Envolvimento do tronco cerebral, núcleos da base e tálamo é menos frequente. O acometimento cerebelar é muito raro. Não há boa correlação entre os achados da RM e a evolução clínica.

Mesmo com instituição imediata de terapia antiviral, a maioria dos pacientes sobreviventes apresenta atrofia cortical e encefalomalácia nos exames de seguimento (Figura 5).

A infecção neonatal por HSV-1 tem sido relatada com ocorrência de até 0,035%. Durante o período neonatal, contudo, o HSV-2 é muito mais comum. A mortalidade da encefalite neonatal por HSV-1 não tratada chega a 50%, e sequelas neurológicas nos sobreviventes são comumente relatadas.

Na encefalite neonatal por HSV-1, o envolvimento cerebral é difuso. A RM em neonatos com encefalite herpética pode parecer normal porque é difícil a diferenciação entre o edema precoce na substância branca e a substância branca não mielinizada. A transmissão neonatal do HSV-1 geralmente ocorre por via vertical durante a infecção materna primária. Em crianças com encefalite herpética foi descrito padrão de envolvimento com distribuição vascular nos territórios das artérias cerebrais anteriores, médias e posteriores, envolvimento multifocal ou difuso do cérebro. O envolvimento dos lobos frontal e temporal, característico da encefalite herpética em adultos, não é muito encontrado nessa faixa etária.

A reativação do herpes vírus pode estar associada à paralisia de nervo facial e exames de RM com contraste podem demonstrar realce no fundo do canal auditivo interno e/ou no gânglio geniculado.

Ocasionalmente, o HSV-1 pode causar radiculomielite, com aumento de volume da medula espinhal, hipersinal nas imagens pesadas em T2 e realce nas raízes dorsais.

Vírus herpes simplex tipo 2 (HSV-2)

No neonato, a infecção por HSV-2 pode causar encefalite aguda focal ou disseminada associada à alta mortalidade ou a sequelas neurológicas graves. Microcefalia, microftalmia, dilatação ventricular e encefalomalácia multicística podem estar associadas ao HSV-2 neonatal. Em geral, a infecção herpética em neonatos é contraída

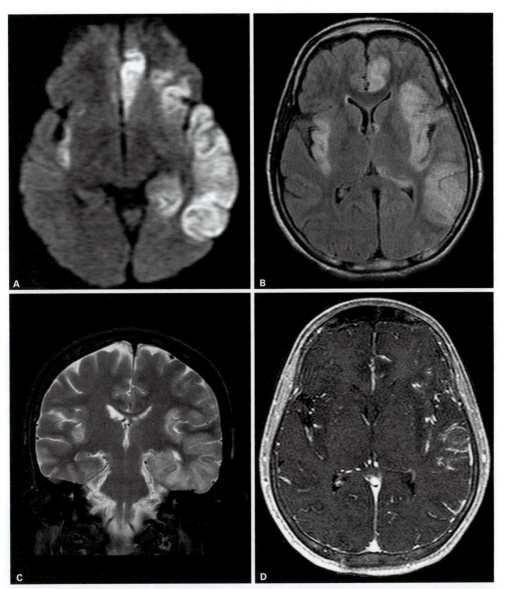

Figura 3 Ressonância magnética na encefalite herpética. A: Sequência de difusão (DWI) revela hipersinal nos lobos frontal e temporal esquerdos. O hipersinal no córtex insular é bilateral e assimétrico, maior à esquerda. B: Sequência FLAIR mostra hipersinal nas mesmas localizações. C: Coronal T2 exibe hipersinal no córtex fronto-têmporo-insular, à esquerda, e no córtex insular direito. D: Axial T1 pós-contraste demonstra realce predominantemente leptomeníngeo nas áreas acometidas.

durante o parto vaginal, mas pode ser adquirida por via ascendente intrauterina ou pós-natal. O período latente entre a exposição viral durante o parto e a apresentação clínica varia entre 11 e 20 dias.

A TC pode ser negativa com alguma frequência nesses casos. De início, a RM demonstra perda da diferenciação entre a substância branca e a cinzenta nas imagens pesadas em T1 e T2. Essas lesões não são facilmente diferenciadas da substância branca não mielinizada. Realce meníngeo às vezes ocorre (Figura 6).

Assim como ocorre no HSV-1, a sequência de difusão é mais sensível do que as sequências T2 e FLAIR. A encefalite herpética neonatal é menos frequentemente hemorrágica, e acomete menos comumente os lobos temporais mediais e frontobasais, embora às vezes ambos os achados possam ser observados.

Nos estudos de seguimento podem surgir necrose hemorrágica, encefalomalácia cística e calcificações parenquimatosas (Figura 7).

Em adultos a contaminação é principalmente por contato sexual. Em pacientes imunocomprometidos o HSV-2 tem maior incidência, em geral causando mielite ou meningite.

Vírus herpes tipo 6

O HHV-6 causa o exantema súbito (também conhecido como roséola). O exantema súbito é uma doença benigna, que ocorre entre 6 meses e 2 anos de idade. Al-

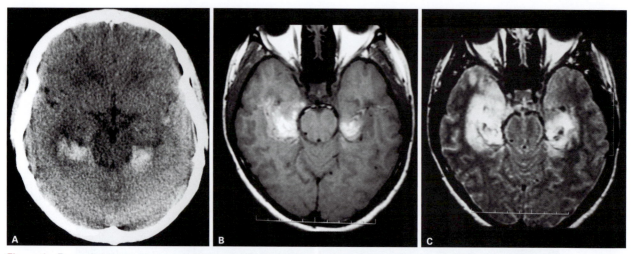

Figura 4 Focos de hemorragia na encefalite herpética. A: Tomografia computadorizada sem contraste demonstrando hiperatenuação espontânea na porção mesial dos lobos temporais, compatível com sangramento. B-C: A ressonância magnética revela focos de hipersinal em T1 e FLAIR, respectivamente, em razão da hemorragia subaguda (meta-hemoglobina). A maior extensão do hipersinal em FLAIR deve-se ao edema circunjacente associado. Note ainda hipersinal nos sulcos corticais relacionado a envolvimento meníngeo.

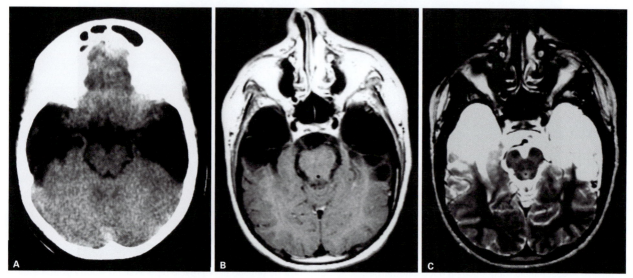

Figura 5 Sequela de encefalite herpética. A: Tomografia computadorizada demonstrando acentuada atrofia dos lobos temporais, com hipoatenuação grave. B-C: Ressonância magnética mostrando áreas de baixo sinal em T1 e hipersinal em T2, respectivamente, nos lobos temporais, compatíveis com encefalomalácia cística.

gumas vezes o exantema súbito afeta o SNC e causa convulsões febris.

A infecção do sistema nervoso pode se manifestar como meningite, encefalite, e cerebelite aguda; em adultos, manifesta-se como mielite. A cerebelite aguda pode ser evidenciada nas imagens de difusão, mas pode não ser bem identificada nas imagens pesadas em T1 e T2. Essa anormalidade de sinal, em geral, desaparece com a melhora clínica. A maioria das crianças que desenvolvem cerebelite têm bom prognóstico, sem déficits neurológicos residuais.

Encefalite pelo HHV-6 também pode ser observada em pacientes imunocomprometidos, em especial após transplante de medula óssea. Presumivelmente trata-se de uma reativação do vírus, com quadro clínico pouco específico no qual se destaca a insônia. A TC em geral é normal. A RM demonstra alteração de sinal na difusão precocemente, e depois em T2 e FLAIR sobretudo nos hipocampos, eventualmente podendo haver extensão para estruturas límbicas extra-hipocampais.

Citomegalovírus (CMV)

A infecção do SNC pelo CMV ocorre em neonatos, como resultado de infecção congênita, ou em pacientes imunocomprometidos.

Em neonatos, o CMV é a causa mais comum de meningite e encefalite viral. Nesses pacientes, a origem da infecção é em geral transplacentária por infecção materna

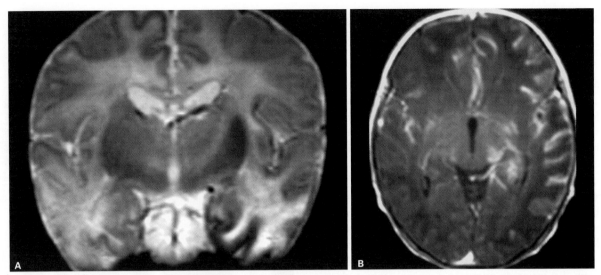

Figura 6   Encefalite herpética neonatal por herpes simplex tipo 2 – ressonância magnética. A: Imagem coronal T2 exibe hipersinal na substância branca cerebral, com borramento da interface entre a substância branca e a cinzenta, mais evidente nos lobos temporais. B: Imagem axial T1 pós-contraste com realce leptomeníngeo difuso.
Cortesia do Dr. Arnolfo de Carvalho Neto.

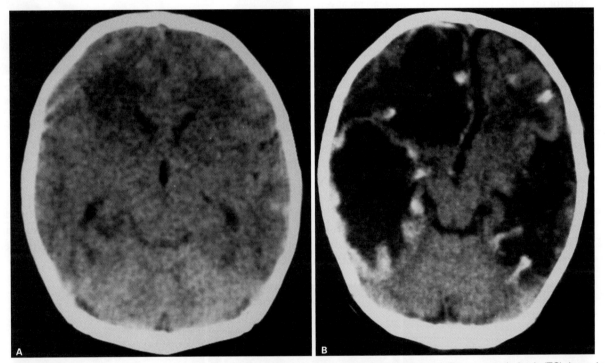

Figura 7   Rápida evolução de encefalite herpética neonatal por herpes simplex tipo 2. A: Tomografia computadorizada (TC) de recém-nascido demonstrando apenas discreta hipoatenuação na substância branca dos hemisférios cerebrais, sobretudo nos lobos frontais. B: TC um mês após exibindo extensas áreas de encefalomalácia cística e calcificações parenquimatosas grosseiras.
Cortesia do Dr. José Albino da Paz.

primária. Se a infecção primária ocorrer antes de 27 semanas de gestação, as crianças exibem sinais de infecção com mais frequência. Ao nascimento, as manifestações clínicas são hepatoesplenomegalia, petéquias, trombocitopenia e microcefalia, mas apenas 10% dos pacientes são sintomáticos nessa fase. Quando o paciente é sintomático ao nascimento, retardo mental, deficiências motoras, perda auditiva neurossensorial, sintomas oculares e às vezes epilepsia são as principais manifestações clínicas.

As crianças assintomáticas ao nascimento têm 5-15% de chance de desenvolver complicações neurológicas até os 2 anos de idade. Em especial nesses pacientes estudos por imagem são importantes para levantar a possibilidade de CMV, uma vez que o diagnóstico de certeza é mais difícil, pois a infecção aguda com viremia e aumento dos níveis de imunoglobulina já ocorreu meses antes do início dos sintomas.

Calcificações, em geral periventriculares, são detectadas em mais de 40% dos casos, e são caracterizadas de maneira mais nítida por meio da TC (Figura 8). Além das calcificações, outras anormalidades identificadas na TC incluem atrofia cortical, aumento dos ventrículos, coleções subdurais, porencefalia e encefalomalácia multicística.

A RM pode mostrar cistos periventriculares (Figura 9) e defeitos da migração neuronal, incluindo agiria/paquigiria, polimicrogiria (Figura 10), esquizencefalia, substância cinzenta heterotópica e displasia cortical. Outros achados, tais como hidrocefalia, disgenesia do corpo caloso e hipoplasia cerebelar também já foram descritos.

A associação de lesões da substância branca (Figura 9) com distúrbios da migração neuronal (sobretudo polimicrogiria) (Figura 10) é sugestiva de CMV. Mesmo na ausência de distúrbios da migração cortical, a presença de lesões na substância branca e um acometimento da porção anterior dos lobos temporais (seja dilatação focal ventricular, alteração de sinal da substância branca ou cistos subcorticais) também sugerem CMV como possibilidade diagnóstica (Figura 11). O diagnóstico diferencial desse padrão é a leucoencefalopatia com cistos subcorticais sem megaloencefalia, doença geneticamente determinada.

Em adultos, o CMV pode causar síndrome *mono-like*. O envolvimento do SNC não é frequente, mas tem aumentado em pacientes com aids e transplantes de órgãos. Em pacientes imunocomprometidos o mecanismo de infecção deve-se à reativação do vírus. A técnica de PCR permite a detecção de CMV no liquor e no sangue. Na aids, o CMV pode causar meningite, ventriculite, encefalite, radiculite e coriorretinite.

Nos quadros de ventriculite, as imagens pesadas em T2 e FLAIR demonstram ventrículos alargados e aumento de sinal delineando o epêndima; após administração

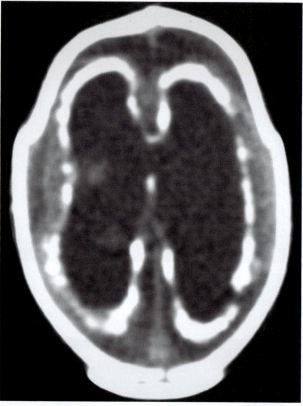

Figura 8 Infecção congênita pelo citomegalovírus. Imagem axial de tomografia computadorizada sem contraste demonstra calcificações periventriculares bilaterais, típicas dessa infecção. Há hipodensidade parenquimatosa adjacente aos cornos ventriculares (encefalomalácia) e acentuada redução volumétrica encefálica com dilatação ventricular compensatória.
Cortesia do Dr. Arnolfo de Carvalho Neto.

de contraste, vê-se realce subependimário difuso ao redor dos ventrículos (Figura 12). Alteração difusa da substância branca com hipersinal em T2 e atrofia cortical podem ocorrer, assim como realce meníngeo.

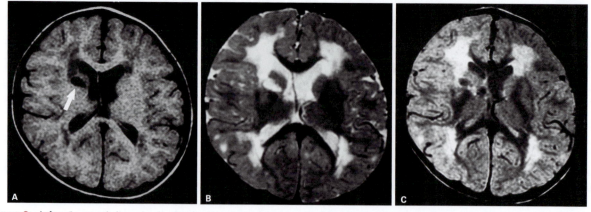

Figura 9 Infecção congênita pelo citomegalovírus. As imagens axiais de ressonância magnética demonstram uma lesão ovalada na topografia putaminal e ramo anterior da cápsula interna direita, isointensa ao liquor, compatível com cisto periventricular secundário à infecção (seta em A). Também há lesões peritrigonais sequelares hipointensas em T1 sem contraste (A) e hiperintensas em T2 (B) e em densidade de prótons (DP) (C).
Cortesia do Dr. Luiz Portela.

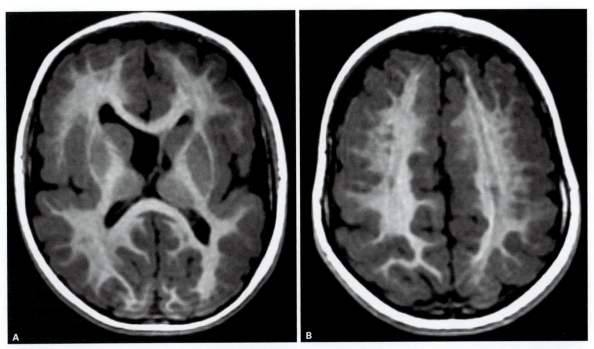

Figura 10   Infecção congênita pelo citomegalovírus. Imagens axiais ponderadas em T1 sem contraste (A) e demonstrando extensa polimicrogiria fronto-parieto-insular bilateral (B).

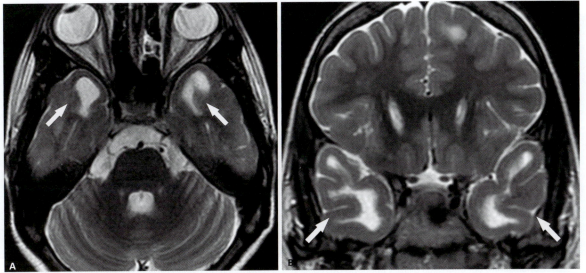

Figura 11   Infecção congênita pelo citomegalovírus. Imagens de ressonância magnética axial (A) e coronal (B) ponderadas em T2 demonstrando as formações císticas (setas) nos polos temporais.

Realce e espessamento da coroide e da retina podem ocorrer de modo isolado ou simultâneo às alterações encefálicas e medulares, sugerindo coriorretinite (Figura 13).

Vírus varicela-zóster (VZV)

A infecção primária pelo VZV é comumente conhecida como varicela (catapora), e sua reativação é conhecida como herpes zoster. Varicela e herpes-zóster costumam ser limitados a manifestações dermatológicas e apenas raramente afetam outros órgãos. O diagnóstico é confirmado por meio de PCR no sangue ou liquor.

Em crianças, a varicela pode associar-se a encefalite, ataxia cerebelar aguda e síndrome de Reye. As manifestações cerebelares da varicela são normalmente autolimitadas.

Outra manifestação do herpes-zóster é a vasculopatia (Figura 14). O diagnóstico não é simples, uma vez que a vasculopatia – cuja tradução clínica mais comum é a isquemia cerebral – pode ocorrer semanas ou meses

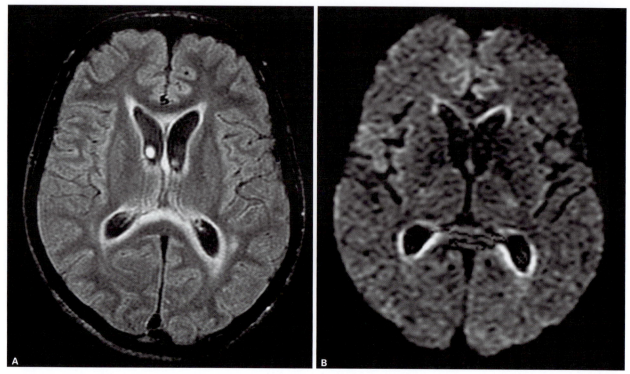

Figura 12 Ventriculite por citomegalovírus. A-B: Imagens axiais FLAIR e pesada em difusão (DWI), respectivamente, demonstram ventrículos laterais levemente alargados e aumento de sinal delineando o epêndima bilateralmente.

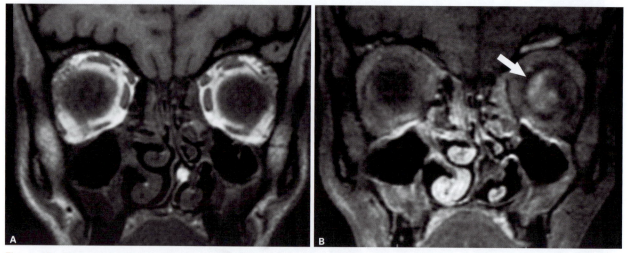

Figura 13 Coriorretinite por citomegalovírus. Imagens de ressonância magnética no plano coronal, pesadas em T1 antes (A) e após a injeção de contraste paramagnético (B), demonstram realce irregular e heterogêneo da porção posterior do globo ocular esquerdo (seta em B). Incidentalmente existe exuberante sinusopatia maxiloetmoidal bilateral.

após a infecção pelo VZV, e cerca de 30% dos pacientes podem não apresentar lesões cutâneas ou pleocitose liquórica. A detecção de anticorpos IgG anti-VZV no liquor desses pacientes tem maior sensibilidade do que o uso de PCR para identificar o DNA viral. Lesões isquêmicas são identificadas em quase a totalidade dos estudos de RM ou TC, e cerca de 70% dos pacientes mostra alterações em estudos vasculares (por RM, TC ou angiografia convencional), acometendo artérias de diferentes calibres.

Em pacientes imunocompetentes, complicações relacionadas ao VZV são raras. Há acometimento dos núcleos e raízes dos pares cranianos, normalmente por conta da reativação viral no dermátomo correspondente com erupção cutânea característica.

A síndrome de Ramsay-Hunt caracteriza-se por envolvimento do gânglio geniculado do sétimo nervo com paralisia facial aguda. A RM pode demonstrar realce anômalo desses nervos (Figura 15) ou do tronco, representando extensão da inflamação para os núcleos dos sétimo e oitavo nervos.

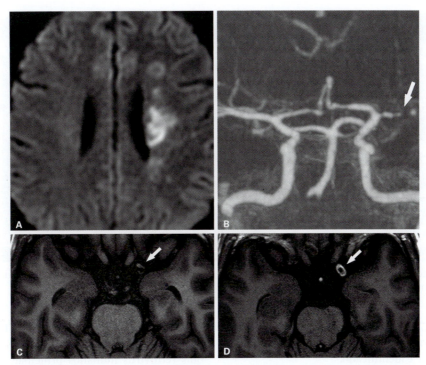

Figura 14 Ressonância magnética (RM) de paciente com vasculite por varicela. Imagem de difusão no plano axial demonstrando restrição à difusão da substância branca da coroa radiada esquerda (A). Reconstrução de ângio-RM evidencia irregularidades no segmento M1 da artéria cerebral média esquerda (B). As imagens axiais com protocolo para estudo da parede do vaso (*vessel wall*) antes (C) e após (D) o uso do contraste evidenciam realce intenso parietal circunferencial no seguimento supraclinóideo da artéria carótida interna esquerda.

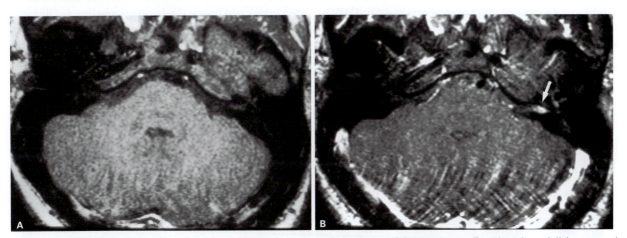

Figura 15 Síndrome de Ramsay-Hunt – ressonância magnética. A e B: Imagens axiais pesadas em T1 pré e pós-gadolínio, respectivamente, mostram realce anômalo dos nervos facial e vestíbulo-coclear à esquerda (seta em B).
Cortesia do Dr. J. Randy Jinkins.

A RM pode demonstrar acometimento do núcleo do trato espinhal do trigêmeo, na face dorsolateral da transição bulbopontina (Figura 16), podendo estender-se para o bulbo e medula cervical alta.

A mielite por varicela-zoster pode envolver longos segmentos que demonstram leve alargamento e hipersinal nas imagens pesadas em T2. O nível do envolvimento medular corresponde à distribuição do dermátomo das lesões cutâneas.

Vírus Epstein-Barr (EBV)

O EBV é um vírus linfotrópico que causa mononucleose infecciosa. O envolvimento do SNC pelo EBV varia na literatura de 1-18% dos pacientes infectados. Meningite, encefalite, ataxia cerebelar aguda e mielite já foram descritas em associação com o vírus.

A RM pode demonstrar lesões com hipersinal em T2 no córtex, nos núcleos da base, na interface entre a substância branca e a cinzenta, no tronco cerebral, e no

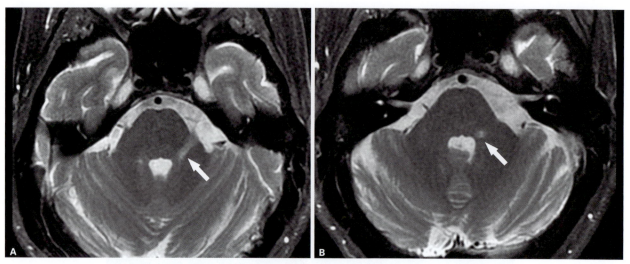

Figura 16 Herpes-zoster trigeminal à esquerda. Imagens axiais pesadas em T2 demostrando hiperintensidade (A e B) na ponte, no trajeto intraparenquimatoso do nervo trigêmeo esquerdo (setas).

cerebelo (Figura 17). Lesões talâmicas são raramente associadas às lesões nos núcleos da base. Em geral, nenhum realce pós-contraste é identificado.

Retrovírus

Duas famílias de retrovírus são conhecidas por infectar seres humanos: os lentivírus, entre os quais o mais importante é o vírus da imunodeficiência humana (HIV); e os oncornavírus, que incluem o vírus linfotrópico de células T humanas (os agentes indutores das leucemias e linfomas crônicos de células T – HTLV 2 – e da paraparesia espástica tropical – HTLV-1). Nas seções seguintes, dois retrovírus humanos principais serão discutidos: a constelação de doenças neurológicas causadas pelo HIV e a paraparesia espástica tropical relacionada ao HTLV-1.

Vírus da imunodeficiência humana (HIV)

O HIV induz a síndrome da imunodeficiência adquirida (aids), por causar depleção progressiva dos linfócitos T CD4+, que desempenham papel fundamental no sistema imune mediado por células.

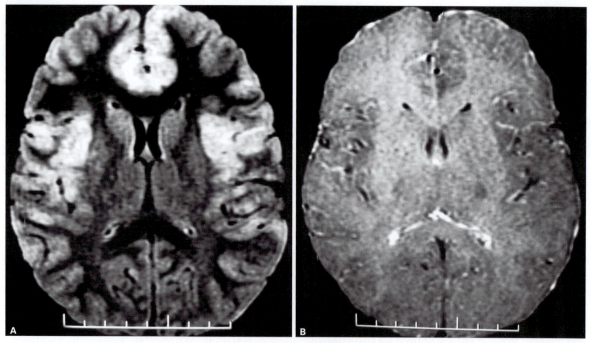

Figura 17 Envolvimento do sistema nervoso central pelo vírus Epstein-Barr. A: Imagem axial FLAIR exibe hipersinal cortical esparso pelos hemisférios cerebrais. B: Imagem axial T1 pós-gadolínio não revela realce anômalo significativo.
Cortesia do Dr. Luiz Portela.

A infecção pelo HIV leva a um quadro de alterações neurológicas, infecções oportunistas e neoplasias. As apresentações neuropatológicas da infecção por HIV *per se* incluem encefalopatia, mielopatia, neuropatia periférica e miopatia.

Encefalite subaguda, cuja incidência em autópsia varia entre 10-50%, é a manifestação neuropatológica mais comum da infecção por HIV. Do ponto de vista da imagem, a TC costuma ser negativa ou revela apenas atrofia. Lesões de substância branca raramente são detectadas usando TC. A RM apresenta resultados melhores na avaliação desses pacientes. Atrofia cortical é o achado mais comum à RM, habitualmente já nos estágios iniciais da doença (Figura 18). Outro achado comum são lesões focais na substância branca periventricular, com hipersinal em T2 e FLAIR e isossinal em T1, sem realce pós-contraste. A distribuição dessas lesões pode obedecer a um dos seguintes padrões: difuso (extenso envolvimento de grande área) (Figura 19); em placas (envolvimento localizado com margens bem definidas); e puntiforme (pequenos focos menores que 1 cm de diâmetro).

Somente desde 1996 o tratamento para a infecção pelo HIV e aids tem sido mais efetivo, conhecido como HAART (*highly active antiretroviral therapy*). Desde então, houve alguma modificação na incidência das doenças associadas, parecendo haver redução da incidência de toxoplasmose, CMV e encefalite pelo HIV, e relativa manutenção da leucoencefalopatia multifocal progressiva e dos linfomas.

Infecção pediátrica pelo HIV

A via mais comum de infecção pelo HIV em crianças é a transmissão vertical. Transmissão materno-fetal do HIV ocorre em 13-40% das gestações de mães infectadas. O tratamento com drogas antirretrovirais durante a gestação, anteparto e intraparto para a mãe e para o recém-nascido até 6 semanas reduz o risco de transmissão materno-fetal do HIV em cerca de dois terços. Esses pacientes raramente manifestam disfunção neurológica no período neonatal, embora até os três anos de idade, cerca de 80% apresentem algum quadro clínico. A apresentação pode ser variada: encefalopatia progressiva com retardo no desenvolvimento neuropsicomotor, demência aguda ou subaguda, meningite asséptica, encefalopatia aguda ou angiite granulomatosa envolvendo o SNC. Digno de nota é que, ao contrário do adulto, infecções intracranianas focais e lesões neoplásicas são raras em infecção pediátrica pelo HIV.

Achados neuropatológicos em crianças afetadas são semelhantes aos observados nos adultos; uma característica distintiva importante é a presença de calcificações, tanto no parênquima cerebral como em vasos de pequeno e médio calibre.

A TC evidencia ventriculomegalia (achado mais comum), atrofia cortical, hipoatenuação da substância branca, e calcificações cerebrais, que em geral acometem os núcleos da base (Figura 20). A RM demonstra atrofia cerebral e lesões focais na substância branca semelhantes às observadas nos adultos.

Complicações cerebrovasculares são de grande importância nesse grupo de pacientes, tais como aneuris-

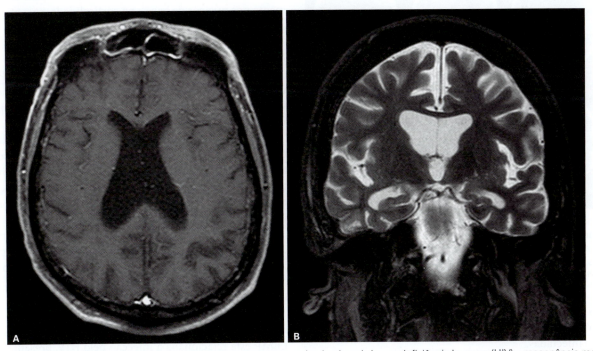

Figura 18 Paciente jovem com infecção do sistema nervoso central pelo vírus da imunodeficiência humana (HIV) – ressonância magnética. A-B: Imagem axial pesada em T1 pós-contraste e imagem coronal T2, respectivamente, revelam aumento global dos espaços liquóricos em detrimento do parênquima encefálico (atrofia), sem lesões focais ou realce pós-contraste significativos.

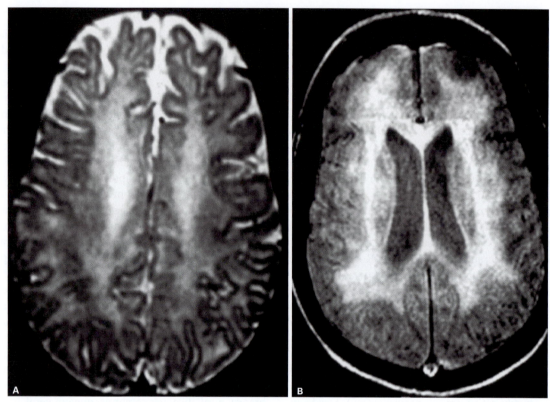

Figura 19 Infecção do sistema nervoso central pelo vírus da imunodeficiência humana (HIV) – ressonância magnética. A-B: Imagens axiais pesadas em T2 e densidade de prótons (DP), respectivamente, mostram hipersinal da substância branca, predominantemente periventricular, em um padrão difuso de acometimento.
Cortesia do Dr. Luiz Bacheschi.

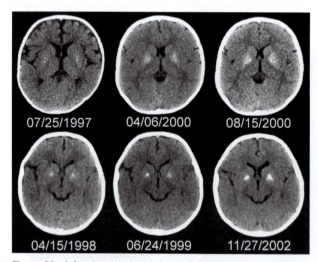

Figura 20 Infecção pelo vírus da imunodeficiência humana (HIV) em crianças. Imagens evolutivas de tomografia computadorizada sem contraste em dois casos revelam calcificações bilaterais e simétricas nos globos pálidos, que se acentuaram com o passar do tempo.
Cortesia do Dr. Marcelo Valente.

mas, infartos e hemorragia. A incidência é estimada em 2,6%, consideravelmente mais alta do que em crianças não infectadas.

Os aneurismas podem ser fusiformes ou saculares, e uma dilatação fusiforme de ramos dos vasos do polígono de Willis tem sido cada vez mais relatada (Figura 21). Infartos isquêmicos podem ser encontrados mais comumente nos núcleos da base e na corticalidade, cuja etiologia pode ser multifatorial.

Leucoencefalopatia multifocal progressiva (LEMP)

Leucoencefalopatia multifocal progressiva (LEMP) é um distúrbio desmielinizante causado por infecção pelo vírus JC (vírus John Cunnigham), da família *Polyomaviridae*.

O vírus JC tem predileção por infectar oligodendrócitos – seus núcleos tornam-se grandes, com inclusões anormais. O comprometimento dos oligodendrócitos leva a desmielinização, uma vez que a principal função dos oligodendrócitos é mielinizar os axônios que se projetam dos corpos neuronais.

Anticorpos dirigidos contra o vírus JC são encontrados na maioria da população, sem produzir doença. Após infecção inicial, talvez por via respiratória, o vírus persiste latente, sendo reativado em algumas condições de imunossupressão grave, causando LEMP.

Embora já tenha sido associada a outras doenças relacionadas com imunossupressão, a maioria dos casos de LEMP está relacionada à infecção pelo HIV, presente em até 85% dos casos. A LEMP secundária ao uso de anticorpos monoclonais, em especial o natalizumabe, vem

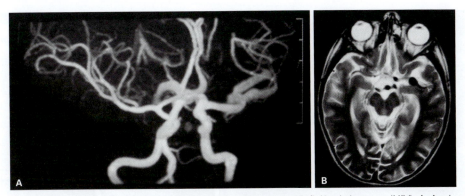

Figura 21 Complicações vasculares na infecção pediátrica pelo vírus da imunodeficiência humana (HIV). A: Angiorressonância magnética com técnica 3D-TOF mostra exuberante dilatação fusiforme dos vasos do polígono de Willis e seus ramos, sobretudo da artéria cerebral média esquerda e suas ramificações. B: Imagem axial pesada em T2 também demonstra a dilatação vascular.

ganhando destaque por causa do uso desse medicamento no tratamento da esclerose múltipla.

O liquor na LEMP é acelular, com pequena alteração do conteúdo proteico; PCR para o vírus JC tem sido de grande auxílio diagnóstico.

Na TC, a LEMP se apresenta como lesões focais hipoatenuantes envolvendo a substância branca, em geral sem realce ou efeito de massa. A RM, com sua maior sensibilidade, é o exame de escolha. O padrão clássico inclui lesões de substância branca, representando desmielinização, que costuma ser salteada, apresentando hipossinal em T1 e hipersinal em T2 e FLAIR, sem efeito de massa ou realce (Figura 22). As lesões clássicas de substância branca são mais comumente bilaterais, assimétricas, confluentes e múltiplas.

Para diferenciar entre LEMP e encefalite pelo HIV com base na RM, podem ser consideradas as seguintes características: na encefalite pelo HIV há mais atrofia associada e as alterações na substância branca em geral são simétricas e difusas; as lesões por HIV têm isossinal em T1 e tendem a ser mais centrais, enquanto na LEMP as lesões apresentam hipossinal em T1 e são mais comumente subcorticais (Quadro 1).

As novas lesões e as bordas de lesões grandes apresentam alguma restrição à difusão, com coeficientes de difusão aparentes reduzidos a normais e hipersinal nas imagens de difusão. Na sequência T2 podem ser encontrados microcistos no centro das lesões em atividade (Figura 22).

O envolvimento de fossa posterior é frequente na LEMP, acometendo tipicamente os pedúnculos cerebelares médios, ponte e hemisférios cerebelares.

Outra manifestação da infecção pelo vírus JC é o acometimento dos neurônios das células granulares do cerebelo, sendo chamada de neuropatia das células granulares pelo vírus JC. O padrão de imagem mais consistente é a atrofia do cerebelo, sugestivo de neurodegeneração. Em dois terços dos casos há também alteração da substância branca do cerebelo, tronco cerebral, pedúnculos cerebelares médios e da ponte (Figura 23). Essa alteração da substância branca pode ser devida a acometimento con-

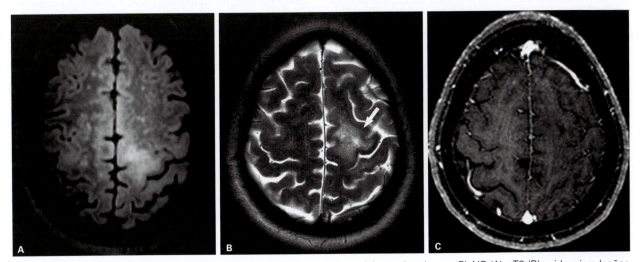

Figura 22 Leucoencefalopatia multifocal progressiva (LEMP). Imagens axiais ponderadas em FLAIR (A) e T2 (B) evidenciam lesões hiperintensas na substância branca subcortical das regiões frontoparietais, sendo confluentes à esquerda. Não apresentam efeito de massa ou realce pós-contraste (C). Na imagem axial T2 (B) evidenciam-se microcistos de permeio à lesão (seta).

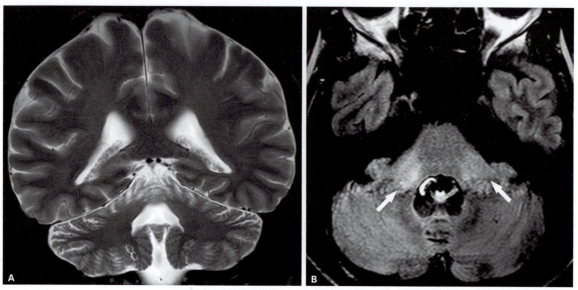

Figura 23 Neuronopatia de células granulares relacionada ao vírus JC (vírus John Cunningham). Imagem coronal ponderada em T2 (A) demonstrando atrofia cerebelar e imagem axial ponderada em FLAIR (B) evidenciam hipersinal nos pedúnculos cerebelares médios (setas).

comitante dos astrócitos e oligodendrócitos (confirmado histologicamente em alguns casos) ou degeneração da substância branca (em particular na periferia dos hemisférios cerebelares e dos pedúnculos cerebelares) secundária à perda neuronal.

Síndrome inflamatória da reconstituição imune (SIR)

Representa uma resposta inflamatória exuberante a um antígeno. Ocorre mais em pacientes HIV positivos e se desenvolve em semanas, meses, ou, raramente, anos após o início da HAART.

Alguns dos fatores de risco mais relacionados são o paciente não ter usado HAART antes, CD4 abaixo de 50, carga viral alta, queda significativa da carga viral nos primeiros 90 dias da terapia, aumento do CD4 depois da queda da carga viral, presença de infecção oportunista no começo do tratamento e reintrodução da HAART após interrupção.

O diagnóstico de SIR pode ser feito em um paciente infectado pelo HIV quando há elevação da contagem de CD4 +, diminuição da carga viral e agravamento do quadro clínico que não pode ser explicado por outras razões. O diagnóstico pode ser suportado pelos métodos de imagem, que demonstram padrões atípicos de manifestação das infecções oportunistas.

O achado anatomopatológico típico é a infiltração perivascular do parênquima encefálico por linfócitos CD8+, levando a uma encefalite. É postulado que a etiologia subjacente da SIR seria uma desregulação da razão CD8+/CD4+. A resposta inflamatória desencadeada não é "normal", o que explicaria a evolução clínica desfavorável dos pacientes com diagnóstico de SIR.

As infecções oportunistas mais encontradas nos pacientes HIV antes da HAART e antes de desenvolverem SIR são: retinite por citomegalovírus 37,7%, meningite criptocócica 19,5%, LEMP 16,7%, tuberculose 15,7% e herpes zoster 12,2%.

A SIR tem sido descrita em 18% dos pacientes HIV com LEMP tratados com HAART. Os achados típicos da LEMP mudam no contexto da SIR, passando a serem frequentes as lesões com realce pelo contraste, efeito de massa e restrição à difusão central e periférica (Figura 24). O realce é encontrado em apenas 56% dos casos. Tipicamente 1 a 2 meses após a introdução da HAART surgem múltiplas lesões não confluentes com realces nodulares, que regridem com corticoide. O realce também pode ser periférico ou perivascular, o que corresponde ao achado anatomopatológico de infiltração perivascular linfocítica CD8+. A alteração da substância branca também pode ser restrita à fossa posterior (Figura 25).

Quadro 1	Principais características das lesões de substância branca para diferenciação entre LEMP e encefalite pelo HIV	
	Distribuição e achados associados	Sinal em T1
LEMP	Assimétricas, mais centrais de localização subcortical. Envolvimento da fossa posterior é frequente	Hipossinal
Encefalite pelo HIV	Simétricas, difusas, com atrofia associada	Isossinal

HIV: vírus da imunodeficiência humana; LEMP: leucoencefalopatia multifocal progressiva.

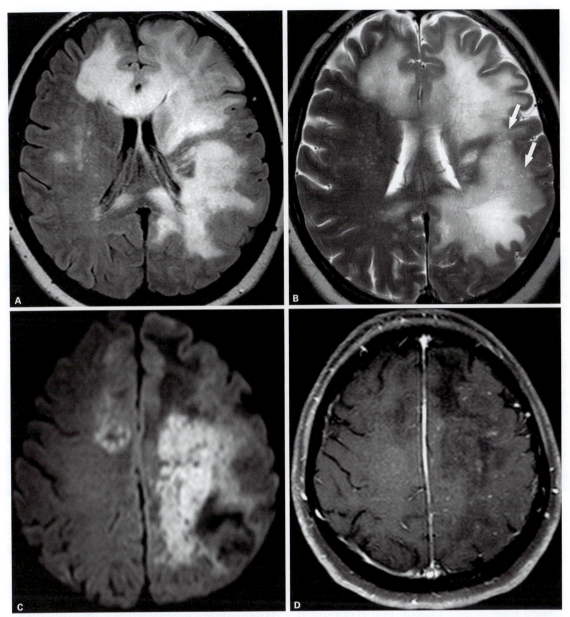

Figura 24   Leucoencefalopatia multifocal progressiva (LEMP) no contexto de síndrome inflamatória da reconstituição imune (SIR). Extensa lesão acometendo de forma assimétrica a substância branca profunda e subcortical frontoparietal bilateral (maior à esquerda) e corpo caloso. Apresenta hipersinal em FLAIR (A) e T2 (B), em que é possível observar alguns pequenos cistos de permeio (setas). Exibe áreas de restrição a difusão (C) e focos de realce pós-contraste (D).

A criptococose também é muitas vezes associada a SIR. Um fator predisponente é o alto nível sérico do antígeno, que nos pacientes que desenvolvem SIR tende a ser até quatro vezes maior. Comumente os pacientes com criptococose antes da introdução do HAART não tinham alteração nos métodos de imagem. No entanto, após o início do tratamento uma reação inflamatória intensa pode ser vista e alguns achados de imagem passam a ser mais frequentes como: hidrocefalia comunicante, realce leptomeníngeo, realce linear perivascular e realce do plexo coroide. A distensão dos espaços perivasculares de Virchow-Robin é encontrada tanto antes como depois da introdução da HAART, mas o realce desses espaços é descrito como característico da associação de criptococose com SIR (Figura 26). Outro achado característico é o envolvimento secundário do parênquima cerebral caracterizado por áreas parenquimatosas de hipersinal em T2, restrição à difusão e realce.

Apesar da maior frequência desses achados, a ausência de alterações ou apenas a identificação de atrofia na TC ou RM não exclui o diagnóstico de criptococose associada a SIR. Vários estudos mostraram significativas percentagens de pacientes nos quais não foram encontradas alterações nos métodos de imagem.

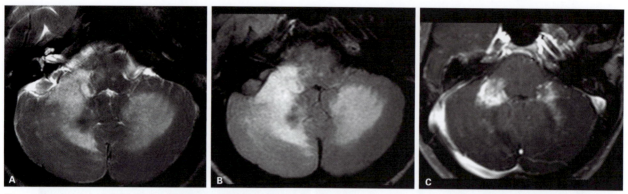

Figura 25 Leucoencefalopatia multifocal progressiva (LEMP) posterior. Lesões com alto sinal em T2 (A) e FLAIR (B) nos hemisférios cerebelares, pedúnculo cerebelar médio e ponte. Exibem efeito tumefativo e realce heterogêneo pós-contraste (C).

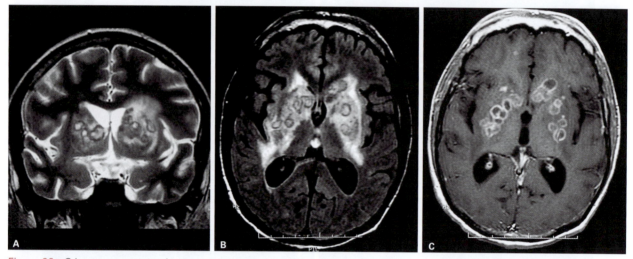

Figura 26 Criptococose parenquimatosa no contexto de síndrome inflamatória da reconstituição imune (SIR). Os espaços perivasculares dos núcleos da base estão acentuadamente alargados e há hipersinal no parênquima adjacente, evidenciado na imagem coronal pesada em T2 (A) e na sequência FLAIR axial (B). Após a injeção de contraste, há realce delimitando esses espaços perivasculares dilatados, evidente na imagem axial pesada em T1 (C). Esse tipo de acometimento parenquimatoso pela criptococose é denominado de lesões em "bolhas de sabão".

Vírus linfotrópico de células T humanas 1 (HTLV-1)

O quadro mais comum causado pelo HTLV-1 é o medular, chamado paraparesia espástica tropical ou mielopatia associada ao HTLV-1. Trata-se de doença lentamente progressiva, manifestando-se como paraparesia espástica crônica associada a disfunção vesical, acometendo sobretudo adultos.

O vírus é transmitido por via parenteral, e a grande maioria dos infectados é assintomática. Menos de 5% dos pacientes infectados vão apresentar sintomas, e apenas 0,35% desenvolverão mielopatia.

Os achados de RM na mielopatia por HTLV-1 incluem lesões com hipersinal em T2 na medula espinhal, havendo aumento de volume e realce pós-contraste nas fases iniciais; e cronicamente notando-se atrofia da medula sem realce (Figura 27). A extensão do envolvimento pode incluir toda a medula, ser focal ou multifocal. Estudos patológicos da medula espinhal mostram desmielinização sem gliose.

Paramixovírus, vírus do sarampo e panencefalite esclerosante subaguda (PEES)

A infecção pelo sarampo é em geral autolimitada. Complicações neurológicas do sarampo são raras e incluem encefalomielite aguda por sarampo, encefalopatia subaguda por sarampo em indivíduos imunocomprometidos e panencefalite esclerosante subaguda.

A panencefalite esclerosante subaguda (PEES) é um distúrbio neurológico lentamente progressivo, raro, causado por uma resposta aberrante ao vírus do sarampo no SNC. Seguindo-se à infecção original do sarampo, o vírus sofre alterações e permanece dormente no meio intracelular; a PEES apenas se manifesta anos após o evento inicial. A incidência de PEES relatada entre 1960 e 1970, de 1 caso por milhão de pacientes infantis, reduziu-se ainda mais com a eficácia da vacinação em massa contra o sarampo.

Tipicamente afeta crianças e adultos jovens com evolução quase sempre fatal. Apresenta de início sintomas

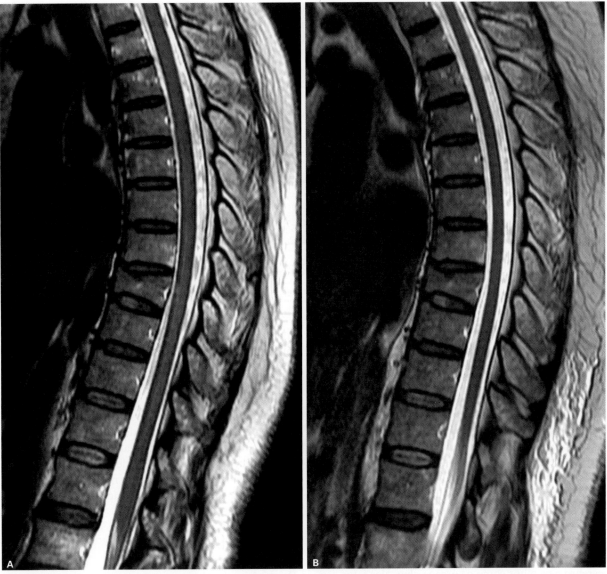

Figura 27 Vírus linfotrópico de células T humanas (HTLV-1). A: Imagem sagital ponderada em T2 demonstrando alto sinal difuso na medula torácica. B: Controle após 9 meses evidencia atrofia difusa da medula espinhal.

cognitivos progressivos e deterioração mental, seguidos por mioclonia, ataxia e sinais neurológicos focais. Estado vegetativo e morte, em geral após 1 a 3 anos, são observados na evolução habitual.

O diagnóstico baseia-se nas manifestações clínicas, na presença de descargas eletroencefalográficas periódicas características e na demonstração de elevados títulos de anticorpos contra o sarampo no plasma e no liquor.

A neuroimagem não desempenha papel determinante no diagnóstico de PEES, mas fornece importantes subsídios para o manejo clínico e diagnóstico diferencial. Nos primeiros meses da doença, a RM pode ser normal. Quando alterada, a RM revela áreas com hipersinal em T2 na substância branca periventricular, bilaterais e assimétricas (Figura 28). O envolvimento de núcleos da base e substância cinzenta cortical não é incomum, embora o tronco cerebral seja raramente afetado nas fases iniciais da doença. Nos estágios mais tardios, as lesões se tornam mais proeminentes, e o corpo caloso, tálamo, tronco cerebral e cerebelo podem ser envolvidos; lesões mais extensas na substância branca também são detectadas. Realces meníngeos e parenquimatosos têm sido descritos, embora pouco usuais. Atrofia cortical é vista sobretudo nos estágios avançados da doença (Figura 28), e é predominantemente frontal.

Zika vírus

O zika é um arbovírus da família *Flaviviridae* que teve sua primeira infecção humana reportada em 1952 na Uganda e Tanzânia. O quadro clínico clássico de infecção pelo zika se assemelha ao da dengue e do chikungunya e

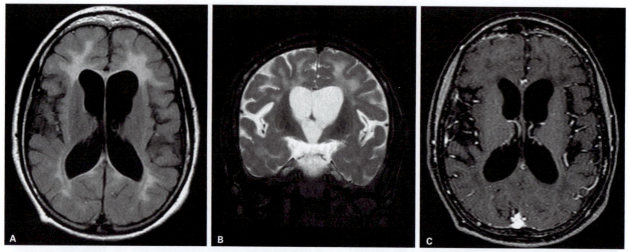

Figura 28 Panencefalite esclerosante subaguda – ressonância magnética. A e B: Imagem axial pesada em FLAIR e coronal pesada em T2 mostram atrofia cerebral e hipersinal na substância branca cerebral bilateralmente. C: Imagem T1 pós-gadolínio não exibe áreas anormais de impregnação pelo contraste.

se manifesta por febre, dor de cabeça, artralgia, mialgia e erupção cutânea maculopapular. Embora a doença seja autolimitada, casos de manifestações neurológicas e de síndrome de Guillain-Barré em adultos já foram descritos.

No Brasil, uma epidemia de microcefalia em novembro de 2015 foi depois atribuída à infecção congênita pelo zika vírus. Em fevereiro de 2016, essa situação foi considerada como uma emergência pela OMS.

Nesse período o zika foi isolado no líquido amniótico de dois fetos com microcefalia, achado esse que deu suporte à hipótese de transmissão intrauterina do vírus. O número de cópias virais detectados nos cérebros fetais foi substancialmente superior aos relatados no soro obtido de adultos também infectados. Os poucos relatos de efeitos teratogênicos causados pelos flavivírus, descreveram o cérebro e os olhos como os órgãos-alvo. Nos fetos acometidos não foram detectadas alterações patológicas em nenhum outro órgão além do cérebro, o que sugere um forte neurotropismo do vírus. A localização e a aparência morfológica das calcificações indicam uma possível localização intraneuronal do vírus.

O estudo anatomopatológico de um dos fetos acometidos pela transmissão vertical do vírus demonstrou lesões graves no parênquima encefálico. O exame macroscópico revelou microcefalia (quatro desvios padrões abaixo da média), fissura sylviana ampla, agiria quase completa e dilatação dos ventrículos laterais, além de numerosas calcificações de tamanhos variáveis no córtex e na substância branca subcortical. Os núcleos subcorticais tinham bom desenvolvimento. O cerebelo, tronco cerebral e medula espinhal não apresentavam alterações inflamatórias e nem calcificações distróficas, mas havia redução volumétrica do tronco e medula secundária à degeneração walleriana dos tratos longos descendentes, em especial o trato corticoespinhal lateral.

Os achados de imagem são semelhantes à descrição anatomopatológica, destacando-se a acentuada microcefalia, calcificações e malformações do desenvolvimento cortical (Figura 29). Foi relatado ainda um colapso da calota craniana com sobreposição das suturas e redundância das pregas cutâneas.

Foi descrito recentemente outro padrão de acometimento no qual os recém-nascidos apresentam malformações encefálicas, ventriculomegalia e macrocefalia. A fossa posterior tem um aspecto cístico e a ventriculomegalia dificulta a avaliação de possíveis malformações corticais por causa da compressão do ventrículo sobre o parênquima (Figura 30).

Infecções bacterianas

Bactérias piogênicas

As infecções bacterianas piogênicas do encéfalo podem se manifestar como meningite piogênica aguda, cerebrite/abscesso cerebral e empiema extra-axial (subdural ou extradural).

Meningite piogênica aguda

Diversas bactérias podem causar a meningite piogênica aguda. Conforme a faixa etária, determinados agentes são mais frequentes.

Três formas de disseminação podem levar bactérias às meninges. A disseminação hematogênica é a mais frequente delas e provavelmente se dá por meio dos plexos coroides e vias de circulação liquórica. Focos infecciosos adjacentes ao encéfalo, tais como otites médias e sinusites, podem provocar disseminação direta de bactérias às meninges (Figura 31). E, por fim, a inoculação direta nas meninges a partir de traumatismo cranioencefálico (ferimentos penetrantes ou fraturas

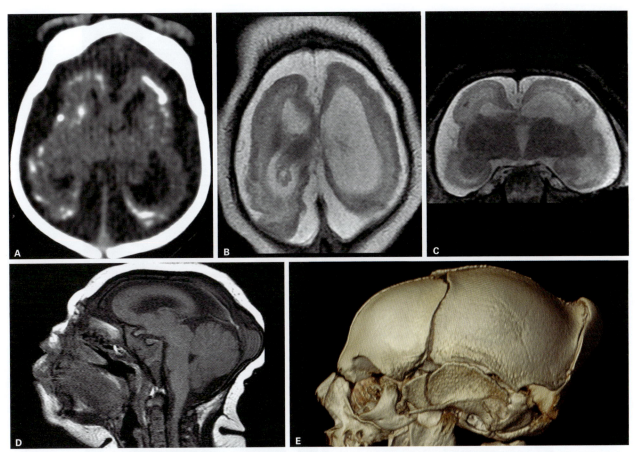

Figura 29 Infecção congênita por zika vírus. Corte axial de tomografia computadorizada sem contraste demonstra perda volumétrica do parênquima e calcificações corticais/subcorticais (A). Imagens axial e coronal ponderadas em T2 evidenciando dilatação ventricular, além de pobreza da sulcação cortical e paquigiria (B e C). Imagem sagital T1 (D) sem contraste e reformatação tridimensional (E) evidenciam acentuada microcefalia e deformidade da calota craniana com protrusão occipital e acavalgamento parieto-occipital.

cominutivas da calota craniana) responde pela causa menos frequente de disseminação.

A meningite piogênica aguda caracteriza-se por exsudato purulento com células polimorfonucleares, envolvendo as cisternas da base ou todo o espaço subaracnóideo. A presença de infiltrados inflamatórios perivasculares serve de substrato para as principais complicações decorrentes da meningite piogênica: as complicações vasculares, quer seja o vasoespasmo ou a trombose, que podem levar a infartos arteriais ou venosos. Lesões do endotélio vascular são responsáveis pela quebra da barreira hematoencefálica e, como consequência, pelo surgimento de edema vasogênico.

Outras complicações da meningite piogênica aguda são o empiema extra-axial, a cerebrite, o abscesso cerebral e a ventriculite.

A aracnoide infectada por bactérias pode evoluir para necrose, permitindo a transudação de albumina e plasma, formando coleção subdural, que posteriormente também pode se infectar, criando um empiema subdural.

Acredita-se que entre 20-25% das meningites piogênicas agudas em menores de 1 ano apresentem coleções subdurais, o que precisa ser diferenciado do alargamento do espaço subaracnóideo, comum e sem significado patológico que ocorre nos lactentes. Apenas 2% dos casos de meningite piogênica aguda que apresentam coleções subdurais em menores de 1 ano evoluem para empiema.

Já os empiemas são mais frequentemente complicações de sinusites ou de traumatismo cranioencefálico do que complicações de meningite.

O envolvimento do espaço subaracnóideo pelo exsudato inflamatório pode comprometer as vias de circulação liquórica, levando à hidrocefalia comunicante, quando apenas os espaços extraventriculares foram acometidos. A hidrocefalia não comunicante pode advir do acometimento por processo inflamatório da camada ependimária de revestimento do aqueduto cerebral ou dos forames de Monro, Magendie e Luschka, levando à sua obstrução.

Mais raramente nos adultos (cerca de 30% dos casos em geral) e muito frequentemente nos recém-nascidos (até 90% deles), a camada ependimária de revestimento das paredes ventriculares também pode ser acometida por processo inflamatório (ventriculite).

Metade dos adultos que apresentam meningite piogênica aguda evolui com alguma complicação, mais fre-

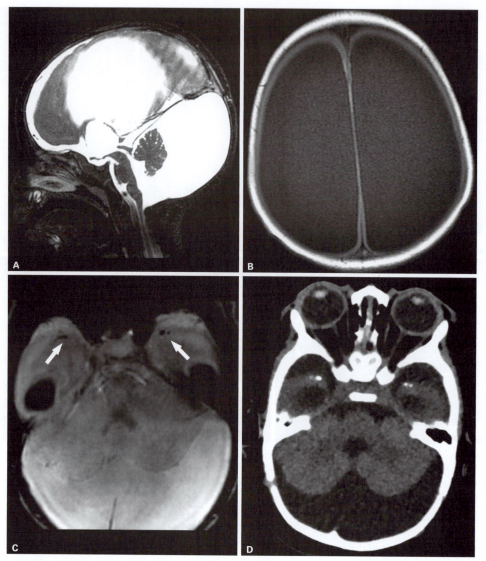

Figura 30 Infecção congênita por zika vírus. Imagens sagital ponderada em T2 (A) e axial ponderada em T1 (B) evidenciam acentuada ventriculomegalia associada a perda volumétrica do parênquima. Destacam-se dilatação cística na fossa posterior (A) e focos de baixo sinal na sequência de suscetibilidade magnética (SWI) na região temporal polar anterior bilateral (setas em C), compatíveis com calcificações corticais vistas na tomografia computadorizada (D).

quentemente vascular. A hidrocefalia é mais observada como complicação na infância.

A TC é muitas vezes normal nesses pacientes. No entanto, algumas alterações podem ser observadas, tais como discreta dilatação ventricular, alargamento do espaço subaracnóideo, apagamento das cisternas basais ou alargamento das fissuras inter-hemisféricas, efeitos decorrentes da presença do exsudato inflamatório nessas localizações (Figura 32). Apenas metade dos pacientes apresenta realce meníngeo patológico após a administração endovenosa de contraste iodado.

A RM tem maior sensibilidade para detecção do realce meníngeo patológico, alargamento do espaço subaracnóideo ou das fissuras inter-hemisféricas.

A sequência FLAIR pode demonstrar hipersinal preenchendo os sulcos corticais decorrentes do aumento da proteína do liquor. FLAIR pós-contraste pode ser mais sensível que o T1 pós-contraste para detectar o realce leptomeníngeo (Figura 33).

A RM também é muito superior à TC no diagnóstico de infartos secundários à vasculite decorrente do processo infeccioso meníngeo (Figura 34). Os pequenos infartos e pequenas áreas de cerebrite podem ter aspectos iniciais muito semelhantes (áreas intraparenquimatosas ovaladas ou arredondadas com hipersinal em T2 e FLAIR) e apenas exames seriados podem fazer essa distinção, pois a cerebrite evolui inexoravelmente para abscesso e o infarto mostra padrão característico de evolução do sinal e do realce em determinado território vascular.

A presença de trombose venosa pode ser observada nas imagens de RM convencional como material com hipersinal em T1 preenchendo segmentos venosos, deter-

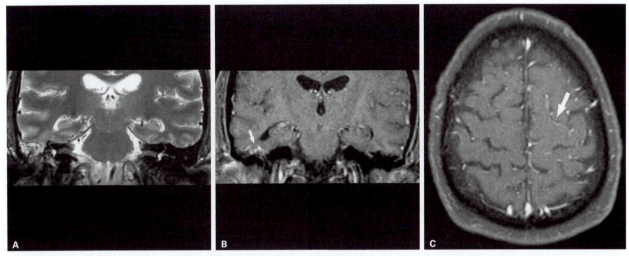

Figura 31 Paciente diabético, com meningite piogênica aguda disseminada a partir de uma otite média mal tratada – ressonância magnética. A: Imagem coronal pesada em T2 evidencia otomastoidite à direita. B: Imagem coronal T1 pós-contraste mostra realce leptomeníngeo contíguo ao osso temporal direito (seta). C: Imagem axial T1 pós-contraste mostra o realce meníngeo na alta convexidade, predominando à esquerda (seta).

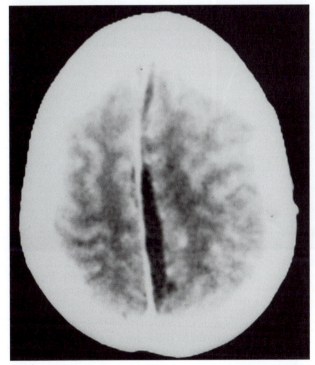

Figura 32 TC exibe coleção subdural, com deslocamento da foice inter-hemisférica para a direita.

minando falhas de enchimento na sequência pós-gadolínio, ou nas imagens de ângio-RM pós-gadolínio como obstruções segmentares.

As coleções subdurais costumam se manifestar à RM como coleções extra-axiais com forma "em crescente" e sinal semelhante ao do liquor em todas as sequências, enquanto os empiemas tendem a apresentar sinal maior do que o do liquor nas sequências pesadas em T1, FLAIR e difusão. As coleções subdurais podem ser frontoparietais bilaterais, junto à convexidade, alteração frequente na infância (Figura 35). Porém, é na sequência de difusão que mais facilmente se faz a distinção entre coleção subdural simples e empiema, pois este último apresenta restrição à difusão, enquanto aquela não. Essas diferenças de sinal são atribuídas ao maior teor proteico presente nos empiemas. Muitas vezes, o empiema demonstra uma parede espessa com intensa impregnação pelo meio de contraste (Figura 36).

A hidrocefalia é tão bem demonstrada pela TC quanto pela RM, embora nesse último método seja possível inferir com mais facilidade o ponto de obstrução (quando presente), em razão de sua capacidade multiplanar. Aderências e/ou loculações podem surgir em pontos de inflamação do sistema ventricular e justificar dilatações globais ou focais.

Cerebrite/abscesso

Bactérias piogênicas atingem o parênquima encefálico de duas formas: disseminação hematogênica a partir de foco distante ou disseminação direta a partir de foco adjacente (meningite, otite ou sinusite). No caso das infecções otorrinolaringológicas, acredita-se que o desenvolvimento de tromboflebite séptica retrógrada esteja implicado na disseminação.

Na maior parte dos casos, a transição substância cinzenta/branca (junção corticossubcortical) é o sítio a partir do qual começa a evolução da infecção.

O acometimento focal do parênquima encefálico por bactérias piogênicas evolui tipicamente por quatro estágios progressivos: cerebrite precoce, cerebrite tardia, formação de cápsula precoce e formação de cápsula tardia. O tempo necessário para a formação de um abscesso maduro varia entre 2 semanas e muitos meses.

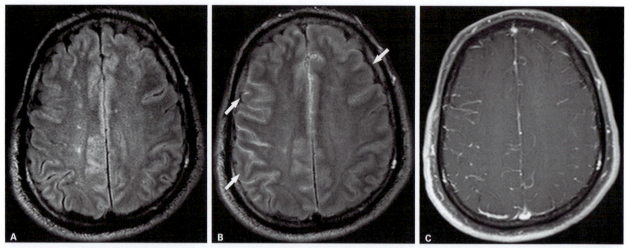

Figura 33 Meningite viral – ressonância magnética. Analisando as imagens axiais FLAIR antes (A) e após a injeção de gadolínio (B) evidencia-se realce leptomeníngeo nas superfícies girais (setas), mais acentuado à direita. Houve melhor caracterização do realce leptomeníngeo na sequência FLAIR pós-contraste (B) em relação a sequência axial T1 *spin-echo* pós-contraste (C) obtida no mesmo nível.

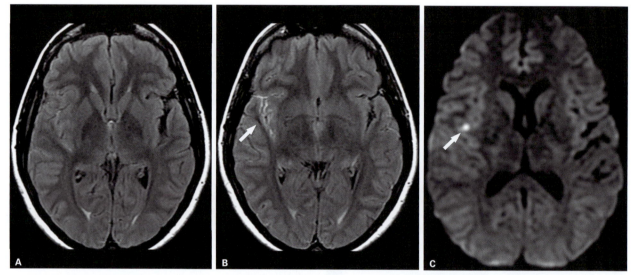

Figura 34 Meningite complicada com vasculite. Imagens axiais de ressonância magnética ponderadas em FLAIR antes (A) e após o contraste (B) demonstrando realce leptomeníngeo na fissura sylviana direita (seta), compatível com meningite. Foco de restrição à difusão (C) na ínsula direita (seta) compatível com isquemia recente (vasculite secundária ao processo infeccioso meníngeo).

No estágio de cerebrite precoce, a lesão focal ainda não está bem delimitada. Essa fase dura entre 3 e 5 dias a partir da inoculação. A TC pode não demonstrar a lesão e, quando o faz, revela área discretamente hipoatenuante intraparenquimatosa subcortical, que pode ou não exibir tênue realce pós-contraste. Na RM, a lesão apresenta hipersinal em T2 e FLAIR. Eventualmente, podem ser encontrados pequenos focos heterogêneos de impregnação pelo gadolínio no interior da lesão.

No estágio de cerebrite tardia, a lesão torna-se mais bem delimitada. Os focos de necrose coalescem, com tendência à formação de região central liquefeita. Começa a se formar halo periférico de células inflamatórias, macrófagos, tecido de granulação e fibroblastos. Essa fase inicia-se em torno do 5º dia e dura até cerca de 10 a 14 dias após a inoculação. Nos exames de imagem detecta-se edema perilesional ao redor da área parenquimatosa acometida, determinando efeito de massa. A impregnação por contraste se faz inicialmente na periferia da lesão, no entanto, imagens mais tardias após a injeção venosa de gadolínio demonstram a impregnação também no centro do foco de cerebrite.

O foco de cerebrite transforma-se em abscesso cerebral quando a área central de necrose torna-se francamente liquefeita e cercada por cápsula em formação. À RM, as principais características do abscesso com cápsula em fase precoce são o intenso realce periférico anular, sem impregnação do centro da lesão mesmo em fases

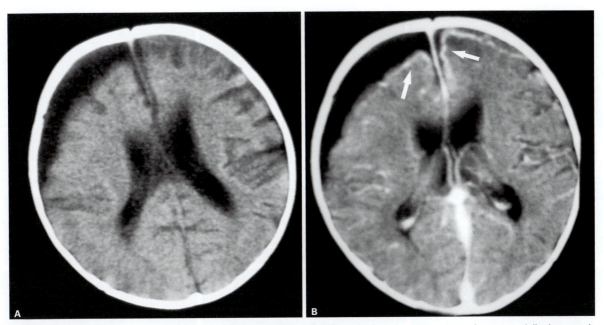

Figura 35 Empiema subdural – tomografia computadorizada (TC). A-B: TC sem e com contraste, respectivamente, delineiam empiema subdural bifrontal, maior à direita. Há realce leptomeníngeo associado (setas em B).

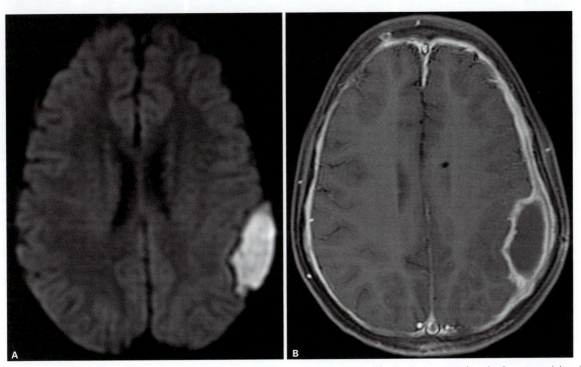

Figura 36 Empiema. A: Imagem axial de ressonância magnética na sequência de difusão demonstrando coleção extra-axial parietal esquerda que apresenta restrição à difusão no seu interior. B: Sequência ponderada em T1 pós-contraste demonstrando realce dural espesso paquimeníngeo.

mais tardias, formando um halo, e a presença de hipersinal do centro da lesão na sequência de difusão (Figura 37). O edema vasogênico perilesional ainda é observado.

No abscesso no estágio tardio, a cavidade e o edema perilesional diminuem. As características de sinal das paredes mudam, apresentando-se agora como borda com iso ou discreto hipersinal em T1 (em relação à substância branca) e hipossinal em T2 (Figura 38). Esse padrão de sinal é atribuído à presença de colágeno, focos hemorrágicos e radicais livres paramagnéticos no interior de macrófagos.

O halo de realce anelar periférico, visto nas fases precoce e tardia da formação do abscesso, é em geral fino

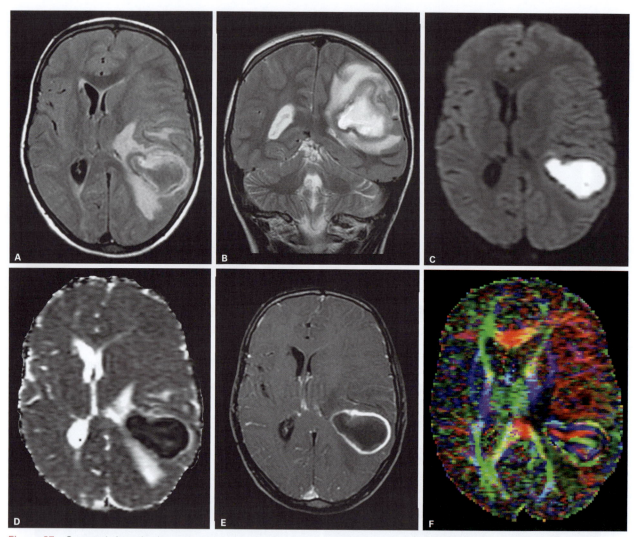

Figura 37 Características do abscesso cerebral (estágio precoce) na ressonância magnética. A: Imagem axial FLAIR mostra lesão parietal esquerda com intensidade de sinal superior à do liquor, por conta do elevado conteúdo proteico em seu interior, e edema perilesional. B: A lesão exibe alto sinal nessa sequência coronal T2. Note ainda o edema perilesional, o halo de hipossinal e o efeito de massa secundário. C: Imagem ponderada em difusão (DWI): sinal acentuadamente elevado no centro da lesão. D: O baixo sinal correspondente no mapa de coeficientes de difusão aparentes (CDA) confirma a restrição à difusão. E: Imagem axial T1 pós-contraste mostra realce periférico regular no abscesso. Caracteristicamente, a borda é mais fina no seu contorno medial, próxima à superfície ependimária. F: O estudo desse abscesso com a técnica de tensores de difusão (DTI), representado aqui por um mapa colorido de anisotropia fracionada (FA), evidencia um arranjo macroestrutural no interior do abscesso, à semelhança do que costuma ser observado nos tratos da substância branca cerebral, inferindo que as células inflamatórias se dispõem de maneira organizada e orientada no interior da cavidade, o que resulta em altos valores de anisotropia fracionada (FA).

(menor do que 0,5 cm de espessura) e liso, tanto na TC quanto na RM. O realce anular periférico pode persistir por meses, mesmo depois da resolução clínica do quadro. Mais raramente, é possível encontrar abscessos com realce nodular/sólido, halos incompletos, contornos irregulares ou paredes espessas.

Pacientes imunodeprimidos ou em tratamento com corticosteroides muitas vezes apresentam evolução atípica de cerebrite para abscesso, com maior impacto sobre o padrão de realce, que costuma ser menos intenso. Nessas populações, o edema perilesional também pode ser menor. Microrganismos oportunistas devem ser considerados no diagnóstico diferencial, especialmente fungos e parasitas.

Um abscesso-satélite pode surgir durante a evolução, seja por ruptura da cápsula em início de formação, com consequente extensão do processo inflamatório ao parênquima adjacente, seja por coalescência de áreas próximas de cerebrite (Figura 39).

Os abscessos podem romper para o interior do sistema ventricular, provocando ependimite/ventriculite, que se caracteriza por material purulento no interior dos ventrículos, com discreto ou franco hipersinal em T1 e FLAIR em relação ao sinal do liquor, e intenso

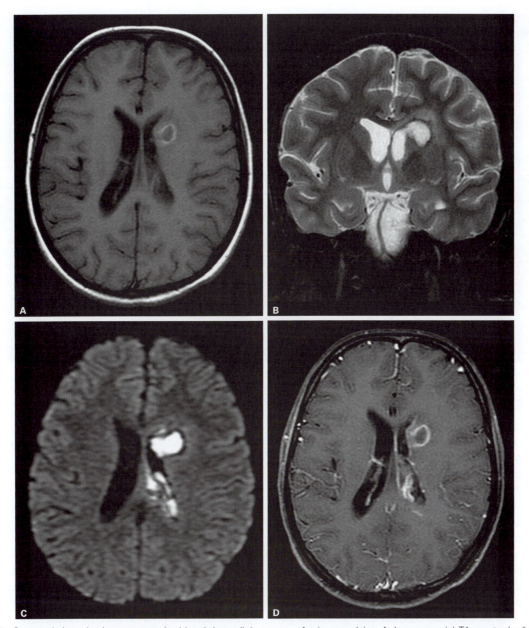

Figura 38 Características do abscesso cerebral (estágio tardio) na ressonância magnética. A: Imagem axial T1 mostra lesão adjacente ao ventrículo lateral esquerdo com hipossinal central e bordas com hipersinal. B: Imagem coronal T2 mostra hipersinal no centro da lesão e bordas com hipossinal. C: Imagem pesada em difusão: o hipersinal é visto no centro da lesão, bem como no interior do ventrículo lateral esquerdo, sugerindo disseminação do processo para o sistema ventricular. D: Imagem axial T1 pós-contraste mostra realce nas bordas do abscesso, e do plexo coroide do corpo do ventrículo lateral esquerdo.

realce das paredes ventriculares na sequência T1 pós-gadolínio (Figura 40).

Por ser lesão com realce anular, a cerebrite/abscesso admite amplo diagnóstico diferencial com outras doenças, entre as quais: lesão expansiva primária (sobretudo astrocitoma de alto grau), metástase, infarto (isquêmico ou séptico), hematoma em organização, linfoma relacionado à aids, doença desmielinizante, granuloma, entre outras.

O quadro clínico é, sem dúvida, o elemento que mais contribui para o diagnóstico definitivo. No entanto, diversos critérios de imagem podem auxiliar nesse diagnóstico diferencial, tais como padrão de realce (com típica evolução progressiva na cerebrite/abscesso), presença de anéis-satélite (muito mais frequentes em abscessos do que em tumores), evolução temporal, localização, realce meníngeo ou ependimário (complicação mais frequente das infecções, ainda que seja necessário considerar a possibilidade de disseminação liquórica de determinados tumores) e surgimento de coleções extra-axiais, que favorecem infecção.

Nos abscessos, o conteúdo purulento da cavidade apresenta acentuada restrição à difusão das moléculas de

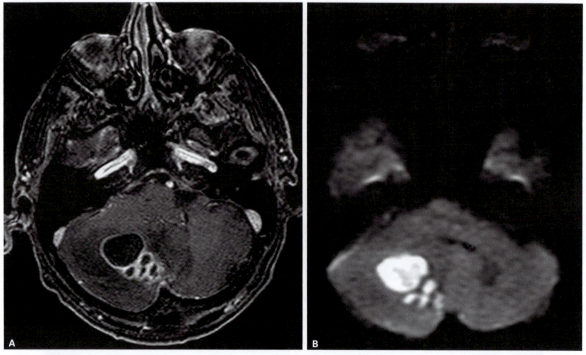

Figura 39 Abscesso cerebelar à direita. A: Imagem T1 pós-contraste evidencia múltiplos abscessos-satélites, com realce anular periférico, adjacentes ao contorno medial do abscesso-mãe no hemisfério cerebelar direito. B: Sequência de difusão mostra que todas as lesões têm características semelhantes, com hipersinal central.

água, com coeficientes de difusão aparentes da ordem de 0,21 a 0,34 × 10^{-3} mm^2/s. Assim, na sequência de difusão o centro do abscesso apresenta acentuado hipersinal e, por consequência, no mapa de coeficientes de difusão aparentes, acentuado hipossinal (Figura 37). A maioria dos tumores com necrose central exibe sinal oposto nessas sequências, pois seu conteúdo não restringe da mesma forma a difusão da água; há, no entanto, exceções, em especial metástases necróticas e/ou hemorrágicas, mas também tumor primário infectado, e eventualmente radionecrose (Figura 41).

Os estudos de perfusão cerebral com gadolínio podem acrescentar informações relevantes na distinção entre abscesso e tumor liquefeito. Muitas vezes o volume sanguíneo cerebral relativo à substância branca (rCBV, na sigla em inglês) é maior na parede de tumores do que na parede de abscessos (Figura 42). Aqui também, no entanto, exceções podem ocorrer (Figura 43).

A espectroscopia de prótons pode contribuir para o diagnóstico diferencial entre abscesso e tumor necrótico/cístico. Abscessos não tratados podem exibir picos de metabólitos anormais, entre os quais o acetato (em 1,92 ppm), o lactato (em 1,3 ppm), a alanina (em 1,5 ppm), o succinato (em 2,4 ppm), o piruvato e um pico complexo de aminoácidos citosólicos (valina, leucina e isoleucina) em 0,9 ppm (Figura 44).

Nos exames de controle, a RM demonstra a redução progressiva do edema perilesional, do efeito de massa associado e da intensidade de realce na área acometida, com grau variado de depósito de produtos de degradação da hemoglobina de permeio (Figura 45). Apesar de a lesão não ser mais identificada após ciclos completos de antibióticos ou cirurgia, pequenos focos de realce pós-gadolínio podem persistir por longos períodos no local (Figura 45). Após a cura do abscesso, gliose e calcificação podem ser identificadas na área.

Êmbolos sépticos podem ocorrer em usuários de drogas endovenosas, portadores de endocardite bacteriana ou em indivíduos com cardiopatias congênitas cianóticas. Os êmbolos podem levar à oclusão das artérias cerebrais de diâmetros variados, gerando infartos no território de grandes ramos arteriais ou múltiplos pequenos abscessos cerebrais na interface corticossubcortical, caso pequenas arteríolas sejam acometidas. Outros possíveis achados são hemorragias de variados tamanhos, em geral pequenas (e dessa forma é mandatória nesses casos a obtenção de imagem pesada em T2* ou suscetibilidade magnética) (Figura 46).

Aneurismas micóticos podem advir como complicação da embolia séptica. Tais aneurismas são pequenos e mais periféricos, acometendo ramos arteriais menores e mais distais, ao contrário dos clássicos aneurismas saculares congênitos. Por conta dessas peculiaridades, os aneurismas micóticos são de difícil detecção à angiografia por RM, cujo limite inferior de resolução é da ordem de 3,0 mm para aneurismas. Porém, deve-se sempre considerar o diagnóstico dessa complicação nos pacientes com embolia séptica, em especial se houver algum indício de hemorragia intraparenquimatosa ou meníngea.

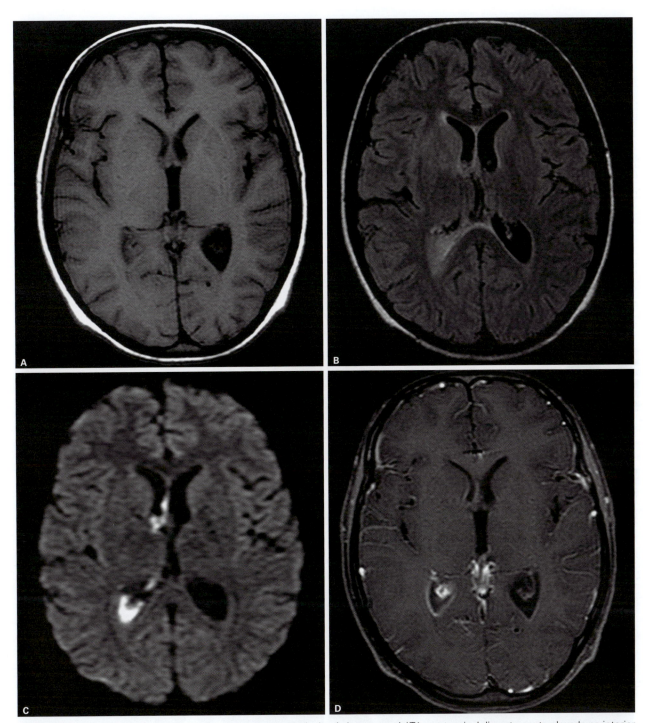

Figura 40 Extensão de processo infeccioso ao sistema ventricular. A: Imagem axial T1 mostra sinal discretamente elevado no interior do ventrículo lateral direito, sobretudo no átrio. B: Imagem axial FLAIR, em que a intensidade de sinal no átrio do ventrículo lateral direito é superior à do liquor. C: O material purulento no interior do ventrículo exibe restrição à difusão das moléculas de água. D: Imagem axial T1 pós-contraste mostra realce ependimário e no plexo coroide do átrio do ventrículo lateral direito.

Espiroquetas

Sífilis

A sífilis é uma doença infecciosa crônica, causada pela bactéria *Treponema pallidum*, em geral contraída por contato sexual. Quando não tratada, 7% dos pacientes evoluem dos estágios contagiosos iniciais (sífilis primária e secundária) para doença tardia sintomática do SNC (neurossífilis), que se manifesta meses ou até décadas após a infecção inicial. Essa patogênese insidiosa, em parte, é explicada pelas características da membrana externa do *T. pallidum*, que é rica em fosfolipídios e possui

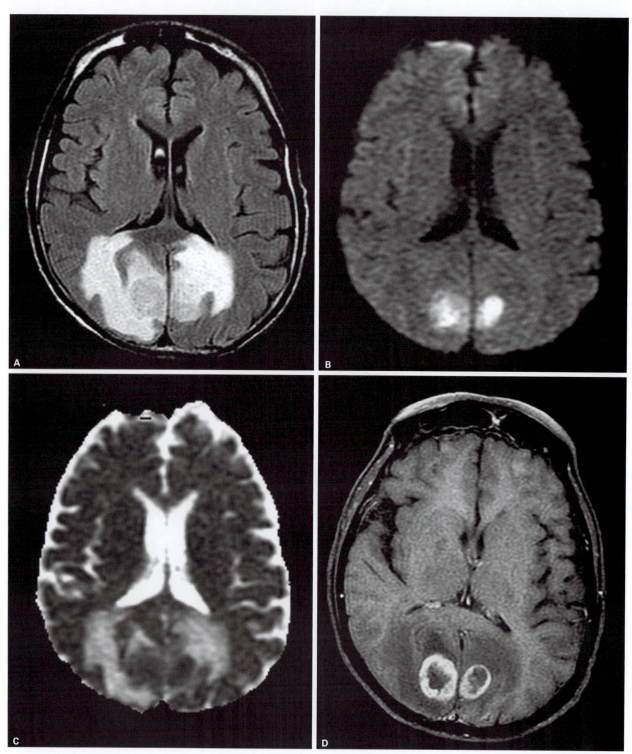

Figura 41 Metástases de carcinoma epidermoide simulando abscessos cerebrais. A: Lesões arredondadas nos lobos occipitais com iso/hipersinal em FLAIR podem ser diferenciadas do edema perilesional, que apresenta sinal de intensidade mais elevada. B: O intenso hipersinal no centro das lesões pode levar ao diagnóstico errôneo de abscessos na sequência de difusão. C: O mapa de coeficientes de difusão aparentes (CDA) não revela o marcado hipossinal esperado em abscessos nas áreas correspondentes. D: Imagem axial T1 pós-contraste mostra realce um pouco mais irregular nas bordas das lesões, diferente do tipicamente observado em abscessos.

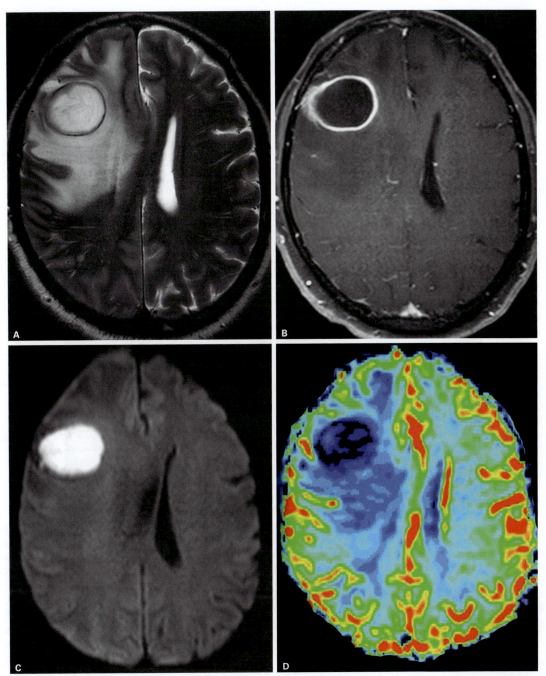

Figura 42 Abscesso cerebral frontal na ressonância magnética. A: Imagem axial pesada em T2 demonstra grande lesão frontal direita, com edema vasogênico ao seu redor. Nota-se o hipossinal das paredes, sugerindo abscesso tardio. B: Imagem axial T1 pós-gadolínio mostra o realce periférico regular do abscesso, um pouco mais espesso junto à superfície cortical. C: Imagem ponderada em difusão (DWI) – sinal acentuadamente elevado no centro da lesão, corroborando o diagnóstico. D: O estudo da perfusão durante a injeção do gadolínio, representado em um mapa colorido de volume sanguíneo cerebral relativo (rCBV), não mostra aumento relevante do rCBV nas bordas do abscesso, achado mais habitualmente encontrado nessa doença.

poucas proteínas, ao contrário da maioria das bactérias. A velocidade extremamente baixa de multiplicação e a não produção de toxinas também favorecem a resposta fraca dos anticorpos do hospedeiro.

Nas décadas de 1980 e 1990, as taxas de sífilis aumentaram de modo considerável em consequência da aids. Hoje em dia, a incidência de sífilis primária e secundária é de 3 casos/100.000. Cerca de 20-70% dos pacientes com sífilis também estão infectados pelo HIV e essa associação transforma a apresentação e a evolução da neurossífilis.

Entre 2 e 4 semanas após a infecção primária, há disseminação hematogênica do *T. pallidum* (sífilis secundária), com invasão do SNC em 34% dos pacientes não tratados. Em resposta, uma reação inflamatória no liquor

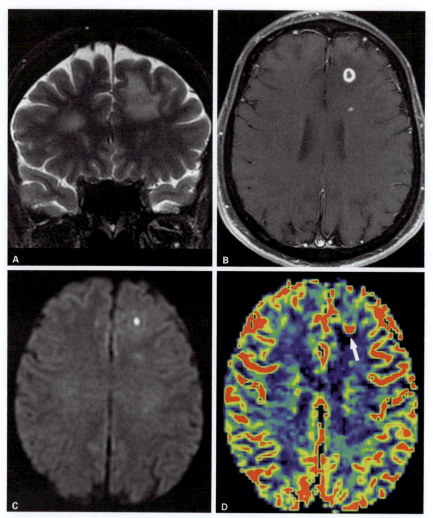

Figura 43 Paciente HIV positivo com microabscessos cerebrais – ressonância magnética. A: Imagem coronal pesada em T2 demonstra pequena lesão frontal esquerda, com edema vasogênico ao seu redor. B: Imagem axial T1 pós-gadolínio mostra o realce periférico regular do abscesso, e um outro foco puntiforme de impregnação posteriormente, próximo à parede ventricular. C: Imagem ponderada em difusão (DWI): sinal acentuadamente elevado no centro da lesão, corroborando o diagnóstico. D: O estudo da perfusão durante a injeção do gadolínio, representado em um mapa colorido de volume sanguíneo cerebral relativo (rCBV), mostra aumento relevante do rCBV na borda posterior do abscesso (seta). Embora seja exceção à regra, tal achado pode eventualmente ser apreciado nos abscessos, e especula-se que possa estar relacionado à rica rede vascular na parede do abscesso que ocasionalmente se desenvolve.

com pleocitose linfomonocitária e hiperproteinorraquia é observada. Essas alterações são máximas entre 13 e 18 meses após a infecção primária e impõem risco de neurossífilis futura (assintomática ou sintomática) que chega a quase 30%, se não houver tratamento.

A maioria dos casos de neurossífilis é assintomática, sendo detectados por conta das alterações inflamatórias e testes antigênicos positivos no exame do liquor. Já as síndromes clínico-patológicas da neurossífilis são didaticamente divididas em grupos com evolução temporal característica:

- Meningite sifilítica aguda: ocorre logo nos primeiros meses ou 1 a 2 anos após a infecção. Seu curso é subagudo e caracteriza-se por cefaleia, alterações assimétricas dos nervos cranianos e algum grau de confusão. Nessa fase há infiltração da meninge e dos espaços perivasculares por células inflamatórias secundariamente à infecção pela espiroqueta.
- Sífilis vascular cerebral: com a progressão do processo inflamatório meníngeo, surge uma vasculite difusa que compromete as artérias cerebrais que atravessam o espaço subaracnóideo. A evolução é subaguda e o quadro clínico baseia-se nos déficits focais secundários à isquemia. Dois tipos de endarterites são evidenciados: a de Heubner, mais comum e que causa estreitamentos e ectasias de grandes e médios vasos; e a de Nissl-Alzheimer, que acomete pequenas artérias. Essas lesões isquêmicas são mais observadas em homens e costumam ocorrer nos primeiros 5 anos após a infecção inicial.

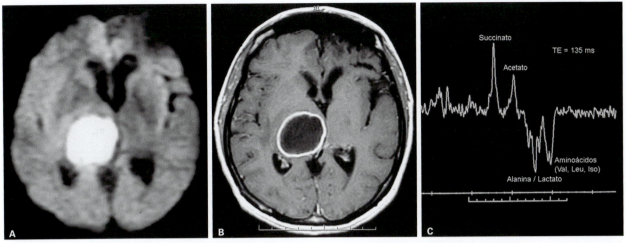

Figura 44 Abscesso cerebral. A: Imagem pesada em difusão: lesão com restrição à difusão talâmica à direita. B: Imagem axial T1 pós-gadolínio: a lesão exibe realce periférico regular e material em seu interior com sinal discretamente maior que o do liquor. Coexiste efeito compressivo sobre terceiro ventrículo, deslocando-o para a esquerda. Nota-se ainda área sequelar frontal basal à direita. C: Espectroscopia de prótons por ressonância magnética, técnica PRESS (TE = 135 ms) demonstra picos de metabólitos anormais (succinato, acetato, alanina/lactato e aminoácidos).

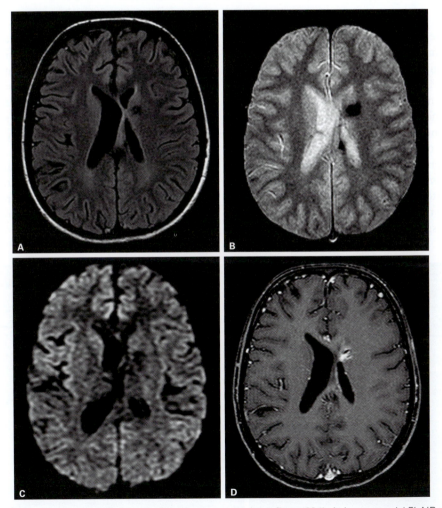

Figura 45 Fase tardia de abscesso cerebral (evolução do caso mostrado na figura 834). A: Imagem axial FLAIR mostra duas lesões com hipossinal adjacentes ao ventrículo lateral esquerdo. B: Focos de marcado hipossinal na imagem axial T2* devem corresponder a deposição de produtos de degradação da hemoglobina. C: Não mais se evidencia hipersinal na sequência de difusão. D: Focos de realce, entretanto, podem persistir por longos períodos na sequência T1 pós-contraste, aqui vistos no plano axial.

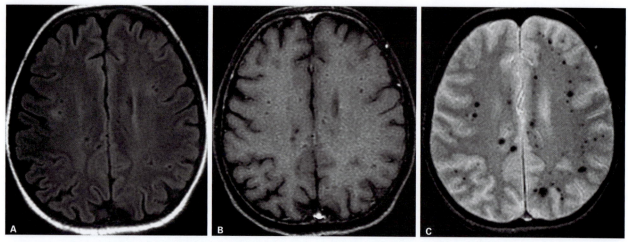

Figura 46 Embolia séptica – ressonância magnética. Paciente com 50 anos, submetida a transplante de medula óssea por leucemia mieloide aguda, apresentando bacteremia por enterococos e endocardite bacteriana. A: Imagem axial FLAIR demonstra múltiplas lesões embólicas de pequenas dimensões esparsas pelos hemisférios cerebrais, com hipossinal, em um padrão hematogênico de distribuição. Há mínimo edema ao redor de algumas lesões, caracterizado por hipersinal. B: Imagem axial T1 pós-gadolínio mostra tênue realce ao redor de algumas lesões. C: Imagem axial T2* mostra que as lesões apresentam hipossinal, sugerindo hemorragia e reforçando a possibilidade de tratar-se de êmbolos sépticos. Nota-se ainda que nessa sequência o número de lesões é significativamente maior do que nas demais, reforçando a necessidade de obtenção desse tipo de sequência nesse contexto clínico.

O conjunto de alterações meníngeas e vasculares é denominado forma meningovascular, o quadro mais comum da neurossífilis sintomática. Nessa fase, a TC e particularmente a RM refletem o processo inflamatório leptomeníngeo e dos nervos cranianos, demonstrando realce difuso e, com menos frequência, lesão nodular pelo meio de contraste. Os nervos mais acometidos são o facial, o vestíbulo-coclear, o abducente e o olfatório. As alterações vasculares caracterizam-se por pequenos infartos agudos e subagudos, em múltiplos territórios vasculares (Figura 47), tanto no córtex quanto na substância branca, com certo predomínio nos núcleos da base. Comumente também há lesões inespecíficas da substância branca. Os métodos angiográficos podem demonstrar oclusões, estreitamentos e dilatações vasculares em múltiplos territórios.

Goma sifilítica: se a reação inflamatória meníngea for intensa e localizada, desenvolve-se lesão granulomatosa, que acomete o tecido conjuntivo e vascular da meninge e estende-se ao parênquima cerebral adjacente. A goma sifilítica é típica da doença, porém pouco frequente e pode ocorrer em qualquer momento da evolução, com pico de 15 anos após a infecção primária. Caracteriza-se por lesão nodular circunscrita, em geral na convexidade cerebral, comprometendo o córtex cerebral e a meninge adjacente. Suas dimensões variam entre 1 mm e 4 cm e é solitária na maioria das vezes (Figura 48). O realce pós-

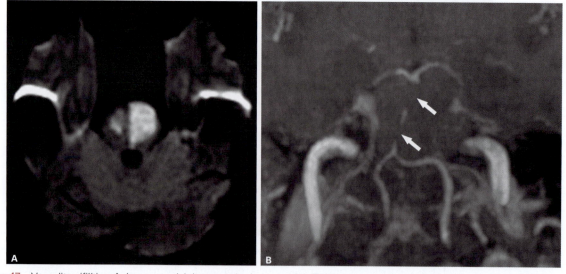

Figura 47 Vasculite sifilítica. A: Imagem axial de ressonância magnética (RM) na sequência de difusão, demonstrando áreas de restrição à difusão na ponte compatíveis com infartos. B: Imagem reconstruída de ângio-RM demonstrando oclusão da artéria basilar (setas).

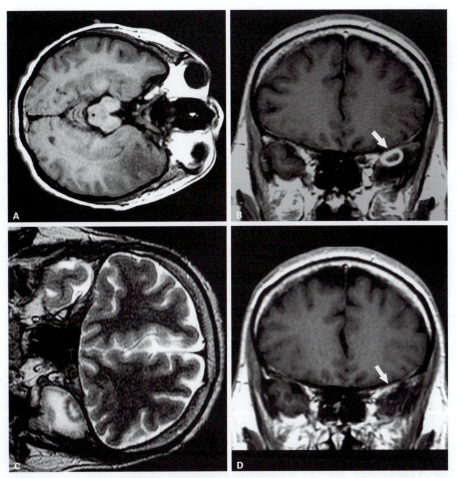

Figura 48 Goma sifilítica. A: Imagem axial pesada em T1, sem contraste, evidencia hipossinal na região córtico-subcortical do polo temporal esquerdo. B: Imagem coronal T1 após a injeção de contraste mostra lesão nodular circunscrita, com realce periférico, comprometendo o córtex cerebral e com contato meníngeo (seta). C: Imagem coronal T2 evidencia a lesão circunscrita com halo hipointenso (granuloma) e o edema vasogênico periférico. D: Imagem coronal T1 após a injeção de contraste em exame de controle evolutivo pós-tratamento demonstra que a lesão praticamente desapareceu, havendo apenas alguma impregnação da meninge adjacente (seta).

-contraste pode ser periférico, difuso; com ou sem realce meníngeo adjacente.

- Demência sifilítica (paresia geral): é consequência tardia do dano parenquimatoso difuso decorrente da meningoencefalite crônica, resultando em perda progressiva e gradual da função cortical, muitas vezes acompanhada de alteração da personalidade. Crises convulsivas e ataxia também estão presentes. Ocorre cerca de 10 a 20 anos após a infecção primária. A RM em geral demonstra atrofia cerebral, mas também pode evidenciar hipersinal nas imagens pesadas em T2 envolvendo a região frontotemporal, o hipocampo e a região periventricular (Figura 49). As lesões podem simular encefalite herpética ou límbica, particularmente quando acometem as regiões anteriores e mesiais dos lobos temporais (Figura 49).
- *Tabes* dorsal: é uma doença degenerativa e atrófica de evolução lenta que envolve as colunas e as raízes posteriores da medula espinhal. Provoca perda progressi-

va dos reflexos tendíneos periféricos, da propriocepção e da sensação vibratória, além de ataxia, em geral 20 a 30 anos após a infecção inicial.

A neurossífilis necrotizante é a forma fulminante encontrada com mais frequência em pacientes com aids, sendo chamada de sífilis quaternária.

A grande variedade de achados de imagem na neurossífilis é consequência das diferentes apresentações clínico-patológicas dessa doença, chamada de "a grande simuladora". Por conta da coinfecção com o HIV e à ampla utilização de antibióticos, esse quadro está em transformação, devendo o radiologista reconhecê-lo e incluir a neurossífilis entre os diagnósticos diferenciais de lesões intracranianas.

Borreliose

A doença de Lyme é definida como infecção causada pela espiroqueta *Borrelia burgdorferi* e transmitida por meio da picada de carrapatos ixodídeos. Essa doença ocorre

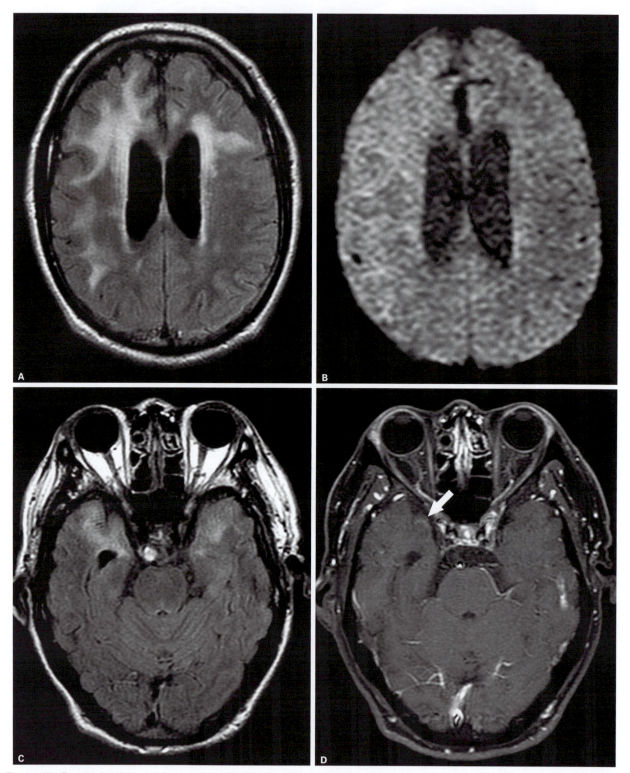

Figura 49 Demência sifilítica. A: Imagem axial FLAIR demonstra múltiplas áreas de alta intensidade de sinal envolvendo a substância branca frontoparietal bilateralmente. Essas áreas não apresentam restrição à difusão das moléculas de água (B). Imagem axial FLAIR em nível mais inferior mostra que a região temporal anterior também está acometida, bilateralmente (C), com tênue realce leptomeníngeo no polo temporal direito na imagem axial T1 pós-contraste (seta em D).

quase exclusivamente no Hemisfério Norte, não tendo sido isolada a bactéria na América do Sul, África ou Austrália. Apesar disso, quadros clínicos e epidemiológicos similares têm sido descritos nesses locais, inclusive com anticorpos presentes, o que sugere a possibilidade de outros microrganismos causadores. Em virtude desse contexto, no Brasil a doença tem sido denominada doença de Lyme-símile.

A epidemiologia positiva é um fator importante na suspeita diagnóstica. Antecedentes de visitas a áreas de vegetação preservada e contato com animais silvestres (prováveis reservatórios) são importantes; cerca de 50% dos pacientes lembram-se de picadas ou de contato com carrapatos. No Brasil, as espécies de carrapatos comumente implicadas como vetores da disseminação da doença são *Ixodes loricatus, Amblyomma cajennense* e *Amblyomma aureolatum*.

A moléstia se inicia com uma lesão cutânea, o eritema migratório, que se desenvolve no sítio da picada do carrapato. Após semanas ou meses, no estágio secundário, outras manifestações clínicas surgem. As principais dificuldades diagnósticas estão relacionadas aos casos em que o eritema migratório – aspecto muito sugestivo da doença – não está presente, ou quando a doença manifesta-se tardiamente, com apresentação articular, neurológica ou cardíaca.

A tríade clássica do acometimento neurológico da borreliose de Lyme na América do Norte inclui meningite, neurite craniana e radiculoneurite periférica sensitiva ou motora; embora outros quadros possam ocorrer. No Brasil, a maioria dos casos com quadros neurológicos cursa com paralisia de nervos cranianos.

Critérios diagnósticos baseiam-se em parâmetros clínicos associados à presença de anticorpos para *Borrelia burgdorferi*. É importante a presença de dados epidemiológicos positivos. Deve-se ressaltar que a presença de anticorpos séricos ou no liquor só deve ser valorizada à luz de dados clínicos e epidemiológicos relevantes, uma vez que a existência de falsos-positivos é grande, relacionada a algumas doenças infecciosas e autoimunes (sífilis, lúpus e outras). Falsos-negativos são observados no início da doença.

Do ponto de vista dos métodos de imagem, os achados na neuroborreliose são inespecíficos, e predominantemente observados na RM; a TC tem baixa sensibilidade para detecção dessas alterações. Focos com hipersinal em T2 e FLAIR na substância branca cerebral são descritos; são inespecíficos e, por vezes, indistinguíveis da esclerose múltipla. Realce leptomeníngeo pós-contraste pode ser um padrão de apresentação, além de realce das raízes nervosas na coluna e de nervos cranianos (Figura 50). Atrofia cortical e subcortical é outro achado descrito.

Micobactérias – tuberculose

A tuberculose (TB) é uma doença causada pelo *Mycobacterium tuberculosis*, uma bactéria aeróbia que, em geral, inicia a doença pelos pulmões.

Embora avanços no tratamento e na profilaxia tenham conseguido controle relativo da TB, a epidemia da aids e o surgimento de bactérias multirresistentes são fatores que levaram a doença a recrudescer, sendo considerada o principal agente infeccioso a causar morte isoladamente.

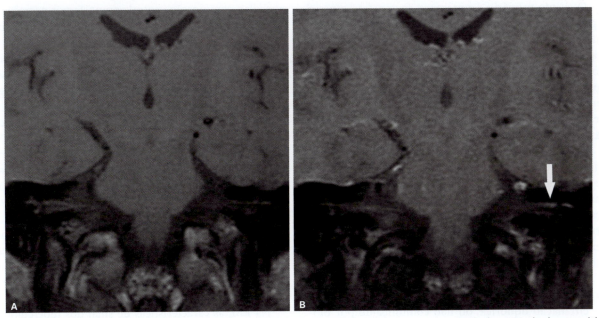

Figura 50 Paciente com diagnóstico de neuroborreliose e paralisia facial esquerda. Imagens coronais de ressonância magnética pesadas em T1 antes (A) e após a injeção de contraste paramagnético (B) demonstram a tênue impregnação do nervo facial esquerdo no fundo do conduto auditivo interno (seta) e de sua porção labiríntica.

O envolvimento neurológico é observado em 5-15% dos casos, predominando em crianças. Como outras formas de TB, a infecção começa com a inalação do bacilo, que se multiplica em macrófagos alveolares e circulantes, levando à disseminação hematogênica, por onde pode chegar ao SNC, em geral acometendo as regiões subpial ou subependimária. Mais tarde, com o desenvolvimento de imunidade, começam a ser observados tubérculos com necrose caseosa central; as lesões superficiais podem romper para o espaço subaracnóideo ou para os ventrículos e causar meningite, enquanto as lesões profundas formam tuberculomas ou abscessos tuberculosos. A partir daí fatores imunológicos do hospedeiro, número e virulência dos bacilos e fatores genéticos vão determinar a evolução da doença, e lesões secundárias podem surgir.

O estudo do liquor demonstra classicamente um predomínio de células linfomonocitárias, com hiperproteinorraquia e hipoglicorraquia. O diagnóstico definitivo depende da identificação de bacilo álcool-ácido resistente na pesquisa direta ou em culturas, com variável positividade, por vezes decepcionante. O teste mais sensível sem dúvida hoje em dia é a PCR.

O advento da TC e da RM revolucionou o estudo da TB do SNC. As manifestações possíveis da TB do encéfalo incluem meningite tuberculosa, tuberculoma, abscesso tuberculoso e outras formas.

Meningite tuberculosa

A meningite tuberculosa é parte de uma doença mais extensa, na verdade uma meningoencefalite que acomete tanto as meninges quanto o parênquima e a vasculatura. A tríade clássica consiste em realce das meninges da base do crânio, hidrocefalia e infartos.

O evento primário é a presença de exsudato espesso e gelatinoso que se origina da ruptura de um tubérculo e que progressivamente envolve a fissura lateral (sylviana) e as cisternas basais, recobrindo ainda os plexos coroides dos ventrículos laterais. Histologicamente, o exsudato é composto por células inflamatórias e bacilos envoltos por tênue rede de fibrina. A TC (Figura 51) e sobretudo a RM demonstram o acometimento meníngeo, que em geral é exuberante, em imagens pós-contraste (Figuras 52 e 53).

Uma temida complicação associada consiste em uma vasculite relacionada à extensão do exsudato ao redor de pequenos vasos perfurantes. Assim, lesões isquêmicas de variadas dimensões podem ser encontradas nesses pacientes, predominando infartos nos territórios das artérias lenticuloestriadas mediais e tálamo-perfurantes, sendo as regiões cápsulo-nucleares consequentemente as mais acometidas (Figuras 52 e 53).

Outra complicação observada é a presença de hidrocefalia, seja ela comunicante associada a distúrbio da circulação liquórica, ou não comunicante por bloqueio no plano do aqueduto cerebral e terceiro ventrículo (Figura 53).

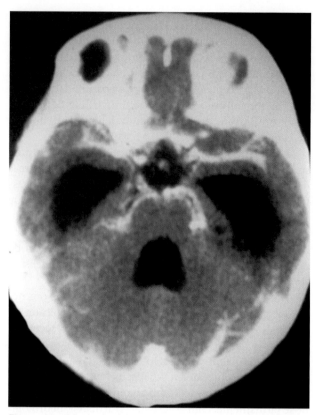

Figura 51 Meningite tuberculosa. Imagem axial de tomografia computadorizada após a injeção de contraste evidencia importante impregnação meníngea na base do crânio com hidrocefalia supra e infratentorial.

Tuberculoma

A patogênese dos tuberculomas é semelhante àquela da meningite tuberculosa. O padrão mais comum é lesão avascular, com porção central composta por necrose caseosa sólida, envolta por cápsula de células inflamatórias, algumas multinucleadas.

Deve-se destacar que no Brasil a incidência de tuberculomas é menor do que a observada em outros países, como a Índia, onde o diferencial com cisticerco em degeneração pode ser difícil.

Há associação com o envolvimento meníngeo em cerca de 50% dos casos, havendo predomínio de lesões supratentoriais (57%). Lesões infratentoriais são mais prevalentes em crianças. O tamanho das lesões varia bastante, assim como o realce pós-contraste, que em lesões menores tende a ser homogêneo e em lesões maiores é muito variável.

Na TC, os tuberculomas são identificados como nódulos, com realce periférico pós-contraste, em analogia com o centro de necrose e a cápsula inflamatória observada histologicamente (Figura 54). Após o tratamento, podem surgir calcificações, mais bem vistas à TC.

Na RM, as características de sinal dos tuberculomas dependem se o granuloma é caseoso ou não caseoso. Se for caseoso, dependem ainda se o centro é sólido ou li-

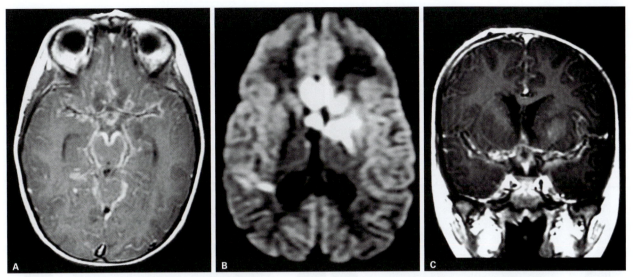

Figura 52 Meningite tuberculosa com vasculite. A-C: Imagens axiais pesadas em T1 após a injeção de contraste paramagnético nos planos axial e coronal, respectivamente, demonstram exuberante realce leptomeníngeo predominando na base do crânio. B: A imagem de difusão mostra lesões parenquimatosas periventriculares com intenso sinal, que apresentam hipossinal no mapa de coeficientes de difusão aparentes (CDA) (não mostrado), denotando áreas de infartos agudos secundários a vasculite da base do crânio. Em C, observa-se que a lesão no núcleo lentiforme esquerdo apresenta tênue impregnação pelo meio de contraste.

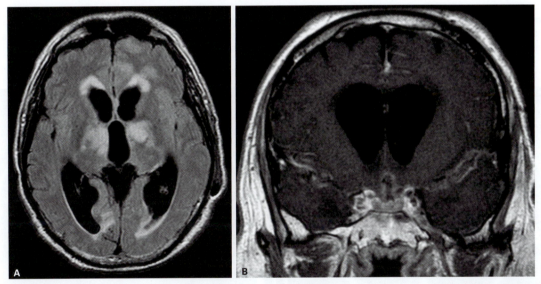

Figura 53 Meningite tuberculosa com hidrocefalia. A: Imagem axial FLAIR demonstra dilatação do sistema ventricular supratentorial, com hipersinal periventricular sugestivo de transudação liquórica. Observe também lesões talâmicas secundárias à doença de base. B: Imagem coronal pesada em T1 pós-contraste evidencia exuberante realce leptomeníngeo predominando na base do crânio.

quefeito. O edema perilesional é variável, talvez inversamente proporcional à maturidade da lesão. O granuloma não caseoso apresenta hipossinal em T1 e hipersinal em T2, com realce homogêneo pós-contraste.

Já o granuloma caseoso sólido apresenta realce heterogêneo variável da porção central da lesão, e realce periférico mais constante. Apresenta isossinal em T1 e hipossinal em T2 (Figura 55). Nas bordas pode apresentar hipersinal em T1 e hipossinal em T2, talvez relacionados à presença de radicais livres paramagnéticos no interior de macrófagos. Ao se tornar liquefeito na porção central, apresenta hipossinal em T1 e hipersinal em T2, com realce periférico (Figura 55).

A sequência de difusão também apresenta resultados variáveis de acordo com a evolução do tuberculoma. Lesões com hipersinal em T2 tendem a ter difusão mais restrita, com hipersinal na sequência de difusão e hipossinal no mapa dos coeficientes de difusão aparente (Figura 56); ao passo que lesões com hipossinal em T2 tendem a apresentar difusão mais facilitada (Figura 55). Tais achados

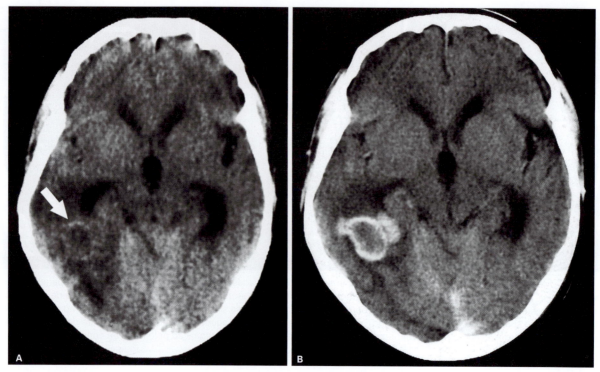

Figura 54 Tuberculoma. Imagens de tomografia computadorizada pré (A) e pós-contraste (B) evidenciam duas lesões nodulares adjacentes ao ventrículo lateral direito, com marcado realce periférico fino e regular, correspondendo à cápsula inflamatória dos tuberculomas. Há edema vasogênico circundando as lesões. Observe que na imagem pré-contraste (A), as lesões já apresentam tênue hiperdensidade capsular, o que sugere processo inflamatório granulomatoso (seta).

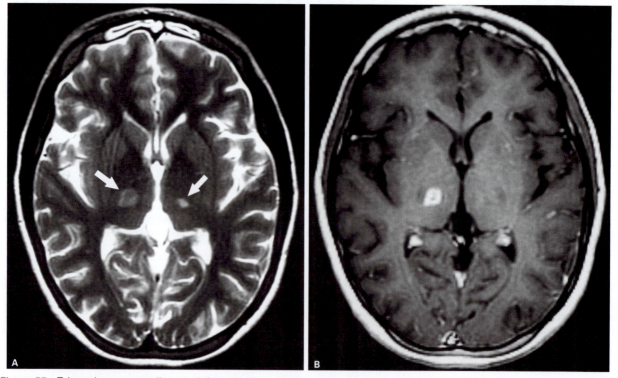

Figura 55 Tuberculoma e vasculite com infarto. A: Imagem axial de ressonância magnética pesada em T2 evidencia duas tênues lesões, sendo que a lesão esquerda, menor, tem hipersinal e a direita, hipossinal central e hipersinal periférico (setas). Após a injeção de contraste paramagnético, observe que apenas a lesão talâmica direita apresentou realce pelo contraste, de aspecto periférico, identificado nos planos axial (B) e coronal (C) T1 pós-contraste.

(continua)

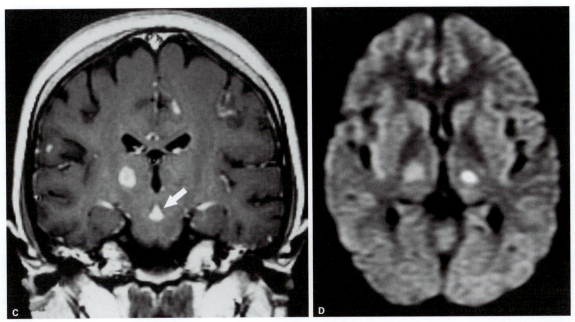

Figura 55 *(continuação)* Em C é interessante notar ainda a existência de realce leptomeníngeo, mais bem identificado no plano da cisterna interpeduncular (seta). D: A sequência de difusão demonstra hipersinal em ambas as lesões, porém mais acentuado na lesão esquerda, que apresentava hipossinal no mapa de coeficientes de difusão aparentes (CDA) (não mostrado). A lesão talâmica direita corresponde a um tuberculoma na fase caseosa sólida, e a esquerda a um infarto lacunar agudo secundário à vasculite relacionada ao processo infeccioso.

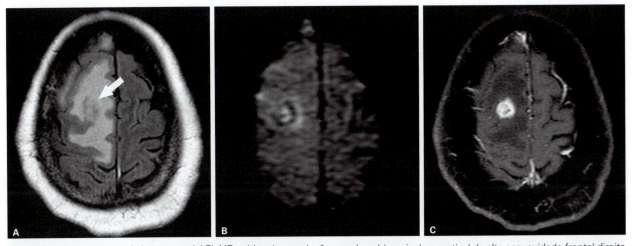

Figura 56 Tuberculoma. A: Imagem axial FLAIR evidencia uma lesão com leve hipersinal na cortical da alta convexidade frontal direita (seta), e edema vasogênico adjacente. B: Na sequência de difusão observe o hipersinal no interior da lesão (difusão mais restrita). C: Imagem axial T1 pós-contraste demonstra realce periférico. O aspecto sugere um tuberculoma com porção central liquefeita.

podem ter impacto no diagnóstico diferencial, como o fato de que tumores com hipossinal em T2, como linfomas e meduloblastomas, têm difusão restrita e não facilitada como o tuberculoma com hipossinal em T2.

A espectroscopia de prótons nos tuberculomas mostra a presença apenas de picos de lipídios em 0,9 e 1,3 ppm principalmente, mas também em 2,0 e 2,8 ppm. Isso pode ser explicado pelo alto teor lipídico do conteúdo caseoso. Tal achado, no entanto, pode ser encontrado em outros tipos de lesões, como na toxoplasmose, o que reduz sua especificidade. Pico de lactato também é descrito nessa forma.

Outras formas

O abscesso tuberculoso apresenta porção central liquefeita, purulenta, contendo leucócitos polimorfonucleares e rica em bacilos. É uma lesão mais rara, predominando em indivíduos imunocomprometidos. Em geral é única, com maior efeito de massa e com evolução mais rápida do que o tuberculoma. O aspecto é, em geral, superponível ao en-

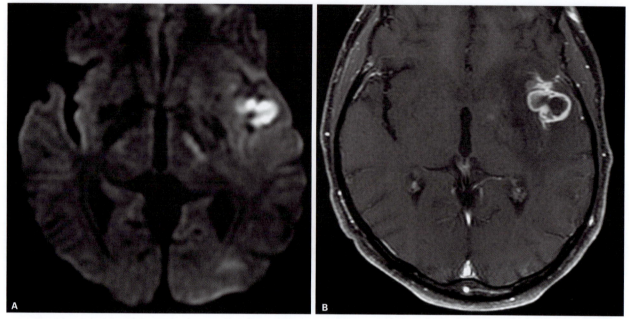

Figura 57 Paciente imunocomprometido HIV positivo apresentando abscesso por tuberculose. Imagens axiais de ressonância magnética demonstram lesão única têmporo-insular esquerda, com restrição interna à difusão (A) e realce periférico e espesso pós-contraste (B). Nota-se também realce leptomeníngeo na cisterna sylviana adjacente.

contrado nos abscessos piogênicos, inclusive com restrição à difusão no seu interior (Figura 56).

O chamado padrão miliar é definido por múltiplas pequenas lesões com até 10 mm no maior eixo. Não é comum, e o substrato é a disseminação hematogênica do bacilo. Há alguma controvérsia na literatura, mas pode representar o evento que precede ou acompanha a meningite tuberculosa (Figura 58).

A chamada encefalopatia tuberculosa, descrita em crianças apenas, caracteriza-se histologicamente por um edema difuso da substância branca com perda neuronal na substância cinzenta. O aspecto de imagem é pouco descrito, aparentemente semelhante à encefalomielite disseminada aguda (ADEM) e suas variantes.

O envolvimento isolado da dura-máter é chamado de paquimeningite. A inflamação resulta de disseminação hematogênica do bacilo, e é distinta da situação em que a dura-máter é acometida por estar adjacente a um tuberculoma. A meninge pode ter hipossinal em T2, mas na maioria das vezes os achados são indistinguíveis de outro processo inflamatório (Figura 59).

Outra forma rara é a TB da calota craniana. Os pacientes, em geral jovens, apresentam edema dos tecidos moles subgaleais e lesão lítica bem definida na calota, em

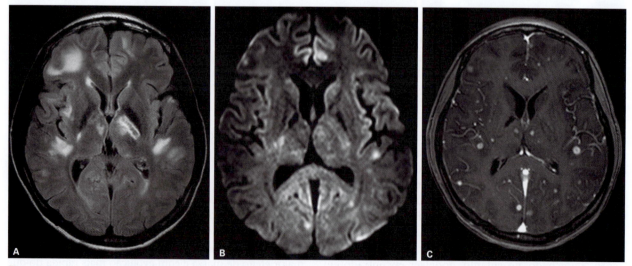

Figura 58 Tuberculose miliar. Imagens axiais de ressonância magnética demonstram lesões nodulares compatíveis com granulomas, que apresentam hipersinal em FLAIR (A); restrição interna na sequência de difusão (B) e realce periférico pós-contraste (C).

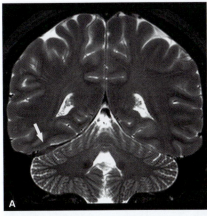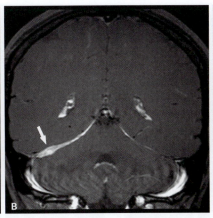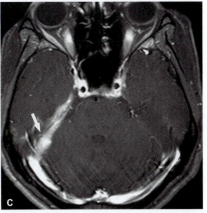

Figura 59 Paquimeningite por tuberculose. A paquimeninge da tenda do cerebelo à direita (seta) apresenta espessamento e hipossinal na imagem T2 coronal (A) e realce espesso e irregular nas sequências pós-contraste nos planos coronal (B) e axial (C).

geral no osso parietal, que é bem caracterizada tanto pela TC quanto pela radiografia convencional. A TC e a RM, no entanto, podem detectar possível acometimento intracraniano associado.

Infecções fúngicas

O recrudescimento das infecções fúngicas deve-se a inúmeros fatores, entre os quais estão o uso intensivo de quimioterapia no tratamento de pacientes oncológicos, de agentes imunossupressores no tratamento de doenças autoimunes e em pacientes transplantados, além da epidemia pelo HIV. Tais infecções podem ocorrer também em indivíduos imunocompetentes.

A fisiopatologia das lesões micóticas do SNC varia de acordo com a forma fúngica. Aqueles que crescem como leveduras (*Criptococcus, Histoplasma*), em razão de suas reduzidas dimensões, possuem disseminação hematogênica, atingem a microvasculatura das meninges, atravessando as paredes dos vasos e resultando em leptomeningite aguda ou crônica. Com menos frequência, resultam em lesões parenquimatosas como granulomas e/ou abscessos. Já os que crescem como hifas (*Aspergillus, Mucor*) ou pseudo-hifas (*Candida*), por causa de seu maior tamanho, tendem a envolver mais o parênquima que as meninges, podendo levar à oclusão de vasos de grande, médio e pequeno calibre, resultando em infartos e cerebrites, além de microabscessos parenquimatosos. A candidíase também resulta em meningite, presumivelmente em decorrência da invasão da microvasculatura por grupos individuais de leveduras.

As infecções fúngicas que envolvem o SNC estão invariavelmente associadas a infecções micóticas de outros órgãos ou a extensão direta dos seios paranasais.

Mucormicose

A mucormicose, também conhecida como zigomicose, afeta pacientes com deficiências nos mecanismos de defesa, incluindo imunidade celular alterada. Particularmente suscetíveis a esse patógeno estão os pacientes diabéticos ou debilitados, tais como pacientes urêmicos, grandes queimados, desnutridos, etilistas e usuários de drogas; embora raramente essa infecção seja vista em pacientes com aids. Também pode acometer pacientes em uso de quelatos de ferro, como a deferoxamina, a qual supostamente inibe efeitos fungistáticos do soro sobre o *Mucor*.

É uma das infecções mais letais que acometem o ser humano. A mortalidade ultrapassa os 80% nos pacientes com acometimento do sistema nervoso. Esse fungo em geral é inalado e rapidamente destrói a mucosa nasal, formando crostas escuras. Pode então se disseminar através dos seios paranasais, órbitas e base do crânio, ou pode se estender por meio da placa cribriforme, com envolvimento da fossa craniana anterior, a chamada forma rinocerebral ou craniofacial. Também pode acometer as fossas infratemporal e pterigopalatina a partir dos seios maxilares (Figura 60).

O *Mucor* tem forte tendência a proliferar por meio dos vasos sanguíneos, produzindo arterite com aneurismas, pseudoaneurismas, formação de abscessos, oclusões vasculares e infartos. Isso é mais comum na porção cavernosa da artéria carótida interna.

A TC pode evidenciar opacificação dos seios paranasais, aumento da densidade ou calcificação e obliteração dos planos nasofaríngeos. Destruição óssea, se presente, é achado tardio. Na RM, imagens pesadas em T1 e em T2/FLAIR revelam tecido com iso ou hipossinal acometendo as cavidades paranasais, sendo mais comum a presença de hipossinal em T2 (Figura 60).

Um sinal relativamente precoce da doença é a falta do habitual realce pelo gadolínio observado na mucosa das cavidades nasais e paranasais. É o chamado sinal da "concha negra" (*black turbinate sign*), relacionado a necrose e desvitalização características do tecido acometido pela mucormicose.

O parênquima cerebral pode ser extensamente envolvido, com áreas de hipossinal em T2, com efeito de massa

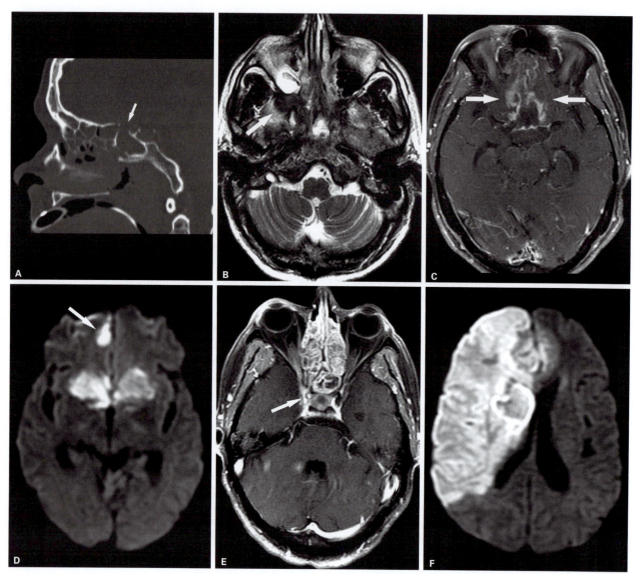

Figura 60 Mucormicose – forma rinocerebral. Paciente com 60 anos, submetida a transplante de medula óssea por linfoma há 4 meses. Quadro agudo de cefaleia, desorientação têmporo-espacial e irritação meníngea. A: Tomografia computadorizada. Imagem reformatada no plano parassagital evidencia extenso acometimento difuso das cavidades paranasais, preenchidas por material com densidade de partes moles representando mucosa espessa e secreção. Nessa imagem é evidente uma descontinuidade óssea no teto do seio esfenoidal (seta). B: Ressonância magnética (RM) inicial. Imagem axial pesada em T2 mostra, além da conhecida pansinusopatia, material com hipossinal preenchendo as fossas pterigopalatinas (seta), achado sugestivo de etiologia fúngica agressiva, embora não seja patognomônico. C: RM inicial. Imagem axial T1 pós-gadolínio mostra realce meníngeo no assoalho da fossa anterior, denotando a invasão intracraniana do processo envolvendo as cavidades paranasais (setas). D: RM inicial. Imagem axial pesada em difusão (DWI) demonstrando infartos isquêmicos recentes com hipersinal acometendo bilateralmente o território de artérias perfurantes nos núcleos da base. Nota-se ainda um conteúdo espesso com hipersinal no assoalho da fossa anterior, parassagital à direita (seta), relacionado à infecção fúngica invasiva. E: RM obtida após 2 semanas de tratamento por piora clínica do paciente. Imagem axial T1 pós-gadolínio mostra a exuberante sinusopatia etmoidal; nota-se que agora há um trombo com hipersinal no interior da artéria carótida interna direita (seta). F: Imagem axial pesada em difusão (DWI) desse mesmo exame de RM evolutivo demonstrando agora, com hipersinal exuberante, extenso infarto recente em território carotídeo à direita e ainda no território da artéria cerebral anterior contralateral.

e áreas de realce, sobretudo nos lobos frontais e núcleos da base. Hipersinal em T2 ao redor geralmente está relacionado a edema vasogênico.

O envolvimento vascular, em particular dos seios cavernosos e até das artérias carótidas internas, pode se manifestar como sinais de trombose ou realce parietal, e os infartos relacionados aos grandes vasos demonstrarão os achados característicos na TC e RM – agudamente com restrição à difusão das moléculas de água (Figura 60).

Criptococose

Criptococcus neoformans é o fungo que mais afeta o SNC, desenvolvendo-se em até 11% dos pacientes com aids. O trato respiratório costuma ser o sítio primário de infecção, e o organismo se dissemina hematogenicamente dos pulmões ao SNC.

A forma mais comum de manifestação no SNC é a meningite. Em pacientes com aids ocorre mínima reação inflamatória, responsável pela frequente ausência de sinais meníngeos.

A TC é muitas vezes negativa, em particular em pacientes com aids, e os achados positivos são frequentemente inespecíficos, incluindo realce meníngeo, atrofia ou hidrocefalia comunicante.

A RM, apesar de também ser negativa em alguns casos, é muito mais sensível que a TC. As sequências pós-gadolínio podem revelar realce meníngeo (Figura 61).

A disseminação parenquimatosa pode ocorrer por via hematogênica ou a partir das meninges para o córtex. Cinco padrões são descritos: criptococomas, espaços perivasculares alargados, nódulos leptomeníngeos, nódulos parenquimatosos e um padrão misto.

Os criptococomas são coleções de organismos, células inflamatórias e material mucoide gelatinoso. A quantidade relativa de cada constituinte pode variar e resultar em um aspecto de imagem denominado pseudocisto gelatinoso.

Os espaços perivasculares de Virchow-Robin tornam-se distendidos por fungos e material mucoide, mais evidentes nos núcleos da base e tronco cerebral, mas que podem ocorrer em todo o cérebro, com aspecto denominado lesões em "bolhas de sabão" (Figura 62).

Outro aspecto já descrito é o de envolvimento focal dos plexos coroides, com aumento volumétrico e realce.

Outra espécie causadora de criptococose, o *Cryptococcus gattii*, pode infectar mais comumente indivíduos sem imunodeficiências comparativamente ao *C. neoformans*, e sua evolução clínica tende a ser mais grave, com sequelas neurológicas muitas vezes observadas. Não há até o momento evidência de um comportamento distinto do ponto de vista dos métodos de imagem em relação ao que se conhece do *C. neoformans*, exceto por uma maior tendência do *C. gattii* em manifestar-se com lesões de maiores dimensões e quantidade (Figura 63).

Aspergilose

Os principais agentes oportunistas causadores de doenças em humanos são *Aspergillus fumigatus* e *Aspergillus flavus*. São raramente vistos em pacientes com aids e estão mais relacionados a outras condições de imunossupressão, tais como transplante de medula óssea, neutropenia, uso crônico de corticosteroides, e em crianças com doença granulomatosa crônica.

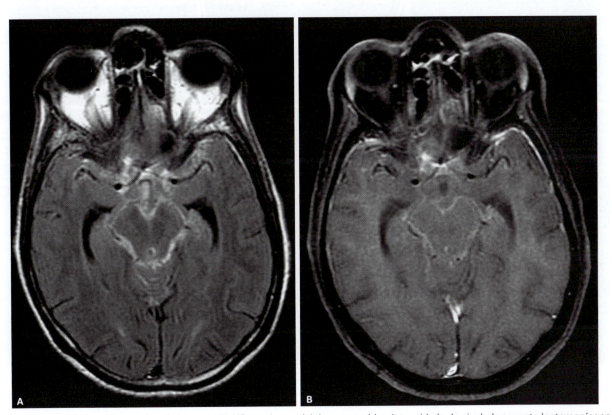

Figura 61   Meningite criptocócica. A: Imagem FLAIR no plano axial demonstra hiperintensidade do sinal, de aspecto leptomeníngeo, localizado na base do crânio, em especial ao redor do tronco cerebral. A imagem correspondente T1 pós-contraste (B) mostra o realce leptomeníngeo, o que pode corresponder a processo inflamatório.

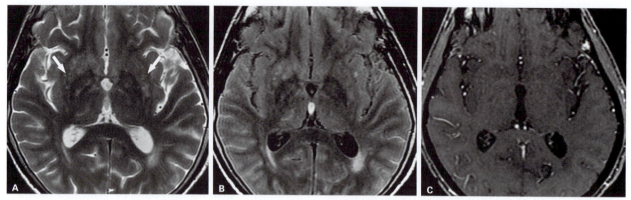

Figura 62 Criptococose parenquimatosa. Imagens axiais ponderadas em T2 (A) e FLAIR (B) evidenciam os espaços perivasculares dos núcleos da base alargados (setas) e preenchidos por conteúdo com alto sinal em FLAIR. Após a injeção de contraste, não se observa realce pós-contraste (C).

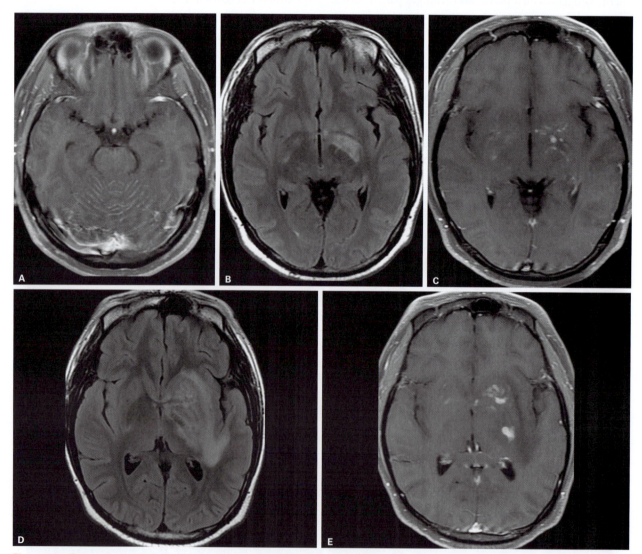

Figura 63 Criptococose por *C. gattii* – ressonância magnética (RM). Paciente imunocompetente, 31 anos, sem resposta adequada ao tratamento. A: Exame inicial. Imagem axial pesada em T1 pós-contraste demonstra realce leptomeníngeo difuso, que é mais evidente na fossa posterior. B: RM de controle após 2 meses. Imagem axial FLAIR demonstra lesões com hipersinal nos núcleos da base bilateralmente. C: Imagem pesada em T1 pós-contraste do mesmo exame evidencia o realce de várias das lesões bilateralmente. D: RM de controle após 8 meses do diagnóstico inicial. Imagem axial FLAIR demonstra piora do edema vasogênico ao redor das lesões, sobretudo à esquerda. E: Imagem pesada em T1 pós-contraste do mesmo exame evidencia aumento no número e nas dimensões das lesões.

O SNC pode ser infectado por via hematogênica a partir dos pulmões ou por extensão direta a partir dos seios paranasais.

Este agente tem uma predileção especial pela parede dos vasos, ocasionando trombose e subsequente infarto e formação de abscessos, além de aneurismas micóticos. O prognóstico é reservado, e a mortalidade é alta, em algumas séries próxima dos 100%.

A RM é mais sensível para a detecção de pequenas lesões e pode demonstrar um aspecto típico, embora inespecífico, de hipossinal em T2 nas paredes dos abscessos (Figura 64). A presença de hemorragia é muitas vezes a pista para o diagnóstico de aspergilose, sendo identificada em cerca de 25% das lesões (Figura 65). O realce pós-contraste é variável, dependendo do estágio da infecção e do estado imunológico do paciente.

Recentemente, o uso da sequência de difusão tem sido útil no diagnóstico de abscessos fúngicos. A restrição à difusão das moléculas de água deve-se mais provavelmente ao fluido com alto conteúdo proteico e ao infiltrado celular do que à supuração (Figura 64).

O envolvimento das cavidades paranasais em geral exibe hipersinal em T1 e hipossinal em T2, talvez por conta do acúmulo de íons metálicos, tais como ferro, manganês e magnésio, mas possivelmente também secundário a produtos de degradação da hemoglobina. A partir daí, pode haver extensão direta às órbitas e ao cérebro, afetando os seios cavernosos e o parênquima adjacente, com formação de abscessos e lesões isquêmicas vasculares como infartos corticais e subcorticais.

Paracoccidioidomicose

A paracoccidioidomicose é uma doença infecciosa granulomatosa crônica, endêmica nas áreas tropicais e subtropicais da América Latina. Mais comum em pacien-

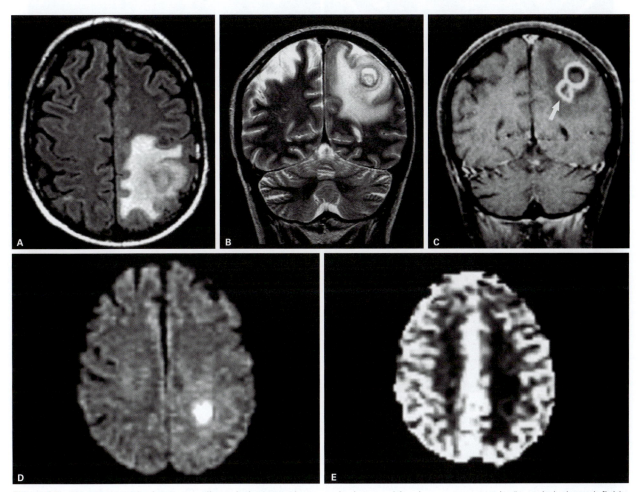

Figura 64 Abscesso cerebral por aspergilose. As imagens de ressonância magnética demonstram uma lesão ovalada, bem definida, com centro liquefeito, localizada na região subcortical do lobo parietal esquerdo da alta convexidade. Observe o edema vasogênico adjacente à lesão, caracterizado por hipersinal na imagem axial FLAIR (A) e coronal T2 (B), além da impregnação pelo contraste que é regular na imagem coronal T1 pós-gadolínio (C) e delimita uma lesão satélite em formação, mais profunda (seta). Também há hipersinal na imagem axial pesada em difusão (D) e hipossinal correspondente no mapa dos coeficientes de difusão aparentes (CDA) (E), o que caracteriza restrição à difusão das moléculas de água. Nota-se ainda o relativo hipossinal das paredes da lesão nas sequências FLAIR e T2, mostrado em (A) e (B), respectivamente. Cortesia do Dr. Luiz Portela.

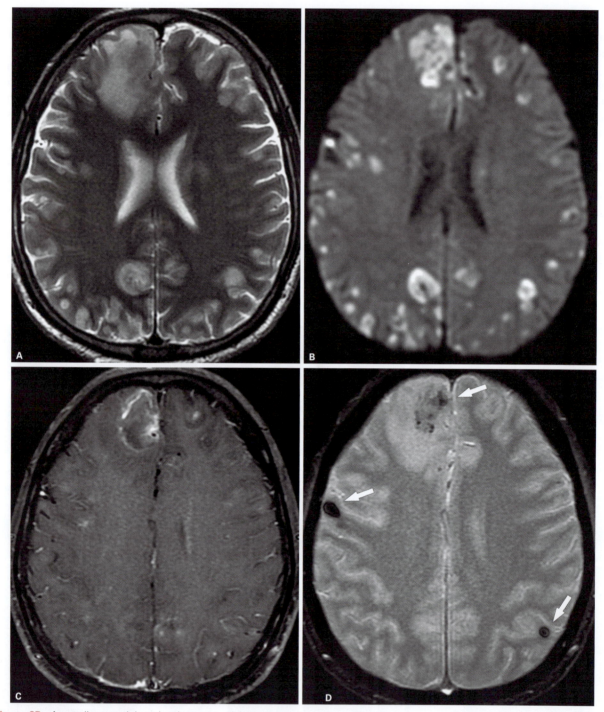

Figura 65 Aspergilose angioinvasiva. Imagens axiais de ressonância magnética demonstram múltiplas lesões nodulares corticos-subcorticais, algumas com hipossinal em T2 central (A), que apresentam restrição à difusão e realce periféricos (B e C). Na sequência de suscetibilidade magnética muitas apresentam focos hemorrágicos (setas em D).

tes imunocompetentes, do sexo masculino, entre 30 e 50 anos, moradores da zona rural.

O fungo *Paracoccidioides brasiliensis* é inalado a partir do solo, causando infecção primária, muitas vezes subclínica, nos pulmões ou nas vias aéreas superiores. Após um período de latência, há reativação com evolução para a forma granulomatosa crônica da doença, que pode disseminar por via hematogênica e/ou linfática para qualquer órgão ou tecido. Os mais acometidos são o sistema retículo-endotelial e a pele, afetando o SNC em cerca de 10% dos casos.

A neuroparacoccidioidomicose apresenta duas formas clínico-patológicas: a forma meníngea, mais rara, com inflamação da leptomeninge, predominante na base do crânio, semelhante àquela encontrada na tuberculose; e a forma granulomatosa (pseudotumoral), caracterizada por granulomas intraparenquimatosos. As duas formas podem coexistir, embora isso seja infrequente.

A TC em geral demonstra múltiplas lesões hipodensas com impregnação anelar pelo contraste. A RM, além de ser mais sensível do que a TC, pode fornecer informações adicionais para o diagnóstico diferencial. As lesões são múltiplas em 76% dos pacientes e distribuem-se tanto supra quanto infratentorialmente, em locais de alto fluxo sanguíneo, como hemisférios cerebrais e cerebelares, sendo menos frequentes nos núcleos da base, o que sugere disseminação hematogênica.

Na RM o hipossinal na sequência T2 é o que mais auxilia a considerar essa possibilidade diagnóstica (Figura 66). Tal fato justifica-se pelo padrão compacto do granuloma, aliado à degradação dos produtos da hemoglobina, e pelo acúmulo de radicais livres nessas lesões.

Em geral, os granulomas são limitados por cápsula celular bem definida, que apresenta impregnação regular pelo contraste e restrição à difusão das moléculas de água (Figura 66). Os achados sugerem processo granulomatoso, já que abscessos bacterianos costumam possuir fino halo de hipossinal em T2 e restrição da difusão das moléculas de água em todo o seu conteúdo (e não apenas na cápsula).

Infecções parasitárias

Toxoplasmose

O agente causador da toxoplasmose, o protozoário *Toxoplasma gondii*, é um parasita intracelular obrigatório. A infecção inicial em pessoas imunocompetentes é em geral subclínica ou se apresenta como quadro infeccioso frustro. No Brasil, a soropositividade em adultos varia bastante, entre 25-74%.

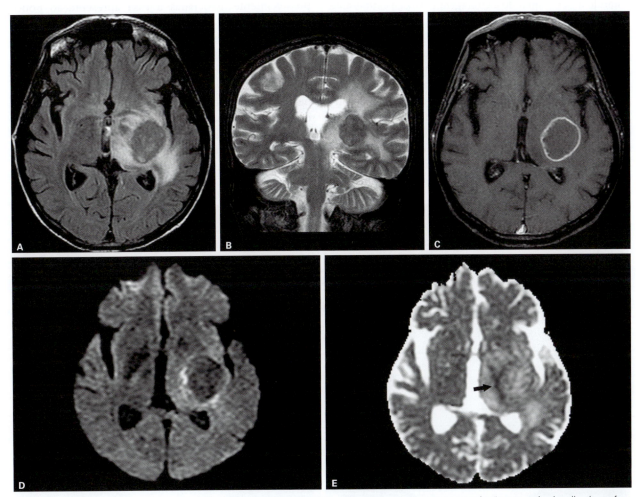

Figura 66   Paracoccidioidomicose cerebral. As imagens de ressonância magnética demonstram uma lesão expansiva localizada profundamente no hemisfério cerebral esquerdo. Observe que a lesão é bem definida e que o hipersinal na imagem axial FLAIR (A) e coronal T2 (B) adjacente à lesão é decorrente de edema vasogênico. Observe também o hipossinal na sequência T2 (B) sugerindo um processo granulomatoso. A cápsula celular que delimita a lesão, por ser compacta, sofre impregnação fina e regular pelo meio de contraste na imagem axial T1 pós-gadolínio (C). Parte da cápsula apresenta ainda hipersinal na imagem axial pesada em difusão (D) e hipossinal correspondente no mapa dos coeficientes de difusão aparentes (CDA) (E), o que caracteriza restrição à difusão das moléculas de água.

Em pacientes imunossuprimidos ocorre a encefalite por toxoplasmose secundária a uma reativação, sendo uma das doenças oportunistas mais associadas à aids.

As alterações liquóricas associadas são inespecíficas, e mesmo as reações imunológicas têm impacto limitado no diagnóstico, já que a positividade no soro é relativamente comum.

O aspecto mais observado na TC é o de múltiplas áreas iso ou hipoatenuantes, raramente hemorrágicas, com realce nodular ou mais periférico, delimitando zona central hipoatenuante que não se realça. Há em geral algum edema perilesional. Predomina nos núcleos da base e na junção corticossubcortical. Um aspecto "em alvo" pode também ser apreciado (Figura 67).

Na RM, os achados são superponíveis aos da TC, porém com maior sensibilidade. As lesões em geral têm hipossinal em T1, hipersinal em T2, com edema e realce variados (Figura 68). O realce pelo contraste correlaciona-se diretamente com a contagem de linfócitos CD4, estando ausente quando a contagem é baixa e exuberante quando os níveis aumentam.

Os padrões de imagem das lesões causadas pelo toxoplasma podem ser divididos em abscessos necrotizantes, organizados ou abscessos crônicos; dependendo da intensidade da resposta imune do paciente e da lesão tecidual causada pelo protozoário. Os abscessos necrotizantes apresentam costumeiramente hipersinal em T2 e os abscessos organizados, isossinal em T2.

Um aspecto que sugere a possibilidade de toxoplasmose é o chamado sinal do alvo excêntrico, em que o realce da lesão é periférico e irregular, delineando nódulo parietal excêntrico; infelizmente esse aspecto está presente em menos de 30% dos casos, apresentando especificidade de 95% e sensibilidade de 25% (Figura 68). O substrato histológico desse achado é controverso – uma possibilidade aventada é a de o nódulo parietal excêntrico representar uma invaginação da própria parede do cisto; mas um estudo de correlação entre a imagem e a histologia sugere que ao menos em lesões corticais o nódulo representa um feixe de vasos inflamados estendendo-se ao longo de um sulco.

Lesões com hipersinal em T1 podem ser encontradas (Figura 69), assim como outras com sinal mais baixo em T2 (Figura 68), corroborando a heterogeneidade de apresentação dessa doença.

Outro padrão possível, mais observado em pacientes submetidos a transplante de medula óssea, é o aspecto de imagem com múltiplas lesões, sem realce evidente, muitas vezes hemorrágicas (Figura 70). Condições possivelmente associadas a essa apresentação pouco comum incluem: um mecanismo distinto de imunossupressão nos pacientes transplantados em relação àqueles com aids, o grau de imunossupressão e uso de corticoterapia, entre outros.

O controle evolutivo de pacientes submetidos a esquema terapêutico de preferência deve ser feito por meio da RM, por sua maior sensibilidade. Um aspecto relativamente usual consiste no surgimento de hipersinal em T1 (sem contraste) nas lesões após o início do tratamento, em especial naquelas dos núcleos da base e tálamos, mais

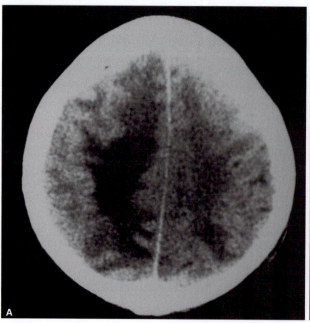 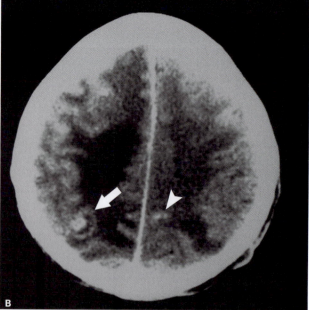

Figura 67 Toxoplasmose cerebral. Imagens de tomografia computadorizada antes (A) e após a injeção de contraste (B) evidenciam uma lesão nodular localizada na região subcortical parietal direita "em alvo", pois apresenta uma impregnação periférica com um foco parietal excêntrico de realce (seta em B). Observe também o acentuado edema vasogênico adjacente. Há tênues focos de realce também no lobo parietal contralateral (cabeça de seta em B), com edema vasogênico associado.

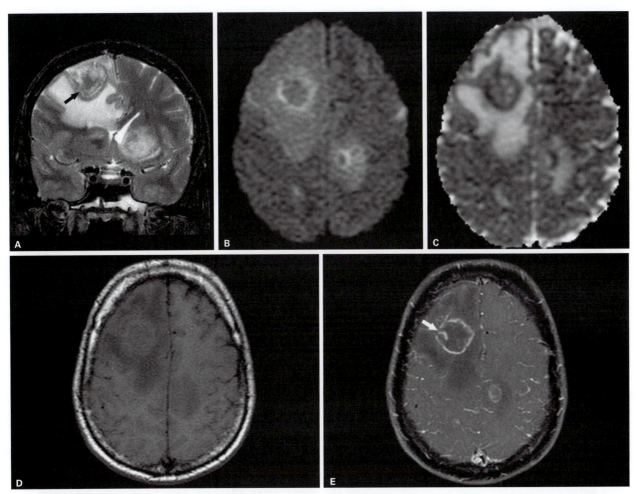

Figura 68 Toxoplasmose cerebral. Imagens de ressonância magnética demonstrando lesões heterogêneas, com efeito expansivo e edema vasogênico, mais bem evidenciadas na imagem coronal pesada em T2 (A), a maior delas com hipossinal (seta). Observe na imagem axial pesada em difusão (B) e no mapa correspondente dos coeficientes de difusão aparentes (CDA) (C) que as lesões não possuem restrição à difusão das moléculas de água, a não ser na região capsular. Tal achado ajuda na diferenciação com o linfoma. Nas imagens axiais pesadas em T1, antes (D) e após o uso do gadolínio (E) caracteriza-se o realce periférico irregular que forma um nódulo parietal, denominado sinal do alvo excêntrico (seta em E).

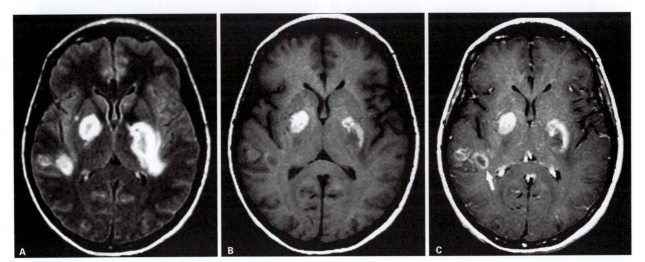

Figura 69 Toxoplasmose cerebral. Imagens de ressonância magnética que mostram múltiplas lesões encefálicas, tanto nos núcleos da base quanto subcorticais. Observe que a maioria das lesões apresenta hipersinal e edema parenquimatoso adjacente na sequência axial FLAIR (A) e também apresentam hipersinal em T1 (B). Na imagem axial T1 pós-contraste (C) sofrem impregnação pelo gadolínio, em especial uma lesão temporal posterior profunda à direita (seta).

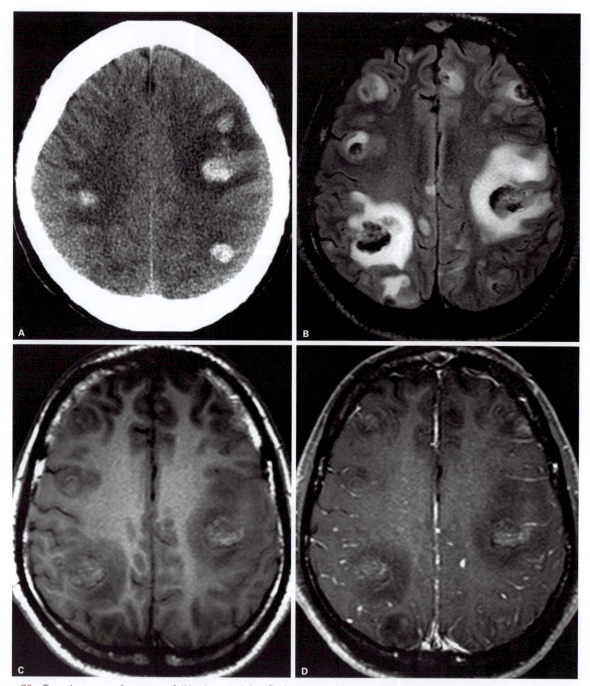

Figura 70 Toxoplasmose – forma encefalítica hemorrágica. Paciente com 28 anos, HIV positivo, sem aderência ao tratamento antirretroviral. Declínio cognitivo progressivo, crises convulsivas e hemiparesia direita. A: Tomografia computadorizada (TC). Imagem axial evidencia múltiplas lesões hemorrágicas frontoparietais bilaterais com edema perilesional, a maior à esquerda. B: Ressonância magnética (RM). Imagem axial FLAIR mostra as múltiplas lesões com hipossinal, representando a hemorragia já vista na TC, de distribuição corticossubcortical, e o exuberante edema vasogênico como hipersinal. C: RM. Imagem axial pesada em T1 pré-contraste mostra hipersinal de algumas das lesões, também sinalizando hemorragia. D: RM. Imagem axial T1 pós-gadolínio mostra realce leptomeníngeo difuso e discreto, sem realce evidente das lesões.

provavelmente por necrose de coagulação com presença de macrófagos xantomatosos, e bem menos comumente por hemorragia (Figura 71). Nota-se redução do número e dimensão das lesões, assim como do edema e do efeito de massa. Isso ocorre em 2 a 4 semanas após o início do tratamento, e pode levar até 6 meses para a resolução completa. Lesões tratadas podem desaparecer ou persistir como lesão sequelar, por vezes calcificada.

A falta de melhora presume a possibilidade de outras etiologias, das quais a principal a ser diferenciada, em pacientes com aids, é o linfoma. Critérios para essa diferenciação incluem: a parede das lesões de toxoplasmose

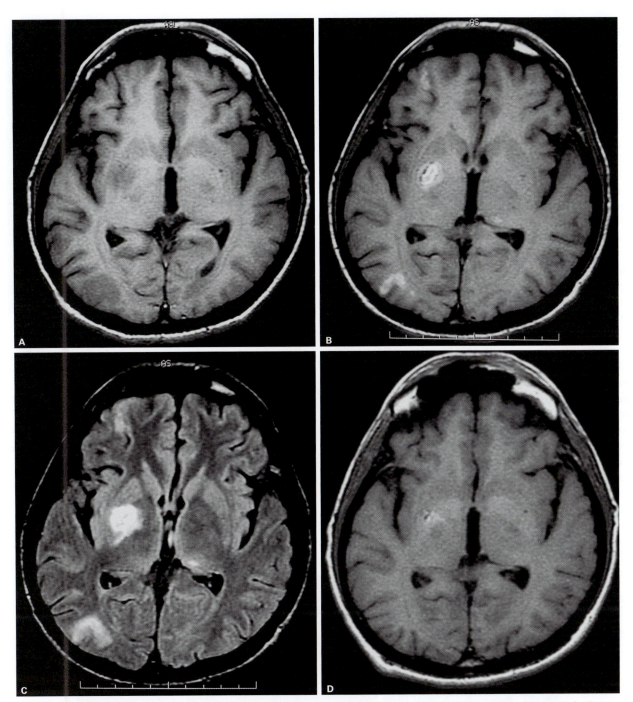

Figura 71 Toxoplasmose cerebral antes e após tratamento. Imagem axial T1 sem contraste, pré-tratamento, demonstra lesões com hipossinal em T1 localizadas no núcleo lentiforme e na transição têmporo-occipital à direita (A). Ressonância magnética realizada 13 dias após o início do tratamento demonstra que agora as lesões têm hipersinal em T1 (sem contraste), aspecto relacionado ao efeito da terapêutica (B). As lesões são, ainda, hiperintensas na imagem axial FLAIR correspondente (C). Lesão residual no núcleo lentiforme direito é identificada após 1 ano e meio do tratamento, com hipersinal em T1 sem contraste (D). A lesão na transição têmporo-occipital à direita quase não é mais caracterizada.

é mais fina; multiplicidade de lesões favorece a toxoplasmose; a toxoplasmose não costuma envolver o corpo caloso; e o linfoma costuma ter sinal mais baixo em T2 – nenhum desses critérios, no entanto, é definitivo.

Um exame que auxilia essa diferenciação é a tomografia computadorizada por emissão de fóton único (SPECT) cerebral com tálio-201. O linfoma, como outros tumores, vai apresentar captação aumentada em relação ao tecido adjacente, enquanto as lesões infecciosas vão apresentar captação reduzida.

Novas técnicas de RM têm sido empregadas na tentativa de auxiliar a solucionar esse dilema clínico. A espectroscopia de prótons na toxoplasmose demonstra aumento dos picos de lipídios e lactato, estando os demais picos quase ausentes (Figura 72); ao passo que no linfoma esses picos estão levemente aumentados, com aumento significativo do pico de colina e graus variados de redução do NAA.

A mensuração de coeficientes de difusão aparentes (ADC) sugere que o linfoma, por ser mais celular, tenha valores menores que a toxoplasmose, em que a presença de necrose facilita a movimentação da água e leva a valores mais altos de ADC (acima de 1,6) (Figura 68). Há, no entanto, alguma sobreposição entre os valores, o que pode dificultar o diagnóstico em um caso individual. Utilizando-se a perfusão por RM mais comumente há aumento do volume sanguíneo cerebral relativo nos linfomas em relação à toxoplasmose, podendo auxiliar nessa diferenciação. Apesar de todas essas possibilidades, em alguns casos ainda é impossível a diferenciação segura entre essas duas entidades utilizando-se métodos de imagem.

Toxoplasmose é ainda uma causa relativamente comum de infecção congênita, com prevalência estimada no Brasil em 1 a cada 3.000 nascidos vivos. Consiste na primoinfecção de uma gestante, que pode causar infecção no feto, e que se ocorrer no primeiro trimestre tem maior gravidade do que nos dois últimos. O resultado dessa infecção congênita é variado, com quadros leves relacionados apenas a distúrbios visuais, enquanto o quadro clássico consiste em uma tétrade: coriorretinite, hidrocefalia, convulsões e calcificações cerebrais. A TC demonstra as calcificações com clareza, as quais têm padrão aleatório (Figura 73) que auxilia na diferenciação com as calcificações relacionadas à infecção congênita por CMV, as quais costumam ser subependimárias; além disso, a TC pode demonstrar ainda a

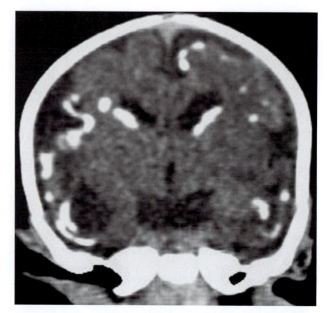

Figura 73 Toxoplasmose congênita. Imagem de tomografia computadorizada multidetectores reformatada no plano coronal, sem contraste, demonstrando a exuberância das calcificações cerebrais, randomicamente distribuídas pelas regiões periventriculares, subcorticais e corticais.
Cortesia da Dra. Simone Shibao.

presença de hidrocefalia (em geral, por estenose do aqueduto). A RM, inclusive a RM fetal, auxilia no estadiamento das repercussões encefálicas da infecção.

Doença de Chagas

A doença de Chagas, também conhecida como tripanossomíase americana, é causada pelo protozoário

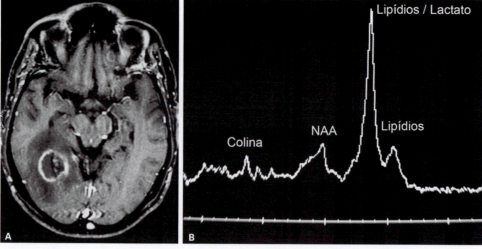

Figura 72 Espectroscopia de prótons na toxoplasmose. A: Imagem de ressonância magnética no plano axial ponderada em T1 após a injeção de contraste evidencia lesão ovalada temporal direita, com impregnação predominante periférica e alguns focos no seu interior. Há efeito de massa e hipossinal do parênquima adjacente, sugestivos de edema vasogênico. Para auxiliar no diagnóstico diferencial, foi realizada espectroscopia de prótons (B), técnica PRESS, tempo de eco curto (TE = 35 ms), que evidencia aumento dos picos de lipídios e lactato, estando os demais picos quase ausentes.
Cortesia do Dr. Luiz Portela.

flagelado *Trypanosoma cruzi*. Endêmica em grande parte da América Latina, predomina em regiões rurais. Estima-se que no Brasil haja entre 3 e 5 milhões de infectados. O diagnóstico é obtido por meio da pesquisa direta do parasita no sangue ou pela detecção de anticorpos específicos.

A infecção inicial, em geral, é caracterizada por sintomatologia branda e pouco específica, que desaparece em alguns dias. A partir daí o paciente evolui para a forma crônica, que se divide em três subtipos: indeterminada (assintomático); cardíaca (miocardiopatia chagásica) e digestiva (megaesôfago/megacólon).

O acometimento cerebral na doença de Chagas, embora raro, é bastante grave, comumente fatal. Em geral, está relacionado a imunodeficiência, sobretudo a infecção pelo HIV, mas também ocorre em pacientes transplantados. Há consenso de que a reativação cerebral da doença de Chagas deva ser considerada como doença definidora de aids nos países endêmicos.

Há duas formas principais de apresentação cerebral: uma forma que cursa com meningoencefalite aguda (múltiplas lesões com pouco edema e realce periférico variável) e outra com apresentação pseudotumoral (lesão única, volumosa, necro-hemorrágica, supratentorial, com efeito de massa e realce periférico pós-gadolínio) (Figura 74). Em ambos os casos, os achados de imagem são inespecíficos.

Cisticercose

A cisticercose é parte de um complexo denominado teníase/cisticercose. A neurocisticercose ocorre quando o homem é hospedeiro intermediário eventual (*T. solium*) a partir do consumo de água ou alimentos contaminados por ovos originados das fezes de humanos portadores. Outro mecanismo identificado, talvez o principal, é a infecção direta entre pessoas por meio de um portador assintomático na família. Após a ingestão das larvas, elas se alojam de preferência no SNC (neurocisticercose), músculos e outros tecidos moles.

No Brasil, a neurocisticercose (NCC) é endêmica e claramente subestimada, com prevalência estimada em 10 casos por 100.000 habitantes (estado de São Paulo), embora em algumas cidades chegue a 96 por 100.000 habitantes.

Clinicamente, a NCC pode causar variada sintomatologia. Epilepsia de início tardio e hipertensão intracraniana são as manifestações mais comuns. Convulsões são observadas em até 70% dos pacientes. A hipertensão intracraniana em geral está relacionada a hidrocefalia, causada por aracnoidite ou cistos ventriculares.

Testes imunológicos utilizados incluem análise do soro por meio do EITB (*enzyme-linked immunoelectrotransfer blot*). O liquor pode ser testado com o EITB ou com o ELISA (*enzyme-linked immunosorbent assay*). Embora apresentem boa sensibilidade e especificidade, sua maior limitação é em pacientes com lesão única, dos quais até 40% podem ter resultado falso-negativo.

O diagnóstico de NCC tem sido facilitado nos últimos anos a partir da proposição de um conjunto de critérios que permitem estabelecer o diagnóstico definitivo ou provável. Esses critérios incluem dados clínicos, epidemiológicos, imunológicos, histológicos e de imagem (usando TC ou RM).

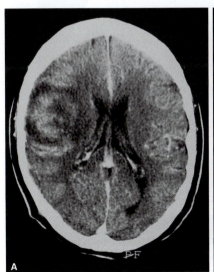
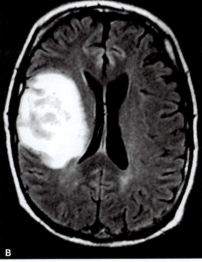
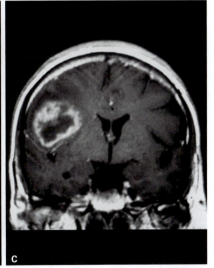

Figura 74 Reativação com acometimento cerebral na doença de Chagas, em paciente transplantado cardíaco por miocardiopatia chagásica – forma pseudotumoral. Imagem de tomografia computadorizada após a injeção de contraste evidencia lesão expansiva única, hipoatenuante e com realce periférico, centrada na transição frontoparietal direita. A sequência FLAIR (B) no plano axial demonstra uma lesão expansiva com hipersinal, sendo um pouco heterogêneo o seu centro. A imagem coronal pesada em T1 após a injeção de contraste (C) mostra um realce predominante periférico, bastante irregular. Tais achados são inespecíficos e o diagnóstico de doença de Chagas foi definido na análise histopatológica de amostra obtida por biópsia a céu aberto.

A utilização da TC e da RM revolucionou o diagnóstico e o manejo desses pacientes. Esses métodos, com maior sensibilidade para a RM, detectam a localização e o número das lesões, seu estágio de desenvolvimento e o grau de resposta inflamatória à presença do parasita (edema perilesional e quebra da barreira hematoencefálica).

A TC é superior na caracterização de calcificações (Figura 75), embora a técnica de RM conhecida como SWI (*susceptibility-weighted image*) pareça promissora em ter uma *performance* pelo menos equivalente à da TC nesse quesito utilizando imagens com filtro de fase.

A localização preferencial das lesões na NCC é parenquimatosa (60% do total), mas não é infrequente a localização ventricular, subaracnóidea ou combinada, e tal dado é crítico para o desenvolvimento de sintomatologia. A associação dessas localizações também pode ocorrer.

Lesões menos comuns incluem a coluna, os globos oculares e tecidos extraneurais (Figura 76). Quanto às suas dimensões, em geral o cisticerco parenquimatoso não mede mais do que 1,0 cm de diâmetro em virtude da pressão do parênquima ao redor; quando subaracnóidea pode atingir 10 cm ou mais.

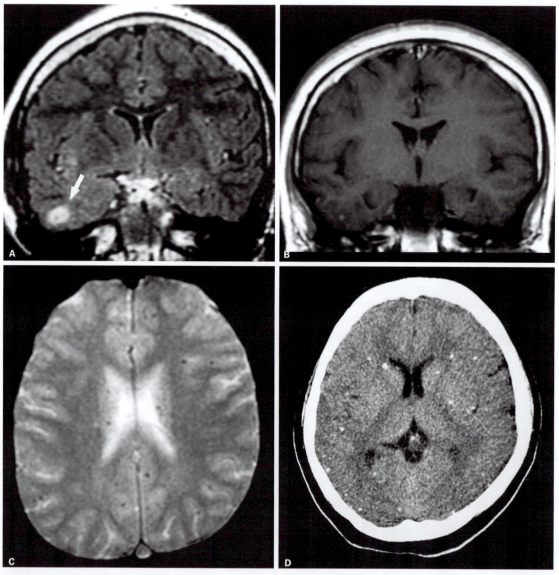

Figura 75 Paciente com 14 anos e história de crises convulsivas parciais complexas. A: Imagem coronal FLAIR exibe área de hipersinal compatível com edema na porção basal do lobo temporal direito, além de pequeno ponto central com hipossinal (seta). B: Imagem coronal T1 pós-contraste mostra a área de edema com baixo sinal e realce no ponto central. C: As calcificações parenquimatosas são vistas na sequência T2* como focos de marcado hipossinal. D: A tomografia computadorizada (TC) exibe claramente os múltiplos granulomas calcificados. A presença da sequência T2* é importante no caso para demonstrar as calcificações na ressonância magnética (depois corroboradas na TC) e auxiliar no diagnóstico diferencial da lesão temporal direita, possivelmente um cisticerco em degeneração – o provável foco epileptogênico. Sem a sequência T2* (ou a TC), a possibilidade de uma lesão tumoral temporal mesial não poderia ser completamente descartada.

4 DOENÇAS INFECCIOSAS E INFLAMATÓRIAS DO SISTEMA NERVOSO CENTRAL 201

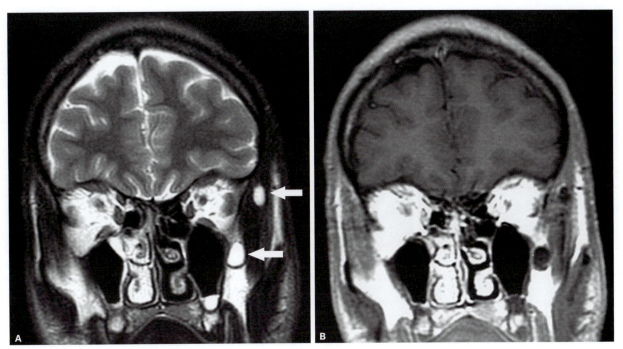

Figura 76 A-B: Imagens coronais pesadas em T2 e T1 pós-contraste, respectivamente, demonstram cisticercos nos planos musculoadiposos da face à esquerda (setas).

A NCC parenquimatosa é dividida em quatro estágios: vesicular, vesicular coloidal, granular nodular e nodular calcificado. Um mesmo paciente pode apresentar simultaneamente lesões em diferentes estágios (Figura 77).

Na fase vesicular o cisticerco é viável e não determina alterações inflamatórias dos tecidos adjacentes. O cisto tem paredes finas e intensidade de sinal semelhante à do liquor em todas as sequências de RM (Figuras 77 e 78) e na TC. Identifica-se um nódulo mural excêntrico que representa o escólex, o que ocorre com maior frequência nas sequências FLAIR e DWI (Figura 78). Não há realce pós-contraste nessa fase.

Na fase coloidal, com o desenvolvimento de reação inflamatória ao redor do cisticerco, há espessamento parietal e o líquido se torna mais viscoso. Agora o conteúdo do cisto apresenta sinal e atenuação distintos dos do liquor (Figura 77). O escólex começa a degenerar, e a lesão apresenta redução volumétrica. Realce pós-contraste, em geral periférico, e edema vasogênico perilesional são observados (Figura 77). Nessa fase pode ser encontrada

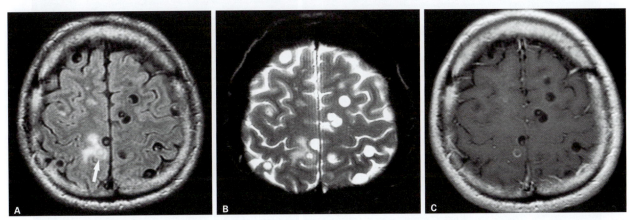

Figura 77 Neurocisticercose em diferentes fases de evolução na ressonância magnética. A: Imagem axial FLAIR demonstra múltiplas lesões parenquimatosas com intensidade de sinal semelhante ao liquor. O escólex pode ser bem visibilizado como nódulo mural excêntrico na fase vesicular. Observe que a lesão na transição frontoparietal direita exibe intensidade de sinal maior que o liquor no seu interior e edema vasogênico circunjacente (fase vesicular coloidal, seta). B: Imagem axial T2 exibe todas as lesões com hipersinal, além do edema perilesional naquela frontoparietal direita. C: Note o realce periférico pós-contraste da lesão frontoparietal direita nessa imagem axial T1 pós-gadolínio. As demais lesões não exibem realce significativo.

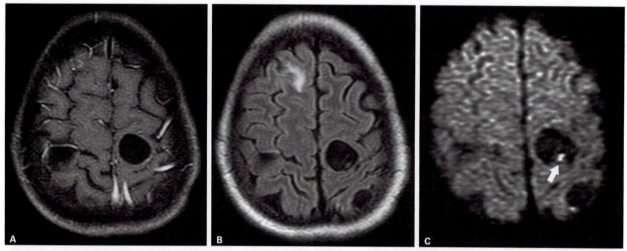

Figura 78 Utilidade da sequência de difusão no diagnóstico de neurocisticercose. A e B: Imagens axiais T1 pós-gadolínio e FLAIR, respectivamente, mostram lesões císticas frontoparietais bilaterais. Note a pequena lesão no giro frontal superior direito que exibe realce periférico e edema vasogênico adjacente. C: Imagem axial pesada em difusão: a identificação do escólex com hipersinal nessa sequência (seta) é consistente com o diagnóstico de neurocisticercose.

também restrição à difusão, o que na ausência de outras lesões características para NCC, impõe o diagnóstico diferencial com abscessos (Figura 79).

O parasita já está morto na fase granular nodular, a lesão sofre retração e começa a calcificar. A presença de tecido granulomatoso torna a lesão semissólida. Há realce nodular ou periférico, e o edema é menor (Figura 80).

Na fase nodular calcificada, a lesão está completamente calcificada. São pequenos nódulos hiperatenuantes na TC, com hipossinal em T2 e sobretudo em T2* (Figura 75) e SWI. Embora sejam essencialmente residuais, algumas dessas lesões apresentam realce persistente à RM (Figura 81), e outras ainda podem se reativar durante o acompanhamento.

Formas parenquimatosas atípicas incluem uma forma miliar, rara, com manifestação maciça e múltiplos cistos esparsos pelo encéfalo (Figura 82); o quadro clínico pode ser encefalítico, relacionado ao processo inflamatório em curso nas lesões. Outra apresentação atípica é a forma pseudotumoral, cujo diferencial principal são tumores intra-axiais primários ou secundários (Figura 83).

Fato digno de nota é a coexistência entre esclerose mesial temporal e NCC, a chamada *dual pathology*; um estudo

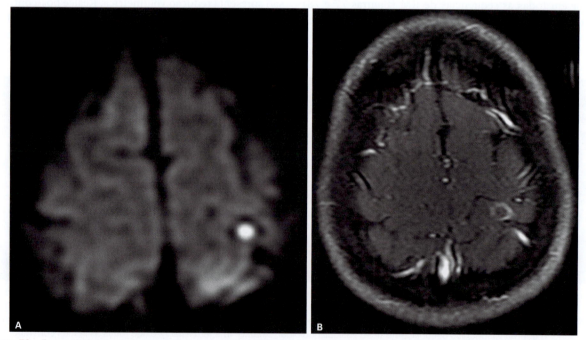

Figura 79 Fase coloidal da cisticercose. A: A sequência de difusão demonstra lesão nodular parietal esquerda que apresenta restrição interna à difusão. B: A sequência T1 pós-contraste evidencia realce periférico dela.

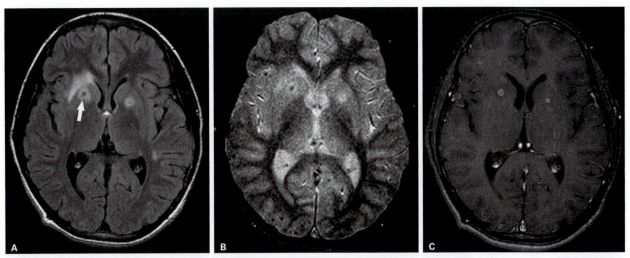

Figura 80 Neurocisticercose: fase granular nodular. A: Imagem axial FLAIR exibe lesões periventriculares com hipersinal periférico. Destaque para lesão na porção mais ventral do putame direito (seta), com hipossinal central. O edema vasogênico começa a regredir nessa fase. B: Imagem axial pesada em T2*: várias lesões começam a apresentar hipossinal central, como aquela putaminal direita (sugestiva de calcificação), e resolução do edema. C: Imagem axial T1 pós-contraste: as múltiplas lesões ainda apresentam realce, inclusive aquela putaminal direita.

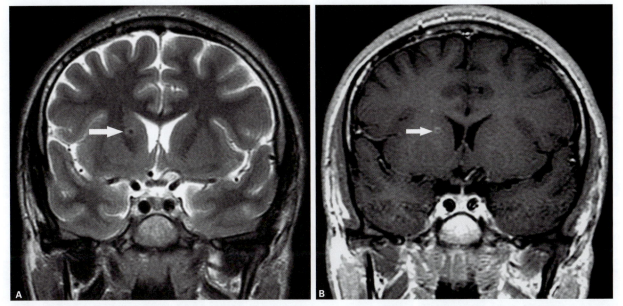

Figura 81 Neurocisticercose: fase nodular calcificada. A: Imagem coronal T2 exibe lesão com hipossinal central na topografia do núcleo caudado à direita (seta). B: Imagem coronal T1 pós-contraste mostra realce persistente na periferia da lesão (seta).

demonstrou lesões calcificadas sugestivas de NCC em 38% do total de pacientes com esclerose mesial temporal – especula-se que as convulsões e/ou o processo inflamatório relacionados à NCC possam desencadear ou pelo menos contribuir para a lesão hipocampal (Figura 84).

Depois do parênquima, o segundo local mais comum é intraventricular (15% isoladamente, e 10% dos casos em associação com as formas subaracnóidea e parenquimatosa), predominando no quarto ventrículo (60% dos casos). O uso de sequências 3D CISS (*constructive interference in steady-state*) tem se mostrado com alta sensibilidade para detectar lesões císticas intraventriculares, demonstrando claramente a parede e o escólex (Figura 85). A principal apresentação clínica é hipertensão intracraniana por hidrocefalia.

A localização subaracnóidea (10% isoladamente e 6% em associação) em geral acomete as cisternas basais e as fissuras laterais (sylvianas). Esses cistos são multiloculados, sem realce pós-gadolínio, e apresentam efeito de massa com deformidade e compressão sobre o encéfalo. A forma predominante nessa localização é a racemosa, em que o escólex está ausente (Figura 86). Uma meningite

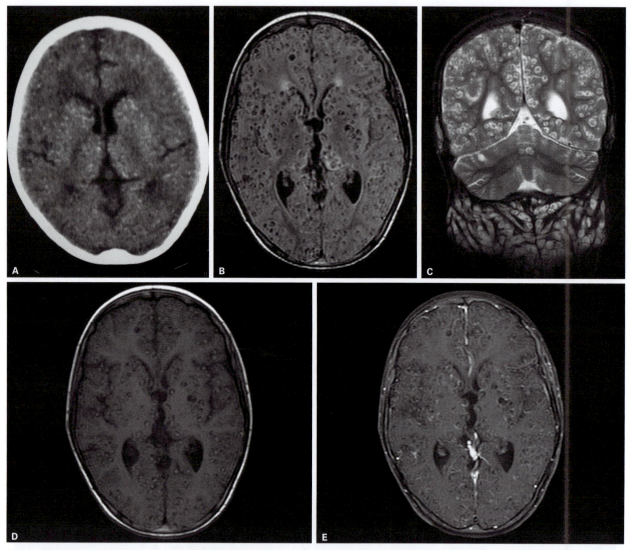

Figura 82 Forma miliar de neurocisticercose. Tomografia computadorizada (A), imagem axial FLAIR (B), coronal T2 (C), axiais T1 (D) e T1 pós-contraste (E), respectivamente. Incontáveis lesões podem ser vistas nos compartimentos supra e infratentoriais, bem como nos planos musculares cervicais (em C). Há lesões calcificadas e outras com realce pós-contraste.

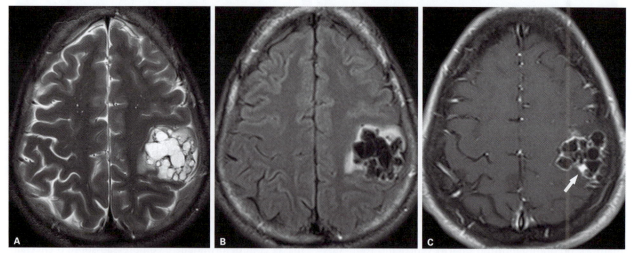

Figura 83 Neurocisticercose pseudotumoral. Imagens axiais ponderada em T2 (A) e FLAIR (B) evidenciam formação multicística no lobo parietal esquerdo, com edema vasogênico ao redor. C: A sequência T1 pós-contraste demonstra realce dos septos e ainda pequeno foco nodular de realce (seta).

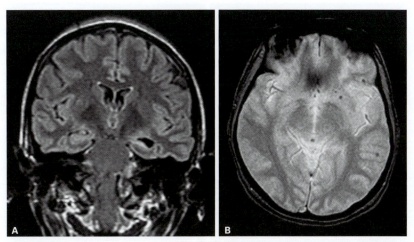

Figura 84 Esclerose mesial temporal e neurocisticercose (*dual pathology*). A: Imagem coronal FLAIR exibe atrofia hipocampal e dilatação do corno temporal do ventrículo lateral, à esquerda, sugerindo esclerose mesial temporal. B: Imagem axial T2* exibe múltiplas lesões com hipossinal dispersas pelo parênquima cerebral, sugestivas de granulomas calcificados relacionados à cisticercose.

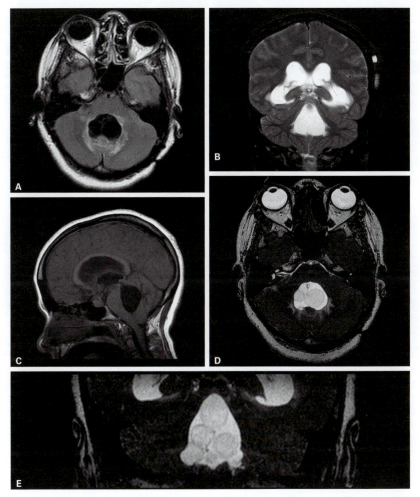

Figura 85 Neurocisticercose intraventricular. A, B, C: Imagem axial FLAIR, coronal T2 e sagital T1, respectivamente, mostram dilatação do III e IV ventrículos por material com intensidade de sinal levemente distinto do liquor. Observe a hidrocefalia a montante, com discreto afilamento do corpo caloso, além do efeito compressivo sobre a porção dorsal do tronco e o cerebelo, mais bem delineados em C. O reservatório da válvula de derivação ventricular pode ser visto em B. Imagens 3D CISS (*constructive interference steady state*) (D) e reformatação coronal (E), respectivamente, mostram elegantemente as paredes dos cistos no interior do sistema ventricular, o que não era apreciado com clareza em nenhuma das sequências convencionais.

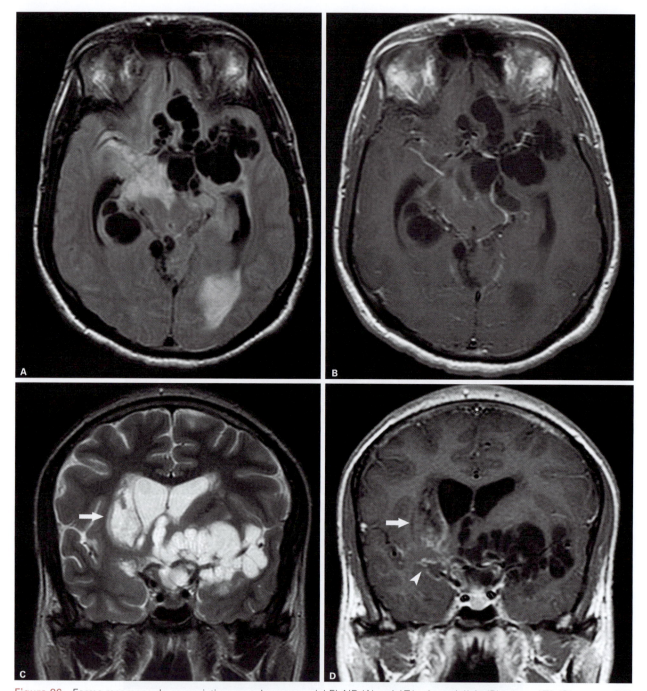

Figura 86 Forma racemosa de neurocisticercose. Imagens axial FLAIR (A), axial T1 pós-gadolínio (B), coronal T2 (C) e coronal T1 pós-contraste (D) mostram cistos multiloculados no espaço subaracnóideo, preferencialmente nas cisternas da base do crânio e em especial ao redor da artéria cerebral média esquerda. Há significativo efeito de massa com deformidade e compressão sobre o encéfalo. Não há realce evidente das lesões à esquerda, porém parece haver impregnação ao redor da porção supraclinóidea das artérias carótidas internas e na porção profunda da fissura sylviana direita (cabeça de seta em D). De maneira associada existe infarto subagudo com realce na região nucleocapsular direita (setas em C e D).

crônica se desenvolve em resposta à presença dos cistos, causando espessamento e realce leptomeníngeos, fibrose e calcificações. Vasculite das artérias perfurantes, com infartos associados, pode ser consequência do processo inflamatório na base do crânio (Figura 86). Também na NCC subaracnóidea, imagens 3D CISS melhoram a caracterização do número e extensão das lesões.

Esquistossomose

A esquistossomose é uma doença crônica causada pelo parasita platelminto *Schistosoma*, endêmica em várias partes do mundo. No Brasil, o causador da doença é o *S. mansoni*, onde se estima que entre 10 e 12 milhões de pessoas sejam portadoras da doença.

No homem, a doença acomete primariamente o sistema digestivo, porém a presença de ovos ectópicos no parênquima cerebral e na medula espinhal determina o acometimento do SNC. Esse acometimento é relativamente frequente em estudos de necropsias, embora apenas ao redor de 2% dos pacientes com doença aguda apresentem sintomatologia relacionada. O mecanismo pelo qual os ovos atingem o SNC é algo controverso, especulando-se um trajeto retrógrado dos ovos pelos vasos ou uma migração anômala dos vermes durante fases iniciais da infecção, levando à deposição dos ovos *in situ*.

A forma mais comum é a mielorradicular, que deve ser suspeitada na presença de epidemiologia positiva para a doença. Costuma acometer o cone medular, causando paraparesia crural, hipoestesia, disfunção vesical e lombalgia. A RM demonstra aumento de volume do cone medular, com hipersinal em T2 e realce heterogêneo, um aspecto por vezes pseudotumoral (Figura 87).

Mais raramente, a forma cerebral está mais relacionada ao *S. japonicum*, embora o *S. mansoni* também possa causá-la. A TC demonstra área hipoatenuante com realce e edema perilesional, eventualmente multifocal. A RM mostra focos com hipossinal em T1, hipersinal em T2 e realce pós-contraste. Um padrão de realce na fase pós-contraste, com focos lineares entremeados por outros puntiformes, tem sido considerado altamente sugestivo quando presente, embora não apareça em todos os casos (Figura 88).

Processos inflamatórios não infecciosos

Sarcoidose

A sarcoidose é uma doença granulomatosa sistêmica idiopática, caracterizada por evidência histológica de granulomas não caseosos, na vigência de quadro clínico e radiológico compatível. Os granulomas podem acometer linfonodos, pulmões, fígado, olhos, pele, baço, músculos, coração e o SNC; e o envolvimento de linfonodos intratorácicos e pulmões são observados em até 90% dos casos.

Estudos clínicos reportam envolvimento do SNC em até 5% dos pacientes com diagnóstico sistêmico de sarcoidose, enquanto esse acometimento é observado em até 25% das necropsias, sugerindo contingente expressivo

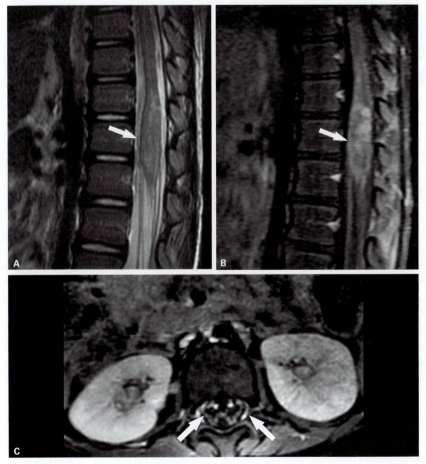

Figura 87 Esquistossomose medular. A: Imagem sagital T2 demonstra lesão expansiva intramedular com alto sinal na região do cone medular (seta). B: A imagem sagital T1 pós-contraste evidencia realce heterogêneo da lesão. C: A imagem axial T1 pós-contraste demonstra realce das raízes da cauda equina (setas).

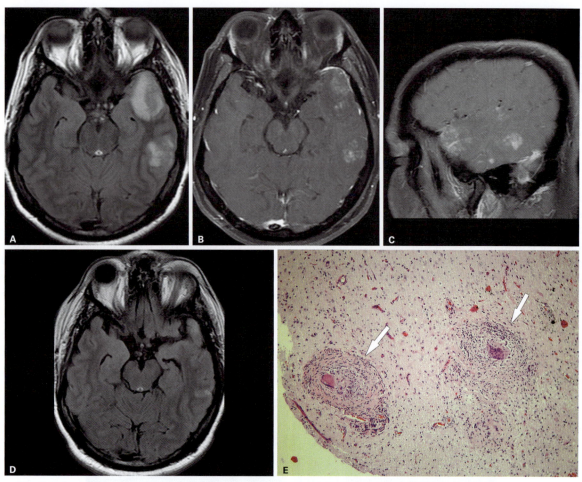

Figura 88 Esquistossomose cerebral – ressonância magnética. A: Imagem axial FLAIR demonstra extensas áreas de hipersinal corticossubcorticais no polo e na face lateral do lobo temporal esquerdo. B-C: Imagens pesadas em T1 pós-contraste, nos planos axial e sagital, respectivamente, mostram focos de realce com distribuição peculiar, pois alguns focos têm morfologia nodular, entremeados a outros lineares, o que é sugestivo do diagnóstico. D: Imagem axial FLAIR obtida em exame de controle evolutivo 90 dias após o primeiro exame, e após o tratamento, demonstra resolução completa das lesões anteriormente observadas. E: A biópsia da lesão demonstra, na coloração hematoxilina e eosina, a presença de granulomas no tecido cerebral (setas), com ovos de S. mansoni na porção central. Cortesia do Dr. Evandro Sobroza de Mello.

de doença subclínica, não diagnosticada. Os dois fatores que mais dificultam o diagnóstico clínico são: em mais de 60% dos pacientes com neurossarcoidose os sintomas neurológicos foram as primeiras manifestações da doença, e em 10% deles a doença era exclusiva do SNC.

O local preferencial de acometimento do SNC pela sarcoidose é bem variado podendo ser da haste hipofisária (Figura 89), paquimeninge, leptomeninge, parênquima e região perivascular. As lesões paquimeníngeas se maninfestam com espessamento e realce durais, que exibem hipossinal em T2. No acometimento leptomeníngeo evidencia-se espessamento meníngeo difuso ou nodular com predileção para as cisternas da base, região selar/suprasselar – 80% dos casos – e região frontobasal (Figura 90). As lesões parenquimatosas costumam ser múltiplas e apresentam realce pelo contraste, mas o padrão de apresentação é muito inespecífico. Os pares cranianos envolvidos apresentam espessamento e realce, sendo o facial o nervo que mais comumente se apresenta alterado na RM (Figura 90). Clinicamente, o nervo óptico é o mais acometido.

Tem-se ainda o padrão de disseminação perivascular, no qual observamos realce puntiforme que corresponde a infiltrado linfo-histiocítico perivascular associado aos granulomas não caseosos envolvendo as pequenas artérias/veias, em correspondência aos achados histopatológicos. Na coluna, podemos observar lesões medulares fusiformes com hipersinal em T2, com ou sem realce, e espessamento com realce dural envolvendo raízes nervosas (Figura 90).

Os diagnósticos diferenciais vão depender do padrão de acometimento da neurossarcoidose e os mais considerados são: histiocitose, adeno-hipofisite e pseudotumor no espessamento da haste hipofisária; paquimenin-

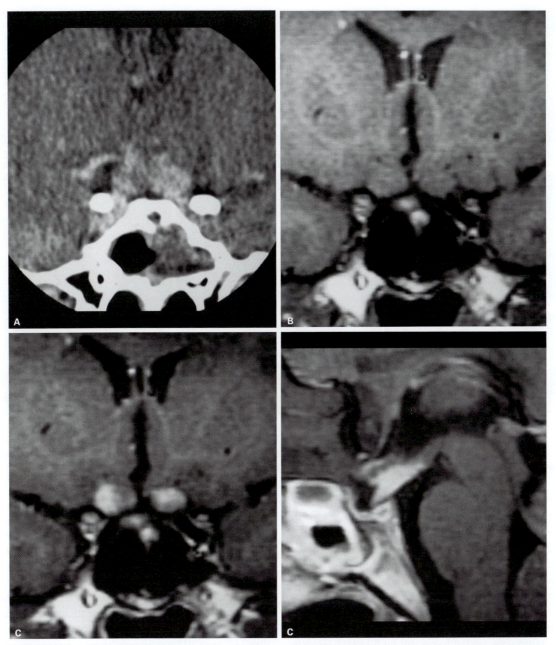

Figura 89 Sarcoidose cerebral. A: Imagem coronal de tomografia computadorizada da região selar, após a injeção de contraste, demonstrando um tecido envolvendo a porção intracraniana dos nervos ópticos, imediatamente junto ao quiasma, com aumento volumétrico e realce pós-contraste associados. Existe ainda sinusopatia esfenoidal à esquerda. As imagens de ressonância magnética da mesma região pesadas em T1 sem e com contraste (B e C, respectivamente) demonstram basicamente os mesmos achados de maneira mais nítida. A imagem sagital T1 pós-contraste (D) demonstra o espessamento com realce pós-contraste acometendo a porção inferior do hipotálamo, envolvendo o túber cinéreo, a porção proximal da haste hipofisária e o quiasma óptico.

gite pseudotumoral ou granulomatosa no espessamento dural; meningite e disseminação meníngea tumoral na forma de espessamento leptomeníngeo e dos pares cranianos; vasculite e linfoma na disseminação perivascular.

Encefalites autoimunes

Encefalite imunomediada é uma desordem neurológica subaguda que envolve um espectro heterogêneo de apresentação clínica e de imagem. Os sintomas mais comuns são déficit cognitivo, convulsões, alterações de comportamento/personalidade e distúrbios do movimento.

Pode ser classificada em paraneoplásica ou não paraneoplásica. Sabe-se que a síndrome paraneoplásica é uma condição rara, que ocorre em menos de 1% dos pacientes com diagnóstico de câncer. No contexto da síndrome paraneoplásica, há uma correlação entre anticorpos específicos detectados no sangue e/ou liquor, com determi-

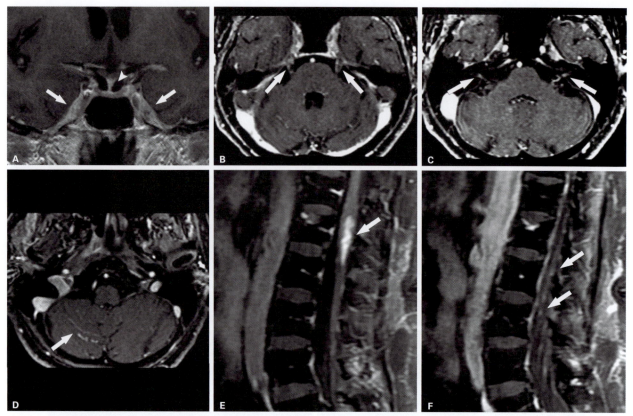

Figura 90 Sarcoidose. Espessamento e realce da porção superior da haste hipofisária (cabeça de seta) e da paquimeninge que reveste o plano esfenoidal (setas grandes) (A). Espessamento nodular com realce do V par (seta) (B) e porção intracanalicular dos VII e VIII pares (setas) (C). Associa-se realce leptomeníngeo na fossa posterior (D). Nos cortes sagitais T1 pós-contraste da coluna lombar (E e F) evidenciam-se lesão intramedular com realce pós-contraste e focos puntiformes de realce (setas em F).

nados tumores primários, bem como com os achados de imagem mais característicos.

O espectro de imagem é amplo, englobando desde exames de imagem normais a encefalite límbica, degeneração cerebelar, leucoencefalopatia, acometimento estrial e do tronco encefálico.

A encefalite límbica é a manifestação mais conhecida, caracterizando-se por alteração de sinal nas estruturas mesiais temporais, podendo ser uni ou bilateral, simétrica ou assimétrica (Figura 91). O córtex do giro do cíngulo e a ínsula podem também ser acometidos. Os anticorpos paraneoplásicos em geral associados com essa forma são o anti-hu (carcinoma de pequenas células do pulmão), anti-Ma2 (carcinoma testicular), o anti-NMDA (teratoma do ovário) e o anticorpo não neoplásico mais comum é o anti-VGKC.

A degeneração cerebelar é outra forma bem estabelecida de encefalite imunomediada e o achado de imagem característico é a atrofia cerebelar global isolada, com preservação da ponte, pedúnculos e tronco cerebral (Figura 92). Os anticorpos mais envolvidos são os paraneoplásicos Anti-Yo (tumores malignos de ovário e mama) e os não neoplásicos são anti-GAD e antigliadina (sensibilidade ao glúten).

Outras formas menos comuns de manifestação das encefalites auntoimunes são o acometimento dos núcleos da base (o anticorpo encontrado com mais frequência é o anti-CV2 relacionado ao carcinoma de pequenas células do pulmão e timoma), a leucoencefalopatia que se manifesta por hipersinal em T2/FLAIR confluente da substância branca periventricular (os anticorpos encontrados com mais frequência são anti-TPO, anti-TG e antigliadina) (Figura 91) e o acometimento do tronco cereberal no qual se identifica hiperintensidade em T2 do tecto mesencefálico, substância cinzenta periaquedutal e negra, ponte, bulbo e pedúnculos (anticorpo mais comum, anti-CV2 relacionado ao carcinoma de pequenas células do pulmão e timoma).

O diagnóstico diferencial dessas encefalites imunomediadas é amplo e inclui doenças infecciosas e pós-infecciosas, condições desmielinizantes, tóxicas e degenerativas.

Granulomatose de Wegener

A granulomatose de Wegener (GW) é uma doença multissistêmica caracterizada por granulomas necrotizantes no trato respiratório superior e/ou inferior, podendo estar associados a glomerulonefrite necrotizante e

4 DOENÇAS INFECCIOSAS E INFLAMATÓRIAS DO SISTEMA NERVOSO CENTRAL 211

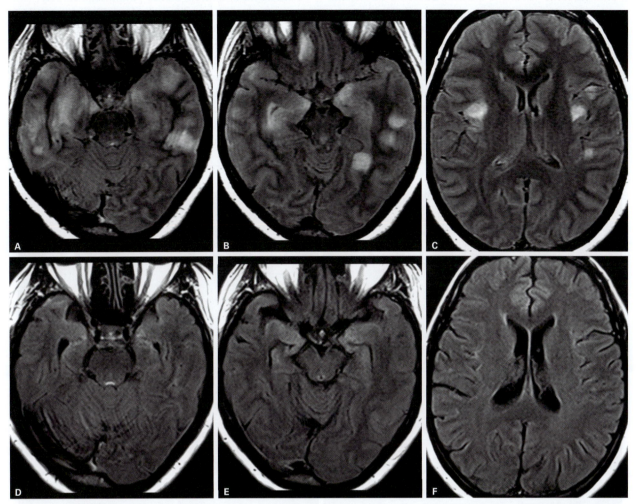

Figura 91 Paciente do sexo feminino de 45 anos de idade com anti-VGKC positivo e história prévia de timoma maligno, ressecado há 8 anos. Imagens axiais ponderadas em FLAIR demonstram padrão de envolvimento temporal e límbico (A e B) e leucoencefalopático (C). O estudo controle 9 meses depois evidencia resolução das lesões após tratamento corticoterápico (D, E e F).

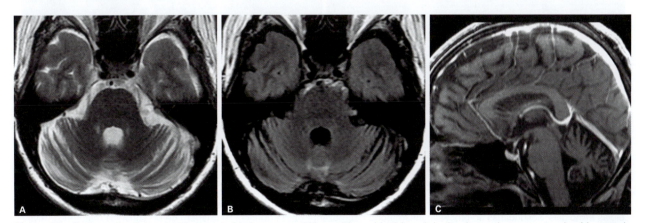

Figura 92 Paciente feminina de 60 anos de idade, com anti-Yo positivo e história prévia de câncer de mama, tendo sido tratada com cirurgia e radioterapia. Imagens axiais ponderadas em T2 (A) e FLAIR (B) e o corte sagital T1 pós-contraste (C) evidenciam atrofia cerebelar com preservação relativa do tronco encefálico.

a uma vasculite sistêmica. Há acometimento do sistema nervoso manifesto como neuropatia periférica ou mononeurite; envolvimento cerebral e meníngeo é raro, ocorrendo em apenas 2-8% dos pacientes.

Os três principais mecanismos de envolvimento do SNC são: invasão do processo granulomatoso por contiguidade a partir de lesões extracranianas (acometimento nasal, dos seios paranasais ou das órbitas); vasculite do SNC e lesões granulomatosas intraparenquimatosas ou durais.

A RM é o exame de escolha no estudo dessa condição. Alterações mais comuns acometem as órbitas, a cavidade nasal e as cavidades paranasais, caracterizando-se por lesões com hipossinal em T1, hipersinal em T2 e realce pós-contraste. Os seguintes padrões podem ser apreciados: realce difuso da dura-máter com espessamento, realce dural focal adjacente ao acometimento orbital ou paranasal (Figura 93), infartos, lesões inespecíficas na substância branca cerebral com hipersinal em T2, lesões intraparenquimatosas com realce relacionadas a granulomas, alterações hipofisárias (aumento de volume da glândula, espessamento e realce da haste) e atrofia difusa.

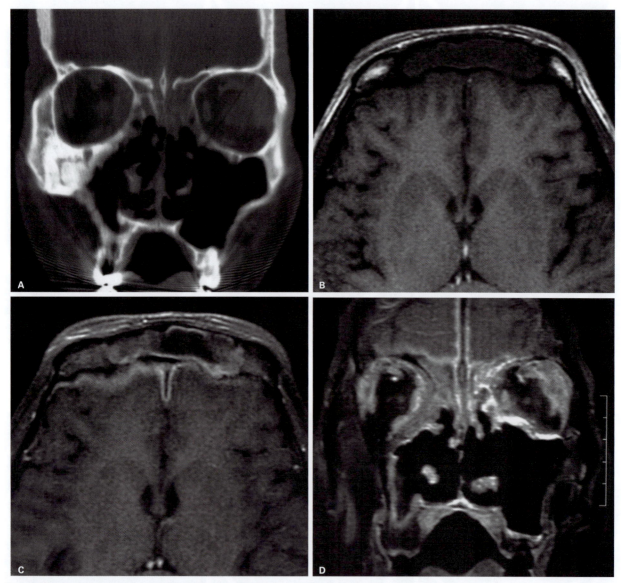

Figura 93 Granulomatose de Wegener. A: Imagem de tomografia computadorizada no plano coronal, com janela óssea, evidencia extensas alterações destrutivas das paredes ósseas dos seios paranasais e de estruturas da cavidade nasal, além de obliteração das células etmoidais, secundárias ao processo inflamatório necrotizante dessa doença. B: Imagem de ressonância magnética (RM) no plano axial pesada em T1 demonstra também o velamento do seio frontal. Após a injeção do meio de contraste, as imagens de RM pesadas em T1 com saturação de gordura, no plano axial e coronal (C e D, respectivamente), demonstram impregnação do revestimento mucoso de toda a cavidade nasal, dos seios paranasais, sobretudo frontoetmoidais. Há extensão por contiguidade do processo inflamatório para as estruturas ósseas adjacentes aos seios frontais e etmoidais, assim como do conteúdo orbitário extraconal e um realce paquimeníngeo frontal, difuso, na região basal bilateralmente e junto da foice cerebral.

Histiocitose de células de Langerhans e não Langerhans

A definição de histiócito compreende todos os tipos de macrófagos derivados da medula óssea e as células dendríticas relacionadas ao sistema imune. O termo histiocitose identifica o grupo de doenças caracterizado pela proliferação dessas células.

É uma desordem da proliferação histiocitária, na maioria das vezes de etiologia desconhecida, que desencadeia um processo inflamatório mediado de modo imunológico. Eventualmente agentes externos, tais como processos infecciosos, podem ser considerados fatores desencadeantes. Dividem-se em dois grandes grupos: histiocitose de células de Langerhans e histiocitoses de células não Langerhans, sendo esse grupo composto pela síndrome de Rosai-Dorfman, doença de Erdheim-Chester e a linfo-histiocitose hemofagocítica.

Algumas dessas doenças têm características em comum, como o acometimento do eixo hipotálamo-hipofisário, presença de lesões extra-axiais e ósseas, mas existem algumas diferenças que ajudam a diferenciá-las.

A histiocitose de células de Langerhans (HCL) é o subtipo mais comum de histiocitose. Pode afetar qualquer órgão e acomete predominantemente crianças e adolescentes, e em maior proporção o sexo masculino. O achado histopatológico típico é a presença da célula de Langerhan, que é uma célula apresentadora de antígeno da linhagem dendrítica, derivada da medula óssea, com CD1a+ e grânulos de Birbeck no citoplasma na análise imuno-histoquímica.

Na HCL há amplo espectro de achados na RM de crânio, que incluem: 1) lesões ósseas craniofaciais e/ou base do crânio com ou sem extensão para os tecidos moles; 2) intracraniana extra-axial (envolvimento das regiões sem barreira hematoencefálica como hipotálamo-hipófise, meninges, glândula pineal, plexo coroide e epêndima); 3) alterações intra-axial parenquimatosa (substância branca e cinzenta), com uma predominância de um padrão neurodegenerativo simétrico e 4) atrofia cerebral.

A manifestação mais frequente da HCL em pacientes com doença localizada ou multissistêmica é a lesão óssea granulomatosa, mais comumente afetando a calota (Figura 94). Essas lesões são muitas vezes osteolíticas com uma margem esclerótica e a extensão para os tecidos moles pode ser observada.

O eixo hipotálamo-hipofisário é o local mais acometido do SNC. A manifestação clínica é o *diabetes insipidus* e os achados de imagem são: espessamento e realce homogêneo da haste hipofisária (> 3,0 mm), perda do hipersinal em T1 característico da neuro-hipófise e menos comumente massas infundibulares ou hipotalâmicas. O diagnóstico diferencial em relação à imagem é amplo e inclui outras doenças granulomatosas, como sarcoidose e tuberculose, germinomas, linfomas e hipofisite linfocítica.

Outras regiões intracranianas extra-axiais como meninge, plexo coroide e pineal podem ser acometidas por granulomas. Essas lesões costumam apresentar sinal intermediário ou baixo em T1 e T2 e realce pelo contraste.

Depois do eixo hipotálamo-hipofisário, a segunda forma mais comum de acometimento do SNC é a forma neurodegenerativa na qual se identificam lesões bilaterais e simétricas no cerebelo, ponte e núcleos da base que apresentam alto sinal em T2, hipo ou hipersinal em T1, realce variável pelo contraste, ausência ou leve efeito expansivo (Figura 95). Esse padrão de imagem no cerebelo

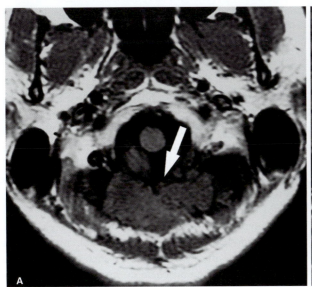
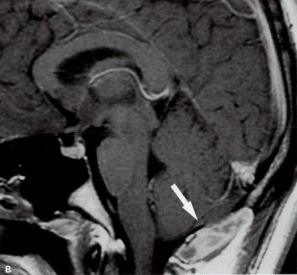

Figura 94 Histiocitose de células de Langerhans. Lesão óssea única – ressonância magnética. Paciente de 15 anos, sem outros sintomas. A: Imagem axial pesada em T1 mostra lesão óssea com hipossinal no aspecto mais inferior do osso occipital, atingindo a borda posterior do forame magno (seta). B: Imagem sagital pesada em T1 pós-contraste mostra realce intenso e heterogêneo da lesão (seta).

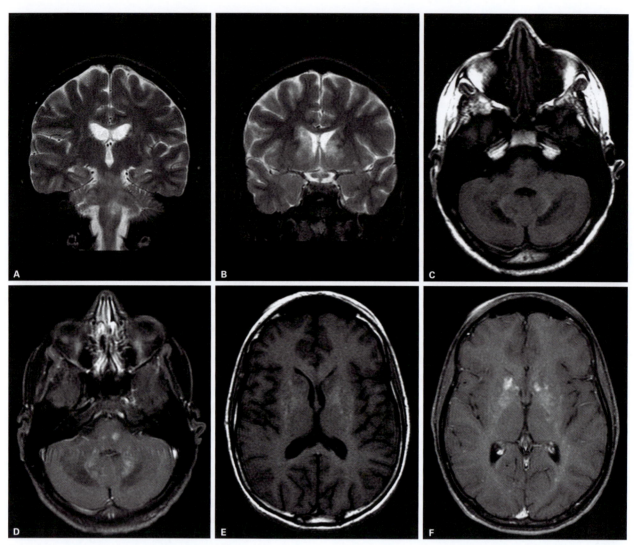

Figura 95 Histiocitose de células de Langerhans. Imagens de ressonância magnética no plano coronal pesadas em T2 evidenciam lesões com hipersinal, mal definidas, algo tumefativas, localizadas ao longo do tronco cerebral e dos pedúnculos cerebelares médios (A) e nos núcleos da base, acometendo em especial a cabeça do núcleo caudado (B), bilateralmente. Essas lesões apresentam hipossinal com áreas de tênue hipersinal em T1 (C e E) e há impregnação pelo contraste (D e F). Com o uso do gadolínio tornam-se mais evidentes lesões pontinas, a maior delas à esquerda.

também pode ser encontrado na xantomatose cerebrotendínea e na doença de Erdheim-Chester.

A doença de Rosai-Dorfman, também chamada de "histiocitose sinusal com linfadenopatia maciça", afeta mais adultos jovens. O envolvimento do SNC é incomum e pode ocorrer com ou sem doença linfonodal. O padrão de imagem habitual nessa doença é o de massa extra-axial intracraniana, que mimetiza meningioma. A RM identifica lesões de base dural, bem definidas, únicas ou múltiplas, com hipointensidade ou isointensidade em T1 e T2 e realce homogêneo pelo contraste (Figura 96).

A doença de Erdheim-Chester é uma doença rara, esporádica, sistêmica, de etiologia desconhecida. O acometimento ósseo é uma característica quase constante. Em geral, há um quadro clínico de dor óssea e o padrão típico de imagem é osteosclerose bilateral, simétrica, metadiafisárias, de ossos longos (mais comum no esqueleto apendicular – tíbia e fêmur). Na cintilografia com 99 mTc há intensa captação bilateral e simétrica do marcador, compatível com aumento da atividade osteoblástica (Figura 97). Na metade dos casos de Erdheim-chester há infiltração de outros órgãos e tecidos como orgãos abdominais, retroperitônio, tecidos moles superficiais, SNC e as órbitas.

O envolvimento do SNC pode envolver o eixo hipotálamo-hipofisário, parênquima cerebral, meninges ou vasos. O local mais acometido é o eixo hipotálamo-hipofisário. Na RM há ausência do hipersinal habitual em T1 do lobo posterior hipofisário, espessamento da haste, massa ou nódulo/micronódulo na haste-infundíbulo, que pode se estender ao hipotálamo.

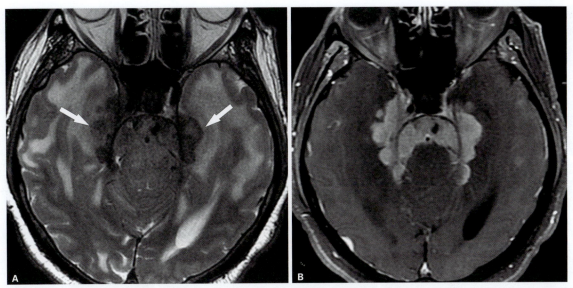

Figura 96 Rosai-Dorfman. Imagens axiais T2 (A) e T1 pós-contraste (B) demonstram lesões extra-axiais envolvendo a dura-máter dos seios cavernosos e tendas cerebelares, apresentando hipossinal em T2 (seta em A) e realce intenso e homogêneo pós-contraste (B). Associa-se edema vasogênico do parênquima encefálico temporal e occipital (A).

Outro padrão mais raro é o acometimento bilateral e simétrico dos núcleos denteados, substância branca cerebelar, pedúnculos cerebelares médios, tronco encefálico e gânglios da base, que apresentam hipossinal ou hipersinal em T2, realce variável, ausência ou leve efeito expansivo (Figura 97). O realce persistente pelo gadolínio é uma característica que diferencia essa doença, podendo durar até 8 dias após a administração do gadolínio. O mecanismo exato é desconhecido, mas pode decorrer da retenção anormal do gadolínio pelos histiócitos.

É frequente a associação com alterações retro-orbitárias e/ou osteosclerose das paredes dos seios paranasais. Os conteúdos intrassinusal e retro-orbitário apresentam na RM hipossinal em T2 e realce pós-contraste.

A linfo-histiocitose hemofagocítica é uma síndrome clínica rara caracterizada por uma alteração hiper-inflamatória grave causada pela proliferação descontrolada e infiltração de linfócitos e histiócitos. Quantidades elevadas de citoquinas inflamatórias são liberadas e múltiplos órgãos são afetados, incluindo fígado, baço, nódulos linfáticos, osso e o SNC.

Existem duas formas de linfo-histiocitose hemofagocítica: a genética e a adquirida. A forma genética costuma ocorrer na primeira infância em 70-80% dos casos, muitas vezes abaixo de um ano de idade, e é encontrada em especial em grupos étnicos, em que casamentos consanguíneos são comuns. A forma adquirida ou secundária pode ocorrer em todas as faixas etárias. Ela ocorre como um processo reativo a agentes infecciosos, doenças malignas e tende a ocorrer em indivíduos imunocomprometidos.

Na forma hereditária mais comum, o curso clínico é caracterizado por febre prolongada e hepatoesplenomegalia. Em 1991, foram definidos os critérios para o diagnóstico da linfo-histiocitose hemofagocítica, que incluem: febre de cerca de 7 dias de duração, esplenomegalia, citopenias que afetam pelo menos duas linhas celulares e hemofagocitose na medula óssea ou em outro tecido.

As manifestações clínicas e radiológicas são muito variáveis, o que leva comumente a um atraso do diagnóstico. Na RM do crânio, os achados mais característicos são lesões multifocais na substância branca subcortical dos hemisférios cerebrais e cerebelares, com ou sem efeito expansivo. Elas podem apresentar restrição à difusão, realce pelo contraste (leptomeníngeo, nodular ou periférico) e sangramento (Figura 98).

Doença relacionada à imunoglobulina G subclasse 4 (IgG4)

A doença relacionada à IgG4 tem sido mais bem estudada nos últimos anos e compreende diversas patologias (p. ex., pancreatite autoimune, colangite esclerosante e fibrose retroperitoneal), que compartilham características clínicas, patológicas e sorológicas semelhantes. Níveis séricos elevados de IgG4 são observados em até 60-70% dos casos. Nesse contexto, a descrição das doenças autoimunes/esclerosantes relacionadas à IgG4 veio preencher uma lacuna etiológica significativa. Acomete mais homens nas quinta e sexta décadas, com hipergamaglobulinemia, aumento sérico de IgG4 e presença de autoanticorpos. No entanto, permanecem muitas dúvidas, como qual a relação entre a presença da IgG4 e a patogênese da doença fibrosante. Mecanismo imunomediado parece ser a possibilidade mais plausível, e nesse contexto a detecção da IgG4 é mais consequência do que a causa dessa doença.

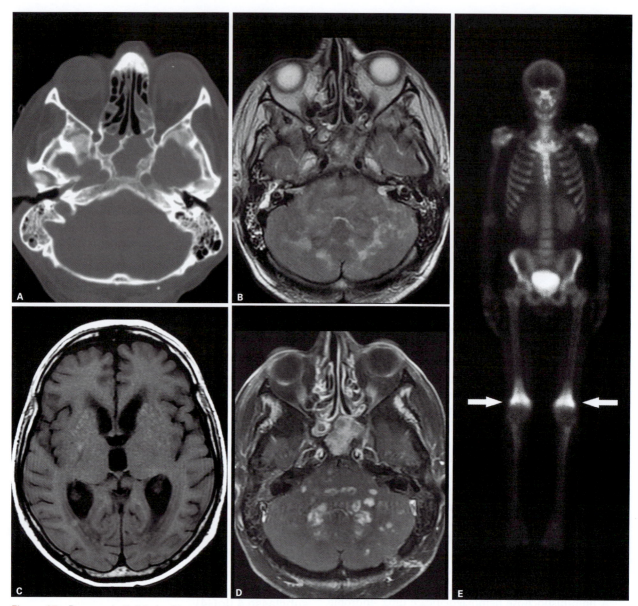

Figura 97 Doença de Erdeheim-Chester. A: Imagem de tomografia computadorizada de crânio com janela óssea demonstra exuberante sinusopatia esfenoidal, com velamento completo do seio, espessamento das paredes e esclerose óssea associada. Esse acometimento das cavidades paranasais, embora inespecífico, é habitualmente encontrado na doença, e pode auxiliar no diagnóstico quando associado às lesões intra-axiais. B: Imagem axial pesada em T2 evidencia a sinusopatia esfenoidal e material com hipersinal em T2 preenchendo células etmoidais e mastoides, além da cavidade timpânica direita. O achado mais exuberante, no entanto, é a presença de múltiplas lesões confluentes com hipersinal infiltrando a ponte, os pedúnculos cerebelares médios e o cerebelo, com limites imprecisos e causando aumento no volume das estruturas acometidas. C: Imagem axial pesada em T1 pós-contraste mostra realce intenso das lesões, e também da sinusopatia esfenoidal. D: Imagem axial pesada em T1 pré-contraste mostra que no nível dos núcleos da base há também múltiplas lesões, aqui com tênue hipersinal em T1, achado que pode sinalizar o acúmulo de histiócitos e contribuir para estreitar o diagnóstico diferencial. E: A cintilografia óssea mostra um aumento da captação do radiofármaco na porção distal do fêmur bilateralmente (setas), achado que também é distintivo nessa doença.

O acometimento mais característico do SNC é o espessamento paquimeníngeo com iso ou hipossinal em T1, e nítido hipossinal em T2. O realce pós-gadolínio pode ser linear ou nodular e a presença de realce nodular sugere resposta terapêutica menos insuficiente. Sabe-se que a demonstração de espessamento e realce durais é feita de maneira mais sensível por meio da RM, não devendo haver realce leptomeníngeo associado. Outra forma de manifestação no SNC é a hipofisite, com espessamento e realce da haste hipofisária ou mesmo lesões nodulares selares (Figura 99).

Geralmente os locais mais acometidos são a foice cerebral, a tenda cerebelar e a dura-máter adjacente; e com

4 DOENÇAS INFECCIOSAS E INFLAMATÓRIAS DO SISTEMA NERVOSO CENTRAL   217

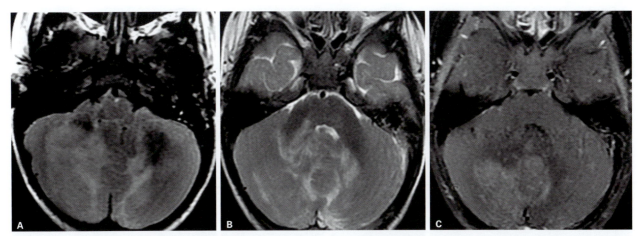

Figura 98   Síndrome hemofagocítica. Imagens axiais sequencias FLAIR (A) e T2 (B) demonstram lesões confluentes com hipersinal no vermis e hemisférios cerebelares, tumefativas e confluentes. Na sequência T1 pós-contraste (C) apresentam áreas mal delimitadas de realce.

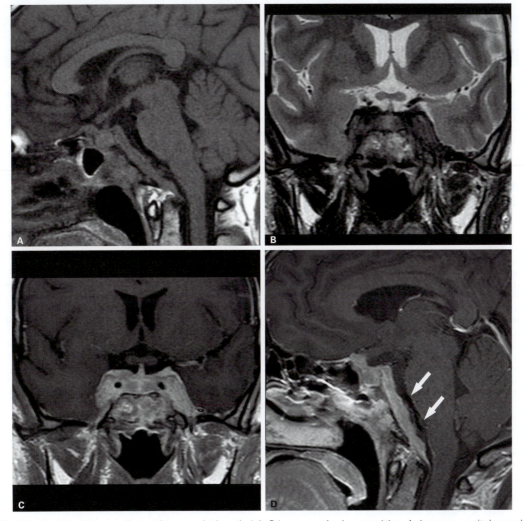

Figura 99   Paquimeningite causada por doença relacionada à IgG4 – ressonância magnética. A: Imagem sagital pesada em T1 pré-contraste mostra extenso espessamento dural no *clivus*, com sinal intermediário, havendo aparente envolvimento da cavidade selar, do plano esfenoidal e do seio/corpo do esfenoide. B: Imagem coronal T2 (B) evidencia o significativo hipossinal desse tecido, nesse contexto sinalizando o importante componente de fibrose que se associa à doença. Nessa imagem é evidente a invasão também dos seios cavernosos e do cavo de Meckel bilateralmente. C e D: Imagens coronal e sagital pesada em T1 pós-contraste demonstram intenso realce de todo o espessamento paquimeníngeo (setas).

menor frequência, a região do seio cavernoso. Pode haver trombose venosa e edema cerebral associados.

Uma TC sem contraste pode auxiliar a excluir a possibilidade de lesão tumoral óssea, sobretudo metástases, no osso junto da alteração dural.

Alguns achados de imagem favorecem o diagnóstico de doença relacionada à IgG4, como acometimento simultâneo da face e crânio (Figura 100), disseminação perineural e hipossinal em T2. O osso pode apresentar alteração como remodelamento, hiperostose e até mesmo erosão.

Os diagnósticos diferenciais de espessamento da dura-máter são vários como hipotensão liquórica, infecções (sífilis, tuberculose), doenças autoimunes (artrite reumatoide), vasculites como a granulomatose de Wegener, sarcoidose e tumores (meningeomas e carcinomatose dural).

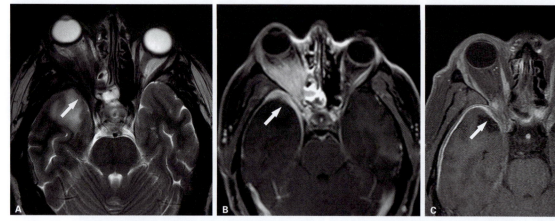

Figura 100 Paquimeningite por imunoglobulina G (IgG4) com extensão intraorbitária. Imagem axial T2 (A) demonstra tecido com baixo sinal no interior da órbita direita, invadindo o ápice e os espaços intra e extraconais, determinando proptose ocular (seta). Associa-se a hipersinal do parênquima encefálico da região polar temporal direita. B: Importante realce da lesão, associado a espessamento paquimeníngeo na região temporal direita (seta). C: Controle evolutivo após tratamento com corticoterapia e imunossupressores evidencia importante redução das dimensões do espessamento e realce paquimeníngeo, bem como da extensão intraorbitária.

Bibliografia sugerida

1. Agapejev S. Clinical and epidemiological aspects of neurocysticercosis in Brazil: a critical approach. Arq Neuropsiquiatr. 2003;61:822-8.
2. Ammassari A, Cingolani A, Pezzotti P, De Luca DA, Murri R, Giancola ML, et al. AIDS-related focal brain lesions in the era of highly active antiretroviral therapy. Neurology. 2000;55:1194-200.
3. Archibald SL, Masliah E, Fennema-Notestine C, Marcotte TD, Ellis RJ, McCutchan JA, et al. Correlation of in vivo neuroimaging abnormalities with postmortem human immunodeficiency virus encephalitis and dendritic loss. Arch Neurol. 2004;61:369-76.
4. Bataller L, Kleopa KA, Wu GF, Rossi JE, Rosenfeld MR, Dalmau J. Autoimmune limbic encephalitis in 39 patients: immunophenotypes and outcomes. J Neurol Neurosurg Psychiatry. 2007;8:381-5.
5. Batra A, Tripathi RP. Diffusion-weighted magnetic resonance imaging and magnetic resonance spectroscopy in the evaluation of focal cerebral tubercular lesions. Acta Radiol. 2004;45:679-88.
6. Bonthius DJ, Karacay B. Meningitis and encephalitis in children: an update. Neurol Clin. 2002;20:1013-38.
7. Boster A, Hreha S, Berger JR, Bao F, Penmesta R, Tselis A, et al. Progressive multifocal leukoencephalopathy and relapsing-remitting multiple sclerosis. Arch Neurol. 2009;66(5):593-9.
8. Brunel H, Girard N, Confort-Gouny S, Viola A, Chaumoitre K, D'ercole C, et al. Fetal brain injury. J Neuroradiol. 2004;31:123-37.
9. Cakmakci H, Kurul S, Iscan A, Dirik E. Proton magnetic resonance spectroscopy in three subacute sclerosing panencephalitis patients: correlation with clinical status. Childs Nerv Syst. 2004;20:216-20.
10. Camacho DL, Smith JK, Castillo M. Differentiation of toxoplasmosis and lymphoma in AIDS patients by using apparent diffusion coefficients. AJNR Am J Neuroradiol. 2003;24:633-7.
11. Campos GS, Bandeira AC, Sardi SI. Zika virus outbreak, Bahia, Brazil. Emerg Infect Dis. 2015;21(10):1885-6.
12. Castillo M. Imaging of neurocysticercosis. Semin Roentgenol. 2004;39:465-73.
13. Cattelan AM, Trevenzoli M, Sasset L, Lanzafame M, Marchioro U, Meneghetti F. Multiple cerebral cryptococcomas associated with immune reconstitution in HIV-infection AIDS 2004;18:49-51.
14. Cunha BA. Central nervous system infections in the compromised host: a diagnostic approach. Infect Dis Clin North Am. 2001;15:567-90.
15. da Rocha AJ, Maia AC, Jr., Ferreira NP, do Amaral LL. Granulomatous diseases of the central nervous system. Top Magn Reson Imaging. 2005;16:155-87.
16. Dalmau J, Tüzün E, Wu H, Masjuan J, Rossi JE, Voloschin A, et al. Paraneoplastic anti-Nmethyl-D-aspartate receptor encephalitis associated with ovarian teratoma. Ann Neurol. 2007;61:25-36.
17. Datta K, Bartlett KH, Baer R, Byrnes E, Galanis E, Heitman J, et al. Spread of Cryptococcus gattii into Pacific Northwest region of the United States. Emerg Infect Dis. 2009;15:1185-91.
18. de Fatima Vasco Aragao M, van der Linden V, Brainer-Lima AM, Coeli RR, Rocha MA, Sobral da Silva P, et al. Clinical features and neuroimaging (CT and MRI) findings in presumed Zika virus related congenital infection and microcephaly: retrospective case series study. BMJ. 2016;353:i1901.
19. Degnan AJ, Levy LM. Neuroimaging of rapidly progressive dementias, Part 2: Prion, inflammatory, neoplastic, and other etiologies. AJNR Am J Neuroradiol. 2014;35:424-31.
20. Del Brutto OH, Rajshekhar V, White Jr. AC, Tsang VC, Nash TE, Takayanagui OM, et al. Proposed diagnostic criteria for neurocysticercosis. Neurology. 2001;57:177-83.
21. Demaerel P, Van Dessel W, Van Paesschen W, Vandenberghe R, Van Laere K, Linn J. Autoimmune-mediated encephalitis. Neuroradiology. 2011;53(11):837-51.
22. Drier A. Cerebral, facial, and orbital involvement in Erdheim-Chester disease: CT and MR imaging findings. Radiology. 2010;255:586-94.
23. Ducati RG, Ruffino-Netto A, Basso LA, Santos DS. The resumption of consumption: a review on tuberculosis. Mem Inst Oswaldo Cruz. 2006;101:697-714.
24. Engels EA, Goedert JJ. Human immunodeficiency virus/acquired immunodeficiency syndrome and cancer: past, present, and future. J Natl Cancer Inst. 2005;97:407-9.

25. Fagundes-Pereyra WJ, Carvalho GT, de Miranda Goes A, das Chagas Lima, Silva F, de Sousa AA. Central nervous system paracoccidioidomycosis: analysis of 13 cases. Arq Neuropsiquiatr. 2006;64:269-76.
26. Falcone S, Post MJ. Encephalitis, cerebritis, and brain abscess: pathophysiology and imaging findings. Neuroimaging Clin N Am. 2000;10:333-53.
27. Fargen KM, Alvernia JE, Lin CS, Melgar M. Cerebral syphilitic gummata: a case presentation and analysis of 156 reported cases. Neurosurgery. 2009;64:568-75.
28. Faria AV, Dabus GC, Zanardi VA, Cendes F. Proton magnetic resonance spectroscopy and magnetic resonance imaging findings in a patient with central nervous system paracoccidioidomycosis. J Neuroimaging. 2004;14:377-9
29. Flint AC, Liberato BB, Anziska Y, Schantz-Dunn J, Wright CB. Meningovascular syphilis as a cause of basilar artery stenosis. Neurology. 2005;64:391-2.
30. Fujimoto H, Asaoka K, Imaizumi T, Ayabe M, Shoji H, Kaji M. Epstein-Barr virus infections of the central nervous system. Intern Med. 2003;42:33-40.
31. Gabbay LB, Leite CC, Andriola RS, Pinho PC, Lucato LT. Histiocytosis: a review focusing on neuroimaging findings. Arq Neuro-Psiquiatr. 2014;72:548-58.
32. Garcia HH, Del Brutto OH. Imaging findings in neurocysticercosis. Acta Trop. 2003;87:71-8.
33. Garcia HH, Del Brutto OH. Neurocysticercosis: updated concepts about an old disease. Lancet Neurol. 2005;4:653-61.
34. Garcia HH, Gonzalez AE, Evans CA, Gilman RH. Taenia solium cysticercosis. Lancet. 2003;362:547-56.
35. Gaviani P, Leone M, Mula M, Naldi P, Macchiarulo E, Brustia D, et al. Progression of MRI abnormalities in herpes simplex encephalitis despite clinical improvement: natural history or disease progression? Neurol Sci. 2004;25:104-7.
36. Gaviani P, Schwartz RB, Hedley-White ET, Ligon KL, Robicsek A, Schaefer P, et al. Diffusion-weighted imaging of fungal cerebral infection. AJNR Am J Neuroradiol. 2005;26:1115-21.
37. Gray F, Chretien F, Vallat-Decouvelaere AV, Scaravilli F. The changing pattern of HIV neuropathology in the HAART era. J Neuropathol Exp Neurol. 2003;62:429-40.
38. Gupta RK, Prakash M, Mishra AM, Husain M, Prasad KN, Husain N. Role of diffusion weighted imaging in differentiation of intracranial tuberculoma and tuberculous abscess from cysticercus granulomas – a report of more than 100 lesions. Eur J Radiol. 2005;55:384-92.
39. Gurses C, Bilgic B, Topcular B, Tuncer OG, Akman-Demir G, Hanagasi H, et al. Clinical and magnetic resonance imaging findings of HIV-negative patients with neurosyphilis. J Neurol. 2007;254:368-74.
40. Hazin AN, Poretti A, Turchi Martelli CM, Huisman TA, Microcephaly Epidemic Research Group, Di Cavalcanti Souza Cruz D, et al. Computed tomographic findings in microcephaly associated with Zika virus. N Engl J Med. 2016;374(22):2193-5.
41. Hedlund G, Bale JF, Barkovich AJ. Infections of the developing and mature nervous system. In: Barkovich AJ, Raybaud C, eds. Pediatric neuroimaging. 5th ed. Philadelphia: Lippincott Williams & Wilkins; 2012. p. 954-1050.
42. Heiner L, Demaerel P. Diffusion-weighted MR imaging findings in a patient with herpes simplex encephalitis. Eur J Radiol. 2003;45:195-8.
43. Lazear HM, Stringer EM, de Silva AM. The emerging zika virus epidemic in the Americas research priorities. JAMA. 2016;315(18):1945-6.
44. Herrera DA, Dublin AB, Ormsby EL, Aminpour S, Howell LP. Imaging findings of rhinocerebral mucormycosis. Skull Base. 2009;19:117-25.
45. Hung CW, Wang SJ, Chen SP, Lirng JF, Fuh JL. Trigeminal herpes zoster and Ramsay Hunt syndrome with a lesion in the spinal trigeminal nucleus and tract. J Neurol. 2010;257:1045-6.
46. Imirizaldu JJ, Esteban JC, Axpe IR, Concha TP, Juanes FV, Susaeta IA, et al. Post-transplantation HTLV-1 myelopathy in three recipients from a single donor. J Neurol Neurosurg Psychiatry. 2003;74:1080-4.
47. Jayakumar PN, Chandrashekar HS, Srikanth SG, Guruprasad AS, Devi BI, Shankar SK. MRI and in vivo proton MR spectroscopy in a racemose cysticercal cyst of the brain. Neuroradiology. 2004;46:72-4.
48. Johnson T, Nath A. Neurological complications of immune reconstitution in HIV-infected populations. Ann N Y Acad Sci. 2010;1184:106-20.
49. Kanemura H, Aihara M, Okubo T, Nakazawa S. Sequential 3-D MRI frontal volume changes in subacute sclerosing panencephalitis. Brain Dev. 2005;27:148-51.
50. Kastrup O, Wanke I, Maschke M. Neuroimaging of infections. NeuroRx. 2005;2:324-32.
51. Kato Z, Kozawa R, Teramoto T, Hashimoto K, Shinoda S, Kondo N. Acute cerebellitis in primary human herpesvirus-6 infection. Eur J Pediatr. 2003;162:801-3.
52. Katti MK. Pathogenesis, diagnosis, treatment, and outcome aspects of cerebral tuberculosis. Med Sci Monit. 2004;10:RA215-29.
53. King MD, Perlino CA, Cinnamon J, Jernigan JA. Paradoxical recurrent meningitis following therapy of cryptococcal meningitis: an immune reconstitution syndrome after initiation of highly active antiretroviral therapy. Int J STD AIDS. 2002;13:724-26.
54. Kita T, Hayashi K, Yamamoto M, Kawauchi T, Sakata I, Iwasaki Y, et al. Does supplementation of contrast MR imaging with thallium-201 brain SPECT improve differentiation between benign and malignant ring-like contrast-enhanced cerebral lesions? Ann Nucl Med. 2007;21:251-6.
55. Kotsenas AL, Watson RE, Pittock SJ, Britton JW, Hoye SL, Quek AM, et al. MRI findings in autoimmune voltage-gated potassium channel complex encephalitis with seizures: one potential etiology for mesial temporal sclerosis. AJNR Am J Neuroradiol. 2014;35(1):84-9.
56. Kumar GG, Mahadevan A, Guruprasad AS, Kovoor JM, Satishchandra P, Nath A, et al. Eccentric target sign in cerebral toxoplasmosis: neuropathological correlate to the imaging feature. J Magn Reson Imaging. 2010;31:1469-72.
57. Kupersmith MJ, Martin V, Heller G, Shah A, Mitnick HJ. Idiopathic hypertrophic pachymeningitis. Neurology. 2004;62:686-94.
58. Lancaster E, Martinez-Hernandez E, Dalmau J. Encephalitis and antibodies to synaptic and neuronal cell surface proteins. Neurology. 2011;77:179-89.
59. Leite CC, Martin MGM, Castillo M. In: Leite CC, Castillo M. Diffusion weighted and diffusion tensor imaging: a clinical guide. Nova York: Thieme; 2015. p.112-31.
60. Leypoldt F, Armangue T, Dalmau J. Autoimmune encephalopathies. Ann N Y Acad Sci. 2015;1338:94-114.
61. Lindstrom KM, Cousar JB, Lopes MB. IgG4-related meningeal disease: clinico-pathological features and proposal for diagnostic criteria. Acta Neuropathol. 2010;120(6):765-76.
62. Lucato LT, Guedes MS, Sato JR, Bacheschi LA, Machado LR, Leite CC. The role of conventional MR imaging sequences in the evaluation of neurocysticercosis: impact on characterization of the scolex and lesion burden. AJNR Am J Neuroradiol. 2007;28:1501-4.
63. Lury KM, Castillo M. Chagas' disease involving the brain and spinal cord: MRI findings. AJR Am J Roentgenol. 2005;185:550-2.
64. Maeda T, Fujii T, Matsumura T, Endo T, Odawara T, Itoh D, et al. AIDS-related cerebral toxoplasmosis with hyperintense foci on T1-weighted MR images: a case report. J Infect. 2006;53:e167-70.
65. Manji H, Miller RF. Progressive multifocal leucoencephalopathy: progress in the AIDS era. J Neurol Neurosurg Psychiatry. 2000;69:569-71.
66. Mantovani E, Costa IP, Gauditano G, Bonoldi VL, Higuchi ML, Yoshinari NH. Description of Lyme disease-like syndrome in Brazil. Is it a new tick borne disease or Lyme disease variation? Braz J Med Biol Res. 2007;40:443-56.
67. Marchiori PE, Alexandre PL, Britto N, Patzina RA, Fiorelli AA, Lucato LT, et al. Late reactivation of Chagas' disease presenting in a recipient as an expansive mass lesion in the brain after heart transplantation of chagasic myocardiopathy. J Heart Lung Transplant. 2007;26:1091-6.
68. Martines RB, Bhatnagar J, Keating MK, Silva-Flannery L, Muehlenbachs A, Gary J, et al. Notes from the field: evidence of Zika virus infection in brain and placental tissues from two congenitally infected newborns and two fetal losses – Brazil, 2015. MMWR Morb Mortal Wkly Rep. 2016;65(6):159-60.
69. Martinez AJ, Sell M, Mitrovics T, Stoltenburg-Didinger G, Iglesias-Rozas JR, Giraldo-Velasquez MA, et al. The neuropathology and epidemiology of AIDS. A Berlin experience. A review of 200 cases. Pathol Res Pract. 1995;191:427-43.
70. McCabe K, Tyler K, Tanabe J. Diffusion-weighted MRI abnormalities as a clue to the diagnosis of herpes simplex encephalitis. Neurology. 2003;61:1015-6.
71. McKinney A, Palmer C, Short J, Lucato L, Truwit C. Utility of fat-suppressed FLAIR and subtraction imaging in detecting meningeal abnormalities. Neuroradiology. 2006;48:881-5.
72. Meissner B, Kallenberg K, Sanchez-Juan P, Krasnianski A, Heinemann U, Varges D, et al. Isolated cortical signal increase on MR imaging as a frequent lesion pattern in sporadic Creutzfeldt-Jakob disease. AJNR Am J Neuroradiol. 2008;29:1519-24.
73. Mont'Alverne Filho FE, Machados L dos R, Lucato LT, Leite CC. The role of 3D volumetric MR sequences in diagnosing intraventricular neurocysticercosis: preliminar results. Arq Neuropsiquiatr. 2011;69(1):74-8.
74. Mortimer A, O'Leary S, Bradley M, Renowden SA. Pitfalls in the discrimination of cerebral abscess from tumor using diffusion-weighted MRI. Clin Radiol. 2010;6(5):488-92.
75. Mueller-Mang C, Mang TG, Kalhs P, Thurnher MM. Imaging characteristics of toxoplasmosis encephalitis after bone marrow transplantation: report of two cases and review of the literature. Neuroradiology. 2006;48:84-9.
76. Muller M, Wandel S, Colebunders R, Attia S, Furrer H, Egger M, et al. Immune reconstitution inflammatory syndrome in patients starting antiretroviral therapy for HIV infection: a systematic review and meta-analysis. Lancet Infect Dis. 2010;10:251-61.

77. Nagel MA, Cohrs RJ, Mahalingam R, Wellish MC, Forghani B, Schiller A, et al. The varicella zoster virus vasculopathies: clinical, CSF, imaging, and virologic features. Neurology. 2008;70:853-60.
78. Navia BA, Jordan BD, Price RW. The AIDS dementia complex: I. Clinical features. Ann Neurol. 1986;19:517-24.
79. Offiah CE, Turnbull IW. The imaging appearances of intracranial CNS infections in adult HIV and AIDS patients. Clin Radiol. 2006;61:393-401.
80. Oliveira-Szejnfeld PS, Levine D, Melo ASO, Amorim MM, Batista AG, Chimelli L, et al. Congenital brain abnormalities and zika virus: what the radiologist can expect to see prenatally and postnatally. Radiology. 2016;281:1-16.
81. Paniago AM, de Oliveira PA, Aguiar ES, Aguiar JI, da Cunha RV, Leme LM, et al. Neuroparacoccidioidomycosis: analysis of 13 cases observed in an endemic area in Brazil. Trans R Soc Trop Med Hyg. 2007;101:414-20.
82. Patsalides AD, Wood LV, Atac GK, Sandifer E, Butman JA, Patronas NJ. Cerebrovascular disease in HIV-infected pediatric patients: neuroimaging findings. AJR Am J Roentgenol. 2002;179:999-1003.
83. Petito CK, Cho ES, Lemann W, Navia BA, Price RW. Neuropathology of acquired immunodeficiency syndrome (AIDS): an autopsy review. J Neuropathol Exp Neurol. 1986;45:635-46.
84. Pickuth D, Spielmann RP, Heywang-Kobrunner SH. Role of radiology in the diagnosis of neurosarcoidosis. Eur Radiol. 2000;10:941-4.
85. Post MJD, Thurnher MM, Clifford DB, Nath A, Gonzalez RG, Gupta RK, et al. Post CNS-immune reconstitution inflammatory syndrome in the setting of HIV infection. Part 1: Overview and discussion of progressive multifocal leukoencephalopathy: immune reconstitution inflammatory syndrome and cryptococcal – immune reconstitution inflammatory syndrome. AJNR Am J Neuroradiol. 2013;34:1297-307.
86. Prabhakaran V, Rajshekhar V, Murrell KD, Oommen A. Taenia solium metacestode glycoproteins as diagnostic antigens for solitary cysticercus granuloma in Indian patients. Trans R Soc Trop Med Hyg. 2004;98:478-84.
87. Prashanth LK, Taly AB, Ravi V, Sinha S, Rao S. Long term survival in subacute sclerosing panencephalitis: an enigma. Brain Dev. 2006;28:447-52.
88. Preidler KW, Riepl T, Szolar D, Ranner G. Cerebral schistosomiasis: MR and CT appearance. AJNR Am J Neuroradiol. 1996;17:1598-600.
89. Rasmussen SA, Jamieson DJ, Honein MA, Petersen LR. Zika virus and birth defects – reviewing the evidence for causality. N Engl J Med. 2016;374(20):1981-7.
90. Ribas JG, Melo GC. Human T-cell lymphotropic virus type 1 (HTLV-1): associated myelopathy. Rev Soc Bras Med Trop. 2002;35:377-84.
91. Rubin DI. NeuroImages. "Owl's eyes" of CMV ventriculitis. Neurology. 2000;54:2217.
92. Safder S, Carpenter JS, Roberts TD, Bailey N. The "Black Turbinate" sign: An early MR imaging finding of nasal mucormycosis. AJNR Am J Neuroradiol. 2010;31:771-4.
93. Saigal G, Post MJ, Lolayekar S, Murtaza A. Unusual presentation of central nervous system cryptococcal infection in an immunocompetent patient. AJNR Am J Neuroradiol. 2005;26:2522-6.
94. Saket RR, Geschwind MD, Josephson SA, Douglas VC, Hess CP. Autoimmune-mediated encephalopathy: classification, evaluation, and MR imaging patterns of disease. Brain. Neurographics. 2011;1:2-16.
95. Sanelli PC, Lev MH, Gonzalez RG, Schaefer PW. Unique linear and nodular MR enhancement pattern in schistosomiasis of the central nervous system: report of three patients. AJR Am J Roentgenol. 2001;177:1471-4.
96. Santos GT, Leite CC, Machado LR, McKinney AM, Lucato LT. Reduced diffusion in neurocysticercosis: circumstances of appearance and possible natural history implications. AJNR Am J Neuroradiol. 2013;34(2):310-6.
97. Sener RN. Subacute sclerosing panencephalitis findings at MR imaging, diffusion MR imaging, and proton MR spectroscopy. AJNR Am J Neuroradiol. 2004;25:892-4.
98. Smirniotopoulos JG, Murphy FM, Rushing EJ, Rees JH, Schroeder JW. Patterns of contrast enhancement in the brain and meninges. Radiographics. 2007;27:525-51.
99. Spalding SM, Amendoeira MR, Klein CH, Ribeiro LC. Serological screening and toxoplasmosis exposure factors among pregnant women in South of Brazil. Rev Soc Bras Med Trop. 2005;38:173-7.
100. Stanek G, Strle F. Lyme borreliosis. Lancet. 2003;362:1639-47.
101. Stolt A, Sasnauskas K, Koskela P, Lehtinen M, Dillner J. Seroepidemiology of the human polyomaviruses. J Gen Virol. 2003;84:1499-504.
102. Takahashi T, Nakayama T. Novel technique of quantitative nested real-time PCR assay for Mycobacterium tuberculosis DNA. J Clin Microbiol. 2006;44:1029-39.
103. van der Knaap MS, Vermeulen G, Barkhof F, Hart AA, Loeber JG, Weel JF. Pattern of white matter abnormalities at MR imaging: use of polymerase chain reaction testing of Guthrie cards to link pattern with congenital cytomegalovirus infection. Radiology. 2004;230:529-36.
104. van Rensburg PJ, Andronikou S, van Toorn R, Pienaar M. Magnetic resonance imaging of miliary tuberculosis of the central nervous system in children with tuberculous meningitis. Pediatr Radiol. 2008;38:1306-13.
105. Vossough A, Zimmerman RA, Bilaniuk LT, Schwartz EM. Imaging findings of neonatal herpes simplex virus type 2 encephalitis. Neuroradiology. 2008;50:355-66.
106. Wasay M, Kheleani BA, Moolani MK, Zaheer J, Pui M, Hasan S, et al. Brain CT and MRI findings in 100 consecutive patients with intracranial tuberculoma. J Neuroimaging. 2003;13:240-7.
107. Wong AM, Zimmerman RA, Simon EM, Pollock AN, Bilaniuk LT. Diffusion-weighted MR imaging of subdural empyemas in children. AJNR Am J Neuroradiol. 2004;25:1016-21.
108. Wu Z, Mittal S, Kish K, Yu Y, Hu J, Haacke EM. Identification of calcification with MRI using susceptibility-weighted imaging: a case study. J Magn Reson Imaging. 2009;29:177-82.
109. Yoshinari N, Gonçalves R. Doença de Lyme-símile no Brasil: diagnóstico e tratamento. 2003;8:61-70.
110. Zetola NM, Klausner JD. Syphilis and HIV infection: an update. Clin Infect Dis. 2007;44:1222-8.
111. Zhu H, Qiu LH, Dou YF, Wu JS, Zhong P, Jiang CC, et al. Imaging characteristics of Rosai-Dorfman disease in the central nervous system. Eur J Radiol. 2012;81:1265-1272.
112. Zucca C, Binda S, Borgatti R, Triulzi F, Radice L, Butte C, et al. Retrospective diagnosis of congenital cytomegalovirus infection and cortical maldevelopment. Neurology. 2003;61:710-2.

5

Tumores intra e extra-axiais do sistema nervoso central

Marcio Ricardo Taveira Garcia
Fabiana de Campos Cordeiro Hirata
Fábio Augusto Ribeiro Dalprá
Renata Bertanha
Aline Sgnolf Ayres
Claudia da Costa Leite
Leandro Tavares Lucato

Introdução

Uma mudança de paradigma sobre a origem dos tumores do sistema nervoso central (SNC) aconteceu nos últimos anos, visto que se acreditava que os tumores do SNC originavam-se de células específicas do neurópilo, como células gliais (astrócitos, oligodendrócitos, células ependimárias e células ependimárias modificadas do plexo coroide). Entretanto, admite-se atualmente que a maioria das neoplasias primárias origina-se de células-tronco neurais pluripotenciais, que persistem em áreas como o giro denteado do hipocampo e a zona subventricular (sob o epêndima dos ventrículos laterais). Quando essas células com alta taxa de proliferação sofrem mutações, podem gerar neoplasias com características fenotípicas diferentes. Além disso, o microambiente estromal do cérebro, a ativação de vias moleculares específicas e os mecanismos epigenéticos contribuem para o desenvolvimento tumoral.

Os tumores primários do SNC formam um grupo de neoplasias, que representa uma pequena parcela do número total de tumores sistêmicos diagnosticados (2% de todos os cânceres). Contudo, apresentam grande impacto clínico e demográfico, em decorrência de sua alta taxa de morbimortalidade. Segundo dados do Central Brain Tumor Registry of the United States (CBTRUS), a incidência de tumores primários do SNC em adultos (maiores de 20 anos de idade) é estimada em 28,6 por 100 mil pessoas, sendo aproximadamente um terço desses tumores malignos. A incidência de tumores do SNC na população pediátrica é menor, estimada em 5,6 por 100 mil pessoas, e mais da metade dessas lesões são malignas. Incluindo todas as idades, a taxa de sobrevida em 5 anos para tumores malignos de SNC é estimada em 34%. A sobrevida global das neoplasias malignas encefálicas não aumentou muito nos últimos 50 anos, mas isso varia de acordo com a idade e os tipos histológicos.

O primeiro sistema de classificação para as neoplasias do SNC foi baseado em características histológicas e desenvolvido por Bailey e Cushing em 1926, tornando-se um marco histórico importante também por instituir o conceito de gradação tumoral. O atual sistema de classificação utilizado da Organização Mundial da Saúde (OMS) foi amplamente baseado nos conceitos introduzidos por Bailey e Cushing e teve a sua primeira edição publicada em 1979, com revisões subsequentes em 1993, 2000 e 2007. Essa classificação utiliza as características morfológicas e imuno-histoquímicas dos tumores, separando-os em grupos distintos de acordo com a provável célula de origem e os diferentes níveis de diferenciação tumoral. As principais ferramentas para a classificação foram a análise histológica por microscopia com coloração por hematoxilina-eosina e a imuno-histoquímica. A classificação da OMS de 2007 agrupou os tumores com fenótipo astrocítico separadamente daqueles com fenótipo oligodendroglial, sem considerar se os aspectos clínicos eram similares ou não.

Com a mudança na percepção do câncer como uma doença baseada em alterações genéticas e com o avanço no sequenciamento genético-molecular em todos os campos da medicina, passou-se a observar que muitas neoplasias do SNC que apresentavam semelhanças histológicas e imuno-histoquímicas tinham evoluções clínicas diferentes e respostas heterogêneas ao tratamento oncológico. Isso se deve às características genéticas dos tumores que são refletidas de forma importante no seu comportamento biológico e clínico, em detrimento das semelhanças anatomopatológicas. Algumas dessas alterações genéticas já eram conhecidas em 2007, entretanto não eram suficientes para definir entidades específicas.

Em 2014, em uma reunião na Holanda, a Sociedade Internacional de Neuropatologia estabeleceu diretrizes sobre como incorporar resultados moleculares no diagnóstico dos tumores encefálicos, preparando uma grande revisão da classificação da OMS de 2007. Em 2016 foi publicada essa atualização incorporando parâmetros moleculares para a classificação dos tumores do SNC, de forma que o diagnóstico seja uma integração dos parâmetros fenotípicos e genotípicos, aumentando a acurácia diagnóstica, aprimorando o manejo clínico desses pacientes, com fatores mais acurados de prognóstico e resposta terapêutica. Sendo assim, a última classificação da OMS de 2016 (Quadro 1) representa oficialmente uma atualização da 4ª edição de 2007 e não uma 5ª edição formal.

Sabemos que essa nova classificação requer testes de genotipagem que podem criar desafios para o diagnóstico e mesmo para os relatórios de neuroimagem. Contudo, esperamos que em um futuro próximo essas limitações sejam vencidas, com maior acesso às técnicas moleculares e novos testes imuno-histoquímicos, que possam substituí-las, ou mesmo técnicas avançadas em neurorradiologia, que possam predizer tais alterações genético-moleculares, como vemos a seguir.

Gliomas

Os gliomas são os tumores primários mais comuns do SNC e apresentam características histológicas de células gliais (astrócitos, oligodendrócitos e células epen-

Quadro 1 Classificação dos tumores do sistema nervoso central

Tumores astrocíticos e oligodendrogliais difusos

Astrocitoma difuso, IDH-mutado
- Astrocitoma geminocístico, IDH-mutado

Astrocitoma difuso, IDH-selvagem
Astrocitoma difuso, NOS
Astrocitoma anaplásico, IDH-mutado
Astrocitoma anaplásico, IDH-selvagem
Astrocitoma anaplásico, NOS
Glioblastoma, IDH-selvagem
- Glioblastoma de células gigantes
- Glioblastoma epitelioide
- Gliossarcoma

Glioblastoma, IDH-mutado
Glioblastoma, NOS
Glioma difuso de linha média, H3 K27M-mutado
Oligodendroglioma, IDH-mutado e com codeleção 1p19q
Oligodendroglioma, NOS
Oligodendroglioma anaplásico, IDH-mutado e com codeleção 1p19q
Oligodendroglioma anaplásico, NOS
Oligoastrocitoma, NOS
Oligoastrocitoma anaplásico, NOS

Outros tumores astrocíticos

Astrocitoma pilocítico
- Astrocitoma pilomixoide

Astrocitoma subependimário de células gigantes
Xantoastrocitoma pleomórfico
Xantoastrocitoma pleomórfico anaplásico

(continua)

Quadro 1 Classificação dos tumores do sistema nervoso central *(continuação)*

Tumores ependimários

Subependimoma
Ependimoma mixopapilar
Ependimoma
- Ependimoma papilar
- Ependimoma de células claras
- Ependimoma tanicítico

Outros gliomas

Glioma cordoide de III ventrículo
Glioma angiocêntrico
Astroblastoma

Tumores de plexo coroide

Papiloma de plexo coroide
Papiloma atípico de plexo coroide
Carcinoma de plexo coroide

Tumores glioneurais mistos e neuronais

Tumor neuroepitelial disembrioblástico
Gangliocitoma
Ganglioglioma
Ganglioglioma anaplásico
Gangliocitoma displásico cerebelar (Lhermitte-Duclos)
Ganglioglioma e astrocitoma desmoplásico infantil
Tumor glioneural papilar
Tumor glioneural formador de rosetas
Tumor glioneural leptomeníngeo difuso
Neurocitoma central
Neurocitoma extraventricular
Liponeurocitoma cerebelar
Paraganglioma

Tumores da região da glândula pineal

Pineocitoma
Tumor de parênquima da pineal de diferenciação intermediária
Pineoblastoma
Tumor papilar da região da pineal

Tumores embrionários

Meduloblastomas geneticamente definidos
- Meduloblastoma, WNT ativado
- Meduloblastoma, SHH ativado e TP53 mutado
- Meduloblastoma, SHH ativado e TP53 selvagem
- Meduloblastoma, não WNT/não SHH
  – Meduloblastoma grupo 3
  – Meduloblastoma grupo 4

Meduloblastomas histologicamente definidos
- Meduloblastoma clássico
- Meduloblastoma desmoplásico/nodular
- Meduloblastoma nodularidade extensa
- Meduloblastoma de grandes células/anaplásico

Meduloblastoma, NOS
Tumor embrionário com multicamadas de rosetas, C19MC alterado
Tumor embrionário com multicamadas de rosetas, NOS
Meduloepitelioma
Neuroblastoma
Ganglioneuroblastoma
Tumor embrionário, NOS
Tumor teratoide/rabdoide atípico
Tumor com características teratoides/rabdoides

(continua)

Quadro 1 Classificação dos tumores do sistema nervoso central *(continuação)*

Tumores de nervos cranianos e paraespinais

Schwannoma
- Schwannoma celular
- Schwannoma plexiforme

Schwannoma melanocítico
Neurofibroma
- Neurofibroma atípico
- Neurofibroma plexiforme

Perineurinoma
Tumor híbrido de bainha neural
Tumor maligno de bainha neural
- TMBN epitelioide
- TMBN com diferenciação perineural

Meningiomas

Meningioma
Meningioma meningotelial
Meningioma fibroso
Meningioma transicional
Meningioma psamomatoso
Meningioma angiomatoso
Meningioma microcístico
Meningioma secretório
Meningioma linfoplasmocitário
Meningioma metaplásico
Meningioma cordoide
Meningioma de células claras
Meningioma atípico
Meningioma papilar
Meningioma rabdoide
Meningioma anaplásico (maligno)

Tumores mesenquimais, não menigoteliais

Hemangiopericitoma/tumor fibroso solitário
- Grau 1
- Grau 2
- Grau 3

Hemangioblastoma
Hemangioma
Hemangioendotelioma epitelioide
Angiossarcoma
Sarcoma de Kaposi
Sarcoma de Ewing/PNET
Lipoma
Angiolipoma
Hibernoma
Lipossarcoma
Fibromatose tipo desmoide
Miofibroblastoma
Tumor miofibroblástico inflamatório
Histiocitoma fibroso benigno
Fibrossarcoma
Sarcoma pleomórfico indiferenciado/histiocitoma fibroso maligno
Leiomioma
Leiomiossarcoma
Rabdomioma
Rabdomiossarcoma
Condroma
Condrossarcoma
Osteoma
Osteocondroma
Osteossarcoma

(continua)

Quadro 1 Classificação dos tumores do sistema nervoso central *(continuação)*

Tumores melanocíticos

Melanocitose meníngea
Melanocitose meníngeo
Melanoma meníngeo
Melanomatose meníngea

Linfomas

Linfoma difuso de grandes células B
Linfoma associado ao HIV
- Linfoma difuso de grandes células B associado ao HIV
- Linfoma difuso de grandes células B EBV positivo, NOS
- Granulomatose linfomatoide

Linfomas de grandes células B intravascular
Linfoma de células B de baixo grau
Linfoma de células T/células T e NK
Linfoma de grandes células anaplásico, ALK positivo
Linfoma de grandes células anaplásico, ALK negativo
Linfoma de MALT da dura-máter

Tumores histiocitários

Histiocitose de células de Langerhans
Doença de Erdheim-Chester
Doença de Rosai-Dorfman
Xantogranuloma juvenil
Sarcoma histiocitário

Tumores de células germinativas

Germinoma
Carcinoma embrionário
Tumor de saco vitelínico
Cariocarcinoma
Teratoma
- Teratoma maduro
- Teratoma imaturo

Teratoma com transformação maligna
Tumor misto de células germinativas

Tumores da região selar

Craniofaringioma
- Craniofaringioma adantinomatoso
- Craniofaringioma papilar

Tumor de células granulares da região selar
Pituicitoma
Oncocitoma de células fusiformes

Tumores metastáticos

Adaptado da Classificação dos Tumores de Sistema Nervoso Central da Organização Mundial de Saúde, 2016.

dimárias). Várias síndromes predispõem à formação de gliomas, como neurofibromatose tipo 1 (gliomas de vias ópticas e astrocitomas supratentoriais), neurofibromatose tipo 2 (ependimomas supra e infratentoriais), esclerose tuberosa (astrocitomas subependimários de células gigantes), Li-Fraumeni e síndrome de Lynch.

Tumores astrocitários são compostos de células com núcleos hipercromáticos, alongados ou irregulares e eosinofílicos e expressam proteína glial fibrilar ácida (GFAP) no citoplasma. Oligodendrogliomas têm núcleos arredondados, muitas vezes com halos perinuclear, calcificações e delicada ramificação dos vasos sanguíneos (aspecto em "tela de galinheiro"). Oligoastrocitomas têm características histológicas de ambos e serão discutidos adiante. Todos esses tumores podem apresentar heterogeneidade regional significativa e são classificados histologicamente de acordo com suas áreas mais indiferenciadas, ou de maior anaplasia.

Os testes diagnósticos moleculares são utilizados para predizer prognóstico e resposta à quimioterapia. Os gliomas difusos compartilham a mutação nas enzimas isocitrato desidrogenase 1 e 2 (IDH1 e IDH2) e podem ser mais bem classificados e conduzidos quando divididos em grupos: com a expressão da perda do gene regulador da cromatina (ATRX) e mutação do gene.

P53 (geralmente correlacionados com a histologia astrocítica e com prognóstico intermediário) e presença da codeleção 1p19q e mutação no promotor TERT (geralmente correlacionados com a histologia oligodendroglial e com melhor prognóstico). Dessa forma, os testes diagnósticos moleculares mais importantes são:

- Mutações IDH1/IDH2: essas mutações são associadas ao melhor prognóstico, independentemente de outros fatores prognósticos. Geralmente é realizado o teste imuno-histoquímico para a pesquisa da mutação IDH1 (R132), que é mais comum. Entretanto, outras mutações menos comuns não podem ser encontradas utilizando esse anticorpo, devendo ser utilizados métodos de sequenciamentos específicos.
- Codeleção 1p19q: a perda alélica dos cromossomos 1p19q é um importante preditor de resposta quimioterápica, progressão livre de doença e sobrevida global em pacientes com oligodendrogliomas. A maioria dos testes é feita com hibridização fluorescente in situ (FISH), sendo realizada em todos os pacientes com tumores oligodendrogliais, visto que orienta as decisões terapêuticas.
- Mutações ATRX: mutações nesse gene regulador da cromatina (síndrome ligada ao X alfa-talassemia/retardo mental – ATRX) estão correlacionadas com as mutações IDH1/2 e TP53 e são mutuamente exclusivas da codeleção 1p/19q e da mutação no promotor TERT. As colorações de imuno-histoquímica para a expressão ATRX têm papel diagnóstico para confirmar a linhagem astrocítica difusa e podem ter implicações prognósticas quando combinadas com os outros testes diagnósticos moleculares anteriores.
- Mutação do promotor TERT: os telômeros são elementos estruturais que ficam nas extremidades dos cromossosomos e se encurtam a cada divisão celular, levando a senescência celular. A capacidade de manter o comprimento dos telômeros é uma característica típica das neoplasias. As mutações do promotor TERT emergiam como um dos marcadores moleculares mais comuns dos gliomas, sendo encontradas em mais de 90% dos oligodendrogliomas IDH-mutantes e codeletados. Sua frequência é de 32-25% nos atrocitomas grau II e III, respectivamente.
- Metilação MGMT: a O6-metilguanina-DNA-metiltransferase é uma enzima responsável pela reparação do DNA durante a utilização de agentes alquilantes quimioterápicos. Durante o desenvolvimento dos tumores, esse gene MDMT pode ser silenciado pela metilação do seu promotor, de forma que não haja mais o reparo do DNA, aumentando a eficácia dos agentes alquilantes. A metilação desse gene é associada a um melhor prognóstico dos glioblastomas e ao aumento do risco de pseudoprogressão. O teste de metilação do promotor MGMT é mais frequentemente realizado utilizando reação em cadeia de polimerase ou análise de sequenciamento.

Outros testes podem ser realizados para pesquisa da amplificação do EGFR (receptor do fator de crescimento epidérmico), mutação BRAF, amplificação MET e mutações PIK3CA, não estando ainda completamente definidas as suas implicações clínicas, prognósticas e terapêuticas.

A transição a partir de gliomas de baixo grau, como astrocitomas e oligodendrogliomas, para anaplásicos está associada com uma variedade de alterações moleculares, incluindo a inativação de pontos de verificação dos ciclos celulares, a inativação de genes supressores tumorais e angiogênese.

Os glioblastomas secundários tendem a ocorrer em adultos mais jovens e envolvem a progressão de um astrocitoma de grau inferior. Essa via é caracterizada por alterações genéticas em IDH1/2, TP53 e ATRX. Os glioblastomas primários ou de novo mais frequentemente surgem em adultos mais velhos, que não têm um histórico de astrocitoma de grau inferior, sendo tipicamente caracterizados por amplificações em receptores tirosina-quinase e mutações nos promotores de TERT, entre outras alterações genéticas.

Com base nesses conhecimentos genético-moleculares, ocorreu a mudança na classificação dos tumores da OMS publicada em 2016, agora englobando as informações fenotípicas e genotípicas do tumor. Dessa forma, foram clasificados separadamente os gliomas difusos (astrocitomas e oligodendrogliomas) e os gliomas localizados/focais. Tal classificação tomou como base não só o padrão de crescimento e comportamento, mas também as mutações genéticas compartilhadas entre os gliomas difusos (IDH1 e IDH2), que incluem os astrocitomas graus II e III, oligodendrogliomas graus II e III, glioblastomas (grau IV) e os gliomas difusos das crianças. Os tumores localizados, que não compartilham as mutações IDH e frequentemente têm as mutações do tipo BRAF (astrocitomas pilocíticos e xantoastrocitomas pleomófico) ou mutações TSC1/TSC2 (astrocitomas subependimários de células gigantes) foram agrupados separadamente como outros tumores astrocitários.

Glioblastomas

Os glioblastomas são os tumores malignos primários mais comuns do SNC em adultos (46% desses), com uma incidência de 3,1 por 100 mil pessoas. São classificados como grau IV pela OMS e apresentam prognóstico reservado, e apenas 5% dos pacientes continuam vivos após cinco anos de doença. Alguns fatores preditivos de melhor evolução são: idade (sobrevida inversamente proporcional), volume de lesão, ressecção cirúrgica total, metilação MGMT e subtipo IDH mutante. Atualmente, sugere-se a nomenclatura glioblastoma, sendo obsoleto o termo multiforme.

Os glioblastomas são predominantemente supratentoriais nos adultos, e menos de 10% deles envolve o tronco encefálico (mais comum em crianças), cerebelo e medula espinhal e menos de 5% são multifocais. Apresentam frequentemente disseminação através dos tratos de substância branca, especialmente o corpo caloso, comissuras anterior e posterior, fórnices e trato corticoespinhal. Pouco se sabe a respeito do importante tropismo cerebral dos glioblastomas, de forma que eles costumam apresentar disseminação leptomeníngea apenas nas fases mais tardias da doença, sendo mais rara ainda sua disseminação hematogênica e linfática.

A apresentação clínica varia de acordo com a localização e extensão da lesão, podendo se apresentar com déficits focais, crises convulsivas e alteração do nível de consciência.

As características anatomopatológicas mais importantes são a presença de necrose e neovascularização, diferenciando-os dos astrocitomas anaplásicos, pois ambos apresentam outros sinais de malignidade como anaplasia, alto índice mitótico e invasividade do parênquima circunjacente. Eles são também caracterizados pelo aspecto em "paliçada", caracterizado pelo crescimento de células neoplásicas formando uma borda irregular ao redor de áreas de necrose. A imuno-histoquímica demonstra positividade para GFAP e Ki-67 acima de 10% (alto índice de proliferação celular). Um anticorpo que detecta especificamente a mutação IDH-1R132H pode ser utilizado para o diagnóstico dessas lesões, embora ele não detecte outras mutações IDH-1 e 2, sendo necessário o sequenciamento dos códons específicos. Pela antiga classificação dos tumores da OMS de 2007, os glioblastomas tinham como variantes histológicas os gliossarcomas e os glioblastomas de grandes células. Na atualização da classificação da OMS de 2016, foi incluída a variante epitelioide, apesentando grandes células epitelioides com citoplasma eosinofílico, nucléolos proeminentes e algumas células rabdoides. Essas lesões têm como característica a mutação BRAF V600E. Já os gliossarcomas correspondem a cerca de 2% dos glioblastomas, têm componentes com diferenciação sarcomatosa rica em reticulina e negativa para GFAP. Os glioblastomas de células gigantes têm um prognóstico um pouco melhor, com predileção por adultos jovens sendo caracterizados por células multinucleadas e infiltração linfocítica. Todos esses subtipos estão agrupados nos glioblastomas IDH selvagem.

Na classificação atualizada da OMS, os glioblastomas são divididos em IDH selvagem (negativo), IDH mutante (positivo) e o subtipo NOS (não especificado), e o subtipo IDH-selvagem corresponde a 90% das lesões, geralmente primárias, em adultos mais velhos e com pior prognóstico (Figura 1). Na maioria das vezes o subtipo estudado é o IDH-1. A pesquisa do IDH-2, quando ocorre, é realizada nos casos em que o IDH-1 foi negativo (selvagem). Existem outros marcadores moleculares que costumam ser pesquisados nos glioblastomas, como TP53 e metilação do promotor MGMT, que prediz melhor resposta terapêutica aos agentes quimioterápicos alquilantes (temozolamida). Metade dos glioblastomas também apresenta amplificação do EGFR (fator de crescimento epidérmico), que também costuma predizer melhor prognóstico, enquanto a mutação do promotor TERT prediz pior evolução.

Os glioblastomas costumam ser lesões corticossubcorticais infiltrativas, com limites imprecisos, muitas vezes envolvendo mais de um lobo cerebral, com intensa quebra da barreira hematoencefálica, áreas necróticas e liquefeitas de permeio e, comumente, focos hemorrágicos associados. Apresentam extensas áreas de edema vasogênico perilesional, que geralmente se sobrepõem à infiltração tumoral microscópica da substância branca circunjacente às lesões. Nos estudos histológicos, células tumorais viáveis podem ser encontradas fora da região de quebra da barreira hematoencefálica e fora das áreas com alteração de atenuação/sinal. Apesar de serem frequentemente únicos, podemos encontrar a apresentação multifocal dos glioblastomas, que pode ser confundida com o acometimento secundário do sistema nervoso central por neoplasias primárias de outros sítios (Figura 2).

Na tomografia computadorizada (TC) os tumores costumam ser iso ou discretamente hiperatenuantes, com áreas centrais hipoatenuantes (necróticas), não sendo comum a presença de calcificações. Na ressonância magnética (RM), as porções sólidas contrastantes costumam ter iso/hipossinal em T1 e alto sinal em T2 e FLAIR. Focos com alto sinal em T1 podem corresponder a produtos de degradação da hemoglobina por hemorragia. Geralmente são vistas áreas necróticas, císticas, hemorrágicas e de *flow-voids* de permeio, constituindo lesões bastante heterogêneas.

As técnicas avançadas em neurorradiologia fornecem informações fisiológicas, como celularidade, microperfusão e metabolismo celular:

- Difusão: a presença de restrição à difusão das moléculas de água sinaliza áreas com muita densidade celular e alta relação núcleo/citoplasma. Muitos estudos

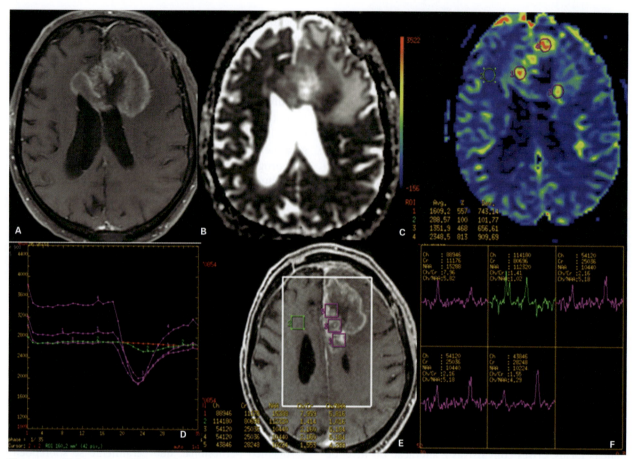

Figura 1 Glioblastoma, IDH negativo (selvagem). Paciente masculino, 72 anos de idade, apresentando-se com alteração de comportamento e crises convulsivas há 4 meses. Na imagem axial pós-contraste (A) observamos extensa lesão expansiva contrastante com aspecto em "asa de borboleta", envolvendo os lobos frontais e o joelho do corpo caloso. No mapa de coeficientes de difusão aparente (CDA) (B) notam-se algumas áreas de maior celularidade do tumor com baixo sinal. Na perfusão T2 (C e D) observam-se áreas de aumento do volume sanguíneo cerebral relativo (rCBV) em relação ao parênquima com aparência sadia, inferindo a presença de neoangiogênese. A espectroscopia de prótons multivoxel com TE 135 ms (E e F) demonstra áreas com aumento das relações colina (Ch)/creatina (Cr), Ch/N-acetil-aspartato (NAA) e pico de lípides/lactato, compatível com proliferação de membranas celulares, despopulação neuronal e metabolismo anaeróbio, respectivamente.

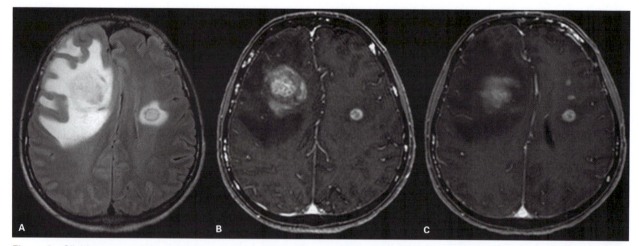

Figura 2 Glioblastoma multifocal. Paciente feminina, 59 anos de idade, com hemiparesia à esquerda há 2 meses. História de câncer de mama na mãe e irmã. Em FLAIR (A) e no T1 SPGR pós-contraste (B) observam-se duas formações expansivas frontais contrastantes com extensa área de anormalidade de sinal circunjacente, podendo corresponder a edema vasogênico e/ou infiltração tumoral. Na imagem T1 *spin echo pós-contraste* (C) observam-se ainda outras lesões nodulares contrastantes, provavelmente em razão do fato de esta ser uma sequência mais tardia. Inicialmente, a suspeita era de lesões secundárias. Anatomopatológico: glioblastoma IDH negativo, S100 positivo focal e Ki-67 60%.

demonstraram que o mapa de coeficientes de difusão aparente (CDA) na avaliação da área peritumoral, mostra valores mais baixos ao redor dos glioblastomas (infiltração tumoral) (Figura 3) e mais altos em volta de lesões secundárias (edema).

- Espectroscopia de prótons: observa-se aumento do pico de colina (Co) e redução do pico de N-acetilaspartato (NAA) nas porções sólidas da lesão, denotando aumento do *turnover* de membranas celulares e disfunção ou despopulação neuronal. Nas áreas

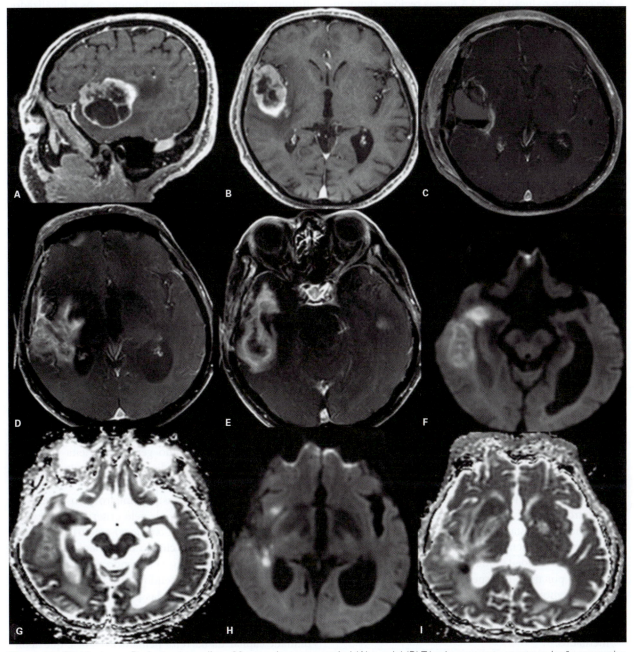

Figura 3 Glioblastoma. Paciente masculino, 80 anos. Imagens sagital (A) e axial (B) T1 pós-contraste mostram lesão expansiva heterogênea temporal à direita, com áreas centrais de necrose/liquefação. No *1º pós-operatório,* a imagem axial T1 pós-contraste (C) demonstra a cavidade cirúrgica preenchida por material hemático e leve contrastação das margens mediais profundas do leito cirúrgico, sugerindo remanescente tumoral. Anatomopatológico: glioblastoma IDH negativo, S100 positivo e Ki-67 95%. Paciente foi submetido à RTQT (radioterapia e quimioterapia). Após 4 meses do término da RT, realizou nova RM de encéfalo. Nas imagens axiais T1 pós-contraste (D e E) nota-se o surgimento de tecido contrastante infiltrativo têmporo-insular, com extensão nucleocapsular, suspeito para tecido neoplásico viável ou alterações relacionadas ao tratamento. Nas imagens de difusão (F e H) vimos que a lesão apresenta hipersinal; enquanto no mapa de coeficientes de difusão aparente (CDA) (G e I) há correspondência com as áreas de hipossinal, mostrando que se trata de restrição verdadeira à difusão das moléculas de água. Tais achados corroboram a possibilidade de recidiva de tecido neoplásico viável.

necróticas, podemos encontrar pico anômalo na frequência de ressonância de lípides móveis, não sendo habitual a presença de mioinositol. A espectroscopia também tem utilidade na avaliação das áreas de alteração de sinal da substância branca perilesional, visto que também são caracterizados por aumento no pico de colina e redução do NAA nessas regiões, denotando infiltração tumoral, sendo uma forma de diferenciar os GBM de lesões secundárias ou de demonstrar o crescimento tumoral pelo aumento da área infiltrada.

- Perfusão DSC (*dynamic susceptibility contrast*) – T2: as porções sólidas tumorais costumam ter aumento do volume sanguíneo cerebral relativo (rCBV), denotando neoangiogênese e aumento da densidade capilar no tecido. A presença de áreas "quentes" de permeio ao edema perilesional (maior rCBV) favorece a hipótese de neoplasia glial primária (Figura 1), em detrimento de lesões secundárias, sendo também importante a avaliação do gradiente de perfusão nessas regiões, visto que nos glioblastomas haverá uma progressiva redução do rCBV à medida que a área avaliada se afasta da lesão (componente infiltrativo microscópico peritumoral), enquanto nas lesões secundárias não haverá gradiente de perfusão.

- Permeabilidade DCE (*dynamic contrast enhanced*) – T1: a RM de crânio vem demonstrando ter um potencial para predizer o perfil genético dos GBM. Essa conexão entre a radiologia e a genômica é chamada imagem genômica e vem sendo bastante estudada recentemente, de forma que certas expressões genéticas são relacionadas a padrões de imagem específicos. Na prática clínica, as mutações mais relevantes incluem a codeleção 1p19q nos oligodendrogliomas, mutação IDH1 e metilação MGMT nos glioblastomas. Um estudo mostrou que os glioblastomas e os astrocitomas anaplásicos com mutação IDH1, e, portanto, com melhor prognóstico, tinham maior predileção pelo lobo frontal e tinham um volume considerável de tumor não contrastante. Sabendo que a mutação IDH produz o oncometabólito 2-hidroxiglutarato (2-HG), vem sendo estudada uma forma de detectar esse metabólito por meio da espectroscopia, com resultados recentes motivadores. Vários estudos já correlacionaram padrões de imagem com a metilação MGMT, como realce anular com necrose central nos casos não metilados.

Os principais diagnósticos diferenciais dos glioblastomas são o astrocitoma anaplásico e as lesões secundárias. As imagens nas sequências anatômicas podem ser indistinguíveis entre os glioblastomas e os astrocitomas anaplásicos, sendo a diferenciação feita pela avaliação histológica, onde são vistas necrose e proliferação vascular nos glioblastomas. A avaliação da área de alteração de sinal envolvendo a substância branca perilesional, como acima pormenorizado, pode ser útil para a diferenciação entre os astrocitomas mais agressivos e as metástases, utilizando-se das técnicas avançadas de neuroimagem propostas acima. Lesões infecciosas, doenças desmielinizantes e linfoma também são diferenciais dos glioblastomas. Os linfomas costumam ser mais homogêneos e localizados nas regiões periventriculares, e apenas em casos atípicos apresentam necrose. Por serem mais celulares, os linfomas apresentam menor valor no mapa de CDA e, embora ambos apresentem quebra de barreira hematoencefálica, eles têm menor densidade capilar, com menores valores de rCBV.

O tratamento dos glioblastomas constitui-se de ressecção cirúrgica máxima possível, seguida de radioterapia (total de 60 Gy) e quimioterapia (temozolamida-TMZ) e, em seguida, 6 ciclos de TMZ isolada. A extensão da ressecção é um fator independente de prognóstico e sobrevida, mesmo em pacientes idosos (> 65 anos). Ainda não há um tratamento padrão estabelecido para as recidivas tumorais. Os agentes antiangiogênicos (como o bevacizumab) podem ser utilizados, e novos *trials* ainda são necessários para estabelecer o real aumento da sobrevida global e/ou da sobrevida livre de doença com o uso dessa medicação. De qualquer forma, os antiangiogênicos, por estabilizarem a barreira hematoencefálica, reduzem rapidamente as áreas de realce pelo contraste, assim como o edema vasogênico, possibilitando uma redução da dose de corticoide e melhora do quadro clínico. O progresso na caracterização molecular do glioblastomas levou à identificação de terapias-alvo, mas muito ainda precisa ser conhecido sobre a heterogeneidade intratumoral e temporal dos glioblastomas.

A RM é o exame de escolha para avaliação de resposta ao tratamento, sendo geralmente feita entre 2 e 3 meses do término da radioterapia. Nos últimos vinte anos, utilizou-se como critério de resposta a avaliação da área de realce pelo contraste, primeiro pelo critério de Macdonald em 1990 e depois pelo critério RANO (*Response Assessment in Neuro-oncology*) em 2010, que também considera o estado clínico do paciente e o uso de corticoides. Contudo, isso vem sendo revisto por causa do reconhecimento das pseudorrespostas (com o advento dos antiangiogênicos) e das pseudoprogressões, após quimiorradioterapia (QTRT).

A pseudorresposta corresponde à redução da permeabilidade capilar da barreira hematoencefálica, que acontece nas primeiras horas após o uso do bevacizumabe, levando a uma redução transitória das dimensões das áreas da lesão com realce ao contraste (Figura 4). A avaliação das áreas não contrastantes do tumor pode ser feita com a sequência FLAIR, embora gliose e edema vasogênico também levem à alteração de sinal. Dessa maneira, o uso de técnicas avançadas de RM, como difusão, perfusão, permeabilidade e espectroscopia, pode ajudar na diferen-

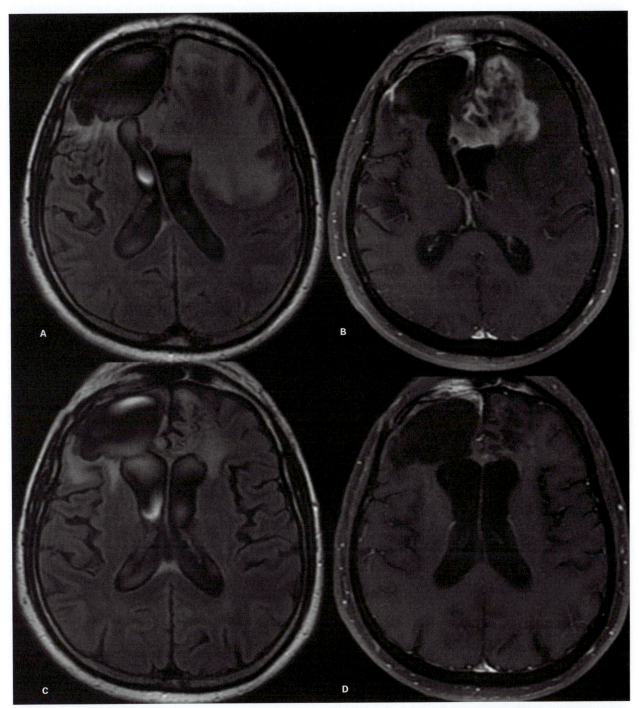

Figura 4 Pseudorresposta relacionada ao bevacizumabe. Paciente masculino, 62 anos anos. Imagem axial FLAIR (A) e T1 pós-contraste (B) de pós-operatório tardio de glioblastoma, já submetida à RTQT, apresentando lesão recidivada contrastante frontal esquerda, com infiltração do joelho do corpo caloso e extensa área de edema vasogênico/infiltração tumoral. Introduzida segunda linha de QT, com bevacizumabe + irinotecano. Nas imagens axiais FLAIR (C) e T1 SE pós-contraste (D) 5 dias após a introdução da nova QT, observa-se exuberante redução das dimensões da lesão contrastante, bem como da área de alteração de sinal circunjacente, por provável pseudorresposta relacionada ao bevacizumabe.

ciação entre pseudorresposta e resposta terapêutica verdadeira. O uso dos antiangiogênicos ainda pode levar ao desenvolvimento de áreas de restrição persistentes, que não correspondem a tecido neoplásico viável, em alguns estudos caracterizadas histologicamente como áreas de "necrose atípica", simulando progressão tumoral. Dessa forma, as imagens de difusão devem ser avaliadas com cuidado nesses pacientes.

Pseudoprogressão corresponde a uma reação inflamatória desencadeada pela QTRT, que determina edema e quebra da barreira hematoencefálica, levando ao aumento transitório das dimensões da lesão contrastante em 20-30% dos pacientes, geralmente entre 6 e 12 semanas após o término da RT. Apesar de serem oligo ou assintomáticas na maioria das vezes, alguns casos necessitam de tratamento com corticoides, câmara hiperbárica ou mesmo cirurgia. Na suspeita de pseudoprogressão, o acompanhamento por pelo menos 3 a 6 meses mostra a redução espontânea da lesão contrastante, e as técnicas avançadas de RM podem ajudar nessa elucidação diagnóstica. Os tecidos neoplásicos costumam ser mais celulares e restringir a difusão. Da mesma forma, as lesões que regrediram espontaneamente geralmente tinham rCBV menor que 1,7. Apesar de os estudos terem sido feitos com pequena amostragem, alguns sugerem que a recorrência tumoral está associada ao aumento dos valores de Co/creatina (Cr) e Co/NAA no estudo de espectroscopia.

Gliomas difusos de linha média H3-K27M mutantes

Os glioblastomas são responsáveis por 20% dos tumores pediátricos, sendo geralmente supratentoriais, mas também podem envolver a ponte, onde são chamados de gliomas pontinos intrínsecos da ponte (GDIP) (Figura 5). Antigamente, esses tumores eram agrupados com os de adulto pelas semelhanças histológicas, apesar das diferenças comportamentais. São diagnosticados clinicamente pela combinação dos achados neurológicos, duração dos sintomas e achados de imagens, muitas vezes não sendo necessária biópsia. Apesar de alguns avanços nas linhas de tratamento quimioradioterápico, ainda apresentam prognóstico ruim.

Nos últimos anos, surgiram novas informações a respeito do perfil genético dessas entidades, de forma que, na última atualização da classificação da OMS, foi definida uma nova entidade: gliomas difusos de linha média H3-K27M – mutantes (predominantemente envolvendo crianças, mas também podendo acometer alguns adultos). Essa mutação foi encontrada em cerca de 70% dos GDIP e foi excludente das mutações IDH, sendo encontrada em apenas 14% dos glioblastomas supratentoriais das crianças. A perda do ATRX é encontrada em menos de 10% desses tumores e geralmente em crianças mais velhas, sendo a mutação p53 frequente tanto nos H3-K27 mutantes quanto nos selvagens. A sobrevida global dos pacientes que apresentam a mutação H3-K27 é de cerca de 0,73 anos, enquanto os não portadores dessa mutação apresentam sobrevida global de 4 anos, sendo essa relação independente da idade e do diagnóstico histológico.

Os tumores H3-3 selvagens são mais heterogêneos em termos de histologia e características biológicas, alguns inclusive PNET, enquanto os mutantes incluem os subtipos histológicos de astrocitomas grau II e gliomas de alto grau.

Astrocitomas difusos

Astrocitomas difusos grau II

Os astrocitomas difusos de baixo grau são menos comuns que os glioblastomas e os astrocitomas anaplásicos, correspondendo a 10-15% dos astrocitomas dos adultos.

A apresentação clínica depende da localização e do tamanho do tumor. Eles são particularmente epileptogênicos, sendo as crises convulsivas a forma mais comum de apresentação (85% dos pacientes). Pacientes com tumores frontais podem apresentar hemiparesias e alterações de marcha e/ou da personalidade, enquanto tumores temporais podem determinar perda de memória e alterações auditivas. Cefaleia também é uma apresentação comum, acometendo até 25% dos pacientes. Gliomas são encontrados de forma incidental em até 2% dos casos, conferindo um melhor prognóstico.

Os pacientes possuem uma sobrevida média entre 4,6 e 6,5 anos, sendo comum a recorrência pós-cirúrgica e a transformação maligna, que ocorrem em uma média de 5 a 11 anos após o diagnóstico.

A formação dos astrocitomas de grau II da OMS está associada a pelo menos três alterações genéticas moderadamente comuns: a inativação do gene supressor TP53, mutações pontuais na IDH1 ou menos habitualmente IDH2 e mutações no ATRX. Todos os astrocitomas difusos possuem uma tendência inerente à malignização para astrocitomas anaplásicos ou glioblastomas.

A maioria desses tumores são supratentoriais e envolvem os hemisférios cerebrais, e apenas 20% acometem os núcleos da base, especialmente os tálamos. São lesões infiltrativas, com bordas pouco definidas, determinando perda da diferenciação entre as substâncias branca e cinzenta e aumento e distorção das estruturas infiltradas.

Na TC apresenta-se como formação expansiva corticossubcortical, geralmente hipoatenuante, homogênea e sem realce pelo meio de contraste. Calcificações são encontradas em 20% dos casos e raramente há hemorragia ou cistos. Na RM encontra-se uma formação expansiva corticossubcortical com baixo sinal em T1 e alto sinal em T2 e FLAIR, sem realce pelo meio de contraste (Figura 6) ou restrição à difusão. Desse modo, as margens do tumor para eventuais planejamentos cirúrgicos são feitas a partir da sequência FLAIR. A espectroscopia de prótons no

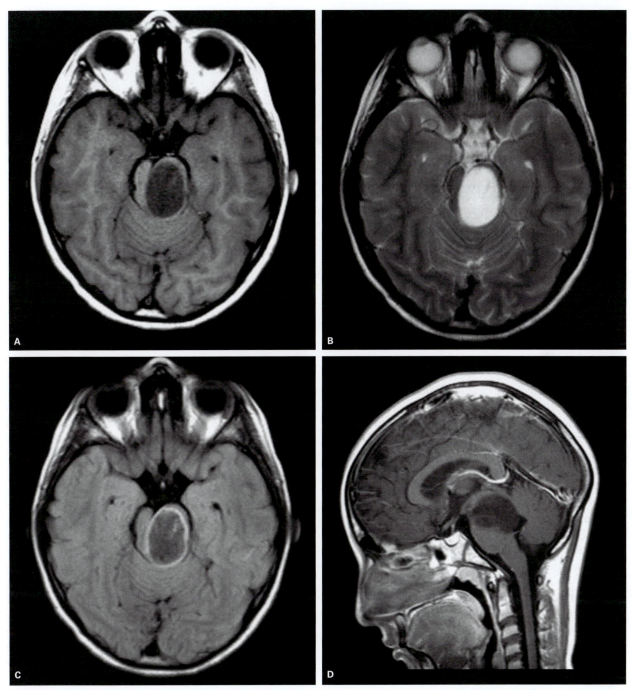

Figura 5 Astrocitoma focal mesencefálico em paciente do sexo feminino de 11 anos de idade com queixa de diplopia e hemiparesia esquerda leve. Imagens axiais pesadas em T1 (A), T2 (B) e T1 pós-contraste (C) evidenciam lesão de limites bem precisos e hipersinal acentuado sugerindo uma lesão hidratada, achados muitas vezes observados em lesões de histologia pilocítica. A imagem no plano sagital pós-contraste (D) evidencia de forma melhor a extensão craniocaudal da lesão respeitando de forma relativa a ponte.

estudo de RM revela aumento discreto da colina (denotando maior *turnover* celular), redução do NAA (despopulação neuronal) e presença de mioinositol (marcador astrocitário). O estudo perfusional é um marcador precoce de malignização, podendo identificar os astrocitomas de baixo grau com maior risco de anaplasia, predizendo o tempo de sobrevida livre de doença.

RM funcional, tractografia e perfusão permitem diagnósticos pré-operatórios mais precisos e fornecem informações sobre a interface de tecido tumoral com tratos corticais e subcorticais funcionais adjacentes. RM funcional é uma técnica que permite identificar regiões do crânio em que há ativações quando realizadas atividades específicas (chamadas de paradigmas) de linguagem,

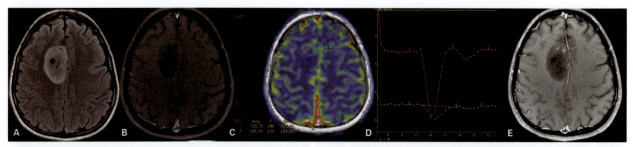

Figura 6 Astrocitoma difuso grau II. Paciente feminina, 26 anos de idade, com história de crises convulsivas focais em mão e braço esquerdos, em algumas ocasiões com perda da consciência e crises convulsivas generalizadas. Em A (FLAIR; axial) e B (T1 pós-contraste; axial) observamos lesão expansiva corticossubcortical frontal direita, sem áreas de contrastação. Em C e D (perfusão T2), há área de aumento do volume sanguíneo cerebral relativo (rCBV) em relação ao parênquima de aspecto sadio, inferindo que, embora não haja quebra da barreira hematoencefálica, existem sinais de neoangiogênese, com risco aumentado de progressão tumoral. Em D, 4 meses após o exame anterior, vimos o surgimento de áreas contrastantes, inferindo progressão tumoral com maior anaplasia.

cognitivas, sensoriais ou motoras. A tractografia/DTI é utilizada para definir a integridade das fibras de substância branca em volta da lesão e planejar os tratamentos cirúrgico e radioterápico. A perfusão por RM é útil para avaliação da angiogênese tumoral (Figura 6), permeabilidade endotelial, assim como para avaliar a resposta ao tratamento e predizer o prognóstico.

Na nova atualização da classificação dos tumores pela OMS, foram retiradas as variantes histológicas protoplasmática e fibrilar, restando apenas o astrocitoma gemistocítico como um subtipo dos astrocitomas difusos grau II IDH-mutante.

O principal diagnóstico diferencial é feito com os astrocitomas anaplásicos, e muitas vezes essa diferenciação não pode ser feita por meio da imagem. A avaliação histológica é fundamental para essa diferenciação, visto que os últimos demonstram maior celularidade e atipia citológica. Encefalites, *status* epiléptico, malformações corticais/displasias e oligodendrogliomas também entram no diferencial diagnóstico.

Astrocitomas difusos grau III

Os astrocitomas anaplásicos são a segunda classe mais comum de neoplasias astrocitárias, com características de alto grau e com uma tendência intrínseca para transformação em glioblastoma. Originam-se a partir de astrocitomas grau II em 75% das vezes e os pacientes apresentam uma média de sobrevida de 41 meses.

São caracterizados por celularidade moderada a acentuada, atividades mitóticas raras ou numerosas e graus variados de atipia, podendo se assemelhar aos astrocitomas grau II e IV. Necrose e proliferação microvascular não são habitualmente encontrados. Os astrocitomas grau III IDH-selvagem possuem prognóstico reservado, semelhante ao do glioblastoma.

Apresentam-se na TC como formações expansivas corticossubcorticais, habitualmente sem realce visível ao método. Entretanto, algumas lesões podem apresentar tênue realce focal, irregular e heterogêneo pela quebra de barreira hematoencefálica. Na RM são caracterizados como massas heterogêneas de alto sinal em T2 e FLAIR e hipossinal em T1, sem restrição à difusão. São mais infiltrativos e com bordas mais mal definidas do que os astrocitomas grau II e podem ter edema vasogênico perilesional. Cerca de 50-70% dos casos apresentam algum realce pelo contraste paramagnético, e os tumores que não realçam apresentam comportamento mais parecido com os astrocitomas grau II. As lesões que apresentam maior quebra da barreira hematoencefálica estão associadas a um risco maior de transformação em glioblastomas e menor sobrevida. A espectroscopia de prótons revela aumento da colina (denotando maior *turnover* celular), redução do NAA (despopulação neuronal) e presença de mioinositol (marcador astrocitário), porém com relação mioinositol/creatina menor do que nos astrocitomas grau II. O estudo perfusional também é de extrema importância, não só para orientar biópsias estereotáxicas para as regiões mais anaplásicas, mas também para predizer prognóstico e evolução.

Tratamento dos astrocitomas graus II e III

É difícil o estabelecimento do tratamento apropriado dessas lesões, seja expectante, cirúrgico, rádio e/ou quimioterápico. Isso porque o comportamento das lesões é bastante heterogêneo, muitas vezes com propensão de malignização e recorrência após o tratamento inicial. De qualquer forma, as opções terapêuticas devem ser amplamente expostas e discutidas com o paciente e seus familiares, sendo a conduta de cada caso individualizada.

O objetivo inicial da cirurgia é estabelecer o diagnóstico histopatológico e molecular. No entanto, a decisão de ser feita apenas uma biópsia ou uma ressecção ampla depende do tamanho e localização da lesão, idade do paciente, estado clínico geral, sintomatologia, entre outros.

Apesar de não haver nenhum grande ensaio clínico com evidência classe I, vários estudos (pelo menos 20 nos últimos 20 anos) avaliaram o papel da ressecção cirúrgica na sobrevida livre de doença, sobrevida global e qualidade de vida desses pacientes. Esses estudos apontam para um aumento de sobrevida livre de doença e sobrevida global após o máximo de ressecção cirúrgica possível, sempre tentando utilizar-se de métodos que diminuam a morbimortalidade, tais como mapeamento cortical e subcortical intraoperatório, craniotomias com paciente acordado, RM intraoperatória e cirurgias guiadas por fluorescência (5-ácido aminolevulínico).

Em relação aos tratamentos adjuvantes quimiorradioterápicos em pacientes com astrocitomas grau II, ainda não há diretrizes completamente aceitas, devendo-se considerar fatores de pior prognóstico como idade maior que 40 anos, tumor maior que 6,0 cm e presença de déficits neurológicos, para guiar o manejo terapêutico. Para pacientes com astrocitomas grau III, a literatura é inequívoca quanto à necessidade de terapia adjuvante, sendo preconizado entre 54-60Gy como dose total de RT e esquema quimioterápico com procarbazina, lomustina e vincristina (PCV) ou temozolamida (TMZ). Pacientes com baixa performance podem ser conduzidos com tratamento de suporte otimizado, radioterapia hipofracionada e/ou PCV/TMZ.

O acompanhamento dos pacientes com gliomas difusos geralmente é preconizado inicialmente com RM a cada 3 meses, mesmo naqueles astrocitomas grau II com baixo risco, podendo se estender esse intervalo após um controle prolongado da doença.

Oligodendrogliomas graus II e III

Os oligodendrogliomas são o terceiro tipo mais comum de gliomas, depois dos glioblastomas e dos astrocitomas anaplásicos. Antes eram definidos por suas características histológicas oligodendrogliais, como a presença de núcleos hipercromáticos circundados por um halo perinuclear de citoplasma com aspecto em "ovo frito" e capilares delicados com aspecto em "tela de galinheiro". Com o conhecimento dos padrões genéticos específicos, hoje a tendência é atrelar esse diagnóstico a testes moleculares como codeleção 1p19q, IDH1/2 e mutações TERT, apesar de algumas vezes haver confusão entre os testes histológicos e moleculares.

As perdas cromossômicas nos oligodendrogliomas envolvem preferencialmente os cromossomos 1p e 19q, presumivelmente em função de um único evento de translocação, podendo estar presentes em 40-80% desses tipos de tumores. A codeleção 1p19q ocorre no contexto da mutação IDH1/2 (80% dos tumores) e geralmente são acompanhadas das mutações TERT. Ganho de BRAF por meio de duplicação ou fusão do KIAA1549, habitualmente observado nos astrocitomas pilocíticos, também foi descrito em oligodendrogliomas. Também há correlação da codeleção 1p19q com a metilação MGMT, sendo preditivo de melhor resposta aos agentes alquilantes, especialmente nos tumores IDH selvagens. Os tumores com características oligodendrogliais, mas sem a codeleção 1p19q, geralmente apresentam outras anormalidades cromossômicas tipicamente exclusivas da codeleção, como mutação TP53, amplificação EGFR e mutações PTEN, sendo esses com pior sobrevida, se assemelhando a dos astrocitomas.

A maioria dos tumores ocorre em adultos (40-60 anos), sendo os de baixo grau mais comuns em pacientes mais jovens. Tem origem na substância branca dos hemisférios cerebrais, e 90% das vezes são supratentoriais e predominantemente nos lobos frontais (50-65%). Apesar da sobrevida dos pacientes com oligodendrogliomas grau II poder ser maior que 10 anos, esses tumores são quase invariavelmente fatais e nunca devem ser considerados como benignos.

Os tumores oligodendrogliais em pacientes pediátricos e adultos jovens têm um perfil molecular diferente dos adultos e, como regra, não apresentam mutação IDH ou codeleção 1p19q. Nenhuma característica molecular específica desses tumores foi estabelecida. Dessa forma, pela classificação da OMS, eles devem ser inclusos como oligodendrogliomas NOS (não especificados). Contudo, deve-se ter cuidado na diferenciação com outros tipos tumorais como astrocitomas pilocíticos e ependimomas de células claras.

A apresentação clínica depende da localização e do tamanho das lesões. Pacientes com lesões de baixo grau tendem a ter um curso mais indolente e com crises epilépticas. Já as lesões de alto grau acarretam défcits neurológicos, hipertensão intracraniana ou déficits cognitivos.

Oligodendrogliomas grau II: massas hipodensas na TC, geralmente periféricas e com base cortical. Apresentam alto sinal em T2 e FLAIR na RM, sem restrição à difusão, podendo haver focos de suscetibilidade magnética (calcificações ou resíduos de hemossiderina) e geralmente sem realce pelo contraste. As calcificações são sugestivas dos oligodendrogliomas (mais frequentes nos codeletados), mas não são específicas. O fato de haver algum tipo de contrastação não exclui a possibilidade de a lesão ser de baixo grau, podendo haver contrastação difusa ou esparsa.

Oligodendrogliomas grau III: massas corticossubcorticais com realce pelo contraste, e os tumores codeletados tendem a ter um realce mais homogêneo ou esparso do que os não codeletados, que tendem a ter áreas de necrose/liquefação com realce anular pelo meio de contraste e margens insistintas, lembrando o aspecto dos glioblastomas.

A espectroscopia de prótons pode ser útil para a diferenciação de oligodendrogliomas de alto e baixo grau, e quanto maior a relação colina/creatina maior a chance de ser anaplásico. Além disso, como já foi discutido, há trabalhos que indicam a utilização da espectroscopia para a pesquisa da mutação IDH.

A perfusão, que é utilizada para predizer gradação tumoral nos astrocitomas, não pode ser utilizada com a mesma finalidade nos oligodendrogliomas. Isso porque o aumento do volume sanguíneo cerebral relativo (rCBV) nesses tipos de tumores reflete a vascularização proeminente em "tela de galinheiro", sendo frequente nos tumores de baixo e de alto grau (Figura 7). PET com FDG mostra uma captação variável do tumor, não sendo muito utilizado clinicamente, assim como na avaliação dos GBM, provavelmente pela alta captação de base do encéfalo. O PET com metionina mostra uma captação maior dos oligodendrogliomas em relação aos astrocitomas, mas também não tem aplicação clínica bem definida.

À microscopia, os oligodendrogliomas anaplásicos apresentam características de malignidade como atividade mitótica alta e necrose, além de apresentarem maior densidade celular, pleomorfismo celular, hipercromatismo e proliferação microvascular do que os oligodendrogliomas de baixo grau. Não há marcadores específicos de imuno-histoquímica para os oligodendrogliomas.

Os principais diagnósticos diferenciais dos oligodendrogliomas são os astrocitomas, oligoastrocitomas, gangliogliomas e tumor neuroeptelial disembrioplásico (DNET), que também acarretam convulsões. Os neurocitomas são indistinguíveis dos oligodendrogliomas à microscopia óptica e requerem testes imuno-histoquímicos, podendo haver positividade esparsa da GFAP, em razão da presença de astrócitos reacionais.

Atualmente, a indicação do tratamento e a predição de prognóstico desses tumores são baseadas nos perfis moleculares. O tratamento se inicia com a maior ressecção cirúrgica possível, seguida de quimioterapia, especialmente com PCV (procarbazina, lomustine-também conhecido como CCNU e vincristina) e radioterapia. A conduta expectante pode ser uma escolha após a cirurgia naqueles pacientes com melhor prognóstico (jovens, bom estado clínico geral, tumores não contrastantes e codeletados), porém a presença de lesão residual é associada a uma progressão radiológica mais rápida e esses pacientes devem ser seguidos muito de perto. Pacientes com lesão residual maior que 1,0 cm ou com características astrocíticas têm maior chance de progressão tumoral.

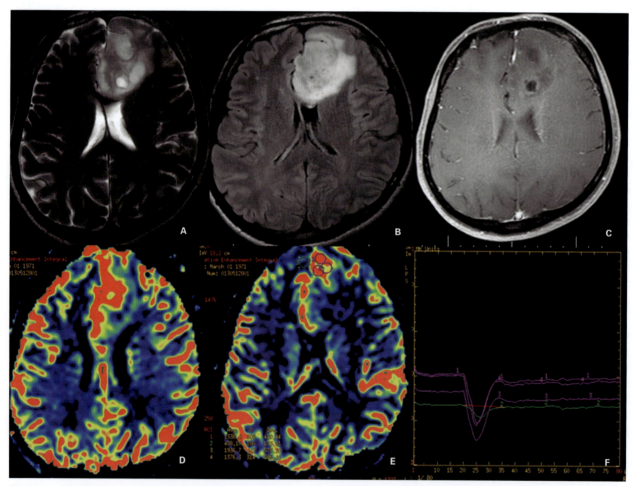

Figura 7 Oligodendroglioma grau III (presença de codeleção 1p19q; IDH positivo). Paciente com 43 anos de idade, com história de crises convulsivas há 2 meses. Em A (T2; axial), B (FLAIR; axial) e C (T1 pós-contraste), observamos formação expansiva corticossubcortical frontal esquerda, sem áreas de contrastações. Em D, E e F (perfusão T2), notam-se áreas de aumento do volume sanguíneo cerebral relativo (rCBV). Contudo, a perfusão T2 não é boa preditora de graduação dos oligodendrogliomas, visto que mesmo os de baixo grau podem ter áreas de aumento do rCBV.

Para os gliomas de baixo grau, incluindo os oligodendrogliomas, a dose de radioterapia é de 50-54 Gy em frações de 1,8 Gy, enquanto nos anaplásicos a dose é de 59,4Gy em 33 frações. Os oligodendrogliomas com codeleção 1p19q têm uma sobrevida melhor após radioterapia do que aqueles sem a mutação.

Oligoastrocitomas

A OMS reconhece esses tumores como uma entidade mista marcada pela presença das linhagens celulares astrocítica e oligodendroglial, com graus II e III. Entretanto, estudos moleculares recentes demonstram que ao estudarmos geneticamente esse tipo de tumor conseguimos dividi-los em dois grupos. Um deles com células oligodendrogliais, que apresentam codeleção 1p19p e cuja porção astrocítica não apresenta nenhuma das mutações específicas dessa linhagem (IDH, p53 e perda ATRX) e, portanto, são interpretados como astrócitos reacionais. Consequentemente, esse grupo é classificado como oligodendroglioma (Figura 8). Enquanto isso, o outro grupo de tumores, que apresenta perda ATRX e mutação p53, mas sem codeleção 1p19q, é classificado como astrocitomas, embora tenham células de linhagem oligodendroglial. Os verdadeiros oligoastrocitomas, representados por tumores mistos com marcadores moleculares de astrócitos e oligodendrogliomas são raros, com alguns poucos relatos na literatura e alguns relacionados à radioterapia. Dessa maneira, atualmente os antigos oligoastrocitomas podem ser classificados de acordo com a presença ou não da codeleção 1p19q, em astrocitomas ou oligodendrogliomas. Pela atual classificação da OMS, apenas podemos classificar um tumor como oligoastrocitoma quando testes moleculares não estão disponíveis.

Outros tumores astrocíticos e gliomas

Astrocitomas pilocíticos

Os astrocitomas pilocíticos correspondem a 5,2% de todos os gliomas e são mais frequentes na infância, sendo o tumor cerebral primário mais comum na faixa etária entre 0 e 19 anos, apesar de poder ocorrer em qualquer idade. Podem se originar de qualquer lugar do neuroeixo, envolvendo o cerebelo (Figura 9) em 42% das vezes, o compartimento supratentorial (como hipotálamo e vias ópticas) em 36% e o tronco encefálico e medula espinal em cerca de 22%.

Os astrocitomas pilocíticos são classificados como grau I da OMS, entretanto um subtipo raro que ocorre no hipotálamo/quiasma óptico de crianças menores de 1 ano de idade (astrocitomas pilomixoides) parece ter um comportamento um pouco mais agressivo, talvez pela faixa etária envolvida ou mesmo pela localização tumoral, que limita a possibilidade de ressecção cirúrgica. Apresentam associação com neurofibromatose tipo I, e 15% dos pacientes com essa síndrome desenvolverão astrocitoma pilocítico, notadamente de vias ópticas. Também há associação com síndrome de Noonan (síndrome neuro-cardio-cutâneo-facial).

A apresentação clínica costuma ser insidiosa e depende da localização do tumor. Na fossa posterior geralmente cursam com ataxia, déficits de nervos cranianos e sinais e sintomas de hipertensão intracraniana, como cefaleia, náuseas e vômitos. Tumores hipotalâmicos cursam com síndromes clínicas como *diabetes insipidus*, puberdade precoce e alterações hidroeletrolíticas.

Essas lesões podem conter cistos ou um nódulo tumoral contrastante dentro de um cisto (geralmente nos cerebelares ou hemisféricos), entretanto o aspecto de massa sólida com necrose pode ocorrer em até 40% das vezes. Os tumores de fossa posterior são geralmente dorsais e com padrão de crescimento exofítico, ao contrário dos gliomas difusos da ponte, que costumam infiltrar e expandi-la. As porções sólidas apresentam-se na TC como lesões bem delimitadas, iso ou hipoatenuantes, com realce pelo meio de contraste. Na RM, costuma ter baixo sinal em T1 e iso/hipersinal em T2 e FLAIR. Os gliomas hipotalâmicos/quiasmáticos costumam ser sólidos, com padrão fusiforme e margens indistintas, com realce variável (sem ou intenso). A espectroscopia costuma ter aumento da colina, redução do NAA e pico de lactato, achados paradoxais para uma lesão de baixo grau. A perfusão apresenta volume sanguíneo cerebral (rCBV) baixo a moderado.

O diagnóstico diferencial das lesões de fossa posterior são especialmente com os PNET (antes chamados de meduloblastomas) (tumores sólidos, de linha média que apresentam restrição à difusão), ependimomas (tumores plásticos, que se insinuam nos forames de Magendie e de Lushcka), hemangioblastomas (tumores de adultos, com edema peritumoral, cuja porção sólida facilita à difusão e tem aumento do rCBV), tumores glioneurais formadores de rosetas (origina-se do IV ventrículo de adultos jovens) e xantoastrocitomas pleomórficos. Já as lesões hemisféricas sólido-císticas devem ser diferenciadas dos gangliogliomas (quando as lesões são nos lobos temporais), que geralmente têm base cortical e calcificam. O maior desafio diagnóstico se dá quando os astrocitomas pilocíticos são supratentoriais especialmente em adultos, podendo apresentar necrose, hemorragia e proliferação microvascular, assemelhando-se aos gliomas difusos.

Histopatologicamente, são tumores de baixa a moderada densidade celular, com áreas compactas formadas por células alongadas (aspecto em "fio de cabelo") que contêm fibras de Rosenthal (inclusões citoplasmáticas positivas para GFAP). São entremeadas por áreas hipocelulares que contém células multipolares com microcistos (GFAP negativas). A imuno-histoquímica revela MIBI (anti-Ki 67) menor que 1%. Variantes anaplásicas são raras, mais comuns em adultos e associadas a um pior prog-

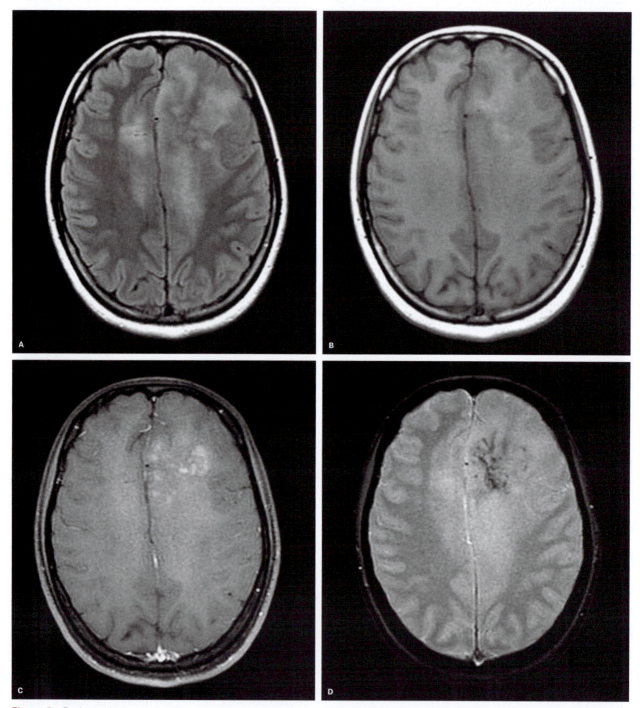

Figura 8 Paciente do sexo masculino com 35 anos de idade em acompanhamento de oligoastrocitoma bi-hemisférico diagnosticado por biópsia. Imagens no plano axial pesadas em FLAIR (A), T1 (B) e T1 pós-gadolínio (C), demonstrando lesão corticossubcortical infiltrativa de limites imprecisos determinando leve efeito de massa e apagamento de sulcos corticais adjacentes. As calcificações curvilíneas, típicas das neoplasias oligodendrogliais, podem ser vistas em sequência T2*(D) ou mais facilmente à TC (E).

(continua)

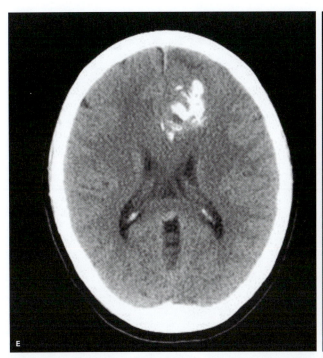
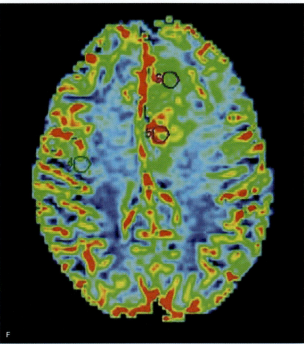

Figura 8 *(continuação)* Mapa de volume sanguíneo cerebral relativo (rCBV) de estudo perfusional (F) mostra focos de elevada densidade capilar na porção central paramediana esquerda da lesão, outro achado característico de lesões oligodendrogliais. Mais provavelmente essa lesão deve corresponder a um tumor com codeleção 1p19p, mas na época não foi realizado o teste molecular.

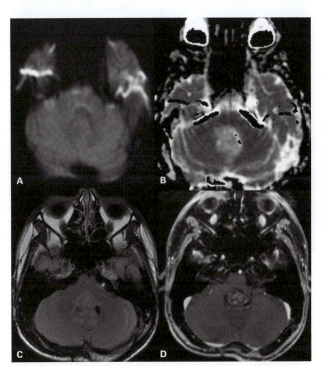

Figura 9 Astrocitoma pilocítico. Paciente masculino, 20 anos de idade, apresentando-se com ataxia de marcha há 4 meses. Em A (difusão; axial) e B (mapa de coeficientes de difusão aparente – CDA; axial) observamos formação expansiva mediana centrada na fossa posterior, sem restrição à difusão. Em C (FLAIR; axial) a lesão apresenta alto sinal heterogêneo e em D (T1 SPGR pós--contraste) observamos focos descontínuos de realce pelo meio de contraste.

nóstico, podendo ser caracterizados: hipercelularidade, atipia citológica, alto índice mitótico, proliferação microvascular e necrose (coagulativa e/ou em pseudopaliçada).

A alteração genética molecular mais comum dos astrocitomas pilocíticos é a fusão dos genes KIAA1549 e BRAF, que ocorre em mais de 70% dos casos, sendo ainda mais comuns nos tumores cerebelares. Contudo, essa fusão pode se originar de pelo menos nove tipos diferentes de combinações, dificultando muitas vezes os testes diagnósticos. Há outros tipos de fusão BRAF que esses tumores podem ainda apresentar, envolvendo mecanismos de deleção e translocação.

O tratamento é essencialmente cirúrgico, quando possível, podendo ser feita radioterapia adjuvante nos casos de remanescente tumoral.

O prognóstico dos astrocitomas pilocíticos costuma ser favorável, com uma sobrevida em 5 anos de cerca de 90%, mesmo aqueles parcialmente ressecados. Os tumores hipotalâmicos/vias ópticas (incluindo a variante pilomixoide) não ressecados cirurgicamente por conta da sua localização ou os raros casos de disseminação leptomeníngea costumam ter o prognóstico mais reservado.

Variante astrocitoma pilomixoide

São tumores que geralmente se apresentam como massas volumosas nas regiões hipotalâmica/quiasmática em crianças muito novas, muitas vezes com extensão aos lobos temporais (Figura 10). Os astrocitomas pilomixoi-

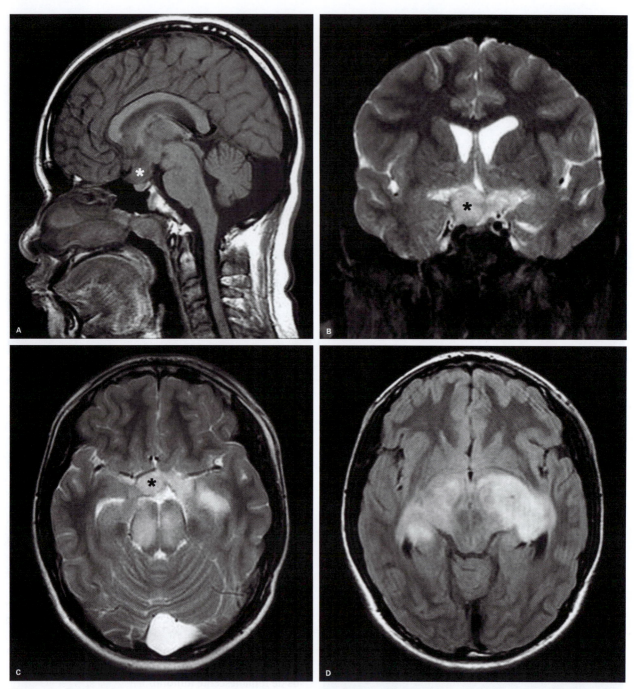

Figura 10 Paciente do sexo masculino, 12 anos, portador de astrocitoma de vias ópticas (variante astrocitoma pilomixoide). Imagens de ressonância magnética pesadas em T1 no plano sagital (A), T2 nos planos coronal e axial (B e C) e FLAIR no plano axial (D) evidenciam espessamento tumoral do quiasma óptico (asteriscos) disseminando-se amplamente ao longo dos tratos ópticos retroquiasmáticos e infiltrando amplamente o mesencéfalo e diencéfalo. Os nervos ópticos (não demonstrados) encontravam-se igualmente espessados e infiltrados.

des de localizações atípicas costumam acometer pacientes mais velhos (adolescentes e adultos jovens).

São compostos por células piloides monomórficas imersas numa matriz mixoide com tendência a formar pseudopapilas, não apresentando fibras de Rosenthal, células bipolares ou corpos granulares eosinofílicos. As células tumorais apresentam um padrão de crescimento angiocêntrico muito característico desses tumores. São fortemente positivos para GFAP e vimentina.

Também se apresentam como lesões solidocísticas, com maior hiperintensidade de sinal em T2 e maior valor CDA do que os pilocíticos (em decorrência da presença de matriz mixoide). A disseminação liquórica é comum, sendo necessário investigar a disseminação pelo neuroeixo.

Na recente atualização da classificação dos tumores da OMS de 2016, foi aconselhado não mais classificar esses tumores como grau II, em razão da incerteza do seu comportamento em relação aos astrocitomas pilocíticos. Dessa forma, é indicado não mais graduar esses tumores até que novos estudos sejam realizados.

Astrocitomas subependimários de células gigantes (ASCG)

Ocorre em pacientes com esclerose tuberosa (ET), uma síndrome autossômica dominante relacionada às mutações nos genes TSC1 e TSC2 (que codificam as proteínas supressoras de tumores hamartina e tuberina, respectivamente) e predispõe a formação de hamartomas benignos sistêmicos (em coração, pulmão, pele, rins, olhos, fígado e encéfalo). No SNC, ocorrem quatro tipos de lesões: túberes parenquimatosos benignos (90-100%), linhas radiais de migração na substância branca cerebral, nódulos subependimários hamartomatosos (93-100%) e astrocitomas subependimários de células gigantes (5-20%).

Os astrocitomas subependimários de células gigantes (ASCG) ocorrem geralmente na segunda década de vida, são classificadas como grau I da OMS e se originam de nódulos subependimários que delineiam as superfícies ventriculares, geralmente junto ao forame de Monro. Apresentam características glioneurais, com expressão de GFAP e S-100. São assintomáticos na maioria dos casos, até causarem hidrocefalia obstrutiva.

Costumam ser lesões sólidas bem circunscritas e homogêneas, com realce heterogêneo pelo meio de contraste. Apresentam calcificações e raras vezes sangram ou necrosam. A diferenciação entre ASCG e nódulos subependimários hamartomatosos às vezes é difícil, visto que ambos podem realçar e apresentar calcificações. Dimensões maiores que 10-12 mm e/ou aumento progressivo da lesão favorecem a possibilidade de diferenciação neoplásica. Outros diagnósticos diferenciais incluem os papilomas de plexo coroide, neurocitoma central, glioma cordoide, entre outros.

O tratamento de escolha é a ressecção cirúrgica, com baixas taxas de recidiva, e, quanto mais precoce a intervenção, maior a taxa de cura e menores as chances de sequela pós-hidrocefalia obstrutiva.

Xantoastrocitomas pleomórficos

São neoplasias gliais raras, de crianças e adultos jovens, com características e comportamento de lesões de baixo grau, classificadas como grau II pela OMS.

As lesões costumam ser solidocísticas, com nódulo mural contrastante e pouco edema vasogênico. São massas bem delimitadas, superficiais e com base cortical, que fazem contato com as meninges, algumas vezes apresentando sinal da cauda dural. A porção sólida tem hipersinal em T2/FLAIR e podem apresentar calcificações.

Sua característica mais marcante é o pleomorfismo, com densa rede de reticulina, estrutura compacta e lipidização das células tumorais, com figuras mitóticas raras ou ausentes. São positivas para GFAP e apresentam imunorreatividade para S-100. Até 60% desses tumores apresentam mutação BRAF V600E e não costuma haver mutação IDH.

A forma mais comum de apresentação é epilepsia de longa data, e os principais diagnósticos diferenciais são os gangliogliomas e o DNET.

Na recente atualização da classificação dos tumores da OMS em 2016, foi acrescentada a entidade xantoastrocitoma pleomórfico anaplásico (grau III), desde que apresente mais de cinco mitoses por campo de aumento de 10 e/ou necrose. Os pacientes com esse tipo de tumor apresentam sobrevida mais curta.

Glioma cordoide de III ventrículo

São neoplasias gliais extremamente raras de adultos, com crescimento insidioso e não invasivo, classificados como grau II da OMS. Originam-se do aspecto anterior do III ventrículo, adjacente à *lamina terminalis* e podem estar aderidos ao hipotálamo, em geral deslocam mais do que invadem o parênquima encefálico adjacente.

O aspecto geral é de uma estrutura cordoide com fundo mixoide, lembrando os cordomas ou meningiomas cordoides microscopicamente; entretanto, apresentam forte imunorreatividade para GFAP, que é um marcador glial.

São massas ovoides, bem delimitadas, com realce forte e homogêneo, isointensos ao parênquima na RM e podem apresentar cistos intratumorais ou calcificações, e raramente hemorragia.

Apesar do comportamento de baixo grau, apresentam sobrevida regular em razão das complicações cirúrgicas nas cirurgias radicais.

Gliomas angiocêntricos

São lesões grau I da OMS, que ocorrem em crianças e adultos jovens com crises epilépticas intratáveis, com características mistas astrocíticas e ependimárias, sem marcadores neuronais.

São tumores superficiais, com base cortical, que se localizam na junção corticossubcortical, apresentando hipossinal em T1, hipersinal em T2 e FLAIR e ausência de realce pelo meio de contraste.

O tratamento é realizado com ressecção cirúrgica, com controle total ou parcial das crises, e os principais diagnósticos diferenciais incluem o ganglioglioma e DNET.

Astroblastomas

São neoplasias gliais raras de adultos jovens (média de 35 anos), geralmente com comportamento de alto grau, positivos para GFAP, S-100 e vimentina. Apesar do nome sugerir uma linhagem astrocítica, esse tumor é histopatologicamente mais semelhante ao epêndima, com pseudorrosetas perivasculares frequentes.

Costumam ser lesões supratentoriais, grandes, periféricas e frequentemente císticas/bolhosas. Mais de 85% das lesões apresentam calcificações, psamomatosas ou globulares. Em geral, têm melhor prognóstico que os outros tumores gliais de alto grau.

Ependimomas

Os ependimomas são neoplasias raras que tradicionalmente se acredita originarem das células ependimárias. Podem ocorrer em qualquer local do SNC, sendo mais comuns na região supratentorial e na medula de pacientes adultos (pico dos 55-59 anos) e na região infratentorial de crianças (pico de 0-4 anos), representando o terceiro grupo de tumores cerebrais mais frequentes nessa faixa etária (10-12% dos tumores cerebrais pediátricos). As lesões que ocorrem na idade adulta tendem a ter um prognóstico mais favorável que as encontradas na faixa pediátrica. Apresentam uma discreta predileção por homens caucasianos e são até duas vezes mais frequentes na medula espinhal do que no encéfalo. Em sua maioria são esporádicos, mas alguns podem estar associados com neurofibromatose tipo 2.

Os ependimomas geralmente são heterogêneos nas imagens de RM, com predomínio de baixo sinal em T1, alto sinal em T2, iso ou alto sinal em FLAIR, realce heterogêneo pelo meio de contraste endovenoso (Figura 11) e componentes com restrição à difusão das moléculas de água pela alta celularidade. Aproximadamente 50% apresentam calcificações, 70% componentes císticos múltiplos, de dimensões variadas e com sinal semelhante ao do liquor, e ainda podem apresentar subprodutos da degradação hemática.

São classificados pela organização mundial da saúde entre graus I a III conforme sua histologia (Quadro 2).

Subependimoma (grau I)

Os subependimomas são tumores benignos, bem diferenciados, lobulados, de contornos bem definidos e com comportamento expansivo de crescimento lento. Ocorrem mais tipicamente no quarto ventrículo (60%), e, em ordem decrescente de frequência, no ventrículo lateral, terceiro ventrículo e medula espinhal. São mais comuns em adultos, geralmente assintomáticos quando medem até 2,0 cm, mas quando maiores podem apresentar cistos ou calcificações.

Ependimoma mixopapilar (grau I)

Os ependimomas mixopapilares ocorrem exclusivamente no cone medular, filo terminal e cauda equina. São muito

Quadro 2 Ependimomas segundo a classificação da Organização Mundia da Saúde (OMS)

OMS grau I:
- Subependimoma
- Ependimoma mixopapilar

OMS grau II
- Ependimoma (ependimoma papilar, ependimoma de células claras e ependimoma tanicítico)
- Ependimoma com fusão de RelA positiva (grau II ou III)

OMS grau III
- Ependimoma anaplásico

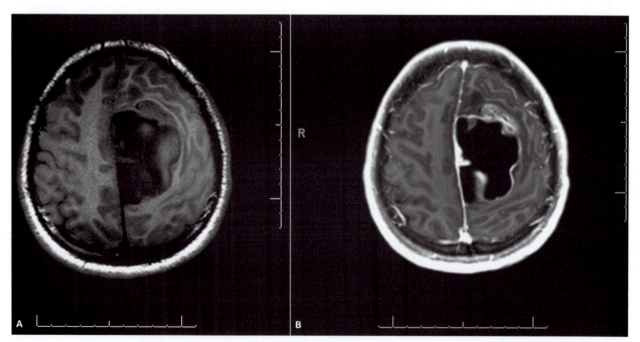

Figura 11 Ependimoma anaplásico. Paciente do sexo masculino de 22 anos apresenta grande formação expansiva periférica, predominantemente cística, de contornos lobulados e realce periférico no lobo frontal esquerdo, caracterizada nas imagens axiais pesadas em T1 pré (A) e pós-gadolínio (B).

(continua)

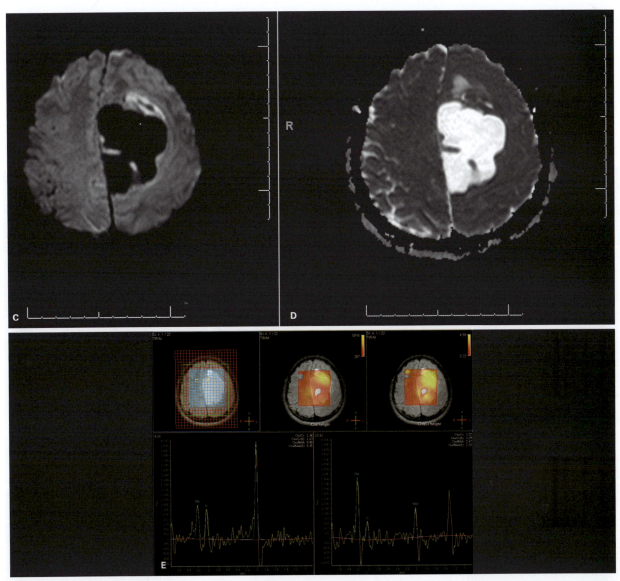

Figura 11 *(continuação)* Destaca-se nódulo mural no contorno anterior da lesão, com realce heterogêneo pelo meio de contraste paramagnético e restrição à difusão das moléculas de água (C e D). Espectroscopia de prótons da lesão (E) demonstra queda de N-acetilaspartato (NAA) e grande pico de colina (exame de espectroscopia com voxel à esquerda no parênquima normal e voxel à direita na lesão).

mais frequentes em adultos (média de idade de 35 anos) do sexo masculino (60%) e podem representar até 50% de todos os tumores da medula espinhal. Geralmente ocupam o espaço de 2 a 4 vértebras e podem promover alargamento do canal ósseo. Apesar de serem classificados como grau I, podem apresentar disseminação liquórica e múltiplas lesões são observada em até 43% dos casos. Podem apresentar sintomas desde dores lombares baixas até fraqueza nos membros inferiores e outros sintomas radiculares (Figura 12).

Ependimomas graus II e III

Ependimoma grau II são mais frequentes em todas as faixas etárias e ependimomas grau III ocorrem 6 vezes mais em crianças quando comparados aos adultos. Eles podem ocorrer junto ao epêndima de todo o sistema ventricular, no interior dos ventrículos sem aderência a suas paredes, na substância branca, e em alguns casos raros nas regiões corticais. Alguns estudos afirmam que eles podem surgir a partir das células radiais da glia.

Ependimomas tendem a se insinuar por forames e estruturas e tipicamente encarceram vasos sanguíneos e nervos. Quando no compartimento infratentorial, é altamente típica sua extensão para os forames de Luschka, de Magendie, e para o forame magno, podendo cursar com hidrocefalia. Quando ocorrem junto à cisterna do ângulo pontocerebelar são mais associados a recidivas. Na região supratentorial eles tendem a ocorrer em crianças mais velhas e adultos e ocorrem fora do sistema ventrícular (70%). Quando no sistema ventricular, tendem a crescer ao longo da superfície dos ventrículos laterais e septo pelúcido (Figura 13). Na medula

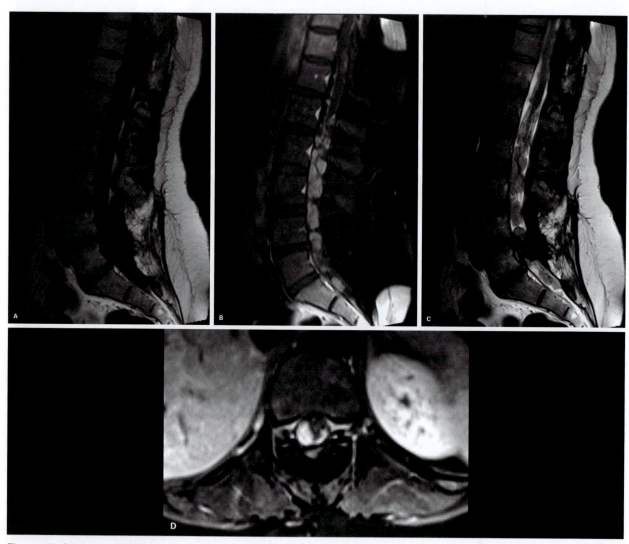

Figura 12 Imagens sagitais da coluna lombar pesadas em T1 pré (A) e pós-gadolínio (B) e em T2 (C) de paciente do sexo feminino, com 34 anos, no pós-operatório de ependimoma mixopapilar. As imagens sagitais e axiais em T1 pós-gadolínio (D) mostram a disseminação liquórica da doença com múltiplas lesões sólidas e homogêneas preenchendo o final do saco dural

5 TUMORES INTRA E EXTRA-AXIAIS DO SISTEMA NERVOSO CENTRAL 243

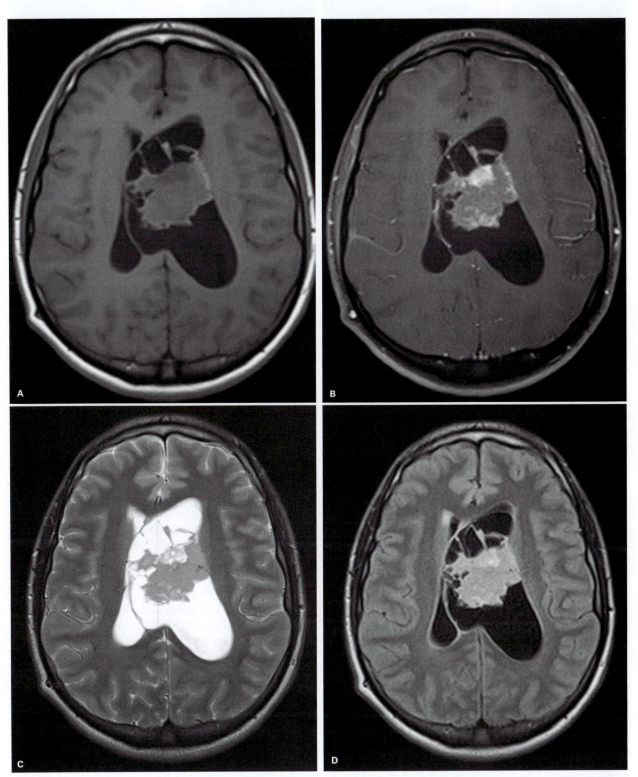

Figura 13 Ependimoma intraventricular. Imagens axiais pesadas em T1 pré (A) e pós-gadolínio (B), em T2. (C) e em FLAIR (D) de paciente do sexo masculino, com 86 anos. Nota-se formação expansiva intraventricular, com múltiplos cistos, mantendo íntimo contato com o septo pelúcido e forame de Monro à esquerda e promovendo dilatação do ventrículo lateral esquerdo. Nota-se intenso realce predominantemente homogêneo das porções sólidas da lesão.

(continua)

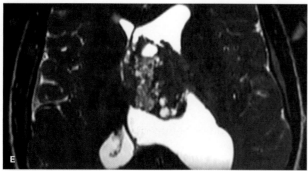 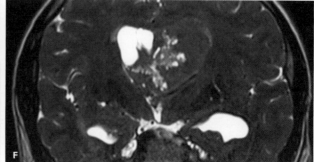

Figura 13 *(continuação)* Outras imagens pesadas em T2 nos planos axial (E) e coronal (F) mostram melhor a relação da lesão com o ventrículo lateral.

espinhal, tipicamente apresentam grandes componentes císticos satélites, apresentam sinal do capuz (*cap sign* – depósitos de hemossiderina em seus limites inferior e superior), ocorrem na região centromedular por uma extensão de 3-4 vértebras e estão associados a siringomielia (astrocitomas não tendem a ser centromedulares e em geral estendem-se por 5-6 vértebras).

Tumores do plexo coroide

O plexo coroide consiste em um grupamento de células epiteliais cuboides que se modificaram das células ependimárias, circundando um centro de tecido conectivo frouxo e pequenos vasos capilares. Estão presentes em todos os ventrículos e são responsáveis pela produção do liquor. Os tumores originados do plexo coroide são classificados em três tipos, conforme sua histologia: os papilomas de plexo coroide (OMS grau I), os papilomas atípicos de plexo coroide (OMS grau II) e os carcinomas de plexo coroide (OMS grau III). Seu conjunto representa cerca de 0,4-0,6% de todas as neoplasias intracranianas, acometendo predominantemente a população pediátrica (3% de todas as neoplasias), correspondendo a 14% das neoplasias que ocorrem no primeiro ano de vida (neoplasia mais comum do primeiro ano de vida) e 7,9% dos tumores fetais diagnosticados por ultrassom.

Dos tumores de plexo coroide, 45% ocorrem no primeiro ano de vida, 74% ocorrem na primeira década; 50% dos casos ocorrem nos ventrículos laterais, sem preferência entre direito ou esquerdo, 37% ocorrem no quarto ventrículo e/ou forame de Luschka e 9% no teto do terceiro ventrículo. Os demais tumores do plexo coroide são multiventriculares ou podem ocorrer em locais mais raros, inclusive em sítios extraventriculares. Podem apresentar fenótipos malignos ou benignos, mas a conversão para malignidade de um fenótipo benigno é um fenômeno raro, e metástases já foram reportadas tanto nos carcinomas quanto nos papilomas. Sugere-se estudo da coluna vertebral por causa da possibilidade de presença de *drop metastasis* no momento do diagnóstico. Carcinomas de plexo coroide correspondem a 29-39% dos casos.

Por se desenvolver no compartimento intraventricular, essas lesões tendem a ser assintomáticas. Quando presentes, os sintomas tendem a se relacionar ao aumento da pressão intracraniana (cefaleia, hidrocefalia, papiledema, náusea, vômitos, déficits de nervos cranianos e convulsões). Papilomas e carcinomas do plexo coroide podem promover hidrocefalia por três mecanismos: obstrução do fluxo, aumento da produção de liquor ou redução de drenagem após hemorragias.

Papilomas do plexo coroide

Há uma forte correlação etária com os papilomas de plexo coroide supratentoriais, e mais de 80% ocorrem em indivíduos com menos de 20 anos. Já no compartimento infratentorial há uma distribuição relativamente homogênea entre as faixas etárias. Há uma discreta predileção pelo sexo masculino e em sua maioria são esporádicos, embora possa haver uma associação rara com a síndrome de Aicardi.

Aos exames seccionais esses tumores aparecem como formações sólidas arredondadas ou multilobuladas, com intenso realce homogêneo pelos meios de contraste endovenoso, iso ou levemente hiperatenuantes na TC, e com iso ou leve hipossinal em T1 e hipersinal heterogêneo em T2. Calcificações e degenerações císticas podem estar presentes em até 50% dos casos (Figura 14). Podem apresentar estruturas vasculares dilatadas e *flow voids*. As sequências angiográficas podem demonstrar o suprimento arterial e a drenagem venosa desses tumores na forma de vasos do plexo coroide aumentados e tortuosos, ajudando no planejamento cirúrgico para reduzir sangramentos.

Papilomas atípicos do plexo coroide em geral não são diferenciáveis por imagem dos demais papilomas e são classificados dessa maneira quando histologicamente apresentam aumento de celularidade, mitoses e pleomorfismo nuclear.

Carcinomas do plexo coroide

A média de idade de ocorrência do carcinoma do plexo coroide está entre 26-32 meses. Esses tumores ocorrem nos ventrículos laterais em sua maioria e suas características de imagens são superponíveis com os papilomas, exceto por poder apresentar bordas indistintas ou clara invasão do parênquima cerebral adjacente, e seu realce tende a ser mais heterogêneo (Figura 15).

Metástases e disseminação liquórica podem ocorrer tanto no carcinoma como no papiloma do plexo coroide, mas são mais frequentes nos carcinomas, e são identificadas como realces ependimários lineares ou nódulos no interior dos ventrículos ou no espaço subaracnoide. Os tumores do plexo coroide produzem liquor, o que pode levar à hidrocefalia e ao represamento liquórico focal no interior do ventrículo, à montante do ponto de obstrução.

Tumores neuronais e glioneurais

Os tumores que apresentam células ganglionares ou diferenciação neurocítica, sejam puros (neurocitomas e gangliocitomas) ou mistos, são classificados sob a mesma categoria OMS, possivelmente em decorrência de seu comportamento biológico semelhante. Esses tumores são mais raros que os tumores gliais puros, representando 1-3% de todos os tumores cerebrais. Habitualmente causam convulsões e possuem um comportamento biológico menos agressivo, sendo classificados em graus I ou II pela OMS, com exceção do ganglioglioma anaplásico, que possui grau III.

Os paragangliomas são classificados pela OMS como tumores glioneurais, mas são abordados na sessão de cabeça e pescoço.

Tumores neuronais

Gangliocitomas

Os gangliocitomas são tumores benignos raros (OMS grau I) que apresentam exclusivamente células ganglionares displásicas (nerônios maduros com núcleos e nucléolos proeminentes, e núcleos em forma de halteres). Ocorrem na faixa etária pediátrica ou adultos jovens, e, apesar de apresentarem etiologia desconhecida, são considerados como doenças do desenvolvimento. Quando extracerebelares apresentam-se como pequenas neoplasias benignas mistas (solidocísticas) e circunscritas, com calcificações em 1/3 dos casos, sem hemorragia ou necrose. Apresentam iso ou hipossinal em T1 e hipersinal em T2, com realce pelo meio de contraste muito variável, que pode ser ausente ou até mesmo intenso e homogêneo nas regiões sólidas.

Gangliocitoma cerebelar displásico (doença de Lhermitte-Duclos)

O gangliocitoma cerebelar é chamado de gangliocitoma cerebelar displásico ou doença de Lhermitte-Duclos e se caracteriza por espessamento focal e circunscrito das

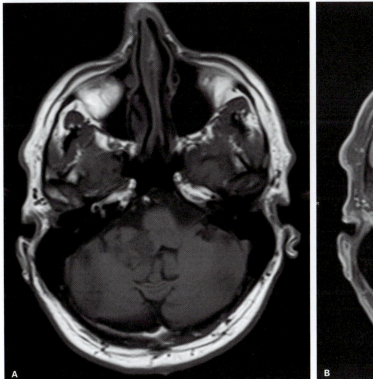
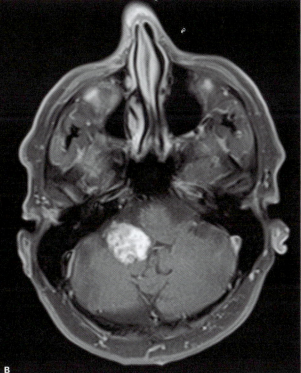

Figura 14 Papiloma do plexo coroide. Imagens pesadas em T1 axiais pré (A) e pós-gadolínio (B).

(continua)

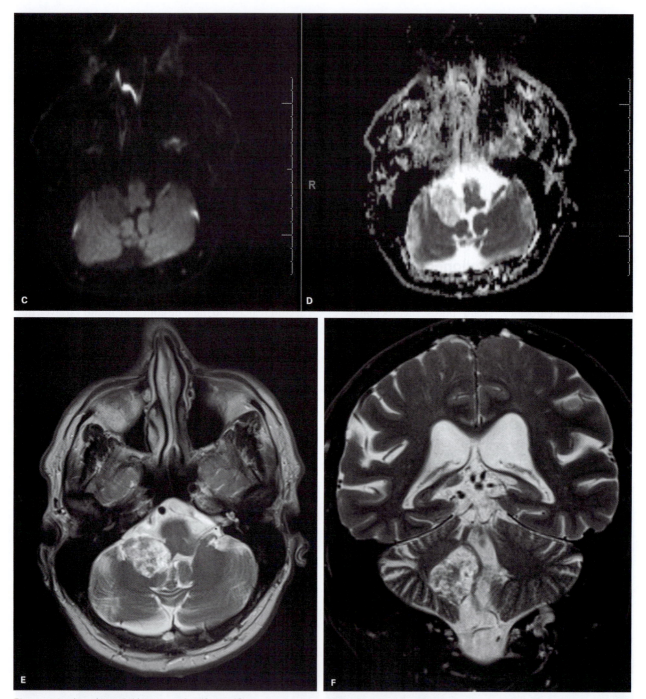

Figura 14 *(continuação)* Imagens de difusão (C), com seu mapa de coeficientes de difusão aparente (CDA) (D), e pesadas em T2 axial (E) e coronal (F) de paciente masculino de 55 anos com lesão heterogênea com múltiplas áreas císticas centrada no forame de Luschka à direita. Não há alteração de sinal significativa do parênquima adjacente. A lesão apresenta intenso realce pelo gadolínio.

folias cerebelares. Na maioria das vezes está relacionado à mutação esporádica no gene supressor tumoral *PTEN*, mas em cerca de 40% dos casos ocorre como parte da síndrome de Cowden. Possui crescimento lento, mas atinge grandes dimensões, promovendo oclusão do quarto ventrículo e hidrocefalia. Pode ocorrer nos hemisférios cerebelares e no verme cerebelar. Muito raramente pode ocorrer no tronco cerebral. Essa forma pode ocorrer em todas as faixas etárias, sem predileção por sexo, mas com maior incidência na terceira e quarta décadas de vida. Manifesta-se como lesão hipoatenuante na TC e possui um padrão estriado na RM, com bandas hipoatenuantes em T1 e com aspecto patognomônico de "listras de tigre" em T2. Imagens em gradiente/suscetibilidade demonstram canais venosos proeminentes circundados por folias espessadas, que possuem realce nas imagens

5 TUMORES INTRA E EXTRA-AXIAIS DO SISTEMA NERVOSO CENTRAL

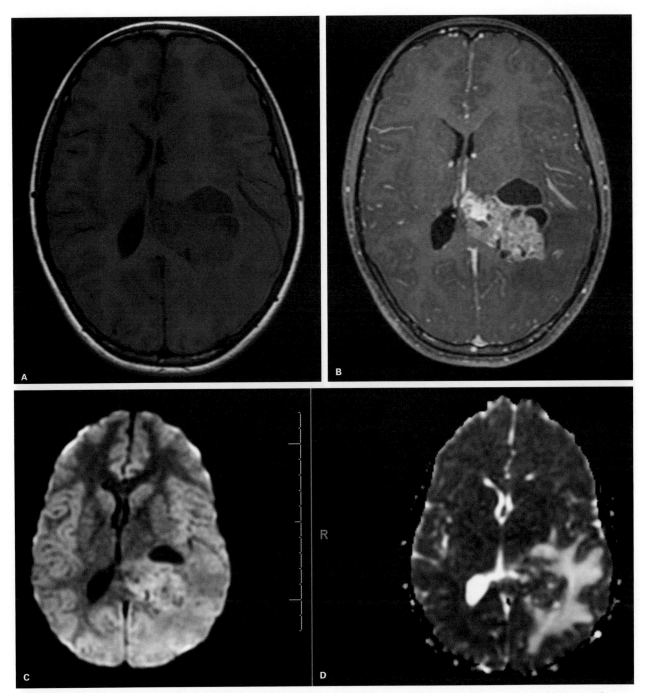

Figura 15 Carcinoma do plexo coroide. Imagens axiais pesadas em T1 pré (A) e pós-gadolínio (B) em paciente de 14 anos do sexo feminino, que apresenta lesão expansiva e infiltrativa com componentes císticos centrada no átrio do ventrículo lateral esquerdo, com sinais de infiltração da substância branca profunda adjacente. A lesão apresenta focos de restrição às moléculas de água na sequência de difusão (C), confirmada pelo mapa de coeficientes de difusão aparente (CDA) (D).

(continua)

pós-gadolínio. Essa lesão apresenta aumento de rCBV, refletindo suas veias dilatadas (e não malignidade) e restrição à difusão por hipercelularidade/densidade axonal. Na espectroscopia, observa-se pico normal ou levemente reduzido de NAA, relação colina/creatinina preservada e em alguns casos detecção do pico de lactato. No PET por FDG, a lesão demonstra evidência de hipermetabolismo.

Neurocitomas (central e extraventricular)

Os neurocitomas são neoplasias neuroepiteliais raras e bem diferenciadas, com componentes neurocíticos maduros, classificadas como grau II pela OMS. Quando ocorrem em situação intraventricular junto ao septo pelúcido e ao forame de Monro, são chamados de neurocitomas centrais e quando encontrados no interior do parênquima cerebral

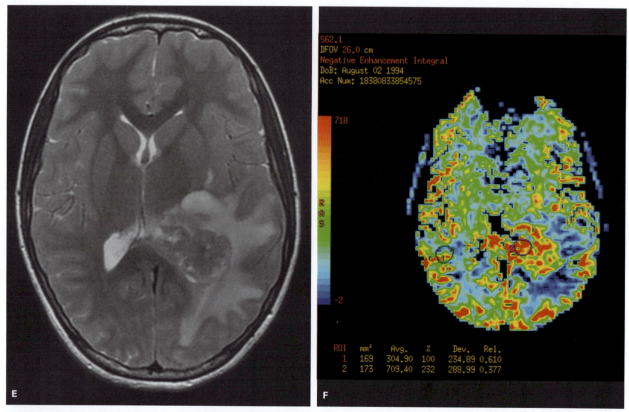

Figura 15 *(continuação)* E está circundada por extenso halo de edema vasogênico na sequência em T2 (E). O mapa de volume sanguíneo cerebral relativo (rCBV) (F) da lesão demonstra aumento de cerca de 2,3 vezes no volume sanguíneo cerebral relativo em relação ao córtex contralateral.

são denominados neuromas extraventriculares. Correspondem a 0,5% dos tumores intracranianos e a cerca de 10% das neoplasias intraventriculares, representando 50% dos tumores intraventriculares diagnosticados entre 20 e 40 anos. Não possuem predileção por sexo.

Apresentam-se habitualmente como lesões solidocísticas bem delimitadas no interior dos ventrículos laterais, iso ou hiperatenuantes à TC e heterogêneas com predomínio de isossinal em T1 e hipersinal em T2. Possuem realce moderado a intenso e heterogêneo pelos meios de contraste endovenosos e apresentam calcificações puntiformes esparsas em 50-70% das vezes (Figura 16), além de *flow voids* proeminentes, apesar de hemorragias serem raras. Tipicamente apresentam queda de NAA, aumento de colina e um pico de glicina em 3,55 ppm na espectroscopia de prótons, podendo apresentar também pico de alanina. Os neurocitomas típicos tendem a apresentar metabolismo reduzido pelo PET com FDG.

Tumores glioneurais

Gangliogliomas

Os gangliogliomas são tumores bem diferenciados, mistos e compostos por células neoplásicas ganglionares e gliais, sendo classificados como grau I (80%) ou grau II (20%) pela OMS. Entre os tumores epileptogênicos do lobo temporal, são os mais frequentes, representando 40% dos que cursam com convulsões (20% DNET, 20% astrocitomas difusos de baixo grau e 20% outros tumores). Ocorrem em todas as idades, tendo seu pico de acometimento em pacientes entre 10-20 anos de idade e representando 5-10% dos tumores de SNC em crianças. A maioria ocorre nos lobos temporais (75%), mas também pode acometer os lobos frontais (10%) e os lobos parietais, estruturas da fossa posterior e mais raramente em outras localidades (15%).

Os gangliogliomas são predominantemente periféricos e com bases corticais, que medem mais comumente 2-3 cm em adultos e 4-6 cm em crianças. Possuem dois padrões de apresentação: lesões císticas circunscritas com nódulo mural ou lesões sólidas (Figura 17). De maneira incomum podem ter aspecto infiltrativo. Podem estar associados a displasias corticais. As calcificações estão presentes em 30-50% dos casos, mas hemorragias são raras. Geralmente não apresentam edema perilesional ou efeito de massa, mas podem apresentar remodelamento ou afilamento da calota craniana adjacente em até 5% dos casos. Mais comumente são hipoatenuantes na TC, e 15% podem ser iso ou hiperatenuantes. Na RM, tendem a ser isointensos em T1 (79%) e hipertensos em T2/FLAIR. Realçam em 50% dos casos de maneira leve/moderada e heterogênea. Possuem metabolismo reduzido ao PET-FDG.

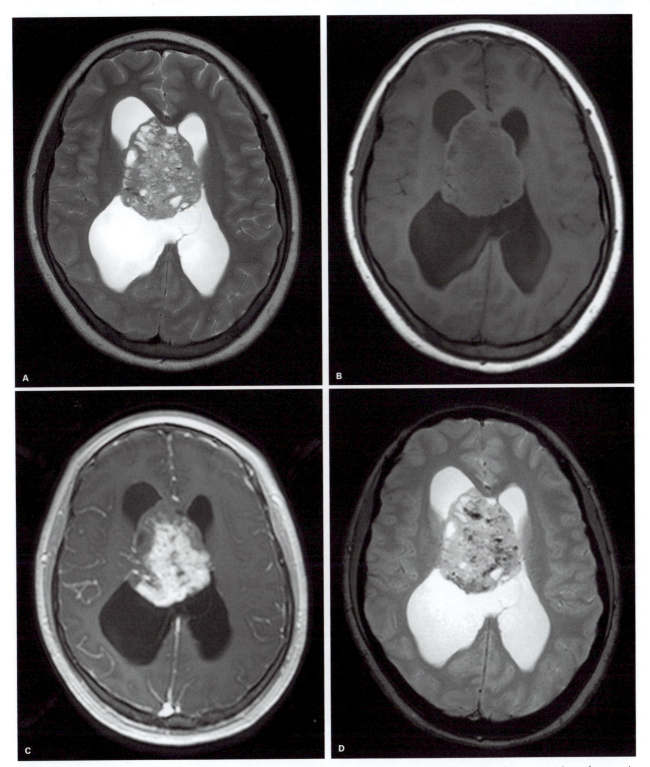

Figura 16 Neurocitoma central. Imagem axial pesada em T2 (A) mostra massa solidocística heterogênea centrada no forame de Monro à direita, com alargamento dos ventrículos laterais, de maneira mais evidente à direita, em paciente masculino de 18 anos. A lesão apresenta baixo sinal em T1 (B), com áreas de acentuado realce pelo gadolínio (C), focos de calcificação com baixo sinal em T2* (D) e áreas de acentuada restrição à difusão hídrica (E), confirmadas no mapa de coeficientes de difusão aparente (CDA) (F). Espectroscopia de prótons da lesão (G) demonstra queda de N-acetilaspartato (NAA) e grande pico de colina (espectro à esquerda voxel no parênquima normal, espectro à direita voxel na lesão).

(continua)

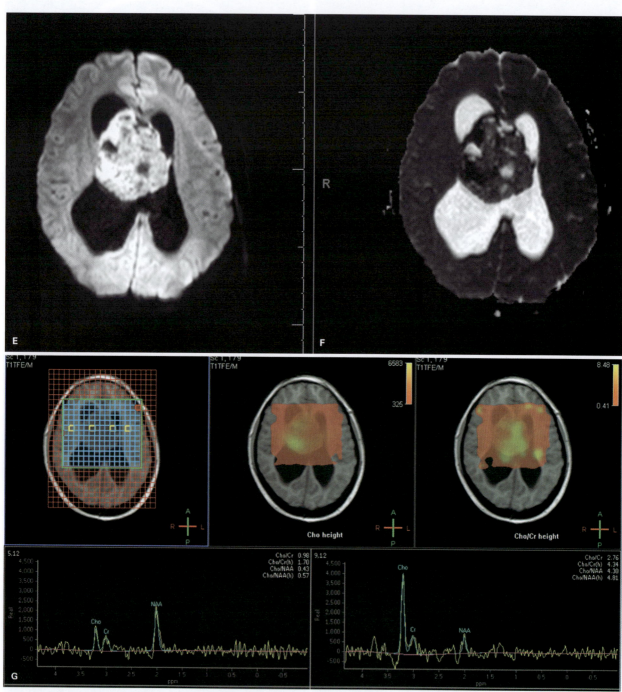

Figura 16 (*continuação*) Neurocitoma central. Imagem axial pesada em T2 (A) mostra massa solidocística heterogênea centrada no forame de Monro à direita, com alargamento dos ventrículos laterais, de maneira mais evidente à direita, em paciente masculino de 18 anos. A lesão apresenta baixo sinal em T1 (B), com áreas de acentuado realce pelo gadolínio (C), focos de calcificação com baixo sinal em T2* (D) e áreas de acentuada restrição à difusão hídrica (E), confirmadas no mapa de coeficientes de difusão aparente (CDA) (F). Espectroscopia de prótons da lesão (G) demonstra queda de N-acetilaspartato (NAA) e grande pico de colina (espectro à esquerda voxel no parênquima normal, espectro à direita voxel na lesão).

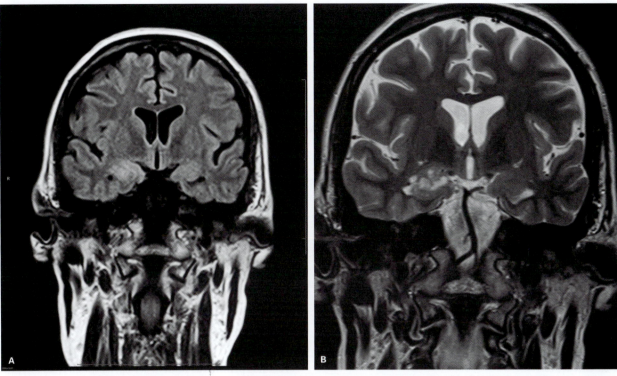

Figura 17 Ganglioglioma. Imagens coronais pesadas em FLAIR (A) e T2 (B) de paciente do sexo feminino com 42 anos. Nota-se formação expansiva e infiltrativa com hipersinal junto ao hipocampo direito.

Gangliogliomas anaplásicos

Os gangliogliomas anaplásicos/degeneração maligna representam 1-5% dos gangliogliomas e possuem pior controle local e prognóstico. São mais encontrados em crianças e adultos jovens e possuem uma leve predominância no sexo masculino e em caucasianos. São mais comumente unifocais no lobo temporal, mas já foram encontrados na medula espinhal, intraventriculares e até como metástases extracranianas disseminadas por *shunts* ventriculoperitoneais.

Astrocitoma e ganglioglioma desmoplásicos infantis

Os tumores desmoplásicos infantis (75-80% abaixo dos 2 anos de idade) são neoplasias raras e benignas, porém com aparência agressiva. Possuem discreta predileção pelo sexo masculino e dois subtipos histológicos, o astrocitoma desmoplásico juvenil e o ganglioglioma desmoplásico juvenil. Contudo, como ambos os subtipos tendem a estar presentes em uma única lesão, são considerados como uma única entidade pela OMS. Sua apresentação mais típica é a de grande lesão cística envolvendo a superfície cortical e as leptomeninges (pia-máter e aracnoide) de um paciente lactente com aspecto letárgico, grande perímetro cefálico, fontanelas abauladas e olhar de sol poente. As convulsões são sintomas frequentes. Seu prognóstico tende a ser bom sendo classificados como grau I pela OMS, apesar de haver disseminação leptomeníngea em 15% dos casos.

Os exames seccionais demonstram uma volumosa massa solidocística lobulada, com comprometimento de mais de um lobo (frontal e parietal), porção sólida de tamanho variado e aspecto heterogêneo, com intenso realce pelo meio de contraste endovenoso, acometimento cortical e leptomeníngeo com porção cística septada e de atenuação ou sinal semelhante ao do liquor. Frequentemente apresenta realce dural adjacente ("cauda dural"). Calcificações são extremamente incomuns, geralmente não há restrição à difusão e a espectroscopia demonstra queda de NAA e aumento de colina.

Tumor neuroepitelial disembrioplásico (DNET)

O tumor neuroepitelial disembrioplásico é uma neoplasia benigna (grau I da OMS) que pode ser intracortical ou na substância cinzenta profunda, preferencialmente nos lobos frontais e temporais. Em sua maioria são esporádicos, mas alguns foram descritos no contexto de neurofibromatose tipo I. Não possuem alterações genéticas conhecidas, mas com frequência estão associados à displasia cortical (até 80%) e expressam marcadores de células tronco como o CD34, sugerindo possível origem no desenvolvimento. Em geral ocorrem em pacientes do sexo masculino com menos de 20 anos e com crises parciais complexas de difícil controle, que evoluem para crises tonicoclônicas generalizadas, convulsões motoras focais e mioclonias (o segundo mais epileptogênico depois dos gangliogliomas).

Os DNET apresentam-se como lesões corticais/subcorticais triangulares, bem delimitadas, com aspecto "pseudocístico" ou "bolhoso" ("bolhas de sabão"), sendo hipoatenuantes na TC e aparecendo na RM como lesões hipointensas em T1, acentuadamente hiperintensas em T2, com sinal baixo ou intermediário no centro e com bordas hiperintensas na sequência FLAIR em 75% dos casos (Figura 18), além de calcificações (20% dos casos) e raramente com sangramento grosseiro. Remodelamento ou afilamento da calota craniana adjacente ocorre em 44-60% dos casos. Há pouco ou nenhum realce pelos meios de contraste endovenosos e a espectroscopia é normal ou com redução do NAA, mas sem alteração da colina.

Tumor glioneural formador de rosetas

O tumor glioneural formador de rosetas (OMS grau I) é um tumor benigno e de crescimento lento, que ocorre em adultos jovens (média no diagnóstico de 33 anos) com cefaleia (60% com hidrocefalia associada) e ataxia. Apresenta-se mais comumente como lesão heterogênea no quarto ventrículo ou no vermis cerebelar e de aparência multicística, com hemorragia, níveis líquidos internos e calcificações.

Tumor glioneural papilar

O tumor glioneural papilar (OMS grau I) é um tumor dos hemisférios cerebrais com achados de imagens inespecíficos, mais frequentemente encontrado como um cisto com nódulo que realça e é parcialmente calcificado, com características histológicas semelhantes ao tumor glioneural formador de rosetas, mas com presença de pseudopapilas vasculares hialinizadas.

Tumor glioneural leptomeníngeo difuso

O tumor glioneural leptomeníngeo difuso foi reconhecido como entidade distinta na classificação da OMS de 2016. Trata-se de uma lesão leptomeníngea difusa mais comumente ocorrendo em crianças e adolescentes, com realce variável e numerosas formações císticas com alto sinal em T2 mais comumente concentradas na fossa posterior. Podem apresentar componentes parenquimatosos, mais comumente encontrados na medula espinhal. A posição nosológica desse tumor permanece ainda pouco clara na presente data.

Liponeurocitoma cerebelar

Liponeurocitomas são tumores graus I-II, raros, de crescimento lento e que geralmente se originam no cerebelo (86%) de crianças e adultos jovens ou idosos, com mediana de apresentação em 49 anos, sem predileção pelo sexo. São caracterizados por muitos grupamentos de células com acúmulo de lipídeos interpostas entre pequenas células neoplásicas redondas ou ovoides com citoplasma eosinofílico, que apresentam baixa atividade mitótica e diferenciação glial e neuronal nos exames de imuno-histoquímica.

O tumor se apresenta na TC como uma massa hipoatenuante com áreas de atenuação de gordura de permeio. Na RM, há predomínio de hipossinal com focos de hipersinal em T1 (gordura) e moderado realce pelo meio de contraste. A presença desses focos de hipersinal em T1 auxiliam no diagnóstico diferencial desse raro tumor com os meduloblastomas do adulto e ependimomas, que são tumores mais frequentes nessa localização e faixa etária.

O tratamento recomendado é a ressecção cirúrgica, sendo controversa a utilização de quimiorradioterapia após a cirurgia. Sugere-se acompanhamento longo, acima de 5 anos, pois a recorrência pode ser tardia.

Tumores da região pineal

A glândula pineal é um órgão endócrino e cônico, medindo aproximadamente 10-14 mm, que se projeta posteriormente na cisterna quadrigeminal entre os colículos superiores. É formada por lóbulos de pineócitos (95%) e astrócitos (5%) separados por um estroma fibrovascular. As células primitivas podem ser aprisionadas nas estruturas da linha mediana, o que explica a presença de tumores germinativos na região da glândula pineal.

Calcificações fisiológicas na pineal são facilmente reconhecidas na TC e são comuns nos adultos. Nas crianças podem estar presentes a partir de 3 anos de idade e devem ser puntiformes em todos os pacientes abaixo de 7 anos. Em casos de aumento no número e dimensões das calcificações, uma avaliação clínico-laboratorial é recomendada e o acompanhamento por imagem pode ser considerado para a exclusão de um tumor incipiente.

A RM por sua maior resolução espacial é imprescindível para a avaliação das estruturas adjacentes, auxiliar na identificação da origem da lesão e no planejamento cirúrgico.

A ausência de barreira hematoencefálica (BHE) explica o realce do parênquima nas sequências pós-contraste e a ocorrência de metástases hematogênicas.

Os tumores da região da pineal são raros e respondem por 3-8% dos tumores intracranianos nas crianças e por 0,4-1% dos tumores encefálicos nos adultos. A região da glândula pineal pode apresentar até 17 tipos histológicos diferentes de lesões expansivas. Segundo a quinta classificação dos tumores do SNC da OMS, os tumores da pineal são categorizados de acordo com sua origem histológica e podem ser agrupados em: (1) neoplasias das células do parênquima da pineal, (2) neoplasias germinativas e (3) neoplasias de células da região da pineal, isto é, que possuem origem em estruturas adjacentes à glândula pineal (Quadro 3).

A clínica dos tumores na região da pineal é resultado do efeito compressivo sobre as estruturas adjacentes ou disfunção endócrina e inclui a síndrome de Parinaud, pu-

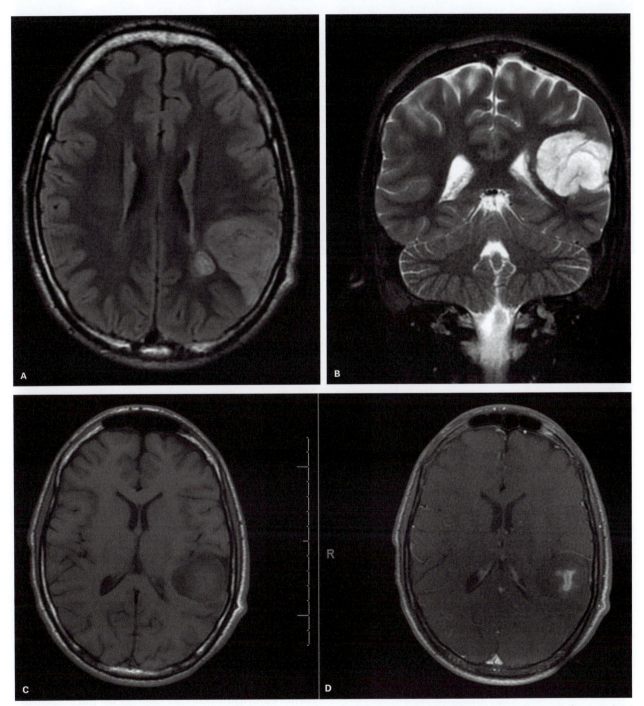

Figura 18 Tumor neuroeptelial disembrioplásico (DNET). Paciente masculino, 15 anos de idade, apresenta formação frontoparietal esquerda periférica expansiva e infiltrativa, de aspecto triangular, com alto sinal em FLAIR (A) e T2 (B), baixo sinal em T1 pré (C) e foco central de realce em T1 pós-gadolínio (D).

(continua)

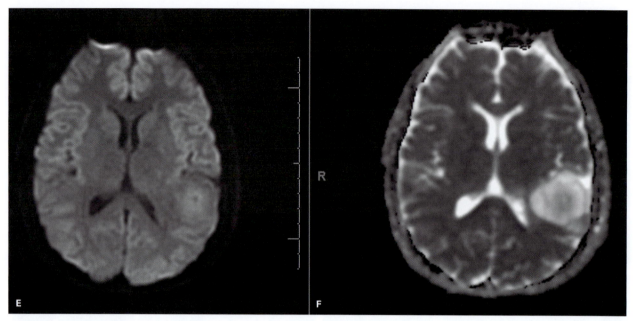

Figura 18 *(continuação)* A lesão apresenta tênue hipersinal na difusão (E), com discreta restrição no mapa de coeficientes de difusão aparente (CDA) (F). Notam-se algumas lesões periféricas em FLAIR.

berdade precoce, apoplexia da pineal e sinal de Collier. A síndrome de Parinaud consiste na paralisia do olhar conjugado vertical, midríase, ausência de reação pupilar à luz e incapacidade para a convergência ocular. Podem ocorrer nistagmo retrátil à convergência ocular e blefaroespasmo (Sinal de Collier) decorrentes da compressão da placa quadrigeminal. Hidrocefalia resulta da obstrução do aqueduto cerebral associando-se à hipertensão intracraniana. Puberdade precoce é mais comumente associada a tumores das células germinativas por conta da secreção da gonadotrofina coriônica. A apoplexia está associada com o sangramento dos cistos e/ou tumores sendo caracterizada por cefaleia intensa e pela perda da consciência.

O tratamento dos tumores da glândula pineal depende dos tipos histológicos das lesões. O prognóstico em muitos tumores é altamente dependente da extensão da ressecção cirúrgica. Assim, o estabelecimento preciso dos limites da lesão nos estudos de imagem é fundamental. Nesse segmento do capítulo abordaremos apenas os tumores originados nas células do parênquima da glândula pineal. Os tumores germinativos e algumas outras neoplasias da região da pineal estão descritas em outros segmentos desse capítulo. Os demais serão descritos em outros capítulos desta seção de neurorradiologia ou até mesmo de outras sessões desse tratado, como cabeça e pescoço.

Tumores originados nas células do parênquima da pineal

Os tumores próprios do parênquima da pineal originam-se dos pineócitos ou de seus precursores e são separados em: tumores bem diferenciados (pineocitoma), tumor do parênquima da pineal com diferenciação intermediária (TPPDI), tumor pouco diferenciados (pineoblastoma) e tumor papilar da região da pineal (Tabela 1).

Quadro 3	Tumores da região pineal
Neoplasias das células do parênquima da pineal	Pineocitomas (OMS grau I) Pineoblastomas (OMS grau IV) Tumor com diferenciação intermediária do parênquima da pineal (TDIPP) Tumor papilar da região da pineal (TPRP) OMS graus II ou III
Neoplasias germinativas Germinomas	Teratoma maduro Teratoma imaturo Teratoma com transformação maligna Tumor do saco vitelínico Carcinoma embrionário Coriocarcinoma
Neoplasias de células da região da pineal	Retinoblastoma trilateral (TR) Linfomas Meningiomas Ependimomas Tumor do plexo coroide Neurocitoma central Lipomas Cisto aracnoide Cisto dermoide Cisto epidermoide Metástases Tumor fibroso solitário Melanoma Infiltração sarcoide

Tabela 1	Achados das neoplasias das células do parênquima da pineal			
Tumores	Classificação	Características	TC	RM
Pineocitoma	Grau I	1-3 cm Tumor da pineal mais comum. Adultos (média 40 anos)	Misto iso/hipo Calcificações periféricas "explodidas"	Iso/hipointenso em T1 Hiperintenso em T2 Realce variado. Raramente dissemina pelo liquor
TDIPP	Grau II/III	20% dos tumores da pineal Adultos Mais heterogêneo do que os pineocitomas	Características intermediárias entre os pineocitomas e os pineoblastomas Podem disseminar pelo liquor	
Pineoblastoma	Grau IV	Agressivo, infiltra as estruturas adjacentes Dissemina pelo liquor	Hiperatenuante e heterogêneo Calcificações "explodidas"	Massas infiltrativas Necrose e hemorragia. Restrição à difusão (hipercelularidade)
TPRP	Grau II/III	Provável origem no órgão comissural posterior Recorrência local e disseminação liquórica	Inespecífica Massa, lobulada com realce	

RM: ressonância magnética; TC: tomografia computadorizada; TDIPP: tumor de diferenciação intermediária do parênquima da pineal; TPRP: tumor papilar da região da pineal.

Pineocitoma

O pineocitoma é um tumor bem diferenciado (grau I) e de crescimento lento, que mantém as mesmas características morfológicas e imuno-histoquímicas das células pineais normais. Representa 14-60% das neoplasias da pineal e ocorre preferencialmente em adultos (média de idade 38 anos) sem predileção por sexo. A taxa de sobrevida em 5 anos é de 86-100% e a disseminação pelo neuroeixo é rara.

À TC são lesões bem circunscritas, menores que 3,0 cm e isoatenuantes ou hiperatenuantes ao parênquima encefálico, com calcificações periféricas, com padrão excêntrico de distribuição, à custa de expansão tumoral e deslocamento periférico das calcificações centrais e comuns da glândula. Na RM esses tumores têm iso ou hipossinal na sequência ponderada em T1, hipersinal em T2 e intenso realce pelo meio de contraste (Figura 19). A degeneração cística pode ocorrer e a diferenciação com cisto simples da pineal é difícil. Contudo, o realce intenso ou nodular na parede de uma lesão cística deve levar ao diagnóstico de pineocitoma. Hemorragia na lesão raramente ocorre.

Tumor de diferenciação intermediária do parênquima da pineal (TDIPP)

Neoplasia de malignidade intermediária (graus II e III OMS) entre o pineocitoma (grau I OMS) e o pineoblastoma (grau IV OMS). Representa 20% de todos os tumores com origem nas células do parênquima pineal e acomete preferencialmente adultos jovens, com média de idade de 38 anos (variando de 1-69 anos) e com discreta predominância no sexo feminino.

Os TDIPP compartilham algumas características histológicas e de imagem tanto com pineocitomas quanto com o pineoblastomas. Os tumores grau II têm uma taxa de sobrevida livre de doença em 5 anos de 74% e os grau III de 39%.

Não existem achados de imagem específicos desse subtipo, sendo descritas lesões volumosas e invasivas, bem como lesões menores e bem delimitadas. Geralmente apresentam aspecto mais agressivo que o pineocitoma, com dimensões variando entre 1-6 cm. A disseminação liquórica não é comum, mas já foi relatada.

São lesões hiperatenuantes na TC, geralmente com intenso realce pelo meio de contraste e englobando as calcificações da glândula pineal, apesar de já terem relatos desses tumores com o padrão de calcificação excêntrica. Na RM apresentam hipersinal em T2 e realce intenso e heterogêneo pelo meio de contraste, podendo apresentar áreas císticas.

Pineoblastoma

Apesar de raro, corresponde a 40% dos tumores do parênquima da pineal. É uma lesão embrionária, altamente agressiva (grau IV OMS) e invasiva, ocorrendo predominantemente na infância, com poucos casos relatados em adultos, sem predileção por sexo. O tumor tem a tendência de disseminação liquórica pelo neuroeixo e os pacientes apresentam sobrevida média de 58% em 5 anos. O pineoblastoma pode estar associado a um retinoblastoma bilateral, formando uma entidade chamada de retinoblastoma trilateral.

É uma lesão mal delimitada com invasão local, necrose, degeneração cística e hemorragia. As imagens mos-

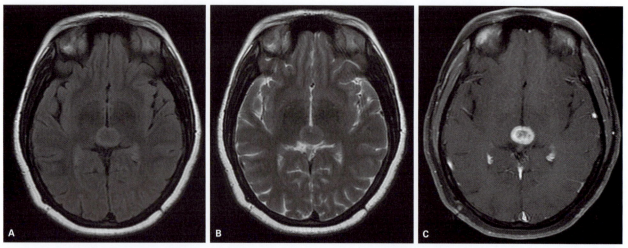

Figura 19 Pineocitoma. Paciente masculino, 17 anos de idade, apresenta formação sólida, nodular e expansiva na topografia da pineal, com realce heterogêneo. Imagens axiais pesadas em FLAIR (A), T2 (B) e T1 pós-contraste (C).

tram tipicamente uma lesão maior que 3,0 cm, lobulada, com focos de necrose e hemorragia, invadindo estruturas adjacentes e determinando hidrocefalia supratentorial. As calcificações, se presentes, apresentam padrão excêntrico de distribuição.

Apesentam-se nos exames de TC como lesões volumosas, lobuladas, hiperatenuantes (hipercelularidade), com limites imprecisos e com realce intenso após a injeção do produto de contraste, podendo estar associadas à hidrocefalia.

Nos exames de RM, apresentam aparência heterogênea com degeneração cística e porções sólidas com realce intenso e heterogêneo pelo meio de contraste. Em razão da alta celularidade, possuem restrição à difusão das moléculas de água (Figura 20). Observam-se focos de hemorrágicos de permeio. Na espectroscopia há elevação da relação colina/NAA sem pico de lipídeos. Um pico de taurina tem sido descrito, mas é inespecífico.

O estudo do neuroeixo faz parte do estadiamento da doença por conta da disseminação liquórica.

Tumor papilar da região da pineal

O tumor papilar da região da pineal (TPRP) é um tumor neuroepitelial raro e foi descrito na classificação da OMS em 2007. Não são considerados verdadeiramente como originários de células do parênquima pineal, mas sim do epêndima específico do órgão subcomissural na parede posteroinferior do terceiro ventrículo. Esse tumor possui arquitetura papilar com epitélio colunar pseudoqueratinizado positivo para citoqueratinas. Suas características ultraestruturais sugerem diferenciação ependimária. Os neuropatologistas consideram-nos como tumores grau II ou III da OMS, por isso sua importância na diferenciação com o pineocitoma grau I. Ocorrem tanto em crianças como adultos, sendo reportados casos em indivíduos entre 5-66 anos (média de idade de 31,5 anos). A taxa de sobrevida é de 73% nos classificados como grau II e 27% nos classificados como grau III.

Geralmente são lesões grandes e bem circunscritas, com sinal variável nas sequências ponderadas em T1, alto sinal em T2 e por vezes com porções císticas. O realce é intenso e heterogêneo e as áreas de hipersinal em T1 podem representar componentes hiperproteicos e/ou glicoproteínas (Figura 21). Outras lesões na região da pineal também podem ter hipersinal em T1, como teratomas, lipomas, melanomas, metástases hemorrágicas e aneurismas trombosados.

Tumores germinativos

Os tumores das células germinativas respondem por 1% de todos os tumores intracranianos. Nas crianças representam 3-8% dos tumores. Representam aproximadamente 35% dos tumores da região da pineal. De acordo com o tipo histológico são classificados em: germinoma, teratoma, coriocarcinoma, tumor do seio endodérmico, carcinoma embrionário, coriocarcinoma, além dos tumores mistos.

A maioria desses tumores origina-se de células germinativas embrionárias multipotentes praticamente idênticas às células germinativas encontradas nas gônadas. Dessa forma, os tumores germinativos são classificados de acordo com a célula de origem, e podem ser benignos ou malignos.

Uma provável explicação para a origem desses tumores no crânio é que, durante a embriogênese, ocorre a migração de células embrionárias multipotentes na parede do saco vitelino para o intestino posterior através do mesentério dorsal até as cristas genitais onde vão se diferenciar em células germinativas. Esse movimento ocorre simultaneamente à formação do diencéfalo (tálamo, hi-

5 TUMORES INTRA E EXTRA-AXIAIS DO SISTEMA NERVOSO CENTRAL 257

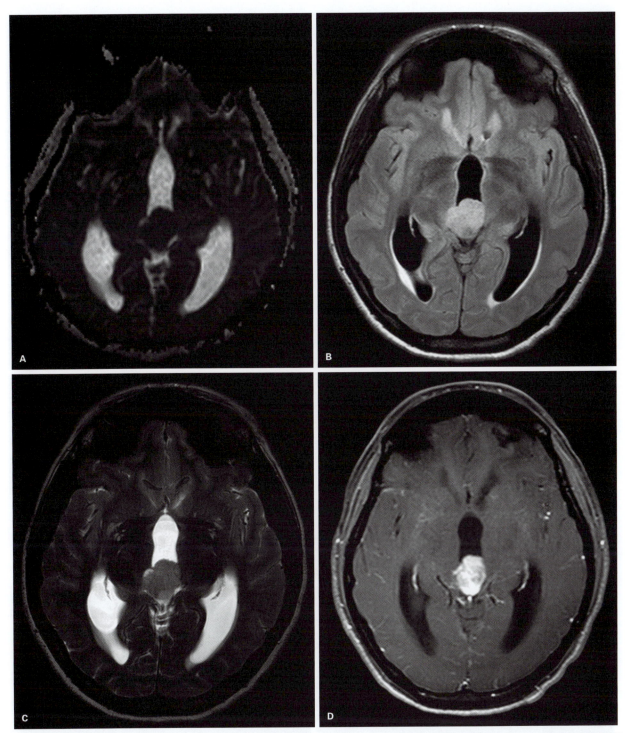

Figura 20 Pineoblastoma. Paciente masculino, 10 anos de idade. Imagens axiais mapa de coeficientes de difusão aparente (CDA) (A), FLAIR (B), T2 (C) e T1 pós-contraste (D). Nota-se formação expansiva e nodular sólida na topografia da pineal, com restrição à difusão, alto sinal em FLAIR, baixo sinal em T2 e com intenso realce pelo meio de contraste. A lesão comprime o aqueduto mesencefálico e determina hidrocefalia hipertensiva e edema subependimário (B).

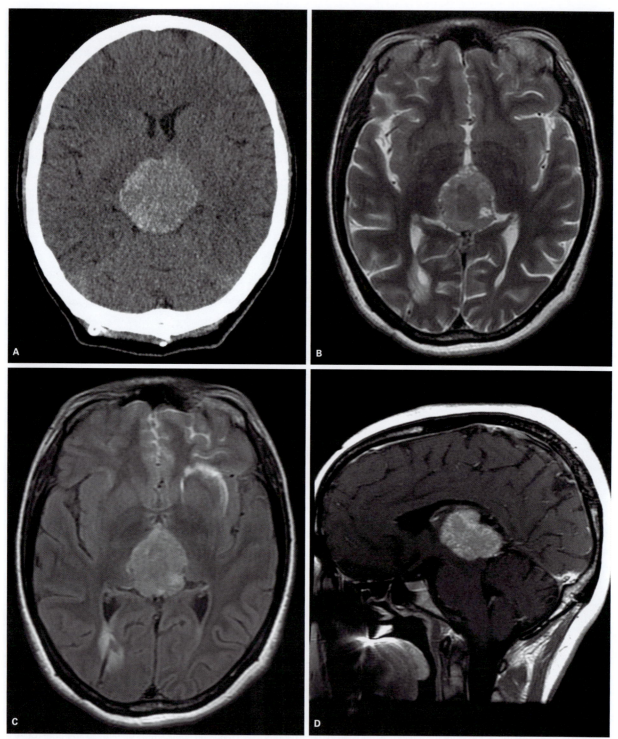

Figura 21 Tumor papilar. Paciente do sexo feminino com 5 anos apresenta grande formação expansiva na topografia da glândula pineal, predominantemente sólida, com contornos lobulados e realce heterogêneo pelo meio de contraste paramagnético. Imagem axial de TC sem contraste (A) e imagem de RM em axial T2 (B), axial FLAIR (C) e sagital T1 pós-contraste (D).

potálamo) e glândula pineal entre a 5ª-8ª semanas de gestação. Desse modo, é possível que aquelas células fiquem aprisionadas nessas estruturas da linha média.

O pico de incidência dos tumores germinativos é na segunda década, sendo raro o acometimento na terceira década. De maneira geral, esses tumores têm predileção pelo sexo masculino, sendo de 2-17 homens:1 mulher no caso de germinomas localizados na pineal, aqueles localizados na região suprasselar não apresentam predileção de gênero e no caso de teratomas a prevalência é de 2-8 homens:1 mulher.

A clínica varia com o efeito de massa produzido por essas lesões, bem como a sua localização. Na região da pineal, é responsável pela síndrome de hipertensão intracraniana em função de hidrocefalia supratentorial por obstrução do aqueduto cerebral. Outros sintomas relacionados ao efeito de massa são: paralisia do olhar conjugado vertical (síndrome de Parinaud), alterações visuais por envolvimento das vias ópticas, ataxia e hemiparesia. Outros achados clínicos encontrados especialmente em tumores germinativos são: puberdade precoce e *diabetes insipidus* (em casos de germinomas) por infiltração tumoral nas estruturas do diencéfalo, segundo local mais comum de ocorrência no SNC, e consequente interferência na secreção de gonadotrofinas e ocitocina, ou até mesmo por hipersecreção de gonadotrofinas. Lesões nessa topografia podem determinar alterações visuais se compressão do quiasma óptico. Em casos de coriocarcinomas pode ocorrer hemorragias intracranianas em função da extrema vascularização desses tumores. A meningite química pode ocorrer após a rotura dos teratomas no espaço liquórico. Outros achados mais raros são os distúrbios extrapiramidais caracterizados por atetose, distonia, secundários à infiltração de gânglios da base pelo germinoma.

É importante ressaltar que os tumores das células germinativas têm a característica de secretar beta-HCG, alfa-fetoproteína (AFP), antígeno carcinoembrionário (CEA) em variadas proporções. Tais antígenos podem ser dosados em amostras sanguíneas ou de líquido cefalorraquidiano. Esse aspecto é muito útil tanto para auxílio no diagnóstico diferencial de outras lesões expansivas na região da pineal nas ocasiões em que os exames de imagem exibem aspectos inespecíficos de uma lesão germinativa, quanto para acompanhamento pós-tratamento.

A AFP é uma glicoproteína da superfície celular normalmente presente nas células do sinciciotrofoblastos e em células primordiais, sendo sintetizada pelo endoderma do saco vitelínico e epitélio intestinal. O tumor do saco vitelínico apresenta picos elevados desse marcador, mas que pode ser secretado pelo componente entérico dos teratomas.

Beta-HCG é secretado pelo sinciciotrofoblasto, sendo produzido em grande quantidade pelo coriocarcinoma podendo estar presente em germinomas com componente de sinciciotrofoblasto. A presença de AFP sugere germinoma puro, assim como a presença c-Kit (solúvel no liquor). O CEA está presente nos tumores não seminomatosos.

Os tumores de células germinativas são tratados, em geral, com uma combinação de cirurgia, quimioterapia e radioterapia. A avaliação pré-tratamento por exames de imagem é fundamental para avaliar a extensão das lesões: localizadas ou disseminadas pelo neuroeixo. O germinoma é o único tumor que responde bem à radioterapia, podendo ser tratado apenas com essa modalidade. O teratoma quando é localizado e do tipo maduro, pode ser tratado apenas com cirurgia. Se imaturo ou disseminado, é necessária uma combinação de quimioterapia e radioterapia pós-cirurgia. Em casos de teratomas malignos, tumores do seio endodérmico, coriocarcinoma e carcinoma de células embrionárias o tratamento deve ser baseado em radioterapia/quimioterapia pré-cirurgia seguido de exérese de lesões residuais.

Germinoma

É o tumor mais comum da região da pineal e o mais comum dos tumores germinativos. As suas localizações mais frequentes são: pineal (57%) e suprasselar (32%) (Figura 22). Outra localização, embora bem menos frequente, é a dos gânglios da base (9%). Lesões bifocais (pineal e suprasselar) ocorrem em 15-20% dos casos.

Na TC, são lesões homogêneas e tendem a ter a mesma (ou um pouco mais elevada) atenuação da substância cinzenta com uma particular característica de "englobar" a calcificação da glândula pineal. Isso contrasta com os tumores das células da pineal (pineoblastoma, pineocitoma) os quais deslocam a calcificação da glândula pineal para a periferia. Apresentam intenso e homogêneo realce pelo meio de contraste.

Na RM, também são lesões expansivas e homogêneas, que exibem a mesma intensidade de sinal da substância cinzenta nas sequências ponderadas em T1 e T2. Após a injeção do meio de contraste observa-se realce intenso e homogêneo. Em alguns casos podem ser observados pequenos cistos de permeio. A sequência de difusão mostra restrição importante e consequente diminuição dos coeficientes aparentes de difusão (CAD) em razão da alta celularidade do tumor. Esse aspecto é útil na diferenciação dos germinomas suprasselares com os astrocitomas hipotálamo-quiasmáticos na infância, visto que estes últimos não apresentam restrição da difusão. Foi também relatada a utilização da medida do CAD como ferramenta para diferenciação dos germinomas com os tumores de células da pineal, e estes últimos tem um CDA maior. No estudo por espectroscopia de prótons com tempos de ecos curto e longo pode-se observar o pico de taurina (Tau) e o aumento da relação colina/NAA e lipídeos/creatina.

Como são lesões com comportamento biológico agressivo, apesar de serem classificados como grau II pela organização da saúde, apresentam tendência a disseminar pelo espaço liquórico subaracnóideo. Desse modo, é fundamental a realização de estudo de todo o neuroeixo para detecção de metástases.

Teratoma

É a segunda neoplasia da região da glândula pineal em termos de frequência, após os germinomas, e também representa a segunda neoplasia no período neonatal. Apresenta dois picos de incidência, sendo um perinatal (pior prognóstico, independentemente da localização) e outro entre 5 a 15 anos. A localização mais comum é na pineal. Outras localizações possíveis são: região suprasselar e hemisférios cerebrais.

Os teratomas são derivados de células multipotenciais que "reproduzem" a organogênese, produzindo tecidos derivados de duas ou mais das camadas embriológicas (ectoderme, mesoderme e endoderme). Dessa maneira, os tecidos presentes no tumor podem ser derivados dessas três camadas. Consequentemente, há uma variação de morfologia tumoral desde um aspecto multicístico derivado apenas do ectoderme, passando por uma lesão mais complexa com derivados de todos os folhetos, até o aspecto extremo de "feto dentro de feto". Em razão dessa variação da morfologia histológica são divididos em imaturos, maduro e teratoma com transformação maligna.

Na TC, em contraste com os germinomas, os teratomas são lesões heterogêneas, exibindo porções sólidas, cistos e calcificações. Podem também exibir componente com densidade de gordura, especialmente nas formas maduras. Após a injeção do meio de contraste há realce periférico em anel das lesões císticas.

Na RM, assim como na TC, são lesões que exibem sinal heterogêneo, apresentando porções sólidas, císticas e calcificações. O conteúdo adiposo apresenta alto sinal na sequência ponderada em T1. Há realce heterogêneo após a injeção do produto de contraste. Em relação aos germinomas apresentam menores picos de colina e creatina e um maior valor de CAD.

São lesões bem encapsuladas nas formas maduras, com focos de gordura que podem ser identificados na TC pela baixa atenuação e na RM pela queda do sinal nas sequências de saturação de gordura, além do pico de lípidios no estudo por espectroscopia. Contudo, as lesões imaturas apresentam tendência à invasão das estruturas adjacentes e disseminação pelo espaço liquórico, sendo necessário estudo por imagem do neuroeixo.

Uma complicação observada nos teratomas é a tendência à rotura no espaço liquórico subaracnóideo determinando meningite química. Os achados dessa patologia são descritos como depósito de focos de gordura (com alto sinal na sequência T1) no espaço liquórico subaracnóideo podendo ser visualizado também nível líquido ou sobrenadante de gordura no interior dos ventrículos.

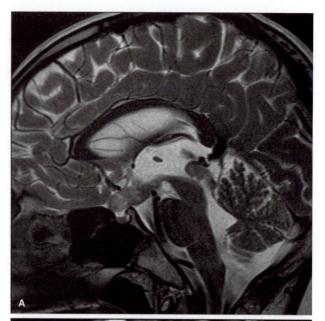
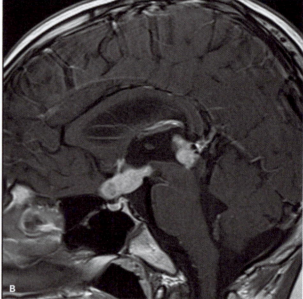

Figura 22 Germinoma. Imagens sagitais pesadas em T2 (A) e T1 pós-contraste (B). Paciente masculino de 20 anos apresenta formações expansivas na região suprasselar e na topografia da pineal predominantemente sólida, de contornos lobulados e com realce heterogêneo pelo meio de contraste paramagnético.

Coriocarcinoma

Representa menos de 5% de todas as massas pineais. Apresenta origem nas células germinativas multipotenciais as quais se diferenciam em tecidos análogos à placenta.

Não possui uma característica específica que auxilie à diferenciá-lo do germinoma na TC. É uma lesão sólida e hiperatenuante, que exibe realce intenso após a injeção do meio de contraste.

Por ser altamente vascularizado, um aspecto que pode auxiliar no diagnóstico é a presença de resíduos hemorrágicos no tumor, o que é traduzido por marcado hipossinal nas sequências sensíveis a suscetibilidade magnética e hipersinal na sequência T1, por causa da permeação hemática. O estudo angiográfico também pode auxiliar mostrando as dilatações nos vasos neoformados.

Tumor do seio endodérmico e carcinoma embrionário

São lesões extremamente raras e, assim como os coriocarcinomas, são derivadas da diferenciação de células germinativas multipotenciais. No caso dos tumores do seio endodérmico há características histológicas do saco vitelínico e do mesoblasto. Já os carcinomas embrionários apresentam grandes células indiferenciadas e multipotenciais embrionárias. A frequência de tumores com características celulares mistas é importante. Não há um aspecto de imagem característico desses tumores.

Tumores embrionários

A classificação mais recente de tumores do SNC da OMS (2016) introduz categorias moleculares, baseadas em análises genéticas e cromossômicas para os subtipos histológicos de tumores, constituindo um diagnóstico integrado (histológico-molecular). Tais alterações dentro dos tumores embrionários resultaram na extinção do termo tumor neuroectodérmico primitivo do SNC (PNET).

A nova classificação dos tumores embrionários configura-se da seguinte maneira:

- Meduloblastomas (MB):
  - Geneticamente definidos;
  - Histologicamente definidos;
  - Sem categoria especificada;
  - Tumor embrionário formador de rosetas;
  - MC alterado.
- Meduloepitelioma.
- Neuroblastoma do SNC;.
- Ganglioneuroblastoma do SNC.
- Tumor embrionário do SNC (NOS).
- Tumor teratoide/rabdoide atípico.
- Tumor embrionário do SNC com características do rabdoide.

Os MB, que já eram divididos em subtipos histológicos, foram agora classificados em subgrupos de acordo com as características moleculares (ativação da via de sinalização *Wingless* (*wingless signaling pathway* – WNT), ativação *sonic hedgehog* (SHH) com TP53-mutante ou TP53 selvagem, amplificação dos oncogenes Myc e OTX2.

A classificação dos demais tumores embrionários, não meduloblastomas, é agora baseada na presença da amplificação da região C19MC do cromossomo 19. Na ausência dessa amplificação, um tumor com características histológicas de tumor embrionário formador de rosetas deve ser descrito como tumor embrionário formador de rosetas não classificado (NOS).

O tumor teratoide/rabdoide atípico (TR/TA) pela nova classificação da OMS deve ser definido com base nos marcadores moleculares (alterações nas INI1 ou mais raramente BRG1). Se um tumor apresentar as características histológicas, porém não apresentar esses marcadores genéticos, pode ser denominado tumor embrionário com características rabdoide.

Meduloblastoma

Meduloblastoma (MB) é o tumor do SNC mais comum em crianças, sendo rara a sua apresentação em adultos.

A classificação mais recente de tumores do SNC da OMS (2016) introduz categorias moleculares, baseadas em análises genéticas e cromossômicas para os subtipos histológicos de tumores, constituindo um diagnóstico integrado (histológico-molecular). Há quatro subgrupos moleculares, em função da ativação de vias de sinalização oncogênicas distintas: ativação da via de sinalização Wingless (WNT), ativação sonic *hedgehog* (SHH) com TP53 mutante ou selvagem, grupo 3 e grupo 4. Os meduloblastomas dos grupos 3 e 4 não apresentam uma via específica de sinalização, como os meduloblastomas WNT e SHH, entretanto estudos mostraram uma amplificação dos oncogenes Myc e OTX2.

Estudos recentes evidenciam que a divisão em subtipos moleculares reduz a heterogeneidade clínica entre os MB, portanto, sua utilização direciona a terapia específica, sendo possível a redução dos efeitos colaterais, sequelas tardias e maior sobrevida.

Meduloblastoma WNT

É o subtipo menos comum dos meduloblastomas (11%). Pode ocorrer em todas as idades, com pico de incidência de 10-12 anos, e apresenta discreto predomínio no sexo feminino. Localiza-se na linha média da fossa posterior, pedúnculo cerebelar, ângulo pontocerebelar ocupando muitas vezes o IV ventrículo e infiltrando o tronco cerebral.

Do ponto de vista histológico, a grande maioria desses tumores é do tipo clássico, com raros casos dos subtipos grandes células/anaplásicos. Em comparação aos outros subgrupos, este tem o melhor prognóstico, com taxas de sobrevida média de 95-100% e baixos índices de disseminação metastática.

Meduloblastoma SHH

Corresponde a 30% de todos os meduloblastomas e possui uma distribuição etária bimodal, acometendo principalmente crianças abaixo de 3 anos e jovens acima de 16 anos. Não há predileção por sexo e a localização preferencial é o hemisfério cerebelar, com poucos casos originando-se no verme cerebelar.

A histologia é tipicamente desmoplásica/nodular com o subtipo meduloblastoma com extensa modularidade (MBEN) exclusivamente encontrado nesse subgrupo (Figura 23). A ativação da via SHH está presente em 3-5% dos pacientes com síndrome de Gorlin.

A doença metastática é raramente encontrada no momento do diagnóstico, e o prognóstico é intermediário, com 75% de sobrevida após a terapia padrão.

Meduloblastoma grupo 3

Representa 25-28% dos meduloblastomas e é encontrado exclusivamente em crianças, com predominância no sexo masculino.

A histologia encontrada é frequentemente do tipo grandes células/anaplásico. Há uma alta incidência de doença metastática no momento do diagnóstico.

Dos quatro subtipos, este é o com pior prognóstico, apresentando sobrevida de menos de 50% em dez anos.

Meduloblastoma grupo 4

É o mais comum dos quatro subtipos moleculares e representa 35% de todos os MB. Acomete todas as idades, mas é raro em crianças abaixo de 3 anos. Têm predominância no sexo masculino (3H:1M).

A histologia predominante é a clássica, embora tenham sido descritos casos de morfologia grandes células/anaplásica.

Metástases ocorrem em 35-40% dos casos ao diagnóstico. Pacientes apresentam taxa de sobrevida em 5 anos de 60-80%, com a menor taxa atribuída aos pacientes do grupo de risco avançado.

Achados de imagem dos meduloblastomas

Em geral, os MB são lesões sólidas e medianas, que acometem o verme cerebelar e são hiperatenuantes na TC, apresentando realce intenso após a injeção do meio de contraste.

Na RM são lesões heterogêneas, com hipossinal em T1 e sinal intermediário em T2, refletindo sua alta densidade celular.

Apresentam alta tendência à disseminação metastática pelo espaço liquórico subaracnóideo (40% dos casos no momento do diagnóstico), tendo como localizações frequentes a superfície ependimária dos ventrículos e a medula em seus segmentos torácico e lombossacral. Por esse motivo, é necessária a realização de estudo de todo o neuroeixo no momento do diagnóstico.

Alguns estudos relatam diferenças nas características por imagem dos subgrupos moleculares. Desse modo, em termos de localização preferencial na fossa posterior, os subgrupos moleculares apresentam as seguintes características:

- WNT: pedúnculo cerebelar e ângulo pontocerebelar (Figura 24).
- SHH: hemisfério cerebelar (Figura 23).

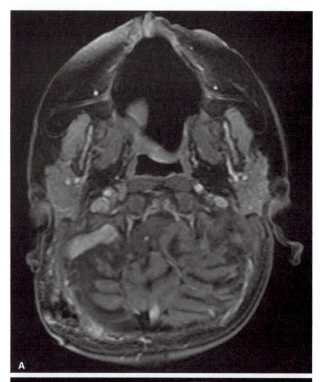

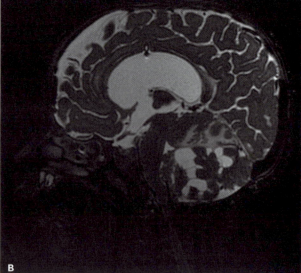

Figura 23 Meduloblastoma nodular. Imagem axial T1 pós-contraste (A) e sagital T2 (B). Paciente masculino 1 ano e 8 meses apresenta lesão expansiva mediana na fossa posterior, com extensão para os hemisférios cerebelares, aspecto nodulariforme e realce discreto pelo meio de contrate paramagnético (A). Mais provavelmente corresponde ao subtipo SHH.

Grupos 3 e 4: Ocupam a linha média e o IV ventrículo (Figura 25).

Algumas outras características por imagem que podem ser úteis na diferenciação entre os subtipos:

- Grupo 3: mais infiltrativo.
- Grupo 4: ao contrário dos outros subtipos, o realce após a injeção do produto de contraste é mínimo ou ausente.

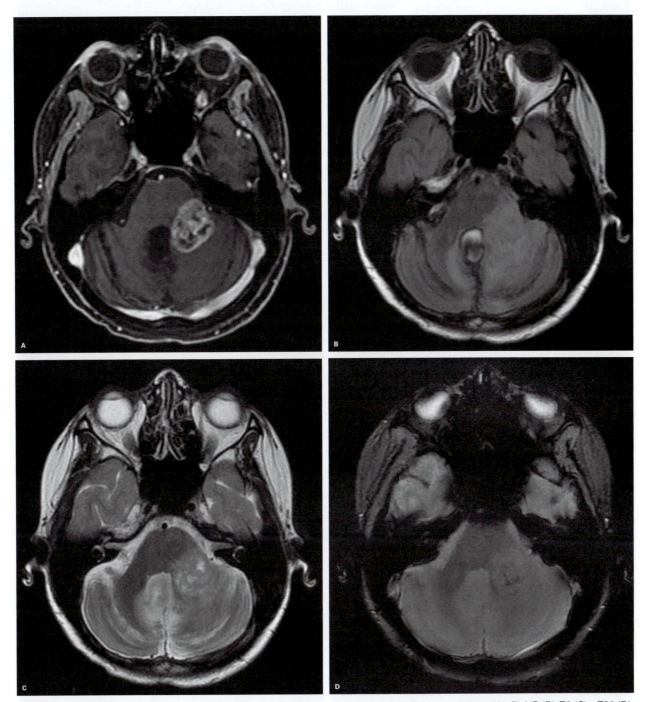

Figura 24 Meduloblastoma no pedúnculo cerebelar. Imagens axiais ponderada em T1 pós contraste (A), FLAIR (B), T2 (C) e T2* (D). Paciente do sexo feminino com 6 anos apresenta lesão expansiva centrada no pedúnculo cerebelar esquerdo, com halo de edema vasogênico (B), focos de permeação hemática (D) e realce heterogêneo pelo meio de contraste (A).

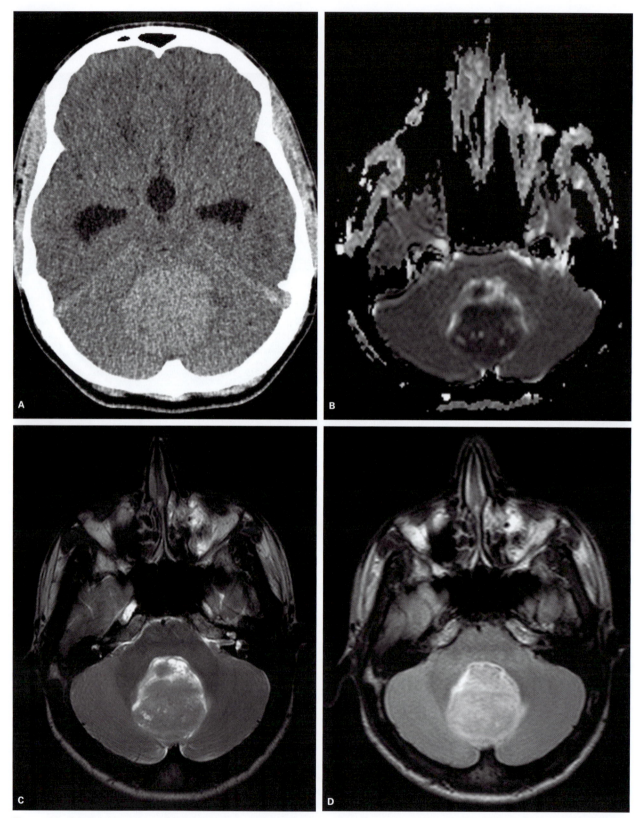

Figura 25 Meduloblatoma no IV ventrículo/verme. Imagens axiais na tomografia computadorizada sem contraste (A), mapa de coeficientes de difusão aparente (CDA) (B), axial T2 e FLAIR (C e D). Paciente masculino de 4 anos apresenta lesão expansiva no IV ventrículo, hiperatenuante na tomografia computadorizada sem contraste (A) e com restrição à difusão (B) e baixo sinal em T2 (C). Determina hidrocefalia hipertensiva e edema subependimário.

Focos de hemorragia e presença de calcificação, assim como cistos, necrose e edema peritumoral podem estar presentes, sem predileção por tipo histológico.

Embora seja relatado que os meduloblastomas de histologia clássica tenham valores de CAD mais baixos que os de histologia anaplásicos/grande células, o valor do CAD não apresentou diferença estatística significativamente entre os subgrupos moleculares.

A Tabela 2 resume as características dos subgrupos moleculares dos meduloblastomas e suas localizações preferenciais (Figura 26).

Tratamento e prognóstico dos meduloblastomas

A estratificação do risco é baseada nos fatores clínicos, como a idade de apresentação, presença de metástase ao diagnóstico e área de tumor residual após a ressecção cirúrgica. Pacientes classificados como alto risco, são aqueles com área de tumor residual > 1,5 cm² nos cortes axiais na RM no pós-operatório imediato (24-48h), menores que 3 anos de idade no momento do diagnóstico, e/ou com metástases ao diagnóstico.

O tratamento consiste na ressecção cirúrgica total, seguida de radioterapia do neuroeixo com maior dose/dose de reforço na fossa posterior e quimioterapia adjuvante. Esse plano terapêutico pode aumentar em até 70-80% a sobrevida nos pacientes com alto e médio risco.

Tumor embrionário formador de rosetas

São tumores formados por células redondas e pequenas, classificados grau IV pela OMS. Essa classe englobou os tumores antes chamados de PNET e os tumores com

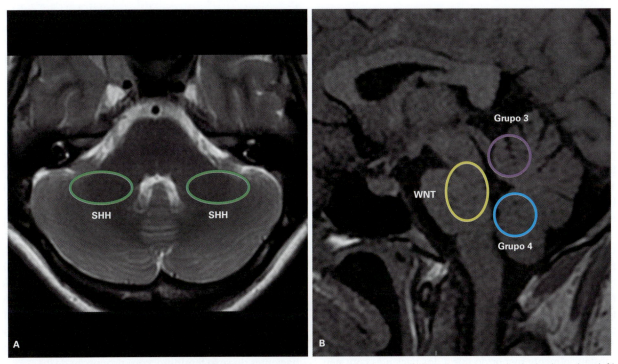

Figura 26 Localizações preferenciais dos subtipos moleculares de meduloblastomas: SHH (ativação *sonic hedgehog*) nos hemisférios cerebelares (A); WNT (ativação da via de sinalização Wingless) nos pedúnculos cerebelares; grupos 3 e 4 no verme cerebelar (B).

Tabela 2 Características dos subgrupos moleculares dos meduloblastomas

	WNT	SHH	Grupo 3	Grupo 4
Prevalência	10%	30%	25%	35%
Sexo (H:M)	1:1	1:1	2:1	3:1
Idade	Crianças e adolescentes	Lactentes e adultos	Lactentes e crianças	Lactentes, crianças e adultos
Histologia	Clássico	Todos os tipos	Clássico e células gigantes	Clássico e células gigantes
Metástase	Baixo	Baixo	Alto	Alto
Prognóstico	Melhor	Intermediário	Pior	Intermediário
Sobrevida: 5 anos	95%	75%	50%	75%
Localização	Pedúnculo cerebelar, ângulo pontocerebelar	Hemisfério cerebelar	Verme cerebelar	Verme cerebelar

abundante neuroepitélio e rosetas verdadeiras. Apresentam amplificação da região C19MC no cromossomo 19.

Normalmente ocorre em crianças menores (abaixo de 4 anos), preferencialmente do sexo feminino, ao contrário dos outros tumores embrionários, nos quais o acometimento entre gêneros é equivalente.

Na TC, podemos observar massa sólida e delimitada, com pouco realce pelo meio de contraste, edema circunjacente e significativo efeito tumefativo.

Na RM, apresenta hipossinal em T1, hipersinal em T2 e tênue ou nenhum realce pelo meio de contraste. Pelo estudo de espectroscopia há aumento do pico de colina e aumento da relação colina/NAA, sugerindo hipercelularidade.

Neuroblastoma, ganglioneuroblastoma do SNC e meduloepitelioma

Essas são exemplos de tumores embrionários formadores de rosetas sem categoria especificada. São raros, malignos e classificados como grau IV pela OMS. A diferença entre eles depende da presença da diferenciação dos componentes glial, neuronal e ependimário.

Neuroblastoma cerebral é uma neoplasia rara no SNC, correspondendo a 6% dos tumores em uma série de casos de 385 crianças com neoplasia cerebral primária publicada em 1993. Pode ser encontrado nos lobos parietais, temporais e frontais e geralmente cursa com sinais agudos de hidrocefalia, convulsões e disfunção motora (83% dos pacientes). Há uma tendência para a disseminação liquórica dessas lesões.

Ganglioneuroblastoma é um subtipo raro de tumor neuroectodérmico primitivo, encontrado predominantemente em crianças e em situação extracraniana. O acometimento intracraniano é bastante raro, tendo apenas 10 casos relatados na literatura até 2014. Os locais mais acometidos foram os lobos parietais e o cerebelo, com destaque para o crescimento muito rápido da lesão em alguns dos relatos. A média de sobrevida dos pacientes foi de 11 meses, que é substancialmente menor do que a dos pacientes com neuroblastoma extracerebral, que foi de 60% em 3 anos.

O meduloepitelioma ocorre na infância, com idade de apresentação entre os 6 meses e os 5 anos de idade e apresenta prognóstico reservado, com taxa de sobrevida de 5 meses. São lesões iso ou hipodensas, heterogêneas e com realce pelo meio de contraste, que podem apresentar calcificações. Artigos recentes mostram que as características citogenéticas dessas lesões são diferentes dos meduloepiteliomas de corpos ciliares dos globos oculares.

Tumor teratoide/rabdoide atípico

Tumor maligno (grau IV OMS) que ocorre em crianças pequenas, com cerca de 70% dos casos ocorrem em crianças menores de 1 ano e 90% menores de 3 anos. Apresentam prognóstico reservado desde o diagnóstico e necessitam de uma conduta terapêutica mais agressiva. Eles apresentam em comum alteração no oncogene supressor de tumor com perda de expressão da proteína SMARCB1.

Metade desses tumores ocorre no cerebelo ou tronco encefálico, mas podem estar presentes nos hemisférios cerebrais, região da pineal e hipotálamo. O quadro clínico depende da localização da lesão.

São massas isodensas ao córtex na TC, com realce heterogêneo pelo meio de contraste e presença comum de calcificações.

São tumores agressivos na RM, com áreas de necrose, degeneração cística e hemorragia, justificando o realce heterogêneo pelo meio de contraste paramagnético. O tecido sólido apresenta isossinal em T1, enquanto as áreas de hemorragia apresentam hipersinal em T1 e marcado hipossinal nas sequências de suscetibilidade magnética. Nas sequências ponderadas em T2 apresentam hipersinal (Figura 27).

O estudo por espectroscopia apresenta elevação da colina (sugerindo proliferação celular) e redução do NAA (marcador de redução neuronal).

Tumores meníngeos

Meningiomas

Meningiomas são os tumores não gliais mais frequentes do SNC e podem se originar em diversas regiões intracranianas, com predomínio supratentorial. São mais encontrados em situação sagital ou parassagital na alta convexidade cerebral, nas fissuras silvianas, na região do osso esfenoide (asas, tubérculo e diafragma selar), em situação paraselar, nas goteiras olfatórias, nos segmentos do nervo óptico, na pirâmide petrosa e na cisterna do ângulo pontocerebelar, no *clivus*, na tenda cerebelar, nos ventrículos e no forame magno. Ocorrem em pacientes adultos (maior incidência entre 40 e 60 anos) e predominam em pacientes do sexo feminino, com proporção de 2:1.

Apesar de haver vários tipos histológicos de meningiomas, como meningoendotelial, fibroso, transicional, psamomatoso, angiomatoso, atípico, papilífero e rabdoide, entre outros, essas neoplasias meningoendoteliais são classificadas em benignas (grau I), atípicas (grau II) ou malignas (grau III). Na última versão da OMS, a invasão do parênquima encefálico pode ser usada como critério de classificação do meningioma como atípico grau II. Os meningiomas atípicos e malignos são mais agressivos e têm maior tendência à recorrência. Lesões psamomatosas tendem a ser difusamente calcificadas e apresentam em sua maioria hipossinal em T2, que não correspondem às calcificações visibilizadas à TC. Os meningiomas angiomatosos podem apresenta *flow voids* em seu interior e a artéria nutridora é geralmente identificada ao estudo angiográfico.

5 TUMORES INTRA E EXTRA-AXIAIS DO SISTEMA NERVOSO CENTRAL 267

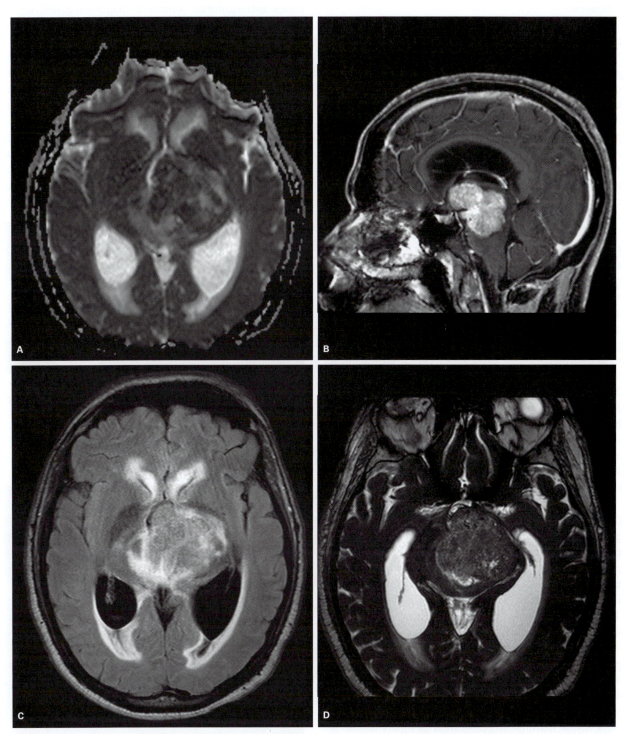

Figura 27 Tumor teratoide/rabdoide atípico. Imagem axial do mapa de coeficientes de difusão aparente (CDA), reconstrução sagital T1 pós-contraste (B), axial FLAIR (C) e axial T2 (D). Paciente do masculino com 4 anos apresenta lesão expansiva centrada nos tálamos, notadamente à esquerda, mesencéfalo e ponte, com halo de edema vasogênico (C) e realce heterogêneo pelo meio de contraste (B). Determina hidrocefalia hipertensiva e edema subependimário (C).

No entanto, é importante ressaltar que com as técnicas de imagem atualmente disponíveis ainda não é possível diferenciá-los.

Os meningiomas são lesões nodulares, achatadas (em placa) ou intraósseas simples ou múltiplas, cuja localização é intracraniana e extra-axial, com base ampla fortemente aderida à dura-máter e irrigação através de vasos durais originados na artéria carótida externa. A RM permite a melhor avaliação da interface entre o tumor e o liquor, os vasos piais e/ou as margens durais, auxiliando na identificação da situação extra-axial da lesão. Alguns meningiomas não se originam na dura-máter, mas sim em células subpiais no interior dos ventrículos, na fissura silviana ou na calota craniana. Nessa situação, os vasos coróideos, piais e diploicos podem contribuir para a vascularização tumoral e os meningiomas podem não apresentar adesão dural.

A RM é superior à TC na avaliação dos meningiomas, por conta da maior resolução espacial na localização da lesão (extra-axial), na identificação da vascularização do tumor, no envolvimento de artérias e na possível invasão dos seios venosos durais, além de possível complementação das informações com as sequências de difusão e angiorressonância. Sequências multiparamétricas de perfusão, espectroscopia de prótons e RM funcional também podem trazer mais informações sobre essas lesões. Na TC costumam ser iso ou hiperatenuantes ao parênquima encefálico (Figura 28), podendo ser parcial ou completamente calcificados. Na RM, os meningiomas costumam apresentar predomínio de baixo sinal em T1 (algumas lesões podem ter iso ou hipersinal) e sinal intermediário em T2 e em FLAIR, em relação ao parênquima cerebral (Figura 29). Contudo, o sinal na RM pode ser heterogêneo pela presença de calcificações, hemorragia e cistos.

As vantagens da TC sobre a RM são a melhor avaliação das calcificações tumorais (presentes em 20% dos meningiomas) (Figura 31) e da hiperostose óssea junto à implantação dural do tumor, que pode auxiliar no diagnóstico, principalmente nas lesões menores ou de apresentação atípica. Apesar disso, essas áreas mais densas e menos hidratadas das lesões podem ser identificadas com baixo sinal em T1 e T2 e sinal muito baixo nas sequências gradiente eco, como o T2* e as sequências de suscetibilidade magnética.

A vascularização interna dos tumores é caracterizada por imagens puntiformes ou curvilíneas de ausência de sinal nas sequências pesadas em T1, T2 e FLAIR. A presença de hemorragia intratumoral pode ser identificada pela detecção dos produtos da degradação da hemoglobina, que se manifestam como áreas de hipersinal nas sequências pesadas em T1 e T2 (meta-hemoglobina) ou de acentuado hipossinal em T2 e T2* (hemossiderina).

Em alguns casos os meningiomas podem apresentar áreas de degeneração cística, com atenuação e sinal semelhantes aos do liquor (hipossinal em T1 e FLAIR e hipersinal em T2), ou componente de gordura (hipersinal nas sequências pesadas em T1 e hipossinal nas sequências pesadas em T2, além de baixo sinal nas técnicas de supressão do sinal de gordura em T1 e T2). Os cistos intratumorais admitem diagnóstico diferencial com aprisionamento liquórico entre o meningioma e as estruturas encefálicas.

A detecção dos meningiomas nos exames de TC e RM aumenta muito com a utilização dos meios de contraste por via intravenosa, pois a maioria dessas lesões e de suas caudas durais apresenta realce intenso e homogêneo após a injeção dos mesmos contrastes. A cauda dural, que é bastante sugestiva dos meningiomas, pode ser decorrente de invasão tumoral direta ou de congestão venosa da dura-máter adjacente à lesão, não sendo possível pelas imagens diferenciá-las. O edema do parênquima cerebral adjacente

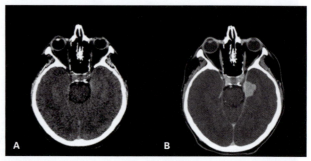

Figura 28 Meningioma grau I. Lesão expansiva extra-axial está aderida à margem livre da tenda cerebelar à esquerda, discretamente hiperatenuante na tomografia computadorizada (A) e com realce intenso e homogêneo pelo meio de contraste iodado (B), determinando compressão sobre o aspecto mesial do lobo temporal adjacente.

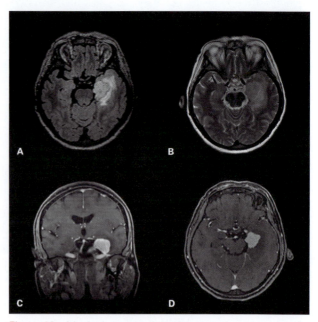

Figura 29 Meningioma grau I. Lesão expansiva extra-axial aderida à margem livre da tenda cerebelar à esquerda, com hipersinal em FLAIR (A) e T2 (B) e realce intenso e homogêneo pelo gadolínio (C e D).

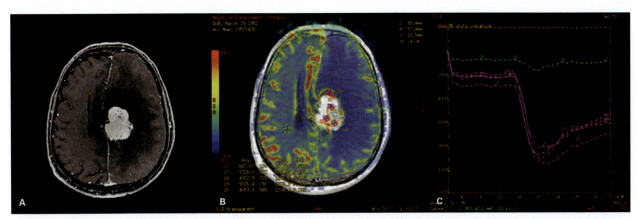

Figura 30 Meningioma angiomatoso grau I. Lesão expansiva extra-axial, aderida à foice inter-hemisférica em situação parassagital esquerda, apresenta realce intenso pelo meio de contraste (A) e aumento dos valores de volume sanguíneo cerebral relativo (rCBV) no estudo de perfusão T2 (B e C).

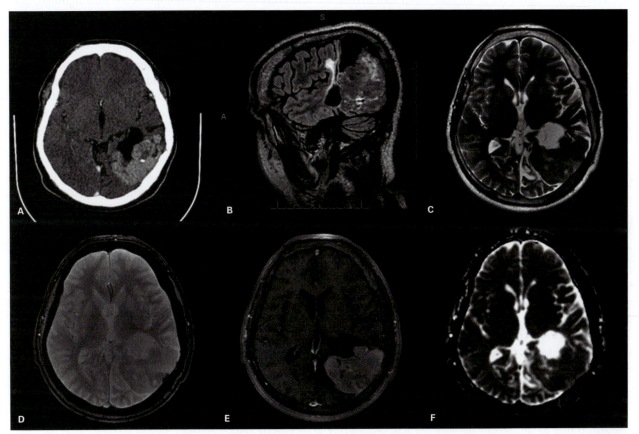

Figura 31 Meningioma atípico grau II. Lesão extra-axial e expansiva occipitoparietal esquerda, com base de implantação dural. Na tomografia computadorizada (A) há calcificações de permeio e realce pelo meio de contraste. No estudo de ressonância magnética a lesão é solidocística, e o componente sólido apresenta isossinal em FLAIR e T2 (B e C), focos de hipossinal em T2* (calcificações) (D), realce pelo gadolínio (E) e isossinal no mapa de coeficientes de difusão aparente (CDA) (F).

ao meningioma tem origem multifatorial e pode estar relacionado à irrigação arterial por vasos piais e/ou à infiltração das veias corticais de drenagem. A intensidade desse edema, que pode se manifestar como área hipoatenuante na TC e como área de hipersinal em T2/FLAIR na RM, depende da interface entre o meningioma e o parênquima, o tamanho do tumor e sua localização intracraniana. Embora graus diferentes de edema sejam descritos em todos os tipos histológicos de meningioma, os tipos sinciciais e os de células angioblásticas estão associados a áreas de maior edema, enquanto os fibroblásticos e de células transicionais apresentam áreas de edema circunjacente menores.

Os meningiomas podem ocasionar hiperostose ou invasão da calota. A hiperostose identificada em 15-20% dos meningiomas representa o espessamento ósseo denso (osteoblástico), hiperatenuante na TC e com baixo sinal em T1 e T2 na RM, que pode ser resultante da invasão óssea direita do tumor na calota craniana ou pelas lesões primariamente intraósseas. A invasão óssea tumoral sem o componente osteoblástico também é hiperatenuante na TC, mas apresenta isossinal nas sequências pesadas em T1 e T2 e realce intenso na RM após a administração do contraste paramagnético. A invasão óssea não prediz a benignidade ou a malignidade de um meningioma.

Os meningiomas podem envolver artérias e veias ou comprimir/invadir os seios venosos durais, reduzindo seus calibres. A análise do envolvimento dessas estruturas é importante para o planejamento cirúrgico, evitando o risco de infartos venosos. Quando a oclusão venosa é crônica, veias colaterais drenam o fluxo tumoral, evitando-se o surgimento de áreas de infarto venoso. A presença de material no interior de um seio venoso, com sinal semelhante ao do tumor, pode sugerir trombose e pode ser confirmada por meio de sequências de ângio-RM venosa.

Alguns meningiomas em localizações específicas apresentam características de imagem de RM específicas e reconhecidas. O meningioma da bainha do nervo óptico é geralmente unilateral, mas pacientes com neurofibromatose tipo 2 podem apresentar meningiomas bilaterais ou ainda schwannomas vestibulares bilaterais ou de outros nervos, neurofibromas, gliomas e catarata. Esses meningiomas costumam envolver o segmento intraorbitário mais posterior do nervo óptico e se estender dentro do crânio até a região do quiasma óptico, causando espessamento difuso da bainha do nervo óptico, que pode ser identificado como uma lesão arredondada e bem definida ou por lesão excêntrica com bordos irregulares. Quando o meningioma acomete o nervo óptico em sua porção intraorbitária, está indicado o uso de supressão de gordura nas sequências pós-contraste, para se distinguir entre o realce do meningioma e a gordura intraconal. A TC pode mostrar calcificações periféricas no nervo óptico, encontradas em cerca de 30% dos casos e associadas ao crescimento tumoral mais lento.

Os meningiomas da região do ângulo pontocerebelar são lesões expansivas com base de implantação dural na região petrosa, algumas vezes com evidência de "cauda dural", e que não alargam o conduto auditivo interno. Seu principal diagnóstico diferencial é o schwannoma vestibular, que apresenta características diferentes de sinal e que costuma alargar o conduto auditivo interno.

Os meningiomas que acometem os seios cavernosos e a região parasselar podem envolver as artérias carótidas internas ou invadir a cavidade selar e a cisterna supra-selar, com comprometimento das vias ópticas e da haste hipofisária. O melhor método de imagem para avaliar essa possível invasão é a RM. Quando acometem os seios cavernosos, os meningiomas podem apresentar o sinal da "cauda dural", com hipossinal nas sequências pesadas em T2, em decorrência da interface entre o tumor e o parênquima cerebral.

Os meningiomas intraventriculares ocorrem mais frequentemente nos átrios dos ventrículos laterais ou no III ventrículo, sendo os achados de imagem na RM semelhantes aos das demais localizações desse tumor.

As imagens morfológicas não permitem a diferenciação entre os subtipos histológicos dos meningiomas, bem como a caracterização dessas lesões como benignas, atípicas ou malignas. É sabido que estes dois últimos subtipos tendem a apresentar maior recorrência, comportamento mais agressivo e crescimento mais rápido, com aumento da morbidade e da mortalidade. Seria interessante então distinguir entre os meningiomas benignos e os atípicos e malignos, a fim de auxiliar no planejamento terapêutico.

A técnica avançada de perfusão em T2* (*Dynamic susceptibility contrast*-DSC) pela RM pode ser aplicada no estudo dos meningiomas, por causa da hipervascularização dessas lesões (Figura 30). Há relatos na literatura de diferenças dos valores de volume sanguíneo cerebral relativo (rCBV) entre os meningiomas típicos e atípicos. Estudos prévios os demonstraram diferentes valores de rCBV na área de edema peritumoral. As lesões malignas apresentaram valores mais altos do rCBV quando comparadas aos subtipos benignos, o que pode estar relacionado à invasão e angiogênese no parênquima encefálico adjacente. Em relação a sua diferenciação com metástases durais, o meningioma demonstra geralmente um valor alto do rCBV, sendo um valor baixo sugestivo de metástases, apesar de haverem exceções.

Os meningiomas benignos apresentam CDA variados, mas elevados em comparação ao cérebro normal, em razão da presença de maior quantidade de líquido livre em seu interior, com menor restrição à difusão das moléculas de água. Contudo, alguns meningiomas benignos com padrão histológico psamomatoso e densamente calcificados, podem apresentar redução dos valores de CDA, pois o ambiente celular com grande quantidade de minerais, como o cálcio, altera o movimento translacional habitual das moléculas de água através das membranas.

Estudos prévios verificaram que os meningiomas malignos ou atípicos apresentavam hipersinal na sequência de difusão, com redução dos valores de CDA. Os meningiomas malignos mostram hipercelularidade, áreas multifocais de necrose, invasão tumoral, numerosas mitoses anormais e pleomorfismo citológico, reduzindo o volume do espaço extracelular e consequentemente a quantidade de água nesse compartimento. Além disso, apresentam também alta razão núcleo/citoplasma e nucléolos proeminentes, aumentando o conteúdo do espaço intracelular, restringindo a movimentação livre da água. O conjunto desses fatores explica a redução dos valores de CDA.

Como os achados de RM do meningioma são muito sugestivos desse diagnóstico, a espectroscopia de prótons apresenta um impacto pouco significativo nesse tipo de tumor. A espectroscopia de prótons em meningiomas pode demonstrar o pico da alanina (localizado em 1,47 ppm), aumento dos picos da colina (3,2 ppm) e do glutamato/glutamina (2,1-2,51 ppm) e redução dos picos de creatina e NAA. Uma vez que os meningiomas se originam fora do SNC, teoricamente não deveriam apresentar pico de NAA, pois esse metabólito é um marcador neuronal. Contudo, esse pico pode ser identificado se houver efeito de volume parcial englobando tecido cerebral ou invasão do parênquima pelos meningiomas atípicos ou malignos. O pico de lipídios não é observado, a menos que o tumor apresente degeneração gordurosa ou micronecrose.

A RM funcional tem seu papel na avaliação de áreas eloquentes para o planejamento cirúrgico. Apesar de ter seu uso clínico ainda não consagrado, pode ter um papel auxiliar.

As metástases de meningioma, embora sejam muito raras, podem ocorrer, tanto com o subtipo benigno, grau I da OMS, quanto nos tumores atípicos e anaplásicos. Sua incidência é estimada em cerca de 0,1%. Sua disseminação pode ser hematogênica, linfática ou liquórica. As metástases podem comprometer ossos, linfonodos, pulmão, pleura, rim e fígado.

A RM também é utilizada para o controle evolutivo pós-cirúrgico e pós-radioterápico dos meningiomas. O uso do meio de contraste paramagnético é essencial para a diferenciação entre as alterações pós-cirúrgicas ou actínicas da recorrência ou dos restos tumorais. O estudo precoce nos primeiros cinco dias mostra maior sensibilidade na avaliação de resíduo tumoral, pois entre 3 e 8 semanas ocorre espessamento e realce meníngeos reacionais, que geralmente diminuem com o tempo e tendem a se restringir ao local da craniotomia.

Tumores mesenquimais não meningoendoteliais

Hemangiopericitoma e tumor fibroso solitário

Os tumores fibrosos solitários originam-se mais comumente na cavidade pleural e raramente acomete outros sítios, como trato respiratório superior, pulmões, cavidades paranasais, órbitas, mediastino, glândulas salivares, mamas, fígado, trato urogenital ou meninges.

Os hemangiopericitomas foram descritos como tumores altamente vascularizados e originados de pericitos (células musculares lisas das paredes dos vasos) modificados. Quando se originam nas meninges, representam importante diagnóstico diferencial dos meningiomas e correspondem a 2% de todos os tumores meníngeos. O comportamento local é mais agressivo do que os meningiomas benignos, com maior crescimento, recorrência local e invasão das estruturas ósseas (Figura 32).

Apesar do termo hemangipericitoma estar em desuso nos últimos anos pela comunidade patológica, os neuropatologistas mantiveram essa doença separada dos tumores fibrosos solitários em razão de sua compreensão histórica, correlações clínico-patológicas descritas acima e altas taxas de recidiva e risco de metástases à distância no longo prazo. Contudo, a última classificação da OMS para os tumores do SNC agrupou os hemangiopericitomas e os tumores fibrosos solitários que acometem o

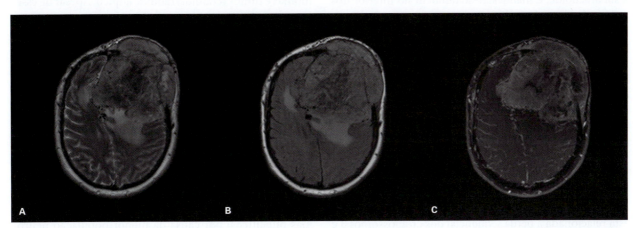

Figura 32 Hemangiopericitoma. Volumosa lesão expansiva frontal esquerda, aparentemente extra-axial, que infiltra o parênquima frontal, a calota craniana e as partes moles extracranianas, apresentando isossinal em T2/FLAIR (A e B) e realce heterogêneo pelo gadolínio (C). Destacam-se vasos calibrosos relacionados à lesão (*flow voids* em A e B).

neuroeixo em uma única entidade. Isso ocorreu porque ambos os tumores compartilham alterações genéticas no cromossomo 12q13, com fusão dos genes NAB2 e STAT6 e expressão nuclear do STAT6. Em decorrência dos diferentes graus de malignidade e agressividade entre as lesões agrupadas, foram atribuídos três graus diferentes a essa nova entidade:

Grau I: predomínio de células fusiformes com baixa celularidade e alto teor de colágeno, mais próximo do tumor fibroso solitário.

Grau II: lesão com maior celularidade e menos colágeno, contendo células maiores e um padrão de vascularização em "chifre de veado", mais próxima do hemangiopericitoma clássico.

Grau III: lesão mais indiferenciada, com 5 ou mais mitoses por 10 campos de alta potência, denominada de hemangiopericitoma anaplásico.

Nos hemangiopericitomas, a média de idade de acometimento dos pacientes é menor do que a observada em pacientes com meningiomas e a maioria dos pacientes é do sexo masculino, ao contrário dos meningiomas. Alguns hemangiopericitomas têm contornos lobulados ou irregulares, com isossinal em T1 e T2 e sinal intenso e heterogêneo, com áreas císticas e de hemorragia de permeio. *Flow voids* serpiginosos e proeminentes no interior ou na periferia das lesões também podem ser encontrados. A maioria das lesões apresenta um realce intenso e homogêneo pelo meio de contraste, mas "cauda dural" é raramente observada. Erosão óssea sem hiperostose associada pode ocorrer. A invasão parenquimatosa também é mais frequente nos hemangiopericitomas do que nos meningeomas. Nas sequências de difusão os valores de CDA foram mais elevados do que os observados nos meningiomas, provavelmente pela menor celularidade e maior vascularização. Entretanto, meningiomas angiomatosos apresentaram valores similares de CDA aos dos hemangiopericitomas.

Essas lesões podem acometer as meninges, inclusive a subaracnoide, e manifestar-se também no interior dos ventrículos laterais.

Hemangioblastoma

Os hemangioblastomas (HB) do SNC são tumores benignos e de crescimento lento, que podem se manifestar esporadicamente (25%) ou em associação com a doença de von Hippel-Lindau (VHL) (75%). Geralmente os HB esporádicos são solitários e curáveis com a ressecção completa, apresentando taxa de recorrência local de 13-20%. Os tumores associados à VHL podem ser múltiplos. A disseminação leptomeníngea ou hemangioblastomatose é rara nas duas formas de apresentação e o prognóstico nesses casos é reservado. A origem do HB esporádicos está relacionada à perda sequencial dos cromossomos 3 e 6, seguida da perda do cromossomo 9 e/ou 18q e/ou 19. Alterações somáticas em uma cópia do gene VHL, envolvendo a perda dos cromossomos 17q e 9p, que contém o gene NF1, e dos genes p15 e p16, podem ser a causa da malignização, das metástases e da disseminação leptomeníngea dessas lesões.

Os HB tipicamente acometem a fossa posterior (95%) de pacientes jovens (pico de incidência entre 30-60 anos), principalmente os associados à VHL, com leve predomínio no sexo masculino. A maioria dos HB acomete os hemisférios cerebelares (85%), seguida do verme cerebelar (10%) e da medula espinhal (5%). Os sintomas mais frequentes são cefaleia, hidrocefalia, disfunção cerebelar, confusão mental e policitemia por produção de eritropoietina (20%).

HB e astrocitomas pilocíticos são os tumores mais frequentes do cerebelo, são ambos benignos e classificados como grau I pela OMS. Uma das principais diferenças entre as lesões é a alta vascularização dos HB, que podem sangrar espontaneamente ou durante a cirurgia, levando a maior morbidade e mortalidade. As duas lesões apresentam localização e características de imagem muito semelhantes nos estudos convencionais de TC e RM, aparecendo como lesões císticas cerebelares com nódulo mural de intensa captação pelos meios de contraste, dificultando sua diferenciação. Uma das características que diferencia as duas lesões é a presença de *flow voids* na periferia do componente cístico dos HB (60-70%). Calcificações e realce na parede do cisto não são frequentes nos HB.

Os HB habitualmente apresentam baixo sinal na sequência de difusão, com altos valores de CDA (Figura 33). Isso se explica pela benignidade e menor celularidade das lesões, bem como pela grande quantidade de espaços vasculares. Os astrocitomas pilocíticos também não costumam apresentar restrição franca à difusão das moléculas de água em sua porção sólida, mas os valores de CDA tendem a ser mais baixos do que nos HB. Outros tumores de fossa posterior apresentam valores mais baixos de CDA, principalmente em razão da maior celularidade, como os meduloblastomas, linfomas, metástases, ependimomas e tumor teratoide/rabdide atípico. Apesar de esses tumores não apresentarem habitualmente componente cístico associado, as sequências de difusão podem reforçar as diferenças de imagem na RM, entre eles e os HB.

Outras técnicas avançadas de RM podem auxiliar o diagnóstico diferencial dos HB, principalmente com os astrocitomas pilocíticos. Ambos possuem altos valores de rCBV e rápido e intenso decaimento de sinal no início da passagem do meio de contraste pelo tecido, mas os HB mostram uma tendência ao retorno à linha de base nos HB após o pico de decaimento, enquanto 64% dos tumores pilocíticos apresentaram uma ascensão acima da linha de base. Os HB apresentam a relação NAA/creatina significativamente menor do que os astrocitomas pilocíticos, por causa da menor população neuronal e da menor infiltração do parênquima encefálico pelos HB. Ambos os tumores apresentam picos de lipí-

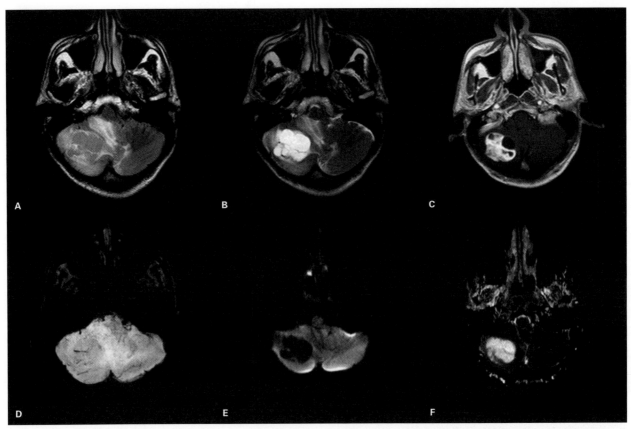

Figura 33 Hemangioblastoma. Lesão expansiva e solidocística no hemisfério cerebelar direito, com isossinal em FLAIR (A), hipersinal em T2 (B) e intenso realce pelo gadolínio (C) do nódulo mural. Destacam-se vasos calibrosos relacionados à lesão em imagem de susceptibilidade magnética (D). O componente sólido apresenta ainda baixo sinal na difusão (E) com altos valores de coeficientes de difusão aparente (CDA) (F).

dio e lactato, sem diferença estatística entre ambos. A permeabilidade (*dynamic contrast enhancement* – DCE) também auxilia na diferenciação entre HB e metástases, pois a porção sólida dos HB apresentou *wash-in* (semelhante ao dos seios durais) e *wash-out* mais intensos do que as lesões metastáticas.

Tumores melanocíticos

O maior acometimento meníngeo por neoplasias melanocíticas se dá pelo acometimento leptomeníngeo secundário de um melanoma extracraniano. Já as neoplasias melanocíticas primárias do SNC são muito raras e originam-se a partir de melanócitos leptomeníngeos. Esses tumores podem ser benignos ou malignos e focais ou difusos. Há quatro tipos de doenças: melanocitose difusa, melanocitoma, melanomatose meníngea e melanoma maligno.

Os melanocitomas são tumores focais, pigmentados e escuros, geralmente isolados, que não invadem o osso ou o parênquima adjacente. São mais frequentes na fossa posterior, no cavo de Meckel (associação com nevo de Ota), na medula espinhal e em raízes espinais. Essas lesões raramente sofrem diferenciação para melanomas.

Melanocitose e melanomatose leptomeníngea difusa geralmente são encontradas em pacientes com múltiplos nevos cutâneos melanocíticos, em decorrência da melanose ou melanocitose neurocutânea (MNC), uma displasia neuroectodérmica rara e não familiar de grave prognóstico, sendo a melanocitose benigna e a melanomatose maligna. Essas lesões recobrem a pia-máter e preenchem os espaços subaracnoides. Durante o processo de embriogênese, células precursoras melanocíticas migram da crista neural para a pele e também para as leptomeninges. Contudo, a proliferação desordenada dessas células e o depósito anormal de melanina nas leptomeninges pode ocorrer, resultando nessas lesões mesenquimais. O diagnóstico é realizado pela presença de um nevo melanocítico congênito de mais de 2,0 cm, de múltiplos nevos cutâneos e do comprometimento leptomeníngeo nos exames de imagem.

Todas as lesões melanocíticas são hiperatenuantes na TC sem contraste e apresentam intenso realce pelo meio de contraste. Elas apresentam hipersinal em T1 e hipossinal em T2, por conta da ação paramagnética da melanina, que encurta o tempo de T1. Geralmente essas alterações são identificadas na superfície pial, mais evidente ao redor da base do crânio, cerebelo, tronco cerebral e gânglios da base. Destaca-se ainda uma predisposição para o contorno anterior dos lobos temporais e amígdalas. Os quadros difusos podem acometer grandes extensões das leptomeninges e estarem associados à hidrocefalia, pela obliteração de forames na fossa posterior. Os melanomas primários tendem a ser lesões nodulares maiores, com efeito expansivo sobre o parênquima encefálico e sinais neurológicos focais, hipersinal em T1, intenso realce pelo meio de contraste e com restrição à difusão das moléculas de água. A presença de necrose e de infiltração do parênquima podem indicar a malignidade da lesão. Os melanomas de SNC acometem até 64% dos pacientes com MNC.

Outros tumores mesenquimais não meningoendoteliais

Há muitos diferenciais dessas lesões mesenquimais e meningoendoteliais, que podem acometer o encéfalo, os ossos da calota ou da base do crânio ou ainda as partes moles extracranianas, como o hemangioma, hemangioendotelioma epitelioide, angiossarcoma, sarcoma de Kaposi, sarcoma de Ewing, fibrossarcoma, lipossarcoma, lipoma e angiolipoma, tumor miofibroblástico inflamatório, histiocitoma fibroso benigno e maligno, leiomioma e leiomiossarcoma, rabdomioma e rabdomiossarcoma, condroma e condrossarcoma, osteoma, osteocondroma e osteossarcoma. A maioria dessas lesões é rara em frequência ou acometimento no crânio e muitas serão comentadas em outras seções desse tratado.

Linfoma primário do SNC

O linfoma primário do SNC é uma forma extranodal rara do linfoma não Hodgkin (LNH) de células B, que afeta o cérebro, medula espinal, leptomeninges e olhos e corresponde a cerca de 6% das neoplasias malignas intracranianas.

Sua manifestação difere entre os pacientes imunocompetentes e imunocomprometidos, sendo mais comum neste último grupo ligado a aids. O linfoma primário pode acometer indivíduos imunocompetentes por volta da 6ª década de vida, ou pacientes mais jovens, imunocomprometidos.

Os indivíduos imunocompetentes apresentam frequentemente uma lesão na substância branca periventricular, que pode envolver o corpo caloso, núcleos da base, hipotálamo ou superfície meníngea, destacando-se a clássica extensão bi-hemiférica com infiltração do corpo caloso (aspecto em asa de borboleta), que apresenta diagnóstico diferencial com GBM. A alta celularidade e a relação nucleocitoplasmática dos linfomas resulta em lesões iso ou hiperatenuantes na TC e restrição à sequência de difusão (Figura 34). Hemorragia e calcificação são raras e edema perilesional é pequeno, menos acentuado que o observado no GBM.

Lesões múltiplas podem ocorrer em cerca de 20-40% desses pacientes sem comprometimento da imunidade. Outra manifestação dos linfomas é a apresentação como realce linear pelo meio de contraste de espaços perivasculares. Apresentam hipo ou isossinal em T1 e T2, realce homogêneo pelo meio de contraste e restrição à sequência de difusão, frequentemente com hipossinal homogêneo e acentuado hipossinal no mapa CDA. Baixos valores de CDA normatizado em uma lesão que envolve o corpo caloso poderia auxiliar na distinção entre linfoma primário do SNC (LPSNC) e tumores astrocitários.

Indivíduos imunocomprometidos apresentam múltiplas lesões supratentoriais, que geralmente envolvem os núcleos da base. As lesões têm hipo ou isossinal em T1 e T2, assim como os imunocompetentes, mas a restrição à sequência de difusão e o realce pelo meio de contraste são heterogêneos e frequentemente marginais.

A espectroscopia de prótons pode ser útil na diferenciação entre linfoma e toxoplasmose nos pacientes com imunossupressão, demonstrando diminuição dos picos de NAA e da creatina e aumento da colina, com ou sem a detecção de lipídios e lactato nos casos de linfoma.

No estudo de perfusão T2* (DSC) não há aumento significativo do rCBV como observado no GBM, achado que é compatível com a ausência de neoangiogênese. Além disso, a curva de rCBV pode apresentar um comportamento típico, porém pouco comum, caracterizado por sinal com ascensão progressiva acima da linha de base após a primeira passagem do meio de contraste paramagnético.

A avaliação por perfusão T1 (DCE) evidencia valores mais altos de *Ktrans* (que avalia a permeabilidade capilar) em relação ao GBM, sugerindo maior permeabilidade vascular.

O linfoma do SNC apresenta boa resposta a corticoterapia e quimioterapia. A evolução do tratamento pode ser claramente monitorizada pela TC ou RM, sendo alta a taxa de recorrência de lesão.

Outra entidade conhecida é a linfomatose intravascular maligna ou linfoma intravascular, causada por proliferação maciça de células linfoides. O aspecto das lesões na TC e RM é inespecífico, sendo o mais frequente encontrarmos lesões bilaterais e assimétricas com hipersinal em T2 e realce pelo meio de contraste, simulando áreas de infarto no córtex e nos gânglios da base. O prognóstico dessas lesões é bastante reservado.

Metástases

As metástases como grupo são os tumores mais frequentes no SNC, representando quase 50% dos casos. Estima-se que nos Estados Unidos mais de 40% dos pacientes com algum câncer desenvolva em algum momento metástases cerebrais. As metástases intracranianas podem ser intraparenquimatosas, leptomeníngeas, durais ou epidurais e podem se originar de um tumor primário

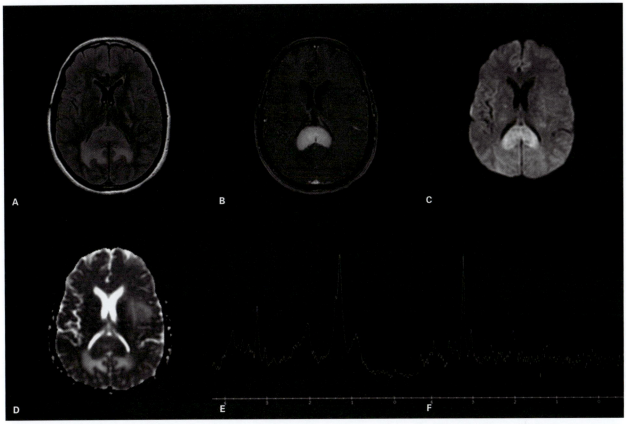

Figura 34 Linfoma primário de sistema nervoso central (linfoma difuso de grandes células B). Lesão expansiva no esplênio do corpo caloso, com hipossinal em FLAIR (A), realce intenso pelo gadolínio (B) e hipersinal na sequência de difusão (C), com baixos valores no mapa de coeficientes de difusão aparente (CDA) (D). O estudo de espectroscopia de prótons evidencia a presença de picos de lípides/lactato na aquisição TE 35 ms (E), com inversão do pico de lactato na aquisição com TE 135 ms (F).

extracraniano ou intracraniano. As metástases intraparenquimatosas são as mais frequentes e mais comumente foram disseminadas por via hematogênica, tendo como localização mais comum a transição corticossubcortical ("extremidades arteriais"). Em sua maioria são arredondadas e circunscritas, sólidas ou com centro necrótico, com intenso realce nas porções sólidas e extenso edema vasogênico periférico. Outras possíveis e frequentes rotas de disseminação são: direta por contiguidade de tumores da orofaringe, seios paranasais e órbitas; perineural; perivascular; liquórica (meningite carcinomatosa e *drop metastasis*). De forma mais rara, temos metástases de tumor-para-tumor (*tumor to tumor*), quando a metástase se dá para outro tumor primário, sendo os doadores mais comuns os tumores de pulmão e mama, e os receptores mais comuns os meningiomas (Figura 35).

Os locais de ocorrência de metástases seguem a distribuição do fluxo sanguíneo cerebral, sendo 80% para os hemisférios cerebrais, 15% para o cerebelo, 3% para os núcleos da base e o 1% restante para o mesencéfalo, ponte e medula espinhal. Em 50% das vezes as metástases são solitárias, em 20% dos casos duas lesões ocorrem e somente em 5% dos casos há mais do que cinco lesões. Os principais tumores primários em adultos que metastatizam para o SNC são: carcinomas de pulmão 39%, carcinomas de mama 17%, melanoma 11%, carcinoma renal 6% e tumores do trato gastrointestinal 6%. Em crianças os principais são leucemias, linfomas e sarcomas.

Os principais tumores primários que apresentam disseminação por vias liquóricas são: PNET, ependimoma, GBM, oligodendroglioma, astrocitoma, germinoma e retinoblastoma, e tanto tumores de alto grau como baixo grau podem apresentar disseminação por via liquórica.

As metástases na calota e na base do crânio podem ocorrer sem acometimento dural. Já metástases durais sem acometimento da calota craniana são raras. Os principais tumores não primários do SNC que apresentam metástases meníngeas são o adenocarcinoma de mama, pulmão, estômago e de pâncreas, o melanoma, a leucemia e o linfoma. Metástases leptomeníngeas podem se manifestar nos exames de TC e RM como áreas de realce e espessamento linear ou nodular e focal ou difuso (Figura 36). Também podem ser detectadas por meio de estudo de células neoplásicas no liquor.

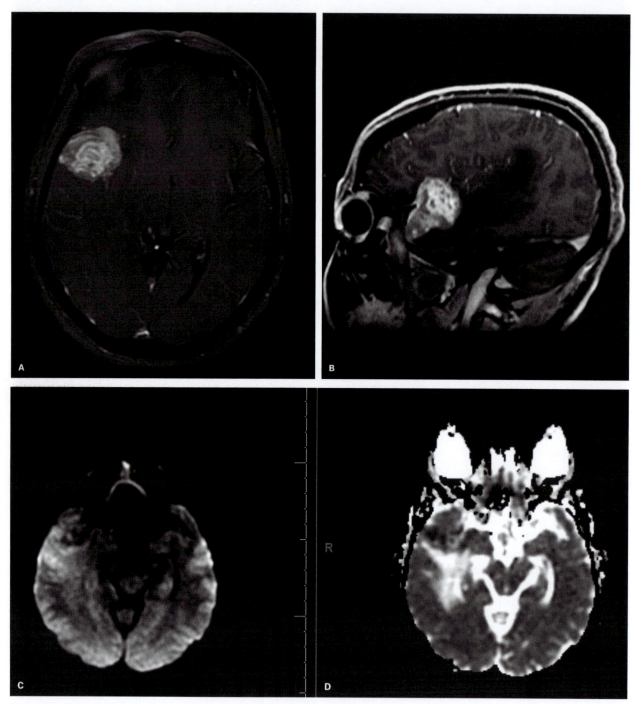

Figura 35 Imagens pesada em T1 pós-gadolínio no plano axial (A) e sagital (B) de paciente do sexo feminino com 45 anos e carcinoma primário de mama. Formação sólida expansiva extra-axial na asa maior do efenoide à direita, com componente mais heterogêneo em sua extremidade posterior. *Tumor-to-tumor metastasis*, metástase de carcinoma de mama para meningioma. A imagem de difusão (C) e do mapa de coeficientes de difusão aparente (CDA) (D) mostram tênues focos de restrição hídrica na lesão e área de edema vasogênico no parênquima temporal comprimido.

(continua)

5 TUMORES INTRA E EXTRA-AXIAIS DO SISTEMA NERVOSO CENTRAL   277

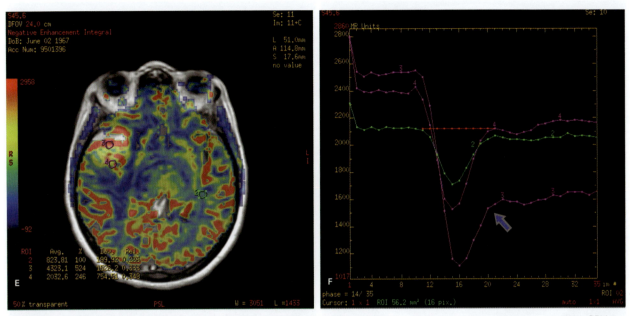

Figura 35 *(continuação)* O mapa de volume sanguíneo cerebral relativo (rCBV) (E e F) da lesão demonstra aumento do r CBV em mais de 5 vezes, em relação ao parênquima contralateral.

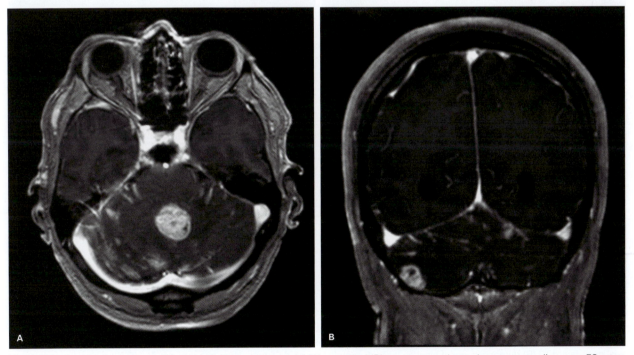

Figura 36 Imagens pesada em T1 pós-gadolínio no plano axial (A) e coronal (B) mostram paciente do sexo masculino com 58 anos, apresentando metástase de carcinoma de esôfago no cerebelo, com disseminação leptomeníngea.

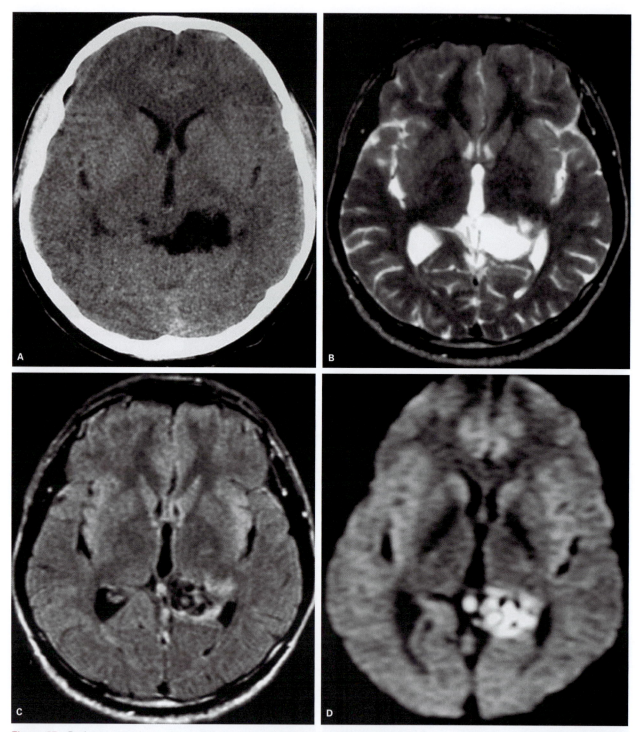

Figura 37 Paciente com cisto epidermoide na cisterna ambiens à esquerda. Imagem de tomografia computadorizada (A) sem contraste demonstra uma lesão extra-axial que alarga a cisterna ambiens esquerda e apresenta atenuação semelhante à do liquor. Imagem axial pesada em T2 (B) demonstra que o sinal da lesão é semelhante ao do liquor. Já na imagem em FLAIR (C) o sinal é diferente do sinal do liquor com presença de traves e nodulações com hipersinal no seu interior. A imagem de difusão (D) mostra uma lesão com hipersinal sugerindo o diagnóstico de cisto epidermoide.

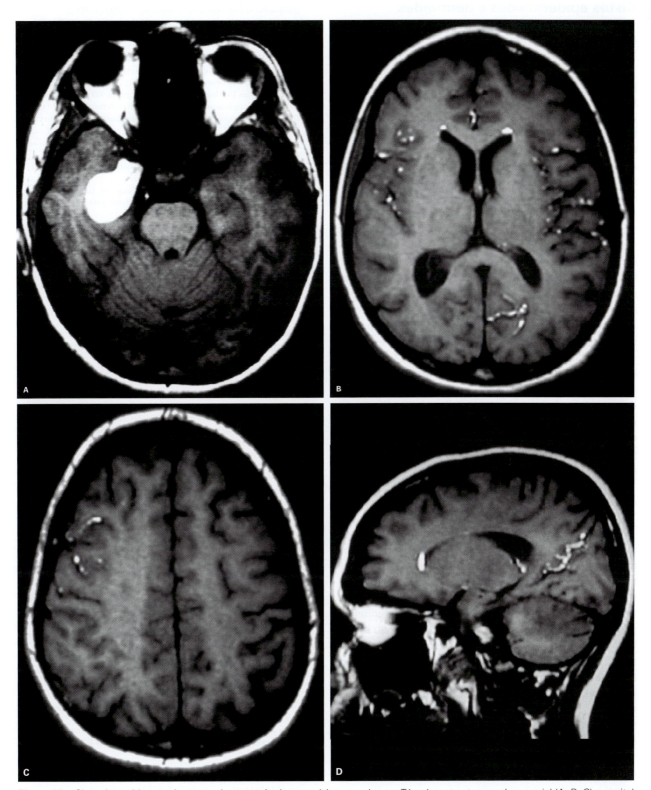

Figura 38 Cisto dermoide roto. Imagens de ressonância magnética pesadas em T1 pré-contraste nos planos axial (A, B, C) e sagital (D). Em A note a lesão extra-axial para-selar direita com sinal semelhante ao da gordura, correspondendo ao tumor dermoide. Nas outras imagens note a presença de pequenas imagens arredondadas com hipersinal no interior dos cornos anteriores dos ventrículos laterais e nos sulcos corticais correspondendo às gotículas de gordura do tumor dermoide rompido.

Cistos epidermoides e dermoides

Cistos epidermoides

Os cistos epidermoides intracranianos são cistos congênitos de inclusão, responsáveis por 0,2-1% dos tumores intracranianos primários e pelo menos cinco vezes mais comuns que os cistos dermoides. Apresentam crescimento lento e gralmente acomete pacientes entre 20-40 anos de idade. Essas lesões são intradurais em 90% dos casos, sendo mais comuns na cisterna do ângulo pontocerebelar (até 50% deles) e perdendo em incidência apenas para os schwannomas e os meningiomas dessa região. Também podem acometer o IV ventrículo e as regiões selar/parasselar, em situação mais mediana. Na imensa maioria das vezes são assintomáticos, mas podem eventualmente causar efeito expansivo, com neuropatia ou crises convulsivas. Ocasionalmente, sua rotura pode causar meningite granulomatosa. Os cistos epidermoides se caracterizam por serem lesões císticas com densidade/sinal semelhante ao liquórico e por se insinuarem nas cisternas, deslocando os nervos e os vasos. Apresentam mínimo realce periférico, sem contrastação de seu conteúdo central. Até 10-25% das lesões podem calcificar. Na RM, essas lesões não suprimem completamente no FLAIR e apresentam restrição à difusão das moléculas de água. O principal diagnóstico diferencial é com os cistos de aracnoide, que são isointensos ao liquor em todas as sequências e não restringem à difusão. Outras possibilidades diagnósticas são os cistos dermoides, neurocisticercose racemosa e neoplasias císticas.

Cistos dermoides

Também são cistos congênitos de inclusão, extremamente raros e responsáveis por menos de 0,5% das lesões intracranianas primárias. Além disso, tendem a ser lesões medianas, acometendo as regiões selar, parasselar, frontonasal ou a fossa posterior. Eles podem aumentar de tamanho por secreção glandular ou descamação epitelial, podendo romper e causar meningite química. São lesões bem definidas, com cápsula mais espessa do que os cistos epidermoides. Podem também apresentar calcificações, assim como cabelos e dentes. São hiperintensos em T1, com sinal variável em T2 e não apresentam realce pelos meios de contraste. O sinal de rotura do cisto é a presença de focos de alto sinal em T1 esparsos nas cisternas subaracnoides, sulcos corticais e no interior do sistema ventricular. O diagnóstico diferencial inclui os cistos epidermoides, craniofaringiomas, teratomas e lipomas.

Bibliografia sugerida

1. Aldape K, Pfister SM. Next-generation molecular diagnostics. Handb Clin Neurol. 2016;134:121-30.
2. Alexander H, Tannenburg A, Walker DG, Coyne T. Progressive dysembryoplastic neuroepithelial tumour. J Clin Neurosci. 2015;22(1):221-4.
3. Altman NR. MR and CT characteristics of gangliocytoma: a rare cause of epilepsy in children. AJNR Am J Neuroradiol. 1988;9(5):917-21.
4. Araki M, Fan J, Haraoka S, Moritake T, Yoshii Y, Watanabe T. Extracranial metastasis of anaplastic ganglioglioma through a ventriculoperitoneal shunt: a case report. Pathology international. 1999;49(3):258-63.
5. Bader A, Heran M, Dunham C, Steinbok P. Radiological features of infantile glioblastoma and desmoplastic infantile tumors: British Columbia's Children's Hospital experience. J Neurosurg Pediatr. 2015;16(2):119-25.
6. Barnholtz-Sloan JS, Sloan AE, Davis FG, Vigneau FD, Lai P, Sawaya RE. Incidence proportions of brain metastases in patients diagnosed (1973 to 2001) in the Metropolitan Detroit Cancer Surveillance System. J Clin Oncol. 2004;22(14):2865-72.
7. Beier D, Kocakaya S, Hau P, Beier CP. The neuroradiological spectra of adult and pediatric medulloblastoma differ. Clinical Neuroradiology. 2016;1-9.
8. Berger MS, Jumper SH, Wick W. Astrocytic gliomas WHO grades II and III. Handb Clin Neurol. 2016;134:345-60.
9. Bonney PA, Boettcher LB, Krysiak RS, 3rd, Fung KM, Sughrue ME. Histology and molecular aspects of central neurocytoma. Neurosurg Clin N Am. 2015;26(1):21-9.
10. Borowska A, Jóźwiak J. Medulloblastoma: molecular pathways and histopathological classification. Group. 2016;4, 2.
11. Cha S, Lupo JM, Chen MH, Lamborn KR, McDermott MW, Berger MS, et al. Differentiation of glioblastoma multiforme and single brain metastasis by peak height and percentage of signal intensity recovery derived from dynamic susceptibility-weighted contrast-enhanced perfusion MR imaging. AJNR. 2007;28(6):1078-84.
12. Collins P, Jones DTW, Giannini C. Pilocytic astrocytoma: pathology, molecular mechanisms and markers. Acta Neuropathol. 2015;129:775-88.
13. Coluccia D, Figueiredo C, Isik S, Smith C, Rutka JT. Medulloblastoma: tumor biology and relevance to treatment and prognosis paradigm. Curr Neurol Neurosci Rep. 2016;16(5):1-11.
14. Deiana G, Mottolese C, Hermier M, Louis-Tisserand G, Berthezene Y. Imagery of pineal tumors. Neurochirurgie. 2015;61(2):113-122.
15. Doglietto F, Colosimo C, Lauriola L, Balducci M, De Bonis P, Montano N, et al. Intracranial melanocytic meningeal tumours and melanosis oculi: case report and literature review. BMC Cancer. 2012;12:220.
16. Donoho D, Zada G. Imaging of central neurocytomas. Neurosurg Clin N Am. 2015;26(1):11-9.
17. Dorfer C, Tonn J, Rutka JT. Ependymoma: a heterogeneous tumor of uncertain origin and limited therapeutic options. Handb Clin Neurol. 2016;134:417-31.
18. ElBanan MG, Amer AM, Zinn PO, Colen RR. Imaging genomics of glioblastoma state of the art bridge between genomics and neuroradiology. Neuroimag Clin N Am. 2015;25:141-53.
19. Ellenbogen JR, Walker C, Jenkinson MD. Genetics and imaging of oligodendroglial Tumors. CNS Oncol. 2015.
20. Ellison DW, Kocak M, Figarella-Branger D, Felice G, Catherine G, Pietsch T, et al. Histopathological grading of pediatric ependymoma: reproducibility and clinical relevance in European trial cohorts. J Negat Results Biomed. 2011;10:7.
21. Fang AS, Meyers SP. Magnetic resonance imaging of pineal region tumours. Insights into Imaging. 2013;4(3):369-82.
22. Fauchon F, Jouvet A, Alapetite C, Fevre-Montange M. Classification des tumeurs de la région pinéale et leur traitement. EMC-Neurologie. 2005;2(4):596-617.
23. Fèvre-Montange M, Szathmari A, Champier J, Mokhtari K, Chrétien F, Coulon A. Pineocytoma and pineal parenchymal tumors of intermediate differentiation presenting cytologic pleomorphism: a multicenter study. Brain Pathology. 2008;18(3):354-9.
24. Gaillard F, Jones J. Masses of the pineal region: clinical presentation and radiographic features. Postgraduate Med J. 2010;86(1020):597-607.
25. Gajjar A, Bowers DC, Karajannis MA, Leary S, Witt H, Gottardo NG. Pediatric brain tumors: innovative genomic information is transforming the diagnostic and clinical landscape. JCO. 2015.
26. Gajjar A, Pfister SM, Taylor MD, Gilbertson RJ. Molecular insights into pediatric brain tumors have the potential to transform therapy. Clin Cancer Res. 2014;5630-40.
27. Gener MA, Conger AR, Van Gompel J, Ariai MS, Jentoft M, Meyer FB, et al. Clinical, pathological, and surgical outcomes for adult pineoblastomas. World Neurosurgery. 2015;84(6):1816-24.
28. Gopal P, Parker JR, Debski R, Parker JC Jr. Choroid plexus carcinoma. Arch Pathol Lab Med. 2008;132(8):1350-4.
29. Gupta N. Choroid plexus tumors in children. Neurosurg Clin N Am. 2003;14(4):621-31.

30. Haldorsen IS, Espeland A, Larsson EM. Central nervous system lymphoma: characteristic findings on traditional and advanced imaging. AJNR Am J Neuroradiol. 2011;32(6):984-92.
31. Han SJ, Clark AJ, Ivan ME, Parsa AT, Perry A. Pathology of pineal parenchymal tumors. Neurosurg Clin N Am. 2011;22(3):335-40.
32. Horger M, Fenchel M, Nägele T, Moehle R, Claussen CD, Beschorner R, et al. Water diffusivity: comparison of primary CNS lymphoma and astrocytic tumor infiltrating the corpus callosum. AJR Am J Roentgenol. 2009;193(5):1384-7.
33. Ito T, Kanno H, Sato KI, Oikawa M, Ozaki Y, Nakamura H, et al. Clinicopathologic study of pineal parenchymal tumors of intermediate differentiation. World Neurosurgery. 2014;81(5):783-9.
34. Jain N, Chauhan U, Goel V, Puri SK. Lhermitte-Duclos disease: diagnosis on MRI, MR spectroscopy, CT and positron emission tomography. JCDR. 2015;9(9):TJ01-2.
35. Johann PD, Erkek S, Zapatka M, Kerl K, Buchhalter I, Hovestadt V, et al. Atypical teratoid/rhabdoid tumors are comprised of three epigenetic subgroups with distinct enhancer landscapes. Cancer Cell. 2016;29(3):379-93.
36. Jouvet A, Vasiljevic A, Champier J, Montange MF. Pineal parenchymal tumours and pineal cysts. Neurochirurgie. 2015;61(2):123-9.
37. Kickingereder P, Sahm F, Wiestler B, Roethke M, Heiland S, Schlemmer HP, et al. Evaluation of microvascular permeability with dynamic contrast-enhanced MRI for the differentiation of primary CNS lymphoma and glioblastoma: radiologic-pathologic correlation. AJNR Am J Neuroradiol. 2014;35(8):1503-8.
38. Kijima N, Kanemura Y. Molecular classification of medulloblastoma. Neurologia Medico-Chirurgica. 2016.
39. Koeller KK, Rosenblum RS, Morrison AL. Neoplasms of the spinal cord and filum terminale: radiologic-pathologic correlation. Radiographics. 2000;20(6):1721-49.
40. Koelsche C, Sahm F, Paulus W, Mittelbronn M, Giangaspero F, Antonelli M, et al. BRAF V600E expression and distribution in desmoplastic infantile astrocytoma/ganglioglioma. Neuropathol Appl Neurobiol. 2014;40(3):337-44.
41. Kongkham P, Rutka JT. Choroid plexus tumors. In: Tonn J-C, Grossman SA, Rutka JT, Westphal M, SpringerLink (online service), editors. Neuro-oncology of CNS tumors. Berlin: Springer-Verlag; 2006. p. 529-37.
42. Kunimatsu A, Kunimatsu N, Kamiya K, Katsura M, Mori H, Ohtomo K. Variants of meningiomas: a review of imaging findings and clinical features. Jpn J Radiol. 2016;34:459.
43. Kwak HS, Hwang S, Chung GH, Song JS, Choi EJ. Detection of small brain metastases at 3 T: comparing the diagnostic performances of contrast-enhanced T1-weighted SPACE, MPRAGE, and 2D FLASH imaging. Clinical Imaging. 2015;39(4):571-5.
44. Kwon CH, Zhu X, Zhang J, Knoop LL, Tharp R, Smeyne RJ, et al. Pten regulates neuronal soma size: a mouse model of Lhermitte-Duclos disease. Nature genetics. 2001;29(4):404-11.
45. Lassaletta A, Ramaswamy V. Medulloblastoma in adults: they're not just big kids. Neuro-oncology. 2016;18(7):895-7.
46. Law M, Cha S, Knopp EA, Johnson G, Arnett J, Litt AW. High-grade gliomas and solitary metastases: differentiation by using perfusion and proton spectroscopic MR imaging. Radiology. 2002;222(3):715-21.
47. Louis DN, Ohgaki H, Wiestler OD, Cavenee WK, Burger PC, Jouvet A, et al. The 2007 WHO classification of tumours of the central nervous system. Acta neuropathologica. 2007;114(2):97-109.
48. Louis DN, Perry A, Reifenberger G, von Deimling A, Figarella-Branger D, Cavenee WK, et al. The 2016 World Health Organization Classification of tumors of the central nervous system: a summary. Acta Neuropathol. 2016;131:803-20.
49. Louis DN, Perry A, Reifenberger G, von Deimling A, Figarella-Branger D, Cavenee WK, et al. The 2016 World Health Organization Classification of Tumors of the Central Nervous System: a summary. Acta Neuropathologica. 2016;131(6):803-20.
50. Lucas JT Jr., Huang AJ, Mott RT, Lesser GJ, Tatter SB, Chan MD. Anaplastic ganglioglioma: a report of three cases and review of the literature. J Neurooncol. 2015;123(1):171-7.
51. Massimino M, Biassoni V, Gandola L, Garrè ML, Gatta G, Giangaspero F, et al. Childhood medulloblastoma. Crit Rev Oncol/Hematol. 2016. Disponível em: http://dx.doi.org/10.1016/j.critrevonc. 12 maio 2016.
52. Masui K, Reifenberger G. Molecular classification of gliomas. Handb Clin Neurol. 2016;134:97-120.
53. Mohaghegh MR, Chitsaz A, Okhovat AA, Pour EB. Supratentorial cortical ependymoma: An unusual presentation of a rare tumor. Advanced biomedical research. 2015;4:72.
54. Montange MF, Vasiljevic A, Champier J, Jouvet A. Papillary tumor of the pineal region: Histopathological characterization and review of the literature. Neurochirurgie. 2015;61(2):138-42.
55. Nakada S, Minato H, Takegami T, Kurose N, Ikeda H, Kobayashi M, et al. NAB2-STAT6 fusion gene analysis in two cases of meningeal solitary fibrous tumor/hemangiopericytoma with late distant metastases. Brain Tumor Pathol. 2015;32(4):268-74.
56. Northcott PA, Pfister SM, Jones DT. Next-generation (epi) genetic drivers of childhood brain tumours and the outlook for targeted therapies. The Lancet Oncology. 2015;16(6):e293-e302.
57. Oh J, Cha S, Aiken AH, Han ET, Crane JC, Stainsby JA, et al. Quantitative apparent diffusion coefficients and T2 relaxation times in characterizing contrast enhancing brain tumors and regions of peritumoral edema. JMRI. 2005;21(6):701-8.
58. Osborn AG. Osborn's brain: imaging, pathology, and anatomy. 1st ed. Salt Lake City: Amirsys; 2013. xi, 1272 p.
59. Partovi S, Karimi S, Lyo JK, Esmaeili A, Tan J, Deangelis LM. Multimodality imaging of primary CNS lymphoma in immunocompetent patients. Br J Radiol. 2014;87(1036):20130684.
60. Perreault S, Ramaswamy V, Achrol AS, Chao K, Liu TT, Shih D, et al. MRI surrogates for molecular subgroups of medulloblastoma. Am J Neuroradiol. 2014;35(7):1263-9.
61. Perry A, Wesseling P. Histologic classification of gliomas. Handb Clin Neurol. 2016;134:71-95.
62. Pfister SM, Korshunov A, Kool M, Hasselblatt M, Eberhart C, Taylor MD. Molecular diagnostics of CNS embryonal tumors. Acta Neuropathologica. 2010. 120(5):553-66.
63. Pinto NR, Applebaum MA, Volchenboum SL, Matthay KK, London WB, Ambros PF, et al. Advances in risk classification and treatment strategies for neuroblastoma. JCO. 2015.
64. Pope W, Djoukhadar I, Jackson A. Neuroimaging. Handb Clin Neurol. 2016;134:27-50.
65. Purohit B, Kamli AA, Kollias SS. Imaging of adult brainstem gliomas. Eur J Radiol. 2015. Disponível em: http://dx.doi.org/10.1016/j.ejrad.2014.12.025.
66. Quang DK, Buczkowicz P, Rakopoulos P, Liu X, Fontebasso AM, Bouffet E, et al. K27M mutation in histone H3.3 defines clinically and biologically distinct subgroups of pediatric diffuse intrinsic pontine gliomas. Acta Neuropathol. 2012;124:439-47.
67. Rickert CH, Paulus W. Tumors of the choroid plexus. Microscopy Research and Technique. 2001;52(1):104-11.
68. Rizzo L, Crasto SG, Moruno PG, Cassoni P, Ruda R, Boccaletti R, et al. Role of diffusion- and perfusion-weighted MR imaging for brain tumour characterisation. La Radiologia Medica. 2009;114(4):645-59.
69. Rodriguez FJ, Perry A, Rosenblum MK, Krawitz S, Cohen KJ, Lin D, et al. Disseminated oligodendroglial-like leptomeningeal tumor of childhood: a distinctive clinicopathologic entity. Acta Neuropathologica. 2012;124(5):627-41.
70. Safaee M, Oh MC, Bloch O, Sun MZ, Kaur G, Auguste KI, et al. Choroid plexus papillomas: advances in molecular biology and understanding of tumorigenesis. Neuro-oncology. 2013;15(3):255-67.
71. Seidel C, Hambsch P, Hering K, Bresch A, Rohde S, Kortmann RD, et al. Analysis of frequency of deep white matter metastasis on cerebral MRI. Journal of Neuro-oncology. 2015;123(1):135-9.
72. Shidoh S, Yoshida K, Takahashi S, Mikami S, Mukai M, Kawase T. Parasagittal solitary fibrous tumor resembling hemangiopericytoma. Brain Tumor Pathol. 2010;27(1):35-8.
73. Soffietti R, Ruda R, Reardon D. Rare glial tumors. Handb Clin Neurol. 2016;134:399-415.
74. Solomon DA, Wood MD, Tihan T, Bollen AW, Gupta N, Phillips JJJ, et al. Diffuse midline gliomas with histone H3-K27M mutation: a series of 47 cases assessing the spectrum of morphologic variation and associated genetic alterations. Brain Pathology. 2015.
75. Spennato P, Trischitta V, Aliberti F, Cinalli G. Lhermitte-Duclos (section rare tumors). In: Özek MM, Cinalli G, Maixner W, Sainte-Rose C, editors. Posterior fossa tumors in children. Berlin: Springer; 2015. p. 805-12.
76. Sturm D, Orr BA, Toprak UH, Hovestadt V, Jones DT, Capper D, et al. New brain tumor entities emerge from molecular classification of CNS-PNETs. Cell. 2016;164(5):1060-72.
77. Sturm D, Orr B, Toprak UH, Hovestadt V, Jones DT, Capper D, et al. Four new brain tumor entities emerge from molecular classification of CNS-PNETs. Cancer Research. 2016;76(14 Suppl.):2696.
78. Tlili-Graiess K, Mama N, Arifa N, Kadri K, Hasni I, Krifa H, et al. Diffusion weighted MR imaging and proton MR spectroscopy findings of central neurocytoma with pathological correlation. J Neuroradiol. 2014;41(4):243-50.

79. Van Den Bent MJ, Bromberg JEC, Buckner J. Low-grade and anaplastic oligodendroglioma. Handb Clin Neurol. 2016;134:361-80.
80. Vasiljevic A, Szathmari A, Champier J, Fèvre-Montange M, Jouvet A. Histopathology of pineal germ cell tumors. Neurochirurgie. 2015;61(2):130-7.
81. Wang W, Steward CE, Desmond PM. Diffusion tensor imaging in glioblastoma multiforme and brain metastases: the role of p, q, L, and fractional anisotropy. AJNR. 2009;30(1):203-8.
82. Wirsching HG, Galanis E, Weller M. Glioblastoma. Handb Clin Neurol. 2016;134:381-97.
83. Wolff JE, Sajedi M, Brant R, Coppes MJ, Egeler RM. Choroid plexus tumours. Brit J Cancer. 2002;87(10):1086-91.
84. Yeom KW, Mobley BC, Lober RM, Andre JB, Partap S, Vogel H, et al. Distinctive MRI features of pediatric medulloblastoma subtypes. Am J Roentgenol. 2013;200(4):895-903.
85. Zentner J, Wolf HK, Ostertun B, Hufnagel A, Campos MG, Solymosi L, et al. Gangliogliomas: clinical, radiological, and histopathological findings in 51 patients. Journal of neurology, neurosurgery, and psychiatry. 1994;57(12):1497-502.

6

Doenças da substância branca e erros inatos do metabolismo

Carolina de Medeiros Rimkus
Claudia da Costa Leite

Mielinização normal

A bainha de mielina é um complexo de prolongamentos celulares modificados que envolve os axônios de maneira espiral, formando uma membrana que funciona como isolante elétrico, contribuindo para a transmissão rápida e eficaz do impulso neural. No sistema nervoso central, a bainha de mielina é formada por oligodendrócitos, ao passo que no sistema nervoso periférico é formado por células de Schwann, constituindo um tecido rico em lipídios e proteínas, como colesterol, galactolipídios, fosfolipídios, proteína básica da mielina e glicoproteínas.

Durante o desenvolvimento, a mielinização ocorre no sentido caudocranial, posteroanterior e do centro para a periferia. A substância branca em mielinização reduz gradualmente o teor de hidratação, com aumento progressivo do sinal nas imagens ponderadas em T1 e redução do sinal nas imagens ponderadas em T2 (Figura 1), e aumento da diferenciação de sinal entre as substâncias branca e cinzenta. A avaliação da mielinização normal pode ser feita a partir da identificação das relações de sinal T1/T2 em algumas estruturas-chave nos exames de ressonância magnética (RM) de encéfalo (Tabela 1).

Cronologia da mielinização

Início na 16ª semana de gestação até aproximadamente o 2º ano de vida.

Avaliação da mielinização por RM:

- Substância branca não mielinizada
  - T1: iso ou baixo sinal em relação ao córtex.
  - T2: hipersinal em relação ao córtex.

- Substância branca mielinizada
  - T1: hipersinal em relação ao córtex.
  - T2: hipossinal em relação ao córtex.

Tabela 1 Mielinização normal

Região anatômica	Aparecimento de alto sinal em T1	Aparecimento de baixo sinal em T2
Pedúnculo cerebelar médio	Nascimento	Nascimento a 2 meses
Substância branca cerebelar	Nascimento a 4 meses	3 a 5 meses
Ramo posterior da cápsula interna		
Porção anterior	Nascimento	4 a 7 meses
Porção posterior	Nascimento	Nascimento a 2 meses
Ramo anterior da cápsula interna	2 a 3 meses	7 a 11 meses
Joelho do corpo caloso	4 a 6 meses	5 a 8 meses
Esplênio do corpo caloso	3 a 4 meses	4 a 6 meses
Centro semioval	2 a 4 meses	7 a 11 meses
Substância branca occipital		
Central	3 a 5 meses	9 a 14 meses
Periférica	4 a 7 meses	11 a 15 meses
Substância branca frontal		
Central	3 a 6 meses	11 a 16 meses
Periférica	7 a 11 meses	14 a 18 meses

Modificada de Barkovich et al., 1988.

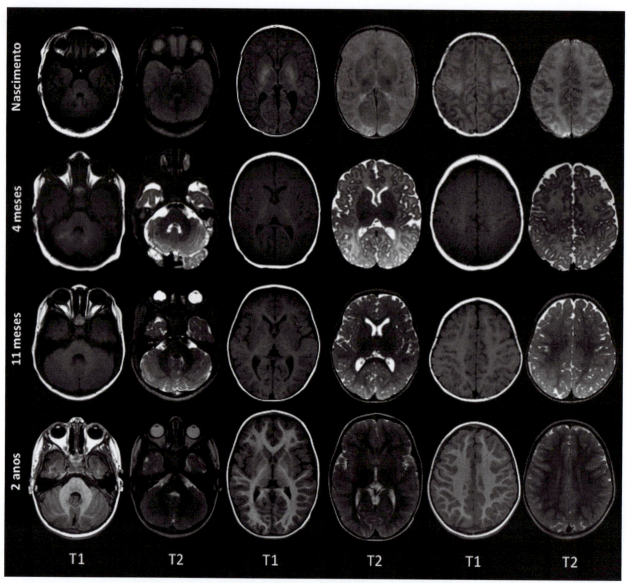

Figura 1 Mielinização normal. As imagens axiais ponderadas em T1 e T2 mostram a modificação do sinal magnético da substância branca do nascimento aos 2 anos de idade (idade média para o fim da mielinização). Observe que, durante o processo de mielinização, há um aumento do sinal magnético em T1, na substância branca, com redução do sinal magnético em T2.

Anomalias da mielinização ou destruição da mielina

Um grande número de doenças afeta a integridade da mielina no encéfalo ou nervos periféricos. A classificação dessas doenças é tema de constantes discussões no meio científico, mas podem ser inicialmente agrupadas em doenças congênitas, nas quais problemas genéticos ou metabólicos afetam a formação ou estão associados a destruição da mielina formada, ou adquiridas, incluindo doenças desmielinizantes, insultos tóxicos, infecciosos, pós-infecciosos e vasculares.

Entre as doenças congênitas ou geneticamente determinadas, as doenças que afetam primariamente ou substancialmente a substância branca podem ser divididas em leucodistrofias, síndromes de hipomielinização e leucoencefalopatias.

As doenças ou síndromes desmielinizantes adquiridas incluem um amplo espectro de doenças autoimunes, mas podem também ser secundárias a uma diversidade de eventos tóxico-metabólicos, paraneoplásicos, vasculares, entre outros. Neste capítulo, abordaremos as principais doenças desmielinizantes adquiridas, a esclerose múltipla (EM), o espectro da neuromielite óptica (EDNMO) e a encefalomielite disseminada aguda (EMDA) e algumas doenças autoimunes associadas. Serão também descritos alguns padrões típicos de lesões desmielinizantes de etiologia variada.

A RM é o método de escolha para o diagnóstico das doenças da substância branca. Para a interpretação adequada de um exame de RM, é fundamental procurar estabelecer uma correlação clínico-radiológica, considerar a idade do paciente, além de analisar as imagens seguindo um roteiro definido, em que se procura caracterizar o padrão encontrado (Quadros 2 a 6):

- Difuso ou localizado.
- Simétrico ou assimétrico.
- Predomínio anterior ou posterior.
- Presença ou ausência de realce após a administração de contraste.
- Presença de cistos.
- Presença ou ausência de comprometimento das fibras em "U".
- Achados na espectroscopia de prótons.
- Acometimento medular.

Informações provenientes de outros exames complementares, tais como a eletroneuromiografia (Quadro 6), que detecta a presença de neuropatia periférica, ou a tomografia computadorizada (TC), que ajuda a detectar calcificações, também auxiliam o diagnóstico (Quadro 7).

Leucodistrofias

As leucodistrofias formam um grupo heterogêneo de doenças hereditárias com manifestações clínicas e mecanismos patológicos variáveis. Essas doenças afetam a substância branca do sistema nervoso central (SNC), com ou sem envolvimento do sistema nervoso periférico, tendo em comum anormalidades das células gliais ou da bainha de mielina. Por definição, afetam primariamente células não neuronais (oligodendrócitos, astrócitos, micróglia etc.), embora possam ser observadas disfunções neuronais ou axonais por mecanismos diversos.

As doenças que apresentam acometimento da substância branca, mas afetam primariamente os neurônios, o córtex cerebral ou outros espaços de substância cinzenta, como os núcleos da base, não devem ser classificadas como leucodistrofias. O mesmo acontece para as doenças sistêmicas e alguns erros inatos do metabolismo que levam à destruição ou disfunção secundária da mielina e substância branca, as quais incluiremos no grupo de leucoencefalopatias.

Quadro 1 Leucodistrofias em que é frequente o realce após a administração de contraste

Adrenoleucodistrofia ligada ao X, forma cerebral (acometimento geralmente parieto-occipital)

Adrenomieloneuropatia (forma do adulto da adrenoleucodistrofia ligada ao X, realce eventual)

Doença de Alexander (acometimento dos núcleos da base e região frontal)

Doença de Krabbe, forma infantil (realce eventual, não muito frequente)

Quadro 2 Leucodistrofias com padrão característico de distribuição de lesão

Predomínio posterior (parieto-occipital)
- Adrenoleucodistrofia ligada ao X (~90% dos casos)
- Hipoglicemia neonatal

Predomínio anterior (frontal)
- Doença de Alexander
- Adrenoleucodistrofia ligada ao X (~10% dos casos)
- Leucodistrofia metacromática (acometimento frontal e parietal)

Comprometimento periventricular
- Leucodistrofia metacromática
- Doença de Krabbe
- Síndrome de Sjögren-Larsson
- Leucoencefalopatia com acometimento do tronco cerebral, medula espinhal e aumento de lactato
- Fenilcetonúria

Comprometimento das fibras em "U"
- Acidúria L-2-hidroxiglutárica
- Doença de Kearns-Sayre
- Doença de Canavan

Comprometimento do cerebelo
- Xantomatose cerebrotendínea
- Doenças peroxissomais
- Doença de Alexander
- Leucinose (doença do xarope de bordo)
- Doença de Krabbe

Comprometimento do tronco cerebral
- Doença de Alexander
- Leucoencefalopatia com acometimento do tronco cerebral, medula espinhal e lactato elevado
- Leucinose (doença do xarope de bordo)

Padrão tigroide (preservação da mielina perivascular em meio a regiões extensamente alteradas)

Doença de Pelizaeus-Merzbacher

Leucodistrofia metacromática

Síndrome de Cockayne

Quadro 3 Leucopatias em que pode haver formação de cistos

Doença da substância branca evanescente

Megalencefalia e leucoencefalopatia com cistos temporais

Doença de Canavan

Síndrome de Aicardi-Goutières

Mucopolissacaridose tipo I (Hurler) – espaços de Virchow-Robin dilatados

Leucodistrofia, calcificações e cistos (síndrome de Labrune)

Síndrome de Zelweger

Quadro 4	Condições nas quais a espectroscopia de prótons auxilia no diagnóstico
Doença de Canavan (pico de N-acetil-aspartato)
Doenças mitocondriais (pico de lactato)
Galactosemia não tratada (picos de polióis)
Síndrome de Sjögren-Larsson (picos de lipídios complexos)
Fenilcetonúria (pico de fenilalanina)
Leucinose (picos de aminoácidos de cadeia ramificada)

Quadro 5	Leucopatias que podem cursar com acometimento da medula espinhal
Leucodistrofias
Adrenomieloneuropatia
Doença de Alexander (forma adulto)
Leucoencefalopatia com acometimento do tronco cerebral, medula espinhal e aumento de lactato
Mitocondriopatias

Quadro 6	Leucopatias que podem cursar com neuropatia
Neuropatia periférica desmielinizante
▪ Leucodistrofia metacromática
▪ Doença de Krabbe
▪ Doença de *Pelizaeus-Merzbacher-símile*
▪ Glicogenose tipo IV (doença por inclusão de poliglicosanos)
▪ Adrenoleucodistrofia ligada ao X (incomum)
▪ Síndrome de *Cockayne*
▪ Hipomielinização e catarata congênita
▪ Hipomielinização, hipogonadismo hipogonadotrófico e hipodontia (síndrome 4H)
▪ Hipomielinização com atrofia do cerebelo e núcleos da base
▪ Fucosidose
▪ Galactosemia
Neuropatia auditiva
▪ Leucoencefalopatia com cistos temporais
▪ Infecção congênita por citomegalovírus

Quadro 7	Leucopatias em que podem ser encontradas calcificações
Leucodistrofias
▪ Síndrome de Aicardi-Goutières (frequente: núcleos da base, substância branca lobar e núcleos denteados)
▪ Doença de Krabbe (frequente: núcleos da base)
▪ Doença de Cockayne (núcleos da base)
▪ Doença de Kearns-Sayre (núcleos da base)
▪ Outras leucopatias
▪ Infecção congênita pelo citomegalovírus (alteração da substância branca pode ser muito significativa e difusa)
▪ Leucoencefalopatia pós-uso de metotrexato e radioterapia

Adaptado de Schiffman et al., 2009.

Também não devem ser classificadas como leucodistrofias doenças desmielinizantes adquiridas, como EM, EDNMO, EMDA, danos mielínicos infecciosos e pós-infecciosos, desmielinizações tóxico-metabólicas ou doenças vasculares não determinadas geneticamente.

Apresentação das leucodistrofias à RM

Áreas de substância branca afetadas podem demonstrar:

- Atraso cronológico na mielinização (nas doenças hipomielinizantes e nas doenças que afetam a mielinização em idades mais precoces).
- Hipersinal em T2, em relação à substância branca aparentemente normal e ao córtex.
- Sinal variável em T1 (dependendo do grau de disfunção ou destruição da mielina).

Hipomielinização, desmielinização leve ou inicial

- Sinal normal em T1, em relação à substância branca aparentemente normal.
- Iso ou hipersinal em relação ao córtex.

Desmielinização acentuada:

- Hipossinal em T1 em relação à substância branca aparentemente normal e ao córtex

Embora as leucodistrofias possuam características clínicas de imagem que podem ser superponíveis, informações sobre alterações no tamanho do crânio, distribuição das lesões no SNC, características de sinal e achados na espectroscopia de prótons auxiliam na classificação e definição diagnóstica (Quadro 8).

Adrenoleucodistrofia ligada ao X

A adrenoleucodistrofia ligada ao X (ADLX) é uma desordem peroxissomal que afeta a substância branca encefálica e o córtex das adrenais. Caracteriza-se por um distúrbio da oxidação de ácidos graxos de cadeia muito longa, que se acumula no SNC levando a inflamação e desmielinização da substância branca periventricular profunda.

Genética

- Herança ligada ao X.
- Mutação do gene ABCD1 localizado no cromossomo X (Xq28).

Epidemiologia

A incidência é de 1:20.000-50.000 habitantes. Pela herança ligada ao X, as formas clássicas da doença afetam

Quadro 8 Doenças classificadas como leucodistrofias

Alterações no tamanho do crânio	Regiões afetadas do SNC	Características de sinal à RM	Espectroscopia de prótons
Adrenoleucodistrofia ligada ao X (ADNLX)			
Não típica	Substância branca periventricular posterior Poupa fibras em "U"	Três zonas: Zona central vacuolizada (hipossinal em T1 e hipersinal em T2) Zona de inflamação ativa (sinal variável em T2, isossinal em T1, realce ao gadolínio e restrição à difusão) Zona de progressão da desmielinização (hipossinal em T2)	Aumento de colina e mioinositol Redução do Naa Pico variável de lactato
Adrenomieloneuropatia			
Não típica	Atrofia medular com predomínio torácico Trato corticoespinhal Áreas do tronco cerebral, vias visuais e auditivas	Atrofia medular com alteração de sinal nas regiões posteriores Hipersinal em T2 nas áreas encefálicas afetadas Realce variável após a injeção do gadolínio	Semelhantes à ADNLX, dependendo do grau de acometimento encefálico
Doença de Alexander			
Macrocefalia	Forma infantil: Substância branca, predomínio frontal Globos pálidos, caudados e tálamos Tronco cerebral Forma juvenil: Substância branca, predomínio frontal Forma do adulto: Atrofia bulbomedular Alteração de sinal no cerebelo	Substância branca afetada: Hipersinal em T2, hipossinal em T1 Halo periventricular de hipersinal em T1 e hipossinal em T2, com possível realce ao gadolínio Forma infantil: pode haver efeito tumefativo das regiões afetadas ou atrofia Formas juvenil e adulto: predomínio de atrofia	Aumento de mioinositol, redução do Naa Colina e lactato podem estar aumentados
Doença de Canavan			
Macrocefalia	Substância branca, predomínio periférico, afetando fibras em "U" Substância branca profunda, periventricular e cápsula interna geralmente poupados Tálamo e globos pálidos	Hipersinal em T2, baixo sinal em T1 Ausência de realce ao gadolínio	Aumento do Naa
Leucodistrofia de células globoides (Krabbe)			
Não típica	Substância branca profunda/periventricular Poupa fibras em "U" Predomínio posterior (parieto-occipital e esplênio do corpo caloso) Pode afetar tálamos, caudados e núcleos denteados do cerebelo	Hipersinal em T2, hipossinal em T1 Núcleos denteados "em alvo", com centro apresentando hipersinal em T2 e halo de baixo sinal	Aumento de colina e mioinositol e baixo Naa
Leucodistrofia metacromática			
Não típica	Acometimento precoce da substância branca profunda, sobretudo nas regiões periventriculares (frontal e parietal), centros semiovais, esplênio do corpo caloso e ramo posterior da cápsula interna Poupa as fibras em "U", nas fases iniciais	T1: hipossinal T2: hipersinal, com linhas de hipossinal (preservação relativa da substância branca perivascular), conferindo aspecto "tigroide" ou estriado T1 pós-gadolínio: ausência de realce	Aumento de Co, mI e lactato; redução de Naa

(continua)

Quadro 8	Doenças classificadas como leucodistrofias (*continuação*)		
Alterações no tamanho do crânio	Regiões afetadas do SNC	Características de sinal à RM	Espectroscopia de prótons
Síndrome de Zelweger			
Tamanho do crânio normal, com alargamento de fontanelas e face achatada	Substância branca difusamente	Hipomielinização difusa Cistos no sulco caudotalâmico	Pico de lipídios a 0,9 e 1,3 ppm, e diminuição do Naa
Megaloencefalia e leucoencefalopatia com cistos corticais			
Macrocefalia pronunciada	Substância branca, difusamente, com predomínio temporal e frontal	Edema difuso da substância branca, com formação de cistos temporais (eventualmente, frontais) Acometimento das fibras em "U"	Redução de todos os picos de metabólitos nas regiões dos cistos
Síndrome de Sjögren-Larsson			
Não típica	Substância branca periventricular e alguns focos subcorticais	Hipomielinização nos primeiros anos de vida Hipersinal em T2 na substância branca afetada Achados não progressivos	Picos largos de metabólitos em 0,8-0,9 e 1,3 ppm (atribuídos a lipídios e metileno)
Leucoencefalopatia com acometimento do tronco cerebral, medula espinhal e lactato elevado			
Não típica	Alteração multifocal e heterogênea da substância branca Poupa fibras em "U" Funículos posteriores e laterais da medula espinhal Bulbo	Hipersinal em T2 e hipossinal em T1	Picos de lactato na maior parte dos pacientes (mas níveis de lactato podem ser normais)
Síndrome de Acardi-Goutières			
Microcefalia	Substância branca, predomínio frontal Núcleos da base Núcleos denteados	Calcificações nos núcleos da base e denteados Hipersinal em T2 e variável hipossinal em T1 na substância branca frontal Eventuais cistos temporais Atrofia	Redução do Naa e elevação do ml

apenas homens. Entretanto, cerca de 50% das mulheres portadoras podem apresentar sintomas de insuficiência adrenal ou lesões neurológicas variáveis, geralmente em idades mais avançadas e em formas mais brandas.

Apresentações, subtipos e idade de instalação

Forma cerebral infantil: sintomas neurológicos iniciam-se entre os 4 e 12 anos de idade. Em geral, sintomas e alterações laboratoriais associadas a insuficiência adrenal surgem 1 a 3 anos antes das manifestações neurológicas, observando-se hiperpigmentação da pele, fadiga, vômitos e distúrbios hidroeletrolíticos associados ou não a infecções recorrentes.

Sintomas:

- Início insidioso e inespecífico com alterações do comportamento, surtos de agressividade e piora do desempenho escolar.
- Declínio neurológico progressivo, com alterações da marcha e perda da visão.
- Disartria, disfagia, perda auditiva, distúrbios motores progressivos e espasticidade.
- Convulsões multifocais ou generalizadas.
- No estágio final, observa-se tetraparesia, postura decorticada, estágio vegetativo e morte.

Adrenomieloneuropatia: forma relativamente mais branda, associada a manifestações mais tardias da doença, com início de sintomas entre 14 e 60 anos, no sexo masculino. Acredita-se estar associada a anomalias genéticas com menor penetrância ou mutações novas. Cerca de 20% das mulheres portadoras do gene anômalo apresentam sintomas observados nesse subtipo, em geral após 35 anos de idade e com sintomas mais leves comparativamente aos indivíduos do sexo masculino.

Cerca de dois terços dos pacientes masculinos apresentam alterações bioquímicas ou sinais de insuficiência adrenal e cerca de 20% apresenta hipogonadismo, disfunção sexual e infertilidade.

Sintomas*:

- Paraparesia progressiva, ataxia cerebelar e polineuropatia periférica.
- Cerca de 50% dos pacientes apresentam acometimento cerebral, com declínio cognitivo leve e demência subcortical, afetando predominantemente a memória visual.

Doença de Addison isolada: uma pequena porcentagem de pacientes com anomalias genéticas do espectro da ADLX apresentam distúrbios bioquímicos compatíveis com insuficiência adrenal, mas não manifestam sintomas neurológicos. Porém, há um risco aumentado de esses indivíduos desenvolverem sintomas neurológicos em idades mais avançadas.

Achados de imagem

Forma cerebral infantil

Características das lesões (Figura 2):

- Área central de vacuolização da mieliniza, com áreas císticas e cavitadas: hipossinal moderado a acentuado em T1 e hipersinal em T2.
- Área intermediária de inflamação ativa e quebra da barreira hematoencefálica: sinal variável em T2 (levemente hiper, iso ou hipointenso); sinal intermediário em T1 e realce à sequência T1 com gadolínio**; pode restringir à difusão.
- Zona periférica de progressão da desmielinização/desmielinização ativa: hipersinal em T2 e sinal variável em T1.

Distribuição das lesões:

- Inicialmente afetam simetricamente a substância branca profunda periventricular parieto-occipital e o esplênio do corpo caloso***.
- Progridem de forma assimétrica para os lobos frontais, de acordo com a gravidade da doença.
- Outras áreas afetadas: fornix, fissura hipocampal, ramos posteriores das cápsulas internas, dois terços laterais dos pedúnculos cerebrais e tratos piramidais.

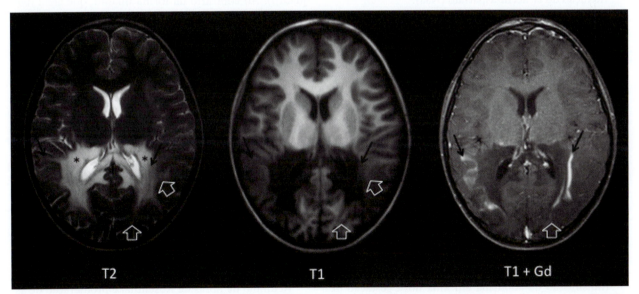

Figura 2 Adrenoleucodistrofia ligada ao X. Paciente masculino de 9 anos de idade com apresentação típica de adrenoleucodistrofia, mostrando área de desmielinização posterior simétrica, periatrial. É possível observar as três regiões de desmielinização: a área central (asterisco na imagem ponderada em T2), com maior desmielinização, caracterizada por hipersinal em T2 e hipossinal em T1; a zona intermediária (setas pretas), de desmielinização ativa, apresentando leve hipossinal em T2, sinal intermediário em T1 e realce após a injeção do gadolínio, e a zona periférica (setas abertas), de edema ou progressão da desmielinização, caracterizada por hipersinal em T2 e sinal normal em T1, sem realce ao gadolínio

---

* Pacientes do sexo feminino apresentam sintomas mais brandos e muito raramente apresentam sintomas de insuficiência adrenal e declínio cognitivo.

** A presença de realce é sinal de progressão e atividade inflamatório-desmielinizante da doença.

*** Em cerca de 10% dos casos as lesões iniciais localizam-se nos lobos frontais.

Adrenomieloneuropatia

Características e distribuição das lesões:

- Envolvimento medular: o achado mais típico e marcante desse subtipo é o envolvimento dos nervos periféricos e da medula espinhal, notando-se atrofia medular difusa, mais acentuada no segmento torácico (Figura 3) e com acometimento preferencial das colunas posteriores.
- Envolvimento encefálico:
    - Tipicamente afeta os tratos corticoespinhais, os ramos posteriores da cápsula interna e os pedúnculos cerebrais (Figuras 3 e 4).
    - Muitas vezes afeta as radiações ópticas e os corpos geniculados, podendo também afetar as vias auditivas, como os leminiscos laterais, os colículos inferiores, corpos geniculados laterais e radiações auditivas.
    - Pode apresentar lesões lobares semelhantes às observadas na forma cerebral infantil, com graus de desmielinização e realce variáveis, mas frequentemente menos extensos.

Espectroscopia de prótons (em ambas as formas, mas mais tipicamente alterada na forma clássica infantil):

- Aumento de colina e mioinositol.
- Redução do N-acetil-aspartato (Naa).
- Pico variável de lactato.

Doença de Alexander

A doença de Alexander é uma leucodistrofia fibrinoide, uma doença rara, não familiar, com curso geralmente fatal. Caracteriza-se pelo acúmulo de fibras de Rosenthal na substância branca e macrocefalia. Observa-se também proliferação astrocítica com acúmulos de corpos granulares eosinofílicos, o que está associado a subprodutos da proteína gliofibrilar acídica (GFAP).

Genética:

- Mutações esporádicas heterozigóticas associadas a diversos alelos do gene da GFAP, localizado no cromossomo 17q21.
- Por tratar-se de mutações esporádicas, a chance de transmissão da anomalia em uma nova gestação de uma mulher que teve um filho afetado é baixa.
- Nos casos de mutações que manifestam-se na vida adulta, a condição pode ser transmitida por herança autossômica dominante.

Apresentações, subtipos e idade de instalação

Forma infantil: afeta os indivíduos nos dois primeiros anos de vida e apresenta marcada macrocefalia, com atraso no desenvolvimento e rápida deterioração neurológica levando a óbito precoce.

Sinais e sintomas:

- Macrocefalia, convulsões, espasticidade, declínio intelectual e atraso no desenvolvimento neuropsicomotor.

Forma juvenil: a instalação das lesões e dos sintomas aparece um pouco mais tardiamente na infância ou adolescência, mais frequentemente dos 2 aos 12 anos. Possui progressão mais lenta que a forma infantil e é menos associada a macrocefalia.

Sinais e sintomas:

- Mais frequentemente semelhantes aos da forma infantil, mas mais insidiosos e sem associação a macrocefalia.
- Mais tardiamente, desenvolvem sintomas bulbares (semelhantes à forma do adulto), com problemas na fala e deglutição e vômitos.
- Nos estágios finais desenvolvem ataxia cerebelar e espasticidade.

Forma do adulto: pode surgir a partir da segunda década de vida (≥ 13 anos de idade). A apresentação clínica e de imagem é distinta das formas infantil e juvenil (embora algumas formas juvenis tardias se aproximem deste quadro). Ao contrário da forma infantil, que afeta mais pronunciadamente as estruturas supratentoriais do encéfalo, a forma do adulto caracteriza-se por marcada atrofia do bulbo e medula cervical alta e do cerebelo.

Sintomas:

- Ataxia.
- Tremor palatal.
- Sintomas piramidais e disautonomia progressivos.

Forma neonatal: foram descritos raros casos de doença de Alexander neonatal, com apresentação mais agressiva e fulminante que as demais.

Histopatologia e achados de imagem
Forma infantil

Histopatologia:

- Acúmulo de fibras de Rosenthal e proliferação de astrócitos na substância branca, com predomínio subependimário, subpial e perivascular.
- Áreas de hipomielinização afetando predominantemente a substância branca frontal.
- Outras áreas de grande acúmulo de fibras de Rosenthal são os núcleos da base, tálamos, tronco e córtex cerebral.
- Infiltrados de macrófagos e linfócitos perivasculares: desmielinização ativa.

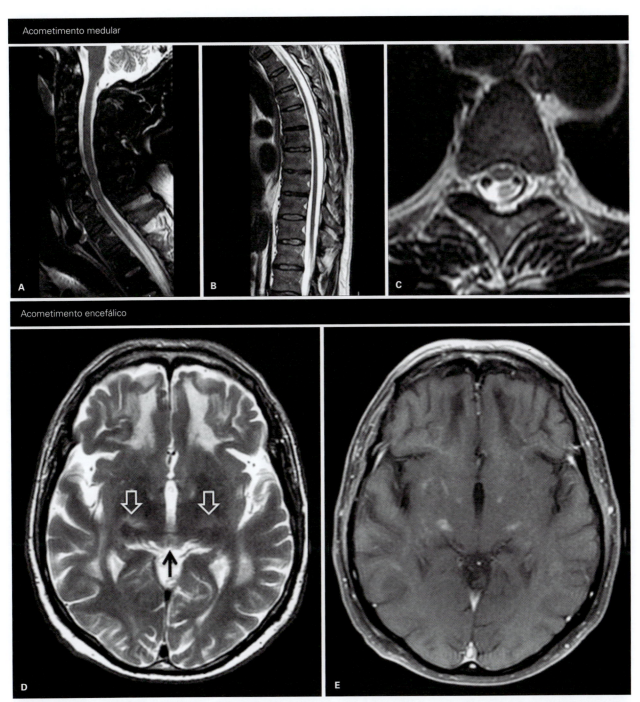

Figura 3 Adrenomieloneuropatia. Pacientes com adrenomieloneuropatia apresentam marcante acometimento medular (imagens superiores), caraterizada por atrofia predominantemente no segmento torácico (B). A atrofia é evidente tanto no plano sagital (B) quanto nos cortes axiais (C), em que ainda se observa discreto hipersinal central em T2. No encéfalo (imagens inferiores), embora seja possível observarmos acometimento da substância branca lobar, com distribuição semelhante à adrenoleucodistrofia, é comum o acometimento das vias ópticas e auditivas, com acometimento dos colículos inferiores (seta preta em D) e corpos geniculados laterais (setas abertas em D), podendo demonstrar focos de realce simétrico (E) ou assimétrico ao gadolínio.

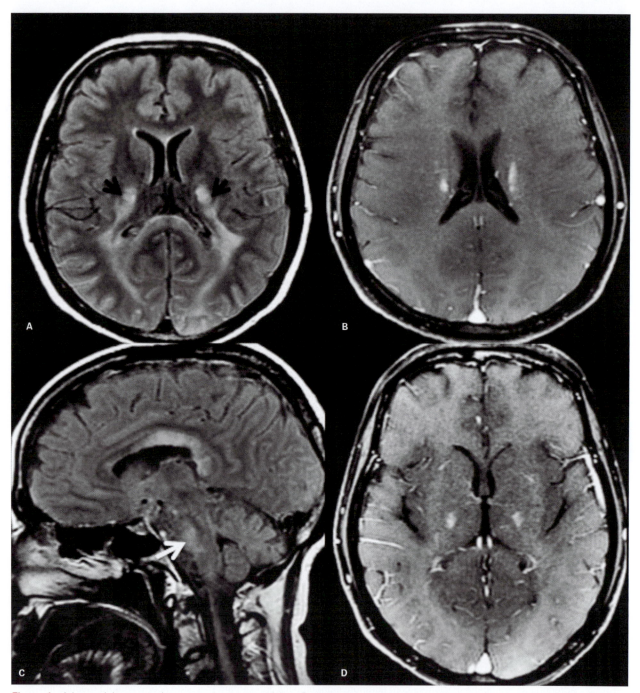

Figura 4 Adrenomieloneuropatia – acometimento encefálico. Outra apresentação típica da adrenomieloneuropatia é o acometimento precoce da substância branca parieto-occipital, similarmente à adrenoleucodistrofia clássica, com marcado envolvimento dos segmentos posteriores do corpo caloso e dos tratos corticoespinhais, o que é evidente tanto nos ramos posteriores das cápsulas internas (setas em A) e na ponte (seta branca em C), que podem demonstrar realce ao gadolínio (B e D).

- A macrocefalia é atribuída a edema da substância branca, acúmulo de fibras de Rosenthal, proliferação de astrócitos e componentes variáveis de hidrocefalia obstrutiva em razão do acometimento da região periaquedutal.

Critérios de diagnóstico por RM

Presença de 4 dos 5 critérios abaixo (Figura 5):

- Acometimento difuso da substância branca, com predomínio frontal (hipersinal em T2).
- Halo linear periventricular de hipersinal em T1 e hipossinal em T2.
- Acometimento dos núcleos caudados, globos pálidos e tálamos.
- Acometimento do tronco cerebral, predominantemente bulbo e mesencéfalo.
- Realce em T1 pós-gadolínio em ao menos uma das seguintes estruturas: paredes dos ventrículos e substância branca periventricular, substância branca frontal, núcleos caudados, tálamos, fórnices, quiasma óptico, núcleos denteados ou porções do mesencéfalo.

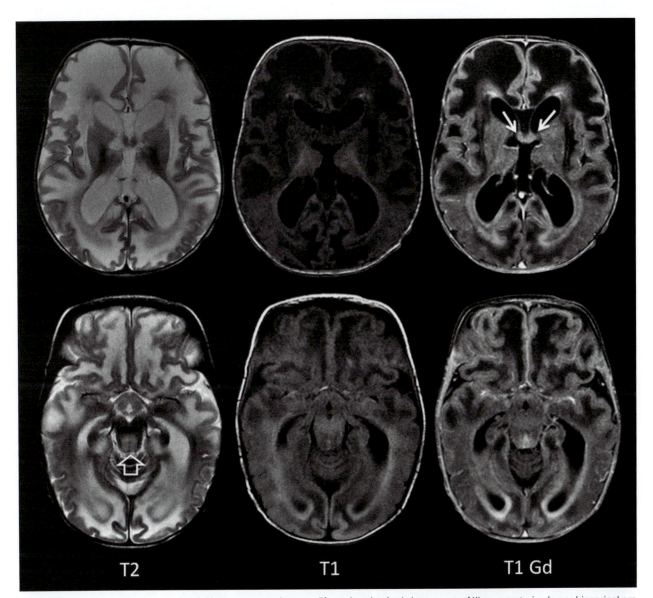

Figura 5 Doença de Alexander infantil. Nota-se acometimento difuso da substância branca encefálica, caracterizado por hipersinal em T2 e marcado hipossinal em T1, com discreto predomínio frontal. Tipicamente nas fases iniciais, há um efeito tumefativo ou expansivo da substância branca, secundário a edema, proliferação astrocitária e acúmulo de fibras de Rosenthal, observando-se apagamento dos sulcos corticais nas regiões afetadas. Nota-se acometimento da região periaquedutal, com hipersinal em T2 (seta aberta), o que é uma das causas da hidrocefalia e aumento do perímetro encefálico. Existe um acúmulo de fibras de Rosenthal na região subependimária, observando-se uma faixa periventricular de hipossinal em T2 e hipersinal espontâneo em T1. Nas sequências T1 pós-contraste (T1 Gd), nota-se realce periventricular, periaquedutal e nos fórnices (setas brancas).

Forma juvenil

Apresentação à RM convencional:

- Alteração de sinal (hipersinal em T2 e sinal variável em T1) com predomínio da substância branca frontal, muitas vezes poupando a região occipital.
- Mais frequentemente, associa-se a rarefação da mielina e atrofia da substância branca frontal, com dilatação compensatória dos cornos anteriores dos ventrículos laterais.
- Podem apresentar formas inicialmente pseudotumorais, secundárias à proliferação astrocítica, mas que regridem, evoluindo para atrofia.
- Podem apresentar sinais superponíveis às formas infantil e do adulto.

Forma do adulto

Apresentação à RM convencional (Figura 6):

- Moderada a acentuada atrofia do bulbo e medula cervical alta, com alteração de sinal predominantemente central e nas colunas laterais da medula.
- Alteração de sinal nos núcleos denteados do cerebelo.
- Pode-se observar alteração de sinal difusa na substância branca do cerebelo e do tronco cerebral.
- Quando há acometimento encefálico supratentorial, nota-se acometimento da substância branca periventricular, que pode ter acometimento frontal ou posterior. Pode-se observar alteração difusa da substância branca nessas regiões ou bandas periventriculares.

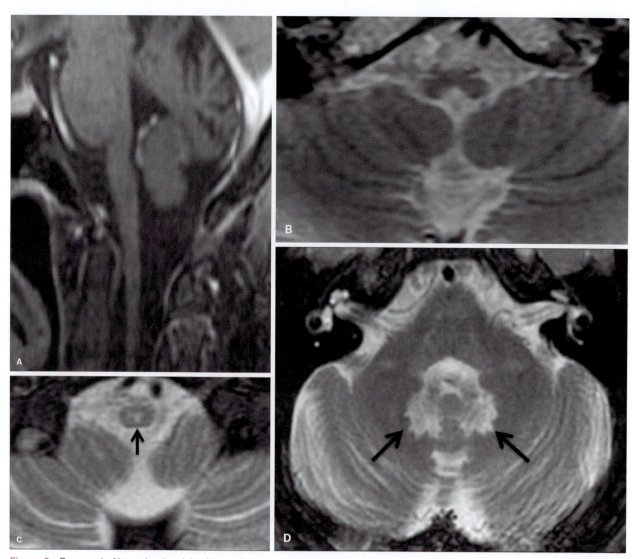

Figura 6 Doença de Alexander do adulto. Nessa forma, é predominante o acometimento medular, do tronco encefálico e do cerebelo. Nas imagens sagitais (A) é possível observar a acentuada atrofia do bulbo (mostrado em cortes axiais em B) e da medula espinhal proximal, que apresenta hipersinal em T2 predominantemente nas regiões centrais (seta em C). É frequente o acometimento dos núcleos denteados, que apresentam hipersinal em T2 (setas em D), observando-se também áreas de alteração de sinal na substância branca do tronco cerebral em pedúnculos cerebelares (D).

- Presença variável de focos de realce pós-contraste nas áreas acometidas.

Forma neonatal
- Nos raros casos descritos, assemelha-se à forma infantil, com marcada hidrocefalia.

Espectroscopia de prótons:

- Aumento de mioinositol, redução do Naa.
- Colina e lactato podem estar aumentados.

Doença de Canavan

A doença de Canavan é também conhecida como degeneração espongiforme da substância branca, caracterizada por megalocefalia/macrocefalia, retardo mental acentuado, espasticidade e cegueira cortical.

Genética:

- Herança autossômica recessiva.
- Mutações no gene da enzima aspartatoacilase, que metaboliza o N-acetil-aspartato (Naa).

Apresentação, subtipos e idade de instalação

Forma infantil: mais comum, com início dos sintomas por volta dos 6 meses de vida.

Sintomas:

- A criança é normal nos primeiros meses de vida, com surgimento de irritabilidade, hipotonia, perda da sustentação da cabeça, não fixação do olhar, ataxia, espasticidade e atraso no desenvolvimento neuropsicomotor.
- Macrocefalia.
- Óbito acontece, em geral, até a segunda década de vida.

Forma juvenil: menos comum, mais insidiosa e com início dos sintomas após os 5 anos de idade.

Forma congênita: mais grave, com instalação dos sintomas no nascimento ou primeiras semanas de vida.

Mecanismo fisiopatológico

Há deficiência da enzima aspartatoacilase, o que leva ao acúmulo de Naa nos tecidos cerebrais. Esse acúmulo leva a um desequilíbrio hidroeletrolítico, provocando um edema osmótico na substância branca. Além disso, a não metabolização do Naa está associada à deficiência de outros produtos metabólicos necessários à maturação de células da substância branca, levando a um desequilíbrio na proliferação e degeneração de oligodendrócitos e astrócitos.

À histopatologia, nota-se vacuolização das camadas profundas do córtex e da substância branca justa e subcortical. Nota-se também proliferação de astrócitos protoplasmáticos, com núcleo aumentado e ruptura de membranas, no córtex cerebral, núcleos da base e cerebelo.

Achados de imagem

- TC: hipoatenuação difusa da substância branca.
- RM (Figura 7): hipersinal em T2 e baixo sinal em T1.
  - Acometimento periférico precoce das fibras em "U".
  - O acometimento da substância branca é centrípeto, poupando a substância branca central, periventricular e cápsula interna nas fases iniciais.
  - Os tálamos e globos pálidos muitas vezes são afetados.
  - Putame e núcleo caudado em geral poupados.

Não há realce nas imagens T1 pós-gadolínio.
Espectroscopia de prótons: marcado aumento de Naa e da relação Naa/Cr (específico desta leucodistofia)

Leucodistrofia de células globoides (Krabbe)

A doença de Krabbe, também conhecida como leucodistrofia de células globoides, é uma doença lisossomal que afeta o sistema nervoso central e periférico. É causada pela deficiência da atividade da enzima lisossomal β-galactocerebrosidase, levando ao acúmulo de β-galactocerebrosídios e galactosilesfingosina, com consequente inflamação, rápida desmielinização e óbito.

Genética:

- Herança autossômica recessiva.
- Mutação no gene da galactosilceramidase, localizado no cromossomo 14q.

Subtipos e idade de instalação:

- Forma infantil: idade de início de 3 a 6 meses de idade.
- Forma infantil tardia: idade de início de 6 meses a 3 anos.
- Forma juvenil: 3 a 8 anos de idade.
- Forma do adulto: maior que 8 anos.

Apresentação clínica:

- Forma infantil: a forma clássica infantil possui progressão rápida, em três estágios, evoluindo para o óbito em aproximadamente 2 a 3 anos:
  - Estágio 1: irritabilidade, hiperestesia, febre de origem indeterminada, discreta espasticidade, atraso e/ou regressão do desenvolvimento neuropsicomotor. Pode haver vômito, dificuldade na deglutição e convulsões.
  - Estágio 2: rápida deterioração neuropsicomotora, aumento da espasticidade e hiperreflexia. Hipertonicidade, com postura fletida dos membros e hiperextensão da cabeça. Surge atrofia dos nervos ópticos e redução do reflexo pupilar.
  - Estágio 3: descerebração e estado vegetativo.

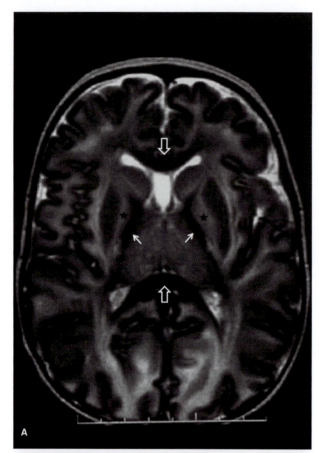

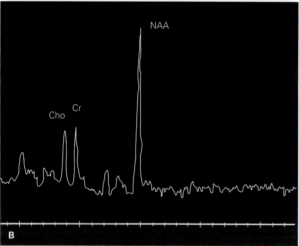

Figura 7 Doença de Canavan. Na imagem ponderada em T2 (A), observa-se hipersinal difuso da substância branca. As fibras em U estão difusamente alteradas, com relativa preservação de fibras centrais, como o corpo caloso (setas abertas em A) e as cápsulas internas (setas brancas em A), que demonstram hipossinal em T2. As cápsulas internas aparecem como faixas de hipossinal em T2 entre os globos pálidos (estrelas pretas) e os tálamos que estão com sinal aumentado. O acometimento da substância cinzenta profunda é também heterogêneo, com relativa preservação dos putames e núcleos caudados. A espectroscopia de prótons do tecido cerebral (B), com volume de interesse na substância branca parieto-occipital, demonstra o característico aumento do pico de Naa observado na doença de Canavan.

Forma infantil tardia e juvenil: curso da doença variável. Muitos pacientes desenvolvem os primeiros sintomas após os 10 anos de idade e outros apenas após os 40 anos. Na forma infantil, o estágio progressivo da doença em geral inicia-se 2 a 3 anos após os sintomas iniciais, enquanto na forma juvenil o estágio progressivo tem instalação variável.

Forma do adulto: alguns pacientes desenvolvem paraparesia espástica lentamente progressiva, discreta espasticidade e marcha de base alargada. Outros pacientes podem permanecer assintomáticos.

Achados de imagem

Forma infantil:
TC:

- Presença variável de hiperatenuação dos tálamos, núcleos caudados, tratos corticoespinhais e núcleos denteados do cerebelo.
- Hipoatenuação da substância branca.

RM:

- Alterações de sinal (hipersinal em T2 e hipossinal em T1) predominantemente da substância branca profunda, acometendo a substância branca periventricular, dos centros semiovais e o corpo caloso, poupando as fibras em "U" nos estágios iniciais.
- Inicia-se nas regiões parietais e depois acomete difusamente a substância branca.
- Núcleo denteado do cerebelo "em alvo", apresentando hipersinal em T2 na sua porção central.
- Tálamos e núcleos caudados podem ou não ter alteração de sinal.

Realce em T1 pós-gadolínio é incomum.
Espectroscopia de prótons:

- Aumento de colina e mioinositol e baixo Naa.

Forma infantil tardia e juvenil: acometimento preferencial da substância branca parieto-occipital, esplênio do corpo caloso e tratos corticoespinais. O aspecto de imagem é semelhante ao observado nos estágios iniciais da forma infantil (Figura 8).

Forma do adulto: acometimento dos tratos corticoespinais, corticoespinais laterais (Figura 9), esplênio do corpo caloso e radiações ópticas.

Leucodistrofia metacromática

A leucodistrofia metacromática é uma doença lisossomal hereditária que afeta a substância branca predominantemente periventricular, poupando relativamente os espaços perivasculares, o que confere a ela o aspecto "tigroide"/estriado típico das imagens de RM.

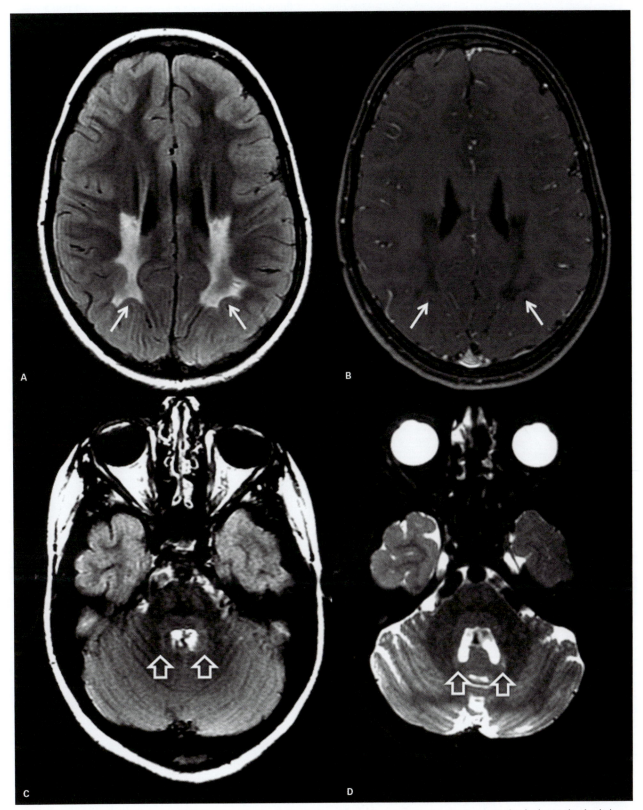

Figura 8 Doença de Krabbe – forma infantil tardia. Paciente de 8 anos de idade apresentando alteração de sinal na substância branca profunda na região parieto-occipital, com hipersinal em FLAIR (A) e hipossinal em T1 pós-gadolínio (B), sem realce ao contraste endovenoso. Apesar de atingir a região subcortical, nota-se uma fina faixa de fibras em U preservada (setas em A e B). Nota-se acometimento da região dorsal da ponte e pedúnculos cerebelares superiores (setas abertas em C), bem como o acometimento típico dos núcleos denteados (setas abertas em D).

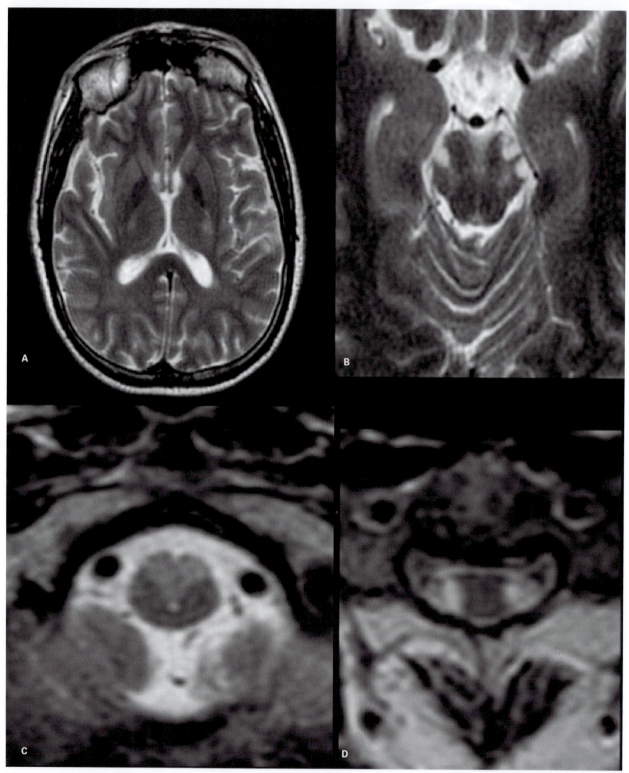

Figura 9 Doença de Krabbe – forma do adulto. Paciente de 54 anos. Declínio motor progressivo. Imagens axiais ponderadas em T2 demonstram o acometimento encefálico dos tratos piramidais nos ramos posteriores das cápsulas internas (A), pedúnculos cerebrais (B) e bulbo (C). Note também o envolvimento do trato corticoespinhal lateral na medula (D).

Genética:

- Herança autossômica recessiva.
- Deficiência da enzima arilsulfatase A (cerebrosídeo sulfatase A).

Subtipos e idade de instalação

- Forma infantil tardia: início entre 6 meses e 3 anos de vida.
- Forma juvenil: início entre 4 e 16 anos.
- Forma do adulto: início após os 16 anos.

Apresentação clínica

Forma infantil tardia:
- Movimentos anormais, hipotonia, ataxia, distúrbios da marcha, neuropatia periférica e regressão do desenvolvimento neuropsicomotor.

Forma juvenil:
- Alterações na coordenação e movimentos finos, marcha espástica, distúrbios na concentração e comportamento, piora do desempenho escolar.

Forma do adulto:
- Alterações do comportamento, sintomas psiquiátricos e psicóticos e declínio intelectual.

Achados de imagem

- TC: Hipoatenuação difusa e variável da substância branca.
- RM (Figura 10):
  - Acometimento precoce da substância branca profunda, sobretudo nas regiões periventriculares (frontal e parietal), centros semiovais, esplênio do corpo caloso e ramo posterior da cápsula interna.
  - Poupa as fibras em "U", nas fases iniciais.
  - Característica de sinal:
    - T1: hipossinal.
    - T2: hipersinal, com linhas de hipossinal (preservação relativa da substância branca perivascular), conferindo aspecto "tigroide" ou estriado.
    - T1 pós-gadolínio: ausência de realce.

Espectroscopia de prótons:

- Aumento de colina, mioinositol e lactato; redução de Naa.

Doença de Zelweger

A doença de Zelweger é uma desordem peroxissomal, também conhecida como síndrome cérebro-hepatorrenal, uma doença associada à deficiência de múltiplas enzimas que levam a disfunção hepática, retardo mental grave, fraqueza, hipotonia, alterações de retina e dismorfismos faciais (fontanelas e suturas amplas, ponte nasal alargada, testa ampla e hipertelorismo). Observam-se pequenos cistos corticais nos rins.

Genética:

- Herança autossômica recessiva.
- Mutações em genes que codificam a síntese de peroxinas (12 genes da família PEX).

As formas clínicas são em geral graves, com início neonatal ou precoce e evoluindo para óbito na infância. Apresentação clínica e subtipos:

- Síndrome de Zelweger: observa-se disfunção e cistos hepáticos e icterícia neonatal, com fácies típicas, demonstrando face achatada, com asa nasal alargada e fontanela frontal ampla.
- Doença de Refsum: pode iniciar-se no período neonatal ou mais tardiamente, mas tem progressão mais insidiosa. Quando se inicia na infância, observa-se distrofia retiniana, perda auditiva neurossensorial, hipotonia e disfunção hepática. A disfunção hepática está associada a deficiência de vitamina K, com episódios de hemorragia intracraniana e sistêmica.

Achados de imagem (RM)

- Hipomielinização, anormalidades na girificação e cistos germinolíticos (Figura 11) (formações císticas localizadas no sulco caudotalâmico – podem ser também detectados em USG gestacional ou transfontanela, no período neonatal).

Espectroscopia de prótons:

- Pico de lipídios entre 0,9 e 1,3 ppm, e diminuição do Naa.

Megaloencefalia e leucoencefalopatia com cistos subcorticais

Megaloencefalia e leucoencefalopatia com cistos subcorticais (MLC), conhecida anteriormente como doença de Van der Knaap, é uma doença rara caracterizada por macrocefalia pronunciada, que pode estar presente ao nascimento ou aparecer no primeiro ano de vida. À histopatologia, a doença é caracterizada pela vacuolização da mielina, com formação de cistos intramielínicos e intensa astrogliose fibrilar.

A instalação dos primeiros sintomas de ataxia cerebelar, disfunção piramidal discreta e convulsões, geralmente se dá nos primeiros 6 meses de vida. Porém a progres-

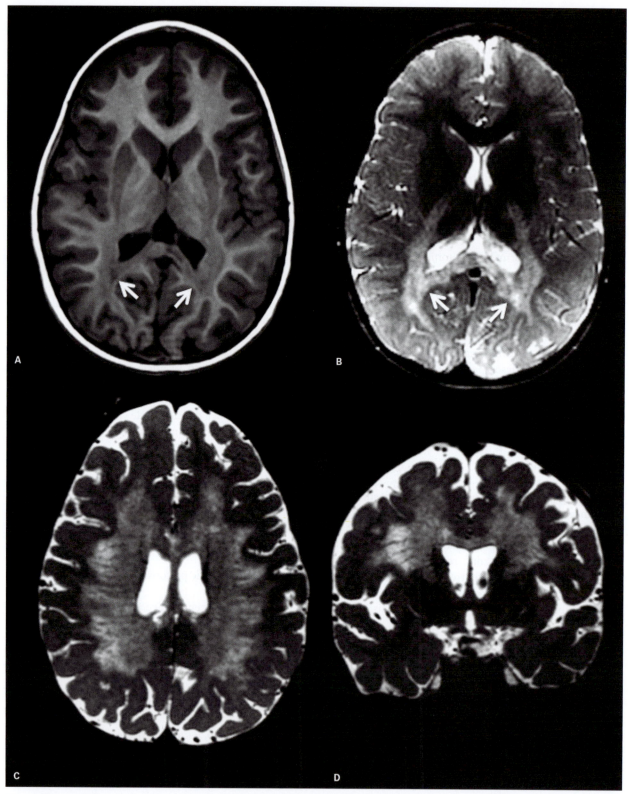

Figura 10 Leucodistrofia metacromática. Paciente com 4 anos de idade (A e B), demonstrando acometimento inicial da substância branca profunda nas regiões parietais, esplênio do corpo caloso e ramos posteriores da cápsulas internas. Há preservação relativa das fibras em U, evidente como finas faixas de substância branca com sinal normal em T1 (A) e T2 (B) entre o tecido alterado e o córtex. As imagens inferiores (C e D) demonstram a evolução do dano à substância branca um ano após as imagens de base. Nessas imagens, há maior acometimento dos centros semiovais e da substância branca frontal, tornando-se evidente o aspecto tigroide característico da doença, com a substância branca desmielinizada apresentando alto sinal em T2 intercalada a faixas de hipossinal que representam a relativa preservação da substância branca perivenular.

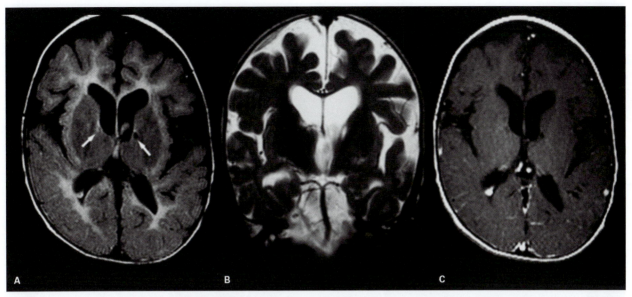

Figura 11 Doença de Zellweger. Paciente feminina, 2 anos e meio de idade. Imagem de ressonância magnética no plano transverso ponderada em FLAIR (A) demonstra os cistos geminolíticos bilaterais, com sinal semelhante ao liquor, mais evidente à esquerda (setas). Existe ainda um retardo na mielinização, predominantemente periventricular, caracterizado por hipersinal FLAIR. Na imagem coronal ponderada em T2 (B), os cistos apresentam hipersinal, e não há realce em T1 pós-contraste (C).

são é lenta, com dificuldades no aprendizado e declínio cognitivo e piora nos sintomas piramidais, com agravamento variável entre a primeira e quinta décadas de vida.
Genética:

- Herança autossômica recessiva.
- Mutações nos genes *MLC*.

Achados de imagem
RM (Figura 12):

- Edema difuso da substância branca (hipersinal em T2, hipossinal em T1).
- Cistos subcorticais com predomínio temporal, eventualmente frontoparietais.
- Inicialmente, há apagamento de sulcos corticais, por conta do edema. Tardiamente, pode-se observar alargamento de espaços liquóricos decorrente de atrofia.
- Substância branca subcortical mais afetada.
- Substância branca periventricular, do corpo caloso, cápsula interna e tronco cerebral relativamente poupadas, mas não normais.

Espectroscopia de prótons:

- Redução de todos os picos de metabólitos nas regiões dos cistos.

Síndrome de Sjögren-Larsson

A síndrome de Sjögren-Larsson é uma desordem neurocutânea. Caracteriza-se por ictiose congênita, retardo mental e diplegia ou tetraplegia espástica progressiva, causada pelo acúmulo de álcoois de cadeia longa em fibroblastos da substância branca.
Genética:

- Herança autossômica recessiva.
- Mutações do gene da aldeído desidrogenase (ALDH3A2), resultando em prejuízo no metabolismo de gorduras que contém aldeído.

Achados de imagem
RM:

- Retardo na mielinização nos primeiros anos de vida.
- Hipersinal em T2 nas regiões periventriculares e em algumas regiões subcorticais (Figura 13).
- Achados não progressivos.

Espectroscopia de prótons:

- Picos largos de metabólitos em 0,8-0,9 e 1,3 ppm (atribuídos a lipídios e metileno) (Figura 13C).

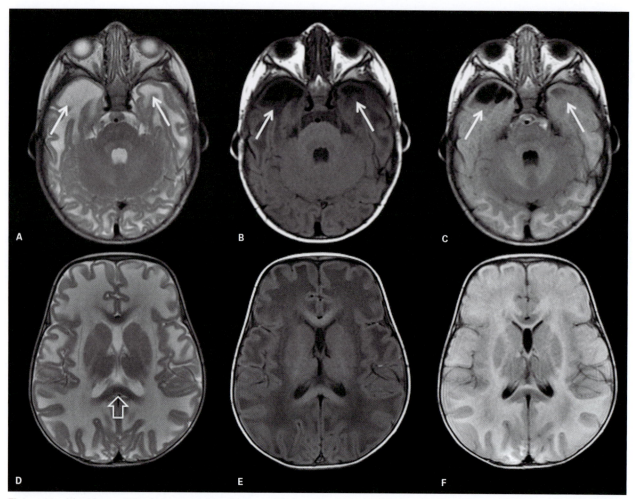

Figura 12 Megaloencefalia e leucoencefalopatia com cistos subcorticais. Paciente masculino de 8 meses de idade. As imagens demonstram hipomielinização difusa da substância branca, com marcado hipossinal em T1. Nas regiões temporais (setas de A a C), é possível observar áreas císticas, com sinal semelhante ao liquor em T1 (B) e T2 (A) e com supressão do sinal na sequência FLAIR (*fluid-attenuated inversion recovery*) (C). Apesar da hipomeilinização difusa, notam-se áreas relativamente preservadas, como no corpo caloso (seta aberta em D).

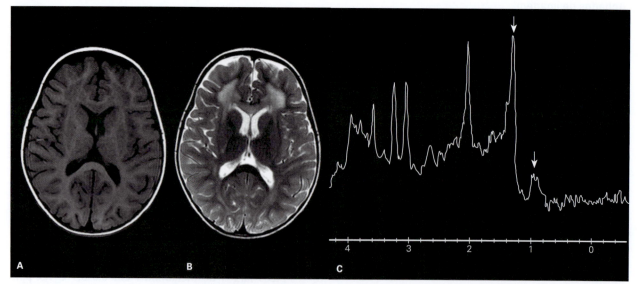

Figura 13 Síndrome de Sjögren-Larsson. Paciente do sexo feminino, 3 anos de idade, apresentando retardo do desenvolvimento neuropsicomotor, tetraplegia progressiva e ictiose. À ressonância magnética, notam-se áreas de hipossinal em T1 (A) e hipersinal em T2 (B) que acometem difusamente a substância branca, com certo predomínio frontal. A espectroscopia de prótons com tempo de eco curto (C) demonstra picos anômalos em 0,8 a 0,9 e 1,2 a 1,3 ppm, associados a lipídios e metileno.

Leucoencefalopatia com acometimento do tronco cerebral, medula espinhal e lactato elevado

A leucoencefalopatia com acometimento do tronco cerebral, medula espinhal e lactato elevado é uma mitocondropatia classificada atualmente no grupo de leucodistrofias. Caracteriza-se por ataxia cerebelar de lenta progressão, espasticidade e disfunção do funículo posterior (diminuição da propriocepção e da sensibilidade vibratória). A disfunção neurológica afeta mais gravemente os membros inferiores do que os superiores. Disartria aparece com a evolução da doença. Alguns dos indivíduos afetados podem apresentar piora neurológica após febre ou trauma cranioencefálico leve.

Genética:

- Herança autossômica recessiva.
- Mutação do gene DARS2, codificador da enzima mitocondrial RNAt aspartilsintetase.

Início dos sintomas: Infância ou adolescência, raramente na vida adulta

Achados de imagem

RM (Figura 14):

- Alteração multifocal e heterogênea do sinal da substância branca (hipersinal em T2 e hipossinal em T1).
- Poupa fibras em "U".
- Alteração de sinal dos funículos posteriores e laterais da medula espinhal.
- Acometimento do bulbo.

Acometimento variável:

- Esplênio do corpo caloso, ramo posterior da cápsula interna, lemnisco medial no tronco cerebral, pedúnculos cerebelares superiores e inferiores, a porção intraparenquimatosa dos nervos e tratos do trigêmeo e substância branca subcortical cerebelar.

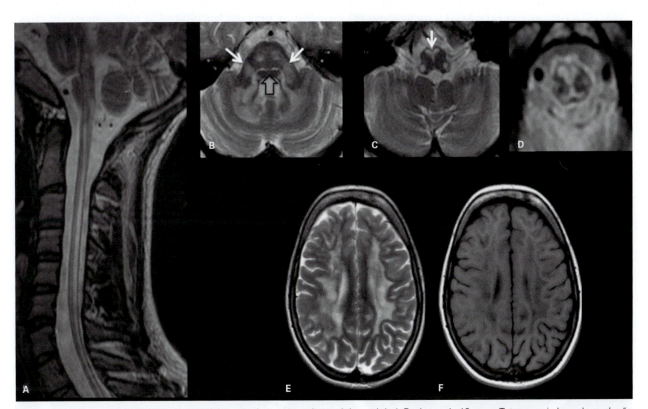

Figura 14 Leucoencefalopatia com envolvimento do tronco e da medula espinhal. Paciente de 19 anos. Tetraparesia leve de evolução progressiva, hiperreflexia. Imagem sagital ponderada em T2 (A) demonstra hipersinal em T2 do tronco encefálico e medula espinhal, acometendo predominantemente as colunas posteriores, com discreta alteração de sinal anterior, com leve atrofia medular associada. Imagens axiais ponderadas em T2 revelam anormalidade de sinal: ao longo do trajeto intraparenquimatoso do nervo trigêmio (setas brancas em B) e lemnisco medial na ponte (seta aberta em B), além da substância branca cerebelar. Nota-se também alteração de sinal nos tratos corticoespinhais desde a ponte, estendendo-se ao bulbo (seta branca em C) e às regiões anteriores da transição bulbomedular (D). A alteração de sinal nos lemniscos mediais também estende-se inferiormente ao bulbo (C) atingindo colunas posteriores da medula proximal. Notam-se também alterações na substância branca encefálica, com hipersinal em T2 (E) na substância branca hemisférica periventricular e subcortical, bilateral e simétrica, com hipossinal em T1 (F) em correspondência às áreas de sinal alterado em T2.

Espectroscopia de prótons:

- Maioria dos pacientes apresenta lactato aumentado, mas pode ser normal.

Síndrome de Aicardi-Goutières

A síndrome de Aicardi-Goutières é caracterizada por microcefalia, calcificações intracranianas, atrofia cerebral e alterações da substância branca. Por esses achados e suas manifestações clínicas, mimetiza sequelas de infecções intrauterinas (TORCH – toxoplasmose, rubéola, citomegalovírus e herpes vírus). Nota-se linfocitose e aumento do interferon-α no liquor.

Achados associados:

- Lesões necróticas na pele.
- Microangiopatia e microinfartos cerebrais.

Genética:

- Mutações podem ser encontradas nos genes: TREX1 (AGS1) (cromossomo 3) AGS2 (cromossomo 13), AGS3 (cromossomo 11) e AGS4 (cromossomo 19)

Achados de imagem
TC:

- Calcificações nos núcleos da base, córtex, substância branca lobar e núcleos denteados e atrofia cerebral (Figura 15).

RM:

- Calcificações nos locais acima descritos (baixo sinal em T2* e SWI) (Figura 16).
- Anormalidades de sinal na substância branca, com predomínio anterior
- Eventuais cistos temporais e frontais.
- Atrofia.

Espectroscopia de prótons:

- Redução do Naa e aumento do mioinositol.

Doença da substância branca evanescente, distúrbios relacionados a eIF2-B ou ataxia infantil com hipomielinização do SNC

A doença da substância branca evanescente, também conhecida como ataxia infantil com hipomielinização do SNC, é uma das leucodistrofias mais comuns em crianças, apresentando um amplo espectro fenotípico.

Genética:

- Mutações nos genes codificadores do fator de inicialização eucariótica – eIF2-B.

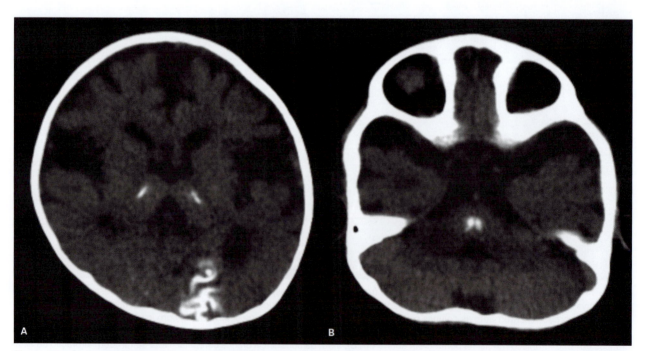

Figura 15 Síndrome de Aicardi-Goutières. Paciente do sexo feminino, 2 anos de idade, apresentando acentuada microcefalia. Nota-se atrofia difusa do córtex e da substância branca, observando-se calcificações no córtex occipital, nos tálamos (A) e na região central da ponte (B).

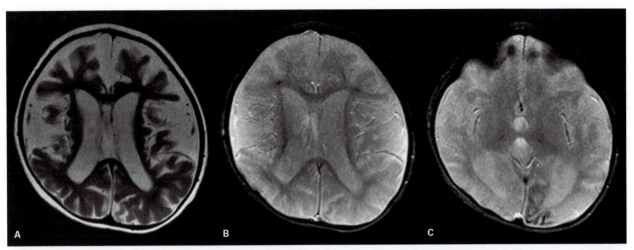

Figura 16   RM na síndrome de Aicardi-Goutières. Imagens de ressonância magnética na mesma paciente da Figura 15. Nas imagens ponderadas em T2 (A) é possível observar a atrofia difusa do parênquima, com alargamento dos sulcos corticais e dilatação compensatória do sistema ventricular. As áreas calcificadas no córtex occipital e nos tálamos aparecem como focos de baixo sinal na sequência T2* (C); é também possível observar um outro foco de calcificação na substância branca periventricular frontal à direita (B).

Instalação dos sintomas e características clínicas:

- Fenótipo clássico: início dos sintomas dos 2 aos 6 anos de idade.
- Ataxia cerebelar, espasticidade leve e leve/moderado atraso/declínio do desenvolvimento cognitivo e neuropsicomotor.
- Característica progressiva, com episódios de piora neurológica aguda desencadeada por estresse, febre ou trauma cranioencefálico leve.
- Atrofia óptica.
- Epilepsia.

Achados de imagem

Obrigatórios:

- Alteração difusa ou extensa do sinal da substância branca (em geral poupa as fibras em "U").
- Uma parcela ou áreas da substância branca apresentam sinal semelhante ao liquor em FLAIR ou densidade de prótons (sugerindo degeneração cística) (Figura 17).
- Se há aparente desaparecimento da substância branca nas sequências FLAIR ou densidade de prótons, existe um espaço preenchido por material líquido entre a linha ependimária e o córtex, mas não há um colapso total da substância branca.
- A substância branca desaparece difusa e progressivamente.
- Os lobos temporais são relativamente poupados.
- A substância branca cerebelar pode ser anormal, mas não apresenta cistos.
- Não há realce ao contraste paramagnético endovenoso.

Sugestivos:

- Na substância branca anormal notam-se bandas radiais nas imagens coronais, ou pequenos pontos e linhas nos cortes axiais.
- Lesões no tegmento pontino.
- Envolvimento das fibras internas do corpo caloso, enquanto as fibras externas são relativamente poupadas.

Doenças hipomielinizantes

Síndromes hipomielinizantes caracterizam-se pelo déficit permanente no depósito de mielina no encéfalo, resultando em um atraso permanente na mielinização. As áreas afetadas apresentam alterações de sinal mais discretas do que as observadas nas doenças desmielinizantes e outros tipos de leucodistrofias ou leucoencefalopatias, em que se observa degeneração da mielina formada.

Critério diagnóstico de síndromes hipomielinizantes por RM:

- Características de atraso da mielinização que permanecem estáveis ou sem modificações em dois exames de RM com intervalo de ao menos 6 meses entre eles.
- Sugere-se que o primeiro exame de RM seja feito após o primeiro ano de idade.

Crianças com atraso grave na mielinização após 2 anos de idade têm uma chance baixa de recuperar o padrão normal de mielinização.

As doenças hipomielinizantes configuram o maior grupo de leucodistrofias de origem desconhecida, sendo mais bem descritas a doença de Pelizaeus-Merzbacher (DPM), a hipomielinização com catarata congênita (HCC), a hipomielinização com hipogonadismo hipogonadotrófico e hipodontia (síndrome 4H), a síndrome de Cockaine, a

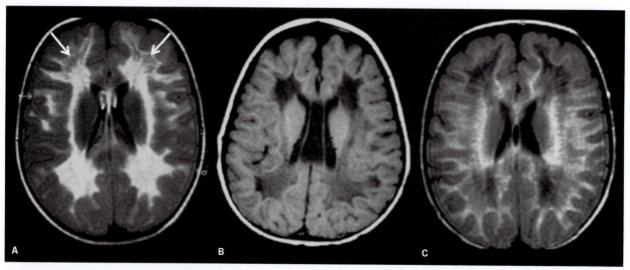

Figura 17   Doença da substância branca evanescente. A imagem axial ponderada em FLAIR (*fluid-attenuated inversion recovery*) (A) demonstra alteração de sinal na substância branca periventricular e subcortical, notando-se focos de baixo sinal nas regiões frontais (setas), sugestivas de vacuolização mielínica. No controle evolutivo (B), a imagem axial ponderada em T1 (B) demonstra áreas de hipossinal em T1 na substância branca periventricular e subcortical, além de discreta ampliação dos ventrículos laterais e alargamento do cavo do septo pelúcido (sugerindo redução volumétrica da substância branca). Na sequência FLAIR (C) observa-se maior acometimento da substância branca, com áreas de hipossinal mais extensas do que no exame de base.

doença Pelizaeus-Merzbacher símile (DPMS) e as gangliosidoses do tipo 1 e 2 (GLM1 e GLM2). Este livro descreverá detalhadamente a DPM, a síndrome 4H, a síndrome de Cockayne e a gangliosidoses do tipo 1 (GLM1/Doença de Hurler) e do tipo 2 (GLM2/Doença de Tay-Sachs).

Doença de Pelizaeus-Merzbacher

A doença de Pelizaeus-Merzbacher (PMD) é uma leucodistrofia hipomielinizante associada a um defeito na produção de uma proteína estrutural da mielina, a proteína proteolipídica (PLP1). A mielinização nunca ocorre ou é incompleta. É uma doença que afeta indivíduos do sexo masculino, possui caráter lentamente progressivo, caracterizando-se clinicamente por nistagmo pendular ou rotatório, hipotonia, atraso no desenvolvimento, seguidos por espasticidade, retardo mental e ataxia.

Genética[****]:

- Herança ligada ao X.
- Mutação no gene codificador da PLP1, localizado no cromossomo Xq22.

Achados de imagem

RM (Figura 18):

- Hipomielinização difusa da substância branca, com predomínio periventricular/profundo: hipersinal em T2 e hipossinal ou sinal normal em T1.
- Afeta predominantemente os tratos piramidais, ramos posteriores das cápsulas internas e região anterolateral dos tálamos.
- Pode apresentar ilhas ou bandas de substância branca parcialmente preservada, conferindo aspecto tigroide nas imagens ponderadas em T2.

Espectroscopia de prótons:

- Mais comum: Naa normal ou levemente baixo; colina reduzida (hipomielinização).

Síndrome 4H

A síndrome 4H (hipomielinização com hipogonadismo hipogonadotrófico e hipodontia) é uma rara leucodistrofia hipomielinizante descrita recentemente, caracterizada por ataxia, atraso e anormalidades na dentição, baixa estatura e hipomielinização.

Genética:

- Herança autossômica recessiva.
- Leucodistrofia relacionada a mutações nos genes Pol-III (possivelmente POLR3A e POLR3B)[*****].

[****] Existe mais de um alelo codificador das PLP ou outras proteínas estruturais da mielina, alguns deles estão associados a outros fenótipos da doença, entre eles a paraplegia espástica ligada ao X do tipo 2 (SPG2), com evolução mais benigna, e a doença de Pelizaeus-Merzbacher símile (DPMS).

[*****] Existe um grupo de ao menos cinco doenças hipomielinizantes com fenótipos clínicos e de imagem sobrepostos associados a esse grupo de genes/alelos.

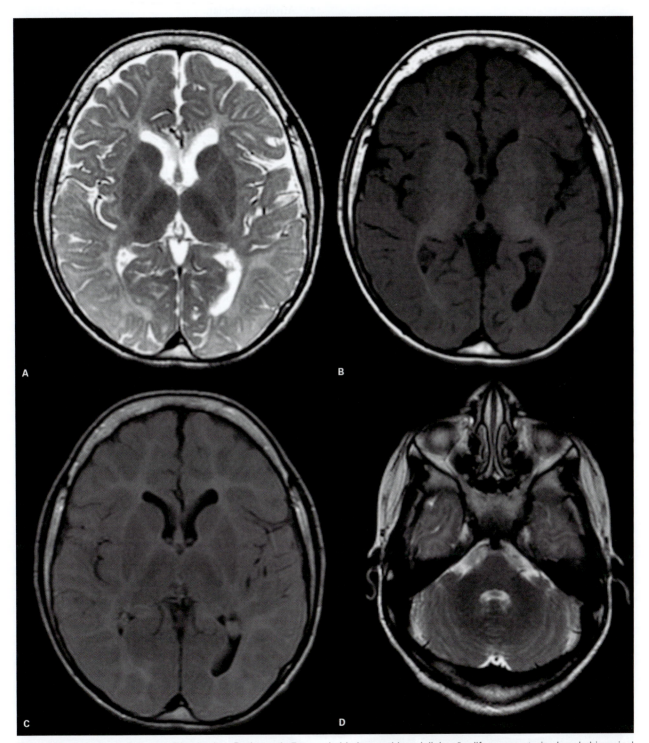

Figura 18 Doença de Pelizaeus-Merzbacher. Paciente de 7 anos de idade com hipomielinização difusa, caracterizada pelo hipersinal em T2 (A) que acomete a substância branca periventricular e subcortical, bem como as cápsulas internas. O sinal nas sequências T1 (B) e FLAIR (*fluid-attenuated inversion recovery*) (C) é relativamente normal. Não há atrofia cerebelar significativa (D).

Achados de imagem
RM (Figura 19):

- Atrofia cerebelar.
- Atrofia do corpo caloso (variável).
- Hipersinal em T2 da substância branca cerebelar, com hipossinal nos núcleos denteados (preservação do sinal da substância cinzenta nesse local).
- Hipomielinização difusa da substância branca (hipersinal em T2 e sinal variável em T1).
- Relativo hipossinal em T2 dos núcleos anterolaterais dos tálamos (área de preservação da mielina ou mielinização normal).
- Preservação relativa das radiações ópticas.

Síndrome de Cockayne

Pacientes com a síndrome de Cockayne apresentam microcefalia, baixa estatura, caquexia, surdez, catarata, retinite pigmentar, fácies características com olhos encovados e aspecto envelhecido, xeroderma pigmentado, fotossensibilidade cutânea e distúrbios neurológicos tais como espasticidade e retardo mental.

Genética:

- Herança autossômica recessiva.
- Mutações nos genes codificadores de proteínas envolvidadas na excisão de nucleotídeos e reparo do DNA (genes *CSA* e *CSB*).

Achados de imagem
TC:

- Calcificações encefálicas: corticais (na profundidade dos sulcos), nos núcleos da base e núcleos denteados.
- Atrofia cerebelar.
- Atrofia do tronco cerebral, substância branca supratentorial e corpo caloso.

RM (Figura 20):

- Hipomielinização da substância branca supratentorial (hipersinal em T2 e sinal variável em T1), com atrofia variável.
- Preservação relativa da substância branca perivascular: aspecto tigroide nas imagens ponderadas em T2.
- Calcificações podem ser vistas como áreas de baixo sinal em T2, T2* e sequências de suscetibilidade magnética.

Gangliosidoses tipo 1 (GLM1) e tipo 2 (GLM2)

As gangliosidoses são erros inatos do metabolismo, por distúrbios na estocagem de gangliosídeos. A gangliosidose do tipo 1 (GLM1) é causada pela deficiência da β-galactosidase, resultando em acúmulo lipídico em células do sistema nervoso central e periférico.

A gangliosidose tipo 2 (GLM2), também conhecida como doença de Tay-Sachs, caracteriza-se pelo acúmulo ou aumento da estocagem de um oligossacarídeo, o gangliosídeo tipo 2. Essa doença é rara e ocorre com maior frequência entre judeus Ashkenazi e manifesta-se por parada do desenvolvimento neuropsicomotor, convulsões, distúrbios de deglutição, surdez, cegueira e espasticidade. Muitas vezes observa-se macrocefalia, que pode estar presente ao nascimento ou desenvolver-se nas primeiras semanas de vida.

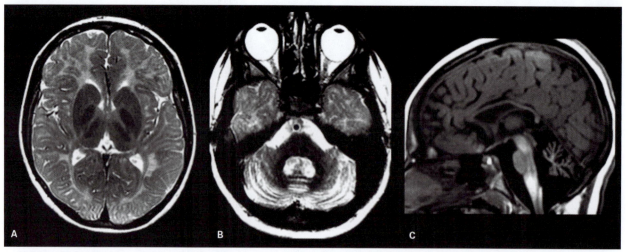

Figura 19 Síndrome 4H. Paciente do sexo masculino, com 8 anos de idade, apresentando hipomielinização difusa da substância branca supratentorial (A). Há preservação relativa dos núcleos anterolaterais dos tálamos, que se apresentam como focos de hipossinal que fazem contraste com as cápsulas internas hipomielinizadas. Nota-se acentuada atrofia cerebelar (B) e do corpo caloso (C).

6 DOENÇAS DA SUBSTÂNCIA BRANCA E ERROS INATOS DO METABOLISMO   309

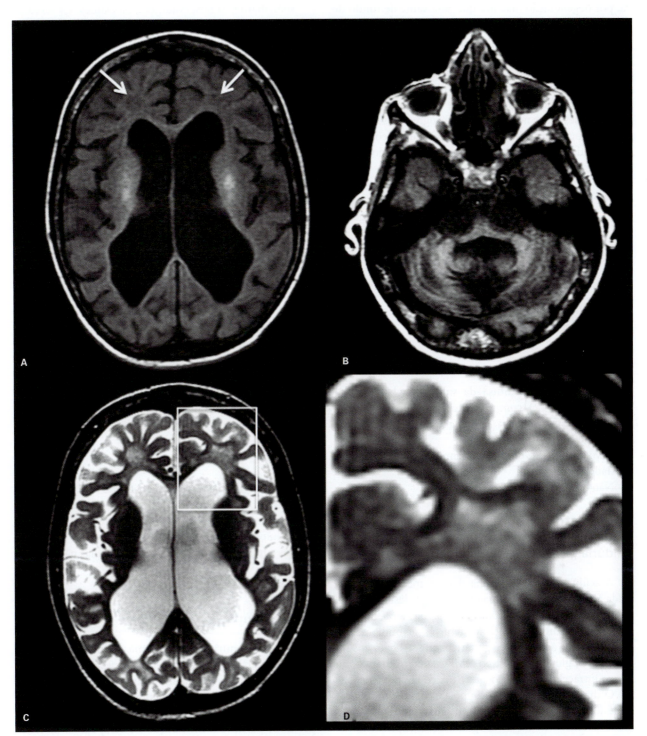

Figura 20   Síndrome de Cockayne. Paciente do sexo feminino, 15 anos, com dano tecidual avançado, secundário à síndrome de Cockayne. A imagem axial T1 (A) demonstra acentuada atrofia cerebral, com retração da substância branca e acentuada dilatação ventricular compensatória. Notam-se focos de hipossinal em T1 (setas), denotando áreas de acentuada desmielinização. Há também acentuada atrofia do cerebelo e tronco cerebral (B). O comprometimento da substância branca é mais evidente nas imagens ponderadas em T2 (C), em que se observa acometimento das regiões frontais, insulares e occipitotemporais. No detalhe amplificado da região frontal esquerda (D), observa-se padrão tigroide da substância branca, sugerindo preservação relativa da substância branca perivascular.

Ambos os tipos estão associados a cegueira progressiva, por degeneração macular que, ao exame de fundo de olho, observa-se mácula vermelho-cereja.

Essas doenças podem aparecer nos primeiros meses de vida (forma grave), depois dos 18 meses (forma moderada) ou apenas na vida adulta (forma leve). Apenas as formas de início precoce são hipomielinizantes e apresentam características de imagem bastante semelhantes. Tardiamente nesses casos notam-se sinais progressivos de doenças de estocagem no sistema musculoesquelético, fígado, baço e pode haver progressiva destruição do tecido neural.

Genética:

- Herança autossômica recessiva
  - GLM1: Mutação do gene codificador da β-galactosidase.
  - GLM2: Mutações nos genes da hexoaminase-A (*HEXA*) no cromossomo 15.

Achados de imagem
Formas hipomielinizantes da GLM1 e GLM2
RM:

- Macrocefalia/macrocrania.
- Hipomielinização difusa da substância branca (hipersinal em T2), com preservação do sinal no corpo caloso (hipossinal em T2 em relação ao restante da substância branca).
- Leve a moderado hipersinal em T2 nos núcleos caudados e putamens.
- Não há atrofia cerebelar significativa.

Erros inatos do metabolismo

Acidúria glutárica

A acidúria glutárica é uma doença metabólica associada à deficiência da enzima glutaril-CoA desidrogenase, que está envolvida no catabolismo final da lisina, hidroxilisina e triptofano. Consequentemente, há acúmulo de ácido-glutárico e ácido 3-OH-glutárico, que se ligam aos receptores de glutamato do tipo NMDA, determinando um afluxo intracelular de cálcio, que é tóxico aos neurônios.

O diagnóstico precoce é importante, pois mudanças dietéticas baseadas na restrição da ingestão de aminoácidos precursores do ácido glutárico e suplementação de riboflavina e carnitina estão associadas a significativa melhora clínica.

Tipos clínicos:

- Forma crônica: macrocefalia ou macrocrania (presente ao nascimento ou desenvolvendo-se nas primeiras semanas de vida), atraso no desenvolvimento e lenta deterioração motora e cognitiva.
- Forma aguda: característica de crises encefalopáticas, semelhante ao observado em encefalites. Observam-se exacerbações motoras, com crises distônicas e atetóticas precipitadas por eventos infecciosos, cirurgias, imunizações etc.
- Defeito enzimático: deficiência da glutaril-CoA desidrogenase.

Achados de imagem

- Alargamento das fissuras sylvianas (frequente "formato quadrado" dessas fissuras), comumente associados a cistos ou expansão dos espaços liquóricos nas fossas médias.
- Alargamento das cisternas da base, notadamente da cisterna perimesencefálica.
- Alterações de sinal difusas e inespecíficas na substância branca.

Nos quadros de exacerbação aguda (Figura 21):

- Áreas de edema na substância cinzenta profunda (hipersinal em T2 e FLAIR), que podem se apresentar com volume normal ou aumentado. Os núcleos denteados, tálamos, substância negra, lemnisco medial podem estar acometidos.
- Variável presença de restrição à difusão nas fases agudas e evolução para atrofia das áreas envolvidas.

Achados associados:

- Hemorragias meníngeas (hematomas subdurais ou intracísticos) que podem estar associados ao alargamento do espaço subaracnóideo, traumas leves (devendo-se excluir maus tratos, especialmente quando relacionados a fraturas cranianas ou extracranianas não explicadas.
- Hemorragias retinianas.

Fenilcetonúria

A fenilcetonúria (PKU) é uma doença autossômica recessiva causada por um defeito da fenilalanina hidroxilase, que converte a fenilalanina em tirosina. A fenilalanina parece inibir a formação de proteolipídios. A detecção precoce da PKU por meio da triagem neonatal (teste do pezinho) permite a introdução da terapêutica dietética com restrição de fenilalanina, o que melhora significativamente o prognóstico. Quando não tratada adequada ou precocemente, a PKU leva a retardo neuropsicomotor, crises epilépticas, alterações comportamentais significativas similares às observadas no autismo, que são acompanhadas de alterações da substância branca.

Caso o tratamento seja iniciado tardiamente, em fase sintomática da doença, as alterações de neuroimagem

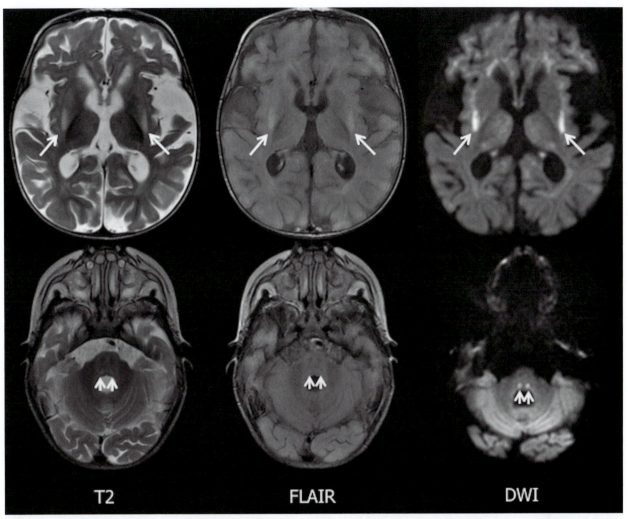

Figura 21 Exacerbação aguda da acidúria glutárica. Além dos achados crônicos da doença, como atrofia cerebral, alargamento das fissuras sylvianas e das cisternas da base e alteração de sinal difusa e inespecífica da substância branca, observam-se sinais de exacerbação aguda da doença. Nas imagens superiores, notam-se áreas de hipersinal em T2 e FLAIR (*fluid-attenuated inversion recovery*) nos putames (setas), com restrição às imagens de difusão (DWI). Notam-se outros focos de discreta alteração de sinal com leve restrição difusional na substância branca periventricular e subcortical frontal. Na ponte, observam-se focos de alteração de sinal, com destaque para o lemnisco medial (setas menores), que apresenta restrição à difusão.

podem desaparecer, mas não há recuperação da condição intelectual. Atualmente, recomenda-se a manutenção do tratamento dietético indefinidamente.

Achados de imagem

RM:

- Alterações simétricas da substância branca periventricular, predominantemente posterior, afetando as regiões periatriais e radiações ópticas (hipersinal em T2 e hipossinal em T1).
- Afeta as regiões frontais nos casos mais graves.
- Atrofia cortical, da substância branca e do tronco cerebral foram relatadas nos casos mais graves, com maior dano da substância branca.

Imagens ponderadas em difusão (DWI):
- Restrição à difusão na substância branca afetada quando os níveis séricos de fenilalanina são maiores que 8,5 mg/dL.

Espectroscopia de prótons:

- Redução da colina, Naa normal.
- Eventual pico de metabólito em 7,36 ppm (pico de fenilalanina).

Mucopolissacaridoses

Mucopolissacaridoses (MPS) são um grupo de doenças caracterizadas pela deficiência da degradação de polissacarídeos de cadeia muito longa, os glicosaminoglicanos. Atualmente, são descritos onze tipos de MPS, cada um associado a uma anormalidade de uma enzima lisossomal. O aumento na estocagem lisossomal de glicosaminoglicanos afeta múltiplos sistemas, observando-se deformidades ósseas, anormalidades em tecidos moles e no sistema nervoso central.

Todas as MPS podem provocar alterações semelhantes à RM, em graus variados, e a MPS do tipo I, também conhecida como síndrome de Hurler, é a que apresenta achados de imagem mais exuberantes no SNC.

Achados de imagem (Figura 22)

- Atraso na mielinização.
- Áreas de hipersinal em T2/FLAIR na substância branca, com predomínio periventricular, mas que se estende à região subcortical nas fases mais avançadas.
- Atrofia e dilatação ventricular.
- Aspecto em "favos de mel" nos núcleos da base, caracterizando formações císticas (que pode corresponder a acúmulo de polissacarídeos nos neurônios e astrócitos, com vacuoalização celular, ou acúmulo líquido em espaços perivasculares alargados).
- Alterações císticas semelhantes às observadas nos núcleos da base podem também ser observadas na substância branca e no corpo caloso.
- Estenose do canal vertebral e alterações na fossa posterior (fossa posterior pequena, anomalia de Chiari I) podem ser observadas.

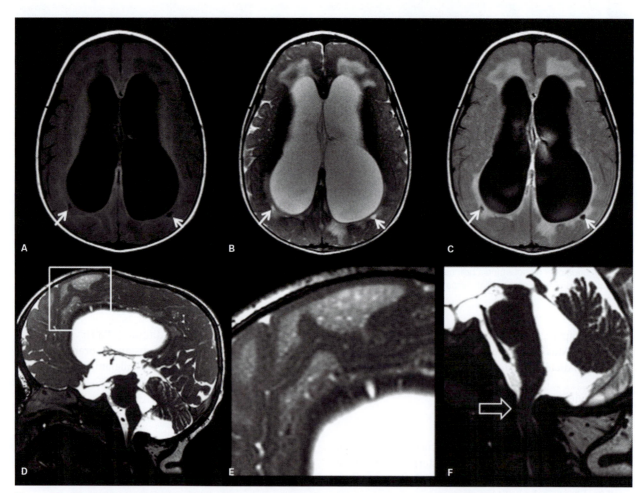

Figura 22 Mucopolissacaridose tipo I. As imagens no plano axial (A-C) demonstram alteração difusa de sinal da substância branca com hipossinal em T1 (A) e hipersinal em T2 (B) e FLAIR (*fluid-attenuated inversion recovery*) (C), além de dilatação ventricular parcialmente secundária à atrofia da substância branca, mas também parcialmente hipertensiva (secundária a anomalias da fossa posterior e junção craniocervical). É possível observar pequenas imagens císticas na substância branca periventricular, atribuídas a acúmulo de polissacarídeos e vacuoalização da mielina. Na imagem sagital (D), observam-se pequenos cistos semelhantes no corpo caloso e, no detalhe amplificado (E), ficam evidentes pequenos cistos milimétricos na substância branca. No detalhe da transição craniocervical (F), notamos estenose do forame magno e da coluna cervical proximal, achados também associados à doença.

Galactosemia

Galactosemia é uma doença causada pela deficiência de qualquer uma das três enzimas do metabolismo da galactose: galactoquinase, transferase ou epimerase, levando ao acúmulo de galactitol (Gal-ol) no cérebro e no cristalino (causando catarata). A mais comum das galactosemias é causada pela deficiência da galactose-1-uridiltransferase (GALT). A detecção neonatal e a restrição dietética previnem a síndrome tóxica hepatorrenal a ela associada, mas não garantem que outros sintomas, como déficit cognitivo e disfunção ovariana, não se desenvolvam. Os níveis de Gal-ol estão aumentados na urina e no plasma.

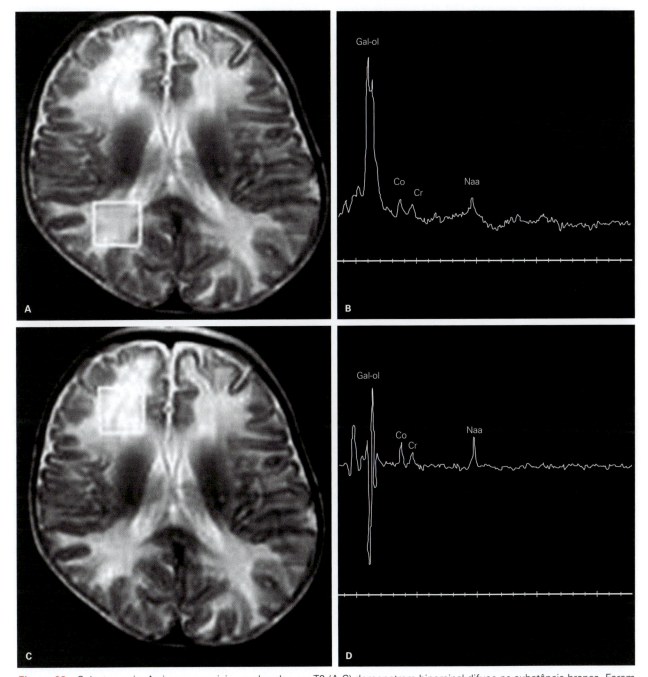

Figura 23 Galactosemia. As imagens axiais ponderadas em T2 (A-C) demonstram hipersinal difuso na substância branca. Foram realizadas espectroscopia com volume de interesse único (técnica STEAM – *stimulated echo acquisition mode*, TR/TE: 1.500/30 ms) localizados na substância branca occipitoparietal (A e B) e frontal (C e D). São detectados dois picos entre 3,67 e 3,74 ppm que são associados com os níveis de galactitol (Gal-ol).

Achados de imagem

- Atrofia cerebral e cerebelar.
- Múltiplos focos de hipersinal em T2 na substância branca.

Espectroscopia de prótons:

- Picos de metabólitos entre 3,67 e 3,74 ppm em diversas regiões do cérebro (Figura 23) (esse pico está associado aos níveis séricos de Gal-ol e desaparece com o tratamento).

Leucinose – doença da urina com odor de xarope de bordo

A leucinose ou doença da urina com odor de xarope de bordo (*maple syrup urine disease*) é causada pela deficiência da enzima α-cetoácido desidrogenase, responsável pela decarboxilação oxidativa dos aminoácidos de cadeia ramificada valina, leucina e isoleucina.

Clinicamente, a doença é remitente, com quadros de hipertensão intracraniana, sinais de letargia, rebaixamento do nível de consciência e vômitos. Pode ter início neonatal ou manifestar-se em lactentes. O diagnóstico é estabelecido por meio da dosagem de aminoácidos no plasma, com aumento do teor de leucina, isoleucina e valina, além de aloisoleucina, sendo esta última considerada um marcador bastante específico da doença.

A introdução de dieta hipoproteica, com restrição dos aminoácidos de cadeia ramificada, por meio de leite modificado, controla os sintomas da doença e a toxicidade dos aminoácidos de cadeia ramificada. Sem tratamento, a doença é grave e progressiva, podendo levar a óbito no primeiro ano de vida.

Achados de imagem

Durante os surtos:

- Edema (hipersinal em T2 e FLAIR) no tronco cerebral, sobretudo em sua porção posterior, pedúnculos cerebrais, ramos posteriores das cápsulas internas, centros semiovais e substância branca do cerebelo, com variável efeito expansivo (Figura 24).
- Podem-se observar alterações semelhantes nos núcleos da base, tálamos e córtex.
- Restrição à difusão nas áreas envolvidas.
- À TC, notam-se áreas hipoatenuantes e variável efeito tumefativo nas áreas envolvidas.

Espectroscopia de prótons:

- Picos entre 0,9 e 1,0 ppm (aminoácidos de cadeia ramificada) (Figura 24C).
- Aumento de lactato.
- Redução variável de outros metabólitos (Naa, colina e creatina).

Xantomatose cerebrotendínea

A xantomatose cerebrotendínea é uma doença rara autossômica recessiva associada à deficiência da enzima mitocondrial 27-esterol hidroxilase (CYP27). Há deficiência da hidroxilação do colesterol, com acúmulo de colesterol e colestanol no cérebro, cristalinos, músculos e outros tecidos. Além de colestanol e colesterol, há aumento dos níveis de álcoois biliares no sangue e na urina.

Sinais e sintomas clínicos:

- Catarata bilateral e precoce.
- Xantomas tendíneos (sobretudo no tendão de Aquiles).
- Diarreia.
- Sintomas neurológicos:
  - Sintomas piramidais e cerebelares.
  - Demência precoce (a partir dos 20 anos de idade).

Achados de imagem

RM:

- Hipersinal em T2 na substância branca periventricular e cerebelar, bilateral e simétrico.
- Acometimento dos núcleos denteados, núcleos da base e tronco cerebral.
- Atrofia supratentorial e cerebelar.
- Eventualmente, observam-se xantomas nos plexos coroides, que podem ter aspecto de cistos de colesterol (hipersinal em T2, hipossinal ou sinal intermediário em T1 e sinal intermediário a alto sinal em FLAIR) ou ter baixo sinal em todas as sequências em razão da presença de calcificações.

Espectroscopia de prótons:

- Pico de lipídios entre 0,9 e 1,3 ppm.
- Aumento de lactato e mioinositol.
- Redução do Naa.

Leucoencefalopatias relacionadas a anormalidades vasculares

Doença de Fabry

A doença de Fabry ou angioqueratoma corporal difuso é uma condição rara, de herança ligada ao X, causada por deficiência da enzima alfa-galactosidase A que leva ao acúmulo de glicoesfingolipídios, especialmente no endotélio vascular e nas células da musculatura lisa. Os achados clínicos dessa doença incluem: dor neuropática, angioqueratomas cutâneos, distrofia da córnea, hipo-hi-

6 DOENÇAS DA SUBSTÂNCIA BRANCA E ERROS INATOS DO METABOLISMO   315

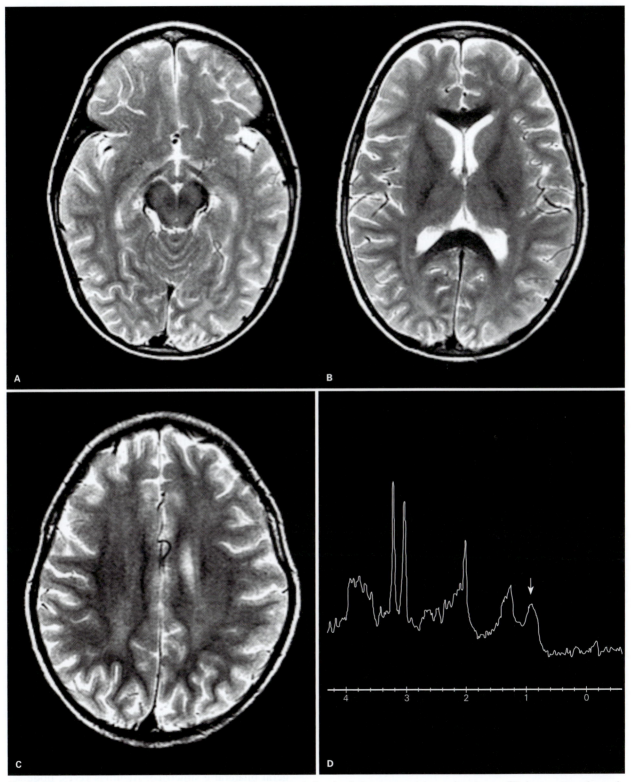

Figura 24 Leucinose – doença da urina com odor de xarope de bordo. As imagens axiais ponderadas em T2 demonstram áreas de hipersinal em T2 no mesencéfalo (A), acometendo os pedúnculos cerebrais e a região periaquedutal, nos tálamos e substância branca lobar (B) e nos centros semiovais (C). A espectroscopia de prótons com tempo de eco curto (D) demonstra um pico largo entre 0,9 e 1,0 ppm (seta aberta), associado a aminoácidos de cadeia ramificada. Nota-se outro pico em 1,3 ppm, que pode ser atribuído ao lactato ou lipídios.

drose, distúrbios gastrointestinais, disfunção cardíaca, disfunção renal e acidentes vasculares cerebrais precoces, principalmente na circulação posterior. O diagnóstico é feito pela identificação de lesões na pele e na córnea.

Achados de imagem

- Focos de microangiopatia (hipersinal em T2 e FLAIR) e infartos lacunares com aparecimento precoce e que aumentam com a idade.
- Infartos isquêmicos, com certo predomínio na circulação posterior.
- Hipersinal em T1 na substância cinzenta profunda, com predileção para a pulvinar do tálamo (mineralização).

Leucodistrofia, calcificações e cistos – doença de Labrune

A síndrome de Labrune é uma condição extremamente rara, caracterizada pela tríade leucodistrofia, calcificações e cistos. À patologia, caracteriza-se por microangiopatia cerebral difusa, com progressiva degeneração micro e macrocística. A etiologia é desconhecida, mas nos poucos casos descritos, nota-se antecedente de consanguinidade, sugerindo herança autossômica recessiva.

Achados de imagem

- TC: calcificações nos núcleos da base e na substância branca profunda.
- RM:
  - Hipersinal em T2 e FLAIR difuso na substância branca encefálica, poupando relativamente as fibras em "U" e o corpo caloso.
  - Cistos com distribuição parassagital na substância branca dos centros semiovais, na região cerebelar e eventualmente frontais.
  - Pode haver realce ao T1 pós-gadolínio nas paredes dos cistos ou calcificações.

Doenças mitocondriais

As doenças mitocondriais formam um grupo heterogêneo de doenças neuromusculares associadas a um defeito na via do metabolismo oxidativo responsável pela produção de energia. Essas doenças são causadas por uma alteração da função ou da estrutura da mitocôndria. Tanto os músculos como o parênquima cerebral podem ser afetados.

Achados comuns nas mitocondropatias

- Acidose lática e aumento dos níveis de piruvato.
- No SNC, frequentemente afeta os núcleos da base, tronco cerebral e córtex cerebral (áreas de alta demanda energética).
- Na espectroscopia de prótons, observam-se picos de lactato nas áreas de parênquima afetado, no tecido aparentemente normal e no liquor.

Síndrome de Leigh

A doença de Leigh, também conhecida como encefalomielopatia necrotizante subaguda, é uma doença neurodegenerativa que pode se iniciar na infância ou na vida adulta.

Na forma clássica, os sintomas aparecem entre 3 meses e 2 anos de idade, apresentando-se como uma desordem neurológica rapidamente progressiva, com prognóstico em geral ruim, muitas vezes evoluindo para o óbito na infância. Na forma do adulto, os sintomas se iniciam na adolescência ou nos adultos jovens, apresentando progressão mais lenta, mas com sintomas semelhantes.

Nos casos de início precoce, nota-se involução do desenvolvimento neuropsicomotor, com perda do controle da cabeça e incapacidade de sucção, choro frequente, irritabilidade, vômitos recorrentes, perda do apetite e retardo no crescimento e ganho de peso. Esse quadro é acompanhado de distúrbios motores do tipo ataxia, movimentos involuntários e alterações do tônus. A ocorrência de distúrbios da motricidade ocular, disfagia e alterações do controle respiratório é frequente.

O quadro clínico é bastante variável e os sintomas podem ter início abrupto ou precipitado por infecções, sendo comuns episódios recorrentes de acidose lática e hipercapnia.

Mecanismo fisiopatológico:

- Deficiência na fosforilação oxidativa mitocondrial, levando à produção insuficiente de ATP.
- Defeitos genéticos variáveis, que podem estar presentes no DNA celular ou mitocondrial.
- Mais frequentemente, afeta a via da piruvatodesidrogenase, mas pode estar associada a defeitos em outras vias da cadeia respiratória mitocondrial.

Genética: pode haver herança autossômica recessiva, ligada ao X ou herança mitocondrial

Há três padrões de imagem descritos:

1. Comprometimento dos núcleos da base, em especial do corpo estriado (putame e núcleo caudado), em geral bilateral e simétrico. Algumas vezes, pode ser observado o comprometimento dos globos pálidos e dos tálamos, de forma isolada ou associada a outras alterações (Figura 25).

2. Comprometimento de estruturas do tronco encefálico, em particular do teto e tegmento pontino, da substância cinzenta periaquedutal, da substância negra e dos núcleos rubros e, eventualmente, são observadas lesões no cerebelo e putame (Figura 26), um padrão que foi associado a mutações do gene SURF-1 e deficiências na enzima oxidase citocrômica c (*cytochrome c oxidase – COX*).
3. Comprometimento difuso da substância branca. Degeneração cística pode ser observada. A progressão da doença é posterior para anterior (Figura 27).

Achados associados:

- Realce pós-injeção de gadolínio nas regiões afetadas, na fase aguda.
- Picos intermitentes de lactato, à espectroscopia de prótons (Figura 28).

Diagnóstico diferencial importante:

- Necrose estriatal aguda: condição incomum que afeta lactentes e crianças na fase pré-escolar, em geral associada a processos infecciosos. Caracteriza-se por hipoatividade, perda do contato com o meio que se instala em poucos dias, acompanhada de grande alteração ao exame de imagem nos corpos estriados. Em alguns casos, essa condição é inteiramente reversível, o que mostra que o termo necrose não é de todo apropriado. Não há comprometimento da substância branca e os achados de imagem são bastante simétricos.

Doença de Kerns-Sayre

A doença de Kearns-Sayre é decorrente de uma deleção no DNA mitocondrial, de origem materna, que ocorre na maior parte das vezes *de novo* e cursa com oftalmoplegia externa de caráter progressivo, ataxia cerebelar, retinite pigmentar, cardiomiopatia, perda auditiva neurossensorial, retardo mental e alterações endócrinas. Em geral, os sintomas da doença manifestam-se antes dos 20 anos de idade.

Achados de imagem (Figura 29)

- Alteração de sinal nos núcleos da base, tálamos, tegmento pontino.
- Associam-se a alterações da substância branca cerebral e cerebelar, com predomínio da substância branca subcortical.
- Calcificações nos núcleos da base e tálamos.
- Atrofia cerebral e cerebelar.

Espectroscopia de prótons:

- Picos de lactato nas lesões.

Síndrome MELAS

A síndrome MELAS (*mitochondrial myopathy, encephalopathy, lactic acidosis, and stroke-like episodes*) é uma doença progressiva que apresenta períodos de exacerbação aguda e se manifesta em idades variáveis, em geral

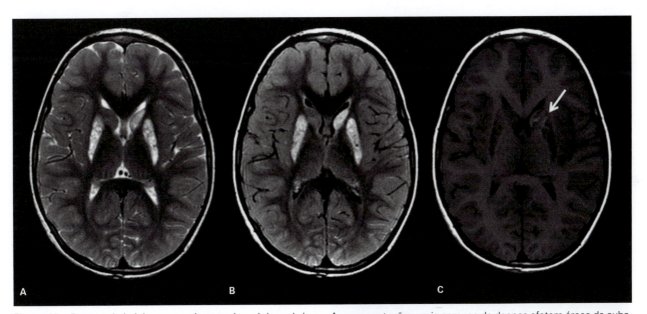

Figura 25 Doença de Leigh – acometimento dos núcleos da base. As apresentações mais comuns da doença afetam áreas da substância cinzenta com alta demanda energética, como os núcleos da base. Nas imagens ponderadas em T2 (A) e FLAIR (*fluid-attenuated inversion recovery*) (B), observa-se alto sinal relativamente simétrico nos putamens e núcleos caudados. Na imagem ponderada em T1 após a injeção de gadolínio (C), notam-se tênues focos de realce (seta), muitas vezes observados nas exacerbações agudas da doença.

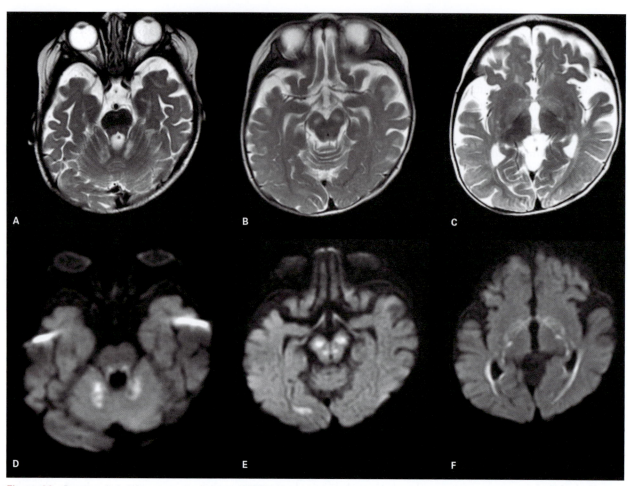

Figura 26 Doença de Leigh – mutação do gene SURF1. Nessa variante da doença de Leigh notamos hipersinal em T2 de algumas estruturas do tronco cerebral como o tegmento pontino, os núcleos denteados do cerebelo (A), os núcleos rubros e a substância cinzenta periaquedutal (B), e também dos núcleos da base, com alteração de sinal nos globos pálidos. Essas mesmas estruturas demonstram restrição à difusão de moléculas de água (imagens inferiores, D-F).

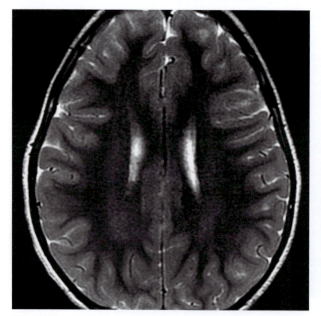

Figura 27 Acometimento da substância branca pela doença de Leight. Nesse paciente, observa-se discreto hipersinal em T2 na substância branca profunda da região parietal.

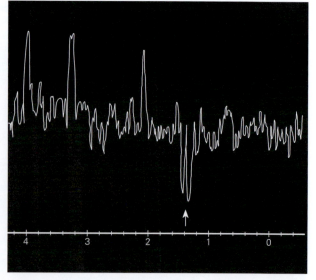

Figura 28 Espectroscopia de prótons na doença de Leigh. Espectro obtido em voxel único localizado na região ventricular, com tempo de eco longo, evidenciando duplo pico invertido na região de 1,3 ppm, compatível com lactato. Os demais picos metabólicos estão reduzidos.

6 DOENÇAS DA SUBSTÂNCIA BRANCA E ERROS INATOS DO METABOLISMO   319

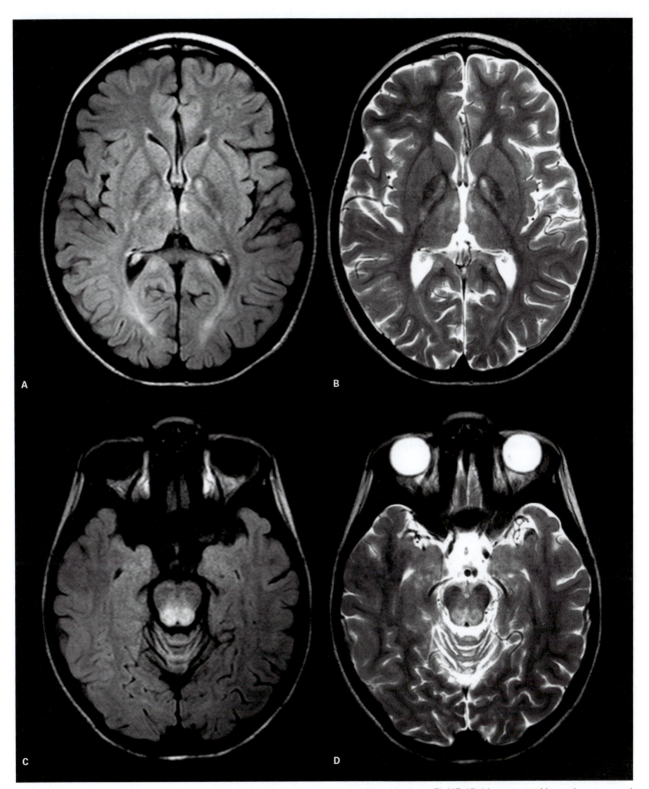

Figura 29   Doença de Kerns-Sayre. As imagens superiores demonstram hipersinal em FLAIR (*fluid-attenuated inversion recovery*) (A) e T2 (B) nos globos pálidos e pequenos focos de alteração de sinal nos tálamos. Inferiormente (C e D), observa-se acometimento do tegmento mesencefálico.

antes dos 40 anos. A doença é causada pela proliferação de mitocôndrias anormais na musculatura lisa de pequenas artérias que estão associadas a lesões isquêmicas multifocais que não respeitam territórios vasculares e zonas de fronteira.

Achados de imagem (Figura 30)

- Múltiplos infartos corticossubcorticais que não respeitam territórios vasculares, em diferentes fases de evolução.
- Predileção para os lobos parietais e occipitais.
- Frequentes lesões nos núcleos da base.
- Alterações de sinal na substância branca dos centros semiovais e periventricular.
- Imagem de difusão: as lesões agudas podem ter hipersinal à difusão, mas muitas vezes não apresentam restrição verdadeira à difusão, o que as diferencia de lesões isquêmicas usuais.
- Lesões agudas podem apresentar realce ao contraste paramagnético.

Angio-RM e angio-TC:

- Geralmente normais.

Espectroscopia de prótons:

- Picos de lactato nas lesões e tecido aparentemente normal.

Doenças desmielinizantes adquiridas

Esclerose múltipla

A esclerose múltipla (EM) é a doença desmielinizante adquirida mais prevalente, que afeta predominantemente adultos jovens, mas pode se iniciar em qualquer faixa etária, desde a infância até indivíduos mais velhos.

A sua prevalência varia de 1,36 a cerca de 100 indivíduos/100.000 habitantes, sendo mais comum em áreas de alta latitude e em populações caucasianas. Acomete mais frequentemente mulheres, na proporção de 2:1.

Formas clínicas da esclerose múltipla:

- Esclerose múltipla remitente recorrente (EMRR): a forma mais comum, caracterizada por surtos recorrentes, que são caracterizados por exacerbações de sintomas neurológicos que afetam diferentes áreas do SNC em tempos diferentes, seguidos por períodos de estabilidade. Após cada surto, os pacientes podem demonstrar recuperação total ou parcial dos sintomas.
- Esclerose múltipla secundariamente progressiva (EMSP): A maior parte dos pacientes com a forma EMRR evolui para a forma EMSP após alguns anos de doença. Ela é caracterizada pela progressão dos sintomas neurológicos não associados a crises. Pode-se observar a forma de surto progressão (com piora neurológica entre surtos) ou apenas progressão, sem surtos neurológicos definidos.
- Esclerose múltipla primariamente progressiva (EMPP): Forma mais rara, na qual se observa progressão dos sintomas neurológicos, sem associação a surtos, desde o início da doença.

Existem duas entidades clínico-radiológicas que não são definidas como esclerose múltipla, mas que tratam-se de achados suspeitos e que devem ser acompanhados pelo seu risco de conversão para EM:

- Síndrome clínica isolada (*Clinical Isolated Syndrome – CIS*): pacientes que apresentam um episódio isolado sugestivo de crise desmielinizante (cerca de 60-80% dos pacientes com CIS que apresentam lesões sugestivas de EM à RM evoluem para EM clinicamente definida).
- Síndrome radiológica isolada (*radiological isolated syndrome – RIS*): Pacientes assintomáticos que, em um exame de rotina ou para investigação de sintomas de outra natureza, apresentam lesões sugestivas de EM.

As lesões da EM podem ser encontradas em qualquer parte do SNC e, pelo seu caráter crônico e recorrente, são caracterizadas pelo surgimento de novas lesões e lesões em diferentes fases evolutivas. Com isso, definem-se os dois principais critérios para o diagnóstico de EM:

Disseminação no espaço (*dissemination in space* – DIS)

Observação de ao menos uma lesão em ao menos dois compartimentos típicos para EM.

Compartimentos típicos de lesões de esclerose múltipla (Figura 31):

- Periventricular.
- Justacortical.
- Infratentorial.
- Medula espinhal.

Disseminação no tempo (*dissemination in time* – DIT)

- Observação de nova lesão com hipersinal em T2, após um intervalo de qualquer duração (Figura 32A).
- Observação simultânea de ao menos uma lesão com hipersinal em T2 e realce após a injeção de gadolínio e lesões com hipersinal em T2 e sem realce ao gadolínio (as lesões com realce ao gadolínio representam,

6 DOENÇAS DA SUBSTÂNCIA BRANCA E ERROS INATOS DO METABOLISMO   321

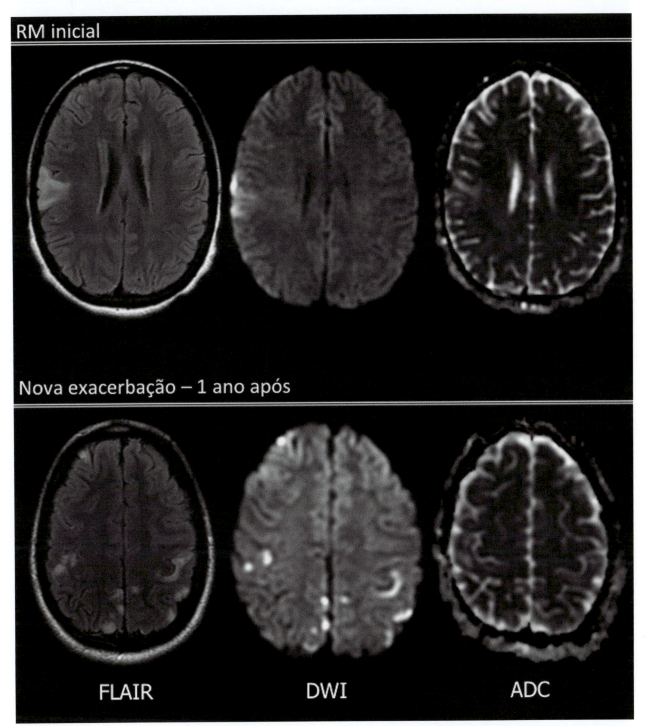

Figura 30   MELAS. Paciente do sexo feminino de 22 anos. As imagens superiores foram obtidas no momento da primeira exacerbação clínica, evidenciando uma área corticossubcortical de hipersinal em FLAIR na região paracentral inferior do lobo frontal direito. Essa imagem simulava um evento isquêmico, com alto sinal em difusão (DWI), mas sem restrição difusional verdadeira no mapa ADC. Um ano após, a mesma paciente apresentou novos déficits neurológicos agudos, sendo observadas diversas imagens corticossubcorticais esparsas em ambos os hemisférios, com características semelhantes ao primeiro episódio.

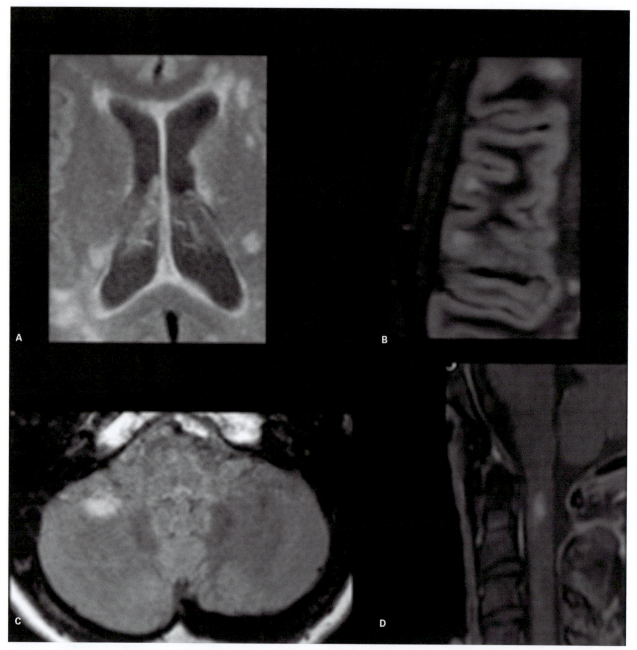

Figura 31 Compartimentos típicos para lesões de esclerose múltipla no sistema nervoso central. As imagens demonstram localizações típicas para lesões da esclerose múltipla, periventricular (A), justacortical (B), infratentorial (C) e medular (D). Deve-se dar atenção especial à definição de lesões justacorticais, pois, diferentemente das lesões subcorticais inespecíficas, essas lesões tocam a superfície cortical profunda ou estendem-se para o córtex. Para a definição de disseminação espacial, de acordo com os critérios de McDonald (2010), é necessária a identificação de ao menos uma lesão em pelo menos dois desses compartimentos.

muitas vezes, lesões com atividade inflamatória/desmielinizante aguda) (Figura 32B).

Os critérios diagnósticos utilizados atualmente para a definição de EM são os critérios de McDonald 2010 (Quadro 9). A Figura 33 mostra um organograma com uma sugestão de estratégia diagnóstica por RM.

Características das lesões encefálicas na EM

As lesões da EM apresentam-se como focos de hipersinal em T2 e FLAIR, tipicamente maiores que 3 mm no maior eixo, e menores que 2,0 cm, embora seja possível a presença de lesões maiores que 2,0 cm, em uma minoria de casos, ou lesões confluentes, nas fases mais tardias. Embora possam apresentar formatos variáveis, são tipica-

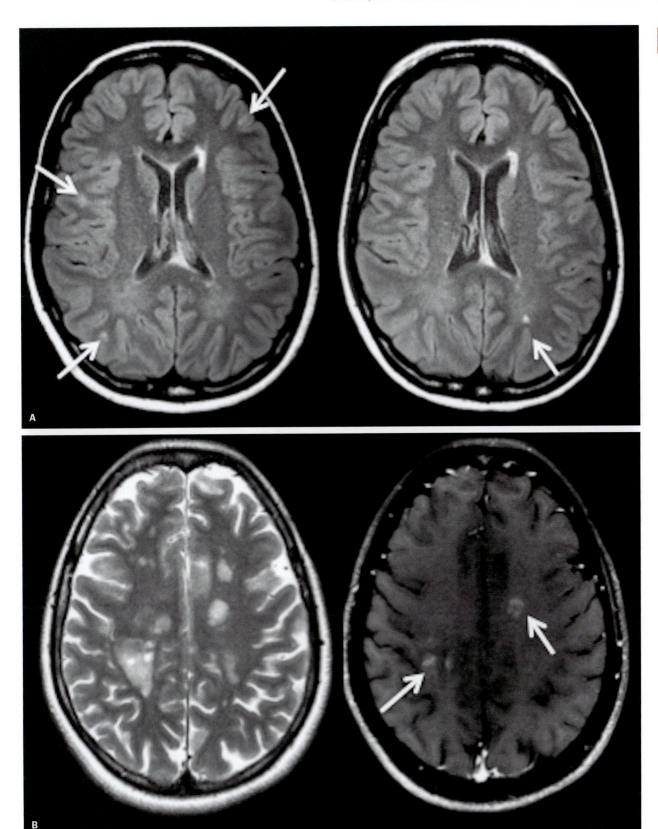

Figura 32 Disseminação temporal. As figuras demonstram duas possibilidades para a definição do critério de disseminação temporal, de acordo com McDonald, 2010. No primeiro (A), observamos cerca de três lesões justacorticais (setas) e algumas lesões periventriculares na imagem inicial (imagem à esquerda). Após dois meses (imagem à direita em A), nota-se o surgimento de uma nova lesão com hipersinal em FLAIR (*fluid-attenuated inversion recovery*). No segundo caso (B), notamos, num mesmo exame, lesões com realce após a injeção do gadolínio (setas na imagem à esquerda) e diversas imagens com hipersinal em T2 e sem realce ao gadolínio (imagem à direita).

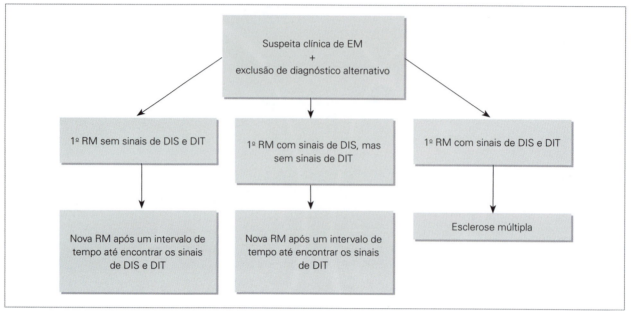

Figura 33 Organograma para o diagnóstico por imagem da esclerose múltipla (EM).
DIS: *dissemination in space*; DIT: *dissemination in time*; RM: ressonância magnética.

Quadro 9	Critérios de MacDonald (2010) para definição de disseminação no espaço (DIS) e no tempo (DIT) na esclerose múltipla
Esclerose múltipla remitente recorrente	
DIS	Ao menos uma lesão em pelo menos 2 dos seguintes compartimentos* ▪ Periventricular ▪ Justacortical ▪ Infratentorial ▪ Medular * Lesões sintomáticas no tronco cerebral ou medula espinhal devem ser excluídas Lesões nos nervos ópticos não entram na contagem lesional
DIT	Imagem inicial: presença simultânea de ao menos uma lesão com realce ao contraste paramagnético e lesões com hipersinal em T2 e sem realce ao contraste paramagnético Acompanhamento evolutivo: surgimento de ao menos uma lesão com hipersinal em T2 ou nova lesão com realce ao contraste paramagnético, em qualquer intervalo após a imagem inicial
Esclerose múltipla primariamente progressiva	
DIS	Dois dos três critérios abaixo: Presença de ao menos uma lesão com hipersinal em T2 em ao menos uma região definidora de EM (excluindo a medula espinhal) Presença de duas ou mais lesões com hipersinal em T2 na medula espinhal Presença de bandas oligoclonais ou aumento do índice de IgG no liquor
DTI	Evidência clínica de progressão da doença (diagnóstico clínico)

DIS: *dissemination in space*; DIT: *dissemination in time*; EM: esclerose múltipla; IgG: imunoglobulina. Adaptado de Polman et al., 2011.

mente ovaladas e apresentam distribuição perivenular, o que é sugerido pela orientação perpendicular à superfície ependimária e a formação de lesões em "dedos de luva" (dedos de Dawson) (Figura 34). Mais recentemente, com a utilização de sequências com a técnica de gradiente-*echo* e suscetibilidade magnética, que permite a visualização de vênulas parenquimatosas, é possível observar a distribuição perivenular dessas lesões (Figura 35).

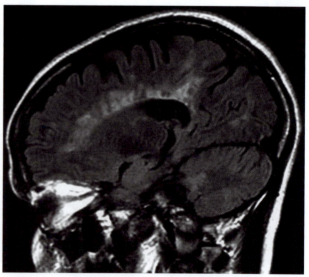

Figura 34 Dedos de Dawson. Imagem sagital com a técnica FLAIR (*fluid-attenuated inversion recovery*) demonstrando lesões típicas da esclerose múltipla, nos espaços periventriculares. As lesões são alongadas, ovaladas e perpendiculares à superfície ependimária, sugerindo distribuição perivenular.

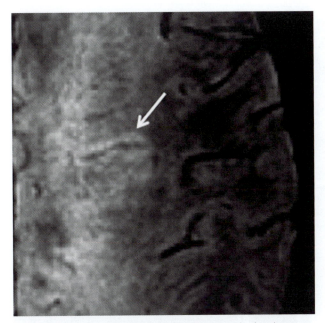

Figura 35 Lesão perivenular. As imagens em técnica de suscetibilidade magnética (*susceptibility weighted image* – SWI) oferecem uma boa visualização das vênulas intraparenquimatosas. Nessa técnica, é possível observar a distribuição perivenular de uma lesão da esclerose múltipla (seta).

Na fase aguda, as lesões de esclerose múltipla podem apresentar realce sólido ou anelar ao meio de contraste (Figura 36).

Outras localizações frequentes de lesões da esclerose múltipla, não incluídas nos critérios diagnósticos, são o corpo caloso e os lobos temporais, regiões que tendem a ser precocemente afetadas pela EM.

Características das lesões medulares na EM

Na medula espinhal, as lesões da EM tendem a ser curtas (com extensão inferior à medida de dois corpos vertebrais) e apresentar localização excêntrica na secção transversa (Figura 37). Porém, apresentações atípicas, com mielite transversa, extensa ou lesões centromedulares podem ser observadas.

As lesões agudas podem apresentar realce após a injeção do contraste paramagnético.

Características da neurite óptica na esclerose múltipla

A neurite óptica é uma manifestação frequente na EM, podendo se apresentar como primeiro sintoma, ou como exacerbação durante o curso da doença. Na EM, a neurite óptica mais frequentemente é unilateral e acomete um pequeno segmento do nervo óptico, em geral intraorbitário e as características de acometimento do nervo óptico podem ajudar na diferenciação com a neuromielite óptica, que tende a apresentar lesões mais longas, bilaterais e acometer mais frequentemente os segmentos posteriores do nervo óptico e o quiasma. Na fase aguda caracteriza-se por hipersinal em T2, realce variável ao gadolínio, podendo demonstrar efeito tumefativo.

Espectro da neuromielite óptica

A neuromielite óptica (NMO) era classificada como o subtipo óptico espinhal da esclerose múltipla, ou doença de Devic. Classicamente, era considerada uma doença monofásica que se apresentava por mielite transversa e neurite óptica, em geral grave ou bilateral, nas quais não se detectavam lesões encefálicas desmielinizantes. No século XX, foram descritos alguns casos recorrentes de doença de Devic.

No início dos anos 2000, foi descrita a associação dos quadros de NMO ao anticorpo contra canais de aquaporina-4 (anti-AQP4), que se tornou um marcador específico para NMO. Em 2006, a sorologia para anti-AQP4 foi incluída nos critérios diagnósticos de NMO. Porém, observou-se que a NMO tratava-se de um espectro de doenças que incluía mielite, em geral longitudinalmente extensa, neurite óptica e, em uma parcela de pacientes, lesões encefálicas com forma e distribuição espacial diferente das lesões de EM. Com isso, definiu-se o termo espectro da neuromielite óptica (ENMO), como uma doença inflamatória e desmielinizante do sistema nervoso central, distinta da esclerose múltipla.

Lesões do espectro da neuromielite óptica

As lesões do ENMO tendem a seguir a distribuição dos canais de AQP4 no SNC, que possuem altas concentrações nas regiões periependimárias, no canal central da medula, nas membranas perivasculares, no plexo coroide e nos núcleos supraópticos. As características das lesões no SNC (Quadro 10) na RM são importantes na elaboração da suspeita diagnóstica do ENMO e da diferenciação entre NMO e EM.

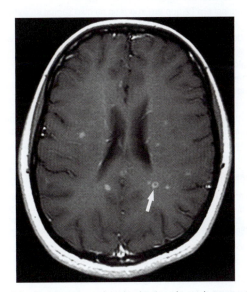

Figura 36 Padrões de realce das lesões de esclerose múltipla. Paciente com diagnóstico de esclerose múltipla em exacerbação clínica da doença. Na imagem ponderada em T1 pós-gadolínio, observamos lesão com realce anelar (seta), mas também são notados outros focos de realce nodular sólido esparsos na substância branca.

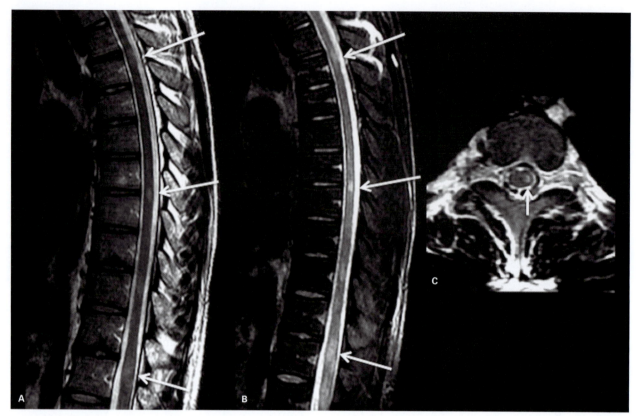

Figura 37 Lesões medulares na esclerose múltipla. Paciente com esclerose múltipla apresentando múltiplas lesões medulares evidentes nas imagens sagitais ponderadas em T2 (A), sendo discretamente mais nítidas na técnica com saturação de gordura (B). Algumas das imagens destacadas (setas) apresentam extensão longitudinal curta, ou seja, inferior a altura de dois corpos verterbais. No corte axial (C), observamos que uma das lesões apresenta típica localização excêntrica, na lateral direita da secção medular (seta).

Quadro 10   Características das lesões do ENMO à RM
Lesões medulares agudas
Mielite transversa longitudinalmente extensa ■ Hipersinal em T2 que em imagens no eixo sagital se estendem por 3 ou mais corpos vertebrais ■ Predomínio centromedular (mais de 70% da lesão está localizada no centro da medula) ■ Realce variável ao gadolínio (não é descrito um padrão específico de realce) Outras características muitas vezes observadas ■ Extensão cranial para o bulbo ou área postrema ■ Efeito tumefativo com edema e aumento do calibre da medula ■ Baixo sinal em T1 nas regiões de aumento do sinal em T2 ■ Aumento intenso do sinal em T2 no centro das lesões, com sinal semelhante ao liquor (*bright spot sign*)
Lesões medulares crônicas
Atrofia medular longitudinalmente extensa (≥ a três corpos vertebrais) contíguos, com ou sem alteração de sinal em T2
Lesões nos nervos ópticos
■ Lesões unilaterais ou bilaterais nos nervos ópticos ou quiasma óptico, com aumento de sinal em T2 e realce na fase aguda ■ Lesões relativamente longas (acometendo mais do que a metade da extensão pré-quiasmática do nervo) ■ É comum o envolvimento dos segmentos posteriores ou do quiasma óptico

(continua)

Quadro 10   Características das lesões do ENMO à RM *(continuação)*
Lesões encefálicas
■ Lesão na área postrema
■ Lesões periependimárias no tronco cerebral ou IV ventrículo
■ Lesões diencefálicas
■ Lesões na substância branca dos hemisférios cerebrais (em geral, lesões tumefativas, confluentes e acometendo áreas extensas da substância branca)
■ Lesões acometendo grande extensão do corpo caloso
■ Lesões longitudinalmente extensas nos tratos corticoespinhais

ENMO: espectro da neuromielite óptica; RM: ressonância magnética.
Adaptado de Wingerchuk et al., 2015.

Lesões medulares

A alteração mais comumente observada no ENMO é a mielite transversa longitudinalmente extensa (MTLE), que é caracterizada pelo aumento de sinal nas sequências ponderadas em T2, acometendo a extensão longitudinal equivalente a três ou mais segmentos vertebrais.

Existe uma predileção para a distribuição centromedular, porém pode-se observar lesões afetando as colunas anteriores ou posteriores (Figura 38).

As mielites agudas podem apresentar realce após a injeção do gadolínio, entretanto nenhum padrão específico de realce foi descrito.

As lesões agudas da NMO tendem a ser bastante edematosas, com frequente tumefação medular. Outros achados associados são o baixo sinal nas sequências T1 sem injeção de contraste paramagnético e intenso hipersinal central nas sequências T2, com sinal magnético próximo ao do liquor. Essa alteração foi descrita como *bright spot lesion* (Figura 39), e é muitas vezes observada em mielites transversas anti-AQP4+.

Às vezes, pacientes com ENMO podem apresentar uma mielite não extensa longitudinalmente, quando a RM é realizada no início da fase aguda, ou no período de remissão, quando a alteração de sinal em T2 pode se apresentar fragmentada.

Na fase crônica, é comum também se observar atrofia longitudinalmente extensa, que se estende por mais de três corpos vertebrais, sem ou com alteração de sinal em T2.

Lesões no nervo óptico

A neurite óptica no ENMO, semelhante a outras neurites ópticas, apresenta alto sinal em T2 e, na fase aguda, em geral apresenta realce ao gadolínio. Algumas características são comuns no ENMO (Figura 40):

- Neurite óptica bilateral.

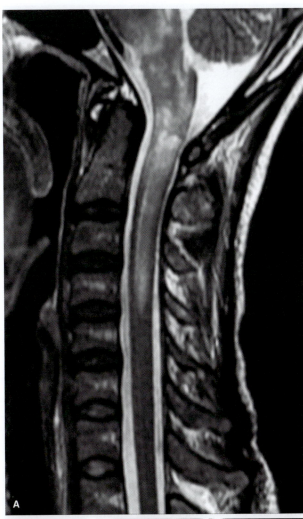

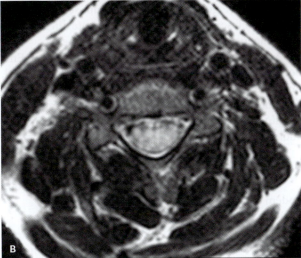

Figura 38 Lesão medular na neuromielite óptica. Paciente com neuromielite óptica anti-AQP4 positivo demonstrando mielite cervical transversa longitudinalmente extensa, acometendo uma extensão maior do que a altura de dois corpos vertebrais (A). No corte axial (B), observa-se o acometimento de toda a secção transversa da medula. Note ainda que a lesão apresenta extensão ao tronco cerebral, com acometimento da área postrema e do assoalho do IV ventrículo.

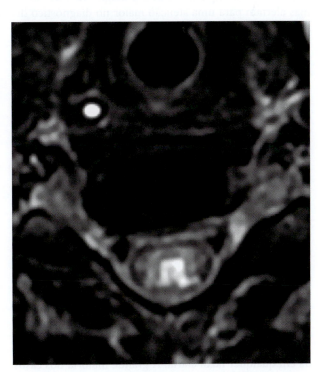

Figura 39 *Bright spot sign*. Pacientes com mielite associada à neuromielite óptica soro positiva podem apresentar intenso hipersinal em T2 na região afetada, na fase aguda, que apresenta sinal semelhante ao liquor, como o observado na região central da medula cervical desse paciente.

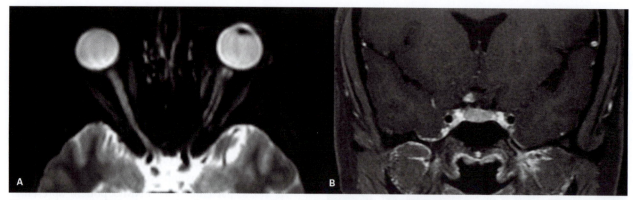

Figura 40 Neurite óptica no espectro da neuromielite óptica (NMO). A imagem axial ponderada em T2 (A) mostra um paciente com espectro da neuromielite óptica e com hipersinal em T2 difuso no nervo óptico direito, acometendo mais do que metade da extensão entre a papila óptica e o quiasma. Na imagem da esquerda (B), nota-se um foco de realce no quiasma óptico à direita, mostrando um outro achado comum nessa doença.

- Predominância posterior (muitas vezes acometendo o quiasma óptico).
- Lesões extensas, acometendo mais da metade da extensão pré-quiasmática do nervo óptico.

Lesões encefálicas

Sessenta por cento dos pacientes com o ENMO apresentam lesões cerebrais assintomáticas, e 16% delas preenchem os critérios de Barkhof para EM. A presença de lesões encefálicas inespecíficas ou com características de esclerose múltipla não exclui o diagnóstico de NMO, mas alertam para uma atenção maior no diagnóstico diferencial.

Ao menos 7% dos pacientes com ENMO apresentam lesões encefálicas típicas ou sugestivas de ENMO (Figura 41), que incluem:

- Lesão na área postrema.
- Lesões periependimárias no tronco cerebral ou IV ventrículo.
- Lesões diencefálicas.
- Lesões na substância branca dos hemisférios cerebrais (em geral lesões tumefativas, confluentes e acometendo áreas extensas da substância branca).
- Lesões acometendo grande extensão do corpo caloso.
- Lesões longitudinalmente extensas nos tratos corticoespinhais.

Encefalomielite disseminada aguda

A encefalomielite disseminada aguda (EMDA) é uma doença desmielinizante monofásica do SNC, que ocorre mais frequentemente em crianças, mas pode ser observada em qualquer faixa etária. A grande maioria dos casos (50-90%) são precedidos de quadros infecciosos, mais frequentemente infecções do trato respiratório, tendo sido também reportada associação ao vírus Epstein-Barr. A EMDA é também associada a quadros pós-vacinais (cerca de 5% dos casos), sobretudo após vacinação para sarampo, caxumba, rubéola, poliomielite, entre outras.

O aspecto de imagem pode se sobrepor ao encontrado na EM. Porém, diferentemente da EM, a interface calososseptal é pouco afetada na EMDA e existe uma tendência a se observar lesões maiores, com margens mal delimitadas, que afetam mais frequentemente a substância branca e a substância cinzenta profundas, em especial os tálamos, mais frequentemente do que a EM.

Entretanto, a característica mais importante na distinção entre as duas entidades é a caracterização do aspecto monofásico da EDMA. Na EMDA, todas as lesões tendem a apresentar aproximadamente a mesma fase evolutiva, ou seja, no quadro agudo, todas as lesões apresentam realce ou ausência de realce simultâneo ao contraste endovenoso (Figura 42), embora possam ser observadas lesões com fases de contraste discretamente diferentes ou casos menos frequentes de EMDA recorrente.

A EMDA pode afetar também a medula espinal. Embora as lesões medulares possam ter um aspecto variável, que pode se assemelhar tanto à EM quanto ao ENMO, com mais frequência são observadas mielites transversas longitudinalmente extensas, sobretudo em crianças e adolescentes.

Aspecto de imagem

TC: Áreas hipoatenuantes na substância branca, que podem apresentar realce anelar.

RM:

- Múltiplos focos de hipersinal em T2, que tendem a ser mais arredondadas e tumefativas do que as lesões de EM.
- Nota-se edema perilesional, o que torna as lesões menos delimitadas que as de esclerose múltipla ou com contornos "esfumaçados".
- É frequente o acometimento da substância cinzenta cortical, dos núcleos da base e tálamos.
- As lesões podem ser difusas e relativamente simétricas.

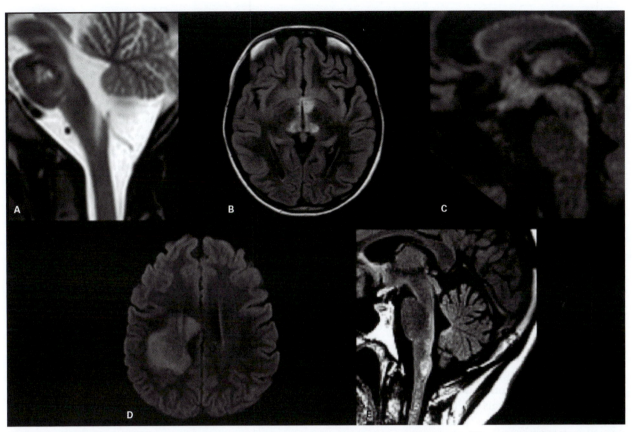

Figura 41 Lesões encefálicas presentes no espectro da neuromielite óptica. Algumas lesões encefálicas são sugestivas do espectro da neuromielite óptica (NMO), como as lesões na área postrema (a); as lesões nas paredes do terceiro ventrículo (C), que afetam a região diencefálica (sendo também evidenciadas no plano sagital (C), em que é evidente o acometimento do teto mesencefálico, do hipotálamo e região mesial dos tálamos); lesões hemisféricas tumefativas (D) e lesões no assoalho do quarto ventrículo (E), nesse caso também com extensão à área postrema.

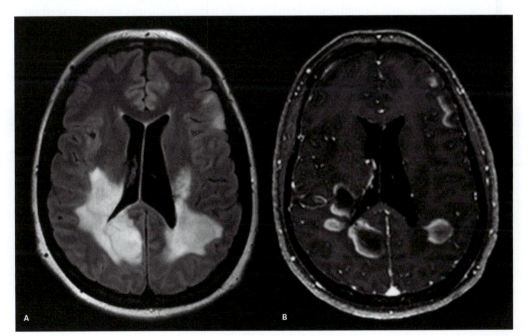

Figura 42 Encefalomielite disseminada aguda. As imagens ponderadas em FLAIR (*fluid-attenuated inversion recovery*) (A) demonstram múltiplas imagens tumefativas predominantemente periventriculares, confluentes e com extensão subcortical. Notam-se também lesões menores corticossubcorticais frontais à esquerda. Na imagem ponderada em T1 pós-contraste (B) observa-se que todas as lesões apresentam-se em fase evolutiva semelhante, demonstrando padrões de realce similares.

- Após injeção de gadolínio: realce simultâneo das lesões, que pode ser nodular ou anelar incompleto (quando as lesões são maiores ou pseudotumorais). As lesões podem não apresentar realce.

Lesões medulares: podem ter apresentações variáveis, mas frequentemente apresentam-se como mielites transversas longitudinalmente extensas, com realce variável ao contraste paramagnético.

Confirmação diagnóstica

A confirmação definitiva de ADEM se dá com o estudo evolutivo dos sintomas e das imagens. Pelo fato de ser uma doença monofásica, não é esperado o surgimento de novas lesões em exames subsequentes. O surgimento de novas lesões, uma nova lesão com realce após a injeção do contraste paramagnético ou um novo surto em um intervalo de 3 meses a 2 anos após o primeiro episódio aumenta o risco de conversão para EM.

Existem algumas técnicas que ainda não estão validadas para o uso clínico, mas que podem auxiliar no diagnóstico diferencial. Uma delas é a imagem por transferência de magnetização (ITM), que faz uma medida indireta da concentração de macromoléculas em um tecido. Nos locais em que há desmielinização, detecta-se uma queda das taxas de transferência de magnetização. A outra técnica é análise quantitativa da imagem por tensor de difusão (*diffusion tensor imaging* – DTI), que, por meio das medidas e anistropia fracionada (*fractional anisotropy* – FA) e difusividade média (*mean diffusivity* – MD), oferece uma análise indireta sobre a integridade microestrutural da substância branca. Foi relatado que em pacientes com esclerose múltipla ou com EMDA com maior risco de conversão para esclerose múltipla observam-se mais frequentemente anormalidades nos índices de ITM e de DTI na substância branca aparentemente normal do que nos indivíduos com EMDA monofásica típica.

Outras lesões e síndromes desmielinizantes

Alguns tipos frequentes de lesões desmielinizantes podem ser observados em casos idiopáticos, autolimitados ou associados às síndromes ou doenças desmielinizantes conhecidas, como manifestação inicial ou ao longo da evolução da doença. É importante reconhecer seu aspecto de imagem para inclusão no diagnóstico diferencial e definição do prognóstico.

Lesões desmielinizantes tumefativas ou pseudotumorais

Caracterizam-se como lesões desmielinizantes maiores que 2,0 cm, com efeito de massa e edema perilesional, com variável realce anelar. Essa forma pode ser semelhante a outros processos expansivos como tumores gliais, metástases, abscessos incipientes e outras patologias inflamatórias e infecciosas. Diferentemente das lesões tumorais primárias ou metastáticas, nas quais se observa, mais frequentemente realce anelar completo, o realce anelar nas lesões desmielinizantes pseudotumorais costuma ser incompleto, com arco aberto voltado para o córtex. Outra característica que auxilia a diferenciação é a presença de lesões em outras regiões encefálicas ou na medula, sendo detectadas em cerca de 70-83% dos quadros pseudotumorais.

Características de imagem (Figura 43):

- Localizam-se em geral nos hemisférios cerebrais, sendo menos frequentes no tronco cerebral.
- Edema perilesional geralmente menos exuberante que nas lesões tumorais, metastáticas ou infecciosas.
- Realce nodular homogêneo (em lesões menores) ou anelar incompleto com halo aberto voltado ao córtex

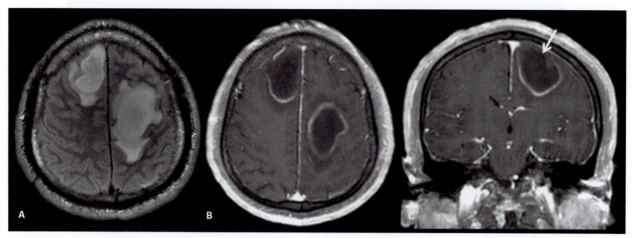

Figura 43 Lesão desmielinizante pseudotumoral. A imagem ponderada em T2 (A) demonstra duas lesões volumosas subcorticais nos lobos frontais, com edema perilesional. Na imagem axial ponderada em T1 após a injeção de contraste endovenoso (B), nota-se realce periférico. No detalhe da sequência no plano sagital nota-se o característico realce anelar incompleto (seta), com arco aberto voltado para o córtex.

(mais frequente), podendo-se observar outros padrões de realce, como realce heterogêneo, realce periférico com centro necrótico (nos casos de esclerose múltipla maligna) ou realce anelar fechado (nos casos de algumas lesões tumefativas relacionadas à neuromielite óptica).
- Pode haver restrição à difusão na periferia das lesões, sobretudo as maiores, precedendo a fase de realce ao gadolínio.
- O realce ao contraste paramagnético tende a diminuir após a utilização de corticosteroides.

Espectroscopia de prótons
- Redução do Naa e aumento da colina, com eventual aumento nos picos de lactato e lipídio. Esses achados não são muito específicos para diferenciação entre lesões desmielinizantes e neoplasias gliais, mas o aumento de colina e a redução do Naa tendem a ser menores do que aqueles observados nos tumores gliais primários de alto grau.

Esclerose concêntrica de Balò

A esclerose concêntrica de Balò é uma variante desmielinizante rara que se apresenta por grandes áreas de desmielinização com interpolação de desmielinização, tecido preservado e remielinização, conferindo aspecto em "espiral" ou em "cascas de cebola" (Figura 44). É uma doença progressiva mais frequente em crianças e mais comum em indivíduos das Filipinas. Anteriormente, era considerada como uma lesão desmielinizante tumefativa fulminante, porém diversos casos que apresentaram remissão espontânea, sobrevida em longo prazo ou casos assintomáticos foram relatados e, atualmente é considerada uma lesão com curso clínico variável. As áreas afetadas intercalam hipersinal em T2, refletindo a desmielinização mais crítica, com lâminas de hipossinal em T2, que as análises histopatológicas sugerem corresponder a remielinização ou desmielinização ativa, mais provavelmente do que zonas teciduais preservadas.

Nas imagens pós-contraste, pode haver realce intercalado ao contraste paramagnético nas áreas de desmielinização ativa.

Doença de Marburg

A doença de Marburg é conhecida como uma variante rara e fulminante da esclerose múltipla, porém existem dúvidas se essa entidade é uma verdadeira variante da esclerose múltipla ou uma doença desmielinizante distinta.

A doença caracteriza-se pela presença de lesões desmielinizantes grandes com um aspecto inicial monofásico e progressivo, apresentando um prognóstico ruim, podendo evoluir a óbito em algumas semanas ou meses. A maioria das lesões não entra em remissão, podendo haver mudanças nos tamanhos, padrão de realce e surgimento de novas lesões.

Os diagnósticos diferenciais incluem EMDA, esclerose concêntrica de Balò, neuromielite óptica, linfoma do SNC, ENMO, entre outras doenças desmielinizantes. Infelizmente, não há critérios diagnósticos por imagem bem estabelecidos e mesmo os aspectos histopatológicos podem se sobrepor nessas entidades e o diagnóstico presuntivo é feito pelo padrão de evolução clínico-radiológico e exclusão de outros diagnósticos.

Mielinólise osmótica

A mielinólise osmótica é um distúrbio desmielinizante secundário a variações osmóticas abruptas, tipicamente relacionada a correções rápidas de hiponatremia. Mais comumente, é observada mielinólise pontina central, mas pode afetar associada ou isoladamente outras regiões do SNC, caracterizando mielinólise extrapontina.

Quadro clínico e instalação da mielinólise:

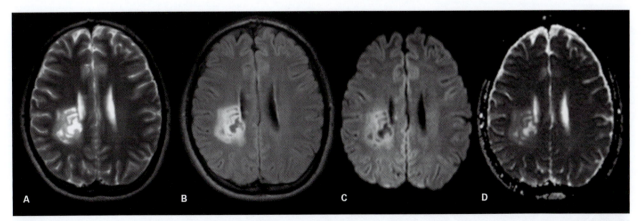

Figura 44 Esclerose concêntrica de Baló. Imagens em fase subaguda da lesão desmielinizate, demonstrando uma única lesão periventricular à direita que apresenta aspecto em camadas ou "em casca de cebola". Notam-se áreas de intenso hipersinal em T2 (A) e hipossinal em FLAIR (*fluid-attenuated inversion recovery*) (B), que representam áreas de desmielinização mais acentuada ou vacuolização da mielina. Essas áreas são intercaladas por lâminas de tecido com hipossinal em T2, hipersinal em FLAIR e restrição à difusão, aparente por hipersinal na sequência de difusão (C) e hipossinal no mapa de coeficientes de difusão aparente (ADC) (D). Marginalmente, nota-se área de hipersinal em T2 e FLAIR, que pode representar edema e/ou área de extensão da desmielinização.

- Sintomas e alterações laboratoriais associadas a hiponatremia (Na+ sérico < 130 mmol/L), precedendo o quadro de desmielinização.
- Correção rápida da concentraçãoo de sódio (aumento > 12 mmol/L em 24 horas).
- Surgimento dos sinais e sintomas de mielinólise após 3 a 15 dias de correção da hiponatremia:
  - Sintomas referentes a lesão do tronco cerebral: tetraparesia, acometimento de pares cranianos (paralisia pseudobulbar) etc.
  - Rebaixamento do nível de consciência, torpor.
  - Alterações de comportamento.
  - Coma ou óbito.

Achados de imagem

TC: hipodensidades simétricas na substância branca ou em sítios extrapontinos, porém esse método possui relativa baixa sensibilidade para lesões da substância branca, especialmente na fossa posterior e no tronco cerebral, em razão da alta densidade das estruturas ósseas nessa topografia, associada aos artefatos de "endurecimento do feixe".
RM:

- Mielinólise pontina:
  - Achado mais precoce: restrição à difusão na região central da ponte.
  - Progressivo aumento de sinal em T2 e redução do sinal em T1.
  - Acometimento preferencial das fibras pontinas centrais, poupando as fibras longitudinais ventrolaterais, o que está associado à formação da imagem típica em "forma de tridente", embora acometimentos mais transversais e tumefativos possam ser observados.
  - Em geral, não há realce ao meio de contraste, mas a presença de realce não exclui o diagnóstico.

- Mielinólise extrapontina
  - Pode ocorrer concomitante à mielinólise pontina, com extensão para o bulbo, pedúnculos cerebrais e cerebelares, corpos geniculados, tálamos, núcleos da base e corpo caloso (Figura 45). Esse aspecto tem como principais diagnósticos diferenciais a encefalopatia de Wernicke, doença infecciosa, síndrome da encefalopatia posterior reversível.
  - As regiões extrapontinas de substância branca e cinzenta podem ser afetadas isoladamente, sem acometimento pontino significativo.
  - As alterações de sinal são semelhantes às observadas na mielinólise pontina.

Bibliografia sugerida

1. Barkovich AJ, Kjos BO, Jackson DE Jr., Norman D. Normal maturation of the neonatal and infant brain: MR imaging at 1.5 T. Radiology. 1988;166:173-80.
2. Cakmakci H, Pekcevik Y, Yis U, Unalp A, Kurul S. Diagnostic value of proton MR spectroscopy and diffusion-weighted MR imaging in childhood inherited neurometabolic brain diseases and review of the literature. Eur J Radiol. 2010;74:e161-71.
3. Castellano A, Papinutto N, Cadioli M, Brugnara G, Iadanza A, Scigliuolo G, et al. Quantitative MRI of the spinal cord and brain in adrenomyeloneuropathy: in vivo assessment of structural changes. Brain. 2016;139:1735-46.
4. da Gama Pereira AB, Sampaio Lacativa MC, da Costa Pereira FF, Papais Alvarenga RM. Prevalence of multiple sclerosis in Brazil: a systematic review. Mult Scler Relat Disord. 2015;4:572-9.
5. Dilokthornsakul P, Valuck RJ, Nair KV, Corboy JR, Allen RR, Campbell JD. Multiple sclerosis prevalence in the United States commercially insured population. Neurology. 2016;86:1014-21.
6. Elenein RG, Sharer LR, Cook SD, Pachner AR, Michaels J, Hillen ME. A second case of Marburg's variant of multiple sclerosis with vasculitis and extensive demyelination. Mult Scler. 2011;17:1531-8.
7. Gieselmann V, Krageloh-Mann I. Metachromatic leukodystrophy: an update. Neuropediatrics. 2010;41:1-6.
8. Gow A, Lazzarini RA. A cellular mechanism governing the severity of Pelizaeus-Merzbacher disease. Nat Genet. 1996;13:422-8.
9. Hoshino H, Kubota M. Canavan disease: clinical features and recent advances in research. Pediatr Int. 2014;56:477-83.
10. Huh SY, Min JH, Kim W, Kim SH, Kim HJ, Kim BJ, et al. The usefulness of brain MRI at onset in the differentiation of multiple sclerosis and seropositive neuromyelitis optica spectrum disorders. Mult Scler. 2014;20:695-704.

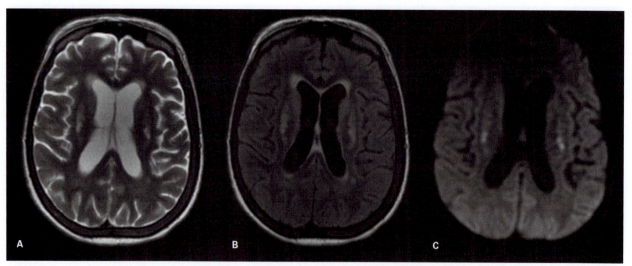

Figura 45   Nessa apresentação, nota-se o acometimento dos putamens, com hipersinal em T2 (A) e FLAIR (*fluid-attenuated inversion recovery*) (B), com discretos focos de restrição à difusão (C).

11. Hyland M, Bermel RA, Cohen JA. Restricted diffusion preceding gadolinium enhancement in large or tumefactive demyelinating lesions. Neurol Clin Pract. 2013;3:15-21.
12. Hynson JL, Kornberg AJ, Coleman LT, Shield L, Harvey AS, Kean MJ. Clinical and neuroradiologic features of acute disseminated encephalomyelitis in children. Neurology. 2001;56:1308-12.
13. Knaap MS, Valk J, Barkhof F, Knaap MS, SpringerLink (online service). Magnetic resonance of myelination and myelin disorders. Disponível em http://ezproxy.lib.gla.ac.uk/login?url=http://dx.doi.org/10.1007/3-540-27660-22005.
14. Kau T, Taschwer M, Deutschmann H, Schonfelder M, Weber JR, Hausegger KA. The "central vein sign": is there a place for susceptibility weighted imaging in possible multiple sclerosis? Eur Radiol. 2013;23:1956-62.
15. Khanna S, Sharma A, Huecker J, Gordon M, Naismith RT, Van Stavern GP. Magnetic resonance imaging of optic neuritis in patients with neuromyelitis optica versus multiple sclerosis. J Neuroophthalmol. 2012;32:216-20.
16. Kim W, Park MS, Lee SH, Kim SH, Jung IJ, Takahashi T, et al. Characteristic brain magnetic resonance imaging abnormalities in central nervous system aquaporin-4 autoimmunity. Mult Scler. 2010;16:1229-36.
17. Kim HJ, Paul F, Lana-Peixoto MA, Tenembaum S, Asgari N, Palace J, et al. MRI characteristics of neuromyelitis optica spectrum disorder: an international update. Neurology. 2015;84:1165-73.
18. Kiriyama T, Kataoka H, Taoka T, Tonomura Y, Terashima M, Morikawa M, et al. Characteristic neuroimaging in patients with tumefactive demyelinating lesions exceeding 30 mm. J Neuroimaging 2011;21:e69.
19. Kobayashi M, Shimizu Y, Shibata N, Uchiyama S. Gadolinium enhancement patterns of tumefactive demyelinating lesions: correlations with brain biopsy findings and pathophysiology. J Neurol. 2014;261:1902-10.
20. Koob M, Laugel V, Durand M, Fothergill H, Dalloz C, Sauvanaud F, et al. Neuroimaging in Cockayne syndrome. AJNR Am J Neuroradiol. 2010;31:1623-30.
21. Krupp LB, Tardieu M, Amato MP, Banwell B, Chitnis T, Dale RC, et al. International Pediatric Multiple Sclerosis Study Group criteria for pediatric multiple sclerosis and immune-mediated central nervous system demyelinating disorders: revisions to the 2007 definitions. Mult Scler. 2013;19:1261-7.
22. Kumar KJ, Suryaprakash H, Manjunath VG, Harsha S. Infantile Alexander disease: A rare leukodystrophy. J Pediatr Neurosci. 2012;7:117-9.
23. Jarius S, Wildemann B. The history of neuromyelitis optica. J Neuroinflammation. 2013;10:8.
24. La Piana R, Tonduti D, Gordish Dressman H, Schmidt JL, Murnick J, Brais B, et al. Brain magnetic resonance imaging (MRI) pattern recognition in Pol III-related leukodystrophies. J Child Neurol. 2014;29:214-20.
25. Moser HW, Mahmood A, Raymond GV. X-linked adrenoleukodystrophy. Nat Clin Pract Neurol. 2007;3:140-51.
26. Mealy MA, Whetstone A, Orman G, Izbudak I, Calabresi PA, Levy M. Longitudinally extensive optic neuritis as an MRI biomarker distinguishes neuromyelitis optica from multiple sclerosis. J Neurol Sci. 2015;355:59-63.
27. Miller DH, Chard DT, Ciccarelli O. Clinically isolated syndromes. Lancet Neurol. 2012;11:157-69.
28. Nesbitt V, Morrison PJ, Crushell E, Donnelly DE, Alston CL, He L, et al. The clinical spectrum of the m.10191T>C mutation in complex I-deficient Leigh syndrome. Dev Med Child Neurol. 2012;54:500-6.
29. Norenberg MD. Central pontine myelinolysis: historical and mechanistic considerations. Metab Brain Dis. 2010;25:97-106.
30. Otaduy MC, Leite CC, Lacerda MT, Costa MO, Arita F, Prado E, et al. Proton MR spectroscopy and imaging of a galactosemic patient before and after dietary treatment. AJNR Am J Neuroradiol. 2006;27:204-7.
31. Otallah S, Matsumoto JA, Goodkin HP. Teaching neuroimages: Resolution of MRI abnormalities in megalencephalic leukoencephalopathy with subcortical cysts. Neurology. 2014;82(19):e167.
32. Outteryck O, Devos D, Jissendi P, Boespflug-Tanguy O, Hopes L, Renard D, et al. 4H syndrome: a rare cause of leukodystrophy. J Neurol. 2010;257:1759-61.
33. Oztoprak B, Oztoprak I, Yildiz OK. The effect of venous anatomy on the morphology of multiple sclerosis lesions: a susceptibility-weighted imaging study. Clin Radiol. 2016;71:418-26.
34. Palmucci S, Attina G, Lanza ML, Belfiore G, Cappello G, Foti PV, et al. Imaging findings of mucopolysaccharidoses: a pictorial review. Insights Imaging. 2013;4:443-59.
35. Pérez-Dueñas B, De La Osa A, Capdevila A, Navarro-Sastre A, Leist A, Ribes A, et al. Brain injury in glutaric aciduria type I: the value of functional techniques in magnetic resonance imaging. Eur J Paediatr Neurol. 2009;13:534-40.
36. Polman CH, Reingold SC, Banwell B, et al. Diagnostic criteria for multiple sclerosis: 2010 revisions to the McDonald criteria. Ann Neurol. 2011;69:292-302.
37. Schiffman R, van der Knaap MS. An MRI-based approach to the diagnosis of white matter disorders. Neurology. 2009;72(8):750-9.
38. Simon B, Oommen SP, Shah K, Mani SE, Gibikote S. Cockayne syndrome: characteristic neuroimaging features. Acta Neurol Belg. 2015;115:427-8.
39. Steenweg ME, Vanderver A, Blaser S, Bizzi A, de Koning TJ, Mancini GM, et al. Magnetic resonance imaging pattern recognition in hypomyelinating disorders. Brain. 2010;133:2971-82.
40. Suzuki M, Kawasaki H, Masaki K, Suzuki SO, Terada T, Tsuchida T, et al. An autopsy case of the Marburg variant of multiple sclerosis (acute multiple sclerosis). Intern Med. 2013;52:1825-32.
41. Tatewaki Y, Kato K, Tanabe Y, Takahashi S. MRI findings of corticosubcortical lesions in osmotic myelinolysis: report of two cases. Br J Radiol. 2012;85:e87-90.
42. Tomizawa Y, Nakamura R, Hoshino Y, Sasaki F, Nakajima S, Kawajiri S, et al. Tumefactive demyelinating brain lesions with multiple closed-ring enhancement in the course of neuromyelitis optica. J Neurol Sci. 2016;361:49-51.
43. Yonezu T, Ito S, Mori M, Ogawa Y, Makino T, Uzawa A, et al. "Bright spotty lesions" on spinal magnetic resonance imaging differentiate neuromyelitis optica from multiple sclerosis. Mult Scler. 2014;20:331-7.
44. Vazquez E, Macaya A, Mayolas N, Arevalo S, Poca MA, Enriquez G. Neonatal Alexander disease: MR imaging prenatal diagnosis. AJNR Am J Neuroradiol. 2008;29:1973-5.
45. Vanderver A, Prust M, Tonduti D, Mochel F, Hussey HM, Helman G, et al. Case definition and classification of leukodystrophies and leukoencephalopathies. Mol Genet Metab. 2015;114:494-500.
46. van der Voorn JP, Pouwels PJ, Salomons GS, Barkhof F, van der Knaap MS. Unraveling pathology in juvenile Alexander disease: serial quantitative MR imaging and spectroscopy of white matter. Neuroradiology. 2009;51:669-75.
47. Walid MS, Sanoufa M. The diagnosis of Marburg disease is course-dependent. Ger Med Sci. 2010;8:Doc06.
48. Welker KM, Patton A. Assessment of normal myelination with magnetic resonance imaging. Semin Neurol. 2012;32:15-28.
49. Wiesinger C, Eichler FS, Berger J. The genetic landscape of X-linked adrenoleukodystrophy: inheritance, mutations, modifier genes, and diagnosis. Appl Clin Genet. 2015;8:109-21.
50. Wingerchuk DM, Banwell B, Bennett JL, Cabre P, Carroll W, Chitnis T, et al. International consensus diagnostic criteria for neuromyelitis optica spectrum disorders. Neurology. 2015;85:177-89.
51. Zafeiriou DI, Batzios SP. Brain and spinal MR imaging findings in mucopolysaccharidoses: a review. AJNR Am J Neuroradiol. 2013;34:5-13.

7

Hidrocefalia

Carlos Toyama
Wilson Rodrigues Fernandes Júnior

Anatomia

O sistema ventricular é composto por cavidades nas quais é produzido e circula o liquor. O reconhecimento da anatomia dos ventrículos, das suas relações com as estruturas adjacentes e das variações anatômicas é importante para a avaliação da hidrocefalia e planejamento do tratamento.

Os ventrículos laterais são compostos por corpo, átrio, cornos frontal, temporal e occipital. Os cornos frontais dos ventrículos laterais são separados pelo septo pelúcido, que é composto por duas lâminas teciduais justapostas. A porção posterior do corpo dos ventrículos laterais se alarga e se torna contínua com os cornos occipitais e temporais no átrio. Os ventrículos laterais comunicam-se com o III ventrículo pelo forame de Monro (interventricular), que contém plexo coroide e é contíguo até o III ventrículo. As paredes anterolaterais dos forame de Monro são formadas pelas colunas anteriores dos fórnices, e as paredes posterolaterais são delimitadas pelos tálamos (Figura 1).

O III ventrículo está localizado entre os tálamos e comunica-se inferiormente com o aqueduto cerebral. O assoalho do III ventrículo contém os corpos mamilares, os recessos supraóptico e infundibular e o túber cinéreo (Figura 2). O limite anterior do III ventrículo é a lâmina terminal, que se estende do quiasma óptico até o rostro do corpo caloso. O recesso supraóptico situa-se entre a lâmina terminal e o quiasma óptico. O recesso infundibular projeta-se dentro da haste hipofisária. O limite posterior do III ventrículo é delimitado pelos recessos suprapineal e pineal e a comissura posterior. Em casos de hidrocefalia acentuada, o recesso suprapineal pode aumentar significativamente e projetar-se na cisterna vermiana superior ou mesmo romper-se.

O aqueduto cerebral é um pequeno tubo que conecta o III ventrículo com o IV ventrículo e é circundado pela substância cinzenta central (periaquedutal) e corresponde à porção mais estreita do sistema ventricular, sendo um local suscetível à obstrução, determinando hidrocefalia (Figura 2). Os colículos superior e inferior são dorsais

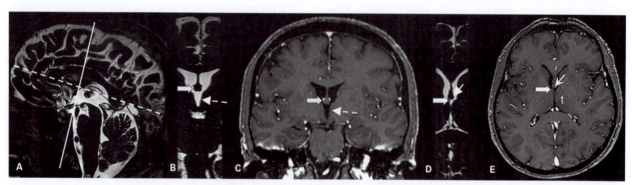

Figura 1 Anatomia normal do forame de Monro e suas relações. A: Imagem sagital mediana ponderada em T2 como guia localizatório. B-E: Corte coronal ponderado em T2 (B), corte coronal ponderado em T1 pós-contraste (C), corte axial ponderado em T2 (D) e corte axial ponderado em T1 pós-contraste (E) demonstram o forame de Monro direito (seta branca grossa) conectando os ventrículos laterais ao III ventrículo (seta branca tracejada). As paredes anterolaterais dos forames de Monro são formadas pelas colunas anteriores dos fórnices (seta branca fina) e as paredes posterolaterais são delimitadas pelos tálamos (t).

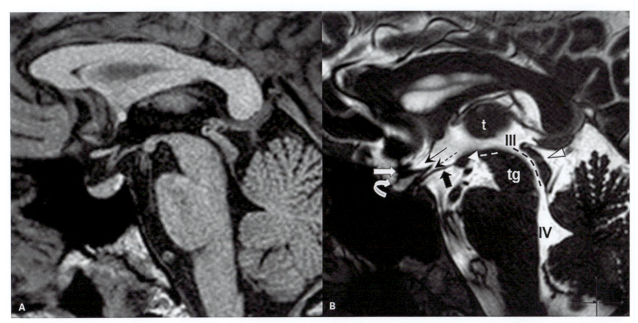

Figura 2 Anatomia do assoalho do III ventrículo e do aqueduto cerebral. A e B: Imagens sagitais ponderadas em T1 (A) e T2 (B), na linha média, mostram o corpo mamilar (seta branca descontínua), *tuber* cinéreo (seta preta grossa), recesso óptico superior (seta preta fina), recesso infundibular (seta preta fina descontínua), quiasma óptico (seta branca grossa) e cisterna suprasselar (seta branca curva). O aqueduto cerebral (linha tracejada preta) conecta o III (III) ao IV (IV) ventrículo e localiza-se entre o teto (cabeça de seta branca) e o tegumento do mesencéfalo (tg).

ao aqueduto do mesencéfalo, e o tegumento do mesencéfalo está localizado ventralmente.

O IV ventrículo localiza-se entre o cerebelo e o tronco encefálico. O liquor entra pelo aqueduto cerebral e sai pelos forames de Luschka (laterais) e Magendie (mediano) até o espaço subaracnóideo. O IV ventrículo tem morfologia triangular no plano sagital e no plano axial é mais largo no nível da junção entre o bulbo e a ponte, na qual forma um recesso lateral de cada lado que se comunica com as cisternas cerebelopontinas pelos forames de Luschka (Figura 3).

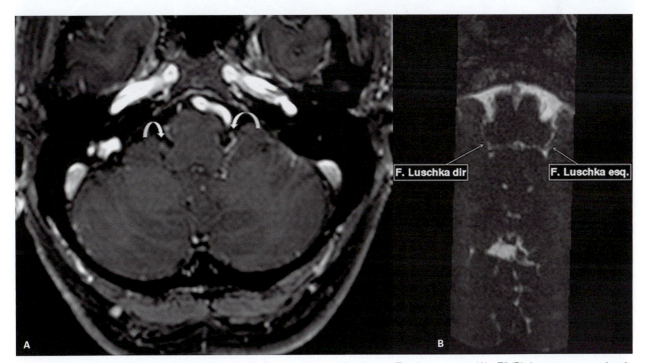

Figura 3 Anatomia dos forames de Luschka. A e B: Cortes axiais ponderados em T1 pós-contraste (A) e T2 (B) demonstram as vias de comunicação do IV ventrículo com as cisternas cerebelopontinas no nível da junção bulbopontina pelos forames de Luschka (setas curvas).

O liquor é produzido principalmente nos plexos coroides e em menor grau pela superfície do epêndima ventricular e dos vasos em contato com o espaço subaracnóideo, na quantidade aproximada de 20 mL por hora ou cerca de 500 mL por dia. O liquor passa ao III ventrículo pelos foramens interventriculares ou de Monro, atravessa o aqueduto cerebral para o IV ventrículo, e deste, através dos forames de Magendie e de Luschka, atinge a cisterna magna. A maior parte do liquor passa das cisternas da base para os espaços meníngeos da convexidade. Uma pequena quantidade do liquor desce ao espaço subaracnóideo espinal, no qual parte é absorvida, e o restante volta ao crânio.

O conhecimento das variações anatômicas do sistema ventricular é importante, e estas variações serão descritas a seguir:

- Assimetria dos ventrículos laterais: os ventrículos laterais são geralmente simétricos, porém podem ser assimétricos. O ventrículo lateral assimétrico geralmente mantém configuração normal, e os exames evolutivos não demonstram alterações de suas dimensões (Figura 4).
- Ausência do septo pelúcido: variação relativamente incomum, podendo ocorrer como achado isolado ou associado com outras anormalidades, como displasia septo-óptica, holoprosencefalia, agenesia do corpo caloso e malformação de Chiari II (Figura 5).
- Presença do cavo do septo pelúcido: o cavo do septo pelúcido é uma cavidade fetal normal preenchida por liquor entre as lâminas septais. As duas lâminas usualmente se fundem, formando o septo pelúcido. A persistência da separação entre as lâminas septais cria um espaço mediano preenchido por liquor denominado cavo do septo pelúcido. Em adultos, o cavo do septo pelúcido pode ser encontrado em 2-2,5% dos indivíduos normais. A incidência é descrita como aumentada em pacientes com retardo mental, esquizofrenia e trauma.
- Aumento do cavo vergae: a separação da comissura do fórnice da superfície inferior do corpo caloso cria um espaço preenchido por liquor denominado cavo vergae, que é delimitado superiormente pela margem superior do corpo caloso, inferiormente pela margem superior da comissura do fórnice e lateralmente pelos alvéolos dos fórnices. O aumento do cavo determina deslocamento inferior da comissura hipocampal e compressão sobre a cisterna do véu interposto. O cavo vergae geralmente comunica-se com o cavo do septo pelúcido (Figura 6), entretanto o cavo vergae pode ocorrer isoladamente.
- Cistos do plexo coroide: trata-se de cistos epiteliais não neoplásicos que ocorrem em até 50% das autópsias. Geralmente, são bilaterais e localizados nos átrios dos ventrículos laterais, sendo raros no III ventrículo. Usualmente, são assintomáticos. A intensida-

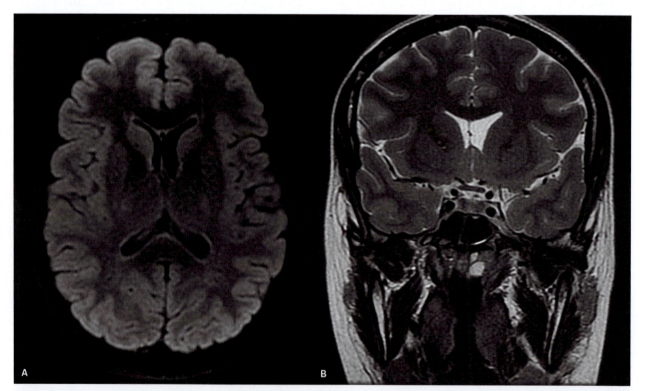

Figura 4 Assimetria constitucional dos ventrículos laterais. A e B: Imagens axial ponderada em FLAIR (A) e coronal ponderada em T2 (B) evidenciam assimetria dos cornos frontais e átrios dos ventrículos laterais (menor à direita), sem edema periventricular ou desvio do septo pelúcido, achado desprovido de significado clínico.

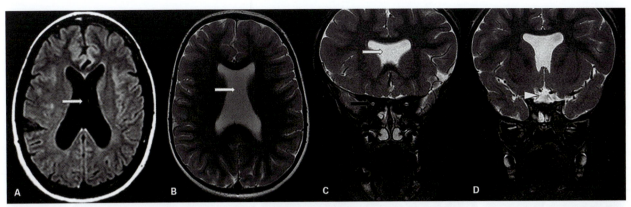

Figura 5 A: Imagem axial ponderada em FLAIR de um paciente com cefaleia e achado incidental de agenesia do septo pelúcido. B-D: Imagens axial (B) e coronais (C-D) ponderadas em T2 de outro paciente com diagnóstico de displasia septo-óptica que apresentava a tríade clássica de agenesia do septo pelúcido (setas brancas), distúrbios endócrinos e displasia congênita dos nervos (seta preta) e dos tratos ópticos, sem caracterização do quiasma óptico (cabeça de seta) (D).

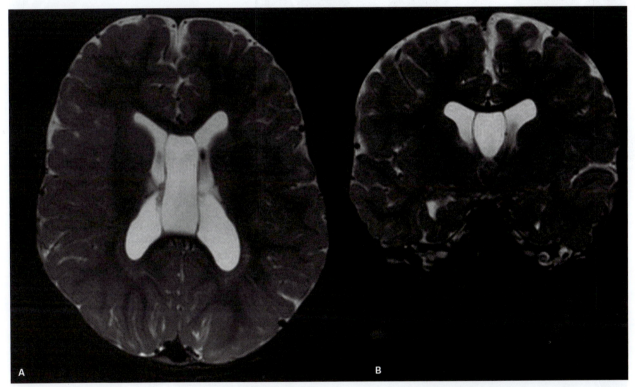

Figura 6 Persistência dos cavos vergae e do septo pelúcido. Imagens axial (A) e coronal (B) ponderadas em T2 demonstram a persistência do cavo vergae (posterior) que se comunica com a persistência do cavo do septo pelúcido (anterior).

de de sinal é variável, geralmente com hipersinal em T2 e discreto ou moderado hipersinal em relação ao liquor na sequência FLAIR; pode ainda ser observado hipersinal na sequência de difusão.

Etiologia

Hidrocefalia, palavra de origem grega, significa literalmente água na cabeça e está relacionada a excesso de liquor ou líquido cefalorraquidiano (LCR) intracraniano. Por convenção, hidrocefalia é o termo utilizado para indicar aumento de liquor nos espaços que o contêm, principalmente as cavidades ventriculares. O termo atrofia está relacionado ao alargamento ventricular decorrente de redução volumétrica encefálica.

As causas de hidrocefalia são o aumento da produção e a diminuição na reabsorção do liquor, esta última inclui a obstrução da circulação liquórica e o déficit na absorção. O aumento de produção é uma causa rara de hidrocefalia e ocorre na maioria dos casos em razão do papiloma do plexo corioide (Figura 7). A forma obstrutiva pode ser dividida com base na localização da obstrução, desde a sua produção (plexo corioide) até a absorção. Os locais mais comuns de obstrução são os forames de Monro (Figura 8), aqueduto cerebral (Figura 9), IV ventrículo, cisternas basais e granulações aracnóideas. Os distúrbios de reabsorção estão mais frequentemente relacionados a hemorragia subaracnóidea, traumatismo e meningite. Esses processos comprometem as granulações aracnóideas e os espaços subaracnóideos, dificultando a absorção e o deslocamento do liquor.

O mecanismo e a classificação foram propostos por Dandy, em 1913, que classificou em hidrocefalia obstrutiva e não obstrutiva (comunicante), entretanto, outras

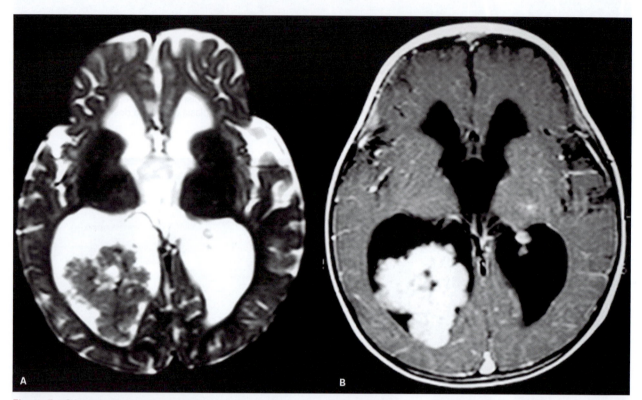

Figura 7 Criança com hipertensão intracraniana e papiloma de plexo coroide. A: Imagem axial ponderada em T2 demonstra lesão expansiva lobulada localizada no átrio do ventrículo lateral direito, sem sinais de obstrução ventricular, associada à acentuada hidrocefalia. B: Imagem axial ponderada em T1 pós-contraste demonstra intenso realce da lesão. O papiloma do plexo coroide não promove obstrução do sistema ventricular e determina hidrocefalia por aumento de produção do liquor.

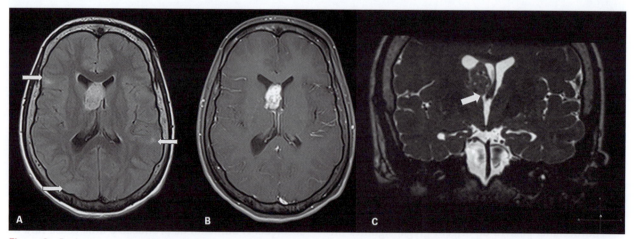

Figura 8 Paciente com diagnóstico de esclerose tuberosa. A: Imagem axial ponderada em FLAIR demonstra túberes corticais (setas brancas). B: Imagem axial ponderada em T1 pós-contraste evidencia lesão expansiva lobulada junto ao forame de Monro com intenso realce, que determina discreta dilatação do ventrículo lateral direito. C: Imagem coronal ponderada em T2 demonstra que a lesão determina obstrução do forame de Monro direito (seta branca grossa).

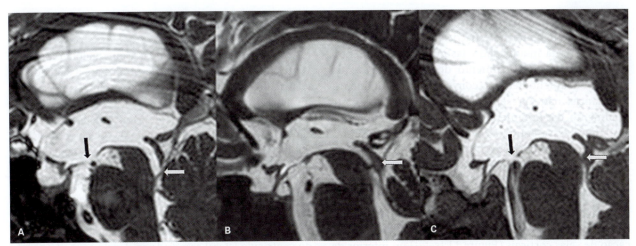

Figura 9 Imagens sagitais ponderadas em T2 demonstram dilatação do III ventrículo e IV ventrículo de dimensões normais por estenose aquedutal secundário a membranas (setas brancas em A e B) ou por estenose concêntrica causando aproximação de suas paredes (seta branca em C). A obstrução do aqueduto cerebral pode ser suspeita nos casos de dilatação do III ventrículo e ventrículos laterais, associada a abaulamento do assoalho do III ventrículo e IV ventrículo normal. O assoalho do III ventrículo pode não se apresentar abaulado devido a ventriculostomia (setas pretas em A e C) ou porque a membrana aquedutal não determina obstrução completa do aqueduto cerebral (B).

classificações diferentes já foram sugeridas. Uma sugestão de mudança na classificação original mais amplamente aceita foi na subdivisão do grupo de hidrocefalia comunicante. Este grupo foi dividido em com obstrução da absorção do liquor (p. ex., hemorragia subaracnóidea, meningite, carcinomatose meníngea) e sem obstrução da absorção do liquor (hidrocefalia de pressão normal e aumento da produção do liquor) (Figura 10).

Na forma não comunicante, há um bloqueio dentro do sistema ventricular ou na saída do IV ventrículo, tornando o ventrículo e o espaço subaracnóideo descontínuos. Na hidrocefalia comunicante, este bloqueio não existe, e o sistema ventricular é comunicante com o espaço subaracnóideo do cérebro e do canal vertebral.

A hidrocefalia pode ser aguda ou crônica. Hidrocefalia aguda refere-se à dilatação ventricular durante o período de horas a poucos dias, associada a sintomas e sinais de hipertensão intracraniana, como rebaixamento do nível de consciência, cefaleia, náuseas e vômitos. Hidrocefalia crônica refere-se à dilatação que se instala de semanas a anos e está associada a sintomas insidiosos.

Existe a denominação de hidrocefalia externa, que está relacionada ao alargamento ventricular e será descrita a seguir.

Hidrocefalia externa

Hidrocefalia externa benigna é uma condição encontrada sobretudo em crianças de 6 a 12 meses, que

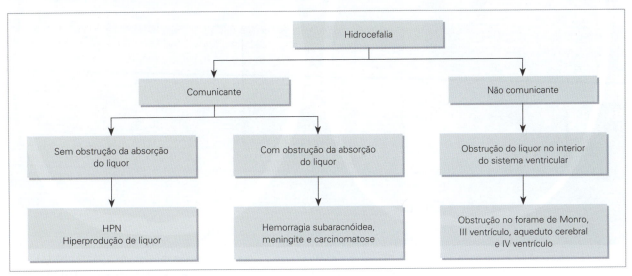

Figura 10 Classificação da hidrocefalia.
HPN: hidrocefalia de pressão normal.

apresentam aumento do perímetro cefálico por conta do acúmulo de liquor no espaço subaracnóideo. Ocorre em razão da imaturidade das granulações aracnóideas, que determina aumento dos ventrículos e do espaço subaracnóideo da convexidade. Usualmente, as crianças não apresentam outros sintomas, exceto o aumento da circunferência craniana. É importante reconhecer essa entidade, pois costuma ser autolimitada e não há indicação de derivação ventricular, em geral resolvendo-se de modo espontâneo ao redor dos 2 anos de vida (Figura 11).

O achado de imagem é o acúmulo de liquor no espaço subaracanóideo, geralmente frontal, que deve ser diferenciado da atrofia e da coleção subdural. A identificação de veias corticais (Figura 11 [seta]) no interior da coleção líquida sinaliza que corresponde a alargamento do espaço subaracnóideo e não está relacionado a coleção subdural, pois esta promove compressão e deslocamento das veias corticais. A ressonância magnética (RM) é superior à tomografia computadorizada (TC) para essa diferenciação, pois caracteriza a intensidade de sinal na coleção, similar à do liquor, diferenciando-a de hematoma.

Os sulcos corticais difusamente alargados e a ausência de aumento da circunferência encefálica auxiliam no diagnóstico de atrofia.

Hidrocefalia não comunicante

A obstrução ventricular ocorre em qualquer local dos ventrículos, desde o forame de Monro até a saída do IV ventrículo, causando dilatação do sistema ventricular a montante (Quadro 1).

A obstrução do forame de Monro determina dilatação unilateral do ventrículo lateral e decorre de várias etiologias, como neoplásica (astrocitoma subepedimário de células gigantes, glioma, subependimoma), infecções (TORCH – toxoplasmose, rubéola, citomegalovírus e herpes congênitos e neurocisticercose), hemorragia intraventricular, cisto intraventricular, cistos dermoide e epidermoide e estenose congênita. A dilatação unilateral do ventrículo lateral associada ao desvio contralateral do septo pelúcido é sinal de obstrução do forame de Monro, e a utilização de sequências de alta resolução pode ser útil para determinar a causa da etiologia (Figura 8C).

A obstrução do III ventrículo promove dilatação dos ventrículos laterais. O cisto coloide é uma importante causa de obstrução do III ventrículo; dessa forma, deve ser lembrado na presença de dilatação dos ventrículos laterais (Figura 12). O conteúdo do cisto coloide tem intensidade de sinal variável na RM, sendo por vezes importante realizar sequências com cortes finos no III ventrículo em casos suspeitos.

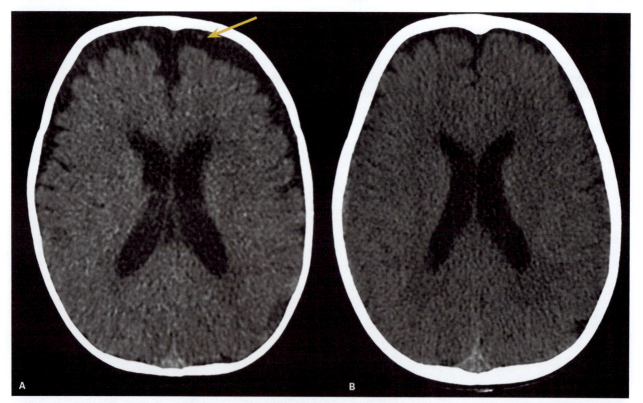

Figura 11 Hidrocefalia externa em criança com 10 meses e controle com 2 anos e 5 meses. A: Tomografia computadorizada (TC) sem contraste evidencia acúmulo de liquor no espaço subaracnóideo, sem compressão sobre o parênquima encefálico adjacente. Nota-se uma veia cortical (seta) no interior da coleção da esquerda. B: TC de controle sem contraste evidencia resolução espontânea do acúmulo de liquor.

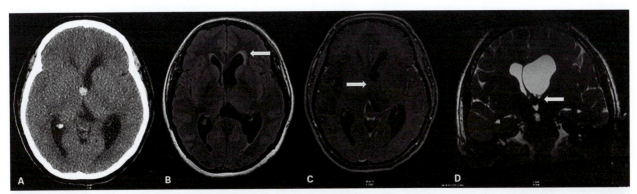

Figura 12   Cisto coloide localizado no interior do III ventrículo promove obstrução do forame de Monro esquerdo e determina dilatação assimétrica dos ventrículos laterais e desvio do septo pelúcido para a direita. A: Tomografia computadorizada sem contraste demonstra dilatação assimétrica do ventrículo lateral esquerdo por lesão hiperatenuante e bem delimitada na topografia do forame de Monro ipsilateral. B: Imagem axial ponderada em FLAIR evidencia pequeno componente de edema intersticial adjacente aos cornos frontais (maior à esquerda). C: Imagem axial ponderada em T1 pós-contraste não demonstra realce da lesão (seta branca). D: Imagem coronal ponderada em T2 demonstra em maior detalhe a lesão nodular e a redução do forame de Monro esquerdo (seta branca). A presença de edema intersticial e desvio do septo pelúcido auxilia no diagnóstico de hidrocefalia obstrutiva e na diferenciação com assimetria ventricular constitucional.

A obstrução do aqueduto cerebral pode ser suspeitada nos casos de dilatação do III ventrículo e ventrículos laterais associada a abaulamento do assoalho do III ventrículo e IV ventrículo normal, sendo a RM superior à TC para a avaliação da estenose de aqueduto em razão da melhor resolução anatômica e da possibilidade de estudo do fluxo liquórico. Estenose aquedutal adquirida ocorre por conta do processo inflamatório, tumor ou formação de membranas (Figura 9). A estenose na infância é geralmente de origem congênita e pode ocorrer de forma isolada ou associada a anormalidades, como a malformação de Chiari.

A capacidade da RM em adquirir cortes finos e no plano sagital é importante para a avaliação da permeabilidade aquedutal e pesquisa de massas periaquedutais. As sequências muito ponderadas em T2 do tipo *balanced steady state free precession pulse* (cujos nomes comerciais atendem pelas siglas CISS, FIESTA, B-FFE e outras) analisam a avaliação da anatomia do assoalho do III ventrículo em razão do excelente efeito mielográfico e resolução espacial e possibilitam a identificação de finos septos, estreitamento do espaço liquórico e ventriculostomia espontânea. A descontinuidade do assoalho do III ventrículo ocorre mais frequentemente no seu segmento de menor espessura, localizado entre a eminência mediana do túber cinéreo e o corpo mamilar (Figura 13A). Nos casos de planejamento de ventriculostomia, é importante informar a presença da membrana de Liliequist, que é uma fina membrana que se estende do dorso selar até o corpo mamilar, pois o cirurgião deve realizar a fenestração nessa membrana para evitar a falha da ventriculostomia.

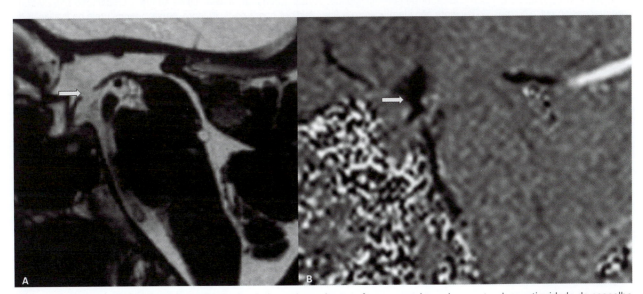

Figura 13   A: Sequência ponderada em T2 do tipo *balanced steady state free precession pulse* mostra descontinuidade do assoalho do III ventrículo (ventriculostomia) (seta branca). B: Sequência de contraste de fase sensível ao fluxo liquórico evidencia fluxo contínuo entre o III ventrículo, a III ventriculostomia (seta branca) e a cisterna pré-pontina, que indica permeabilidade da ventriculostomia.

A avaliação funcional do fluxo liquórico no aqueduto cerebral realizada pela técnica de contraste de fase (*phase contrast* – PC) pode auxiliar na confirmação da estenose e da permeabilidade da ventriculostomia (Figura 13B). Pacientes com ventriculostomia espontânea podem não necessitar de ventriculostomia endoscópica.

O fluxo no aqueduto cerebral leva a defasamento do *spin* e perda do sinal (*flow void*) normal, que auxilia no diagnóstico da permeabilidade aquedutal, mais bem caracterizada na sequência T2 *spin-echo* convencional, sem compensação de fluxo (Figura 14). A avaliação funcional do fluxo liquórico no aqueduto cerebral é realizada pela técnica de PC, não sendo caracterizado fluxo no aqueduto em casos de estenose significativa (Figura 15).

A obstrução no IV ventrículo ocorre por conta de etiologias neoplásicas, inflamatórias e congênitas. A obstrução congênita da saída do IV ventrículo é rara. Ocorre principalmente relacionada à malformação de

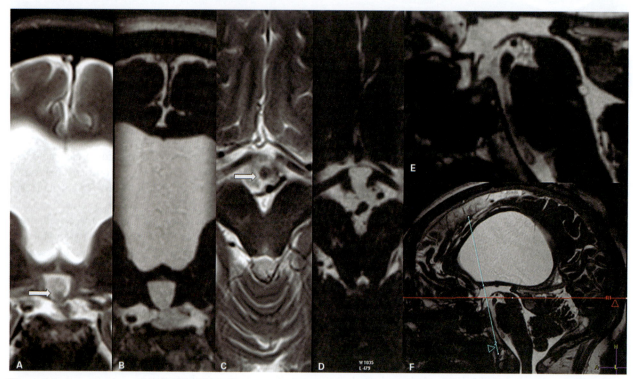

Figura 14 Imagens coronal (A) e axial (C) ponderadas em T2 *spin-echo* convencional demonstram *flow void* (setas brancas) na III ventriculostomia, o que é um bom indicador de permeabilidade; cortes coronal (B) e axial (D) da sequência *balanced steady state free precession pulse* do mesmo paciente não identificaram o *flow void* por conta do fluxo lento, sendo menos úteis na avaliação do fluxo liquórico pela III ventriculostomia. E-F: Imagens sagitais da sequência *balanced steady state free precession* demonstrando a III ventriculostomia (E) e modo localizatório das imagens A a D (F).

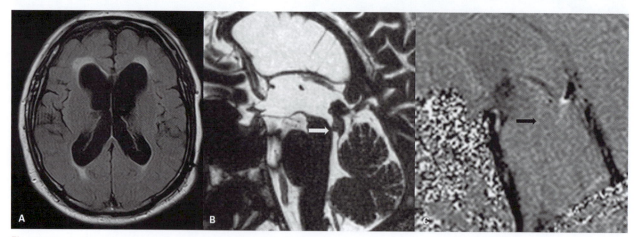

Figura 15 A: Imagem axial ponderada em FLAIR mostra dilatação do sistema ventricular com edema intersticial. B: Imagem sagital ponderada na sequência do *tipo balanced steady state free precession pulse* demonstra estenose de aqueduto por membrana. C: Sequência de contraste de fase sensível ao fluxo liquórico não evidencia fluxo no aqueduto cerebral (seta preta).

Dandy-Walker e é caracterizada por atresia dos forames de Luschka e de Magendie; e hipoplasia ou agenesia do verme cerebelar. Também são descritos casos relacionados a malformação de Chiari, esclerose tuberosa, espinha bífida e anormalidade congênita da junção craniovertebral. Casos em adultos, não relacionados a malformações, também são descritos, possivelmente relacionados à presença de uma membrana semipermeável, explicando os sintomas tardios, ou relacionados à obstrução adquirida (Figura 16).

A obstrução da saída do IV ventrículo pode ser idiopática e ocorrer na ausência de cisto retrocerebelar ou de malformação de Chiari. Essa doença pode ser suspeitada quando o IV ventrículo é marcadamente dilatado com alargamento cístico dos forames de Luschka até as cisternas dos ângulos pontocerebelares (Figuras 17 e 18).

Nos casos de hidrocefalia, é importante avaliar os sinais de hipertensão liquórica. O aumento da pressão ventricular força o liquor através do epêndima, formando o edema intersticial, que é diagnosticado quando o ventrículo dilata

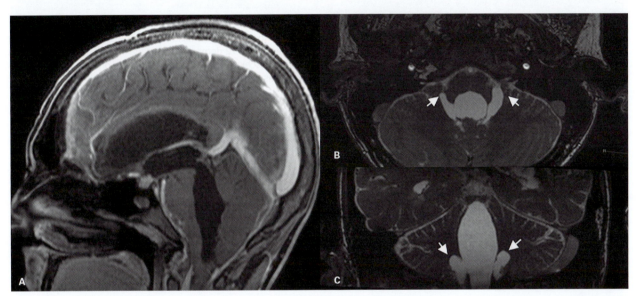

Figura 16 Paciente de 22 anos com obstrução dos forames de Luschka. A: Imagem sagital T1 pós-contraste com marcada dilatação do IV ventrículo. Imagens axial (B) e coronal (C) ponderadas em T2 demonstram alargamento cístico dos forames de Luschka até as cisternas cerebelopontinas (seta brancas).

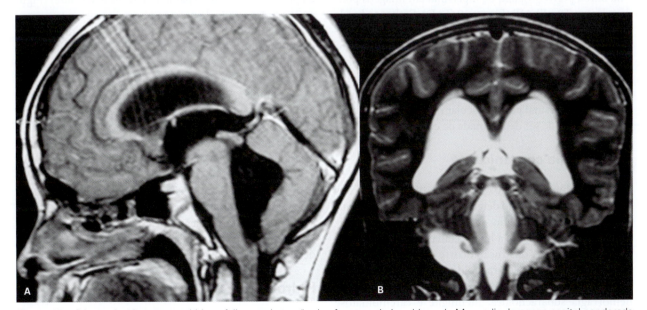

Figura 17 Criança de 12 anos com hidrocefalia por obstrução dos forames de Luschka e de Magendie. Imagens sagital ponderada em T1 (A) e coronal ponderada em T2 (B) demonstram marcada dilatação do IV ventrículo. O corte coronal ponderado em T2 (B) revela alargamento cístico dos forames de Luschka até as cisternas cerebelopontinas.

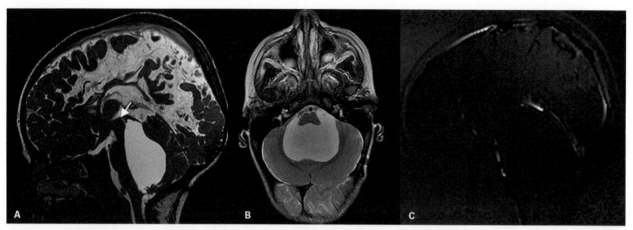

Figura 18   Criança de 2 anos que apresenta malformações supratentoriais associadas à obstrução das vias de saída do IV ventrículo e IV ventrículo aprisionado após derivação ventricular. A: Imagem sagital ponderada em T2 demonstra marcada dilatação do IV ventrículo. B: Imagem axial ponderada em T2 revela alargamento cístico dos forames de Luschka até as cisternas cerebelopontinas. C: Sequência de contraste de fase sensível ao fluxo liquórico demonstra fluxo presente nas cisternas anterior ao tronco encefálico, sem detectar fluxo no aqueduto cerebral, no IV ventrículo e na cisterna magna.

Quadro 1   Local de obstrução e características do sistema ventricular com as sequências de ressonância magnética (RM) mais adequadas para essa avaliação

Local de obstrução	
Forame de Monro	Dilatação unilateral do ventrículo lateral e desvio contralateral do septo pelúcido Sequências de cortes finos para determinar obstrução
III Ventrículo	Dilatação dos ventrículos laterais RM com cortes finos pode ser útil para caracterizar pequenos cistos coloides
Aqueduto cerebral	Dilatação do III ventrículo e ventrículos laterais, abaulamento do assoalho do III ventrículo e IV ventrículo normal Sequência sagital *balanced steady state free precession* é importante para avaliação da estenose do aqueduto
IV Ventrículo	Dilatação de todo o sistema ventricular IV ventrículo acentuadamente dilatado com alargamento cístico dos forames de Luschka

e há borda periventricular de hipersinal em imagens ponderadas em T2 e FLAIR (Figura 19 C e D). Embora a borda de hipoatenuação possa ser diagnosticada pela TC em casos de hidrocefalia acentuada (Figura 19 A e B), a sequência FLAIR é a mais sensível na fase precoce. Na obstrução aguda, o edema intersticial tende a acumular-se na substância branca frontal e occipital (Figura 19 C e D). Quando a borda de hipersinal periventricular não é caracterizada, a hidrocefalia pode ser denominada de compensada.

Hidrocefalia comunicante

O impedimento do fluxo liquórico distal à saída dos forames do IV ventrículo determina a hidrocefalia comunicante, com alargamento de todos os ventrículos. Alguns estudos descrevem a hidrocefalia comunicante com e sem obstrução. A obstrução ocorre do espaço subaracnóideo até a granulação aracnóidea no vértex. As causas de hidrocefalia comunicante com obstrução incluem hemorragia subaracnóidea, meningite e carcinomatose meníngea. A definição da hidrocefalia comunicante sem obstrução do fluxo é mais controversa e inclui o aumento da produção de liquor (papiloma de plexo coroide) (Figura 7) e hidrocefalia de pressão normal.

A meningite pode causar hidrocefalia por diminuição da absorção do liquor. A hidrocefalia é uma importante complicação da meningite bacteriana e está associada a pior prognóstico neurológico.

A hemorragia subaracnóidea pode causar obstrução do liquor, que tende a ser aguda como resultado da irritação do sangue, produzindo meningite química e obstrução mecânica. A hidrocefalia aguda usualmente se manifesta com cefaleia, náuseas e vômitos. O diagnóstico é geralmente realizado dentro de 2 a 3 dias após o evento de hemorragia, e o radiologista deve ficar atento a dilatação e abaulamento dos cornos temporais e III ventrículo ou a progressão da dilatação em estudos controles (Figura 20). A dilatação ventricular geralmente está relacionada à deterioração neurológica.

Hidrocefalia de pressão normal

Adams e Hakim descreveram, em 1965, um grupo de três pacientes com hidrocefalia de etiologia desco-

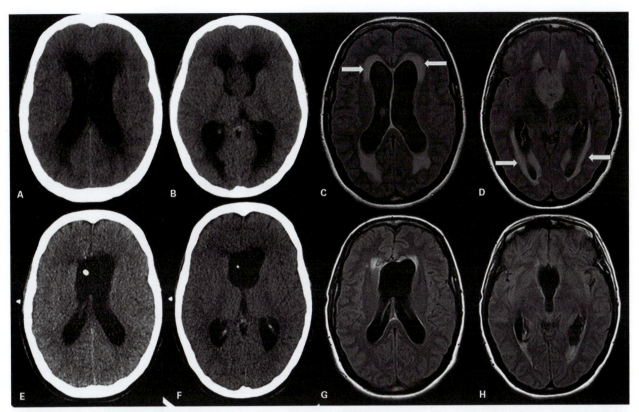

Figura 19 Paciente com lesão expansiva no interior dos ventrículos laterais, com sinais de hipertensão liquórica. A-D: Pré-operatório. Tomografia computadorizada (TC) sem contraste (A-B) demonstra lesão expansiva que promove dilatação hipertensiva dos ventrículos laterais, com hipoatenuação da substância periventricular e bordas de hipersinal nas imagens axiais ponderadas em FLAIR (C e D), notadamente ao redor dos cornos frontais e occipitais (setas), de forma bilateral e simétrica. E-H: Pós-operatório de ressecção da lesão e de derivação ventricular. TC sem contraste (E-F) e cortes axiais ponderados em FLAIR (G-H) demonstram resolução praticamente total do edema intersticial ao redor dos cornos dos ventrículos laterais. O hipersinal em FLAIR periventricular pode persistir após a derivação dependendo do grau e do tempo da dilatação ventricular.

nhecida e a denominaram de hidrocefalia de pressão normal (HPN). Descrevem a tríade clássica de distúrbio de marcha, demência e incontinência urinária, com pressão liquórica normal e resposta à derivação ventricular. Atualmente, autores sugerem o termo hidrocefalia crônica, sem referência à pressão do liquor, pois a pressão pode não ser normal.

A incidência de HPN nos pacientes com demência varia segundo estudos brasileiros, entretanto, o seu diagnóstico é relevante, pois é uma das causas potencialmente tratáveis de demência, assim como a neurossífilis.

A manifestação inicial muitas vezes é uma apraxia da marcha, caracterizada por uma instabilidade ao ficar em pé e dificuldade ao iniciar a marcha. A demência se manifesta por lentidão psicomotora, falta de atenção e do reconhecimento espacial. A perda de memória da HPN é leve ou moderada, porém pode ser progressiva e dominar o quadro clínico e deve ser diferenciada da doença de Alzheimer. A incontinência urinária é de desenvolvimento mais tardio.

O reconhecimento da dilatação ventricular pode ser feito pelo índice de Evans maior que 0,3 (Figura 21). O índice de Evans é a divisão entre o diâmetro transverso dos cornos frontais dos ventrículos laterais pelo maior diâmetro interno do crânio. A dilatação ventricular pode decorrer de hidrocefalia e atrofia. Na atrofia, há alargamento dos sulcos corticais, que pode ser difuso e simétrico (Figura 22). Na HPN, os ventrículos dilatados estão associados à desproporção dos espaços subaracnóideos superior e inferior, caracterizados pelo alargamento dos sulcos, exceto na convexidade encefálica (Figura 23). O ângulo calosal também pode auxiliar no diagnóstico diferencial, sendo definido como o ângulo entre os ventrículos laterais no plano coronal no nível da comissura posterior. O ângulo calosal usualmente é menor nos pacientes com HPN em relação à doença de alzheimer e auxilia no diagnóstico diferencial (Figura 24).

A análise da dinâmica do liquor pode ser avaliada pela RM por meio da pesquisa do *flow void* e do estudo quantitativo pela sequência PC.

O *flow void* é reconhecido como a perda de sinal dentro dos ventrículos na sequências ponderadas em T2 ou em densidade de prótons determinado por vários fatores, incluindo a defasagem dos prótons que se movem ao longo do gradiente, perpendicular ao plano da imagem. Ele representa o movimento do liquor e ocorre em indivíduos

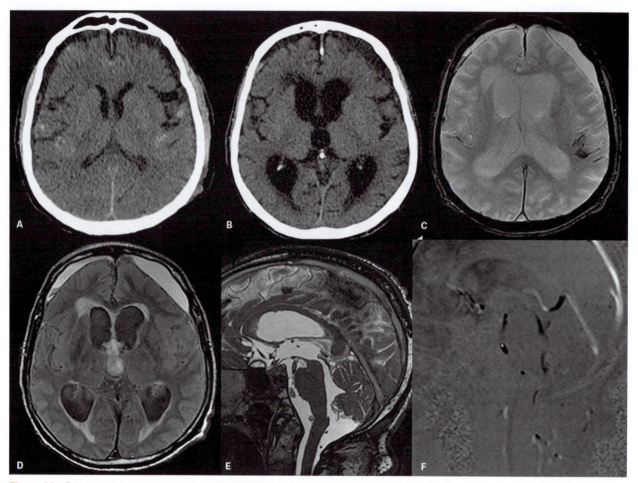

Figura 20 Pós-trauma com hemorragia subaracnóidea evoluindo com hidrocefalia comunicante. A: Tomografia computadorizada (TC) sem contraste pós-trauma imediato evidencia hematoma subgaleal parietal esquerdo, coleções laminares extra-axiais frontotemporais, contusões e hemorragia subaracnóidea. B: TC controle com surgimento de dilatação do sistema ventricular com sinais de transudato liquórico. C: Imagem axial T2* demonstra focos de baixo sinal delineando alguns sulcos corticais (compatíveis com siderose superficial). D: Imagem axial ponderada em FLAIR com hematomas subdurais em diferentes fases de evolução associados à dilatação moderada do sistema ventricular, com sinais de transudato liquórico ao redor dos cornos frontais e occipitais. E-F: Imagens sagitais ponderadas em T2 (E) e sequência de contraste de fase sensível ao fluxo liquórico (F) demonstram fluxo através do aqueduto cerebral e nas cisternas da base do crânio denotando hidrocefalia comunicante.

normais no aqueduto cerebral e na porção superior do IV ventrículo. Nos pacientes com HPN, há diferença estatisticamente significativa na extensão da perda de sinal que atinge o III ventrículo e todo o IV ventrículo, indicando fluxo aumentado com velocidades altas (Figura 25).

A caracterização do *flow void* depende de vários fatores, como campo magnético, espessura do corte, tempo de eco, técnicas de compensação de fluxo e tipo de sequência utilizada (*spin-echo* ou *fast spin-echo*) (Figura 26). A utilização do *flow void* para a avaliação do fluxo deve considerar parâmetros específicos, como a técnica *spin-echo* e sem compensação de fluxo. Esses parâmetros têm limitado a aplicação clínica da observação subjetiva da perda de sinal e despertam o interesse no desenvolvimento de técnicas quantitativas para a medida do fluxo.

A quantificação do fluxo liquórico no aqueduto cerebral é realizada com a sequência PC, sendo possível quantificar a velocidade de pico e o volume do fluxo. A velocidade de pico tem a vantagem da sua reprodutibilidade e facilidade, pois avalia a máxima velocidade dentro do *pixel*. A velocidade de pico dos pacientes com HPN é maior do que nos voluntários normais jovens ou idosos assintomáticos com dilatação ventricular. A medida do fluxo pode ser avaliada pelo *stroke volume* (durante um ciclo cardíaco) ou o fluxo calculado em minutos, que podem estar aumentados indicando fluxo hiperdinâmico nos pacientes com HPN.

A avaliação do fluxo liquórico pela técnica Time-SLIP (*time-spatial labeling inversion pulse*) é relativamente recente. Utiliza uma técnica similar a arterial *spin-label* com *single-shot* nos planos sagital, coronal, axial e oblíquas e permite a avaliação do movimento do liquor independentemente do ciclo cardíaco. O Time-SLIP identifica padrões de fluxo, como o refluxo entre o aqueduto cere-

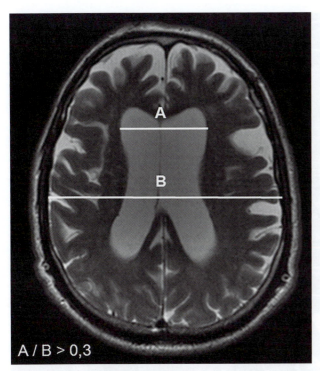

Figura 21 Imagem no plano axial ponderada em T2 demonstra a relação da mensuração do diâmetro transverso dos cornos frontais dos ventrículos laterais (linha A) e diâmetro interno do crânio (linha B) para o cálculo do índice de Evans (A/B > 0,3 cm indica dilatação ventricular).

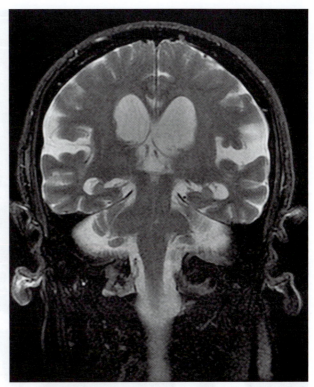

Figura 23 Imagem coronal ponderada em T2 mostra dilatação ventricular associada a apagamento relativo dos sulcos corticais na alta convexidade, indicativos de hidrocefalia.

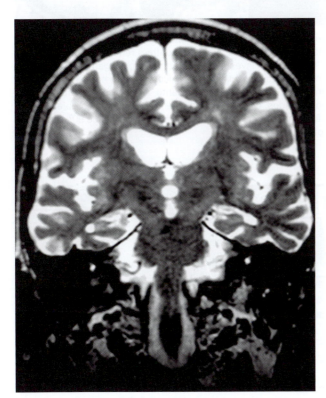

Figura 22 Imagem no plano coronal ponderada em T2 demonstra a dilatação ventricular associada ao alargamento difuso dos sulcos denotando atrofia do parênquima encefálico.

bral e o III ventrículo e os ventrículos laterais em pacientes normais, não caracterizados pela sequência de PC. O refluxo para os ventrículos laterais pode ser pequeno em paciente com HPN; entretanto, novos estudos poderão predizer as utilidades desse novo método. O Time-SLIP também pode ser utilizado para avaliar a comunicação dos espaços liquóricos, como nas avaliações da permeabilidade da III ventriculostomia e do fluxo intracraniano e espinhal na transição craniovertebral em pacientes com malformação de Chiari.

O Quadro 2 resume as principais características da HPN.

A seleção dos pacientes para a derivação ventricular é importante e difícil, pois a HPN pode simular outras doenças neurodegenerativas. Alguns critérios clínicos e por exames podem auxiliar na decisão de tratamento.

A melhora transitória da marcha, do exame cognitivo ou da função esfincteriana após a remoção de 30 a 50 mL de liquor por punção lombar (*Tap test*) ou drenagem externa de 750 a 1.000 mL de liquor são relacionados à previsão de resposta clínica favorável à derivação.

A utilização de TC e RM para critérios de melhora dos sintomas após a derivação ventricular é controversa. Os achados de imagem apresentam falta de consenso na avaliação da resposta a essa terapêutica; entretanto, podem ser utilizados junto aos achados clínicos para deci-

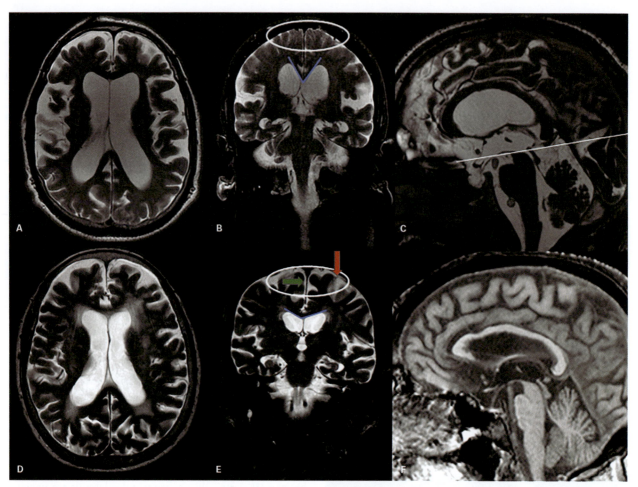

Figura 24 A-C: Paciente 1 com tríade clássica de HPN. Imagem axial ponderada em T2 (A) evidencia dilatação do sistema ventricular supratentorial com alargamento dos sulcos corticais, exceto na alta convexidade, em que se encontram reduzidos (elipse branca), como demonstrado na imagem coronal ponderada em T2 (B). D-F: Paciente 2 em investigação de demência. Imagem axial ponderada em T2 (D) com dilatação do sistema ventricular supratentorial, sem o apagamento relativo dos sulcos corticais na alta convexidade como observado na imagem coronal ponderada em T2 (elipse branca) (E). No paciente 2, entretanto, os espaços liquóricos na alta convexidade (seta vermelha) e na cisterna média (seta verde) estão alargados, um achado consistente com atrofia cerebral. B-E: As linhas azuis em ambos os pacientes no nível da comissura posterior formam os ângulos calosais: um ângulo menor que 90° é sugestivo de HPN (B), enquanto um ângulo maior que 90° é sugestivo de atrofia cerebral (E).
Adaptada de Damasceno, 2015.

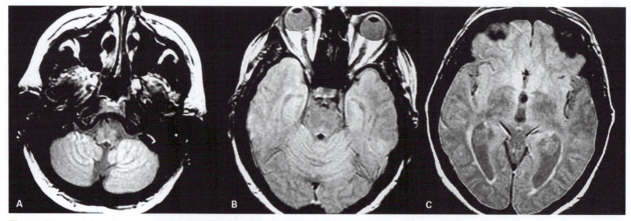

Figura 25 A-C: A extensão do *flow void* na sequência de densidade de prótons, sem compensação de fluxo, neste paciente com HPN estende-se do III ventrículo até a porção inferior do IV ventrículo, inferindo fluxo com alta velocidade. Esta sequência é utilizada para análise do fluxo nos pacientes suspeitos de HPN.

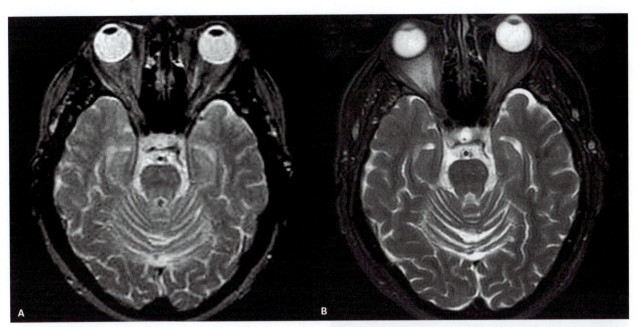

Figura 26 O *flow void* depende de vários fatores técnicos. A sequência *spin-echo* (A) evidencia melhor o *flow void* no aqueduto cerebral se comparada com a sequência *fast spin-echo* (B) realizada no mesmo paciente.

Quadro 2 Características da hidrocefalia de pressão normal

Quadro clínico	Distúrbio de marcha, demência e incontinência urinária. A tríade clássica pode não ser completa
Índice de Evans	Maior que 0,3
Sulcos corticais	Relativo apagamento dos sulcos corticais na alta convexidade encefálica
Ângulo calosal	Menor
Flow void	Aumentado. Utilizar sequência T2 ou DP sem compensação de fluxo
Fluxo liquórico	Velocidade máxima e *stroke volume* aumentados. Os valores normais dependem dos parâmetros da técnica de PC, que deve utilizar alta resolução espacial e temporal

DP: densidade de prótons; PC: contraste de fase.

são da conduta terapêutica. O ângulo calosal pequeno e a desproporção do alargamento dos sulcos corticais foram descritos como relacionados à boa resposta à derivação ventricular. O aumento do *flow void* e bons resultados da derivação ventricular utilizando a técnica *spin-echo* ponderada em densidade de prótons, sem compensação de fluxo, foram descritos com valor preditivo positivo de 92%. O valor preditivo negativo do *flow void* foi de 33%; portanto, quando ele não é caracterizado, o paciente ainda pode ter resposta favorável à derivação. Estudos relatam que pacientes com *stroke volume* aumentado apresentaram melhora com a derivação ventricular, indicando que o *stroke volume* é útil na seleção dos pacientes para derivação (Figura 27).

A espectroscopia com volume de interesse na substância branca periventricular que demonstra relação de NAA/Cr próximo da normalidade indica pequena perda por injúria axonal e melhor resposta à derivação. A presença de muitos focos de hipersinal em T2 e FLAIR na substância branca periventricular pode estar relacionada a gliose, isquemia crônica causada por doenças cerebrovasculares e pior resposta à derivação; entretanto, essa correlação é controversa na literatura (Quadro 3).

Cisternocintilografia com injeção de radioisótopo caracteriza a HPN com a combinação de refluxo do radioisótopo para os ventrículos e manutenção em aquisições tardias, permitindo a distinção entre HPN e atrofia, porém a maioria das revisões criteriosas da literatura tem concluído que não prediz a resposta à derivação ventricular.

Derivação ventricular

A III ventriculostomia e a derivação ventriculoperitoneal são opções cirúrgicas da derivação ventricular.

A indicação da III ventriculostomia é ainda controversa, porém a técnica apresenta alto índice de sucesso em tratamento de hidrocefalia obstrutiva por estenose do aqueduto, sendo o tratamento de escolha para os ca-

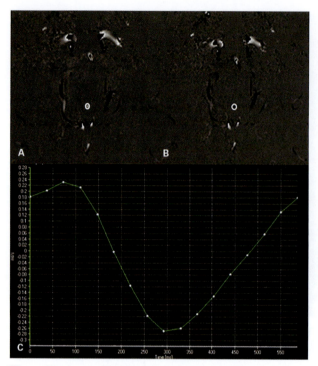

Figura 27 A quantificação do fluxo liquórico é realizada no plano axial do aqueduto cerebral. A área do aqueduto é demarcada em todas as imagens (A, sístole, e B, diástole) e é obtida a curva do fluxo com relação ao tempo (C). O *stroke volume* é calculado pela área integrada da sístole e da diástole no aqueduto cerebral e representa a média absoluta do volume de liquor durante um ciclo cardíaco.

sos congênitos. Outras indicações são ventrículo lateral isolado, estenose dos forames de Magendie e de Luschka, IV ventrículo isolado, malformação de Dandy-Walker, tumores (intraventriculares, tectal ou pineal) determinando estenose aquedutal, lesões císticas com hidrocefalia obstrutiva (como cisto aracnoide suprasselar, na pineal e na cisterna quadrigeminal) (Figura 28), hidrocefalia comunicante e síndrome de ventrículo em fenda (*slit ventricle*).

A sequência *balanced steady state free precession pulse* é importante no planejamento pré-operatório para identificar estruturas anatômicas relevantes, visualização das artérias cerebrais posteriores e basilar, da distância da artéria basilar até o *clivus*, do diâmetro do forame Monro e da extensão inferior do III ventrículo e também para avaliar a membrana de Liliequist.

Os parâmetros que podem ser utilizados para o acompanhamento da ventriculostomia são: a resposta clínica, o tamanho ventricular (Figura 29) e a RM (*flow void* e fluxo liquórico) (Figura 30). O tamanho do sistema ventricular nem sempre se reduz após a ventriculostomia, pois depende do grau e do tempo da instalação da hidrocefalia, bem como da idade do paciente, por isso a maioria dos autores não considera o tamanho ventricular um bom indicador de sucesso terapêutico (Quadro 4).

A sequência *balanced steady state free precession* identifica a descontinuidade do III ventrículo no local da ventriculostomia (Figura 13A).

A avaliação inicial por imagem da permeabilidade da ventriculostomia é feita pela caracterização do *flow void* na sequência ponderada em T2 (Figura 14), que é considerado um bom indicador e está correlacionado com o sucesso clínico.

O estudo do fluxo liquórico com a sequência PC também é importante para a avaliação da patência da ventriculostomia, caracterizando fluxo contínuo do III ventrículo até as cisternas da base no plano sagital (Figura 13B) ou fluxo durante a sístole e a diástole no plano axial da ventriculostomia (Figura 30). O fluxo mínimo ou ausente na sequência PC na ventriculostomia pode ser um sinal precoce de obstrução (Figura 31 C e D) e pode inclusive preceder os sintomas clínicos de hipertensão intracraniana.

Complicações recentes decorrentes de derivação ventrículo peritoneal podem ocorrer pela posição inadequada do cateter e incluem hemorragia ventricular, pneumocéfalo, rotura e obstrução do cateter. Duas outras complicações frequentes são a infecção e a disfunção da derivação (Quadro 5).

A obstrução proximal do cateter pode ocorrer pelo plexo coroide, por um coágulo, por um tumor ou por alta concentração proteica. O bloqueio da porção distal ocorre por conta de aderências dentro da cavidade abdominal, especialmente quando associadas à infecção.

Quadro 3	Resumo dos achados relacionados à resposta à derivação ventricular em hidrocefalia de pressão normal
Resposta à derivação	Os critérios por imagem para a seleção da resposta à derivação são controversos
TC ou RM	Desproporção do alargamento dos sulcos corticais, apagados na convexidade encefálica, e ângulo calosal pequeno são descritos como boa resposta à derivação
Flow void	*Flow void* aumentado na sequência DP é descrito como boa resposta à derivação
Stroke volume	*Stroke volume* aumentado é descrito como boa resposta à derivação
Substância branca	Muitos focos de hipersinal em T2/FLAIR na substância branca são descritos como pior prognóstico, relacionado a gliose e microangiopatia
	Espectroscopia indicando pequena perda neuronal (relação normal NAA/Cr) é descrita como boa resposta à derivação

DP: densidade de prótons, RM: ressonância magnética, TC: tomografia computadorizada.

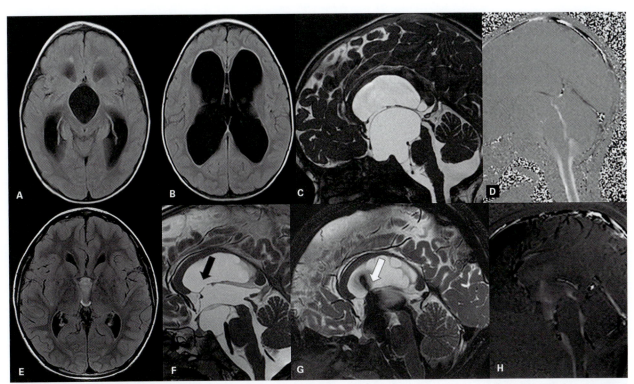

Figura 28 Exames pré e pós-operatório de fenestração de cisto aracnoide suprasselar. A-B: Sequências ponderadas em FLAIR mostram dilatação do sistema ventricular supratentorial. C: Sequência ponderada em T2 do tipo *balanced steady state free precession pulse* mostra a dilatação dos ventrículos laterais e III ventrículo determinada por formação cística suprasselar (cisto aracnoide) comprimindo o III ventrículo. D: Sequência de contraste de fase evidencia fluxo no III ventrículo até o IV ventrículo. E-H: Sequência FLAIR pós-operatória mostra redução das dimensões do III ventrículo (E), após fenestrações (seta preta) (F), com demonstração de *flow void* por meio da fenestração na sequência *spin-echo* (seta branca) (G) e a sequência de contraste de fase mostra fluxo na cisterna pré-pontina até o III ventrículo (H).

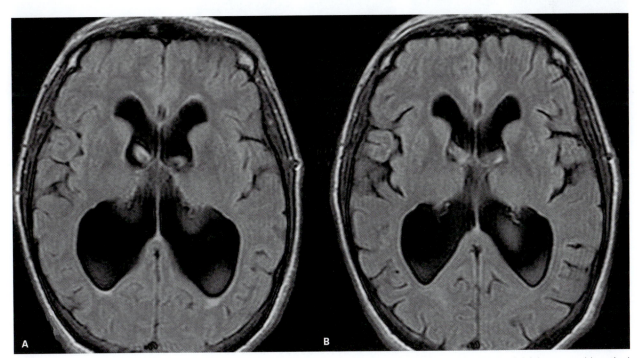

Figura 29 Imagens axiais ponderadas em FLAIR de paciente com hidrocefalia obstrutiva. A: No exame inicial, nota-se hipersinal periventricular que denota edema intersticial. B: No exame de controle após a III ventriculostomia, observa-se discreta redução do volume ventricular e do edema intersticial, e o paciente apresentou melhora clínica.

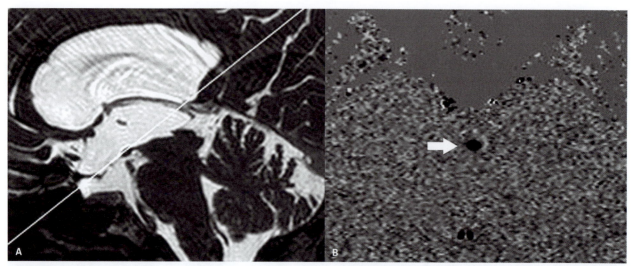

Figura 30   A: Sequência sagital *balanced steady state free precession pulse* demonstra melhor a anatomia da III ventriculostomia. B: O estudo no plano axial é mais acurado para a quantificação do fluxo da ventriculostomia (seta).

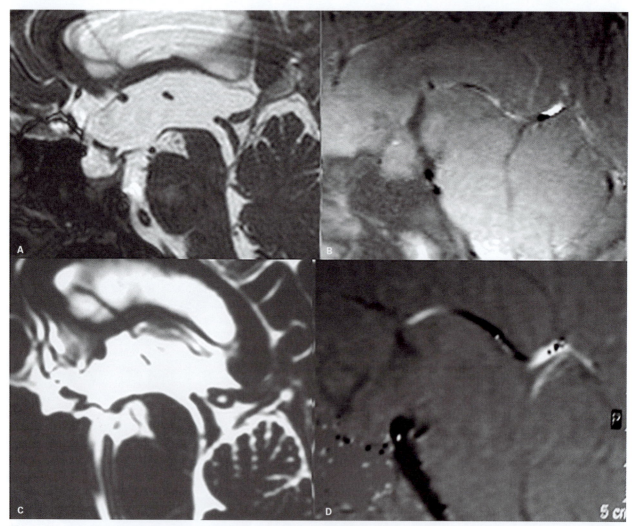

Figura 31   A: Sequência ponderada em T2 do tipo *balanced steady state free precession pulse* mostra ventriculostomia espontânea em paciente assintomático do sexo feminino de 30 anos. B: Sequência de contraste de fase demonstra fluxo na ventriculostomia. C, D: Exame de controle pós-cirúrgico em paciente com sinais de hipertensão intracraniana e obstrução da ventriculostomia. A ventriculostomia não é identificada na sequência *balanced steady state free precession pulse* (C), e o fluxo contínuo do III ventrículo até a cisterna pré-pontina não é caracterizado na sequência de contraste de fase (D).

Quadro 4	Aspectos de imagem relacionados à permeabilidade da III ventriculostomia
Dimensões dos ventrículos	A redução das dimensões dos ventrículos depende do tempo e do grau da hidrocefalia
Balanced steady state free precession	Caracteriza a descontinuidade do III ventrículo relacionado à ventriculostomia
Fluxo liquórico (PC)	Plano sagital identifica o fluxo contínuo entre o III ventrículo e as cisternas da base Plano axial demonstra o padrão de sístole e diástole na ventriculostomia

PC: contraste de fase.

Quadro 5	Achados de imagem de ventriculite e disfunção do cateter
Complicações de derivação ventricular	Imagem
Ventriculite	Impregnação de contraste nas paredes dos ventrículos Hipersinal na sequência de difusão no interior dos ventrículos
Higroma/hematoma subdural	Líquido ou sangue em topografia subdural Avaliar compressão sobre o parênquima encefálico
Colapso dos ventrículos	Redução volumétrica do sistema ventricular
IV Ventrículo isolado	IV Dilatado por conta da obstrução da saída do IV ventrículo e da derivação ventricular que promove colapso do aqueduto cerebral

A infecção na derivação costuma ser causada por organismo presente na pele, mais frequentemente *Staphylococcus epidermidis*, que ganha acesso durante o procedimento cirúrgico. Geralmente, a colonização ocorre na parede do cateter e na válvula, porém algumas bactérias podem causar ventriculite. Ocorre em geral dentro de poucos meses após a cirurgia, sendo incomum após 6 meses, exceto em casos de infecção intra-abdominal. Costumam ser tratados com a remoção do cateter, pois o tratamento somente com antibióticos, em geral, não é suficiente.

A hiperdrenagem do liquor cria um espaço entre o parênquima encefálico e a calota craniana em adultos e crianças, inclusive nestas últimas levando ao fechamento das suturas. O transudado fluido do espaço vascular pode formar o higroma subdural (Figura 32), que aumenta o risco de hemorragia subdural. Os pacientes sem efeito compressivo significativo podem ser acompanhados, e em alguns casos é necessária a drenagem, quando há efeito compressivo e sintomas clínicos.

A hiperdrenagem pode levar a obstrução funcional da derivação e colapso dos ventrículos (Figura 33). Os pacientes têm cefaleia crônica e intermitente.

O IV ventrículo isolado (Figura 18) é uma rara complicação em pacientes após a derivação de hidrocefalia, mais frequentemente após alteração inflamatória, como infecção ou hemorragia. O cateter localizado no ventrículo lateral diminui a pressão supratentorial e consequentemente a pressão que mantinha o aqueduto cerebral aberto, determinando colapso dele, que, associado ao bloqueio da saída do IV ventrículo ou cisterna da base, causa o IV ventrículo isolado.

A hipotensão intracraniana combina cefaleia postural e pressão liquórica baixa e pode ocorrer em razão da perda de liquor traumática, iatrogênica (punção lombar, craniotomia, hiperdrenagem) (Figura 33), espontânea (lesão da dura ou de cisto de Tarlov) (Figura 34) ou sistêmica (desidratação, coma diabético, meningoencefalite, uremia ou doença sistêmica). A cefaleia postural é o sintoma mais frequente, com piora na posição ereta e na manobra de Valsalva ou com a compressão da jugular. Os sintomas incluem náuseas, vômitos, diplopia, zumbido e vertigem. Os achados de imagem incluem o realce difuso da dura, que não envolve a leptomeninge, e está frequentemente associado à dilatação das veias corticais. Outros achados de RM que auxiliam o diagnóstico são: achatamento da ponte contra o clivus, diminuição do tamanho da fossa interpeduncular, obliteração da cisterna quiasmática com deslocamento inferior do quiasma óptico, dos corpos mamilares e ainda deslocamento caudal das tonsilas cerebelares (Quadro 6). Pode ocorrer coleção ou hematoma subdural associado.

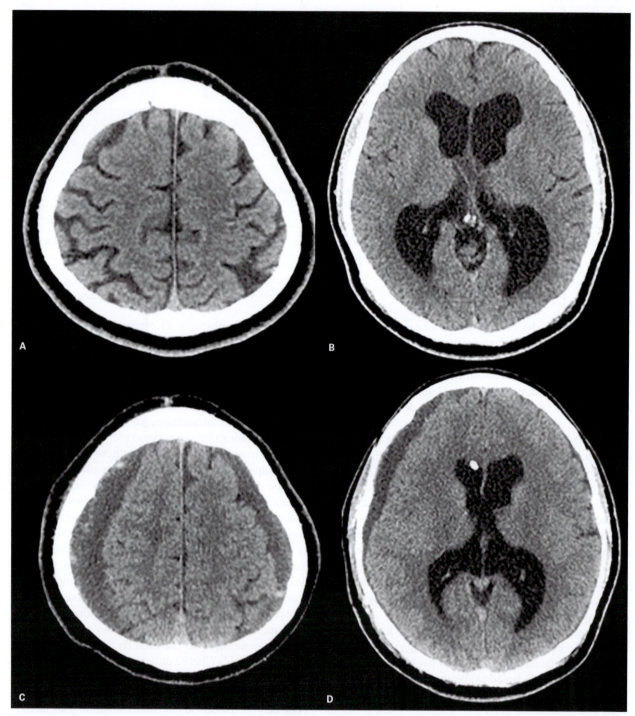

Figura 32 Paciente com hidrocefalia obstrutiva por membrana no interior do IV ventrículo e exame de controle pós-derivação ventricular. A, B: Tomografia computadorizada (TC) sem contraste com dilatação do sistema ventricular supratentorial. C, D: TC sem contraste pós-derivação ventricular demonstra redução das dimensões do sistema ventricular e surgimento de coleções extra-axiais hipoatenuantes frontoparietais bilaterais.

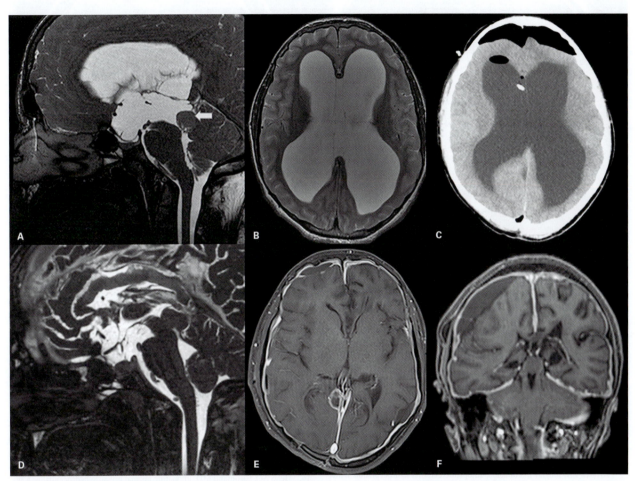

Figura 33 A-B: Pré-operatório de paciente com estenose de aqueduto por um glioma da lâmina quadrigeminal (seta branca). Imagem sagital ponderada em T2 (A) com redução do espaço liquórico pré-pontino e rebaixamento do assoalho do III ventrículo. Imagem axial ponderada em T2 (B) mostra acentuada dilatação do sistema ventricular supratentorial com apagamento difuso dos espaços de circulação liquórica. C: Tomografia computadorizada (TC) sem contraste pós-derivação ventricular com cateter no interior do ventrículo lateral direito evidencia pneumocrânio e pneumoventrículo. D: Pós-operatório de drenagem ventricular. Imagem sagital ponderada em T2 demonstra expansão do espaço liquórico pré-pontino e elevação do assoalho do III ventrículo. E-F: Imagens axial (E) e coronal (F) T1 pós-contraste evidenciam colapso do sistema ventricular supratentorial, espessamento e realce paquimeníngeo difuso e coleções subdurais bilaterais, relacionados à hipotensão liquórica por hiperdrenagem.

Quadro 6	Características da hipotensão liquórica
Hipotensão intracraniana	
Etiologia	Perda de liquor traumática, iatrogênica e espontânea e doença sistêmica
Quadro clínico	Cefaleia postural, piora na posição ereta e na manobra de Valsalva
Imagem	Impregnação de contraste difusa na dura; achatamento da ponte contra o clivus; obliteração da cisterna quiasmática; deslocamento inferior de estruturas encefálicas

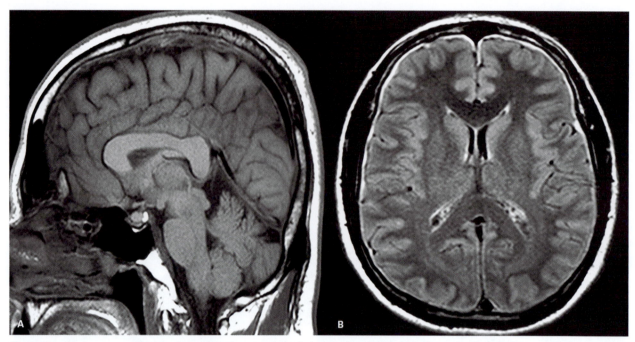

Figura 34 Paciente com hipotensão liquórica intracraniana. A: Imagem sagital ponderada em T1 demonstra redução da amplitude da cisterna suprasselar, diminuição do espaço liquórico pré-pontino e rebaixamento dos corpos mamilares além da linha entre o dorso selar e a porção superior do aqueduto cerebral. B: Imagem ponderada em FLAIR no plano axial evidencia coleções subdurais bilaterais.

Bibliografia sugerida

1. Adams RD, Fisher CM, Hakim S, Ojemann RG, Sweet WH. Symptomatic occult hydrocephalus with "normal" cerebrospinal-fluid pressure. A treatable syndrome. N Engl J Med. 1965;273:117-26.
2. Agarwal A, Bathla G, Kanekar S. Imaging of communicating hydrocephalus. Semin Ultrasound CT MR. 2016;37(2):100-8.
3. Alvarez LA, Maytal J, Shinnar S. Idiopathic external hydrocephalus: natural history and relationship to benign familial macrocephaly. Pediatrics. 1986;77:901-7.
4. Amacher AL, Page LK. Hydrocephalus due to membranous obstruction of the fourth ventricle. J Neurosurg. 1971;35:672-6.
5. Arriada-Mendicoa N, Herrera-Guerrero MP, Otero-Siliceo E. Chronic hydrocephaly in adults. A diagnostic and therapeutic challenge. Rev Neurol. 2002;34:665-72.
6. Bargallo N, Olondo L, Garcia AI, Capurro S, Caral L, Rumia J. Functional analysis of third ventriculostomy patency by quantification of CSF stroke volume by using cine phase-contrast MR imaging. AJNR Am J Neuroradiol. 2005;26:2514-21.
7. Bradley Jr WG. Magnetic resonance imaging of normal pressure hydrocephalus. Semin Ultrasound CT MR. 2016;37(2):120-8.
8. Bradley Jr. WG, Scalzo D, Queralt J, Nitz WN, Atkinson DJ, Wong P. Normal-pressure hydrocephalus: evaluation with cerebrospinal fluid flow measurements at MR imaging. Radiology. 1996;198:523-9.
9. Bradley Jr. WG, Whittemore AR, Kortman KE, Watanabe AS, Homyak M, Teresi LM, et al. Marked cerebrospinal fluid void: indicator of successful shunt in patients with suspected normal-pressure hydrocephalus. Radiology. 1991;178:459-66.
10. Bradley WG. Cerebrospinal fluid dynamics and shunt responsiveness in patients with normal-pressure hydrocephalus. Mayo Clin Proc. 2002;77:507-8.
11. Buxton N, Turner B, Ramli N, Vloeberghs M. Changes in third ventricular size with neuroendoscopic third ventriculostomy: a blinded study. J Neurol Neurosurg Psychiatry. 2002;72:385-7.
12. Damasceno BP. Neuroimaging in normal pressure hydrocephalus. Dement Neuropsychol. 2015;9(4):350-355.
13. Dixon GR, Friedman JA, Luetmer PH, Quast LM, McClelland RL, Petersen RC, et al. Use of cerebrospinal fluid flow rates measured by phase-contrast MR to predict outcome of ventriculoperitoneal shunting for idiopathic normal-pressure hydrocephalus. Mayo Clin Proc. 2002;77:509-14.
14. Fukuhara T, Vorster SJ, Ruggieri P, Luciano MG. Third ventriculostomy patency: comparison of findings at cine phase-contrast MR imaging and at direct exploration. AJNR Am J Neuroradiol. 1999;20:1560-6.
15. Granado JM, Diaz F, Alday R. Evaluation of brain SPECT in the diagnosis and prognosis of the normal pressure hydrocephalus syndrome. Acta Neurochir (Wien). 1991;112(3-4):88-91.
16. Hebb AO, Cusimano MD. Idiopathic normal pressure hydrocephalus: a systematic review of diagnosis and outcome. Neurosurgery. 2001;49:1166-84.
17. Inamura T, Morioka T, Nishio S, Ikezaki K, Nonaka H, Yoshiura T. Diverticular enlargement of the foramina of Luschka and congenital hydrocephalus. Childs Nerv Syst. 2002;18:652-5.
18. Krauss JK, Regel JP, Vach W, Orszagh M, Jungling FD, Bohus M, et al. White matter lesions in patients with idiopathic normal pressure hydrocephalus and in an age-matched control group: a comparative study. Neurosurgery. 1997;40:491-5; discussion 5-6.
19. Kurihara N, Takahashi S, Tamura H, Higano S, Furuta S, Jokura H, et al. Investigation of hydrocephalus with three-dimensional constructive interference in steady state MRI. Neuroradiology. 2000;42:634-8.
20. Lin WC, Lirng JF, Fuh JL, Wang SJ, Chang FC, Ho CF, et al. MR findings of spontaneous intracranial hypotension. Acta Radiol. 2002;43:249-55.
21. Luetmer PH, Huston J, Friedman JA, Dixon GR, Petersen RC, Jack CR, et al. Measurement of cerebrospinal fluid flow at the cerebral aqueduct by use of phase-contrast magnetic resonance imaging: technique validation and utility in diagnosing idiopathic normal pressure hydrocephalus. Neurosurgery. 2002;50:534-43.
22. Maller VV, Agarwal A, Kanekar S. Imaging of ventricular shunts. Semin Ultrasound CT MR. 2016;37(2):159-73.
23. Maller VV, Gray RI. Noncommunicating hydrocephalus. Semin Ultrasound CT MR. 2016;37(2):109-19.
24. Nogueira GJ, Zaglul HF. Hypodense extracerebral images on computed tomography in children. "External hydrocephalus": a misnomer? Childs Nerv Syst. 1991;7:336-41.
25. Rodis I, Mahr CV, Fehrenbach MK, Meixensberger J, Merkenschlager A, Bernhard MK, et al. Hydrocephalus in aqueductal stenosis – a retrospective outcome analysis and proposal of subtype classification. Child's nervous system: ChNS. 2016;32(4):617-27. Epub 2016/02/29.

26. Schroeder HW, Schweim C, Schweim KH, Gaab MR. Analysis of aqueductal cerebrospinal fluid flow after endoscopic aqueductoplasty by using cine phase-contrast magnetic resonance imaging. J Neurosurg. 2000;93:237-44.
27. Scollato A, Gallina P, Gautam B, Pellicanò G, Cavallini C, Tenenbaum R, et al. Changes in aqueductal CSF stroke volume in shunted patients with idiopathic normal-pressure hydrocephalus. AJNR Am J Neuroradiol. 2009;30(8):1580-6.
28. Sharma AK, Gaikwad S, Gupta V, Garg A, Mishra NK. Measurement of peak CSF flow velocity at cerebral aqueduct, before and after lumbar CSF drainage, by use of phase-contrast MRI: utility in the management of idiopathic normal pressure hydrocephalus. Clin Neurol Neurosurg. 2008;110(4):363-8.
29. Shiino A, Nishida Y, Yasuda H, Suzuki M, Matsuda M, Inubushi T. Magnetic resonance spectroscopic determination of a neuronal and axonal marker in white matter predicts reversibility of deficits in secondary normal pressure hydrocephalus. J Neurol Neurosurg Psychiatry. 2004;75(8):1141-8.
30. Shin M, Morita A, Asano S, Ueki K, Kirino T. Neuroendoscopic aqueductal stent placement procedure for isolated fourth ventricle after ventricular shunt placement. Case report. J Neurosurg. 2000;92:1036-9.
31. Silva DW, Damasceno BP. Dementia in patients of Hospital das Clínicas da Unicamp. Arq Neuropsiquiatr. 2002;60:996-9.
32. Stratchko L, Filatova I, Agarwal A, Kanekar S. The ventricular system of the brain: anatomy and normal variations. Semin Ultrasound CT MR. 2016;37(2):72-83.
33. Sze G, De Armond SJ, Brant-Zawadzki M, Davis RL, Norman D, Newton TH. Foci of MRI signal (pseudo lesions) anterior to the frontal horns: histologic correlations of a normal finding. AJR Am J Roentgenol. 1986;147:331-7.
34. Takada LT, Caramelli P, Radanovic M, Anghinah R, Hartmann AP, Guariglia CC, et al. Prevalence of potentially reversible dementias in a dementia outpatient clinic of a tertiary university-affiliated hospital in Brazil. Arq Neuropsiquiatr. 2003;61:925-9.
35. Tarnaris A, Kitchen ND, Watkins LD. Noninvasive biomarkers in normal pressure hydrocephalus: evidence for the role of neuroimaging. J Neurosurg. 2009;110(5):837-51.
36. Tullberg M, Jensen C, Ekholm S, Wikkelso C. Normal pressure hydrocephalus: vascular white matter changes on MR images must not exclude patients from shunt surgery. AJNR Am J Neuroradiol. 2001;22:1665-73.
37. Williams MA, Malm J. Diagnosis and treatment of idiopathic normal pressure hydrocephalus. Continuum (Minneap Minn). 2016;22(2 Dementia):579-99.

8 Epilepsia

Paula Ricci Arantes

Introdução

A melhora progressiva da resolução dos métodos de imagem teve impacto decisivo no campo da epilepsia, auxiliando na reformulação de conceitos e classificações das epilepsias, relacionadas a prognóstico e tratamento. A seguir estão detalhados quando e como os métodos de imagem devem ser realizados, visando a maior sensibilidade do exame, com destaque para a tomografia computadorizada (TC) e ressonância magnética (RM).

A epilepsia é uma condição crônica. Engloba diferentes condições neurológicas que cursam com duas ou mais crises epilépticas recorrentes. A incidência e prevalência de epilepsia são altas. No cenário internacional, a incidência média é de 1:20.000/ano. Acomete de 0,1 a 4% da população, a depender do nível de notificação do país. As consequências econômicas são grandes, já que 60% dos pacientes necessitam de medicação regular e cerca de 10% precisam de cuidados institucionais. O problema socioeconômico gerado é ainda maior, porém é subestimado pela subnotificação de desemprego e discriminação.

A crise epiléptica, também denominada convulsão, é a ocorrência transitória de sinais e/ou sintomas, causada por atividade neuronal anormal excessiva e síncrona em áreas cerebrais, muitas vezes envolvendo o córtex.

A classificação das crises epilépticas, sugerida pela International League Against Epilepsy (ILAE) em 2016, tem como base:

- O início da crise (focal, generalizada ou início desconhecido).
- O tipo da crise (motora, não motora ou de ausência).
- O estado de consciência (vigil/responsivo, com alteração do nível de consciência ou quando este é desconhecido).

A crise focal (com início em um hemisfério) é mais resistente ao tratamento e pode evoluir para tônico-clônica generalizada. Na crise generalizada, a semiologia indica envolvimento inicial de ambos os hemisférios cerebrais e costuma ter melhor controle medicamentoso.

A atual nomenclatura (2016) reforça a troca dos termos de crise parcial por focal. As crises simples ou complexa passaram a ser denominadas crises vigil ou inconsciente/com alteração do nível de consciência. O termo convulsão, nas línguas em que a palavra tem conotação motora, deve ser trocado por crise epiléptica.

Já as epilepsias podem ser classificadas em síndromes epilépticas, de acordo com diferentes critérios: apresentação clínica, padrão do eletroencefalograma (EEG), idade de início e outros sintomas neurológicos associados. A definição da síndrome epiléptica tem consequência direta na terapêutica medicamentosa.

O diagnóstico etiológico influencia na decisão pela terapêutica cirúrgica e definição prognóstica. Porém há várias classificações baseadas no substrato anatômico, mas não são unânimes. Muitas epilepsias são multifatoriais e os mecanismos de epileptogênese são mais determinantes do prognóstico que a causa propriamente dita.

A identificação de alteração estrutural, pelos exames de imagem, está relacionada a pior prognóstico. O risco de refratariedade à terapia medicamentosa aumenta de 15 para 50%, a depender do tipo de alteração encontrada, muitas vezes significando indicação cirúrgica. A investigação por imagem também auxilia na predição de possíveis sequelas pós-operatórias sensitivas, motoras ou cognitivas.

Substratos etiológicos

A classificação das epilepsias sugerida pela ILAE em 2010 definiu as categorias:

- Estrutural/metabólica, substituindo a anterior sintomática (com substrato anatômico).
- Genética, substituindo a anterior idiopática (genética ou presumidamente genética, sem substrato anatômico).

- De causa desconhecida, no lugar de criptogênica (sem substrato anatômico).

Os constantes progressos na investigação diagnóstica, com a RM e a genômica, indicam que novas classificações surgirão em futuro próximo. Em 2016, a classificação sugerida pela ILAE já separa as categorias estrutural e metabólica, e também separa como novas categorias as etiologias imunológica e infecciosa, distintas da estrutural.

O Quadro 1 apresenta essa classificação adaptada de forma a abranger por completo o diagnóstico etiológico das epilepsias, já que neste capítulo serão abordados apenas os substratos anatômicos que não foram descritos nos outros capítulos.

Cerca de um terço das epilepsias ainda têm características que não permitem sua inclusão em um dos grupos do Quadro 1, são as inclassificáveis.

Merecem referência também os exames que virão para investigação de diagnóstico diferencial de epilepsia, como síncopes e anóxias, alterações comportamentais, alterações psicológicas e psiquiátricas, alterações do sono, movimentos paroxísticos e migrânia.

Estruturais

As epilepsias estruturais têm uma alteração cerebral bem definida. As alterações podem ser adquiridas, como infarto, trauma ou infecção, ou de origem genética.

Quadro 1 Etiologia das epilepsias

Categoria	Patologias	Substratos anatômicos
Estruturais	Esclerose mesial temporal	Esclerose hipocampal (Quadro 2)
	Malformações do desenvolvimento cortical	DCF, esclerose tuberosa, hemimegalencefalia, tumores malformativos, lisencefalia, heterotopia, polimicrogiria, esquizencefalia
	Malformações vasculares	MAV, angiopatia cavernomatosa, aneurisma, síndrome de Sturge-Weber
	Alterações isquêmicas	Alterações hipóxico-isquêmicas/anóxia perinatal, ulegiria, encefalomalácia/porencefalia, AVCI/infarto cerebral
	Lesões traumáticas	Contusões/hemorragia intracerebrais, corpos estranhos/projéteis, hematomas subdurais, fratura craniana
	Neoplasias	Ganglioglioma, gangliocitoma, ganglioglioma desmoplásico infantil, DNET, astrocitoma pilocítico, outros
	Malformações hipocampais	Hipocampo verticalizado/com rotação incompleta, hipocampo globoso, hipocampo medianizado
	Hamartomas hipotalâmicos	Hamartomas sésseis, hamartomas pedunculados
Imunológicas	Encefalite de Rasmussen	Encefalite de Rasmussen (Quadro 3)
	Encefalites autoimunes/mediadas por anticorpos	NMDA, LGI1, CASPR2, GAD65, GABA-B, AMPA, anti-TPO, anti-TTG/anti-EMA
Infecciosas	Meningite/encefalite bacterianas	*Hemophilus influenza* e B, pneumococo, meningococo, neonatais (estreptococo, listéria, coli)
	Encefalite viral	HIV, herpes simples, CMV, sarampo, dengue
	Parasitárias	Toxoplasmose, cisticercose, malária
	Tuberculose	Tuberculomas e meningite
	Fúngicas	Aspergilose, mucormicose, candidíase, criptococose
Metabólicas	Deficiências de mitocodriopatias	Biotinidase, holocarboxilasesitase, 5MTHF, GAMT, GLUT1, ácido folínico
		Síndrome de Alpers, MELAS, MERRF
Genéticas	Alteração no cromossomo	Com alteração à RM: 18q, 1p36, 4p, 17p13.3, trissomias 21 e 12p
		Sem alteração à RM: 15q11-q13, 15q13.3, 15q11-q13, r14, r20, tetrassomias 15 e 12 p, XXY
	Alteração no gene	Com alteração à RM: *DCX, LIS1/PAFAH1B1, FKRP, FKTN, LARGE, POMT1, POMT2, RELN, WDR62, TUBA1A, ARX, FLNA, ARFGEF2, DEPDC5, NPRL3, TSC1, TSC2, PIK3CA, PIK3R2, AKT3, GLI3, GNAQ, CACNA1A, COL4A1, KCNQ2, SPTAN1, STXBP1, ZEB2, MECP2, FOXG1, TCF4*
		Sem alteração à RM: *ARHGEF9, CACNB4, CDKL5, CHD2, CHRNA2, CHRNA4, CHRNB2, CLCN2, EFHC1, FMR1, GABRA1, GABRD, GABRG2, GRIN2A, KCNQ3, KCNT1, LGI1, PCDH19, PLCB1, PNKP, PRRT2, SCN1A, SCN1B, SCN2A, SLC2A1, SLC25A22, TBC1D24*

Os exames de imagem são fundamentais para o diagnóstico dessa categoria das epilepsias. Os protocolos devem ser direcionados à patologia em questão e devem ser usados os equipamentos de campo magnético mais alto disponível (1,5 T ou mais). Exames funcionais realizados nos estados interictal e ictal (comprovados por EEG) permitem maior direcionamento para a pesquisa da alteração estrutural. Exames sem alterações em crianças menores de 2 anos devem ser repetidos após o final do processo de mielinização.

Esclerose mesial temporal (EMT)

A esclerose mesial temporal, esclerose do hipocampo (substrato) ou epilepsia límbica (manifestação), é a principal causa de crises epilépticas focais refratárias nos adultos, adolescentes e crianças em idade escolar. Tal condição merece atenção especial do radiologista, não só pela sua frequência, mas também porque a imagem tem papel fundamental no seu diagnóstico e planejamento terapêutico (cirúrgico).

A EMT é a principal causa de epilepsia do lobo temporal, mas não deve ser utilizada como sinônimo dela. Existem outras causas de epilepsia do lobo temporal, como tumores de baixo grau, hamartomas, displasias, heterotopias e malformações vasculares.

A incidência de EMT varia de 40-70% das epilepsias cirúrgicas (a depender do nível de especialização do centro). A indicação cirúrgica na EMT é frequente, por resistência ao tratamento medicamentoso anticonvulsivante. A resposta cirúrgica é variável, com melhores resultados de 80% de cura em 2 anos.

Pacientes com EMT costumam relatar "convulsão na infância", podendo ser febril ou não. Esse insulto precipitante raramente pode evoluir para estado epiléptico, e em geral é seguido por um intervalo livre de crises, durante meses ou anos.

As crises focais típicas de lobo temporal têm início na adolescência. Pode haver aura com sensação epigástrica ascendente *déjà vu*, medo, ou, menos frequente, sintomas auditivos, seguidos por automatismos oroalimentares ou gestuais, sintomas autonômicos como palpitações. Em 50%, evoluem para crises tônico-clônicas bilaterais. No período pós-ictal, são frequentes o estado confusional e os distúrbios de memória.

A causa definitiva da EMT não está completamente elucidada. É provável a etiologia multifatorial, com fatores genéticos, adquiridos e malformativos. O antecedente de convulsão febril na infância precoce, seguido por intervalo de latência, favorece a possibilidade de um componente adquirido. Porém, também há a teoria de que a crise inicial seja apenas o insulto precipitante e que nos portadores de fator facilitador seria determinante de EMT. A hipótese de malformação do desenvolvimento é baseada na presença de microdisgenesias na peça cirúrgica da formação hipocampal e lobo temporal em parte dos pacientes com EMT e na ocorrência de patologia dupla, ou seja, a concomitância de alteração hipocampal e outra lesão neocortical, como os distúrbios de migração neuronal.

Torna-se fundamental ao radiologista, para o reconhecimento da patologia, o conhecimento da anatomia das estruturas mesiais temporais, ilustrado na RM (Figura 1).

A formação hipocampal é posterior à amígdala, tem limites pouco distintos e é subdividida em três regiões: giro denteado, hipocampo ou corno de Ammon e subículo (Figura 2). O giro denteado constitui a circunvolução central e é a via de entrada das informações provenientes do córtex entorrinal, integrador do neocórtex. O hipocampo tem regiões citoarquitetônicas diferentes, deno-

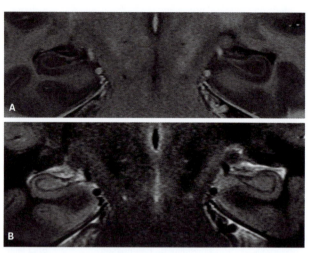

Figura 1 Cortes coronais de ressonância magnética da formação hipocampal normal realizada em campo magnético de 3 Teslas, com técnica de inversão-recuperação pesada em T1 (A) e T2 (B).

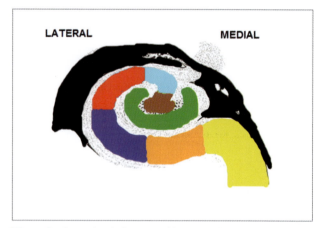

Figura 2 Desenho da formação hipocampal direita em perspectiva coronal: em verde escuro, o giro denteado; em marrom, CA4 ou hilo do giro denteado; em azul piscina, CA3; em vermelho CA2; em azul escuro, CA1; em laranja, o subículo; e em amarelo, o giro para-hipocampal.

minadas CA1, CA2, CA3 e CA4 (ou hilo do giro denteado). O subículo é a transição gradual entre o hipocampo (paleocórtex), o giro para-hipocampal (neocórtex) e o córtex entorrinal.

O fórnix é a principal via eferente da formação hipocampal, formado pelas fímbrias, fibras que emergem na porção superior da formação hipocampal e seguem posteriormente na região subependimária do assoalho do corno temporal ventricular.

A amígdala, anterior ao hipocampo e abaixo do unco, conecta o sistema límbico ao circuito dos núcleos da base, pelo núcleo caudado.

A EMT é caracterizada patologicamente por perda segmentar de neurônios piramidais, dispersão de células granulosas e astrogliose no hipocampo. Por conta de sua maior resistência à hipóxia, a CA2 costuma estar preservada, sendo as mais acometidas a CA1 (e porção inicial do subículo) e a CA4. A classificação histológica, baseada na distribuição da perda neuronal e gliose, tem correlação clínica e prognóstica:

- Tipo 1 ou com perda celular acentuada predominante em CA1 e CA4 (70%) associa-se a antecedente de evento precipitante inicial antes dos 5 anos, início precoce das crises e controle pós-cirúrgico favorável.
- Tipo 2 ou com predomínio em CA1 (6%).
- Tipo 3 ou com predomínio em CA4 (4%) com histórias variáveis e prognóstico menos favorável.

A formação hipocampal tem aferências corticais por diferentes vias, sendo a principal pelo giro denteado; portanto, as crises não são restritas ao hipocampo, envolvem as demais estruturas do sistema límbico, como amígdala, unco, córtex para-hipocampal e entorrinal, o que motiva a preferência da denominação EMT em relação à esclerose hipocampal.

As alterações temporais mesiais podem ser identificadas na TC, caso a perda neuronal seja muito evidente, com redução volumétrica hipocampal e alargamento compensatório do corno temporal do ventrículo lateral adjacente. Já a identificação da hipoatenuação hipocampal secundária a gliose e acometimentos menos intensos pode não ser detectada no exame da TC, mesmo com o exame dirigido (aquisição volumétrica que permite a reformatação coronal em planos perpendiculares à orientação da formação hipocampal).

Na RM, a avaliação adequada das estruturas mesiais temporais inclui aquisição de sequências específicas direcionadas, que devem ser incluídas no exame de rotina para suspeita dessa patologia. As sequências adquiridas no plano coronal, com angulação perpendicular ao maior eixo do hipocampo, têm maior resolução espacial que as sequências volumétricas habituais adquiridas no plano sagital (menor tempo de aquisição) com posterior reformação multiplanar. As sequências T1 com maior diferenciação entre as substâncias branca e cinzenta auxiliam na avaliação volumétrica, enquanto para a caracterização do sinal, a sequência T2 tem maior especificidade e a sequência FLAIR, maior sensibilidade.

As principais alterações na EMT estão resumidas no Quadro 2. A esclerose do hipocampo é identificada pelo hipersinal em T2, hipossinal em T1 e redução volumétrica, além de alteração da arquitetura interna hipocampal (Figura 3A), sobretudo das interdigitações da cabeça do hipocampo (Figura 3B). Eventualmente, tais alterações podem ser tênues (Figura 3C).

A alteração do sinal pode ser bilateral em até 30% dos casos (Figura 4A), o que pode dificultar o diagnóstico. Em geral é assimétrica (Figura 4B), indicando o sentido de propagação da crise. Nos casos de atrofia bilateral ou quando a atrofia caracterizada à RM não for concordante com a lateralidade das descargas elétricas detectadas ao EEG, está indicada a progressão da investigação. Nesse caso em específico, pode ser tanto por RM, com espectroscopia, volumetria e relaxometria T2 das formações hipocampais, como por medicina nuclear, com tomografia por emissão

Quadro 2	Achados de ressonância magnética na esclerose mesial temporal	
Achados	Estruturas	Alterações
Primários	Formação hipocampal	Aumento do sinal T2
		Redução volumétrica
		Perda da arquitetura interna
Secundários	Amígdala Fórnix Corpo mamilar Substância branca colateral Lobo temporal	Redução volumétrica
	Polo temporal	Redução volumétrica e perda da diferenciação corticossubcortical
	Tálamo	Redução volumétrica e aumento do sinal T2
	Formação hipocampal	Rotação incompleta

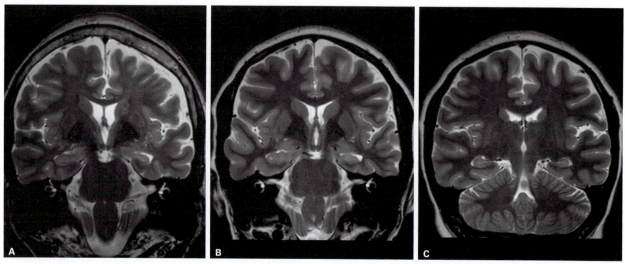

Figura 3 Esclerose mesial temporal esquerda. Imagens coronais de ressonância magnética em T2, com redução volumétrica, hipersinal em T2 e desorganização interna da formação hipocampal esquerda no corpo (A), com perda das interdigitações na cabeça (B) e de forma sutil (C).

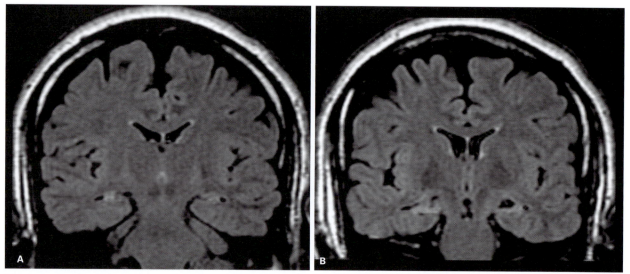

Figura 4 Esclerose mesial temporal bilateral. Imagens coronais de ressonância magnética em FLAIR, com redução volumétrica e hipersinal nas formações hipocampais, simétrica (A) e assimétrica (B).

de pósitrons (PET-CT) realizada no período intercrítico com o radiofármaco 18-flúor-2-deoxiglicose (^{18}FDG) e TC por emissão de fóton único (SPECT) no período intercrítico e/ou no período crítico, no qual a administração do radiofármaco é realizada durante uma crise epiléptica, o mais precoce possível.

A EMT cursa com acometimento secundário de outras estruturas do sistema límbico ou conectadas a elas, como a atrofia do fórnix e corpo mamilar ipsilaterais ao hipocampo acometido, dilatação compensatória do corno temporal do ventrículo lateral ipsilateral, atrofia do lobo temporal e da substância branca colateral (Figura 5A).

Há também acometimento extralímbico, como hipersinal em T2 e redução volumétrica no polo temporal (assim como perda da diferenciação corticossubcortical), núcleos da base e tálamo, ipsilaterais ao hipocampo acometido, inespecíficos. A detecção dos achados no polo temporal (Figura 5B) é de fundamental importância para o planejamento cirúrgico, pois amplia a amígdalo-hipocampectomia, adicionando a lobectomia temporal anterior.

O diagnóstico da esclerose hipocampal não encerra a avaliação do paciente, pois pode estar associada a lesões extra-hipocampais, caracterizando dupla patologia. Essa dualidade de lesões ocorre em cerca de 20% dos pacientes com epilepsia cirúrgica. Os substratos mais comuns relacionados à EMT são congênitos malformativos (Figura 6) ou ocorrem na infância precoce. Os mais frequentes são displasia cortical, heterotopia, tumor de baixo grau,

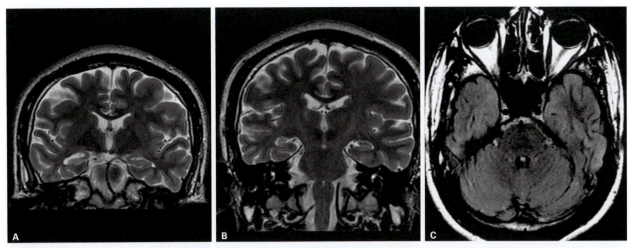

Figura 5 Esclerose mesial temporal esquerda. Imagens coronais de ressonância magnética em T2 com redução volumétrica e hipersinal no hipocampo direito. A: Sinais secundários locais: redução volumétrica do giro para-hipocampal, da substância branca colateral e do lobo temporal e dilatação do corno temporal. B: Sinais secundários distantes: redução volumétrica do corpo mamilar, afilamento do fórnix ipsilateral, redução volumétrica e alteração de sinal nos núcleos da base/tálamo à direita. C: Imagem axial de RM em FLAIR mostra leve hipersinal na substância branca do polo temporal direito com borramento da interface com o córtex, constituindo também sinal secundário.

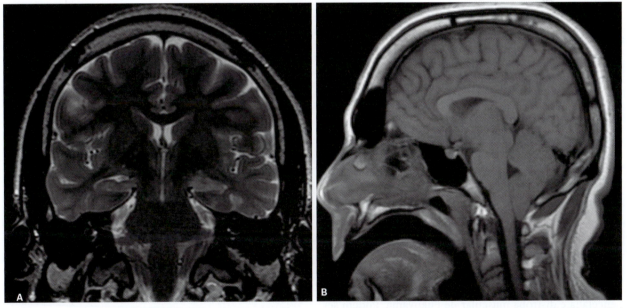

Figura 6 Patologia dupla. Imagens de ressonância magnética em coronal T2 com esclerose mesial temporal esquerda (A) e sagital T1 com herniação inferior da tonsila cerebelar, caracterizando a malformação de Chiari tipo I.

gliose por contusão ou isquemia perinatal ou, com menor frequência, alteração vascular.

A incidência de calcificações em pacientes com EMT é duas vezes maior que nas demais doenças (Figura 7), o que favorece a possibilidade de a neurocisticercose ser um fator causal de EMT em países endêmicos, ou então de haver um mesmo fator de risco para ambas as patologias, provavelmente relacionado à classe socioeconômica mais pobre.

Em crianças, a patologia dupla está relacionada a pior desempenho cognitivo. Lesionectomia e amígdalo--hipocampectomia devem ser sempre consideradas para o controle da epilepsia.

Os achados de RM são bastante específicos para a EMT e não devem ser considerados incidentais, mesmo em pacientes que não relatam crises, pois estas podem ser assintomáticas, identificadas apenas em estudo por vídeo-EEG.

A ausência de alteração na RM não exclui a possibilidade de EMT, pois até 20% dos pacientes com EMT apresentam formações hipocampais normais à RM e com discreta gliose no estudo anatomopatológico. Tal subtipo

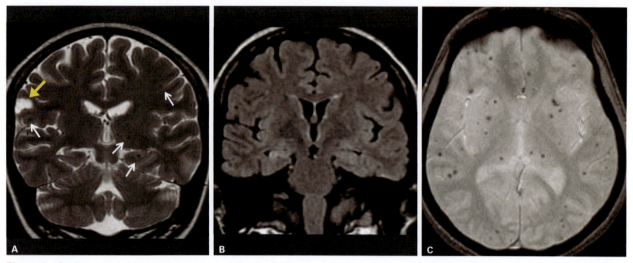

Figura 7 Esclerose mesial temporal direita e cisticercose. Imagens coronais de ressonância magnética revelam a concomitância da esclerose mesial temporal direita (A e B, hipersinal em T2 e FLAIR, respectivamente, na formação hipocampal que tem volume reduzido) e neurocisticercose, com lesão vesicular parietal inferior direita que mostra hipersinal em T2 (seta amarela), além de calcificações residuais caracterizadas por focos de intenso hipossinal em T2 (setas brancas) e múltiplas áreas puntiformes esparsas em T2* (C).

de epilepsia apresenta menor risco de remissão das crises após a cirurgia.

Podem ser considerados como diagnósticos diferenciais de EMT à RM, encefalite límbica mediada por autoanticorpos e malformação hipocampal.

Malformação hipocampal

As malformações hipocampais representam cerca de 5% das epilepsias focais e acompanham 65% das malformações congênitas com epilepsia (Figura 8). Isso justifica a hipótese mais aceita, de que resulte de migração neuronal anormal.

A forma mais frequente é a verticalização/rotação incompleta, que pode estar associada ou não a leve atrofia com ou sem fendas, seguida por hipocampo globoso e, por fim, localização medianizada.

Estão associadas a formações hipocampais verticalizadas: agenesia do corpo caloso, lisencefalia, holoprosencefalia e distrofia muscular de Fukuyama. Podem ser encontrados hipocampos verticalizados e globosos ou reduzidos ipsilaterais a polimicrogiria, heterotopia de substância cinzenta, esclerose tuberosa e esquizencefalia.

Etiologia imunológica

As epilepsias imunomediadas são condições em que as crises têm relação comprovada com a inflamação no sistema nervoso central.

Encefalite de Rasmussen

A encefalite de Rasmussen faz parte do grupo das epilepsias catastróficas, ao lado da síndrome de Sturge-We-

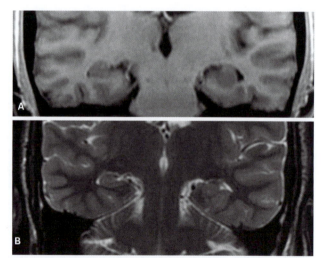

Figura 8 Malformação hipocampal esquerda. Imagem coronal de ressonância magnética em T1 (A) com formação hipocampal esquerda globosa, perda da arquitetura interna e outro paciente, em T2 (B), associada a alteração morfológica dos giros para-hipocampal e lingual adjacentes.

ber, hemimegalencefalia e estado epiléptico intratável. O controle clínico é extremamente difícil e resulta em grave deteriorização neurológica e cognitiva. Na maioria das vezes não tem indicação de tratamento cirúrgico, exceto na presença de lateralização demarcada do foco.

O quadro típico da encefalite de Rasmussen inclui crises focais refratárias às drogas antiepilépticas e degradação neurológica progressiva. O início das crises epilépticas ocorre sobretudo na infância, idade média em torno de 5 anos, raramente sendo observada antes do primeiro ano ou após os 15 anos. A evolução clínica ocorre em três fases, com duração de meses a anos. Na primeira, fase prodrômica, as crises epilépticas eventuais aumentam gradualmente e evoluem para epilepsia focal contínua, sem déficit neurológico. Na segunda, fase aguda, as crises são frequentes, e predomina a deterioração neurológica progressiva, com hemiparesia. Na terceira, a fase residual, o declínio neurológico é estável, com hemiparesia sequelar e as crises são menos frequentes.

Mesmo após quase 50 anos de sua primeira descrição, a etiologia para o acometimento de apenas um hemisfério cerebral permanece uma incógnita. O estudo anatomopatológico revela infiltrado perivascular com nódulos microgliais, sugerindo etiologia viral/imunoalérgica. Foram aventados possíveis papéis de autoanticorpos e de células T citotóxicas como causadores, porém ainda não é efetiva a ação de imunomoduladores e drogas antivirais, sendo a hemisferectomia funcional o tratamento efetivo para o controle das crises, com a sequela de hemiparesia.

Na RM, os achados podem ser focais ou unilaterais, com evolução de aspecto inflamatório para gliose e atrofia, conforme as alterações explicitadas no Quadro 3.

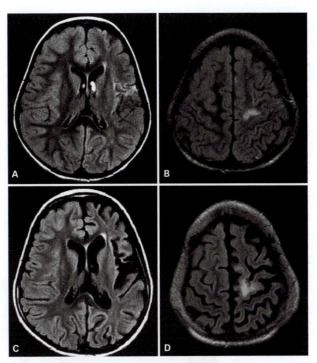

Figura 9   Encefalite de Rasmussen. Imagens axiais de ressonância magnética em FLAIR, na fase inicial (A e B) e de acompanhamento (C e D), com alteração do sinal T2 e redução volumétrica progressiva de grande parte do hemisfério esquerdo.

Quadro 3	Estadiamento da encefalite de Rasmussen
Estágio de Rasmussen	Alterações na ressonância magnética
0	Normal
1	Edema cortical com hipersinal em T2 e FLAIR
2	Hipersinal em T2 e FLAIR do córtex, com espessura normal
3	Atrofia focal e hipersinal em T2 e FLAIR
4	Atrofia em curso e sinal normal

O acometimento inicia-se no córtex insular e frontotemporal com crises focais motoras ou psicomotoras. As alterações estendem-se para outras áreas, sendo possível a identificação de estágios diferentes no mesmo hemisfério (Figura 9). Progridem também para atrofia da cabeça do núcleo caudado, hipocampo ipsilateral e cerebelo contralateral.

A característica mais importante no diagnóstico diferencial é o aspecto evolutivo. Os pacientes com encefalite de Rasmussen apresentam progressão temporal da atrofia, o que não é o caso das sequelas hipóxico-isquêmicas, mitocondriopatias/MELAS, doença de Alpers ou encefalites unilaterais.

A imagem estrutural subestima a área acometida, em relação aos estudos funcionais de PET e SPECT. No estudo de SPECT realizado no período intercrítico (Figura 10), a área de hipoperfusão é maior que a alteração encontrada na RM. No período crítico, pode ocorrer hipoperfusão nas áreas em que a atrofia é muito intensa ao lado de áreas hiperperfundidas.

Etiologia genética

As epilepsias genéticas são as patologias com alterações genéticas (cromossômicas ou moleculares) ou presumivelmente genéticas, em que as crises epilépticas são o principal sintoma. Não significa que são necessariamente hereditárias, já que não são raras as mutações novas.

Alterações nos cromossomos

Muitas alterações cromossômicas estão associadas a epilepsias. Portanto, epilepsias de causa desconhecida ou com dismorfismos sutis devem ter avaliação do cariótipo e suas complementações quando necessário.

A maioria das crianças acometidas pelas epilepsias genéticas cromossômicas apresenta atraso de desenvolvimento e intelectual, além da epilepsia e dismorfismos variados.

No Quadro 4 estão listadas as epilepsias cromossômicas que apresentam alterações nos exames de imagem.

Alterações nos genes

Por meio de pesquisa com genética molecular e estudos de famílias específicas, foram identificadas associações entre alterações em genes específicos e algumas epilepsias.

O Quadro 5 mostra as epilepsias com alterações nos genes, que já apresentaram alterações nos exames de imagem.

Etiologia desconhecida

Epilepsia relacionada a convulsão febril

A epilepsia relacionada a convulsão febril (ou como era anteriormente conhecida: encefalopatia epiléptica devastadora em crianças em idade escolar ou encefalite aguda com crises parciais repetitivas refratárias) é uma condição neurológica pós-infeciosa grave de estado epiléptico (caracterizado em detalhes a seguir) em criança previamente hígida.

A imagem pode ser normal ou mostrar alterações bitemporais/perinsulares, que evoluem para atrofia.

Epilepsia com hemiconvulsão e hemiplegia (HHE)

A HHE é uma consequência rara na infância de crises convulsivas clônicas unilaterais febris prolongadas, seguidas por períodos de hemiplegia. A RM na fase aguda mostra achados de estado epiléptico, com edema vasogênico no hemisfério acometido. Na fase crônica, há atrofia hemisférica (Figura 11).

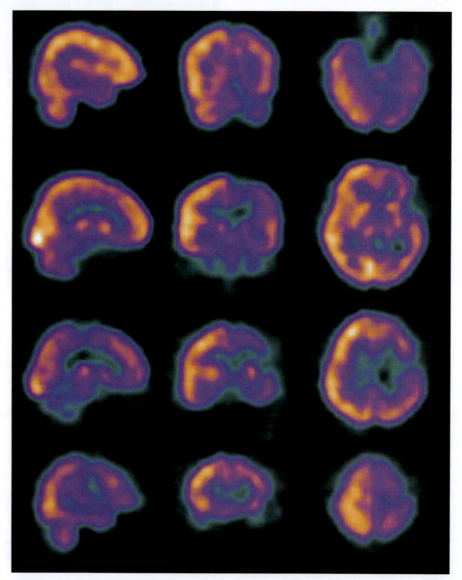

Figura 10   Encefalite de Rasmussen à esquerda. Imagens de tomografia computadorizada por emissão de fóton único (SPECT). Na coluna da esquerda, imagens sagitais do hemisfério esquerdo superior e direito inferior. Na coluna central, imagens coronais, e na coluna da direita, imagens axiais, demonstram redução difusa do fluxo no hemisfério esquerdo. Imagens cedidas pela Dra. Carmen Lisa Jorge, neurologista do grupo de epilepsia do HCFMUSP.

Quadro 4 Epilepsias com alterações nos cromossomos

Cromossomos afetados	Alterações na RM do crânio	Demais alterações relevantes
18q	Hipomielinização, hipoplasia cerebelar, microcefalia, turrencefalia	MF faciais, cardíacas e de extremidades
1p36	Polimicrogiria, heterotopia, microcefalia, braquicefalia, fontanela ampla	Surdez, MF faciais, cardíacas, urogenitais, esqueléticas
Trissomia 21 (síndrome de Down)	Hipóxia/isquemia (secundária a MF cardíacas)	MF faciais, cardíacas, gastrointestinais, de extremidades
17p13.3 (síndrome de Miller-Dieker)	Lisencefalia tipo 1	MF faciais, renais, onfalocele
Trissomia 12p	Microgiria, DCF, turrencefalia	MF faciais, cardíacas, esqueléticas
4p (síndrome de Wolf-Hirschhorn)	MF corpo caloso, microcefalia	MF faciais, cardíacas, renais, surdez, imunodeficiência comum variável e de IgA
15q11-q13 (síndrome de Angelman) Anel 14 Anel 20	Microcefalia	

DCF: displasia cortical focal; MF: malformações; RM: ressonância magnética.

Quadro 5 Epilepsias com alterações nos genes

Gene	Cromossomo	Proteína codificada	Função	Alterações na RM do crânio
LIS1/ PAFAH1B1	17p13.3	PAF	Migração neuronal	Lisencefalia isolada ou na síndrome de Miller-Dieker
FKRP	19q13.32	Fucutina	Migração neuronal	Lisencefalia paralelepípedo/agiria (síndrome de Walker-Walburg), síndrome da displasia cérebro-ocular e distrofia muscular, MF fossa posterior e oculares
FKTN	9q31.2			
LARGE	22q12.3	Proteínas do citoesqueleto		
POMT1	9q34.1	Proteínas do citoesqueleto	Migração neuronal	Lisencefalia paralelepípedo/agiria (síndrome de Walker-Walburg), síndrome de displasia cérebro-ocular e distrofia muscular, hidrocefalia, hipoplasia cerebelar, holoprosencefalia, meningoceles
POMT2	14q24			
RELN	7q22	Relina	Migração neuronal	Lisencefalia com hipoplasia cerebelar
WDR62	19q13.12	Proteína WDR62	Proliferação celular	Lisencefalia, esquizencefalia, polimicrogiria, microcefalia, hipoplasia cerebelar e calosal
TUBA1A	12q13.12	Tubulina	Migração celular	Lisencefalia isolada ou com hipoplasia cerebelar e polimicrogiria
ARX	Xp21.3	Proteína ARX	Diferenciação e migração neuronal	Lisencefalias ligadas ao cromossomo X
DCX	Xq22.3-q23	Duplocortina	Migração neuronal	Lisencefalia ou heterotopia em banda/duplo córtex
FLNA	Xq28	Filamina A	Migração neuronal	Heterotopia nodular periventricular
ARFGEF2	20q13.13	Fator de ribosilação do ADP	Migração neuronal	Heterotopia nodular periventricular com microcefalia
DEPDC5	22q12.3	Proteína de membrana	Sinalização da membrana celular	DCF isolada ou familiar
NPRL3	16p13.3	GATOR1	Inibe a sinalização do mTORC1	

(continua)

Quadro 5 Epilepsias com alterações nos genes *(continuação)*

Gene	Cromossomo	Proteína codificada	Função	Alterações na RM do crânio
TSC1	9q34.1	Hamartina	Crescimento diferenciação celular	Esclerose tuberosa
TSC2	16p13.3	Tuberina		Esclerose tuberosa, DCF tipo II B
PIK3CA	3q26.3	Proteínas de sinalização celular	Crescimento, proliferação e migração neuronais	Megalencefalia com MF capilar
PIK3R2	19q13.2-q13.4			Megalencefalia com hidrocefalia, polimicrogiria e polidactilia
AKT3	1q44			
GLI3	7p13	Fator de transcrição	Controla expressão de outros genes	HH e polidactilia
GNAQ	9q21	Proteína G	Sinalizador celular	Síndrome de Sturge-Weber
CACNA1A	19p13	Subunidade do canal de cálcio		Ataxia cerebelar tipo 6
COL4A1	13q34	Componentes da membrana de sustentação		Porencefalia familiar
KCNQ2	20q13.3	Subunidades do canal de potássio		Alterações transitórias nos núcleos da base e tálamo
SPTAN1	9q34.11	Espectrina	Estabiliza membrana plasmática	Hipomielinização
STXBP1	9q34.1	Sintatina	Modula de produção de neurotransmissor na sinapse	
ZEB2	2q22.3	Proteína ZEB2	Crescimento da crista neural	Síndrome de Mowat-Wilson (MF calosais, hipocampais, cerebelares, dos núcleos da base, DCF, hidrocefalia, redução da substância branca), microcefalia, MF faciais, cardíacas e doença de Hirschsprung
MECP2	Xq28	Proteína ligadora 2		Microcefalias com encefalopatias neonatais graves
FOXG1	14q13	Box G1		
TCF4	18q21.1	Fator de trancrição 4	Diferenciação celular e apoptose	Síndrome de Pitt-Hopkin, MF faciais

DCF: displasia cortical focal; MF: malformações; RM: ressonância magnética.

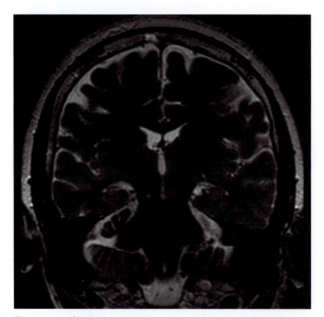

Figura 11 Síndrome de epilepsia com hemiconvulsão e hemiplegia à direita. Imagem coronal de ressonância magnética em T2 mostrando atrofia hemisférica direita em paciente que desenvolveu hemiplegia esquerda após episódio epiléptico (anteriormente denominado mal convulsivo).

Alterações específicas

As alterações específicas são aquelas identificadas como secundárias aos quadros de epilepsia e incluem as alterações pós-ictais, as consequências do estado epiléptico, o efeito cruzado de diásquise cerebelar e as reações medicamentosas. Porém, também podem ser incluídas nesse grupo as alterações pós traumáticas, já que os pacientes com crises frequentemente sofrem traumatismos e apresentam coleções subgaleais e subdurais.

Pós-ictal

As crises epilépticas determinam muitas vezes alterações encefálicas detectáveis pelo exame de RM próximo ao local das descargas ou em estruturas distantes, conforme resumido no Quadro 6.

As alterações locais ocorrem em razão do aumento da atividade neuronal, com consequentes respostas metabólicas e vasculares. Crises epilépticas prolongadas determinam hipersinal em T2 nos hipocampos, e em todas as idades nota-se ingurgitamento dos giros, com maior sinal em T2 no parênquima próximo à descarga. As lesões têm

Quadro 6	Alterações de ressonância magnética no período pós-ictal
Locais	**Remotas**
Efeito expansivo	Leucoencefalopatia posterior
Edema hipocampal	Lesões diencefálicas uni ou bilaterais
Lesões corticais focais	Alterações no esplênio do corpo caloso
Lesões migratórias	Diásquise cerebelar
Quebra da barreira hematoencefálica	
Ectasia vascular e hiperfluxo	

aumento do sinal na difusão, com ou sem restrição (Figura 12). Algumas dessas áreas de alteração de sinal em T2 e FLAIR podem ser migratórias, evanescentes e apresentam correspondência com hipermetabolismo focal ao exame de PET com ^{18}FDG e maior alteração do traçado no EEG, devendo corresponder ao efeito da atividade elétrica da crise.

Não é muito clara a fisiopatologia das lesões remotas ao local da descarga primária, tanto no diencéfalo ipsilateral, cerebelo contralateral, como no esplênio do corpo caloso, que pode ter restrição da difusão.

Todas essas alterações devem ser interpretadas com cautela para o diagnóstico diferencial com anomalias

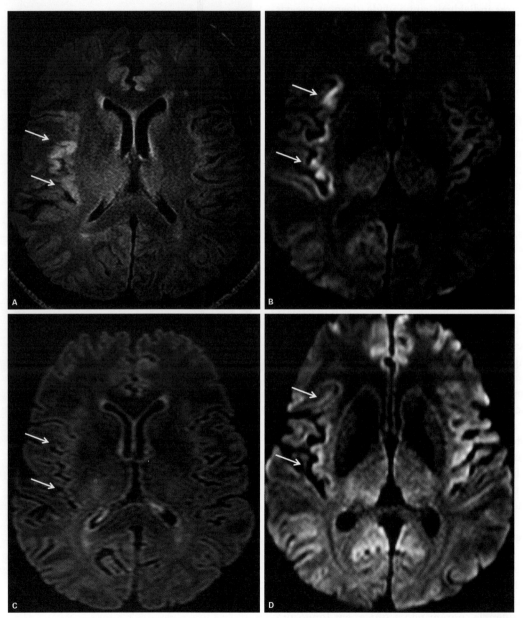

Figura 12   Alterações pós-ictais insulares direitas. Imagens axiais de ressonância magnética em FLAIR (A) e difusão (B) logo após uma crise epiléptica e em FLAIR (C) e difusão (D) alguns meses depois, sem novo episódio de crise epiléptica. Alterações corticais e subcorticais caracterizadas por hipersinal (A e B) envolvendo predominantemente a ínsula não são mais caracterizadas (C e D).

estruturais. O diagnóstico prevalece após a comparação com outros exames de RM realizados em épocas diferentes e com exames de PET/SPECT, que mostram tais áreas com hipermetabolismo no período pós-ictal e com hipometabolismo no estudo no período intercrítico.

Um diagnóstico diferencial é a síndrome da leucoencefalopatia posterior reversível (PRESS), que apresenta crises epilépticas repetidas, mas é desencadeada por encefalopatia hipertensiva, eclâmpsia e uso de imunossupressores, porém nela o acometimento predomina na substância branca dos lobos posteriores.

A frequência de alterações peri-ictais nos exames de imagem é bastante variável e depende do tipo e localização da crise; duração e gravidade da descarga focal; características individuais como idade, doenças preexistentes e reservas metabólica e cardiovascular; além da intervenção farmacológica. Além disso, deve haver também um limiar individual para reversibilidade das lesões.

Estado epiléptico

A definição de estado epiléptico foi revisada em 2015, pela ILAE, incluindo dois tempos diferentes para seu diagnóstico: o tempo que define uma convulsão como prolongada e o tempo após o qual existe o risco de consequências tardias irreversíveis. Nos estados epilépticos por convulsões tônico-clônicas, tais tempos são maiores que 5 e 30 minutos, respectivamente, já nas ausências, são maiores que 10 e 60 minutos. Metade dos pacientes em estado epiléptico não tem epilepsia ou síndrome epiléptica.

Anteriormente era denominado mal epiléptico ou estado de mal, caracterizado por crises reentrantes e prolongadas, com maior chance das alterações pós-ictais. O sistema límbico e sobretudo a formação hipocampal costumam ser relacionados à perpetuação das crises.

Na ângio-RM durante o estado epiléptico, há aumento do fluxo sanguíneo, com arterialização do fluxo venoso, por prováveis comunicações diretas arteriovenosas microvasculares. O exame de SPECT dificilmente vai demonstrar área focal de hiperperfusão.

No estado epiléptico refratário à medicação, pode ser necessário realizar cirurgia de urgência. São sinais indicadores do foco responsável o edema cortical focal concordante com a área de descargas pelo EEG e lateralização por alteração na formação hipocampal ipsilateral.

Diásquise cerebelar

Os efeitos decorrentes das descargas elétricas podem ser detectados à distância do foco epileptogênico. A esclerose mesial temporal é a epilepsia em que com maior frequência, porém não a única, em longo prazo, as descargas elétricas podem determinar danos semelhantes no hemisfério cerebelar contralateral. Esse efeito cruzado é conhecido como diásquise cerebelar. Ao contrário do conceito original de disfunção reversível na diásquise cerebelar, pode ocorrer degeneração irreversível, com atrofia cerebelar cruzada progressiva associada a crises epilépticas crônicas de difícil controle (Figura 13).

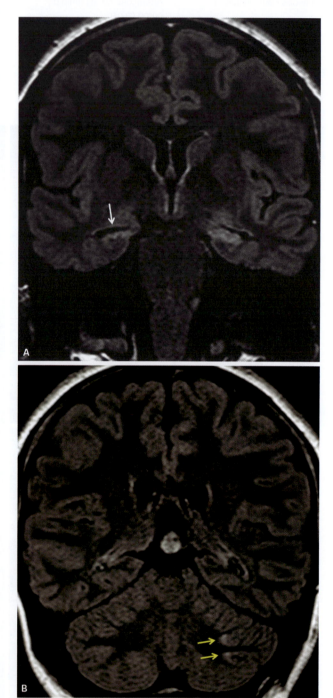

Figura 13 Diásquise cerebelar. Imagens coronais de ressonância magnética em FLAIR com evidências de esclerose mesial temporal bilateral, mais evidente à direita (A), e tênues focos corticais de alteração de sinal no hemisfério cerebelar esquerdo, contralateral (B).

Efeito medicamentoso

As medicações antiepilépticas podem determinar alterações funcionais e estruturais no cérebro.

A fenitoína (Hidantal®), droga de baixo custo utilizada para tratamento de crises focais e bilaterais, oferece grande risco de atrofia cerebelar (Figura 14), o que não ficou evidente com outras drogas antiepilépticas. Tal alteração volumétrica não tem repercussão clínica significativa. Existe correlação entre o grau de atrofia cerebelar e o tempo de uso e dose da medicação.

A carbamazepina (Tegretol®) é uma das drogas antiepilépticas cuja alteração abrupta da concentração na corrente sanguínea pode determinar hipersinal em T2 e FLAIR no esplênio do corpo caloso, com restrição à difusão da água livre (Figura 15). Tal alteração também é determinada por outras etiologias e costuma ser reversível, sem sintomatologia associada.

Alterações inespecíficas ou incidentais

Algumas alterações nos exames de pacientes com epilepsia não têm relação com o foco das crises.

Cistos aracnoides, cistos neuroepiteliais na fissura coroide e espaços perivasculares alargados, comuns na substância perfurada anterior, cápsulas externas e extremas, podem alcançar grandes dimensões, porém não costumam determinar edema e consequentemente crises.

O sulco hipocampal e os cistos hipocampais (Figura 16) não devem ser confundidos com malformações hipocampais ou com atrofia hipocampal, levando ao diagnóstico errôneo de esclerose mesial temporal. A fissura hipocampal embrionária, localizada entre o giro denteado e o corno de Amon, pode persistir em até 15% da população, na forma de cistos ou sulco e não tem correlação patológica.

A anomalia do desenvolvimento venoso na maioria das vezes não tem relação com a epilepsia. No entanto, eventualmente pode determinar desequilíbrio eletroquímico favorecendo crises ocasionais, quando está associada à congestão venosa local. A congestão pode ser identificada por maior sinal adjacente às veias ectasias, em T2 e FLAIR.

Avaliação por imagem

Conhecendo as possíveis alterações dos exames de imagem, os próximos passos são verificar quando e como eles devem ser realizados.

Indicação

A indicação de investigação por imagem é primordial nas crises focais, pela maior probabilidade de apresentarem lesão estrutural específica relacionada à gênese das crises.

No período neonatal, as crises apresentam características muito distintas das outras faixas etárias, com modo de propagação diferente por causa da mielinização incompleta. A maior hidratação cerebral também dificulta a identificação/delimitação de lesões discretas. Outro fator limitante é a necessidade de anestesia para o exame nessa faixa etária, sobretudo para RM.

Lactentes com crises febris generalizadas muitas vezes têm exames de RM normais. Na criança, a primeira crise febril está relacionada à imaturidade do sistema nervoso em controlar as alterações metabólicas decorrentes do es-

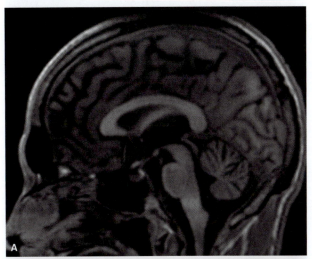
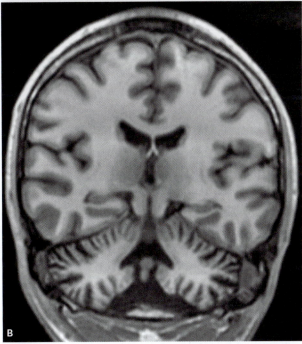

Figura 14 Alteração pós-fenitoína. Imagens de ressonância magnética em T1 sagital (A) e coronal (B) mostrando redução volumétrica cerebelar.

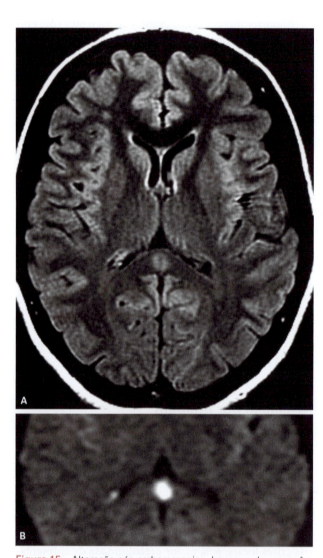

Figura 15 Alteração pós-carbamazepina. Imagens de ressonância magnética em FLAIR (A) e difusão (B) mostrando o alto sinal arredondado e na maioria das vezes transitório, no esplênio do corpo caloso, em correspondência com baixo sinal no mapa de coeficiente de difusão aparente.

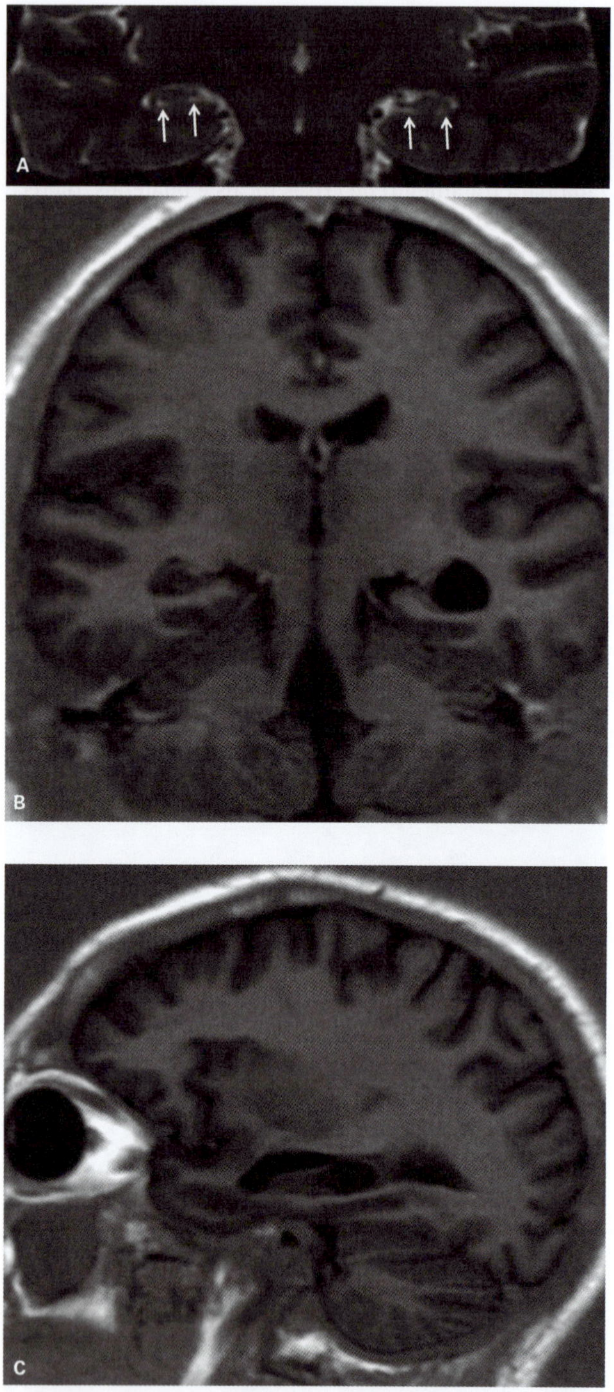

Figura 16 Remanescentes do sulco hipocampal. Imagens de ressonância magnética coronal em T2 (A) com fissuras hipocampais e coronal (B) e sagital (C) em T1 IR, com cisto hipocampal.

tado infeccioso. Alguns autores não julgam necessária a investigação por imagem. Mas, se a crise for focal, o risco de haver lesão é de 50%. Se o exame estiver normal nessa fase, como pela alta hidratação, tem menor sensibilidade e deve ser repetido ao final do processo de mielinização.

Crianças com crises afebris frequentemente apresentam alteração estrutural desde o primeiro episódio. A investigação pode ser feita de forma ambulatorial e está indicada se a crise for focal (história ou EEG), existe atraso no desenvolvimento neuropsicomotor, a criança tem menos que 2 anos, há aumento da pressão intracraniana ou tem antecedente de estado epiléptico.

Adolescentes e adultos devem ser submetidos à investigação por imagem após crises epilépticas inexplicadas ou focais, com rebaixamento do nível de consciência, antecedente de trauma, cefaleia persistente, antecedente de neoplasia/aids ou febre. A mesma conduta deve ser adotada para idosos, em razão do maior risco de neoplasias e isquemias cerebrais.

As modalidades de investigação diagnóstica podem ser divididas em estruturais, como ultrassonografia transfontanela, TC e RM e funcionais, como PET, SPECT ou cintilografia de perfusão cerebral, perfusão por RM e RM funcional.

Por sugestão da ILAE, a RM está indicada para pacientes com difícil controle medicamentoso e TC normal, e para avaliação pré-operatória. Porém, na escolha da modalidade de imagem estrutural, a RM substituiu a TC, pela melhor relação custo-benefício, enquanto exame único.

Técnicas de exame estrutural de RM

Equipamento

A constante inovação técnica melhorou a sensibilidade de detecção das alterações. Em relação a 10 anos atrás, diagnostica-se cerca de 15% mais lesões, a maioria pequenas displasias concomitantes à EMT. A perspectiva é de que resultados com maior acurácia sejam atingidos com a evolução tecnológica. Por exemplo, a investigação do foco epiléptico deve ser realizada em equipamentos de campo principal de 3 T ou mais, quando disponíveis, pela perspectiva de melhor resultado na rotina prática (Figura 17).

Avaliação direcionada à região de epileptogênese

O exame de RM deve ser direcionado para cada paciente. Para a investigação do foco epileptogênico, um exame padrão pode não ser suficiente. Muitas vezes é o único exame de imagem que o paciente poderá fazer por questões burocráticas de sistema de saúde e, se realizado de forma rotineira, pode não demonstrar a lesão, impedindo o acesso do paciente à remoção cirúrgica, que em alguns casos poderia ser curativa.

Correlação clínica

Na pesquisa diagnóstica do paciente com epilepsia, o ideal é a formação de equipe multidisciplinar, com interação entre o neurologista e o radiologista para troca das informações antes da aquisição e da avaliação do exame. No ambiente ambulatorial, quando a região suspeita do foco de crises não estiver explícita na solicitação médica do exame, o radiologista deverá buscá-la ativamente, na história clínica e/ou no resultado do EEG, que nem sempre estará disponível. O direcionamento

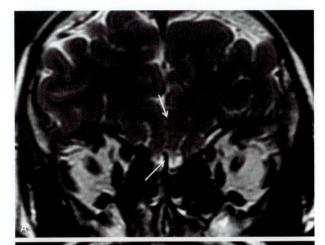
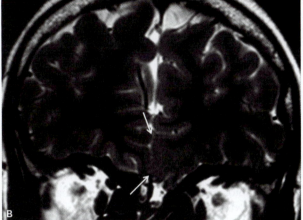

Figura 17 Resolução espacial de DCF em campos magnéticos de 1,5 e 3 T. Imagens de ressonância magnética em T2 coronais, em aparelhos de 1,5 T (A) e 3 T (B) com displasia cortical frontal basal na topografia do giro reto esquerdo (setas). Há leve espessamento cortical e borramento da interface entre as substâncias branca e cinzenta nas imagens no aparelho de 3T e que apenas retrospectivamente podem ser suspeitas naquelas obtidas no aparelho de 1,5 T.

do exame dependerá de sinais localizatórios, como os resumidos no Quadro 7.

No caso de pacientes com EMT, postura distônica (com versão cefálica forçada), paresia crítica ou clonias são contralaterais à área epileptogênica. Piscar os olhos na crise ou no pós-ictal limpar o nariz com a mão ou usar o membro para se recompor favorece o foco no hemisfério ipsilateral. São sinais de início no hemisfério dominante: perda de consciência, vômitos e afasia ictais e disfasia pós-ictal. Enquanto sugerem início no hemisfério não dominante: alteração comportamental com reação de parada, sem perda da consciência, eloquência, irritação, vômitos, urgência urinária. Crianças menores de 4 anos podem não apresentar as manifestações típicas porque o padrão de dispersão das crises é diferente no cérebro em desenvolvimento. Predominam crises com componente motor, tônicas, clônicas e espasmos epilépticos, além de apneia e reação de parada.

Quadro 7	Suspeita da topografia lesional baseada nas crises
Crises	Localização
Motoras focais, com fraqueza pós-ictal do membro (paralisia de Todd)	Giro pré-central
Versivas, crises tônico-clônicas, com desvio da cabeça, olhos e/ou corpo	Córtex pré-motor (frontal, anterior ao giro pré-central)
Hipermotoras com choro e alteração afetiva	Giro do cíngulo anterior e giros frontais
Posturas tônicas bilaterais assimétricas	Área suplementar motora
Somatossensitivas	Giro pós-central
Sintomas visuais, ilusões ou alucinações simples	Lobo occipital, temporal anteromedial
Alucinações complexas ou visão em túnel	Temporal anteromedial ou temporo-occipital
Auditivas	Giro de Heschl
Sintomas olfatórios ou gustativos	Temporal mesial
Vertiginosas	Ínsula ou córtex parietal
Sintomas autonômicos, sensações toracoabdominais ou cefálicas, dor, dispneia, taquicardia, sudorese, dilatação pupilar, vômitos, salivação, sede, incontinência urinária, orgasmo	Temporal mesial

Avaliação temporal mesial

Angulação

No exame padrão de RM, o plano axial é angulado segundo o plano bicomissural, ou seja, o plano que une as comissuras anterior e posterior, estimado a partir do plano sagital mediano (Figura 18A). Como algumas vezes tais pontos não são de identificação imediata, na prática muitas vezes é utilizada a orientação do corpo caloso, como guia para tal plano axial. Essa angulação é a mais propícia para a fusão com atlas neuroanatômicos e espaços tridimensionais de pós-processamento, como o de Talairach e Tournoux.

O exame padrão de TC adota o plano axial angulado segundo a linha órbito-meatal, baseada em parâmetros ósseos bem definidos na radiografia digital localizatória, o teto orbitário e o meato auditivo externo. Essa angulação visa não irradiar o cristalino, que tem maior sensibilidade à radiação. A diferença de angulação entre os dois métodos muitas vezes é responsável por confusões de localização.

No exame de RM direcionado para avaliação das estruturas temporais mesiais, o plano axial é determinado pela orientação da formação hipocampal (Figura 18B) para que o plano coronal seja exatamente perpendicular a ela. Isso evita efeito de volume parcial de imagens oblíquas que falseariam a estimativa do volume e da arquitetura interna.

A sequência pesada em FLAIR, no plano coronal com cortes finos, é a mais sensível para detecção de alteração de sinal observada em pacientes com EMT.

Não se deve alterar a angulação das demais sequências do exame, pois imagens não usuais dificultam a detecção de alterações corticais extratemporais, muitas vezes concomitantes.

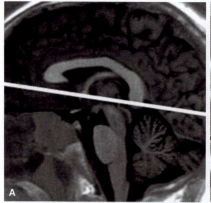 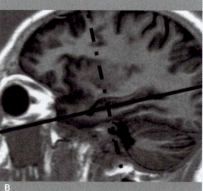 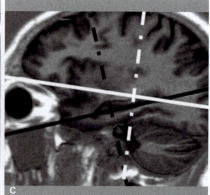

Figura 18 Orientação dos planos de aquisição das sequências de ressonância magnética. Imagens sagitais para programação das sequências axiais e coronais. A aquisição axial convencional é orientada pela linha bicomissural, branca cheia, em A e C. A aquisição axial direcionada para avaliação temporal é orientada pela linha do seu maior eixo, preta cheia, em B e C. As aquisições coronais são ortogonais aos respectivos axiais e estão representadas pelas linhas tracejadas em C, sendo em branco a orientação convencional, e em preto a orientação direcionada à avaliação temporal mesial.

Ainda buscando a avaliação temporal mesial, também podem ser usadas a volumetria, a relaxometria T2 e a espectroscopia de prótons de hidrogênio.

Volumetria

As técnicas de estimativa do volume são baseadas em aquisições tridimensionais, em geral pesadas em T1. Há várias formas de realizar o processamento dessas técnicas automatizadas de segmentação (identificação automática dos limites da formação hipocampal) até o pós-processamento trabalhoso e demorado, que envolve definição do operador para os limites das estruturas a cada imagem (Figura 19). O valor de referência para diagnóstico de atrofia pode ser considerado de forma absoluta ou relativa ao restante do lobo temporal, ou, ainda, relativo ao volume cerebral total do indivíduo.

A avaliação quantitativa das alterações hipocampais é importante na análise evolutiva, principalmente no campo da pesquisa, com esforços no sentido da produção de programas para quantificação automática do volume do hipocampo. Até o momento, a especificidade na detecção de assimetria é de 100%, porém de 85% no diagnóstico de atrofia, com erros nos casos de EMT bilateral.

Até o momento não há dados conclusivos indicando que a volumetria acrescente informações relevantes na prática clínica. Não há estudos com nível A de evidência médica que indiquem o uso de técnicas volumétricas no fluxograma de tratamento de pacientes com epilepsia. Os métodos qualitativos visual e quantitativo por pós-processamento com volumetria são semelhantes quanto a sensibilidade (cerca de 80%) e especificidade.

Relaxometria T2

A relaxometria constitui ferramenta para quantificar o tempo de relaxação T2 dos tecidos à RM. Sua indicação mais frequente é na investigação da EMT, aumentar a sensibilidade para caracterização precoce de anomalias estruturais das formações hipocampais e envolvimento de estruturas correlacionadas.

Essa técnica era mais empregada quando a resolução espacial da RM não era suficiente para avaliação visual adequada dos hipocampos. Parâmetros quantitativos melhoravam a sensibilidade em cerca de 20%. Por outro lado, a associação de informações clínicas e esse parâmetro podem ser ainda mais úteis e atualmente esse cálculo pode ser feito com mais facilidade.

As formações hipocampais apresentam maiores tempos de relaxação T2 na EMT, em geral acima de 116 ms, quando o normal varia entre 99 e 106 ms. O tempo fica ainda maior na concomitância com alteração de sinal no polo anterior temporal.

Independentemente do domínio da técnica, é fundamental a utilização de dados de controle de voluntários saudáveis, pois os tempos de relaxação variam de forma fisiológica com a idade, dificultando a comparação de crianças com adultos, na ausência de dados de controle de voluntários saudáveis.

Espectroscopia de prótons de hidrogênio

Na EMT, há redução difusa do N-acetil-aspartato (Naa): de 30% no hipocampo acometido, em relação aos padrões normais, de 20% em comparação com contralateral não alterado. Também está reduzido na substância branca do lobo temporal, nos lobos frontais, parietais e occipitais dos pacientes com EMT.

Novas técnicas

Pacientes com epilepsia refratária, RM normal (incluindo a avaliação direcionada) e EMT diagnosticada por vídeo-EEG ou SPECT podem ainda ser submetidos a técnicas complementares de RM, antes da decisão por mapeamento com placas intracerebrais. São elas: FLAIR rápido baseado em T2 (FFT2), inversão-recuperação dupla (DIR), taxa de transferência de magnetização (MTR) e processamento de imagens, como morfometria baseada no *voxel* e na superfície (VBM e SBM). Porém, ainda não apresentam boa correlação com o foco, sendo pouco sensíveis, menos que 15% e com grande quantidade de falso-positivos. O coeficiente de difusão aparente (ADC) também não acrescenta informações relevantes na avaliação desse grupo de pacientes.

Avaliação de lesões focais
Aquisição volumétrica

Para investigação de lesões corticais pequenas ou alterações de giração são necessários cortes finos, de espessura de 2,5 ou 3 mm, ou sequências volumétricas de menor espessura. Elas permitem espessuras ainda menores, com melhor relação sinal-ruído.

Deve ser pesada em T1, com maximização da diferenciação corticossubcortical, com sequências inversão-re-

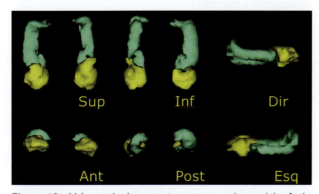

Figura 19 Volumetria das estruturas temporais mesiais. Após aquisição 3D, foram automaticamente selecionadas as formações hipocampais e amígdalas, e manualmente supervisionadas, corte a corte, durante o pós-processamento, para posterior cálculo volumétrico. Imagens cedidas pelo Prof. Dr. Edson Amaro Jr., neurorradiologista livre-docente do Departamento de Radiologia da FMUSP.

cuperação (IR), *fast spoiled gradient recalled acquisition in steady state* (fSPGR), *voxel based morphometry* (VBM), *magnetization prepared rapid gradient echo* (MPRAGE) ou *turbo field echo* (TFE).

Atualmente, há possibilidade de aquisições 3D para sequências pesadas em T2 e FLAIR, apesar da resolução ainda não alcançar o mesmo nível, em tempo razoável para prática clínica.

A perda da definição da interface entre as substâncias branca e cinzenta, muitas vezes é o único indício de displasias corticais sutis e é mais facilmente caracterizada no FLAIR. No córtex perirrolândico a diferenciação entre substância branca e cinzenta é habitualmente mais difícil, sem associação com espessamento da cortical e pode ser mais bem definido com a acentuação da janela de visibilização.

Nos neonatos, o IR ou fSPGR e o T2 *spin-echo* convencional permitem boa caracterização do córtex, enquanto o FLAIR, nessa faixa etária, oferece pobre contraste corticossubcortical.

Como início do processo de mielinização, diminui o contraste entre as substâncias branca e cinzenta, dando aspecto de córtex mal definido. Essa indefinição é mais precoce nas imagens em T1, entre 3 meses e 1 ano e 3 meses, e nas pesadas em T2, entre 8 meses e 2 anos. Portanto, entre 3 e 8 meses, podem ser realizadas sequências pesadas em T2 em mais planos. Já entre 1 ano e 3 meses e 2 anos e meio, as imagens pesadas em T1 devem ser priorizadas. Como a maturação cerebral ocorre mais tardiamente nas regiões frontais e temporais anteriores, qualquer lesão suspeita deverá ser considerada artefato e deverá ser reavaliada em 6 meses ou 1 ano, ao fim da mielinização.

Espectroscopia de prótons de hidrogênio

Na espectroscopia, a redução do Naa relaciona-se com a frequência das crises, mas não com o substrato da displasias corticais focais (DCF). Nas malformações do desenvolvimento cortical (MDC), há redução da relação Naa/Cr não só na lesão, mas também no tecido aparentemente normal adjacente, sugerindo que a extensão da lesão seja maior do que o que é possível identificar nas imagens de RM.

Porém, uma limitação na avaliação espectroscópica das MDC é a ausência de parâmetro ideal para comparação no mesmo indivíduo. Mesmo as áreas aparentemente normais, contralaterais à alteração, apresentam redução na relação Naa/Cr, em comparação com grupo controle.

Difusão e tractografia

A difusão no início tinha como objetivo diagnosticar lesões, como as MDC. Atualmente, o coeficiente de difusão aparente auxilia no refinamento da determinação da difusibilidade da água livre. Não só na determinação do tipo de edema relacionado à lesão, se citotóxico ou vasogênico, mas também na caracterização do grau de celularidade na lesão.

Porém, no campo da epilepsia, a aplicação mais útil é a tractografia, ou seja, a estimativa da direção das fibras da substância branca, baseada na difusibilidade da água livre. A particular importância é no planejamento das vias de acesso cirúrgico às lesões.

Pós-processamento

A aquisição volumétrica permite a reformatação nos demais planos, incluindo oblíquos, para garantir a avaliação no plano perpendicular ao maior eixo da alteração e reconstruções curvilíneas.

A análise estrutural com ajuda de programas computacionais aumenta a sensibilidade de detecção. Não só programas com medidas de espessura cortical, baseados em regularização da superfície cortical, como artifícios de intersecção de mapas de espessura cortical, com sinal T1 e gradiente de borramento da interface córtico-subcortical, melhoram a delimitação de lesões como DCF conhecidas e permitem a identificação de outras não relatadas na avaliação convencional.

Bobina de alto desempenho

A avaliação do encéfalo com bobinas de alto desempenho aliadas a técnicas de aquisição paralela tem aplicação potencial no manejo de pacientes com epilepsia. O uso de bobina de superfície em campo de 3 T adicionou informações relevantes em cerca de 50% dos pacientes que haviam sido avaliados em equipamento de 1,5 T, com protocolo habitual. Houve mudança na conduta em 40%. Nos pacientes com RM anterior normal, houve detecção de lesão em dois terços dos pacientes e em um terço dos pacientes com alteração, ela foi mais bem definida. Além disso, muitas vezes não é possível identificar lesões, por exemplo, áreas de polimicrogiria sem imagens com bobina de superfície.

Avaliação funcional

Quando os exames da radiologia não determinam alteração estrutural que justifique a epilepsia, ou então as informações são inconclusivas, ainda existe a possibilidade da localização das áreas epileptogênicas por meio de estudos funcionais que demonstrem a perfusão, o metabolismo ou as consequências deles.

Exame PET

Pode ser utilizado para avaliação de fluxo sanguíneo cerebral, ligação de receptores, como de serotonina ou receptores gabérgicos, porém utiliza-se de radioisótopos com meia-vida mais curta, menos que uma hora. É preciso um acelerador de partículas (cíclotron) e equipe física especializada próximos ao tomógrafo, não sendo possível a realização desses exames na prática clínica, somente no âmbito de pesquisa.

Para epilepsia, a técnica mais estabelecida é a pesquisa do metabolismo cerebral de glicose, por meio do radiofármaco 18-Flúor-2-deoxiglicose, o ^{18}FDG (Figura 20).

O exame de PET fornece imagens com a melhor resolução espacial entre os exames de medicina nuclear. Mas sua resolução espacial ainda é baixa e, para facilitar a interpretação das imagens, são adquiridas imagens de TC e fundidas ao PET, formando o exame de PET/CT (Figura 20).

A sensibilidade da PET (com ^{18}FDG) no período intercrítico é maior que a da SPECT no período intercrí-

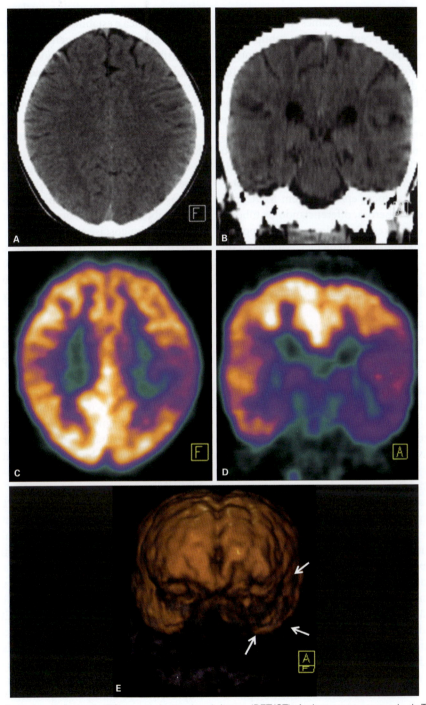

Figura 20 Tomografia computadorizada (TC) por emissão de pósitrons (PET/CT). As imagens estruturais da TC em reconstruções axial (A) e coronal (B) não evidenciam alterações significativas. As imagens do PET com ^{18}FDG intercrítico, em reconstruções axial (C) e coronal (D) correspondentes, evidenciam nítido hipometabolismo temporal com extensão frontal. A visão anterior da reconstrução 3D da imagem de fusão (E) evidencia a extensa área de hipometabolismo. Estas zonas de menor utilização de glicose correspondem às áreas de detectadas pelo eletroencefalograma com eletrodos profundos. Imagens cedidas pela Dra. Carla Rachel Ono, médica nuclear do grupo de epilepsia do HCFMUSP.

tico, porém podendo ainda ser menor que a da SPECT no período crítico para a lateralização e localização do foco epileptogênico e provê informação sobre o estado funcional do restante do cérebro. Sua maior limitação é a falta de delimitação da margem cirúrgica da área de hipometabolismo, que frequentemente vai além da área epileptogênica.

Poucos centros realizam os exames de PET para avaliação dos ligantes de receptores e seus subtipos envolvidos na epilepsia, pois estão ainda no limiar entre a pesquisa e as aplicações clínicas. Na área da crise, costuma haver redução dos ligantes ^{11}C-flumazenil GABAA-cBDZ e da ^{18}F-MPPF 5-HT1A serotonina e aumento dos ligantes ^{11}C-cerfentanil mu opiáceo e ^{11}C-MeNTI delta opiáceo. O radiofármaco para ligantes GABAA é mais sensível e específico que a ^{18}FDG para identificação do foco epileptogênico. É promissora a perspectiva da aplicação do ^{11}C-alfa-metil-L-triptofano (síntese de serotonina) que pode detectar focos epilépticos em MDC, por exemplo, na esclerose tuberosa, diferenciando os túberes epileptogênicos dos túberes não epileptogênicos, porém o que limita é o tempo muito curto da meia-vida física do radionuclídeo, que é de 20 minutos.

SPECT (tomografia computadorizada por emissão de fóton único)

O estudo de SPECT não permite resultados quantitativos, apenas inferência do metabolismo a partir de informações sobre o fluxo sanguíneo cerebral relativo, considerando que há um relativo paralelismo entre fluxo sanguíneo e metabolismo glicolítico cerebral. O radioisótopo utilizado nos exames cerebrais é o tecnécio 99 metaestável, cuja meia-vida física é de cerca de 6 horas. Esse radioisótopo é ligado a fármacos lipossolúveis que ultrapassam livremente a barreira hematoencefálica (BHE). No Brasil, o radiofármaco utilizado é o dímero de etil cisteinato, marcado com o tecnécio 99 metaestável (^{99m}Tc-ECD), que após atravessar a BHE sofre uma de-esterificação, tornando-se hidrossolúvel, permanecendo no interior dos neurônios, não ultrapassando a BHE novamente, permitindo a aquisição das imagens, que representa a distribuição do radiofármaco nas estruturas corticais do encéfalo, núcleos da base e tálamos no período de sua administração. Esse radiofármaco apresenta alta taxa de extração após a primeira passagem dele pelo encéfalo, permitindo a realização dos exames de perfusão cerebral nos períodos intercrítico (paciente sem crise epiléptica), crítico (administração do radiofármaco durante crise epiléptica no setor de vídeo-EEG) e pós-crítico (administração do radiofármaco imediatamente após o término da crise epiléptica, também realizada no setor de vídeo-EEG).

O estudo de SPECT crítico é considerado o exame isolado com maior sensibilidade determinação do foco epileptogênico. Para que o exame seja mais preciso, o ^{99m}Tc-ECD deve estar disponível ao lado do leito do paciente durante o exame de vídeo-EEG, para a injeção endovenosa o mais rápido possível, por uma pessoa treinada, assim que a crise for detectada. A injeção deve ser em bolo durante o ictus. Como a meia-vida física do tecnécio 99m é de 6 horas, é possível o transporte do paciente ao setor de medicina nuclear após o término da crise epiléptica e estabilidade do paciente para a aquisição das imagens, pois as imagens adquiridas vão demonstrar a distribuição do fluxo sanguíneo cerebral no momento da administração endovenosa do radiofármaco, não a sua distribuição durante o período da aquisição das imagens, como anteriormente descrito, por conta da alta taxa de extração de primeira passagem do radiofármaco.

No estudo crítico, há hiperfluxo sanguíneo na área do foco (Figura 21). Se a injeção for um pouco mais tardia, o que será avaliado, será a progressão desse hiperfluxo para hipofluxo que ocorre ao término da crise. No período pós-crítico precoce, há ainda um aumento transitório do metabolismo, por maior necessidade energética para retorno à homeostase eletroquímica e portanto um maior hiperfluxo, que no caso da EMT costuma ser somente na região polar anterior do lobo temporal. Esse hiperfluxo residual pós-crítico precoce é mais raro de ser identificado nos pacientes com epilepsia extratemporal.

No período intercrítico, a região do foco mostra redução da perfusão, que pode estar relacionada à perda neuronal na lesão ou inibição neuronal crônica (Figura 21). Porém, a área com hipofluxo superestima a área do substrato epileptogênico.

Para aumentar a sensibilidade e a especificidade da determinação do foco epileptogênico, a associação de outros métodos diagnósticos torna-se necessária. Busca-se a mudança do padrão de atividade cerebral: hipofluxo no estado intercrítico e hiperfluxo durante as crises.

SISCOM

O SISCOM (*subtraction ictal SPECT coregistered to MRI*) é um método de análise quantitativa baseado na subtração de imagens de SPECT realizadas no período crítico do intercrítico com corregistro e normalização com a RM (Figura 22). Apresenta uma concordância com o foco maior que a avaliação visual, que é qualitativa.

Isso provavelmente porque a tradicional análise qualitativa visual da perfusão pelo SPECT, que envolve a comparação de cada região cerebral com a contralateral, tem algumas limitações. As principais delas são questões operador-dependentes, mas também há detalhes específicos, como: se a zona epileptogênica for muito pequena e apresentar-se com perfusão normal no estudo crítico e no estudo intercrítico não se detecta área hipoperfundida, por exemplo, não se identifica na avaliação visual uma inversão de fluxo entre o estudo realizado no período crítico e intercrítico, o que pode ser identificado na avaliação quantitativa por meio da subtração das ima-

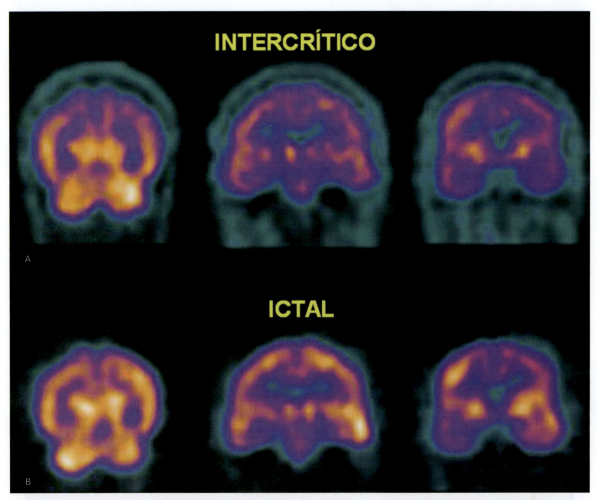

Figura 21 Tomografia computadorizada por emissão de fóton único (SPECT) intercrítico e crítico de paciente com esclerose mesial temporal esquerda. A: Imagens coronais do período fora de crises revelam hipofluxo na região temporal esquerda. B: Imagens coronais da fase durante a crise revelam hiperfluxo no lobo temporal esquerdo e no cerebelo contralateral, com padrão de diásquise.

gens. Outros pontos a serem considerados também são: o tempo da administração do radiofármaco durante a crise, duração da crise epiléptica, tipo de crise, que podem alterar o padrão de hiperfluxo sanguíneo cerebral e não fornecer na avaliação visual qualitativa áreas bem claras de hiperfluxo regional e a análise por subtração pode ajudar nessas situações.

RMf (ressonância magnética funcional)

A RMf já está implementada para uso clínico nos grandes centros, depois de mais de 25 anos de pesquisa com o método.

O método baseia-se no efeito de *blood oxygenation level dependance* (BOLD), ou seja, a diferença de oxigenação sanguínea entre áreas com maior e menor atividade neuronal. Após cálculos estatísticos da variação do sinal ao longo do tempo, são estimadas as probabilidades de as regiões cerebrais estarem envolvidas nas atividades realizadas pelos pacientes dentro do aparelho de RM, durante a aquisição das imagens.

As principais indicações do exame são: a determinação da lateralidade de linguagem e memória, a localização de áreas cerebrais eloquentes e a localização funcional do foco epileptogênico.

Para a localização direta do foco epileptogênico pela RM, utiliza-se RMf e registro simultâneo pelo EEG. Foram fundamentais os avanços técnicos no desenvolvimento de equipamentos de EEG que permitissem o registro elétrico, sem a interferência do campo magnético e dos artefatos determinados pelos pulsos de radiofrequência e inversões de gradientes durante as aquisições. O exame pode ser realizado de três maneiras: pacientes com descargas frequentes examinados até que elas ocorram, indução de crise em pacientes com epilepsia reflexa ou correlação das descargas interictais com a intensidade de sinal da RMf. Porém, ainda constituem limitação a essa

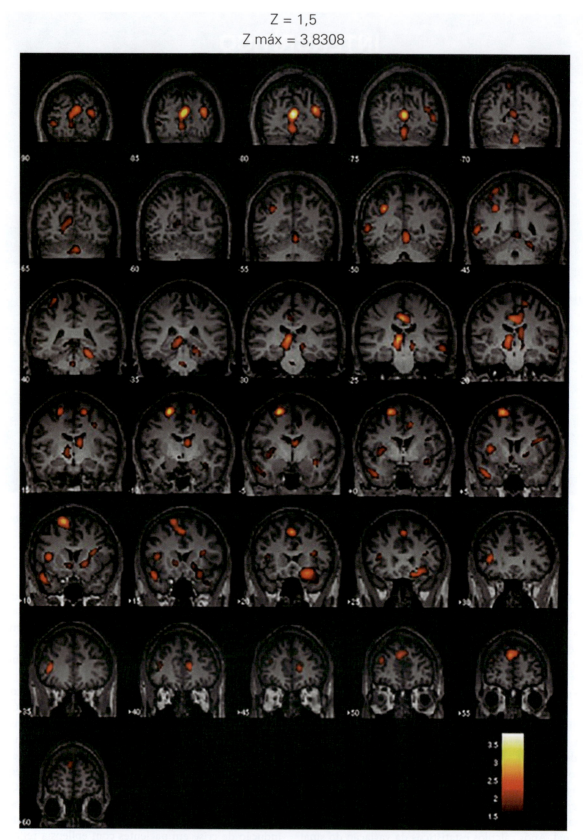

Figura 22 SISCOM. Fusão das imagens de ressonância magnética corregistrada no plano coronal à subtração das imagens dos exames ictal e interictal de tomografia computadorizada por emissão de fóton único (SPECT).
Imagens cedidas pela Dra. Carla Rachel Ono, médica nuclear do grupo de epilepsia do HC-FMUSP.

indicação, os pacientes que não apresentam descargas frequentes e os que apresentam generalização precoce, em razão dos artefatos de movimento e da dificuldade de interpretação do foco de origem, na presença de múltiplas áreas ativadas. Esse exame ainda não faz parte do arsenal da prática clínica por causa da falta de padronização de sensibilidade e especificidade dos mapas estatísticos. Essa limitação pode ser minimizada pela comparação com banco de dados populacionais, adquirido com o equipamento local, além da utilização de campos magnéticos mais elevados, pois a relatada variação de sinal BOLD relativa à de atividade é inferior a 5% em aparelhos de campo magnético de 1,5 Tesla e 10% em aparelhos com campo de 3 Teslas. Outra limitação de relevância no estudo de pacientes epilépticos, que inclui grande parte de crianças, é a necessidade da imobilidade da cabeça durante as tarefas, mesmo as que envolvam a fala.

Para o mapeamento pré-operatório das funções eloquentes, o exame de RMf não deve ser muito extenso. Exames longos reduzem o comprometimento do paciente em desempenhar as tarefas com toda a atenção possível.

Existem duas formas de se realizar o exame de RMf: baseado em tarefas e no estado de repouso. A aquisição no estado de repouso é a mais simples com uma sequência única, não requer equipamentos extra, não requer esforço do paciente durante o exame, apenas que não pense em nada durante o exame. Porém, o pós-processamento é muito demorado e a sensibilidade também muito inferior do que a RMf baseada em tarefas.

As aquisições baseadas em tarefas têm maior sensibilidade na detecção das áreas relacionadas às funções desejadas, além de terem sido desenvolvidas há mais tempo, portanto com maior experiência dos radiologistas envolvidos no método.

A investigação do mapeamento cerebral de lesões focais próximas a áreas relacionadas às funções primárias é de interpretação mais simples. As tarefas (presença da atividade neuronal) são alternadas com o estado basal que pode ser apenas o paciente em repouso (ausência da atividade neuronal). Para o mapeamento motor, a tarefa que melhor delimita as áreas sensitivomotoras primárias e secundárias é a aposição sequencial dos dedos ao polegar. Para avaliação das pernas e dos pés, não há consenso, por causa da melhor área representada. Para a avaliação sensitiva, é possível apenas a estimulação tátil passiva da região desejada com gaze, ou algodão, até sistemas mais complexos de estímulo por jatos de ar sob pressão, que permitem maior controle e uniformidade ao longo do experimento. Para avaliação visual, a apresentação de estímulo visual de quadrados de cores diferentes (sendo os mais usados brancos e pretos) dispostos como tabuleiro de xadrez, com as cores alternando-se com frequências variáveis elicita maior área de ativação no córtex visual. Para avaliação auditiva, a escuta passiva de frases ou histórias curtas contrapostas ao silêncio estão relacionadas à atividade frontotemporoparietal. A avaliação olfatória tem mostrado as maiores variabilidades interindividuais entre os sentidos primários.

Na determinação do predomínio hemisférico da linguagem, muitos trabalhos mostraram concordância entre os exames neuropsicológicos, teste do amital Wada e RMf próxima a 100%, o que motiva a substituição do exame invasivo pela imagem funcional. Porém, vale ressaltar que o teste do amital simula a lobectomia temporal, possibilitando a avaliação da reserva funcional. Enquanto a RMf permite a comparação das estruturas não só temporais, mas hemisféricas, quanto à participação nos processos de linguagem, que na maioria da população predomina no hemisfério esquerdo, mesmo em indivíduos canhotos. Por ser função cognitiva mais complexa, para sua realização é necessário que haja diferença dos estados mentais a serem comparadas, apenas quanto à linguagem, sendo os períodos de controle também contemplados com apresentações visuais ou auditivas, semelhantes às utilizadas para apresentação da tarefa. Entre as muitas possibilidades de paradigmas, ou seja, conjunto de tarefas a serem executadas, de linguagem destacam-se as de fluência verbal (geração espontânea de palavras a partir de letras) pelo maior poder de reprodutibilidade; nomeação que pode ser por confrontação visual (figuras) ou por descrição escrita (frases); função executiva de linguagem, com decisão semântica, como a identificação de sinônimos, de objetos pertencentes à mesma categoria, de rimas.

A EMT determina reorganização cerebral. Estudos incipientes demonstraram que pacientes com EMT esquerda apresentaram redução do efeito BOLD em regiões relacionadas à linguagem à esquerda e aumento em regiões homólogas contralaterais, além de áreas ipsilaterais habitualmente não correlacionadas à linguagem. Tal distribuição ocorreu de forma mais evidente nas tarefas de geração de palavras (Figura 23A) e nomeação por descrição escrita (Figura 23B), e menos evidente nas tarefas de decisão/função executiva de linguagem (Figura 23C) e nomeação por confrontação visual (Figura 23D). Esses resultados devem ser confirmados por novos estudos, para investigar não só o impacto da reorganização da linguagem nas habilidades linguísticas, como o impacto do controle das crises no padrão de reorganização da rede de linguagem.

Quanto à avaliação da memória por RMf, ainda não há consenso sobre o paradigma que determina maior atividade hipocampal. Além de a maioria dos paradigmas apresentar maior ativação extratemporal, há evidências de que os processos de memória não sejam tão lateralizados quanto linguagem, o que justifica a alta frequência de alteração de memória em pacientes pós-lobectomia temporal, mesmo quando a avaliação pelo teste de Wada mostrou-se favorável. O hipocampo esquerdo foi relacionado a alteração de memória verbal, enquanto o direito, a alterações visuoespaciais.

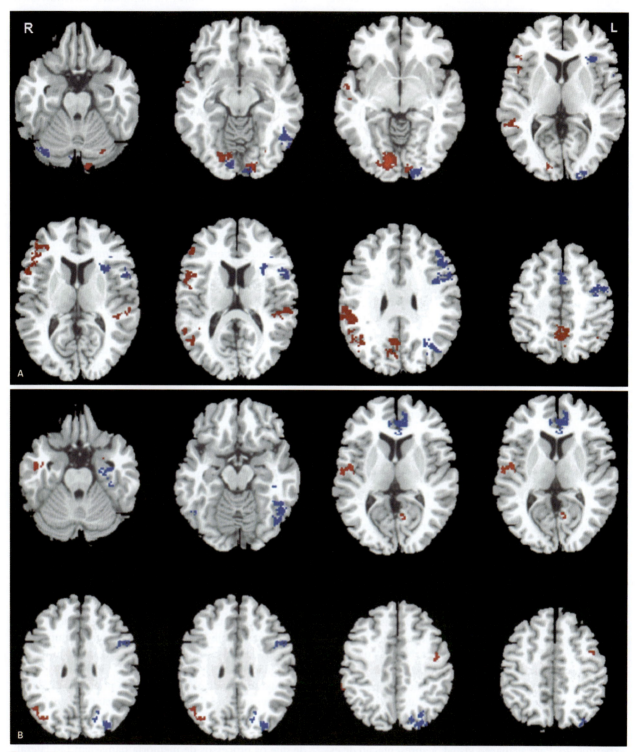

Figura 23 Ressonância magnética funcional (RMf) de linguagem de comparação de grupos com esclerose mesial temporal (EMT) esquerda e indivíduos neurologicamente saudáveis. Imagens de grupo pós-processadas (ANOVA) de RMf, com tarefas de linguagem: geração de palavras para avaliação da fluência verbal (A), nomeação por descrição escrita (B).

(continua)

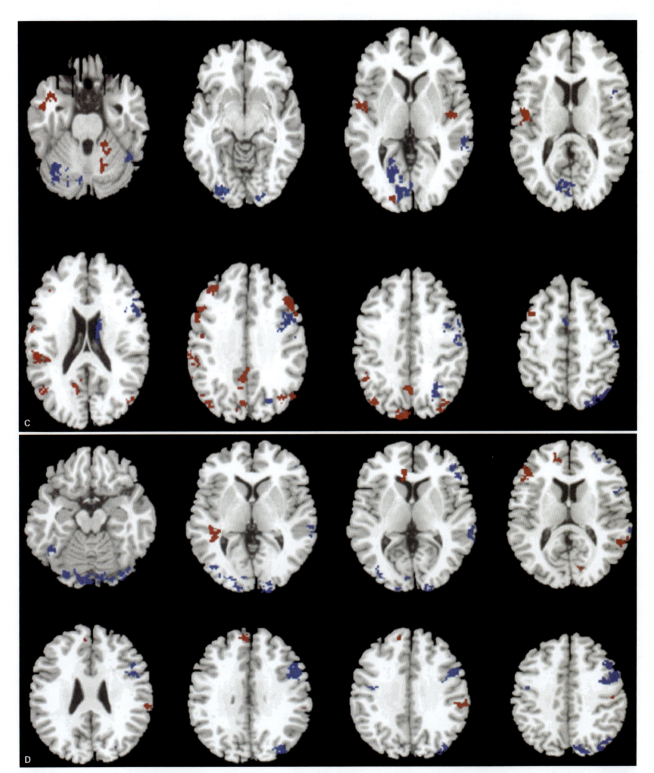

Figura 23 *(continuação)* Nomeação por confrontação visual (C) e decisão fonológica e semântica para avaliação da função executiva de linguagem (D). Em geral, as áreas em azul (que representam o maior efeito BOLD no grupo dos indivíduos saudáveis em relação aos pacientes) estão relacionadas às áreas habitualmente caracterizadas nas respectivas tarefas de linguagem e predominam à esquerda. As áreas em vermelho (que têm efeito BOLD maior no grupo de pacientes com EMT esquerda que nos saudáveis) predominam à direita, o que pode representar reorganização dos circuitos cerebrais de linguagem nos pacientes com EMT acometendo o hemisfério dominante.

Os limites das áreas coloridas apresentadas no mapeamento pré-operatório RMf de lesionectomia (Figura 24) não são absolutos, por serem baseados em limiares estatísticos. É possível que as áreas detectadas não sejam suficientes para manter a função e que nem todas sejam específicas para a tarefa desempenhada. O consenso das margens de segurança da área eloquente variam entre 1 e 2 cm. O comprovado é que o exame prévio de RMf permite a redução no tempo de cirurgia pelo direcionamento dos estudos eletrográficos intraoperatórios (Figura 25).

Avaliação pré-operatória

Nos casos de pacientes com o diagnóstico correto de epilepsia, da sua etiologia e que apesar do uso adequado de drogas antiepilépticas mantenham crises, metade se beneficia do tratamento cirúrgico.

A avaliação pré-operatória ideal por imagem deve fornecer informações relativas a:

- Localização das anormalidades estruturais na região epileptogênica.
- Predição da natureza da lesão estrutural na área epileptogênica.
- Detecção de anormalidades fora da área suspeita de epileptogênese.
- Possíveis limites cirúrgicos da lesão.
- Planejamento de via de acesso e técnica cirúrgica a ser empregada.
- Proximidade de áreas eloquentes (RMf/teste do amital de Wada).
- Correlação funcional do foco (SPECT/PET).

A identificação de uma lesão epileptogênica é o principal fator de bom prognóstico no controle pós-cirúrgico de crises. Para isso, devem ser empregadas técnicas adequadas à identificação de lesões pequenas, com valorização de sinais sutis se correlacionados aos dados clínico-eletrográficos. Muitas vezes é necessária a repetição dos exames de RM, com técnica direcionada à região suspeita e análise deles por neurorradiologistas com experiência de trabalho em grupos multidisciplinares de interesse em epilepsia.

O conjunto de avaliações visa a avaliar a possibilidade e planejamento do procedimento, para aumentar as chances de controle completo de crises e reduzir o risco de sequelas motoras e cognitivas. Além de reduzir o tempo cirúrgico, minimizando o risco de infecção e hemorragia que estão diretamente ligados à morbimortalidade.

Essa avaliação consiste em:

- História: semiologia das crises, qualidade de vida, resposta terapêutica.
- EEG interictal: localização da atividade epileptiforme.
- RM estrutural direcionado ao local suspeito (clínica/EEG): caracterização de substrato anatômico.
- Vídeo-EEG ou EEG ictal: padrão clínico e eletrográfico da crise.

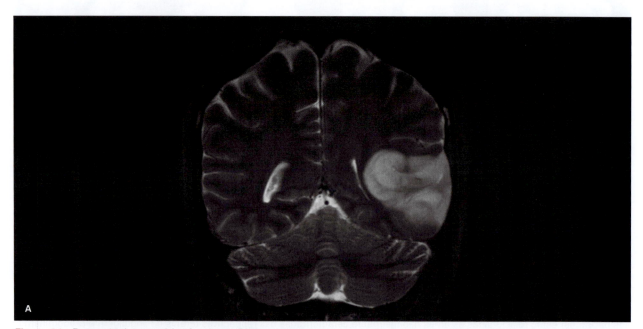

Figura 24 Ressonância magnética funcional (RMf) pré-operatória com avaliação sensitivomotora e de linguagem. Paciente com epilepsia refratária e tumor temporal esquerdo hidratado com áreas centrais de maior celularidade (A) de aspecto estável há 5 anos, com anatomopatológico de DNET. Imagens de RMf corregistradas ao volume T1 demonstram as áreas correlacionadas às tarefas sensitivomotoras (B) da mão direita (azul) e esquerda (amarelo) sem relação com a lesão.

(continua)

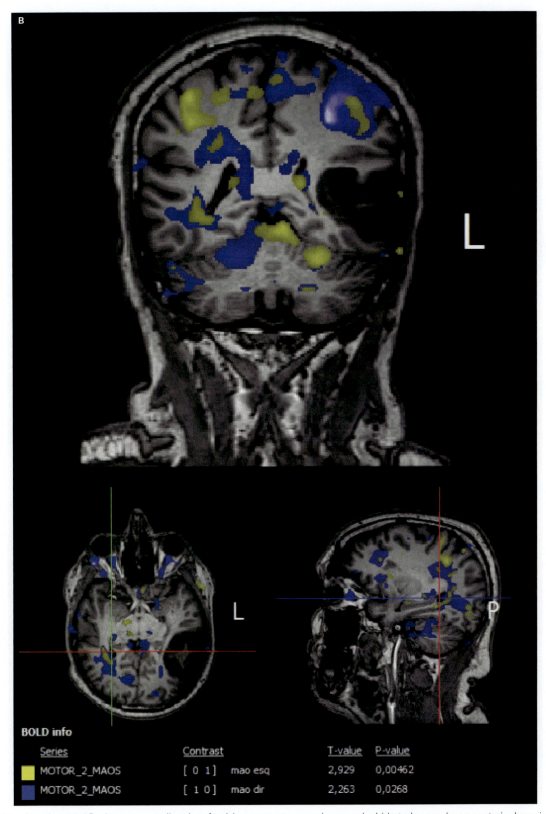

Figura 24 *(continuação)* Paciente com epilepsia refratária e tumor temporal esquerdo hidratado com áreas centrais de maior celularidade (A) de aspecto estável há 5 anos, com anatomopatológico de DNET. Imagens de RMf corregistradas ao volume T1 demonstram as áreas correlacionadas às tarefas sensitivomotoras (B) da mão direita (azul) e esquerda (amarelo) sem relação com a lesão.

(continua)

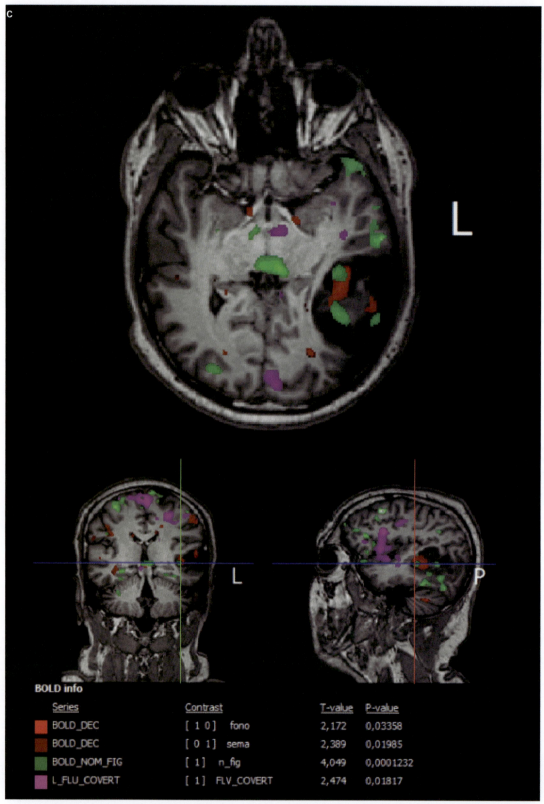

Figura 24 *(continuação)* Há áreas correlacionadas às tarefas de linguagem (C e D): geração de palavras (rosa), decisão (vermelho) e nomeação (verde) nas margens superior, anterior e inferior, além do interior da lesão.

(continua)

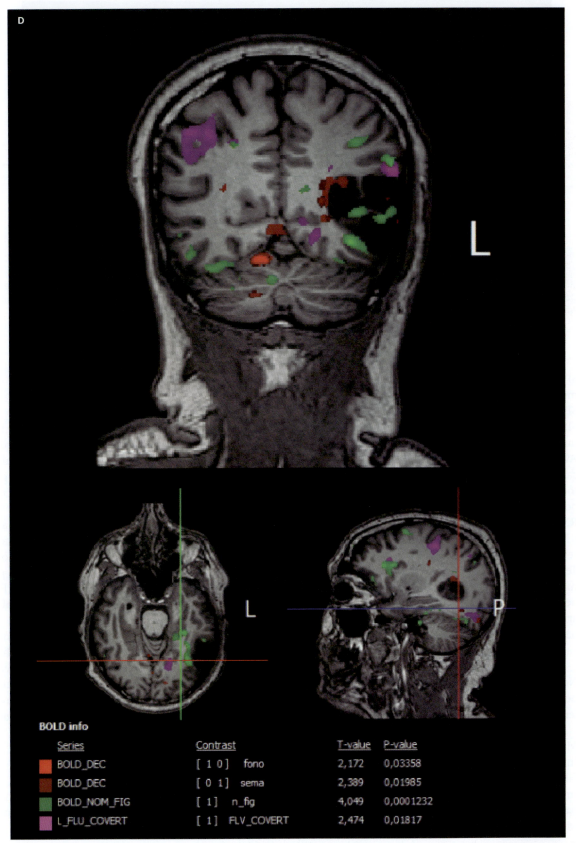

Figura 24 *(continuação)* Há áreas correlacionadas às tarefas de linguagem (C e D): geração de palavras (rosa), decisão (vermelho) e nomeação (verde) nas margens superior, anterior e inferior, além do interior da lesão.

(continua)

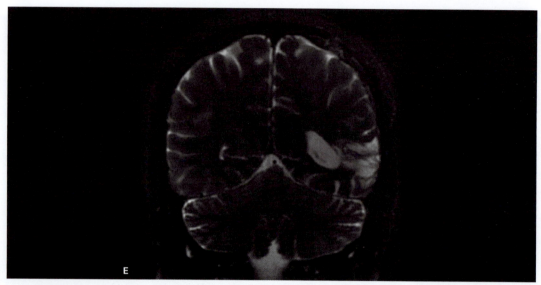

Figura 24 *(continuação)* Há áreas correlacionadas às tarefas de linguagem (C e D): geração de palavras (rosa), decisão (vermelho) e nomeação (verde) nas margens superior, anterior e inferior, além do interior da lesão. A ressecção subtotal (Figura 25) está demonstrada na ressonância magnética pós-operatória (E) e o paciente evoluiu sem crises ou déficits de linguagem.

- SPECT/PET intercrítico: áreas com hipofluxo/hipometabolismo.
- SPECT crítico: áreas com hiperfluxo.
- SISCOM: diferença entre as áreas com hiper e hipofluxo, corregistrada na RM.
- Avaliação neuropsicológica: alterações cognitivas focais, de humor e comportamento para correlação anatômico-funcional (lateralização do foco) e previsão de possíveis prejuízos funcionais pós-operatórios.
- RM funcional: localização das funções eloquentes.
- RM funcional + EEG: localização do foco e áreas correlatas.
- Teste de Wada/amital sódico: avaliação invasiva de funções cognitivas (angiografia digital com anestesia hemisférica transitória por cateterização seletiva da artéria carótida interna) para determinação de dominância hemisférica de linguagem e avaliação de reserva funcional de memória.

No caso de epilepsia refratária com RM negativa, ainda são possíveis, de acordo com a disponibilidade no centro terapêutico:

- Magnetoencefalografia (MEG).
- Implante de eletrodos profundos e estereoeletroencefalografia.
- Implante de placa ou estrias de eletrodos subdurais para registro da atividade elétrica.
- Mapeamento cortical intraoperatório.

Avaliação intraoperatória

Os procedimentos prévios à cirurgia visam ao adequado diagnóstico etiológico e incluem uma equipe multidisciplinar. Raramente os procedimentos cirúrgicos de substratos anatômicos de epilepsias requisitam a sala cirúrgica acoplada ao equipamento de RM, pois, em geral, a dúvida em relação ao remanescente da lesão não costuma ser sanada pelo exame de RM.

A ressecção da peça cirúrgica que contenha o substrato anatômico deve ser "em bloco", para permitir cortes de 5 mm de espessura. Se a lesão for no hemisfério dominante ou próxima a áreas eloquentes, a ressecção pode ser mais econômica, guiada pela atividade elétrica (Figura 25) e muitas vezes com o neuropatologista em sala cirúrgica para garantir marcos na peça.

A avaliação anátomo-patológica deve ser complementada com baterias imuno-histoquímicas, detalhadas na Tabela 1. Quando não disponíveis, o tecido deve ser armazenado por período prolongado, com novas técnicas de congelação, visando à avaliação retrospectiva (revisão do diagnóstico), quando os testes moleculares se fizerem mais disponíveis.

Avaliação pós-operatória

Na avaliação pós-operatória dos pacientes com epilepsia, tanto a TC como a RM estão indicadas, sendo a primeira mais disponível para os pós-operatórios ime-

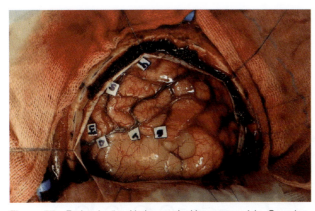

Figura 25 Estimulação elétrica cortical intraoperatória. O paciente da Figura 23 revelou interrupção da fala nas margens superiores da lesão esbranquiçada, durante a estimulação cortical intraoperatória. Imagem cedida pelo Dr. Hugo Sterman Neto, neurocirurgião do ICESP/HCFMUSP.

- Ausência de localização precisa do foco das crises, por exames de imagem normais ou por dados conflitantes entre caracterização clínica das crises, EEG, vídeo-EEG, SPECT, RM e avaliação neuropsicológica.
- Foco próximo a áreas eloquentes.

No exame de controle pós-procedimento, podem ser utilizadas TC ou RM, ambas com artefatos gerados pelos eletrodos. Tais artefatos podem ser definitivos na redução da sensibilidade para detecção de pequenas hemorragias locais. Na RM, a grande quantidade de artefatos de susceptibilidade magnética determinada pelos eletrodos pode ser minimizada com o uso de sequências gradiente *echo* 3D T1.

Para evitar aquecimentos teciduais fora de limites seguros, recomenda-se para a aquisição das imagens de RM:

diatos. A RM é mais eficiente na identificação de complicações da cirurgia e causas de fracasso do tratamento invasivo, como lesão residual ou recorrente.

Os procedimentos cirúrgicos relacionados à epilepsia incluem: implante de eletrodos profundos e placas subdurais, amígdalo-hipocampectomia, lobectomia parcial temporal, lesionectomia, transecção subpial múltipla e calosotomia.

Eletrodos profundos e placas subdurais

A monitorização eletrofisiológica com implante de eletrodos profundos, placas e estrias subdurais não tem finalidade terapêutica (Figura 26). Essas opções mais invasivas da conduta diagnóstica têm como principais indicações:

- Bobinas de cabeça em vez de bobinas de corpo.
- Conferir o posicionamento dos cabos dos eletrodos dentro da bobina e do aparelho de RM.
- Sequências com menor taxa de absorção específica, como as eco planares (EPI) gradiente *echo*.
- Evitar sequências de *spin-echo* rápidas (*fast/turbo spin echo*) T2.

O objetivo é a correlação espacial dos registros de EEG, caracterizando a distribuição anatômica dos contatos dos eletrodos (Figura 26).

A atividade dos eletrodos intracranianos é registrada por vídeo-EEG na tentativa de localizar precisamente a área epileptogênica. No caso de proximidade de área eloquente, mais frequentemente áreas de linguagem e motora, pode ser realizada estimulação elétrica cortical.

Tabela 1	Avaliação imuno-histoquímica da peça cirúrgica do substrato epileptogênico						
Teste	EMT	MDC	Tumor	Vascular	Inflamatório	Cicatricial	Sem lesão
HE	x	x	x	x	x	x	x
CV-LFB	x	x	x	x	x	x	x
GFAP	x	x	x	x	x	x	x
MAP2		x	x				x
NeuN	x	x	x	x	x	x	x
NFL		x					x
Vim		x					x
CD34		x	x				x
Ki67			x				x
IDH I			x				x
1p/19q			x				x
CD68			x		x	x	x
CD3	x				x	x	x

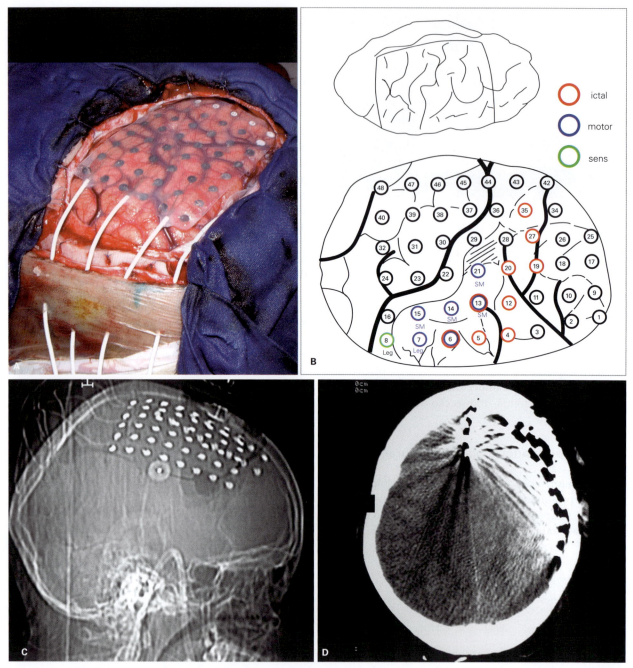

Figura 26 Controle pós-implante de placa de eletrodos intracranianos. A: Cirurgia de implante da placa de eletrodos para determinar área de foco das crises. B: Correlação clínico-eletroencefalográfica: eletrodos em vermelho registraram crises, eletrodos em azul, quando estimulados, determinaram sintomas motores, e eletrodos verdes, sintomas sensitivos. C: Radiografia digital demonstrando a posição dos eletrodos, hiperatenuantes. D: Tomografia computadorizada demonstrando os artefatos de alta densidade determinados pelos eletrodos metálicos, na superfície cortical da convexidade frontal e região frontal interemisférica anterior.
Imagens cedidas pelo Dr. Wen Hung Tzu, neurocirurgião do grupo de epilepsia do HCFMUSP.

Amígdalo-hipocampectomia e lobectomia temporal anterior

A remoção cirúrgica da região temporal mesial é o tratamento padrão para pacientes com EMT refratária à medicação, com 75% de remissão total (classes I e II de Engel). Os casos de pouco sucesso estão relacionados a RM normal, acometimento hipocampal bilateral e presença de dupla patologia.

A extensão da cirurgia tem relação com o prognóstico, sendo preconizada a ressecção completa da lesão e das margens com presumível tecido epileptogênico, muitas vezes com extensão à amígdala (Figura 27).

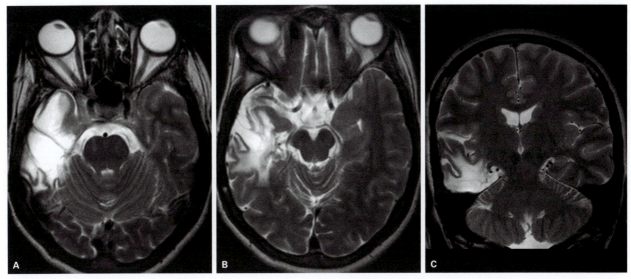

Figura 27 Amígdalo-hipocampectomia e lobectomia temporal anterior. Imagens de ressonância magnética em T2 nos planos axial (A e B) e coronal (C) demonstram perda tecidual delimitando a loja cirúrgica preenchida por liquor.

Lesionectomia

As ressecções de lesão neocortical determinam controle das crises em quase 60% dos casos. São considerados indícios de bom prognóstico: lesão focal na RM, crises com início ictal localizado ao EEG, hipometabolismo localizado na PET ou hipofluxo na SPECT. São considerados fatores de mau prognóstico: lesões extensas, envolvimento de áreas eloquentes, localização no lobo frontal e presença de displasia cortical.

São indicações de lesionectomia: tumores de baixo grau, displasia cortical, malformações vasculares e lesões cicatriciais secundárias. As margens cirúrgicas podem ser mais econômicas quando as crises originam-se da lesão propriamente dita, como nos tumores neurogliais, hamartomas ou distúrbios de migração neuronal. Mas quando há possibilidade de a crise resultar do tecido reacional adjacente às margens devem ser mais amplas. A definição dos limites do procedimento é fundamental quando a lesão localiza-se em área eloquente ou próxima. Nesses casos, os métodos funcionais de imagem, como a RMf, podem auxiliar no planejamento da abordagem e guia intraoperatório. Deve ser realizada quando há coincidência na localização da gênese da crise entre a clínica, o EEG e a RM, exceto em crianças pequenas, em que a grande capacidade de reorganização funcional permite ressecções mais amplas e menos suscetíveis a resquícios do processo ou mesmo recidiva.

A RM pode demonstrar áreas de ressecção incompleta.

Hemisferectomia funcional

A hemisferectomia funcional (ou hemisferotomia) compreende desconexões comissurais e calosotomia. As hemisferectomias anatômicas, mais antigas, evoluíram com hemossiderose superficial cerebral e hidrocefalia. As técnicas mais recentes determinam menor ressecção (Figura 28), com predomínio de desconexões (Figura 29). São conhecidas como variações da hemisferectomia funcional de Rasmussen, incluindo a deaferentação transcortical peri-insular, o *keyhole* transylviano e a hemisferotomia peri-insular.

Constituem indicações dessa abordagem lesão em um hemisfério com epilepsia refratária à medicação ou epilepsia infantil catastrófica. Seus substratos mais comuns são extensas anomalias de giração, amplas displasias corticais, síndrome de Sturge-Weber, encefalite de Rasmussen, hemimegalencefalia e isquemia perinatal extensa. Além da epilepsia, esses pacientes cursam com hemiparesia espástica contralateral (maior do membro superior, possibilitando a deambulação, perda do movimento da pinça, hemianopsia). Retardo mental não é contraindicação à cirurgia, mas sempre deve ser comprovado que todas as descargas têm origem no hemisfério lesionado. Em geral, a RM localiza as alterações, que são confirmadas com o vídeo-EEG e testes neuropsicológicos.

O comprometimento pós-operatório inclui hemianopsia parcial ou completa. Já as alterações de linguagem dependem do tempo da cirurgia em relação à transferência das funções de linguagem para o hemisfério não lesado, detectada pelo teste de Wada. A transferência funcional incompleta constitui contraindicação relativa à cirurgia. Em hemisferectomias antes dos 2 ou 3 anos de vida, os pacientes não costumam evoluir com deficiências, mas aumenta o risco para alteração motora. Os pacientes com início tardio de epilepsia apresentam menor chance de transferência funcional para o outro hemisfério, por retardo no desenvolvimento cognitivo, identificado nos testes neuropsicológicos.

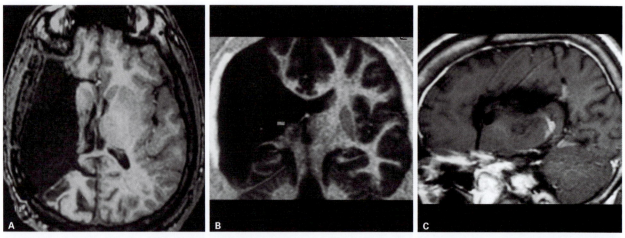

Figura 28 Hemisferectomia. Imagens de ressonância magnética em T1 axial (A), coronal (B) e sagital (C) mostrando hemiatrofia cerebral direita e extensa zona de encefalomalácia com gliose marginal no território de artéria cerebral média direita, além de lesão isquêmica antiga occipital esquerda e desconexão nas margens do corpo caloso.

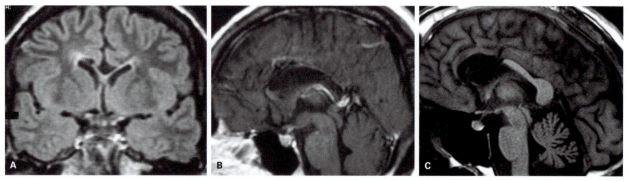

Figura 29 Calosotomia. Imagens de ressonância magnética axial FLAIR (A) e sagital T1 (B) mostrando desconexão entre os hemisférios, apenas com pequena faixa paramediana que representa segmento direito do joelho do corpo caloso. Imagem sagital de ressonância magnética em T1 de outro paciente (C) mostrando remanescente do corpo caloso na porção posterior do tronco e esplênio, caracterizando calosotomia parcial anterior.

A avaliação no pós-operatório imediato deve buscar o diagnóstico de hematomas, mielinólise pontina e extrapontina, infecções, como meningite, ventriculite, osteomielite do fragmento da calota e abscessos, ou ainda desenvolvimento de cisto de aracnoide.

As aplicações da avaliação pré e pós-operatória na epilepsia estão resumidas no Quadro 8.

Agradecimentos

Ao grupo multidisciplinar de epilepsia do HCFMUSP, em especial à Dra. Carmem Lisa Jorge, ao Dr. Wen Hung Tzu e à Dra Carla Rachel Ono, que gentilmente cederam algumas imagens, devidamente creditadas.

Quadro 8 Aplicação da imagem na avaliação pré e pós-operatória na epilepsia

Imagem	Avaliação pré-operatória	Controle pós-operatório
Estrutural	Caracterização da lesão Delimitação anatômica Proximidade de áreas eloquentes (motora, sensitiva, visual, auditiva, linguagem, memória) Correlação clínica e de eletroencefalograma Diagnóstico para prognóstico pós-operatório	Correlação anatômica dos eletrodos intracranianos Complicações da cirurgia Presença de resquícios da lesão Recidiva tumoral Verificar desconexão hemisférica
Funcional	Pesquisa do foco Mapeamento das áreas eloquentes	Controle da plasticidade/remodelamento

Ao grupo de R4 de Neurologia do Departamento de Radiologia da FMUSP, em especial ao Dr. Jorge Takahashi, pela ajuda na formatação de algumas imagens.

Aos colegas e amigos neurorradiologistas do Serviço de Ressonância Magnética do HCFMUSP, que ajudaram na parte assistencial, enquanto tivemos de nos deslocar para a elaboração deste material didático.

Bibliografia sugerida

1. Arantes PR, Martin MGM, Amaro Jr. E. Ressonância magnética funcional. In: Manreza MLG, Grossmann RM, Valério RMF, Gulhoto LMFF, eds. Epilepsia na infância e adolescência. São Paulo: Lemos; 2003. p. 429-44.
2. Avoli M. The epileptic hippocampus revisited: back to the future. Epilepsy Currents. 2007;7(4):116-8.
3. Berg AT, Berkovic SF, Brodie MJ, Buchhalter J, Cross JH, van Emde Boas W, et al. Revised terminology and concepts for organization of seizures and epilepsies: report of the ILAE Commission on Classification and Terminology, 2005-2009. Epilepsia. 2010;51(4):676-85.
4. Blümcke I, Thom M, Aronica E, Armstrong DD, Bartolomei F, Bernasconi A, et al. International consensus classification of hippocampal sclerosis in temporal lobe epilepsy: a Task Force report from the ILAE Commission on Diagnostic Methods. Epilepsia. 2013;54(7):1315-29.
5. Bonilha L, Yasuda CL, Rorden C, Li LM, Tedeschi H, de Oliveira E, et al. Does resection of the medial temporal lobe improve the outcome of temporal lobe epilepsy surgery? Epilepsia. 2007;48(3):571-8.
6. Capizzano AA, Vermathen P, Laxer KD, Matson GB, Maudsley AA, Soher BJ, et al. Multisection proton MR spectroscopy for mesial temporal lobe epilepsy. AJNR Am J Neuroradiol. 2002;23(8):1359-68.
7. Castro LH, Ferreira LK, Teles LR, Jorge CL, Arantes PR, Ono CR, et al. Epilepsy syndromes associated with hypothalamic hamartomas. Seizure. 2007;16(1):50-8.
8. Castro LHM, Almeida JPd, Castro BM, Arantes PR, Otaduy M, Jorge CL, et al. A comprehensive Fmri language battery discloses extensive inter- and intrahemispheric language reorganization in medically refractory secondary to left mesial temporal sclerosis. XXIV Congresso Brasileiro de Neurologia; 2010; Rio de Janeiro: Academia Brasileira de Neurologia; 2010. p. 814.
9. Chiapparini L, Granata T, Farina L, Ciceri E, Erbetta A, Ragona F, et al. Diagnostic imaging in 13 cases of Rasmussen's encephalitis: can early MRI suggest the diagnosis? Neuroradiology. 2003;45(3):171-83.
10. Coan AC, Chaudhary UJ, Grouiller F, Campos BM, Perani S, De Ciantis A, et al. EEG-fMRI in the presurgical evaluation of temporal lobe epilepsy. J Neurol Neurosurg Psychiatry. 2016;87(6):642-9.
11. Epilepsies by etiology, in Diagnostic manual, rom the ILAE. Available at: https://www.epilepsydiagnosis.org/aetiology/epilepsies-etiology-groupoverview.html.
12. Gaillard WD, Catherine C, Cross JH, Harvey AS, Kuzniecky R, Hertz-Pannier L, et al. for the ILAE, Committee for Neuroimaging, Subcommittee for Pediatric Neuroimaging Epilepsia. 2009;50(9):2147-53.
13. Golby AJ, Poldrack RA, Brewer JB, Spencer D, Desmond JE, Aron AP, et al. Material-specific lateralization in the medial temporal lobe and prefrontal cortex during memory encoding. Brain. 2001;124(Pt 9):1841-54.
14. Hammers A, Heckemann R, Koepp MJ, Duncan JS, Hajnal JV, Rueckert D, et al. Automatic detection and quantification of hippocampal atrophy on MRI in temporal lobe epilepsy: a proof-of-principle study. Neuroimage. 2007;36(1):38-47.
15. Hart Y. Rasmussen's encephalitis. Epileptic Disord. 2004;6(3):133-44.
16. Karis JP. Epilepsy. AJNR Am J Neuroradiol. 2008;29(6):1222-4.
17. Kuzniecky RI, Jackson GD. MRI in special conditions associated with epilepsy. In: Kuzniecky RI, Jackson GD, editors. Magnetic resonance in epilepsy: neuroimaging techniques burlington. Massachusetts: Elsevier; 2005. p. 197-219.
18. Kuzniecky RI. Neuroimaging of epilepsy: therapeutic implications. NeuroRx. 2005;2(2):384-93.
19. Mathern GW, Trevathan E. Childhood-onset temporal lobe epilepsy: neuroimaging predicts seizure control. Neurology. 2006;67(12):2117-8.
20. NeuroImages: diaschisis: is it always reversible? Neurology. 2009;72(16):e79.
21. Ngugi AK, Kariuki SM, Bottomley C, Kleinschmidt I, Sander JW, Newton CR. Incidence of epilepsy: A systematic review and meta-analysis. Neurology. 2011;77(10):1005-12.
22. Raybaud C, Shroff M, Rutka JT, Chuang SH. Imaging surgical epilepsy in children. Childs Nerv Syst. 2006;22(8):786-809.
23. Salanova V, Markand O, Worth R. Temporal lobe epilepsy: analysis of patients with dual pathology. Acta Neurol Scand. 2004;109(2):126-31.
24. Salmenpera TM, Symms MR, Rugg-Gunn FJ, Boulby PA, Free SL, Barker GJ, et al. Evaluation of quantitative magnetic resonance imaging contrasts in MRI-negative refractory focal epilepsy. Epilepsia. 2007;48(2):229-37.
25. Sampaio LPB, Jorge CL. Epilepsia temporal originada de estruturas límbicas. In: Manreza MLG, Grossmann RM, Valério RMF, Guilhoto LMFF, eds. Epilepsia na infância e adolescência. São Paulo: Lemos; 2003. p. 93-113.
26. Sarikaya I. PET studies in epilepsy. Am J Nucl Med Mol Imaging. 2015;5(5):416-30.
27. Spooner CG, Berkovic SF, Mitchell LA, Wrennall JA, Harvey AS. New-onset temporal lobe epilepsy in children: lesion on MRI predicts poor seizure outcome. Neurology. 2006;67(12):2147-53.
28. Sunhee Kim, Mountz JM. SPECT Imaging of epilepsy: an overview and comparison with F-18 FDG PET. Int J Mol Imaging. 2011;2011(ID 813028):9.
29. Trinka E, Cock H, Hesdorffer D, Rossetti AO, Scheffer IE, Shinnar S, et al. A definition and classification of status epilepticus – Report of the ILAE Task Force on Classification of Status Epilepticus. Epilepsia. 2015;56(10):1515-23.
30. Urbach H, Binder D, von Lehe M, Podlogar M, Bien CG, Becker A, et al. Correlation of MRI and histopathology in epileptogenic parietal and occipital lobe lesions. Seizure. 2007.
31. Urbach H. Imaging of the epilepsies. Eur Radiol. 2005;15(3):494-500.
32. Vattipally VR, Bronen RA. MR imaging of epilepsy: strategies for successful interpretation. Neuroimaging Clin N Am. 2004;14(3):349-72.
33. Waites AB, Shaw ME, Briellmann RS, Labate A, Abbott DF, Jackson GD. How reliable are fMRI-EEG studies of epilepsy? A nonparametric approach to analysis validation and optimization. Neuroimage. 2005;24(1):192-9.

9

Demências e envelhecimento

Luis Filipe de Souza Godoy
Douglas Mendes Nunes
Hae Won Lee
Leandro Tavares Lucato
Carla Rachel Ono
Wilson Rodrigues Fernandes Júnior

Introdução

O envelhecimento da população, fenômeno que se restringia a países desenvolvidos, tem se generalizado, aumentando a prevalência de doenças neurodegenerativas em todo o mundo.

O termo demência representa um subtipo de doença neurodegenerativa, que consiste em uma síndrome clínica caracterizada por declínio adquirido, progressivo ou estático, de algumas funções mentais, afetando a cognição, a memória, a linguagem, as habilidades visuoespaciais, a emoção e a personalidade, com perda da independência do indivíduo e prejuízo de suas relações sociais.

Este capítulo retrata os achados habituais do envelhecimento encefálico, informação importante para o melhor diagnóstico das patologias neurodegenerativas, uma vez que algumas alterações podem ser encontradas tanto no envelhecimento normal como nas situações patológicas. Serão enfatizadas as quatro principais causas de demência na prática clínica, que consistem na doença de Alzheimer (DA), na demência vascular (DV), na demência com corpos de Lewy (DCL) e na demência frontotemporal (DFT), responsáveis por cerca de 90% dos casos.

Envelhecimento

O envelhecimento encefálico é dividido em normal e patológico, sendo o envelhecimento normal dividido em envelhecimento saudável (bem-sucedido) ou usual (típico). No envelhecimento saudável existem perdas fisiológicas mínimas quando comparadas a indivíduos jovens. No envelhecimento usual, podem ocorrer alterações comumente decorrentes da faixa etária, tais como ateriosclerose (após os 50 anos, apenas 50% dos indivíduos não vão apresentar alterações ateriscleróticas cerebrais), declínio da função renal e imunológica, perdas visuais e auditivas, menor fluência verbal e orientação espacial, lentificação progressiva dos movimentos, porém sem disfunções neurológicas significativas.

O envelhecimento patológico levaria a doença encefálica degenerativa, em grau mais grave do que para a população geral.

A seguir, falaremos de algumas alterações usuais no envelhecimento encefálico.

Atrofia

A atrofia é um achado habitual no envelhecimento, e é descrita em estudos tanto de autópsia como de imagem (Figuras 1 e 2), podendo ser considerados como fatores causais a perda de estimulação hormonal, acúmulo de toxinas, erros genéticos e disfunção de relógios celulares internos. Os lobos frontais e parietais apresentam maior declínio em relação aos lobos temporais e occipitais.

Em contrapartida, observa-se menor atrofia relativa de estruturas límbicas e paralímbicas, como a amígdala, hipocampo, tálamo e giro do cíngulo, em relação à atrofia global. Tal achado pode ser explicado em termos ontogenéticos e filogenéticos, pois as estruturas encefálicas de maturação mais tardia (neocórtex) seriam mais suscetíveis às reduções volumétricas com o avanço da idade. No entanto, nas doenças neurodegenerativas, a perda do parênquima encefálico ocorre de uma maneira mais intensa e precoce do que aquela observada no envelhecimento normal.

Espaços perivasculares (Virchow-Robin)

Os espaços perivasculares, ou de Virchow-Robin (EVR), são espaços potenciais recobertos por pia-máter, que acompanham artérias e arteríolas quando estas penetram no tecido encefálico. Sendo assim, fazem parte do espaço subpial, preenchidos por um líquido intersticial e separados do espaço subaracnóideo (Figura 3).

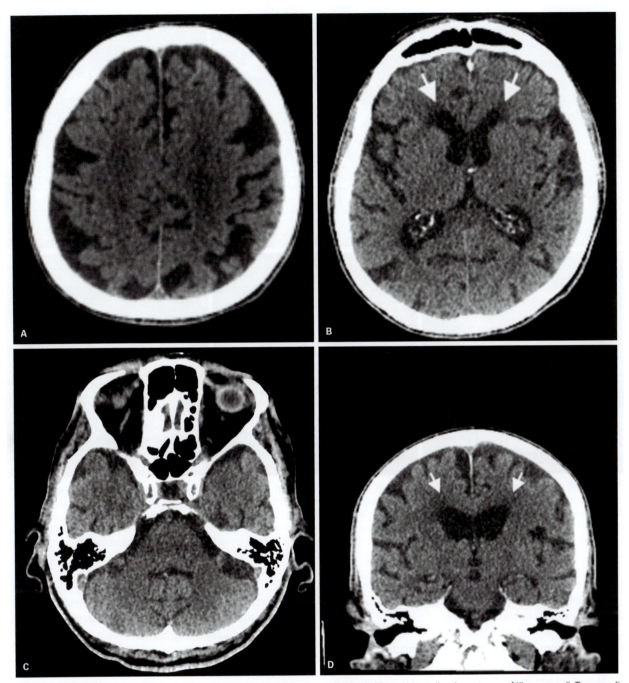

Figura 1 Alterações habituais para a faixa etária em paciente assintomático de 90 anos (envelhecimento encefálico normal). Tomografia computadorizada: cortes axiais (A-C) e coronal (D) demonstrando o alargamento dos sulcos corticais e do sistema ventricular associado a hipoatenuação da substância branca dos centros semiovais e periventriculares (setas brancas) secundária a microangiopatia/gliose.

Os EVR podem ser encontrados nos exames de RM em indivíduos saudáveis, e mesmo EVR dilatados podem representar achados normais. A decisão de considerar tal achado uma variação da normalidade ou parte de um processo patológico deve levar em conta o aspecto do tecido adjacente, o número de espaços encontrados e o contexto clínico.

Habitualmente, observa-se maior frequência e dimensões com o aumento da idade, demência, hipertensão arterial sistêmica (HAS) e microangiopatia, sendo o aumento da idade o fator mais importante. Dois mecanismos parecem ter relação com o alargamento dos EVR: aumento de espaços liquóricos com a idade e o alongamento dos vasos. Pacientes com enxaqueca, epilepsia, HAS, CADASIL (arteriopatia cerebral autossômica dominante com infartos subcorticais e leucoencefalopatia) e doença de Binswanger também apresentam evidentes dilatações dos EVR.

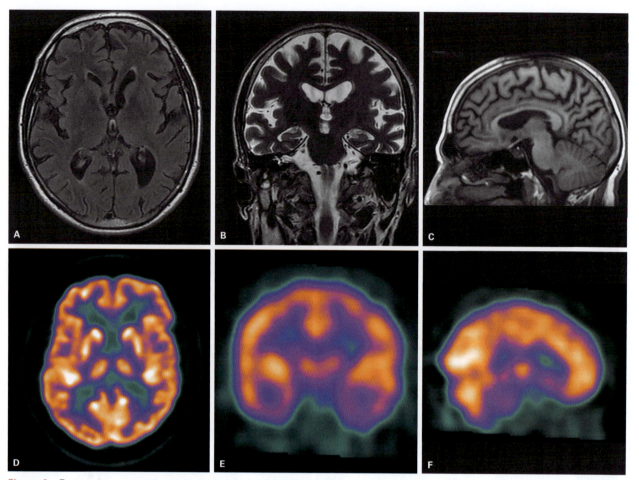

Figura 2 Exame demonstrando alterações habituais para a faixa etária em paciente assintomático de 62 anos (envelhecimento encefálico normal). Ressonância magnética nos planos axial FLAIR (*fluid-attenuated inversion recovery*) (A), coronal T2 (B) e sagital T1 (C) demonstra acentuação dos sulcos corticais e do sistema ventricular, sem predominância lobar e preservação das estruturas mesiais temporais. O PET-FDG corte axial (D) e a tomografia computadorizada por emissão de fóton único (SPECT), cortes coronal (D) e sagital (E), demonstram concentração habitual da glicose marcada e a distribuição normal do radiofármaco para faixa etária, respectivamente.

Na diferenciação entre EVR e infartos lacunares podem ser utilizados alguns critérios:

- Localização: os EVR geralmente são bilaterais e simétricos, no terço inferior dos putâmens, e os infartos lacunares são assimétricos e ocorrem mais frequentemente nos dois terços superiores dos putâmens.
- Sinal: igual ao do liquor no EVR e nem sempre com isossinal ao LCR nos infartos lacunares (embora ocasionalmente possam ser).
- Tamanho: geralmente o EVR é menor que 5 mm, e os infartos lacunares podem ser maiores (critério menos relevante).

Essa diferenciação nem sempre é possível nos exames de imagem, porém devemos lembrar que tanto lacunas quanto espaços perivasculares em grande quantidade podem ser considerados consequências da doença de pequenos vasos.

Se realizarmos cortes finos submilimétricos poderemos identificar a estrutura vascular no interior do espaço perivascular dilatado (Figura 3).

Deposição de ferro

Observa-se uma perda de sinal nas sequências ponderadas em T2 e T2* nos núcleos profundos de substância cinzenta associada ao envelhecimento. Esse hipossinal é mais intenso nas sequências T2*, como as do tipo gradiente *echo* e mais ainda nas ponderadas em suscetibilidade (SWI: *susceptibility weighted imaging*). Também será mais acentuada e precoce a redução de sinal nessas estruturas nos exames realizados em campo magnético de 3 T em relação ao de 1,5 T. Em campo magnético de 1,5 T, nos primeiros 10 anos de vida, os núcleos extrapiramidais têm isossinal em relação à substância cinzenta em T2. Na terceira década, o globo pálido, o núcleo rubro e a *pars reticulata* da substância negra começam a apresentar

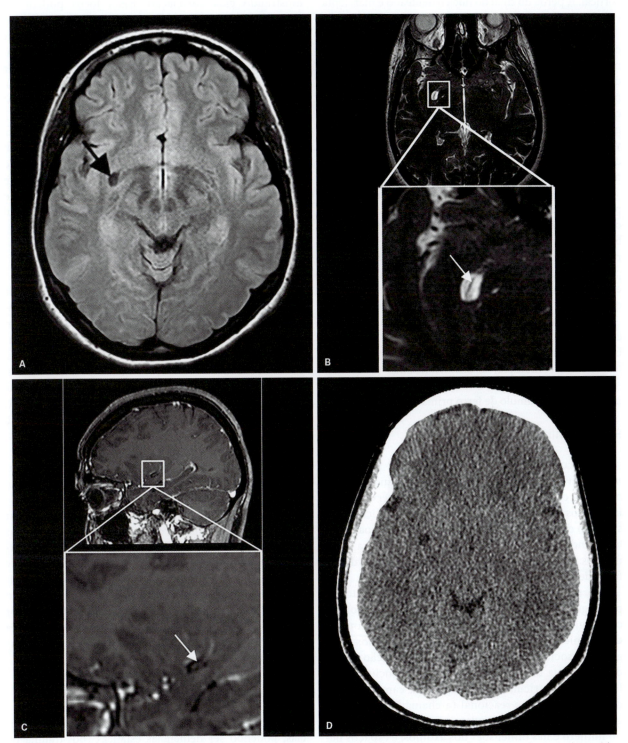

Figura 3 Espaço perivascular de Virchow-Robin (EVR) alargado na substância perfurada anterior direita em paciente assintomático. As imagens de ressonância magnética (RM) com cortes axiais FLAIR (*fluid-attenuated inversion recovery*) (A), FIESTA (B), sagital T1 pós-contraste (C) demonstram espaço perivascular alargado com sinal próximo ao do liquor na RM (setas pretas em A), hipoatenuante na tomografia computadorizada (setas pretas em D). Cortes ampliados dos EVR alargados (B e C) evidenciando a passagem do vaso no interior desses espaços.

hipossinal em T2 relativamente à substância branca ou cortical. A perda do sinal do núcleo denteado é mais lenta e variável (Figuras 4 e 5).

Com o avançar da idade, o hipossinal atinge o núcleo caudado e o putâmen, podendo se igualar ao globo pálido na oitava década de vida (Figuras 6 e 7). Alguns estudos demonstram certa estabilidade no hipossinal em T2 dos núcleos rubros, substância negra e núcleos denteados, com uma progressão gradual de acordo com a idade nos globos pálidos. Esse hipossinal em T2 deve ocorrer provavelmente por deposição de ferro, pois existe correlação com a coloração de Pearl na histologia (cora especificamente ferro iônico).

A deposição do ferro nessas topografias não é completamente compreendida. Existe uma hipótese de que o ferro intracelular existe normalmente nos núcleos da base, porém, para que o ferro saia da célula é necessário que a ferritina se ligue a receptores específicos na superfície da célula. Especula-se que em algumas situações exista um acúmulo de ferro pela dificuldade de saída dele quando as projeções axoplasmáticas estão interrompidas.

Diversas doenças crônicas também causam hipossinal em T2 nos núcleos extrapiramidais, tálamos e substância branca profunda, tais como os processos desmielinizantes (esclerose múltipla) e dismielinizantes (Pelizaeus-Merzbacher), infartos cerebrais e as doenças neurodegenerativas com acúmulo de ferro primário.

Focos de hipersinal em T2 e FLAIR

Os focos de hipersinal em T2 e FLAIR (*fluid-attenuated inversion recovery*) na substância branca dos hemisférios cerebrais são frequentemente observados em indivíduos idosos. Após alguma controvérsia inicial, uma sugestão de nomenclatura cunhou o termo leucoaraiose, traduzindo numa só palavra a rarefação mielínica que é um dos substratos histológicos mais corriqueiros desses focos de hipersinal em T2 e FLAIR.

Correlações entre métodos de imagem e anatomia patológica mostram que as lesões vistas na ressonância magnética (RM) representam redução no conteúdo de mielina da substância branca, nos casos mais graves associada a astrogliose e a vacuolização difusa da substância branca. Outros substratos incluem, nas lesões periventriculares: alterações na camada ependimária com gliose reacional (a chamada ependimite granular); mínimo transudato ependimário; redução no número e nas dimensões dos axônios; e espaços perivasculares alargados.

Apresentam maior prevalência e intensidade relacionadas com a idade e com fatores de risco cerebrovasculares. São mais frequentes nos lobos frontais e parietais do que nos lobos temporais e occipitais. O significado clínico dessas lesões é controverso, com alguns estudos mostrando correlação positiva da quantidade de lesões com prejuízo cognitivo e outros não mostrando essa correlação. Esses focos podem ser quantificados por meio de escalas como a de Fazekas (Figura 8), descrita tanto para quantificar os focos de alterações periventriculares quanto da substância branca profunda, porém é a quantificação das alterações na substância branca profunda que utilizamos na prática, podendo ser incluída nos relatórios de exames de RM encefálica, no contexto clínico de síndrome demencial. Alguns focos esparsos na substância branca encefálica de pacientes idosos (Fazekas grau 1) não costumam estar relacionados a déficit cognitivo, porém quando numerosos e confluentes (Fazekas grau 3) constituem importante indicador de morbidade, estando associado com um aumento no risco de acidente vascular cerebral (AVC), demência e morte.

Papel dos exames de imagem

O papel tradicional dos exames de imagem é o de identificar causas tratáveis de demência, tais como hidrocefalia, tumores cerebrais e hematomas subdurais. Além disso, buscam-se por sinais que sejam indicativos de síndromes demenciais, em situações clínicas apropriadas, como atrofias focais (doenças degenerativas cerebelares, demência frontotemporal, DA); infartos corticais e de núcleos da base (demência vascular); aumento do acúmulo de ferro (doenças parkinsonianas); alto sinal em T2, FLAIR e difusão no estriado bilateral (doença de Creutzfeldt-Jakob – DCJ) e focos de deposição de hemossiderina e sinais de hemossiderose na sequência T2* compatíveis com focos de micro-hemorragias, que sugerem comprometimento vascular.

Técnicas de imagem mais avançadas visam chegar a um diagnóstico mais precoce, podendo ser divididas em avaliação estrutural (volumetria, volumetria seriada, técnicas de compressão e subtração de volumes de interesse) e funcional (tomografia por emissão de pósitrons – PET, tomografia computadorizada por emissão de fóton único – SPECT, RM funcional, imagem por tensores de difusão, perfusão por RM e espectroscopia de prótons). Algumas dessas técnicas serão discutidas nas doenças descritas a seguir.

Demências

Existem muitas formas de classificação das demências, podendo ser demências estáticas (pós-trauma ou encefalite) ou progressivas; corticais (DA) ou subcorticais (Binswanger); de início precoce (antes dos 60 anos, como DA de início precoce, demências frontotemporais) ou tardio.

A seguir, serão descritas as quatro principais causas de demência na prática clínica, de acordo com sua prevalência.

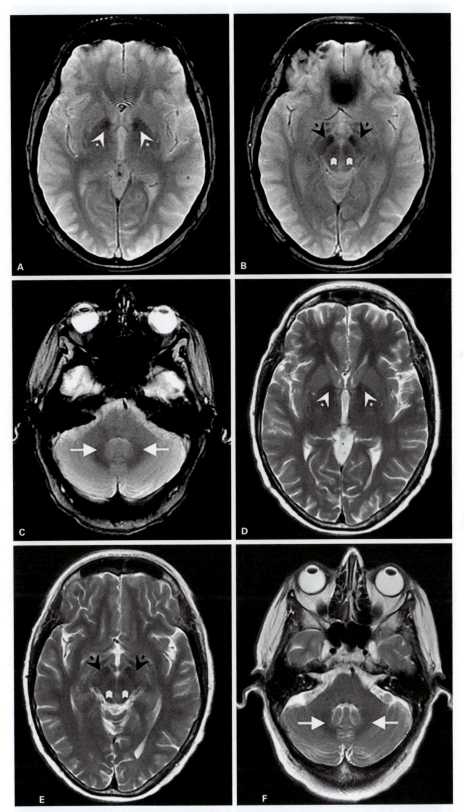

Figura 4 Principais locais de depósito fisiológico do ferro durante o envelhecimento. Imagens obtidas de paciente com 54 anos assintomático em aparelho de ressonância magnética de 1,5 T. Imagens axiais ponderadas em T2 gradiente *echo* (T2*) (A-C) e em T2 *fast spin-echo* (FSE) (D-F) nos níveis dos globos pálidos (setas curtas brancas) (A e D), núcleos rubros (cabeças de setas brancas) e *pars reticulata* (setas pretas) (B e E) e núcleos denteados (setas horizontais brancas) (C e F) demonstrando o depósito de ferro caracterizado pelo hipossinal bilateral e simétrico dessas estruturas de maneira mais evidente na sequência T2* (gradiente *echo*) (A-C) em comparação com a sequência T2 FSE (D-F).

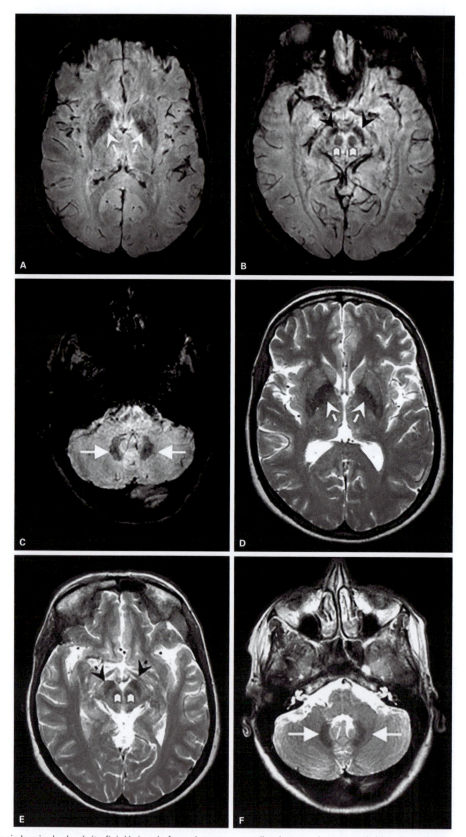

Figura 5 Principais locais de depósito fisiológico do ferro durante o envelhecimento. Imagens obtidas de paciente com 50 anos assintomático em aparelho de ressonância magnética de 3,0 T. Imagens axiais ponderadas em suscetibilidade magnética (SWI) (A-C) e em T2 FSE (D-F) nos níveis dos globos pálidos (setas brancas) (A e D), núcleos rubros (cabeças de setas brancas) e *pars reticulata* (setas pretas) (B e E) e núcleos denteados (setas horizontais brancas) (C e F) demonstrando o depósito de ferro, caracterizado pelo hipossinal bilateral e simétrico dessas estruturas de maneira mais evidente na sequência SWI (A-C) em comparação com a sequência T2 FSE (D-F).

9 DEMÊNCIAS E ENVELHECIMENTO 401

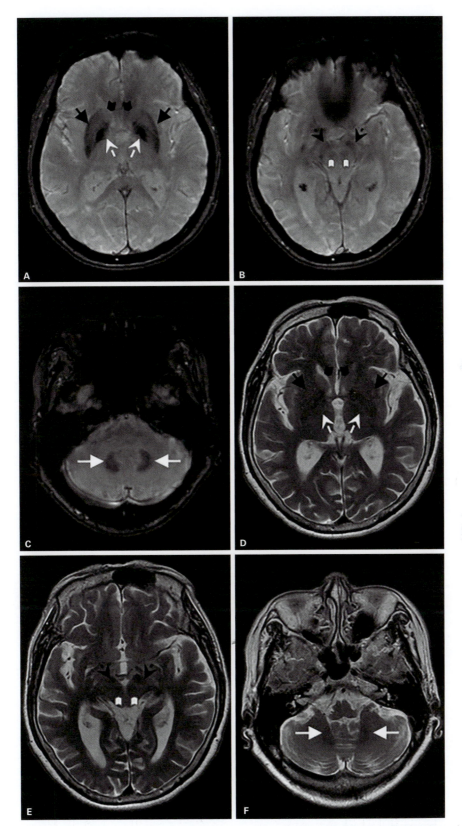

Figura 6 Principais locais de depósito fisiológico do ferro durante o envelhecimento, imagens obtidas de paciente com 80 anos assintomático em aparelho de ressonância magnética de 1.5 T. Imagens axiais ponderadas em T2* (A-C) e em T2 *fast spin-echo* (D-F) nos níveis dos globos pálidos (setas brancas), putâmens (setas pretas), globos pálidos (cabeças de setas pretas) (A e D), núcleos rubros (cabeças de setas brancas) e *pars reticulata* (setas pretas) (B e E) e núcleos denteados (setas horizontais brancas) (C e F) demonstrando o depósito de ferro esperado para a faixa etária, caracterizado pelo hipossinal bilateral e simétrico dessas estruturas, de novo demonstrando de maneira mais evidente na sequência T2* (A-C) em comparação com a sequência T2 FSE (D-F).

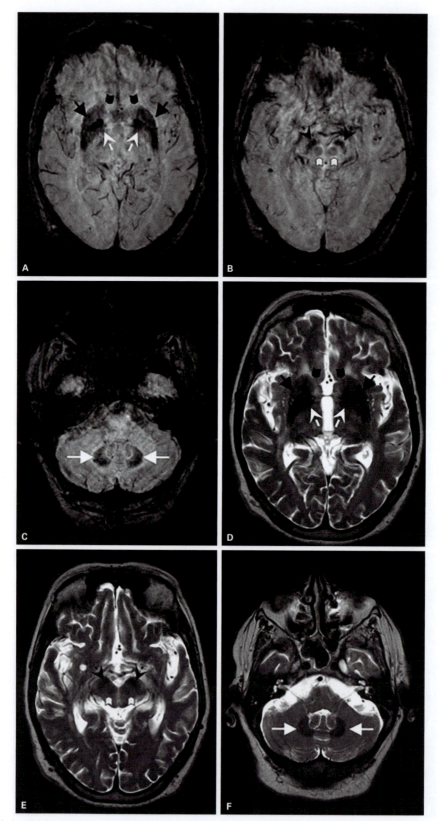

Figura 7 Principais locais de depósito fisiológico do ferro durante o envelhecimento. Imagens obtidas de paciente com 85 anos assintomático em aparelho de ressonância magnética de 3,0 T. Imagens axiais ponderadas em SWI (A-C) e em T2 *fast spin-echo* (D-F) nos níveis dos globos pálidos (setas brancas), putâmens (setas pretas vazadas), núcleos caudados (cabeças de setas pretas) (A e D), núcleos rubros (cabeças de setas brancas) e *pars reticulata* (setas pretas) (B e E) e núcleos denteados (setas horizontais brancas) (C e F) demonstrando o depósito de ferro, caracterizado pelo hipossinal bilateral e simétrico mais bem evidenciado na sequência SWI (A-C) em comparação com a sequência T2 FSE (D-F).

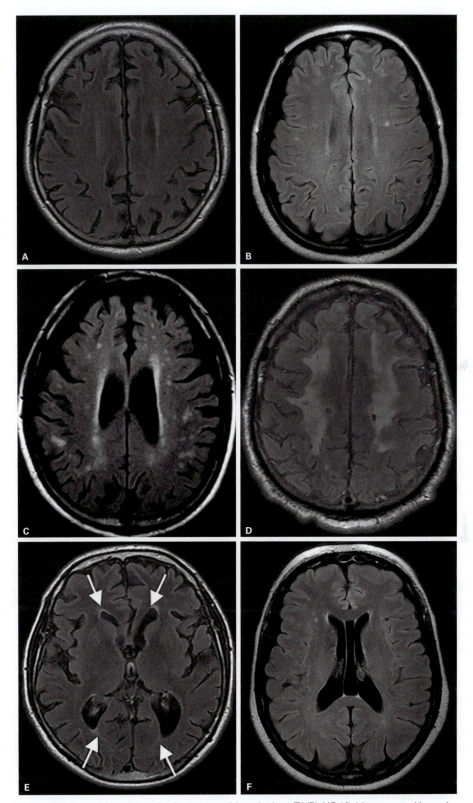

Figura 8 Exemplos comparativos dos padrões das lesões com hipersinal em T2/FLAIR (*fluid-attenuated inversion recovery*) na substância branca dos hemisférios cerebrais (leucoaraiose) na classificação de Fazekas. Imagens axiais ponderadas em FLAIR de diferentes pacientes demonstrando os focos de hipersinal em T2/FLAIR, sem efeito expansivo na substância branca dos hemisférios cerebrais, em cortes superiores (B-D) e mais inferiores (F-H). Controle normal com hipersinal adjacente aos cornos frontais anteriores (setas brancas) (A e E). Fazekas grau 1: o paciente apresenta algumas lesões puntiformes não confluentes e esparsas pela substância branca (B e F);

(continua)

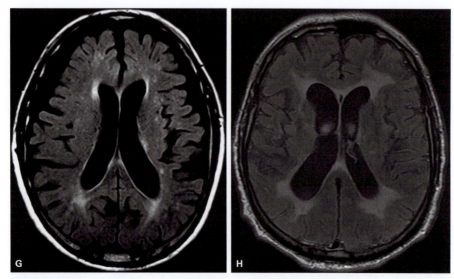

Figura 8 *(continuação)* Fazekas grau 2: as lesões começam a confluir (C e G); Fazekas grau 3: há uma grande confluência difusa das lesões (D e H).

Doença de Alzheimer

A DA é uma doença neurodegenerativa que se caracteriza por perda progressiva da função neuronal e de alterações cognitivas, funcionais e comportamentais, sendo a perda progressiva de memória uma de suas características mais marcantes. Representa a principal síndrome demencial nos países ocidentais, correspondendo a 50-70% dos casos de demência de início tardio (após os 65 anos de idade) e 20-40% dos casos de demência de início precoce (antes dos 65 anos de idade). A idade avançada representa o principal fator de risco, e a doença afeta 1% da população entre 60 e 70 anos de idade e cerca de 6-8% das pessoas acima de 85 anos de idade.

A DA é uma doença etiologicamente heterogênea e estima-se que de 40-70% dos casos sejam esporádicos e que de 20-60% tenham caráter familiar. Dos pacientes com DA do tipo familiar, 5-10% são causados por mutações em genes autossômicos dominantes: gene da proteína precursora do amiloide (PPA, cromossomo 21), pré-senilina 1 (cromossomo 14) e pré-senilina 2 (cromossomo 1), estando associados com DA de início precoce (antes dos 65 anos). O alelo ε4 da apolipoproteína E (cromossomo 19) é um fator de risco genético para desenvolver DA de início tardio; entretanto, não é condição suficiente.

Os marcadores neuropatológicos principais da DA são os emaranhados neurofibrilares (ENF) e as placas neuríticas (placas senis – PN), que devem estar presentes em certa densidade e distribuição. Além dessas alterações, também são observadas perda de neurônios, degeneração sináptica, depleção da inervação colinérgica cortical e gliose.

Além de ENF e PN, na DA é observada a perda de neurônios, principalmente nas camadas piramidais de estruturas límbicas e córtices associativos, levando a uma atrofia cerebral, porém não uniforme, predominando nas regiões temporais e parietais. No entanto, a atrofia ocorre nas fases avançadas da doença e muitas vezes nos exames de imagem convencionais (tomografia computadorizada [TC] e RM) encontra-se apenas uma alteração volumétrica dentro do considerado habitual para a faixa etária.

O processo fisiopatológico da DA consiste em um espectro que se inicia muito antes do diagnóstico clínico de demência, incluindo três estágios: pré-clínico, declínio cognitivo leve (DCgL) e demência.

Acredita-se que, na fase pré-clínica da DA, nota-se a presença de proteína b-amiloide e de emaranhados neurofibrilares de forma a preencher os critérios anatomopatológicos, porém sem manifestação clínica (cognição normal).

Já o DCgL, considerado estágio intermediário entre cognição normal e DA, é caracterizado por discreta perda de memória, com duração indeterminada, que não prejudica as atividades cotidianas, nem preenche os critérios diagnósticos de demência. A taxa de conversão do DCgL para DA é cerca de 12% ao ano, enquanto a mesma taxa é cerca de 1-2% ao ano em idosos cognitivamente normais.

Por fim, tem-se o estágio final: a presença de uma síndrome demencial de curso clínico insidioso e com início bastante variável, mas que geralmente começa depois dos 65 anos, com a duração da doença variando de um ano e meio a 15 anos. A perda de memória é a característica mais importante da DA; porém, para o seu diagnóstico, deve estar acompanhada de déficit de pelo menos mais uma função cognitiva, confirmado por exame neuropsicológico.

O exame neuropatológico é, até hoje, o único método diagnóstico definitivo da DA. O diagnóstico clínico da DA é na maioria das vezes presuntivo, uma vez que a constatação definitiva da doença se dá por meio de estudo histopatológico de material de biópsia ou necrópsia.

Assim, os indivíduos vivos incluídos como participantes de pesquisas são, na maioria das vezes, considerados como prováveis ou possíveis portadores de DA, com base em achados clínicos, laboratoriais e de neuroimagem.

As recomendações atualmente utilizadas para o diagnóstico de DA provável ou possível são os do National Institute on Aging-Alzheimer's Association, expostas no Quadro 1.

Os métodos de imagem são amplamente utilizados na análise dos pacientes com síndrome demencial, podendo ser divididos em avaliação estrutural (TC e RM convencional) e funcional (PET, SPECT, RM funcional, imagem por tensores de difusão, perfusão por RM e espectroscopia de prótons).

A avaliação estrutural por TC e RM convencional tem baixa sensibilidade e especificidade para o diagnóstico de DA, sendo então primariamente utilizadas para exclusão de outras causas de demência potencialmente tratáveis, como hidrocefalia de pressão normal (HPN) e lesões expansivas intracranianas. A RM, por sua superior capacidade de resolução anatômica e de detecção de alterações, é o método de escolha para esses pacientes. Entretanto, a RM demonstra alterações volumétricas que podem ser consideradas habituais na faixa etária até as fases mais avançadas da doença, quando existe atrofia mais acentuada, com predomínio nos lobos temporais, em comparação com a redução volumétrica do restante do parênquima encefálico (Figura 9). A atrofia da região mesial dos lobos temporais geralmente é bilateral, simétrica ou assimétrica, sobretudo no córtex entorrinal, no hipocampo e no giro para-hipocampal, com consequente alargamento dos cornos temporais dos ventrículos laterais e das fissuras coróideas, bem como aumento da distância fímbrios-subicular, estimada pelo alargamento do sulco hipocampal e pela redução da espessura do hipocampo. Embora técnicas de volumetria sejam utilizadas em pesquisa para avaliação da atrofia das estruturas mesiais temporais, estas ainda não foram validadas. Na prática clínica, a análise visual é o pilar da avaliação da atrofia das estruturas mesiais temporais, sendo a escala visual proposta por Scheltens et al. a mais amplamente utilizada, com mode-

---

Quadro 1 Critérios diagnósticos provável, possível e definido para doença de Alzheimer

Preenchimento obrigatório dos critérios para demência e tem adicionalmente as seguintes características:
1. Demência da DA provável:
   a) Início insidioso (meses ou anos).
   b) História clara ou observação de piora cognitiva.
   c) Déficits cognitivos iniciais e mais proeminentes em uma das seguintes categorias:
- Apresentação amnéstica (deve haver outro domínio afetado).
- Apresentação não amnéstica (deve haver outro domínio afetado).
   – Linguagem (lembranças de palavras).
   – Visual-espacial (cognição espacial, agnosia para objetos ou faces, simultaneoagnosia e alexia).
   – Funções executivas (alteração do raciocínio, julgamento e solução de problemas).
   d) TC ou, preferencialmente, RM do crânio deve ser realizada para excluir outras possibilidades diagnósticas ou comorbidades, principalmente a doença vascular cerebral.
   e) O diagnóstico de demência da DA provável não deve ser aplicado quando houver:
- Evidência de doença cerebrovascular importante definida por história de AVC temporalmente relacionada ao início ou piora do comprometimento cognitivo; ou presença de infartos múltiplos ou extensos; ou lesões acentuadas na substância branca evidenciadas por exames de neuroimagem; ou
- Características centrais de demência com corpos de Lewy (alucinações visuais, parkinsonismo e utuação cognitiva); ou
- Características proeminentes da variante comportamental da demência frontotemporal (hiperoralidade, hipersexualidade, perseveração); ou
- Características proeminentes de afasia progressiva primária manifestando-se como a variante semântica (também chamada demência semântica, com discurso fluente, anomia e dificuldades de memória semântica) ou como a variante não fluente, com agramatismo importante; ou
- Evidência de outra doença concomitante e ativa, neurológica ou não neurológica, ou de uso de medicação que pode ter efeito substancial sobre a cognição.

Os seguintes itens, quando presentes, aumentam o grau de confiabilidade do diagnóstico clínico da demência da DA provável:
   – Evidência de declínio cognitivo progressivo, constatado em avaliações sucessivas;
   – Comprovação da presença de mutação genética causadora de DA (genes da APP e presenilinas 1 e 2);
   – Positividade de biomarcadores que reiteram o processo patogênico da DA (marcadores moleculares por meio de PET ou líquor; ou neuroimagem estrutural e funcional).

(continua)

Quadro 1 *(continuação)* Critérios diagnósticos provável, possível e definido para doença de Alzheimer

2. Demência da DA possível:

O diagnóstico de demência da DA possível deve ser feito quando o paciente preenche os critérios diagnósticos clínicos para demência da DA, porém apresenta alguma das circunstâncias abaixo:
   a) Curso atípico: início abrupto e/ou padrão evolutivo distinto daquele observado usualmente, isto é, lentamente progressivo.
   b) Apresentação mista: tem evidência de outras etiologias conforme detalhado no item 4 dos critérios de demência da DA provável (doença cerebrovascular concomitante; característica de demência com corpos de Lewy; outra doença neurológica ou uma comorbidade não neurológica ou uso de medicação que possam ter efeito substancial sobre a cognição).
   c) Detalhes de história insuficientes sobre instalação e evolução da doença.

3. Demência da DA definida:
   a) Preenche critérios clínicos e cognitivos para demência da DA e exame neuropatológico demonstra a presença de patologia da DA.

DA: doença de Alzheimer; RM: ressonância magnética; TC: tomografia computadorizada. Adaptado de: McKhann GM, 2011.

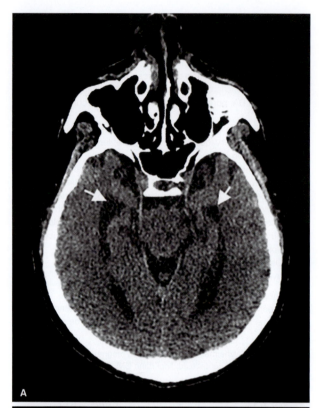

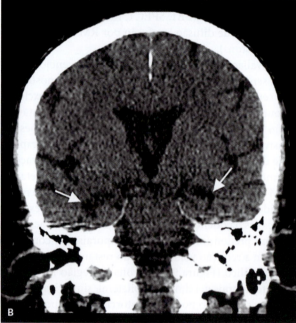

Figura 9 Tomografia computadorizada, cortes axial (A) e coronal (B), demonstrando atrofia encefálica com predomínio temporal mesial caracterizada por alargamento desproporcional das fissuras coróideas e cornos temporais (setas brancas).

rada reprodutibilidade, também conhecida como escala MTA (*medial temporal lobe atrophy*). Consiste em uma escala de 5 pontos, variando de 0 a 4, deduzidos por uma combinação da altura do hipocampo, larguras do corno temporal do ventrículo lateral e da fissura coróidea. As pontuações 0 a 4 indicam redução volumétrica temporal medial progressiva. Para indivíduos com menos de 75 anos, uma pontuação de 2 ou mais é anormal, enquanto para indivíduos com mais de 75 anos, uma pontuação de 3 ou mais é anormal (Figura 10). Com a progressão da doença, o comprometimento estende-se para os lobos parietais e frontais, respectivamente.

Métodos funcionais relacionados à medicina nuclear desempenham papel relevante no manejo de pacientes com hipótese diagnóstica de DA, haja vista que as alterações metabólicas precedem a demonstração das lesões estruturais. O exame de SPECT, usualmente utilizando um traçador lipofílico (dímero de etil cisteinato) marcado com tecnécio metaestável (99mTc-ECD), detecta fluxo cerebral de forma semiquantitativa ou relativo; já o exame de PET, que geralmente é realizado com utilização de glicose marcada com flúor-18 (^{18}FDG – flúor-deoxiglicose), detecta o consumo de glicose. Em pacientes com DA observa-se menor fluxo relativo/consumo de glicose nas regiões temporoparietais, com a magnitude dessas anormalidades correlacionando-se com a gravidade do déficit cognitivo (Figura 10).

A espectroscopia de prótons por RM (ERM) é uma aplicação da RM que permite a avaliação dos metabólitos *in vivo*, de maneira não invasiva. Os achados de ERM não são específicos para DA, sendo os mais constantes nos estudos *in vivo* a redução do pico do N-acetil-aspartato (NAA) e de suas relações (NAA/creatina e NAA/água), sugerindo perda/disfunção neuronal e o aumento do pico do mio-Inositol (mI) e de suas relações (mI/creatina e mI/água), denotando aumento da atividade astroglial (Figura 11).

Segundo os estágios de alterações patológicas descritas por Braak, há maior e mais precoce acometimento do córtex límbico do que do neocórtex, poupando até estágios mais avançados o córtex motor e sensitivo primários. Dentro do sistema límbico, o hipocampo e o cíngulo posterior são regiões que têm se destacado nos estudos de ERM, PET e SPECT.

Ainda não existem marcadores biológicos *in vivo* que permitam o diagnóstico de DA. Todos os métodos de diagnósticos complementares disponíveis até o momento para uso clínico são incapazes de detectar a fase pré-clínica da DA ou mesmo aqueles pacientes com DCgL que possam evoluir para DA. A proposta de um modelo hipotético da cascata patológica da DA e as constantes pesquisas de biomarcadores visam solucionar essas situações e propiciar propostas terapêuticas (Figura 12).

Uma grande promessa nos métodos de diagnóstico por imagem tem sido depositada na aplicação do exame de PET associado a compostos que se ligam a substratos específicos da DA, especialmente à proteína bA, como o composto Pittsburgh B ligado a carbono radioativo (^{11}C--PIB). Evidências de estudos com essa técnica dão conta de um possível modelo em que a deposição de amiloide

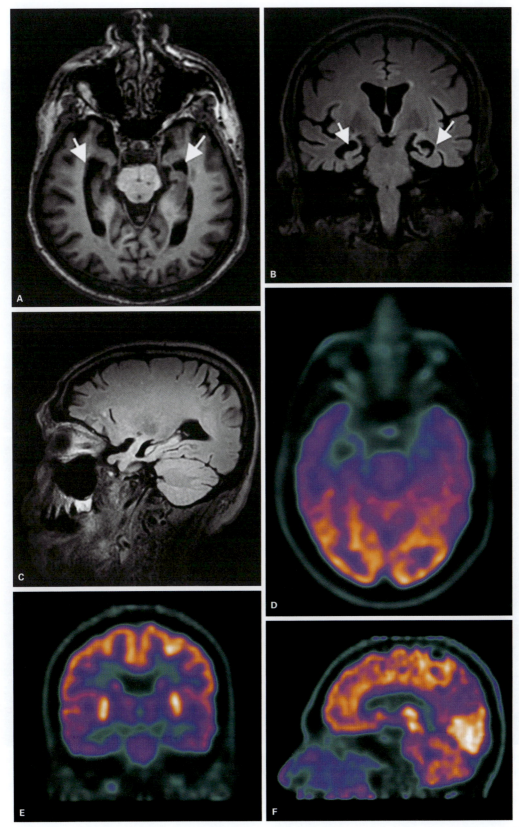

Figura 10 Ressonância magnética: sequência FLAIR (*fluid-attenuated inversion recovery*) nos planos axial (A), coronal (B) e sagital (C) demonstrando atrofia encefálica predominantemente temporal mesial com alargamento das fissuras coróideas e cornos temporais (setas brancas); escala MTA = 3 (A-C). O PET demonstra hipometabolismo no córtex temporal mesial e parietal (D-F).

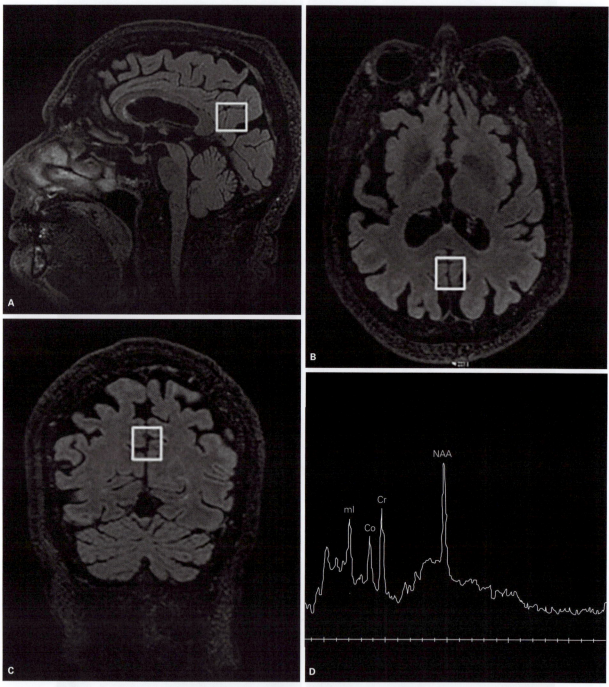

Figura 11 Paciente com diagnóstico de doença de Alzheimer provável. (A-D) Espectroscopia de prótons com *voxel* único, técnica PRESS, tempo de eco = 35 ms, posicionado na porção posterior do giro do cíngulo (A-C) demonstra redução do pico de N-acetil aspartato (NAA) e aumento do pico de mioinositol (mI) (D); tais achados, apesar de inespecíficos, são os mais habitualmente encontrados nessa doença à espectroscopia.

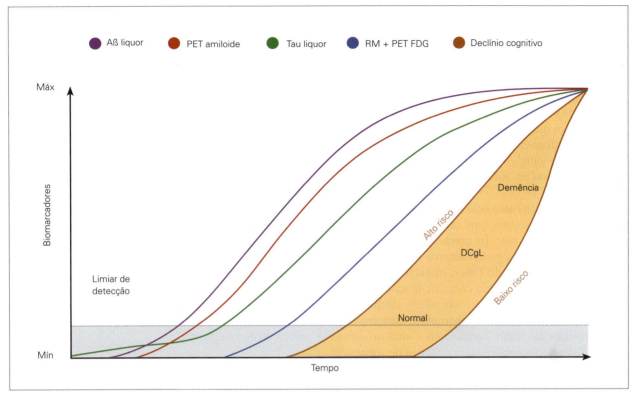

Figura 12 Modelo que integra a imuno-histologia e os biomarcadores da doença de Alzheimer. A linha cinza horizontal pontilhada representa o limiar para detecção dos biomarcadores do espectro da doença. A área cinza demarca a zona em que as alterações fisiopatológicas anormais estão abaixo do limiar de detecção dos biomarcadores. Na figura observa-se que a deposição da proteína tau precede a deposição de A em relação ao tempo, mas apenas precocemente quando os níveis estão abaixo do limiar de detecção. A deposição de A ocorre independentemente, ultrapassando os limites de detecção do biomarcador (linhas roxa e vermelha). Isso induz a aceleração da taupatia e o nível da proteína tau no liquor ultrapassa o limiar de detecção (verde). Posteriormente, o PET-FDG e ressonância magnética (linha azul) sobem acima do limiar de detecção. Por último, o comprometimento cognitivo torna-se evidente (linha laranja), com uma gama de respostas cognitivas que dependem do perfil de risco do indivíduo (área laranja cheia). A: amiloide. FDG: fluorodesoxiglucose. DCgL: declínio cognitivo leve. Adaptada de: Jack CR Jr., 2013.

é um evento precoce no desenvolvimento da demência, iniciando-se de forma insidiosa e acompanhando alterações clínicas, estruturais e funcionais sugestivas de DA incipiente. Com a progressão da doença, o declínio clínico se acelera e ocorre independentemente do acúmulo de amiloide. Assim, parece haver um papel para esse exame em pacientes com quadro clínico leve, na seleção para terapias antiamiloide, ainda em desenvolvimento.

Demência vascular (DV)

A DV é a segunda maior causa de demência, sendo composta por um grupo heterogêneo de síndromes secundárias ao comprometimento vascular do SNC. A associação com a DA é comum.

Vários termos são utilizados na literatura para descrever a disfunção cognitiva causada por distúrbio vascular cerebral, tais como demência multi-infarto, demência pós-infarto, demência vascular subcortical e distúrbio cognitivo vascular.

Seus subtipos incluem a lesão de pequenos vasos, que pode estar associada a isquemia crônica/gliose da substância branca e/ou infartos lacunares, lesões de grandes vasos multiterritoriais e lesões focais em locais estratégicos (tálamo, giro angular esquerdo e núcleo caudado). Fenômenos hemorrágicos estão comumente associados à demência vascular, seja com hematomas que surgem agudamente e demandam atendimento de urgência, com micro-hemorragias que se acumulam de forma insidiosa ou como transformação hemorrágica dos insultos isquêmicos.

Os fatores de risco principais da DV são principalmente relacionados à aterogênese e doenças relacionadas: idade, HAS, diabete melito (DM), dislipidemia, tabagismo e doenças cardiovasculares.

Os critérios clínicos mais utilizados para demência vascular provável são os do National Institute of Neurological Disorders and Stroke e da Association Internationale pour la Recherche et l'Enseignement en Neurosciences (NINDS-AIREN), que incluem todos os seguintes:

- Demência, definida por declínio cognitivo a partir de um funcionamento prévio superior ao nível atual e manifestada por prejuízo na memória e de dois ou

mais domínios cognitivos (orientação, atenção, linguagem, funções visuoespaciais, funções executivas, controle motor e apraxia);
- Doença cerebrovascular, definida pela presença de sinais focais ao exame neurológico consistentes com lesão vascular e evidência de doença cerebrovascular relevante em exame de imagem (TC ou RM) incluindo infartos múltiplos de grandes vasos ou infarto único estrategicamente localizado, assim como múltiplas lacunas em gânglios da base e substância branca ou lesões extensas em substância branca.

A doença arterial aterosclerótica e a angiopatia cerebral amiloide são as principais causas de demência vascular, mas a doença vascular cerebral também pode ser causada por desordens geneticamente determinadas (p. ex., CADASIL, doença de Fabry, mutação do colágeno do tipo 4, leucoencefalopatia com calcificações e cistos), doenças inflamatórias (p. ex., vasculites, sarcoidose) e também por infecções (p. ex., tuberculose, cisticercose).

A detecção das lesões compatíveis é vital no estudo da DV, devendo preencher tanto critérios de topografia (infartos múltiplos, de área estratégica, microangiopatia) quanto de gravidade (infartos do hemisfério dominante, bilaterais ou leucoaraiose acometendo mais do que 25% da substância branca total).

Na avaliação de pacientes com suspeita de demência vascular, é importante realizarmos a sequência de difusão, que permite diferenciarmos lesões isquêmicas recentes das antigas e as sequências T2 gradiente (T2*) ou ponderada em suscetibilidade (SWI), que permitem caracterizarmos micro-hemorragias e a siderose superficial.

Padrões de imagem na demência vascular

As características de imagem que formam os padrões encontrados na demência vascular refletem o calibre dos vasos acometidos e a presença de hemorragia, que frequentemente está associada. Eles estão aqui divididos de forma didática, porém no dia a dia é comum que se apresentem de forma combinada.

Doença de pequenos vasos (microangiopatia)

A doença de pequenos vasos resulta da estenose ou oclusão de arteríolas e artérias perfurantes, como as lenticuloestriadas e talâmicas. Esses vasos são artérias terminais, com poucas colaterais. Essas artérias nutrem o tronco encefálico, os núcleos da base, a coroa radiada e a substância branca adjacente, mas não o córtex ou as fibras em "U". As características da doença de pequenos vasos na imagem são as lacunas, as lesões da substância branca (leucoaraiose) e o alargamento dos espaços perivasculares, descritos a seguir.

- **Lacunas** (Figura 13): A oclusão de pequenos vasos leva aos infartos lacunares que se apresentam como cavitações focais com sinal de liquor (lacunas), frequentemente circundadas por halo de alto sinal em T2/FLAIR, representando gliose. São mais comumente encontradas nas regiões nucleocapsulares, nos centros semiovais e no tronco encefálico.
- **Lesões da substância branca (leucoaraiose):** Decorrem da isquemia crônica ou acúmulo de pequenos infartos lacunares que resultam em gliose e/ou rarefação da mielina por microangiopatia. Caracterizam-se por lesões focais na substância branca, mais comumente localizadas nas regiões profundas e periventriculares, que podem progredir para áreas confluentes. A extensão do acometimento da substância branca está relacionada ao risco de demência, AVC e mortalidade e pode ser feita por meio de escalas como a de Fazekas (Figuras 8 e 13).

A demência associada ao extenso acometimento da substância branca pela doença arterial aterosclerótica também é conhecida como doença de Binswanger, porém o termo é controverso, havendo quem recomende a não utilização desse epônimo.

Alargamento difuso dos espaços perivasculares ("état criblé")

Alguns espaços perivasculares são normalmente vistos em exames de rotina, em indivíduos saudáveis, principalmente na região da substância perfurada anterior, junto às margens da comissura anterior. Quando esses espaços alargados são numerosos, geralmente em idosos com fatores de risco para doença vascular, podem fazer parte do espectro de alterações relacionadas à doença de pequenos vasos, sendo proporcional à gravidade do acometimento (Figura 14).

Lesão de grandes vasos (multi-infarto)

A clássica demência multi-infarto é resultante da oclusão ou estenose de vasos cerebrais maiores, com lesões territoriais de tamanhos variáveis. É mais comumente causada por aterosclerose extra e/ou intracraniana com embolia arterioarterial, embolia de origem cardíaca ou hipoperfusão por estenose grave.

Nos exames de imagem, as lesões sequelares territoriais decorrentes da lesão de grandes vasos são prontamente caracterizadas como áreas de redução volumétrica, liquefação com perda tecidual e gliose acometendo córtex e substância branca, que respeitam os territórios arteriais (Figura 15) ou se distribuem em áreas de fronteira vascular. Os infartos territoriais que acometem bilateralmente os territórios das artérias cerebrais anteriores, a região inferomedial do lobo temporal, área de associação parietotemporal ou têmporo-occipital e os territórios de fronteira vascular frontal superior e parietal são considerados significativos para o comprometimento cognitivo de origem vascular. O quadro clínico tende a ser mais grave quando a lesão acomete o hemisfério dominante ou os dois hemisférios simultaneamente.

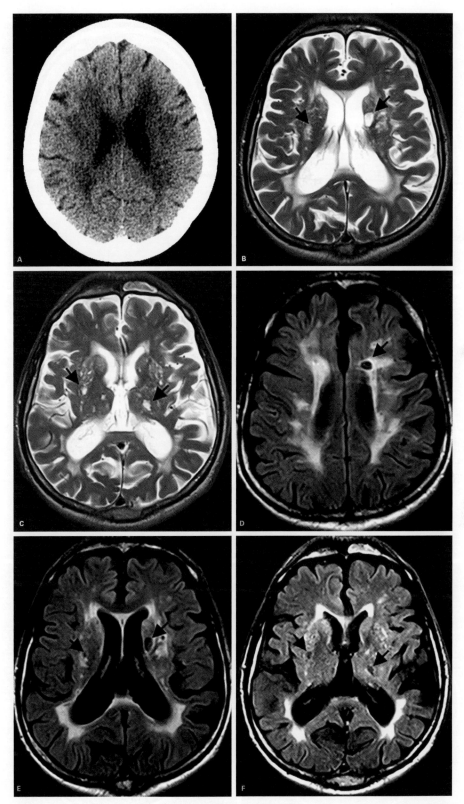

Figura 13 Demência vascular com lacunas e lesão da substância branca (leucoaraiose) em pacientes com hipertensão arterial sistêmica. A: Imagem axial de tomografia computadorizada demonstrando hipoatenuação difusa e confluente da substância branca cerebral profunda e periventricular. B-F: Imagens axiais ponderadas em T2 (B e C) e FLAIR (*fluid-attenuated inversion recovery*) (D-F) demonstrando a microangiopatia caracterizada por hipersinal confluente poupando a região subcortical (Fazekas grau 3), proeminências dos espaços perivasculares e as lacunas (setas pretas) circundadas por halo de hipersinal (gliose) nas regiões nucleocapsulares, tálamo e centro semioval esquerdos.

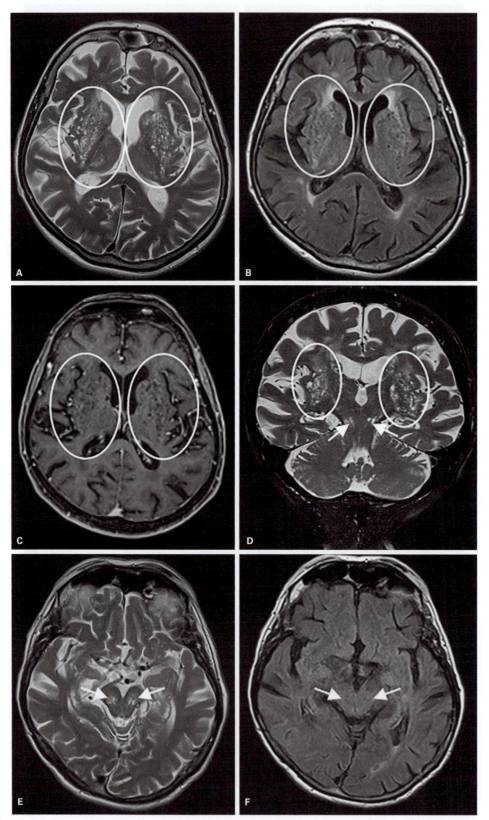

Figura 14 *État criblé*. Paciente com 96 anos, hipertenso e com déficit cognitivo. Múltiplos e bilaterais espaços perivasculares de Virchow-Robin alargados nas regiões subinsulares, nucleocapsulares e mesencéfalo. As imagens de ressonância magnética do encéfalo com cortes axiais T2 (A e E); FLAIR (*fluid-attenuated inversion recovery*) (B e F);

(continua)

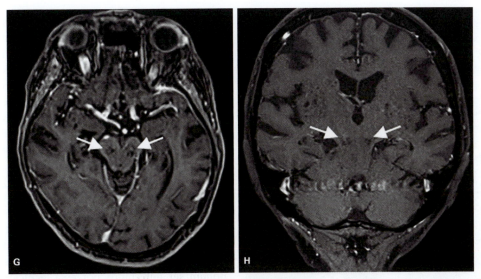

Figura 14 *(continuação)* E T1 pós-contraste (C e G); coronais T2 (D) e T1 pós-contraste (H) demonstram espaços perivasculares alargados nas regiões nucleocapsulares (A-D: elipses brancas) e nos tegmentos mesencefálicos (D-H: setas brancas) com intensidade de sinal semelhante à do liquor.

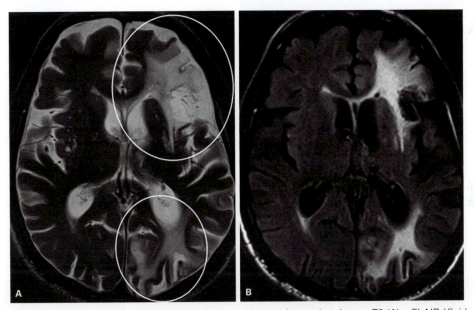

Figura 15 Demência multi-infarto: imagens de ressonância magnética axiais ponderadas em T2 (A) e FLAIR (*fluid-attenuated inversion recovery*) (B) demonstrando áreas de gliose com perda tecidual acometendo os lobos frontal e occipital esquerdos (elipses) nos respectivos territórios das artérias cerebrais média e posterior esquerdas.

Demência por infarto estratégico

Pode ser causada por infartos solitários ou múltiplos em áreas funcionalmente cruciais para o funcionamento cognitivo. Essas áreas incluem os tálamos (Figura 16), o córtex frontocingular, o prosencéfalo basal (anterior e abaixo do corpo estriado, incluindo a área septal e a substância perfurada anterior), região temporal mesial, núcleo caudado e giro angular.

Hemorragia

A hemorragia é comumente encontrada em associação com doença vascular cerebral, seja qual for a etiologia. A discussão mais extensa sobre a hemorragia intracraniana primária é feita no capítulo específico de AVC. As micro-hemorragias com distribuição centroencefálica estão mais associadas à hipertensão arterial crônica (Figura 17), enquanto a distribuição periférica/cortical é mais comum na angiopatia cerebral amiloide.

Angiopatia amiloide cerebral (AAC)

A angiopatia amiloide cerebral é formada por um grupo heterogêneo de doenças de pequenos vasos que têm em comum a deposição de amiloide nas paredes dos

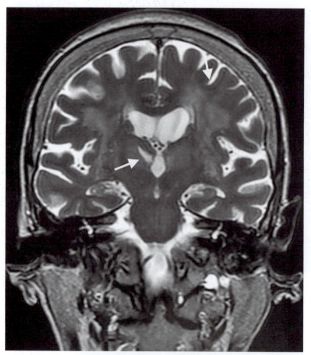

Figura 16 Infarto estratégico. Imagem coronal ponderada em T2 demonstrando sequela de infarto isquêmico na porção mesial do tálamo direito (seta branca). Há alteração de sinal difusa e confluente na substância branca periventricular e profunda dos hemisférios cerebrais (Fazekas grau 3).

Os casos esporádicos são mais comuns em indivíduos mais idosos (70 anos ou mais), e casos de herança familiar (autossômica dominante) frequentemente manifestam-se antes dos 50 anos. Em estudos *post mortem*, 83% dos pacientes com DA apresentaram angiopatia amiloide.

Caracteriza-se por hemorragias lobares recorrentes e em menor grau infartos isquêmicos e alteração de sinal na substância branca (leucoaraiose) com déficits cognitivos. A demência ocorre em 40% dos casos de AAC e sua progressão é mais rápida do que na DA.

A técnica gradiente *echo* por RM (T2*) e as modernas técnicas de imagem ponderada em suscetibilidade magnética (SWI) são fundamentais para o diagnóstico, pois as pequenas hemorragias corticais e justacorticais acumulam-se ao longo da vida desses pacientes (Figura 18). Os remanescentes dos hematomas intraparenquimatosos podem ser detectados por essa técnica como focos de hipossinal de variadas dimensões. A siderose superficial é frequentemente encontrada nessa doença, mais comumente na convexidade dos hemisférios cerebrais, sendo definida por hipossinal linear na superfície do córtex, desenhando os giros (Figuras 19 e 20).

vasos no interior da camada média das artérias e veias corticais e leptomeníngeas.

A AAC é responsável por 5-20% das hemorragias cerebrais não traumáticas e 30% das hemorragias lobares; é presumido que dois terços das hemorragias lobares de indivíduos com 70 anos ou mais sejam causados por AAC. As hemorragias no cerebelo e núcleos da base são infrequentes e no tronco cerebral são extremamente raras, ao contrário do que acontece na hemorragia hipertensiva.

Arteriopatia cerebral autossômica dominante com infartos subcorticais e leucoencefalopatia (CADASIL)

É uma doença autossômica dominante que afeta adultos jovens e idosos. Corresponde a menos que 5% das doenças de pequenos vasos cerebrais.

Existe um defeito no gene *notch 3* do cromossomo 19q, que tem um papel no desenvolvimento embrionário de tecidos vasculares. Pode haver, então, destruição de células musculares de artérias cerebrais e da retina.

Geralmente acomete pessoas entre 40 e 60 anos. Os principais achados clínicos são infartos subcorticais recorrentes (84-85%), demência subcortical lentamente progressiva (31-60%), alterações de humor depressivo ou

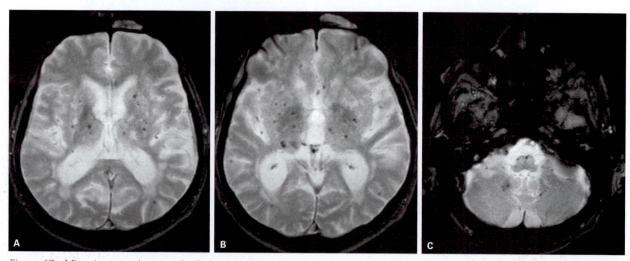

Figura 17 Micro-hemorragias com distribuição centro-encefálica, mais comumente encontradas em associação com doença vascular cerebral por hipertensão arterial sistêmica crônica. Imagens axiais ponderadas em T2* (A-C) demonstrando múltiplos focos micro-hemorrágicos com distribuição central nas regiões nucleocapsulares, tálamos, tronco encefálico e no cerebelo.

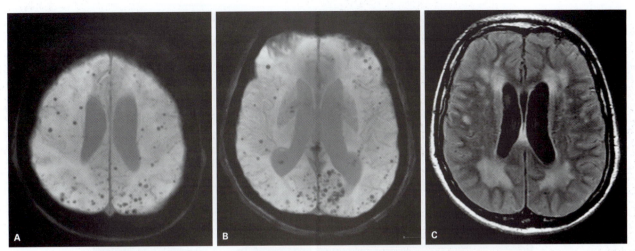

Figura 18 Angiopatia amiloide cerebral em paciente de 62 anos. (A-C) Imagens axiais de ressonância magnética ponderadas em T2* (A e B) demonstrando múltiplos focos de marcado hipossinal com predomínio periférico no parênquima encefálico, compatíveis com deposição de hemossiderina relacionada a angiopatia amiloide. Imagem axial FLAIR (*fluid-attenuated inversion recovery*) (C) demonstrando comprometimento confluente difuso da substância branca por microangiopatia (Fazekas grau 3).

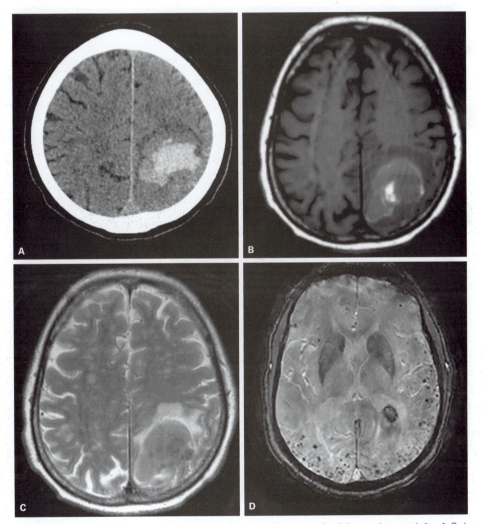

Figura 19 Angiopatia amiloide cerebral em paciente de 67 anos, com hemorragias lobares de repetição. A-C: Imagens axiais de TC do crânio (A), ressonância magnética (RM) ponderadas em T1 (B) e T2 (C) sem contraste demonstram hemorragia lobar parietal esquerda em fase aguda/subaguda. D-E: Imagens axiais T2* demonstram os múltiplos focos de baixo sinal na periferia do parênquima encefálico com predomínio posterior e supratentorial, poupando as estruturas centroencefálicas (D).

(continua)

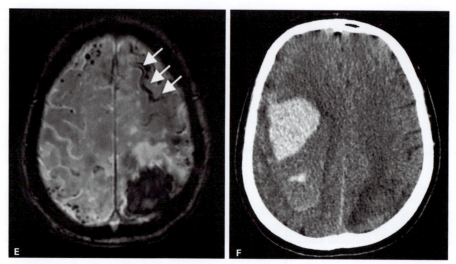

Figura 19 *(continuação)* Siderose meníngea mais evidente no sulco frontal superior esquerdo (setas brancas) (E). F: Imagem axial de tomografia computadorizada de crânio realizada um mês após imagens de RM em razão do novo quadro agudo, demonstrando surgimento de novo hematoma intraparenquimatoso lobar na região frontoparietal direita.

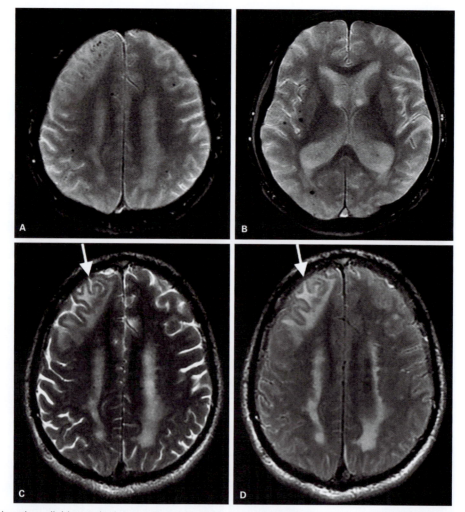

Figura 20 Angiopatia amiloide cerebral em paciente de 49 anos com componente inflamatório. A-B: Imagens axiais ponderadas em T2* demonstrando focos puntiformes de baixo sinal esparsos pelas regiões corticossubcorticais dos hemisférios cerebrais com predomínio supratentorial, que poupam as regiões nucleocapsulares, relacionadas ao depósito de hemossiderina. C-D: Imagens axiais ponderadas em T2 (C) e FLAIR *(fluid-attenuated inversion recovery)* (D) demonstrando os múltiplos focos de hipersinal na substância branca periventricular e subcortical dos hemisferios cerebrais, de aspecto confluente nas regiões parietais. Na região frontal direita destaca-se lesão com hipersinal envolvendo as porções anteriores dos giros frontal superior e médio.

de mania (20-30%) e migrânea (20-30%). Alguns pacientes não apresentam outros sintomas além da enxaqueca com aura, durante toda a vida. Disfunções retinianas subclínicas são descritas como marcadores fenotípicos.

Em geral, existe lesão isquêmica da substância branca, infartos lacunares e preservação das fibras em "U" como na microangiopatia aterosclerótica, porém o comprometimento da substância branca dos polos temporais é típico do CADASIL; as lesões na cápsula externa/ínsula também são mais frequentes (Figura 21). Observa-se também aumento dos EVR, principalmente nos núcleos da base e nos lobos temporais. Infartos corticais não são típicos. Há detecção de focos puntiformes de hipossinal em T2* sugestivos de micro-hemorragias prévias em uma parcela significativa dos pacientes.

O diagnóstico é feito com os achados característicos na RM em conjunto com ausência de fatores de risco vasculares e confirmado com microscopia eletrônica das arteríolas do subcutâneo, ou por confirmação da mutação genética.

O termo CARASIL (ou síndrome de Maeda) foi criado para uma doença autossômica recessiva descrita inicialmente em famílias japonesas com artropatia, alopécia, espondilite deformante, lombalgia, leucoencefalopatia vascular, infartos lacunares e demência em jovens – preferencialmente do sexo masculino.

Demência com corpos de Lewy

A demência com corpos de Lewy (DCL) consiste em uma demência neurodegenerativa decorrente de inclusões neuronais contendo α-sinucleína (sinucleinopatia), os "corpos de Lewy", no córtex e em núcleos do tronco encefálico. É uma demência neurodegenerativa senil com incidência de cerca de 15-25% do total de casos de necrópsias.

Classicamente, a DCL apresenta-se de forma esporádica, apesar de descrições de formas familiares sem mutações conhecidas.

A DCL apresenta início insidioso e curso clínico progressivo e inexorável. Clinicamente, as três características principais são: declínio cognitivo flutuante associado a variações pronunciadas de atenção e alerta; alucinações visuais recorrentes, bem formadas e detalhadas e características motoras espontâneas do parkinsonismo, subsequentes ao desenvolvimento do declínio cognitivo.

As alucinações visuais são estruturadas, detalhadas e com caráter recorrente, sendo os únicos sintomas psicóticos que diferenciam a DCL da DA e da demência vascular. Estão presentes em até 85% dos indivíduos e tendem a ocorrer nas fases mais precoces da doença. Alucinações auditivas podem também ser encontradas, porém menos comumente.

A DCL e a doença de Parkinson compartilham características clínicas, patológicas e de imagem comuns, sugerindo tratar-se de variações espectrais ou de evoluções diferentes de uma mesma doença.

Alterações autonômicas como instabilidade postural e distúrbios do sono, a resposta ineficaz dos sintomas parkinsonianos à levodopa, a hipersensibilidade aos neurolépticos, com agravamento dos sintomas parkinsonianos, sem melhora dos sintomas psicóticos, são comumente encontradas na DCL.

O diagnóstico definitivo de DCL é realizado somente com a demonstração histopatológica, porém o diagnóstico clínico *ante mortem* é particularmente relevante por causa dos seguintes aspectos: risco decorrente do uso de medicações neurolépticas e a possibilidade de benefício significativo com o tratamento com drogas inibidoras da acetilcolinesterase. Com o propósito de estabelecer diretrizes para os diagnósticos clínico e patológico de DCL, foi realizado um consenso internacional sobre DCL em 1996 e revisado em 2005, determinando os critérios diagnósticos provável e possível conforme descrito no Quadro 2.

Quando a demência ocorrer dentro de 12 meses do início dos sinais e sintomas motores extrapiramidais, o paciente receberá o diagnóstico primário de DCL, que será fortalecido pela presença de fatores essenciais e/ou sintomas de suporte. Caso a história clínica de parkinsonismo tenha início após 12 meses do começo do declínio cognitivo, o diagnóstico mais apropriado a ser usado é a demência da doença de Parkinson.

A característica microscópica essencial da DCL é a presença dos corpos de Lewy (CL), que consistem em inclusões eosinofílicas, predominantemente intracitoplasmáticas, apresentando morfologia esférica, mas também ovoides ou fusiformes, originalmente formadas por depósitos de proteínas α-sinucleína, por proteínas neurofibrilares e pela ubiquitina, encontradas no córtex cerebral e no tronco encefálico.

Os achados de imagem muitas vezes encontrados na TC e na RM são sinais de atrofia encefálica global, com comprometimento proporcional das estruturas mesiais dos lobos temporais com o restante do parênquima encefálico (Figura 22), o que auxilia no diagnóstico diferencial com a DA. Técnicas avançadas, como imagem por tensores de difusão, perfusão e espectroscopia de prótons, oferecem maior potencial na identificação de modificações precoces, como o giro do cíngulo posterior, regiões occipitotemporal e occipitoparietal parecem promissoras nesse quesito, embora ainda sem validação para a prática clínica. A espectroscopia de prótons encefálica por RM pode demonstrar redução dos níveis de NAA e de suas relações, bem como redução da relação glutamato/creatina e aumento da relação colina/creatina. Assim, as indicações dos exames de imagem estruturais visam excluir causas potencialmente tratáveis que justifiquem as manifestações neurológicas e avaliar a presença de atrofia desproporcional das estruturas mesiais dos lobos tempo-

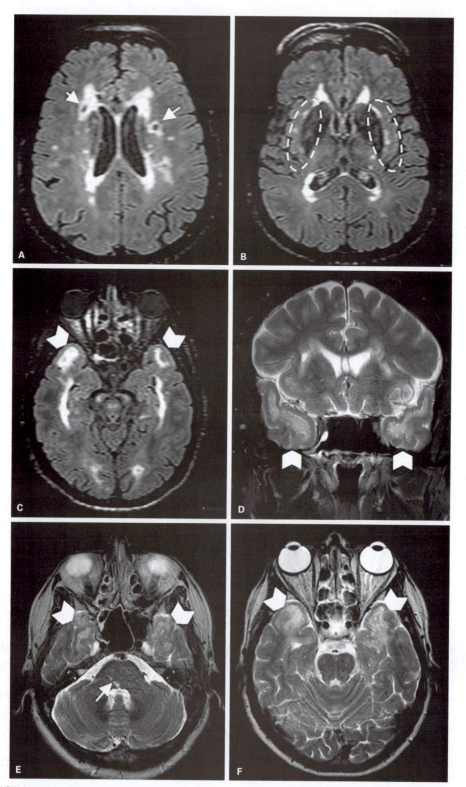

Figura 21 CADASIL (arteriopatia cerebral autossômica com infartos subcorticais e leucoencefalopatia) em um paciente de 54 anos. (A-B) Imagens axiais ponderadas em FLAIR (*fluid-attenuated inversion recovery*) evidenciando a distribuição característica das lesões hiperintensas multifocais na substância branca profunda, especialmente periventricular, e nas cápsulas externas (elipse tracejada) (B), bem como focos de infartos lacunares nas coroas radiadas (setas brancas) (A). Imagens axial FLAIR (C), coronal T2 (D) e axial T2 (E e F) demonstrando o comprometimento evidente das regiões subcorticais nos polos temporais (cabeças de setas) e foco de infarto lacunar na região posterior da ponte (seta branca) (E).

Quadro 2 Critérios diagnósticos clínicos provável e possível para DCL
1. A característica essencial para o diagnóstico de DCL é o declínio cognitivo de magnitude suficiente para interferir na função social e profissional do doente. Uma perda proeminente e persistente da memória não ocorre necessariamente nas fases iniciais da doença, embora se torne evidente com a evolução. Déficits atencionais, de habilidades frontais subcorticais e da capacidade visuoespacial são evidentes.
2. Duas das seguintes características são necessárias para o diagnóstico de doença provável e uma para o diagnóstico de doença possível: a) Flutuações das capacidades cognitivas, com variações pronunciadas da atenção e da vigilância;   b) Alucinações visuais recorrentes que são tipicamente bem formadas e detalhadas;   c) Parkinsonismo espontâneo.
3. Características sugestivas (DCL provável: se um ou mais destes estiverem presentes na presença de um ou mais dos aspectos necessários. DCL possível: ausência de quaisquer aspectos necessários e um ou mais aspectos sugestivos):   a) Distúrbios comportamentais do sono REM;   b) Sensibilidade grave aos neurolépticos;   c) Baixa captação dos transportadores de dopamina nos núcleos da base demonstrados nos exames de PET ou SPECT.
4. Características que apoiam o diagnóstico: a) Quedas repetidas e síncope;   b) Disfunção autonômica grave;   c) Perdas transitórias de consciência;   d) Alucinações em outras modalidades;   e) Delírios sistematizados;   f) Preservação relativa das estruturas mesiais dos lobos temporais nos exames de TC e RM;   g) Redução de captação dos radiofármacos nos exames de SPECT/PET, no córtex temporoparietal e occipital.
5. O diagnóstico de DCL é menos comum na presença de: a) Doença isquêmica evidente por meio de sinais neurológicos focais ou por evidências em neuroimagem;   b) Evidência no exame físico de outra doença sistêmica ou neurológica que justifique o quadro.   c) Se o parkinsonismo iniciar somente no estágio grave de demência.
6. Sequência temporal dos sintomas (declínio cognitivo x parkinsonismo).

DCL: demência com corpos de Lewy; PET: tomografia por emissão de pósitrons; RM: ressonância magnética; SPECT: tomografia computadorizada por emissão de fóton único; TC: tomografia computadorizada. Adaptado de: McKeith, 2005.

rais, como encontrado na DA, ou do tronco encefálico, como na paralisia supranuclear progressiva.

Os estudos de PET (FDG) e SPECT podem demonstrar hipometabolismo e hipoperfusão, respectivamente, em algumas regiões, particularmente no córtex do lobo occipital, e menos proeminente nos aspectos posterolateral do lobo temporal e posterior do lóbulo parietal inferior, bem como na base e no aspecto medial do lobo frontal (Figura 22). A utilização de marcador transportador dopaminérgico por SPECT tem demonstrado redução da captação no sistema dopaminérgico nigroestriatal nos pacientes com DCL e DP, sendo muito útil no diagnóstico de DCL e na distinção com DA, apresentando altos níveis de sensibilidade e especificidade.

Demência frontotemporal (DFT)

A degeneração lobar frontotemporal (DLFT) é um termo genérico descritivo macroanatômico de um grupo de síndromes clínica e patologicamente heterogêneas caracterizadas por atrofia progressiva relativamente seletiva dos lobos frontais e/ou temporais. A demência frontotemporal (DFT) é um grupo de síndromes clínicas associadas a atrofia focal da porção anterior do lobo temporal e das regiões pré-frontais, com achados patológicos e comprometimento anatômico distintos da DA.

A DFT é a segunda causa de demência em pacientes com até 65 anos (demência pré-senil) e a quarta causa em pacientes com mais de 65 anos (demência senil), depois da DA, demência vascular e demência com corpos de Lewy. Inicia-se tipicamente na sexta década de vida, podendo ocorrer desde a terceira à nona década de vida, sem predileção por gêneros.

A DFT pode ter ocorrência esporádica ou ter um componente genético substancial, com cerca de 20% dos casos apresentando um padrão de herança autossômico dominante.

Clinicamente, os pacientes com DFT apresentam curso evolutivo gradual e sem ocorrência de evento ictal, caracterizados por sintomas comportamentais e cognitivos, com alteração de conduta social e interpessoal, bem como déficit de linguagem, com relativa preservação da memória e das funções visuoespaciais nos estágios precoces.

Os achados histopatológicos da DFT são heterogêneos e a presença de corpúsculos de Pick não é patognomônica. No que tange à DLFT, e às suas três síndromes clínicas relacionadas – variante comportamental, demência semântica (DS) e afasia primária progressiva não fluente (APPNF) –, o substrato anatomopatológico pode ser bastante variado, com a presença de inclusões celulares tau-positivas (DLFT-tau) ou TDP-positivas (DLFT-TDP). Além disso, há ainda sobreposição clínica e anatomopatológica com as doenças parkinsonianas atípicas, como a paralisia supranuclear progressiva e a degeneração corticobasal, além da esclerose lateral amiotrófica. Essas outras entidades estão descritas no Capítulo "Doenças degenerativas e metabólicas adquiridas".

Há uma correlação das suas principais formas clínicas com a região e o hemisfério cerebral comprometido, apresentando relacionamentos bem estabelecidos entre a clínica e a imagem diagnóstica (Figura 23).

Variante comportamental da DFT

A variante comportamental da DFT, também conhecida como variante frontal, apresenta um comprometimento predominante dos lobos frontais, simétrico ou

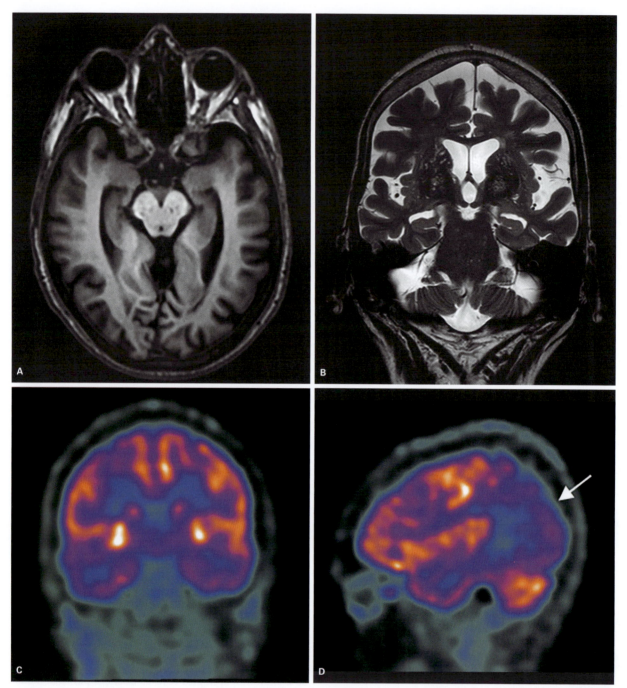

Figura 22 Demência por corpos de Lewy (DCL). As imagens de ressonância magnética do encéfalo no plano axial pesadas em T1 (A) e coronal T2 (B) demonstram redução volumétrica global do parênquima encefálico. A atrofia da região mesial dos lobos temporais é proporcional ao restante do parênquima. Tomografia computadorizada por emissão de fóton único (SPECT) cerebral (C e D) demonstrando hipometabolismo cortical difuso, predominando nas regiões parietais e temporais, achados que são típicos da doença de Alzheimer; entretanto, o achado adicional de hipometabolismo nos lobos occipitais, incluindo o córtex visual primário (seta branca), é mais específico para diferenciar DCL da doença de Alzheimer.

assimétrico, geralmente com predomínio de atrofia do lobo frontal direito. Caracteriza-se pelo início insidioso de anormalidades comportamentais, alterações da personalidade e prejuízo do discernimento. De acordo com a topografia do acometimento do lobo frontal, notam-se as manifestações clínicas mais frequentemente exibidas. O comprometimento da região orbitobasal está relacionado à desinibição e ao comportamento antissocial. O envolvimento da região anteromedial do giro do cíngulo resulta em apatia, enquanto o acometimento do córtex dorsolateral resulta em déficits de planejamento, organização e funções executivas.

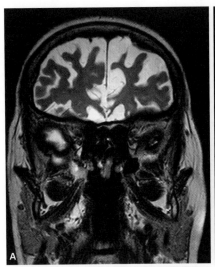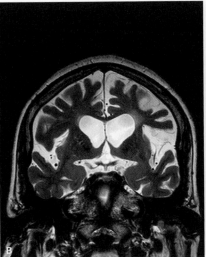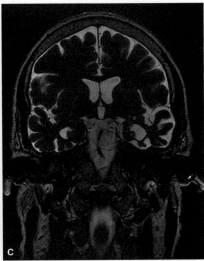

Figura 23 Principais síndromes de degeneração lobar frontal e temporal e seus aspectos de imagem. Imagens coronais ponderadas em T2 demonstram atrofia predominante no lobo frontal direito na variante comportamental da demência frontotemporal (A), atrofia predominante no lobo frontal esquerdo da afasia primária progressiva não fluente (B) e atrofia predominantemente temporal esquerda na demência semântica (C).

Os achados de imagem tipicamente demonstram atrofia, que pode assumir aspecto em "lâmina de faca", com afilamento cortical e hipersinal nas sequências T2/FLAIR no córtex e na substância branca subcortical, denotando áreas de gliose. O estudo de espectroscopia de prótons não é específico e demonstra redução do pico de NAA e suas relações, denotando redução da população neuronal viável e aumento do pico de mioinositol, o que evidencia atividade reparadora astroglial. Os estudos de medicina nuclear (SPECT e PET) demonstram hipoperfusão e hipometabolismo, respectivamente, nos lobos frontais, precedendo os achados observados nas imagens estruturais de TC ou RM (Figura 24).

Afasia primária progressiva

Consiste principalmente em uma desordem da expressão da fala, em que ocorre dificuldades de recuperação das palavras. De acordo com as peculiaridades clinicorradiológicas, podem ser subdivididas em: não fluente (agramática), semântica e logopênica.

Não fluente (agramática)

Caracteriza-se por perda progressiva da capacidade de pronunciar palavras e/ou de formar frases, apresentando dificuldade para se expressar oralmente e por escrito.

Os achados de imagem demonstram atrofia predominante do lobo frontal esquerdo, bem como dos aspectos anteriores da ínsula e do giro temporal superior esquerdos (peri-Sylviana anterior), com afilamento cortical e hipersinal nas sequências T2/FLAIR no córtex e na substância branca subcortical, denotando áreas de gliose. O estudo de espectroscopia de prótons não é específico e demonstra redução do pico de NAA e suas relações, denotando redução da população neuronal viável e aumento do pico de mioinositol, o que evidencia atividade reparadora astroglial. Os estudos de medicina nuclear (SPECT e PET) demonstram hipoperfusão e hipometabolismo na região peri-Sylviana esquerda, mesmo antes das alterações estruturais demonstradas na TC ou RM (Figura 25).

Demência semântica

Corresponde à forma de afasia primária progressiva fluente, caracterizada por dificuldade em nomear e compreender nomes de itens comuns, com perda progressiva do significado das palavras, utilizando frequentemente frases substitutivas, apesar de apresentarem boa articulação e sintaxe (fluência preservada).

Os achados de imagem demonstram atrofia dos lobos temporais, mais pronunciado à esquerda, principalmente nas regiões anterior e lateral, com afilamento cortical e hipersinal nas sequências T2/FLAIR no córtex e na substância branca subcortical, denotando áreas de gliose. O estudo de espectroscopia de prótons não é específico e demonstra redução do pico de NAA e suas relações, denotando redução da população neuronal viável e aumento do pico de mioinositol, o que evidencia atividade reparadora astroglial. Os estudos de medicina nuclear (SPECT e PET) demonstram hipoperfusão e hipometabolismo predominante ou seletivo no lobo temporal esquerdo, respectivamente, mesmo antes das alterações observadas nas imagens estruturais de TC ou RM (Figura 26).

O Quadro 3 resume os principais achados de RM e medicina nuclear nas demências acima apresentadas.

Variante logopênica

Caracteriza-se por pausas, repetições, hesitações e dificuldade de produzir palavras durante o discurso (disfluência), associadas a dificuldade de nomear ou empregar palavras em situações de narrativa (anomia).

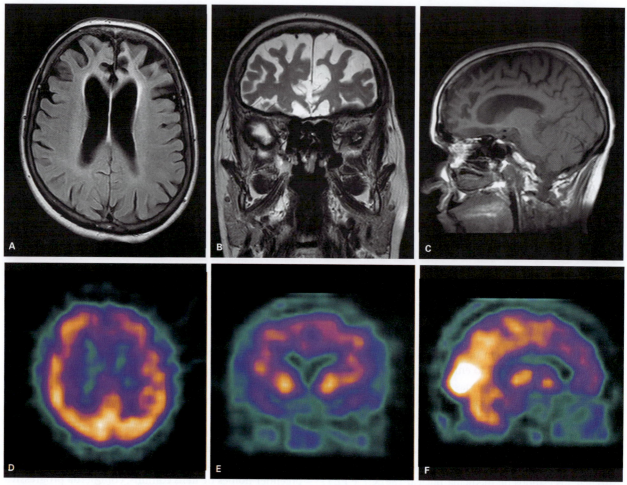

Figura 24 Demência frontotemporal (variante frontal/comportamental). As imagens axial FLAIR (*fluid-attenuated inversion recovery*) (A), coronal T2 corte anterior (B) e sagital T1 (C) demonstram o padrão de atrofia predominando nos lobos frontais e temporais, com leve predomínio à direita, com alargamento do sistema ventricular, notadamente dos cornos frontais dos ventrículos laterais e gliose subcortical associada nessa região. Tomografia computadorizada por emissão de fóton único (SPECT) cerebral (D-F) demonstrando redução difusa da concentração assimétrica do radiofármaco (hipoperfusão), predominando nas regiões frontotemporais, de forma mais acentuada à direita.

Os achados de imagem demonstram atrofia do aspecto posterior da ínsula e do giro temporal superior esquerdos, bem como do lobo parietal inferior homolateral (peri-Sylviana posterior), com afilamento cortical e hipersinal nas sequências T2/FLAIR no córtex e na substância branca subcortical, denotando áreas de gliose. O estudo de espectroscopia de prótons não é específico, demonstrando redução do pico de NAA e suas relações e aumento do pico de mioinositol. Os estudos de medicina nuclear (SPECT e PET) demonstram hipoperfusão e hipometabolismo na região peri-Sylviana posterior esquerda, mesmo antes das alterações estruturais demonstradas na TC ou RM.

Variante comportamental do lobo temporal

A variante comportamental do lobo temporal caracterizada por predomínio de manifestações psiquiátricas e distúrbios de comportamento diferentes daqueles encontrados na variante comportamental frontal da DFT, tais como irritabilidade, impulsividade, agressividade, excentricidade e hiper-religiosidade.

Nesse contexto clínico, nota-se atrofia predominante ou, menos frequentemente, seletiva do lobo temporal direito, predominando na região anterior, com afilamento cortical e hipersinal nas sequências T2/FLAIR no córtex e na substância branca subcortical, denotando áreas de gliose. O estudo de espectroscopia de prótons não é específico, demonstrando redução do pico de NAA e suas relações, e aumento do pico de mioinositol. O estudo de volumetria pode demonstrar quantitativamente a progressão da atrofia assimétrica. Os estudos de SPECT e PET demonstram hipoperfusão e hipometabolismo predominante ou seletivo no lobo temporal direito, respectivamente, mesmo antes das alterações observadas nas imagens estruturais de TC ou RM (Figura 27).

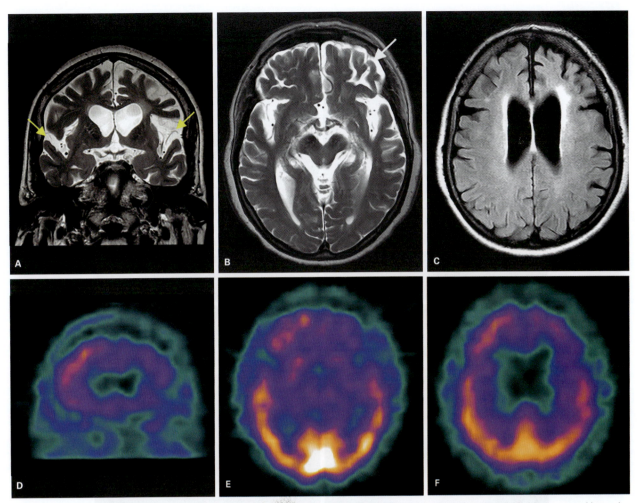

Figura 25 Afasia primária progressiva não fluente (agramática). Imagens coronal T2 (A), axial T2 (B) e FLAIR (*fluid-attenuated inversion recovery*) (C) de paciente com 65 anos apresentando quadro de alteração da capacidade de se expressar verbalmente, demonstram atrofia frontal e hipersinal em FLAIR da substância branca predominando na região frontoinsular esquerda (perysilvian anterior esquerda). Tomografia computadorizada por emissão de fóton único (SPECT) cerebral (D-F) demonstrando redução difusa da concentração do radiofármaco (hipoperfusão), predominando nas regiões frontal e temporal esquerdas.

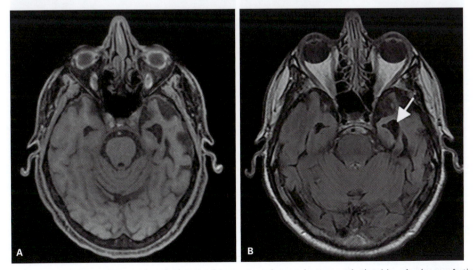

Figura 26 Degeneração lobar frontotemporal – afasia primária progressiva, variante semântica (demência semântica). Paciente, 58 anos, com afasia primária progressiva fluente de início há 2 anos. Imagens axiais ponderadas em T1 (A) e perysilvian FLAIR (*fluid-attenuated inversion recovery*) (B).

(continua)

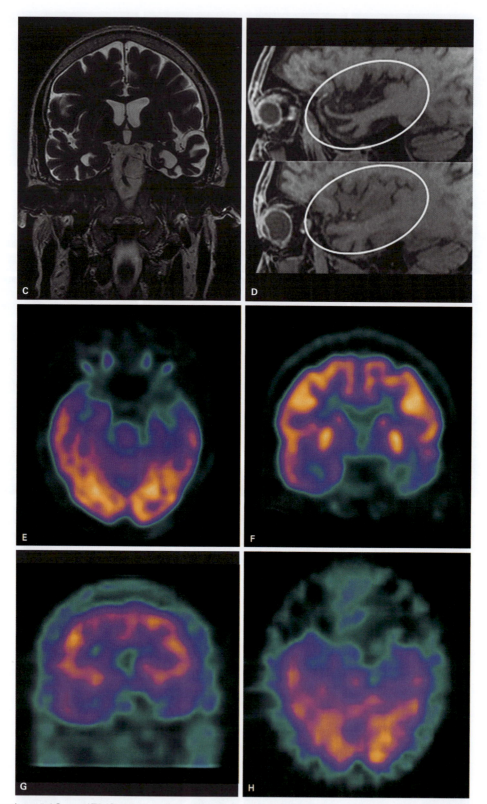

Figura 26 *(continuação)* Coronal T2 (C) demonstrando diminuição dos lobos temporais, acentuadamente à esquerda, principalmente das regiões anterior e medial, com alargamento do corno do ventrículo temporal e dos sulcos adjacentes. Em B, observa-se área de hipersinal na substância branca relacionada a gliose. D: Cortes sagitais ponderados em T1 mostrando comparativamente a atrofia (elipses) mais acentuada do lado esquerdo (superior) comparativamente ao direito (inferior). Tomografia por emissão de pósitrons (PET) (E e F) e tomografia computadorizada por emissão de fóton único (SPECT) (G e H) cerebral mostrando acentuado hipometabolismo e hipoperfusão nos lobos temporais, acentuados à esquerda.

Quadro 3	Achados de RM e medicina nuclear nas principais demências		
	RM	SPECT/PET	Outros
DA	Alterações nas fases mais avançadas: atrofia com predomínio nas regiões temporais mesiais	Hipofluxo/hipometabolismo nas regiões temporoparietais	Uso de PET com 11C-PIB para detecção de α-amiloide
DV	Achados: doença de pequenos vasos, lacunas, alargamento dos EVR, lesões multi-infartos, infartos em locais estratégicos, hemorragias e/ou micro-hemorragias	Hipofluxo/hipometabolismo nas regiões de infarto	
Demência de corpos de Lewi	Atrofia global com comprometimento proporcional dos lobos temporais	Hipofluxo/hipometabolismo difuso particularmente no córtex occipital	SPECT marcador de transportador dopaminérgoco

Demência fronto-temporal	Atrofia seletiva dos lobos frontais e temporais
	• Variante comportamental:
	  - atrofia em lâmina de faca no córtex e SB frontal (com hipersinal T2/FLAIR)
	• Afasia primária progressiva não fluente:
	  - Atrofia do lobo frontal, ínsula anterior e giro temporal superior esquerdos com hipersinal cortical e na SB adjacente em T2/FLAIR
	• Demência semântica:
	  - Atrofia temporal mais acentuada à esquerda com hipersinal cortical com hipersinal cortical e na SB adjacente em T2/FLAIR
		Hipofluxo/hipometabolismo frontal e temporal
		• Variante comportamental:
		  - Hipofluxo/hipometabolismo frontal
		• Afasia primária progressiva não fluente:
		  - Hipofluxo/hipometabolismo perisylviano esquerdo
		• Demência semântica:
		  - Hipofluxo/hipometabolismo lobo temporal esquerdo	

DA: doença de Alzheimer; DV: demência vascular; EVR: espaços de Virchow-Robin; FLAIR: *fluid attenuated inversion recovery imaging*; PET: tomografia por emissão de pósitrons; RM: ressonância magnética; SB: substância branca; SPECT: tomografia computadorizada por emissão de fóton único.

Prosopagnosia progressiva

Representa um subtipo específico da variante temporal direita, caracterizada por incapacidade progressiva de reconhecer faces, mesmo aquelas familiares.

Nos estudos de imagem estruturais (TC e RM), nota-se atrofia seletiva do aspecto medial e inferior dos lobos temporal e occipital do hemisfério cerebral não dominante (direito), particularmente o giro occipito-temporal medial (giro fusiforme). O afilamento cortical e o hipersinal nas sequências T2/FLAIR no córtex e na substância branca subcortical são menos proeminentes. O estudo de volumetria pode demonstrar maior conspicuidade a assimetria dos giros fusiformes, na presença de quadro clínico específico. A avaliação por medicina nuclear é limitada por conta da resolução espacial do método (Figura 28).

Dicas práticas

Na avaliação de imagem em contexto clínico de síndrome demencial não devemos esquecer dos seguintes passos:

- Avaliar a sequência de difusão com cuidado, buscando restrição à difusão no córtex dos hemisférios cerebrais e núcleos da base. Assim não deixaremos de diagnosticar pacientes com encefalopatia espongiforme do tipo Creutzfeldt Jakob (mais bem detalhada no Capítulo 10), que podem se apresentar clinicamente de forma semelhante às demências descritas neste capítulo, sobretudo as DFT.
- Fazer uma observação minuciosa da sequência T2 gradiente echo (T2*) ou SWI, buscando micro-hemorragias de distribuição central ou periférica, que vão sugerir respectivamente a presença de doença vascular hipertensiva ou angiopatia cerebral amiloide. Esta última também deve ser considerada em pacientes com mais de 55 anos que apresentem siderose superficial.

Nas sequências ponderadas em T2 FSE axiais e coronais devemos observar o padrão de alargamento dos sulcos corticais e ventrículos que refletem a atrofia encefálica. Deve-se comparar os diferentes lobos entre si e os mesmos lobos entre os diferentes hemisférios. A simples descrição da localização da atrofia predominante ajuda na definição diagnóstica, pois as síndromes clínicas estão associadas aos padrões de atrofia regional e assimetrias. Essas sequências também permitem a melhor visualização dos espaços perivasculares e lacunas, importantes marcadores da demência vascular por doença de pequenos vasos.

Na sequência FLAIR, é preciso analisar a quantidade e a presença ou não de confluência dos focos de alteração de sinal na substância branca (que refletem a microangiopatia). Deve-se relatar essas alterações de forma qualitativa como leve, moderada e acentuada ou por meio de escalas simples, como a de Fazekas. As sequelas de insultos

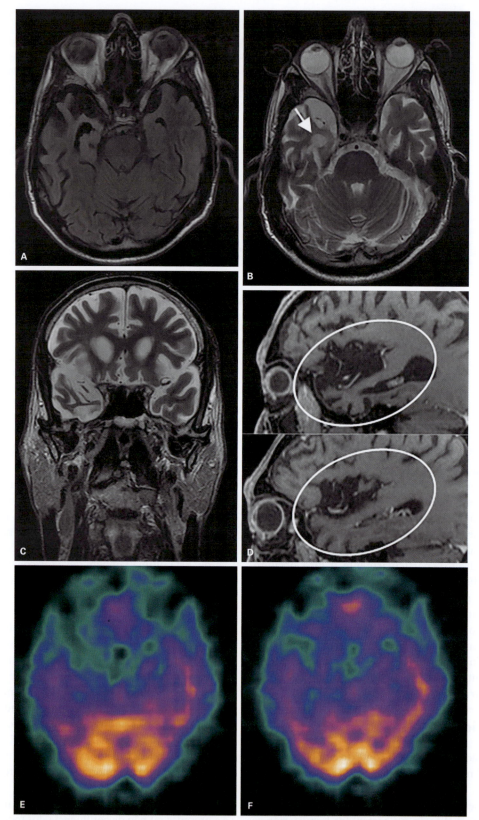

Figura 27 Demência frontotemporal (variante temporal direita/comportamental). Os cortes axiais FLAIR (*fluid-attenuated inversion recovery*) (A), T2 (B) e coronal T2 (C) demonstram o padrão de atrofia predominando nos lobos frontais e temporais, com alargamento do sistema ventricular, notadamente do corno temporal direito (seta branca), e gliose subcortical associada nessa região. D: Cortes sagitais ponderados em T1 pós-contraste mostrando comparativamente a atrofia (elipses brancas) mais acentuada do lado direito (superior) em relação ao esquerdo (inferior). E-H: Tomografia computadorizada por emissão de fóton único (SPECT) cerebral: cortes axiais (E e F).

(continua)

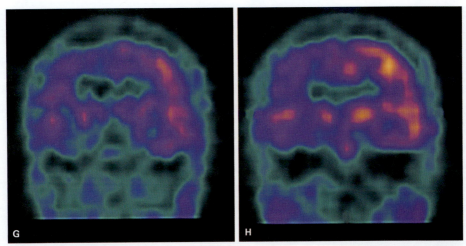

Figura 27 *(continuação)* Cortes coronais (G e H) demonstrando redução difusa da concentração do radiofármaco (hipoperfusão), predominando nas regiões frontal e temporal direitas, com discreta extensão para a região parietal posterior do mesmo lado.

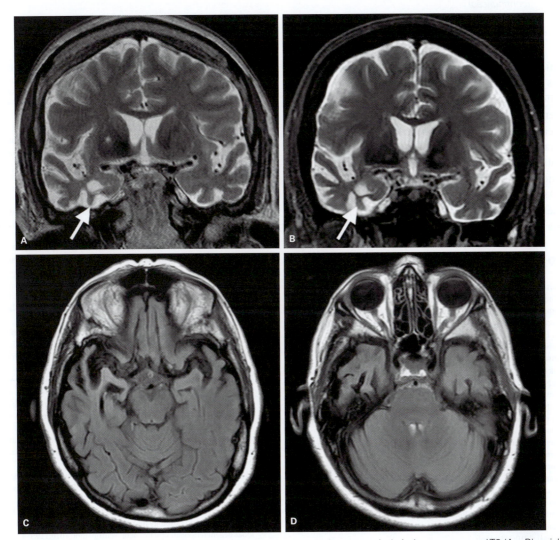

Figura 28 Demência frontotemporal (variante temporal direita/prosopagnosia progressiva). As imagens coronal T2 (A e B), axial FLAIR *(fluid-attenuated inversion recovery)* (C e D) e axial T2 (E), em paciente com quadro clínico de incapacidade progressiva para reconhecer faces, demonstram atrofia seletiva das porções mesial e inferior do lobo temporal direito, particularmente do giro occipitotemporal lateral (seta branca), com alargamento ventricular adjacente.

(continua)

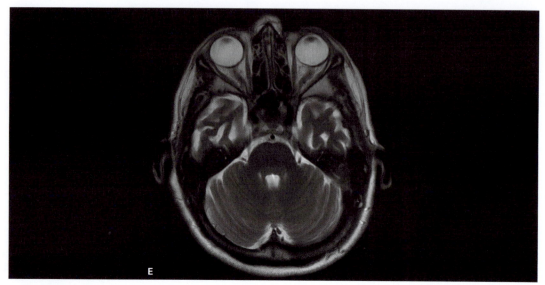

Figura 28 *(continuação)*

isquêmicos pregressos devem ser descritas com atenção às áreas anatômicas mais associadas à disfunção cognitiva, como a cabeça dos núcleos caudados, os tálamos, regiões temporais mesiais, área septal, substância perfurada e as áreas de associação na transição dos lobos parietal, temporal e occipital.

A utilização de contraste não é obrigatória, pois pouco ajuda no diagnóstico diferencial das síndromes demenciais. O seu uso deve ser restrito aos casos específicos, nos quais se suspeita de doença neoplásica, infecciosa ou metabólica, como na síndrome de Wernicke.

Bibliografia sugerida

1. Albert MS, Dekosky ST, Dickson D, Dubois B, Feldman HH, Fox NC, et al. The diagnosis of mild cognitive impairment due to Alzheimer's disease: recommendations from the National Institute on Aging-Alzheimer's Association workgroups on diagnostic guidelines for Alzheimer's disease. Alzheimers Dement. 2011;7(3):270-9.
2. American Psychiatric Association. Diagnostic and statistical manual of mental disorders, 5. ed. American Psychiatric Association; 2013.
3. Braak H, Braak E. Neuropathological stageing of Alzheimer-related changes. Acta Neuropathol (Berl). 1991;82:239-59.
4. Cairns NJ, Bigio EH, Mackenzie IR, Neumann M, Lee VM, Hatanpaa KJ, et al. Neuropathologic diagnostic and nosologic criteria for frontotemporal lobar degeneration: consensus of the Consortium for Frontotemporal Lobar Degeneration. Acta Neuropathol. 2007;114:5-22.
5. Caramelli P, Barbosa MT. How to diagnose the four most frequent causes of dementia. Rev Bras Psiquiatr. 2002;24(supl I):7-10.
6. Chabriat H, Joutel A, Dichgans M, Tournier-Lasserve E, Bousser MG. Cadasil. Lancet Neurol. 2009;8:643-53.
7. Cumurciuc R, Guichard JP, Reizine D, Gray F, Bousser MG, Chabriat H. Dilation of Virchow-Robin spaces in CADASIL. Eur J Neurol. 2006;13:187-90.
8. Debette S, Markus HS. The clinical importance of white matter hyperintensities on brain magnetic resonance imaging: systematic review and meta-analysis. BMJ. 2010;341:c3666.
9. Drayer BP. Imaging of the aging brain. Part I. Normal findings. Radiology. 1988;166:785-96.
10. Friedenberg RM. Dementia: one of the greatest fears of aging. Radiology. 2003;229:632-5.
11. Garre-Olmo J, Genís Batlle D, del Mar Fernández M, Marquez Daniel F, de Eugenio Huélamo R, Casadevall T, et al.; Registry of Dementia of Girona Study Group (ReDeGi Study Group). Incidence and subtypes of early-onset dementia in a geographically defined general population. Neurology. 2010;75(14):1249-55.
12. Gootjes L, Teipel SJ, Zebuhr Y, Schwarz R, Leinsinger G, Scheltens P, et al. Regional distribution of white matter hyperintensities in vascular dementia, Alzheimer's disease and healthy aging. Dement Geriatr Cogn Disord. 2004;18:180-8.
13. Gorno-Tempini ML, Hillis AE, Weintraub S, Kertesz A, Mendez M, Cappa SF, et al. Classification of primary progressive aphasia and its variants. Neurology. 2011;76(11):1006e14.
14. Groeschel S, Chong WK, Surtees R, Hanefeld F. Virchow-Robin spaces on magnetic resonance images: normative data, their dilatation, and a review of the literature. Neuroradiology. 2006;48:745-54.
15. Guermazi A, Miaux Y, Rovira-Canellas A, Suhy J, Pauls J, Lopez R, et al. Neuroradiological findings in vascular dementia. Neuroradiology. 2007;49:1-22.
16. Hodges JR, Patterson K. Semantic dementia: a unique clinicopathological syndrome. Lancet Neurol. 2007;6(11):1004e14.
17. Hornberger M, Geng J, Hodges JR. Convergent grey and white matter evidence of orbitofrontal cortex changes related to disinhibition in behavioural variant frontotemporal dementia. Brain. 2011;134(Pt9):2502-12.
18. Hyman BT, Phelps CH, Beach TG, Bigio EH, Cairns NJ, Carrillo MC, et al. National Institute on Aging-Alzheimer's Association guidelines for the neuropathologic assessment of Alzheimer's disease. Alzheimers Dement. 2012;8(1):1-13.
19. Jack CR Jr, Knopman DS, Jagust WJ, Petersen RC, Weiner MW, Aisen PS, et al. Tracking pathophysiological processes in Alzheimer's disease: an updated hypothetical model of dynamic biomarkers. Lancet Neurol. 2013;12:207-16.
20. Jellinger KA. Morphologic diagnosis of "vascular dementia" – a critical update. J Neurol Sci. 2008;270(1-2):1-12.
21. Kochunov P, Mangin JF, Coyle T, Lancaster J, Thompson P, Riviere D, et al. Age-related morphology trends of cortical sulci. Hum Brain Mapp. 2005;26:210-20.
22. Mackenzie IR, Neumann M, Baborie A, Sampathu DM, Du Plessis D, Jaros E, et al. A harmonized classification system for FTLD-TDP pathology. Acta Neuropathol. 2011;122(1):111-3.
23. Mackenzie IR, Neumann M, Bigio EH, Cairns NJ, Alafuzoff I, Kril J, et al. Nomenclature and nosology for neuropathologic subtypes of frontotemporal lobar degeneration: an update. Acta Neuropathol. 2010;119:1-4.
24. McKeith I, Mintzer J, Aarsland D, Burn D, Chiu H, Cohen-Mansfield J, et al. Dementia with Lewy bodies. Lancet Neurol. 2004;3:19-28.
25. McKeith I, O'Brien J, Walker Z, Tatsch K, Booji J, Darcourt J, et al. Sensitivity and specificity of dopamine transporter imaging with 123I-FP-SPECT in de-

25. mentia with Lewy bodies: a phase III, multicentre study. Lancet Neurology. 2007;6:305-13.
26. McKeith IG, Dickson DW, Lowe J, Emre M, O'Brien JT, Feldman H, et al. Diagnosis and management of dementia with Lewy bodies: third report of the DLB Consortium. Neurology. 2005;65:1863-72.
27. McKhann GM, Knopman DS, Chertkow H, Hyman BT, Jack CR Jr, Kawas CH, et al. The diagnosis of dementia due to Alzheimer's disease: recommendations from the National Institute on Aging- Alzheimer's Association workgroups on diagnostic guidelines for Alzheimer's disease. Alzheimers Dement. 2011;7(3):263-9.
28. Mesulam MM, Rogalski EJ, Wieneke C, Hurley RS, Geula C, Bigio EH, et al. Nat Rev Neurol. 2014;10:554-69.
29. Milton WJ, Atlas SW, Lexa FJ, Mozley PD, Gur RE. Deep gray matter hypointensity patterns with aging in healthy adults: MR imaging at 1.5 T. Radiology. 1991;181:715-9.
30. Mittal S, Wu Z, Neelavalli J, Haacke EM. Susceptibility-weighted imaging: technical aspects and clinical applications, part 2. AJNR Am J Neuroradiol. 2009;30:232-52.
31. Neary D, Snowden J, Mann D. Frontotemporal dementia. Lancet Neurol. 2005;4:771-80.
32. Rabinovici GD, Jagust WJ. Amyloid imaging in aging and dementia: testing the amyloid hypothesis in vivo. Behav Neurol. 2009;21:117-28.
33. Rabinovici GD, Miller BL. Frontotemporal lobar degeneration: epidemiology, pathophysiology, diagnosis and management. CNS Drugs. 2010;24:375-98.
34. Rascovsky K, Hodges JR, Knopman D, Mendez MF, Kramer JH, Neuhaus J, et al. Sensitivity of revised diagnostic criteria for the behavioural variant of frontotemporal dementia. Brain. 2011;134:2456-77.
35. Reitz C, Brayne C, Mayeux R. Epidemiology of Alzheimer disease. Nat Rev Neurol. 2011;7(3):137-152.
36. Rohrer JD, Guerreiro R, Vandrovcova J, Uphill J, Reiman D, Beck J, et al. The heritability and genetics of frontotemporal lobar degeneration. Neurology. 2009;73(18):1451-6.
37. Roman GC, Tatemichi TK, Erkinjuntti T, Cummings JL, Masdeu JC, Garcia JH, et al. Vascular dementia: diagnostic criteria for research studies. Report of the NINDS-AIREN International Workshop. Neurology. 1993;43:250-60.
38. Rowe JW, Kahn RL. Human aging: usual and successful. Science. 1987;237:143-9.
39. Schenker C, Meier D, Wichmann W, Boesiger P, Valavanis A. Age distribution and iron dependency of the T2 relaxation time in the globus pallidus and putamen. Neuroradiology. 1993;35:119-24.
40. Snowden JS, Thompson JC, Neary D. Knowledge of famous faces and names in semantic dementia. Brain. 2004;127(Pt 4):860-72.
41. Sperling RA, Aisen PS, Beckett LA, Bennett DA, Craft S, Fagan AM, et al. Toward defining the preclinical stages of Alzheimer's disease: recommendations from the National Institute on Aging-Alzheimer's Association workgroups on diagnostic guidelines for Alzheimer's disease. Alzheimers Dement. 2011;7(3):280-92.
42. Teipel S, Drzezga A, Grothe MJ, Barthel H, Chételat G, Schuff N, et al. Multimodal imaging in Alzheimer's disease: validity and usefulness for early detection. Lancet Neurol. 2015;14(10):1037-53.
43. Teune LK, Bartels AL, de Jong BM, Willemsen AT, Eshuis SA, de Vries JJ, et al. Typical cerebral metabolic patterns in neurodegenerative brain diseases. Mov Disord. 2010;25:2395-404.
44. van Straaten EC, Scheltens P, Knol DL, van Buchem MA, van Dijk EJ, Hofman PA, et al. Operational definitions for the NINDS-AIREN criteria for vascular dementia: an interobserver study. Stroke. 2003;34(8):1907-12.
45. Walker RWH, Walker Z. Dopamine transporter single photon emission computerized tomography in the diagnosis of dementia with Lewy bodies. Movement Disorders. 2009;24(Suppl2):S754-9.
46. Walker Z, Jaros E, Walker RW, Lee L, Costa DC, Livingston G, et al. Dementia with Lewy bodies: a comparison of clinical diagnosis, FP-CIT single photon emission computed tomography imaging and autopsy. J Neurol Neurosurg Psychiatry. 2007;78:1176-81.
47. Watson R, Blamire AM, O'Brien JT. Magnetic resonance imaging in Lewy body dementias. Dement Geriatr Cogn Disord. 2009;28:493-506.
48. Winbland B, Amouyel P, Andrieu S, Ballard C, Brayne C, Brodaty H, et al. Defeating Alzheimer disease and other dementias: a priority for European science and society. Lancet Neurol. 2016;15(5):455-532.
49. Yoshita M, Fletcher E, Harvey D, Ortega M, Martinez O, Mungas DM, et al. Extent and distribution of white matter hyperintensities in normal aging, MCI, and AD. Neurology. 2006;67:2192-8.

10

Doenças degenerativas e metabólicas adquiridas

Paula da Cunha Pinho Kraichete
Leandro Tavares Lucato

Introdução

A via final comum a todas as doenças degenerativas do sistema nervoso central é a perda neuronal precoce, de forma focal ou difusa, com alargamento das cisternas, sulcos corticais e sistema ventricular em detrimento do parênquima cerebral. Essa perda neuronal ocorre de forma mais corriqueira por meio de morte celular programada (apoptose), com acionamento de vários sistemas enzimáticos intracelulares relacionados, especialmente a via das caspases.

Alguns achados específicos de neuroimagem, no entanto, podem por vezes ser de auxílio, apontando para um diagnóstico diferencial mais estreito. Com os avanços na resolução de imagem proporcionados pelo advento da ressonância magnética (RM), esta é capaz de, muitas vezes, retratar o que é encontrado em estudos anatomopatológicos.

Um marcador intracelular frequentemente presente em processos degenerativos, passível de detecção pela RM, é o ferro. O ferro não heme tem um papel importante no metabolismo celular, fazendo parte de sistemas de transporte de elétrons envolvidos na produção de ATP e, portanto, no metabolismo aeróbio, mielinização de axônios e síntese e funcionamento de neurotransmissores. Normalmente é encontrado nos núcleos da base, com aumento de sua deposição com o avançar da idade, e ocorre nos tálamos, núcleos denteados e mesmo no córtex motor. Na fisiologia normal, a transferrina, proteína transportadora de ferro, liga-se a receptores específicos na superfície celular e captura o ferro de células endoteliais capilares nos tálamos e sistema extrapiramidal. O ferro então é transportado ao longo dos axônios aos seus locais de projeção. Em situações patológicas como infarto, desmielinização e/ou doenças neurodegenerativas, ocorreria interrupção do transporte de ferro ao longo dessas projeções axonais. Apesar disso, o ferro continuaria a se acumular nos seus locais de captura, o que levaria a seu acúmulo a montante nesse eixo. A não regulação apropriada do ferro pode contribuir para a produção de radicais livres com aceleração do processo de apoptose.

Fatores técnicos influenciam a análise do depósito de ferro, com as sequências T2 *spin-echo* (SE) e T2* (gradiente eco), que realçam a demonstração do fenômeno de decaimento T2, apresentando melhor sensibilidade para a detecção de ferro em relação às sequências T2 *fast* SE (FSE) ou turbo SE (TSE). Vale destacar a importância da sequência T2 SE que, apesar de apresentar menor relação sinal-ruído e maior tempo de aquisição, deve ser preferencialmente utilizada nesses casos, já que o índice de falsos-negativos com as sequências FSE ou TSE não é desprezível e a sequência T2 SE mostra-se mais sensível que a T2* para demonstração de ferritina. Sequências que ressaltem o efeito de suscetibilidade magnética também têm sido propostas para mensurar os depósitos de ferro intracraniano, como a imagem de suscetibilidade magnética (SWI – *susceptibility-weighted image*).

Alto campo magnético ($\geq 1,5$ T) também é preferencialmente utilizado, já que, inerentemente, reduz o tempo de decaimento T2, aumentando a sensibilidade para a detecção de depósitos de ferro.

O hipersinal nas sequências pesadas em T1 na projeção dos núcleos da base também pode ser atribuído à deposição de ferro hidratado em forma de ferritina, ligado a macromoléculas, ou a outros elementos paramagnéticos.

Outra alteração de sinal comumente encontrada na RM em doenças degenerativas, bem como na maioria das lesões não degenerativas, é o hipersinal em T2. Acredita-se, com base em estudos anatomopatológicos, que especificamente para as doenças degenerativas, a depender do equilíbrio entre o acúmulo de ferro e gliose, as lesões podem apresentar hipossinal em T2 (maior acúmulo de ferro em relação à gliose) ou hipersinal em T2 (maior componente gliótico).

Vacuolização, outro achado anatomopatológico de algumas das doenças neurodegenerativas, como evidenciado na alteração espongiforme da doença de Creutzfeldt-Jakob e na degeneração vacuolar da doença de Alzheimer (DA), também levaria a hipersinal em T2.

Os métodos de imagem já descritos, baseados nos tempos de relaxamento T1 e T2, podem reproduzir os achados anatomopatológicos que costumam ser tardios e, por vezes, sutis e/ou não específicos. Daí a tentativa de se tirar proveito de novas técnicas em RM que permitem avaliar a fisiologia do processamento cerebral, com a utilização de sequências de difusão e perfusão, espectroscopia de prótons (ERM), imagem por tensores de difusão e RM funcional, com o intuito de se obter dados que corroborem um diagnóstico precoce – tendo em vista um entendimento fisiopatológico e opções de tratamento.

Síndromes parkinsonianas

Os sintomas parkinsonianos – caracterizados por tremor de repouso acompanhado por alterações de postura com inclinação anterior do tronco e dificuldades de adaptação para execução de tarefas motoras com festinação – podem apresentar diversas etiologias ou fazer parte de diferentes síndromes. As síndromes parkinsonianas podem ser classificadas em primárias ou secundárias.

Parkinsonismo secundário pode ser encontrado após infartos, infecções, trauma, uso de drogas ou intoxicações, sendo causado por lesões das mais variadas, acometendo principalmente a substância negra (SN), a substância cinzenta periaquedutal e os núcleos da base (Figura 1).

Dentro das primárias, a principal é a doença de Parkinson (DP). Além da DP, há outras doenças que pertencem a essa categoria, também conhecidas como Parkinson-*plus* ou doenças parkinsonianas atípicas (DPA). Estas são assim clinicamente consideradas quando os sintomas parkinsonianos vêm acompanhados de outros, como demência, síndrome cerebelar, sintomas psiquiátricos afetivos ou distúrbios autonômicos. Classicamente, as DPA apresentam má resposta ao uso de levodopa, principal droga utilizada no tratamento da DP.

Quanto à frequência, a DP é a causa mais comum de parkinsonismo primário, seguida, entre as DPA, pela paralisia supranuclear progressiva (PSP) e pela atrofia de múltiplos sistemas (AMS). Embora haja critérios clínicos publicados para o diagnóstico dessas entidades, a diferenciação entre elas é complexa, especialmente nas fases iniciais da doença, em que há sobreposição entre os sinais e sintomas. Mesmo nas mãos de neurologistas experientes a taxa de erros no diagnóstico clínico de DP chega a 24%. Por outro lado, essa diferenciação é crucial para a avaliação do paciente, uma vez que há diferenças entre essas doenças no que tange ao prognóstico, resposta ao tratamento e substrato molecular. São esses pacientes

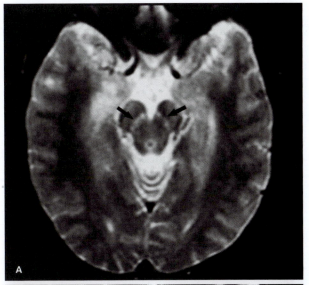

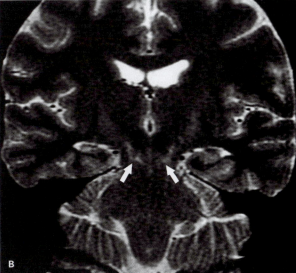

Figura 1 Paciente de 19 anos, com parkinsonismo pós-encefalite. Imagem axial T2 *spin-echo* (A) demonstra hipersinal bilateral e simétrico na pars compacta da substância negra (setas); achado corroborado pela imagem coronal T2 *fast spin-echo* (setas em B).

que podem se beneficiar de uma avaliação por imagem multimodalidade, com técnicas que incluem avaliação estrutural por RM e análise funcional do metabolismo cerebral com tomografia por emissão de pósitrons – FDG (PET-FDG) e atividade dopaminérgica com ^{123}I ioflupane tomografia computadorizada por emissão de fóton único (SPECT).

Estudos com ^{123}I ioflupane SPECT podem demonstrar a perda de neurônios dopaminérgicos em pacientes com parkinsonismo, com distinção dessas síndromes das condições tratáveis, incluindo tremor essencial e parkinsonismo secundário. PET-FDG pode revelar padrões de disfunção neuronal que são específicos de uma síndrome parkinsoniana primária em particular.

Antes de detalharmos cada uma das síndromes parkinsonianas primárias, cabe uma breve revisão da anatomia macroscópica relevante.

Anatomia macroscópica

A SN e o núcleo subtalâmico (NST) são núcleos-chave na DP e nas DPA, como a PSP; a SN é afetada em ambas as condições, ainda que em topografias distintas; o NST é o alvo preferencial das técnicas cirúrgicas estereotáxicas (*deep brain stimulation* – DBS) na DP e um sítio característico de envolvimento patológico na PSP.

O NST situa-se no mesencéfalo, estando a cápsula interna em sua borda anterolateral, o hipotálamo na borda medial e a SN em situação inferior e lateral.

A SN é uma estrutura mesencefálica anatomicamente dividida em duas partes distintas: SN *pars compacta* (inferior e posterior), contendo neurônios melanocíticos que projetam ao estriado e a SN *pars reticulata* (superior e anterior), pobre em células e rica em ferro. Na SN *pars compacta*, duas camadas de neurônios pigmentados são identificadas, nomeadamente dorsal (SN *pars compacta dorsalis*) e ventral (SN *pars compacta ventralis*), orientadas anteromedialmente ao longo do curso do mesencéfalo. Com a utilização de coloração imuno-histoquímica para calbindina, revelam-se estruturas denominadas nigrossomos, onde residem os neurônios pigmentados, o ponto de partida da degeneração relacionada a DP.

A Figura 2 ilustra essa anatomia.

Doença de Parkinson (DP)

O evento principal na gênese da DP é a degeneração nigroestriatal dopaminérgica com a perda de neurônios melanocíticos, gliose e formação de corpos de Lewy na *pars compacta* da SN (particularmente na camada ventrolateral de neurônios), *locus ceruleus*, núcleo dorsal do vago, substância inominada e outras regiões.

Os neurônios da *pars compacta* da substância negra (SNPC) são afetados precocemente na DP, com perda de

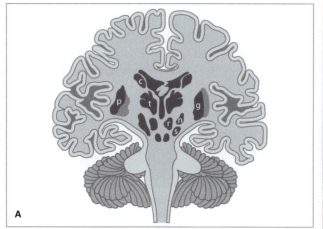

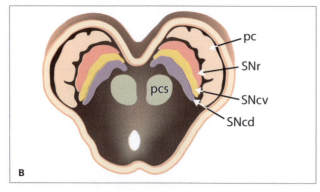

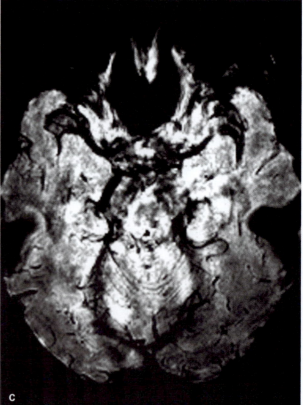

Figura 2 Ilustração coronal (A) mostra as relações anatômicas das estruturas mesencefálicas. c: caudado; p: putame; t: tálamo; r: núcleo rubro; s: substância negra; n: núcleo subtalâmico; d: núcleo denteado. B: Organização trilaminar da substância negra, tal como detalhada em aparelhos de ultra-alto campo. pc: pedúnculo cerebral; pcs: pedúnculo cerebelar superior; SNcv: substância negra *pars compacta* ventral; SNcd: substância negra *pars compacta* dorsal; SNr: substância negra *pars reticulata*; R: núcleo rubro. C: Paciente em investigação de sintomas parkinsonianos avaliado em aparelho 3T. Imagem de suscetibilidade magnética do mesencéfalo em alta resolução (HR-SWI – *susceptibility-weighted image*) no nível da decussação dos pedúnculos cerebelares superiores mostra a organização trilaminar da SN. Nigrossomo-1, o maior grupamento de neurônios calbindina-negativos na SN *pars compacta ventralis*, corresponde a tênue área de sinal hiperintenso no interior da substância negra.

60-80% de neurônios, antes da manifestação dos primeiros sintomas motores. A perda neuronal, entretanto, recentemente foi relacionada a depósitos de aglomerados de uma fosfoproteína chamada α-sinucleína nas regiões pré-sinápticas, o que causaria disfunção sináptica e neurodegeneração, e há sinais de progressão transináptica da doença.

A neuroimagem convencional tem um papel marginal no diagnóstico da DP, uma vez que falha em definir a anatomia/organização interna da SN, sendo frequentemente normal e indicada principalmente para exclusão de outras causas de parkinsonismo, como apontar para uma etiologia secundária e o diagnóstico de DPA.

Recentemente, por meio da utilização de imagens de suscetibilidade magnética de alta resolução tridimensionais em aparelho de ultra-alto campo (7 T), a anatomia da SN e sua organização interna tem sido descrita como estrutura trilaminar de intensidades de sinal distintas, ao longo do eixo anteroposterior do mesencéfalo, permitindo a distinção entre a *pars compacta ventralis* e *dorsalis* da *pars reticulata* da SN. Em pacientes com DP, a organização trilaminar da SN é perdida, e esse sinal radiológico permite a diferenciação entre pacientes com DP e pacientes saudáveis com alta acurácia.

Em aparelhos 7 T, os efeitos de suscetibilidade magnética são ressaltados, resultando em imagens mais detalhadas do mesencéfalo e facilitando a identificação desse sinal radiológico. Ainda que com menor acurácia em relação aos aparelhos de ultra-alto campo, estudos direcionados com imagens de suscetibilidade magnética em aparelhos 3 T podem trazer alguma aplicabilidade clínica para esse achado, especialmente no que tange à identificação de pacientes verdadeiramente negativos (Figura 2C).

Cabe ressaltar que a principal indicação da avaliação por imagem permanece como a de exclusão de anormalidades específicas que possam mimetizar a DP (p. ex., hidrocefalia de pressão normal, lesões expansivas intracranianas, hematomas subdurais). Entretanto, existem boas razões para acreditar que a acurácia diagnóstica adicional será obtida por meio da utilização de técnicas de imagem que se encontram em desenvolvimento.

O tratamento cirúrgico na DP pode ser indicado em virtude de complicações com o uso prolongado de levodopa. A principal modalidade é o uso de estimuladores cerebrais profundos (*deep-brain stimulation* – DBS), constituídos por eletrodos implantáveis (Figura 3) e um gerador. O principal alvo é o núcleo subtalâmico. Em pacientes selecionados, há melhora na qualidade de vida, com menos sintomas motores e baixa ocorrência de efeitos adversos. A RM tem papel fundamental na avaliação e no planejamento pré-cirúrgico, e eventualmente pode ser realizada no pós-operatório para a avaliação do posicionamento dos eletrodos – desde que o paciente esteja sem o gerador (Figura 3) – e para a detecção de complicações relacionadas ao procedimento. Deve-se ressaltar que há algumas restrições na avaliação pós-operatória desses pacientes no que tange à segurança do procedimento, e algumas precauções precisam ser tomadas (uso de bobinas e sequências específicas, aparelho de no máximo 1,5 T).

Doenças parkinsonianas atípicas (DPA)

Atrofia de múltiplos sistemas (AMS)

Clinicamente caracteriza-se pela combinação em variados graus de parkinsonismo (pouco responsivo a medicações antiparkinsonianas), distúrbios autonômicos e

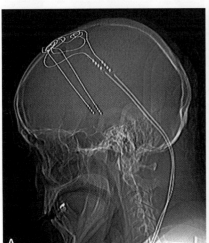
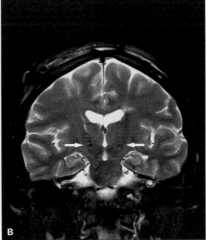
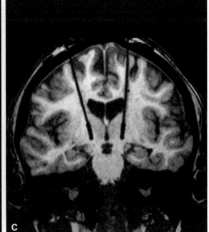

Figura 3 Paciente com doença de Parkinson submetido à estimulação cerebral profunda (DBS). Imagem localizadora de tomografia computadorizada (A) mostra o trajeto dos eletrodos bilateralmente. Imagem de ressonância magnética (RM) no plano coronal pesada em T2 (B) mostra a localização profunda da extremidade dos eletrodos, no plano dos núcleos subtalâmicos (setas). Imagem de RM em uma reformatação coronal de uma sequência volumétrica *pars compacta* da substância negra, utilizando o algoritmo da mínima intensidade de sinal (minIP), demonstra com clareza o trajeto intra-axial dos eletrodos (C).

disfunção cerebelar. Histologicamente é detectada por meio da presença de inclusões gliais citoplasmáticas em oligodendrócitos. Essas inclusões são formadas a partir de depósitos de aglomerados de α-sinucleína, uma fosfoproteína abundante, com conformação estrutural alterada. Outras alfa-sinucleinopatias incluem a DP e a demência com corpos de Lewy.

Quando o quadro parkinsoniano predomina, temos a chamada AMS-P, antes denominada degeneração estriatonigral. Se predominar o quadro cerebelar, AMS-C é a denominação atual para o que anteriormente era chamado de atrofia olivopontocerebelar esporádica.

O termo síndrome de Shy-Drager pode ser utilizado quando há predomínio de disfunção autonômica (hipotensão postural, incontinência urinária e ausência de sudorese associados ao parkinsonismo).

Os achados de neuroimagem da AMS retratam o que é caracterizado em estudos anatomopatológicos, havendo atrofia do núcleo estriado, com maior acometimento da porção posterior do putame. Utilizando-se sequências T2 ou T2* observa-se hipossinal dessa porção atrofiada, sendo esse hipossinal semelhante ou mais marcado do que o hipossinal palidal (Figura 4).

Além desse hipossinal, detecta-se ainda hipersinal nas sequências FLAIR, acometendo a borda mais externa do putame, em especial na porção posterior, sinal chamado de *putaminal slit* (Figura 4). É importante destacar, no entanto, que em equipamentos de 3 T esse hipersinal lateral putaminal pode ser um achado incidental em pacientes normais, e que não era observado quando os mesmos pacientes eram submetidos a exame em aparelho de 1,5 T.

Na fossa posterior, nota-se atrofia difusa do tronco e do cerebelo, lembrando ainda que atrofia encefálica difusa também pode ser encontrada. Um sinal bastante sugestivo da doença, embora não patognomônico, é a presença de atrofia pontina mais exuberante do que o restante do encéfalo, apresentando o chamado sinal da cruz (*hot cross bun sign*), que representa atrofia e gliose das fibras transversas pontinas e de porções da rafe mediana (Figura 4).

Nos pacientes com disautonomia mais evidente, além das demais lesões descritas anteriormente pode haver perda neuronal da substância branca e da coluna intermediolateral da medula espinhal, acompanhada de gliose (Figura 5).

Em fases iniciais, a RM pode eventualmente ser normal. Um estudo longitudinal mostrou que enquanto na AMS-P as alterações putaminais são mais precoces e intensas, na AMS-C isso ocorre com as alterações na fossa posterior. É demonstrada, assim, alguma correlação entre a RM e o quadro clínico, relacionada a diferentes taxas de progressão entre os subtipos de AMS.

PET-FDG pode demonstrar padrões de hipometabolismo regional que espelham as áreas de atrofia e alteração de sinal em T2 encontradas na avaliação estrutural por RM. Especificamente, pacientes com AMS-P apresentam redução relativamente simétrica do metabolismo glicolítico putaminal e pacientes com AMS-C mostram hipometabolismo nos hemisférios cerebelares e pedúnculos cerebelares médios. Tais achados são úteis na diferenciação entre AMS e a doença de Parkinson, que apresenta metabolismo putaminal e cerebelar normal.

Paralisia supranuclear progressiva (PSP)

A PSP manifesta-se como síndrome acinético-rígida simétrica, em oposição com a apresentação assimétrica persistente ao longo do curso da DP. A idade de instalação do quadro varia entre os 40 e 70 anos de idade, obser-

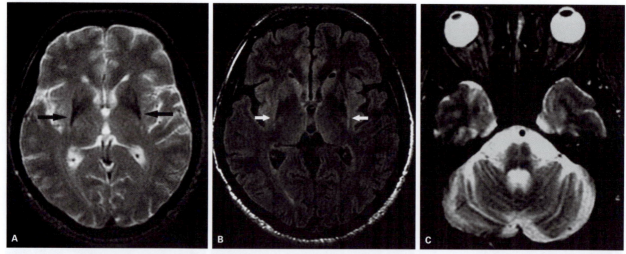

Figura 4 Atrofia de múltiplos sistemas. Imagens axiais ponderadas em T2 *spin-echo* (A) e FLAIR (B) demonstram hipossinal do globo pálido e principalmente da porção posterolateral do putame, bilateralmente, resultado de depósito férrico (setas pretas em A); existe atrofia putaminal associada. Há tênue hipersinal em FLAIR lateralmente aos putamens, sinal chamado de *putaminal slit* (setas brancas em B). Imagem axial ponderada em T2 *spin-echo* (C), em que se observa área cruciforme na ponte, com hipersinal relativo em relação ao restante da ponte, caracterizando assim o "sinal da cruz". Observar também a atrofia cerebelar e pontina, com dilatação *ex-vacuo* do IV ventrículo.

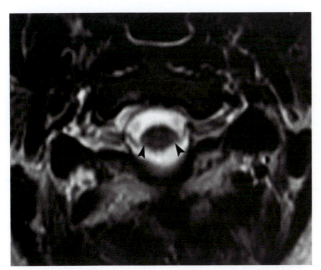

Figura 5 Atrofia de múltiplos sistemas e disautonomia exuberante (síndrome de Shy-Drager). Paciente do sexo masculino, 34 anos. Imagem axial ponderada em T2, no nível de C2, demonstrando lesões bilaterais com hipersinal em projeção da coluna intermédio-lateral da medula cervical (cabeças de seta).

vando-se bradicinesia e rigidez axial com extensão cervical, instabilidade postural, síndrome pseudobulbar e, ocasionalmente, demência. Oftalmoplegia supranuclear com paralisia do movimento vertical do olhar é uma característica essencial na PSP, contudo esse achado pode não estar presente nas fases iniciais da doença.

As alterações anatomopatológicas mais específicas relacionadas à PSP são tufos astrocíticos em forma de estrela e enovelados neurofibrilares formados principalmente pela proteína tau, o que insere essa doença no grupo das tauopatias.

Pode-se encontrar atrofia mesencefálica no estudo por RM (Figura 6), com redução do diâmetro anteroposterior do mesencéfalo ao nível dos colículos superiores nas imagens e associada ou não a alargamento do III ventrículo e atrofia da placa quadrigeminal e dos pedúnculos cerebelares superiores.

Hipersinal em T2 pode ser visualizado nas olivas inferiores, nos colículos superiores e na substância cinzenta periaquedutal (Figura 6).

PET-FDG mostra redução do metabolismo glicolítico nos núcleos da base, mesencéfalo e nos lobos frontais, em particular no córtex do cíngulo anterior.

Degeneração corticobasal (DCB)

Doença de progressão lenta, caracterizada por acinesia, apraxia, rigidez, instabilidade postural, alteração sensorial cortical e síndrome da mão alienígena; geralmente os achados são assimétricos ou unilaterais.

Pertence ao grupo das tauopatias, e histologicamente manifesta-se por depósitos de aglomerados de proteína tau neuronais e gliais, na substância branca e cinzenta; o aspecto mais característico, no entanto, é o achado desses depósitos nos astrócitos corticais.

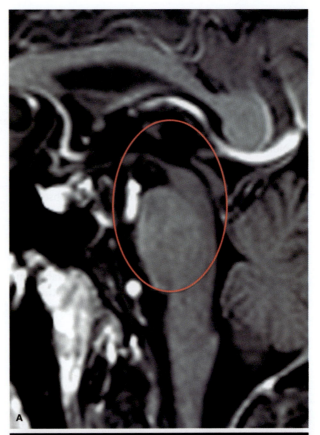

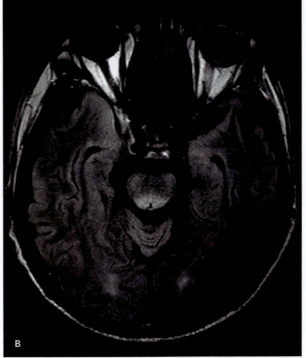

Figura 6 Paciente do sexo masculino, com paralisia supranuclear progressiva. Imagem sagital pesada em T1 (A) demonstrando atrofia seletiva do tegmento mesencefálico, com relativa preservação da ponte (sinal do pinguim ou do beija-flor; ou em inglês, *the humming-bird sign*). A imagem axial pesada em T2 (B) exibe redução do volume do mesencéfalo no eixo anteroposterior, e hipersinal central, em especial periaquedutal.

Na DCB, embora superponível a outras etiologias neurodegenerativas, pode-se ter atrofia frontoparietal, geralmente assimétrica, estendendo-se ao sulco central. Hipersinal em T2 pode acompanhar essa atrofia, acometendo o córtex motor bilateralmente e a substância branca subcortical, cujo substrato histológico é neurodegeneração (Figura 7). Hipossinal em T2 putaminal é outra possibilidade de apresentação.

Nota-se também atrofia mesencefálica, nítida em relação a controles normais, porém superponível à observada na PSP. Discreto hipersinal em T1 no núcleo subtalâmico bilateralmente também pode ser eventualmente observado.

Como já citado anteriormente, os achados de RM muitas vezes são superponíveis em todas essas doenças que se manifestam com parkinsonismo e são, portanto, de especificidade limitada.

O achado clássico no PET-FDG é hipometabolismo assimétrico nos núcleos da base e cortical, contralateral ao dimídio afetado.

Acometimento preferencial da substância cinzenta profunda

Doenças priônicas

Ver Capítulo 4 desta seção, "Doenças infecciosas e inflamatórias do sistema nervoso central".

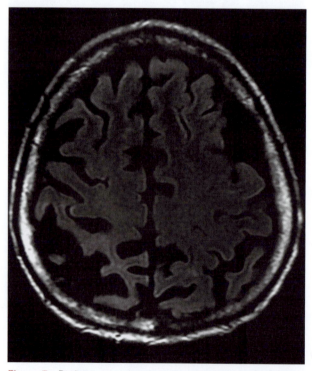

Figura 7 Paciente com degeneração corticobasal. Imagem pesada em FLAIR no plano axial demonstra a atrofia assimétrica de predomínio parietal. Existe ainda tênue hipersinal da substância branca subjacente.

Doença de Huntington (DH)

Doença autossômica dominante com penetrância completa, cuja incidência é estimada em 4-5 casos/milhão. O defeito genético ocorre por repetição de uma sequência de três nucleotídeos – citosina, adenina e guanina – também chamada de trinucleotídeo CAG, no éxon 1 do gene da DH, localizado no braço curto do cromossomo 4. Essa doença faz parte das doenças causadas por genes "que crescem" a partir da repetição de pares de bases e que se manifestam fenotipicamente após ultrapassar certo número de pares de bases repetidos. Esse grupo de doenças também é conhecido pelo fenômeno de antecipação, com maior número de repetições ocorrendo nas gerações subsequentes e, portanto, com apresentação clínica cada vez mais precoce e com maior gravidade.

O início dos sintomas ocorre entre a quarta ou quinta décadas de vida com coreoatetose, demência e distúrbios afetivos. Os casos de manifestação mais precoce costumam apresentar maior componente de rigidez. A doença é lenta e progressiva, com óbito ocorrendo cerca de 15 anos após a instalação do quadro.

Os exames de neuroimagem retratam os achados anatomopatológicos de atrofia dos núcleos caudados e dos putames. A atrofia dos núcleos caudados retifica ou mesmo confere concavidade das paredes inferolaterais dos cornos frontais dos ventrículos laterais (Figura 8).

A atrofia cerebral difusa correlaciona-se com a gravidade da demência existente. Pode haver tanto hiper como hipossinal em T2 dos corpos estriados, a depender da variação histológica: perda de fibras mielinizadas e gliose por perda neuronal levando a hipersinal; e maior acúmulo de ferro causando hipossinal (Figura 8).

Estudos volumétricos demonstram redução dos núcleos estriados, bem como certa redução dos tálamos e dos lobos temporais mesiais.

Doença de Wilson

Também denominada degeneração hepatolenticular, tem etiologia genética autossômica recessiva, cujo gene localiza-se no cromossomo 13 q14.3 e codifica a produção de uma ATPase tipo P, levando a alteração do transporte lisossomal de cobre, com redução de sua excreção biliar e acúmulo hepático e nos demais tecidos. Como o cobre também participa da formação de ceruloplasmina, seus níveis também se encontram geralmente reduzidos.

A faixa etária de início geralmente é a adolescência. O acometimento hepático predomina nos quadros mais precoces, com início antes dos 10 anos de idade, enquanto distúrbios psiquiátricos e neurológicos são mais exuberantes em quadros de início mais tardio, incluindo tremores, rigidez, distonia, dificuldade de marcha, incoordenação, dificuldade motora fina e disartria. Podem se associar ao quadro sintomas de encefalopatia hepática.

10 DOENÇAS DEGENERATIVAS E METABÓLICAS ADQUIRIDAS   437

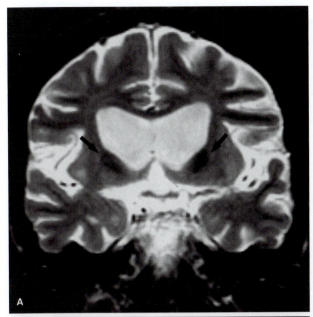

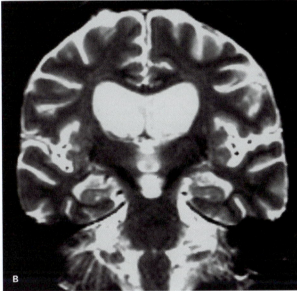

Figura 8 Paciente com doença de Huntington. Imagens coronais pesadas em T2, *spin-echo* (A e B), demonstrando atrofia dos núcleos caudados, determinando concavidade dos bordos ventriculares. Nota-se ainda o hipossinal em T2 dos núcleos caudados (setas em A), por depósito férrico relacionado à neurodegeneração.

Raramente há sintomas cardíacos que podem ser graves. Osteoporose e alterações osteoarticulares são comuns.

O diagnóstico clínico é facilmente feito por meio do exame oftalmológico: a identificação de depósito de cobre na membrana de Descemet caracteriza o anel de Kayser-Fleischer. Confirmação bioquímica pode ser obtida por meio da detecção de níveis reduzidos de ceruloplasmina e cobre séricos; aumento da excreção urinária de cobre; e aumento dos níveis de cobre hepático. A ausência do anel de Kayser-Fleischer em pacientes com manifestações neurológicas virtualmente exclui o diagnóstico de doença de Wilson. Casos de difícil diagnóstico se beneficiam da dosagem hepática de cobre, testes com cobre radioativo e estudo hepático por microscopia eletrônica.

O tratamento é feito com quelantes do cobre (principalmente a D-penicilamina), sulfato de zinco ou molibdênio, que contribuem para tornar o quadro clínico estático, ou mesmo causar alguma reversão, dependendo do tempo e da intensidade dos sintomas. Sem tratamento, a evolução para o óbito é lenta e inexorável. Vale ressaltar que esta é uma das poucas doenças heredodegenerativas que dispõem de tratamento eficaz, sendo vital a sua identificação em tempo hábil para o tratamento ser instituído.

Os estudos anatomopatológicos e por imagem demonstram atrofia focal ou difusa, com acometimento característico da substância cinzenta profunda, geralmente bilateral e simétrica dos putames, núcleos caudados, globos pálidos, bem como dos tálamos, núcleos denteados cerebelares, ponte e mesencéfalo, incluindo a SN, a substância cinzenta periaquedutal, o teto mesencefálico e os núcleos rubros. O acometimento da substância branca central é geralmente assimétrico, subcortical ou nos centros semiovais. É mais comum nas regiões frontais, com um gradiente fronto-têmporo-occipito-parietal.

As lesões são hipoatenuantes na TC, com hipossinal em T1 e sinal variável em T2, podendo apresentar hipersinal, hipossinal ou coexistência de ambos, refletindo o equilíbrio entre gliose e depósito de ferro nessas estruturas (Figura 10). Cavitações por necrose podem ocorrer, com hipossinal em T1 e FLAIR e hipersinal em T2. Algumas das lesões não cavitadas podem reverter ou melhorar com o tratamento. Os achados de RM têm boa correlação com o quadro clínico do paciente.

Sequências pesadas em T1 podem demonstrar hipersinal bilateral e simétrico, principalmente no globo pálido, relacionado à hepatopatia, por depósito de manganês, e que é semelhante ao observado em outras hepatopatias crônicas.

A relativa preservação de sinal dos núcleos rubros e terço lateral da *pars reticulata* da SN em relação ao hipersinal do tegmento mesencefálico e hipossinal dos colículos superiores, tido como característica da doença de Wilson, configura o sinal do panda (Figura 9), com o hipossinal relativo do fascículo longitudinal medial e trato tegmentar central em meio ao hipersinal da substância cinzenta periaquedutal, formando outra figura de um panda menor.

Doenças associadas a depósito de manganês

Encefalopatia hepática

A encefalopatia hepática (EH), também conhecida como síndrome hepatocerebral adquirida, é definida como um espectro de anormalidades neuropsiquiátricas ocorrendo secundariamente a doença hepática não hereditária. Clinicamente, caracteriza-se por distúrbios de

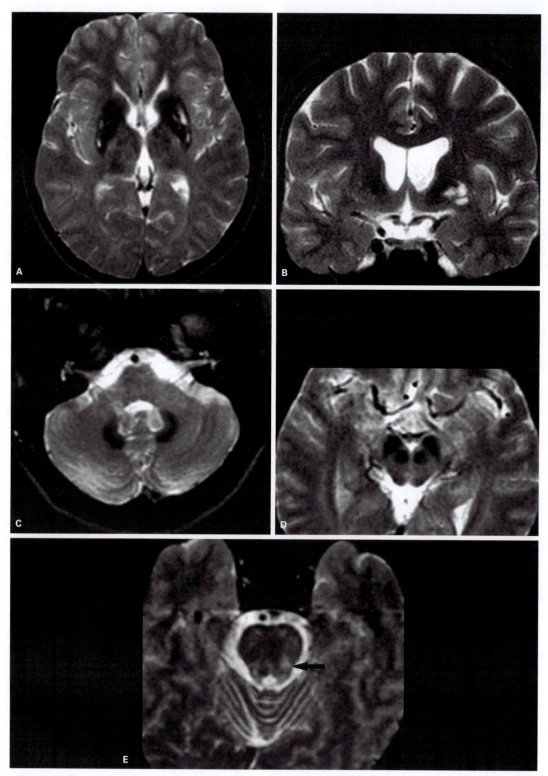

Figura 9 Doença de Wilson em paciente do sexo feminino, de 33 anos de idade. Imagem axial T2 *spin-echo* (A) demonstrando marcado hipossinal dos núcleos lentiformes (relacionado a depósito de ferro), com áreas de hipersinal de permeio (representando gliose/degeneração cística). Nota-se, ainda, hipossinal talâmico bilateral. Na imagem coronal T2 *fast spin-echo* (B) as alterações são menos conspícuas do que em A. Imagem axial T2 *spin-echo* mostra hipossinal que denota deposição de ferro nos núcleos denteados cerebelares (C). Imagem axial T2 *spin-echo* no nível do mesencéfalo (D) demonstrando hipossinal dos núcleos rubros e 1/3 lateral da substância negra, *pars reticulata*, em relação ao hipersinal do tegmento e hipossinal dos colículos superiores – o sinal do panda. Outra imagem axial T2 *spin-echo* (E) mostra hipossinal relativo do fascículo longitudinal medial e trato tegmentar central em meio ao hipersinal da substância branca periaquedutal – sinal do panda menor (seta). Os dois sinais demonstrados formam o sinal do panda duplo.

consciência, progredindo da confusão ao estupor e coma, distúrbios progressivos do movimento ou disartria, tremor e ataxia. A EH pode ser classificada em episódica, crônica (recorrente ou persistente) e mínima; nesta última as anormalidades são bastante sutis, subclínicas.

A fisiopatologia da EH está relacionada a um desequilíbrio entre neurotransmissores excitatórios (especialmente o glutamato) – cuja ação está reduzida por uma diminuição de receptores específicos; e inibitórios (GABA – ácido gama-aminobutírico) – cuja ação está aumentada por maior disponibilidade do neurotransmissor em questão. Uma das causas propostas como gatilho para desencadear esse mecanismo de desequilíbrio é o acúmulo sérico de várias substâncias que normalmente seriam metabolizadas pelo fígado em circunstâncias normais, como o manganês e a amônia.

O manganês desempenha papel crucial no funcionamento de várias enzimas, incluindo a superóxido dismutase mitocondrial e a glutamina sintetase. Aumento do manganês cerebral tem efeito neurotóxico, induzindo perda neuronal seletiva e gliose reacional nos núcleos da base, especialmente o globo pálido. O excesso de manganês na circulação desses pacientes deve estar associado ao *shunt* portossistêmico secundário à hipertensão portal, que costumeiramente acompanha as hepatopatias crônicas. É importante estar atento à possibilidade de presença de *shunt* congênito portossistêmico em casos em que não se confirme insuficiência hepática de outra etiologia, já que esta seria uma causa rara, porém passível de tratamento.

Sob o ponto de vista de imagem, o depósito de manganês, elemento paramagnético, é caracterizado como hipersinal nas sequências pesadas em T1 na substância cinzenta profunda, sobretudo nos globos pálidos e SN, de maneira bilateral e simétrica (Figura 10), com alterações semelhantes também possíveis nos tálamos, hipotálamo, tronco cerebral, substância branca, SN e adeno-hipófise. Tais achados são comprovados por estudos de necrópsias.

As regiões acometidas, em especial os globos pálidos, não costumam apresentar alteração do sinal em T2; se houver detecção de hipersinal em T2, outras possibilidades podem ser consideradas, em especial a de doença de Wilson, pela coexistência do hipersinal em T1 relacionado à hepatopatia e do hipersinal em T2 pela gliose, que ocorre na doença nessas regiões (em especial nos núcleos da base).

Embora seja identificado em até 90% dos pacientes com cirrose, o hipersinal em T1 dos globos pálidos não apresenta correlação estreita com a EH, havendo pacientes sem sinais de EH e exuberante hipersinal palidal; e outros com nítida EH e apenas tênue hipersinal.

Da mesma forma que o manganês, a amônia é outra substância que tem sua concentração elevada no sangue por conta do *shunt* portossistêmico que acompanha as hepatopatias crônicas. Hiperamonemia é uma das causas postuladas para o desenvolvimento de um mecanismo de

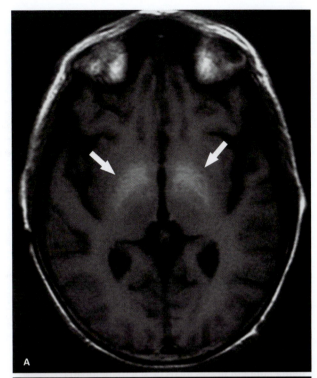

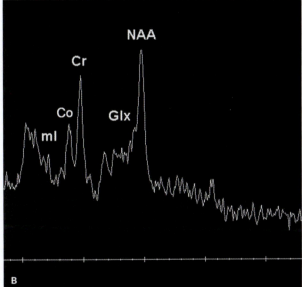

Figura 10 Paciente portador de hepatopatia crônica causada pelo vírus da hepatite C. Imagem axial pesada em T1 (A) demonstrando hipersinal nos globos pálidos, bilateral e simétrico (setas). Espectroscopia de prótons, técnica STEAM, tempo de eco = 30 ms (B), com o padrão habitualmente encontrado nas hepatopatias crônicas: redução da relação colina/creatina (Co/Cr), redução da relação mio-inositol (mI)/Cr e elevação da relação glutamina-glutamato (Glx)/Cr.

adaptação osmótica, claramente demonstrado em estudos utilizando ERM. Tais estudos demonstram pacientes com hepatopatia sem sinais de encefalopatia hepática, como apresentando níveis reduzidos da relação colina/creatina (Co/Cr); pacientes com encefalopatia hepática subclínica apresentando, além da redução da relação Co/Cr, redução da relação mI/Cr e elevação da relação glutamina-glutamato (Glx)/Cr (Figura 10). Isso permite o diagnóstico precoce e pré-clínico da encefalopatia hepática usando ERM, possibilitando que a intervenção precoce seja introduzida, um dos fatores mais importantes para o sucesso do tratamento e a preservação da função cerebral nesses pacientes.

Mais recentemente há descrições de um edema cerebral difuso relacionado à hiperamonemia. Alterações são descritas especialmente na substância branca, detectáveis com o uso de técnicas como transferência de magnetização e difusão. Do ponto de vista da prática clínica, a sequência FLAIR demonstra hipersinal tênue ao longo da substância branca hemisférica cerebral, especialmente na topografia dos tratos corticoespinhais (Figura 11). Além disso, aqueles conhecidos focos inespecíficos de hipersinal em T2 e FLAIR (comumente identificados na substância branca com o passar da idade e normalmente relacionados a microangiopatia) podem apresentar redução de suas dimensões relacionada à melhora da EH e ao transplante hepático, sugerindo que pode haver desenvolvimento de edema também nesses focos de microangiopatia.

Todas as alterações já descritas, incluindo o hipersinal em T1 por depósito de manganês, as alterações na espectroscopia e o hipersinal em FLAIR na substância branca cerebral, são reversíveis com o tratamento, em especial após o transplante hepático. O ritmo de reversão, no entanto, é variável e pode levar meses até a completa resolução.

Outras doenças associadas a depósito de manganês

Hipersinal em T1 nos núcleos da base pode ser observado em outros contextos clínicos, como na hipóxia, na neurofibromatose tipo I, em alguns tipos de calcificações (p. ex., em pacientes com distúrbios do paratormônio), entre outras possibilidades. No entanto, o padrão de hipersinal em T1 bilateral e simétrico nos globos pálidos pode ser relativamente distintivo do acúmulo de manganês, e o hipersinal em T1 pode ser considerado um marcador biológico desse acúmulo. Além dos pacientes com síndromes hepatocerebrais adquiridas, há outras causas desse hipersinal. Uma causa já reconhecida há algum tempo é o uso prolongado de nutrição parenteral (Figura 12).

Há casos ocupacionais de intoxicação crônica pelo manganês (manganismo), relacionados principalmente a soldadores, por inalação dos vapores da solda quando existe ventilação inadequada e falta de outras medidas de segurança. Esses pacientes apresentavam alto sinal palidal em T1.

Outra possibilidade recentemente aventada é a de que esse padrão esteja relacionado a pacientes com insuficiência renal crônica submetidos a hemodiálise (Figura 13). O mecanismo fisiopatológico subjacente ainda permanece pouco esclarecido, porém é importante essa detecção a fim de se evitar os sintomas de manganismo nesses pacientes.

A toxicidade pelo manganês determina uma ampla gama de sintomas, com predomínio de síndromes parkinsonianas, mioclonias multifocais, alterações cognitivas, sintomas vestibulares e auditivos.

Neurodegeneração com depósito de ferro cerebral (NDFC)

Síndromes de neurodegeneração com depósito de ferro cerebral são doenças geneticamente determinadas. As duas principais doenças relacionadas são a neurodegeneração associada à pantotenato quinase (NAPQ) e a distrofia neuroaxonal infantil (DNAI), que serão detalhadas neste capítulo. Mais raras são a neuroferritinopatia e a aceruloplasminemia. Existem ainda formas idiopáticas (NDFC idiopática), sem caracterização clara em um desses grupos.

Neurodegeneração associada à pantotenato quinase (NAPQ)

Essa doença está associada a formas com mutação no gene *PANK2* – a maior parte dos casos – e a formas atípicas sem esta mutação. A herança é autossômica recessiva, sendo que o gene *PANK2* está localizado no cromossomo 20 p13, e codifica a pantotenato quinase, enzima reguladora da coenzima A. O quadro, que pode ter início na infância (formas clássicas), adolescência ou na vida adulta, inclui sintomas motores piramidais e extrapiramidais, com alteração da marcha, rigidez, lentificação de movimentos, posturas distônicas, coreoatetose, disartria, além de disfasia, atrofia do nervo óptico, retinite pigmentar e deterioração cognitiva.

Os pacientes portadores da mutação *PANK2* apresentam início mais precoce, com quadro motor e de distúrbio cognitivo mais frequentes e com evolução mais rápida da doença. Nos casos de início mais tardio, predominam alterações piramidais e distúrbios psiquiátricos e apenas um terço dos pacientes apresenta a tal mutação. A ocorrência familiar é relatada em metade dos casos.

Os achados de imagem incluem hipossinal em T2 das estruturas envolvidas em razão da deposição de ferro e hipersinal, por conta da formação de esferoides axonais durante o processo de degeneração axonal, que expandem a bainha de mielina com subsequente gliose. O achado de imagem característico, porém não patognomônico, é o do sinal do "olho do tigre", caracterizado por hipossinal periférico e hipersinal central nos globos pálidos nas sequências T2 e FLAIR (Figura 14). Seu desaparecimento na evolução, bem como sua presença em outras doenças já foi relatado, embora pacientes portadores da mutação do gene *PANK2* uniformemente apresentaram o sinal do "olho do tigre" em uma casuística de 123 pacientes, enquanto os não portadores da mutação não apresentavam essa alteração, com hipossinal em T2 nos globos pálidos, atrofia cerebelar e/ou deposição de ferro nos núcleos ru-

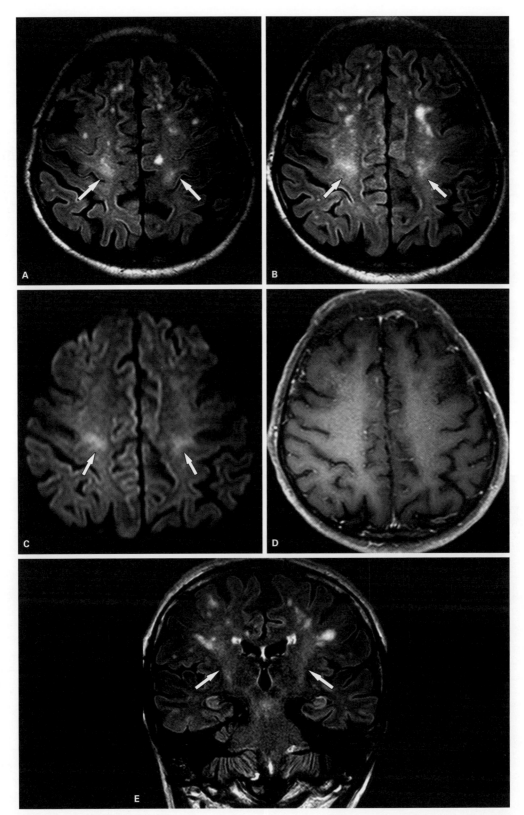

Figura 11 Hepatopatia crônica. Imagens FLAIR (A e B) demonstram tênue hipersinal bilateral e simétrico acometendo o trato piramidal (setas), relacionado a um edema cerebral de baixa intensidade. Na imagem pesada em difusão (C), é mais claro o hipersinal (setas), embora tal achado não represente restrição verdadeira à movimentação das moléculas de água – não havia hipossinal no mapa de CAD (não mostrado), sugerindo edema vasogênico. Não há realce pelo gadolínio na imagem axial pesada em T1 correspondente (D). Imagem coronal FLAIR mostra o hipersinal estendendo-se em direção às cápsulas internas (setas). Nas imagens FLAIR notam-se ainda múltiplos focos de hipersinal que devem representar microangiopatia.

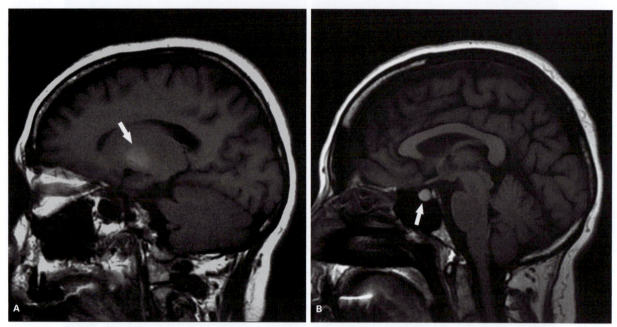

Figura 12 Paciente em nutrição parenteral prolongada. Imagens sagitais pesadas em T1 (A e B), apresentando hipersinal em T1 no globo pálido (seta em A) e na adeno-hipófise (seta em B).

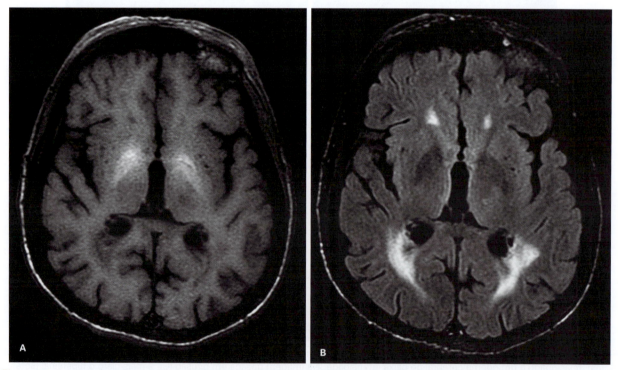

Figura 13 Paciente de 71 anos, sexo masculino, com nefropatia crônica dialítica. Imagem axial pesada em T1 (A) demonstra hipersinal em T1 bilateral e simétrico nos globos pálidos. Nota-se que tal achado não tem repercussão na imagem axial FLAIR correspondente (B). Nesta última imagem há apenas sinais de microangiopatia manifestos por áreas de hipersinal na substância branca bilateralmente, principalmente peritrigonal.

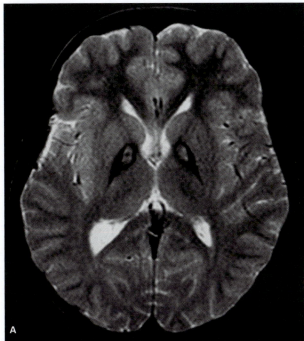

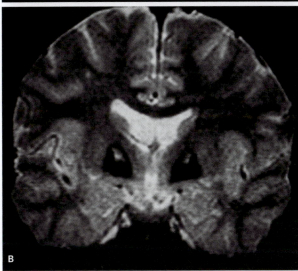

Figura 14 Neurodegeneração associada à pantotenato quinase. Imagens nos planos axial (A) e coronal (B), pesadas em T2 *spin-echo*, demonstrando o aspecto característico de "olho de tigre" nos globos pálidos.

bros e denteados. Em vista deste último trabalho, pode-se especular que em um contexto clínico apropriado o sinal do "olho do tigre" pode ser específico para a forma dita clássica da NAPQ e para a presença da mutação no gene *PANK2*.

A NAPQ era conhecida como doença de Hallervorden-Spatz, porém tal denominação foi abandonada em virtude da descoberta do envolvimento destes patologistas alemães, em especial de Julius Hallervorden, com o nazismo. Durante a Segunda Guerra Mundial ele recebeu e estudou uma enorme quantidade de cérebros obtidos de pessoas assassinadas em campos de concentração.

Distrofia neuroaxonal infantil (DNAI)

A DNAI é uma grave doença psicomotora progressiva, geralmente com início ao redor do primeiro ano de vida e com perda da deambulação por volta de 5 anos. O quadro clínico inclui hipotonia precoce e tetraparesia com progressão rápida; atrofia óptica, nistagmo e estrabismo; alterações no eletroencefalograma (ritmos rápidos) e na eletroneuromiografia (redução na velocidade de condução). Há formas atípicas com início mais tardio e evolução mais arrastada.

Histologicamente também são demonstrados esferoides axonais, relacionados a distensão dos axônios, e depósito de ferro. Nota-se ainda perda neuronal e gliose, especialmente no cerebelo.

Está associada a mutações no gene *PLA2G*, que codifica uma fosfolipase iPLA2-VI, importante no metabolismo dos fosfolipídios da membrana celular, entre outras funções.

Os aspectos na RM mais sugestivos da doença são atrofia cerebelar exuberante, que com o passar da idade se associa com gliose do córtex (manifesta como hipersinal em T2/FLAIR) – vista em virtualmente 100% dos casos; e um acúmulo de ferro no globo pálido, bilateral e simétrico (manifesto como hipossinal em T2), que se acentua com o passar da idade e que ocorre em pelo menos 50% dos casos no primeiro exame (Figura 15).

Outros achados incluem atrofia do quiasma e dos nervos ópticos, acúmulo de ferro na SN, acometimento da substância branca cerebral, proeminência da cisterna magna e afilamento do corpo caloso.

Encefalopatia de Wernicke (EW)

A síndrome de Wernicke-Korsakoff é composta por dois quadros distintos: a encefalopatia de Wernicke (EW) e a psicose de Korsakoff. Enquanto a EW caracteriza-se por quadro agudo ou subagudo de desorientação, oftalmoplegia, ataxia e nistagmo; a psicose de Korsakoff manifesta-se como incapacidade de adquirir novas informações e amnésia retrógrada. A psicose de Korsakoff é considerada evolução residual crônica da EW.

A causa de doença é a deficiência de tiamina, a vitamina B1, envolvida no metabolismo de carboidratos. Acredita-se que seu papel mais importante seja na manutenção do controle de gradientes osmóticos entre membranas celulares. Sua deficiência causaria desequilíbrio osmótico e ativação da cascata de excitotoxicidade pelo NMDA (receptor de glutamato N-metil-D-aspartato), causando edema citotóxico, passível de reconhecimento por meio das sequências de difusão e mapas de coeficientes de difusão aparentes (CDA), um achado que pode ser reversível na evolução após o tratamento.

A síndrome é geralmente encontrada em etilistas de longa data, mas estando a lesão relacionada à deficiência de tiamina e não ao efeito tóxico do álcool diretamente,

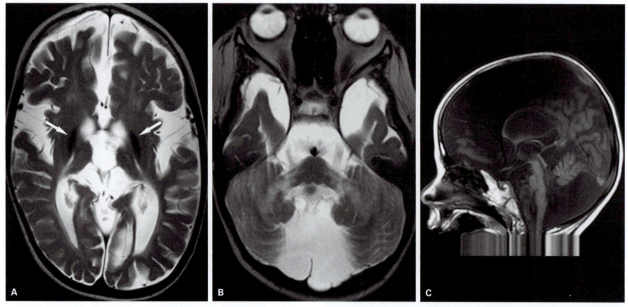

Figura 15 Distrofia neuroaxonal infantil. Paciente com 4 anos de idade, apresentando importante retardo do desenvolvimento neuropsicomotor e atrofia óptica bilateral. Imagens axiais pesadas em T2 *fast spin-echo* (A e B) demonstrando atrofia cerebral global e hipossinal nos globos pálidos, por depósito de ferro relacionado à neurodegeneração (setas em A); além de atrofia cerebelar com hipersinal e atrofia dos pedúnculos cerebelares médios. Imagem sagital pesada em T1 (C) evidenciando a exuberante redução volumétrica encefálica, especialmente do tronco e do cerebelo, e um afilamento difuso do corpo caloso.

cada vez mais tem sido descrita em pacientes não alcoólatras, como após hiperemese gravídica, *bypass* gástrico, hemodiálise, nutrição parenteral, jejum prolongado, anorexia nervosa e outras condições.

Lesões típicas, identificadas tanto nos estudos anatomopatológicos quanto nos exames de imagem, acometem os corpos mamilares, o tálamo periventricular, a substância cinzenta periaquedutal e o hipotálamo. Nas fases agudas pode haver hemorragia, necrose, edema e realce das estruturas envolvidas (Figura 16); enquanto nas fases crônicas existe atrofia, principalmente dos corpos mamilares, e pode ser o único achado. Há acometimento talâmico dorsomedial, com ou sem realce pós-contraste.

Lesões menos comuns nos núcleos rubros, putames, caudados e corticais perirrolândicas também foram descritas. Tais lesões parecem estar mais presentes nos casos de EW em pacientes não etilistas, e em associação com o acometimento mais clássico (tálamo, hipotálamo e substância cinzenta periaquedutal) (Figura 17).

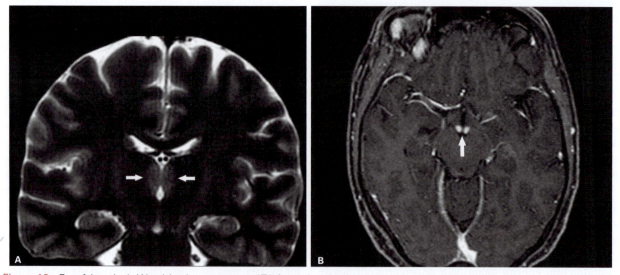

Figura 16 Encefalopatia de Wernicke. Imagem coronal T2 *fast spin-echo* demonstrando hipersinal ao longo das porções mediais dos tálamos (setas). Imagem axial SPGR T1 pós-gadolínio (B) demonstra impregnação dos corpos mamilares (seta).

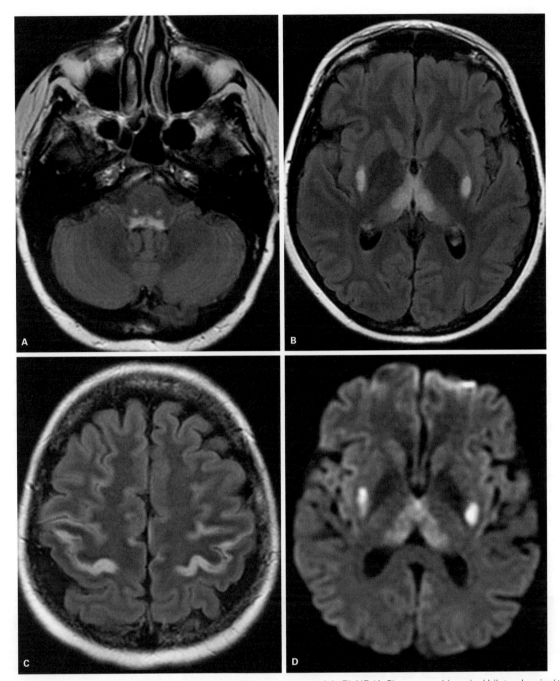

Figura 17 Encefalopatia de Wernicke em paciente não etilista. Imagens axiais FLAIR (A-C) mostram hipersinal bilateral e simétrico de núcleos de nervos cranianos no tronco (A); das porções ventromediais dos tálamos e da porção dorsal dos putames (B); e do córtex perirrolândico bilateralmente (C). A imagem de difusão (D) mostra acometimento distinto dos putamens, com hipersinal mais evidente sinalizando restrição verdadeira, e dos tálamos, com um hipersinal mais tênue, onde não parece haver restrição. O achado reforça a heterogeneidade de apresentação da doença.

Acometimento preferencial da substância branca

Mielinólise osmótica

Ver Capítulo 6 desta seção, "Doenças da substância branca e erros inatos do metabolismo".

Doença de Marchiafava-Bignami

A doença de Marchiafava-Bignami, inicialmente descrita em pacientes com antecedente de alcoolismo (vinhos *chianti* baratos e de baixa qualidade), foi também posteriormente descrita em outras situações na ausência desse antecedente. Caracteriza-se clinicamente por distúrbio cognitivo, redução de nível de consciência, crises convulsivas, paresias e frequentemente deterioração para coma e óbito.

Apesar de os achados clínicos comumente apresentarem sobreposição com outras alterações decorrentes do alcoolismo, dificultando a interpretação dos achados, há a proposição de classificação clinicorradiológica da doença em tipo A, com quadro agudo de rebaixamento do nível de consciência e lesão difusa do corpo caloso, que apresenta mau prognóstico; e tipo B, em que o quadro de rebaixamento do nível de consciência apresenta-se mais leve ou ausente, com acometimento parcial do corpo caloso e melhor prognóstico.

Do ponto de vista da imagem, os achados sugestivos são desmielinização, notadamente do corpo caloso, podendo ser observadas lesões focais ou difusas, mais comumente acometendo o joelho do corpo caloso (Figura 18). Pode haver também lesões em outras localizações, com envolvimento putaminal, das comissuras anteriores, pedúnculos cerebelares e, raramente, corticais.

Casos de restrição à difusão do corpo caloso foram relatados, inclusive com possibilidade de reversão, bem como lesões hemorrágicas. Na evolução, pode-se ter atrofia em graus variados.

Acometimento preferencial cerebelar, do tronco cerebral e da medula espinhal

Ataxias espinocerebelares

Grupo heterogêneo de doenças, incluindo etiologia hereditária, autossômica dominante ou autossômica recessiva, com doenças também de ocorrência esporádica. Caracteriza-se por perda neuronal na medula espinhal, tronco encefálico e cerebelo.

Do ponto de vista dos métodos de imagem, três padrões de atrofia macroscópica podem ser reconhecidos, refletindo alguma seletividade de acometimento: atrofia espinhal (AE), atrofia olivopontocerebelar (AOPC) e atrofia corticocerebelar (ACC).

Atrofia espinhal (AE)

AE caracteriza-se por exuberante atrofia da medula espinhal e do bulbo, combinada com alterações de sinal bilaterais e simétricas nos tratos de substância branca das colunas posterior e lateral da medula cervical. A principal doença relacionada é a ataxia de Friedreich.

Ataxia de Friedreich

Ataxia familiar progressiva que apresenta padrão de herança autossômico recessivo, com início entre os 10 e 16 anos de idade.

Ataxia da marcha, sensorial e cerebelar, com incoordenação dos membros superiores e disartria são característicos. Lentamente progressiva, evolui com restrição à cadeira de rodas. Pés cavos e cifoescoliose são típicos. O óbito ocorre após cerca de 10 a 20 anos de evolução da doença.

Os achados anatomopatológicos característicos são de atrofia da medula espinhal, com predomínio de alterações do funículo posterior. Há acometimento dos tratos espinocerebelares, dentatorrubrais, sensoriais, corticoespinhais e do verme superior. Atrofia leve ou ausente do cerebelo e ponte distinguem a ataxia de Friedreich de outras ataxias degenerativas cerebelares primárias. Estas apresentam atrofia mais nítida da ponte e do cerebelo, porém sem especificidade quanto aos variados subtipos possíveis.

Outras doenças degenerativas da medula espinhal incluem paraplegia espástica hereditária (doença de Strumpell-Lorrain), com degeneração das colunas posteriores e tratos corticoespinhais.

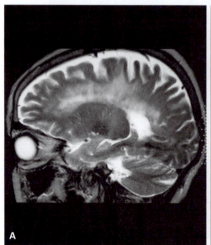 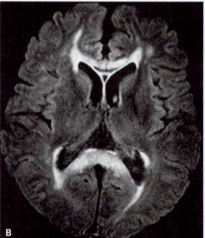 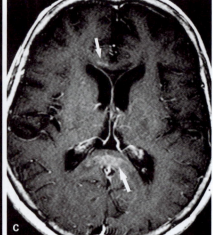

Figura 18   Doença de Marchiafava-Bignami. Mulher, 61 anos. Imagem sagital pesada em T2 (A) demonstra a alteração desmielinizante extensa, com hipersinal, atingindo a substância branca subcortical. Imagem axial FLAIR (B) mostra também hipersinal no corpo caloso, acometendo o joelho e o esplênio. Em imagem axial T1 pós-contraste (C) há alguns focos de impregnação pelo gadolínio (setas). Imagens gentilmente cedidas pela Dra. Verônica Zanardi, do Departamento de Radiologia da Unicamp.

Atrofia olivopontocerebelar (AOPC)

O aspecto típico da AOPC inclui atrofia do cerebelo e tronco e medula cervical, com alteração difusa de sinal da ponte, pedúnculos cerebelares médios e cerebelo nas sequências pesadas em T2 e FLAIR. Representa um grupo heterogêneo de doenças, hereditárias e esporádicas. Das esporádicas, cerca de 25% evoluem para AMS-C em 5 anos, o que piora o prognóstico desses pacientes.

Entre as doenças hereditárias, é possível citar as atrofias espinocerebelares (SCA – *spinocerebellar ataxia*) 1 a 3, 7; e a atrofia dentatorrubropalidoluysiana (DRPLA – *dentatorubral-pallidoluysian atrophy*). Todas elas de herança autossômica dominante.

A manifestação mais comum é ataxia, com progressão dos membros inferiores aos superiores e, finalmente, com acometimento da musculatura bulbar.

A lesão primária ocorre nos núcleos pontinos, com degeneração anterógrada das fibras pontocerebelares e acometimento do córtex cerebelar, com predomínio hemisférico em relação ao verme. Ocorre degeneração retrógrada das olivas inferiores causadas pela lesão do córtex cerebelar.

Nos achados de imagem, pode-se encontrar atrofia e/ou alteração de sinal das diversas estruturas afetadas (Figura 19). O papel do exame de imagem é contribuir com dados para serem correlacionados ao exame neurológico e achados clínicos. O diagnóstico final é genético.

Atrofia corticocerebelar (ACC)

Na ACC, a RM mostra atrofia das folhas cerebelares, sem alteração de sinal, com aspecto preservado do tronco e da medula espinhal. Também inclui doenças hereditárias e esporádicas. Das hereditárias, destacamos as SCA 4, 5, 6, 8, 10, 12, 14 a 19, 21, 22 e 25, todas elas de herança autossômica dominante. O diagnóstico final é genético, à semelhança da AOPC.

Degeneração cerebelar adquirida

Causas possíveis incluem alcoolismo (Figura 20), encefalite por varicela, síndromes paraneoplásicas, efeitos tóxicos de drogas (fenitoína, difenil-hidantoína, arabinosídeo-citosina em altas doses e, mais raramente, tálio), exposição crônica ao tolueno e após vacinação contra o vírus da influenza.

Os exames de imagem são sensíveis para a detecção da atrofia cerebelar, o principal achado relacionado, porém pouco específicos quanto à sua causa.

Acometimento do neurônio motor

Esclerose lateral amiotrófica

As doenças degenerativas do neurônio motor podem se apresentar sob quatro formas distintas: esclerose lateral primária (ELP), com acometimento puro do neurônio motor superior; atrofia muscular progressiva (AMP), acometendo exclusivamente o neurônio motor inferior; esclerose lateral amiotrófica (ELA), em que há lesão de ambos (neurônios motores superior e inferior); e paralisia bulbar progressiva, com envolvimento dos neurônios motores bulbares.

A ELA é a doença degenerativa do neurônio motor mais frequente, com incidência anual de 1 a 2 casos/100 mil pessoas e prevalência de 4 a 6 casos/100 mil pessoas. O início dos sintomas geralmente ocorre após os 50 anos de idade. A maioria é esporádica, com até 10% apresentando herança, na maioria das vezes, autossômica dominante. O gene responsável pela superóxido dismutase pode estar envolvido em alguns casos familiares.

A tríade clínica inclui paresia atrófica das mãos e dos antebraços, leve espasticidade dos membros inferiores e

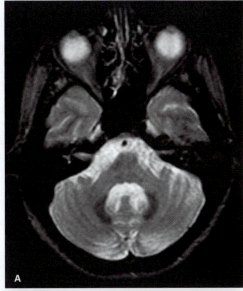
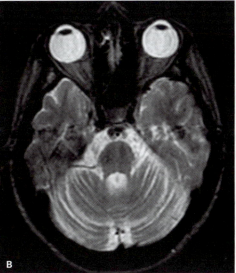

Figura 19 Atrofia olivopontocerebelar. Imagens axiais pesadas em T2 *spin-echo* (A e B) demonstram redução de volume da ponte, do cerebelo e dos pedúnculos cerebelares médios e superiores bilateralmente.

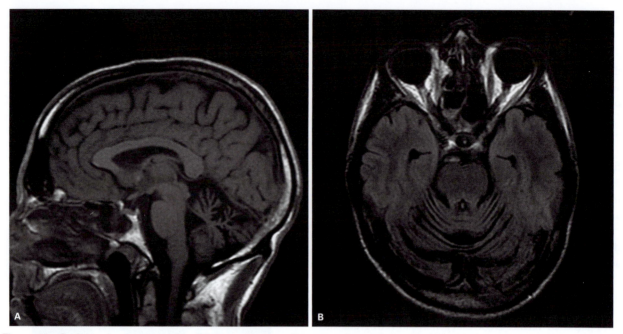

Figura 20 Paciente do sexo masculino, 52 anos, alcoólatra. Degeneração cerebelar adquirida relacionada ao alcoolismo. Imagem sagital pesada em T1 (A) e imagem axial FLAIR (B) mostram claramente a redução global de volume do cerebelo, com alargamento dos sulcos entre as folhas cerebelares, que se apresentam de volume reduzido.

hiper-reflexia generalizada. Fasciculação também é encontrada. Há progressão da doença com sobrevida média dos pacientes de 3 anos, embora 19-25% dos pacientes ultrapassem os 5 anos de sobrevida e mais de 10% ultrapassem os 10 anos.

Embora diversas partes do sistema nervoso possam ser acometidas, caracteristicamente há acometimento dos tratos corticoespinhais e neurônios motores inferiores. O acúmulo de esferoides, compostos de neurofilamentos, é encontrado nos neurônios motores em estudos microscópicos.

Hipersinal em T2 e FLAIR pode ser visualizado ao longo dos tratos corticoespinhais, desde o giro pré-central até o nível da medula espinhal. Tais alterações, no entanto, podem também ser visualizadas em pessoas normais.

Bastante importante é a detecção de hipersinal nesses tratos na sequência T1 com transferência de magnetização, que mostra maior especificidade no diagnóstico da doença (Figura 21). Tais alterações podem ser vistas no mesmo trato inferiormente (Figura 21). Hipossinal em

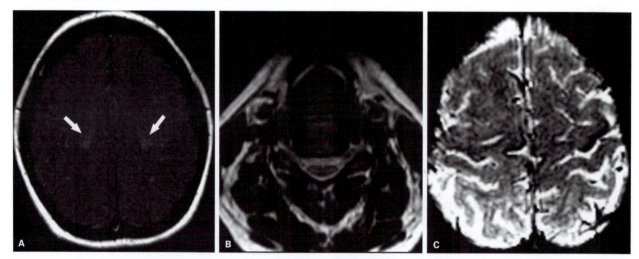

Figura 21 Paciente do sexo feminino, 28 anos, portadora de esclerose lateral amiotrófica (ELA). Imagem axial pesada em T1 com o uso de pulso de transferência de magnetização (A) demonstra o hipersinal característico da doença ao longo dos tratos corticoespinhais (setas). Na imagem axial pesada em T2 *fast spin-echo* da medula cervical (B) nota-se o hipersinal dos tratos corticoespinhais bilateralmente. Imagem de suscetibilidade magnética (SWI – *susceptibility-weighted image*) de outra paciente com ELA mostra hipossinal ao longo do córtex do giro pré-central.

T2 no córtex motor, secundário à deposição de ferro por neurodegeneração, também foi descrito.

A técnica de imagem por tensores de difusão também tem sido utilizada nessa doença, demonstrando valores reduzidos de anisotropia fracionada. Redução das relações NAA/Co e NAA/Cr também é caracterizada no córtex motor. Redução volumétrica encefálica, bem como das porções lateral e anterior da medula espinhal, também é outro achado possível na doença.

Bibliografia sugerida

1. Adachi M, Kawanami T, Ohshima H, Sugai Y, Hosoya T. Morning glory sign: a particular MR finding in progressive supranuclear palsy. Magn Reson Med Sci. 2004;3:125-32.
2. Bak TH, Crawford LM, Hearn VC, Mathuranath PS, Hodges JR. Subcortical dementia revisited: similarities and differences in cognitive function between progressive supranuclear palsy (PSP), corticobasal degeneration (CBD) and multiple system atrophy (MSA). Neurocase. 2005;11(4):268-73.
3. Blazejewska AI, Schwarz ST, Pitiot A, Stephenson MC, Lowe J, Bajaj N, et al. Visualization of nigrosome 1 and its loss in PD: pathoanatomical correlation and in vivo 7 T MRI. Neurology. 2013;81:534-40.
4. Broski SM, Hunt CH, Johnson GB, Morreale RF, Lowe VJ, Peller PJ. Structural and functional imaging in parkinsonian syndromes. Radiographics. 2014;34(5):1273-92.
5. Cakirer S, Karaarslan E, Arslan A. Spontaneously T1-hyperintense lesions of the brain on MRI: a pictorial review. Curr Probl Diagn Radiol. 2003;32:194-217.
6. Cosottini M, Frosini D, Pesaresi I, Costagli M, Biagi L, Ceravolo R, et al. MR imaging of the substantia nigra at 7 T enables diagnosis of Parkinson disease. Radiology. 2014;271:831-8.
7. da Rocha AJ, Oliveira AS, Fonseca RB, Maia Jr. AC, Buainain RP, Lederman HM. Detection of corticospinal tract compromise in amyotrophic lateral sclerosis with brain MR imaging: relevance of the T1-weighted spin-echo magnetization transfer contrast sequence. AJNR Am J Neuroradiol. 2004;25:1509-15.
8. da Silva CJ, da Rocha AJ, Jeronymo S, Mendes MF, Milani FT, Maia Jr. AC, et al. A preliminary study revealing a new association in patients undergoing maintenance hemodialysis: manganism symptoms and T1 hyperintense changes in the basal ganglia. AJNR Am J Neuroradiol. 2007;28:1474-9.
9. Djang DS, Janssen MJ, Bohnen N, Booij J, Henderson TA, Herholz K, et al. SNM practice guideline for dopamine transporter imaging with 123I-ioflupane SPECT 1.0. J Nucl Med. 2012;53(1):154-63.
10. Dormont D, Seidenwurm D, Galanaud D, Cornu P, Yelnik J, Bardinet E. Neuroimaging and deep brain stimulation. AJNR Am J Neuroradiol. 2010;31:15-23.
11. Eckert T, Barnes A, Dhawan V, Frucht S, Gordon MF, Feigin AS, et al. FDG PET in the differential diagnosis of parkinsonian disorders. Neuroimage. 2005;26(3):912-21.
12. Farage L, Castro MA, Macedo TA, Assis MC, Souza LP, Freitas LO. Hallervorden Spatz syndrome: magnetic resonance findings. Case report. Arq Neuropsiquiatr. 2004;62:730-2.
13. Ferraz ME, Zanoteli E, Oliveira AS, Gabbai AA. Progressive muscular atrophy: clinical and laboratory study in eleven patients. Arq Neuropsiquiatr. 2004;62:119-26.
14. Foltynie T, Hariz MI. Surgical management of Parkinson's disease. Expert Rev Neurother. 2010;10:903-14.
15. Friedlander RM. Apoptosis and caspases in neurodegenerative diseases. N Engl J Med. 2003;348:1365-75.
16. Gilman S, Little R, Johanns J, Heumann M, Kluin KJ, Junck L, et al. Evolution of sporadic olivopontocerebellar atrophy into multiple system atrophy. Neurology. 2000;55:527-32.
17. Graham JM, Papadakis N, Evans J, Widjaja E, Romanowski CA, Paley MN, et al. Diffusion tensor imaging for the assessment of upper motor neuron integrity in ALS. Neurology. 2004;63:2111-9.
18. Gregory A, Westaway SK, Holm IE, Kotzbauer PT, Hogarth P, Sonek S, et al. Neurodegeneration associated with genetic defects in phospholipase A(2). Neurology. 2008;71:1402-9.
19. Haacke EM, Cheng NY, House MJ, Liu Q, Neelavalli J, Ogg RJ, et al. Imaging iron stores in the brain using magnetic resonance imaging. Magn Reson Imaging. 2005;23:1-25.
20. Haque TL, Miki Y, Kanagaki M, Takahashi T, Yamamoto A, Konishi J, et al. MR contrast of ferritin and hemosiderin in the brain: comparison among gradient-echo, conventional spin-echo and fast spin-echo sequences. Eur J Radiol. 2003;48:230-6.
21. Heinrich A, Runge U, Khaw AV. Clinicoradiologic subtypes of Marchiafava-Bignami disease. J Neurol. 2004;251:1050-9.
22. Hlaihel C, Gonnaud PM, Champin S, Rousset H, Tran-Minh VA, Cotton F. Diffusion-weighted magnetic resonance imaging in Marchiafava-Bignami disease: follow-up studies. Neuroradiology. 2005;47:520-4.
23. Horimoto Y, Aiba I, Yasuda T, Ohkawa Y, Katayama T, Yokokawa Y, et al. Longitudinal MRI study of multiple system atrophy – when do the findings appear, and what is the course? J Neurol. 2002;249:847-54.
24. Jacobs DA, Markowitz CE, Liebeskind DS, Galetta SL. The "double panda sign" in Wilson's disease. Neurology. 2003;61:969.
25. Johkura K, Naito M, Naka T. Cortical involvement in Marchiafava-Bignami disease. AJNR Am J Neuroradiol. 2005;26:670-3.
26. Josephs KA, Ahlskog JE, Klos KJ, Kumar N, Fealey RD, Trenerry MR, et al. Neurologic manifestations in elders with pallidal MRI T1 hyperintensity. Neurology. 2005;64:2033-9.
27. Koyama M, Yagishita A, Nakata Y, Hayashi M, Bandoh M, Mizutani T. Imaging of corticobasal degeneration syndrome. Neuroradiology. 2007;49(11):905-912.
28. Kwon DH, Kim JM, Oh SH, Jeong HJ, Park SY, Oh ES, et al. Seven Tesla magnetic resonance images of the substantia nigra in Parkinson disease. Ann Neurol. 2012;71(2):267-77.
29. Lee WH, Lee CC, Shyu WC, Chong PN, Lin SZ. Hyperintense putaminal rim sign is not a hallmark of multiple system atrophy at 3T. AJNR Am J Neuroradiol. 2005;26:2238-42.
30. Litvan I, Bhatia KP, Burn DJ, Goetz CG, Lang AE, McKeith I, et al. Movement Disorders Society Scientific Issues Committee report: SIC Task Force appraisal of clinical diagnostic criteria for Parkinsonian disorders. Mov Disord. 2003;18:467-86.
31. Lotfipour AK, Wharton S, Schwarz ST, Gontu V, Schäfer A, Peters AM, et al. High resolution magnetic susceptibility mapping of the substantia nigra in Parkinson's disease. J Magn Reson Imaging. 2012;35(1):48-55.
32. Lu H, Nagae-Poetscher LM, Golay X, Lin D, Pomper M, van Zijl PC. Routine clinical brain MRI sequences for use at 3.0 Tesla. J Magn Reson Imaging. 2005;22:13-22.
33. Lucato LT, Otaduy MC, Barbosa ER, Machado AA, McKinney A, Bacheschi LA, et al. Proton MR spectroscopy in Wilson disease: analysis of 36 cases. AJNR Am J Neuroradiol. 2005;26:1066-71.
34. Manto MU. The wide spectrum of spinocerebellar ataxias (SCAs). Cerebellum. 2005;4:2-6.
35. Mascalchi M, Vella A, Ceravolo R. Movement disorders: role of imaging in diagnosis. J Magn Reson Imaging. 2012;35(2):239-56.
36. Mascalchi M. Spinocerebellar ataxias. Neurol Sci. 2008;29(Suppl 3):311-3.
37. Massey LA, Yousry TA. Anatomy of the substantia nigra and subthalamic nucleus on MR imaging. Neuroimaging Clin N Am. 2010;20:7-27.
38. McNeill A, Birchall D, Hayflick SJ, Gregory A, Schenk JF, Zimmerman EA, et al. T2* and FSE MRI distinguishes four subtypes of neurodegeneration with brain iron accumulation. Neurology. 2008;70:1614-9.
39. Mueller C, Pinter B, Reiter E, Schocke M, Scherfler C, Poewe W, et al. Visualization of nigrosome1 and its loss in PD: pathoanatomical correlation and in vivo 7T MRI. Neurology. 2014;82:1752.
40. Page RA, Davie CA, MacManus D, Miszkiel KA, Walshe JM, Miller DH, et al. Clinical correlation of brain MRI and MRS abnormalities in patients with Wilson disease. Neurology. 2004;63:638-43.
41. Rosas HD, Feigin AS, Hersch SM. Using advances in neuroimaging to detect, understand, and monitor disease progression in Huntington's disease. NeuroRx. 2004;1:263-72.
42. Rovira A, Alonso J, Cordoba J. MR imaging findings in hepatic encephalopathy. AJNR Am J Neuroradiol. 2008;29:1612-21.
43. Santos Andrade C, Tavares Lucato L, da Graça Morais Martin M, Joaquina Marques-Dias M, Antonio Pezzi Portela L, Scarabotolo Gattas G, et al. Non-alcoholic Wernicke's encephalopathy: broadening the clinicoradiological spectrum. Br J Radiol. 2010;83:437-46.
44. Schulz-Schaeffer WJ. The synaptic pathology of alpha-synuclein aggregation in dementia with Lewy bodies, Parkinson's disease and Parkinson's disease dementia. Acta Neuropathol. 2010;120:131-43.
45. Schwarz ST, Afzal M, Morgan PS, Bajaj N, Gowland PA, Auer DP. The "swallow tail" appearance of the healthy nigrosome: a new accurate test of Parkinson's disease – a case-control and retrospective cross-sectional MRI study at 3T. PLoS One. 2014;9:e93814.

46. Seppi K, Poewe W. Brain magnetic resonance imaging techniques in the diagnosis of parkinsonian syndromes. Neuroimaging Clin N Am. 2010;20:29-55.
47. Seppi K, Schocke MF. An update on conventional and advanced magnetic resonance imaging techniques in the differential diagnosis of neurodegenerative parkinsonism. Curr Opin Neurol. 2005;18:370-5.
48. Stefanova N, Bucke P, Duerr S, Wenning GK. Multiple system atrophy: an update. Lancet Neurol. 2009;8:1172-8.
49. Tatsch K. Extrapyramidal syndromes: PET and SPECT. Neuroimaging Clin N Am. 2010;20(1):57-68.
50. Teune LK, Bartels AL, de Jong BM, Willemsen AT, Eshuis SA, de Vries JJ, et al. Typical cerebral metabolic patterns in neurodegenerative brain diseases. Mov Disord. 2010;25(14):2395-404.
51. Thomas M, Hayflick SJ, Jankovic J. Clinical heterogeneity of neurodegeneration with brain iron accumulation (Hallervorden-Spatz syndrome) and pantothenate kinase-associated neurodegeneration. Mov Disord. 2004;19:36-42.
52. Tokumaru AM, Saito Y, Murayama S, Kazutomi K, Sakiyama Y, Toyoda M, et al. Imaging-pathologic correlation in corticobasal degeneration. AJNR Am J Neuroradiol. 2009;30:1884-92.
53. Toosy AT, Werring DJ, Orrell RW, Howard RS, King MD, Barker GJ, et al. Diffusion tensor imaging detects corticospinal tract involvement at multiple levels in amyotrophic lateral sclerosis. J Neurol Neurosurg Psychiatry. 2003;74:1250-7.
54. Tripathi M, Dhawan V, Peng S, Kushwaha S, Batla A, Jaimini A, et al. Differential diagnosis of parkinsonian syndromes using F-18 fluorodeoxyglucose positron emission tomography. Neuroradiology. 2013;55(4):483-92.
55. VanderKolk AG, Hendrikse J, Zwanenburg JJ, Visser F, Luijten PR. Clinical applications of 7 T MRI in the brain. Eur J Radiol. 2013;82:708-18 .
56. Vlaar AM, de Nijs T, Kessels AG, Vreeling FW, Winogrodzka A, Mess WH, et al. Diagnostic value of 123I-ioflupane and 123I-iodobenzamide SPECT scans in 248 patients with parkinsonian syndromes. Eur Neurol. 2008;59(5):258-66.
57. Williams DR, Lees AJ. Progressive supranuclear palsy: clinicopathological concepts and diagnostic challenges. Lancet Neurol. 2009;8:270-9.
58. Zuccoli G, Gallucci M, Capellades J, Regnicolo L, Tumiati B, Giadas TC, et al. Wernicke encephalopathy: MR findings at clinical presentation in twenty-six alcoholic and nonalcoholic patients. AJNR Am J Neuroradiol. 2007;28:1328-31.

11

Doenças da região selar e dos tecidos adjacentes

Felipe Barjud Pereira do Nascimento
Sergio Keidi Kodaira
Fábio Eduardo Fernandes da Silva

Considerações anatômicas e funcionais da região selar, parasselar e suprasselar

A sela túrcica está localizada no aspecto superior do osso esfenoidal, superiormente ao clivus. Seus limites anteriores são o tubérculo selar e o sulco pré-quiasmático, que se estende lateralmente até a porção posterior do canal óptico. Posteriormente, a sela é limitada pelo dorso selar, que continua com as clinoides posteriores e posterolateralmente com os ligamentos petroclinoides. Superiormente, a sela é limitada pelo diafragma selar, composto por dois folhetos de dura-máter que se estendem do tubérculo selar às clinoides posteriores, com uma descontinuidade central, por onde adentra a haste hipofisária. Inferiormente, o assoalho selar é limitado pelo corpo esfenoidal, por vezes aerado pelos seios esfenoidais, a depender de seu padrão de pneumatização (Figura 1).

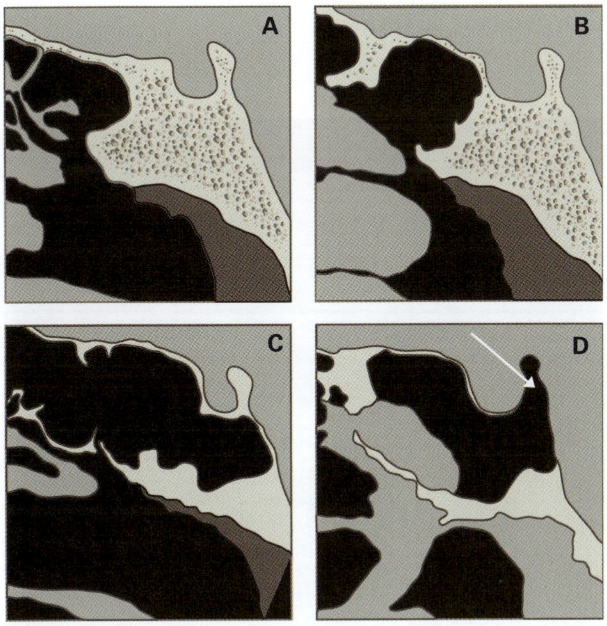

Lateralmente, a sela túrcica é limitada pelos seios cavernosos, seios durais compostos por duas camadas de dura-máter, a periosteal (assoalho e parede medial) e a meníngea (teto). A camada meníngea é dividida em um folheto profundo e um folheto superficial, que delimitam o espaço interdural, por onde cruzam os nervos oculomotor (III), troclear (IV), ramo orbital do trigêmeo (V1) e ramo maxilar do trigêmeo (V2) (Figura 2). Pelo espaço intracavernoso cruzam a artéria carótida interna intracavernosa e o nervo abducente.

A adeno-hipófise e a neuro-hipófise apresentam origens na vasculatura e funções diferentes, o que pode influenciar as suas características de imagem. A adeno-hipófise origina-se a partir de uma invaginação cranial da bolsa de Rathke composta por tecido ectodérmico, que se localiza inicialmente no aspecto posterossuperior da

Figura 1 Padrões de pneumatização dos seios esfenoidais. Figuras esquemáticas no plano sagital demonstrando os padrões de pneumatização conchal (A), pré-selar (B), selar (C) e pós-selar (D) dos seios esfenoidais.

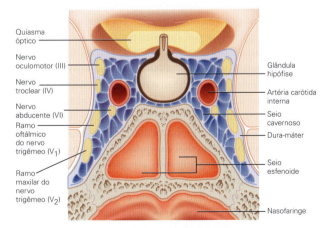

Figura 2 Anatomia da região selar e plano coronal. Figura esquemática no plano coronal no plano da sela túrcica, demonstrando as estruturas que cruzam o seio cavernoso, além do posicionamento da haste hipofisária e quiasma óptico.

nasofaringe, migrando superiormente até o interior da sela túrcica através do canal faringo-hipofisário. Sua vascularização se dá predominantemente através do sistema porta hipofisário, que por sua vez recebe ramos da artéria hipofisária superior. Esse sistema porta é composto por capilares venosos localizados na haste hipofisária, onde são excretados hormônios hipotalâmicos que estimularão a produção de hormônios pela adeno-hipófise. Entre esses hormônios estão o GnRH (hormônio liberador de gonadotrofina), TRH (hormônio liberador de tireotrofina), CRH (hormônio liberador de corticotrofina), GHRH (hormônio liberador de hormônio de crescimento) e somatostatina, que estimulam a secreção de LH (hormônio luteinizante) e FSH (hormônio folículo-estimulante), TSH (hormônio estimulate da tiroide), ACTH (hormônio corticotrófico), GH (hormônio de crescimento) e a somatostatina inibindo a secreção de GH.

A neuro-hipófise origina-se de uma extensão inferior do diencéfalo. A neuro-hipófise é separada da adeno-hipófise pela *pars intermedia* e é composta por projeções axonais de neurônios dos núcleos supraóptico e paraventriculares, sendo responsável pela secreção de ocitocina e vasopressina. Há ainda a presença de pituicítocitos e células gliais especializadas responsáveis pelo armazenamento e liberação desses hormônios. A neuro-hipófise recebe ramos das artérias hipofisárias superior e inferior.

A hipófise conecta-se ao hipotálamo através da haste hipofisária, estrutura suprasselar, localizada posteriormente ao quiasma óptico, composta por axônios de células secretoras magnocelulares hipotalâmicas, que se estendem até a neuro-hipófise. Nela também se localiza o sistema porta-hipofisário que, como já descrito anteriormente, é responsável pela nutrição e transporte de hormônios hipotalâmicos à adeno-hipófise.

Outras estruturas que merecem destaque na região suprasselar são nervos, quiasma e tratos ópticos. Os nervos ópticos são compostos por axônios de gânglios retinianos e células gliais, incluindo oligodendrócitos, que são responsáveis por sua mielinização. Na região suprasselar, estão os segmentos pré-quiasmáticos, que se estendem desde o canal óptico até o quiasma. Lesões nesse nervo levam à perda visual homolateral. O quiasma óptico é composto pela confluência dos nervos ópticos, ocorrendo cruzamento das fibras que se localizam na porção mesial dos globos oculares e de parte das fibras que se localizam no aspecto lateral do globo ocular. Por esse cruzamento ocorrer na porção medial do quiasma óptico, lesões suprasselares que comprimem o aspecto central do quiasma óptico geralmente cursam com hemianopsia bitemporal. O quiasma então continua com os tratos ópticos, que apresentam pequeno trajeto na cisterna suprasselar e adentram o parênquima encefálico, emitindo algumas eferências, com extremidade distal localizada nos gânglios geniculados laterais do tálamo. Lesões completas nos tratos ópticos cursam com hemianopsia homônima bilateral.

Técnicas de avaliação da região hipotálamo-hipofisária

Radiografia convencional da sela

O estudo radiológico convencional da sela túrcica é realizado em duas incidências: anteroposterior e perfil (Figura 3), avaliando-se três características, descritas a seguir.

Morfologia e dimensão

Embora uma morfologia selar normal na radiografia convencional não exclua lesões intrasselares, uma sela em "J" poderá estar associada a alterações genéticas como síndrome de Hurler e pseudo-Hurler.

A grande variação das dimensões da cavidade selar impede uma análise mais precisa de pequenas alterações intrasselares, não havendo correlação direta entre as dimensões das paredes ósseas da sela túrcica e o volume glandular. O volume da cavidade selar varia de 240 a 1.092 mm^3 com média de 594 mm^3. As dimensões lineares máximas não devem exceder 12 mm de diâmetro craniocaudal e 16 mm de diâmetro anteroposterior. As dimensões não devem ser menores que 4 e 5 mm.

A sela túrcica de dimensões reduzidas pode estar associada a trissomia do cromossomo 21, nanismo associado à subnutrição, alterações displásicas, microcefalia, síndrome de Prader-Willi, deficiência de hormônio de crescimento (GH), microcefalia, distrofia miotônica e síndrome de Cockayne.

Cavidade selar aumentada em condições congênitas ocorre em mucolipidoses, mucopolissacaridoses, oxicefalia e síndrome de Turner.

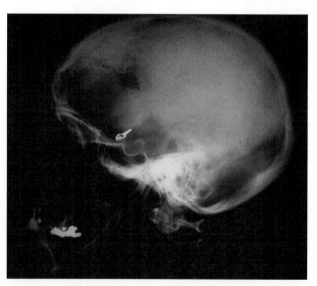

Figura 3 Radiografia convencional de crânio em perfil: observe o clipe de aneurisma parasselar. Os limites ósseos selares são bem evidentes. Note ainda sinais de craniotomia.

Remodelamentos ósseos

As paredes ósseas selares podem sofrer amoldamento associado a lesões expansivas ou a quadros sistêmicos, observando-se aumento da cavidade selar, erosão do dorso selar e erosão e infradesnivelamento do assoalho selar (maior que 2 mm) (Figura 4).

A erosão do dorso selar pode também estar associada a hipertensão intracraniana, porém nesses casos as clinoides e o assoalho selar são poupados.

A presença de lesão expansiva selar geralmente cursa com alargamento da cavidade selar, infradesnivelamento ou descontinuidade do assoalho, associada a erosão ou desvio do dorso selar posteriormente. A complementação com tomografia computadorizada (TC) ou ressonância magnética (RM) será útil para o estudo do conteúdo selar e adjacências. Pequenos adenomas hipofisários podem cursar sem alterações ósseas, limitando a contribuição da radiografia convencional para seu estudo.

Calcificações anômalas

Calcificações no interior ou junto à cavidade selar podem ser fisiológicas, particularmente dos ligamentos petroclinóideos. Calcificações anômalas devem levantar a suspeita de craniofaringeoma, macroadenoma, meningeoma ou aneurisma.

Tomografia computadorizada

A TC apresenta vantagens sobre a radiologia convencional no estudo dos limites ósseos selares e na avaliação de calcificações. O estudo deve ser dirigido para a região com imagens de 0,5 a 1,5 mm de espessura, matriz de 512 ou 1.024 *pixels* e área de imagem (FOV – *field of view*) limitada à região selar. Cerca de 20 a 40 imagens sucessivas são suficientes para a cobertura da região selar. O uso de meio de contraste intravenoso é imprescindível na investigação de lesões intrasselares, particularmente na suspeita de microadenomas. Aquisições coronais diretas são essenciais na avaliação de deformidades ou soluções de continuidade no assoalho selar, embora os equipamentos atuais com multidetectores (TC *multislice*) permitam aquisição axial com reformatação multiplanar com qualidade comparável, além de possibilitarem reconstruções tridimensionais (Figura 5).

Os achados normais incluem as paredes ósseas selares, o parênquima hipofisário com atenuação de partes moles com altura de até 10 mm em mulheres pré-menopausa e até 5 mm pós-menopausa, crescendo até 12 mm durante a gestação com pico em torno da primeira semana de puerpério e regressão na terceira semana pós-parto; em homens a altura não deve exceder 7 mm com contrastação homogênea do parênquima glandular. Os achados em situações normais incluem: não discriminação entre os lobos anterior e posterior, haste hipofisária centrada e com espessura normal, cisterna suprasselar com atenuação liquórica, eventual visualização do assoalho do III ventrículo, quiasma óptico com morfologia, atenuação e orientação características. Atualmente, com as técnicas *multislice* é possível discriminar temporalmente a contrastação das artérias carótidas internas intracavernosas e tardiamente a dos seios cavernosos, permitindo também a diferenciação entre as artérias carótidas e o parênquima glandular nos casos de trajeto vascular tortuoso, anômalo ou aneurismas, infelizmente à custa de aumento da dose de radiação.

Em situações nas quais a RM é contraindicada, a TC pode auxiliar no diagnóstico, sobretudo em portadores de marca-passo cardíaco, próteses valvares metálicas, clipes de aneurisma cerebral (Figura 3), além de pacientes com implantes cocleares e em outros casos em que artefatos metálicos podem degradar a imagem de RM, como próteses otológicas, material ortodôntico ou restauração dentária ou implantes metálicos faciais. Atualmente a RM suplantou a TC na maioria das indicações diagnósticas na região selar; entretanto, a visualização de pequenas soluções de continuidade no assoalho da sela, a presença de infradesnivelamento do assoalho associado a septo do seio esfenoidal e a investigação de pequenas calcificações ainda são situações em que a indicação da TC permanece.

Ressonância magnética

A RM é a técnica de escolha para o estudo da região selar por apresentar excelente relação de contraste entre

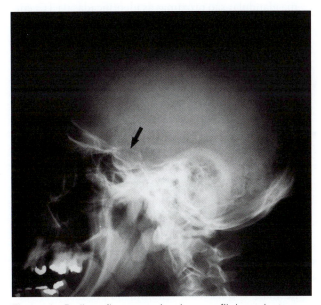

Figura 4 Radiografia convencional em perfil de paciente com acromegalia. Observe o aumento da cavidade selar (seta). Há sinais de infradesnivelamento do assoalho, erosão do dorso selar e achados associados a essa doença: hiperaeração dos seios frontais e aumento e retificação mandibular com prognatismo. Nota-se ainda o aumento da sombra do pavilhão auricular.

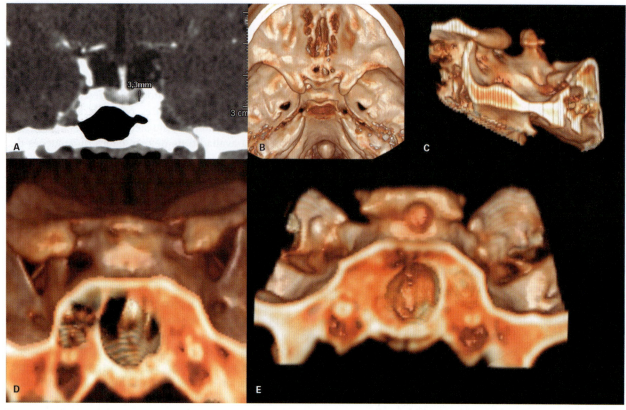

Figura 5 Tomografia computadorizada *multislice*: aquisição axial com 0,6 mm de espessura e reformatação multiplanar coronal pós-contraste (A). Observe que a qualidade de reformatação é comparável à aquisição coronal direta. Há no parênquima hipofisário à esquerda pequeno microadenoma com contrastação menor que o restante do parênquima glandular. Reconstrução tridimensional das paredes ósseas selares: vistas superior (B), lateral (C), anterior (D) e posterior (E).

as estruturas intra, para e supraselares com boa resolução espacial. A capacidade intrínseca do método de adquirir imagens seccionais em diversos planos é ideal para o estudo dessa região de anatomia complexa. Os estudos devem ser realizados com bobina de cabeça, espessuras de imagem de, no máximo, 3 mm, FOV de 15 a 18 cm, sendo recomendadas técnicas tridimensionais (3D) para reconstruções de imagens de até 1 mm de espessura. O uso de meio de contraste paramagnético auxilia no estudo das lesões dessa região, particularmente na investigação do envolvimento do seio cavernoso, nos estudos pré-operatórios e nos exames com fase dinâmica (em que a imagem é adquirida durante a injeção intravenosa do meio de contraste), aumentando a sensibilidade do estudo de microadenomas, que se apresentam mais evidentes durante o primeiro minuto de injeção.

Os achados normais incluem (Figura 6):

- Cavidade selar com morfologia e dimensões normais.
- Adeno-hipófise com morfologia característica e comportamentos de sinal e contrastação homogêneos. O sinal é intermediário em T1 e T2 (semelhante ao do córtex cerebral). As dimensões normais do parênquima glandular são próximas às identificadas na TC: em crianças menores de 1 ano, de 2 a 6 mm de altura; abaixo dos 10 anos de idade, menor que 6 mm de altura. A adeno-hipófise tem maior intensidade de sinal em T1 nos neonatos e nas grávidas.
- A neuro-hipófise ocupa cerca de 10-20% do volume da cavidade selar e apresenta normalmente hipersinal em T1 em cerca de 90% dos indivíduos normais.
- Haste hipofisária centrada, mediana com discreta angulação craniocaudal posteroanterior, observando-se contrastação homogênea. Pode-se observar com grande frequência o recesso infundibular do III ventrículo. No quiasma óptico a haste hipofisária mede 3,25 a 0,56 mm no diâmetro transverso e cerca de 1,91 a 0,40 mm na sua inserção no parênquima hipofisário.
- Cisterna supraselar livre.
- Quiasma óptico com topografia, morfologia e sinal normais. O quiasma é denominado pré-fixado se sua topografia é anterior ao infundíbulo e pós-fixado se posterior a este; mede de 3 a 6 mm de altura e 9 a 18 mm de largura.
- Regiões hipotalâmicas, que se apresentam com sinal semelhante ao restante do parênquima encefálico.

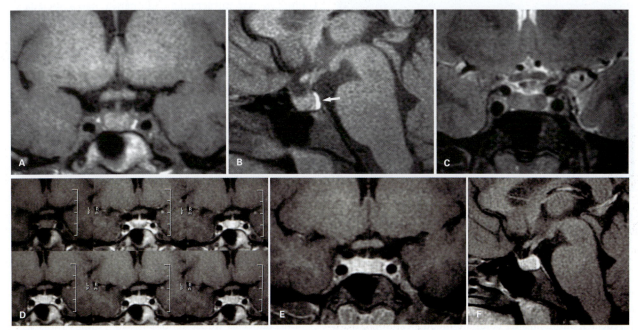

Figura 6 Aspecto habitual da sela túrcica e da hipófise em imagem de ressonância magnética pesada em T1, sem contraste, no plano coronal (A). Imagem sagital no plano mediano pesada em T1 pré-contraste (B): note a adeno-hipófise com isossinal em relação ao parênquima cerebral e a região posterior de hipersinal correspondendo à neuro-hipófise (seta); observa-se ainda a haste hipofisária centrada. Imagem coronal pesada em T2 (C). Sequência dinâmica pós-contraste (D): observa-se o progressivo realce do parênquima hipofisário. Imagens pesadas em T1 pós-contraste nos planos coronal (E) e sagital (F) demonstram o realce homogêneo do parênquima.

- Seios cavernosos: com contrastação intensa e heterogênea, podendo-se identificar em seu interior os nervos cranianos no sentido craniocaudal: III, IV, VI, V1 e V2.
- Seios esfenoidais com morfologia e aeração normais.

No caso de recém-nascidos, a adeno-hipófise normal apresenta tênue hipersinal em T1 em relação a adeno-hipófise de indivíduos mais velhos (Figura 7).

Malformações congênitas

Duplicação da haste hipofisária

A duplicação da haste hipofisária (Figura 8) é uma malformação congênita rara caracterizada pela presença de duas hastes hipofisárias, frequentemente acompanhadas por duas pequenas adeno e neuro-hipófises. Múltiplas alterações congênitas foram descritas em associação com a duplicação da haste hipofisária, destacando-se os hamartomas hipotalâmicos, malformações faciais, ano-

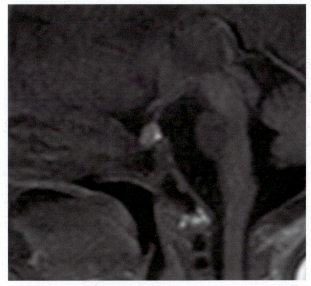

Figura 7 Hipófise de recém-nascido. Imagem sagital T1 de recém-nascido evidenciando discreto hipersinal na adeno-hipófise em relação ao parênquima encefálico.

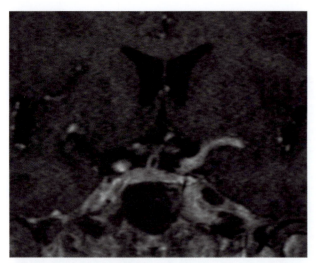

Figura 8 Duplicação da haste hipofisária. Imagem coronal T1 após a administração do meio de contraste demonstrando duplicação da haste hipofisária.

malias encefálicas acometendo principalmente a linha mediana (fusão de tálamos, agenesia de corpo caloso, agenesia de septo pelúcido, agenesia/hipoplasia de vérmis cerebelar), anomalias da coluna e medula espinhal, destacando-se a mielomeningocele, diplomielia e tumores congênitos como teratomas e lipomas.

Neuro-hipófise ectópica

Anomalia congênita caracterizada por localização ectópica da neuro-hipófise, e muitas vezes anormalidades da haste hipofisária e adeno-hipófise. Quando ectópica, a neuro-hipófise é caracterizada por um nódulo com hipersinal em T1 localizado acima da cavidade selar, na eminência média na base do hipotálamo (Figura 9) ou na porção inferior de uma haste hipofisária truncada. A haste hipofisária pode ser truncada, afilada ou estar ausente. A adeno-hipófise pode ser normal, ter dimensões reduzidas ou mesmo estar ausente. Pode estar associada à displasia septo-óptica, a outras malformações de linha média do SNC, como malformação de Chiari tipo I, a heterotopia periventricular ou a posicionamento medial das artérias carótidas internas. O paciente com neuro-hipófise ectópica pode apresentar nanismo ou retardo na maturação óssea.

Sela parcialmente vazia

Sela parcialmente vazia é achado fortuito particularmente na terceira idade, associada a invaginação do conteúdo liquórico da cisterna suprasselar para o interior da cavidade selar. O parênquima fica restrito a um fino manto junto ao assoalho selar. Na grande maioria das vezes é um achado sem significado clínico, porém pode estar associado a alterações pós-cirúrgicas como resultado de ressecção de uma lesão expansiva (Figura 10). A neuro-hipófise só é identificada como hipersinal em T1 em cerca de 12% dos pacientes com sela parcialmente vazia.

Um diagnóstico diferencial da sela parcialmente vazia é a hipertensão intracraniana idiopática, não associada a formações expansivas intracranianas ou hidrocefalia. Trata-se de uma patologia que mais frequentemente acomete mulheres negras e obesas de meia-idade, que pode estar associada a diversas condições patológicas, como a insuficiência adrenal, síndrome de Cushing, hipotireoidismo, uso de doxiciclina, doença renal crônica, hipervitaminose A, entre outros. O quadro clínico é de cefaleia, perda visual gradual, *tinnitus*, fotopsia e dor ocular. O achado de imagem mais sensível para essa patologia é a presença de sela túrcica alargada, com parênquima adelgaçado junto ao assoalho selar. Outros achados de imagem dessa patologia são: nervos ópticos alongados e tortuosos, com ectasia de suas bainhas, papiledema, cavos de Meckel alargados, estenose de seios durais (principalmente da transição entre os seios transversos e sigmoides e herniação das tonsilas cerebelares ao forame magno (Figura 11).

Encefalocele transesfenoidal

Encefaloceles transesfenoidais são as mais raras das encefaloceles, com incidência estimada para 1/700.000 nascimentos. Diversas malformações faciais, oculares e encefálicas podem estar associadas com as encefaloceles transesfenoidais, destacando-se a relação com a síndrome *morning glory* (anomalia congênita do nervo óptico). Tal

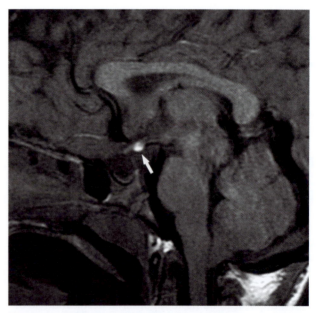

Figura 9 Imagem de ressonância magnética no plano sagital pesada em T1 sem contraste revela aspecto típico de neuro-hipófise ectópica: pequena imagem com hipersinal em T1 no plano do infundíbulo da haste hipofisária (seta). Nota-se que esse foco de hipersinal não é identificado em sua topografia normal na cavidade selar, e que a adeno-hipófise tem dimensões reduzidas.

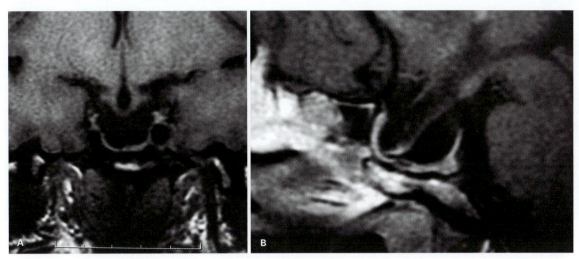

Figura 10 Sela parcialmente vazia. Imagens de ressonância magnética pesadas em T1 nos planos coronal sem contraste (A) e sagital pós-contraste (B) mostram alargamento selar com insinuação do conteúdo liquórico para essa cavidade. O parênquima hipofisário está reduzido a fino manto junto ao assoalho selar.

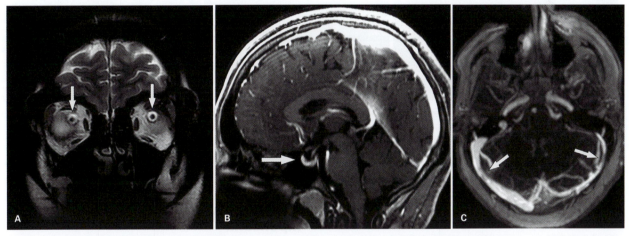

Figura 11 Hipertensão intracraniana idiopática. Imagem coronal ponderada em T2 (A) evidencia discreta ectasia da bainha dos nervos ópticos (setas); ao passo que a imagem sagital ponderada em T1 após o uso do gadolínio demonstra insinuação liquórica para a cavidade selar com adelgaçamento do parênquima hipofisário junto ao assoalho (seta). A reconstrução de um subvolume da angioressonância magnética venosa intracraniana, no plano axial (C), demonstra leve redução do calibre da transição entre os seios transverso e sigmoide de forma bilateral (setas); deve-se ressaltar aqui a presença de variante anatômica comum que consiste em hipoplasia dos seios transverso e sigmoide à esquerda.

anormalidade ocorre pelo defeito na ossificação do corpo do esfenoide, mantendo pérvio o canal craniofaríngeo, com prolapso de estruturas selares e suprasselares. Pode se associar a fístula liquórica, favorecendo a ocorrência de meningites (Figura 12).

Espinha selar

A espinha selar é uma variação anatômica, sem implicações clínicas e que representa um achado imagenológico fortuito. Trata-se de uma proeminência óssea originada no aspecto dorsal da sela túrcica que se projeta anteriormente, moldando o parênquima hipofisário (Figura 13). O córtex ósseo que a envolve continua com o do dorso selar, assim como sua medular continua as medulares ósseas. Tal característica pode levar a uma interpretação errônea na RM, pela presença de formação com hipersinal em T1 fazendo efeito expansivo no aspecto posterior da sela túrcica, constituindo uma pseudolesão. Em casos de dúvidas, a TC pode elucidar a natureza do achado.

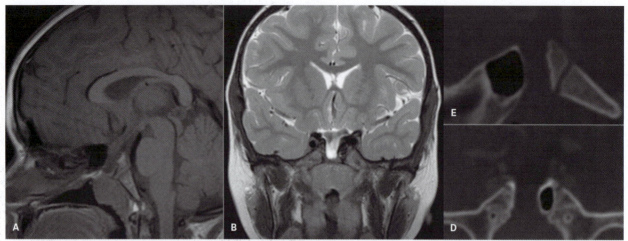

Figura 12 Encefalocele transesfenoidal. Imagens de ressonância magnética no plano sagital T1 (A), coronal T2 (B) e de tomografia computadorizada sagital (C) e coronal (D) demonstrando a descontinuidade do assoalho selar com insinuação das estruturas hipofisárias e suprasselares em direção à faringe em paciente com síndrome *morning glory*.

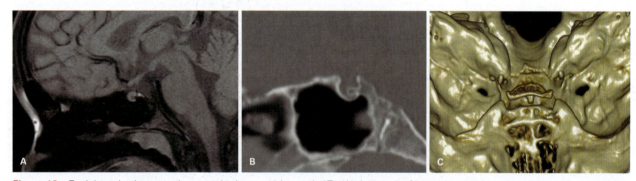

Figura 13 Espinha selar. Imagem de ressonância magnética sagital T1 (A) demonstra formação arredondada com hipossinal periférico (cortical óssea) e hipersinal na porção central (medular óssea). A tomografia computadorizada em corte sagital (B) no mesmo plano confirma a presença de proeminência óssea apresentando continuidade com a cortical e medular óssea, confirmando os achados da ressonância magnética. A reconstrução tridimensional da tomografia computadorizada (C) confirma os achados.

Ecchordosis physaliphora

Ecchordosis physaliphora é uma variação da normalidade, geralmente assintomática, localizada no aspecto posterior do clivus e encontrada em cerca de 2% da população normal. Acredita-se que seja composta por remanescentes notocordais na linha mediana do dorso do clivus, que determinam uma identação na cortical óssea local que se projeta à cisterna pré-pontina. Em estudos de RM, em geral apresenta hipossinal em T1, hipersinal em T2 e ausência de realce pelo contraste (Figura 14).

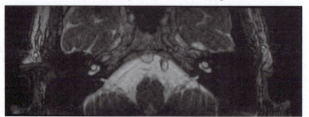

Figura 14 *Ecchordosis physaliphora*. Imagem FIESTA axial oblíqua demonstrando irregularidade no contorno posterior do clivus, associado a formação hidratada ovalada projetanto-se à cisterna pré-pontina, compatível com *Ecchordosis physaliphora*.

Hiperplasia, doenças inflamatórias e metabólicas da hipófise e haste hipofisária

Hiperplasia

Fisiológica

Como discutido anteriormente, a hipófise aumenta de volume durante a puberdade e a gestação. Aumento das dimensões associado a abaulamento do contorno glandular superior pode estar relacionado à gestação, com normalização em geral após a terceira semana de puerpério (Figura 15).

Secundária

Diversas causas podem levar à hiperplasia hipofisária secundária, como a síndrome de Addison e o hipotireoidismo. Outra causa rara de hiperplasia secundária está relacionada a produção ectópica de hormônios que induzem a secreção hipofisária, como no caso de tumores carcinoides abdominais e pulmonares (Figura 16).

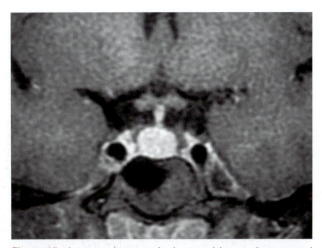

Figura 15 Imagem de ressonância magnética no plano coronal pesada em T1 com contraste mostra hiperplasia fisiológica em paciente puérpera. O aspecto glandular é globoso, com volume aumentado do parênquima.

Hipofisite

As hipofisites são doenças inflamatórias da hipófise raras e de difícil diagnóstico radiológico. Elas podem ser divididas em primárias e secundárias.

Hipofisite primária

Entre as hipofisites primárias, incluem-se as linfocíticas, xantomatosa, granulomatosa, relacionada ao IgG-4, necrotizante e formas mistas (linfogranulomatosa e xantogranulomatosa).

A hipofisite linfocítica é a mais frequente das hipofisites, apesar de também ser uma alteração rara. Pode ser dividida conforme a sua extensão em adeno-hipofisite (quando acomete apenas a adeno-hipófise), infunduloneuro-hipofisite (quando apresenta extensão da alteração à haste hipofisária e neuro-hipófise) e pan-hipofisite (quando há acometimento difuso da adeno e neuro-hipófise). A maio-

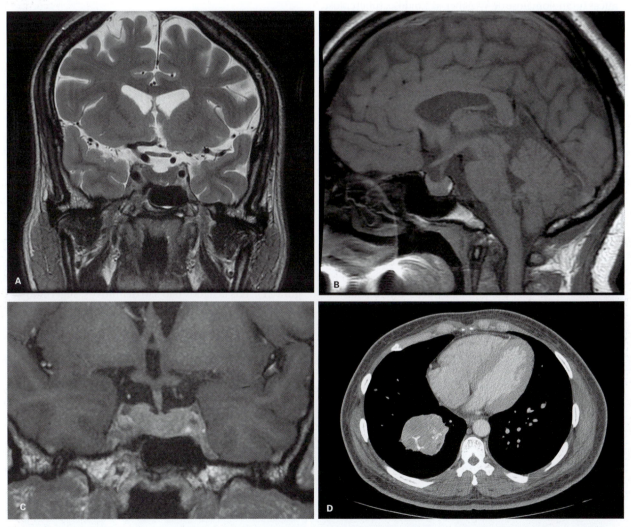

Figura 16 Hiperplasia hipofisária secundária. Ressonância magnética do encéfalo com imagens coronal T2 (A), sagital T1 sem contraste (B), coronal SPGR pós-contraste (C) demonstram aumento difuso da hipófise com realce homogêneo pelo contraste, sem deslocamento da neuro-hipófise, achados compatíveis com hiperplasia glandular. Tomografia computadorizada do tórax pós-contraste demonstrava formação expansiva com realce heterogêneo e calcificações de permeio, confirmada histologicamente como tumor carcinoide (não apresentado).

ria dos casos foi descrita em mulheres, e inicialmente em situação puerperal. Hoje sabe-se tratar-se de um fenômeno autoimune, com predileção por mulheres, mas que também pode acometer homens e crianças. A ocorrência de diabete insípido na apresentação clínica favorece o achado de acometimendo da haste hipofisária e/ou da neuro-hipófise.

Os achados de imagem são lesão selar ou suprasselar com realce pelo meio de contraste, semelhante a adenoma (Figura 17). Relatos sugerem que a presença de hipossinal parasselar em T2 ("*dark T2 sign*") favorece a possibilidade de hipofisite linfocítica (Figura 18). Entretanto, outras doenças inflamatórias, incluindo alterações granulomatosas e as associadas ao IgG4, podem apresentar sinal semelhante.

Hipofisites secundárias

Entre as hipofisites secundárias, estão as hipofisites secundárias a lesões adjacentes (cisto da bolsa de Rathke, meningioma e germinoma), as relacionadas a doenças sistêmicas (granulomatose de Wegener, sarcoidose, tuberculose, sífilis e histiocitose), além das secundárias a drogas imunomoduladoras como o anticorpo bloqueador de CTLA-4 e o interferon-alfa. Serão pormenorizadas as seguintes hipofisites secundárias: histiocitose, sarcoidose e tuberculose

Histiocitoses

Tanto a histiocitose de células de Langerhans como histiocitoses não Langerhans, muito mais raras, podem acometer a hipófise, a haste hipofisária e o hipotálamo, causando efeito de massa, espessamento da haste e/ou infiltração hipotalâmica (Figura 19). Geralmente o diagnóstico é de exclusão ou associado a quadro de histiocitose em outros sítios associado a sintomas de envolvimento do eixo hipotálamo-hipofisário.

Essas patologias podem manifestar-se como lesões expansivas contrastantes extra-axiais, frequentemente caracterizadas por baixo sinal em T2 e contrastação homogênea. Seus principais diagnósticos diferenciais são linfoma e tuberculose.

Sarcoidose

Cerca de 0,5-1% dos casos de sarcoidose podem cursar com acometimento das regiões selar e suprasselar. A apresentação pode ser apenas espessamento meníngeo local com realce ou imagens verdadeiramente nodulares. O diagnóstico é feito na presença de alterações hipotalâmicas, como diabete insípido, distermias ou alteração de pares cranianos, e na vigência de sarcoidose em outros sítios. Os achados de imagem são indiferenciáveis de outras lesões inflamatórias hipofisárias, como a hipofisite por IgG 4 e as hipofisites linfocíticas.

Tuberculose

Lesões específicas do sistema nervoso central podem acometer o eixo hipotálamo-hipofisário. Os achados mais comuns são semelhantes à meningite, embora tuberculomas com efeito de massa possam ser encontrados (Figura 20).

Imunoglobulina G4 (IgG4)

A doença relacionada à imunoglobulina 4 (IgG4) é uma afecção fibroinflamatória caracterizada por infiltrados linfoplasmáticos, ricos em células plasmáticas IgG4 positivas. O acometimento de diversos orgãos já foi reportado na literatura, incluindo o pâncreas, vias biliares, retroperitônio, rins, pulmões, linfonodos, glândulas salivares, paquimeninge, órbitas e hipófise. Em geral, acometem mais frequentemente homens mais velhos. Entretanto, quando se trata de acometimento hipofisário, as mulheres jovens são mais frequentemente acometidas. O quadro clínico mais comum no caso das hipofisites por IgG4 inclui pan-hipopituitarismo e/ou diabete insípido. Os achados de imagem relacionados a hipofisite por IgG4 são aumento simétrico glandular com ou sem espessamento da haste hipofisária, realce rápido intenso e uniforme, destacando-se a ausência de alterações da morfologia selar (Figura 21). Tais achados não são definitivos, sugerindo-se o uso dos critérios citados no Quadro 1 para o diagnóstico.

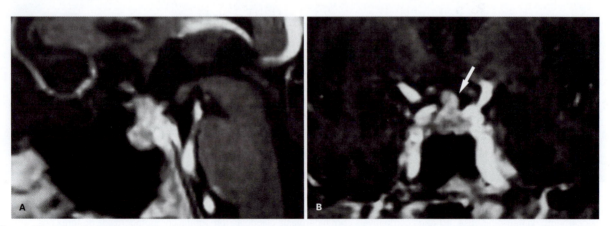

Figura 17 Infundíbulo-hipofisite. Imagens de ressonância magnética nos planos sagital (A) e coronal (B), pesadas em T1 pós-contraste, evidenciam aumento de volume hipofisário e espessamento de haste hipofisária (seta em B) em paciente com hipopituitarismo.

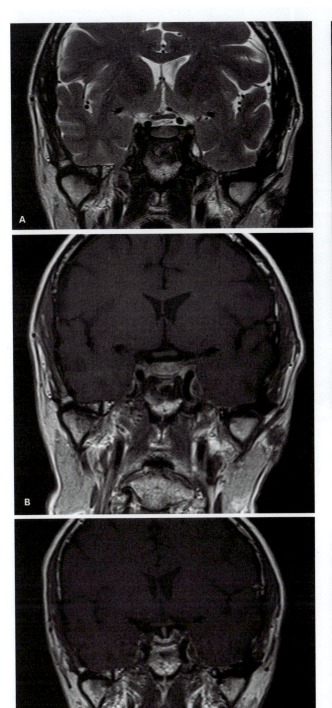

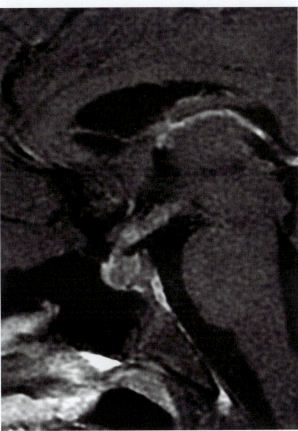

Figura 19 Histiocitose de células de Langerhans T1 sagital pós-contraste: infiltração da glândula com espessamento da haste hipofisária associado a contrastação heterogênea pelo gadolínio.

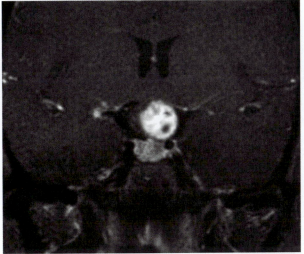

Figura 18 Hipofisite linfocítica pré e pós-tratamento. Ressonância magnética pré-tratamento com imagens coronal T2 (A) e coronal T1 pós-contraste (B) evidenciam aumento das dimensões glandulares, com hipossinal em T2 circunjacente à glândula e se estendendo ao seio cavernoso direito. O realce pelo contraste é heterogêneo, sem delimitar nodulações. Imagem coronal T1 pós-contraste pós-tratamento (C) evidencia redução das dimensões glandulares e da heterogeneidade da contrastação.

Figura 20 Tuberculose. Na imagem de ressonância magnética no plano coronal pesada em T1 pós-contraste nota-se área nodular de realce no hipotálamo e cisterna suprasselar à esquerda. Parece haver discreto realce meníngeo associado.

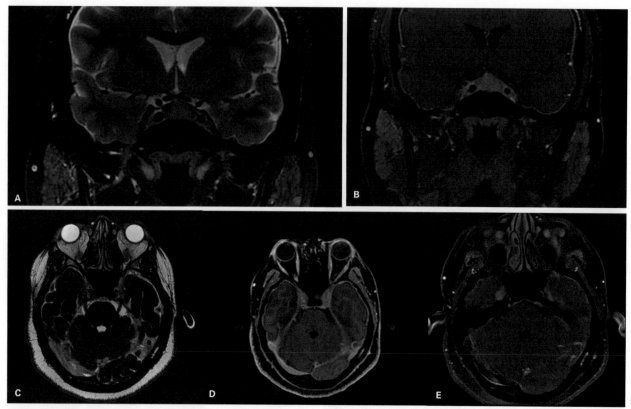

Figura 21 Doença inflamatória paquimeníngea e hipofisária. Ressonâncias magnéticas coronal T2 (A) e coronal T1 pós-contraste (B) demonstram adeno-hipófise com dimensões aumentadas e sinal heterogêneo no T2, com realce heterogêno pelo contraste, sem delimitar nodulações bem definidas. Imagens axial FIESTA (C) e axial T1 SPGR pós-contraste (D e): Há realce dural difuso pelo contraste, com extensão aos cavos de Meckel (C e D), estes obliterados e difusamente contrastantes. Há ainda realce se estendendo para o trajeto dos ramos mandibulares dos trigêmeos (E), principalmente à direita.

Quadro 1 Critérios diagnósticos para hipofisite relacionada ao IgG4	
Critérios diagnósticos para hipofisite relacionada ao IgG4	
Critério 1 (Histopatológico hipofisário)	Infiltrado mononuclear da hipófise, rico em linfócitos e células plasmáticas, com mais de 10 células plasmáticas IgG4 positivas por campo
Critério 2 (RM)	Massa selar e/ou espessamento da haste hipofisária
Critério 3 (Histopatológico de outros órgãos)	Diagnóstico de doença relacionada ao IgG4 em outros órgãos, confirmado por biópsia
Critério 4 (Sorológico)	IgG4 sérico > 140 mg/dL
Critério 5 (Resposta terapêutica ao corticoide)	Redução da massa hipofisária e dos sintomas com o uso de corticoide
Critérios necessários para o diagnóstico de hipofisite por IgG4	1. Critério 1 2. Critérios 2 e 3 3. Critérios 2, 4 e 5

Síndrome de Sheehan

A síndrome de Sheehan é um quadro grave de necrose pituitária pós-parto, relacionado a hemorragias intra/periparto, cursando com pan-hipopituitarismo laboratorialmente. À RM é evidenciado o aumento das dimensões da hipófise a custa de componente necrótico e/ou hemorrágico em seu interior, estando a sela túrcica com dimensões preservadas. As imagens pós-contraste evidenciam um realce periférico da hipófise, o que muitas vezes só poderá ser identificado em imagens de subtração, tendo em vista a presença de resíduos hemáticos.

Hemocromatose

É uma doença metabólica caracterizada por excesso de ferro com depósito deste em vários órgãos, inclusive no parênquima hipofisário, causando disfunção da hipófise. Na RM, o parênquima tem marcado hipossinal em T2, sem outras anormalidades (Figura 22). A presença de intensa suscetibilidade magnética nos plexos coroides corrobora essa possibilidade diagnóstica.

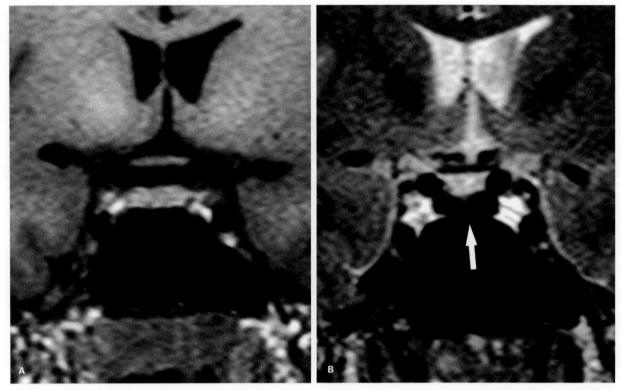

Figura 22 Hemocromatose. Imagem de ressonância magnética no plano coronal pesada em T1 sem contraste (A) não demonstra particularidades. A imagem correspondente pesada em T2 (B), no entanto, demonstra o marcado hipossinal difuso do parênquima hipofisário em razão do depósito de ferro (seta).

Lesões tumorais da hipófise e haste hipofisária

Adenomas, adenomas atípicos e carcinomas hipofisários

Os adenomas hipofisários são lesões relativamente comuns e são geralmente classificados nos estudos por imagens em microadenomas ou macroadenomas (menores ou maiores que 1 cm). Também são clinicamente classificados em funcionantes ou não funcionantes de acordo com as características de secreção hormonal.

Em geral, os adenomas apresentam sinal intermediário ou baixo em T1 e variável em T2. Cerca de um terço a metade dos microadenomas tem hipersinal em T2; os demais são isointensos. Em até 85% dos casos ele pode ser identificado sem o uso do meio de contraste paramagnético, porém particularmente nos microadenomas e na doença de Cushing, a injeção de gadolínio e estudos dinâmicos com aquisições sucessivas no primeiro minuto após a injeção melhoram sensivelmente a acurácia do método. Os adenomas costumam apresentar impregnação menor que o restante do parênquima glandular, apresentando ou não homogeneização nas imagens adquiridas tardiamente (Figura 23).

Os achados de imagem mais importantes nos microadenomas são:

- Lesão expansiva intrasselar com aspecto sólido causando algum grau de efeito de massa sobre o parênquima adjacente.
- Presença ou não de:
  - Abaulamento do contorno glandular superior na região da lesão.
  - Presença de infradesnivelamento do assoalho selar na região da lesão.
  - Desvio da haste hipofisária para o lado oposto à lesão ou, em algumas situações, particularmente quando a lesão está próxima ao assoalho selar, o desvio pode apontar para a lesão.

Os macroadenomas costumam ser facilmente identificados, porém apresentam aspecto mais variável de sinal, associado à presença de áreas císticas, de liquefação ou focos hemorrágicos em seu interior e, raramente, calcificações. Isso pode, em alguns casos, dificultar o diagnóstico diferencial entre um adenoma e outras lesões expansivas, tais como craniofaringeomas.

Os achados de imagem mais importantes nos macroadenomas:

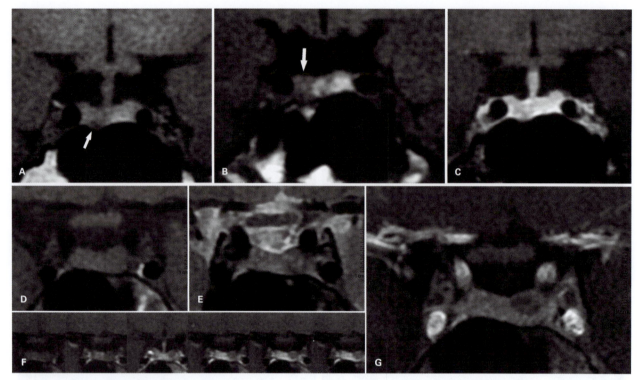

Figura 23 Ressonância magnética no plano coronal pesada em T1 pré-contraste (A) mostra pequena lesão com hipossinal em T1 associada a infradesnivelamento do assoalho selar (seta em A); a imagem pesada em T1 com injeção dinâmica do contraste (B) evidencia realce heterogêneo com lesão nodular menos contrastante na região do infradesnivelamento, sugerindo o diagnóstico de microadenoma (seta em B). Já na imagem pesada em T1 pós-contraste tardia (C) existe homogeneização da contrastação, não permitindo a identificação da lesão hipofisária. Pequenas lesões podem apresentar isossinal em T1 e T2, identificáveis somente pelo discreto efeito expansivo (D e), porém bem identificáveis na sequência dinâmica e no pós-contraste SPGR (F e G).

- Lesão expansiva selar maior que 1 cm (Figura 24) com extensão suprasselar.
- Presença ou não de efeito de massa sobre o quiasma óptico.
- Presença ou não de efeito de massa sobre as estruturas hipotalâmicas.
- Presença ou não de invasão do seio cavernoso (Figura 25). Segundo artigos de correlação de achados radiológicos e cirúrgicos, o envolvimento de mais de 67% do diâmetro da carótida intracavernosa pode ser considerado um achado definitivo de invasão desse seio. Outros achados altamente associados a invasão são extensão lateral da lesão com interposição da mesma entre a parede lateral do seio cavernoso e a obliteração do sulco venoso carotídeo pela lesão.
- Pode ter áreas de hemorragia, degeneração cística, necrose ou calcificação.

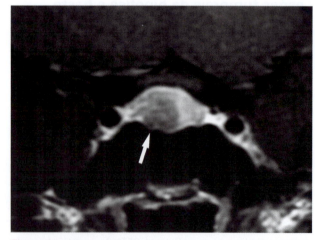

Figura 24 Macroadenoma hipofisário. Imagem de ressonância magnética pesada em T1 no plano coronal pós-contraste demonstra lesão selar que abaula o contorno superior da glândula hipofisária e causa infradesnivelamento do assoalho selar, predominando à direita e com impregnação menor do que aquela observada no restante do parênquima (seta).

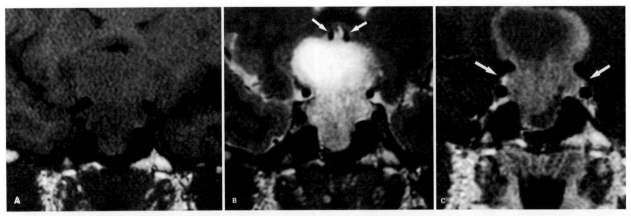

Figura 25 Macroadenoma hipofisário com extensão supra e parasselar. Imagens de ressonância magnética no plano coronal pesadas em T1 pré-contraste (A), T2 (B) e T1 pós-contraste (C) demonstram a lesão com hipossinal em T1, hipersinal em T2 e realce heterogêneo pelo gadolínio. Observe o aspecto de abaulamento dos seios cavernosos com a lesão atingindo a linha intercarotídea lateral (setas em C). Note ainda a compressão e o deslocamento superior das artérias pericalosas (setas em B).

Ocasionalmente, a suspeita de apoplexia associada à piora da sintomatologia visual é confirmada com a presença de áreas císticas com produtos da degradação da hemoglobina eventualmente formando nível de debris em uma cavidade no interior da lesão (Figura 26).

O adenoma hipofisário atípico (Figura 27) é uma lesão rara, que se diferencia dos adenomas pela presença de achados imuno-histoquímicos que favorecem malignidade, incluindo: ki-67 elevado, geralmente maior que > 4%, índice mitótico elevado (mais de duas mitoses a cada 10 campos de aumento), coloração nuclear extensa para mutação do p-53 (> 2%) e crescimento tumoral invasivo. As características de imagem se assemelham aos adenomas hipofisários invasivos, destacando-se o rápido crescimento e grande extensão tumoral no acompanhamento das lesões. Outra característica que favorece esse diagnóstico é a ocorrência de metástases intra ou extracranianas.

O carcinoma hipofisário primário é um tumor raro, com incidência estimada em 0,5% dos tumores sintomáticos da hipófise. A maior parte desses tumores é secretora de ACTH ou prolactina e menos frequentemente de GH. Os achados histológicos e de imagem assemelham-se aos adenomas atípicos, sendo diferenciados destes pela presença de metástases à distância, intra ou extracranianas, sendo o fígado o sítio de metástases mais comum.

No caso de estudos para planejamento pré-operatório por via transesfenoidal, a descrição dos seguintes achados pode auxiliar no planejamento cirúrgico:

- Grau de pneumatização do seio esfenoidal (conchal, pré-selar, selar e pós-selar) (Figura 1).
- Localização da implantação do septo interssinus.
- Possibilidade de invasão do seio cavernoso.

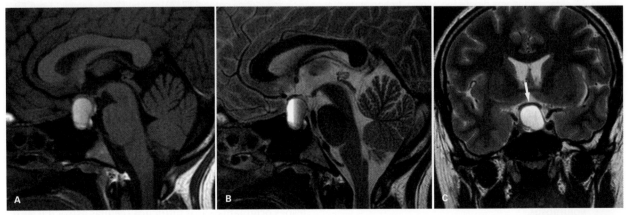

Figura 26 Adenoma hipofisário com apoplexia. Imagem de ressonância magnética no plano sagital pesada em T1 (A) demonstra a presença de lesão selar e suprasselar com hipersinal que sugere a possibilidade de sangramento num adenoma previamente existente. A imagem sagital pesada em T2 (B) evidencia com clareza a existência de nível líquido-líquido no interior da lesão, corroborando a possibilidade de sangramento. A imagem coronal pesada em T2 (C) mostra o efeito de massa da lesão sobre o quiasma óptico (seta).

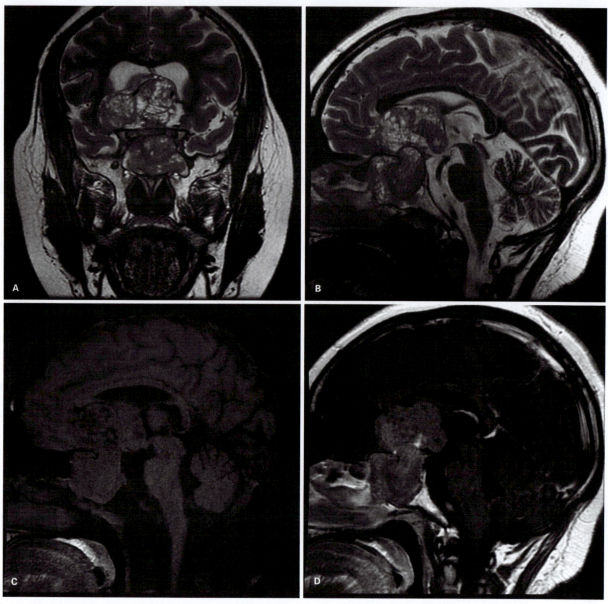

Figura 27 Macroadenoma hipofisário atípico. Imagens de ressonância magnética coronal T2 (A), sagital T2 (B), sagital T1 pré (C) e pós-contraste (D) demonstrando sela túrcica aumentada a custa de formação expansiva intra e suprasselar, que envolve as artérias cerebrais anteriores (A) e comprime e desloca a as estruturas hipotálamo-quiasmáticas e região frontobasal. Nota-se insinuação inferior da lesão aos seios esfenoidais e ao seio cavernoso, envolvendo circunferencialmente a carótida intracavernosa. Essa lesão apresenta sinal difusamente heterogêneo em T2 e realce heterogêneo pelo meio de contraste. A análise anatomopatológica classificou a lesão como um adenoma hipofisário positivo para ACTH e prolactina, com imuno-histoquímica positiva para p53 em 8% das células e Ki67 em 6%, compatível com adenoma atípico

- Contato com estruturas adjacentes.
- No caso de macroadenomas:
  - Extensão suprasselar, dimensões do componente suprasselar e distância entre os segmentos intracavernosos em casos de componentes suprasselares volumosos.
  - Posicionamento do quiasma e nervos ópticos em relação à lesão.

Outros tumores da adeno, neuro e haste hipofisária

Os pituicitomas foram incluídos na classificação de tumores da Organização Mundial da Saúde de 2007. Tais lesões originam-se dos pituícitos (células astrocitárias da hipófise), podendo acometer as regiões selar, suprasselar ou ambos. Clinicamente, apresentam alterações relacionadas ao seu efeito expansivo (alterações visuais, pan-hipopituitarismo ou hiperprolactinemia por compressão da haste hipofisária). À RM apresentam discreto hipossinal em T2, realce intenso e homogêneo pelo contraste e podem ser facilmente separadas da glândula hipofisária.

Outras lesões que acometem a região selar e suprasselar são os oncocitomas selares/suprasselares (Figura 28) e os tumores granulares da neuro-hipófise (Figura 29). Ambos ocorrem em pacientes de meia-idade e mais frequentemente apresentam-se como tumores selares com extensão suprasselar, e os tumores de células granulares podem mais frequentemente ocorrer de modo isolado na região suprasselar. Suas características de imagem assemelham-se aos macroadenomas e pituicitomas, sendo difícil a sua distinção baseando-se apenas nos métodos de imagem.

Lesões císticas intra e suprasselares

Cisto de *pars intermedia*

Também é achado fortuito representado por pequena imagem com comportamento de sinal cístico junto ou posterior à inserção da haste, sem realce pelo meio de contraste. O cisto da *pars intermedia* geralmente é assintomático, podendo causar dificuldade diagnóstica em casos de suspeita de microadenoma (Figura 30).

Cisto da bolsa de Rathke

Representa uma lesão cística não neoplásica localizada na porção mediana da cavidade selar e que pode apresentar efeito de massa sobre estruturas adjacentes, tais como vias ópticas. Pode causar hipopituitarismo ou diabete insípido.

Apresenta-se como imagem nodular bem delimitada com intensidade de sinal variável à RM, com conteúdo cístico ou proteináceo, podendo ter sinal intermediário, baixo ou alto em T1 e alto em T2 (Figura 31). Geralmente não apresenta realce significativo pelo meio de contraste, podendo ocasionalmente apresentar discreto realce periférico associado à compressão do parênquima adjacente. Outro achado de imagem que pode estar relacionado ao cisto da bolsa de Rathke é um foco de hipossinal em sequências T2 e/ou T2*, disposto perifericamente. As calcificações são muito raras. Nas imagens axiais pode apresentar uma morfologia em rim. Os principais diagnósticos diferenciais são o craniofarin-

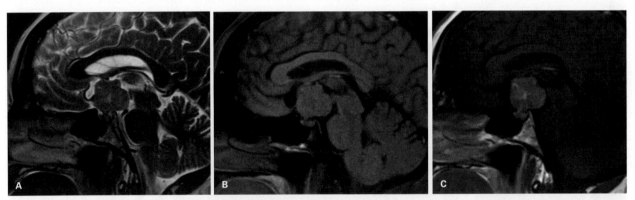

Figura 28 Oncocitoma suprasselar. Imagens de ressonância magnética sagitais T2 (A) e T1 sem (B) e com contraste (C) evidenciam lesão infiltrando a haste hipofisária, com sinal heterogêneo, com predomínio de hipossinal em T2 e área central com sinal hiperintenso. Em T1 apresenta predomínio de isossinal e discreto realce pelo contraste. Nesse caso, a área com maior sinal em T2 apresenta maior realce pelo contraste que as demais porções da lesão.

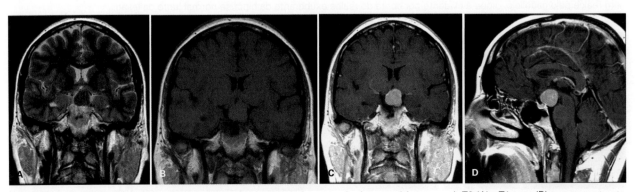

Figura 29 Tumor de células granulares suprasselar. Imagens de ressonância magnética coronais T2 (A) e T1 sem (B) e com contraste (C) e sagital T1 pós-contraste (D) evidenciam lesão suprasselar paramediana esquerda, com hipossinal em T2, isossinal em T1 e realce homogêneo pelo contraste, desviando os segmentos pré-quiasmáticos das artérias cerebrais anteriores superiormente e o quiasma óptico anteriormente, este sem alteração de sinal associada.

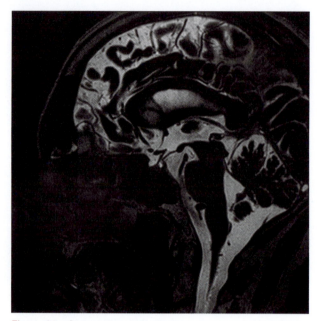

Figura 30   Cisto de *pars intermedia*. Imagem sagital FIESTA demonstrando pequena formação cística interposta entre a adeno e a neuro-hipófise.

geoma intrasselar ou adenomas com sangramento. As imagens de difusão podem ajudar nesse diagnóstico diferencial, uma vez que os cistos de Rathke tem hipossinal nessa sequência, enquanto os craniofaringeomas e os adenomas com hemorragia podem ter hipersinal.

Outras lesões císticas suprasselares

Quatro diagnósticos diferenciais devem ser lembrados no diagnóstico diferencial das lesões císticas suprasselares:

- Cisto de aracnoide: é lesão com comportamento de sinal semelhante ao liquor em todas as sequências de RM, sem realce pelo meio de contraste e sem restrição difusional (Figura 32).
- Cisto dermoide: pode apresentar elementos derivados da epiderme em seu interior, associados a um comportamento de sinal heterogêneo em T1, T2 e FLAIR. Ocasionalmente apresenta focos de hipersinal espontâneo em T1.
- Cisto epidermoide: apresenta comportamento de sinal característico com hipossinal em T1, hipersinal em T2, com hipersinal na sequência de difusão (Figura 33).

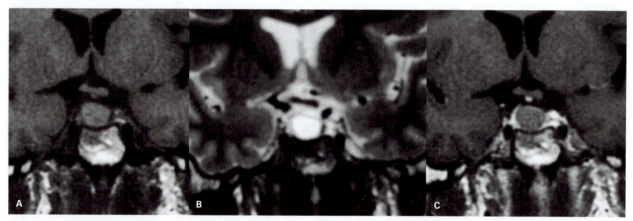

Figura 31   Cisto da bolsa de Rathke. Imagens de ressonância magnética no plano coronal pesadas em T1 (A), T2 (B) e T1 pós-contraste (C) demonstram nódulo intrasselar com pequeno componente suprasselar. O nódulo apresenta isossinal em T1 e hipersinal em T2, sem realce pelo gadolínio, o que é evidente por conta do realce exuberante da hipófise normal junto da lesão.

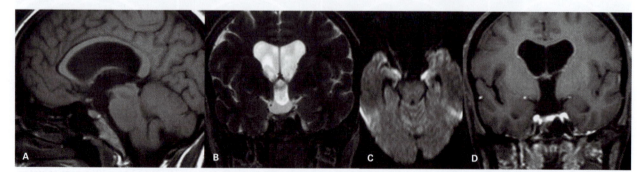

Figura 32   Cisto aracnoide suprasselar. Imagens de ressonância magnética no plano sagital pesada em T1 (A) e no plano coronal pesada em T2 (B) mostram lesão cística com sinal semelhante ao do liquor. Na imagem de difusão (C) não há hipersinal que sugira restrição, e na imagem coronal T1 pós-contraste (D) não se observa realce da lesão.

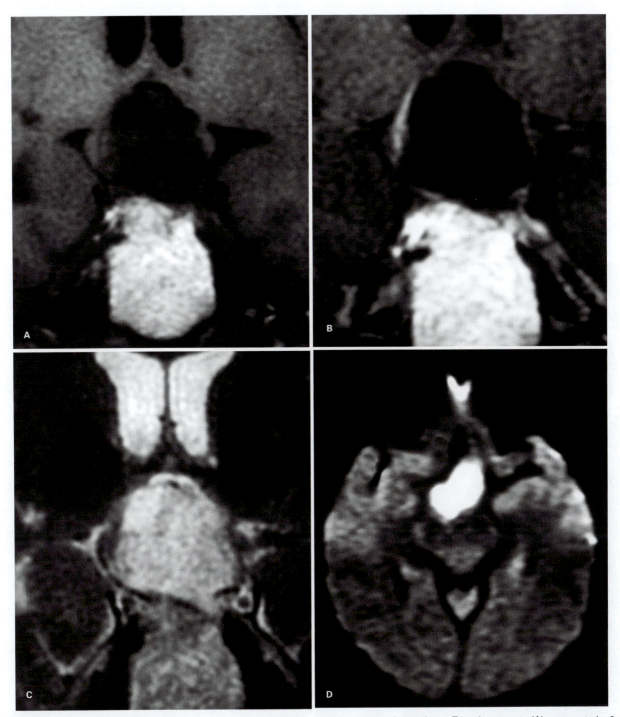

Figura 33   Cisto epidermoide. Imagem de ressonância magnética no plano coronal pesada em T1 pré-contraste (A) apresenta lesão cística suprasselar com sinal discretamente maior que o do liquor. Imagem correspondente pós-contraste (B) apresenta discreto realce periférico da lesão. A imagem coronal T2 (C) evidencia hipersinal do conteúdo da lesão. Na imagem de difusão (D) existe hipersinal exuberante, uma característica que sugere fortemente o diagnóstico de cisto epidermoide.

- Cisticerco racemoso: a forma racemosa da neurocisticercose pode muitas vezes ser indistinguível de outras lesões císticas. Eventualmente pode ser identificado o escólex.

A ocorrência de cisto neuroentérico na cisterna suprasselar já foi descrita na literatura. Entretanto, essas lesões, além de bastante raras nessa topografia, apresentam características de sinal e até anatomopatológicas que se assemelham muito à de cistos da bolsa de Rathke, consistindo em um desafio diagnóstico.

Outras lesões selares, supra e parasselares

Craniofaringiomas

São neoplasias verdadeiras da região hipotálamo-hipofisária, além de derivados de remanescentes da bolsa de Rathke. Geralmente apresentam-se como lesões suprasselares (Figura 34). Embora benignos, de crescimento lento, seu comportamento expansivo acarreta alterações visuais e pan-hipopituitarismo. O efeito de massa pode causar hidrocefalia, cefaleia e rebaixamento do nível de consciência. Afeta sobretudo crianças e adultos jovens, tendo um segundo pico de incidência na meia-idade, sendo mais frequentemente dos subtipos adamantinomatoso e papilar, respectivamente. Os achados de imagem mais característicos são:

- Lesão expansiva suprasselar ou selar e suprasselar.
- Áreas com comportamento de sinal cístico, muitas vezes apresentando hipersinal espontâneo em T1 e em T2.
- Presença de áreas nodulares sólidas periféricas, geralmente com sinal intermediário em T1 e hipersinal em T2 e realce pelo meio de contraste.

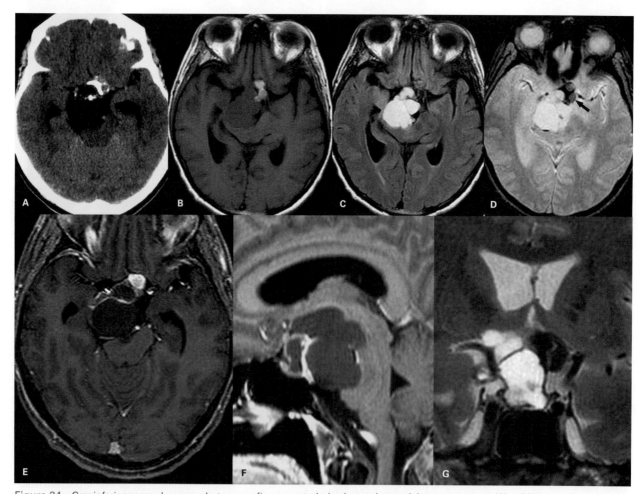

Figura 34 Craniofaringeoma. Imagem de tomografia computadorizada no plano axial sem contraste (A) evidencia volumosa lesão mista selar e suprasselar com áreas císticas, nodulares sólidas e calcificações. Imagem de ressonância magnética no plano axial pesada em T1 sem contraste (B): as áreas císticas têm sinal intermediário/baixo e as sólidas, intermediário/alto. Na imagem axial FLAIR (C) as áreas císticas têm sinal intermediário/alto e na imagem axial pesada em T2* (D) as áreas de calcificação apresentam marcado hipossinal (seta). Nas imagens pesadas em T1 pós-contraste no plano axial (E) e no sagital (F) identificam-se focos de realce pós-contraste nas porções sólidas da lesão; em F nota-se o efeito de massa da lesão sobre a ponte e o hipotálamo. Imagem coronal T2 (G) mostrando as porções sólida e cística e as calcificações.

- As calcificações são características, porém mais bem visualizadas em exames de TC.
- Podem ser encontrados produtos da degradação da hemoglobina.

A disseminação liquórica das lesões pode ocorrer, sendo mais frequente em *status* pós-operatório.

O estudo por imagem tem papel importante não apenas na avaliação pré-operatória como também nos estudos evolutivos pós-operatórios, pois a ressecção total dessas lesões nem sempre é possível.

Germinomas

Os germinomas, os teratomas e os coriocarcinomas são lesões de linha mediana notoriamente incidentes na região da pineal, podendo também se apresentar nas regiões suprasselar e hipotalâmica, não sendo incomum a apresentação simultânea nesses sítios. Apresentam maior incidência na infância e têm características de sinal intermediário em T1, discreto hipersinal em T2 e intenso realce pós-contraste. Frequentemente apresentam restrição à difusão das moléculas de água. O aspecto infiltrativo da lesão e a presença de disseminação pelos espaços liquóricos também são sugestivos desse diagnóstico (Figura 35).

Glioma de vias ópticas

Os gliomas hipotalâmicos e de vias ópticas são de grande importância. Têm incidência não desprezível (cerca de 3% dos tumores cerebrais), predominando na infância e na juventude. Podem estar associados à neurofibromatose tipo I. Podem ser astrocitomas com graduação desde baixo grau até glioblastomas, sendo os mais comuns os astrocitomas pilocíticos. Esses tumores podem acometer os nervos ópticos, quiasma, tratos ópticos, hipotálamos e mesmo disseminar pelas radiações ópticas. Muitas vezes a determinação da localização exata da origem dessas lesões não é possível.

O aspecto de imagem é o de lesões expansivas com sinal intermediário ou hipossinal em T1, hipersinal em T2 e realce variável, raramente apresentando calcificações. Caracteristicamente localizam-se na cisterna suprasselar e eventualmente apresentam áreas císticas. Podem ser indistinguíveis de outras lesões hipotalâmicas (Figura 36).

Variante de astrocitoma pilomixoide

A variante de astrocitomas pilomixoides foram descritos separadamente na classificação de tumores do SNC de 2007. Tais tumores ocorrem mais frequentemente em crianças de até 5 anos, sendo localizados principalmente próximos à linha média. A RM demonstra lesões suprasselares junto à porção inferior do III ventrículo, em alguns casos parcialmente císticas, com hipossinal em T1 e hipersinal em T2 e intenso realce pelo meio de contraste paramagnético (Ver Capítulo 6). Em geral, os astrocitomas pilomixoides apresentam componentes hemorrágicos mais frequentemente que os astrocitomas pilocíticos, seus principais diagnósticos diferenciais.

Meningioma

São neoplasias extra-axiais bastante comuns com grande incidência nas regiões do plano esfenoidal e parasselar, sobretudo clinoides anteriores, diafragma selar e clivus (Figura 37).

À imagem por RM são lesões isointensas ao parênquima encefálico em T1 e discretamente hiperintensas em T2 com realce intenso pelo meio de contraste, bastante evidente e que podem se estender à dura-máter adjacente. Podem apresentar calcificações internas e espessamento da tabua óssea subjacente mais bem identificados pela TC. Quando há comprometimento do seio cavernoso eventualmente o diagnóstico diferencial com adenoma hipofisário torna-se difícil. Há relatos de que o envolvimento com redução do calibre da artéria carótida intracavernosa favoreçam a possibilidade de meningioma (Figura 37B). Outras estruturas que podem ser envolvidas por essas lesões são os nervos ópticos, sobretudo na topografia do canal óptico e segmento intraorbitário desse nervo, podendo estar associadas a perda visual. O acometimento da bainha do nervo óptico, envolvendo-o circunferencialmente, favorece esse diagnóstico.

Em alguns casos a angiografia cerebral pode auxiliar no diagnóstico diferencial, pois os meningiomas demonstram contrastação intensa e persistente associada à abundante vascularização da lesão (Figura 37C).

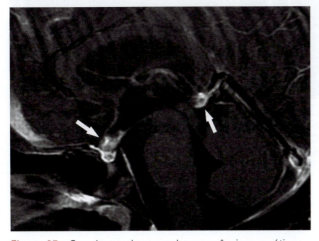

Figura 35 Germinoma. Imagem de ressonância magnética no plano sagital pesada em T1 pós-contraste de um paciente de cinco anos de idade que apresenta lesões na região suprasselar/infundibular e na pineal, com intenso realce pelo meio de contraste (setas).

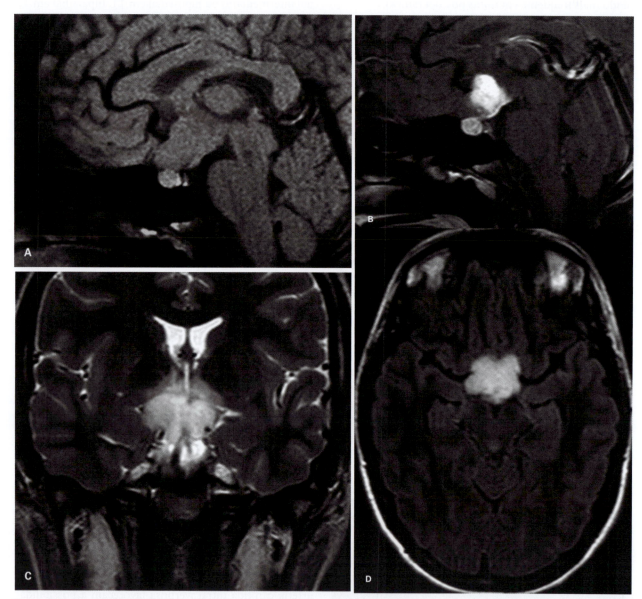

Figura 36 Glioma de vias ópticas. Imagem de ressonância magnética no plano sagital pesada em T1 pré-contraste (A) apresenta lesão expansiva com sinal intermediário localizada na região do hipotálamo e vias ópticas; na imagem correspondente pós-contraste (B) existe realce heterogêneo da lesão. A imagem coronal em T2 (C) evidencia discreto hipersinal da lesão, e a imagem axial FLAIR (D) mostra tumor com formato grosseiramente semelhante ao do quiasma óptico.

Metástase

As metástases para a região hipotálamo-hipofisária podem ser indistinguíveis dos adenomas, embora apresentem mais comumente aspecto infiltrativo. Há presença de edema do parênquima encefálico adjacente. Deve ser suspeitada na presença de sintomatologia de diabete insípido com história de neoplasia concomitante. Geralmente são associadas a neoplasia mamária, do trato gastrointestinal e da próstata (Figura 38).

Hamartoma hipotalâmico

Os hamartomas hipotalâmicos estão geralmente associados a puberdade precoce ou síndromes convulsivas (síndromes epilépticas gelásticas). Localizam-se na região do tuber cinéreo e corpo mamilar, por serem constituídos de componentes celulares semelhantes ao parênquima encefálico, apresentam sinal semelhante a ele, sem realce evidente pelo meio de contraste. São geralmente pequenos (menores que 1,5 cm), podendo ser sésseis ou pedunculados (Figura 39).

Um diagnóstico diferencial dos hamartomas hipotalâmicos é a aderência inter-hipotalâmica, alteração malformativa e que frequentemente está associada a outras

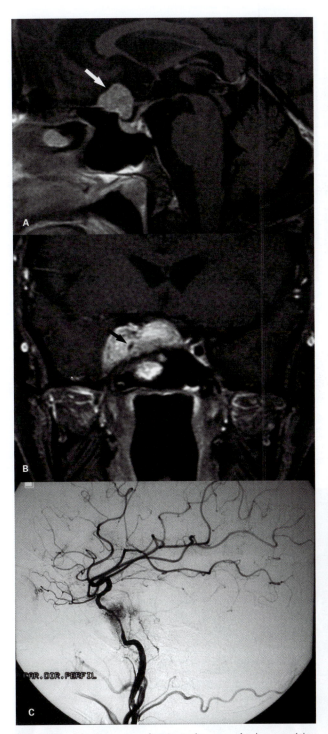

Figura 37 Meningeomas. Imagem de ressonância magnética no plano sagital pesada em T1 pós-contraste (A) mostra lesão com realce homogêneo na fossa anterior, junto à clinoide anterior (seta) com pequena cauda dural associada. Em outro paciente, imagem de RM no plano coronal pesada em T1 pós-contraste (B) demonstra lesão selar e no seio cavernoso direito, envolvendo a carótida intracavernosa, que apresenta redução de seu calibre (seta em B). A projeção lateral da angiografia digital correspondente ao caso apresentado em B, focada no estudo da artéria carótida interna direita (C), claramente identifica o envolvimento vascular pelo tumor, com redução de calibre e irregularidades parietais; além da identificação do *blush* tumoral habitualmente observado nos meningeomas.

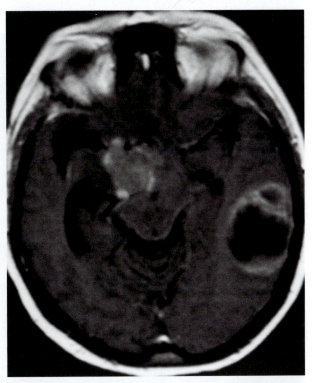

Figura 38 Imagem de ressonância magnética no plano axial pesada em T1 pós-contraste mostra lesões metastáticas de carcinoma de mama na região hipotalâmica/suprasselar direita e no lobo temporal esquerdo. Note ainda realce meníngeo ao redor do mesencéfalo.

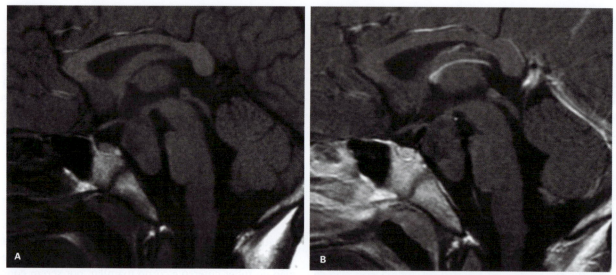

Figura 39 Hamartoma hipotalâmico. Imagens de ressonância magnética pesadas em T1 no plano sagital antes (A) e após (B) o uso do gadolínio demonstram volumoso hamartoma de tuber cinéreo. O hamartoma tem sinal semelhante ao do parênquima encefálico, e não realça na fase pós-contraste.

malformações encefálicas e faciais. Tal anormalidade é caracterizada pela aderência entre os hipotálamos, ocorrendo mais frequentemente no aspecto anteroinferior do III ventrículo, nas regiões anterior e tuberais do hipotálamo periventricular, envolvendo a topografia esperada dos núcleos ventromedial e anteromedial do hipotálamo. À RM evidencia-se a adesão entre os hipotálamos no aspecto anteroinferior do III ventrículo, com características de sinal que se assemelham ao córtex e sem realce pelo contraste. No plano sagital, tais lesões podem simular lesões expansivas, sendo indispensável a sua avaliação no plano coronal para o diagnóstico (Figura 40).

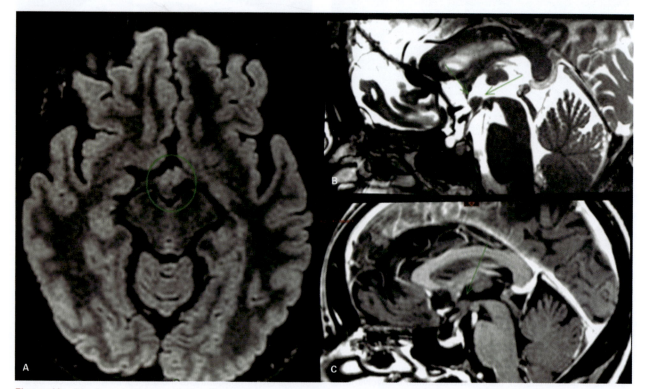

Figura 40 Aderência inter-hipotalâmica. Ressonância magnética em imagens axial FLAIR (A), sagital FIESTA (B) e sagital T1 SPGR pós-contraste (C) demonstram área de interligação entre os hipotálamos na porção central do III ventrículo, topografia típica dessa patologia. Não há realce pelo contraste, corroborando com a hipótese.

Hemangioma

Os hemangiomas cavernosos do seio cavernoso são lesões raras e benignas que acometem mais frequentemente mulheres de meia-idade. O quadro clínico de apresentação relaciona-se ao envolvimento ou compressão de estruturas que cruzam o seio cavernoso pela lesão, incluindo ptose, diplopia e neuralgia trigeminal. Em estudos de TC apresentam-se hipodensas, com realce progressivo pelo contraste. Quando há extensão a estruturas ósseas circunjacentes, pode determinar alteração textural com aspecto em "favo de mel", como evidenciado em hemangiomas ósseos de outras regiões. À RM em geral apresenta sinal muito intenso em T2, próximo ao do liquor e realce progressivo pelo meio de contraste (Figura 41).

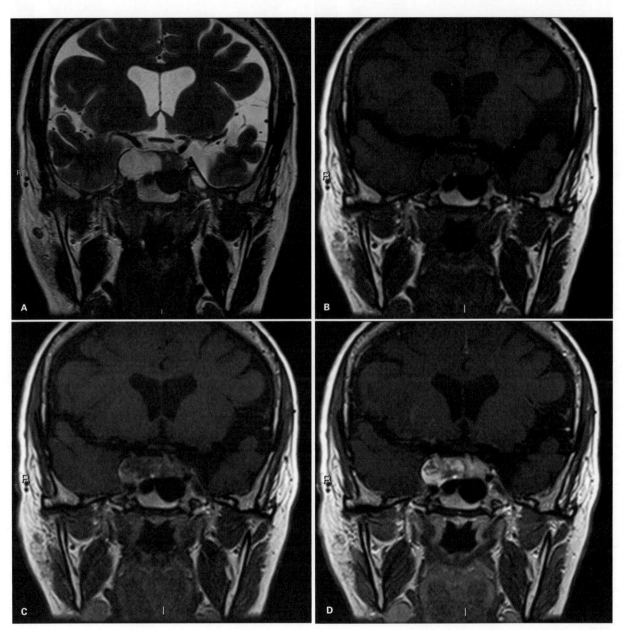

Figura 41 Hemangioma de seio cavernoso. Imagens de ressonância magnética coronais T2 (A) e sequência dinâmica de injeção de contraste endovenoso (B-H) evidenciam lesão centrada no seio cavernoso direito, com intenso hipersinal em T2, isossinal em T1 e realce globuliforme e descontínuo, com padrão centrípeto de contrastação, apresentando realce intenso e homogêneo nas imagens mais tardias.

(continua)

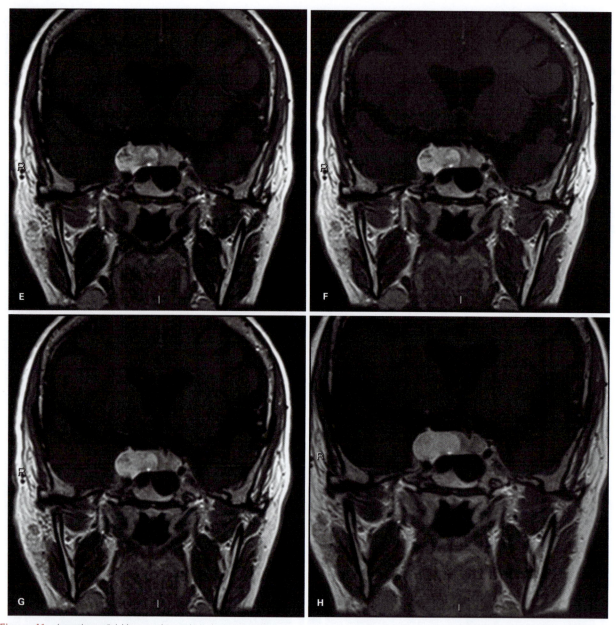

Figura 41 (*continuação*) Hemangioma de seio cavernoso. Imagens de ressonância magnética coronais T2 (A) e sequência dinâmica de injeção de contraste endovenoso (B-H) evidenciam lesão centrada no seio cavernoso direito, com intenso hipersinal em T2, isossinal em T1 e realce globuliforme e descontínuo, com padrão centrípeto de contrastação, apresentando realce intenso e homogêneo nas imagens mais tardias.

Linfoma

Infiltração linfomatosa das regiões selar e hipotalâmica também cursa com lesão infiltrativa ou massa com sinal intermediário em T1 e intermediário ou discreto hipersinal em T2 com realce pelo meio de contraste, geralmente intenso, além de estar associado a restrição à difusão. O achado de outras lesões ou realce leptomeníngeo aumenta a suspeição diagnóstica (Figura 42).

Síndrome de Tolosa-Hunt

É caracterizada por oftalmoplegia dolorosa idiopática associada a processo inflamatório granulomatoso no seio cavernoso. Na RM manifesta-se por alargamento do seio cavernoso ipsilateral às manifestações clínicas (Figura 43), com hipossinal em T2 associado a espessamento meníngeo local e por vezes determinando estenose da artéria carótida intracavernosa. O tratamento com corti-

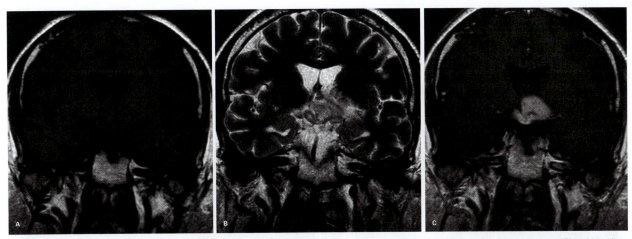

Figura 42 Linfoma. Imagens de ressonância magnética no plano coronal pesadas em T1 (A), T2 (B) e T1 pós-contraste (C) evidenciam lesão infiltrativa hipotalâmica bilateral, predominando à esquerda. Apresenta isossinal em T1, sinal heterogêneo em T2 (com predomínio de iso e hipersinal) e intenso realce pós-contraste.

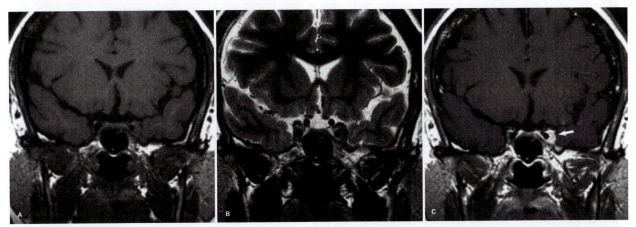

Figura 43 Síndrome de Tolosa-Hunt. Imagens de ressonância magnética no plano coronal pesadas em T1 (A), T2 (B) e T1 pós-contraste (C) demonstram o aumento de volume do seio cavernoso esquerdo, com sinal intermediário em T1 e T2 e realce intenso e homogêneo pelo gadolínio (seta em C).

costeroides leva a regressão dos achados de RM em 1 a 8 semanas após o seu início; uma evolução não satisfatória sugere a possibilidade de outros diagnósticos, como meningeoma e linfoma.

Lesões vasculares do seio cavernoso

Outras lesões parasselares incluem lesões de origem vascular, como aneurisma, fístula carótido-cavernosa e angioma cavernoso.

Os angiomas cavernosos extra-axiais têm aspectos de imagem diferentes dos intraparenquimatosos e são um diagnóstico diferencial importante dos meningeomas dessa região, pois são lesões muito vascularizadas. Nas imagens em T2 os angiomas cavernosos têm hipersinal em T2 e intenso realce após a administração de contraste (Figura 44).

As fístulas carótido-cavernosas podem ser classificadas como diretas ou indiretas. As diretas apresentam comunicação direta entre o seio cavernoso e a artéria carótida interna e são mais frequentemente secundárias a trauma. Nas indiretas, a carótida e o seio cavernoso se comunicam por meio de estruturas vasculares intermediárias. O quadro clínico mais frequente é exoftalmia pulsátil, quemose e hemorragia conjuntival, perda visual progressiva, paralisia de musculatura ocular extrínseca (por compressão nervosa) e tinitus. Os achados de imagem mais frequentes constituem dilatação do seio cavernoso e da veia orbitária superior, com enchimento precoce dessas estruturas em estudos de angiográficos.

Um achado incidental que pode ocasionalmente simular lesão nodular é a persistência de artéria trigeminal com trajeto intrasselar (Figura 45).

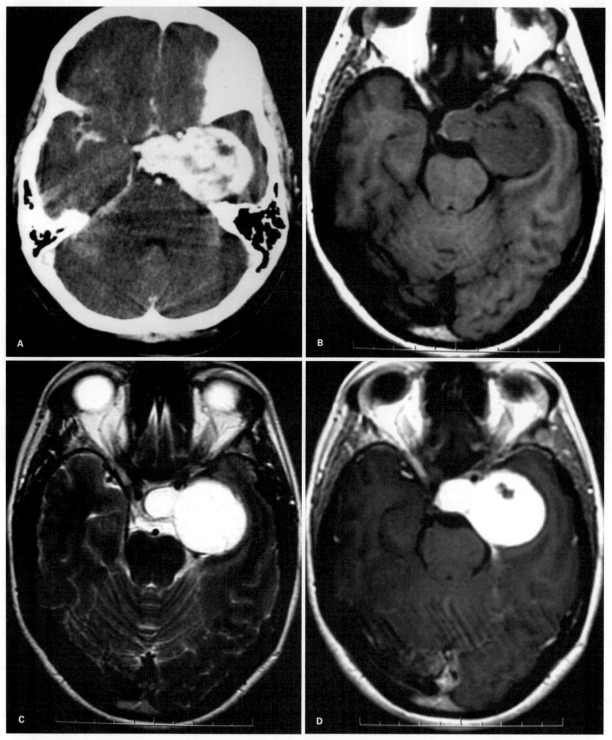

Figura 44 Angioma cavernoso do seio cavernoso. Imagem de tomografia computadorizada no plano axial pós-contraste (A) mostra volumosa lesão parasselar à esquerda, com exuberante realce, estendendo-se para a região selar e para a cisterna suprasselar. Imagens de ressonância magnética no plano axial pesadas em T1 (B), T2 (C) e T1 pós-contraste (D) mostram que a lesão tem leve hipossinal em T1, nítido hipersinal homogêneo em T2 e realce intenso e homogêneo pós-contraste, exceto por pequena porção central que não se impregna.

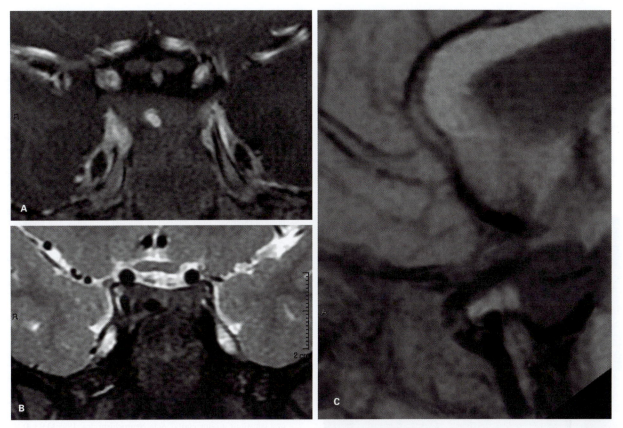

Figura 45 Artéria trigeminal apresentando curso intrasselar simulando nódulo nas imagens coronais (A e B) T1 pós-contraste e T2. Imagem sagital (C) demonstrando a comunicação entre as artérias carótida interna e basilar.

Cordomas e condrossarcomas da base do crânio

Cordomas são tumores raros originários de remanescentes da notocorda que, quando intracranianos, acometem principalmente a região clival e a transição occipitocervical. Em geral, apresentam-se como lesões da linha mediana com proemiências além da cortical óssea de aspecto digitiforme. À TC são hipodensas e apresentam realce pelo contraste e à RM apresentam intenso hipersinal em T2, além da contrastação intensa. Mais raramente, essas lesões podem apresentar componentes cartilaginosos, que aos estudos de imagem apresentam pequenas calcificações em pontos e vírgula de permeio ou por vezes com um aspecto mais heterogêneo e rendilhado ao estudo de RM (Figura 46).

Os condrossarcomas intracranianos mais frequentemente acometem a região parasselar, mais frequentemente centrados na sincondrose petroclival, podendo também ocorrer nas convexidades da calota craniana.

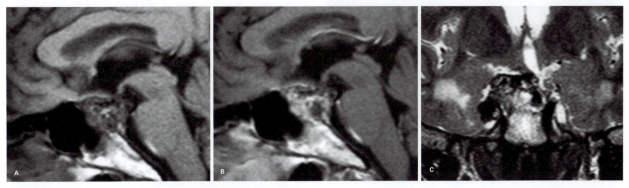

Figura 46 Cordoma de clivus. Imagens de ressonância magnética no plano sagital pesadas em T1 antes (A) e após (B) a administração de contraste mostram realce heterogêneo de uma lesão expansiva na região esfenoidal com envolvimento da porção superior do clivus. A imagem coronal T2 mostra o aspecto heterogêneo da lesão com predomínio de hipersinal (C).

Apresentam características de sinal de lesões com matrix cartilaginosa, com intenso hipersinal em T2 e pequenas calcificações em pontos e vírgula de permeio, além de intenso realce e heterogêneo pelo contraste (Figura 47). A ocorrência de invasão de estruturas adjacentes, ósseas e não ósseas, é frequente, destacando-se a invasão do seio cavernoso e estruturas circunjacentes, além de extensão às partes moles cervicais e cavidades paranasais.

Tanto cordomas quanto condrossarcomas podem produzir sintomatologia endócrina quando invadem a cavidade selar.

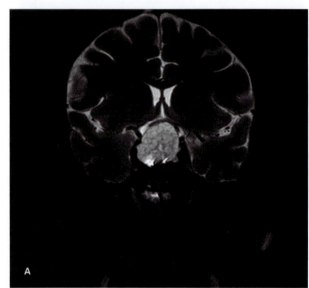
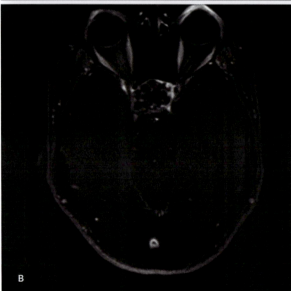

Figura 47 Condrossarcoma de clivus com insinuação selar. Imagens de ressonância magnética coronal T2 (A) e axial T1 após a administração de contraste endovenoso (B) evidencia lesão selar com intenso hipersinal em T2 e aspecto rendilhado característico de lesões com matrix condroide. O realce pelo contraste (B) predominantemente periférico e das septações evidenciadas em T2 são característicos da doença.

Bibliografia sugerida

1. Acheson RM. Measuring the pituitary fossa from radiographs. Br J Radiol. 1956;29(338):76-80.
2. Bainborough AR, Hase S. Double hypophysis. CMAJ. 1958;79(11):912-3.
3. Bonneville F, Cattin F, Marsot-Dupuch K, Dormont D, Bonneville JF, Chiras J. T1 Signal hyperintensity in the sellar region: spectrum of findings. Radiographics. 2006;26(1):93-113.
4. Carmichael JD. Update on the diagnosis and management of hypophysitis. Curr Opin Endocrinol Diabetes Obes. 2012;19(4):314-21.
5. Colombo N, Berry I, Kucharczyk J, Kucharczyk W, de Groot J, Larson T, et al. Posterior pituitary gland: appearance on MR images in normal and pathologic states. Radiology. 1987.
6. Cottier JP, Destrieux C, Brunereau L, Bertrand P, Moreau L, Jan M, et al. Cavernous sinus invasion by pituitary adenoma: MR imaging. Radiology. 2000;215(2):463-9.
7. Cottier JP, Destrieux C, Vinikoff-Sonier C, Jan M, Herbreteau D. MRI diagnosis of cavernous sinus invasion by pituitary adenomas. Ann Endocrinol (Paris). 2000;61(3):269-74.
8. Covington MF, Chin SS, Osborn AG. Pituicytoma, spindle cell oncocytoma, and granular cell tumor: clarification and meta-analysis of the world literature since 1893. AJNR. 2011;32(11):2067-72.
9. Cox TD, Elster AD. Normal pituitary gland: changes in shape, size, and signal intensity during the 1st year of life at MR imaging. Radiology. 1991;179(3):721-4.
10. Çakirer S. MRI findings in Tolosa-Hunt syndrome before and after systemic corticosteroid therapy. European J Radiol. 2003;45(2):83-90.
11. Da Costa Leite C, Lacerda MTC, Costa MOR, Amaro Jr E, Sato A, Passos VQ, et al. Duplicação da hipófise e da haste hipofisária. Radiol Bras. 2001;34(3):171-3.
12. Fujisawa I, Morikawa M, Nakano Y, Konishi J. Hemochromatosis of the pituitary gland: MR imaging. Radiology. 1988;168(1):213-4.
13. Graziani N, Dufour H, Figarella-Branger D, Donnet A, Bouillot P, Grisoli F. Do the suprasellar neurenteric cyst, the rathke cleft cyst and the colloid cyst constitute a same entity? Acta Neurochirurgica. 1995;133(3-4):174-80.
14. Greenberg MS. Manual de neurocirurgia. In: Manual de neurocirurgia. São Paulo: Artmed; 2003.
15. Higgins CB, Auffermann W. Endocrine imaging. Stuttgart: Georg Verlag; 1994.
16. Ho KL. Ecchordosis physaliphora and chordoma: a comparative ultrastructural study. Clinical neuropathology. 1985;4(2):77-86.
17. Johnston PC, Ellis PK, McCance DR. Sellar spine: a rare cause of T1 signal hyperintensity and apparent pituitary enlargement. QJM. 2014;107(4):323.
18. Kaltsas GA, Nomikos P, Kontogeorgos G, Buchfelder M, Grossman AB. Diagnosis and management of pituitary carcinomas. J Clin Endocrinol Metab. 2005;90(5):3089-99.
19. Kucharczyk W, Bishop JE, Plewes DB, Keller MA, George S. Detection of pituitary microadenomas: comparison of dynamic keyhole fast spin-echo, unenhanced, and conventional contrast-enhanced MR imaging. AJR. Am J Roentgenol. 2013;163(3):671-9.
20. Little MW, Guilfoyle MR, Bulters DO, Scoffings DJ, O'Donovan DG, Kirkpatrick PJ. Neurenteric cyst of the anterior cranial fossa: case report and literature review. Acta Neurochirurgica. 2011;153(7):1519-25.
21. Marchiori D. Clinical imaging. Philadelphia: Elsevier Health Sciences; 2014.
22. Miermeister CP, Petersenn S, Buchfelder M, Fahlbusch R, Lüdecke DK, Hölsken A, et al. Histological criteria for atypical pituitary adenomas – data from the German pituitary adenoma registry suggests modifications. Acta Neuropathol Commun. 2015;1-11.
23. Miki Y, Asato R, Okumura R, Togashi K, Kimura I, Kawakami S, et al. Anterior pituitary gland in pregnancy: hyperintensity at MR. Radiology. 1993;187(1):229-31.
24. Minotto I, Abdala N, Miachon AA, Spinola e Castro AM, Imamura P, Nogueira RG. Basal encephalocele associated with morning glory syndrome: case report. Arq Neuropsiquiatr. 2007;65(4A):988-91.
25. Moeller TB. Achados normais em radiologia. Rio de Janeiro: Revinter; 2002.
26. Nakata Y, Sato N, Masumoto T, Mori H, Akai H, Nobusawa H, et al. Parasellar T2 dark sign on MR imaging in patients with lymphocytic hypophysitis. Am J Neuroradiol. 2010;31(10):1944-50.
27. Osborn AG, Salzman KL, Thurnher MM, Rees JH, Castillo M. The New World Health Organization classification of central nervous system tumors: what can the neuroradiologist really say? Am J Neuroradiol. 2012;33(5):795-802.

28. Pernicone PJ, Scheithauer BW, Sebo TJ, Kovacs KT, Horvath E, Young WF Jr, et al. Pituitary carcinoma. Cancer. 1997;79(4):804-12.
29. Primary tumours of the central nervous system. Primary tumours of the central nervous system; 1998.
30. Saleem SN, Said AHM, Lee DH. Lesions of the hypothalamus: MR imaging diagnostic features. Radiographics. 2007;27(4):1087-108.
31. Simmons GE, Suchnicki JE, Rak KM, Damiano TR. MR imaging of the pituitary stalk: size, shape, and enhancement pattern. AJR. Am J Roentgenol. 2013;159(2):375-7.
32. Smith DE, Murphy MJ, Hitchon PW, Babin RW, Abu-Yousef MM. Trans-sphenoidal encephaloceles. Surgical Neurology. 1983;20(6):471-80.
33. Sohn CH, Kim SP, Kim IM, Lee JH, Lee HK. Characteristic MR imaging findings of cavernous hemangiomas in the cavernous sinus. AJNR Am J Neuroradiol. 2003;24(6):1148-51.
34. Taybi H, Lachman RS. Radiology of syndromes, metabolic disorders, and skeletal dysplasias, 4.ed. St Louis: Mosby-Year Book; 1996.
35. Taylor S. High-resolution computed-tomography of the sella. Radiologic Clinics of NA. 1982;20(1):207-36.
36. Whitehead MT, Vezina G. Interhypothalamic adhesion: a series of 13 cases. AJNR. Am J Neuroradiol. 2014;35(10):2002-6.
37. Yao Z, Feng X, Chen X, Zee C. Magnetic resonance imaging characteristics with pathological correlation of cavernous malformation in cavernous sinus. J Comput Assist Tomogr. 2006;30(6):975-9.
38. Yousem DM, Grossman RI. Neuroradiology: the requisites. [s.l: s.n.].

Cabeça e pescoço

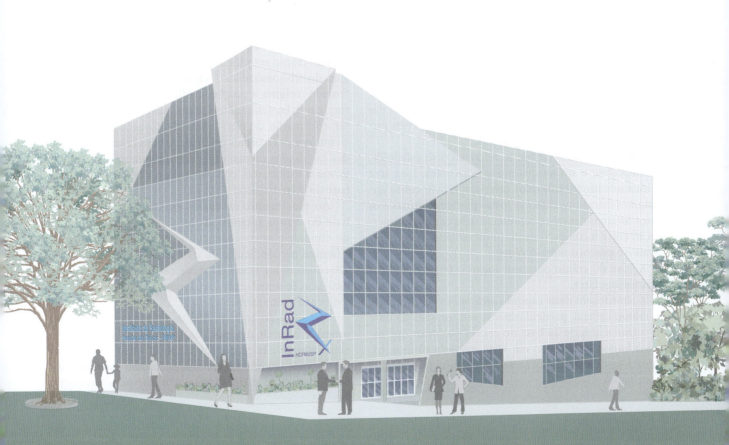

1

Base do crânio

Regina Lúcia Elia Gomes
Henrique Bortot Zuppani
Marcelo Delboni Lemos

Introdução

A base do crânio é uma plataforma na transição entre a superfície inferior do cérebro e o pescoço, que apresenta anatomia complexa e uma elevada densidade de estruturas vasculares e nervosas. Diversos processos patológicos podem afetar a base do crânio, e, em geral, suas características de imagem são inespecíficas. Portanto, o papel mais importante do radiologista é avaliar a extensão da doença na base do crânio, saber quais são as estruturas envolvidas, se há destruição foraminal ou disseminação perineural, se os seios cavernosos estão preservados, se há comprometimento vascular, procurar extensão intracraniana ou compressão do parênquima cerebral.

A aparência do interior do crânio vista por cima permite uma divisão didática da base do crânio em anterior, central e posterior, o que auxilia na compartimentalização do espaço intracraniano em fossas anteriores, médias e posterior.

A base do crânio anterior é composta pelos tetos das órbitas, pelo teto da cavidade nasal, pela placa cribriforme do osso etmoide e pela *crista galli*.

A base do crânio central se refere ao osso esfenoide, ao *basiocciput* e aos tecidos moles adjacentes. Essa área inclui a sela túrcica e os seios cavernosos, bem como importantes estruturas como as fossas pterigopalatinas e os vários forames neurais, e representa uma complexa intersecção entre o compartimento intracraniano, seios paranasais e o pescoço supra-hióideo.

A base do crânio posterior inclui o *basiocciput* e os forames jugulares.

A abordagem deste capítulo será mais voltada à base do crânio central, particularmente aos forames da base do crânio e à parte da base do crânio posterior que inclui o *basiocciput* (tendo em vista que sela túrcica, hipófise e seios cavernosos serão abordados em capítulos específicos).

Noções de embriologia

A base do crânio separa o *neurocranium* (calvária) do *viscerocranium* facial (mandíbula e músculos da mastigação). A base do crânio é chamada de *chondrocranium* porque a maioria de seus ossos é pré-formada em cartilagem e ossifica pelo processo de ossificação endocondral.

O *chondrocranium* começa a se formar na 7ª semana de gestação, após a indução do cérebro e dos nervos cranianos primitivos. Coleções de células mesenquimais adjacentes da notocorda se condensam no mesoderma basal, que por sua vez origina os núcleos de condrificação pré-cordais, rostralmente, e os paracordais, posteriores. Os núcleos de cartilagem pré-cordais incluem os centros hipofisários, que formarão a sela túrcica e o basiesfenoide, e os núcleos pré-esfenoides, que originam o plano esfenoidal e a cartilagem mesetmoide, que formará parte da base do crânio anterior. Lateralmente, há também cartilagens do orbitoesfenoide (origina a asa menor) e do aliesfenoide (origina a porção medial da asa maior), que se fundem ao basiesfenoide e ao pré-esfenoide para completar a formação do osso esfenoide. Concomitantemente, os núcleos paracordais originam o basioccipital e a fusão das cartilagens provenientes dos esclerótomos occipitais forma o exoccipital, completando o *chondrocranium* da base do crânio central.

Ao nascimento, as únicas estruturas ossificadas da base do crânio anterior são as massas laterais/labirinto do etmoide e as conchas nasais. As placas cribriformes, a lâmina perpendicular do osso etmoide e a crista *galli* são constituídas, nessa etapa, de cartilagem mesetmoide, uma porção anterior da cartilagem pré-esfenoide, sendo ossificada posteriormente.

A ossificação endocondral da base do crânio central progride a partir dos núcleos condrais, ao passo que o *neurocranium*, as placas orbitárias do osso frontal e as partes mais laterais da asa maior do osso esfenoide sofrem ossificação membranosa. A maior parte do crânio está ossificada ao nascimento, contudo algumas porções do *chondrocranium* persistem, incluindo as sincondroses esfeno-occipital, esfenopetrosa, petroclival e o forame *lacerum*.

Anatomia e suas variações

A aparência da base do crânio ao nascimento pode gerar erros de interpretação nessa complexa região, daí a importância de conhecer seu desenvolvimento. Grande parte da porção mediana da base do crânio anterior não é ossificada ao nascimento, permanecendo com atenuação similar às partes moles adjacentes nos primeiros meses de vida, o que pode simular uma falha na base do crânio na tomografia computadorizada (TC) (Figura 1). Essa aparência normal pode tornar difícil a exclusão de uma cefalocele anterior ou outra lesão, sendo, por isso, indicada a ressonância magnética (RM) nesses casos. Além disso, a ossificação do vômer e da lâmina perpendicular do etmoide pode gerar um sulco ou túnel ósseo bilaminar na porção cartilaginosa do septo nasal, que não deve ser confundido com uma fenda na linha média do septo ou um canal em torno de um trajeto fistuloso.

Osso esfenoide

É a fundação da base do crânio. Essa estrutura complexa contém forames vitais, que transportam importantes estruturas neurovasculares, constitui o assoalho da fossa cerebral média e contém a sela túrcica com a hipófise em seu interior.

O osso esfenoide (Figura 2A) consiste em um corpo central, dois pares de asas lateralmente, a maior e a menor (Figura 2B e C), e dois processos pterigóideos inferiormente, que originam as lâminas pterigoides. Sua superfície superior contém o plano esfenoidal (Figura 2B), que se articula anteriormente com a placa cribriforme do osso etmoide, e as asas menores, que se projetam lateralmente. O canal óptico atravessa a inserção medial da asa menor ao corpo do esfenoide. Posteriormente ao plano esfenoidal há uma leve depressão, o sulco quiasmático, que termina lateralmente nos canais ópticos. Posteriormente a esse sulco estão o tubérculo selar, a sela túrcica com os processos clinoides anteriores e posteriores e o dorso selar. O dorso selar articula-se com os ápices petrosos e continua-se posteriormente com o *clivus*.

O corpo do osso esfenoide contém os seios esfenoidais, divididos em duas células aéreas separadas por um

Figura 1 Tomografia computadorizada com reconstruções coronais em pacientes de diferentes faixas etárias evidencia a progressiva ossificação da base do crânio anterior. A: Paciente com 4 meses de idade sem ossificação. B: Com 1 ano de idade, com ossificação parcial. C: Com 2 anos de idade, com ossificação completa.

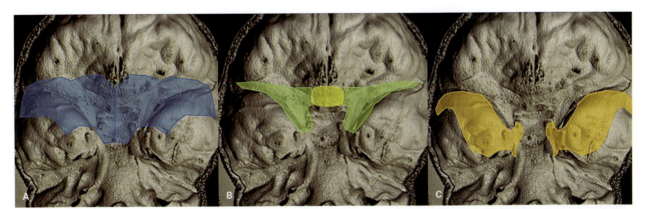

Figura 2 Tomografia computadorizada com reconstrução 3D da base do crânio, visão superior, demonstra o osso esfenoide (azul em A), com suas asas menores (verde em B) e maiores (laranja em C), bilaterais e simétricas, e entre as asas esfenoidais está o plano esfenoidal (amarelo em B).

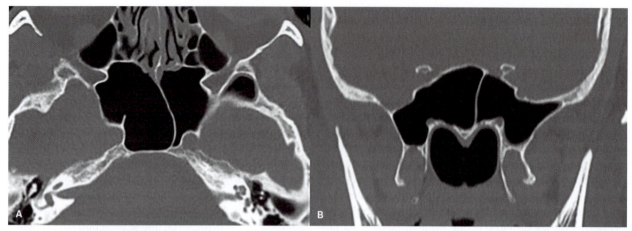

Figura 3 Tomografia computadorizada axial (A) e coronal (B) em janela óssea demonstra assimetria da pneumatização dos seios esfenoidais, menor à esquerda, com septo entre os seios defletido para a esquerda, o que gera essa assimetria entre as células.

septo, que em geral é meio defletido, gerando assimetria das células (Figura 3). As células podem se estender lateralmente na asa maior e na base das lâminas pterigóideas. Anteriormente, cada célula se comunica com a fossa nasal através de uma abertura nos recessos esfenoetmoidais.

As superfícies laterais do osso esfenoide são formadas em grande parte pelas asas maiores, que contêm três forames principais: redondo, oval e espinhoso, descritos na sessão dos forames basais. A face orbitária da asa maior forma a parede posterolateral da órbita e se articula com as lâminas orbitárias dos ossos frontal e zigomático. Sua margem inferior forma a borda superior da fissura orbitária inferior e sua margem superior forma a borda inferior da fissura orbitária superior. Essas porções da asa maior também formam o limite posterior da fossa pterigopalatina. A metade medial da asa maior forma a margem anterior do forame *lacerum* e contém o canal pterigóideo (canal vidiano) na base das lâminas pterigóideas. Lateralmente, essa margem irregular se articula com a porção petrosa do osso temporal pela sincondrose esfenopetrosa.

Há um espectro de "pseudotumores" de diferentes variações anatômicas no osso esfenoidal. As principais incluem granulações aracnoides proeminentes na face interna das asas maiores, assimetria da pneumatização e/ou da aparência dos forames e a pneumatização incompleta do seio esfenoidal. Uma das alterações mais encontradas é a assimetria da pneumatização (Figura 3). A assimetria dos seios paranasais pode refletir desenvolvimento normal, hipoplasia, aplasia ou aumento patológico. Expansão do seio é marcada por remodelação da parede e pode ocorrer com mucocele, polipose, neoplasias benignas ou malignas de crescimento lento e com *pneumosinus dilatans*. *Pneumosinus dilatans* é a dilatação anormal de um ou mais seios paranasais (Figura 4), sem destruição óssea, hiperostose ou espessamento mucoso, que quando apresenta envolvimento de todos os seios e das células das mastoides é chamada de *multiplex*. A pneumatização incompleta do seio esfenoidal se apresenta como uma área de rarefação do trabeculado ósseo próxima aos seios (Figura 5), de limites bem definidos e

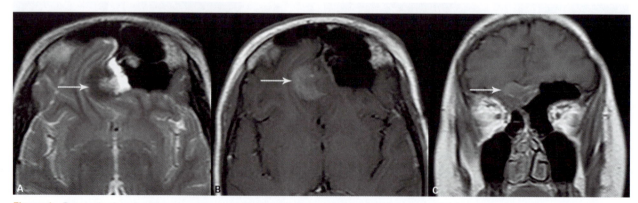

Figura 4 Ressonância magnética em cortes axial T2 (A) e T1 pós-contraste axial (B) e coronal (C) demonstra a presença de meningioma (seta) nas fossas cranianas anteriores, posterior aos seios frontais, com consequente aumento da pneumatização de forma assimétrica do seio frontal esquerdo, o que contribui para a compressão da base e polo do lobo frontal desse lado.

1 BASE DO CRÂNIO **487**

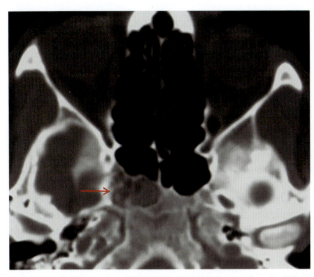

Figura 5 Tomografia computadorizada axial em janela óssea demonstra área compatível com pneumatização incompleta do seio esfenoidal direito (seta vermelha), caracterizada por área com atenuação de gordura entremeada por focos hiperatenuantes de ossificação em local não pneumatizado, variação da normalidade.

bordas frequentemente escleróticas, com atenuação interna de gordura, sem efeito expansivo sobre os forames e estruturas adjacentes.

Forames basais

- Forame redondo (Figura 6A a C): situado no aspecto anterior da asa maior do esfenoide, inferior e lateral à fissura orbitária inferior e superior e lateral ao canal do nervo vidiano. Comunica o seio cavernoso, na fossa cerebral média, à fossa pterigopalatina, transmitindo a divisão maxilar do nervo trigêmeo (V2), a artéria do forame redondo e as veias emissárias.
- Forame oval (Figura 6D a F): localiza-se no aspecto posterior da asa maior, anterior e medial ao forame espinhoso. Transmite a divisão mandibular do nervo trigêmeo (V3), as veias emissárias e a artéria meníngea acessória, da fossa cerebral média para a fossa infratemporal.
- Forame espinhoso (Figura 6G a I): anterior à espinha do osso esfenoide, daí seu nome, contém a artéria e a veia meníngeas médias e o ramo recorrente do nervo mandibular.
- Fissura orbitária superior (Figura 6J a L): as estruturas que a atravessam são os nervos oculomotor, troclear e abducente, a divisão oftálmica do nervo trigêmeo (V1), o ramo orbitário da artéria meníngea média, ramos simpáticos do plexo carotídeo interno, ramos meníngeos recorrentes da artéria lacrimal e veias oftálmicas.
- Forame *lacerum* (Figura 6M e N): não é um forame verdadeiro, já que é recoberto por fibrocartilagem. A artéria carótida interna e o nervo vidiano passam sobre a fibrocartilagem que forma seu assoalho. Um ramo meníngeo inconstante da artéria faríngea ascendente e veias emissárias são as únicas estruturas que podem atravessar esse forame.
- Canal pterigóideo (vidiano) (Figura 6O e P): conectado à fossa pterigopalatina anteriormente e ao forame *lacerum* posteriormente, transmite a artéria e o nervo vidianos. Esse nervo é a continuação do nervo petroso superficial maior (ramo do nervo facial), após sua união com o nervo petroso profundo no forame *lacerum*. A artéria vidiana é ramo da artéria maxilar.

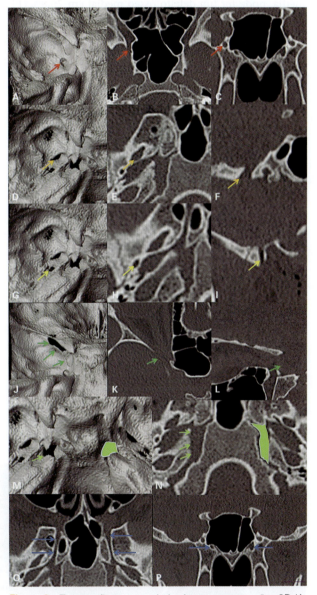

Figura 6 Tomografia computadorizada em reconstruções 3D (A, D, G, J e M), axiais em janela óssea (B, E, H, K, N e O), coronais (C, F, I e P) e sagital (L) demonstra os forames da base do crânio, sendo evidenciados o forame redondo (seta vermelha em A, B e C), o forame oval (seta laranja em D, E e F), o forame espinhoso (seta amarela em G, H e I), a fissura orbitária superior (seta verde em J, K e L), o forame *lacerum* (seta e forma verdes claras em M e N) e o canal pterigóideo (seta azul em O e P).

Há variações anatômicas descritas para os forames maiores. O forame de Vesalius está presente, ao menos unilateralmente, em 80% dos casos, e transmite uma veia emissária esfenoidal que conecta o plexo pterigóideo subjacente ao seio cavernoso. O forame redondo não apresenta variações significativas, mas pode se associar a canais redondos inferior e lateral adicionais. O forame oval comumente apresenta assimetrias de tamanho e forma e pode haver confluência com o forame espinhoso e com o forame de Vesalius. O forame espinhoso pode ser duplicado no caso de bifurcação precoce da artéria meníngea média, pode ter um defeito ósseo medial em 26,8% (Figura 7) e estar ausente em 3,2%. Quando ausente, pode haver variações anatômicas vasculares, como a origem da artéria meníngea média a partir da artéria oftálmica e a persistência da artéria estapediana, com ou sem artéria carótida interna aberrante.

Quanto aos forames menores, há 16 variações anatômicas e anomalias do desenvolvimento dos ossos esfenoide e occipital descritas em crianças. O local e a aparência dessas variações podem estar relacionados à origem embriológica conhecida dessa região. O reconhecimento dessas variações pode ser útil na avaliação de pacientes com displasia, meningite, trauma ou doenças do desenvolvimento da base do crânio.

Seios cavernosos

Os seios cavernosos (Figura 8) são espaços venosos complexos na base do crânio central que contêm estruturas críticas, como nervos cranianos e a artéria carótida interna. Situam-se lateralmente à sela túrcica e medialmente à fossa craniana média e se estendem anteriormente à fissura orbitária superior e à margem superior do forame redondo e posteriormente ao cavo de Meckel e ao ápice petroso. Está envolto em grande parte pela dura-máter; sua parede lateral contêm os nervos oculomotor e troclear superiormente e oftálmico (V1) e maxilar (V2) inferiormente. O segmento cavernoso da artéria carótida interna, circundado pelo plexo simpático carotídeo, atravessa o seio cavernoso, acompanhado do nervo abducente inferolateralmente à artéria. O seio cavernoso pode ser avaliado por RM com protocolos que incluem cortes finos nos planos axial e coronal, e seus componentes podem ser visibilizados com sequências 3D altamente pesadas em T2 como CISS/FIESTA.

Clivus

Constitui outra importante estrutura da base do crânio central, sendo uma superfície inclinada entre o dorso selar e o forame magno (Figura 9), formado durante a ossificação endocondral a partir da fusão entre o basiesfenoide e o basioccipital. Em pacientes jovens de até 18

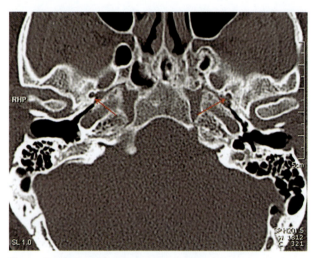

Figura 7 Tomografia computadorizada axial com janela óssea demonstra pequenas descontinuidades dos contornos mediais dos forames espinhosos (setas vermelhas), compatível com variação anatômica.

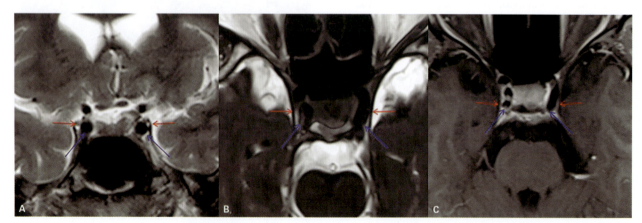

Figura 8 Ressonância magnética em cortes coronal pesado em T2 (A) e axiais CISS (B) e T1 pós-contraste demonstra os seios cavernosos (setas vermelhas), com as artérias carótidas internas passando através de seu interior (setas azuis), revestidos por dura-máter.

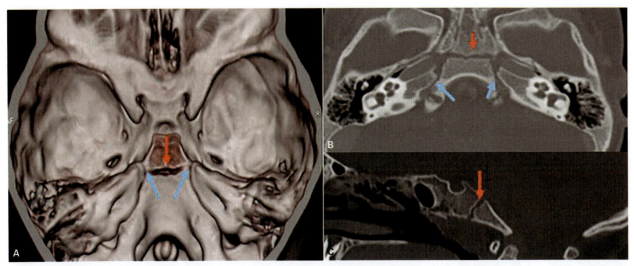

Figura 9 Tomografia computadorizada com reconstrução tridimensional (A), axial (B) e sagital (C) janela óssea em um paciente com 10 anos, mostra o *clivus* com as fissuras petro-occipitais (setas azuis) e a sincondrose esfeno-occipital (setas vermelhas).

anos, observa-se a sincondrose esfeno-occipital entre esses segmentos ósseos (Figura 9B), um remanescente cartilaginoso importante no crescimento pós-natal da base do crânio. O *clivus* é margeado por outros remanescentes cartilaginosos, lateralmente as fissuras petro-occipitais (Figura 9C) e o forame *lacerum* e posteriormente a sincondrose entre os ossos basioccipital e exoccipital.

Anomalias congênitas

Cefaloceles

A cefalocele é um termo genérico e se refere a qualquer protrusão de conteúdo intracraniano através de um defeito ósseo, geralmente congênito, entretanto uma origem traumática também é possível. O termo meningocele refere-se à presença de apenas meninges e espaço subaracnóideo no conteúdo protruso, enquanto a encefalocele também contém cérebro. Cefaloceles na base do crânio são raras e correspondem a aproximadamente 10% das cefaloceles, comparadas a 66-89% da forma occipital e a 15% das anteriores ou sincipitais. A teoria mais aceita para explicar as cefaloceles basais é a ocorrência de falhas na fusão dos centros de ossificação esfenoidal. Como consequência, ocorre herniação de conteúdo intracraniano através do defeito, que frequentemente ocorre na topografia das sincondroses, nas junções entre os núcleos de ossificação do *chondrocranium*. Dependendo do local do defeito, as cefaloceles basais podem ser divididas em cinco categorias principais:

- Transesfenoidal (Figura 10), através do corpo do osso esfenoide para o interior da faringe ou seios esfenoidais.
- Esfeno-orbitária, através do teto orbitário.
- Esfenoetmoidal (Figura 11), através dos ossos esfenoide e etmoide para a rinofaringe.
- Transetmoidal (Figura 12), através da lâmina cribriforme para as cavidades nasais.
- Esfenomaxilar, através da fissura esfenomaxilar.

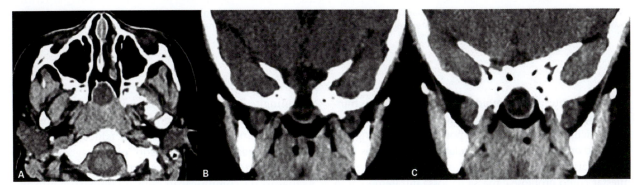

Figura 10 Tomografia computadorizada com janela de partes moles mostra, nos cortes axial (A) e coronais (B e C), o defeito no assoalho da sela túrcica com herniação de seu conteúdo para a rinofaringe, com conteúdo predominantemente hipoatenuante e que reduz a coluna aérea local, compatível com encefalocele esfenofaríngea.

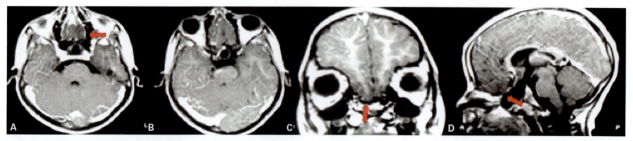

Figura 11 Ressonância magnética em cortes axiais pesados em T1 pós-contraste (A e B), coronal (C) e sagital (D) de criança de 9 anos mostra herniação dos bulbos olfatórios para células etmoidais posteriores (setas vermelhas), compatível com encefalocele esfenoetmoidal.

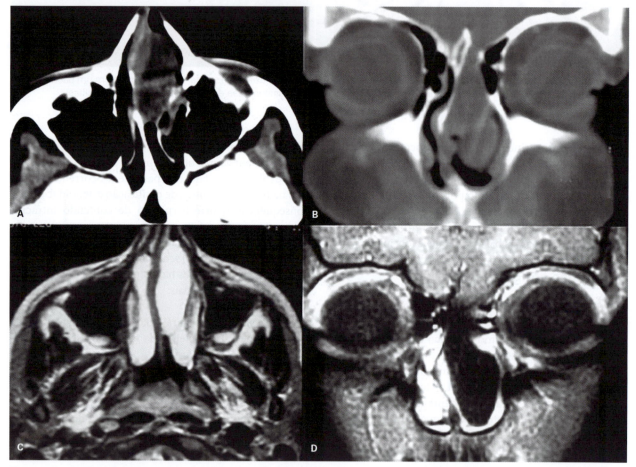

Figura 12 Tomografia computadorizada axial janela de partes moles (A) e coronal janela óssea (B) e ressonância magnética axial pesada em T2 (C) e coronal pesada em T1 pós-contraste (D) evidenciam meningocele frontoetmoidal esquerda através de falha na fóvea etmoidal desse lado, promovendo obliteração da fossa nasal esquerda e remodelamento ósseo ao redor.

As variantes transetmoidal, esfenoetmoidal e transesfenoidal ocorrem na linha média e podem determinar abaulamento na cavidade nasal posterior, nasofaringe ou cavidade oral. Cefaloceles basais laterais incluem as esfeno-orbitária e esfenomaxilar (muito rara), podendo se manifestar como proptose e massa na fossa infratemporal. A apresentação clínica é variável, podendo haver obstrução das vias aéreas, rinorreia de liquor por fístula liquórica e meningite. É comum a coexistência com outras alterações do desenvolvimento, notadamente da linha média.

O diagnóstico definitivo de cefaloceles deve ser realizado por meio do estudo por imagem. A TC permite a delimitação precisa das margens ósseas e avaliação da comunicação com o compartimento intracraniano (Figuras 10 e 12). A realização de cisternotomografia pela injeção de contraste intratecal permite a diferenciação do conteúdo através do envolvimento dos sulcos corticais herniados, e demonstra também a comunicação do material com o restante do encéfalo. A reconstrução tridimensional óssea da TC também demonstra as alterações relevantes, facilitando o planejamento cirúrgico.

O exame de RM também é indispensável para o adequado planejamento cirúrgico, demonstrando de forma ainda mais precisa as características do conteúdo da cefalocele (Figuras 11 e 12C e D), a comunicação com o restante do encéfalo e o estado do material herniado, bem como as relações com os tecidos adjacentes, achados mais bem avaliados pela sequência T2 volumétrica (RM cisternografia). Entretanto, a avaliação das estruturas ósseas é menos adequada que na TC, sendo importante a associação entre as duas técnicas. A RM também avalia eventuais outras malformações associadas no encéfalo, órbitas e face.

O estudo angiográfico, seja ele pela RM ou pela TC, demonstra a relação do material herniado com os ramos do polígono de Willis e com os respectivos trajetos.

Processos inflamatórios

Processos inflamatórios que acometem a base do crânio comumente se originam a partir de sinusite esfenoidal, embora também possam se desenvolver secundariamente a trauma. Infecções nesse local estratégico junto ao sistema nervoso central podem complicar com meningite ou empiema subdural por extensão direta ou disseminação através dos múltiplos forames e fissuras. Outras complicações potenciais incluem osteomielite de base de crânio e trombose de seio cavernoso. Pacientes diabéticos e imunodeprimidos têm alto risco de desenvolver infecções extensas. Doença fúngica deve ser considerada nesses pacientes, em particular a mucormicose em pacientes diabéticos e a aspergilose nos imunodeprimidos. Essas lesões se disseminam por invasão através das paredes dos vasos sanguíneos, resultando em arterite purulenta e em alta taxa de mortalidade por conta da rápida disseminação intracraniana.

Além dos processos infecciosos, algumas doenças inflamatórias idiopáticas também podem acometer a base do crânio e os nervos cranianos adjacentes. Essas doenças têm alta taxa de acometimento multissistêmico e, por serem infrequentes e mimetizarem outras condições mais comuns, como neoplasia ou infecção, seu diagnóstico é frequentemente retardado, com potencial de aumento da morbidade. Esse grupo inclui a granulomatose de Wegener, a doença relacionada à imunoglobulina G4 (IgG4) e a sarcoidose.

A TC e a RM podem caracterizar alterações, direcionando o diagnóstico precoce. A TC também ajuda na delineação de envolvimento ósseo com osteomielite. A RM coronal propicia um método acurado para determinar comprometimento de forames neurais e meníngeo.

Osteomielite

A osteomielite da base do crânio compromete principalmente o *clivus*, presumivelmente, origina-se, na maioria dos casos, de doença inflamatória dos seios paranasais ou a partir de otite externa necrosante, embora possa ser de origem hematogênica. Os pacientes costumam ser diabéticos ou imunodeprimidos e os sinais clássicos de infecção (febre, leucocitose, hemocultura positiva) normalmente não estão presentes. Em muitos casos esses pacientes apresentam alta morbidade e mortalidade, apesar do tratamento agressivo.

As principais alterações na RM (Figura 13) são o baixo sinal da medula óssea do *clivus* em T1 e hipersinal em T2, com impregnação pelo contraste, mais bem observado nas sequências com saturação da gordura da medular óssea. Pode haver infiltração das partes moles pré-clivais, com densificação dos planos gordurosos ad-

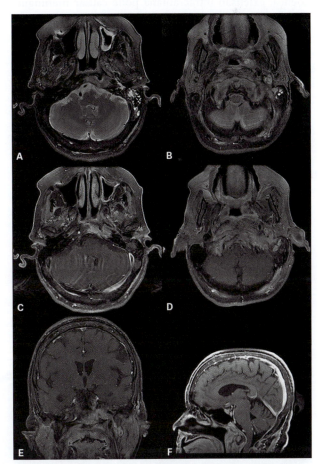

Figura 13 Ressonância magnética em cortes axiais pesados em T2 (A e B) e T1 pós-contraste (C e D) demonstra tecido com baixo sinal em T2 e impregnação heterogênea pelo contraste, de aspecto infiltrativo, que compromete a base do crânio à esquerda e com extensão à articulação atlantodental e compromete a transição craniocervical. Cortes coronal (E) e sagital (F) pós-contraste demonstram também a extensão craniocaudal do processo e o comprometimento da transição craniocervical. Osteomielite da base do crânio.

jacentes. No contexto de cefaleia, neuropatia craniana e aumento da velocidade de hemossedimentação (VHS) com achados de imagem anormais do *clivus*, o diagnóstico de osteomielite deve ser considerado o mais provável. Amostra tecidual precoce e tratamento apropriado podem prevenir ou limitar maiores complicações, como extensão intracraniana, empiema ou óbito.

Tuberculose

Tuberculose da base do crânio geralmente resulta de extensão direta de doença dos seios paranasais ou da mastoide, e só raramente de meningite (Figura 14). Os pacientes apresentam cefaleia, dor facial e paralisia progressiva de nervo craniano. Pacientes diabéticos e imunodeprimidos têm alto risco de desenvolver infecções extensas. Em estágios mais precoces são observadas osteíte e osteomielite da base do crânio. Com a progressão da doença, extensão intracraniana pode causar meningite, empiema subdural e abscesso selar. A RM permite uma avaliação mais precisa da extensão da doença e do envolvimento da medula óssea. Os achados são inespecíficos, não sendo possível distingui-la de neoplasias malignas, sarcoidose ou doenças fúngicas.

Granulomatose de Wegener

Trata-se de uma doença incomum, embora extensamente revisada. A granulomatose de Wegener apresenta leve predomínio no sexo masculino e raramente ocorre em pessoas com menos de 16 anos de idade, com um pico de frequência entre a quarta e a quinta década de vida. Em sua forma clássica, é caracterizada por uma vasculite granulomatosa necrosante do trato respiratório superior e inferior, glomerulonefrite focal segmentar e expressões variáveis de doenças de pequenos vasos. Pode ser diferenciada de outras formas de vasculite por quatro critérios:

- Inflamação oral ou nasal com úlceras; descarga nasal purulenta ou sanguinolenta.
- Nódulos, infiltrados ou cavitações na radiografia de tórax.
- Sedimento urinário nefrítico.
- Biópsia com inflamação granulomatosa; hemoptise é aceitável se não houver amostra da biópsia disponível.

A detecção de anticorpos anticitoplasmáticos (*c-ANCA*) tem assumido papel central na confirmação do diagnóstico de granulomatose de Wegener.

Recentemente foi proposta uma nova classificação, adicionando uma terceira forma às antes descritas:

- Clássica generalizada: sistêmica ou difusa, sempre envolve o rim e causa glomerulonefrite.
- Localizada ou limitada: sem envolvimento do trato respiratório ou rins.
- Puramente granulomatosa: sem evidência de vasculite.

Nos estudos de imagem, normalmente está associada a espessamento mucoso sinusal difuso, com remodelamento ou destruição óssea (Figura 15). Pode apresentar extensão para o compartimento intracraniano, com comprometimento meníngeo, dos seios cavernosos, nervos cranianos ou hipofisite, com ou sem destruição óssea. Os achados meníngeos de nervos cranianos são mais bem avaliados na RM nas sequências pesadas em T1 pós-contraste. Pode apresentar-se também como massa inflamatória isolada que simula um tumor maligno da rinofaringe ou base do crânio.

Caso a biópsia não identifique um tumor maligno, um processo inflamatório não infeccioso, como a doença granulomatosa de Wegener, deve ser considerado, e estudos laboratoriais pertinentes, incluindo o *c-ANCA*, devem ser solicitados como auxílio diagnóstico. O tratamento com corticoesteroides e ciclofosfamida pode melhorar significativamente o prognóstico e produzir remissão completa.

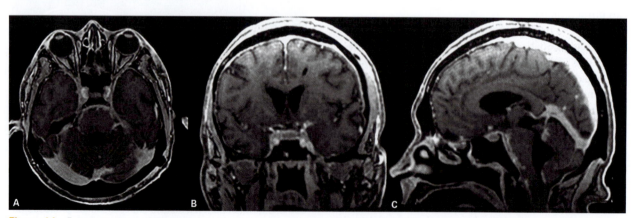

Figura 14 Ressonância magnética pesada em T1 pós-contraste axial (A), coronal (B) e sagital (C) mostra espessamento nodular e realce ao redor dos seios cavernosos (A e B) e das meninges (C) junto ao contorno posterior do *clivus*. Tuberculose.

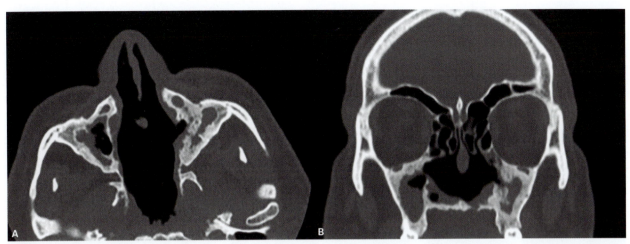

Figura 15 Tomografia computadorizada em janela óssea axial (A) e reformatação coronal (B) demonstra extensa destruição das paredes dos seios maxilares, conchas nasais, palato duro e septo nasal, com espessamento e esclerose das paredes remanescentes dos seios maxilares e tecido com atenuação de partes moles no interior. Há ainda esclerose reacional dos processos pterigóideos. Esses achados são característicos de granulomatose de Wegener.

Doença relacionada à IgG4

A doença relacionada à imunoglobulina G4 (IgG4) é uma condição emergente caracterizada por lesões tumefativas em múltiplos sistemas, infiltrado fibroinflamatório rico em plasmócitos positivos para IgG4 e, comumente, aumento dos níveis de IgG4 sérica. Pacientes com doença relacionada à IgG4 podem desenvolver lesões em um ou vários órgãos e sistemas, especialmente o pâncreas, árvore biliar, rins, pulmão, pericárdio, aorta e outros. Em cabeça e pescoço, as manifestações mais comuns incluem sialoadenite e dacriocistite, tireoidite, pseudotumores inflamatórios, hipofisite e paquimeningite. O envolvimento da base do crânio (Figura 16) por essa doença ocorre com paquimeningite e disseminação perineural, notadamente ao longo dos ramos do nervo trigêmeo, mas também a partir da rinofaringe e do seio cavernoso. O aspecto radiológico na RM pode sugerir a possibilidade de doença relacionada à IgG4 quando se observa acometimento dos sítios típicos, a presença de lesões com realce pós-contraste de morfologia infiltrativa e tumefativa, esclerose óssea reacional ou erosões ósseas e o característico hipossinal em T2, provavelmente representando o caráter fibrosante dessa condição.

Sarcoidose

A sarcoidose dos seios paranasais e nasofaríngea é reconhecida como uma causa de neuropatia de nervos cranianos na base do crânio, notadamente em razão de sua propensão à invasão leptomeníngea. Envolvimento do sistema nervoso central ocorre em 3-8% dos pacientes com sarcoidose, mais frequentemente com neuropatia secundária dos nervos facial, acústico, óptico ou trigêmeo, e o comprometimento neurológico isolado é observado em menos de 1% dos casos de sarcoidose (Figura 17). A sarcoidose deve ser considerada quando a meninge e os nervos cranianos estão envolvidos, porém na maioria dos casos somente um diagnóstico presuntivo é realizado no contexto clínico adequado.

Outras lesões benignas

Muitas lesões de crescimento lento costumam promover maior remodelamento do que destruição das estruturas ósseas da face e da base do crânio, o que pode representar lesão de baixa agressividade. Entretanto, caso haja áreas de erosão óssea ou comprometimento da medula óssea de aspecto permeativo associadas, deve-se sugerir lesões com maior agressividade, o que acaba por ser correto na maior parte dos casos.

Nos planos ósseos adjacentes das cavidades paranasais, muitas vezes lesões consideradas benignas também podem promover comprometimento ósseo com características atípicas, o que pode decorrer da maior sensibilidade e da resposta limitada dessas estruturas em relação à pressão exercida por essas lesões. Nesses casos, as demais características das lesões, inclusive a localização, a origem e o padrão de comprometimento podem auxiliar no diagnóstico.

Em relação aos exames de imagem, a RM apresenta maior sensibilidade para a avaliação das lesões, pelas características de sinal e pelo padrão de impregnação pelo gadolínio, o que também permite diferenciar as lesões. Entretanto, muitas das lesões apresentam características que se sobrepõem, o que pode dificultar sua diferenciação, principalmente de baixa e alta agressividade.

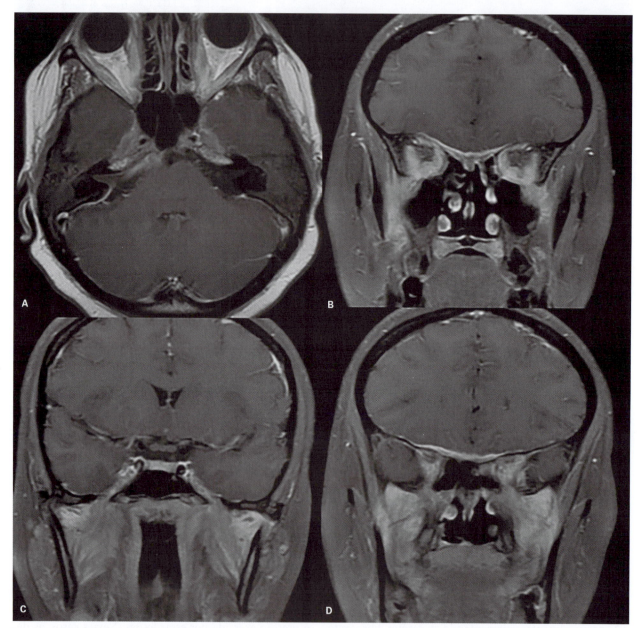

Figura 16 Ressonância magnética pesada em T1 pós-contraste axial (A) e coronais (B, C e D) demonstra espessamento da dura-máter ao redor dos seios cavernosos, cisternas pré-pontina e dos ângulos pontocerebelares, notadamente à direita, plano esfenoidal e com extensão do realce pelos forames ovais, comprometendo os ramos mandibulares dos nervos trigêmeos, com sinais de denervação da musculatura mastigatória. Há também extensão pelas fissuras orbitárias superiores para as órbitas, com infiltração da musculatura ocular extrínseca. O estudo anatomopatológico demonstrou alterações inflamatórias com infiltração de imunoglobulina G4 (IgG4). Doença relacionada à IgG4.

1 BASE DO CRÂNIO 495

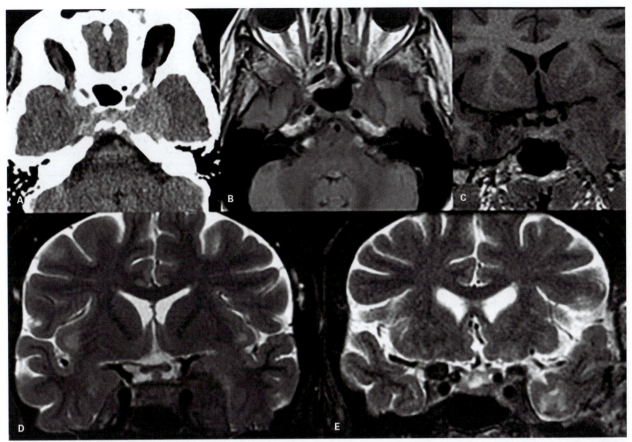

Figura 17 Tomografia computadorizada axial com janela de partes moles sem contraste (A) mostra lesão expansiva hiperatenuante invadindo os seios cavernosos, maior à esquerda. Ressonância magnética (RM) axial FLAIR (*fluid-attenuated inversion recovery*) (B) e pesada em T1 sem contraste (C) evidencia a lesão e caracteriza sua extensão ao ápice orbitário e ao forame oval. RM coronal pesada em T2 pré (D) e pós-tratamento (E) mostra nítida redução da lesão. Sarcoidose.

Doença de Paget

Doença óssea metabólica progressiva de origem desconhecida, mono ou poliostótica, que é caracterizada por focos anormais de remodelamento ósseo, com aumento da reabsorção óssea ou formação óssea desorganizada. Classicamente, a doença é focal, porém há evidências que sugerem aumento generalizado da alteração do metabolismo ósseo.

Afeta cerca de 3-4% de pacientes acima de 55 anos, e é o segundo distúrbio metabólico mais comum após a osteoporose. Compromete de forma semelhante homens e mulheres, com discreta predominância masculina. Muitos pacientes são assintomáticos, com o diagnóstico incidental pela imagem, porém aproximadamente 30-50% dos pacientes apresentam distúrbios relacionados a dor, deformidade com consequente degeneração das articulações adjacentes, fraturas e compressão de estruturas neurais, inclusive compressão dos nervos cranianos. Por volta de 0,3% dos casos podem apresentar progressão para osteossarcoma.

Cerca de 29-65% dos pacientes com doença de Paget apresentam comprometimento do crânio, que pode variar da *osteoporosis circumscripta*, em que se observa área lítica isolada pelo aumento da atividade osteoclástica, fase mista, onde são caracterizadas trabéculas ósseas, e esclerose densa na fase blástica (Figura 18), que representa atividade osteoblástica desorganizada, com fibrose e aumento da vascularização. O achado mais comum na base do crânio é a esclerose, e em alguns casos pode simular displasia fibrosa.

O estudo por radiografia simples demonstra a lesão lítica clássica na calota craniana e serve para a avaliação de ossos longos, que pode demonstrar área esclerótica expansiva, porém não apresenta sensibilidade adequada para a avaliação da base do crânio e suas complicações, sendo recomendada a TC e a RM nesses casos.

A doença apresenta aspecto variado na TC e na RM, e o mais comum é aumento do sinal em T1 relacionado ao depósito de medula óssea amarela e sinal heterogêneo em T2, com realce nas imagens pós-contraste. As imagens também podem demonstrar comprometimento de nervos cranianos por redução das amplitudes dos forames da base do crânio, bem como invaginação vertebrobasilar secundária ao comprometimento do corpo do esfenoide, *clivus* e coluna cervical.

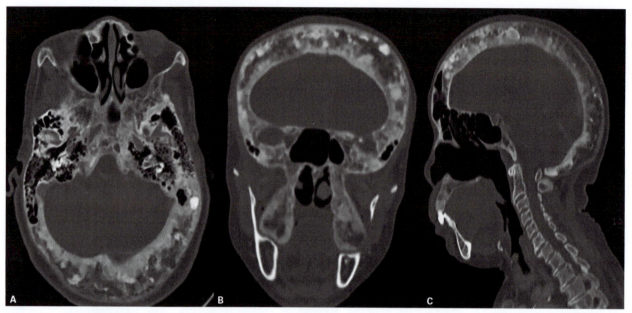

Figura 18 Tomografia computadorizada com janela óssea em corte axial (A), com reconstruções coronal (B) e sagital (C) em paciente com doença de Paget mostra espessamento heterogêneo e deformidade da calota craniana e dos ossos da base do crânio, com áreas de esclerose entremeadas por áreas de menor atenuação, indicando doença nas fases lítica e blástica associadas.

Displasia fibrosa

Anomalia do desenvolvimento esquelético com defeito na maturação e na diferenciação osteoblástica, levando à substituição do osso medular normal por tecido fibroso. A displasia fibrosa apresenta duas formas, a monostótica, quando envolve somente um osso, e representa 70-80% dos casos, e a forma poliostótica, em que há comprometimento de dois ou mais ossos, e é o padrão de comprometimento mais comum da base do crânio. Cerca de 50% dos pacientes com doença poliostótica têm comprometimento da base do crânio, chegando a 10-25% na forma monostótica.

A presença das lesões pode levar a deformidade óssea da face, com assimetria craniana e comprometimento dos forames da base do crânio, com consequente compressão neural. Pode envolver o osso esfenoide, clivus, maxila, etmoide, mandíbula e ossos da calota craniana, com predomínio de comprometimento esfenoidal, frontal e maxilar.

No caso de comprometimento do esfenoide, pode haver envolvimento do canal óptico e consequente compressão do nervo óptico, levando a perda visual e compressão das estruturas intraorbitárias.

Três aspectos radiológicos típicos são observados no crânio: (a) pagetoide; (b) esclerótico; (c) cístico.

O aspecto mais comum à TC é o de expansão óssea por lesão com atenuação em vidro fosco (Figura 19), que pode ser observado em até 56% dos casos. Entretanto, o aspecto pode ser mais heterogêneo, com padrão mais denso (23%) ou mesmo padrão cístico (21%). Pode ainda apresentar padrão misto de comprometimento (Figura 20), com áreas em vidro fosco entremeadas por áreas mais densas e áreas líticas.

Na RM, as lesões costumam ter sinal variável, que depende principalmente da relação entre tecido fibroso e matriz mineralizada. O mais típico é sinal intermediário em T1 e T2 (Figura 21), porém, em casos de predomínio de lesões mais mineralizadas, o sinal é menor e, em lesões císticas, o sinal em T2 é alto. Por serem lesões com alta vascularização, há impregnação variável pelo gadolínio. Os achados na RM devem ser sempre correlacionados com a TC para o diagnóstico diferencial com lesões tumorais.

Osteopetrose

Doença óssea cuja principal característica é o aumento da densidade do esqueleto, pela alteração e déficit da atividade osteoclástica. A osteopetrose pode ser dividida em duas formas, de acordo com a contagem de osteoclastos ou padrão de herança. A doença pode apresentar contagem normal ou aumento de osteoclastos, porém com atividade deficiente ou redução da contagem de osteoclastos. A divisão mais utilizada é relacionada ao padrão de herança da doença, podendo ser autossômica recessiva (AROP), maligna e agressiva, ou ser autossômica dominante (ADOP), benigna e mais frequente.

O padrão dominante (ADOP) ainda pode ser dividido de acordo com os achados clínicos e radiológicos: o tipo I apresenta espessamento e esclerose difusa do crânio (Figura 22), coluna e pelve, e no tipo II há menor comprometimento do crânio, mas pode haver comprometimento exuberante da base do crânio, mais evidente que no tipo I.

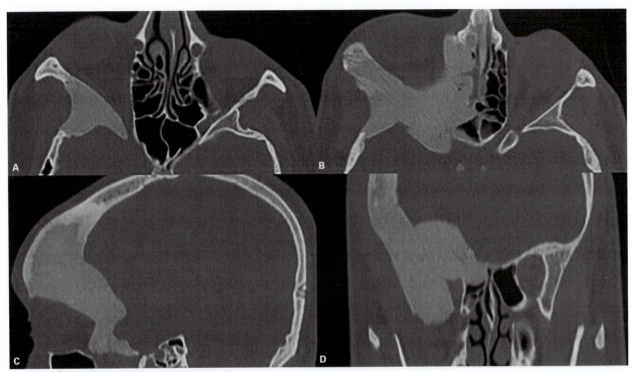

Figura 19 Tomografia computadorizada com janela óssea em cortes axiais (A e B), com reconstruções sagital (C) e coronal (D) mostra lesão com aspecto insuflativo com predomínio de áreas com atenuação em "vidro fosco" na medula óssea e afilamento cortical, comprometendo o osso esfenoide à direita, com extensão ao seio etmoidal e osso frontal desse lado, ocasionando redução do ápice orbitário e consequente deformidade e proptose. Esses achados são compatíveis com displasia fibrosa.

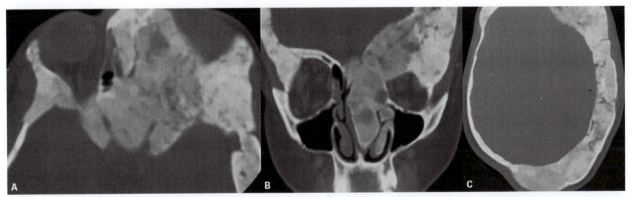

Figura 20 Tomografia computadorizada com janela óssea em cortes axiais (A e C), com reconstrução coronal (B) mostra lesão difusa com aspecto insuflativo e esclerótico, heterogêneo, com áreas com atenuação em "vidro fosco", porém com áreas de aspecto lítico de permeio, na calota craniana e na base do crânio, notando-se encarceramento dos forames e fissuras, achados também compatíveis com displasia fibrosa.

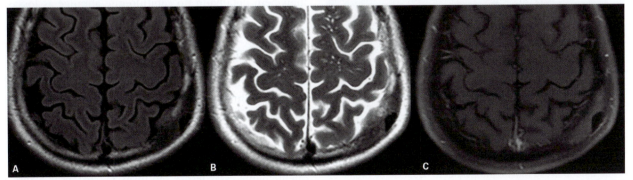

Figura 21 Ressonância magnética axial nas sequências FLAIR (*fluid-attenuated inversion recovery*) (A) e pesadas em T2 (B) e T1 pós-contraste (C) demonstra lesão insuflativa no osso parietal esquerdo, com sinal baixo em T2 e FLAIR e impregnação pelo contraste, com área central de menor sinal para demonstrar aspecto típico de displasia fibrosa no estudo de RM.

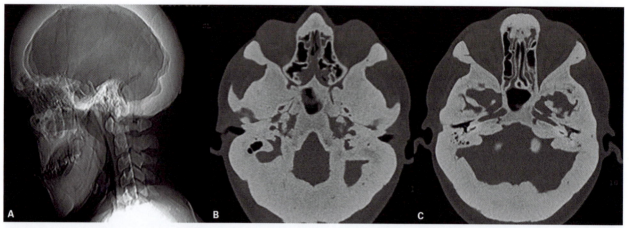

Figura 22 Tomografia computadorizada com radiografia digital (A) mostra aumento difuso da densidade óssea do crânio, face e coluna e os cortes axiais (B e C) demonstram espessamento ósseo com intensa esclerose difusa, envolvendo os forames da base do crânio. Os achados são compatíveis com osteopetrose (autossômica dominante – ADOP tipo I).

O acometimento da base do crânio é uma característica típica e progressiva da osteopetrose. Envolve os canais vasculares e neurais da base do crânio, promovendo consequente redução de suas amplitudes e compressão de suas estruturas (Figura 23).

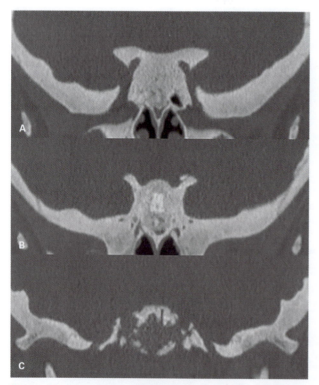

Figura 23 Tomografia computadorizada com janela óssea e reconstruções coronais em paciente de 4 anos com diagnóstico de osteopetrose mostra envolvimento das fissuras orbitárias superiores e inferiores e canais ópticos, com espessamento dos processos clinoides anteriores (A), canais vidianos e forames redondos (B) e ovais (C).

Nos exames de imagem, os principais achados são o de esclerose basilar, espessamento dos processos clinoides posteriores e anteriores, obliteração dos seios esfenoides e da mastoide, estreitamento dos forames da base; presença de "osso dentro do osso" na linha média, no esfenoide e no occipital; esclerose na sutura occipitomastóidea e deposição de osso osteopetrótico ao longo da porção anterior da sutura occipitomastóidea, na sincondrose basioccipital-exoccipital e na sincondrose esfeno-occipital; dorso selar espiculado, redução das dimensões da sela túrcica; estreitamento do canal óptico e do forame magno, com consequente herniação de tonsilas cerebelares e dos demais forames da base do crânio.

Neoplasias

Nasoangiofibroma juvenil

Tumor cuja principal característica clínica é a epistaxe em adolescentes do sexo masculino, observando-se lesão hipervascular com origem no nível do forame esfenopalatino (Figura 24), localmente agressivo, e será mais bem detalhado no capítulo que abrange as fossas nasais.

Meningiomas

Meningiomas correspondem a cerca de 15-20% dos tumores primários intracranianos, e destes cerca de 20-30% correspondem a lesões originadas na base do crânio, com maior frequência entre 20 e 60 anos, com discreta predominância feminina (2:1) e incidência estimada em cerca de 2,6 por 100.000 pessoas. Na base do crânio, frequentemente essas lesões são invasivas, extensas e apresentam proximidade com nervos, estruturas vasculares e o tronco encefálico. Pela dificuldade do acesso e a relação

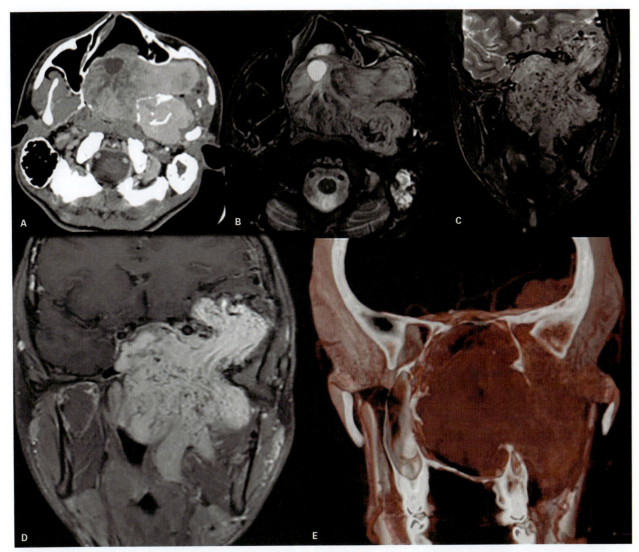

Figura 24 Tomografia computadorizada (TC) axial em janela de partes moles pós-contraste (A) e ressonância magnética em cortes axial e coronal pesados em T2 (B e C) e coronal T1 pós-contraste (D) demonstra lesão expansiva sólida, hipervascularizada, de contornos lobulados, com centro na fossa pterigopalatina esquerda, que se encontra alargada. Há extensão anterior para a parede posterior do seio maxilar, cavidade nasal, células etmoidais e conchas nasais desse lado. Superiormente, a lesão se estende para os seios esfenoidais, erode o assoalho da sela túrcica, compromete as fissuras orbitárias, forame oval, ápice orbitário e fossa craniana média esquerda, ocupando-a quase completamente. Acomete ainda o seio cavernoso e o canal carotídeo esquerdos e desloca superiormente o lobo temporal. Nota-se ainda ectasia das estruturas vasculares cranianas adjacentes à lesão. A reformatação volumétrica da TC (E) demonstra a alta vascularização da lesão. Nasoangiofibroma juvenil.

com as estruturas adjacentes, a cirurgia tem como intenção a ressecção do maior componente lesional possível e com menor dano neurológico. Apresentam comportamento biológico variável, e podem ser considerados pela Organização Mundial da Saúde como grau I (sem atipias), grau II (atípico) e grau III (anaplásico ou maligno). Muitos desses tumores apresentam recorrência após a cirurgia, com taxas de cerca de 8% para o grau I, 16% para o grau II e 29% para o grau III.

Na base do crânio, essas lesões podem se apresentar ao longo de goteiras olfatórias, tubérculo selar, plano esfenoidal, asas do esfenoide, seios cavernosos, junção petroclival, forame jugular ou forame magno.

Alguns meningiomas originados junto às asas maiores do esfenoide podem ser chamados de meningiomas em placa (Figuras 25 e 26), com hiperostose acentuada local e consequente extensão para a órbita ou para o segmento suprazigomático do espaço mastigatório, com compressão das estruturas desses espaços. Quando há comprometimento orbitário, há exoftalmia unilateral lenta e progressiva.

Lesões originadas no plano esfenoidal (Figura 25) podem apresentar padrão de crescimento superior, com compressão das bases dos lobos frontais, podem apresentar crescimento posterior, com extensão selar e até para a fossa posterior, com comprometimento das cisternas dos

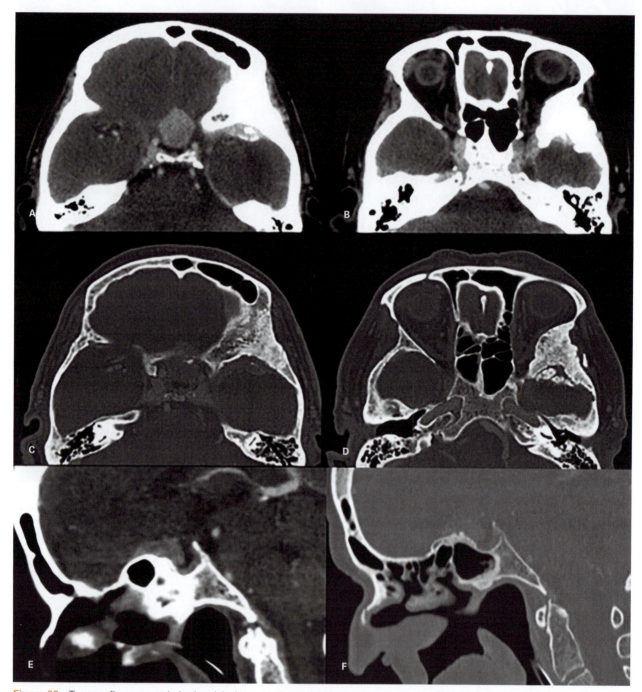

Figura 25 Tomografia computadorizada axial pós-contraste em janela de partes moles (A e B) e janela óssea (C e D) demonstra lesão extra-axial arredondada, suprasselar e no plano esfenoidal, acometendo a base e a asa maior esquerda do osso esfenoide, com realce pós-contraste, associada a acentuada hiperostose e realce dural na fossa média intracraniana. Há insinuação da lesão para a órbita, com deslocamento medial do músculo reto lateral e redução da fissura orbitária superior esquerda. As reformatações sagitais (E e F) demonstram a relação da lesão com o plano esfenoidal, achados compatíveis com meningioma.

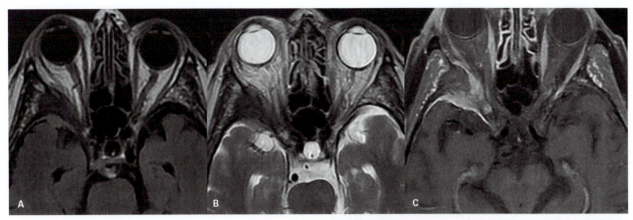

Figura 26 Ressonância magnética em cortes axiais FLAIR (*fluid-attenuated inversion recovery*) (A) e pesados em T2 (B) e T1 pós-contraste (C) demonstra lesão extra-axial originada na asa maior direita do osso esfenoide, com expansão e hiperostose, notando-se extensão da lesão para o interior da órbita, com consequente proptose e realce junto ao músculo temporal direito, indicando extensão para o espaço mastigatório suprazigomático e realce espesso na dura-máter na fossa craniana média direita. Esses achados são compatíveis com meningioma em placa.

ângulos pontocerebelares e pré-pontina. Pode ainda haver crescimento anterior ao longo das goteiras olfatórias. Quando há crescimento para a cisterna suprasselar, essas lesões podem levar a compressão de vias ópticas. Pode ainda ser observado o envolvimento de estruturas vasculares.

Lesões originadas no esfenoide (Figura 27) podem eventualmente levar ao diagnóstico diferencial com macroadenomas, principalmente quando há grande componente lesional junto à sela ou aos processos clinoides, porém a presença do sinal da cauda dural pode permitir o diagnóstico diferencial. Caso seja observado envolvimento vascular, o meningioma costuma promover redução do calibre das artérias (Figuras 27 e 28), achado que permite diferenciação de macroadenomas hipofisários, que não reduzem o calibre arterial.

Um achado eventualmente encontrado em pacientes com meningiomas do plano esfenoidal é o *pneumosinus dilatans*, alteração caracterizada por expansão dos seios esfenoidais ou etmoidais, sem hiperostose associada.

Outra característica importante dos meningiomas da base do crânio está relacionada à plasticidade dessas lesões, que podem apresentar extensão ao longo de forames, com alargamento e remodelamento deles, promovendo comprometimento neural, simulando muitas vezes lesões com características agressivas.

A TC permite avaliar as alterações ósseas associadas ao meningioma, principalmente hiperostose ou calcificações intrínsecas às lesões. Apresentam atenuação semelhante ao córtex e realce intenso pelo contraste iodado.

No estudo de RM, os meningiomas apresentam características variáveis, e nas fases sem contraste podem não ser bem caracterizados caso sejam de pequenas dimensões e não levem a compressão do parênquima adjacente. Costumam apresentar sinal intermediário em T1, e em T2 têm sinal variável, mais frequentemente intermediário ou alto. Caso promova compressão do parênquima encefálico, pode haver edema vasogênico associado por congestão local. O estudo com contraste apresenta maior sensibilidade para a avaliação dos meningiomas, com intenso realce e a caracterização do sinal típico da cauda dural (Figura 27C e D). Pode haver componente de baixo

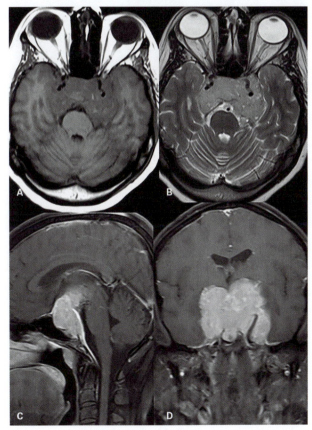

Figura 27 Ressonância magnética em cortes axiais pesados em T1 sem contraste (A) e T2 (B) e T1 pós-contraste sagital (C) e coronal (D) demonstra lesão extra-axial selar e suprasselar, com invasão dos seios cavernosos, envolvimento das artérias carótidas internas, com redução de seus calibres, e extensão anterior pelo plano esfenoidal e posterior ao longo do contorno posterior do *clivus*, onde se observa o sinal da "cauda do cometa", compatível com meningioma.

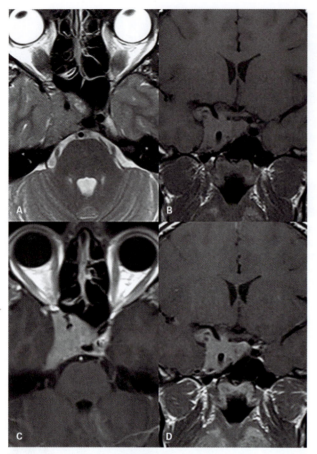

Figura 28 Ressonância magnética em cortes axial pesado em T2 (A) e pesados em T1 coronal sem contraste (B) e T1 pós-contraste axial (C) e coronal (D) demonstra lesão extra-axial originada no seio cavernoso direito, com extensão selar e suprasselar e envolvimento da artéria carótida interna, com redução de seu calibre, compatível com meningioma.

sinal no interior das lesões, o que favorece a possibilidade de calcificação intralesional. A caracterização do liquor adjacente à lesão nas sequências pesadas em T2 permite a diferenciação entre lesão intra e extra-axial, caso as demais características não sejam muito bem definidas.

Tumor de células gigantes

Os tumores de células gigantes correspondem a cerca de 3-7% de todos os tumores ósseos, primários, e são raramente vistos antes do fechamento da placa epifisária. Mais frequentemente são observados nas regiões metaepifisárias de ossos longos, em especial adjacentes ao joelho. Raramente se manifestam na base do crânio, representando menos de 1% de todos dos tumores de células gigantes, primariamente comprometendo o esfenoide e os ossos temporais na fossa craniana média. Por conter grande quantidade de osteoclastos ao estudo histológico, pode ser chamado também de osteoclastoma. Apresenta predomínio entre a quarta e a sexta década de vida e com certa predominância feminina. Por conta da raridade da lesão, não há tratamento padrão definido e a taxa de recorrência após a cirurgia chega a ser de até 60%.

Os sintomas estão relacionados ao comprometimento dos forames da base do crânio e envolvimento neural. Na literatura são descritos casos de invasão meníngea e parenquimatosa, portanto essas alterações não permitem afastar completamente essa hipótese, apesar do comportamento atípico.

Nos estudos de imagem apresentam características inespecíficas. A TC demonstra lesão osteolítica, com aspecto em "bolhas de sabão", e apresenta maior sensibilidade para a avaliação da extensão da destruição óssea.

A RM em geral apresenta hipo ou isossinal em T1 e iso ou hipersinal em T2, com realce heterogêneo pelo meio de contraste paramagnético, porém os estudos de imagem são insuficientes para permitir o diagnóstico diferencial. Alguns estudos têm aplicado o estudo de perfusão cerebral T1 para tentar diferenciar os tumores de células gigantes de outros tumores, principalmente cordoma, porém focados na avaliação do esqueleto axial, com padrão de elevação rápida do pico de contraste e padrão de *wash-out*, que permitiu diagnóstico diferencial com outros tumores, como cordoma, porém não há estudos específicos da base do crânio.

Por meio do estudo radiológico, assume diagnóstico diferencial com condrossarcoma, metástase osteolítica, lesões fibro-ósseas, tumor marrom, plasmocitoma e granuloma reparativo de células gigantes.

Paragangliomas

Paragangliomas são tumores neuroendócrinos que podem ocorrer em diversos sítios do corpo, e na cabeça e pescoço ocorrem em quatro locais: bifurcação carotídea (paraganglioma de corpo carotídeo), espaço carotídeo alto (paraganglioma vagal), no forame jugular (paraganglioma jugular) e no promontório coclear (paraganglioma timpânico). Cerca de 3% de todos os paragangliomas são observados na cabeça e pescoço. Lesões jugulares com maiores dimensões podem apresentar extensão para a cavidade timpânica, chamadas de paragangliomas jugulotimpânicos, nesses casos geralmente associadas a extensa erosão óssea adjacente.

Em relação à base do crânio, a lesão mais pertinente é o jugular. Na TC pode-se observar lesão com atenuação de partes moles e intenso realce pelo contraste iodado, com padrão hipervascular, no interior do forame jugular, com destruição óssea adjacentes. Lesões de pequenas dimensões podem não ser bem observadas, e apresentam erosão típica da espinha jugular, estrutura que divide a *pars nervosa* da *pars vascularis* do forame jugular, e erosão do tubérculo jugular, achados altamente sugestivos da origem da lesão no forame jugular. O padrão de destruição óssea adjacente é mais bem caracterizado na TC.

Na RM, caso a lesão seja grande o suficiente (Figura 29), pode apresentar o típico padrão em "sal e pimenta" nas sequências pesadas em T1, que é observado em lesões hipervasculares, com o "sal" relacionado a focos de hipersinal por micro-hemorragias intralesionais ou fluxo vascular lento, e a "pimenta" representando os *flow-voids* vasculares. Apresentam no restante da lesão hipossinal em T1 e iso a hipersinal em T2, e também apresentam intenso realce pelo contraste paramagnético, também com padrão hipervascular (Figura 29 C e D).

Lesões de bainha neural

Tumores de bainha neural podem ocorrer ao longo dos nervos cranianos que passam pelos forames da base do crânio, e representam cerca de 5-10% dos tumores intracranianos. O mais comum é o schwannoma vestibular, seguido do trigeminal (Figura 30), porém podem ocorrer também no forame jugular, denotando comprometimento dos nervos glossofaríngeo, vago e acessório, e no canal do hipoglosso.

As lesões podem apresentar extensão ao longo dos forames na base do crânio, assumindo aspecto alongado e em halteres ao atravessar o forame. A clínica depende do nervo comprometido, e em razão do crescimento lento os sinais e sintomas são tardios e normalmente as lesões se apresentam com maiores dimensões. Pela baixa agressividade da lesão, ela costuma promover alargamento dos forames e remodelamento ósseo adjacente (Figura 30A, B e D), e caso sejam caracterizadas áreas de erosão, deve-se considerar a possibilidade de lesão maligna de bainha neural.

Na TC as lesões apresentam atenuação de partes moles ou baixa, com realce variável pelo contraste e o méto-

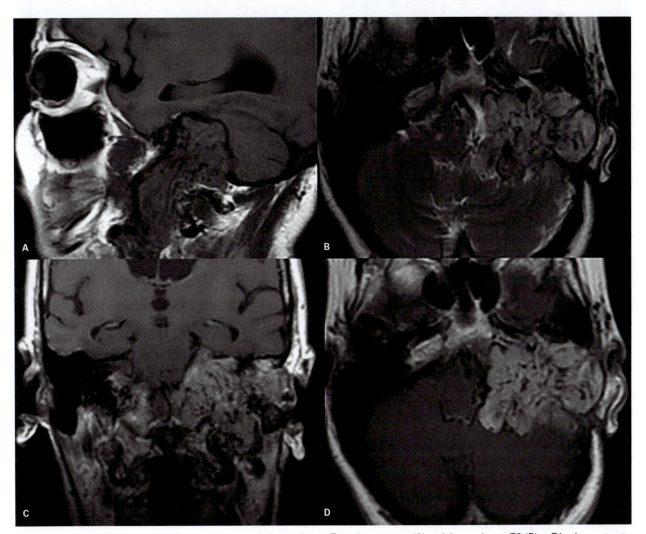

Figura 29 Ressonância magnética em cortes sagital pesado em T1 pré-contraste (A), axial pesado em T2 (B), e T1 pós-contraste coronal (C) e axial (D) demonstra lesão expansiva hipervascular centrada no forame jugular esquerdo, com comprometimento ósseo ao redor, extensão até a fissura petroclival e comprometimento do ápice petroso, extensão para cavidade timpânica e para a fossa posterior. A imagem sagital T1 pré-contraste (A) demonstra *flow-voids* relacionados aos vasos. Essa lesão é compatível com paraganglioma jugular com extensão timpânica.

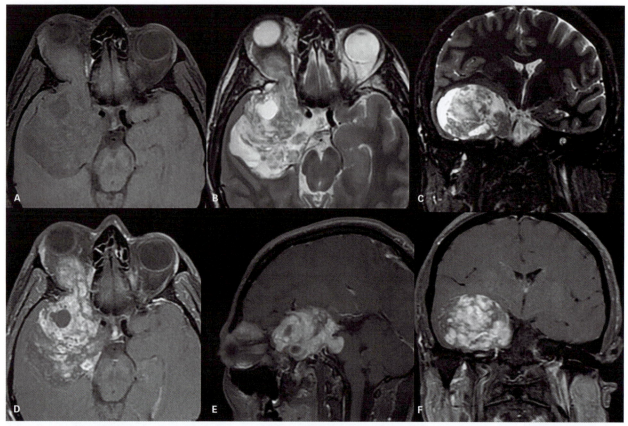

Figura 30 Ressonância magnética com sequências axiais pesadas em T1 (A) e T2 (B), coronal em T2 (C), e sequências T1 pós-contraste axial (D), sagital (E) e coronal (F) demonstra lesão expansiva heterogênea, alongada, que se estende desde a cisterna do ângulo pontocerebelar direito, atravessa o cavo de Meckel e o seio cavernoso, com grande componente na fossa craniana média, e invade a órbita por meio de comprometimento da fissura orbitária superior, alargada. Essa lesão é compatível com schwannoma do ramo oftálmico do nervo trigêmeo.

do tem maior sensibilidade para a avaliação do comprometimento ósseo.

Tipicamente, as lesões na RM apresentam sinal intermediário em T1, hipersinal heterogêneo em T2, com impregnação intensa pelo contraste paramagnético. Muitas das lesões podem também apresentar componentes císticos.

A caracterização de áreas de denervação nos demais cortes deve levantar a suspeita para o comprometimento de nervos específicos, facilitando o diagnóstico diferencial.

Metástases

Doença metastática pode comprometer qualquer compartimento da base do crânio, porém é rara, e, apesar de sua raridade, ainda é mais comum que as lesões primárias nesses sítios. Os tumores primários mais comuns são o de mama (40%), pulmão (14%) e próstata (12%).

Muitos pacientes podem ser assintomáticos no início, e esses sintomas somente surgem após a compressão de estruturas adjacentes pelo crescimento lesional. As características de imagem de metástases na base do crânio são inespecíficas.

Tipicamente, as lesões originadas na próstata apresentam padrão blástico de comprometimento, com expansão óssea (Figura 31). Lesões pulmonares apresentam características líticas e lesões de mama podem apresentar padrão misto de comprometimento (Figura 32).

A TC pode demonstrar o padrão de destruição óssea em lesões maiores e as demais estruturas adjacentes comprometidas (Figura 33). Podem ser observados componentes de partes moles com realce pelo contraste, porém muitas vezes são de avaliação limitada.

A RM apresenta maior sensibilidade para a avaliação do comprometimento da base do crânio, em que se observa substituição da medular óssea gordurosa por tecido com sinal heterogêneo e variável, comumente baixo sinal em T1 na sequência sem saturação de gordura, e hipersinal em T2 e com impregnação heterogênea pelo contraste paramagnético (Figura 34). A sequência ponderada em difusão pode auxiliar no diagnóstico, por conta da alta celularidade lesional.

Lesões com origem na próstata podem apresentar baixo sinal em todas as sequências, eventualmente com realce discreto ou até mesmo sem realce, dessa forma a TC trará maiores informações.

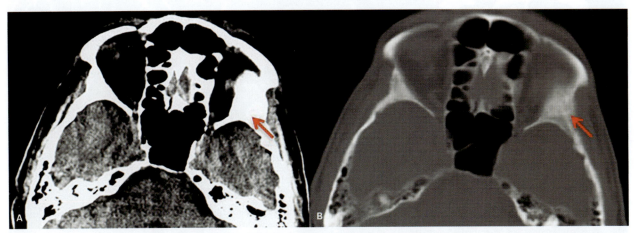

Figura 31 Tomografia computadorizada axial em janela de partes moles (A) e janela óssea (B) sem contraste mostra lesão expansiva blástica na asa maior do esfenoide à esquerda, com deformidade local e compressão das estruturas da órbita desse lado. Metástase de neoplasia de próstata.

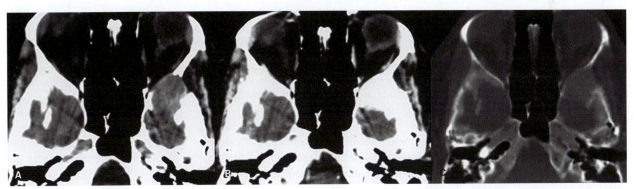

Figura 32 Tomografia computadorizada axial em janela de partes moles pré (A) e pós-contraste (B) e janela óssea (C) demonstra lesão expansiva osteolítica na asa maior do esfenoide à esquerda com intenso realce na fase contrastada. Metástase de neoplasia de mama.

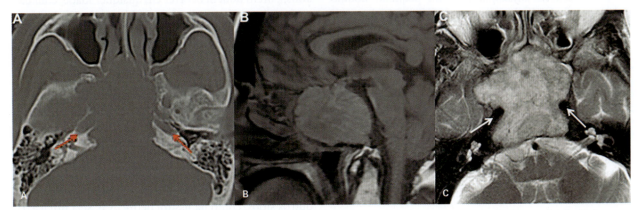

Figura 33 Tomografia computadorizada axial em janela óssea (A) demonstra lesão osteolítica, com margens mal delimitadas, que compromete o corpo do osso esfenoide e o *clivus*, com extensão aos ápices petrosos, principalmente à direita, e compromete os canais carotídeos (setas vermelhas). Ressonância magnética sagital pesada em T1 sem contraste (B) e axial pesada em T2 (C) demonstra a lesão de forma mais bem definida, com comprometimento da base do crânio, extensão aos ápices petrosos, invasão da sela túrcica e contato com as artérias carótidas internas (setas brancas).

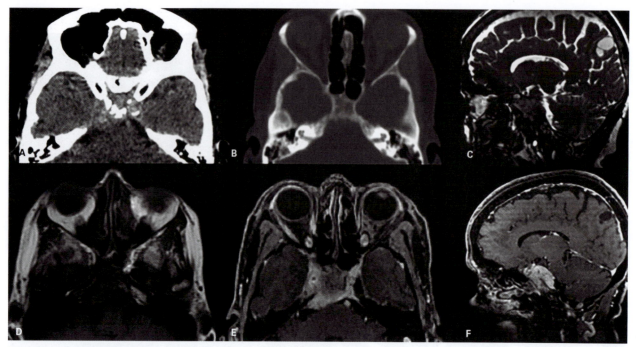

Figura 34 Tomografia computadorizada axial em janela de partes moles sem contraste (A) e janela óssea demonstra lesão expansiva com infiltração de aspecto permeativo na base do crânio, com áreas líticas no *clivus* e extensão ao seio cavernoso direito, porém de limites mal definidos ao estudo tomográfico. Ressonância magnética com sequências sagital T2 (C), axiais T1 pré (D) e pós-contraste (E) e sagital T1 pós-contraste (F) demonstra de forma mais precisa a lesão, com impregnação heterogênea pelo contraste, comprometendo o seio cavernoso e a região petroclival direitos, com extensão ao cavo de Meckel, ligamento petroclival e seio petroso. Associa-se heterogeneidade da medular do *clivus* e da asa maior do osso esfenoide à direita. Metástase de neoplasia da mama.

No caso de suspeita de comprometimento secundário da base do crânio, a história clínica é essencial, sendo importante a diferenciação entre lesão primária e secundária, e a avaliação do restante do corpo é recomendada.

Ecchordosis Physaliphora

A *ecchordosis physaliphora* é um pequeno nódulo gelatinoso derivado de remanescente notocordal ectópico retroclival, em localização intradural, e normalmente é diagnosticado como achado incidental. Pode ser caracterizado nos exames de imagem como pequena imagem com baixo sinal em T1 e hipersinal em T2, sem realce pelo contraste, no *clivus* ou cisterna pré-pontina, e a principal característica de imagem é a presença de pequena espícula óssea conectando o *clivus* a essa imagem nodular (Figura 35). É uma lesão de crescimento lento, o que permite a diferenciação com cordomas, porém, eventualmente, pode promover sintomas compressivos relacionados a maiores dimensões ou até mesmo a hemorragias.

Cordoma

Cordomas são tumores raros, que se originam de remanescentes da notocorda, ao longo do eixo cerebroespinhal. A incidência geral é de cerca de 0,08 por 100.000 pessoas. São consideradas lesões de crescimento lento e invasivas, localmente agressivas, com destruição óssea adjacentes. Geralmente ocorrem nas extremidades do neuroeixo, com cerca de 32% no *clivus*, 32,8% espinais e 29,2% sacrais. Os cordomas correspondem a cerca de 0,1-0,2% de todos os tumores intracranianos e cerca de 1-4% de todos os tumores ósseos. Apresentam predominância no sexo masculino, com pico de incidência entre 50 e 60 anos, porém podem ocorrer em qualquer idade, com baixa frequência abaixo de 40 anos. Menos de 5% dos casos ocorrem em crianças e adolescentes, e nesses casos costumam ter maior agressividade. Essas lesões apresentam alta taxa de metástases, alta taxa de recorrência local e disseminação ao longo de leitos cirúrgicos, por isso muitas vezes o cirurgião evita biópsias quando o diagnóstico de cordoma é altamente sugestivo nos exames de imagem.

Tipicamente os cordomas são originados na topografia da sincondrose esfeno-occipital, na linha média, porém podem se originar em suas extremidades superior e inferior, no corpo do esfenoide ou no *clivus*. Podem também, com menor frequência, apresentar origem em outros sítios, como na fissura petroclival, sela túrcica, rinofaringe ou até mesmo nas cavidades paranasais.

A lesão típica também apresenta extensa destruição óssea de lenta evolução, podendo comprometer todas as estruturas ósseas adjacentes, incluindo ápices petrosos, sela túrcica, região suprasselar e estruturas da fossa posterior, e superiormente pode invadir o sistema ventricular e infe-

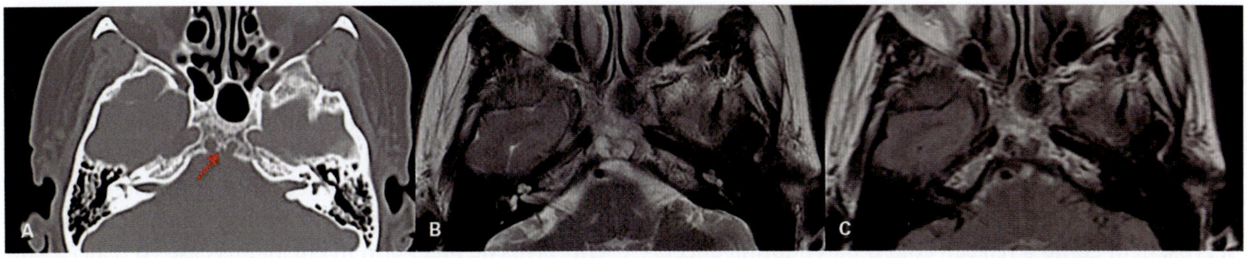

Figura 35 Tomografia computadorizada axial em janela óssea (A) demonstra lesão lítica de margens bem delimitadas, com bordas escleróticas, no aspecto posterior do *clivus*, com pequena espícula óssea central (seta vermelha). A ressonância magnética axial pesada em T2 (B) e T1 pós-contraste (C) do mesmo paciente mostra a lesão com septações internas, sem realce pelo contraste e sem comprometimento significativo da cisterna pré-pontina. Esses achados são compatíveis com *Ecchordosis physaliphora*.

riormente a rinofaringe. O quadro clínico desses pacientes é variável e depende das estruturas comprometidas, e normalmente se dá por compressão da ponte e de nervos cranianos.

A TC apresenta maior sensibilidade para a avaliação da destruição óssea e dos planos comprometidos (Figura 36), demonstrando lesão hipoatenuante, normalmente cir-

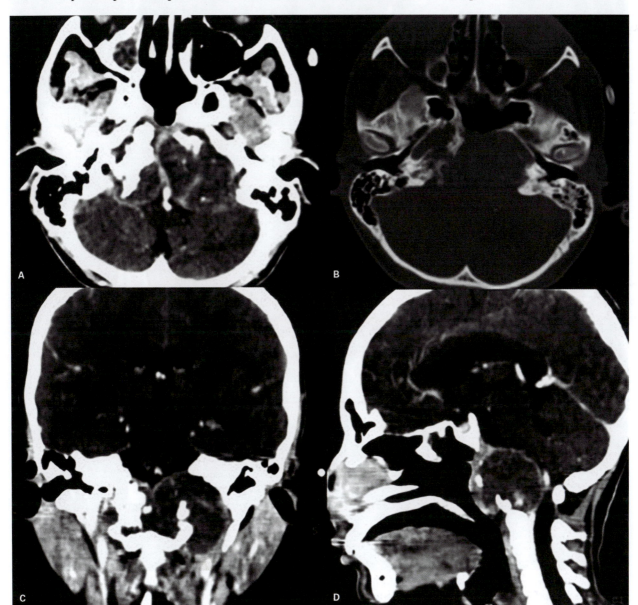

Figura 36 Tomografia computadorizada axial em janela de partes moles com contraste (A) e janela óssea (B) mostra lesão expansiva osteolítica invadindo a base do crânio, mediana e paramediana à esquerda, com áreas de realce periférico e extensão aos compartimentos adjacentes, achados também demonstrados nas reformatações coronal (C) e sagital (D). Cordoma.

cunscrita, mediana ou eventualmente paramediana e com realce discreto pelo contraste iodado. Alguns focos de calcificação podem ser observados no interior da lesão e estão relacionados a fragmentos ósseos secundários à erosão.

A RM é o exame de escolha para a avaliação da infiltração da lesão, com maior sensibilidade para a avaliação das estruturas comprometidas, como vasos e nervos, bem como a relação com o parênquima encefálico. O aspecto mais comum é o de lesão com sinal intermediário ou baixo em T1 e intenso alto sinal em T2 (Figura 37), esse último uma característica típica dessa lesão. Casos de cordomas com baixo sinal em T2 podem ser observados, sugerindo lesões pouco diferenciadas e mais agressivas. Após a injeção do contraste apresenta impregnação heterogênea, algumas vezes com aspecto em "favos de mel", porém em alguns casos o realce é mí-

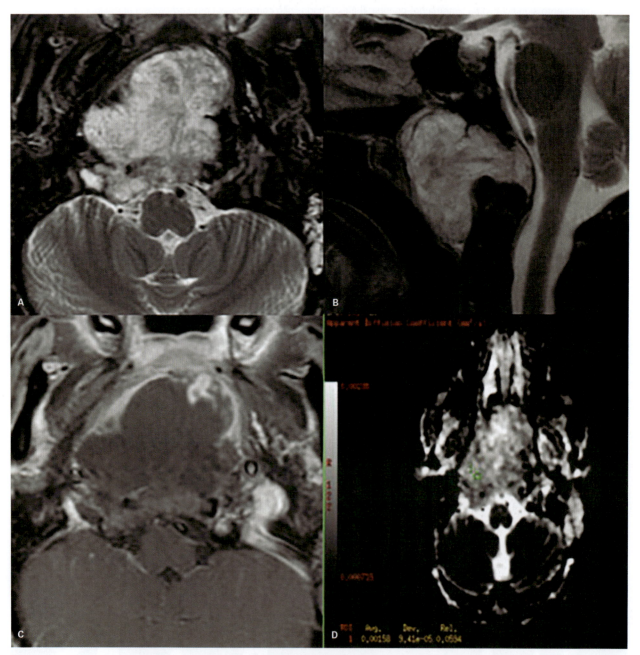

Figura 37 Ressonância magnética axial (A) e sagital (B) pesada em T2 e axial T1 pós-contraste (C) demonstra lesão de margens mal delimitadas, comprometendo o *clivus*, com extensão anterior junto à rinofaringe e entre o *clivus* e a articulação atlanto-odontal e compressão da dura-máter. A lesão apresenta hipersinal em T2 característico, com realce pobre pelo contraste, principalmente periférico, achado mais observado em cordomas pouco diferenciados. O mapa de coeficiente aparente de difusão (ADC) da lesão (D) demonstra valor de $1,58 \times 10^{-3}$ mm^2/s. Achados compatíveis com cordoma.

nimo. Áreas de hemorragia intralesional eventualmente podem ser caracterizadas (Figura 38), com hipersinal em T1. Em razão da alta recorrência e do risco de metástases, o controle pós-operatório com RM é sempre realizado.

O condrossarcoma é o principal diagnóstico diferencial, porém a sua localização paramediana e a presença de matriz condroide, apesar de nem sempre frequente, pode auxiliar no diagnóstico.

Os atuais estudos com técnicas avançadas de RM tentam diferenciar o cordoma clássico do condrossarcoma, principalmente por meio do estudo de difusão e cálculo do coeficiente aparente de difusão (ADC), com conclusões relevantes e reprodutíveis (Figura 37D). O cordoma apresenta ADC mediano de $1,35 \times 10^{-3}$ mm^2/s, com variação de $1,16$ a $1,44 \times 10^{-3}$ mm^2/s, consideravelmente menor que o do condrossarcoma (ADC de $2,05 \times 10^{-3}$ mm^2/s). Já o cordoma pouco diferenciado apresenta valores ainda menores que os demais, com ADC mediano de cerca de $0,87 \times 10^{-3}$ mm^2/s.

Outras lesões com características líticas centradas no *clivus* podem causar também dificuldades no diagnóstico diferencial e, em crianças, em razão da raridade do cordoma, deve-se sempre pensar em outras hipóteses, principalmente no rabdomiossarcoma.

Condrossarcomas

Condrossarcomas são tumores malignos raros de células derivadas de condrócitos, representando cerca de 20% dos tumores do sistema esquelético. Apresentam características morfológicas variáveis, e tipicamente ocorrem nas regiões metaepifisárias superiores dos membros, porém em cerca de 2% dos casos podem ocorrer na base do crânio, representando cerca de 0,1-0,2% de todos os tumores intracranianos. Normalmente apresentam cresci-

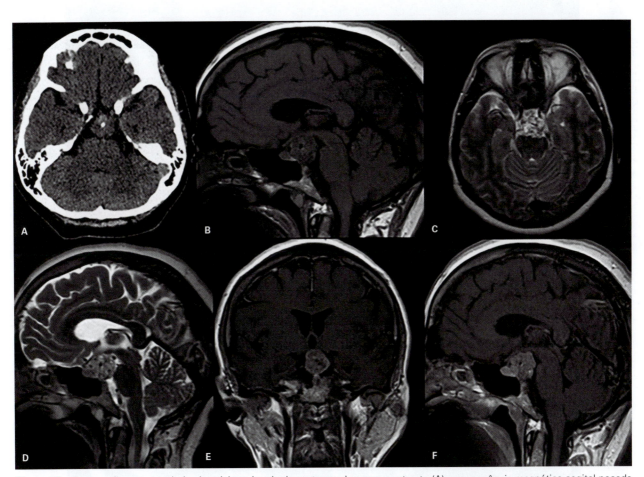

Figura 38 Tomografia computadorizada axial em janela de partes moles sem contraste (A) e ressonância magnética sagital pesada em T1 sem contraste (B), axial (C) e sagital pesados em T2 (D) e coronal (E) e sagital (F) T1 pós-contraste demonstram lesão sólida e heterogênea, centrada posteriormente à hipófise, que oblitera a cisterna pré-pontina até a região hipotalâmica, apresentando sinal heterogêneo, com predomínio de hipersinal em T2, realce heterogêneo pelo meio de contraste, com focos de hipersinal em T1, que podem representar depósitos hemáticos/hiperproteicos e de baixo sinal, que podem corresponder a calcificações. Nota-se irregularidade junto à face superior do *clivus*, na topografia da sincondrose esfeno-occipital, que tem contato com a lesão acima descrita. Achados compatíveis com cordoma.

mento lento e promovem erosão óssea adjacente, e quanto maior o grau, maior a velocidade de crescimento e de destruição óssea. Ocorre mais frequentemente entre 40 e 70 anos, com certa predominância feminina (1,1 : 1), porém muitos estudos não demonstram predileção por sexo.

As lesões se originam de áreas com presença de tecido cartilaginoso, porém podem ter origem no osso endocondral ou até mesmo em tecidos extraesqueléticos, como meninges e partes moles.

Na base do crânio a lesão apresenta origem típica na sincondrose petro-occipital, o que determina a sua localização paramediana habitual (Figura 39) e auxilia no diagnóstico diferencial com o cordoma clássico, que tipicamente apresenta origem mediana. Entretanto, pode se originar de outras sincondroses, como a esfeno-occipital e a esfenoetmoidal e em cerca de 13% apresenta origem mediana, principalmente quando associada às síndromes de Ollier e Maffucci.

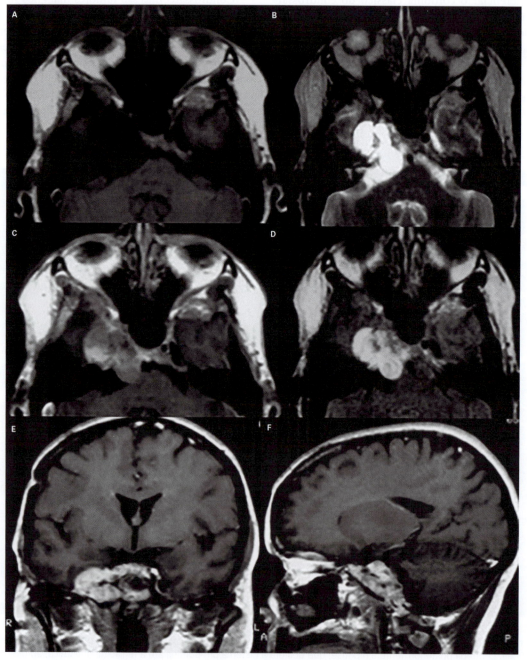

Figura 39 Ressonância magnética com cortes axiais mostra lesão expansiva na base do crânio central, paramediana direita, invadindo o seio cavernoso, erodindo a pirâmide petrosa, com ausência de sinal em T1 pré-contraste (A), alto sinal em T2 e (B) realce em T1 pós-contraste (C e D). Também é caracterizado realce e sinais de invasão do seio cavernoso no corte coronal T1 pós-contraste (E) e de erosão do *clivus* no corte sagital (F). Condrossarcoma.

A TC e a RM apresentam atuação conjunta no diagnóstico dos condrossarcomas. A TC demonstra a presença de matriz condroide, com calcificações amorfas mais frequentemente, e avalia o grau de erosão óssea (Figura 40). O componente de partes moles da lesão tipicamente apresenta atenuação de partes moles e realce heterogêneo pelo contraste iodado. A maior parte das lesões também apresenta nítida transição entre o osso normal e a área de erosão.

A RM apresenta características típicas de condrossarcoma em qualquer lugar do corpo, com baixo sinal em T1 e intenso hipersinal em T2 (Figuras 39 e 41), com realce heterogêneo pelo contraste paramagnético (Figuras 39 a 41), porém o realce é variável, visto que, em lesões de menor grau, em razão da menor vascularização, o realce é tênue.

Da mesma forma que no cordoma, entre as técnicas avançadas de RM, o estudo, por meio da difusão apresenta maior utilidade no diagnóstico diferencial, principalmente com os cordomas. Tipicamente, o condrossarcoma apresenta ADC mediano de cerca de $2,05 \times 10^{-3}$ mm^2/s, maior que o observado em casos de cordomas clássicos e pouco diferenciados.

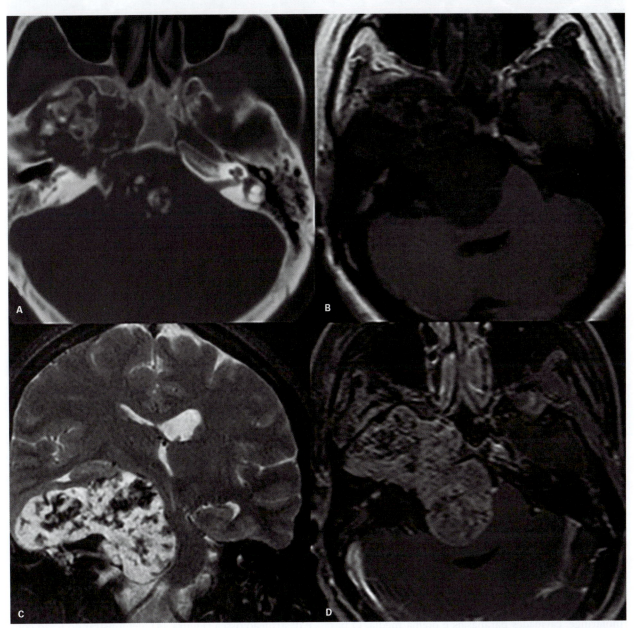

Figura 40 Tomografia computadorizada axial com janela óssea (A) demonstra lesão expansiva na base do crânio central, paramediana direita, com componente calcificado e amorfo de permeio relacionado à matriz condral, na topografia da fissura petro-occipital. A ressonância magnética axial pesada em T1 pré-contraste (B), coronal T2 (C) e axial T1 pós-contraste (D) demonstra lesão com baixo sinal em T1 e alto sinal em T2, e impregnação heterogênea pelo contraste paramagnético. Lesão compatível com condrossarcoma.

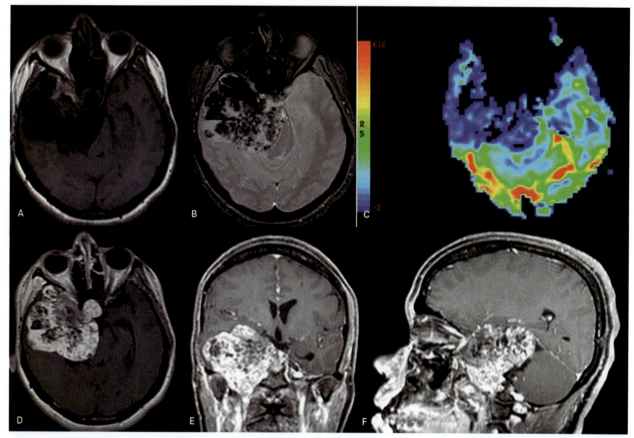

Figura 41 Ressonância magnética demonstra lesão expansiva na base do crânio central, paramediana direita, com áreas heterogêneas internas de diminuição do sinal que representam calcificações em cortes axiais T1 pré-contraste (A) e T2 (B), sem representação ao estudo de perfusão (C) e realce heterogêneo nos cortes T1 pós-contraste axial (D), coronal (E) e sagital (F). Lesão compatível com

Carcinoma de células escamosas

Por conta da proximidade da rinofaringe e de cavidades paranasais com a base do crânio, muitas vezes lesões originadas nessas regiões apresentam extensão por contiguidade para a base do crânio, com destruição óssea local, e podem também levar a disseminação perineural dos tumores. As lesões originadas nessas localizações serão mais bem descritas em seus respectivos capítulos.

Rabdomiossarcoma

O rabdomiossarcoma é o sarcoma de partes moles mais comum em crianças, representando cerca de 4,5% das neoplasias em crianças e é o sarcoma mais comum em cabeça e pescoço, visto que 35% desses sarcomas comprometem essa região. De todos os casos, cerca de 70% surgem abaixo dos 10 anos, com pico entre 2 e 5 anos. Os locais mais frequentemente comprometidos são órbita, rinofaringe, cavidades paranasais e orelha média. O padrão histológico mais comum na cabeça e no pescoço é o embrionário.

Os rabdomiossarcomas podem ser divididos em três tipos, de acordo com a sua origem, em: orbitário; parameníngeo; outros locais.

Os tumores classificados como parameníngeos apresentam origem próxima à meninge na base do crânio, como orelha média (Figura 42), rinofaringe e seios esfenoidais e etmoidais. Em razão dessa proximidade com a meninge, o prognóstico é pior pela rápida invasão intracraniana e disseminação meníngea e perineural.

Nos estudos de imagem, o rabdomiossarcoma apresenta características inespecíficas, com a presença de lesão infiltrativa e destrutiva comprometendo a base do crânio, porém a ocorrência na faixa etária infantil permite considerá-lo a principal hipótese diagnóstica. A disseminação perineural, invasão dos seios cavernosos e da dura-máter são achados relevantes e esperados nesses casos, devendo ser ativamente avaliados, pois podem levar a um pior prognóstico.

A TC apresenta maior utilidade para definir invasão e destruição óssea (Figura 44), demonstrando lesão com atenuação de partes moles e com realce heterogêneo pelo contraste iodado, muitas vezes de limites mal definidos.

1 BASE DO CRÂNIO   **513**

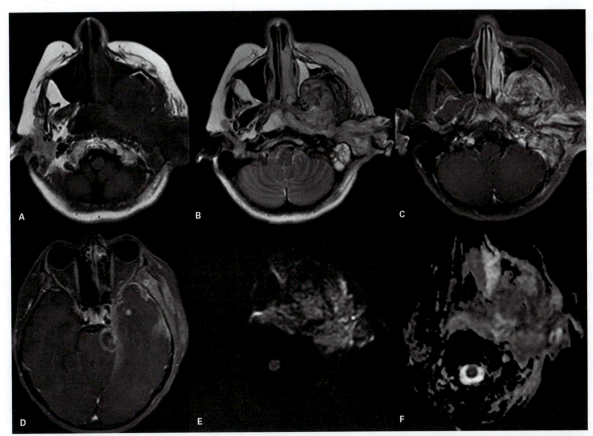

Figura 42 Ressonância magnética em cortes axiais T1 pré-contraste (A), T2 (B), T1 pós-contraste (C e D), difusão (E) e mapa de coeficiente aparente de difusão (ADC) (F) mostra lesão expansiva com impregnação heterogênea pelo contraste comprometendo as orelhas externa, média e interna esquerdas, com extensão para a rinofaringe, espaço mastigatório e ao longo do ápice petroso para a base do crânio. Há ainda sinais de invasão da fossa craniana média esquerda, com áreas de espessamento da dura-máter, bem como invasão da tenda cerebelar desse lado. A sequência de difusão mostra que essa lesão também apresenta restrição à difusão das moléculas de água, o que denota alta celularidade. Rabdomiossarcoma.

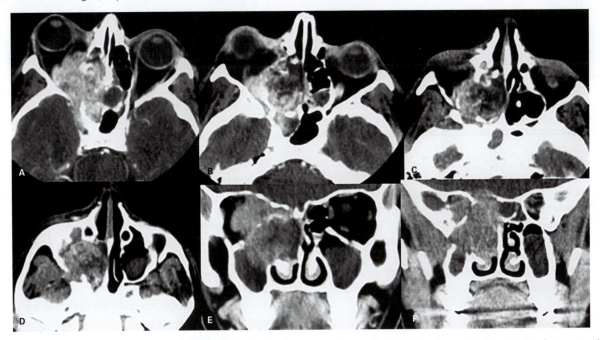

Figura 43 Tomografia computadorizada em cortes axiais (A a D) e coronais (E e F) pós-contraste mostra lesão expansiva com realce heterogêneo na órbita, nos seios maxilar e esfenoidal e na fossa nasal à direita, com erosão óssea e invasão das fissuras orbitárias superior (A) e inferior (B), da fossa pterigopalatina (C), do espaço bucal (D), do ápice orbitário (E) e da fossa cerebral anterior (F). Rabdomiossarcoma.

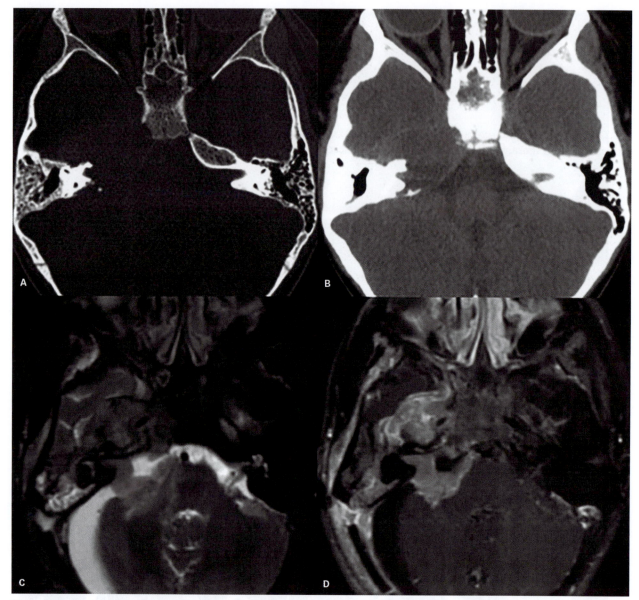

Figura 44 Tomografia computadorizada em cortes axiais em janela óssea (A) e de partes moles sem contraste (B) mostra lesão expansiva no ápice petroso direito, com extensão ao *clivus* e para a cisterna do ângulo pontocerebelar desse lado. Ressonância magnética axial pesada em T2 (C) e T1 pós-contraste (D) demonstra a extensão e o padrão de realce da lesão de forma mais adequada, demonstrando o comprometimento intracraniano. Rabdomiossarcoma.

A RM apresenta maior indicação para a avaliação da invasão dos planos de partes moles adjacentes e delimitar toda a extensão da lesão (Figuras 42 e 44), principalmente a disseminação perineural. Apresenta sinal intermediário em T1 e sinal heterogêneo em T2, mais frequentemente com alto sinal, porém variável. Há também impregnação heterogênea pelo gadolínio. Em razão da chance de recorrência, um controle evolutivo com RM é recomendado.

Plasmocitoma

Plasmocitoma solitário é um tumor raro, que corresponde a menos de 10% dos tumores com proliferação monoclonal de células plasmáticas. As suas duas formas, o plasmocitoma ósseo solitário e o plasmocitoma extramedular, podem ser distinguidas, por meio do sítio de origem, prognóstico e tendência a converter-se em mieloma múltiplo, com cerca de 67% nos casos de intramedular e cerca de 15% em extramedulares. Cerca de 5% dos pacientes com mieloma múltiplo tiveram diagnóstico inicial de plasmocitoma.

O comprometimento da base do crânio é raro, e o diagnóstico se dá por meio da exclusão de outros diagnósticos pelo estudo anatomopatológico, e sua diferenciação por meio de estudos de imagem é difícil. Os sítios mais comuns são órbitas, seios esfenoidais e dorso selar. Os plasmocitomas do *clivus* são considerados intramedulares (Figura 45) e apresentam rápida progressão para mieloma múltiplo, com pior prognóstico. A média de idade é de 57 anos, com certa predominância feminina (2:1). Os sintomas mais comuns são cefaleia, déficit visual e alterações endócrinas, achados relacionados à invasão das estruturas adjacentes.

Na TC, tipicamente, essas lesões apresentam componente lítico (Figura 45A) e pequena zona de transição com o osso normal, e costumam apresentar realce intenso pelo contraste iodado. Ao estudo de RM, tipicamente, é caracterizada lesão com sinal intermediário em T1 (Figura 45B) e alto sinal ou moderado em T2 (Figura 45C), e após a injeção do meio de contraste paramagnético há realce intenso e homogêneo pelo gadolínio. O exame de tomografia por emissão de pósitrons/tomografia computadorizada (PET/CT) pode ser recomendado nesses casos para afastar outros sítios da doença.

Disseminação perineural

Crescimento tumoral perineural é um padrão reconhecido de metástases malignas que ocorre ao longo dos espaços potenciais entre o nervo e sua bainha. É importante a diferenciação entre disseminação perineural e invasão perineural. A disseminação perineural é definida como extensão macroscópica do tumor longe do sítio primário e detectável pelo estudo de imagem, e invasão perineural é definida por meio do estudo histológico. Uma característica importante é que os tumores podem apresentar disseminação bidirecional, por via anterógrada ou retrógrada.

A frequência de invasão perineural em cabeça e pescoço é de cerca de 2,5-5%, e a taxa de disseminação perineural tende a ser menor. Esse envolvimento pode ser visto em quaisquer tumores em cabeça e pescoço, mas tende a predominar em alguns tipos tumorais, que apresentam maior afinidade, o que deve ser sempre motivo de atenção para o radiologista.

O tumor mais comum que leva à disseminação perineural é o carcinoma de células escamosas (Figura 46), pelo fato de ser o tumor maligno mais comum em cabeça e pescoço (95%), com origem principalmente na laringe, cavidade oral e tonsilas palatinas, porém, pode também se originar em quaisquer outros lugares, como cavidades paranasais, órbitas e pele. O carcinoma adenoide cístico (Figura 47), entretanto, é o tumor mais conhecido por causar comprometimento perineural em até 50% dos casos, porém representa somente 1-3% dos tumores malignos de cabeça e pescoço. Carcinomas de células basais, melanoma (principalmente o tipo desmoplásico), carcinoma mucoepidermoide e linfoma (Figura 48) também podem causar a disseminação perineural.

A maioria dos pacientes com disseminação perineural é sintomática ao diagnóstico, incluindo dor, parestesias, disestesias, fraqueza ou paralisia. Caso seja observado comprometimento de diversos nervos, sugere comprometimento mais central, como seios cavernosos ou invasão leptomeníngea. A avaliação direcionada de todos os forames da base do crânio é recomendada em todos os pacientes com lesões malignas de cabeça e pescoço, especialmente naqueles com conhecida propensão à disseminação perineural.

A disseminação perineural ocorre mais frequentemente pelos ramos do nervo trigêmeo (Figura 49) e pelo nervo facial, que são responsáveis pela maior parte da inervação sensitiva e motora da face, entretanto outros nervos também são comprometidos.

O comprometimento do ramo oftálmico do trigêmeo (V1) é mais raro que nos demais segmentos, e a maioria dos tumores com disseminação por esse ramo tem origem na pele, para os ramos nasociliar, lacrimal e frontal do nervo. Apresenta sintomas de dor sinusal ou ausência do reflexo corneal.

O ramo maxilar do trigêmeo (V2) fornece inervação sensitiva para o terço médio da face, e os seus ramos principais são os nervos zigomático, alveolar superior e infraorbitário. Como esse ramo atravessa o seio caver-

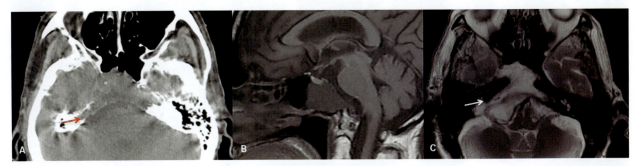

Figura 45 Tomografia computadorizada axial com janela de partes moles (A) demonstra lesão osteolítica com atenuação de partes moles, com margens mal delimitadas, que compromete o corpo do osso esfenoide e o *clivus*, com extensão aos ápices petrosos, principalmente à direita, onde compromete o canal carotídeo (seta vermelha). Ressonância magnética sagital pesada em T1 sem contraste (B) e axial pesada em T2 (C) demonstra a lesão de forma mais bem definida, com comprometimento da base do crânio, extensão aos ápices petrosos, contato com a sela túrcica e envolvimento da artéria carótida interna direita (seta branca) e contato com a esquerda. Plasmocitoma.

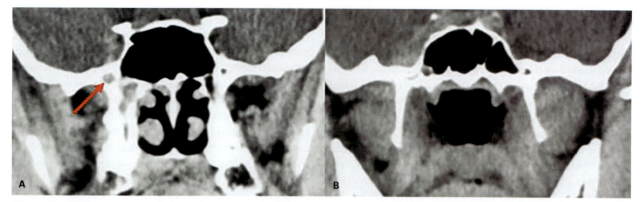

Figura 46 Tomografia computadorizada em janela de partes moles e cortes coronais pós-contraste evidencia lesão infiltrativa na base do crânio à direita, alargando o forame redondo (seta vermelha em A) e o seio cavernoso direitos (B). Carcinoma epidermoide com disseminação perineural.

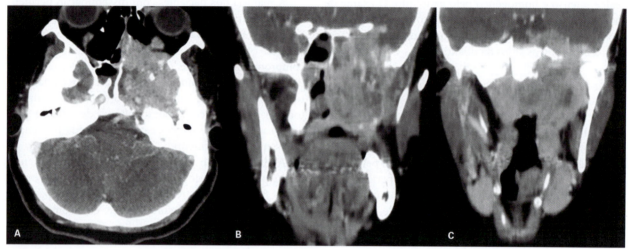

Figura 47 Tomografia computadorizada axial com contraste axial (A) mostra massa sólida e heterogênea destruindo a base do crânio, o ápice orbitário e os seios esfenoidal e etmoidal à esquerda, com infiltração da fossa cerebral média e invasão dos espaços mucosofaríngeo, parafaríngeo e mastigatório nos cortes coronais (B e C), com alargamento do forame oval esquerdo e erosão da asa maior esquerda do osso esfenoide (C). Carcinoma adenoide cístico.

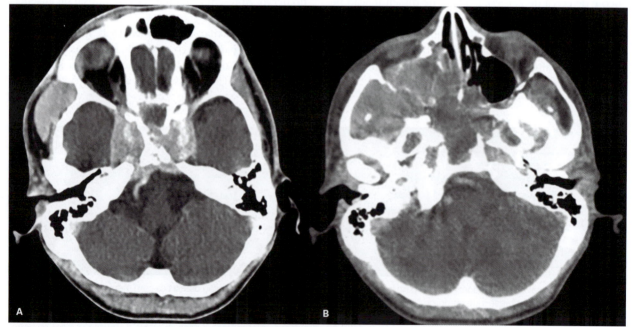

Figura 48 Tomografia computadorizada em cortes axiais com contraste demonstra lesão infiltrativa na base do crânio invadindo os seios cavernosos (A) e erodindo as paredes do seio esfenoidal e alargando e invadindo a fossa pterigopalatina direita (B), com extensão ao espaço mastigatório desse lado. Linfoma.

noso, forame redondo e fossa pterigopalatina, estes são importantes pontos a serem analisados na suspeita de seu comprometimento. Através da fossa pterigopalatina, pode se disseminar pelos demais forames da base do crânio ou se estender para o cavum de Meckel.

O ramo mandibular (V3) fornece inervação sensitiva para o terço inferior da face, assoalho bucal e língua, além de inervação motora principalmente para a musculatura mastigatória, assoalho bucal, músculos tensor do tímpano e tensor do véu palatino; e lesões nessas regiões podem se estender ao forame oval, e em seguida ao cavum de Meckel. A caracterização de denervação da musculatura pode indicar o seu comprometimento, com atrofia progressiva.

A TC apresenta como principal utilidade a avaliação da lesão primária, demonstrando as margens tumorais e sua relação com os canais por onde passam os nervos e a relação com a base do crânio. A janela óssea fornece informações importantes sobre as dimensões dos canais (Figura 46), importante característica na suspeita de invasão.

Já a RM apresenta maior sensibilidade na avaliação dos nervos propriamente ditos, com realce liso e alargamento dos forames, e a extensão do realce desde a lesão primária (Figura 49). Podem ser observadas ainda áreas nodulares em continuidade para o cavum de Meckel, seio cavernoso e segmentos cisternas dos nervos cranianos.

Em relação ao nervo facial, o maior número de casos com disseminação perineural para esse nervo se dá através de lesões parotídeas, seja primária ou contiguidade por lesões de pele. Caso invada o segmento intraparotídeo do nervo, pode se estender pelo forame estilomastóideo para o segmento intratemporal. Em casos em que não se conhece o tumor primário, os sintomas podem ser confundidos com neurite do facial, e caso o exame de RM não inclua a glândula parótida, pode ser feito o diagnóstico errado. Da mesma forma, em relação ao comprometimento do trigêmeo, é caracterizado realce assimétrico em continuidade com a lesão primária. Lesões que comprometem a fossa craniana média também podem se estender ao nervo facial através do hiato do nervo facial, por onde passa o nervo petroso superficial maior, e dessa forma adentra o canal do facial.

Para o adequado diagnóstico de disseminação perineural, o radiologista deve conhecer o tumor primário e ter conhecimento das relações e estruturas neurais adjacentes, inclusive com conhecimento dos trajetos dos nervos. A RM apresenta maior sensibilidade para a avaliação, com densificação da gordura adjacente nas sequências T1 pré-contraste e mais bem caracterizada nas imagens T1 pós-contraste com saturação de gordura, podendo haver alteração do sinal da medula óssea adjacente.

Realce dural

Tumores intra e extracranianos apresentam padrões diversos de comprometimento da dura-máter, seja por infiltração por contiguidade, disseminação hematogênica ou alterações reacionais pela presença tumoral.

O padrão de comprometimento da dura-máter pode ser variável. Realce linear e difuso pode ser achado que indica alterações reacionais pela presença tumoral, alterações pós-cirúrgicas ou até mesmo hipotensão liquórica, no contexto adequado. Entretanto, padrão nodular de realce (Figura 50), espessamento de forma assimétrica ou áreas focais de realce sugerem mais a possibilidade de infiltração tumoral. Espessuras acima de 5,0 mm falam a favor de invasão dural (Figura 51).

O estudo liquórico sempre é recomendado nesses casos em que há a suspeita de invasão meníngea, porém achados laboratoriais negativos não excluem a invasão, da mesma forma que a ausência de realce também não a exclui.

Esclerose do processo pterigóideo

Os carcinomas de rinofaringe são lesões muitas vezes inacessíveis ao exame físico, portanto os exames de imagem apresentam função vital no estadiamento tumoral, particularmente para avaliação das imagens profundas da doença. A invasão da base do crânio é relativamente comum, com aspecto permeativo e erosivo e até mesmo disseminação perineural através das vias foraminais. Um achado que pode ser observado em pacientes não tratados é a esclerose do processo pterigoide homolateral ao lado da doença, que pode ocorrer com ou sem evidência de invasão da base do crânio.

Em alguns estudos, cerca de 60% dos pacientes com carcinoma de rinofaringe não tratados apresentam esclerose do processo pterigóideo (Figura 52), indicando uma proximidade da lesão com a base do crânio. A presença de áreas de esclerose não tem causa bem determinada, porém indica necessidade de tratamento mais agressivo, principalmente nos dias atuais, em que o planejamento para a radioterapia, tratamento de escolha para os carcinomas de rinofaringe, necessita de uma determinação cada vez mais precisa da área a ser irradiada, principalmente por meio da técnica de radioterapia com intensidade modulada (IMRT), que permite poupar cada vez mais o tecido considerado normal adjacente à lesão, e permitindo uma dose maior na lesão propriamente dita. Caso a esclerose do processo pterigóideo esteja presente, ela deve ser obrigatoriamente incluída no campo de irradiação.

Alterações actínicas

O tratamento com radioterapia é importante para pacientes com lesões malignas e benignas da base do crânio. O tratamento radioterápico pode ser aplicado isoladamente ou em conjunto com cirurgia e quimioterapia. Se utilizado em conjunto com a cirurgia, em geral

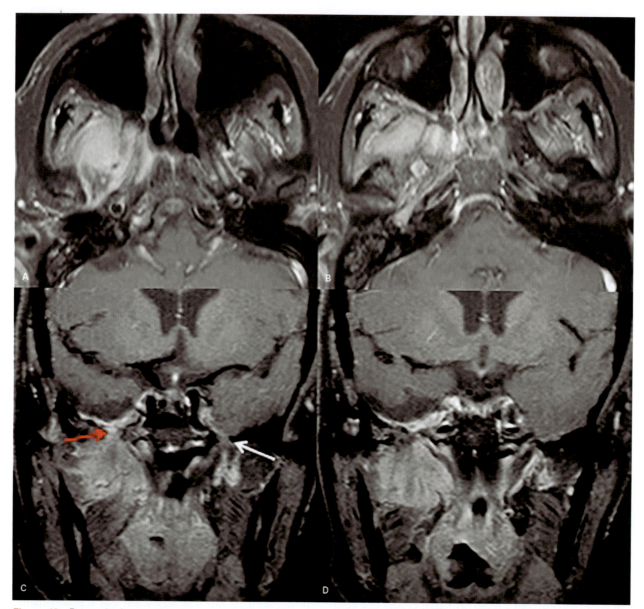

Figura 49 Ressonância magnética em cortes axiais (A e B) e coronais (C e D) T1 pós-contraste evidencia lesão infiltrativa no espaço mastigatório direito, associada a disseminação perineural pelo ramo mandibular do nervo trigêmeo direito, com alargamento do forame oval desse lado (seta vermelha), espessamento da dura-máter na fossa craniana média (que denota infiltração) e espessamento do seio cavernoso. É possível observar o diâmetro normal do forame oval esquerdo (seta branca em C). Carcinoma epidermoide de rinofaringe.

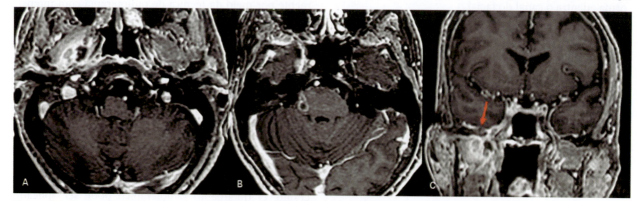

Figura 50 Ressonância magnética com cortes pesados em T1 pós-contraste mostra disseminação perineural de lesão expansiva no espaço mastigatório à direita, com envolvimento do seio cavernoso e do forame oval nos cortes axiais (A e B) e com invasão dural caracterizada por realce focal, nodular no corte coronal (seta vermelha em C). Carcinoma epidermoide.

A osteorradionecrose da base do crânio anterior, central ou lateral pode ocorrer em qualquer tipo de tratamento envolvendo a base do crânio (Figura 53), e, de forma diferente da osteonecrose da mandíbula, é menos estudada e detectada. Os ossos afetados podem incluir *clivus*, ossos temporais e corpo do esfenoide. As sequelas podem variar desde herniações cerebrais, fístulas liquóricas, pneumocrânio e meningite.

Diversos fatores podem estar relacionados à ocorrência ou não de osteorradionecrose, principalmente fatores relacionados à dose terapêutica, o tipo de radioterapia aplicada, o tempo de tratamento, fatores relacionados ao próprio paciente, o osso a ser irradiado, os tipos tumorais e a presença ou não de outros tratamentos associados. As alterações ósseas ocorrem em cerca de 0,4-22% dos pacientes com câncer de cabeça e pescoço, e geralmente de 1 a 3 anos após o tratamento.

Pacientes com fatores clínicos que alteram a vascularização da base do crânio podem ter maior risco de osteonecrose, como diabetes, hipertensão, tabagismo e doença vascular periférica. A extensão tumoral e o tipo de tumor também podem aumentar o risco de osteonecrose, principalmente em tumores de maiores dimensões que envolvem maior número de ossos da base do crânio. Cirurgia antes ou após a radioterapia também aumenta o risco do aparecimento de osteonecrose, aumentando a fragilidade desses ossos já comprometidos pelo tumor, reduzindo dessa forma a vascularização local. Outras complicações, como infecção e falha do enxerto, também aumentam o risco.

A própria radioterapia apresenta fatores que podem influenciar na incidência da osteorradionecrose, como dose total, dose por fração e número do fracionamento, e apesar de não haver um limiar bem descrito para a base do crânio, em geral, pode receber de 70 a 76 Gy com fra-

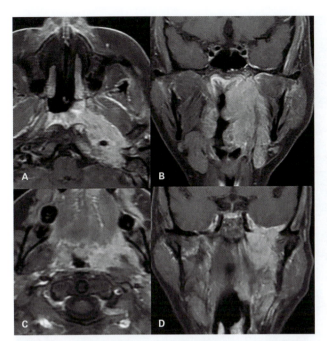

Figura 51 Ressonância magnética com cortes pesados em T1 pós-contraste axiais (A e C) e coronais (B e D) mostra disseminação perineural de lesão expansiva a partir da rinofaringe à esquerda, com invasão do espaço mastigatório e extensão até o seio cavernoso pelo forame oval, alargado, com invasão dural caracterizada por acentuado espessamento da dura-máter na fossa craniana média esquerda. Carcinoma epidermoide de rinofaringe.

a radioterapia é pós-operatória, entretanto em algumas raras ocasiões pode ser aplicada antes da cirurgia da base do crânio. Infelizmente, muitas vezes a dose necessária para lesões malignas pode exceder a tolerância dos tecidos normais adjacentes, e a associação com cirurgia e quimioterapia pode reduzir ainda mais essa tolerância, sendo os efeitos relacionados ao tratamento radioterápico algumas vezes inevitáveis nesses casos.

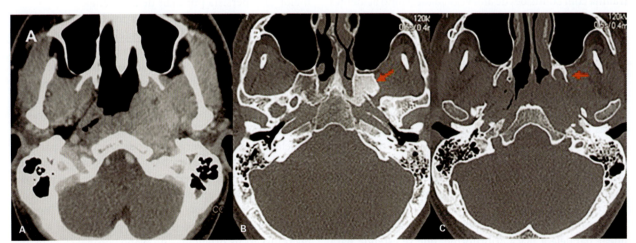

Figura 52 Tomografia computadorizada com cortes axiais em janela de partes moles com contraste (A) e janela óssea (B e C) demonstra lesão expansiva na rinofaringe à esquerda, em contato com a base do crânio e esclerose do processo e das lâminas pterigóideas esquerdas (setas vermelhas em B e C). Carcinoma indiferenciado de rinofaringe.

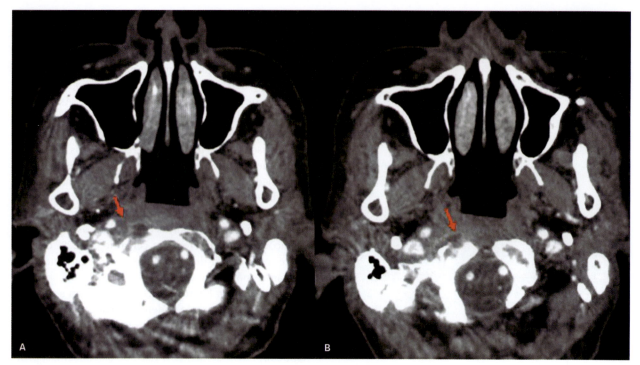

Figura 53 Tomografia computadorizada em cortes axiais pós-contraste demonstra alterações actínicas na rinofaringe, com área de erosão com realce pelo contraste na base do crânio à direita, que pode representar osteorradionecrose.

ções de 1,8 a 2,0 Gy, e valores abaixo de 60 Gy não costumam apresentar complicações.

Para permitir o diagnóstico diferencial é essencial o conhecimento da área que foi irradiada e os tratamentos associados, inclusive o tipo de manipulação cirúrgica e a quimioterapia, e se possível a dose aplicada e o tempo de evolução.

Trauma

Fraturas da base do crânio normalmente resultam de trauma com contusões de alta velocidade, como acidentes automobilísticos, acidente esportivos, e, menos frequentemente, quedas e assaltos. Estão muito associadas a fraturas faciais (Figura 54), e sua incidência aumenta com o número de fraturas da face, com 21% da base do crânio comprometida quando uma fratura da face está presente; 30,4% com duas fraturas e 33,3% com três ou mais. As fraturas da base do crânio estão associadas à extensão dessas fraturas, com comprometimento de 7-16% nas lesões não penetrantes e de 10% nas lesões penetrantes.

Fraturas da base do crânio anterior normalmente estão acompanhadas de traumas na região frontal e no terço médio da face, e levam a alta morbidade neurológica. Três tipos de fratura são observadas comprometendo a fossa craniana anterior. O tipo I representa uma fratura linear paralela à placa cribriforme, que se estende para separar as fossas cranianas anterior e média da fossa posterior. O tipo II são fraturas lineares do osso frontal que se estendem para a base do crânio, normalmente envolvendo teto orbitário, parede lateral ou mesmo ápice orbitário. O tipo III são fraturas mais complexas que levam a fraturas cominutivas do osso frontal, assim como do teto orbitário. A associação dos tipos II e III e mesmo o tipo III isoladamente estão associadas a complicações, principalmente fístula liquórica e meningite. Fístula liquórica pode complicar 4-48% das fraturas frontobasais e pneumocéfalo pode estar presente em cerca de 10-50%. Dos pacientes que desenvolvem fístulas liquóricas, cerca de 4-54% desenvolvem meningite, com risco cada vez maior caso persista por mais de 2 semanas.

Fraturas das fossas cranianas médias são de difícil avaliação, e a clínica dos pacientes pode ajudar, com rinorreia ou otorreia liquórica, hemotímpano, equimose na região da mastoide, equimose periorbitária, déficit de nervo craniano, anosmia e fístula carótido-cavernosa. Podem ser divididas em comprometimento da base do crânio central e da base do crânio lateral. As fraturas da base do crânio central comprometem a região selar e parasselar e os seios cavernosos. Podem ocorrer a partir de extensão de fraturas frontobasais ou mesmo por meio de extensão da fossa posterior para o *clivus*. A maior parte dessas fraturas apresenta um trajeto oblíquo ou com extensão sagital, da sela e dos seios esfenoidais. Traumas diretos na região lateral do crânio podem levar a fraturas transversais orientadas no plano coronal (Figura 55). Todas as fraturas que envolvem os seios esfenoidais podem comprometer as estruturas da base do crânio; e as

1 BASE DO CRÂNIO 521

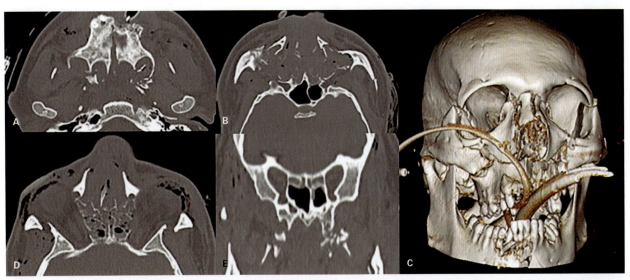

Figura 54 Tomografia computadorizada em janela óssea, com cortes axiais (A, B e D) e reformatações 3D (C) e coronal (E) demonstra inúmeras fraturas desalinhadas na face, com comprometimento das todas as estruturas faciais, com extensão para os processos pterigóideos e asas do osso esfenoide.

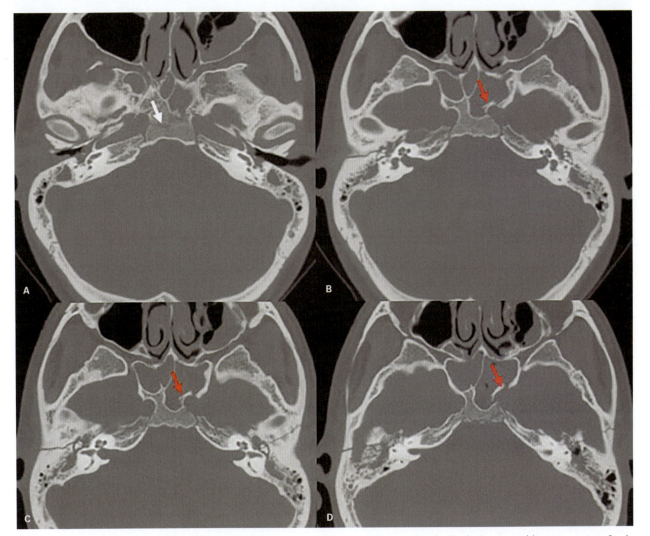

Figura 55 Tomografia computadorizada axial em janela óssea demonstra fraturas longitudinais das mastoides, com extensão da fratura para o *clivus* (seta branca) através dos ápices petrosos e para os seios esfenoidais, com desalinhamento da parede lateral do seio esfenoidal esquerdo, no nível do canal carotídeo desse lado (seta vermelha).

fraturas mais anteriores comprometem principalmente os ápices orbitários, as fissuras orbitárias superiores e os processos clinoides, já as fraturas posteriores podem se estender para os ossos temporais através do *clivus*.

Fraturas na base do crânio central, sobretudo aquelas orientadas no plano coronal, normalmente estão associadas a lesão vascular e neural, comprometendo os canais carotídeos. Lesões desses canais podem levar a transecção, dissecção, pseudoaneurismas, fístulas carótido-cavernosas (Figura 56) ou compressão vascular pelo fragmento ósseo.

Da mesma forma, lesões que atravessam os canais neurais podem levar a transecção, laceração ou estiramento dos nervos. Fraturas que atravessam os processos clinoides ou fissuras orbitárias superiores podem resultar em paralisia dos nervos oculomotores, trocleares ou ramos oftálmicos ou maxilares dos trigêmeos, e fraturas nos ápices orbitários podem levar a comprometimento das vias ópticas.

Envolvimento da sela túrcica pode resultar em hemianopsia bitemporal por conta da compressão do quiasma óptico e dissecção carotídea, podendo também levar à síndrome de Horner parcial.

Fraturas da fossa posterior são incomuns, em geral relacionadas a trauma direto sobre o osso occipital. Normalmente envolvem esse último e o segmento petroso

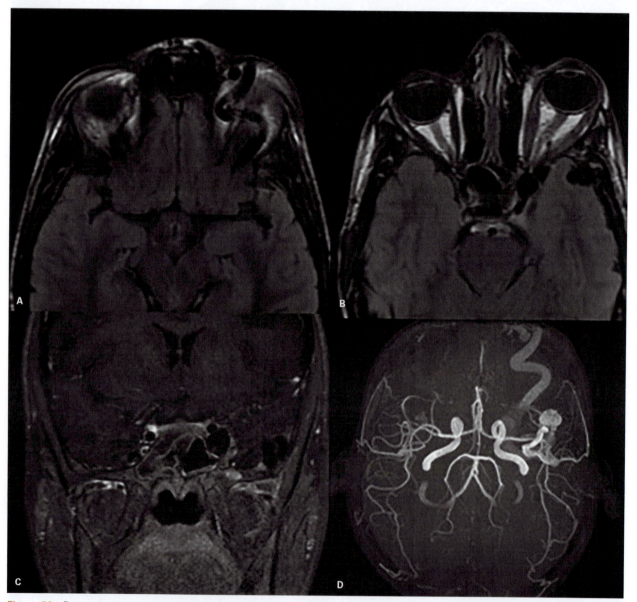

Figura 56 Ressonância magnética em cortes axiais FLAIR (*fluid-attenuated inversion recovery*) (A e B), coronal T1 pós-contraste (C) e 3D TOF (D) mostra ingurgitamento da veia oftálmica superior esquerda, alargamento do seio cavernoso e de vasos da fossa cerebral média à esquerda, em paciente vítima de trauma com fratura da base do crânio, compatível com fístula carotidocavernosa pós-traumática.

dos ossos temporais por extensão do traço de fratura. Traumas mais graves podem resultar em fraturas do *clivus*, achado que pode estar associado a alta mortalidade, de 24-80%, em razão do comprometimento do tronco encefálico e da artéria basilar, e ainda podem se estender transversalmente ou mesmo longitudinalmente. A lesão mais comum na fossa craniana posterior é o hematoma epidural relacionado a comprometimento venoso. Fraturas dos côndilos occipitais são significativas, pois podem estar associadas a instabilidade da articulação occipitoatlantoaxial, e estão relacionadas a traumas de alta energia.

A TC é o método inicial de escolha para avaliação dos pacientes com fraturas da base do crânio, em realização conjunta com o exame da face. Na suspeita de fístula liquórica, o estudo de RM pode trazer informações adicionais. O estudo de TC com multidetectores apresenta maior sensibilidade que a RM para a avaliação dos casos de fístulas líquóricas após trauma, porém a RM pode demonstrar de forma mais adequada o material com extensão através das falhas ósseas.

Caso haja a suspeita de lesão de canais vasculares, o exame deve ser obrigatoriamente complementado com os estudos angiográficos contrastados.

Fístula liquórica

A fístula liquórica da base do crânio é uma comunicação anormal entre o espaço subaracnóideo estéril com as cavidades timpanomastóidea ou nasossinusais, e clinicamente se apresentam por meio de rinorreia ou otorreia. Pela presença dessa comunicação, a flora das cavidades pode se estender para o interior do compartimento intracraniano, levando ao desenvolvimento de meningite, presente em cerca de 19% dos pacientes com rinorreia persistente.

Os exames de imagem apresentam participação importante na avaliação das fístulas liquóricas, principalmente para a localização e a avaliação das dimensões da falha óssea e da dura-máter e a avaliação da anatomia local. Dessa forma, o cirurgião pode planejar a melhor técnica a ser aplicada. Do mesmo modo que a imagem é importante para o diagnóstico da fístula, ela também pode definir a sua causa, traumática ou não traumática.

Fístulas traumáticas, incluindo as acidentais e as iatrogênicas, são as mais comuns, representando cerca de 80-90%, apesar do aumento progressivo do número de fístulas espontâneas.

Aproximadamente 10-30% dos pacientes com fraturas da base do crânio podem apresentar complicação com fístula liquórica, principalmente aqueles com fraturas cominutivas, e que se estendem ao longo das fossas cranianas anteriores, pela íntima aderência entre a dura-máter e as estruturas ósseas locais, porém fraturas da base do crânio central que atravessam os seios esfenoidais também podem levar a fístulas. Aproximadamente 80% dos pacientes com fístulas traumáticas apresentam rinorreia e otorreia nas primeiras 48 horas, e 95% nos três primeiros meses. Esse atraso nos sintomas pode decorrer da presença de coágulo obliterando a falha, que se resolve com o tempo. Cerca de 85% dos pacientes com fístulas traumáticas também apresentam recuperação espontânea, necessitando somente de tratamento conservador, com repouso e evitando manobras de Valsalva. Entretanto, pacientes que apresentam fístulas persistentes têm aumento do risco de meningite de cerca de 1,3% por dia.

Fístulas iatrogênicas podem ocorrer como resultado de procedimentos neurocirúrgicos ou mesmo otorrinolaringológicos ao longo da base do crânio, representando cerca de 16% dos casos de rinorreia traumática. Pelo aumento progressivo dos procedimentos endoscópicos para tumores do *clivus* e selares, houve aumento na última década dos casos de fístulas liquóricas relacionadas aos procedimentos. A maior parte das fístulas nesses casos acontece nas duas semanas iniciais do pós-operatório, e a maioria se resolve espontaneamente ou através de dreno lombar. O planejamento por imagem de cirurgias otorrinolaringológicas está reduzindo de forma significativa a incidência de fístulas nesses casos, em algumas casuísticas de 0,5%.

As fístulas liquóricas não traumáticas são muito menos frequentes quando comparadas às traumáticas. Podem ser secundárias, quando a causa é conhecida, causadas por erosão da base do crânio, tumores, osteorradionecrose ou mesmo pela redução das dimensões de tumores, e até mesmo lesões congênitas, com ou sem o aumento da pressão intracraniana, como encefaloceles, síndrome da sela vazia primária e persistência do canal craniofaríngeo.

As fístulas não traumáticas podem também ser espontâneas, sem causa bem definida, e muitas delas são consideradas relacionadas a hipertensão intracraniana idiopática, comum em mulheres acima do peso com distúrbios visuais, papiledema e zumbido. Acredita-se que por meio do aumento da pressão intra-abdominal e da pressão intravenosa leve ao aumento da pressão intracraniana, com aumento da pulsação dural e erosão óssea progressiva, e aumento de granulações de aracnoide, também promovendo afilamento ósseo.

O diagnóstico clínico deve ser realizado por meio da análise de beta2-transferrina da secreção nasal ou otológica, ou avaliação endoscópica do local da saída do liquor com a manobra de Valsalva.

Diversas técnicas de imagem podem ser utilizadas para a avaliação das fístulas. A TC com multidetectores apresenta grande sensibilidade, estimada em 88-95%, para detectar a área de descontinuidade óssea, e a sensibilidade aumenta com a redução da espessura do corte, chegando em artigos a 100% com cortes de 0,625 mm. Na TC devem-se procurar principalmente falhas ósseas com líquido hipoatenuante adjacente ou mesmo material com atenuação de partes moles não dependente do decúbito, que representaria meningoencefalocele. A principal vantagem também é a de não ser necessária a presença de saída do material no momento do exame para o diagnóstico.

A cisternotomografia computadorizada (Figura 57) pode ser realizada por meio da injeção intratecal de contraste iodado não iônico e de baixa osmolaridade, por via lombar, cerca de 3 a 10 mL, sendo o paciente colocado em posição de Trendelenburg ou de prece maometana para o contraste se estender para o compartimento intracraniano. Por meio dos cortes pós-contraste é observada a saída do material contrastado pela falha óssea ou, pelo menos, aumento de até 50% da atenuação do material na cavidade a ser analisada em relação ao exame sem contraste. Entretanto, esse exame apresenta riscos, com reações adversas ao contraste iodado e da punção lombar, bem como necessita de a fístula estar ativa para o diagnóstico ser preciso.

A RM por meio da utilização das sequências T2 pesadas em aquisições multiplanares aumenta o contraste entre o liquor e as estruturas adjacentes, demonstrando a continuidade do material entre os compartimentos intra e extracranianos, com sensibilidade para detecção de fístulas de cerca de 94%. A RM também é indicada caso haja a suspeita de encefalocele. Por não demonstrar as características ósseas adjacentes, a RM deve ser sempre utilizada em conjunto com a TC.

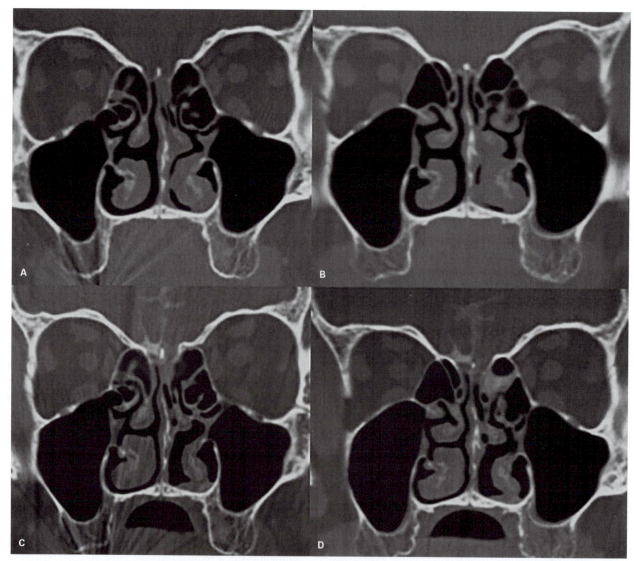

Figura 57 Tomografia computadorizada cisternografia. As imagens coronais das fases pré-contraste (A e B) e pós-contraste intratecal (C e D) mostram o defeito na placa cribriforme e a opacificação de célula etmoidal à esquerda pelo contraste, denotando fístula liquórica aberta e com saída de material em atividade.

Alterações pós-cirúrgicas

A avaliação pós-cirúrgica necessita de uma compreensão do tipo e extensão da incisão cirúrgica, material utilizado, aspecto pré-operatório da lesão e a evolução esperada. A avaliação precoce do leito cirúrgico é limitada no pós-operatório imediato, e em 24-48 horas as alterações inflamatórias decorrentes da manipulação podem promover áreas de impregnação local pelo meio de contraste não relacionadas à lesão inicial. Os produtos de degradação da hemoglobina começam a apresentar mudanças no sinal, e o material de hemostasia também começa a ser reabsorvido.

Diversos materiais têm sido utilizados para a realização de controle hemostático e fechamento das falhas ósseas da base do crânio. Precocemente, materiais preparados pela oxidação controlada de celulose regenerada, como Surgicel®, podem apresentar na RM baixo sinal em T1 e algumas falhas de sinal relacionadas a bolhas gasosas, e tênue realce periférico pós-contraste paramagnético após alguns dias. Gelfoam®, uma gelatina absorvível, apresenta sinal semelhante ao sangue nos primeiros dias e evolui para sinal isointenso à substância cinzenta, e não apresenta realce. Pode evoluir para formação de tecido de granulação, com tênue realce pelo contraste, sendo essencial a comparação com os exames anteriores para afastar a possibilidade de lesão recidivada.

Enxertos gordurosos normalmente desaparecem em 6 a 12 meses e apresentam tênue realce pelo meio de contraste, que pode persistir de forma indefinida e eventualmente reduzir de dimensões por conta de sua reabsorção. Enxertos musculares podem ser vistos como áreas arredondadas com sinal semelhante ao da gordura por causa da denervação progressiva na fase mais tardia, porém precocemente apresentam sinal isointenso ao músculo. Não apresentam redução de suas dimensões como o enxerto gorduroso ao longo do tempo.

Utilização de enxertos vascularizados ou avasculares também é comum para fechamento de falhas ósseas na base do crânio. Pequenas áreas de descontinuidade podem ser fechadas por enxertos gordurosos ou utilização da *fascia lata*. Maiores falhas podem ser fechadas por retalho mucoperiosteal nasosseptal com pedículo vascular a partir da artéria nasosseptal (retalho de Hadad-Bassagasteguy), muito útil para o fechamento de falhas que comprometam os canais óptico ou carotídeo. No estudo de RM normalmente apresentam baixo sinal em T1 e T2 e pode haver realce pelo contraste.

O risco de fístulas liquóricas é maior nos casos em que houver a necessidade de ampla área de manipulação cirúrgica, com vazamento liquórico de alto fluxo no intraoperatório.

Técnicas avançadas de imagem

A sequência ponderada em difusão (DWI) é aplicada de rotina para a avaliação dos tumores intracranianos por fornecer informações sobre a celularidade tumoral. Tumores com células densamente agrupadas restringem a movimentação das moléculas de água, e os valores do coeficiente aparente de difusão (ADC) são inversamente proporcionais em relação à celularidade. Valores maiores de ADC têm sido observados mais em tumores benignos do que em tumores malignos, inclusive para casos de tumores que comprometem a base do crânio. Entretanto, há exceções, como o condrossarcoma de alto grau, que apresenta valores de ADC semelhantes ao de lesões benignas, e o condrossarcoma de baixo grau e o cordoma, que apresentam valores de ADC semelhantes. O inverso também pode ocorrer, como o granuloma eosinofílico na base do crânio, que apresenta baixos valores de ADC, semelhante ao de lesões malignas.

Uma aplicação da DWI é na avaliação de tratamento, quando se pode avaliar a ausência ou a presença de componente tumoral ou mesmo avaliação de lesões metastáticas. Um estudo encontrou um valor de corte de $1,01 \times 10^{-3}$ mm^2/s para diferenciar lesões malignas de benignas, porém ainda são necessários estudos com maior número de pacientes para se chegar a valores mais exatos e com maior sensibilidade e especificidade.

A avaliação do movimento incoerente intravoxel (IVIM) é uma técnica de RM utilizada para o estudo tanto da difusão quanto da perfusão de forma não invasiva por meio da análise do decaimento de sinal por múltiplos valores de *b*, separando o componente de sinal de estruturas vasculares e não vasculares. Estudos mais recentes têm sido realizados para correlacionar os achados da perfusão pelo IVIM com os achados de perfusão por outros métodos nos tumores em cabeça e pescoço, principalmente carcinoma espinocelular, sendo observada boa a moderada correlação entre as técnicas. Um detalhe que pode prejudicar a avaliação nos tumores de cabeça e pescoço é o efeito de suscetibilidade magnética promovido por estruturas ósseas locais, por isso há redução da taxa de sinal/ruído quando comparados aos tumores intracranianos.

O exame de PET/CT é feito mais comumente com o uso do radiofármaco [18F]Fluorodeoxiglicose na rotina diária, e é utilizado principalmente para o estadiamento dos pacientes com tumores malignos de base do crânio em relação aos linfonodos metastáticos cervicais, com alta sensibilidade e especificidade. Também pode ser utilizado para o estadiamento de metástases ósseas ou avaliação de doença persistente/recidivada, porém com baixa especificidade por conta dos artefatos adjacentes pela captação encefálica.

O exame de PET/RM é um novo método de imagem híbrida, que, da mesma forma que o PET/CT, utiliza a [18F]Fluorodeoxiglicose, porém em associação com a imagem de RM em vez da TC. Por ser um método recente e pouco acessível, muitos estudos ainda estão sendo realizados para comparar a acurácia diagnóstica entre os dois métodos híbridos, porém no momento não foi observada vantagem significativa sobre o PET/CT no estadiamento inicial de tumores em cabeça e pescoço ou no estudo de recidiva, porém foi observada vantagem sobre o estudo de RM isoladamente, sobretudo em casos de avaliação de recidiva tumoral. Mais estudos são necessários para se saber se a avaliação por meio do exame de PET/RM poderá trazer impacto significativo sobre a escolha da terapia.

Bibliografia sugerida

1. Antonio DI, Emiliano B, Thomas H, Luigi FR, John MLML, Michael DC, et al. Skull base embryology: a multidisciplinary review. Childs Nerv Syst. 2014;30(6):991-1000.
2. Asim KB, Philip RC. Neuroimaging: intrinsic lesions of the central skull base region. Semin Ultrasound CT MR. 2013;34(5):412-35.
3. Badger D, Aygun N. Imaging of perineural spread in head and neck cancer. Radiol Clin North Am. 2017;55(1):139-49.
4. Belden CJ, Mancuso AA, Kotzur IM. The developing anterior skull base: CT appearance from birth to 2 years of age. AJNR Am J Neuroradiol. 1997;18(5):811-8.
5. Bobinski M, Shen PY, Dublin AB. Basic imaging of skull base trauma. J Neurol Surg B Skull Base. 2016;77(5):381-7.
6. Caroline DR. Imaging of head and neck neoplasms in children. Pediatr Radiol. 2010;40(4):499-509.
7. Chang PC, Fischbein NJ, Holliday RA. Central skull base osteomyelitis in patients without otitis externa: imaging findings. AJNR Am J Neuroradiol. 2003;24(7):1310-6.
8. Chong VF, Khoo JB, Fan YF. Fibrous dysplasia involving the base of the skull. AJR Am J Roentgenol. 2002;178(3):717-20.
9. Cure JK, Key LL, Goltra DD, VanTassel P. Cranial MR imaging of osteopetrosis. AJNR Am J Neuroradiol. 2000;21(6):1110-5.
10. David PG, Douglas B. Pediatric skull base surgery: 1. Embryology and developmental anatomy. Pediatr Neurosurg. 2003;38(1):2-8.
11. Dubach P, Oliveira-Santos T, Weber S, Gerber N, Dietz A, Caversaccio M. FDG-PET/CT computer-assisted biopsies for suspected persistent or recurrent malignant skull base disease. Head Neck. 2014.
12. Eun KL, Eun JL, Mi Sung K, Hee-Jin P, No HP, Sung PI, et al. Intracranial metastases: spectrum of MR imaging findings. Acta Radiol. 2012;53(10):1173-85.
13. Ginat DT, Mangla R, Yeaney G, Johnson M, Ekholm S. Diffusion-weighted imaging for differentiating benign from malignant skull lesions and correlation with cell density. AJR Am J Roentgenol. 2012;198(6):W597-601.
14. Hilda ES. Perineural tumor spread involving the central skull base region. Semin Ultrasound CT MR. 2013;34(5):445-58.
15. Jang JW, Chan AW. Prevention and management of complications after radiotherapy for skull base tumors: a multidisciplinary approach. Adv Otorhinolaryngol. 2013;74:163-73.
16. Keiko W, Daisuke H, Toshimi M, Kanako T, Yukako N, Hiroko K, et al. A case of autosomal dominant osteopetrosis type II with a novel TCIRG1 gene mutation. J Pediatr Endocr Met. 2013;26(5-6): 575-7.
17. Kenechi N, Rohini N, Akifumi F, Osamu S. Granulomatous disease in the head and neck: developing a differential diagnosis. Radiographics. 2014;34(5):1240-56.
18. Khaled MK, Cheryl AP, Anne GO, William TC. Giant ecchordosis physaliphora in an adolescent girl: case report. J Neurosurg Pediatr. 2013;12(4):328-33.
19. Kiroglu Y, Karabulut N, Sabir NA, Yagci AB, Gakmak V, Ozguler U. Pneumosinus dilatans and multiplex: report of three rare cases and review of the literature. Dentomaxillofac Radiol. 2007;36(5):298-303.
20. Kostakoglu L, Agress H, Goldsmith S. Clinical role of FDG PET in evaluation of cancer patients. Radiographics. 2003;23(2):315-40.
21. Kristen LB, Patricia AH. Skull base fractures and their complications. Neuroimag Clin N Am. 2014;24(3)439-65.
22. Lewin JS, Curtin HD, Eelkema E, Obuchowski N. Benign expansile lesions of the sphenoid sinus: differentiation from normal asymmetry of the lateral recesses. AJNR Am J Neuroradiol. 1999;20(3):461-6.
23. Lloyd KM, DelGaudio JM, Hudgins PA. Imaging of skull base cerebrospinal fluid leaks in adults. Radiology. 2008;248(3):725-36.
24. Mohamad RC, Bradford AW, Surjith V, Shane T, Kristen OR. Surgical approaches to central skull base and postsurgical imaging. Semin Ultrasound CT MRI. 2013;34(5):476-89.
25. Morani AC, Ramani NS, Wesolowski JR. Skull base, orbits, temporal bone, and cranial nerves: Anatomy on MR imaging. Magn Reson Imaging Clin N Am. 2011;19(3):439-56.
26. Na'ara S, Amit M, Gil Z, Billan S. Plasmacytoma of the skull base: a meta-analysis. J Neurol Surg B Skull Base. 2016;77(1):61-5.
27. Naoko S, Rohini NN, Mitsuhik N, Masahiro T, Akira U, Fumiko K, et al. Posttreatment CT and MR imaging in head and neck cancer: what the radiologist needs to know. Radiographics. 2012;32(5):1261-82.
28. Natasha A, Mohammed IS, Sheeba A, Alun W. Paraganglioma of the skull base presenting as nasal polyps. Laryngoscope. 2013;123(3):577-80.
29. Neelakantan A, Rana AK. Benign and malignant diseases of the clivus. Clin Radiol. 2014;69(12):1295-303.
30. Noriyuki F, Daisuke Y, Tomohiro S, Akihiro H, Akiko T, Khin KT, et al. Intravoxel incoherent motion diffusion-weighted imaging in head and neck squamous cell carcinoma: Assessment of perfusion-related parameters compared to dynamic contrast-enhanced MRI. Magn Reson Imaging. 2014;S0730-725(14)00239-2.
31. Philip RC, Asim KB, Shane T, Paul G. Practical anatomy of the central skull base region. Semin Ultrasound CT MRI. 2013;34(5):381-92.
32. Platzek I. 18F-fluorodeoxyglucose PET/MR imaging in head and neck cancer. PET Clin. 2016;11(4):375-86.
33. Policeni BA, Smoker WRK. Imaging of the skull base: anatomy and patology. Radiol Clin N Am. 2015;53(1):1-14.
34. Raquel CA, Mar JP, Anne GC, Manuel RR, Elena AM, Vicente MVF. Spontaneous skull base meningoencephaloceles and cerebrospinal fluid fistulas. Radiographics. 2013;33(2):553-70.
35. Reddy M, Baugnon K. Imaging of cerebrospinal fluid rhinorrhea and otorrhea. Radiol Clin N Am. 2017;55:167-87.
36. Sampath CP, Enrico P, Amjad N, Giuliano S, Giuseppe D, Carlo TP, et al. Giant cell tumors of the skull base: case series and current concepts. Audiol Neurootol. 2014;19(1):12-21.
37. Sara N, Maria TM, Sonia B. Midline congenital malformations of the brain and skull. Neuroimaging Clin N Am. 2011;21(3):429-82.
38. Satoshi T, Chihiro A, Takamoto S, Hajime N, Hiroshi I, Yukimasa Y, et al. Skull base chondroid chordoma: atypical case manifesting as intratumoral hemorrhage and literature review. Clin Neuroradiol. 2014.
39. Schmalfuss IM, Camp M. Skull base: pseudolesion or true lesion? Eur Radiol. 2008;18(6):1232-43.
40. Shatzkes DR, Meltzer DE, Lee JÁ, Babb JS, Sanfilippo NJ, Holliday RA. Sclerosis of the pterygoid process in untreated patients with nasopharyngeal carcinoma. Radiology. 2006;239(1):181-6.
41. Surjith V, Roger SDJ, Philip RC. Endocranial lesions. Semin Ultrasound CT MR. 2013;34(5):393-411.
42. Varut V, Chun-Lap P, Tishi N, Will MA, Vikram R, Priya S. Sarcoidosis – the greatest mimic. Semin Ultrasound CT MR. 2014;35(3):215-24.
43. Xuhui W, Minhui X, Hong L, Lunshan X. Comparison of CT and MRI in diagnosis of cerebrospinal leak induced by multiple fractures of skull base. Radiol Oncol. 2011;45(2):91-6.
44. Yeom KW, Lober RM, Mobley BC, Harsh G, Vogel H, Allagio R, et al. Diffusion-weighted MRI: distinction of skull base chordoma from chondrosarcoma. AJNR Am J Neuroradiol. 2013;34(5):1056-61.

2

Ossos temporais

Eloisa Santiago Gebrim
Maíra de Oliveira Sarpi

Introdução

O osso temporal é uma estrutura anatômica complexa e importante por possuir elementos que compõem a base do crânio posterior e média e por conter as estruturas das orelhas interna, média e externa.

Os avanços tecnológicos da tomografia computadorizada (TC) e da ressonância magnética (RM) contribuíram significativamente para a avaliação por imagem do osso temporal, possibilitando a identificação de seus componentes em detalhes. Essas técnicas são amplamente utilizadas na prática atual em diversas situações clínicas.

De maneira geral, a TC tem maior aplicabilidade na avaliação das orelhas externa e média, e a RM, na avaliação da orelha interna e de colesteatomas. Destacamos como grande vantagem da TC a aquisição volumétrica de imagens submilimétricas com voxels isotrópicos com a técnica *multislice*, que possibilita reconstruções multiplanares e tridimensionais (3D) extremamente úteis. Sua grande desvantagem é o uso de radiação, devendo o protocolo do exame ser otimizado para o uso da menor dose possível, particularmente em crianças. Já a RM, por meio das sequências *steady-state* com aquisições volumétricas *fast spin-eco* e gradiente-eco balanceado, permite a avaliação das estruturas do labirinto membranoso e dos nervos no interior do conduto auditivo interno (CAI), levando a maior acurácia na avaliação das anomalias congênitas e adquiridas da orelha interna, e por meio das sequências de difusão na avaliação da orelha média aumentou significativamente a sensibilidade do método no diagnóstico de colesteatomas, mesmo de pequenas dimensões, menores que 0,5 cm. A RM de 3T também contribuiu para o aprimoramento da avaliação do labirinto membranoso, pois tem melhor relação sinal/ruído e leva ao consequente aumento da resolução em relação aos aparelhos com 1,5T.

Anatomia

Osso temporal

O osso temporal é dividido em cinco porções: petrosa, mastóidea, escamosa, timpânica e processo estiloide (Figura 1).

A porção petrosa tem a forma de uma pirâmide, sendo o ápice seu componente mais medial que se encontra separado do clivo pela fissura petroclival. Apresenta três faces: anterior, posterior e inferior, e contém a maior parte das estruturas neurovasculares, incluindo conduto auditivo interno (CAI), canal carotídeo e forame jugular. A cápsula ótica também está situada dentro do osso petroso e, lateralmente a ela, está situada a cavidade timpânica.

A porção mastóidea representa o componente posterolateral do osso temporal. É formada por várias células preenchidas por ar, que se intercomunicam. A célula mais ampla, que é chamada de antro mastóideo, comunica-se com a caixa timpânica através do *aditus ad antrum*.

A porção escamosa é a maior porção da superfície externa do osso temporal e constitui a parede lateral da fossa craniana média. Contribui na formação do arco zigomático pelo processo zigomático e da articulação temporomandibular, representando a parte anterior da fossa mandibular.

A porção timpânica é o menor componente do osso temporal; forma a maior parte do conduto auditivo externo e a porção posterior da fossa mandibular.

O processo estiloide é a última porção do osso temporal, constituída por uma projeção óssea que se estende em direção anteroinferior a partir da porção posterolateral da superfície inferior do osso petroso. Em sua base fica o forame estilomastóideo, orifício por onde passa o nervo facial.

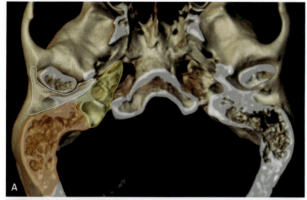
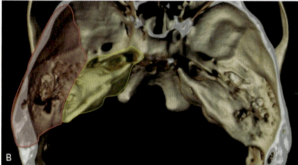
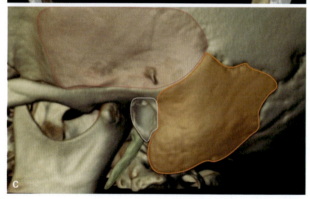

Figura 1 Demonstração das cinco porções do osso temporal através de reconstruções tridimensionais (3D) – visões inferior (A), superior (B) e lateral (C): porção petrosa (em amarelo), porção mastóidea (em laranja), porção timpânica (em branco), porção escamosa (em vermelho) e processo estiloide (em verde).

A pneumatização do osso temporal é um processo variável e progressivo observado desde o nascimento até a fase adulta, dividido em três fases: a infantil, do nascimento até 2 anos de idade, na qual se observam algumas células pneumatizadas; a transicional, dos 2 aos 5 anos de idade, na qual há um aumento volumétrico da mastoide pela migração de células aeradas à sua periferia; e a fase adulta, a partir dos 5 anos, quando geralmente a pneumatização cessa e atinge a ponta ou ápice da mastoide. Esse processo envolve cinco regiões primárias: orelha média, mastoide, perilabiríntica, petrosa e acessória (que compreende a porção escamosa do osso temporal, processo estiloide e região zigomático-occipital). A pneumatização das duas primeiras regiões é normalmente observada, sendo as demais regiões pneumatizadas como variação anatômica, principalmente o ápice petroso. A pneumatização dos ossos temporais é habitualmente simétrica, e áreas hipopneumatizadas devem chamar nossa atenção para processos patológicos, embora também possam representar achado constitucional ou pneumatização incompleta (Figura 2).

A anatomia detalhada do osso temporal e suas principais estruturas será descrita a seguir e está demonstrada com imagens de TC (Figura 3) e RM (Figura 4).

Mastoide

A mastoide é uma região do osso temporal formada predominantemente pela porção que recebe o mesmo nome, entretanto apresenta em seus aspectos anterolate-

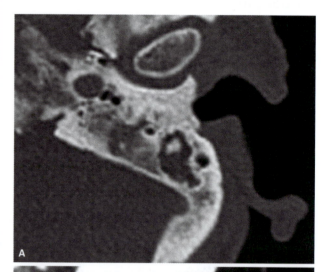
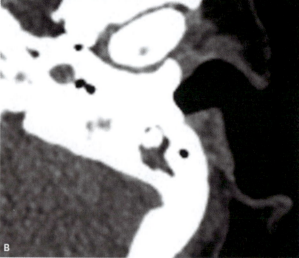

Figura 2 Pneumatização incompleta do osso temporal. Tomografia computadorizada axial em um paciente adulto apresentando área hipoatenuante com margens escleróticas (A) preenchida por componente com atenuação de partes moles e alguns focos de gordura de permeio (B), sem efeito expansivo. Não havia achados sugestivos de processo inflamatório crônico no exame.

ral e posteromedial componentes das porções escamosa e petrosa, respectivamente. A união desses componentes ósseos forma o septo petroescamoso ou septo de Koerner (Figura 3A), que se estende da fossa glenoide ao ápice da mastoide e constitui uma estrutura anatômico-cirúrgica importante, tanto no planejamento de mastoidectomias como na identificação da porção mastóidea do canal do nervo facial.

Orelha externa

A orelha externa é formada pelo pavilhão auricular e pelo conduto auditivo externo.

O pavilhão auricular é formado basicamente por lóbulo, trago, antitrago, hélice e anti-hélice, que delimitam uma cavidade principal, que é a concha.

O conduto auditivo externo (CAE) apresenta duas porções: a fibrocartilaginosa, que constitui seu terço lateral, e a porção óssea, que constitui os 2/3 mediais do conduto; a junção dessas duas porções é chamada de istmo. O assoalho, a parede anterior e parte da parede posterior do componente ósseo do CAE são formados pela porção timpânica do osso temporal, enquanto suas demais paredes são formadas pelas porções escamosa e mastóidea do osso temporal (imagem 3D). O CAE é revestido pela pele, portanto tem um revestimento epitelial.

A estrutura anatômica que separa a orelha externa da orelha média é a membrana timpânica (MT) (Figura 3B), que externamente é recoberta por tecido epitelial e internamente é revestida pela mucosa da orelha média. A MT tem formato cônico e seu ponto de maior convexidade é chamado de umbo, onde está aderido o manúbrio do martelo. A membrana timpânica apresenta duas partes: a *pars tensa*, inferior, e a *pars flacida*, superior.

Orelha média

Caixa timpânica

É um espaço preenchido por ar que pode ser dividido, em relação à membrana timpânica, em hipotímpano, mesotímpano e epitímpano ou ático (Figura 3C). O epitímpano comunica-se posteriormente com o antro mastóideo através do *aditus ad antrum* (Figura 3D).

A caixa timpânica é limitada lateralmente pela membrana timpânica e pela porção escamosa do osso temporal, que apresenta em sua porção inferior uma espícula óssea denominada esporão. Entre essa estrutura e a cadeia ossicular (particularmente o colo do martelo) está localizado o espaço de Prussak (Figura 3C).

O limite medial da caixa timpânica é o labirinto ósseo. A porção inferior dessa parede medial é representada pelo promontório coclear. Observam-se outras estruturas na parede medial, como as proeminências do canal semicircular lateral e do canal do nervo facial, as janelas oval e redonda e o processo cocleariforme (Figuras 3E e F). Este último é uma referência cirúrgica importante por indicar proximidade à segunda porção do canal do nervo facial.

Na parede posterior da caixa timpânica há dois importantes recessos: seio timpânico, situado mais medialmente, e recesso do facial, que é mais lateral. Entre os dois recessos, observa-se uma proeminência óssea denominada eminência piramidal, que sobrepõe o músculo estapédio (Figura 3G).

O teto da caixa timpânica é o tégmen timpânico (Figura 3H), uma fina camada óssea que separa a orelha média da fossa cerebral média.

Na parede anterior observa-se o óstio da tuba auditiva, junto ao qual surge o músculo tensor do tímpano, que se dirige posterolateralmente em contato com o processo cocleariforme para se inserir no colo do martelo (Figura 3H).

O bulbo da veia jugular está situado junto ao assoalho da caixa timpânica, e a camada óssea que separa o bulbo da cavidade timpânica é coberta por células conhecidas como hipotimpânicas (Figura 3I). A espessura destas células depende da altura do bulbo – se o bulbo for alto, as células podem estar ausentes, mas se a posição do bulbo for baixa, as células hipotimpânicas são mais evidentes.

Cadeia ossicular

Composta por três ossículos: martelo, bigorna e estribo (Figura 5).

O martelo é o elemento ossicular mais anterior, e suas porções são a cabeça, o colo e o manúbrio (Figura 6). O manúbrio se insere na MT. A cabeça do martelo está situada no epitímpano, articulando-se com a bigorna através da articulação incudomaleolar, apresentando-se no plano axial na TC com a forma semelhante à de um sorvete de casquinha. É sustentado pelos ligamentos maleolar anterior, lateral e superior, sendo o ligamento maleolar lateral o mais frequentemente identificado à TC (Figura 3H).

A bigorna é composta pelo corpo, ramos longo e curto e processo lenticular, através do qual se articula com o estribo (Figura 7). O ramo curto apresenta direção posterior e o ramo longo apresenta direção inferomedial nas imagens axiais. O ramo longo e o processo lenticular representam as porções mais vulneráveis da cadeia ossicular, sendo comumente erodidos nos processos inflamatórios. A bigorna apresenta dois ligamentos suspensores: o posterior e o superior.

O estribo articula-se com a bigorna e mantém interface com a janela oval através de sua base ou platina (Figura 8). Apresenta duas cruras, anterior e posterior, e cabeça. Na TC em plano axial, as cruras são vistas como estruturas em forma de Y. Reconstruções axiais oblíquas, em plano paralelo às cruras, permitem melhor avaliação do estribo normal, assim como das alterações do mesmo. O ligamento anular une a platina à janela oval, enquanto o processo lenticular forma, com a cabeça do estribo, a articulação incudostapédica.

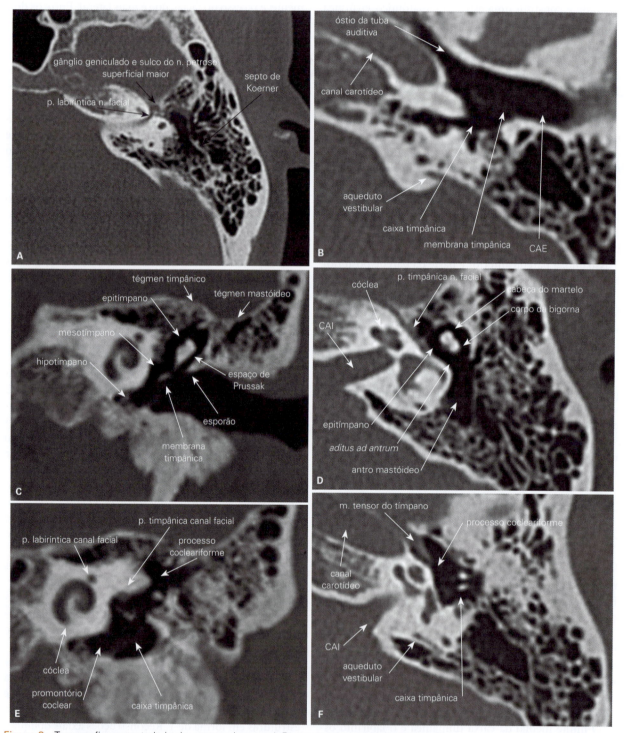

Figura 3   Tomografia computadorizada – anatomia normal. Reconstruções multiplanares (A-R).

(continua)

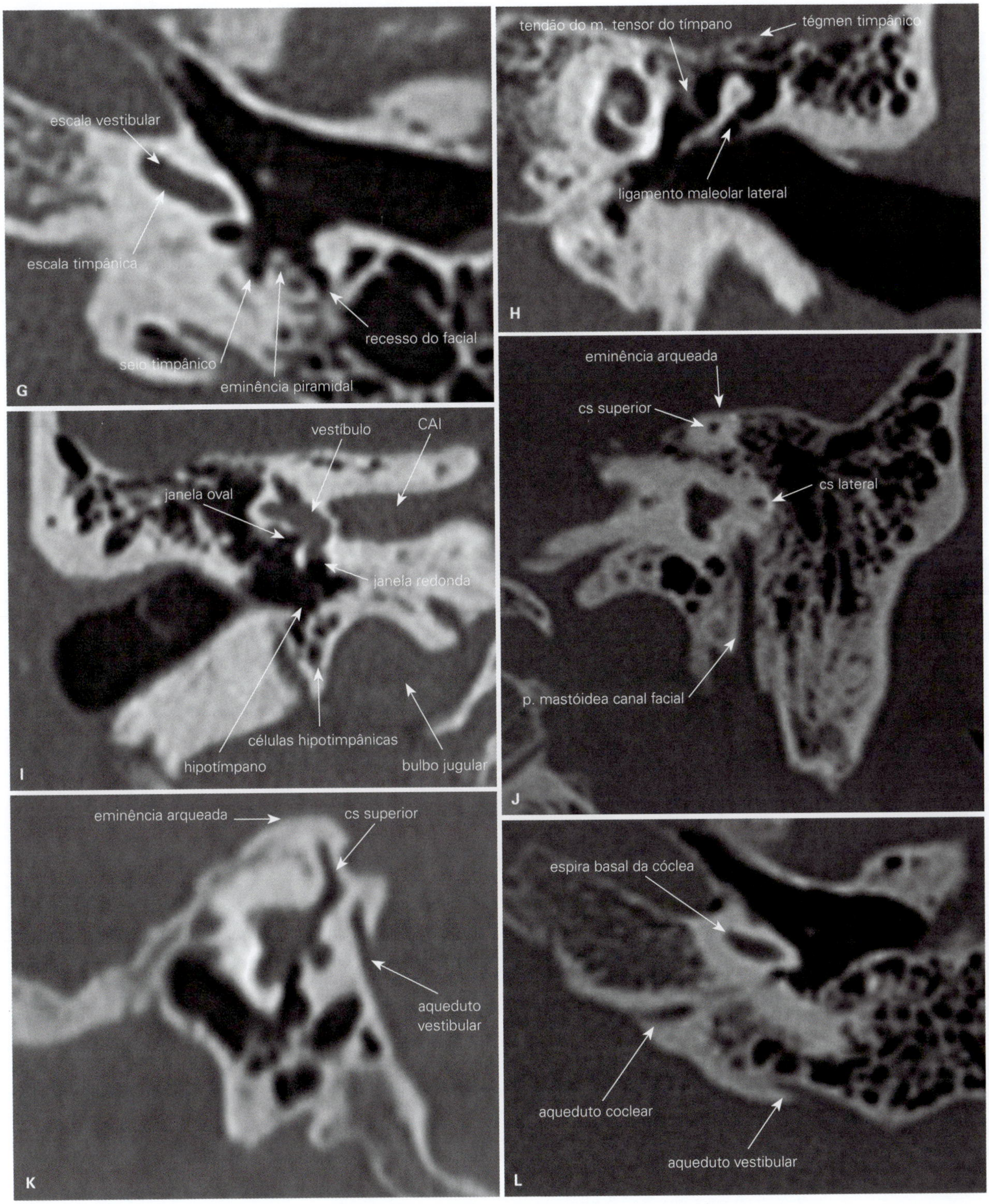

Figura 3 (*continuação*) Tomografia computadorizada – anatomia normal. Reconstruções multiplanares (A-R).

(*continua*)

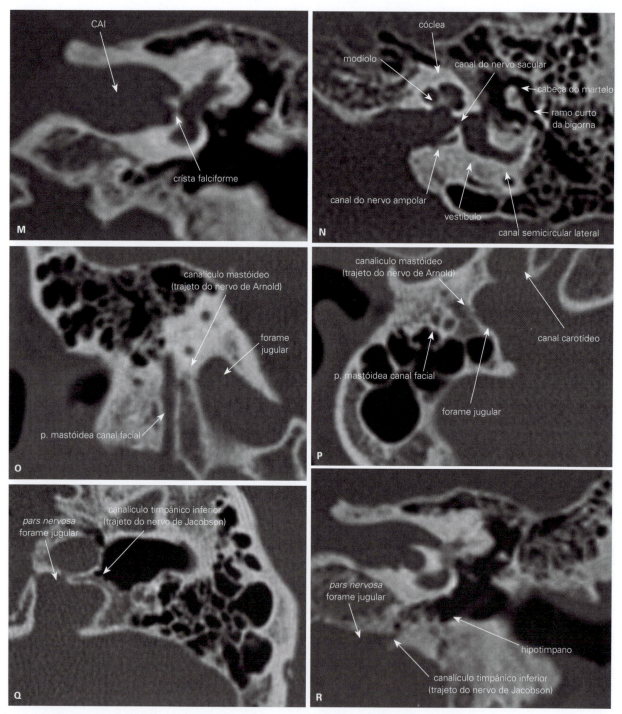

Figura 3 (*continuação*) Tomografia computadorizada – anatomia normal. Reconstruções multiplanares (A-R).

2 OSSOS TEMPORAIS   533

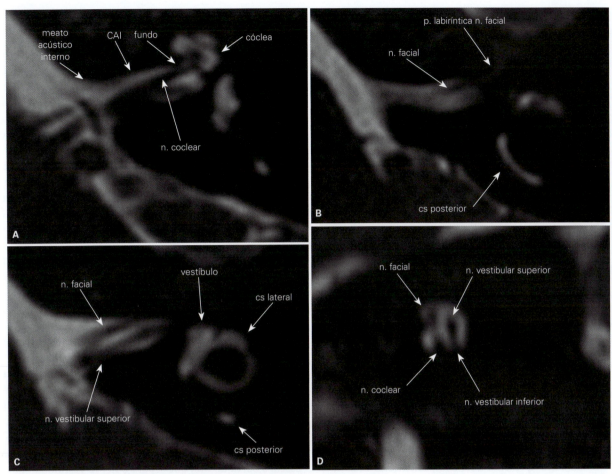

Figura 4 Ressonância magnética – anatomia normal (sequência volumétrica T2). Reconstruções multiplanares (A-D) demonstrando a anatomia normal da orelha interna e dos nervos facial e vestibulococlear.

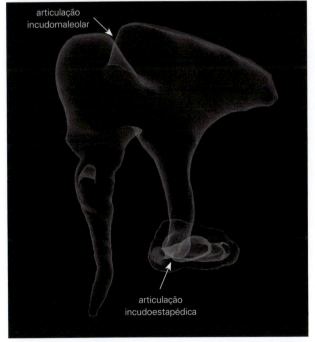

Figura 5 Representação com reconstrução 3D da cadeia ossicular (agradecimentos pela imagem ao Dr. Bruno Aragão Rocha – 3Dux Medical Solutions).

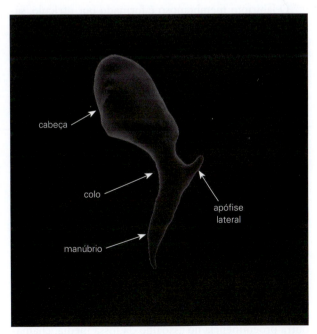

Figura 6 Representação com reconstrução 3D do martelo (agradecimentos pela imagem ao Dr. Bruno Aragão Rocha – 3Dux Medical Solutions).

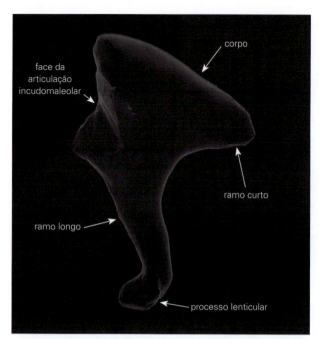

Figura 7 Representação com reconstrução 3D da bigorna (agradecimentos pela imagem ao Dr. Bruno Aragão Rocha – 3Dux Medical Solutions).

Orelha interna

Labirinto

O labirinto apresenta dois componentes: o ósseo e o membranoso. O labirinto membranoso contém endolinfa, que é circundade pela perilinfa, que, por sua vez, é contida pelo labirinto ósseo.

O labirinto membranoso é formado por utrículo, sácula, ductos semicirculares, ducto coclear, ducto e saco endolinfático. A sácula e o utrículo estão situados no vestíbulo, o ducto coclear na cóclea, os ductos semicirculares dentro dos canais semicirculares e o ducto endolinfático, junto ao aqueduto vestibular. O ducto endolinfático é formado pela junção dos ductos do utrículo e sácula, passa no interior do aqueduto vestibular e acaba em uma estrutura em fundo cego, chamada de saco endolinfático. O detalhamento dessas estruturas é obtido em parte pelas sequências volumétricas *steady-state* pesadas em T2 da RM.

O labirinto ósseo representa as estruturas do labirinto membranoso na TC, e tem três componentes: vestíbulo, canais semicirculares e cóclea. O vestíbulo (Figura 3I) é caracterizado na TC como uma formação ovoide situada lateralmente ao fundo do conduto auditivo interno (CAI), junto à qual estão localizados os canais semicirculares ósseos superior, posterior e lateral. Na TC podemos identificar uma proeminência óssea na parede medial da orelha média formada pelo canal semicircular lateral, e outra proeminência no assoalho da fossa média, chamada eminência arqueada, formada pelo contorno do canal semicircular superior (Figura 3J).

A cóclea óssea tem configuração em espiral, formando um cone, apresentando duas voltas e meia, e os nervos e vasos se estendem através de sua porção central, que é o modíolo (Figura 3N). Dentro da cóclea estão contidos dois espaços que contêm perilinfa – a escala vestibular (anterior) e a timpânica (posterior) – separados pela lâmina óssea espiral (Figura 3G). A escala vestibular e a timpânica envolvem o ducto coclear, que contém, em seu interior, o órgão de Corti, que não é visualizado na TC ou RM.

Duas estruturas anatômicas que podem ser caracterizadas principalmente pela TC são o aqueduto vestibular, posterior ao labirinto ósseo (Figura 3K), e o aqueduto coclear (Figura 3L), medial, que estabelecem uma via de comunicação entre o liquor e a perilinfa.

Conduto auditivo interno (CAI) e nervo vestibulococlear

O CAI está situado na porção petrosa do osso temporal, limitado medialmente pelo poro acústico ou meato acústico interno, e lateralmente pelo fundo do conduto, que faz contato com o labirinto (Figura 8). O fundo do CAI é dividido por uma crista óssea, a crista falciforme, em duas porções, superior e inferior (Figura 3M).

O nervo vestibulococlear entra no interior do CAI e se divide em nervo coclear e vestibulares superior e inferior. Os nervos vestibular superior e inferior ocupam a porção posterior do CAI, enquanto os nervos coclear e facial estão situados anteriormente, estando o facial situado superiormente ao coclear (Figura 3D). Há uma estrutura óssea, a barra de Bill, que separa o nervo vestibular superior do nervo facial; é considerada um reparo cirúrgico, mas não é caracterizada na RM ou TC.

O nervo vestibular inferior se divide em nervo sacular e nervo ampolar posterior (nervo singular). Os canais destes nervos podem ser caracterizados na TC *multislice* (Figura 3N).

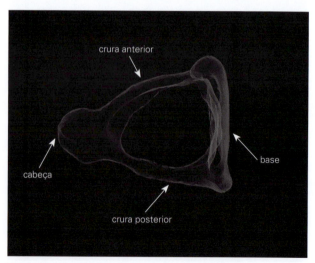

Figura 8 Representação com reconstrução 3D do estribo (agradecimentos pela imagem ao Dr. Bruno Aragão Rocha – 3Dux Medical Solutions).

Outros pequenos canais neurais que podem ser observados na TC são o canalículo mastóideo – trajeto do nervo de Arnold, que é o ramo auricular ou mastóideo do nervo vago, e o canalículo timpânico inferior – por onde passa o nervo de Jacobson, que é o ramo timpânico do glossofaríngeo (Figuras 3Q e R).

A anatomia do nervo facial será discutida a seguir.

Nervo facial

O nervo facial é o VII elemento dos nervos cranianos. Sua função é a motora sobre a musculatura facial, que ocorre através de cinco ramos a partir de seu segmento parotídeo – temporal, zigomático, bucal, mandibular e cervical. Entretanto, esse nervo também tem função sensitiva (sobre os dois terços anteriores da língua) e parassimpática (sobre as glândulas lacrimais e glândulas salivares maiores) – o componente do facial responsável por essas funções é o nervo intermédio, que se origina em núcleos distintos aos das fibras motoras do facial e se une a elas no gânglio geniculado. A função sensitiva é atribuída ao nervo corda do tímpano, que emerge do segmento mastóideo do nervo facial e se une ao nervo lingual (ramo do trigêmeo) após sair da base do crânio através da fissura petrotimpânica. A função parassimpática é atribuída aos nervos petrosos superficiais maior e menor (que surgem a partir do gânglio geniculado) e corda do tímpano, e ocorre a partir de anastomoses com outros componentes parassimpáticos como o gânglio pterigopalatino, o núcleo salivar inferior e o gânglio submandibular.

Após sua origem na ponte, o nervo facial apresenta um trajeto complexo que pode ser dividido em intracraniano ou cisternal, canalicular, intratemporal (labiríntico, timpânico e mastóideo) e extracraniano ou extratemporal.

Em seu trajeto intracraniano ou cisternal, o nervo facial tem trajeto em direção ao ângulo pontocerebelar, passando através do poro acústico para adentrar o CAI, onde tem localização anterossuperior e trajeto concomitante com as fibras do nervo intermédio, que termina no gânglio geniculado, onde se origina o nervo petroso superficial maior.

A partir do fundo do CAI, o nervo facial tem trajeto no interior do canal facial, que é dividido nos segmentos labiríntico, timpânico e mastóideo (Figura 9). Na porção labiríntica o nervo facial tem uma orientação anterolateral em direção à fossa do gânglio geniculado. A partir daí se dirige posteriormente em um ângulo agudo, formando o joelho anterior e continuando com sua porção timpânica.

A porção timpânica do nervo facial estende-se inferiormente ao canal semicircular lateral, formando uma proeminência na parede medial da orelha média, sendo o local mais comum de deiscência óssea de seu canal.

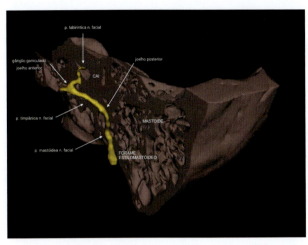

Figura 9   Trajeto do nervo facial no interior do canal facial, que é dividido nos segmentos labiríntico, timpânico e mastóideo.

A porção mastóidea deste nervo origina-se quando este se direciona inferiormente em ângulo agudo, formando o joelho posterior, passando lateralmente à eminência piramidal, em direção ao forame estilomastóideo.

O trajeto extracraniano do nervo facial se inicia no forame estilomastóideo, e cursa em direção à glândula parótida. Seu segmento intraparotídeo não é observado aos métodos de imagem, mas tem como referência o trajeto dos vasos retromandibulares.

A avaliação do nervo facial pode ser realizada pela TC e pela RM. A TC demonstra o canal do nervo facial, e a RM permite a avaliação do nervo propriamente dito – neste método, devemos lembrar que a impregnação fisiológica pelo meio de contraste pode ser observada no gânglio geniculado e a partir do segmento mastóideo do nervo facial, sendo a impregnação pelo meio de contraste de suas outras porções representativa de processos patológicos. Sendo assim, a TC apresenta vantagens na avaliação de malformações e osteodistrofias, e a RM é superior à TC na avaliação de processos inflamatórios e tumorais.

Principais variações anatômicas do osso temporal

Existem algumas variações anatômicas observadas na análise dos ossos temporais que devem ser conhecidas para que não sejam confundidas com alterações patológicas.

Processo estiloide alongado

O processo estiloide estende-se até o corno menor do osso hioide, através do ligamento estilo-hióideo, formando o complexo estilo-hióideo. As variações anatômicas do complexo estilo-hióideo são ausência do processo estiloide, processo estiloide alongado, ossificação do ligamento estilo-hióideo, processo estiloide irregular, fragmentação do processo estiloide e duplicidade da porção proximal. O alongamento do processo estiloide e alterações do complexo estilo-hióideo podem provocar sintomas como dor facial irradiada para osso temporal, cervicalgia, sensação de corpo estranho ao engolir e vertigem desencadeada pelo movimento da cabeça, sendo chamada de síndrome de Eagle.

O comprimento do processo estiloide é variável nos diferentes estudos. Alguns autores sugerem a seguinte denominação em relação ao tamanho do processo estiloide: curto (< 2 cm), normal (entre 2 e 4 cm) e alongado (> 4 cm). A TC é o método de escolha na avaliação dessa variação, que pode ser bem demonstrada por reconstruções coronais e sagitais oblíquas e tridimensionais (Figura 10).

Variações do bulbo jugular

Variações envolvendo o bulbo jugular são as mais frequentes e incluem assimetria do diâmetro e altura do bulbo, sendo importantes no contexto pré-operatório.

A assimetria do diâmetro dos bulbos jugulares está presente em aproximadamente 90% da população, estando também associada a aumento da veia jugular e dos seios sigmoide e transversos ipsilaterais. Na TC, é importante observar a integridade das margens corticais do forame jugular.

O bulbo jugular é considerado alto quando sua porção mais superior atinge ou ultrapassa o plano da espira basal da cóclea, sendo mais comum do lado direito. Deve ser classificado em não deiscente, deiscente e protruso, considerando-se principalmente sua relação com a caixa timpânica (Figura 11). Quando deiscente, pode se apresentar como uma massa retrotimpânica. Outra variação observada é o divertículo do bulbo jugular, caracterizado como uma lobulação em seus contornos (Figura 12). Há

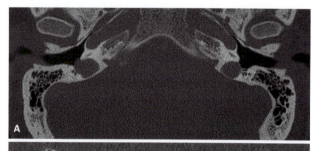
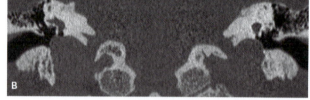

Figura 11 Bulbo jugular alto. Tomografia computadorizada axial (A) e coronal (B) demonstrando bulbo jugular alto e protruso bilateral, à direita deiscente.

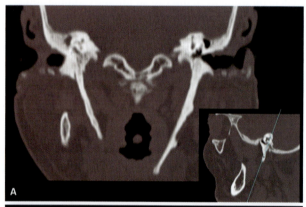
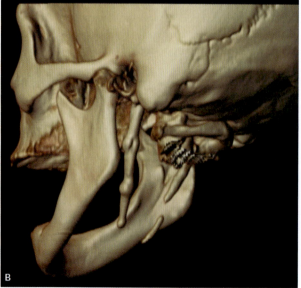

Figura 10 Processos estiloides alongados, principalmente à esquerda. Tomografia computadorizada com reconstruções coronal oblíqua (A) e 3D (B).

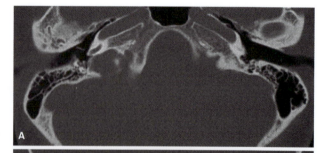
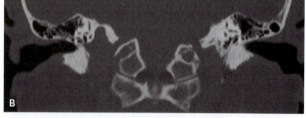

Figura 12 Divertículos do bulbo jugular. Tomografia computadorizada axial (A) e coronal (B) demonstrando contornos lobulados do bulbo jugular à direita. Neste caso, o bulbo jugular também é alto.

relatos na literatura da associação dessas variações a *tinnitus* e perda auditiva condutiva.

Halo pericoclear ou fenda coclear em crianças

Em crianças e adolescentes podem ser encontrados focos hipoatenuantes na cápsula ótica que seguem a orientação do contorno coclear (Figura 13), decorrentes do processo de crescimento da pirâmide petrosa e relacionados à mineralização incompleta óssea ou da cartilagem. Não devem ser confundidos com processos patológicos, por exemplo, otospongiose ou osteogênese imperfeita.

Deiscência do canal semicircular superior

É definida como uma deiscência da porção óssea que reveste o canal semicircular superior, e apenas a dura-máter está separando o canal semicircular superior do liquor da fossa média. É chamada de terceira janela, após as janelas oval e redonda. Com isso, alterações de pressão no CAI, na orelha média e intracranianas podem ser transmitidas por esta falha óssea, levando a alterações na endolinfa. Assim, os pacientes podem apresentar sintomas como vertigens, movimentos oculares (nistagmo) e até mesmo perda auditiva.

A TC é o método de imagem que melhor avalia a deiscência do canal semicircular superior, apesar de esta alteração também poder ser avaliada pela RM (Figura 14). Na TC, reconstruções multiplanares auxiliam a avaliação da deiscência, principalmente nos casos em que haja dúvida diagnóstica. É importante que haja a correlação dos sintomas clínicos com a presença da deiscência óssea do canal semicircular superior para que esta alteração seja valorizada, pois esta deiscência é observada em pacientes nos quais os exames de TC foram realizados por diferentes motivos.

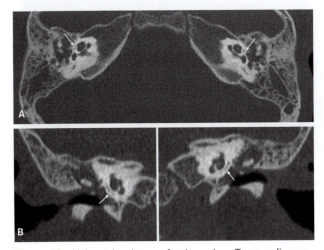

Figura 13 Halo pericoclear ou fenda coclear. Tomografia computadorizada axial (A) e coronal (B) evidencia focos bilaterais de hipoatenuação nas cápsulas óticas, seguindo a orientação do contorno coclear (setas).

A deiscência do canal semicircular posterior também pode estar associada a vertigem, sendo este achado de imagem menos frequente que a deiscência do canal semicircular superior.

Variações da artéria carótida interna

Artéria carótida interna aberrante

A presença da artéria carótida interna aberrante é decorrente de distúrbio do desenvolvimento do primeiro segmento da artéria carótida interna (ACI). Como consequência, há redução da porção vertical do canal carotídeo com aumento compensatório da anastomose entre o ramo timpânico inferior da artéria faríngea ascendente e a artéria caroticotimpânica (ramo da carótida interna e remanescente da artéria primitiva hióidea) – essa anastomose existe normalmente junto ao promontório coclear e é responsável pelo suprimento sanguíneo da parede medial da caixa timpânica.

A TC é o exame de escolha para a avaliação dessa alteração. Observa-se que a artéria carótida interna insinua-se na cavidade timpânica posterior com trajeto através do canalículo timpânico inferior alargado (trajeto do ramo timpânico inferior da faríngea ascendente) e se dirige anteriormente junto ao promontório para o canal petroso horizontal através de deiscência da placa carotídea (trajeto com fluxo reverso da artéria caroticotimpânica aumentada) (Figura 15).

Tal alteração pode ser assintomática ou acarretar surdez condutiva ou zumbido pulsátil, apresentando-se ao exame clínico como massa retrotimpânica, cujo grande diferencial é o paraganglioma.

Deslocamento lateral da artéria carótida interna

Pode ser encontrado o deslocamento lateral da artéria carótida interna, mais raro que a artéria carótida interna aberrante. Está associado à deiscência da placa carotídea com insinuação da própria carótida interna à caixa timpânica. Nestes casos, o segmento vertical do canal carotídeo está presente e não se observa alargamento do canalículo timpânico inferior (Figura 15).

Artéria estapediana persistente

A artéria estapediana também é ramo da artéria hióidea, e está presente na fase embriológica com trajeto junto ao primórdio mesequimal do estribo. Quando não involui, dá origem à artéria meníngea média e determina ausência do forame espinhoso (que normalmente contém este vaso). Esta variação é ainda mais rara.

A maior parte dos pacientes é assintomática, mas podem ocorrer hipoacusia condutiva, zumbido, massa pulsátil retrotimpânica e raramente perda auditiva neurossensorial. Tal alteração pode estar associada a algumas síndromes genéticas, como trissomia do 13, 15 e 21.

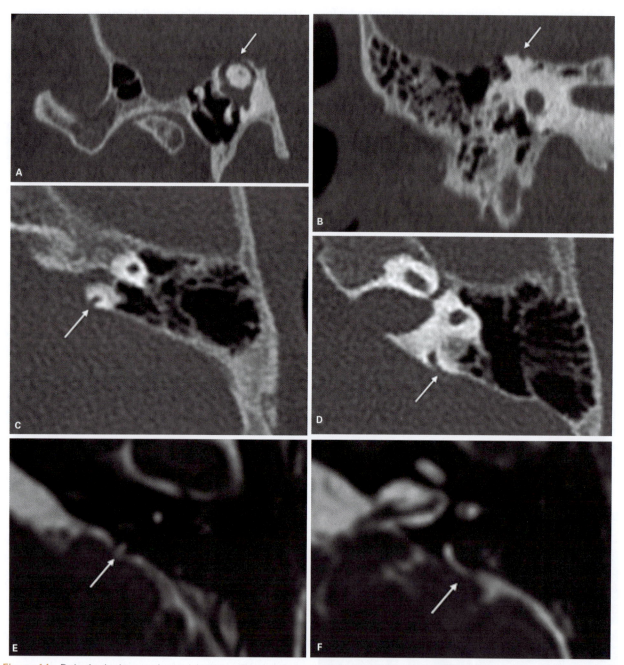

Figura 14 Deiscência dos canais semicirculares. Tomografia computadorizada (TC) sagital oblíqua (A) e coronal (B) evidenciando deiscência do canal semicircular superior direito, caracterizada por descontinuidade de suas margens ósseas. Em outro paciente, com TC axial (C e D) e de sequência volumétrica T2 da ressonância magnética (E e F), foi observada deiscência dos canais semicirculares superior e posterior à esquerda.

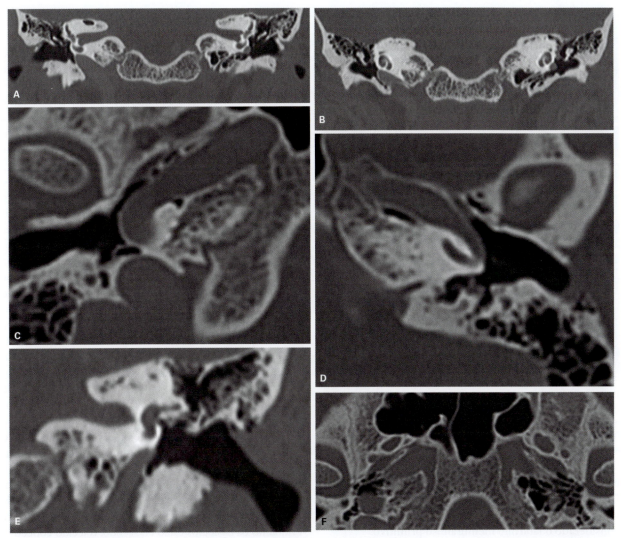

Figura 15 Deslocamento lateral da artéria carótida interna e artéria carótida interna aberrante. Tomografia computadorizada (TC) axial (A, B e E) e coronal (C, D e F) demonstrando insinuação da artéria carótida à caixa timpânica do lado direito e artéria carótida interna (ACI) aberrante à esquerda, observando-se deste lado redução do segmento vertical da ACI, alargamento do canalículo timpânico inferior e estrutura vascular com trajeto junto ao promontório coclear. Os forames espinhosos estão presentes de ambos os lados (F).

Na TC, observa-se estrutura vascular com origem no segmento petroso da artéria carótida interna e curso hipotimpânico junto ao promontório coclear (Figura 16), seguindo cranialmente através do forame obturador do estribo até atingir o processo cocleariforme e se dirigir à região anterior ao canal do facial, podendo adentrá-lo ou cursar em canal vascular paralelo. Antes do gânglio geniculado, a artéria se dirige à fossa craniana média para dar origem à meníngea média.

Malformações do osso temporal

O conhecimento dos conceitos básicos da embriologia do osso temporal é importante para entendimento e avaliação das malformações do osso temporal, que ocorrem em decorrência de interrupções nas diferentes etapas do desenvolvimento normal. A TC é o método para avaliação das malformações das orelhas média e externa, enquanto a RM avalia melhor as alterações do labirinto membranoso e dos nervos no interior do conduto auditivo interno; entretanto, na avaliação de alguns casos, esses métodos são complementares.

Embriologia das orelhas interna, média e externa

A formação embriológica da orelha interna ocorre em três fases: desenvolvimento (4ª à 8ª semana da vida fetal), crescimento (8ª à 16ª semana da vida fetal) e ossificação (16ª à 24ª semana da vida fetal). Paralelamente ao crescimento e à ossificação, ocorre maturação do epitélio sensitivo dentro do labirinto membranoso.

Por volta da 3ª/4ª semana da vida fetal, há espessamento da placa ectodérmica que está situada entre o rom-

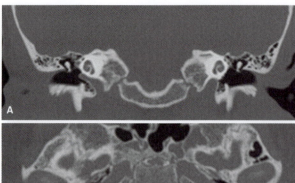
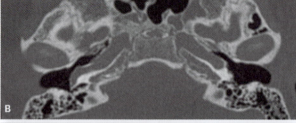
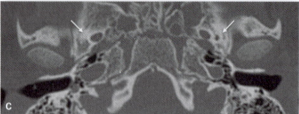

Figura 16 Artéria estapediana persistente. Tomografia computadorizada demonstrando estrutura vascular com origem no segmento petroso da artéria carótida interna e curso hipotimpânico junto ao promontório coclear à direita (A e B). O forame espinhoso não é caracterizado do lado da alteração (C).

bencéfalo e a 1ª fenda branquial, formando a placa ótica. Esta placa aprofunda-se e se afila, formando o otocisto ou vesícula ótica. O otocisto é preenchido por líquido, sendo considerado o labirinto membranoso primitivo.

O otocisto alonga-se e, de sua porção posterolateral, diferenciam-se o utrículo e os canais semicirculares, e da porção anteromedial, a sácula e o ducto coclear. Invaginações da sácula originam a cóclea primitiva, que se desenvolve e, por volta da 10ª semana fetal, a cóclea apresenta o tamanho adulto, com duas voltas e meia a duas voltas e três quartos. O ducto endolinfático origina-se como apêndice do otocisto.

O labirinto ósseo desenvolve-se da seguinte maneira: o labirinto membranoso está circundado por mesênquima, que se diferencia em cartilagem. Esta cartilagem envolve todo o labirinto e depois se ossifica. A condensação do mesênquima em cartilagem é incompleta em duas regiões: posteriormente, onde se formará o aqueduto vestibular, e medialmente, onde se formará o conduto auditivo interno.

A ossificação da cápsula ótica ocorre entre a 16ª e a 24ª semana a partir de 14 centros de ossificação. O processo de ossificação da cápsula ótica é diferente do restante das estruturas ósseas, pois se origina a partir de muitos centros de ossificação para uma estrutura muito pequena, não há crescimento epifiseal e o desenvolvimento é interrompido em uma fase primária, com a persistência do osso endocondral. Nas demais estruturas ósseas, este é substituído pelo osso haversiano. O osso endocondral é um osso primitivo, relativamente avascular, tendo capacidade osteogênica limitada. Assim, fraturas desta porção óssea se mantêm não consolidadas, apresentando apenas um tecido fibroso.

O labirinto atinge a configuração adulta por volta do 6º ao 7º mês fetal, quando o labirinto membranoso está totalmente desenvolvido. Apenas o ducto e o saco endolinfático continuam o crescimento após este período, que é contínuo durante a infância até a puberdade.

As orelhas externa e média desenvolvem-se a partir do 1º e 2º arcos branquiais e da 1ª bolsa faríngea. O 1º arco branquial fica mais profundo, originando o conduto auditivo externo primitivo. Simultaneamente, a 1ª bolsa faríngea invagina-se e seu endoderma entra em contato com o ectoderma do 1º arco branquial, no local da futura membrana timpânica. Por volta da 8ª semana, o mesoderma se interpõe entre as camadas ectodérmicas e endodérmicas, formando a membrana timpânica madura, que apresenta as três camadas germinativas. A 1ª bolsa faríngea origina a trompa de Eustáquio e a orelha média, enquanto a cartilagem do 1º e 2º arcos branquiais forma o martelo, a bigorna e parte do estribo. A porção superior dos ossículos (cabeça do martelo, corpo da bigorna e cabo curto da bigorna) origina-se da cartilagem do 1º arco branquial, enquanto a porção inferior dos ossículos (manúbrio do martelo, cabo longo da bigorna e processo lenticular) origina-se da cartilagem do 2º arco branquial. O estribo tem origem dupla: a cabeça e as cruras anterior e posterior originam-se do 1º arco, enquanto a superfície vestibular do estribo origina-se da cápsula ótica. Os ossículos crescem apenas durante a primeira metade da vida fetal, depois se ossificam, atingindo o tamanho adulto. Enquanto os ossículos estão crescendo, o tecido conectivo mesenquimal, que está situado ao redor deles, torna-se menos celular, ficando mais mucoide. Este material mucoide permite a expansão do epitélio timpânico da 1ª bolsa faríngea, que circunda os ossículos. As células da mastoide desenvolvem-se como saculações do epitímpano e antro, aparecendo por volta da 34ª semana. Com o nascimento, o ar entra na orelha média e ocorre a pneumatização das células da mastoide, que continuará até a vida adulta.

Malformações da orelha externa

As anomalias da orelha externa incluem as alterações do pavilhão auricular e do conduto auditivo externo (CAE), que podem estar associadas a anomalias da orelha média (origem embriológica concomitante a partir do 1º e 2º arcos branquiais e da 1ª bolsa faríngea). A associação de malformações das orelhas externa e interna ocorre em 13 a 30% dos casos – as anomalias da orelha interna ocorrem em uma fase mais precoce da embriogênese.

Em decorrência de alterações no desenvolvimento da primeira bolsa faríngea, além das malformações das orelhas externa e média, podem ocorrer anomalias de duplicação com a presença de cistos, seios e fístulas periauriculares (Figura 17).

Há correspondência entre o grau de deformidade do pavilhão auricular e do conduto auditivo externo (CAE), ou seja, um pavilhão muito displásico associa-se a atresia do CAE e, quanto maior a alteração, outras anomalias podem ser observadas em associação em razão da embriogênese comum (Figura 18). Podem ser encontradas alterações da orelha média, incluindo dimensões da caixa timpânica e deformidade do martelo e bigorna, bem como alterações do nervo facial, sendo a mais comum anteriorização de sua porção mastóidea. Outras anomalias observadas incluem displasia do côndilo mandibular e da glândula parótida e defeitos do arco zigomático (Figura 19). Devemos lembrar que esses achados podem ocorrer nas síndromes de Treacher-Collins, Goldenhar e Klippel-Feil.

As alterações do CAE podem ser classificadas como membranosa, óssea, mista e completa ou incompleta. A atresia ocorre em 1 em cada 10 mil nascimentos e mais comumente envolve a porção membranosa do CAE.

A TC é o método de imagem de escolha para avaliar as malformações da orelha externa, e o radiologista deve informar:

- CAE: se há estenose ou atresia, podendo esta última ser membranosa ou óssea (Figura 20).
- Caixa timpânica: informar o grau de desenvolvimento e pneumatização da caixa timpânica e do antro mastóideo.
- A pneumatização da mastoide e da orelha média é inversamente proporcional à espessura da placa atrésica, ou seja, quanto mais espessa esta placa, menor é a caixa timpânica. Alguns autores sugerem que, quando a distância entre o promontório e a parede lateral da caixa timpânica for menor que 3 mm, a cirurgia é contraindicada.
- Cadeia ossicular: se há deformidade da cadeia ossicular associada. A alteração mais frequente é a displasia, presente em até 98% dos pacientes, e alteração do manúbrio do martelo é frequentemente encontrada (curto ou ausente). Fusão da cadeia ossicular ocorre em 54% dos pacientes e comumente envolve o martelo e a bigorna, que podem estar fundidos à placa atrésica, através do colo do martelo. É também importante informar se o estribo está presente e se está corretamente posicionado na janela oval (Figura 21).
- Nervo facial: observar o trajeto do nervo facial, pois, se for anômalo, este nervo torna-se mais suscetível a lesão durante procedimentos cirúrgicos. A anteriorização da porção mastóidea é frequente (Figura 22). O nervo facial pode se estender à janela oval.

Nas estenoses ou atresias do CAE, há aumento na incidência de colesteatomas congênitos e adquiridos.

Malformações da orelha média

Além das alterações da orelha média e da cadeia ossicular observadas em associação às malformações da orelha externa já mencionadas, nesta seção destacaremos as alterações congênitas da cadeia ossicular que ocorrem de forma isolada.

Alterações congênitas isoladas da cadeia ossicular

Geralmente são diagnosticadas em pacientes jovens com perda auditiva condutiva. No Quadro 1 encontram-se algumas alterações que podem ser observadas, e a

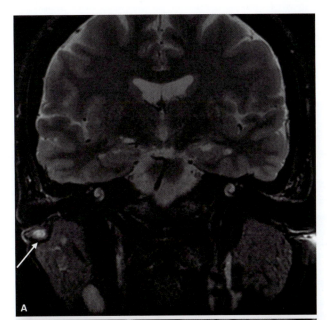

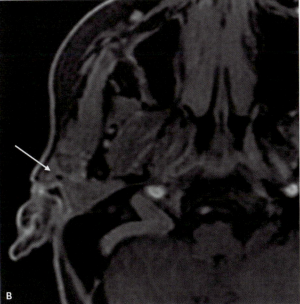

Figura 17 Fístula periauricular – anomalia do desenvolvimento da primeira bolsa faríngea. Ressonância magnética coronal T2 (A) e axial T1 pós-contraste (B) demonstram pequena área cística periauricular com fistulização para a pele na região do *tragus*.

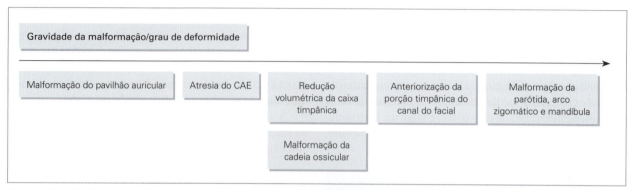

Figura 18   Achados que podem ser observados nas anomalias da orelha externa de acordo com a gravidade da malformação.

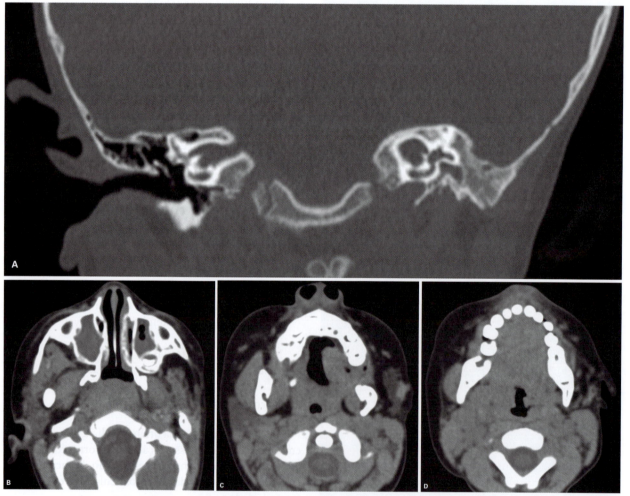

Figura 19   Atresia do CAE. Tomografia computadorizada coronal com janela óssea (A) e imagens axiais com janela de partes moles (B a D) demonstrando atresia mista completa do CAE esquerdo, com acentuada deformidade do pavilhão auricular e malformação associada de arco zigomático (B), parótida (C) e mandíbula (D).

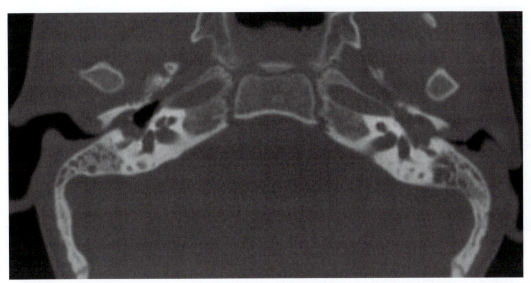

Figura 20 Atresia do CAE – atresia mista incompleta. Tomografia computadorizada axial demonstra estreitamento bilateral das porções cartilaginosas e ósseas do CAE, que permanecem pérvias.

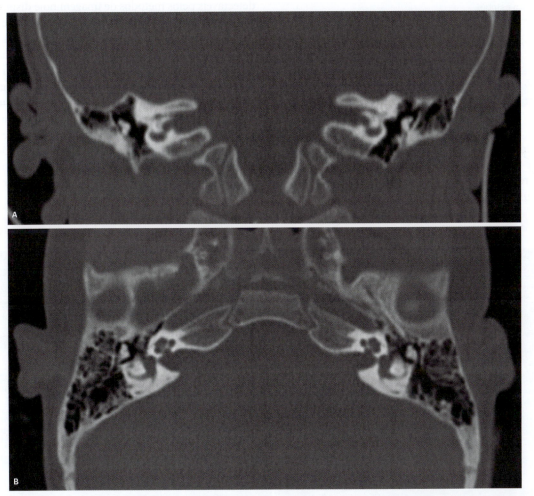

Figura 21 Atresia do CAE – fusão da cadeia ossicular à placa óssea atrésica e anomalia do estribo. TC coronal e axial demonstrando atresia do CAE e redução volumétrica das caixas timpânicas, com fusão do martelo à placa óssea atrésica (A) e anomalia do estribo, não caracterizado na janela oval (B).

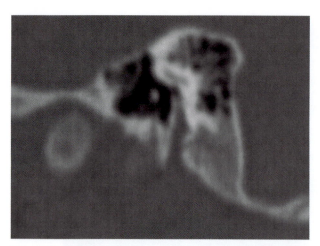

Figura 22 Atresia do CAE – anteriorização da porção mastóidea do nervo facial. Tomografia computadorizada sagital demonstrando encurtamento e anteriorização da porção mastóidea do nervo facial em associação a atresia do CAE e redução volumétrica da caixa timpânica.

Quadro 1	Malformações da cadeia ossicular
Ausência do estribo	
Malformação das cruras do estribo	
Ausência ou hipoplasia do ramo longo da bigorna	
Ausência da bigorna	
Disjunção incudostapédica	
Fixação da bigorna ao ático	

bilateralidade é comum. Existe uma classificação elaborada por Swartz e Harnsberger que separa as alterações em quatro classes: classe I – anquilose estapética; classe II – anquilose estapédica com outra anomalia associada; classe III – anomalias ossiculares sem anquilose estapédica; classe IV – displasia das janelas oval ou redonda.

O estribo é o ossículo mais frequentemente envolvido (Figura 23) e as alterações do martelo são raras. A associação de alterações do estribo e da bigorna é esperada, visto que ambos têm origem embriológica no segundo arco branquial a partir da cartilagem de Reichert. Na TC, o plano axial avalia melhor o estribo e o plano coronal é o que melhor evidencia a janela oval.

Malformações da orelha interna

Malformações labirínticas

As malformações da orelha interna podem envolver o labirinto membranoso e ósseo, sendo caracterizadas pelos exames de imagem, ou acometer apenas as estruturas do labirinto membranoso, sendo diferenciadas apenas por estudo histopatológico. As anomalias do labirinto ósseo da orelha interna correspondem a 20% dos casos de perda auditiva neurossensorial congênita. A maioria desses pacientes apresenta anomalias no labirinto membranoso, não detectáveis pelos métodos de imagem hoje disponíveis.

Dependendo da fase da embriogênese em que ocorrem (Figura 24), provocam determinadas alterações: anomalias do ducto coclear podem variar desde completa aplasia (3ª semana) até partição incompleta da cóclea ou ausência do septo interescalar (7ª semana), pois na 8ª semana o desenvolvimento da cóclea está completo. Sácula, utrículo e saco endolinfático têm seu desenvolvimento completado na 11ª semana, portanto, uma interrupção do desenvolvimento nesta fase (11ª semana) ocasiona alterações dessas estruturas, mas não da cóclea, pois seu desenvolvimento já está finalizado. As alterações do epitélio sensor ocorrem em uma fase mais tardia, após a 25ª semana.

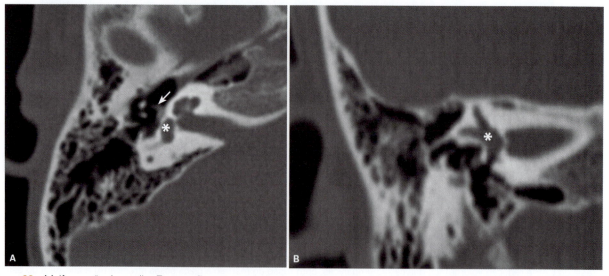

Figura 23 Malformação do estribo. Tomografia computadorizada axial (A) e coronal (B) demonstrando atresia da janela oval (asterisco) e malformação com deslocamento anterior do estribo (seta).

2 OSSOS TEMPORAIS 545

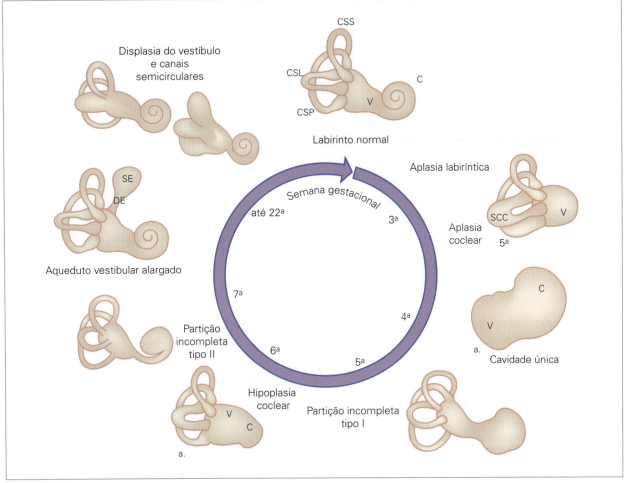

Figura 24 Ocorrência das malformações da orelha interna segundo a idade gestacional e imagens esquemáticas demonstrando o aspecto das estruturas labirínticas em cada uma delas. Observe na parte superior do quadro a representação da anatomia labiríntica. C: cóclea; V: vestíbulo; CSP: canal semicircular posterior; CSL: canal semicircular lateral; CSS: canal semicircular superior; DE: ducto endolinfático; SE: saco endolinfático.

A classificação atualmente utilizada para avaliação das anomalias da orelha interna é a de Sennaroglu e Saatci. As malformações cocleares estão associadas a alterações vestibulares, sendo mais apropriado classificá-las como malformações vestibulococleares, que também podem estar associadas às anomalias do conduto auditivo interno.

Aplasia labiríntica

A aplasia do labirinto ocorre em uma fase precoce da embriogênese, por volta da 3ª semana. Esta alteração é muito rara, representando menos de 1% das anomalias da orelha interna, sendo chamada de aplasia de Michel.

A TC é o método de imagem que melhor caracteriza esta anomalia, evidenciando ausência total das estruturas do labirinto membranoso. A labirintite ossificante com obliteração total das estruturas do labirinto membranoso deve ser considerada no diagnóstico diferencial. Na aplasia labiríntica, o contorno da parede lateral da orelha interna e o promontório são retificados (Figura 25), ao passo que na labirintite ossificante este contorno está normal. Além disso, na aplasia labiríntica toda a porção petrosa está malformada e pode haver estreitamento ou atresia do CAI.

O diagnóstico de aplasia labiríntica é difícil pela RM.

Aplasia ou hipoplasia coclear

A aplasia representa anomalia pouco frequente, totalizando menos de 3% das malformações cocleares. A hipoplasia coclear corresponde a 15% das malformações cocleares. Tais anomalias são decorrentes de alterações na embriogênese durante a 3ª semana (aplasia) ou 6ª semana fetal (hipoplasia).

Na TC, a cóclea está totalmente ausente ou apresenta dimensões reduzidas, podendo ter uma volta ou menos. Há presença do vestíbulo, dos canais semicirculares e do conduto auditivo interno, geralmente com algum grau de deformidade (Figura 26), porém em alguns casos essas estruturas podem estar preservadas. A hipoplasia coclear

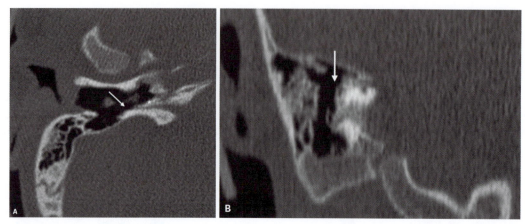

Figura 25 Aplasia labiríntica. Tomografia computadorizada axial (A) e coronal (B) demonstrando ausência das estruturas labirínticas (asterisco) e retificação da parede lateral da orelha interna e do promontório coclear (setas).

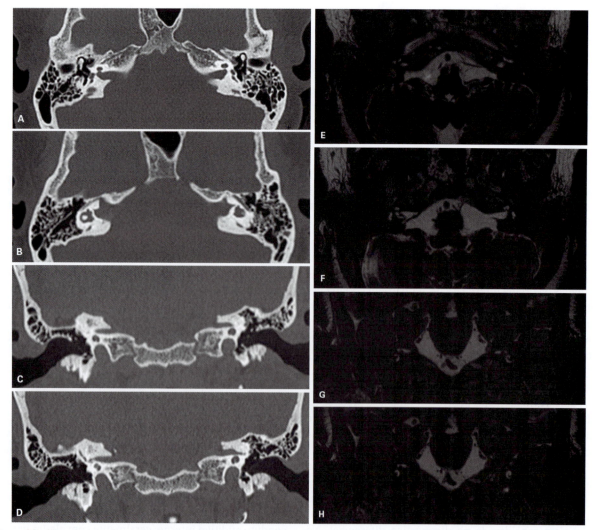

Figura 26 Hipoplasia coclear – síndrome brânquio-otorrenal. Tomografia computadorizada axial (A e B) e coronal (C e D) evidenciando redução volumétrica da cóclea, observando-se aspecto habitual do vestíbulo e canais semicirculares à direita e displasia dessas estruturas à esquerda (B). RM T2 volumétrica axial (E e F) e coronal (G e H) demonstram os mesmos achados.

pode estar presente nos pacientes com síndrome brânquio-otorrenal.

Cavidade única

Nesta anomalia, que representa cerca de 25% das malformações cocleares, a cóclea e o vestíbulo formam uma cavidade única. Os canais semicirculares frequentemente estão malformados, mas podem ser normais. O conduto auditivo interno (CAI) pode ter tamanho variável: se a cavidade for ampla, o CAI também costuma ser amplo, porém, se a cavidade for pequena, o CAI também será pequeno. Decorre de anomalia durante a 4ª semana fetal.

Esta alteração é bem evidenciada tanto pela TC (Figura 27) como pela RM, nas sequências pesadas em T2.

Partição incompleta tipo I

Também denominada malformação cística vestibulococlear. Nesta anomalia há ausência completa do modíolo e geralmente também da lâmina cribriforme, o que dá um aspecto cístico à cóclea. Associa-se dilatação do vestíbulo, formando uma imagem semelhante ao número oito (Figura 28), e a distinção dessas estruturas diferencia a partição incompleta tipo I da cavidade única. Sennaroglu e Saatci consideram que essa pode ser uma forma de cavidade única, porém com maior diferenciação e organização. Não há alargamento do aqueduto vestibular e todos os pacientes apresentam dilatação do CAI, aumentando o risco para meningite ou *gusher* em caso de cirurgias.

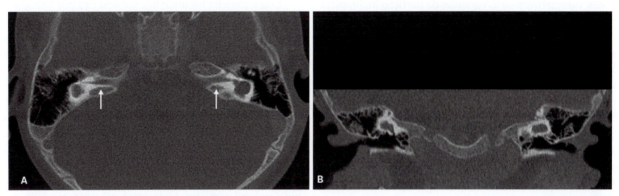

Figura 27 Cavidade única. Tomografia computadorizada axial (A) e coronal (B) demonstrando a presença de uma única pequena cavidade formada por cóclea e vestíbulo. Neste caso há também ausência dos canais semicirculares e redução das dimensões do conduto auditivo interno (CAI) (seta).

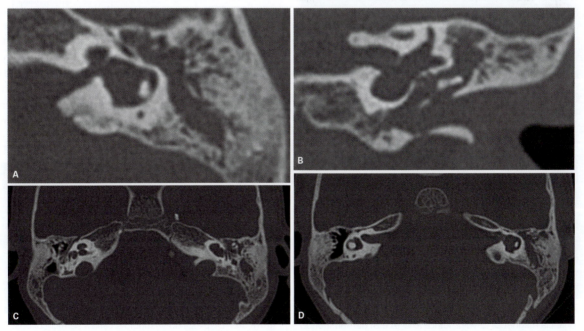

Figura 28 Partição incompleta tipo I ou malformação cística vestibulococlear. Tomografia computadorizada axial (A) e coronal (B) demonstrando indefinição das espiras cocleares com formação de estrutura cística que tem ampla comunicação com o vestíbulo, alargado. Os canais semicirculares são curtos e há alargamento da porção medial do conduto auditivo interno (meato acústico). Outro paciente com as mesmas imagens (C e D), apresentando partição incompleta tipo I à esquerda e partição incompleta tipo II à direita.

Partição incompleta tipo II – malformação de Mondini

É a malformação mais conhecida, representando cerca de 50% das malformações vestibulococleares e a forma menos grave, decorrente da interrupção no desenvolvimento na 7ª semana fetal. Nesta anomalia, a cóclea apresenta apenas uma volta e meia, com espira basal normal e confluência das espiras média e apical. O septo entre as escalas da cóclea e a lâmina óssea espiral está ausente. A ausência do septo entre as escalas vestibular e timpânica pode ser caracterizada pela RM nas sequências volumétricas densamente pesadas em T2 (Figura 29).

Classicamente associam-se alterações do saco/ducto endolinfático, com alargamento do aqueduto vestibular, e dilatação do vestíbulo, e quando esses achados estão ausentes, caracterizam-se as variantes da partição incompleta tipo II. Os canais semicirculares geralmente estão normais.

Pacientes com malformação de Mondini podem apresentar episódios recorrentes de meningite secundária a fístulas espontâneas que comunicam a orelha média com o espaço subaracnoide.

Displasia do vestíbulo e canais semicirculares

Anomalias isoladas do vestíbulo são raras, sendo geralmente associadas a malformações dos canais semicirculares, que estão geralmente alargados, podendo estar incorporados ao vestíbulo. Os canais semicirculares começam a se desenvolver da 6ª a 8ª semana de gestação, e sua formação se completa da 19ª à 22ª semana.

É mais frequente o alargamento do canal semicircular lateral (Figura 30), e como este é o último a se desenvolver na embriogênese, a malformação dos canais semicirculares superior e posterior sem envolvimento do lateral não é usual. A cóclea pode ser normal ou hipoplásica.

A aplasia dos canais semicirculares pode estar associada à síndrome CHARGE, que inclui as seguintes alterações: coloboma, cardiopatia, atresia de coana, retardo mental, hipoplasia genital e malformações da orelha. Atresia da janela oval também pode estar associada à displasia dos canais semicirculares.

Alargamento do aqueduto vestibular/saco endolinfático

Esta anomalia foi inicialmente descrita por Valvassori e Clemis. É causada por uma interrupção do desenvolvimento que pode ocorrer a partir da 7ª semana até o período pós-natal, pois o aqueduto vestibular segue em desenvolvimento nessa fase. Há discreta predominância no sexo feminino (3:2).

Trata-se do achado de imagem mais frequente na surdez congênita neurossensorial, é comumente bilateral e assimétrico (fato importante na programação do implante coclear, para que se identifique o lado menos alterado).

Os pacientes apresentam perda auditiva progressiva, desencadeada ou agravada por pequenos traumas. Zumbido pulsátil também pode estar presente em 50% dos pacientes. A causa da perda auditiva é desconhecida, e as teorias mais aceitas são de que o amplo saco endolinfático permite o refluxo de proteínas hiperosmolares ao aqueduto coclear, com dano ao neuroepitélio, e que uma deficiência modiolar associada permite a transmissão da pressão liquórica para o labirinto, com dano ao órgão de Corti.

O aqueduto é considerado alargado quando mede mais que 1,5 mm na TC. É importante observar que esta medida deve ser realizada na porção média do aqueduto, entre seu orifício posterior e o vestíbulo, pois a dilatação do aqueduto vestibular próximo à fossa posterior não tem

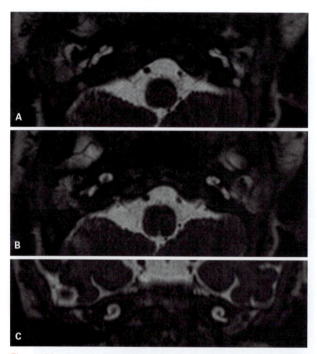

Figura 29 Partição incompleta tipo II – malformação de Mondini. Ressonância magnética T2 volumétrica axial (A e B) demonstrando aspecto habitual da espira basal e confluência das espiras média e apical, e difícil caracterização do septo interescalar. Na reconstrução coronal (C) observamos que a cóclea apresenta apenas uma volta e meia.

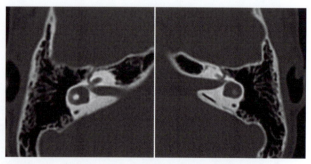

Figura 30 Displasia do vestíbulo e canais semicirculares. Tomografia computadorizada axial demonstrando displasia bilateral, com alargamento do canal semicircular lateral e redução da ilhota óssea que o separa do vestíbulo. A alteração é mais acentuada à esquerda.

significado clínico, sendo considerada uma variação anatômica. Uma maneira prática para aferir se o aqueduto vestibular está alargado é a comparação de seu diâmetro com o do canal semicircular posterior em sua porção ascendente. O aqueduto vestibular não pode apresentar diâmetro maior que esta porção do canal semicircular posterior.

Devemos lembrar que o canal ósseo caracterizado na TC é o aqueduto vestibular (Figura 31), enquanto as estruturas visualizadas na RM apresentando hipersinal em T2 são o ducto e o saco endolinfático.

Há associação da síndrome do aqueduto vestibular alargado com outras malformações da orelha interna, principalmente alterações cocleares, relatada em até 84% dos pacientes.

Malformações do conduto auditivo interno

O conduto auditivo interno (CAI) pode estar alargado ou estreito. Seu diâmetro normal varia de 2 a 8 mm, com média de 4 mm.

CAI estreito ou atrésico

A presença do CAI estreito pode estar relacionada à agenesia do nervo coclear, esta uma contraindicação para o implante coclear, sendo necessária, nestes casos, a realização de implante de tronco. A atresia ou estenose do CAI pode ser avaliada tanto pela TC como pela RM (Figura 32).

Afilamento ou ausência do canal ósseo do nervo coclear à TC são considerados um indicativo de hipoplasia ou ausência deste nervo, sendo a RM primordial para a avaliação neural.

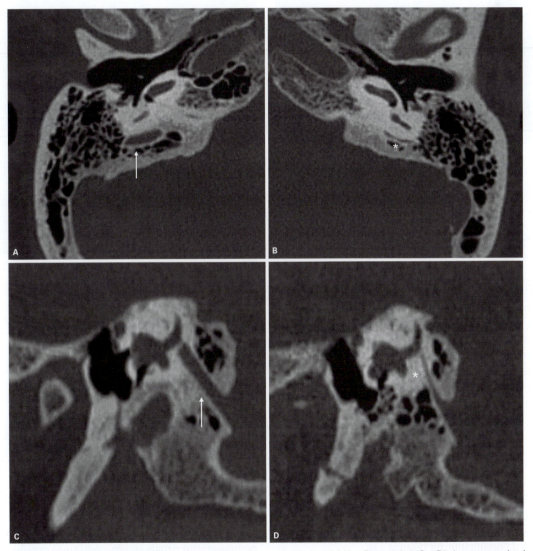

Figura 31 Alargamento do aqueduto vestibular. Tomografia computadorizada axial (A e B) e sagital (C e D) demonstrando alargamento do aqueduto vestibular à direita (setas). Observe a amplitude normal dessa estrutura à esquerda (asteriscos).

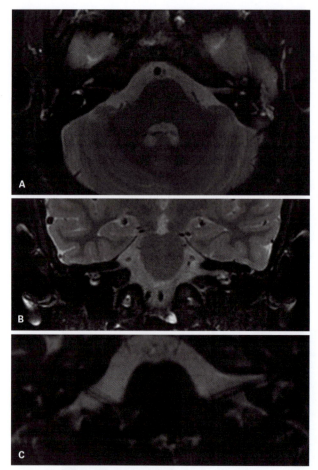

Figura 32 Estreitamento ou atresia do conduto auditivo interno. Ressonância magnética com imagens T2 axial (A) e coronal (B) demonstra acentuado estreitamento do conduto auditivo interno (CAI) direito, e dimensões nos limites da normalidade do CAI esquerdo. A sequência volumétrica T2 (C) demonstra afilamento da porção cisternal dos nervos facial e vestibulococlear direitos, e difícil caracterização de seus segmentos intracanaliculares.

É difícil a identificação com precisão dos ramos do nervo vestibulococlear e do nervo facial no interior de um CAI estreito, mesmo com a utilização de sequências volumétricas pesadas em T2. Devem ser realizadas reconstruções sagitais oblíquas anguladas em 90° em relação ao trajeto desses nervos no interior do CAI, que auxiliam em sua avaliação desde suas porções cisternais.

As estenoses do conduto auditivo interno e anomalias do nervo coclear são classificadas em três tipos:

- Tipo 1: associação de estenose do CAI e ausência do nervo vestibulocolear.
- Tipo 2: o nervo vestibulococlear está presente e há aplasia ou hipoplasia de seu ramo coclear. É subdividido em tipo 2A, quando há outras malformações da orelha interna associadas, e tipo 2B, sem outras alterações da orelha interna (Figura 33).

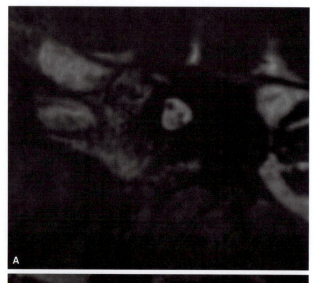

Figura 33 Hipoplasia do nervo coclear. Ressonância magnética T2 volumétrica com reconstruções sagitais oblíquas demonstra hipoplasia do nervo coclear direito (A), sem associação à atresia do conduto auditivo interno (CAI). Observe à esquerda o aspecto habitual dos nervos facial, coclear e vestibulares superior e inferior no interior do CAI (B).

O nervo facial costuma ter um trajeto aberrante nas anomalias do nervo vestibulococlear.

Partição ou duplicidade do CAI

Uma anomalia ainda mais rara dentro das formas de estreitamento do CAI e também relacionada à hipoplasia ou aplasia do nervo coclear é a presença de dois condutos separados por um septo ósseo completo ou incompleto (Figura 34). Nestes casos geralmente se observa um componente inferior e menor, contínuo à cóclea e representativo do trajeto do nervo vestibulococlear, e outro componente superior e mais amplo, contínuo à porção timpânica

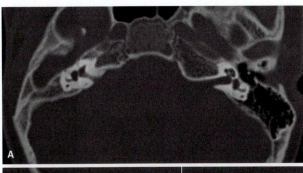
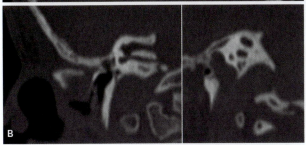

Figura 34 Partição do conduto auditivo interno (CAI). Tomografia computadorizada axial (A) e reformatações coronal e sagital (B) demonstram dois condutos separados por um septo ósseo completo à direita. O paciente apresentava hipoplasia coclear do mesmo lado da alteração do CAI.

Processos inflamatórios do osso temporal

Os processos inflamatórios que acometem o osso temporal apresentam características específicas dependendo do local de acometimento, e a seguir serão descritos com base nas regiões anatômicas: orelha externa, orelha média, orelha interna e ápice petroso.

Orelha externa

Colesteatoma do conduto auditivo externo

O colesteatoma do CAE é uma alteração rara (incidência menor que 0,5%), de evolução lenta, que pode ser idiopática ou secundária a trauma, cirurgia ou radiação. Consiste em uma lesão que invade seu revestimento epitelial e atinge seu componente ósseo, com erosão e periostite. Clinicamente se manifesta com dor e otorreia, geralmente em pacientes adultos de idade mais avançada.

Na TC, caracteriza-se por formação com atenuação de partes moles e aspecto expansivo, determinando remodelamento e erosão óssea, sem extensão à caixa timpânica ou envolvimento da membrana (Figura 36).

A avaliação clínica é fundamental para o diagnóstico, e os principais diferenciais são otite externa, lesões tumorais do CAE e queratose obliterante (Quadro 2).

Queratose obliterante

A queratose obliterante é caracterizada por acúmulo expansivo de queratina no interior do CAE, e se diferencia do colesteatoma por não cursar com erosão óssea, acometer indivíduos mais jovens e por geralmente ser bilateral. As manifestações clínicas são otalgia, perda auditiva condutiva e eventualmente pode ocorrer otorreia.

Na TC observamos alargamento e remodelamento ósseo do CAE, que está preenchido por material com atenuação de partes moles, sem erosões ósseas associadas (Figura 37).

Otite externa necrotizante

É um processo inflamatório agudo agressivo que se caracteriza por osteomielite, ocorrendo em pacientes diabéticos e imunodeprimidos, cujo agente etiológico é, na maioria dos casos, *Pseudomonas aeruginosa*, sendo também chamada de otite externa maligna. O processo inflamatório inicia-se na orelha externa, principalmente na junção das porções óssea e cartilaginosa, com extensão para as estruturas adjacentes, principalmente para o forame estilomastóideo e a fossa infratemporal, com envolvimento do nervo facial, que ocorre em 38% dos pacientes. Pode haver extensão anterior para a articulação temporomandibular e medial para a orelha média e o ápice petroso. A otite externa necrotizante pode evoluir para osteomielite da base de crânio, e quando há acometimento do forame jugular e do espaço pré-vertebral,

do canal do nervo facial, representando seu leito. Uma recente revisão dessas alterações, proposta por Vicenti e colaboradores, sugere como mais adequados os termos partição do CAI, quando o conjunto apresenta diâmetro e localização dentro dos limites normais, e duplicidade do CAI, quando os condutos forem estreitos e a alteração morfológica mais grave. A duplicidade foi relatada em casos de displasia "em boné" do tegmento pontino, alteração do desenvolvimento encefálico que também pode estar associada a outras malformações da orelha interna.

CAI alargado

Quando o CAI estiver alargado, deve-se avaliar com atenção o fundo desse conduto, verificando a existência de uma placa óssea separando o CAI da cóclea, pois, caso não haja esta separação, o paciente pode apresentar fístula comunicando o espaço subaracnoide com a orelha interna.

A presença de CAI alargado com fístula para o espaço subaracnoide é descrita na deficiência auditiva ligada ao cromossomo X, acometendo predominantemente pacientes do sexo masculino. Esta síndrome caracteriza-se por perda auditiva progressiva, que pode ser apenas neurossensorial ou mista. Evidencia-se fundo do CAI de morfologia globosa, ausência da placa óssea (lâmina cribriforme) entre o CAI e a cóclea, alargamento da porção labiríntica do nervo facial e deformidade do modíolo (Figura 35). Esta anomalia pode ser evidenciada tanto na TC como na RM. Nesses pacientes há fixação do estribo, e sua manipulação cirúrgica pode levar à síndrome do gotejamento (*gusher*), com piora da perda auditiva.

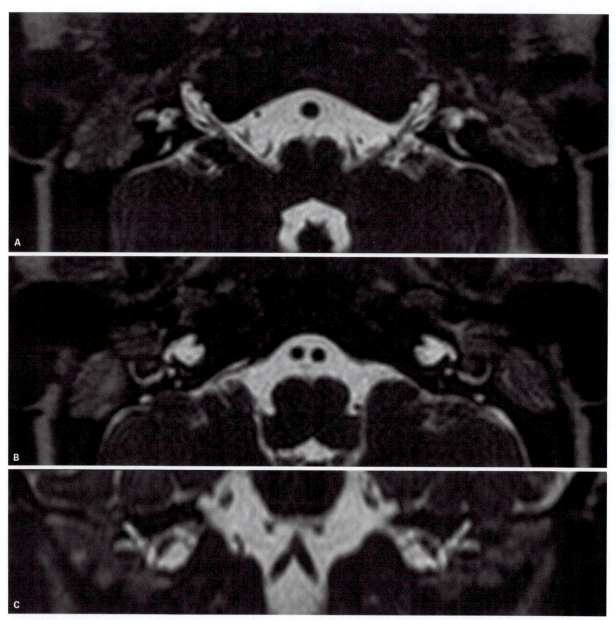

Figura 35 Deficiência auditiva ligada ao cromossomo X. Ressonância magnética volumétrica T2 axial (A e B) e coronal (C) demonstrando conduto auditivo interno (CAI) amplo e com morfologia globosa na região fúndica, ausência da placa óssea entre o CAI e a cóclea e difícil caracterização do modíolo.

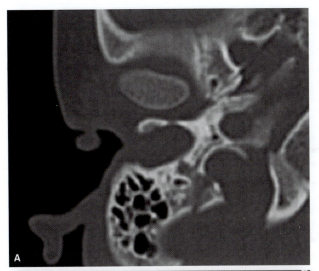

Quadro 2 Aspectos de imagem que auxiliam na diferenciação entre colesteatoma do CAE e queratose obliterante

Colesteatoma do CAE	Queratose obliterante
Faixa etária variável, podendo ocorrer até a 8ª década	Pacientes mais jovens
Remodelamento ósseo com erosão	Remodelamento ósseo sem erosão
Geralmente unilateral	Geralmente bilateral

pode ser observado envolvimento dos nervos cranianos IX-XII (caracterizando a síndrome de Vernet). Pode ainda complicar com abscessos no espaço epidural, parênquima cerebral e espaço pré-vertebral.

A TC e a RM são os métodos de imagem para avaliação dos pacientes com suspeita de otite externa necrotizante.

A TC evidencia processo inflamatório do CAE com significativo comprometimento das partes moles e obliteração dos planos gordurosos adjacentes (Figura 38), destacando-se erosão óssea que pode ocorrer no próprio CAE ou nas estruturas regionais, como a mastoide. Pode acometer os espaços carotídeo, parafaríngeo e mastigatório, e esse envolvimento das partes moles é mais facilmente caracterizado pela RM; esta também deve ser realizada se houver acometimento de nervos cranianos, suspeita de envolvimento meníngeo ou complicações intracranianas, e na suspeita de osteomielite da base do crânio, para melhor avaliação da medula óssea (Figura 39).

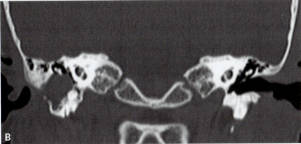

Figura 36 Colesteatoma do conduto auditivo externo (CAE). Tomografia computadorizada axial (A) e coronal (B) evidencia formação expansiva determinando remodelamento e erosão da porção óssea do CAE direito.

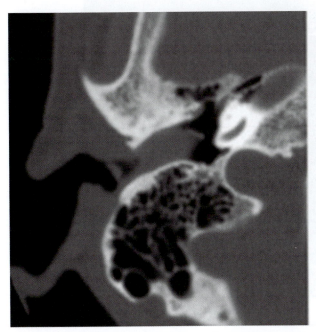
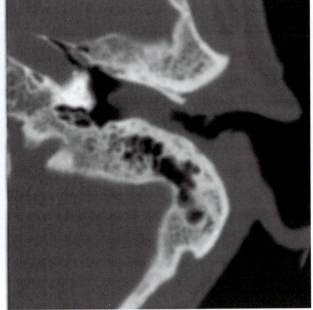

Figura 37 Queratose obliterante. Tomografia computadorizada axial demonstrando preenchimento bilateral do CAE por material com atenuação de partes moles. Associa-se remodelamento ósseo sem erosão.

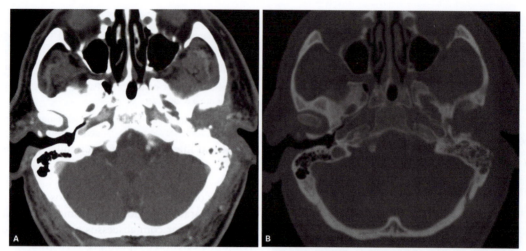

Figura 38 Otite externa necrotizante. Tomografia computadorizada axial com janela de partes moles (A) e óssea (B) demonstrando preenchimento do conduto auditivo externo (CAE) esquerdo por material com atenuação de partes moles, extensão do processo inflamatório para a articulação temporomandibular e erosão óssea associada.

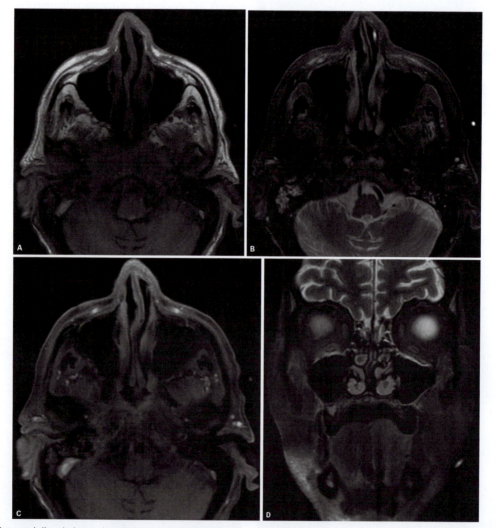

Figura 39 Osteomielite da base do crânio – complicação de otite externa necrotizante. Ressonância magnética (RM) axial T1 (A), T2 (B) e T1 pós-contraste (C) demonstrando componente inflamatório de partes moles e alteração do sinal medular das estruturas ósseas da base do crânio, representada por hipossinal em T1 e impregnação pelo meio de contraste, indicando osteomielite. Houve comprometimento, pelo processo inflamatório, do nervo hipoglosso esquerdo, com sinais de denervação da língua deste lado – RM coronal T2 (D).

Os principais diferenciais são acometimento da base do crânio e otomastoidopatia, secundários a carcinoma de nasofaringe avançado.

Orelha média

Otite média aguda e otomastoidite

A otite média aguda é um processo infeccioso comum nas crianças com menos de 5 anos pela relativa horizontalização da tuba auditiva e presença de hipertrofia da tonsila faríngea, geralmente causada por bactérias do gênero *Streptococcus* ou por *Haemophilus influenzae*. Na grande maioria dos casos, a evolução clínica é satisfatória com a instalação de antibioticoterapia adequada, não estando indicada a avaliação por TC ou RM. Porém, alguns casos podem apresentar complicações, incluindo abscessos epidurais, subdurais e intraparenquimatosos, trombose venosa e apicite petrosa. Nos casos com evolução clínica insatisfatória, os métodos de imagem têm papel fundamental.

O processo inflamatório pode levar a um bloqueio do *aditus ad antrum* por edema mucoso, com consequente acúmulo de secreção no antro e células da mastoide e desenvolvimento de otomastoidite aguda. As complicações da otomastoidite estão relacionadas a erosão óssea, tromboflebite e disseminação hematogênica.

Na otite média aguda ou otomastoidite não complicada, observa-se preenchimento de células da mastoide por material líquido ou debris; podem estar presentes nível líquido ou abaulamento da membrana timpânica (Figura 40), sem caracterização de erosão óssea ou periostite.

Na otomastoidite coalescente, a TC evidencia erosão de septos mastóideos e/ou da cortical óssea. Pode haver formação de abscesso subperiosteal quando há afilamento com erosão da cortical externa (Figura 41). A celulite pode ocorrer sem a erosão óssea quando o processo infeccioso se estende através de tromboflebite da veia emissária mastóidea ou através do canal desta veia.

Quando há erosão da porção inferior da mastoide, o processo infeccioso pode se estender para os espaços profundos cervicais, com acometimento dos músculos esternocleidomastóideo e trapézio, formando o abscesso de Bezold. Este tipo de abscesso é mais comum nos adultos, nos quais existe maior aeração da porção inferior das células da mastoide, que têm cortical óssea mais fina e suscetível à erosão.

O processo infeccioso também pode se estender para a pirâmide petrosa quando há pneumatização, presente em 30% da população, caracterizando a apicite petrosa, que será discutida adiante. A erosão da cortical interna da mastoide junto ao seio sigmoide ocasiona contato dos debris inflamatórios com o seio sigmoide e a dura, podendo desenvolver-se tromboflebite e trombose deste seio (Figura 42). Na TC ou RM pós-contraste o trombo é visualizado como falha de enchimento no interior ou ausência de opacificação desta estrutura venosa. Na RM sem contraste a ausência de sinal no interior do vaso (*flow-void*) afasta esse diagnóstico. A avaliação de trombose venosa cerebral pode ainda ser realizada pela ângio-RM venosa.

Outras complicações intracranianas da otomastoidite incluem meningite, que é a complicação intracraniana mais frequente, abscessos parenquimatosos, que ocorrem no lobo temporal ou cerebelo, e também abscessos intracranianos. Tais complicações podem ocorrer por extensão direta através de um defeito ósseo ou podem ser secundárias à tromboflebite retrógrada (Figura 43).

Labirintite é outra complicação da otomastoidite aguda. O processo inflamatório estende-se através das janelas oval ou redonda para o labirinto. A RM é o método de imagem de escolha na suspeita clínica de labirintite, observando-se realce do labirinto membranoso nas sequências pós-contraste.

Otite média crônica

A otite média crônica (OMC) é definida como um processo inflamatório da mucosa da orelha média que dura mais de três meses. Pode se apresentar como otite média com efusão (serosa), otite média com tecido de granulação, otite média colesteatomatosa, otite média com fixação ossicular e otite média com timpanoesclerose (Figura 44).

Otite média com efusão – otite média serosa

Está associada à disfunção tubária, sendo mais comum em crianças, pelas características já mencionadas

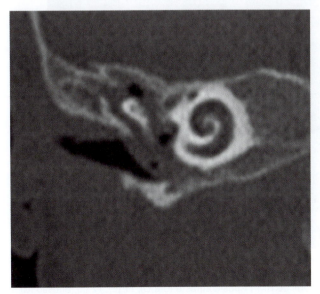

Figura 40 Otite média aguda. Tomografia computadorizada coronal demonstrando preenchimento completo da mastoide e da caixa timpânica, com abaulamento da membrana timpânica.

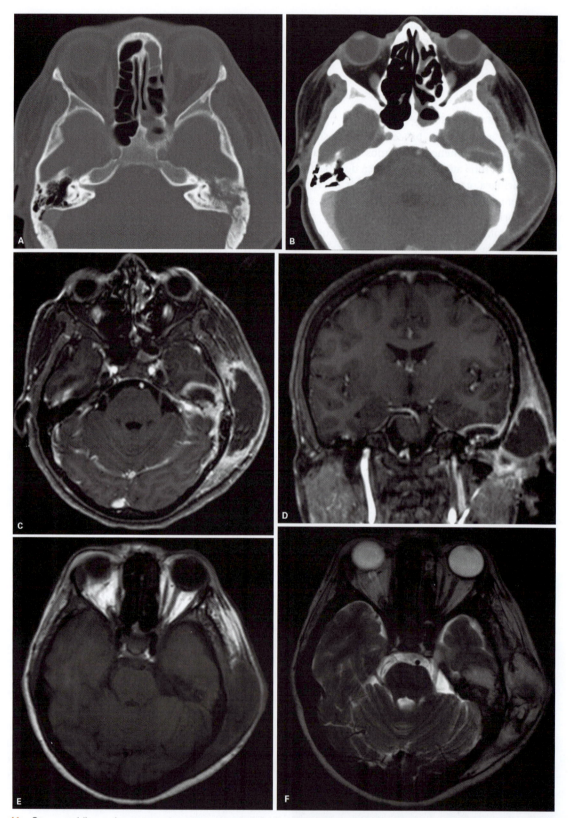

Figura 41 Otomastoidite coalescente e abscesso subperiosteal. Tomografia computadorizada e ressonância magnética demonstrando otomastoidite coalescente à esquerda – observe a erosão da mastoide (A) com abscesso subperiosteal que apresenta extensão tanto intracraniana quanto às partes moles superficiais regionais (B). Imagens de RM T1 pós-contraste (C e D), T1 (E), T2 (F), difusão (G) e mapa de coeficientes de difusão aparente (ADC) (H) demonstram melhor a extensão intracraniana da lesão e as características do abscesso, com restrição à movimentação das moléculas de água na sequência difusão.

(continua)

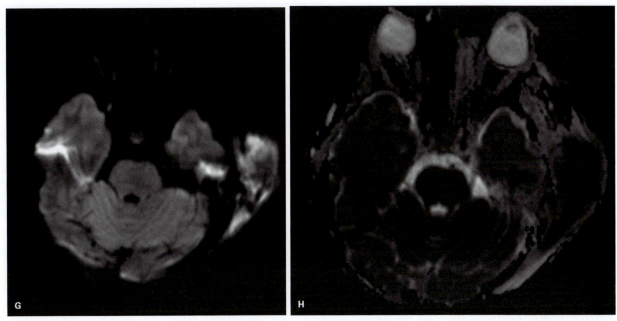

Figura 41 (continuação)

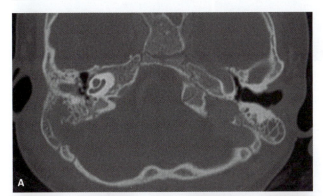

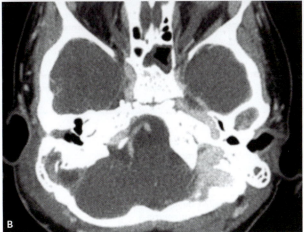

Figura 42 Otomastoidite coalescente com trombose do seio sigmoide. Tomografia computadorizada axial com janela óssea (A) e de partes moles (B). Erosão da cortical interna da mastoide direita e falha de enchimento pelo meio de contraste do seio sigmoide compatível com trombose.

de relativa horizontalização da tuba auditiva e hipertrofia da tonsila faríngea neste grupo etário.

Diante do achado de otite serosa no paciente adulto, deve-se excluir a presença de uma massa na nasofaringe obliterando a fosseta de Rosenmüller.

Na TC, caracteriza-se obliteração parcial da caixa timpânica com nível líquido (Figura 45). Pode haver opacificação total da orelha média e células da mastoide. Na RM, o sinal da secreção é variável. Secreção mais fluida apresenta alto sinal em T2 e hipossinal em T1. Quando a secreção fica mais ressecada e tem maior componente proteico, há aumento do sinal em T1 e hipossinal em T2.

Tubos de ventilação podem ser usados no tratamento desta condição, não devendo ser confundidos com corpos estranhos, debris inflamatórios ou luxação da cadeia ossicular.

Otite média com tecido de granulação

A presença de tecido de granulação na orelha média é muito comum no contexto inflamatório, podendo estar associada a outras condições, como efusão e colesteatoma.

Na TC, caracteriza-se material com atenuação de partes moles preenchendo a caixa timpânica, sem sinais de luxação da cadeia ossicular, ou seja, sem efeito expansivo. Ocasionalmente, pode haver erosão do cabo longo da bigorna e cabeça do estribo na OMC não colesteatomatosa (Figura 46). O tecido de granulação é mais bem caracterizado na RM por apresentar acentuada impregnação pelo meio de contraste paramagnético, devendo ser diferenciado do colesteatoma, que não apresenta realce. A

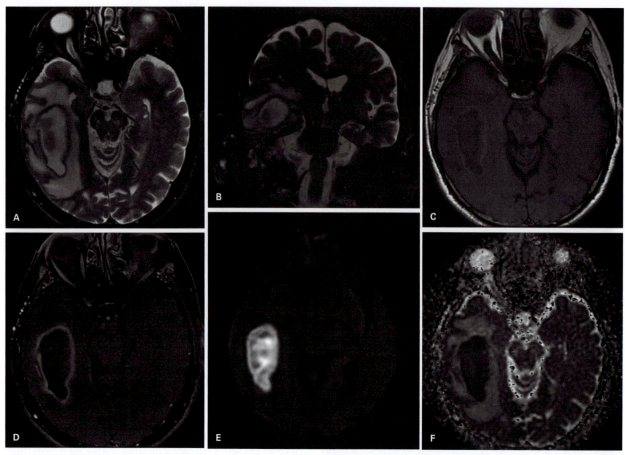

Figura 43   Otomastoidite com abscesso intracraniano. Ressonância magnética axial e coronal T2 (A e B), T1 (C), T1 pós-contraste (D), difusão (E) e mapa de coeficientes de difusão aparente (ADC) (F) demonstrando otomastoidite à direita complicada com abscesso intracraniano temporal – observe as características de liquefação e importante restrição à difusão no interior da lesão intracraniana.

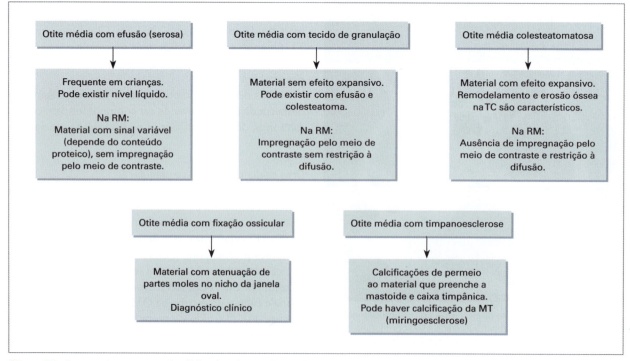

Figura 44   Formas de apresentação clínica da otite média crônica e suas características de imagem.

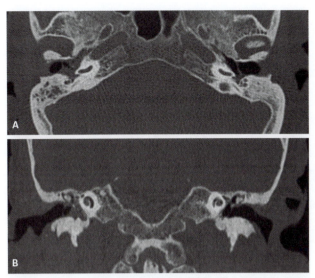

Figura 45 Otite média crônica com efusão. Tomografia computadorizada axial (A) e coronal (B). Preenchimento das mastoides e obliteração parcial das caixas timpânicas por secreção, formando nível líquido à direita.

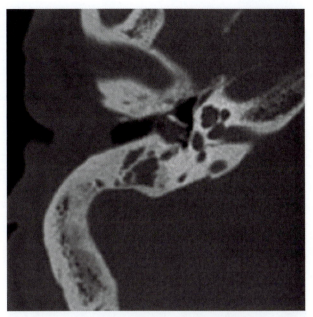

Figura 46 Otite média crônica não colesteatomatosa com erosão da cadeia ossicular. Tomografia computadorizada axial com sinais de otomastoidopatia crônica e material na caixa timpânica sem efeito expansivo, determinando erosão do ramo longo da bigorna e esclerose do estribo.

difusão também pode ser útil nesta diferenciação, pois o colesteatoma apresenta restrição à difusão, o que não ocorre com o tecido de granulação.

Otite média colesteatomatosa

O colesteatoma representa uma proliferação de epitélio estratificado escamoso com debris de queratina na orelha média ou células da mastoide, composto histologicamente por uma camada epitelial produtora de queratina (chamada matriz) e por uma camada mesenquimal produtora de enzimas protelíticas que podem levar à reabsorção óssea (chamada perimatriz). Apresenta-se macroscopicamente como uma massa esbranquiçada e compacta.

É classificado como congênito quando há integridade da membrana timpânica e o paciente não apresenta antecedente de otite prévia, ou adquirido, este último mais frequente, representando 98% dos colesteatomas da orelha média.

As teorias propostas para a patogênese dos colesteatomas adquiridos incluem: retração ou invaginação, invasão epitelial, metaplasia do epitélio da orelha média e hiperplasia de células basais.

Pode se originar da *pars tensa* e da *pars flácida*:

- Colesteatoma da *pars flacida*: a maioria dos colesteatomas adquiridos (cerca de 80%) origina-se da *pars flacida*, compromete o espaço de Prussak, alargando-o, e provoca erosão do esporão. Há erosão da cabeça do martelo, que está luxada medialmente (Figura 47). Pode apresentar extensão posterior para o antro mastóideo, também alargando o *aditus*. Erosão da cadeia ossicular ocorre em 75% dos colesteatomas da *pars flacida*.
- Colesteatoma da *pars tensa*: é muito menos frequente, compromete o recesso timpânico posterior, o recesso do facial e o seio timpânico. Estende-se para a porção medial da caixa timpânica, provocando deslocamento lateral de martelo e bigorna (Figura 48). Pode provocar fístula labiríntica pela erosão do canal semicircular lateral. Erosão da cadeia ossicular ocorre em 90% dos colesteatomas da *pars tensa*.

O achado característico da TC é a presença de material com atenuação de partes moles de contornos arredondados e efeito expansivo, com sinais de remodelamento das paredes da caixa timpânica e erosão e deslocamento da cadeia ossicular. Colesteatomas incipientes de pequenas dimensões (menores que 0,5 cm), que não provocam erosão óssea, são de difícil diagnóstico à TC, e podem ser detectados precocemente por RM, particularmente na sequência difusão (Figura 49).

Complicações dos colesteatomas incluem: fístula labiríntica, paralisia facial e fístula liquórica, causadas respectivamente por erosão do canal semicircular lateral, do canal do nervo facial (Figura 50) ou do tégmen timpânico. Pode haver ainda erosão óssea da placa do seio sigmoide.

Nos últimos anos, diversos estudos têm mostrado a importância da RM na avaliação do colesteatoma adquirido e, principalmente, na avaliação de colesteatomas

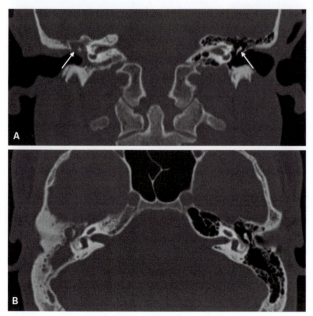

Figura 47 Colesteatoma da *pars flacida*. Tomografia computadorizada coronal (A) e axial (B) demonstrando tecido expansivo na caixa timpânica direita que ocupa e alarga o espaço de Prussak (setas em A), determinando erosão do esporão e da cabeça do martelo e do corpo da bigorna.

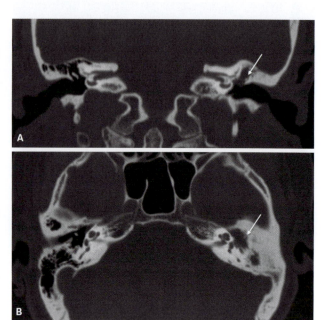

Figura 48 Colesteatoma da *pars tensa*. Tomografia computadorizada coronal (A) e axial (B) demonstrando tecido expansivo na caixa timpânica esquerda, com erosão e deslocamento lateral da cadeia ossicular (setas).

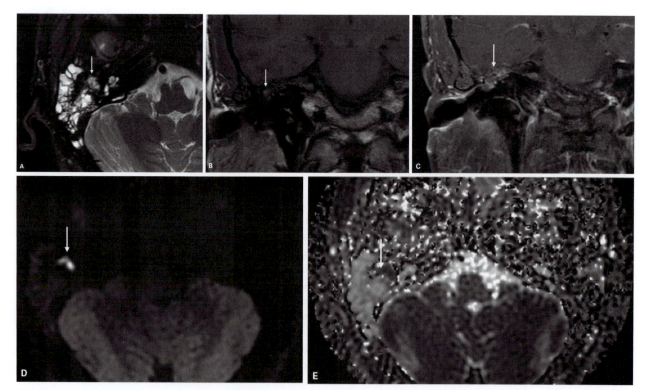

Figura 49 Colesteatoma de pequenas dimensões – ressonância magnética. Imagens axial T2 (A), coronais T1 e T1 pós-contraste (B e C), difusão (D) e mapa de coeficientes de difusão aparente (ADC) (E) demonstram pequena formação (setas) com alto sinal em T2, sinal intermediário em T1 sem impregnação pelo meio de contraste e restrição à difusão subcentimétrica, compatível com colesteatoma.

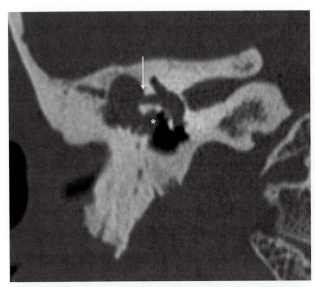

Figura 50 Colesteatoma com fístula labiríntica e erosão do canal do nervo facial. Tomografia computadorizada coronal demonstrando erosão do canal semicircular lateral (seta) e da porção timpânica do canal do nervo facial (asterisco).

residuais ou recidivados pós-cirúrgicos, particularmente das sequências difusão e pós-contraste. Estas sequências distinguem os colesteatomas, que apresentam restrição à difusão e ausência de impregnação pelo meio de contraste, do tecido de granulação pós-cirúrgico, que tem características opostas (Figura 51).

O principal problema da sequência difusão é a presença de artefatos da interface entre ar e osso na base do crânio, habitualmente observados na margem do osso petroso com forma de faixa. Esses artefatos são mais importantes na sequência difusão ecoplanar (DW-EPI), habitualmente utilizada para a avaliação do crânio. Técnicas de difusão não ecoplanares (*non-EPI DW*), utilizando as sequências turbo e *fast spin-eco*, reduzem as alterações artefatuais e permitem o diagnóstico preciso de colesteatomas menores, com até 2 mm.

Portanto, a TC é o melhor método de imagem para a avaliação óssea e o primeiro exame para a análise da extensão, de possíveis complicações e do planejamento cirúrgico dos colesteatomas. A RM é importante no diagnóstico diferencial, principalmente em colesteatomas congênitos, avaliação de extensão intracraniana, no pós-operatório dos colesteatomas ou nos casos duvidosos de colesteatomas adquiridos.

Complicações não colesteatomatosas da OMC

As complicações não colesteatomatosas da OMC incluem:

- Fixação ossicular por tecido fibroso: caracteriza-se pela presença de material com atenuação de partes moles na orelha média, principalmente no nicho da janela oval, acarretando fixação do estribo (Figura 52). Na TC, não é possível a diferenciação entre tecido fibroso e material líquido, e seu diagnóstico é clínico.
- Timpanoesclerose: consiste na presença de material puntiforme ou difuso, calcificado, nos ligamentos ao redor da cadeia ossicular. A TC é o método que demonstra essas alterações, observando-se material calcificado na orelha média, na membrana timpânica, nos ligamentos e no tendão (Figura 53).

Orelha interna

Labirintite

Lesões inflamatórias podem comprometer a orelha interna por extensão direta e disseminação do sistema nervoso central (SNC), como nas meningites, ou de processos inflamatórios originários na orelha média, como a otite.

Os agentes etiológicos são bacterianos, virais e, menos frequentemente, alterações autoimunes, sendo as causas virais as mais frequentes, principalmente sarampo e caxumba. As labirintites bacterianas podem ocorrer após meningites, sendo geralmente bilaterais.

O quadro clínico das labirintites é de vertigem, náuseas e perda auditiva progressiva e definitiva.

A labirintite pode ser classificada nas fases aguda/subaguda e crônica, representadas pelas fases radiológicas aguda, fibrosa e labirintite ossificante (Figura 54).

Fase aguda/subaguda

O método de imagem para avaliação de labirintite é a RM, observando-se impregnação pelo meio de contraste do labirinto membranoso, que pode persistir por meses após o início do quadro. Observa-se que o realce pode ser limitado a porções do labirinto, podendo haver correlação com a sintomatologia clínica. Outro achado que pode ser observado é o alto sinal nas sequências T1 pré-contraste e FLAIR, representando conteúdo proteico ou celular no interior do labirinto membranoso (Figura 55).

Fase crônica

Caracterizada por alterações fibrosas que evolutivamente progridem e resultam em ossificação do labirinto membranoso (Figura 56). Esse estágio da doença pode levar semanas ou anos, sendo o início da fase fibrosa geralmente cerca de 2 semanas após o episódio agudo (havendo sobreposição dos achados de imagem por algum tempo). Na fase fibrosa persiste a impregnação pelo meio de contraste e observa-se redução do sinal em T2 das estruturas do labirinto membranoso.

A labirintite ossificante é a fase final desse processo caracterizado por ossificação do labirinto membranoso. Além de alteração secundária a processo inflamatório ou infeccioso, a labirintite ossificante pode ocorrer após trauma ou cirurgias, que podem provocar uma agressão

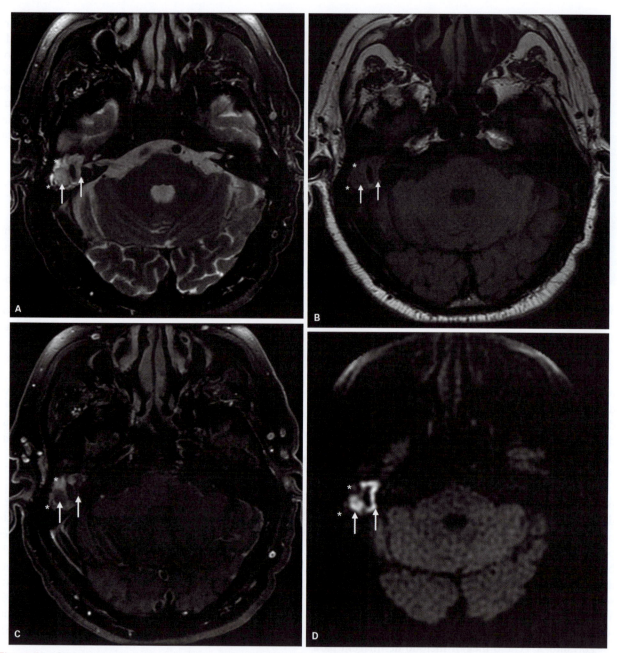

Figura 51 Colesteatoma – avaliação pós-operatória. Ressonância magnética axial T2 (A), T1 (B) e T1 pós-contraste (C) e difusão (D) demonstrando tecido de granulação na cavidade cirúrgica, sem restrição à difusão e com impregnação pelo meio de contraste (asterisco), e colesteatoma residual ou recidivado, que apresenta restrição à difusão e ausência de impregnação pelo contraste (setas).

crônica com proliferação de fibroblastos e osteoblastos nesse labirinto.

Neurite facial

A neurite facial pode ter etiologia bacteriana ou viral.

A neurite facial bacteriana está frequentemente associada à meningite, sendo outras possíveis causas associadas a essa etiologia: extensão direta de processos inflamatórios da orelha média para a porção timpânica do nervo facial e extensão de processo inflamatório da região do forame estilomastóideo para a porção mastóidea do nervo facial, que pode ocorrer na otite externa necrotizante.

As infecções virais são mais comuns, destacando-se a infecção herpética de instalação aguda (que pode estar associada à paralisia de Bell) e a síndrome de Ramsay Hunt. A paralisia de Bell é a apresentação mais frequente da neurite facial, geralmente de causa desconhecida, e que pode estar associada a infecção pregressa por herpes-vírus e reativação viral. A síndrome de Ramsay Hunt é provocada pelo vírus varicela-zóster, e caracteriza-se

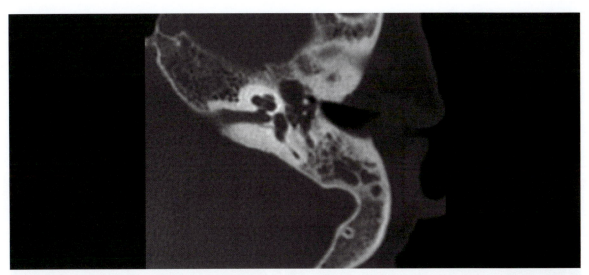

Figura 52   Fixação da cadeia ossicular por tecido fibroso. Tomografia computadorizada axial evidenciando tecido com atenuação de partes moles e sem características expansivas ou erosivas na orelha média, preenchendo o nicho da janela oval, acarretando fixação do estribo.

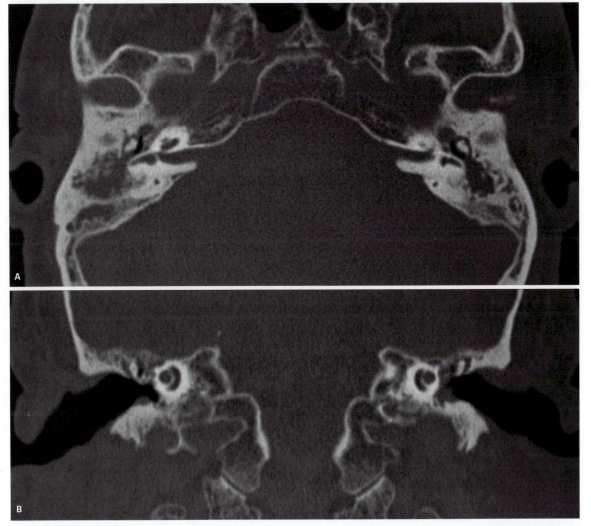

Figura 53   Timpanoesclerose. Tomografia computadorizada axial (A) e coronal (B) demonstrando material calcificado na orelha média, junto à cadeia ossicular, mais proeminente à direita.

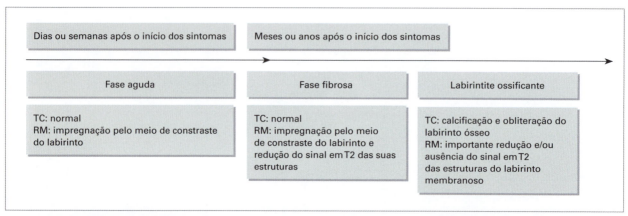

Figura 54   Fases radiológicas da labirintite.

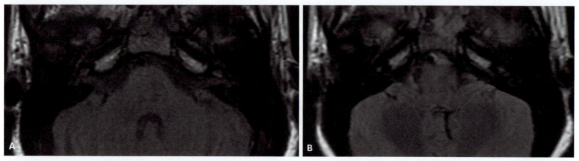

Figura 55   Labirintite – fase aguda/subaguda. Ressonância magnética com alto sinal nas sequências T1 pré-contraste (A) e FLAIR (B) do labirinto membranoso, representando conteúdo proteico ou celular em seu interior.

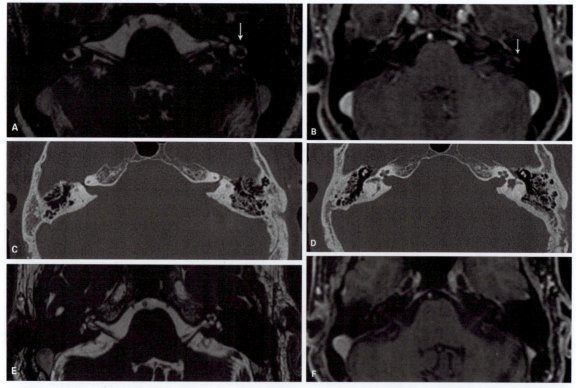

Figura 56   Labirintite – fase crônica. Ressonância magnética (RM) demonstrando a fase fibrosa, na qual se observa redução do sinal das estruturas do labirinto na sequência volumétrica T2 (A) – compare a intensidade de sinal dos canais semicirculares laterais – e persistência da impregnação pelo meio de contraste (B). Na fase ossificante há esclerose e obliteração das estruturas labirínticas na tomografia computadorizada (C e D), e na RM há ausência de sinal das estruturas acometidas na sequência volumétrica T2 (E), sem evidente impregnação pelo meio de contraste (F).

por neurite facial associada a erupções herpéticas no pavilhão auricular e conduto auditivo interno, também podendo estar presente neurite vestibulococlear. É a segunda causa inflamatória de paralisia facial.

A maioria dos pacientes com neurite facial costuma ter evolução satisfatória com recuperação total, sendo geralmente indicada avaliação por imagem dos quadros que persistem por mais de 3 semanas e nos casos atípicos, com progressão dos sintomas e suspeita clínica de lesão tumoral. O método de imagem de escolha é a RM com administração do meio de contraste paramagnético, devendo ser avaliado todo o trajeto do nervo facial, desde sua origem no tronco cerebral.

Na neurite facial, a RM evidencia realce regular do nervo facial, principalmente no fundo do CAI e em sua porção labiríntica, com diâmetro normal do nervo, não se caracterizando espessamento nodular (Figura 57). Esse realce pode persistir por um longo tempo após a remissão dos sintomas, com relatos de persistência por até 13 meses, e costuma estar ausente nos primeiros dez dias de sintomas – por isso a realização muito precoce da RM pode resultar em exame normal. Há controvérsia na literatura se há relação entre o grau de realce do nervo facial com a evolução clínica, e a avaliação da gravidade do quadro e indicação de necessidade de descompressão cirúrgica se dá a partir do estudo do nervo por eletroneuromiografia.

No diagnóstico diferencial deve-se considerar realce normal do nervo facial, mais evidente na região do gânglio geniculado pela presença do plexo venoso perineural, mas que também pode ser observado nas suas porções timpânica e mastóidea (Figura 58). Outros diagnósticos diferenciais a serem considerados nesse contexto clínico são o schwannoma do nervo facial, no qual se observa um espessamento nodular ou tubuliforme do nervo facial com realce, e mais remotamente hemangioma facial, metástases, linfoma e envolvimento por doenças inflamatórias (p. ex., sarcoidose) ou outras causas infecciosas (doença de Lyme, neurossífilis etc.).

Apicite petrosa

A pneumatização da pirâmide petrosa pode ser encontrada em 9 a 30% das pessoas, e infecções do ápice petroso geralmente são decorrentes de extensão para sua porção pneumatizada de processos infecciosos da orelha média. Nos casos em que a pirâmide não está pneumatizada, também pode ocorrer apicite por tromboflebite retrógrada ou por acometimento ósseo (osteomielite). Geralmente a infecção acomete a pirâmide petrosa e se estende para o gânglio de Gasser no cavo de Meckel e para o canal de Dorello, acometendo os nervos trigêmeo (V) e abducente (VI), e os pacientes podem apresentar a síndrome de Gradenigo, que se caracteriza por otorreia, dor facial profunda no território do nervo trigêmeo (nervo V) e sinais de paralisia do nervo abducente.

Na TC observa-se opacificação de células pneumatizadas da pirâmide, com erosão dos septos ósseos e coalescência. Tais alterações também são observadas na RM, que ainda demonstra realce da porção petrosa do osso temporal. Pode haver realce meníngeo adjacente, inclusive no cavo de Meckel, e realce de nervos cranianos (Figura 59). Ambos os métodos contribuem para o diagnóstico, sendo a RM mais sensível para o diagnóstico das complicações relacionadas a essa doença: meningite, abscesso cerebral e trombose de seios venosos durais.

Doença relacionada a IgG4

A doença relacionada a IgG4 foi recentemente reconhecida como uma doença sistêmica que pode ser manifestar em qualquer órgão com lesões pseudotumorais,

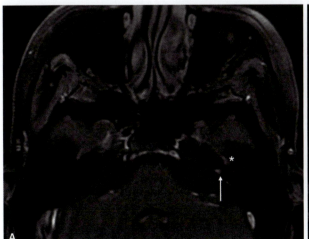
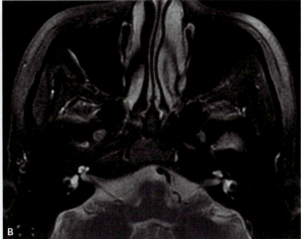

Figura 57 Neurite facial. Ressonância magnética axial T1 pós-contraste (A) e T2 (B) evidencia realce regular do nervo facial no fundo do CAI à esquerda, sem características nodulares (seta). Há também realce assimétrico dos gânglios geniculados, maior à esquerda (asterisco).

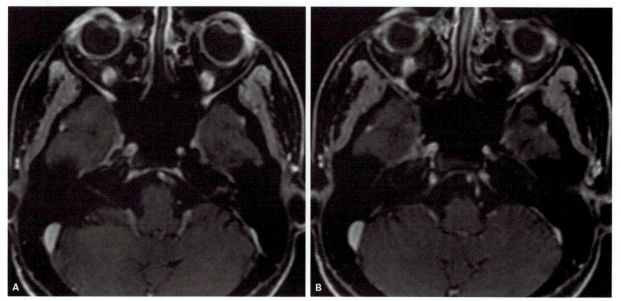

Figura 58 Realce normal do nervo facial. Ressonância magnética T1 pós-contraste demonstrando realce bilateral e simétrico do gânglio geniculado (A) e porção timpânica dos nervos faciais (B).

e que frequentemente envolve as estruturas de cabeça e pescoço. O diagnóstico definitivo é realizado pela avaliação histopatológica das lesões, e pode ser suspeitado quando os pacientes apresentarem elevação dos níveis séricos dessa imunoglobulina.

O envolvimento do osso temporal é raro e a apresentação clínica varia de acordo com o sítio acometido.

Os achados de imagem são inespecíficos, observando-se tecido de partes moles com características inflamatórias e realce pós-contraste, que determina erosão óssea, mais evidente na TC. Na RM tal tecido apresenta aspecto infiltrativo e tem sinal baixo na sequência T2 pela hipercelularidade e fibrose associadas – essa característica deve levar o radiologista a considerar essa hipótese (Figura 60). As lesões relacionadas a IgG4 não apresentam restrição à difusão. Deve-se considerar como diagnósticos diferenciais as doenças granulomatosas, como a sarcoidose e tuberculose, e o linfoma.

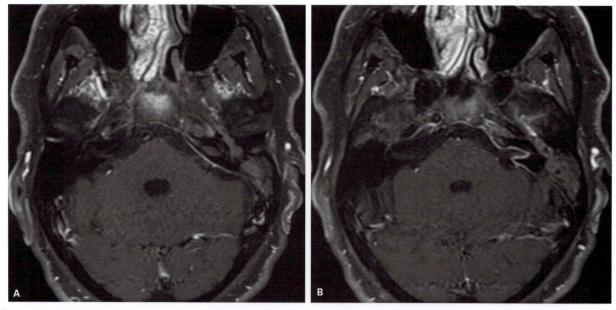

Figura 59 Apicite petrosa. Ressonância magnética T1 pós-contraste (A e B) evidenciando preenchimento e realce da pirâmide petrosa esquerda. Há também realce medular do clivo e realce paquimeníngeo junto às alterações ósseas, inclusive do revestimento dural do conduto auditivo interno (CAI).

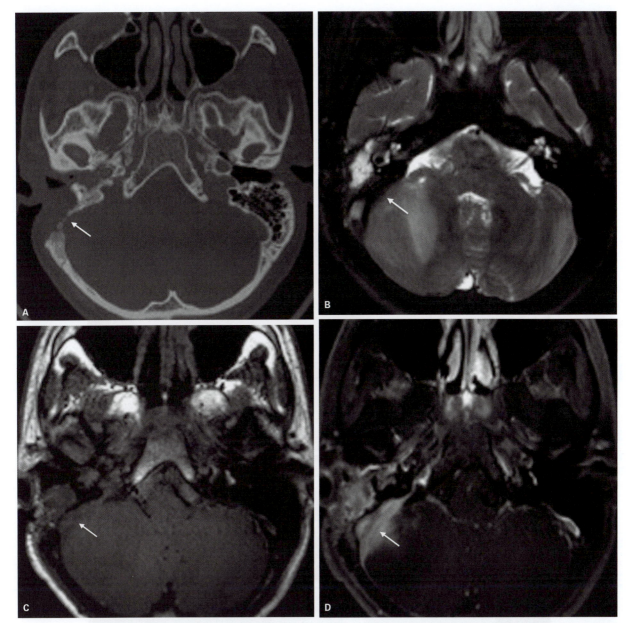

Figura 60 Doença relacionada a IgG4. Tomografia computadorizada (A) e ressonância magnética T2 (B), T1 (C) e T1 pós-contraste demonstra sinais de mastoidectomia com tecido sólido de aspecto infiltrativo no leito cirúrgico e na fossa posterior, com sinal baixo em T2.

Fraturas

As fraturas que acometem o osso temporal são didaticamente classificadas em longitudinais e transversas, de acordo com sua orientação em relação à porção petrosa do osso temporal, podendo também ser também mistas ou complexas. A TC é o método de escolha na avaliação por imagem. Geralmente ocorrem nos traumas de alta energia.

Na análise desses pacientes devemos estar atentos às pseudofraturas, estruturas normais do osso temporal que podem simular fraturas e são representadas pelas suturas temporoparietal e occipitomastóidea (Figura 61), fissuras intrínsecas – timpanoescamosa e petrotimpânica (Figura 62), petroescamosa (Figura 63) e timpanomastóidea (Figura 64), fissuras extrínsecas – petro-occipital (Figura 65), petroclival, petroesfenoidal, esfenoescamosa (Figura 66), e canais ósseos – canal petromastóideo (Figura 67), aquedutos coclear e vestibular, e canais neurais. Devemos também estar atentos aos sinais associados às fraturas, como pneumolabirinto, alterações da cadeia ossicular e preenchimento da mastoide e da caixa timpânica por material hemorrágico, que podem chamar atenção para uma fratura de difícil caracterização.

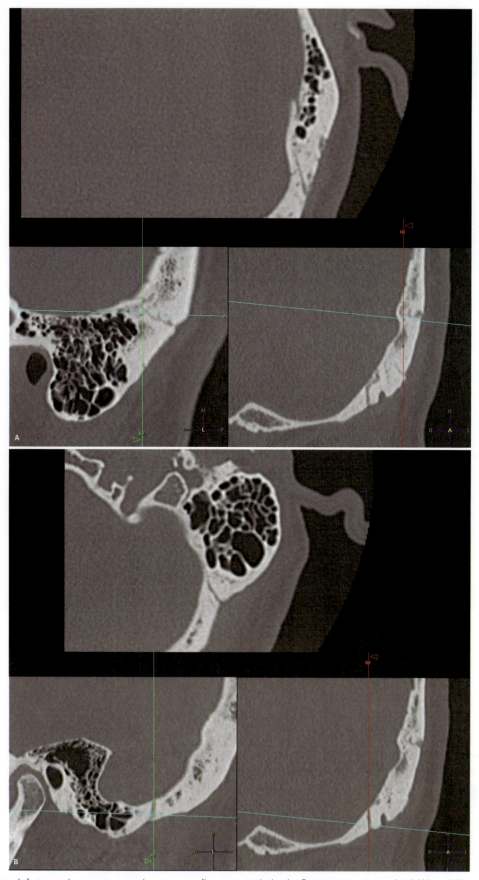

Figura 61 Pseudofraturas do osso temporal na tomografia computadorizada. Suturas temporoparietal (A) occipitomastóidea (B).

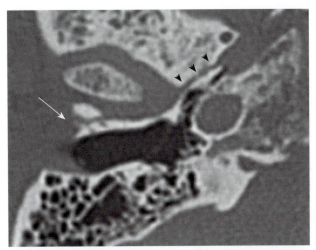

Figura 62 Pseudofraturas do osso temporal na tomografia computadorizada. Fissuras timpanoescamosa (setas) e petrotimpânica (cabeças de seta).

Figura 63 Pseudofraturas do osso temporal na tomografia computadorizada. Fissura petroescamosa – imagem coronal demonstrando sua relação com o septo de Koerner (asterisco).

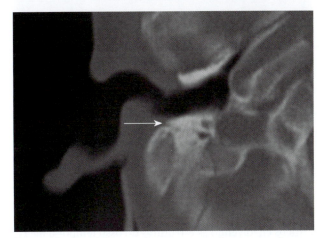

Figura 64 Pseudofraturas do osso temporal na tomografia computadorizada. Fissura timpanomastóidea em uma criança de 7 anos de idade – note que essa fissura é posterior ao conduto auditivo externo (CAE).

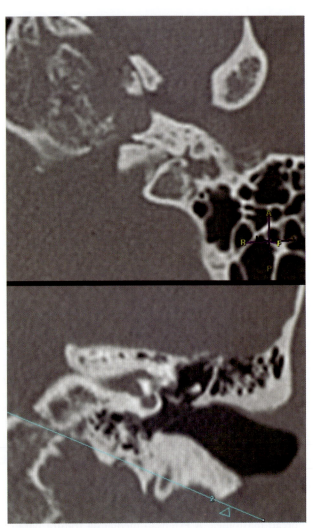

Figura 65 Pseudofraturas do osso temporal na tomografia computadorizada. Fissura petro-occipital – imagens axial (superior) e coronal (inferior).

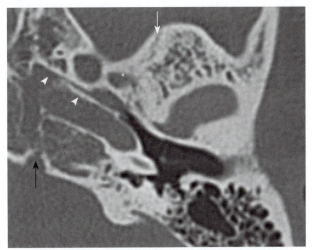

Figura 66 Pseudofraturas do osso temporal na tomografia computadorizada. Fissuras petroclival (seta preta), petroesfenoidal (cabeças de seta) e esfenoescamosa (seta branca). A fissura esfenoescamosa é lateral ao forame espinhoso (asterisco).

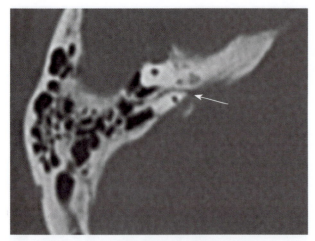

Figura 67 Pseudofraturas do osso temporal na tomografia computadorizada. Canal petromastóideo, também conhecido como canalículo subarqueado – tem trajeto entre as cruras do canal semicircular superior e contém a artéria subarqueada.

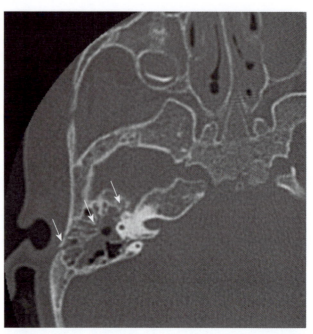

Figura 68 Fratura longitudinal. Tomografia computadorizada axial demonstrando linha de fratura que se estende ao longo do maior eixo da pirâmide petrosa do osso temporal, e preenchimento da mastoide por possível material hemático.

Fraturas longitudinais

São paralelas ao eixo longo da pirâmide petrosa e geralmente associadas a traumas parietotemporais (Figura 68). Neste tipo de fratura, há acometimento das mastoides com extensão para o conduto auditivo externo (CAE) e, quando há envolvimento da parede anterior deste conduto, pode haver extensão para a articulação temporomandibular. Quando a fratura acomete a parede posterior do CAE, pode haver lesão do nervo facial em sua porção mastóidea. A extensão medial da fratura para o interior da caixa timpânica pode levar à disjunção da articulação incudomaleolar (martelo e bigorna), além de acometimento do tégmen timpânico, com possibilidade de ocorrência de fístula liquórica. Estas fraturas são geralmente extralabirínticas.

Fraturas transversas

Geralmente ocorrem em traumas occipitais e frontais, são perpendiculares ao maior eixo da pirâmide petrosa (Figura 69) e subdivididas em medial e lateral em relação à eminência arqueada. A medial pode acometer o fundo do conduto auditivo interno e levar à lesão do nervo coclear, causando surdez neurossensorial completa e permanente. A lateral pode comprometer o labirinto ósseo causando fístula labiríntica e pneumolabirinto, e pode também envolver a base do estribo. O acometimento da cápsula ótica é raro, ocorrendo em até 2,5% dos casos.

Além da divisão clássica das fraturas em longitudinal e transversa, foram propostas outras classificações, de acordo com o envolvimento ou não da cápsula ótica ou do ápice petroso (Quadros 3 e 4).

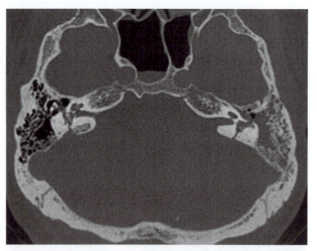

Figura 69 Fratura transversa. Tomografia computadorizada axial demonstrando fratura bilateral dos ossos temporais com orientação perpendicular ao maior eixo da pirâmide petrosa e envolvimento labiríntico.

É fundamental ressaltar que, mais importante que a classificação da fratura propriamente dita, é a identificação pelo radiologista e a descrição no relatório dos achados críticos envolvendo as estruturas do osso temporal na TC (Quadro 5), que têm repercussão na definição de conduta e avaliação prognóstica desses pacientes.

Quadro 3	Tipos de fraturas dos ossos temporais
Longitudinal	**Transversa**
Geralmente no trauma parietotemporal	Geralmente no trauma frontal ou occipital
70 a 90%	10 a 30%
Paralela ao maior eixo da pirâmide petrosa	Perpendicular ao maior eixo da pirâmide petrosa
Complicações: ▪ Lesão da cadeia ossicular ▪ Ruptura da MT ▪ Hemotímpano e perda auditiva condutiva	Complicações: ▪ Perda auditiva neurossensorial ▪ Fístula labiríntica ▪ Paralisia facial

Quadro 4	Tipos de fraturas dos ossos temporais e suas associações
	Associações comuns
Fratura com envolvimento da cápsula ótica	Perda auditiva neurossensorial Fístula liquórica Lesão do nervo facial
Fratura sem envolvimento da cápsula ótica	Alterações intracranianas Hematoma epidural Hemorragia subaracnóidea
Fratura com envolvimento da pirâmide petrosa	Fístula liquórica Lesão do nervo facial
Fratura sem envolvimento da pirâmide petrosa	Extensão à orelha média Perda auditiva condutiva

Quadro 5	Avaliação das estruturas dos ossos temporais nos casos de fraturas – alterações encontradas e possíveis complicações		
Estrutura	**Alteração**	**Complicação potencial**	
CAE	Fratura	Estenose	
Cadeia ossicular	Disjunção Fratura (menos comum)	Perda auditiva condutiva	
Canal carotídeo	Fratura	Dissecção ou transecção arterial, pseudoaneurisma, oclusão, fístula arteriovenosa	
Nervo facial	Fratura do canal do nervo facial com: contusão, edema ou hematoma da bainha do nervo facial Transecção parcial ou completa do nervo facial	Paralisia facial	
Cóclea ou nervo coclear	Fratura Alteração do núcleo ou trajeto intracraniano neural	Perda auditiva neurossensorial	
Vestíbulo e canais semicirculares	Fratura	Vertigem Labirintite ossificante	

Complicações das fraturas dos ossos temporais

Disjunção da cadeia ossicular

É causa de perda auditiva pós-traumática mais comumente associada a fratura longitudinal, mas também pode ser secundária à introdução de corpo estranho através do CAE.

As articulações mais suscetíveis a disjunção são a incudostapédica (entre a bigorna e o estribo) e a incudomaleolar (entre o martelo e a bigorna). A disjunção incudoestapédica é a alteração mais comum, mas de caracterização mais difícil. Nos casos de disjunção incudomaleolar não mais se caracteriza a imagem com aparência de sorvete de casquinha, sendo o deslocamento da bigorna variável. A TC no plano axial evidencia melhor essa disjunção, com a separação da cabeça do martelo do corpo da bigorna. No plano coronal, a bigorna fica lateralizada, com os dois ossículos formando um Y (Figura 70).

O martelo é o ossículo que apresenta maior fixação, tanto pela membrana timpânica como pelos seus ligamentos, enquanto a bigorna é o ossículo mais pesado e não tem fixação muscular. Na luxação isolada da bigorna, esta pode estar deslocada no hipotímpano ou no CAE.

As fraturas dos ossículos são incomuns e envolvem com maior frequência o ramo longo da bigorna e a crura do estribo, sendo raro o envolvimento maleolar.

Lesão do nervo facial

A paralisia do nervo facial ocorre em cerca de 7% dos pacientes com fratura temporal (sendo em mais de 50% dos casos de fraturas transversas e em aproximadamente 20% das fraturas longitudinais). Pode se manifestar imediatamente ou até nas primeiras 24 horas após o trauma, sugerindo transecção do nervo, ou tardiamente. Os mecanismos de lesão do nervo facial pós-trauma são transecção do nervo, compressão do nervo por fragmento ósseo ou hematoma, formação de hematoma intraneural ou por edema pós-estiramento do nervo petroso maior, que se estende retrogradamente pelo nervo facial, com compressão em seu canal ósseo.

A TC evidencia o traço de fratura e sua relação com o canal do nervo facial. Pode evidenciar, também, a presença de fragmento ósseo no canal do nervo facial, hemotímpano ou conteúdo hiperatuante na região do gânglio geniculado. A RM mostra realce anormal e persistente no nervo facial, principalmente dos segmentos canalicular, labiríntico e timpânico proximal (Figura 71). O realce

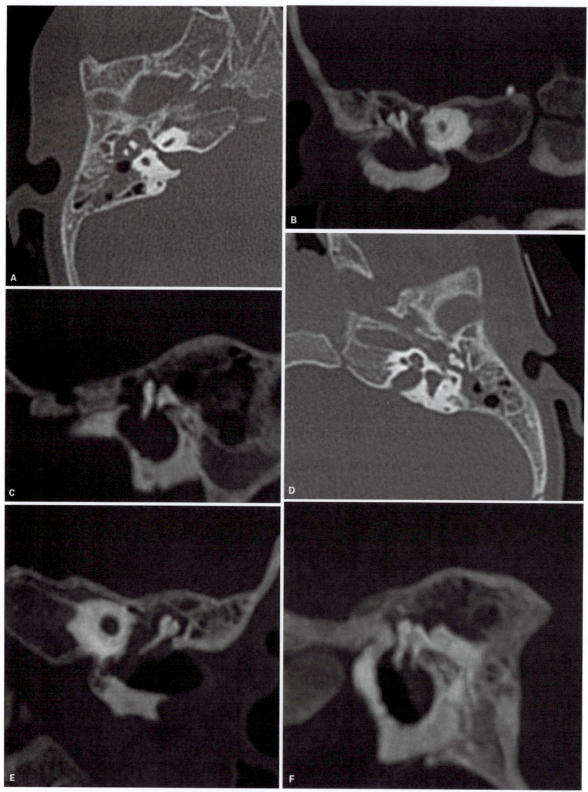

Figura 70 Disjunção da articulação incudomaleolar. Tomografia computadorizada axial (A) e reconstruções MIP coronal (B) e coronal oblíqua (C) demonstrando afastamento do martelo e da bigorna à direita, com deslocamento superior da bigorna. Compare com as imagens normais da cadeia ossicular contralateral (D a F).

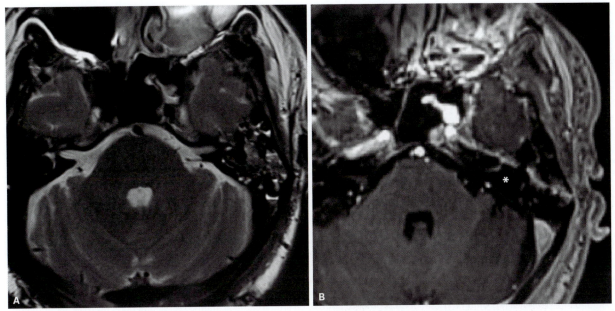

Figura 71 Fratura do osso temporal com lesão do nervo facial. Ressonância magnética axial T2 (A) e axial T1 pós-contraste (B) demonstrando alterações decorrentes de fratura longitudinal do osso temporal à esquerda e realce do nervo facial na sua porção labiríntica e no fundo do conduto auditivo interno (CAI) (asterisco).

é decorrente da degeneração e regeneração do nervo, e pode ser observado até 2 anos após o trauma. A RM também pode evidenciar alterações do labirinto membranoso, como labirintite ossificante.

Fístula liquórica e cefalocele

A fístula liquórica ou a cefalocele podem ocorrer quando há lesão do tégmen. Se houver fístula e a membrana timpânica estiver íntegra, o liquor estende-se através da tuba auditiva para a nasofaringe e, se estiver perfurada, o liquor exterioriza-se através do CAE.

A TC pode evidenciar o local da fratura e do comprometimento do tégmen, e a RM a insinuação dos tecidos intracranianos, através da falha óssea (Figura 72).

Lesões vasculares

Quando as fraturas do osso temporal acometem o canal carotídeo, podem provocar dissecções e trombose (Figura 73). No caso de envolvimento da placa do seio sigmoide, deve-se excluir trombose deste seio.

Hemorragia labiríntica

Pode ser decorrente de trauma, mesmo na ausência de fraturas, ou estar relacionada a outras condições, como tumores ou doenças hematológicas como leucemia e anemia falciforme. A apresentação clínica é de perda auditiva. O diagnóstico desta condição é realizado pela RM, que evidencia a presença de conteúdo com hipersinal em T1 e FLAIR no labirinto (Figura 74).

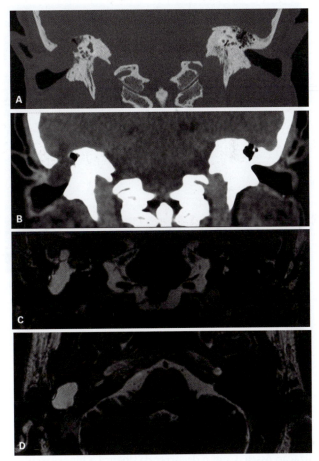

Figura 72 Cefalocele. Tomografia computadorizada coronal com janela óssea (A) e de partes moles (B) com insinuação de tecidos intracranianos por ampla falha do tégmen timpânico. A ressonância magnética com sequência volumétrica T2 coronal (C) e axial (D) demonstrou tratar-se de meningocele.

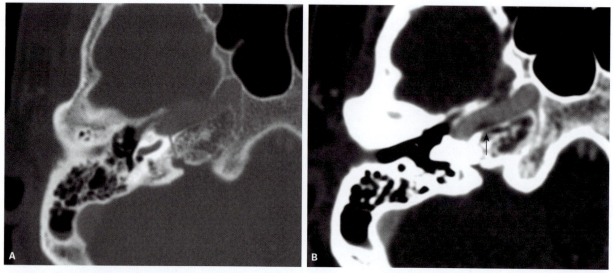

Figura 73 Fratura do osso temporal com lesão carotídea. Tomografia computadorizada axial janela óssea (A) e de partes moles pós-contraste (B). Comprometimento do canal carotídeo direito por fratura transversa do osso temporal, observando-se pequena área hipoatenuante periférica no contorno posterior do segmento petroso da artéria carótida interna (seta), que pode representar hematoma parietal ou pequena área de dissecção.

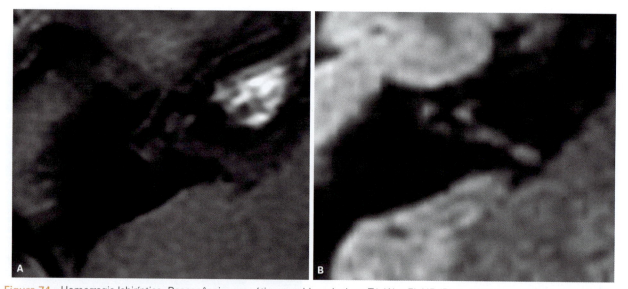

Figura 74 Hemorragia labiríntica. Ressonância magnética com hipersinal em T1 (A) e FLAIR (B) no labirinto membranoso à direita.

Otosclerose

A cápsula ótica é formada pelas camadas endocondral, endosteal e periosteal. A otosclerose é uma alteração idiopática que causa substituição do osso endocondral por osso imaturo esponjoso hipervascularizado. Na fase ativa, chamada de otospongiose, há predomínio da desmineralização óssea. Com o decorrer da doença a hipervascularização diminui, havendo calcificação desses focos. Existem duas formas de otosclerose: a fenestral, que acomete a parede lateral da orelha interna, principalmente junto às janelas oval e redonda, e a coclear. A *fissula antefenestram* (região anterior à janela oval) é a região mais acometida. Na forma fenestral, a perda auditiva é condutiva.

A forma coclear ou retrofenestral acomete a região ao redor da cóclea, estando geralmente associada à forma fenestral. A perda auditiva é mista: condutiva e neurossensorial.

A TC é o método de imagem de escolha na suspeita clínica de otosclerose. Na fase inicial, caracterizam-se tênues focos de rarefação óssea (Figura 75). Com a progressão da doença essas áreas tendem a aumentar, tornando-se mais visíveis e depois se calcificam, obliterando a janela oval e fixando a base do estribo. Na forma coclear pode-se observar acometimento mais exuberante ao redor da cóclea

(Figura 76). Existe uma classificação, criada por Symons e Fanning, que gradua a otosclerose (Quadro 6).

Na RM, observam-se focos de alto sinal em T2 nas regiões acometidas. Na fase de reabsorção óssea, que é a fase ativa do processo, pode ser observado realce após administração do meio de contraste paramagnético (Figura 77).

É ainda descrita como achado de imagem precoce na otospongiose a presença de pequena lobulação junto ao contorno anteroinferior do conduto auditivo interno (Figura 78). Este sinal é conhecido como *nipple sign* e tem baixa sensibilidade e alta especificidade na identificação da doença.

Doença de Ménière

A doença de Ménière caracteriza-se por vertigens, perda auditiva e zumbido pulsátil. É unilateral, podendo afetar a orelha contralateral em fase mais tardia do processo. O mecanismo desta alteração é a hidropsia endolinfática, que é o acúmulo da endolinfa na orelha interna, decorrente de malformação ou malfuncionamento do saco endolinfático. O achado classicamente conhecido à TC associado à doença de Ménière é o afilamento ou esclerose do aqueduto vestibular (Figura 79). Foi relatada também a demonstração da hidropsia endolinfática por imagens de RM realizadas em aparelhos 3T com sequên-

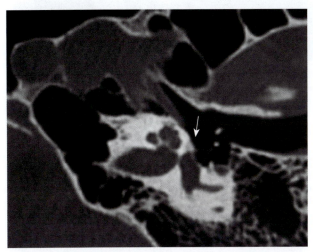

Figura 75 Otosclerose. Tomografia computadorizada axial. Observam-se discretos focos de rarefação óssea na *fissula antefenestram* (seta) e pericocleares.

Quadro 6 Classificação de Symons e Fanning da otosclerose de acordo com o envolvimento da cápsula ótica na TC

Grau	Envolvimento da cápsula ótica
Grau 1	Fenestral
Grau 2	Pericoclear
	2A – espira basal
	2B – espiras média e apical
	2C – todas as espiras cocleares
Grau 3	Pericoclear extenso e confluente

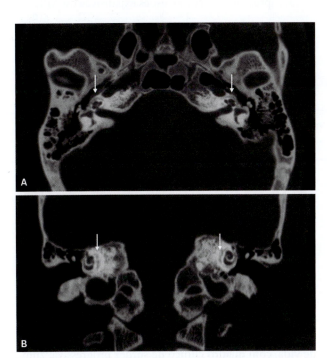

Figura 76 Otosclerose coclear. Tomografia computadorizada axial (A) e coronal (B) demonstrando focos de rarefação óssea pericocleares.

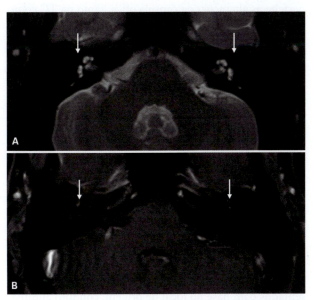

Figura 77 Otosclerose fenestral. Ressonância magnética axial T2 (A) e T1 pós-contraste (B) demonstrando tênue hipersinal em T2 na região da *fissula antefenestram* com impregnação pelo meio de contraste (setas).

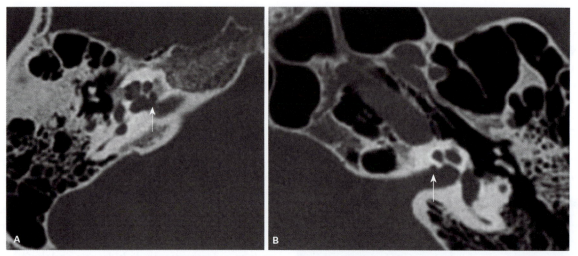

Figura 78 Otosclerose – *nipple sign*. Tomografia computadorizada axial em dois pacientes diferentes (A e B). Pequena lobulação do contorno anteroinferior do conduto auditivo interno (CAI). A especificidade do achado é ainda maior se houver associação a focos hipoatenuantes adjacentes (A).

cias dedicadas à avaliação da endolinfa e perilinfa adquiridas 4 horas após a administração intravenosa do meio de contraste paramagnético.

Osteodistrofias

Estão incluídas algumas alterações, como doença de Paget, displasia fibrosa, osteogênese imperfeita e osteopetrose.

A osteogênese imperfeita apresenta várias formas, com grandes diferenças em relação a sua gravidade. Caracteriza-se por alterações esqueléticas, fragilidade óssea com múltiplas fraturas e esclera azul. Na osteogênese imperfeita as alterações da cápsula ótica, tanto na TC como na histopatologia, são similares às da otosclerose, podendo, inclusive, ter fatores genéticos comuns. As lesões pericocleares apresentam realce na RM.

A doença de Paget manifesta-se pelas fases lítica e esclerótica, e pode ser monostótica ou poliostótica (forma mais comum). No acometimento do osso temporal, predominam as alterações escleróticas.

A displasia fibrosa também pode acometer o osso temporal tanto na forma monostótica como na poliostótica, podendo manifestar-se com perda auditiva e zumbido pulsátil. Pode ser complicada com colesteatoma em até 40% dos casos, frequentemente com acometimento do CAE (Figura 80).

Processos expansivos

Os processos expansivos do osso temporal serão apresentados com base no local de origem: conduto auditivo interno e ângulo pontocerebelar, forame jugular, nervo facial, pirâmide petrosa e conduto auditivo externo (Figura 81).

Tumores do conduto auditivo interno (CAI) e ângulo pontocerebelar (APC)

As lesões que acometem o CAI podem ser consideradas como as que acometem o APC, sendo os tumores mais frequentes os schwannomas vestibulares, que correspondem a 70-80%, seguidos pelo meningioma, que corresponde a 10-15%, e ao cisto epidermoide, que corresponde a 5%.

Lesões inflamatórias/infecciosas podem, eventualmente, apresentar-se como lesões expansivas do APC.

Schwannoma

Apesar de ser frequentemente denominado neurinoma do acústico, a nomenclatura considerada mais correta é schwannoma vestibular (SV), pois a grande maioria dos schwannomas do APC origina-se a partir das células de Schwann do nervo vestibular, sendo mais comum em seu ramo superior.

Schwannomas possuem dois tipos de padrões teciduais: Antoni A e Antoni B. O padrão histológico de tecido Antoni tipo A é mais compacto e de Antoni tipo B é mais frouxo e, frequentemente, apresenta cistos. O tipo A é o mais comumente observado no schwannoma vestibular. Geralmente apresentam crescimento insidioso e tendem a alargar o poro acústico, que é a abertura medial do conduto auditivo interno. Entretanto, deve-se destacar que as lesões com componentes císticos ou hemorrágicos podem ter crescimento rápido, e nesses casos o tratamento cirúrgico é preferível no lugar do acompanhamento por imagem (Figura 82).

A incidência é maior em pacientes da 5ª a 7ª décadas de vida, com quadro clínico de surdez progressiva, zumbido e vertigem. Pode estar associado à neurofibromatose tipo 2 (NF-2), e diante do achado de schwannomas ves-

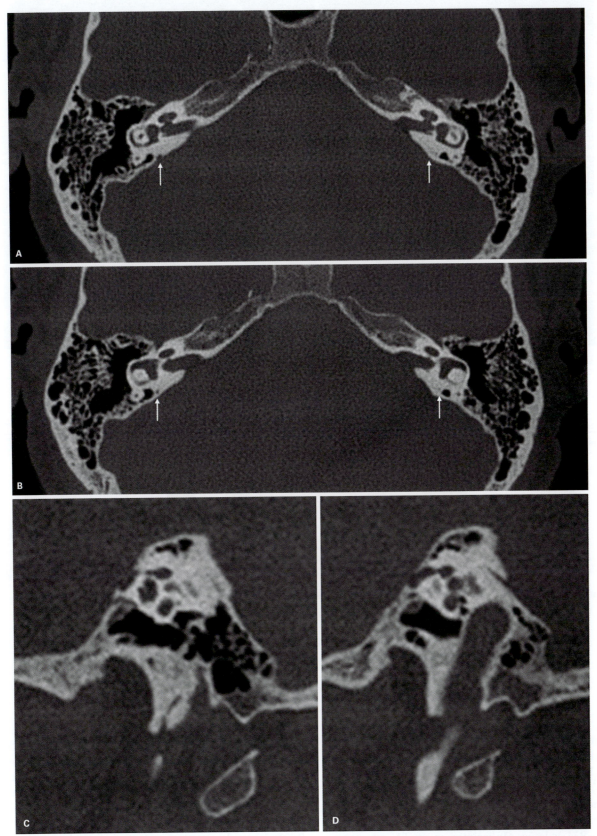

Figura 79 Doença de Ménière. Tomografia computadorizada axial (A e B) demonstra a assimetria entre os aquedutos vestibulares, com afilamento e esclerose à esquerda, bem demonstrada na reconstrução sagital – observe o lado acometido (C) em comparação ao lado normal (D).

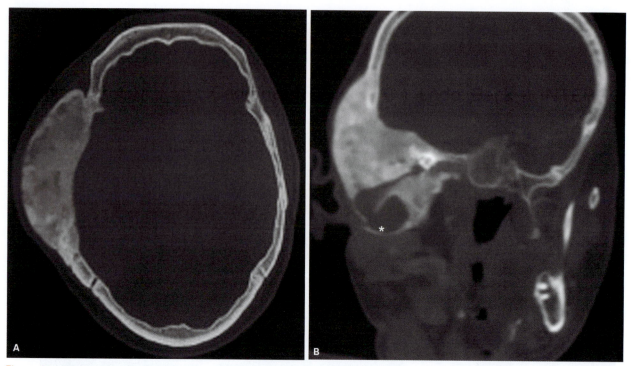

Figura 80 Displasia fibrosa. Tomografia computadorizada axial (A) e coronal (B) evidenciando uma extensa área de displasia fibrosa envolvendo o osso temporal direito, com colesteatoma associado junto ao trajeto do conduto auditivo externo (asterisco em B).

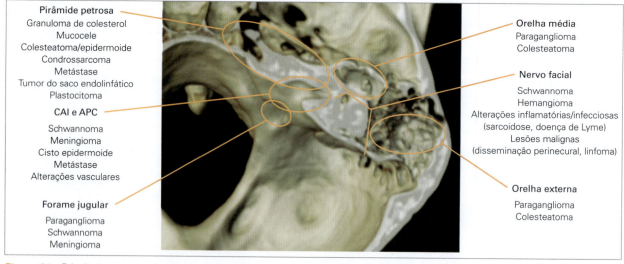

Figura 81 Principais processos expansivos do osso temporal, de acordo com o sítio de ocorrência.

tibulares bilaterais em criança ou adulto jovem, deve-se investigar essa doença (Figura 83).

A RM é o método de imagem de escolha na suspeita de SV. Na TC pode ser difícil a caracterização da lesão, mesmo em um exame com contraste, e com esse método devemos procurar o alargamento do CAI (Figura 84).

Na RM as lesões são isointensas em T1, apresentam hipersinal em T2 e acentuado realce pós-contraste, que costuma ser homogêneo, mas pode ser heterogêneo em decorrência da presença de áreas císticas. Calcificações ou focos de hemorragia não são frequentes nos schwannomas não tratados, mas podem ser observados. Considerando-se essas informações, são descritos três padrões de realce em correlação aos padrões histológicos dos subtipos Antoni A e B: homogêneo, que ocorre em 50-60% dos casos, sendo composto principalmente do tipo A de Antoni; heterogêneo, em 30-40% dos casos; e cístico, em 5-15% dos casos, e nesses dois tipos de realce os tumores

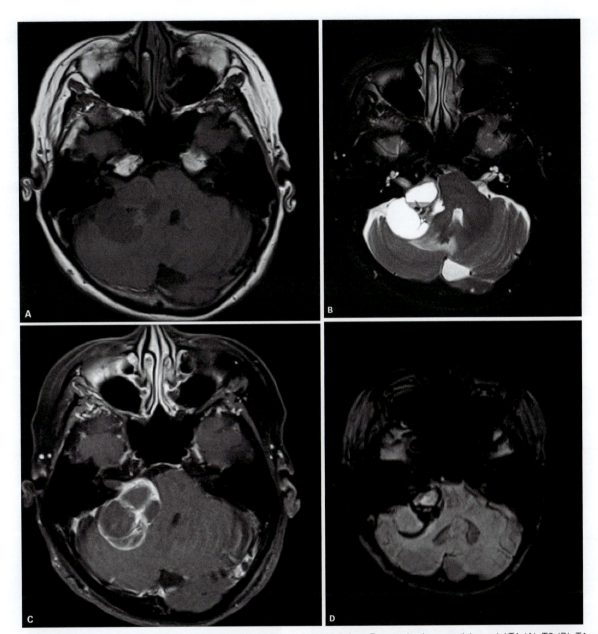

Figura 82 Schwannoma vestibular com componente cístico e hemorrágico. Ressonância magnética axial T1 (A), T2 (B), T1 pós-contraste (C) e SWAN (D) demonstrando volumosa lesão na cisterna do ângulo pontocerebelar direito com componentes císticos e material hemorrágico formando nível líquido-líquido em seu interior.

são compostos principalmente de tecido do tipo B ou da combinação dos dois tipos. Outros achados de imagem relacionados aos schwannomas vestibulares incluem a caracterização, do mesmo lado da lesão, de aumento do sinal da cóclea e do vestíbulo na sequência FLAIR e de redução do sinal do vestíbulo, ambos atribuídos ao aumento do conteúdo proteico da perilinfa; esses achados não são observados nos meningiomas e contribuem para a diferenciação entre essas lesões.

O SV pode apresentar-se como lesão pequena e exclusivamente intracanalicular, assumindo uma morfologia cilíndrica (Figura 85), ou lesão maior, estendendo-se ao APC e mantendo um ângulo agudo na interface com o osso petroso, adquirindo o aspecto de sorvete de casquinha (Figura 86). Lateralmente é importante avaliar sua extensão ao fundo do conduto auditivo interno pois, quando a lesão se estende à abertura coclear, o tumor é considerado "impactado" e esse achado acarreta redução da chance de preservação auditiva após a cirurgia. Seu componente cisternal pode manter contato superiormente com o nervo trigêmeo, inferiormente com o nervo glossofaríngeo e posteriormente com a ponte e o pedúnculo cerebelar médio, sendo importante avaliar o efeito compressivo sobre as estruturas da fossa posterior

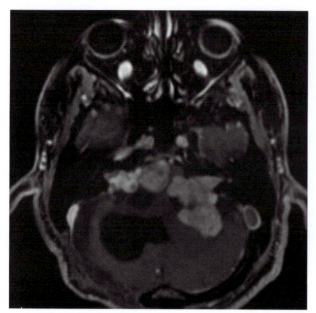

Figura 83 Múltiplos schwannomas na neurofibromatose tipo 2. Ressonância magnética axial T1 demonstrando schwannomas vestibulococleares bilaterais.

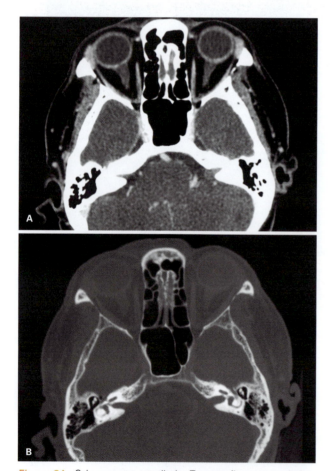

Figura 84 Schwannoma vestibular. Tomografia computadorizada axial demonstrando schwannoma no conduto auditivo interno (CAI) esquerdo com pequeno componente na cisterna do ângulo pontocerebelar (A). Na janela óssea há leve assimetria entre os condutos auditivos internos, um pouco maior à esquerda (B).

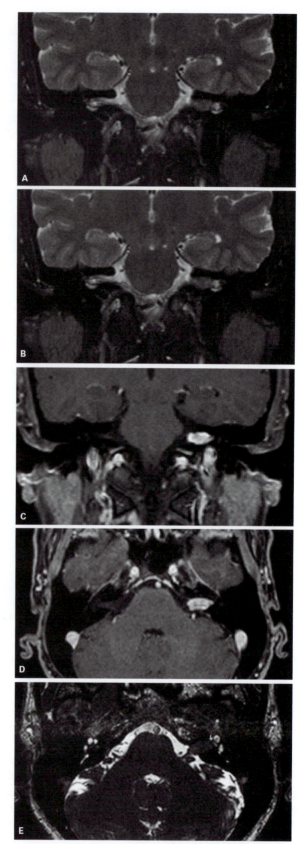

Figura 85 Schwannoma vestibular. Ressonância magnética T1 coronal (A), T2 coronal (B), T1 pós-contraste coronal (C) e axial (D) e volumétrica T2 axial (E). Lesão sólida com morfologia cilíndrica e realce homogêneo preenchendo o CAI esquerdo.

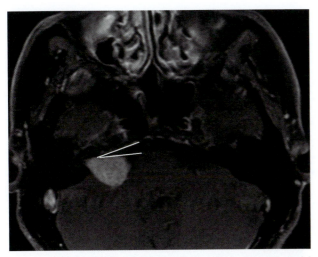

Figura 86 Schwannoma vestibular. Ressonância magnética axial pós-contraste demonstrando aspecto "em sorvete de casquinha". Observe o ângulo agudo da lesão com o osso petroso.

de lesões volumosas, que eventualmente podem ter repercussão inclusive sobre o IV ventrículo (Figura 87).

Tumores maiores que 2,5 cm tendem a ser heterogêneos, com áreas císticas e de necrose. Tais degenerações císticas devem ser diferenciadas de cistos aracnóideos, que podem estar associados a alterações pós-cirúrgicas ou a aprisionamento liquórico peritumoral junto a lesões grandes, ocorrendo em 7-10% dos casos.

Nas lesões intracanaliculares devemos observar se há extensão para a porção labiríntica do nervo facial: se presente, devemos considerar a origem da lesão no nervo facial, e não no vestibular (Figura 88).

Na avaliação pós-cirúrgica dos schwannomas por RM pode ser evidenciado realce no interior do CAI. Se o realce for linear ou difuso, mais provavelmente deve representar alteração pós-cirúrgica e não lesão residual (Figura 89). Se o realce for nodular ou com aspecto expansivo, a possibilidade de lesão persistente deve ser considerada,

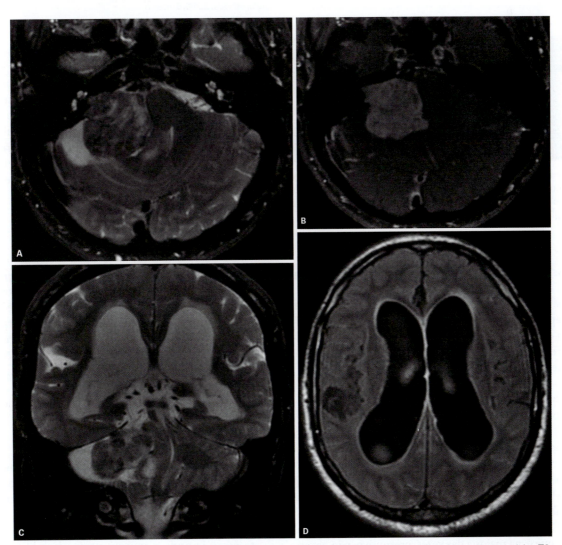

Figura 87 Schwannoma vestibular comprimindo o IV ventrículo e determinando hidrocefalia. Ressonância magnética T2 axial (A), T1 pós-contraste axial (B), T2 coronal (C) e FLAIR (D). Volumosa lesão heterogênea comprimindo as estruturas da fossa posterior e determinando dilatação do sistema ventricular supratentorial por obliteração do aqueduto cerebral.

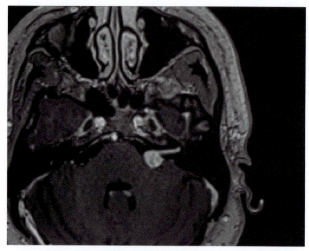

Figura 88 Schwannoma facial. Ressonância magnética T1 pós-contraste axial demonstrando lesão no interior do CAI com realce homogêneo pelo meio de contraste e extensão para a porção labiríntica do canal do nervo facial.

Quadro 7 Diferenciação entre schwannoma e meningioma do ângulo pontocerebelar

	Schwannoma	Meningioma
Cauda dural	Muito rara	Frequente
Reação óssea	Remodelamento ósseo com alargamento do CAI	Hiperostose
Ângulo da interface da lesão com o osso temporal	Geralmente unilateral	Geralmente bilateral
Calcificação	Rara	Até 25%
Cisto	Até 10%	Raro
Extensão intracanalicular	Frequente	Rara
Alteração do sinal da cóclea e do vestíbulo	Presente	Ausente

CAI: conduto auditivo interno.

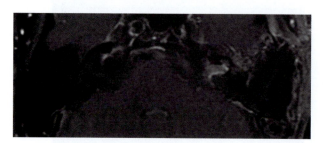

Figura 89 Schwannoma vestibular – pós-operatório. Ressonância magnética axial pós-contraste demonstrando realce difuso sem característica nodular do CAI esquerdo, relacionado à manipulação cirúrgica.

sendo o acompanhamento por RM muito importante nesses casos.

Os diagnósticos diferenciais incluem meningioma, cisto epidermoide, metástase e linfoma, sendo o meningioma o principal (Quadro 7). O SV pode, eventualmente, apresentar cauda dural, porém não é frequente como nos meningiomas, que comumente exibem esse achado.

Schwannoma intralabiríntico

São tumores raros, que se desenvolvem a partir das células de Schwann dos ramos intralabirínticos dos nervos coclear, sacular, utricular e ampolar superior e posterior. O labirinto também pode ser acometido por extensão de schwannomas que se originaram no interior do CAI, porém estes não são considerados schwannomas intralabirínticos.

A RM é o método de imagem para diagnóstico dessas lesões, que é, na maioria das vezes, presuntivo, não havendo confirmação cirúrgica, já que a conduta preferencial é o acompanhamento devido à baixa agressividade e ao crescimento insidioso. Apresentam-se como lesões com acentuado realce pós-contraste comprometendo o labirinto, sendo que o realce é restrito a porções da cóclea e do vestíbulo. Nas aquisições volumétricas T2 apresentam-se como focos de redução do hipersinal habitualmente observado no labirinto. É mais frequente a localização coclear, na escala timpânica (Figura 90). O principal diagnóstico diferencial é labirintite, sendo importante o acompanhamento desses pacientes com exames de RM.

Meningioma

É a segunda neoplasia mais frequente do APC, representando 10-15% dos tumores desta localização. Ocupa primariamente a cisterna do ângulo pontocerebelar com localização mais frequente na superfície posterior da porção petrosa do osso temporal, podendo se estender ao conduto auditivo interno, porém sem alargá-lo e mantendo-se excêntrico em relação a ele. Pode apresentar extensão para a fossa média, para o espaço carotídeo através do forame jugular, para a orelha média e para o seio cavernoso.

São mais frequentes no sexo feminino, na faixa etária dos 30 aos 60 anos.

Os padrões de apresentação são:

- Hemisféricos ou em calota, com base ampla na parede petrosa posterior, apresentando ângulo obtuso em relação à superfície óssea adjacente. Ocorre em 75% dos casos.
- Em placa, com crescimento predominantemente ósseo levando a invasão profunda e hiperostose. Ocorre em 20% dos casos.
- Ovoide, podendo simular schwannoma.

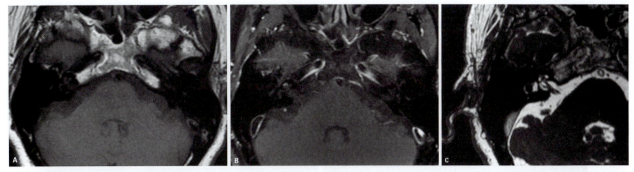

Figura 90 Schwannoma intralabiríntico à direita. Ressonância magnética axial T1 (A), T1 pós-contraste (B) e FIESTA (C) demonstrando lesão sólida coclear, determinando obliteração da espira apical direita.

Na TC apresentam-se como lesões hiperatenuantes, com acentuado realce pós-contraste. Apresentam calcificações em 25% dos casos e estão associados a alterações ósseas com hiperostose.

Na RM apresentam isossinal em T1 ou discreto hipersinal em relação à substância cinzenta, com sinal em T2 extremamente variável e acentuado realce pós-contraste e espessamento dural, observado em 60% dos casos (Figura 91). Devemos apenas lembrar que a cauda dural também pode ser vista em outras lesões tumorais com infiltração paquimeníngea, como linfoma e metástases.

Sequências de difusão e perfusão podem ser utilizadas no diagnóstico dos meningiomas e no diagnóstico diferencial com os schwannomas. A RM também pode ser utilizada na avaliação dos meningiomas visando à diferenciação entre a forma benigna, que é mais frequente, e a forma maligna/atípica, sendo os padrões de margem tumoral mal definida, edema e destruição óssea adjacente mais frequentes na forma maligna. Os valores do ADC, segundo alguns autores, também podem ser utilizados para diferenciação das formas benignas das malignas/atípicas dos meningiomas.

O achado de meningioma intracanalicular é muito raro, e seu diagnóstico diferencial com schwannoma vestibular é difícil. São sinais que sugerem meningeoma intracanalicular: presença de calcificação e cauda dural, e tendência à invasão de estruturas vizinhas, inclusive ósseas e do nervo facial.

Cisto epidermoide

É a terceira lesão expansiva mais frequente no APC, não sendo considerada histologicamente uma neoplasia, mas um cisto de inclusão ectodérmica, pertencendo à mesma categoria dos cistos dermoides. São originários de inclusões de elementos ectodérmicos durante o fechamento do tubo neural. Ocorrem em adolescentes e adultos jovens, apresentando crescimento lento e, por seu caráter de envolver mais que infiltrar as estruturas adjacentes, incluindo nervos cranianos e vasos, só se tornam sintomáticos quando atingem grandes dimensões. Apresentam contornos bocelados, descritos por alguns autores como em couve-flor, e quando volumosos podem invadir o tronco cerebral e o cerebelo.

Na TC os cistos epidermoides são lesões hipoatenuantes, podendo apresentar calcificações periféricas (20%). Remodelagem óssea adjacente pode estar presente. A RM caracteriza melhor esta lesão que a TC, sendo útil em sua diferenciação com cisto aracnoide, seu principal diagnóstico diferencial.

O cisto epidermoide apresenta baixo sinal em T1, alto sinal em T2, com sinal discretamente mais baixo que o do LCR na sequência T2 volumétrica (Figura 92). O cisto aracnoide apresenta sinal semelhante ao do líquido cefalorraquidiano (LCR) em todas as sequências, e seus bordos tendem a ser arredondados, diferentemente do cisto epidermoide, que apresenta contornos bocelados.

Portanto, nessa diferenciação são úteis as sequências FLAIR, T2 volumétrica e difusão. Na difusão o cisto epidermoide se destaca por apresentar restrição à movimentação das moléculas de água (Figura 93). A difusão também é útil na avaliação de lesão residual no pós-operatório do cisto epidermoide.

Raramente o cisto epidermoide intracraniano pode se tornar maligno (representado histologicamente pelo carcinoma epidermoide), evoluindo com recorrência precoce e podendo apresentar disseminação encefálica.

Metástases

O diagnóstico de metástase para o APC é difícil, pois sua apresentação tanto na TC como na RM pode simular lesões benignas e mais frequentes, como schwannoma e meningeoma (Figura 94). Dados clínicos como déficit de nervos cranianos de aparecimento rapidamente progressivo, idade avançada do paciente e antecedente de neoplasia favorecem este diagnóstico. A multiplicidade das lesões também deve ser um sinal de alerta.

Os tumores que mais metastatizam para o APC são os do pulmão, da mama, o melanoma e os do cólon, além das neoplasias linfoproliferativas como linfoma e leucemia.

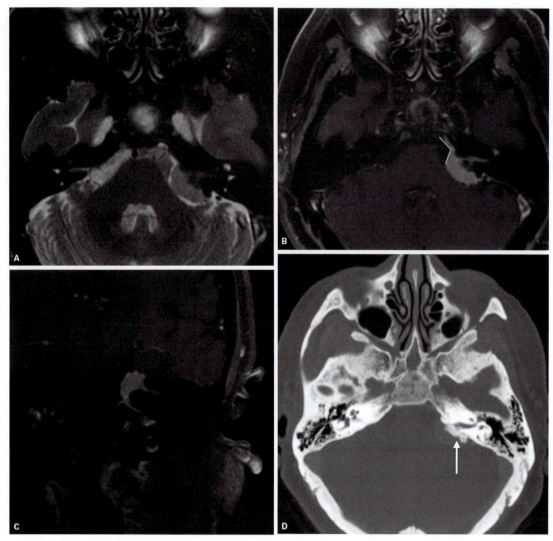

Figura 91 Meningioma em calota. Ressonância magnética axial T2 (A), T1 pós-contraste (B), coronal pós-contraste (C) e tomografia computadorizada axial (D). Observe o ângulo obtuso formado na interface da lesão com a porção petrosa do osso temporal e a hiperostose associada.

Outros sinais que sugerem este diagnóstico são a multiplicidade das lesões, o edema vasogênico no cerebelo e no tronco nas sequências T2 e FLAIR e a posição excêntrica do tumor em relação ao poro acústico. Nas metástases de melanoma pode ser observado hipersinal em T1, em razão do efeito paramagnético da melanina.

Lesões vasculares do APC

Entre as lesões vasculares que podem acometer o APC e estar relacionadas a sintomas compressivos de nervos cranianos, devemos citar: dolicoectasia arterial vertebrobasilar, alça vascular, aneurisma da artéria cerebelar anteroinferior (AICA) e cavernoma.

Na dolicoectasia arterial vertebrobasilar ou no aneurisma da basilar, o paciente pode apresentar sintomas relacionados com o nervo facial, com espasmo facial e neuralgia do trigêmeo. Este diagnóstico pode ser feito por meio da TC, porém é mais bem caracterizado com RM e ângio-RM (Figura 95). Caracteriza-se dolicoectasia da basilar quando seu calibre é superior a 4,5 mm.

Síndrome compressiva vascular ou conflito neurovascular (CNV) é uma entidade clínica caracterizada pela compressão de um nervo craniano por um vaso no interior do CAI ou APC, sendo aceita como causa de espasmo facial e neuralgia do trigêmeo, porém em relação a zumbido pulsátil continua um tema controverso. Os achados de imagem mais frequentemente observados nos pacientes que apresentam a síndrome clínica são: a estrutura vascular é representada por uma artéria, há deslocamento do trajeto neural e o contato ocorre na zona de entrada/saída da raiz no tronco cerebral (*root entry zone* – REZ), que é uma área mais suscetível, localizada na transição entre as porções do nervo que têm mielinização central e periférica

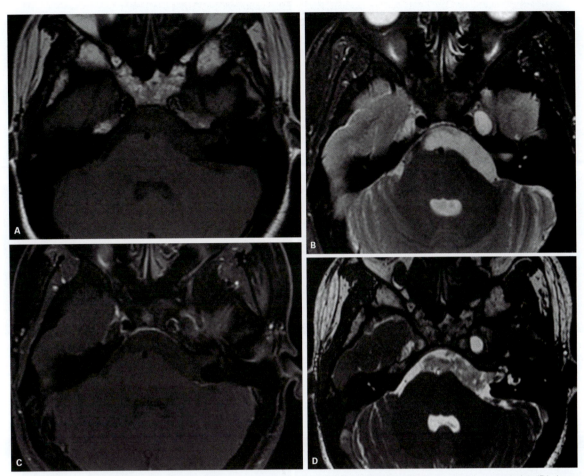

Figura 92 Cisto epidermoide. Ressonância magnética axial T1 (A), T2 (B), T1 pós-contraste (C) e axial T2 volumétrica (D) demonstra alargamento da cisterna do ângulo pontocerebelar à direita por lesão com sinal semelhante ao do LCR, exceto na sequência volumétrica em T2 (D), na qual apresenta sinal baixo.

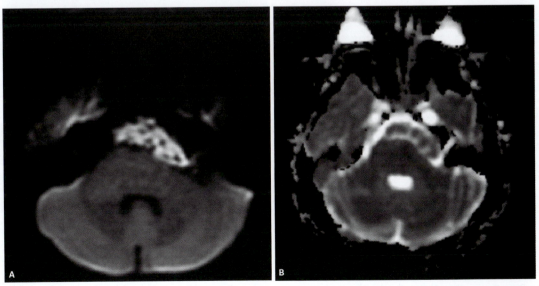

Figura 93 Cisto epidermoide. Ressonância magnética sequência difusão (A) e mapa de coeficientes de difusão aparente (ADC) (B) do mesmo caso apresentado anteriormente. Observa-se restrição à movimentação das moléculas de água, caracterizada por alto sinal na sequência difusão com queda no sinal no mapa de ADC.

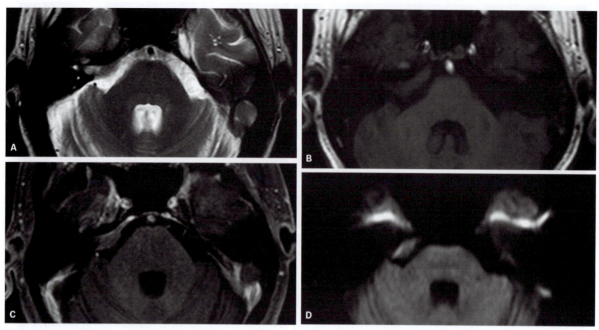

Figura 94 Metástase. Ressonância magnética axial T2 (A), T1 (B), T1 pós-contraste (C) e difusão (D) mostra metástase de carcinoma de próstata no ângulo pontocerebelar direito, com características de imagens semelhantes à de um meningioma.

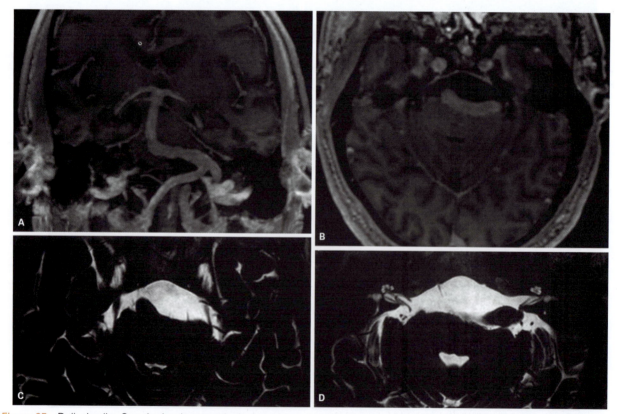

Figura 95 Dolicobasilar. Sequências de ressonância magnética pós-contraste com reconstrução MIP (A), T1 pós-contraste (B) e axial T2 volumétrica (C e D) demonstrando dolicobasilar com deslocamento do V ao VIII nervos cranianos à esquerda.

– cada nervo craniano tem uma posição aproximada para a localização da REZ: no caso do nervo facial, por exemplo, ela está localizada de 1,9 a 2,9 mm de sua entrada/saída no tronco, e no caso do nervo vestibulococlear ela está localizada a cerca de 9,3 a 13,8 mm. Como consequência do CNV é descrito afilamento da raiz neural nos casos de envolvimento trigeminal. Gultekin e colaboradores, avaliando pacientes assintomáticos e com zumbido pulsátil, observaram que a presença de alça vascular em contato com o nervo vestibulococlear, causando angulação em sua porção cisternal ou no interior do CAI, não se correlaciona com o zumbido referido pelo paciente. Portanto, deve-se considerar que alça vascular é um achado relativamente frequente no interior do CAI e APC e é necessário ter cautela ao valorizá-la nos pacientes com zumbido pulsátil.

Aneurismas das artérias vertebrais e basilar, cerebelar posteroinferior e cerebelar anteroinferior podem comprometer a cisterna do APC e levar a disfunção de nervos cranianos e compressão do tronco. Na TC podem simular schwannoma vestibular, pois se apresentam como lesões arredondadas ou ovoides com realce pós-contraste. Na RM, se não estiverem trombosados, apresentam-se como lesão com ausência de sinal de fluxo e realce pós-contraste. Se estiverem trombosados, o sinal em T1 será heterogêneo com iso a hipersinal e realce variável. Ângio-RM ou ângio-TC confirmam o diagnóstico.

Tumores do forame jugular

As principais lesões que comprometem o forame jugular são: paraganglioma jugular, schwannoma e meningioma. Outras lesões menos comuns incluem metástases, condrossarcoma e carcinoma de nasofaringe.

Na avaliação de lesões do forame jugular deve-se considerar as alterações que simulam lesões, como assimetria do bulbo e do próprio forame, bulbo alto, bulbo deiscente e divertículo jugular. É importante que tais variações anatômicas sejam reconhecidas, pois não demandam nenhuma conduta clínica, tendo importância apenas em casos cirúrgicos no planejamento de acesso e ressecção de lesões.

Paraganglioma

São também chamados de glômus, termo mais frequentemente utilizado, entretanto a denominação mais correta é paraganglioma, em referência à origem das lesões nos paragânglios do osso temporal, que estão localizados na orelha média (paraganglioma timpânico) e no forame jugular (paraganglioma jugular). Frequentemente observamos uma lesão que se origina na porção superolateral do forame jugular e se estende posteriormente para o hipo ou mesotímpano, caracterizando o paraganglioma jugulotimpânico; devemos ressaltar que este termo caracteriza apenas a extensão da lesão, e não uma origem dupla no forame jugular e na caixa timpânica.

São mais frequentes em pacientes do sexo feminino, sendo múltiplos em 10% dos casos não familiais e em até 50% dos casos familiais. As lesões podem ser localmente agressivas, porém as metástases são muito raras e indicam malignização. Clinicamente os pacientes apresentam perda auditiva, zumbido pulsátil e massa retrotimpânica. Podem apresentar disfunção dos nervos glossofaríngeo, vago e espinal acessório e, nas lesões maiores, até mesmo do hipoglosso e facial.

Na TC apresentam-se como massa centrada no forame jugular, associada a erosão óssea de aspecto permeativo (Figura 96). Podem também erodir o canal carotídeo e a porção mastóidea do nervo facial. A lesão apresenta acentuado realce pós-contraste.

Na RM, o paraganglioma jugular apresenta, tanto em T1 como em T2, áreas de ausência de sinal, decorrentes de ramos arteriais com alto fluxo (*flow-void*). Nos tumores maiores que 2,0 cm, mais frequentemente é caracterizado o aspecto em "sal e pimenta" nas sequências T1 e T2; o sal corresponde a focos de alto sinal relacionados à hemorragia e a pimenta representa os focos de baixo sinal pela presença de estruturas vasculares com alto fluxo. Nas sequências T1 pós-contraste, observa-se acentuada impregnação (Figura 97). A lesão pode ter extensão inferior para o espaço carotídeo e também para a fossa posterior.

Schwannoma

São tumores raros e incluem os schwannomas que se originam dos nervos glossofaríngeo, vago e espinal acessório, sendo mais frequente a origem no nervo glossofaríngeo.

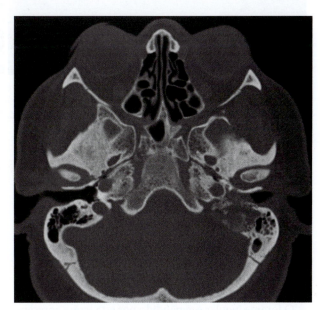

Figura 96 Paraganglioma jugulotimpânico. Tomografia computadorizada axial demonstra erosão de aspecto permeativo do forame jugular esquerdo.

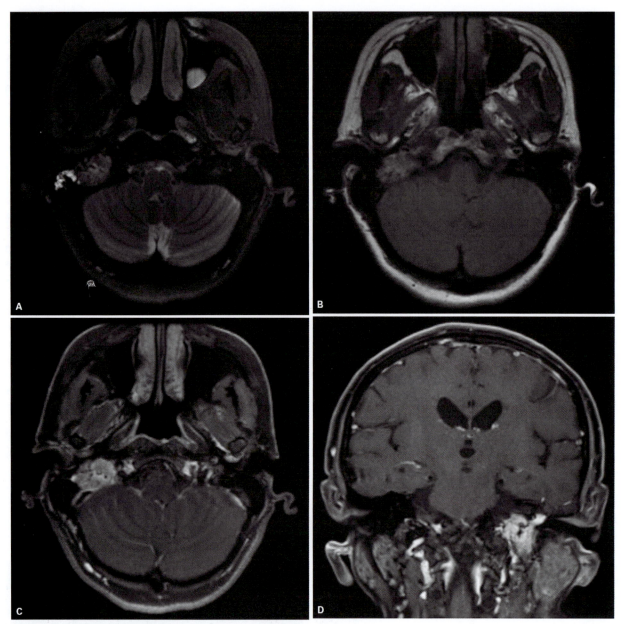

Figura 97 Paraganglioma. Ressonância magnética (RM) axial T2 (A), T1 (B) e T1 pós-contraste (C) demonstrando paraganglioma jugulotimpânico à direita, com aspecto "em sal e pimenta" e intensa impregnação pelo meio de contraste. RM coronal T1 pós-contraste (D) de outro paciente mostrando a extensão da lesão à caixa timpânica.

Os pacientes podem apresentar a síndrome do forame jugular, que inclui perda do paladar no terço posterior da língua, paralisia da corda vocal, disfagia e fraqueza dos músculos esternocleidomastóideo e trapézio.

Os sintomas também podem ser referentes ao nervo vestibulococlear, simulando origem do tumor no APC. Os sintomas também podem ser decorrentes do crescimento do tumor na fossa posterior, com sintomas cerebelares e de compressão do tronco cerebral.

O forame jugular é expandido por esta lesão, apresentando margens regulares e afilamento da cortical, diferentemente do acometimento por paraganglioma jugular, em que se observa aspecto lítico permeativo de suas margens.

Os achados na TC e RM são semelhantes aos observados no schwannoma vestibular, com hipossinal em T1, hipersinal em T2 na RM e acentuado realce pós-contraste observado tanto na TC como na RM (Figura 98).

Meningioma

Meningiomas do forame jugular são raros e apresentam comportamento diferente dos meningiomas de outras localizações, com tendência à invasão das estru-

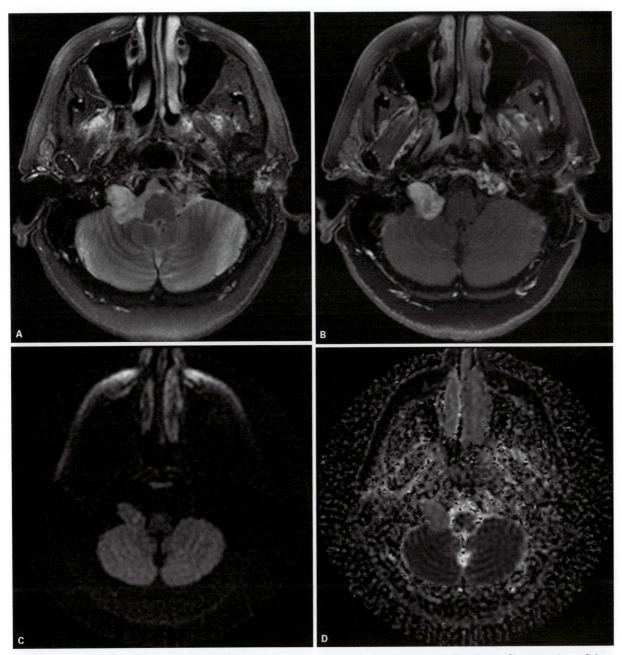

Figura 98 Schwannoma do forame jugular. Ressonância magnética axial T2 (A), T1 pós-contraste (B), difusão (C) e mapa de coeficientes de difusão aparente (ADC) (D) demonstrando lesão de limites bem definidos e alargamento do forame jugular direito.

turas da base do crânio em todas as direções, em padrão descrito como centrífugo, sendo também frequente o acometimento "em placa" com intensa hiperostose. Essas lesões geralmente apresentam componente intracraniano e cervical, estendendo-se inferiormente ao espaço carotídeo (Figura 99) e eventualmente ao parafaríngeo. Na RM, os sinais dos componentes extracraniano e intracraniano podem ser diferentes, provavelmente em decorrência de diferenças histológicas e de seu conteúdo de colágeno.

Alterações da pirâmide petrosa

O ápice petroso é definido como a porção da pirâmide petrosa situada anteromedialmente à orelha interna e lateralmente à fissura petro-occipital. É dividido pelo conduto auditivo interno em um compartimento anterior e outro posterior.

Diversas lesões podem acometer o ápice petroso, incluindo lesões inflamatórias (já descritas), processos benignos obstrutivos, como colesteatoma e granuloma de

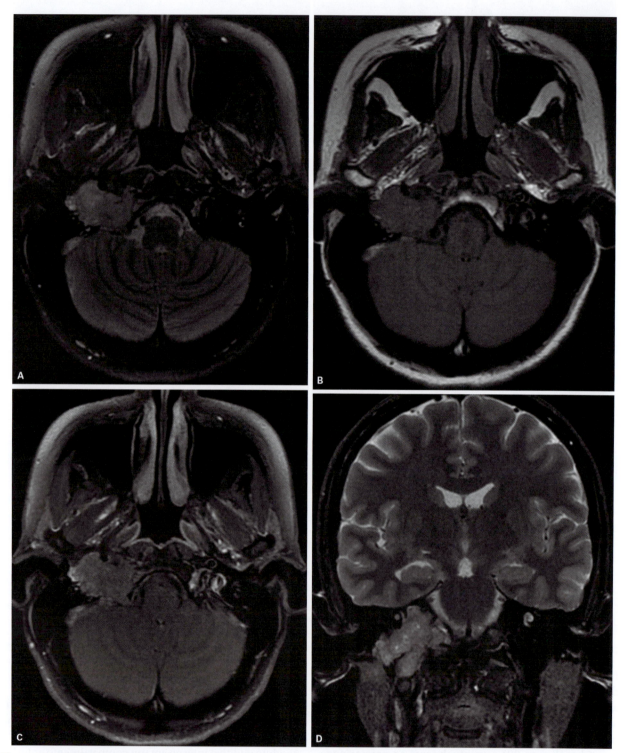

Figura 99 Meningioma do forame jugular. Ressonância magnética axial T2 (A), T1 (B) e T1 pós-contraste e imagem coronal T2 (D) demonstrando lesão lobulada no forame jugular direito, com extensão intracraniana e ao espaço carotídeo.

colesterol, e lesões malignas, como metástases, cordoma, condrossarcoma e rabdomiossarcoma. Como muitas dessas alterações não são neoplásicas, preferimos denominar esta seção "Alterações da pirâmide petrosa".

Os métodos de imagem têm papel fundamental na avaliação da natureza das lesões da pirâmide petrosa em virtude da dificuldade do acesso, impossibilitando a realização de biópsia, sendo o diagnóstico correto importante para o planejamento pré-cirúrgico.

Inicialmente abordaremos as pseudolesões da pirâmide petrosa, que incluem um grupo de variações anatômicas ou achados incidentais não obrigatoriamente expansivos observados nos exames dos ossos temporais, que não devem ser erroneamente interpretadas como lesões verdadeiras e não requerem nenhum tipo de terapêutica. A seguir apresentaremos as principais lesões expansivas observadas nessa região.

Pseudolesões
Pneumatização assimétrica da pirâmide petrosa

A pneumatização da pirâmide petrosa ocorre em 9-30% dos indivíduos, sendo frequentemente assimétrica.

Na RM observamos sinal de medula óssea gordurosa (hipersinal em T1) no lado não pneumatizado, ou menos pneumatizado, podendo simular granuloma de colesterol. A TC demonstra a pirâmide não pneumatizada sem sinais de alteração textural óssea.

Efusão

Pode haver presença de líquido estéril preenchendo as células da pirâmide petrosa, sendo decorrente de otite média prévia, com obstrução posterior do trajeto que comunicava esta célula com a orelha média, sendo observado em menos de 1% dos exames.

Na RM este material líquido apresenta sinal variável em T1 e T2, dependendo do teor proteico. Não se observa realce deste material. Caso haja dificuldade no estabelecimento do diagnóstico, principalmente quando o material tiver alto sinal em T1, deve-se complementar com TC sem contraste que evidencia opacificação das células, sem sinais de erosão cortical ou destruição do trabeculado ósseo (Figura 100).

Cefalocele do ápice petroso

É uma lesão rara, que se caracteriza por protrusão da meninge ou da aracnoide e líquido cefalorraquidiano a partir da porção posterolateral do cavo de Meckel para a porção anterior da pirâmide, com remodelagem óssea regular, podendo ser uni ou bilateral. Acredita-se que há relação desta lesão com a hipertensão intracraniana crônica, observando-se associação com sela túrcica vazia e síndrome de Usher, e frequentemente bilateralidade. Também pode estar relacionada a outros defeitos da base do crânio e dura-máter, por vezes em associação à neurofibromatose tipo 1, ou mesmo a defeitos ósseos traumáticos ou iatrogênicos (pós-cirúrgicos).

Os pacientes são geralmente assintomáticos, sendo nesses casos achado incidental de imagem, mas a cefalocele do ápice petroso pode estar associada a cefaleia, neuralgia do trigêmeo, otorreia com saída de LCR e meningite recorrente.

Na TC evidencia-se o remodelamento ósseo da porção anterior da pirâmide e a continuidade da lesão com o cavo de Meckel. Na RM tal alteração apresenta sinal semelhante ao do líquido cefalorraquidiano (Figura 101).

Lesões do desenvolvimento
Granuloma de colesterol

É a lesão mais frequente da pirâmide petrosa. O granuloma de colesterol é considerado um granuloma de corpo estranho gigante, e ocorre classicamente em pacientes que apresentam otite média crônica e o ápice petroso pneumatizado, podendo ocorrer em qualquer local aerado do osso temporal. A obstrução destas células acarretaria um fenômeno de vácuo, desencadeando um processo inflamatório com micro-hemorragias. A degradação anaeróbica de células sanguíneas provocaria acúmulo de cristais de colesterol que levariam a uma reação

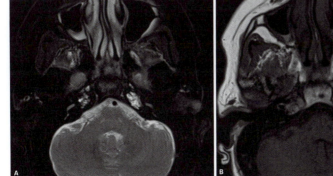
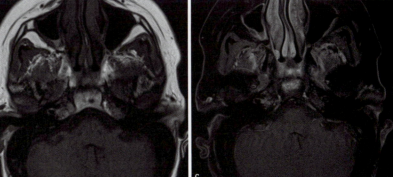

Figura 100 Efusão da pirâmide petrosa. Ressonância magnética axial T2 (A), T1 (B) e T1 pós-contraste (C) demonstra preenchimento de células pneumatizadas nas pirâmides petrosas por conteúdo líquido, sem impregnação pelo meio de contraste.

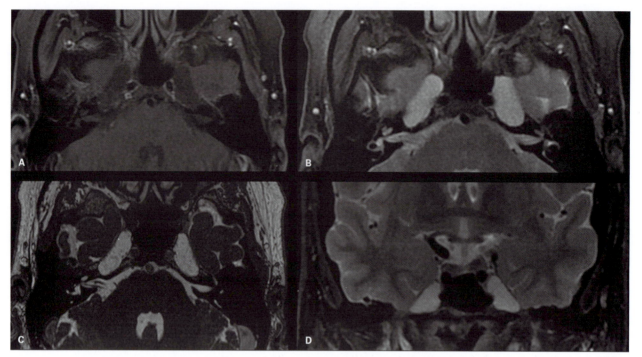

Figura 101 Cefalocele do ápice petroso. Ressonância magnética axial T1 pós-contraste (A), T2 (B) e T2 volumétrica (C) e coronal T2 (D) com aumento bilateral do cavo de Meckel e remodelamento ósseo local, sem lesões focais.

do tipo corpo estranho, com formação do granuloma de colesterol.

Na TC, o granuloma de colesterol apresenta-se como lesão hipoatenuante na pirâmide petrosa, insuflativa, que determina remodelagem óssea com afilamento cortical, podendo determinar lise óssea por expansão adquirindo aspecto lítico (Figura 102). Discreto realce periférico pode estar presente. É indistinguível do cisto epidermoide/colesteatoma e da mucocele na TC.

A RM tem papel fundamental no diagnóstico do granuloma de colesterol, pois o diferencia das demais lesões que acometem o ápice petroso e que geralmente apresentam hipo ou isossinal em T1; o granuloma de colesterol apresenta hipersinal em T1 e T2, com queda do sinal nas sequências com supressão de gordura, focos geralmente periféricos de hipossinal decorrente de expansão óssea e hemossiderina e ausência de impregnação pelo meio de contraste (Figura 103). Uma lesão que pode apresentar sinal semelhante, com hipersinal em T1, é o aneurisma da artéria carótida em sua porção intrapetrosa, porém esta lesão tem outras características que permitem o diagnóstico diferencial, como centro da lesão no canal carotídeo, áreas de *flow-void* e realce pós-contraste. Outro diagnóstico diferencial a ser considerado é a mucocele, que também é decorrente da obstrução de uma célula pneumatizada da pirâmide como o granuloma de colesterol; apresenta expansão óssea na TC e na RM e pode apresentar sinal alto em T1 pela presença de conteúdo com alto

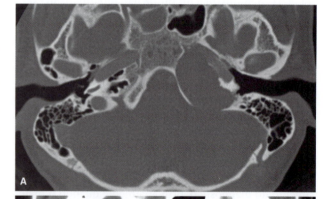

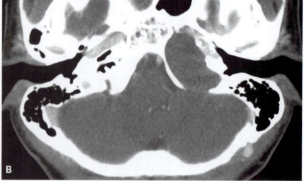

Figura 102 Granuloma de colesterol. Tomografia computadorizada axial com janela óssea (A) e de partes moles (B) demonstrando lesão hipoatenuante insuflativa na pirâmide petrosa esquerda, com remodelamento ósseo e afilamento cortical regional, sem realce pelo meio de contraste.

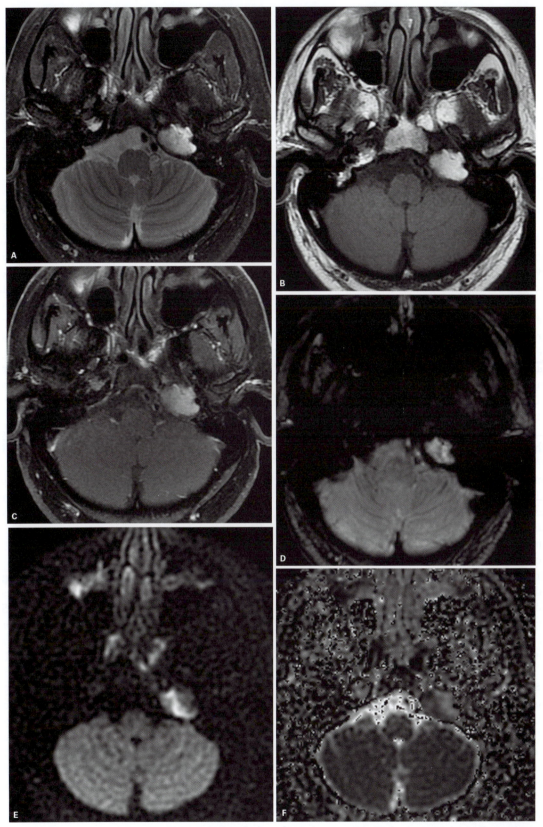

Figura 103 Granuloma de colesterol. Ressonância magnética axial T2 (A), T1 (B), T1 pós-contraste (C), gradiente-eco (D), difusão (E) e mapa de coeficiente de difusão aparente (ADC) (F). Lesão com hipersinal em T1 e T2, queda do sinal nas sequências com supressão de gordura e ausência de impregnação pelo contraste. Observem que os focos de hipossinal associado à hemossiderina caracterizados na sequência gradiente-eco têm representação correspondente na sequência difusão, simulando restrição à difusão apenas em parte da lesão.

teor proteico, mas geralmente, quando isso ocorre, o sinal em T2 é mais baixo que o habitualmente observado.

A sequência difusão é útil na diferenciação entre granuloma de colesterol e colesteatoma, pois o granuloma de colesterol não costuma apresentar restrição à difusão. São descritos alguns casos de granuloma de colesterol com restrição à difusão, por possível perturbação do sinal na sequência difusão pelo conteúdo hemático do granuloma de colesterol.

Mucocele do ápice petroso

Mucocele é uma alteração rara na pirâmide petrosa, apresentando patogênese semelhante à do granuloma de colesterol, sendo resultante da obstrução de uma célula. Na RM, as características de sinal da mucocele são semelhantes às observadas na efusão em célula do ápice, mas a TC evidencia sinais de expansão da célula semelhante à observada no granuloma de colesterol, sendo difícil a distinção pela TC entre essas duas lesões.

Colesteatoma/epidermoide

Corresponde a 4-9% das lesões da pirâmide petrosa, podendo ser congênito ou adquirido. As lesões mais frequentes no ápice petroso são as congênitas, chamadas também de epidermoide, e correspondem a restos epiteliais recobertos por epitélio estratificado de origem embrionária, por isso classicamente ocorrem em crianças e adultos jovens. As lesões adquiridas recebem a nomenclatura habitual de colesteatoma e se originam na orelha média. Apesar de terem origens diferentes, as duas lesões são idênticas ao exame histopatológico.

Na TC, apresenta-se como lesão lítica de contornos regulares, e lesões grandes erodem estruturas adjacentes, como canal carotídeo, cápsula ótica e forame jugular. O colesteatoma adquirido pode apresentar extensão a partir da orelha média com aspecto em halteres. É indistinguível do granuloma de colesterol na TC, porém na RM as características de sinal das duas lesões são diferentes, permitindo o diagnóstico diferencial. Na RM, o colesteatoma/epidermoide apresenta sinal intermediário ou baixo em T1, hipersinal em T2 e restrição à difusão. Não apresenta realce pós-contraste na TC ou na RM (Figura 104).

Tumores malignos
Condrossarcoma

É uma lesão rara que se origina nas sincrondroses petroclival ou petroesfenoidal, geralmente na segunda ou terceira décadas de vida. Apresenta-se como lesão expansiva, destrutiva, excêntrica, com realce intenso e heterogêneo pós-contraste.

Na TC, observa-se que a lesão apresenta calcificações anelares condroides, presentes em cerca de 50% dos casos (Figura 105). Na RM há hipossinal em T1 e hipersinal em T2, que pode ser heterogêneo pela presença de matriz condroide mineralizada, com realce também heterogêneo pós-contraste (Figura 106).

O principal diagnóstico diferencial a ser considerado é o cordoma, uma diferenciação difícil em alguns casos. Ambas as lesões geralmente apresentam hipossinal em T1 e hipersinal em T2, com realce variável. Na TC, ambas as lesões provocam extensa erosão óssea. O cordoma tende a ser mais mediano, enquanto o condrossarcoma tende a ser paramediano, porém isso não é obrigatório.

Metástase

A pirâmide petrosa é o local mais frequente de metástases no osso temporal, sendo os principais sítios primários mama, pulmão, próstata, rins e melanoma. Acredita-se que a disseminação hematogênica de lesões para essa região pode estar relacionada ao fluxo sanguíneo lento local, que aumenta a chance de deposição de células tumorais. Ocorrem mais comumente em pacientes entre 50 e 70 anos. As características de imagem são inespecíficas e os aspectos mais frequentemente observados são descritos a seguir.

Na TC observa-se lesão lítica/permeativa, com destruição cortical e realce significativos. Pode haver lesão blástica e, nesses casos, o principal diferencial é doença de Paget.

A RM caracteriza melhor o componente de partes moles da lesão, com hipo/isossinal em T1, sinal em T2 variável, de acordo com a celularidade da lesão, e realce pós-contraste. Lesões hipervascularizadas como as secundárias a melanoma, carcinoma renal e carcinoma da tireoide podem simular paragangliomas pela presença de *flow voids* ou focos hemorrágicos.

Tumor do saco endolinfático (TSEL)

São tumores raros, que apesar de localmente agressivos e invasivos, têm um bom prognóstico, quando ressecados totalmente. Na histologia são adenomas papilares. São mais frequentes e comumente bilaterais nos pacientes com doença de von Hippel-Lindau, e 10% desses pacientes apresentam TSEL. Clinicamente os pacientes apresentam perda auditiva neurossensorial, paralisia facial, zumbido pulsátil e vertigem.

O TSEL provoca erosão da porção retrolabiríntica do osso petroso, caracterizando-se, na TC, lesão com margens irregulares, com presença de espículas ósseas em seu interior e calcificação periférica (Figura 107). Na RM podem ser observados focos de hipersinal em T1 e baixo sinal em T2 (hemorrágicos) e realce pós-contraste (Figura 108).

Devemos considerar a hipótese de TSEL na presença de lesão destrutiva centrada no aqueduto vestibular ou saco endolinfático.

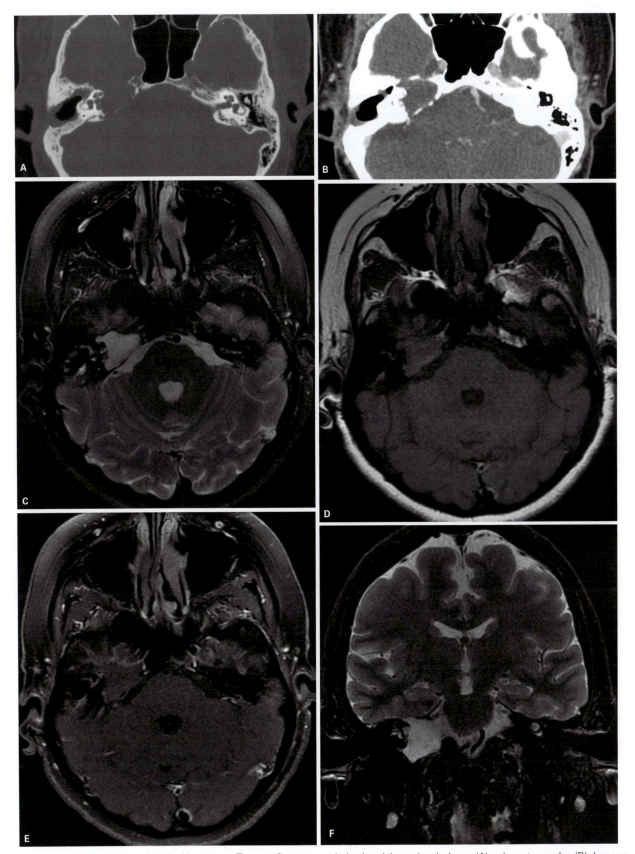

Figura 104 Colesteatoma da pirâmide petrosa. Tomografia computadorizada axial com janela óssea (A) e de partes moles (B) demonstrando sinais de mastoidectomia pregressa e lesão hipoatenuante insuflativa na pirâmide petrosa direita. Ressonância magnética axial T2 (C), T1 (D) e T1 pós-contraste (E) e coronal T2 (F) mostra sinal homogêneo da lesão e ausência de impregnação pelo meio de contraste – caracteristicamente o colesteatoma apresenta restrição à movimentação das moléculas de água na sequência difusão (G e H).
(continua)

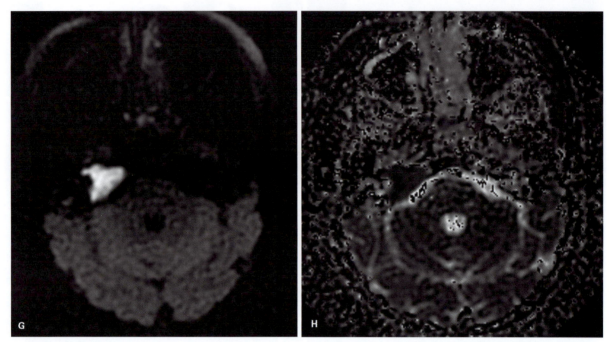

Figura 104 (*continuação*)

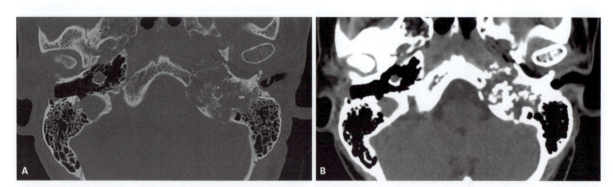

Figura 105 Condrossarcoma. Tomografia computadorizada axial com janela óssea (A) e de partes moles (B). Lesão expansiva heterogênea pela presença de calcificações anelares na sincondrose petroclival esquerda.

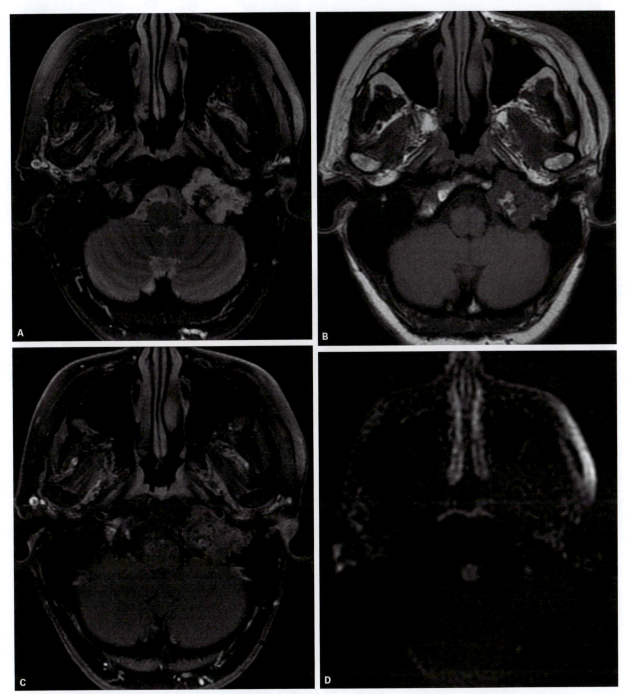

Figura 106 Condrossarcoma. Ressonância magnética axial T2 (A), T1 (B), T1 pós-contraste (C) e difusão (D) mostrando lesão expansiva heterogênea com intenso hipersinal em T2 na sincondrose petroclival esquerda, com discreta impregnação pelo meio de contraste e sem restrição à difusão.

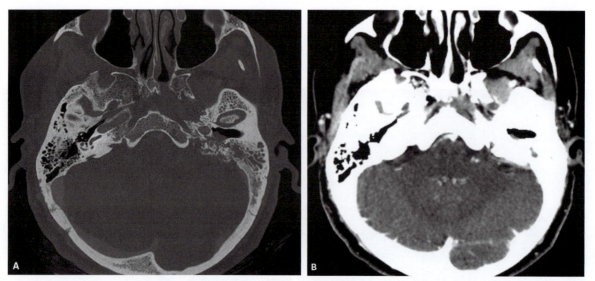

Figura 107 Tumor do saco endolinfático. Tomografia computadorizada axial com janela óssea (A) e de partes moles (B) evidencia formação expansiva determinando erosão da porção retrolabiríntica da porção petrosa do osso temporal à esquerda.

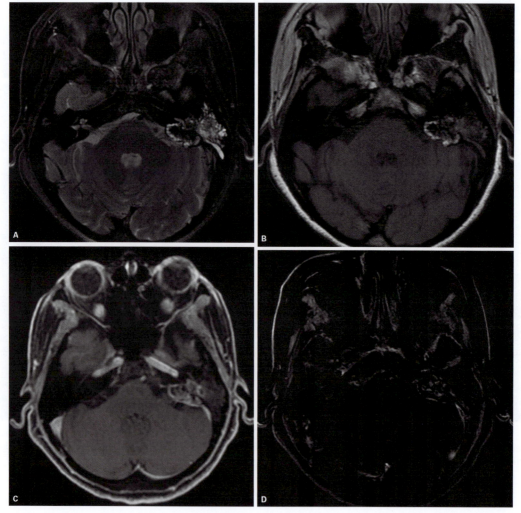

Figura 108 Tumor do saco endolinfático. Ressonância magnética axial T2 (A), T1 (B), T1 pós-contraste (C) e subtração (D) demonstrando lesão centrada na região do saco endolinfático, com áreas hemorrágicas em seu interior e impregnação pelo contraste, confirmada pela sequência com subtração.

Diaz e colaboradores (2007) descreveram a entidade clínica de pseudotumor do saco endolinfático, que representa um processo inflamatório focal do saco linfático, onde se caracteriza erosão óssea com realce, podendo simular na TC e RM o TSEL. Granulações aracnoides também podem provocar erosão da porção posterior da pirâmide petrosa, porém com contornos regulares, não se observando espículas ósseas no interior da lesão como descrito nos TSEL. Na RM as granulações apresentam sinal semelhante ao do LCR nas sequências T1 e T2, não apresentando realce pós-contraste.

Alterações do nervo facial
Schwannoma facial

Os schwannomas do nervo facial são raros, podendo originar-se de qualquer segmento deste nervo, desde o ângulo pontocerebelar até sua porção intraparotídea, porém a região do gânglio geniculado é a mais frequentemente acometida. Mesmo raro, é o tumor mais frequente do nervo facial.

Quando há acometimento das porções cisternal e intracanalicular do nervo facial, é difícil a diferenciação com schwannoma vestibular. Caso haja extensão para a porção labiríntica do nervo facial, com caracterização da "cauda tumoral", a origem no nervo facial da lesão fica mais evidente.

As lesões centradas no gânglio geniculado podem apresentar um aspecto tubular ou como massa arredondada centrada na fossa genicular com erosão óssea mais bem caracterizada na TC (Figura 109). Se houver extensão para o nervo petroso superficial maior, a lesão se apresenta como massa arredondada na fossa média, extra-axial. Quando há acometimento da porção timpânica do nervo facial, a lesão se apresenta como massa lobulada na orelha média, deslocando lateralmente a cadeia ossicular. No acometimento da porção mastóidea do nervo facial a lesão é tubuliforme, estendendo-se para as células da mastoide adjacentes. É frequente o acometimento no gânglio geniculado.

Na TC, observa-se erosão óssea do segmento do facial acometido pela lesão, com alargamento e remodelamento de suas paredes ósseas. Na RM, as características de sinal da lesão são semelhantes às descritas para o schwannoma vestibular.

Hemangioma facial ou malformação vascular venosa do nervo facial

O hemangioma facial era considerado um tumor raro, porém atualmente considera-se que sua frequência se aproxima à do schwannoma, ocorrendo na região do gânglio geniculado. São lesões geralmente pequenas, medindo menos que 1,0 cm de diâmetro, e frequentemente sintomáticas.

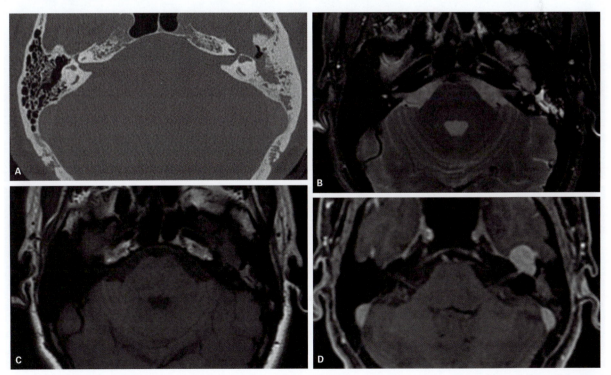

Figura 109 Schwannoma facial. Tomografia computadorizada axial (A) e ressonância magnética axial T2 (B), T1 (C) e T1 pós-contraste (D). Lesão centrada no gânglio geniculado à esquerda, contínua à porção labiríntica do nervo facial e com maior componente na fossa média, extra-axial.

Na TC apresentam aspecto característico com espículas ósseas intratumorais, com aspecto "em favo de mel". Na RM, apresentam-se com hipersinal em T2 e intenso realce pós-contraste (Figura 110).

Lesões inflamatórias

O nervo facial pode ser envolvido por doenças inflamatórias (p. ex., a sarcoidose) ou infecciosas (doença de Lyme, neurossífilis etc.). A RM é o método de imagem que pode avaliar melhor essas alterações, demonstrando espessamento e realce de aspecto tubular do nervo facial.

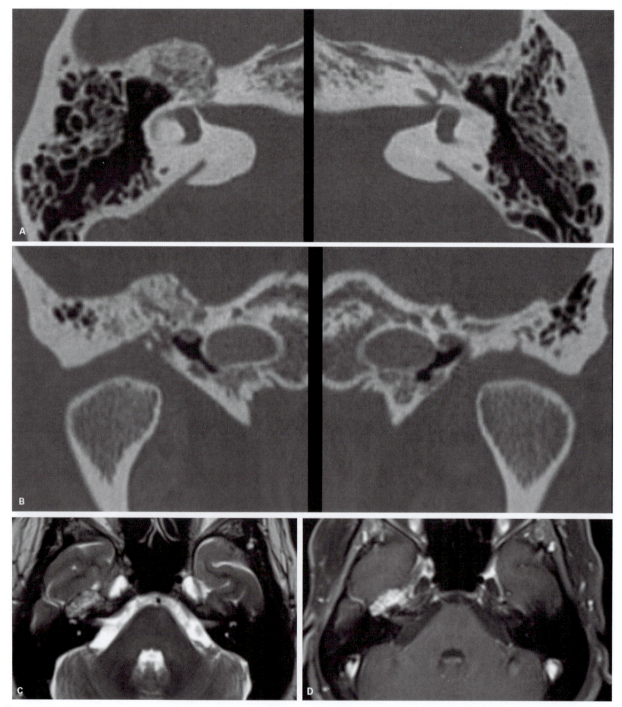

Figura 110 Hemangioma ou malformação venosa do nervo facial. Tomografia computadorizada axial (A) e coronal (B) e ressonância magnética axial T2 (C) e T1 pós-contraste (D). Lesão centrada no gânglio geniculado à direita com espículas ósseas intratumorais – aspecto "em favo de mel" na TC e alto sinal em T2 com intenso realce pós-contraste na ressonância magnética.

Extensão de processos malignos (disseminação perineural)

A extensão perineural é uma forma de disseminação dos tumores de cabeça e pescoço para regiões não contíguas, ao longo do perineuro ou epineuro, sendo mais frequente nos tumores adenoide cístico e carcinoma epidermoide. O acometimento do nervo facial é geralmente secundário a tumores da glândula parótida, que se estendem retrogradamente ao longo deste nervo através do forame estilomastóideo e de seu segmento intratemporal. O envolvimento do nervo facial em lesões malignas de outros sítios também é possível por extensão através das comunicações existentes entre os nervos facial e trigêmeo (nervos petroso maior, vidiano e auriculotemporal).

A RM é considerada o principal método de imagem para o diagnóstico de extensão perineural, mas a TC pode detectar alterações em alguns casos. São sinais sugestivos o alargamento do canal do nervo facial, que pode ser caracterizado pela TC, e o espessamento com realce do nervo facial, mais bem caracterizados pela RM (Figura 111). Outros sinais que sugerem extensão perineural são obliteração dos planos gordurosos junto aos forames, que podem estar alargados, e atrofia dos músculos inervados pelo nervo acometido.

Tumores da orelha média

Paraganglioma timpânico

Origina-se nos corpos glômicos do promontório coclear, apresentando-se como massa arredondada junto ao promontório e preenchendo o mesotímpano. É o tumor mais frequente da orelha média. Se a lesão ocupar grande parte da cavidade timpânica, pode haver bloqueio do ático, com preenchimento das células da mastoide por líquido. Na TC pode haver erosão da parede medial da orelha média e dos ossículos. Na RM as sequências pesadas em T2 podem diferenciar a lesão do material líquido que preenche a caixa timpânica. Após a injeção do meio de contraste observa-se intenso realce em ambos os métodos (Figura 112).

Tumores da orelha externa

As lesões expansivas da orelha externa incluem tumores benignos como exostose e osteoma, processos inflamatórios como colesteatoma e queratose obliterante (já descritos na respectiva seção) e tumores malignos. Cerúmen pode obliterar o CAE e simular tumor, sendo a principal característica que o diferencia de lesões tumorais seu aspecto hiperatenuante na TC.

Tumores malignos

As lesões malignas que geralmente acometem a orelha externa são o carcinoma epidermoide, o carcinoma adenoide cístico, o carcinoma basocelular e o melanoma. O carcinoma epidermoide é o tumor mais frequente do CAE. A apresentação clínica é de otorreia, dor, sangramento e perda auditiva; o diagnóstico destes tumores pode ser retardado, pois a sintomatologia é similar à dos processos inflamatórios.

Os tumores malignos do CAE apresentam-se como massa preenchendo o conduto auditivo externo, erodindo suas paredes ósseas, estendendo-se para as estruturas adjacentes, com infiltração da articulação temporomandibular e parótida, além de extensão intracraniana. Podem apresentar infiltração de nervos cranianos, principalmente do nervo facial. A TC demonstra bem a erosão óssea do CAE. A RM caracteriza bem o acometimento das estruturas adjacentes, inclusive da base do crânio e da articulação temporomandibular, e avalia a presença de extensão intracraniana (Figura 113). Pode haver metástases para linfonodos parotídeos, pré e retroauriculares.

Neoplasias de parótida como o carcinoma adenoide cístico e mucoepidermoide podem invadir a orelha externa por contiguidade e também por disseminação perineural, através do nervo facial.

Exostose

Ocorre em pacientes com antecedente de otites externas e também em pacientes expostos a mergulhos em água fria, sendo chamada de "orelha de surfista". Apresenta-se como crescimento ósseo circunferencial de base larga na porção medial do CAE, geralmente bilateral, determinando estreitamento do CAE, sem sinais de erosão óssea ou alterações de partes moles associadas (Figura 114).

Osteoma

Lesão benigna, quase sempre unilateral e única, caracterizada por crescimento ósseo focal no CAE, geralmente pediculado. É mais comumente encontrada no istmo, que é a transição osteocartilaginosa do CAE. Na TC apresenta-se como lesão óssea bem delimitada que oblitera o CAE (Figura 115).

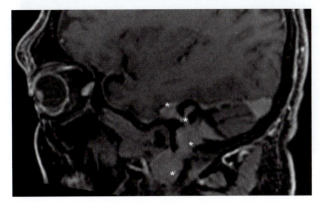

Figura 111 Disseminação perineural. Ressonância magnética sagital oblíqua T1 pós-contraste demonstra espessamento nodular de todas as porções do nervo facial, inclusive de seu segmento extratemporal (asteriscos), secundário à disseminação de adenocarcinoma.

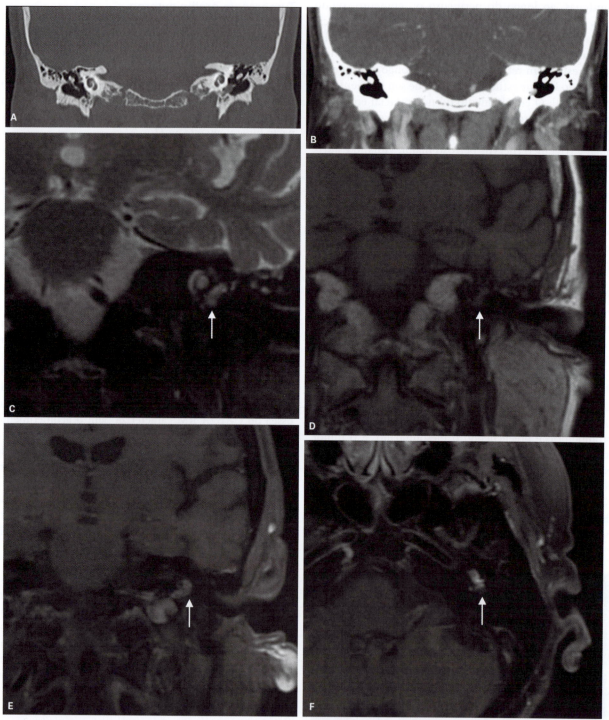

Figura 112 Paraganglioma timpânico. Tomografia computadorizada coronal com janela óssea (A) e de partes moles (B) mostra lesão hipervascularizada hipotimpânica. Ressonância magnética coronal T2 (C) e T1 (D) e imagens T1 pós-contraste coronal (E) e axial (F) demonstrando lesão hipervascularizada timpânica com sinal heterogêneo em T1 e T2.

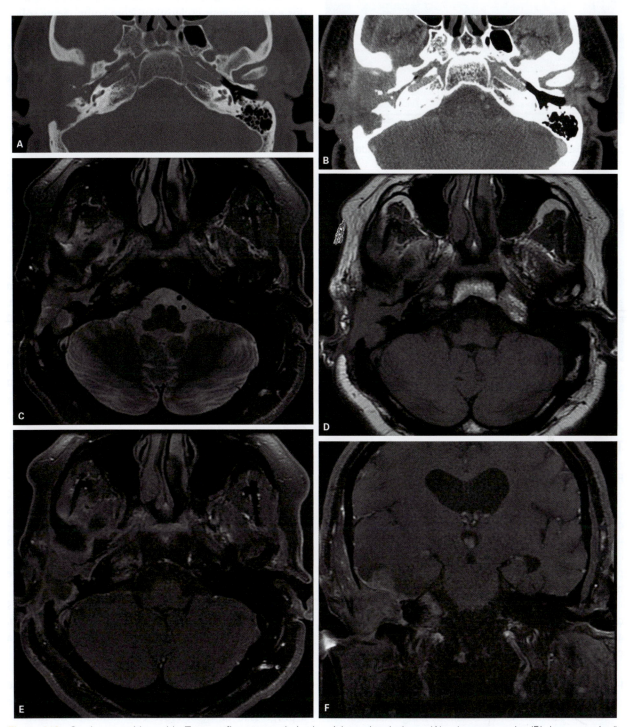

Figura 113 Carcinoma epidermoide. Tomografia computadorizada axial com janela óssea (A) e de partes moles (B) demonstra lesão sólida centrada no CAE direito, com significativa erosão óssea regional. Ressonância magnética axial T2 (C), T1 (D), T1 pós-contraste (E) e imagem coronal T1 pós-contraste (F) demonstram melhor a extensão intracraniana e para a articulação temporomandibular da lesão.

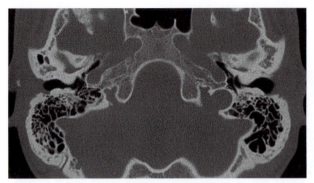

Figura 114 Exostose. Tomografia computadorizada axial. Crescimento ósseo circunferencial e de base larga envolvendo as paredes dos condutos auditivos externos.

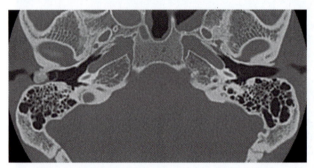

Figura 115 Osteoma. Tomografia computadorizada axial. Lesão óssea bem delimitada e pedunculada no istmo do CAE direito.

Tumores do osso temporal na infância

Rabdomiossarcoma

É o sarcoma de partes moles mais comum em crianças, com pico de distribuição bimodal – maior incidência no primeiro ano de vida e na adolescência. Em 40% dos casos ocorre na região de cabeça e pescoço. Apresenta três padrões histopatológicos: embrionário, alveolar e pleomórfico.

A TC e a RM têm papéis complementares na avaliação dos rabdomiossarcomas, mas a TC evidencia melhor as alterações ósseas, enquanto a RM evidencia melhor o componente sólido de partes moles da lesão.

Histiocitose de células de Langerhans

O termo histiocitose de células de Langerhans é atualmente considerado mais adequado e engloba granuloma eosinofílico, doenças de Letterer-Siwe e de Hand-Schüller-Christian. O acometimento do osso temporal ocorre em 15 a 61% dos casos, é bilateral em 28%, sendo o principal sítio de envolvimento da base do crânio. Os pacientes apresentam sintomas semelhantes aos de otomastoidite, retardando o estabelecimento correto do diagnóstico de histiocitose. Acomete crianças, com idade média de aparecimento de 3 anos.

Na TC evidencia-se lesão lítica de limites bem definidos e sem margens escleróticas, com componente sólido associado, podendo ser bilateral. Na RM as lesões apresentam hipersinal em T2 e hipossinal em T1 com realce pós-contraste (Figura 116).

O diagnóstico diferencial inclui otomastoidite, que não apresenta erosão óssea, rabdomiossarcoma e metástase de neuroblastoma.

Avaliação pós-cirúrgica do osso temporal

As cirurgias realizadas na orelha média podem ser divididas de acordo com o sítio de manipulação e incluem os principais procedimentos citados a seguir.

Membrana timpânica

Miringotomia com inserção de tubo de ventilação

É realizada basicamente em crianças que apresentam otite média com efusão persistente, recorrente ou crônica, sendo um tratamento que objetiva normalizar a aeração da orelha média e reduzir a chance de infecções. Realiza-se uma pequena incisão na membrana timpânica, com aspiração do conteúdo da orelha média e inserção do tubo de ventilação, que atualmente é confeccionado em silicone e, portanto, não é visível à TC (Figura 117).

Cadeia ossicular

Substituição do estribo na otospongiose

Nos pacientes com otospongiose fenestral são realizados dois tipos de procedimentos: estapedectomia e estapedotomia, com a interposição de próteses sintéticas entre a bigorna e a janela oval. No primeiro tipo há ressecção total ou parcial da base do estribo para acesso ao labirinto membranoso através da janela oval, e no segundo há preservação da base do estribo, que reduz a chance de complicações cirúrgicas (citadas a seguir).

O acompanhamento pós-operatório desses pacientes é baseado no exame clínico e em testes audiométricos, e a TC é indicada nos casos de ausência de melhora da acuidade auditiva e sintomas vestibulares.

A TC pode evidenciar o posicionamento e o deslocamento da prótese, a presença de fibrose/tecido de granulação junto à janela oval, a fratura da prótese e a progressão da otosclerose com aumento do foco de otospongiose.

Quando bem localizada, a prótese estapédica encontra-se no centro da janela oval, sem se insinuar ao vestíbulo através dela. A causa mais comum de má evolução da audição no pós-operatório é subluxação ou deslocamento da prótese, que geralmente ocorre posteroinferiormente à janela oval (Figura 118). Também pode

2 OSSOS TEMPORAIS 605

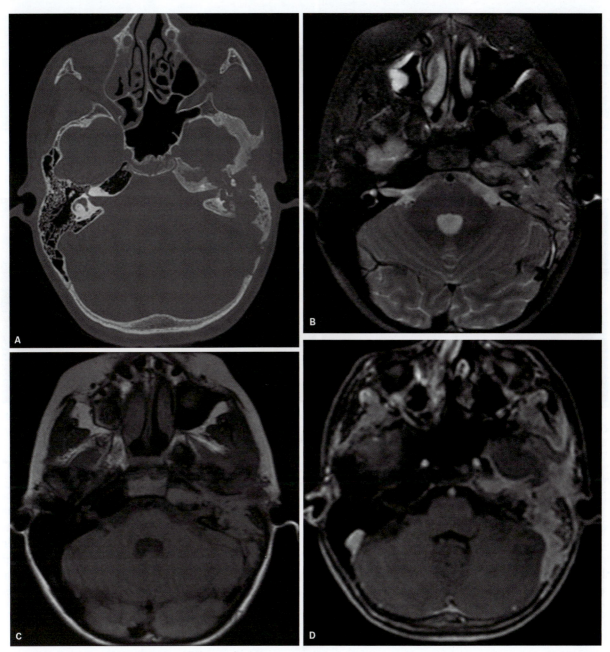

Figura 116 Histiocitose das células de Langerhans. Imagens axiais de tomografia computadorizada (A) e ressonância magnética T2 (B), T1 (C) e T1 pós-contraste (D). Evidencia-se extensa lesão lítica com componente sólido associado envolvendo o osso temporal esquerdo.

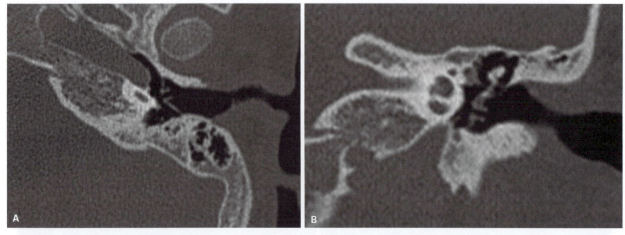

Figura 117 Miringotomia com inserção de tubo de ventilação. Tomografia computadorizada axial (A) e coronal (B) demonstrando discreto espessamento da membrana timpânica e tubo de ventilação.

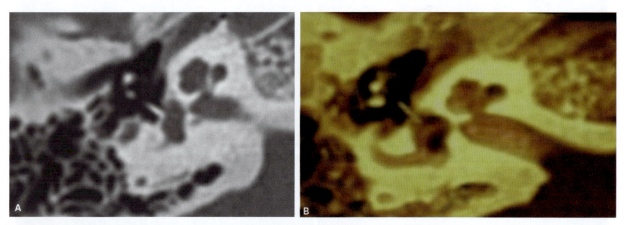

Figura 118 Prótese de estribo. Tomografia computadorizada axial (A) e reconstrução 3D (B) demonstram prótese de estribo à direita, posicionada na janela oval. Observa-se que a prótese não está articulando com a bigorna, com um "gap" entre a extremidade lateral da protése e a bigorna.

ocorrer obliteração da janela oval por calcificação ou progressão da otospongiose.

O achado de ar no interior do vestíbulo sugere fístula perilinfática, que é a perda de perilinfa através da janela oval, porém o pneumolabirinto não está sempre presente nos casos de fístula. Outros sinais que sugerem fístula perilinfática são presença de líquido nas células da mastoide e efusão da orelha média.

A presença de material com atenuação de partes moles junto à janela oval, após 4 a 6 semanas da cirurgia, é considerada patológica, sugerindo tecido de granulação.

A RM está indicada nos casos em que a TC não for diagnóstica, podendo demonstrar labirintite e presença de tecido de granulação, que pode se estender até o fundo do CAI, apresentando-se como material com hipersinal em T2 e realce pós-contraste. Na labirintite caracteriza-se realce do labirinto membranoso.

Reconstrução da cadeia ossicular

Em casos de envolvimento mais extenso da cadeia ossicular, por alterações tanto congênitas como inflamatórias, pode-se realizar a reconstrução por prótese total (TORP) ou parcial (PORP) (Figura 119), que se estendem da membrana timpânica ao estribo. Essas próteses são de diferentes materiais biossintéticos – titânio, aço, Teflon®, platina – e podem apresentar à TC um aspecto "em ferradura".

Mastoide

Nos casos de processos inflamatórios crônicos da orelha média que têm indicação cirúrgica, o tipo e a extensão desta são variáveis. Os objetivos do procedimento cirúrgico são eliminar a doença, prevenir doença recorrente e restaurar a função da orelha média. Existem várias técnicas que podem ser utilizadas para realização das mastoidecto-

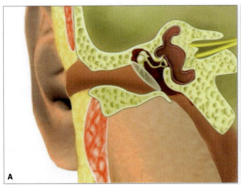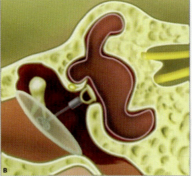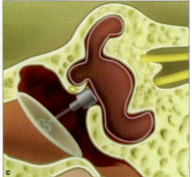

Figura 119 TORP/PORP. Imagens representando a cadeia ossicular normal (A) e a reconstrução por prótese parcial – PORP (B) e total – TORP (A).

mias. De maneira simplificada, as mastoidectomias podem ser divididas em cavidades aberta e fechada.

Na mastoidectomia fechada a parede posterior do CAE é preservada (Figura 120). Neste procedimento, o defeito cirúrgico é menor, com menos alterações funcionais, mas também com menor acesso intraoperatório. Pode apresentar maior taxa de recorrência de colesteatoma que na mastoidectomia aberta (Figura 121), em que a parede posterior do CAE é removida.

Na mastoidectomia radical, que é uma técnica com cavidade aberta, há uma ampla cavidade cirúrgica, que engloba as células da mastoide, antro mastóideo, epi e mesotímpano. A parede posterior do CAE é removida, assim como o esporão, o martelo e a bigorna, e o estribo é preservado. Na mastoidectomia radical modificada a cadeia ossicular é preservada.

A TC é o método de imagem mais frequentemente indicado para determinação do tipo da cirurgia, quando tal dado não está disponível. Permite também avaliação do canal do nervo facial, principalmente de sua porção mastóidea, identificação da cadeia ossicular residual e de eventual fístula labiríntica ou liquórica. A RM tem papel importante de investigação de colesteatoma persistente ou recidivado, assim como na avaliação de cefalocele pós-cirúrgica caso haja suspeita clínica.

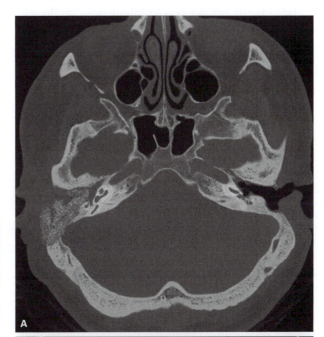

Figura 120 Mastoidectomia fechada. Tomografia computadorizada axial (A) e coronal (B) demonstrando mastoidectomia à direita com preservação da parede posterior do CAE e interposição da cadeia ossicular junto ao óstio da tuba auditiva (seta).

Figura 121 Mastoidectomia aberta. Tomografia computadorizada axial (A) e coronal (B) demonstrando mastoidectomia com ressecção da parede posterior do conduto auditivo externo (CAE) bilateral. À direita, a cavidade cirúrgica encontra-se preenchida por material ósseo.

O papel dos métodos de imagem na avaliação da persistência/recidiva do colesteatoma no pós-operatório já foi abordado na seção de OMC colesteatomatosa.

Implante coclear

O implante coclear é uma prótese eletrônica introduzida na orelha interna que capta a onda sonora e a transforma em estímulo elétrico, estimulando diretamente o nervo coclear. É composto por duas unidades: a externa, formda por microfone, processador da fala e uma antena transmissora, e a interna, que contém receptor/estimulador e um fino cabo de eletrodos. Este cabo é introduzido na escala timpânica através da janela redonda, por uma extensão de 20 a 24 mm. São candidatos ao implante coclear pacientes com perda auditiva neurossensorial grave bilateral ou anacusia.

A avaliação por imagem previamente ao implante é realizada por TC e RM.

Na TC é importante que o radiologista avalie as seguintes características:

- Anomalia no trajeto do nervo facial, da artéria carótida interna em sua porção intrapetrosa ou do seio sigmoide.
- Observação do tamanho do conduto auditivo interno pois, quando menor que 2 mm, é provável que haja agenesia/hipoplasia do nervo coclear.
- Anomalia do labirinto membranoso – ossificação, número de espiras cocleares, simetria das escalas cocleares.
- Avaliação da janela redonda pois, em algumas condições, como na otosclerose e na doença de Paget, pode estar obliterada.
- Grau de pneumatização das células da mastoide; mastoides pneumatizadas facilitam o procedimento cirúrgico.
- Variações anatômicas dos bulbos jugulares e canais carotídeos.

Na RM, as sequências volumétricas densamente pesadas em T2 são úteis para avaliação da morfologia do labirinto membranoso e dos nervos no interior do CAI, já que a aplasia do nervo coclear é uma contraindicação absoluta ao procedimento. Os nervos devem ser identificados no plano axial, porém as reconstruções sagitais oblíquas são fundamentais na avaliação do nervo coclear (Figura 122). As sequências T1 pré e pós-contraste também são utilizadas para avaliação de outras eventuais alterações, como lesão expansiva e realce meníngeo. A RM pode evidenciar fibrose no labirinto membranoso, identificada como perda do hipersinal habitual nas sequências em T2. Realce dessa fibrose indica fase

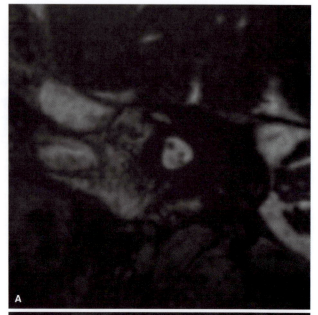
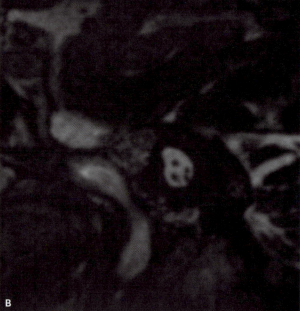

Figura 122 Hipoplasia do nervo coclear. Reconstruções sagitais oblíquas de ressonância magnética volumétrica T2 demonstrando assimetria entre os nervos cocleares, sendo o direito hipoplásico (A).

proliferativa da labirintite, não devendo ser postergado o implante coclear.

No pós-operatório a TC avalia o adequado posicionamento dos eletrodos, que devem estar na escala timpânica e o mais próximo possível da espira apical (Figura 123). Serve também para confirmar complicações infecciosas ou da inserção, as últimas potencialmente relacionadas a variações anatômicas ou dificuldades técnicas transoperatórias (Figura 124).

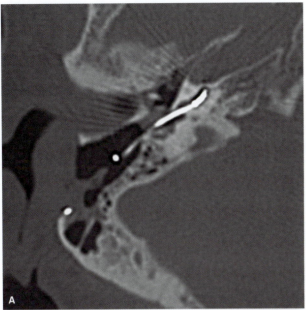

Figura 123 Posicionamento do implante coclear na espira apical da cóclea. Tomografia computadorizada axial (A) e coronal (B) demonstrando trajeto do eletrodo do implante coclear através da janela redonda e posicionamento adequado de sua extremidade, próximo à espira basal.

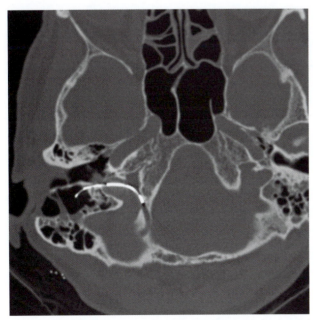

Figura 124 Implante coclear. Tomografia computadorizada axial demonstra localização do implante coclear no interior do bulbo jugular à direita, que é alto.

Bibliografia sugerida

1. Baráth K, Huber AM, Stämpfli P, Varga Z, Kollias S. Neuroradiology of cholesteatomas. Am J Neuroradiol. 2011;32:221-9.
2. Boardman JF, Rothfus WE, Dulai HS. Lesions and pseudolesions of the cavernous sinus and petrous apex. Otolaryngol Clin North Am. 2008; 41(1):195-213.
3. Bonneville F, Sarrazin JL, Marsot-Dupuch K, Iffenecker C, Cordoliani YS, Doyon D, et al. Unusual lesions of the cerebellopontine angle: a segmental approach. Radiographics. 2001; 21(2):419-38.
4. Bonneville F, Savatovsky J, Chiras J. Imaging of cerebellopontine angle lesions: an update. Part 1: enhancing estra-axial lesions. Eur Radiol. 2007;17:2472-82.
5. Bonneville F, Savatovsky J, Chiras J. Imaging of cerebellopontine angle lesions: an update. Part 2: intra-axial lesions, skull base lesions that may invade the CPA region, and non-enhancing extra-axial lesions. Eur Radiol. 2007;17:2908-20.
6. Borges A, Casselman J. Imaging of the cranial nerves: part II: primary and secondary neoplastic conditions and neurovascular conflicts. Eur Radiol. 2007;17:2332-44.
7. Branstetter BFT, Harrigal C, Escott EJ, Hirsch BE. Superior semicircular canal dehiscence: oblique reformatted CT images for diagnosis. Radiology. 2006;238(3):938-42.
8. Chadwell JB, Halsted MJ, Choo DI, Greinwald JH, Benton C. The cochlear cleft. Am J Neuroradiol. 2004;25(1):21-4.
9. Curtin H, Gupta R, Bergeron RT. Embryology, anatomy and imaging of the temporal bone. In: Curtin H, Som P, editors. Head and neck imaging, 5. ed. St. Louis: Mosby; 2011. p.1053-96.
10. Diaz RC, Amjad EH, Sargent EW, Larouere MJ, Shaia WT. Tumors and pseudotumors of the endolymphatic sac. Skull Base. 2007;17(6):379-93.
11. Dubrulle F, Souillard R, Chechin D, Vaneecloo FM, Desaulty A, Vincent C. Diffusion-weighted MR imaging sequence in the detection of postoperative recurrent cholesteatoma. Radiology. 2006;238(2):604-10.
12. De Foer B, Vercruysse JP, Pilet B, Michiels J, Vertriest R, Pouillon M, et al. Single-shot, turbo spin-echo, diffusion-weighted imaging versus spin-echo-planar, diffusion-weighted imaging in the detection of acquired middle ear cholesteatoma. AJNR Am J Neuroradiol. 2006;27(7):1480-82.
13. De Foer B, Vercruysse JP, Pouillon M, Somers T, Casselman JW, Offeciers E. Value of high-resolution computed tomography and magnetic resonance imaging in the detection of residual cholesteatomas in primary bony obliterated mastoids. Am J Otolaryngol. 2007;28(4):230-4.
14. De Foer B, Vercruysse JP, Bernaerts A, Deckers F, Pouillon M, Somers T, et al. Detection of postoperative residual cholesteatoma with non-echo-planar diffusion-weighted magnetic resonance imaging. Otol Neurotol. 2008;29(4):513-7.
15. Dekeyzer S, Lemmerling M. CT-imaging of lesser known or seen anatomical structures of the temporal bone. JBR-Btr. 2008; 91(5):217-9.
16. Eldevik OP, Gabrielsen TO, Jacobsen EA. Imaging findings in schwannomas of the jugular foramen. Am J Neuroradiol. 2000;21(6):1139-44.
17. Fernandez-Latorre F, Menor-Serrano F, Alonso-Charterina S, Arenas-Jimenez J. Langerhans' cell histiocytosis of the temporal bone in pediatric patients: imaging and follow-up. Am J Roentgenol. 2000;174(1):217-21.
18. Gomez-Brouchet A, Delisle MB, Cognard C, Bonafe A, Charlet JP, Deguine O, Fraysse B. Vestibular schwannomas: correlations between magnetic resonance imaging and histopathologic appearance. Otol Neurotol. 2001;22(1):79-86.
19. Gultekin S, Celik H, Akpek S, Oner Y, Gumus T, Tokgoz N. Vascular loops at the cerebellopontine angle: is there a correlation with tinnitus? Am J Neuroradiol. 2008;29(9):1746-9.
20. Ha JF, Wood B, Krishnaswamy J, Rajan GP. Incomplete cochlear partition type II variants as an indicator of congenital partial deafness: a first report. Otol Neurotol. 2012;33:957-62.
21. Heilbrun ME, Salzman KL, Glastonbury CM, Harnsberger HR, Kennedy RJ, Shelton C. External auditory canal cholesteatoma: clinical and imaging spectrum. Am J Neuroradiol. 2003;24(4):751-6.
22. Huang BY, Roche JP, Buchman CA, Castillo M. Brain stem and inner ear abnormalities in children with auditory neuropathy spectrum disorder and cochlear nerve deficiency. Am J Neuroradiol. 2010;31:1972-9.
23. Joshi VM, Navlekar SK, Kishore GR, Reddy KJ, Kumar EC. CT and MR imaging of the inner ear and brain in children with congenital sensorineural hearing loss. Radiographics. 2012;32:683-98.
24. Juliano AF, Ginat DT, Moonis G. Imaging review of the temporal bone: part I. Anatomy and inflammatory and neoplastic processes. Radiology. 2013;269(1):18-33.

25. Juliano AF, Ginat DT, Moonis G. Imaging review of the temporal bone: part II. Traumatic, postoperative, and noninflammatory nonneoplastic conditions. Radiology. 2013;269(1):18-33.
26. Kim E, Hansen K, Frizzi J. Eagle syndrome: case report and review of the literature. Ear Nose Throat J. 2008;87(11):631-3.
27. Krombach GA, Di Martino E, Martiny S, Prescher A, Haage P, Buecker A, et al. Dehiscence of the superior and/or posterior semicircular canal: delineation on T2-weighted axial three-dimensional turbo spin-echo images, maximum intensity projections and volume-rendered images. Eur Arch Otorhinolaryngol. 2006;263(2):111-7.
28. Krombach GA, van den Boom M, Di Martino E, Schmitz-Rode T, Westhofen M, Prescher A, et al. Computed tomography of the inner ear: size of anatomical structures in the normal temporal bone and in the temporal bone of patients with Meniere's disease. Eur Radiol. 2005;15(8):1505-13.
29. Kumar G, Castillo M, Buchman CA. X-linked stapes gusher: CT findings in one patient. AJNR Am J Neuroradiol. 2003;24(6):1130-2.
30. Kwong Y, Yu D, Shah J. Fracture mimics on temporal bone CT: a guide for the radiologist. Am J Roentgenol. 2012;199(2):428-34.
31. Lane JI, Witte RJ, Bolster B, Bernstein MA, Johnson K, Morris J. State of the art: 3T imaging of the membranous labyrinth. Am J Neuroradiol. 2008;29:1436-40.
32. Lane JI, Lindell EP, Witte RJ, DeLone DR, Driscoll CL. Middle and inner ear: improved depiction with multiplanar reconstruction of volumetric CT data. Radiographics. 2006;26(1):115-24.
33. Lemmerling MM, De Foer B, VandeVyver V, Vercruysse JP, Verstraete KL. Imaging of the opacified middle ear. Eur J Radiol. 2008;66(3):363-71.
34. Lemmerling MM, Stambuck HE, Mancuso AA, Antonelli PJ, Kubilis PS. CT of the normal suspensory ligaments of the ossicles in the middle ear. Am J Neuroradiol. 1997;18:471-7.
35. Marsot-Dupuch K, Meyer B. Cochlear implant assessment: imaging issues. Eur J Radiol. 2001;40(2):119-32.
36. Maheshwari S, Mukherji SK. Diffusion-weighted imaging for differentiating recurrent cholesteatoma from granulation tissue after mastoidectomy: case report. Am J Neuroradiol. 2002;23(5):847-9.
37. Mori N, Toyama Y, Kimura N, Fujiwara S, Miyashita T, Ohsaki Y, et al. Detection of small fenestral otosclerotic lesions by high-resolution computed tomography using multiplanar reconstruction. Auris Nasus Larynx. 2013;40(1):36-40.
38. Razek AA, Huang BY. Lesions of the petrous apex: classification and findings at CT and MR imaging. Radiographics. 2012;32:151-73.
39. Roll JD, Urban MA, Lrson III TC, Gailloud P, Jacob P, Harnsberger HR. Bilateral aberrant internal carotid arteries with bilateral persistent stapedial arteries and bilateral duplicated internal carotid arteries. AJNR Am J Neuroradiol. 2003;24:762-5.
40. Romo LV, Casselman JW, Robson CD. Congenital anomalies of the temporal bone. In: Curtin H, Som P, editors. Head and neck imaging. 5. ed. St. Louis: Mosby; 2011. p.1097-165.
41. Schmalfuss IM, Tart RP, Mukherji S, Mancuso AA. Perineural tumor spread along the auriculotemporal nerve. Am J Neuroradiol. 2002; 23(2):303-11.
42. Sheth S, Branstetter BF, Escott EJ. Appearance of normal cranial nerves on steady-state free precession MR images. Radiographics. 2009;29(4):1045-55.
43. Stone JA, Mukherji SK, Jewett BS, Carrasco VN, Castillo M. CT evaluation of prosthetic ossicular reconstruction procedures: what the otologist needs to know. Radiographics. 2000;20(3):593-605.
44. Stone JH, Zen Y, Deshpande V. IgG4-related disease. N Engl J Med. 2012;366:539-51.
45. Swartz JD, Hagiwara M. Inflammatory diseases of the temporal bone. In: Curtin H, Som P, editors. Head and neck imaging. 5. ed. St. Louis: Mosby; 2011. p.1183-29.
46. Swartz D, Loevner LA. Imaging of the temporal bone. 4. ed. New York: Thieme; 2008.
47. Tieleman A, Casselman JW, Somers T, Delanote J, Kuhweide R, Ghekiere J, et al. Imaging of intralabyrinthine schwannomas: a retrospective study of 52 cases with emphasis on lesion growth. Am J Neuroradiol. 2008;29(5):898-905.
48. Toyama C, Leite CC, Barauna Filho IS, Brito Neto RV, Bento RF, Cerri GG, et al. The role of magnetic resonance imaging in the postoperative management of cholesteatomas. Braz J Otorhinolaryngol. 2008;74(5):693-6.
49. Toyama C, Santiago Gebrim EM, Brito R, Bento RF. Primary jugular foramen meningioma. Otol Neurotol. 2008;29(3):417-8.
50. Valvassori GE. Imaging of temporal bone. In: Valvassori GE, Maffe M, Becker M, editors. Imaging of head and neck. 2. ed. Stuttgart: Thieme; 2005. p.3-133.
51. Vazquez E, Castellote A, Piqueras J, Mauleon S, Creixell S, Pumarola F, et al. Imaging of complications of acute mastoiditis in children. Radiographics. 2003;23(2):359-72.
52. Vercruysse JP, De Foer B, Pouillon M, Somers T, Casselman J, Offeciers E. The value of diffusion-weighted MR imaging in the diagnosis of primary acquired and residual cholesteatoma: a surgical verified study of 100 patients. Eur Radiol. 2006;16(7):1461-7.
53. Vincenti V, Ormitti F, Ventura E. Partioned versus duplicated internal auditory canal: when appropriate terminology matters. Otol Neurotol. 2014;35:1140-4.
54. Virapongse C, Sarwar M, Bhirmani C, Sasaki C, Shapiro R. Computed tomography of temporal bone pneumatization: 1. normal pattern and morphology. Am J Roentgenol. 1985;145:473-81.
55. Moore KR, Harnsberger HR, Shelton C, Davidson HC. 'Leave me alone' lesions of the petrous apex. Am J Neuroradiol. 1998;19(4):733-8.
56. Wiggins RH, 3rd, Harnsberger HR, Salzman KL, Shelton C, Kertesz TR, Glastonbury CM. The many faces of facial nerve schwannoma. Am J Neuroradiol. 2006;27(3):694-9.

Órbitas: tomografia computadorizada e ressonância magnética

Flavia Issa Cevasco
Bruno Casola Olivetti

Introdução

A tomografia computadorizada (TC) e a ressonância magnética (RM) são métodos complementares na avaliação das estruturas orbitárias. Os tomógrafos com multidetectores são indicados para avaliar ossos, pesquisa de calcificações e corpo estranho; e em casos de trauma ou infecções com origem nas cavidades paranasais. Têm a vantagem de serem muito rápidos, adquirindo imagens com espessura de até 0,3 mm, que podem ser reconstruídas em diferentes planos. É crescente a preocupação com a dose da radiação, que varia dependendo do equipamento e do protocolo utilizado. Tomógrafos com automatização da corrente do tubo e softwares específicos para redução de dose podem reduzir a incidência de radiação em 28-45%, segundo Tan et al. Existem também protetores oculares externos revestidos com bismuto que reduzem a dose de raios X, principalmente no cristalino, que pode ter opacificação com exposição de 0,5 a 2,0 Gy. As estruturas orbitárias são sensíveis e a incidência de neoplasias malignas relacionadas à realização de TC é de até 0,4% nos Estados Unidos, chegando a 2% se considerado por órgão específico.

A RM é superior na avaliação das partes moles e do globo ocular. Segundo o Colégio Americano de Radiologia, a RM com contraste é o estudo indicado em casos de perda visual, proptose, uveíte, esclerite e oftalmoplegia. Há várias opções de protocolos para a aquisição de imagem, com aquisições multiplanares por meio de sequências *spin-echo* (SE) e *fast spin-echo* (FSE) ponderadas em T1 e T2 sem e com supressão da gordura e idealmente com uso do meio de contraste. O *short tau inversion recovery* (STIR) pode substituir o T2 com supressão da gordura, ambos com alta sensibilidade para alterações patológicas que demonstram hipersinal em relação à musculatura normal. Pode-se acrescentar as sequências FLAIR e T1 pós-contraste de todo o encéfalo nos casos de neurite óptica para pesquisar lesões desmielinizantes decorrentes de esclerose múltipla.

As sequências de ângio-RM permitem distinguir estruturas vasculares com fluxo sanguíneo das demais alterações orbitárias. A difusão (*diffusion weighted imaging* – DWI) tem alta sensibilidade na detecção de neurites isquêmicas e ajuda na diferenciação de outras causas de neurite aguda.

Anatomia do globo ocular

Origem embrionária: ectoderme e mesoderme.
Dividido em dois segmentos:

- Anterior (córnea, íris, câmaras anterior e posterior, cristalino, corpos ciliares e ligamentos).
- Posterior (câmara vítrea, retina, coroide e esclera).

Dividido em três câmaras:

- Câmara anterior: preenchida por humor aquoso, localizada entre a córnea e a íris.
- Câmara posterior: pequeno espaço entre a íris e o cristalino, local em que os corpos ciliares produzem o humor aquoso que circula para a câmara anterior e é absorvido pelo seio venoso escleral (canal de Schlemm).
- Câmara vítrea: maior e mais posterior, preenchida por humor vítreo (gelatinoso e transparente).

Revestido por três camadas:

- Retina: camada interna com função neural, posterior à câmara vítrea.
- Úvea: ricamente vascularizada e pigmentada, composta pela coroide, corpos ciliares e íris.
- Esclera: camada externa de natureza fibrosa, na qual se fixam os músculos oculares extrínsecos (Figura 1).

Irrigação arterial: artéria central da retina e artérias ciliares, ramos da artéria oftálmica, que, por sua vez, corresponde à primeira divisão da artéria carótida interna.

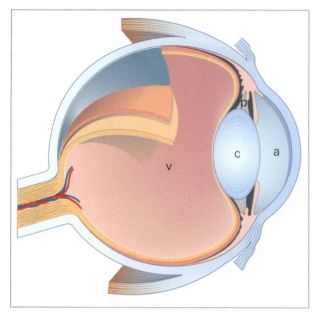

Figura 1   Desenho sagital do globo ocular mostrando as câmaras anterior (a), posterior (p) e vítrea (v). A íris separa a câmara anterior da posterior. Posteriormente observam-se a retina, coroide e esclera. C: cristalino.

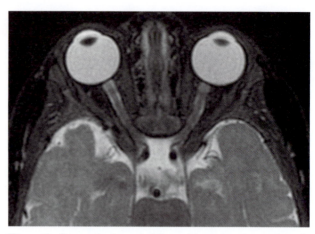

Figura 2   Ressonância magnética axial mostrando o trajeto do nervo óptico nas porções canalicular, orbitária e ocular.

Drenagem venosa: para a veia oftálmica superior (VOS), que drena para o seio cavernoso, através da fissura orbitária superior; e para a veia oftálmica inferior (VOI), que se estende através da fissura orbitária inferior, para o plexo venoso pterigóideo.

Anatomia do nervo óptico e retinogeniculocortical

O nervo óptico é uma extensão de axônios do SNC, origina-se da retina e é circundado por células gliais e pelas três camadas meníngeas. Mede de 3,5 a 5,5 cm de comprimento e 4 mm de diâmetro e é dividido em intraocular, intraorbitário, intracanalicular e intracraniano.

Porção intracraniana: trajeto posteromedial, funde-se para formar o quiasma óptico, no qual ocorre decussação parcial das fibras nervosas, dando origem aos tratos ópticos (Figura 2).

Trato óptico: trajeto posterolateral até o gânglio geniculado lateral, de onde parte das fibras se direciona posteriormente para o córtex occipital e a outra parte anteriormente para o lobo temporal, onde há flexura posterior até o córtex visual (alça de Meyer).

O córtex visual primário localiza-se ao redor da fissura calcarina. A porção acima da fissura corresponde ao campo visual contralateral inferior; a porção inferior corresponde ao campo visual contralateral superior.

Lateralmente ao córtex visual primário localizam-se os córtices visuais secundários e terciários que são responsáveis também pelos campos visuais divididos em quadrantes. O campo visual central, especialmente a mácula, é representado em torno da porção lateral do polo occipital, correspondendo a mais de 50% do córtex visual.

A anatomia do sistema retinogeniculocortical justifica a perda de campos visuais típicos, pois objetos localizados na região nasal projetam-se na retina temporal e objetos localizados na região temporal projetam-se na retina nasal. As fibras da retina nasal decussam no quiasma óptico, enquanto as fibras da retina temporal permanecem ipsilaterais (não decussam) (Figura 3):

- Nervo óptico: perda completa do campo visual homolateral.
- Porção central do quiasma óptico: hemianopsia bitemporal.
- Radiação óptica: hemianopsia homônima contralateral, incluindo a fóvea.
- Alça de Meyer: anopsia contralateral do quadrante superior do campo visual com inclusão da fóvea.
- Córtex estriado: perdas parciais e escotomas, poupando a fóvea.

Anatomia dos espaços intra e extraconal

A órbita é formada por sete ossos: frontal, esfenoide, etmoide, lacrimal, maxila, zigomático e palatino (Figura 4).

Teto orbitário: osso frontal e pequena asa do osso esfenoide, sendo a porção anteromedial composta pelo assoalho do seio frontal e a porção anterolateral pela fossa lacrimal (local da porção orbitária da glândula lacrimal).

Assoalho orbitário: maxila, processo orbitário do osso zigomático e processo orbitário do osso palatino. O forame infraorbitário faz parte da maxila e é local frequente de fratura (*blow-out*).

Parede medial da órbita: extremamente fina, formada pelo processo frontal da maxila, osso lacrimal, osso etmoidal e corpo do esfenoide. Separa a órbita das cavidades paranasais e cavidade nasal, suscetível a fraturas e remodelagem óssea.

3 ÓRBITAS: TOMOGRAFIA COMPUTADORIZADA E RESSONÂNCIA MAGNÉTICA   613

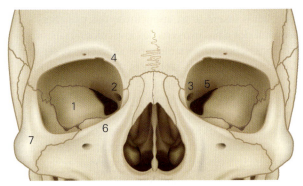

Figura 4   Desenho mostrando os ossos da órbita em visão anterior. Osso esfenoide (grande [1] e pequena [2] asas), ossos lacrimal (3), frontal (4), etmoidal (5), maxila (6), zigomático (7) e palatino.

Parede lateral da órbita: é a mais espessa, composta pela grande asa do osso esfenoide e processo frontal do osso zigomático, separados pela sutura esfenozigomática.

Ápice orbitário: canal do nervo óptico (CNO) e fissura orbitária superior (FOS):

- CNO: pequena asa do osso esfenoide e envolve o nervo óptico, a artéria oftálmica e o plexo simpático carotídeo.
- FOS: formada medialmente pela pequena asa do osso esfenoide e lateralmente pela grande asa do mesmo e conecta a órbita ao crânio. Engloba a veia oftálmica superior (VOS), III, IV e VI nervos cranianos e divisão oftálmica do nervo trigêmeo (V1) (Figura 5). A divisão oftálmica do nervo trigêmeo (V1) determina sensibilidade palpebral.

Fissura orbitária inferior (FOI): formada medialmente pela maxila, e lateralmente pela grande asa do osso esfenoide, comunica a órbita à fossa pterigopalatina. Nela são observados a divisão maxilar do nervo trigêmeo (V2), as veias infraorbitárias, o nervo zigomático, a veia oftálmica inferior e o plexo pterigoide.

Periórbita: periósteo que envolve as estruturas ósseas desde a porção anterior, junto ao septo orbitário, até a região posterior, em continuidade com a dura-máter. O sep-

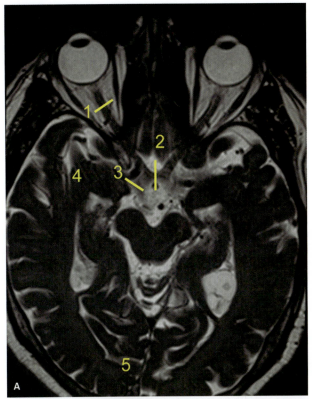

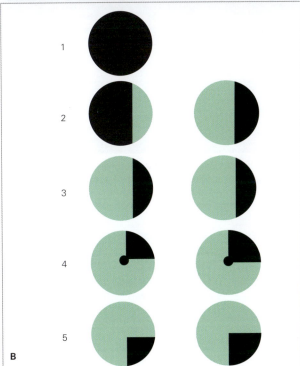

Figura 3   Ressonância magnética axial e diagrama mostrando a anatomia retinogeniculocortical e déficits visuais característicos. A lesão do nervo óptico (1) leva a perda completa do campo visual; a lesão do quiasma óptico (2) leva a perda dos campos laterais; a lesão da radiação óptica (3) leva a perda dos campos do mesmo lado, incluindo a fóvea; a lesão da alça de Meyer (4) leva a perda do quadrante superior contralateral; a lesão do córtex estriado leva a perdas parciais e escotomas, poupando a fóvea (5).

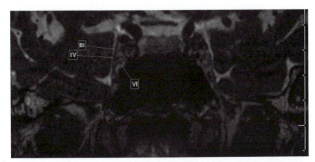

Figura 5   Ressonância magnética coronal no seio cavernoso individualiza III, IV e VI nervos cranianos.

to orbitário insere-se na aponeurose das pálpebras superior e inferior e nas margens dos músculos tarsais superior e inferior, sendo importante reparo anatômico, separando os compartimentos pré-septal e pós-septal (Figura 6).

A cápsula de Tenon envolve o globo ocular desde os músculos ciliares até o nervo óptico com abertura posterolateral por onde passam o nervo óptico, os vasos e nervos ciliares e os tendões dos músculos retos.

A musculatura ocular extrínseca (MOE) divide a gordura orbitária em extraconal e intraconal, responsáveis pela movimentação do globo ocular. É composta pelos músculos retos inferior, medial, lateral e superior; oblíquo superior e oblíquo inferior (Quadro 1).

Os quatro músculos retos e o músculo oblíquo superior têm origem no anel de Zinn, juntamente ao músculo elevador da pálpebra (Figura 7), por onde passam também o nervo óptico, a artéria oftálmica e os III e IV nervos cranianos. O músculo tarsal inferior, junto à fáscia cápsulo-palpebral, é responsável pela retração da pálpebra inferior.

Anatomia do sistema lacrimal

A glândula lacrimal, composta de ácinos, grânulos e ductos, localiza-se no espaço extraconal e possui dois lobos parcialmente separados pela aponeurose do músculo elevador da pálpebra, o palpebral e o orbitário (Figura 8).

Os ductos lacrimais estendem-se medialmente através da pálpebra até os orifícios superior e inferior, que se estendem para os canalículos lacrimais, e, por sua vez, unem-se no saco lacrimal. O saco lacrimal comunica-se inferiormente com o ducto nasolacrimal inserido no osso maxilar, que drena no meato nasal inferior.

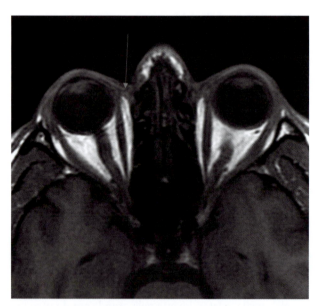

Figura 6 Ressonância magnética axial pesada em T1 mostra septo orbitário (seta) separando os compartimentos pré e pós-septal.

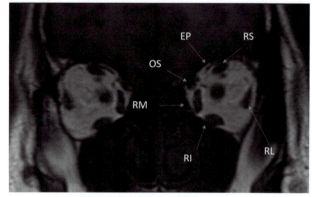

Figura 7 Ressonância magnética coronal mostra os músculos retos superior (RS), inferior (RI), lateral (RL), medial (RM), oblíquo superior (OS) e elevador da pálpebra (EP).

Quadro 1	Musculatura ocular extrínseca			
Músculo	Origem	Inserção	Movimento	Inervação
Reto superior	Anel de Zinn	Porção posterossuperior do globo	Desvio ocular para cima e medial (1 a 3 horas)	Oculomotor (III): tem também função parassimpática
Reto inferior	Anel de Zinn	Porção posteroinferior do globo	Desvio ocular inferior e medial (6 e 3 horas)	Oculomotor (III)
Reto lateral	Anel de Zinn	Porção posterolateral do globo	Desvio ocular lateral	Abducente (VI)
Reto medial	Anel de Zinn	Porção posteromedial do globo	Desvio ocular medial	Oculomotor (III)
Oblíquo superior	Medial ao anel de Zinn, no periósteo do esfenoide	Após flexão na tróclea, insere-se na esclera lateral e superior	Desvio ocular inferior e lateral (6 e 9 horas)	Troclear (IV)
Oblíquo inferior	Assoalho da órbita (maxila)	Entre o reto inferior e reto lateral	Desvio ocular superior e lateral (12 e 9 horas)	Oculomotor (III)
Elevador da pálpebra	Anel de Zinn	Porção anterior da aponeurose, junto ao músculo tarsal superior	Abertura palpebral	Oculomotor (III)

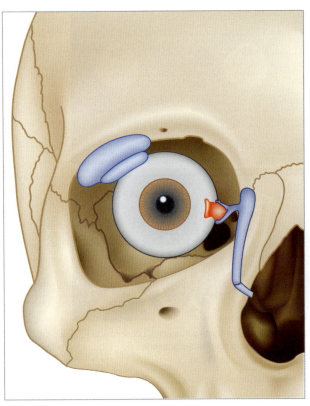

Figura 8 Desenho mostrando glândula lacrimal, canalículos e saco lacrimal.

Descolamento das diferentes camadas do globo ocular

As três principais camadas do globo ocular (retina, úvea e esclera) estão dispostas em contato uma com a outra; o descolamento delas tem aspecto característico nos estudos de imagem (Quadro 2).

Anomalias congênitas

As alterações congênitas orbitárias podem ser isoladas ou associadas a síndromes genéticas, desproporção craniofacial e malformações (MF) do globo ocular (Quadro 3).

Globo ocular

O estafiloma adquirido é muito comum e tem como principal causa a miopia de alto grau, caracterizado por aumento do diâmetro anteroposterior do globo ocular (Figura 14).

Doença de Coats

Alteração congênita que causa telangiectasias da retina. O globo ocular tem tamanho normal e não há associação com doenças sistêmicas. A doença é obser-

Quadro 2	Características dos descolamentos das camadas do globo ocular		
	Localização	Morfologia	Outros achados
Descolamento hialoide	Espaço sub-hialoide (porção posterior do humor vítreo)	Líquido-líquido	Acima dos 50 anos com antecedente de degeneração macular, hiperplasia vítrea primária persistente ou trauma
Descolamento da retina (Figura 9)	Espaço sub-retiniano	Morfologia em "V", sendo o ápice no disco óptico e a periferia não atingindo o corpo ciliar	Miopia de alto grau, tumores, processos inflamatórios e vasculopatias
Descolamento da coroide (Figura 10)	Espaço subcoróideo	Bola de tênis ou semilunar	Relacionado a trauma, cirurgia ocular ou processos inflamatórios

Quadro 3	Alterações congênitas orbitárias	
	Características	Malformações associadas
Criptoftalmo	Agenesia parcial ou completa das pálpebras, sobrancelhas, cílios e conjuntiva	Sindactilia e malformação do trato genitourinário
Anoftalmia/microftalmia (Figura 12)	Globo ocular ausente ou < 21 mm no adulto e < 19 mm na criança com menos de 1 ano de vida	MF do sistema visual (agenesia do nervo óptico e quiasma), MF do SNC (agenesia do corpo caloso, cistos aracnoides e distúrbios da migração neuronal) MF sistêmicas (rubéola, hiperplasia vítrea primária persistente) Síndromes genéticas (distrofia muscular de Fukuyama e síndrome de Walker-Warburg)
Macroftalmia	Globo ocular > 25 mm (miopia de alto grau, glaucoma congênito)	Neurofibromatose (NF) tipo 1, síndrome de Lowe
Coloboma (Figura 13)	Falha no fechamento dos tecidos do globo ocular, habitualmente posterior	Descolamento de retina (25- 40%), cistos retrobulbares, MF oculares, craniofaciais e cardiopatia

MF: malformações; SNC: sistema nervoso central.

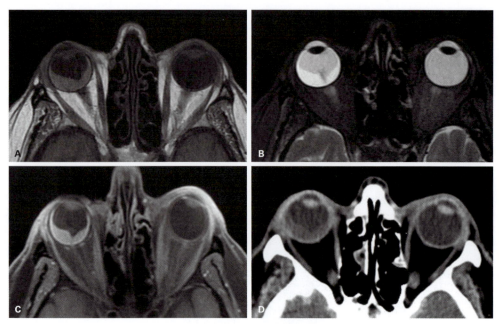

Figura 9 Ressonância magnética axial pesada em T1 (A), T2 (B), T1 pós-contraste (C) e tomografia computadorizada (TC) pós-contraste (D). Material com hipersinal em T1 e T2, sem realce, hiperatenuante à TC, localizado na porção posterior do globo ocular direito com aspecto em "V" compatível com hematoma no espaço sub-retiniano/descolamento da retina.

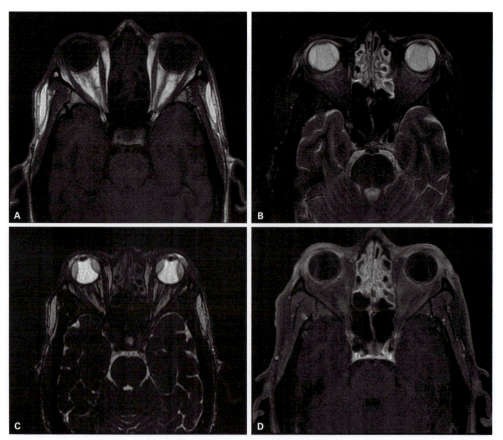

Figura 10 Ressonância magnética axial pesada em T1 (A), T2 (B), FISP (C) e T1 pós-contraste (D): mostra descolamento bilateral da coroide, com leve hipersinal em T1 e hipersinal em T2. Associam-se edema e espessamento da úvea, com realce pelo contraste por conta da infecção, causa do descolamento.

3 ÓRBITAS: TOMOGRAFIA COMPUTADORIZADA E RESSONÂNCIA MAGNÉTICA **617**

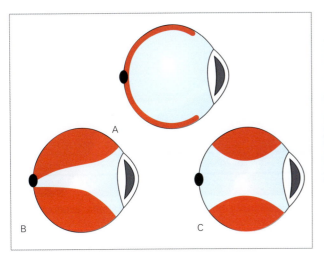

Figura 11 Figura mostrando as diferenças entre descolamento hialoide posterior (A), da retina (B) e da coroide (C).

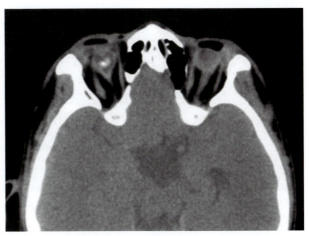

Figura 12 Microftalmia. Tomografia computadorizada sem contraste mostra acentuada redução das dimensões dos globos oculares em criança com rubéola congênita.

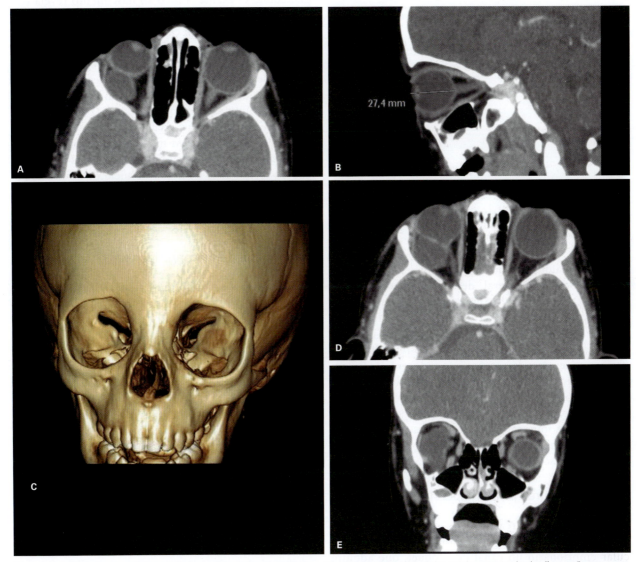

Figura 13 Buftalmo e coloboma. Tomografia computadorizada sem contraste mostra globo ocular esquerdo de dimensões aumentadas nos planos axial (A) e sagital (B) e reconstrução em *volume rendering* (C) com assimetria da cavidade orbitária, caracterizando buftalmo. O globo ocular direito tem defeito da parede posterior da esclera e cisto de coloboma (D, E).

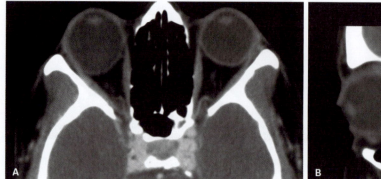

Figura 14 Miopia. Tomografias computadorizadas axial (A) e sagital (B) sem contraste mostram aumento do diâmetro anteroposterior do globo ocular direito por miopia de alto grau.

Quadro 4	Principais causas de leucocoria
Congênitas	
Doença de Coats	
Hiperplasia vítrea primária persistente	
Inflamatórias	
Endoftalmite esclerosante (toxocaríase)	
Tumores	
Retinoblastoma	
Meduloepitelioma	
Degenerativas	
Catarata	
Trauma	
Hemorragia vítrea antiga	
Descolamento de retina crônico	

vada com maior frequência em meninos de 6 a 8 anos, com leucocoria unilateral, descolamento da retina e perda da visão central. Alguns casos podem evoluir para glaucoma neovascular doloroso e até enucleação (Figura 15).

Na fase inicial existe um exsudato sub-retiniano, inespecífico aos exames de imagem, que pode ser tratado com fotocoagulação e crioterapia. Na fase tardia há deposição de colesterol, que é observado como uma massa intraocular que apresenta característico sinal hiperintenso em T1 e T2, sem impregnação pelo contraste, diferente do retinoblastoma. Pode haver realce pelo contraste na associação com descolamento da retina.

Hiperplasia vítrea primária persistente

A hiperplasia vítrea primária persistente (HVPP) corresponde à regressão incompleta do sistema vascular embrionário no canal de Cloquet, que adquire morfologia triangular, estendendo-se do cristalino ao nervo óptico, sem calcificações e unilateral em 60-90% dos casos. O globo ocular é pequeno, há associação frequente com catarata, descolamento de retina e glaucoma. O exame clínico ao nascimento revela leucocoria e microftalmia, sendo importante diferenciar de retinoblastoma sem calcificações, doença de Coats, retinopatia da prematuridade e toxocaríase. A RM é o exame de imagem mais específico e mostra globo ocular de pequenas dimensões com tecido triangular fibrovascular que tem baixo sinal em T1 e T2, circundado por humor vítreo, que por sua vez apresenta alto sinal em T1 e T2. A associação com descolamento da retina é frequente. A RM mostra sinal variável nas diferentes sequências, nível líquido-líquido e impregnação do tecido após a injeção do meio de contraste paramagnético. À TC há aumento difuso da densidade do humor vítreo, que pode apresentar impregnação pelo contraste (Figura 16).

Retinopatia da prematuridade

A retinopatia é decorrente de neovascularização da retina em recém-nascidos pré-termo de baixo peso (geralmente inferior a 1.300 g), expostos a oxigenioterapia prolongada.

Pode ser classificada em três fases, com base nos achados oftalmoscópicos.

- Fase inicial ativa: neovascularização por espasmo das arteríolas causado por grande oferta de oxigênio. Pode sangrar e causar hemorragia vítrea e descolamento da retina.
- Fase de regressão: redução da neovascularização e do descolamento da retina, com involução completa em cerca de 85-90% dos casos.
- Fase cicatricial: persistência da hipervascularização e descolamento, surgimento de cicatrizes retinianas e microftalmia.

As alterações são bilaterais e simétricas e as calcificações são raras, o que permite diferenciar do retinoblasto-

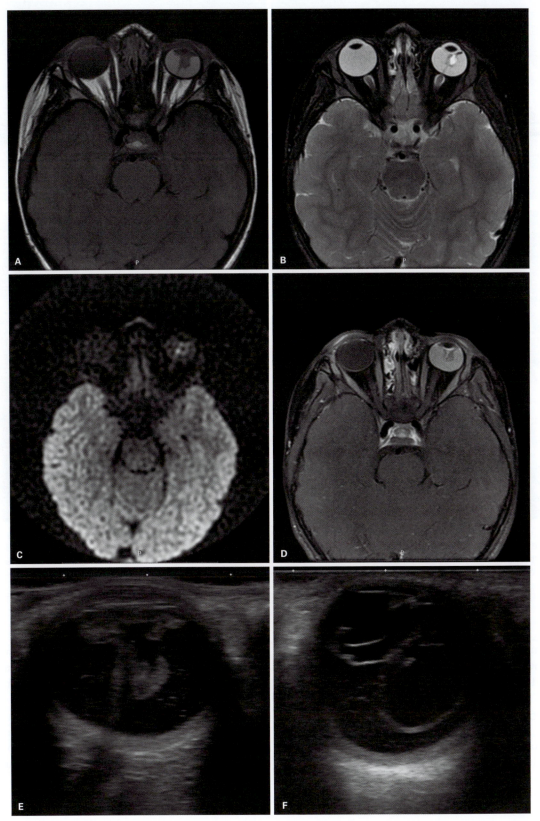

Figura 15 Doença de Coats (retinopatia exsudativa). Globo ocular esquerdo de dimensões reduzidas, preenchido por material hiperproteico, com alto sinal em T1 (A) e T2 (B), com uma área de restrição à difusão (C) e tênue realce ao contraste (D), que pode representar material inflamatório/componente celular/telangectasias. Ultrassonografia (E e F) mostra a câmara vítrea com sinais de deslocamento de retina e espessamento dos folhetos, sugerindo processo crônico. Notam-se membranas móveis e aderidas aos folhetos retinianos formando cistos retrorretinianos e inúmeros grumos móveis no humor vítreo (hemorragia ou material proteico).

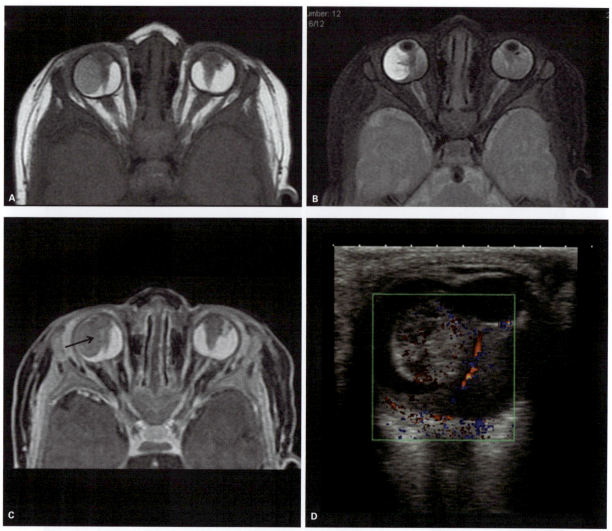

Figura 16 Hiperplasia vítrea primária persistente. Ressonância magnética: imagens axiais ponderadas em T1 (A), T2 (B) e T1 pós--contraste (C) mostram hipersinal dos globos oculares em T1, sinal heterogêneo em T2 correspondendo a descolamento de retina e estrutura tubular alongada no globo ocular direito, representando o canal de Cloquet (seta). Há hematoma organizado no aspecto lateral do globo ocular direito. Ultrassonografia com Doppler evidencia a artéria hialoide (canal de Cloquet) com fluxo vascular.

ma. A hiperplasia vítrea primária persistente tem achados semelhantes, mas acomete recém-nascidos a termo (Figura 17).

Nervo óptico

A hipoplasia dos nervos ópticos (HNO) é uma importante causa de déficit visual congênito, e está associada a fatores pré-natais como exposição a drogas, infecções virais, diabetes materno e uso de álcool. O diagnóstico é feito pelo fundo de olho, pelo qual se caracteriza um disco óptico pequeno. No entanto, a avaliação intracraniana por RM dos nervos ópticos pode ser mais confiável que a avaliação do componente orbitário (Figura 18).

Displasia septo-óptica: alteração congênita que representa o espectro mais acentuado da HNO e é caracterizada pela tríade: hipoplasia do nervo óptico (HNO), anomalia de linha mediana intracraniana e disfunção hipofisária. Alguns autores a consideram parte do espectro da holoprosoencefalia e pode haver associação com es-

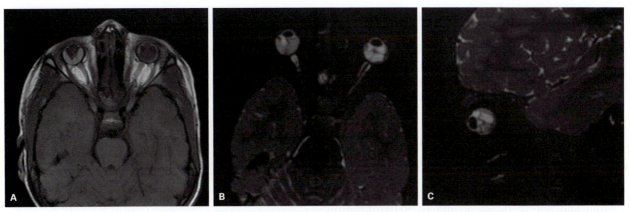

Figura 17 Retinopatia da prematuridade. Ressonância magnética axial ponderada em T1 sem contraste (A) e T2 volumétrico com reformatação axial (B) e sagital (C) mostra microftalmia bilateral e descolamento da retina com conteúdo heterogêneo e alto sinal em T1.

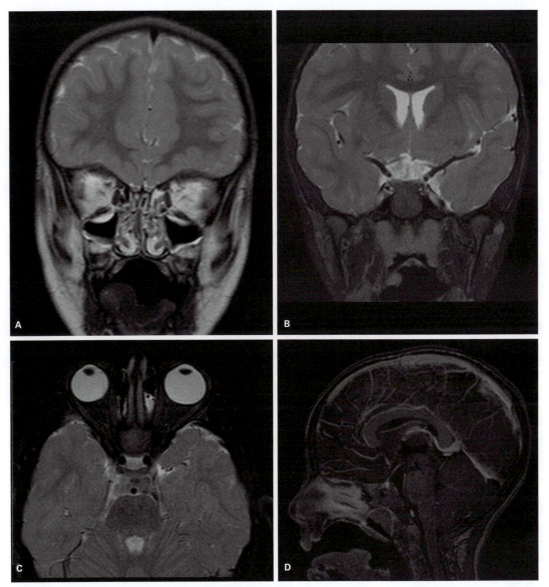

Figura 18 Hipoplasia/agenesia dos nervos ópticos. Criança com déficit visual congênito. Ressonância magnética (RM) coronal (A e B) evidencia nervos ópticos acentuadamente afilados no segmento intraorbitário e ausentes nos segmentos cisternais, assim como ausência do quiasma óptico e tratos ópticos. RM axial (C) evidencia globos oculares presentes, levemente reduzidos à direita. RM sagital T1 pós-contraste (D) evidencia hipófise tópica, com haste hipofisária alongada.

quizencefalia. Os principais achados de imagem são ausência do septo pelúcido, hipoplasia do quiasma, nervos ópticos e globos oculares e hipoplasia da haste hipofisária (Figura 19). Convém destacar, contudo, que na maioria dos casos de HNO, os achados neurorradiológicos mais frequentes não são os de anomalias da linha mediana, mas sim hidrocefalia, hipoplasia da substância branca, heterotopia, paquigiria, esquizencefalia e cistos aracnoides.

Amaurose congênita e hipoplasia do verme cerebelar são observadas na síndrome de Joubert e amaurose de Léber.

Outras causas de disfunções visuais e nistagmo são ocasionadas por alterações no sistema nervoso central, como anóxia cortical do córtex visual e leucodistrofias como Pelizaeus-Merzbacher.

Cavidade orbitária

Hipertelorismo: aumento da distância interorbitária óssea com consequente espaçamento dos globos oculares (Figura 20). É observado nas disostoses craniofaciais e síndromes genéticas congênitas, como as síndromes de Apert e Crouzon, nas quais notam-se órbita rasa, hipertelorismo, cranioestenose e hipoplasia da maxila, entre outras anomalias craniofaciais e sistêmicas, além da sindactilia observada apenas nos casos da síndrome de

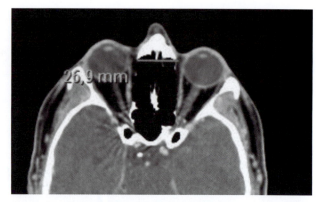

Figura 20 Tomografia computadorizada axial mostra: distância interorbitária óssea medida entre o osso lacrimal e a lâmina papirácea (25 mm para mulheres e 28 mm para homens).

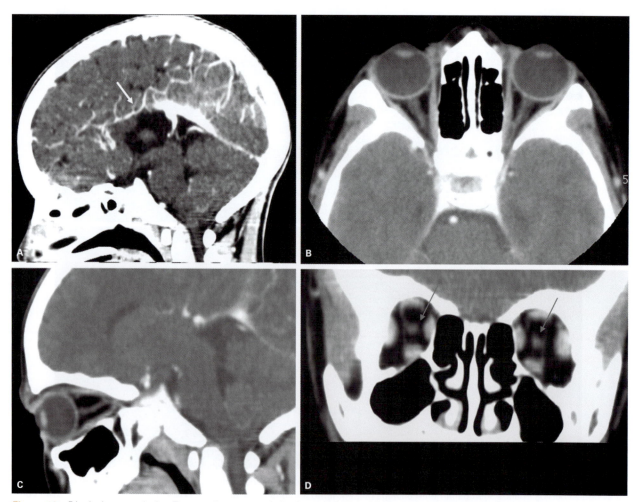

Figura 19 Displasia septo-óptica. Tomografia computadorizada sagital (A), axial (B), sagital (C) e coronal (D) mostrando hipoplasia dos nervos ópticos (setas cinzas) e disgenesia do corpo caloso (seta branca).

Apert (Figura 21). O diagnóstico pré-natal pode ser feito por meio do USG fetal. A radiografia e, principalmente, a TC com reconstruções tridimensionais têm importância na caracterização de outros achados das anomalias faciais e no planejamento cirúrgico.

- Hipotelorismo: redução da distância interorbitária óssea, habitualmente decorrente de condições que reduzam o crescimento orbitário, como anoftalmia, microftalmia ou ressecções precoces do globo ocular.

- Enoftalmia: deslocamento posterior relativo de um globo ocular normal em relação à margem óssea.

Cistos orbitários

Os cistos orbitários representam 24% das lesões orbitárias e palpebrais, e 6-8% das massas orbitárias profundas.

Os cistos epiteliais têm origem nos ductos dilatados da glândula lacrimal, o que os diferencia dos cistos dermoides e epidermoides, localizados no espaço extraconal.

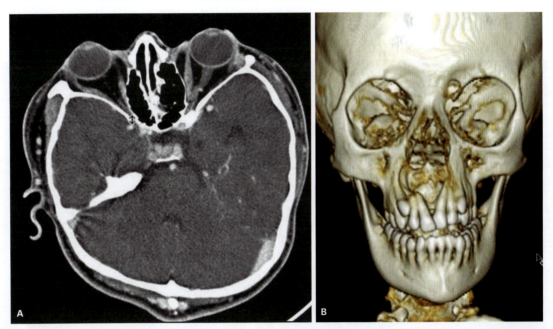

Figura 21 Síndrome de Apert. A: Tomografia computadorizada (TC) axial com contraste mostra hipertelorismo, com órbitas rasas e redução do diâmetro anteroposterior (AP) do crânio. B: TC; reconstrução com *volume rendering* mostra hipertelorismo e hipoplasia da maxila com prognatismo da mandíbula.

Quadro 5 Cistos orbitários

	Epidemiologia	Características	TC e RM
Dermoide/epidermoide (Figuras 22 e 23)	4-6% dos tumores orbitários Lesão orbitária mais comum da infância	Mais frequentes junto à glândula lacrimal	Lesão ovalada, bem definida TC: hipoatenuante, com gordura no interior, sem impregnação pelo contraste. Pode ter calcificações RM: restrição à difusão, nível líquido ou líquido-gordura (dermoides)
Teratoma (Figura 24)	Benignos. Causa de importante exoftalmo ao nascimento	Habitualmente císticos, mas podem ser sólidos ou mistos, com ou sem calcificação Frequentes inferiores à glândula lacrimal	Sinal variável em T1 e T2, com realce da porção sólida. Pode ter calcificações
Meningocele/encefalocele (Figura 25)	Orbitária (8%) ou frontoetmoidal (80%) das encefaloceles anteriores	Podem ter associação com anomalias do corpo caloso, cisto aracnoide, hidrocefalia e distúrbios da migração neuronal	Hipo em T1, hiper em T2 e pode ter sinal semelhante ao encéfalo encefaloceles

RM: ressonância magnética; TC: tomografia computadorizada.

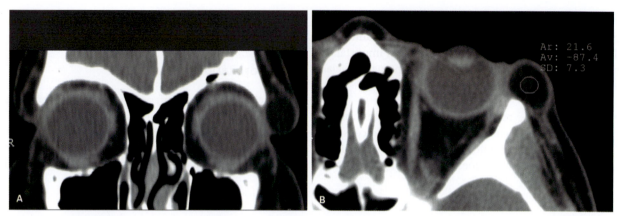

Figura 22 Cisto dermoide. Tomografia computadorizada coronal com contraste (A) e axial (B) mostrando formação nodular extraconal, de limites bem definidos, apresentando conteúdo homogêneo com gordura.

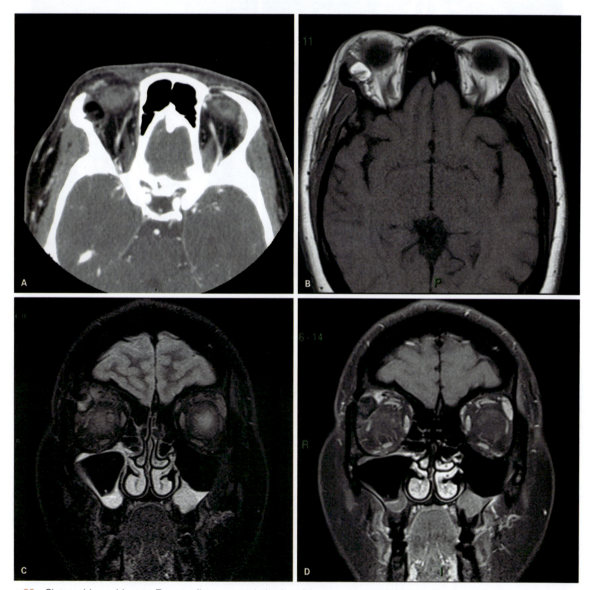

Figura 23 Cisto epidermoide roto. Tomografia computadorizada axial com contraste (A), ressonância magnética axial T1 (B), coronal T2 com supressão da gordura (C) e coronal T1 pós-contraste (D) mostra cisto no quadrante superolateral da órbita direita com conteúdo gorduroso, contornos irregulares e impregnação periférica pelo contraste, além de densificação da pele e tecido subcutâneo adjacentes, compatível com processo inflamatório pós-rotura.

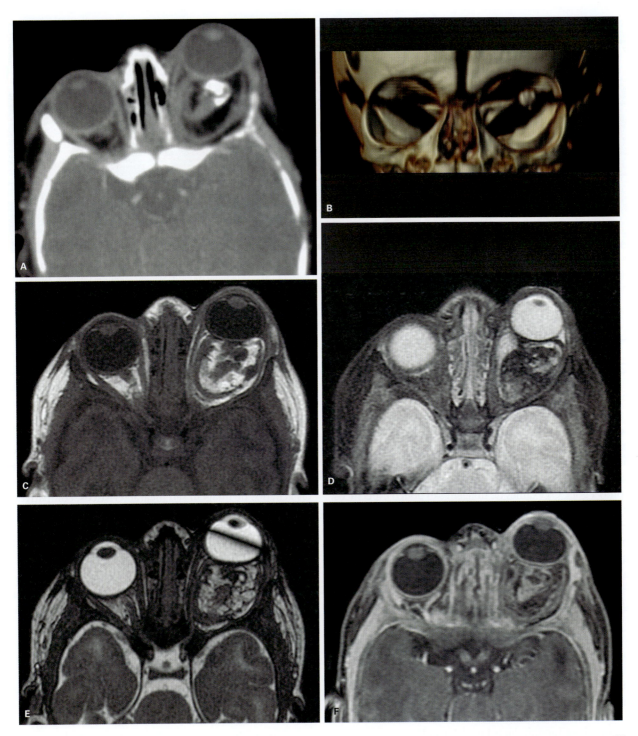

Figura 24 Teratoma orbitário à esquerda. Recém-nascido com proptose unilateral. Tomografia computadorizada sem contraste (A), com reconstrução 3D (B) demonstra massa heterogênea intraconal, com remodelamento ósseo e proptose, com áreas de atenuação de gordura e calcificações grosseiras. À ressonância magnética apresenta alto sinal em T1 (gordura) (C) e áreas de alto sinal em T2 (conteúdo cístico) (D), além de focos de baixo sinal em T1 e T2 (calcificações). Desloca o nervo óptico medialmente e a parede posterior do globo ocular anteriormente (E). Acentuado realce da porção central sólida (F).

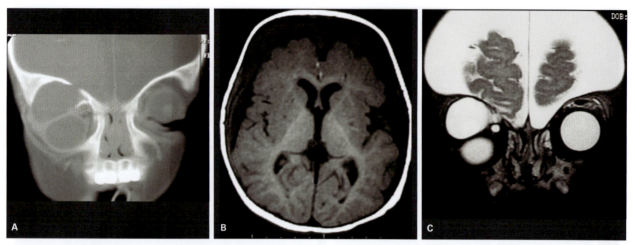

Figura 25 Meningoencefalocele. Tomografia computadorizada coronal (A) mostra fratura no teto da órbita direita com formação cística deslocando o globo ocular inferiormente. Ressonância magnética (RM) axial T1 (B) do encéfalo mostra coleção subdural bilateral. RM coronal T2 (C) mostra herniação do conteúdo craniano para a cavidade orbitária direita. Criança de 8 meses que caiu na escada do colo da mãe.

Lesões inflamatórias

Globo ocular

Esclerite

A esclerite corresponde à infecção da esclera, que pode ser aguda ou crônica, anterior ou raramente posterior. Ao exame clínico há dor, eritema e edema da esclera nas lesões anteriores; e proptose indolor nas posteriores. As causas são infecções bacterianas, fúngicas, virais ou metabólicas como a gota. Os exames de imagem são pouco específicos, e a TC e RM podem demonstrar espessamento difuso da esclera com impregnação após a injeção do meio de contraste. Pode-se observar em alguns casos coleção sub-retiniana, que caracteristicamente apresenta alto sinal em T1 e T2 (Figura 26).

Uveíte

Processo inflamatório intraocular em que se observa espessamento difuso ou focal da coroide com lesões nodulares sub-retinianas únicas ou múltiplas que impregnam pelo contraste (Figuras 27 a 29). As causas são tuberculose, citomegalovirose, toxoplasmose (coriorretinite posterior) ou idiopática.

Toxocaríase (endoftalmite) esclerosante

É uma endoftalmite unilateral causada pelo *Toxocara canis*, que acomete crianças maiores, apresentando-se com opacidade vítrea, podendo estar associada a descolamento de retina. Nos granulomas posteriores, os principais diagnósticos diferenciais são doença de Coats e retinoblastoma não calcificado.

Os principais achados à TC e à RM são espessamento focal ou difuso da esclera, sem calcificação, com leve impregnação pelo meio de contraste. A RM é superior e pode demonstrar o granuloma formado pela larva.

Síndrome de Behçet

A síndrome de Behçet é uma doença autoimune mais frequente no sexo masculino (5:1), caracterizada pela tríade de úlceras orais (98%), úlceras genitais (88%) e inflamação intraorbitária (76%). Outras manifestações são tromboflebite, artralgia e vasculite do sistema nervoso central. Os achados oftalmológicos clássicos são observados em um terço dos pacientes, correspondendo principalmente a uveíte anterior, neovascularização da íris e retina, neuropatia óptica e úlceras da conjuntiva. Os achados de imagem são incaracterísticos, compatíveis com alterações inflamatórias oculares (Figura 30).

Doença de Vogt-Koyanagi-Harada

Doença inflamatória granulomatosa rara que afeta estruturas pigmentadas, como olho, meninges, pele e cabelo. É mediada por linfócitos Th1 contra melanócitos após um gatilho viral na presença do alelo HLA-DBR1*0405. A ausência de trauma ocular ou cirurgia intraocular prévia a diferencia da oftalmia simpática, seu principal diagnóstico diferencial. A doença tem uma fase aguda com borramento da visão com hiperemia precedida por sintomas gripais. O estágio de uveíte aguda é caracterizado por coroidite difusa com descolamento seroso da retina, hiperemia do disco óptico e edema (Figura 31). Angiografia por fluoresceína nessa fase demonstra múltiplos pontos hiperfluorescentes precoces. Após o estágio de uveíte aguda, alterações do sistema ocular e tegumentar podem aparecer, podendo estar acompanhadas de meningite linfocítica, perda auditiva e/ou *tinnitus* em proporções variáveis. Reconhecimento precoce e tratamento com altas doses de corticoide permitem bom prognóstico visual. No entanto, alguns pacientes evoluem com inflamação uveal crônica com perda visual. Há maior incidência em asiáticos, indianos e latino-americanos, com maior predisposição no sexo feminino.

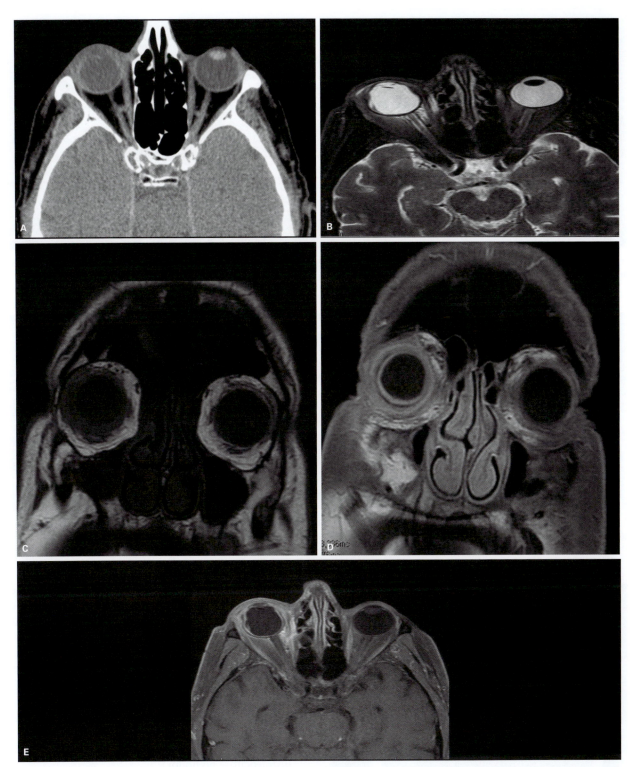

Figura 26 Esclerite à direita. Tomografia computadorizada axial (A) mostra espessamento pré-septal, aumento da densidade intraocular e ausência do cristalino com colocação de lente, mal posicionada. Ressonância magnética: axial T2 (B) e coronal T1 pré (C) e pós-contraste (D). Axial T1 pós-contraste (E). B a E mostram espessamento e hipossinal da esclera do globo ocular direito com impregnação pelo contraste em razão da infecção por *Pseudomonas* relacionada ao uso de lente de contato.

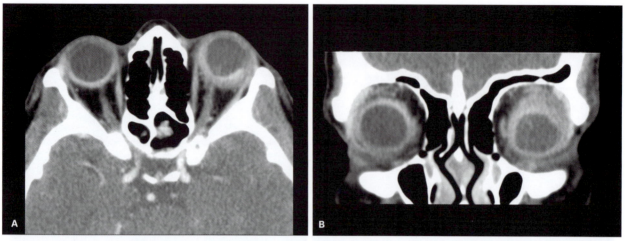

Figura 27 Uveíte. Tomografia computadorizada axial (A) e coronal (B) com contraste mostra espessamento posterior do globo ocular esquerdo e realce da coroide de ambos os olhos.

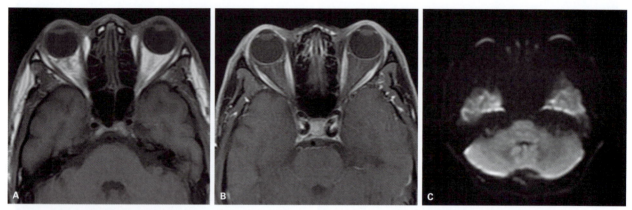

Figura 28 Uveíte por sífilis associada a infecção por vírus da imunodeficiência humana (HIV). Ressonância magnética axial T1 antes (A) e após administração de contraste (B) mostra espessamento uveal anterior com realce pelo gadolínio e restrição do movimento das moléculas de água à difusão (C).

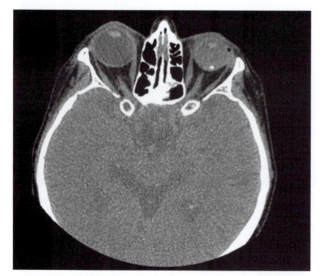

Figura 29 Uveíte. Tomografia computadorizada axial sem contraste mostra redução das dimensões do globo ocular esquerdo, com calcificação posterior e descolamento de retina decorrentes de cisticercose.

Existe um espectro de apresentação com critérios de classificação da doença como completa, incompleta e provável, segundo o Comitê Internacional de Nomenclatura, aqui resumidos:

- Ausência de trauma ou cirurgia prévias.
- Ausência clínica e laboratorial de outras doenças oftalmológicas.
- Acometimento ocular bilateral (o clássico é a coroidite difusa).
- Achados neurológicos/auditivos (meningismo/*tinnitus*/pleocitose no liquor).
- Achados tegumentares (não precedem as alterações oculares ou do SNC): alopecia, vitiligo, poliose.

Forma completa: critérios 1-5 devem estar presentes.
Forma incompleta: critérios 1-3 devem estar presentes, e 4 ou 5 também.
Forma provável (doença ocular isolada): critérios 1-3 devem estar presentes.

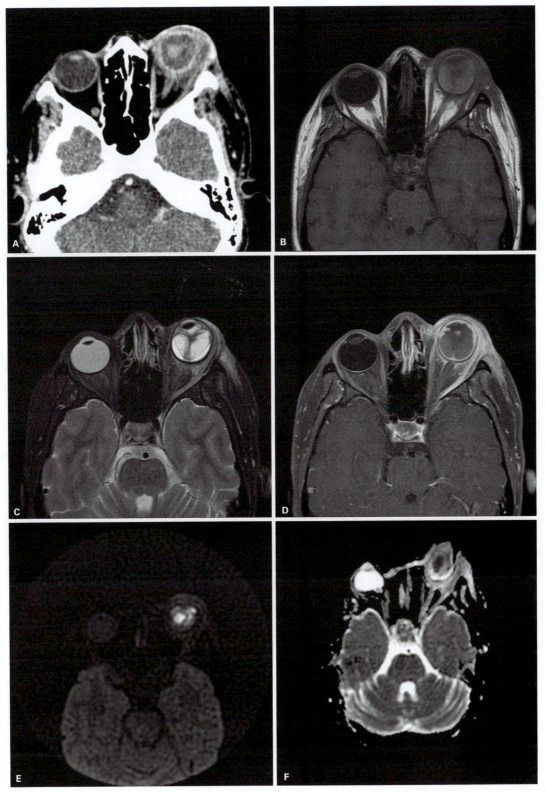

Figura 30 Síndrome de Behçet. Tomografia computadorizada axial (A) mostra espessamento pré e pós-septal, aumento da densidade intraocular e deformidade do cristalino. Ressonância magnética (RM): axial T1 (B), T2 (C), T1 pós-contraste (D), difusão (E) e mapa de coeficientes de difusão aparente (ADC) (F) mostram espessamento difuso da esclera do globo ocular esquerdo com impregnação pelo contraste associado a densificação pré e pós-septal, intra e extraconal, descolamento de retina e conteúdo na câmara vítrea com realce e restrição à difusão por causa do processo inflamatório agudo.

(continua)

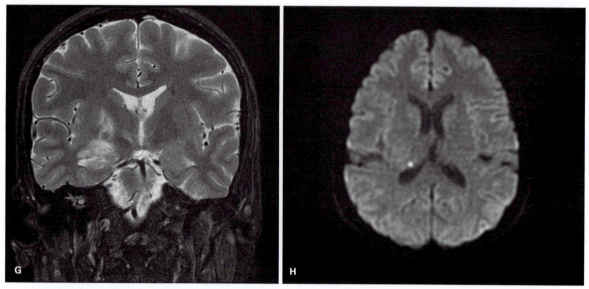

Figura 30 *(continuação)* RM coronal T2 do encéfalo (G) e difusão (H) mostram sinais de vasculite.

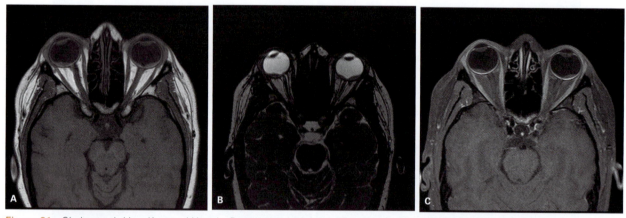

Figura 31 Síndrome de Vogt-Koyanagi-Harada. Ressonância magnética axial T1 (A), FIESTA (B) e T1 pós-contraste (C) mostra descolamento bilateral da retina, associado a efusão sub-retiniana e discreto realce da parede posterior dos globos oculares.

A ultrassonografia ocular pode evidenciar os seguintes achados:

- Espessamento difuso da coroide, com baixa a média refletividade.
- Descolamento seroso da retina ao redor do polo posterior ou inferiormente.
- Opacidades vítreas sem descolamento vítreo posterior.
- Espessamento escleral ou episcleral.

Achados da RM incluem espessamento e realce de todo o trato uveal de ambos os lados, com efusões sub-retinianas bilaterais e descolamentos, normalmente observados na fase da uveíte aguda. Restrição à difusão na úvea e nas efusões é um achado sugestivo de inflamação uveal ativa.

Nervo óptico

A neurite óptica é caracterizada por diminuição aguda da acuidade visual decorrente de infecção, doenças desmielinizantes, autoimunes, radiação ou idiopática. Portadores de esclerose múltipla podem apresentar neurite óptica como primeira manifestação da doença em 12-30% dos casos. Por outro lado, 50% dos indivíduos com neurite óptica desenvolverão esclerose múltipla em 2 a 5 anos do evento.

O estudo de imagem padrão-ouro para neurite aguda é a RM, que mostra nervo espessado, com alto sinal em T2 e impregnação predominantemente das porções intracanalicular e orbitária após a injeção do contraste (Figura 32). Na fase crônica há atrofia e hipersinal em T2 do nervo.

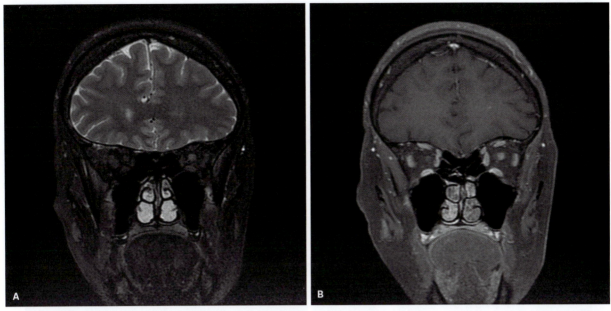

Figura 32 Neurite óptica. Ressonância magnética coronal T2 (A) e T1 pós-contraste (B) mostra hipersinal em T2 da porção orbitária do nervo óptico esquerdo, com realce pelo contraste, em indivíduo com esclerose múltipla.

O diagnóstico diferencial principal é disseminação neoplásica pelo nervo óptico, mais frequente no carcinoma de mama e linfoma.

A doença de Devic (neuromielite óptica) é considerada atualmente uma doença independente da esclerose múltipla e consiste em neurite óptica bilateral aguda e mielite transversa da coluna cervical ou torácica alta. É considerada uma doença inflamatória crônica do SNC imunomediada diagnosticada pela presença dos anticorpos antiaquaporina (AQP4-Ab = NMO-IgG). Em até 20-30% dos casos, as crises de neuromielite óptica (NMO) são precedidas por infecção ou vacinação. Wingerchuk et al. propuseram em 2006, que, para o diagnóstico de NMO, dois dos três critérios seguintes devem ser preenchidos:

- Lesão na medula espinhal que se estende por três ou mais segmentos vertebrais.

- RM do encéfalo que não preenche os critérios diagnósticos de Paty para esclerose múltipla.
- Soropositividade para NMO-IgG.

À RM observam-se lesões com alto sinal em T2 no nervo óptico e medula, podendo ser expansivas ou atróficas, algumas com impregnação pelo contraste na fase aguda. É obrigatório o exame de encéfalo e coluna total por RM com contraste; as lesões medulares podem apresentar impregnação por semanas a meses após o início dos sintomas. No entanto o tratamento adequado pode determinar marcada melhora e algumas vezes total recuperação. Lesões cerebrais hiperintensas em T2/FLAIR são encontradas em 60% dos pacientes, no entanto são geralmente silenciosas, muitas vezes não ovais e não identificadas na sequência ponderada em T1 (Figura 33).

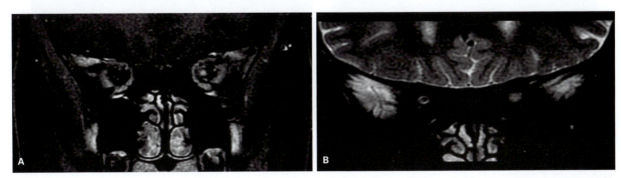

Figura 33 Neuromielite óptica em atividade à esquerda, e sequelar à direita. Ressonância magnética coronal T1 pós-contraste (A e C), coronal T2 (B e D), sagital da coluna cervicodorsal T2 (E) evidencia hipersinal em T2 e realce pós-contraste nos segmentos intraorbitário posterior e intracanicular do nervo óptico esquerdo.

(continua)

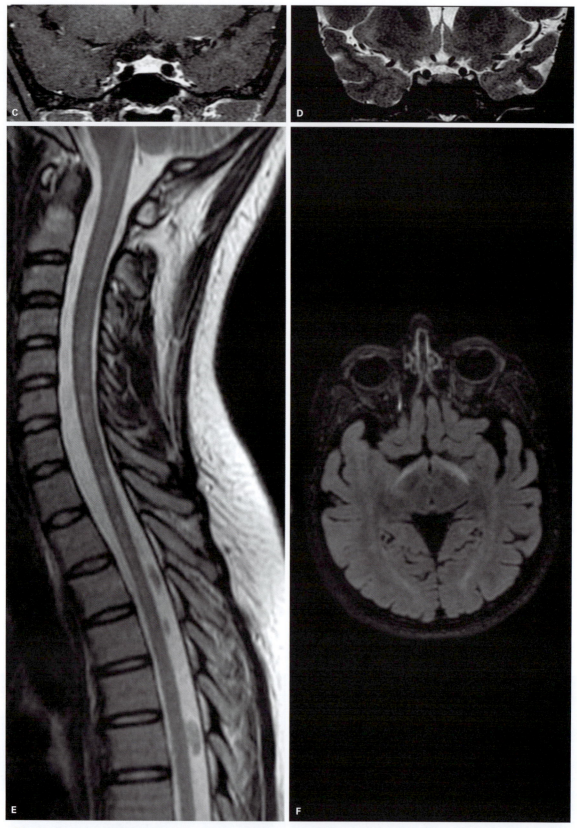

Figura 33 *(continuação)* Há também discreto realce pós-contraste no segmento pré-quiasmático e no quiasma óptico do mesmo lado. Nervo óptico direito com espessura difusamente reduzida e tênue hipersinal em T2, este mais evidente no segmento pré-quiasmático e no quiasma óptico (D), sem evidente impregnação pelo meio de contraste, sequelar. Múltiplos focos de hipersinal em T2 esparsos na medula espinhal cervical e torácica, de natureza desmielinizante. Um segundo paciente evidencia lesão que se estende pelas radiações ópticas (F).

Há altos índices de mortalidade, chegando a 50%, e apenas 35% dos indivíduos têm recuperação completa pós-tratamento.

Neuropatia óptica isquêmica (NOI)

A neurite óptica (NO) e a NOI podem ser distintas à fundoscopia, porém quando não se encontram os sinais clássicos, tal diferenciação torna-se mais complexa. A neurite isquêmica é classificada em anterior (NOIA) e posterior (NOIP). A forma anterior é mais comum, representa 2-10/100.000 habitantes e é facilmente identificada à fundoscopia. Pode ser dividida em arterítica e não arterítica e causa edema do disco óptico, que é de difícil identificação à RM.

A neurite isquêmica posterior é mais rara, pode estar relacionada a procedimentos cirúrgicos como laparotomias, cirurgias cardíacas, cervicais e de coluna vertebral e tem pior prognóstico. A sequência de difusão auxilia no diferencial entre NOIP e NO, visto que as lesões isquêmicas restringem a movimentação das moléculas de água à difusão, enquanto somente algumas lesões inflamatórias têm restrição à difusão, e apenas na fase hiperaguda. Dessa forma, a DWI é a principal sequência na RM para diagnóstico de neurite isquêmica aguda (Figura 34).

Alterações inflamatórias da cavidade orbitária: celulite

Correspondem a cerca de 70% das doenças orbitárias primárias.

- Epidemiologia: mais frequente em crianças e associada a complicação de infecções paranasais.
- Apresentação: aguda, subaguda ou crônica.
- Classificação: celulite pré-septal e pós-septal, abscesso subperiosteal, endoftalmite e trombose do seio cavernoso.
- Etiologia: viral por herpes simples e herpes zóster; ou bacteriana por *Staphylococcus*, *Streptococcus*, *Pseudomonas*, *Listeria*, *Haemophilus* e micobactérias.

Infecções fúngicas são raras e acometem principalmente indivíduos imunocomprometidos ou diabéticos descompensados. As mais frequentes são aspergilose e mucormicose (Figuras 38 e 39). O diagnóstico nem sempre é imediato, o que pode retardar o tratamento, levando a complicações graves por causa da extensão intracraniana, com mortalidade de até 80%.

- TC: espessamento mucoso difuso das cavidades paranasais, com extensão orbitária, erosão óssea e calcificações.
- RM: hipossinal em T2 decorrente da presença de substâncias paramagnéticas como manganês e radicais livres produzidos pelos fungos.

Síndrome de Tolosa-Hunt (oftalmopatia dolorosa)

Oftalmopatia dolorosa de causa inflamatória idiopática que acomete o seio cavernoso e/ou fissura orbitária superior e ápice orbitário com consequente paralisia habitualmente dolorosa e unilateral dos nervos: III, IV, VI e V1. Considerada por alguns autores espectro do pseudotumor orbitário, responde rapidamente a altas doses de corticosteroides. A RM mostra massa no seio cavernoso e espessamento do ápice orbitário com impregnação pelo contraste. O diagnóstico diferencial se dá com outras causas de acometimento do seio cavernoso, como aneurisma da artéria carótida interna, processos infecciosos e neoplásicos (Figura 40).

Granulomatose de Wegener

Doença sistêmica caracterizada por granulomas necrotizantes do trato respiratório, glomerulonefrite e vasculite que acomete principalmente os pulmões. Há acometimento orbitário em 40% dos casos, localizado nas porções intra e extraconal e na glândula lacrimal, geralmente bilateral e que responde pior à corticoterapia do que os demais órgãos afetados.

Os achados de imagem na órbita não são específicos, nota-se tecido heterogêneo extraconal, com iso/baixo sinal em T2 e impregnação pelo contraste (Figura 41). Nas glândulas lacrimais há aumento difuso e homogêneo, uni ou bilateral, e que à RM tem hipossinal em T1, hipersinal em T2 e impregnação pelo contraste. A associação com acometimento da doença nas cavidades paranasais é frequente e direciona o diagnóstico.

Doença relacionada a IgG-4

As doenças relacionadas a IgG-4 representam um espectro que foi inicialmente associado à pancreatite autoimune que engloba: pseudotumores inflamatórios, fibrose angiocêntrica eosinofílica, tumor de Küttner, síndrome de Mikulicz, tireoidite de Riedel e hipofisite linfoplasmocitária.

A doença é autoimune, frequentemente sistêmica com envolvimento de mais de um órgão e pode ter início abrupto ou ser oligossintomática. O envolvimento orbitário é comum por meio das síndromes inflamatórias idiopáticas da órbita (pseudotumor) e hiperplasia linfoide. As glândulas lacrimais são acometidas com maior frequência, por vezes em associação com as glândulas salivares (doença de Mikulicz).

O diagnóstico é feito pela presença de elevados níveis séricos de IgG4 (> 1,35 g/L), infiltrado de células plasmáticas produtoras de IgG4 associado a alterações fibróticas/escleróticas e rápida resposta a terapêutica com corticoides.

Parece haver maior risco de desenvolvimento dos linfomas não Hodgkin observado em estudos preliminares.

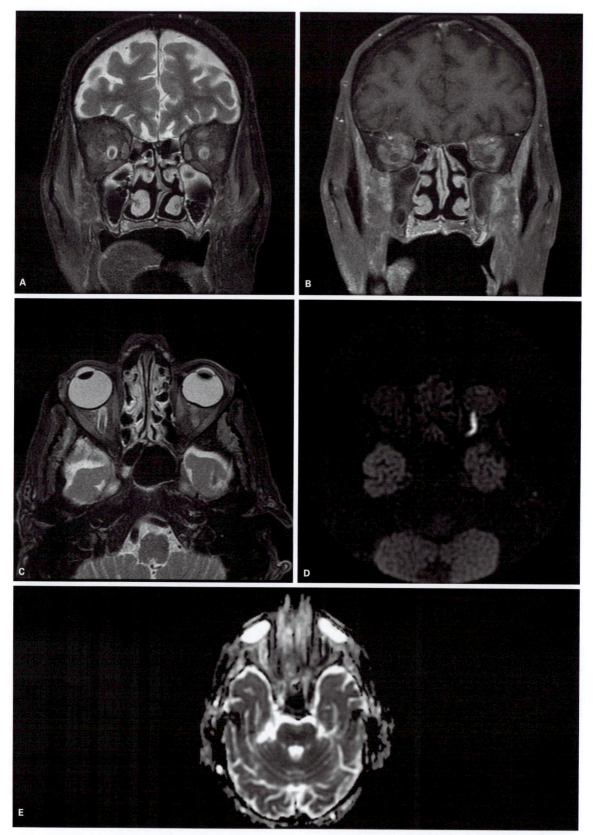

Figura 34 Neurite isquêmica em indivíduo com arterite de células gigantes. Ressonância magnética coronal T2 e T1 pós-contraste (A e B), axial T2 (C), axial difusão (D) e mapa de coeficientes de difusão aparente (ADC) (E) evidenciam hipersinal em T2 e realce pós--contraste no segmento intraorbitário do nervo óptico esquerdo com acentuada restrição à difusão. Há também espessamento das artérias temporais (C).

Quadro 6	Celulite orbitária
Localização	Pré-septal e pós-septal
TC e RM	TC: coleção hipoatenuante, densificação da gordura orbitária e impregnação periférica pelo contraste RM: hipossinal em T1, hipersinal em T2 e impregnação periférica e anular após a injeção do meio de contraste paramagnético
Apresentação clínica	Pós-septal: proptose, redução da motilidade ocular e dor
Complicações	Isquemia ou neurite óptica; abscesso intracraniano, subdural ou epidural; meningite; trombose do seio cavernoso (mortalidade de até 20%)
Tratamento	Antibioticoterapia e drenagem cirúrgica da coleção

RM: ressonância magnética; TC: tomografia computadorizada.

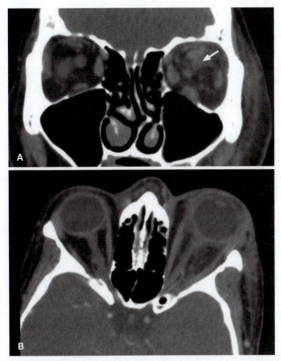

Figura 35 Celulite pós-septal. Tomografia computadorizada com contraste coronal (A) e axial (B). Acentuada densificação da gordura orbitária esquerda, com predomínio do componente intraconal, que promove proptose desse lado. Destaca-se trombose da veia orbitária superior (seta em A).

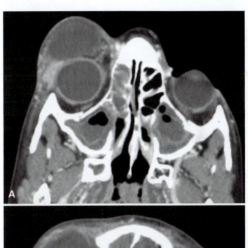

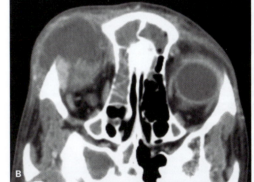

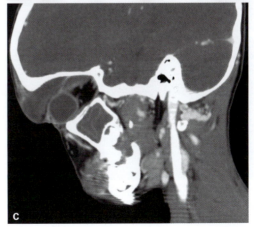

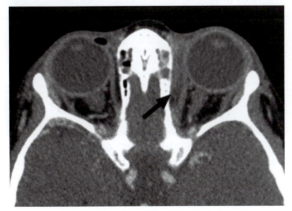

Figura 36 Abscesso subperiosteal. Tomografia computadorizada axial com contraste: sinusopatia etmoidal à esquerda, que evoluiu com coleção orbitária subperiosteal (seta).

Figura 37 Abscesso. Tomografia computadorizada axial com contraste (A e B) e sagital (C) mostra coleção hipoatenuante pré e pós-septal orbitária direita determinando deslocamento inferior do globo ocular. Há impregnação periférica da coleção pelo contraste e sinusite frontoetmoidal e maxilar com predomínio à direita.

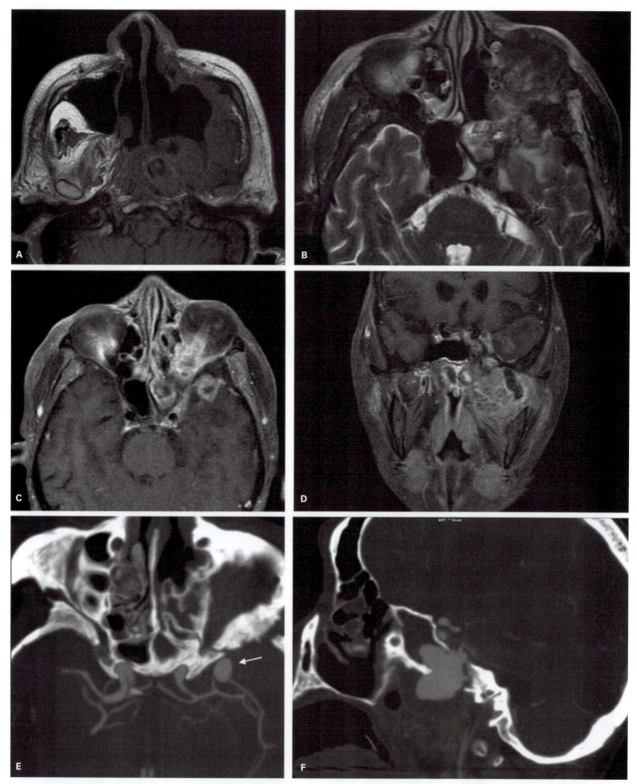

Figura 38 Aspergilose com aneurisma da artéria carótida interna esquerda. Ressonância magnética axial T1 sem contraste (A), T2 (B), T1 pós-contraste (C), coronal (D) mostra ampla erosão das cavidades paranasais à esquerda preenchidas por material com hipossinal em T1 e T2 e realce pelo gadolínio, que se estende para nasofaringe, musculatura mastigatória, órbita, seio cavernoso e fossa temporal esquerdos. Tomografias computadorizadas com reformatação de projeção de intensidade máxima (MIP) axial (E) e sagital (F) mostram aneurismas da artéria cerebral média esquerda (seta) e da carótida no segmento cavernoso.

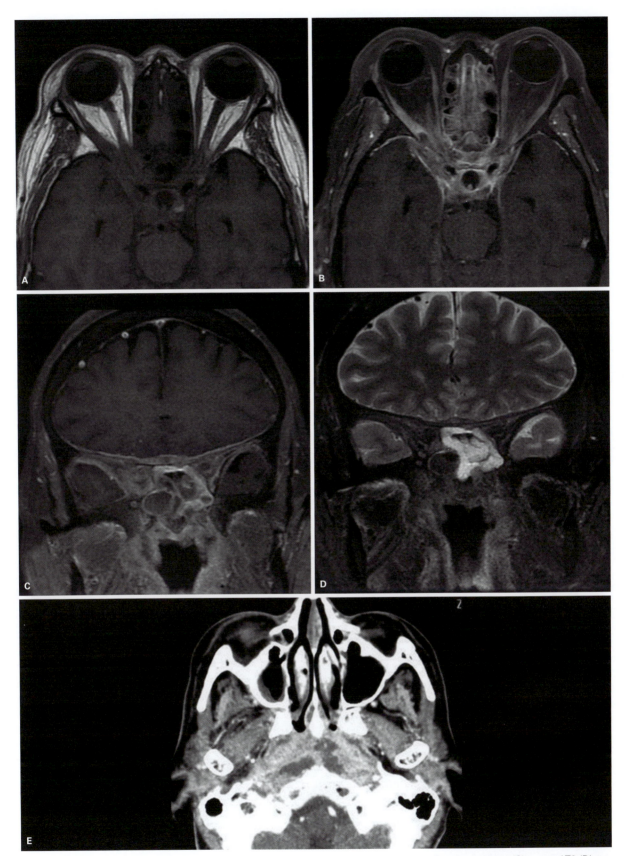

Figura 39 Mucormicose. Ressonância magnética axial T1 pré (A) e pós-contraste (B), coronal T1 pós-contraste (C), coronal T2 (D) e tomografia computadorizada axial (E) mostram velamento das cavidades paranasais, material com baixo sinal em T1 e T2 no seio esfenoide estendendo-se às fissuras orbitárias superiores, seios cavernosos (B) com acentuado espessamento meníngeo (C) e coleção retrofaríngea (E).

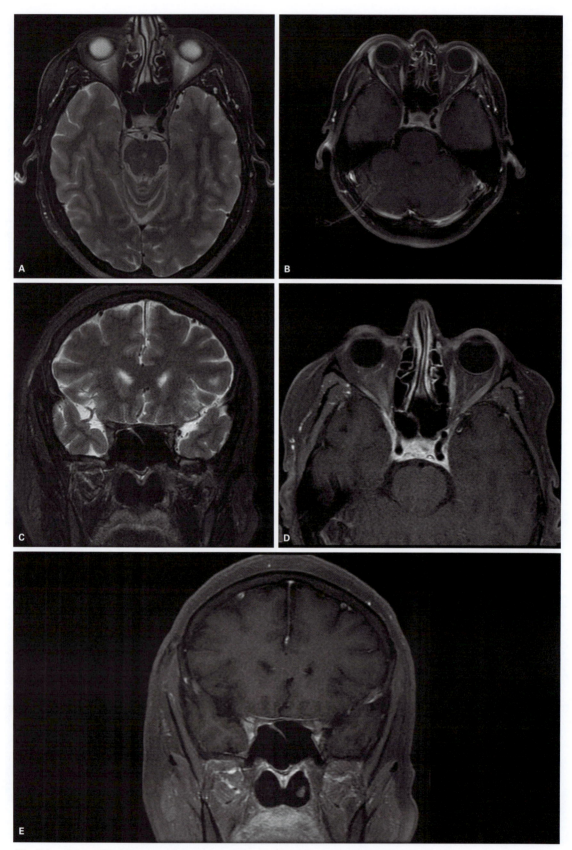

Figura 40   Tolosa-Hunt. Oftalmopatia dolorosa esquerda, ressonância magnética (RM) axial T2 (A) e T1 (B) pós-contraste mostra espessamento do seio cavernoso esquerdo com realce pelo gadolínio que reverteu com corticoterapia. Após 1 ano do término do tratamento, houve recorrência contralateral. RM coronal T2 (C) e axial e coronal T1 pós-contraste (D, E) mostram mais uma vez espessamento do seio cavernoso e ápice orbitário direito com realce pelo gadolínio.

3 ÓRBITAS: TOMOGRAFIA COMPUTADORIZADA E RESSONÂNCIA MAGNÉTICA **639**

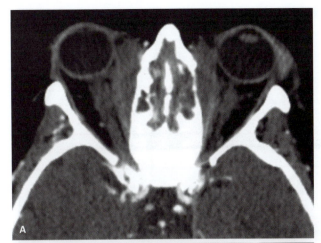

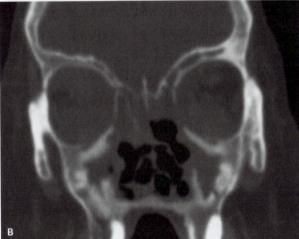

Figura 41 Granulomatose de Wegener. Tomografia computadorizada (TC) pós-contraste (A) em corte axial mostra material com atenuação de partes moles infiltrando as órbitas nas regiões extra e intraconais e envolvendo a musculatura extrínseca, associado a velamento das cavidades paranasais. TC coronal (B) com janela para osso mostra esclerose e espessamento das paredes das cavidades paranasais com velamento e erosão do septo nasal, conchas nasais e lâminas papiráceas.

Inflamação orbitária idiopática (pseudotumor orbitário inflamatório)

O termo "pseudotumor" pode causar confusão no diagnóstico e tratamento, sendo preferido utilizar inflamação orbitária idiopática, que faz parte do complexo IgG4, porém a maior parte dos casos de inflamação idiopática orbitária não preenche os critérios diagnósticos para o complexo IgG4. Há várias apresentações clínicas, geralmente relacionadas a dor aguda e exoftalmo, com massas de partes moles intraconais, conais ou extraconais de variados tamanhos e formas, que podem ou não estar associadas a sinais inflamatórios e edema dos tecidos adjacentes. Pode haver envolvimento dos ramos no nervo trigêmeo, como o nervo infraorbitário, com espessamento e seu realce e extensão para os ramos maxilar e mandibular.

Existem diferentes classificações para a doença inflamatória orbitária:

- Aguda ou crônica.
- Difusa ou local.
- Localização específica:
  - miosítica;
  - lacrimal;
  - anterior (globo e estruturas anteriores da órbita);
  - difusa (retrobulbar);
  - apical;
  - perineural.

Os achados de imagem não são específicos, porém podem ser considerados bastante característicos, notando-se lesão expansiva focal ou difusa, uni ou raramente bilateral, localizada na região conal/intraconal e musculatura ocular extrínseca, com aumento e densificação dos planos adiposos ou espessamento difuso do ventre muscular e inserção tendínea, habitualmente restritos a um músculo. Observa-se efeito de massa da lesão, sinal baixo a intermediário em T1 e T2 e intenso realce ao contraste à RM. O realce é variável ao estudo tomográfico; entretanto, invasão do globo ou erosão óssea não costumam ser observadas (Figuras 42 e 43).

Os principais diagnósticos diferenciais são oftalmopatia tireoidiana, doença linfoproliferativa, processos inflamatórios específicos de origem viral ou granulomatosa, e, no caso específico do acometimento apical, sarcoidose deve ser considerada. O diagnóstico diferencial com linfoma pode ser muito difícil, uma vez que ele também responde à corticoterapia e os achados histopatológicos são semelhantes.

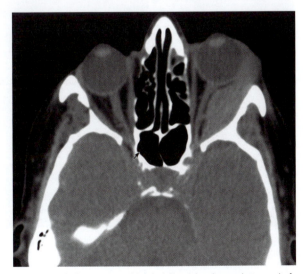

Figura 42 Inflamação orbitária idiopática (pseudotumor), forma miosítica. Tomografia computadorizada axial sem contraste mostra espessamento difuso do músculo reto lateral esquerdo, determinando proptose ocular.

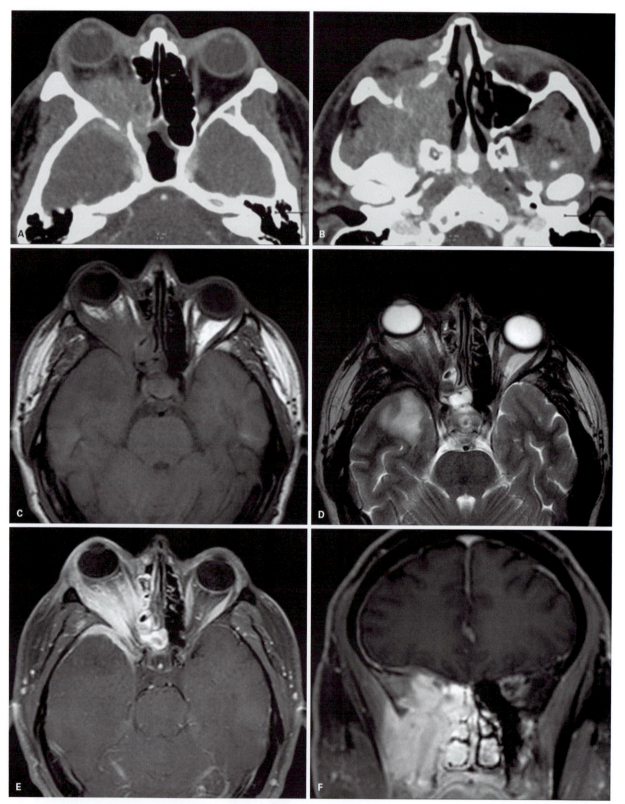

Figura 43 Doença relacionada à imunoglobulina G4 (IgG4). Tomografia computadorizada axial pós-contraste (A, B) demonstra massa orbitária à direita, que envolve o seio maxilar adjacente e fossa infratemporal. Ressonâncias magnéticas (RM) axial T1 (C), T2 (D) e T1 pós-contraste axial e coronal (E, F) mostram lesão isointensa em T1, hipointensa em T2, com realce após contraste. Observa-se envolvimento do ápice orbitário.

(continua)

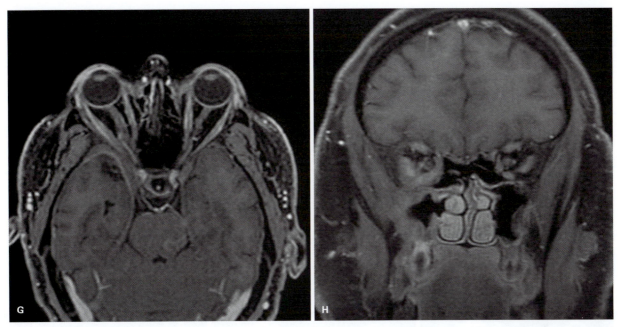

Figura 43 *(continuação)* RM realizada 1 ano após corticoterapia, T1 pós-contraste axial (G), coronal (H), mostram marcada redução das dimensões da massa.

As formas difusas e bilaterais de pseudotumor orbitário geralmente têm evolução crônica e devem ser distinguidas de linfoma, vasculite, lúpus eritematoso sistêmico e histiocitose, sobretudo a doença de Erdheim-Chester e a xantogranulomatose, que acomete os ossos e os órgãos sistêmicos, particularmente o pulmão, associada a fibrose retroperitoneal.

Os principais diagnósticos diferenciais são oftalmopatia tireoidiana, doença linfoproliferativa, processos inflamatórios específicos de origem viral ou granulomatosa, sendo que, no caso específico do acometimento apical, sarcoidose deve ser considerada. O diagnóstico diferencial com linfoma pode ser bastante complicado, uma vez que ele também responde à corticoterapia e os achados histopatológicos são semelhantes (ler a respeito no item sobre linfoma neste capítulo).

Oftalmopatia tireoidiana (doença de Graves)

Oftalmopatia tireoidiana é uma doença autoimune que acomete com maior frequência mulheres entre a terceira e a quinta década de vida e representa a principal causa de proptose ocular uni ou bilateral em adultos.

Critérios clínicos definidores do diagnóstico:

- Hipertireoidismo com hiperplasia difusa glandular.
- Oftalmopatia infiltrativa.
- Dermopatia infiltrativa.

O quadro clínico ocular é caracterizado por exoftalmo, retração palpebral, hipervascularização episcleral e edema da conjuntiva. Compromete os ventres musculares e poupa as inserções tendíneas, bilateral (90%), múltiplo, na maioria simétrico. Os músculos mais envolvidos, em ordem decrescente, são o reto inferior, o reto medial, o reto superior e o reto lateral, podendo-se utilizar o mnemônico em inglês "*I'm slow*". O acometimento de um músculo isolado ocorre em menos de 10%, e é habitualmente o reto superior.

O quadro ocular pode preceder as manifestações tireoidianas em cerca de 20% dos casos; 40% têm ambas as manifestações simultâneas e 40% têm manifestação ocular após a tireoidiana.

A TC e a RM são os principais estudos de imagem utilizados nos quais se observa espessamento do ventre muscular sem acometimento das inserções tendíneas, hipertrofia e densificação da gordura retrobulbar e remodelagem óssea da lâmina papirácea com desvio medial dela pelo efeito de massa (Figura 44). A RM permite estadiamento da doença ocular em fase edematosa ou fibrosa na qual nota-se respectivo aumento e redução do sinal da musculatura acometida nas sequências ponderadas em T2 e STIR, permitindo melhor definição da conduta terapêutica (Figura 45). Alguns casos crônicos podem apresentar lipossubstituição da musculatura ocular extrínseca acometida.

A complicação local mais grave é distensão e compressão do nervo óptico, com queda da acuidade visual, sendo em alguns casos necessária descompressão cirúrgica.

O diagnóstico diferencial é feito com a forma miosítica do pseudotumor orbitário, que, diferentemente da oftalmopatia tireoidiana, não poupa as inserções tendíneas e é habitualmente unilateral. O Quadro 7 mostra as dimensões normais, em média, dos músculos retos.

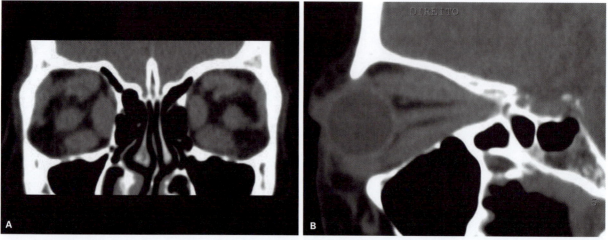

Figura 44 Oftalmopatia tireoidiana (doença de Graves). Tomografia computadorizada sem contraste coronal (A) e sagital (B) mostrando acentuado espessamento dos músculos retos inferiores, mediais e superiores.

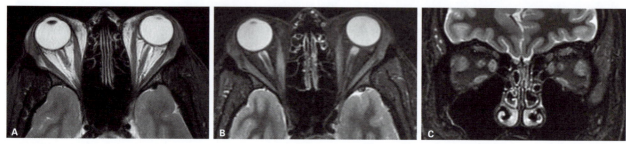

Figura 45 Oftalmopatia tireoidiana. Ressonância magnética com imagens axiais T2 com supressão da gordura (A) e STIR (*short tau inversion recovery*) (B) mostrando espessamento dos músculos retos, mediais e laterais com hipertrofia da gordura orbitária e proptose ocular. Imagem coronal em STIR (C) mostrando o espessamento muscular e hipersinal da musculatura em STIR comparada com substância branca encefálica inferindo edema.

Quadro 7	Valores normais dos músculos retos (médios)
Reto inferior = 4,8 mm	
Reto medial = 4,2 mm	
Reto superior = 4,6 mm	
Reto lateral = 3,3 mm	

Dacrioadenite

A dacrioadenite corresponde a um processo inflamatório que causa aumento da glândula lacrimal.

Epidemiologia: acomete crianças ou adultos jovens e pode estar relacionada a trauma pregresso.

Etiologia: infecção aguda pode ser bacteriana ou viral. A crônica é associada a doenças sistêmicas como sarcoidose, síndrome de Sjögren e síndrome de Mikulicz e, menos frequentemente, pseudotumor esclerosante, granulomatose de Wegener, oftalmopatia tireoidiana e após infecção aguda.

Quadro clínico: edema, eritema, secreção purulenta ou não.

Os estudos de imagem (TC e RM) mostram aumento difuso da glândula com impregnação após a injeção do meio de contraste e são inespecíficos.

Os principais diagnósticos diferenciais são realizados com processos inflamatórios de outras causas e neoplasias, especificamente o linfoma.

Síndrome de Sjögren

A síndrome de Sjögren é uma doença autoimune sistêmica em que há deposição de infiltrado linfocitário nas glândulas exócrinas que causa xerostomia e ceratoconjuntivite *sicca*. Há correlação com outras doenças do tecido conectivo, como artrite reumatoide, esclerodermia, arterite nodosa e lúpus eritematoso sistêmico.

O risco de desenvolvimento de linfoma é cerca de 50 vezes maior que na população geral.

A TC e a RM mostram aumento bilateral e difuso das glândulas lacrimais com realce pós-contraste. Alguns casos têm aumento das glândulas salivares.

Síndrome de Mikulicz (espectro da doença inflamatória relacionada ao IGG4)

A síndrome de Mikulicz, antes classificada junto à síndrome de Sjögren, hoje é considerada parte do espectro das doenças relacionadas a IgG4, já descrita previamente neste capitulo. Nesse caso, nota-se aumento difuso das glândulas lacrimais e salivares, simétrico e indolor. As glândulas têm atenuação de partes moles à TC, baixo sinal em T1 à RM, realce homogêneo, baixo sinal em T2 em razão da alta celularidade e fibrose. Contudo, pode ser unilateral, o que dificulta a diferenciação de dacrioadenite infecciosa com tumores das glândulas lacrimais. Pode haver disseminação perineural por ramos no nervo trigêmeo, como os nervos frontal e infraorbitário, que se apresentam espessados e com realce pelo contraste.

O diagnóstico diferencial pode ser feito com sarcoidose, linfoma ou leucemia, pseudotumor, tuberculose ou sífilis (Figura 46).

A inflamação da órbita idiopática já foi previamente descrita neste capítulo.

Sarcoidose

A sarcoidose pode acometer as glândulas lacrimais, causando aumento, simétrico ou não, das porções orbitária e palpebral da glândula.

A TC e a RM mostram aumento homogêneo da glândula com intensa impregnação pelo contraste (Figura 47).

O diagnóstico diferencial é realizado com processos inflamatórios crônicos e linfoma. As neoplasias primárias ou secundárias das glândulas lacrimais habitualmente

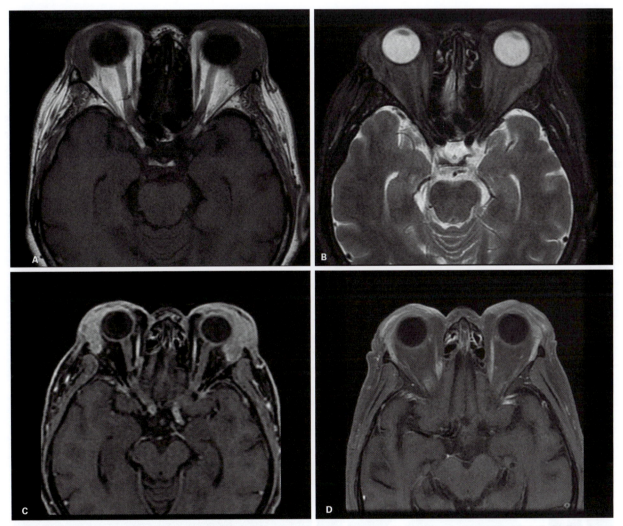

Figura 46 Síndrome de Mikulicz – imunoglobulina G4 (IgG4). Ressonância magnética (RM) axial T1 (A), T2 FAT-SAT (B), T1 pós-contraste (C) evidencia lesão infiltrativa com acentuado realce acometendo ambas as glândulas lacrimais, com extensão ao subcutâneo/pele periorbitária, além de íntimo contato com o aspecto lateral dos globos oculares e músculos reto laterais e superiores, com proptose grau III. RM axial T1 pós-contraste 2 anos após tratamento imunossupressor evidencia acentuada redução das dimensões das glândulas lacrimais e do tecido adjacente.

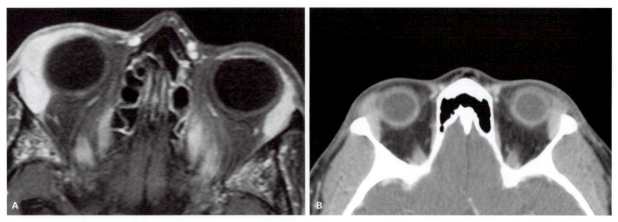

Figura 47 Sarcoidose. Ressonância magnética axial ponderada em T1 pós-contraste axial (A) mostrando aumento volumétrico das glândulas lacrimais, mais acentuado à direita, com impregnação homogênea pelo meio de contraste. Tomografia computadorizada axial pós-contraste (B) de outro paciente evidencia aumento bilateral e simétrico das glândulas lacrimais, com realce e borramento de seus contornos.

estão localizadas em sua porção posterior, o que ajuda a distinguir da sarcoidose.

Doença de Kimura

Doença inflamatória crônica, de origem desconhecida, que predomina em indivíduos asiáticos do sexo masculino (87%), na terceira e quarta décadas de vida, com longa duração, porém curso benigno e autolimitado. Frequentemente observam-se nódulos múltiplos e indolores na cabeça e pescoço associados a linfadenopatia, eosinofilia, aumento dos níveis séricos de IgE. As principais estruturas acometidas são glândulas salivares, principalmente as parótidas. As lacrimais, pálpebra e conjuntiva podem ser acometidas, apresentando aumento difuso e homogêneo, que pode causar proptose. Há associação com linfonodomegalias em 40-100%. O acometimento renal é mais raro, porém potencialmente mais grave, causando síndrome nefrótica. O diagnóstico diferencial nos acometimentos orbitários é realizado com processos inflamatórios, sarcoidose, doença relacionada ao IgG4, lesões neoplásicas e linfoma (Figura 48). Apesar de haver semelhanças histológicas e clínicas com a hiperplasia angiolinfoide com eosinofilia (HALE), são entidades distintas. A doença de Kimura ocorre mais frequentemente no tecido subcutâneo profundo e linfonodos da cabeça e pescoço e tem sido descrita nas órbitas, pálpebras e glândulas lacrimais mais frequentemente que a HALE.

Achados de imagens são muito variáveis, destacando-se massas com iso/hiperdensidade à TC, realce heterogêneo, moderado a intenso. À RM exibem sinal discretamente elevado em T1, alto em T2, além de realce variável

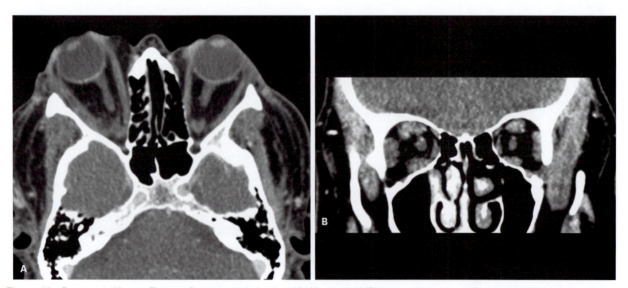

Figura 48 Doença de Kimura. Tomografia computadorizada axial (A) e coronal (B) com contraste mostra aumento difuso das estruturas intraorbitárias com espessamento da musculatura ocular extrínseca, gordura extraconal, glândulas lacrimais determinando proptose bilateral, maior à direita.

ao contraste, podendo ter aspecto serpiginoso e *flow-voids* por causa da proliferação vascular.

O tratamento é controverso e admite radioterapia, corticosteroides e imunossupressores, com baixo índice de recorrência nas terapias combinadas.

Lesões neoplásicas

A Figura 49 pormenoriza a avaliação das lesões neoplásicas, e alguns diagnósticos diferenciais, por compartimentos orbitários.

Globo ocular

Retinoblastoma (RB)

Terceira malignidade mais comum na infância, sendo dois terços dos casos diagnosticados antes de 2 anos de idade e 90% antes dos 5 anos.

Apresenta duas formas clínicas: bilateral ou multifocal, com 25% dos casos, caracterizadas por mutações germinativas no gene RB1 (25% são herdadas e 75% são mutações *de novo*); e unilateral ou unifocal, 75% dos casos. As apresentações tri e tetralateral são raras e relacionadas à forma multifocal, sendo trilateral quando envolve ambos os olhos e linha média intracraniana, habitualmente pineal e tetralateral quando atinge ambos os olhos, pineal e suprasselar. Quanto mais precoce a apresentação, maior o risco de se tratar da forma multifocal. A alta incidência de RB em países em desenvolvimento tem sido parcialmente atribuída a alta prevalência do papiloma vírus humano (HPV) no tecido tumoral.

O principal sinal clínico do retinoblastoma é leucocoria, que consiste no reflexo esbranquiçado da pupila, presente em mais da metade dos casos; o segundo sinal mais frequente é o estrabismo, e tumores mais avançados podem se apresentar como glaucoma secundário.

O diagnóstico pré-cirúrgico normalmente é feito sem confirmação histopatológica por avaliação completa do fundo de olho. Métodos de imagem auxiliam no diagnóstico diferencial de leucocoria e na avaliação da

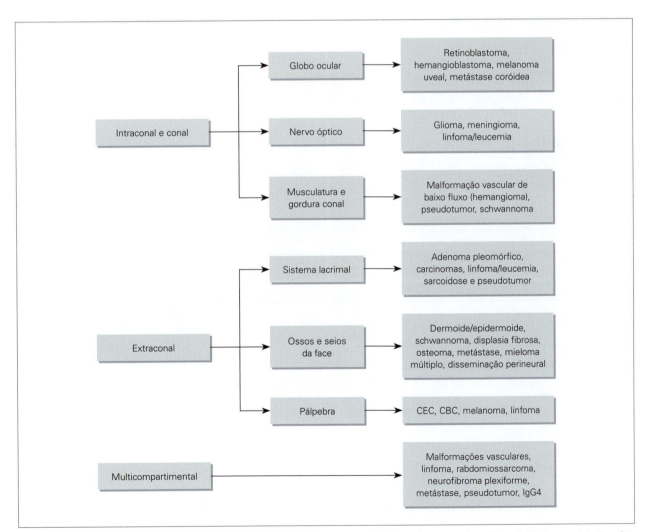

Figura 49 Avaliação das lesões neoplásicas. CBC: carcinoma basocelular; CEC: carcinoma espinocelular; IgG4: imunoglobulina G4.

doença extraocular. A neoplasia apresenta calcificações em cerca de 90% dos casos, tendo a TC um importante papel na detecção delas. RM das órbitas e crânio são realizadas para determinar extensão extraocular e intracranial, além de excluir pinealoblastoma. Apesar de a TC ser superior na detecção do cálcio, as sequências T2 TSE e T2* com cortes finos podem revelar focos de baixo sinal que representam as calcificações. Apresenta-se como massa intraocular posterior, calcificada, com realce ao contraste, muitas vezes associada a descolamento de retina. A RM tem alta sensibilidade na avaliação intraocular, do nervo óptico e do sistema nervoso central. O retinoblastoma apresenta discreto hipersinal em T1 comparado ao humor vítreo, áreas de hipossinal em T2, correspondentes às calcificações, e impregnação ao contraste (Figuras 50 e 51).

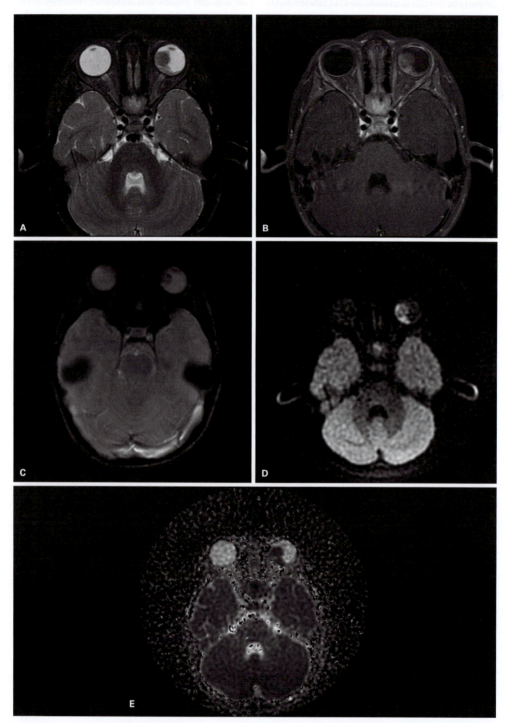

Figura 50 Retinoblastoma. Ressonância magnética mostra lesão intraocular com baixo sinal em T2 (A), realce heterogêneo ao contraste (B), focos de baixo sinal em SWAN compatível com calcificação (C) e restrição à difusão, (D e E) confirmada no mapa de coeficientes de difusão aparente (ADC).

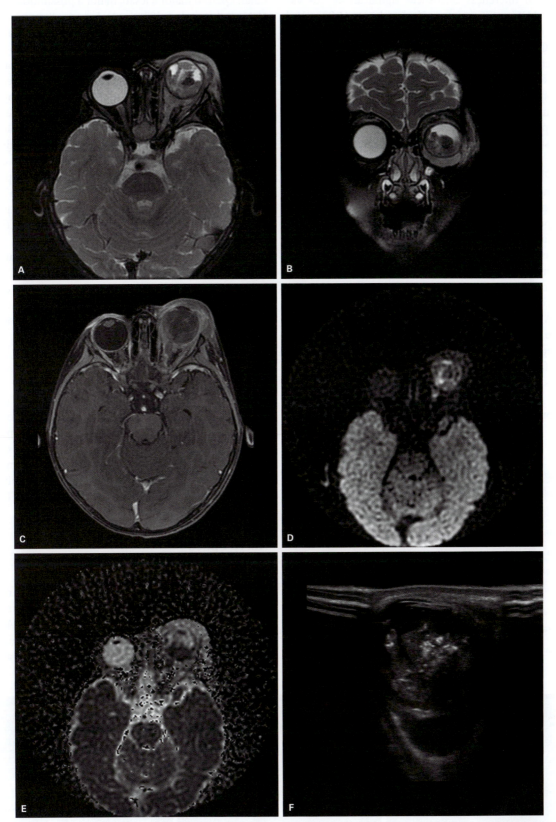

Figura 51 Retinoblastoma com celulite pré e pós-septal associada. Ressonância magnética mostra formação expansiva intraocular com sinal heterogêneo em T2, com focos de baixo sinal (A e B), leve realce ao contraste, assim como gordura retrobulbar e periorbitária, essas relacionadas a inflamação e vistas na sequência T1 FSPGR pós-contraste (C), com restrição difusional (D), confirmada no mapa de coeficientes de difusão aparente (ADC) (E). Correlação com ultrassonografia que evidencia calcificações (F).

Existem diferenças estatísticas significativas nos valores de ADC entre o tumor viável realçante ($1,03 \times 10^{-3}$ mm²/s) e o tecido necrótico não viável ($1,47 \times 10^{-3}$ mm²/s), e o ADC pode ser utilizado para monitorizar a resposta ao tratamento.

RB de baixo grau intraoculares são tratados com quimioterapia, enquanto tumores avançados são tratados com enucleação e/ou radioterapia.

Os principais diagnósticos diferenciais do retinoblastoma estão identificados no Quadro 8.

Melanoma uveal

O melanoma uveal é um tumor raro, com prevalência de 2-8 casos novos por milhão (5% de todos os melanomas), porém ainda assim representa o tumor primário intraocular maligno mais comum em adultos. Acomete os melanócitos localizados na coroide em 85%, no corpo ciliar em 9% e na íris em 6%.

Há mutação genética diferente do melanoma da pele, sendo considerado uma entidade distinta por alguns autores. Associam-se fatores ambientais (exposição solar), por isso é mais frequente em caucasianos em comparação com negros (15:1).

Os fatores de mau prognóstico são: idade superior a 60 anos, lesões maiores do que 15 mm de diâmetro e 3 mm de espessura, localização na úvea anterior ou corpo ciliar, presença de células epitelioides e extensão extraocular. Quanto maior a lesão, maior a possibilidade de metástase, chegando a 40% nas lesões com 8 mm.

A ultrassonografia e a oftalmoscopia permitem o diagnóstico na maioria dos casos, com boa avaliação local da lesão e da vascularização. Nota-se lesão sólida acastanhada, vegetante, que se estende para a câmara vítrea. É comum a associação com descolamento e hemorragia retiniana. À USG, observa-se uma lesão sólida hiperecoica, com formato de cogumelo, regular e de localização preferencial iridociliar. A RM é o exame de imagem padrão-ouro para diagnóstico e estadiamento local. A lesão caracteristicamente tem alto sinal em T1, em razão da presença de melanina, áreas de sinal heterogêneo/baixo em T2 e intensa impregnação pelo contraste (Figura 52). Apresenta marcada restrição à difusão, com valores médios de ADC de $0,891 \times 10^{-3}$ mm²/s, segundo Erb-Eigner et al.

O principal sítio de metástase é o fígado, seguido por pulmão, osso, rim e sistema nervoso central.

Os principais diagnósticos diferenciais são descolamento de coroide, hemangioma de coroide, cisto de coroide, schwannoma e neurofibroma da úvea, leiomioma, linfoma e metástase.

Metástase uveal

Malignidade mais comum do globo ocular (Figura 53). Os principais sítios primários são mama e pulmão, com sobrevida média de 1 ano. Ao contrário dos melanomas uveais, que tendem a formar uma massa protuberante, as metástases têm aspecto plano, com leve espessamento focal, e mais heterogêneo, podendo ser múltiplas e bilaterais em até 30% (o melanoma uveal é muito raramente bilateral). À RM apresenta hipossinal em T1, sinal heterogêneo em T2, com realce pelo contraste.

Nervo óptico

Glioma do nervo óptico (GNO)

Tumor primário do NO mais comum, quatro vezes mais comum que o meningioma. Setenta e cinco por cento apresentam-se até os 10 anos de idade. A forma de baixo grau é comum nas crianças (maioria: astrocitoma pilocítico grau I OMS), ao passo que a forma

Quadro 8 Principais diagnósticos diferenciais do retinoblastoma
Hiperplasia primária vítrea persistente
Retinopatia da prematuridade
Catarata congênita
Doença de Coats
Toxocaríase
Astrocitoma
Hemangioma de coroide
Hemorragia vítrea
Descolamento de retina

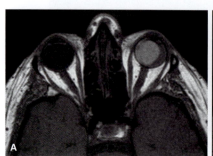 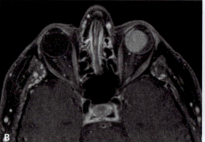 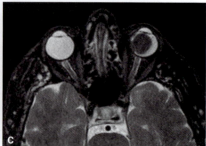

Figura 52 Melanoma da coroide. Ressonância magnética em cortes axiais, mostrando lesão expansiva no globo ocular esquerdo, apresentando hipersinal em T1 (A), impregnação pelo gadolínio (B) e hipossinal em T2 (C).

3 ÓRBITAS: TOMOGRAFIA COMPUTADORIZADA E RESSONÂNCIA MAGNÉTICA

Quadro 9 Tumores incomuns do globo ocular

	Epidemiologia	Características de imagem	Outros achados
Hemangiomas da coroide (cavernosos, capilares ou mistos)	Adultos, quinta a sexta décadas de vida. Síndrome neurocutânea (Sturge-Weber)	Margens bem definidas; localizados na porção posterior da coroide. RM: baixo sinal em T1, alto sinal em T2 e intensa impregnação pelo contraste	Glaucoma congênito
Hemangioblastoma (Figura 54)	Síndrome de von Hippel-Lindau	Pequeno nódulo retiniano com intensa impregnação pelo contraste. Pode ter descolamento da retina	Outras lesões no SNC
Hamartomas oculares (astrocitoma da retina)	Esclerose tuberosa ou neurofibromatose	Nódulo bem definido com sinal intermediário em T1 e T2 e realce pelo contraste. Pode calcificar (semelhante ao retinoblastoma)	Achados sistêmicos das facomatoses
Melanocitoma	Negros em 30-50% dos casos. Benigno, transformação para melanoma é muito rara	RM: característico hipossinal intenso em T2	
Meduloepitelioma	Crianças de 5 anos com dor e perda da visão. Tratamento: enucleação. Prognóstico: bom	TC: massa densa, irregular e com realce no corpo ciliar. 30% dos casos têm calcificações. RM: massa com hipersinal em T1 e hipossinal em T2 em relação ao vítreo, e impregnação intensa pelo contraste	

RM: ressonância magnética; SNC: sistema nervoso central; TC: tomografia computadorizada.

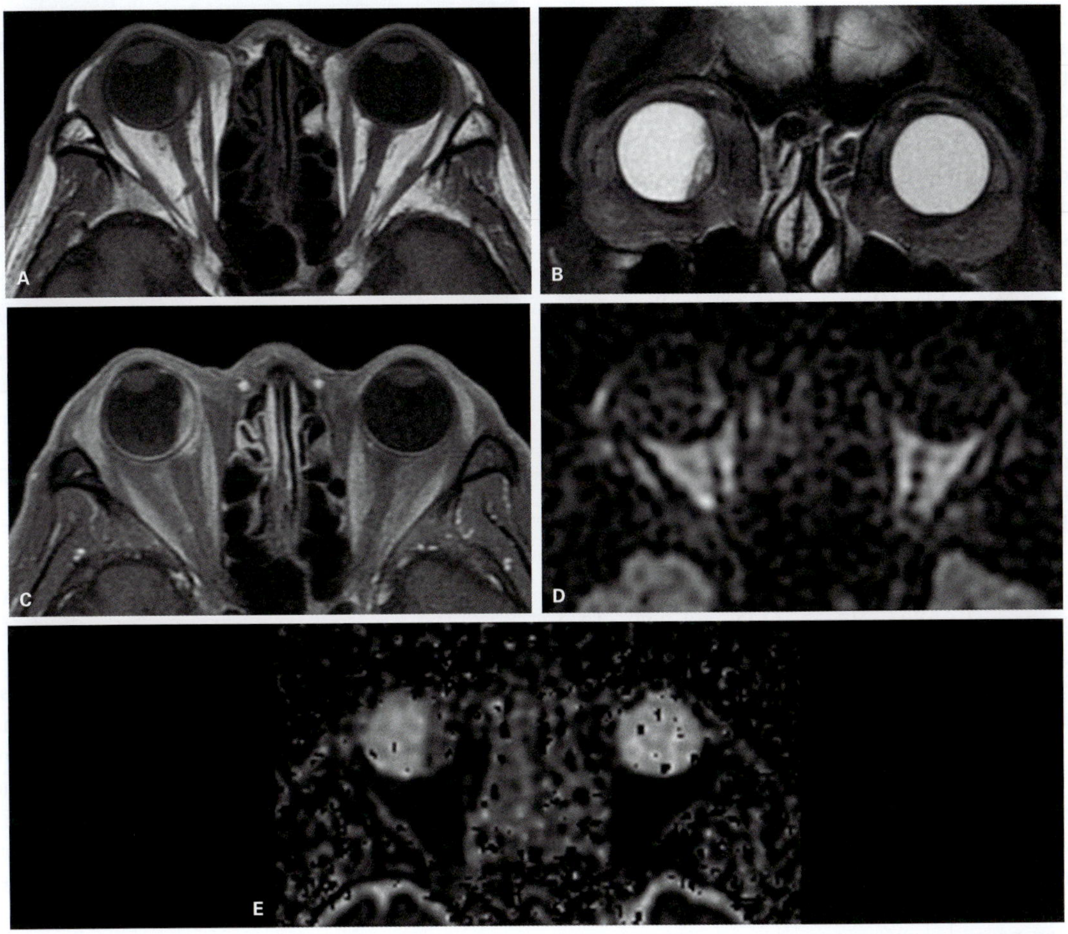

Figura 53 Metástase intraocular de adenocarcinoma de pulmão – imagens de ressonância magnética ponderadas em T1 axial (A), T2 coronal (B), T1 FAT-SAT com contraste (C), difusão (D) e mapa de coeficientes de difusão aparente (ADC) (E) evidenciam lesão expansiva sólida heterogênea intraocular à direita, acometendo a parede medial do globo ocular, que causa descolamento de coroide/retina e apresenta sinal intermediário em T1 e T2 com foco periférico de hipersinal em T1 que pode corresponder a hemorragia, além de restrição à difusão. Há extensão para a esclera e extraocular para a gordura intraconal retrobulbar, junto à inserção do músculo reto medial, aparentemente preservado.

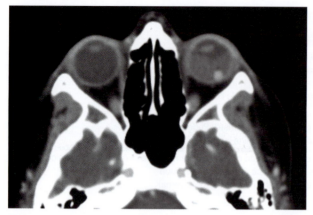

Figura 54 Hemangioblastoma. Tomografia computadorizada com contraste em cortes axiais mostrando lesão nodular hipervascular na parede posterior do globo ocular esquerdo, determinando descolamento da retina.

agressiva é vista em adultos e frequentemente fatal (astrocitoma anaplásico grau III e glioblastoma multiforme grau IV). Doença bilateral é patognomônica de neurofibromatose (NF) tipo I; 38% das crianças com GNO têm NF-1, enquanto 50% das crianças com NF-1 apresentarão GNO.

As lesões são benignas, de crescimento lento, com baixa sensibilidade à radioterapia e predominam no sexo feminino. Os principais achados clínicos são proptose ocular não dolorosa e perda da acuidade visual. GNO pediátricos envolvem as porções intraorbitárias e intracranianas do nervo, 20% podem acometer o quiasma (mais comum no adulto), hipotálamo e trato óptico. Prognóstico bom para tumores confinados ao nervo óptico, e ruim para os que apresentam extensão intracraniana.

RM é o método de preferência, pois detecta pequenos tumores e auxilia na detecção de extensão intraocular e intracraniana (Figura 55). Observa-se aumento fusiforme/tubular muitas vezes com tortuosidade do nervo e ectasia da bainha liquórica, e possivelmente existe degeneração cística e alargamento do canal óptico; raramente calcifica. Hipointenso em T1, levemente hiperintenso em T2, realce variável, facilita a difusão (ADC 1,2-2,09 × 10^{-3} mm²/s). O ADC não pode diferenciar as formas benignas das agressivas, ao passo que as últimas apresentam significativo aumento da permeabilidade.

Meningioma do nervo óptico

É o tumor primário mais comum da bainha do nervo óptico. É benigno em razão de seu crescimento lento, representa 5% dos tumores intraorbitários e 2% dos meningiomas. É mais frequente no sexo feminino, na faixa etária de 30-70 anos e em pacientes expostos à radiação. Raro em crianças, exceto na NF-2; entretanto, bem menos frequente que os gliomas de nervo óptico.

Os meningiomas primários acometem os segmentos intraorbitário e intracanalicular, podendo se estender in-

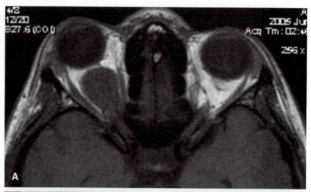

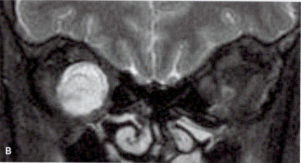

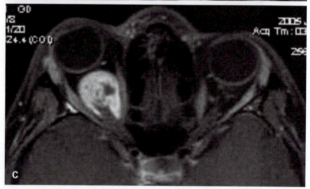

Figura 55 Glioma. Ressonância magnética mostrando lesão expansiva de limites bem definidos, concêntrica ao nervo óptico direito, apresentando isossinal em T1 (A), hipersinal em T2 (B) e impregnação heterogênea pelo gadolínio (C).

tracranialmente e envolver o NO contralateral. As lesões secundárias representam extensão intraorbitária de um tumor intracraniano.

Os principais achados de imagem são espessamento tubular difuso e calcificado no complexo bainha/nervo óptico, possivelmente associado a canal óptico aumentado e hiperostose. Na RM, apresenta sinal similar ao nervo óptico em T1 e T2; porém, na sequência T1 com saturação de gordura pós-gadolínio apresenta-se como massa tubular realçante ao redor do nervo óptico isointenso preservado (sinal do "trilho do trem"). Os meningiomas são tumores com alta celularidade e consequentemente com restrição do movimento das moléculas de água à difusão, com ADC baixo e variável, segundo Bano, em torno de 0,7 a 1,20 × 10^{-3} mm²/s nos benignos e menor que 0,6 × 10^{-3} mm²/s nos malignos. O sinal do trilho do trem, apesar de característico, pode ser observado também no pseudotumor, linfoma, leucemia, neurite óptica e outros tumores do espaço subaracnóideo (em razão da comunicação da bainha do nervo óptico com o espaço subaracnóideo intracraniano).

Outro achado é o espessamento e esclerose ósseos observados principalmente na grande asa do osso esfenoide com alta especificidade diagnóstica (Figuras 56 a 58).

A Tabela 1 resume as diferenças entre o glioma e o meningeoma do nervo óptico.

Cavidade orbitária e sistema lacrimal

Linfoma

Representa apenas 1% de todos os linfomas não Hodgkin (LNH); é, contudo, o tumor orbitário primário mais comum em pacientes acima dos 60 anos de idade, representando 10-15% das massas orbitárias e aproximadamente 55% dos tumores orbitários malignos. A maioria dos linfomas da órbita e anexo são linfomas de células B de baixo grau, e o subtipo mais comum é da zona marginal extranodal do tecido linfoide associado a mucosa (MALT). Inicialmente observados no estômago e associados a infecção pelo *Helicobacter pylori*, agora são observados em outras estruturas epiteliais, inclusive a parótida, pulmão, mama e órbita.

Sinais e sintomas são inespecíficos, incluindo edema orbitário ou periorbitário lentamente progressivo e indolor. O linfoma pode acometer qualquer estrutura orbitária, porém é mais comum no espaço extraconal anterior e glândula lacrimal. Apesar de a principal manifestação ser unilateral, massas orbitárias bilaterais têm linfoma como principal hipótese diagnóstica; além disso, segundo alguns autores, até 75% dos pacientes com linfoma orbitário apresentam ou desenvolverão linfoma sistêmico ao longo

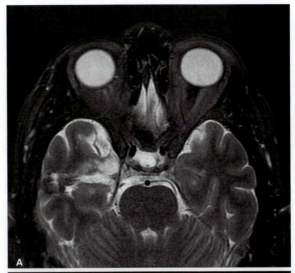
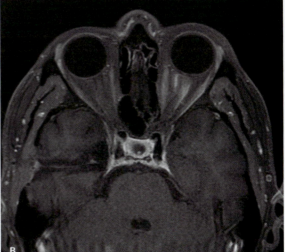
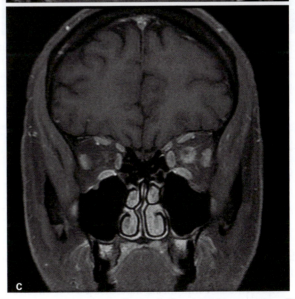

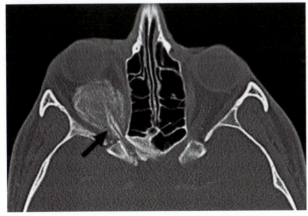

Figura 56 Meningioma. Tomografia computadorizada com contraste, corte axial com janela e filtro ósseos, mostrando lesão expansiva bem delimitada, hiperatenuante, concêntrica ao nervo óptico direito, com calcificações lamelares de permeio. Destacam-se as calcificações da bainha do nervo óptico, em aspecto de "trilho de trem" (seta).

Figura 57 Meningioma. Ressonâncias magnéticas axial em T2 (A), axial (B) e coronal T1 pós-contraste (C) mostram lesão expansiva bem delimitada, concêntrica ao nervo óptico esquerdo com hipossinal em T2 e realce pelo gadolínio. Há manipulação cirúrgica pregressa na fossa média direita.

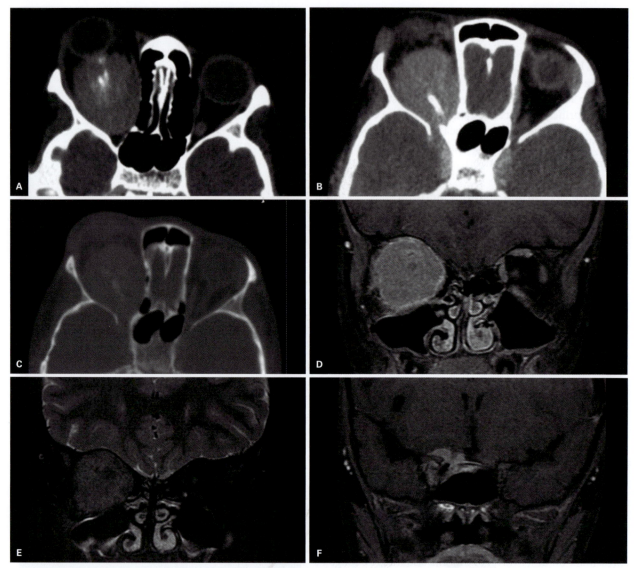

Figura 58 Meningioma no nervo óptico. Tomografias computadorizadas axiais pré (A) e pós-contraste (B) e janela para osso (C) mostram massa retrobulbar com calcificação central (sinal do "trilho do trem") e impregnação pelo contraste. Ressonâncias magnéticas coronais pós-contraste (D), T2 (E) e T1 pós-contraste na topografia pré-quiasmática (F) mostram a lesão com baixo sinal em T2, envolvendo circunferencialmente o nervo óptico direito, e determinando remodelamento das estruturas adjacentes.

Tabela 1	Diferenças entre o glioma e o meningioma do nervo óptico					
Tumores	Epidemiologia	TC	Nervo óptico	T2	Realce	ADC
Glioma do nervo óptico	Crianças, NF-1	Não calcifica	Expandido	Alto sinal	Variável	Alto
Meningioma do nervo óptico	Adultos	Calcificação	Envolvido concentricamente	Baixo sinal	Intenso	Baixo

ADC: coeficientes de difusão aparente; NF-1: neurofibromatose tipo 1; TC: tomografia computadorizada.

da vida. Pacientes com síndrome de Sjögren têm maior risco e cerca de 6% deles apresentam clínica de LNH.

Apresenta-se como massa hiperdensa à TC envolvendo a glândula lacrimal, remodelando estruturas adjacentes, com significativo realce. Destruição óssea ou disseminação perineural sugerem uma histologia agressiva. Por causa da alta celularidade, apresenta moderado hipossinal em T1 e T2, e ávido realce, sendo a massa heterogênea, de limites mal definidos. (Figuras 59 a 63). O diagnóstico diferencial é feito com diversas doenças benignas, não infecciosas, inflamatórias crônicas, tais como doença relacionada a IgG4, hiperplasia linfoide reativa e inflamação idiopática orbitária, e todas essas podem ter características de imagens semelhantes à do linfoma. Tais lesões podem ser bem semelhantes

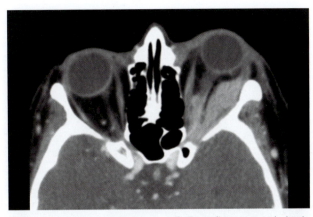

Figura 59   Linfoma de baixo grau. Tomografia computadorizada com contraste axial, mostrando lesão infiltrativa do músculo reto lateral esquerdo, promovendo proptose desse lado. Há, também, infiltração do nervo óptico.

às imagens convencionais, porém um estudo observou que um *threshold* de ADC de $0{,}612 \times 10^{-3}$ mm²/s é ótimo para diferenciar linfoma de outras doenças linfoproliferativas benignas da órbita, segundo Haradome et al.

O Quadro 10 resume outros tumores da cavidade orbitária.

Tumor fibroso solitário (TFS)

Neoplasia de células fusiformes de origem mesenquimal rara, originalmente descrita na pleura, que ocorre em múltiplas outras localizações, como peritônio, pericárdio, rim, fígado e órbita, local onde foi descrita apenas em 1994 por Westra et al. Tumor de morfologia variável, partilha características histológicas com outras neoplasias mesenquimais benignas, como schwannoma e hemangiopericitoma. O diagnóstico se baseia em dados clínicos, radiológicos e

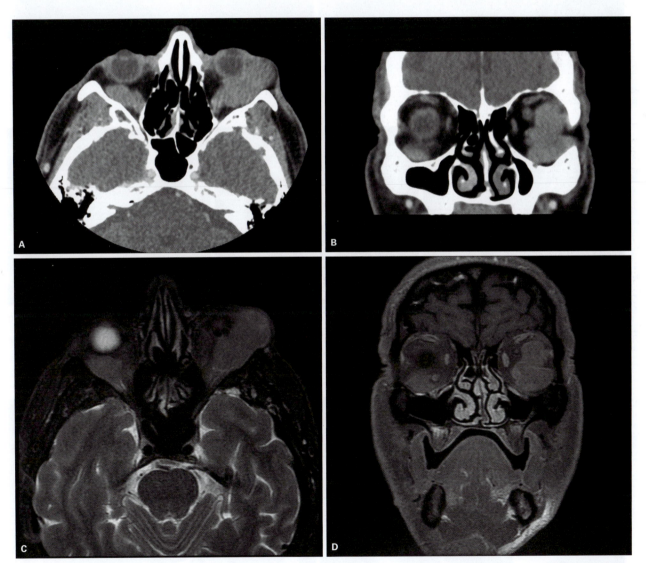

Figura 60   Linfoma de células do manto. Tomografias computadorizadas axial (A) e coronal (B) evidenciam lesão expansiva lobulada em ambas as cavidades orbitárias, com componentes intra e extraconal. Ressonâncias magnéticas axial T2 (C) e coronal T1 pós-contraste (D) evidenciam sinal intermediário em T2 e tênue realce ao contraste, porém com marcada restrição à difusão, com valor de coeficiente de difusão aparente (ADC) de $0{,}68 \times 10^{-3}$ mm²/s.

(continua)

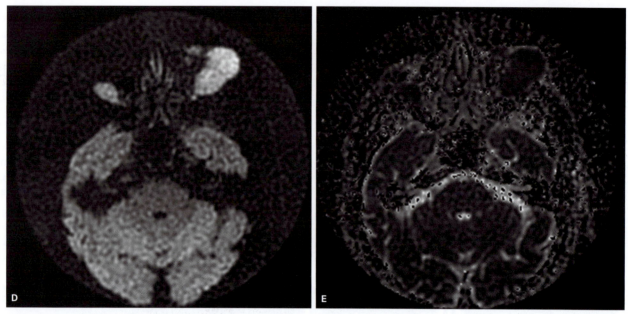

Figura 60 *(continuação)* DWI (E) e ADC (F)

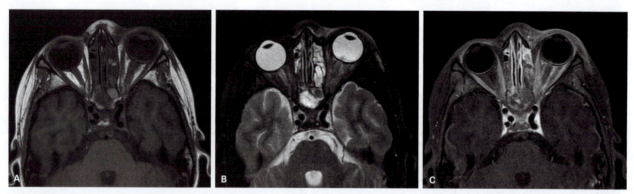

Figura 61   Linfoma de Burkitt. Ressonância magnética axial T1 (A), T2 (B) e T1 (C) com contraste e supressão da gordura mostrando densificação e infiltração da gordura retro-ocular à esquerda, bainha do nervo óptico e pálpebra, que promove proptose desse lado.

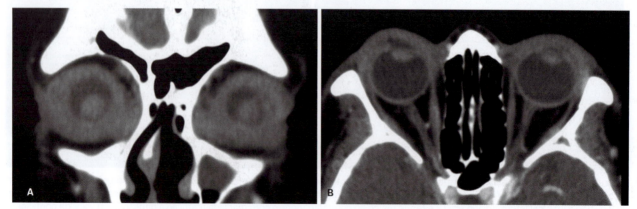

Figura 62   Linfoma não Hodgkin. Tomografia computadorizada com contraste, cortes coronal (A) e axial (B) mostrando lesão infiltrativa palpebral bilateral restrita aos compartimentos pré-septais.

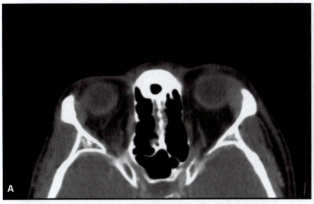
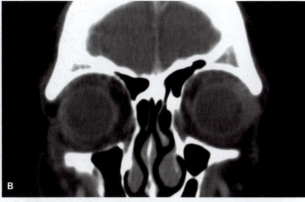

Figura 63 Linfoma MALT. Tomografias computadorizadas axial (A) e coronal (B) com contraste mostram aumento da glândula lacrimal esquerda com realce pelo contraste e proptose.

Quadro 10 Tumores da cavidade orbitária

	Epidemiologia	Características de imagem	Outros achados
Schwannoma (Figura 64)	0,7-2,3% dos tumores orbitários; raramente associado a neurofibromatose 1 ou 2, sendo essa associação pouco maior nos schwannomas plexiformes	Tipicamente circunscrito e regular, amolda à cavidade orbitária. Isoatenuante à musculatura extraconal, com realce. Mais comumente extraconal (meningioma e hemangioma mais frequente intraconal). Hipossinal em T1, hipersinal em T2, realce homogêneo ou heterogêneo; degeneração cística em 41% dos casos	Edema palpebral e proptose em 50%; ptose, redução da acuidade visual e diplopia em 4-20%. Rápido crescimento durante puberdade e gravidez. Não se observa realce intenso nas áreas com sinal muito alto em T2. Ao estudo de permeabilidade, apresenta padrão de impregnação persistente ou em platô
Neurofibroma (Figura 65)	0,4-3% dos tumores orbitários; associação a NF-1 menor que dos neurofibromas extraconais	Neurofibroma localizado: extraconal, margem regular, contorno arredondado, ovoide ou lobulado. Hipersinal periférico em T2 (sinal do alvo). Em T1 é isointenso à substância cinzenta e hipointenso em relação à gordura. Porção colagenosa/hipercelular tem sinal menor em T2; porção mixoide/hidratada tem sinal maior em T2. Neurofibroma plexiforme: maior infiltração das estruturas adjacentes, multilobular e difuso, associado a displasia da asa do esfenoide	Na NF-1 associa-se a hamartomas melanocísticos da íris (nódulos de Lisch); hamartomas da coroide; glioma do NO. Lesões com formato irregular e/ou invasão óssea adjacente levantam a possibilidade de degeneração maligna, principalmente na NF-1
Rabdomiossarcoma (Figura 66)	Tumor mesenquimal maligno mais comum da infância, pico de incidência de 5-10 anos; 40% estão localizados na CEP e, deles, 40% na órbita. Subtipos: embrionário, pleomórfico, alveolar e botrioide (embrionário mais frequente e alveolar mais agressivo dos tipos)	Massa agressiva extraconal que comumente infiltra os seios paranasais, fissuras orbitárias, seios cavernosos e fossa média. Isoatenuante à musculatura na TC, isointensa ao músculo em T1, hipo ou hiperintensa em T2, com marcado realce. Necrose e calcificação são incomuns. Restringe à difusão, com valores baixos de ADC (média 0,72 × 10^{-3} mm^2/s)	Origina-se do compartimento extraconal, pode se estender ao compartimento intraconal. Proptose rapidamente progressiva, ptose e sinais de inflamação. Diferenciais: celulite orbitária; hemangioma capilar (mais jovem, 1-1,5 ano de vida, *flow-voids*, ávido realce, e alto fluxo na angiografia por RM, $\frac{1}{3}$ associado a hemangioma cutâneo); histiocitose das células de Langerhans; metástase de neuroblastoma; linfoma
Tumor fibroso solitário (Figuras 67 e 68)	Proptose progressiva na quarta década de vida. Mais frequente no espaço extraconal com predileção para o quadrante superolateral	Massa oval bem definida, isossinal homogêneo em T1, intermediário ou baixo em T2 (que permite inferir o diagnóstico), e realce ao contraste. Não há restrição significativa à difusão	O realce é mais acentuado nas áreas com alto sinal em T2. Ao estudo de permeabilidade, apresenta curva com *wash-out*

ADC: coeficiente de difusão aparente; NF-1: neurofibromatose tipo 1; NO: nervo óptico; RM: ressonância magnética; TC: tomografia computadorizada.

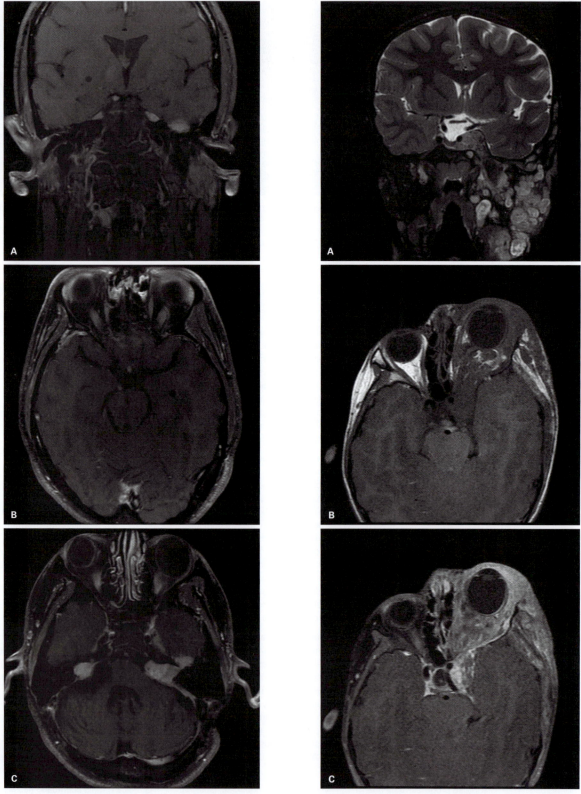

Figura 64 Schwannoma do nervo oculomotor direito. Ressonância magnética coronal (A) e axial (B, C) com contraste mostra lesão expansiva com realce no nervo oculomotor direito (A, B) em indivíduo com neurofibromatose tipo 2 e schwannomas do VIII bilaterais (C).

Figura 65 Neurofibroma plexiforme. Ressonância magnética coronal T2 (A), axial T1 pré e pós-contraste (B, C) mostra lesão expansiva alargando forame oval esquerdo em contiguidade com porção infiltrativa que se estende até a pele e tecido celular subcutâneo orbitário, com realce pelo meio de contraste. Há aumento do diâmetro anteroposterior do globo ocular desse lado e displasia da grande asa do osso esfenoide.

3 ÓRBITAS: TOMOGRAFIA COMPUTADORIZADA E RESSONÂNCIA MAGNÉTICA   657

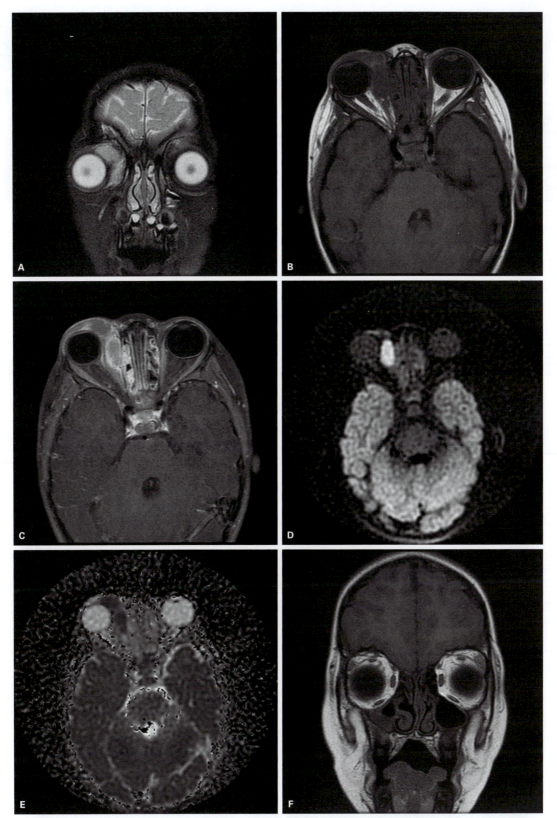

Figura 66   Rabdomiossarcoma. Ressonância magnética (RM) coronal T2 (A), axial T1 pré e pós-contraste (B, C) mostra lesão expansiva extraconal superomedial direita com hipersinal em T2, realce pelo contraste e restrição difusional confirmada no mapa de coeficientes de difusão aparente (ADC) (D, E). RM coronal T1 (F) pós-tratamento mostra remissão da lesão.

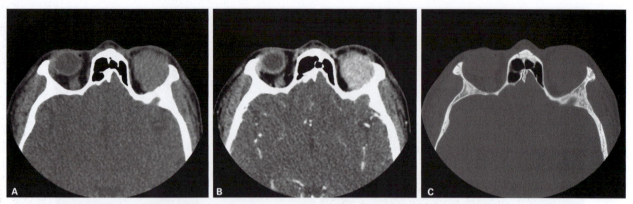

Figura 67 Tumor fibroso solitário. Tomografia computadorizada (TC) axial pré (A) e pós-contraste (B) mostra lesão no canto superolateral da órbita esquerda, com ávido realce ao meio de contraste. TC de janela óssea (C) mostra normalidade do osso subjacente.

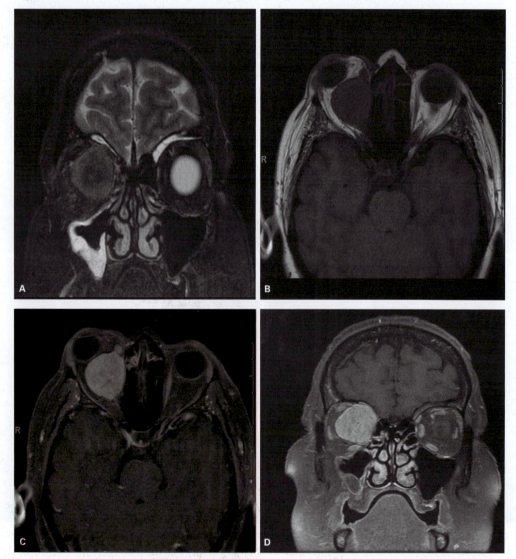

Figura 68 Tumor fibroso solitário. Ressonância magnética coronal T2 (A) mostra lesão com baixo sinal no canto superomedial da órbita direita, isossinal em T1 (B) com realce intenso (C e D).

(continua)

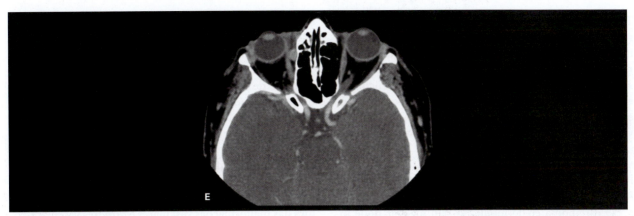

Figura 68 *(continuação)* Controle após 1,5 ano evidencia pequeno nódulo extraconal medial à direita, sugestivo de persistência/recidiva da neoplasia (E).

imuno-histoquímicos, em que se observa caracteristicamente alta imunorreatividade difusa para CD34.

A classificação de 2016 de tumores de partes moles pela Organização Mundial da Saúde considera a denominação de hemangiopericitoma obsoleta, devendo ser utilizada apenas para os tumores intracranianos. Nas demais localizações deve-se utilizar apenas a denominação de tumor fibroso solitário extrapleura.

O principal achado clínico é proptose progressiva em indivíduos na quarta década de vida. O diagnóstico se dá em média cerca de 2 anos após o início dos sintomas.

A TC mostra massa oval bem definida, isoatenuante à musculatura ocular extrínseca e com realce ao contraste. A RM exibe isossinal homogêneo em T1, intermediário ou baixo em T2 (que permite inferir o diagnóstico), e realce ao contraste, sendo esse realce mais intenso nas áreas com maior sinal em T2 (e esse aspecto pode representar as áreas de vascularização semelhantes ao hemangiopericitoma). Não há restrição significativa à difusão, com valores de ADC normalmente maiores que $1,0 \times 10^{-3}$ mm²/s. Pode haver remodelação óssea adjacente em lesões antigas. Pode acometer qualquer local da órbita, sendo mais frequente no espaço extraconal com predileção para o quadrante superolateral adjacente à glândula lacrimal.

O tratamento de escolha é a exérese total da lesão com intenção curativa, notando-se recidiva em cerca de 20% dos casos (Figuras 67 e 68).

Metástases

São as lesões malignas mais comuns da órbita. Nos adultos, os sítios primários mais comuns são os melanomas, câncer de mama e pulmão; e nas crianças, os neuroblastomas. Mais comumente acometem os ossos da órbita e o compartimento extraconal, contudo, podem envolver a coroide. A apresentação clínica mais comum é a proptose dolorosa, exceto em algumas metástases de câncer de mama, em que pode haver o enoftalmo por conta da infiltração e contração da musculatura conal.

As metástases orbitárias podem localizar-se em qualquer topografia, sendo mais frequentes na região extraconal (Figura 69); porém, raramente acometem a gordura intraconal ou causam infiltração difusa (Figura 70). Na

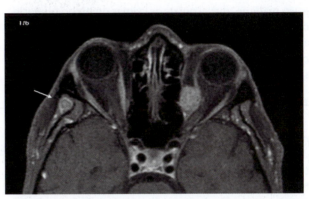

Figura 69 Metástase de carcinoma renal. Ressonância magnética axial pós-contraste mostrando lesão expansiva extraconal medial à esquerda com impregnação pelo gadolínio. Há outra lesão no músculo temporal superficial direito (seta).

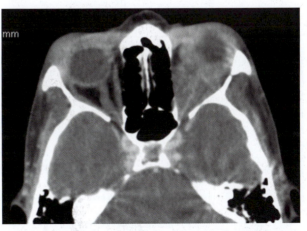

Figura 70 Metástase de carcinoma da mama. Tomografia computadorizada axial mostra lesão infiltrativa na órbita esquerda, envolvendo a gordura retro-orbitária, a musculatura ocular extrínseca e o globo ocular.

TC/RM, observa-se massa extraconal infiltrativa e com realce, possivelmente associada a destruição óssea. Metástase coróidea por melanoma pode se apresentar hiperatenuante à TC e com alto sinal em T1 à RM. Podem se assemelhar aos linfomas nas sequências convencionais, e a difusão pode auxiliar nessa diferenciação, visto que os valores de ADC dos linfomas orbitários tipicamente variam entre 0,44-0,92 $\times 10^{-3}$ mm^2/s, enquanto as metástases variam entre 0,9-1,6 $\times 10^{-3}$ mm^2/s.

Infiltração secundária da órbita por outros tumores malignos

O carcinoma epidermoide do seio maxilar pode invadir secundariamente a órbita, sendo a primeira manifestação da doença em até 30-50% dos casos. Os tumores primários das cavidades paranasais correspondem a 5-10% dos tumores orbitários em sua totalidade.

O carcinoma indiferenciado da nasofaringe tem comportamento agressivo e infiltrativo, com frequência atingindo a órbita por continuidade.

O estesioneuroblastoma é um tumor neuroectodérmico maligno, que acomete as células do bulbo olfatório, com origem no platô cribriforme anterior e extensão para as estruturas adjacentes, como cavidades paranasais e encéfalo, podendo invadir a órbita. Veja o capítulo sobre os seios paranasais.

Tumores da glândula lacrimal

Classificados em lesões epiteliais e não epiteliais. Tumores epiteliais são semelhantes aos tumores de glândulas salivares e representam 40-50% das lesões dos tumores das glândulas lacrimais. Metade desses são tumores mistos benignos (adenoma pleomórfico) e a outra metade são lesões malignas (carcinoma adenoide cístico – mais comum; seguido por carcinoma ex-adenoma pleomórfico, adenocarcinoma e carcinoma mucoepidermoide). Linfoma, condições inflamatórias e metástases não carcinomatosas representam as lesões não epiteliais.

O carcinoma adenoide cístico é muitas vezes indistinguível de outras lesões epiteliais malignas (Figura 73). A detecção de disseminação perineural favorece o diagnóstico de carcinoma adenoide cístico. Carcinoma mucoepidermoide pode apresentar hipersinal em T1 em razão da mucina.

Lesões vasculares

Há diferentes propostas de classificação e nomenclatura das malformações vasculares e tumores vasculares, o que pode levar a erros no diagnóstico e interpretação dos achados. A Sociedade Internacional para o Estudo das Anomalias Vasculares padronizou em 1996 a classificação das anomalias vasculares considerando duas categorias: tumores vasculares (hemangioma infantil, hemangioblastomas, hemangioendoteliomas, hemangiomas da coroide) e malformações vasculares. As malformações vasculares foram subdivididas de acordo com a dinâmica de fluxo em baixo fluxo (venosa, linfática, capilar, capilar-venosa, e capilar-linfática-venosa) e alto fluxo (malformação arteriovenosa e fístula arteriovenosa). Podem estar associadas a síndromes genéticas como Klippel-Trenaunay, Sturge-Weber, Proteus, Maffucci etc. A RM é a ferramenta diagnóstica mais importante na classificação das anomalias vasculares, principalmente das profundas, pois permite localizá-las, avaliar as relações com estruturas circunjacentes e o comportamento vascular, essenciais para o planejamento terapêutico. Os tumores vasculares crescem por hiperplasia celular (principalmente endotelial); já as malformações têm um endotélio quiescente e são consideradas defeitos localizados da morfogênese vascular, provavelmente em razão da disfunção nas vias que regulam a embriogênese e vasculogênese.

Quadro 11 Tumores da glândula lacrimal

	Epidemiologia	Características de imagem	Outros achados
Tumor misto benigno (adenoma pleomórfico) (Figura 71)	Pacientes de meia-idade (40-50 anos), sem predileção pelo sexo. Massa indolor de crescimento lento	Circunscrita, redonda/oval, heterogênea em T2, realce heterogêneo/homogêneo. ADC maiores que 1,0 × 10^{-3} mm^2/s (auxilia no diferencial com lesão maligna)	Origina-se do lobo orbital da glândula lacrimal
Carcinoma adenoide cístico (CAC) (Figura 72)	29% das lesões epiteliais; 50% das lesões malignas. Pico na quarta década. Massa endurecida no quadrante superolateral da órbita, muitas vezes dolorosa por conta da disseminação perineural	Massa bem ou pouco delimitada. Destruição óssea em 70% dos casos. Hipossinal em T1, hipo/hipersinal em T2, intenso realce. Disseminação perineural pelo nervo supraorbitário. ADC médio de 0,8 × 10^{-3} mm^2/s	Calcificações intratumorais são mais comuns no CAC, adenocarcinoma e tumor epitelial não diferenciado que no adenoma pleomórfico

ADC: coeficiente de difusão aparente.

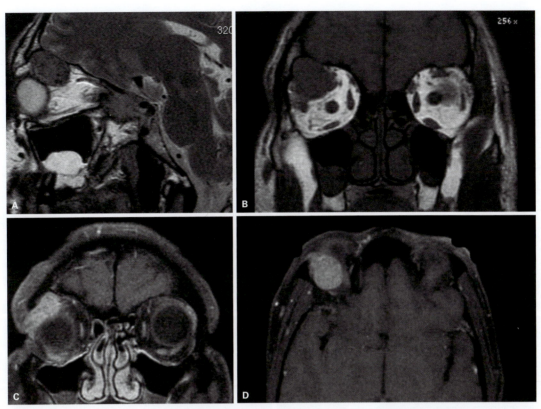

Figura 71 Tumor misto benigno. Ressonância magnética sagital T2 (A), coronal T1 sem contraste (B) e coronal e axial (C e D) pós--contraste mostrando lesão expansiva na glândula lacrimal direita com baixo sinal em T1 e T2 e impregnação pelo contraste.

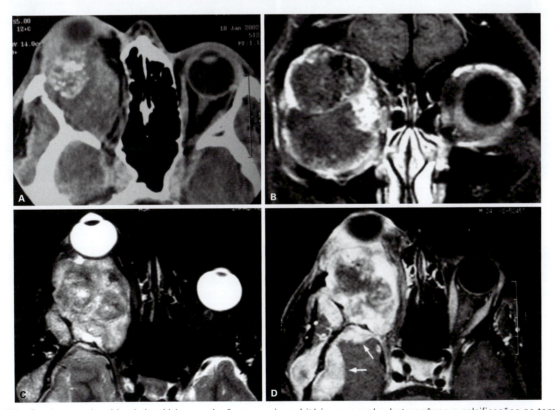

Figura 72 Carcinoma adenoide cístico. Volumosa lesão expansiva orbitária, com realce heterogêneo e calcificações na tomografia computadorizada (A). Na ressonância magnética (B, C e D) observa-se sinal heterogêneo, com hipersinal em T2 (C) e intensa impregnação pelo gadolínio nas sequências pesadas em T1 (B e D). Destaca-se a extensão extraorbitária da lesão para os ossos esfenoide, temporal e componente intracraniano (setas em D).

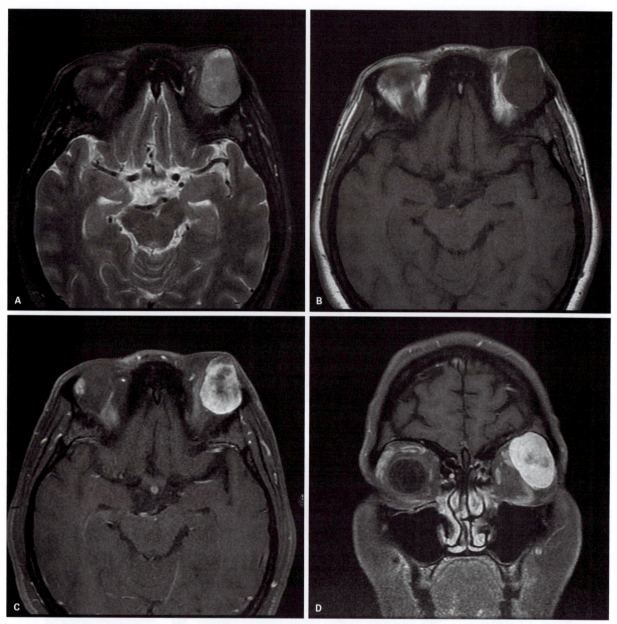

Figura 73 Neoplasia mioepitelial. Ressonâncias magnéticas axial T2 (A), T1 pré (B) e pós-contraste (C) e coronal T1 pós-contraste (D) mostram lesão expansiva bem definida, lobulada, com iso/leve hipersinal em T2 e realce pelo contraste na glândula lacrimal esquerda.

Quadro 12 Principais diferenças entre o principal tumor vascular (hemangioma infantil) e as malformações vasculares

	Hemangioma infantil	Malformação vascular de baixo e alto fluxo
História natural	Infância com regressão espontânea Três estágios: proliferativo, involutivo e involuído	Progressão lenta Pode aumentar em razão de trauma e variação hormonal
Prevalência	3-9 F/1 M	1 F/1 M
Imagem	Lesão bocelada, parcialmente definida, com sinal intermediário em T1, hipersinal em T2, *flow-voids* e impregnação precoce e intensa pelo contraste, que pode ter discreto aumento de suas dimensões à manobra de Valsalva/choro. Na fase de regressão é mais heterogêneo permeado por tecido fibrótico e gorduroso (Figura 74)	Malformações de baixo fluxo: hipersinal em T2. Malformações de alto fluxo: *flow-voids* e vasos dilatados, *nidus*
Tratamento	Involução espontânea, tratamento farmacológico (propanolol), cirúrgico, *laser*	*Lasers*, cirurgia e/ou embolização/escleroterapia dependendo do tipo

Os hemangiomas congênitos são raros e têm um comportamento diferente dos infantis. Apresentam-se como massa ao nascimento, que pode assumir dois comportamentos: regressão acentuada nos dois primeiros anos de vida ou crescimento proporcional ao da criança, sem regressão. Os achados de imagem são semelhantes aos de hemangioma infantil.

Hemangioendotelioma kaposiforme é outra neoplasia vascular congênita, de agressividade intermediária, associada à síndrome de Kasabach-Merrit (trombocitopenia), que eventualmente pode disseminar para linfonodos regionais e não regride após o nascimento.

Malformações vasculares de baixo fluxo

As malformações venosas de baixo fluxo podem ter comunicação com a circulação sistêmica (varizes) ou ser relativamente isoladas (hemangioma), e as varizes caracteristicamente têm aumento à manobra de Valsalva.

- Malformação venosa (antigo hemangioma cavernoso): acomete crianças e adultos jovens, apresenta coloração vinhosa ou azulada se houver acometimento cutâneo ou subcutâneo; não apresenta regressão espontânea. Na TC e RM: massa lobulada, septada, com flebólitos, baixo sinal em T1, alto sinal em T2, sem *flow-voids*, com realce gradual e progressivo (Figura 75).

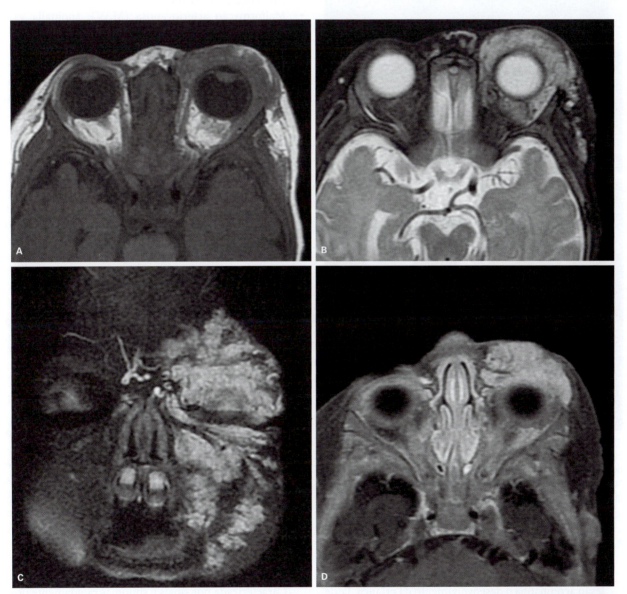

Figura 74 Hemangioma infantil. Lesão hipervascularizada na hemiface esquerda com acometimento orbitário pré e pós-septal. Ressonâncias magnéticas axiais T1 (A), T2 (B), T2 coronal (C) e T1 axial pós-contraste (D) mostrando lesão com alto sinal em T2, *flow-voids* e intensa impregnação precoce pelo contraste em paciente pediátrico.

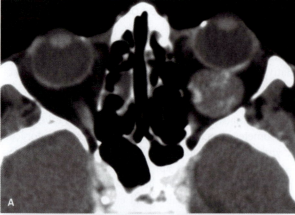
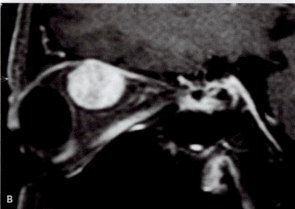
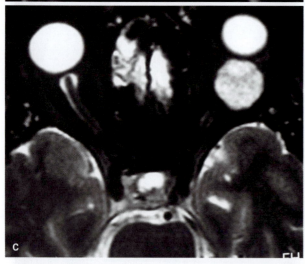

Figura 75 Malformação venosa de baixo fluxo (hemangioma cavernoso). Lesão expansiva intraconal à esquerda, de limites bem definidos, apresentando realce globuliforme à tomografia computadorizada (A) intenso. Realce pelo gadolínio em corte sagital (B) e hipersinal em T2 axial (C).

- Malformação linfática (antigo linfangioma): pode ser classificada em macrocística (estroma frouxo), microcística (estroma denso) ou mista. O aumento da lesão acompanha o desenvolvimento da criança. Pode haver aumento das dimensões durante a gestação, processos infecciosos ou traumas. Lesão expansiva bocelada e serpiginosa, mal definida, não capsulada, hipoatenuante, septada; sinal baixo em T1, intenso hipersinal em T2 com nível líquido-líquido correspondente a diferentes conteúdos proteicos ou hemorragias de diferentes idades. Pode haver tênue realce do componente sólido, septal ou nas margens das áreas císticas; não apresenta restrição à difusão (Figura 76).
- Malformações vasculares mistas: a malformação capilar é restrita à pele, habitualmente não necessita de exame de imagem e tem aparência sutil na RM em razão da pequena espessura e dos artefatos da interface pele/ar. Pode estar relacionada a síndromes genéticas, como Sturge-Weber, Klipplel-Trenaunay e Parkes-Weber. A malformação venocapilar é semelhante à venosa, porém o enchimento pelo contraste é precoce e não tardio.
- Malformação arteriovenosa (MAV): anomalia vascular de alto fluxo composta por artérias nutrientes e veias de drenagem que se comunicam em um *nidus*. Geralmente está presente no nascimento, mas é diagnosticada na adolescência ou no adulto jovem. Aumenta de tamanho com o crescimento da criança, gestação, se houver trauma ou trombose. A ângio-TC com fase arterial e venosa é excelente para detecção dos vasos nutrientes e de drenagem. A RM mostra vasos serpiginosos e enovelados, com áreas de *flow-void* que podem envolver partes moles e osso (Figura 77). Sequências de ângio-RM dinâmicas (TWIST) com aquisições sequenciais de 2-3 s permitem identificar as artérias e veias separadamente, pois o enchimento é precoce, cerca de 5-10 s após a injeção do contraste.
- Varizes orbitárias: compostas por um ou mais canais venosos tubulares com comunicação direta com o sistema venoso; podem ser divididas em primárias ou secundárias. As varizes primárias são idiopáticas e congênitas, confinadas à órbita. Varizes secundárias são aquelas adquiridas por um aumento do fluxo venoso, como resultado de uma MAV intracraniana, fístula arteriovenosa dural ou fístula carotídeo-cavernosa.

As varizes primárias podem ser de difícil diagnóstico, pois podem se colapsar, porém com a manobra provocativa (Valsalva, choro ou tosse), elas apresentam aumento das dimensões e podem determinar exoftalmo (Figura 78). Tipicamente, localizam-se no ápice orbitário, e o realce delas deve ser semelhante ao realce das demais veias. É a principal causa de hemorragia orbitária espontânea e de trombose, podendo causar exoftalmo agudo doloroso, e no contexto de trombose não irão apresentar realce ou mudança do aspecto à manobra de Valsalva.

Trombose da veia oftálmica superior

Caracterizada por sinais e sintomas rapidamente progressivos de proptose dolorosa, oftalmoplegia e edema periorbitário em razão do bloqueio da drenagem venosa

3 ÓRBITAS: TOMOGRAFIA COMPUTADORIZADA E RESSONÂNCIA MAGNÉTICA   **665**

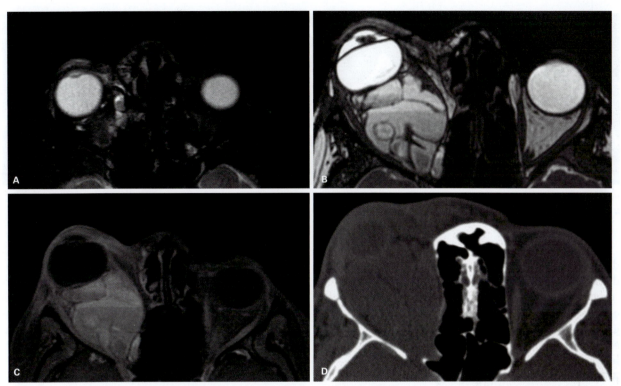

Figura 76   Malformação venolinfática. Ressonância magnética axial T2 (A). Exame de entrada evidencia lesão predominantemente cística, multiloculada, com nível líquido. Houve aumento súbito por conta do sangramento, mostrado no exame de controle FISP (B). T1 pós-contraste (C) e tomografia computadorizada (D).

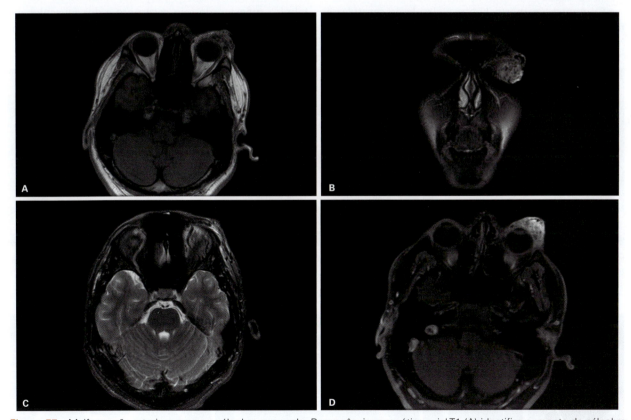

Figura 77   Malformação arteriovenosa na pálpebra esquerda. Ressonância magnética axial T1 (A) identifica aumento da pálpebra esquerda com *flow-voids* tortuosos representando vasos anômalos de permeio, que também são visualizados na sequência T2 coronal (B). Na imagem axial T2 (C) é possível observar ingurgitamento e *flow-void* na veia oftálmica superior esquerda inferindo arterialização dela por conta do alto fluxo. Imagem axial pós-contraste (D) evidencia realce da lesão.

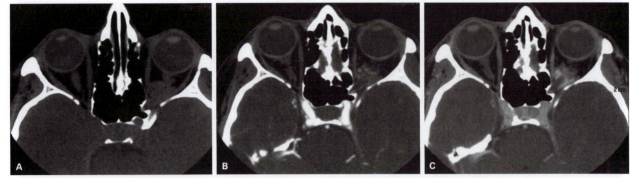

Figura 78   Varizes orbitárias. Tomografia computadorizada axial sem contraste (A) e com contraste nas fases arterial (B) e venosa (C) mostram lesão expansiva intraconal serpiginosa com impregnação progressiva pelo contraste, à esquerda.

da órbita. Pode acontecer como complicação no contexto de celulite orbitária, malformação vascular, tumor retro-orbitário, oftalmopatia tireoideana, sinusite, sarcoidose e hipercoagulabilidade. A ausência do *flow-void* na topografia da veia oftálmica superior à RM é sinal de trombose desta, sem impregnação interna pelo contraste ou com leve impregnação periférica ao trombo (Figuras 35 e 79). A TC com contraste e a angiografia cerebral não têm alta sensibilidade.

Fístula carotídeo-cavernosa

Comunicação anormal entre a circulação carotídea e o seio cavernoso.

- Direta: secundária a trauma, sintomas agudos, homens jovens, comunicação direta entre a ACI cavernosa e o seio cavernoso.
- Indireta: mulheres pós-menopausa, sintomas insidiosos, comunicação via ramos carotídeos da interna ou externa com o seio cavernoso.

Clinicamente, há exoftalmo pulsátil, hemorragia subconjuntival/quemose, proptose, perda visual progressiva, paralisia do III, IV, V e VI, entre outros.

Na TC identificam-se proptose, aumento da veia oftálmica superior, do seio cavernoso e dos músculos extrínsecos da órbita, edema orbitário. Presença de vasos

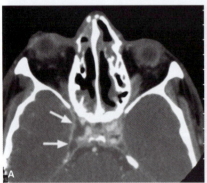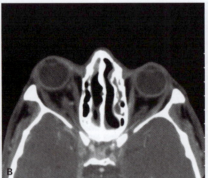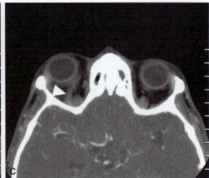

Figura 79   Trombose do seio cavernoso. Tomografias computadorizadas axiais pós-contraste (A, B e C) mostrando conteúdo hipoatenuante no seio cavernoso direito (setas) com proptose e densificação da gordura orbitária. Há dilatação secundária da veia oftálmica superior (ponta de seta).

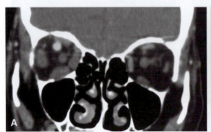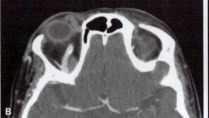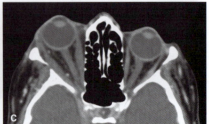

Figura 80   Fístula carotídeo-cavernosa à direita. Tomografias computadorizadas coronal (A), axiais (B e C) com contraste mostram ectasia e impregnação precoce da veia oftálmica superior direita associada a proptose e aumento do seio cavernoso direito.

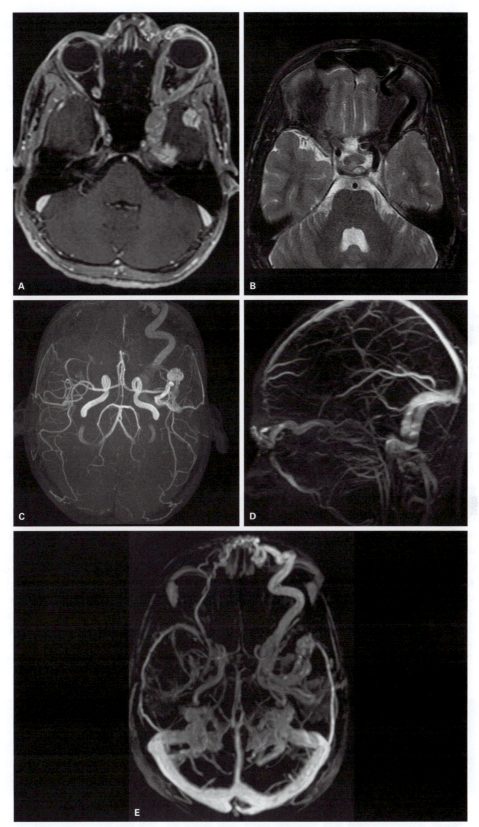

Figura 81 Fístula carotídeo-cavernosa. Ressonâncias magnéticas (RM) SPGR pós-contraste (A) e T2 (B) axiais mostram proptose ocular à esquerda com múltiplos vasos estendendo-se da órbita ao seio cavernoso que possuem alto sinal na sequência pós-contraste e baixo sinal em T2 (*flow-void*). Ângio-RM arterial (C), venosa (D) sem e com contraste (E) mostrando fístula carotídeo-cavernosa e ectasia da veia oftálmica superior esquerda pós-trauma.

ectasiados com fluxo rápido (*flow-void*) na RM. Estudos angiográficos são importantes na localização e planejamento terapêutico da fístula (Figuras 80 e 81), evidenciam *shunt* rápido da ACI para o seio cavernoso, veias de drenagem proeminentes e fluxo retrógrado do seio cavernoso para a veia oftálmica superior.

Miscelânea

Trauma

O trauma orbitário é classificado em contuso ou penetrante.

As fraturas orbitárias habitualmente comprometem mais de um osso e são mais frequentes no assoalho da órbita e parede medial (lâmina papirácea), seguidos do teto e parede lateral.

A fratura "por explosão" (*blow-out fracture*) é consequente a trauma de baixo impacto com aumento da pressão local, classicamente descrito em associação com bolada e não com acidente automobilístico, em que a intensidade e direção das forças é diferente. Nota-se fratura do assoalho orbitário na topografia do canal do nervo infraorbitário, onde o osso é mais fino. Pode haver herniação e aprisionamento da gordura extraconal ou musculatura ocular extrínseca (músculos reto e oblíquo inferior) através da fratura, determinando restrição da movimentação ocular e diplopia (Figura 82).

Fraturas isoladas da parede medial orbitária são menos frequentes e relacionadas a enfisema orbitário oriundo das cavidades paranasais. As fraturas do teto orbitário representam 5% das fraturas faciais, e estão associadas a trauma de alto impacto e outras fraturas do seio e osso frontais, contusões encefálicas, pneumocéfalo e fístula liquórica. Já as fraturas da parede lateral também são observadas em traumas de alto impacto juntamente a fraturas múltiplas da face e do arco zigomático (Figura 83).

Fraturas do canal do nervo óptico, fissura orbitária superior e ápice orbitário podem causar laceração ou compressão do nervo óptico por hematomas subperiosteais ou retrobulbares. A TC permite a visualização da fratura e identificação de fragmentos ósseos e corpos estranhos. A RM é o estudo de eleição para avaliação do nervo óptico evidenciando descontinuidade ou alteração de sinal do nervo. O diagnóstico precoce é fundamental para que o tratamento cirúrgico seja mais eficaz e possa evitar a perda definitiva da visão (Figura 84).

Os principais achados no trauma do globo ocular são rotura, luxação do cristalino e hematoma intra ou retro-ocular. A associação com fraturas e hematomas da face, contusões/coleções intracranianas e fístulas carotídeo-cavernosas é frequente.

Os traumas perfurantes podem estar relacionados à presença de corpos estranhos de diferentes origens. Se orgânicos, causam endoftalmite em 7-13%, caso não sejam retirados. Os corpos estranhos metálicos, por sua vez, são bem tolerados, porém o cobre e o ferro também podem causar infecção purulenta e siderose da retina.

A TC é o estudo de imagem de escolha, pois permite boa avaliação do globo ocular e das fraturas, localização do corpo estranho e detecção de materiais metálicos, que são incompatíveis com RM (Figuras 85 e 86). As reconstruções multiplanares e tridimensionais facilitam muito o diagnóstico e o planejamento cirúrgico.

No trauma antigo com lesão do globo pode ocorrer *phthisis bulbi*, caracterizado por redução das dimensões do globo e calcificações distróficas.

O trauma perfurante das vias lacrimais pode causar laceração e obstrução, habitualmente relacionadas a outras lesões orbitárias ou faciais. O principal sintoma, na fase aguda, é o sangramento e, na crônica, lacrimejamento. A dacriocistografia é importante no diagnóstico e no planejamento terapêutico, frequentemente cirúrgico.

Hiperplasia angiolinfoide com eosinofilia (HALE)

Doença periocular rara, caracterizada por desordem proliferativa vascular benigna, primeiramente descrita em 1969 por Wells e Whimster, é também conhecida por hemangioma epitelioide, um termo que descreve mais

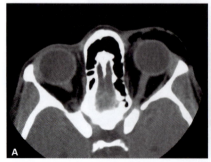 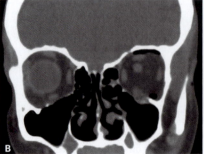 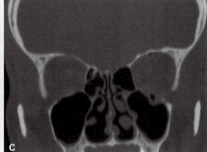

Figura 82 Fratura *blow-out*. A: Tomografia computadorizada (TC) axial com janela para partes moles mostra edema dos planos perioculares com enfisema por trauma agudo à esquerda. B: TC coronal com janela para partes moles e óssea (C) mostra fratura do assoalho orbitário esquerdo com herniação da gordura orbitária.

3 ÓRBITAS: TOMOGRAFIA COMPUTADORIZADA E RESSONÂNCIA MAGNÉTICA **669**

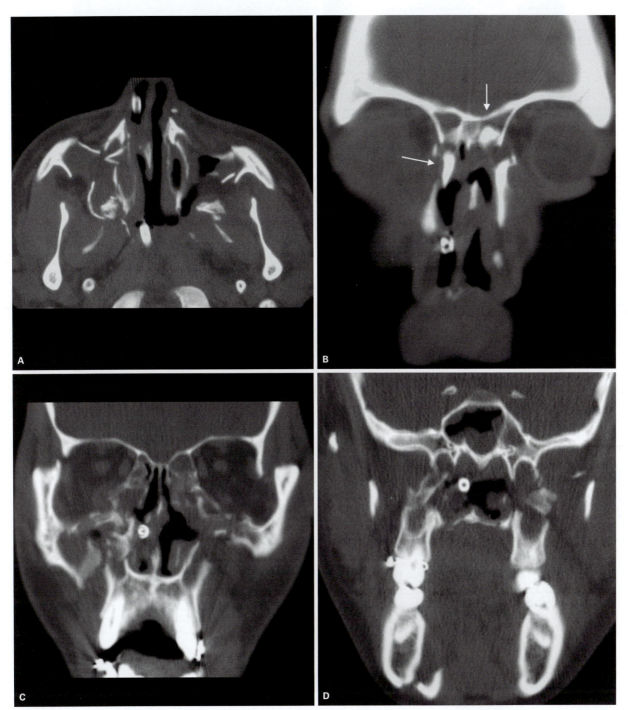

Figura 83 Trauma. Tomografias computadorizadas axial (A) e coronais (B-D), janela para osso mostrando múltiplas fraturas cominutivas da maxila, etmoide, órbita, platôs e lâminas pterigóideos. Associam-se fragmentos de corpo estranho (vidro) na região anterior da face (setas em B) e fratura do corpo da mandíbula à direita.

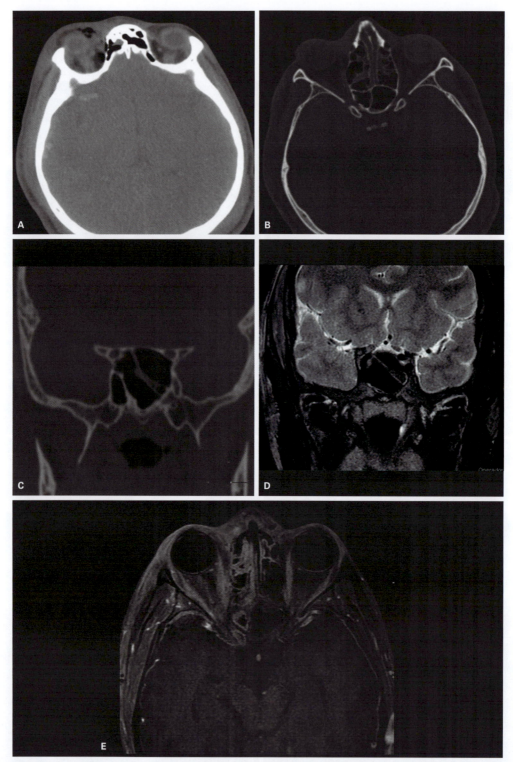

Figura 84 Politrauma, vítima de espancamento. Tomografia computadorizada axial (A) mostra aumento das partes moles periorbitárias à direita, com focos gasosos na pálpebra e no espaço extraconal adjacente à lâmina papirácea, além de hematomas extra-axiais temporais à direita. Janela óssea (B) evidencia tênue traço de fratura da parede lateral do seio esfenoidal direito/parede medial do canal óptico, além de foco de gás no interior do canal do nervo óptico (C). Ressonância magnética coronal T2 (D) mostra hipersinal no segmento canalicular e cisternal do nervo óptico, com realce após contraste (E), sugerindo laceração dele.

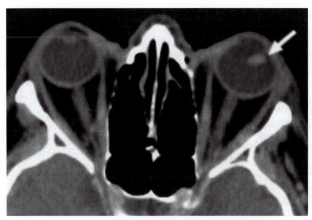

Figura 85   Trauma. Tomografia computadorizada axial com contraste mostrando luxação do cristalino esquerdo (seta).

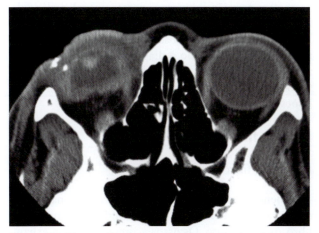

Figura 86   Trauma. Tomografia computadorizada axial mostra perfuração do globo ocular direito, com edema periorbitário e fragmentos hiperatenuantes correspondendo a corpos estranhos.

sucintamente as características histopatológicas distintas dessa entidade. Acomete mais comumente pacientes de origem não asiática, com preponderância feminina na meia-idade. HALE se apresenta como nódulos subcutâneos superficiais pruriginosos e que sangram, localizados principalmente na cabeça e pescoço. Comprometimento dos linfonodos é infrequente.

Achados de imagens são muito semelhantes aos da doença de Kimura, sendo variáveis, destacando-se massas com iso/hiperdensidade na TC, realce heterogêneo e moderado a intenso, localizadas no subcutâneo. A RM exibe sinal discretamente elevado em T1, alto em T2, além de realce variável ao contraste (Figura 87).

Amiloidose

A infiltração orbitária por tecido amiloide é rara, pode ocorrer na forma primária sistêmica ou localizada e acomete qualquer estrutura orbitária. A forma localizada se manifesta como massa expansiva (amiloidoma) que causa proptose indolor, sem sinais inflamatórios associados. Frequentemente observam-se calcificações e impregnação heterogênea após a injeção do meio de contraste, semelhante ao pseudotumor (Figura 88).

A infiltração isolada da glândula lacrimal causa seu aumento difuso com ou sem calcificações associadas, sendo elas de aspecto puntiforme, semelhantes a flebolitos. Na RM a glândula tem baixo sinal em T2, sem impregnação pelo contraste.

Os principais diagnósticos diferenciais são processos inflamatórios ou neoplásicos, como plasmocitoma.

O tratamento é realizado com cirurgia e radioterapia.

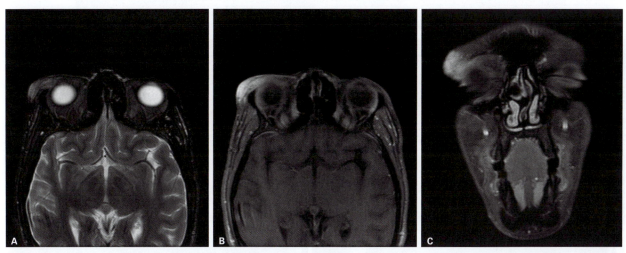

Figura 87   Hiperplasia angiolinfoide com eosinofilia. Paciente masculino jovem com antecedente de trauma automobilístico há alguns anos, evolui há 1 ano com tumoração periorbitária à direita. Axial T2 (A) evidencia lesão superficial com alto sinal em T2, a qual impregna ao meio de contraste nas sequências axial e coronal T1 pós-contraste (B e C).

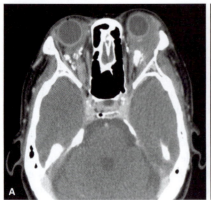
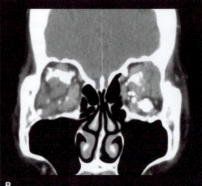
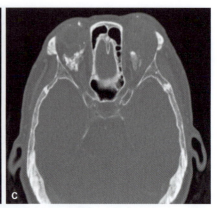

Figura 88 Amiloidose. Tomografias computadorizadas axial (A e C) e coronal (B) mostram depósito de material parcialmente calcificado intra e extraconal bilateral.

Histiocitose das células de Langerhans (HCL)

Doença multissistêmica incomum caracterizada por proliferação policlonal anormal de células de Langerhans que invadem diversos órgãos, como pele, osso, fígado, baço, pulmão e medula óssea. Em algumas situações, o envolvimento da órbita é o único e primeiro sintoma, com proptose uni ou bilateral, dor periorbitária e eritema palpebral com acometimento frequente do osso frontal e região superolateral orbitária. A apresentação é mais comum na base do crânio (60%), podendo ser multifocal ou solitária. Envolvimento orbitário ocorre em 20-25% dos casos.

O granuloma eosinofílico é a forma mais frequente e menos grave da doença, na qual se observa lesão única, óssea, lítica, com efeito expansivo. A doença de Letterer-Siwe corresponde à forma aguda em crianças com até 2 anos, multissistêmica, com acometimento ósseo, já a de Hand-Schüller-Christian corresponde à forma crônica sistêmica e disseminada associada a lesões ósseas. O acometimento orbitário é observado principalmente na doença disseminada aguda, com predomínio uveal e coróideo.

A TC e a RM mostram lesões líticas ósseas, que podem estar associadas a componente de partes moles e que acometem a região orbitária superotemporal, a glândula lacrimal e, por vezes, a musculatura ocular extrínseca. Lesões semelhantes são observadas na calota craniana e nos ossos da face, sendo o diagnóstico diferencial realizado com sarcoidose, tuberculose, rabdomiossarcoma, fibrossarcoma, linfoma, tumores de glândula lacrimal e lesões metastáticas.

Lesões fibro-ósseas

Displasia fibrosa

Doença benigna lentamente progressiva, na qual o osso craniofacial normal é substituído por um tecido fibro-ósseo imaturo. Os ossos acometidos ficam expandidos e frágeis. É subdividida em monostótica e poliostótica, e afeta os ossos craniofaciais em metade dos pacientes, em ordem decrescente de frequência: maxila, mandíbula, frontal, esfenoide, etmoidal e occipital. Ao envolver a maxila, pode elevar o assoalho orbitário e o globo ocular, determinando alterações visuais, propto-

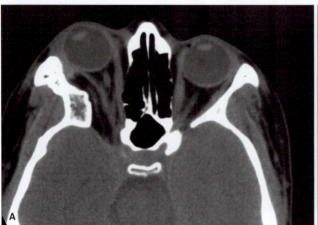
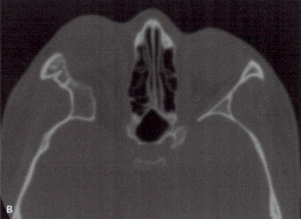

Figura 89 Displasia fibrosa. Tomografia computadorizada axial com janela para partes moles (A) e osso (B) mostrando espessamento da medular da grande asa do osso esfenoide direito determinando proptose ocular.

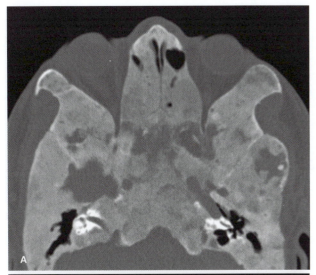

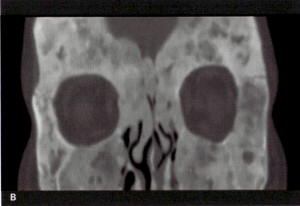

Figura 90 Displasia fibrosa poliostótica. Tomografia computadorizada axial (A) e coronal (B) com janela mostrando espessamento difuso da medular dos ossos da face, que compromete totalmente as órbitas.

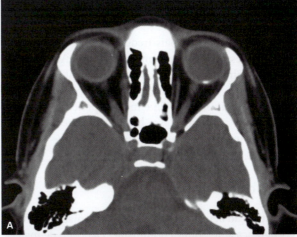

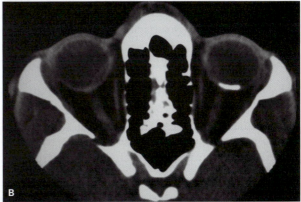

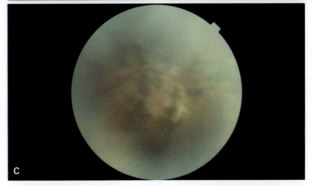

Figura 91 Osteoma de coroide. Dois pacientes diferentes do sexo feminino (A e B) apresentam calcificação em placa junto à parede posterior do globo ocular esquerdo. Fundo de olho do paciente B (C) mostra lesão amarela-alaranjada, com bordas geográficas.

se e distopia orbitária. Há associação com síndromes endócrinas, classicamente a síndrome de McCune-Albright, na qual se observa hiperpigmentação cutânea, puberdade precoce e hipertireoidismo.

Os principais padrões observados à TC são (Figuras 89 e 90):

- A forma pagetiforme (56%) ocorre na forma poliostótica, com densidade óssea mista, espessamento ósseo local e da díploe interna e externa do crânio.
- O acometimento do osso esfenoide de forma esclerótica, difusa, em "vidro despolido", presente em 23% dos casos.
- A forma cística (21%) acomete difusamente o osso com afilamento cortical e expansão.

A RM demonstra lesão com sinal heterogêneo e baixo em T1, sinal heterogêneo em T2 com áreas císticas de permeio e que pode apresentar impregnação pelo contraste nos casos de atividade celular, sendo tal característica importante para o prognóstico e conduta do paciente.

Osteoma da coroide

Acomete mulheres jovens na terceira década de vida. É assintomático ou causa perda progressiva da acuidade visual. Lesão calcificada na mácula (Figura 91).

Fibroma ossificante

Lesão fibro-óssea mais frequente após a displasia fibrosa e, mesmo assim, extremamente rara. Alteração benigna, geralmente incidental, de crescimento lento, com formação óssea, que acomete idosos. Os principais locais acometidos são mandíbula e maxila, podendo haver extensão para a órbita. Massa heterogênea, geralmente de grandes dimensões, com conteúdo ósseo, que tem sinal baixo nas sequências pesadas em T2.

Drusa do disco óptico

Alteração benigna, geralmente assintomática. Pode haver herança autossômica dominante. Depósito de material hialino, puntiforme, junto à superfície do disco óptico que, quando calcificado, é visualizado à TC (Figura 92).

Obstrução do sistema lacrimal

A obstrução pode ocorrer nos canalículos superior e inferior, no canalículo comum, saco lacrimal ou ducto nasolacrimal, decorrente de trauma, principalmente na porção proximal, processos inflamatórios como dacriocistite crônica, presença de dacriolitos ou, raramente, papilomas. O principal sintoma é lacrimejamento e, na obstrução alta do ducto nasolacrimal, pode-se observar mucocele do saco lacrimal ou mesmo abscesso.

As mucoceles ou divertículos do saco lacrimal podem ter origem congênita, com abaulamento focal e lacrimejamento, observados como formações císticas à TC e RM e que podem apresentar leve impregnação periférica pelo contraste se houver infecção concomitante (Figuras 93 e 94). Quando há obstrução proximal e distal da via lacrimal e dilatação do ducto nasolacrimal denomina-se dacriocistocele, reservando-se mucocele do saco lacrimal para as dilatações localizadas apenas no saco lacrimal.

A dacriocistografia por RM com bobinas de superfície e aparelhos de alto campo tem bons resultados na avaliação do sistema lacrimal, com a vantagem de não usar contraste ou cateterizar o sistema, porém ainda é inferior à dacriocistografia por radiografia, estudo de eleição para avaliação via lacrimal, descrito mais adiante.

Tumores

Os tumores do saco lacrimal são extremamente raros, de origem epitelial ou não epitelial, destacando-se os tumores mistos benignos, o papiloma, o oncocitoma, o carcinoma espinocelular, o adenocarcinoma, o carcinoma mucoepidermoide, o carcinoma adenoide cístico e os carcinomas indiferenciados, além de lesões secundárias infiltrando o saco lacrimal, como melanoma, linfoma, tumores neurogênicos e histiocitoma fibroso. Os achados de imagem são inespecíficos, desde massas bem definidas obstruindo o sistema lacrimal até lesões extremamente agressivas com extensão para outros espaços orbitários.

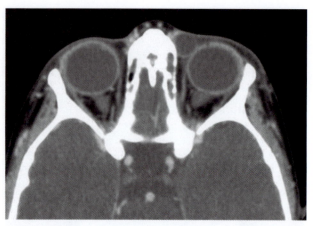

Figura 93 Mucocele de saco lacrimal. Tomografia computadorizada axial pós-contraste mostrando lesão cística sem realce na região do canto medial da órbita esquerda.

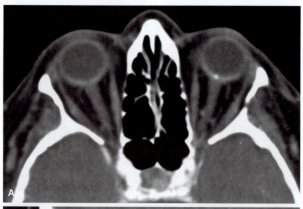
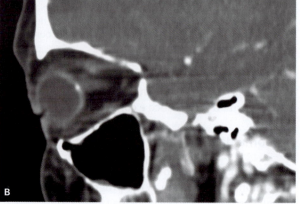

Figura 92 Drusa. Tomografia computadorizada axial (A) e sagital (B) mostrando calcificação puntiforme na topografia do disco óptico esquerdo.

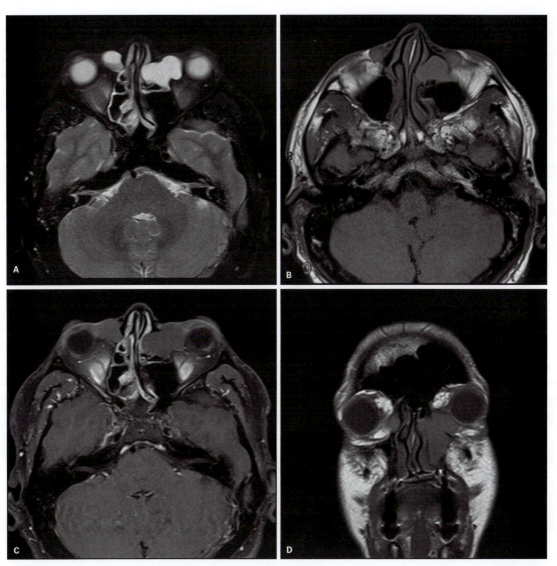

Figura 94 Dacriocistocele. Ressonância magnética axial T2 (A), T1 pré (B) e pós-contraste (C) e coronal T1 pós-contraste (D) mostrando dilatação do saco e ducto nasolacrimal bilateral, com nível líquido à direita.

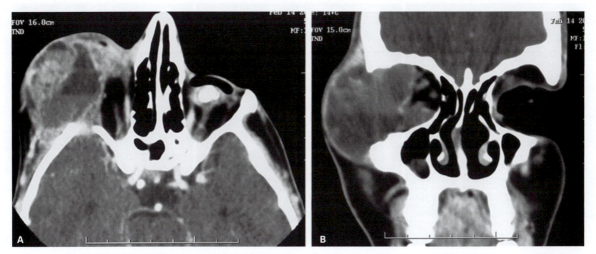

Figura 95 Neoplasia radioinduzida. Sarcoma orbitário 12 anos após tratamento radioterápico por retinoblastoma. Tomografia computadorizada axial (A) e coronal (B) mostrando extensa massa orbitária direita com liquefação e erosão dos ossos temporal e grande asa do esfenoide. Implante ocular pós-enucleação esquerda.

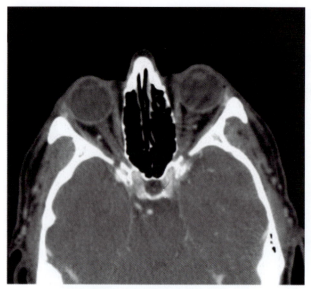

Figura 96 Lente intraocular. Tomografia computadorizada axial com contraste mostrando lente intraocular normoposicionada à direita e cristalino preservado à esquerda.

Alterações actínicas

A órbita e seus conteúdos são muito sensíveis à radiação, com desenvolvimento de catarata precoce, redução da acuidade visual, neuropatia óptica e, principalmente, após tratamento de retinoblastoma, aparecimento de neoplasias radioinduzidas (Figura 95) como osteossarcoma, fibrossarcoma e rabdomiossarcoma, que são mais frequentes quanto mais prolongada a sobrevida do indivíduo, chegando a 80% após 30 anos, dependendo da série. Entretanto, em razão da melhora dos equipamentos radioterápicos, a incidência de tais lesões está diminuindo progressivamente para casos extremamente esporádicos.

Pós-operatório

Os principais tipos de implantes orbitários são esféricos, usados pós-enucleação e reconstrutivos, principalmente em casos de trauma. O implante esférico é suturado no espaço intraconal, sendo colocada prótese escleral

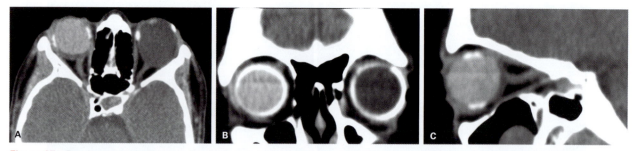

Figura 97 Bandas esclerais. Tomografia computadorizada axial (A), coronal (B) e sagital (C) mostrando aumento do diâmetro anteroposterior (AP) dos globos oculares por miopia de alto grau, com material denso, terapêutico à direita e bandas de silicone bilaterais.

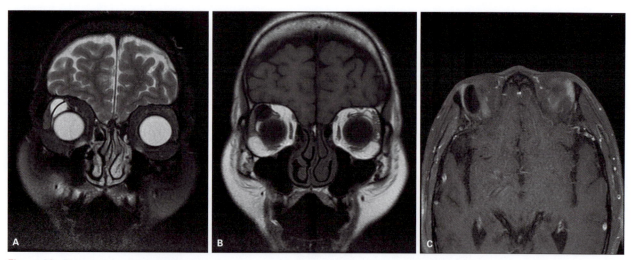

Figura 98 Dreno com válvula de drenagem para glaucoma. Ressonância magnética coronal T2 (A), T1 (B) e axial T1 com contraste (C) mostrando válvula no espaço extraconal superolateral com dreno no interior à direita.

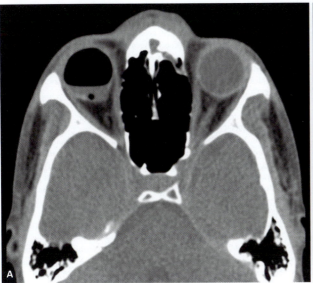
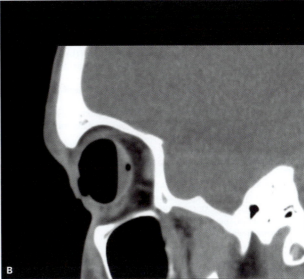

Figura 99   Gás intraocular. Tomografia computadorizada axial (A) e sagital (B) mostrando descolamento da retina tratado com injeção de gás formando nível no globo ocular direito.

externa, que pode ser aderida à prótese intraocular, uma vez que ela esteja vascularizada. A RM tem um importante papel na avaliação pós-operatória da prótese e, principalmente, na detecção da vascularização em tecido de granulação pós-cirúrgico para melhor adesão, com consequente mobilidade adequada dela.

Existem vários materiais cirúrgicos que podem ser usados no globo ocular, como lentes intraoculares para correção de catarata, bandas esclerais de silicone nos descolamentos de retina, injeção de silicone na câmara vítrea etc. Tais estruturas podem ser observadas à TC e à RM e determinam artefatos locais que devem ser corretamente diagnosticados para evitar procedimentos desnecessários (Figuras 97 a 99).

Bibliografia sugerida

1. An G, Gui L, Liu J, Niu F, Chen Y, Wang M. Treatment of fibrous dysplasia orbital deformities with digital imaging guidance. J Craniofacial Surg. 2015;26(2):449-51.
2. Azari AA, Kanavi MR, Lucarelli M, Lee V, Lundin AM, Potter HD, et al. Angiolymphoid hyperplasia with eosinophilia of the orbit and ocular adnexa: report of 5 cases. JAMA Ophthalmology. 2014;132(5):633-6.
3. Bardakjian T, Weiss A, Schneider A. Microphthalmia/anophthalmia/coloboma spectrum. In: Pagon RA, Adam MP, Ardinger HH, Wallace SE, Amemiya A, Bean LJH, et al., eds. GeneReviews 1993-2016. 2004 Jan 29 [updated 2015 Jul 9].
4. Bhansali A, Sharma BS, Sreenivasulu P, Singh P, Vashisth RK, Dash RJ. Acromegaly with fibrous dysplasia: McCune-Albright syndrome – clinical studies in 3 cases and brief review of literature. Endocr J. 2003;50(6):793-9.
5. Browning DJ. Choroidal osteoma: observations from a community setting. Ophthalmology. 2003;110(7):1327-34.
6. Buder K, Gesierich A, Gelbrich G, Goebeler M. Systemic treatment of metastatic uveal melanoma: review of literature and future perspectives. Cancer Medicine. 2013;2(5):674-86.
7. Ciarmatori A, Nocetti L, Mistretta G, Zambelli G, Costi T. Reducing absorbed dose to eye lenses in head CT examinations: the effect of bismuth shielding. Australas Phys Eng Sci Med. 2016;39(4):583-9.
8. Eckardt ACAM, Lemound J, Rana M, Gellrich N-C. Orbital lymphoma: diagnostic approach and treatment outcome. World J Surg Oncol. 2013;11(1):73.
9. Flors L, Leiva-Salinas C, Maged IM, Norton PT, Matsumoto AH, Angle JF, et al. MR imaging of soft-tissue vascular malformations: diagnosis, classification, and therapy follow-up. Radiographics. 2011;31(5):1321-40; discussion 40-1.
10. Fujita A, Sakai O, Chapman MN, Sugimoto H. IgG4-related disease of the head and neck: CT and MR imaging manifestations. Radiographics. 2012;32(7):1945-58.
11. Garcia-Filion P, Borchert M. Optic nerve hypoplasia syndrome: a review of the epidemiology and clinical associations. Curr Treat Options Neurol. 2013;15(1):78-89.
12. Ginat DT, Bokhari A, Bhatt S, Dogra V. Inflammatory pseudotumors of the head and neck in pathology-proven cases. J Neuroradiol. 2012;39(2):110-5.
13. Guedes BV, da Rocha AJ, Zuppani HB, da Silva CJ, Sanvito WL. A case review of the MRI features in alternating Tolosa-Hunt syndrome. Cephalalgia. 2010;30(9):1133-6.
14. Harada K, Murakami N, Kitaguchi M, Sekii S, Takahashi K, Yoshio K, et al. Localized ocular adnexal mucosa-associated lymphoid tissue lymphoma treated with radiation therapy: a long-term outcome in 86 patients with 104 treated eyes. Int J Radiat Oncol Biol Phys. 2014;88(3):650-4.
15. Haradome K, Haradome H, Usui Y, Ueda S, Kwee TC, Saito K, et al. Orbital lymphoproliferative disorders (OLPDs): value of MR imaging for differentiating orbital lymphoma from benign OPLDs. Am J Neuroradiol. 2014;35(10):1976-82.
16. Héran F, Bergès O, Blustajn J, Boucenna M, Charbonneau F, Koskas P, et al. Tumor pathology of the orbit. Diagnost Interv Imaging. 2014;95(10):933-44.
17. Jurdy L, Merks JH, Pieters BR, Mourits MP, Kloos RJ, Strackee SD, et al. Orbital rhabdomyosarcomas: a review. Saudi J Ophthalmol. 2013;27(3):167-75.
18. Kansu T, Kadayifcilar S. Visual aspects of Behçet's disease. Curr Neurol Neurosci Rep. 2005;5(5):382-8.
19. Kar IB, Sethi AK. Kimura's disease: report of a case & review of literature. J Maxillofac Oral Surg. 2013;12(1):109-12.
20. Lavezzo MM, Sakata VM, Morita C, Rodriguez EE, Abdallah SF, da Silva FT, et al. Vogt-Koyanagi-Harada disease: review of a rare autoimmune disease targeting antigens of melanocytes. Orphanet J Rare Dis. 2016;11:29.
21. Lerdlum S, Boonsirikamchai P, Setsakol E. Normal measurements of extraocular muscle using computed tomography. J Med Assoc Thailand. 2007;90(2):307-12.
22. Nabil A-A, Marie S, Marc-Henri S, Nathalie C, Laurence D, Sophie P-N, et al. Upcoming translational challenges for uveal melanoma. Brit J Cancer. 2015;113(9):1249-53.
23. Nassiri N, Rootman J, Rootman DB, Goldberg RA. Orbital lymphaticovenous malformations: current and future treatments. Surv Ophthalmol. 2015;60(5):383-405.

24. Ozgen A, Ariyurek M. Normative measurements of orbital structures using CT. AJR Am J Roentgenol. 1998;170(4):1093-6.
25. Purohit BS, Vargas MI, Ailianou A, Merlini L, Poletti P-A, Platon A, et al. Orbital tumours and tumour-like lesions: exploring the armamentarium of multiparametric imaging. Insights into Imaging. 2015;7(1):43-68.
26. Reichstein D. Current treatments and preventive strategies for radiation retinopathy. Curr Opin Ophthalmol. 2015;26(3):157-66.
27. Rodriguez-Galindo C, Orbach DB, VanderVeen D. Retinoblastoma. Pediatr Clin North Am. 2015;62(1):201-223.
28. Rootman J, Heran MK, Graeb DA. Vascular malformations of the orbit: classification and the role of imaging in diagnosis and treatment strategies*. Ophthal Plast Reconstr Surg. 2014;30(2):91-104.
29. Safar A, Marsan J, Marglani O, Al-Sebeih K, Al-Harbi J, Valvoda M. Early identification of rhinocerebral mucormycosis. J Otolaryngol. 2005;34(3):166-71.
30. Salam A, Meligonis G, Malhotra R. Superior oblique myositis as an early feature of orbital Wegener's granulomatosis. Orbit. 2008;27(3):203-6.
31. Skalicky SE, White AJ, Grigg JR, Martin F, Smith J, Jones M, et al. Microphthalmia, anophthalmia, and coloboma and associated ocular and systemic features: understanding the spectrum. JAMA ophthalmology. 2013;131(12):1517-24.
32. Skolnik AD, Loevner LA, Sampathu DM, Newman JG, Lee JY, Bagley LJ, et al. Cranial nerve schwannomas: diagnostic imaging approach. Radiographics. 2016;36(5):1463-77.
33. Srinivasan S, Moorthy S, Sreekumar K, Kulkarni C. Diffusion-weighted MRI in acute posterior ischemic optic neuropathy. Indian J Radiol & Imaging. 2012;22(2):106-7.
34. Stone JH, Zen Y, Deshpande V. IgG4-related disease. N Engl J Med. 2012;366(6):539-51.
35. Sweeney AR, Gupta D, Keene CD, Cimino PJ, Chambers CB, Chang S-H, et al. Orbital peripheral nerve sheath tumors. Surv Ophthalmol. 2017;62(1):43-57.
36. Tan JS, Tan KL, Lee JC, Wan CM, Leong JL, Chan LL. Comparison of eye lens dose on neuroimaging protocols between 16 and 64-section multidetector CT: achieving the lowest possible dose. AJNR Am J Neuroradiol. 2009;30(2):373-7.
37. Tian JZ, Ma XF, Jiang GH, Fang J, Zhan WF. Primary haemangiopericytoma outside muscle cone in fossa orbitalis: a case report and review. Eye Science. 2012;27(4):205-9.
38. Toyoda K, Oba H, Kutomi K, Furui S, Oohara A, Mori H, et al. MR imaging of IgG4-related disease in the head and neck and brain. AJNR Am J Neuroradiol. 2012;33(11):2136-9.
39. Trebst C, Jarius S, Berthele A, Paul F, Schippling S, Wildemann B, et al. Update on the diagnosis and treatment of neuromyelitis optica: recommendations of the Neuromyelitis Optica Study Group (NEMOS). J Neurol. 2014;261(1):1-16.
40. Vairaktaris E, Moschos MM, Vassiliou S, Baltatzis S, Kalimeras E, Avgoustidis D, et al. Orbital cellulitis, orbital subperiosteal and intraorbital abscess. Report of three cases and review of the literature. J Craniomaxillofac Surg. 2009;37(3):132-6.
41. Yalcin CE, Tihan T. Solitary fibrous tumor/hemangiopericytoma dichotomy revisited. Adv Anat Pathol. 2016;23(2):104-11.
42. Yamamoto M, Harada S, Ohara M, Suzuki C, Naishiro Y, Yamamoto H, et al. Clinical and pathological differences between Mikulicz's disease and Sjogren's syndrome. Rheumatology. 2005;44(2):227-34.
43. Yudcovitch LB, Lahiff JM, Ochiltree AJ. Astrocytic hamartoma: a case report. Clin Exp Optom. 2008;91(2):187-92.
44. Zhang Z, Shi J, Guo J, Yan F, Fu L, Xian J. Value of MR imaging in differentiation between solitary fibrous tumor and schwannoma in the orbit. AJNR Am J Neuroradiol. 2013;34(5):1067-71.

4

Órbitas: dacriocistografia digital

Dalton Libanio Ferreira
Daniel Vaccaro Sumi
Regina Lúcia Elia Gomes

Introdução ao sistema lacrimal

O sistema lacrimal é composto pelas glândulas lacrimais e pelo sistema de drenagem lacrimal. As glândulas lacrimais estão localizadas na parte anterior e lateral do teto da órbita, junto ao osso frontal.

O sistema de drenagem lacrimal inclui o orifício lacrimal externo ou pontos lacrimais (*puncta*), os canalículos superior e inferior, o canalículo comum, o saco lacrimal e o ducto nasolacrimal. O ducto nasolacrimal se estende da porção inferior do saco lacrimal, através do canal lacrimal ósseo, e se abre no meato inferior da cavidade nasal (Figura 1).

Seu sistema de funcionamento é semelhante ao peristaltismo do trato gastrointestinal, impulsionando a lágrima em direção à cavidade nasal com contrações exercidas pelos músculos orbiculares (piscar de olhos).

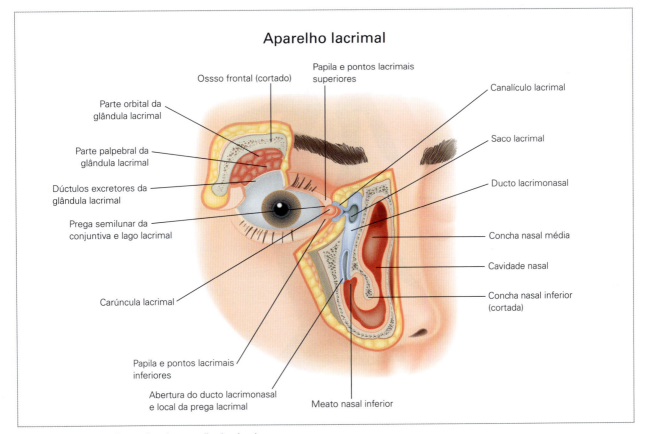

Figura 1 Esquema ilustrativo do aparelho lacrimal.

Revisão anatômica

Orifícios lacrimais externos (ou pontos lacrimais)

São os orifícios iniciais dos canalículos e estão localizados na papila lacrimal, que se situa a cerca de 8 mm do ângulo medial da comissura palpebral superior e inferior, cujo óstio mede em torno de 0,25 mm de diâmetro (Figura 2). Tanto o orifício lacrimal superior como o inferior estão em contato com os lagos (filmes) lacrimais, região localizada entre a carúncula e a prega semilunar da conjuntiva.

Canalículos lacrimais

Os canalículos lacrimais superiores e inferiores são constituídos por uma porção vertical, que mede cerca de 2 mm, e uma horizontal, paralela ao bordo palpebral, que mede cerca de 10 mm, e estão envolvidos pelos músculos orbiculares e pelo tendão palpebral medial. Fundem-se formando o canalículo lacrimal comum, medindo cerca de 2 mm, antes de penetrar no saco lacrimal (Figuras 2 e 3).

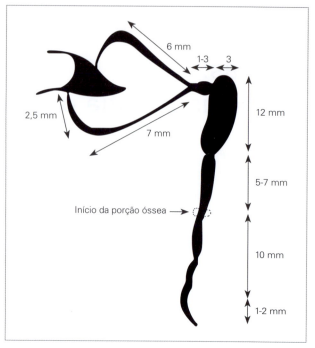

Figura 2 Esquema ilustrativo dos orifícios lacrimais.

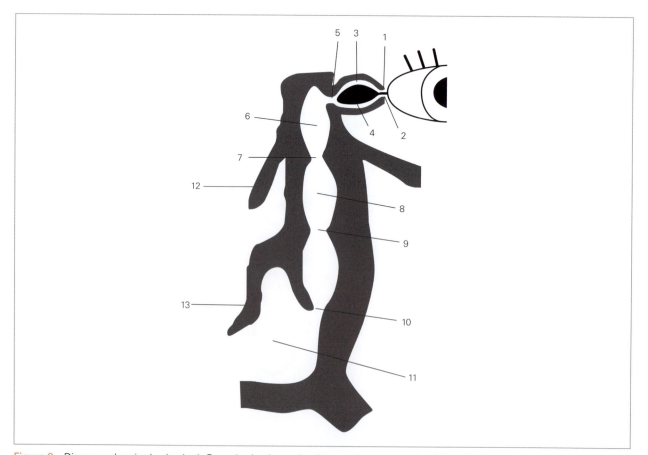

Figura 3 Diagrama das vias lacrimais. 1: Ponto lacrimal superior; 2: ponto lacrimal inferior; 3: canalículo lacrimal superior; 4: canalículo lacrimal inferior; 5: canalículo lacrimal comum; 5: válvula de Rosenmüller; 6: saco lacrimal; 7: válvula de Krause; 8: ducto nasolacrimal; 9: válvula de Taillefer; 10: válvula de Hasner; 11: meato nasal inferior; 12: concha nasal média; 13: concha nasal inferior.

Saco lacrimal

Situa-se anteriormente à parede medial da órbita (fossa lacrimal). Possui forma oval e alongada, mede cerca de 14 mm e pode atingir até 8 mm de diâmetro. Possui duas válvulas (pregas antirrefluxo): a primeira é chamada de válvula de Rosenmüller, na junção do canalículo lacrimal comum com o saco lacrimal, e a outra é chamada de válvula de Krause, na extremidade distal do saco lacrimal, na junção com o ducto nasolacrimal (Figuras 2 e 3).

Ducto nasolacrimal

Situa-se na única porção do sistema lacrimal que é intraóssea, dentro dos ossos lacrimal e maxilar. Tem a forma de um funil, mede entre 15 e 20 mm e se estende até o meato inferior das fossas nasais, saindo pelo orifício lacrimal inferior. Em sua porção central encontra-se a válvula de Taillefer e, junto ao orifício lacrimal inferior, forma-se a terceira válvula antirrefluxo chamada de válvula de Hasner, imperfurada em até 20% dos recém-nascidos.

Principais afecções que produzem epífora

Entre as principais causas de epífora podemos citar as deformidades congênitas, como a agenesia total das vias lacrimais, colobomas, imperfuração do ponto lacrimal, ectopia do ponto lacrimal (associada ao ectrópio e ao entrópio congênito), duplicações do ponto lacrimal e canalículos supranumerários.

As vias lacrimais podem ser obstruídas por traumatismos faciais decorrentes de acidentes automobilísticos com fraturas nasoetmoidais, fronto-orbitárias, maxilomaxilares e Le Fort I e II.

Afecções inflamatórias da mucosa nasal e dos seios paranasais, em decorrência da contiguidade entre as mucosas do ducto nasolacrimal e da narina, bem como a inflamação do plexo vascular do ducto nasolacrimal, também podem ser causa de epífora. A incompetência das válvulas de Hasner e de Rosenmüller quebra a barreira entre as cavidades mucosas do ducto nasolacrimal e da narina.

Existem também causas específicas que predispõem à obstrução lacrimal: doenças sistêmicas (como sarcoidose, granulomatose de Wegener, lúpus, doença de Crohn etc.), corpos estranhos e também neoplasias, que são extremamente raras.

Dacriocistografia

A avaliação funcional pode ser feita usando-se testes com corantes, cintilografia e ressonância magnética (RM).

A demonstração anatômica das vias lacrimais nos dias atuais pode ser feita por dacriocistografia convencional, tomografia computadorizada (TC) e RM.

A dacriocistografia por subtração digital pode determinar com precisão a localização da obstrução ou estenose da via lacrimal excretora, sendo atualmente o padrão-ouro para a avaliação anatômica do sistema quando se cogita a terapêutica cirúrgica. A concordância entre a dacriocistografia e os achados cirúrgicos é estimada em 95,5% dos casos.

A técnica de subtração digital é um método especialmente útil quando persiste a dúvida diagnóstica após a dacriocistografia convencional. Ela permite a subtração das estruturas ósseas e das partes moles, gerando imagens com maior contraste, e apresenta menor dose de radiação quando comparada com as radiografias convencionais e com a TC.

A dacriocistografia é um recurso complementar de diagnóstico que deve ser solicitado somente depois do exame oftalmológico. Trata-se de um exame de fácil e rápida execução e um diagnóstico correto resulta em aumento significativo da porcentagem de sucesso nos procedimentos cirúrgicos. Basicamente, ela representa o estudo por imagem da via lacrimal por meio da injeção de contraste em seu interior, sendo possível empregar contraste hidrossolúvel ou lipossolúvel. O lipossolúvel é de eliminação mais lenta, já que não se mistura à lágrima, porém delimita muito melhor o contorno das estruturas, sendo superior para a avaliação das vias lacrimais quando se suspeita de tumores, traumatismos e fístulas, pois a imagem obtida é mais precisa. Munk et al., entretanto, preferem utilizar contrastes hidrossolúveis nessas circunstâncias pelo maior risco de extravasamento do contraste lipossolúvel, que pode levar tardiamente a reação do tipo granulamatosa. Alguns autores preferem usar contrastes iodados hidrossolúveis de rotina. Eles argumentam que, por misturar-se pouco com a secreção lacrimal, o contraste lipossolúvel pode formar falsas imagens de saculações policísticas; além disso, também referem a possibilidade de reações granulomatosas em caso de extravasamento do contraste lipossolúvel para os tecidos moles, conforme supracitado.

Materiais e métodos

No Hospital das Clínicas da Faculdade de Medicina da Universidade de São Paulo, utilizam-se:

- Cateteres.
- Duas seringas de 10 mL do tipo Luer-lock.
- Meio de contraste.

Utiliza-se como cateter canalicular um escalpe n. 27 com o bisel cortado e com comprimento de 10 mm para que ele não seja colocado erroneamente no canalículo comum, produzindo assim resultados falsos-positivos, como obstrução do canalículo superior. Quando o orifício lacrimal externo se encontra obstruído, utiliza-se um dilatador canalicular. Utiliza-se meio de contraste lipossolúvel por fornecer melhor definição anatômica (Figura 4).

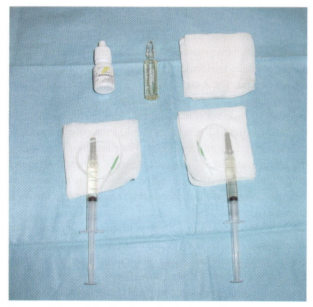

Figura 4   Material utilizado na dacriocistografia.

Figura 6   Técnica de colocação dos cateteres.

Após colocar o paciente em decúbito dorsal em aparelho radiológico de intervenção neurovascular (Figura 5), realiza-se uma radiografia simples das vias lacrimais, com angulação, a fim de eliminar a sobreposição das estruturas ósseas da mastoide. A radiografia simples serve como referência para a avaliação das radiografias subsequentes realizadas com contraste, além de ser útil na identificação de eventuais fatores obstrutivos radiopacos.

Com leve inclinação caudal do mento, cateteriza-se os orifícios lacrimais externos (Figura 6). Mediante radiografias seriadas, com tempo entre as exposições de 1 segundo e injeção simultânea, obtém-se uma excelente imagem radiográfica das vias lacrimais e, além disso, identifica-se, segundo Takano, cerca de 8,3% de alterações nos ductos contralaterais assintomáticos.

Achados radiológicos

Os achados radiológicos mais frequentes são as obstruções e as estenoses, seguidas das dilatações saculares, das sequelas de dacriocistorrinostomias e granulomas/cálculos (Figura 7).

Principais pontos de obstrução

Na maioria dos casos, o ponto de obstrução mais comum é na válvula de Krause, seguido pela válvula de Hasner e, por último, pela válvula de Rosenmüller. Alguns estudos mostram as obstruções no nível da válvula de Rosenmüller como as segundas mais frequentes, de até 25%.

- Válvula de Krause: cerca de 75% das obstruções ocorrem na transição do saco lacrimal e do ducto nasolacrimal e em 9% elas são bilaterais (Figuras 8-11).

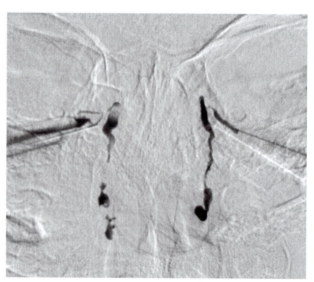

Figura 7   Presença de grande dacriocistolito dentro do saco lacrimal direito, não impedindo a passagem do meio de contraste.

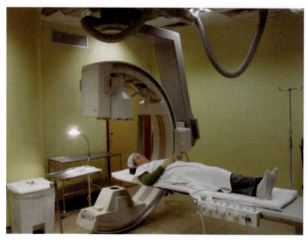

Figura 5   Aparelho de radiologia intervencionista.

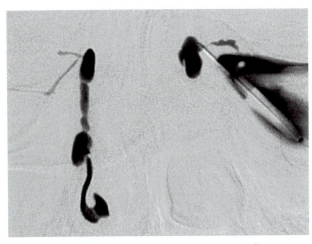

Figura 8 Obstrução da válvula de Krause à esquerda.

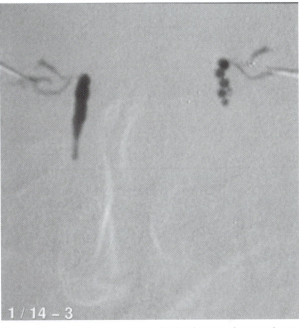

Figura 11 Vacuolização em saco lacrimal esquerdo com obstrução na válvula de Krause.

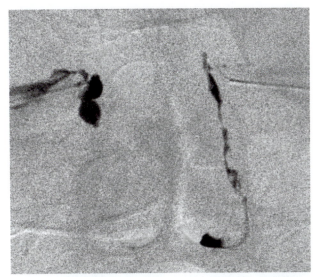

Figura 9 Obstrução da válvula de Krause à direita com dacriocistocele à montante.

- Válvula de Hasner: cerca de 15% das obstruções em adultos e em 20% dos recém-nascidos (nesses últimos, 95% resolvidos mecanicamente por pressão no saco lacrimal) (Figuras 12-13).
- Obstrução da válvula de Rosenmüller: ocorre em menos de 10% dos casos (Figuras 14-16).
- É possível demonstrar, também pela dacriocistografia por subtração digital, imagens dificilmente visualizadas pela radiologia convencional, como canaliculite

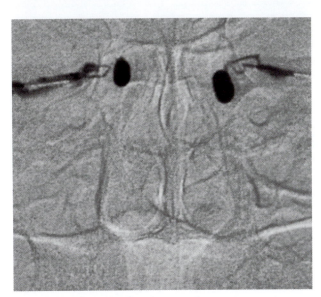

Figura 10 Obstrução bilateral.

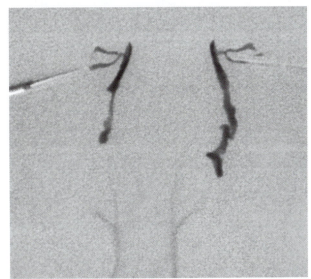

Figura 12 Obstrução na válvula de Hasner direita.

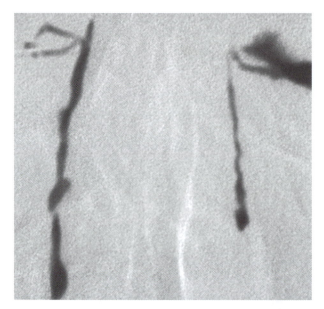

Figura 13   Obstrução na válvula de Hasner esquerda.

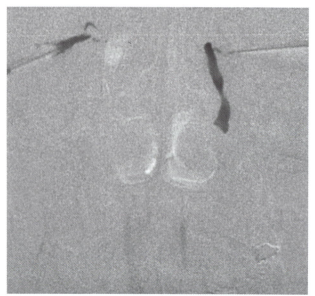

Figura 14   Obstrução da válvula de Rosenmüller direita.

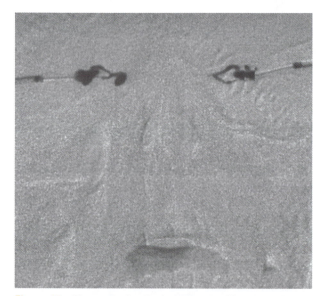

Figura 15   Obstrução da válvula de Rosenmüller esquerda.

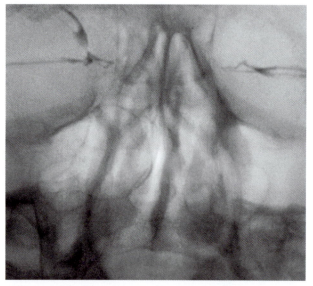

Figura 16   Obstrução bilateral da válvula de Rosenmüller.

(Figura 17), divertículos (Figura 18), dacriocistoceles (Figura 19) e estenoses em anastomose de dacriocistorrinostomias externa (Figura 20) e interna (Figura 21).

Outros métodos

A dacriocistografia por tomografia computadorizada (TC) apresenta como vantagens ser um método não invasivo e fornecer ótimo detalhamento anatômico da parte óssea, ao mesmo tempo em que permite a avaliação das estruturas de partes moles adjacentes às vias lacrimais. A contrastação do sistema lacrimal pode ser feita tanto por cateterização quanto por instilação do meio de contraste iodado puro ou diluído a 50%. A desvantagem do método é a utilização de radiação ionizante. Estudos mostram que a tomografia por *cone beam*, que expõe o paciente a menor quantidade de radiação, também pode ser empregada.

A dacriocistografia por ressonância magnética (RM) com bobinas de superfície e aparelhos de alto campo tem demonstrado resultados equivalentes à dacriocistografia convencional e à dacriocistografia por TC na avaliação do sistema lacrimal, com as vantagens de não submeter o paciente à radiação ionizante, não ser necessário cateterizar os pontos lacrimais nem utilizar meio de contraste, além de ser o método de eleição para a avaliação das partes moles orbitárias. Pode-se instilar soro fisiológico ou

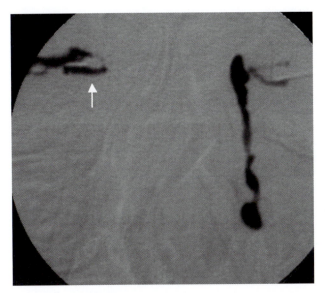

Figura 17 Canaliculite.

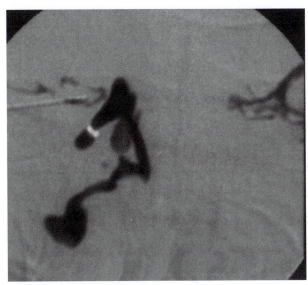

Figura 20 Dacriocistorrinostomia externa.

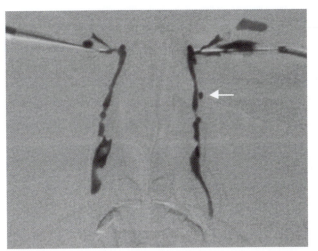

Figura 18 Divertículo no saco lacrimal esquerdo (A). Divertículo de ducto nasolacrimal esquerdo (B).

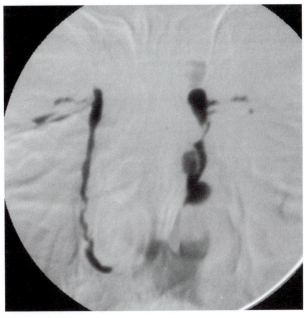

Figura 21 Dacriocistorrinostomia interna.

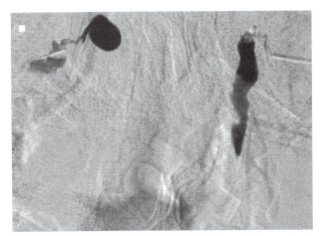

Figura 19 Obstrução do saco lacrimal direito com formação de dacriocistocele à montante.

gadolínio a fim de obter contrastação das vias lacrimais, sendo possível também cateterizar os pontos lacrimais, caso necessário. A técnica de RM dinâmica, utilizando sequências do tipo HASTE (Siemens) ou SS-FSE (GE), permite avaliação funcional das vias lacrimais e tem proporcionado resultados semelhantes à dacriocistografia. As principais limitações da RM são a perda de sinal das estruturas ósseas das vias lacrimais, o que torna o método limitado nos estados pós-cirúrgicos e na avaliação das diminutas estruturas contidas nas vias lacrimais, tempo maior de exame e custo superior às demais técnicas, bem como menor resolução espacial que a TC.

Bibliografia sugerida

1. Balatsoukas D, Hintschich C, Klauss V, Huber RM. Value of dacryocystography in diagnosis of lacrimal duct diseases. Klin Monatsbl Augenheilkd. 1992;201(4):211-5.
2. Bonnet F, Ducasse A, Marcus C, Hoeffel C. Dacryoscanner: aspects normaux et pathologiques. J Radiol. 2009;90:1685-93.
3. Campbell W. The radiology of the lacrimal system. Br J Radiol. 1964;37(1):1-26.
4. Cubuk R, Tasali N, Aydin S, Saydam B, Sengor T. Dynamic MR dacryocystography in patients with epiphora. Eur J Radiol. 2010;73:230-3.
5. Dalglesh R. Idiopathic acquired lacrimal drainage obstruction. Br J Ophtalmol. 1967;51:463.
6. Ewing AE. Roentgen ray demonstrations of the lacrimal abcess cavity. Am J Ophthalmol. 1909;24:1-4.
7. Francisco FC, Carvalho AC, Francisco VF, Francisco MC, Neto GT. Evaluation of 1000 lacrimal ducts by dacryocystography. Br J Ophthalmol. 2007;91:43-6.
8. Galloway JE, Kavic TA, Raflo GT. Digital subtraction macrodacryocystography: a new method of lacrimal system imaging. Ophthalmology. 1984;91(8):956-62.
9. Gmelin E, Rinast E, Bastian GO, Hollands-Thorn B, Weiss HD. Digital subtraction dacryocystography and sialography. Rofo. 1987;146:643-6.
10. Groell R, Schaffler GJ, Uggowitzer M, Szolar DH, Muellner K. CT-anatomy of the nasolacrimal sac and duct. Surg Radiol Anat. 1997;19(3):189-91.
11. Higashi H, Tamada T, Mizukawa K, Ito K. MR dacryocystography: comparison with dacryoendoscopy in positional diagnosis of nasolacrimal duct obstruction. Radiol Med. 2016;121:580-7.
12. Irfan S, Cassels-Brown A, Nelson M. Comparison between nasolacrimal syringing/probing, macrodacryocystography and surgical findings in the management of epiphora. Eye. 1998;12(Pt 2):197-202.
13. Kassel EE, Schatz CJ. Lacrimal apparatus. In: Som PM, Curtin HD, editors. Head and neck imaging. 4th ed. St Louis: Mosby, 2003. p. 655-733.
14. Kousoubris PD, Rosman DA. Radiologic evaluation of lacrimal and orbital disease. Otolaryngol Clin North Am. 2006;39:865-93.
15. Linberg JV, McCormick SA. Primary acquired nasolacrimal duct obstruction: a clinicopathologic report and biopsy technique. Ophthalmology. 1986;93:1055-63.
16. Lloyd GA, Welham RAN. Subtraction macrodacryocystography. Br J Radiol. 1974;47:379-82.
17. Maliborski A, Różycki R. Diagnostic imaging of the nasolacrimal drainage system. Part I. Radiological anatomy of lacrimal pathways. Physiology of tear secretion and tear outflow. Med Sci Monit. 2014;20:628-38.
18. Manfrè L, de Maria M, Todaro E, Mangiameli A, Ponte F, Lagalla R. MR dacryocystography: comparison with dacryocystography and CT dacryocystography. AJNR Am J Neuroradiol. 2000;21:1145-50.
19. Munk PL, Burhenne LW, Buffam FV, Nugent RA, Lin DT. Dacryocystography: comparison of water-soluble and oil-based contrast agents. Radiology. 1989;173:827-30.
20. Nagashima K. Gravity, blink rate, and lacrimal drainage capacity. Am J Ophthalmol. 1998;126(1):152.
21. Sahlin S, Chen E. Gravity, blink rate, and lacrimal drainage capacity. Am J Ophthalmol. 1997;124(6):758-64.
22. Sanmartin ZJ. Dacriocistografia com subtração digital (DGGSD). Arq Bras Oftalmol. 1998;61(2):224-8.
23. Schellini SA, Hercules LA, Padovani CR, Nascimento SM, Lopes PS, Schellini Rde C. Dacryocystography in adult lacrimal system evaluation. Arq Bras Oftalmol. 2005;68:89-92.
24. Steinkogler FJ, Karnel F, Canigiani G. Digital dacryocystography. Klin Monatsbl Augenheilkd. 1987;191(1):55-7.
25. Takano BA, Mendonça-Junior AA. Dacriocistografia: aspectos radiológicos nas alterações das vias lacrimais – análise de 24 casos. Radiol Bras. 1996;29:23-9.
26. Tschopp M, Bornstein MM, Sendi P, Jacobs R, Goldblum D. Dacryocystography using cone beam CT in patients with lacrimal drainage system obstruction. Ophthal Plast Reconstr Surg. 2014;30:486-91.
27. Weil B. Vias lacrimais. An Oftalmol. 1988;8(1):26-32.
28. Werb A. The anatomy of the lacrimal system. In: Milder B, Well BA, editors. The lacrimal system. Norwalk: Appleton-Century-Crofts; 1983. p. 28-32.
29. Wilhelm KE, Rudorf H, Greschus S, Garbe S, Lüssem M, Lischka T, et al. Cone-beam computed tomography (CBCT) dacryocystography for imaging of the nasolacrimal duct system. Klin Neuroradiol. 2009;19:283-91.
30. Xiao MY, Huang PN, Zhang ZS. Significance of preoperative digital subtraction dacryocystography for nasolacrimal stent. Hunan Yi Ke Da Xue Xue Bao. 2000;25(4):416-8.

5

Seios paranasais

Eloisa Santiago Gebrim
Carlos Toyama

Introdução

Os exames de imagem, principalmente a tomografia computadorizada (TC) e a ressonância magnética (RM), são fundamentais para a avaliação anatômica e o diagnóstico das doenças nasossinusais. A TC é o principal exame por imagem para a análise óssea das cavidades paranasais e suas vias de drenagem, bem como para o diagnóstico de diversas patologias. A RM permite melhor avaliação de tecido com densidade de partes moles e conteúdo líquido, podendo ser indicada no estadiamento de tumores, na extensão de processos inflamatórios, notadamente em complicações intracranianas da sinusite e nas doenças congênitas.

Anatomia

Os termos concha e corneto são utilizados muitas vezes como sinônimos, porém o termo corneto inclui a parte óssea, que seria a concha propriamente dita, e a mucosa. Há três cornetos ou conchas: inferior, médio e superior e pode estar presente também o corneto supremo. O ciclo nasal promove vasodilatação e vasoconstrição com congestão de uma fossa nasal enquanto a outra fossa está descongestionada e determina alternância do fluxo de ar unilateral nasal. Esse achado normal do aumento mucoso das fossas e cornetos pode ser identificado nos exames de imagem (Figura 1). A anatomia normal das fossas nasais e seios paranasais à TC está apresentada nas Figuras 2 e 3.

Cada concha tem a sua própria lamela. A lamela é definida como uma placa óssea em forma de L, que conecta a concha ao etmoide e à base do crânio. A porção anterior da lamela do corneto médio tem a sua inserção na base do crânio, e a porção vertical da lamela basal tem orientação transversal.

O corneto médio pneumatizado é denominado concha bolhosa e geralmente comunica-se com as células etmoidais anteriores (Figuras 1 e 5). A pneumatização do corneto superior é mais incomum (Figura 5B), e a

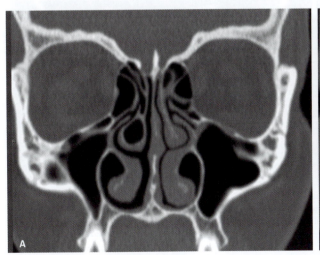
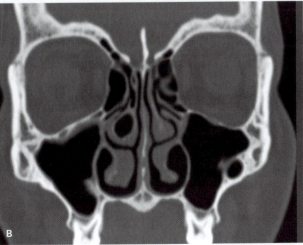

Figura 1 Aumento volumétrico da mucosa dos cornetos nasais esquerdos (A) e posteriormente dos direitos (B) relacionado ao ciclo nasal. O corneto médio direito é pneumatizado.

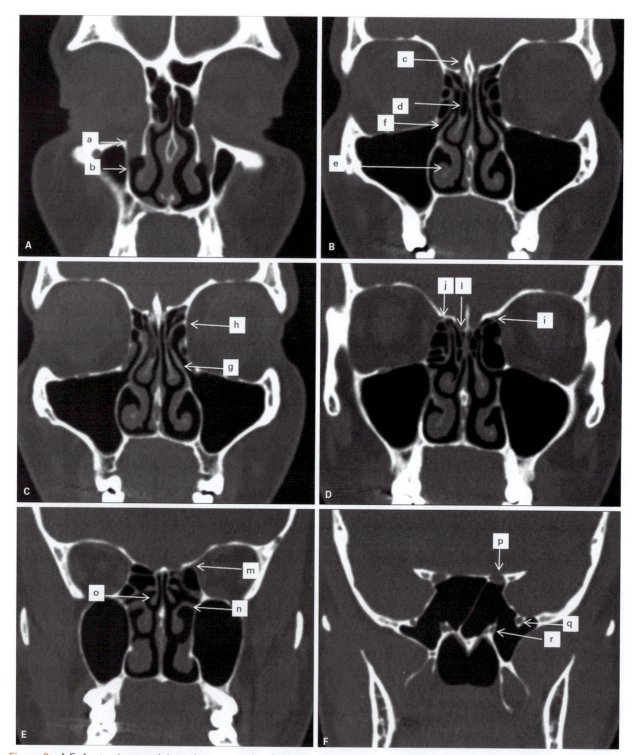

Figura 2 A-F: Anatomia normal dos seios paranasais e fossas nasais no plano coronal.
a: Ducto nasolacrimal; b: meato inferior; c: *crista galli*; d: pneumatização da lamela vertical do corneto médio; e: corneto inferior; f: infundíbulo; g: processo uncinado; h: inserção do processo uncinado na lâmina papirácea; i: canal da artéria etmoidal anterior; j: fóvea etmoidal; l: placa cribriforme; m: canal da artéria etmoidal posterior; n: lamela basal do corneto médio; o: corneto superior; p: canal óptico; q: forame redondo; r: canal vidiano.

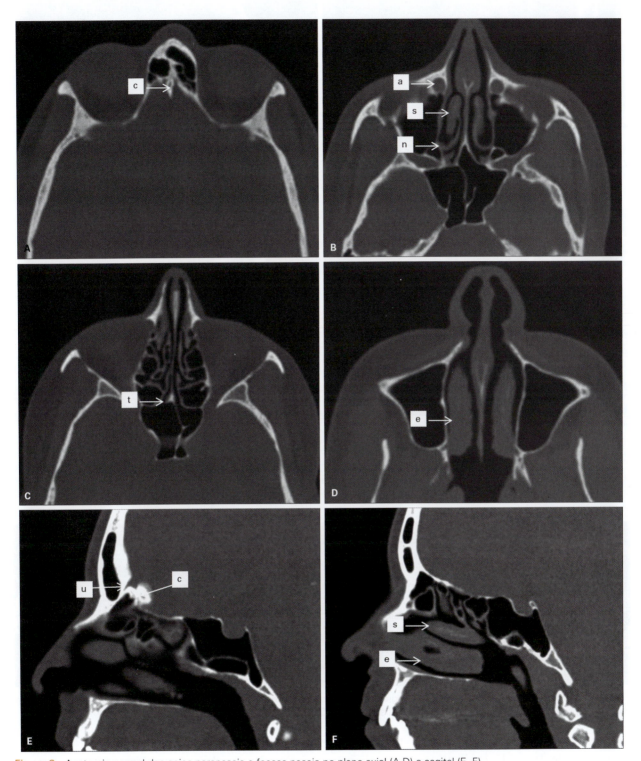

Figura 3 Anatomia normal dos seios paranasais e fossas nasais no plano axial (A-D) e sagital (E, F).
a: Ducto nasolacrimal; c: *crista galli*; e: corneto inferior; n: lamela basal do corneto médio; s: corneto médio; t: recesso esfenoetmoidal; U: forame *cecum*.

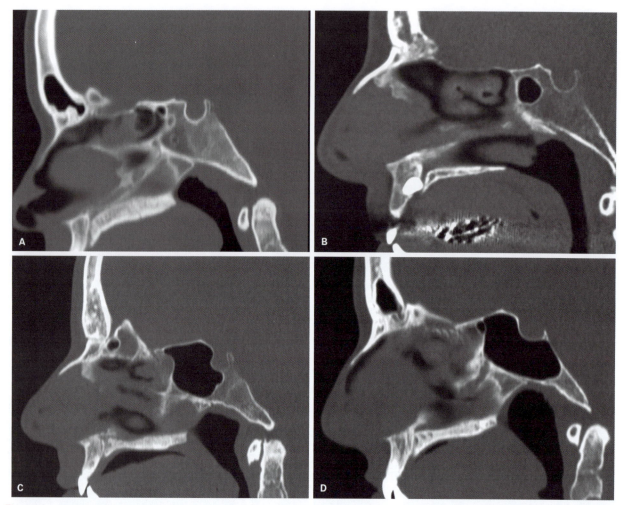

Figura 4 Variação de pneumatização do seio esfenoidal. O seio não pneumatizado (A) contraindica a cirurgia transesfenoidal da sela turca. A pneumatização pós-selar (D) pode ocorrer até junto ao clivus, e há a possibilidade de a descontinuidade da parede do seio esfenoidal determinar fístula liquórica.

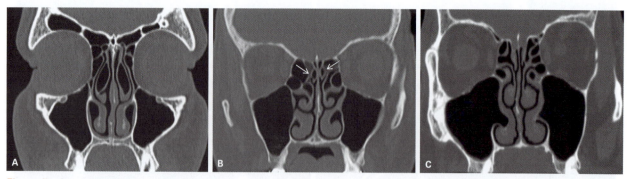

Figura 5 Cornetos bolhosos e paradoxais. Tomografia computadorizada coronal (A-C). Pneumatização dos cornetos médios com morfologia paradoxal à direita (A), superiores (B) e inferior direita (C).

pneumatização da concha inferior é extremamente rara (Figura 5C).

A convexidade do corneto médio é normalmente direcionada ao septo nasal. Quando a convexidade está voltada para a parede nasal lateral, o corneto é denominado paradoxal.

Os seios maxilares e etmoidais estão presentes ao nascimento, porém não aerados. Os seios esfenoidais são hipodesenvolvidos e não estão pneumatizados ao nascimento. Os seios frontais começam seu desenvolvimento, porém se tornam evidentes apenas a partir do 6º ano de vida.

O seio maxilar ao nascimento mede cerca de 7 × 4 × × 4 mm e tem um crescimento anual de 2 mm no eixo vertical e de 3 mm no eixo anteroposterior. No final do primeiro ano de vida, a margem lateral do seio maxilar estende-se no nível da porção medial da órbita e, no segundo ano de vida, o seio maxilar atinge o nível do canal infraorbitário. Dessa forma, durante o primeiro ano de vida, o achado de opacificação parcial ou total do seio maxilar pode ser considerado normal.

Os seios maxilares são geralmente cavidades simétricas. Hipoplasia unilateral e bilateral ocorre em, respectivamente, 1,7 e 7,2% da população geral (Figura 6). A hipoplasia pode ocorrer em razão de injúria durante o desenvolvimento desse osso, como em casos de trauma, infecção, cirurgia e irradiação ou mesmo estar relacionada à anomalia congênita do segundo arco branquial, como na síndrome de Treacher Collins e disostose mandibulofacial. O assoalho do seio maxilar é mais fino no nível do segundo pré-molar e primeiro molar, propiciando descontinuidade com as raízes desses elementos dentários. Portanto, nos casos de processo inflamatório do seio maxilar, é importante a avaliação minuciosa da integridade do assoalho do seio maxilar, notadamente em suas porções mais finas, por conta da possibilidade de rinossinusite de origem odontogênica.

As células etmoidais começam a se formar entre o terceiro e o quarto meses fetais. Ao nascimento podem existir 4 a 5 células que se desenvolverão progressivamente, atingindo, aos 12 anos de idade, o tamanho adulto. O osso etmoide é formado pela lâmina cribriforme, placa perpendicular e duas massas laterais, que são os labirintos etmoidais. O limite lateral com a órbita é pela lâmina papirácea, e a presença de sua deiscência é um risco cirúrgico. O número de células etmoidais é variável. Alguns anatomistas preferem a divisão das células etmoidais em apenas dois grupos (anterior e posterior) dependendo de sua drenagem e separadas pela lamela basal. As células etmoidais anteriores drenam para o recesso anterior do hiato semilunar e meato médio, e as células etmoidais posteriores drenam para o meato superior e recesso esfenoetmoidal. As células etmoidais que estão contidas no osso etmoidal são chamadas intramurais. O grupo de células que não estão inteiramente contidas no osso etmoidal é chamado de extramurais, incluindo as células frontais, de Haller e de *agger nasi*.

O teto da cavidade nasal é formado anteriormente pela lâmina cribriforme e posteriormente pelo osso esfenoide. O limite superior das células etmoidais é a fóvea etmoidal, enquanto o lateral é a lâmina papirácea.

A fossa olfatória é delimitada pela lâmina cribriforme e pela lamela lateral desta lâmina que forma a sua borda lateral e determina a sua profundidade. A fóvea etmoidal está situada lateralmente a essa lamela. A configuração da fossa olfatória foi classificada por Keros em três tipos (Tabela 1 e Figura 7). A altura da lamela lateral da lâmina cribriforme determina o risco de perfuração durante a cirurgia, sendo o tipo III considerado o mais suscetível a lesões iatrogênicas.

O complexo ostiomeatal é formado pelo infundíbulo, processo uncinado, bula etmoidal, hiato semilunar e meato médio, sendo importante a sua avaliação por causa da drenagem sinusal. A face medial da concha média, o recesso frontal, a célula etmoidal anterior e a célula de Haller também podem apresentar alguma repercussão sobre o complexo ostiomeatal.

O processo uncinado é o limite inferior do infundíbulo, origina-se do labirinto etmoidal, estende-se posterior e inferiormente e forma parte da parede nasal late-

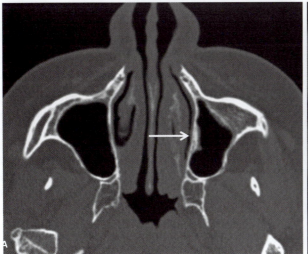 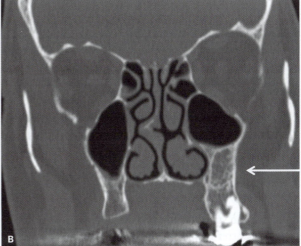

Figura 6 Hipoplasia do seio maxilar esquerdo. A pneumatização incompleta também ocorre na maxila e determina diminuição do seio maxilar e deve ser diferenciada do seio silencioso. O diagnóstico diferencial com seio silencioso pode ser sugerido pela ausência de retração das paredes do seio maxilar esquerdo (seta em A) e o processo alveolar da maxila (seta em B) maior que o contralateral, assim como não há atelectasia do processo uncinado.

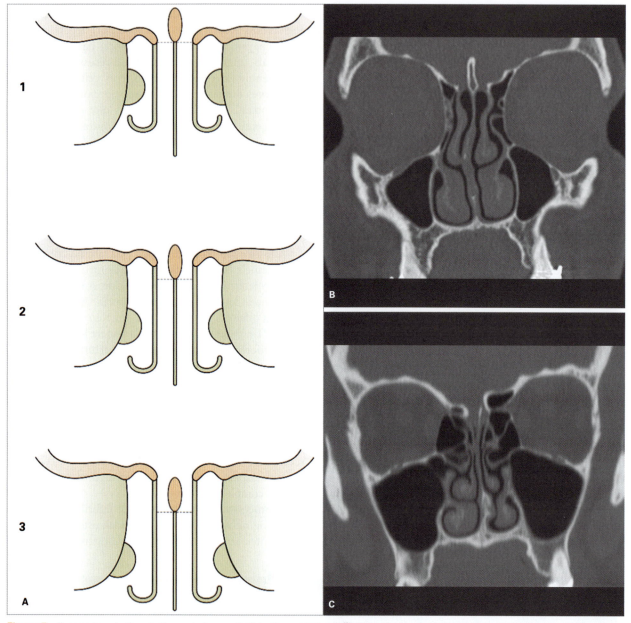

Figura 7 Ilustrações do tipo de Keros da fossa olfatória. Tipos I (A1 e B), II (A2 e C lado direito) e III (A3 e C lado esquerdo) de Keros.

Tabela 1	Classificação de Keros
	Lamela lateral da lâmina cribriforme
Tipo I	< 4 mm
Tipo II	4-7 mm
Tipo III	> 7 mm

ral. A inserção superior do processo uncinado é variável, podendo ocorrer na fóvea etmoidal, na lâmina papirácea e no corneto médio (Figura 8). A inserção do processo uncinado na fóvea etmoidal apresenta maior risco de lesão do teto etmoidal durante a manipulação cirúrgica do processo uncinado. Nos casos de inserção na lâmina papirácea, o infundíbulo forma um saco em fundo cego, denominado recesso terminal. O processo uncinado também pode apresentar variações na sua orientação. Quando o processo uncinado está junto ao assoalho da órbita ou lâmina papirácea, pode ser denominado "processo uncinado atelactásico", que pode ser uma manisfestação isolada ou estar assoaciado ao seio silencioso. O processo uncinado pode apresentar prolongamento medial e se insinuar no meato médio, sendo denominado concha nasal acessória por alguns autores. A concha nasal acessória não pode ser confundida com pólipo nasal ou concha nasal secundária, que corresponde à estrutura revestida de mucosa da parede lateral do meato médio, logo abaixo da lamela basal.

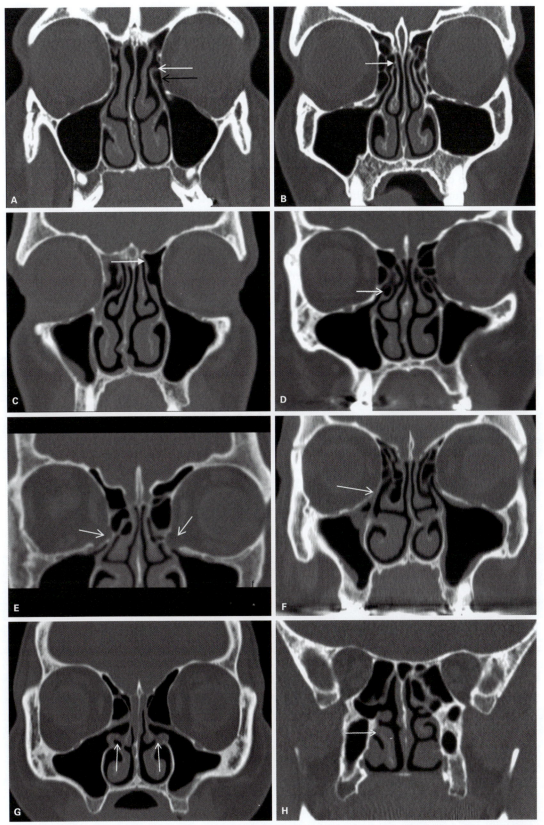

Figura 8 Processo uncinado. Inserção do processo uncinado na lâmina papirácea (A), no corneto médio direito (B) e na fóvea etmoidal esquerda (C). A inserção na lâmina papirácea forma o recesso terminal (seta preta em A). Pneumatização do processo uncinado bilateral (D). Lâmina papirácea deiscente bilateral com insinuação da gordura extraconal orbitária para o infundíbulo (E). Atelectasia do processo uncinado direito (F). Os processos uncinados apresentam um prolongamento medial denominado concha nasal acessória (G). Concha nasal que se origina da parede lateral do meato médio, logo abaixo da lamela basal denominada concha nasal secundária.

A bula etmoidal corresponde a maior célula etmoidal anterior e forma a parede posterior do recesso frontal, que é a via de drenagem do seio frontal. O limite lateral da bula etmoidal é a lâmina papirácea (Figura 9). A bula etmoidal também forma a parede superior do hiato semilunar, que se comunica medialmente com o meato médio. Dessa forma, bula etmoidal proeminente pode promover repercussão luminal adjacente no hiato semilunar e no recesso frontal (Figura 9C e D). A bula etmoidal e outras células que são variações anatômicas estão descritas no Quadro 1.

Os seios frontais são duas células geralmente assimétricas no osso frontal, originada do labirinto etmoidal anterior e separadas por um septo. A drenagem do seio frontal é pelo recesso frontal, que representa um espaço aéreo entre as células etmoidais. A avaliação do recesso frontal geralmente é realizada nos planos sagital e coronal (Figura 10) e apresenta variações, dependendo da inserção do processo uncinado, descritas previamente.

Os centros de ossificação do osso esfenoidal ocorrem ao longo do plano anteroposterior, e a pneumatização esfenoidal é variável. A pneumatização inicia-se ao redor dos 3 a 5 anos, pode ocorrer na região pré--esfenoide e se estender até o limite do clivus. O seio esfenoide não pneumatizado é uma contraindicação da cirurgia transesfenoidal de hipofisectomia. A pneumatização incompleta do osso esfenoide não deve ser confundida com patologia, bem como a pneumatização até junto ao clivus, denominada expansão basilar, apresenta maior risco de fístula liquórica. As variações da pneumatização do seio esfenoidal estão descritas no Quadro 2.

O torus palatino e o mandibular podem ser caracterizados em exames de imagem de seios da face. A presença de torus palatino varia com a etnia da população, sendo a maioria pequena e sem sintomas clínicos. O torus palatino tende a crescer; dessa forma, pode ter maiores dimensões na população idosa e assumir configuração nodular ou lobular. Entretanto, raramente, o torus palatino pode restringir a movimentação da língua, distorcer a cavidade aérea oral ou prejudicar a fala. O torus mandibular pode

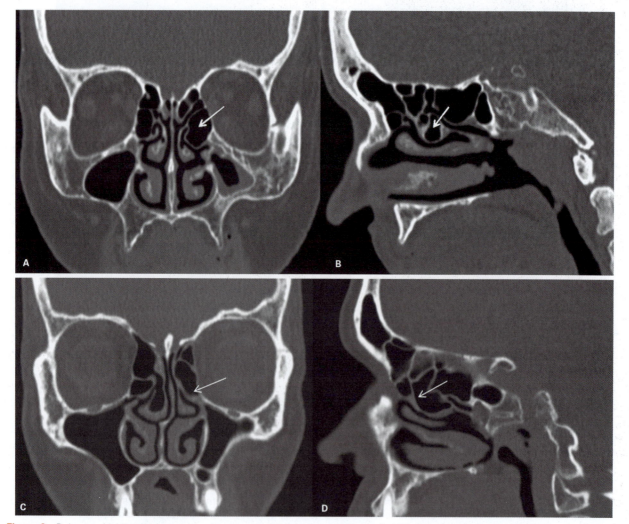

Figura 9 Bula etmoidal (setas) em tomografia computadorizada coronal (A) e sagital (B). Bula etmoidal proeminente (C e D) associada à redução do calibre do infundíbulo.

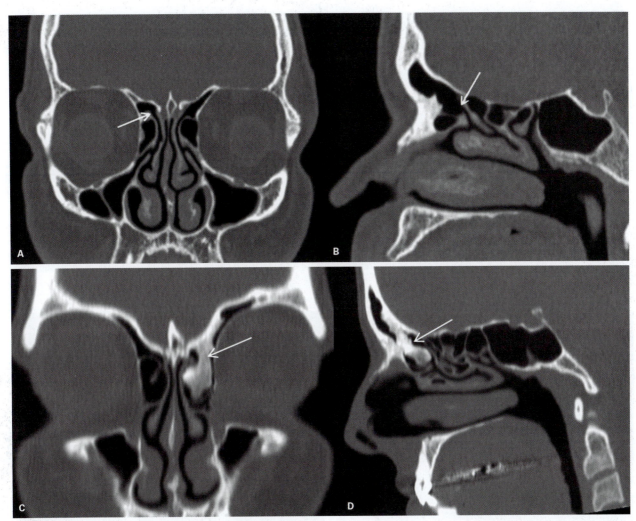

Figura 10 Recesso frontal em tomografia computadorizada coronal (A) e sagital (B) (setas). Osteoma no recesso frontal esquerdo (C e D).

Quadro 1	Anatomia
Bula etmoidal	Geralmente, é a maior célula etmoidal anterior Apresenta relação com o recesso frontal e o hiato semilunar; dessa forma bula etmoidal proeminente pode promover dificuldade da drenagem sinusal
Crista galli	Localizada na linha média acima da lâmina cribriforme e é decorrente exclusivamente do seio frontal (Figura 11)
Célula *intersinus* frontal	Considerada originária do seio frontal (Figura 12) e pode ser local de processos inflamatórios e de mucocele
Célula de *agger nasi*	Célula etmoidal mais anterior extramural que corresponde ao limite anterior do recesso frontal (Figura 13) Célula de *agger nasi* globosa desloca a inserção do processo uncinado medialmente e pode influir na drenagem do complexo ostiomeatal Célula de *agger nasi* com insinuação posterior pode reduzir o recesso frontal
Célula etmoidal supraorbitária	Célula etmoidal anterior que se estende em direção superior e simula o aspecto de um seio frontal septado (Figura 14)
Célula etmoidal infraorbitária ou de Haller	Célula etmoidal anterior extramural que se estende à parede inferior da órbita e pode apresentar repercussão sobre o infundíbulo (Figura 15)
Célula de Onodi	Célula etmoidal mais posterior, que se projeta no seio esfenoidal, podendo circundar o canal óptico e o nervo óptico, que podem se apresentar deiscentes com risco durante a manipulação cirúrgica (Figura 16)
Célula etmoidomaxilar	Célula etmoidal posterior, que se estende para o interior do seio maxilar e possui óstio que drena no meato nasal. A obstrução de seu óstio de drenagem determina o comprometimento desta célula, sem repercussão sobre o seio maxilar (Figura 17)

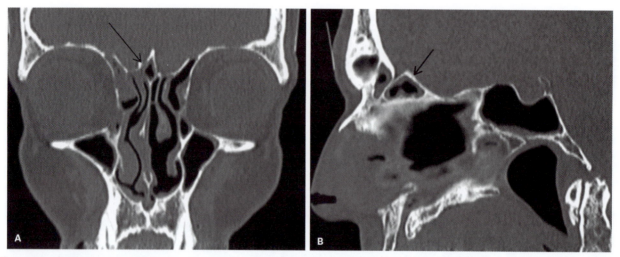

Figura 11 Célula da *crista galli*. Tomografia computadorizada coronal (A) e sagital (B). A célula da *crista galli* (setas) com espessamento do revestimento mucoso.

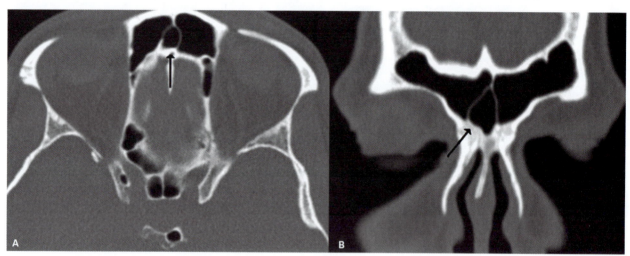

Figura 12 Célula *intersinus* frontal (setas).

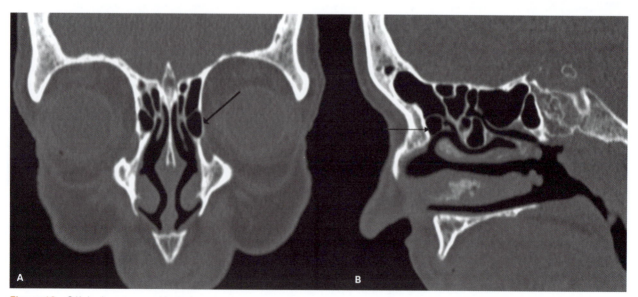

Figura 13 Célula de *agger nasi* (setas).

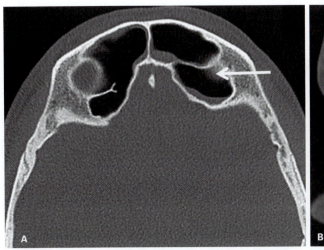
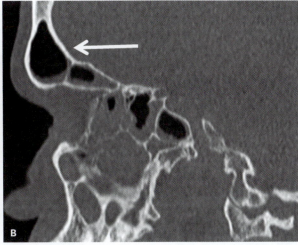

Figura 14   A célula supraorbitária (setas) simula uma septação do seio frontal.

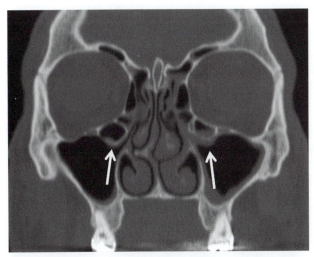

Figura 15   Célula de Haller. Célula etmoidal infraorbitária (Haller) bilateral. Espessamento mucoso na célula de Haller esquerda e no infundíbulo adjacente.

ser unilateral ou bilateral com hiperostose ao longo da superfície lingual da mandíbula, entre a borda alveolar e a linha do músculo milo-hioide. Torus mandibular pode também ser assintomático, porém quando se apresentar em maiores dimensões pode determinar abaulamento local.

Anomalias congênitas

O desenvolvimento da face ocorre entre a quarta e a oitava semana do período gestacional. O fontículo nasofrontal (Figura 21) é uma pequena fontanela entre os ossos frontais e nasal e é fechado com o desenvolvimento, formando a sutura frontonasal. O espaço pré-nasal separa o osso nasal da cartilagem nasal e se estende desde a base do crânio até a ponta do nariz. Um divertículo de dura-máter se projeta anteriormente através do fontículo frontonasal e/ou inferiormente pelo espaço pré-nasal durante o início da embriogênese e pode estender-se até junto à pele. Esse divertículo regride e é obliterado com o crescimento, formando um canal em fundo cego, que é o forame *cecum*, facilmente identificado como uma depressão junto à *crista galli* (Figura 3E). A falha na involução pode levar a remanescentes ao longo desse trajeto e está relacionada a anomalias congênitas, como glioma nasal, cisto dermoide e cefalocele anterior.

Dermoide e epidermoide nasais

Cistos dermoide e epidermoide ocorrem pela regressão incompleta do divertículo dural, originando uma comunicação completa ou incompleta entre a superfície externa do nariz e o forame *cecum* (Figura 22). Um trajeto com conexão intracraniana ocorre em aproximadamente metade dos pacientes, e a deformidade do forame *cecum* e da *crista galli* (crista bífida) pode ser um sinal de suspeita de extensão intracraniana da lesão. A avaliação de extensão intracraniana, especialmente pela RM, é importante para planejamento cirúrgico. A RM tem maior sensibilidade e especificidade na avaliação, conforme Quadro 3, entretanto o diagnóstico definitivo é pela histologia (Figuras 22 e 23).

Gliomas nasais

Gliomas nasais são considerados heterotopias e não neoplasias e correspondem a tecido glial de origem congênita de localização intra ou extranasal, podendo ou não estar conectados ao encéfalo por um pedículo glial. Por definição, essas lesões não contêm nenhum espaço preenchido por liquor que se comunique com os ventrículos ou espaço subaracnoide. Quando presente, o defeito é geral-

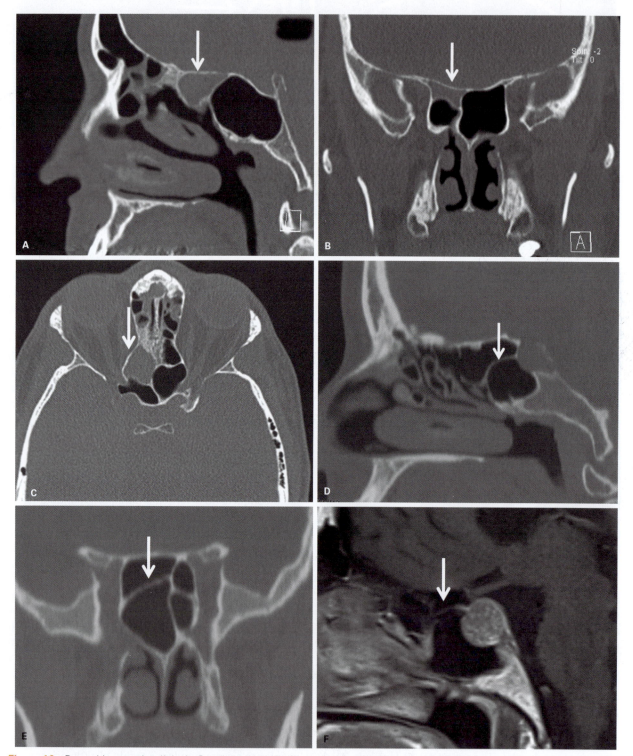

Figura 16 Preenchimento de célula de Onodi direita (A, B, C). Adenoma hipofisário com a presença de célula Onodi, cujo reconhecimento é importante para o planejamento cirúrgico (C, D e E).

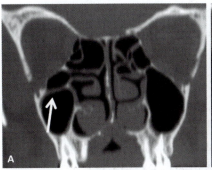 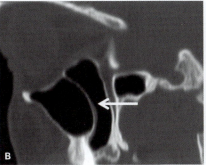 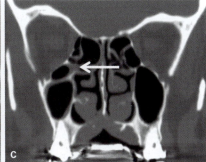

Figura 17 Célula etmoidomaxilar. Septação no seio maxilar direito (setas em A e B) em razão da presença de célula etmoidomaxilar, que tem óstio de drenagem diretamente para a fossa nasal. O óstio da célula etmoidomaxilar está obliterado no exame controle (C).

Quadro 2	Variações da pneumatização do seio esfenoidal
Pneumatização do recesso lateral	Quando há pneumatização, estende-se além do limite dos forames redondo e vidiano até a asa do esfenoide (Figura 18) Risco de deiscência com a fossa média craniana e possibilidade de meningocele esfenoidal
Pneumatização das clinoides anterior e posterior	Extensão superior da pneumatização até as clinoides anterior e posterior
Expansão basilar	Pneumatização estende-se posteriormente até perto do clivus (Figura 4D), que propicia a descontinuidade da parede posterior do seio esfenoidal com fístula liquórica
Pneumatização incompleta	O achado da pneumatização incompleta no osso esfenoidal apresenta aspecto não expansivo com margem esclerótica e bem definida, e o seu conteúdo é de gordura (Figura 19). Não deve ser confundido com displasia fibrosa
Deiscências dos canais ópticos e carotídeos	Deiscência óssea dos canais das artérias carótidas internas e nervos ópticos propiciam riscos durante a cirurgia

mente junto à placa cribriforme. Os gliomas são subdivididos em extranasal (60%), intranasal (30%) e formas mistas (10%) (Quadro 4 e Figuras 24 e 25).

Cefalocele

As cefaloceles são herniações congênitas de conteúdo intracraniano através de defeito craniano. Quando a herniação contém encéfalo, ela é chamada de meningoencefalocele. A meningocele contém apenas meninge.

As cefaloceles são classificadas pelo local do defeito ósseo pelo qual o conteúdo craniano hernia, e, em sua denominação, o nome da estrutura que forma o teto precede o nome da estrutura que forma o assoalho. Quando situadas na porção anterior do encéfalo, são designadas cefaloceles sincipitais, incluindo as cefaloceles frontonasal, nasoetmoidal e naso-orbitária. As cefaloceles basais apresentam falha óssea na base do crânio e ocorrem mais frequentemente em pacientes com disrafismos craniofacial-cerebrais. Nessa denominação, estão incluídas as cefaloceles transesfenoidal, etmoidoesfenoidal e transetmoidal (Quadro 5 e Figuras 26 a 29).

A base do crânio anterior, incluindo as fóveas etmoidais, as lâminas cribriformes e a *crista galli*, não se apresenta calcificada nos recém-nascidos e não pode ser confundida com patologias. A calcificação é progressiva durante o primeiro ano de vida (Figura 30).

Atresia de coanas

Representa a principal causa congênita de obstrução nasal em recém-nascidos. Pode ser uni ou bilateral, sendo mais frequente a unilateral, bem como pode ser classificada em óssea (90%) ou cartilaginosa (10%).

A TC é o método de imagem de escolha para avaliação da atresia de coanas, recomendando-se que o exame seja precedido por aspiração e higienização nasal. Os seguintes achados estão presentes na atresia de coanas: dimensão da coana menor do que 0,34 cm em crianças menores do que 2 anos de idade, espessamento do vômer, presença de material ósseo ou com atenuação de partes moles obliterando a região da coana (Quadro 6 e Figura 31). O uso de contraste nasal pode auxiliar no diagnóstico de atresia de coana membranosa.

A atresia de coana pode ser isolada (25%) ou associada a síndromes (75%), portanto, após a identificação de atresia de coana, é necessária a pesquisa de possíveis síndromes, como a síndrome CHARGE.

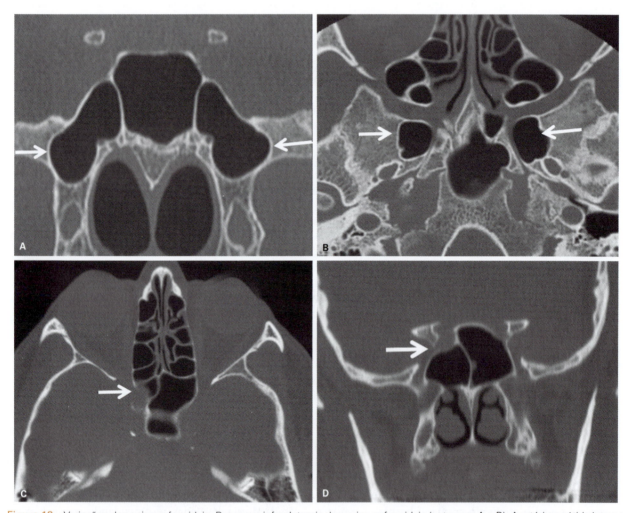

Figura 18 Variações dos seios esfenoidais. Recessos inferolaterais dos seios esfenoidais (setas em A e B). A artéria carótida interna insinua-se no seio esfenoidal (setas em C e D).

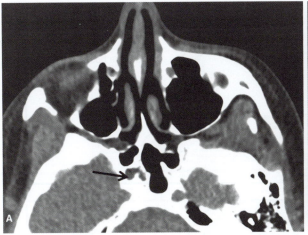 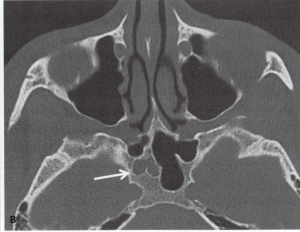

Figura 19   Pneumatização incompleta do seio esfenoidal direito. O aspecto não é expansivo com margem esclerótica e bem definida, e seu conteúdo é de gordura.

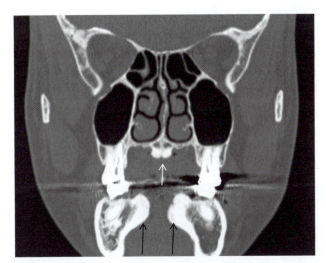

Figura 20   Torus palatino (seta branca) e mandibular (setas pretas).

Estenose da abertura piriforme

A abertura piriforme é o espaço entre os ossos da cavidade nasal anterior e pode ser considerado estreito quando menor que 11 mm entre o aspecto medial da maxila no nível do meato inferior (Quadro 6 e Figura 32). O palato duro pode ter um aspecto triangular hipoplásico e apresentar um incisivo central maxilar mediano solitário. Existe a associação com anormalidades da base do crânio e intracranianas, tais como anormalidades hipotálamo-hipofisárias e holoprosencefalia.

Rinossinusite

Rinossinusite é considerada o termo mais correto do que sinusite para se referir ao processo inflamatório da mucosa de revestimento dos seios paranasais e da cavidade nasal. É subdividida em aguda, quando os sintomas clínicos duram menos do que 4 semanas, subaguda, durando de 4 a 12 semanas, e crônica, quando os sintomas se estendem por um período superior a 12 semanas. Rinossinusite recorrente refere-se a mais de quatro episódios por ano com duração de 7 a 10 dias e resolução completa nos intervalos. Rinossinusite complicada decorre de complicação local ou sistêmica.

Rinossinusite aguda

Os sintomas clínicos e os achados endoscópicos são geralmente suficientes para o diagnóstico da rinossinusite aguda. Os sintomas clínicos são congestão e obstrução nasal, secreção nasal e em rinofaringe, dor e pressão facial, irritação na garganta, cefaleia, halitose e tosse. Os métodos de imagem, particularmente a TC e a RM, estão indicados nos casos de rinossinusites complicadas, que incluem celulite pré e pós-septal e complicações intracranianas, incluindo abscessos cerebrais (Figura 33), abscesso em partes moles (Figura 34), meningite e trombose de seio cavernoso (Figura 35), em que a RM é o método de imagem mais apropriado. Os métodos de imagem também estão indicados em pacientes com neutropenia febril e na avaliação de transplantes. O American College of Radiology (ACR) sugere um manual baseado em evidências científicas para orientação da realização dos exames em rinossinusite, conforme revisão de 2012 (Figura 36).

Espessamento mucoso com nível líquido ou a presença de bolhas de ar sem cavidade paranasal (Figura 37) são achados observados na rinossinusite aguda. Entretanto, a presença de nível líquido não é patognomônica de rinossinusite aguda, pois pode ser encontrada no hemossinus, barotrauma, lavagem antral e durante o uso de sonda nasogástrica. A presença de nível hidroaéreo no seio esfenoidal em um paciente inconsciente, em decúbito dorsal, pode estar relacionada à dificuldade da drenagem desse seio. As complicações das rinossinusites são para as re-

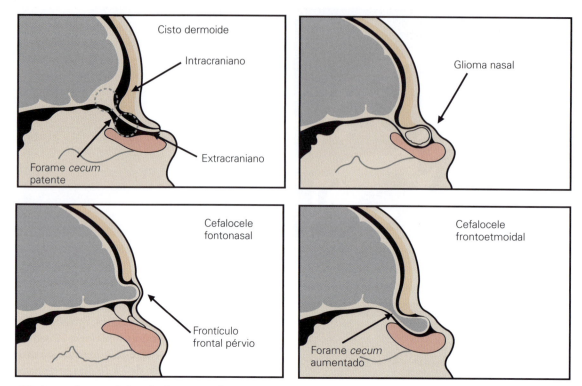

Figura 21 Anomalias congênitas das fossas nasais.

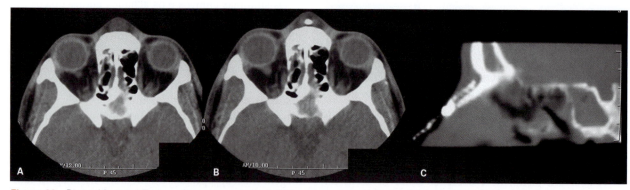

Figura 22 Dermoide nasal. Tomografia computadorizada (TC) sem contraste (A) e TC-fistulografia axial (B) e sagital (C). Após a injeção do meio de contraste diluído através de um orifício nasal, observa-se a opacificação de um trajeto mediano anteriormente ao osso nasal, sem comunicação com a região intracraniana.

Quadro 3	Dermoide e epidermoide nasais
Dermoide e epidermoide	A sua localização é mediana desde a glabela até a ponta do nariz, sendo mais frequente a localização no terço inferior da pirâmide nasal, bem como pode conter óstio na pele e alguns tufos de pelos Alargamento e deformidade do forame *cecum* e *crista galli* bífida são sinais de possível extensão intracraniana
Cisto dermoide	Epiderme, tecido subcutâneo e anexos (folículos pilosos, glândulas sebáceas e sudoríparas) Atenuação/sinal de gordura
Cisto epidermoide	Somente se caracteriza epiderme Atenuação/sinal de líquido e restrição à difusão pela ressonância magnética

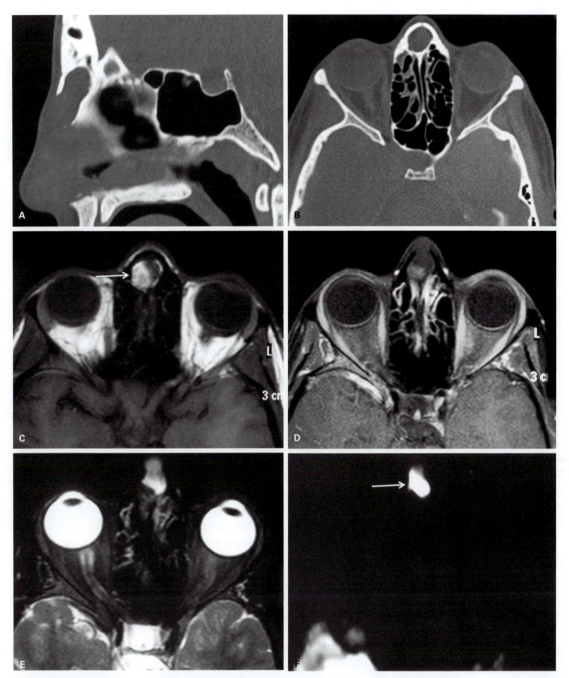

Figura 23 Cisto de inclusão dermoide/epidermoide. Pertuito na região do espaço pré-nasal, sem comunicação com o compartimento intracraniano. O forame *cecum* não está pérvio, e a *crista galli* tem aspecto normal. Axial T1 (C), axial T1 pós-contraste com supressão de gordura (D), axial T2 (E), axial difusão (F). Ressonância magnética do caso anterior demonstra configuração ovalada no pertuito descrito com sinal de conteúdo gorduroso (seta em C) e de restrição a difusão (seta em F).

Quadro 4	Glioma e pólipo nasais
Glioma nasal	Tecido glial de origem congênita de localização intra ou extranasal
	Extranasal, intranasal ou mista
	Tecido com densidade de partes moles, inespecífico pela tomografia computadorizada (Figura 25)
	Isossinal ou hipersinal à substância cinzenta em T1 e T2
	A ausência de comunicação com o espaço subaracnoide diferencia da cefalocele
	Intranasal mais frequentemente é de localização superior e medial aos cornetos médios (Figura 24C e D)
	Ocorre na infância
Pólipo nasal	Localização geralmente inferolateralmente aos cornetos médios
	Raro antes dos 5 anos de idade

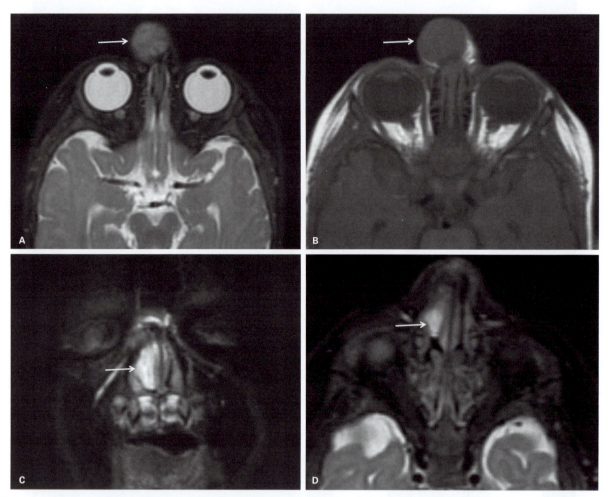

Figura 24 Glioma nasal de localização extranasal com sinal semelhante ao parênquima encefálico em axial T2 (A) e axial T1 (B). Glioma nasal intranasal localiza-se mais frequentemente de modo medial aos cornetos (setas em C e D), enquanto os pólipos inflamatórios são mais frequentes inferolaterais aos cornetos médios. O comportamento de sinal do glioma nasal é variável, exibindo hipersinal em T2 nesse caso.

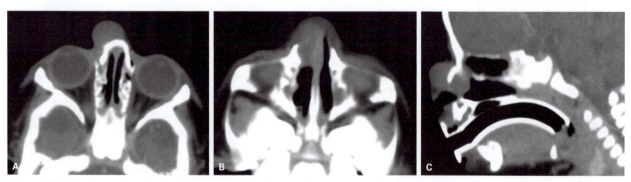

Figura 25 Glioma nasal na forma mista (extranasal e intranasal) em tomografia computadorizada axial (A e B) e sagital (C). Lesão arredondada com atenuação de partes moles com componentes extranasal e intranasal. Não há erosão óssea ou sinais de comunicação intracraniana.

Quadro 5	Classificação das cefaloceles
Cefalocele frontonasal	Defeito ósseo entre os ossos frontal e nasal (Figura 21C) O osso frontal está deslocado superiormente Os ossos nasais, o processo frontal da maxila, a cartilagem nasal e o etmoide estão deslocados inferiormente O lobo frontal insinua-se pelo defeito (Figura 26)
Cefalocele nasoetmoidal	Defeito ósseo posteriormente ao osso nasal pelo qual o conteúdo intracraniano insinua-se inferiormente (Figura 27)
Cefalocele naso-orbitária	Falha óssea na parede medial da órbita O processo frontal da maxila está separado do osso lacrimal e do etmoide (Figura 28) Mucocele do saco lacrimal é diagnóstico diferencial, caracterizada pela dilatação do saco lacrimal por conta da obstrução lacrimal
Cefalocele transesfenoidal	Falha óssea no assoalho selar (Figura 29) O limite posterior do defeito ósseo é o dorso selar, o seio cavernoso e as asas do osso esfenoide O limite anterior é variável Pode conter a hipófise, o recesso anterior do III ventrículo e as vias ópticas Os sintomas clínicos são obstrução nasal, distúrbios visuais, alterações hipofisárias e fístula liquórica

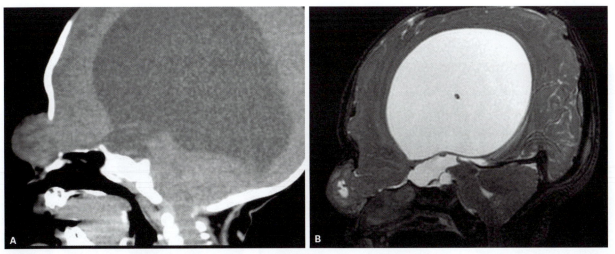

Figura 26 Cefalocele frontonasal. Herniação do encéfalo na região frontal, e o defeito ósseo está entre os ossos frontal e nasal pela tomografia computadorizada (A) e pela ressonância magnética em sequência T2 (B). Há sinal de liquor comunicando-se com o espaço subaracnoide que diferencia do glioma nasal.

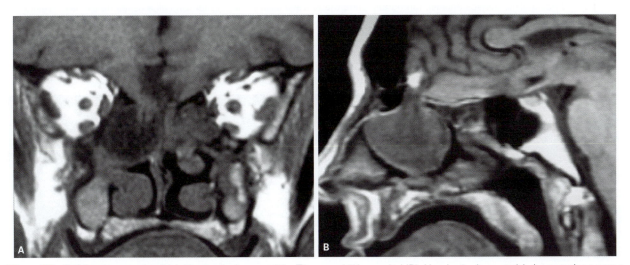

Figura 27 Cefalocele nasoetmoidal. Ressonância magnética T1 coronal (A) e sagital (B). Herniação de conteúdo intracraniano para a fossa nasal direita por falha óssea no teto da fossa nasal.

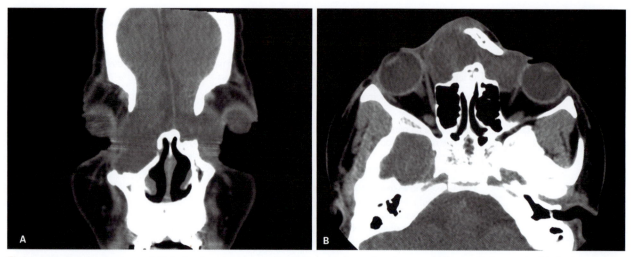

Figura 28 Cefalocele naso-orbitária. Lesão com atenuação de liquor e de parênquima encefálico pela descontinuidade das paredes mediais das órbitas.

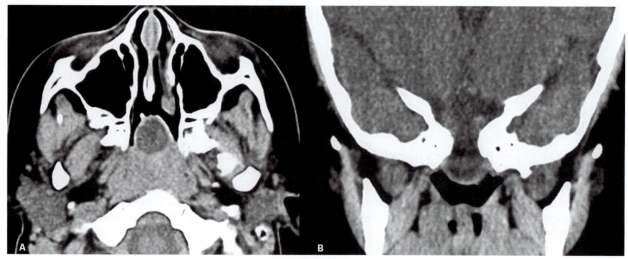

Figura 29 Encefalocele transesfenoidal. Tomografia computadorizada axial (A) e coronal (B). Falha óssea no assoalho selar com herniação de conteúdo intracraniano para a nasofaringe.

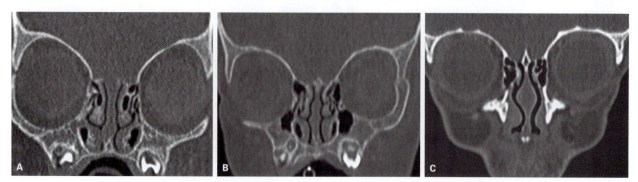

Figura 30 Padrões de ossificação em crianças em diferentes faixas etárias: 5 meses (A), 12 meses (B) e 21 meses (C). A ausência de ossificação não pode ser confundida com doença.

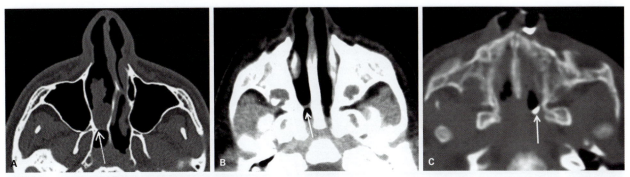

Figura 31 Atresia de coanas. Atresia óssea caracterizada pela presença de estreitamento com estrutura óssea obliterando a coana direita (seta em A). Atresia cartilaginosa por tecido com densidade de partes moles na coana direita (seta em B). Contraste intranasal diluído pode auxiliar no diagnóstico de atresia cartilaginosa pela ausência de progressão do contraste pela coana (seta em C).

Quadro 6	Atresia de coanas e estenose da abertura piriforme
Atresia de coanas	Mais frequente unilateral do que bilateral Mais frequente óssea do que cartilaginosa Associação com síndromes (p. ex., CHARGE) Possibilidade de contraste nasal diluído para diagnóstico de membranosa Dimensão da coana menor do que 0,34 cm em crianças menores do que 2 anos de idade Espessamento do vômer Placa óssea ou membrana com densidade de partes moles na coana
Estenose da abertura piriforme	Espaço menor que 11 mm entre o aspecto medial da maxila no nível do meato inferior (Figura 32) Associação com incisivo central maxilar mediano solitário Associação com anormalidades da base do crânio e intracraniana

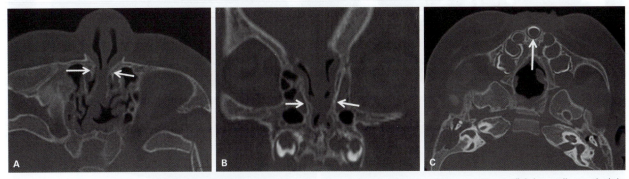

Figura 32 A abertura piriforme pode ser considerada estreita quando menor que 11 mm entre o aspecto medial da maxila no nível do meato inferior (setas em A e B). Há associação com anormalidades da base do crânio e incisivo central mediano solitário (seta em C).

giões da órbita e intracraniana e serão abordadas no capítulo sobre a órbita.

Rinossinusite crônica

A patogênese das rinossinusites crônicas inclui alergia, imunodeficiências, anormalidades ciliares, fatores mecânicos obstrutivos e de origem odôntogênica (Figura 38). Os fatores obstrutivos da drenagem sinusal podem ser decorrentes de variações anatômicas, processo inflamatório, pólipos (Figura 39), entre outros fatores.

Espessamento mucoso e secreção nas cavidades paranasais. A secreção pode ser aquosa e fluida com aspecto hipoatenuante na TC (valor de atenuação entre 10 e 25 unidades Hounsfield [UH]) e hipossinal nas sequências pesadas em T1 e alto sinal nas sequências em T2 na RM. A secreção crônica fica espessa e com alto conteúdo proteico, apresentando-se com atenuação maior do que o músculo na TC, com valor de atenuação entre 30 e 60 UH (Figura 40A). Na RM, o sinal da secreção também depende do conteúdo proteico, com quatro padrões distintos, conforme a Tabela 2.

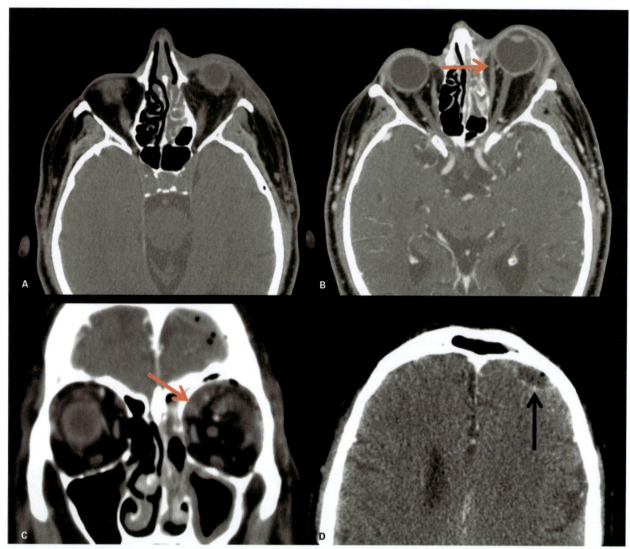

Figura 33 Rinossinusite aguda com empiema extradural. Tomografia computadorizada axial (A, B e D) e coronal (C) mostrando espessamento mucoso do seio maxilar e preenchimento de células etmoidais à esquerda, com abscesso subperiosteal (setas vermelhas) derterminando proptose e associado a empiema extradural intracraniano (seta preta).

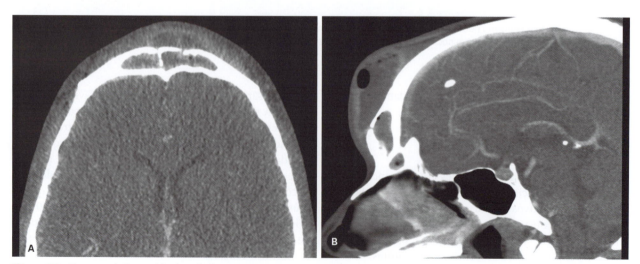

Figura 34 Processo inflamatório do seio frontal apresentando extensão para as partes moles da região frontal (*Pott's Puffy tumor*).

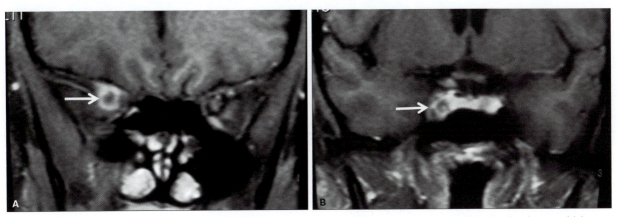

Figura 35 Trombose no seio cavernoso e da veia oftálmica superior à direita por conta da complicação de sinusite etmoidal.

Condição clínica	Método de imagem pontuado	Comentários
Rinossinusite aguda ou subaguda	TC de seios paranasais sem contraste: 5 RM de seios paranasais e encéfalo sem contraste: 4 TC de seios paranasais com contraste: 2 RX de seios paranasais: 1	Métodos de imagem estão indicados quando os sintomas são atípicos ou se o diagnóstico é incerto
Rinossinusite aguda ou subaguda em imunocomprometido	TC de seios paranasais sem contraste: 7 RM de seios paranasais e encéfalo sem contraste: 6 RM de seios paranasais e encéfalo sem e com contraste: 6 TC de seios paranasais com contraste: 5 RX de seios paranasais: 1	TC e RM são indicados pelo alto risco de sinusite fúngica Exames de imagem também são indicados em pacientes com neutropenia febril Se houver suspeita de complicação intracraniana deve ser injetado o meio de contraste e avaliado o encéfalo
Rinossinusite aguda ou subaguda associada a complicação orbitária, intracraniana e/ou déficit neurológico	TC de seios paranasais sem contraste: 9 RM de seios paranasais e encéfalo com contraste: 9 TC de seios paranasais e encéfalo com contraste: 8 RM de seios paranasais e encéfalo sem contraste: 7 RX de seios paranasais: 1	TC e RM podem ser complementares A RM tem maior sensibilidade de avaliação de complicações intracranianas A suspeita de abscesso, complicação intracraniana e vascular indica o uso de contraste endovenoso Se apenas a TC estiver disponível deve ser realizado o contraste e avaliado também o encéfalo
Rinossinusite crônica ou aguda recorrente	TC de seios paranasais sem contraste: 9 TC de seios paranasais com contraste: 4 RM de seios paranasais e encéfalo: 2 Rx de seios paranasais: 1	TC é fundamental na avaliação pré-cirúrgica

Figura 36 Orientação para realização de exames em rinossinusite segundo o American College of Radiology (ACR).
Pontuação: 1, 2, 3: não indicados; 4, 5, 6: podem ser apropriados; 7, 8, 9: usualmente indicados.
* Complicações orbitárias, intracranianas e/ou déficit neurológico. RM: ressonância magnética; RX: radiografia; TC: tomografia computadorizada.

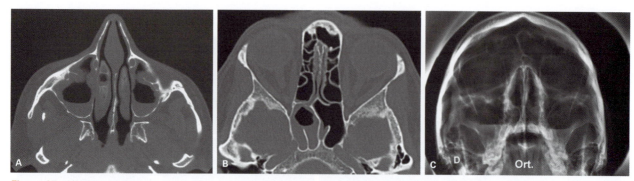

Figura 37 Nível líquido nos seios paranasais. Tomografia computadorizada axial (A e B) e radiografia (C). Nível líquido nos seios maxilares (A e C) e esfenoidal direito (B), bem como em concha bolhosa direita (A).

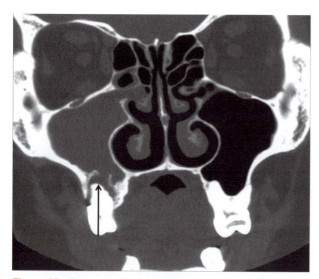

Figura 38 Rinussinusite de origem odontogênica. Cisto periapical de dente molar com descontinuidade do assoalho do seio maxilar direito que está preenchido por material com baixos coeficientes de atenuação.

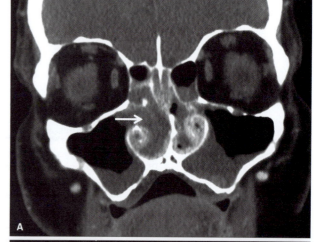

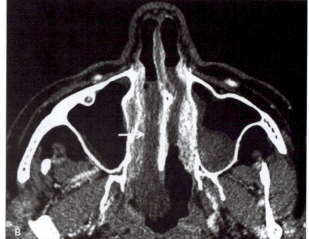

Figura 39 Tomografia computadorizada após a administração do contraste endovenoso. Pólipos nasais apresentam baixos coeficientes de atenuação e sem impregnação pelo contraste (setas). Observe a impregnação da mucosa das conchas nasais, que facilita a diferenciação com os pólipos nasais que não apresentam realce.

Tabela 2	Secreção	
	T1	T2
< 20% proteína	Hipointenso	Hiperintenso
20-25%	Hiperintenso	Hiperintenso
25-28%	Hiperintenso	Hipointenso
> 28%	Hipointenso	Hipointenso

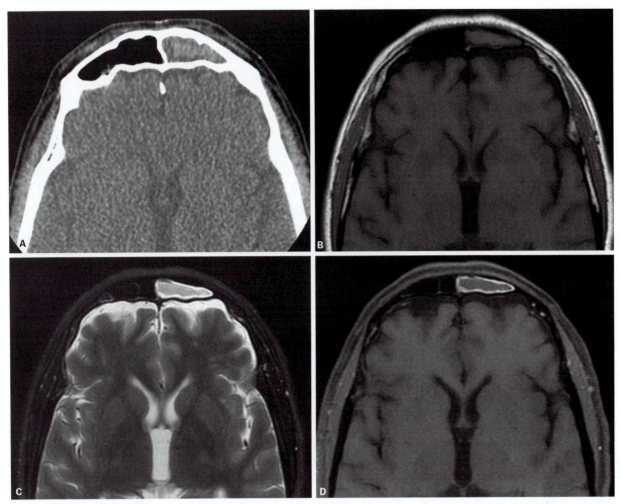

Figura 40 Material hiperatenuante no seio frontal esquerdo que corresponde ao material com hipersinal em T1 e discreto hipossinal em T2 compatível com material com alto conteúdo proteico. O aspecto de imagem diferencia da colonização fúngica, que se caracteriza por acentuado baixo sinal em todas as sequências.

Cistos de retenção ou pólipos são formações arredondadas, muitas vezes caracterizadas no interior dos seios paranasais, sobretudo dos maxilares. Os cistos de retenção são mais frequentemente cistos mucosos e são decorrentes da obstrução de glândulas seromucosas, enquanto os pólipos são decorrentes da expansão por material líquido da lâmina própria da mucosa. Não é possível a distinção entre pólipo e cisto de retenção pela TC ou RM, mas não tem importância clínica essa diferenciação, pois tais formações são geralmente achados incidentais.

Espessamento e esclerose das paredes ósseas e calcificações periféricas são achados que sugerem processo inflamatório crônico secundário a osteíte (Figura 41).

Presença de material hiperatenuante no interior do seio paranasal na TC admite outros diagnósticos diferenciais além da secreção muito espessa, como sinusite fúngica, sangue e lesão expansiva com alta celularidade.

As calcificações centrais e pequenas podem ser observadas na colonização fúngica, diferenciando-se das calcificações grosseiras e periféricas da rinossinusite crônica (Figura 41).

O sangue geralmente está associado a trauma, e as lesões expansivas neoplásicas exibem impregnação pelo contraste endovenoso e por vezes erosão óssea.

Sinusite fúngica

É dividida em cinco formas: sinusite fúngica invasiva aguda, sinusite fúngica invasiva crônica, sinusite fúngica invasiva granulomatosa e duas formas não invasivas, a alérgica e a bola fúngica.

Sinusite fúngica invasiva aguda

É a forma mais letal, com mortalidade que varia entre 50 e 80%. Compromete dois grupos de pacientes, os diabéticos em cetoacidose e os neutropênicos, incluindo pacientes em quimioterapia, corticoterapia e pós-transplante. O quadro clínico é de úlceras necróticas no septo

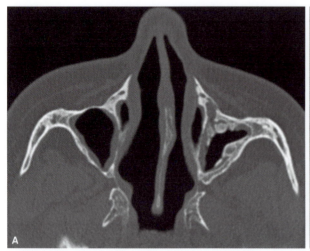 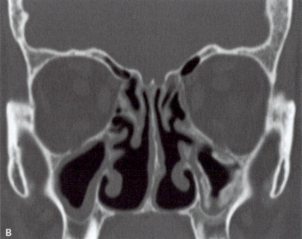

Figura 41 Sinusite crônica. Tomografia computadorizada axial (A) e coronal (B). Acentuado espessamento das paredes ósseas dos seios maxilares, sobretudo à esquerda, com calcificações.

nasal, sinusite e com extensão progressiva do processo inflamatório para órbita e SNC.

Na TC, podem-se identificar as úlceras do septo nasal como espessamento e irregularidade da mucosa que reveste o septo nasal (Figura 42). A mucosa que reveste a concha nasal pode não apresentar impregnação pelo contraste descrita como o sinal da concha nasal negra (*black turbinate sign*), que é considerado um sinal precoce e pode ser um possível local de biópsia. A lesão pode apresentar extensão orbitária, SNC, gordura retroantral e espaço mastigator, além de apresentar erosão óssea rapidamente progressiva, sendo frequente a extensão vascular, com trombose do seio cavernoso e acometimento da artéria carótida interna predispondo a oclusão e formação de pseudoaneurisma.

Sinusite fúngica alérgica

Acomete indivíduos jovens com quadro de atopia, sinusite crônica e polipose nasal. O acometimento pode ser uni ou bilateral, porém geralmente compromete mais de uma cavidade paranasal. O comprometimento difuso associado à polipose nasal auxilia na diferenciação com bola fúngica. Os sinais que sugerem essa doença são opacificação com expansão das cavidades paranasais, presença de material hiperatenuante na TC com remodelagem e erosão óssea (Figura 43). As áreas hiperatenuantes observadas na TC correspondem a hipossinal ou ausência de sinal nas sequências pesadas em T2, decorrente da presença de metais nos fungos, além de conteúdo com alto teor proteico.

O diagnóstico diferencial com polipose nasossinusal associado a presença de secreção ressecada no interior dos seios paranasais, sem infecção fúngica associada, é difícil, principalmente nas formas iniciais. É importante que, diante do achado de material hiperatenuante no interior das cavidades paranasais, associado a remodelagem com erosão óssea e polipose nasossinusal, haja a suspeita de sinusite fúngica alérgica.

Bola fúngica

Ocorre em pacientes idosos, imunocompetentes e é decorrente da deficiência do movimento ciliar, que permite o crescimento dos fungos, com uma colonização intracavitária e presença de hifas fúngicas. Os seios maxilar (80%) e esfenoidal (10%) foram os mais acometidos, e geralmente há comprometimento de somente uma cavidade paranasal. Na TC, apresenta-se como formação arredondada hiperatenuante, podendo conter calcificações puntiformes no seu interior (Figura 45). As calcificações de etiologia fúngica são tipicamente centrais e têm fina configuração, enquanto as calcificações não fúngicas são periféricas e com forma "casca de ovo". Na RM, a bola fúngica apresenta hipossinal em T1 e marcado hipossinal em T2, por vezes simulando ausência de sinal. O acentuado baixo sinal em T2 é geralmente observado em todos os casos de bola fúngica, enquanto a hiperatenuação da TC foi vista em 82% (Figuras 44 e 45).

Mucocele

A mucocele ocorre em razão do acúmulo de secreção dentro de uma cavidade paranasal com expansão das suas paredes ósseas, decorrente da obstrução da drenagem e apresenta várias etiologias, assim como ocorre em todas as faixas etárias. Os sintomas são lentamente progressivos, dependendo da cavidade paranasal acometida; entretanto, a maioria dos pacientes tem sintomas oculares.

Mucocele é a causa mais comum de lesão expansiva nas cavidades paranasais, e os locais mais frequentes são os seios frontal (65%), etmoidal (25%) e maxilar (10%), sendo o esfenoidal o local menos acometido. Expansão da cavidade paranasal com remodelagem, afilamento e erosão ós-

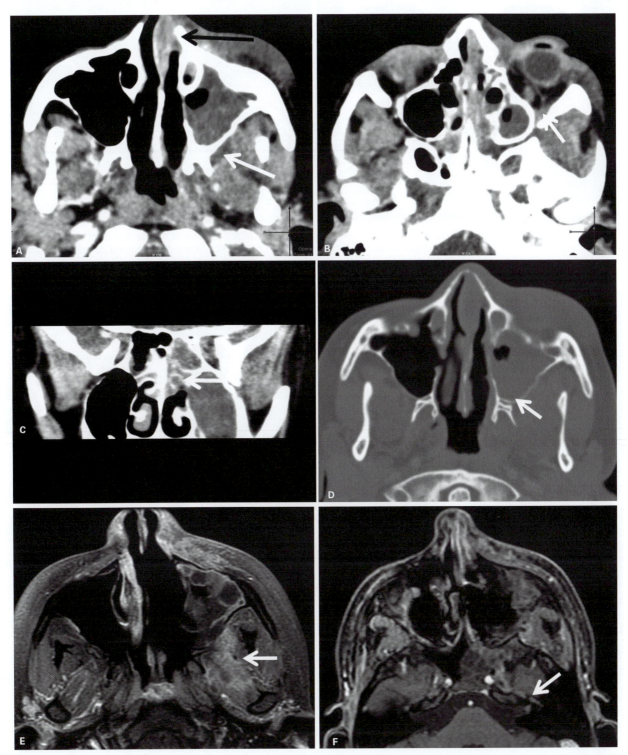

Figura 42 Sinusite fúngica invasiva em paciente com transplante renal. A sinusite fúngica pode apresentar espessamento e irregularidade da mucosa que reveste o septo nasal relacionada a úlceras (seta preta em A) e sinal da concha nasal negra (*black turbinate sign*), que corresponde a ausência de impregnação pelo contraste da concha nasal (seta em C). O processo infeccioso pode se estender para a região retroantral (seta branca em A), inclusive sem erosão da parede desta cavidade paranasal (seta em D). Há extensão para a órbita esquerda (seta em B), espaço mastigador (seta em E) e nervo facial esquerdos (seta em F).

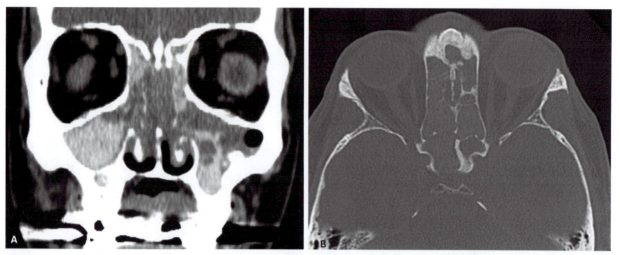

Figura 43 Sinusite fúngica alérgica. Lesões polipoides em ambas as fossas nasais e os seios maxilares e etmoidais apresentam conteúdo hiperatenuante, associado a remodelamento e erosão óssea em células etmoidais. A tomografia computadorizada não permite a diferenciação entre a sinusite fúngica alérgica e o material hiperproteico.

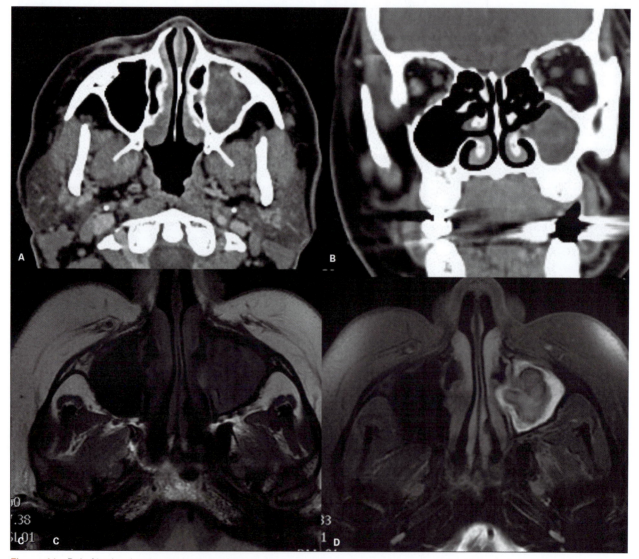

Figura 44 Bola fúngica. Lesão arredondada hiperatenuante no seio maxilar esquerdo que exibe hipossinal em todas as sequências da ressonância magnética, sobretudo na sequência ponderada em T2.

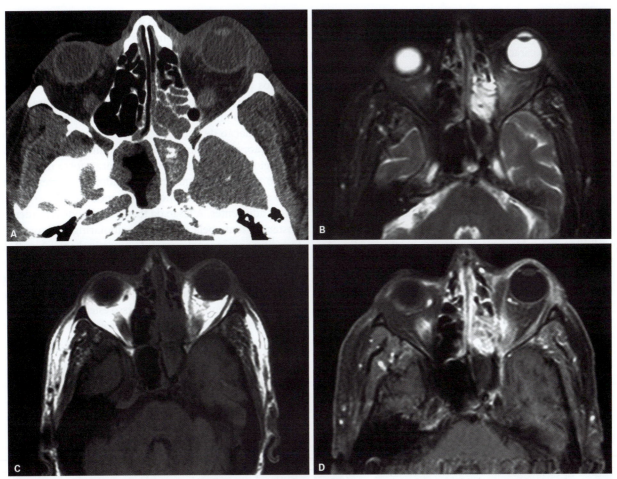

Figura 45 Bola fúngica no seio esfenoidal esquerdo. A tomografia computadorizada (A) evidencia calcificações centrais e material hiperatenuante no seio esfenoidal esquerdo. A sequência T2 (B) demonstra acentuado baixo sinal que simula ar. O material do seio esfenoidal esquerdo tem discreto hipossinal em T1 (C e D) que o diferencia do ar.

Quadro 7 Rinossinusites

Doença	Imagem
Rinossinusite aguda	Diagnóstico geralmente clínico TC em casos de neutropenia febril e transplante TC com contraste na avaliação de complicações orbitárias e intracranianas Nível hidroaéreo não é patognomônico
Rinossinusite crônica	Espessamento mucoso, cistos de retenção e pólipos Material hiperatenuante nas cavidades paranasais relacionado a alto conteúdo proteico Espessamento e esclerose das paredes das cavidades paranasais Calcificações periféricas junto à parede das cavidades paranasais
Sinusite fúngica invasiva aguda	TC ou RM com contraste Sinal da concha nasal negra (black turbinate sign) Úlceras no septo nasal Extensão orbitária, gordura retroantral, espaço mastigador Comprometimento vascular (oclusão e pseudoaneurisma) Pacientes diabéticos em cetoacidose e neutropênicos
Sinusite fúngica alérgica	Unilateral ou bilateral, geralmente mais de uma cavidade Conteúdo hiperatenuante nas cavidades paranasais Pode ocorrer remodelamento ósseo Pacientes jovens com atopia
Bola fúngica	Conteúdo hiperatenuante com calcificações centrais e pequenas Acentuado baixo sinal em T2 e sem impregnação pelo contraste Pacientes idosos e imunocompetentes

RM: ressonância magnética; TC: tomografia computadorizada.

sea, com conteúdo geralmente hiperatenuante decorrente do conteúdo proteico (Figura 46), sem impregnação pelo contraste são as características da mucocele.

A intensidade de sinal também é variável pela RM, dependendo da concentração de proteína, como descrito anteriormente na secreção da rinossinusite crônica. A identificação de impregnação periférica pode sinalizar infecção (mucopiocele) no contexto clínico apropriado.

Polipose nasal

Pólipo é a mais frequente causa de massa nasossinusal e representa hipertrofia mucosa benigna que resulta da mucosa inflamada crônica e infecção. Nas fossas nasais, localiza-se mais frequentemente no meato médio. As cavidades paranasais anteriores são mais acometidas do que as posteriores. Os pólipos são mais frequentes em pacientes com asma, fibrose cística e intolerância à aspirina. Os principais sintomas são obstrução nasal, rinorreia e alterações do olfato.

Os achados tomográficos que sugerem polipose nasal são: massas polipoides com baixa atenuação ou com densidade de partes moles, sem impregnação pelo contraste. Pode obliter as fossas nasais, os meatos nasais, preencher os seios paranasais, determinar remodelamento e afilamento ósseo e obstruir a drenagem sinusal (Figura 39).

O pólipo antrocoanal apresenta-se como uma massa com atenuação de partes moles ou baixos coeficientes de atenuação, sem impregnação pelo contraste, preenchendo o seio maxilar e estendendo-se para a fossa nasal através do infundíbulo, que está alargado, ou através de um óstio acessório, bem como pode remodelar as estruturas ósseas adjacentes. A lesão da fossa nasal pode estender-se posteriormente pela coana até a rinofaringe (Figura 47). O pólipo antrocoanal apresenta hipersinal em T2 na RM.

Os pólipos etmoidocoanal e esfenocoanal são considerados variações mais raras dos pólipos coanais. O pólipo esfenocoanal origina-se no seio esfenoidal e se estende através do óstio esfenoidal para o recesso esfenoetmoidal, atingindo posteriormente a coana e a nasofaringe (Figura 48).

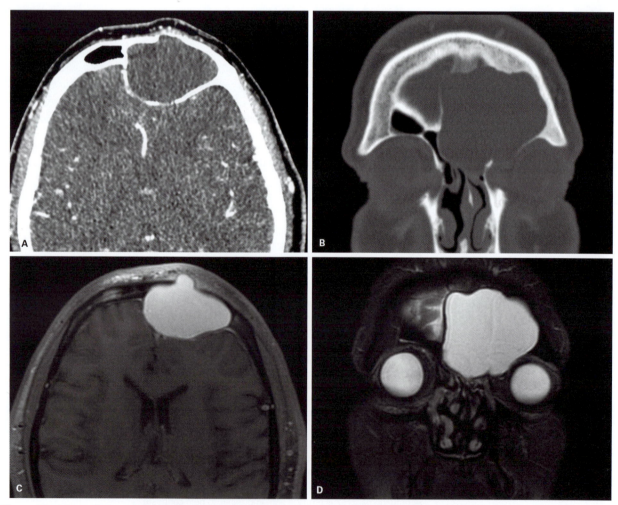

Figura 46 Mucocele frontal. Tomografia computadorizada axial (A) e coronal (B). Ressonância magnética (RM) ponderada em T1 (C) e T2 (D). Material com densidade de partes moles no seio frontal com abaulamento e erosão das paredes, inclusive com descontinuidade da parede anterior. A RM demonstra hipersinal em todas as sequências em razão do material proteico.

Os pólipos que apresentarem crescimento constrito no óstio podem apresentar estrangulamento com comprometimento vascular. Nesses casos, o componente intranasal da lesão apresenta acentuado realce, sendo chamado de pólipo angiomatoso. O pólipo angiomatoso é uma rara lesão não neoplásica, composta por vasos dilatados e hiperplásicos e infiltrado inflamatório. O diagnóstico é difícil somente com a TC, caracterizada por massa com densidade de partes moles com densidade heterogênea e pode estar associado à destruição óssea, assim como ocorre impregnação heterogênea pelo contraste. A RM demonstra sinal heterogêneo e acentuado hipossinal linear periférico em T2 e conteúdo central com hipersinal em T2 e impregnação pelo contraste. Esse padrão de sinal da RM sinaliza a possibilidade de hemorragias, e a possibilidade de pólipo angiomatoso e hemangioma pode ser suspeita no diagnóstico diferencial (Figura 49).

Granulomatose de Wegener

É uma vasculite necrotizante que compromete o trato respiratório superior e inferior e os rins. O acometimento nasal é o mais frequente nasossinal. Nas cavidades paranasais, é mais frequente o acometimento dos seios maxilar e etmoidal. O comprometimento da órbita é o local mais frequente de acometimento depois do comprometimento nasossinusal na cabeça e no pescoço. Os sintomas mais comuns são obstrução nasal e epistaxe, bem como rinorreia, anosmia, dor, ulceração septal.

Massas com atenuação de partes moles nas fossas nasais associadas a erosão do septo nasal e/ou conchas nasais, espessamento com esclerose ou erosão das paredes nasais e alterações inflamatórias nos seios paranasais são os achados da TC (Figura 50). O comprometimento mais acentuado das fossas nasais com erosão, sobretudo do septo nasal e conchas nasais, é um achado mais frequentemente observado na granulomatose de Wegener em relação à rinossinusite crônica. Neste contexto de erosão do septo nasal, também podem ser incluídas as possibilidades de sarcoidose e uso de cocaína.

Na RM, nas sequências ponderadas em T1, evidenciam-se massas com hipossinal ou sinal intermediário e geralmente com hipossinal nas sequências em T2 (Figura 51). O padrão de impregnação é variável.

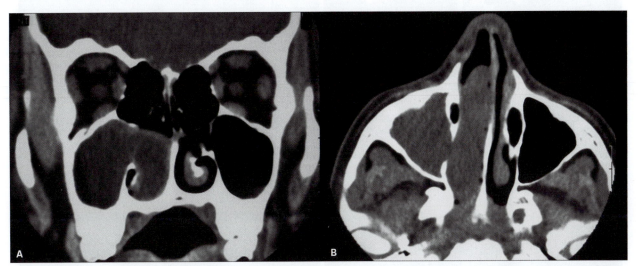

Figura 47 Pólipo antrocoanal. Formação polipoide no seio maxilar direito estendendo-se através do óstio acessório para a fossa nasal e rinofaringe.

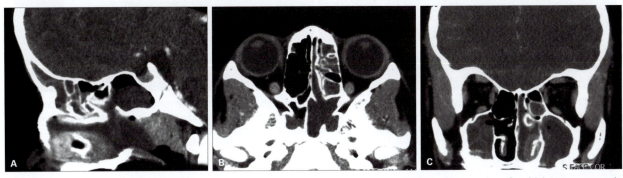

Figura 48 Pólipo esfenocoanal. Tomografia computadorizada pós-contraste. Formação polipoide no seio esfenoidal, que se estende para a fossa nasal e nasofaringe provocando alargamento do recesso esfenoetmoidal.

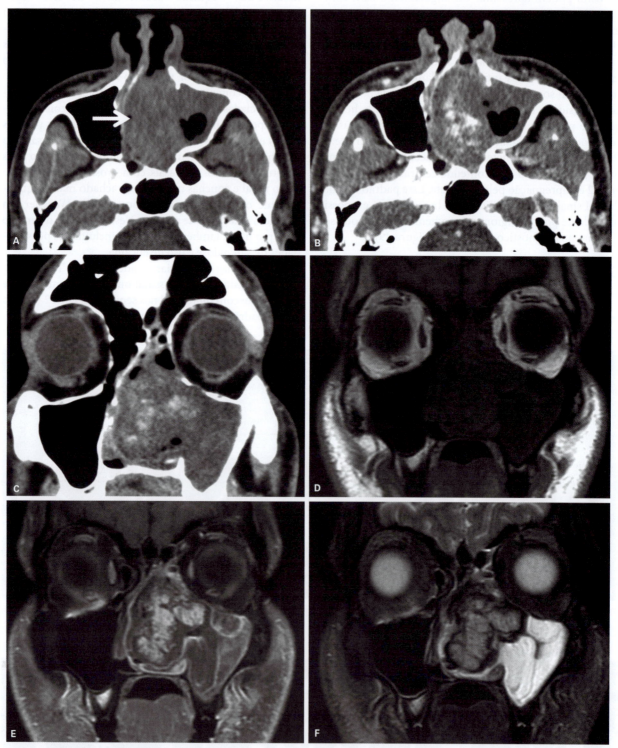

Figura 49 Pólipo angiomatoso em paciente com sangramento nasal. Tomografia computadorizada demonstrando lesão com densidade de partes moles na fossa nasal e seio maxilar esquerdos com impregnação heterogênea no seu interior. A ressonância magnética caracteriza periferia da lesão com baixo sinal em T2 e conteúdo central com hipersinal em T2 e intensa impregnação pelo contraste. Esse achado é descrito no pólipo angiomatoso, e o hemangioma é o principal diagnóstico diferencial.

Quadro 8	Classificação de polipose nasal
Polipose nasal	
I	Pólipo antrocoanal
II	Pólipo coanal e pólipo isolado
III	Pólipos associados à rinossinusite crônica sem hiper-reatividade da via aérea
IV	Pólipos associados à rinossinusite crônica (eosinofílico) com hiper-reatividade da via aérea (asma)
V	Pólipos associados à doença sistêmica (fibrose cística, fúngica alérgica, síndrome de Kartagener etc.)

Fonte: Stammberger, 1997.

Necrose por cocaína

A inalação crônica de cocaína promove efeitos combinados de irritação química, necrose isquêmica por vasoconstrição e trauma direto e determinam a destruição das estruturas ósseas e cartilaginosas do nariz, das cavidades paranasais e do palato duro. Erosão septal (Figura 52), conchas nasais, paredes dos seios maxilares e palato duro, sem tecido com densidade de partes moles são achados pela TC.

Síndrome do seio silencioso

A síndrome do seio silencioso decorre da obstrução infundibular que promove redução volumétrica do seio maxilar e consequente assimetria facial e enoftalmia. A apresentação clínica costuma ser oftalmológica ou pela assimetria facial, e normalmente não há sintoma nasossinusal. Os achados de imagem são obliteração do infundíbulo e de todo o seio paranasal comprometido, retração lateral do processo uncinado, retrações das paredes do seio maxilar com deslocamento inferior do assoalho orbitário e consequentes enoftalmia e assimetria facial, bem como o meato médio é secundariamente alargado pela retração da parede medial do seio maxilar (Quadro 9 e Figura 53). O material que preenche o seio maxilar cos-

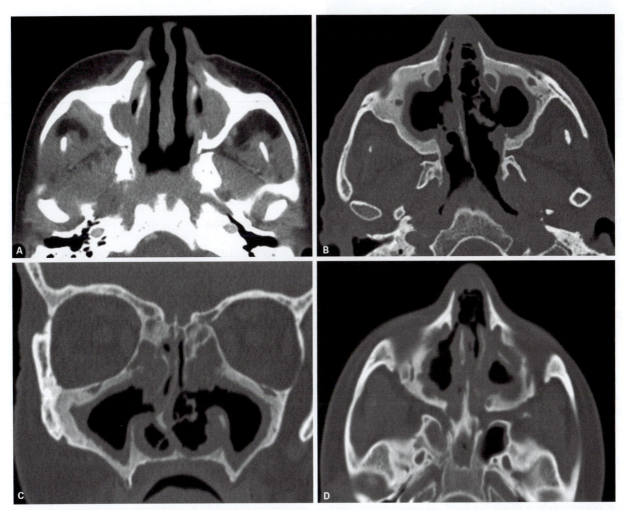

Figura 50 Granulomatose de Wegener. Acentuado espessamento mucoso e das paredes ósseas, com erosão das paredes mediais dos seios maxilares, septos etmoidais e cornetos nasais (A, B, C). Imagem axial de outro paciente (D) demonstrando erosão do septo nasal.

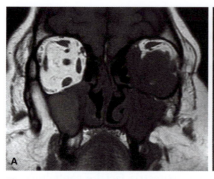 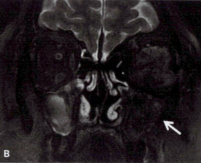 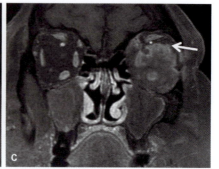

Figura 51 Granulomatose de Wegener comprometendo os seios maxilares e a órbita esquerda. O sinal em T2 (B) geralmente apresenta baixo sinal, como observado no seio maxilar e na órbita à esquerda. A impregnação é variável, por vezes heterogênea, como observado na órbita esquerda (C).

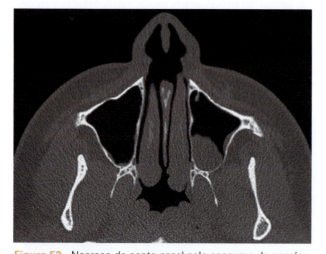

Figura 52 Necrose do septo nasal pelo consumo de cocaína. TC axial evidencia a erosão óssea do septo nasal.

Quadro 9	Síndrome do seio silencioso
Síndrome do seio silencioso	Obstrução do infundíbulo Seio maxilar preenchido. Material pode apresentar hipersinal em T1 em razão do aumento de proteína Retração do processo uncinado com atelectasia do infundíbulo Retrações das paredes do seio maxilar Meato médio é secundariamente alargado Deslocamento inferior do assoalho orbitário Enoftalmia Asimetria facial
Pneumatização incompleta	Não há atelectasia do processo uncinado Não há retração de paredes O processo alveolar da maxila pode apresentar maior espessura do que o contralateral Seio paranasal não está preenchido (Figura 6)

tuma apresentar hipersinal em T1 por conta do aumento de proteína.

A ausência do preenchimento do seio maxilar e o processo alveolar não pneumatizado auxiliam no diferencial com hipoplasia do seio maxilar.

Pneumosinus dilatans

O termo *pneumosinus dilatans* é utilizado para descrever a dilatação anormal de uma ou mais cavidades paranasais sem evidência de erosão óssea, hiperostose e espessamento mucoso. Quando há envolvimento de todas as cavidades paranasais e células da mastoide, é denominado *pneumosinus dilatans multiplex*.

Na TC, observam-se uma ou mais cavidades paranasais dilatadas com preservação das suas paredes ósseas (Figura 54). O *pneumosinus dilatans* pode estar associado a meningeoma (Figura 55). Diferencia-se da pneumocele, que corresponde à dilatação focal ou generalizada com afilamento da parede óssea (Figura 56) (Quadro 10).

Fibrose cística

A fibrose cística é uma doença autossômica recessiva, provocada por um defeito no braço longo do cromossomo 7 que afeta o transporte de íons através da membrana epitelial, com consequente produção de secreção viscosa e espessa e prejuízo do movimento mucociliar. A manifestação clínica é de insuficiência pancreática e sintomas pulmonares e sinusais, tais como rinossinusite e polipose.

Polipose e preenchimento dos seios paranasais por material hiperatenuante decorrente da secreção espessa, abaulamento da parede medial dos seios maxilares e desmineralização dos processos uncinados são os achados por imagem. A cavidade paranasal pode ser não aerada, notadamente o seio frontal (Figura 57). Apesar da hipopneumatização das cavidades paranasais, a pneumatização das células da mastoide é normal nesse grupo de pacientes. O Quadro 11 mostra as doenças que podem apresentar conteúdo hiperatenuante no interior dos seios paranasais, incluindo a fibrose cística.

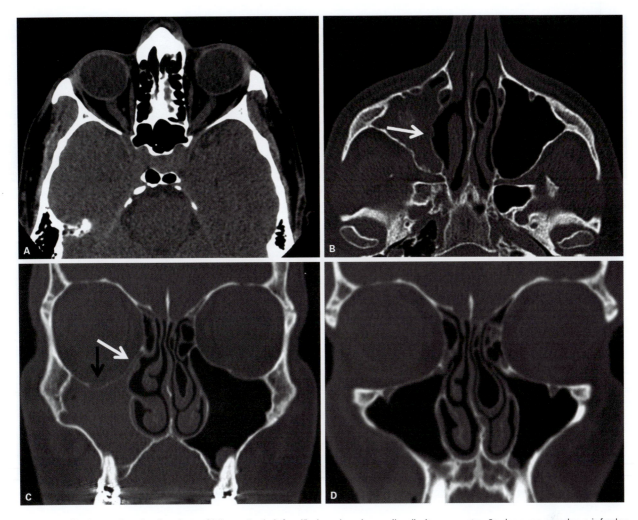

Figura 53 Síndrome do seio silencioso. Obliteração do infundíbulo e do seio maxilar direito com retração das suas paredes e infradesnivelamento do assoalho da órbita (seta preta) e enoftalmia deste lado. Observe que na tomografia computadorizada 2 anos antes dos sintomas (D) o seio maxilar direito apresentava aeração normal e paredes sem retração.

Tumores

Tumores benignos

O diagnóstico diferencial dos tumores benignos nasossinusais é extenso. De acordo com o tipo histológico, podem-se dividir em epiteliais, mesenquimais, ósseos e odontogênicos, sendo o osteoma o mais frequente. Muitos dos sintomas simulam aqueles causados por rinossinusites, o que, por vezes, retarda o diagnóstico. Os principais tumores epiteliais, mesenquimais e ósseos dos seios paranasais serão descritos a seguir, bem como diagnósticos diferenciais não tumorais.

Lesões fibro-ósseas

As lesões fibro-ósseas benignas estão relacionadas à substituição por tecido fibroso contendo focos de minera-

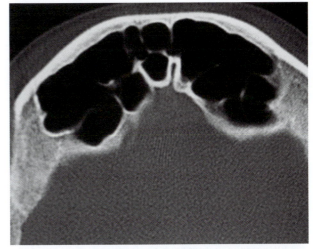

Figura 54 *Pneumosinus dilatans*. Tomografia computadorizada axial. Dilatação anormal dos seios frontais.

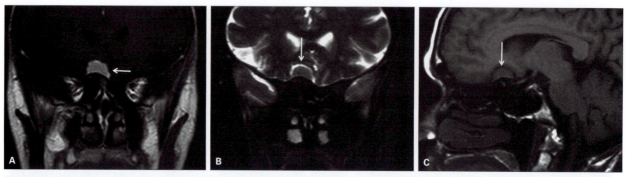

Figura 55 Coronal T1 pós-contraste (A), coronal T2 (B) e sagital T1 (C). Meningeoma (setas) no plano esfenoidal com *pneumosinus dilatans* adjacente.

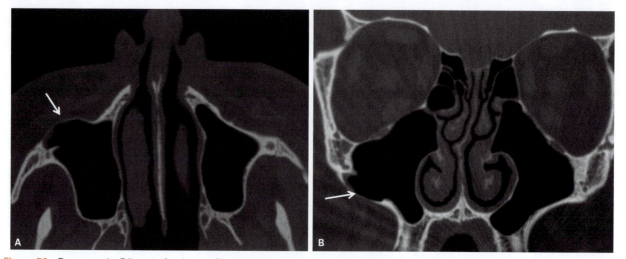

Figura 56 Pneumocele. Dilatação focal com afilamento da parede. A integridade da parede auxilia na distinção de *pneumosinus dilatans*.

Quadro 10 Cavidade paranasal com dimensões aumentadas	
Pneumosinus dilatans	Dilatação de uma ou mais cavidades paranasais Preservação da parede óssea Não há erosão óssea ou hiperostose (Figura 53) Lembre que o meningeoma pode estar associado ao *pneumosinus dilatans* (Figura 54)
Pneumocele	Dilatação focal ou generalizada Afilamento da parede óssea diferencia do *pneumosinus dilatans* (Figura 55)

lização. Várias classificações foram descritas referentes às lesões fibro-ósseas craniofaciais. Entretanto, as lesões acometendo as cavidades paranasais podem ser divididas em osteoma, displasia fibrosa e fibroma ossificante (Quadro 11).

Osteoma

Osteoma é o tumor mais frequente das cavidades paranasais, principalmente nos seios frontal e etmoidal, embora os seios maxilar e esfenoidal também possam ser envolvidos. É o mais frequente tumor benigno. Consiste em osso compacto denso ou lamelar com tecido fibroso intertrabecular e caracteristicamente denso na radiografia. Entretanto, a atenuação pode ser variável, dependendo da quantidade de osso mineralizado. Desse modo, o osteoma pode ter hiperdensidade semelhante à cortical óssea (Figura 58) ou com gradual menor densidade até semelhante a vidro fosco. O seu crescimento é lento e é frequentemente assintomático, porém pode causar sintomas pela obstrução das vias de drenagem das cavidades paranasais. Os sintomas mais comuns são: dor frontal e cefaleia; entretanto, outras complicações menos frequentes podem ocorrer, como mucocele, fístula liquórica, meningite, abscesso intracraniano e pneumoencéfalo. Síndrome de Gardner é uma doença autossômica que consiste em osteoma (Figura 58), geralmente múltiplos, tumores de partes moles (tais como cisto de inclusão ou tumores fibrosos subcutâneos) e polipose no cólon. Dente supranumerário e hipercementose também podem ocorrer na maxila ou mandíbula. É importante considerar a possibilidade dessa síndrome em casos de múltiplos osteomas para orientar o estudo do cólon, pois a dege-

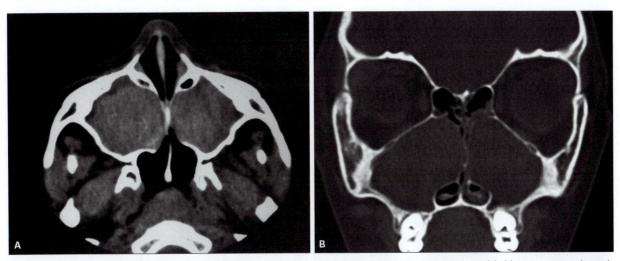

Figura 57 Fibrose cística. Tomografia computadorizada axial (A) e coronal (B). Preenchimento por conteúdo hiperatenuante dos seios maxilares e de algumas células etmoidais, com abaulamento das suas paredes mediais dos seios maxilares. A fibrose cística também determina desmineralização dos processo uncinados.

Quadro 11	Conteúdo hiperatenuante na cavidade paranasal
Fibrose cística	Comprometimento de várias cavidades paranasais Material hiperatenuante decorrente da secreção espessa Abaulamento da parede medial dos seios maxilares e desmineralização dos processos uncinados Hipoaeração do seio frontal Polipose
Rinossinusite crônica	Material hiperatenuante em uma ou mais cavidades paranasais Espessamento e esclerose das paredes das cavidades paranasais e calcificações junto ao espessamento mucoso Cistos de retenção e pólipos
Sinusite fúngica	Sinusite fúngica alérgica: geralmente mais de uma cavidade, remodelamento, pacientes jovens com atopia Bola fúngica: geralmente uma cavidade paranasal, conteúdo ovalado com calcificações centrais e pequenas, marcado baixo sinal em T2, sem realce, pacientes idosos e imunocompetentes
Mucocele	O conteúdo é variável, porém pode ser hiperatenuante por conta da concentração de proteína Uma cavidade paranasal: seios frontal > etmoidal > maxilar > esfenoidal Não há impregnação central Impregnação periférica pode ocorrer na mucopiocele Expansão da cavidade paranasal com remodelagem, afilamento e erosão óssea Intensidade de sinal variável pela RM
Tumor	Geralmente, com comprometimento unilateral Erosão e afilamento ósseo Utilização de contraste Exame de imagem para estadiamento
Sangue	Fraturas e antecedente de trauma ou coagulopatias

RM: ressonância magnética; TC: tomografia computadorizada.

neração maligna pode ocorrer em até 40%; além disso, também há maior incidência de tumor da tireoide.

Displasia fibrosa

A displasia fibrosa resulta da substituição do tecido ósseo por tecido conectivo fibroso durante o crescimento ósseo e é mais frequente em crianças e adolescentes. Entretanto, a doença pode apresentar manifestações iniciais no adulto. A displasia fibrosa predominantemente afeta os ossos longos, porém ossos craniofaciais e seios paranasais também podem ser acometidos. A maxila e a mandíbula são os locais mais comuns da cabeça e do pescoço. Há a apresentação poliostótica (15-30%) envolvendo mais de um osso e a forma monostótica (70-85%)

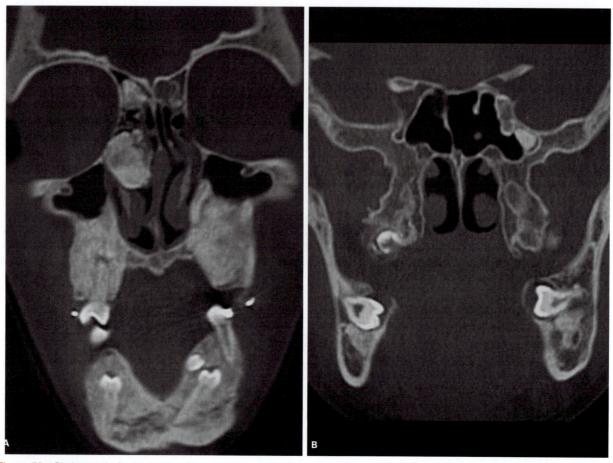

Figura 58 Síndrome de Gardner com pólipos colônicos e cistos epidermoides cutâneos. Tomografia computadorizada demonstrando osteomas múltiplos, dentes supranumerários e alteração da densidade nos processos alveolares da maxila e mandíbula, que podem decorrer de hipercementose.

comprometendo somente um osso. A síndrome McCune Albright (puberdade precoce, displasia fibrosa e manchas café com leite) tem a apresentação poliostótica (Figura 59). A displasia fibrosa monostótica nos ossos longos e na mandíbula não atravessa a articulação; entretanto, na região maxilofacial, ela pode atravessar a sutura e envolver mais de um osso facial. A lesão tem aspecto de "vidro fosco" na TC e sinal intermediário em T1 e hipossinal em T2 na RM com impregnação variável. A displasia fibrosa tem baixo índice de transformação maligna, porém ocorre em 0,5% na forma poliostótica e 4% na síndrome de McCune Albright. Em razão da tendência de baixa malignidade, a maioria recomenda o tratamento conservador, e cirurgia é indicada em pacientes sintomáticos ou decorrente de deformidade estética. A descrição pormenorizada do comprometimento de canais e forames é importante para a correlação com os sintomas clínicos.

Fibroma ossificante

Fibroma ossificante é raro, tem predileção na segunda e terceira décadas e é mais frequente em mulheres. O termo fibroma cemento-ossificante foi denominado como sinônimo pela nova classificação da World Health Organization (WHO) de 2005. O fibroma ossificante pode ser do ponto de vista clínico dividido em fibroma ossificante e fibroma ossificante juvenil, sendo este último com comportamento mais agressivo e maior taxa de recidiva. Ocorre mais frequentemente na região mandibular, seguido da maxila, e o envolvimento nasossinusal é extremamente raro. A apresentação clínica é variável, dependendo do local e da taxa de crescimento do tumor. Os sintomas estão relacionados com deslocamento dos dentes e obstrução nasal. Os achados de imagem dependem do estágio de desenvolvimento e do grau de matriz mineralizada. O aspecto radiológico é de uma lesão de aparência arredondada ou ovalada com borda de anel periférico ósseo espesso e região central com atenuação fibrosa. A TC caracteriza-se por lesão com matriz não homogênea com aspecto de vidro fosco e área de baixa atenuação contendo tecido fibroso e contorno bem definido, sendo este último o sinal radiológico mais importante para diferenciá-lo de displasia fibrosa (Figura 60).

Pseudodisplasia fibrosa no processo frontal da maxila

O processo frontal da maxila pode apresentar aparência de pseudodisplasia fibrosa. A etiologia não é conhecida, porém especula-se que ele esteja relacionado

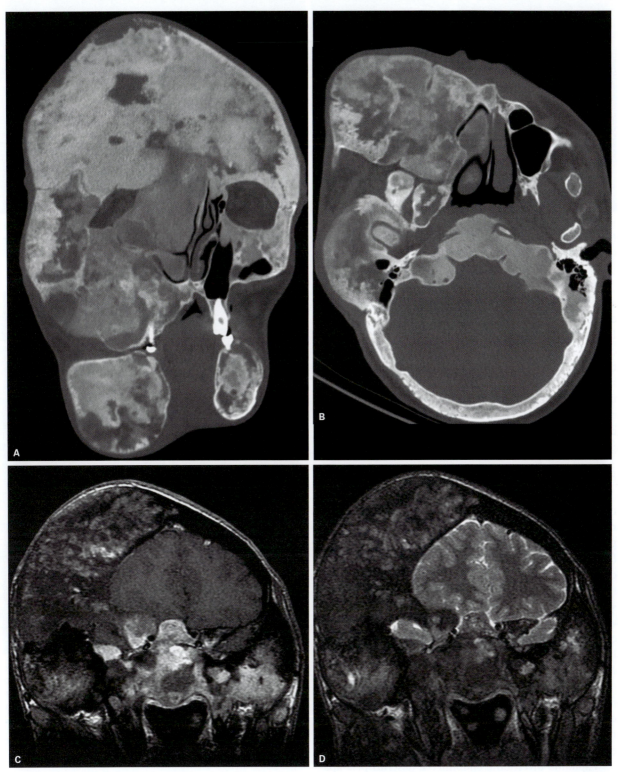

Figura 59 Paciente com displasia fibrosa poliostótica e manchas café com leite e puberdade precoce. Achados da síndrome de McCune Albright. A tomografia computadorizada (A e B) demonstra aspecto de vidro fosco nos ossos da face. A ressonância magnética tem sinal e impregnação heterogêneos (C e D) e evidencia a lesão expansiva na sela turca.

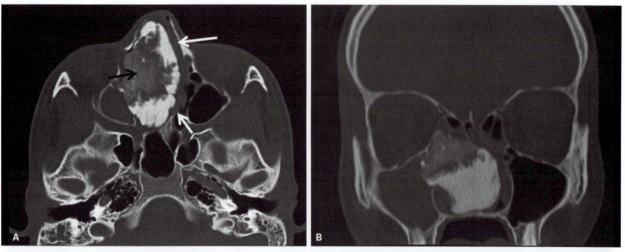

Figura 60 Fibroma ossificante. Tomografia computadorizada evidenciando lesão de aparência arredondada com borda de anel periférico ósseo espesso em sua face medial (setas brancas) e região central com aspecto de vidro fosco (seta preta). O contorno bem definido auxilia no diferencial com displasia fibrosa.

ao desenvolvimento do processo frontal junto à sutura e também de células de origem cartilaginosa ou fibrosa. Esse achado pode ser encontrado na criança e no adolescente e é mais comum em mulheres. Foram observados três tipos de padrões. Um padrão de osso desmineralizado promovendo aparência osteolítica (pseudocístico), uma aparência de vidro fosco de aspecto expansivo (padrão vidro fosco). O último padrão apresenta aumento da atenuação óssea e aspecto mais heterogêneo (padrão pagetoide) (Figura 61).

Papiloma nasossinusal

Papilomas nasossinusais ou schneiderianos são tumores benignos da fossa nasal ou seios paranasais derivados do epitélio schneideriano. Hyams subdivide o papiloma nasossinusal em invertido (47%), fungiforme (50%) e cilíndrico (3%). Papiloma fungiforme é exofítico e desenvolve-se no septo nasal anterior; por esse motivo, são denominados papilomas septais. Geralmente são assintomáticos, porém podem causar irritação ou epistaxe. Não apresentam progressão para transformação maligna, pela ausência de mitoses ou alterações celulares. O tratamento consiste na excisão e cauterização da base para prevenir recorrência.

Papiloma cilíndrico é o tipo menos comum e caracterizado histologicamente por epitélio oncocítico e abundante de cistos com mucina. Pode estar associado a carcinoma de células escamosas em 15% e de recorrência local em torno de 33-40%.

Papiloma invertido é endofítico e descrito pela aparência histológica de inversão do epitélio hiperplásico que cresce para o interior do estroma subjacente, mantendo a membrana basal intacta. Sua origem ocorre mais frequentemente a partir da parede nasal lateral, no nível do meato médio, e é comum envolverem secundaria-

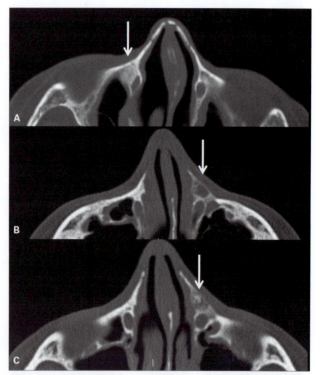

Figura 61 Pseudodisplasia fibrosa no processo frontal da maxila. Descritos três tipos de padrões. A: Aparência de vidro fosco de aspecto expansivo (padrão vidro fosco). B: Padrão de osso desmineralizado promovendo aparência osteolítica (pseudocístico). C: Padrão com aumento da atenuação óssea e aspecto mais heterogêneo (padrão pagetoide).

mente os seios maxilar e etmoidal. Os sintomas incluem obstrução nasal, epistaxe, secreção nasal, massa nasal e sinusite. Há predileção pelo sexo masculino (3:1), e são, geralmente, unilaterais. A incidência de associação com malignidade é variável no papiloma invertido e pode

Quadro 12	Lesões fibro-ósseas
Osteoma	Tumor mais frequente das cavidades paranasais Geralmente assintomático Seios frontal e etmoidal > seios maxilar e esfenoidal Nódulo com hiperdensidade semelhante à cortical óssea ou com menor densidade até semelhante a vidro fosco Múltiplos: lembrar da possibilidade de síndrome de Gardner (tumores de partes moles, polipose no cólon, dente supranumerário e hipercementose e maior incidência de câncer no cólon e tireoide)
Displasia fibrosa	Mais frequente em crianças e adolescentes Pode apresentar manifestações iniciais no adulto A maxila e a mandíbula são os locais mais comuns da cabeça e do pescoço Monostótica > poliostótica Poliostótica: lembre a possibilidade de síndrome McCune-Albright (puberdade precoce, displasia fibrosa e manchas café com leite) Não atravessa a articulação, entretanto, na região maxilofacial, pode atravessar a sutura e envolver mais de um osso facial Descrição detalhada do comprometimento de canais e forames é importante para a correlação com os sintomas clínicos Aspecto de vidro fosco na TC Sinal intermediário em T1 e hipossinal em T2 na RM com impregnação variável
Fibroma ossificante	Segunda e terceira décadas e é mais frequente em mulheres Mandíbula > maxila > nasossinusal Lesão arredondada com borda de anel periférico ósseo espesso e região central com atenuação fibrosa Contorno bem definido auxilia no diferencial com displasia fibrosa
Pseudodisplasia fibrosa	Etiologia não é conhecida Processo frontal da maxila Qualquer faixa etária Três tipos de padrões: • Padrão pseudocístico: osso desmineralizado com aparência osteolítica • Padrão de vidro fosco: aparência de vidro fosco de aspecto expansivo • Padrão pagetoide: aumento da atenuação óssea e aspecto mais heterogêneo

RM: ressonância magnética; TC: tomografia computadorizada.

ocorrer em torno de 10%, sendo o carcinoma espinocelular o mais comum.

Papiloma invertido é caracterizado pela TC por massa de densidade de partes moles com impregnação da massa e calcificações podem estar presentes. Esse aspecto não é específico, porém papiloma invertido e estesioneuroblastoma são os dois tumores nasais associados a calcificações intralesionais mais comuns. O papiloma invertido pode promover remodelamento, afilamento, erosão e esclerose óssea. A presença de hiperostose óssea em forma de placa ou cone é descrita como relacionada à origem do papiloma invertido, que quando presente é suspeito dessa patologia (Figura 63B). O papiloma invertido pode assumir o padrão cerebriforme determinado pelas camadas de estroma e epiteliais (Figura 62). A correlação patológica revela que a alta celularidade metaplásica epitelial é vista como finas estriações de hipossinal em T2 e menor impregnação pelo contraste, enquanto o estroma edematoso celular é identificado como estriações de hipersinal em T2 e impregnação pelo contraste. Esse padrão de imagem, embora presente nos papilomas invertidos, não é específico, pois também foi observado em lesões malignas como o carcinoma escamoso e o estesioneuroblastoma. A perda focal do padrão cerebriforme, áreas de necrose e acentuada erosão óssea são sinais de suspeita de concomitância de papiloma invertido e lesão maligna.

O papiloma invertido pode recorrer após a cirurgia, e a detecção de recidiva pós-operatória pode ser difícil, pois a fibrose pós-cirúrgica combinada com a inflamação aguda resulta em tecido com sinal intermediário e realce pelo contraste, por vez indistinguível de recidiva.

Hemangioma

Hemangioma é a mais comum lesão vascular da cabeça e pescoço, mas raramente compromete os seios paranasais. A maioria dos hemangiomas nasais cresce do septo e vestíbulo. Os sintomas mais frequentes são obstrução nasal e epistaxe. O hemangioma do seio paranasal geralmente caracteriza-se por massa com densidade de partes moles com realce heterogêneo pelo contraste iodado endovenoso (Figura 64) e pode promover expansão e remodelamento ósseo, assim como alargamento do complexo ostiomeatal e apresentar calcificações.

O hemangioma é usualmente caracterizado por hipossinal em T1 e hipersinal em T2 com impregnação pelo contraste endovenoso. O marcado hipersinal em T2 auxilia na diferenciação com tumores malignos. Entretanto, os hemangiomas podem apresentar um aspecto

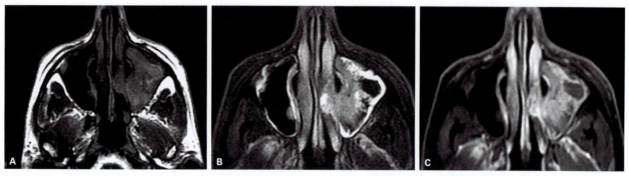

Figura 62 Papiloma invertido com padrão cerebriforme. A alta celularidade e o estroma edematoso caracterizam-se por hipossinal em T2 (A) e hipersinal em T2 (B), respectivamente. Esse padrão cerebriforme é descrito no papiloma invertido, porém não patognomônico, pois também foi observado em lesões malignas.

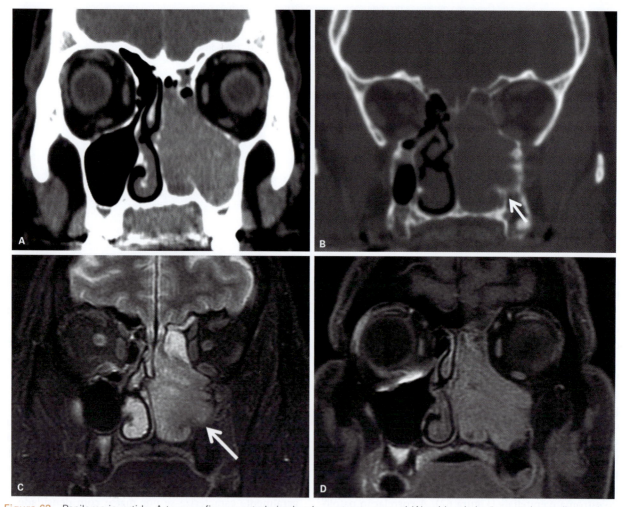

Figura 63 Papiloma invertido. A tomografia computadorizada pós-contraste coronal (A) evidencia lesão no seio maxilar, na fossa nasal e na célula etmoidal esquerdas. A espícula óssea na parede do seio maxilar esquerdo pode ser o local de origem do papiloma invertido (setas em B e C).

de intensidade de sinal variável por conta das diferentes fases da hemoglobina (hipersinal em T1 e T2 relacionado a meta-hemoglobina extracelular e halo de marcado hipossinal em T2 em razão da hemossiderina por causa do sangramento. Essa forma de apresentação de focos de sangramentos em diferentes estágios de evolução admite as possibilidades de hemangioma (Figura 64), hematoma organizado e pólipo angiomatoso (Figura 49).

Schwannoma

Schwannomas são lesões que crescem da bainha neural de nervos periféricos. A mais frequente localização em

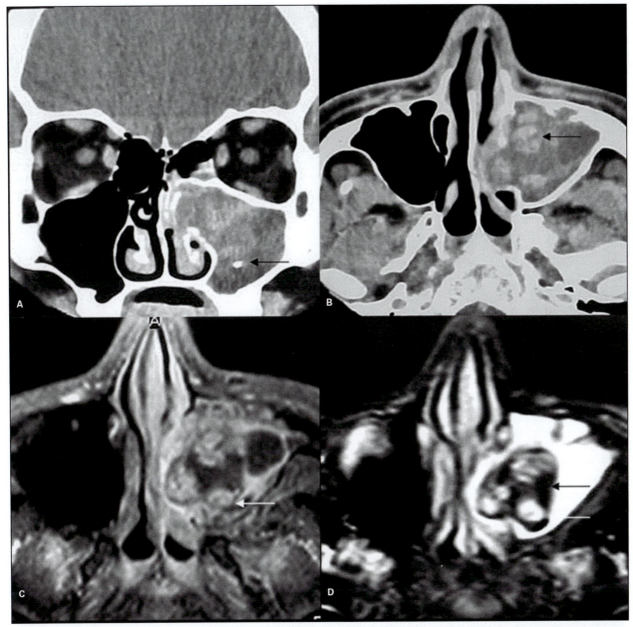

Figura 64 Hemangioma do seio maxilar esquerdo. Tomografia computadorizada (TC) coronal pós-contraste (A) e axial (B). Ressonância magnética (RM) axial T1 pós-contraste (C) e axial T2 (D). Lesão expansiva no seio maxilar esquerdo com calcificação (seta em A) que pode representar flebólito. Impregnação heterogênea com aspecto nodular pela TC (seta em B) e RM (seta em C e D). Os focos de marcado hipossinal em T2 (seta preta em D) podem representar hemossiderina. Os focos de hipersinal em T2 e impregnação pelo contraste devem representar lagos venosos.

cabeça e pescoço é no VIII nervo craniano e é incomum na região nasossinusal. O seu crescimento é descrito relacionado aos ramos oftálmico e maxilar do nervo trigêmeo, assim como do sistema nervoso autônomo. Seio etmoidal, maxilar, parede lateral da fossa nasal e seio esfenoidal são envolvidos, nessa ordem decrescente. Os sintomas são inespecíficos de obstrução nasal, epistaxe e anosmia. Não há predileção por sexo, idade ou raça.

As características na TC são geralmente inespecíficas (Figura 65) para diferenciar de outros tumores da região. A TC costuma mostrar hipoatenuação central com impregnação pelo contraste iodado. A aparência heterogênea está relacionada a áreas de aumento da vascularização com áreas adjacentes císticas. Esse aspecto é importante no diferencial com pólipos inflamatórios, que não exibem impregnação pelo contraste. Remodelamento e erosão óssea adjacente podem ocorrer, simulando lesão maligna. As características na RM são de massa com isossinal em T1 e sinal variável em T2, de médio sinal a hipersinal. Após a administração do contraste, há um

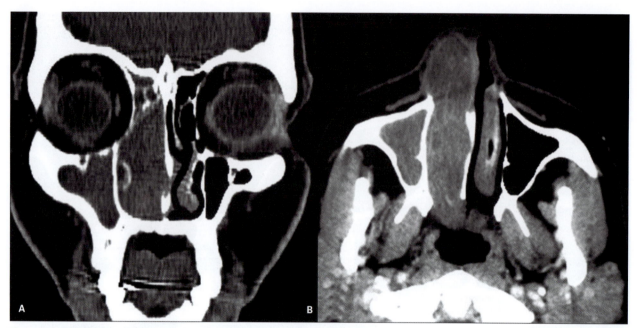

Figura 65 Schwannoma. Lesão expansiva na fossa nasal direita. Tomografia computadorizada coronal pós-contraste (A) e axial pós-contraste (B). Lesão expansiva na fossa nasal direita com discreta impregnação heterogênea promovendo remodelamento ósseo. Há preenchimento dos seios maxilar e etmoidal homolaterais.

padrão de realce homogêneo ou heterogêneo em razão de cistos.

Meningeoma

O meningeoma extracraniano primário no seio paranasal é um tumor raro, histologicamente idêntico ao meningeoma intracraniano, e pode crescer de tecido aracnoide ectópico. Os seios mais afetados são, em ordem decrescente de acometimento, frontal, maxilar e etmoidal. São mais frequentes no sexo feminino. Os sintomas são relacionados ao crescimento tumoral, como massa nasal, sinusite, epistaxe e proptose. A maioria dos meningeomas caracteriza-se na RM por isossinal ou leve hipossinal em T1 e sinal heterogêneo em T2, por conta de vascularização intrínseca tumoral e calcificação (Figura 66). Massa hiperdensa na fase pré-contraste e a presença de calcificação sugerem a possibilidade pela TC, entretanto deve-se lembrar que outros tumores com alta celularidade também podem apresentar hiperatenuação na fase pré-contraste que serão descritos posteriormente.

Nasoangiofibroma juvenil

O nasoangiofibroma juvenil é uma lesão composta por elementos vasculares e fibrosos. Os sintomas mais frequentes são obstrução nasal e epistaxe recorrente.

Ocorre tipicamente em adolescentes e adultos jovens e localiza-se próximo à lâmina pterigoide medial com invasão precoce do osso na região da fossa pterigopalatina (Figuras 67 e 68) e crescimento até a asa maior do esfenoide. Da fossa pterigopalatina o tumor estende-se medialmente até a fossa nasal e nasofaringe, via alargamento e erosão do forame esfenopalatino; anteriormente promove abaulamento da parede do seio maxilar; lateralmente para a fissura pterigomaxilar; superiormente até o ápice da órbita, através da fissura orbitária inferior, e até a fossa craniana, via fissura orbitária superior.

A TC e a RM demonstram lesão com intensa impregnação pelo contraste, bem como a RM também pode caracterizar estruturas lineares de *flow void* no interior da lesão, correspondendo a estruturas vasculares relacionadas à hipervascularização, que associada à sua localização típica na fossa pterigopalatina e predileção por adolescentes do sexo masculino são altamente sugestivas desta patologia. O Quadro 13 resume os achados de imagem dos tumores benignos.

Tumores malignos

As neoplasias nasossinusais são infrequentes e com histologia diferente relacionada a diversas estruturas anatômicas nessta área. Representam cerca de 3% dos cânceres em cabeça e pescoço e 0,8% de todos os cânceres humanos. O risco relativo tem sido determinado para um número de ocupações, como trabalhadores que lidam com madeira, níquel, cromo, químicos, sapatos e têxteis, embora o exato agente causal e o modo de ação não sejam claramente definidos.

Cerca de 80% crescem do seio maxilar e até 73% são carcinomas epidermoides. O segundo local mais frequente é o seio etmoidal e, neste local, o adenocarcinoma, o carcinoma epidermoide e o estesioneuroblastoma são os tipos histológicos mais frequentes.

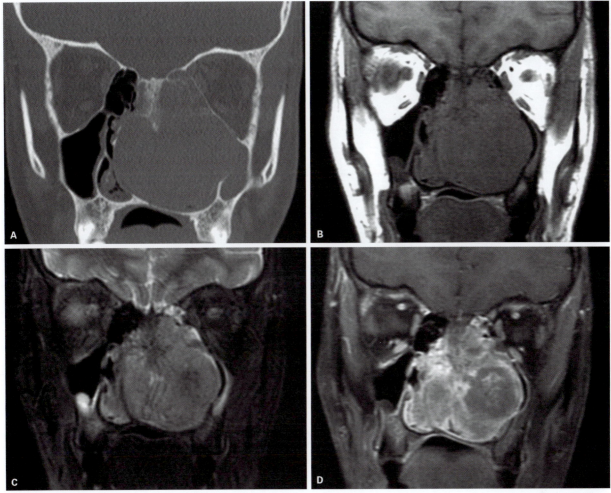

Figura 66 Meningeoma na fossa nasal. A lesão tem discreto hipossinal em T1 (B), sinal heterogêneo, predominantemente de hipossinal em T2 (C) e com impregnação heterogênea pelo contraste (D). Há esclerose óssea adjacente junto ao septo nasal e às células etmoidais (A).

Os sintomas são inespecíficos, não raramente simulando processos inflamatórios, o que por vezes retarda o diagnóstico. Estudo retrospectivo de mais de 1.100 seios paranasais demonstrou 24 casos de doença unilateral, dos quais 12 eram relacionadas a tumor e destes metade decorrente de neoplasia maligna. Portanto, doença sinusal unilateral pode ser uma das suspeitas de neoplasia, assim como erosão óssea, necrose no interior de massa com densidade de partes moles, linfonodomegalia e realce extenso pelo contraste. A calcificação no carcinoma é incomum.

Frequentemente, é difícil para o radiologista sugerir o diagnóstico histológico por conta da sobreposição de aparências das imagens. A maior contribuição da imagem é no estadiamento tumoral e no conhecimento dos sítios anatômicos que vão influenciar nos planejamentos cirúrgico e terapêutico e no prognóstico. Nesse contexto, a combinação de TC e RM é útil. A TC é mais acurada para delimitar a margem óssea, e a RM tem maior resolução em tecidos moles e principalmente para diferenciar doença inflamatória de tumor, assim como avaliar a extensão intracraniana e disseminação perineural. A secreção e a inflamação mucosa frequentemente têm alto conteúdo de água, com consequente alto sinal em T2 e realce periférico. Por outro lado, a maioria dos tumores é de alta celularidade, resultando em sinal intermediário ou baixo em T2, assim como exibe impregnação pelo contraste.

Carcinoma epidermoide

É o tumor maligno nasossinusal mais frequente, e o seio maxilar (Figura 69) é o mais acometido. A cavidade nasal e o seio etmoidal, e menos frequentemente os seios frontal e esfenoidal, também são sítios dessa neoplasia. A média de idade é de 60-70 anos, e é mais comum em homens.

As características da imagem são de lesões expansivas e infiltrativas com impregnação de partes moles, semelhantes aos outros tumores dos seios paranasais.

Tumores malignos de glândula salivar menor

Aproximadamente 10% dos tumores nasossinusais originam-se nas glândulas. Há um espectro histológico

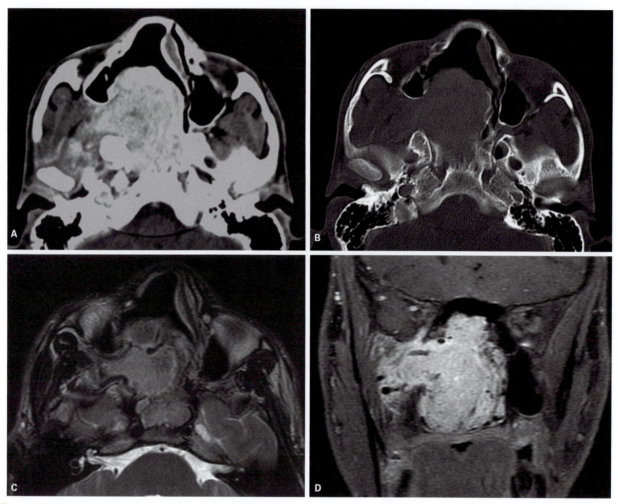

Figura 67 Nasoangiofibroma juvenil. Tomografia computadorizada (TC) axial pós-contraste (A) e TC com janela óssea (B). Ressonância magnética (RM) axial T2 (C) e coronal T1 pós-contraste (D). Lesão expansiva na fissura pterigopalatina direita com extensão medial para a fossa nasal e nasofaringe; anteriormente, causa abaulamento da parede do seio maxilar; lateralmente, estende-se para a fissura pterigomaxilar; superiormente, até o seio esfenoidal. A lesão tem intensa impregnação pelo contraste na TC e a presença de *flow void* na RM indica lesão hipervascularizada que em pacientes adolescentes do sexo masculino e nesta localização são sugestivos de nasoangiofibroma juvenil.

que inclui carcinoma adenoide cístico, mucoepidermoide, carcinoma indiferenciado e adenocarcinoma.

O adenocarcinoma tem predileção pelo seio etmoidal e é mais comum em trabalhadores no ramo da madeira e nesta localização pode promover erosão da placa cribriforme (Figura 70), sendo importante a avaliação da possibilidade da extensão intracraniana e orbitária.

Os tumores de glândulas salivares menores podem se originar do palato com extensão à fossa nasal e às cavidades paranasais ou apresentar origem nas cavidades paranasais. O carcinoma adenoide cístico é o mais frequente, correspondendo a um terço das neoplasias de glândulas salivares menores. O carcinoma adenoide cístico tem histologia variável e pode ser classificado em cribriforme (bem diferenciado), tubular (moderadamente diferenciado) e sólido (pobremente diferenciado). Aproximadamente metade dos pacientes tem metástases, mais comumente no pulmão, no cérebro e ósseas. Tumores de glândulas salivares menores podem ter alto sinal em T2, dependendo do conteúdo de mucina e celularidade e confundir com doença inflamatória. Entretanto, o padrão de impregnação geralmente sólido da neoplasia diferencia de patologia inflamatória. Carcinoma adenoide cístico é localmente invasivo com disseminação precoce submucosa e invasão subperiosteal, além da disseminação perineural.

Melanoma

Melanoma nasossinusal pode crescer de melanócitos que migraram durante a embriogênese. A maioria cresce no nariz e menos de 4% localizam-se na cavidade nasossinusal. Na fossa nasal, os locais mais comuns são o septo nasal, a parede lateral nasal e a concha nasal inferior. Nos seios paranasais, o seio maxilar é o local mais frequente com 80%, seguido pelos seios etmoidal e frontal. A média

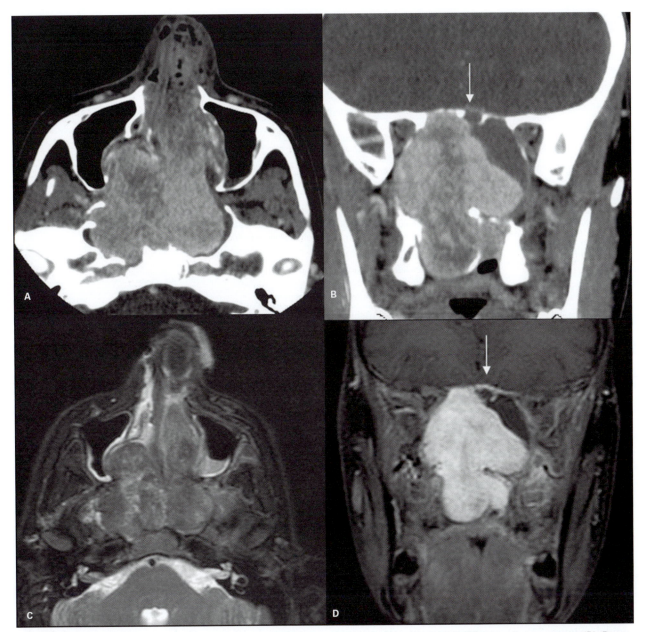

Figura 68 Nasoangiofibroma juvenil. Tomografia computadorizada (TC) axial pós-contraste (A) e TC coronal pós-contraste (B). Ressonância magnética (RM) axial T2 (C) e coronal T1 pós-contraste (D). Lesão expansiva na fissura pterigopalatina direita com extensão para fossas nasais e seios esfenoidais. Há descontinuidade óssea no teto do seio esfenoidal esquerdo (seta em B). Impregnação linear e lisa da dura-máter na fossa anterior craniana que deve estar relacionada a alteração fibrovascular e/ou reacional benigna (seta em D).

de idade é da quinta à oitava década e é mais letal que o melanoma cutâneo. Metástases hematogênicas comprometem pulmão, cérebro, fígado e pele.

O melanoma melanótico da cavidade nasossinusal tem intensidade de sinal característica pela RM de hipersinal em T1 e hipossinal em T2, o que pode estar relacionado à presença de melanina, admitindo o diferencial com hemorragia da massa, que pode exibir suscetibilidade magnética nas sequências gradiente *echo* (Figura 72). Entretanto, os melanomas amelanóticos apresentam características de RM semelhantes a outros tumores nasossinusais.

A presença de massa na fossa nasal com coloração pigmentada e sinais de melanina leva à suspeita de melanoma nasossinusal.

Estesioneuroblastoma

Estesioneuroblastoma (neuroblastoma olfatório) é um tumor neuroepitelial raro. Cresce do epitélio olfatório na placa cribriforme ou na porção superior da cavidade nasal. Ao contrário dos outros tumores neuroectodérmicos, há dois picos de incidência, entre 11 e 20 anos e entre 51 e 60 anos. A distribuição por sexo é praticamente igual.

Quadro 13	Tumores benignos
Papiloma invertido	Mais frequentemente na parede nasal lateral (meato médio) Envolvimento secundário dos seios maxilar e etmoidal Massa de densidade de partes moles com impregnação Calcificações podem estar presentes Remodelamento, afilamento, erosão e esclerose óssea Hiperostose óssea em forma de placa ou cone no local de origem Padrão cerebriforme Possibilidade de associação com carcinoma
Hemangioma	Septo e vestíbulo nasal Incomum nos seios paranasais Calcificações podem estar presentes Realce heterogêneo pelo contraste Aspecto de diferentes fases da hemoglobina (hipersinal em T1 e T2 relacionado à meta-hemoglobina extracelular e halo de marcado hipossinal em T2 em razão da hemossiderina) Diagnósticos diferenciais: hematoma organizado e pólipo angiomatoso
Schwannoma	Incomum nasossinusal Lesão com densidade de partes moles e impregnação heterogênea Lesão com intensidade de sinal e impregnação variável Aspectos inespecíficos pelos exames de imagem
Meningeoma	Raro primário na região nasossinusal Avaliar se a parede superior da fossa nasal ou cavidade paranasal está intacta para diferenciar de extensão de meningioma intracraniano Massa hiperdensa na fase pré-contraste e presença de calcificação Hiperostose óssea Intensidade de sinal pode ser semelhante a outros meningeomas
Nasoangiofibroma juvenil	Adolescentes e adultos jovens Comprometimento da fossa pterigopalatina e do forame esfenopalatino Abaulamento da parede do seio maxilar Invasão orbitária, intracraniana, espaço mastigador Intensa impregnação por TC e RM Estruturas lineares de *flow void* no interior da lesão decorrente da hipervascularização

RM: ressonância magnética; TC: tomografia computadorizada.

O sistema de estadiamento foi descrito por Kadish e tem sido amplamente aceito. Morita et al. incluíram o estágio D, que corresponde à metástase ganglionar cervical.

Estesioneuroblastomas são tumores sólidos na cavidade nasal, que podem conter calcificações e causar erosão óssea adjacente da placa cribriforme e fóvea etmoidal (Figura 73). O comprometimento da mucosa olfatória na porção superior das fossas nasais pode sinalizar a possibilidade de estesioneuroblastoma, principalmente quando associado à lesão intracraniana com cistos adjacentes. A metástase linfonodal tem predileção para o nível II com frequente envolvimento dos níveis I e III e retrofaríngeo, bem como pode ocorrer disseminação leptomeníngea. A RM fornece mais informações na extensão intracraniana (estadiamento C de Kadish) e na caracterização de cistos adjacentes ao tumor intracraniano (Figura 73). O estesioneuroblastoma tem alta incidência de recidiva, e há a necessidade de acompanhamento prolongado.

Sarcoma

Os tipos histológicos incluem o condrossarcoma, osteossarcoma, rabdomiossarcoma, fibroma/fibrossarcoma. Rabdomiossarcoma é um dos mais comuns sarcomas na criança, e a cabeça e o pescoço são algumas das principais localizações. Histologicamente, esses tumores são divididos em embrionário, alveolar e pleomórfico. O embrionário é o mais comum e geralmente ocorre na cabeça e pescoço e no trato genitourinário em crianças menores de 10 anos. O alveolar ocorre em adultos jovens. O pleomórfico é o mais raro e ocorre em adultos com mais de 40 anos. A TC demonstra massa mal definida com realce heterogêneo e erosão óssea adjacente. Necrose, hemorragia e calcificações são incomuns. A RM demonstra massa com isossinal em T1 e sinal variável em T2 relacionado à histologia tumoral (Figura 74). Após a administração do contraste endovenoso, podem ocorrer múltiplos anéis de impregnação com aspecto de cacho de uva em crianças, denominado sinal botrioide, que provavelmente reflete estroma mucoide coberto com fina camada de células tumorais. Esse sinal, quando observado em massa de aspecto maligno em crianças na cabeça e no pescoço, sugere a possibilidade de rabdomiossarcoma. A disseminação linfática é comum e pode ocorrer disseminação hematogênica para o pulmão e o osso.

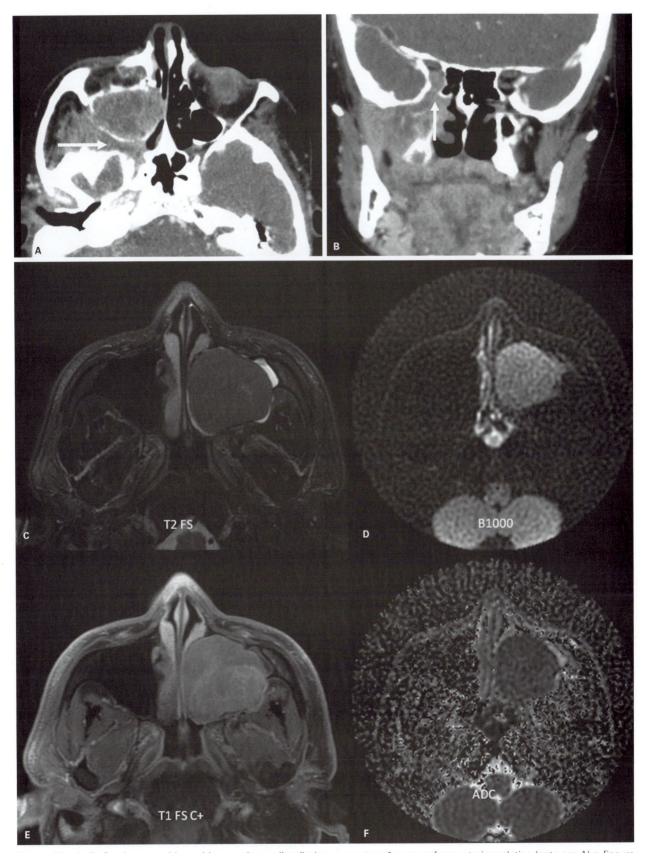

Figura 69 A, B: Carcinoma epidermoide no seio maxilar direito com extensão para a fossa pterigopalatina (seta em A) e fissura orbitária inferior (seta em B). C-F: Outro paciente com carcinoma epidermoide. A lesão no seio maxilar esquerdo tem hipossinal em T2 e sinais de restrição à difusão, que sugerem alta celularidade.

(continua)

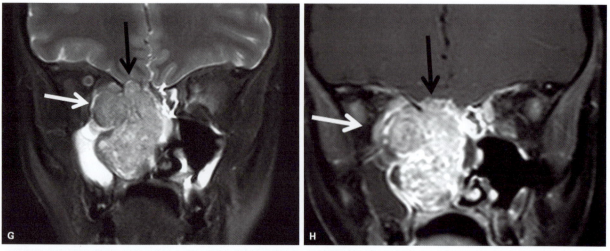

Figura 69 *(continuação)* G, H: Carcinoma epidermoide de fossa nasal direita. A sequência T2 e T1 pós-contraste delimita a lesão expansiva na fossa nasal e células etmoidais direitas e a extensão para a órbita (seta branca) e fossa craniana anterior (seta preta).

O condrossarcoma costuma se dar na sexta década e raramente ocorre antes dos 40 anos. A mais comum localização é o septo nasal com extensão superior até o etmoide e a base do crânio e inferior para o palato duro. A presença de calcificações com aspecto de matriz condroide favorece o diagnóstico de condrossarcoma (Figura 75). Entretanto, esse padrão de calcificação condroide pode não ser encontrado em tumores de alto grau. O condrossarcoma tipicamente tem acentuado hipersinal em T2 (Figura 76). Caracteriza-se também por hipossinal em T1 e realce heterogêneo ou homogêneo pelo contraste. As calcificações são caracterizadas por hipossinal em todas as sequências e promovem aspecto heterogêneo da lesão.

Linfoma

Linfomas Hodgkin e não Hodgkin são neoplasias que muitas vezes envolvem a cabeça e o pescoço. O linfoma é a segunda neoplasia mais comum na cabeça e no pescoço e o mais comum diagnóstico para massa cervical unilateral em pacientes entre 21 e 40 anos. Linfoma nasossinusal é relativamente raro e representa menos de 1% das neoplasias malignas na cabeça e no pescoço. Dois distintos subgrupos são reconhecidos – linfoma de células B e linfoma de células NK/T. O linfoma de células B é o mais comum linfoma nasossinusal, o menos agressivo e com melhor prognóstico e maior incidência em pacientes com HIV. Linfoma de células NK/T é mais comum na cavidade nasal e tem associação com o vírus Epstein-Barr.

O linfoma não Hodgkin apresenta-se como massa destrutiva de partes moles, que simula variedade de doenças nasossinusais, tais como granulomatose de Wegener e carcinoma epidermoide e estesioneuroblastoma. Linfoma nasossinusal é tipicamente massa volumosa com sinal intermediário e realce moderado (Figuras 77 e 78). O linfoma pode exibir hipossinal em T2, e a medida do CDA pode auxiliar na diferenciação com o carcinoma, pois o coeficiente aparente de difusão (CAD) é mais baixo no linfoma. A lesão remodela e erode o osso adjacente; entretanto, o linfoma pode apresentar extensão para estruturas adjacentes, sem erosão óssea. O 18F-FDG PET fornece informações úteis sobre a atividade metabólica e, quando combinado com a TC (PET/CT), aumenta a sensibilidade e a especificidade, combinando informações anatômica e funcional. O PET auxilia no estadiamento e é particularmente útil em distinguir fibrose pós-tratamento do tumor residual ativo.

Plasmocitoma

Neoplasia de células plasmáticas incluem o mieloma múltiplo, o plasmocitoma solitário do osso e o plasmocitoma extramedular, sendo este último um raro tumor, representando 3% dos tumores de células plasmáticas. Cerca de 90% dos plasmocitomas extramedulares ocorrem na cabeça e pescoço, sobretudo na cavidade paranasal, seios paranasais, orofaringe, glândula salivar e laringe. Ocorrem mais frequentemente na quinta a sexta décadas de vida e são mais comuns em homens (4:1). A localização mais comum é submucosa, e os sintomas são relacionados ao crescimento tumoral. A teoria é que o tecido submucoso do trato aerodigestivo é abundante em células plasmáticas. As características da TC são descritas como inespecíficas com lesão com densidade de partes moles e impregnação variável. Entretanto, o plasmocitoma em razão de sua alta celularidade pode ter o aspecto hiperatenuante na fase pré-contraste na cavidade paranasal e nessa forma de apresentação tem o diagnóstico diferencial de material com alto conteúdo proteico e colonização fúngica (Figura 79). De modo similar, a alta celularidade é caracterizada na RM por hipossinal em T2 e restrição à difusão e a impregnação pelo contraste auxilia na diferenciação com material proteico.

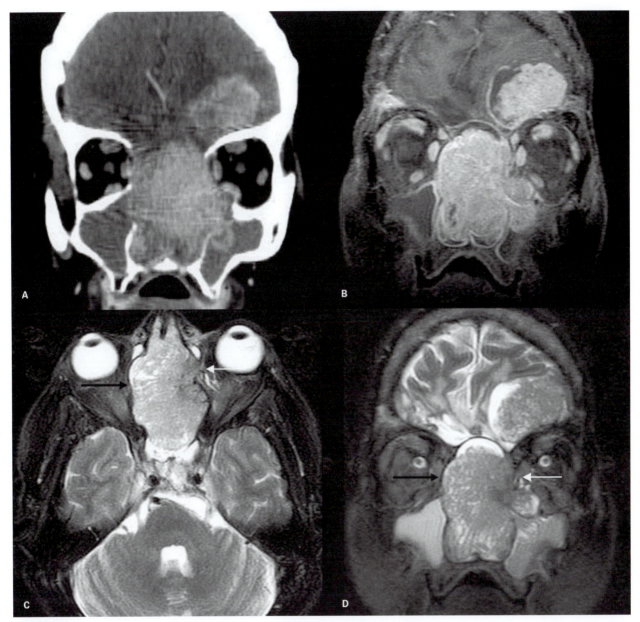

Figura 70 Adenocarcinoma. Tomografia computadorizada coronal pós-contraste (A). Ressonância magnética coronal T1 pós-contraste (B), axial T2 (C) e coronal T2 (D). Lesão expansiva etmoidal e nasal bilateral e do seio maxilar esquerdo com erosão da placa cribriforme e das lâminas papiráceas. Há extensão intracraniana com massa na fossa cerebral esquerda, associada a componente cístico. Há fina e regular linha de hipossinal em T2 entre a neoplasia e a gordura orbitária direita (seta preta), demonstrando que a periórbita está intacta. A descontinuidade da linha de hipossinal em T2 da periórbita esquerda sugere seu comprometimento.

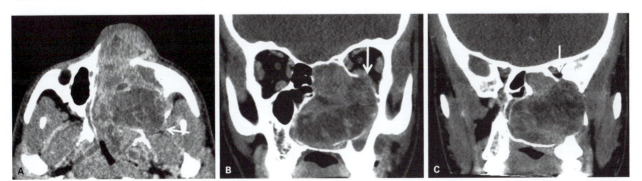

Figura 71 Carcinoma adenoide cístico. Lesão expansiva e infiltrativa na fossa nasal e seios maxilar, etmoidal e esfenoidal esquerdos. Há extensão para pterigopalatina (seta em A), órbita (seta em B) e fissura orbitária inferior (seta em C).

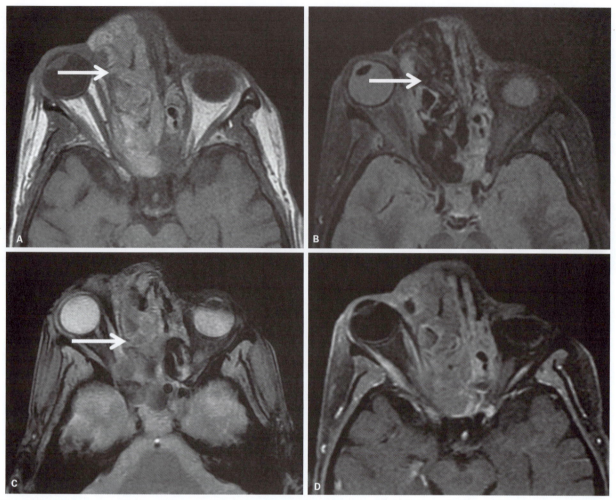

Figura 72 Melanoma na fossa nasal e seios etmoidal e frontal direitos. A lesão expansiva é caracterizada por hipersinal em T1 (seta em A) e hipossinal em T2 (seta em B) atribuídos à melanina ou à hemorragia. A sequência GE (C) não demonstra significativa susceti-bilidade magnética na lesão descrita que seria esperada em hemorragias, favorecendo a hipótese de conteúdo de melanina. A lesão apresenta impregnação heterogênea pelo contraste (D).

Quadro 14	Estesioneuroblastoma
A	Tumor restrito à cavidade nasal
B	Tumor estende-se da cavidade nasal para o seio paranasal
C	Tumor estende-se além da cavidade nasal e seio paranasal
D	Metástase ganglionar cervical

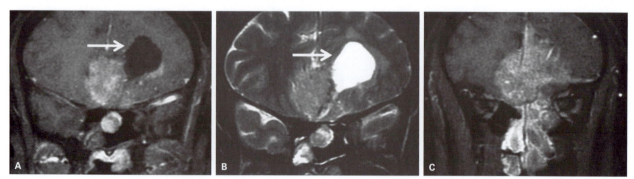

Figura 73 Estesioneuroblastoma. RM coronal T1 pós-contraste (A e C) e T2 (B). Lesão sólida na cavidade nasal, seios etmoidal e esfenoidal esquerdos e fossa anterior. Observar os cistos peritumorais no componente intracraniano da lesão.

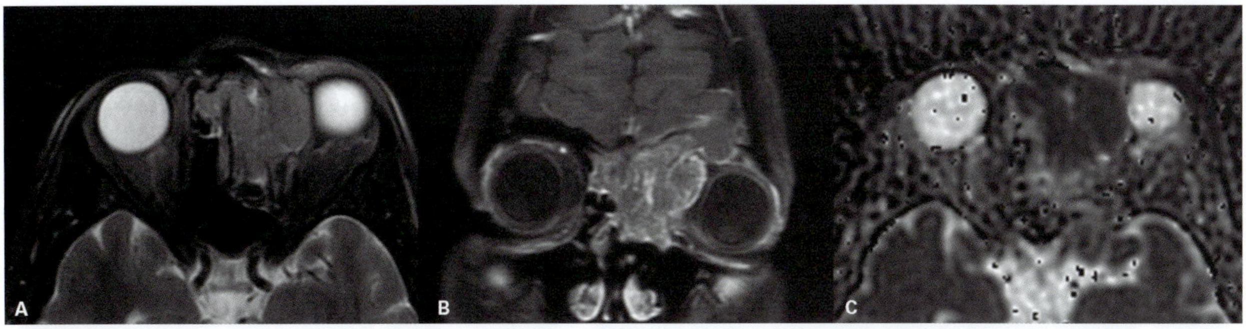

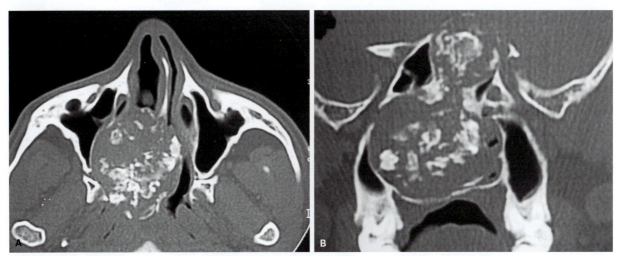

Figura 74 Rabdomiossarcoma alveolar. Ressonância magnética axial T2 (A), axial T1 pós-contraste (B) e mapa de CDA (C). Lesão expansiva no seio etmoidal esquerdo com extensão para a órbita adjacente. A lesão tem hipossinal em T2 e sinais de restrição à difusão.

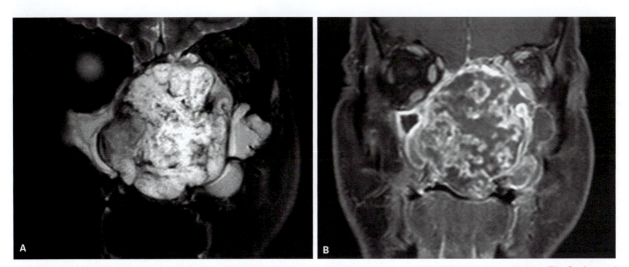

Figura 75 Condrossarcoma nasossinusal. TC axial e coronal evidencia lesão com calcificações com aspecto condroide.

Figura 76 Condrossarcoma nasal, RM coronal T2 (A) e T1 pós-contraste evidencia massa sólida com hipersinal em T2. Os focos de calcificação promovem aspecto heterogêneo da lesão.

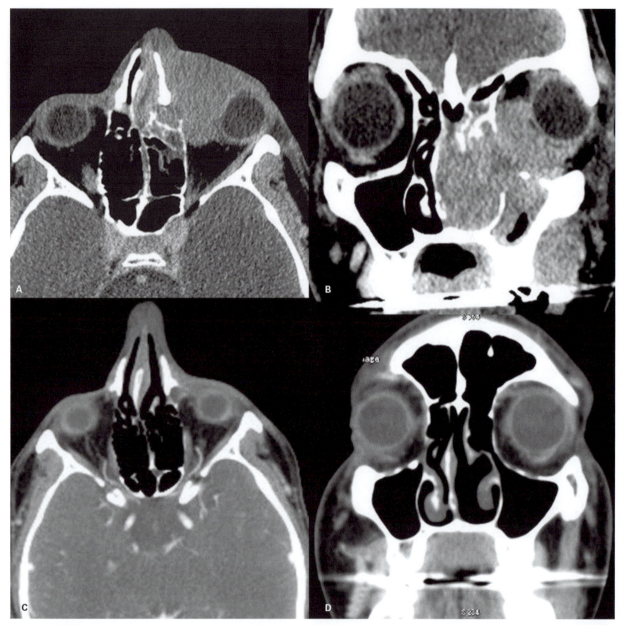

Figura 77 Linfoma nasossinusal. Tomografia computadorizada axial pós-contraste (A) e coronal pós-contraste (B). C e D: Controle de 4 meses pós-quimioterapia. Massa com densidade de partes moles e discreta impregnação pelo contraste na fossa nasal, células etmoidais anteriores à esquerda com invasão da órbita. Controle pós-quimioterapia demonstra acentuada redução das dimensões da lesão.

Classificação e estadiamento

O sistema de estadiamento é utilizado para definir a extensão da doença neoplásica e fornecer bases para o prognóstico. Nos seios paranasais, o estadiamento costuma ser discutido no contexto de neoplasia epitelial, pois representa a maioria dos tumores nasossinusais. O carcinoma do seio maxilar é o mais frequente, seguido do etmoidal. Em reconhecimento de que tumores da cavidade nasal e seio etmoidal são distintos do seio maxilar, há duas classificações distintas, conforme tabela adaptada do Estadiamento TNM da UICC, 8ª edição 2017 (Quadros 15 e 16).

O reconhecimento dos padrões de disseminação tumoral é fundamental para o estadiamento como descrito. Os tumores malignos nasossinusais geralmente têm disseminação direta ou perineural. O conhecimento dos reparos anatômicos dos seios paranasais e das estruturas contíguas importantes auxilia no estadiamento do tumor e no planejamento terapêutico.

As áreas críticas do seio maxilar são a parede posterior, as fossas infratemporal e pterigopalatina, o palato duro e o assoalho orbitário. A extensão direta para a órbita ou a extensão intracraniana pelas células etmoidais dificulta a ressecção tumoral com margens livres. O importante é avaliar

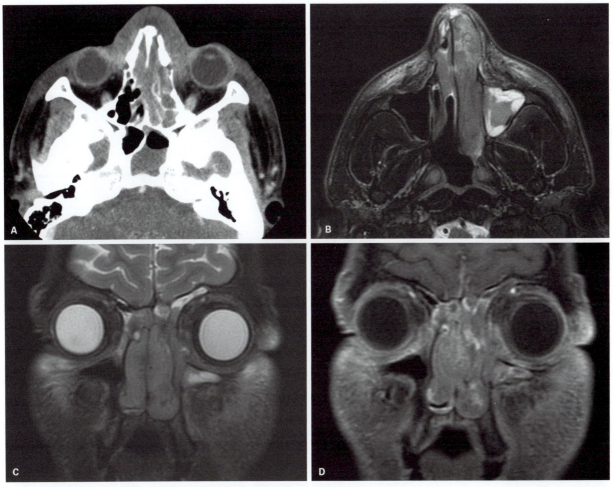

Figura 78 Paciente com linfoma nasossinusal. A lesão compromete fossas nasais, células etmoidais e partes moles nasais com atenuação de partes moles (A). Exame de controle demonstra redução da lesão, que apresenta hipossinal em T2 (B e C) e impregnação homogênea pelo contraste (D).

a integridade do osso e periósteo. A presença de esclerose óssea não é específica, podendo estar relacionada a invasão ou alterações inflamatórias crônicas. A erosão óssea e principalmente a obliteração dos planos adjacentes à cavidade paranasal, como na fossa pterigopalatina (Figuras 69A e 80A), são sinais de extensão da lesão.

Os importantes reparos anatômicos do seio etmoidal são a fóvea etmoidal e a placa cribriforme superiormente, os quais promovem barreira à disseminação intracraniana. A TC demonstra melhor a destruição óssea; entretanto, quando ela está presente, é importante a avaliação da dura-máter e do parênquima encefálico pela RM. A análise dessa região pela RM é baseada na caracterização do hipossinal da placa cribriforme e fóvea etmoidal. A perda desse hipossinal significa extensão do osso/periósteo. Nessa situação, se a dura-máter apresenta impregnação linear e lisa, não é possível a diferenciação entre alteração fibrovascular e/ou reacional benigna e infiltração maligna (Figura 68). O realce da dura-máter descontínuo e focos nodulares maiores que 0,5 cm ou alteração de sinal no parênquima cerebral adjacente são sinais de invasão intracraniana intradural (Figura 69H e G).

A parede medial das células etmoidais é a lâmina papirácea e, quando invadida, pode resultar em extensão intraorbitária e requerer enucleação. A periórbita inclui o periósteo ósseo e é mais bem avaliada pela RM em relação à TC, caracterizada por hipossinal, principalmente na sequência ponderada em T2. A perda desse fino e regular hipossinal da periórbita com obliteração dos planos gordurosos intraorbitários pode sinalizar extensão orbitária (Figura 70).

A ressecção de tumor no seio esfenoidal é mais difícil por causa de sua localização na base do crânio, rodeado por estruturas vitais. O seio esfenoidal apresenta relação superior com a sela túrcica e trato visual, lateralmente com o seio cavernoso e a artéria carótida interna e inferiormente com o canal vidiano, a fossa pterigopalatina e a nasofaringe. A erosão da parede óssea do seio esfenoidal é mais bem avaliada pela TC. A RM é mais sensível para a avaliação da base do crânio, sendo a infiltração caracte-

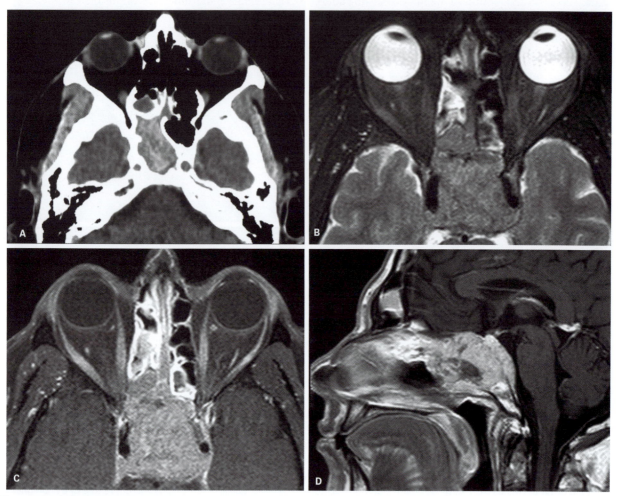

Figura 79 Paciente com mieloma múltiplo e plasmocitoma no seio esfenoidal. A tomografia computadorizada (A) demonstra lesão hiperatenuante no seio esfenoidal direito. O controle por RM evidencia crescimento da lesão que exibe hipossinal em T2 (B) e impregnação heterogênea pelo contraste (C e D).

Quadro 15	Seio maxilar
T1	Tumor confinado à mucosa, sem erosão ou destruição óssea
T2	Tumor provoca erosão ou destruição óssea, incluindo extensão ao palato duro e/ou meato médio, exceto a extensão para parede posterior do seio maxilar e lâmina pterigoide
T3	Tumor invade qualquer destas estruturas: parede posterior do seio maxilar, tecido subcutâneo, assoalho ou parede medial da órbita, fossa pterigóidea ou seio etmoidal
T4a	Tumor invade qualquer destas estruturas: conteúdo da órbita anterior, pele da bochecha, lâminas pterigóideas, fossa infratemporal, placa cribriforme ou seio frontal
T4b	Tumor invade qualquer destas estruturas: ápice da órbita, dura-máter, cérebro, fossa craniana média, nervos cranianos (exceto ramo V2 do nervo trigêmeo), nasofaringe ou clivus

Quadro 16	Cavidade nasal/seio etmoidal
T1	Tumor restrito a um subsítio da cavidade nasal ou seio etmoidal, com ou sem invasão óssea
T2	Tumor atinge dois subsítios no mesmo lado ou apresenta extensão ao sítio adjacente dentro do complexo nasoetmoidal, com ou sem invasão óssea
T3	Tumor atinge a parede medial ou assoalho da órbita, seio maxilar, palato duro ou placa cribriforme
T4a	Tumor atinge qualquer destas estruturas: órbita anterior, pele do nariz ou bochecha, extensão mínima para fossa craniana anterior, lâminas pterigóideas, seio frontal ou esfenoidal
T4b	Tumor atinge qualquer destas estruturas: ápice da órbita, dura-máter, cérebro, fossa craniana média, nervos cranianos (exceto ramo V2 do nervo trigêmeo), nasofaringe ou clivus

rizada por tecido substituindo a medular óssea do adulto, que costuma ter hipersinal em T1 pré-contraste, pois é constituída predominantemente por gordura.

O termo disseminação perineural atualmente indica a invasão por neoplasia de qualquer compartimento do nervo. A RM demonstra melhor a disseminação perineural que a TC caracterizada pelo nervo alargado e com impregnação. O achado indireto da TC é o aumento do calibre dos forames ou das fissuras. A disseminação perineural é especialmente importante na fossa pterigopalatina, que pode disseminar-se para a fissura orbitária inferior e o ápice orbitário. A disseminação até o canal vidiano pode estender-se para o forame lácero e o compartimento intracraniano. A extensão retrógrada vai até o cavo de Meckel (através de V2 e V3) e o seio cavernoso. A disseminação perineural leva ao dano motor dos ramos cranianos e promove a denervação muscular aguda (hipersinal em T2) e crônica (atrofia muscular e substituição gordurosa). A disseminação perineural pode levar à paralisia do nervo afetado, porém 40% são assintomáticos.

O carcinoma epidermoide é o tumor mais incidente com disseminação perineural por conta de sua prevalência, entretanto o carcinoma adenoide cístico é o tumor com maior predileção para disseminação perineural.

A drenagem linfática de neoplasia nasossinusal depende da origem e da histologia. A cavidade nasal posterior e os seios etmoidais e esfenoidal drenam para linfonodos retrofaríngeos e jugular interna superior (Figura 81). Neoplasia no seio maxilar habitualmente drena para linfonodos submandibulares.

As características que devem ser interpretadas como suspeitas em linfonodos secundárias são necrose/liquefação, e a presença de extensão extracapsular é caracterizada por margem do linfonodo irregular e invasão de estruturas adjacentes. A presença de envolvimento carotídeo, que é suspeito nos casos de envolvimento maior que 270 graus da carótida, é uma contraindicação relativa da cirurgia. Essa complicação da metástase linfonodal é relativamente incomum em neoplasias nasossinusais e mais prevalente em câncer faríngeo e laríngeo.

A metástase hematogênica também depende da histologia. Nos carcinomas nasossinusais, ocorrem em menos de 10%, sendo a disseminação hematogênica para o pulmão a mais comum e a metástase óssea ocasional. Pacientes com melanoma e carcinoma adenoide cístico têm maior incidência de metástase hematogênica.

Acompanhamento de tratamento

A principal indicação no acompanhamento do tratamento é a detecção de recidiva precoce do tumor, especialmente nos dois primeiros anos de tratamento. Outra indicação é na avaliação de possíveis complicações de tratamento, como a radionecrose.

Na cirúrgica, muitas estruturas nasais e paranasais são ressecadas e isso pode facilitar a avaliação endoscópica do revestimento cirúrgico; entretanto, os exames de imagem são importantes na avaliação extramucosa. O reconhecimento das ressecções cirúrgicas, retalhos, duroplastia e enxertias é fundamental para a interpretação das imagens. A TC tem valor limitado na diferenciação de tumor recorrente e alterações pós-cirúrgicas, pois ambos têm densidades semelhantes e a RM pode ser mais sensível e auxiliar nesse diferencial. O tecido de granulação recente tende a apresentar hipersinal em T2 e realce pós-contraste que torna difícil o diferencial com tumor. A aparência estável ou a retração do tecido sugere que a evolução está relacionada ao tratamento e não à recorrência de doença. O aumento do tecido do leito cirúrgico pode ser sinal de tumor, especialmente quando assume configuração nodular. Nessa situação, a presença de restrição à difusão, caracterizada por baixos valores de coeficiente aparente de difusão, é um sinal de tecido com alta celularidade, como observado em tumores, e sugere recidiva. Alto coeficiente aparente de difusão é sugestivo

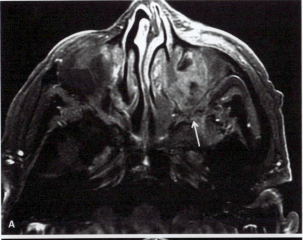

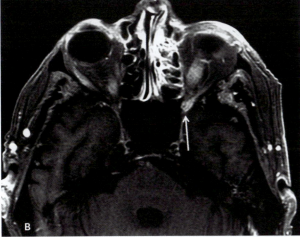

Figura 80 Carcinoma espinocelular. RM T1 pós-contraste (A e B) evidencia tumor com extensão para fossa pterigopalatina e fissura orbitária inferior à esquerda (setas).

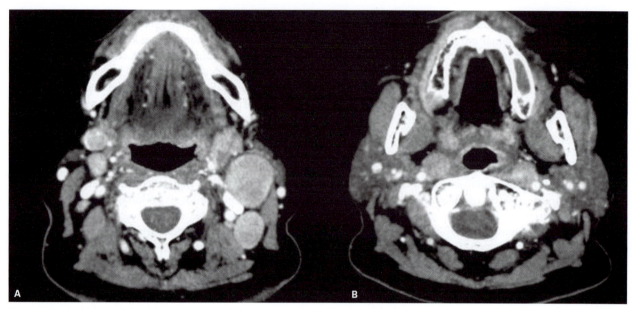

Figura 81 Metástase linfonodal de adenocarcinoma nasossinusal. TC axial pós-contraste demonstra linfonodomegalias nas cadeias jugulares internas e retrofaríngeas.

de inflamação. Entretanto, a difusão tem limitações na cabeça e pescoço, especialmente em razão dos artefatos de suscetibilidade magnética relacionados a interface de ar e gordura e da presença de materiais metálicos.

O tratamento coadjuvante, como a radioterapia, é frequentemente realizado nos pacientes operados de tumores nasossinusais. As alterações radioterápicas são dinâmicas em intervalos longos de evolução. As alterações agudas (edema e tecido de granulação vascularizado) em tecidos de partes moles tornam-se crônicas (tecido de granulação pobremente vascularizado) em 6 a 8 meses. A TC demonstra a fase aguda e crônica como tecido com densidade de partes moles semelhantes. A redução volumétrica e a retração ocorrem na fibrose. A RM evidencia o tecido agudo com hipersinal em T2, impregnação pelo contraste e alto coeficiente aparente de difusão, que diminuem progressivamente com a substituição por fibrose. O risco de recidiva é influenciado por vários fatores, como o estadiamento, a margem cirúrgica e a histologia do tumor. Deve-se ter atenção especial nas margens cirúrgicas, quando elas estão comprometidas na cirurgia. Mudanças em exames controles, notadamente com aparecimento de imagem nodular focal e nodular, podem causar suspeita de recorrência tumoral e deve ser diferenciada de mucosa, osso, gordura, músculo, dura e fibrose. Estabilidade ou redução da lesão, aumento do CDA maior que 25-30% e menor impregnação sugerem tecido não neoplásico.

A radioterapia pode promover a substituição da medular óssea por gordura, bem como levar a neurite óptica, necrose no sistema nervoso central e osteorradionecrose. A osteorradionecrose afeta os ossos irradiados, notadamente a mandíbula. As alterações mais agudas da osteorradionecrose incluem hipossinal em T1 e impregnação pelo contraste, e as mais tardias demonstram tecido necrótico avascular sequestrado margeado por anel esclerótico.

Bibliografia sugerida

1. Abdel Razek AA, Kandeel AY, Soliman N, El-shenshawy HM, Kamel Y, Nada N, et al. Role of diffusion-weighted echo-planar MR imaging in differentiation of residual or recurrent head and neck tumors and posttreatment changes. AJNR Am J Neuroradiol. 2007;28(6):1146-52.
2. Aiken AH, Glastonbury C. Imaging Hodgkin and non-Hodgkin lymphoma in the head and neck. Radiol Clin North Am. 2008;46(2):363-78.
3. Aribandi M, McCoy VA, Bazan C, 3rd. Imaging features of invasive and noninvasive fungal sinusitis: a review. Radiographics. 2007;27(5):1283-96.
4. Barnes L. Schneiderian papillomas and nonsalivary glandular neoplasms of the head and neck. Mod Pathol. 2002;15(3):279-97.
5. Benninger MS, Ferguson BJ, Hadley JA, Hamilos DL, Jacobs M, Kennedy DW, et al. Adult chronic rhinosinusitis: definitions, diagnosis, epidemiology, and pathophysiology. Otolaryngol Head Neck Surg. 2003;129(3 Suppl):S1-32.
6. Bhattacharyya N, Fried MP. The accuracy of computed tomography in the diagnosis of chronic rhinosinusitis. Laryngoscope. 2003;113(1):125-9.
7. Daniels DL, Mafee MF, Smith MM, Smith TL, Naidich TP, Brown WD, et al. The frontal sinus drainage pathway and related structures. AJNR Am J Neuroradiol. 2003;24(8):1618-27.
8. Earwaker J. Anatomic variants in sinonasal CT. Radiographics. 1993;13(2): 381-415.
9. Eller R, Sillers M. Common fibro-osseous lesions of the paranasal sinuses. Otolaryngologic Clinics of North America. 2006;39(3):585-600.
10. Hagiwara A, Inoue Y, Nakayama T, Yamato K, Nemoto Y, Shakudo M, et al. The "botryoid sign": a characteristic feature of rhabdomyosarcomas in the head and neck. Neuroradiology. 2001;43(4):331-5.
11. Harnsberger HR, Babbel RW, Davis WL. The major obstructive inflammatory patterns of the sinonasal region seen on screening sinus computed tomography. Semin Ultrasound CT MR. 1991;12(6):541-60.
12. Hartman MJ, Gentry LR. Aggressive inflammatory and neoplastic processes of the paranasal sinuses. Magn Reson Imaging Clin N Am. 2012;20(3):447-71.
13. Huisman TA, Schneider JF, Kellenberger CJ, Martin-Fiori E, Willi UV, Holzmann D. Developmental nasal midline masses in children: neuroradiological evaluation. Eur Radiol. 2004;14(2):243-9.
14. Illner A, Davidson HC, Harnsberger HR, Hoffman J. The silent sinus syndrome: clinical and radiographic findings. AJR Am J Roentgenol. 2002;178(2):503-6.
15. Isles MG, McConkey C, Mehanna HM. A systematic review and meta-analysis of the role of positron emission tomography in the follow up of head and

neck squamous cell carcinoma following radiotherapy or chemoradiotherapy. Clin Otolaryngol. 2008;33(3):210-22.
16. Jammal H, Barakat F, Hadi U. Maxillary sinus cavernous hemangioma: a rare entity. Acta Otolaryngol. 2004;124(3):331-3.
17. Jeon TY, Kim HJ, Chung SK, Dhong HJ, Kim HY, Yim YJ, et al. Sinonasal inverted papilloma: value of convoluted cerebriform pattern on MR imaging. AJNR Am J Neuroradiol. 2008;29(8):1556-60.
18. Kania RE, Sauvaget E, Guichard JP, Chapot R, Huy PT, Herman P. Early postoperative CT scanning for juvenile nasopharyngeal angiofibroma: detection of residual disease. AJNR Am J Neuroradiol. 2005;26(1):82-8.
19. Kim HJ, Lee TH, Lee HS, Cho KS, Roh HJ. Periorbita: computed tomography and magnetic resonance imaging findings. Am J Rhinol. 2006;20(4):371-4.
20. Kim SS, Han MH, Kim JE, Lee CH, Chung HW, Lee JS, et al. Malignant melanoma of the sinonasal cavity: explanation of magnetic resonance signal intensities with histopathologic characteristics. Am J Otolaryngol. 2000;21(6):366-78.
21. Kim SS, Lee JG, Kim KS, Kim HU, Chung IH, Yoon JH. Computed tomographic and anatomical analysis of the basal lamellas in the ethmoid sinus. Laryngoscope. 2001;111(3):424-9.
22. Kim YS, Kim HJ, Kim CH, Kim J. CT and MR imaging findings of sinonasal schwannoma: a review of 12 cases. AJNR Am J Neuroradiol. 2013;34(3):628-33.
23. Kiroglu Y, Karabulut N, Sabir NA, Yagci AB, Gakmak V, Ozguler U. Pneumosinus dilatans and multiplex: report of three rare cases and review of the literature. Dentomaxillofac Radiol. 2007;36(5):298-303.
24. Krzeski A, Kapiszewska-Dzedzej D, Jakubczyk I, Jedrusik A, Held-Ziolkowska M. Extent of pathological changes in the paranasal sinuses of patients with cystic fibrosis: CT analysis. Am J Rhinol. 2001;15(3):207-10.
25. Lee DK, Chung SK, Dhong HJ, Kim HY, Kim HJ, Bok KH. Focal hyperostosis on CT of sinonasal inverted papilloma as a predictor of tumor origin. AJNR Am J Neuroradiol. 2007;28(4):618-21.
26. Lell M, Baum U, Greess H, Nomayr A, Nkenke E, Koester M, et al. Head and neck tumors: imaging recurrent tumor and post-therapeutic changes with CT and MRI. Eur J Radiol. 2000;33(3):239-47.
27. Loevner LA, Sonners AI. Imaging of neoplasms of the paranasal sinuses. Magn Reson Imaging Clin N Am. 2002;10(3):467-93.
28. Lomeo PE, McDonald JE, Finneman J. Shoreline. Extramedullary plasmacytoma of the nasal sinus cavities. Am J Otolaryngol. 2007;28(1):50-1.
29. Lowe LH, Booth TN, Joglar JM, Rollins NK. Midface anomalies in children. Radiographics. 2000;20(4):907-22; quiz 1106-7, 1112.
30. MacDonald-Jankowski DS. Fibro-osseous lesions of the face and jaws. Clinical Radiology. 2004;59(1):11-25.
31. Madani G, Beale TJ. Differential diagnosis in sinonasal disease. Seminars in ultrasound, CT, and MR. 2009;30(1):39-45.
32. Maroldi R, Farina D, Palvarini L, Lombardi D, Tomenzoli D, Nicolai P. Magnetic resonance imaging findings of inverted papilloma: differential diagnosis with malignant sinonasal tumors. Am J Rhinol. 2004;18(5):305-10.
33. Maroldi R, Ravanelli M, Borghesi A, Farina D. Paranasal sinus imaging. Eur J Radiol. 2008;66(3):372-86.
34. Meyer TK, Kocak M, Smith MM, Smith TL. Coronal computed tomography analysis of frontal cells. Am J Rhinol. 2003;17(3):163-8.
35. Mnejja M, Hammami B, Bougacha L, Kolsi N, Mnif H, Chakroun A, et al. Primary sinonasal meningioma. European annals of otorhinolaryngology, head and neck diseases. 2012;129(1):47-50.
36. Mossa-Basha M, Blitz AM. Imaging of the paranasal sinuses. Semin Roentgenol. 2013;48(1):14-34.
37. Mukherji SK, Figueroa RE, Ginsberg LE, Zeifer BA, Marple BF, Alley JG, et al. Allergic fungal sinusitis: CT findings. Radiology. 1998;207(2):417-22.
38. Mussak E, Lin J, Prasad M. Cavernous hemangioma of the maxillary sinus with bone erosion. Ear Nose Throat J. 2007;86(9):565-6.
39. Patel SG, Shah JP. TNM staging of cancers of the head and neck: striving for uniformity among diversity. CA Cancer J Clin. 2005;55(4):242-58; quiz 61-2, 64.
40. Scuderi AJ, Harnsberger HR, Boyer RS. Pneumatization of the paranasal sinuses: normal features of importance to the accurate interpretation of CT scans and MR images. AJR Am J Roentgenol. 1993;160(5):1101-4.
41. Semiz Oysu A, Ayanoglu E, Kodalli N, Oysu C, Uneri C, Erzen C. Dynamic contrast-enhanced MRI in the differentiation of posttreatment fibrosis from recurrent carcinoma of the head and neck. Clin Imaging. 2005;29(5):307-12.
42. Shah GV, Fischbein NJ, Gandhi D, Mukherji SK. Dynamic contrast-enhanced MR imaging. Top Magn Reson Imaging. 2004;15(2):71-7.
43. Sirikci A, Bayazit YA, Bayram M, Kanlikama M. Ethmomaxillary sinus: a particular anatomic variation of the paranasal sinuses. Eur Radiol. 2004;14(2):281-5.
44. Som PM, Lawson W. The frontal intersinus septal air cell: a new hypothesis of its origin. AJNR Am J Neuroradiol. 2008;29(6):1215-7.
45. Som PM, Park EE, Naidich TP, Lawson W. Crista galli pneumatization is an extension of the adjacent frontal sinuses. AJNR Am J Neuroradiol. 2009;30(1):31-3.
46. Stammberger H. Examination and endoscopy of the nose and paranasal sinuses. In: Mygind N, Lildholdt T, editors. Nasal polyposis: an inflammatory disease and its treatment. Coponhagen: Munksgaard; 1997: 120-36
47. Valencia MP, Castillo M. Congenital and acquired lesions of the nasal septum: a practical guide for differential diagnosis. Radiographics. 2008;28(1):205-24; quiz 326.
48. Wang X, Zhang Z, Chen Q, Li J, Xian J. Effectiveness of 3 T PROPELLER DUO diffusion-weighted MRI in differentiating sinonasal lymphomas and carcinomas. Clinical Radiology. 2014;69(11):1149-56.
49. Welker KM, DeLone DR, Lane JI, Gilbertson JR. Arrested pneumatization of the skull base: imaging characteristics. AJR. 2008;190(6):1691-6.
50. Wormald PJ. The agger nasi cell: the key to understanding the anatomy of the frontal recess. Otolaryngol Head Neck Surg. 2003;129(5):497-507.
51. Yagisawa M, Ishitoya J, Tsukuda M. Hematoma-like mass of the maxillary sinus. Acta Otolaryngol. 2006;126(3):277-81.
52. Yang BT, Wang YZ, Wang XY, Wang ZC, Xian JF, Li J. Fibrous dysplasia-like appearance of the frontal process of the maxilla on CT: prevalence in North China. AJNR American Journal of Neuroradiology. 2011;32(3):471-3.
53. Zou J, Man F, Deng K, Zheng Y, Hao D, Xu W. CT and MR imaging findings of sinonasal angiomatous polyps. European J Radiol. 2014;83(3):545-51.

Cavidade oral e orofaringe

Regina Lúcia Elia Gomes
Antonio de Pádua Mesquita Maia Filho
Cristina Hiromi Kuniyoshi

Introdução

A cavidade oral e a orofaringe correspondem à parte mais alta do trato digestivo, que contém uma grande variedade de tecidos dispostos em pequenas áreas. Essas regiões são separadas por uma divisão virtual, que passa pelas papilas circunvaladas, pelos pilares tonsilares anteriores e pela junção entre os palatos duro e mole. Essa distinção é importante porque as apresentações das doenças são diferentes. Descreveremos as principais estruturas de cada região, destacando-se os dados mais relevantes.

O conhecimento anatômico das estruturas da cavidade oral e da orofaringe, de suas principais assimetrias e variantes anatômicas é de fundamental importância para o radiologista. Tal conhecimento permite a descrição mais acurada e detalhada do acometimento da lesão sobre as estruturas de ambas as regiões e evita erros diagnósticos, como descrever variante anatômica como se fosse uma lesão.

Neste capítulo, iremos abordar os principais aspectos das diversas doenças que acometem a cavidade oral e a orofaringe, entre elas, as lesões congênitas, malformações vasculares, processos inflamatórios/infecciosos e as neoplasias benignas e malignas. Embora façam parte da cavidade oral, as doenças das glândulas submandibulares e sublinguais serão descritas com mais detalhes no capítulo específico de glândulas salivares. Os principais métodos de imagem utilizados para a avaliação das lesões da cavidade oral são a tomografia computadorizada (TC), ressonância magnética (RM), tomografia por emissão de pósitrons associada à TC (PET/CT) e à RM (PET/RM). O principal papel dos métodos de imagem é a avaliação do comprometimento dos planos profundos da lesão observada na mucosa ao exame clínico e endoscópico, determinando a sua extensão local e a distância. Os novos métodos de imagem, como o PET/CT, PET/RM, RM pesada em difusão e RM com realce dinâmico conseguem fornecer algumas informações fisiológicas e funcionais sobre os tecidos. Esses parâmetros quantitativos e qualitativos obtidos podem dar informações mais precisas, permitindo uma melhor análise das lesões e inclusive monitorar se houve ou não resposta ao tratamento.

Em relação ao protocolo de exame, existem algumas manobras dinâmicas que podem ajudar na avaliação das lesões da cavidade oral e podem ser empregadas em todos os métodos de imagem já descritos. A manobra de boca aberta é usada para retirar os artefatos metálicos de endurecimento de feixe dos amálgamas dentários do campo de visão, pois em geral prejudicam a avaliação da cavidade oral. A manobra da bochecha distendida facilita a avaliação das estruturas do vestíbulo oral da cavidade oral, bem como de lesões das estruturas adjacentes.

Anatomia normal e variações

A cavidade oral é a região proximal do trato aerodigestivo, responsável pela ingestão, mastigação e deglutição dos alimentos e também funciona como uma via aérea secundária, com papel fundamental na fonação. O limite anterior da cavidade oral é composto pelos lábios e o seu limite posterior é uma linha virtual de aspecto arqueado que passa pelas papilas circunvaladas, pilares tonsilares anteriores e a junção entre os palatos duro e mole (Figura 1). As paredes laterais são formadas pelas bochechas e pelos trígonos retromolares. Superiormente a cavidade oral é delimitada pelo palato duro e a sua porção inferior é composta pelo assoalho bucal (Figura 2). Existe uma subdivisão da cavidade oral, separando-a em cavidade oral propriamente dita e vestíbulo oral, que é um espaço em fenda localizado entre os dentes e a gengiva e entre os lábios e a bochecha.

As principais estruturas que compõem a cavidade oral são os lábios, a língua oral, a mucosa bucal, o assoalho bucal, o palato duro, os alvéolos mandibulares e maxilares,

6 CAVIDADE ORAL E OROFARINGE

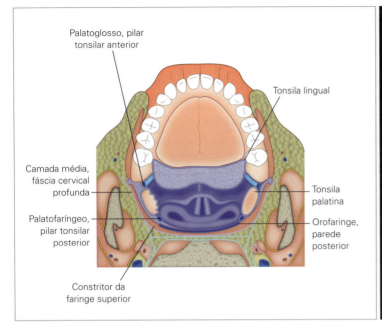
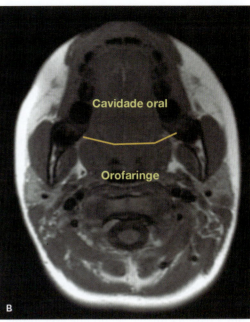

Figura 1 Limites da cavidade oral e orofaringe. Ressonância magnética axial T1. A cavidade oral localiza-se anteriormente às papilas circunvaladas e a orofaringe posteriormente. A base da língua faz parte da orofaringe.

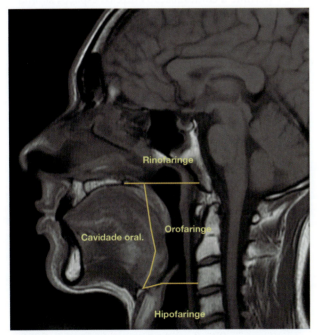

Quadro 1 Estruturas da cavidade oral e da orofaringe

Cavidade oral	Orofaringe
Mucosa bucal	Mucosa faríngea
Lábios	Tonsilas palatinas e linguais
Língua oral (2/3 anteriores da língua)	Base da língua (1/3 posterior da língua) com as tonsilas linguais
Assoalho bucal	Palato mole e úvula
Palato duro	Valéculas
Alvéolos maxilares e mandibulares	
Trígono retromolar	
Espaço sublingual	
Espaço submandibular	

Figura 2 Limites da cavidade oral e orofaringe. Ressonância magnética sagital T1. A rinofaringe está acima do nível do palato duro. A hipofaringe localiza-se abaixo do nível da valécula. A orofaringe está entre a rinofaringe e hipofaringe. Uma linha delimitada entre a união do palato duro e as papilas cincunvaladas separa a cavidade oral (anteriormente) da orofaringe (posteriormente).

o trígono retromolar e os espaços sublingual e submandibular (Quadro 1).

Os lábios são pregas musculares móveis que circundam a boca, compostos principalmente pelo músculo orbicular da boca. Externamente os lábios são recobertos pela pele e interiormente por mucosa.

As papilas cincunvaladas dividem a língua em duas partes, a língua oral (os dois terços anteriores), estrutura da cavidade oral, e a base da língua (terço posterior), estrutura da orofaringe (Quadro 2). A língua oral é recoberta por mucosa e é formada por quatro regiões anatômicas (ponta ou ápice, bordas laterais, dorso e superfície inferior) e é composta por músculos intrínsecos e extrínsecos. Os músculos intrínsecos (longitudinal superior e inferior, transverso e vertical) são responsáveis pela alteração da língua durante a de-

Quadro 2	Divisões da língua, definições e características
Língua	Definições e características
Língua oral (2/3 anteriores – estrutura da cavidade oral)	▪ É dividida em quatro áreas: ápice ou ponta da língua, margens laterais, dorso e superfície inferior (ventral) ▪ Nervo lingual: – Ramificação do nervo lingual de V3: sensibilidade para os 2/3 anteriores da língua oral – Ramificação timpânica de NCVII: paladar dos 2/3 anteriores da língua e parassimpático para glândula submandibular ▪ NC XII – motor dos músculos intrínsecos e extrínsecos da língua
Raiz da língua (superfície inferior – estrutura da cavidade oral)	▪ Superfície inferior da língua oral em sua junção com o assoalho bucal anterior e a mandíbula ▪ Inclui o complexo muscular genioglosso-gênio-hióideo + septo lingual ▪ NC XII – motor dos músculos intrínsecos e extrínsecos da língua
Base da língua (1/3 posterior – estrutura da orofaringe)	▪ Inclui as tonsilas linguais ▪ NC IX – sensitivo geral e especial para a mucosa do 1/3 posterior da língua e papilas circunvaladas ▪ NC XII – motor dos músculos intrínsecos e extrínsecos da língua

glutição e a fala e os extrínsecos (genioglosso, hioglosso, estiloglosso e palatoglosso) por mover o corpo da língua e modificar seu formato (Quadros 3 e 4). Deve-se ter cuidado para não confundir a raiz da língua com a base da língua, sendo que esta última é o terço posterior da língua e faz parte da orofaringe, e a raiz da língua é a porção inferior da língua, sendo composta pelos músculos extrínsecos genioglosso e gênio-hióideo, bem como pelo septo lingual (Quadro 5). O conhecimento dessas estruturas é importante na prática pois o envolvimento da raiz da língua no estadiamento tumoral torna a lesão T4a e o acometimento do septo lingual contraindica a hemiglossectomia.

Há diferentes definições de assoalho bucal. Neste capítulo, utilizaremos a definição cirúrgica em que o assoalho da boca é definido como a região entre a superfície mucosa e o músculo milo-hióideo, compreendendo todas as estruturas dessa região (Quadro 5).

Qualquer que seja a definição usada, o importante é saber que o músculo milo-hióideo separa os espaços sublinguais (superiormente) e submandibulares (inferiormente). Um detalhe anatômico desse músculo é que a maior parte de sua margem posterior tem terminação livre e permite a comunicação entre os espaços submandibular e sublingual. O músculo milo-hióideo pode ser melhor avaliado no plano coronal pela TC e RM (Figuras 3 e 4). O espaço sublingual está localizado superomedialmente ao músculo milo-hióideo e lateralmente aos músculos genioglosso e gênio-hióideo, e abaixo da mucosa do assoalho da boca. Parte do músculo hioglosso, um músculo extrínseco da língua, estende-se do osso hióideo até o espaço sublingual. Sua identificação é importante por-

Quadro 3	Musculatura intrínseca da língua		
Músculos intrínsecos da língua	Origem e inserção	Função	Inervação
Longitudinal superior e inferior Vertical Transverso	Originam-se fora da língua e nela se inserem Feixe complexo de fibras entrelaçadas	Alteram o formato da língua durante a deglutição e a fala	NC XII

Quadro 4	Musculatura extrínseca da língua			
Músculos extrínsecos da língua	Origem	Inserção	Função (alteram em conjunto a posição da língua)	Inervação
Genioglosso	Tubérculo espinhal geniano e superfície interna da sínfise mandibular	▪ Ao longo de todo o comprimento da superfície inferior da língua ▪ As fibras inferiores e posteriores fixam-se ao corpo do hióideo	Protrusão da língua	NC XII
Hioglosso	Corpo e corno maior do osso hióideo	Face inferior da parte lateral da língua	Abaixa e ajuda a retrair a língua	NC XII
Estiloglosso	Processo estiloide e ligamento estilo-hióideo	Ao lado da língua, fundindo-se com o músculo hioglosso	Retrai a língua para cima e para trás	NC XII
Palatoglosso	Superfície inferior da aponeurose palatina	Lado e dorso da língua; fundindo-se aos músculos transversos intrínsecos	Forma o arco palatoglosso (pilar anterior e tonsilar)	NC X, ramificação do plexo faríngeo

6 CAVIDADE ORAL E OROFARINGE 749

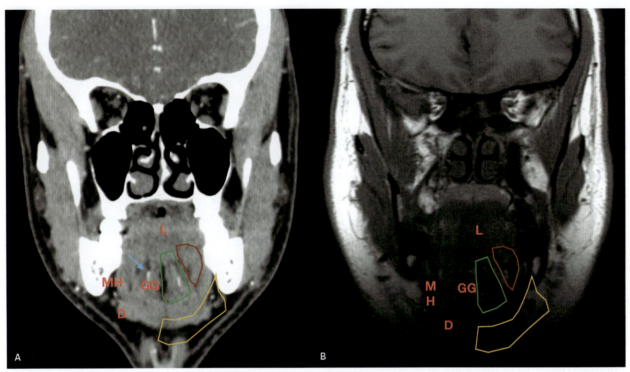

Figura 3 Anatomia normal. Tomografia computadorizada (A) e ressonância magnética em T1 (B) no plano coronal. Espaço submandibular (amarelo). Espaço sublingual (vermelho). Raiz da língua (verde). Feixe neurovascular (seta azul).
D: ventre anterior do músculo digástrico; GG: músculo genioglosso; L: língua; MH: músculo milo-hióideo.

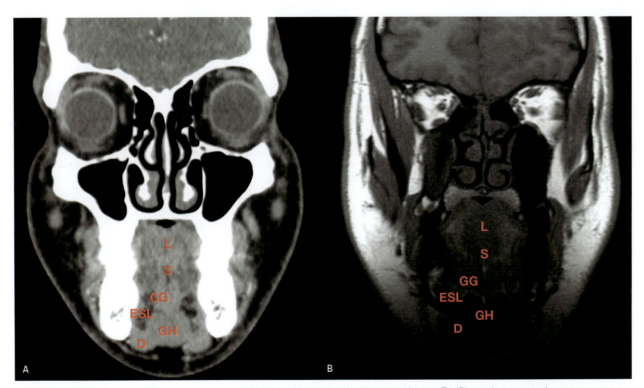

Figura 4 Anatomia normal. Tomografia computadorizada (A) e ressonância magnética em T1 (B) no plano coronal.
D: ventre anterior do músculo digástrico; ESL: espaço sublingual. GG: músculo genioglosso; GH: músculo gênio-hióideo; L: língua; M: músculo milo-hióideo; S: septo lingual.

que o mesmo separa a artéria lingual, que passa medial a esse músculo, do ducto de Wharton e os nervos lingual e hipoglosso, que passam lateralmente (Figura 5). Suas principais estruturas estão descritas no Quadro 5.

O espaço submandibular se situa abaixo do músculo milo-hióideo e a sua margem superficial é formada pelo músculo platisma. A glândula submandibular, que fica na região posterior do espaço submandibular, faz uma volta na margem posterior do músculo milo-hióideo e tem um componente pequeno e profundo, que fica na parte posterior do espaço sublingual. Nesse ponto, a glândula submandibular forma seu ducto excretor (ducto de Wharton), que corre no espaço sublingual para penetrar anteriormente na mucosa do assoalho bucal, na cavidade oral, lateralmente ao freio lingual. Suas principais estruturas estão descritas no Quadro 5.

O trígono retromolar é uma região mucosa posterior ao terceiro molar da mandíbula (Quadro 5). O conhecimento dessa área é importante por ser local frequente de neoplasia primária e por ser rota de disseminação de neoplasias da base da língua ou das tonsilas palatinas (Figura 6).

A rafe pterigomandibular é o ponto de origem dos músculos bucinador e constritor da faringe (Quadro 5). É um espaço potencial de disseminação de neoplasias para diversas direções do espaço bucal e da orofaringe.

A drenagem linfática é rica e se faz primeiro para linfonodos submentonianos e submandibulares, e secundariamente para linfonodos jugulocarotídeos (nível II). Não

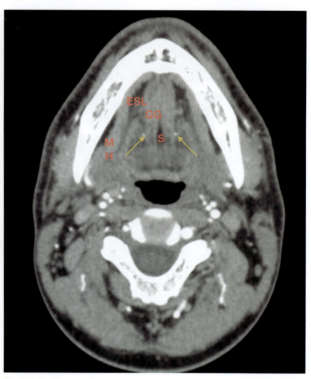

Figura 5 Anatomia normal. Tomografia computadorizada no plano axial. Feixe neurovascular: a. lingual (seta amarela).
ESL: espaço sublingual; ESM: espaço submandibular; GG: músculo genioglosso; MH: músculo milo-hióideo; S: septo lingual.

Quadro 5	Estruturas da cavidade oral
Cavidade oral	Definições e características
Músculo milo-hióideo	▪ Separa os espaços sublinguais do submandibular, exceto em sua margem posterior ▪ Pode ter uma fenda entre o seu terço anterior e os dois terços posteriores ▪ Origem: linha milo-hióidea da mandíbula ▪ Inserção: osso hióideo ▪ Inervação: nervo milo-hióideo (ramo do NC V3) ▪ Abaixa a mandíbula, eleva o osso hióideo, assoalho da boca e língua
Superfície da mucosa oral	▪ Superfície mucosa da junção pele-vermelhão dos lábios até a junção palato duro-mole superiormente e até a linha das papilas circunvaladas inferiormente ▪ Reveste toda a cavidade oral, incluindo as superfícies bucal (bochechas), gengival, palatal e lingual ▪ Contém glândulas salivares menores subepiteliais
Assoalho da boca	▪ Inclui os músculos milo-hióideo e hioglosso, estendendo-se da face interna do processo alveolar da mandíbula à superfície inferior da língua oral e à base do pilar anterior da tonsila ▪ Contém os óstios das glândulas submandibulares e sublinguais

Trígono retromolar	▪ Área de mucosa posterior ao último molar e cobre a superfície anterior do ramo ascendente da mandíbula
	▪ Região triangular da mucosa posterior ao último molar que recobre a superfície anterior da ramificação ascendente inferior da mandíbula
	▪ Rotas de disseminação do carcinoma epidermoide:
	  – Posterior: ramo da mandíbula, espaço mastigatório e perineural pelo NC V3
	  – Anterior: ao longo do processo alveolar
	  – Inferior: para a mandíbula, podendo se estender anteriormente ao longo do nervo alveolar inferior (disseminação perineural); se ocorrer ao longo da rafe pterigomandibular, atinge a margem posterior do músculo milo-hióideo
	  – Superior: ao longo da rafe pterigomandibular para a margem inferior da lâmina medial do processo pterigóideo

(continua)

Quadro 5 *(continuação)* Estruturas da cavidade oral	
Cavidade oral	Definições e características
Rafe pterigomandibular	■ Localizada abaixo da mucosa do trígono retromolar ■ Banda fibrosa que se estende desde a margem posterior da crista milo-hióidea mandibular até a lâmina medial do processo pterigóideo ■ Músculos bucinador e constritor superior da faringe se encontram na rafe pterigomandibular ■ Rota de disseminação perifascial do carcinoma epidermoide
Espaço sublingual	■ Espaço superomedial ao músculo milo-hióideo, não delimitado por fáscia; posteriormente a esse músculo há comunicação do espaço sublingual com o submandibular, assim como inferiormente com o espaço parafaríngeo ■ Ambos os espaços se comunicam entre si abaixo do frênulo (istmo subfrenular) ■ O músculo hioglosso divide esse espaço em dois compartimentos: ■ Lateral: – Fibras da musculatura extrínseca da língua – Glândulas sublinguais e seus ductos – Porção profunda da glândula submandibular e seu ducto – Nervo lingual: nervo sensorial V3 + nervo timpânico NC VII: paladar nos 2/3 anteriores da língua – NC XII: motor dos músculos intrínseco e extrínseco da língua – Ramificação timpânica de NC VII: paladar dos 2/3 anteriores da língua e parassimpático para glândula submandibular ■ Medial: – NC IX: sensibilidade e paladar para 1/3 posterior da língua – Artéria e veia linguais: cranial ao NC IX e lateral ao músculo genioglosso
Espaço submandibular	■ Espaço entre os músculos platisma e milo-hióideo ■ Apresenta comunicação com os espaços submandibular e parafaríngeo ■ É revestido pela camada superficial da fáscia cervical profunda ■ Conteúdos: – Porção superficial da glândula submandibular – Linfonodos submentonianos (IA) e submandibulares (IB) – Veia e artéria faciais – Alça inferior de NC 12 – Ventres anteriores dos músculos digástricos (inervados pelo ramo milo-hióideo de NC V3)
Palato duro	■ 2/3 anteriores do teto da cavidade oral ■ Ramos da artéria maxilar (artérias palatinas maior e menor) e facial (artéria palatina ascendente) suprem o palato ■ Drenagem venosa para o plexo pterigóideo

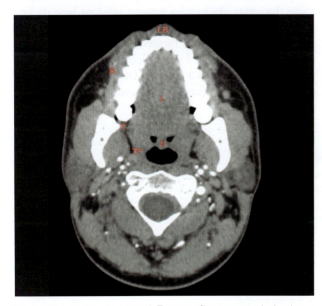

Figura 6 Anatomia normal. Tomografia computadorizada no plano axial.
B: músculo bucinador; L: língua; LB: lábio; T: trígono retromolar; TP: tonsilas palatinas; U: úvula.

raro, porém, a drenagem é feita diretamente a linfonodos jugulocarotídeos, ou para os linfonodos sublinguais. Além disso, vasos linfáticos mais profundos da língua oral têm vias para ambos os lados do pescoço. Por essa razão, lesão com profundidade maior que 4 a 5 mm tem maiores chances de ter linfadenopatia bilateral.

A irrigação da cavidade oral é realizada por ramos da artéria carótida externa, incluindo as artérias lingual, facial e maxilar interna. A drenagem venosa é para os plexos pterigóideo e tonsilar e para as veias linguais e jugulares internas.

Há variações anatômicas na cavidade oral que podem simular lesões. Defeitos no músculo milo-hióideo são comuns, sendo que a maioria é menor que 0,5 cm, podendo haver passagem de estruturas do espaço sublingual para o submandibular por meio desse defeito. O conteúdo mais comum é a gordura, seguido por vasos e depois as glândulas sublinguais. Os defeitos ficam ao longo da margem lateral do músculo, perto da mandíbula (Figura 7). O conteúdo de glândulas sublinguais tende a ser bilateral e ocorrer nos dois terços anteriores do músculo.

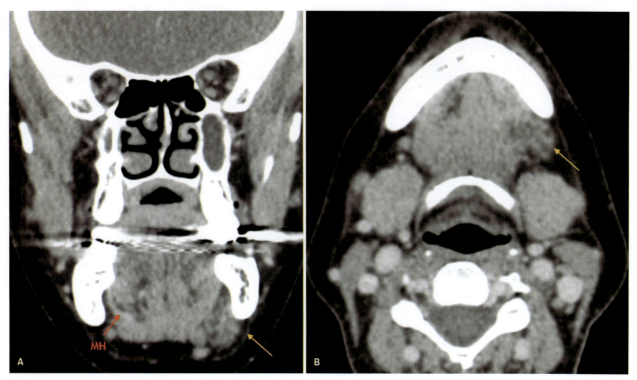

Figura 7 Variação anatômica. Tomografia computadorizada em reconstruções coronal (A) e axial (B) mostra defeito no músculo milo-hióideo à esquerda, com insinuação da glândula sublingual (seta laranja).

A orofaringe é a parte da faringe localizada entre a nasofaringe e a hipofaringe, de situação posterior à cavidade oral. Seu limite superior é a superfície inferior da úvula, separando-a da nasofaringe, e seu limite inferior é a superfície superior da epiglote, separando-a da hipofaringe e da laringe, conforme ilustrado na Figura 2. Lateralmente delimita-se com os espaços parafaríngeos. A orofaringe se comunica superiormente com a nasofaringe, anteriormente com a cavidade oral e inferiormente com a hipofaringe e a laringe. As principais estruturas localizadas na orofaringe são a base da língua, as tonsilas palatinas e linguais, o palato mole, as glândulas salivares menores, a mucosa e estruturas musculares (Quadro 6).

O palato mole é uma estrutura fibromuscular localizada posteriormente ao palato duro, que se estende posteriormente e forma a úvula (Figura 8).

As tonsilas palatinas (amígdalas) são coleções de tecido linfoide e estão localizadas em ambos os lados da orofaringe, entre os pilares amigdalianos anterior e posterior, compostos pelos músculos palatoglosso e palatofaríngeo, respectivamente. As tonsilas linguais estão na base da língua, que corresponde ao terço posterior da língua, localizada posteriormente às papilas cincunvaladas. As valéculas estão localizadas lateralmente à prega glossoepiglótica e se estendem da base da língua à epiglote. Os aspectos básicos das estruturas anatômicas citadas anteriormente são mostrados

Quadro 6	Principais estruturas da orofaringe
Orofaringe	Definições e características
Superfície mucosa	Epitélio escamoso estratificado Sítio de carcinoma epidermoide
Tonsilas da orofaringe – tecido linfoide	Tonsilas palatinas e linguais (componentes do anel linfático faríngeo – anel de Waldeyer) As tonsilas linguais fazem parte da base da língua
Glândulas salivares menores	Principalmente no palato mole Sítio de carcinoma de glândula salivar menor
Palato mole	Úvula é a ponta Inervado pelo ramo mandibular do nervo trigêmeo Irrigado por ramos da artéria maxilar interna
Músculos	Palatoglosso: a prega mucosa forma o pilar tonsilar anterior Palatofaríngeo: a prega mucosa forma o pilar tonsilar posterior Músculos constritores faríngeos superior e médio

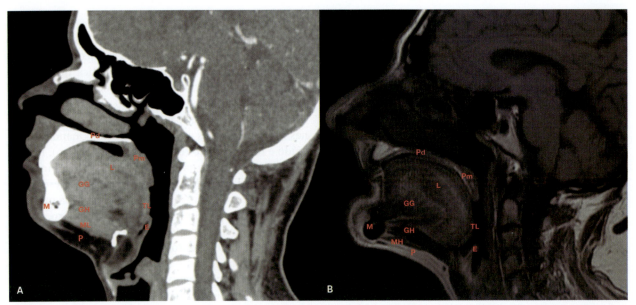

Figura 8 Anatomia normal. Tomografia computadorizada (A) e ressonância magnética T1 (B) no plano sagital. Palato duro (Pd) e músculos intrínsecos da língua (L), músculo genioglosso (GG), músculo gênio-hióideo (GH), músculo milo-hióideo (MH) e músculo platisma (P). Palato mole (Pm) e tonsila lingual (TL) da orofaringe, (M) mandíbula. Epiglote (E).

na Figura 9. A fáscia visceral circunda a mucosa e a musculatura faríngea, sendo importante barreira para contenção de processos inflamatórios e neoplásicos que se estendem da faringe posteriormente para o espaço pré-vertebral.

A irrigação da orofaringe se dá por ramos das artérias maxilar interna, facial, faríngea ascendente e lingual, sendo a drenagem venosa predominantemente para as veias periamigdalianas que, por sua vez, drenam para o plexo

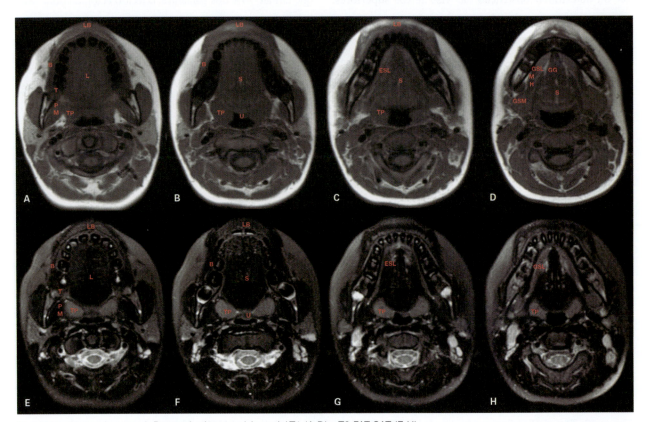

Figura 9 Anatomia normal. Ressonância magnética axial T1 (A-D) e T2 FAT SAT (E-H).
B: músculo bucinador; ESL: espaço sublingual; GG: músculo genioglosso; GSL: glândula sublingual; GSM: glândula submandibular; L: língua; LB: lábio; MH: músculo milo-hióideo; PM: músculo pterigóideo medial; S: septo lingual; T: trígono retromolar; TP: tonsila palatina; U: úvula.

faríngeo. A drenagem linfática é principalmente para os níveis cervicais II e III, linfonodos retrofaríngeos, e, em menor grau, para os linfonodos nos níveis IV e V. Em relação à inervação, os músculos constritores da faringe (superior, médio e inferior) são inervados por ramos dos pares cranianos IX, X, XI e pelo plexo simpático e a base da língua tem inervação sensitiva pelo nervo glossofaríngeo (IX), diferentemente da língua oral que, por sua vez, tem inervação por um ramo do nervo mandibular (V3).

Deve-se conhecer bem essa anatomia, pois o erro mais comum na interpretação das imagens do espaço mucosofaríngeo é considerar a assimetria normal do tecido linfoide como lesão (Figura 10).

Lesões congênitas

Cisto do ducto tireoglosso

O ducto tireoglosso se estende da porção posterior da base da língua (forame cego), através da língua e assoalho bucal, passando anteriormente ao osso hióideo e musculatura pré-tireoidiana, até o leito tireoidiano (Figura 11). Remanescentes do ducto tireoglosso podem formar cistos ou trajetos fistulosos localizados na linha mediana ou paramediana, que habitualmente são assintomáticos, mas podem infectar ou determinar obstrução das vias aéreas superiores.

O cisto do ducto tireoglosso é a lesão congênita mais comum do pescoço e ocorre em 65% dos casos no pescoço infra-hióideo, 15% no nível do osso hióideo e 20% supra-hióideo. São lesões com aparência cística mediana ou paramediana, podendo ter fino septo ou ser lobulado. Na TC, a maioria tem atenuação entre 0 e 20H e na RM, alto sinal nas imagens pesadas em T2 e sinal intermediário nas imagens pesadas em T1 (Figura 12). Quando o conteúdo é hiperproteico (espesso ou hemorrágico), torna a lesão hiperatenuante na TC e com hipersinal nas imagens pesadas em T1 da RM. A grande maioria das lesões tem realce periférico fino. E quando há hemorragia ou infecção, o conteúdo pode ser heterogêneo e complexo, podendo haver edema das partes moles circunjacentes (Figura 13). O tratamento do cisto do ducto tireoglosso é a ressecção cirúrgica na qual são retirados o cisto, todo o trajeto do ducto e a porção central do osso hióideo, para reduzir a possibilidade de recorrência.

Tireoide lingual

Tecidos tireoidianos ectópicos localizam-se no trajeto do ducto tireoidiano, sendo fundamental a análise de todo o seu trajeto. A língua é local mais comum de tecido tireoidiano ectópico (90%) (Figura 14). Quando identificado o tecido tireoidiano ectópico, deve-se avaliar a glândula tireóide, já que em até 75% dos pacientes, o tecido ectópico pode ser o

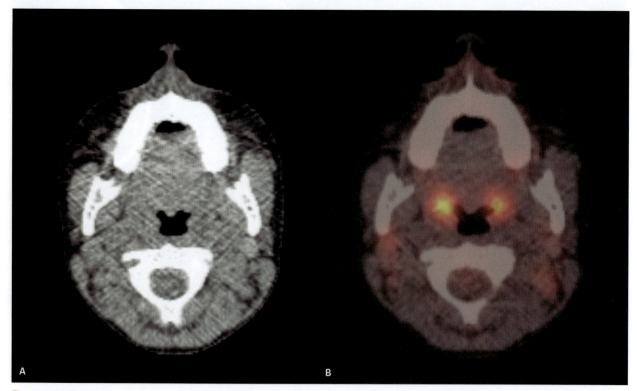

Figura 10 Tomografia computadorizada (A) e tomografia por emissão de pósitrons (PET/TC) (B) no plano axial: captação de FDG na orofaringe aumentada, por hipermetabolismo glicolítico, inespecífico, que pode ser encontrado em crianças a adolescentes e também em processos inflamatórios.

6 CAVIDADE ORAL E OROFARINGE   755

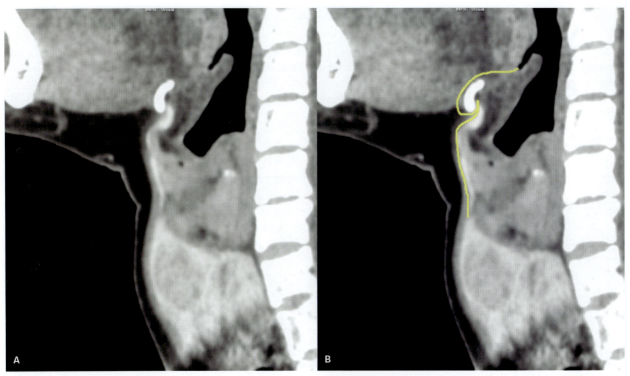

Figura 11   Tomografia computadorizada com contraste, reconstruções sagitais. Tecido tireoidiano ectópico – apresentando formato linear ao longo do trajeto do ducto tireoglosso (A). Esquema ilustrativo do trajeto do ducto tireoglosso (linha amarela em B).

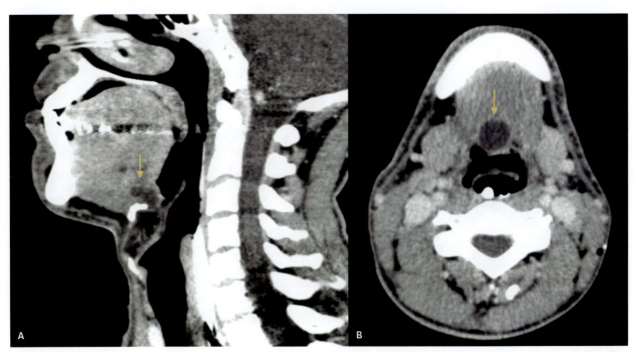

Figura 12   Tomografia computadorizada com contraste em reconstruções sagital (A) e axial (B). Cisto do ducto tireoglosso (seta laranja) – formação cística uniloculada, de contornos regulares e bem delimitada, na linha mediana e no espaço pré-epiglótico, cranial ao osso hióideo.

único tecido tireoidiano funcionante. A retirada inadvertida do tecido ectópico nos pacientes com agenesia da glândula tireoide pode determinar o hipotireoidismo definitivo. A TC e a RM mostram a tireoide lingual com características iguais às da glândula normal tópica, sendo hiperatenuante em relação ao músculo em razão da presença de iodo no tecido tireoidiano na TC e levemente hiperintensa nas imagens pesadas em T1 e T2 na RM. A cintilografia é um outro exame que

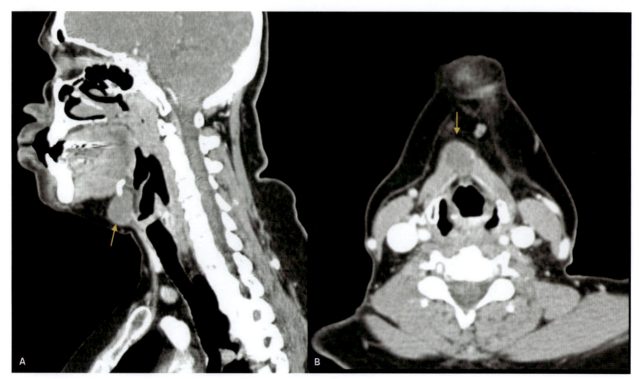

Figura 13 Tomografia computadorizada com contraste em recontruções sagital (A) e axial (B). Cisto do ducto tireoglosso infectado. Formação cística de paredes espessadas (seta laranja), com realce destas ao meio de contraste, localizada na linha mediana, na margem inferior do osso hióideo.

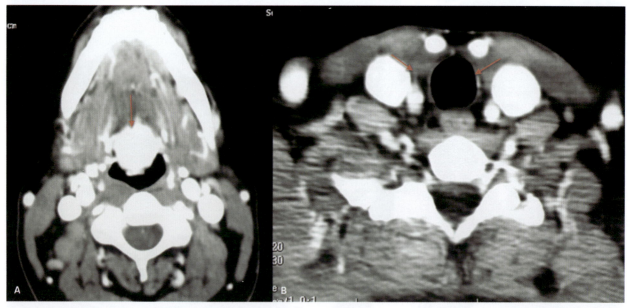

Figura 14 Tomografia computadorizada com contraste no plano axial. Tireoide lingual – lesão nodular com intenso realce homogêneo localizada na base da língua (A) e ausência da glândula tireoide tópica em seu leito (B).

também pode ajudar em sua localização. O diagnóstico diferencial é realizado com outras alterações congênitas cervicais como cistos dermoides, linfonodomegalias, hemangiomas, linfangiomas e lipomas. Deve-se salientar que o tecido tireoidiano ectópico pode ser afetado por todas as mesmas lesões que afetam a glândula tópica, benignas e malignas.

Cistos dermoides

Os cistos dermoides (Figuras 15 e 16) e epidermoides (Figuras 17 e 18) geralmente são resultantes de inclusão ou resto epitelial congênito. Manifestam-se entre os 5 e 50

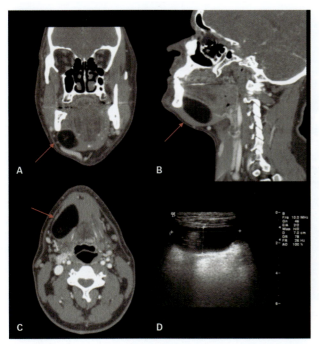

Figura 15 Tomografia computadorizada com contraste coronal (A), sagital (B) e axial (C). Ultrassonografia (D). Cisto dermoide – formação expansiva ovalada contendo material com atenuação de gordura e algumas áreas com atenuação de partes moles de permeio, localizada no espaço sublingual direito. Ultrassonografia demonstra formação ovalada hipoecoica com reforço acústico posterior e imagem hiperecogênica em seu interior.

anos, principalmente em homens, como massa submucosa ou subcutânea, indolor, em 85-90% dos pacientes. Podem crescer na puberdade e causar disfagia. São mais frequentes no assoalho bucal e no espaço submandibular, e geralmente têm localização mediana.

A TC e a RM demonstram cisto bem definido, ovoide ou tubular, de fina parede (75%), podendo apresentar nódulo de partes moles na parede ou na periferia do cisto em 20%. No Quadro 7, descreveremos as principais características dos cistos dermoides e epidermoides.

Hemangioma infantil e malformações vasculares

As lesões vasculares foram inicialmente classificadas por Mulliken e Glowaki em 1982. A International Society for the Study of Vascular Anomalies adotou uma nova classificação expandida e modificada em 1996. Após essa data, houve descobertas de novos tipos histológicos, maior detalhamento do comportamento biológico e a identificação das alterações genéticas. Em 2014, a International Society for the Study of Vascular Anomalies publicou uma revisão da nova classificação na qual as lesões vasculares foram divididas em tumores e malformações. Os tumores foram divididos nos subgrupos: benignos, localmente agressivos (*borderline*) e malignos. As malformações foram divididas nos subgrupos: simples, combinadas, anomalias relacionadas a um vaso específico ou malformações vasculares associadas a outras anomalias. A classificação completa é extensa e utiliza as alterações genéticas para diferenciar os diferentes tipos de tumores e malformações, por isso iremos descrever neste capítulo apenas os tumores e malformações vasculares mais frequentes.

Hemangiomas são lesões tumorais, ausentes ao nascimento, caracterizadas por aumento da proliferação de células endoteliais, com rápido crescimento no 1º ano de vida, seguido de involução. O sufixo "oma" persiste apenas para o hemangioma, por significar hiperplasia. À TC observamos intenso realce e à RM, o componente sólido demonstra intensidade de sinal semelhante ou discretamente aumentado em relação à musculatura nas imagens pesadas em T1 e alto sinal nas imagens pesadas em T2

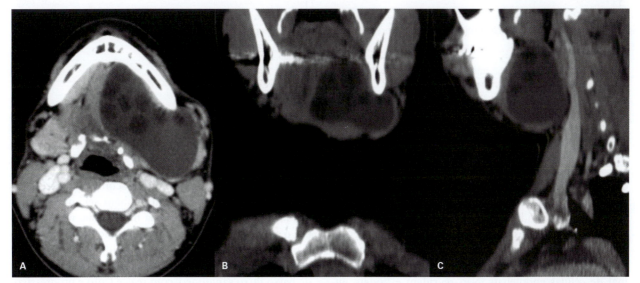

Figura 16 Tomografia computadorizada nos cortes axial (A), coronal (B) e sagital (C). Tumor dermoide – formação cística no assoalho bucal à esquerda, com insinuação para o espaço submandibular, apresentando pequenos múltiplos glóbulos de gordura em seu interior.

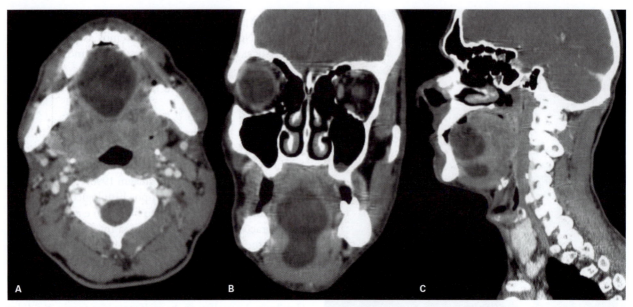

Figura 17 Tomografia computadorizada com contraste em cortes axial (A), coronal (B) e sagital (C). Cisto epidermoide – lesão mediana no assoalho bucal com atenuação de líquido e aspecto em halteres.

Quadro 7 Principais características dos cistos dermoides e epidermoides

Cisto dermoide	Cisto epidermoide
▪ Elementos epiteliais e anexos dermais (ectoderme e mesoderme)	▪ Elementos epiteliais (ectoderme)
TC: ▪ Massa cística complexa, geralmente com parede fina e imperceptível ▪ Material gorduroso, mistura de densidades fluidas, calcificação (< 50%) ▪ Nível líquido-líquido ou múltiplos glóbulos de gordura (achado quase patognomônico) ▪ Se apresentar poucos elementos complexos, pode ser difícil diferenciar do cisto epidermoide ▪ Pode ter realce da parede	TC: ▪ Massa unilocular hipoatenuante, geralmente com parede fina e imperceptível ▪ Atenuação de líquido e sem elementos complexos ▪ Pode ter realce da parede
RM: T1 ▪ Massa bem circunscrita, com sinal de fluido complexo característico: alto sinal focal ou difuso sugere gordura e sinal muito baixo, cálcio T2 ▪ Alto sinal heterogêneo: sinal intermediário se gordura; áreas focais de baixo sinal se calcificação DWI ▪ Ausência de restrição à difusão das moléculas de água T1 C+ ▪ Realce periférico frequente	RM: T1 ▪ Massa bem circunscrita, com baixo sinal; alto sinal difuso reflete alto teor proteico T2 ▪ Alto sinal homogêneo DWI ▪ Restrição à difusão das moléculas de água T1 C+ ▪ Realce periférico frequente

com alguns *flow-voids* de permeio. Na ultrassonografia, apresenta ecogenicidade heterogênea, com intensa vascularização ao estudo com o Doppler e fluxo arterial de baixa resistência ao estudo com o Doppler espectral.

Malformações vasculares não são tumores, mas sim anomalias vasculares congênitas, com proliferação normal de células endoteliais. Não regridem e podem aumentar rapidamente em associação a trauma, trombose ou alterações endócrinas. Podem acometer ossos, infiltrar-se nos planos fasciais ou também ser inteiramente intramusculares. Como não há hiperplasia, não mais se usa o sufixo "oma" para essas malformações.

As malformações simples são divididas em capilares, venosas e linfáticas. As malformações capilares são lesões de baixo fluxo sanguíneo, com realce lento e progressivo, que acometem principalmente a bochecha, os lábios e a

6 CAVIDADE ORAL E OROFARINGE 759

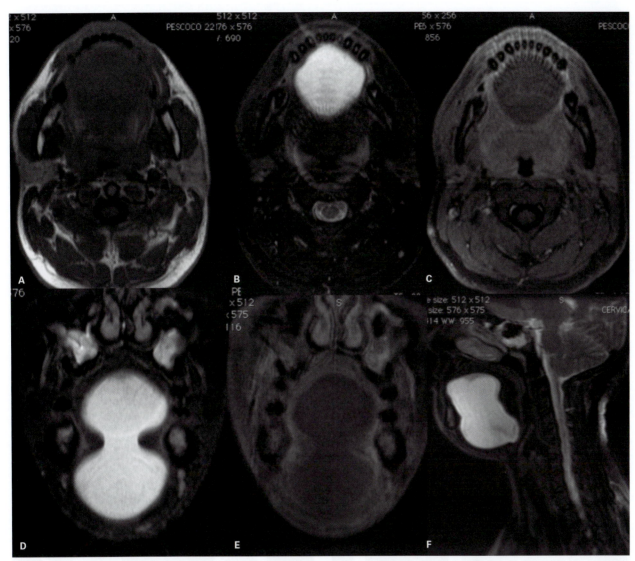

Figura 18 Ressonância magnética com imagens pesadas em T1 axial (A), T2 axial (B), coronal (D) e sagital (F); e T1 pós-gadolínio com supressão de gordura axial (C) e coronal (E) mostra cisto epidermoide no assoalho bucal com aspecto em halteres.

gengiva e podem estar associadas a hipertrofia gengival ou hemorragia crônica. Geralmente não são utilizados recursos de imagem para sua identificação.

As malformações venosas podem se apresentar como massas lobuladas, por múltiplos canais vasculares anômalos, ou pela combinação dos dois. Na RM são iso ou hiperintensas em relação ao músculo nas imagens pesadas em T1, muito hiperintensas em T2 e realçam significativamente de forma precoce e progressiva na fase contrastada (Figuras 19 e 20). Níveis líquidos são característicos das malformações vasculares de baixo fluxo, podendo corresponder a malformação venosa e/ou linfática. Os flebólitos são facilmente identificados na TC, e quando presentes são altamente sugestivos de malformação venosa (Figura 21).

As malformações linfáticas não têm cápsula e parece que se originam de sequestros do saco linfático embrionário primitivo. Podem ser uni ou multiloculares. Quando a lesão é unilocular, dificulta sua diferenciação com o cisto do ducto tireoglosso. Na TC e na RM geralmente são massas císticas multisseptadas que se insinuam ao interior e ao redor de estruturas normais, sem respeitar os planos fasciais, tornando sua ressecção difícil (Figura 22). Nas imagens pesadas em T2, os higromas císticos são tipicamente isointensos ao líquor e têm sinal variável em T1 em razão do conteúdo proteico variável. O rápido crescimento de um higroma cístico é, em geral, por conta da hemorragia, formando múltiplos níveis líquido-líquidos, mais aparentes à RM do que à TC. As malformações arteriovenosas são de alto fluxo sanguíneo, tipicamente com artérias tortuosas e veias de drenagem. Não são comuns na cavidade oral. Na RM os vasos dilatados aparecem com ausência de fluxo nas imagens pesadas em T1 e T2. A angiografia convencional é frequentemente utilizada para caracterizar o envolvimento

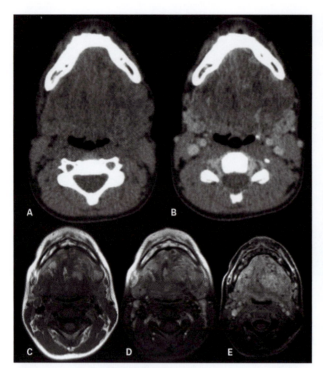

Figura 19 Tomografia computadorizada cortes axiais antes (A) e após (B) a administração do meio de contraste – lesão mal definida permeando os planos musculoadiposos do assoalho bucal e espaços submandibulares, maior à esquerda, com tênue realce. Ressonância magnética com T1 sem contraste (C) e fases precoce (D) e tardia (E) após a administração do meio de contraste. Observa-se a heterogeneidade de sinal em T1 e a discreta progressão do realce pós-contraste entre as sequências mais precoce e mais tardia à direita. Malformação vascular mista com predomínio venoso.

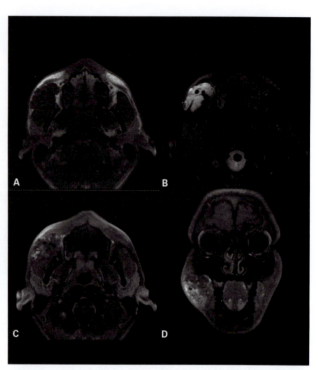

Figura 20 Ressonância magnética axial T1 (A), T2 (B), T1 pós-gadolínio axial (C) e coronal (D). Malformação venosa. Formação expansiva de contornos lobulados ocupando os espaços mastigatório e bucal à direita, com componente intramuscular envolvendo o masseter, apresentando sinal intermediário em T1 e predominantemente alto em T2, com alguns focos arredondados de baixo sinal de permeio (flebólitos) e nas sequências pós-contraste apresenta realce tardio e progressivo.

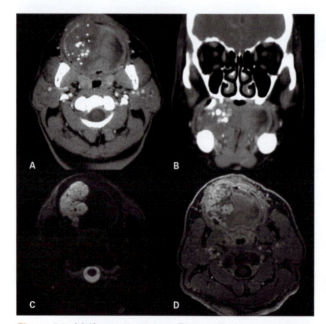

Figura 21 Malformação venosa. Tomografia computadorizada com cortes axial (A) e coronal (B): lesão expansiva isoatenuante com flebólitos na língua oral à direita e estruturas vasculares serpiginosas. A ressonância magnética mostra o hipersinal em T2 (C) e o realce na língua oral à direita em T1 pós-gadolínio (D).

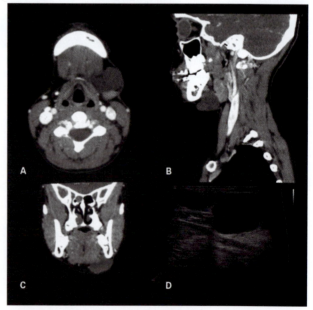

Figura 22 Tomografia computadorizada com contraste axial (A), sagital (B) e coronal (C). Malformação vascular linfática – formação cística e multiloculada, sem áreas de realce ao meio de contraste, localizada no espaço submandibular esquerdo. Ultrassonografia da lesão (D) demonstra formação cística com reforço acústico posterior e com finas septações de permeio.

arterial, o enchimento precoce das veias de drenagem, identificar o *nidus* e ajudar a guiar o tratamento pré-operatório com embolização (Figuras 23 e 24).

Corpos estranhos

Corpos estranhos podem ser interpretados erroneamente como lesões, por isso, os radiologistas devem estar familiarizados com as suas aparências, tais como a de próteses dentárias, corpos estranhos comestíveis e mastigáveis (Figura 25). Durante a realização do exame, recomenda-se retirar as próteses dentárias, ou outros corpos estranhos visualizados para que não atrapalhem a visualização de alguma lesão mucosa ou submucosa. O diagnóstico diferencial é extenso, como cálculos, hematomas, malformações vasculares, abscessos, próteses e malformações ósseas.

Trauma

O aspecto mais importante relacionado ao trauma da cavidade oral e da orofaringe é o comprometimento das vias aéreas. A TC é o primeiro estudo na avaliação dos traumas por causa da rapidez e da facilidade de acesso, além da possibilidade de localização de corpos estranhos, principalmente se metálicos, o que contraindica a realização de RM.

Lacerações orais comumente ocorrem a partir do impacto de dentes na mucosa oral e língua secundário a acidentes de trânsito, esportes de contato, acidentes industriais, violência pessoal e queda da própria altura. Os traumas penetrantes da orofaringe podem ser ocasionados por agressão, iatrogenia ou ingestão de corpo estranho, tais como ossos de galinha, espinhas de peixe e ingestões acidentais de outros corpos estranhos por crianças.

Em crianças, os traumas penetrantes na cavidade oral e orofaringe são relativamente comuns entre 2 e 6 anos,

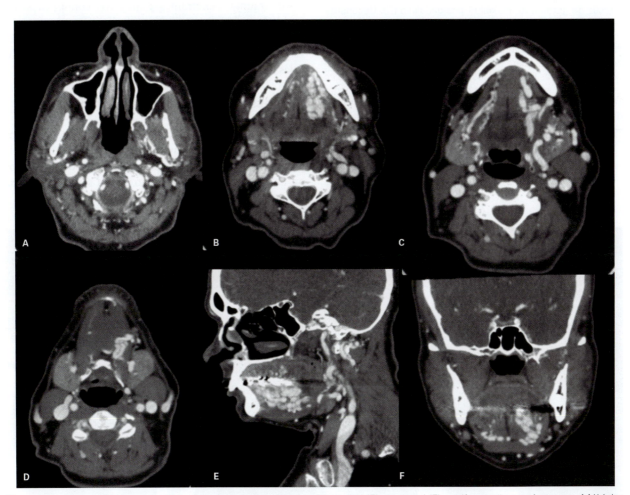

Figura 23   Tomografia computadorizada com contraste axial (A-D), sagital (E) e coronal (F): malformação arteriovenosa. Múltiplas formações vasculares ectasiadas e tortuosas agrupadas nos dois terços anteriores da língua oral e no assoalho bucal à esquerda. Há também alguns vasos ectasiados e tortuosos nas regiões sublingual direita, submandibular esquerda e periparotídea inferior esquerda, que podem representar componentes da lesão ou sobrecarga vascular por sua presença. Assimetria dos plexos venosos pterigóideos, proeminente à esquerda (A).

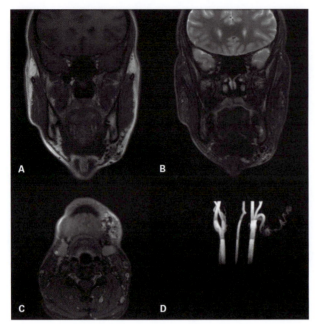

Figura 24 Ressonância magnética coronal T1 (A) e T2 com saturação de gordura (B) e axial T1 pós-gadolínio (C). Reconstrução angiorressonância magnética com projeção de intensidade máxima (MIP) (D). Malformação arteriovenosa – lesão expansiva nos espaços submandibular e superficial à esquerda, composta por estruturas vasculares tortuosas e dilatadas. Notam-se pequenas estruturas lineares/focos arredondados de permeio, com hipossinal nas sequências *spin-echo* (*flow-voids*) e suprimento arterial por ramos da artéria carótida externa esquerda através da artéria faríngea ascendente e drenagem para tributárias da veia jugular externa e interna do mesmo lado, principalmente no espaço submandibular.

principalmente pela introdução de objetos e quedas por incoordenação motora.

A TC e a RM ajudam na avaliação desses pacientes, que requerem uma avaliação cuidadosa para determinar a presença de lesões associadas com risco de vida, a extensão das feridas, as lesões das estruturas adjacentes e a presença de corpos estranhos, tais como dentes, vidro, cascalhos etc. (Figura 26). Entre as lesões graves, podemos citar ferimentos na língua ou no assoalho da boca com hemorragia profusa que requer, em alguns casos, uma via aérea definitiva por meio de intubação nasotraqueal ou cricotireoidotomia/traqueostomia (Figura 27). Lesões que envolvem a base da língua são mais propensas a afetar a sua função em caso de lesão do nervo hipoglosso ou fibrose tardia de grandes lacerações. Existem casos em que há acometimento até de espaços parafaríngeos e da artéria carótida interna.

A TC e a RM podem mostrar hematoma local ou até retrofaríngeo e gás, que aumenta o risco de infecção local com abscesso, celulite e até mesmo mediastinite. Nos casos de traumas penetrantes, pode haver comunicação da cavidade oral com o espaço retrofaríngeo.

As principais complicações são infecção local, lesões vasculares, pseudoaneurismas, fístulas, estenoses e paralisias de nervos cranianos e periféricos.

Processos inflamatórios e infecciosos

Os processos inflamatórios e infecciosos são comuns em nosso dia a dia. Na cavidade oral e orofaringe, os mais prevalentes são os da região tonsilar, os odontogênicos ou os decorrentes de obstrução ductal salivar. Em uma

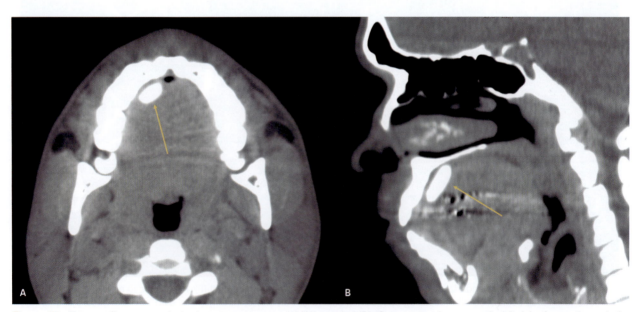

Figura 25 Tomografia computadorizada sem contraste axial (A) e sagital (B). Corpo estranho comestível (bala) – formação ovalada, hiperatenuante, localizada na cavidade oral, entre a língua e o palato duro (seta amarela) em paciente em investigação de fratura de mandíbula.

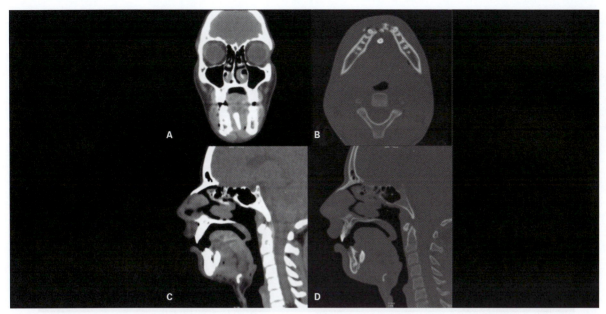

Figura 26 Tomografia computadorizada sem contraste com janela para partes moles coronal (A) e sagital (C) e com janela óssea axial (B) e sagital (D). Trauma – elemento dentário no assoalho bucal – fratura cominutiva sinfisiana e parassinfisiana direita na mandíbula, com desvio de múltiplos fragmentos ósseos. Destaca-se fratura de alguns elementos dentários, um dos quais está deslocado posteriormente, no assoalho bucal.

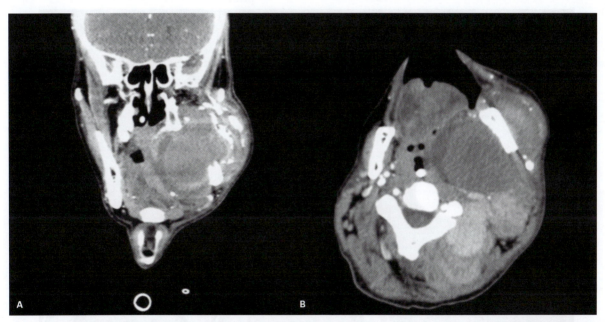

Figura 27 Tomografia computadorizada sem contraste coronal (A) e axial (B). Trauma – fraturas cominutivas do ramo esquerdo da mandíbula. Volumosa formação ovalada à esquerda com sinais de extravasamento do meio de contraste endovenoso para o seu interior, que se estende para as partes moles superficiais da face e para os planos cervicais profundos, determinando deslocamento e acentuada redução da coluna aérea da faringe, mantendo íntimo contato com as artérias carótidas (pseudoaneurisma). Foi realizada traqueostomia.

revisão de infecções de cabeça e pescoço em crianças, o local mais comum foi o peritonsilar, seguido pelo espaço retrofaríngeo (22%), e na região submandibular (14%). A partir da região peritonsilar, a infecção pode se disseminar para dentro do espaço parafaríngeo e causar tromboflebite séptica ou aneurisma da artéria carótida interna. Radiografias simples podem demonstrar alargamento do tecido mole pré-vertebral, mas a TC ou RM são mais úteis para delinear o abscesso, que deve ser drenado.

A TC é a modalidade de escolha para a avaliação de possíveis complicações de infecções na cavidade oral e suspeita de abscesso periodontogênico porque pode demonstrar o realce periférico de coleções, a celulite e a miosite. A janela óssea permite a avaliação do

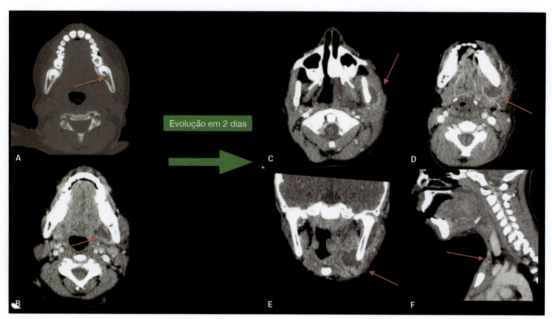

Figura 28 Tomografia computadorizada (TC) axial com janela óssea (A) e de partes moles (B). Periapicopatia no terceiro molar inferior esquerdo, com ruptura da cortical lingual, coleção adjacente junto ao músculo pterigóideo medial. Após 2 dias de evolução, TC axial (C-D), coronal (E) e sagital (F) mostra aumento da coleção no espaço mastigatório deslocando o músculo masseter, com extensão inferior para o espaço submandibular e para o mediastino, onde há focos gasosos, sugerindo mediastinite. Há densificação dos planos gordurosos adjacentes.

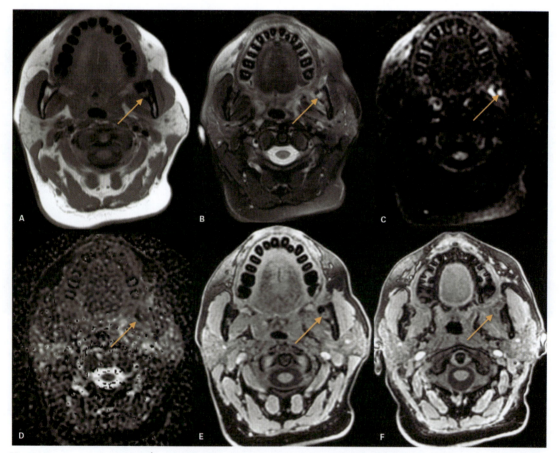

Figura 29 Abscesso odontogênico. Área com hipossinal na medula óssea do processo alveolar da mandíbula à esquerda em T1 (A), estendendo-se até a porção inferior do ramo, sugerindo osteomielite. Associa-se hipersinal em T2 (B) nas partes moles adjacentes, inferindo processo inflamatório/edema. Há também focos de restrição à difusão das moléculas de água (C), com hipossinal no mapa ADC (D) e realce periférico no T1 pós-gadolínio (E-F) junto ao ápice do terceiro molar inferior esquerdo (seta laranja) e no músculo pterigóideo medial, sugerindo pequenos abscessos.

abscesso periapical e da deiscência da cortical óssea (Figura 28).

A RM ajuda na avaliação de complicações pela sua capacidade de melhor definição das partes moles e também para o diagnóstico de osteomielite aguda (Figura 29).

Descreveremos os principais achados e diagnósticos diferenciais importantes do processo inflamatório e infeccioso da cavidade oral e orofaringe.

Tecido tonsilar proeminente ou assimétrico

Este é o principal diagnóstico diferencial de processos inflamatórios e infecciosos e descreveremos abaixo por simularem lesões e gerarem dificuldades à análise pelo radiologista. A hiperplasia tonsilar benigna geralmente é um achado acidental ou secundário a infecções recorrentes. A hipertrofia fisiológica das tonsilas palatinas (amígdalas), assim como das tonsilas faríngeas (adenoides) se dá aproximadamente dos 3 aos 5 anos de idade, com regressão progressiva na adolescência; entretanto, pode-se observar tecido amigdaliano proeminente até os 30 anos. E esse aumento do tecido linfoide geralmente tem como principal causa processos inflamatórios com hipertrofia reacional, simétrica, na topografia do anel de Waldeyer. Os pacientes que irritam cronicamente sua mucosa oral e orofaringe (tabagistas, etilistas) ou que têm rinite crônica recorrente ou sinusite têm uma propensão para a hiperplasia linfoide. Por outro lado, a ausência do tecido amigdaliano na primeira década de vida pode estar associada a imunodeficiência e deve ser investigada.

A TC e a RM demonstram aumento difuso e regular das amígdalas, sem massa bem definida ou invasão local, com sinal semelhante ao da musculatura na TC e na sequência pesada em T1 da RM e leve hipersinal em T2. O diagnóstico diferencial é feito com linfoma, que habitualmente é mais expansivo, apresenta restrição à movimentação das moléculas de água na sequência de difusão, e pode estar associado a linfonodomegalias.

Abscesso na cavidade oral

As principais causas de abscessos na cavidade oral são a odontogênica ou por cálculo no ducto submandibular no espaço sublingual. Os abscessos odontogênicos estão associados a periapicopatias que cursam com rompimento da cortical, sendo mais frequentes na cortical lingual e sua disseminação é variável, dependendo de sua origem, para o espaço submandibular se do 2º ou 3º molar, e para o espaço sublingual se do 1º molar ou dos pré-molares. Uma outra causa é o trauma penetrante, que pode complicar com abscesso nos espaços sublingual, submandibular ou raiz da língua.

Os métodos de imagem ajudam a definir o espaço do abscesso, avaliar sua extensão e a definição de uma possível causa, como abscesso odontogênico (periapicopatia, deiscência da cortical da mandíbula), osteomielite da mandíbula, sialolitíase ou faringite com linfonodo supurado, mas em mais de 20% não se identifica a causa.

À TC, os abscessos apresentam-se como áreas com atenuação de líquido, com realce de sua parede espessa, enquanto o flegmão se manifesta como tecido mal definido com realce heterogêneo estriado pós-contraste. À RM, os abscessos manifestam-se como lesões com alta intensidade de sinal nas imagens pesadas em T2, associadas a paredes espessadas, enquanto o flegmão manifesta-se como área mal definida com alta intensidade de sinal nas imagens pesadas em T2 e realce heterogêneo estriado.

Inflamação e abscesso na tonsila palatina e peritonsilar

O processo inflamatório e infeccioso da tonsila palatina (amigdalite) acomete principalmente crianças e adultos jovens. Os sintomas são febre, disfagia, odinofagia, linfonodomegalia e até otalgia e trismo. As principais bactérias causadoras das infecções na orofaringe são *Streptococcus* do grupo A, *Streptococcus pyogenes*, *Staphylococcus aureus* e *Haemophilus*.

O processo inflamatório da tonsila se apresenta como aumento bilateral das tonsilas palatinas, lingual e adenoide, com edema dos tecidos moles peritonsilares, sem delimitação de coleção. As tonsilas aumentadas apresentam realce heterogêneo com septos realçados internos, gerando um padrão estriado de realce (sinal das "listras do tigre") relativamente específico para amigdalite não supurativa (Figura 30).

A tonsilite pode progredir, e complicar com a formação de flegmão e/ou abscessos nas regiões peritonsilar, entre a cápsula tonsilar e o músculo constritor superior da faringe. Se o processo inflamatório/infeccioso não ficar contido por essa estrutura muscular, pode disseminar para os espaços parafaríngeo, submandibular ou mastigatório, ou até mesmo para outras regiões adjacentes. As tonsilas podem aumentar de volume a ponto de obstruir as vias aéreas, sendo reconhecido como "sinal do beijo das tonsilas". O abscesso é identificado como uma área com hipoatenuação central e realce periférico à TC com contraste, frequentemente associada a linfonodomegalia cervical reacional. Na RM observa-se lesão cística, com baixo sinal em T1 e hipersinal em T2, com realce periférico pós-contraste, adjacente a tonsila palatina edemaciada com hipersinal em T2, comumente associada a linfonodomegalias reacionais.

O diagnóstico é clínico, mas o estudo por imagem é importante na avaliação de suas complicações. As principais complicações são o abscesso tonsilar e peritonsilar, geralmente contido pelo músculo constritor superior da faringe (Figura 31). Entretanto, quando há infiltração dele nota-se disseminação para o espaço retrofaríngeo, causando adenopatia supurativa ou formação de abscesso para os músculos pterigóideos, ocasionando trismo, além de disseminação para os espaços submandibular e para-

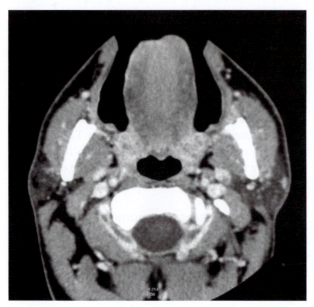

Figura 30 Tomografia computadorizada com contraste no plano axial. Amigdalite. Aumento volumétrico das tonsilas palatinas, que apresentam realce heterogêneo pelo meio de contraste com lâminas líquidas de permeio em suas criptas (aspecto tigroide), sem repercussão sobre a coluna aérea faríngea.

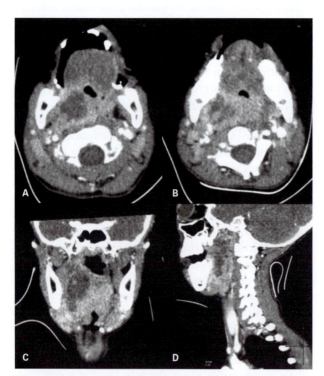

Figura 31 Tomografia computadorizada com contraste em reconstruções axiais (A-B), coronal (C) e sagital (D): Amigdalite e abscesso periamigdaliano. Espessamento e realce difusos das paredes da orofaringe, com obliteração da coluna aérea. Há coleção hipoatenuante de paredes espessas centrada na loja amigdaliana direita, estendendo-se cranialmente ao plano do palato mole. Aumento nas dimensões e realce da glândula submandibular direita, de aspecto reacional.

faríngeo, podendo evoluir para acometimento cervical transespacial.

A TC e a RM são importantes na diferenciação de edema e na avaliação da extensão da coleção, acometimento de espaços adjacentes à orofaringe e complicações como fasceíte, miosite e, principalmente dos músculos pterigóideos. Raramente pode-se observar trombose da veia jugular interna (síndrome de Lemièrre) ou aneurisma micótico das artérias carótidas, sendo essas complicações potencialmente fatais. O diagnóstico do acometimento dos espaços parafaríngeo e retrofaríngeo é essencial, uma vez que a infecção é potencialmente mais grave, podendo atingir o mediastino (Figura 32).

Uma outra complicação relacionada a um processo inflamatório/infeccioso peritonsilar na região cervical é a síndrome de Grisel, uma entidade rara e de etiologia incerta, que acomete principalmente crianças, caracterizada por um desvio rotacional entre C1 e C2 (subluxação), que clinicamente se apresenta com torcicolo fixo e doloroso (Figura 33).

Os principais diagnósticos diferenciais são: cisto de retenção no espaço mucoso da faringe (assintomático, com pequena área de acúmulo de líquido tonsilar, sem realce periférico ou edema); carcinoma epidermoide de tonsila palatina (massa com mucosa ulcerada, parcialmente circunscrita, com invasão local e linfonodomegalia); e linfoma não Hodgkin do espaço mucosofaríngeo (massa submucosa unilateral circunscrita ou invasiva; ausência do realce septal, associada a linfonodomegalia não necrótica em 50% dos casos).

Nos casos de amigdalite crônica, até 10% da população apresenta calcificações cicatriciais nas lojas amigdalianas (tonsilolitos).

Angina de Ludwig

A angina de Ludwig se refere a celulite necrosante de rápida progressão, originada classicamente pela infecção decorrente de várias condições inflamatórias e infecciosas polimicrobianas no espaço submandibular e que se dissemina para os espaços sublingual, parafaríngeo e retrofaríngeo ou, até mesmo, para o mediastino (Figura 34). A causa mais comum é a infecção odontogênica, outras causas menos comuns são os abscessos tonsilar e parafaríngeo, epiglotite, e complicações de lesões traumáticas. Higiene oral precária, diabetes, aids e outras doenças relacionadas à imunossupressão são condições predisponentes. Complicações da angina de Ludwig incluem osteomielite mandibular, disseminação da infecção para os espaços fasciais profundos do pescoço e tromboflebite da veia jugular interna (síndrome de Lemièrre) (Figura 35). Se não tratada adequadamente, a angina de Ludwig pode ser fatal, estando associada a altas taxas de mortalidade. A principal causa de morte é a asfixia por obstrução das vias aéreas.

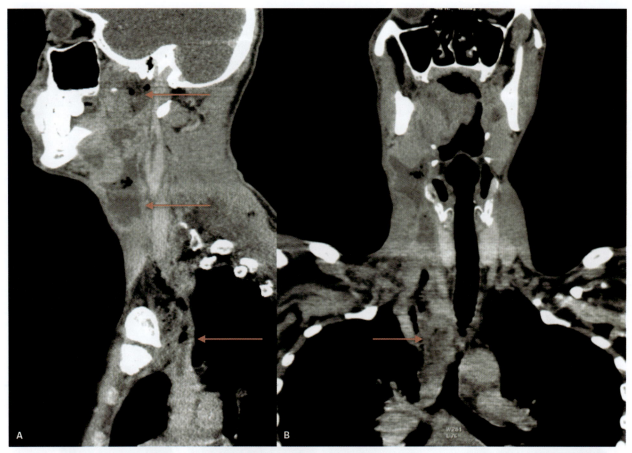

Figura 32 Tomografia computadorizada com contraste em reconstruções sagital (A) e coronal (B). Mediastinite. Processo inflamatório/infeccioso disseminado através dos múltiplos espaços cervicais até o mediatino.

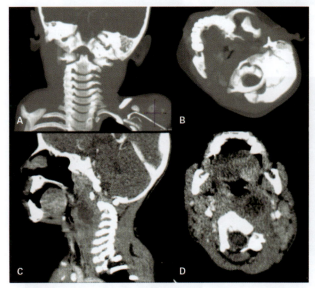

Figura 33 Tomografia computadorizada com contraste em reconstrução de projeção de intensidade máxima (MIP) coronal e axial (A e B), e multiplanar sagital (C) e axial (D) com janela para partes moles. Síndrome de Grisel. Formação ovalada de paredes finas, com realce periférico e conteúdo homogêneo, na região retrofaríngea à esquerda, que lateralmente mantém contato com o músculo pterigóideo medial e inferiormente se estende até o nível de C4. Associa-se a rotação axial do atlas, porém sem desvio anterior significativo em relação ao odontoide (subluxação atlantoaxial).

Cistos de retenção

Cistos de retenção são decorrentes de processo inflamatório das glândulas secretoras de muco localizadas em qualquer local da cavidade oral e da faringe. São encontrados principalmente nas lojas amigdalianas e valéculas, e os do assoalho bucal são também denominados mucocele ou rânulas.

Aos métodos de imagem notam-se formações císticas hipoatenuantes à TC, com leve impregnação periférica pela injeção do meio de contraste. Já na RM observa-se isossinal ou hipersinal em T1 dependendo do conteúdo proteico, hipersinal em T2, e leve impregnação periférica após a injeção do meio de contraste.

Os diagnósticos diferenciais são cistos do ducto tireoglosso, glândula tireoide ectópica e cistos dermoides.

Rânula

A rânula é um cisto de retenção da glândula sublingual e, mais raramente, das glândulas salivares menores no espaço sublingual, que resulta de obstrução por trauma ou processo inflamatório de elemento ductal da glândula. Quando o cisto está confinado ao espaço sublingual, é denominado rânula simples e, quando apresenta ruptu-

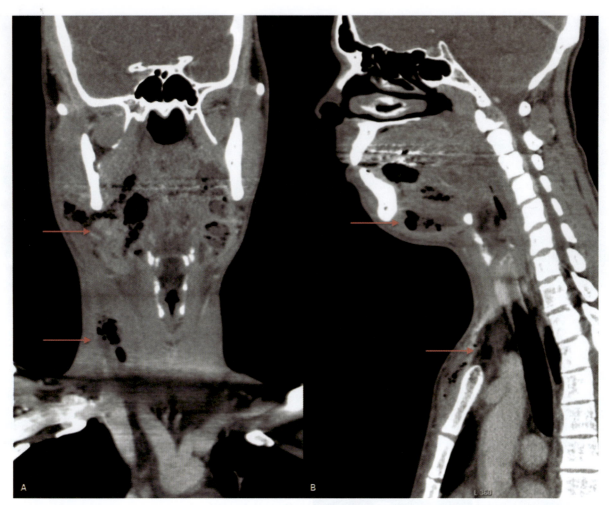

Figura 34 Tomografia computadorizada em reconstruções coronal (A) e sagital (B). Angina de Ludwig. Presença de múltiplos abscessos nos espaços submandibulares, sublinguais e cervicais, associada a celulite e miosite das estruturas do pescoço com extensão até a parede torácica anterior e mediastino. Há coleção com conteúdo gasoso no interior do músculo esternocleidomastóideo direito.

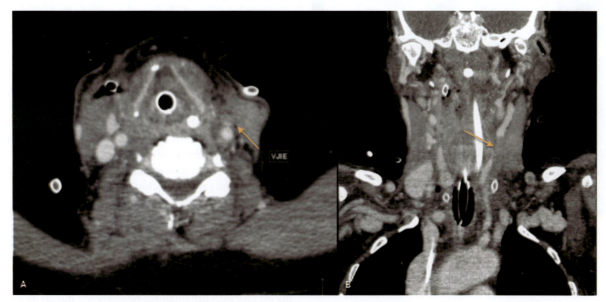

Figura 35 Tomografia computadorizada com contraste em reconstruções axial (A) e coronal (B). Síndrome de Lemièrre – alterações inflamatórias/infecciosas com abscessos e focos gasosos em múltiplos espaços cervicais associados a trombose segmentar da veia jugular interna esquerda (seta).

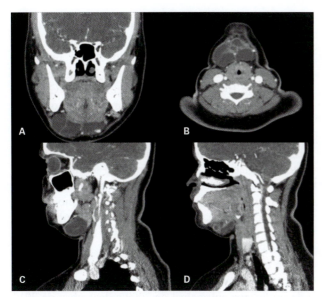

Figura 36 Tomografia computadorizada com contraste em reconstruções coronal (A), axial (B) e sagitais (C-D). Rânula mergulhante. Formação cística multiloculada, com realce septal e de suas paredes, localizada na região submandibular, predominando à direita, em contato com o músculo milo-hióideo.

ra para o espaço submandibular formando um pseudocisto, é conhecido como rânula mergulhante (Figura 36). Tipicamente, a rânula se estende posteriormente, através da margem livre do músculo milo-hióideo, para entrar no espaço submandibular, deixando uma porção colapsada no espaço sublingual, formando o "sinal da cauda". Também pode se estender para o espaço submandibular por meio de defeitos no músculo milo-hióideo. Ocasionalmente, a rânula mergulhante pode atingir grandes dimensões (rânula gigante) pelo envolvimento dos espaços submandibular, parafaríngeo e até do espaço cervical anterior e da base do crânio, sendo difícil diferenciá-la de outras lesões, especialmente do higroma cístico. A rânula pode infectar e, nesse caso, se observa espessamento e realce de sua parede (Figuras 37 e 38).

Na TC, a rânula se apresenta como massa cística hipoatenuante, podendo apresentar discreto realce de sua fina cápsula no espaço sublingual. Na rânula mergulhante, pode ser identificado muitas vezes o "sinal da cauda", denotando origem no espaço sublingual. À RM, a rânula normalmente se apresenta com alta intensidade de sinal nas imagens pesadas em T2 e tem intensidade de sinal variável nas imagens em T1, sendo hiperintenso se apresentar alto teor proteico.

Os principais diagnósticos diferenciais são: malformação linfática, cistos dermoide e epidermoide, cisto da segunda fenda branquial, linfonodo supurativo, abscesso e mucocele da glândula submandibular.

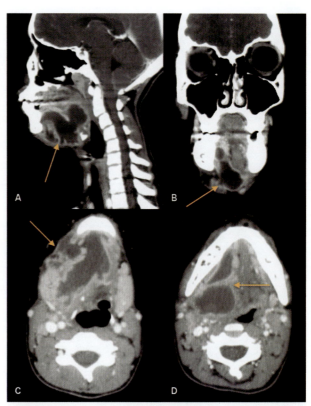

Figura 37 Tomografia computadorizada com contraste em reconstruções sagital (A), coronal (B) e axiais (C-D). Rânula infectada. Coleção de contornos lobulados, hipoatenuante, apresentando paredes espessadas e com realce periférico, acometendo os espaços sublingual e submandibular direitos, associada a obliteração dos planos gordurosos adjacentes, promovendo redução e desvio da coluna aérea faríngea para a esquerda.

Neoplasias

Neste capítulo, o foco serão as principais neoplasias dos lábios, da cavidade oral e da orofaringe. Destacaremos as principais neoplasias malignas, como o carcinoma epidermoide, o linfoma e o carcinoma adenoide cístico. As neoplasias originadas nas glândulas salivares serão descritas em capítulo específico.

Carcinoma epidermoide (CEC)

Os carcinomas epidermoides (CEC) correspondem a cerca de 90% das neoplasias malignas da cavidade oral e da orofaringe. Lesões predisponentes são leucoplaquia e eritroplasia, com transformação maligna de 10-80%, respectivamente. Os fatores de risco mais conhecidos são o uso excessivo e crônico de álcool e tabaco e são mais prevalentes no sexo masculino, da sexta à oitava décadas de vida. Porém, nos últimos 30 anos vem aumentando a incidência de carcinomas da cavidade oral e da faringe em pacientes mais jovens, geralmente abaixo dos 45 anos. A alteração do comportamento sexual e a infecção pelo HPV foram os maiores fatores correlacionados a essa mu-

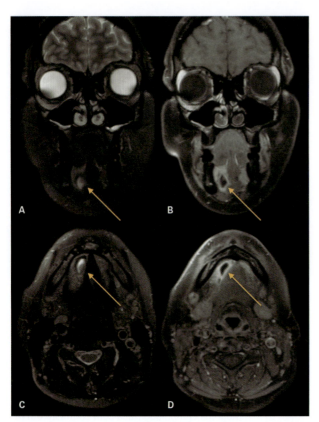

Figura 38 Ressonância magnética coronal T2 (A), coronal T1 pós-Gd (B), axial T2 (C) e axial T1 pós-Gd (D). Rânula infectada. Pequena formação cística no espaço sublingual direito, de paredes espessadas, com borramento e realce dos tecidos adjacentes (seta).

dança no padrão da faixa etária dos pacientes acometidos pelos carcinomas da cavidade oral e faringe.

O CEC relacionado ao HPV tem as seguintes particularidades: acomete homens (85%) mais jovens (quinta década de vida), associação a linfonodomegalias metastáticas císticas/liquefeitas, e melhor prognóstico em comparação ao CEC sem associação com HPV. O HPV é um vírus carcinogênico que produz oncoproteínas que inativam genes supressores tumorais (p53 e pRb). Está associado a 25% de todos os cânceres na cabeça e pescoço e 60% dos canceres da orofaringe. O subtipo mais relacionado a essas neoplasias é o HPV 16 (87-96%). Entre os pacientes com carcinomas de orofaringe, a presença de HPV é um fator prognóstico independente, que está associado a melhores resultados de resposta ao tratamento e à sobrevida. Por conta de sua importância, o HPV, se positivo ou negativo, está incluído no novo estadiamento TNM da UICC 2017 como item à parte da orofaringe e do tumor primário desconhecido.

Os principais achados clínicos na cavidade oral são lesão ulcerada dolorosa, odinofagia semelhante a amigdalite de repetição, dor no ouvido ipsilateral quando deglute, perda de dente, disfagia com ou sem massa nodal ou mesmo ser assintomática.

Estimam-se, para o Brasil, no ano de 2016, 11.140 casos novos de câncer da cavidade oral em homens e 4.350 em mulheres. Tais valores correspondem a um risco estimado de 11,27 casos novos a cada 100 mil homens e 4,21 a cada 100 mil mulheres. Segundo o INCA, sem considerar os tumores de pele não melanoma, o câncer da cavidade oral em homens é o quarto mais frequente nas regiões Sudeste (14,58/100 mil) e Nordeste (6,86/100 mil), o quinto na região Centro-Oeste (9,15/100 mil), o sexto na região Sul (15,91/100 mil) e o sétimo no Norte (3,46/100 mil). Para as mulheres, é o décimo mais frequente na região Sudeste (5,29/100 mil), o nono no Nordeste (4,11/100 mil), o décimo segundo nas regiões Norte (1,76/100 mil) e Centro-Oeste (2,79/100 mil) e o décimo quinto na região Sul (3,32/100 mil).

Um estudo realizado com pacientes que foram tratados cirurgicamente por conta de CEC de cavidade oral e da orofaringe entre abril de 2009 e dezembro de 2010 no Instituto do Câncer do Estado de São Paulo (ICESP) constatou que os sítios mais frequentes são língua oral, assoalho da boca e loja tonsilar, os quais somados corresponderam a 57,5% dos casos. Além disso, revelou um número expressivo de casos avançados nos estádios III e IV (77,8%). Observou-se também invasão perineural e angiolinfática em 62,3-29,5% dos casos, respectivamente; e cerca de 93% das recidivas ocorreram nos primeiros 12 meses pós-tratamento cirúrgico.

O número relativamente pequeno de óbitos por essa neoplasia é suplantado pela grande perda funcional e plástica que muitos pacientes enfrentam.

A maioria desses tumores se origina da mucosa e pode ser mais bem avaliada pelo clínico. Esses tumores, entretanto, têm tendência a se disseminar pela submucosa, sendo que a extensão aos tecidos profundos é difícil de ser detectada ao exame clínico, tornando a TC e a RM fundamentais não apenas no diagnóstico das lesões, mas, sobretudo, no estadiamento local e a distância, o que é essencial para o planejamento terapêutico.

O conhecimento da complexa anatomia da cavidade oral e da orofaringe e das vias de disseminação tumoral é fundamental na avaliação por imagem dos carcinomas epidermoides. A localização precisa do tumor apresenta importante papel no planejamento terapêutico, já que a depender do sítio tumoral, as rotas de disseminação tumoral por extensão direta, disseminação linfática e perineural são diferentes. Os tumores da cavidade oral se originam do epitélio escamoso, gerando lesões mais diferenciadas e menos agressivas em relação aos tumores da orofaringe.

Na RM, nas imagens pesadas em T1, os tumores são isointensos ou hipointensos em relação ao músculo. A gordura entremeada entre os músculos da cavidade oral permite a distinção do tumor, apesar da intensidade de sinal do mesmo ser semelhante à musculatura. O desarranjo dos planos gordurosos é um bom indicador para a invasão. Além disso, o tumor tem hipersinal nas imagens pesadas em T2 e realce leve a moderado nas imagens em T1 pós-contraste.

A disseminação perineural é caracterizada por obliteração do conteúdo gorduroso do forame, alargamento e realce pós-contraste do nervo acometido. Nos carcinomas da cavidade oral, os nervos mais comumente envolvidos são os ramos maxilar (V2) e mandibular (V3) do nervo trigêmeo. Tumores do palato duro podem se disseminar pelo nervo palatino maior (ramo da V2) à fossa pterigopalatina.

A invasão óssea da mandíbula pelo carcinoma epidermoide é geralmente uma manifestação tardia e difícil de ser avaliada clinicamente. Dependendo da extensão do envolvimento, o procedimento cirúrgico varia. Se o tumor erode o periósteo sem invadi-lo, o periósteo é ressecado para controle de margem. Se o tumor invade o periósteo ou a cortical, é realizada a ressecção cortical. Invasão medular pode requerer ressecção segmentar da mandíbula porque as doses de radiação suficientes para esterilizar o tumor carregam o risco de osteorradionecrose. A invasão óssea já é indicativa de lesão T4.

A presença ou ausência de linfonodomegalia é o fator prognóstico mais importante. Lembrando que linfonodomegalias com áreas císticas e/ou necróticas estão associadas aos carcinomas positivos para o HPV. A presença de linfonodos com sinais de extensão extranodal, caracterizados por margens irregulares, obliteração da gordura e/ou sinais de invasão tecidual, está associada a aumento da incidência de recorrência tumoral local. No novo estadiamento TNM a extensão extranodal foi incluída na categoria N e a terminologia correta é extensão extranodal, e não mais disseminação ou extensão extracapsular ou envolvimento extranodal, porém apenas a evidência radiológica sozinha não é suficiente para ser considerada, deve haver também evidência clínica. A drenagem linfática da cavidade oral segue preferencialmente para os níveis I e II. Mas pode haver *skip nodes*, comprometendo os dos níveis III ou IV sem sinais de neoplasia nos níveis I e II, isto é, esses níveis são "pulados". A drenagem da orofaringe é rica, predominantemente para os linfonodos nos níveis I, II e III, e, em menor grau, para os linfonodos retrofaríngeos e nos níveis IV e V. A presença de linfadenomegalia no momento do diagnóstico no CEC de cavidade oral pode chegar a 50-70% dos casos, sendo maior nas lesões da língua oral, do trígono retromolar e do assoalho bucal. No lábio há linfadenopatia em apenas 10% dos casos, lembrando que nesses casos os linfonodos de ambos os lados do pescoço podem estar envolvidos em razão de drenagem linfática para ambos os lados. Na orofaringe, pode chegar a 65% dos casos, sendo maior nas lesões da base da língua, seguidas pelas lojas amigdalianas, paredes da orofaringe (pilares amigdalianos) e palato mole. Estudos relatam que a espessura histológica se correlaciona de perto com a presença de linfonodos metastáticos. A espessura do carcinoma lingual à RM, por exemplo, se correlaciona diretamente com a espessura histológica e está associada a metástases linfonodais, sendo preditora de linfonodos. A profundidade da invasão da lesão na cavidade oral, e não a espessura da lesão, foi incluída no estadiamento TNM como um item na categoria T e não mais se utiliza a infiltração da musculatura como T4.

O tratamento depende não apenas do tamanho, localização e estágio do tumor primário, mas também das comorbidades do paciente, estado nutricional, capacidade de tolerar o tratamento e opção pessoal. E a sobrevida em 5 anos média na cavidade oral é de cerca de 60%, exceto no lábio, que pode ser até > 90% e na orofaringe pode chegar a 66%.

Para fins didáticos, os carcinomas da cavidade oral e da orofaringe podem ser subdivididos de acordo com o sítio de acometimento, e suas particularidades serão expostas nos Quadros 8 e 9.

Estadiamento

O sistema de estadiamento tumoral mais utilizado é o TNM, criado pela Union for International Cancer Control (UICC). Esse sistema é atualizado periodicamente, com a edição mais recente (oitava), publicada em janeiro de 2017, que considera tanto a avaliação clínica quanto os métodos de imagem para a classificação.

Os carcinomas epidermoides e carcinomas não escamosos das glândulas salivares menores da cavidade oral e orofaringe são estadiados de acordo com o sistema de classificação TNM (Quadros 10 a 14). As lesões foram classificadas em sete estágios de acordo com as características anatômicas e da taxa de sobrevivência. Os tumores classificados nos grupos I e II são tratados com apenas um tipo de terapia (cirurgia ou radioterapia), e os tumores nos grupos III, IVA e IVB geralmente necessitam de terapias combinadas (cirurgia, radioterapia e/ou quimioterapia). No estágio IVC, caracterizado por metástases a distância, a conduta é apenas paliativa. O planejamento terapêutico varia a depender do sítio primário do tumor.

O estadiamento inacurado da lesão (TNM) pode ocasionar um planejamento terapêutico inadequado, com consequentes resultados não satisfatórios. O planejamento terapêutico dos carcinomas depende da extensão local e do estadiamento linfonodal, observados à TC e à RM, sendo essencial pesquisar acometimento bilateral da língua oral, extensão para mandíbula e maxila, invasão da fossa pterigopalatina ou base do crânio, extensão para a musculatura pré-vertebral, extensão neurovascular e acometimento do espaço pré-epiglótico com ou sem extensão para hipofaringe e laringe, uma vez que estes levam à necessidade de cirurgias mais agressivas como glossectomia ou mesmo laringectomia total, muitas vezes contraindicadas para a preservação do órgão e melhora da qualidade de vida. Nesses casos, muitas vezes opta-se por quimioterapia e radioterapia combinadas.

Quadro 8	Principais características do carcinoma da cavidade oral
CEC na cavidade oral	
Lábio	▪ Tumor maligno mais comum da cavidade oral (aproximadamente 40% dos casos) ▪ Principal fator de risco é a radiação ultravioleta decorrente da exposição solar, sobretudo em brancos ▪ Sobrevida em 5 anos > 90% ▪ Massa com ou sem ulceração; imagens no plano sagital são particularmente úteis ▪ É importante avaliar erosões ósseas dos processos alveolares da maxila ou da mandíbula
Mucosa oral	▪ Avaliar extensão para: espaço mastigatório, tecido subcutâneo, pele, orofaringe, cortical óssea e músculos extrínsecos da língua; a extensão para o trígono retromolar ou para a rafe pterigomandibular permite múltiplas vias de disseminação, dificultando o tratamento cirúrgico ▪ Mais bem avaliado em imagens com manobras específicas (ver em técnicas de imagem)
Língua oral (Figura 39)	▪ CEC mais comum da cavidade oral ▪ Localizações: borda lateral da língua > superfície ventral > ponta ▪ Imagens coronais ajudam na avaliação da extensão do tumor e sua relação com o feixe neurovascular. Invasão do músculo hioglosso no espaço sublingual é um bom indicador para a invasão neurovascular ▪ Grandes tumores tendem a disseminar para a orofaringe ▪ Atenção para a avaliação do envolvimento ósseo e disseminação através da linha média para o lado oposto da língua, que mudam o estadiamento ▪ 40% apresentam metástase para linfonodos na apresentação clínica, com via de drenagem preferencial para os níveis I e II, no entanto em cerca de 15% dos casos pode haver comprometimento dos níveis III ou IV sem sinais de neoplasia nos níveis I e II (*skip nodes*); consequentemente, o esvaziamento cervical em pacientes com CEC geralmente envolve a remoção de linfonodos de nível I a nível IV; e na língua oral há cruzamento de canais linfáticos; sendo assim, é comum o acometimento linfonodal bilateral, principalmente nos tumores no estágio T4 ▪ Esvaziamento cervical eletivo realizado por conta da presença de linfonodos metastáticos microscópicos (30% dos N0) ▪ Hemiglossectomia se a lesão não cruzar a linha mediana (avaliar a gordura do septo lingual) ▪ Glossectomia total: raramente realizada por causa da alta morbidade
Assoalho da boca	▪ Segundo tumor mais frequente da cavidade oral; maioria na porção anterior do assoalho, próximo à linha mediana ▪ Há disseminação inferior para o espaço sublingual e pode resultar em obstrução do ducto de Wharton e acarretar inflamação crônica ou sialoadenite submandibular ▪ Pode envolver a superfície ventral da língua; o músculo hioglosso, no espaço sublingual, é um importante marco anatômico para localizar o feixe neurovascular (NC XII), que influencia na abordagem cirúrgica ▪ Infiltração do músculo milo-hióideo significa envolvimento do espaço submandibular ▪ Pode avançar na mucosa gengival adjacente e destruir o córtex lingual e envolver a medula da mandíbula, podendo disseminar pelo nervo alveolar inferior ▪ < 35% dos casos têm adenopatia à apresentação, sendo os níveis I e II acometidos preferencialmente; mas tem alta incidência de linfonodos metastásticos ocultos ▪ Metástase pulmonar é mais comum que óssea e hepática

Trígono retromolar (Figura 40)	▪ 7% dos tumores da cavidade oral
	▪ Rotas de disseminação do trígono retromolar:
	  – Superiormente: maxila e lâmina medial do processo pterigóideo via rafe pterigomandibular
	  – Posteriormente: ramo mandibular do nervo trigêmeo, tonsilas e orofaringe
	  – Anterolateralmente: rebordo alveolar, músculo bucinador e bochecha
	  – Posterolateralmente: plano gorduroso bucal e espaço mastigatório
	  – Posteromedialmente: língua
	  – Inferiormente para o assoalho bucal
	▪ Janelas ósseas avaliam a invasão da mandíbula, das lâminas pterigóideas e da parede posterior do seio maxilar
	▪ Acometimento do osso e dos músculos da mastigação causam dor e trismo (T4)
	▪ 30% dos casos têm metástase linfonodal à apresentação

Processo alveolar da mandíbula ou maxila	▪ 10% dos CEC de cavidade oral ▪ Principalmente nas regiões molar e pré-molar, podendo ter destruição óssea e disseminação perineural pelo canal do nervo alveolar inferior ▪ Comprometimento ósseo: aumenta o estágio do tumor e modifica a abordagem cirúrgica, sendo importante diferenciar erosão cortical de infiltração da medula óssea ▪ Espaço bucal: é o local mais comum de disseminação e em segundo lugar, o espaço mastigatório, com disseminação de lesão da região molar ▪ Outra rota de disseminação é o trígono retromolar e deste ao espaço de gordura entre o músculo pterigóideo lateral e o ramo mandibular. Uma vez no espaço mastigatório, o tumor pode se estender à base do crânio. O espaço mastigatório contém o nervo mandibular (V3), que entra na base do crânio via forame oval ▪ Espaço sublingual é o terceiro lugar mais comum de disseminação de neoplasia da gengiva inferior. Cerca de 44% dos carcinomas de gengiva e 56% dos carcinomas de língua invadem o espaço sublingual ▪ Cerca de 50% dos pacientes têm metástases submandibulares na apresentação

(continua)

Quadro 8	*(continuação)* Principais características do carcinoma da cavidade oral
CEC na cavidade oral	
Palato duro (Figura 41)	<ul><li>Localização mais incomum do CEC na cavidade oral</li><li>Entre as lesões no palato duro, 53% são CEC; 15% carcinoma adenoide cístico; 10% carcinoma mucoepidermoide; 4% adenocarcinoma; 4% carcinoma anaplástico; 14% outros</li><li>Extensão para o processo alveolar da maxila constitui uma via de disseminação para a cavidade nasal e para o seio maxilar</li><li>Extensão posterior envolve o palato mole</li><li>Disseminação perineural: pode ocorrer através dos nervos palatinos maiores e menores para a fossa pterigopalatina, podendo prosseguir superiormente através do nervo maxilar; perda de sensibilidade nos dentes, formigamento ou dor facial podem ser um indício de invasão perineural</li><li>Imagens coronais são essenciais para a avaliação do palato</li><li>Linfonodos metastáticos têm impacto sobre a sobrevida: 30% têm acometimento linfonodal ao diagnóstico. Primeiros níveis de drenagem: I e II, podendo disseminar também para linfonodos faciais e retrofaríngeos</li></ul>

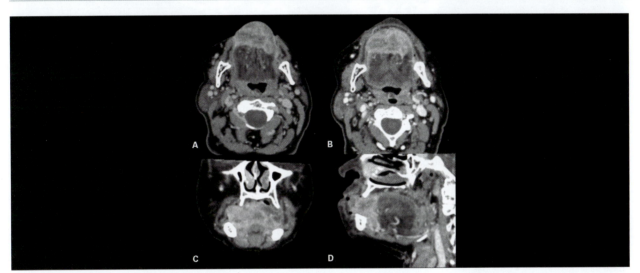

Figura 39 Tomografia computadorizada com contraste em reconstruções axial (A e B), coronal (C) e sagital (D). Carcinoma escamocelular na língua. Formação expansiva, infiltrativa, com realce heterogêneo ao meio de contraste, envolvendo as porções anterior e média da língua oral à direita. A lesão ultrapassa a linha mediana, comprometendo o dorso e o ventre lingual. Estende-se para o assoalho bucal e mucosa gengival, mantendo contato com a cortical superior do corpo mandibular à direita, porém não se observando erosão óssea.

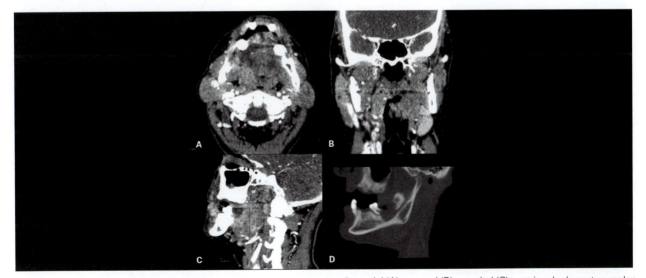

Figura 40 Tomografia computadorizada com contraste em reconstruções axial (A), coronal (B) e sagital (C) com janela de partes moles e sagital oblíqua com janela óssea (D). Carcinoma do trígono retromolar. Lesão expansiva/infiltrativa heterogênea no trígono retromolar direito, que promove erosão óssea irregular com ruptura da cortical vestibular e lingual na porção do corpo da mandíbula à direita, com comprometimento do canal do nervo alveolar inferior ipsilateral, sem alterações evidentes ao método dos forames mandibular e mentoniano desse lado. Tal lesão se estende para a parede lateral da orofaringe do mesmo lado, infiltrando o pilar amigdaliano anterior, parte da loja amigdaliana e a porção lateral direita do palato mole. Não há realces anômalos nos espaços mastigatórios e nos forames ovais.

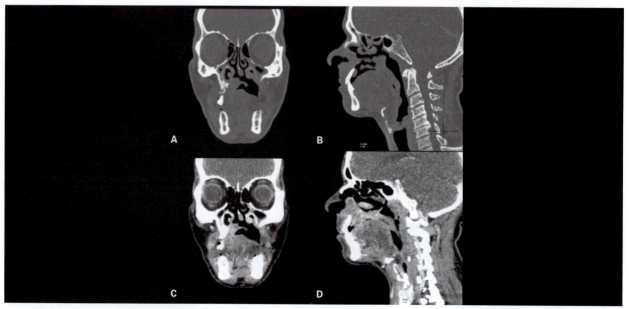

Figura 41   Tomografia computadorizada com contraste em reconstruções coronal (A) e sagital (B) com janela óssea e coronal (C) e sagital (D) com janela para partes moles. Carcinoma espinocelular no palato duro. Lesão expansiva e infiltrativa centrada do palato duro à direita, estendendo-se para os vestíbulos nasais e para os meatos nasais inferiores, caracterizando extensas áreas de erosões ósseas do vômer, do processo palatino da maxila e processo alveolares. Há extensão para o palato mole, para a mucosa e cortical palatina e vestibular da maxila, com sinais de invasão da mucosa jugal ipsilateral, além de erosão óssea do assoalho do seio maxilar esquerdo.

Quadro 9	Principais características do carcinoma da orofaringe
CEC de orofaringe	
Base da língua (Figura 42)	▪ 25% das neoplasias linguais. ▪ Massa infiltrativa, agressiva e habitualmente detectada em estágio avançado e com acometimento linfonodal em até 65% dos casos no momento do diagnóstico, sendo 30% destes bilaterais. ▪ Estende-se anteriormente para a língua oral, superiormente para a loja amigdaliana e palato mole, inferiormente para a valécula e o espaço pré-epiglótico e o assoalho bucal e posterolateralmente para o pilar tonsilar anterior, tonsila palatina, musculatura pterigóidea e mandíbula. ▪ A extensão contralateral através da rafe lingual determina modificação da conduta cirúrgica com necessidade de glossectomia total; já a extensão inferior para valécula, espaço pré-epiglótico e laringe pode levar à necessidade de laringectomia total. ▪ A drenagem linfática se dá principalmente para os linfonodos dos níveis II a IV e, em caso de extensão para assoalho bucal, linfonodos no nível I. ▪ A avaliação local da base da língua, língua oral e mucosa jugal é mais efetiva por meio da RM, pela melhor visualização das estruturas anatômicas e por estar menos associada a artefatos ocasionados por restaurações dentárias quando comparada à TC.
Palato mole e úvula (Figura 43)	▪ Até 25% de todos os CEC da orofaringe. ▪ Sobrevida em 5 anos de 51%. ▪ 75% apresentam estádio T1-T2. ▪ Pode atravessar a linha mediana e a tonsila palatina. ▪ Disseminação submucosa do tumor e pela gordura parafaríngea. ▪ 60-70% dos estádios T3-T4 apresentam linfonodo metastático. ▪ Tendência a linfonodos metastáticos bilaterais se T4; checar nível II ou retrofaríngeo. ▪ 80% dos tumores do palato mole são CEC (15% são tumores das glândulas salivares menores). ▪ A disseminação linfática é observada em menos de 50%, comprometendo os níveis II, III e retrofaríngeos.
Tonsila palatina (Figura 44)	▪ Etiologia e comportamento semelhantes aos do CEC de base de língua (tonsila lingual). ▪ 70-80% dos tumores de orofaringe se originam na tonsila (subsítio mais comum da orofaringe). ▪ Tonsila palatina >> pilar anterior da tonsila > pilar posterior da tonsila. ▪ Massa que realça mais que a tonsila palatina com margens profundas invasivas. ▪ Linfonodopatia principalmente ipsilateral no nível II: sólida, cística ou mista. ▪ Metástase linfonodal em até 80% à apresentação; 15% bilateral.

(continua)

Quadro 9	(continuação) Principais características do carcinoma da orofaringe
CEC de orofaringe	
	■ Invasão do espaço mastigatório: trismo e V3. ■ Invasão da mandíbula: dor, nervo alveolar inferior ■ Metástase: pulmonar > óssea > hepática. ■ Em adulto, suspeita de cisto de segunda fenda branquial nunca deve ser considerada como a primeira hipótese: tonsila palatina pode ser um sítio oculto de lesão primária; linfonodo cístico pode não ser ávido por FDG. ■ Assimetria das tonsilas não é incomum; assimetria com heterogeneidade sem clínica de infecção ou com adenopatia, pensar em CEC. ■ Cuidado: tecido tonsilar tem avidez fisiológica pelo FDG; comparar com o contralateral.
Parede posterior da orofaringe	■ Relativamente rara (< 5%); muito menos comum que CEC das tonsilas lingual e palatinas. ■ Massa lobulada na parede posterior. ■ Pode se estender para os espaços retrofaríngeo e pré-vertebral; plano gorduroso retrofaríngeo visível: alto valor preditivo negativo de invasão tumoral. ■ > 30% com metástase linfonodal retrofaríngea. ■ Linfonodos bilaterais frequentemente achados N2c = estágio IVA. ■ Ao contrário dos CEC de tonsilas palatina e lingual, não se manifesta como primário desconhecido.

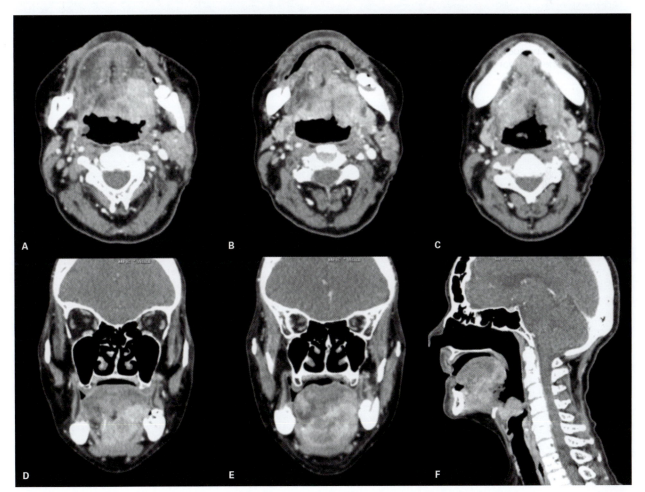

Figura 42 Tomografia computadorizada com contraste em reconstruções axiais (A-C), coronais (D-E) e sagital (F). Carcinoma espinocelular na base da língua. Lesão expansiva/infiltrativa com ulceração da base da língua de ambos os lados, que se estende anteroinferiormente ao assoalho bucal, com maior componente à esquerda e anteriormente ao terço médio/posterior da hemilíngua esquerda e ao pilar anterior desse lado. Estende-se inferiormente à gordura pré-epiglótica bilateral, infiltrando a epiglote.

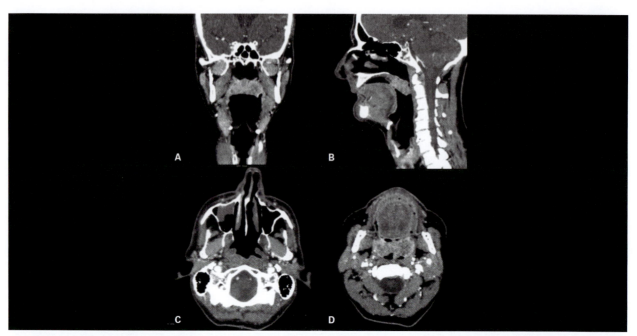

Figura 43 Tomografia computadorizada com contraste em reconstruções coronal (A), sagital (B) e axiais (C e D). Carcinoma espinocelular no palato mole: lesão expansiva sólida e infiltrativa acometendo o palato mole em toda a sua extensão, associada a leve realce anômalo das paredes laterais da orofaringe adjacente à lesão, que pode representar infiltração destas. Espessamento e realce anômalo da parede posterior direita da rinofaringe, porém menos intenso e com aspecto menos infiltrativo.

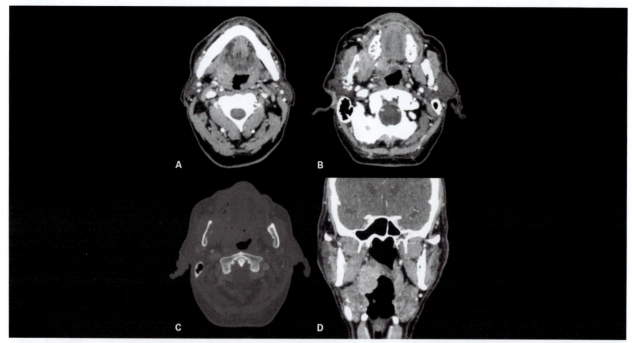

Figura 44 Tomografia computadorizada após injeção do contraste endovenoso em reconstruções axiais com janelas de partes moles (A e B) e óssea (C) e coronal com janela de partes moles (D). Carcinoma escamocelular na tonsila palatina. Lesão sólida, infiltrativa, centrada na tonsila palatina direita, que se estende superiormente para o palato mole direito, anteriormente para a base da língua desse lado e lateralmente para o músculo pterigóideo medial, infiltra o ramo da mandíbula à direita e o processo alveolar da maxila desse lado. Infiltra a mucosa oral anteriormente ao pterigóideo medial, mantendo contato com o músculo masseter direto. A superfície da lesão na loja tonsilar e na base da língua à direita é irregular, sugerindo componente ulcerado.

A espessura do tumor é um dado importante para o estadiamento, pois tem sido demonstrado que se correlacionam fortemente com a presença de metástases linfonodais, com risco de recidiva local e sobrevida. E tumores que cruzam a linha média têm uma alta incidência de metástases ocultas contralaterais, necessitando, portanto, de ressecções linfonodais bilaterais. A extensão extranodal também tem impacto significativo sobre o prognóstico dos pacientes, com redução de até 50% na sobrevida.

E entre as armadilhas, atenção para não interpretar erroneamente uma doença odontogênica como invasão da mandíbula ou mandíbula edêntula atrófica como invasão tumoral.

Quadro 10 Estadiamento T do carcinoma epidermoide do lábio e da cavidade oral (UICC – 2017)

Lábio e cavidade oral – UICC 2017	
TX	Tumor primário não pode ser avaliado
T0	Sem evidência de tumor primário
Tis	Tumor in situ
T1	Tumor ≤ 2 cm e profundidade da invasão < 5 mm
T2	Tumor ≤ 2 cm e profundidade da invasão > 5 mm e < 10 mm Tumor > 2 e ≤ 4 cm e profundidade da invasão < 10 mm
T3	Tumor > 4 cm ou qualquer tumor com profundidade da invasão > 10 mm
T4a	Lábio: tumor invade cortical óssea, nervo alveolar inferior, assoalho bucal ou pele (do queixo ou do nariz) Cavidade oral: tumor invade cortical óssea da mandíbula ou do seio maxilar, ou invade a pele da face
T4b	Lábio e cavidade oral: tumor invade o espaço mastigatório, as lâminas do processo pterigóideo, a base do crânio ou encarcera a artéria carótida interna

Quadro 11 Estadiamento T do carcinoma epidermoide da orofaringe p16 negativo ou não obtido (UICC – 2017)

UICC 2017	Orofaringe p16 negativo ou não obtido
T1	Tumor ≤ 2 cm
T2	Tumor > 2 e ≤ 4 cm
T3	Tumor > 4 cm ou extensão para a superfície lingual da epiglote
T4a	Tumor invade laringe, músculo pterigóideo medial, músculos extrínsecos da língua, palato duro, mandíbula
T4b	Tumor invade músculo pterigoide lateral, lâminas do processo pterigóideo, nasofaringe lateral, base do crânio ou encarcera a artéria carótida interna

Quadro 12 Estadiamento N e M do carcinoma epidermoide dos lábios, da cavidade oral e da orofaringe p16 negativo ou não obtido (UICC 2017)

Nx	Linfonodo não pode ser avaliado
N0	Sem linfonodos regionais metastáticos
N1	Metástase em linfonodo único ipsilateral, de 3 cm ou menos na maior dimensão, sem extensão extranodal
N2a	Metástase em linfonodo único ipsilateral, de mais de 3 cm mas menos de 6 cm na maior dimensão, sem extensão extranodal
N2b	Metástase em linfonodos múltiplos ipsilaterais, nenhum de mais de 6 cm na maior dimensão, sem extensão extranodal
N2c	Metástase em linfonodos bilaterais ou contralaterais, nenhum de mais de 6 cm na maior dimensão, sem extensão extranodal
N3a	Metástase num linfonodo de mais de 6 cm na maior dimensão, sem extensão extranodal
N3b	Metástase em linfonodo único ou múltiplo, com extensão extranodal
M1	Ausência de metástase
M2	Presença de metástase

Quadro 13 Estadiamento T do carcinoma epidermoide da orofaringe p16 positivo (UICC – 2017)

UICC 2017	Orofaringe p16 positivo
T1	Tumor ≤ 2 cm
T2	Tumor > 2 e ≤ 4 cm
T3	Tumor > 4 cm ou extensão para a superfície lingual da epiglote
T4	Tumor invade laringe, músculos pterigóideos medial e lateral, lâminas do processo pterigóideo, músculos extrínsecos da língua, palato duro, mandíbula, nasofaringe lateral, base do crânio ou encarcera a artéria carótida interna

Quadro 14 Estadiamento N e M do carcinoma epidermoide da orofaringe p16 positivo (UICC 2017)

Nx	Linfonodo não pode ser avaliado
N0	Sem linfonodos regionais metastáticos
N1	Metástase em linfonodo(s) unilateral < 6 cm na maior dimensão
N2	Metástase em linfonodos bilaterais ou contralaterais, < 6 cm na maior dimensão, sem extensão extranodal
N3	Metástase num linfonodo > 6 cm na maior dimensão
M1	Ausência de metástase
M2	Presença de metástase

O lábio é dividido em lábio superior e inferior externo (borda do vermelhão), a cavidade oral é dividida em mucosa bucal (dos lábios superior e inferior, das bochechas, áreas retromolares, sulco bucoalveolar superior e inferior), alvéolo e gengivas superiores, alvéolo e gengiva inferiores, palato duro, língua (superfícies dorsal e ventral) e assoalho bucal.

Os Quadros 10 a 14 mostram o estadiamento dos carcinomas epidermoides do lábio, da cavidade oral e da orofaringe segundo o Union for International Cancer Control (UICC) 2017.

Linfoma

O linfoma é a segunda neoplasia mais comum na cabeça e pescoço, com amplo espectro de manifestações radiológicas que vão desde linfadenopatia cervical à doença linfática extranodal e até massas extralinfáticas e não linfonodais, e que se sobrepõem a muitas outras entidades, incluindo processos infecciosos, inflamatórios e neoplásicos.

O linfoma de Hodgkin (LH) tem uma distribuição etária bimodal, com um pico entre 20 e 24 anos e outro entre 80 e 84 anos (Figura 45). Já o linfoma não Hodgkin (LNH) acomete idosos. O LH afeta principalmente linfonodos (> 90%) e raramente apresenta sítios extranodais, enquanto o LNH se manifesta como doença extranodal primária em 20-30% dos casos. Assim, os linfomas primários extranodais da cabeça e pescoço são principalmente do tipo não Hodgkin, sendo cinco vezes mais frequentes que o linfoma de Hodgkin. O local mais comum de LNH na cabeça e pescoço é o anel de Waldeyer, que corresponde a mais de 50% desses casos. Outros locais incluem órbita, cavidade nasal, seios paranasais, cavidade oral (palato, gengiva e língua), glândula salivar e glândula tireoide.

Em relação ao anel de Waldeyer, é mais prevalente na tonsila palatina, seguida da faríngea e da lingual. Quando há envolvimento da tonsila palatina, o quadro é de dor de garganta e inchaço, e quando há da tonsila lingual, sensação de corpo estranho e 80% dos casos têm linfonodomegalia.

As condições predisponentes ao desenvolvimento de linfomas não Hodgkin extranodais cervicais são: imunossupressão pós-transplantes, infecção pelo vírus Epstein-Barr, síndrome de Sjögren e a síndrome da imunodeficiência adquirida.

Ao contrário do carcinoma epidermoide, o linfoma não tratado se apresenta como massa homogênea e que não tende à invasão profunda, apesar do grande tamanho da maioria das lesões (Figura 46). As linfonodomegalias que acompanham o linfoma primário geralmente são mais homogêneas que as linfonodomegalias de carcinomas epidermoides.

A TC é útil para a avaliação de envolvimento ósseo além da linfonodomegalia. A RM permite melhor avaliação das partes moles na doença extranodal, principalmente nos casos em que há envolvimento transespacial ou intracraniano.

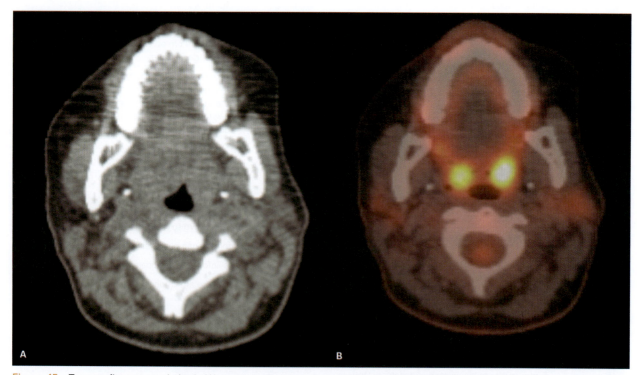

Figura 45 Tomografia computadorizada (A) e tomografia por emissão de pósitrons (PET/CT) (B) no plano axial. Exame solicitado para paciente com linfoma de Hodgkin com o propósito de estadiamento. A análise das imagens demonstra aumento do metabolismo glicolítico nas tonsilas faríngeas e palatinas, suspeitas para acometimento por doença linfoproliferativa.

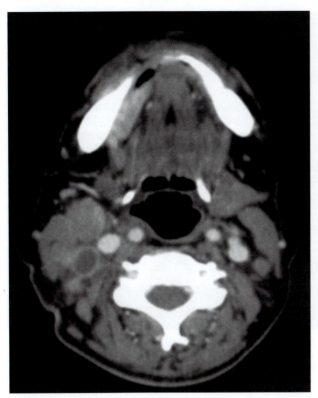

Figura 46 Tomografia computadorizada com contraste no plano axial: linfoma. Lesão infiltrativa e homogênea no músculo milo-hióideo à direita, com linfonodomegalias nos níveis IIA e B homolaterais.

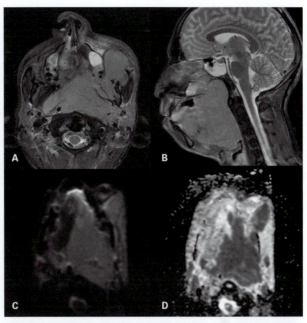

Figura 47 Ressonância magnética pesada em T2 nos planos axial (A) e sagital (B), sequência ponderada em difusão (C) e mapa de coeficientes de difusão aparente (ADC) (D). Linfoma difuso de grandes células B. Massa sólida com restrição à difusão, sugerindo alta celularidade, infiltrando o espaço mucosofaríngeo nas paredes posterior e lateral esquerda da rinofaringe e da orofaringe, assim como o palato mole e duro, a língua, o assoalho bucal e os espaços bucal (através do trígono retromolar), mastigatório e parafaríngeo esquerdos e retrofaríngeo. Há extensão anterior da lesão, que invade a cavidade nasal e o seio maxilar esquerdo, com erosão óssea local, também observada no processo pterigóideo ipsilateral. Inferiormente acomete a epiglote e a prega glossoepiglótica. Obliteração da luz da rino e orofaringe pela lesão.

O linfoma extranodal geralmente apresenta hipointensidade na sequência pesada em T1, leve hiperintensidade em T2 e leve realce homogêneo pelo meio de contraste paramagnético. À RM o linfoma tem uma particularidade em que tanto a lesão sólida quanto a linfonodomegalia, por se tratar de lesão com alta celularidade, apresentam restrição à difusão das moléculas de água, representada pelo alto sinal na sequência de difusão com baixo sinal no mapa ADC. A medida quantitativa do ADC é uma ferramenta importante na diferenciação entre linfomas extranodais e carcinoma epidermoide em cabeça e pescoço, pois os linfomas apresentam ADC muito baixo (0,64 a 0,66 × 10^{-3} mm²/s). No entanto, carcinomas epidermoides pouco diferenciados podem se apresentar também com intenso baixo sinal no mapa ADC, e os linfomas de Hodgkin podem se apresentar com baixo sinal não tão acentuado (Figura 47).

O tratamento é baseado na combinação de quimio e radioterapia, com altos índices de remissão e cura de até 65% nos linfomas não Hodgkin extranodais. Se houver envolvimento ósseo, o prognóstico é muito ruim, com sobrevida em 5 anos menor que 10%. Aproximadamente 30% têm recidiva pós-tratamento e, destes, mais de 70% vão a óbito.

Tumores malignos das glândulas salivares menores – carcinoma adenoide cístico

Os tumores das glândulas salivares menores correspondem a 2 ou 3% de todas as neoplasias malignas da cabeça e pescoço em adultos, sendo a terceira neoplasia mais frequente da orofaringe após o carcinoma epidermoide e o linfoma, sem predileção por gênero. O principal local de incidência é a cavidade oral, seguida pela oro e nasofaringe. O carcinoma adenoide cístico é o tumor maligno mais comum das glândulas salivares menores, enquanto o adenoma pleomórfico é o benigno mais comum (Figuras 48 e 49).

O palato possui grande concentração de glândulas salivares menores e por isso é o local mais comum de neoplasia dessa glândula (Figura 50). Carcinoma adenoide cístico é o mais frequentemente seguido pelo carcinoma mucoepidermoide e o adenocarcinoma.

O carcinoma adenoide cístico tem alto potencial de disseminação perineural, principalmente para os ramos V2 e V3 do nervo trigêmeo, podendo se estender para o crânio.

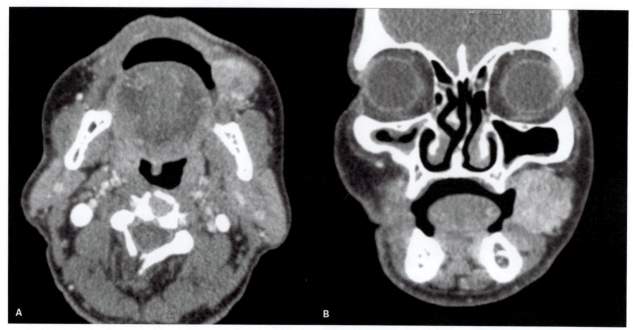

Figura 48 Tomografia computadorizada com contraste em reconstruções axial (A) e coronal (B). Carcinoma adenoide cístico de glândula salivar menor em mucosa jugal. Lesão sólida, ovalada, de contornos lobulados e bem definidos, localizada no espaço bucal esquerdo junto à mucosa jugal superolateral. Apresenta realce homogêneo pós-contraste e tem contato com a porção inferior do rebordo alveolar da maxila posteriormente à esquerda.

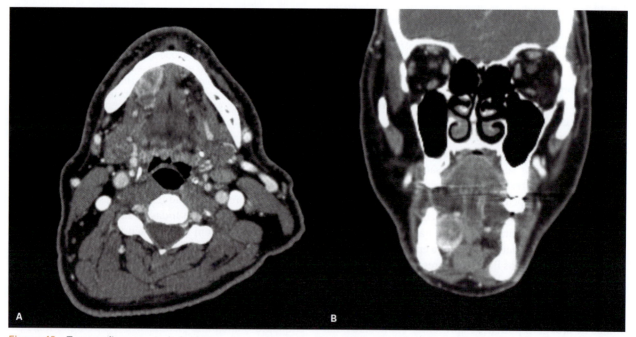

Figura 49 Tomografia computadorizada com contraste em reconstruções axial (A) e coronal (B). Carcinoma adenoide cístico de glândula sublingual. Lesão expansiva/infiltrativa ovalada, com realce heterogêneo pelo meio de contraste e com áreas hipoatenuantes centrais, que podem corresponder a necrose/liquefação, localizada no espaço sublingual direito. A lesão toca a cortical interna do ramo da mandíbula, porém sem alterações ósseas.

A sobrevida dos pacientes com carcinoma adenoide cístico e mucoepidermoide é maior do que a dos pacientes com carcinoma epidermoide, com sobrevida em 5 anos de 77%. A disseminação linfonodal é rara, presente em menos de 4% dos casos.

Os achados na TC e na RM são inespecíficos e muito variáveis, desde lesões bem definidas até infiltrativas. A RM pode ajudar a inferir a agressividade da lesão por meio das características de sinal e restrição à difusão, sendo que quanto menor o sinal em T2 e menor o ADC,

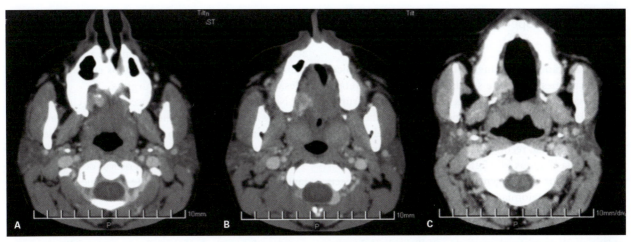

Figura 50 Tomografia computadorizada com contraste no plano axial mostra lesão expansiva com realce homogêneo na mucosa do palato duro à direita (A e B), melhor vista na manobra de bochecha cheia (C). Carcinoma adenoide cístico.

maior a celularidade e pior o prognóstico. A RM é, também, o método de escolha na pesquisa de disseminação perineural e no estadiamento local.

A disseminação perineural é mais bem demonstrada em imagens de RM pesadas em T1 com saturação de gordura com contraste, em que suas manifestações típicas são o realce e o espessamento do nervo. Na TC, a disseminação perineural é caracterizada pelo alargamento do forame neural.

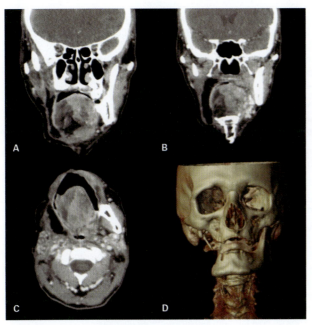

Figura 51 Tomografia computadorizada com contraste em reconstruções coronais (A e B), axial (C) e em 3D (D). Pelveglossectomia e hemimandibulectomia à direita, com bucofaringectomia desse lado e interposição de enxerto miocutâneo. Presença de alterações actínicas caracterizadas por realce heterogêneo das glândulas parótidas e submandibular esquerda, espessamento da mucosa das demais estruturas da faringe e laringe e densificação dos demais planos superficiais e profundos do pescoço.

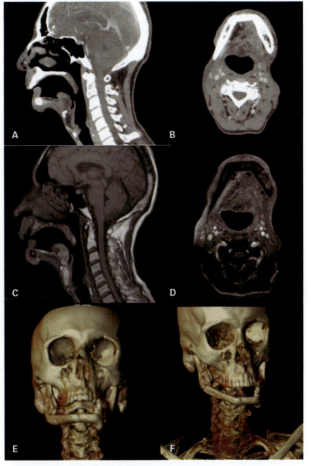

Figura 52 Tomografia computadorizada com contraste em reconstruções sagital (A) e axial (B), ressonância magnética T1 pós-gadolínio em reconstruções sagital (C) e axial (D) e TC com reconstrução tridimensional com a janela óssea (E-F). Sinais de pelveglossomandibulectomia segmentar à direita, com reconstrução da mandíbula com retalho ósseo (fíbula). Nota-se esvaziamento cervical radical modificado bilateral. Alterações actínicas caracterizadas por espessamento e realce simétrico difuso das mucosas da faringe e laringe, com densificação e espessamento dos planos musculoadiposos cervicais.

Avaliação pós-operatória da cavidade oral e recidiva

A avaliação pós-tratamento de pacientes com câncer da cabeça e pescoço pode ser difícil de ser interpretada por causa da complexidade dos procedimentos cirúrgicos realizados e das alterações pós-radioterápicas. Essas alterações pós-tratamento são determinadas pelo tipo de cirurgia realizada, reconstrução, esvaziamento cervical e radioterapia (Figuras 51 e 52).

Os achados de imagem pós-tratamento podem ser: alterações na anatomia pós-cirúrgica, recidiva tumoral, complicações pós-cirúrgicas e alterações pós-radioterapia. O conhecimento dessas alterações é essencial para a análise e o diagnóstico precoce da recidiva tumoral e para evitar erros de interpretação, gerados principalmente por distorções anatômicas com perda da simetria e por processo inflamatório local.

Sempre que possível, deve-se fazer um estudo comparativo com exames anteriores e também saber a data do procedimento cirúrgico, pois os retalhos e estruturas musculares têm alterações de composição e aparências distintas ao longo do tempo. Essa comparação entre os achados do exame de datas diferentes é a principal ferramenta para determinar se os achados estão relacionados à lesão ou a alterações pós-cirúrgicas.

No Quadro 15 há alguns procedimentos cirúrgicos relacionados a lesões que acometem a cavidade oral e orofaringe.

Inicialmente, o enxerto tem alta intensidade de sinal e realce ao meio de contraste nas imagens pesadas em T1 e T2. Progressivamente essas características desaparecem, restando apenas fibrose. É importante saber que nos exames de controle evolutivo o tecido de reconstrução normalmente encolhe ou permanece com mesmo volume, e o volume de tecido da recidiva tumoral aumenta ao longo do tempo. O aumento da atenuação dos tecidos moles também é considerado um indicador de recidiva até que se prove o contrário.

Complicações relacionadas à cirurgia podem ser classificadas como de curto ou longo prazo (Figura 53). Os Quadros 16 e 17 contêm as principais complicações decorrentes do tratamento cirúrgico e radioterápico (Figuras 54 e 55).

Quadro 15	Principais procedimentos cirúrgicos de lesões da cavidade oral e orofaringe
Mandibulectomia	▪ Ressecção parcial marginal: ressecção do osso cortical se houver invasão apenas do periósteo ou do osso cortical, sem invasão do córtex medular ▪ Ressecção parcial segmentar (ressecção do mento, corpo, ângulo ou ramo da mandíbula): quando há extensão para dentro do córtex medular ▪ Total
Glossectomia	▪ Parcial: tumor superficial não invasivo em que pode ser ressecada parte da língua (borda lateral, dorso ou ponta da língua); requer preservação de uma artéria lingual e do nervo hipoglosso; pode ser difícil reconhecer por imagem ▪ Hemiglossectomia: ressecção da metade da língua oral, com ou sem extensão para a base da língua; tumores da língua com extensão para o assoalho bucal ▪ Glossectomia total
Palatectomia e maxilectomia	▪ Lesões do palato duro que alcançam a fossa nasal ou os seios paranasais ▪ Defeito cirúrgico que produz comunicação bucossinusal ▪ Ressecção do palato duro e do rebordo alveolar é reconhecível pela ausência do osso ressecado
Ressecção do assoalho bucal	▪ A técnica cirúrgica combinada de mandibulotomia e esvaziamento cervical, conhecida como COMMANDO (*combined mandibulotomy and neck dissection operation*), envolve também a ressecção do assoalho bucal
Bucofaringectomia	▪ Tumor primário da língua oral, do trígono retromolar ou do palato duro e que se estende para as paredes laterais da orofaringe ou para o palato mole
Reconstrução com retalho	▪ Objetivo: cobrir estruturas vitais expostas, tais como as artérias carótidas, e criar estruturas, tais como a neofaringe ▪ Retalho pediculado: tecido doador rotacionado para cobrir um defeito, com preservação dos vasos sanguíneos originais; músculos peitoral maior, peitoral menor, platisma, trapézio e grande dorsal ▪ Retalho livre: técnicas microvasculares para anastomosar o tecido com a área de defeito; são utilizados: crista ilíaca, fíbula, antebraço radial, braço lateral, vasto lateral da coxa, escapular, paraescapular, grande dorsal e reto abdominal. Há também enxertos ósseos, que são utilizados para reconstruir lacunas cirúrgicas maiores que 5,0 cm. Retalhos de pele também são amplamente utilizados ▪ A aparência da imagem depende também de sua composição: enxerto simples (contendo um tipo de tecido) ou complexo (com mais de um tipo de tecido)
Labiomandíbulo-glossotomia	▪ Outra situação que requer manipulação da mandíbula é o tratamento da língua, em que o acesso cirúrgico é obtido por mandibulotomia mediana ou paramediana
Tonsilectomia	▪ Ressecção da tonsila palatina: causa assimetrias de tecidos moles

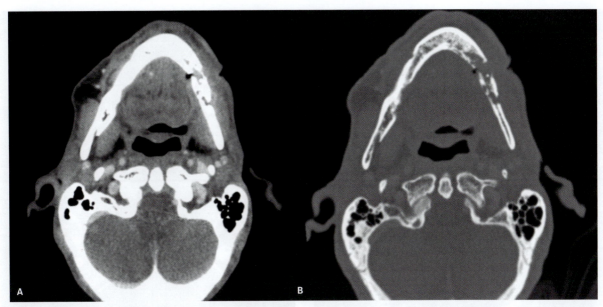

Figura 53 Tomografia computadorizada nos planos axiais com janelas de partes moles (A) e óssea (B). Osteorradionecrose de mandíbula. Textura óssea da mandíbula difusamente heterogênea, com áreas de afilamento e irregularidade cortical no corpo à esquerda, com fratura patológica associada, sem sinais de consolidação. Há ainda espessamento e densificação do tecido subcutâneo adjacente, com algumas bolhas gasosas de permeio.

Quadro 16	Principais complicações pós-cirúrgicas
Agudas	Crônicas
Mucosite	Mucosa danificada
Disfunção salivar	Comprometimento funcional
Infecção e abscesso	Disfunção salivar: xerostomia
Disfagia	Dor
Dor	Infecção
Comprometimento funcional	Disfagia
Necrose do retalho	Aumento de doenças odontológicas
Hematoma	Necrose de partes moles ou osteonecrose
Fístula	Deiscência
Persistência do tumor original (ressecção incompleta)	Recidiva tumoral

A grande maioria das recidivas ocorre dentro dos primeiros 2-3 anos após a conclusão do tratamento (Figura 56). Os locais mais comuns de recidiva do tumor são o leito cirúrgico e suas margens. Algumas características são indicadores de recidiva tumoral: lesão com atenuação semelhante ao músculo e realce nodular e irregular adjacente às margens cirúrgicas nas imagens de TC. Nas imagens de RM pesadas em T1 e T2 a recidiva do tumor caracteriza-se por uma massa infiltrativa com intensidade de sinal intermediária, realce nodular e irregular ao contraste e na sequência de difusão pode haver restrição à difusão das moléculas de água.

Recidiva nos linfonodos também deve ser avaliada. Metástase linfática após o tratamento pode ser imprevisível por causa de alterações nas vias linfáticas normais. Assim, linfonodos retrofaríngeos, mediastinais e con-

Quadro 17	Principais complicações pós-radioterápicas
Precoces (1-4 meses): edema difuso dos tecidos	Tardios (> 12 meses): fibrose difusa dos tecidos
▪ Espessamento da pele e do músculo platisma: hiperintensidade simétrica ▪ Reticulação do tecido subcutâneo e dos planos gordurosos profundos ▪ Espessamento e realce da mucosa e edema proeminente da submucosa: realce simétrico e difuso da mucosa ▪ Inchaço e contornos mal definidos das glândulas parótidas e submandibulares: aumento do realce nas glândulas salivares ▪ Aumento volumétrico da musculatura, principalmente dos músculos pterigoides	▪ Edema e reticulação de planos gordurosos melhoram: afilamento dos planos subcutâneo e gordurosos profundos ▪ A maioria dos tecidos moles volta para o sinal próximo ao normal, mas eles parecem atróficos ▪ Espessamento e realce da mucosa podem aumentar ▪ O tecido glandular atrofia; frequentemente com aumento do realce ▪ Atrofia do tecido linfoide e de linfonodos ▪ Hiperintensidade da gordura da medula óssea de corpos vertebrais cervicais e da base do crânio

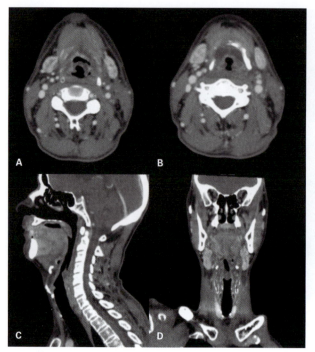

Figura 54 Tomografia computadorizada com contraste em reconstruções axiais (A e B), sagital (C) e coronal (D). Alterações actínicas. Redução das dimensões e realce heterogêneo das glândulas submandibulares, espessamento das estruturas da laringe, com redução da coluna aérea da região glótica, e espessamento e densificação dos demais planos gordurosos superficiais e profundos do pescoço.

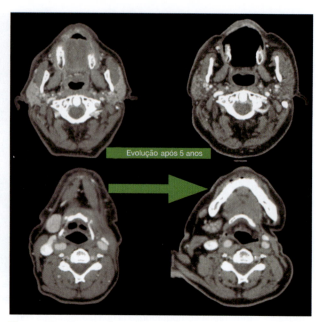

Figura 55 Tomografia computadorizada com contraste nos planos axiais. Controle pós-operatório de carcinoma epidermoide no palato com esvaziamento cervical à esquerda. Alterações actínicas iniciais – espessamento e realce difuso faringomucoso, aumento nas dimensões, realce acentuado e heterogêneo das glândulas salivares, espessamento cutâneo cervical. Alterações actínicas tardias – resolução parcial do espessamento e realce difuso faringomucoso e do espessamento cutâneo superficial. Glândulas salivares de dimensões reduzidas e com realce heterogêneo.

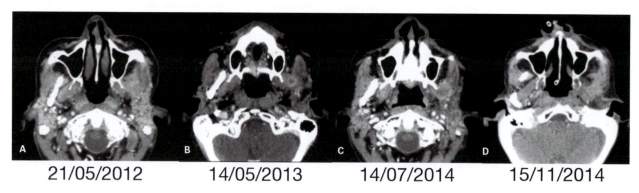

Figura 56 Tomografia computadorizada com contraste nos planos axiais (A-D). Controle evolutivo com progressão de doença – carcinoma epidermoide de língua oral com extensão para o trígono retromolar. Controle pós-pelveglossomandibulectomia parcial esquerda e pós-radioterapia. Em 21 de maio de 2012, não há evidências de realces anômalos no leito cirúrgico ou no restante das estruturas da cavidade oral e orofaringe. Porém, em 14 de maio de 2013, observa-se recidiva no espaço mastigatório esquerdo, com aumento progressivo da lesão nos dois controles evolutivos.

tralaterais ao sítio do tumor devem ser cuidadosamente avaliados.

Atualmente o PET/CT vem sendo utilizado para a vigilância de recidiva tumoral. É fundamental que esse exame seja realizado 3 ou 4 meses após a última data da irradiação porque as alterações actínicas agudas podem simular lesões.

Métodos de imagem

Manobras dinâmicas

Bochecha distendida

A aposição de mucosas da cavidade oral (jugal, gengival, lingual) atrapalha o estadiamento local de lesões.

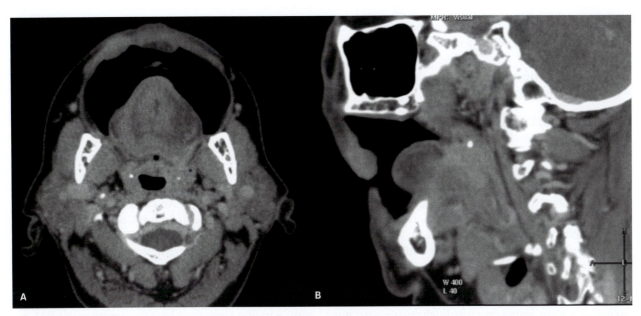

Figura 57 Tomografia computadorizada com contraste em reconstruções axial (A) e sagital oblíqua (B). Manobra de boca distendida ajudando na identificação de carcinoma epidermoide no lábio – lesão expansiva sólida, infiltrativa e vegetante, com realce difuso pelo meio de contraste, acometendo a mucosa jugal do lábio superior à direita, com infiltração labial superficial.

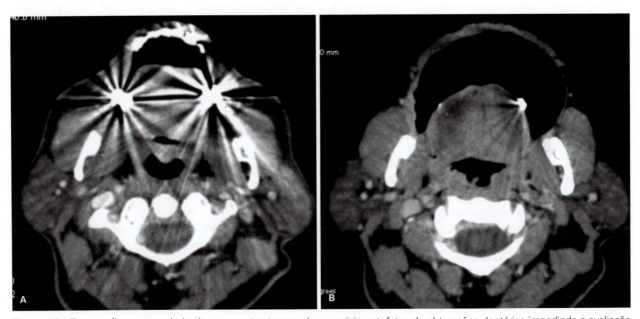

Figura 58 Tomografia computadorizada com contraste nos planos axiais: artefatos de obturações dentárias impedindo a avaliação da cavidade oral (A), mascarando a lesão infiltrativa e ulcerada identificada na mucosa bucal à direita apenas com a manobra de boca aberta (B). Carcinoma epidermoide.

Nesses casos, pedir para o paciente encher as bochechas de ar, com os lábios fechados, e afastar a língua do palato e dos dentes melhora a avaliação (Figura 57). A extensão dos cortes é do palato duro à margem inferior da mandíbula. Em alguns casos, um resultado similar pode ser obtido com a RM, sendo que neste último, em razão do tempo de exame, pode-se preencher a boca com gaze.

Essa manobra mostra uma anatomia que não é familiar ao radiologista, a dos músculos da expressão facial, que devem ser reconhecidos para se evitar confundi-los com lesões, entre eles o risório, o elevador e o depressor do ângulo oral, o orbicular oral e os bucinadores.

Boca aberta

Amálgamas dentários atrapalham a visualização de estruturas da cavidade oral e orofaringe (Figura 58). Nesses casos, pedir ao paciente que morda uma seringa plástica de 50 mL ou outro objeto (que não dê artefato) para deixar a boca aberta, sem movimentação. Recomenda-se extensão dos cortes da maxila à mandíbula.

Tomografia computadorizada e ressonância magnética

A TC e a RM complementam o exame clínico, delineando a extensão profunda e identificando, em casos de tumor, metástases linfonodais cervicais. A TC é útil para a avaliação de processos inflamatórios agudos porque é capaz de detectar erosões e destruição do osso cortical, alteração cutânea e cálculos ductais da glândula submandibular. A RM proporciona uma melhor resolução dos tecidos moles da cavidade oral, avaliação de processos patológicos que se estendem através de múltiplos espaços anatômicos, envolvimento da medula óssea e disseminação perineural de tumores. Limitações da RM do assoalho bucal incluem artefatos produzidos pelos movimentos do paciente e por amálgama dentário. Infelizmente, artefatos do amálgama podem distorcer as imagens tanto da TC quanto da RM, obscurecendo detalhes importantes.

Nos carcinomas da cavidade oral o objetivo da RM não é tentar fazer um diagnóstico histológico, já que uma biópsia pode ser facilmente realizada. A detecção da extensão total da doença primária é importante na seleção do tratamento apropriado com radioterapia e/ou cirurgia.

Deve-se lembrar que a avaliação radiológica deve ser realizada antes da biópsia, pois após a biópsia, pelo trauma do procedimento, há um obscurecimento dos planos fasciais normais e fica prejudicada a interpretação exata da extensão da lesão no espaço sublingual.

Os sinais diretos de tumores malignos são: crescimento ocupando espaço, obliteração dos planos gordurosos, infiltração da musculatura e destruição óssea. Os sinais indiretos são: realce após o contraste, heterogeneidades estruturais com necrose após o contraste, congestão da glândula submandibular por obstrução ductal e atrofia por denervação por invasão dos nervos hipoglosso e lingual (tumores do assoalho bucal anterior) e metástases linfonodais.

Discretas erosões corticais são mais bem detectadas pelos cortes finos da TC na janela óssea com filtro ósseo, especialmente em tumores da gengiva. A especificidade da RM para avaliar a presença e a extensão de invasão mandibular no carcinoma epidermoide da cavidade oral é significativamente mais baixa que a da TC de alta resolução associada a *dental-scan*. A maioria dos casos falsos-positivos se deve ao artefato *chemical shift* pela gordura da medula óssea que obscurece a linha preta da cortical óssea. Em relação ao envolvimento do canal do nervo alveolar inferior, o tumor e o processo inflamatório ao redor têm intensidade de sinal similar, resultando em superestimação da extensão tumoral na medula óssea.

Na RM, a sequência pesada em T1 pré-contraste é particularmente útil para mostrar o tumor hipointenso, especialmente para contrastar a intensidade do sinal da língua oral fibrogordurosa. Esses tumores são minimamente hiperintensos em T2 e com realce pós-gadolínio variável.

Os músculos intrínsecos da língua são visualizados à RM como estriações em várias orientações, circundadas por gordura de alto sinal. O sinal do carcinoma epidermoide do assoalho bucal se mistura com o sinal do espaço sublingual em T2, já que os maiores componentes desse espaço são as glândulas sublinguais e a gordura. Da mesma forma, as bordas inferiores das lesões linguais invadindo o espaço sublingual são imperceptíveis nas imagens pesadas em T2. Ao contrário, os músculos extrínsecos da língua mostram um sinal baixo homogêneo como o de outros músculos nas imagens pesadas em T2. Portanto, lesões que infiltram profundamente esses músculos mostram tanto contraste nas imagens pesadas em T2 quanto nas pesadas em T1 pós-contraste. Por outro lado, tumores de glândulas salivares menores são submucosos e muitas vezes mais bem circunscritos. Na RM, esses tumores são isointensos ao músculo em T1, levemente hiperintensos em T2 e apresentam intenso realce.

A RM é mais sensível na detecção de envolvimento da medula óssea e disseminação perineural do tumor. Baixa intensidade de sinal nas imagens pesadas em T1 sem contraste e alto sinal nas imagens pesadas em T2 com realce na fase contrastada podem ser considerados indicativos de invasão da medula óssea. E a substituição do sinal hipointenso do córtex ósseo em T1 e T2 pela mesma intensidade de sinal do tumor é um forte indicador para a invasão cortical. Deve-se apenas se ter o cuidado de não interpretar como invasão as alterações atribuídas a inflamação e edema peritumoral, doença periodontal coexistente, osteomielite, fibrose actínica e osteorradionecrose.

PET/CT e PET/RM

O exame de 18F-FDG (18-fluordesoxiglicose) PET/CT pode ser usado no estadiamento do carcinoma da cavidade oral e orofaringe para a avaliação de metástases linfonodais e a distância, sendo também aplicado na avaliação pós-tratamento (reestadiamento) para definição de conduta com relação ao esvaziamento cervical.

Entre as potencialidades do uso do exame de PET/CT destaca-se também a pesquisa de lesões primárias ocultas. O PET/CT consegue detectar tumores com espessura a partir de 0,4 cm, mas tem papel limitado no estadiamento T, sendo a tomografia com contraste e a RM os métodos de escolha por apresentarem maior precisão na avaliação da extensão tumoral nos planos mais profundos.

O exame de PET/CT é superior à TC e à RM isoladamente na detecção de linfonodos secundários. Os critérios anatômicos, incluindo a morfologia e as dimensões linfonodais, têm menor sensibilidade em relação ao estudo metabólico de captação do FDG. Na avaliação após tratamento, o PET/CT consegue diferenciar com alta acurácia as áreas de fibrose das áreas de recidiva ou de persistência tumoral.

O primeiro estudo de reestadiamento pelo PET/CT deve ser realizado preferencialmente após 12 semanas do início do tratamento, a fim de evitar os resultados falsos-positivos e negativos que foram descritos nesse período, decorrentes das alterações locais ocasionadas pela terapêutica utilizada. As armadilhas devem ser conhecidas na avaliação do estudo do PET/CT, a fim de evitar resultados falsos-positivos. Na cavidade oral em particular deve-se estar atento à captação fisiológica dos músculos do assoalho bucal e da língua, ou à captação por processos inflamatórios, por exemplo as periapicopatias e as alterações inflamatórias das glândulas salivares menores e da gengiva. A osteonecrose da mandíbula, uma complicação nessa população de pacientes, também pode ser descrita como uma área focal de aumento da captação de FDG no PET/CT.

O método atualmente emergente de PET/RM é potencialmente uma alternativa atraente. A RM fornece o contraste dos tecidos moles superior à TC e é combinada com a especificidade conhecida da imagem metabólica do PET. Essa combinação deve ser superior na mensuração tumoral, incluindo disseminação perineural e infiltração de tecido circundante. Além disso, as sequências funcionais da RM podem ser adicionadas ao protocolo de PET/RM, por exemplo, sequência de difusão, assim como outras sequências multiparamétricas, que aumentam a previsão da resposta terapêutica. Esses recursos ajudam na melhor avaliação das complexas distorções anatômicas e alterações dos tecidos causadas pela cirurgia e radioterapia. No entanto, a desvantagem atual relativa à sua introdução na prática clínica de rotina é o longo tempo de exame.

Difusão

A sequência de difusão é útil para caracterização de lesões tumorais primárias, detecção dos linfonodos secundários, predição prognóstica e monitorização da resposta terapêutica, bem como para a diferenciação de recorrência tumoral das alterações pós-terapêuticas.

Os tumores malignos geralmente se apresentam como uma tumoração de alta celularidade, que está associada a baixos sinais no mapa de ADC (valor aparente do coeficiente de difusão), achado pouco comum nos tumores benignos. Contudo, essa regra apresenta exceções.

Essa sequência pode ser útil na diferenciação dos tumores epidermoides e dos linfomas. Os linfomas caracteristicamente apresentam um dos menores valores no mapa ADC ($0,64$ a $0,66 \times 10^{-3}$ mm^2/s). No entanto, carcinomas epidermoides pouco diferenciados podem se apresentar também com intenso baixo sinal no mapa ADC, e os linfomas Hodgkin podem se apresentar com baixo sinal não tão acentuado.

Além disso, tem potencial de ser um marcador importante na avaliação da resposta tumoral ao tratamento com quimioterapia e/ou radioterapia. Estudos recentes sugerem que os tumores que apresentam redução ou pequeno aumento nos valores de ADC na fase precoce de tratamento terão pior resposta à quimioterapia e/ou radioterapia.

Nos pacientes com carcinoma epidermoide, continua sendo um desafio a identificação dos linfonodos metastáticos. Os novos estudos mostram que as sequências em difusão podem ajudar na discriminação dos linfonodos normais em relação àqueles com metástase. Os linfonodos acometidos apresentam baixo sinal nos mapas de ADC. Em estudo recente com 33 pacientes com carcinoma epidermoide, no qual foram realizados estudos histopatológios e por RM com sequências em difusão, foi avaliado o acometimento secundário dos linfonodos. Os linfonodos com valores abaixo de $0,94 \times 10^{-3}$ mm^2/s no mapa ADC foram considerados linfonodos metastáticos. A sensibilidade foi de 84%, a especificidade de 94% e a acurácia de 91%, valores referentes a cada linfonodo estudado. Se for considerada a cadeia linfonodal, a sensibilidade seria de 94%, e a especificidade e a acurácia de 97%. Nos linfonodos metastáticos menores que 1,0 cm, os critérios anatômicos por RM apresentaram sensibilidade de apenas 7%. No entanto, quando as sequências de difusão foram adicionadas, a sensibilidade foi de 74%, destacando-se assim a importância da sequência de difusão na detecção de linfonodos metastáticos subcentimétricos.

A sequência de difusão tem se mostrado promissora na diferenciação entre alterações pós-terapêuticas e recidiva: observa-se que a intensidade de sinal dos tumores na comparação com tecidos não tumorais é significativamente menor nas imagens b0, e significativamente maior nas imagens b1000; o ADC é também significativamente menor nos tumores. Lesões benignas geralmente aparecem com valores altos de ADC. Necrose, inflamação, fibrose e alterações pós-tratamento também estão associadas a valores elevados do ADC. No entanto, a falta de padronização das sequências de difusão entre diferentes aparelhos e serviços dificulta a interpretação e aplicação prática dos valores quantitativos do mapa de ADC na avaliação da resposta terapêutica das lesões tumorais na cavidade oral e orofaringe.

Permeabilidade

A sequência de permeabilidade da RM utiliza imagens pesadas em T1 após uma injeção do contraste e fornece informações hemodinâmicas da microcirculação e pode potencialmente fornecer informações sobre a biologia e a fisiologia do tumor. Entre os parâmetros úteis podemos citar a curva tempo-intensidade (CTI) e a área de superfície de permeabilidade (SP).

A CTI mostra diferentes padrões de realce entre tumores benignos e malignos ou entre alterações benignas pós-tratamento e tumores recidivados. Nas alterações benignas pós-tratamento, há aumento mais lento e contínuo na intensidade do sinal com pouco ou nenhum *washout*, e o tumor mostra pico rápido e *washout* precoce.

A SP fornece parâmetros quantitativos que servem como substitutos na avaliação da microcirculação de vários tumores. É uma medida da passagem do meio de contraste intravascular entre o plasma e o compartimento intersticial de uma lesão, que demonstra desorganização dos vasos sanguíneos. Há relatos de ser útil na previsão da resposta do tumor à terapia, prognóstico pós-tratamento e também para diferenciar tumores benignos e malignos. Há trabalhos que mostram que alterações benignas pós-tratamento na região de cabeça e pescoço têm propriedade significativamente maior de permeabilidade do que os tumores recém-diagnosticados ou tumores recidivados previamente tratados. Os valores de SP da lesão encontrados foram: $2,3 \times 10^4 \pm 5,8 \times 10^4$ para o grupo com câncer recém-diagnosticado; $3,3 \times 10^4 \pm 1,7 \times 10^4$ para o grupo de câncer recorrente; e $4,8 \times 10^4 \pm 8,1 \times 10^4$ para o grupo de alterações benignas pós-tratamento ($p = 0,031$).

Bibliografia sugerida

1. Abdel Razek AA, Kandeel AY, Soliman N, El-Shenshawy HM, Kamel Y, Nada N, et al. Role of diffusion-weighted echo-planar MR imaging in differentiation of residual or recurrent head and neck tumors and posttreatment changes. AJNR Am J Neuroradiol. 2007;28(6):1146-52.
2. Agarwal AK, Kanekar SG. Sybmandibular and sublingual spaces: diagnostic imaging and evaluation. Otolaryngol Clin N Am. 2012;45:1311-23.
3. Aiken AH, Glastonbury C. Imaging Hodgkin and non-Hodgkin lymphoma in the head and neck. Radiol Clin N Am. 2008;48:363-78.
4. Aiken AH. Pitfalls in the staging of cancer of oral cavity cancer. Neuroimag Clin N Am. 2013;23:27-45.
5. Armstrong BD. Lacerations of the mouth. Emerg Med Clin North Am. 2000;18(3):471. Disponível em: http://www.uptodate.com/contents/assessment-and-management-of-intra-oral-lacerations/abstract/2?utdPopup=true.
6. Becker M. Oral cavity, oropharynx, and hypopharynx. Semin Roentgenol. 2000;35(1):21-30.
7. Beil CM, Keberle M. Oral and oropharyngeal tumors. Eur J Radiol. 2008;66(3):448-59.
8. Belfer RA, Ochsenschlager DW, Tomaski SM. Penetrating injury to the oral cavity: A case report and review of the literature. J Emerg Med. 1995;(13):331-5.
9. Capps EF, Kinsella JJ, Gupta M, Bhatki AM, Opatowsky MJ. Emergency imaging assessment os acute, non-traumatic conditions of the head and neck. Radiographics. 2010;30:1335-52.
10. Chauhan N, Guillemaud J, El-Hakim H. Two patterns of impalement injury to the oral cavity: Report of four cases and review of literature. Int J Pediatr Otorhinolaryngol. 2006;70:1479-83.
11. Fang WS, Wiggins RH, Illner A, Hamilton BE, Hedlund GL, Hunt JP, et al. Primary lesions of the root of the tongue. Radiographics. 2011;31:1907-22.
12. Fordham LA, Chung CJ, Donnelly LF. Imaging of congenital vascular and lymphatic anomalies of the head and neck. Neuroimaging Clin N Am. 2000;10(1):117-36, viii.
13. Galbán CJ, Mukherji SK, Chenevert TL, Meyer CR, Hamstra DA, Bland PH, et al. A feasibility study of parametric response map analysis of diffusion-weighted magnetic resonance imaging scans of head and neck cancer patients for providing early detection of therapeutic efficacy. Transl Oncol. 2009;2(3):184-90.
14. Garcia MRT, Passos UL, Ezzedine TA, Zuppani HB, Gomes RLE, Gebrim EMS. Postsurgical imaging of the oral cavity and oropharynx: what radiologists need to know. Radiographics. 2015;35:804-18.
15. Hagiwara M, Nusbaum A, Schmidt BL. MR assessment of oral cavity carcinomas. Magn Reson Imaging Clin N Am. 2012;20:473-94.
16. Harnsberger HR, et al, editors. Diagnostic and surgical imaging anatomy: brain, head and neck, spine. Salt Lake City: Amirsys; 2007. p. 260-291, II.
17. Hermans R, Lenz M. Imaging of the oropharynx and oral cavity. Part I: Normal anatomy. Eur Radiol. 1996;6(3):362-8.
18. Hines N, Lantos G. Herniation of the buccal fat pad into the maxillary antrum: CT findings in three cases. AJNR Am J Neuroradiol. 2006;27(4):936-7.
19. Imaizumi A, Yoshino N, Yamada I, Nagumo K, Amagasa T, Omura K, et al. A potential pitfall of MR imaging for assessing mandibular invasion of squamous cell carcinoma in the oral cavity. AJNR Am J Neuroradiol. 2006;27(1):114-22.
20. Ishiyama M, Richards T, Parvathaneni U, Anzai Y. Dynamic contrast-enhanced magnetic resonance imaging in head and neck cancer: differentiation of new H&N cancer, recurrent disease, and benign post-treatment changes. Clinical Imaging. 2015;39:566-70.
21. King KG, Kositwattanarerk A, Genden E, Kao J, Som PM, Kostakoglu L. Cancers of the oral cavity and oropharynx: FDG PET with contrast-enhanced CT in the posttreatment setting. Radiographics. 2011;31:355-73.
22. Kubal WS. Face and neck infections: what the emergency radiologist needs to know. Radiol Clin N Am. 2015;53:827-46.
23. La Porte SJ, Juttla JK, Lingam RK. Imaging the floor of the mouth and the sublingual space. Radiographics. 2011;31(5):1215-30.
24. Law CP, Chandra RV, Hoang JK, Phal PM. Imaging the oral cavity: key concepts for the radiologist. Brit J Radiol. 2011;84:944-57.
25. Lenz M, Hermans R. Imaging of the oropharynx and oral cavity. Part II: Pathology. Eur Radiol. 1996;6(4):536-49.
26. Ludwig BF, Foster BR, Saito N, Nadgir RN, Castro-Aragon I, Sakai O. Diagnostic imaging in nontraumatic pediatric head and neck Emergencies. Radiographics. 2010;30:781-99.
27. MacDonald AJ, Salzman KL, Harnsberger HR. Giant ranula of the neck: differentiation from cystic hygroma. AJNR Am J Neuroradiol. 2003;24(4):757-61.
28. McDermott M, Branstetter BFt, Escott EJ. What's in your mouth? The CT appearance of comestible intraoral foreign bodies. AJNR Am J Neuroradiol. 2008;29(8):1552-5.
29. Meros AC, Gupta A, Patel MN, Adams DM. 2014 Revised classification of vascular lesions from the International Society for the Study of Vascular Anomalies: Radiologic-Pathologic Update. Radiographics. 2016;36(5):1494-516.
30. Mukherji SK, Pillsbury HR, Castillo M. Imaging squamous cell carcinomas of the upper aerodigestive tract: what clinicians need to know. Radiology. 1997;205(3):629-46.
31. Muraki AL, Mancuso AA, Harnsberger HR, Johnson LP, Meads GB. CT of the oropharynx, tongue base and floor of the mouth: normal anatomy and range of variations and applications in staging carcinoma. Radiology. 1983;148:725-31.
32. Okura M, Iida S, Aikawa T, Adachi T, Yoshimura N, Yamada T, et al. Tumor thickness and paralingual distance of coronal MR imaging predicts cervical node metastases in oral tongue carcinoma. AJNR Am J Neuroradiol. 2008;29(1):45-50.
33. Peter M, Som HDC. Head and neck imaging. 4 ed. Philadelphia: Mosby; 2003.
34. Pinto FR, Alves VAF, Cernea CR, de Mello ES, Matos LL, Palermo FC, , et al. Tratamento cirúrgico do carcinoma epidermoide da cavidade oral e orofaringe no Instituto do Câncer do Estado de São Paulo (ICESP): perfil dos pacientes tratados e resultados oncológicos iniciais. Rev Bras Cir Cabeça Pescoço. 2012;41(2):53-7.
35. Preda L, Chiesa F, Calabrese L, Latronico A, Bruschini R, Leon ME, et al. Relationship between histologic thickness of tongue carcinoma and thickness estimated from preoperative MRI. Eur Radiol. 2006;16(10):2242-8.
36. Queiroz MA, Huller M, Kuhn F, Huber G, Meerwein C, Kollias S, et al. PET/MRI and PET/CT in follow-up of head and neck cancer patients. Eur J Nucl Med Mol Imaging. 2014;41:1066-75.
37. Sigal R, Zagdanski AM, Schwaab G, Bosq J, Auperin A, Laplanche A, et al. CT and MR imaging of squamous cell carcinoma of the tongue and floor of the mouth. Radiographics. 1996;16(4):787-810.
38. Srinivasan A, Meesa IR. Imaging of the oral cavity. Radiol Clin N Am. 2015;53:99-114.
39. Thayil N, Chapman MN, Saito N, Fujita A, Sakai O. Magnetic resonance imaging of acute head and neck infections. Magn Reson Imaging Clin N Am. 2016;24:345-67.
40. Trotta BM, Pease CS, Rasamny JJ, Raghavan P, Mukherjee S. Oral cavity and oropharyngeal squamous cell cancer: key imaging findings for staging and treatment planning. Radiographics: 2011;31:339-54.
41. Wang J, Takashima S, Takayama F, Kawakami S, Saito A, Matsushita T, et al. Head and neck lesions: characterization with diffusion-weighted echo-planar MR imaging. Radiology. 2001;220(3):621-30.
42. Weissman JL, Carrau RL. "Puffed-cheek" CT improves evaluation of the oral cavity. AJNR Am J Neuroradiol. 2001;22(4):741-4.
43. White DK, Davidson HC, Harnsberger HR, Haller J, Kamya A. Accessory salivary tissue in the mylohyoid boutonniere: a clinical and radiologic pseudolesion of the oral cavity. AJNR Am J Neuroradiol. 2001;22(2):406-12.

7

Glândulas salivares

Regina Lúcia Elia Gomes
Marcio Ricardo Taveira Garcia

Introdução

As glândulas salivares são estruturas constituintes do sistema exócrino que produzem e secretam a saliva, cujas funções são a lubrificação e a limpeza das estruturas da cavidade oral (ação mecânica), a umidificação e o início da digestão do bolo alimentar (ação enzimática), proteção das mucosas e integridade dentária (ação bactericida).

São subdivididas em três pares de glândulas maiores – parótidas, submandibulares e sublinguais – e em glândulas salivares menores, que representam grupamentos de ácinos distribuídos pela submucosa do trato aerodigestivo superior. Esses órgãos apresentam peculiaridades anatômicas, topográficas e estruturais identificadas nos exames de imagem seccional e que podem variar de acordo com o metabolismo e com a faixa etária dos indivíduos.

As glândulas salivares são mais frequentemente acometidas por processos infecciosos e inflamatórios e consequentemente avaliadas preferencialmente por ultrassonografia (USG) no momento inicial após a consulta clínica e o exame físico. Entretanto, a avaliação do comprometimento cervicofacial mais profundo das alterações inflamatórias e de lesões nodulares focais (a Organização Mundial da Saúde – OMS – lista uma grande variedade de neoplasias malignas e benignas) pode ser realizada por meio de outros métodos de diagnósticos por imagem, como tomografia computadorizada (TC), ressonância magnética (RM) (sequências anatômicas e funcionais) e medicina nuclear (cintilografia, TC e RM por emissão de pósitrons – PET/CT e PET/RM).

Anatomia e variações anatômicas

Glândulas parótidas

As glândulas parótidas são os principais órgãos dos espaços parotídeos e estão delimitadas superiormente pelos arcos zigomáticos, posteriormente pelos ápices das mastoides e pelos condutos auditivos externos, anteriormente pelos espaços mastigatórios e medialmente pelo ventre posterior do músculo digástrico, pelo processo estiloide e por outros músculos, isolando-as do espaço carotídeo. Não há um reparo anatômico bem definido para seu limite inferior, que pode variar entre os indivíduos, mas dificilmente ultrapassa a margem inferior do corpo mandibular.

A glândula está completamente revestida pela camada superficial da fáscia cervical profunda, que forma o ligamento estilomandibular em seu contorno mais inferior (cauda), separando-a da glândula submandibular. Há duas outras peculiaridades sobre o envolvimento capsular da glândula parótida. A primeira é o efeito compartimental que essa estrutura pode ocasionar durante processos inflamatórios ou expansivos, resultando em dor local. O outro é a presença de sistema linfático e de linfonodos no interior da glândula, por causa do encapsulamento mais tardio na vida fetal do que nas glândulas submandibulares e sublinguais. Esses linfonodos drenam sua linfa para os linfonodos periparotídeos (superficiais ao músculo esternocleidomastóideo) e para os níveis cervicais II e VA.

As parótidas são as glândulas salivares com as maiores dimensões, produzindo então a maior quantidade de saliva. A saliva produzida por elas é predominantemente serosa, rica em albumina, e é secretada mediante um estímulo alimentar, sendo responsável pelo início da digestão do bolo alimentar. Há uma rede de ductos terciários e secundários no interior da glândula, que coleta a saliva e a drena para um ducto principal, denominado de Stenon ou Stensen. Este se estende anteriormente, da porção superficial da glândula até a cavidade oral, abaixo do arco zigomático e superficialmente ao músculo masseter, perfurando o músculo bucinador e abrindo seu óstio na mucosa jugal da cavidade oral, no plano do segundo molar superior. A extensão completa do ducto mede aproximadamente 7,0 cm. Quando o óstio do ducto está incompetente, mediante o aumento de pressão aérea na cavidade oral, podemos identificar o preenchimento gasoso retrógrado do mesmo, denominado pneumoparótida. Essa alteração pode ocasionar aumento volumétrico abrupto da glândula, sem estar necessariamente relacionado a um processo inflamatório. A condição é mais frequente em músicos de instrumento de sopro e em fabricantes de peças de vidro com o sopro. Em cerca de 20% dos indivíduos, podemos identificar um prolongamento anterior de tecido parotídeo acessório, destacado do restante da glândula e envolvendo o ducto de Stenon, denominado lobo anterior. Em geral, há um ducto principal desse lobo, que se conflui com o ducto de Stenon. Quando o lobo anterior é palpável e apresenta uma morfologia nodular, pode ser confundido com lesão expansiva (Figura 1).

A glândula é virtualmente separada em duas porções, uma superficial e outra profunda, sendo os principais reparos anatômicos o ramo vertical da mandíbula e o trajeto do tronco do nervo facial em seu interior. Após o trajeto no interior do osso temporal e sua saída pelo forame estilomastóideo, o nervo facial apresenta um trajeto lateral ao processo estiloide e ao ventre posterior do músculo digástrico, penetrando na glândula parótida pelo seu contorno posterior. A divisão do nervo em seus principais ramos (temporal, zigomático, bucal, mandibular e cervical) ocorre no interior da glândula, em situação lateral à veia retromandibular. O reconhecimento do provável trajeto do nervo facial, a partir da topografia da veia retromandibular, da artéria carótida externa, do ramo da mandíbula e do processo estiloide (linha imaginária entre a superfície lateral do ventre posterior do músculo digástrico e a superfície lateral do ramo mandibular) é muito importante na avaliação de seu possível envolvimento por lesões expansivas no interior da parótida. Novas sequências volumétricas de RM com alta resolução e ponderadas em T2 estão sendo colocadas em prática para a identificação do trajeto do tronco do facial e de suas divisões no interior da glândula parótida.

Duas estruturas vasculares são anatomicamente relevantes no espaço parotídeo. A primeira é o segmento distal da artéria carótida externa, que adentra o aspecto posteromedial profundo da glândula parótida e origina o ramo auricular posterior, antes de se dividir nos ramos maxilar e temporal superficial. A segunda é a veia retromandibular, formada pela confluência das veias temporal superficial e maxilar, que se localiza entre o nervo facial e a artéria carótida externa. Essa veia se conflui na maioria das pessoas com a veia facial superficial, após emergir do polo inferior da glândula, originando a veia jugular externa.

Além do nervo facial, merece destaque a inervação simpática vasoconstritora, proveniente do plexo carotídeo, e a parassimpática secretomotora, oriunda do nervo glossofaríngeo e do nervo auriculotemporal, que é ramo do nervo trigêmeo. A síndrome auriculotemporal ou su-

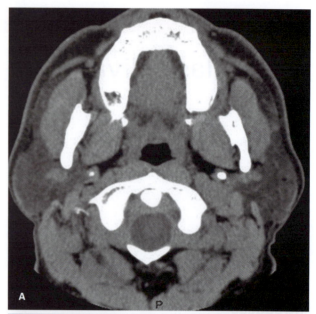

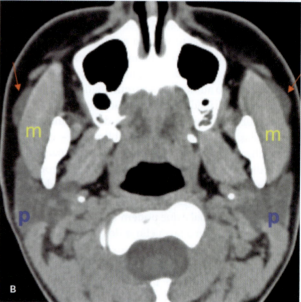

Figura 1 Tomografia computadorizada axial sem meio de contraste mostra o prolongamento anterior das glândulas parótidas, lateralmente aos músculos masseteres, no trajeto dos ductos de Stenon (A) e lobos acessórios (setas) separados das glândulas (B).

dorese gustatória (síndrome de Frey) é causada pela regeneração de fibras secretomotoras lesadas durante uma parotidectomia e direcionadas às glândulas sudoríparas do local. Sendo assim, o estímulo do nervo glossofaríngeo durante a refeição resulta em sudorese facial aumentada apenas no local da glândula afetada.

Glândulas submandibulares

As glândulas submandibulares estão localizadas nos espaços submandibulares, superficiais à face externa do músculo milo-hióideo e abaixo e medial ao corpo da mandíbula. Apesar de serem consideradas partes integrantes da cavidade oral, estão separadas do assoalho bucal, em situação lateral aos músculos hioglossos e superficiais aos trajetos dos nervos hipoglossos e linguais. A glândula submandibular é dividida em uma porção superficial, localizada no espaço submandibular, e outra profunda, que se insinua anteriormente acima do músculo milo-hióideo, para o interior do espaço sublingual. Essas porções são, portanto, "separadas" pela margem posterior do músculo milo-hióideo. O lobo profundo toca o músculo hioglosso e mantém contato com os nervos lingual e hipoglosso quando estes adentram o assoalho bucal.

O ducto submandibular principal ou ducto de Wharton emerge do contorno inferior da glândula, acompanha o trajeto da porção profunda no espaço sublingual em direção anterior, medial e cranial e abre seu óstio lateralmente ao freio lingual nas carúnculas, no aspecto mais anterior do assoalho bucal, imediatamente atrás dos dentes incisivos inferiores. A formação preferencial de cálculos dentários (tártaro) na face lingual desses elementos dentários, ocasionada pela mineralização por cálcio da placa bacteriana, está relacionada à localização dos óstios desses ductos, à excreção salivar dessas glândulas, que é contínua (salivação basal), e à composição mista, com predomínio de componente seroso (seromucosa). O ducto é inelástico e sua obstrução pode causar dor. A porção terminal do ducto de Wharton está em íntimo contato com a glândula sublingual (primeiro com a face inferior da metade posterior e em seguida com a face medial da metade anterior) e pode receber o ducto sublingual maior, ou ducto de Bartholin, antes de chegar a seu óstio. O ducto de Wharton, juntamente aos nervos hipoglosso e lingual, está lateralmente separado da artéria e das veias linguais pelo músculo hioglosso. A inervação parassimpática sialogoga é proveniente dos nervos facial e glossofaríngeo e a simpática é proveniente do plexo carotídeo.

Uma variação anatômica que podemos encontrar nos exames de imagem, mais comumente em radiografias panorâmicas de mandíbula, é o defeito ou cisto ósseo de Stafne, que consiste em uma depressão na face cortical lingual da mandíbula, ocasionada pela impressão óssea lenta e persistente da glândula (remodelamento ósseo por ativação osteoclástica deflagrada pela impressão do parênquima glandular). Essas "lesões" são radiolúcidas, bem delimitadas e estáveis na região posterior da mandíbula, abaixo do canal mandibular. O diagnóstico diferencial inclui cisto periapical, cisto dentígero, síndrome do nevus de células basais e hiperparatireoidismo e pode ser facilmente realizado por TC sem contraste.

A glândula submandibular possui drenagem linfática para os linfonodos submandibulares adjacentes, no nível IB, mas não possui linfonodos em seu interior. Um reparo anatômico útil na interpretação de imagens nodulares no espaço submandibular é a veia facial anterior. Como seu trajeto ocorre entre a glândula submandibular e os linfonodos adjacentes, as lesões primárias da glândula deslocam a veia para longe da glândula, ao contrário dos linfonodos e outras lesões extraglandulares, que comprimem a veia contra a glândula. As lesões primárias da glândula devem estar em contiguidade com o restante do parênquima glandular, sem a interposição de nenhuma estrutura entre elas.

Glândulas sublinguais

As glândulas sublinguais são alongadas e fusiformes e ocupam a maior parte dos espaços sublinguais, abaixo da mucosa do assoalho bucal, medialmente ao leito sublingual da mandíbula, superiormente ao músculo milo-hióideo e lateralmente ao ducto de Wharton, ao nervo lingual e ao músculo genioglosso. Entre as glândulas salivares maiores, as sublinguais são as menores e contribuem apenas com 5% do fluxo salivar em repouso. Sua saliva é excretada através de vários ductos curtos e pequenos diretamente no assoalho bucal ou através do ducto de Bartholin no ducto de Wharton. A drenagem linfática da glândula é direcionada para os linfonodos submentonianos (nível IA) e sublinguais.

O tamanho da glândula sublingual se reduz com a idade, porém sua atenuação/intensidade de sinal, bem como a da glândula submandibular, não se altera com a idade, ao contrário do que ocorre com a glândula parótida, que frequentemente é lipossubstituída.

Uma variação anatômica comum e facilmente perceptível à TC e à RM é o defeito do músculo milo-hióideo, descrito em até 77% dos indivíduos. Por meio desse defeito, é possível identificar parte do parênquima glandular sublingual herniado para o espaço submandibular (Figura 2), bem como rânula profunda ou mergulhante. Um diagnóstico diferencial é a presença de tecido salivar ectópico, mais frequentemente de uma glândula submandibular acessória, que está descontínua das glândulas submandibular e sublingual, e apresenta um ducto principal que se comunica com o terço anterior do ducto de Wharton. O tecido proveniente da glândula sublingual é mais anterior, menor e de limites mais imprecisos, enquanto a glândula submandibular acessória é maior, geralmente capsulada e mais posterior.

Glândulas salivares menores

As glândulas salivares menores estão distribuídas pela submucosa do trato aerodigestivo superior, inclusive no interior dos seios paranasais, e estão mais concentradas na cavidade oral, principalmente na transição entre os palatos duro e mole, nos lábios e na mucosa jugal. Elas não são capsuladas e podem estar localizadas profundamente à musculatura nos lábios e na língua.

As glândulas localizadas no aspecto lateral da língua, nos lábios e na mucosa jugal são seromucosas, enquanto as localizadas na face ventral da língua, no palato e nas regiões glossofaríngea e retromolar são predominantemente mucosas. Essas glândulas são mais escassas no aspecto anterior do palato duro anterior e na gengiva.

Quando heterotópicas, elas podem ser encontradas em linfonodos intraparotídeos, na orelha média, no pescoço, na mandíbula e no conduto auditivo externo.

Anomalias congênitas

A ausência congênita das glândulas salivares é uma condição infrequente, que afeta as glândulas parótidas ou submandibulares e pode estar associada a múltiplas anomalias do desenvolvimento, especialmente na face (Figura 3). O padrão mais comum é a agenesia de uma das glândulas submandibulares, que pode estar associada a hipertrofia da glândula contralateral (caso de agenesia unilateral), ou da glândula sublingual ipsilateral, que pode simular massa, principalmente quando há herniação da glândula sublingual por um defeito no músculo milo-hióideo. Pode estar associada a defeitos do primeiro arco branquial na síndrome de Treacher-Collins ou a anomalias orbitárias como hipoplasia lacrimal, atresia canalicular e ausência do ponto lacrimal, além da síndrome lacrimoauriculodentodigital, caracterizada por hipoplasia, aplasia ou atresia do sistema lacrimal, surdez e malformações da orelha e anomalias dentárias e digitais.

Anomalias do primeiro aparelho branquial podem acometer as glândulas parótidas na forma de cistos branquiais intraparotídeos. Esses cistos podem estar localizados superficial ou profundamente ao nervo facial e estão mais bem descritos no Capítulo "Miscelânea".

Outras alterações congênitas que podem acometer as glândulas salivares são as fístulas salivares, apesar de serem mais comuns após traumas. A maioria das fístulas salivares apresenta origem nas glândulas parótidas,

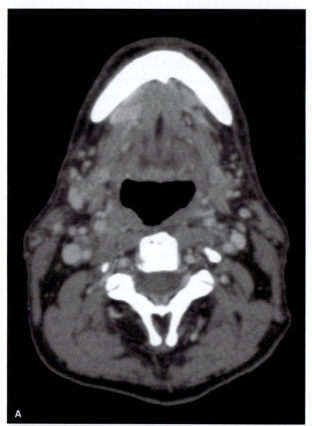

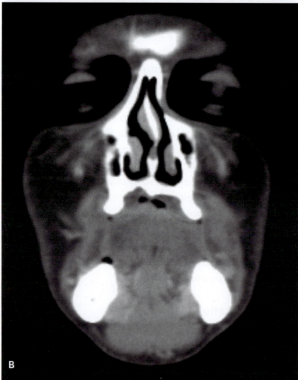

Figura 2 Defeito do músculo milo-hióideo. Tomografia computadorizada axial (A) e coronal (B) mostra o defeito do músculo milo-hióideo à direita, com herniação de parte da glândula sublingual para o espaço submandibular.

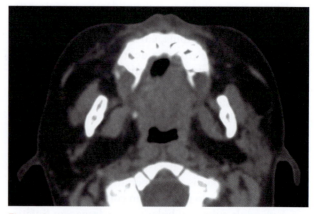

Figura 3 Agenesia da glândula parótida direita. Tomografia computadorizada axial evidencia ausência da imagem habitual da glândula parótida direita.

submandibulares ou em glândulas ectópicas e, menos provavelmente, em glândulas parótidas acessórias ou em ductos principais aberrantes. Cursam clinicamente com a drenagem de saliva ou de conteúdo purulento para a pele ou para a cavidade oral. Estudos por fistulografia e sialografia auxiliam no diagnóstico e no planejamento cirúrgico dessa alteração.

Anomalias vasculares, que podem ser mistas ou predominantemente venosas, linfáticas ou arteriovenosas, também podem envolver o parênquima das glândulas salivares maiores, assim como a pele e planos musculoadiposos adjacentes. Há destaque para as anomalias linfáticas, que mais frequentemente acometem a região da cabeça e pescoço, sobretudo o triângulo posterior e a região supraclavicular. Aproximadamente 65% dessas anomalias estão presentes ao nascimento, e 90% são detectadas até os 2 anos de vida. As principais complicações são infecção ou hemorragia, podendo resultar em paralisia facial na topografia das glândulas parótidas. Nos exames de TC e RM, são heterogêneas, com áreas císticas, níveis líquidos, septações e áreas sólidas, que podem realçar. Essas anomalias também estão descritas em detalhes no Capítulo "Miscelânea".

Alterações inflamatórias (sialoadenites) e associadas

Sialoadenites representam todos os processos inflamatórios que acometem as glândulas salivares, mas quando acometem as glândulas parótidas são denominadas parotidites. Geralmente causam dor local e aumento de volume e redução do fluxo salivar da glândula acometida. As sialoadenites podem ser agudas ou crônicas e são as afecções mais comuns das glândulas salivares. A principal causa é infecciosa viral ou bacteriana, mas outros agentes também podem ocasionar a infecção glandular. Além de infecção, causas obstrutivas ductais que dificultem a excreção da saliva, como cálculos salivares, processos fibrocicatriciais ou tumores, medicações e doenças autoimunes também podem ocasionar sialoadenites. A soma de problemas secretórios e excretórios da saliva torna a glândula mais suscetível à infecção.

Sialodoquite é o nome dado à inflamação do ducto principal e dos ductos intraglandulares maiores. Sialodoquiectasia é a dilatação do ducto principal, geralmente acompanhada por sialectasia, que é a dilatação dos ductos terciários intraglandulares.

Sialoadenites agudas

Sialoadenite infecciosa primária

As infecções primárias são mais comuns nas glândulas parótidas, apesar de poderem acometer as glândulas submandibulares e linguais. As infecções agudas podem ser virais ou bacterianas.

Entre as infecções virais, destaca-se a parotidite viral infecciosa, também chamada de caxumba, que é causada pelo *Paramyxovírus*, possui um período de incubação de 2 a 3 semanas, pode ser bilateral em até 20% das vezes e ocasionar febre, cefaleia, calafrio, astenia, mialgia e disfagia (Figura 4). Os casos mais graves podem evoluir para meningite ou surdez e em alguns pacientes a infecção pode acometer as gônadas (ovários e testículos), ocasionando esterilidade. Outros vírus podem causar sialoadenites, como citomegalovírus, *Coxsackie*, Epstein-Barr e *influenza* vírus. Em muitos casos, as sialoadenites virais estão acompanhadas de linfonodos aumentados em número e dimensões em diversas cadeias cervicais.

Os agentes mais comuns das sialoadenites agudas bacterianas são *Staphylococcus aureus* (aproximadamente 80%), *Streptococcus viridans*, *S. pneumoniae* e *S. pyogenes*, *Haemophilus influenza* e *Escherichia coli*. Alguns fatores

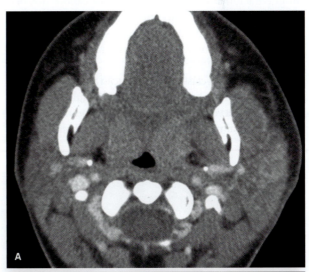
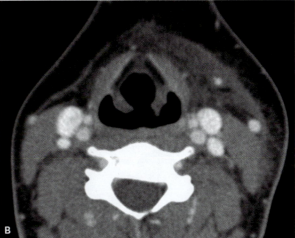

Figura 4 Parotidite esquerda. Tomografia computadorizada axial pós-contraste mostra a glândula parótida esquerda aumentada e com realce heterogêneo (A), com espessamento e densificação dos planos musculoadiposos adjacentes (B).

favorecem a infecção bacteriana, como: redução do fluxo salivar, estase e má higiene oral (fatores locais), desidratação, diabetes, alcoolismo, alterações autoimunes e outras causas de imunossupressão (fatores sistêmicos). Admite-se que essas infecções possam ser retrógradas, a partir de agentes da cavidade oral.

Uma das complicações da infecção bacteriana é a formação de abscessos no interior das glândulas salivares, que se apresentam como uma coleção organizada e delimitada por uma parede espessa (Figura 5).

Sialoadenite por sialolitíase

A afecção mais comum das glândulas salivares é a sialolitíase, sendo responsável por 75% dos casos de obstrução dos ductos salivares. Apenas 25% das obstruções ductais são causadas por outras estenoses, sem evidência de cálculos. As glândulas mais acometidas são as submandibulares (80-90%), por conta da composição mista (seromucosa) e mais alcalina de sua saliva, da orientação antigravitacional de seu fluxo, do menor calibre dos orifícios dos ductos principais em relação aos seus lumens e do fluxo salivar contínuo. Entre esses cálculos, 80% são radiopacos e facilmente detectáveis à radiografia e à TC (Figura 6).

A apresentação clássica da obstrução aguda é o aumento volumétrico súbito e doloroso da glândula por ingurgitamento da árvore ductal e edema parenquimatoso pós-prandial, geralmente intermitente e com redução gradual entre 2 e 3 horas (Figura 7). Outros sintomas podem estar associados, como sinais flogísticos na região (edema, calor e rubor), drenagem purulenta pelo óstio glandular e linfonodomegalias regionais. Quando não há a desobstrução do ducto, o quadro clínico pode se tornar crônico (Figura 8). As complicações incluem estenose ductal, sialoadenite aguda ou crônica, atrofia glandular, infecção secundária, mucocele e pseudotumor de Kuttner.

Sialoadenite induzida por iodo

O processo inflamatório das glândulas parótidas após a injeção intravenosa do meio de contraste iodado (iônico ou não iônico) é uma reação adversa grave. Essa entidade, também chamada de "caxumba por iodo", pode ser decorrente de uma reação idiossincrásica ou estar relacionada ao acúmulo tóxico de iodo no sistema ductal das glândulas salivares. Apenas 2% de todo o iodo excretado não será eliminado pelos rins, mas sim por outros órgãos, como glândulas salivares, axilares (sudoríparas) e lacrimais. A alta concentração de iodo nas glândulas induz a inflamação do parênquima glandular, com edema mucoso, obstrução ductal e inchaço da glândula.

A sialoadenite induzida pelo meio de contraste iodado pode ocorrer em pacientes com função renal normal por conta de um mecanismo anafilactoide após um curto intervalo (5 minutos a 24 horas), ou em pacientes com insuficiência renal, em razão de um efeito tóxico com início tardio (1 a 5 dias).

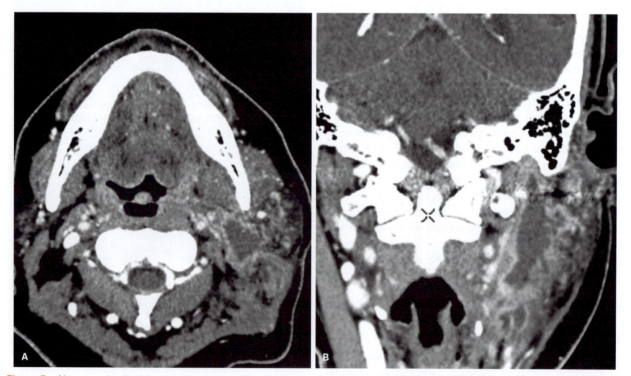

Figura 5 Abscesso da glândula parótida esquerda. Tomografia computadorizada axial (A) e coronal (B) mostrando aumento da glândula parótida esquerda, com coleção organizada na porção profunda, que apresenta parede espessada com realce pelo meio de contraste, compatível com abscesso.

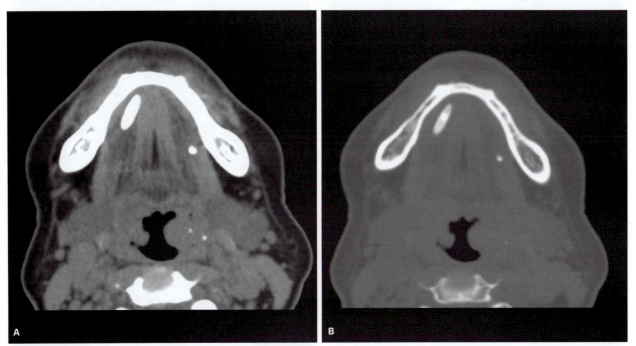

Figura 6 Sialolitíase submandibular bilateral. Tomografia computadorizada axial com janela de partes moles (A) e janela óssea (B) sem meio de contraste mostra formação alongada com densidade cálcica no terço anterior do ducto de Wharton direito e outra pequena formação semelhante no terço médio do ducto de Wharton esquerdo.

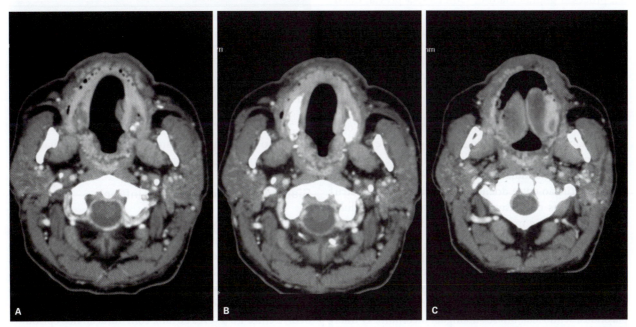

Figura 7 Sialoadenite aguda por sialolitíase. Tomografia computadorizada axial pós-contraste mostra cálculo obstruindo o ducto de Stenon esquerdo (A), com dilatação deste (B) e sinais de sialoadenite aguda da respectiva glândula parótida (C), caracterizados por aumento volumétrico e realce mais intenso que na contralateral.

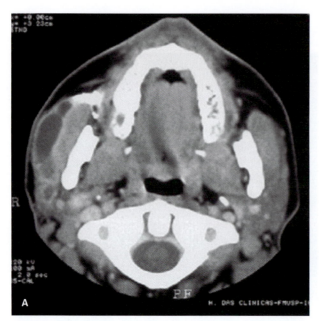

Figura 8 Sialoadenite crônica por litíase. Tomografia computadorizada axial mostra cálculo volumoso obstruindo e dilatando o ducto de Stenon direito, com realce periférico deste e redução volumétrica da glândula parótida.

Sialoadenite crônica

Doenças inflamatórias crônicas das glândulas salivares maiores podem estar relacionadas a infecção bacteriana, processo granulomatoso, radioterapia prévia, doenças autoimunes ou idiopáticas. As sialoadenites crônicas frequentemente ocorrem pelo prolongamento do quadro clínico agudo causado por cálculos (sialolitíase) ou agentes bacterianos. Outras causas são malformações (congênitas) ou distorções com estenose (sequelas de processo inflamatório ou cicatricial) do sistema ductal, levando a estase salivar e ectasia ductal. Doenças crônicas e sistêmicas debilitantes, tabagismo e etilismo, má higiene oral, atrofia glandular (senil, patológica ou actínica) e redução do fluxo salivar também podem ser causas de processos inflamatórios glandulares crônicos. Atenção deve ser dada à distinção entre doenças obstrutivas e não obstrutivas, sendo as obstrutivas mais comuns nas glândulas submandibulares e muitas vezes causadas por neoplasias da cavidade oral (Figura 9).

Pacientes com sialoadenite crônica podem apresentar quadros persistentes ou recorrentes de inchaço salivar pela estenose ou obstrução mecânica ductal. A maioria dos cálculos remanescentes (10-20%) é encontrada nas glândulas parótidas, sendo sialolitíase sublingual incomum. O tratamento inicial é clínico, mas tratamentos cirúrgicos menos invasivos sob orientação radiológica ou por sialoendoscopia com extração do cálculo, litotripsia e sialoplastia da estenose têm sido mais frequentemente utilizados. Os tratamentos cirúrgicos com remoção dos cálculos por acesso intraoral ou até mesmo a excisão da glândula e de todo o ducto são mais indicados para os pacientes com quadro álgico ou aumento glandular intratáveis.

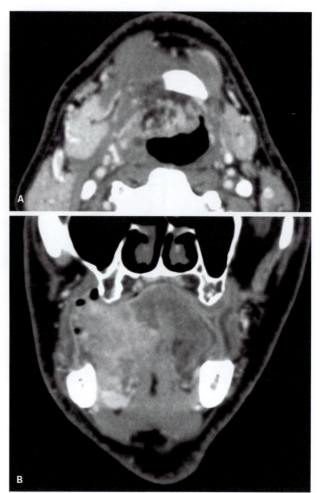

Figura 9 Sialoadenite crônica obstrutiva por tumor no assoalho bucal. Tomografia computadorizada (TC) axial (A) mostra ectasia do ducto de Wharton direito e aumento do realce da glândula submandibular direita. TC coronal (B) mostra o tumor no assoalho bucal à direita, infiltrando a glândula sublingual e o ducto de Wharton anterior.

Sialoadenite recorrente da infância

Corresponde à segunda doença inflamatória mais comum das glândulas salivares na infância, depois da parotidite viral, sendo a etiologia desconhecida e a história natural variável. A incidência mais alta ocorre entre 3 e 6 anos de idade, discretamente maior em meninos e com tendência à resolução do quadro com a puberdade. A recorrência ocorre entre 1 e 5 vezes ao ano, com duração dos episódios entre 3 e 7 dias, com resolução espontânea, sem tratamento. Pode haver persistência do quadro até a idade adulta.

O diagnóstico é realizado pela caracterização de episódios recorrentes de edema parotídeo, unilateral ou bilateral (apesar de o envolvimento bilateral ser mais comum, a apresentação de inchaço tende a ser unilateral) e com ou sem dor, associada à identificação de sialectasia por sialografia convencional, sialografia digital, USG, RM ou sialoendoscopia. A sialografia mostra sialectasias puntiformes com pontos de estenose, mas sem evidência de obstrução. Os achados ultrassonográficos são os de múltiplos nódulos pequenos (0,1 a 0,3 cm) hipo ou anecoicos. Embora a RM e a sialo-RM não substituam a USG e não alterem o manejo do paciente, elas podem identificar as sialectasias e as alterações parenquimatosas de sinal mais precocemente, sendo um excelente método de avaliação não invasiva do sistema ductal salivar.

Doença da glândula salivar associada ao HIV (DGS-HIV)

A infecção sistêmica pelo vírus HIV pode ocasionar um aumento linfoproliferativo das glândulas salivares, com disfunção salivar (DGS-HIV). O acometimento salivar ocorre em ambas as parótidas de pacientes com a síndrome da imunodeficiência adquirida (aids), podendo ser a primeira manifestação dessa doença. As glândulas parótidas apresentam-se com as dimensões aumentadas em 5% dos pacientes HIV+, à custa de formações císticas e algumas vezes sólidas, sendo o conjunto denominado de doença parotídea linfoepitelial benigna. Nos exames de TC e RM, são identificadas lesões císticas múltiplas (uni ou bilaterais) de paredes finas e conteúdo denso, que podem ou não conter componentes sólidos (Figura 10). Ocasionalmente o HIV pode causar um único cisto grande e unilateral. A incidência de malignidade é de 1% na doença cística e de 40% nas lesões sólidas no HIV (linfoma ou sarcoma de Kaposi) e pode haver linfonodomegalias associadas.

Apesar do aumento volumétrico das parótidas, o fluxo salivar geralmente está diminuído (xerostomia). Esse achado pode ser decorrente da infecção primária pelo HIV, mas também pode ser decorrente de infecção por citomegalovírus (CMV) ou ainda por medicamentos com atividade anticolinérgica. Pode haver a associação com olhos secos e artralgias, sendo a síndrome de Sjögren um dos principais diagnósticos diferenciais. Apesar de haver muitas semelhanças clínicas e anatomopatológicas entre a síndrome de Sjögren e a DGS-HIV, nesta última o HIV pode ser detectado na saliva. O acometimento das glândulas submandibulares é raro.

O principal diagnóstico diferencial é a doença policística da glândula parótida (rara), mais frequentemente bilateral e em mulheres, sem associação com a doença policística de outros órgãos, como fígado, rins e pâncreas. Os exames de imagem mostram permeação do parênquima glandular por áreas císticas e escassez de parênquima preservado.

Sialoadenites granulomatosas

As doenças granulomatosas podem afetar as glândulas salivares pelo acometimento dos vasos linfáticos e dos linfonodos intraparotídeos. Na maioria dos casos a doença é assintomática e progressiva, com aumento gradual do volume glandular, podendo ser confundida com neoplasia. As causas granulomatosas podem ser infecciosas (doença da arranhadura do gato, tuberculose, micobacteriose atípica, actinomicose, escleroma, sífilis, linfogranuloma venéreo, hanseníase, tularemia, brucelose, toxoplasmose, fungos) ou idiopática (sarcoidose).

Doença da arranhadura do gato

A arranhadura de um gato doméstico pode ocasionar a inoculação da bactéria *Bartonella henselae* na pele do indivíduo, geralmente em crianças ou adultos jovens. Apenas um terço dos pacientes apresentam febre alta. A doença é autolimitada, com duração de 2 a 4 meses. Na maioria dos casos, o local envolvido é a face, com acometimento da pele e de linfonodos intraparotídeos, periparotídeos ou submandibulares. Histologicamente há hiperplasia de células reticulares, com formação de granulomas e microabscessos no interior dos linfonodos, podendo haver a confluência em abscessos maiores com a progressão da doença. O diagnóstico deve ser suspeitado pelo radiologista quando houver linfonodomegalias e/ou linfadenites em uma criança com história de arranhadura ou outra laceração cutânea.

Tuberculose

O envolvimento das glândulas salivares pela tuberculose é raro, sendo mais encontrado o acometimento

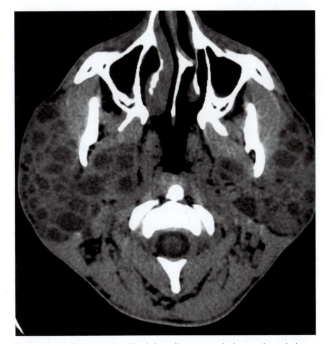

Figura 10 Doença da glândula salivar associada ao vírus da imunodeficiência humana (HIV). Tomografia computadorizada axial mostra múltiplas formações císticas nas glândulas parótidas de paciente com aids.

parotídeo unilateral pela infecção primária, a partir de um foco tonsilar ou dentário. A tuberculose secundária ocorre pela disseminação de bacilos provenientes da reativação de um foco pulmonar e tende a comprometer mais as glândulas submandibulares e sublinguais do que as parótidas. Em ambas as situações, a apresentação pode ser aguda, simulando infecções piogênicas, ou crônica, sendo confundida com neoplasias ou envolvendo a pele adjacente e formando fístulas. A infecção pode acometer tanto o parênquima das glândulas salivares maiores quanto os linfonodos adjacentes ou o sistema linfático intraparotídeo. À TC, a glândula acometida está com as dimensões e a atenuação aumentadas e múltiplos microabscessos (granulomas caseosos) esparsos. Os linfonodos adjacentes também podem apresentar abscessos caseosos e calcificações podem estar presentes na glândula e nos linfonodos comprometidos.

O tratamento clínico medicamentoso pode não ser eficaz, devendo ser indicada a excisão cirúrgica com preservação do nervo facial (o envolvimento neural é raro). Sintomas como febre baixa, sudorese vespertina ou noturna e perda ponderal também podem ocorrer no comprometimento salivar. Outras micobacterioses (atípicas) também podem infectar as glândulas salivares.

Sarcoidose

A sarcoidose é uma doença granulomatosa idiopática, um diagnóstico de exclusão. É 10 a 20 vezes mais frequente em pacientes negros do que em brancos. O diagnóstico é baseado nos níveis elevados da enzima conversora de angiotensina. O acometimento salivar (10-30%) pode ou não estar associado ao quadro sistêmico da doença e costuma se manifestar em indivíduos da terceira ou quarta décadas de vida com aumento doloroso da parótida, que pode ser bilateral (83%) e multinodular ou difuso pelo parênquima glandular. Eventualmente pode ocorrer o acometimento das glândulas submandibular, lingual e lacrimal, ou ainda de glândulas salivares menores. O comprometimento difuso das glândulas salivares pode ocasionar xerostomia e a realização de biópsia transbrônquica e de glândula salivar menor pode ser útil na diferenciação etiológica entre a sarcoidose e a síndrome de Sjögren.

Os achados faciais podem vir acompanhados de febre, prostração, fraqueza, náusea e sudorese noturna, com duração de dias a semanas. Uma forma particular de sarcoidose, a síndrome de Heerfordt ou febre uveoparotídea (patognomônica da doença), é caracterizada por uveíte, aumento das parótidas e paralisia facial – manifestação neurológica mais comum da sarcoidose, que acomete 6% dos pacientes e pode ser confundida com infiltração por neoplasia. A presença de massas parotídeas em crianças também admite o diagnóstico diferencial com sarcoidose.

Os achados de imagem são inespecíficos, demonstrando nódulos intraparotídeos homogêneos bilaterais com aumento múltiplo e bilateral de linfonodos cervicais, sendo o linfoma o principal diagnóstico diferencial. A cintilografia com gálio-67 pode apresentar o clássico "sinal do panda", por causa da captação aumentada e bilateral das glândulas lacrimais e parótidas. Já a captação em linfonodos mediastinais e hilares resulta no "sinal do lambda".

Sialoadenite granulomatosa por depósito de cristais

Depósitos de cristais podem ser identificados em meio ao parênquima das glândulas salivares em associação com tumores e cistos. Apesar de raramente ocasionarem reação granulomatosa, mimetizando processos inflamatórios ou neoplasias, há relato na literatura de paciente que apresentou aumento parotídeo indolor e progressivo, com formação nodular de limites imprecisos e realce heterogêneo na TC, sugestiva de neoplasia. A análise histológica mostrou granulomas com reação de corpo estranho, apresentando cavitações com cristais nos espaços intra e extracelulares.

Escleroma

Escleroma é uma doença granulomatosa crônica que afeta o trato respiratório superior. O organismo causador é a *Klebsiella rhinosclermatis*, que é uma bactéria Gram-negativa. Geralmente se inicia no nariz e pode progredir para envolver a laringe, a faringe e outras regiões como as glândulas parótidas. É mais frequente da segunda à quarta décadas de vida. A imagem demonstra aumento difuso das glândulas parótidas ou uma lesão focal, simulando tumor parotídeo.

Sialoadenite crônica esclerosante – doença relacionada à IgG4

A sialoadenite crônica esclerosante, também chamada de pseudotumor de Kuttner, pode ser secundária à sialolitíase, a um processo autoimune ou ser idiopática. Ela causa um espessamento focal e endurecido do parênquima, preferencialmente na porção superficial da glândula submandibular (pode acometer a porção profunda da submandibular ou até mesmo outras glândulas), e frequentemente é confundida com neoplasia (Figura 11). Recentemente houve a correlação causal dessa forma de sialoadenite crônica com o aumento sérico dos níveis da imunoglobulina G4 (IgG4), favorecendo a etiologia imunomediada dessa entidade. Apesar de o aumento do valor sérico dessa imunoglobulina favorecer o diagnóstico, ele não é essencial para o estabelecimento do diagnóstico, mas sim a confirmação histológica. Outras doenças da região da cabeça e pescoço, denominadas anteriormente pseudotumor inflamatório orbitário, tireoidite de Hashimoto, tireoidite de Riedel e hipofisite, foram agrupadas em uma única entidade relacionada ao aumento sistêmico da IgG4, chamada de doença relacionada à IgG4. Entre

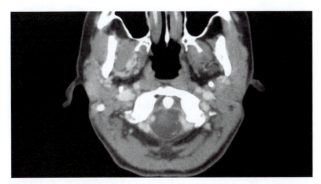

Figura 11 Sialoadenite esclerosante (Kuttner). Tomografia computadorizada axial pós-contraste mostra a glândula parótida direita reduzida, com área nodular mal delimitada e mais contrastante no aspecto posterior da porção superficial.

as características de imagem destacam-se a atenuação e o realce homogêneos na TC dos tecidos infiltrados e o baixo sinal em T2 em razão da alta celularidade.

Mucocele e rânula

Mucoceles ou cistos de retenção das glândulas salivares são cistos verdadeiros ocasionados pela obstrução de um ducto salivar por cálculo, estenose, cirurgia ou trauma. São mais comuns nas glândulas submandibulares e são chamados de rânulas quando ocorrem nas glândulas sublinguais.

As rânulas podem ser simples, quando estão restritas aos espaços sublinguais, ou mergulhantes, quando se estendem posteriormente aos espaços submandibulares, contornando a margem posterior do músculo milo-hióideo (Figura 12). A descompressão dessas rânulas nos espaços sublinguais também pode ocorrer por meio de defeitos no músculo milo-hióideo, dirigindo-se para o aspecto mais anterior do espaço submandibular ou para a região submentoniana. As rânulas simples são identificadas clinicamente como formações císticas translúcidas no assoalho bucal anterior e as mergulhantes como lesões amolecidas nas regiões submandibulares.

Avaliação das sialoadenites por exames de TC e RM

Tomografia computadorizada

Apesar de a USG ser o método inicial de avaliação por imagem nos casos de aumento das glândulas salivares por suspeita de sialoadenite e de a sialografia convencional evidenciar melhor a árvore ductal intra e extraglandular, a TC, principalmente se for realizada em aparelho de multidetectores e com baixa dose de radiação, surge como um excelente exame complementar para essas situações. Além de não ser contraindicada nos casos de sialoadenites agudas, como a sialografia, a TC apresenta alta sensibilidade e especificidade para a pesquisa de sialolitíase intra e extraglandular, para a determinação da extensão do processo inflamatório, para a pesquisa de abscessos intra e periglandulares, para a avaliação linfonodal e para a pesquisa de lesões nodulares e/ou expansivas associadas.

O estudo para sialolitíase começa por uma aquisição sem meio de contraste, apenas para a avaliação de cálculos (Figura 6) – a imagem da reconstrução multiplanar ou tridimensional pode auxiliar na distinção entre um conjunto de cálculos e um único cálculo maior obstrutivo – e pode ser seguida de uma nova aquisição com contraste intravenoso. O diâmetro normal máximo na TC para o ducto no plano axial é de 2,5 mm, devendo-se suspeitar

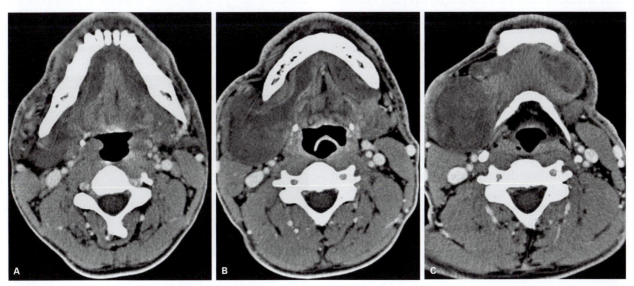

Figura 12 Rânulas. Tomografia computadorizada axial pós-contraste (A-C) mostra estruturas alongadas e hipoatenuantes preenchendo e alargando os espaços sublinguais, contíguas posteriormente a formações hipoatenuantes maiores, que se estendem para os espaços submandibulares, sobretudo à direita (rânula mergulhante).

de obstrução ductal quando o diâmetro do ducto principal intra ou extraglandular for de 3 mm ou mais.

A aquisição tomográfica após a injeção intravenosa pelo meio de contraste está indicada após uma avaliação insuficiente pela USG, na suspeita de abscesso ou de acometimento de planos cervicais mais profundos. O parênquima da glândula agudamente obstruída pode ter aumento do realce pelo meio de contraste, provavelmente em razão da resposta inflamatória. Vale ressaltar que, em alguns casos, cuja primeira hipótese clínica foi de sialoadenite aguda, os abaulamentos cervicofaciais dolorosos foram ocasionados por infecções odontogênicas, linfonodomegalias e celulites faciais por outras etiologias.

As desvantagens da TC incluem a exposição do paciente à radiação ionizante maior que na sialografia convencional, a presença de artefatos de endurecimento do feixe de raios X gerados por amálgamas dentários, e a sensibilidade reduzida em comparação à sialografia, para a avaliação de outras patologias ductais, principalmente para a pesquisa de estenoses sem cálculos e avaliação de pequenas sialodoquiectasias.

A sialografia por TC e a sialografia digital devem ser desencorajadas, por não trazerem vantagens diagnósticas em comparação à sialografia e à TC convencional, além da maior invasividade e da exposição do paciente a altas doses de radiação ionizante durante o exame digital.

Outro método tomográfico que pode ser utilizado para a realização da sialografia é a TC de feixe cônico, também chamada de *cone beam* (CBCT). Como vantagens esse método apresenta um curto tempo de exposição, baixa dose de radiação e alta resolução. A sialografia pode ser combinada com radiografias panorâmicas ou ainda com imagens de TC, na tentativa de se localizar possíveis cálculos salivares. Contudo, os baixos valores de mAs utilizados dificultam a avaliação das partes moles.

Ressonância magnética

A RM é efetiva na identificação das alterações parenquimatosas causadas pela doença inflamatória das glândulas salivares, embora, como outras modalidades, as características sejam inespecíficas. As glândulas salivares podem apresentar uma intensidade de sinal variável em T1 e T2 nas sialoadenites, dependendo do grau de infiltração celular, do edema e da lipossubstituição do parênquima pregressa ao processo inflamatório. Realce mural de um ducto salivar dilatado sugere sialodoquite e geralmente há linfonodomegalias periglandulares e cervicais reacionais ao processo inflamatório.

Alguns trabalhos têm citado que a sialorressonância (sialo-RM) apresenta melhor sensibilidade e especificidade em relação aos outros métodos de imagem para a avaliação ductal, pois avalia estenoses e sialectasias, com as vantagens de identificar ramos de até terceira ordem e de não ser invasiva e de não necessitar do meio de contraste, já que a própria saliva no interior dos ductos funciona como um meio de contraste (Figura 13). A sensibilidade e a especificidade são superiores a 90% para a detecção de sialolitíase e superiores a 95% para a detecção de estenoses.

As vantagens em comparação aos outros métodos são: não ser invasiva, por não requerer manipulação dos óstios ductais (pode ser realizada durante o processo inflamatório agudizado); a obtenção de imagens em diversos planos e até mesmo aquisições volumétricas; apresentar menos artefatos aos amálgamas dentários do que a TC; a superioridade na identificação de lesões nodulares associadas. A aplicação de outras sequências volumétricas ponderadas em T2, como CISS (*constructive interference in steady state*) e HASTE (*half-Fourier acquisition single-shot turbo spin-echo*), aumenta a sensibilidade (93%), a especificidade (100%) e os valores preditivos positivo (100%) e negativo (64%) no diagnóstico de algumas doenças específicas.

As desvantagens da RM incluem as contraindicações ao método relacionadas ao diâmetro e comprimento do *gantry* (claustrofobia), ao campo magnético (próteses, clipes e outros materiais metálicos), o maior tempo de exame, a possibilidade de artefatos decorrentes de amálgamas dentários (apesar de menos relevantes do que na TC), e a falha na detecção de cálculos menores que 0,3 cm em ductos não dilatados, podendo levar a erros e ao tratamento inadequado da sialolitíase.

Alterações metabólicas, autoimunes e actínicas

Sialose

A sialose, sialoadenose ou hiperplasia parotídea é caracterizada pelo aumento bilateral e assintomático das glândulas salivares maiores, em geral das parótidas e raramente das submandibulares. Esse aumento, que não é neoplásico ou inflamatório, caracteriza-se por ser

Figura 13 Sialorressonância magnética. Sequência volumétrica e pesada em T2, sem meio de contraste, mostra os ductos terciários e secundários drenando para o ducto principal da glândula parótida esquerda. O estudo deve ser realizado primeiro em jejum e com o paciente hidratado.

persistente, simétrico, de dimensões estáveis, de consistência glandular habitual e indolor. O pico de incidência é entre a terceira e a sétima décadas de vida, sem predileção por sexo.

A sialose ocorre mais comumente em decorrência do alcoolismo, mas pode ser causada também por diabete melito, jejum, má nutrição, uso crônico de diuréticos, exposição a metais pesados, doença hepática, hiperlipoproteinemia, obesidade e doença tireoidiana. Foi relatado que o denominador comum que une essas condições sistêmicas díspares é uma neuropatia autônoma que resulta em síntese excessiva de proteínas acinares salivares e/ou falha em sua secreção adequada. O ingurgitamento intracitoplasmático da célula acinar por grânulos de zimogênio provoca o aumento da célula, o que, por sua vez, leva à hipertrofia da parótida. Histologicamente há vários graus de hipertrofia acinar, substituição gordurosa e fibrose.

Os métodos de imagem são raramente realizados e, em geral, não ajudam, pois a glândula aumentada varia em atenuação à TC e características de sinal à RM, dependendo da alteração histológica dominante. Infiltração gordurosa difusa e aumento da glândula parótida (Figura 14) são achados altamente sugestivos e representam o estágio mais avançado da afecção.

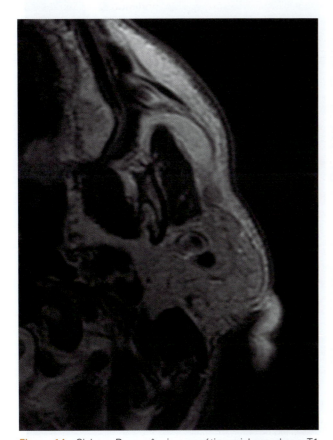

Figura 14 Sialose. Ressonância magnética axial pesada em T1 sem saturação de gordura mostra a glândula parótida com dimensões aumentadas e parênquima parcialmente lipossubstituído.

Um diagnóstico diferencial, mais comum em mulheres jovens, é a bulimia nervosa. Nessa doença psiquiátrica, os episódios frequentes e contínuos da êmese podem levar ao aumento bilateral e simétrico das glândulas parótidas, muito semelhante ao da sialose.

Hiperlipidemia

A hiperlipidemia também pode ocasionar aumento indolor e simétrico das dimensões das glândulas salivares, pelo aumento de triglicérides, e disfunção salivar, pelo aumento de colesterol. Essa entidade é distinta da sialose e da síndrome de Sjögren. As imagens de TC e RM evidenciam extensa infiltração gordurosa e aumento das dimensões das glândulas.

Síndrome de Sjögren

A síndrome de Sjögren é uma doença autoimune, que acomete preferencialmente mulheres (90%) de meia-idade (embora também seja descrita em crianças e adolescentes) e causa redução do fluxo salivar e lacrimal pela infiltração linfocítica das glândulas salivares maiores e menores (parótidas são mais afetadas) e lacrimais, resultando em xerostomia e xeroftalmia. O risco de desenvolver linfoma é 44 vezes maior que o da população normal. A exocrinopatia também pode acometer glândulas da árvore traqueobrônquica, do esôfago, da pele e do trato genital. Quando apenas as glândulas salivares e lacrimais estão acometidas, é denominada de síndrome de Sjögren primária ou síndrome *sicca* (tríade de olhos secos, boca seca e infiltração linfocítica das glândulas exócrinas). Quando é multissistêmica e associada a outras doenças autoimunes, mais frequentemente artrite reumatoide, lúpus eritematoso ou esclerose sistêmica, é denominada de síndrome de Sjögren secundária. Apesar de incomum, pode acometer crianças e adolescentes. O diagnóstico é clínico, mas a confirmação pela biópsia de glândulas salivares menores do lábio e pela detecção de autoanticorpos como anti-Ro/anti-SS-A e anti-La/anti-SS-B corroboram o diagnóstico. As complicações da síndrome de Sjögren incluem sialoadenite aguda ou crônica, infecções piogênicas das glândulas salivares, sialolitíase, cáries dentárias decorrente da xerostomia, úlceras de córnea por conta da xeroftalmia e risco aumentado de linfoma parotídeo primário.

Nos exames de TC identificam-se a redução heterogênea da atenuação do parênquima salivar pela deposição difusa e anormal de gordura (ilhotas de gordura) e a presença de calcificações puntiformes difusas. Outros achados mais inespecíficos na TC são a variação das dimensões glandulares, que podem ser aumentadas no início (componente inflamatório) e diminuídas tardiamente (aspecto fibrocicatricial), a presença de nódulos sólidos (lesões linfoepiteliais benignas), realce anômalo e pequenas áreas císticas de baixa atenuação (sialectasias globulares) (Figura 15). Deve-se lembrar de que há a possibilidade de transformação maligna para linfoma; portanto, quando há nódulos ou massas, a PAAF da massa dominante deve ser realizada.

A sialografia é considerada a melhor modalidade para a detecção de alterações precoces, mas a sialo-RM tem especificidade e sensibilidade similares. Mais precocemente observa-se o surgimento de coleções puntiformes (sialectasia punctata). Com o desenvolvimento de atrofia acinar e retração ductal, surgem as dilatações globulares (sialectasia globuliforme), seguidas de cavidades maiores (sialectasia cavitária) e da destruição da arquitetura do sistema ductal (padrão destrutivo). Os métodos de imagem para a avaliação do sistema ductal são úteis para o estadiamento da síndrome de Sjögren, pois os sintomas e as alterações séricas podem não estar relacionados com a gravidade da doença. A escala radiológica da sialografia convencional proposta por Rubin e Holt pode ser utilizada para a sialografia convencional e para a sialo-RM:

- Estádio 0 = normal.
- Estádio 1 = pontilhado (precoce, com áreas esféricas menores que 1 mm de diâmetro).
- Estádio 2 = globular (áreas esféricas com 1 a 2 mm de diâmetro).
- Estádio 3 = cavitário (áreas coalescentes de até 1,0 cm de diâmetro, irregulares em tamanho e distribuição e reduzidas em número).
- Estádio 4 = destrutivo (final, com dilatação acentuada e diâmetro irregular do ducto principal).

As imagens ponderadas em T1 mostram a maior quantidade de componente gorduroso em meio ao parênquima salivar e as imagens ponderadas em T2 mostram os pontos esparsos de sialectasia ductal, conferindo ao parênquima um aspecto de favo de mel. Além dessas alterações, também pode-se identificar a presença de linfonodos intra e periparotídeos e de um estroma mais fibroso, com retração e distorção do parênquima no es-

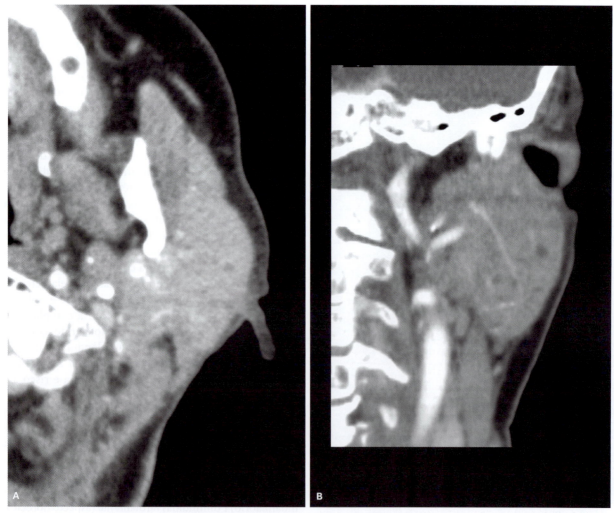

Figura 15 Síndrome de Sjögren. Tomografia computadorizada axial (A) e coronal (B) pós-contraste mostrando a glândula parótida esquerda aumentada, com diminutos cistos de permeio (sialectasias). Paciente acima dos 80 anos e do sexo feminino com xerostomia (caso cedido pelo Dr. Mauro Miguel Daniel).

tágio mais avançado da doença. Em um trabalho recente realizado por Yokosawa et al., a RM das glândulas parótidas em pacientes com síndrome de Sjögren secundária à artrite reumatoide mostrou-se um método eficaz e não invasivo de se avaliar a inflamação e a destruição da glândula salivar quando comparada à sialografia, à análise histopatológica das glândulas salivares menores nos lábios e à análise da secreção salivar.

Algumas técnicas funcionais de RM têm se mostrado promissoras, mas ainda são pouco utilizadas na prática diária. Entre elas, cita-se a sialoendoscopia virtual dos ductos salivares utilizando sequências de *fast asymmetric spin-echo* (FASE) com reconstrução 3D, que pode ser capaz de demonstrar estenoses, compressão extrínseca ductal, cálculos e extensão da atrofia na síndrome de Sjögren, mas que apresenta limitações técnicas relacionadas à quantidade de saliva produzida (técnica não pode ser padronizada), à resolução do método (ductos estreitos periféricos ou centrais estenóticos podem não ser visualizados), e é operador-dependente. Outra avaliação funcional é a do esvaziamento ductal das glândulas parótidas e submandibulares por meio de sequências de difusão, com redução do coeficiente de difusão aparente (ADC) após a estimulação com sialogogos. Alguns estudos em aparelhos de 1,5 e 3 Tesla (T) com indivíduos normais mostraram a alteração de intensidade de sinal no mapa ADC após a estimulação com substância sialogoga (suco de limão).

Lesões actínicas

A radioterapia externa (telerradioterapia) tem sido amplamente utilizada para o tratamento de diversas neoplasias em cabeça e pescoço, muitas vezes com sucesso. Entretanto, uma das principais complicações é o surgimento de xerostomia resultante da sequela actínica no parênquima das glândulas salivares. Apesar do surgimento da técnica de radioterapia de intensidade modulada (IMRT), que tende a reduzir significativamente a quantidade de radiação em tecidos mais sensíveis, a disponibilidade dessa modalidade de tratamento ainda é muito escassa em nosso país.

Outra modalidade de tratamento com isótopos radioativos, a iodoterapia, bastante difundida e aplicada para o tratamento de neoplasias tireoidianas, também apresenta efeitos deletérios semelhantes sobre as glândulas salivares, de modo ainda mais difuso. As glândulas parótidas são mais afetadas pela radiação do que as glândulas submandibulares ou as glândulas salivares menores. Uma das manifestações é a sialodoquite, a inflamação dos ductos principais, pela iodoterapia (Figura 16).

À TC, nota-se inicialmente o aumento das dimensões e da vascularização da glândula, representando uma alteração inflamatória difusa do parênquima, com edema. Progressivamente, vai ocorrendo a redução volumétrica e

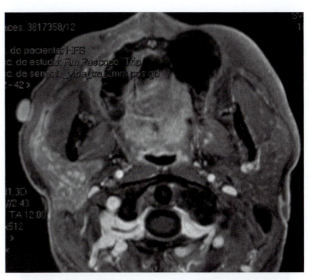

Figura 16 Sialodoquite. Ressonância magnética axial T1 pós-gadolínio mostra redução volumétrica e aumento da contrastação da glândula parótida direita, destacando-se maior espessamento e realce do ducto de Stenon (marcador cutâneo), que está ectasiado.

do realce da glândula, acompanhada da redução do fluxo salivar e da instalação de xerostomia, que pode ser parcialmente reversível depois de 6 a 12 meses em razão da hiperplasia dos ácinos que persistiram funcionantes (Figura 17).

Na RM, nota-se redução do sinal da glândula afetada em todas as sequências. Pode-se ainda utilizar sequências específicas, como a sialo-RM e difusão. Em um estudo com sialo-RM para avaliação de xerostomia em nove pacientes com neoplasia de cabeça e pescoço, notou-se importante redução na visualização de ductos salivares periféricos e do fluxo salivar após a radioterapia (aquisição de imagens 6 semanas e 6 meses após a RDT), sem alterações estatisticamente significativas dos ductos salivares principais. A sequência de difusão com estímulo sialogogo também pode ser utilizada para a avaliação excretora da glândula, sendo identificado o aumento da amplitude entre os valores de ADC antes e após o estímulo.

Tumores

Há algumas regras gerais que se aplicam às neoplasias das glândulas salivares, sendo a mais difundida a da relação entre tamanho e malignidade: quanto menor a glândula salivar, maior a taxa de malignidade. Sendo assim, a chance de um nódulo detectado ser maligno passa de 25% na glândula parótida para aproximadamente 50% na glândula submandibular e para até 80% na glândula sublingual. A proporção de neoplasias benignas e malignas nas glândulas salivares menores é semelhante (50% cada). Entretanto, essa regra vale apenas para a população adulta, pois, na criança, pelo contrário, quanto maior as dimensões da glândula que contém um nódulo, maior a chance de o tumor ser maligno.

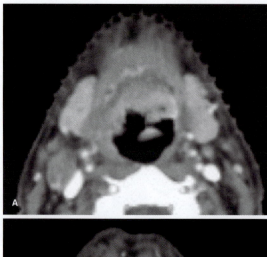
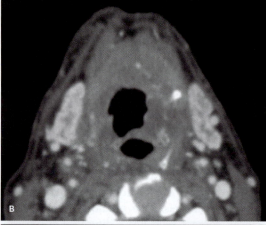
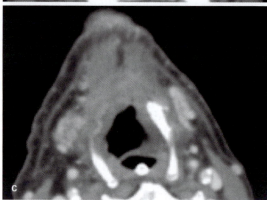

Figura 17 Alteração actínica. Tomografia computadorizada axial no momento do planejamento radioterápico para neoplasia de orofaringe (A), após 6 meses (B) e após 10 meses (C) do tratamento. As imagens mostram a evolução das glândulas submandibulares normais, para glândulas com realce aumentado e contornos discretamente reduzidos em 6 meses e consequentemente para atrofia e pouco realce em 10 meses.

A frequência de neoplasias malignas das glândulas salivares gira em torno de 0,4 a 2,6 casos por 100 mil habitantes, sendo responsáveis por 6% dos cânceres de cabeça e pescoço. A média de idade dos pacientes com neoplasias de glândulas salivares é de aproximadamente 45 anos, com predomínio no sexo feminino. Contudo, ressalta-se a maior incidência de neoplasias mesenquimais em pacientes menores de 17 anos (proporção semelhante aos tumores epiteliais nas parótidas), de adenoma pleomórfico (tumor misto benigno), carcinoma mucoepidermoide e carcinoma de células acinares entre a 3ª e a 4ª décadas de vida e a maior incidência de outros tipos específicos entre a 6ª e a 7ª décadas.

Há outras peculiaridades entre as neoplasias das glândulas salivares. As neoplasias benignas mais comuns são o adenoma pleomórfico (tumor misto benigno), que corresponde a 80% das lesões benignas parotídeas, o adenoma monomórfico e o mioepitelioma (que podem ocorrer nas glândulas parótidas e submandibulares), o oncocitoma e o tumor de Warthin (frequentes nas parótidas e raros em outras glândulas). Quando várias formações nodulares parotídeas estiverem presentes, deve-se pensar em linfonodomegalias ou tumores de Warthin. O tumor maligno mais comum nas glândulas parótidas é o carcinoma mucoepidermoide, e nas glândulas submandibulares, sublinguais e salivares menores é o carcinoma adenoide cístico – esses dois tipos histológicos apresentam maior expressão de receptores para EGFR e HER-2.

Por causa do encapsulamento mais tardio da glândula parótida na vida fetal, os linfonodos intraparotídeos podem representar massas intraparotídeas e ser sítios de metástases de carcinoma basocelular, carcinoma epidermoide e melanoma do couro cabeludo ou da hemiface ipsilateral. O linfoma primário de glândula parótida também pode ocorrer e se manifestar como processo infiltrativo difuso, adenopatia ou manifestação de doença sistêmica, tendo maior incidência em pacientes com a síndrome de Sjögren.

Tumores benignos

Adenoma pleomórfico (tumor misto benigno)

O adenoma pleomórfico recebeu essa denominação mais por conta de seu pleomorfismo arquitetural do que do celular, apesar de poder apresentar elementos epiteliais e mioepiteliais modificados e misturados a um fundo de tecido mucoide, mixoide, condroide e osteoide (Figura 18). É o tumor de origem salivar mais comum (60% de todas as neoplasias das glândulas salivares), ocorrendo 80% das vezes nas glândulas parótidas (em 90% lateral ao nervo facial), 10% nas submandibulares e 10% nas glândulas salivares menores (pode ocorrer no espaço parafaríngeo e é a neoplasia mais frequente do palato duro). O adenoma pleomórfico é o terceiro tumor mais frequente na glândula parótida em crianças, depois do hemangioma e das malformações vasculares, principalmente as linfáticas. Há o predomínio no sexo feminino. O painel imuno-histoquímico irá variar de acordo com o predomínio dos componentes celulares, sendo habitualmente positivo

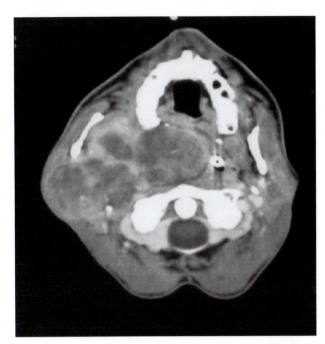

Figura 18   Adenoma pleomórfico. Tomografia computadorizada axial mostra lesão expansiva, sólida, heterogênea e lobulada com componentes exofíticos na porção superficial e na porção profunda da glândula parótida direita, deslocando anteriormente o ramo mandibular direito e medialmente as estruturas da orofaringe, com redução acentuada de sua coluna aérea.

para algumas citoqueratinas (marcador epitelial), vimentina (marcador mioepitelial) e S-100. Estudos citogenéticos mostram que 70% desses tumores apresentam combinações genéticas anômalas envolvendo os genes 8q12 e 12q13-15.

São tumores benignos indolentes e indolores, de crescimento lento, firmes, móveis e frequentemente solitários. Quando multifocal ou recidivado, tende a ser mais fixo e endurecido. Se houver crescimento rápido e doloroso, deve-se considerar sangramento.

É circundado por uma pseudocápsula delicada e na maioria dos casos incompleta, apresentando projeções digitiformes para o parênquima parotídeo circunjacente. Essa característica justifica as altas taxas de recorrência após a enucleação do tumor e as menores taxas de recorrência com a parotidectomia total, mas com preservação do nervo facial. Os maiores fatores de risco para recorrência são a ressecção focal da lesão e a rotura intraoperatória do tumor, sendo os outros fatores menos relevantes a baixa celularidade do tumor, pacientes jovens e tumores já recidivados. A recorrência é mais frequente após 10 anos da cirurgia inicial, sendo habitualmente extensa, multifocal e propensa à invasão do nervo facial e a outras recorrências futuras.

Nos exames de TC, apresentam-se como lesões ovaladas, homogêneas, lobuladas e bem definidas, frequentemente com atenuação maior (mais celular) do que o parênquima glandular (frequentemente com lipossubsti-

tuição parcial nas parótidas) e realce tardio (Figura 19). Pequenas lesões podem não ser identificadas sem a aquisição de uma sequência contrastada mais tardia ou ser confundidas com linfonodos intraparotídeos. As lesões maiores são mais facilmente identificadas pelo efeito expansivo, contornos lobulados e pela presença de necrose ou hemorragia, podendo ser mais heterogêneas.

No exame de RM convencional, a lesão apresenta intensidade de sinal semelhante à água nas imagens pesadas em T1 e T2, com halo circunjacente de parênquima preservado e cápsula de baixo sinal em T2 e realce pós-contraste em T1 com supressão da gordura (Figura 20). As lesões que apresentam maior celularidade apresentam sinal mais baixo em T2 e maior restrição à difusão hídrica. Já as lesões com abundante estroma fibromixoide apresentam hipersinal em T2, com realce acentuado e progressivo no estudo dinâmico. No estudo de perfusão (DCE), apresenta curva espectral em platô ascendente, sendo a velocidade de ascensão proporcional à celularidade.

A RM é o melhor método para identificar os focos de recidiva, pois se apresentam como imagens nodulares de alto sinal em T2 e realce periférico ou nodular no leito cirúrgico, no tecido subcutâneo ou em locais mais distantes.

Em alguns casos pode haver a metastatização locorregional dessa neoplasia benigna, estando geralmente relacionados a múltiplas recorrências e procedimentos cirúrgicos que facilitaram o acesso do tumor à rede venosa e à disseminação. Transformação maligna também pode ocorrer, sendo denominada carcinoma ex-adenoma, e será abordada adiante, junto aos outros tumores malignos.

Apresenta captação de FDG18 no exame de PET/CT.

Tumor de Warthin

O tumor de Warthin, também denominado adenolinfoma e cistoadenolinfoma papilífero, é uma lesão benigna

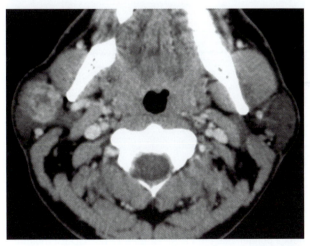

Figura 19   Adenoma pleomórfico. Tomografia computadorizada axial mostrando lesão expansiva e sólida, com realce aumentado pelo meio de contraste, na cauda da glândula parótida direita.

composta por estruturas glandulares e muitas vezes císticas, com arranjo cístico papilar revestido por epitélio de duas camadas (células eosinofílicas e oncocíticas internamente e células basais menores externamente). O estroma contém uma quantidade variável de tecido linfoide com centros germinativos.

Corresponde ao segundo tumor benigno mais comum da glândula parótida no adulto (4-10%), depois do adenoma pleomórfico, e embora possa ocorrer em linfonodos periparotídeos (2,7-12%), é raro em outras glândulas salivares. São oito vezes mais frequentes nos polos inferiores das glândulas parótidas de pacientes idosos e tabagistas (Figura 21), embora trabalhos recentes mostrem que não há diferença entre os sexos, podendo ocorrer também nas porções profundas das parótidas (10%) e nos linfonodos periparotídeos. Em 15-20% dos casos é bilateral ou multicêntrico e em 3% das vezes está associado à presença de outros tumores, por causa do tabagismo. É cístico em 30% dos casos. Apresenta o risco de 1% de se transformar em carcinoma ou linfoma.

Na TC e na RM apresenta-se mais comumente como lesão cística de conteúdo denso (hiperatenuante na TC e com alto sinal em T1) e contornos regulares no polo

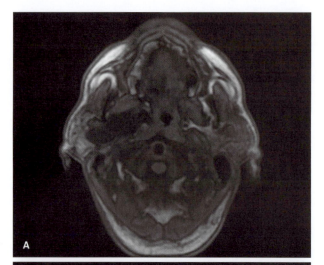
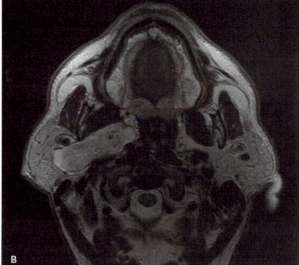
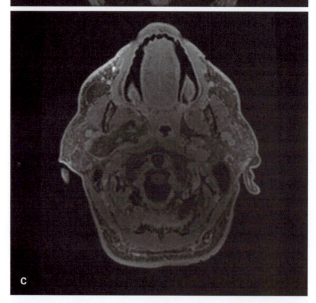

Figura 20 Adenoma pleomórfico. Imagens de ressonância magnética ponderadas em T1 (A), T2 (B) e T1 pós-GD (C) mostram lesão expansiva na porção profunda da glândula parótida direita, deslocando anteromedialmente o espaço parafaríngeo e medialmente a parede lateral direita da orofaringe.

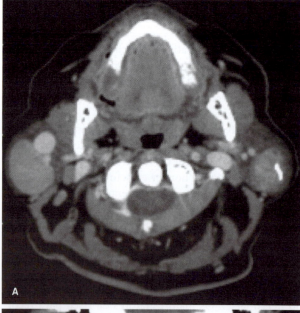

Figura 21 Tumor de Warthin. Tomografia computadorizada axial (A) e coronal (B) mostrando lesões nodulares localizadas na cauda de ambas as glândulas parótidas, com calcificações à esquerda.

inferior das glândulas parótidas. O componente sólido dos tumores pode apresentar realce pelos meios de contraste com iodo e gadolínio. O estudo perfusional pela RM mostra curva espectral com rápida ascensão e descenso maior que 30% e as sequências de difusão mostram maior restrição à movimentação das moléculas de água em comparação aos adenomas.

Pode apresentar captação de FDG18 no exame de PET/CT.

Oncocitomas

Tumores benignos de origem da glândula salivar compostos exclusivamente de grandes células epiteliais com citoplasma granular eosinofílico brilhante e característico (células oncocíticas). São tumores raros e representam menos de 1% dos tumores das glândulas salivares (84% nas parótidas), sendo mais prevalentes nas glândulas paratireoides, tireoide e nos rins. Há três neoplasias oncocíticas pela OMS: oncocitoma (mais frequente, único e com cicatriz central); hiperplasia oncocítica nodular (multifocal, com substituição difusa da parótida por lóbulos oncocíticos e pequenos focos de glândulas serosas e ductos normais); e carcinoma oncocítico (raro e maligno).

Os oncocitomas são chamados também de tumores evanescentes da parótida, por muitas vezes não serem detectados nos exames de TC e nas imagens de RM pesadas em T2 (atribuível à alta celularidade e ao baixo conteúdo de água livre) e no T1 com saturação pós-contraste, por apresentarem isossinal. Portanto, a sequência T1 sem saturação de gordura é imprescindível para o diagnóstico da lesão. Destacam-se nos estudos de cintilografia por apresentarem intensa captação ao FDG nos estudos de PET e por acumularem tecnécio (Tc99m pertecnetato), não perdendo a captação com a administração de sialogogos.

Os tumores benignos têm uma aparência inespecífica, mas bem definida à TC e à RM. Os tumores malignos podem exibir características de imagem benignas ou malignas. Após a cirurgia, deve-se monitorizar possível recorrência.

Mioepitelioma

O mioepitelioma é um tumor benigno da glândula salivar constituído quase exclusivamente de arranjos de células com diferenciação mioepitelial, que podem exibir características fusiformes. Seus sinônimos são o adenoma mioepitelial e o tumor mioepitelial benigno. Representam 1,5% de todos os tumores salivares e ocorrem 40% das vezes nas glândulas parótidas.

São lesões sólidas, bem circunscritas e lobuladas, abaulando a porção superficial da glândula parótida, com realce aumentado pelos meios de contraste na TC e na RM. O aspecto de realce estriado pelo meio de contraste, por vezes nodular, intercalado com faixas de parênquima sem realce, é sugestivo desse tipo de neoplasia.

Adenoma de células basais

O adenoma de células basais é uma neoplasia benigna rara (1-3% de todas as neoplasias salivares) caracterizada pela aparência basaloide das células tumorais e pela ausência do componente estromal condromixoide presente no adenoma pleomórfico. O local mais frequente desse tumor é a glândula parótida (75%) e há uma predileção por pacientes do sexo feminino, assim como no adenoma pleomórfico, e acima dos 50 anos.

Apresenta-se na TC e na RM como uma lesão nodular sólida ou solidocística, com intenso realce pelo meio de contraste. Pode apresentar focos de hemorragia e halo de baixo sinal em T2 em sua periferia.

Muitas vezes a distinção dessa lesão de um carcinoma adenoide cístico, especialmente quando o adenoma apresenta um padrão histológico cribriforme, só é possível pela análise do painel imuno-histoquímico.

Outros tumores benignos epiteliais

Os outros tumores benignos das glândulas salivares são divididos histologicamente em adenoma canalicular, adenoma sebáceo, linfadenoma sebáceo, linfadenoma não sebáceo, papilomas (intraductal, ductal invertido, sialoadenoma papilífero) e cistadenoma. Essas lesões são raras, se comparadas aos outros tumores mais prevalentes, e algumas dessas lesões apresentam algumas peculiaridades. Os adenomas canaliculares têm preferência pelo lábio superior (80% das lesões) e mucosa jugal (10%), acometendo pouco as glândulas salivares maiores. Os adenomas sebáceos apresentam maior incidência no sexo masculino (1,6:1). Os papilomas representam adenomas com características papilares únicas e íntima relação com o sistema ductal, além de predileção pelas glândulas salivares menores. O cistadenoma é caracterizado pelo crescimento predominantemente multicístico de um epitélio com proliferação adenomatosa. Não há características de imagem que permitam o estreitamento diagnóstico dessas lesões.

Hemangioma

O hemangioma, também chamado de hemangioendotelioma infantil ou benigno, é a principal causa de lesão parotídea na infância e apresenta-se como uma lesão volumosa e de crescimento lento e progressivo no espaço parotídeo, que é diagnosticada geralmente dentro dos 6 primeiros meses de vida, seja pelo volume ou pelo acometimento cutâneo local (45% com envolvimento cutâneo ao nascimento). Há um predomínio pelo sexo feminino (4,5:1) e é bilateral em até 25% dos casos. Essas lesões apresentam uma fase proliferativa de aumento progressivo na infância, seguida de uma fase de involução, que pode se iniciar entre 8 e 18 meses e se estender em média até os 7 anos de vida.

Os hemangiomas de glândulas salivares, assim como os de outras localizações, são lesões com atenuação de partes moles à TC, que podem ser bem ou mal delimitadas, geralmente de contornos lobulados e hipervascularizadas, embora possam apresentar um realce intenso e homogêneo mais precoce, ao contrário do realce globuliforme e centrípeto observado na maioria dessas lesões. Nos estudos de RM apresentam-se como lesões de alto sinal em T2, iso ou baixo sinal em T1, com tênue restrição à difusão e intensa contrastação pelo gadolínio, que se mantém mesmo nas sequências mais tardias. Áreas de alto sinal em T1 ocorrem por hemorragias e focos de baixo sinal em T2* por *flow-voids*. Essas lesões estão ilustradas no Capítulo "Miscelânea".

Complicações sistêmicas descritas para hemangiomas volumosos em outras localizações, como insuficiência cardíaca ou síndrome de Kasabach-Merritt são raras e seu tratamento se baseia na utilização de corticosteroides e/ou interferon, não sendo indicada abordagem cirúrgica pelo risco de lesão do nervo facial e pelo prognóstico favorável da conduta expectante.

Schwannoma

Schwannomas são tumores benignos da bainha nervosa, comuns na região da cabeça e pescoço, mas raros no interior das glândulas parótidas. Geralmente não cursam com paralisia facial quando a lesão se origina no tronco do nervo facial.

Essas lesões de bainha neural são muito semelhantes aos adenomas pleomórficos nas imagens de TC e RM. Contudo, a extensão da lesão para o forame estilomastóideo ou a identificação de aumento da intensidade do sinal na periferia da lesão, com redução da intensidade do sinal no centro nas imagens pesadas em T2 (sinal do alvo), favorece essa hipótese diagnóstica.

Lipoma

O lipoma é uma neoplasia benigna composta de tecido gorduroso, geralmente com fina cápsula em sua periferia, e que pode se originar no interior da glândula parótida ou nos planos gordurosos adjacentes. Corresponde a 10% das lesões da parótida. A maioria dessas lesões é simples e restrita ao interior da parótida, mas uma pequena parcela (10%) pode infiltrar os planos gordurosos adjacentes. São facilmente identificados nos exames de TC (−20 a −100 unidades Hounsfield) e de RM nas sequências ponderadas em T1 sem e com saturação de gordura, por conta de sua composição lipídica. A presença de áreas nodulares centrais ou periféricas com densidade semelhante à musculatura ou ao parênquima glandular (densidade de água), áreas de sangramento ou de realce pode indicar transformação do lipoma para lipossarcoma.

Tumores malignos

Em janeiro de 2017 a Union for International Cancer Control (UICC) publicou a 8ª edição da classificação TNM. Em relação às glândulas salivares, ela se aplica somente aos carcinomas das glândulas salivares maiores (os tumores das glândulas salivares menores estão incluídos em seu local de origem). Para a classificação TNM, são considerados o exame físico e os métodos de imagem. Particularmente quanto aos tumores T4a e T4b, a descrição dos achados radiológicos é fundamental, por serem considerados, respectivamente, como ressecável e irressecável.

Em relação ao tumor (T) das glândulas salivares maiores, é classificado como:

- Tx: tumor primário não pode ser avaliado.
- T0: sem evidência de tumor primário.
- T1: tumor de 2 cm ou menos na maior dimensão, sem extensão extraparenquimatosa.
- T2: tumor com mais de 2 cm e menos de 4 cm na maior dimensão, sem extensão extraparenquimatosa.
- T3: tumor com mais de 4 cm na maior dimensão e/ou com extensão extraparenquimatosa.
- T4a: tumor invade pele, mandíbula, conduto auditivo e/ou nervo facial.
- T4b: tumor invade base do crânio e/ou placas pterigoides e/ou envolve a artéria carótida interna.

Em relação aos linfonodos, são classificados como:

- Nx: linfonodo não pode ser avaliado.
- N0: sem linfonodos regionais metastáticos.
- N1: metástase em linfonodo único ipsilateral, de 3 cm ou menos na maior dimensão, sem extensão extranodal.
- N2a: metástase em linfonodo único ipsilateral, de mais de 3 cm, mas menos de 6 cm na maior dimensão, sem extensão extranodal.
- N2b: metástase em linfonodos múltiplos ipsilaterais, nenhum de mais de 6 cm na maior dimensão, sem extensão extranodal.
- N2c: metástase em linfonodos bilaterais ou contralaterais, nenhum de mais de 6 cm na maior dimensão, sem extensão extranodal.
- N3a: metástase num linfonodo de mais de 6 cm na maior dimensão, sem extensão extranodal.
- N3b: metástase em linfonodo único ou múltiplo, com extensão extranodal.

Carcinoma mucoepidermoide

O carcinoma mucoepidermoide é a neoplasia maligna mais frequente das glândulas salivares em crianças e adultos (30%), com média de idade de 45 anos e destaque para uma faixa etária mais precoce para os pacientes com lesões no palato (40 anos) e mais tardia para paciente com lesões na língua. Há uma predileção pelo sexo feminino (3:2), sendo ainda maior para as lesões na língua. A maioria dos casos ocorre nas glândulas salivares maiores (53%), sendo nas glândulas parótidas em até 70%. Os sinais e sintomas podem ser abaulamentos locorregionais, dor, fixação, otorreia, disfagia, sangramento, trismo e paralisia facial, sugerindo alto grau histológico.

Esses tumores podem ser divididos em baixo grau, grau intermediário ou alto grau, a depender da soma das seguintes características: componente cístico menor que 20%, invasão neural, necrose, quatro ou mais mitoses por campo e anaplasia. Os tumores de baixo grau são indistinguíveis do adenoma pleomórfico e apresentam contornos regulares e bem definidos, por vezes com calcificações vistas à TC, áreas císticas contendo mucina (alto sinal em T1 e T2) ou áreas de tecido fibroso (baixo sinal em T1 e T2 e tênue realce pelo meio de contraste). Os tumores de alto grau são mais sólidos e de contornos irregulares, com sinal baixo ou intermediário nas sequências de RM e realce na TC e RM nas porções sólidas (Figura 22). A principal disseminação é para linfonodos periparotídeos ou submandibulares. Os principais diagnósticos diferenciais são papiloma ductal invertido, cistadenoma, carcinoma de células claras, adenocarcinoma, carcinoma espinocelular e metástases.

Carcinoma adenoide cístico

O carcinoma adenoide cístico é um tumor basaloide, constituído por células epiteliais e mioepiteliais e diferentes padrões morfológicos (tubular, cribriforme e sólido). Representa cerca de 10% de todas as neoplasias epiteliais salivares, sendo a segunda neoplasia maligna mais prevalente nas glândulas parótidas e a mais frequente nas glândulas submandibulares, sublinguais e salivares menores (30%) no palato, língua, mucosa jugal, lábios e assoalho bucal. Apesar de poder se manifestar em qualquer faixa etária, é mais comum em indivíduos de meia-idade ou idade avançada, sem predileção por sexo. Os tumores originados nas glândulas salivares maiores apresentam comportamento menos agressivo. Já os de glândulas salivares menores apresentam maior agressividade, com mais erosão óssea e infiltração de tecidos adjacentes.

Clinicamente os sintomas mais comuns são massa sólida e de crescimento lento, com surgimento de parestesias, dor ou paralisia facial por disseminação perineural, muitas vezes a distâncias consideráveis do local primário. Isso ocorre em decorrência do alto tropismo pelas células de Schwann. As lesões no palato frequentemente se disseminam pelos nervos palatinos maior e menor, alcançando as fossas pterigopalatinas e consequentemente os seios cavernosos. Além disso, pode também haver invasão óssea, sem repercussão radiográfica inicial, estando a TC indicada para essa situação (tumores palatinos ou parotídeos grandes).

O exame de imagem mais indicado para a avaliação dessas neoplasias é a RM, por estadiar muito bem a lesão primária, mas principalmente por apresentar mais sensibilidade e especificidade para a detecção de disseminação

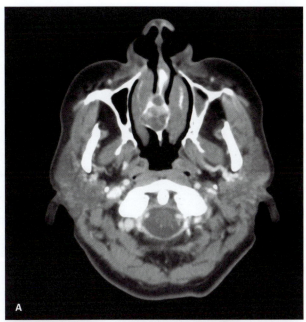

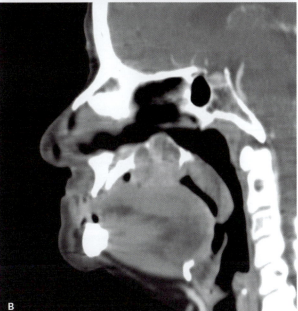

Figura 22 Carcinoma mucoepidermoide de glândulas salivares menores. Tomografia computadorizada axial (A) e sagital (B) pós-contraste mostra lesão expansiva no palato duro e vômer nasal, com intenso realce heterogêneo na fase contrastada.

perineural (Figura 23). Sendo assim, o estudo da face ou do pescoço deve incluir a base do crânio. Os tumores com sinal mais baixo em T2 e maior restrição à difusão representam lesões altamente celulares (subtipo sólido) e com pior prognóstico, ao contrário das lesões com alto sinal em T2 e com maior facilitação à difusão (subtipo cribriforme ou tubular).

Os carcinomas adenoides císticos apresentam recorrência local maior e mais tardia do que os demais tumores salivares, por vezes até 20 anos após o tratamento. Metás-

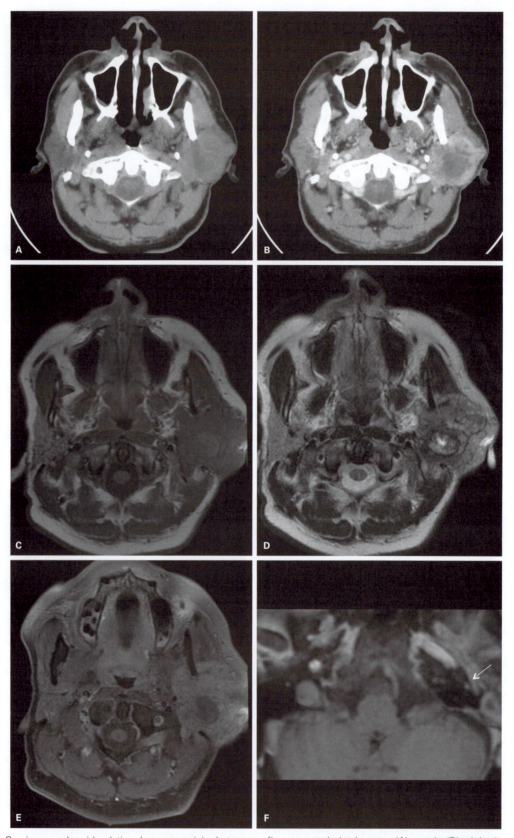

Figura 23 Carcinoma adenoide cístico. Imagens axiais de tomografia computadorizada antes (A) e após (B) a injeção endovenosa do meio de contraste mostram lesão expansiva e heterogênea na glândula parótida esquerda, com centro hipoatenuante. Imagens axiais de ressonância magnética ponderadas em T1 (C), T2 (D) e T1 pós-gadolínio (E-F) evidenciam melhor os limites da lesão e o componente cístico/necrótico central, bem como o espessamento e o realce aumentado do segmento mastóideo do nervo facial esquerdo (F), indicando disseminação perineural.

tase a distância ocorre em até metade dos casos e é mais comum para linfonodos regionais. Entretanto, os pacientes podem sobreviver vários anos com grandes metástases.

Carcinoma de células acinares

É o segundo tumor maligno mais frequente das glândulas parótidas, na infância e na idade adulta, ocorrendo em 80% dos casos nas parótidas, em 17% nas glândulas salivares menores intraorais e em 4% nas glândulas submandibulares. As lesões podem ser multifocais e bilaterais (3%). As características por imagem são benignas e podem simular o adenoma pleomórfico ou outros diferenciais.

Esses carcinomas normalmente se manifestam como massas solitárias, móveis e de crescimento lento na região da parótida. Entretanto, algumas são multinodulares e/ou fixas à pele ou ao músculo. Um terço dos pacientes também experimentam dor, que é muitas vezes vaga e intermitente, e 5-10% desenvolvem alguma paralisia facial.

As lesões que se originam nas glândulas salivares menores são menos agressivas do que as das parótidas, que consequentemente são menos agressivas que as lesões das glândulas submandibulares. Recorrência local ou metástases a distância ocorrem, principalmente para linfonodos cervicais e subsequentemente para os pulmões.

Carcinoma ex-adenoma pleomórfico

Carcinoma ex-adenoma pleomórfico é definido como a transformação maligna epitelial de um adenoma pleomórfico, resultante do acúmulo de instabilidades genéticas ao longo do tempo (as chances de transformação maligna aumentam para 10% com a persistência de um adenoma pleomórfico por mais de 15 anos). Essa transformação ocorre em aproximadamente 6% dos adenomas pleomórficos, sendo mais comum em pacientes do sexo masculino acima dos 40 anos, com maior frequência entre a 6ª e a 7ª décadas de vida. Além da longa permanência do adenoma, outros fatores, como volume tumoral, recorrência tumoral e radioterapia também podem influenciar a malignização da lesão, sendo três os tipos histológicos: carcinoma ex-adenoma pleomórfico (adenoma preexistente), carcinossarcoma (tumor misto maligno verdadeiro) e adenoma pleomórfico metastático. Os achados clínicos que nos fazem suspeitar dessa transformação são o crescimento rápido da lesão, dor, paralisia do nervo facial e fixação cutânea da lesão.

Os achados de imagem são inespecíficos, mas na maioria das vezes comuns às neoplasias malignas. Nos exames de TC e RM as margens podem estar mais irregulares, os limites mais imprecisos e a atenuação ou o sinal mais heterogêneos, com áreas de necrose intratumoral, além de invasão dos planos musculoadiposos adjacentes. As áreas de hipossinal em T2 podem representar fibrose ou aumento da celularidade e as áreas de hipersinal em T2 podem representar áreas de necrose ou de degeneração hialina. O realce pelo meio de contraste pode ser mais heterogêneo e a presença de lesões secundárias linfáticas locorregionais ou hematogênicas a distância em órgãos-alvo, como pulmões, pleuras, rins e globos oculares (coroides) pode ser identificada em até 40% dos pacientes.

Carcinoma epidermoide

O carcinoma epidermoide (CEC) originado no parênquima salivar e composto de células epiteliais que produzem queratina e formam pontes intercelulares é incomum (menos de 1% dos tumores das glândulas salivares), sendo mais frequente o acometimento secundário pela invasão por contiguidade ou pela disseminação linfática para os linfonodos intraparotídeos (duas vezes mais frequente que o CEC primário). Isso ocorre porque as células escamosas não são constituintes do tecido salivar, originando-se após uma metaplasia escamosa por inflamação crônica. A maioria desses doentes é do sexo masculino (2:1), possui idade superior a 60 anos (incomum em pacientes com menos de 20 anos) e foi submetido à radioterapia, com um período latente de 15 a 30 anos. Aproximadamente 80% se originam nas glândulas parótidas, 20% nas glândulas submandibulares e raramente nas sublinguais.

Clinicamente há um aumento rápido e progressivo da glândula acometida, com as mesmas características nos exames de imagem e as mesmas complicações das demais lesões malignas agressivas, com disseminação linfática e a distância.

Carcinoma de ducto salivar

O carcinoma de ducto salivar é um adenocarcinoma agressivo que se assemelha ao carcinoma ductal mamário de alto grau. Esse tumor é incomum e acomete preferencialmente a glândula parótida de indivíduos do sexo masculino (4:1) acima dos 50 anos. Na análise histológica é comum a presença de comedonecrose e de invasão perineural e intravascular. É um dos tumores de glândula salivar mais agressivos, com séries de caso indicando 33% de recidiva e 46% de metástases a distância. O prognóstico é reservado, com sobrevida de 2 a 3 anos.

Nos estudos de TC e RM apresentam margens mal definidas e infiltrativas, frequentemente com calcificações e necrose. Nota-se rápido *washin* e *washout* baixo ou gradual na sequência de perfusão (DCE) e baixo valor do ADC ($1{,}22 \times 10^{-3}$ mm^2/s) nas sequências de difusão na RM, sugestivas de neoplasia maligna. A fibrose proeminente no tumor, que ocasiona realce tardio e baixa intensidade de sinal nas imagens pesadas em T2 e STIR, é um indicativo do diagnóstico dessa lesão, separando-a das malignidades mais comuns.

Carcinoma mioepitelial

O carcinoma mioepitelial é uma neoplasia maligna composta de dois tipos de células, formando estruturas tubulares, cujo revestimento interno é dado por uma camada epitelial e o externo por uma camada mioepitelial. Representa cerca de 1% dos tumores de glândulas salivares, é mais prevalente nas glândulas parótidas (60%) de mulheres (2:1) e apresenta pico de incidência em pacientes na 6ª e 7ª décadas de vida. As manifestações clínicas, suas complicações e os achados nos exames de TC e RM são semelhantes aos dos outros tumores malignos das glândulas parótidas.

Apesar de infrequente, esse tumor também pode se originar em glândulas salivares menores das vias aéreas superiores e inferiores.

Adenocarcinomas

Há alguns tipos histológicos de adenocarcinoma, como o polimorfo de baixo grau, de células basais, mucinoso e o não especificado.

O adenocarcinoma polimorfo de baixo grau é o segundo tumor maligno de origem salivar mais frequente na cavidade oral, ocorrendo quase exclusivamente nas glândulas salivares menores, sobretudo no palato duro. Tem baixo grau histológico e pode recorrer localmente, embora raramente apresente metástases. Os achados de imagem são similares aos do carcinoma adenoide cístico.

O adenocarcinoma de células basais ocorre nas glândulas parótidas em 90% dos casos, sendo raro nas glândulas salivares menores. Assim como nos pacientes com adenoma de células basais, os pacientes com esse tipo de tumor podem ter predisposição para apresentar múltiplos tumores de anexos cutâneos.

O adenocarcinoma mucinoso é raro e se origina mais frequentemente no palato, glândulas sublinguais e glândulas submandibulares de pacientes homens acima dos 50 anos.

Adenocarcinoma não especificado (NOS) é raro, potencialmente agressivo e não pode ser classificado histologicamente em nenhum dos outros tipos acima. Pode ocorrer em qualquer glândula salivar, sendo 60% nas glândulas maiores e 40% nas menores. O pico de incidência é na 4ª década, com 25% dos pacientes se queixando de dor ou hipotonia facial na apresentação. Pode apresentar disseminação perineural e vascular e recorrência local é comum.

Essas lesões manifestam-se nas glândulas salivares maiores como lesões expansivas e infiltrativas, com realce heterogêneo pelo meio de contraste na TC e RM, restrição à difusão e possivelmente disseminação perineural e erosão óssea (Figura 24).

Sialoblastoma

O sialoblastoma é um tumor congênito raro e potencialmente agressivo das glândulas parótidas ou submandibulares, que se assemelha ao tecido salivar primitivo. Esses tumores são compostos por células basaloides e mioepiteliais, são mais prevalentes em meninos (2:1) e são diagnosticados no nascimento ou na infância precoce, como lesões expansivas na face ou na região submandibular, que podem crescer rapidamente e se ulcerar. Há 46 casos descritos na literatura com os seguintes sinônimos: adenoma congênito de célula basal, adenocarcinoma basaloide, embrioma e lesão congênita híbrida de adenoma de célula basal e carcinoma adenoide cístico.

Os poucos casos avaliados por imagem apresentaram atenuação semelhante à musculatura na TC e baixo sinal em T1 e sinal intermediário em T2 na RM. Alguns casos apresentaram áreas de hemorragia de permeio, que poderia estar relacionada à fragilidade tumoral durante a passagem pelo canal de parto. Os sinais de malignidade da lesão são a invasão perineural ou vascular, a presença de necrose, atipia celular e metástases. O tratamento é cirúrgico, mas pode requerer quimioterapia e/ou radioterapia. Os sialoblastomas podem recorrer em até 22% ou se disseminar regionalmente em 9%.

Há outros tipos histológicos para as neoplasias malignas das glândulas salivares, como: carcinoma de células claras, carcinoma sebáceo, carcinoma oncocítico, cistadenocarcinoma, carcinoma de pequenas células, carcinoma de grandes células e carcinoma linfoepitelial. Essas neoplasias são menos frequentes do que as demais citadas e muitas vezes indistintas das demais pelos exames de imagem.

Segundo tumor primário (radioinduzido)

Os tumores malignos parotídeos secundários na infância (6%) são mais frequentes do que os tumores primários (0,08%). Seu aparecimento está mais associado ao tratamento prévio por radioterapia, mas agentes alquilantes de quimioterapia (ciclofosfamida) também podem estar envolvidos na patogênese dessa lesão. O principal tipo histológico é o carcinoma mucoepidermoide. A RM é o método de escolha por avaliar melhor o espaço parotídeo em pacientes jovens, em razão da falta de gordura adjacente, e em pacientes submetidos à radioterapia, pela presença de fibrose.

Linfoma

O acometimento secundário da glândula parótida é observado em 8-10% dos linfomas, mais comumente na doença de alto grau. Já o surgimento de linfoma primário nas glândulas salivares é incomum, sendo o linfoma de Hodgkin muito raro e o tecido linfoide associado à mucosa (MALT) o mais frequente. Essa forma de linfoma nas glândulas parótidas está relacionada à alteração do parênquima glandular pela síndrome de Sjögren, que aumenta o risco do surgimento do linfoma em mais de 40 vezes. Os linfomas afetam preferencialmente as glândulas parótidas (80%) e as submandibulares (20%).

Podem se manifestar nos exames de TC e RM como lesões infiltrativas difusas e homogêneas, massas focais

7 GLÂNDULAS SALIVARES 813

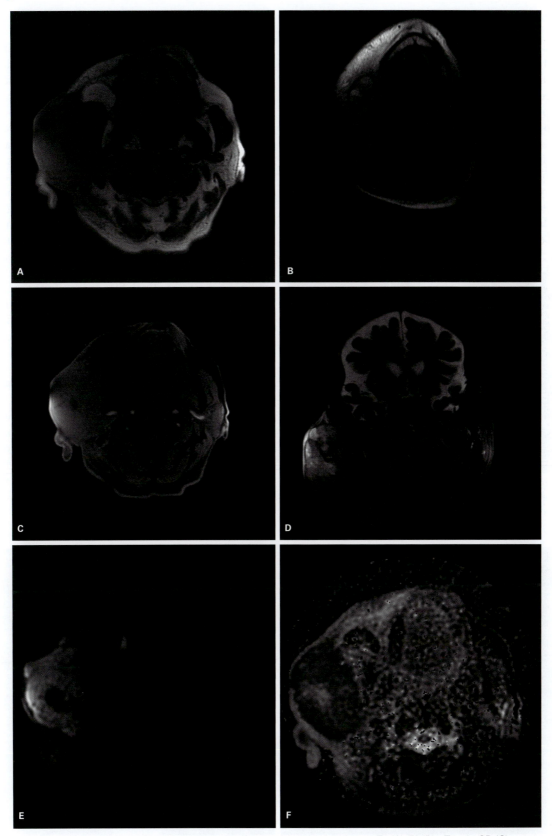

Figura 24 Adenocarcinoma. Imagens axiais de ressonância magnética ponderadas em T1 (A), T2 (B) e T1 pós-GD (C) mostram massa sólida, infiltrativa e com realce heterogêneo no espaço parotídeo direito, invadindo os planos musculoadiposos adjacentes. Imagem em coronal T1 pós-gadolínio (D) mostra a extensão da lesão e os focos nodulares mais heterogêneos de permeio. As imagens de difusão em B1000 (E) e do mapa ADC (F) mostram a restrição hídrica à difusão na lesão.

ou linfonodomegalias (Figura 25). Admitem diagnóstico diferencial com sialoadenite crônica ou doenças granulomatosas, como a sarcoidose. Na TC a lesão infiltrativa apresenta baixa atenuação e os linfonodos perda de gordura central, formato arredondado e realce tênue e homogêneo pelo meio de contraste. Na RM, os linfomas são mais bem detectados nas sequências pesadas em T1, em meio ao parênquima parcialmente lipossubstituído, com baixo sinal em T2 e intensa restrição à difusão hídrica, pela alta celularidade. Podem também estar associados a formações císticas intratumorais. As imagens de difusão auxiliam no diagnóstico de linfoma, já que essas lesões apresentam os mais baixos valores de ADC entre todas as neoplasias. O estudo por PET/CT auxilia no estadiamento local e sistêmico da doença (Figura 26).

Metástases

Por causa do encapsulamento tardio, já descrito nas características anatômicas, as glândulas parótidas contêm de 20 a 30 linfonodos em seu interior. Essa cadeia linfonodal intraparotidea pode ser afetada por metástases de tumores primários no couro cabeludo, orelha externa e região zigomática, por conta de sua drenagem principal, ou por tumores primários a distância. O tumor primário mais comum a originar metástases para as glândulas parótidas é o melanoma maligno, principalmente do couro cabeludo (80% dos casos), sendo esse acometimento linfonodal o principal fator prognóstico da doença. Outras lesões primárias que podem cursar com lesões secundárias nas parótidas incluem o carcinoma epidermoide, o carcinoma de células basais, o carcinoma de células renais e os carcinomas de mama, pulmão e gastrointestinal. Elas se manifestam como linfonodos intraparotídeos ou nódulos bem definidos no tecido parotídeo, enquanto a lesão primária é infiltrativa e pobremente definida, podendo substituir por completo o tecido parotídeo (Figura 27).

Métodos de avaliação por imagem (TC e RM)

Os métodos axiais de TC e RM são solicitados para pacientes com tumores das glândulas salivares para a melhor delimitação dos limites da lesão, relação topográfica com estruturas vasculares e trajetos neurais, invasão de planos profundos, erosões ósseas, tentar predizer sua histologia, realizar o estadiamento locorregional, guiar biópsias e auxiliar no planejamento cirúrgico.

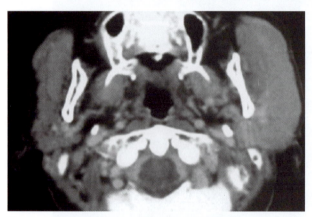

Figura 25 Linfoma na glândula parótida esquerda. Tomografia computadorizada pós-contraste mostra aumento da glândula parótida esquerda por lesão infiltrativa e homogênea.

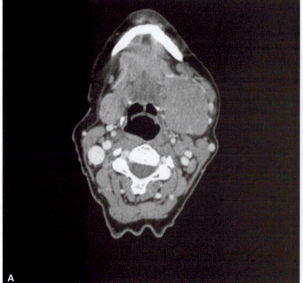
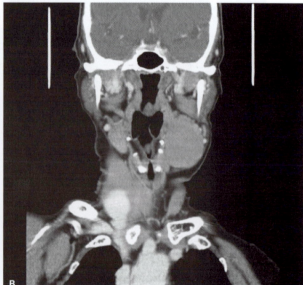

Figura 26 Linfoma na glândula submandibular esquerda. Tomografia computadorizada axial (A) e coronal (B) pós-contraste mostra aumento homogêneo e com tênue realce pelo meio de contraste da glândula submandibular esquerda, que apresenta acentuada captação de FDG nas imagens de fusão (C) e 3D (D) do estudo de tomografia computadorizada por emissão de pósitrons (PET/CT).

(continua)

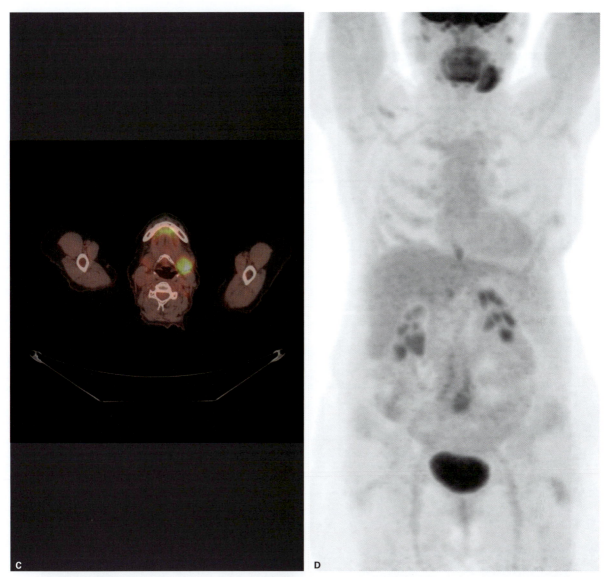

Figura 26 *(continuação)*

É importante determinar antes de tudo se a lesão é intra ou extraglandular e sua relação com as estruturas dos espaços cervicais adjacentes.

Tomografia computadorizada

A TC é amplamente difundida em nosso meio como o método axial para o estadiamento de lesões nodulares e/ou expansivas das glândulas salivares, pela maior acessibilidade dos pacientes e pela maior familiaridade dos médicos solicitantes com o método, em comparação com a RM. Contudo, aos poucos essa realidade vem se modificando.

O estudo deve ser realizado com uma aquisição após a injeção do meio de contraste endovenoso com o paciente em repouso, compreendendo toda a face e todo o pescoço, desde a base do crânio até o arco aórtico, para se avaliar possível disseminação para a base do crânio e pesquisa de linfonodomegalias cervicais. Manobras como boca aberta podem ser utilizadas para reduzir os artefatos dentários na área de interesse.

Estudo de perfusão por TC pode auxiliar a diferenciação das neoplasias das glândulas salivares, sugerindo que um pico de realce tumoral aos 30 segundos possa identificar o tumor de Warthin e aos 90 segundos os tumores malignos, e o adenoma pleomórfico apresenta realce aumentado e persistente por meio das diversas fases dinâmicas. Entretanto, o estudo perfusional pela RM, associado a outras sequências, não utiliza radiação ionizante e pode auxiliar mais no estreitamento diagnóstico e realizar no mesmo estudo um estadiamento mais preciso, pela pesquisa de disseminação perineural.

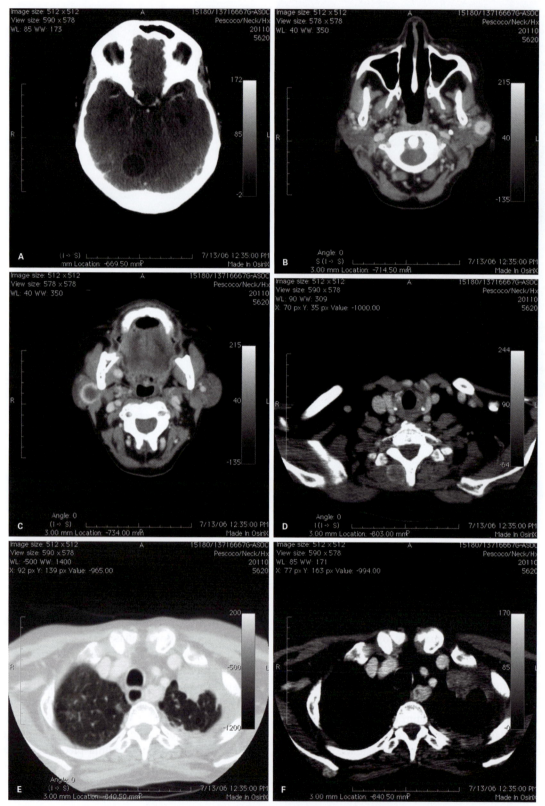

Figura 27 Metástases. Tomografia computadorizada axial pós-contraste evidencia lesões neoplásicas secundárias no hemisfério cerebelar direito (A), parotídeas bilaterais (B-C) e muscular paravertebral direita (D), de neoplasia primária de pulmão (E-F).

Ressonância magnética – sequências anatômicas

O estudo de RM é o mais indicado atualmente para a avaliação de lesões nodulares focais nas glândulas salivares, sobretudo se forem associadas às sequências de avaliação anatômica as sequências funcionais, como difusão e permeabilidade (DCE).

A maioria das lesões parotídeas é mais facilmente identificada em meio ao parênquima parcialmente lipossubstituído (pacientes adultos) por meio de sequências pesadas em T1. Os tumores benignos são mais homogêneos e habitualmente apresentam baixo sinal em T1, alto sinal em T2 (menor celularidade) e contornos regulares, ao contrário dos tumores malignos, que possuem baixo sinal em T1, sinal intermediário em T2 e margens irregulares. Entretanto, pode-se identificar focos de hipersinal em T2 em alguns tumores malignos (áreas císticas, necrose ou mucina – carcinoma adenoide cístico, carcinoma mucoepidermoide, adenocarcinoma mucinoso) e focos de hipersinal em T1 em lesões benignas (hemorragia ou líquido denso). Outra diferença entre os tumores benignos e malignos nas imagens de RM está relacionada a suas cápsulas. Um estudo recente avaliou os limites dos tumores parotídeos com bobinas de superfície em aparelhos de 3T e mostrou que os tumores benignos apresentam cápsulas completas e regulares ao redor das lesões. Já os tumores malignos apresentaram cápsulas descontínuas ou, quando contínuas, mais espessas e irregulares do que as cápsulas das lesões benignas.

Outro importante papel da RM é avaliar a extensão local do tumor. Tumores malignos se disseminam por invasão direta de estruturas adjacentes, por metástases (linfonodais ou hematogênicas) e por disseminação perineural. Os sinais de disseminação perineural são: espessamento contínuo ou descontínuo (*skip lesions*) dos nervos, alargamento dos forames, obliteração da gordura adjacente e realce neural nodular ou grosseiro pelo meio de contraste. A base do crânio pode ser invadida por disseminação direta do tumor ou por disseminação perineural, com erosão óssea, alargamento de forames e canais e/ou componente de partes moles.

Linfonodos com dimensões e realce aumentados são suspeitos, mas essas características também podem estar presentes em doenças inflamatórias. Portanto, características como heterogeneidade do realce, presença de áreas císticas ou necrose, ausência de hilo vascular definido, irregularidade dos contornos e invasão extracapsular são características importantes de serem pesquisadas. A presença de metástases linfonodais é um indicador de mau prognóstico para essas neoplasias.

Metástases a distância ocorrem em 20% dos tumores malignos das glândulas salivares, sendo os sítios mais comuns os pulmões, ossos e partes moles.

Ressonância magnética – sequências funcionais

A predição da benignidade ou malignidade de uma lesão nodular de glândula salivar é muito importante para a conduta terapêutica. Apesar do detalhamento anatômico e topográfico oferecido pelas sequências convencionais de RM, só se pode avançar na diferenciação entre tumores benignos e malignos com sequências funcionais de RM, como difusão e perfusão (permeabilidade – DCE).

As sequências de difusão fornecem informações referentes à quantidade e à movimentação das moléculas de água em meio ao componente tecidual sólido tumoral. Ao mesmo tempo em que o estudo por difusão nos traz informações sobre a composição e a celularidade dos tecidos, deve-se ter em mente que essas sequências podem ser suscetíveis ao fluxo salivar dessas glândulas. Portanto, a escolha dos fatores de b e a análise conjunta com o mapa de ADC são cruciais para a correta interpretação do exame. Outro ponto importante é a necessidade de utilizar técnicas de alta resolução para que seja possível escolher o melhor local de análise em meio a neoplasias heterogêneas, que podem ser constituídas de células proliferativas, tecidos mixomatosos, tecidos linfoides, necrose e cistos. Estudos mostram que a sequência de difusão pode ser útil na diferenciação entre adenomas pleomórficos e outras lesões parotídeas, em especial de tumores malignos, principalmente quando combinada com outras características da lesão, como localização, tamanho e morfologia (Figura 24). A média do valor de ADC para lesões benignas ($1,72 \times 10^{-3}$ mm²/s) é maior do que para os tumores malignos ($1,05 \times 10^{-3}$ mm²/s). Alguns autores sugerem também a opção pelas sequências PROPELLER (*periodically rotated overlapping parallel lines with enhanced reconstruction*) em vez das sequências DWI (*echoplanar diffusion-weighted*) para a avaliação das glândulas salivares, por estas apresentarem menos artefatos e distorções de imagem na região da face.

A avaliação da perfusão tecidual por RM engloba diferentes técnicas e sequências, algumas dessas utilizando meios de contraste intravenoso e outras não. O estudo de perfusão comumente utilizado para a avaliação de gliomas e outras neoplasias encefálicas corresponde às sequências pesadas em T2, em que o objetivo é a avaliação do volume, do fluxo e do tempo médio de trânsito sanguíneo no tecido estudado. Outro estudo de perfusão, chamado de permeabilidade (capilar ou de superfície) ou de sequência dinâmica (DCE), utiliza sequências pesadas em T1 após a injeção do meio de contraste. Essa sequência em T1 é utilizada para o estudo da dinâmica de fluidos entre os espaços intravascular e extravascular e é utilizada para a avaliação da próstata, da mama, de algumas lesões intracranianas e também para as glândulas salivares, principalmente das lesões sólidas e maiores de 1,0 cm nas glândulas parótidas, surgindo como uma ferramenta de diferenciação por imagem entre as lesões salivares primárias benignas e malignas.

Autores de um estudo recente estabeleceram, por meio do estudo de permeabilidade, um ponto de corte de 165 segundos para o intervalo de tempo entre a injeção do meio de contraste e a obtenção da maior contrastação para diferenciar tumores submucosos benignos e malignos da região do palato, e o tempo mais curto para o pico de contrastação favorece a hipótese de lesões malignas e o pico mais tardio o de lesões benignas.

Destacam-se dois outros estudos recentes que estabeleceram algoritmos de avaliação de nódulos parotídeos por meio da RM, agrupando sequências pesadas em T1 e em T2 sem saturação de gordura, de difusão e de permeabilidade, com acurácia acima de 80% para a correlação histológica desses nódulos (Tabela 1). Foram determinados quatro padrões de curvas espectrais (Figura 28), sendo: a) curva com platô ascendente, típica do adenoma pleomórfico (Figura 29); b) curva com rápido *washin* e *washout* superior a 30%, relacionada ao tumor de Warthin (Figura 30); c) curva com rápido *washin* e *washout* abaixo dos 30% (relacionada aos tumores malignos de grau intermediário); d) curva com platô descendente (relacionada aos tumores malignos de alto grau). É fundamental que a análise dessas curvas seja realizada em conjunto com as outras sequências, principalmente com a difusão. Dentro do algoritmo publicado é possível classificar as lesões em adenoma pleomórfico clássico, adenoma pleomórfico de alta celularidade, tumor de Warthin, tumor maligno de grau intermediário e tumor maligno de alto grau. Entretanto, outros estudos mais recentes já demonstraram os padrões espectrais esperados para outras lesões benignas como oncocitoma e schwannoma, bem como para linfoma e alterações linfonodais intraparotídeas, reacionais ou secundárias. A utilização desse protocolo com difusão e perfusão tem se mostrado promissora na avaliação das lesões salivares focais.

Novas técnicas de perfusão pela RM, como *intravoxel incoherent motion* (IVIM) e *spin label*, permitem realizar o estudo de permeabilidade sem a injeção do meio de contraste. A primeira utiliza uma única sequência de difusão multiparamétrica, em que é possível avaliar o comportamento difusional e perfusional da lesão, e a segunda utiliza a magnetização dos *spins* em diferentes locais e tempo como forma de contrastação, para obter a relação entre as diferenças de sinal dos líquidos que efetuaram

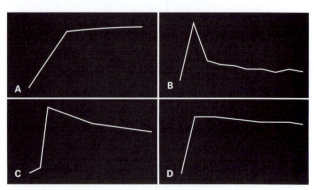

Figura 28 Curvas de permeabilidade (DCE). Curva com platô ascendente (A), curva com *washout* > 30% (B), curva com *washout* < 30% (C), curva em platô descendente (D).

trocas entre os espaços intra e extravascular. Essas técnicas são recentes e suas aplicações em cabeça e pescoço ainda são experimentais.

A técnica de espectroscopia de prótons também foi utilizada experimentalmente para a avaliação de lesões nas glândulas salivares, com alguns resultados interessantes na diferenciação entre tumor de Warthin e adenoma pleomórfico e entre adenoma pleomórfico e carcinoma de glândulas parótidas. A técnica se baseia na relação entre os metabólitos colina (Col) e creatina (Cr), assim como no encéfalo. A Col pode ser detectada em lesões benignas e malignas, mas não na glândula parótida normal, e uma relação Col/Cr maior que 2,4 pode distinguir tumor maligno de benigno, enquanto uma relação maior que 4,5 sugere que a lesão provavelmente é um tumor de Warthin. Apesar dos resultados iniciais, ainda não há aplicação prática rotineira dessa sequência.

PET/CT

Diferentemente de outras neoplasias de cabeça e pescoço, como os carcinomas espinocelulares da cavidade oral, faringe e laringe, a maioria das neoplasias das glândulas salivares não é ávida pelo FDG, ou demonstram atividade do FDG menor que o carcinoma epidermoide. Apesar de alguns estudos mostrarem que o PET/CT tem

Tabela 1 Tabela para a avaliação dos nódulos parotídeos com sequências T2, difusão e DCE

	Sinal em T2	Relação ADC tecido tumoral/ADC tecido normal	Perfusão	Outros achados
Tumor de Warthin	Hipo ou isossinal	~ 1	*Washout* > 30%	Polo inferior, tabagista, masculino
Adenoma pleomórfico	Hipersinal	> 1,3	Platô ascendente	
Adenoma pleomórfico de alta celularidade	Isossinal	1 a 1,3	Platô ascendente	
Tumor de grau intermediário	Hipo ou isossinal	1 a 1,3	*Washout* < 30%	
Tumor de alto grau	Hipossinal	< 1	Platô descendente	Contornos irregulares

Fonte: adaptada de Espinoza, 2013.

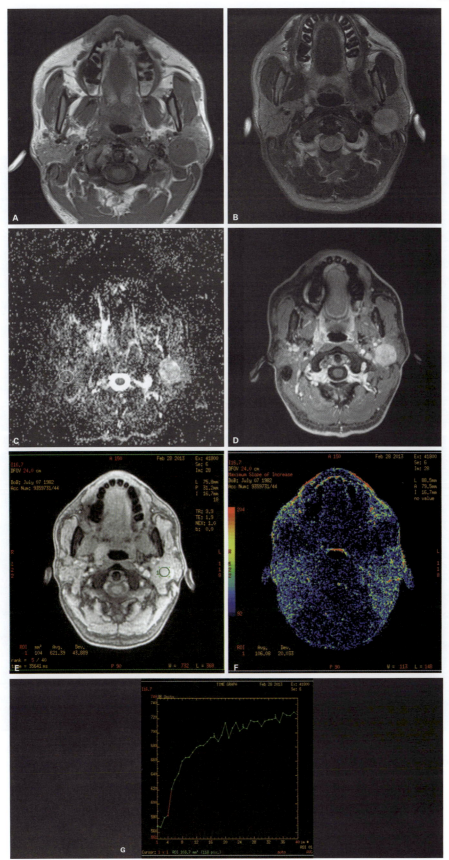

Figura 29 Adenoma pleomórfico. Imagens axiais de ressonância magnética ponderadas em T1 (A), T2 sem supressão de gordura (B), mapa de coeficientes de difusão aparente (ADC) de difusão (C), T1 pós-gadolínio (D), máscara (E) e mapa de permeabilidade (F) e gráfico da curva de permeabilidade (G) mostram lesão nodular sólida na transição entre as porções superficial e profunda da glândula parótida esquerda, que apresenta baixo sinal em T1, alto sinal em T2, alto valor no mapa ADC e intenso realce pelo meio de contraste. As imagens de permeabilidade mostram realce lento e progressivo pelo meio de contraste, com a curva no formato de platô ascendente.

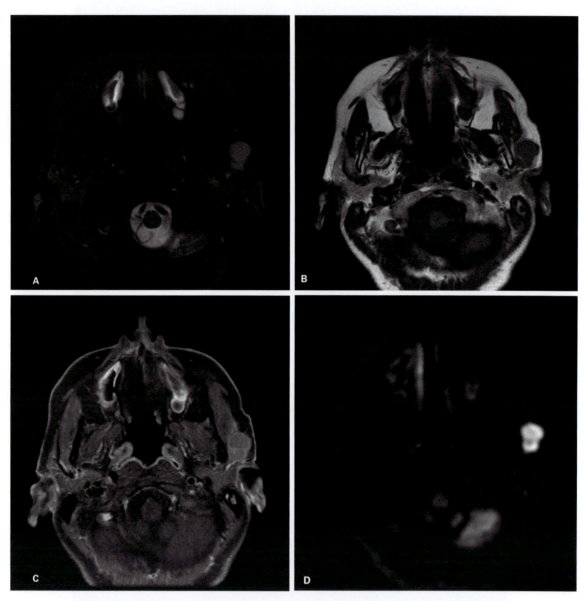

Figura 30 Tumor de Warthin. Imagens axiais de ressonância magnética ponderadas em T2 (A), T1 sem supressão de gordura (B), T1 pós-GD (C), difusão B1000 (D), mapa de coeficientes de difusão aparente (ADC) (E).

(continua)

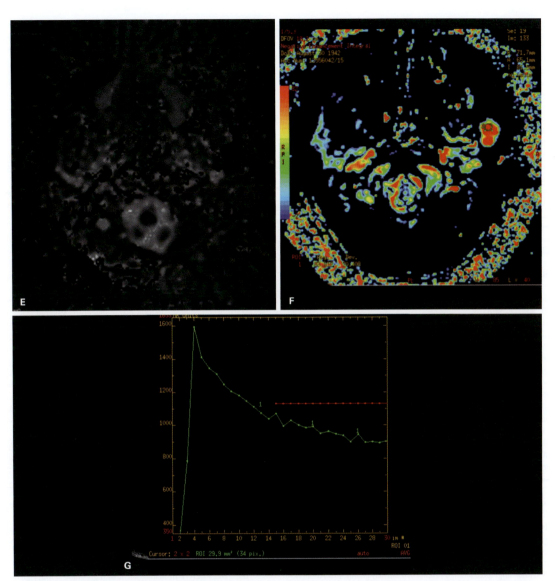

Figura 30 (*continuação*). Mapa de permeabilidade (F) e gráfico da curva de permeabilidade (G) mostram lesão nodular sólida na porção superficial da glândula parótida esquerda, que apresenta baixo sinal em T1, alto sinal em T2, restrição à difusão hídrica e realce pelo meio de contraste. As imagens de permeabilidade mostram rápido *washin* e *washout* superior a 30%.

maior acurácia diagnóstica para avaliação de neoplasias malignas de alto grau primárias de glândulas salivares do que a TC, a avaliação locorregional dessas lesões por RM com sequências funcionais tem se mostrado superior.

Uma aplicação do PET/CT superior à TC e à RM é a avaliação de metástases a distância, pela possibilidade de avaliar todos os segmentos corpóreos. O desenvolvimento de novos radiofármacos e a maior aplicação do estudo híbrido por PET/RM poderão trazer maior impacto na conduta terapêutica dessas lesões.

Bibliografia sugerida

1. Aasen SK. CT appearances of normal and obstructed submandibular duct. Acta Radiol. 1991;33:414-9.
2. Adra NA, Barakat N, Melhem RE. Salivary gland inclusions in the mandible: Stafne's idiopathic bone cavity. AJR Am J Roentgenol. 1980;134(5):1082-3.
3. Arndt C, Graessner J, Cramer MC, Petersen K, Reitmeier F, Weiss F, et al. Functional imaging of submandibular glands: diffusion-weighted echo-planar MRI before and after stimulation. RöFo. 2006;178(9):893-7.
4. Astreinidou E, Raaymakers CP, Roesink JM, Terhaard CH, Lagendijk JJ, Bartels LW. 3D MR sialography protocol for postradiotherapy follow-up of the salivary duct system. J Magn Reson Imaging. 2006;24(3):556-62.
5. Avrahami E, Englender M, Chen E, Shabtay D, Katz R, Harell M. CT of submandibular gland sialolithiasis. Neuroradiology. 1996;38(3):287-90.
6. Banks GC, Kirse DJ, Anthony E, Bergman S, Shetty AK. Bilateral parotitis as the initial presentation of childhood sarcoidosis. Am J Otolaryngol. 2013;34(2):142-4.
7. Basu S, Houseni M, Alavi A. Significance of incidental fluorodeoxyglucose uptake in the parotid glands and its impact on patient management. Nucl Med Commun. 2008;29(4):367-73.
8. Beale T, Madani G. Anatomy of the salivary glands. Semin Ultrasound CT MR. 2006;27(6):436-9.
9. Becker M, Marchal F, Becker CD, Dulguerov P, Georgakopoulos G, Lehmann W, et al. Sialolithiasis and salivary ductal stenosis: diagnostic accuracy of MR sialography with a three-dimensional extended-phase conjugate-symmetry rapid spin-echo sequence. Radiology. 2000;217(2):347-58.
10. Becker M, Marchal F, Becker CD, Dulguerov P, Georgakopoulos G, Lehmann W, et al. Sialolithiasis and salivary ductal stenosis: diagnostic accuracy of MR

sialography with a three-dimensional extended-phase conjugate-symmetry rapid spin-echo sequence. Radiology. 2000;217:347-58.
11. Blodgett TM. PET and PET/CT for the evaluation of head and neck cancer. RSNA categorical course in diagnostic radiology. In: Wahl RL, ed. Clinical PET and PET/CT imaging. Syllabus. 2007. p. 101-7.
12. Brierley JD, Gospodarowicz MK, Wittekind C. TNM classification of malignant tumours. 8.ed. UICC; 2017.
13. Bronstein AD, Nyberg DA, Schwartz AN, Shuman WP, Griffin BR. Increased salivary gland density on contrast-enhanced CT after head and neck radiation. AJR Am J Roentgenol. 1987;149(6):1259-63.
14. Brown E, August M, Pilch BZ, Weber A. Polycystic disease of the parotid glands. AJNR Am J Neuroradiol. 1995;16(5):1128-31.
15. Bryan RN, Miller RH, Ferreyro RI, Sessions RB. Computed tomography of the major salivary glands. AJR Am J Roentgenol. 1982;139(3):547-54.
16. Capaccio P, Cuccarini V, Ottaviani F, Minorati D, Sambataro G, Cornalba P, et al. Comparative ultrasonographic, magnetic resonance sialographic, and videoendoscopic assessment of salivary duct disorders. Ann Otol Rhinol Laryngol. 2008;117(4):245-52.
17. Carter BL, Karmody CS, Blickman JR, Panders AK. Computed tomography and sialography: 1. Normal anatomy. J Comput Assist Tomogr. 1981;5(1):42-5.
18. Celebi I, Mahmutoglu AS, Ucgul A, Ulusay SM, Basak T, Basak M. Quantitative diffusion-weighted magnetic resonance imaging in the evaluation of parotid gland masses: a study with histopathological correlation. Clin Imaging. 2013;37(2):232-8.
19. Cermik TF, Mavi A, Acikgoz G, Houseni M, Dadparvar S, Alavi A. FDG PET in detecting primary and recurrent malignant salivary gland tumors. Clin Nucl Med. 2007;32(4):286-91.
20. Choudhary A, Panda S, Beena VT, Rajeev R, Sivakumar R, Krishanan S. Sialoblastoma: a literature review from 1966-2011. Natl J Maxillofac Surg. 2013;4(1):13-8.
21. Christe A, Waldherr C, Hallett R, Zbaeren P, Thoeny H. MR imaging of parotid tumors: typical lesion characteristics in MR imaging improve discrimination between benign and malignant disease. AJNR Am J Neuroradiol. 2011;32(7):1202-7.
22. Chu J, Zhou Z, Hong G, Guan J, Li S, Rao L, et al. High-resolution MRI of the intraparotid facial nerve based on a microsurface coil and a 3D reversed fast imaging with steady-state precession DWI sequence at 3T. AJNR Am J Neuroradiol. 2013;34(8):1643-8.
23. White DK, Davidson HC, Harnsberger HR, Haller J, Kamya A. Accessory salivary tissue in the mylohyoid boutonnière: a clinical and radiologic pseudolesion of the oral cavity. AJNR. 2001;22:406-12.
24. De Almeida P del V, Gregio AM, Machado MA, de Lima AA, Azevedo LR. Saliva composition and functions: a comprehensive review. J Contemp Dent Pract. 2008;9(3):72-80.
25. Dillon WP. MR sialography? AJNR Am J Neuroradiol. 1998;19(7):1183.
26. Dost P. Ultrasonographic biometry in normal salivary glands. Eur Arch Otorhinolaryngol. 1997;254(Suppl 1):S18-9.
27. Eida S, Sumi M, Sakihama N, Takahashi H, Nakamura T. Apparent diffusion coefficient mapping of salivary gland tumors: prediction of the benignancy and malignancy. AJNR Am J Neuroradiol. 2007;28(1):116-21.
28. Escott EJ. A variety of appearances of malignant melanoma in the head: a review. Radiographics. 2001;21(3):625-39.
29. Espinoza S, Halimi P. Interpretation pearls for MR imaging of parotid gland tumor. Eur Ann Otorhinolaryngol Head Neck Dis. 2013;130(1):30-5.
30. Fujita A, Sakai O, Chapman MN, Sugimoto H. IgG4-related disease of the head and neck: CT and MR imaging manifestations. Radiographics. 2012;32(7):1945-58.
31. Gadodia A, Seith A, Sharma R, Thakar A, Parshad R. Magnetic resonance sialography using CISS and HASTE sequences in inflammatory salivary gland diseases: comparison with digital sialography. Acta Radiol. 2010;51(2):156-63.
32. Gadodia A, Seith A, Sharma R, Thakar A. MRI and MR sialography of juvenile recurrent parotitis. Pediatr Radiol. 2010;40(8):1405-10.
33. Gadodia A, Seith A, Sharma R. Unusual presentation of Sjögren syndrome: multiple parotid cysts. Ear Nose Throat J. 2012;91(11):E17-9.
34. Góis Filho JFC. Anatomia básica das glândulas salivares. In: Brandão LGF, ed. Cirurgia de cabeça e pescoço. São Paulo: Roca; 1989. p. 211-5.
35. Gottesman RI, Som PM, Mester J, Silvers A. Observations on two cases of apparent submandibular gland cysts in HIV positive patients: MR and CT findings. J Comput Assist Tomogr. 1996;20(3):444-7.
36. Gray H. Salivary glands. In: Gray H, ed. Anatomy of the human body. Philadelphia: Lea & Febiger; 1977. p. 633-4.
37. Greene AK, Rogers GF, Mulliken JB. Management of parotid hemangioma in 100 children. Plast Reconstr Surg. 2004;113(1):53-60.

38. Habermann CR, Gossrau P, Kooijman H, Graessner J, Cramer MC, Kaul MG, et al. Monitoring of gustatory stimulation of salivary glands by diffusion-weighted MR imaging: comparison of 1.5T and 3T. AJNR Am J Neuroradiol. 2007;28(8):1547-51.
39. Haktanir A. CT and MR findings of bilateral submandibular gland aplasia associated with hypertrophied symmetrical sublingual glands herniated through mylohyoid defects. Dentomaxillofac Radiol. 2012;41(1):79-83.
40. Herrera-Calvo G, García-Montesinos-Perea B, Saiz-Bustillo R, Gallo-Terán J, Lastra-García-Barón P. Unilateral submandibular gland aplasia with ipsilateral sublingual gland hypertrophy presenting as a neck mass. Med Oral Patol Oral Cir Bucal. 2011;16(4):e537-40.
41. Hiatt JLS, Embryology and anatomy of the salivary glands. In: Ellis GLA, Gnepp DR, eds. Surgical pathology of the salivary glands. Philadelphia: WB Saunders, 1991, p. 2-9.
42. Ho C, Sasaki CT, Prasad ML. Crystalloid granulomas of the parotid gland mimicking tumor: a case report with review of the literature. J Surg Pathol. 2013;21(3):282-6.
43. Holliday RA, Cohen WA, Schinella RA, Rothstein SG, Persky MS, Jacobs JM, et al. Benign lymphoepithelial parotid cysts and hyperplastic cervical adenopathy in AIDS-risk patients: a new CT appearance. Radiology. 1988;168(2):439-41.
44. Hollinshead WH. Anatomy for surgeons. In: Hollinshead WH, ed. The head and neck. 3. ed. New York: Hoeber Medical Division, Harper and Row; 1982.
45. Ikeda M, Motoori K, Hanazawa T, Nagai Y, Yamamoto S, Ueda T, et al. Warthin tumor of the parotid gland: diagnostic value of MR imaging with histopathologic correlation. AJNR Am J Neuroradiol. 2004;25(7):1256-62.
46. Ishibashi M, Fujii S, Kawamoto K, Nishihara K, Matsusue E, Kodani K, et al. Capsule of parotid gland tumor: evaluation by 3.0 T magnetic resonance imaging using surface coils. Acta Radiol. 2010;51(10):1103-10.
47. Ito FA, Ito K, Vargas PA, de Almeida OP, Lopes MA. Salivary gland tumors in a Brazilian population: a retrospective study of 496 cases. Int J Oral Maxillofac Surg. 2005;34(5):533-6.
48. Izumi M, Eguchi K, Ohki M, Uetani M, Hayashi K, Kita M, et al. MR imaging of the parotid gland in Sjogren's syndrome: a proposal for new diagnostic criteria. AJR Am J Roentgenol. 1996;166(6):1483-7.
49. Izumi M, Hida A, Takagi Y, Kawabe Y, Eguchi K, Nakamura T. MR imaging of the salivary glands in sicca syndrome: comparison of lipid profiles and imaging in patients with hyperlipidemia and patients with Sjogren's syndrome. AJR Am J Roentgenol. 2000;175(3):829-34.
50. Jager L, Menauer F, Holzknecht N, Scholz V, Grevers G, Reiser M. Sialolithiasis: MR sialography of the submandibular duct – an alternative to conventional sialography and US? Radiology. 2000;216(3):665-71.
51. Jang M, Park D, Lee SR, Hahm CK, Kim Y, Park CK, et al. Basal cell adenoma in the parotid gland: CT and MR findings. AJNR Am J Neuroradiol. 2004;25(4):631-5.
52. Jeong HS, Chung MK, Son YI, Choi JY, Kim HJ, Ko YH, et al. Role of 18F-FDG PET/CT in management of high-grade salivary gland malignancies. J Nucl Med. 2007;48(8):1237-44.
53. Juan CJ, Chang HC, Hsueh CJ, Liu HS, Huang YC, Chung HW, et al. Salivary glands: echo-planar versus PROPELLER Diffusion-weighted MR imaging for assessment of ADCs. Radiology. 2009;253(1):144-52.
54. Kalinowski M, Heverhagen JT, Rehberg E, Klose KJ, Wagner HJ. Comparative study of MR sialography and digital subtraction sialography for benign salivary gland disorders. AJNR Am J Neuroradiol. 2002;23(9):1485-92.
55. Kamishima T. Chemical shift MR images of the parotid gland in Sjogren's syndrome utilizing low-field MR system comparison with MR sialography and salivary secretion function. Radiat Med. 2005;23(4):277-82.
56. Kashiwagi N, Murakami T, Chikugo T, Tomita Y, Kawano K, Nakanishi K, et al. Carcinoma ex pleomorphic adenoma of the parotid gland. Acta Radiol. 2012;53(3):303-6.
57. Kashiwagi N, Murakami T, Nakanishi K, Maenishi O, Okajima K, Takahashi H, et al. Conventional MRI findings for predicting submandibular pleomorphic adenoma. Acta Radiol. 2013;54(5):511-5.
58. Kato H, Kanematsu M, Makita H, Kato K, Hatakeyama D, Shibata T, et al. CT and MR imaging findings of palatal tumors. Eur J Radiol. 2014;83(3):e137-46.
59. Kato H, Kanematsu M, Mizuta K, Ito Y, Hirose Y. Carcinoma ex pleomorphic adenoma of the parotid gland: radiologic-pathologic correlation with MR imaging including diffusion-weighted imaging. AJNR Am J Neuroradiol. 2008;29(5):865-7.
60. King AD, Yeung DK, Ahuja AT, Tse GM, Yuen HY, Wong KT, et al. Salivary gland tumors at in vivo proton MR spectroscopy. Radiology. 2005;237(2):563-9.
61. Kirshenbaum KJ, Nadimpalli SR, Friedman M, Kirshenbaum GL, Cavallino RP. Benign lymphoepithelial parotid tumors in AIDS patients: CT and MR findings in nine cases. AJNR Am J Neuroradiol. 1991;12(2):271-4.

62. Kohri K, Miyoshi S, Nagahara A, Ohtani M. Bilateral parotid enlargement ("iodide mumps") following excretory urography. Radiology. 1977;122(3):654.
63. Larsson SG, Lufkin RB, Hoover LA. Computed tomography of the submandibular salivary glands. Acta Radiol. 1987;28(6):693-6.
64. Li C, Li Y, Zhang D, Yang Z, Wu L. 3D-FIESTA MRI at 3 T demonstrating branches of the intraparotid facial nerve, parotid ducts and relation with benign parotid tumours. Clin Radiol. 2012;67(11):1078-82.
65. Lomas DJ, Carroll NR, Johnson G, Antoun NM, Freer CE. MR sialography. Work in progress. Radiology 1996;200(1):129-33.
66. Lowe LH, Stokes LS, Johnson JE, Heller RM, Royal SA, Wushensky C, et al. Swelling at the angle of the mandible: imaging of the pediatric parotid gland and periparotid region. Radiographics. 2001;21(5):1211-27.
67. Luyk NH, Doyle T, Ferguson MM. Recent trends in imaging the salivary glands. Dentomaxillofac Radiol. 1991;20(1):3-10.
68. Madani G, Beale T. Inflammatory conditions of the salivary glands. Semin Ultrasound CT MR. 2006;27(6):440-51.
69. Madani G, Beale T. Tumors of the salivary glands. Semin Ultrasound CT MR 2006;27(6):452-64.
70. Martinoli C, Derchi LE, Solbiati L, Rizzatto G, Silvestri E, Giannoni M. Color Doppler sonography of salivary glands. AJR Am J Roentgenol. 1994;163(4):933-41.
71. Matsuzaki H, Yanagi Y, Hara M, Katase N, Hisatomi M, Unetsubo T, et al. Diagnostic value of dynamic contrast-enhanced MRI for submucosal palatal tumors. Eur J Radiol. 2012;81(11):3306-12.
72. McGreevy AE, O'Kane AM, McCaul D, Basha SI. Pneumoparotitis: a case report. Head Neck. 2013;35(2):E55-9.
73. Melki P, Mugel T, Clero B, Helenon O, Belin X, Moreau JF. Acute bilateral parotitis. Isolated prodrome to anaphylactoid shock following injection of iodinated contrast media. J Radiol. 1993;74(1):51-4.
74. Moonis G, Patel P, Koshkareva Y, Newman J, Loevner LA. Imaging characteristics of recurrent pleomorphic adenoma of the parotid gland. AJNR Am J Neuroradiol. 2007;28(8):1532-6.
75. Morimoto Y, Habu M, Tomoyose T, Ono K, Tanaka T, Yoshioka I, et al. Dynamic magnetic resonance sialography as a new diagnostic technique for patients with Sjogren's syndrome. Oral Dis. 2006;12(4):408-14.
76. Motoori K, Iida Y, Nagai Y, Yamamoto S, Ueda T, Funatsu H, et al. MR imaging of salivary duct carcinoma. AJNR Am J Neuroradiol. 2005;26(5):1201-6.
77. Motoori K, Ueda T, Uchida Y, Chazono H, Suzuki H, Ito H. Identification of Warthin tumor: magnetic resonance imaging versus salivary scintigraphy with technetium-99m pertechnetate. J Comput Assist Tomogr. 2005;29(4):506-12.
78. Müller OB. Processos inflamatórios e outras lesões das glândulas salivares. In: Brandão LGF, editor. Cirurgia de Cabeça e Pescoço. São Paulo: Roca; 1989. p. 249-55.
79. Natasha S. Congenital parotid fistula. J Indian Soc Pedod Prev Dent. 2014;32(Issue 4):357-61.
80. Ohbayashi N, Yamada I, Yoshino N, Sasaki T. Sjogren syndrome: comparison of assessments with MR sialography and conventional sialography. Radiology. 1998 Dec;209(3):683-8.
81. Okahara M, Kiyosue H, Hori Y, Matsumoto A, Mori H, Yokoyama S. Parotid tumors: MR imaging with pathological correlation. Eur Radiol. 2003;13(Suppl 4):L25-33.
82. Park SJ, Hong HS, Lee HK, Joh JH, Cha JG, Kim HC. Ultrasound findings of iodide mumps. Br J Radiol. 2005;78(926):164-5.
83. Prasad RS. Parotid gland imaging. Otolaryngol Clin North Am. 2016;49(Issue 2):285-312.
84. Razek AAKA, Mukherji S. Imaging of sialadenitis. The Neuroradiology Journal. 2017;1-11.
85. Roebuck DJ, Ahuja AT. Hemangioendothelioma of the parotid gland in infants: sonography and correlative MR imaging. AJNR Am J Neuroradiol. 2000;21(1):219-23.
86. Rubin P, Holt JF. Secretory sialography in diseases of the major salivary glands. Am J Roentgenol Radium Ther Nucl Med. 1957;77(4):575-98.
87. Saito OC. Glândulas salivares. In: Saito OCC, ed. Ultra-sonografia de pequenas partes. São Paulo: Sarvier; 1999. p. 81-101.
88. Samra S, Sawh-Martinez R, Tom L, Colebunders B, Salameh B, Truini C, et al. A targeted approach to sentinel lymph node biopsies in the parotid region for head and neck melanomas. Ann Plast Surg. 2012;69(4):415-7.
89. Saunders JRH, Jaques DA. Salivary glands. In: Bayley BJ, ed. Head and neck surgery: otolaryngology. Philadelphia: Lippincott; 1993. p. 59-81.
90. Shahidi S, Hamedani S. The feasibility of cone beam computed tomographic sialography in the diagnosis of space-occupying lesions: report of 3 cases. Oral Surg Oral Med Oral Pathol Oral Radiol. 2014;117(6):e452-7.
91. Sheedy SP, Welker KM, DeLone DR, Gilbertson JR. CNS metastases of carcinoma ex pleomorphic adenoma of the parotid gland. AJNR Am J Neuroradiol. 2006;27(7):1483-5.
92. Shellenberger TD, Williams MD, Clayman GL, Kumar AJ. Parotid gland oncocytosis: CT findings with histopathologic correlation. AJNR Am J Neuroradiol. 2008;29(4):734-6.
93. Shimizu M, Yoshiura K, Nakayama E, Kanda S, Nakamura S, Ohyama Y, et al. Multiple sialolithiasis in the parotid gland with Sjogren's syndrome and its sonographic findings – report of 3 cases. Oral Surg Oral Med Oral Pathol Oral Radiol Endod. 2005;99(1):85-92.
94. Sigal R, Monnet O, de Baere T, Micheau C, Shapeero LG, Julieron M, et al. Adenoid cystic carcinoma of the head and neck: evaluation with MR imaging and clinical-pathologic correlation in 27 patients. Radiology. 1992;184(1):95-101.
95. Smoker WRK. Oral cavity. In: Som PM CH, ed. Head and neck imaging. 3. ed. St. Louis: Mosby-Year Book; 1996. p. 488-544.
96. Sobrino-Guijarro B, Cascarini L, Lingam RK. Advances in imaging of obstructed salivary glands can improve diagnostic outcomes. Oral Maxillofac Surg. 2013;17(1):11-9.
97. Som PM, Biller HF. High-grade malignancies of the parotid gland: identification with MR imaging. Radiology. 1989;173(3):823-6.
98. Som PM, Brandwein MS. Salivary glands: anatomy and pathology. In: Som PMC, ed. Head and Neck Imaging. 4 ed. St. Louis: Mosby; 2003. p. 2005-133.
99. Som PM. Salivary glands. In: Som PMC, ed. Head and neck imaging. 3. ed. Philadelphia: Elsevier; 1996. p. 823-45.
100. Srinivasan A, Dvorak R, Rohrer S, Mukherji SK. Initial experience of 3-tesla apparent diffusion coefficient values in characterizing squamous cell carcinomas of the head and neck. Acta Radiol. 2008;49(9):1079-84.
101. Srinivasan A, Moyer JS, Mukherji SK. Unilateral submandibular gland aplasia associated with ipsilateral sublingual gland hypertrophy. AJNR Am J Neuroradiol. 2006;27(10):2214-6.
102. Stafne EC. Bone cavities situated near the angle of the mandible. J Am Dent Assoc. 1942;29:1969-72.
103. Sumi M, Izumi M, Yonetsu K, Nakamura T. Sublingual gland: MR features of normal and diseased states. AJR Am J Roentgenol. 1999;172(3):717-22.
104. Sumi M, Nakamura T. Head and neck tumours: combined MRI assessment based on IVIM and TIC analyses for the differentiation of tumors of different histological types. Eur Radiol. 2014;24(1):223-31.
105. Sun Z, Zhang Z, Fu K, Zhao Y, Liu D, Ma X. Diagnostic accuracy of parotid CT for identifying Sjögren's syndrome. Eur J Radiol. 2012;81(10):2702-9.
106. Takagi Y, Sumi M, Sumi T, Ichikawa Y, Nakamura T. MR microscopy of the parotid glands in patients with Sjogren's syndrome: quantitative MR diagnostic criteria. AJNR Am J Neuroradiol. 2005;26(5):1207-14.
107. Takagi Y, Sumi M, Van Cauteren M, Nakamura T. Fast and high-resolution MR sialography using a small surface coil. J Magn Reson Imaging. 2005;22(1):29-37.
108. Talner LB, Lang JH, Brasch RC, Lasser EC. Elevated salivary iodine and salivary gland enlargement due to iodinated contrast media. Am J Roentgenol Radium Ther Nucl Med. 1971;112(2):380-2.
109. Tassart M, Zeitoun D, Iffenecker C, Bahlouli F, Bigot JM, Boudghene F. MR Sialography. J Radiol. 2003;84(1):15-26.
110. Thoeny HC, De Keyzer F, Claus FG, Sunaert S, Hermans R. Gustatory stimulation changes the apparent diffusion coefficient of salivary glands: initial experience. Radiology. 2005;235(2):629-34.
111. Tonami H, Ogawa Y, Matoba M, Kuginuki Y, Yokota H, Higashi K, et al. MR sialography in patients with Sjogren syndrome. AJNR Am J Neuroradiol. 1998;19(7):1199-203.
112. Toyoda K, Oba H, Kutomi K, Furui S, Oohara A, Mori H, et al. MR imaging of IgG4-related disease in the head and neck and brain. AJNR Am J Neuroradiol. 2012;33(11):2136-9.
113. Treumann T, Lenz M. MR-sialography: initial experiences with a new method. Rontgenpraxis. 1996;49(6):135-8.
114. Vargas PA, Gerhard R, Araujo Filho VJ, de Castro IV. Salivary gland tumors in a Brazilian population: a retrospective study of 124 cases. Rev Hosp Clin Fac Med. 2002;57(6):271-6.
115. Varghese JC, Thornton F, Lucey BC, Walsh M, Farrell MA, Lee MJ. A prospective comparative study of MR sialography and conventional sialography of salivary duct disease. AJR Am J Roentgenol. 1999;173(6):1497-503.
116. Vazquez E, Castellote A, Piqueras J, Ortuno P, Sanchez-Toledo J, Nogues P, et al. Second malignancies in pediatric patients: imaging findings and differential diagnosis. Radiographics. 2003;23(5):1155-72.
117. Wang BB, Pan QH, Zhang YF, Xu YZ, Wu QG, Zhou FS, et al. Application of fourier transform infrared spectroscopy to non-invasive detection of pleo-

morphic adenoma of salivary gland in vivo. Guang Pu Xue Yu Guang Pu Fen Xi. 2007;27(12):2427-31.
118. Wang S, Shi H, Wang L, Yu Q. Myoepithelioma of the parotid gland: CT imaging findings. AJNR Am J Neuroradiol. 2008;29(7):1372-5.
119. Weber AL. Imaging of the salivary glands. Curr Opin Radiol. 1992;4(1):117-22.
120. Weissman JL, Carrau RL. Anterior facial vein and submandibular gland together: predicting the histology of submandibular masses with CT or MR imaging. Radiology. 1998;208(2):441-6.
121. Weissman JL. Imaging of the salivary glands. Semin Ultrasound CT MR. 1995;16(6):546-68.
122. Weon YC, Park SW, Kim HJ, Jeong HS, Ko YH, Park IS, et al. Salivary duct carcinomas: clinical and CT and MR imaging features in 20 patients. Neuroradiology. 2012;54(6):631-40.
123. White DK, Davidson HC, Harnsberger HR, Haller J, Kamya A. Accessory salivary tissue in the mylohyoid boutonniere: a clinical and radiologic pseudolesion of the oral cavity. AJNR Am J Neuroradiol. 2001;22(2):406-12.
124. Yabuuchi H, Matsuo Y, Kamitani T, Setoguchi T, Okafuji T, Soeda H, et al. Parotid gland tumors: can addition of diffusion-weighted MR imaging to dynamic contrast-enhanced MR imaging improve diagnostic accuracy in characterization? Radiology. 2008;249(3):909-16.
125. Yerli H, Aydin E, Coskun M, Geyik E, Ozluoglu LN, Haberal N, et al. Dynamic multislice computed tomography findings for parotid gland tumors. J Comput Assist Tomogr. 2007;31(2):309-16.
126. Yokosawa M, Tsuboi H, Nasu K, Hagiya C, Hagiwara S, Hirota T, et al. Usefulness of MR imaging of the parotid glands in patients with secondary Sjögren's syndrome associated with rheumatoid arthritis. Mod Rheumatol. 2015;25(3):415-20.
127. Yousem DM, Gad K, Tufano RP. Resectability issues with head and neck cancer. AJNR Am J Neuroradiol. 2006;27(10):2024-36.
128. Yousem DM, Kraut MA, Chalian AA. Major salivary gland imaging. Radiology. 2000;216(1):19-29.
129. Zeit RM. Hypertrophy of the parotid gland: computed tomographic findings. AJR Am J Roentgenol. 1981;136(1):199-200.
130. Zhang Y, Ou D, Gu Y, He X, Peng W, Mao J, et al. Diffusion-weighted MR imaging of salivary glands with gustatory stimulation: comparison before and after radiotherapy. Acta Radiol. 2013;54(8):928-33.

Glândulas salivares: sialografia

Ricardo Guerrini
Rubens Schwartz
Daniel Vaccaro Sumi

Introdução

A sialografia é a demonstração radiográfica do sistema ductal das glândulas salivares maiores, usando-se um meio de contraste radiopaco (lipossolúvel ou hidrossolúvel).

Somente as glândulas parótidas e submandibulares permitem o estudo por essa técnica. As glândulas sublinguais e salivares menores não são rotineiramente estudadas porque não apresentam um ducto excretório único ou apresentam ductos tão pequenos que são impossíveis de se cateterizar.

A sialografia está indicada nos seguintes casos:

- Investigação de sialolitíase.
- Avaliação da extensão do comprometimento ductal nas sialoadenites crônicas.
- Diferenciação entre doenças clinicamente semelhantes (sialoadenite crônica, doenças granulomatosas e doenças autoimunes).
- Avaliação de lesões expansivas.
- Avaliação de fístulas, estenoses ou divertículos, especialmente pós-traumáticos.

A sialografia está contraindicada em pacientes com história de alergia ao iodo (no caso de utilização de contraste hidrossolúvel) e nos pacientes com sialoadenite aguda.

Material

No nosso meio utilizamos meios de contraste lipossolúveis, tais como lipiodol ultrafluido (UF), enquanto os nossos colegas da América do Norte preconizam o uso de contraste hidrossolúvel (Ethiodol ou Sinografin). Em nossa experiência, o Lipiodol UF apresenta como vantagens o fato de ter uma densidade muito superior e não apresentar diluição com a saliva, o que permite visualizar canalículos submilimétricos. Nunca observamos reações ao lipiodol, porém seu custo é mais elevado e, nos raros casos de extravasamento para o tecido conjuntivo, sua absorção é muito lenta. O extravasamento pode decorrer da realização do exame por médico inexperiente, fragilidade ductal por processos inflamatórios ou cateterização incidental de ducto acessório curto, próximo ao óstio.

Utilizamos cateteres do tipo Rabinov quando disponíveis, que variam de 0,03 a 0,08 cm, ou, então, por motivos econômicos e de praticidade, utilizamos rotineiramente sondas do tipo *butterfly* (n. 19G a 25G) invertidas, que apresentam excelente resultado prático; meio de contraste (Lipiodol UF), suco de limão, foco de luz adequado e lentes de aumento.

Técnica

Inicia-se o exame com radiografias simples nas incidências AP e oblíqua, que servem de referência para as radiografias contrastadas subsequentes e para identificar eventuais fatores obstrutivos nos ductos salivares.

Uma vez cateterizado o óstio glandular, o contraste deve ser injetado sob pressão baixa e contínua, sendo mais bem realizado com monitoramento radioscópico, caso disponível. O volume a ser injetado *nunca* é fixo, pois nunca se sabe a capacidade volumétrica do sistema canalicular, que pode ser mínimo, como nos casos de síndrome de Sjögren, ou muito grande, como em pacientes do sexo masculino com estímulos crônicos de salivação ou hipertrofia benigna bilateral e simétrica das glândulas parótidas. Em nossa experiência, o critério mais seguro que indica pressão excessiva durante o exame sem a radioscopia é a sensação de dor. Pede-se ao paciente que avise levantando a mão assim que começar a sentir dor, a fim de interrompermos a injeção, respeitando o volume máximo de segurança de 1 mL para fazer a primeira radiografia. Nas radiografias seguintes, o volume pode ser aumentado conforme o necessário. O paciente deve ser avisado antes do exame de que logo após o procedimento a glândula ficará ligeiramente inchada e que isso é normal. Além disso, o paciente deve ser alertado de que, caso haja desconforto maior que o que já havia após 24 horas do exame, com aumento de dor local, pode estar em andamento um quadro infeccioso pós-sialografia e antibioticoterapia deverá ser instituída (complicação muito rara se o exame for feito de forma adequada).

A técnica de subtração digital também pode ser utilizada nas sialografias. Nesse método, a imagem obtida antes da injeção do meio de contraste é subtraída das imagens pós-contraste, permitindo ótimo contraste das estruturas ao eliminar a sobreposição de partes moles e estruturas ósseas (Figura 1).

Cateterização da glândula parótida

O óstio do ducto de Stensen (ou Stenon, na forma latinizada) se abre na bochecha, na altura do 2º molar superior. Se houver dificuldade de visualização do óstio, pode-se usar suco de limão para observar o local de saída da saliva. Uma vez cateterizado o ducto, injeta-se de 0,5 mL até 1,5 mL de contraste (lembre-se de que nunca se sabe quanto contraste extravasou para a boca; portanto, o volume realmente injetado é menor. Por isso, é importante uma boa coaptação do cateter no óstio).

Cateterização da glândula submandibular

O óstio do ducto de Wharton localiza-se no assoalho da boca, ao lado do freio da língua. Também se houver dificuldade de visualização do óstio, pode-se fazer uso de suco de limão para observar o local de saída da saliva.

Deve-se considerar três fases do sialograma:

- Fase do enchimento ductal.
- Fase do enchimento acinar (parenquimografia [Figura 3)].
- Fase da excreção ou prova de estímulo.

Sialograma da parótida

O ducto de Stensen tem aproximadamente 6 cm de extensão e calibre que varia de 1 a 3 mm. À visualização em PA, ele se afasta 1,5 cm a 1,8 cm da cortical da mandíbula.

O padrão de imagem é o de uma "árvore sem folhas". Na técnica radiológica padrão, são realizadas radiografias em AP e perfil nos diversos enchimentos (Figura 2).

Sialograma da submandibular

O ducto de Wharton tem aproximadamente 5 cm de extensão e calibre de 2 a 4 mm. Essa glândula tem ductos

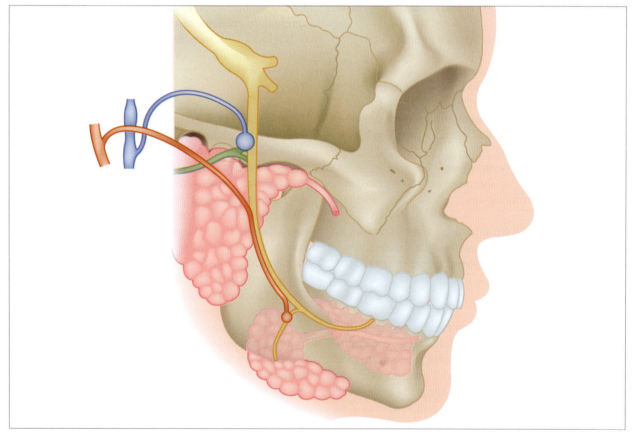

Figura 1   Desenho esquemático das glândulas salivares maiores.

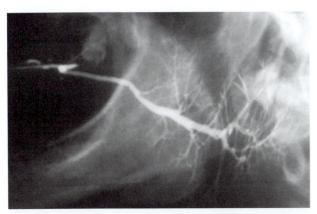

Figura 2 Sialografia de parótida normal em fase de enchimento ductal.

mais curtos e finos do que a parótida e podem ser perfurados mais facilmente sob pressão excessiva. As radiografias também são feitas em PA e perfil nas diversas fases de enchimento, sugerindo-se também discreta hiperextensão do crânio para afastar a glândula da coluna cervical (Figura 3).

Distúrbios inflamatórios agudos (sialoadenites agudas)

Nos distúrbios inflamatórios agudos, a sialografia não está indicada, pois tornam o exame doloroso e aumentam os riscos de bacteremia.

- Infecção viral (caxumba).

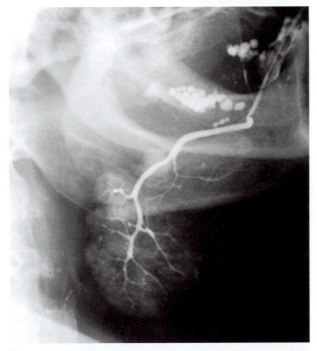

Figura 3 Glândula submandibular normal (nota-se contraste oleoso extravasado na boca e discreta parenquimografia, que representa o enchimento dos ácinos glandulares pelo contraste).

- Infecção bacteriana (sialoadenite supurativa) tem como agentes mais comuns *Staphylococcus aureus*, *Streptococcus viridans* e *Streptococcus pneumoniae*.

Distúrbios inflamatórios crônicos

Nos processos inflamatórios crônicos, a sialografia apresenta padrões de imagem como dilatação ductal com áreas de dilatação globosa e saculares, com acúmulos de contraste junto aos ácinos e também áreas focais de estenose (Figura 4). O paciente pode apresentar sialodoquite, sialoadenite ou associação de ambas.

Sialodoquite

Também conhecida como sialoangite, tem como padrão a dilatação do ducto principal e secundários maiores com ductos periféricos normais (aspecto de "árvore podada").

Esse achado pode ocorrer após infecções e obstruções, mesmo que as causas inflamatórias e/ou obstrutivas não estejam mais presentes.

A injeção de contraste provoca dilatação do ducto principal, que tem as paredes flácidas, não atingindo pressão interna suficiente para contrastar toda a glândula (Figura 5A).

Caso persista a injeção, pode-se obter a contrastação dos ductos periféricos, pois eles não estão obstruídos (Figura 5B).

Sialoadenite crônica

Existe um comprometimento maior dos ductos periféricos, que estão dilatados (pseudodivertículos ou sialectasias saculares), com retenção do contraste, havendo um padrão de imagem que apresenta aspecto em "cacho de uvas", altamente sugestivo de cronificação do processo.

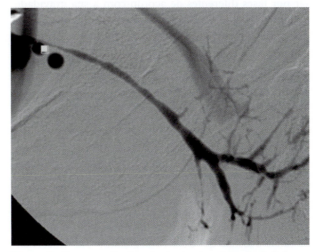

Figura 4 Exame realizado pela técnica de subtração digital com cateterização do ducto de Stensen à direita e à esquerda. Introdução de contraste lipiodol ultrafluido que demonstrou dicotomização dos canalículos, que terminam em fundo cego. Sialoadenite crônica bilateral.

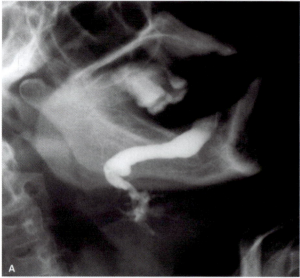

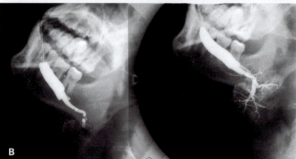

Figura 5 A: Dilatação do ducto principal e ramos primários (aspecto em "árvore podada"). Os ramos periféricos estão presentes, porém o contraste não atingiu pressão necessária para preenchê-los. B: Injeção usual, mostrando o aspecto em "árvore podada" na imagem da esquerda. Na imagem à direita foi feita a injeção forçada, obtendo-se a contrastação dos ramos periféricos.

A sialoadenite crônica pode, progressivamente, passar por fases diferentes de acordo com a sua gravidade, iniciando-se com ectasia ductal punctata (Figuras 6 e 7), que pode evoluir para ectasia ductal globosa (Figura 8), passando para o processo de cavitação, denominado ectasia ductal cavitária (Figura 9).

Há, ainda, a possibilidade da associação de sialodoquite e sialoadenite crônica (Figura 10). Nos casos mais graves há presença de abscesso crônico, com formação de cavitação na topografia da glândula (Figura 11).

Sialolitíase

Cerca de 80-90% dos cálculos salivares ocorrem na glândula submandibular. A saliva produzida por essa glândula é mais viscosa, alcalina e apresenta maior teor de cálcio e fosfato que a saliva da glândula parótida. Além disso, o ducto de Wharton é mais longo, apresenta trajeto ascendente e sua abertura é mais estreita que o calibre das demais porções. Esses fatores favorecem a estase da saliva e a consequente precipitação dos sais nela contidos.

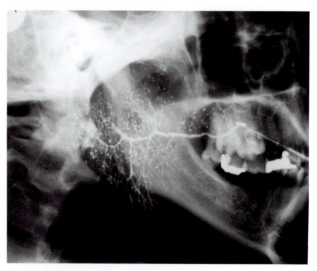

Figura 6 Ectasia ductal punctata.

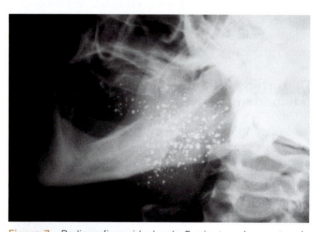

Figura 7 Radiografia residual após 5 minutos, demonstrando retenção do contraste nos pseudodivertículos.

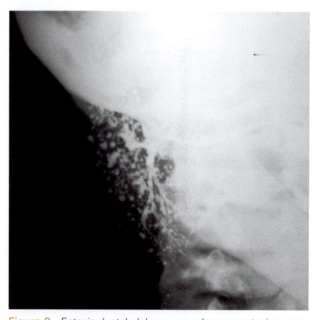

Figura 8 Ectasia ductal globosa com algumas ectasias punctatas associadas.

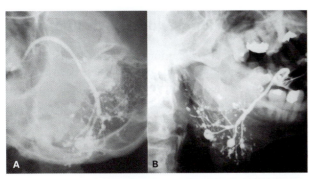

Figura 9   Ectasia ductal cavitária.

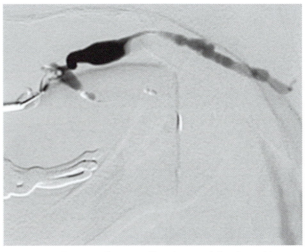

Figura 12   Ducto de Stensen dilatado, com falha de enchimento comprimindo a luz do mesmo, provocando vacuolização do meio de contraste à montante (contraste gorduroso em meio solúvel de menor densidade), cuja extremidade é em fundo cego, caracterizando sialoadenite por obstrução calculosa.

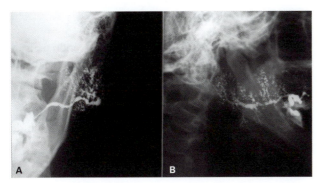

Figura 10   Associação de sialodoquite e sialoadenite crônicas.

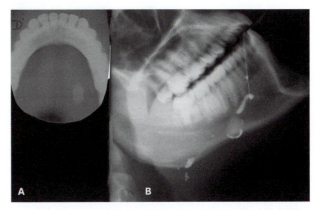

Figura 13   Grande cálculo radiopaco no ducto de Wharton (radiografia oclusal e contrastada).

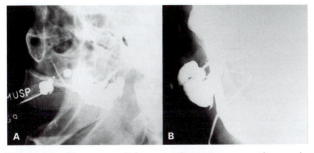

Figura 11   Abscesso crônico com drenagem espontânea pelo ducto principal, observando-se loja na topografia glandular.

Os cálculos das glândulas salivares tendem a ocorrer no ducto principal ou no seio glandular. Como regra geral, os cálculos tornam-se obstrutivos quando passam dos 3 mm. Por trás da obstrução podemos ter um comprometimento do tipo sialodoquite ou sialoadenite obstrutiva (Figura 12). Os cálculos podem ser radiopacos (calcificados) nas radiografias simples e oclusais ou ser representados por falhas de enchimento na fase contrastada (Figuras 13 a 16). Eventualmente, nos casos em que o cálculo se encontra na porção distal do ducto, pode-se verificar o sinal da "cabeça de cobra" (Figura 17).

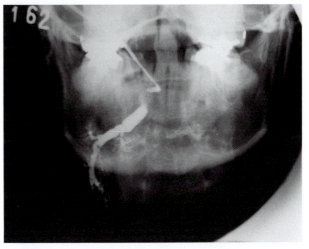

Figura 14   Incidência anteroposterior (AP) com falha de enchimento junto ao óstio (cálculo).

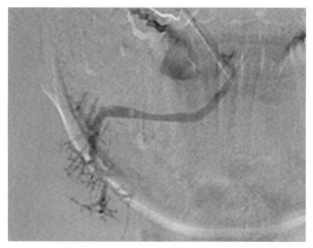

Figura 15   Falhas de enchimento no ducto submandibular (cálculos).

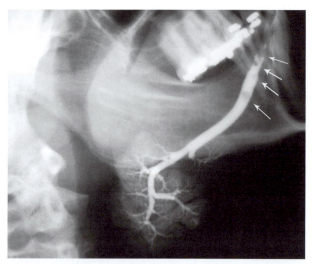

Figura 16   Falhas de enchimento no ducto submandibular (cálculos).

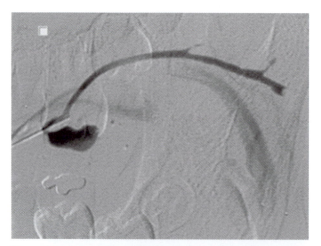

Figura 17   Ducto submandibular principal de calibre aumentado, retificado, não se observando a dicotomização habitual. Observa-se em seu terço distal imagem de falha de enchimento (sinal da cabeça de cobra), sugestiva de cálculo (sialolito). Sialodenite crônica e obstrução por cálculo.

Sialodoquite fibrosa (doença de Kussmaul)

Doença caracterizada por inchaço e dor na glândula parótida ou sublingual e sua patogênese se deve à formação de uma rolha de fibrina que obstrui o óstio do ducto de Stensen ou de Wharton. Esse evento também pode ser observado em usuários de próteses dentárias que apresentam atrito nos óstios glandulares.

Estenoses

Costumam ocorrer após trauma, depois de passagem de cálculo ou apenas após sialodoquite (Figura 18).

Doença autoimune

Infiltração linfocítica da glândula envolvendo mais os ductos periféricos e ácinos, levando a dilatações saculares e áreas focais de estreitamento (aspecto semelhante ao da sialoadenite crônica). O ducto principal pode apresentar-se normal no início da doença ou se afilar progressivamente em razão de hipofluxo de saliva (síndrome de Sjögren [Figura 6]). Esses casos necessitam de extremo cuidado na injeção para evitar barotrauma.

Processos expansivos

A sialografia se presta de forma limitada à diferenciação de tumores benignos *versus* malignos. O padrão radiológico nas lesões expansivas benignas é de deslocamento e afilamento da árvore canalicular e as malignas de amputações (carcinoma) e afastamentos (linfoma).

Processos expansivos intraglandulares

Os processos expansivos benignos produzem o sinal da "garra", que demonstra a natureza expansiva, porém não destrutiva, do processo em relação ao parênquima da glândula. A sialografia não auxilia no diagnóstico diferencial sólido/cístico (Figura 19). Entre os processos

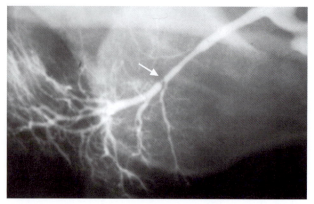

Figura 18   Estenose focal do ducto de Stensen.

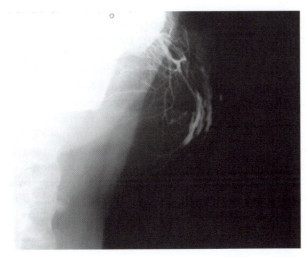

Figura 19 Processo expansivo intraglandular (tumor de Warthin), sinal da garra.

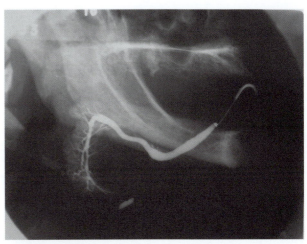

Figura 21 Lesão expansiva benigna intraglandular na face anteromedial da glândula submandibular.

benignos que mais ocorrem nas glândulas salivares, destacam-se os linfonodos (intraparotídeos), os cistos e as neoplasias benignas propriamente ditas. O espectro dos adenomas mais comuns são elencados a seguir: adenoma pleomórfico, tumor de Warthin (adenolinfoma), adenoma monomórfico, adenoma de células basais e tumores de células oncocíticas (Figuras 20 a 22).

Entre as neoplasias malignas, destacam-se o tumor misto maligno, o carcinoma mucoepidermoide, o carci-

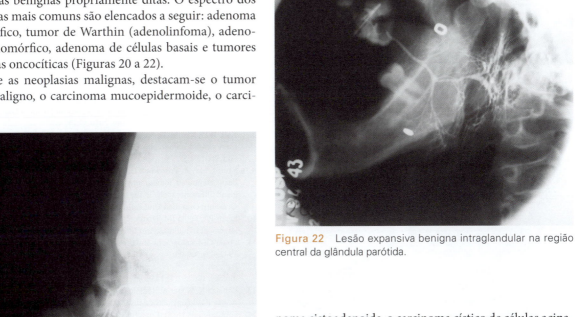

Figura 22 Lesão expansiva benigna intraglandular na região central da glândula parótida.

noma cistoadenoide, o carcinoma cístico de células acinares, o adenocarcinoma, o linfoma e os tumores de células claras (Figura 23).

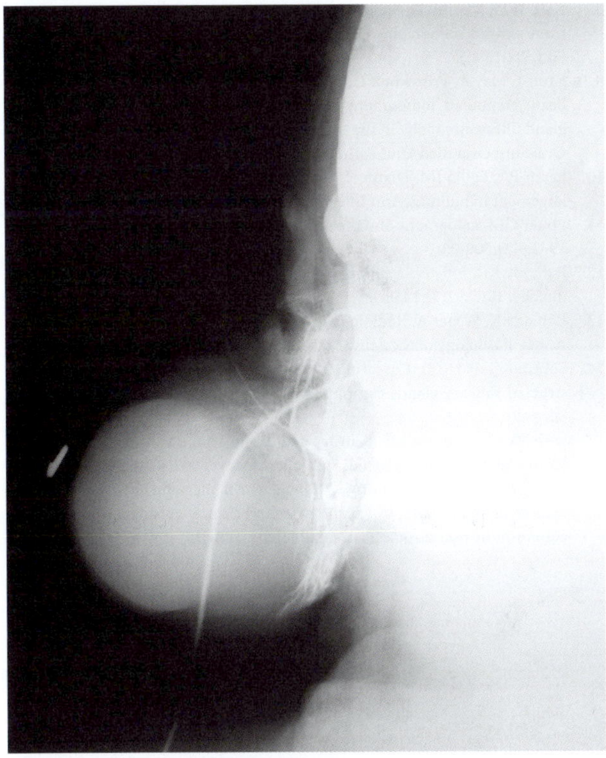

Algumas situações simulam tumor, como a hipertrofia do músculo masseter (em estados de bruxismo, mastigador de chicletes etc.), tumores da mandíbula, cistos branquiais, cisto do ducto tireoglosso e a hipertrofia benigna (sialose) (Figura 24).

Para o diagnóstico das lesões expansivas, a ultrassonografia, a tomografia computadorizada e a ressonância magnética são métodos melhores, pois permitem, em muitos casos, fazer a diferenciação das lesões, avaliar sua relação com as estruturas adjacentes e, caso indicado, guiar procedimentos diagnósticos invasivos.

Figura 20 Volumoso adenoma pleomórfico da glândula parótida, com décadas de evolução.

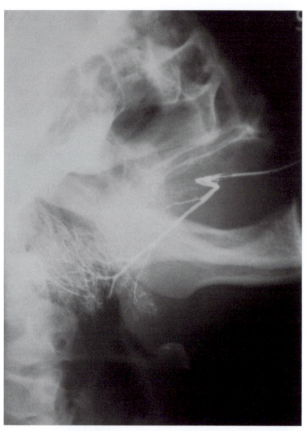

Figura 23 Amputação ductal por lesão carcinomatosa de parótida.

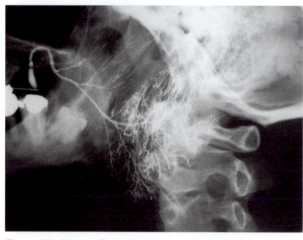

Figura 24 Hipertrofia benigna da parótida (sialose).

Sialografia com tomografia computadorizada *cone beam*

A sialografia realizada em conjunto com a tomografia computadorizada de feixe cônico (*cone beam CT*, CBCT) tem apresentado bons resultados na avaliação do sistema ductal das glândulas salivares. Embora esse método ainda esteja em evolução, alguns estudos mostram que a CBCT é melhor que a sialografia convencional na avaliação do parênquima glandular e de pequenos cálculos, bem como no diagnóstico de alterações ductais. Além disso, dependendo dos parâmetros técnicos utilizados, a dose de radiação utilizada na CBCT pode ser equivalente à da sialografia convencional.

Bibliografia sugerida

1. Bialek EJ, Jakubowski W, Zajkowski P, Szopinski KT, Osmolski A. US of the major salivary glands: anatomy and spatial relationships, pathologic conditions, and pitfalls. Radiographics. 2006;26(3):745-63.
2. Burke CJ, Thomas RH, Howlett D. Imaging the major salivary glands. Br J Oral Maxillofac Surg. 2011;49:261-9.
3. Gerughty RM, Scofield HH, Brown FM, Hennigar GR. Malignant mixed tumors of salivary gland origin. Cancer. 1969;24(3):471-86.
4. Gnepp DR. Malignant mixed tumors of the salivary glands: a review. Pathol Annu. 1993;28 Pt 1:279-328.
5. Hasson O. Sialoendoscopy and sialography: Strategies for assessment and treatment of salivary gland obstructions. J Oral Maxillofac Surg. 2007;65:300-4.
6. Jadu FM, Lam EW. A comparative study of the diagnostic capabilities of 2D plain radiograph and 3D cone beam CT sialography. Dentomaxillofac Radiol. 2013;42:20110319.
7. Jadu F, Yaffe MJ, Lam EW. A comparative study of the effective radiation doses from cone beam computed tomography and plain radiography for sialography. Dentomaxillofac Radiol. 2010;39:257-63.
8. Kalk WW, Vissink A, Spijkervet FK, Möller JM, Roodenburg JL. Morbidity from parotid sialography. Oral Surg Oral Med Oral Pathol Oral Radiol Endod. 2001;92:572-5.
9. Kroll T, May A, Wittekindt C, Kähling C, Sharma SJ, Howaldt HP, et al. Cone beam computed tomography (CBCT) sialography: an adjunct to salivary gland ultrasonography in the evaluation of recurrent salivary gland swelling. Oral Surg Oral Med Oral Pathol Oral Radiol. 2015;120(6):771-5.
10. Levin PA, Falko JM, Dixon K, Gallup EM, Saunders W. Benign parotid enlargement in bulimia. Ann Intern Med. 1980;93(6):827-9.
11. Potter GD. Sialography and the salivary glands. Otolaryngol Clin North Am. 1973;6(2):509-22.
12. Rabinov KR, Joffe N. A blunt-tip side-injecting cannula for sialography. Radiology. 1969;92(7):1438.
13. Rabinov K, Weber A. Radiology of the salivary glands. In: Rabinov K, Weber A, eds. Radiology of the Salivary Glands. Boston: GK Hall & Co; 1955.
14. Sobrino-Guijarro B, Cascarini L, Lingam RK. Advances in imaging of obstructed salivary glands can improve diagnostic outcomes. Oral Maxillofac Surg. 2013;17:11-9.
15. Som PM, Brandwein MS. Salivary glands. In: Som PM, Curtin HD, editors. Head and neck imaging. 4. ed. St. Louis: Mosby; 2003. p.2005-133.
16. Som PM, Shugar JM, Train JS, Biller HF. Manifestations of parotid gland enlargement: radiographic, pathologic, and clinical correlations. Part I: The autoimmune pseudosialectasias. Radiology. 1981;141(2):415-9.

9

Glândulas salivares: ultrassonografia

Tatiana Cortez Romero

Introdução

A avaliação das glândulas salivares pode ser realizada por diferentes métodos de imagem, a depender da etiologia da patologia (inflamatória, tumoral, infecciosa), da experiência do serviço nos diferentes métodos ou ainda da sua acessibilidade nas diferentes localidades.

A grande disponibilidade, o fácil acesso e o baixo custo da ultrassonografia fazem deste o método de escolha para avaliação inicial das nodulações e alterações palpáveis da região da cabeça e pescoço. Quando considerado isoladamente, o exame pelo ultrassom pode sugerir o diagnóstico final ou oferecer importantes informações para a formulação de hipóteses diagnósticas.

Em alguns casos, não é possível o adequado estudo das lesões nas glândulas salivares em decorrência de sua localização, como penetração da lesão no lobo profundo da glândula parótida ou posterior à sombra acústica do osso mandibular, e ainda em casos de lesões suspeitas para malignidade, não é possível acessar infiltrações ósseas ou estruturas mais profundas (p. ex., base do crânio, espaço parafaríngeo). Nestas situações, a avaliação com outros métodos de imagem se faz necessária.

Torna-se, então, essencial ao profissional radiologista o conhecimento da anatomia dos espaços cervicais e do aspecto ultrassonográfico das principais doenças que afetam as glândulas salivares.

Anatomia e avaliação ultrassonográfica

Glândulas parótidas

A parótida tem forma triangular, com o ápice projetando-se posteriormente ao ângulo da mandíbula e a base localizada ao longo do arco zigomático. Localiza-se na fossa retromandibular, anterior ao canal auditivo externo e ao músculo esternocleidomastóideo. Porções do lobo superficial da parótida cobrem o ramo da mandíbula e a porção posterior (lateral) do músculo masseter. É a maior das glândulas salivares e pesa entre 15 e 30 g em um adulto normal, constituída quase exclusivamente por tecido seroso.

O exame da glândula parótida inicia-se com o transdutor no eixo longitudinal, na região pré-auricular, onde se pode observar a presença de um tecido homogêneo e hiperecogênico, em relação aos músculos adjacentes, localizado logo abaixo do plano subcutâneo (Figura 1). A ecogenicidade da glândula parotídea depende da quantidade de tecido gorduroso intraglandular, podendo apresentar diferentes graus de atenuação do feixe sonoro. Portanto, em alguns casos o lobo profundo da parótida pode estar inacessível e até vasos calibrosos, como a veia retromandibular e a artéria carótida externa, podem ter sua visualização prejudicada.

Nesses casos, deve-se ajustar a frequência ou optar pela utilização de um transdutor de menor frequência para garantir a avaliação adequada do tecido parotídeo.

Considera-se normal a presença de linfonodos intraglandulares, decorrentes da encapsulação tardia da parótida durante o desenvolvimento embriológico. Esses linfonodos de padrão usual (reacional) se apresentam como estruturas ovaladas, de contornos regulares, com um hilo ecogênico central e diâmetro de até 5 mm.

Na varredura axial, o transdutor é posicionado transversalmente, iniciando-se ao longo da borda inferior do arco zigomático, permitindo a caracterização do duto parotídeo principal (duto de Stensen) como uma dupla linha hiperecogênica, que tem trajeto horizontal a partir da borda anterior da glândula, seguindo em direção ao segundo molar superior (Figura 2). Em um grande número de casos (incidência de 21 a 44% em autópsias), é possível identificar tecido parotídeo acessório, o qual se apresenta como uma nodulação ovalada e alongada de mesma ecotextura e ecogenicidade da parótida acompanhando o duto principal (Figura 3).

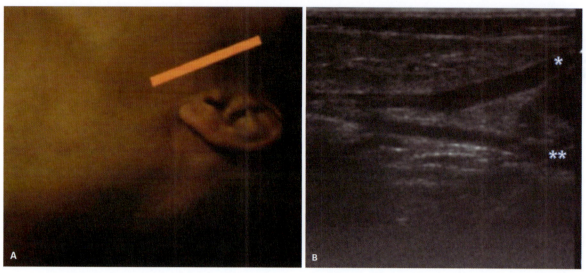

Figura 1 A: Representação esquemática da posição do transdutor, na região pré-auricular. B: Imagem obtida ao ultrassom demonstrando a glândula parótida esquerda, a veia retromandibular (*) e a artéria carótida externa (**).

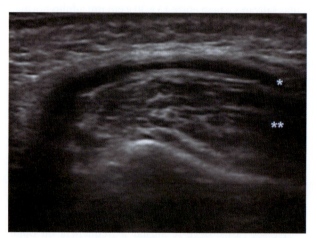

Figura 2 Imagem ultrassonográfica do ducto principal (de Stensen) na parótida esquerda ectasiado por patologia primária.
*: Ducto principal; **: músculo masseter.
Imagem obtida nos arquivos digitais do Hospital das Clínicas da Faculdade de Medicina da Universidade de São Paulo.

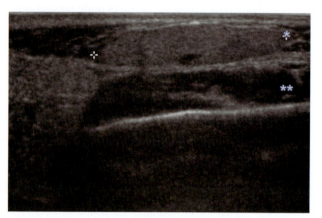

Figura 3 Lobo acessório à direita.
*: Lobo acessório; **: músculo masseter.
Imagem gentilmente cedida pela dra. Sandra Tochetto.

Glândulas submandibulares

As glândulas submandibulares estão localizadas no espaço submandibular, tendo como limites os ventres anterior e posterior do músculo digástrico e o corpo da mandíbula. Geralmente, a glândula tem um formato triangular tanto no corte longitudinal quanto no corte transversal, podendo estar conectada às glândulas parótida ou sublinguais. À ultrassonografia, seu parênquima apresenta ecogenicidade intermediária e ecotextura semelhante à da glândula parótida (Figura 4). A artéria facial pode ser facilmente visualizada atravessando o parênquima e realizando um trajeto tortuoso, enquanto a veia facial percorre a parte anterossuperior da glândula. O duto se origina na porção mais posterior da glândula, localizada entre os músculos milo-hioide e hioglosso, e tem trajeto anterior, podendo ser identificado lateralmente à artéria lingual. O duto drena em uma papila do assoalho bucal, ao lado do frênulo lingual. Geralmente, o duto principal (duto de Wharton) não é visualizado ultrassonograficamente quando não está dilatado, porém em pacientes magros e utilizando-se de transdutores de alta frequência (> 15 MHz), pode ser identificado. Ao contrário, em pacientes muito obesos ou que foram submetidos à radiação cervical, pode haver forte atenuação do feixe sonoro, impossibilitando a visualização das estruturas mais profundas.

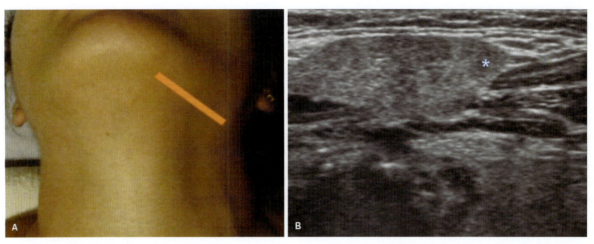

Figura 4 A: Representação esquemática da posição do transdutor na região submandibular. B: Imagem obtida ao ultrassom demonstrando a glândula submandibular esquerda (*).

Glândulas sublinguais

A glândula sublingual está localizada entre os músculos do assoalho da cavidade oral: profundamente ao músculo milo-hioide e lateralmente ao músculo genioglosso. Suas bordas laterais estão adjacentes ao osso da mandíbula. Em cortes ultrassonográficos transversais, seu formato é lentiforme, com seu maior eixo projetando-se no sentido do frênulo lingual.

A avaliação inicial é realizada posicionando-se o transdutor transversalmente ao corpo da mandíbula, na região submentoniana. Podemos observar um tecido hiperecogênico em relação ao tecido muscular adjacente. Geralmente a avaliação das duas glândulas nesse plano é feita de forma simultânea. A presença ou não de simetria glandular é um dado importante, devendo-se realizar sempre a avaliação contralateral. A pesquisa de linfonodos cervicais também deve ser sempre realizada ao final da avaliação, principalmente se for caracterizada alguma lesão no tecido glandular (Figura 5).

Alterações nas glândulas salivares

Hipertrofia (sialose)

Sialose ou sialoadenose é uma doença não inflamatória e não neoplásica, de caráter recorrente, que provoca inchaço não doloroso e acomete mais frequentemente as glândulas parótidas, normalmente de forma bilateral. Tem sido associada a doenças endócrinas, cirrose hepática, alcoolismo crônico ou hipovitaminoses. A ultrassonografia revela aumento homogêneo da glândula, hiperecogenicidade, que dificulta a visualização adequada do lobo profundo da parótida, e ausência de lesões focais. No estudo com Doppler colorido da vascularização, pode se mostrar preservada.

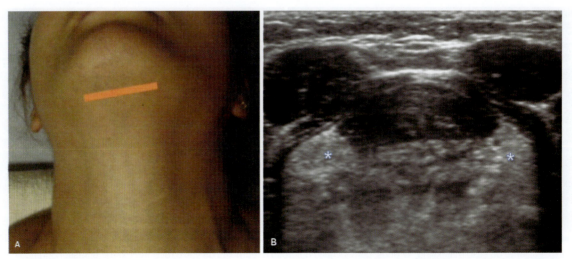

Figura 5 A: Representação esquemática da posição do transdutor na região submentoniana. B: Imagem obtida ao ultrassom demonstrando as glândulas sublinguais simultaneamente (*).

Sialolitíase

A glândula submandibular é o sítio de maior acometimento desta condição (60-90% dos casos), podendo ser múltipla em até 25% dos pacientes. A glândula parotídea é afetada em cerca de 10-20% dos casos e o acometimento das glândulas sublinguais é raro. Isto se deve à composição da secreção salivar, que contém mais mucina e, portanto, é mais espessa nas glândulas submandibulares. A maioria dos cálculos encontra-se no duto de Wharton (85%), enquanto o restante apresenta-se no espaço intraglandular. A topografia do cálculo é um dado importante para escolha da conduta terapêutica. À ultrassonografia, observa-se o cálculo como um foco hiperecoico, podendo estar associado à sombra acústica posterior, além de possível dilatação do duto excretor. O uso do Doppler colorido pode auxiliar na diferenciação entre vasos sanguíneos e dilatações ductais (Figura 6).

A glândula pode perder sua função nas sialolitíases ductais crônicas complicadas por inflamações recorrentes. Neste estágio da doença, pode ser difícil visualizar cálculos menores localizados nos dutos não dilatados. Em cerca de 50% dos pacientes a sialolitíase coexiste com inflamação.

Doenças inflamatórias

As doenças inflamatórias são as doenças mais comuns que acometem as glândulas salivares maiores.

Sialoadenite aguda e subaguda

A inflamação aguda das glândulas salivares causa inchaço doloroso, frequentemente bilateral. Como processo primário, as parótidas são mais comumente afetadas que as submandibulares, sendo os vírus, em particular a caxumba, mais frequentes. Pacientes com produção de saliva reduzida (secundária à desidratação ou a cálculos) são mais propensos a desenvolver sepse por infecção bacteriana (*Staphylococcous aureus*). Tuberculose, histoplasmose e actinomicose podem causar sialoadenite granulomatosa, porém são afecções mais raras.

Nas inflamações agudas as glândulas salivares apresentam dimensões aumentadas, ecogenicidade pouco reduzida e textura heterogênea, podendo conter múltiplas áreas ovais esparsas hipoecogênicas (Figura 7). No estudo Doppler colorido mostram vascularização aumentada e linfonodos reativos com hilo vascular proeminente (Figura 8).

Na vigência de uma sialoadenite aguda pode haver formação de abscesso. Desidratação e obstrução do duto secretório causada por cálculos ou fibrose são fatores

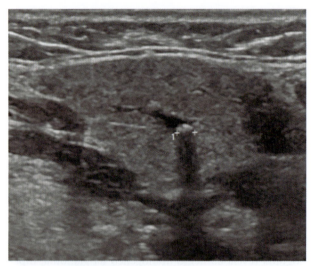

Figura 6 Cálculo produtor de sombra acústica posterior, medindo aproximadamente 0,2 cm, intraductal na glândula submandibular esquerda.
Imagem obtida nos arquivos digitais do Hospital das Clínicas da Faculdade de Medicina da Universidade de São Paulo.

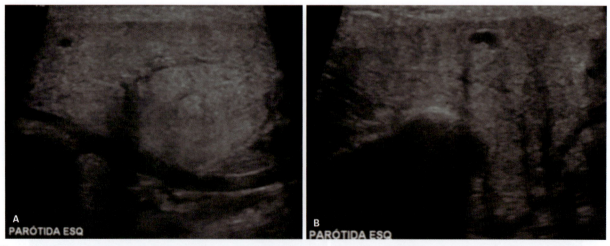

Figura 7 Paciente do sexo masculino, 17 anos, com inchaço doloroso e febre alta de início recente. Exame ultrassonográfico demonstrando aumento volumétrico, textura heterogênea e redução da ecogenicidade da glândula parótida esquerda. A: Corte longitudinal da parótida esquerda. B: Corte transversal da parótida esquerda.

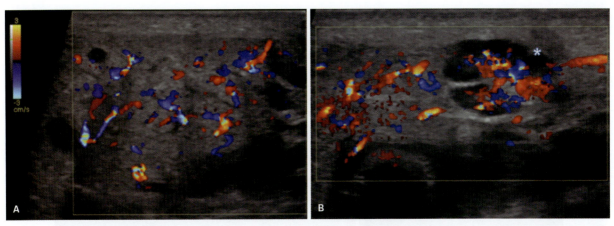

Figura 8   Paciente do sexo masculino, 17 anos, com inchaço doloroso e febre alta de início recente. A: Exame ultrassonográfico demonstrando aumento da vascularização do parênquima parotídeo. B: Linfonodos (*) reacionais com vascularização hilar exuberante.

predisponentes. À ultrassonografia, os abscessos podem ser lesões anecoicas ou hipoecoicas com reforço acústico posterior e bordos irregulares. Também podem ser visualizados focos hiperecogênicos causados por microbolhas de gás. A ultrassonografia pode ser utilizada nesses casos para guiar uma drenagem percutânea.

Sialoadenite crônica

A sialoadenite crônica é caracterizada clinicamente por inchaço glandular intermitente, frequentemente doloroso, que pode ou não estar associado à alimentação. Nas inflamações crônicas, as glândulas salivares têm dimensões preservadas ou reduzidas, ecogenicidade diminuída e parênquima heterogêneo; em geral, não há aumento da vascularização ao Doppler colorido. Este aspecto também pode estar presente nas lesões glandulares causadas por tratamento radioterápico (Figura 3). É possível ainda observar múltiplas áreas arredondadas hipoecoicas esparsas pelo tecido glandular. Nestes casos, o diagnóstico diferencial é abrangente, incluindo doenças granulomatosas, síndrome de Sjögren, linfoma disseminado, metástases e lesões benignas em paciente HIV positivo; portanto, considerar o contexto clínico torna-se essencial (Figura 9).

Neoplasias

Neoplasias das glândulas salivares são raras, com incidência ao redor de 3%. A maioria é benigna (70-80%) e acomete as glândulas parótidas em cerca de 80-90% dos casos de nodulação nas glândulas salivares.

Tumores benignos

Os tumores benignos mais comuns das glândulas salivares maiores são os adenomas e os tumores de Warthin. A manifestação clínica é de uma nodulação indolor de crescimento lento e progressivo. Também podem ser encontrados incidentalmente na realização de ultrasso-

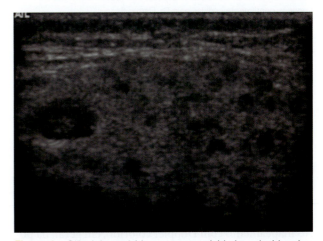

Figura 9   Glândula parótida com ecogenicidade reduzida e heterogênea com múltiplas imagens ovaladas hipoecogênicas. Síndrome de Sjögren.
Imagem gentilmente cedida pelo dr. Osmar Saito.

nografia quando ainda apresentam pequenas dimensões. O exame ecográfico é útil para delimitar as lesões, localizá-las, definir características gerais e comprometimento linfonodal, sendo necessário exame cito/histopatológico para o diagnóstico definitivo.

Adenoma pleomórfico

O adenoma pleomórfico é o tumor benigno mais comum e ocorre mais frequentemente na glândula parótida, em torno de 60-90% dos casos, entre a 4ª e a 5ª décadas, com leve predomínio no sexo feminino. Os adenomas pleomórficos geralmente são lesões únicas, unilaterais e de crescimento lento, porém pode haver transformação maligna após décadas, quando não submetidos a tratamento. Em casos excepcionais podem ser clinicamente agressivos, levando a metástases e óbito. Estes casos são mais frequentes em pacientes idosos, em lesões com maior tempo de evolução, com grandes dimensões e em localização submandibular (Figura 10).

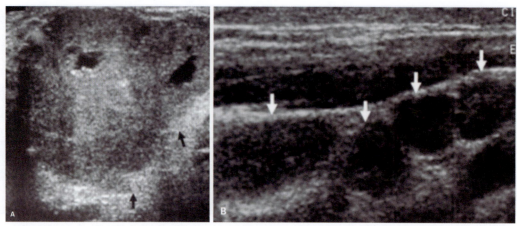

Figura 10   Degeneração maligna de adenoma pleomórfico da glândula submandibular. A: Corte ultrassonográfico da região submandibular mostrando tumor com limites mal definidos (setas pretas) e áreas císticas de permeio que podem representar necrose ou hemorragia. B: Linfonodos metastáticos (setas brancas) de morfologia globosa, ipsilateral à lesão da submandibular.
Imagens gentilmente cedidas pelo Dr. Osmar Saito.

À ultrassonografia, os adenomas são hipoecoicos, possuem margens bem delimitadas e lobuladas, com reforço acústico posterior, podendo conter calcificações grosseiras (Figura 11). Muitos autores citam a homogeneidade do tumor, porém esta característica depende da composição da neoplasia. Com os transdutores de alta resolução encontrados atualmente, podemos perceber a heterogeneidade da lesão, que contém pequenas áreas císticas de permeio. Tumores maiores que 3 cm podem apresentar áreas de degeneração cística e hemorragia. Ao mapeamento com Doppler colorido, em geral, há pobre vascularização. Quando realizado tratamento cirúrgico inadequado, frequentemente há recidiva multifocal do tumor.

Tumor de Warthin

O tumor de Warthin é o segundo tumor benigno mais comum das glândulas salivares (5-10%). Mais frequentemente atinge homens entre a 5ª e a 6ª décadas de vida, tendo relação com tabagismo e radiação prévia. Podem ser bilaterais e multifocais e esporadicamente o componente epitelial do tumor pode degenerar para forma maligna. Ao ultrassom, são ovais, hipoecoicos, com diminutas áreas císticas, contornos regulares e bem delimitados. Ao mapeamento com Doppler colorido em geral, apresentam vascularização periférica e central (Figura 12).

É importante salientar que contornos lobulados e áreas císticas no interior do tumor são características que podem estar presentes tanto nos tumores benignos, como

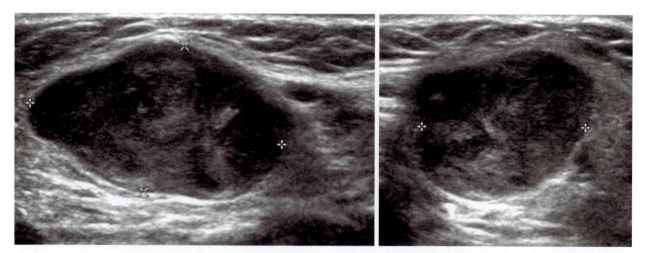

Figura 11   Adenoma pleomórfico na glândula submandibular direita. Nódulo medindo cerca de 2,9 x 1,8 x 1,7 cm com contornos lobulados, hipoecogênico, com reforço acústico posterior.
Imagem obtida nos arquivos digitais do Hospital das Clínicas da Faculdade de Medicina da Universidade de São Paulo.

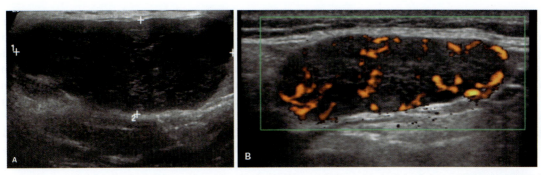

Figura 12 Tumor de Warthin na glândula parótida esquerda. A: Nódulo medindo cerca de 5,4 x 2,4 cm. Nódulo ovalado, de contornos bem delimitados, hipoecogênico, com diminutas áreas císticas. B: No mapeamento com *power* Doppler, vascularização central e periférica.
Imagens obtidas nos arquivos digitais do Hospital das Clínicas da Faculdade de Medicina da Universidade de São Paulo.

adenomas pleomórficos e Warthin, quanto nos tumores malignos, como carcinoma mucoepidermoide e de células acinares.

Lesões císticas

Os cistos simples são doenças incomuns nas glândulas salivares. Elas podem ser congênitas ou adquiridas. Alguns cistos se desenvolvem em decorrência da obstrução dos dutos salivares pela presença de tumoração, cálculos ou inflamação. O uso da ultrassonografia com o auxílio do Doppler colorido, nesses casos, é superior aos outros métodos de imagem. As características à ultrassonografia são: margens bem definidas, anecogênicas ou com debris em suspensão, reforço acústico posterior e ausência de vascularização ao Doppler colorido. Como exemplos podemos citar: a rânula, que é um cisto de retenção mucoso da glândula sublingual localizado no assoalho bucal que, em casos de ruptura, também pode se estender para o espaço submandibular (Figura 13), e os cistos linfoepiteliais que se manifestam nos pacientes HIV positivos. Entre os diagnósticos diferenciais de tais lesões, devemos incluir os cistos epidermoide e dermoide, além de mucocele.

Tumores malignos
Tumores primários

Os tumores primários malignos mais comuns das glândulas salivares são o carcinoma mucoepidermoide e o carcinoma adenoide cístico. Outros tumores menos comuns são os carcinomas espinocelulares, o carcinoma de células acinares e os adenocarcinomas.

Menos de 30% dos tumores que acometem as parótidas são malignos, contra 50% das lesões focais malignas nas submandibulares. Ao contrário das neoplasias benignas, os tumores malignos são de crescimento rápido, tendem a ser dolorosos à palpação e aderidos aos planos profundos, podendo causar paralisia ou parestesias faciais.

O carcinoma mucoepidermoide é o tumor maligno mais comum da parótida. Apresenta uma miríade de

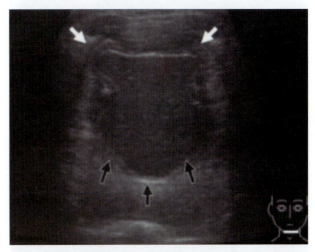

Figura 13 Rânula. Imagem ultrassonográfica da região submentoniana mostrando cisto (setas pretas) com debris em suspensão.
Imagem gentilmente cedida pelo Dr. Osmar Saito.

graus de diferenciação, podendo apresentar diferentes graus de infiltração e presença ou ausência de mestástases. O carcinoma adenoide cístico é o tumor maligno mais frequente das glândulas submandibulares. Tem crescimento mais lento e indolente, com tendência maior à infiltração neural, recidivas pós-cirúrgicas e metástases.

A presença de linfonodos atípicos acompanhando um tumor de glândula salivar é altamente sugestiva de malignidade da lesão glandular. Raramente, as lesões primárias são multifocais ou bilaterais.

Ao ultrassom os tumores malignos, em geral, se apresentam de forma similar: com contornos irregulares e margens mal delimitadas, heterogêneos e hipocoicos. Entretanto, também podem se apresentar como os tumores benignos de contornos e margens bem definidas quando são histologicamente bem diferenciados. Quanto à constituição, podem ser predominantemente sólidos ou císticos, com componente sólido intramural. O mapeamento com Doppler colorido não é capaz de definir a malignidade de uma lesão; entretanto, alguns estudos mostram que, apesar de o padrão de vascularização não ser patognomônico, os tumores com vascularização exuberante e altos índices de resistividade (IR > 0,80) aumentam a suspeição para malignidade (Figura 14).

Metástases

As glândulas salivares não são frequentemente acometidas por lesões metastáticas. Em geral, ocorrem nas glândulas parótidas que possuem linfonodos em seu interior. Os carcinomas espinocelulares e o melanoma que acometem cabeça e pescoço são os sítios primários mais comuns e drenam. Também pode ocorrer disseminação hematogênica de carcinomas pulmonares, de mamas e rins. À ultrassonografia, as lesões metastáticas geralmente são ovais, hipoecogênicas, bem delimitadas e podem ser de difícil diferenciação entre alguns padrões de doenças inflamatórias, síndrome de Sjögren e doenças granulomatosas.

Linfomas

O envolvimento primário das glândulas salivares por linfomas é raro; normalmente o acometimento se dá de modo secundário à doença sistêmica. As manifestações clínicas são inchaço progressivo e doloroso. Comumente, estão associados a síndrome de Sjogren ou artrite reumatoide. Ao ultrassom, podem apresentar-se com aumento difuso das dimensões glandulares e redução da ecogenicidade ou na forma de lesões focais hipoecogênicas. No estudo com Doppler colorido há aumento da vascularização glandular na forma difusa ou no interior dos nódulos.

Bibliografia sugerida

1. Ashwini, Shankar N, Praveena V, Amingad BB. Ultrasonography of salivary gland: a pictorial review. J Oral Maxillofac Surg Med Pathol. 2014;26(1):61-7.
2. Bialek EJ, Jakubowski W, Zajkowski P, Szopinski KT, Osmolski A. US of the major salivary glands: anatomy and spatial relationships, pathologic conditions, and pitfalls. Radiographics. 2006;26(3):745-63.
3. Fodor D, Pop S, Maniu A, Cosgaria M. Gray scale and Doppler ultrasonography of the benign tumors of the parotid gland (pleomorphic adenoma and Warthin's tumor). Med Ultrason. 2010;12(3):238-44.
4. Jousse-Joulin S, Milic V, Jonsson MV, Plagou A, Theander E, Luciano N, et al. Is salivary gland ultrasonography a useful tool in Sjögren's syndrome? A systematic review. Rheumatology. 2016;55(5):789-800.
5. London D, Oded N. Sonography of the salivary glands. Ultrasound Clinics. 2014;9(3):313-23.
6. Nwawka O, Nadgir R, Fujita A, Sakai O. Granulomatous disease in the head and neck: developing a differential diagnosis. Radiographics. 2014;34(5):1240-56.
7. Sharma G, Jung AS, Maceri DR, Rice DH, Martin SE, Grant EG. US-guided fine-needle aspiration of major salivary gland masses and adjacent lymph nodes: accuracy and impact on clinical decision making. Radiology. 2011;259(2):471-8.
8. Wamba J. Ultrasound of the major salivary glands: anatomy and pathology. European Congress of Radiology; 2013.

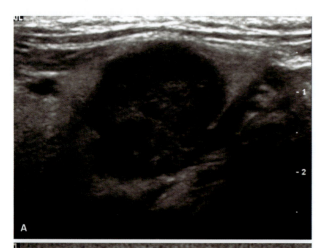
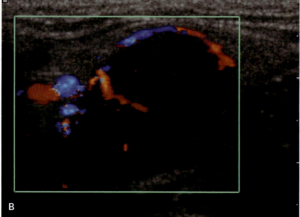

Figura 14 Carcinoma adenoide cístico na glândula submandibular esquerda. A: Nódulo hipoecogênico com margens irregulares. B: Ao estudo Doppler, vascularização periférica e central.
Imagens obtidas nos arquivos digitais do Hospital das Clínicas da Faculdade de Medicina da Universidade de São Paulo.

10

Espaços cervicais

Rodrigo Murakoshi
Bruno Casola Olivetti
Eloisa Santiago Gebrim

Introdução

Exames de imagem são importantes no estudo das afecções cervicais, principalmente aquelas com origem ou extensão aos planos profundos, cuja avaliação é limitada pelo exame físico. Estabelecer o local da lesão, identificar o espaço acometido e avaliar as extensões para estruturas adjacentes são etapas fundamentais para o radiologista elaborar os diagnósticos diferenciais, além de influenciar no planejamento terapêutico. Neste capítulo, serão revisados conceitos anatômicos pertinentes e as principais lesões encontradas nos espaços cervicais.

Triângulos cervicais

Esta divisão anatômica do pescoço é realizada segundo referências superficiais, baseando-se em estruturas ósseas e musculares que subdividem a região cervical em triângulos. O osso hioide é utilizado para a divisão em dois grandes compartimentos (Figura 1).

O compartimento supra-hióideo compreende a região anatômica da base do crânio até o osso hioide e é subdividido em: triângulo submentoniano, demarcado entre os ventres anteriores do músculo digástrico, com base no osso hioide e ápice na sínfise mandibular, e triângulos submandibulares, demarcados entre os ventres anterior e posterior de cada músculo digástrico, com base no corpo da mandíbula e ápice no osso hioide.

O compartimento infra-hióideo refere-se à região inferior ao osso hioide, com extensão caudal até a transição cervicotorácica. O músculo esternocleidomastóideo divide este compartimento em triângulos anterior e posterior. O triângulo anterior é subdividido pelo ventre superior do músculo omo-hióideo em triângulos muscular (medial) e carotídeo (lateral). O limite posterior do triângulo posterior é o músculo trapézio e o ventre inferior do músculo omo-hióideo faz a subdivisão em triângulos occipital (superior) e subclávio (inferior).

Esta divisão apresenta limitações, principalmente quanto à localização de estruturas e lesões profundas. Para a avaliação de imagens seccionais, torna-se mais útil uma classificação que se baseie em compartimentos (ou espaços) delimitados por fáscias. Esta nomenclatura não é apenas didática, mas reflete a fisiopatologia da maioria das afecções cervicais, uma vez que as fáscias constituem as principais barreiras naturais à disseminação de doenças.

Fáscias cervicais

A compreensão da anatomia das fáscias cervicais é o passo inicial e mais importante para o entendimento da anatomia dos espaços cervicais, porém não é isenta de dificuldades e controvérsias. A classificação tradicional das fáscias da cabeça e pescoço refere-se a duas porções: cervical e profunda.

Fáscia cervical superficial (FCS)

Formada por tecido fibroareolar frouxo e de limites imprecisos, que se interpõe entre o plano cutâneo e a fáscia cervical profunda. Reveste toda a face e o pescoço e sua espessura varia de acordo com o biotipo do paciente, sendo mais espessa em indivíduos obesos ou que apresentam acúmulo de gordura por outras causas (uso crônico de corticosteroides, afecções metabólicas, doença de Madelung). Contém vênulas e linfáticos, assim como fibras musculares do platisma e parte do trajeto das veias jugulares anteriores e externas.

Fáscia cervical profunda (FCP)

Apresenta estrutura mais complexa e é composta por faixas de tecido conjuntivo mais rígidas e bem delimitadas, denominadas camadas superficial, média e profunda.

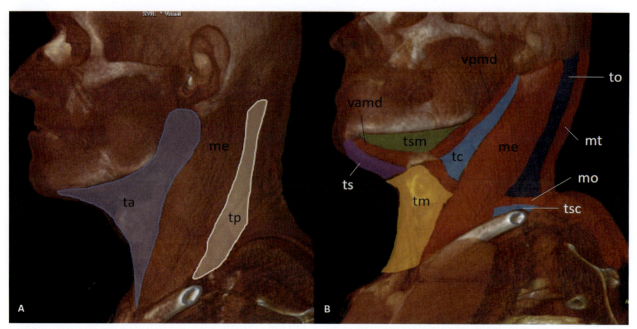

Figura 1   Triângulos cervicais. Em A, ta: triângulo anterior; tp: triângulo posterior. Em B, ts: triângulo submentoniano; tsm: triângulo submandibular; tm: triângulo muscular; tc: triângulo carotídeo; to: triângulo occipital; tsc: triângulo subclávio. Músculos – me: esternocleidomastóideo; mt: trapézio; vamd: ventre anterior do digástrico; vpmd: ventre posterior do digástrico; mo: ventre inferior do omo-hióideo.

Camada superficial da FCP

Compreende toda a região cervical, inserindo-se cranialmente na mandíbula, em processos mastoides, protuberância occipital externa e arco zigomático e inferiormente ao acrômio, espinha da escápula, clavícula e manúbrio, fundindo-se com fáscias das regiões axilar e peitoral. Apresenta delaminações que envolvem os músculos trapézio e esternocleidomastóideo, digástricos e ventres inferiores dos omo-hioides, glândulas parótidas e submandibulares, músculos da mastigação e espaços mastigatórios. Emite projeções que contribuem para a formação das bainhas carotídeas e anteriormente circunda os músculos pré-tireoideanos, convergindo anteriormente no osso hioide com a camada média da fáscia cervical profunda, dividindo o pescoço nos compartimentos supra e infra-hióideos.

Camada média da FCP

Apresenta distribuição complexa, cuja descrição precisa não apresenta consenso absoluto na literatura. De forma resumida, no compartimento supra-hióideo seu principal componente é a fáscia bucofaríngea, que recobre a superfície externa dos músculos constritores da faringe, bem como a aponeurose do constritor superior (fáscia faringobasilar), inserindo-se na base do crânio. Contribui, ainda, para a formação da face anterior da bainha carotídea e fáscia do músculo tensor do véu palatino. Abaixo do osso hioide a camada média da FCP é denominada fáscia visceral e delimita o espaço de mesmo nome, contendo hipofaringe, laringe, traqueia, esôfago, tireoide e paratireoides. De forma semelhante, contribui, no compartimento supra-hióideo, para a formação da bainha carotídea.

Camada profunda da FCP

Também conhecida como fáscia pré-vertebral, esta camada delimita o espaço perivertebral, subdividindo-o em dois componentes, a partir de sua inserção nos processos transversos: o componente pré-vertebral do espaço perivertebral (mais anterior) e o espaço paravertebral do espaço perivertebral (posterolateral). As fáscias alares são originadas da camada profunda da FCP e delimitam as paredes laterais do espaço retrofaríngeo. Outra delaminação da camada profunda separa o espaço retrofaríngeo do chamado *danger space*, cuja importância será destacada em seções posteriores referentes às infecções cervicais profundas.

A disposição das fáscias cervicais e a relação com as estruturas cervicais de maior relevância são mais bem compreendidas por meio de imagens. As figuras seguintes têm por objetivo facilitar essa abordagem, com ilustrações em imagens seccionais do pescoço (Figura 2). São representados os espaços cervicais supra e infra-hióideos (Figura 3).

Espaços cervicais supra-hióideos

Espaço parafaríngeo

Espaço cervical com a forma de cone invertido, situado lateralmente à faringe. É considerado o "espaço-chave" para avaliação das lesões supra-hióideas, por ser constituí-

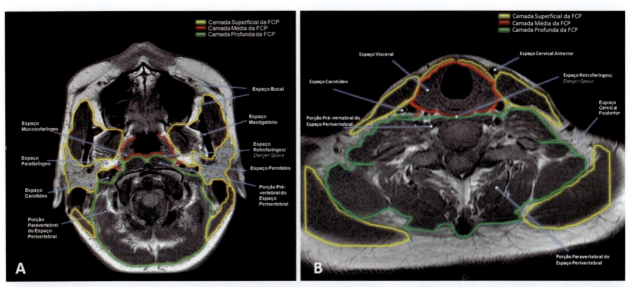

Figura 2 Ressonância magnética axial T1 demonstrando os espaços cervicais supra-hióideos (A) e infra-hióideos (B). As fáscias cervicais profundas estão assinaladas em diferentes cores.

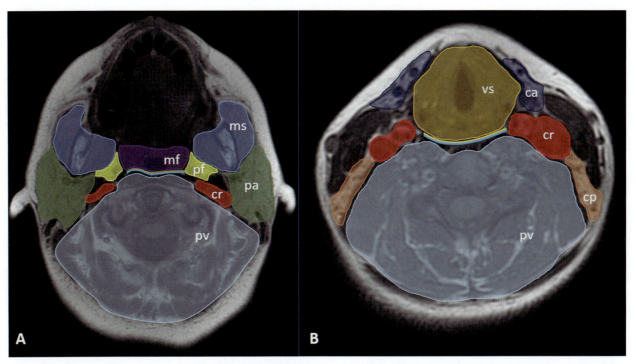

Figura 3 Espaços cervicais supra-hióideos (A) – mf: mucosofaríngeo; ms: mastigatório; pf: parafaríngeo; pa: parotídeo; cr: carotídeo; pv: perivertebral. Espaços infra-hióideos (B) – vs: visceral; ca: cervical anterior; cp: cervical posterior; cr: carotídeo; pv: perivertebral.

do principalmente por gordura, o que o torna facilmente caracterizado tanto à tomografia computadorizada (TC) como à ressonância magnética (RM), e por estar circundado pelos outros espaços profundos. A avaliação de como a gordura do espaço parafaríngeo está deslocada permite a definição do espaço de origem da lesão (Figura 5).

As fáscias que delimitam o espaço parafaríngeo são:

- Medialmente: camada média da FCP, que está circundando o espaço mucosofaríngeo.
- Lateralmente: camada superficial da FCP, que está envolvendo os espaços mastigatório e parotídeo.
- Posteriormente: camada profunda da FCP, que está delimitando os espaços retrofaríngeo e carotídeo, este último revestido pelas três camadas da FCP.

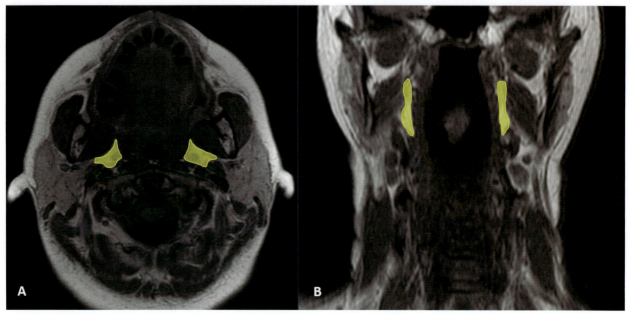

Figura 4   Espaços parafaríngeos. Ressonância magnética axial T1 (A) e coronal T1 (B)

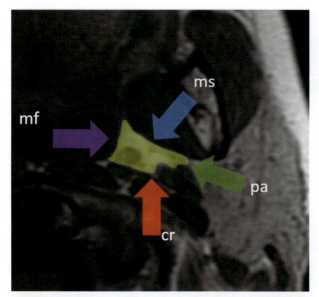

Figura 5   Espaço parafaríngeo. Ressonância magnética axial T1, demonstrando o sentido do deslocamento da gordura local, em casos de lesões expansivas dos espaços cervicais adjacentes. mf: mucosofaríngeo; ms: mastigatório; pa: parotídeo; cr: carotídeo.

Quadro 1 Espaço parafaríngeo
Componentes do espaço parafaríngeo
Gordura
Glândulas salivares menores
Artéria maxilar interna
Artéria faríngea ascendente
Plexo venoso faríngeo
Diagnósticos diferenciais
Pseudotumor
Plexo venoso pterigóideo assimétrico
Lesões congênitas
Cisto branquial atípico
Processo inflamatório
Extensão de abscesso que se origina nos espaços adjacentes
Tumor benigno
Tumor misto benigno
Lipoma
Tumor maligno
Tumor mucoepidermoide
Adenoide cístico
Extensão de tumores dos espaços adjacentes

Outra nomenclatura também é utilizada, referindo-se a este espaço como tendo dois componentes: o pré-estiloide e o pós-estiloide. O componente pós-estiloide do espaço parafaríngeo é denominado pela classificação adotada em grande parte da literatura, principalmente radiológica, como espaço carotídeo. É preferencial a classificação diferenciada dos dois espaços (o parafaríngeo e o carotídeo), pois as fáscias que os circundam são diferentes, assim como as lesões que comprometem cada um desses espaços.

Lesões do espaço parafaríngeo

As lesões primárias deste espaço são infrequentes e na maioria dos casos há extensão de lesões originárias dos outros espaços, principalmente do lobo profundo da parótida e do espaço mucosofaríngeo (p. ex., processo inflamatório – Figura 6). Por sua configuração alongada no

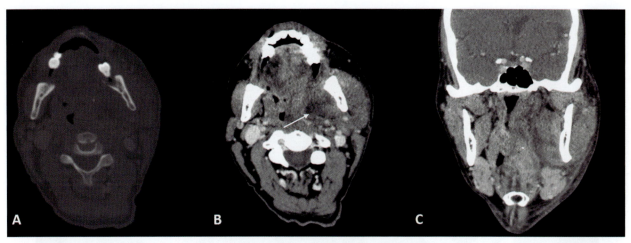

Figura 6 Abscesso odontogênico obliterando o espaço parafaríngeo esquerdo: tomografia computadorizada axial janela óssea (A), axial (B) e coronal (C) pós-contraste. Abscesso odontogênico à esquerda, com aumento do volume do espaço mastigatório e obliteração dos planos gordurosos do espaço parafaríngeo do mesmo lado (seta).

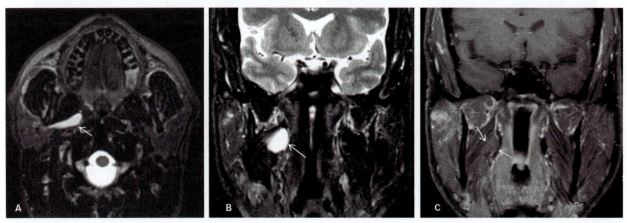

Figura 7 Cisto branquial no espaço parafaríngeo: ressonância magnética T2 axial (A), coronal (B) e coronal T1 pós-contraste (C): Lesão com hipersinal em T2 e sem realce pós-contraste, localizada no espaço parafaríngeo direito (setas).

plano craniocaudal e pelo conteúdo gorduroso, o espaço parafaríngeo funciona como uma via de disseminação tanto de processos inflamatórios como tumorais originários dos espaços adjacentes. Outro fator que facilita a extensão inferior para o espaço submandibular é a inexistência de fáscias entre os dois espaços.

É importante a diferenciação entre uma lesão originária do espaço parafaríngeo e a do lobo profundo da parótida, pois o acesso cirúrgico dessas duas lesões é diferente: na lesão do espaço parafaríngeo o acesso é submandibular, ao passo que, na lesão do lobo profundo, o acesso é transparotídeo, devendo ser isolado o nervo facial para que este não seja lesionado. São dados que ajudam nessa diferenciação:

- Lesões do espaço parafaríngeo não costumam invadir o lobo superficial, portanto, o achado de extensão da lesão para o lobo superficial sugere que a lesão seja parotídea.
- Lesões do espaço parafaríngeo tendem a ser únicas, enquanto as parotídeas podem ser múltiplas.
- Lesões do lobo profundo do espaço parotídeo aumentam a distância entre o ramo mandibular e o processo estiloide, que é chamado de túnel estilomandibular (Figura 8).

Deve-se também observar se existe um plano de gordura entre o lobo profundo da parótida e a porção posterolateral da lesão. A avaliação deve ser cuidadosa, pois, muitas vezes, em lesões do lobo profundo da parótida, existe uma conexão muito delgada entre o nódulo e o restante do parênquima. Lesões maiores do que 4,0 cm de diâmetro podem obliterar os planos gordurosos adjacentes, dificultando essa diferenciação.

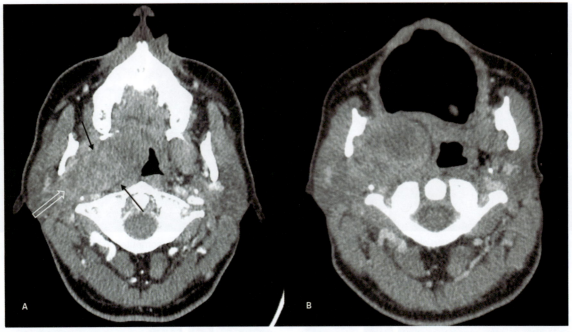

Figura 8 Adenoma pleomórfico do lobo profundo da glândula parótida: tomografia computadorizada axial pós-contraste (A e B). Lesão sólida e heterogênea no lobo profundo da glândula parótida direita (setas). A lesão alarga o túnel estilomandibular (seta vazada) e não se observa plano gorduroso entre a lesão e o lobo profundo da parótida.

Espaço mucosofaríngeo

Espaço que engloba naso, oro e hipofaringe (Figura 9). É delimitado pela camada média da FCP e seus limites são:

- Medial: a superfície mucosa não tem nenhuma fáscia delimitando-a, sendo apenas a via aérea, não contendo nenhuma fáscia.
- Posterior: espaço retrofaríngeo.
- Lateral: espaço parafaríngeo.
- Fáscias: a camada média da FCP, a fáscia bucofaríngea, representa o limite profundo (lateral e posterior) do espaço mucosofaríngeo. Esta fáscia, junto à base do crânio, envolve a porção lateral e posterior da fáscia faringobasilar, que é uma aponeurose espessa, responsável pela fixação do músculo constritor superior da

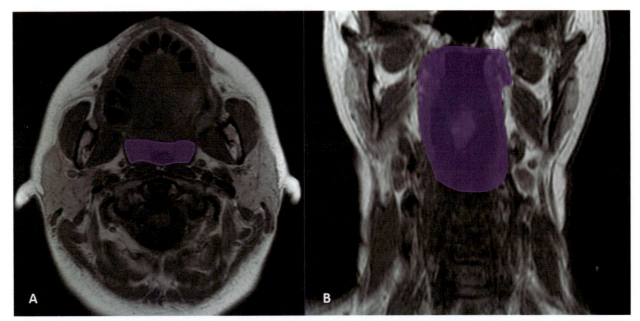

Figura 9 Espaço mucosofaríngeo. Ressonância magnética T1 axial (A) e T1 coronal (B).

faringe à base do crânio. Mais inferiormente, no plano da naso e orofaringe, os músculos constritores superior e médio estão circundados profundamente pela camada média da FCP.

Alguns autores denominam os espaços mucosofaríngeo e visceral como, respectivamente, visceral supra e infra-hióideo. Entretanto, a classificação proposta por Harnsberg e outros autores considera o espaço mucosofaríngeo como um espaço supra-hióideo e o visceral, como infra-hióideo.

Quadro 2 Espaço mucosofaríngeo
Componentes do espaço mucosofaríngeo
Mucosa
Anel de Waldeyer, que inclui as tonsilas faríngea (adenoide), palatinas e linguais
Glândulas salivares menores
Fáscia faringobasilar
Músculos constritores superior e médio
Músculo salpingofaríngeo
Músculo elevador do véu palatino
Porção cartilaginosa da tuba de Eustáquio ou auditiva
Diagnósticos diferenciais
As lesões deste espaço são discutidas com maior detalhamento nos capítulos sobre rino e orofaringe
Pseudotumores
Assimetria do recesso faríngeo lateral
Assimetria do *torus tubarius* (toro tubário)
Assimetria do tecido linfoide
Processos inflamatórios
Mucosite (inflamatória ou actínica)
Hipertrofia linfoide
Cisto de retenção e calcificações
Lesão congênita
Cisto de Tornwaldt
Lesões infecciosas
Processo inflamatório e abscesso na tonsila palatina ou faríngea
Tumor benigno
Tumor misto benigno de glândulas salivares menores
Tumor maligno
Carcinoma epidermoide
Linfoma
Tumores malignos de glândulas salivares menores: carcinoma mucoepidermoide, adenoide cístico

Lesões do espaço mucosofaríngeo

Características de uma lesão situada no espaço mucosofaríngeo: massa centrada medialmente ao espaço parafaríngeo, comprometendo a superfície mucosa da naso ou orofaringe. A lesão desloca a gordura do espaço parafaríngeo lateralmente.

As principais lesões deste espaço são descritas nos capítulos específicos.

Espaço mastigatório

Maior espaço cervical supra-hióideo, possui dois componentes: o supra e o infrazigomático. Os termos fossa temporal e fossa infratemporal são utilizados por alguns clínicos e cirurgiões; a fossa temporal refere-se ao componente suprazigomático do espaço mastigatório, e a fossa infratemporal refere-se ao espaço situado inferiormente ao arco zigomático e lateralmente à fossa pterigopalatina. Não há nenhuma fáscia separando os dois componentes do espaço mastigatório.

É delimitado pela camada superficial da FCP, que se divide em dois folhetos, os quais se estendem a partir da superfície inferior da mandíbula, sendo um lateral,

Quadro 3 Espaço mastigatório
Componentes do espaço mastigatório
Musculatura mastigatória: pterigóideos medial e lateral, masseter e temporal
Ramo mandibular do nervo trigêmeo (V3) e seus ramos:
■ Nervo mandibular (motor – musculatura da mastigação)
■ Nervo milo-hióideo: motor – ventre anterior do músculo digástrico e milo-hióideo
■ Nervo alveolar inferior: sensitivo (mandíbula e queixo)
■ Nervo lingual: sensitivo (2/3 anteriores da língua e assoalho bucal)
■ Nervo auriculotemporal: sensitivo (conduto auditivo externo e articulação temporomandibular)
Ramo e porção posterior do corpo da mandíbula
Diagnósticos diferenciais
Pseudotumor
Plexo venoso pterigóideo assimétrico
Glândula parótida acessória
Atrofia decorrente de denervação do nervo mandibular
Lesões congênitas
Hemangioma
Linfangioma
Lesão infecciosa
Processo infeccioso de origem odontogênica
Tumor benigno
Schwannoma
Neurofibroma
Tumor maligno
Sarcomas: condrossarcoma, osteossarcoma
Outras causas: hipertrofia da musculatura mastigatória

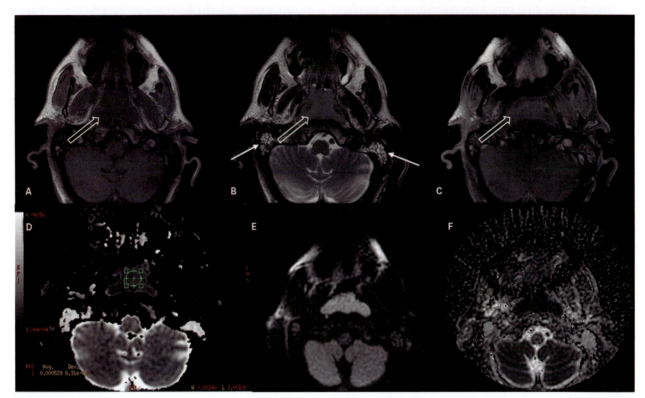

Figura 10 Linfoma com acometimento do espaço mucosofaríngeo: ressonância magnética axiais T1 (A), T2 (B), pós-contraste (C), ROI com valor no mapa de coeficientes de difusão aparente (ADC) (D), difusão (E) e mapa ADC (F). Aumento volumétrico difuso das tonsilas faríngeas, obliterando as coanas, recessos faríngeos e óstios das tubas auditivas, com consequente mastoidopatia bilateral (setas). Apresenta baixo valor no mapa ADC (0,6 × 10^{-3} mm²/s).

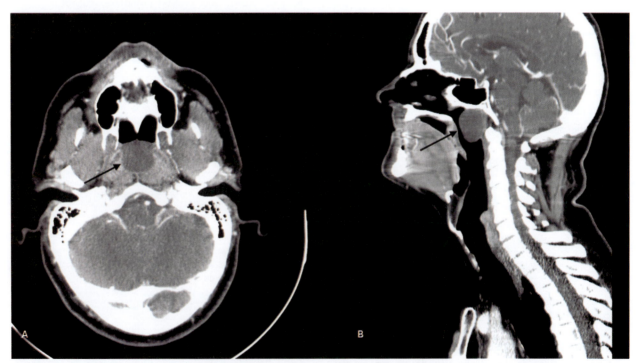

Figura 11 Cisto de Tornwaldt: tomografia computadorizada pós-contraste axial (A) e sagital (B). Lesão cística na linha média da parede posterior da rinofaringe (setas) que oblitera a coluna aérea local.

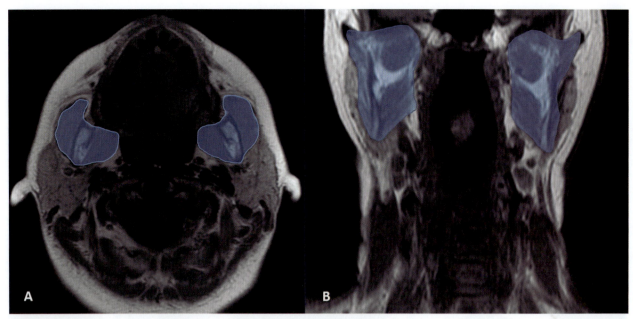

Figura 12   Espaços mastigatórios. Ressonância magnética T1 axial (A) e T1 coronal (B).

que recobre o músculo masseter, e continua na região suprazigomática, recobrindo o músculo temporal. O folheto medial recobre o músculo pterigóideo medial e se insere na base do crânio, medialmente ao forame oval. O forame espinhoso está incluído neste espaço. Os dois folhetos se fundem anterior e posteriormente, sendo, portanto, o espaço mastigatório totalmente envolvido por fáscia.

Lesões do espaço mastigatório

Uma lesão é considerada originária do espaço mastigatório quando estiver centrada na musculatura mastigatória e quando deslocar o espaço parafaríngeo medial e posteriormente.

A extensão perineural representa uma importante via de disseminação das lesões deste espaço e pode ocorrer através do nervo mandibular, com extensão para o seio cavernoso. Pode, também, haver extensão perineural através dos nervos alveolar inferior e auriculotemporal.

Alterações que podem simular lesões (pseudotumores) que se originaram neste espaço:

- Plexo venoso assimétrico: achado incidental nos exames de TC e RM, observando-se proeminência das estruturas venosas, que drenam o seio cavernoso. Pode também ser secundário a malformações arteriovenosas (Figura 13).
- Lobo acessório da glândula parótida: pode ser observado em 21% da população e, quando assimétrico ou proeminente, pode simular uma lesão. Importante destacar que este lobo pode ser acometido pelas mesmas doenças que acometem o restante do parênquima parotídeo.

Hipertrofia da musculatura mastigatória

É decorrente de diversas causas, incluindo bruxismo, oclusão dentária inadequada e microssomia hemifacial. O acometimento é variável: pode haver acometimento difuso da musculatura mastigatória ou de um músculo isolado, geralmente o masseter. Pode, também, ser uni ou bilateral. São sinais que sugerem esta alteração: margens regulares do músculo acometido, atenuação ou sinal semelhante aos outros músculos e ausência de realce anômalo (Figura 14).

Processo inflamatório

Infecção odontogênica geralmente é decorrente de doença periapical e periodontal, ou ocorre após procedimento dentário, resultando em celulite, abscesso, miosite, fascíite e osteomielite. Infecções odontogênicas originárias dos molares superiores e dos segundos e terceiros molares inferiores tendem a comprometer o espaço mastigatório, enquanto lesões originárias dos pré-molares e primeiro molar inferior tendem a comprometer o espaço sublingual. Os músculos mais frequentemente comprometidos são o músculo masseter e o pterigóideo medial. A partir do espaço mastigatório pode haver extensão da infecção para os espaços parotídeo e parafaríngeo e para o palato mole (Figura 15).

À TC, observa-se a presença de área de lise óssea ao redor da raiz do dente molar, que se estende aos tecidos adjacentes. Após a injeção do meio de contraste nota-se a presença de coleção líquida com realce periférico (abscesso), associada a sinais de processo inflamatório que incluem aumento de volume da musculatura mastigatória (miosite), com densificação dos planos gordurosos adjacentes (celulite). Caso haja osteomielite, a TC evidencia múltiplas áreas radiolucentes, erosão cortical,

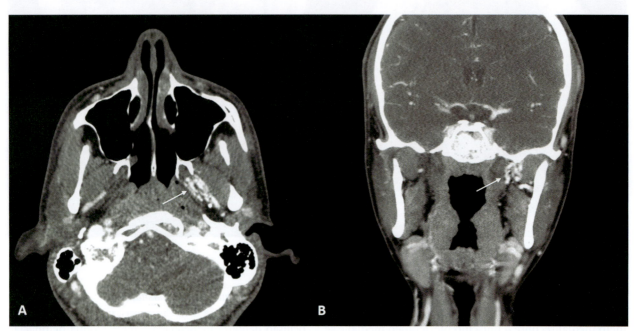

Figura 13 Assimetria do plexo venoso faríngeo: tomografia computadorizada pós-contraste axial (A) e coronal (B). Plexo venoso faríngeo proeminente à esquerda (seta).

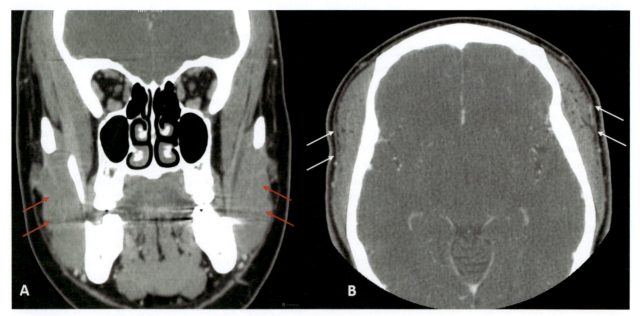

Figura 14 Hipertrofia da musculatura mastigatória: tomografia computadorizada pós-contraste coronal (A) e axial (B). Espessamento difuso dos músculos do espaço mastigatório – masseteres (setas vermelhas) e temporais (setas brancas).

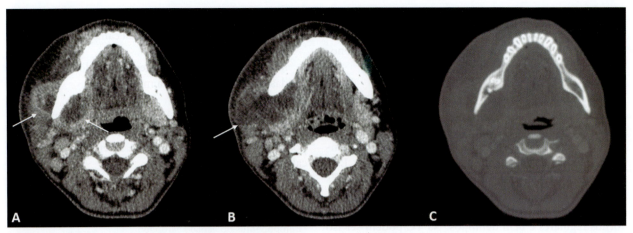

Figura 15 Abscesso odontogênico. Tomografia computadorizada axial pós-contraste (A e B) e axial com janela óssea. Abscesso odontogênico com coleções líquidas no espaço mastigatório (setas), que apresentam realces periféricos pós-contraste.

sequestros e reação periosteal. Na RM, observam-se alterações inflamatórias acometendo a medular e as partes moles adjacentes, principalmente os músculos masseter e pterigóideo medial, com aumento do sinal em T2 e realce pós-contraste. Pode haver realce do nervo no canal mandibular, que pode se estender para o forame oval.

Osteorradionecrose

Ocorre na mandíbula após meses a anos de tratamento radioterápico com altas doses. Os pacientes podem referir parestesias ou dor decorrente do acometimento do nervo alveolar inferior. A TC e a RM evidenciam alterações semelhantes às descritas na osteomielite, porém o contexto clínico é diferente. Necrose mandibular pode estar associada ao uso de bisfosfonatos, utilizados no tratamento de mieloma múltiplo e em metástases ósseas. A TC evidencia a presença de lesões líticas e escleróticas que podem estar associadas à presença de reação periosteal.

Sequestro ósseo pode ser caracterizado. À RM, observa-se hipossinal em T1 e T2, com realce pós-contraste tanto na cortical como na medular. Há, também, realce das partes moles adjacentes do espaço mastigatório (Figura 16).

Malformações vasculares

As malformações vasculares foram classificadas por Mulliken e Glowacki em:

- Hemangiomas: lesões que apresentam proliferação de células endoteliais. Denominava-se hemangioma capilar congênito, manifestando-se como massa sólida, que aparece logo após o nascimento e apresenta intenso crescimento durante os dois primeiros anos de vida, e, depois, apresenta involução gradativa, geralmente desaparecendo até a adolescência.
- Malformações vasculares: anomalias não proliferativas. Incluem as seguintes anomalias:

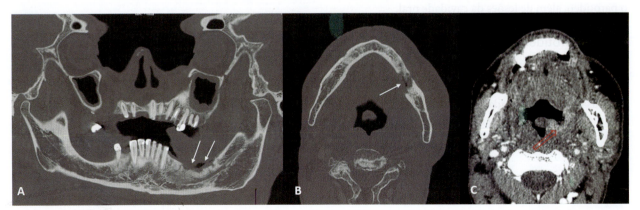

Figura 16 Osteorradionecrose da mandíbula. Tomografia computadorizada com reconstrução panorâmica da mandíbula (A), axial com janela óssea (B) e axial pós-contraste (C). Área focal de esclerose e irregularidade óssea na margem superior do corpo da mandíbula esquerda (setas), com sinais de reabsorção do processo alveolar e densificação dos planos de partes moles gengivais adjacentes com bolhas gasosas de permeio. Área de realce heterogêneo e irregularidades da mucosa na parede lateral esquerda da orofaringe, representando persistência lesional (seta vazada).

- Malformações de fluxo rápido: malformação arteriovenosa (Figura 17).
- Malformações de fluxo lento: malformação venosa e linfática (Figura 18).

Tumores benignos

Os tumores benignos do espaço mastigatório geralmente têm origem na bainha neural, principalmente no ramo mastigatório do nervo trigêmeo e nos seus principais ramos, sendo mais frequente o schwannoma. Este ramo do trigêmeo entra no espaço mastigatório através do forame oval.

Os schwannomas geralmente são ovoides, de contornos regulares e bem definidos. Na TC podem ser iso ou hiperatenuantes em relação aos planos musculares. O realce é variável, podendo ser hipervascularizados ou hipovascularizados com realce mais tardio.

Na RM, apresentam hipersinal em T2 e realce pós-contraste (Figura 19). Eventualmente, tais tumores podem ser císticos tanto à TC como à RM.

Outros tumores benignos são raros neste espaço, incluindo o osteoblastoma, o meningeoma e o rabdomioma.

Tumores malignos

Neste grupo estão incluídos sarcomas de partes moles, condrossarcoma e osteossarcoma originários da mandíbula (Figura 20), e a presença de matriz óssea ou condroide favorece tais diagnósticos. Entre os sarcomas de partes moles, estão incluídos o rabdomiossarcoma (Figura 21), que ocorre principalmente em crianças e adolescentes, e o schwannoma maligno, com origem no ramo mandibular do nervo trigêmeo.

O linfoma não Hodgkin pode se apresentar como massa sólida de contornos regulares e bem definidos no espaço mastigatório.

O espaço mastigatório também pode ser acometido por outras lesões malignas, principalmente carcinomas, originados de outros espaços, como o mucosofaríngeo e o parotídeo, além de lesões da cavidade oral.

Espaço carotídeo

Espaço cervical supra e infra-hióideo, bilateral, também denominado parafaríngeo pré-estiloide. É formado pela fusão das três camadas da fáscia cervical profunda e estende-se desde a base do crânio, na topografia do forame jugular e do canal carotídeo, até o arco aórtico. Seus limites são:

- Lateral: espaço parotídeo, separados pela camada superficial da fáscia cervical profunda.
- Anterior: espaço parafaríngeo, separados pela aponeurose estilofaríngea, parte da camada média da fáscia cervical profunda.
- Medial: espaço retrofaríngeo, separados pelas camadas média e profunda da mesma fáscia.

Na porção infra-hióidea está em contato com os espaços visceral e retrofaríngeo, medialmente; perivertebral, posteriormente; cervical anterior, anteriormente e cervical posterior, lateralmente.

Quadro 4 Espaço carotídeo
Componentes do espaço carotídeo
Porção supra-hióidea:
▪ Artéria carótida interna (ACI)
▪ Veia jugular interna
▪ Pares cranianos: IX a XII
▪ Plexo simpático
Porção infra-hióidea:
▪ Artéria carótida comum
▪ Veia jugular interna
▪ Nervo vago (X)
Diagnósticos diferenciais
Lesões congênitas
▪ Tortuosidades, angulações, espiralamentos e alças vasculares
▪ ACI: agenesia, hipoplasia
Lesões inflamatórias e infecciosas
▪ Extensão de infecções adjacentes
▪ Displasia fibromuscular
▪ Arterite de Takayasu
▪ Carotidínia
Anomalias vasculares
▪ Dissecções
▪ Tromboses
▪ Aneurismas
Tumores benignos
▪ Schwannoma
▪ Neurofibromas
▪ Paragangliomas
Tumores malignos
▪ Linfonodomegalias – linfomas; metástases de carcinomas epidermoides
Traumas
▪ Lacerações, hematomas, pseudoaneurismas, fístulas arteriovenosas, dissecções

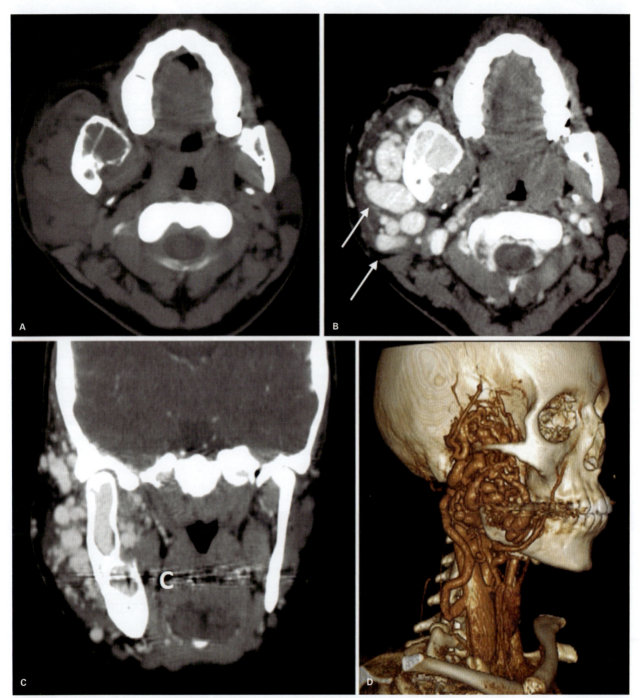

Figura 17 Malformação vascular de fluxo rápido no espaço mastigatório direito. Tomografia computadorizada axial pré-contraste (A), pós-contraste (B), reconstrução coronal (C) e reconstrução 3D (D). Estruturas vasculares calibrosas e tortuosas no espaço mastigatório direito. Observe o acometimento do ramo direito da mandíbula. Há também estruturas vasculares ingurgitadas no espaço parotídeo direito (setas).

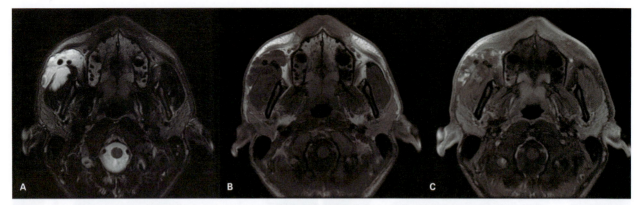

Figura 18 Malformação vascular de fluxo lento. Ressonância magnética axial T2 (A), axial T1 (B) e axial pós-contraste (C). Formação de contornos lobulados ocupando os espaços mastigatório e bucal à direita, com componente intramuscular envolvendo o masseter e alguns focos arredondados de baixo sinal de permeio (flebólitos). Realce pós-contraste tardio e progressivo.

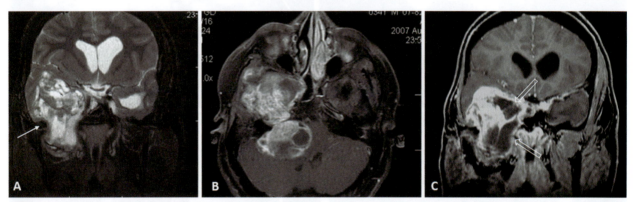

Figura 19 Schwannoma do ramo mandibular do nervo trigêmeo. Ressonância magnética coronal T2 (A), axial T1 pós-contraste (B) e coronal T1 pós-contraste (C). Lesão de contornos regulares, em "halteres", alargando o forame oval direito (seta). O sinal da lesão é heterogêneo, com caracterização de algumas áreas císticas (setas vazadas).

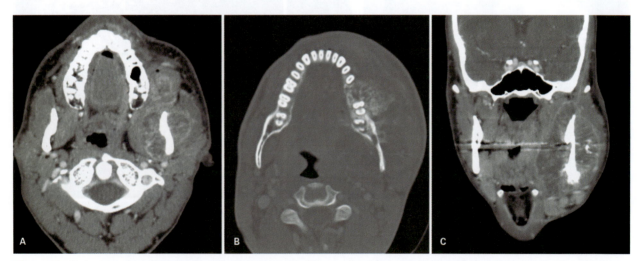

Figura 20 Osteossarcoma do espaço mastigatório esquerdo. Tomografia computadorizada axial (A e B) e coronal (C). Lesão óssea com reações periosteais espiculadas, em raio de sol, associadas a componente sólido infiltrando os músculos masseter e pterigóideo medial à esquerda, com extensão para o espaço bucal.

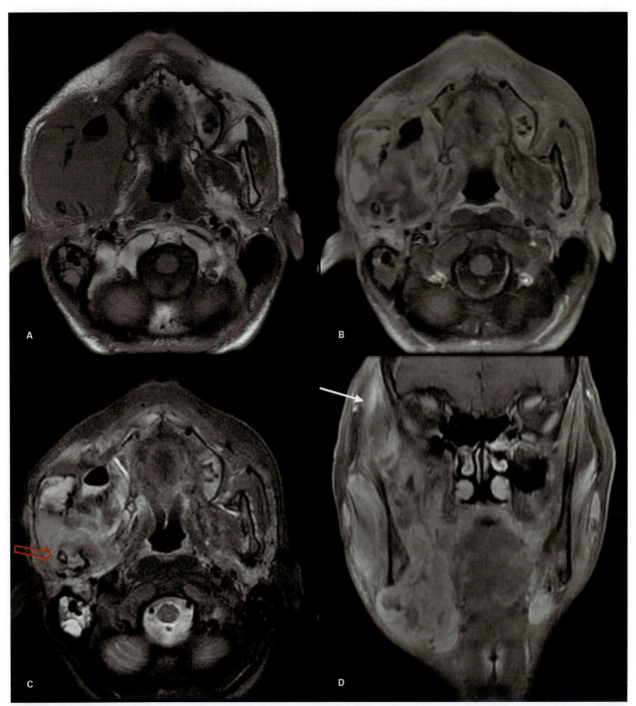

Figura 21 Rabdomiossarcoma. Ressonância magnética axial T1 (A), axial T1 pós-contraste (B), axial T2 (C) e coronal pós-contraste (D). Lesão heterogênea e expansiva nos espaços mastigatório, parafaríngeo e submandibular direitos, com extensão suprazigomática (seta) e temporomandibular (seta vazada).

Lesões do espaço carotídeo

Característica de uma lesão situada no espaço carotídeo: massa centrada neste espaço, que pode deslocar anteriormente a gordura do espaço parafaríngeo. Pode também deslocar lateralmente o ventre posterior do músculo digástrico.

Lesões inflamatórias

Arterite de Takayasu é um processo inflamatório crônico granulomatoso de etiologia desconhecida que envolve artérias de médio e grande calibres, com estenoses e oclusões dadas por deposição de células gigantes. Há comprometimento do arco aórtico, emergência das artérias carótidas comuns, internas, vertebrais e subclávias (Figura 23).

Carotidínia é uma síndrome dolorosa idiopática autolimitada, atualmente definida como episódio autolimitado com duração menor que duas semanas, incluindo pelo menos um dos seguintes achados: endurecimento, edema e/ou aumento da pulsatilidade, ausência de alteração estrutural da artéria. Os aspectos de imagem não são específicos e incluem espessamento da bainha carotídea com hipersinal em T2 e impregnação pelo contraste à RM e atenuação de partes moles na bifurcação carotídea com realce pós-contraste na TC (Figuras 24 e 25).

Tumores benignos

Paragangliomas também são denominados tumores glômicos e correspondem a aproximadamente 10 a 15% das lesões do espaço carotídeo. As três principais localizações são:

- Corpo carotídeo, na bifurcação carotídea (o mais frequente, cerca de 30-60% dos casos).
- Vagal, da base do crânio até inferiormente à bifurcação carotídea, predominantemente cerca de 1-2 cm abaixo do bulbo jugular (o menos frequente, cerca de 2,5% dos casos).
- Jugular, no forame jugular. Quando há extensão para a orelha média, é denominado glomus júgulo-timpânico.

Pode haver multiplicidade das lesões, sendo 3 a 10% das lesões do corpo carotídeo bilaterais e, se houver história familiar, chegam a 25-50%. Já combinações de paragangliomas de corpo carotídeo e vagal ou jugular são mais raras. Nota-se associação com carcinomas da tireoide, síndrome de neoplasias endócrinas múltiplas (NEM) e outros tumores.

Na TC observa-se lesão nodular bem definida, com atenuação semelhante à da musculatura, que apresenta impregnação intensa pelo contraste. A realização de estudos perfusionais permite melhor diferenciação com os schwannomas vascularizados, uma vez que nos paragangliomas há impregnação precoce com *wash-out* rápido do contraste e nos schwannomas o *wash-out* é mais lento. Caracteristicamente, observa-se erosão dos contornos do forame jugular de aspecto permeativo, diferente do schwannoma.

Na RM os paragangliomas têm sinal heterogêneo em T1 e T2, com focos tubulares de intenso hipossinal, compatíveis com fluxo rápido no interior da lesão (*flow void*), permeados por pontos de hipersinal compatíveis com fluxo lento/hemorrágicos ou ainda flebólitos, determinando aspecto característico de "sal e pimenta". Há impregnação

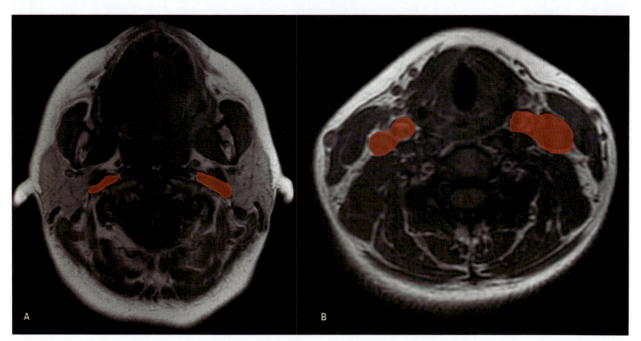

Figura 22 Espaços carotídeos. Ressonância magnética T1 axial (A e B). Observar a lustração esquemática do espaço carotídeo supra-hioideo (A) e infra-hioideo (B).

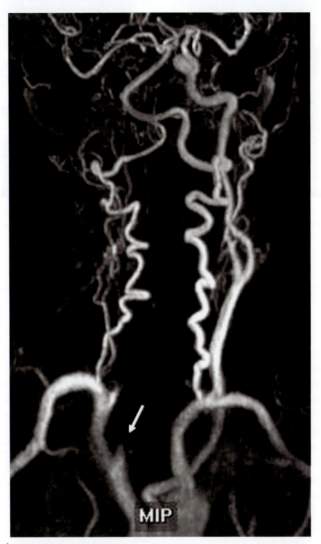

Figura 23   Arterite de Takayasu. Ângio-RM, reformatação em MIP. Oclusão na porção proximal da artéria carótida comum direita (seta).

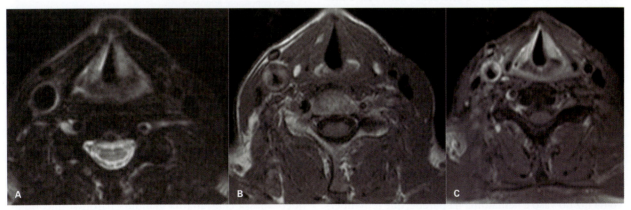

Figura 24   Carotidínia. Ressonância magnética T2 axial (A), T1 axial (B) e T1 axial pós-contraste (C). Espessamento da bainha carotídea direita, com hipersinal em T1 e T2 e realce pós-contraste.

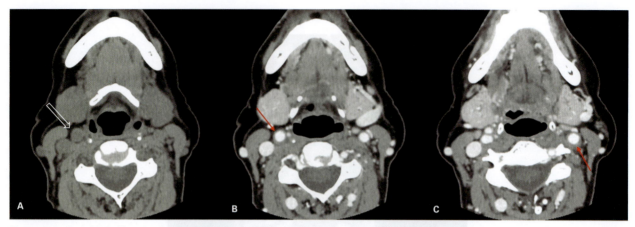

Figura 25 Carotidínia. Tomografia computadorizada axial pré (A) e pós-contraste (B e C). Espessamento parietal do segmento superior das artérias carótidas (setas), com discreta densificação dos planos adiposos adjacentes (seta vazada).

intensa pelo contraste e os vasos de fluxo rápido podem ser visualizados nas sequências sensíveis a fluxo (Figura 26).

Anomalias vasculares

Trombose da veia jugular interna é causada por cateterização, trauma ou invasão tumoral, notando-se aumento do calibre do vaso na fase aguda, com hiperatenuação do trombo e leve impregnação periférica pelo contraste. Na fase subaguda pode haver recanalização parcial com falhas de enchimento e, na fase crônica, o vaso pode reduzir de tamanho ou recanalizar completamente. Na RM, o trombo tem alto sinal em T1 em decorrência da meta-hemoglobina, nas fases aguda e subaguda. Nos casos de tromboflebite há, também, densificação dos planos adiposos e justavasculares.

Aneurismas e pseudoaneurismas localizam-se, em sua grande maioria, na bifurcação carotídea, geralmente relacionados a trauma pregresso. São considerados urgências pelo risco de rotura e morte.

Dissecções das artérias carótidas e vertebrais são raras e podem ser classificadas em: espontâneas (mais frequentes); traumáticas; associadas a alterações genéticas como displasia fibromuscular tipo IV, síndrome de Ehlers-Danlos, síndrome de Marfan, pseudoxantoma elástico e osteogênese imperfeita.

As dissecções cervicais são mais comuns nas artérias carótidas internas, com acometimento unilateral, sendo 70% nos segmentos cervical e petroso, principalmente 2,0-3,0 cm distalmente ao bulbo carotídeo. As dissecções podem ser bilaterais ou localizar-se nas artérias vertebrais em 20% dos casos, predominando nos segmentos V3 (C1-C2) e V4 (intradural).

A RM é um excelente método para avaliação e diagnóstico das dissecções, mostrando afilamento progressivo da luz do vaso e hematoma na parede, que tem hipersinal em T1 e T2, com supressão da gordura (Figura 28). Algumas vezes, nota-se apenas o hematoma sem que haja redução no calibre do vaso, por isso é importante realizar as sequências *spin eco*, além das angiográficas. A TC permite a avaliação do calibre e trajeto do vaso, porém tem baixa sensibilidade na detecção do hematoma.

Espaço parotídeo

Espaço supra-hióideo, bilateral, delimitado pela camada superficial da fáscia cervical profunda (Figura 29). Seus limites são: lateral ao espaço parafaríngeo; posterior ao espaço mastigatório; separado do espaço carotídeo pelo ventre posterior do músculo digástrico.

Quadro 5 Espaço parotídeo
Componentes do espaço parotídeo
Glândula parótida
Nervo facial
Veia retromandibular
Artéria carótida externa
Linfonodos
Diagnósticos diferenciais
Lesão congênita: agenesia
Processos inflamatórios: sialodenites agudas e crônicas
Processos granulomatosos: sarcoidose, tuberculose
Outros processos: sialodenite pelo meio de contraste iodado, hiperlipidemia, síndrome de Sjögren (Figura 29)
Tumores benignos: tumor misto benigno, tumor de Warthin, lipoma, schwannoma
Tumores malignos: tumor mucoepidermoide, tumor adenoide cístico, metástase, linfoma

Lesões do espaço parotídeo

Característica de uma lesão situada no espaço parotídeo: massa centrada na glândula parótida que, quando localizada na porção profunda desta glândula, pode deslocar medialmente a gordura do espaço parafaríngeo.

As principais lesões deste espaço estarão descritas no capítulo específico.

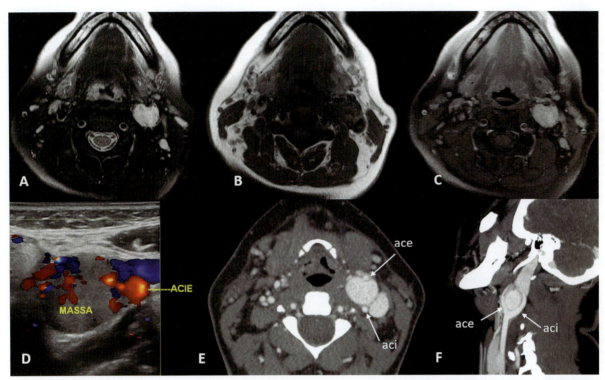

Figura 26 Paraganglioma carotídeo. Ressonância magnética T2 axial (A), T1 axial (B) e T1 axial pós-contraste (C). Ultrassonografia cervical com Doppler colorido (D). Tomografia computadorizada pós-contraste axial (E) e sagital (F). Lesão expansiva na bifurcação carotídea, afastando a artéria carótida interna (ACI) da externa (ACE) (setas). Apresenta aspecto em "sal e pimenta" em T2 e importante realce pós-contraste.

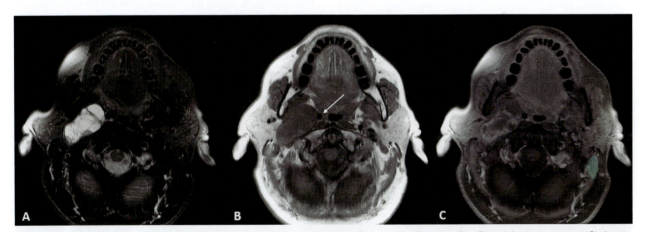

Figura 27 Schwannoma do espaço carotídeo. Ressonância magnética T2 axial (A), T1 axial (B) e T1 axial pós-contraste (C). Lesão expansiva e fusiforme no espaço carotídeo direito, com sinal predominantemente hiperintenso em T2 e realce pós-contraste heterogêneo. Desloca anterior e medialmente a artéria carótida interna direita (seta).

Espaço retrofaríngeo/*danger space*

Espaço situado na linha média, posterior à faringe e ao esôfago cervical. Apresenta componentes supra e infra-hióideo. Doenças que acometem este espaço são relativamente incomuns, sendo de etiologia infecciosa e tumoral. As lesões deste espaço são inacessíveis ao exame clínico, tornando fundamental a avaliação por TC e RM.

É delimitado anteriormente pela camada média e posteriormente pela camada posterior da FCP. Os limites laterais deste espaço são formados por uma delaminação ou desdobramento da camada profunda da FCP, denominada fáscia alar. Este espaço estende-se desde a base do crânio até o plano de T3, onde as camadas média e profunda da FCP se fundem, sendo o espaço retrofaríngeo uma via de disseminação de processos infecciosos e tumorais entre a região cervical e o mediastino.

Outra delaminação da fáscia alar pode ser caracterizada separando-se o espaço retrofaríngeo do *danger space*. Uma característica importante do *danger space* é que este apresenta uma extensão até o mediastino inferior. Não é possível a distinção pelos métodos de imagem entre esses dois espaços. Por este motivo, sempre que virmos uma lesão no espaço retrofaríngeo/*danger space*, devemos considerar que esta pode se estender até o mediastino inferior. Há uma rafe mediana separando o espaço retrofaríngeo em duas metades, porém esta rafe é de difícil caracterização tanto à TC como à RM. Além disso, a presença da rafe é variável, estando presente com maior frequência no espaço retrofaríngeo superior.

Quadro 6 Espaço retrofaríngeo
Componentes do espaço retrofaríngeo
O espaço retrofaríngeo supra-hióideo é formado por gordura e linfonodos, sendo duas cadeias linfonodais: a média e a lateral. Os linfonodos retrofaríngeos laterais, chamados de linfonodos de Rouvière, são achados frequentes em crianças e adultos jovens, sendo mais facilmente caracterizados à ressonância magnética. Os linfonodos retrofaríngeos mediais não são vistos habitualmente. O espaço retrofaríngeo infra-hióideo não apresenta linfonodos.
Diagnósticos diferenciais
Pseudotumor
▪ Artéria carótida interna tortuosa

(continua)

Quadro 6 Espaço retrofaríngeo *(continuação)*
Diagnósticos diferenciais
Lesões congênitas
▪ Hemangioma infantil
▪ Malformação vascular de baixo fluxo
Lesões inflamatórias
▪ Linfonodo reacional
▪ Edema
▪ Lesões infecciosas
▪ Celulite
▪ Linfadenite
▪ Abscesso
Tumor benigno
▪ Lipoma
Tumor maligno
▪ Metástases nos linfonodos retrofaríngeos

Lesões do espaço retrofaríngeo/*danger space*
Processos inflamatórios do espaço retrofaríngeo

A maioria dos processos inflamatórios do espaço retrofaríngeo, que incluem abscesso retrofaríngeo, linfadenite supurada e celulite, tem como foco de infecção as tonsilas palatinas. Acredita-se que muitos dos chamados abscessos retrofaríngeos sejam, na verdade, uma linfadenite supurada retrofaríngea (Figura 32), que podem ser tratados clinica-

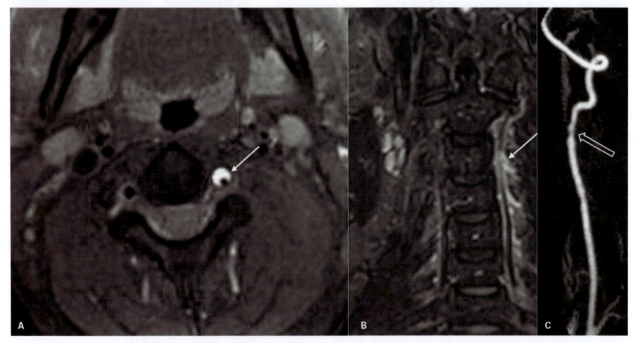

Figura 28 Dissecção arterial. Ressonância magnética T1 axial (A), T2 coronal com supressão de gordura (B) e ângio-RM (C). Hematoma na parede da artéria vertebral esquerda (setas). Afilamento focal da artéria vertebral esquerda em dois segmentos distintos na porção foraminal (seta vazada).

10 ESPAÇOS CERVICAIS   861

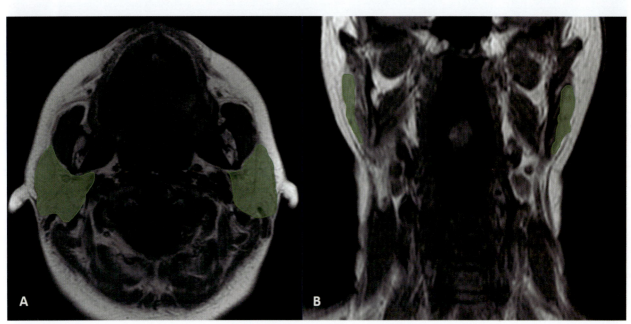

Figura 29   Espaços parotídeos. Ressonância magnética T1 axial (A) e T1 coronal (B).

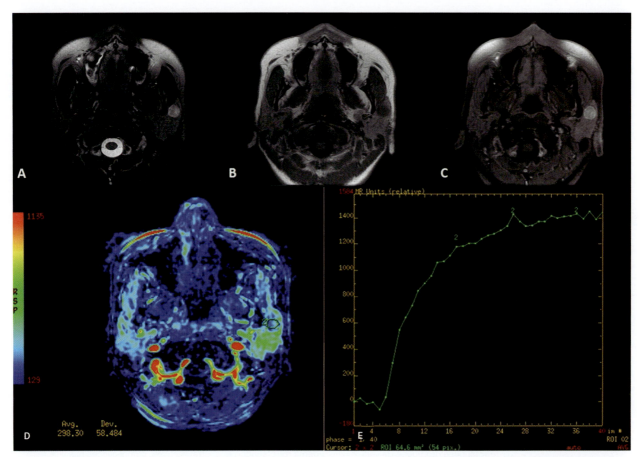

Figura 30   Adenoma pleomórfico na glândula parótida esquerda. Ressonância magnética T2 axial (A), axial T1 (B) e axial T1 pós-contraste (C). Estudo de permeabilidade com gráfico (D e E). Lesão nodular na porção superficial da glândula parótida esquerda, com sinal hiperintenso em T2 e realce homogêneo pós-contraste. Gráfico demonstra curva com platô ascendente.

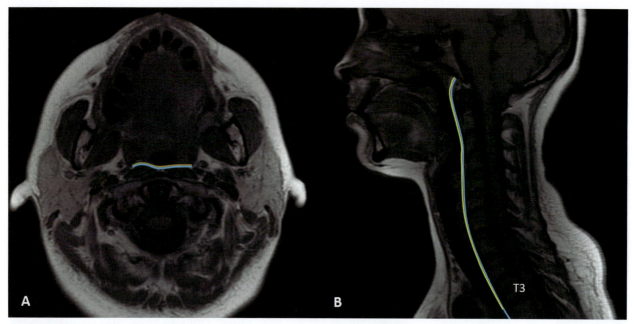

Figura 31   Espaços retrofaríngeo (amarelo)/*danger* (azul). Ressonância magnética T1 axial (A) e T1 coronal (B).

mente. O abscesso retrofaríngeo verdadeiro é muito menos frequente e demanda drenagem cirúrgica de emergência.

Os métodos de imagem têm papel fundamental no diagnóstico e na definição da conduta terapêutica nas infecções cervicais. A TC é útil na avaliação dos tipos de processo inflamatório que acometem o espaço retrofaríngeo, principalmente na diferenciação entre edema, linfadenite e abscesso, definindo, também, sua localização e extensão espacial (ver Quadro 7). Outro diagnóstico diferencial local é a celulite, que consiste na obliteração dos planos gordurosos por material hipoatenuante, sem a definição de coleção líquida com realce periférico.

Espaço perivertebral

É um espaço posterior, de configuração cilíndrica, que circunda a coluna vertebral, estendendo-se desde a base de crânio até o mediastino superior. É um espaço supra e infra-hióideo, apresentando dois componentes: pré-vertebral e paravertebral (Figura 33).

O espaço perivertebral é delimitado pela camada profunda da FCP, que se estende entre os processos transversos das vértebras cervicais e se estende posteriormente, envolvendo a musculatura paravertebral, aderindo ao processo espinhoso e ao ligamento nucal.

Quadro 7   Edema, abscesso e linfadenite

Achado	Edema retrofaríngeo	Linfadenite retrofaríngea	Abscesso retrofaríngeo
Distribuição líquida	Preenche o espaço retrofaríngeo de um lado a outro	Unilateral	Preenche o espaço retrofaríngeo de um lado a outro
Configuração e efeito de massa	Configuração ovoide, retangular ou em "gravata borboleta" nas imagens axiais. Acometimento difuso nas imagens sagitais. Discreto efeito de massa	Configuração ovoide ou arredondada. Efeito de massa variável	Configuração ovoide ou arredondada. Moderado ou expressivo efeito de massa
Realce parietal	Sem realce	Pode apresentar realce	Sempre apresenta realce
Outros achados	Infecção cervical adjacente ao espaço retrofaríngeo; linfadenite retrofaríngea; trombose da veia jugular interna; calcificação focal no nível de C1-C2; radioterapia	Infecção primária, p. ex., otite média ou tonsilite; edema retrofaríngeo é um achado relacionado comum	Infecção primária, p. ex., otite média ou tonsilite; corpo estranho em casos traumáticos; complicações nas vias aéreas, mediastino ou estruturas vasculares

Quadro 8	Espaço perivertebral
Componentes do espaço perivertebral	
Pré-vertebral	
Músculos pré-vertebrais	
Músculos escalenos: anterior, médio e posterior	
Corpo vertebral	
Plexo braquial	
Nervo frênico	
Artéria e veia vertebrais	
Paravertebral	
Musculatura paravertebral	
Arco posterior do corpo vertebral	
Diagnósticos diferenciais	
Pseudotumor	
Hipertrofia do músculo elevador da escápula	
Costela cervical	
Processo transverso exuberante	
Lesões inflamatórias	
Espondilodiscite	
Tendinite do músculo longo do pescoço	
Lesões vasculares	
Aneurisma, dissecção ou pseudoaneurisma da artéria vertebral	
Doenças degenerativas	
Hipertrofia facetária	
Osteófitos	
Herniação discal anterior	
Tumores benignos	
Schwannoma, neurofibroma do plexo braquial	
Tumores malignos	
Cordoma, metástases	

Lesões do espaço perivertebral

A origem no espaço perivertebral é sugerida quando a lesão provoca deslocamento anterior do espaço retrofaríngeo (*danger space*) e lateral do espaço carotídeo. A lesão apresenta-se centrada no corpo vertebral, musculatura paravertebral ou pré-vertebral, com deslocamento anterior desta musculatura. O deslocamento da musculatura pré-vertebral é utilizado para diferenciar as lesões originárias dos espaços retrofaríngeo e perivertebral. Nas lesões do espaço retrofaríngeo a musculatura pré-vertebral está deslocada posteriormente, enquanto nas lesões perivertebrais, esses músculos estão deslocados anteriormente.

Processo inflamatório do espaço perivertebral

As espondilodiscites podem se estender para o espaço perivertebral, apresentando-se como flegmão ou abscesso. Como o espaço perivertebral é um espaço "fechado", estando totalmente circundado pela camada profunda da FCP, pode haver extensão do processo inflamatório para o espaço epidural (Figura 32).

A TC e a RM mostram a espondilodiscite e o comprometimento do espaço perivertebral, evidenciando a presença do flegmão ou abscesso, com a RM demonstrando melhor a extensão epidural.

Na TC, observa-se irregularidade das superfícies discais com erosão variável do corpo vertebral e extensão para as partes moles adjacentes. Observa-se obliteração dos planos gordurosos do espaço perivertebral com espessamento e borramento dos planos musculares. O abscesso apresenta-se como coleção líquida com realce periférico.

Na RM, as imagens em T1 evidenciam redução do espaço discal e erosão com irregularidade das superfícies discais e, em T2, presença de hipersinal no disco vertebral. Após a injeção do meio de contraste, observa-se realce do disco. Pode haver, também, realce nos espaços perivertebral e epidural (Figura 34).

Na espondilodiscite tuberculosa é mais frequente o comprometimento da porção anterior do corpo vertebral adjacente ao disco vertebral, com erosão óssea, tanto dos platôs discais como da porção anterior do corpo vertebral. Com a progressão da doença, observa-se extensão do processo inflamatório para outros corpos vertebrais, assim como para partes moles adjacentes, com formação de abscesso perivertebral, abscesso de Pott.

A tendinite aguda do músculo longo do pescoço com edema do espaço retrofaríngeo é uma condição inflamatória, não infecciosa, que não deve ser confundida com abscesso retrofaríngeo. Esta alteração se inicia no espaço perivertebral e se estende ao espaço retrofaríngeo.

Na TC, observa-se calcificação grosseira na inserção do músculo longo do pescoço, no nível de C1-C2, aumento de volume do músculo e presença de material líquido, hipoatenuante, sem realce periférico no espaço retrofaríngeo (Figura 35).

Alterações degenerativas da coluna cervical

Alterações degenerativas da coluna cervical, incluindo hipertrofia facetária, osteófitos e herniações discais anteriores, são causas de lesões do espaço perivertebral.

Outra condição semelhante aos osteófitos anteriores, porém mais rara, é a hiperostose idiopática esquelética difusa (DISH), caracterizada por calcificação dos ligamentos longitudinais anteriores. Essa calcificação exuberante pode provocar abaulamento da parede posterior da faringe.

Schwannoma do plexo braquial

Lesão sólida, de limites bem definidos, fusiforme, podendo se originar em qualquer local do plexo braquial, incluindo os espaços intra e extradural, forame neural, espaço perivertebral e cervical posterior. No espaço perivertebral, é frequente a localização entre os músculos escalenos anterior e médio. Na região paraespinal, pode ter aspecto em halteres quando se estende para o forame neural, alargando-o.

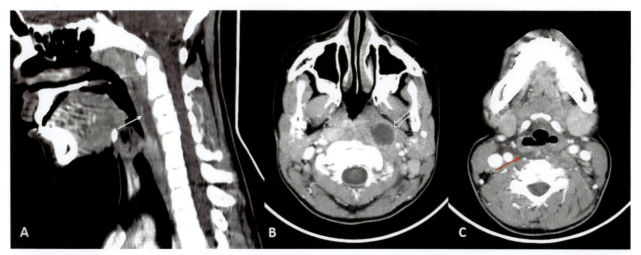

Figura 32 Coleção retrofaríngea e linfonodo retrofaríngeo liquefeito. Tomografia computadorizada sagital (A) e axiais (B e C) pós-contraste. Coleção retrofaríngea à direita, com densificação dos espaços parafaríngeo e carotídeo adjacentes. Linfonodomegalia liquefeita retrofaríngea à esquerda.

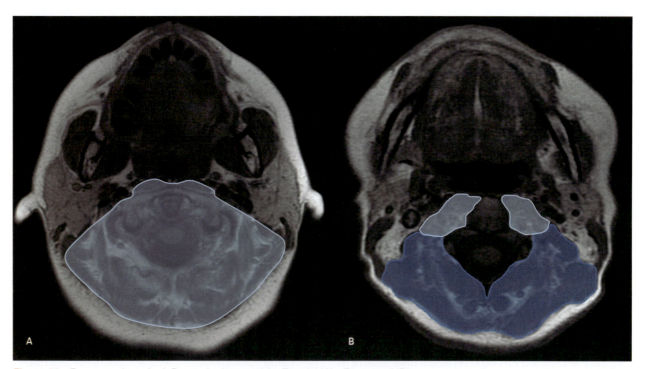

Figura 33 Espaço perivertebral. Ressonância magnética T1 axial (A) e T1 coronal (B).

Metástases para o espaço perivertebral

Os tumores que mais frequentemente metastatizam para a coluna vertebral são: pulmões, mama, próstata, rins e trato gastrointestinal. O acometimento pode ser apenas na vértebra (corpo e pedículo) ou estar associado a extensão perivertebral e para o espaço epidural.

Espaço bucal

O espaço bucal é um espaço cervical profundo, situado lateralmente à porção alveolar da maxila e anteriormente ao espaço mastigatório.

Quadro 9	Espaço bucal
Componentes do espaço bucal	
Gordura	
Gordura de Bichat (porção mais hipoatenuante da gordura bucal)	
Lobo acessório da glândula parótida	
Glândulas salivares menores	
Ramos bucais do nervo facial e mandibular	
Artérias facial e bucal	
Veia facial	
Diagnósticos diferenciais	
Lesões congênitas	
Linfangioma	
Hemangioma	
Lesões inflamatórias	
Infecções odontogênicas	
Lesões decorrentes de estenose ou cálculo no ducto de Stenon	
Tumores benignos	
Lipoma	
Tumor misto benigno	
Schwannoma	
Tumores malignos	
Metástases linfonodais	

Lesões do espaço bucal

Várias lesões podem acometer o espaço bucal. A lesão maligna que mais frequentemente acomete o espaço bucal é o carcinoma epidermoide, que pode ser por extensão direta a partir das cavidades oral e nasal ou por metástase linfonodal.

As lesões infecciosas e inflamatórias do espaço bucal são resultantes de infecções odontogênicas ou lesões decorrentes de estenose do duto de Stensen ou cálculo. As infecções odontogênicas inicialmente acometem o espaço mastigatório e depois se estendem ao espaço bucal. O abscesso apresenta-se como uma formação uni ou multiloculada com realce periférico. Os músculos adjacentes estão espessados, com contornos mal definidos e borramento dos planos adjacentes.

Granulomas de corpo estranho ocorrem após procedimentos estéticos com injeção de material de preenchimento na face. Embora pouco frequente, pode ocorrer celulite facial após tais procedimentos (Figura 36).

Espaços cervicais infra-hióideos

Os espaços cervicais profundos infra-hióideos são: visceral, carotídeo, perivertebral, retrofaríngeo, carotídeo, cervical anterior e cervical posterior. O principal espaço infra-hióideo é o visceral, que não apresenta extensão supra-hióidea, ao contrário dos demais espaços.

Espaço cervical anterior

O espaço cervical anterior é um espaço pequeno, infra-hióideo, constituído apenas por gordura, estando situado lateralmente ao visceral, anteriormente ao carotídeo e medialmente ao músculo esternocleidomastóideo, que pertence ao espaço superficial (Figura 37). É delimitado pelas três camadas da fáscia cervical profunda. Está situado inferiormente ao espaço submandibular, não havendo nenhuma fáscia separando esses dois espaços.

Quadro 10	Espaço cervical anterior
Componentes do espaço cervical anterior	
Gordura	
Diagnósticos diferenciais	
Lesões	
Lipoma (Figuras 38 e 39)	
Cisto do segundo arco branquial	
Abscesso	
Linfangioma	

Espaço cervical posterior

É um espaço situado na porção posterolateral do pescoço, predominantemente no espaço infra-hióideo, com pequena extensão supra-hióidea. Apresenta configuração triangula (Figura 40). É delimitado lateralmente pela camada superficial da FCP, que reveste os músculos esternocleidomastóideo e trapézio, e, medialmente, pela camada profunda da FCP.

Quadro 11	Espaço cervical posterior
Componentes do espaço cervical posterior	
Gordura	
Nervo espinal acessório	
Linfonodos	
Diagnósticos diferenciais	
Lesões congênitas	
Malformação linfática	
Malformação venosa (Figura 42)	
Lesões inflamatórias	
Linfadenite	
Abscesso	
Tumores benignos	
Lipoma (Figura 41)	
Schwannoma e neurofibroma (Figura 43)	
Tumores malignos	
Metástases linfonodais	
Linfoma	

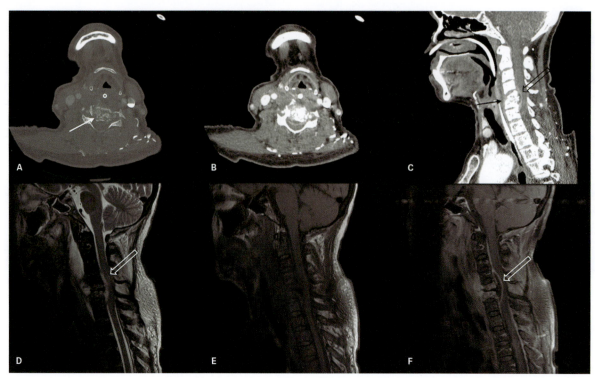

Figura 34 Espondilodiscite. Tomografia computadorizada axial pós-contraste com janela óssea (A) e de partes moles (B) e sagital pós-contraste (C). Ressonância magnética sagital T2 (D), T1 (E) e T1 pós-contraste. Erosão dos corpos vertebrais de C5 e C6 (setas). Espessamento da dura-máter adjacente e coleção extradural, determinando estenose do canal vertebral (setas abertas).

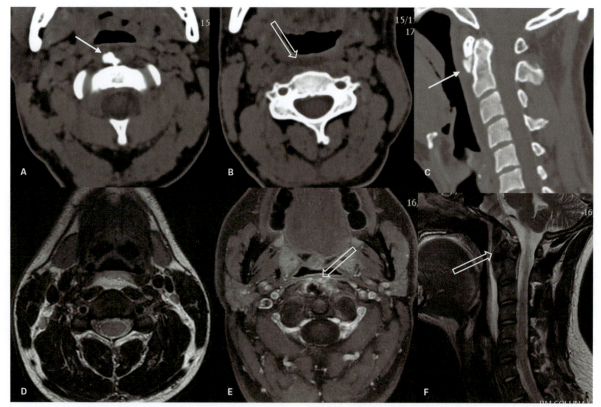

Figura 35 Tendinite calcária do músculo longo do pescoço com edema do espaço retrofaríngeo. TC axial (A e B), sagital (C), ressonância magnética axial T2 (D), axial T1 pós-contraste (E) e sagital T2 (F). Calcificações grosseiras no músculo longo do pescoço à direita (setas) com realce pós-contraste ao seu redor (E) associadas a edema do espaço retrofaríngeo (B, D e F – setas vazadas).

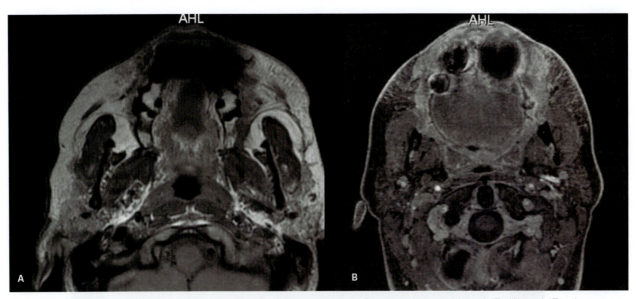

Figura 36 Celulite facial pós-preenchimento estético do sulco nasogeniano. Ressonância magnética axial T1 (A) e axial T1 pós-contraste (B). Espessamento da pele com densificações e estriações superficiais, com extensão para o espaço bucal bilateral.

Espaço visceral

É o principal espaço infra-hióideo, sendo delimitado pela camada média da FCP, que apresenta dois componentes: o muscular e o visceral. O componente muscular do espaço visceral é constituído pela musculatura pré-laríngea, enquanto o visceral é formado pelos outros componentes, incluindo as glândulas paratireoide e tireoide, a laringe, o esôfago, a hipofaringe e a traqueia (Figuras 44 a 47).

Inferiormente, o espaço visceral estende-se ao pericárdio, comunicando este espaço com o mediastino.

As principais lesões deste espaço são descritas nos capítulos específicos referentes a cada um de seus principais componentes.

Outros conceitos: lesão transespacial x multiespacial

Lesão transespacial

Uma lesão é denominada transespacial quando acomete mais de um espaço contíguo. Lesões benignas e principalmente malignas podem ser transespaciais. Neste grupo incluem-se lesões congênitas, como hemangiomas e linfangiomas; processos inflamatórios, como abscessos; e lesões tumorais como neurofibroma, carcinoma epidermoide, linfoma e sarcoma.

Lesão multiespacial

Uma lesão é chamada de multiespacial quando acomete vários espaços não contíguos. O comprometimento linfonodal de vários sítios nodais, tanto por processos inflamatórios como tumorais, é um exemplo de lesão multiespacial.

Quadro 12   Espaço visceral
Componentes do espaço visceral
Glândula tireoide
Glândulas paratireoides
Laringe e traqueia
Hipofaringe e esôfago
Nervo laríngeo recorrente
Linfonodos
Diagnósticos diferenciais
Pseudotumor
Lobo piramidal
Istmo proeminente
Laringe pós-traumática
Lesões congênitas
Cisto tireoglosso
Lesões laríngeas
Carcinoma epidermoide, condrossarcoma, laringocele
Lesões tireoidianas
Bócio, adenoma, carcinoma
Lesões paratireoidianas
Adenoma, carcinoma
Lesões esofágicas
Divertículo, carcinoma, metástases

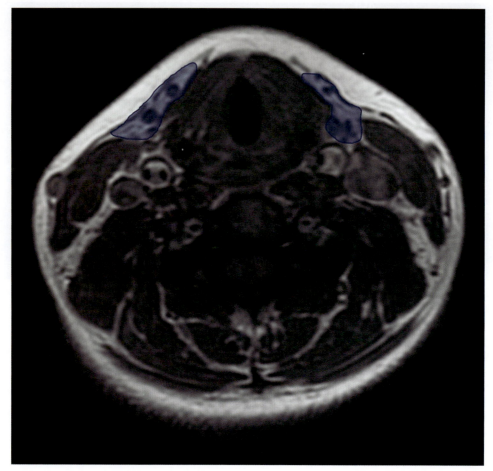

Figura 37 Espaços cervicais anteriores. Ressonância magnética axial T1.

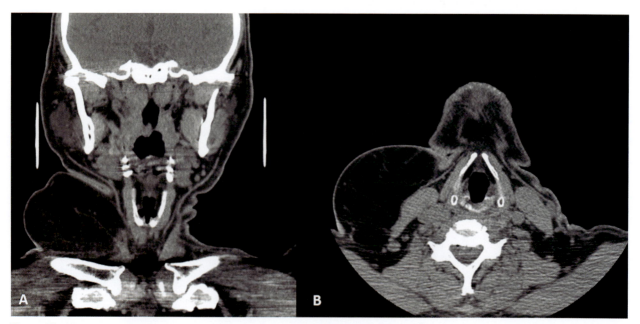

Figura 38 Lipoma nos espaços cervicais anterior e superficial. Tomografia computadorizada coronal (A) e axial (B). Formação expansiva e com atenuação de gordura nos espaços cervicais anterior direito e superficial.

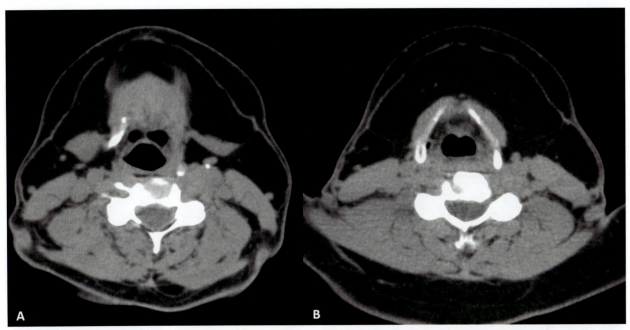

Figura 39 Doença de Madelung. Tomografia computadorizada axial sem contraste (A e B). Observar a presença de material com atenuação de gordura, homogêneo, que se insinua nos espaços cervical anterior e submandibular bilateralmente, comprimindo as glândulas submandibulares.

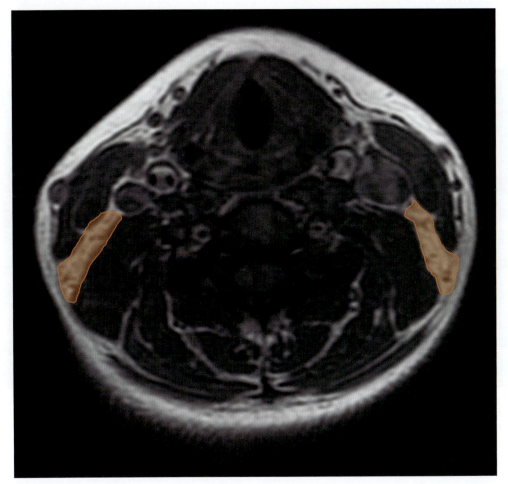

Figura 40 Espaços cervicais posteriores. Ressonância magnética axial T1.

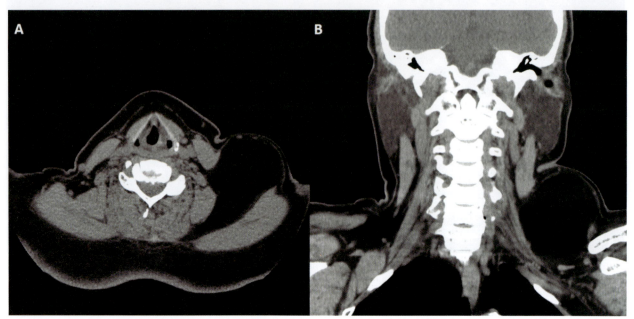

Figura 41 Lipoma no espaço cervical posterior. Tomografia computadorizada axial (A) e coronal (B). Formação expansiva e com atenuação de gordura no espaço cervical posterior esquerdo, que abaúla os contornos dos músculos esternocleidomastóideo e trapézio.

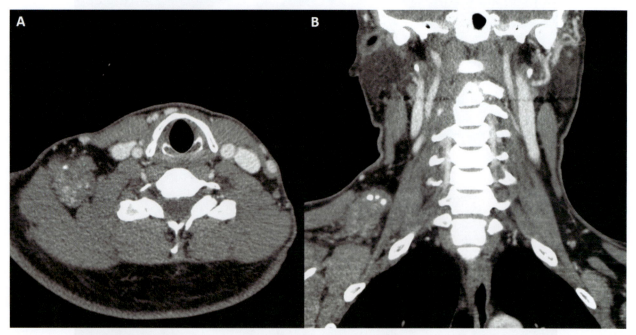

Figura 42 Malformação vascular de fluxo lento no espaço cervical posterior. Tomografia computadorizada axial (A) e coronal (B) pós-contraste. Formação expansiva no espaço cervical posterior direito, com realce heterogêneo pós-contraste e focos calcificados (flebólitos) de permeio.

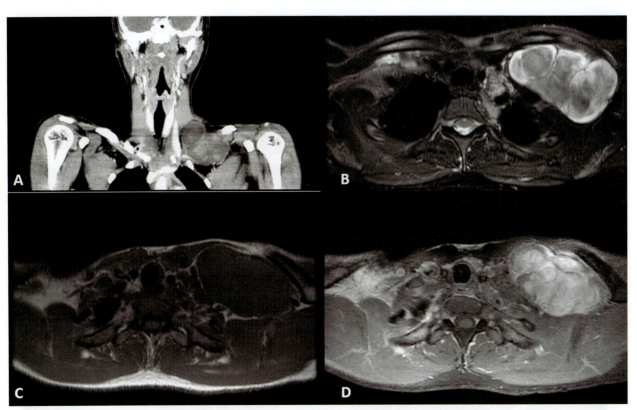

Figura 43 Schwannoma no espaço cervical posterior em paciente com diagnóstico de neurofibromatose tipo 1. Tomografia computadorizada coronal pós-contraste (A) e ressonância magnética axial T2 (B), axial T1 (C) e axial T1 pós-contraste (D). Formação expansiva no espaço cervical posterior esquerdo, com contornos lobulados e realce heterogêneo pós-contraste.

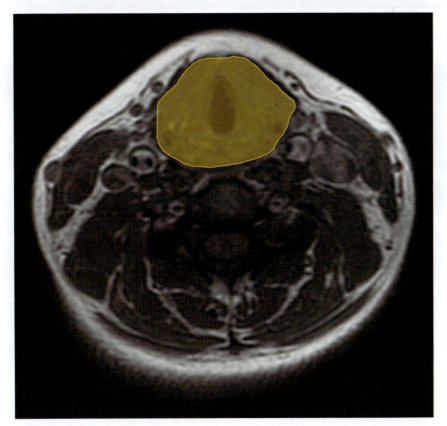

Figura 44 Espaço visceral. Ressonância magnética axial T1.

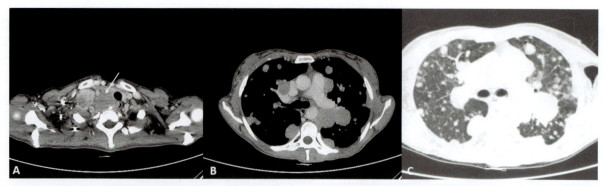

Figura 45 Carcinoma folicular tireoidiano com metástases torácicas. Tomografia computadorizada axial pós-contraste (A e B) e axial com janela pulmonar (C). Lesão infiltrativa no lobo direito da glândula tireoide, heterogênea e de limites mal definidos (seta). Múltiplos nódulos pulmonares e linfonodomegalias mediastinais e hilares.

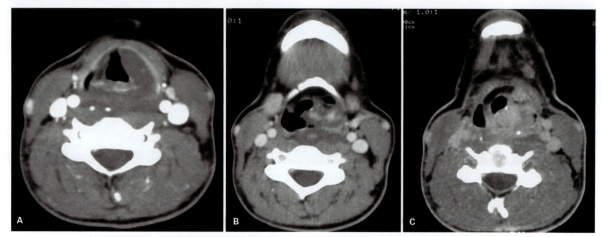

Figura 46 Malformação vascular de fluxo lento no espaço visceral. Tomografia computadorizada axial com contraste (A-C). Formação expansiva no espaço visceral, que apresenta impregnação progressiva pelo meio de contraste, contendo flebólitos.

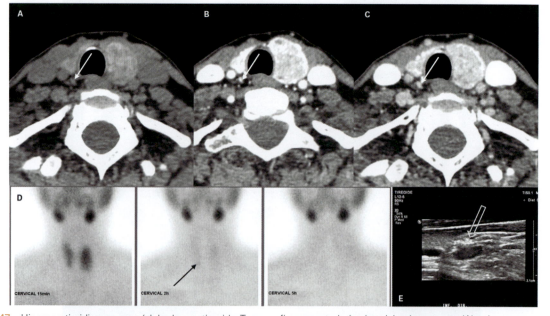

Figura 47 Hiperparatiroidismo com nódulo de paratireoide. Tomografia computadorizada axial pré-contraste (A), pós-contraste precoce (B) e pós-contraste venoso (C). Cintilografias para pesquisa das glândulas paratireoides (D). Ultrassonografia cervical (E). Lesão nodular junto ao contorno inferior do lobo direito da glândula tireoide, hipoatenuante em relação a esta glândula na fase pré-contraste; com realce pós-contraste precoce e persistente (setas). Área de atividade residual focal do radiofármaco Tc-MIBI (seta preta). Nódulo oval e hipoecogênico junto ao contorno inferior do lobo direito da glândula tireoide (seta vazada).

Bibliografia sugerida

1. Babbel RW, Smoker WR, Harnsberger HR. The visceral space: the unique infrahyoid space. Semin Ultrasound CT MR. 1991;12(3):204-23.
2. Boscolo-Rizzo P, Marchiori C, Zanetti F, Vaglia A, Da Mosto MC. Conservative management of deep neck abscesses in adults: the importance of CECT findings. Otolaryngol Head Neck Surg. 2006;135(6):894-9.
3. Connor SE, Davitt SM. Masticator space masses and pseudomasses. Clin Radiol. 2004;59(3):237-45.
4. Debnam JM, Guha-Thakurta N. Retropharyngeal and prevertebral spaces: anatomic imaging and diagnosis. Otolaryngol Clin North Am. 2012;45(6):1293-310.
5. Duvillard C, Ballester M, Romanet P. Traumatic retropharyngeal hematoma: a rare and critical pathology needed for early diagnosis. Eur Arch Otorhinolaryngol. 2005;262(9):713-5.
6. Eastwood JD, Hudgins PA, Malone D. Retropharyngeal effusion in acute calcific prevertebral tendinitis: diagnosis with CT and MR imaging. AJNR Am J Neuroradiol. 1998;19(9):1789-92.
7. Gamms C, Gupta A, Chazen L, Phillips D. Imaging evaluation of the suprahyoid neck. Radiol Clin N Am. 2015;53:133-44.
8. Ginsberg LE. Imaging of perineural tumor spread in head and neck cancer. Semin Ultrasound CT MR. 1999;20(3):175-86.
9. Glastonbury C. Motor denervation CN5. In: Harnsberger HR (editor). Diagnostic imaging head and neck. Salt Lake City: Amirsys; 2004. p.III6-8.
10. Grossman R, Yousem D. Extramucosal diseases of the head and neck. In: Grossman R, Yousem D (editors). Neuroradiology: the requisites. Philadelphia: Mosby; 2003. p.697-750.
11. Harnsberger HR, Glastonbury C, MacDonald A. Retropharyngeal space. In: Harnsberger HR (editor). Diagnostic imaging head and neck. Salt Lake City: Amirsys; 2004. p.III-9-2/III-9-18.
12. Harnsberger HR, Hudgins P. Pharyngeal mucosal space. In: Harnsberger HR (editor). Diagnostic imaging head and neck. Salt Lake City: Amirsys; 2004. p.III1-2/III1-30.
13. Harnsberger HR, Osborn AG. Differential diagnosis of head and neck lesions based on their space of origin. 1. The suprahyoid part of the neck. AJR Am J Roentgenol. 1991 Jul;157(1):147-54.
14. Harnsberger HR. Handbook of head and neck imaging. St. Louis: Mosby; 1995.
15. Harnsberger HR. Retropharyngeal space. In: Harnsberger HR (editor). Diagnostic and surgical imaging anatomy – Brain, head & neck, spine. Salt Lake City: Amirsys; 2006. p.II-186.
16. Harnsberger HR. Suprahyoid and infrahyoid neck. In: Harnsberger HR, Osborn AG, MacDonald A, Salzman K (editors). Diagnostic and surgical imaging anatomy – Brain, head & neck, spine. Salt Lake City: Amirsys; 2006. p.III-126-III-208.
17. Kim HC, Han MH, Moon MH, Kim JH, Kim IO, Chang KH. CT and MR imaging of the buccal space: normal anatomy and abnormalities. Korean J Radiol. 2005;6(1):22-30.
18. Kosaka N, Sagoh T, Uematsu H, Kimura H, Miyayama S, Noguchi M, et al. Imaging by multiple modalities of patients with a carotidynia syndrome. Eur Radiol. 2007;17(9):2430-3.
19. Lowe LH, Stokes LS, Johnson JE, Heller RM, Royal SA, Wushensky C, et al. Swelling at the angle of the mandible: imaging of the pediatric parotid gland and periparotid region. Radiographics. 2001;21(5):1211-27.
20. Maroldi R, Farina D, Ravanelli M, Lombardi D, Nicolai P. Emergency imaging assessment of deep neck space infections. Semin Ultrasound CR MR. 2012;33(5):432-42.
21. Mukherji SK, Castillo M. A simplified approach to the spaces of the suprahyoid neck. Radiol Clin North Am. 1998;36(5):761-80, v.
22. Mukherji SK, Chong V. Masticator space. In: Mukherji SK, Chong V (editors). Atlas of head and neck imaging. New York: Thieme; 2004. p.3-67.
23. Mukherji SK, Chong V. Visceral space. In: Mukherji SK, Chong V (editors). Atlas of head and neck imaging. New York: Thieme; 2004. p.127-323.
24. Nour S, Levin J. Parapharyngeal and masticator space. In: Mafee M, Valvassori G, Becker M (editors). Imaging of head and neck. 2. ed. Stuttgart: Thieme; 2005. p.580-624.
25. Osborn AG. Angiografia cerebral diagnóstica. 2. ed. Rio de Janeiro: Revinter; 2002.
26. Parker GD, Harnsberger HR. Radiologic evaluation of the normal and diseased posterior cervical space. AJR Am J Roentgenol. 1991;157(1):161-5.
27. Rana RS, Moonis G. Head and neck infection and inflammation. Radiol Clin North Am. 2011;49(1):165-82.
28. Rubin JA, Wesolowski JR. Neck MR imaging anatomy. Magn Reson Imaging Clin N Am. 2011;19(3):457-73.
29. Schuknecht B, Stergiou G, Graetz K. Masticator space abscess derived from odontogenic infection: imaging manifestation and pathways of extension depicted by CT and MR in 30 patients. Eur Radiol. 2008;18(9):1972-9.
30. Sigal R. Infrahyoid neck. Radiol Clin North Am. 1998;36(5):781-99, v.
31. Smoker WR, Harnsberger HR. Differential diagnosis of head and neck lesions based on their space of origin. 2. The infrahyoid portion of the neck. AJR Am J Roentgenol. 1991;157(1):155-9.
32. Som PM, Curtin HD. Fascia and spaces of the neck. In: Som PM, Curtin CH (editors). Head and neck imaging. St. Louis: Mosby; 2003. p.1805-27.
33. Soto GS, Valdes EF, Kramer Sch A, Marine ML, Bergoeing RM, Mertens MR, et al. Carotid body tumors: report of ten cases. Rev Med Chil. 2007;135(11):1414-20.
34. Stambuk HE, Patel SG. Imaging of the parapharyngeal space. Otolaryngol Clin North Am. 2008;41(1):77-101, vi.
35. Stenner M, Preuss SF, Huttenbrink KB, Klussmann JP. Accessory parotid gland lesions: case report and review of literature. Eur Arch Otorhinolaryngol. 2008;265(9):1135-8.
36. Warshafsky D, Goldenberg D, Kanekar SG. Imaging anatomy of deep neck spaces. Otolaryngol Clin North Am. 2012;45(6):1203-21.
37. Wei Y, Xiao J, Zou L. Masticator space: CT and MRI of secondary tumor spread. AJR Am J Roentgenol. 2007;189(2):488-97.
38. Zuccoli G, Guidetti D, Nicoli F, Giovanardi F, Ferrozzi F. Carotid and vertebral artery dissection: Magnetic Resonance findings in 15 cases. Radiol Med. 2002;104(5-6):466-71.

11

Massas cervicais extratireoidianas

Sandra M. Tochetto

Introdução

A ultrassonografia (USG) é o método de escolha para a avaliação inicial de uma massa ou de um abaulamento cervical. Transdutores lineares de alta frequência permitem a obtenção de imagens com alta resolução e em tempo real. Apresenta ainda vantagens inerentes ao método – não invasivo, amplamente disponível, baixo custo, não utiliza radiação ionizante – e, quando necessário, pode ser utilizada para guiar punção aspirativa por agulha fina (PAAF) para coleta de material para estudo citopatológico. Apesar de a região cervical possuir uma anatomia complexa, estar familiarizado com as características ultrassonográficas e a localização, muitas vezes típica, das lesões cervicais mais comuns permite estabelecer o diagnóstico ou, ao menos, reduzir aos principais diagnósticos diferenciais na maioria dos casos.

Técnica

Durante o exame ultrassonográfico da região cervical, o paciente deve ser posicionado em decúbito dorsal, com o pescoço em extensão (habitualmente coloca-se um coxim sob os ombros do paciente para facilitar a extensão do pescoço) e a varredura deve ser feita com transdutores lineares de alta frequência (maior que 10 MHz). O Doppler colorido e pulsado deve sempre ser utilizado, pois auxilia no diagnóstico diferencial de lesões císticas e sólidas e permite avaliar o padrão de vascularização das massas cervicais. É importante lembrar que não se deve aplicar pressão com o transdutor durante a realização do exame; a pressão pode colabar vasos superficiais alterando a percepção da vascularização da lesão e algumas lesões superficiais podem ser comprimidas.

Principais massas cervicais extratireoidianas

Cisto de ducto tireoglosso

Ultrassonografia

Os cistos de ducto tireoglosso apresentam-se como formações císticas, ovaladas/arredondadas, bem delimitadas, de paredes finas e regulares, com conteúdo anecogênico, sem vascularização ao Doppler colorido. Algumas vezes, podem apresentar partículas finas em suspensão que comumente representam conteúdo proteico. Localizam-se mais comumente adjacente ao osso hioide, 30-40% superiormente (Figura 1) e 60-70% inferiormente (Figura 2). Quando inferiormente ao osso hioide localizam-se profundamente à musculatura pré-tireoidiana e anteriormente à membrana tireóidea (sinal da garra). Podem, no entanto, ser encontrados em qualquer ponto ao longo do trajeto do ducto tireoglosso, desde o forame cego na base da língua até a cartilagem cricoide. No pescoço supra-hióideo situam-se na linha média e no infra-hióideo podem localizar-se na linha média ou em posição paramediana (geralmente até 2 cm da linha média). O cisto de ducto tireoglosso tipicamente se movimenta verticalmente com a manobra de protrusão da língua ou com a deglutição, achados consistentes com sua origem no forame cego e sua relação com o osso hioide.

A presença de paredes espessas e partículas em suspensão no interior (conteúdo espesso) estão associados a complicação, seja por hemorragia ou infecção. Nesse último, geralmente, está acompanhado de sinais inflamatórios/infecciosos locais (Figura 3). Quando um processo infeccioso se superpõe pode ocorrer a formação de um trajeto sinusal e frequentemente fistulização para a pele (Figura 4).

11 MASSAS CERVICAIS EXTRATIREOIDIANAS 875

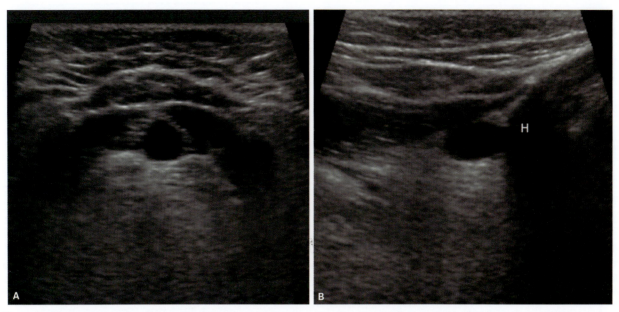

Figura 1 Cisto de ducto tireoglosso. Feminino, 51 anos. Imagens de ultrassonografia nos planos (A) axial e (B) sagital demonstram formação cística supra-hióidea, anecogênica, bem delimitada, sem vascularização ao Doppler colorido. Na região supra-hióidea os cistos de ducto tireoglosso costumam localizar-se na linha média, como no exemplo da figura. H: hioide. Fonte: Arquivo do InRad, HCFMUSP.

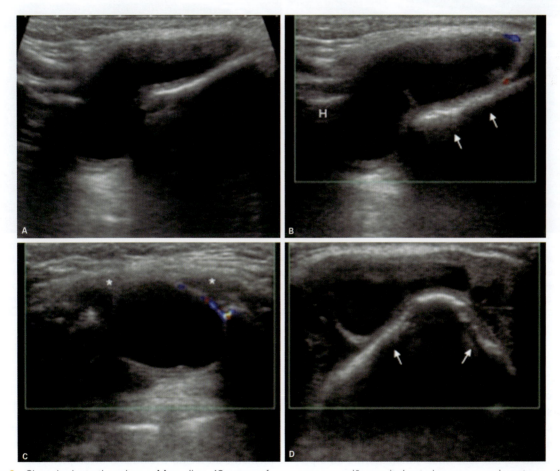

Figura 2 Cisto de ducto tireoglosso. Masculino, 43 anos, refere massa na região cervical anterior, com crescimento nos últimos meses. A: Imagem de ultrassonografia no plano sagital demonstra formação cística infra-hióidea, anecogênica, bem delimitada, sem vascularização ao Doppler colorido (B). C e D: O cisto situa-se profundamente à musculatura pré-tireoidiana (*) e anteriormente à membrana tireoidiana (setas em B e D). Na região infra-hióidea os cistos de ducto tireoglosso encontram-se frequentemente um pouco lateralizados, como ilustrado em (D). H: hioide. Fonte: Arquivo do InRad, HCFMUSP.

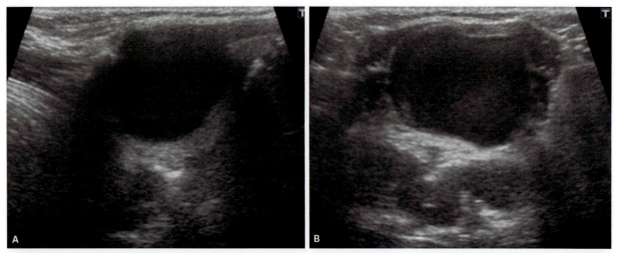

Figura 3 Cisto de ducto tireoglosso. Feminino, 56 anos, refere massa na região cervical anterior. A e B: Imagens de ultrassonografia demonstram cisto de ducto tireoglosso situado inferiormente ao hioide, de paredes espessas, com finas partículas em suspensão no interior. O conteúdo espesso pode ser decorrente de material proteináceo, hemorragia ou infecção. Fonte: Arquivo do InRad, HCFMUSP.

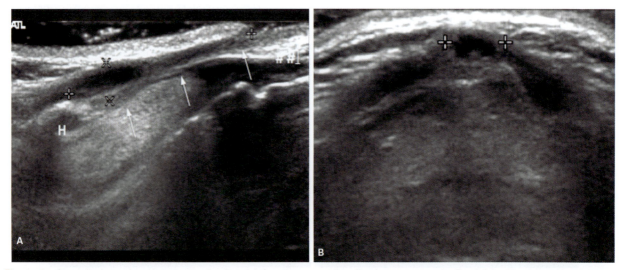

Figura 4 Cisto de ducto tireoglosso complicado por infecção, com trajeto fistuloso para a pele. Feminino, 17 anos, refere massa na região cervical anterior, com episódios intermitentes de dor, inflamação e drenagem de secreção através de orifício na pele. Imagens de ultrassonografia no plano (A) sagital e (B) axial demonstram conduto, de paredes espessas, com discretos ecos internos, originando-se na região do osso hioide (H), com abertura na pele na linha média infra-hióidea, compatível com trajeto fistuloso (setas). Durante a avaliação USG do trajeto fistuloso, recomenda-se colocar uma camada espessa de gel sobre a pele e realizar a varredura sem aplicar pressão com o transdutor evitando colabar o trajeto fistuloso. USG: ultrassonografia. Fonte: Arquivo do InRad, HCFMUSP.

Nos cistos de ducto tireoglosso podem ser encontradas células tireoidianas residuais. Apesar de raro, estima-se que em cerca de 1% dos cistos de ducto tireoglosso possa haver o desenvolvimento de neoplasia tireoidiana, mais comumente o carcinoma papilífero. Crescimento rápido sem sinais inflamatórios ou a presença de componente sólido parietal, especialmente se esse componente sólido apresentar vascularização ao Doppler colorido ou microcalcificações, deve levar à suspeita de neoplasia (Figura 5).

Tecido tireoidiano ectópico

Ultrassonografia

Apresenta-se como nódulo sólido, com formato arredondado, bem delimitado e com ecogenicidade semelhante ao tecido tireoidiano ortotópico (Figura 6). É, geralmente, um pouco mais heterogêneo que o tecido tireoidiano normal e apresenta vascularização aumentada ao mapeamento pelo Doppler colorido (Figuras 7A e B). É encontrado na linha média anterior, ao longo do trajeto

11 MASSAS CERVICAIS EXTRATIREOIDIANAS   877

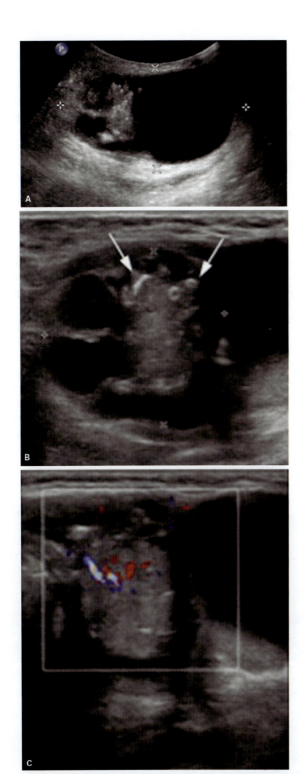

Figura 5 Carcinoma papilífero em cisto de ducto tireoglosso. Feminino, 53 anos, com queixa de massa na região cervical anterior, de crescimento em alguns meses. Imagem de ultrassonografia (USG) da região cervical anterior, na altura do hioide, (A) no plano sagital, com transdutor convexo, demonstra volumosa formação cística, com componente sólido nodular parietal, no qual observam-se microcalcificações. B e C: Imagens de USG com transdutor linear demonstram melhor a presença de microcalcificações (setas) e a vascularização central ao Doppler colorido. Fonte: Imagens gentilmente cedidas pela Dra. Maria Amélia Orefice, Arquivo do InRad, HCFMUSP.

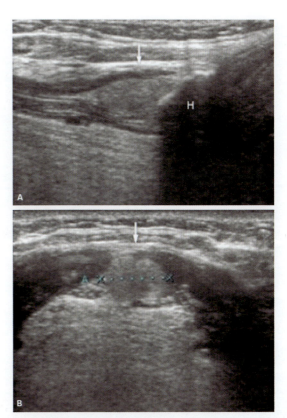

Figura 6 Tecido tireoidiano ectópico. Feminino, 43 anos. Imagens de ultrassonografia no plano (A) sagital e (B) axial demonstram formação nodular, discretamente hiperecogênica, bem delimitada, na linha média, junto à margem superior do hioide (H), compatível com tecido tireoidiano ectópico (seta). H: hioide. Fonte: Arquivo do InRad, HCFMUSP.

do ducto tireoglosso; ou seja, do forame cego na base da língua à região cervical inferior. Em aproximadamente 90% dos casos, o tecido tireoidiano ectópico localiza-se na base da língua. Nessa topografia é denominado tireoide lingual e, em aproximadamente 70-80% das vezes, corresponde a todo o tecido tireoidiano funcional do paciente. Nesses casos, nenhum tecido tireoidiano é encontrado na loja da tireoide – loja vazia (Figura 7C). Por isso, é sempre importante examinar a loja tireoidiana na busca por tecido tireoidiano ortotópico.

Anomalias dos arcos branquiais

Ultrassonografia

As anomalias dos arcos branquiais manifestam-se por cistos, trajetos sinusais ou fístulas. Os cistos consistem em uma bolsa fechada, sem comunicação com superfícies epiteliais. As fístulas baseiam-se em canais completos, que comunicam duas superfícies epiteliais, no caso das anomalias branquiais, a faringe à pele. Fístulas verdadeiras são infrequentes; na maioria dos casos são trajetos sinusais em que a abertura na pele ocorre após uma infecção ou drenagem cirúrgica. Os trajetos sinusais ou seios são canais incompletos, que terminam em fundo cego, co-

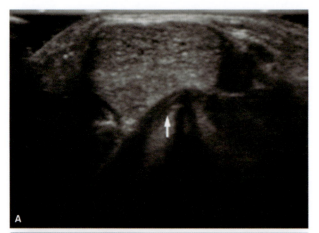
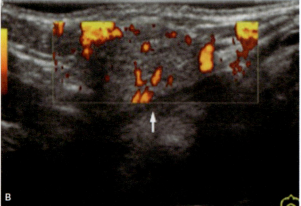
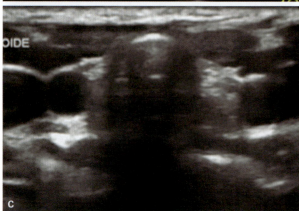

Figura 7 Tecido tireoidiano ectópico – loja tireoidiana vazia. Imagens de ultrassonografia nos planos (A) axial e (B) sagital demonstram formação nodular, discretamente hiperecogênica, heterogênea, bem delimitada, na linha média, junto ao hioide, compatível com tecido tireoidiano ectópico. B: Observe a vascularização aumentada ao Doppler colorido. C: O exame da loja tireoidiana revelou ausência de tecido tireoidiano ortotópico (loja vazia). O tecido localizado junto ao hioide correspondia a todo o tecido tireoidiano do paciente. Seta: tecido tireoidiano ectópico. Fonte: Imagens gentilmente cedidas pelo Dr. Osmar de Cassio Saito, do InRad, HCFMUSP.

municando apenas uma superfície epitelial. Os trajetos sinusais das fendas branquiais tem abertura na pele; os trajetos sinusais das bolsas branquiais têm abertura na faringe. As anomalias dos arcos branquiais são revestidas por epitélio, comumente escamoso ou colunar ciliar. Por isso, se a ressecção cirúrgica for incompleta, a chance de recorrência é alta. Anomalias de terceiro e quarto arcos branquiais podem conter tecido tímico e de paratireoide. Apesar de extremamente raro, existem relatos de carcinoma originando-se em anomalias branquiais.

Primeiro arco branquial

Manifestam-se principalmente por trajetos sinusais ou fístulas e, menos comumente, por cistos.

- Trajetos sinusais e fístulas: apresentam-se como finos canais hipoecogênicos, de extensão variável, com abertura interna localizada no conduto auditivo externo principalmente na transição de suas porções óssea e membranosa e, menos comumente, no ouvido médio. Devido às estruturas ósseas dessa região, a avaliação da abertura interna pela USG é limitada (Figura 8). Entretanto, quando a abertura externa ocorre no pescoço superior, na região periparotídea ou próximo ao ângulo da mandíbula, o trajeto sinusal/fistuloso é de fácil acesso à USG (Figura 9). As anomalias de primeiro arco branquial possuem estreita relação com a glândula parótida e os ramos do nervo facial. Determinar a relação do trajeto com o nervo facial e/ou seus ramos é importante no planejamento e na estratificação do risco cirúrgico.

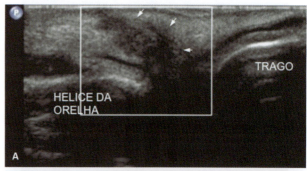
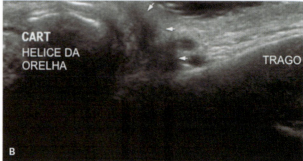

Figura 8 Fístula de primeiro arco branquial. Masculino, 21 anos. Imagens de ultrassonografia da região pré-auricular (A) direita e (B) esquerda demonstram trajeto fistuloso hipoecogênico (setas), de paredes espessas, com orifício de drenagem na pele anterior à hélice da orelha. Não é possível avaliar o orifício interno de drenagem em virtude da sombra das estruturas ósseas. Fonte: Arquivo do InRad, HCFMUSP.

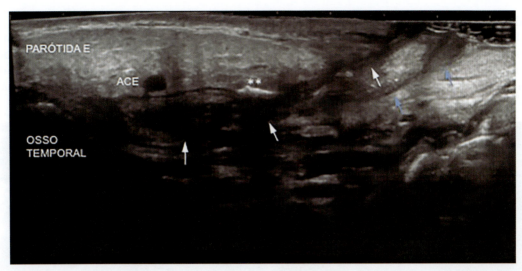

Figura 9 Fístula de primeiro arco branquial. Masculino, 28 anos, apresentando episódios intermitentes de abaulamento, inflamação e drenagem de secreção através de orifício na pele da região cervical anterolateral esquerda. Imagem estendida de ultrassonografia no plano sagital demonstra trajeto fistuloso hipoecogênico (setas brancas), de paredes espessas e discretamente irregulares, com material no seu interior [note a presença de gás (**) no terço médio do trajeto fistuloso], com orifício de drenagem na pele inferiormente ao ângulo da mandíbula e trajeto profundo a glândula parótida esquerda. Não foi possível identificar o orifício interno da fístula em virtude da sombra das estruturas ósseas. É possível observar também um segundo trajeto fistuloso (setas azuis), parcialmente obliterado, que já havia sido manipulado cirurgicamente (a ressecção incompleta resultou em recidiva). Setas azuis: canal fistuloso parcialmente obliterado; setas brancas: canal fistuloso patente; **: gás no trajeto fistuloso; ACE: artéria carótida externa esquerda. Fonte: Arquivo do InRad, HCFMUSP.

- Cistos: podem apresentar-se como cistos simples – anecogênicos, bem delimitados, paredes regulares, sem vascularização ao Doppler colorido. No entanto, os cistos geralmente demonstram partículas em suspensão (conteúdo espesso) devido à presença de material proteináceo ou sangramento (Figura 10). Além disso, é comum a associação dos cistos com trajetos sinusais, que comunicam com o conduto auditivo externo, levando a episódios recorrentes de infecção dos cistos. Nesse caso, os cistos apresentam conteúdo espesso, paredes espessas e, muitas vezes, irregulares, e ao Doppler colorido evidenciam vascularização parietal. Os cistos podem localizar-se no interior da glândula parótida (preferencialmente no lobo superficial) ou na região periparotídea/submandibular.

Segundo arco branquial

Manifestam-se principalmente por cistos e, menos comumente, por trajetos sinusais e fístulas.

- Trajetos sinusais e fístulas: apresentam-se como canais hipoecogênicos, de paredes espessas, com abertura interna na faringe, geralmente, na altura da fossa tonsilar. A abertura externa na pele localiza-se, ao longo da margem anterior do músculo esternocleidomastóideo (ECM), geralmente, na altura do osso hioide (Figura 11).
- Cistos: os cistos comumente apresentam partículas em suspensão (conteúdo espesso), mais comumente, devido à presença de material proteináceo ou sangramen-

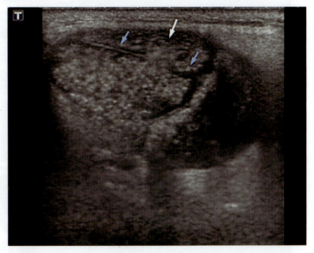

Figura 10 Cisto de primeiro arco branquial. Feminino, 45 anos. A e B: Imagens de ultrassonografia demonstrando formação cística, bem delimitada, com septos e partículas finas em suspensão no interior (conteúdo espesso), no lobo superficial da glândula parótida esquerda. Observe a movimentação do conteúdo espesso (seta branca) através de septo incompleto. Fonte: Imagens gentilmente cedidas pela Dra. Ilka Regina Souza de Oliveira, Arquivo do InRad, HCFMUSP.

to (Figura 12). O conteúdo espesso pode também ser decorrente de complicação por infecção. Nesse caso, os cistos tornam-se dolorosos, apresentam paredes espessas e muitas vezes irregulares e pode-se observar vascularização parietal ao Doppler colorido (Figura 13). Raramente apresentam-se como cistos simples (Figura 14). Os cistos podem se localizar em qualquer ponto ao

longo da margem anterior do ECM. Possuem relação variável com a bainha carotídea, sendo divididos em quatro subtipos de acordo com a classificação de Bailey:
- Tipo 1: superficial ao ECM, sem contato com a bainha carotídea.
- Tipo 2: tipo mais comum, corresponde a mais de 90% dos cistos de segundo arco branquial, localiza-se profundamente ao ECM, junto à bainha carotídea (anterior ou posterior), na região do ângulo da mandíbula, posterior à glândula submandibular.

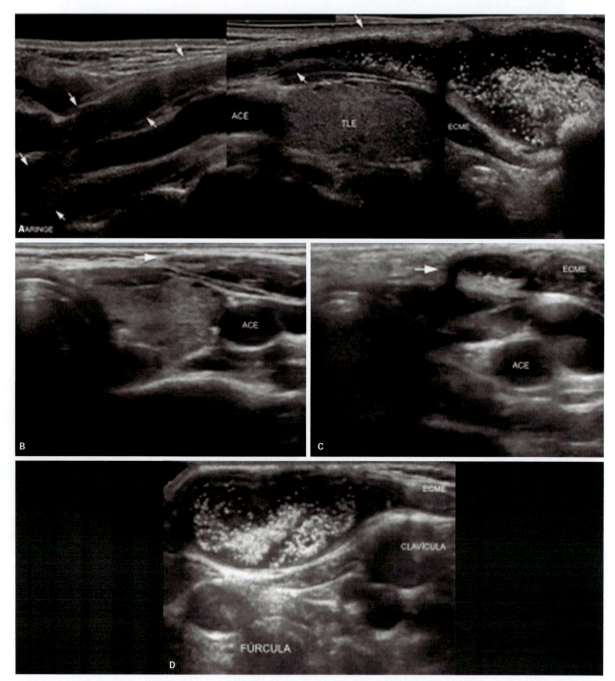

Figura 11 Trajeto sinusal de segundo arco branquial. Feminino, 23 anos, apresentando abaulamento na região cervical inferior esquerda, pouco acima da fúrcula esternal. A: Imagem composta de ultrassonografia (USG) no plano sagital demonstra trajeto sinusal hipoecogênico (setas brancas), de paredes espessas e discretamente irregulares, com material espesso no seu interior, que se inicia na região da faringe, com trajeto que passa entre as artérias carótidas e estende-se inferiormente ao longo da margem anterior do músculo esternocleidomastóideo (ECM), terminando em fundo cego na região cervical inferior esquerda, pouco acima da fúrcula esternal. B-D: Imagens de USG no plano axial demonstrando a localização junto à margem anterior do ECM esquerdo. Setas brancas: canal sinusal patente; ACE: artéria carótida comum esquerda; ECME: músculo esternocleidomastóideo esquerdo; TLE: lobo esquerdo da tireoide. Fonte: Arquivo do InRad, HCFMUSP.

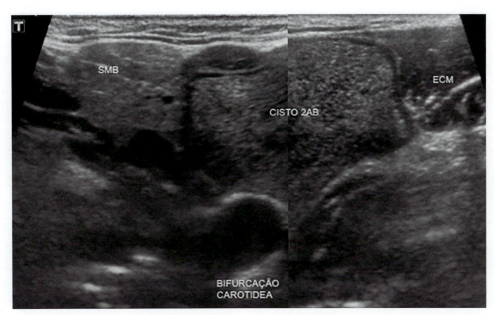

Figura 12 Cisto de segundo arco branquial. Imagem composta de ultrassonografia demonstra formação cística, de paredes discretamente espessadas, com partículas em suspensão (conteúdo espesso), situada junto ao ângulo da mandíbula, posterior à glândula submandibular (SMB), profundamente e junto à margem anterior do músculo esternocleidomastóideo (ECM) e lateral à bifurcação carotídea. Fonte: Arquivo do InRad, HCFMUSP.

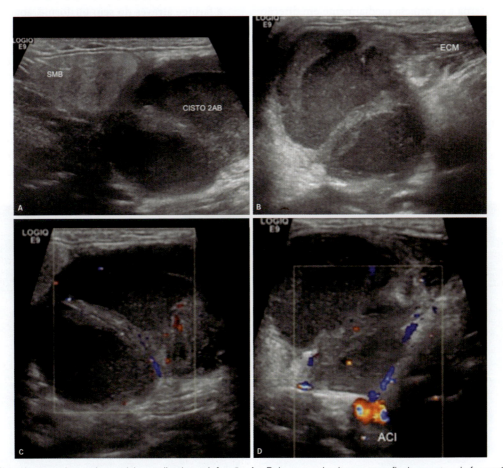

Figura 13 Cisto de segundo arco branquial complicado por infecção. A e B: Imagens de ultrassonografia demonstrando formação cística junto ao ângulo da mandíbula, de paredes espessadas, com septos internos, conteúdo espesso, associado à hiperecogenicidade e espessamento dos planos adjacentes (edema/inflamação). C e D: Ao Doppler colorido, a formação cística apresenta discreta vascularização septal e parietal. ACI: artéria carótida interna; ECM: músculo esternocleidomastóideo; SMB: glândula submandibular. Fonte: Arquivo do InRad, HCFMUSP.

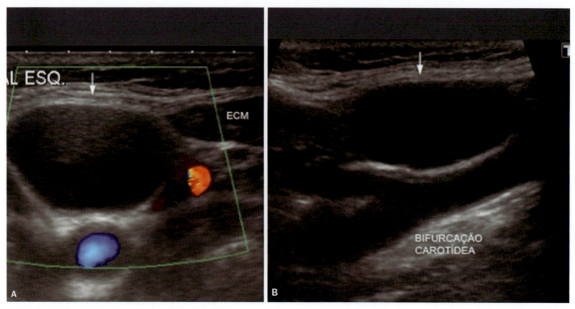

Figura 14 Cisto de segundo arco branquial. (A e B) Imagens de ultrassonografia demonstrando formação cística de aspecto simples, junto à borda anterior do ECM e lateral à bifurcação carotídea, sem vascularização ao Doppler colorido. ECM: músculo esternocleidomastóideo. Fonte: Arquivo do InRad, HCFMUSP.

– Tipo 3: estende-se entre as artérias carótidas interna e externa e se projeta medialmente em direção a parede lateral da faringe.
– Tipo 4: medial a bainha carotídea, junto à faringe, na altura da fossa tonsilar.

Terceiro arco branquial

Manifestam-se principalmente por trajetos sinusais e, menos comumente, por fístulas e cistos.

- Trajetos sinusais e fístulas: a abertura na pele pode ocorrer em qualquer ponto ao longo da margem anterior e medial do ECM. Internamente, eles atingem a faringe através do seio piriforme, abaixo do hioide. Possuem um trajeto complexo, difícil de acompanhar apenas pela USG.
- Cistos: a maioria dos cistos do terceiro arco branquial localiza-se no triângulo cervical posterior, posteriormente ao ECM. Manifestam-se como formações císticas, bem delimitadas, de conteúdo anecogênico ou com partículas em suspensão – conteúdo espesso (mais comumente, por causa da presença de material proteináceo ou sangramento) (Figura 15). Podem apresentar crescimento rápido e tornar-se dolorosos, se infectados.

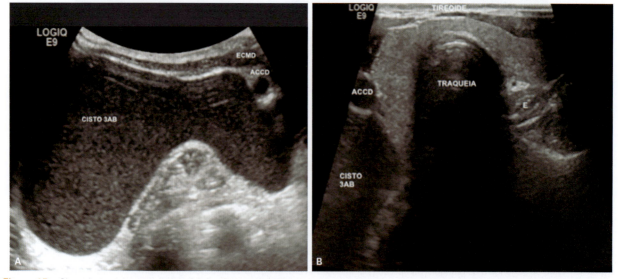

Figura 15 Cisto de terceiro arco branquial. A e B: Imagens de ultrassonografia demonstrando volumosa formação cística, de paredes regulares, com finas partículas em suspensão, no triângulo posterior direito. ACCD: artéria carótida comum direita; ECMD: músculo esternocleidomastóideo direito. Fonte: Arquivo do InRad, HCFMUSP.

Quarto arco branquial

Manifestam-se principalmente por trajetos sinusais e, menos comumente, por fístulas e cistos. Localizam-se à esquerda em 80-90%.

- Trajetos sinusais e fístulas: a abertura na pele pode ocorrer em qualquer ponto ao longo da margem anterior e medial do ECM. Internamente, eles atingem a faringe através do seio piriforme, abaixo do hioide. A grande maioria envolve a glândula tireoide ou se localiza adjacente a ela. Apresentam-se comumente como um massa inflamatória, que pode variar de uma pequena inflamação restrita ao polo superior do lobo tireoidiano (à esquerda preferencialmente) a um volumoso abscesso. Essa massa inflamatória pode, muitas vezes, apresentar um trajeto que conecta ao seio piriforme. Na USG irá se apresentar como uma formação nodular, pouco definida, heterogênea, podendo ou não ter áreas císticas centrais (com conteúdo espesso), envolvendo o polo superior do lobo tireoidiano esquerdo ou região adjacente. Sinais de edema, caracterizado por aumento da espessura e da ecogenicidade, da derme e tecido celular subcutâneo são achados associados. É importante determinar o tamanho e a localização da massa inflamatória e se há envolvimento da glândula tireoide.
- Cistos: os cistos de quarto arco branquial são extremamente raros e manifestam-se por um abscesso no polo superior esquerdo da glândula tireoide.

Cisto dermoide, epidermoide e teratoide

Ultrassonografia

Lesões congênitas raras. Consistem em cistos de inclusão ectodérmicos, revestidos por uma camada epitelial, não são neoplasias. Cistos epidermoides contêm apenas elementos da epiderme (queratina), enquanto cistos dermoides contêm elementos da epiderme e da derme (gordura e anexos cutâneos), que lhes confere um aspecto mais heterogêneo. Uma variante extremamente rara é o cisto teratoide, que contém elementos das três camadas germinativas – ectoderma, endoderma e mesoderma (componentes do dermoide e outros tecidos como cartilagem, músculo e osso).

Cisto dermoide

Apresenta-se como uma formação cística, bem delimitada, hipoecogênica, heterogênea (devido aos diferentes tecidos que os compõem), localizada na região supra-hióidea, mais comumente na linha média. São mais comuns no assoalho da boca (acima ou abaixo do músculo milo-hióideo [MH]) e no espaço submandibular. Não apresentam conexão com o osso hioide, por isso, não se deslocam durante manobras de protrusão da língua. A presença de gordura pode determinar atenuação do feixe sonoro, obscurecendo os limites profundos do cisto. Eventualmente, o conteúdo de gordura pode se acumular em pequenos glóbulos, conferindo um aspecto de "saco de bolinhas de gude" (Figura 16). A presença de gordura confirma o diagnóstico. Focos hiperecogênicos, com forte sombra acústica posterior, indicam a presença de calcificações.

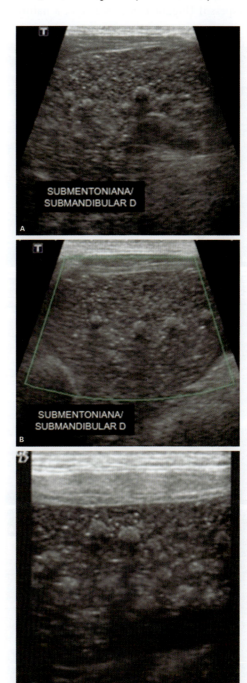

Figura 16 Cisto dermoide. A-C: Imagens de ultrassonografia demonstrando formação cística na região submentoniana/submandibular, um pouco à direita da linha média, bem delimitada, com partículas finas em suspensão e formações nodulares discretamente hiperecogênicas no interior (glóbulos de gordura), sem vascularização ao Doppler colorido (B). Fonte: Arquivo do InRad, HCFMUSP.

Cisto epidermoide

Apresenta-se como uma formação cística, bem delimitada, anecogênica e com reforço acústico posterior. Pode também ter uma aparência pseudossólida, apresentando-se hipoecogênico e heterogêneo (devido ao conteúdo espesso) (Figura 17). Nesse caso, a natureza não sólida pode ser inferida pela presença de reforço acústico posterior e pela ausência de vascularização no estudo Doppler. Pequenas compressões repetidas com o transdutor podem desencadear movimentos giratórios dos debris no interior. Esses movimentos/artefatos são mais evidentes quando a janela do Doppler colorido é colocada sobre o cisto. Localizam-se mais comumente na região supra-hióidea, na linha média ou em posição paramediana. São mais comuns nos espaços submandibular e sublingual e no assoalho da boca.

Malformações linfáticas

Ultrassonografia

Apresentam-se como formações císticas, multiloculares (uniloculares menos comumente), com septos finos, paredes delgadas e conteúdo anecogênico (Figura 18). Na presença de hemorragia podem-se observar partículas em suspensão ou nível líquido-líquido. Ao estudo Doppler nota-se ausência de vascularização ou apenas alguns vasos periféricos. São encontradas, em ordem decrescente de frequência, no triângulo cervical posterior (posterior ao ECM), na região supra-hióidea (espaços submandibular, submentoniano e mastigador) e no compartimento central (medial aos vasos carotídeos). Apresentam crescimento lento e têm tamanho variado, podendo atingir vários centímetros. Insinuam-se entre vasos e estruturas normais, sem determinar efeito de massa. Frequentemente estendem-se a espaços contíguos (transespaciais), o que pode tornar difícil a completa remoção cirúrgica. Correspondem a canais linfáticos dilatados, por isso, são geralmente lesões macias, facilmente deformáveis ou compressíveis. Durante o exame de USG é fundamental atenção à pressão aplicada com transdutor para evitar colabar a lesão.

Malformações vasculares

Ultrassonografia

Podemos encontrar uma ampla variedade de malformações vasculares na região cervical, com componentes arterial e/ou venoso, associadas ou não a malformações linfáticas (malformação linfática-vascular). A malformação venolinfática é a mais comum.

Malformações vasculares de maior componente venoso (venosas/venolinfáticas ou baixo fluxo) apresentam-se comumente como formações císticas, uni/multiloculares, anecogênicas, podendo ser circunscritas ou se estender a espaços circunjacentes (transespaciais) (Figura 19). Lesões com canais vasculares maiores são macias (facilmente compressíveis) e lesões com canais vasculares menores tendem a ser menos compressíveis e mais hiperecogênicas. Ao estudo Doppler, o fluxo nas áreas císticas tem padrão venoso, de baixa velocidade, muitas vezes difícil de demonstrar (velocidades abaixo do limiar de

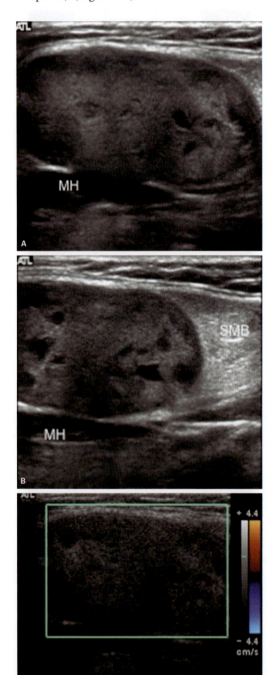

Figura 17 Cisto epidermoide. A e B: Imagens de ultrassonografia demonstrando imagem nodular, hipoecogênica (aparência pseudo-sólida), discretamente heterogênea, bem delimitada, situada na região submentoniana esquerda, superficialmente ao músculo milo-hióideo (MH) e anteriormente à glândula submandibular (SMB). Ao Doppler colorido, não se observa vascularização sugerindo a natureza cística da lesão. Fonte: Arquivo do InRad, HCFMUSP.

11 MASSAS CERVICAIS EXTRATIREOIDIANAS   885

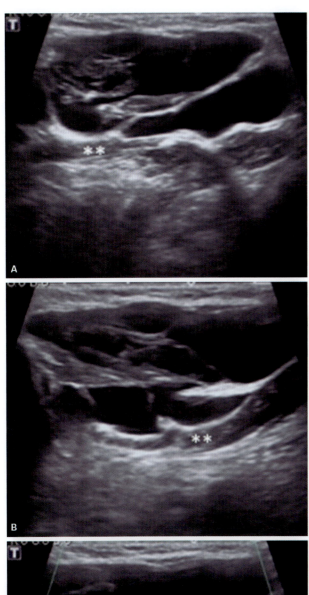

Figura 18   Malformação linfática. Imagens de ultrassonografia nos planos (A) coronal e (B e C) sagital demonstram formação cística anecogênica, multilocular, com septos finos, paredes delgadas, localizada na região submentoniana/submandibular. C: Ao Doppler colorido, apenas alguns poucos vasos são observados. (**): músculo milo-hióideo; H: hioide. Fonte: Arquivo do InRad, HCFMUSP.

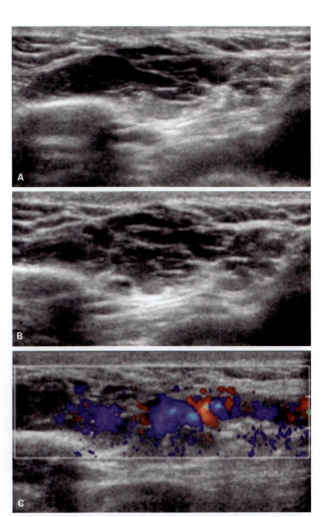

Figura 19   Malformação venolinfática ou baixo fluxo. A-C: Imagens de ultrassonografia no plano axial demonstram formação cística multilocular, anecogênica, com septos finos, de limites parcialmente definidos, localizada no triângulo cervical posterior. C: Fluxo de padrão venoso, de baixa amplitude, foi observado ao Doppler colorido durante manobra de Valsalva. Fonte: Arquivo do InRad, HCFMUSP.

detecção do método). A realização da manobra de Valsalva pode distender esses espaços vasculares e também melhorar a detecção do fluxo ao Doppler. Compressões com o transdutor também podem facilitar a detecção do fluxo ao Doppler colorido. Não se observa fluxo de padrão arterial. Pequenas calcificações (flebólitos) podem ser observadas. Tendem a aumentar com o crescimento das crianças. São mais frequentemente encontradas na face (espaços mastigador e sublingual) e na região cervical posterior. Malformações linfáticas ou linfáticas-vasculares-venosas-periorbitais estão associadas com malformações vasculares intracranianas ou anomalias do parênquima cerebral em 70%.

Malformações vasculares com componente arterial (arteriovenosas ou alto fluxo) tendem a se apresentar como uma área de heterogeneidade focal, onde se observa um aglomerado de pequenas formações císticas/canais vasculares, que pode ser circunscrita ou se estender a espaços circunjacentes (transespacial). Ao estudo Doppler, observa-se alta densidade vascular, com canais vasculares tortuosos, com fluxo de padrão arterial, velocidades elevadas e resistividade reduzida (Figura 20). O exame físico pode revelar uma discreta hiperemia na pele adjacente e, muitas vezes, frêmito. Artérias nutridoras tortuosas e veias de drenagem calibrosas podem ser observadas ao estudo Doppler. Presente ao nascimento, tende a aumentar com o crescimento da criança, sem involuir.

Hemangioma

Ultrassonografia

É um tumor vascular benigno da criança. Apresenta-se como uma formação heterogênea, lobulada, com múltiplos cistos/canais vasculares tortuosos aglomerados. Na maioria da vezes é uma lesão única, podendo ser circunscrita ou se estender a espaços circunjacentes (transespacial). Inicialmente, tende a aumentar com o crescimento da criança e, em período mais tardio, passa a involuir. Ao estudo Doppler, observa-se acentuada densidade vascular, com canais vasculares com fluxo venoso/arterial, de baixa velocidade e baixa resistência. Algumas vezes, pode ser difícil demonstrar a presença de fluxo nos canais vasculares (a realização da manobra de Valsalva e leves compressões com o transdutor podem facilitar a detecção de fluxo ao Doppler). Pequenas calcificações (flebólitos) podem ser observadas. Uma artéria nutridora e veias de drenagem mais calibrosas podem ser observadas. Localizam-se mais comumente no subcutâneo, na região parotídea e na face. A diferenciação entre hemangiomas e malformação vascular pode ser difícil apenas pelas características de imagem.

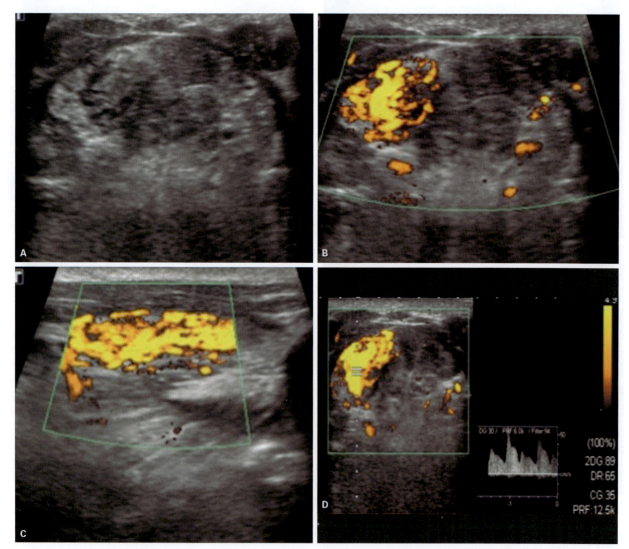

Figura 20 Malformação arteriovenosa ou alto fluxo. A: Imagem de ultrassonografia da região submentoniana, no plano coronal, demonstra área de heterogeneidade focal no espaço sublingual direito, onde se observam pequenas formações císticas tortuosas. B-C: Ao estudo Doppler, observa-se alta densidade vascular, com canais vasculares tortuosos, com fluxo de padrão arterial (D). Fonte: Arquivo do InRad, HCFMUSP.

Paraganglioma

Ultrassonografia

Tumor com origem no paragânglio, conjunto de células especializadas da crista neural que estão associadas a órgãos do sistema nervoso autônomo em todo corpo. Na região cervical podem ser encontrados no bulbo carotídeo (paraganglioma de corpo carotídeo), na região do forame jugular (paraganglioma de glômus jugular), no promontório coclear (paraganglioma de glômus *timpanicum*) e no espaço carotídeo superior (paraganglioma de glômus vagal).

O paraganglioma de corpo carotídeo (Figura 21) apresenta-se como uma formação nodular, hipoecogênica, relativamente homogênea, bem delimitada, localizada na face medial da bifurcação carotídea, mais precisamente na face medial do bulbo carotídeo. Ao estudo Doppler, apresenta acentuada vascularização, com vasos tortuosos/serpiginosos no interior, com fluxo arterial e de baixa resistência (possivelmente em virtude da presença de pequenas fístulas arteriovenosas). É uma nodulação indolor e de crescimento lento. Com o crescimento, a lesão se insinua entre as artérias carótidas interna e externa, alargando a bifurcação carotídea e afastando as carótidas uma da outra. Tumores maiores podem envolver completamente a bifurcação carotídea e apresentar maior heterogeneidade interna em decorrência de necrose e hemorragia. O contato circunferencial do tumor com a artéria carótida interna está relacionado à ressecção do tumor. Se possível, determinar se o tumor mantém < 180°,

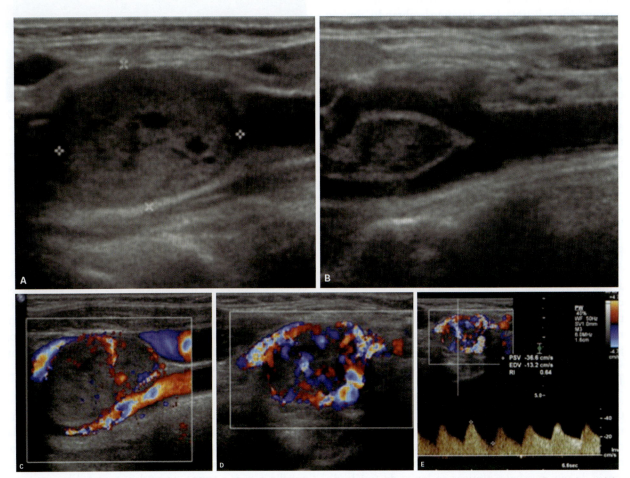

Figura 21 Paraganglioma de bulbo carotídeo. A e B: Imagens de ultrassonografia no plano sagital demonstram formação nodular, hipoecogênica, discretamente heterogênea, bem delimitada, localizada bifurcação carotídea, insinuando-se entre as artérias carótidas interna e externa, afastando uma da outra (B). Ao Doppler colorido apresenta acentuada vascularização, com vasos tortuosos/serpiginosos no interior, com fluxo arterial e de baixa resistência (devido à presença de pequenas fístulas arteriovenosas). Fonte: Arquivo do InRad, HCFMUSP.

entre 180-270° ou > 270° de contato circunferencial com a artéria carótida interna. Ainda, a avaliação da bifurcação carotídea contralateral deve ser realizada rotineiramente, pois o tumor pode ser bilateral/multicêntrico em 5-10%. O paraganglioma nos demais sítios cervicais apresenta as mesmas características que o paraganglioma do corpo carotídeo. No entanto, a USG tem limitações para avaliação desses outros sítios.

Anomalias tímicas cervicais

Ultrassonografia

O timo tem uma aparência característica na USG. Em crianças e adultos jovens apresenta-se como uma formação hipoecogênica, discretamente heterogênea, bem delimitada, com múltiplas finas linhas hiperecogênicas ramificadas no interior, e diminutos pontos hiperecogênicos difusamente distribuídos que conferem ao tecido tímico uma aparência distinta descrita como lembrando "um céu estrelado". Em adultos, o timo é parcialmente lipossubstituído, tornando-se discretamente hiperecogênico na USG. O tecido tímico é pouco vascularizado, muitas vezes apenas poucos vasos centrais são observados durante o estudo Doppler. O timo é um tecido macio e não causa compressão ou deslocamento dos vasos ou da via aérea adjacente. Essa característica pode ser apreciada durante a avaliação ultrassonográfica – batimentos cardíacos e movimentos respiratórios são transmitidos através do tecido tímico modificando sua forma.

Podem-se classificar as anomalias tímicas cervicais em: extensão cervical superior do timo, tecido tímico ectópico cervical e cisto tímico.

Extensão cervical superior do timo

Consiste na presença de tecido tímico estendendo-se acima do manúbrio esternal, na linha média, até a região cervical anteroinferior. Esse tecido tímico apresenta continuidade direta com o timo mediastinal. É uma achado normal, frequentemente observado em crianças e adultos jovens (Figura 22).

Tecido tímico ectópico cervical

O timo tem um longo trajeto descendente durante o período embriológico, até atingir sua posição final no mediastino anterossuperior. O tecido tímico ectópico cervical parece resultar de uma interrupção parcial ou completa na migração do primórdio tímico ou da persistência de remanescentes tímicos ao longo do trajeto do ducto timofaríngeo. Dessa forma, pode ser encontrado em qualquer ponto desde o seio piriforme até o mediastino anterossuperior. O tecido tímico ectópico na região cervical tem as mesmas características do tecido tímico normal descrito anteriormente: com aspecto que lembra um "céu estrelado" (Figura 23). Um lobo tímico inteiro ou apenas parte do tecido tímico pode ficar retido

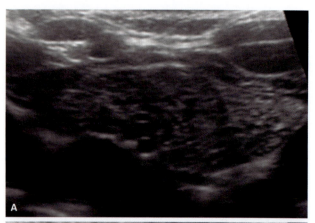
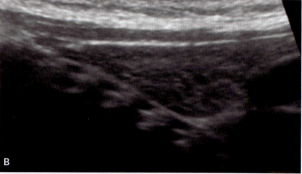

Figura 22 Extensão cervical superior do timo. Feminino, 12 anos, refere massa na região da fúrcula esternal quando tosse. Imagens de ultrassonografia nos planos (A) e (B) sagital demonstram imagem alongada, bem delimitada, hipoecogênica, com pontos e finas linhas hiperecogênicas no interior, estendendo-se acima do manúbrio esternal, anteriormente à traqueia, na linha média, em continuidade com o timo mediastinal, correspondendo a extensão cervical superior do timo, uma variante anatômica.
Fonte: Arquivo do InRad, HCFMUSP.

na região cervical. Geralmente, o tecido tímico ectópico cervical localiza-se medialmente aos vasos carotídeos, inferiormente aos lobos tireoidianos e à esquerda da linha média. Raramente, o tecido tímico cervical pode ser encontrado no interior da glândula tireoide. Nesse caso, costuma localizar-se na face posterior do terço inferior do lobo tireoidiano (Figura 24).

Cisto tímico

A patogênese do cisto tímico cervical permanece controversa. A hipótese mais aceita propõe que se originem da persistência de pequenos segmentos do ducto timofaríngeo. Esses segmentos vestigiais são revestidos de uma camada de epitélio e, com o tempo, acumulam o conteúdo secretado, crescem e originam os cistos tímicos. Apresentam-se como formações císticas anecogênicas, bem delimitadas e de paredes finas, que podem ser encontrados em qualquer ponto do seio piriforme ao mediastino anterossuperior. No entanto, são mais comuns à esquerda da linha média e na metade inferior do pescoço. Cerca de 50% de todos os cistos tímicos estendem-se ao mediastino (Figura 25).

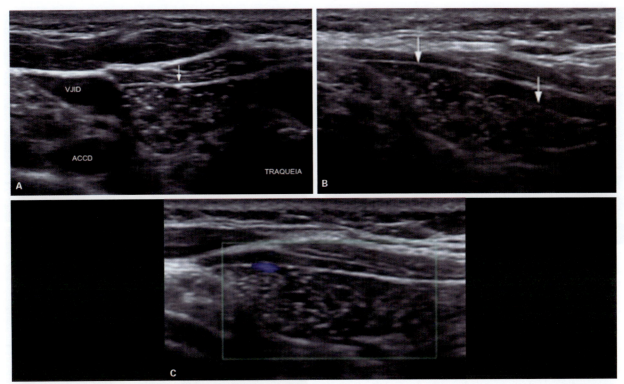

Figura 23 Timo ectópico cervical. Imagens de ultrassonografia nos planos (A) axial e (B-C) sagital demonstram formação nodular, alongada, bem delimitada, hipoecogênica, com pontos e finas linhas hiperecogênicas no interior, com pouca vascularização ao Doppler colorido, no nível VI à direita, correspondendo a tecido tímico cervical (setas). ACCD: artéria carótida comum direita; VJID: veia jugular interna direita. Fonte: Arquivo do InRad, HCFMUSP.

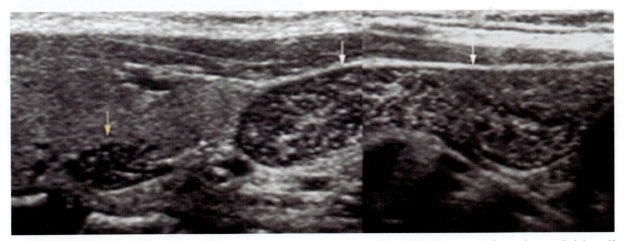

Figura 24 Tecido tímico ectópico intratireoide. Feminino, 12 anos. Imagem composta de ultrassonografia no plano sagital da região cervical inferior direita demonstra tecido tímico ectópico inferior ao lobo tireoidiano, no nível VI (setas brancas) e tecido tímico ectópico intratireoidiano (seta amarela). O tecido tímico tem uma apresentação ultrassonográfica característica, lembrando um "céu estrelado". Fonte: Arquivo do InRad, HCFMUSP.

Embora raro, neoplasias benignas e malignas podem se originar no tecido tímico cervical. Em adultos, o timoma é o tumor primário mais frequente; e em crianças, o linfoma é o tumor primário mais frequente. Na USG, observa-se uma lesão expansiva, heterogênea, de crescimento rápido, indistinguível de outros neoplasias.

Paratireoides

Ultrassonografia

Em geral, as glândulas paratireoides normais são difíceis de identificar, por qualquer método de imagem, em virtude das suas pequenas dimensões. Na USG, com o uso

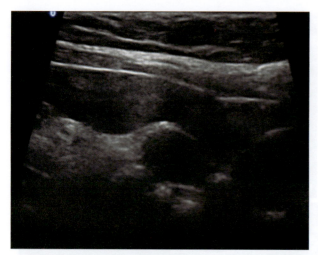

Figura 25 Cisto tímico. Imagem de ultrassonografia no plano sagital, na linha média da região cervical inferior, demonstra formação cística, anecogênica, de paredes finas, estendendo-se inferiormente à fúrcula esternal até o mediastino superior. Fonte: Arquivo do InRad, HCFMUSP.

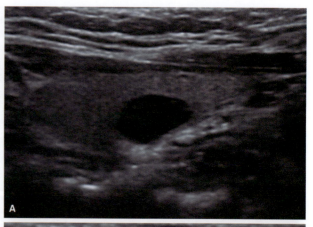

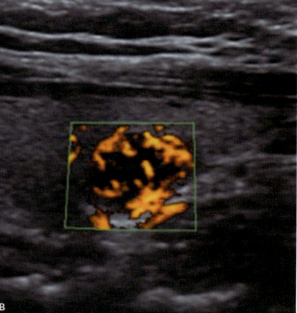

Figura 26 Paratireoide intratireoide. Imagens de ultrassonografia no plano sagital demonstram (A) nódulo hipoecogênico, homogêneo, bem delimitado, no terço médio do lobo tireoidiano esquerdo, com (B) acentuada vascularização ao Doppler colorido. O diagnóstico de paratireoide intratireoide foi confirmado na citopatologia. Fonte: Arquivo do InRad, HCFMUSP.

de transdutores de alta frequência, as glândulas paratireoides normais apresentam-se como pequenos nódulos hipoecogênicos, de formato discoide, bem delimitados, medindo cerca de 0,5 x 0,3 x 0,2 cm, sem vascularização ao Doppler colorido. Localizam-se no espaço visceral, medialmente aos vasos carotídeos, em qualquer ponto, desde o ângulo da mandíbula até o mediastino anterossuperior. Mais comumente são encontradas na região do sulco traqueoesofágico, em íntimo contato com a superfície posterior dos lobos tireoidianos. As glândulas paratireoides superiores mantêm uma posição mais constante e, em mais de 80% das vezes, localizam-se posteriormente aos terços médio e inferior dos lobos tireoidianos. As glândulas paratireoides inferiores têm posição mais variável (correspondem a maioria das glândulas paratireoides ectópicas), sendo encontradas preferencialmente junto ao polo inferior ou logo inferior ao lobos tireoidianos. As localizações ectópicas mais comuns das glândulas paratireoides são: próximo ao osso hioide, na bainha carotídea, no interior da tireoide (Figura 26), no timo e no mediastino.

A avaliação ultrassonográfica das glândulas paratireoides é comumente solicitada no planejamento do tratamento de um paciente com hiperparatireoidismo, com a finalidade de localizar as glândulas alteradas. Em cerca de 80-90% dos pacientes com hiperparatireoidismo primário a causa é um adenoma único. Devido a isso, a exploração cirúrgica bilateral, para localizar todas as quatro glândulas paratireoides, passou a ser substituída por uma abordagem cirúrgica menos invasiva, unilateral, direcionada à glândula alterada, identificada por meio de métodos de imagem, como a USG e a cintilografia. Essa abordagem menos invasiva tem menor risco de complicações, como hipoparatireoidismo, lesão do nervo laríngeo recorrente e lesões vasculares. A avaliação ultrassonográfica das glândulas paratireoides também costuma ser solicitada durante a avaliação de algumas síndromes genéticas que cursam com hiperparatireoidismo primário, como neoplasia endócrina múltipla tipo 1 (NEM-1), neoplasia endócrina múltipla tipo 2A (NEM-2A), síndrome do hiperparatireoidismo, tumor de mandíbula, hipercalcemia hipocalciúrica familiar e hiperparatireoidismo primário familiar.

A USG cervical tem sensibilidade de 95% para identificar paratireoides com mais de 1 cm. Estruturas anatômicas normais podem ser confundidas com uma glândula paratireoide aumentada, por exemplo, músculo longo do pescoço, esôfago, vasos, linfonodos no compartimento central e nódulos tireoidianos em posição subcapsular. A avaliação ultrassonográfica das paratireoides está limitada em pacientes obesos, no bócio multinodular, ou quando as paratireoides encontram-se em posição ectópica.

As glândulas paratireoides podem aumentar devido ao desenvolvimento de adenoma, hiperplasia, carcinoma ou cisto. Essas doenças se apresentam na USG como:

- Adenoma: nódulo sólido, com formato oval/alongado, bem delimitado, geralmente hipoecogênico ou marcadamente hipoecogênico, situado posteriormente ou inferiormente aos lobos tireoidianos e separado deles pela fina cápsula hiperecogênica da tireoide (é extratireoidiano) (Figura 27). Paratireoides maiores que 1 cm são, geralmente, bastante vascularizadas ao Doppler colorido, podendo apresentar um padrão de vascularização anelar periférico (que difere do padrão hilar observado nos linfonodos) ou um padrão "em cesta", com ramos vasculares que se dirigem da periferia para o centro do nódulo (Figura 28). Uma artéria nutridora pode ser observada em um dos polos da glândula aumentada (paratireoides superiores são supridas por ramos da artéria tireóidea superior e paratireoides inferiores são supridas por ramos da artéria tireóidea inferior). Em cerca de

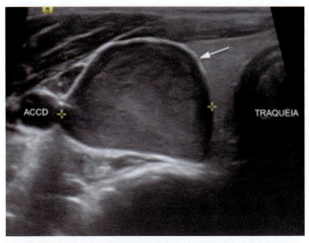

Figura 27 Adenoma de paratireoide. Imagem de ultrassonografia no plano axial demonstra nódulo hipoecogênico, homogêneo, bem delimitado, extratireoidiano, separado da tireoide por fina cápsula hiperecogênica (seta), situado posterolateral ao lobo tireoidiano direito. ACCD: artéria carótida comum direita. Fonte: Arquivo do InRad, HCFMUSP.

80-90% das vezes são únicos. Calcificações são extremamente raras (mais comuns no carcinoma). Glândulas maiores podem apresentar áreas centrais de

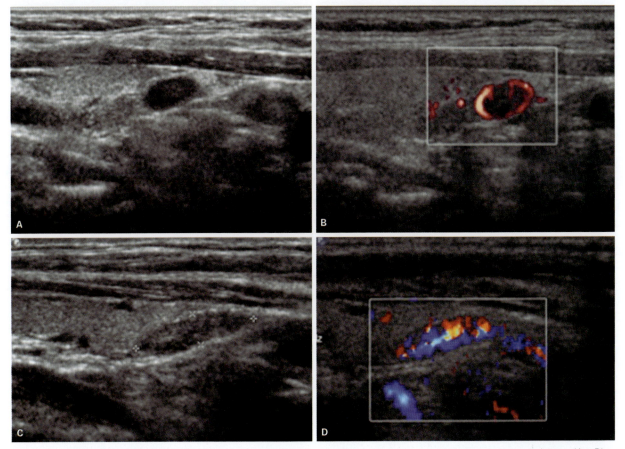

Figura 28 Adenoma de paratireoide. Adenomas de paratireoide apresentam, geralmente, vascularização aumentada com (A e B) um padrão anelar periférico ou (C e D) um padrão "em cesta", com ramos vasculares que se dirigem da periferia para o centro do nódulo. Esses padrões de vascularização diferem do padrão hilar observado nos linfonodos. Fonte: Arquivo do InRad, HCFMUSP.

degeneração cística ou hemorragia (área cística com nível líquido-líquido).
- Hiperplasia: apresenta-se também como nódulo sólido, de formato mais arredondado, bem delimitado, hipoecogênico, situado posterior ou inferiormente aos lobos tireoidianos e separado deles por fina cápsula hiperecogênica (é extratireoidiano), com vascularização aumentada e, geralmente, com padrão anelar periférico (Figura 29). Algumas vezes, podem apresentar-se como nódulos isoecogênicos ou discretamente hiperecogênicos, que podem ser confundidos com os tecidos adjacentes. Nesse caso, o uso do Doppler colorido pode facilitar o diagnóstico. Na hiperplasia e no adenoma (algumas vezes) todas as glândulas estão alteradas. O aumento das glândulas, no entanto, pode ser assimétrico e o diagnóstico de doença multiglandular difícil, se algumas das glândulas apresentarem apenas um mínimo aumento.
- Cisto: comumente um cisto unilocular, de conteúdo anecogênico, paredes finas e regulares, sem vascularização ao Doppler colorido (Figura 30). Em alguns casos, observam-se finos ecos em suspensão decorrentes de hemorragia ou material proteináceo. Septações ou loculações são incomuns. Originam-se das glândulas paratireoides inferiores em 60-70% das vezes, por isso, são encontrados preferencialmente junto ao polo inferior dos lobos tireoidianos. Podem ser classificados em funcionantes ou não funcionantes dependendo da presença ou não de hiperparatireoidismo associado. Cistos não funcionantes ($\approx$ 80%) geralmente são maiores, diagnosticados incidentalmente e quando volumosos (> 4,0 cm) podem determinar sintomas compressivos locais (como disfagia e disfonia). Cistos funcionantes determinam sintomas relacionados ao hiperparatireoidismo. Uma PAAF guiada por USG pode ser realizada para diagnóstico e também tratamento (aliviar feitos compressivos de cistos volumosos). Além da análise citológica, deve ser realizada a dosagem de paratormônio no líquido do cisto. Os cistos de paratireoide, tanto funcionantes quanto não funcionantes, apresentam níveis de paratormônio mais elevados que os níveis séricos.

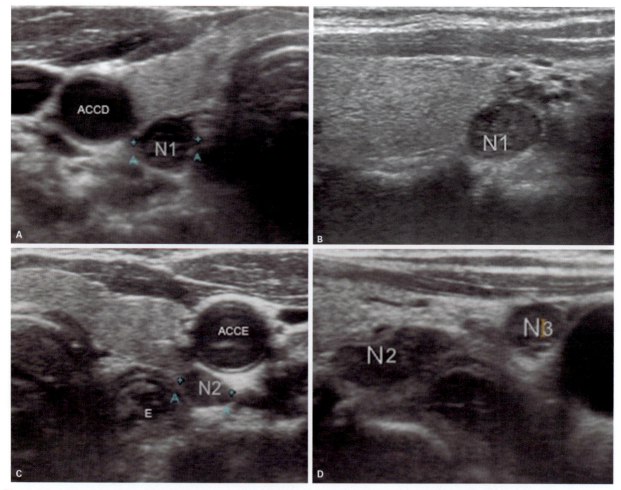

Figura 29 Hiperplasia de paratireoide. Imagens de ultrassonografia nos planos axial e sagital do nível VI bilateralmente demonstram três paratireoides aumentadas situadas (A e B) posterior ao terço inferior do lobo tireoidiano direito (N1) e (C e D) posterior ao terço inferior (N2) e inferior (N3) ao lobo tireoidiano esquerdo. Fonte: Arquivo do InRad, HCFMUSP.

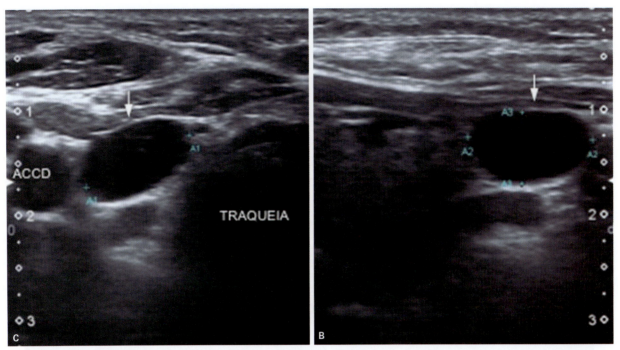

Figura 30 Cisto de paratireoide. Imagens de ultrassonografia nos planos (A) axial e (B) sagital do nível VI à direita demonstram cisto (seta) unilocular, anecogênico, bem delimitado, situado inferiormente ao lobo tireoidiano direito. A dosagem de paratormônio no aspirado da PAAF demonstrou que correspondia a cisto de paratireoide. ACCD: artéria carótida comum direita; PAAF: punção aspirativa por agulha fina; USG: ultrassonografia. Fonte: Arquivo do InRad, HCFMUSP.

- Carcinoma: na maioria dos casos são indistinguíveis de grandes adenomas. No entanto, costuma apresentar maior desorganização arquitetural interna, com áreas císticas/necrose e calcificações. Ao Doppler colorido, apresentam acentuada vascularização. A presença de sinais macroscópicos de invasão de estruturas adjacentes (tireoide, traqueia, esôfago, músculo, nervo laríngeo recorrente) pode ser o único sinal pré-operatório de malignidade, mas é incomum. Lesões malignas tendem a permanecer fixas durante a deglutição ao contrário de lesões benignas que costuma demonstrar mobilidade. Adicionalmente, os níveis séricos de paratormônio estão, em geral, muito aumentados, muito acima do observado em adenomas. O diagnóstico, no entanto, é feito após a cirurgia. Metástases para linfonodos cervicais, compartimento central (nível VI) e da cadeia jugular interna (níveis II, III e IV), podem ser encontrados em cerca de 20-30% dos casos. A PAAF guiada por USG com dosagem de paratormônio do linfonodo suspeito auxilia no diagnóstico.

Cisto broncogênico cervical

Ultrassonografia

Apresenta-se como uma formação cística, uni ou multilocular, bem delimitada, que pode ser anecogênica ou conter ecos em suspensão (conteúdo espesso) e não demonstra vascularização ao estudo Doppler colorido. Na maioria das vezes, não apresenta conexão com a traqueia ou com o esôfago. A localização cervical mais comum é no tecido celular subcutâneo, na linha média anterior, na altura da fúrcula esternal. No entanto, pode ter localização mais superior ou lateral na região cervical.

Laringocele

Ultrassonografia

A laringocele interna é difícil de identificar por meio de USG, pois geralmente fica obscurecida pelo ar na laringe. A laringocele mista é mais facilmente identificada na USG, sendo encontrada na região anterolateral do pescoço, medialmente aos vasos carotídeos, próximo ao espaço submandibular, com colo mantendo contato com a membrana tireoidiana. Quando preenchida por líquido, apresenta-se como uma formação cística, bem delimitada, de paredes finas, com conteúdo anecogênico ou com finas partículas em suspensão. Paredes espessas, conteúdo hipoecogênico ou dor durante o exame devem levantar a possibilidade de infecção superposta (laringopiocele). Quando encontra-se preenchida por ar, apresenta-se como uma linha ecogênica, móvel, que determina sombra acústica posterior "suja", com linhas hiperecogênica equidistantes (Figura 31). A laringocele, geralmente, aumenta durante a manobra de Valsalva (Figuras 31B e C). Um estudo com método axial está sempre indicado para afastar a presença de neoplasia na laringe (a laringocele secundária corresponde a cerca de 15% das laringoceles).

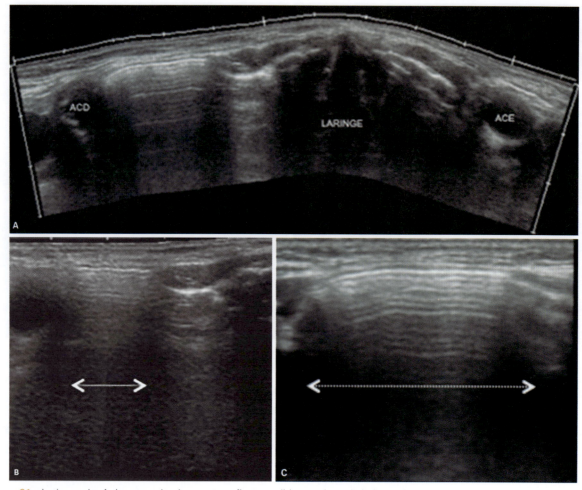

Figura 31 Laringocele. A: Imagem de ultrassonografia estendida, no plano da laringe, demonstra imagem linear, hiperecogênica, com sombra "suja" com linhas paralelas equidistantes posteriormente (característica de ar), situada entre a laringe e a artéria carótida direita, correspondendo a laringocele mista. Imagens de ultrassonografia obtidas (B) sem e (C) com manobra de Valsalva demonstram aumento da laringocele durante a manobra de Valsalva. Fonte: imagens gentilmente cedidas pelo Dr. Marcio Ramalho de Andrade, do InRad, HCFMUSP.

Fibromatose coli

Ultrassonografia

Consiste em uma massa benigna do ECM, que surge no período neonatal, e ocasiona um torcicolo com rotação da cabeça e do queixo em direção ao lado da lesão. Pode aumentar lentamente de tamanho até os dois meses de vida. A hipótese de que uma oclusão venosa, secundária a um trauma ao nascimento ou torcicolo *in utero*, que evolui para fibrose, foi considerada como etiologia provável da fibromatose coli.

Na USG apresenta-se como um aumento focal, não doloroso, geralmente hipoecogênico, de limites pouco definidos, que envolve toda a espessura do ECM no plano axial. Fibras musculares intactas podem ser observadas na avaliação do plano longitudinal (Figura 32). Não há evidência de extensão da massa para fora dos limites do músculo ou linfonodomegalia adjacente. Na fase mais inicial, pode apresentar discreto aumento da vascularização ao Doppler colorido. Em fases mais tardias, quando já há componente de fibrose, a lesão apresenta-se mais fusiforme, hiperecogênica e com menor vascularização ao Doppler colorido.

Lipoma

Ultrassonografia

O lipoma apresenta-se como uma massa não dolorosa, bem definida, de formato fusiforme (maior diâmetro paralelo ao plano da pele), situada preferencialmente no tecido celular subcutâneo. Consiste em uma lesão hipoecogênica (no entanto, tenuamente hiperecogênica em relação ao tecido adiposo subcutâneo adjacente), que apresenta finas traves hiperecogênicas de tecido conjuntivo de permeio (as quais tendem a apresentar uma distribuição paralela) e envolta por cápsula hiperecogênica

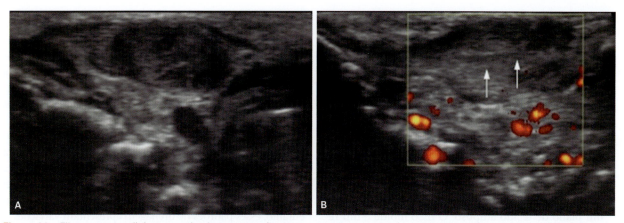

Figura 32 Fibromatose coli. Imagens de ultrassonografia demonstrando aumento focal, hipoecogênico, de limites parcialmente definidos, que envolve toda a espessura do músculo esternocleidomastóideo. Fibras musculares intactas (setas) podem ser observadas na avaliação do plano longitudinal. Ao Doppler colorido não se observa vascularização. Fonte: imagens gentilmente cedidas pelo Dr. Osmar de Cassio Saito, do InRad, HCFMUSP.

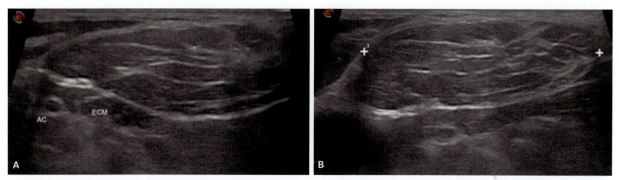

Figura 33 Lipoma. Imagens de ultrassonografia demonstram uma massa, de formato fusiforme, com maior diâmetro paralelo ao plano da pele, bem delimitada, hipoecogênicas, com finas traves hiperecogênicas de tecido conjuntivo de permeio, fina cápsula hiperecogênica periférica, situada no triângulo posterior esquerdo, correspondendo a um lipoma. AC: artéria carótida comum; EMC: músculo esternocleidomastóideo; USG: ultrassonografia. Fonte: Arquivo do InRad, HCFMUSP.

(Figura 33). Constitui lesão móvel e macia, que pode ser comprimida com o transdutor. Na região cervical localiza-se mais comumente no triângulo posterior, na região submandibular e na região cervical anterior. Ao Doppler colorido, não apresenta vascularização ou apenas poucos vasos são identificados no seu interior.

Sinais de alerta, que devem levantar a suspeita para lipossarcoma, incluem: aparecimento de dor, lesões > 10 cm, lesões que apresentam crescimento, margens irregulares ou sinais de aderência aos planos faciais profundos.

Linfonodos

Os linfonodos cervicais são numerosos, superficiais e, possivelmente por isso, correspondem a queixa de massa cervical palpável mais comum tanto em crianças quanto em adultos. A USG permite distinguir se a origem da massa cervical palpável é linfonodal ou não. Além disso, possibilita uma avaliação rápida do padrão e da extensão do envolvimento linfonodal cervical com maior acurácia que o exame físico.

O primeiro passo na avaliação dos linfonodos cervicais é estar familiarizado com sua localização anatômica. A Sociedade Americana de Cabeça e Pescoço em conjunto com a Academia Americana de Otorrinolaringologia – Cirurgia de Cabeça e Pescoço desenvolveram um sistema de classificação dos linfonodos cervicais que reflete os padrões de drenagem linfática e facilita a comunicação entre os médicos. Alguns dos reparos cirúrgicos inicialmente definidos para essa classificação demonstraram ser difíceis de se identificar por métodos de imagem e, por isso, reparos anatômicos substitutos foram selecionados, e uma classificação baseada em imagem também foi desenvolvida. Essa classificação tem sido amplamente aceita e divide a região cervical em seis níveis linfonodais:

- Nível I: linfonodos que se situam inferior ao músculo milo-hióideo (MH), anterior a uma linha traçada na margem posterior da glândula submandibular e dentro dos limites da mandíbula. Essa região pode ser dividida em níveis IA e IB pelo ventre anterior do músculo digástrico, sendo o nível IA medial aos ventres anterio-

res do músculo digástrico e o nível IB lateral aos ventres anteriores do músculo digástrico. Correspondem aos linfonodos submentonianos e submandibulares.
- Nível II: linfonodos que se situam atrás da linha traçada na margem posterior da glândula submandibular, anterior a borda posterior do ECM, entre a base do crânio e um plano na altura do osso hioide. Correspondem aos linfonodos superiores da cadeia jugular interna. Pode ser dividido em IIA e IIB, sendo os linfonodos do nível IIA situados ao longo da veia jugular interna e os linfonodos do nível IIB situados posteriormente à veia jugular interna e separados dela por um plano de tecido adiposo. O osso hioide é um reparo anatômico mediano que se situa fora da área de varredura do transdutor do ultrassom durante o exame dos linfonodos no nível II. Um reparo anatômico alternativo ao osso hioide, para definir o limite entre os níveis II e III na USG, é o bulbo carotídeo, quando situado na altura do osso hioide.
- Nível III: linfonodos que se localizam lateralmente às artérias carótidas, anterior à borda posterior do ECM, entre o plano do osso hioide e a margem inferior da cartilagem cricoide. Correspondem aos linfonodos médios da cadeia jugular interna. Um reparo anatômico alternativo à cricoide, para definir o limite entre os níveis III e IV na USG, é o ventre superior do músculo omo-hióideo ao cruzar anteriormente a artéria carótida comum.
- Nível IV: linfonodos que se localizam lateralmente à artéria carótida comum, anteriormente à borda posterior do ECM, entre a margem inferior da cartilagem cricoide e a clavícula. Correspondem aos linfonodos inferiores da cadeia jugular interna.
- Nível V: linfonodos encontrados posteriormente à margem posterior do ECM, entre a base do crânio e a clavícula. Correspondem aos linfonodos da cadeia espinhal acessória. Pode ser dividido em VA e VB, sendo os linfonodos do nível VA situados entre a base do crânio e um plano situado na margem inferior da cartilagem cricoide e os do nível VB situados entre um plano na margem inferior da cartilagem cricoide e a clavícula. Na USG, o ventre inferior do músculo omo-hióideo pode ser usado como um reparo anatômico alternativo à cartilagem cricoide, para definir o limite entre os níveis VA e VB.
- Nível VI: apesar de ter sido descrito na literatura, encontram-se fora dos limites tradicionais da dissecção radical do pescoço (que inclui os níveis de I a V) e, por isso, menos utilizado na prática clínica. No entanto, recomenda-se o uso do nível VI para definir os linfonodos do compartimento central anterior do pescoço, situados medialmente às artérias carótidas, entre o hioide e a margem superior do manúbrio esternal. Correspondem aos linfonodos do espaço visceral e inclui os linfonodos pré-laríngeos, pré-traqueais e paratraqueais.

A descrição original do Memorial Hospital em Nova Iorque incluía o nível VII. No entanto, não se recomenda mais o uso do nível VII para definir os linfonodos paratraqueais no mediastino superior, situados entre a margem superior do manúbrio esternal e o tronco braquiocefálico, pois essa região se encontra fora dos limites tradicionais do pescoço.

A classificação dos linfonodos cervicais em níveis foi projetada para refletir as vias mais comuns de drenagem linfática na região cervical, isso porque, a maioria das neoplasias da região da cabeça e pescoço demonstra um padrão previsível de disseminação linfática ao longo dessas vias (Quadro 1). No entanto, esses padrões de drenagem apresentam variações e, em cerca de 15-20% dos casos, encontram-se metástases em níveis mais distais, sem o envolvimento de cadeias proximais esperadas. É importante também determinar se a disseminação metastática ocorre em linfonodo ipsilateral ou contralateral ao tumor primário ou se é bilateral.

Quando um linfonodo é encontrado suas características devem ser avaliadas para definir se esse linfonodo é normal ou anormal. Um linfonodo é considerado anormal se apresentar alteração de tamanho ou da arquitetura interna. As características ultrassonográficas que devem ser avaliadas são:

- Tamanho: critérios de tamanho têm sido estudados por diferentes grupos, utilizando diferentes valores de corte e técnica (menor diâmetro x maior diâmetro), com grande variabilidade de sensibilidade e especificidade no diagnóstico de malignidade. Até o momento, a medida do menor diâmetro tem demonstrado ser mais acurada e reprodutível na USG que a medida do maior diâmetro. Um valor de corte de 1,0 cm para todos os níveis cervicais, acima do qual um linfonodo é considerado anormal, é ainda utilizado por muitas instituições. No entanto, demonstrou-se uma acurácia maior no diagnóstico de linfonodos anormais quando o valor de corte é ajustado no nível do linfonodo. Estudos recentes consideram alterado um linfonodo que apresente no menor diâmetro > 1,0 cm no nível II

Quadro 1 Níveis linfonodais mais comumente afetados por neoplasias da cabeça e do pescoço

Tireoide	Nível VI e níveis III e IV ipsilateral
Parótida	Nível II e V ipsilateral
Assoalho da boca e língua oral	Nível I e II ipsilateral
Nasofaringe	Nível II e V ipsilateral e contralateral
Base da língua e tonsilas	Nível II e III ipsilateral e II contralateral
Laringe supraglótica	Nível II e III ipsilateral e II contralateral
Laringe glótica	Nível II e III ipsilateral e VI bilateral
Laringe subglótica	Nível III e IV ipsilateral e VI bilateral

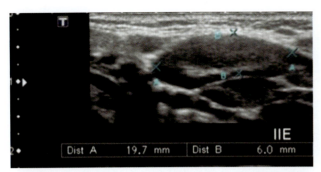

Figura 34 Linfonodo normal. Imagem de ultrassonografia de linfonodo no nível II com formato fusiforme normal. Os marcadores estão demonstrando a medida do maior e do menor diâmetro (relação diâmetro longo/diâmetro curto > 2). Fonte: Arquivo do InRad, HCFMUSP.

(Figura 34), > 0,8 cm nos níveis de IB -V e > 0,5 cm nos níveis IA e VI. Linfonodos que atendam a esses critérios mínimos de tamanho apresentam doença metastática em cerca de 75% dos casos. Alguns autores sugerem ainda que um valor de corte menor (> 0,6 cm) seja utilizado em indivíduos com carcinoma de células escamosas ou na avaliação de recorrência pós-operatória.

- Forma: linfonodos normais tendem a ser alongados ou fusiformes e linfonodos anormais tendem a ser arredondados (Figura 35). Para definir o formato do linfonodo pode-se utilizar a relação entre o eixo longo e o eixo curto. Uma relação eixo longo/eixo curto > 2 está mais associada a benignidade ao passo que uma relação eixo longo/eixo curto < 2 favorece a possibilidade de malignidade. A exceção são os linfonodos dos níveis IA e IV e parotídeos que tem um formato arredondado.
- Contorno: linfonodos metastáticos, assim como os linfonodos normais, apresentam um contorno regular e bem definido na maioria das vezes. Contornos irregulares ou indefinidos, no contexto clínico de envolvimento metastático, sugere disseminação extracapsular da doença (Figura 36). No entanto, pode ser observado na doença infecciosa (periadenite) (Figura 37).

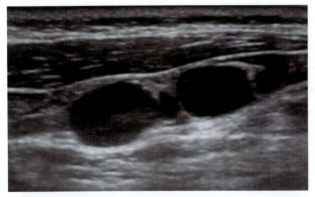

Figura 35 Linfonodo anormal. Linfonodos com formato arredondado (relação diâmetro longo/diâmetro curto < 2) e perda do hilo hiperecogênico central. Fonte: Arquivo do InRad, HCFMUSP.

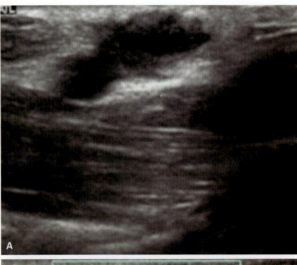

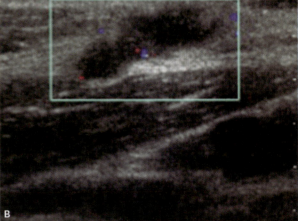

Figura 36 Metástase linfonodal de carcinoma papilífero da tireoide. Linfonodo no nível IV, de contornos irregulares que sugerem disseminação extracapsular. Fonte: Arquivo do InRad, HCFMUSP.

- Cortical: um linfonodo normal apresenta uma cortical fina e simétrica. Um espessamento focal ou excêntrico da cortical está frequentemente relacionado a envolvimento metastático (Figura 38).
- Hilo hiperecogênico: a presença de um hilo hiperecogênico, bem definido e regular sugere benignidade (Figura 39). A hiperecogenicidade do hilo está associada à presença de tecido adiposo e também de numerosos condutos linfáticos que determinam diversas interfaces acústicas refletindo o feixe sonoro. O hilo pode ser central ou periférico dependendo da localização do linfonodo. A ausência de hilo hiperecogênico pode ser um sinal de anormalidade (Figura 35), no entanto, não deve ser usada como critério único, pois pode ser encontrada em linfonodos reacionais, estar relacionada à técnica do exame ou pouco conspícua em linfonodos pequenos. Linfonodos sem hilo em virtude de envolvimento metastático tendem a ser mais hipoecogênicos que a musculatura adjacente.
- Necrose/área cística: a identificação de necrose ou área cística em um linfonodo sugere envolvimento

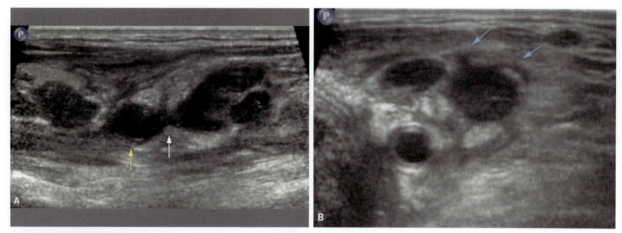

Figura 37 Linfonodo anormal – tuberculose ganglionar. Imagens ultrassonográficas nos planos (A) sagital e (B) axial de linfonodos nos níveis III e IV à esquerda, aumentados em número, confluentes, formato arredondado, sem hilo hiperecogênico, alguns com área cística de necrose e contornos irregulares (setas azuis). Há acentuado aumento da ecogenicidade e obliteração dos planos adiposos adjacentes (periadenite), achado comumente observado na tuberculose ganglionar. Fonte: Arquivo do InRad, HCFMUSP.

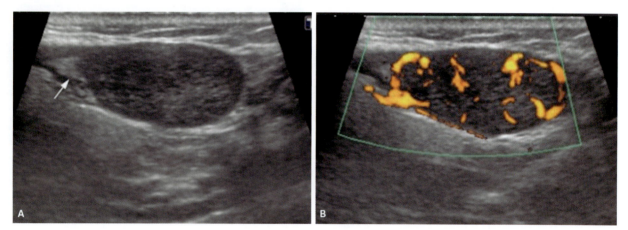

Figura 38 Linfonodo anormal – metástase de carcinoma papilífero da tireoide. Linfonodo no nível II com espessamento focal da cortical, deslocando o hilo hiperecogênico (seta). Na área de espessamento cortical observa-se acentuada vascularização subcapsular anormal. Fonte: Arquivo do InRad, HCFMUSP.

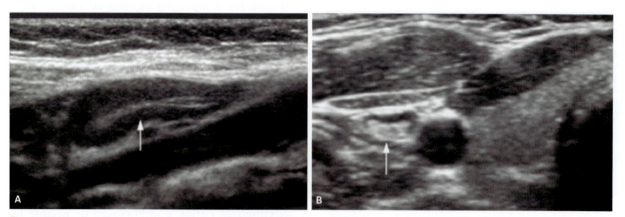

Figura 39 Linfonodo normal. Linfonodo nos níveis (A) II e (B) III com hilo hiperecogênico central habitual (setas). Fonte: Arquivo do InRad, HCFMUSP.

metastático até que se prove o contrário. O carcinoma de células escamosas, o carcinoma papilífero da tireoide e linfoma não Hodking são as neoplasias mais comumente associadas a linfonodos necróticos/com áreas císticas (Figura 40). Necrose é um achado comum em linfonodos tuberculosos, os quais se localizam principalmente no nível V e na região supraclavicular. Na tuberculose os linfonodos estão agrupados e é frequente uma inflamação do tecido adiposo adjacente que se apresenta hiperecogênico (periadenite) (Figura 37). Trajetos sinusais entre os linfonodos e as fístulas para a pele são comuns. Sempre que um linfonodo com necrose é identificado, uma PAAF guiada por USG está indicada para análise citopatológica e microbiológica.

- Microcalcificações/calcificações: a identificação de microcalcificações em um linfonodo é altamente específica para envolvimento metastático, comumente associada aos carcinomas papilífero e medular da tireoide (Figura 41). A presença de calcificações pode estar associada à metástase de adenocarcinoma mucinoso, linfoma tratado ou doença granulomatosa.
- Vascularização: a avaliação do padrão de vascularização melhora significativamente a diferenciação entre linfonodos benignos e malignos. Linfonodos normais demonstram fluxo nos vasos do hilo (Figura 42) ou não demonstram fluxo ao Doppler colorido e de amplitude. Os linfonodos reativos ou inflamatórios apresentam vascularização aumentada, entretanto, o padrão de vasos hilares com distribuição centrípeta está preservado. Linfonodos malignos (principalmente no linfoma) podem manter um padrão de vascularização hilar nas fases mais iniciais, no entanto, a vasculariza-

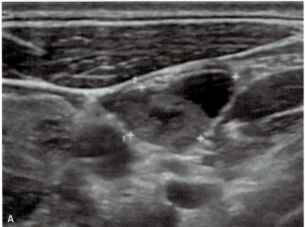

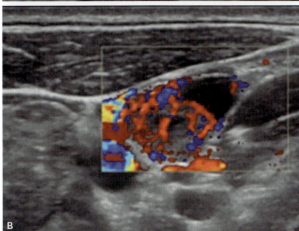

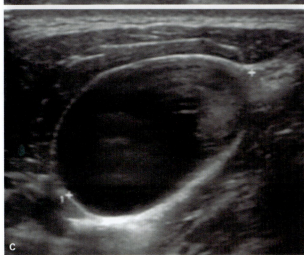

Figura 40   Linfonodos com metástases de carcinoma papilífero da tireoide. Linfonodos no nível (A e B) III e (C) IV com áreas císticas centrais. Em B, observa-se ainda vascularização subcapsular anormal deslocada para um dos polos pela área cística. Fonte: Arquivo do InRad, HCFMUSP.

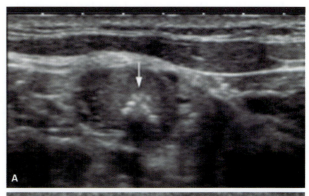

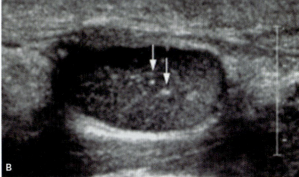

Figura 41   Linfonodos com microcalcificações. Metástase de carcinoma medular (A) e metástase de carcinoma papilífero da tireoide (B). Fonte: Arquivo do InRad, HCFMUSP.

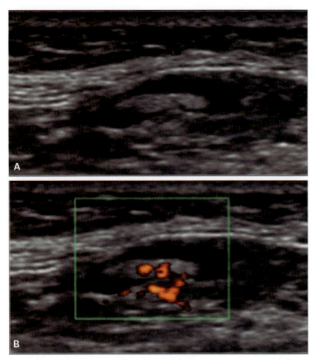

Figura 42　Linfonodo normal. Linfonodo com vascularização hilar habitual. Fonte: Arquivo do InRad, HCFMUSP.

ção nessa fase costuma ser muito aumentada (Figura 43). Conforme o processo tumoral avança, a arquitetura vascular interna é distorcida ou destruída pelo crescimento das células tumorais, necrose ou reação desmoplásica. Os vasos são desviados (Figura 44), surgem áreas sem vascularização ao Doppler (necrose) e áreas muito vascularizadas (neovascularização) (Figuras 40A e B). A presença de vasos subcapsulares, com trajeto curvo, entrando no linfonodo através do córtex, é altamente sugestiva de envolvimento tumoral (Figura 45). Essa neovascularização periférica é induzida pela obliteração dos vasos hilares. Vasos periféricos podem também ser observados na linfoadenite tuberculosa, embora incomumente. Nesse caso, os vasos hilares são destruídos pela necrose e a vascularização periférica deve-se ao processo inflamatório persistente nos tecidos adjacentes. A completa obliteração dos vasos hilares, devido ao rápido crescimento tumoral, pode resultar em um padrão avascular ao Doppler colorido e de amplitude.

- A USG microvascular (*superb microvascular imaging* [SMI]), recentemente desenvolvida, permite a visualização de fluxos de velocidades muito baixas que caracteristicamente seriam removidos no Doppler colorido ou de amplitude (Figuras 43C e D). A avaliação do padrão da microvasculatura tem demonstrado papel importante na diferenciação entre linfonodos malignos e benignos. Estudos indicam que linfonodos tumorais apresentam microvascularização interna muito maior que os

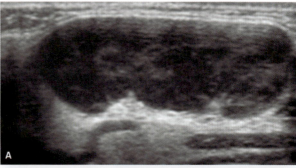

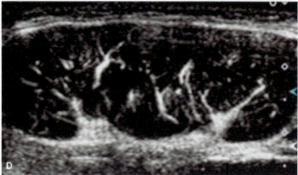

Figura 43　Linfonodo não habitual. A: Linfonodo aumentado, com hilo hiperecogênico deslocado para a periferia e quase imperceptível. B: Ao Doppler colorido observa-se vascularização hilar, no entanto, muito aumentada. C e D: Imagens de ultrassonografia com técnica SMI (ultrassonografia microvascular) permitem visualizar vasos menores, com velocidades muito baixas. Fonte: Arquivo do InRad, HCFMUSP.

linfonodos tuberculosos e que a presença de vasos internos aberrantes e tortuosos não é comum na linfoadenite tuberculosa.

- Alguns autores demonstraram que linfonodos metastáticos apresentam um índice de pulsatilida-

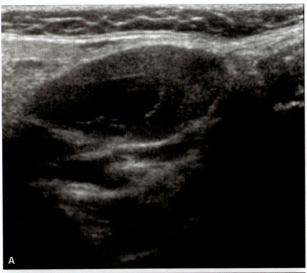
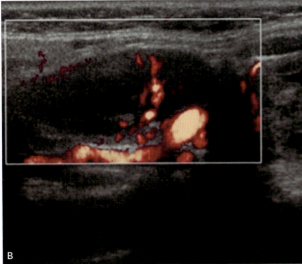

Figura 44 Linfonodo metastático. A vascularização é deslocada pela presença de área cística de necrose central. Fonte: Arquivo do InRad, HCFMUSP.

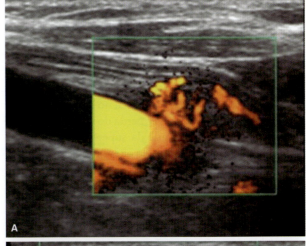
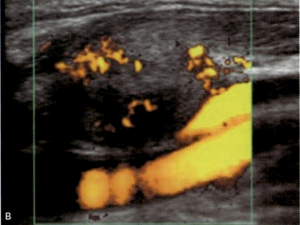
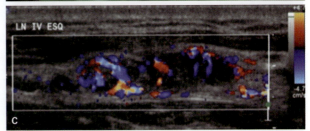

Figura 45 Linfonodos metastáticos. Observam-se vasos tortuosos, irregulares e subcapsulares. Fonte: Arquivo do InRad, HCFMUSP.

de (IP) e um índice de resistividade (IR) mais alto que os linfonodos normais e reacionais, sendo os valores de corte para o IP > 1,5 e para o IR > 0,8. Esses valores, no entanto, são controversos e não há consenso até o momento.

- Número: é importante determinar se apenas um ou mais linfonodos estão anormais. Além disso, deve-se relatar se os linfonodos estão conglomerados.

Alguns achados adicionais devem ser comunicados no relatório, sempre que possível, pois afetam o prognóstico e a conduta. São eles:

- Extensão extracapsular: a doença linfonodal extracapsular macroscópica aumenta em 3,5 vezes a chance de recorrência local. A presença de extensão extracapsular é, geralmente, um diagnóstico histológico, no entanto, pode ser suspeitada quando há indefinição dos contornos do linfonodo, quando um tecido sólido se estende para fora dos limites do linfonodo, quando há hiperecogenicidade e obliteração do tecido adiposo perilinfonodal ou quando há perda do plano adiposo entre o linfonodo e a musculatura/estruturas adjacentes (Figura 46). O tamanho dos linfonodos também é um preditor de disseminação extracapsular. Cerca de 25% dos linfonodos ≤ 1 cm apresentam extensão extracapsular microscópica e cerca de 75% dos linfonodos com > 3 cm apresentam extensão extracapsular macroscópica.
- Aprisionamento das artérias carótidas: o aprisionamento da artéria carótida deve ser suspeitado quan-

do há perda do plano adiposo que a separa e envolvimento pela massa linfonodal de mais que 270° da circunferência da artéria (sensibilidade de 92-100% e especificidade de 88-93%).
- Fixação a estruturas adjacentes (musculares, óssea, traqueia): a fixação às estruturas adjacentes é mais difícil da avaliar por meio de USG, no entanto, pode ser suspeitada quando houver perda do plano adiposo de clivagem e irregularidade da superfície da estrutura em contato com o linfonodo alterado.

Embora nenhuma dessas características isoladamente possa distinguir com acurácia um linfonodo normal de um linfonodo metastático, a combinação dessas características pode auxiliar no diagnóstico na maioria das vezes.

- Elastografia: a elastografia tem demonstrado potencial para melhorar a acurácia da USG na diferenciação entre linfonodos benignos e malignos. Isso porque permite destacar alterações focais na rigidez tecidual (de até 2 mm) mesmo em linfonodos normais, elevando a suspeição para infiltração tumoral em um linfonodo que de outra forma não seria suspeito. A arquitetura elastográfica preservada dos linfonodos reacionais aumentados pode contribuir para reassegurar sua natureza benigna. Além disso, a elastografia contribui para definir a melhor área para realização de PAAF.
   - Linfonodos normais apresentam uma cortical um pouco mais dura em relação a medular. Linfonodos normais ou reacionais tendem a parecer homogêneos com os tecidos circunjacentes, com baixa rigidez nos elastogramas. Linfonodos malignos se destacam dos tecidos circunjacentes, refletindo a diferença entre as propriedades elásticas do linfonodo metastático e os tecidos circunjacentes (Figura 46). A maioria dos linfonodos metastáticos é cerca de 1,5 vez mais duro que os tecidos adjacentes. Além disso, linfonodos malignos apresentam áreas duras que correspondem a mais de 45% da área do linfonodo. A exceção são linfonodos com pequenas áreas de infiltração tumoral em que apenas pequenas áreas duras serão observadas (menos de 45% da área do linfonodo). Linfonodos malignos podem apresentar um halo duro periférico que corresponde, geralmente, à área de reação desmoplásica.

A realização de PAAF guiada por USG pode ser utilizada para obter células para análise citológica (confirmar o envolvimento metastático) e material para avalia-

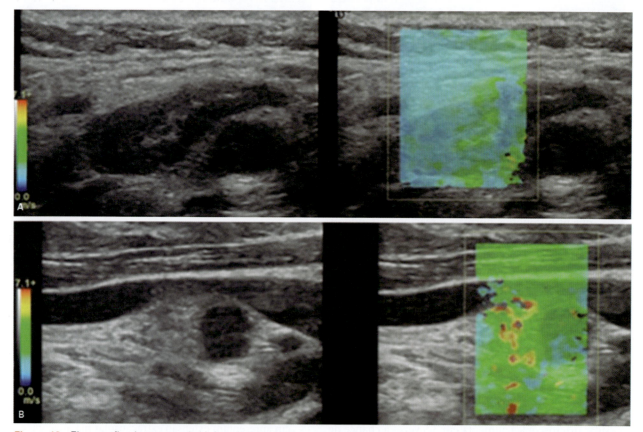

Figura 46   Elastografia *shear wave*. A: Linfonodos reacionais tendem a ser homogêneos com os tecidos adjacentes, com cores na faixa de baixa rigidez do elastograma. B: Linfonodos metastáticos são menos deformáveis e destacam-se dos tecidos adjacentes por apresentarem áreas no espectro de maior rigidez do elastograma (áreas em vermelho). Fonte: Arquivo do InRad, HCFMUSP.

ção microbiológica. A PAAF guiada por USG possui alta acurácia diagnóstica (90%) e é comumente utilizada para avaliação de linfonodos cervicais. No entanto, é um método invasivo, sujeito a erros de amostragem e análise.

A USG apresenta limitações na avaliação dos linfonodos cervicais. Linfonodos retrofaríngeos não são acessíveis na USG. A avaliação dos linfonodos do nível VI pode ser limitada em indivíduos brevilíneos e com pescoço largo; pode ser incompleta, pois linfonodos podem ficar ocultos atrás da traqueia ou do esôfago. Alguns pacientes não conseguem permanecer em decúbito dorsal pelo tempo necessário para a realização do exame. Além disso, estima-se que 25% dos pacientes N0 tenham micrometástases linfonodais que não são identificadas na USG.

Outros tumores benignos e malignos

Linfoma

Envolve os linfonodos cervicais que se apresentam com dimensões aumentadas, formato globoso e com perda do hilo hiperecogênico (menos comumente, o hilo adiposo pode estar presente) (Figura 45). Áreas císticas de necrose e calcificações são raras, estas últimas são observadas no pós-tratamento. Geralmente, os linfonodos estão em número aumentado, podendo ser confluentes. Ao Doppler colorido, os linfonodos exibem vascularização aumentada, podendo manter um padrão hilar ou apresentar vascularização subcapsular. O envolvimento extranodal na região cervical é infrequente.

Lipossarcoma

Podem apresentar graus variados de diferenciação. O lipossarcoma bem diferenciado pode assemelhar-se muito ao lipoma (no qual mais de 75% do volume do tumor consiste em tecido adiposo) e o diagnóstico não invasivo pode ser difícil. Características que podem ajudar a diferenciar o lipossarcoma incluem: idade > 60 anos, tumores > 10 cm, septos espessos (> 0,2 cm) e pouco conteúdo de tecido adiposo (< 25% do volume do tumor). Lipossarcomas pouco diferenciados apresentam-se como massa infiltrativa, com pouco ou nenhum componente de tecido adiposo. Áreas císticas de necrose podem ser identificadas.

Neuroblastoma

Mais comumente apresentam-se como linfonodos metastáticos. No entanto, podem apresentar-se como lesões sólidas, hipoecogênicas, com calcificações no interior.

Rabdomiossarcoma

Lesão expansiva sólida, de crescimento rápido, hipoecogênica, heterogênea, de limites indefinidos, frequentemente contendo áreas císticas de necrose no interior, podendo se originar de qualquer grupo muscular. Linfonodos metastáticos na região cervical são observados em praticamente todos os pacientes ao diagnóstico. A USG permite o diagnóstico de uma lesão de partes moles agressiva, no entanto, não é possível estabelecer o diagnóstico histológico que deve ser confirmado por biópsia.

Infecção

Ultrassonografia

Apresenta-se inicialmente por aumento da espessura e da ecogenicidade da derme, tecido celular subcutâneo e planos adiposos, onde se observam finas lâminas líquidas de permeio. Esse processo mais difuso é denominado celulite. Ao Doppler colorido pode apresentar aumento da vascularização, geralmente discreto. Eventualmente, esse processo se torna mais organizado em torno de uma cavidade liquefativa central – o abscesso. O abscesso apresenta-se como uma coleção de paredes espessas e irregulares, conteúdo espesso podendo conter gás. Ao Doppler colorido, há aumento da vascularização dos tecidos inflamados adjacentes. Quando o processo infeccioso se organiza em abscesso há indicação de drenagem. Linfonodos reacionais nas cadeias adjacentes são comuns. A celulite/abscesso torna-se crítica quando envolve alguma das muitas estruturas vitais da região da cabeça e do pescoço, como vias aéreas, órbita, região periespinhal e vasos cervicais (avaliar a presença de trombos, principalmente em veias emissárias próximas ao abscesso). Apesar de conseguir avaliar lesões superficiais, a USG é limitada para acessar extensão óssea ou para planos profundos do processo infeccioso (Figura 47).

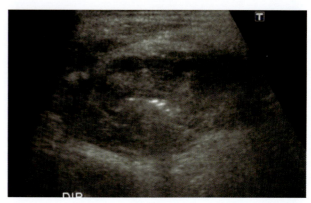

Figura 47 Abscesso. Coleção hipoecogênica, de limites pouco definidos, com gás no interior, no triângulo posterior direito. Há aumento da espessura e da ecogenicidade dos planos adjacentes correspondendo a edema/inflamação. Fonte: Arquivo do InRad, HCFMUSP.

Bibliografia sugerida

1. Adams A, Mankad K, Offiah C, Childs L. Branchial cleft anomalies: a pictorial review of embryological development and spectrum of imaging findings. Insights Imaging. 2016;7(1):69-76.
2. Ahuja AT, Ying M. Evaluation of cervical lymph node vascularity: a comparison of colour Doppler, power Doppler and 3-D power Doppler sonography. Ultrasound Med Biol. 2004;30(12):1557-64.
3. Ahuja AT, Ying M. Sonographic evaluation of cervical lymph nodes. AJR Am J Roentgenol. 2005;184(5):1691-9.
4. Ahuja AT, Ying M, Ho SY, Antonio G, Lee YP, King AD, et al. Ultrasound of malignant cervical lymph nodes. Cancer Imaging. 2008;8:48-56.
5. Ahuja A, Ying M, King A, Yuen HY. Lymph node hilus: gray scale and power Doppler sonography of cervical nodes. J Ultrasound Med. 2001;20(9):987-92; quiz 94.
6. Bisdorff A, Mulliken JB, Carrico J, Robertson RL, Burrows PE. Intracranial vascular anomalies in patients with periorbital lymphatic and lymphaticovenous malformations. AJNR Am J Neuroradiol. 2007;28(2):335-41.
7. Chiorean L, Barr RG, Braden B, Jenssen C, Cui XW, Hocke M, et al. Transcutaneous ultrasound: elastographic lymph node evaluation. Current Clinical Applications and Literature Review. Ultrasound Med Biol. 2016;42(1):16-30.
8. D'Souza AR, Uppal HS, De R, Zeitoun H. Updating concepts of first branchial cleft defects: a literature review. Int J Pediatr Otorhinolaryngol. 2002;62(2):103-9.
9. Fang WS, Wiggins RH, Illner A, Hamilton BE, Hedlund GL, Hunt JP, et al. Primary lesions of the root of the tongue. Radiographics. 2011;31(7):1907-22.
10. Gaddikeri S, Vattoth S, Gaddikeri RS, Stuart R, Harrison K, Young D, et al. Congenital cystic neck masses: embryology and imaging appearances, with clinicopathological correlation. Curr Probl Diagn Radiol. 2014;43(2):55-67.
11. Gor DM, Langer JE, Loevner LA. Imaging of cervical lymph nodes in head and neck cancer: the basics. Radiol Clin North Am. 2006;44(1):101-10, viii.
12. Ibrahim M, Hammoud K, Maheshwari M, Pandya A. Congenital cystic lesions of the head and neck. Neuroimaging Clin N Am. 2011;21(3):621-39, viii.
13. Koeller KK, Alamo L, Adair CF, Smirniotopoulos JG. Congenital cystic masses of the neck: radiologic-pathologic correlation. Radiographics. 1999;19(1):121-46; quiz 52-3.
14. Meuwly JY, Lepori D, Theumann N, Schnyder P, Etechami G, Hohlfeld J, et al. Multimodality imaging evaluation of the pediatric neck: techniques and spectrum of findings. Radiographics. 2005;25(4):931-48.
15. Moron FE, Morriss MC, Jones JJ, Hunter JV. Lumps and bumps on the head in children: use of CT and MR imaging in solving the clinical diagnostic dilemma. Radiographics. 2004;24(6):1655-74.
16. Ryoo I, Suh S, You SH, Seol HY. Usefulness of microvascular ultrasonography in differentiating metastatic lymphadenopathy from tuberculous lymphadenitis. Ultrasound Med Biol. 2016;42(9):2189-95.
17. Thomas B, Shroff M, Forte V, Blaser S, James A. Revisiting imaging features and the embryologic basis of third and fourth branchial anomalies. AJNR Am J Neuroradiol. 2010;31(4):755-60.
18. Tracy TF, Jr., Muratore CS. Management of common head and neck masses. Semin Pediatr Surg. 2007;16(1):3-13.
19. van den Brekel MW, Castelijns JA, Snow GB. The size of lymph nodes in the neck on sonograms as a radiologic criterion for metastasis: how reliable is it? AJNR Am J Neuroradiol. 1998;19(4):695-700.
20. Waldhausen JH. Branchial cleft and arch anomalies in children. Semin Pediatr Surg. 2006;15(2):64-9.
21. Ying M, Cheng SC, Ahuja AT. Diagnostic accuracy of computer-aided assessment of intranodal vascularity in distinguishing different causes of cervical lymphadenopathy. Ultrasound Med Biol. 2016;42(8):2010-6.
22. Zander DA, Smoker WR. Imaging of ectopic thyroid tissue and thyroglossal duct cysts. Radiographics. 2014;34(1):37-50.

12

Glândula tireoide

Fábio Augusto Ribeiro Dalprá
Carlos Jorge da Silva
Regina Lúcia Elia Gomes

Introdução – anatomia e métodos de imagem

A glândula tireoide está localizada na porção anterior do segmento infra-hióideo do pescoço, sob a cartilagem tireoide, na altura do segundo e do terceiro anéis traqueais, na forma de dois lobos conectados anteriormente por um istmo, envolvendo a face anterior da laringe e a traqueia, no espaço visceral (Figura 1). É envolta pela camada pré--traqueal ou média da fáscia cervical profunda e, como é característico de todas as glândulas endócrinas, não possui ductos, secretando seus hormônios diretamente na corrente sanguínea. A glândula tireoide produz tri-iodotironina (T3) e tiroxina (T4), que possuem importantes papéis metabólicos, além de desempenharem importante papel na maturação do cérebro fetal. A glândula também produz calcitonina, que atua na homeostase do cálcio.

A glândula tireoide é ricamente irrigada pelas artérias tireoidianas superiores, primeiro ramo da artéria carótida externa, e pelas artérias tireoidianas inferiores, ramo do tronco tireocervical, proveniente da artéria subclávia. Sua drenagem venosa se dá por plexos que desembocam nas veias jugulares internas e braquiocefálicas. As inervações simpática e parassimpática são dadas, respectivamente, pelos gânglios médio e inferior da cadeia simpática e pelo nervo vago. A drenagem linfática é variável, normalmente se comunicando com o plexo traqueal para linfonodos pré-laríngeos, pré e paratraqueais. Pode ocorrer drenagem para linfonodos braquiocefálicos e retrofaríngeos. Lateralmente, a drenagem se dá ao longo da veia tireoidiana superior para linfonodos cervicais profundos. Pode ocorrer drenagem direta ao ducto torácico, sem interposição de linfonodos. Portanto, as vias de disseminação linfática de cânceres tireoidianos se dão preferencialmente para linfonodos viscerais, inclusive délficos (nível VI), espinais acessórios (nível V), da cadeia jugular interna inferior (nível IV) e retrofaríngeos.

Os nervos laríngeos recorrentes possuem relação anatômica com o aspecto posterolateral da glândula tireoide, medialmente às artérias carótidas comuns e lateralmente ao esôfago, mas normalmente não são acessíveis aos exames de imagem, sendo importante conhecer seus trajetos ao longo dos sulcos traqueoesofágicos.

A natureza folicular da glândula tireoide não é acessível aos métodos de imagens seccionais. Portanto, a glândula saudável se apresenta com textura homogênea. Sua posição

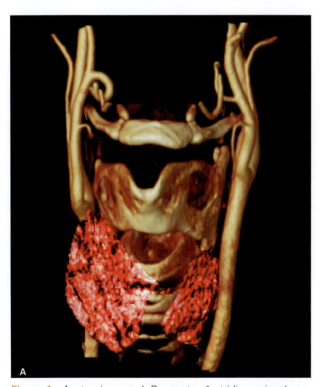

Figura 1 Anatomia normal. Reconstrução tridimensional segmentada de tomografia computadorizada com contraste demonstrando a posição da glândula tireoide tópica em relação à traqueia, cartilagens e às artérias carótidas.

superficial a torna ideal para a avaliação ultrassonográfica, que possui maiores sensibilidade e especificidade, sendo reservada aos métodos axiais a função de auxílio diagnóstico, estadiamento local e cervical e acompanhamento pós-terapêutico. O meio de contraste iodado usado nos exames de tomografia computadorizada (TC) pode permanecer na glândula tireoide por até 6 semanas, prejudicando a realização de estudos de medicina nuclear e radioterapia, sendo a ressonância magnética (RM) com o uso do gadolínio mais indicada nesses casos. A grande vascularização da glândula confere intenso realce pelos meios de contraste endovenosos e alto sinal nas sequências de RM pesadas em T2.

A sequência ponderada em difusão é um método de imagem que usa a livre movimentação das moléculas de água e a restrição a esta livre movimentação para gerar contraste em exames de RM. As moléculas de água se movimentam livremente e ao acaso em um ambiente sem obstáculos, e tais regiões são vistas como áreas de hipossinal nessa sequência (áreas de difusão facilitada). Entretanto, quando as moléculas de água estão em um ambiente com muitas organelas celulares e/ou macromoléculas, esse movimento não se dá mais ao acaso e há uma restrição à livre movimentação das moléculas de água. Portanto, abscessos, regiões com edema citotóxico (como em pacientes com acidentes vasculares isquêmicos cerebrais) ou mesmo tumores/linfonodos metastáticos hipercelulares são vistos como áreas de hipersinal nas sequências ponderadas em difusão. O coeficiente de difusão aparente (ADC) é um parâmetro quantitativo que informa o quanto um determinado tecido ofereceu restrição à livre movimentação das moléculas de água. O ADC é necessário para comprovar se um tecido tem ou não restrição verdadeira à difusão. Se o hipersinal visto na difusão for determinado pelo efeito T2 daquele tecido (p. ex., pelo seu alto conteúdo hídrico), o ADC demonstrará hipersinal nesta região e a restrição é falsa. Ao contrário, se a restrição for verdadeira, aquele tecido terá alto sinal na difusão, mais baixo sinal no ADC (Figura 2).

Estudos de cintilografia podem ser realizados com tecnécio-99 (Tc-99m) para localizar tecidos ectópicos, pois esse radiofármaco é captado pela glândula, mas não é organificado. Estudos da função da glândula ou de nódulos podem ser realizados por iodo-123 ou iodo-131. O iodo-131 possui meia-vida maior e maior radiação e é usado para estudar lesões recorrentes ou pesquisa de metástases em estudos de corpo inteiro pós-tratamento. A tomografia por emissão de pósitrons/tomografia computadorizada (PET/CT) com 18-fluordesoxiglicose (18-FDG) também se mostra uma poderosa ferramenta para estadiamento de lesões malignas e pesquisa de lesões secundárias pós-tratamento.

Embriologia, variações da normalidade e malformações congênitas

Diante das extremas variações na anatomia grosseira da glândula tireoide, Marshall (1895) constatou em seu artigo histórico que falar em uma anatomia "normal" da glândula tireoide seria um absurdo. Embriologicamente, a glândula se origina de um divertículo endodérmico na parede ventral da faringe, que surge na quarta semana de gestação, na topografia em que se formará o forame cego. A glândula tireoide primitiva então migrará caudalmente pelo tecido mesodérmico subjacente, formando o ducto tireoglosso (que regredirá), para sua topografia habitual no pescoço inferior. Tecidos tireoidianos ectópicos podem ocorrer desde a base da língua (tireoide lingual) (Figura 3), por todo o trajeto do ducto tireoglosso (Figura 4) e, mais caudalmente, até o diafragma, por migração anormal. Muitas vezes, esse tecido tireoidiano ectópico pode ser o único tecido tireoidiano funcionante do paciente.

A ausência de involução do ducto tireoglosso, completa ou parcial, pode formar cistos remanescentes do ducto tireoglosso (Figura 5). Esses cistos constituem a principal causa de abaulamentos cervicais congênitos e muitas vezes são descobertos após episódios infecciosos (Figura 6). Tipicamente, apresentam-se como abaulamentos móveis e compressíveis supra-hióideos na linha mediana ou infra-hióideos paramedianos, e quase 50% ocorrem junto ao osso hioide. Muito raramente, eles podem apresentar tecido tireoidiano ectópico em seu interior, visto como um nódulo excêntrico dentro do cisto, e a incidência de carcinoma papilífero é bem maior nesse tecido ectópico do que no parênquima tireoidiano normal. A ocorrência de nódulo excêntrico dentro de um cisto de ducto tireoglosso é preocupante, sendo necessário o prosseguimento da investigação com análise citológica. Caso haja realce das paredes do cisto do ducto tireoglosso, deve-se suspeitar de infecção.

Quando o remanescente do ducto tireoglosso ocorre em sua porção mais caudal, junto à glândula tireoide, pode ocorrer a formação de um lobo tireoidiano piramidal, junto a um dos lobos tireoidianos ou do istmo. O lobo piramidal é a alteração tireoidiana congênita mais frequente, encontrada em até 55% das pessoas em estudos *post-mortem*, sendo considerada uma variação da normalidade (Figura 7). Ele pode estar envolvido em qualquer doença difusa da glândula tireoide. O lobo piramidal pode estar ligado ao osso hioide por uma banda fibrosa. Quando há tecido muscular nesta banda fibrosa, ela é denominada músculo elevador da glândula tireoide.

Processos inflamatórios e alterações metabólicas

Bócio multinodular

O bócio nada mais é do que o aumento do volume da glândula tireoide. O aumento da estimulação glandular pelo hormônio tireoestimulante (TSH) pode levar à formação de bócios multinodulares, sendo sua principal causa a deficiência de iodo (Figura 8) e mais raramente

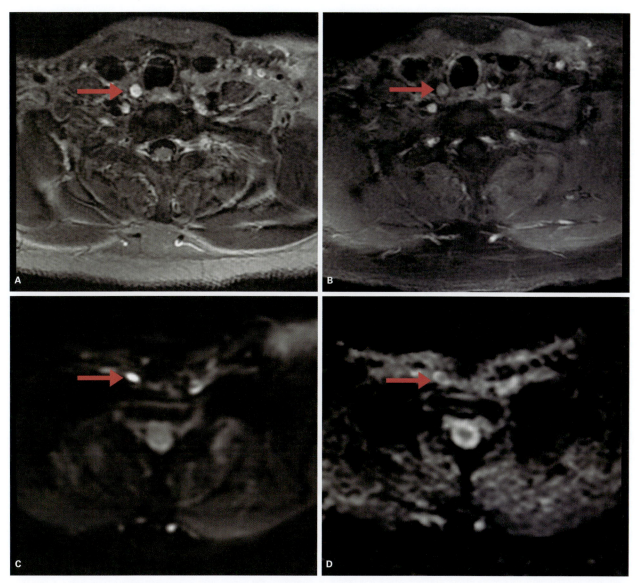

Figura 2 Linfonodo metastático hipercelular no nível VI à direita em uma paciente de 46 anos, tireoidectomizada por carcinoma papilífero. Os cortes axiais de ressonância magnética em T2 (A) e T1 pós-contraste (B) demonstram o linfonodo (setas) com restrição à difusão (C), confirmada pelo mapa de coeficiente de difusão aparente, ADC (D).

deficiências genéticas familiares ou pelo uso de medicamentos. Esses bócios podem tomar grandes dimensões, comprimindo estruturas e se insinuando ao mediastino. Nesses casos, a cirurgia é geralmente o tratamento de escolha, e a avaliação do bócio por métodos seccionais (TC e RM) para o estudo de suas relações e para o planejamento operatório se torna essencial. Em 7-17% dos bócios subesternais retirados cirurgicamente, são encontrados focos de malignidade.

O bócio tireoidiano tipicamente se apresenta como uma formação expansiva assimétrica, de contornos lobulados e heterogênea (pela presença de calcificações, degenerações císticas e hemorragia vistas nos métodos seccionais). Suas principais complicações são as compressões da traqueia, do esôfago ou das estruturas vasculares (Figuras 9 e 10), e compressões agudas da via aérea podem ocorrer por hemorragias intraglandulares. Na RM, os bócios multinodulares possuem sinal variado, dependendo do conteúdo hemorrágico, do teor proteico ou mesmo do conteúdo coloide de seus nódulos. Possuem realce variável pelos meios de contraste com *washout* lento. Vale ressaltar que o principal objetivo dos métodos seccionais é estudar suas relações com as importantes estruturas adjacentes, visando a um bom planejamento cirúrgico.

Doença de Graves

A doença de Graves é a causa mais comum de hipertireoidismo, sendo responsável por até 85% dos casos de crises tireotóxicas. Trata-se de uma doença autoimune

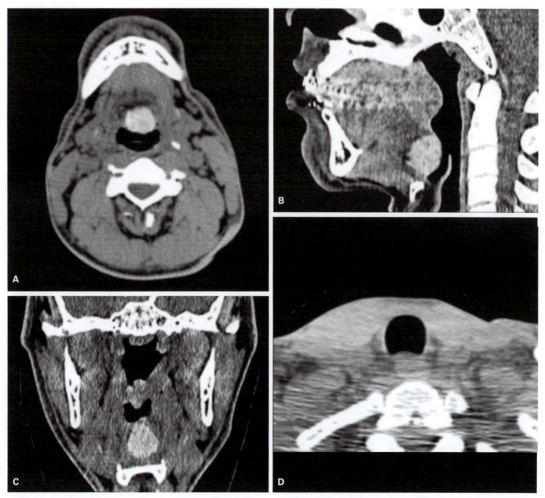

Figura 3 Tireoide lingual. Tomografia computadorizada sem contraste nos planos axial (A), sagital (B) e coronal (C) demonstrando formação nodular hiperatenuante no aspecto posterior da raiz da língua (topografia do forame cego). Em D, nota-se ausência do tecido tireoidiano em sua topografia habitual.

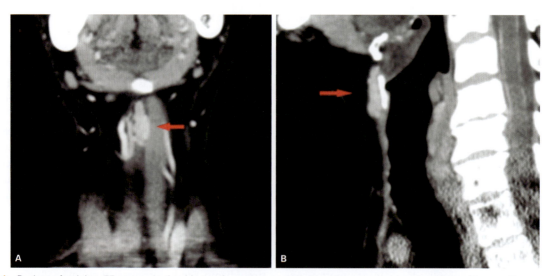

Figura 4 Paciente feminina, 55 anos, pós-tireoidectomia, permanecendo com sintomas de hipertireoidismo. Tomografia computadorizada com contraste nos planos coronal (A) e sagital (B) demonstrando tecido tireoidiano ectópico no trajeto do ducto tireoglosso (setas).

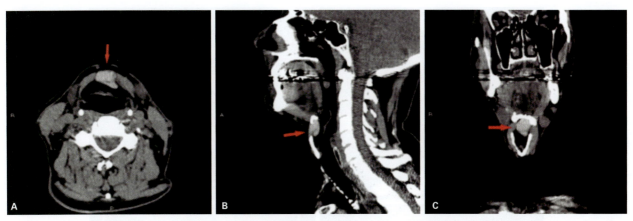

Figura 5 Remanescente cístico do ducto tireoglosso, sendo esta a apresentação mais clássica, com formação hiperatenuante arredondada, na linha mediana anterior cervical vista em imagens de tomografia computadorizada sem contraste nos planos axial (A), sagital (B) e coronal (C). Por vezes, seu interior apresenta alta atenuação em razão de seu conteúdo hiperproteico.

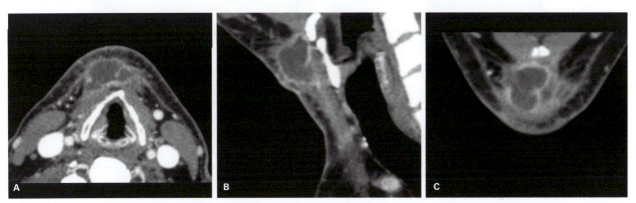

Figura 6 Remanescente cístico do ducto tireoglosso infectado, em imagens de tomografia computadorizada pós-contraste nos planos axial (A), sagital (B) e coronal (C) apresentando realce capsular e septal, com densificação dos planos gordurosos adjacentes.

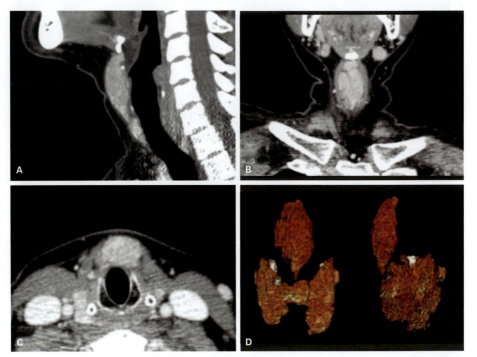

Figura 7 Paciente feminina, 50 anos, com volumoso lobo piramidal em imagens tomográficas nos planos sagital (A), coronal (B) e axial (C) e em reconstrução tridimensional segmentada.

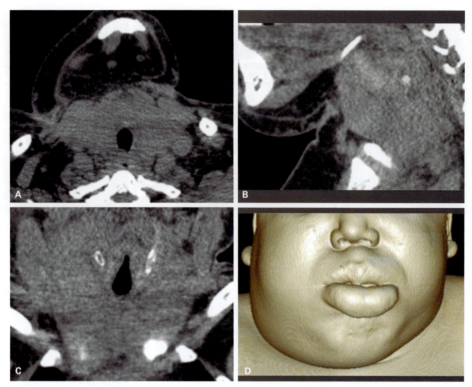

Figura 8 Tomografia computadorizada sem contraste nos planos axial (A), sagital (B) e coronal (C) demonstrando grande bócio tireoidiano. Nota-se a falta da hiperatenuação habitual da glândula tireoide que pode denotar hipofunção da mesma. Em D, a reconstrução tridimensional demonstra abaulamento cervical bilateral, notadamente à direita.

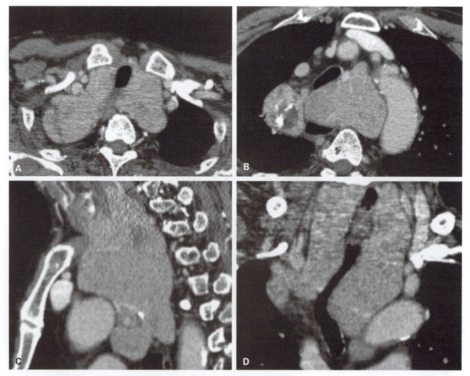

Figura 9 Tomografia computadorizada pós-contraste nos planos axial (A e B), sagital (C) e coronal (D) demonstrando grande bócio tireoidiano com importante componente mergulhante para o mediastino. Notam-se acentuado desvio e compressão traqueais associados. Observam-se também pequenos nódulos hipoatenuantes bilaterais, alguns com degeneração cística e outros com calcificações.

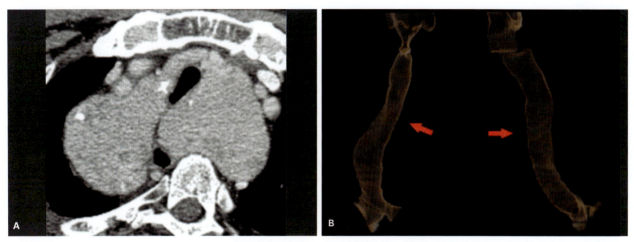

Figura 10 Tomografia computadorizada pós-contraste no plano axial (A) e em reconstruções segmentadas tridimensionais com protocolo específico para o estudo das vias aéreas nos planos coronal e sagital (B) demonstrando a glândula tireoide aumentada e heterogênea, promovendo compressão e desvio traqueal (setas).

mediada por anticorpos antirreceptores de TSH (TRAb) que se ligam a esses receptores e os ativam, superestimulando a glândula. Também possuem atividades extratireoidianas menos compreendidas, sendo a mais comum a orbitopatia de Graves. É muito mais frequente na população feminina e pode apresentar relação com outras doenças autoimunes (em até 20%, há associação com tireoidite de Hashimoto). Cronicamente, seu aspecto se torna semelhante ao do bócio multinodular, mas tardiamente a glândula evolui para atrofia. A ultrassonografia (USG) e a cintilografia possuem papéis importantes no diagnóstico diferencial e no acompanhamento. A cintilografia com Tc-99m ou iodo-123 demonstra aumento homogêneo da atividade glandular. A TC e a RM demonstram aumento glandular com nódulos de permeio e realce, não sendo possível diferenciar de outras causas de bócio.

Outras tireoidites

A tireoidite de Hashimoto, ou tireoidite linfocítica crônica, é outra tireoidite autoimune, sendo a principal causa de bócios não funcionantes nos Estados Unidos. Ela pode apresentar anticorpos antitireoglobulina, antiperoxidase e TRAb, podendo também estar relacionada a outras doenças autoimunes. Verificou-se que até 10% da população pode apresentar anticorpos antitireoidianos e de 3-4% possuem algum grau de tireoidite autoimune. Na TC, a glândula se apresenta tipicamente aumentada e hipoatenuante (não concentra iodo), sem calcificações ou necrose. Na RM, nota-se uma hiperintensidade de sinal em T2, com presença de traves fibróticas hipointensas de permeio. Em ambos os métodos, haverá realce por meios de contraste endovenosos. Tardiamente, observa-se atrofia glandular difusa (Figura 11).

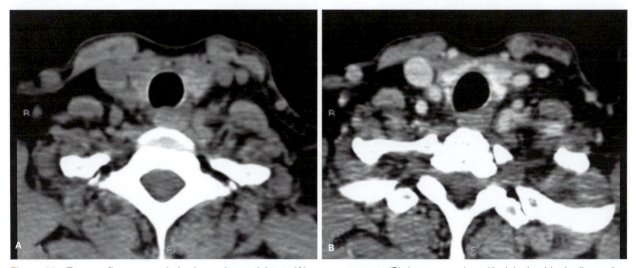

Figura 11 Tomografia computadorizada no plano axial sem (A) e com contraste (B) demonstrando a glândula tireoide de dimensões reduzidas e aspecto heterogêneo.

A tireoidite de Riedel é uma forma bem rara de tireoidite autoimune, que por vezes se manifesta em conjunto com fenômenos autoimunes fibrosantes em outros sítios do corpo e foi recentemente incorporada às doenças relacionadas à imunoglobulina G4 (IgG4). Pode se relacionar a sintomas de disfagia e rouquidão em razão do comprometimento do nervo laríngeo recorrente por extensão da fibrose aos planos circunjacentes à glândula. As poucas descrições de exames de imagem na literatura encontraram achados semelhantes àqueles de outras tireoidites, com a ressalva de que, quando não há comprometimento de toda a glândula, o realce das porções acometidas pode ser menor do que o do tecido preservado, possivelmente relacionado à intensa fibrose nos tecidos acometidos.

Acometimentos infecciosos primários da glândula (tireoidites supurativas) são raros por conta de seus fatores protetores inerentes (glândula encapsulada, concentrações de iodo e peróxido de hidrogênio e drenagem linfática) e, quando ocorrem, predominam no lobo esquerdo (até 95% dos casos). A infecção aguda da glândula tireoide é causada principalmente por *Streptococcus haemolyticus*, *Streptococcus pneumoniae* e *Staphylococcus aureus*, sendo associada a disseminação direta ou hematogênica de outras infecções, trauma, cisto de 4ª fenda branquial e imunodeficiência, especialmente a relacionada à infecção por *Pneumocystis carinii* ou mesmo por *Aspergillus* sp. (Figura 12). São potencialmente fatais na ausência de intervenção. Podem se estender aos espaços cervicais profundos e atingir o mediastino. Nos exames de TC, notam-se perda da atenuação do iodo no lobo acometido, abscessos, loculações aéreas quando fístulas com o seio piriforme estão presentes, além de edema glandular e das partes moles adjacentes.

Tumores benignos

Nódulos tireoidianos incidentais são um dos achados mais frequentes em radiologia, e a maioria é de etiologia benigna. O Colégio Americano de Radiologia (ACR), em seu *white paper*, faz recomendações sobre quais nódulos deveriam ser estudados por USG dedicada quando encontrados nos métodos seccionais. O protocolo sugerido pode ser resumido como mostrado na Figura 13.

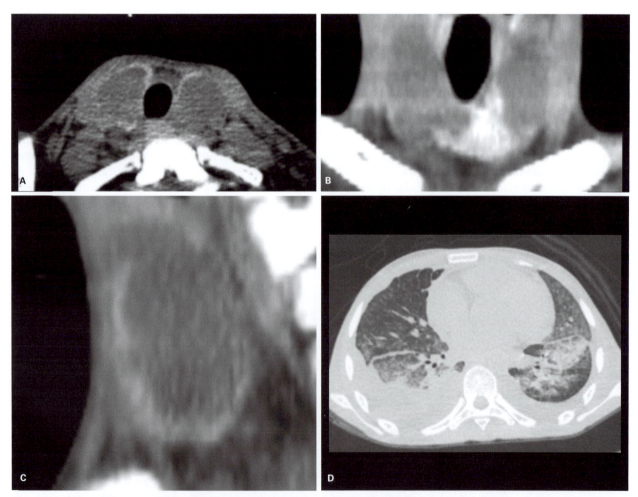

Figura 12 Tomografia computadorizada sem contraste de paciente masculino, 24 anos, imunodeprimido, com tireoidite supurativa fúngica. Nos planos axial (A), coronal (B) e sagital (C), notam-se coleções em ambos os lobos tireoidianos. O paciente estava acometido por infecção por *Aspergillus* (D, estudo tomográfico do tórax em janela pulmonar no plano axial).

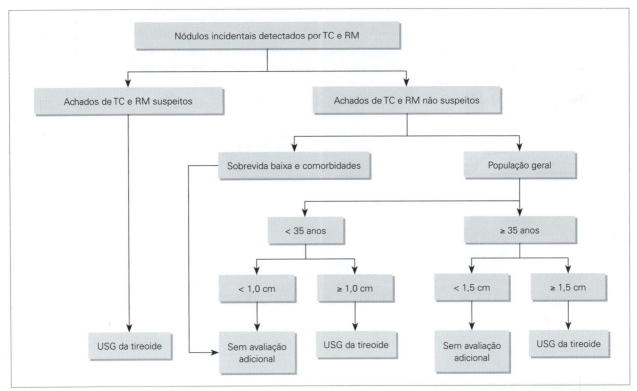

Figura 13 Fluxograma de investigação de nódulos tireoidianos incidentais detectados por tomografia computadorizada (TC) e ressonância magnética (RM). USG: ultrassonografia.
Modificado de Journal of the American College of Radiology, 2015.

É preciso investigar todos os nódulos com risco aumentado de câncer (aqueles com 1,5 cm ou mais, presença de invasão de estruturas adjacentes, aqueles associados a linfonodos suspeitos). Os linfonodos suspeitos são aqueles de dimensões aumentadas (maiores que 1,0 cm em seu menor eixo), com calcificações, componentes císticos ou realce aumentado, principalmente se ocorrerem nas cadeias jugulares internas inferiores (nível IV) e visceral (nível VI). Devem também ser avaliados por USG os nódulos incidentais com 1,0 cm ou mais em pacientes assintomáticos com menos de 35 anos, bem como os nódulos iguais a 1,5 cm ou maiores em pacientes com 35 anos ou mais.

Adenoma

Representa 80% das lesões tireoidianas benignas, possuindo diferentes subtipos histológicos, em sua maioria não funcionantes. O adenoma tem características de imagem variáveis e absolutamente inespecíficas, geralmente se apresentando como lesão encapsulada que pode apresentar hemorragia, fibrose, calcificação e componentes císticos (Figuras 14 e 15). Além disso, a punção aspirativa por agulha fina (PAAF) guiada por USG, cujo resultado citológico é "neoplasia folicular", não permite a diferenciação entre adenoma e carcinoma folicular. Conclui-se que de 70-85% das citologias com resultado de "neoplasia folicular" são adenomas, mas para esse diagnóstico a tireoidectomia total por vezes é realizada por causa da necessidade da análise completa do material.

Tumores malignos

As características de imagem das lesões tireoidianas benignas e malignas se sobrepõem, e a identificação inequívoca das lesões malignas só é geralmente possível nas fases avançadas, quando há invasão de estruturas adjacentes, linfonodos patológicos ou metástases a distância. Por conta disso, convencionalmente, a primeira linha de investigação por imagem de lesões tireoidianas se dá por USG combinada ou não com PAAF (na dependência dos achados ultrassonográficos) e medicina nuclear com iodo radioativo ou Tc-99m, restando os métodos seccionais (TC e RM) para o estadiamento e o planejamento cirúrgico, devendo-se ainda considerar que o uso do contraste iodado nos estudos de TC pode interferir nos testes de função tireoidiana por até 6 semanas. Durante a avaliação de bócios multinodulares, 80% dos carcinomas de tireoide podem não ser detectados pela PAAF. Nesse contexto, as imagens com contraste dinâmico por RM demonstram uma correlação significativa de realce com *washout* tardio e carcinoma de tireoide, sendo caracterizadas sensibilidade e acurácia superiores àquelas da PAAF e da biópsia por congelação, com valor preditivo negativo de 100%.

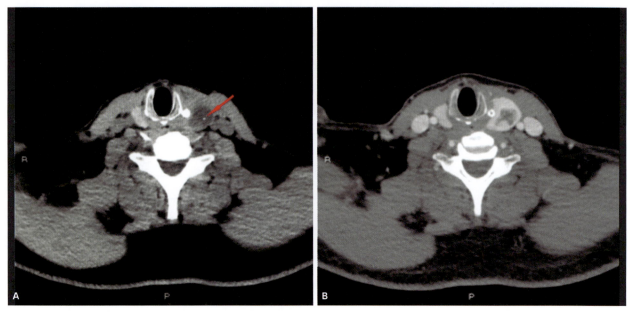

Figura 14 Tomografia computadorizada com imagens axiais antes (A) e após (B) o uso de contraste demonstrando lobo tireoidiano esquerdo aumentado à custa de nódulo misto heterogêneo, com componente cístico e foco de calcificação (seta). Adenoma coloide.

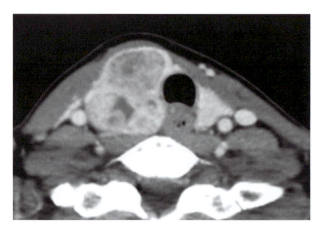

Figura 15 Tomografia computadorizada pós-contraste no plano axial demonstrando nódulos mistos heterogêneos com componentes císticos, por vezes coalescentes no lobo tireoidiano direito. Adenomas coloides.

Alguns trabalhos também demonstram a utilidade da medida dos ADC para diferenciar lesões tireoidianas e identificar linfonodos malignos.

Carcinomas

Carcinomas de tireoide representam 0,5% dos tumores malignos em homens e 1,8% em mulheres, com uma preferência pelo sexo feminino de 3:1. Possuem baixo impacto na mortalidade por câncer, sendo 0,2% das mortes por câncer em homens e 0,5% em mulheres, com uma taxa de ocorrência de morte por sexo de 1:1. O subtipo mais frequente é o papilífero (58% em homens, 65% em mulheres), seguido pelo subtipo folicular (13% em homens, 11% em mulheres) e pelo medular (7% em homens, 3% em mulheres). Dos demais, cerca de 3-10% são anaplásicos e o restante indiferenciado ou de outros subtipos mais raros. Muitas vezes, os carcinomas de tiroide possuem crescimento lento e comportamento pouco agressivo, e lesões ocultas foram encontradas em estudos *post-mortem* com uma incidência de 6,5 a 28%.

O tumor primário pode apresentar aspecto e comportamento altamente variáveis, desde formações expansivas bem delimitadas, capsuladas, deslocando as estruturas vasculares, que formam arranjos concêntricos ao seu redor (Figura 16), até formações expansivas heterogêneas e infiltrativas. Podem possuir sinal heterogêneo na RM em razão da presença de sangramentos, calcificações e conteúdo cístico ou mesmo apresentar uma alteração glandular difusa mimetizando o aspecto de patologias benignas (Figura 17). Alteração de sinal da musculatura adjacente pode representar edema, infiltração tumoral ou denervação. A presença de tecido muscular com características de sinal preservado adjacente ao tumor reduz muito a possibilidade de invasão tumoral. O tecido fibroso tem hipossinal em T2 e pode apresentar tênue realce, sendo as sequências de difusão e ponderadas em T2 potencialmente úteis na diferenciação entre remanescente/recidiva tumoral e alterações fibrocicatriciais relacionadas ao tratamento.

Os tumores tireoidianos são considerados ressecáveis (T4a), quando invadem a cápsula tireóidea e o tecido subcutâneo, a laringe, a traqueia, o esôfago e o nervo laríngeo recorrente, e irressecáveis (T4b), quando há invasão do espaço pré-vertebral ou quando apresentam envolvimen-

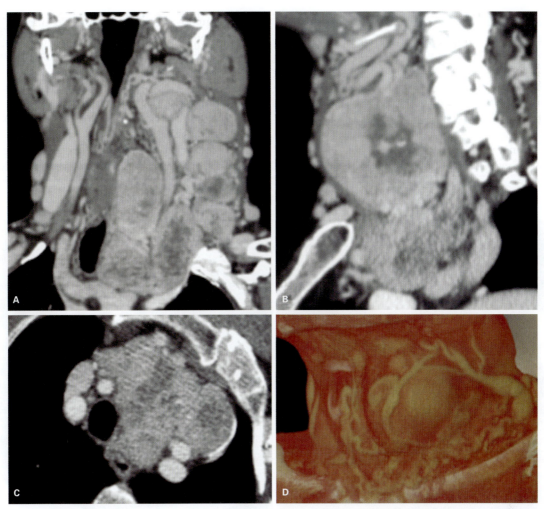

Figura 16 Tomografia computadorizada pós-contraste nos planos coronal (A), sagital (B), axial (C) e em reconstrução tridimensional (D) demonstrando volumoso carcinoma medular da tireoide e múltiplas linfonodomegalias, por vezes com centro necrótico/liquefeito, que deslocam as estruturas vasculares cervicais e mediastinais e comprimem a laringe e a traqueia.

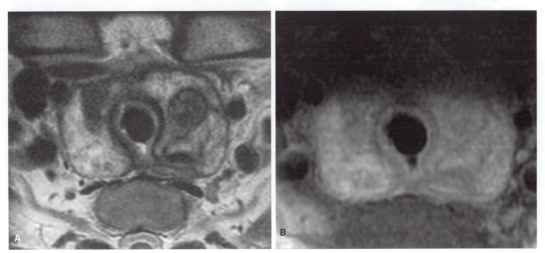

Figura 17 Paciente masculino de 47 anos com carcinoma medular de tireoide. Ressonância magnética com imagens no plano axial em T2 (A) e T1 pós-gadolínio (B). Observa-se a glândula tireoide aumentada e difusamente heterogênea, com algumas formações nodulares e realce também heterogêneo pelo meio de contraste paramagnético, de aspecto inespecífico.

to carotídeo significativo (> 270°) ou dos vasos mediastinais (Figuras 18 e 19 e Quadro 1).

O sistema de estadiamento tumoral mais utilizado é o TNM, criado pela Union for International Cancer Control (UICC), atualizado em janeiro de 2017, que considera tanto a avaliação clínica quanto os métodos de imagem para a classificação. Em relação ao tumor (T):

TX – Tumor primário não pode ser avaliado
T0 – Sem evidência de tumor primário
T1 – Tumor ≤ 2 cm no maior eixo, limitado à glândula tireoide
   T1a – Tumor ≤ 1 cm no maior eixo, limitado à glândula tireoide
   T1b – Tumor > 1 cm mas ≤ 2 cm no maior eixo, limitado à glândula tireoide
T2 – Tumor > 2 cm mas ≤ 4 cm no maior eixo, limitado à glândula tireoide
T3 – Tumor > 4 cm no maior eixo, limitado à glândula tireoide ou com extensão grosseira extratiroidea inva-

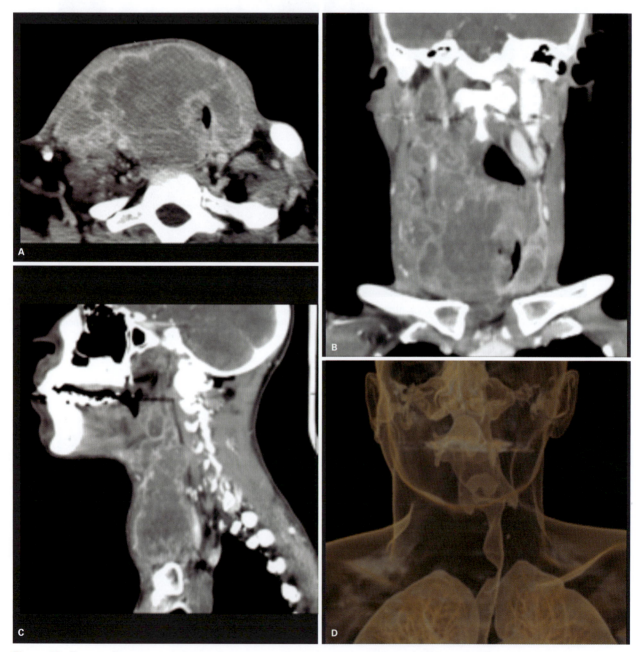

Figura 18   Tomografia computadorizada pós-contraste com imagens nos planos axial (A), coronal (B) e sagital (C) demonstrando extenso carcinoma anaplásico tireoidiano invadindo, comprimindo e deslocando o esôfago e a traqueia. A reconstrução tridimensional no plano coronal (D) demonstra o acentuado desvio e a compressão traqueal determinados pelo tumor.

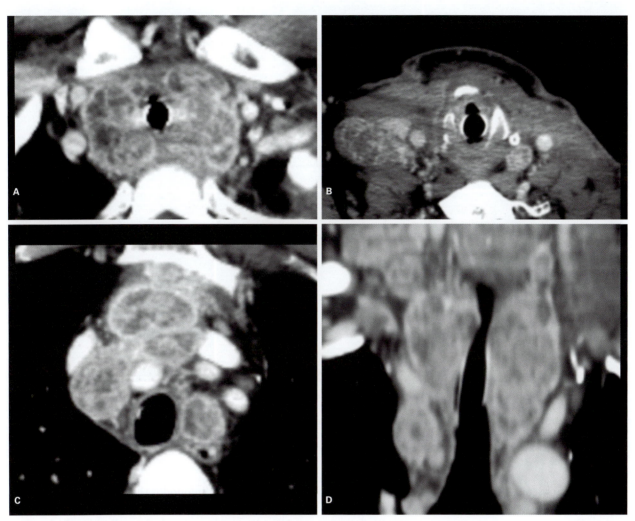

Figura 19 Tomografia computadorizada pós-contraste demonstrando a glândula tireoide difusamente acometida por carcinoma medular (A), linfonodomegalias cervicais (B) e mediastinais (C) com aspecto semelhante, todas demonstradas no plano axial, mantendo amplo contato com as estruturas vasculares adjacentes. Notam-se os mesmos achados no plano coronal (D).

Quadro 1	Critérios de irressecabilidade dos cânceres tireoidianos por métodos seccionais
TC	Compressão e deformidade da artéria carótida comum ou interna Alteração parcial da gordura ou da fáscia entre o tumor e as artérias Envolvimento circunferencial da parede do vaso maior que 270°
RM	Critério único de envolvimento de 270° ou mais da circunferência da artéria carótida Envolvimento da fáscia pré-vertebral com perda da gordura do espaço retrofaríngeo na sequência T1, em cortes axiais e sagitais Concavidade anormal do músculo longo do pescoço Hipersinal anormal em T2 na musculatura pré-vertebral Realce anormal pelo contraste na musculatura pré-vertebral e margens irregulares do tumor na interface com essa musculatura Invasão mediastinal com infiltração da gordura, invasão dos vasos supra-aórticos e/ou do arco aórtico de maneira circunferencial Invasão traqueal com intensidade de sinal de partes moles na cartilagem, nódulo intraluminal, envolvimento da circunferência traqueal de 180° ou mais Invasão esofágica com formação expansiva circunferencial maior que 270° ou anormalidade da intensidade do sinal focal em T2 na parede esofágica

RM: ressonância magnética; TC: tomografia computadorizada.

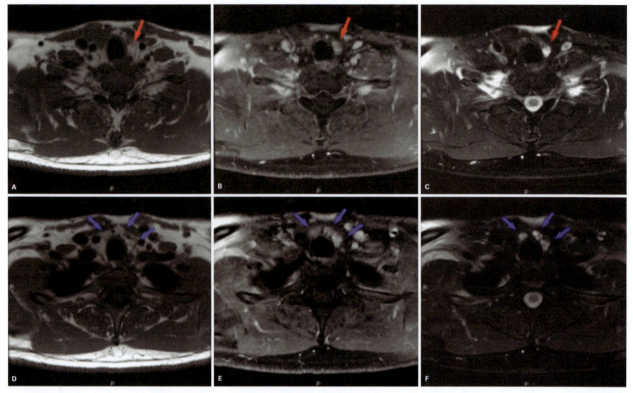

Figura 20 Carcinoma papilífero da tireoide com conteúdo coloide. Ressonância magnética com imagens no plano axial em T1 (A e D), T1 pós-gadolínio (B e E) e T2 (C e F). Em A, B e C, observa-se formação nodular heterogênea, com hipersinal em T1 e T2, apresentando realce pelo meio de contraste paramagnético no lobo esquerdo da tireoide (setas vermelhas). Essas características de sinal também são vistas em linfonodos metastáticos do nível VI (D-F), apontados por setas azuis. Nas sequências T1 sem supressão de gordura (A e D) tanto a lesão primária quanto os linfonodos são mal identificados por conta do alto sinal do conteúdo coloide lesional.

dindo os músculos esterno-hioide, esternotireoide ou omo-hioide

T3a – Tumor > 4 cm no maior eixo, limitado à glândula tireoide

T3b – Tumor de qualquer tamanho com extensão grosseira extratiroidea invadindo os músculos esterno-hioide, esternotireoide ou omo-hioide

T4a – Tumor se estende além da cápsula tireóidea e invade qualquer uma das seguintes estruturas: tecido subcutâneo, laringe, traqueia, esôfago e nervo laringeo recorrente.

T4b – Tumor invade a fáscia prevertebral, vasos mediastinais ou envolve a artéria carótida interna.

Linfonodos acometidos também possuem aspecto variado, podendo mimetizar linfonodos reacionais, apresentar calcificações e até extensas linfonodomegalias com componentes císticos. Podem também apresentar hipersinal em T1 nos exames de RM por conta do conteúdo coloide (Figura 20). Os principais sítios de acometimento linfonodal nos carcinomas de tireoide são os níveis VI, VII e IV e posteriormente para os níveis II, III, V e retrofaríngeos, mas linfonodomegalias isoladas em qualquer um desses níveis podem ser a primeira manifestação de carcinomas ocultos de tireoide.

Em relação aos linfonodos (N), o novo TNM é:

NX – linfonodo regional não pode ser avaliado
N0 – ausência de linfonodos metastáticos regionais
N1 – linfonodos metastáticos regionais
    N1a – metástases no nível VI (linfonodos pretraqueal, paratraqueal, pré-laríngeo/ délfico) ou no mediastino superior
    N1b – metástases em outros linfonodos (unilateral, bilateral, contralateral níveis I,II,III, IV e V) ou retrofaríngeos

A American Thyroid Association classifica os compartimentos de drenagem linfática tireoidiana em central e lateral. O compartimento central é o mais importante, por ser a maior sede de metástase linfonodal de cânceres tireoidianos, sendo composto pelos linfonodos do nível VI (peritireoidianos, paralaríngeos, paratraqueais, pré-traqueais e pré-laríngeos ou délficos) e do nível VII (linfonodos do mediastino anterossuperior, acima do tronco braquiocefálico). O compartimento lateral é composto pelos linfonodos dos níveis I a V, apresentando menor incidência de metástase linfonodal, quando comparado ao primeiro grupo.

Linfoma

A glândula tireoide não possui tecido linfático nativo, mas ele pode se acumular no interior da glândula em múltiplas doenças, em especial naquelas de etiologia autoimune. Portanto, linfomas primários da glândula tireoide quase sempre ocorrem no contexto de uma doença autoimune, sobretudo na tireoidite de Hashimoto (40-80% dos pacientes). Os linfomas da glândula tireoide quase sempre são do tipo não Hodgkin de grandes células B, guardando semelhanças histológicas com o linfoma MALT (tecido linfoide associado à mucosa). Acredita-se que muitos dos diagnósticos de carcinoma de tireoide de pequenas células sejam, na realidade, linfomas primários da tireoide. Representam de 2-5% de todas as neoplasias malignas dessa glândula, e a sobrevida dos pacientes em 5 anos é de 75-95%. Entretanto, se ocorrer extensão extratireoidiana, essa sobrevida cai para 35%. Mais frequentemente, apresentam-se na TC como formações expansivas homogêneas, com perda da hiperatenuação habitual glandular, podendo ser bem definidas ou infiltrativas, mimetizando o aspecto da tireoidite de Hashimoto. Necrose, hemorragia ou calcificações são incomuns. Quando há linfonodomegalias associadas, tendem a ser múltiplas e hipoatenuantes. Na RM, o linfoma pode apresentar hipo ou isossinal em T1 e hiper ou isossinal em T2 em relação ao tecido glandular poupado, com um realce inferior ao tecido preservado e intensa restrição à difusão das moléculas de água (Figura 21).

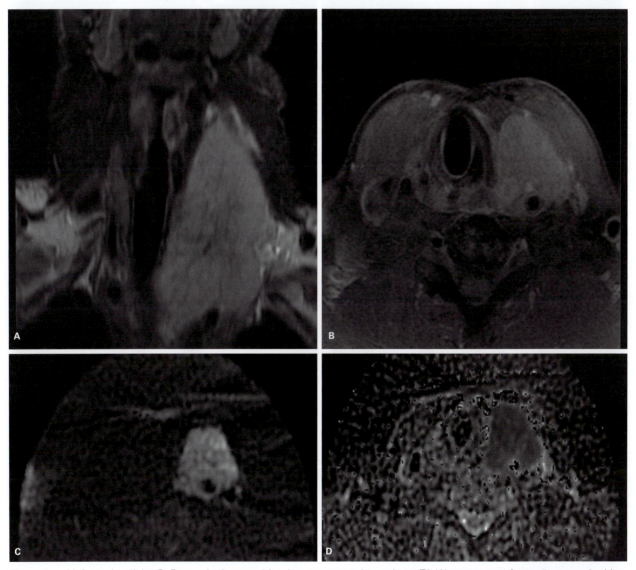

Figura 21 Linfoma de células B. Ressonância magnética: imagem coronal pesada em T2 (A) mostra uma formação expansiva hiperintensa no lobo tireoidiano esquerdo. Imagem axial T1 pós-contraste (B) mostra realce homogêneo da lesão, que é hiperintensa na difusão (C), e no mapa do coeficiente de difusão aparente (ADC) (D) mostra restrição à difusão das moléculas de água.

Metástases

Apesar de a evidência clínica de metástases para a glândula tireoide ser incomum, cerca de 1,4-3% dos pacientes que passaram por tireoidectomia por suspeita de neoplasia possuíam doença secundária. Estudos de autópsia encontraram presença de metástases na glândula tireoide em até 17% dos indivíduos. O tumor mais comum de prover metástases para a glândula tireoide é o carcinoma de células renais (48,1%) (Figura 22), seguido de carcinoma colorretal (10,4%), pulmão (8,3%), mama (7,8%), sarcomas (4,0%) e melanoma (1%).

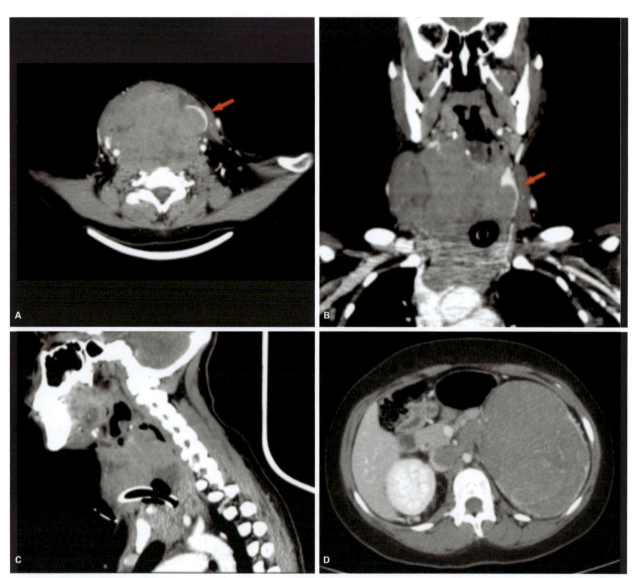

Figura 22 Metástase de carcinoma renal de pequenas células para a glândula tireoide. Tomografia computadorizada pós-contraste nos planos axial (A), coronal (B) e sagital (C) demonstrando extensa lesão tireoidiana obstruindo completamente a traqueia e a laringe. As setas vermelhas demonstram o remanescente do lobo tireoidiano esquerdo. Em D, observa-se a lesão primária no rim esquerdo invadindo a veia renal homolateral e a veia cava inferior.

Bibliografia sugerida

1. Ahn SS, Kim EK, Kang DR, Lim SK, Kwak JY, Kim MJ. Biopsy of thyroid nodules: comparison of three sets of guidelines. AJR Am J Roentgenol. 2010;194(1):31-7.
2. Cappelli C, Pirola I, De Martino E, Agosti B, Delbarba A, Castellano M, et al. The role of imaging in Graves' disease: a cost-effectiveness analysis. European J Radiol. 2008;65(1):99-103.
3. Caturegli P, De Remigis A, Rose NR. Hashimoto thyroiditis: clinical and diagnostic criteria. Autoimmunity Reviews. 2014;13(4-5):391-7.
4. Chaudhary P, Singh Z, Khullar M, Arora K. Levator glandulae thyroideae, a fibromusculoglandular band with absence of pyramidal lobe and its innervation: a case report. J Clin Diagn Res. 2013;7(7):1421-4.
5. Chen B, Yin SK, Zhuang QX, Cheng YS. CT and MR imaging for detecting neoplastic invasion of esophageal inlet. World J Gastroenterol. 2005;11(3):377-81.
6. Chung AY, Tran TB, Brumund KT, Weisman RA, Bouvet M. Metastases to the thyroid: a review of the literature from the last decade. Thyroid. 2012;22(3):258-68.
7. Cossu A, Budroni M, Paliogiannis P, Palmieri G, Scognamillo F, Cesaraccio R, et al. Epidemiology of thyroid cancer in an area of epidemic thyroid goiter. J Cancer Epidemiol. 2013;2013:584768.
8. Graff-Baker A, Sosa JA, Roman SA. Primary thyroid lymphoma: a review of recent developments in diagnosis and histology-driven treatment. Curr Opin Oncol. 2010;22(1):17-22.
9. Hoang JK, Langer JE, Middleton WD, Wu CC, Hammers LW, Cronan JJ, et al. Managing incidental thyroid nodules detected on imaging: white paper of the ACR Incidental Thyroid Findings Committee. JACR. 2015;12(2):143-50.
10. Hsu WC, Loevner LA, Karpati R, Ahmed T, Mong A, Battineni ML, et al. Accuracy of magnetic resonance imaging in predicting absence of fixation of head and neck cancer to the prevertebral space. Head & Neck. 2005;27(2):95-100.
11. Kim E, Park JS, Son KR, Kim JH, Jeon SJ, Na DG. Preoperative diagnosis of cervical metastatic lymph nodes in papillary thyroid carcinoma: comparison of ultrasound, computed tomography, and combined ultrasound with computed tomography. Thyroid. 2008;18(4):411-8.
12. Loevner LA, Kaplan SL, Cunnane ME, Moonis G. Cross-sectional imaging of the thyroid gland. Neuroimaging Clin N Am. 2008;18(3):445-61, vii.
13. Masuoka H, Miyauchi A, Tomoda C, Inoue H, Takamura Y, Ito Y, et al. Imaging studies in sixty patients with acute suppurative thyroiditis. Thyroid. 2011;21(10):1075-80.
14. Mishra A, Pradhan PK, Gambhir S, Sabaretnam M, Gupta A, Babu S. Preoperative contrast-enhanced computerized tomography should not delay radioiodine ablation in differentiated thyroid carcinoma patients. J Surg Res. 2015;193(2):731-7.
15. Morris LG, Sikora AG, Tosteson TD, Davies L. The increasing incidence of thyroid cancer: the influence of access to care. Thyroid. 2013;23(7):885-91.
16. Nakhjavani MK, Gharib H, Goellner JR, van Heerden JA. Metastasis to the thyroid gland. A report of 43 cases. Cancer. 1997;79(3):574-8.
17. Paes JE, Burman KD, Cohen J, Franklyn J, McHenry CR, Shoham S, et al. Acute bacterial suppurative thyroiditis: a clinical review and expert opinion. Thyroid. 2010;20(3):247-55.
18. Policeni BA, Smoker WR, Reede DL. Anatomy and embryology of the thyroid and parathyroid glands. Semin Ultrasound CT MR. 2012;33(2):104-14.
19. Prasek K, Plazinska MT, Krolicki L. Diagnosis and treatment of Graves' disease with particular emphasis on appropriate techniques in nuclear medicine. General state of knowledge. Nucl Med Rev Cent East Eur. 2015;18(2):110-6.
20. Pusztaszeri M, Triponez F, Pache JC, Bongiovanni M. Riedel's thyroiditis with increased IgG4 plasma cells: evidence for an underlying IgG4-related sclerosing disease? Thyroid. 2012;22(9):964-8.
21. Schraml C, Mussig K, Martirosian P, Schwenzer NF, Claussen CD, Haring HU, et al. Autoimmune thyroid disease: arterial spin-labeling perfusion MR imaging. Radiology. 2009;253(2):435-42.
22. Sohn SY, Choi JH, Kim NK, Joung JY, Cho YY, Park SM, et al. The impact of iodinated contrast agent administered during preoperative computed tomography scan on body iodine pool in patients with differentiated thyroid cancer preparing for radioactive iodine treatment. Thyroid. 2014;24(5):872-7.
23. Thieblemont C, Mayer A, Dumontet C, Barbier Y, Callet-Bauchu E, Felman P, et al. Primary thyroid lymphoma is a heterogeneous disease. J Clin Endocrinol Metabolism. 2002;87(1):105-11.
24. Tucker ME. New ATA statements address thyroid cancer management. Medscape Medical News. 2015.
25. Tufano RP, Clayman G, Heller KS, Inabnet WB, Kebebew E, Shaha A, et al. Management of recurrent/persistent nodal disease in patients with differentiated thyroid cancer: a critical review of the risks and benefits of surgical intervention versus active surveillance. Thyroid. 2015;25(1):15-27.
26. Wang J, Takashima S, Takayama F, Kawakami S, Saito A, Matsushita T, et al. Head and neck lesions: characterization with diffusion-weighted echo-planar MR imaging. Radiology. 2001;220(3):621-30.
27. Weir HK, Thompson TD, Soman A, Moller B, Leadbetter S. The past, present, and future of cancer incidence in the United States: 1975 through 2020. Cancer. 2015;121(11):1827-37.
28. Yeh MW, Bauer AJ, Bernet VA, Ferris RL, Loevner LA, Mandel SJ, et al. American Thyroid Association statement on preoperative imaging for thyroid cancer surgery. Thyroid. 2015;25(1):3-14.
29. Yousem DM, Gad K, Tufano RP. Resectability issues with head and neck cancer. AJNR Am J Neuroradiol. 2006;27(10):2024-36.
30. Zander DA, Smoker WR. Imaging of ectopic thyroid tissue and thyroglossal duct cysts. Radiographics. 2014;34(1):37-50.

Glândulas paratireoides

Regina Lúcia Elia Gomes
João Rafael Terneira Vicentini

Introdução

A identificação das lesões das glândulas paratireoides pelos métodos de imagem ainda é um desafio. O contexto clínico mais comum do emprego dos métodos axiais – tomografia computadorizada (TC) ou ressonância magnética (RM) – é o hiperparatireoidismo persistente no pós-operatório, porém cintilografia e ultrassonografia (USG) inconclusivas na avaliação inicial também os indicam. O médico radiologista deve saber orientar a realização dos exames de TC ou de RM, para que possibilitem a identificação das localizações tópicas e ectópicas das glândulas paratireoides quando aumentadas, sempre as correlacionando com as informações dos demais métodos de imagem e com os dados clínicos e laboratoriais, nem sempre disponíveis na prática diária. Deve, também, conhecer os falso-positivos e os falso-negativos de cada método, bem como os diagnósticos diferenciais, particularmente com os linfonodos. Os achados implicarão a escolha do acesso pelo médico cirurgião, se cervical ou cervicotorácico, caso haja indicação.

Noções de embriologia

As glândulas paratireoides superiores derivam do quarto arco branquial, juntamente à glândula tireoide, tendem a se localizar posterior e lateralmente ao polo superior da glândula tireoide, no nível da cartilagem cricoide, ao longo da artéria tireóidea inferior e do nervo laríngeo recorrente. As glândulas paratireoides inferiores derivam do terceiro arco branquial, junto ao timo, e geralmente situam-se no nível da bifurcação carotídea, anterior ou dentro da bainha carotídea e geralmente estão circundadas por tecido tímico. Ocasionalmente, o tecido paratireóideo pode ser encontrado no nervo vago, pois está intimamente relacionado a ele durante a embriogênese.

Anatomia

As glândulas paratireoides estão localizadas no espaço visceral, em número de duas a seis glândulas em geral, que podem não ser visíveis aos exames de TC ou RM. Ocasionalmente, um pequeno nódulo pode ser visto nesses exames, ao longo da porção posterior do polo superior ou inferior da glândula tireoide, podendo representar uma glândula paratireoide normal. Medem cerca de 4 a 6 mm, sendo as superiores geralmente dorsais e as inferiores ventrais aos nervos laríngeos recorrentes.

Têm rica vascularização própria e o parênquima é constituído por células principais e oxífilas. As células e pequenos fragmentos da glândula apresentam grande capacidade de sobrevivência e funcionam a partir de implantes cirúrgicos em diferentes tipos de tecidos, em especial nos músculos, daí a realização de autoenxerto heterotópico, de preferência no antebraço e criopreservação de fragmentos na paratireoidectomia total.

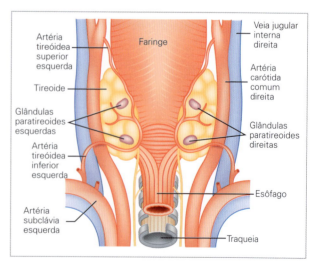

Figura 1   Esquema mostra a visão posterior do pescoço, a relação das glândulas paratireoides superiores e inferiores com a glândula tireoide, faringe e esôfago, bem como com os vasos do pescoço.

Ectopia

Localizações ectópicas das glândulas não são incomuns: as superiores podem estar na glândula tireoide (1-3%), no mediastino posterior (5%), no espaço carotídeo (1%) e adjacentes ao esôfago (1%), e as inferiores são mais encontradas no timo ou no ligamento tireotímico (10-15%), embora esse tecido possa ser encontrado em qualquer lugar, desde o ângulo da mandíbula até a base do coração, daí a importância de se cobrir toda essa área ao estudar as glândulas paratireoides à TC e à RM.

Nódulos tireoidianos ocultos e assintomáticos são frequentes em pacientes com hiperparatireoidismo, o que torna problemática a identificação de um adenoma paratireóideo intratireóideo. A detecção de uma glândula paratireoide intratireóidea é quatro vezes mais comum na hiperplasia do que na doença uniglandular. Embora rara, deve ser lembrada como causa de hiperparatireoidismo persistente ou recorrente.

Raramente, uma glândula paratireoide ectópica pode seguir um caminho embriológico variante para uma localização incomum, como um caso relatado de um adenoma submucoso na parede lateral do seio piriforme ou no nervo vago, ou, como em outro caso, no espaço retrofaríngeo. Outros locais ectópicos são glândulas retroesofágicas e parafaríngeas.

Os adenomas solitários podem estar localizados em glândulas ectópicas em até 20% dos casos. Como o timo e as glândulas paratireoides inferiores se originam do terceiro arco branquial e descem juntos, as glândulas paratireoides podem ser encontradas no mediastino anterior, podendo, inclusive, ser intratímicas.

Principais patologias

Essas glândulas, por meio da produção do paratormônio (PTH), têm papel central no metabolismo do cálcio e do fosfato. Alterações da função das glândulas paratireoides podem estar associadas a morbidade significativa. As principais patologias que podem acometer as glândulas paratireoides são o hiperparatireoidismo (relacionado a adenomas, hiperplasia, paratireomatose ou carcinoma de paratireoide), hipoparatireoidismo e cistos de paratireoide.

Hiperparatireoidismo

Fisiopatologia

O PTH é o modulador da homeostase do cálcio, mantendo seu nível sérico por meio de três processos principais:

- Mobiliza o cálcio da superfície óssea ao estimular a reabsorção mediada pelos osteoclastos.
- Promove a hidroxilação da 25-hidroxivitamina D, que atua na absorção de cálcio pelo intestino.
- Promove a reabsorção tubular renal de cálcio e reduz o nível sérico de fosfato, induzindo fosfatúria.

O hiperparatireoidismo primário é uma doença do metabolismo do cálcio que resulta em níveis anormais de cálcio sérico e aumento do nível do paratormônio, assim denominado quando a causa da hiperatividade está na própria glândula. A doença secundária decorre de alterações metabólicas, geralmente com queda da calcemia e consequente estimulação da secreção do PTH, sendo a insuficiência renal crônica sua causa mais frequente.

Para alguns autores, o hiperparatireoidismo é denominado terciário quando, mesmo que seja corrigida a alteração metabólica, ocorre o desenvolvimento de autonomia na função glandular e persiste a hipersecreção, por exemplo após transplante renal, embora não haja unanimidade nessa conceituação.

Etiologia e prevalência

O hiperparatireoidismo primário geralmente é decorrente de adenoma de paratireoide, único ou múltiplo (88 e 4%, respectivamente), hiperplasia glandular (6%) e carcinoma (0,5-2%). Na Disciplina de Cirurgia de Cabeça e Pescoço do Hospital das Clínicas da Faculdade de Medicina da Universidade de São Paulo, em 145 casos de hiperparatireoidismo primário passíveis de análise, foram encontrados: adenoma em 118 (81%), adenoma duplo em 4 (3%), hiperplasia em 16 (11%) e carcinoma em 7 (5%), achados semelhantes aos da literatura internacional. Em outro estudo mais recente, no mesmo serviço, os achados foram de adenoma (71,2%), hiperplasia (18,2%), carcinoma (6,1%), adenoma duplo (1,5%), adenoma atípico (1,5%) e cisto de paratireoide (1,5%), com casos de hiperplasia e carcinoma em proporção um pouco maior que a habitual. O uso prolongado de lítio também pode estar associado ao desenvolvimento de hiperparatireoidismo primário.

Adenomas são, em geral, tumores solitários e podem ocorrer no pescoço ou no mediastino. Os adenomas ectópicos no mediastino anterior são geralmente derivados das glândulas inferiores, que descem com o timo. Quando um exame cintilográfico é positivo no mediastino, também pode estar relacionado a adenoma na janela aortopulmonar. Geralmente são pequenos, bem capsulados, compostos primariamente de células que são levemente maiores que as demais, com variações no tamanho da célula e do núcleo. Pode haver aumento do PTH, hipercalcemia, hipofosfatemia e aumento da excreção urinária de cálcio, o que pode resultar em litíase renal.

Outros fatores associados ao desenvolvimento de adenomas hiperfuncionantes das paratireoides são exposição prévia à radiação, alterações genéticas e a síndrome da neoplasia endócrina múltipla (NEM).

A NEM é uma síndrome hereditária caracterizada por função anormal de dois ou mais órgãos endócrinos. A

NEM1 é caracterizada por hiperparatireoidismo primário que, em 95% dos casos, é o quadro de apresentação, além de tumores pancreáticos endócrinos e neoplasia hipofisária anterior, enquanto a NEM2 é caracterizada por feocromocitoma e carcinoma medular de tireoide, com hiperparatireoidismo na variante NEM2A.

Causas de hiperparatireoidismo secundário incluem insuficiência renal crônica (IRC), má absorção de cálcio ou da vitamina D, raquitismo e hipercalciúria idiopática.

Apresentação clínica

Os achados clínicos dependem da fase em que é feito o diagnóstico. Em fase mais precoce, podem ocorrer sintomas inespecíficos, como alterações cognitivas, letargia, fraqueza muscular e depressão. Achados tardios incluem principalmente alterações ósseas e renais, com outras manifestações menos comuns como úlceras gastroduodenais, pancreatite, hipertensão, gota, fraqueza e dor muscular, artralgia, poliúria, constipação, perturbações psíquicas e coma. A litíase renal é um achado comum do hiperparatireoidismo, geralmente em pacientes jovens e mais frequente em homens.

Métodos de imagem

Nas últimas duas décadas, o estudo por imagem das glândulas paratireoides teve uma melhora significativa. Os métodos mais empregados para investigar o hiperparatireoidismo incluem a USG, a TC, a RM e a medicina nuclear (MN), todos não invasivos. Os métodos invasivos incluem a arteriografia, a cateterização venosa com dosagem seletiva e a biópsia percutânea.

Exames de localização com resultado negativo geralmente estão associados a adenomas de dimensões muito pequenas ou hiperplasia glandular.

Quanto às lesões sistêmicas, os sinais radiográficos de hiperparatireoidismo descritos como osteíte fibrosa cística incluem desmineralização óssea com aspecto em "sal e pimenta", reabsorção da clavícula distal, reabsorção óssea subperiosteal, cistos e tumores marrons.

Medicina nuclear

Técnica e achados

A cintilografia com ^{99m}Tc sestamibi associada à USG são os métodos de escolha para a localização pré-operatória dos adenomas, particularmente quando complementadas com TC por emissão de fóton único (SPECT) ou fusão entre SPECT e TC.

Enquanto o tecido tireoidiano tem *washout* mais rápido do ^{99m}Tc sestamibi, os adenomas de paratireoide exibem retenção do radiofármaco por mais tempo, permitindo a diferenciação (Figura 2). O protocolo clássico envolve a realização de imagem após 15 minutos e após 3 horas da administração do tecnécio, mostrando os diferentes aspectos de captação. O padrão clássico é visto em cerca de 70-75% dos pacientes. No restante, muitas vezes pode ocorrer um falso-negativo porque o adenoma apresenta *washout* do radiofármaco na mesma velocidade que o tecido tireoidiano, não permitindo a distinção entre eles.

Uma nova técnica, com o uso de índio-123 (^{123}I), mostrou-se uma opção eficaz para esses casos. O ^{123}I é captado pelo tecido tireoidiano, mas não pelos adenomas paratireoidianos. Assim, são usados ambos os traçadores (^{99m}Tc sestamibi e ^{123}I), com aquisição simultânea e subtração, resultando apenas na captação do tecido paratireoidiano. Podem ser feitas duas aquisições em tempos diferentes ou apenas uma com 15 minutos, sem redução da acurácia e otimizando o tempo de exame.

Nem sempre o adenoma retém o traçador na imagem bifásica. Pequenos adenomas podem não ser vistos na imagem planar. Adenomas ectópicos podem não ser vistos se o campo de visão for limitado ao pescoço. Atividade assimétrica das glândulas submandibulares pode simular adenoma ectópico. A sensibilidade é menor para hiperplasia do que para adenoma de paratireoide.

Estudos com TC com emissão de pósitrons (PET/CT) usando o marcador ^{11}C-metionina (^{11}C-MET) também mostraram benefícios para a localização pré-operatória de adenomas das paratireoides, com sensibilidade de até 91% para doença uniglandular e até 80% para multiglandular. O 18F-fluormetilcolina (18F-FCH) é um marcador que tem apresentado bons resultados em estudos recentes e tem a vantagem de ter meia-vida mais longa.

Tomografia computadorizada
Técnica

A técnica utilizada para investigar pacientes com hiperparatireoidismo deve empregar cortes finos obtidos volumetricamente durante a injeção venosa do meio de contraste iodado, caso não haja contraindicação. A glândula paratireoide anormal realça intensamente após a administração do meio de contraste.

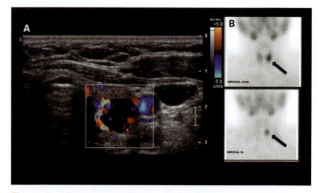

Figura 2 Ultrassonografia com Doppler colorido (A) e cintilografia com ^{99m}Tc sestamibi (B) em paciente com hiperparatireoidismo mostram nódulo hipoecogênico adjacente à face posterior do lobo tireoidiano esquerdo, com alta captação do radiofármaco.

A técnica de TC-4D foi desenvolvida nos últimos anos e apresenta sensibilidade para localização de adenomas em torno de 90%. Na maior parte dos serviços é feita com fases pré e pós-contraste (esta dividida em fases precoce e tardia), obtidas do ângulo da mandíbula até o mediastino superior, usando cortes axiais de 1,25 mm com reconstruções coronais, sagitais e oblíquas de 2,5 mm. A quarta dimensão deriva das alterações no realce pelo meio de contraste durante o tempo, mostrando captação e *washout* do meio de contraste mais rápidos na lesão que nas demais estruturas do pescoço, com sensibilidade maior que o ^{99m}Tc sestamibi e a USG.

A utilização de duas fases pós-contraste em tempos diferentes (precoce e tardia) proporciona melhores resultados do que apenas uma fase pós-contraste simples. Protocolos com redução do número de fases foram propostos com o intuito de reduzir a dose total de radiação. Porém, deve-se ressaltar que nem todos os adenomas apresentam características de realce semelhantes. O padrão de realce pode ser semelhante ao tecido tireoidiano normal em todas as fases em até 22% dos casos. Nesses casos, a fase pré-contraste é útil em razão do aspecto levemente hiperatenuante do parênquima tireoidiano, que permite a diferenciação com os adenomas. Algumas manobras podem incrementar a qualidade do exame, como abaixar os ombros para reduzir artefatos e o uso de coxim na altura das escápulas.

A TC-4D é considerada o método ideal para a localização de tecido hiperfuncionante no leito cirúrgico de pacientes operados, uma vez que permite a obtenção de informações relacionadas à perfusão (inferindo atividade residual) e à localização anatômica em um só exame.

Uma das desvantagens da TC-4D é a elevada dose de radiação, principalmente sobre o tecido tireoidiano. Apesar de a dose de radiação na TC-4D ser maior na cintilografia com ^{99m}Tc sestamibi e SPECT, o risco de câncer atribuível é muito baixo para ambos os métodos de imagem. De qualquer forma, critérios clínicos, como a idade do paciente, podem ser usados para determinar o risco-benefício na indicação dos exames.

Em nossa instituição, o protocolo de TC-4D é direcionado para pacientes acima de 50 anos, com imagens da base do crânio à carina, com ombros rebaixados, em três fases: sem contraste (apenas abaixo do hioide, para auxiliar a diferenciação de adenomas do tecido tireoidiano), arterial (com 30 segundos) e tardia (60 segundos). Nos casos de hiperparatireoidismo secundário, algumas vezes o acesso venoso pode ser difícil pela presença de fístulas arteriovenosas. Nessa situação, pode ser utilizado *bolus tracker* na croça da aorta para realizar a fase arterial.

Outra opção descrita recentemente é o uso de TC com dupla energia (TC-DE). Esta técnica envolve o uso de feixes de fótons com dois espectros de energia diferentes, geralmente um com 80 kVp e o outro com 140 kVp. Dependendo de sua composição, os tecidos corporais atenuam os feixes de raios X de forma diferente. Tal informação pode ser medida por *softwares* específicos, permitindo a diferenciação entre as estruturas. A TC-DE está sendo estudada como alternativa à TC-4D, pois teria uma dose de radiação menor do que as múltiplas fases da TC-4D. A acurácia da TC-DE para localização de adenomas de paratireoide tem se mostrado em torno de 75-80% nos estudos mais recentes.

Estudos combinados de USG e TC sugerem que a TC suplementar detectará poucos adenomas adicionais sobre a USG sozinha. Portanto, a TC é geralmente reservada para os casos de persistência de alteração laboratorial após a paratireoidectomia ou de anatomia alterada, nos quais a TC pode ajudar no planejamento da reabordagem cirúrgica. Também foi descrita a combinação de SPECT com ^{99m}Tc sestamibi e TC corregistrada em uma tentativa de aumentar a sensibilidade ao fornecer dados anatômicos e funcionais.

Achados

Na fase sem contraste, os adenomas de paratireoide geralmente apresentam baixa atenuação, o que permite diferenciá-los de tecido tireoidiano, que geralmente é hiperatenuante. Eles podem ter formato oval, arredondado, discoide, cilíndrico ou piramidal.

A glândula paratireoide anormal geralmente mostra intenso realce pelo meio de contraste. Sua identificação à TC consiste na demonstração de nódulo com intenso realce na localização típica dessa glândula, em geral posterior à glândula tireoide (Figura 3). O tecido paratireóideo hiperfuncionante pode calcificar em 2,5% dos casos.

Na TC-4D, o padrão característico de contrastação é um pico de realce na fase arterial, descrito entre 25 e 60 segundos após a injeção do meio de contraste, e *washout* na fase tardia, com a lesão se tornando hipoatenuante em relação à tireoide (Figura 4).

Estudos tentaram determinar valores de atenuação em unidades Hounsfield para os adenomas de paratireoide. Os limites encontrados foram de atenuação menor que 80 UH na fase sem contraste, acima de 130 UH na fase arterial e queda de pelo menos 20 UH na fase tardia.

Algumas vezes pode ser vista uma artéria nutridora, ramo da artéria tireóidea inferior, caracterizado como o "sinal da artéria polar", descrito inicialmente na USG com Doppler. O uso de cortes finos e reconstruções com menor FOV pode ajudar a identificá-la (Figura 5).

As causas que podem levar a padrões diferentes de realce são: lesões com características atípicas, como alterações císticas ou hemorragia intralesional, variação no tempo da obtenção da fase arterial, suprimento vascular com variações anatômicas ou alterado após procedimentos.

O protocolo de TC-4D ajuda também na diferenciação de linfonodos, que podem mimetizar adenomas por conta da sua morfologia. Durante as fases contrastadas, os linfonodos tendem a realçar menos que os adenomas

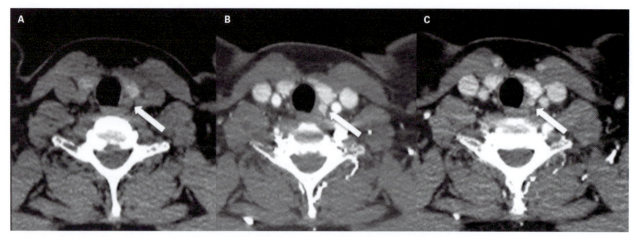

Figura 3 Protocolo de tomografia computadorizada 4D mostrando o padrão de realce típico de um adenoma de glândula paratireoide posterior ao lobo tireoidiano esquerdo (setas). A lesão é vista como um nódulo hipoatenuante na fase sem contraste (A), com realce intenso na fase arterial (B) e *washout* na fase tardia (C).

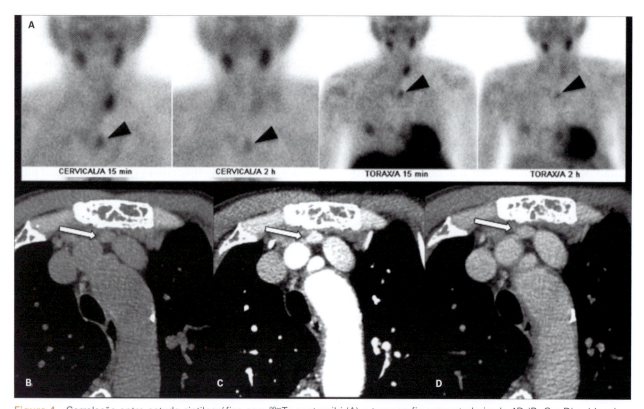

Figura 4 Correlação entre estudo cintilográfico com ^{99m}Tc sestamibi (A) e tomografia computadorizada 4D (B, C e D) evidenciam imagem nodular no mediastino superior, com captação do radiofármaco (cabeças de seta) e atenuação e padrão de realce compatíveis com glândula paratireoide ectópica (setas).

e não apresentam *washout*, geralmente com retenção de contraste nas fases tardias.

Cortar da base do crânio ao mediastino tem a vantagem adicional de detectar a maioria das glândulas ectópicas. Ao identificar uma lesão suspeita, deve-se sempre procurar outras, pois a doença multiglandular ocorre em cerca de 10% dos casos.

No relatório, é importante descrever a relação de eventuais lesões com estruturas, como glândula tireoide, artéria tireóidea inferior, traqueia e sulco traqueoesofágico.

A resolução espacial da TC é alta, mas suas limitações incluem: uso de radiação ionizante, resolução de contraste inferior à da RM, artefatos provenientes dos clipes ci-

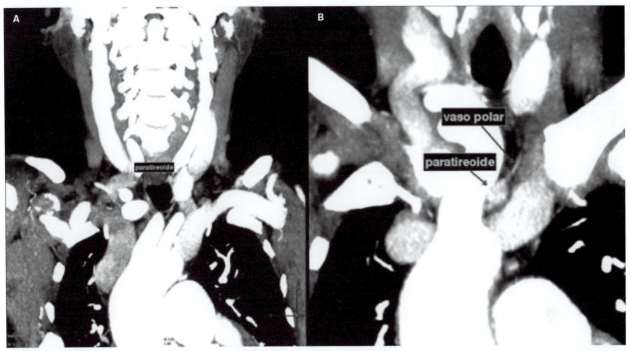

Figura 5 Reformatações coronais da tomografia computadorizada 4D mostram a lesão compatível com glândula paratireoide ectópica no mediastino superior, com identificação de vaso polar.

rúrgicos e artefatos inerentes à cintura escapular. Além disso, o hiperparatireoidismo secundário ocorre em pacientes com IRC, o que representa uma contraindicação para a administração do meio de contraste iodado. Nesse caso, a TC pode mostrar as alterações ósseas decorrentes, os "tumores marrons".

A TC pode ser superior à USG para a detecção de tecido hiperfuncionante no pós-operatório, embora tenha mais dificuldade para detectar hiperplasia do que adenomas. Outra limitação da TC é que o uso do meio de contraste iodado impede que um estudo da tireoide por MN seja realizado por até 6 semanas, por conta da captação do iodo pela tireoide, embora seja possível realizar o estudo sem contraste.

Ressonância magnética
Técnica

A técnica requer o uso de cortes finos (3-5 mm) no pescoço, desde a terceira vértebra cervical até os ápices pulmonares, e no tórax, com sequências ponderadas em T1, T2 e T2 com supressão de gordura ou STIR (*short tau inversion-recovery*). Algumas vezes, as técnicas tradicionais de supressão de gordura não conseguem obter efeito homogêneo no pescoço. Para esses casos, existe a opção de usar a técnica de *chemical-shift* com método Dixon de separação de água e gordura, comercialmente conhecida como IDEAL. Também é importante a realização de sequência pós-contraste.

A sensibilidade relatada para a RM para a detecção de tecido paratireoidiano anormal varia de 40-85%, de acordo com a situação clínica, sendo melhor para a detecção de adenomas e pior para doença multiglandular.

A RM pode ser especialmente útil quando os exames de investigação inicial apresentarem resultados inconclusivos. A complementação com RM pode elevar a sensibilidade de 75,2% para 91,5% para pesquisa de adenomas em pacientes já submetidos previamente a USG ou cintilografia.

Em analogia à TC-4D, foram desenvolvidos protocolos de RM-4D com aquisições pós-contraste dinâmicas, que apresentaram bons resultados em estudos recentes, evidenciando sensibilidade entre 64% e 100% para a detecção de lesões únicas. Técnicas como espectroscopia e análise de perfusão também estão em investigação, ainda com poucos estudos disponíveis na literatura.

Achados

A RM tem várias vantagens quando comparada à USG e à TC, pois tem resolução de contraste superior a ambas e não requer meio de contraste iodado nem radiação ionizante.

A glândula paratireoide normal geralmente não é evidente à RM. As glândulas anormais têm aparência variável. Em 90% dos casos são iso ou hipointensas em relação ao músculo nas imagens pesadas em T1 e são hiperintensas em T2, com intenso realce pelo gadolínio (Figuras 6 e 7).

Nas aquisições dinâmicas pós-contraste, o padrão de realce costuma ser semelhante ao observado na TC-4D. Há *wash-in* e *wash-out* mais rápidos e com maior intensidade de contrastação máxima nos adenomas quando comparados a linfonodos e tecido tireoidiano normal.

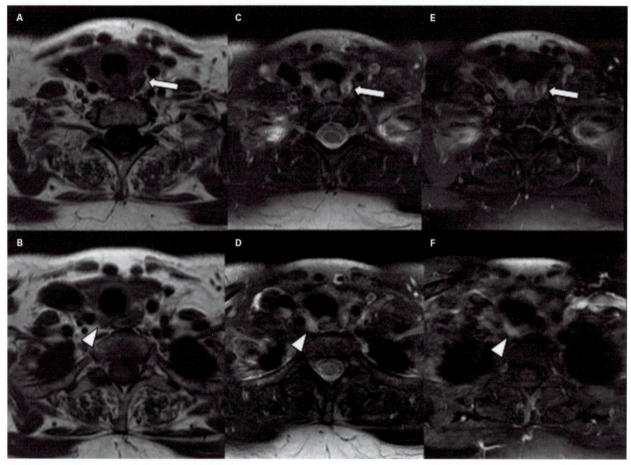

Figura 6 Imagens axiais de ressonância magnética do pescoço pesadas em T1 (A e B), T2FS (C e D) e pós-contraste (E e F) mostram um adenoma de paratireoide posterior ao lobo tireoidiano esquerdo (setas em A, C, E) isointenso em relação à tireoide em T1 e hiperintenso em T2, com realce pós-contraste. Outro adenoma é visto posteriormente ao lobo tireoidiano direito (pontas de seta em B, D, F).

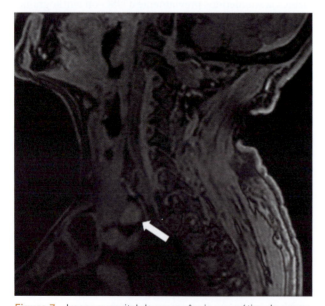

Figura 7 Imagem sagital de ressonância magnética de pescoço com ponderação em T1 com saturação de gordura e uso de contraste paramagnético endovenoso. Observa-se adenoma de paratireoide posterior ao terço inferior do lobo tireoidiano direito, apresentando realce homogêneo pelo meio de contraste paramagnético (seta).

Ao utilizar técnicas de supressão de gordura com *chemical-shift* (p. ex., IDEAL), o artefato de "tinta da Índia" nas imagens fora de fase pode ajudar a separar o adenoma do tecido tireoidiano.

Ocasionalmente, se hiperintensas em T1 e T2, podem refletir hemorragia. Raramente são hipointensas em T1 e T2, sugerindo fibrose, hemorragia antiga ou degeneração celular. A intensidade de sinal dos adenomas nas imagens pesadas em T1 e T2 corresponde, pelo menos em parte, a diferentes composições histológicas.

O radiologista deve avaliar cuidadosamente as áreas acima e abaixo dos polos tireoidianos, a bainha carotídea, o leito traqueoesofágico e o mediastino para ter certeza de que uma glândula ectópica não foi vista. A doença tireoidiana concomitante é relatada em 40% dos pacientes com hiperparatireoidismo e pode confundir, pois pode representar uma glândula paratireoide intratireóidea.

As limitações da RM incluem as contraindicações clássicas, como uso de marca-passo, implantes cocleares ou clipes de aneurisma, além de claustrofobia, cooperação do paciente e o custo elevado. Outras desvantagens incluem: menor sensibilidade para adenomas pequenos; dificuldade no diagnóstico diferencial com cisto coloide exofítico ou bócio multinodular; distorção anatômica por cirurgia prévia; lesões intratireóideas.

Em razão de tais fatores e da menor disponibilidade, a RM não costuma ser recomendada como primeira opção para investigação na suspeita de hiperparatireoidismo primário. Mas tem se mostrado como uma boa opção para casos duvidosos ou para avaliação pós-operatória de doença persistente, principalmente com o uso de aquisições dinâmicas após o uso de meio de contraste.

Tratamento

O hiperparatireoidismo primário sempre tem indicação de tratamento cirúrgico quando é sintomático. Nos pacientes assintomáticos, alguns critérios que podem ser usados incluem: cálcio sérico acima de 1,0 mg/dL dos valores normais, *clearance* de creatinina menor que 60 mL/min (ou outras evidências de comprometimento renal, como nefrolítiase ou hipercalciúria acima de 400 mg/dL em 24 horas), T-*score* menor que −2,5DP ou fraturas por fragilidade e idade abaixo de 50 anos.

Para o hiperparatireoidismo secundário, geralmente é feito tratamento clínico e, quando não há resposta adequada, o tratamento cirúrgico passa a ser uma opção. Critérios geralmente utilizados são níveis de PTH persistentemente acima de 800 pg/mL, com hipercalcemia e/ou hiperfosfatúria refratárias ao tratamento clínico, glândulas paratireoides com volume maior que 1,0 cm³ ao ultrassom, calcificações extraósseas ou arteriolopatia urêmica e doença óssea avançada.

Ao longo dos anos, o tratamento cirúrgico do hiperparatireoidismo primário mudou, de uma abordagem bilateral predominante, com exploração das quatro glândulas em todos os casos, para uma abordagem unilateral e focada quando há exames de imagem pré-operatórios evidenciando adenomas únicos. As técnicas envolvidas nessa abordagem são agrupadas na denominação de paratireoidectomia minimamente invasiva.

A exploração cirúrgica bilateral ainda é empregada em alguns casos, apresentando bons resultados e baixas taxas de complicação. É especialmente útil em casos de suspeita de doença multiglandular ou quando os exames de imagem foram inconclusivos quanto à localização.

Complicações da paratireoidectomia invariavelmente incluem a hipocalcemia. A síndrome da "fome óssea" é caracterizada por hipofosfatemia e hipocalcemia em pacientes com hiperparatireoidismo de longa data com extensa reabsorção óssea. A fraqueza ou a paralisia do nervo laríngeo recorrente se manifesta como alterações na qualidade vocal e pode estar associada a disfagia e aspiração. Outra complicação ainda mais rara é a formação de pseudoaneurismas.

Causas de hiperparatireoidismo persistente ou recorrente no pós-operatório incluem: inexperiência cirúrgica, glândulas supranumerárias e tecido paratireóideo hiperfuncionante ectópico.

Paratireomatose

Fisiopatologia, prevalência e apresentação clínica

A paratireomatose é uma condição rara na qual são encontrados múltiplos restos de tecido paratireóideo hiperfuncionante no pescoço e no mediastino, com resultante hiperparatireoidismo persistente ou recorrente. Tem sido associada à NEM1, ao derramamento de células de tecido paratireóideo hipercelular durante a exploração cirúrgica do pescoço ou a restos de tecido paratireóideo hiperfuncionante deixados durante a ontogênese. É importante salientar que a punção aspirativa orientada por USG não parece predispor à paratireomatose. É mais comum em mulheres e há três teorias quanto à sua origem:

- Condição maligna de baixo grau.
- Semeadura após fratura da cápsula da glândula paratireoide durante a remoção cirúrgica de uma neoplasia da paratireoide.
- Supercrescimento de restos embriológicos de tecido paratireóideo.

Métodos de imagem

O tecido paratireoidiano hiperfuncionante, mesmo em diferentes localizações, exibe características de imagem semelhante aos adenomas. Para investigação adequada, deve-se dar preferência aos métodos axiais e protocolos que permitam a investigação de toda a extensão do pescoço e que incluam o mediastino superior.

Carcinoma de paratireoide

Fisiopatologia, prevalência e apresentação clínica

Apesar de a incidência de carcinoma de paratireoide ser de apenas 1-2% nos pacientes com hiperparatireoidismo, esse tumor causa acentuado aumento do PTH e dos níveis de cálcio sérico em 85-90% dos casos. Metástases linfonodais ocorrem em um terço dos casos e metástases a distância em 21-28% dos pacientes. Geralmente o carcinoma é indistinguível do adenoma, tanto clinicamente quanto por imagem. Há relatos na literatura estrangeira de predomínio masculino, mas na experiência nacional o predomínio é feminino, sendo a relação de 2:1.

Há uma mutação genética (HRPT2) que parece estar relacionada ao carcinoma de paratireoide. Classicamente apresenta crescimento lento e dá metástases tardiamente. Metástases ocorrem no pescoço, na musculatura extralaríngea, na tireoide, no esôfago e na traqueia, e nos linfonodos regionais, bem como no mediastino, pulmão, osso e fígado.

Os sintomas em alguns casos podem ser proeminentes, por conta dos altos níveis de PTH e hipercalcemia resultante. Casos de carcinoma não funcionantes foram descritos, geralmente com aspecto mais agressivo e associados a doença avançada na época do diagnóstico.

A suspeita clínica pré-operatória é maior quando há altos níveis de cálcio sérico (próximos a 14 mg/dL) e massas palpáveis. O diagnóstico pode ser sugerido no intraoperatório de paciente com hiperparatireoidismo quando são evidenciadas invasão ou aderência do tumor a estruturas adjacentes.

Métodos de imagem e tratamento

As características dos carcinomas de paratireoide nos métodos de imagem não são específicas e a diferenciação com adenomas nem sempre é possível.

Na cintilografia com ^{99m}Tc sestamibi, o carcinoma pode demonstrar captação aumentada e reter o traçador. Um nódulo "frio" (com baixa captação) geralmente está associado a degeneração cística ou necrose. Alguns aspectos ultrassonográficos podem ser sugestivos, como maiores dimensões, contornos irregulares, ecotextura heterogênea e sinais de invasão de estruturas adjacentes.

Métodos de imagem axiais, como TC e RM, oferecem informações anatômicas adicionais, úteis para o planejamento pré-operatório. O aspecto pode ser semelhante aos adenomas, com imagem ovalada apresentando intenso realce pelo meio de contraste na TC e RM. Lesões maiores podem apresentar aspecto cístico ou necrótico, com menor realce. O diagnóstico pode ser auxiliado ainda por características como a palpação de uma massa cervical.

O PET/CT com fluordesoxiglicose marcada com flúor-18 (^{18}F-FDG) tem se mostrado um método eficiente para estadiamento ou avaliação pós-operatória.

O tratamento preconizado é a remoção cirúrgica sempre que possível. Muitas vezes o diagnóstico pode ser feito no intraoperatório e, embora a distinção entre adenoma e carcinoma seja difícil mesmo à microscopia, deve-se tentar determinar o diagnóstico da forma mais precisa possível, uma vez que a extensão da cirurgia é diferente em cada doença. Para os carcinomas, é comum a necessidade de realização de ressecção em bloco. O tratamento radioterápico é reservado para os casos paliativos.

Hipoparatireoidismo

O hipoparatireoidismo tem como causa mais comum em adultos a remoção cirúrgica das glândulas paratireoides no hiperparatireoidismo ou inadvertidamente na tireoidectomia. Após cirurgias radicais no pescoço pode haver hipoparatireoidismo transitório em até 20% dos casos e permanente em até 3% dos pacientes.

Outras causas mais raras de hipoparatireoidismo incluem dano relacionado a radiação, distúrbios genéticos e destruição autoimune, como na síndrome poliglandular autoimune 1 (PAS 1).

O diagnóstico geralmente é feito por meio de exames laboratoriais evidenciando hipocalcemia persistente, com PTH baixo ou inadequadamente normal ou então hiperfosfatemia na ausência de hipomagnesemia. Deve-se sempre levantar essa hipótese em pacientes que desenvolvem irritabilidade neuromuscular nos primeiros dias após a paratireoidectomia.

Os métodos de imagem axiais como TC e RM podem ajudar a avaliar o leito pós-cirúrgico nos casos de ressecção pregressa das glândulas paratireoides.

Cistos paratireóideos

Fisiopatologia

Cistos paratireóideos são raros e seu diagnóstico diferencial deve ser feito com cistos tireóideos, cistos tímicos e linfonodos necróticos. A maioria dessas lesões provavelmente representa glândulas paratireoides funcionantes, contendo áreas de degeneração cística parcial. Há dois tipos de cistos de paratireoide. O primeiro é uma lesão puramente cística, atribuível a restos embrionários do terceiro e quarto arcos branquiais ou aumento de microcistos no parênquima por retenção coloide. O segundo tipo se refere a necrose ou degeneração cística de adenomas.

O cisto de paratireoide pode ser encontrado no pescoço ou no mediastino superior, embora a maior parte (70-80%) seja no pescoço inferior. A maioria é assintomática, mas ocasionalmente pode causar disfagia, odinofagia e, muito raramente, pode causar compressão do nervo laríngeo recorrente e acarretar paralisia da prega vocal. Cerca de 10% dos pacientes com cisto de paratireoide apresentam hiperparatireoidismo com ou sem hipercalcemia.

Métodos de imagem

O diagnóstico deve ser considerado quando uma lesão cística for notada adjacente a ou separada da glândula tireoide por TC ou USG, em paciente com hipercalcemia. Os achados de imagem são inespecíficos, com hipoecogenicidade à USG e hipoatenuação na TC. Na RM, apresentam sinal reduzido nas sequências ponderadas em T1 e alto sinal nas sequências ponderadas em T2. Tanto à TC quanto à RM, não há realce pelo meio de contraste (Figura 8). O diagnóstico pode ser confirmado por uma punção biópsia com agulha de aspiração e demonstração do hormônio aumentado na concentração do fluido aspirado.

A punção aspirativa com agulha fina dos adenomas de paratireoide pode causar um processo fibrótico grave envolvendo os tecidos adjacentes, aumentando a dificuldade de ressecção cirúrgica, requerendo técnicas de microdissecção para preservar os nervos e assegurar

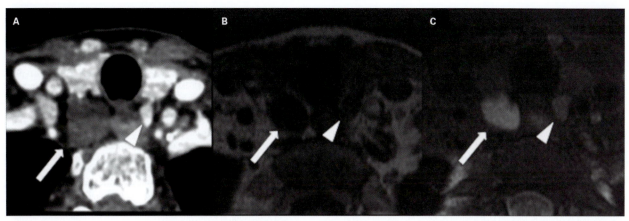

Figura 8 Tomografia computadorizada pós-contraste axial (A) e imagens de ressonância magnética axiais pesadas em T1 (B) e T2 (C) mostram formação cística adjacente à face posterior do lobo tireoidiano direito (seta) e imagem nodular com realce pós-contraste junto ao lobo tireoidiano esquerdo (cabeça de seta).

remoção completa. A fibrose pode simular malignidade na histologia. Portanto, essa técnica deve ser evitada, a menos que seja absolutamente necessária.

Entre os diagnósticos diferenciais, estão incluídos cistos de tireoide, cisto tímico, higroma cístico, cisto timofaríngeo e linfonodomegalia cística.

Bibliografia sugerida

1. Adler JT, Sippel RS, Chen H. New trends in parathyroid surgery. Curr Probl Surg. 2010;47(12):958-1017.
2. Araujo Filho VJ, Carlucci Junior D, de Castro IV, Barbosa Junior JG, Montag E, Ferraz AR. Parathyroid cyst: case report. Rev Hosp Clin Fac Med São Paulo. 1998;53(2):83-5.
3. Bahl M, Sepahdari AR, Sosa JA, Hoang JK. Parathyroid adenomas and hyperplasia on four-dimensional CT scans: three patterns of enhancement relative to the thyroid gland justify a three-phase protocol. Radiology. 2015;277(2):454-62.
4. Beland MD, Mayo-Smith WW, Grand DJ, Machan JT, Monchik JM. Dynamic MDCT for localization of occult parathyroid adenomas in 26 patients with primary hyperparathyroidism. AJR Am J Roentgenol. 2011;196(1):61-5.
5. Boehm BO, Rosinger S, Belyi D, Dietrich JW. The parathyroid as a target for radiation damage. N Engl J Med. 2011;365(7):676.
6. Caldarella C, Treglia G, Isgrò MA, Giordano A. Diagnostic performance of positron emission tomography using ^{11}C-methionine in patients with suspected parathyroid adenoma: a meta-analysis. Endocrine. 2013;43(1):78-83.
7. Carpenter JM, Michaelson PG, Lidner TK, Hinni ML. Parathyromatosis. Ear Nose Throat J. 2007;86(1):21.
8. Caveny SA, Klingensmith WC 3rd, Martin WE, Sage-El A, McIntyre RC Jr, Raeburn C, et al. Parathyroid imaging: the importance of dual-radiopharmaceutical simultaneous acquisition with 99mTc-sestamibi and 123I. J Nucl Med Technol. 2012;40(2):104-10.
9. Chazen JL, Gupta A, Dunning A, Phillips CD. Diagnostic accuracy of 4D-CT for parathyroid adenomas and hyperplasia. AJNR Am J Neuroradiol. 2012;33(3):429-33.
10. Clark PB, Perrier ND, Morton KA. Detection of an intrathymic parathyroid adenoma using single-photon emission CT 99mTc sestamibi scintigraphy and CT. AJR Am J Roentgenol. 2005;184(3 Suppl):S16-8.
11. Doppman JL, Shawker TH, Fraker DL, Alexander HR, Skarulis MC, Lack EE, et al. Parathyroid adenoma within the vagus nerve. AJR Am J Roentgenol. 1994;163(4):943-5.
12. Fakhran S, Branstetter BFt, Pryma DA. Parathyroid imaging. Neuroimaging Clin N Am. 2008;18(3):537-49, ix.
13. Fernandez-Ranvier GG, Khanafshar E, Jensen K, Zarnegar R, Lee J, Kebebew E, et al. Parathyroid carcinoma, atypical parathyroid adenoma, or parathyromatosis? Cancer. 2007;110(2):255-64.
14. Forghani R, Roskies M, Liu X, Tan X, Mlynarek A, Payne RJ, et al. Dual-energy CT characteristics of parathyroid adenomas on 25-and 55-second 4D-CT acquisitions: preliminary experience. J Comput Assist Tomogr. 2016;40(5):806-14.
15. Grayev AM, Gentry LR, Hartman MJ, Chen H, Pertman SB, Reeder SB. Presurgical localization of parathyroid adenomas with magnetic resonance imaging at 3.0 T: An adjunct method to supplement traditional imaging. Ann Surg Oncol. 2012;19:981-9.
16. Hoang JK, Reiman RE, Nguyen GB, Januzis N, Chin BB, Lowry C, et al. Lifetime attributable risk of cancer from radiation exposure during parathyroid imaging: comparison of 4D CT and parathyroid scintigraphy. AJR Am J Roentgenol. 2015;204(5):W579-85.
17. Hoang JK, Sung W, Bahl M, Phillips CD. How to perform parathyroid 4D CT: tips and traps for technique and interpretation. Radiology. 2014;270(1):15-24.
18. Hoang JK, Williams K, Gaillard F, Dixon A, Sosa JA. Parathyroid 4D-CT: multi-institutional international survey of use and trends. Otolaryngol Head Neck Surg. 2016.
19. Hunter GJ, Ginat DT, Kelly HR, Halpern EF, Hamberg LM. Discriminating parathyroid adenoma from local mimics by using inherent tissue attenuation and vascular information obtained with four-dimensional CT: formulation of a multinomial logistic regression model. Radiology. 2014;270(1):168-75.
20. Hunter GJ, Schellingerhout D, Vu TH, Perrier ND, Hamberg LM. Accuracy of four-dimensional CT for the localization of abnormal parathyroid glands in patients with primary hyperparathyroidism. Radiology. 2012;264(3):789-95.
21. Iyer RB, Whitman GJ, Sahin AA. Parathyroid adenoma of the mediastinum. AJR Am J Roentgenol. 1999;173(1):94.
22. Johnson T, Fink C, Schönberg SO, Reiser MF. Dual energy CT in clinical practice. Medical radiology. Berlin: Springer-Verlag; 2011.
23. Kendrick ML, Charboneau JW, Curlee KJ, van Heerden JA, Farley DR. Risk of parathyromatosis after fine-needle aspiration. Am Surg. 2001;67(3):290-3; discussion 3-4.
24. Kluijfhout WP, Pasternak JD, Drake FT, Beninato T, Gosnell JE, Shen WT, et al. Use of PET tracers for parathyroid localization: a systematic review and meta-analysis. Langenbecks Arch Surg. 2016;401(7):925-35.
25. Kluijfhout WP, Venkatesh S, Beninato T, Vriens MR, Duh QY, Wilson DM, et al. Performance of magnetic resonance imaging in the evaluation of first-time and preoperative primary hyperparathyroidism. Surgery. 2016;160(3):747-54.
26. Lossef SV, Ziessman HA, Alijani MR, Gomes MN, Barth KH. Multiple hyperfunctioning mediastinal parathyroid glands in a patient with tertiary hyperparathyroidism. AJR Am J Roentgenol. 1993;161(2):285-6.
27. Magnabosco FF, Tavares MR, Montenegro FL. Surgical treatment of secondary hyperparathyroidism: a systematic review of the literature. Arq Bras Endocrinol Metabol. 2014;58(5):562-71.
28. Merchavy S, Luckman J, Guindy M, Segev Y, Khafif A. 4D MRI for the localization of parathyroid adenoma: A novel method in evolution. Otolaryngol Head Neck Surg. 2016;154:446-8.
29. Montenegro FL, Tavares MR, Cordeiro AC, Ferraz AR, Ianhez LE, Buchpigel CA. Intrathyroidal supernumerary parathyroid gland in hyperparathyroidism after renal transplantation. Nephrol Dial Transplant. 2007;22(1):293-5.

30. Nadig S, Barnwell S, Wax MK. Pseudoaneurysm of the external carotid artery – review of literature. Head Neck. 2009;31(1):136-9.
31. Nael K, Hur J, Bauer A, Khan R, Sepahdari A, Inampudi R, et al. Dynamic 4D MRI for characterization of parathyroid adenomas: multiparametric analysis. AJNR Am J Neuroradiol. 2015;36(11):2147-52.
32. Norman J, Politz D, Browarsky I. Diagnostic aspiration of parathyroid adenomas causes severe fibrosis complicating surgery and final histologic diagnosis. Thyroid. 2007;17(12):1251-5.
33. Phillips CD, Shatzkes DR. Imaging of the parathyroid glands. Semin Ultrasound CT MR. 2012;33(2):123-9.
34. Raghavan P, Durst CR, Ornan DA, Mukherjee S, Wintermark M, Patrie JT, et al. Dynamic CT for parathyroid disease: are multiple phases necessary? AJNR Am J Neuroradiol. 2014;35(10):1959-64.
35. Roskies M, Liu X, Hier MP, Payne RJ, Mlynarek A, Forest V, et al. 3-phase dual-energy CT scan as a feasible salvage imaging modality for the identification of non-localizing parathyroid adenomas: a prospective study. J Otolaryngol Head Neck Surg. 2015;44:44.
36. Sacconi B, Argirò R, Diacinti D, Iannarelli A, Bezzi M, Cipriani C, et al. MR appearance of parathyroid adenomas at 3 T in patients with primary hyperparathyroidism: what radiologists need to know for pre-operative localization. Eur Radiol. 2016;26(3):664-73.
37. Sacks BA, Pallotta JA, Cole A, Hurwitz J. Diagnosis of parathyroid adenomas: efficacy of measuring parathormone levels in needle aspirates of cervical masses. AJR Am J Roentgenol. 1994;163(5):1223-6.
38. Scarsbrook AF, Thakker RV, Wass JA, Gleeson FV, Phillips RR. Multiple endocrine neoplasia: spectrum of radiologic appearances and discussion of a multitechnique imaging approach. Radiographics. 2006;26(2):433-51.
39. Smith JR, Oates ME. Radionuclide imaging of the parathyroid glands: patterns, pearls, and pitfalls. Radiographics. 2004;24(4):1101-15.
40. Starker LF, Mahajan A, Björklund P, Sze G, Udelsman R, Carling T. 4D parathyroid CT as the initial localization study for patients with de novo primary hyperparathyroidism. Ann Surg Oncol. 2011;18(6):1723-8.
41. Wang L, Han D, Chen W, Zhang S, Wang Z, Li K, et al. Non-functional parathyroid carcinoma: a case report and review of the literature. Cancer Biol Ther. 2015;16(11):1569-76.
42. Weber T, Maier-Funk C, Ohlhauser D, Hillenbrand A, Cammerer G, Barth TF, et al. Accurate preoperative localization of parathyroid adenomas with C-11 methionine PET/CT. Ann Surg. 2013;257(6):1124.
43. Wein RO, Weber RS. Parathyroid surgery: what the radiologists need to know. Neuroimaging Clin N Am. 2008;18(3):551-8, ix.
44. Wilhelm SM, Wang TS, Ruan DT, Lee JA, Asa SL5, Duh QY, et al. The American Association of Endocrine Surgeons guidelines for definitive management of primary hyperparathyroidism. JAMA Surg. 2016;151(10):959-68.
45. Woo EK, Simo R, Conn B, Connor SE. Vocal cord paralysis secondary to a benign parathyroid cyst: a case report with clinical, imaging and pathological findings (2008:6b). Eur Radiol. 2008;18(9):2015-8.

14

Tireoide e paratireoide

Felipe Carneiro
Maria Cristina Chammas

Introdução

Anatomia, embriologia e histologia

A glândula tireoide é a primeira glândula endócrina a se desenvolver, em torno do 24º dia de gestação. É um órgão em formato de "H" (bilobado), encapsulado, localizado na região mediana anteroinferior do pescoço (compartimento infra-hióideo). É composta por dois lobos com forma cônica unidos pelo istmo, situado abaixo da cartilagem cricoide. Um lobo extra, denominado piramidal, está presente em cerca de 30% da população. Trata-se de um pequeno prolongamento que surge na borda superior do istmo e é mais frequentemente encontrado à esquerda (Figura 1).

Embriologicamente, a tireoide se origina de um divertículo mediano no assoalho da boca (desaparece no adulto e seu resquício é denominado forame cego) que migra caudalmente na linha mediana para originar os lobos e o istmo da glândula. Esse percurso se chama ducto tireoglosso, que normalmente sofre degeneração e desaparece. Sua persistência pode originar dilatações císticas, denominadas cistos do ducto tireoglosso (Figura 2). Remanescentes embriológicos da glândula podem estar presentes no trajeto percorrido pela tireoide, constituindo, assim, as chamadas ectopias (Figura 3).

A unidade funcional básica da glândula tireoide é o folículo, composto por células cuboides (foliculares) que delimitam um espaço esférico repleto de coloide, local de armazenamento da tireoglobulina. Entre os folículos, encontram-se as células parafoliculares ou células C, secretoras de calcitonina (Figura 4).

A irrigação da tireoide é feita pelas artérias tireoidianas superior e inferior (ramos da carótida externa e tronco tireocervical, respectivamente). A drenagem venosa se dá pelas veias superiores e médias que desembocam na veia jugular interna, enquanto as veias inferiores drenam o tronco braquiocefálico, à esquerda.

A drenagem linfática da tireoide é realizada pelas cadeias de linfonodos pericapsulares, jugular interna, pré-traqueal, paratraqueal, pré-laríngea, nervo laríngeo recorrente, retrofaríngea e retroesofágica.

A inervação é feita pelo plexo simpático cervical e pelo nervo vago. O nervo laríngeo recorrente se localiza posteriormente à glândula e constitui reparo anatômico importante nos processos expansivos da tireoide.

Técnica de exame, anatomia ultrassonográfica e padrões de normalidade

A ultrassonografia (USG) da tireoide deve ser realizada com transdutores de alta frequência (7,5 a 15 MHz). Transdutores de menor frequência (3,5 a 5 MHz) devem ser usados em pacientes obesos e em bócios muito grandes para aferição mais precisa do volume da glândula, bem como para melhor estudo da região posterior a ela. O paciente é colocado em decúbito dorsal, em hiperextensão do pescoço realizada por meio da colocação de um coxim nas costas do paciente.

As dimensões normais da glândula variam em função do sexo, do peso, da altura e da superfície de área corpórea. Fisiologicamente, o volume da tireoide é maior nos homens do que nas mulheres, aumentando conforme a idade e a área de superfície corpórea do indivíduo. É notoriamente maior nas regiões com deficiência de iodo, nos pacientes com hepatite aguda e doença renal crônica. Quando o volume glandular está aumentado, caracteriza-se o chamado bócio.

O cálculo do volume da glândula é importante para o diagnóstico do bócio, para avaliar a resposta à terapêutica de supressão e para a dosimetria do radioiodo. Esse cálculo é realizado assumindo-se cada lobo e o istmo como figuras de morfologia elíptica. Assim, utiliza-se a fórmula geométrica do volume elipsoide: D1 × D2 × D3 × 0,523. O volume total da glândula resulta do somatório do volume de cada um dos lobos e do istmo (Figura 5). Em crianças,

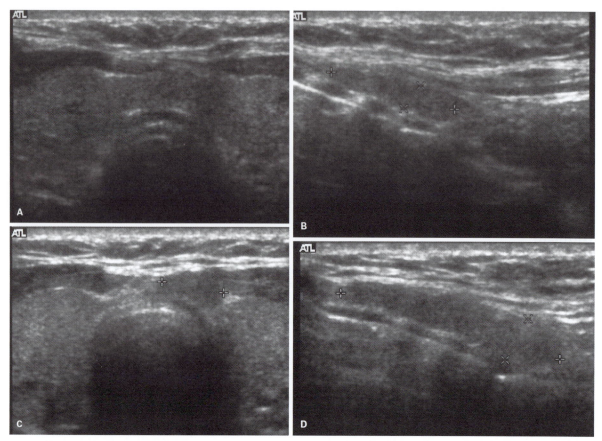

Figura 1 Ultrassonografia em modo B evidenciando o istmo nos cortes transversal (A) e longitudinal (B). Em sua porção cranial, observa-se esboço de nodulação no corte transversal (C) que corresponde ao lobo piramidal, mais evidente na projeção longitudinal (D).

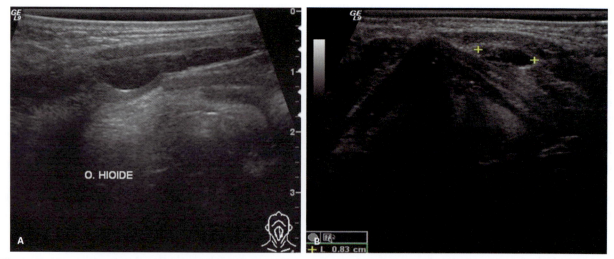

Figura 2 Ultrassonografia em modo B evidenciando formação alongada na região cervical anterior do pescoço preenchida por conteúdo anecogênico nos cortes longitudinal (A) e transversal (B), correspondente a cisto do ducto tireoglosso justaposto e caudal ao osso hioide.

14 TIREOIDE E PARATIREOIDE 935

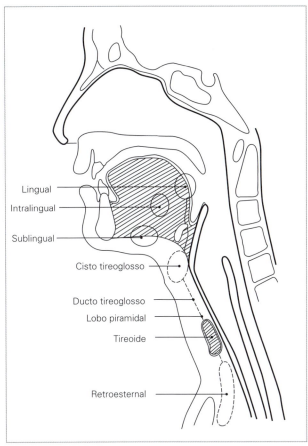

Figura 3 Desenho esquemático demonstrando trajeto de migração da glândula tireoide, no qual é possível encontrar tecido tireoidiano e formações císticas do ducto tireoglosso.

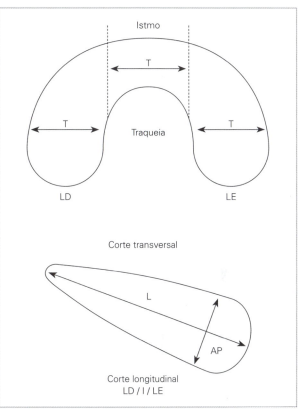

Figura 5 Desenho esquemático demonstrando como se faz o cálculo do volume da glândula tireoide a partir dos cortes ultrassonográficos. Volume de cada lobo e do istmo = L x AP x T x 0,523; volume glandular total = volume LD + volume LE + volume istmo. AP: comprimento do eixo anteroposterior; L: comprimento do eixo longitudinal; LD: lobo direito; LE: lobo esquerdo; T: comprimento do eixo transversal.

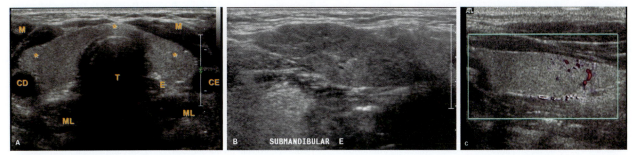

Figura 4 A: Anatomia ultrassonográfica. Corte transversal da tireoide evidenciando os lobos tireoidianos (*), os planos musculares anteriores pré-tireoidianos (M) e posteriores (ML: músculo longo do pescoço), bem como os grandes vasos cervicais (CD: carótida comum direita; CE: carótida comum esquerda) e o esôfago (E). B: Corte longitudinal da glândula submandibular esquerda para comparar sua ecogenicidade ao tecido tireoidiano, que deve ser mais ecogênico que a glândula submandibular e que os planos musculares. C: Corte longitudinal do lobo tireoidiano demonstrando a vascularização normal do parênquima nos polos e na periferia da glândula com poucos vasos no seu terço médio.

o volume da tireoide varia em função da idade, do sexo e da superfície de área corpórea.

Considera-se volume normal no adulto de 6 a 15 mL (10-11 ± 3-4 mL) (Quadro 1) (Figuras 5 e 6).

Em razão da ocorrência de erros (variação interobservador, equipamentos e técnicas diferentes) na medida do volume da tireoide, algumas recomendações práticas devem ser levadas em consideração (Quadro 2).

Quadro 1 Recomendações práticas para medição da tireoide

Não medir o transdutor
Não estimar os contornos
Se a glândula for muito grande, utilizar transdutor convexo ou endovaginal, compor a imagem, utilizar o recurso de imagem estendida (panorâmica) ou trapezoidal (recurso *virtual convex*)
O volume glandular é resultado da soma volume LD + volume LE + volume istmo

LD: lobo direito; LE: lobo esquerdo.

Quadro 2 Técnica de exame da tireoide

Realizar exame dos cortes transversais e longitudinais de cada lobo e do istmo
Comparar a ecogenicidade da glândula tireoide com os músculos pré-tireoidianos e com a glândula submandibular
Observar a ecotextura (homogênea ou heterogênea)
Observar a presença de áreas nodulares mal definidas, traves fibróticas, nódulos, cistos
Examinar também as regiões adjacentes – alterações vasculares, linfonodos, cistos, paratireoides

Ao iniciar o exame da tireoide, deve-se observar sua relação anatômica com as estruturas adjacentes, como os planos musculares, a traqueia, as glândulas submandibulares, os vasos cervicais e o esôfago.

Uma linha hiperecogênica ao redor do parênquima da tireoide, sua cápsula, pode apresentar focos de calcificação, sobretudo em casos de uremia ou desordens no metabolismo do cálcio e por senescência. A ecotextura normal do parênquima da tireoide é fina, homogênea e mais ecogênica do que os músculos pré-tireoidianos e a glândula submandibular (Quadro 3). Em condições normais, os sinais de fluxo detectados no mapeamento com Doppler colorido se limitam à periferia e às regiões polares da glândula, com pouco sinal de fluxo em sua parte central. A análise espectral do Doppler pulsado demonstra velocidades de pico sistólico da artéria tireóidea superior de 25,84 ± 8,76 cm/s e da artéria tireóidea inferior de 21,50 ± 7,72 cm/s, sendo a diferença entre ambas estatisticamente significativa (Figura 7). Os índices de impedância também foram maiores na artéria tireóidea superior do que na inferior.

Macedo et al. observaram que, nas mulheres, as velocidades são significativamente maiores do que nos homens e aumentam com a idade.

Ocasionalmente, é possível identificar pequenos cistos intraparenquimatosos de conteúdo anecogênico, medindo até 5 a 6 mm, que correspondem a acúmulo de coloide, sem significado patológico. Algumas vezes, esses espaços císticos podem apresentar pontos hiperecogênicos justaparietais que correspondem a coloide espesso. Menos frequentemente, pode-se encontrar focos de calcificação e traves de tecido fibrótico dentro do parênquima; ambos são expressões de tecido envelhecido e não possuem importância patológica.

Quadro 3

	Tireoide normal	Tireoidites	Doença de Graves
Volume da glândula	6-15 cm²	Diminuído, normal ou aumentado (bócio)	Aumentado (bócio)
Ecogenicidade	Maior ou igual às submandibulares	Isoecogênica ou hipoecogênica	Hipoecogênica
Ecotextura	Homogênea	Heterogenicidade difusa, podendo ter áreas hipoecogênicas de permeio (infiltrado linfocítico) e/ou traves hiperecogênicas (fibrose)	Heterogenicidade difusa podendo ter traves hiperecogênicas de permeio (fibrose)
Vascularização do parênquima	Poucos vasos no interior do parênquima glandular e vasos na periferia da glândula	Reduzida, normal ou aumentada (menos intensa do que na doença de Graves)	Difusamente aumentada ("inferno tireoidiano")
Velocidade de pico sistólico	< 40 cm/s	Habitualmente, < 40 cm/s	> 50 cm/s

Adaptado de Dos Santos, Thiago et al.; 2014.

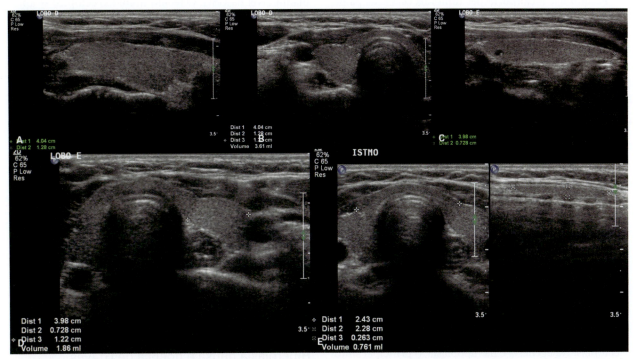

Figura 6   Volumetria da tireoide. Cortes longitudinal (A e C) e transversal (B e D) do lobo direito e esquerdo, respectivamente, e do istmo nos cortes longitudinal e transversal (D). O volume glandular é o somatório dos volumes de cada parte da glândula calculados separadamente (no exemplo: 3,61 + 1,86 + 0,76 = 6,23).

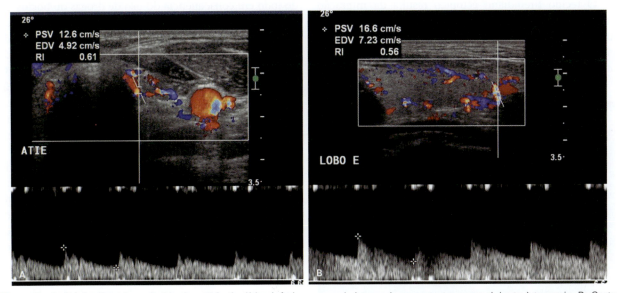

Figura 7   A: Dúplex-Doppler colorido da artéria tireóidea inferior esquerda insonada no corte transversal, junto à traqueia. B: Corte longitudinal com correção adequada do ângulo de insonação demonstrando velocidades e índices de resistividade normais.

Os principais objetivos do exame ultrassonográfico são:

- Pesquisar e localizar lesões tumorais cervicais palpáveis, intra ou extratireoidianas.
- Identificar nódulos, caracterizando-os nos padrões benigno (não cirúrgico), suspeito ou maligno, selecionando aqueles que deverão prosseguir na investigação por meio da biópsia.
- Pesquisar nódulo oculto nos pacientes com irradiação pregressa da cabeça e do pescoço, em pacientes que serão submetidos a paratireoidectomia ou naqueles com a síndrome da neoplasia endócrina múltipla (NEM) tipo 2.
- Determinar a extensão do tumor maligno.
  - Fazer o acompanhamento pós-operatório caracterizando possível tumor residual, recorrente ou metastático.
  - Guiar punção aspirativa por agulha fina (PAAF).

Alterações da glândula tireoide

Alterações congênitas

As alterações congênitas da tireoide incluem agenesias (ou hemiagenesias), hipoplasias (totais ou parciais) e ectopias. Na agenesia e na hipoplasia, o principal sintoma é o hipotireoidismo. A hemiagenesia ocorre por falha no desenvolvimento de um dos lobos tireoidianos. Sua incidência não é conhecida, pois é descoberta ocasionalmente, ocorrendo em 80% dos casos à esquerda (Figura 8). Nesses casos, evidencia-se hipertrofia compensatória do lobo contralateral. A USG é capaz de demonstrar essas doenças e suas extensões.

O tecido tireoidiano ectópico resulta da migração aberrante da glândula, decorrente da relação mecânica anormal com o coração em desenvolvimento. Assim, tecido tireóideo pode ser encontrado desde a região lingual até a localização intracardíaca. As formas de ectopia da tireoide são: lingual, sublingual, paralaríngea, intratraqueal e infraesternal. A ectopia lingual é a mais facilmente distinguível na USG. O tecido tireóideo ectópico se apresenta com morfologia arredondada ou ovoide, contornos bem definidos, textura homogênea, similar à do parênquima glandular tópico normal, e bastante vascularizada. Em geral, não excede 20 a 25 mm de diâmetro (Figura 9).

Os cistos do ducto tireoglosso representam a tumoração congênita cervical mais comum da infância, depois das linfonodomegalias inflamatórias. Resultam da persistência de tecido epitelial entre a tireoide e sua origem. Essas lesões podem surgir após infecção do trato respiratório superior, pois o tecido inflamado circunjacente pode estimular o ducto remanescente a formar cisto. Tipicamente, são lesões uniloculadas, bem definidas e apresentando cápsula fina (Figura 10). Em aproximadamente 65% dos casos, estão localizadas abaixo do osso hioide, em 15% no nível do osso hioide e nos 15% restantes, estão localizados no espaço supra-hióideo. Em geral, estão localizados na linha média do triângulo anterior, mas podem ser levemente paramedianos (Figura 2).

Doenças difusas

Hiperplasia difusa e doença de Graves (Basedow-Graves)

A hiperplasia é a condição patológica mais comum (80 a 85% do total) da glândula, acometendo cerca de 5% de qualquer população. Apresenta várias causas, entre elas a deficiência de iodo (endêmica), desordens da hormoniogênese (formas familiares hereditárias), baixa utilização do iodo em consequência do uso de drogas ou bócios induzidos pela alimentação. Quando a hiperplasia leva ao aumento do volume da glândula, pode ser denominada bócio. Há prevalência no sexo feminino (3:1) e o pico de incidência encontra-se entre os 35 e 50 anos de idade. O bócio é chamado de simples ou não tóxico quando há aumento da glândula, porém sem ter origem em um processo infeccioso ou neoplásico. Os bócios simples não apresentam nódulos e geralmente não estão associados a disfunções da glândula (Figura 11). Outra forma de bócio é o chamado esporádico simples, que apresenta predomínio no sexo feminino, com pico de incidência na puberdade.

A doença difusa com aumento da função tireoidiana é denominada doença de Graves ou de Basedow. A ecotextura do parênquima costuma ser menos homogênea do que nos demais casos de bócio difuso; além disso, os contornos são marcadamente lobulados e a ecogenicidade do parênquima tende a ser hipoecogênica, sobretudo em pacientes mais jovens, em decorrência da infiltração linfocitária ou do predomínio da celularidade do parênquima. Observa-se, ao Doppler colorido, aumento significativo da vascularização, descrito por Ralls como "inferno tireoidiano" (padrão IV de Lagalla), em que se identificam

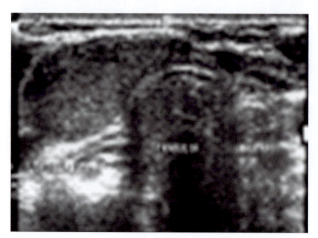

Figura 8 Corte transversal da tireoide. Observam-se presença do lobo direito e ausência do lobo esquerdo, compatível com hemiagenesia do lobo esquerdo da tireoide.

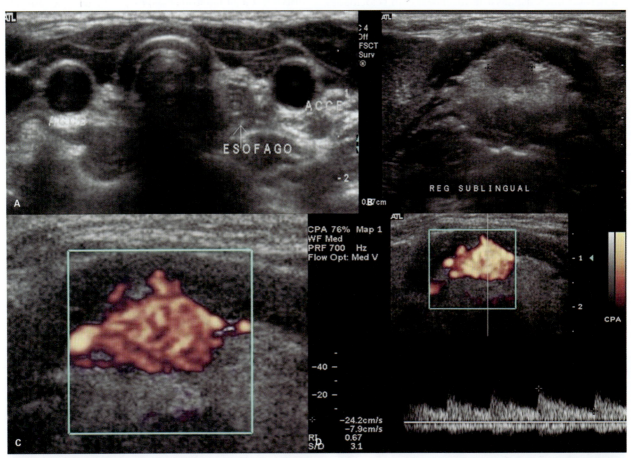

Figura 9 A: Avaliação de hipotireoidismo congênito em criança de 4 anos de idade mostrando a loja tireoidiana vazia ao lado da traqueia. B: Nota-se tecido hipoecogênico localizado logo acima do osso hioide, na região sublingual. C: Ao estudo complementar com Doppler colorido, nota-se vascularização difusa desse tecido. D: Doppler pulsado demonstra vaso de padrão arterial nesse tecido. O padrão apresentado é sugestivo de tecido tireoidiano ectópico.

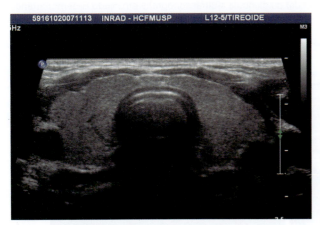

Figura 10 Hiperplasia difusa da tireoide. Ultrassonografia modo B mostrando glândula tireoide no corte transversal, de contornos pouco irregulares, ecogenicidade finamente heterogênea e dimensões normais. Corte transversal da tireoide.

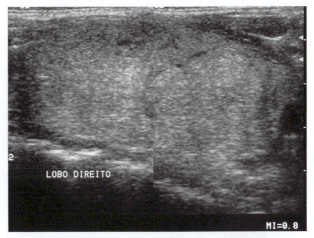

Figura 11 Bócio difuso. Lobo tireoidiano globoso, de dimensões aumentadas, apresentando ecogenicidade preservada e textura difusamente heterogênea, sem nódulos evidentes.

numerosas microfístulas arteriovenosas com velocidades altas de pico sistólico, em torno de 50 a 120 cm/s (Figura 12). Essa hipervascularização da glândula está relacionada com o aumento de hormônios circulantes.

A tireoidite de Hashimoto pode apresentar, nas fases iniciais, um padrão de hipervascularização do parênquima decorrente do estímulo do hormônio estimulante da tireoide (TSH), similar à doença de Graves (Figura 13). Alguns estudos envolvendo o dúplex-Doppler colorido mostraram que o fluxo na artéria tireóidea inferior apresentava velocidades de pico sistólico de valores menores na tireoidite de Hashimoto do que na doença de Graves.

Tireoidites

As tireoidites podem ser divididas em dois grupos:

- Agudas e subagudas: supurativa aguda, subaguda granulomatosa (De Quervain), silenciosa e pós-parto.
- Crônicas: linfocítica crônica autoimune (de Hashimoto), fibrosa de Riedel, tuberculosa, pós-radioterapia ou iodoterapia.

Tireoidites agudas e subagudas

A tireoidite supurativa aguda é uma doença inflamatória rara, geralmente de etiologia bacteriana. O exame ultrassonográfico detecta formação de abscesso tireoidiano (Figura 14).

A tireoidite subaguda granulomatosa (ou de De Quervain) é uma doença de etiologia viral autolimitada e geralmente ocorre acompanhada por pródromos de doença viral das vias respiratórias superiores. Seus achados clínicos incluem: febre, aumento da glândula (parcial ou total) e dor à palpação. No exame ultrassonográfico da fase inicial, observam-se áreas hipoecogênicas, de contornos irregulares e mal definidos, sobretudo próximo às regiões subcapsulares (Figura 15). Pode haver evolução com formação de pseudonódulos, que geralmente se iniciam na parte central da glândula. O prognóstico é pior quando as áreas hipoecogênicas aumentam de tamanho nos exames subsequentes. As fases iniciais cursam com edema da glândula e, por esta razão, o sinal ao mapeamento com Doppler colorido pode estar reduzido. Nessa fase, observa-se hipertireoidismo atribuído à ruptura folicular, podendo ocorrer, em seguida, uma fase de hi-

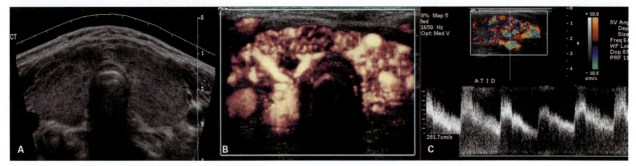

Figura 12   Doença de Graves. A: Corte transversal (imagem estendida) da glândula à ultrassonografia em modo B demonstrando ecogenicidade reduzida, ecotextura difusamente heterogênea e dimensões aumentadas. B: Mapeamento Doppler colorido mostrando a vascularização difusamente aumentada do parênquima. C: Doppler pulsado demonstrando velocidades de pico sistólico aumentadas na artéria tireóidea inferior direita, com adequado ângulo de insonação.

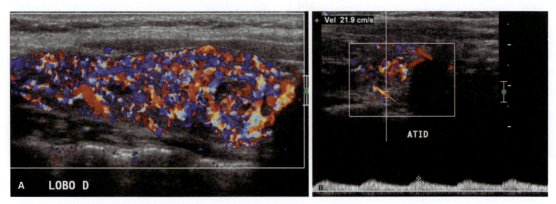

Figura 13   Tireoidite linfocítica. A: Corte logitudinal do lobo tireoidiano demonstrando aumento difuso da vascularização parenquimatosa. B: Lobo tireoidiano com velocidade de pico sistólico normal da artéria tireóidea inferior.

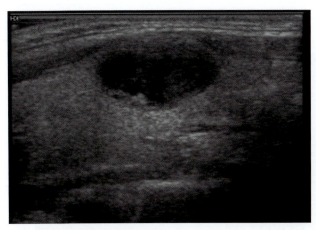

Figura 14 Abscesso tireoidiano, diagnosticado por punção aspirativa por agulha fina (PAAF). Nódulo hipoecogênico com área central de menor ecogenicidade.

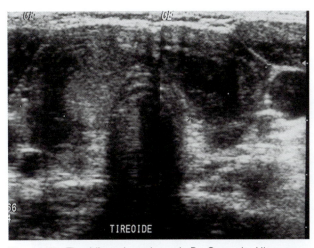

Figura 15 Tireoidite subaguda ou de De Quervain. Ultrassonografia mostrando tireoide de dimensões aumentadas e morfologia globosa, com área hipoecogênica na periferia da glândula, compatível com processo inicial da doença.

potireoidismo transitório e, paulatinamente, a glândula retoma seu funcionamento normal.

A tireoidite silenciosa apresenta achados clínicos da tireoidite subaguda. Na USG, observam-se diminutos focos hipoecogênicos (micronódulos) distribuídos no parênquima tireoidiano, redução difusa da ecogenicidade da tireoide e sinais de fibrose. Pode haver desenvolvimento de hipertireoidismo no início, seguido algumas vezes de hipotireoidismo em graus variáveis.

A tireoidite pós-parto pode ocorrer no primeiro ano pós-parto, mais comumente entre o segundo e o quarto mês, acometendo 4 a 7% das mulheres. Fortes associações com anticorpos antitireoide e infiltração linfocítica no parênquima tireoidiano sugerem etiologia autoimune. Dados de literatura revelam que a ocorrência é mais frequente em mulheres que apresentam tireoidite autoimune antes da gestação. A tireoidite pós-parto geralmente leva ao hipertireoidismo transitório e/ou a hipotireoidismo (apenas 10 a 30%). O exame ultrassonográfico revela hipoecogenicidade difusa ou múltiplos focos hipoecogênicos no parênquima tireoidiano.

Tireoidites crônicas

A tireoidite crônica autoimune, também denominada linfocítica crônica autoimune ou de Hashimoto, ocorre predominantemente em mulheres (9:1) e está associada a outras doenças autoimunes como lúpus, doença de Graves e anemia perniciosa. Sua frequência é maior entre a quarta e a quinta décadas de vida. Autoanticorpos contra a tireoglobulina, tiroperoxidase e o TSH têm sido identificados. São conhecidas as seguintes variantes da tireoidite de Hashimoto: clássica, fibrosa, juvenil, atrófica (sem desenvolvimento do bócio) etc.

Há duas formas distintas de tireoidite linfocítica autoimune:

- A forma nodular focal se apresenta como nódulo hipoecogênico, de limites mal definidos, em geral de pequenas dimensões, sendo difícil sua distinção de nódulos de natureza maligna. Ao mapeamento com Doppler colorido, apresenta aspecto variável (Figura 16).
- A forma difusa, no início, pode se manifestar com aumento da glândula. Na USG, podem ser identificados micronódulos distribuídos pelo parênquima, com o mesmo aspecto das tireoidites subagudas de natureza autoimune. Nas primeiras fases, pode se instalar tireotoxicose (hashitoxicose) em decorrência do excesso de liberação de hormônio estimulado pelos anticorpos. Progressivamente, a aparência se assemelha à da tireoidite crônica hipertrófica, observando-se aumento de suas dimensões e hipoecogenicidade difusa com formação de áreas hipoecogênicas e mal definidas separadas por traves de fibrose, conferindo um aspecto pseudolobulado à glândula (Figura 17). A partir desse ponto, começa a se instalar o hipotireoidismo e a doença é mais frequentemente detectada.

Ao mapeamento com Doppler colorido, observa-se hipervascularização do parênquima, similar ao "inferno tireoidiano" da doença de Graves, porém com valores menores de velocidade atribuídos à ação hipertrófica do TSH (Figura 18). Em cerca de 65% dos casos, há aparecimento de linfonodomegalia cervical reacional, com aspecto muitas vezes globoso, de natureza questionável (Figura 19). A sobreposição com linfoma não Hodgkin pode ocorrer, havendo formação de nódulos maiores dentro da glândula. Muitos estudos têm demonstrado associação entre tireoidite crônica e carcinoma papilífero, atribuindo essa relação a duas condições que promovem a proliferação das células foliculares: a morte celular, um fator importante na gênese tumoral,

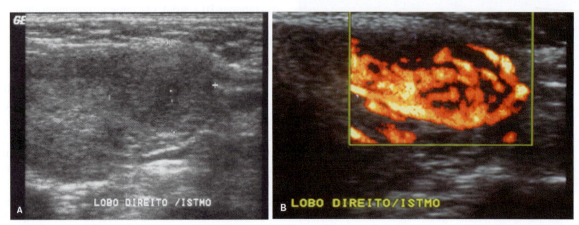

Figura 16 Ultrassonografia de caso de tireoidite focal. A: Nódulo hipoecogênico mal definido; B: Hipervascularização do nódulo demonstrada ao Doppler com mapeamento colorido.

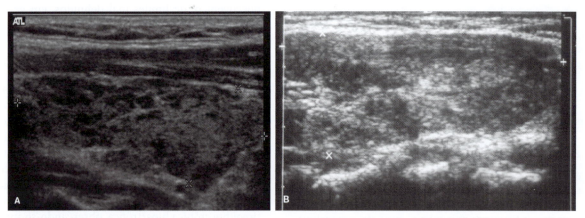

Figura 17 Tireoidite autoimune. A: Tireoide de dimensões normais apresentando ecogenicidade reduzida e textura difusamente heterogênea com áreas pseudonodulares, consistentes com infiltrado linfocítico. B: Tireoide de dimensões aumentadas apresentando áreas hipoecogênicas com linhas hiperecogênicas de permeio, consistentes com fibrose.

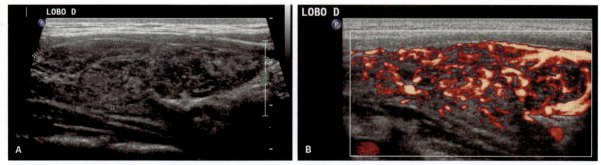

Figura 18 Tireoidite autoimune. A: Tireoide de dimensões normais apresentando ecogenicidade reduzida e textura difusamente heterogênea com áreas pseudonodulares, consistentes com infiltrado linfocítico. B: Mapemaento colorido da tireoide demonstra aumento difuso da vascularização.

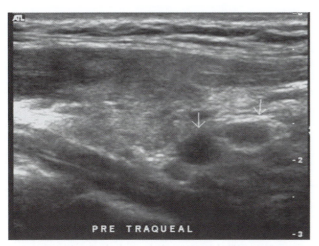

Figura 19 Linfonodos do compartimento central (nível VI) aumentados de tamanho, reativos à tireoidite linfocítica crônica.

muito evidente nas tireoidites (causada pela infiltração linfocítica crônica, com aumento da mitose celular e proliferação do epitélio folicular); e a estimulação pelo TSH, cuja secreção está aumentada em decorrência do hipotireoidismo determinado pela própria tireoidite. A PAAF frequentemente é necessária para estabelecer o diagnóstico definitivo nos casos de dúvida ultrassonográfica.

Nas fases finais da tireoidite crônica, geralmente a tireoide apresenta tamanho reduzido, os contornos são mal definidos e a textura é difusamente heterogênea em decorrência da extensa fibrose (Figura 20). Nesse momento, a glândula encontra-se pouco vascularizada ao mapeamento Doppler colorido.

A tireoidite fibrosa de Riedel é uma doença inflamatória crônica rara da tireoide, caracterizada por glândula de tamanho variável e consistência endurecida. Resulta de processo fibrótico que invade a glândula, causando sua destruição parcial e se estendendo para as estruturas cervicais adjacentes. A origem desse processo é desconhecida. Existem casos em que se observa associação com fibrose retroperitoneal, fibrose mediastinal, colangite esclerosante, pseudotumor orbitário e fibrose em outros órgãos. Nos poucos casos descritos na literatura, a USG mostrou massa hipoecogênica infiltrando a musculatura adjacente. A diferenciação com tumor maligno pelos métodos de imagem é muito difícil. As mulheres são cinco vezes mais afetadas do que os homens. Os sintomas referidos são "sensação de pressão" no pescoço, sufocamento, disfagia, dispneia e tosse. A indicação cirúrgica se faz quando o quadro clínico é exuberante.

Nódulos da tireoide e doenças que cursam com nódulos

A ocorrência de nódulos na tireoide é frequente, sendo facilmente detectados pela USG. Esse método ocupa uma posição de destaque na identificação, na caracterização e na conduta diante desse achado. A seguir, serão descritas as características dos nódulos que podem ser estudadas por meio da USG e as principais doenças benignas e malignas que cursam com a formação de nódulos nessa glândula.

Incidência e prevalência

Esses nódulos são identificados pela palpação em 5 a 10% dos casos, pela USG em cerca de 10 a 41% e por dados de autópsia em 50%. Observa-se que sua prevalência aumenta com a idade, sendo que aproximadamente 50% da população com idade superior a 50 anos apresenta nódulo da tireoide e apenas 5% deles são malignos. A malignidade é mais comum em indivíduos com idade inferior a 20 anos ou superior a 60 anos do que na faixa entre 20 e 60 anos.

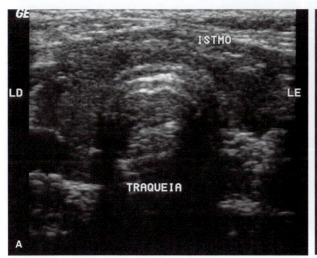
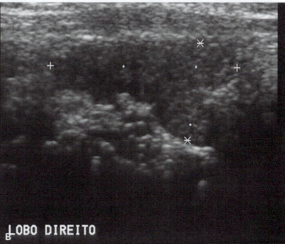

Figura 20 Tireoidite atrófica. Ultrassonografias em modo B mostram glândula de dimensões reduzidas e difusamente hipoecogênica em relação ao padrão normal. A: Corte transversal da glândula; B: corte longitudinal do lobo direito.

Critérios ultrassonográficos (modo B)

A USG pode caracterizar os nódulos tireoidianos quanto a:

- Número de nódulos inseridos na glândula (uninodular ou multinodular): é uma informação importante para o médico solicitante. Apesar de, no passado, alguns autores relatarem que o risco de malignidade para nódulo único seria maior que para múltiplos nódulos, observa-se praticamente o mesmo risco de malignidade para qualquer um dos cenários. A prevalência de câncer do nódulo dominante inserido em bócio multinodular é de 13% – pouco menor do que a do nódulo solitário – e sabe-se que 69,2% dos nódulos malignos estão inseridos em glândulas multinodulares e 31%, em uninodulares. Outro dado interessante diz respeito ao fato de que, apesar de a maioria dos nódulos malignos serem os maiores (ou nódulo dominante) em bócio multinodular, um terço dos cânceres são nódulos não dominantes. É importante destacar, ainda, que 30% das glândulas multinodulares apresenta associação com nódulo maligno. Dessa forma, conclui-se que multinodularidade não é sinônimo de benignidade, sendo que cada nódulo do bócio multinodular deve ser estudado atentamente, não levando em conta apenas seu tamanho.
- Ecogenicidade: a maioria dos nódulos tem padrão ecográfico sólido, podendo ser iso, hiper ou hipoecogênico. É importante identificar essa característica, pois sabe-se que aproximadamente 70% dos nódulos malignos são hipoecogênicos, 20% são isoecogênicos e 1 a 4%, hiperecogênicos. As lesões iso e hiperecogênicas são predominantemente benignas, entretanto 20% das lesões benignas são hipoecogênicas (Figura 21).

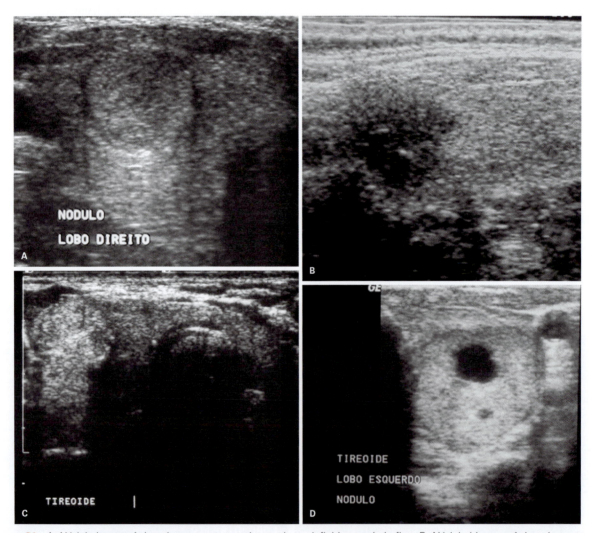

Figura 21 A: Nódulo isoecogênico, de contornos regulares e bem definidos por halo fino. B: Nódulo hipoecogênico, de contornos irregulares e mal definidos, sem halo, apresentando microcalcificações (carcinoma papilífero). C: Nódulo hiperecogênico, de contornos regulares e bem definidos por halo fino (bócio coloide). D: Nódulo misto (predominantemente sólido com áreas císticas centrais), de contornos regulares e bem definidos por halo hipoecogênico (bócio coloide).

- Ecotextura (ou composição) do nódulo: cerca de 30% dos nódulos apresentam componente cístico, sendo denominados mistos. O nódulo misto deve ser descrito quanto à sua composição, informando se apresenta maior componente sólido ou cístico, ou se estes se encontram em quantidades semelhantes (chamados sólido-císticos). Nesse padrão, estão incluídos os denominados "em favo de mel" ou *sponge-like*, de padrão citológico invariavelmente benigno (Figura 22). Quando um nódulo tem componente cístico predominante é importante descrever sua parte sólida e seus contornos, uma vez que pode representar a forma cística do carcinoma papilífero (Figura 23). A chance de uma lesão de até 3 cm puramente cística ser maligna é menor do que 1%, porém há um risco aumentado quando sua dimensão ultrapassa essa medida. A presença de um foco hiperecogênico acompanhado de reverberação sonora posterior (artefato "em cauda de cometa") é indicativa de conteúdo coloide espesso. Pode estar localizado na parede de um cisto, em septações internas ou no próprio líquido. Esse foco pode estar inserido em um cisto simples, em um cisto com debris ou até mesmo em uma lesão complexa. Há evidências de que tal foco se trate de um sinal de benignidade (Figuras 24 e 25).
- Presença de halo periférico sonolucente: pode representar vasos sanguíneos, cápsula fibrosa, compressão ou edema do parênquima tireoidiano adjacente. Está presente em cerca de 60 a 80% dos nódulos benignos e em 15% dos malignos. O halo periférico dos nódulos benignos é fino, regular e completo, sendo que nos malignos é caracteristicamente espesso, irregular e incompleto. No adenoma, o halo periférico é composto por cápsula fibrosa e vasos sanguíneos. No nódulo hiperplásico do bócio multinodular, o halo também pode estar presente e representa vasos sanguíneos, compressão e/ou edema do parênquima perinodular. Recomenda-se que se inclua o halo na mensuração do nódulo.

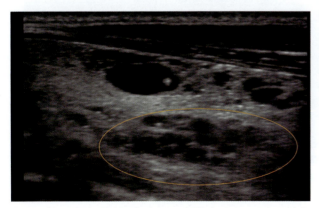

Figura 22   Ultrassonografia em modo B demonstrando nódulo "em favo de mel" sólido-cístico, de aspecto benigno.

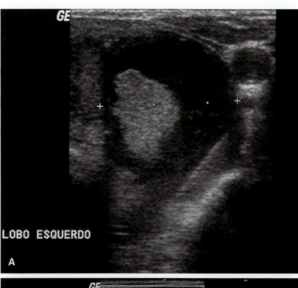

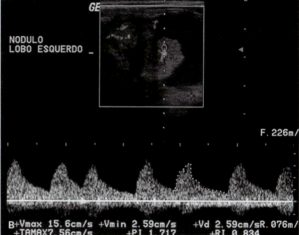

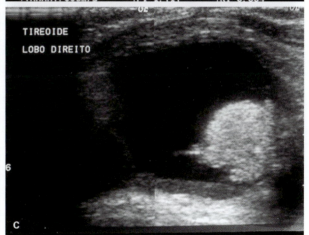

Figura 23   A: Nódulo misto (predominantemente cístico), de contornos parcialmente definidos, apresentando paredes irregulares. B: Nota-se nódulo mural hipervascularizado e com artérias no seu centro, corrrespondente à forma cística do carcinoma papilífero. C: Nódulo misto (predominantemente cístico), de contornos irregulares e parcialmente definidos, apresentando paredes espessadas. Nota-se área sólida fixa à parede com pontos hiperecogênicos, compatíveis com microcalcificações. Trata-se da forma cística do carcinoma papilífero.

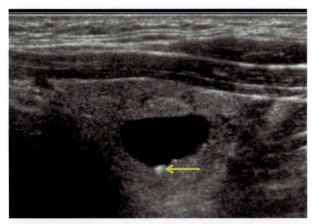

Figura 24 Cisto contendo foco hiperecogênico com reverberação sonora posterior (seta), compatível com coloide espesso.

- Contornos: nos nódulos benignos, tendem a ser regulares e bem definidos, enquanto nos malignos são irregulares e/ou mal definidos em 50% dos casos em relação às regiões adjacentes. É importante descrever sempre a regularidade e a definição dos contornos.
- Calcificações: estão presentes em cerca de 10 a 15% dos nódulos. Elas apresentam padrão ecográfico diverso, tendo sido proposta sua correlação com a natureza histológica dos nódulos. São descritas como finas ou microcalcificações (≤ 2 mm, acompanhadas ou não de sombra acústica posterior), grosseiras (> 2 mm, geralmente apresentando sombra acústica posterior) ou "em casca de ovo", correspondendo à calcificação periférica em anel (Figuras 26 e 27). As calcificações tênues, puntiformes e finas (microcalcificações)

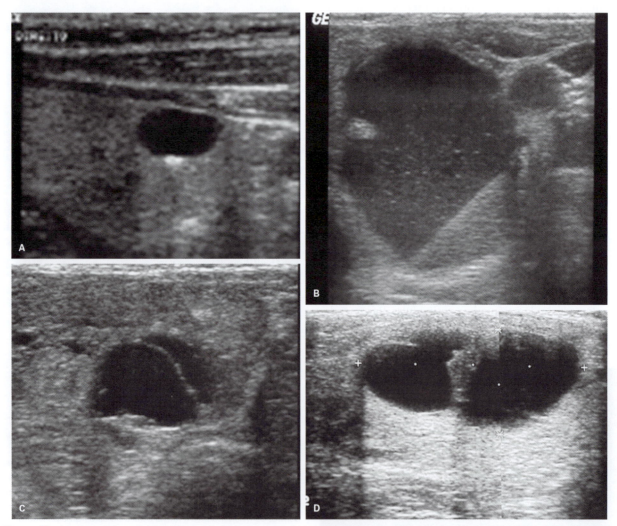

Figura 25 Lesões císticas da tireoide de citologia benigna. A: Lesão puramente cística (anecogênica); B: cisto com nível líquido/líquido espesso com debris em suspensão; C: cisto com fina septação; D: cisto com septo espesso.

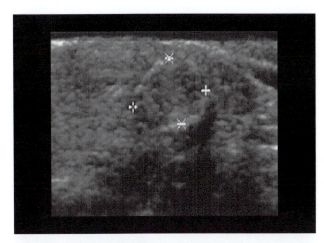

Figura 26 Nódulo com calcificação "em casca de ovo". Nota-se que a calcificação é delgada e permite a passagem do som através do contorno anterior do nódulo, observando-se a formação de sombra acústica após atravessar a parede posterior do mesmo.

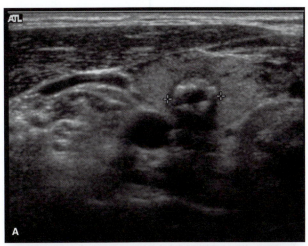

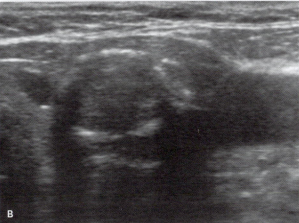

Figura 27 Calcificações periféricas. A: Nódulo com calcificação periférica espessa que não pode ser caracterizada como "em casca de ovo"; B: calcificação periférica fragmentada que também não pode ser caracterizada como "em casca de ovo".

são sinais altamente específicos de malignidade (especificidade de 92,9%) e estão presentes em cerca de 60% dos nódulos malignos. A maioria dos carcinomas papilíferos apresenta esse tipo de calcificação, representando os corpos de psamoma. Os carcinomas medulares também podem exibir calcificações finas, originadas dos depósitos amiloides (Figura 28). As calcificações grosseiras, densas e amorfas, com sombra acústica posterior são frequentes, geralmente encontradas nos nódulos benignos, mas também podem ser identificadas nos nódulos malignos ou em associação com calcificações finas (Figura 29). A calcificação periférica denominada "em casca de ovo", quando presente, praticamente identifica o nódulo benigno, porém é caracterizada em poucos casos. É importante atentar para o conceito desse tipo de calcificação, pois considera-se "em casca de ovo" a calcificação fina, anelar e contínua em toda a periferia do nódulo, que ainda possibilita a passagem do som e permite a caracterização do conteúdo do nódulo. Vários autores fazem menção à presença de malignidade associada a esse tipo de calcificação, porém consideram "em casca de ovo" qualquer calcificação periférica que apresente pelo menos 120° de circunferência no nódulo, não levando em conta sua continuidade e outros parâmetros para essa calcificação (Figura 27).

- Dimensões: os nódulos malignos apresentam diâmetros maiores do que os demais. Considera-se que a cada aumento de 1 cm no diâmetro transverso do nódulo, o risco de malignidade ou suspeição à citologia aumenta em 2,9 vezes (índice de confiança de 95%: 1,57; 5,28). Apesar dessa relação diretamente proporcional entre dimensão e malignidade, há um consenso de que nódulos pequenos, inferiores a 1,5 cm, devem ser acompanhados por meio de USG e exame físico. São exceções aqueles nódulos com características ultrassonográficas suspeitas de malignidade (hipoecogenicidade, microcalcificações, ausência do halo, contornos irregulares e parcialmente definidos, nódulos hipervascularizados) ou em pacientes com risco aumentado para o câncer da tireoide (exposição a radiação ionizante, neoplasia endócrina múltipla, presença de linfonodopatia cervical etc.).
- Localização: cada nódulo que for destacado no exame deve ser localizado com precisão, indicando em qual região da glândula se encontra e, portanto, facilitando a orientação para a PAAF.
- Forma: é outro aspecto que tem gerado interesse. As formas angulada, irregular ou apresentando altura maior do que a largura são muito sugestivas de carcinoma papilífero, porém esse último aspecto ocorre em poucos casos. A forma arredondada ou lisa está

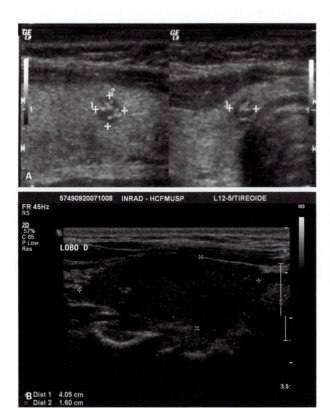
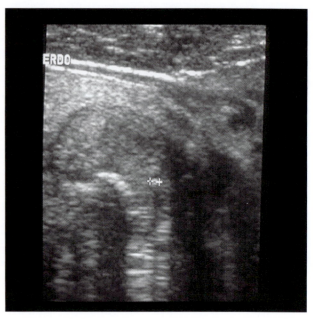

Figura 28 Nódulos com microcalcificações. A: Nódulo localizado na transição entre lobo direito e istmo, hipoecogênico, de contornos bem definidos, apresentando múltiplos pontos hiperecogênicos compatíveis com microcalcificações (carcinoma papilífero). B: Nódulo hipoecogênico no terço superior do lobo direito apresentando pontos ecogênicos sugestivos de microcalcificações (carcinoma papilífero).

Figura 29 Nódulo apresentando calcificação grosseira em associação com calcificação fina (lateral).

presente em 59% dos nódulos benignos, mas também em 93% dos malignos. Assim, diante de nódulo com altura maior do que a largura, deve-se levantar a suspeita de malignidade, contudo a forma arredondada ou lisa não exclui malignidade (Quadro 4).

Nenhum dos critérios ultrassonográficos conhecido é suficientemente específico, apesar de apresentarem acurácia de 75%, para determinar a natureza da lesão, que, portanto, fica a cargo da biópsia por PAAF.

US Doppler colorido e pulsado

Chammas et al. classificaram os nódulos em cinco padrões de vascularização, modificando a proposta inicial de Lagalla et al., já que os equipamentos atuais permitem a identificação de vasos sanguíneos com fluxo de velocidade baixa que não eram demonstrados naquela época. São eles:

- Padrão I: ausência de vascularização.
- Padrão II: apenas vascularização periférica.
- Padrão III: vascularização periférica > central.
- Padrão IV: vascularização central > periférica.
- Padrão V: apenas vascularização central (Figura 30).

Em um estudo utilizando essa classificação, observou-se que, à medida que a vascularização aumenta na região central do nódulo, aumenta a taxa de malignidade. Constatou-se, ainda, que entre os nódulos sem vascularização ou com vascularização periférica exclusiva não havia citologia maligna. Nos nódulos apresentando vascularização periférica > central, o resultado citológico foi suspeito em seis casos (7,41%) e maligno em dois deles (2,47%). Entre os nódulos apresentando vascularização central > periférica, o resultado citológico foi suspeito em um caso (7,14%) e maligno em seis (42,86%). Nos nódulos com vascularização apenas na região central, o resultado citológico foi maligno (carcinoma papilífero) em 100%.

Cerbone et al. sugerem que a ocorrência do padrão de vascularização central predominante nos nódulos malignos pode ser explicada pela maior proliferação celular nessa região. Lebkowska et al. e Foschini et al. demonstraram que os nódulos malignos da tireoide apresentam maior atividade proliferativa e maior vascularização na região central do nódulo, com aumento da proliferação de células foliculares detectado pela imuno-histoquímica, o que se correlaciona com os achados de aumento de vascularização na região central dos nódulos evidenciados ao mapeamento Doppler colorido.

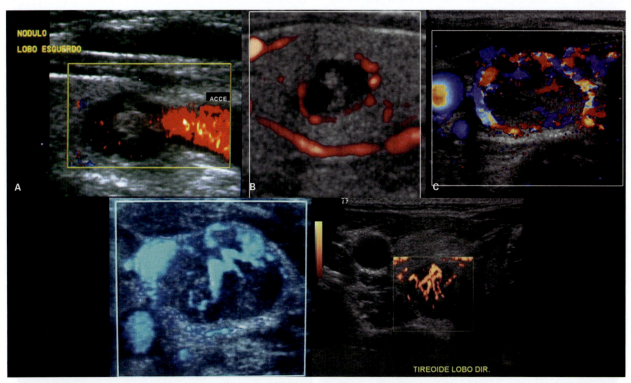

Figura 30   Padrões de vascularização dos nódulos da tireoide. A: Padrão I – ausência de vascularização. B: Padrão II – apenas vascularização periférica. C: Padrão III – vascularização periférica > central. D: Padrão IV – vascularização central > periférica. E: Padrão V – apenas vascularização central.

Quadro 4 Características dos nódulos tireoidianos apresentadas nos relatórios	
Ecogenicidade	Isoecogênico Hiperecogênico Hipoecogênico Anecogênico
Composição	Sólido Cístico Misto (proporção dos componentes sólido e líquido: relatar se é predominantemente sólido ou cístico ou se esses componentes estão em partes iguais, chamado sólido-cístico)
Halo periférico	Indicar presença e espessura
Contorno	Indicar definição (bem definido, mal definido, parcialmente definido) e regularidade (regular ou irregular)

(continua)

Quadro 4 Características dos nódulos tireoidianos apresentadas nos relatórios (continuação)	
Dimensões do nódulo	Especificar medidas dos três eixos ou pelo menos do maior eixo
Calcificação	Indicar presença e tipo (microcalcificação ou calcificação grosseira)
Localização	Indicar a região do lobo ou istmo onde se localiza o nódulo, o mais precisamente possível
Forma	Indicar se for arredondada ou se altura > largura

Os padrões apresentados pelo Doppler colorido são reprodutíveis por diferentes equipamentos, operadores e instituições; contudo, o método depende de vários fatores técnicos, como sensibilidade do aparelho, filtros de parede, amplificação do sinal, frequência de repetição de pulso, ângulo de insonação, profundidade da região amostrada e atenuação por tecidos intermediários. Além disso, a movimentação (respiração, deglutição e pulsatilidade das artérias vizinhas) pode levar à formação de artefatos.

A análise espectral por meio do Doppler pulsado apresenta resultados similares na literatura quando se empregam os índices semiquantitativos, como o índice de resistividade (IR) e o índice de pulsatilidade (IP). Deve-se levar em conta a dificuldade técnica no ajuste do ângulo de insonação nos vasos tortuosos e de pequeno calibre, podendo ser a causa das diferentes velocidades observadas pelos autores nos nódulos malignos. Assim, sugere-se trabalhar com IR e IP para reduzir a margem de erro, tornando a análise espectral mais fidedigna.

Os nódulos malignos apresentam IP com média de 1,53 (desvio-padrão = 0,63) e IR com média de 0,74 (desvio-padrão = 0,12) (Figura 31).

Se a intenção é selecionar os nódulos com risco aumentado de pertencer ao grupo maligno ou suspeito (nódulos potencialmente cirúrgicos), além do padrão de vascularização e do IR, é necessário avaliar também a dimensão do nódulo (diâmetro transverso) e sua ecogenicidade. Esses parâmetros apresentaram sensibilidade de 77,25% e especificidade de 79,45% (Quadro 5).

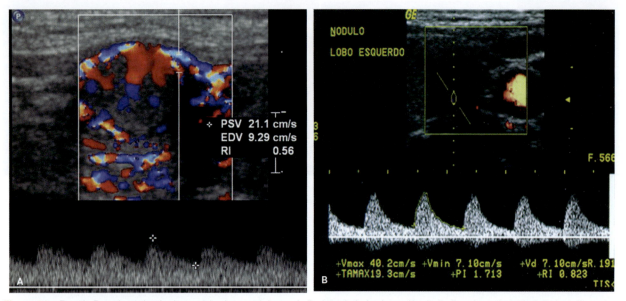

Figura 31 Estudo Doppler pulsado das artérias intranodulares. A: Padrão de baixa impedância (índice de resistividade baixo); B: padrão de impedância elevada (índice de resistividade alto).

Quadro 5 Análise Doppler dos nódulos da tireoide

Nódulos com risco aumentado de pertencer aos grupos suspeito e maligno conjuntamente, em função da ecogenicidade, do padrão de vascularização, da dimensão e do índice de resistividade

Ecogenicidade	Padrão de vascularização	Diâmetro transverso		
		Até 1 cm	1,1-2 cm	2,1-3 cm
Hipoecogênico	IV/V	Qualquer IR	Qualquer IR	Qualquer IR ou padrão de vascularização
	II/III	IR > 0,68	IR > 0,50	Qualquer IR ou padrão de vascularização
Não hipoecogênico	IV/V	IR > 0,82	IR > 0,65	IR > 0,46
	II/III	Baixo risco	IR > 0,96	IR > 0,78

IR: índice de resistividade.

Vários estudos corroboram esses achados, mostrando um deles que a média de IR nos carcinomas foi de 0,76 e outros autores encontraram IR > 0,75 em 85,7% dos nódulos malignos. De Nicola et al., utilizando os padrões de vascularização descritos por Chammas et al., encontraram, nas lesões foliculares, associação entre a vascularização predominantemente periférica e benignidade, bem como padrão predominantemente central e malignidade. Utilizaram como valor de corte IR = 0,75 para predizer malignidade, obtendo especificidade e acurácia elevadas (97% e 95%, respectivamente), mas menor sensibilidade (67%).

A alta resistência dos vasos pode ser explicada pela vascularização irregular dos nódulos malignos causada por estenoses, oclusões e aneurismas.

Indicações de punção aspirativa por agulha fina

A melhor ferramenta de seleção dos nódulos para biópsia por PAAF é o mapeamento Doppler. Contudo, quando não se tem equipamento sensível ou um operador treinado, o melhor é não levar em conta os dados do mapeamento Doppler e observar as características ao modo B. Com esse objetivo, foi elaborado um consenso reunindo especialistas que trabalham com tireoide, além de diversas diretrizes. As diretrizes mais recentes recomendam que nódulos > 1 cm, sólidos e hipoecogênicos sejam encaminhados para PAAF ou nódulos de qualquer tamanho com achado ultrassonográfico suspeito, com crescimento extracapsular ou com linfonodo de aspecto metastático à USG. Recomenda-se PAAF, ainda, para pacientes com história de risco aumentado ou aumento da calcitonina (na ausência de fatores que interfiram nessa dosagem). Contudo, é importante salientar que, baseando-se apenas em tamanho, perde-se um terço dos nódulos malignos da tireoide.

Dessa forma, é fundamental associar os achados ultrassonográficos e ter em mente que o tamanho do nódulo não é preditivo de malignidade.

É importante lembrar que o envolvimento maligno não é menos frequente em nódulos < 1 cm. Nódulos pequenos (< 1 cm de diâmetro) com achados ultrassonográficos suspeitos devem ser encaminhados para PAAF assim como os maiores e também nódulos < 1 cm em pacientes com risco aumentado para câncer de tireoide. Pode-se considerar, como regra geral, que nódulos < 1 cm com dois ou mais achados ultrassonográficos suspeitos devem seguir para PAAF.

Outro dado relevante é que nódulos quentes à cintilografia não são indicação de PAAF (Quadros 6 e 7).

Thyroid image reporting and data system

Embora não seja utilizado na rotina do Instituto de Radiologia do HCFMUSP, vale a pena mencionar o método *thyroid image reporting and data system* (TIRADS) de classificação de nódulos tireoidianos em grupos de risco. No ano de 2009, com base no BIRADS mamográfico, Horvath et al. desenvolveram o TIRADS com o objetivo de classificar os diversos tipos de lesões de tireoide em grupos de risco com o percentual de malignidade similar àquele aceito no BIRADS:

- TIRADS 1: tireoide normal.
- TIRADS 2: condições benignas – 0% de malignidade.
- TIRADS 3: nódulos provavelmente benignos – < 5% de malignidade.
- TIRADS 4: nódulos suspeitos, sendo que podem ser divididos em 4a (5-10% de malignidade) e 4b (10-80% de malignidade).
- TIRADS 5: nódulos provavelmente malignos (mais de 80% de malignidade).
- TIRADS 6: 100% de malignidade comprovada por biópsia.

As características ecográficas do TIRADS estão descritas no Quadro 6.

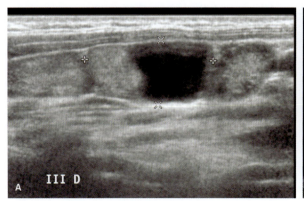
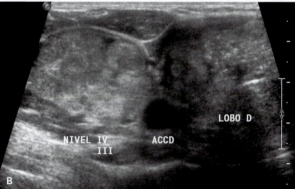

Figura 32 Linfonodos aumentados de tamanho, globosos, numerosos e de padrão maligno. A: Nota-se que um dos linfonodos aumentados apresenta área líquida (entre *calipers*). B: Conglomerado linfonodal com microcalcificações tênues. Nota-se, no lobo direito, padrão similar do tumor primário.

Quadro 6 TIRADS

Descrição dos padrões ultrassonográficos	Achados à ultrassonografia	Malignidade	TIRADS
Lesão anecogênica com ponto hiperecogênico parietal, sem vascularização	Coloide tipo 1		TIRADS 2 Achados benignos
Lesão mista, não encapsulada, não expansiva, com pontos hiperecogênicos reverberantes, vascularizada (aspecto espongiforme)	Coloide tipo 2	0%	
Lesão não encapsulada, mista, com componente sólido isoecogênico, expansiva, vascularizada e com pontos hiperecogênicos	Coloide tipo 3	< 5%	TIRADS 3 Provavelmente benigno
Lesão hiper, iso ou hipoecogênica, parcialmente capsulada, com vascularização periférica, presente na tireoidite de Hashimoto	Pseudonódulo Tireoidite de Hashimoto		
Lesão sólida ou mista, hiper, iso ou hipoecogênica, com uma fina cápsula periférica	Neoplasia simples	5-10%	TIRADS 4a Indeterminado
Lesão hipoecogênica com margens imprecisas e sem calcificações	Tireoidite de De Quervain		
Lesão hiper, iso ou hipoecogênica, hipervascularizada, encapsulada, com cápsula espessa, com macro ou microcalcificações no seu interior	Suspeita de neoplasia	10-80%	TIRADS 4b Suspeito
Lesão hipoecogênica, não encapsulada, com margens irregulares, vasos penetrantes, com ou sem calcificações	Padrão maligno A		
Lesão iso ou hipoecogênica, não encapsulada, com múltiplas microcalcificações periféricas e hipervascularização	Padrão maligno B	> 80%	TIRADS 5 Compatível com malignidade
Lesão não encapsulada, isoecogênica, mista, hipervascularizada, com ou sem calcificações, sem pontos hiperecogênicos reverberantes	Padrão maligno C		
	Câncer confirmado por punção aspirativa por agulha fina (PAAF) prévia	100%	TIRADS 6 Maligno

TIRADS: *thyroid image reporting and data system.*
Adaptado de Horvath, 2009.

Quadro 7 Critérios de aumento do risco em função dos padrões ultrassonográficos observados

Característica à ultrassonografia	Aumento do risco
Hipoecogenicidade	Em 15 vezes (para malignidade e/ou suspeita)
Vascularização IV/V	Em 6,4 vezes (para malignidade e/ou suspeita) Em 219 vezes (para malignidade)
Dimensões	A cada 1 cm, em 2,9 vezes (para malignidade e/ou suspeita)
Índice de resistividade	> 0,77 – risco aumentado e a cada 0,1 aumenta 1,8 vez o risco (para malignidade e/ou suspeita)
Microcalcificações	Aumento de risco (sensibilidade de 40% e especificidade de 96,9%)
Contornos irregulares/ mal definidos/ausência de halo	Aumento de risco para malignidade

Doenças que cursam com nódulos

O achado de nódulo tireoidiano deverá aventar algumas hipóteses, entre elas:

- Bócio nodular benigno.
- Tireoidite linfocítica crônica.
- Adenomas foliculares e não foliculares.
- Tireoidite subaguda.
- Carcinoma papilífero.
- Carcinoma folicular.
- Carcinoma das células de Hurthle.
- Carcinoma pouco diferenciado.
- Carcinoma medular.
- Carcinoma anaplásico.
- Linfoma primário da tireoide.
- Sarcomas, teratomas e tumores mistos.
- Metástases.

Bócio nodular benigno

O aspecto sonográfico do bócio nodular é o de glândula aumentada de tamanho, com contornos lobulados, observando-se nódulos com aspectos diversos, podendo apresentar áreas de degeneração interna. Caso o nódulo se torne hiperfuncionante (autônomo), pode-se observar, em 40 a 50% dos casos, presença de fluxo sanguíneo em seu interior. O mapeamento Doppler colorido pode auxiliar nas lesões mistas, sendo que as áreas sólidas (ecogênicas), sem vascularização, provavelmente correspondem a degeneração coloide ou área de hemorragia. É possível, no entanto, caracterizar-se vascularização nessa região e na região periférica, indicando que se trata de nódulo parcialmente degenerado, característica que poderá diferenciá-lo do carcinoma papilífero cístico, que apresenta vascularização na região central do nódulo mural.

Os bócios de grandes dimensões podem apresentar dificuldade à análise ultrassonográfica com sondas de alta resolução. Indica-se, nesses casos, o exame com sondas de menor frequência (3,5 a 7 MHz), além disso, podem apresentar extensão intratorácica, de difícil acesso ultrassonográfico. Nesses casos, a tomografia computadorizada estará formalmente indicada.

Adenoma

O adenoma constitui proliferação focal e benigna do parênquima glandular contido por uma cápsula fibrosa onde se localizam vasos sanguíneos que se dirigem para o centro da lesão. Eles somam 5 a 10% dos nódulos tireoidianos.

Ultrassonograficamente, os adenomas podem ser hipoecogênicos, isoecogênicos e hiperecogênicos. Não há um padrão característico dos adenomas, porém, em 50% dos casos, eles são isoecogênicos, seguidos pelo padrão hiperecogênico, e, em alguns casos, hipoecogênicos. É comum a presença de elementos de degeneração, como áreas anecogênicas e calcificações internas. O crescimento rápido do adenoma folicular é acompanhado por hemorragia espontânea.

A presença de carcinoma dentro de um adenoma é ocorrência rara. Em geral, eles apresentam um fino halo periférico, correspondente à cápsula fibrosa, edema do parênquima adjacente e vasos sanguíneos. A maior parte dos adenomas é não funcionante, no entanto, alguns podem desenvolver um mecanismo próprio de regulação, tornando-se autônomos, o que constitui a doença de Plummer ou adenoma tóxico. Ao mapeamento Doppler colorido, os adenomas comumente apresentam vascularização predominantemente periférica ou periférica e central equilibradas.

Tumores malignos

No Brasil, a incidência do câncer de tireoide coincide com os dados da literatura mundial, representando 1,1% de todas as neoplasias malignas.

A proporção do câncer de tireoide entre a população masculina e feminina é de 1:2, podendo chegar a 1:4. A distribuição da doença é inferior a 3:100.000 entre os homens e é duas a três vezes superior nas mulheres.

Os principais fatores de risco para malignidade dos nódulos da tireoide estão listados no Quadro 8.

Os fatores de menor risco para carcinoma são: lesão cística ou não endurecida, nódulos quentes à cintilografia e lesões que regridem durante a terapia de supressão da tiroxina.

Quadro 8 Fatores de risco para malignidade dos nódulos tireoidianos
Câncer de tireoide prévio
História familiar de câncer de tireoide
História de NEM
Nódulo em criança com idade inferior a 14 anos
Exposição a radioterapia de pescoço e face
Rouquidão (paralisia das cordas vocais)
Nódulo de crescimento rápido e/ou doloroso
Sexo masculino e idade inferior a 20 anos ou superior a 60 anos
Metástase a distância
Ao exame físico, nódulo fixo, de consistência pétrea, adenopatia cervical
NEM: neoplasia endócrina múltipla.

Tumores do epitélio folicular

São os tumores mais frequentes da tireoide, estando subdivididos em bem diferenciados (carcinomas papilífero e folicular), pouco diferenciados e indiferenciados.

1. Carcinomas bem diferenciados: são tumores frequentes e de crescimento lento.

   O carcinoma papilífero representa cerca de 80 a 90% dos tumores da tireoide e possui crescimento muito lento, razão pela qual é considerado pouco agressivo. A sua taxa de mortalidade varia de 8 a 11%. Pode incidir em qualquer idade, com dois picos: o menor entre os 7 e 20 anos de idade, e o maior entre os 40 e 65 anos, apesar de o maior risco ser após os 60 anos. Há prevalência no sexo feminino (2:1). A sua ocorrência está associada a exposição a radiação ionizante e a dieta rica em iodo. Há uma relação linear entre a dose-resposta, sendo que 20 a 30% dos pacientes que recebem entre 100 e 2.000 rads desenvolvem nódulo de tireoide e nesse grupo 6 a 8% desenvolverão câncer. É necessário que o acompanhamento dos pacientes que foram submetidos a essa dosagem seja feito por longo prazo, posto que o período de latência para desenvolver o câncer de tireoide pode ser de até 30 anos. Sonograficamente, os carcinomas papilíferos são hipoecogênicos em 90% dos casos, podem ser isoecogênicos em menor porcentagem e raramente são hiperecogênicos.

   As microcalcificações são muito sugestivas do carcinoma papilífero, correspondendo a diminutas esferas de cálcio laminadas psamomatosas (Figura 33). Ocasionalmente, podem estar presentes no nódulo hiperplásico do bócio multinodular, tumores oxifílicos, no adenoma trabecular e, raramente, na doença de Graves e nas tireoidites.

A maior parte das metástases ocorre quase exclusivamente para os linfonodos cervicais, que podem apresentar padrão ecográfico similar ao descrito para o tumor primário. Os linfonodos metastáticos do carcinoma papilífero podem ter aspecto cístico, com paredes regulares (decorrente da extensa degeneração) e são quase exclusivos desse tumor, porém os tumores de espinocelulares, de rinofaringe, também podem apresentar metástases císticas para os linfonodos cervicais (Figura 34). Nos casos de extenso acometimento dos linfonodos cervicais, está indicada a tomografia computadorizada do mediastino superior para o estudo desse padrão de disseminação. As metástases a distância são muito raras, sendo que a disseminação hematogênica se dá para os pulmões, ossos e sistema nervoso. O carcinoma pode ser multifocal em cerca de 20% dos casos.

O carcinoma papilífero pode ter uma forma cística caracterizada por aspecto misto com predomínio cístico e algumas vegetações sólidas com microcalcificações que se projetam para o interior do componente cístico e, ao mapeamento Doppler colorido, mostra hipervascularização no interior do componente sólido (Figura 23). Existe, ainda, uma outra variante denominada microcarcinoma, que é constituída por um tumor esclerosante não encapsulado, menor que 1 cm, em geral com 6 a 7 mm de diâmetro. A sua primeira manifestação clínica pode ser por meio de linfonodomegalias cervicais, sem evidência do tumor primário em 80% dos casos. O carcinoma papilífero concentra o radioiodo, portanto, após a tireoidectomia, pode ser feito o mapeamento com I^{131} para detectar tumor residual ou recorrente na loja tireoidiana ou em órgãos distantes. A USG é fundamental no acompanhamento pós-operatório, tanto na identificação de tumor recorrente na loja glandular como de metástases para linfonodos cervicais, especialmente nos casos que não concentram o radioiodo.

O carcinoma folicular, por sua vez, é o segundo tumor mais frequente da tireoide, com incidência variando de 5 a 15% dos tumores malignos da tireoide. Essa taxa é maior nas áreas de bócio endêmico. Pode se desenvolver a partir de um adenoma preexistente. Predomina nas mulheres, com pico de incidência na sexta década de vida. O carcinoma folicular está associado ao bócio nodular em 60 a 70% dos casos, sobretudo nas áreas de bócio endêmico. Habitualmente, não apresenta microcalcificações ou metástases para linfonodos cervicais, o que torna seu diagnóstico um dos mais difíceis entre os tumores malignos. Existem poucos sinais ecográficos que auxiliam sua caracterização: margens irregulares e multilobuladas, halo periférico espesso e irregular, e sinais de invasão de estruturas tireoidianas adjacentes. Ultrassonograficamente, apresentam-se como lesões isoecogênicas, mas em cerca de 40% dos casos podem ser hipoecogênicas. O halo periférico é composto principalmente por vasos sanguíneos.

Existem duas variantes histológicas: a forma minimamente invasiva e a forma marcadamente invasiva. Na forma minimamente invasiva, o tumor apresenta uma cápsula e somente à histologia pode-se fazer o diagnóstico de invasão focal da cápsula por vasos sanguíneos, sendo esta a característica que o diferencia do adenoma folicular. Algumas vezes, o parênquima tireoidiano adjacente encontra-se invadido. Essa variante raramente metastatiza (8 a 10%). Na forma marcadamente invasiva, o tumor é parcialmente encapsulado, observando-se facilmente a invasão da cápsula e do tecido adjacente. Ambas as variantes podem apresentar disseminação hematogênica, sendo os sítios preferenciais ossos, cérebro, pulmão e fígado. A forma marcadamente invasiva apresenta metástases em até 50% dos casos, enquanto a forma menos invasiva apresenta metástases em cerca de 5 a 10% dos casos. O prognóstico é pior nos pacientes idosos, do sexo masculino e nos casos de tumor extratireoidiano.

2. Carcinomas pouco diferenciados: são tumores de origem geralmente no carcinoma papilífero ou folicular e não seguem uma linha de disseminação linfática ou hematogênica, mas de forte tendência a invasão local e das estruturas vasculares adjacentes. Os padrões ecográficos são similares aos anteriormente descritos, acrescidos da tendência a invasão local (Figura 35).

3. Carcinomas indiferenciados ou anaplásicos: representam menos de 5% dos tumores malignos de tireoide. São mais frequentes em idosos e em pacientes do sexo feminino. São tumores bastante agressivos, de crescimento rápido, que promovem compressão

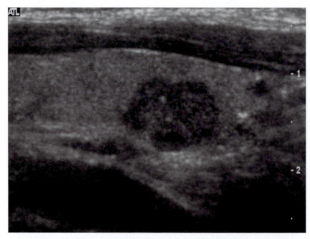

Figura 33 Carcinoma papilífero. Nódulo hipoecogênico de contornos irregulares e bem definidos, apresentando microcalcificação, sem halo.

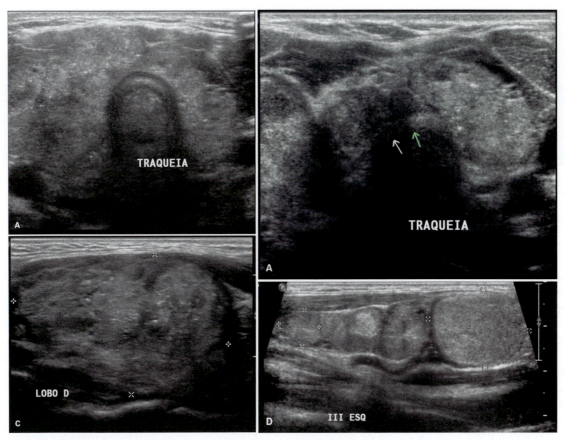

Figura 34   A-C: Glândula tireoide globalmente acometida por tumor pouco diferenciado, invadindo traqueia (B) e com metástases linfonodais (C), obsevando-se conglomerado no nível III, de padrão heterogêneo.

e invasão das estruturas adjacentes como traqueia, esôfago, vasos e músculos do pescoço. A sua evolução biológica é a invasão local com disseminação por via hematogênica e linfática, não sendo raras as metástases linfáticas com necrose. Apresentam o pior prognóstico, com taxa de mortalidade de 95% em 5 anos. O aspecto ultrassonográfico é de grande tumoração hipoecogênica, de contornos lobulados e irregulares, podendo apresentar calcificações grosseiras. Sinais de infiltração da parede dos grandes vasos cervicais e linfonodos metastáticos podem existir. Observa-se pouca vascularização ao Doppler colorido, provavelmente em decorrência da extensa necrose que sofrem. Os achados desse tumor são os sinais de invasão da traqueia, esôfago, espaços retroesofágicos e cartilagem laríngea, melhor avaliadas por meio da tomografia computadorizada. A USG pode revelar, com maior facilidade, a extensão do tumor em relação aos grandes vasos cervicais e estruturas nervosas (Figura 35).

Tumor das células C (carcinoma medular)

O carcinoma medular cresce a partir das células C (ou parafoliculares). Representam cerca de 5% dos tumores malignos da tireoide. São relativamente raros e apresentam taxa de mortalidade mais alta do que os tumores anteriormente descritos. Por terem origem nas células parafoliculares, secretam calcitonina, seu marcador hormonal específico. Em 20% dos casos, são um componente da síndrome da neoplasia endócrina múltipla (NEM) tipo 2 (A e B). A NEM tipo 2A engloba o carcinoma medular da tireoide, o feocromocitoma de adrenal e a hiperplasia da paratireoide, por isso, é comum cursar com hiperparatireoidismo. O tipo 2B associa carcinoma medular, feocromocitoma, neuromas da mucosa, ganglioneuromas intestinais e anormalidades musculoesqueléticas. A NEM tipo A é menos frequente do que a tipo 2A. O padrão ultrassonográfico é de lesão hipoecogênica, ocasionalmente isoecogênica, de contornos irregulares, às vezes acompanhada de halo espesso hipoecogênico, composto principalmente de artérias e veias. As microcalcificações são detectadas em 80 a 90% dos casos, podendo ocorrer tanto no tumor primário quanto nos linfonodos metastáticos. Elas são maiores e mais numerosas do que no carcinoma papilífero e ocorrem por calcificação da substância amiloide. Geralmente, são lesões solitárias, mas podem ter uma forma multicêntrica.

Pode ocorrer disseminação para os linfonodos cervicais, como invasão local e por via hematogênica. A dis-

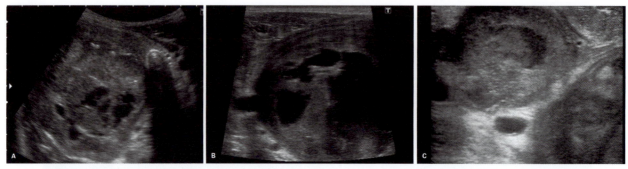

Figura 35 A e B: Carcinoma anaplásico no lobo direito. A: Exame realizado com transdutor convexo, de menor frequência, possibilitando visão panorâmica do lobo. Nota-se massa heterogênea, mista, com extensão para os planos adjacentes. B: Exame com sonda de 12 MHz evidencia detalhamento da textura do tumor, com áreas líquidas contendo alguns debris (provável hemorragia e necrose). C: Linfonodomegalia heterogênea com área de necrose cística.

seminação para os linfonodos da cadeia recorrente e do mediastino superior é mais frequente do que no carcinoma papilífero, sendo recomendada tomografia computadorizada pré-operatória. É possível observar implantes metastáticos preferencialmente para pulmões, ossos e fígado, por via hematogênica.

As recorrências são mais frequentes do que no carcinoma papilífero, sendo a USG o método de imagem mais importante para sua confirmação, uma vez que esses tumores não captam I[131]. A elevação dos níveis de calcitonina sérica é um sinal indicativo de recorrência tumoral.

Linfoma primário

A incidência de linfoma primário varia de 0,6 a 5% dos tumores malignos da tireoide e contribui com 2,2 a 2,5% da incidência dos linfomas. São raros os do tipo não Hodgkin e acometem principalmente mulheres com idade acima de 50 anos. Os pacientes portadores de tireoidite crônica de Hashimoto apresentam maior chance de desenvolver linfoma – isso ocorre em 70 a 80% dos casos. Os pacientes podem ser portadores de tireoidite subclínica ou em franco hipotireoidismo. Comumente, cursam com um rápido crescimento da lesão tumoral cervical, com sintomas obstrutivos relacionados à compressão das vias respiratórias e digestivas (dispneia e disfagia).

O linfoma da tireoide geralmente é uma tumoração única (80% dos casos), hipoecogênica, multilobulada, homogênea, sendo que algumas vezes apresenta áreas anecogênicas (de necrose) em seu interior. Pode apresentar-se, no entanto, como múltiplos e pequenos nódulos hipoecogênicos dispersos pelo parênquima. As calcificações são raras e o parênquima ao redor pode ser heterogêneo em decorrência da tireoidite crônica preexistente. Seu aspecto sonográfico pode ser semelhante ao do carcinoma anaplásico, especialmente em casos avançados em que se identificam sinais de extensão para as estruturas adjacentes. O mapeamento Doppler colorido não apresenta nenhum padrão específico e é similar ao do carcinoma anaplásico, ou seja, praticamente avascular. A PAAF é importante para o diagnóstico, porém algumas vezes não é possível fazer o diagnóstico diferencial com tireoidite por meio da citologia. O prognóstico depende da fase da doença em que foi realizado o diagnóstico, sendo que a sobrevida é de 5 anos em 89% dos casos em que o diagnóstico foi feito nas fases iniciais da doença e de 5% naqueles de doença disseminada.

Processo secundário na tireoide (metástases)

O processo metastático para a tireoide é raro, apresentando incidência na faixa de 2 a 7%. Os tumores que mais metastatizam para tireoide são melanoma (39%), mama (21%), rins (12%) e pulmão (11%). Entre eles, o carcinoma renal é o mais frequentemente identificado ao exame físico, sendo responsável por aproximadamente 50% dos processos metastáticos para tireoide detectados clinicamente; no entanto, metástases dos carcinomas de pulmão e de mama são as mais comuns nas autópsias. Também há relatos de metástases de neoplasias de esôfago e estômago.

Os padrões ecográficos não são específicos, mas apresentam como características: tumorações grandes, localizadas preferencialmente no polo inferior, hipoecogênicas, homogêneas e raramente com calcificação, em geral com margens bem definidas e algumas vezes apresentam pequenas áreas anecogênicas. A USG pode identificar alterações das regiões adjacentes à tireoide, como comprometimento de linfonodos cervicais e trombose da veia jugular.

Punção aspirativa por agulha fina

A PAAF dos nódulos tireoidianos é uma técnica minimamente invasiva e segura habitualmente realizada de forma ambulatorial. É importante conhecer as indicações para se realizar o procedimento, além de ter conhecimento de suas limitações. Para que o procedimento ocorra de modo satisfatório, é importante que a técnica utilizada seja adequada.

Os métodos de diagnóstico por imagem apresentam alguns sinais indicativos da natureza dos nódulos tireoidianos, porém algumas lesões podem apresentar aspecto duvidoso. O principal interesse da biópsia aspirativa está centrado no seu potencial de distinguir nódulos de natureza benigna daqueles que requerem intervenção cirúrgica. A acurácia da PAAF em identificar os nódulos de natureza benigna leva a uma redução no número das intervenções cirúrgicas desnecessárias. Em centros que adotaram esse método como rotina, houve redução de aproximadamente 25% nos custos do tratamento dos pacientes com nódulo de tireoide.

O procedimento envolve três etapas:

- Coleta do material.
- Preparação do esfregaço e/ou do emblocado celular.
- Análise microscópica e interpretação do esfregaço.

O resultado final só poderá ser satisfatório se todas as etapas do processo forem adequadas. A PAAF apresenta como vantagens o fato de não necessitar de hospitalização do paciente para sua realização; ser um método seguro e barato; e proporcionar informações objetivas. Ela pode ser guiada pela palpação. Porém, quando a lesão-alvo não é palpada (por ser pequena ou profunda) ou deve-se escolher um nódulo em meio a uma patologia multinodular, a PAAF deverá ser guiada pela USG.

Coleta do material celular

O material necessário para realização da PAAF inclui:

- Seringa de 10 mL.
- Agulhas descartáveis pequenas de aproximadamente 30 mm, entre 22 e 27 G (geralmente, 25 G).
- Manete (tipo Franzen) que serve de suporte para a seringa e oferece maior apoio à execução da punção. Ele pode ser substituído por outro utensílio similar.

A técnica da PAAF guiada por USG preconiza hiperextensão cervical do paciente, como no posicionamento para a USG. São recomendações importantes:

- Realizar limpeza da pele e do transdutor prévia à punção com álcool a 70%.
- Utilizar gel estéril e envolver o transdutor com filme plástico.
- Em crianças ou em pacientes ansiosos, pode-se aplicar um anestésico tópico 30 minutos a 1 hora antes da biópsia.
- Dar preferência à técnica de mão livre, pois permite ajustes de orientação, bem como realizar aspiração em várias direções dentro do nódulo. Alguns autores recomendam adaptadores acoplados aos transdutores.
- O ultrassonografista deve localizar a lesão-alvo, devendo a agulha ser introduzida obliquamente em relação ao transdutor.
- Após introdução da agulha, deve-se verificar se ela está no local desejado e inicia-se a aspiração.
- Algumas passadas pelo alvo são suficientes, realizando-se movimentos de "vaivém", duas ou três vezes.

Caso a amostra contenha grande quantidade de material hemorrágico, pode-se optar por não aspirar, e, em vez disso, apenas introduzir a agulha e movimentá-la dentro da lesão. A ação capilar causa a movimentação de células para dentro da agulha. A maioria dos autores advoga que devem ser feitas três punções do mesmo nódulo, mas na literatura há menção de até seis punções da mesma lesão.

A principal complicação da PAAF – e a mais comum – é o hematoma; no entanto, hematomas extensos causadores de algum desconforto para o paciente são muito raros. Outras complicações como infecções após esse procedimento foram descritas na literatura.

O implante de células tumorais no trajeto da agulha é raro, sendo observado por Ito et al. em 0,14% dos casos dos carcinomas papilíferos submetidos à PAAF. Esses mesmos autores relacionaram a idade dos pacientes e a agressividade do tumor maligno à implantação de células tumorais no trajeto de inserção da agulha para PAAF.

Para evitar o implante de células tumorais no trajeto da agulha, recomenda-se não reutilizar a agulha, realizar poucas passagens pelo nódulo e, ao retirar a agulha, liberar a sucção da seringa (soltar o êmbolo naturalmente).

A escolha do nódulo para PAAF pode ser feita com base nos achados ultrassonográficos.

Preparação do esfregaço e/ou do emblocado celular

- Colocar 2 a 3 gotas do material na parte superior da lâmina.
- Realizar o esfregaço e seleciona-se o material que apresentar coloração vermelho-alaranjada (melhor qualidade) para a análise citológica. Alternativamente, o conteúdo fluido de cistos pode ser centrifugado e o depósito é utilizado para realização de esfregaço e/ou emblocado celular.
- Fixar a lâmina conforme o tipo de método para coloração que o patologista usará para sua leitura. Se as colorações de Romanovsky/Giemsa são utilizadas, a fixação deve ser a seco. Caso seja usado o método de Papanicolaou, deve-se fixar a lâmina no álcool.

Análise microscópica e interpretação do esfregaço

Após a coleta adequada do aspirado, o material é enviado para a análise citopatológica. Dessa maneira, o

Quadro 9 Categorias diagnósticas recomendadas pelo sistema Bethesda
Insatisfatória ou não diagnóstica
Apenas conteúdo cístico
Escassez de células
Outro (coágulo etc.)
Benigno
Consistente com nódulo benigno (nódulo coloide, nódulo adenomatoso etc.)
Consistente com tireoidite linfocítica (de Hashimoto) em um contexto clínico apropriado
Consistente com tireoidite granulomatosa (subaguda)
Atipia de significado indeterminado ou padrão folicular de significado indeterminado
Neoplasia folicular ou suspeito para neoplasia folicular
Especificar se há células de Hurthle (variante oncocítica)
Suspeito para malignidade
Suspeito para carcinoma papilífero
Suspeito para carcinoma medular
Suspeito para carcinoma metastático
Suspeito para linfoma
Outros
Maligno
Carcinoma papilífero
Carcinoma pouco diferenciado
Carcinoma medular
Carcinoma anaplásico
Carcinoma de células escamosas
Carcinoma de características mistas (especificar)
Carcinoma metastático
Linfoma não Hodgkin
Outros

Quadro 10 Risco de malignidade e recomendações clínicas conforme o sistema Bethesda

Categorias diagnósticas	Risco de malignidade (%)	Recomendações
Insatisfatória ou não diagnóstica	1-4	Repetir PAAF
Benigno	0-3	Acompanhamento
Atipia de significado indeterminado ou padrão folicular de significado indeterminado	5-15	Repetir PAAF
Neoplasia folicular ou suspeito para neoplasia folicular	15-30	Lobectomia
Suspeito para malignidade	60-75	Tireoidectomia subtotal ou lobectomia
Maligno	97-99	Tireoidectomia subtotal

Adaptado de Chibas, 2007.

papel do patologista que analisará o material é crítico e a interpretação que ele fará do aspirado deverá ser compreendida pelo médico solicitante para que a conduta adequada seja efetuada. Para tanto, o National Cancer Institute (NCI) promoveu uma conferência em 2007 em Bethesda e postularam o sistema Bethesda (*Bethesda system for reporting thyroid cytopathology*). O Quadro 10 mostra o resultado da conferência evidenciando os critérios diagnósticos recomendados, o risco de malignidade implícito em cada diagnóstico citopatológico e as recomendações de manejo clínico.

Elastografia

A elastografia ultrassonográfica consiste em um *software* acoplado ao aparelho de USG convencional que permite a avaliação dos diferentes tecidos presentes em uma amostra ultrassonográfica conforme a variação de sua compressibilidade.

Essa modalidade de exame analisa a condição pré e pós-deformação de uma determinada amostra tecidual e fornece informações sobre a elasticidade dos tecidos de modo semelhante ao que ocorre no exame físico – nódulos malignos apresentariam uma menor deformação às manobras de compressão (mais rígidos), enquanto os nódulos benignos apresentariam maior amplitude de deformação (mais macios).

A imagem elastográfica (elastograma) é gerada a partir da deformação (*strain*) dos tecidos que compõem uma amostra ultrassonográfica, produzindo ecos que são transformados em cores conforme a sua variação elástica, e cuja escala pode ser alterada conforme se desejar, por exemplo, o vermelho correspondendo a tecidos mais macios; o verde, a intermediários; e o azul escuro, aos mais rígidos. É importante observar, portanto, a escala de registro das cores antes de interpretar o elastograma, assim como ocorre no mapeamento Doppler colorido.

O estudo é realizado em dois tempos: no primeiro momento, há uma fixação da glândula e da área nodular a ser estudada; e no segundo momento, procede-se a compressão graduada seguida de descompressão.

A grande maioria das lesões benignas apresenta maior dificuldade de ser visualizada no elastograma, já que possuem rigidez semelhante ao parênquima adjacente normal e, portanto, de cores semelhantes (geralmente representadas pela cor verde), enquanto as lesões malignas se destacam pela cor diferente do tecido normal da tireoide (em geral codificada em azul) (Figuras 36 e 37).

O grande dilema ainda persiste nos carcinomas foliculares, já que até o momento não foram diferenciados do adenoma pela elastografia. Vários estudos em andamento objetivam fazer essa distinção. Até o momento, diagnós-

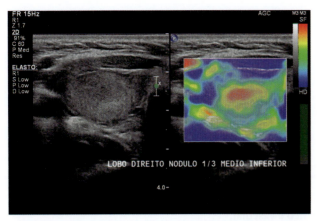

Figura 36 Nódulo tenuamente hipoecogênico, situado no terço médio inferior do lobo direito, apresentando-se deformável à elastografia, com padrão de cor de tecido mole de acordo com a escala lateral – benigno (bócio adenomatoso).

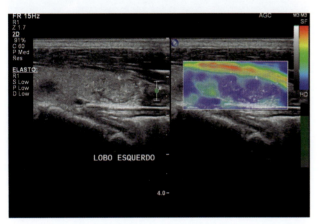

Figura 37 Nódulo isoecogênico, parcialmente definido, no terço inferior do lobo esquerdo. Ao elastograma, está codificado em cor azul, traduzindo tecido endurecido e pouco deformável – padrão maligno (carcinoma papilífero).

tico do carcinoma folicular é feito pelo estudo histopatológico capaz de demonstrar sinais de extravasamento extracapsular do tumor.

Apesar de ser um método promissor, a elastografia tem suas limitações, a saber: estruturas puramente císticas ou predominantemente císticas, nódulos totalmente calcificados ou com calcificações "em casca de ovo" ou aqueles com grande teor de calcificação no seu interior, nódulos muito pequenos (< 5 a 6 mm) ou muito volumosos e ainda bócios com múltiplos nódulos com múltiplos nódulos coalescentes nos quais se perde o referencial do tecido normal adjacente.

Ultrassonografia das paratireoides

As paratireoides são pequenas glândulas normalmente não visualizadas pela USG. Apenas em situações em que há crescimento anormal da glândula, como ocorre no caso de hiperplasias ou tumores, a USG admite papel importante na sua caracterização. Isso ocorre de forma não onerosa e sem o uso de radiação ionizante. Deve-se estar atento, no entanto, aos parâmetros técnicos para realização do exame, uma vez que influenciam intensamente a acurácia do método. Devem ser considerados a frequência do transdutor, o ganho, a utilização do Doppler colorido e, obviamente, a experiência do examinador. Dessa forma, a USG com técnica adequada possui sensibilidade e especificidade de 71 e 77%, respectivamente, para avaliação das paratireoides.

O número e a localização das glândulas paratireoides são variados, sendo localizadas perto, longe ou até mesmo dentro da glândula tireoide. As principais limitações da USG podem resultar da presença de múltiplos nódulos tireoidianos, assim como de linfonodos cervicais, dificultando a localização das paratireoides em decorrência da grande proximidade espacial dessas últimas. Quando elas se encontram dentro da tireoide, não podem ser diferenciadas de nódulos tireoidianos próprios sem a ajuda da PAAF.

Apesar de a USG apresentar boa acurácia, ela possui limitações para a avaliação das glândulas ectópicas mediastinais ou retrotraqueais. Nesses casos, outros métodos podem ser utilizados, como a cintilografia com tecnécio-99m (^{99}mTc), sestamibi, tomografia computadorizada e ressonância magnética. Normalmente, as glândulas paratireoides medem 6 mm de comprimento e pesam cerca de 25,7 mg.

A indicação primordial do estudo ultrassonográfico das paratireoides é determinar a localização das lesões tumorais causadoras de hiperparatireoidismo. As três principais causas são adenoma (80%), hiperplasia (19%) e carcinoma (1%). A grande maioria das alterações das paratireoides (80%) apresenta-se à USG como nódulos hipoecogênicos (Figura 38) em relação ao parênquima tireóideo habitual. No entanto, imagens homogêneas anecogências, isoecogênicas e hiperecogênicas podem estar presentes em 20% dos casos. Os adenomas apresentam-se como lesões mais alongadas, enquanto as hiperplasias tendem a ser mais globosas. Ambos têm contornos regulares e podem apresentar calcificações, sendo essas mais observadas nos adenomas. Os carcinomas podem simular lesões benignas, exceto quando apresentam sinas de invasão das estruturas adjacentes. Também tendem a demonstrar contornos lobulados e menor mobilidade às manobras dinâmicas. Os cistos de paratireoide são raros, com incidência cirúrgica de no máximo 3%, e são mais comuns no sexo feminino. Apresentam-se como lesões anecogênicas de paredes finas e bem delimitadas.

O estudo Doppler é muito útil para a identificação das lesões na topografia das paratireoides pelo fato de, na grande maioria das vezes, as glândulas paratireoides serem hipervascularizadas. Logo, sua principal utilidade é a distinção entre as lesões císticas de conteúdo espesso,

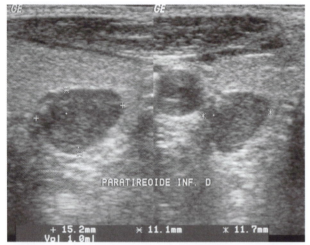

Figura 38 Nódulo hipoecogênico posterior ao lobo direito da tireoide compatível com paratireoide aumentada.

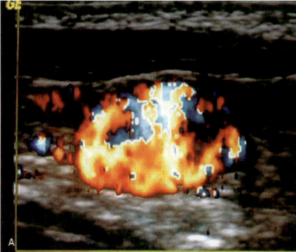

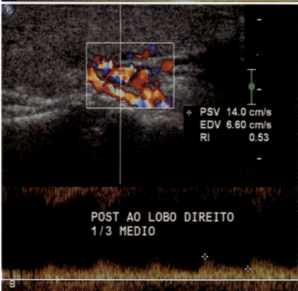

Figura 39 A: Nódulo hipoecogênico hipervascularizado na loja da paratireoide; B: nódulo hipoecogênico posterior ao lobo direito da tireoide, com padrão de vascularização de baixa impedância.

que são avascularizadas, e os nódulos sólidos. Ao estudo com Doppler espectral, é possível observar nos nódulos sólidos um fluxo pulsátil, com diástole alta e de baixa impedância (Figura 39). Também é possível identificar uma artéria extratireóidea calibrosa, frequentemente ramo da artéria tireóidea inferior, suprindo o adenoma de paratireoide ao longo do seu eixo longitudinal. Um achado descrito para os adenomas de paratireoide é o arco vascular (anel vascular periférico), que engloba o nódulo de 90 a 270º (Figura 40). Esses achados ajudam na identificação dos adenomas de paratireoide e permitem a distinção com os linfonodos, que possuem um hilo central ecogênico e vascular.

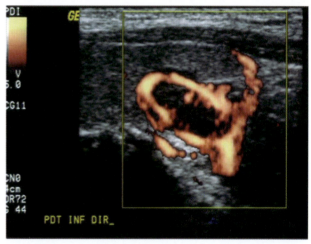

Figura 40 Adenoma de paratireoide com arco vascular.

Bibliografia sugerida

1. Ahuja A. The thyroid and parathyroid. In: Evans R, editor. Practical head and neck ultrasound. London: Greenwich Medical Media; 2000. p.37-59.
2. Ahuja A, Chick W, King W, Metreweli C. Clinical significance of the comet-tail artifact in thyroid ultrasound. J Clin Ultrasound. 1996;24(3):129-33.
3. Ahuja AT, King W, Metreweli C. Role of ultrasonography in thyroid metastases. Clin Radiol. 1994;49(9):627-9.
4. Araujo Filho VJF, De Carlucci Jr D, Castro IV, Barbosa Jr JG, Montag E, Ferraz AR. Cisto de paratireoide: relato de caso. Rev Hosp Clin Fac Med S Paulo. 1998;53(2):83-5.
5. Asanuma K, Sugenoya A, Ohashi T, Nagai N, Itoh N, Kobayashi S, et al. Pure clear cell papillary thyroid carcinoma with chronic thyroiditis: report of a case. Surg Today. 1998;28(4):464-6.
6. Ashcraft MW, Van Herle AJ. Management of thyroid nodules. I: history and physical examination, blood tests, X-ray tests, and ultrasonography. Head Neck Surg. 1981;3(3):216-30.
7. Baldini M, Castagnone D, Rivolta R, Meroni L, Pappalettera M, Cantalamessa L. Thyroid vascularization by color Doppler ultrasonography in Graves' disease. Changes related to different phases and to the long-term outcome of the disease. Thyroid. 1997;7(6):823-8.
8. Becker D, Bair HJ, Becker W, Gunter E, Lohner W, Lerch S, et al. Thyroid autonomy with color-coded image-directed Doppler sonography: internal hypervascularization for the recognition of autonomous adenomas. J Clin Ultrasound. 1997;25(2):63-9.
9. Blum M, Yee J, Oppenheimer JH. Advances in thyroid imaging: thyroid sonography when and how shouldit be used? Thyroid Today. 1997;20(3):1-13.
10. Brander A, Viikinkoski P, Nickels J, Kivisaari L. Thyroid gland: US screening in middle-aged women with no previous thyroid disease. Radiology. 1989;173(2):507-10.

11. Brander AE, Viikinkoski VP, Nickels JI, Kivisaari LM. Importance of thyroid abnormalities detected at US screening: a 5-year follow-up. Radiology. 2000;215(3):801-6.
12. Brkljacic B, Cuk V, Tomic-Brzac H, Bence-Zigman Z, Delic-Brkljacic D, Drinkovic I. Ultrasonic evaluation of benign and malignant nodules in echographically multinodular thyroids. J Clin Ultrasound. 1994;22(2):71-6.
13. Carpi A, Nicolini A, Sagripanti A. Protocols for the preoperative selection of palpable thyroid nodules: review and progress. Am J Clin Oncol. 1999;22(5):499-504.
14. Cerbone G, Spiezia S, Colao A, Di Sarno A, Assanti AP, Lucci R, et al. Power Doppler improves the diagnostic accuracy of color Doppler ultrasonography in cold thyroid nodules: follow-up results. Horm Res. 1999;52(1):19-24.
15. Chammas MC, de Araujo Filho VJ, Moyses RA, Brescia MD, Mulatti GC, Brandao LG, et al. Predictive value for malignancy in the finding of microcalcifications on ultrasonography of thyroid nodules. Head Neck. 2008;30(9):1206-10.
16. Chammas MC, Gerhard R, de Oliveira IR, Widman A, de Barros N, Durazzo M, et al. Thyroid nodules: evaluation with power Doppler and duplex Doppler ultrasound. Otolaryngol Head Neck Surg. 2005;132(6):874-82.
17. Chammas MC, Saito OC, Cerri GG. Tireóide. In: Saito OC, Cerri GG, editors. Ultra-sonografia de pequenas partes. Rio de Janeiro: Revinter; 2004. p.75-114.
18. Chen CC, Prenkumar A, Hill SC, Skarulis MC, Spegel AM. Tc-99m sestamibi imaging of a hyperfunctioning parathyroid autograf with Doppler ultrasound and MRI correlation. Clinical Nuclear Medicine. 1995;3:222-5.
19. Chigot JP, Aurengo A, Leenhardt L. What is the contribution of imaging? Ann Chir. 1999;53(1):61-4.
20. De los Santos ET, Keyhani-Rofagha S, Cunningham JJ, Mazzaferri EL. Cystic thyroid nodules. The dilemma of malignant lesions. Arch Intern Med. 1990;150(7):1422-7.
21. De Nicola H, Szejnfeld J, Logullo AF, Wolosker AM, Souza LR, Chiferi Jr. V. Flow pattern and vascular resistive index as predictors of malignancy risk in thyroid follicular neoplasms. J Ultrasound Med. 2005; 24(7):897-904.
22. Dos Santos TARR, Pina ROG, Souza MTP, Chammas MC. Graves' disease thyroid color-flow Doppler ultrasonography assessment: review article. Health. 2014;6:1487-96.
23. Eftekhari F, Peuchot M. Thyroid metastases: combined role of ultrasonography and fine needle aspiration biopsy. J Clin Ultrasound. 1989;17(9):657-60.
24. Fausto CCV, Boilesin CFDSD, Saito OC. Paratireoide. In: Saito OC, Cerri GG, editores. In: Ultrasonografía de pequeñas partes. Caracas: Amolca & Revinter; 2008. p.115-30.
25. Foschini MP, Ragazzi M, Parmeggiani AL, Righi A, Flamminio F, Meringolo D, et al. Comparison between echo-color Doppler sonography features and angioarchitecture of thyroid nodules. Int J Surg Pathol. 2007;15(2):135-42.
26. Frates MC, Benson CB, Charboneau JW, Cibas ES, Clark OH, Coleman BG, et al. Management of thyroid nodules detected at US: Society of Radiologists in Ultrasound consensus conference statement. Radiology. 2005;237(3):794-800.
27. Gharib H, Papini E, Paschke K et al. AACE/AME/ETA Thyroid nodules guidelines. Endocr Pract. 2010;16 (Suppl1):1-43.
28. Gharib H. Fine-needle aspiration biopsy of thyroid nodules: advantages, limitations, and effect. Mayo Clin Proc. 1994;69(1):44-9.
29. Gomez JM, Maravall FJ, Gomez N, Guma A, Soler J. Determinants of thyroid volume as measured by ultrasonography in healthy adults randomly selected. Clin Endocrinol (Oxf). 2000;53(5):629-34.
30. Goss CM. Gray: anatomia. 29. ed. Rio de Janeiro: Guanabara Koogan; 1977.
31. Gretchen A, Gooding W. Sonography of the thyroid and parathyroid. Radiol Clin North Am. 1993;31(5):967-89.
32. Gritzmann N, Koischwitz D, Rettenbacher T. Sonography of the thyroid and parathyroid glands. Radiol Clin North Am. 2000;38(5):1131-45, xii.
33. Hall TJ. AAPM/RSNA physics tutorial for residents. Topics in US: beyond the basics: elasticity imaging with US. Radiographics. 2003;23(6):1657-71.
34. Hall TJ, Zhu Y, Spalding CS. In vivo real-time freehand palpation imaging. Ultrasound Med Biol. 2003;29(4):427-35.
35. Harnsberger R. Diagnostic and surgical imaging anatomy: brain, head and neck, spine. Salt Lake City: Amirsys; 2006.
36. Hatada T, Ichii S, Sagayama K, Ishii H, Sugihara K, Terada N, et al. Intrathyroid thyroglossal duct cyst simulating a thyroid nodule. Tumori. 2000;86(3):250-2.
37. Haugen BRM, Alexander EK, Bible KC, Doherty GM, Mandel SJ, Nikiforov YE, et al. 2015 American Thyroid Association (ATA) management guidelines for adult patients with thyroid nodules and differentiated thyroid cancer. Thyroid. 2016;26(1):1-133.
38. Hay ID, Klee GG. Thyroid cancer diagnosis and management. Clin Lab Med. 1993;13(3):725-34.
39. Höfling DB, Cerri GG, Juliano AG, Marui S, Chammas MC. Importância da ecogenicidade da tireóide no diagnóstico da tireoidite crônica auto-imune. Radiol Bras. 2008;41(6):409-17.
40. Holden A. The role of colour and duplex Doppler ultrasound in the assessment of thyroid nodules. Australas Radiol. 1995;39(4):343-9.
41. Hopkins CR, Reading CC. Thyroid and parathyroid imaging. Semin Ultrasound CT MR. 1995;16(4):279-95.
42. Horvath E, Majlis S, Rossi R, Franco C, Niedmann JP, Castro A, et al. An ultrasonogram reporting system for thyroid nodules stratifying câncer risk for clinical management (TIRADS concept for thyroid nodules). J Clin Endocrin Metab. 2009;94(5):1748-51.
43. Hoyt K, Forsberg F, Ophir J. Analysis of a hybrid spectral strain estimation technique in elastography. Phys Med Biol. 2006;51(2):197-209.
44. Hugues FC, Baudet M, Laccourreye H. The thyroid nodule: a retrospective study of 200 cases. Ann Otolaryngol Chir Cervicofac. 1989;106(2):77-81.
45. Hussain H, Britton K, Grossman A, Reznek R. Thyroid cancer. In: Husband JES, Reznek R, editores. Imaging in Oncology. Oxford: Isis Medical Media; 1998. p.481-54.
46. Ito Y, Tomoda C, Uruno T, Takamura Y, Miya A, Kobayashi K, et al. Needle tract implantation of papillary thyroid carcinoma after fine-needle aspiration biopsy. World J Surg. 2005;29(12):1544-9.
47. Jha BC, Nagarkar NM, Kochhar S, Mohan H, Dass A. Parathyroid cyst: a rare cause of an anterior neck mass. J Laryngol Otol. 1999;113:73-5.
48. Kasagi K, Hatabu H, Tokuda Y, Yamabe H, Hidaka A, Yamamoto K, et al. Lymphoproliferative disorders of the thyroid gland: radiological appearances. Br J Radiol. 1991;64(763):569-75.
49. Kim BM, Kim MJ, Kim E, Kwak JY, Hong SW, Son EJ, et al. Sonographic differentiation of thyroid nodules with eggshell calcifications. J Ultrasound Med. 2008;27:1425-30.
50. Kim EK, Park CS, Chung WY, Oh KK, Kim DI, Lee JT, et al. New sonographic criteria for recommending fine-needle aspiration biopsy of nonpalpable solid nodules of the thyroid. AJR Am J Roentgenol. 2002; 178(3):687-91.
51. Klopper JP, McDermott MT. Palpable pediatric thyroid abnormalities – diagnostic pitfalls necessitate a high index of clinical suspicion: a case report. J Med Case Reports. 2007;1:29.
52. Konofagou EE, Ophir J, Krouskop TA, Garra BS. Elastography: from theory to clinical applications; 2003. In: Summer Bioengineering Conference, June 25-29.Key Biscayne, Florida.
53. Krausz Y, Lebensart PD, Klein M, Weininger J, Blachar A, Chisin R, et al. Preoperative localization of parathyroid adenoma in patients with concomitant thyroid nodular disease. World J Surg. 2000; 24(12):1573-8.
54. Lane MJ, Desser TS, Weigel RJ, Jeffrey RB. Use of color and power Doppler sonography to identify feeding Arteries associated with parathyroid adenomas. AJR. 1998;171:819-23.
55. Lagalla R, Caruso G, Novara V, Cardinale AE. Flowmetric analysis of thyroid diseases: hypothesis on integration with qualitative color-Doppler study. Radiol Med. 1993;85(5):606-10.
56. Lebcowska UM, Dzieciol J, Lemancewicz D, Boguslowicz W, Lewszuk A. The influence of the vascularisation of the follicular thyroid nodules on the proliferative activity of the follicular cells. Folia Morphol (Warsz). 2004;63(1):79-81.
57. Leenhardt L, Hejblum G, Franc B, Fediaevsky LD, Delbot T, Le Guillouzic D, et al. Indications and limits of ultrasound-guided cytology in the management of nonpalpable thyroid nodules. J Clin Endocrinol Metab. 1999;84(1):24-8.
58. Lyshchik A, Higashi T, Asato R, Tanaka S, Ito J, Mai JJ, et al. Thyroid gland tumor diagnosis at elastography. Radiology. 2005;237:202-11.
59. Loevner LA. Imaging of the thyroid gland. Semin Ultrasound CT MR. 1996;17(6):539-62.
60. Lucas KJ. Use of thyroid ultrasound volume in calculating radioactive iodine dose in hyperthyroidism. Thyroid. 2000;10(2):151-5.
61. Macedo TA, Chammas MC, Jorge PT, Pereira de Souza L, Farage L, Pegoraro BL, et al. Reference values for Doppler ultrasound parameters of the thyroid in a healthy iodine-non-deficient population. Br J Radiol. 2007;80(956):625-30.
62. Macedo TAA. Distinção entre os tipos 1 e 2 de tireotoxicose associada à amiodarona por meio de dúplex-Doppler colorido [tese de doutorado]. São Paulo: Universidade de São Paulo; 2006.
63. Marcocci C, Vitti P, Cetani F, Catalano F, Concetti R, Pinchera A. Thyroid ultrasonography helps to identify patients with diffuse lymphocytic thyroiditis who are prone to develop hypothyroidism. J Clin Endocrinol Metab. 1991;72(1):209-13.
64. Marwaha RK, Tandon N, Kanwar R, Ganie MA, Bhattacharya V, Reddy DH, et al. Evaluation of the role of ultrasonography in diagnosis of autoimmune thyroiditis in goitrous children. Indian Pediatr. 2008;45(4):279-84.

65. Mazzeo S, Caramella D, Lencioni R, Viacava P, Liperi A, Naccarato AG, et al. Usefulness of echo-color Doppler in differentiating parathyroid lesions from other cervical masses. European Radiology. 1997;7:90-5.
66. McKee RF, Krukowski ZH, Matheson NA. Thyroid neoplasia coexistent with chronic lymphocytic thyroiditis. Br J Surg. 1993;80(10):1303-4.
67. Miyakawa M, Onoda N, Etoh M, Fukuda I, Takano M, Okamoto T, et al. Diagnosis of thyroid follicular carcinoma by the vascular pattern and velocimetric parameters using high resolution pulsed and power Doppler ultrasonography. Endocr J. 2005;52(2):207-12.
68. Morimitsu LK, Uyeno MNO, Goulart ML, Hauache OM, Vieira JGH, Alberti VN, et al. Carcinoma de paratireóide: características clínicas e anatomo-patológicas de cinco casos. Arq Bras Endocrinol Metab. 2001;45:148-56.
69. Naik KS, Bury RF. Imaging the thyroid. Clin Radiol. 1998;53(9):630-9.
70. O'Donnell M, Skovoroda AR, Shapo BM, Emelianov SY. Internal displacement and strain imaging using ultrasonic speckle tracking IEEE trans. Ultrason Ferroelectr Freq Control. 1994;41(3):314-25.
71. Okayasu I, Saegusa M, Fujiwara M, Hara Y, Rose NR. Enhanced cellular proliferative activity and cell death in chronic thyroiditis and thyroid papillary carcinoma. J Cancer Res Clin Oncol. 1995;121(12):746-52.
72. Orell SR, Philips J. The thyroid: fine-needle biopsy and cytological diagnosis of thyroid lesions. 1 ed. Switzerland: Karger; 1997.
73. Perez Fontan FJ, Cordido Carballido F, Pombo Felipe F, Mosquera Oses J, Villalba Martin C. Riedel thyroiditis: US, CT, and MR evaluation. J Comput Assist Tomogr. 1993;17(2):324-5.
74. Pisani T, Giovagnoli MR, Intrieri FS, Vecchione A. Tall cell variant of papillary carcinoma coexisting with chronic lymphocytic thyroiditis. A case report. Acta Cytol. 1999;43(3):435-8.
75. Ralls PW, Mayekawa DS, Lee KP, Colletti PM, Radin DR, Boswell WD, et al. Color-flow Doppler sonography in Graves disease: "thyroid inferno". AJR Am J Roentgenol. 1988;150(4):781-4.
76. Rosai J, Carcangiu ML, Delellis RA. Atlas of tumor pathology: tumor of thyroid gland. 3 ed. Washington: Armed Forces Institute of Pathology (AFIP); 1992.
77. Rosai J. Ackerman's surgical pathology. 8 ed. St Louis: Mosby-Year Book; 1996.
78. Rosen IB, Azadian A, Walfish PG, Salem S, Lansdown E, Bedard YC. Ultrasound-guided fine-needle aspiration biopsy in the management of thyroid disease. Am J Surg. 1993;166(4):346-9.
79. Sari O, Ciftci I, Toru M, Erbas B. Thyroid hemiagenesis. Clin Nucl Med. 2000;25(10):766-8.
80. Schlogl S, Werner E, Lassmann M, Terekhova J, Muffert S, Seybold S, et al. The use of three-dimensional ultrasound for thyroid volumetry. Thyroid. 2001;11(6):569-74.
81. Shabana W, Peeters E, De Maeseneer M. Measuring thyroid gland volume: should we change the correction factor? AJR Am J Roentgenol. 2006;186(1):234-6.
82. Sherman Jr CD. Câncer da tireoide. In: Hossfeld DK, Sherman CD, Love RR, Bosch FX, editors. Manual de oncologia clínica. 2 ed. São Paulo: Springer-Verlag/Fundação Oncocentro de São Paulo; 1993. pp. 208-15.
83. Solbiati L, Livraghi T, Ballarati E, Ierace T, Crespi L. Thyroid. In: Solbiati L, Rizzatto G, Charboneau JW, editors. Ultrasound of superficial structures: high frequencies, Doppler and interventional procedures. New York: Churchill Livingstone; 1995. pp. 49-85.
84. Solbiati L, Volterrani L, Rizzatto G, Bazzocchi M, Busilacci P, Candiani F, et al. The thyroid gland with low uptake lesions: evaluation by ultrasound. Radiology. 1985;155(1):187-91.
85. Takashima S, Fukuda H, Kobayashi T. Thyroid nodules: clinical effect of ultrasound-guided fine-needle aspiration biopsy. J Clin Ultrasound. 1994;22(9):535-42.
86. Takashima S, Fukuda H, Nomura N, Kishimoto H, Kim T, Kobayashi T. Thyroid nodules: re-evaluation with ultrasound. J Clin Ultrasound. 1995;23(3):179-84.
87. Tramalloni J, Leger A, Correas JM, Monpeyssen H, Szwagier-Uzzan C, Helenon O, et al. Imaging of thyroid nodules. J Radiol. 1999;80(3):271-7.
88. Varsamidis K, Varsamidou E, Mavropoulos G. Color Doppler sonography in the detection of parathyroid adenomas. Head & Neck. 1999;648-51.
89. Vitti P, Rago T, Mazzeo S, Brogioni S, Lampis M, De Liperi A, et al. Thyroid blood flow evaluation by color-flow Doppler sonography distinguishes Graves' disease from Hashimoto's thyroiditis. J Endocrinol Invest. 1995;18(11):857-61.
90. Woeber KA. Cost-effective evaluation of the patient with a thyroid nodule. Surg Clin North Am. 1995;75(3):357-63.
91. Woodruff WW, Kennedy TL. Non-nodal neck masses. Semin Ultrasound CT MR. 1997;18(3):182-204.
92. Yamashiro I, Saito OC, Chammas MC, Cerri GG. Achados ultra-sonográficos na tireoidite. Radiologia Brasileira. 2007;40(2):75-9.
93. Zimmermann P, Takala T, Poyhonen L, Punnonen R. Ultrasonography of the thyroid gland in pregnancies complicated by autoimmune thyroid disease. J Clin Ultrasound. 1993;21(2):109-13.

15

Laringe e hipofaringe

Eloisa Santiago Gebrim
Ula Lindoso Passos
Diogo Cunha de Medeiros

Introdução

Laringe e hipofaringe são estruturas anatômicas que ocupam grande parte do espaço visceral.

A laringe apresenta três funções principais: fonação, estrutural (que mantém a via aérea patente) e proteção, que por meio de movimentos complexos e coordenados protegem a via aérea de aspiração durante a deglutição, além de propiciar tosse eficiente, com remoção das secreções e corpos estranhos por meio do fechamento da glote.

A hipofaringe representa parte de um conduto (faringe) que possibilita a passagem de ar à laringe e alimentos para o esôfago.

A indicação mais comum para realizar um exame de tomografia computadorizada (TC) ou ressonância magnética (RM) da laringe e hipofaringe é a suspeita clínica de uma neoplasia primária ou recorrência. Apesar da avaliação diagnóstica inicial ser realizada por laringoscopia, os estudos de TC e RM são indispensáveis e complementares pois permitirão a avaliação dos tecidos profundos à mucosa e dos espaços cervicais.

Este capítulo ajudará o radiologista a se familiarizar com a anatomia da laringe e hipofaringe, bem como com as principais lesões benignas e malignas, enfatizando os aspectos mais importantes de cada uma delas, além de tornar familiar os achados pós-tratamento.

Avaliação da laringe

Os principais métodos de imagem para avaliação da laringe e carcinoma laríngeo são a TC e a RM. A tomografia por emissão de pósitron (PET/CT), utilizando a fluordesoxiglicose marcada com flúor (^{18}F-FDG) é particularmente útil para estadiamento, reestadiamento e planejamento de radioterapia, bem como para avaliação da resposta ao tratamento em pacientes que apresentam achados de imagem duvidosos aos métodos tradicionais. As principais limitações são possíveis com resultados falsos positivos por conta da inflamação e da incapacidade de detectar doença microscópica.

Em nossa instituição, a TC é o método de imagem de escolha para avaliação inicial da laringe, sendo complementada pela RM em algumas situações, principalmente para a avaliação de infiltração cartilaginosa.

Tomografia computadorizada

A TC *multislice* permite aquisição volumétrica isotrópica em um intervalo curto de tempo, possibilitando a realização de reconstruções multiplanares. A rápida aquisição é importante para que artefatos decorrentes da respiração ou deglutição não degradem as imagens, pois muitas vezes os pacientes estão dispneicos ou taquipneicos e pouco colaborativos para realizar o exame, o que torna a TC um método vantajoso em relação à RM.

As imagens são adquiridas durante a respiração tranquila, desde a base do crânio até os ápices pulmonares. O paciente deve ser orientado para não deglutir durante esse processo.

As imagens devem ser reconstruídas com algoritmo de partes moles e ósseo, sendo este último indicado para avaliação de infiltração cartilaginosa.

A reformatação axial deve ser orientada no plano das pregas vocais, que pode ser observado na reconstrução sagital, e costuma ter a orientação semelhante à dos espaços discais de C4-C5 e C5-C6 (Figura 1). Pode ser realizada aquisição adicional restrita à laringe, com manobra de Valsalva modificada, no intuito de melhor individualizar o ventrículo laríngeo, pregas vocais, bandas ventriculares, seios piriformes e pregas ariepiglóticas.

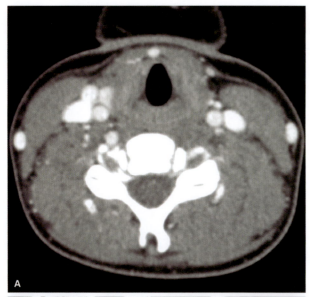

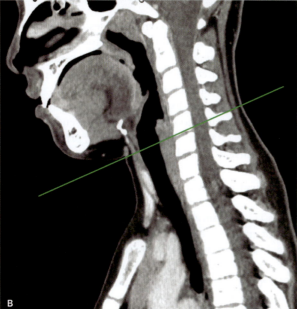

Figura 1 Tomografia computadorizada de pescoço. Reformatação axial (A) no plano de orientação do espaço discal C5-C6 (B).

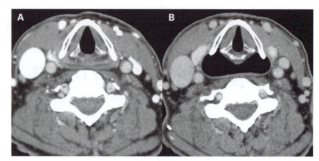

Figura 2 Imagens axiais de tomografia computadorizada no nível da glote em respiração tranquila (A) e durante manobra de Valsalva modificada (B). Observa-se a separação das estruturas da hipofaringe.

cado o uso de contraste intravenoso, a manobra deve ser realizada após a injeção do contraste e após a aquisição durante respiração tranquila.

Outra manobra que pode ser realizada é a fonação. É solicitado ao paciente que realize fonação, pronunciando de forma repetitiva e contínua a letra i ("iiiiii"), durante a aquisição das imagens. Essa manobra determina a adução e tensão das bandas ventriculares e pregas vocais (Figura 3). Devemos ser criteriosos ao indicarmos a realização de manobra devido ao aumento da exposição à radiação.

Ressonância magnética

É recomendada a aquisição das seguintes sequências: planos axial e coronal T1 (*spin-echo* ou *fast spin-echo*) e T2 (*fast spin-echo* com supressão de gordura), desde a base do crânio até o ápice pulmonar, paralelamente ao plano das pregas vocais, com espessura de 3 a 4 mm, com *gap* de 0 a 0,4 mm. Pode também ser adquirida sequência T1 no plano sagital. Após a administração do agente paramagnético, são adquiridas as sequências T1 com supressão de gordura no plano axial e T1 volumétrica (3D) com saturação de gordura, que possibilita a reconstrução multiplanar das imagens. O exame da laringe e da hipofaringe deve ser realizado durante respiração tranquila.

Manobra de Valsalva modificada

Solicita-se que o paciente realize uma expiração forçada com os lábios fechados. Resultará no aumento da pressão na via aérea superior e consequente distensão dos seios piriformes e separação das estruturas da supraglote, incluindo bandas ventriculares e ariepiglóticas, da parede posterior da hipofaringe (Figura 2), evidenciando melhor o acometimento das lesões primárias nessas regiões. Com a manobra realizada de maneira adequada, pode-se distender a região pós-cricoide, ajudando na avaliação dos tumores. É prudente realizar treinamento prévio antes das aquisições. Se estiver indi-

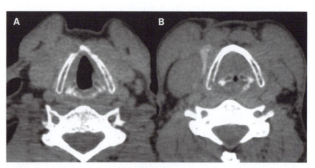

Figura 3 Imagem axial de tomografia computadorizada no nível da glote em respiração tranquila (A) mostra discreta assimetria de pregas vocais. Durante manobra de fonação (B), observa-se a adução simétrica das pregas vocais.

As imagens em T1 sem saturação de gordura permitem o detalhamento anatômico laríngeo, evidenciando a medular gordurosa das cartilagens e os planos de partes moles do espaço visceral. As imagens em T2 com supressão de gordura são úteis, pois a maioria das lesões neoplásicas são hidratadas (alto sinal), possibilitando separá-las da gordura. A sequência T1 pós-contraste também ajuda nessa delimitação.

A sequência de difusão vem sendo utilizada especialmente no acompanhamento pós-tratamento. Diante da suspeita de recidiva e/ou remanescente tumoral, as lesões com alta celularidade apresentarão restrição à difusão.

Também pode ser realizada manobra de Valsalva modificada, utilizando-se sequências rápidas.

Anatomia

O arcabouço laríngeo é formado por um esqueleto cartilaginoso, músculos, ligamentos e articulações sinoviais. A anatomia radiológica está detalhada nas Figuras 4 e 5.

Apresenta três cartilagens maiores, ímpares – tireoide, cricoide e epiglote – e um par de cartilagens menores – as aritenoides.

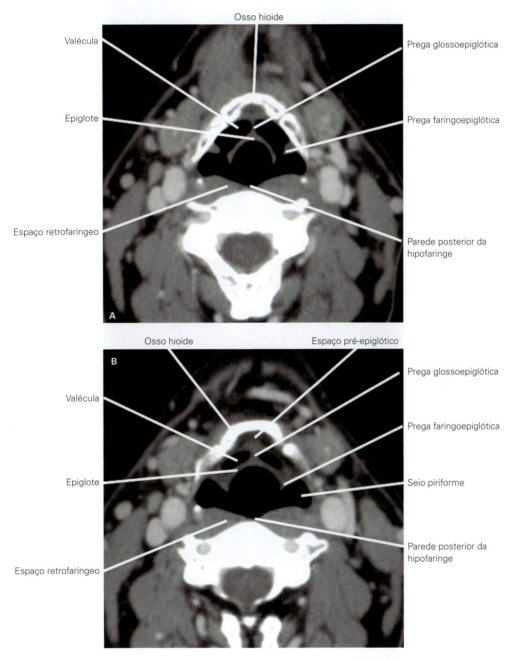

Figura 4 Imagens axiais de tomografia computadorizada demonstrando a anatomia normal da laringe no adulto.

(continua)

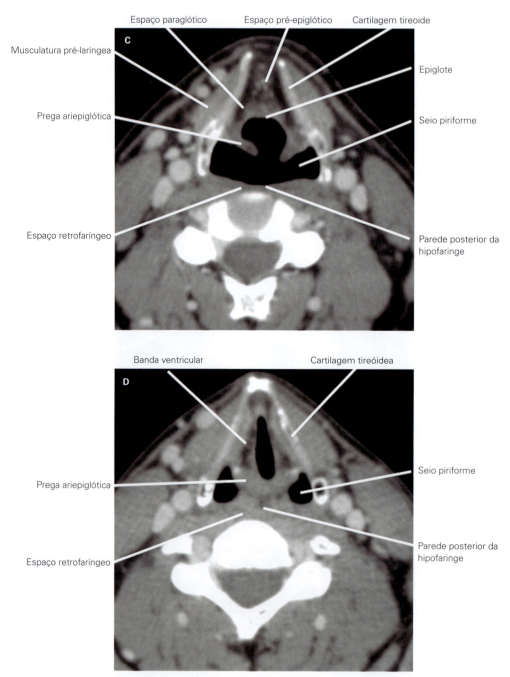

Figura 4 (continuação) C-D.

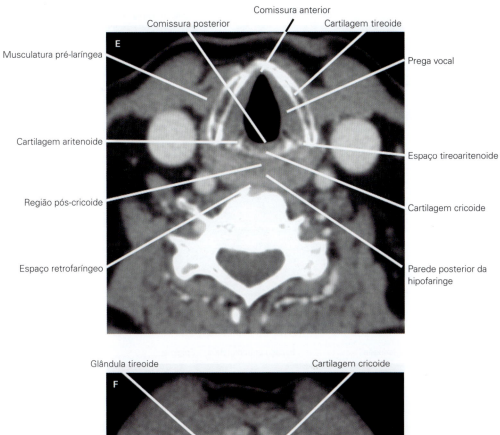

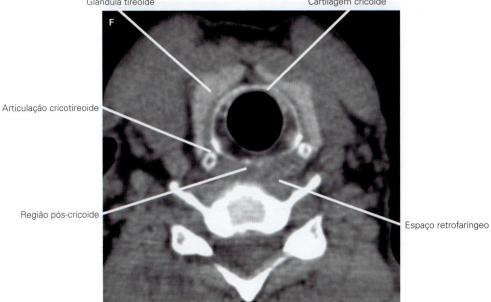

Figura 4 (continuação) E-F.

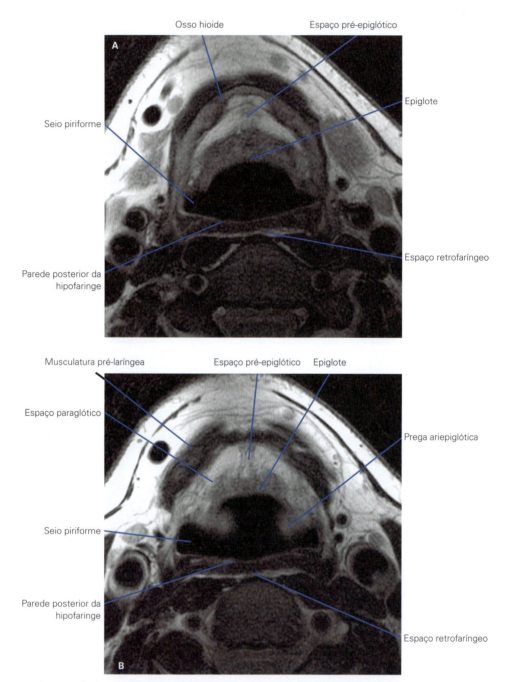

Figura 5 Imagens de ressonância magnética ponderadas em T1 demonstrando a anatomia normal da laringe no adulto. Plano axial (A-D).
(continua)

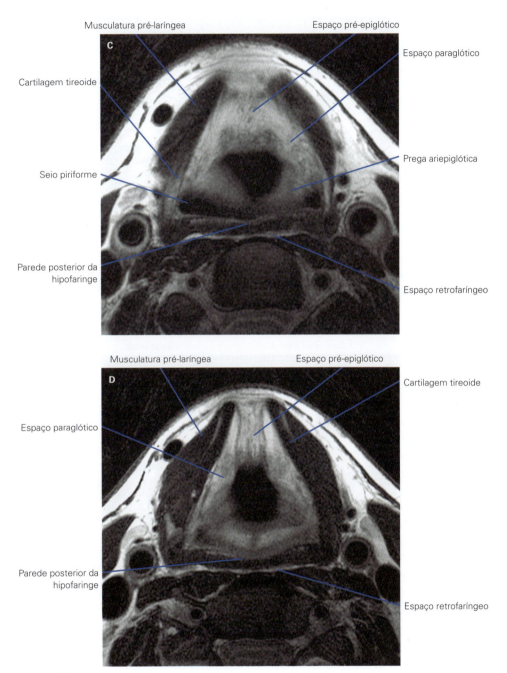

Figura 5 *(continuação)* C-D.

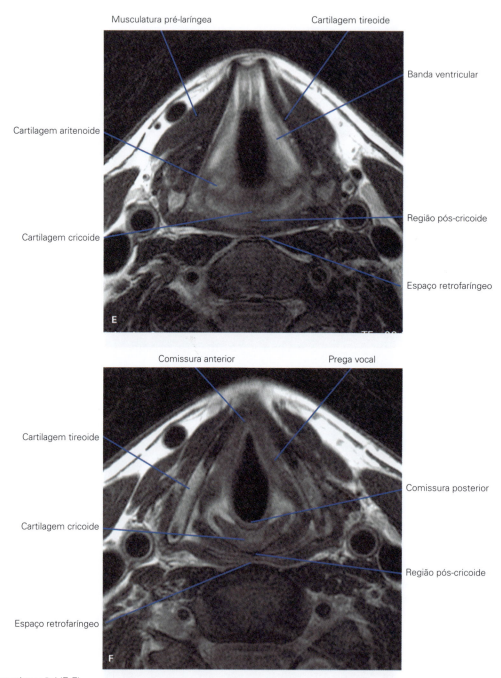

Figura 5 *(continuação)* (E-F).

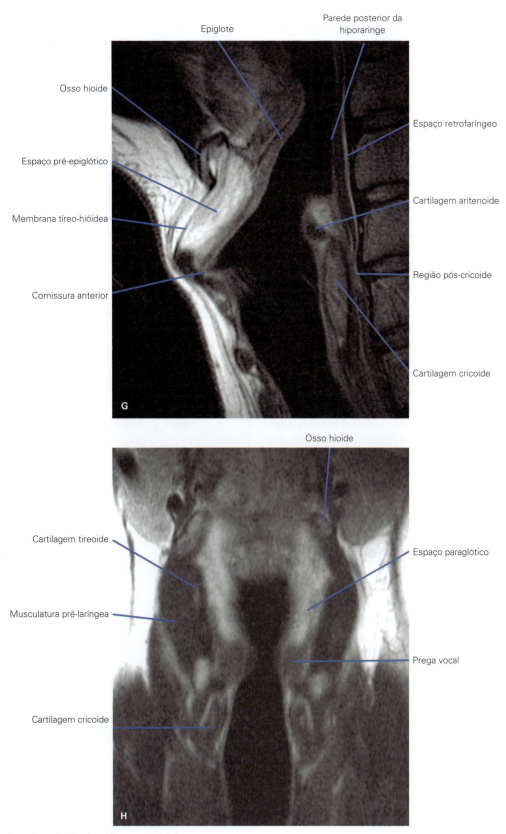

Figura 5 *(continuação)* Sagital (G) e coronal (H).

A cartilagem tireoide é a maior cartilagem do arcabouço laríngeo, formado por duas lâminas laterais, que se encontram na linha média em um ângulo agudo, que é mais proeminente no sexo masculino, conhecido como pomo de adão. Na margem superior e mediana dessa cartilagem, há uma depressão chamada de incisura tireóidea, que pode simular erosão nos planos axiais.

Nas margens posteriores das lâminas da cartilagem tireoide, são caracterizados os cornos superiores e inferiores. O corno inferior se articula de cada lado com a cartilagem cricoide, formando a articulação sinovial cricotireóidea. A membrana tíreo-hióidea une a cartilagem tireoide ao osso hióideo.

A cartilagem cricoide é a mais caudal e a única que forma um anel cartilaginoso completo. A porção inferior da cartilagem cricoide delimita o final da laringe e início da traqueia. Essa cartilagem tem duas porções: a lâmina posterior e o arco anterior.

O par de cartilagem aritenoide apresenta formato triangular e articula-se com a cartilagem cricoide, formando a articulação sinovial cricoaritenoide. O ligamento vocal insere-se no processo vocal da cartilagem aritenóide. A mobilidade das cartilagens aritenoides é fundamental para o processo de fonação. As cartilagens corniculadas coroam os ápices das cartilagens aritenoides. Essas pequenas cartilagens se articulam com as aritenoides, formando a articulação sinovial corniculada-aritenoide e são de difícil individualização na maioria dos exames de imagem.

A epiglote é uma cartilagem flexível com formato semelhante a uma folha, que paira sobre a glote. Inferiormente, a margem inferior da base forma uma haste estreita (pecíolo) que se fixa à superfície posterior do ângulo da cartilagem tireoide, imediatamente acima da fixação anterior das pregas vocais. O plano axial do osso hióideo divide a epiglote nas regiões supra-hióidea e infra-hióidea.

As cartilagens são compostas por cartilagem hialina, exceto a epiglote, que é composta por uma fibrocartilagem elástica, flexível e que não se ossifica ao longo dos anos.

As cartilagens no adulto apresentam dois componentes: cartilagem hialina não ossificada e cartilagem ossificada (com medular gordurosa).

O aspecto das cartilagens à TC depende do seu grau de ossificação, que costuma se iniciar na 2ª década de vida e aumenta com a idade do paciente, podendo ser irregular, com áreas descontínuas. A cartilagem ossificada se assemelha ao osso, e a cartilagem hialina a tecidos moles (Figura 6). Na RM a cartilagem ossificada apresenta cortical com baixo sinal em todas as sequências e a medular com sinal de gordura (hipersinal em T1 e T2). A cartilagem hialina não ossificada apresenta iso a hipossinal tanto nas sequências T1 como T2, sendo comumente encontradas em crianças e adultos jovens (Figura 7). As cartilagens não apresentam realce após a injeção do meio de contraste endovenoso.

A laringe infantil está situada em uma posição mais superior em relação ao adulto, ficando mais protegida dos traumatismos pela mandíbula. As cartilagens não estão ossificadas nessa faixa etária e são de difícil identificação (Figura 6). Em relação à sua forma, a laringe na crian-

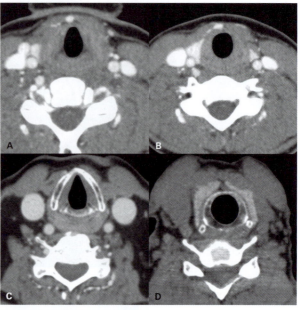

Figura 6 Imagens axiais de tomografia computadorizada da laringe com cartilagens não ossificadas na criança (A e B) e ossificadas no adulto (C e D).

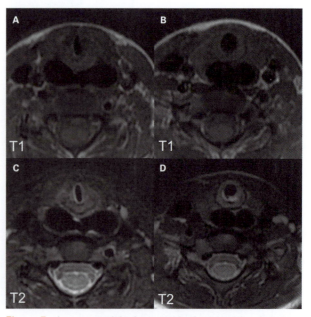

Figura 7 Imagens axiais de ressonância magnética da laringe com cartilagens não ossificadas na criança (A-D).

(continua)

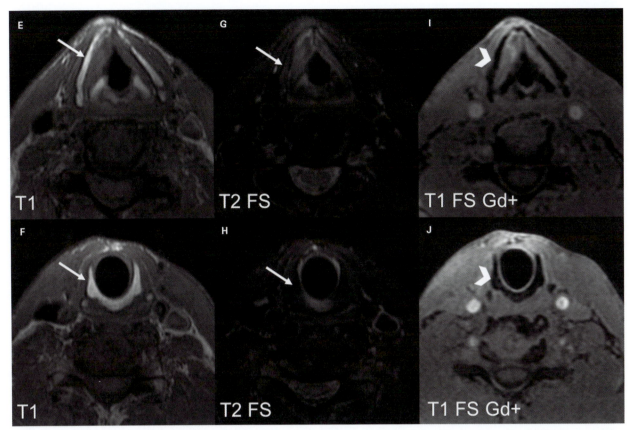

Figura 7 *(continuação)* Cartilagens ossificadas no adulto (E-J). Observa-se medular gordurosa da laringe do adulto e cortical com baixo sinal em T1 e T2 (setas). Sequências com saturação de gordura (FS) evidenciam a perda de sinal da medular (G-J) e ausência de realce (cabeça de setas) (I e J).

ça apresenta aspecto em funil, com maior diâmetro na região supraglótica e menor na subglote. A subglote é a região mais suscetível à estenose.

Os músculos laríngeos são divididos em extrínsecos e intrínsecos. Os extrínsecos conectam a laringe a outras estruturas, e os intrínsecos são encontrados na laringe propriamente dita. Os únicos músculos abdutores das pregas vocais são os cricoaritenóideos posteriores, que se originam da borda posterior da cartilagem cricóidea e se inserem nos processos musculares das cartilagens aritenoides; os músculos tireoaritenoides e vocais formam as pregas vocais.

Todos os músculos intrínsecos da laringe, exceto o músculo cricotireóideo, são inervados pelo nervo laríngeo recorrente (NLR), ramo do nervo vago. Na investigação da paralisia de pregas vocais, todo o trajeto do NLR deve ser estudado. O NLR direito ascende por baixo da artéria subclávia direita, no nível da bifurcação da artéria braquiocefálica, com trajeto cranial no sulco traqueoesofágico desse lado. O NLR esquerdo faz uma curva sob o arco aórtico e ascende no sulco traqueoesofágico esquerdo. Esses nervos encontram-se muito próximos à margem posterior da glândula tireoide. Algumas anomalias anatômicas das artérias subclávias estão associadas ao nervo laríngeo inferior não recorrente. No caso de artéria subclávia direita aberrante, não há recorrência do nervo desse lado.

Revestindo as cartilagens, membranas e músculos, há alguns espaços fibrogordurosos inacessíveis à laringoscopia, mas importantes vias de disseminação tumoral. Os espaços paraglóticos são dois espaços laterais, situados entre a mucosa e o arcabouço cartilaginoso, preenchidos principalmente por gordura e facilmente identificados à TC e à RM. No nível das bandas ventriculares, os espaços paraglóticos são mais amplos.

O espaço pré-epiglótico está localizado superior e medialmente aos espaços paraglóticos, e com conteúdo semelhante e em contiguidade com eles. Está limitado superiormente pela valécula, base da língua e osso hióideo, inferiormente pela epiglote.

A abertura da laringe superiormente às pregas vocais é o vestíbulo laríngeo, que deve ser simétrico.

A mucosa da laringe é revestida por epitélio escamoso e se estende em dobras sobre os ligamentos e cartilagens, formando as pregas. A prega glossoepiglótica, na linha média, cobre o ligamento glossoepiglótico, e as duas pregas faringoepiglóticas laterais estendem-se das paredes laterais da faringe até a epiglote. Essas pregas formam as valéculas, que frequentemente são assimétricas. Posteriormente, a laringe é separada da hipofaringe pelas pregas ariepiglóticas.

Regiões da laringe

A laringe é anatomicamente dividida nas regiões supraglótica, glótica e subglótica, com base no desenvolvimento embriológico e na drenagem linfática. A porção média do ventrículo laríngeo é um importante marco anatômico, pois separa a supraglote da glote (Quadro 1) e (Figura 8).

A supraglote estende-se superiormente da ponta da epiglote até a porção média do ventrículo, enquanto a glote se estende da porção média do ventrículo até 1,0 cm abaixo dela.

A subglote se inicia 1,0 cm abaixo da porção média do ventrículo até a margem inferior da cartilagem cricoide.

A comissura anterior é a junção anterior, na linha média, das pregas vocais. Nos cortes axiais de TC e RM, realizados durante a respiração tranquila, não deve exceder 2 mm de espessura (Figura 4 e 5).

A comissura posterior é a mucosa situada anteriormente à cartilagem cricoide e medialmente às aritenoides. A mucosa da região subglótica está acoplada à cartilagem cricoide, não devendo ser caracterizado nenhum material com atenuação ou sinal de partes moles entre a luz da laringe subglótica e essa cartilagem.

O termo transglótico é utilizado quando o crescimento do carcinoma epidermoide (CEC) ultrapassa o ventrículo laríngeo. Um tumor glótico com extensão caudal à subglote não é um tumor transglótico (Figura 9).

Hipofaringe

A hipofaringe é uma parte do trato digestivo que se situa entre a orofaringe e a laringe, estendendo-se desde o plano do osso hióideo até o músculo cricofaríngeo, comunicando-se inferiormente com o esôfago. É subdividida em dois seios piriformes, área pós-cricoide e parede posterior da hipofaringe (Figuras 4, 5 e 10).

Os seios piriformes apresentam morfologia de uma pirâmide invertida, com a base no plano do osso hióideo e o ápice no nível das pregas vocais. Cada seio possui uma região lateral, representada pela superfície mucosa da membrana tíreo-hióidea (superiormente) e da cartilagem tireoide (inferiormente); e uma região anterior e medial, representada pela superfície da parede posterior e lateral da prega ariepiglótica. As pregas ariepiglóticas separam o vestíbulo laríngeo dos seios piriformes.

Quadro 1	Regiões da laringe
Regiões da laringe	Componentes
Supraglote	Epiglote, espaço pré-epiglótico, pregas ariepiglóticas, bandas ventriculares, espaços paraglóticos e cartilagens aritenoides
Glote	Pregas vocais, comissuras anterior e posterior
Subglote	Estende-se do limite inferior das cordas vocais até a margem inferior da cricoide

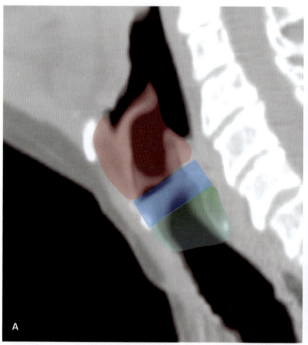 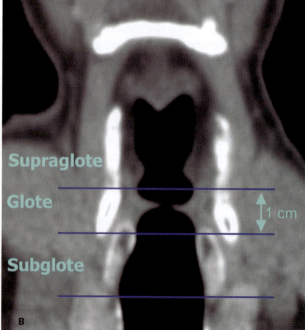

Figura 8 Reformatação sagital e coronal em tomografia computadorizada com delimitação esquemática das regiões da laringe (A e B).

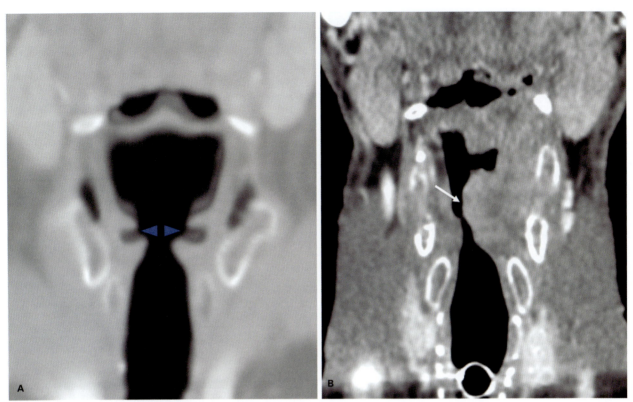

Figura 9 Reformatação em projeção de intensidade máxima (MIP) de tomografia computadorizada no plano coronal evidenciando o ventrículo laríngeo (cabeça de seta) (A). Reformatação coronal evidenciando tumor transglótico ultrapassando a região do ventrículo laríngeo (seta) (B).

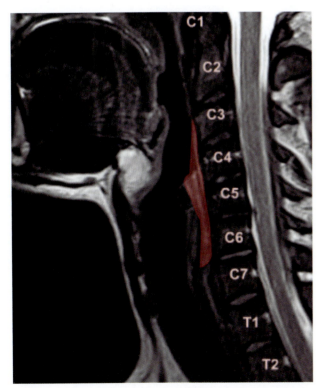

Figura 10 Imagem sagital de ressonância magnética do pescoço ponderada em T2. Delimitação esquemática da hipofaringe.

A área pós-cricoide representa a parede anterior da porção mais inferior da hipofaringe. Essa área é uma interface entre a hipofaringe e a laringe. A região pós-cricoide se estende do nível inferior das articulações cricoaritenoides até a margem inferior da cricoide e contém a superfície mucosa posterior a cartilagem cricoide.

A parede posterior da hipofaringe representa uma continuação da parede posterior da orofaringe. Começa no nível do osso hióideo e valéculas, estendendo-se inferiormente até o plano da margem inferior da cricoide, estando separada do espaço perivertebral pelo espaço retrofaríngeo. É composta por quatro camadas: superfície mucosa, uma camada fibrosa formada por aponeurose faríngea, a camada muscular e a fáscia profunda, derivada da fáscia bucofaríngea.

A hipofaringe está normalmente colapsada, estando as mucosas da área pós-cricoide e da parede posterior da hipofaringe em contato, dificultando a análise dessa região. Devem-se observar planos gordurosos intramurais na hipofaringe, circundando a superfície mucosa (Figura 11). A obliteração desses planos pode sugerir lesão infiltrativa.

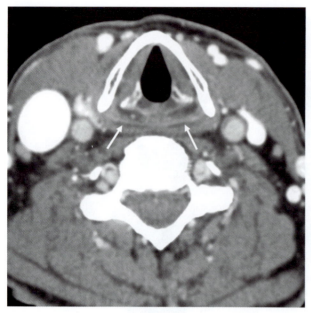

Figura 11 Imagem axial de tomografia computadorizada pós-contraste do pescoço. Observam-se planos gordurosos circundando a mucosa da hipofaringe (setas).

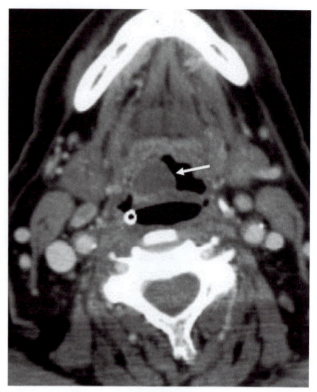

Figura 12 Cisto de retenção mucoso na valécula direita em contato com a borda livre da epiglote (seta).

Lesões congênitas

A anomalia congênita mais frequente das vias aéreas superiores é a laringomalacia.

A laringomalacia é a causa mais comum de estridor na infância e se apresenta nas primeiras semanas de vida. Está relacionada a flacidez e incoordenação das partes moles e cartilagens da laringe. As estruturas supraglóticas são as mais afetadas, principalmente a epiglote, que pode colapsar durante a inspiração. O diagnóstico é realizado pela laringoscopia, porém as radiografias em AP e perfil podem evidenciar alterações que sugerem essa anomalia, como abaulamento anterior da epiglote, que apresenta aspecto em ômega, com deslocamento inferior das pregas ariepiglóticas. Observa-se, ainda, dilatação persistente da orofaringe na inspiração e na expiração.

Outras anomalias incluem estenose subglótica e presença de membranas, que podem reduzir a luz laríngea.

Cistos e laringoceles

As lesões císticas da laringe não são raras. Podem ser lesões císticas propriamente ditas ou dilatações focais na mucosa/parede laríngea preenchidas por líquido.

Os cistos de retenção mucosos da laringe originam-se nas glândulas salivares menores e podem ocorrer em qualquer local, sendo a valécula o local mais frequente (Figura 12).

As laringoceles são dilatações da sácula do ventrículo e podem ser preenchidas por ar, muco ou pus (laringopiocele) (Figura 13). A laringocele é chamada de interna

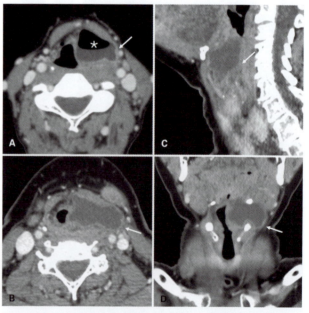

Figura 13 Laringopiocele. Tomografia computadorizada no plano axial com contraste (A e B) e reformatação sagital e coronal (C e D) evidenciam dilatação sacular na laringe ocupando o espaço paraglótico esquerdo, com nível hidroaéreo (*) e sinais inflamatórios associados, realce parietal e densificação da gordura do espaço paraglótico (setas).

(Figura 14), quando fica restrita ao espaço paraglótico; e mista, quando se estende superior e lateralmente através da membrana tíreo-hióidea (Figura 15).

Laringocele secundária consiste na laringocele relacionada a lesão infiltrativa da banda ventricular com consequente dilatação da sácula e acúmulo de líquido no interior (Figura 16). A TC é o método de escolha para avaliação da laringocele e sua apresentação depende do conteúdo, podendo ter atenuação de ar ou líquido, com margens bem definidas, ocupando parcialmente o espaço paraglótico. A presença de paredes espessas com realce sugere infecção (laringopiocele). Espessamentos focais podem representar lesão infiltrativa associada. O cisto do ducto tireoglosso pode simular um cisto laríngeo quando se projeta para o espaço pré-epiglótico e paraglótico (Figura 17).

Processos infecciosos e inflamatórios

O crupe é um processo inflamatório da laringe subglótica (laringotraqueobronquite subglótica) causado pelo vírus parainfluenza tipo 1. Ocorre tipicamente em crianças pequenas, entre 3 e 6 anos de vida. O quadro clínico característico é o estridor, podendo apresentar febre, disfagia e odinofagia. Estudos radiográficos geralmente não são indicados, mas são úteis para afastar outras causas de estridor, como corpo estranho. O estreitamento subglótico simétrico da via aérea (sinal da ponta de lápis ou torre de igreja) nas radiografias simples frontais do pescoço é causado pelo edema inflamatório. O crupe membranoso ou bacteriano se caracteriza pela inflamação difusa da laringe, traqueia e brônquios, com exsudato e muco aderidos à superfície da mucosa traqueal superior.

A epiglotite é uma inflamação causada por *Haemophilus influenzae* e envolve a epiglote e as pregas ariepiglóticas. Essas estruturas se tornam edemaciadas e aumentadas de tamanho, ocasionando uma epiglote de aparência arredondada, semelhante a um polegar, nas radiografias simples laterais e na TC, assumindo aspecto em ômega em razão do espessamento da epiglote e pregas ariepiglóticas (Figura 18). Em geral a TC não é necessária, podendo ser realizada para excluir corpo estranho.

A epiglotite e a laringite podem ocorrer em pacientes adultos, estando indicada a TC nos casos de suspeita de complicações, como abscesso.

Outro processo inflamatório da laringe é a policondrite recidivante, uma doença sistêmica que causa destruição dos tecidos cartilaginosos do pavilhão auricular, nariz, laringe e árvore traqueobrônquica, ocorrendo em pacientes com doenças autoimunes como lúpus e vasculites sistêmicas. Na TC evidencia-se espessamento com fragmentação das cartilagens laríngeas, que estão densamente calcificadas, podendo ocorrer estenose (Figura 19).

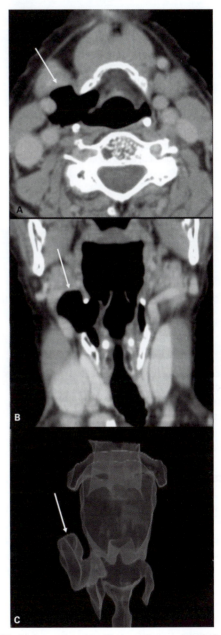

Figura 15   Laringocele mista. Tomografia computadorizada axial (A), reformatação coronal (B) e reconstrução 3D (C), adquiridas durante manobra de Valsalva modificada. Dilatação sacular que se estende além da membrana tíreo-hióidea (setas).

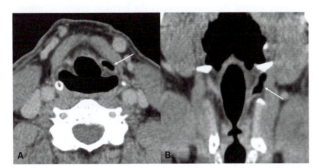

Figura 14   Laringocele interna. Tomografia computadorizada no plano axial (A) e reformatação coronal (B) evidenciando dilatação sacular restrita ao espaço paraglótico esquerdo (setas).

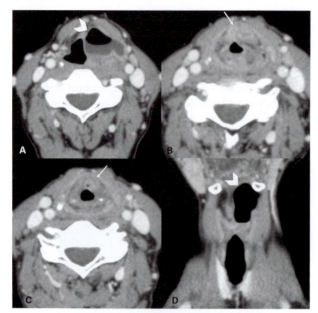

Figura 16 Laringocele secundária (A-C), tomografia computadorizada axial (A-C) e reconstrução coronal (D). Lesão infiltrativa sólida supraglótica (seta), com obliteração dos espaços paraglótico esquerdo e pré-epiglótico, além de laringocele associada (cabeça de seta).

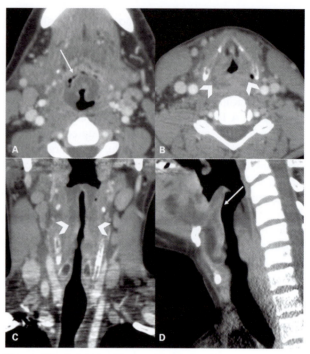

Figura 18 Epiglotite. Tomografia computadorizada axial pós-contraste (A e B) com reformatação coronal (C) e sagital (D). Espessamento da epiglote (setas em A e D) assumindo aspecto em ômega (seta em A). Espessamento das pregas ariepiglóticas com estreitamento do vestíbulo laríngeo (cabeças de seta).

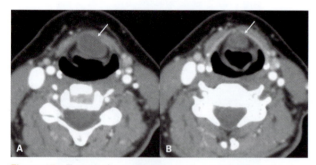

Figura 17 Tomografia computadorizada axial (A e B) evidenciando extensão de cisto do ducto tireoglosso para o espaço pré-epiglótico (setas).

Processos granulomatosos

Apesar de infrequente, a tuberculose é a causa mais comum de infecção granulomatosa laríngea. As pregas vocais, as cartilagens aritenoides e o espaço interaritenoide são os locais mais acometidos. O quadro clínico mais comum é rouquidão, alteração da voz e odinofagia. Os achados de imagem são inespecíficos, podendo apresentar espessamento mucoso difuso ou focal, como também uma massa acometendo as pregas vocais e a epiglote, eventualmente fixando a articulação cricoaritenoide. Devemos sempre suspeitar da tuberculose nos casos de paciente com doença laríngea e achados pulmonares sugestivos de tuberculose (Figura 20).

Outros processos granulomatosos também podem acometer a laringe, como granulomatose com poliangeíte (anteriormente denominada granulomatose de Wegener), sarcoidose e, em nosso meio, paracoccidioidomicose (Figura 21).

Trauma

A mortalidade do paciente com trauma laríngeo está diretamente relacionada com a capacidade da manutenção da via aérea patente e a proteção da coluna cervical. No cenário pré-hospitalar, a mortalidade é muito elevada, porém uma vez assegurada a via aérea do paciente a mortalidade reduz drasticamente.

A laringe do adulto é mais suscetível ao trauma fechado, por conta da compressão da laringe sobre a coluna cervical. Nas crianças, a laringe é protegida pela mandíbula, em decorrência da sua posição mais elevada. No trauma laríngeo podemos encontrar lacerações mucosas (Figura 22), hematomas submucosos, avulsão da epiglote, fraturas e disjunções das cartilagens.

Hematomas nos espaços cervicais profundos e fragmentos de cartilagem podem provocar obstrução da laringe.

A fratura da cartilagem tireoide pode ser vertical ou horizontal; esta última geralmente compromete as duas asas. Por ser um anel completo, a cartilagem cricoide geralmente fratura em mais de um local (Figura 23).

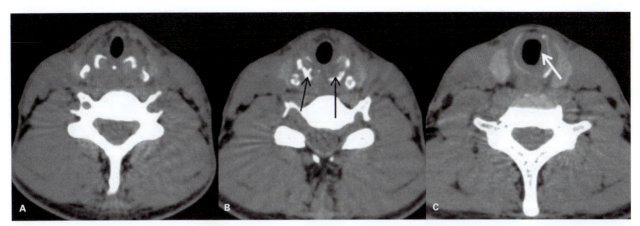

Figura 19 Policondrite recidivante. Imagens axiais de tomografia computadorizada demonstram cartilagem cricoide (setas pretas) com espessamento e calcificações grosseiras, e presença de componente com atenuação de partes moles na subglote (seta branca).

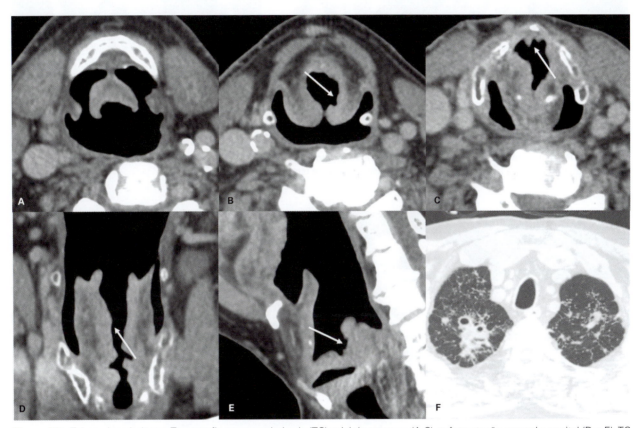

Figura 20 Tuberculose laríngea. Tomografia computadorizada (TC) axial do pescoço (A-C), reformatação coronal e sagital (D e E), TC axial na transição cervicotorácica (F). Espessamento nodular da mucosa laríngea (setas). Acometimento pulmonar pela tuberculose (F).

As disjunções articulares podem acontecer em pequenos traumas e são mais frequentes na articulação cricoaritenoide (Figura 24). A disjunção cricotireoide está mais relacionada a traumas mais graves. É importante que o radiologista tenha conhecimento da anatomia normal da laringe, para que pequenos deslocamentos da cartilagem aritenoide sejam diagnosticados.

A assimetria da ossificação das cartilagens da laringe, sobretudo das lâminas e cornos da cartilagem tireoide, pode confundir e simular fratura. A presença de hematoma e densificação nos planos profundos adjacentes são achados indiretos que favorecem o diagnóstico correto de fratura.

A TC é o método de imagem de escolha para avaliação dos traumas laríngeos, permitindo a realização de reconstruções multiplanares e tridimensionais que evidenciam melhor as linhas de fraturas e disjunções articulares.

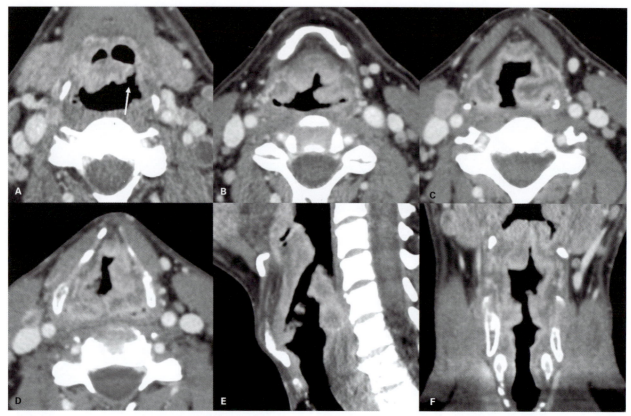

Figura 21 Paracoccidioidomicose laríngea. Tomografia computadorizada axial (A-D) e reformatação sagital (E) e coronal (F). Observe o espessamento difuso da laringe e perda de substância da epiglote (seta).

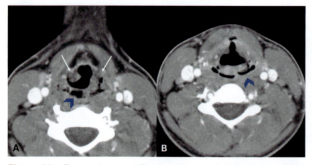

Figura 22 Trauma laríngeo. Tomografia computadorizada axial (A e B). Espessamento das pregas ariepiglóticas (setas) e da hipofaringe com laceração da mucosa (cabeça de seta).

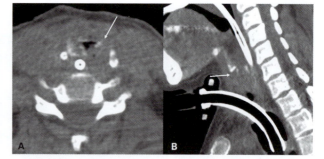

Figura 23 Trauma laríngeo por intubação orotraqueal. Tomografia computadorizada axial (A) e reformatação sagital (B). Densificação de partes moles e fratura cominutiva da cartilagem cricoide (setas).

Corpo estranho

O corpo estranho na laringe é uma condição rara na faixa etária pediátrica quando comparamos ao corpo estranho impactado na árvore traqueobrônquica. Quando ocorre em pacientes adultos, está comumente relacionado ao abuso de álcool e drogas ou doenças psiquiátricas.

A apresentação clínica é extremamente variável, dependendo do tamanho, formato e natureza do corpo estranho, bem como do local e grau de obstrução, podendo levar a quadro de asfixia e morte, nos casos mais extremos. Na presença de corpo estranho na hipofaringe, o paciente pode referir dificuldade para engolir.

A TC sem contraste é o método de imagem de escolha, podendo evidenciar o corpo estranho, localizá-lo melhor e identificar alterações associadas, como edema das estruturas laríngeas ou hipofaringe (Figura 25).

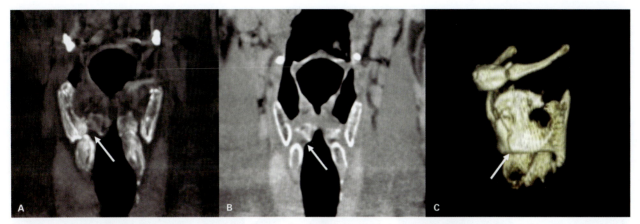

Figura 24 Trauma laríngeo por agressão física. Reconstruções coronais de tomografia computadorizada (A e B) evidenciando disjunção da articulação cricoaritenoide direita (setas) e fratura da lâmina esquerda da cartilagem tireoide (reconstrução 3D) (C).

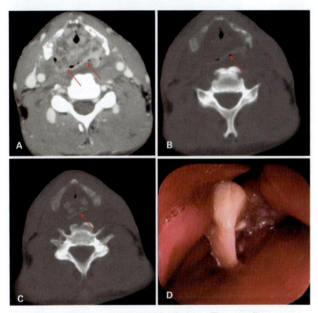

Figura 25 Corpo estranho na hipofaringe. Tomografia computadorizada axial (A-C) e faringolaringoscopia (D). Estrutura linear e alongada ocupando parcialmente a luz da hipofaringe (setas). Em D, o corpo estranho (prótese dentária) é identificado.

Estenose laringotraqueal

O estreitamento da via aérea pode ser focal ou difuso. As principais causas que podem levar ao estreitamento difuso da via aérea são a tuberculose, histoplasmose, policondrite recidivante, amiloidose, granulomatose com poliangeíte ou colite ulcerativa com traqueobronquite. As estenoses focais podem ser decorrentes de colocação de tubo endotraqueal ou de traqueostomia, ou sequela de trauma cervical.

A TC sem contraste é o método mais indicado na avaliação das estenoses. Os achados mais comuns são o estreitamento do vestíbulo laríngeo; com contornos lobulados, regulares ou irregulares, principalmente na região subglótica e transição laringotraqueal (Figura 26).

Paralisia da prega vocal

O radiologista deve ter conhecimento do espectro de doenças relacionadas a paralisia de prega vocal (PPV), inclusive das doenças torácicas e mediastinais. Toda investigação de PPV por TC deve estender-se da base do crânio até o nível da janela aortopulmonar à esquerda e da artéria braquiocefálica à direita. O estudo dessas regiões permite a análise adequada de todo o trajeto dos nervos vagos e laríngeos recorrentes, responsáveis pela inervação das pregas vocais.

Os sinais de PPV caracterizados à TC e à RM estão demonstrados no Quadro 2 e na Figura 27.

A PPV pode ser idiopática ou estar relacionada a diversas outras causas, como: neoplásicas, traumáticas, processos inflamatórios, e iatrogênicas, decorrentes da lesão dos nervos vago e/ou laríngeo recorrente em cirurgias mediastinais e cervicais.

A PPV é unilateral na maioria dos casos; quando bilateral, frequentemente está relacionada à tireoidectomia total.

Entre as causas torácicas, as neoplasias pulmonares malignas (Figura 28) e linfonodomegalias mediastinais (Figura 29) são as mais comuns, porém há outras causas menos frequentes, como tumor de esôfago (Figura 30) e condições cardiopulmonares que se associam com a paralisia da prega vocal esquerda, como a estenose mitral, aneurisma do arco aórtico e dilatação das artérias pulmonares com hipertensão pulmonar, denominadas de síndrome cardiovocal (Ortner) (Figura 31).

A intubação traumática da laringe em pronto-atendimentos ou após procedimentos eletivos pode levar a rouquidão ou disfonia, por conta da fixação da prega vocal, por deslocamentos da articulação cricoaritenoide. A PPV

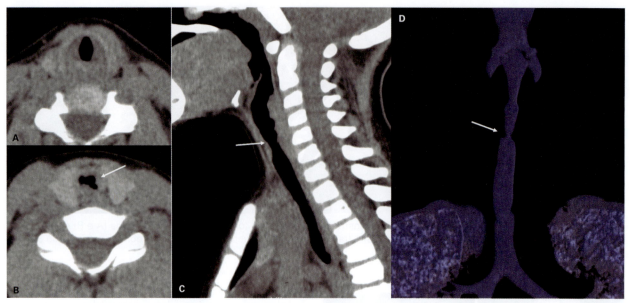

Figura 26 Criança com estenose na transição laringotraqueal após intubação prolongada. Tomografia computadorizada axial (A e B), reformatação sagital (C) e reconstrução 3D (D). Irregularidade dos contornos e estreitamento luminal (setas). Glote sem alterações (A).

Quadro 2	Sinais de paralisia da prega vocal

Alterações caracterizadas no mesmo lado da paralisia:
- Dilatação do seio piriforme
- Dilatação do ventrículo laríngeo
- Espessamento da prega ariepiglótica
- Rotação medial da cartilagem aritenoide
- Medianização da prega vocal

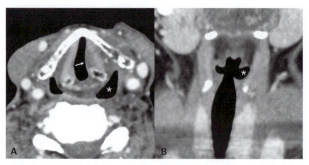

Figura 27 Paralisia da prega vocal esquerda. Tomografia computadorizada axial (A) e reformatação coronal (B). Assimetria dos seios piriformes (A) e ventrículo laríngeo (B), maiores à esquerda (*). Hipoatenuação/lipossubstituição da prega vocal esquerda (A), além de sua medianização (seta) e rotação medial da cartilagem aritenoide.

também pode ser de causa central, o que ocorre em apenas 10% dos casos.

Nos casos de paralisia do vago, além dos achados descritos anteriormente, pode-se observar afilamento com atrofia da parede lateral da faringe e desvio do palato mole para o lado afetado.

O paciente com paralisia unilateral da prega vocal submetido ao estudo de PET/CT pode apresentar captação aumentada de ^{18}FDG na prega vocal normal em razão do aumento compensatório da atividade muscular, enquanto a prega vocal com paralisia não costuma captar. A captação assimétrica de pregas vocais não deve ser confundida com tumor (Figura 32).

Lesões benignas na laringe

Papilomatose respiratória recorrente

Antigamente conhecida como papilomatose laríngea juvenil, são lesões nodulares múltiplas, que ocorrem principalmente em crianças e adolescentes. O agente etiológico mais comum é o papiloma vírus humano (HPV), subtipos 6 e 11. A infecção ocorre com mais frequência ao nascimento, relacionada à passagem pelo canal de parto, em mães portadoras de lesões papilomatosas vulvares. Também pode ocorrer em adultos, geralmente uma lesão única, principalmente em homens e possivelmente por contato oral com genitália externa infectada. O sintoma mais comum é a rouquidão, podendo apresentar obstrução das vias aéreas superiores, estridor e roncos. Há geralmente acometimento das pregas vocais e da subglote. Apenas 2-5% dos pacientes com papilomas de laringe apresentam envolvimento da árvore traqueobrônquica, e o envolvimento das pequenas vias aéreas ou alveolar ocorre em menos de 1%. Essa forma disseminada é também chamada de papilomatose laringotraqueobrônquica. As lesões podem desaparecer ao longo dos anos, porém a taxa de recorrência após o tratamento é alta, sobretudo em crianças e adolescentes, daí o nome recorrente na nomenclatura atual.

A TC e a RM evidenciam lesões sólidas exofíticas que diminuem a luz das vias aéreas superiores, muitas vezes

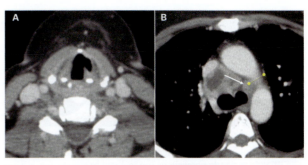

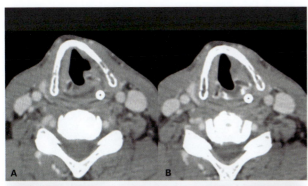

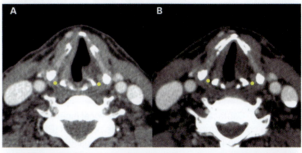

Figura 29 Paralisia da prega vocal esquerda. Tomografia computadorizada no plano axial do pescoço (A) e na transição cervicotorácica (B) evidenciando paralisia da prega vocal esquerda secundária a linfonodomegalia mediastinal (seta). Trajeto do nervo laríngeo recorrente esquerdo (traçado amarelo).

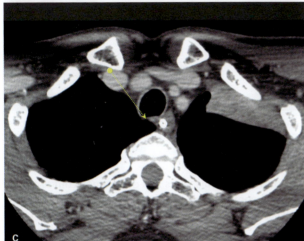

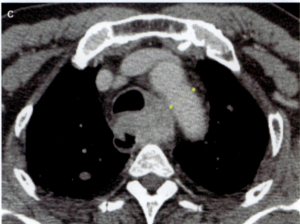

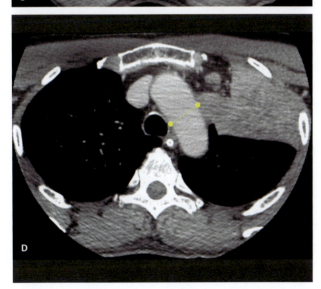

Figura 28 Paralisia da prega vocal esquerda. Tomografia computadorizada no plano axial do pescoço (A e B) e da transição cervicotorácica (C e D) evidenciando paralisia da prega vocal esquerda secundária a lesão neoplásica pulmonar acometendo o trajeto do nervo laríngeo recorrente esquerdo (traçado amarelo em D). Observa-se a topografia do nervo laríngeo recorrente à direita (C).

Figura 30 Paralisia da prega vocal esquerda. Tomografia computadorizada no plano axial do pescoço (A e B) e da transição cervicotorácica (C) evidenciando paralisia da prega vocal esquerda secundária a lesão infiltrativa do esôfago acometendo o trajeto do nervo laríngeo recorrente esquerdo (traçado amarelo). Topografia dos nervos laríngeos recorrentes no espaço tireoaritenoide (pontos amarelos).

Pólipo de prega vocal

O pólipo de prega vocal é uma lesão benigna comum da laringe, bem delimitada e geralmente unilateral, localizada nos dois terços anteriores da prega. Pode ser séssil ou pediculado e acometer qualquer faixa etária, sem predileção sexual. Geralmente está relacionado ao abuso vocal ou a outras condições, como

indistinguíveis do CEC (Figura 33). Nos casos de acometimento pulmonar, nódulos escavados e com contornos irregulares podem estar presentes.

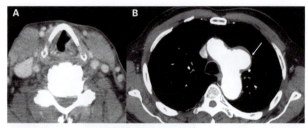

Figura 31 Síndrome cardiovocal (Ortner). Tomografia computadorizada no plano axial do pescoço (A) e da transição cervicotorácica (B) evidenciando paralisia da prega vocal esquerda secundária a aneurisma sacular do arco aórtico (seta).

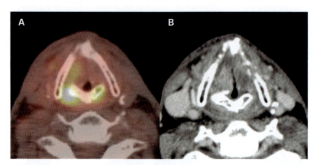

Figura 32 Captação fisiológica em prega vocal hipertrofiada. Tomografia computadorizada por emissão de pósitrons (PET/CT) no plano axial (A) e TC com contraste no plano axial (B) de paciente com paralisia de prega vocal esquerda evidenciam captação aumentada de ^{18}FDG da prega vocal direita preservada.

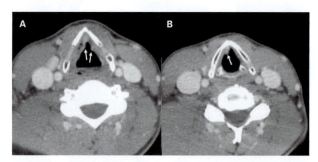

Figura 33 Papilomatose laríngea. Tomografia computadorizada pós-contraste axial (A e B) com lesões exofíticas nas bandas ventriculares (A) e na prega vocal direita (B).

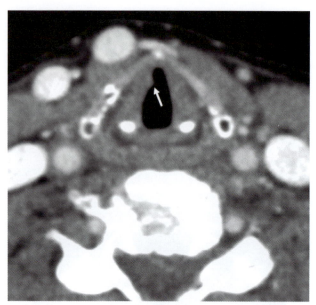

Figura 34 Pólipo laríngeo. Tomografia computadorizada pós-contraste axial revelando pequeno pólipo na prega vocal direita.

tabagismo, refluxo e poluição ambiental. O principal sintoma é a rouquidão.

Sua patogênese está relacionada à vasodilatação submucosa da prega vocal, resultando em aumento da permeabilidade da parede vascular com edema, predominantemente no terço anterior ou médio da prega, onde a força mecânica de vibração é mais intensa. Esse exsudato rico em proteínas pode se organizar e fibrosar ou entrar em degeneração hialoide ou basófila. Nos pólipos angiomatosos, ocorrem pequenos focos de hemorragias subepiteliais.

O diagnóstico deve ser realizado por laringoscopia, não estando indicada a realização de exames de imagem (TC ou RM). Muitas vezes nos deparamos com um pólipo vocal como achado incidental em exames de pescoço realizados por outras indicações clínicas (Figura 34).

Amiloidose laríngea

A amiloidose na cabeça e no pescoço é uma entidade rara, representando 0,2-1,5% das lesões benignas da laringe. Pode apresentar-se na forma primária isolada ou secundária a doença sistêmica como artrite reumatoide e mieloma múltiplo. Representa um processo biológico que está relacionado ao aumento da produção e depósito de material proteináceo fibrilar (substância amiloide) no tecido extracelular.

A forma primária isolada na laringe é a apresentação mais comum na cabeça e pescoço, e o pico de incidência ocorre entre 35 e 60 anos, predominando no sexo masculino.

O quadro clínico mais comum é rouquidão progressiva e o local mais acometido é a laringe supraglótica, especialmente a banda ventricular, onde a lesão tem localização submucosa e crescimento lento.

Os achados de imagem na maioria das vezes são não específicos, podendo apresentar-se na TC como espessamento laríngeo difuso, por vezes hiperatenuante e com focos de calcificação (Figura 35). Na RM podemos encontrar baixo sinal nas sequências ponderadas em T2, permitindo que o radiologista sugira a possibilidade de amiloidose.

Doença relacionada a IgG4

A doença relacionada a imunoglobulina G4 (IgG4) é uma doença sistêmica que se caracteriza pela infiltração de células plasmocitárias positivas para IgG4 e linfócitos, associado a graus variáveis de fibrose, levando a dis-

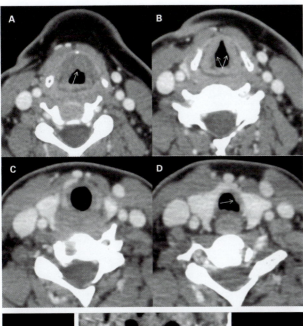

traste intravenoso e sem restrição à difusão das moléculas de água, por conta da baixa celularidade. Podem assumir aspecto tumoral expansivo (Figura 36) ou acometer o órgão de maneira mais difusa (Figura 37). O diagnóstico definitivo é realizado por meio de biópsia, com achados anatomopatológicos e perfil imuno-histoquímico compatíveis.

Schwannoma laríngeo

O schwannoma é um tumor benigno encapsulado, que tem origem nas células de Schwann que revestem as fibras nervosas, fora do sistema nervoso central.

O acometimento da laringe é raro. Nos casos em que o tumor ocorre nessa localização, a maioria afeta a prega ariepiglótica (80%) e menos frequentemente são encontrados nas pregas vocais e nas bandas ventriculares. A origem mais comum é do ramo interno do nervo laríngeo superior após atravessar a membrana tíreo-hióidea.

Apresentam crescimento lento e os sintomas estão relacionados às dimensões da lesão.

O principal diagnóstico diferencial é o neurofibroma. Outros diagnósticos diferenciais são condroma, adenoma, cisto laríngeo e laringocele.

Os aspectos de imagem tanto na TC como na RM, quando pequenos, são de lesões nodulares sólidas com realce homogêneo. Quando maiores que 3,0 cm, podem apresentar realce heterogêneo e áreas císticas, como os schwannomas de outras partes do corpo (Figura 38). Apesar do schwannoma se apresentar como uma lesão submucosa, é necessária a biópsia para o diagnóstico diferencial com patologias malignas.

Paraganglioma laríngeo

Os paragangliomas laríngeos são lesões benignas raras e com crescimento lento. São tumores altamente vascularizados, que surgem da crista neural e envolvem paredes de vasos sanguíneos ou nervos. A artéria tireóidea superior é o vaso mais comumente relacionado ao suprimento da lesão.

Na laringe originam-se do paragânglio laríngeo inferior ou superior, sendo lesões submucosas da supraglote em 90% das vezes. Como esses tumores surgem de células derivadas da crista neural do sistema nervoso parassimpático, em geral aparecem adjacentes a estruturas nervosas, como o nervo laríngeo recorrente ou nervo laríngeo superior (Figura 39). Apresenta-se como lesão hipervascularizada na TC e RM, e nesta última caracterizam-se áreas com ausência de sinal correspondentes a estruturas vasculares de alto fluxo.

Tumores malignos

O câncer da laringe representa cerca de 25% dos tumores em cabeça e pescoço, e os carcinomas epidermoides (CEC) representam mais de 90% dos tumores

Figura 35 Amiloidose laringotraqueal. Amiloidose laringotraqueal. Tomografia computadorizada com contraste no plano axial (A-D). Nota-se espessamento irregular difuso da mucosa laríngea (setas) e no nível do primeiro anel traqueal (D). Os contornos são discretamente irregulares, mais bem visualizados na reconstrução coronal (E).

função orgânica. A maioria dos pacientes irá apresentar IgG4 sérica elevada e responde ao tratamento com corticosteroides. Essa entidade imunomediada parece não ter predileção quanto ao sexo, apesar de classicamente ser considerada mais comum no sexo masculino, sendo mais frequente em pacientes de meia-idade ou mais idosos.

Na região da cabeça e pescoço, os locais mais comumente envolvidos são as glândulas salivares, glândulas lacrimais, órbitas, tireoide, linfonodos, cavidades paranasais e hipófise. A laringe é mais raramente acometida.

Apesar de os achados de imagem serem inespecíficos, na RM a maioria das lesões apresenta baixo sinal em T2, por conta do componente fibrótico da lesão, impregnação homogênea após a injeção do meio de con-

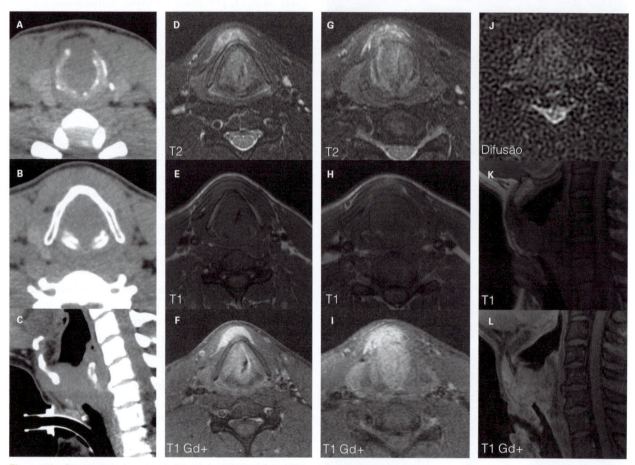

Figura 36 Doença relacionada a IgG4 – tomografia computadorizada axial sem contraste (A e B), reformatação sagital (C), ressonância magnética no plano axial (D-J) e no plano sagital (K e L). Obliteração da glote por lesão expansiva com atenuação de partes moles na TC, baixo sinal heterogêneo em T2, sinal intermediário em T1 e impregnação pelo gadolínio. Não há restrição à difusão (J).

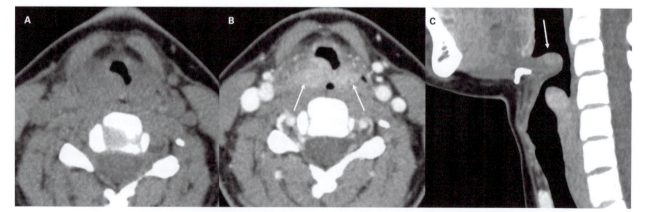

Figura 37 Doença relacionada a IgG4. Tomografia computadorizada no plano axial sem e com contraste (A e B) e reformatação no plano sagital (C). Espessamento difuso da mucosa da laringe supraglótica com realce pelo meio de contraste iodado (setas).

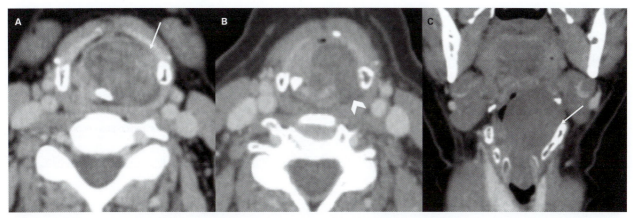

Figura 38 Schwannoma. Tomografia computadorizada no plano axial com contraste (A e B) e reformatação no plano coronal (C). Lesão submucosa heterogênea com contornos regulares, alargando o espaço cricotireóideo (topografia do nervo laríngeo recorrente) (cabeça de seta) com extensão ao espaço paraglótico (setas) e obliteração do vestíbulo.

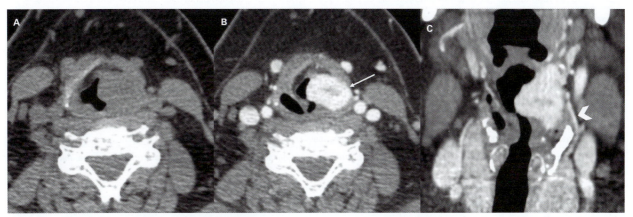

Figura 39 Paraganglioma. Tomografia computadorizada no plano axial sem contraste (A) e com contraste (B) além de reformatação no plano coronal após a injeção do contraste (C). Lesão submucosa hipervascularizada com contrastação semelhante aos vasos (seta). Observe a artéria tireóidea superior (cabeça de seta).

laríngeos. Outros tumores malignos podem ocorrer, incluindo adenocarcinoma, carcinoma adenoide cístico, mucoepidermoide e sarcomas. Entre os sarcomas, deve-se mencionar o condrossarcoma laríngeo, por seu aspecto característico aos métodos de imagem. Diferentemente do CEC, que apresenta anormalidades mucosas evidentes, principalmente à laringoscopia, os demais tumores tendem a ser predominantemente submucosos, tornando importante a avaliação da sua extensão pelos métodos de imagem.

Carcinoma epidermoide

O CEC é o carcinoma mais frequente da laringe. Os principais fatores de risco são o tabagismo e o alcoolismo. A apresentação mais comum é em adultos do sexo masculino, entre a 5ª e 7ª décadas de vida.

A localização e extensão do tumor influenciam no padrão de disseminação, na presença de metástases linfonodais e, também, na conduta terapêutica, incluindo radioterapia e planejamento cirúrgico. Outros fatores importantes para o estadiamento do CEC são: invasão dos espaços pré-epiglótico e paraglótico, invasão cartilaginosa e de estruturas adjacentes (Quadro 3).

Estadiamento TNM – laringe e hipofaringe

O sistema de estadiamento utilizado para o câncer de laringe e hipofaringe é o sistema TNM da American Joint Committee on Cancer (AJCC). O sistema TNM utiliza três critérios para avaliar o estágio do câncer: as dimensões do tumor e sua extensão às estruturas adjacentes (T), os linfonodos regionais ao redor do tumor (N) e se o tumor se disseminou para órgãos distantes (M).

Para a classificação T dos tumores da supraglote, a supraglote foi subdividida em cinco regiões: bandas ventriculares, cartilagens aritenoides, pregas ariepiglóticas e epiglotes supra e infra-hióidea. A hipofaringe também é subdividida em três regiões: seios piriformes, paredes lateral e posterior da hipofaringe, e junção faringoesofágica.

Quadro 3	TNM de estadiamento
Estádio T – laringe	
Tumor supraglótico	
T1	Tumor limitado a um dos subsítios da supraglote. Pregas vocais com mobilidade preservada
T2	Tumor limitado a pelo menos dois subsítios da supraglote ou glote ou região além da supraglote (p. ex., mucosa da base da língua, valécula, parede medial do seio piriforme). Pregas vocais com mobilidade preservada
T3	Tumor apenas na laringe com fixação da prega vocal e/ou invasão de uma das seguintes estruturas: região pós-cricoide, espaço paraglótico, espaço pré-epiglótico e/ou cortical interna da cartilagem tireoide
T4a	O tumor invade a cartilagem tireoide e/ou tecidos além da laringe, tais como: glândula tireoide, traqueia, esôfago, músculos da língua ou do pescoço
T4b	O tumor invade o espaço pré-vertebral, envolve a artéria carótida ou estruturas do mediastino
Tumor glótico	
T1	Tumor limitado a prega vocal (pode acometer a comissura anterior ou posterior). Pregas vocais com mobilidade preservada. T1a – limitado a uma prega vocal. T1b – acomete as duas pregas vocais
T2	O tumor cresce para a supraglote e/ou subglote e/ou mobilidade reduzida da prega vocal
T3	Tumor restrito à laringe, determinando paralisia da prega vocal, e/ou invade o espaço paraglótico e/ou acomete a cortical interna da cartilagem tireoide
T4a	O tumor invade a cartilagem tireoide e/ou tecidos além da laringe, tais como: glândula tireoide, traqueia, esôfago, músculos da língua ou do pescoço
T4b	O tumor invade o espaço pré-vertebral, envolve a artéria carótida ou estruturas do mediastino
Tumor subglótico	
T1	Tumor limitado a subglote
T2	O tumor se estende à prega vocal. Pregas vocais com mobilidade preservada ou reduzida
T3	Tumor restrito à laringe, determinando paralisia da prega vocal
T4a	O tumor invade a cartilagem cricoide ou tireoide e/ou tecidos além da laringe, tais como: glândula tireoide, traqueia, esôfago, músculos da língua ou do pescoço
T4b	O tumor invade o espaço pré-vertebral, envolve a artéria carótida ou estruturas do mediastino
Estádio T – hipofaringe	
T1	Tumor limitado a um dos três subsítios da hipofaringe e/ou ≤ 2,0 cm no maior eixo
T2	O tumor invade pelo menos dois subsítios da hipofaringe e/ou sítio adjacente e/ou > 2,0 cm e ≤ 4,0 cm no maior eixo. Pregas vocais com mobilidade preservada
T3	Tumor > 4,0 cm no maior eixo e/ou com paralisia de prega vocal e/ou extensão para o esôfago
T4a	O tumor invade qualquer umas das seguintes estruturas: cartilagem cricoide ou tireoide, osso hióideo, glândula tireoide, esôfago ou musculatura e gordura pré-laríngeas
T4b	O tumor invade o espaço pré-vertebral, envolve a artéria carótida ou estruturas do mediastino
Estádio N – laringe e hipofaringe	
NX	Linfonodo regional não pode ser avaliado
N0	Sem metástase linfonodal
N1	Linfonodo metastático único, ≤ 3,0 cm no maior eixo, do mesmo lado da lesão, sem sinais de extensão extranodal
N2a	Linfonodo metastático único, < 3,0 cm no maior eixo, com sinais de extensão extranodal ou > 3,0 cm e ≤ 6,0 cm no maior eixo, sem sinais de extensão extranodal
N2b	Dois ou mais linfonodos acometidos, ≤ 6,0 cm no maior eixo, do mesmo lado da lesão, sem sinais de extensão extranodal
N2c	Linfonodo acometido no lado oposto ao da lesão ou bilateral, ≤ 6,0 cm no maior eixo, sem sinais de extensão extranodal
N3a	Pelo menos um linfonodo acometido > 6,0 cm no maior eixo, sem sinais de extensão extranodal
N3b	Linfonodo acometido > 3,0 cm no maior eixo, com sinais de extensão extranodal; ou vários linfonodos acometidos do mesmo lado da lesão; e/ou linfonodo(s) contralateral ou bilateral com sinais de extensão extranodal

Fonte: Adaptada do TNM da AJCC, 8. ed.

Para a classificação N dos linfonodos, deve-se levar em consideração as dimensões linfonodais, lateralidade e sinais de extensão extranodal. Linfonodos da linha média devem ser considerados ipsilaterais ao tumor.

Tumores supraglóticos

Os tumores da região supraglótica correspondem a cerca de 30% dos carcinomas da laringe. As lesões provocam poucos sintomas nas fases iniciais, sendo na maioria das vezes diagnosticados em estágio avançado, inclusive com metástases linfonodais em razão da vasta drenagem linfática dessa região (Quadro 4).

Os achados de imagem que diferenciam as lesões T3 da lesão T4 são cruciais no estadiamento e planejamento terapêutico dos tumores de laringe, pois não são recomendados tratamentos com preservação do órgão, como radioterapia exclusiva, quimiorradioterapia e laringectomias parciais em pacientes com lesão T4. Erosão da cortical interna da cartilagem tireoide, invasão dos espaços pré-epiglótico ou paraglótico caracterizam a lesão como T3.

A avaliação dos espaços pré-epiglótico e paraglótico pode ser realizada tanto por TC como RM. À RM, observa-se que, em T1, o alto sinal da gordura é substituído pelo sinal do tumor, com realce pós-contraste. À TC, observa-se lesão com realce obliterando o espaço pré-epiglótico (Figura 40).

A avaliação da base da língua deve ser feita de forma criteriosa, pois, muitas vezes, as tonsilas linguais são globosas e irregulares, obliterando parcialmente as valéculas e simulando lesões tumorais.

Tumores glóticos

Correspondem a 65% dos tumores da laringe. O diagnóstico costuma ser precoce na maioria das vezes, por conta de seu principal sintoma, rouquidão. Geralmente originam-se na porção anterior da prega vocal (Figura 41), podendo estender-se para a comissura anterior, prega vocal contralateral, espaço paraglótico, regiões supra e subglótica. Lesões mais avançadas podem comprometer a comissura posterior e invadir as cartilagens aritenoides e cricoide (Figura 42). A fixação da prega vocal é um critério do estadiamento TNM, sendo melhor avaliada à laringoscopia.

Metástases linfonodais são incomuns nos tumores restritos à glote (Quadro 4), porém, quando se estendem para as estruturas adjacentes, as metástases linfonodais são frequentes.

Tumores subglóticos

São tumores raros, representando 5% dos tumores laríngeos. Podem ser focais, porém tendem a envolver cir-

Quadro 4	Drenagem linfática preferencial das regiões da laringe
Regiões da laringe	Drenagem linfática
Supraglote	Nível II é o mais comum. Tumores da epiglote geralmente drenam bilateralmente
Glote	Escassa rede linfática. Metástase linfonodal menos frequente
Subglote	Cadeia pré e paratraqueal são as mais comuns. Em seguida, os níveis III, IV e linfonodo pré-laríngeo (délfico)

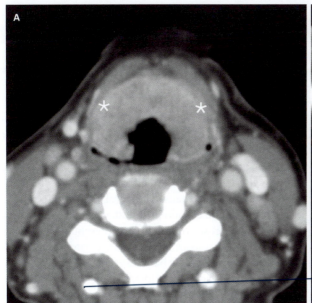 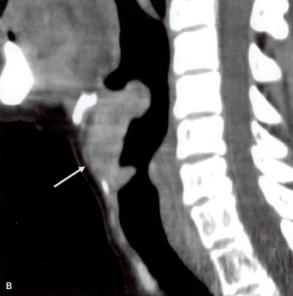

Figura 40 Carcinoma epidermoide supraglótico. Tomografia computadorizada axial pós-contraste (A) e reformatação sagital (B). Lesão infiltrativa que acomete toda a epiglote e estende-se aos espaços pré-epiglótico (seta) e paraglótico (*).

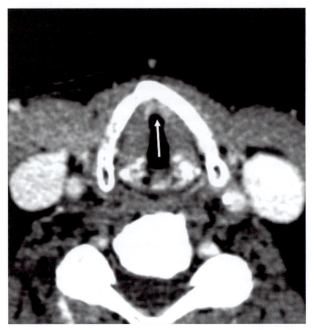

Figura 41 Carcinoma epidermoide glótico. Tomografia computadorizada axial pós-contraste demonstrando lesão infiltrativa na comissura anterior (seta).

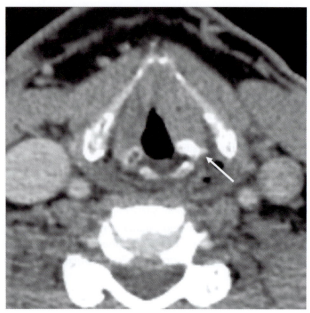

Figura 42 Carcinoma epidermoide glótico. Tomografia computadorizada axial pós-contraste demonstrando lesão infiltrativa na prega vocal esquerda e comissura anterior. Esclerose da cartilagem aritenoide esquerda (seta).

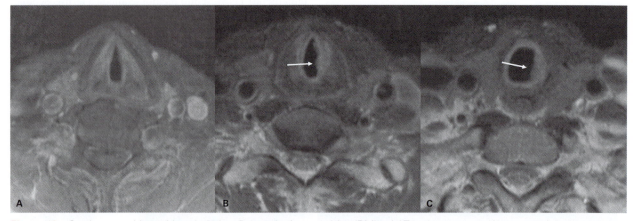

Figura 43 Carcinoma epidermoide subglótico. Ressonância magnética (RM) axial T1 pós-contraste (A) mostrando a glote normal e RM axial ponderada em T2 (B e C) demonstrando lesão infiltrativa sólida subglótica com acometimento da porção mais inferior da prega vocal esquerda (setas).

cunferencialmente a laringe, com possibilidade de erosão da cartilagem cricoide e infiltração dos anéis traqueais e glândula tireoide (Figura 43). Ao diagnóstico, cerca de metade dos pacientes apresenta acometimento de estruturas extralaríngeas.

Invasão cartilaginosa

A avaliação da integridade das cartilagens no CEC de laringe pode ser realizada por TC ou RM, influenciando o planejamento cirúrgico, e tem implicações quanto à resposta à radioterapia, o risco de recidiva tumoral e de condronecrose.

O acometimento da cortical interna da cartilagem laríngea classifica o tumor como T3 nas lesões de supraglote e glote. Os tumores são classificados como T4 quando quando invadem a cartilagem tireoide ou apresentam extensão extralaríngea.

Os sinais tomográficos de invasão cartilaginosa são erosão, lise e extensão extralaríngea. A erosão da cartilagem tireoide com extensão tumoral para a musculatura pré-laríngea é um achado incontestável de invasão cartilaginosa. A esclerose condral pode representar invasão cartilaginosa ou alterações inflamatórias peritumorais, sendo considerado um sinal de baixa especificidade na avaliação de invasão cartilaginosa, principalmente quando presente na cartilagem tireoide. Quando em contato com o tumor, a esclerose da cartilagem aritenoide pode representar o acometimento da cartilagem (Figuras 42 e 44).

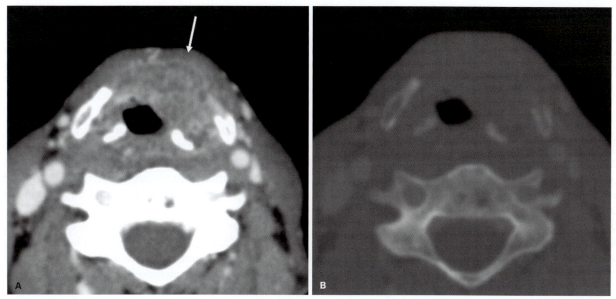

Figura 44 Lesão infiltrativa da laringe com erosão da cartilagem tireoide. Tomografia computadorizada (TC) axial pós-contraste (A) e TC axial com janela óssea (B). Extensa lesão infiltrativa transglótica, com extensa erosão da cartilagem tireoide e invasão da musculatura pré-laríngea (seta).

A RM apresenta maior especificidade do que a TC na determinação de infiltração cartilaginosa. O diagnóstico de invasão de cartilagem à RM, conforme proposto por Becker et al., baseia-se nos seguintes achados: presença de sinal na cartilagem mais alto em T2 e com maior realce em relação ao tumor sugere processo inflamatório reacional (Figura 45), enquanto a presença de sinal similar em T2 e com mesmo grau de realce em relação ao tumor sugere infiltração cartilaginosa (Figura 46). Utilizando-se esse critério é possível a diferenciação entre infiltração tumoral e processo inflamatório peritumoral (Quadro 5).

Recentemente Kuno et al. demonstraram que a TC com dupla energia pode melhorar a acuracidade da avaliação de invasão da cartilagem tireoide.

Carcinoma de hipofaringe

Os carcinomas epidermoides são os tumores mais comuns da hipofaringe. Em menor frequência, pode-se encontrar outros tumores malignos como os originários de glândulas salivares menores, linfomas e sarcomas, e tumores benignos, como lipomas, leiomiomas e papilomas. A localização mais frequente do CEC é o seio piriforme (65%), e as outras localizações incluem região pós-cricoide e parede posterior da hipofaringe. Os pacientes com síndrome de Plummer-Vinson são mais suscetíveis ao carcinoma de hipofaringe, com acometimento principalmente da região pós-cricoide. O prognóstico dos tumores de hipofaringe é ruim, com metástases linfonodais precoces e metástases à distância em 20-40% dos casos ao diagnóstico (Figura 47).

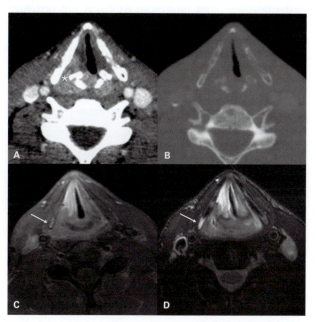

Figura 45 Lesão infiltrativa do seio piriforme direito com extensão laríngea. Tomografia computadorizada axial pós-contraste (A) e em janela óssea (B) com alargamento do espaço tireoaritenóideo (*) e extensão à prega vocal sem sinais de invasão da cartilagem tireóidea (A e B). As imagens axiais de ressonância magnética T1 pós-contraste (C) e T2 (D) demonstram alterações inflamatórias na lâmina direita da cartilagem tireóidea sem sinais de invasão (setas). Observa-se o alto sinal em T2 da cartilagem, diferente do tumor.

Lesões superficiais são de difícil diagnóstico aos exames de imagem, porém lesões mais avançadas podem ser identificadas como irregularidades da mucosa e impregnação anômala pelo meio de contraste.

O padrão de disseminação desse tipo de tumor depende da sua origem, podendo estender-se para a prega ariepiglótica, com acometimento da endolaringe (Figura 46).

Os seios piriformes podem estar colapsados durante a respiração tranquila, dificultando a visualização de lesões tanto à TC como à RM. Nesses casos, a aquisição das imagens durante a realização de manobra de Valsalva modificada provoca a distensão do seio, facilitando a avaliação mucosa (Figura 48).

As lesões da região pós-cricoide tendem a se estender para a porção posterior da laringe, causando paralisia da prega vocal que pode estar relacionada à invasão direta da prega, do músculo cricoaritenóideo ou do nervo laríngeo recorrente. A invasão da cartilagem cricoide é frequente, assim como do esôfago cervical e da glândula tireoide.

O carcinoma da parede posterior da hipofaringe tende a apresentar crescimento craniocaudal, com infiltração do esôfago ou da oro e nasofaringe. Pode estender-se posteriormente, com infiltração da fáscia pré-vertebral (Figura 49). A avaliação desse acometimento é mais bem caracterizada pela RM do que pela TC, com os seguintes achados: obliteração da gordura do espaço retrofaríngeo, alteração do contorno com hipersinal em T2 e realce pós-contraste da musculatura pré-vertebral. A RM também apresenta falsos-positivos, sendo a exploração cirúrgica o método definitivo para determinar invasão da fáscia pré-vertebral.

Condrossarcoma

O condrossarcoma é uma lesão de origem cartilaginosa que na laringe afeta predominantemente pacientes do sexo masculino, em torno da 6ª década de vida. A cartilagem mais comumente acometida é a cricoide, seguida da tireoide, e mais raramente da aritenoide e epiglote.

À TC, apresenta-se como lesão sólida contendo matriz cartilaginosa no seu interior. À RM, a lesão apresenta hipersinal em T2, com realce heterogêneo pós-contraste. A diferenciação pelos métodos de imagem entre tumor

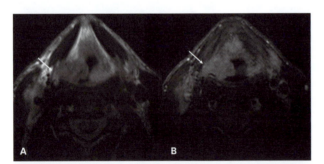

Figura 46 Carcinoma epidermoide com invasão cartilaginosa. Ressonância magnética T2 axial (A), T1 pós-contraste (B). Observa-se o sinal semelhante ao tumor no interior da cartilagem tireóidea, compatível com invasão (setas).

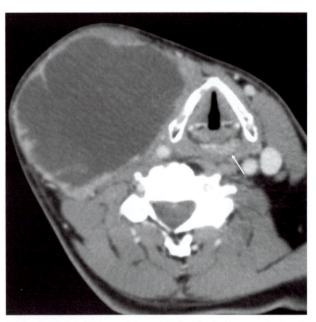

Figura 47 Carcinoma epidermoide de hipofaringe, área pós-cricoide. Tomografia computadorizada axial pós-contraste revelando lesão infiltrativa na hipofaringe (seta) e linfonodomegalia necrótica à direita.

Quadro 5	Invasão de cartilagem laríngea	
RM	Invasão de cartilagem laríngea	Processo inflamatório peritumoral
	Lesão ultrapassando a cartilagem, estendendo-se à musculatura pré-laríngea Cartilagem com o sinal ponderado em T2 semelhante ao do tumor Realce na cartilagem semelhante ao do tumor	Sinal ponderado em T2 maior que o do tumor Realce maior que o do tumor
TC		
	Lesão ultrapassando a cartilagem, estendendo-se à musculatura pré-laríngea Erosão e lise da cartilagem Esclerose da cartilagem aritenoide em contato com o tumor pode representar infiltração	Atenção: processo inflamatório peritumoral pode simular infiltração pela tomografia computadorizada

benigno e maligno de origem cartilaginosa é difícil, principalmente quando os tumores malignos são de baixo grau (Figura 50).

Técnicas avançadas de RM e PET/CT

A técnica de difusão e perfusão/permeabilidade na RM e o PET/CT têm maior importância diante da suspeita de recorrência tumoral, principalmente no auxílio à diferenciação de alterações relacionadas ao tratamento de lesões remanescentes ou recidivadas (Figuras 51 e 52). O PET/CT apresenta acurácia diagnóstica superior à TC e RM na detecção de recorrência tumoral. Os melhores resultados são obtidos quando o PET/CT é realizado 2-3 meses após o término do tratamento.

Tumores com alta celularidade e recidiva tumoral costumam apresentar restrição à difusão das moléculas de água e permeabilidade aumentada, o que não acontece nas alterações relacionadas ao tratamento, como as alterações fibrocicatriciais (Figura 53). O PET/CT é também utilizado no estadiamento das neoplasias em cabeça e pescoço, especialmente na procura de um segundo tumor primário (Figuras 54 e 55), porém esse método tem disponibilidade limitada no nosso país.

Tratamentos da laringe

O tratamento dos tumores de laringe pode ser realizado apenas com radioterapia, cirurgia exclusiva, cirurgia seguida de radioterapia ou ainda terapia combinada com radio e quimioterapia.

O objetivo das cirurgias oncológicas é, sempre que possível, preservar as funções primárias da laringe: respiração, deglutição e fonação. Preservar a fonação

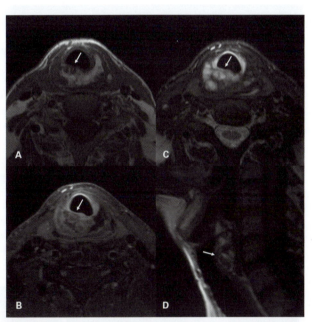

Figura 50   Condrossarcoma laríngeo. Imagem axial (A) e sagital (D) de ressonância magnética T1 sem contraste, além de imagem ponderada em T1 pós-contraste (B). Imagem axial T2 (C) demonstra sinal da lesão semelhante à cartilagem (matriz cartilaginosa).

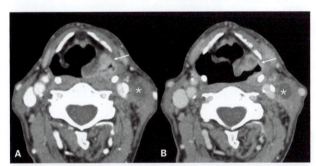

Figura 48   Carcinoma epidermoide no seio piriforme esquerdo (setas). Tomografia computadorizada (TC) axial sem manobra de Valsalva (A) e TC axial com manobra (B), permitindo melhor delimitação da lesão. Linfonodomegalia do mesmo lado da lesão (*).

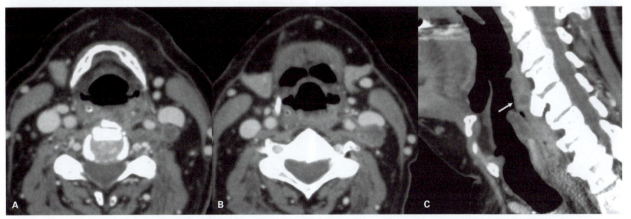

Figura 49   Carcinoma epidermoide na parede posterior da hipofaringe (setas). Tomografia computadorizada (TC) axial (A e B) e reformatação sagital (C), com infiltração dos espaços retrofaríngeo e perivertebral à esquerda.

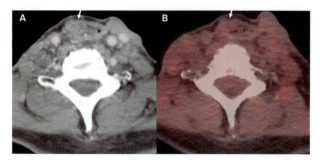

Figura 51 Laringectomia total. Imagem de tomografia computadorizada axial pós-contraste (A) e PET/CT (B). Ressecção das estruturas da laringe com lesão suspeita na neofaringe (setas), que não apresentou captação do radiofármaco, sem sinais de recidiva.

é um dos fatores mais importantes na aceitação do tratamento proposto. O uso de prótese vocal pode ser empregado em pacientes submetidos a laringectomia total (Figura 56).

Nos últimos dez anos, houve aumento da escolha por técnicas cirúrgicas mais conservadoras e por tratamentos não cirúrgicos para os carcinomas de laringe. Apesar do controle local e da taxa de sobrevida ser muitas vezes semelhante entre os pacientes tratados com cirurgias abertas ou com o tratamento conservador, indivíduos submetidos a tratamento conservador têm menor morbidade relacionada ao tratamento.

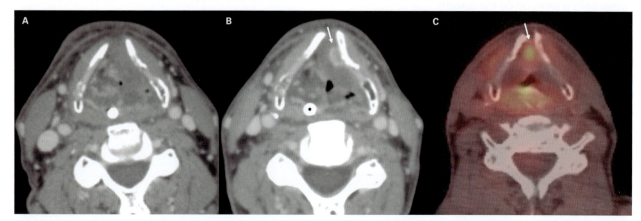

Figura 52 Carcinoma epidermoide supraglótico. Tomografia computadorizada (TC) axial 3 meses após quimio e radioterapia, sem áreas suspeitas de recidiva (A). TC axial 1 ano após o tratamento (B) mostrando aparecimento de realce nodular na banda ventricular esquerda, suspeito de recidiva (seta), confirmado no estudo de tomografia computadorizada por emissão de pósitrons (PET/CT) (seta) (C).

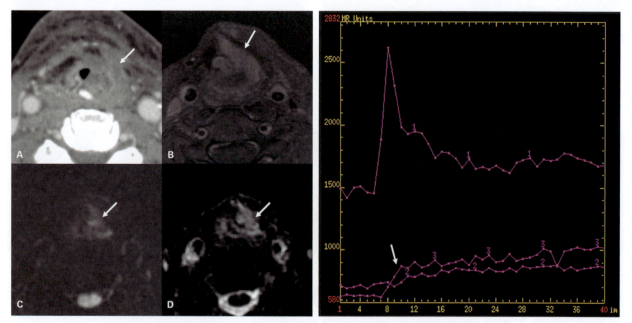

Figura 53 Laringectomia parcial à esquerda. Tomografia computadorizada axial pós-contraste (A) e ressonância magnética ponderada em T1 pós-contraste (B) demonstram prega mucosa da neoglote espessada com tênue realce. A sequência difusão e o mapa de coeficientes de difusão aparente (ADC) (C e D) não demonstram restrição à difusão. A curva de permeabilidade demonstra crescimento ascendente e lento, compatível com tecido fibrocicatricial, sem sinais de lesão recidivada (seta) (E).

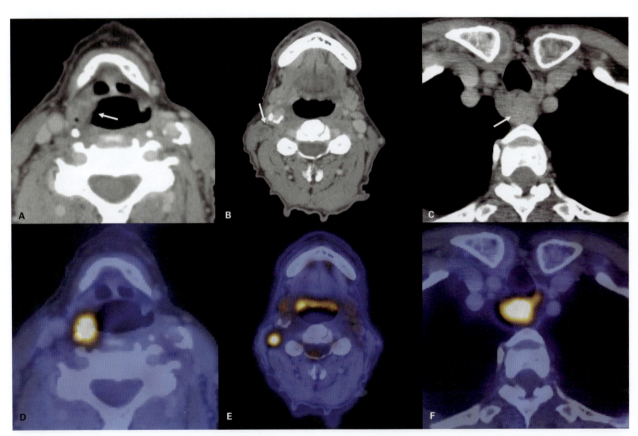

Figura 54 Estadiamento de carcinoma epidermoide de prega ariepiglótica direita em paciente etilista e fumante de longa data com disfagia progressiva. Tomografia computadorizada axial demonstrando lesão na prega ariepiglótica direita (A), linfonodo patológico no nível II à direita (B) e segundo primário no esôfago (C) (setas). A tomografia computadorizada por emissão de pósitrons (PET/CT) (D-F) confirmou todos os achados.

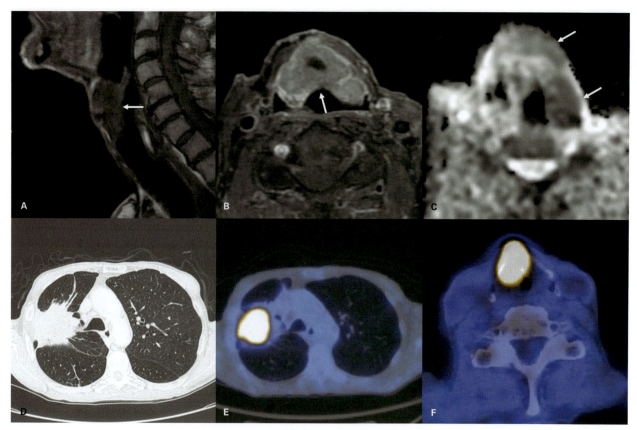

Figura 55 Estadiamento de carcinoma epidermoide transglótico (A). Imagem axial de ressonância magnética T1 pós-contraste (B) demonstrando lesão infiltrativa com sinais de restrição à difusão no mapa de coeficientes de difusão aparente (ADC) (C). Tomografia computadorizada axial demonstrando massa no ápice pulmonar direito (D) compatível com neoplasia pulmonar. As lesões foram confirmadas na tomografia computadorizada por emissão de pósitrons (PET/CT) (E-G).

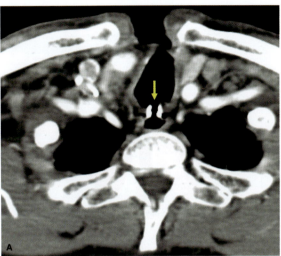

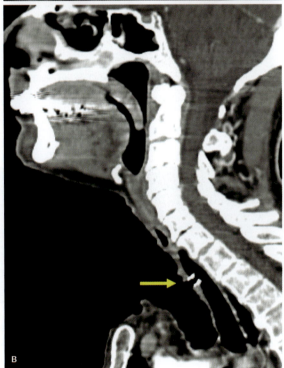

Figura 56 Laringectomia total. Imagem de tomografia computadorizada axial (A) e sagital (B) pós-contraste demonstrando prótese vocal entre a traqueia e o esôfago (setas).

Quadro 6 Tipos de procedimentos cirúrgicos
Procedimentos cirúrgicos
Conservadores
Cordectomia (Quadro 7)
Laringectomia vertical parcial (frontolateral e hemilaringectomia) (Quadro 8 e 9)
Laringectomia horizontal (supraglótica e supracricoide) (Quadro 10 e 11)
Laringectomia quase total (Quadro 12)
Radical
Laringectomia total (Quadro 13)

Atualmente, as cirurgias abertas estão mais comumente reservadas a pacientes com doença persistente ou recorrente, ou para pacientes que no momento do diagnóstico apresentam sinais de invasão de cartilagem ou extensão extralaríngea.

Cirurgias

As cirurgias são subdivididas em laringectomia total e cirurgias conservadoras ou laringectomias parciais. A escolha da técnica cirúrgica a ser adotada depende da localização e extensão da lesão e do seu estadiamento.

As cirurgias que permitem a preservação da voz são a laringectomia supraglótica, reservada a pacientes com tumores restritos à supraglote, e a hemilaringectomia vertical, reservada a pacientes com envolvimento predominante de uma prega vocal, ou seja, que têm pelo menos uma articulação cricoaritenoide íntegra.

As principais técnicas cirúrgicas, indicações e achados de imagem estão detalhados nos Quadros 6 a 13.

A reconstrução microcirúrgica é a técnica preferencial para as reconstruções após ressecções oncológicas em cabeça e pescoço. A escolha pela utilização de retalhos pediculados está indicada nos casos de condições clínicas proibitivas, prognóstico reservado, ressecções higiênicas e dificuldade de obtenção de vasos receptores. Estes proporcionam menor tempo cirúrgico, simplificando a reconstrução. O retalho do músculo peitoral maior é o mais utilizado. A avaliação das margens profundas dos retalhos pode ser realizada por TC ou RM, e é fundamental no acompanhamento desses pacientes (Figura 65). Aumento do volume, realces nodulares e espessamentos focais são achados que sugerem recidiva ou persistência tumoral.

Alterações actínicas

As reações pós-tratamento com radioterapia são divididas em precoces, quando ocorrem nos primeiros 90 dias pós-tratamento, e tardias, observadas após 90 dias do início do tratamento. As reações precoces costumam ser reversíveis e as tardias podem ser irreversíveis ou demorar anos para resolução.

Quadro 7	Cordectomia (Figura 57)
Indicações	
Tumor glótico unilateral, limitado a prega vocal	
Ressecção	
Excisão parcial da prega vocal (músculos vocais e tendões)	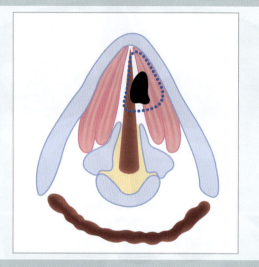
Comentários	
No pós-operatório tardio, a prega vocal se regenera e não se observam alterações na morfologia das pregas vocais. O tecido cicatricial/mucosa regenerada é denominado pseudocorda	

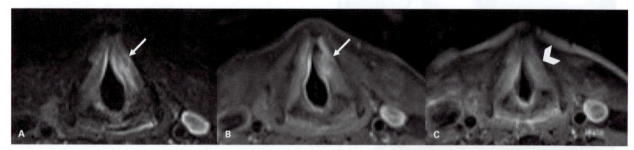

Figura 57 Cordectomia. Imagens axiais de ressonância magnética ponderadas em T2 (A) e T1 pós-contraste (B e C) de um paciente após um mês da cordectomia à esquerda (A e B). As setas demonstram espessamento regular com alto sinal em T2 e impregnação do contraste paramagnético, compatível com pós-operatório recente/tecido de granulação e reparação. No pós-operatório tardio, um ano após a cirurgia (C), torna-se difícil reconhecer manipulação cirúrgica (cabeça de seta).

Quadro 8	Laringectomia frontolateral (Figura 58)
Indicações	
Tumor glótico que acomete a comissura anterior e não causa fixação da prega vocal	
Ressecção	
Segmento vertical da cartilagem tireoide Prega vocal Comissura anterior Ventrículo laríngeo Banda ventricular	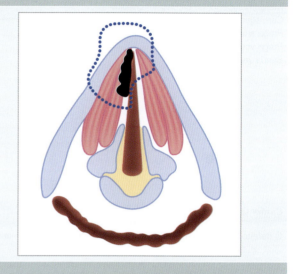
Comentários	
A ressecção da cartilagem aritenoide do mesmo lado da lesão e de parte da prega vocal contralateral pode ser realizada nesse procedimento, dependendo da técnica cirúrgica empregada	

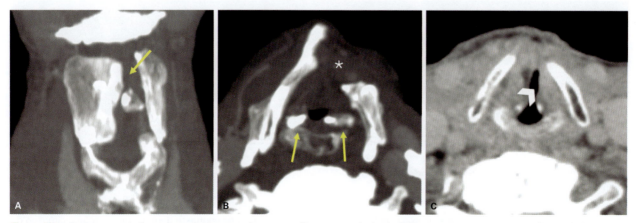

Figura 58 Laringectomia frontolateral. Imagens de tomografia computadorizada (TC) com reconstrução em projeção de intensidade máxima (MIP) no plano coronal (A) e axial (B) demonstrando o defeito ventral da lâmina esquerda da cartilagem tireoide (*), com esclerose das suas margens (seta em A). As cartilagens aritenoides foram preservadas (setas em B). No estudo de TC com contraste (C) do pós-operatório tardio, observa-se tecido cicatricial no local da prega vocal esquerda, pseudocorda (cabeça de seta).

Quadro 9	Hemilaringectomia (Figura 59)

Indicações

Tumor glótico que não fixa a prega vocal, porém sua extensão posterior requer a excisão da cartilagem aritenoide

Ressecção

Lâmina da cartilagem tireoide
Margem superior da cartilagem cricoide
Cartilagem aritenoide
Prega ariepiglótica
Prega vocal
Banda ventricular

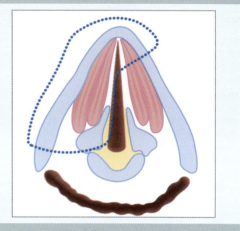

Comentários

O defeito cirúrgico é mais extenso quando comparado com a laringectomia frontolateral

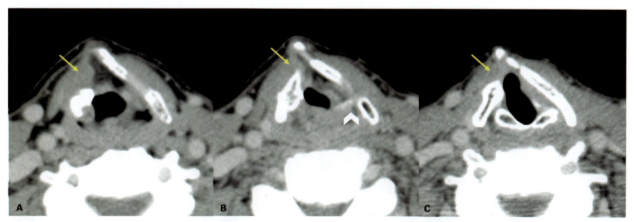

Figura 59 Hemilaringectomia. As imagens axiais de tomografia computadorizada pós-contraste demonstram o defeito cirúrgico da lâmina direita da cartilagem tireoide e tecido fibrocicatricial no leito cirúrgico (setas). A cartilagem aritenoide esquerda foi preservada (cabeça de seta).

Quadro 10	Laringectomia supraglótica
Indicações	
Tumor supraglótico que não acomete o ventrículo laríngeo nem a glote	
Ressecção	
Estruturas da supraglote: • Epiglote • Pregas ariepiglóticas • Bandas ventriculares • Gordura pré-epiglótica • Parte superior da cartilagem tireoide • Membrana tíreo-hióidea	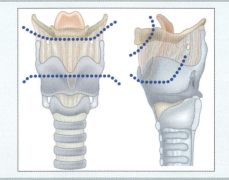
Reconstrução (Figura 60)	
Tíreo-hioidopexia: • O topo da cartilagem tireoide fica em contato com o osso hióideo	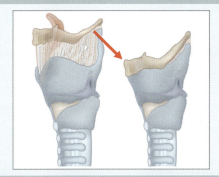
Comentários	
Variações da técnica podem envolver a ressecção de uma cartilagem aritenoide, osso hióideo e base da língua, dependendo da extensão da lesão	

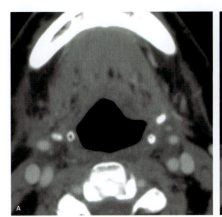
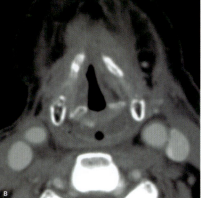
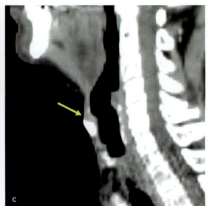

Figura 60 Laringectomia supraglótica com tíreo-hioidopexia. As imagens axiais de tomografia computadorizada demonstram a ressecção das estruturas da supraglote com neovestíbulo alargado (A). B demonstra a glote preservada. Reformatação sagital (C) com tíreo-hioidopexia (seta).

Quadro 11	Laringectomia supracricoide

Indicações

Tumor transglótico. Alternativa à laringectomia total

Ressecção

Banda ventricular
Prega vocal
Espaços paraglótico e pré-epiglótico
Cartilagens tireoide e epiglote*
Cartilagem aritenoide**

Reconstrução

Crico-hioidopexia (Figura 61)
A reconstrução ocorre com a sutura do osso hióideo com a cartilagem cricoide

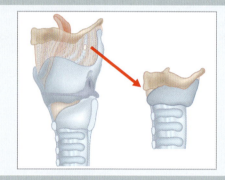

Reconstrução

Crico-hioidoepiglotopexia (Figura 62)
Parte da epiglote é preservada

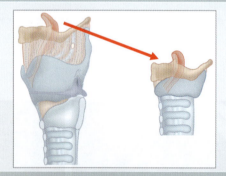

Comentários

Os cornos inferiores da cartilagem tireoide costumam ser preservados para evitar lesões do nervo laríngeo recorrente
*A cartilagem epiglote pode ser preservada
**Uma ou as duas cartilagens aritenoides podem ser preservadas

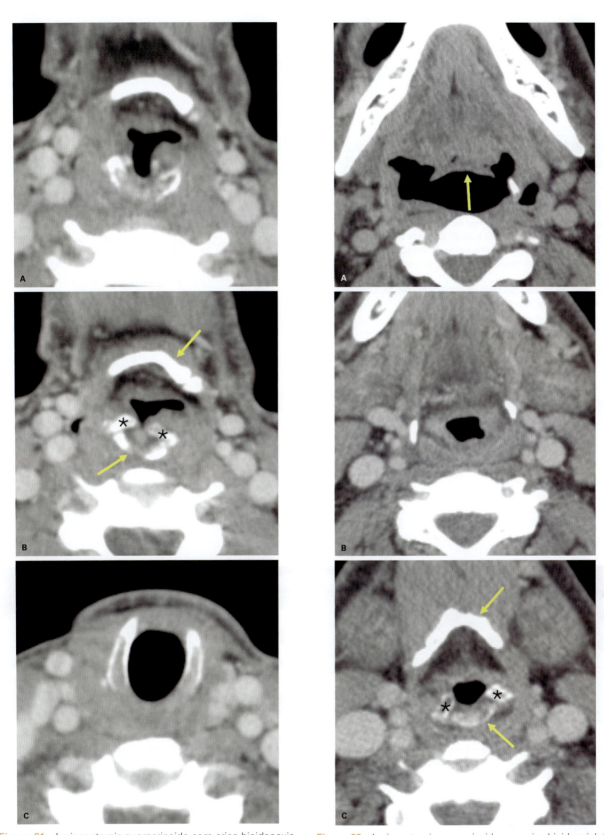

Figura 61 Laringectomia supracricoide com crico-hioidopexia. As imagens axiais de tomografia computadorizada demonstram neoglote espessada e assimetria de partes moles, com orientação transversal (A). Em "B", nota-se o corpo do osso hióideo no mesmo plano das cartilagens cricoide (setas) e aritenoides (*). A subglote está preservada (C).

Figura 62 Laringectomia supracricoide com crico-hioidoepiglotopexia. As imagens axiais de tomografia computadorizada demonstram a borda livre da epiglote tocando a base da língua (seta em A). B evidencia a irregularidade dos contornos do neovestíbulo e C mostra o osso hióideo no mesmo plano das cartilagens cricoide (setas) e aritenoides (*).

Quadro 12	Laringectomia quase total (Figura 63)

Indicações

Tumor unilateral avançado, na tentativa de manter a fonação

Ressecção

Ressecção de um lado da laringe (acima do osso hióideo)
Parte contralateral da porção anterior da prega vocal
A ressecção se estende à linha média da região posterior:
- Superiormente remove todo o espaço pré-epiglótico, osso hióideo e valécula
- Inferiormente remove parte da cartilagem tireoide, cricoide e, se necessário, anel traqueal

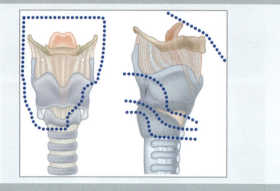

Comentários

Resulta em traqueostomia definitiva

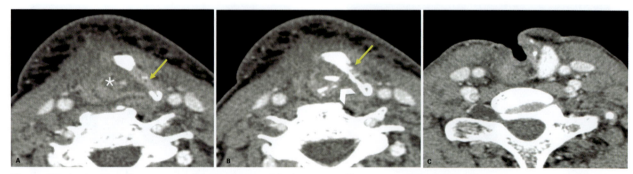

Figura 63 Laringectomia quase total. As imagens axiais de tomografia computadorizada (A e B) demonstram o pós-operatório recente, com densificação e sobreposição de partes moles da neofaringe (*), remanescente da cartilagem tireoide, lâmina esquerda (setas), cricoide e aritenoide esquerda (cabeça de seta). No plano mais inferior, observa-se a presença do estoma traqueal (C).

15 LARINGE E HIPOFARINGE 1005

Quadro 13	Laringectomia total
Indicações	
CEC avançado que invade cartilagens ou com extensão inferior para cartilagem cricoide Recidiva após radioterapia Recorrência local após laringectomia parcial	
Ressecção (Figura 64)	
Todas as estruturas da laringe Cartilagens Osso hióideo Anel traqueal superior Parte da glândula tireoide	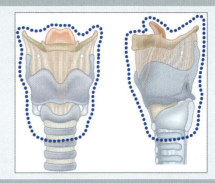
Comentários	
Resulta em traqueostomia definitiva, perda total da fonação. As próteses vocais são uma alternativa para manter a fonação	

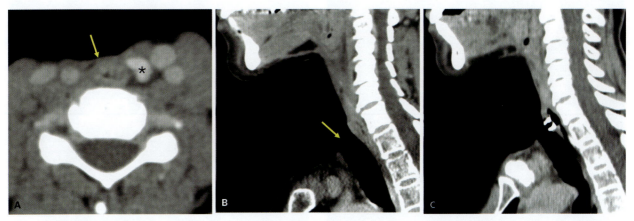

Figura 64 Laringectomia total. A imagem axial de tomografia computadorizada (A) demonstra a neofaringe de contornos regulares (seta) e presença de parte do lobo esquerdo da tireoide (*). No plano sagital (B) observa-se a traqueostomia sem cânula (seta), e no acompanhamento do mesmo paciente houve colocação de prótese vocal (C).

Na laringe e faringe inicialmente são encontradas irritação mucosa (mucosite), edema difuso de submucosa, realce mucoso acentuado e espessamento da epiglote e pregas ariepiglóticas (Figuras 66 e 68). Essas complicações podem estar relacionadas a dor e disfagia, dificultando a ingestão de alimentos e comprometendo a via aérea. Nos casos mais graves, o paciente pode desenvolver insuficiência respiratória aguda, com obstrução, necessitando de intervenção urgente para desobstruir a via aérea. Mais tardiamente pode-se encontrar fibrose e atrofia laríngea, que são irreversíveis.

Em tumores avançados, a extensa necrose tumoral pode causar fístulas e deiscências cutâneas (Figura 67).

A necrose de tecidos moles, óssea e de cartilagem relacionada a radioterapia tem o pico de incidência entre 6 e 12 meses após o início do tratamento, mas pode acontecer até 10 anos após o seu término. A radionecrose óssea ou de cartilagens frequentemente está associada a espessamento e densificação de partes moles adjacentes.

Na TC, a osteorradionecrose é caracterizada por descontinuidades corticais, perda do trabeculado habitual, fragmentações focais, com ou sem sequestro ósseo ou focos gasosos associados. Na RM, a medular óssea perde o sinal habitual de gordura (baixo sinal em T1), apresenta alto sinal em T2 e realce da medular. As cartilagens podem se fragmentar e apresentar focos gasosos no interior da medular.

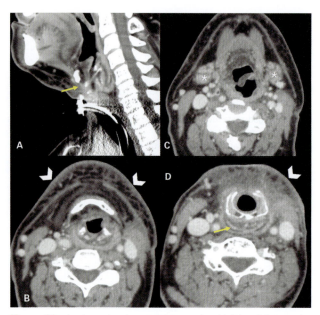

Figura 66 Laringectomia parcial com crico-hioidoepiglotopexia. Imagem de tomografia computadorizada (TC) sagital em projeção de intensidade máxima (MIP) (A) demonstrando a fixação entre o osso hióideo e a cartilagem cricoide (seta). Imagem de TC axial (B, C e D) demonstrando alterações actínicas, sialoadenite submandibular (*), radiodermite (cabeça de setas) e mucosite (setas).

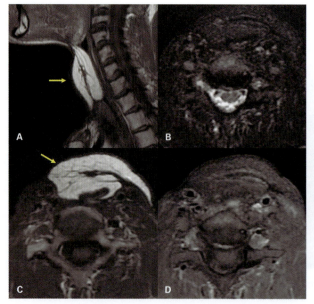

Figura 65 Laringectomia total. Imagens ponderadas em T1, nos planos sagital (A) e axial (B) de ressonância magnética sem saturação de gordura demonstrando neofaringe de aspecto habitual, com retalho miocutâneo lipossubstituído (setas). Imagens axiais ponderadas em T2 (C) e T1 pós-contraste com saturação de gordura (D) confirmam componente gorduroso do retalho, sem focos de impregnação anômala do contraste paramagnético.

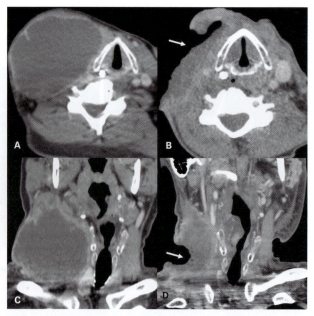

Figura 67 Linfonodomegalia necrótica secundária a neoplasia de hipofaringe. Imagem de tomografia computadorizada axial (A e C) e coronal (B e D) antes da radioterapia (A e B) e 3 meses após o tratamento radioterápico (C e D). Observa-se grande necrose cutânea e perda de substância relacionada ao tratamento (setas).

Em razão da proximidade com a laringe, a mandíbula e o osso hióideo são estruturas que podem ser incluídas no campo da radioterapia e necrosar. É frequente a associação com osteomielite (Figura 68).

O acompanhamento por imagem da resposta ao tratamento é de fundamental importância nos primeiros 2-3 anos, pois dois terços das recorrências locais e metástases linfonodais ocorrem nesse período.

Um estudo de base deve ser realizado 12 semanas após o término da radioterapia, e os demais exames sempre devem ser comparativos.

O surgimento de úlceras profundas e áreas de realce nodular no leito cirúrgico ou no sítio primário da lesão deve ser considerado como suspeita para recidiva tumoral (Figura 52).

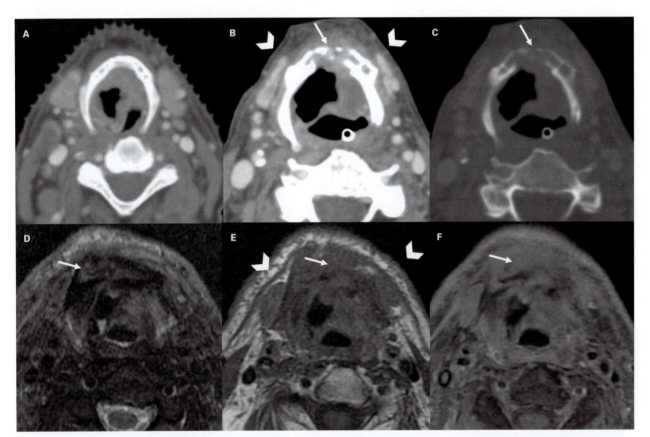

Figura 68 Radionecrose. Tomografia computadorizada axial pós-contraste antes do início do tratamento (A), 18 meses após a radioterapia (B e C), demonstrando alterações actínicas cutâneas e da mucosa, que se encontram espessadas (cabeças de setas), e destruição do corpo do osso hióideo (setas). Imagens axiais de ressonância magnética 32 meses após o tratamento, ponderadas em T2 (D), T1 (E) e T1 pós-contraste (F), revelam a redução da intensidade do sinal da gordura do subcutâneo e da medular do osso hióideo (setas) além de estriações, espessamento e realce do complexo miocutâneo superficial (cabeças de setas).

Bibliografia sugerida

1. Becker M, Burkhardt K, Dulguerov P, Allal A. Imaging of the larynx and hypopharynx. Eur J Radiol. 2008;66(3):460-79.
2. Becker M, Zbaren P, Casselman JW, Kohler R, Dulguerov P, Becker CD. Neoplastic invasion of laryngeal cartilage: reassessment of criteria for diagnosis at MR imaging. Radiology. 2008;249(2):551-9.
3. Becker M. Larynx and hypopharynx. 2. ed. New York: Thieme; 2005.
4. Becker M. Neoplastic invasion of laryngeal cartilage: radiologic diagnosis and therapeutic implications. Eur J Radiol. 2000;33(3):216-29.
5. Castaldi P, Leccisotti L, Bussu F, Miccichè F, Rufini V. Role of 18F-FDG PET-CT in head and neck squamous cell carcinoma. Acta Otorhinolaryngologica Italica. 2013;33(1):1-8.
6. Curtin H. The larynx. 4. ed. St. Louis: Mosby; 2003.
7. Dippold S, Nusseck M, Richter B, Echternach M. The use of narrow band imaging for the detection of benign lesions of the larynx. Laryngo-Rhino-Otol. 2013;92(05):304-12.
8. Ferreiro-Arguelles C, Jimenez-Juan L, Martinez-Salazar JM, Cervera-Rodilla JL, Martinez-Perez MM, Cubero-Carralero J, et al. CT findings after laryngectomy. Radiographics. 2008;28(3):869-82; quiz 914.
9. Glastonbury CM. Non-oncologic imaging of the larynx. Otolaryngol Clin North Am. 2008;41(1):139-56, vi.
10. Hermans R. Posttreatment imaging in head and neck cancer. Eur J Radiol. 2008;66(3):501-11.
11. Hermans R. Staging of laryngeal and hypopharyngeal cancer: value of imaging studies. Eur Radiol. 2006;16(11):2386-400.
12. Hsu WC, Loevner LA, Karpati R, Ahmed T, Mong A, Battineni ML, et al. Accuracy of magnetic resonance imaging in predicting absence of fixation of head and neck cancer to the prevertebral space. Head Neck. 2005;27(2):95-100.
13. Landry D, Glastonbury CM. Squamous cell carcinoma of the upper aerodigestive tract: a review. Radiol Clin N Am. 2015;53:81-97.
14. Lell MM, Greess H, Hothorn T, Janka R, Bautz WA, Baum U. Multiplanar functional imaging of the larynx and hypopharynx with multislice spiral CT. Eur Radiol. 2004;14(12):2198-205.
15. Mukherji S, Chong V. Squamous cell carcinoma of the subglottis. 1. ed. New York: Thieme; 2004.
16. Policeni BA, Smoker WR. Pathologic conditions of the lower cranial nerves IX, X, XI, and XII. Neuroimaging Clin N Am. 2008;18(2):347-68, xi.
17. Schmalfuss IM. Imaging of the hypopharynx and cervical esophagus. Neuroimaging Clin N Am. 2004;14(4):647-62.
18. Varoquaux A, Rager O, Lovblad K-O, Masterson K, Dulguerov P, Ratib O, et al. Functional imaging of head and neck squamous cell carcinoma with diffusion-weighted MRI and FDG PET/CT: quantitative analysis of ADC and SUV. Eur J Nucl Med Mol Imaging. 2013;40(6):842-52.
19. Yousem DM, Tufano RP. Laryngeal imaging. Neuroimaging Clin N Am. 2004;14(4):611-24.

16

Linfonodos cervicais

Regina Lúcia Elia Gomes
Maíra de Oliveira Sarpi

Introdução

Estima-se que na região cervical sejam encontrados cerca de 300 dos 800 linfonodos de todo o corpo, sendo a avaliação dessas estruturas muito importante nas doenças que envolvem a cabeça e o pescoço, sobretudo nos casos oncológicos, já que as metástases linfonodais têm impacto no prognóstico desses pacientes. Embora grande parte dos linfonodos cervicais seja acessível ao exame clínico, os métodos diagnósticos por imagem, particularmente a tomografia computadorizada (TC) e a ressonância magnética (RM), têm papel fundamental na demonstração da anatomia normal ou de eventuais alterações de um linfonodo palpável e na avaliação dos linfonodos profundos.

Inicialmente utilizados para fins de localização e avaliação morfológica, esses métodos evoluíram e, atualmente, permitem a obtenção de informações funcionais por meio das técnicas consideradas avançadas, como as sequências difusão e perfusão da RM, a tomografia computadorizada por emissão de pósitrons (PET/CT) ou a PET/RM. Com isso, a atuação do radiologista tornou-se mais ampla e elaborada, incluindo a identificação dos linfonodos morfologicamente normais e com alteração funcional.

O ponto de partida para essa análise é o domínio da anatomia linfonodal cervical, reconhecida por uma classificação em níveis adaptada aos métodos de imagem por Som et al. (Figura 1). Quando proposta, essa classificação teve grande aceitação e alta aplicabilidade, inclusive sendo incorporada ao Consenso Americano para padronizar a terminologia do esvaziamento cervical, trocando as referências anatômicas cirúrgicas clássicas pelas radiológicas; esse fato reforçou a importância do trabalho multidisciplinar e do papel do radiologista na equipe. Inclusive, na oitava edição do TNM da Union of International Cancer Control (UICC), de janeiro de 2017, tal classificação é empregada, como será citado.

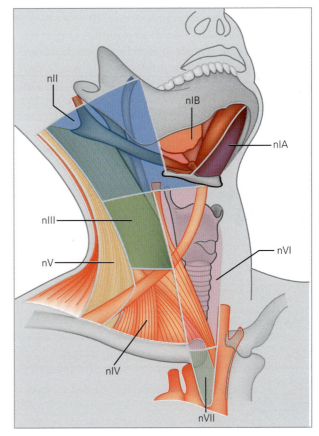

Figura 1 Anatomia linfonodal cervical – classificação em níveis adaptada aos métodos de imagem por Som et al.

Anatomia

O sistema de classificação do anatomista francês Rouvière descreve os linfonodos cervicais como um colar que envolve o pescoço e os denomina de acordo com a localização: retrofaríngeos, parafaríngeos, faciais, bucais, submentonianos, submandibulares, parotídeos, mastóideos, occipitais, da cadeia jugular interna (cervical profunda), da cadeia justacervical, da cadeia jugular anterior, da cadeia supraclavicular (cervical transversa) e da cadeia do triângulo posterior (espinal acessória).

Na década de 1980, Shah et al. sugeriram uma nomenclatura simplificada que dividia os linfonodos palpáveis em grupos ou níveis. A partir dela surgiu uma classificação que considerava as práticas cirúrgicas para o esvaziamento cervical, revisada inicialmente por Robbins e depois pelo American Joint Committee on Cancer e pela American Academy of Otolaryngology-Head and Neck Surgery.

Finalmente, em 1999, Som et al. propuseram uma descrição baseada em imagem, usada por quase toda a literatura clínica recente. Nessa classificação (Quadro 1), todos os linfonodos junto ao assoalho da boca são nível I. A importante cadeia jugular interna é dividida em três níveis: o nível II se estende da base do crânio ao plano da margem inferior do osso hioide; o nível III se estende da margem inferior do osso hioide ao plano da margem inferior da cartilagem cricoide; o nível IV se estende da cartilagem cricoide ao espaço supraclavicular (plano da clavícula); o nível V tem os linfonodos do triângulo posterior do pescoço; o nível VI tem os linfonodos viscerais superiores, frequentemente relacionados à glândula tireoide; e o nível VII tem os linfonodos localizados abaixo do plano do manúbrio esternal, ocupando o mediastino superior, entre as artérias carótidas comuns. Os linfonodos superficiais, faciais, parotídeos, occipitais e retrofaríngeos, que foram reconhecidos por Rouvière, não estão incluídos nesse esquema, pois não são comumente removidos nos esvaziamentos cervicais, mas os demais grupos descritos se correlacionam à classificação proposta por Som et al. (Quadro 2).

Quadro 2 Correlação entre a classificação de Rouvière e os níveis linfonodais

Linfonodos segundo a classificação de Rouvière	Classificação em níveis baseada em imagem (Quadro 1)
Submentonianos	IA
Submandibulares	IB
Cervicais profundos/jugulares internos superiores	IIA IIB
Cervicais profundos/jugulares internos médios	III
Cervicais profundos/jugulares internos inferiores	IV
Espinais acessórios	VA VB
Do compartimento anterior	VI
Mediastinais superiores	VII

Quadro 1 Classificação linfonodal cervical por níveis, adaptada aos métodos de imagem (Som et al.)

Nível	
I	Acima do osso hioide Abaixo do músculo milo-hióideo Anterior à margem posterior da glândula submandibular
	IA – entre as margens mediais dos ventres anteriores dos músculos digástricos IB – posterolateral ao nível IA
II	Da base do crânio à margem inferior do corpo do osso hioide Posterior à glândula submandibular Anterior à margem posterior do músculo esternocleidomastóideo
	IIA – anterior à veia jugular interna ou posterior em contato com a veia IIB – posterior à veia jugular interna e separado desta por plano gorduroso
III	Da margem inferior do corpo do osso hioide à margem inferior da cartilagem cricóidea Anterior à margem posterior do músculo esternocleidomastóideo
IV	Da margem inferior da cartilagem cricóidea à clavícula Anteromedial a uma linha que conecta a margem posterior do músculo esternocleidomastóideo à margem posterolateral do músculo escaleno anterior
V	Da base do crânio à clavícula Entre a margem posterior do músculo esternocleidomastóideo e a margem anterior do músculo trapézio
	VA – da base do crânio à margem inferior da cartilagem cricóidea VB – do plano da margem inferior da cartilagem cricóidea ao plano da clavícula, posterolateral a uma linha que conecta a margem posterior do músculo esternocleidomastóideo à margem posterolateral do músculo escaleno anterior
VI	Entre as artérias carótidas comuns Da margem inferior do corpo do osso hioide ao plano esternal
VII	Entre as artérias carótidas comuns Abaixo do plano esternal e acima da veia braquiocefálica esquerda

Cadeias linfonodais descritas por Rouvière e não incluídas na classificação por níveis

Linfonodos cervicais anteriores

Localizados no triângulo anterior do pescoço, com componentes superficial (representado pelos linfonodos jugulares anteriores) e profundo (sendo este componente coincidente com o nível VI e composto pelos linfonodos pré-laríngeos ou délficos, pré-traqueais, peritireóideos e paratraqueais) (Figura 2).

Linfonodos parotídeos

Representados pelos linfonodos periparotídeos e intraparotídeos (Figura 3), que drenam nos níveis II e VA e são frequentemente subcentimétricos. A glândula parótida é encapsulada por tecido conjuntivo frouxo, mas isto ocorre mais tarde na vida fetal que a encapsulação das glândulas submandibular e sublingual, e após o sistema linfático ter se desenvolvido; assim, ao contrário das demais glândulas salivares maiores, a parótida tem linfonodos em seu interior.

Linfonodos retrofaríngeos

A cadeia retrofaríngea consiste em um grupo medial e dois laterais de linfonodos que podem ser observados do plano de C1 até o nível do palato mole. O linfonodo retrofaríngeo lateral situa-se entre a artéria carótida interna e o músculo longo do pescoço e, assim, está em íntimo contato com as porções extracranianas dos nervos cranianos IX, X, XI e XII. O grupo medial está localizado na linha média, em direta continuidade com a parede posterior da faringe e anterior à musculatura pré-vertebral.

Esses linfonodos estão fora dos limites do exame físico. Os linfonodos retrofaríngeos mediais normalmente são pequenos e não são vistos à TC ou à RM, portanto, quando vistos, são considerados patológicos. Por outro lado, linfonodos das cadeias retrofaríngeas laterais (ou de Rouvière) podem ser visualizados à TC em até dois terços dos pacientes saudáveis (Figura 4).

Linfonodos retrofaríngeos anormais podem ser globosos e mostrar áreas de necrose, e na ausência dessa característica considera-se como limite superior da normalidade o tamanho de 0,8 cm no maior eixo axial para os linfonodos retrofaríngeos laterais. No caso específico de seguimento oncológico de pacientes com carcinoma de nasofaringe tratados com radioterapia, podem ser considerados como critérios radiológicos para doença linfonodal retrofaríngea o tamanho do menor eixo axial do linfonodo igual ou superior a 0,6 cm, a presença de necrose, de dois ou mais linfonodos retrofaríngeos laterais agrupados ou de linfonodo retrofaríngeo medial (Figura 5).

A alta incidência de metástases retrofaríngeas em pacientes com tumores da nasofaringe é conhecida, mas devemos lembrar que tais metástases também podem ocorrer em tumores da orofaringe, hipofaringe, laringe supraglótica, tireoide e em tumores nasossinusais.

Linfonodos occipitais

Os linfonodos occipitais estão localizados na junção entre o pescoço e o crânio, superficiais ou profundos à musculatura local (Figura 6).

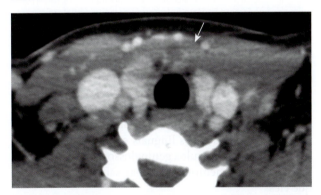

Figura 2 Linfonodo cervical anterior no nível VI (nódulo délfico). Tomografia computadorizada axial com contraste demonstrando linfonodomegalia liquefeita cervical anterior secundária a carcinoma papilífero de tireoide. Há também linfonodomegalias bilaterais no nível IV.

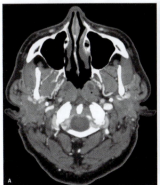 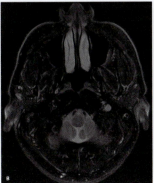 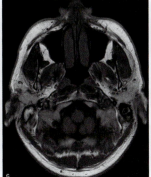 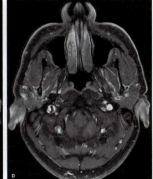

Figura 3 Linfonodos parotídeos. Tomografia computadorizada com contraste axial (A) e ressonância magnética axial T2 (B), T1 (C) e T1 pós-contraste (D) demonstrando linfonodos parotídeos normais bilaterais.

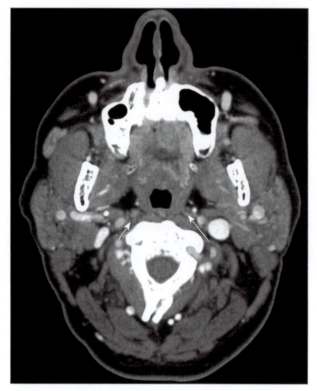

Figura 4 Linfonodos retrofaríngeos laterais. Tomografia computadorizada axial com contraste mostra linfonodos retrofaríngeos laterais de aspecto habitual.

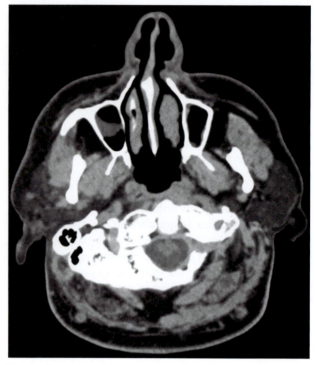

Figura 6 Linfonodos occipitais. Tomografia computadorizada axial sem contraste mostra linfonodos occipitais bilaterais.

Linfonodos faciais

Situam-se no tecido subcutâneo da face e geralmente seguem o curso da artéria e veia faciais.

Linfonodos mastóideos

Este grupo de linfonodos está localizado nos planos adiposos subcutâneos adjacentes à mastoide (Figura 7).

Linfonodos sublinguais

Este grupo de linfonodos tem dois componentes, lateral e medial. Os linfonodos sublinguais laterais seguem o curso dos vasos linguais e os mediais estão situados entre os músculos genioglossos, na mesma localização dos submentonianos, mas são mais profundos que eles.

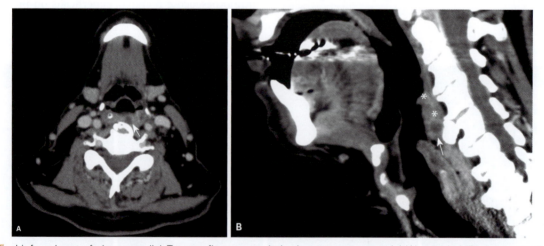

Figura 5 Linfonodo retrofaríngeo medial. Tomografia computadorizada com contraste axial (A) e sagital (B) demonstra linfonodo retrofaríngeo secundário a carcinoma epidermoide. Na imagem sagital fica bem demonstrada a lesão ulcerada na parede posterior da hipofaringe.

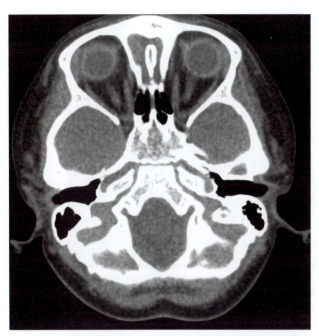

Figura 7 Linfonodos mastóideos. Tomografia computadorizada axial sem contraste mostra linfonodos mastóideos bilaterais com dimensões normais.

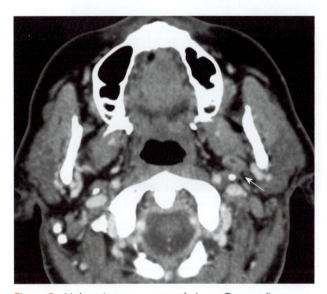

Figura 8 Linfonodo no espaço parafaríngeo. Tomografia computadorizada axial com contraste demonstra linfonodo com características habituais no espaço parafaríngeo esquerdo.

Linfonodos no espaço parafaríngeo

Raramente podem ser encontrados linfonodos no espaço parafaríngeo (Figura 8), que também são conhecidos como linfonodos juncionais, unindo as porções superiores das cadeias espinal acessória e jugular interna. Anatomicamente recebem linfáticos da orofaringe, e também há relatos na literatura que descrevem metástase de carcinoma papilífero da tireoide para essa cadeia.

Aspectos gerais de imagem

Linfonodos normais

Linfonodos normais exibem uma área cortical homogênea e com atenuação semelhante à do músculo adjacente, e uma área central com atenuação de gordura que representa seu hilo (Figura 9). Tendem a ser elípticos ou oblongos, mesmo no corte axial, apresentando uma relação entre seu eixo longitudinal e transverso superior a 2.

Para linfonodos maiores (1,0 cm), um leve padrão heterogêneo de aumento da atenuação pode ocasionalmente estar presente no parênquima. Menos frequentemente, substituição gordurosa pode criar áreas excêntricas com atenuação ou sinal de gordura em linfonodos de tamanho normal (Figura 10).

As dimensões consideradas normais para linfonodos cervicais variam na literatura, podendo-se adotar os valores de até 1,5 cm no maior eixo axial nos níveis I e II, até 0,8 cm nas cadeias retrofaríngeas laterais e até 1,0 cm para os demais. Alguns autores consideram o maior eixo longitudinal.

Calcificação linfonodal

A presença de calcificação linfonodal indica doença, pois não há relatos de linfonodos normais calcificados. As calcificações linfonodais são mais frequentemente encontradas em cabeça e pescoço no câncer da tireoide (Figura 11), em virtude das calcificações psamomatosas do carcinoma papilífero e medular. Os principais diferenciais são doenças granulomatosas, adenocarcinoma mucinoso, linfoma tratado e carcinoma epidermoide, tratado ou não.

Considerando-se as doenças granulomatosas, devemos ressaltar a sarcoidose e a tuberculose, e lembrar de histoplasmose, blastomicose, paracoccidioidomicose e pneumocistose.

Outras causas menos comuns de calcificação linfonodal incluem a artrite reumatoide e a esclerodermia, a doença de Castleman e a amiloidose (Figura 12). Também há relatos em pacientes com seminoma após a vacinação por BCG e em pacientes com metástases de adenocarcinoma da mama ou do pulmão.

A calcificação linfonodal pode ser usada para restringir o diagnóstico diferencial, porém não permite distinguir lesões benignas de malignas, embora no pescoço seja mais frequente em lesões malignas.

Metaplasia gordurosa

O processo benigno de metaplasia gordurosa nodal, que pode ser causado por infecção ou radioterapia, pode simular a aparência de necrose central. É útil nessa diferenciação observar a queda do sinal do componente

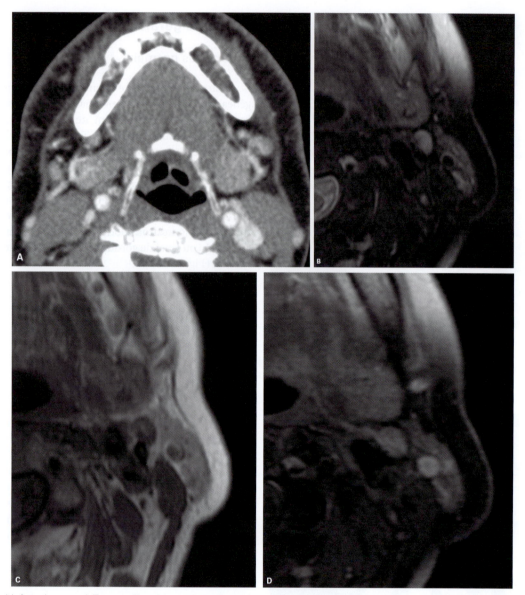

Figura 9 Linfonodo normal. Tomografia computadorizada axial com contraste (A) e ressonância magnética axial T2 (B), T1 (C) e T1 pós-contraste (D) demonstra as características de imagem habituais dos linfonodos.

gorduroso linfonodal nas sequências realizadas com saturação de gordura (Figura 13).

Migração de material exógeno

Quando um material exógeno está presente no organismo, pode ser transportado pelos macrófagos ao sistema reticuloendotelial e se depositar em um linfonodo – esse processo é conhecido no caso de erosões ou rupturas de implantes mamários de silicone. Com o crescente número de procedimentos estéticos realizados para preenchimento facial, diversas complicações têm surgido na nossa prática clínica, e um possível achado de imagem, ainda em avaliação e não relatado na literatura, é a presença de material de preenchimento no interior de um linfonodo das cadeias superficiais da face ou o aumento presumivelmente reacional deste linfonodo (Figura 14).

Processos inflamatórios e infecciosos

Linfadenites virais e bacterianas

Linfonodos reacionais aumentados são muito comuns e, em geral, causados por infecções virais ou bacterianas. A história clínica, a sorologia, o exame bacteriológico e testes baseados na reação em cadeia de polimerase (PCR) podem estabelecer o diagnóstico, e há algumas características aos métodos de imagem que podem ser úteis na distinção entre linfonodomegalias inflamatórias e neoplásicas.

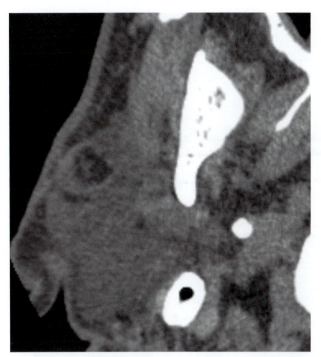

Figura 10 Linfonodo heterogêneo – substituição gordurosa. Tomografia computadorizada axial demonstra substituição gordurosa periférica (cortical) em um linfonodo parotídeo de tamanho normal.

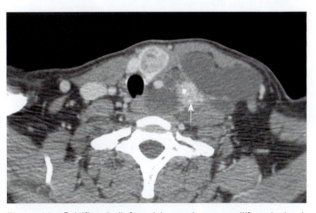

Figura 11 Calcificação linfonodal – carcinoma papilífero da tireoide. Tomografia computadorizada axial com contraste demonstra nódulo no lobo esquerdo da glândula tireoide e linfonodomegalias secundárias nos níveis IV e VI do mesmo lado, predominantemente císticas, destacando-se linfonodomegalia com calcificações.

Aumento linfonodal bilateral e difuso sem necrose é mais frequentemente causado por infecções virais, como mononucleose, herpes, citomegalovírus, rubéola ou, mais raramente, HIV (Figura 15). Deve-se lembrar que as infecções pelo HIV também podem cursar com lesões císticas nas glândulas parótidas ou malignidades associadas. Infecções como toxoplasmose raramente causam linfonodomegalias.

Lesão com realce irregular periférico sugere abscesso linfonodal – linfadenite bacteriana, infecção por micobactéria atípica (Figura 16) ou doença da arranhadura do gato (Figura 17). Na linfadenite bacteriana, o estudo por imagem é útil na avaliação pré-operatória de abscesso que necessita de drenagem e na caracterização das alterações inflamatórias dos tecidos e espaços cervicais adjacentes, que geralmente são exuberantes (Figura 18).

Múltiplos conglomerados linfonodais inicialmente homogêneos que evoluem com hipoatenuação central e realce periférico podem estar associados à tuberculose (Figura 19). Nesses casos, ao contrário das linfadenites bacterianas, as linfonodomegalias não são dolorosas e determinam discreta alteração inflamatória dos tecidos adjacentes – essas características tornam difícil a diferenciação por imagem entre tuberculose linfonodal e linfonodos necróticos metastáticos do carcinoma epidermoide ou mesmo do carcinoma da tireoide. As calcificações linfonodais na tuberculose ocorrem tardiamente.

Linfadenites fúngicas

O envolvimento linfonodal é uma das manifestações clínicas mais comuns da paracoccidioidomicose, demonstrando o tropismo eletivo do *Paracoccidioides brasiliensis* pelo sistema reticuloendotelial. Na descrição inicial desta doença por Lutz, em 1908, tal envolvimento já havia sido mencionado. Clinicamente, podem ser observadas linfonodomegalias regionais ou generalizadas, podendo ser acompanhadas de linfedema. As cadeias mais comumente afetadas são as cervicais, seguidas pelas cadeias supraclavicular, axilar e abdominal. Os linfonodos acometidos podem apresentar vários padrões, variando de uma estrutura macroscopicamente normal, na forma não supurativa, até linfonodos aumentados de volume, na forma pseudotumoral, ou com centro necrótico e tendência a coalescer, na forma supurativa (Figura 20). Calcificações também podem ser vistas.

Outras linfadenites fúngicas com aspecto de imagem semelhante podem ser encontradas, como a criptococose e a histoplasmose.

Os principais diagnósticos diferenciais são tuberculose, metástases e doenças linfoproliferativas.

Linfonodos reacionais

A hiperplasia linfoide reacional pode ter muitas causas, como as doenças virais e bacterianas já mencionadas, assim como exposição a agentes químicos, poluentes e drogas. Os linfonodos reacionais apresentam características inespecíficas de imagem: dimensões discretamente aumentadas, realce homogêneo com eventual perda da caracterização do hilo gorduroso e limites bem definidos.

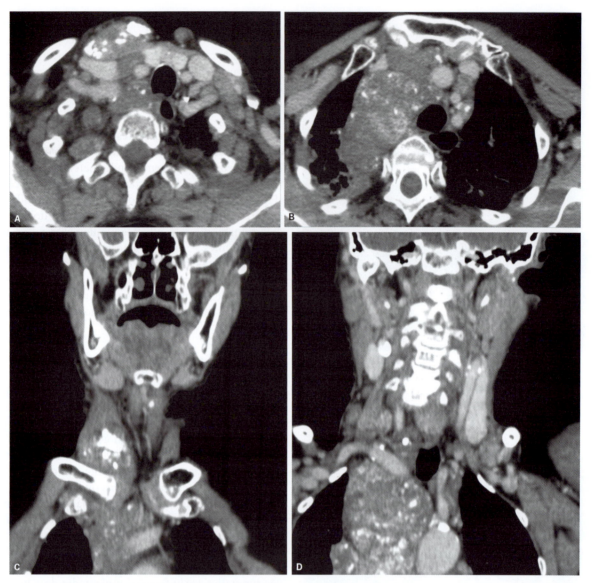

Figura 12 Calcificação linfonodal – amiloidose. Tomografia computadorizada com contraste axial (A e B) e coronal (C e D) demonstra múltiplas linfonodomegalias cervicais e torácicas calcificadas.

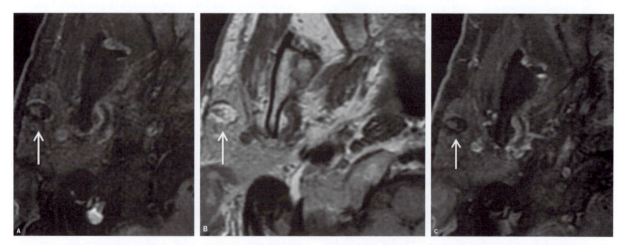

Figura 13 Metaplasia gordurosa. Ressonância magnética axial T2 (A), T1 (B) e T1 pós-contraste (C) demonstra substituição gordurosa periférica (cortical) em um linfonodo de tamanho normal. Observe a queda do sinal do componente gorduroso nas sequências com saturação de gordura T2 e T1 pós-contraste, que permite a distinção entre metaplasia gordurosa e liquefação.

16 LINFONODOS CERVICAIS 1017

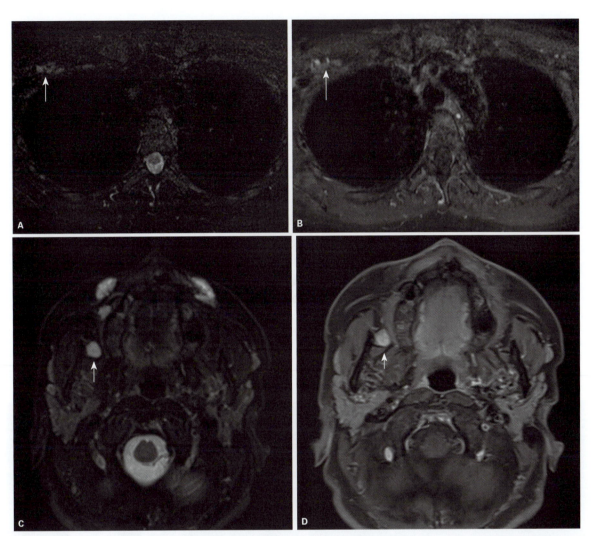

Figura 14 Migração de material exógeno. Caso 1 – ressonância magnética (RM) axial T2 (A) e T1 pós-contraste (B): linfonodos na região clavicular direita proeminentes em número e com silicone em seu interior, alteração decorrente de ruptura de implante mamário. Caso 2 – RM axial T2 (C) e T1 pós-contraste (D): linfonodo visível no espaço bucal direito, onde habitualmente não é detectado pelos métodos de imagem, com hilo obliterado e sinal semelhante ao do material de preenchimento observado na região nasogeniana.

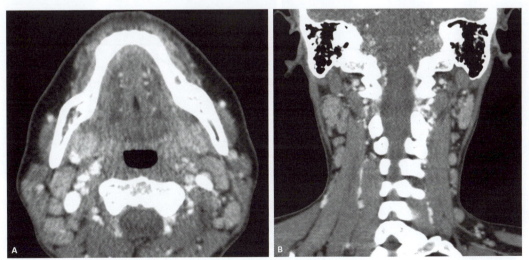

Figura 15 Toxoplasmose. Tomografia computadorizada com contraste axial (A) e coronal (B) demonstra aumento linfonodal bilateral e difuso.

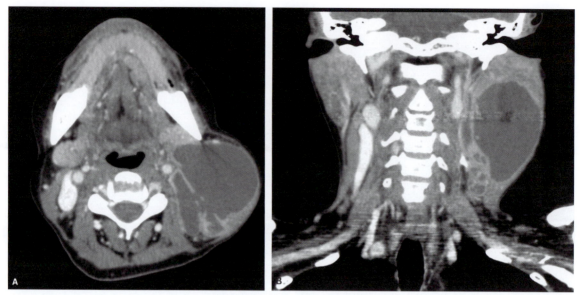

Figura 16 Micobacteriose atípica. Tomografia computadorizada com contraste axial (A) e coronal (B) demonstra conglomerado linfonodal hipoatenuante no nível II esquerdo, abaulando os planos das partes moles regionais e sem significativa alteração inflamatória dos planos adiposos adjacentes, achado que auxilia no diagnóstico diferencial com linfadenite bacteriana.

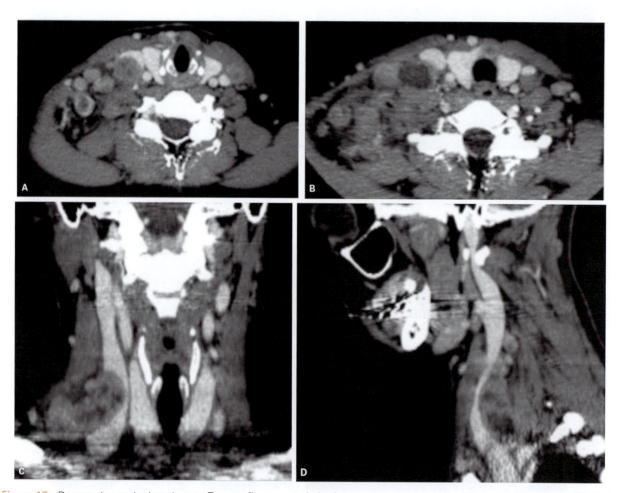

Figura 17 Doença da arranhadura do gato. Tomografia computadorizada com contraste axial (A e B), coronal (C) e sagital (D). Linfonodomegalias cervicais bilaterais nas cadeias jugulares internas e espinhais acessórias, à direita comprimindo a veia jugular interna.

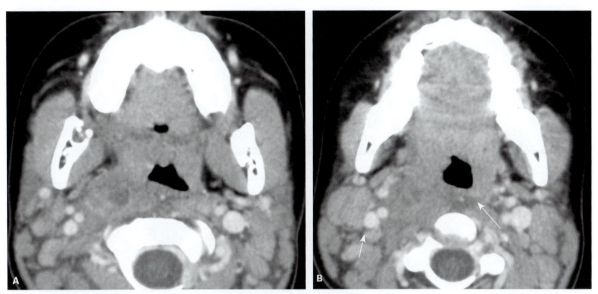

Figura 18 Linfadenite bacteriana retrofaríngea. Tomografia computadorizada axial com contraste (A e B) demonstra conglomerado linfonodal heterogêneo e com liquefação central na cadeia retrofaríngea lateral direita, com edema/efusão do espaço retrofaríngeo e deslocamento lateral das estruturas do espaço carotídeo.

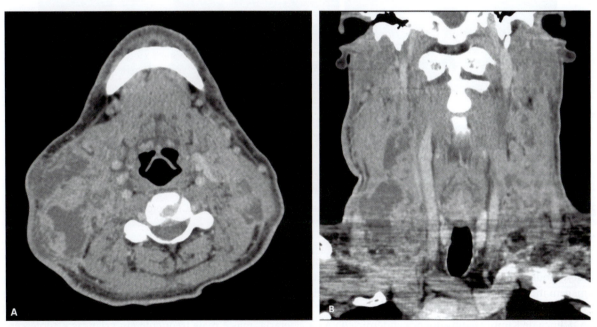

Figura 19 Tuberculose linfonodal. Tomografia computadorizada com contraste axial (A) e coronal (B) demonstra múltiplas linfonodomegalias bilaterais com hipoatenuação central representativa de necrose/liquefação. Observar, à direita, a proximidade de algumas lesões à superfície cutânea e potencial fistulização.

O aumento reacional dos linfonodos também pode ocorrer na presença de hiperplasia linfoide atípica, mais comumente encontrada na fase inicial da aids, ou ainda na linfonodopatia reacional a tumores, quando linfonodos adjacentes a lesões neoplásicas apresentam aumento de suas dimensões por hiperplasia do tecido linfoide, sem infiltração de células neoplásicas.

Linfonodopatias associadas a síndromes clínicas

Existem diversas linfonodopatias associadas a síndromes clínicas, algumas das quais se manifestam por envolvimento cervical localizado, e outras com manifestações sistêmicas associadas. A maior parte delas se manifesta

1020 TRATADO DE RADIOLOGIA CABEÇA E PESCOÇO

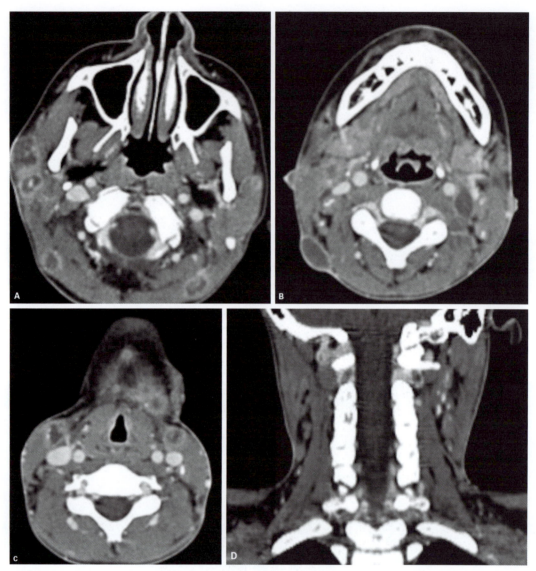

Figura 20 Paracoccidioidomicose. Tomografia computadorizada com contraste axial (A a C) e coronal (D) mostra linfonodos hipoatenuantes bilaterais em todas as cadeias cervicais.

com linfonodomegalias homogêneas, com características de imagem inespecíficas, e a correlação com os dados clínicos é fundamental no diagnóstico diferencial.

A doença de Kimura é uma doença endêmica da Ásia que ocorre em adultos jovens, com maior prevalência no sexo masculino, e que cursa com aumento insidioso de massas nodulares, principalmente em cabeça e pescoço. O envolvimento das regiões parotídea e periauricular é frequente, e outras regiões do corpo podem ser envolvidas. Uma das características dessa doença é o acometimento da derme, que também pode ser caracterizado à TC. A associação à eosinofilia no sangue periférico e a elevação da IgE sérica são comuns, e manifestações sistêmicas como asma, miocardite e glomeruloesclerose focal segmentar podem ocorrer como resultado da eosinofilia. O tratamento é cirúrgico e a evolução da doença é benigna.

A doença de Rosai-Dorfman é caracterizada por histiocitose sinusal associada à linfadenopatia generalizada (Figura 21). Pode acometer pacientes em qualquer faixa etária, mas é mais frequente em crianças e adolescentes, com prevalência discretamente maior no sexo masculino. Determina aumento linfonodal indolor por proliferação histiocitária que pode cursar por anos, e as manifestações extranodais podem ocorrer em orelhas, trato respiratório alto, trato gastrointestinal e meninges, entre outros. A doença é autolimitada e raramente pode ocorrer uma forma agressiva, com envolvimento de ossos e órgãos vitais.

A doença de Kikuchi-Fujimoto, ou linfadenite necrotizante, ocorre frequentemente em japoneses e é esporádica nos países ocidentais. Acomete principalmente mulheres jovens (abaixo dos 30 anos), com envolvimento linfonodal unilateral discreto, podendo ser bilateral. Pode haver

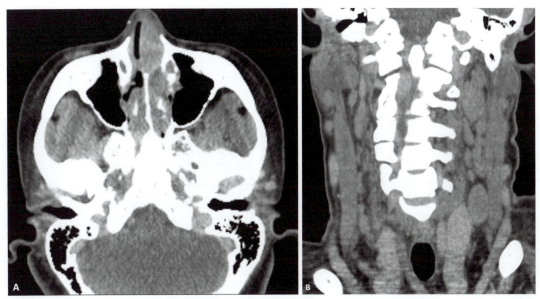

Figura 21   Doença de Rosai-Dorfman. Tomografia computadorizada com contraste axial (A) e coronal (B) demonstra acometimento nasal e linfonodal difusos.

manifestações sistêmicas como febre, calafrios, mialgia, faringite, *rash* cutâneo, dor localizada, leucopenia ou leucocitose. Menos frequentemente podem ocorrer perda de peso, náusea, vômitos, sudorese noturna, artralgia e esplenomegalia, e raramente envolvimento cutâneo e da medula óssea. Os linfonodos podem apresentar necrose/liquefação (Figura 22), e a tuberculose pode ser um grande diferencial, a depender dos dados clínicos. Geralmente o curso é autolimitado, a remissão ocorre em semanas ou meses e acredita-se que exista uma etiologia autoimune.

Sarcoidose é uma causa rara de linfonodomegalia múltipla. Consiste em uma doença granulomatosa autolimitada, também pode cursar com envolvimento das glândulas salivares e a avaliação por imagem do tórax pode revelar aumento linfonodal mediastinal ou alterações sugestivas do parênquima pulmonar. Acomete principalmente indivíduos jovens. O diagnóstico é difícil porque os sintomas são inespecíficos: febre, mal-estar, perda de peso, eritema nodoso, sintomas pulmonares ou oculares, artralgia, linfadenopatia e hepatoesplenomegalia. Outras possíveis manifestações em cabeça e pescoço são envolvimento oftálmico e das glândulas lacrimais, e da mucosa do trato respiratório superior. O diagnóstico é feito por correlação dos dados clínicos com os de imagem e de histopatologia.

A doença de Castleman, ou hiperplasia angiofolicular linfonodal, também é conhecida como hiperplasia linfonodal gigante ou hamartoma linfoide angiomatoso. Pode cursar com uma massa linfonodal única ou se apresentar como doença multicêntrica e sistêmica com múltiplas linfonodomegalias (Figura 23), e tem duas apresentações

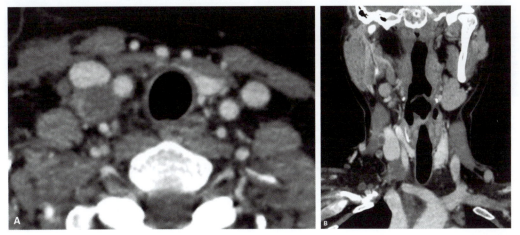

Figura 22   Doença de Kikuchi-Fujimoto. Tomografia computadorizada com contraste axial (A) e coronal (B) demonstra linfonodos com necrose/liquefação nos níveis III, IV e VB à direita.

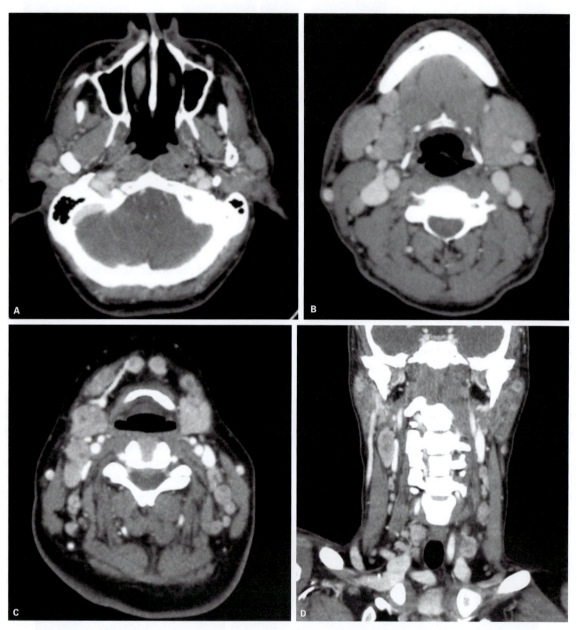

Figura 23 Doença de Castleman. Caso 1 – tomografia computadorizada axial com contraste (A e B): linfonodomegalias homogêneas bilaterais parotídeas e nos níveis IB. Caso 2 – tomografia computadorizada com contraste axial (C) e coronal (D): múltiplas linfonodomegalias cervicais, neste caso com realce discretamente heterogêneo.

histológicas: a forma hialinovascular – representa a maior parte dos casos, ocorre em pacientes mais jovens e é geralmente unicêntrica, sendo o tratamento cirúrgico curativo; e a forma de células plasmáticas – que geralmente se manifesta de forma sistêmica em pacientes com idade mais avançada e pode persistir, recorrer ou predispor ao linfoma. No caso de aumento linfonodal único ou múltiplo, geralmente com realce homogêneo à TC e à RM, a doença de Castleman deve ser considerada no diagnóstico diferencial.

Aspectos oncológicos e cirúrgicos

Padrões de drenagem linfática

A drenagem linfática de tumores em cabeça e pescoço pode ser imprevisível, mas há padrões que ocorrem na maioria dos casos e devem ser conhecidos pelo radiologista. Esses padrões são importantes, pois permitem melhor avaliação da doença linfonodal durante o estadiamento e planejamento cirúrgico nos casos em que a lesão primária é conhecida (Quadro 3), assim como podem ajudar na identificação do sítio primário quando a doença neoplásica inicialmente se manifesta com linfonodomegalias cervicais. Em geral, os níveis I, II e III são regiões de drenagem dos carcinomas da cavidade oral, e os níveis II, III e IV são as regiões de drenagem do carcinoma de faringe e laringe. Em maior detalhe, os linfonodos de nível I recebem a linfa da cavidade oral anterior, dos lábios e seios paranasais; os linfonodos de nível II a recebem da cavidade oral posterior, nasofaringe, orofaringe, laringe supraglótica e glândula parótida; o nível III, da laringe glótica e subglótica e da hipofaringe; o nível IV recebe a linfa da laringe subglótica, glândula tireoide, esôfago cervical e língua anterior; e o nível V é o maior sítio de drenagem da nasofaringe e da pele do pescoço e região occipital.

Quadro 3 Drenagem preferencial dos tumores de cabeça e pescoço

Sítios de drenagem linfonodal dos tumores de cabeça e pescoço, segundo a ordem decrescente de frequência

Tumor primário	Sítio de drenagem
Cavidades oral e nasal anteriores Lábios	I, II, III
Cavidade oral posterior e orofaringe	II, III, IV
Nasofaringe	Retrofaríngeos, II, III, IV, V
Hipofaringe Esôfago proximal	II, III, IV, V, VI
Face	I, II, III (tumores profundos)
Laringe	II, III, IV, VI
Couro cabeludo	III, IV, occipital, parotídeos, retroauriculares
Tireoide/paratireoide	VI, III, IV, I, V, VII

Os linfonodos-sentinela têm alto risco de abrigar metástases ocultas (micrometástases) em um pescoço considerado N0. Para carcinomas da cavidade oral anterior e da cavidade nasal, bem como dos lábios, o nível I é o de maior risco. Em tumores da cavidade oral posterior e da orofaringe, o nível II é o de maior risco, ao passo que, em tumores da laringe e hipofaringe, os níveis II e III podem ambos conter o linfonodo sentinela. Tumores da hipofaringe e esôfago proximal, bem como os subglóticos, também podem se espalhar pelos linfonodos paratraqueais em um estádio precoce. Tumores da pele da face e do couro cabeludo disseminam para os linfonodos parotídeos, faciais ou nucais.

A identificação e análise histopatológica do linfonodo sentinela tem se mostrado um método eficaz e reprodutível para estadiamento dos pacientes com pescoço clinicamente classificado como N0, com sensibilidade e especificidade de 88 e 98%, exceto para tumores do assoalho bucal, para os quais se observa sensibilidade um pouco menor (cerca de 80%). Essa prática conduz a uma melhor escolha dos pacientes que deverão ser submetidos ao esvaziamento cervical (aqueles que apresentam linfonodo sentinela positivo) e dos pacientes que deverão ficar sob vigilância para doença linfonodal (aqueles que apresentam linfonodo sentinela negativo).

Esvaziamento cervical

A ressecção de linfonodos cervicais de risco para doença metastática em pacientes com neoplasia de cabeça e pescoço tem como objetivo estadiar a doença em sua apresentação inicial e controlar as metástases linfonodais, aumentando a sobrevida e o tempo livre de doença.

Os linfonodos estão contidos no tecido adiposo do pescoço, junto a estruturas funcionalmente significativas, como a veia jugular interna (VJI), o nervo espinal acessório (NEA) e a musculatura cervical.

O esvaziamento cervical radical tradicional envolve a remoção dos linfonodos dos níveis de I a V, bem como a VJI, o NEA e o músculo esternocleidomastóideo (MECM). Sua desvantagem é a "síndrome do ombro", que consiste em dor e redução da função consequentes ao sacrifício do NEA.

O esvaziamento cervical modificado preserva uma ou mais das estruturas funcionais, em uma tentativa de evitar dor no ombro, deformidade cosmética e obstrução venosa potencial.

O esvaziamento cervical seletivo é um procedimento que resseca as cadeias linfonodais comumente envolvidas nos tumores de cabeça e pescoço, níveis I a V, mas deixa as estruturas funcionais (VJI, NEA, MECM) intactas. O nível linfonodal ressecado depende do grupo de linfonodos de risco para a neoplasia em particular. Por exemplo, o carcinoma epidermoide da cavidade oral comumente origina metástases nos níveis I a III (cadeias submentoniana e submandibular e cadeias jugulares interna superior e média); carcinomas de oro e hipofaringe e laringe geralmente metastatizam para os níveis II a IV; e para lesões tireoidianas, a ressecção dos linfonodos do nível VI é de maior importância. Antes, o esvaziamento cervical seletivo era agrupado em quatro tipos (supraomo-hióideo, lateral, posterolateral e anterior), dependendo dos níveis nodais. Em 2001, foi proposta uma nova classificação, substituindo a anterior, que cita o esvaziamento cervical seletivo e, entre parênteses, os níveis nodais incluídos na ressecção.

Os achados de imagem pós-operatórios refletem a cirurgia (Figura 24). Quase sempre há perda de tecido fibroadiposo pericarotídeo e cervical profundo. Mesmo com a preservação do NEA, pode ser vista atrofia ou assimetria do MECM. Atrofia da musculatura infra-hióidea também é um achado comum. A patência da VJI ipsilateral deve ser notada pelo radiologista, pois pode ocorrer trombose e isto pode afetar uma cirurgia futura, pois a VJI contralateral terá de ser preservada.

Neoplasias malignas

Metástases

Carcinoma papilífero da tireoide

O carcinoma papilífero da tireoide tem uma grande tendência à infiltração linfática, e os principais sítios de disseminação são os níveis VI, III, IV, I, V e VII, que são divididos pela American Thyroid Association (ATA) em compartimentos centrais (VI e VII) e laterais (I a V). As metástases nessa doença são frequentes e em geral clinicamente ocultas, e quando o esvaziamento cervical é realizado, a maioria dos pacientes tem metástases linfonodais microscópicas. Como a radioiodoterapia realizada após a tireoidectomia pode curar micrometástases, a avaliação por imagem tem implicação relativa no carcinoma papilífero sem linfonodos cervicais palpáveis e, quando realizada, tem como principal objetivo detectar metástases em cadeias não habitualmente abordadas no esvaziamento cervical eletivo, como na cadeia retrofaríngea ou no nível VI, permitindo melhor planejamento terapêutico e melhor estratégia de seguimento clínico.

À TC, podemos observar linfonodos com aumento de suas dimensões ou do realce, calcificações ou aspecto completamente cístico, e raramente pode ocorrer hemorragia (Figura 25). Uma lesão cística linfonodal é um forte indicador de metástase no contexto de carcinoma papilífero. À RM, devemos lembrar que os linfonodos podem apresentar hipersinal em T1 e T2 se possuírem um alto teor de tireoglobulina.

Melanoma maligno

O melanoma maligno se origina de melanócitos e pode ocorrer em sítios diversos de cabeça e pescoço, sendo mais frequente na face. Metástases ocorrem em linfonodos regionais e em sítios distantes como pulmão, fígado, cérebro e osso, e a doença linfonodal é um fator prognóstico importante nesses pacientes. Frequentemente as metástases linfonodais dos melanomas da face, assim como as metástases de outras lesões cutâneas dessa região, ocorrem para linfonodos parotídeos. A TC mostra linfonodomegalia ou formação expansiva com realce homogêneo. À RM, a melanina tem propriedades paramagnéticas, levando a um padrão característico das lesões melanocíticas de alto sinal nas sequências pesadas em T1 e sinal intermediário ou baixo nas sequências pesadas em T2.

A realização do esvaziamento cervical ou a observação cuidadosa da evolução clínica (*watchful waiting policy*) podem ser adotadas, visto que cerca de 50% dos pacientes têm linfonodomegalia cervical quando examinados pela primeira vez, e que metástases regionais ocorrem em 75% dos pacientes em algum momento no curso da doença.

Carcinoma epidermoide

A neoplasia maligna mais frequente em cabeça e pescoço é o carcinoma epidermoide, representando cerca de 90% dos casos. O consumo de tabaco e álcool é identificado como fator de risco na ocorrência dessas lesões, e recentemente também foi demonstrada a associação desses tumores à infecção pelo HPV (papilomavírus humano), sendo o HPV-16 responsável por 90 a 95% dos casos, com a orofaringe sendo o sítio primário mais comumente envolvido. Alguns fatores prognósticos são reconhecidos na evolução desses pacientes e incluem o tamanho do tumor (T) e o estágio de acometimento linfonodal no momento do diagnóstico (N), e devemos mencionar que os pacientes com carcinoma epidermoide relacionado ao HPV geralmente apresentam uma evolução clínica mais favorável. Nesse contexto, a avaliação por imagem do tumor primário e do envolvimento linfonodal secundário por essa neoplasia é mandatória e frequente em nossa prática, apresentando algumas particularidades que devem ser abordadas:

- Não importa qual seja o sítio primário, o achado de um único linfonodo ipsilateral pode reduzir a sobrevida em 50% e um linfonodo contralateral a reduz novamente em 33%.
- A extensão extranodal é um indicador de pior prognóstico. Quando presente, aumenta em cerca de 3,5 vezes a taxa de recorrência da doença.
- Linfonodos na cadeia jugular interna inferior geralmente têm um prognóstico ruim, pois com frequência já ocorreu uma disseminação proximal.
- As neoplasias relacionadas ao HPV caracteristicamente cursam com linfonodomegalias císticas.

Portanto, no estadiamento desses pacientes, é fundamental avaliar e mapear adequadamente as metástases linfonodais, conforme os critérios de imagem abordados a seguir.

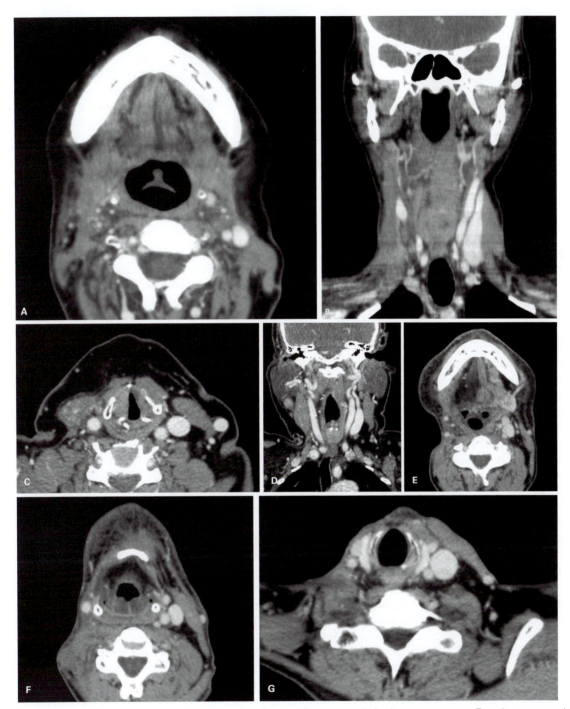

Figura 24 Achados de imagem no esvaziamento cervical. Tomografia computadorizada com contraste. Esvaziamento cervical seletivo supra-hióideo à esquerda (A e B): alterações retráteis na região submandibular esquerda e preservação da veia jugular interna (VJI) e músculo esternocleidomastóideo (MECM) deste lado; há também sinais de esvaziamento cervical radical modificado à direita. Esvaziamento cervical radical modificado (C e D): assimetria dos planos adiposos cervicais e alterações cicatriciais posteriores ao MECM direito, com ressecção da VJI e preservação do nervo espinal acessório (NEA) e do MECM. Esvaziamento cervical radical (E a G): ressecção da glândula submandibular, VJI, MECM e NEA à direita, observando-se redução volumétrica do músculo trapézio, assimetria cervical e dos ombros, além de sinais de denervação da cavidade oral e assoalho bucal por lesão do nervo hipoglosso.

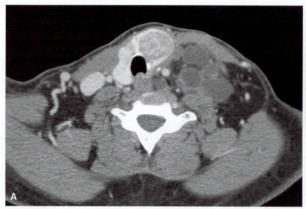 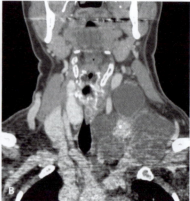

Figura 25 Carcinoma papilífero da tireoide. Tomografia computadorizada com contraste axial (A) e coronal (B) demonstra nódulo heterogêneo no lobo esquerdo da glândula tireoide e linfonodomegalias metastáticas predominantemente císticas nos níveis III, IV e VI.

Aspectos de imagem na avaliação de linfonodos metastáticos

Detecção de linfonodos suspeitos ou acometidos

A TC e a RM permanecem como os métodos de escolha para a avaliação do tumor primário e de metástases em pacientes com neoplasia de cabeça e pescoço, em decorrência da melhor resolução anatômica.

Na avaliação das metástases linfonodais, o primeiro critério a ser avaliado é a medida do tamanho linfonodal, mas, considerando-se apenas esse critério, a diferenciação entre linfonodos metastáticos e reacionais pode ser difícil, já que há uma grande variabilidade dos limites considerados normais na literatura; considerando-se apenas o grupo de pacientes oncológicos, essa variabilidade também tem impacto na sensibilidade e especificidade para detecção de metástases, com diversos trabalhos demonstrando essa correlação. De maneira geral, consideramos como limite da normalidade as dimensões descritas na seção "Linfonodos normais".

Outros critérios morfológicos que auxiliam na diferenciação entre linfonodos metastáticos e reacionais são: perda da gordura hilar, presença de necrose central ou degeneração cística, aumento ou heterogeneidade do realce linfonodal, margens mal definidas, forma esférica (relação entre os eixos longitudinal e transverso inferior a 2) e grupo anormal de linfonodos caracterizados por três ou mais de tamanho limítrofe (Figura 26).

Dentre os critérios morfológicos devemos ressaltar a necrose ou liquefação linfonodal, que em pacientes com câncer de cabeça e pescoço é o sinal mais confiável de envolvimento metastático, com especificidade entre 95 e 100%. A necrose ocorre quando a célula cancerígena infiltra a porção medular do linfonodo e limita ou impossibilita o aporte sanguíneo. É caracterizada pela TC por hipoatenuação central em massa linfonodal, com ou sem realce periférico. Na RM, observam-se a presença de sinal variável em T2, dependendo do componente proteico dos tecidos necróticos, e impregnação periférica pelo meio de contraste paramagnético. A TC é mais sensível e tem maior acurácia que a RM para detalhar necrose linfonodal. A RM pós-contraste é mais sensível para detectar necrose que a RM pré-contraste.

A especificidade na avaliação linfonodal aumenta quando as características morfológicas dos linfonodos são levadas em consideração além da avaliação dimensional. Também há critérios funcionais que serão abordados adiante, extraídos das técnicas de perfusão por RM, difusão por RM (medida do *apparent diffusion coefficient* – ADC), PET/CT e PET/RM (*standard uptake value* – SUV).

Extensão extranodal

A extensão extranodal é uma das características de alto risco nos pacientes com neoplasia de cabeça e pescoço, associada à incidência aumentada de recorrência locorregional e de metástases a distância. No novo estadiamento TNM da UICC de janeiro de 2017 (8ª edição), que considera tanto a avaliação clínica quanto os métodos de imagem para a classificação, a extensão extranodal foi incluída na categoria N e a terminologia correta é extensão extranodal, e não mais disseminação ou extensão extracapsular ou envolvimento extranodal; porém, apenas a evidência radiológica sozinha não é suficiente para ser considerada, devendo haver também evidência clínica. Quando detectada a extensão extranodal, a classificação será N3b, independentemente do tamanho do linfonodo comprometido na maioria dos sítios primários considerados (Quadro 4). A presença de sinais de extensão extranodal deve ser descrita no relatório radiológico. A TC e a RM são comparáveis na detecção de extensão extranodal, caracterizada por linfonodo metastático de margens mal definidas, com realce capsular irregular e

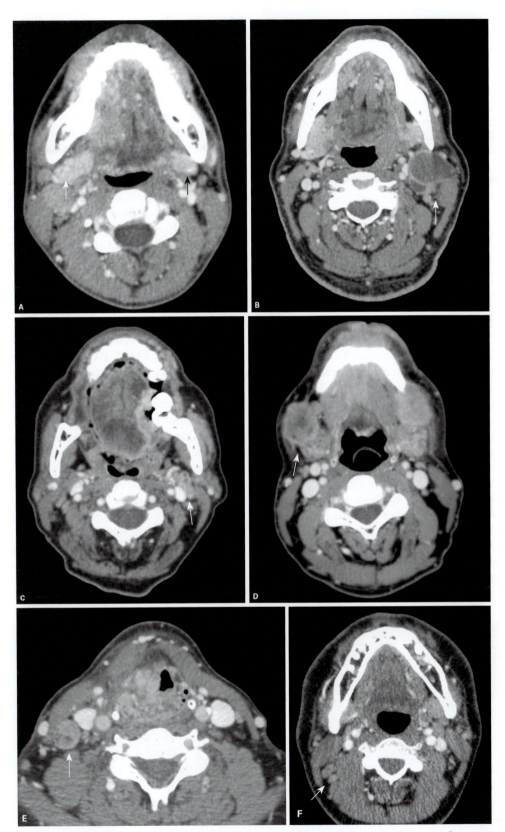

Figura 26 Critérios morfológicos sugestivos de acometimento neoplásico secundário. Imagens de tomografia computadorizada com contraste demonstrando perda da gordura hilar (A), presença de necrose central ou degeneração cística (B), aumento ou heterogeneidade do realce linfonodal (C), margens mal definidas (D), forma esférica (E) e grupo anormal de linfonodos, caracterizados por três ou mais de tamanho limítrofe (F).

Quadro 4	Estadiamento N do carcinoma epidermoide para a maioria dos sítios primários (UICC 2017)
Nx	Linfonodo não pode ser avaliado
N0	Sem linfonodos regionais metastáticos
N1	Metástase em linfonodo único ipsilateral, com 3 cm ou menos na maior dimensão, sem extensão extranodal
N2a	Metástase em linfonodo único ipsilateral, com mais de 3 cm, mas menos de 6 cm na maior dimensão, sem extensão extranodal
N2b	Metástase em linfonodos múltiplos ipsilaterais, nenhum com mais de 6 cm na maior dimensão, sem extensão extranodal
N2c	Metástase em linfonodos bilaterais ou contralaterais, nenhum com mais de 6 cm na maior dimensão, sem extensão extranodal
N3a	Metástase em um linfonodo com mais de 6 cm na maior dimensão, sem extensão extranodal
N3b	Metástase em linfonodo único ou múltiplo, com extensão extranodal clínica

Métodos de imagem na avaliação das metástases linfonodais

Como já mencionado, as metástases linfonodais cervicais constituem um fator prognóstico importante no tratamento do carcinoma epidermoide de cabeça e pescoço. Para os pacientes com pescoço considerado como N0 na avaliação clínica, existem duas condutas principais: o esvaziamento cervical eletivo e a observação cuidadosa da evolução clínica (*watchful waiting policy*) e, em ambos, as técnicas de imagem têm papel fundamental. Entretanto, sabemos que as modalidades clássicas (US, TC e RM) têm acurácia limitada, sobretudo quando há uma pequena infiltração tumoral linfonodal, sendo cada vez mais utilizadas na prática clínica técnicas que permitem uma avaliação tecidual ou funcional com mais detalhes.

Técnicas clássicas

A USG pode ser o exame de primeira escolha, por seu maior potencial em detectar alterações arquiteturais em relação à TC e à RM. A PAAF orientada por USG, em comparação aos outros métodos, demonstrou maior acurácia em estudo recente, reduzindo o risco de perda de metástases ocultas nos pacientes com pescoço N0; entretanto, devemos ressaltar que constitui um teste invasivo e que analisa uma amostra tecidual restrita. Outra desvantagem dessas técnicas decorre do fato de ambas serem operador-dependentes.

Habitualmente, os exames realizados para o estadiamento oncológico são a TC ou a RM, que permitem a avaliação tanto da lesão primária como das metástases linfonodais – mais de 80% dos pacientes com câncer de cabeça e pescoço são submetidos a esses exames. O impacto clínico da TC ou RM na detecção pré-tratamento de doença linfonodal metastática cervical é difícil de ava-

infiltração da gordura ou das estruturas de partes moles adjacentes (Figura 27), sendo reconhecido na ressonância o sinal da labareda – caracterizado por alteração do sinal dos planos adiposos adjacentes à linfonodomegalia nas sequências T2 e T1 pós-contraste. A extensão extranodal ocorre em relação direta ao tamanho linfonodal e é mais comum em linfonodos com 3 cm ou mais; estima-se que possa estar presente em cerca de 25% dos linfonodos menores que 1 cm, e em 74% dos linfonodos maiores que 3 cm. Um fator que deve ser considerado na análise de um linfonodo que apresente extensão extranodal é o envolvimento da artéria carótida interna. Em cabeça e pescoço consideramos que a invasão tumoral da parede vascular é provável nos métodos axiais (TC e RM) quando o tumor mantém contato superior a 270° com a circunferência arterial.

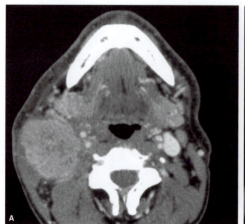
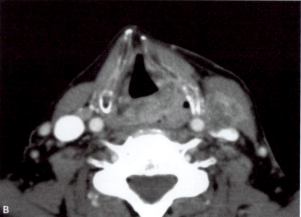

Figura 27   Extensão extranodal. Tomografia computadorizada axial com contraste demonstrando linfonodomegalias heterogêneas nos níveis II direito (A) e III esquerdo (B), com margens irregulares e sinais de infiltração da gordura adjacente. Observe o amplo contato da lesão com o músculo esternocleidomastóideo à direita e à esquerda e a invasão da parede da veia jugular interna esquerda.

liar na literatura: estima-se que até 19% das metástases linfonodais clinicamente silentes possam ser identificadas à TC ou à RM; entretanto, se múltiplos linfonodos metastáticos são clinicamente diagnosticados, a caracterização por imagem de outro linfonodo pode ter pouco efeito no tratamento e na evolução clínica desse paciente – a mudança no protocolo de tratamento só ocorrerá se a localização desse linfonodo estiver fora do esperado considerando-se o padrão de drenagem do sítio primário. Ainda no contexto de estadiamento oncológico, a TC e a RM podem trazer informações sobre a presença de extensão extranodal e auxiliar no planejamento cirúrgico.

Técnicas avançadas ou funcionais

RM com sequência de difusão

A sequência de difusão da RM consiste em uma técnica funcional não invasiva que demonstra a difusão molecular, que é o movimento browniano dos prótons de água nos tecidos biológicos. Representa um grande avanço na evolução das sequências de pulso e pode tornar pequenas alterações mais óbvias, aumentando a detecção do tecido patológico. A difusão permite a avaliação das características do tecido em nível microscópico, enfatizando um mecanismo diferente da relaxação T1 e T2.

O ADC (*apparent diffusion coefficient*) é uma medida obtida por essa sequência de difusão que funciona como um marcador de densidade celular – quanto mais celular for um tecido, maior será a restrição à livre difusão das moléculas de água e menor será o ADC. Para cálculo do ADC, as imagens da sequência difusão são adquiridas com valores de b diferentes, em geral b = 0 e b = 1000 s/mm^2, o que permite o cálculo do mapa de ADC. A partir do mapa definimos regiões de interesse (*region of interest* – ROI) e podemos obter o valor médio de ADC da área escolhida.

Linfonodos metastáticos e envolvidos por doenças linfoproliferativas mostram baixa intensidade de sinal no mapa ADC comparada à maior intensidade de sinal dos linfonodos reacionais e granulomatosos, refletindo a diferença de celularidade e das características histopatológicas de linfonodos benignos e malignos. Linfonodos malignos têm maior celularidade, e essas células têm núcleo aumentado com hipercromatismo, que reduzem a dimensão extracelular, e todos esses fatores contribuem para a diminuição dos valores do ADC. Portanto, no mapa ADC, a intensidade de sinal de linfonodos se correlaciona com as alterações histopatológicas, e o ADC de linfonodos malignos é menor que o de linfonodos benignos. Em um estudo recente estabeleceu-se para a RM de 1,5T o valor de 0,94 $\times$ 10^{-3} mm^2/s para separar linfonodos malignos de benignos com uma sensibilidade de 84%, especificidade de 94% e acurácia de 91% (Figura 28).

Devemos destacar que a sensibilidade da sequência de difusão não é superior à da RM com contraste para a detecção de linfonodos metastáticos maiores que 1 cm. Entretanto, para linfonodos com menos de 1 cm, há um aumento significativo da sensibilidade, atingindo cerca de 76%. Se considerarmos linfonodos de todos os tamanhos, a sensibilidade da RM com e sem difusão é de 84 e 46%, respectivamente. Ainda, devemos lembrar que a presença de necrose ou liquefação no linfonodo metastático aumenta o valor do ADC, sendo fundamental a avaliação em conjunto dos achados da difusão e das demais sequências obtidas no estudo de RM.

Comparando-se os valores de ADC no sítio primário entre as duas neoplasias malignas mais comuns de cabeça e pescoço – o linfoma e o carcinoma epidermoide –, observam-se menores valores para o linfoma, com uma média de 0,64 a 0,66 $\times$ 10^{-3} mm^2/s, achado atribuído à maior celularidade dessa neoplasia. Considerando-se o valor de corte para a diferenciação dessas duas neoplasias de 0,76 $\times$ 10^{-3} mm^2/s, um estudo demonstrou acurácia de 98%; em outro estudo, considerando-se o valor de corte de 0,77 $\times$ 10^{-3} mm^2/s, a presença de linfoma foi caracterizada com especificidade de 100% e sensibilidade de 88%.

Para um linfonodo cervical palpável, com sinal heterogêneo na RM e suspeito para envolvimento neoplásico, também se pode avaliar o valor do ADC: se esse for igual ou maior que 0,73 $\times$ 10^{-3} mm^2/s, é sugestivo de envolvimento linfonodal metastático; se o valor do ADC for igual ou menor que 0,51 $\times$ 10^{-3} mm^2/s, é altamente sugestivo de linfoma.

A relação do ADC com a celularidade também pode ajudar a diferenciar entre partes necróticas e sólidas de uma lesão, permitindo melhor planejamento de biópsias, e pode destacar alterações teciduais sugestivas de recidiva no seguimento pós-terapêutico.

Portanto, a sequência de difusão da RM permite diferenciar linfonodos malignos não necróticos de linfonodos benignos, pode demonstrar a porção sólida viável do linfonodo e tem grande valor na detecção de pequenos linfonodos metastáticos. A adição dessa sequência ao protocolo de rotina possibilita a associação dos achados morfológicos da RM aos funcionais.

Perfusão por RM ou RM dinâmica

A perfusão por RM é um método não invasivo que permite avaliar a fisiologia da microcirculação, alterada na presença de lesões tumorais. É realizada durante a injeção do meio de contraste (sequência dinâmica) e pode ser registrada com a aquisição de imagens pesadas em T2*, mas, para a avaliação de tumores de cabeça e pescoço, são usadas aquisições pesadas em T1.

As imagens obtidas podem ser avaliadas pelo método semiquantitativo, no qual o processamento das imagens gera uma curva que correlaciona a intensidade de sinal e o tempo, expressando o comportamento tecidual após a administração do meio de contraste, ou pelo método

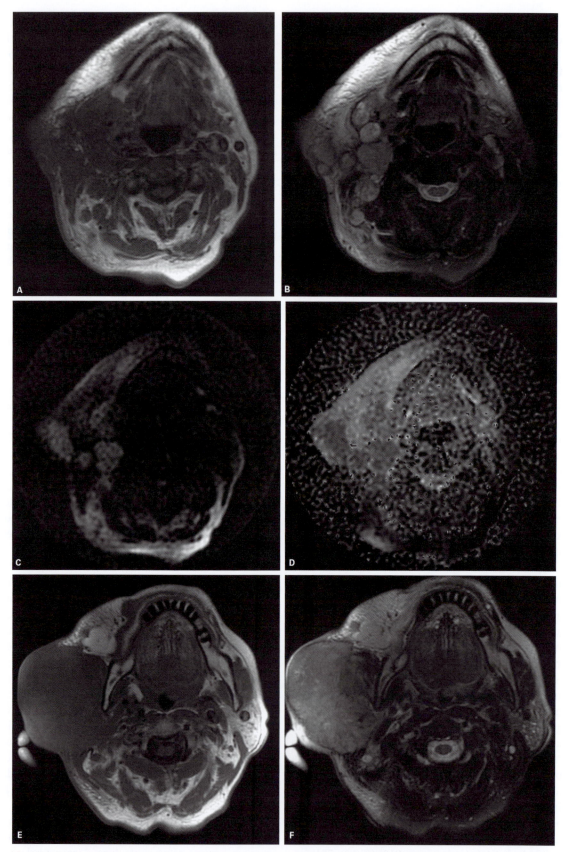

Figura 28 Linfonodos metastáticos – difusão. Adenocarcinoma de parótida com múltiplas linfonodomegalias secundárias nos níveis I e II à direita (A-D). Observe a restrição à difusão no interior da lesão e em pequeno linfonodo facial acometido, que mantém dimensões dentro dos limites da normalidade (E-H). *(continua)*

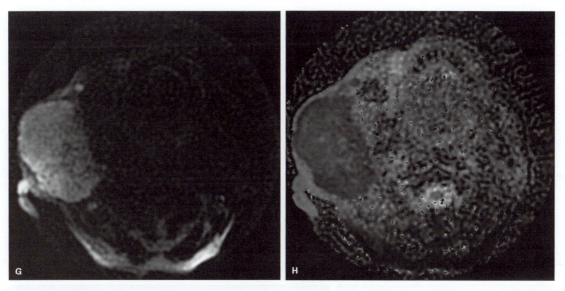

Figura 28 *(continuação)*

quantitativo – mais complexo e que exige uma padronização na aquisição e processamento, pois avalia parâmetros da microvascularização local e da biologia tumoral.

Os linfonodos metastáticos se comportam diferentemente dos não metastáticos à RM dinâmica, com maior tempo para o pico, pico de realce reduzido, redução do grau de inclinação máxima e grau de inclinação de *washout* mais lento, sugerindo redução da transferência do meio de contraste para o tecido e redução do volume do espaço vascular extracelular (Figura 29).

Além disso, a alteração da microcirculação pode resultar em aumento da permeabilidade capilar local, representada pelo coeficiente de transporte (*k-trans*) pela análise farmacocinética.

A avaliação da perfusão e da permeabilidade na RM dinâmica, além do papel de diferenciação do tecido tumoral, tem demonstrado importância na previsão da resposta terapêutica – tumores com valores mais elevados de *k-trans* apresentam melhor resposta terapêutica à quimiorradioterapia.

Esta sequência pode ser adicionada à RM de rotina e demonstrar informações adicionais fisiológicas úteis.

PET/CT e PET/RM

Os exames de PET/CT e PET/RM são técnicas de imagem funcional muito sensíveis para detecção do tumor primário, avaliação de resposta terapêutica e de recidiva tumoral em cabeça e pescoço. Utilizam um análogo da glicose, o ^{18}F-FDG, um marcador da viabilidade tumoral, com base no fato de que, em geral, células malignas apresentam maior atividade glicolítica por seu alto metabolismo. Podem detectar pequenos depósitos metastáticos em linfonodos de tamanho normal. Entretanto, apresentam algumas desvantagens:

- Resolução limitada a linfonodos de até 0,4 cm.
- A necrose central pode causar achados falso-negativos em virtude da baixa atividade glicolítica no material necrótico.
- Resultados falso-positivos podem ser causados por processo inflamatório em linfonodo benigno.

O exame de PET/CT tem maior aplicabilidade clínica e já vem sendo utilizado há algum tempo na avaliação do carcinoma epidermoide de cabeça e pescoço. Vários estudos demonstram seu benefício na avaliação linfonodal, particularmente na detecção de linfonodos metastáticos de tamanho normal, inclusive em cadeias contralaterais à lesão primária.

O critério de interpretação da PET/CT é baseado na análise visual e semiquantitativa, usando as imagens de atenuação corrigidas da PET. Para a análise visual, qualquer captação focal do ^{18}F-FDG maior que a atividade de base e correspondendo à estrutura nodular na TC, a despeito do tamanho do linfonodo, é considerada anormal. Para a análise semiquantitativa, a intensidade da captação regional de ^{18}F-FDG é expressa como o valor máximo padrão de captação (máxSUV), corrigido para a radioatividade injetada e o peso do paciente. As lesões hipermetabólicas com forte captação focal são consideradas malignas se em contexto clínico compatível (máxSUV superior a 2,5).

Os resultados de TC/RM e PET/CT parecem ser complementares. Pequenos linfonodos não necróticos negativos pelos critérios da TC e RM podem ser hipermetabólicos na PET/CT (Figura 30) e, por outro lado, TC e RM são igualmente úteis para corrigir os resultados falso-negativos da PET/CT atribuídos a pequenos linfonodos necróticos. Os achados de USG não acrescentam valor adicional.

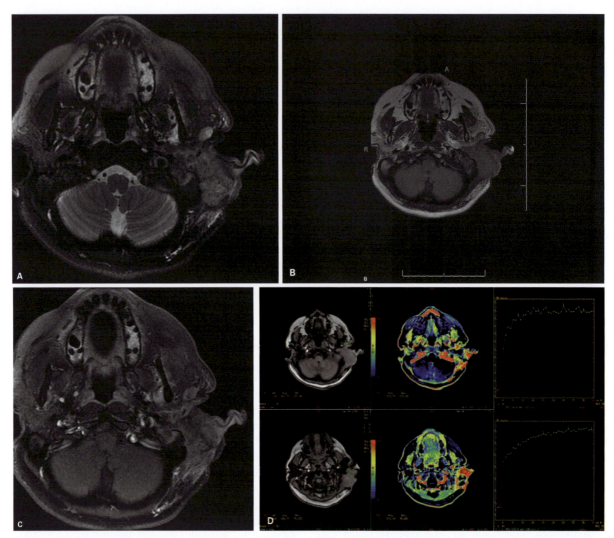

Figura 29 Linfonodos metastáticos – permeabilidade. Carcinoma epidermoide (CEC) de parótida com linfonodomegalia suspeita para metástase à esquerda demonstrado por ressonância magnética axial T2 (A), T1 (B) e T1 pós-contraste (C). A avaliação da lesão (quadros inferiores em D) e do linfonodo (quadros superiores em D) pela técnica de permeabilidade evidencia curva de ascensão rápida com platô, padrão observado nas lesões malignas.

Atualmente existe a possibilidade de fusão das imagens obtidas pela PET às imagens da RM e, embora ainda haja poucos estudos na literatura, Nakamoto et al. observaram valores de sensibilidade e especificidade de 85 e 92%, respectivamente, na detecção de metástases linfonodais (Figura 31). O método é híbrido e as imagens podem ser obtidas por três técnicas diferentes: aquisição simultânea de PET e RM, aquisição sequencial de PET e RM e aquisição sequencial de PET/CT e RM. A grande vantagem do exame de PET/RM é a perspectiva de um dia podermos avaliar informações morfológicas, funcionais e moleculares pelo mesmo método. Resultados iniciais têm demonstrado capacidades diagnósticas pelo menos similares às da PET/CT para pacientes com câncer de cabeça e pescoço. O protocolo de corpo inteiro consiste em adquirir sequências de difusão e depois, nas áreas de restrição à difusão das moléculas de água, são realizadas sequências adicionais dedicadas às regiões com os protocolos específicos (Figura 31).

Controle evolutivo pós-tratamento

Com a eficácia do tratamento quimiorradioterápico estabelecida, os esforços estão concentrados na monitorização da resposta à terapia para determinar quais pacientes se beneficiariam da ressecção cirúrgica adjuvante e quais seriam poupados dessa morbidade adicional. Um meio não invasivo de monitorar a resposta de linfonodos à terapia é o exame radiológico pós-tratamento.

A avaliação pós-radioterápica do pescoço por TC e RM é complicada pela perda dos planos gordurosos normais e pela distorção das estruturas normais (Figura 32). O exame de PET/CT já foi considerado mais sensível (88-100%) e específico (75-100%) comparado à TC e à RM

16 LINFONODOS CERVICAIS **1033**

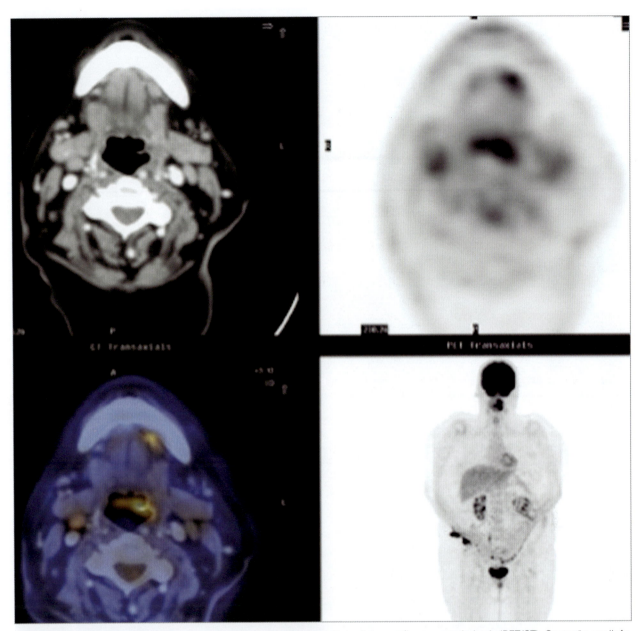

Figura 30   Linfonodo metastático – tomografia por emissão de pósitrons/tomografia computadorizada (PET/CT). Captação em linfonodo de dimensões e atenuação normais no nível IIA à direita.

(sensibilidade de 38-90%; especificidade de 38-85%) para a detecção de doença recorrente ou residual, tanto no sítio primário quanto para recorrência linfonodal, mas as técnicas avançadas de RM, como difusão e perfusão, têm aumentado a capacidade deste método de distinguir alterações pós-terapêuticas e recidiva tumoral.

Recentemente também tem sido estudado o papel dessas técnicas avançadas no monitoramento da resposta ao tratamento quimiorradioterápico. Já foi demonstrado que as lesões primárias e as linfonodomegalias que não apresentam aumento significativo no ADC três semanas após o tratamento (ou seja, que demonstram incremento do ADC inferior a 25% para lesões primárias e inferior a 20% para linfonodomegalias) podem representar lesões de maior risco para persistência ou recorrência.

Linfoma

O linfoma representa a segunda neoplasia mais comum da região de cabeça e pescoço depois do carcinoma epidermoide, e deve ser considerado no diagnóstico diferencial de qualquer massa nodal ou extranodal.

Linfomas de Hodgkin e não Hodgkin podem apresentar linfonodomegalia única ou múltipla como sintoma isolado ou como parte de um estádio mais avançado. O papel dos métodos de imagem já está bem estabelecido

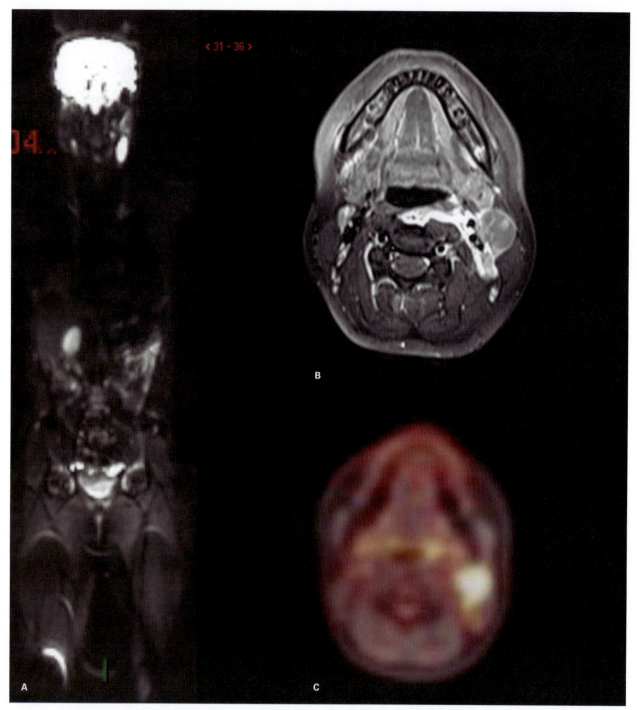

Figura 31 Tomografia por emissão de pósitrons/ressonância magnética (PET/RM). Sequência de difusão de corpo inteiro (A) mostra restrição à difusão das moléculas de água na região cervical esquerda. Sequência adicional axial T1 pós-gadolínio dedicada com o protocolo de pescoço evidencia o conglomerado linfonodal no nível IIA (B), bem como as imagens híbridas da fusão de ambos os métodos (C).

na avaliação desses pacientes seguindo o sistema de estadiamento de Ann Arbor, e a avaliação por biópsia para definição do tipo histológico do linfoma é fundamental para o planejamento terapêutico.

Os achados de imagem à TC e à RM geralmente demonstram linfonodomegalias bilaterais com realce homogêneo, embora possam ser vistos realce periférico ou heterogêneo e comprometimento unilateral (Figura 33).

Embora a necrose central e a extensão extranodal sejam mais observadas nas metástases de carcinoma epidermoide, esses achados podem ser vistos em outras malignidades, como linfoma de células T periféricas. O

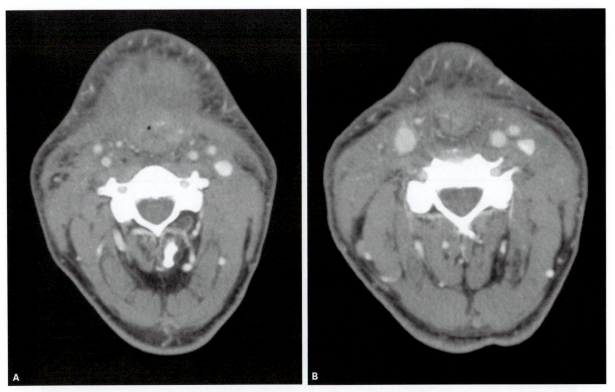

Figura 32 Controle pós-tratamento. Tomografia computadorizada axial com contraste (A e B) mostra alterações actínicas na pele, no tecido gorduroso e na musculatura, que dificultam a pesquisa de linfonodos. Laringectomia.

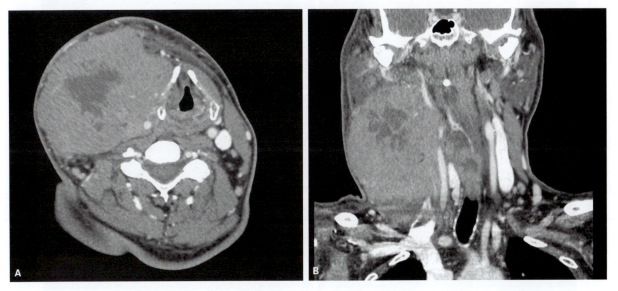

Figura 33 Linfoma difuso de grandes células B. Tomografia computadorizada com contraste axial (A) e coronal (B) demonstra conglomerado linfonodal heterogêneo nos níveis II a IV à direita.

linfoma não Hodgkin é sugerido quando linfonodos aumentados e bilaterais são detectados. Esses achados ajudam a diferenciar o linfoma de metástase de carcinoma epidermoide, assim como os valores de ADC já descritos nos métodos de imagem na avaliação de metástases linfonodais (Figura 34).

A PET/CT, por se tratar de um exame que une a avaliação metabólica à anatômica, ganhou destaque e atualmente é o método preconizado para estadiamento e seguimento desses pacientes, exceto em casos de linfomas com baixa avidez à ^{18}F-FDG (que são raros). Esse método, assim como as informações da difusão e perfusão por

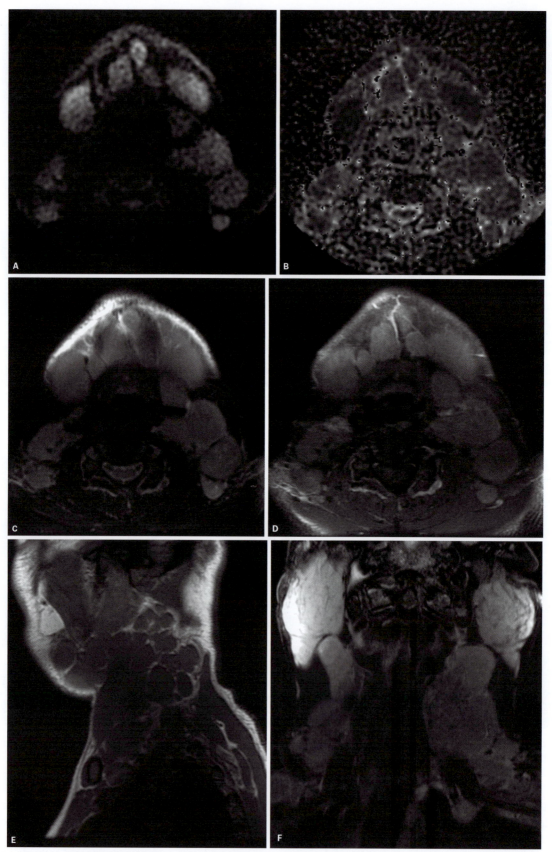

Figura 34 Linfoma das células do Manto e síndrome de Sjögren. Ressonância magnética de difusão (A), mapa de coeficientes de difusão aparente (ADC) (B), T2 axial (C), T1 pós-contraste axial (D), T1 sagital (E) e T2 coronal (F) mostram linfonodomegalias homogêneas bilaterais com restrição à difusão nas cadeias parotídeas, níveis I e II.

RM, pode ainda contribuir para o diagnóstico por meio da seleção do melhor sítio para biópsia, e ser usado na avaliação da resposta terapêutica, além da PET/RM.

Doença linfoproliferativa pós-transplante

Esta doença abrange um grupo de enfermidades e inclui a hiperplasia linfoide e a neoplasia linfoide, que ocorrem no contexto de imunodepressão crônica após transplante de órgãos sólidos. É uma complicação do transplante e, se não tratada, geralmente é fatal. Como a imunodepressão carrega risco aumentado para o desenvolvimento de malignidade, a ocorrência desta doença é ultrapassada apenas pela neoplasia de pele e de lábio. Sua frequência é de 1-10%, com substancial variação, dependendo do órgão transplantado: 6,2% no transplante de pulmão; 5,2% no de rim e pâncreas; 2,0% no de coração e 1,4% no de fígado. Há uma associação com a infecção pelo vírus Epstein-Barr. A doença engloba um espectro de manifestações clínicas e ampla variedade de achados histopatológicos, de hiperplasia de células B a linfoma. As lesões ocorrem primariamente no trato gastrointestinal, sistema nervoso central, órgão enxertado e, menos comumente, em linfonodos. No pescoço pode haver lesões no anel de Waldeyer, conglomerado linfonodal volumoso ou proeminência em número de linfonodos relativamente normais em tamanho, sendo a necrose mais comum que no linfoma em pacientes imunocompetentes. Os métodos de imagem são importantes para monitorar a resposta ao tratamento.

Bibliografia sugerida

1. Becker M, Zaidi H. Imaging in head and neck squamous cell carcinoma: the potential role of PET/MRI. Br J Radiol. 2014;87:20130677.
2. Boldgett TM, Fukui MB, Snyderman CH, Branstetter BF, McCook BM, Townsend DW, et al. Combined PET-CT in the head and neck – Part 1. Physiologic, altered physiologic, and artifactual FDG uptake. Radiographics. 2005;25:897-912.
3. Bryson TC, Shah GV, Srinivasan A, Mukherji SK. Cervical lymph node evaluation and diagnosis. Otolaryngol Clin N Am. 2012;45:1363-83.
4. Chai RL, Rath TJ, Johnson T. Accuracy of computed tomography in the prediction of extracapsular spread of lymph node metastases in squamous cell carcinoma of the head and neck. JAMA Otolaryngol Head Neck Surg. 2013;139(11):1187-94.
5. Chikui T, Ohga M, Kitamoto E, Shiraishi T, Kawano S, Yoshiura, et al. Quantification of diffusion and permeability in the head and neck region. J Radiol Radiat Ther. 2014;2(2):1047-59.
6. Chung E, Kim G, Cho B, Cho S, Yoon D, Rho Y. Retropharyngeal lymph node metastasis in 54 patients with oropharyngeal squamous cell carcinoma who underwent surgery-based treatment. Ann Surg Oncol. 2015;22:3049-54.
7. De Bondt RDJ, Nelemans PJ, Hofman PAM, Casselman JW, Kremer B, van Engelshoven JMA, et al. Detection of lymph node metastases in head and neck cancer: a meta-analysis comparing US, USgFNAC, CT and MR imaging. Eur J Radiol. 2007;64:266-72.
8. De Bree R, Takes RP, Castelijns JA, Medina JE, Stoeckli SJ, Mancuso AA, et al. Advances in diagnostic modalities to detect occult lymph node metastases in head and neck squamous cell carcinoma. Head & Neck 2014;1-11.
9. Fischbein NJ, Noworolski SM, Henry RG, Kaplan MJ, Dillon WP, Nelson SJ. Assessment of metastatic cervical adenopathy using dynamic contrast-enhanced MR imaging. AJNR Am J Neuroradiol. 2011;24:301-11.
10. Fukui MB, Boldgett TM, Snyderman CH, Johnson JJ, Myers EN, Townsend DW, et al. Combined PET-CT in the head and neck – Part 2. Diagnostic uses and pitfalls of oncologic imaging. Radiographics. 2005;25:913-30.
11. Gaddikeri S, Gaddikeri RS, Tailor T, Anzai Y. Dynamic contrast-enhanced MR imaging in head and neck cancer: Techniques and Clinical Applications. AJNR Am J Neuroradiol. 2016;1-8.
12. Heusch P, Sproll C, Buchbender C, Rieser E, Terjung A, Antke C, et al. Diagnostic accuracy of ultrasound, ^{18}F-FDG-PET/CT, and fused ^{18}F-FDG-PET-MR images with DWI for the detection of cervical lymph node metastases of HNSCC. Clin Oral Invest. 2014;18:969-78.
13. Hoang JK, Vanka J, Ludwig BJ, Glastonbury CM. Evaluation of cervical lymph nodes in head and neck cancer with CT and MRI: tips, traps, and a systematic approach. AJR. 2013;200:17-25.
14. Kim SG, Friedman K, Patel S, Hagiwara M. Potential role of PET/MRI for imaging metastatic lymph nodes in head and neck cancer. AJR 2016;207:1-9.
15. Kim S, Loevner LA, Quon H, Kilger A, Sherman E, Weinstein G, et al. Prediction of response to chemoradiation therapy in squamous cell carcinomas of the head and neck using dynamic contrast-enhanced MR imaging. AJNR Am J Neuroradiol. 2010;31:262-8.
16. Kubiessa K, Purz S, Gawlitza M, Kühn A, Fuchs J, Steinhoff KG, et al. Initial clinical results of simultaneous ^{18}F-FDG PT/MRI in comparison to ^{18}F-FDG PET/CT in patients with head and neck cancer. Eur J Nucl Med Mol Imaging. 2014;41:639-48.
17. Lee M, Tsai H, Chuang K, Liu C, Chen M. Prediction of nodal metastasis in head and neck cancer using a 3T MRI ADC map. AJNR Am J Neuroradiol. 2013;1-6.
18. Liao L, Lo W, Hsu W, Wang C, Lai M. Detection of cervical lymph node metastasis in head and neck cancer patients with clinically N0 neck – a meta-analysis comparing different imaging modalities. BMC Cancer. 2012;12:236-42.
19. Nakamatsu S, Matsusue E, Miyoshi H, Kakite S, Kaminou T, Ogawa T. Correlation of apparent diffusion coefficients measured by diffusion-weighted MR imaging and standardized uptake values from FDG PET/CT in metastatic neck lymph nodes of head and neck squamous cell carcinomas. Clinical Imaging. 2012;36:90-7.
20. Park JK, Kim SE, Trieman GS, Parker D, Jeong EK. High-resolution diffusion-weighted imaging of neck lymph nodes using 2D-single-shot interleaved multiple inner volume imaging diffusion-weighted echo-planar imaging at 3T. AJNR Am J Neuroradiol. 2011;32:1173-7.
21. Rudmik L, Lau HY, Matthews TW, Bosch JD, Kloiber R, Molnar CP, et al. Clinical utility of PET/CT in the evaluation of head and neck squamous cell carcinoma with an unknown primary: a prospective clinical trial. Head Neck. 2011;33:935-40.
22. Som PM, Brandwien-Gensler MS. Lymph nodes of the neck. In: Curtin H, Som P, editors. Head and neck imaging, 5th ed. St. Louis: Mosby; 2011. pp.2287-383.
23. Som PM, Curtin HD, Mancuso AA. Imaging-based nodal classification for evaluation of neck metastatic adenopathy. AJR. 200;174:837-44.
24. Sumi M, Nakamura T. Head and neck tumors: assessment of perfusion-related parameters and diffusion coefficients based on the intravoxel incoherent motion model. AJNR Am J Neuroradiol. 2013;34:410-6.
25. Thoeny HC, De Keyzer F, King AD. Diffusion-weighted MR imaging in the head and neck. Radiology. 2012;263(1):19-32.
26. Vandecaveye V, De Keyzer F, Poorten VV, Dirix P, Verbeken E, Nuyts S, et al. Head and neck squamous cell carcinoma: value of diffusion-weighted MR imaging for nodal staging. Radiology. 2009;251(1):134-46.
27. Vandecaveye V, Dirix P, De Keyzer F, De Beek KO, Poorten VV, Hauben E, et al. Diffusion-weighted magnetic resonance imaging early after chemoradiotherapy to monitor treatment response in head-and-neck squamous cell carcinoma. Int J Radiation Oncology Biol Phys. 2012;82(3):1098-107.
28. Wu L, Xu J, Liu M, Zhang X, Hua J, Zheng J, Zheng J, et al. Value of magnetic resonance imaging for nodal staging in patients with head and neck squamous cell carcinoma: a meta-analysis. Acad Radiol 2012(19):331-40.
29. Zhang G, Liu L, Wei W, Deng Y, Li Y, Liu XW. Radiologic criteria of retropharyngeal lymph node metastasis in nasopharyngeal carcinoma treated with radiation therapy. Radiology. 2010;255:605-12.
30. Zhong J, Lu Z, Xu L, Dong L, Qiao H, Hua R, et al. The diagnostic value of cervical lymph node metastasis in head and neck squamous carcinoma by using diffusion-weighted magnetic resonance imaging and computed tomography perfusion. BioMed Research International. 2014;7.

17
Miscelânea

Marcio Ricardo Taveira Garcia
Henrique Bortot Zuppani

Lesões cervicais congênitas

As anomalias congênitas do pescoço são lesões incomuns, com diagnóstico mais frequente na primeira e segunda décadas de vida, mas que também podem ser diagnosticadas em adultos. Entre as lesões, estão incluídas as malformações dos aparelhos branquiais, o cisto do ducto tireoglosso, os cistos dermoides e as anomalias vasculares.

A maioria das lesões cervicais na primeira década de vida é de etiologia congênita ou inflamatória, e apenas 5% das lesões são neoplásicas. Dessa forma, torna-se de extrema importância a história clínica, com o questionamento do paciente ou de seu acompanhante sobre o tempo do aparecimento e a duração da queixa, se a lesão é única ou múltipla e se há algum outro sintoma associado além da lesão palpável, permitindo estreitar os diagnósticos diferenciais e levando a um manejo mais adequado desses pacientes.

A maior parte dessas lesões também apresenta crescimento lento e progressivo, com sintomas que costumam estar relacionados ao efeito expansivo da lesão, à compressão de estruturas adjacentes ou à infecção secundária. A primeira manifestação costuma ser de massa cervical indolor e não aderida aos planos profundos.

A ultrassonografia (USG) geralmente é o primeiro método de diagnóstico por imagem a ser realizado, por ser mais barata, inócua e acessível, não necessitando de sedação em crianças menores. O exame pode confirmar a natureza sólida ou cística das lesões e avaliar sua localização, dimensões e relação com estruturas adjacentes, de forma rápida e precisa. Como limitações do método há a avaliação de estruturas profundas, a interposição de estruturas gasosas e a dependência da experiência do operador.

A tomografia computadorizada (TC) permite a avaliação de lesões mais profundas inacessíveis pela USG, demonstra de forma conspícua a relação com as estruturas ao redor, analisa melhor as calcificações e permite a avaliação de eventuais componentes vasculares por meio da injeção do meio de contraste iodado. As limitações do método estão relacionadas à utilização de radiação ionizante e à necessidade de sedação em alguns pacientes, para a realização mais adequada do exame, sem artefatos de movimentação.

A ressonância magnética (RM) apresenta maior sensibilidade do que a TC na avaliação do realce pelo meio de contraste dos componentes sólidos e na delimitação dessas lesões com os planos adjacentes, permitindo um planejamento cirúrgico mais adequado. Porém, assim como a TC, também apresenta limitações, principalmente por ser um exame menos acessível e com maior tempo de realização, também sendo necessária a sedação em pacientes mais jovens ou com claustrofobia.

Anomalias dos aparelhos branquiais

A faringe embrionária corresponde à porção mais cranial do intestino cefálico e é formada pelos três folhetos de tecido embrionário: o ectoderma, o mesoderma e o endoderma. O mesoderma nas paredes laterais e no assoalho da faringe primitiva se condensa, formando seis arcos branquiais, revestidos por endoderma internamente e ectoderma externamente. Entre os arcos branquiais, o endoderma sofre invaginações, originando sulcos de direção dorsoventral, que se alargam, formando as bolsas branquiais. O ectoderma no mesmo plano também se invagina, formando cinco depressões conhecidas como fendas branquiais. Os quatro primeiros arcos são identificados ao fim da quarta semana de gestação, sendo o quinto e o sexto arcos rudimentares, sem a formação de fendas, apenas com a formação de um esboço da quinta bolsa, considerado um divertículo da quarta bolsa. Os seis arcos não ocorrem simultaneamente, desenvolvendo-se de forma craniocaudal. Assim, os arcos craniais desaparecem à medida que surgem os mais caudais (Figura 1). O primeiro aparato branquial origina o conduto auditivo externo, a tuba auditiva, a orelha média, a maxila e a mandíbula. O estribo é a única estrutura da orelha formada pelo segundo arco branquial.

A segunda, terceira e quarta fendas branquiais formam uma depressão linear de ectoderma, chamada de seio cervical de His, que se oblitera posteriormente. Esse seio corresponderá à porção ventral do pescoço, delimitada pelos músculos esternocleidomastóideos. A segunda bolsa branquial origina a tonsila palatina. A terceira bolsa origina o timo, os seios piriformes e as glândulas paratireoides inferiores. A quarta bolsa origina as glândulas paratireoides superiores e o ápice dos seios piriformes.

As anomalias dos arcos branquiais (cistos, seios e fendas branquiais) formam-se a partir da obliteração incompleta da primeira fenda branquial ou do seio de His, aprisionando agrupamentos de células epiteliais, e podem ser encontradas em meio às estruturas cervicais. Os seios se abrem externamente na face lateral do pescoço e as fístulas se manifestam como canais patentes que comunicam os cistos com a mucosa faríngea. Na maioria das vezes, a localização dos cistos e o trajeto das fístulas em meio às outras estruturas cervicais permitem diferenciar a origem dessas alterações de acordo com a sua origem no aparato branquial.

Essas anomalias são as segundas lesões congênitas mais frequentes em cabeça e pescoço, atrás do cisto do ducto tireoglosso, e representam 20% das massas cervicais. Os cistos branquiais são mais frequentes do que as outras anomalias e costumam se manifestar na infância tardia ou mesmo em adultos jovens, sendo identificados durante ou após um processo inflamatório associado de vias aéreas superiores.

Cisto de primeira fenda branquial

Anomalias da primeira fenda branquial podem surgir em qualquer lugar do trajeto do arco e representam 1-4% dos casos. Os cistos e os seios são mais frequentes.

O cisto de primeira fenda branquial pode surgir ao longo de qualquer lugar do trajeto da primeira fenda branquial, que se estende desde o conduto auditivo externo, na transição entre seus segmentos ósseo e cartilaginoso, até a região submandibular, acima do osso hioide, atravessando a glândula parótida.

Esses cistos podem ser diagnosticados em crianças e adultos e podem manifestar-se como abscessos recorrentes ou mimetizar tumores no espaço parotídeo. Otorreia pode ser relatada se houver comunicação desses cistos com o conduto auditivo externo através de uma fístula. Se houver essa comunicação entre as lesões e o conduto auditivo externo, o óstio da fístula se localizará na transição entre os segmentos ósseo e cartilaginoso.

As lesões podem ser divididas em dois tipos, I e II, segundo Work em 1972, de acordo com a sua origem embriológica, e podem ser cistos, fístulas ou seios.

O tipo I é puramente ectodérmico e se apresenta como uma lesão pré-auricular, cuja extremidade distal pode estar anterior, inferior ou posterior ao pavilhão auricular. Geralmente está paralelo ao conduto auditivo externo, podendo ou não estar envolvido pelo parênquima parotídeo, em situação superficial ao nervo facial. Pode ser considerado duplicação do conduto auditivo externo, e é revestido por epitélio escamoso, porém sem anexos ou cartilagem.

O tipo II está normalmente situado imediatamente inferior ou posterior ao ângulo da mandíbula e pode ser lateral, medial ou mesmo entre os ramos do nervo facial, no interior do parênquima parotídeo. Sua extremidade

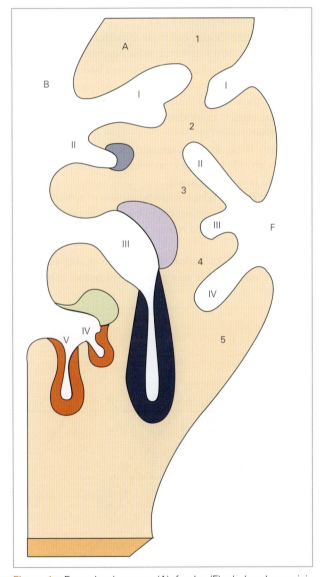

Figura 1 Desenho dos arcos (A), fendas (F) e bolsas branquiais (B). Ilustração mostra os arcos branquiais designados por algarismos arábicos, as bolsas faríngeas à esquerda (I a III), e as fendas branquiais à direita (I a IV, e II a IV formando o seio cervical), designadas por algarismos romanos.

distal pode envolver o conduto auditivo externo ou o pavilhão auricular (Figura 2). Contém ectoderma e mesoderma, com epitélio escamoso e anexos presentes.

O cisto pode ocorrer de forma isolada no interior da glândula parótida, sem associação com seios ou fístulas, e pode ser confundido com cistos linfoepiteliais da parótida, que se desenvolve em resposta a um processo inflamatório crônico ou mesmo lesões císticas de outra natureza.

Na TC, o aspecto mais comum é de uma lesão cística no parênquima parotídeo superficial à parótida ou junto à margem inferior do pavilhão auricular (Figura 3). A presença de orifício no conduto auditivo externo auxilia no diagnóstico.

Na RM, as lesões apresentam baixo sinal em T1 e alto sinal em T2, como outros cistos. A RM também apresenta maior sensibilidade do que os outros métodos para identificar o trajeto e as comunicações dessas lesões com os tecidos ao redor.

Os cistos com conteúdo mais hiperproteico (mais espesso) podem ter o conteúdo mais hiperatenuante na TC e com hipersinal em T1 na RM. A RM também auxilia na localização mais adequada da lesão e no trajeto intraparotídeo, permitindo a avaliação presumida da proximidade com o nervo facial para a avaliação pré-operatória.

Quando esses cistos estão infectados, pode haver realce pelo meio de contraste de suas paredes e densificação e aumento do realce nos tecidos ao redor, principalmente na glândula parótida, o que pode indicar processo inflamatório em atividade.

Cisto de segunda fenda branquial

Entre as lesões do aparato branquial, o maior número está relacionado às lesões do segundo arco branquial (95% dos casos). A maioria das lesões corresponde a cistos de fendas branquiais, seguidos por seios e fístulas.

As anomalias do segundo arco branquial podem ser encontradas em qualquer ponto de seu trajeto, desde a pele sobre a fossa supraclavicular, entre as artérias carótidas interna e externa, até a base do crânio e em contato com a faringe.

Os seios e as fístulas costumam ser diagnosticados na primeira década de vida, com a caracterização de um óstio de drenagem na pele em cerca de 80% dos casos. Já os cistos têm uma ampla faixa etária de diagnóstico, desde os 10 aos 40 anos, normalmente após processo inflamatório ou infeccioso, o que promove consequente aumento das dimensões e consequente dor à palpação (cisto tenso e inflamado).

Em 1929, Bailey dividiu os cistos de segunda fenda em quatro padrões (tipos I a IV).

O tipo I tem localização mais superficial, subjacente ao músculo platisma e anterior ao músculo esternocleidomastóideo, mas não apresenta relação com a bainha carotídea.

O tipo II representa o tipo mais frequente, com localização anterior ao músculo esternocleidomastóideo, lateral ao espaço carotídeo e posterior à glândula submandibular.

O tipo III apresenta extensão entre a bifurcação das artérias carótidas interna e externa e em situação lateral à parede da faringe (Figura 4).

O tipo IV está relacionado ao espaço mucosofaríngeo e pode apresentar comunicação com a faringe. Há ainda a hipótese de esse cisto representar um remanescente da bolsa faríngea.

Os principais achados clínicos são: massa palpável, indolor e não aderida aos planos profundos, relaciona-

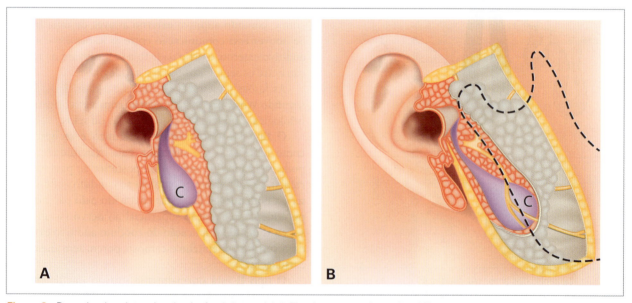

Figura 2 Desenho dos cistos de primeira fenda branquial. A: Tipo I corresponde ao cisto (C) no espaço parotídeo, superficial ao nervo facial (amarelo) com óstio no conduto auditivo externo. B: Tipo II corresponde a um cisto mais baixo e profundo do que o tipo I e que pode estar entre os ramos do nervo facial.

17 MISCELÂNEA 1041

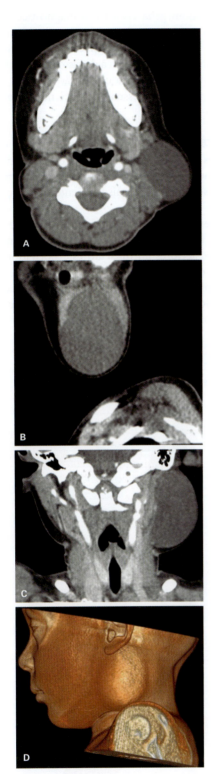

Figura 3 Cisto da primeira fenda branquial. Imagens axial (A), sagital oblíqua (B), coronal (C) e tridimensional com reconstrução de superfície (D) de TC mostram formação cística, bem delimitada, homogênea e de paredes finas, em situação posteroinferior ao conduto auditivo externo e junto ao polo superior da glândula parótida esquerda.

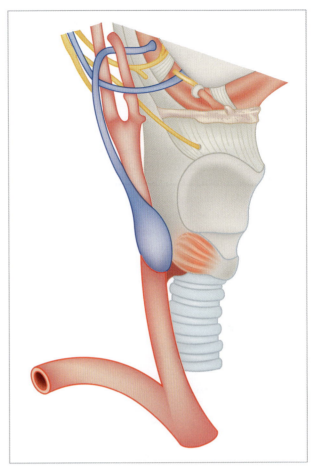

Figura 4 Desenho do cisto de segunda fenda branquial (tipo III). A ilustração representa o trajeto do seio que comunica o cisto (azul) com a parede lateral da faringe, passando entre as artérias carótidas interna e externa (em vermelho), sobre os nervos hipoglosso e glossofaríngeo (amarelo).

da ao músculo esternocleidomastóideo, frequentemente no nível do ângulo da mandíbula. As suas dimensões são variáveis, de pequenas a grandes dimensões, muitas vezes entre 1 e 10 cm de diâmetro.

No estudo histológico, apresentam epitélio escamoso estratificado e conteúdo amarelado relacionado a conteúdo lipídico com cristais de colesterol. A identificação desses cristais no líquido puncionado confirma a hipótese diagnóstica de cisto branquial.

Os cistos de segunda fenda branquial normalmente são diagnosticados após um evento inflamatório ou infeccioso e, quando as lesões aumentam de dimensões, tornam-se dolorosas e palpáveis, associando-se a alterações inflamatórias nos planos superficiais e profundos ao redor. Caso seja observado um óstio de drenagem, na face lateral do pescoço, o diagnóstico presumido se torna mais simples, principalmente em pacientes mais jovens, favorecendo fístulas associadas.

Na USG, as lesões apresentam paredes findas e circunscritas, com conteúdo anecogênico, compressíveis e eventualmente com debris, sobretudo em pacientes com história de infecção da lesão.

Na TC e na RM as lesões apresentam características semelhantes aos demais cistos, com paredes finas e bem definidas, conteúdo hipoatenuante na TC (Figura 5) e com baixo sinal em T1 e hipersinal em T2 na RM. Esses exames são importantes para a adequada localização das lesões e para determinar de forma definitiva a relação com as estruturas ao redor. A caracterização nesses exames de um prolongamento (bico) da lesão entre as artérias carótidas interna e externa é compatível com cisto de segunda fenda branquial Bailey tipo III.

Caso os cistos se infectem, as características podem mudar, com aumento da espessura das paredes e realce mais evidente delas, com conteúdo espesso, atenuação pouco maior na TC (Figura 6) e sinal maior em T1 na RM, denotando conteúdo hiperproteico.

Linfonodomegalia cística é o diagnóstico diferencial mais importante nos casos de cistos de segunda fenda branquial, principalmente em pacientes mais velhos, cuja localização pode ser idêntica à do cisto de fenda branquial, sendo muito importante a correlação com os dados clínicos e antecedentes pessoais do paciente na tentativa de diferenciá-los.

Cisto de terceira fenda branquial

Lesões do terceiro aparelho branquial são mais raras, correspondendo somente a 2-8% dos casos, porém representam a segunda lesão mais frequente do espaço cervical posterior.

Em geral, essas lesões estão mais inferiores e posteriores do que os cistos de segunda fenda branquial, até mesmo posteriores ao músculo esternocleidomastóideo e laterais ou posteriores aos vasos do espaço carotídeo. Podem apresentar relação com o seio piriforme e com o nervo laríngeo superior, com trajeto entre o nervo hipoglosso e o nervo laríngeo superior (Figura 7).

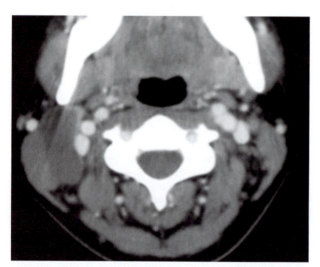

Figura 5 Cisto de segunda fenda branquial. Imagem axial de tomografia computadorizada mostra lesão cística de conteúdo homogêneo e paredes finas interposta entre o músculo esternocleidomastóideo, o espaço carotídeo e a margem posterior do ângulo da mandíbula à direita, sem realce pelo meio de contraste.

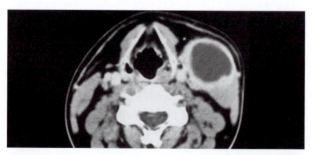

Figura 6 Cisto de segunda fenda branquial infectado. Imagem axial de tomografia computadorizada mostra lesão cística de conteúdo homogêneo e paredes espessas, com acentuado realce pelo meio de contraste, no espaço cervical anterior esquerdo, adjacente à margem anterior do músculo esternocleidomastóideo.

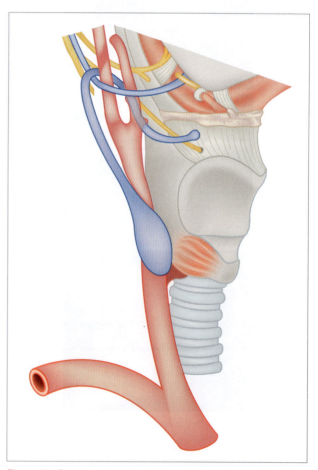

Figura 7 Desenho do cisto de terceira fenda branquial. A ilustração representa o trajeto do seio que comunica o cisto (azul) com a parede lateral da hipofaringe, passando posteriormente à artéria carótida interna (vermelho), entre os nervos hipoglosso e glossofaríngeo (amarelo).

Em pacientes mais jovens, também pode ser feito o diagnóstico mais precoce de fístulas, pela presença de um óstio de drenagem no triângulo posterior do pescoço, ou mesmo dos seios, pela caracterização de comunicação com o segmento superior do seio piriforme. As lesões do terceiro arco também são mais frequentemente observadas à esquerda.

Clinicamente, os cistos costumam ser caracterizados por lesões amolecidas, não aderidas aos planos profundos e indolores, posteriores à margem posterior do músculo esternocleidomastóideo. Da mesma forma que o cisto de segunda fenda branquial, também podem se infectar, normalmente por infecção de vias aéreas superiores, com consequente aumento das dimensões e dor à palpação. A principal característica diagnóstica é a localização de lesão cística no triângulo posterior do pescoço.

Nos exames de USG, TC e RM os cistos de terceira fenda branquial são representados pelas mesmas características dos cistos de segunda fenda, exceto pela localização mais inferior (Figura 8). Em muitos dos casos, a diferenciação não é possível pelos exames de imagem.

Cisto de quarta fenda branquial

Os achados mais comuns relacionados à quarta fenda branquial são os seios, e depois os cistos e fístulas. A maioria dessas lesões é observada no pescoço à esquerda (93,5% dos casos) e está relacionada ao lobo tireoidiano ipsilateral, sem causa definida para explicar a maior frequência à esquerda.

As lesões de quarta fenda branquial apresentam relação com o nervo laríngeo superior, com trajeto inferior a este, descendente em direção ao mediastino, lateral à faringe e à traqueia e relacionadas ao ápice do seio piriforme (Figura 9). Essas lesões também podem ser diagnosticadas em crianças ou mesmo adultos jovens, normalmente após quadro infeccioso. Um achado associado comum é a presença de alterações inflamatórias ou infecciosas na glândula tireoide, com eventual tireoidite supurativa de repetição. Caso seja demonstrada a relação de uma lesão no interior do lobo esquerdo da tireoide com o ápice do seio piriforme, o diagnóstico será altamente sugestivo de anomalia do quarto arco branquial.

Os achados nos exames de USG, TC e RM costumam ser semelhantes aos de terceira fenda branquial (Figura 10) e a caracterização da relação com o ápice do seio piriforme e tireoide favorece o diagnóstico. A administração de contraste iodado por via oral também

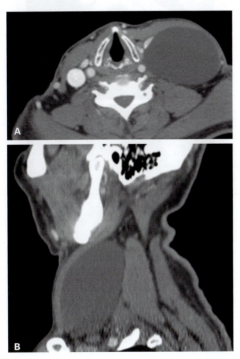

Figura 8 Cisto de terceira fenda branquial. A e B: Imagens axial e sagital de tomografia computadorizada mostram lesão cística de conteúdo homogêneo e paredes finas sem realce pelo meio de contraste à esquerda, deslocando as estruturas do espaço carotídeo e o músculo esternocleidomastóideo anteriormente.

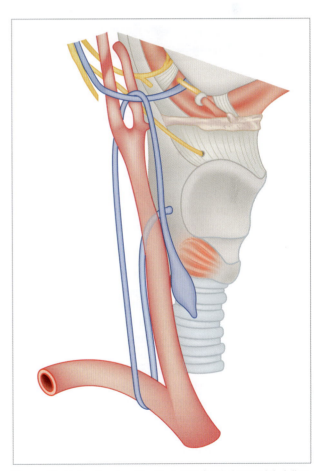

Figura 9 Desenho do cisto de quarta fenda branquial. A ilustração representa o longo trajeto do seio que comunica o cisto (azul) com a parede lateral da hipofaringe. Primeiro há um trajeto ascendente passando entre as artérias carótidas interna e externa (vermelho), sobre o nervo hipoglosso (amarelo). Depois, há um trajeto descendente seguido de um ascendente até a parede lateral da hipofaringe, fazendo uma alça abaixo da artéria subclávia à direita e da aorta à esquerda.

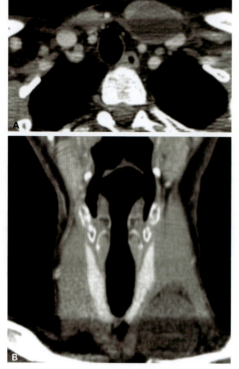

Figura 10 Cisto de quarta fenda branquial. A e B: Imagens axial e coronal de tomografia computadorizada mostram lesão cística cervical anterior à esquerda, de conteúdo homogêneo e paredes finas, sem realce pelo meio de contraste, próxima à fúrcula esternal, interposta entre o músculo esternocleidomastóideo e a musculatura pré-tireoidiana.

Os cistos tímicos podem surgir na região cervical anterior, entre o ângulo da mandíbula e a transição cervicotorácica, porém já foram descritos casos de localizações atípicas, como focos retrofaríngeos.

Na maioria dos casos, os cistos tímicos não possuem repercussão clínica, sendo descobertos de forma acidental. Eventualmente podem se associar a quadros de rouquidão, disfagia, estridor e desconforto respiratório, sobretudo em recém-nascidos, por compressão extrínseca das vias aéreas.

São identificados à esquerda em 60-70% dos casos e podem também apresentar relação com a membrana tireo-hióidea e o seio piriforme, o que nesses casos pode levantar o diagnóstico diferencial com cistos de terceira e quarta fendas branquiais.

A USG é o exame recomendado para a avaliação inicial e o cisto tímico é caracterizado por lesão de limites bem definidos e conteúdo anecogênico, com paredes finas. O estudo de TC demonstra lesão de limites bem definidos e com paredes finas, e pode apresentar realce parietal quando infectado (Figura 11). A RM demonstra lesão pode auxiliar no diagnóstico, com a visualização do seio com contraste no interior, adjacente ao seio piriforme, porém isso só ocorre em 50% dos casos.

Cistos tímicos

O timo se origina da terceira e quarta bolsas faríngeas e, por volta da sexta semana de gestação, migra inferiormente através dos ductos timofaríngeos, ventrais aos espaços carotídeos, até sua topografia habitual no mediastino anterior, por volta da nona semana de gestação. Diversas alterações podem acontecer ao longo desses ductos, como descida incompleta, formando tecido tímico ectópico, sequestro na região cervical ou mesmo degeneração incompleta do ducto timofaríngeo, que passa a ligar o tecido tímico à faringe, ultrapassando a membrana tireo-hióidea.

Inúmeras teorias foram levantadas para demonstrar a causa da formação dos cistos tímicos, entre elas a dilatação com acúmulo de material líquido no interior dos ductos persistentes ou degeneração cística dos chamados corpúsculos de Hassall, que são conjuntos de células epiteliais reticulares em camadas concêntricas que são características do tecido tímico. Esses corpúsculos podem ser encontrados nas paredes dos cistos tímicos na análise histológica, o que pode favorecer essa possibilidade.

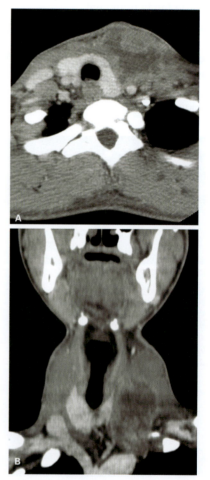

Figura 11 Cisto tímico infectado. A e B: Imagens axial e coronal de tomografia computadorizada evidenciam formação cística de paredes espessas e irregulares com realce pelo meio de contraste na região cervical anterior esquerda em situação paratireoidiana, estendendo-se pela transição cervicotorácica para o mediastino anterior.

com hipossinal em T1 e hipersinal em T2, sem restrição à difusão. O aspecto morfológico mais comum é o de uma lesão cística fusiforme uni ou multiloculada adjacente à face ventral do espaço carotídeo, com extensão caudal na direção do mediastino superior.

Pode haver também componente sólido no interior da lesão cística, com características similares às do tecido tímico habitual e semelhantes ao tecido linfoide ou mesmo à glândula paratireoide.

Alterações inflamatórias ou infecciosas também podem ocorrer, o que promove mudança no aspecto do conteúdo das lesões, com debris presentes na USG e conteúdo hiperproteico (espesso) na TC e na RM.

É muito importante que se avalie o mediastino anterior e superior para caracterizar a presença de tecido tímico normal em sua topografia, a fim que no planejamento cirúrgico não seja ressecado todo o tecido tímico funcionante do paciente, principalmente em crianças e jovens.

Cisto do ducto tireoglosso

A glândula tireoide primordial inicia seu desenvolvimento na terceira semana de gestação, no plano do forame cego. A partir desse ponto, apresenta um trajeto cervical anterior descendente, ultrapassando o mesoderma precursor da língua e do assoalho bucal, em situação anterior ao osso hioide e às cartilagens do esqueleto laríngeo, até atingir sua posição esperada, anterior à cartilagem tireoide e à traqueia, por volta da sétima semana de gestação (Figura 12).

A migração da glândula tireoide primitiva ocorre por meio de uma estrutura tubular, estreita e localizada entre o forame cego e a loja tireoidiana, chamada de ducto tireoglosso. Esse ducto involui após o término da migração da glândula tireoide, geralmente até a 11ª semana de gestação. A extremidade superior do ducto pode persistir como o forame cego lingual, que divide os dois terços anteriores da língua de seu terço posterior. A extremidade inferior do ducto pode originar o lobo piramidal da glândula tireoide. Entretanto, a persistência de algumas células do epitélio respiratório no trajeto do ducto tireoglosso pode formar lesão cística de inclusão epitelial, com acúmulo de secreção em seu interior, formando uma lesão conhecida como cisto do ducto tireoglosso.

O cisto do ducto tireoglosso é a lesão cervical congênita mais comum, responsável por cerca de 50-70% de todas as lesões congênitas do pescoço, e é a segunda causa

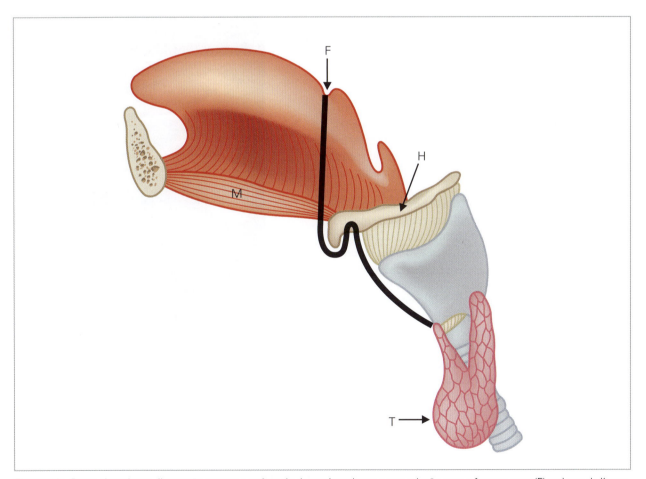

Figura 12   Ducto tireoglosso. Ilustração mostra o trajeto do ducto tireoglosso e sua relação com o forame cego (F) na base da língua, osso hioide (H), musculatura do assoalho bucal (M) e loja tireoidiana (T).

de lesões cervicais benignas, depois das linfonodomegalias. São cerca de três vezes mais frequentes que as anomalias dos arcos branquiais e são encontrados em cerca de 5-10% das autópsias. Cerca de 60% dos casos costumam ser diagnosticados antes dos 20 anos de idade, e não apresentam disparidade entre os sexos.

A lesão pode estar localizada ao longo de todo o trajeto do ducto, desde o assoalho bucal até a loja tireoidiana. A localização mais comum é na linha mediana, em 75% dos casos, e os demais 25% são paramedianos, mais frequente à esquerda, normalmente não se estendendo além de 2,0 cm da linha mediana. Alguns desses cistos podem estar em íntimo contato com as cartilagens laríngeas e promover algum grau de remodelamento pela compressão. Os cistos também podem ser divididos em supra-hióideos e infra-hióideos, com cerca de 20-25% acima do osso hioide, 15-50% no plano do osso hioide e 25-65% abaixo do osso hioide. Aproximadamente 80% das lesões mantêm algum grau de contato com as faces anterior, posterior ou inferior do corpo do osso hioide. Essa variação pode ser decorrente da leve rotação das estruturas durante o desenvolvimento.

As lesões com localização supra-hióidea podem se estender à gordura pré-epiglótica (Figura 13A), ultrapassando superiormente o osso hioide, e as lesões infra-hióideas, quando paramedianas, podem estar em íntima relação com a musculatura pré-tireoidiana ou mesmo se insinuar entre as lâminas da cartilagem tireoide para a gordura paraglótica, ocasionando abaulamento submucoso (Figura 13B).

O quadro clínico mais comum é de massa cervical anterior, indolor, móvel à deglutição e à protrusão lingual, com dimensões variáveis. Em muitos casos o diagnóstico na adolescência ou em adultos jovens está relacionado a episódios de inflamação, o que leva ao aumento do seu volume e consequente detecção.

A associação com lesões malignas é rara e está relacionada à presença de células tireoidianas remanescentes no interior do ducto, podendo ser encontrado qualquer tipo histológico de neoplasia tireoidiana, sendo mais comum o carcinoma papilífero, em 1-2% dos cistos. Deve-se suspeitar de espessamentos parietais irregulares ou nodulares do cisto, admitindo diagnóstico diferencial com um cisto infectado. Contudo, o diagnóstico muitas vezes só pode ser realizado após sua ressecção.

Nos exames de imagem, o cisto do ducto tireoglosso mostra-se como uma lesão cística de aspecto simples na linha mediana da região cervical anterior, com paredes finas em todos os métodos, sem realce pelos meios de contraste iodado ou gadolínio, e com conteúdo anecogênico na USG, hipoatenuante e homogêneo à TC e com hipossinal homogêneo em T1 e hipersinal em T2. Contudo, esses cistos também podem apresentar paredes mais espessas e com realce pelo meio de contraste, septações ou aderências internas e conteúdo espesso, hipoecogêni-

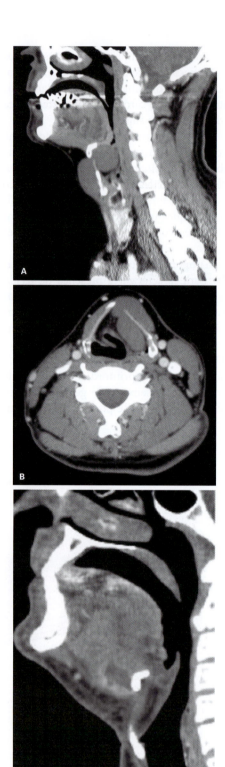

Figura 13 Cisto do ducto tireoglosso. A: Imagem sagital de tomografia computadorizada (TC) evidencia formação cística lobulada de paredes finas e conteúdo homogêneo interposta entre o corpo do osso hioide e a cartilagem tireoide, com componentes anterior e posterior. B: Imagem axial de TC mostra melhor a relação da lesão com a cartilagem tireoide e a extensão para o espaço paralaríngeo esquerdo. C: Imagem sagital de TC de outro paciente evidencia outra formação cística anterior ao corpo do osso hioide, de paredes espessadas com realce pelo meio de contraste, compatível com cisto do ducto tireoglosso infectado.

co e com focos hiperecogênicos em suspensão na USG, com atenuação mais elevada e heterogênea na TC e com sinal alto em T1 e T2 pelo teor hiperproteico (espesso ou hemorrágico) na RM, à custa de eventos inflamatórios pregressos ou atuais (Figura 13C).

O tratamento proposto é a ressecção desses cistos, juntamente ao corpo do osso hioide, diminuindo de modo significativo as chances de recorrência (4%). Um tecido fibroso cicatricial preenche o local do corpo do osso hioide removido nos exames de controle.

Teratoma e cistos dermoide e epidermoide

Os cistos teratoides, dermoides e epidermoides fazem parte de um espectro de uma mesma lesão, o teratoma, que pode ser definido como uma lesão composta de diversos tipos de tecido fora do local de origem. A sua incidência é de cerca de 1 para cada 4.000 nascimentos e é mais frequente nas regiões sacrococcígea, mediastinal, retroperitoneal e gonadal. Menos de 10% ocorrem na região da cabeça e pescoço.

O termo genérico cisto dermoide ou somente dermoide tem sido utilizado na prática diária para descrever as três lesões com histologia específica, provavelmente pela maior frequência em relação às demais: o cisto epidermoide, revestido por epitélio escamoso simples e sem a caracterização de apêndices dérmicos; o cisto dermoide verdadeiro, com epitélio escamoso queratinizado e apêndices cutâneos, como folículos pilosos e glândulas sebáceas, relacionados a tecido originado na meso e ectoderme; e o cisto teratoide, com epitélio revestido variado, desde escamoso simples até ciliado, com derivados da endo, meso e ectoderme, com células neurais e gastrointestinais, entre outras. Todos estes podem apresentar conteúdo queratinizado de aspecto caseoso.

Cerca de 7% dos casos de cistos dermoides são observados na cabeça e pescoço e podem estar distribuídos em qualquer região, sendo mais frequentes nas regiões periorbitárias laterais. O segundo local mais comum é o assoalho bucal (11,5% dos casos em cabeça e pescoço), onde se manifestam habitualmente acima da segunda e terceira décadas de vida como lesões císticas na linha média, móveis, não aderidas aos planos profundos, com crescimento lento e progressivo. A lesão pode ser profunda e de difícil palpação, entre os músculos genioglosso e milo-hioide, ou superficial e de fácil palpação, abaixo do milo-hioide (Figura 14). A localização da lesão em relação aos músculos do assoalho bucal deve ser descrita em detalhes para facilitar a decisão da via de abordagem cirúrgica.

Nos exames de imagem, os cistos epidermoides possuem paredes finas, sem realce pelo meio de contraste e conteúdo hipoatenuante e homogêneo na TC, com baixo sinal em T1 e alto sinal em T2 na RM. A principal característica de imagem que facilita o diagnóstico é a restrição

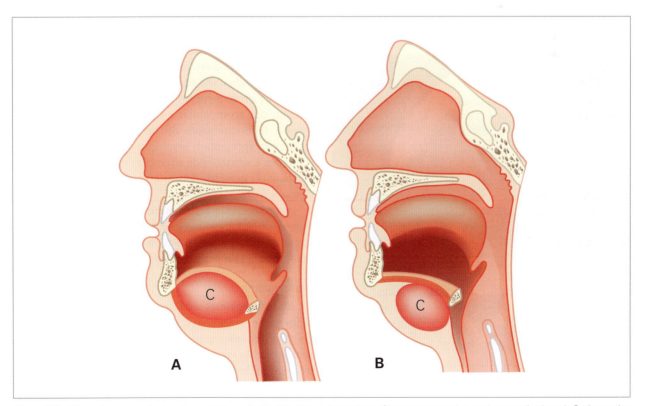

Figura 14 Cisto dermoide. Ilustração mostra a relação dos cistos dermoides (C) com a musculatura do assoalho bucal. O cisto acima do músculo milo-hioide (vermelho) é denominado de profundo (A) e o abaixo do músculo é o superficial (B).

à difusão das moléculas de água, com hipersinal na difusão e hipossinal no mapa ADC.

Os cistos dermoides apresentam na TC conteúdo homogêneo hipoatenuante, com eventuais ilhotas de gordura em meio ao conteúdo líquido, o que auxilia no diagnóstico de cisto dermoide e permite a diferenciação com cistos epidermoides (Figura 15). Também podem apresentar conteúdo heterogêneo por seus componentes germinativos. Apresentam na RM sinal heterogêneo, com alto sinal em T1 pelo conteúdo gorduroso e alto sinal em T2 pelo conteúdo hidratado. Alguns casos podem apresentar também restrição à difusão, porém menos evidente e menos comum que nos casos de cistos epidermoides.

A transformação maligna dessas lesões é rara, principalmente para carcinoma de células escamosas, descrita em apenas 5% dos casos.

Anomalias congênitas vasculares

Durante a embriologia, o sistema vascular se origina a partir de angiocistos primitivos, que se desenvolvem do mesoderma, unem-se e levam à formação de lagos venosos, que em seguida também se unem e formam uma rede capilar de estruturas arteriais e venosas, que progressivamente serão substituídas por canais vasculares maduros.

Diversos elementos podem interferir no desenvolvimento vascular, com aumento ou redução da proliferação vascular. Qualquer falha ou desarranjo desses elementos pode levar às malformações vasculares.

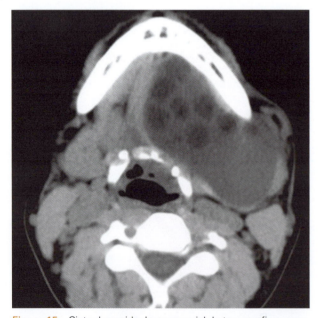

Figura 15 Cisto dermoide. Imagem axial de tomografia computadorizada evidencia formação cística de paredes finas contendo partículas de material sobrenadante com atenuação lipídica em meio a conteúdo líquido no assoalho bucal à esquerda, com extensão para o espaço submandibular esquerdo.

Já o sistema linfático se origina na oitava semana de gestação a partir do sequestro de parte do sistema venoso primitivo, com formação de sacos linfáticos primitivos. Canais endoteliais constituirão então os sacos linfáticos secundários, incluindo o ducto torácico, a cisterna do quilo e o saco subclávio, e a partir dessas estruturas o sistema linfático periférico será formado.

As malformações vasculares e linfáticas em cabeça e pescoço são lesões relativamente comuns, sobretudo nos primeiros anos de vida, com um espectro de lesões que variam desde puramente vasculares a puramente linfáticas. Mulliken e Glowaki estabeleceram em 1982 uma classificação de anomalias vasculares baseada na histologia e na apresentação clínica, em dois grupos: hemangiomas com hiperplasia endotelial e malformações vasculares com proliferação endotelial preservada. Warner e Swan, em 1999, promoveram alterações na classificação quanto à terminologia baseadas em lesões com alto fluxo (fístulas e malformações arteriovenosas) ou de baixo fluxo (malformações venosas, capilares e linfáticas). Em 2004, a Sociedade Internacional para os Estudos das Anomalias Vasculares (ISSVA) aprovou uma nova classificação em Melbourne, cuja última revisão ocorreu em 2014. Nessa nova classificação, as anomalias vasculares foram divididas em tumores vasculares (benignos, localmente agressivos ou malignos) e malformações vasculares simples (malformações capilares, linfáticas, venosas ou arteriovenosas, além das fístulas arteriovenosas) ou combinadas (duas ou mais malformações vasculares encontradas em uma única lesão).

As malformações vasculares não são lesões tumorais, sendo formadas por células endoteliais com aspecto habitual. Essas lesões costumam surgir na primeira e segunda décadas de vida e seu aumento normalmente depende de fatores de crescimento do próprio organismo, por isso acabam por acompanhar o desenvolvimento dos outros órgãos. Diferentemente do hemangioma capilar, essas lesões não apresentam involução com o tempo. Trauma, infecções e situações de alterações hormonais, como puberdade ou gravidez, levam ao aumento mais acelerado dessas lesões.

Abordaremos a seguir, entre os tumores vasculares benignos, os hemangiomas e seus diferenciais tumorais, bem como abordaremos, entre as malformações vasculares, as malformações capilares, venosas, linfáticas e arteriovenosas.

Hemangioma

Os hemangiomas são tumores vasculares benignos divididos em hemangiomas congênitos e hemangiomas infantis. Os congênitos são separados em lesões com rápida involução, sem involução ou com involução parcial. Os hemangiomas infantis são classificados de acordo com a origem (focal, multifocal, segmentar ou indeterminada) ou com os tipos (superficial, profundo, misto, reticular ou outros) e podem estar associados a algumas síndromes, como a associação PHACE, constituída por alterações da fossa posterior (P); hemangiomas capilares (H); anormalidades arteriais (A), como atresia de artérias carótidas ou presença de padrão Moya-Moya por doença oclusiva cerebrovascular; defeitos cardiovasculares (C), como coarctação de aorta; e anormalidades oculares (E de *eye*). Hemangiomas capilares podem estar associados a malformações esqueléticas ou gastrointestinais.

O hemangioma surge a partir da proliferação de células endoteliais, mastócitos, fibroblastos e macrófagos, representando cerca de 7% de todos os tumores benignos de partes moles, com incidência de 1-2% nos neonatos e 12% até o primeiro ano de vida. Cerca de 96% dos casos já são observados nos primeiros 6 meses de vida (congênitos). Compromete cerca de 5-10% da população caucasiana, com predileção por crianças do sexo feminino e maior acometimento em cabeça e pescoço (60%). A maior parte das lesões apresenta um comportamento típico de crescimento rápido entre 12 e 18 meses de vida, com involução até a adolescência (cerca de 70% dos casos involui até os 7 anos). As lesões congênitas costumam involuir mais precocemente do que as infantis.

Os hemangiomas podem comprometer diversos planos e órgãos, porém a maioria compromete a pele e o tecido subcutâneo, como lesões únicas. Lesões múltiplas e bilaterais com extensão profunda para planos musculoadiposos podem ser observadas em cerca de 20% dos casos (Figura 16). Se mais de cinco lesões estiverem presentes, pode-se suspeitar de comprometimento profundo.

No começo os hemangiomas estão na fase proliferativa de crescimento, são caracterizados por lesões de alto fluxo com crescimento rápido e coloração avermelhada, pulsáteis e com calor local. Caso a lesão seja profunda, podem ser observadas algumas telangiectasias superficiais, com possível remodelamento ósseo por efeito compressivo. São descritos casos de comprometimento intraósseo, porém esses casos são raros e não apresentam características típicas. Os estudos de imagem são recomendados para a avaliação da profundidade das lesões, da relação com as estruturas ao redor e para a avaliação de outras alterações associadas.

A USG já pode fornecer informações sobre as lesões, com a observação de lesões hipo ou hiperecogênicas, com alto fluxo ao estudo Doppler, porém de baixa resistência. Eventualmente pode ser observado *shunt* arteriovenoso, porém é raro.

A TC demonstra lesões com atenuação de partes moles, semelhante à da musculatura, com padrão de realce intenso após a injeção do meio de contraste, que pode ser rápido (Figura 17) ou globuliforme e centrípeto progressivo. Flebólitos e calcificações não estão presentes nos hemangiomas capilares, o que auxilia no diagnóstico diferencial com malformações vasculares venosas.

A RM apresenta maior sensibilidade para a avaliação das lesões e permite determinar a fase de evolução dela. Na fase proliferativa inicial as lesões são lobuladas e de limites bem definidos, com sinal intermediário em T1, semelhante ao da musculatura, hipersinal em T2 e com ausência ou discreta restrição à difusão. Estruturas vasculares com alto fluxo são observadas de permeio, como *flow-voids*. O padrão de realce é semelhante ao da TC, geralmente com impregnação intensa e progressiva, de aspecto globuliforme (Figura 18). Já na segunda fase de

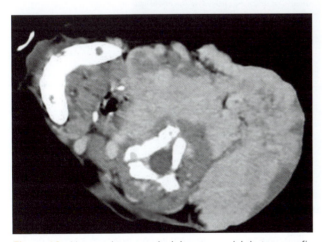

Figura 16 Hemangioma cervical. Imagem axial de tomografia computadorizada evidencia volumosa lesão cervical hipervascularizada e multiespacial que se estende pelos espaços retrofaríngeo e *danger*, comprimindo e deslocando anteriormente a laringe. Exame realizado em decúbito lateral em razão do desconforto respiratório.

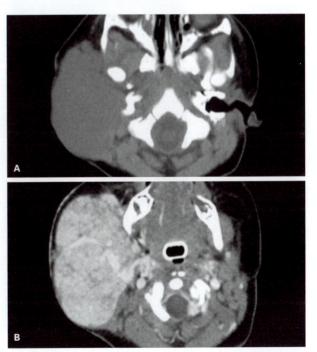

Figura 17 Hemangioma. A: Imagem axial de tomografia computadorizada sem meio de contraste mostra lesão expansiva, hipoatenuante e homogênea no espaço parotídeo direito. B: Após a injeção do meio de contraste houve um acentuado realce da lesão e a caracterização da veia retromandibular ectasiada (via de drenagem da lesão).

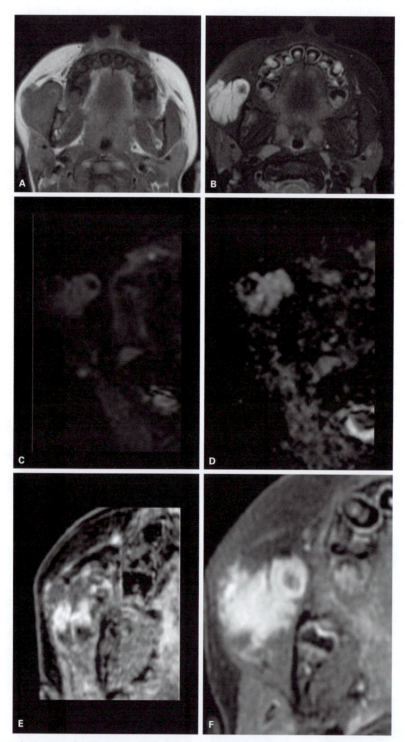

Figura 18 Hemangioma. Imagens axiais de ressonância magnética em T1 (A), T2 (B), difusão B1000 (C), mapa de coeficientes de difusão aparente (ADC) (D), T1 pós-gadolínio precoce (E) e T1 pós-gadolínio mais tardio (F) mostram lesão sólida com isossinal em T1, hipersinal em T2, sem restrição hídrica à difusão das moléculas de água e com realce intenso e progressivo pelo gadolínio no músculo masseter direito, compatível com hemangioma.

involução a lesão apresenta redução de suas dimensões e substituição fibrogordurosa do tecido.

A maior parte dos hemangiomas não é submetida a tratamento, pois involuirá de forma espontânea. Entretanto, alguns podem promover compressão de estruturas adjacentes, comprimindo as vias aéreas e as estruturas vasculares, ou mesmo apresentar ulcerações com sangramento. Cerca de 10% dos casos são definidos como perigosos, de acordo com a sua localização, número de lesões e dimensões, como os periorbitários (compressão de estruturas orbitárias), os faríngeos, os laríngeos e os traqueais (estreitamento de vias aéreas) ou os hemangiomas com sangramento espontâneo.

O tratamento dos hemangiomas pode se iniciar com a utilização de betabloqueadores por via oral, mas corticosteroides e drogas antiangiogênicas como *interferon* alfa-2a podem ser utilizados se a lesão progredir. Cirurgia e embolização de vasos nutridores são indicadas em casos não responsivos.

Tumores localmente agressivos ou malignos

As lesões benignas histologicamente, mas agressivas localmente, são os hemangioendoteliomas kaposiforme, retiforme ou composto, o angioendotelioma papilar intralinfático (PILA) e o sarcoma de Kaposi. As lesões malignas são o angiossarcoma e o hemangioendotelioma epitelioide. Essas lesões são diagnósticos diferenciais dos hemangiomas e apresentam crescimento mais rápido e invasão de estruturas locais.

Malformações capilares

Nesse grupo das malformações capilares estão incluídas, entre outras, as teleangiectasias e o nevo vinhoso, este último associado à angiomatose encefalotrigeminal (síndrome de Sturge-Weber) em 1-2% dos casos, podendo ainda levar a assimetria da face e distúrbios da oclusão bucal. As telangiectasias também podem ser vistas isoladamente ou em síndromes, como Osler-Weber-Rendu (teleangiectasia hemorrágica hereditária).

Malformações venosas

Representam a segunda lesão de origem vascular mais comum da cabeça e pescoço depois do hemangioma capilar. Eram conhecidas como hemangioma cavernoso, hemangioma varicoso e até mesmo linfangio-hemangioma, termos que devem ser evitados, já que essa lesão não é uma neoplasia e não deve ser confundida com o hemangioma capilar.

Geralmente são caracterizadas de forma isolada, porém podem ser observadas em formas hereditárias associadas a cavernomas encefálicos (malformação venosa cutaneomucosa familiar múltipla) ou em síndromes como Klippel-Trenaunay, Maffucci e síndrome do nevo azul.

São lesões de baixo fluxo, com agrupamentos de canais vasculares revestidos por endotélio, sem músculo liso e conectados entre si. Não são observadas comunicações arteriovenosas, mas podem ser caracterizadas as comunicações com estruturas venosas, apesar de não ser o habitual.

Clinicamente, essas malformações são compressíveis e fibroelásticas, e normalmente apresentam aumento de suas dimensões após a realização da manobra de Valsalva, que se torna mais evidente em crianças após o choro. Muitas lesões apresentam extensão profunda, ao longo de fáscias ou dentro da musculatura. Muitas delas podem ser dolorosas pela manhã.

Por apresentar um padrão de comprometimento transespacial, essas lesões podem comprometer estruturas nobres quando grandes, com envolvimento de vias aéreas ou estruturas vasculares, estando alguns sintomas relacionados às dimensões da lesão. Alguns pacientes, principalmente mais jovens, podem apresentar ainda comprometimento ósseo, com hipertrofia relacionada à presença da lesão adjacente e deformidades.

Uma das características mais importantes dessas lesões é a presença de flebólitos, um achado típico, que pode ser identificado por todos os métodos de imagem, até pela radiografia simples.

A USG demonstra lesão heterogênea, hipoecogênica e compressível, com flebólitos e fluxo sanguíneo identificado pelo estudo Doppler. O estudo Doppler pode demonstrar fluxo monofásico de baixa velocidade, muitas vezes de difícil avaliação, mas que pode ser corrigido por meio da realização da manobra de Valsalva durante o exame.

Os estudos de TC e RM demonstram lesão de aspecto lobulado, sendo por vezes serpiginosa ou alongada, com atenuação de partes moles na TC e com sinal variável em T1 (intermediário e semelhante ao músculo) e hipersinal em T2 na RM. Pode apresentar estruturas císticas de permeio, com a formação de níveis líquidos, e realce variável na TC e na RM, muitas vezes lento, progressivo e de baixa intensidade. A presença de flebólitos e do realce são as principais características que permitem diferenciá-la de outras lesões (Figura 19).

Para lesões pequenas, pode-se adotar uma abordagem cirúrgica. Porém, em alguns casos maiores e que comprometem estruturas profundas, pode-se utilizar substâncias esclerosantes aplicadas diretamente na lesão, crioterapia, radioterapia ou tratamento com laser.

Malformações linfáticas

As malformações vasculares linfáticas representam 5% das lesões benignas da infância e adolescência, estando em 75% dos casos no pescoço. Predominam na região cervical posterior e são duas vezes mais frequentes do lado esquerdo, pela relação com o ducto torácico. Outros locais em que essas lesões podem ser encontradas são as axilas, o retroperitônio, a pelve e as regiões inguinais, podendo envolver a pele, as partes moles e os ossos (por infiltração direta ou hipertrofia pela presença de lesão ad-

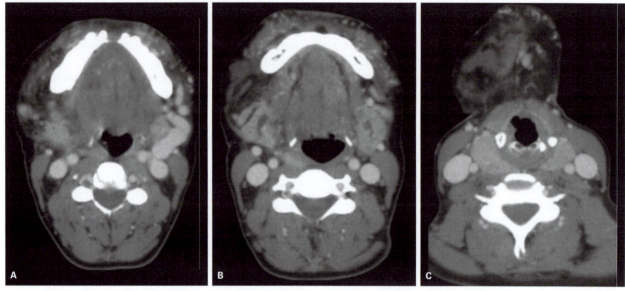

Figura 19 Malformação venosa. Imagens axiais de tomografia computadorizada pós-gadolínio (A, B e C) mostram espessamento e densificação dos planos superficiais nas regiões submandibulares, perimandibulares e mentoniana à custa de formações alongadas e serpiginosas de diferentes calibres, relacionadas à veia facial superficial esquerda bastante ectasiada. Os achados são compatíveis com malformação venosa.

jacente). Em 65% das lesões, a face e a mandíbula estão comprometidas.

Não apresentam predileção por sexo ou raça e ao nascimento podem ser observadas em cerca de 50-60% dos casos, com incidência de 1,2 a 2,8 por 1.000 nascimentos. Em 90% dos casos o diagnóstico é realizado até os 2 anos de idade. Dos que não foram diagnosticados na infância, alguns autores acreditam que a lesão pode ser de origem traumática. Muitos pacientes também podem ter o diagnóstico intrauterino, com alterações de cariótipo pela síndrome de Turner, Down e trissomias do 13 e 18 em 70% das vezes, ou mesmo sem alterações do cariótipo, mas com defeitos genéticos isolados, como nas síndromes de Noonan e Robert.

As lesões comuns podem ser microcísticas, macrocísticas ou mistas, sendo constituídas por canais revestidos de endotélio com linfa.

Algumas teorias foram levantadas para explicar a formação dessas lesões, entre elas a falha de drenagem dos sacos linfáticos primordiais para o sistema venoso, sequestro de tecido linfático e formação de cistos à custa de perda da conexão de vasos com o restante do sistema linfático.

A histologia lesional também é variável, dependendo de sua localização. Em uma região de tecido conjuntivo mais frouxo são observadas áreas císticas maiores e em tecido conjuntivo mais denso áreas císticas menores, podendo justificar o espectro das lesões (Figura 20). Alguns autores denominavam as lesões com áreas císticas maiores de higromas císticos, as intermediárias como linfagiomas cavernosos e as menores de linfagiomas capilares, mas a utilização desses termos deve ser desencorajada, sendo a denominação correta a de malformações linfáticas.

Da mesma forma que as malformações venosas, as linfáticas também apresentam baixo fluxo, consistência fibroelástica e compressão. Aumento rápido das dimensões dessas lesões pode ocorrer se houver sangramento ou mesmo infecções. Sintomas podem também decorrer de comprometimento de estruturas adjacentes, como compressão da faringe ou de outras vias aéreas.

Na USG as lesões são císticas multiloculadas e septadas, com septos de várias espessuras. Níveis líquidos com debris podem indicar hemorragia e são característicos da lesão.

Na TC são lesões transespaciais, mal delimitadas, císticas e multiloculadas, também com septações visíveis e conteúdo hipoatenuante (Figura 20). Níveis com atenuação maior podem ser observados, também relacionados a infecção ou a hemorragia.

A RM apresenta maior sensibilidade na delimitação das lesões e sua relação com as estruturas adjacentes. A sequência T1 tem sinal variável, a depender do tipo do material no interior das lojas, que pode ser hiperproteico e hemorrágico. A sequência T2 delimita melhor a lesão, também demonstrando níveis líquidos com material hemorrágico.

Tipicamente essas lesões não apresentam realce pelo contraste, mas, quando presentes, podem indicar a presença de um componente de malformação venosa associado ou se tratar da forma microcística.

Da mesma forma que nas malformações vasculares venosas, pode-se indicar escleroterapia ou cirurgia, com alto risco de lesão das estruturas adjacentes.

Malformações arteriovenosas (MAV)

São lesões vasculares de alto fluxo, com acúmulo de pequenos vasos formando um *nidus*, conexão direta entre

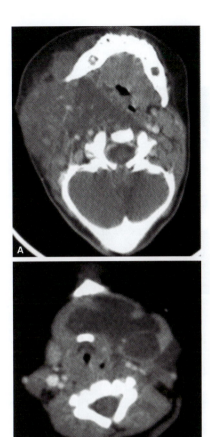

Figura 20 Malformação linfática. Imagem axial de tomografia computadorizada (TC) (A) mostra tecido hipoatenuante e mal delimitado infiltrando a glândula parótida, a parede lateral da orofaringe e os planos musculoadiposos cervicais à direita, sem realce significativo pelo meio de contraste, compatível com malformação linfática do tipo microcístico. Imagem axial de TC (B) mostra formação cística multiloculada infiltrando o assoalho bucal e a região submandibular esquerda, compatível com malformação linfática do tipo macrocístico.

artérias nutridoras e estruturas venosas de drenagem, ausência de rede capilar com resistência e presença de *shunt* entre um sistema de alta pressão e outro de baixa pressão. Essas lesões são menos comuns do que as malformações vasculares de baixo fluxo.

Podem envolver planos superficiais e profundos, musculares e ósseos e podem ser multiespaciais. Normalmente as MAV apresentam irrigação na cabeça e pescoço através de um ramo da artéria carótida externa e drenagem para a veia jugular externa. Contudo, outras estruturas vasculares podem estar envolvidas na irrigação e drenagem.

Nos primeiros anos de vida, essas lesões não costumam aparecer, sendo o diagnóstico mais tardio, com crescimento na adolescência pelas mudanças hormonais, trauma, trombose ou gravidez. Algumas lesões maiores podem causar insuficiência cardíaca por alto débito, levando ao diagnóstico mais precoce.

Hemorragia, dor, ulcerações superficiais e infecção são condições clínicas que podem eventualmente estar associadas. Em 1900, Schöbinger classificou a evolução clínica desses pacientes em quatro estágios:

- Quiescente: pele sem alteração da cor, lesão azulada ou rosada e com discreto calor local, representando 27% dos casos.
- Expansivo: associa-se aumento da lesão, com pulso detectável, frêmito e vasos tensos, representando 38% dos casos.
- Destrutivo: surge alteração distrófica da pele, ulceração, sangramento, dor e necrose, em 38% dos casos.
- Descompensado: insuficiência cardíaca de alto débito e hipertrofia do ventrículo esquerdo.

Na região cervicofacial, os locais mais afetados são a região geniana (31%), a orelha (16%), o nariz (11%) e a região frontal supraorbitária (10%). Quando há envolvimento ósseo, pode ocorrer hipertrofia óssea assimétrica, com deformidade local.

A USG com estudo Doppler é o método de avaliação inicial e demonstra lesão heterogênea com estruturas vasculares de permeio anecogênicas no modo B e com alto fluxo arterial e venoso, com padrão de *shunt*.

A TC e a RM são úteis para demonstrar a localização e o comprometimento de estruturas adjacentes. Estruturas vasculares alargadas, porém sem massa de tecidos moles associada, são o achado mais comum. Contudo, pode haver halo de hipersinal em T2 nos tecidos ao redor, representando edema. Na TC, os vasos com alto fluxo apresentam realce vascular precoce e, na RM, são caracterizados pela presença de *flow-voids*.

Caso haja envolvimento ósseo, a TC pode demonstrar lesão lítica e expansiva com ruptura da cortical adjacente (Figura 21).

A angiografia pode ser realizada para planejamento pré-operatório e avaliação dos vasos nutridores e das veias de drenagem.

O tratamento está indicado em lesões sintomáticas e pode ser cirúrgico, endovascular ou combinado. A cura pode ser obtida com a ressecção completa ou com a obliteração do *nidus*, mas o comprometimento da nutrição pode ocasionar a formação de novos vasos colaterais.

Outras lesões cervicais raras

Cisto broncogênico

Cistos broncogênicos são lesões raras e decorrem de alterações no desenvolvimento do intestino primitivo e consequente desenvolvimento anormal da árvore traqueobrônquica, entre a 5ª e 16ª semanas de gestação. São muito mais frequentes no mediastino e pulmão, sendo 86% mediastinais. Quando observados no pescoço, tendem a ser mais superficiais. Embora raros, são muito difíceis de serem diferenciados clinicamente e por exames de imagem de outras massas císticas cervicais, por causa de

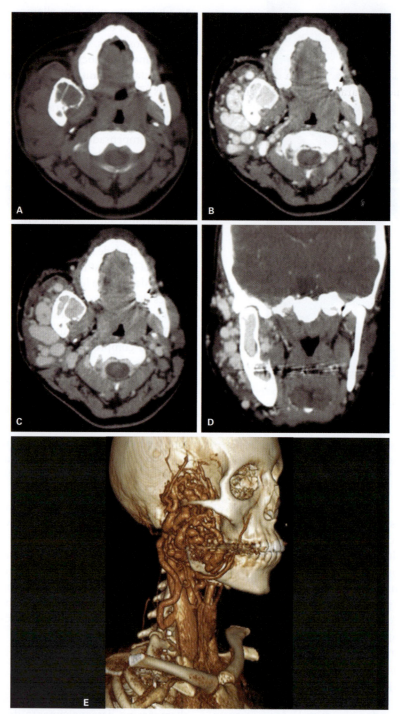

Figura 21 Malformação arteriovenosa. Imagens de tomografia computadorizada no plano axial sem contraste (A) e com contraste na fase arterial (B) e venosa (C) e imagens no plano coronal com contraste (D) e na reconstrução tridimensional (E) mostram estruturas alongadas, serpiginosas e calibrosas, com realce intenso e precoce pelo meio de contraste, que permeiam as partes moles da hemiface direita e alargam o canal mandibular direito, com remodelamento ósseo.

sua localização no espaço cervical anterior, apresentação nos estudos de imagem e evolução. São diagnosticados pela caracterização de epitélio do tipo respiratório, cartilagem, glândulas e fibras musculares lisas em sua parede. O tratamento é a ressecção completa desses cistos.

Coristomas

O termo coristoma refere-se à presença de tecido ectópico tímico, de glândula paratireoide ou salivar bem diferenciado. Poucos casos foram relatados na região da cabeça e pescoço. Algumas dessas lesões possuem apresentação cística.

Enterocistomas

São lesões raras semelhantes aos coristomas, mas que contêm mucosa gastrointestinal. Geralmente ocorrem na língua e no assoalho bucal. A maioria tem sido descrita em crianças.

Cisto traqueoesofágico

Cisto contendo epitélio respiratório e digestivo, que pode ser originado pelo sequestro de tecido remanescente do intestino primitivo.

Bibliografia sugerida

1. Al-Khateeb TH, Al Zoubi F. Congenital neck masses: a descriptive retrospective study of 252 cases. J Oral Maxillofac Surg. 2007;65:2242-7.
2. Al-Khateeb TH, Al Zoubi F, Al-Mastri NM. Cutaneous cysts of the head and neck. J Oral Maxillofac Surg. 2009;67(1):52-7.
3. Bhat V, Salins PC, Bhat V. Imaging spectrum of hemangioma and vascular malformations of the head and neck in children and adolescents. J Clin Imaging Sci. 2014;4:31.
4. Cigliano B, Baltogiannis N, De Marco M, Faviou E, Antoniou D, De Luca U, et al. Cervical thymic cysts. Pediatr Surg Int. 2007;23:1219-25.
5. David AZ, Wendy RKS. Imaging of ectopic thyroid tissue and thyroglossal duct cysts. Radiographics. 2014;34(1):37-50.
6. Dubois J, Alison M. Vascular anomalies: what a radiologist needs to know. Pediatr Radiol. 2010;40:895-905.
7. Dubois J, Soulez G, Oliva VL, Berthiaume MJ, Lapierre C, Therasse E. Soft-tissue venous malformations in adult patients: imaging and therapeutic issues. Radiographics. 2001;21:1519-31.
8. Fordham LA, Chung CJ, Donnelly LF. Imaging of congenital vascular and lymphatic anomalies of the head and neck. Neuroimaging Clin N Am. 2000;10:117-36.
9. Garrel R, Jouzdani E, Gardiner Q, Makeieff M, Mondain M, Hagen P, et al. Fourth branchial pouch sinus: from diagnosis to treatment. Otolaryngol Head Neck Surg. 2006;134:157-63.
10. Grasso DL, Pelizzo G, Zocconi E, Schleef J. Lymphangiomas of the head and neck in children. Acta Otorhinolaryngol Ital. 2008;28:17-20.
11. Güneyli S, Ceylan N, Bayraktaroğlu S, Acar T, Savaş R. Imaging findings of vascular lesions in the head and neck. Diagn Interv Radiol. 2014;20(5):432-7.
12. Guzmán GP, Baeza OA, Cabello VA, Montecinos LA, Leal MC, Roa SJ. Papillary carcinoma in a thyroglossal duct cyst: report of two cases. Rev Med Chil. 2008;136:1169-74.
13. Joice P, Sudarshan T, Hussain SS. First branchial arch abnormality: diagnostic dilemma and excision with facial nerve preservation. J Laryngol Otol. 2012;126(9):918-22.
14. Julie T, Johannes Z, Julian K, Georgios P, Heinrich I. Thyroglossal duct cysts: 20 years' experience (1992-2011). Eur Arch Otorhinolaryngol. 2014.
15. Karuna VS, David MM, Ken K, Larissa TB. Magnetic resonance imaging of the pediatric neck: an overview. Magn Reson Imaging Clin N Am. 2012;20(3):573-603.
16. Kevin CH, Kristina WR. Infantile hemangiomas of the head and neck. Pediatr Clin North Am. 2013;60(4):937-49.
17. Koeller KK, Alamo L, Adair CF, Smirniotopoulos JG. Congenital cystic masses of the neck: radiologic-pathologic correlation. Radiographics. 1999;19:121-46.
18. Lanham PD, Wushensky C. Second brachial cleft cyst mimic: case report. AJNR Am J Neuroradiol. 2005;26:1862-4.
19. LaPlante JK, Pierson NS, Hedlund GL. Common pediatric head and neck congenital/developmental anomalies. Radiol Clin N Am. 2015;181-96.
20. Lerat J, Mounayer C, Scomparin A, Orsel S, Bessede JP, Aubry K. Head and neck lymphatic malformation and treatment: clinical study of 23 cases. Eur Ann Otorhinolaryngol Head Neck Dis. 2016. pii: S1879-7296(16)30129-6.
21. Lin ST, Tseng FY, Hsu CJ, Yeh TH, Chen YS. Thyroglossal duct cyst: a comparison between children and adults. Am J Otolaryngol. 2008;29:83-7.
22. Mahady K, Thust S, Berkeley R, Stuart S, Barnacle A, Robertson F, et al. Vascular anomalies of the head and neck in children. Quant Imaging Med Surg. 2015;5(6):886-97.
23. Martinez Del Pero M, Majumdar S, Bateman N, Bull PD. Presentation of first branchial cleft anomalies: the Sheffield experience. J Laryngol Otol. 2007;121:455-9.
24. Mendis D, Moss AL. Case series: variations in the embryology of congenital midline cervical clefts. Acta Chir Plast. 2007;49:71-4.
25. Merrow Arnold C, Gupita A, Patel MN, Adams DM. 2014 Revised classification of vascular lesions from the International Society for the Study of Vascular Anomalies: radiologic-pathologic update. Radiographics. 2016;150197.
26. Michael RG, Michael SB. Pediatric neck masses. Oral Maxillofac Surg Clin North Am. 2012;24(3):457-68.
27. Moon SB, Park KW, Yun WJ, Patten PP, Jung SE. Congenital cystic choristoma mimicking cervical lymphangioma. J Pediatr Surg. 2008;43:e5-7.
28. Mosca RC, Pereira GA, Mantesso A. Cystic hygroma: characterization by computerized tomography. Oral Surg Oral Med Oral Pathol Oral Radiol Endod. 2008;105:e65-9.
29. Mukherji SK, Fatterpekar G, Castillo M, Stone JA, Chung CJ. Imaging of congenital anomalies of the branchial apparatus. Neuroimaging Clin N Am. 2000;10:75-93.
30. Rosa PA, Hirsch DL, Dierks EJ. Congenital neck masses. Oral Maxillofac Surg Clin North Am. 2008;20:339-52.
31. Santhosh G, Surjith V, Ramya SG, Royal S, Keith H, Daniel Y, et al. Congenital cystic neck masses: embryology and imaging appearances, with clinicopathological correlation. Curr Probl Diagn Radiol. 2014;43(2):55-67.
32. Schroeder JW Jr, Mohyuddin N, Maddalozzo J. Branchial anomalies in the pediatric population. Otolaryngol Head Neck Surg. 2007;137:289-95.
33. Shahin A, Burroughs FH, Kirby JP, Ali SZ. Thyroglossal duct cyst: a cytopathologic study of 26 cases. Diagn Cytopathol. 2005;33:365-9.
34. Som PM, Smoker WRK, Curtin HD, Reidenberg JS, Laitman J. Congenital lesions. In: Som PM, Curtin HD, eds. Head and neck imaging, 4. ed. St. Louis: Mosby; 2003. p.1828-64.
35. Statham MM, Mehta D, Willging JP. Cervical thymic remnants in children. Int J Pediatr Otorhinolaryngol. 2008;72:1807-13.
36. Subhamay K, Saha AM, Dhrubyajyoti M. Thyroglossal cyst: an unusual presentation. Indian J Otolaryngol Head Neck Surg. 2013;65(Suppl 1):185-7.
37. Teissier N, Elmaleh-Bergès M, Ferkdadji L, François M, Van den Abbeele T. Cervical bronchogenic cysts: usual and unusual clinical presentations. Arch Otolaryngol Head Neck Surg. 2008;134:1165-9.
38. Teksam M, Ozyer U, McKinney A, Kirbas I. MR imaging and ultrasound of fetal cervical cystic lymphangioma: utility in antepartum treatment planning. Diagn Interv Radiol. 2005;11:87-9.
39. Vilanova JC, Barceló J, Smirniotopoulos JG, Pérez-Andrés R, Villalón M, Miró J, et al. Hemangioma from head to toe: MR imaging with pathologic correlation. Radiographics. 2004;24:367-85.
40. Volkan E, Münevver H. Management of congenital neck lesions in children. J Plast Reconstr Aesthet Surg. 2014;67(9):e217-22.
41. Wiegand S, Eivazi B, Barth PJ, von Rautenfeld DB, Folz BJ, Mandic R, et al. Pathogenesis of lymphangiomas. Virchows Arch. 2008;453:1-8.

Índice remissivo

A

Abscesso 167
   na cavidade oral 765
Acidentes de trânsito 108
Acidente vascular cerebral isquêmico 39
   avaliação da evolução 45
   avaliação por imagem 39
Acidente vascular hemorrágico 61
   características de imagem 61
Acidúria glutárica 310
Acometimento preferencial da substância cinzenta profunda 436
Adenocarcinoma 737, 812
Adenoma(s) 463, 913, 953
   atípicos 463
   de células basais 807
   de glândula paratireoide 926, 928
   hipofisários 463
   pleomórfico 804, 837
Adrenoleucodistrofia ligada ao X 286
Adrenomieloneuropatia 290
Afasia primária progressiva 421
Agiria-paquigiria 16
Alargamento
   difuso dos espaços perivasculares 410
   do aqueduto vestibular/saco endolinfático 548
Alterações
   da glândula tireoide 938
   degenerativas da coluna cervical 863
   inflamatórias da cavidade orbitária 633
   vasculares 39

Amigdalite 765
Amígdalo-hipocampectomia 390
Amiloidose 671
   laríngea 984
Anatomia linfonodal cervical 1009
Aneurisma(s) 68
   fusiforme 73
   sacular 70
Angina de Ludwig 766
Angioma cavernoso 81
Angiopatia amiloide 64
   cerebral 413
Ângulo pontocerebelar 576
   lesões vasculares 584
   metástases 583
Anomalia(s)
   da mielinização 284
   do desenvolvimento venoso 86
   dos arcos branquiais 877
   tímicas cervicais 888
Anormalidades da formação, segmentação e da fusão do crânio 26
Anóxia 53
Aparelhos branquiais 1038
Apicite petrosa 565
Aplasia
   labiríntica 545
   ou hipoplasia coclear 545
Aqueduto cerebral 334
Arcos branquiais 877
   primeiro 878
   quarto 883
   segundo 879
   terceiro 882
Artéria carótida interna 537
   aberrante 537

   deslocamento lateral 537
Artéria estapediana persistente 537
Arteriopatia cerebral autossômica dominante com infartos subcorticais e leucoencefalopatia 414
Aspergilose 189
Astroblastomas 239
Astrocitoma(s) 251
   difusos 230
      grau II 230
      grau III 232
   pilocíticos 235
   subependimários de células gigantes 239
Ataxia(s)
   de Friedreich 446
   espinocerebelares 446
   infantil com hipomielinização do SNC 304
Aterosclerose 86
Atresia de coanas 699, 707
Atrofia 394
   corticocerebelar 447
   de múltiplos sistemas 433
   espinhal 446
   olivopontocerebelar 447

B

Bactérias piogênicas 164
Base do crânio 484
   alterações
      actínicas 517
      pós-cirúrgicas 525
   anatomia e suas variações 485
   anomalias congênitas 489

metástases 504
neoplasias 498
noções de embriologia 484
processos inflamatórios 491
trauma 520
Bochecha distendida 784
Bócio
   multinodular 906
   nodular benigno 953
Bola fúngica 712, 715
Borreliose 179
Buftalmo 617
Bula etmoidal 694, 695
Bulbo jugular 536

C

Cadeia(s)
   linfonodais 1011
   ossicular 604
      reconstrução 606
Calcificação(ões)
   anômalas 453
   linfonodal 1013
Calosotomia 392
Canaliculite 685
Canalículos lacrimais 680
Câncer da laringe 985
Carbamazepina 371
Carcinoma(s) 914
   adenoide cístico 737, 779, 809
   de células acinares 811
   de células escamosas 512
   de ducto salivar 811
   de hipofaringe 991
   de paratireoide 929
   do plexo coroide 244
   embrionário 261
   epidermoide 731, 769, 811, 987, 1024
      do seio maxilar 660
   ex-adenoma pleomórfico 811
   hipofisários 463
   indiferenciado da nasofaringe 660
   medular 955
   mioepitelial 811
   mucoepidermoide 808
   papilífero da tireoide 1024
Cateterização
   da glândula parótida 826
   da glândula submandibular 826
Cavidade oral 746
   abscessos 765
   neoplasias 769

processos inflamatórios e infecciosos 762
   trauma 761
Cavidade orbitária 622
Cefalocele(s) 489, 573, 699
   classificação 705
   do ápice petroso 591
Célula(s)
   de *agger nasi* 695
   de Onodi 695
   etmoidal
      infraorbitária ou de Haller 695
      supraorbitária 695
   etmoidomaxilar 695
   intersinus frontal 695
   etmoidais 691
Celulite orbitária 635
Cerebrite 167
Cisticercose 199, 364
Cisto(s)
   aracnoide 24
   broncogênico 1053
      cervical 893
   da bolsa de Rathke 467
   de ducto tireoglosso 874
   de *pars intermedia* 467
   de primeira fenda branquial 1039
   de quarta fenda branquial 1043
   de retenção 767
   de segunda fenda branquial 1040
   de terceira fenda branquial 1042
   dermoides 280, 756, 883, 1047
   do ducto tireoglosso 754, 1045
   epidermoides 280, 583, 883, 1047
   intraventriculares 57
   orbitários 623
   paratireóideos 930
   teratoide 883, 1047
   tímico 888, 1044
   traqueoesofágico 1055
Citomegalovírus 150
Clivus 488
Colesteatoma do conduto auditivo externo 551
Coloboma 617
Colpocefalia 23
Complexo
   de Dandy-Walker 6
   ostiometal 691
Concha 687
   nasal acessória 692
Condrossarcoma 509, 594, 736, 992
   da base do crânio 479
Conduto auditivo interno 534
   alargado 551

   malformações 549
   partição ou duplicidade 550
   estreito ou atrésico 549
   tumores 576
Contusões corticais 129
Convulsão 358
Cordectomia 998
Cordomas 479, 506
Coriocarcinoma 260
Coristomas 1055
Corneto 687
Corpos estranhos 761, 980
Craniofaringiomas 470
Craniolacunia 26
Craniossinostose prematura 26
Creutzfeldt-Jakob 431
Criptococose 188
Crise epiléptica 358
Crista galli 695
Crupe 977

D

Dacrioadenite 642
Dacriocistografia 681
   digital 679
Dacriocistorrinostomia
   externa 685
   interna 685
Danger space 859
Degeneração cerebelar adquirida 447, 448
   relacionada ao alcoolismo 448
Degeneração corticobasal 435, 436
Deiscência do canal semicircular superior 537
Demência 394
   com corpos de Lewy 417
   frontotemporal 419
   multi-infarto 410
   por infarto estratégico 413
   semântica 421
   sifilítica 179
   vascular 409
Deposição de ferro 396
Derivação ventricular 349
Dermoide nasal 697
Destruição da mielina 284
Detecção de linfonodos suspeitos ou acometidos 1026
Diásquise cerebelar 370
Disgenesia
   cerebelar 9
   do corpo caloso 22
Disjunção da cadeia ossicular 571

Disostose mandibulofacial 691
Displasia
   cortical focal 16
   do vestíbulo e canais semicirculares 548
   fibrosa 496, 672, 723, 727
   septo-óptica 10
Dissecção 89
Disseminação perineural 515
Distrofia neuroaxonal infantil 443, 444
Distúrbios relacionados a eIF2-B 304
Doença(s)
   associadas a depósito de manganês 437
   autoimune 830
   cerebrovasculares 39
   Creutzfeldt-Jakob 146
   da arranhadura do gato 797
   da glândula salivar associada ao HIV 797
   da região selar e dos tecidos adjacentes 451
   da substância branca 283
     evanescente 304
   da urina com odor de xarope de bordo 314
   de Alexander 290
   de Alzheimer 404, 431
   de Canavan 295
   de Coats 615
   de Fabry 314
   de Graves 641, 907, 938
   de Huntington 436
   de Kerns-Sayre 317
   de Kimura 644
   de Krabbe 295
   de Kussmaul 830
   de Lhermitte-Duclos 245
   de Marburg 331
   de Marchiafava-Bignami 445, 446
   de Ménière 575
   de Moya-Moya 97
   de Paget 495
   de Parkinson 431, 432
   de Pelizaeus-Merzbacher 306
   de pequenos vasos 410
   de Vogt-Koyanagi-Harada 626
   de von Hippel-Lindau 37
   de Wilson 436, 438
   de Zelweger 299
   degenerativas e metabólicas adquiridas 430
   desmielinizantes adquiridas 320
   hipomielinizantes 305
   inflamatórias 836

   linfoproliferativa pós-transplante 1037
   mitocondriais 316
   nasossinusais 687
   parkinsonianas atípicas 431, 433
   priônicas 146, 436
   relacionada à IgG-4 493, 565, 633, 984
   venoclusiva 102
Drenagem linfática de tumores em cabeça e pescoço 1023
Drusa do disco óptico 674
Ducto
   de Stensen 826
   de Wharton 826
   nasolacrimal 681
Duplicação da haste hipofisária 455

E

Ecchordosis physaliphora 458, 506
Edema cerebral difuso 136
Elastografia ultrassonográfica 958
Eletrodos profundos 389
Empiema 146
Encefalite(s)
   autoimunes 209
   de Rasmussen 364, 365
Encefalocele 5
   cérvico-occipital 5
   transesfenoidal 456
Encefalomielite disseminada aguda 328
Encefalopatia
   de Wernicke 443, 444, 445
   hepática 437
   posterior reversível 94
Enterocistomas 1055
Envelhecimento 394
Ependimoma(s) 240
   mixopapilar (grau I) 240
   graus II e III 241
Epidermoide nasal 697
Epífora 681
Epiglotite 977
Epilepsia 358, 359
   classificação 358
   com hemiconvulsão e hemiplegia 366
   etiologia 359
   genéticas 365
   relacionada a convulsão febril 366
Erros inatos do metabolismo 283, 310
Esclerite 626
Escleroma 798

Esclerose
   concêntrica de Balò 331
   do processo pterigóideo 517
   lateral amiotrófica 447, 448
   mesial temporal 360, 361
     bilateral 362
     direita 364
     esquerda 362, 363
   múltipla 320
   tuberosa 32
Espaço(s)
   bucal 864
   carotídeo 852
   cervicais 841
     infra-hióideos 865
     supra-hióideos 842
   de Virchow-Robin 394
   mastigatório 847
   mucoso faríngeo 846
   parafaríngeo 842
   parotídeo 858
   perivasculares 394
   perivertebral 862
   retrofaríngeo 859
   visceral 867
Espectroscopia de prótons de hidrogênio 375, 376
Espinha selar 457
Espiroquetas 173
Esquistossomose 206
Esquizencefalia 21
Estado epiléptico 370
Estenose 830
   da abertura piriforme 701, 707
   laringotraqueal 981
Estesioneuroblastoma 660, 733, 738
Estruturas mesiais temporais 360
Esvaziamento cervical 1023
Exostose 601
Extensão
   cervical superior do timo 888
   extranodal 1026

F

Facomatoses 27
Fáscias cervicais 841
   profunda 841
   superficial 841
Fenda
   cerebelar 9
   coclear em crianças 537
Fenilcetonúria 310
Fenitoína 371
Ferimentos por arma de fogo 108

Fibroma ossificante 674, 724, 727
Fibromatose *coli* 894
Fibrose cística 720, 723
Fístula
  arteriovenosa 78
    dural 78
    pial 78
  carotídeo-cavernosa 143, 666
  liquórica 523, 573
Forame(s)
  basais 487
  cecum 697
  de Monro 334
Formação hipocampal direita 360
Fossa(s)
  nasais 689
  olfatória 691
Fraturas
  com afundamento 111
  cranianas 110, 111
  da base do crânio 520
  dos ossos da base do crânio 111

G

Galactosemia 313
Gangliocitoma 245
  cerebelar displásico 245
Gangliogliomas 248
  anaplásicos 251
  desmoplásicos infantis 251
Ganglioneuroblastoma do sistema nervoso central 266
Gangliosidoses 308
Germinomas 259, 471
Glândula(s)
  paratireoide 922
    ectópica 927
  parótidas 789, 833
  salivares 789, 825, 835
    menores 791
    sialografia 825
  sublinguais 791, 835
  submandibulares 790, 834
  tireoide 905, 919
Glioblastomas 225
Glioma(s) 222
  angiocêntricos 239
  cordoide de III ventrículo 239
  de vias ópticas 471
  difusos de linha média 230
  do nervo óptico 648
  nasais 697
Globo ocular 611, 615
Granuloma de colesterol 591

Granulomatose de Wegener 210, 492, 633, 717

H

Halo pericoclear 537
Hamartoma hipotalâmico 473
Hemangioblastoma 272
Hemangioma 475, 727, 734, 807, 851, 886, 1048
  facial 599
  infantil 757
Hemangiopericitoma 271
Hematoma
  extradural 115
  subdural 121
Hemiatrofia 23
Hemilaringectomia 1000
Hemimegalencefalia 14
Hemisferectomia 392
  funcional 391
Hemocromatose 462
Hemorragia(s) 413
  de matriz germinativa 57
  extra-axiais traumáticas 115
  hipertensiva 64
  intracraniana 39
  intraparenquimatosa 63
  intraventricular traumática primária 124
  labiríntica 573
  secundária 136
  subaracnóidea 65
    da convexidade 67
    difusa 65
    perimesencefálica 66
    traumática 123
Hepatopatia crônica 441
Herniação cerebral 134
Herpesvírus 148
Heterotopia de substância cinzenta 18
Hidranencefalia 24
Hidrocefalia 57, 334
  comunicante 344
  de pressão normal 344
  externa 339
  não comunicante 340
Hiperatenuação da calota craniana 115
Hiperlipidemia 801
Hiperparatireoidismo 923
Hiperplasia 458
  angiolinfoide com eosinofilia (HALE) 668
  difusa 938
  vítrea primária persistente 618

Hipertelorismo 622
Hipertrofia 835
  cerebelar 10
  da musculatura mastigatória 849
Hipofaringe 963, 974
Hipofisite 459
  primária 459
  secundária 460
Hipoparatireoidismo 930
Hipoplasia 691
  dos nervos ópticos 620
Hipotelorismo 623
Hipotensão liquórica 355
Hipóxia 53
Histiocitose de células de Langerhans 604, 672
  e não Langerhans 213
Histiocitoses 460
Holoprosencefalia 11

I

III ventrículo 334
III ventriculostomia 353
Implante coclear 608
Imunoglobulina
  G4 (IgG4) 460
  G subclasse 215
Infarto cerebral traumático secundário 136
Infecção(ões)
  bacterianas 164
  do sistema nervoso central 146
  fúngicas 187
  odontogênica 849
  parasitárias 193
  pediátrica pelo HIV 157
  virais 148
Inflamação orbitária idiopática 639
Insulto hipóxico-isquêmico 53
Invasão cartilaginosa 990
IV ventrículo 335

L

Labirintite 561
Labirinto 534
Lamela 687
Laringe 963
  avaliação 963
  cirurgias 997
  cistos 976
  corpo estranho 980

lesões
　benignas 982
　congênitas 976
　processos
　　granulomatosos 978
　　infecciosos e inflamatórios 977
　regiões 974
　tratamentos 993
　trauma 978
　tumores malignos 985
Laringectomia 997
　frontolateral 999
　quase total 1004
　supracricoide 1002
　supraglótica 1001
　total 1005
Laringite 977
Laringocele 893, 976
Laringotraqueobronquite subglótica 977
Lesão(ões)
　actínicas 803
　axonal traumática 124, 126
　cervicais congênitas 1038
　císticas 839
　　intra e suprasselares 467
　　suprasselares 468
　da substância cinzenta profunda 128
　de bainha neural 503
　de grandes vasos 410
　desmielinizantes tumefativas ou pseudotumorais 330
　do espaço carotídeo 856
　do espaço mastigatório 849
　do espaço mucosofaríngeo 847
　do espaço parafaríngeo 844
　do espaço parotídeo 858
　do espaço perivertebral 863
　do nervo facial 571
　encefálicas 328
　fibro-ósseas 672, 727
　medulares 326
　multiespacial 867
　superficiais extracranianas 110
　transespacial 867
　traumática(s)
　　intracraniana 108
　　intra-axiais 124
　　primárias 110
　　primárias do tronco cerebral 128
　　secundárias 134
　　vasculares 137
　tumorais da hipófise e haste hipofisária 463
　vasculares do seio cavernoso 477

Lesionectomia 391
Leucinose 314
Leucodistrofia 285, 316
　de células globoides 295
　metacromática 296
Leucoencefalopatia(s)
　com acometimento do tronco cerebral 303
　com cistos subcorticais 299
　multifocal progressiva 158
　relacionadas a anormalidades vasculares 314
Leucomalácia periventricular 57
Linfadenites
　fúngicas 1015
　virais e bacterianas 1014
Linfoma(s) 476, 651, 736, 812, 903
　de Hodgkin 736, 778, 1033
　não Hodgkin 736, 1033
　primário 956
　　do sistema nervoso central 274
Linfonodopatias associadas a síndromes clínicas 1019
Linfonodos 895
　cervicais 1009
　　anteriores 1011
　faciais 1012
　mastóideos 1012
　no espaço parafaríngeo 1013
　occipitais 1011
　parotídeos 1011
　reacionais 1015
　retrofaríngeos 1011
　sublinguais 1012
Lipoma 22, 808, 894
Liponeurocitoma cerebelar 252
Lipossarcoma 903
Liquor 336
Lissencefalia
　completa 15
　incompleta 16
Lobectomia temporal anterior 390
Lückenschädel 26

M

Mal epiléptico 370
Malformação(ões)
　arteriovenosas 75, 1052
　capilares 1051
　congênitas 455
　da fossa posterior 6
　da veia de Galeno 78
　de Chiari 2
　de Dandy-Walker 6

de Mondini 548
do "dente molar" 8
do desenvolvimento cortical 12
do sistema nervoso central 2
hipocampal 364
　esquerda 364
linfáticas 1051
vascular(es) 68, 75, 851
　de baixo fluxo 663
　sem *shunt* arteriovenoso 81
　venosa do nervo facial 599
　venosas 1051
Manobra de Valsalva modificada 964
Massas cervicais extratireoidianas 874
　principais 874
　técnica 874
Mastoide 528, 606
Medula espinhal e lactato elevado 303
Meduloblastoma 261
Meduloepitelioma 266
Megaloencefalia 299
Melanoma 732
　maligno 1024
　uveal 648
Membrana timpânica 604
Meningioma 266, 471, 498, 582, 588, 730, 734
　do nervo óptico 650
Meningite
　piogênica aguda 164
　sifilítica aguda 176
　tuberculosa 182
Meningoencefalocele 699
Metaplasia gordurosa 1013
Metástase 274
　uveal 648
Micobactérias 181
Microangiopatia 410
Microcefalia com padrão giral simplificado 14
Microftalmia 617
Microlissencefalia 14
Mielinização normal 283
Mielinólise osmótica 331, 445
Migração de material exógeno 1014
Mioepitelioma 807
Miopia 618
Miringotomia com inserção de tubo de ventilação 604
Mucocele 712, 723, 799
　do ápice petroso 594
Mucopolissacaridoses 311
Mucormicose 187

N

Nasoangiofibroma juvenil 498, 730, 734
Necrose por cocaína 719
Neonatos
  a termo 57
  pré-termo 57
Neoplasia 837
  nasossinusal 730, 743
Nervo
  facial 535, 599
    extensão de processos malignos 601
    lesões inflamatórias 600
  óptico 612, 620
  vestibulococlear 534
Neurite
  facial 562
  óptica 325
Neuroblastoma 266, 903
Neurocitomas 247
Neurodegeneração com depósito de ferro cerebral 440
Neurofibromatose
  tipo 1 27
  tipo 2 31
Neuro-hipófise ectópica 456
Neuromielite óptica 325, 631
Neuropatia óptica isquêmica 633
Nódulos da tireoide 943

O

Obstrução do sistema lacrimal 674
Oftalmopatia tireoidiana 641
Oligoastrocitomas 235
Oligodendrogliomas graus II e III 233
Oncocitomas 807
Órbitas 611
Orelha
  externa 529
    malformações 540
  interna 534
    malformações 544
  média 529
    malformações 541
    tumores 601
Orifícios lacrimais externos 680
Orofaringe 746
  neoplasias 769
  processos inflamatórios e infecciosos 762
  trauma 761
Osso esfenoidal 485, 694
Ossos temporais 527
  avaliação pós-cirúrgica 604
  fraturas 567, 570
    complicações 571
    longitudinais 570
  malformações 539
  processos
    expansivos 576
    inflamatórios 551
  tumores na infância 604
Osteodistrofias 576
Osteoma 601, 722, 727
  da coroide 673
Osteomielite 491
Osteopetrose 496
Osteorradionecrose 851, 1006
Otite
  externa necrotizante 551
  média
    aguda 555
    colesteatomatosa 559
    com efusão 555
    com tecido de granulação 557
    crônica 555
    serosa 555
Otomastoidite 555
Otosclerose 574
Otospongiose fenestral 604

P

Panencefalite esclerosante subaguda 162
Papiloma
  cilíndrico 726
  invertido 726, 734
  nasossinusal 726
  do plexo coroide 244
Papilomatose respiratória recorrente 982
Paracoccidioidomicose 191, 978
Paraganglioma 502, 587, 887
  laríngeo 985
  timpânico 601
Paralisia
  da prega vocal 981
  supranuclear progressiva 434
Paramixovírus 162
Paratireoide 889, 933
Paratireomatose 929
Parkinsonismo pós-encefalite 431
Parkinson-*plus* 431
Pineoblastoma 255
Pineocitoma 255
Pirâmide petrosa 589
  colesteatoma/epidermoide 594
  efusão 591
  lesões do desenvolvimento 591
  pneumatização assimétrica 591
  pseudolesões 591
  tumores malignos 594
Placa(s)
  ateromatosa 89
  subdurais 389
Plasmocitoma 514, 736
Pneumosinus dilatans 720
Polimicrogiria 19
Pólipo(s)
  antrocoanal 716
  coanais 716
Polipose nasal 716, 719
Politraumatismo 140
Pontos lacrimais 680
Processo(s)
  estiloide alongado 535
  inflamatórios
    do espaço retrofaríngeo 860
    não infecciosos 207
    secundário na tireoide 956
  uncinado 691, 693
Prosopagnosia progressiva 425
Pseudoaneurisma 74
Pseudodisplasia fibrosa 727
  no processo frontal da maxila 724
Pseudo-hemorragia subaracnoide 124
Pseudotumor orbitário inflamatório 639
Punção aspirativa por agulha fina 951, 956

Q

Quedas 108
Queratose obliterante 551

R

Rabdomiossarcoma 512, 604, 903
  alveolar 739
Rânula 767, 799
Realce dural 517
Região hipotálamo-hipofisária 452
Relaxometria T2 375
Remodelamentos ósseos 453
Ressonância magnética funcional 379
Retinoblastoma 645
Retinopatia da prematuridade 618
Retrovírus 156

Rinossinusite 701, 715
　aguda 701, 715
　crônica 707, 715, 723
Rombencefalossinapse 8

S

Saco lacrimal 681
Sangue 723
Sarcoidose 207, 460, 493, 643, 798
Sarcoma 734
Schwannoma 576, 587, 728, 734, 808
　do plexo braquial 863
　facial 599
　intralabiríntico 582
　laríngeo 985
Seio(s)
　esfenoidal 699
　　pneumatização 699
　cavernosos 488
　frontais 694
　maxilar 691
　maxilares e etmoidais 690
　paranasais
　　anatomia 688
Sela
　parcialmente vazia 456
　túrcica 451
Sialoadenite(s) 793
　agudas 827, 836, 793
　crônica 796, 827, 837
　　esclerosante 798
　granulomatosa 797
　　por depósito de cristais 798
　induzida por iodo 794
　infecciosa primária 793
　por sialolitíase 794
　recorrente da infância 796
　subaguda 836
Sialoadenose 835
Sialoblastoma 812
Sialodoquite 827
　fibrosa 830
Sialografia 825
　com tomografia computadorizada cone beam 832
　distúrbios inflamatórios agudos 827
　distúrbios inflamatórios crônicos 827
　material 825
　processos expansivos 830
　técnica 825
Sialograma
　da parótida 826
　da submandibular 826

Sialolitíase 828, 836
Sialose 800, 835
Sífilis 173
　vascular cerebral 176
Sinal
　da concha nasal negra 712
　do panda 437, 438
Síndrome(s)
　4H 306
　CHARGE 699
　da leucoencefalopatia posterior reversível 370
　da mão alienígena 435
　da vasoconstrição cerebral reversível 94
　de Aicardi-Goutières 304
　de Behçet 626
　de Cockayne 308
　de Dyke-Davidoff-Masson 23
　de Gardner 722
　de Labrune 316
　de Leigh 316
　de McCune Albright 724
　de Mikulicz 643
　de Ramsay-Hunt 154
　de Sheehan 462
　de Sjögren 642, 801
　de Sjögren-Larsson 301
　de Sturge-Weber 35
　de Tolosa-Hunt 476
　de Treacher Collins 691
　de Wernicke-Korsakoff 443
　do seio silencioso 719, 721
　hepatocerebral adquirida 437
　inflamatória da reconstituição imune 160
　MELAS 317
　parkinsonianas 431
Sinéquias 57
Sinusite fúngica 711, 723
　alérgica 715
　invasiva aguda 715
SISCOM 378
Sistema
　arterial
　　leptomeníngeo 48
　　perfurante 49
　lacrimal 614, 679
Subependimoma (grau I) 240
Substituição do estribo na otospongiose 604

T

Tabes dorsal 179

Tecido
　tímico ectópico cervical 888
　tireoidiano ectópico 876
　tonsilar proeminente ou assimétrico 765
Telangiectasia capilar 86
Teratoma 260, 1047
Territórios vasculares 48
Teto da cavidade nasal 691
Tireoide 933
　alterações congênitas 938
　doenças difusas 938
　lingual 754
Tireoidite(s) 940
　crônicas 941
　de Hashimoto 911, 919, 941
　subaguda granulomatosa 940
　supurativa aguda 940
Tomografia computadorizada de feixe cônico 832
Torus palatino 694
Toxocaríase (endoftalmite) esclerosante 626
Toxoplasmose 193
Tractografia 376
Trauma
　cranioencefálico 108
　　penetrante 113
　no sistema nervoso central 108
　　classificação 110
　　mecanismos 110
Triângulos cervicais 841
Trombose da veia oftálmica superior 664
Tuberculoma 182
Tuberculose 181, 460, 492, 797, 978
Tumor(es) 723
　benignos 837, 912
　　dos seios paranasais 734
　da glândula lacrimal 660
　da região pineal 252
　das células C 955
　de células gigantes 502
　de diferenciação intermediária do parênquima da pineal 255
　de Warthin 805, 838
　do conduto auditivo interno 576
　do epitélio folicular 953
　do forame jugular 587
　do plexo coroide 244
　do saco endolinfático 594
　do seio endodérmico 261
　dos seios paranasais 721
　　classificação e estadiamento 740
　　tratamento 743

embrionário 261
  formador de rosetas 265
fibroso solitário 271, 653
germinativos 256
glioneural 248
  formador de rosetas 252
  leptomeníngeo difuso 252
  papilar 252
glóticos 989
malignos 730, 839, 913
  das glândulas salivares menores 779
  de glândula salivar menor 731
melanocíticos 273
meníngeos 266
mesenquimais não meningoendoteliais 271
misto benigno 804
neuroepitelial disembrioplásico 251
neuronais 245
originados nas células do parênquima da pineal 254
papilar da região da pineal 256
primários do sistema nervoso central 221
subglóticos 989
supraglóticos 989
teratoide/rabdoide atípico 266

U

Ultrassonografia das paratireoides 959
Uveíte 626

V

Válvula
  de Hasner 683
  de Krause 682
  de Rosenmüller 683
Variante de astrocitoma pilomixoide 237, 471
Vasculites do sistema nervoso central 97
Ventriculite 353
Vírus
  da imunodeficiência humana 156
  do sarampo 162
  Epstein-Barr 155
  herpes simplex tipo 1 (HSV-1) 148
  herpes simplex tipo 2 (HSV-2) 148
  herpes tipo 6 149
  linfotrópico de células T humanas 1 162
  varicela-zoster 153
Volumetria 375

X

Xantoastrocitomas pleomórficos 239
Xantomatose cerebrotendínea 314

Z

Zika vírus 163